精选英汉词典
（第3版）

Concise
English-Chinese
Dictionary
(Third Edition)

英语文本主编　Martin H. Manser

朱原　王良碧　任永长　编译

商　务　印　书　馆
The Commercial Press
牛　津　大　学　出　版　社
Oxford University Press

本书英汉部分之英语文本原由牛津大学出版社
作为《牛津袖珍学生词典》出版
©牛津大学出版社 1992
本词典之版权
©牛津大学出版社与商务印书馆 1986,1999,2004
English text of the English-Chinese section
originally published as *Oxford Learner's Pocket
Dictionary* by Oxford University Press
©Oxford University Press 1992
Copyright in this dictionary
©Oxford University Press and The Commercial
Press 1986,1999,2004

此扉页用含有商务印书馆注册商

标 的水印防伪纸印制,有这种

扉页的《精选英汉词典》(第 3 版)是正

版图书。请注意识别。

前　　言

　　本词典自初版以来，一直受到国内外广大读者的欢迎。随着时代的发展和社会的进步，英语中涌现出许多新词新义，因此本词典必须与时俱进，适当增补新词新义，删掉过时的词汇和用法，突出反映当代社会政治、经济、科技、文化等各个方面的最新发展变化。

　　本书中所有的新词新义均选自"牛津英语语料库"，这个规模庞大的英语语料库是牛津所有英语词典的主要信息来源。此外，修订还得益于《牛津英语大词典》（*Oxford English Dictionary*）网络版的应用。

　　第3版保持并发扬了旧版内容精当实用、编排紧凑醒目的特点，是英语学习者必备的工具书。

商务印书馆辞书研究中心

2005 年 6 月

目 录

用　法　说　明
GUIDE TO THE USE
OF THE DICTIONARY

本　词
HEADWORDS

本词排黑正体　Headwords appear in bold type:

dance

table

同形异义词作为不同词目出现时, 在右上角用数码标出 Headwords spelt the same but with different meanings are entered separately with a raised number after each:

head[1]

head[2]

复合词和派生词
COMPOUNDS AND DERIVATIVES

复合词和派生词用黑正体排在词条的末尾部分　Compounds and derivatives appear under the headword which forms their first element:

huge /hju:dʒ/ *adj* … **hugely** *adv* …

house[1]/haʊs/ *n* [C] … **'housework** *n* [U] …

习语和短语动词
IDIOMS AND PHRASAL VERBS

习语和短语动词排黑正体, 用简明的释义和例证阐明其用法 Idioms and phrasal verbs appear in bold type, followed by concise explanations and examples to illustrate their usage:

hook /hʊk/ *n* [C] **1** 钩 gōu; 挂 [掛] 钩 guàgōu. **2** (拳击) 肘弯 [彎] 击 [擊] zhǒuwānjī. **3** [习语] **off the 'hook** (**a**) (电话听筒) 未挂上 wèi guàshàng. (**b**) [非正式用语] 脱离 [離] 困境 tuōlí kùnjìng: *let / get sb off the* ～ 使某人脱离困境.

名　词
NOUNS

名词可用作单数 (a dog) 或复数 (some dogs) 的, 用 [C]

(countable, 可数的)表示　Countable senses of a noun are marked [C]:

　　label /ˈleɪbl/ *n* [C]

　　没有复数形式的名词(如 sugar、milk),标以[U] (uncountable, 不可数的),这类名词与 some、much、a lot of、enough 等连用　Uncountable senses of a noun are marked [U]:

　　linen /ˈlɪnɪn/ *n* [U]

　　可用作可数名词也可用作不可数名词的,用[C, U]表示,如 **coffee** 这个词在 Two coffees, please. (要两杯咖啡。)这个句子里是可数名词,在 Have you got any coffee left? (你还有咖啡吗?)这个句子里是不可数名词。大多数名词的复数是有规则的,即加 s,如 dog — dogs,或名词末尾是 s、z、x、ch 或 sh 时加 es,如 church — churches。如果是不规则变化则予以标出　Nouns with both countable and uncountable forms are marked [C, U]. Irregular plural forms of nouns are clearly shown within the entries:

　　man[1] /mæn/ *n* (*pl* **men** /men/)

　　lady /ˈleɪdɪ/ *n* [C] (*pl* **-ies**)

　　life /laɪf/ *n* (*pl* **lives** /laɪvz/)

形 容 词
ADJECTIVES

　　所有以辅音字母结尾的单音节形容词(如 kind、green)都以加 -er 和 -est 的方法来构成比较级和最高级。单音节或双音节形容词不以此种方法,而以加 -r、-st、-ier、-iest 的方法来构成比较级和最高级的,本词典都予以标出　Irregular comparative and superlative forms of adjectives are given in square brackets after the part of speech:

　　free /friː/ *adj* [~**r** /-ə(r)/, ~**st**]

　　gentle /ˈdʒentl/ *adj* [~**r** /-lə(r)/, ~**st** /-lɪst/]

　　happy /ˈhæpɪ/ *adj* [**-ier**, **-iest**]

动 词
VERBS

　　动词过去时和过去分词的拼法和发音为不规则变化的,都在词条的开头予以标出　The past tense and past participle of irregular verbs are given at the beginning of the entry:

know /nəʊ/ *v* [*pt* **knew** /njuː; *US* nuː/, *pp* ~**n** /nəʊn/]

rise /raɪz/ *v* [*pt* **rose** /rəʊz/, *pp* ~**n** /'rɪzn/]

双写辅音字母　Doubling of Consonants　末尾为单个辅音字母的动词在构成过去时、过去分词及现在分词时,需将此辅音字母双写(如 stop — stopped — stopping)。某些形容词在构成比较级和最高级时,亦需双写此辅音字母(如 hot — hotter — hottest)。以上两种情况本词典都予以标出 The doubling of a final consonant before **-ed** or **-ing** is also shown:

rot /rɒt/ *v* [-**tt**-]

sad /sæd/ *adj* [~**der**, ~**dest**]

动词、形容词、名词同介词的搭配
PREPOSITIONS TO USE WITH
VERBS, ADJECTIVES AND NOUNS

许多动词、形容词和名词通常都后接某一特定的介词。这类最常用的搭配,本词典以斜体字予以标出,加圆括号的是不固定搭配,不加圆括号的是固定搭配 The prepositions which typically follow verbs, adjectives or nouns are shown in italics in round brackets if optional and without brackets if fixed:

familiarize /fə'mɪliəraɪz/ *v* [T] *with*

sensitive /'sensətɪv/ *adj* 1 (*to*)

释　义
MEANINGS

汉语释义中的简化汉字用六角括号注出繁体字(同一词条中再次出现时不重复注);汉语释义都加注汉语拼音,并加声调符号(‑阴平,ˊ阳平,ˇ上声,ˋ去声,不加调号者为轻声) In translations, orthodox Chinese characters are given in hexagonal brackets immediately following their simplified form (except those reappearing in the same entry or those simplified radicals that are easily recognized). All Chinese translations are followed by pinyin romanization and tones (‑ first tone or *yinping*, ˊ second tone or *yangping*, ˇ third tone or *shangsheng*, ˋ fourth tone or *qusheng* and no mark for a light tone)：

honourable（美语 **-nor-**）/ˈɒnərəbl/ *adj* **1** 光荣〔荣〕的 guāngróngde；荣誉〔譽〕的 róngyùde

若干符号用法
BRACKETS AND SYMBOLS

1. ( ) 圆括号用于注出拼法、内容或意义的补充说明，以及代换部分、可省略部分。Round brackets ( ) are used to show spelling variants, extra information, clarification of a meaning, words that can be substituted or omitted, etc.

2. [ ] 方括号用于注出语法、用法、文体、修辞色彩、学科等。Square brackets [] are used to show information about grammar, usage, forms, rhetorical devices, subject fields, etc.

3.〔〕六角括号用于注出简体汉字的繁体字。Hexagonal brackets 〔〕give the orthodox version of simplified Chinese characters.

4. ～ 代字号用于代表本词。A swung dash (～) represents the headword.

5. ⇨ 箭头号表示"参见"。An arrow (⇨) cross-refers the user to another entry.

6. / 斜线号用于英语中词语的代换。A forward slash (/) separates alternative structures.

7. ⚠ 提醒号表示"禁忌语"。(⚠) alerts the user to slang or informal language which should be used with care.

略 语 表
ABBREVIATIONS USED IN THE DICTIONARY

abbr = abbreviation 缩略语

adj = adjective 形容词

adv = adverb 副词

aux v = auxiliary verb 助动词

[C] = countable 可数的

conj = conjunction 连接词

fem = feminine 阴性

[I] = intransitive 不及物的

interj = interjection 感叹词

modal v = modal verb 情态动词

n = noun 名词

P = proprietary 专利

pl = plural 复数

pp = past participle 过去分词

prep = preposition 介词

pres part = present participle 现在分词

pron = pronoun 代词

pt = past tense 过去时

rel pron = relative pronoun 关系代词

sb = somebody 某人

sing = singular 单数

sth = something 某事物

[T] = transitive 及物的

[U] = uncountable 不可数的

US = American 美语

v = verb 动词

发 音 简 表
GUIDE TO
ENGLISH PRONUNCIATION

元音和双元音
VOWELS AND DIPHTHONGS

音标 Phonetic symbol	例词 Example	读音 Pronunciation
iː	see	/siː/
ɪ	sit	/sɪt/
e	ten	/ten/
æ	hat	/hæt/
ɑː	arm	/ɑːm/
ɒ	got	/gɒt/
ɔː	saw	/sɔː/
ʊ	put	/pʊt/
uː	too	/tuː/
ʌ	cup	/kʌp/
ɜː	fur	/fɜː(r)/
ə	ago	/əˈgəʊ/
eɪ	page	/peɪdʒ/
əʊ	home	/həʊm/
aɪ	five	/faɪv/
aʊ	now	/naʊ/
ɔɪ	join	/dʒɔɪn/
ɪə	near	/nɪə(r)/
eə	hair	/heə(r)/
ʊə	pure	/pjʊə(r)/

辅　音
CONSONANTS

音标 Phonetic symbol	例词 Example	读音 Pronunciation
p	pen	/pen/
b	bad	/bæd/
t	tea	/tiː/
d	did	/dɪd/
k	cat	/kæt/
g	got	/gɒt/
tʃ	chin	/tʃɪn/
dʒ	June	/dʒuːn/
f	fall	/fɔːl/
v	voice	/vɔɪs/
θ	thin	/θɪn/
ð	then	/ðen/
s	so	/səu/
z	zoo	/zuː/
ʃ	she	/ʃiː/
ʒ	vision	/'vɪʒn/
h	how	/hau/
m	man	/mæn/
n	no	/nəu/
ŋ	sing	/sɪŋ/
l	leg	/leg/
r	red	/red/
j	yes	/jes/
w	wet	/wet/

/'/ 主重音符号　primary stress：**about** /ə'baut/

/ˌ/ 次重音符号　secondary stress：**academic** /ˌækə'demɪk/

(r) 用于英国英语发音，表示如果后面紧接以元音开始的词，发 r 音，否则省略　is sounded in British pronunciation when the word immediately following begins with a vowel. Otherwise it is not pronounced.

/-/ 表示省略了的相同的音标　indicates the part of phonetic transcription being repeated.

拼　写　法
SPELLING

如果不了解一个词开头的音是怎么写的,有时在词典里是很难查到这个词的。以下所列是最常遇到的困难　If the exact spelling of the first syllable of a word is not known, it is sometimes difficult to look it up in the dictionary. Here are some common problems:

首字母不发音　First letter not sounded

wh- 有时读作 sometimes pronounced as /h-/: who, whole.

wr- 读作 pronounced as /r-/: write, wrist.

kn- 读作 pronounced as /n-/: knife, know.

ho- 有时读作 sometimes pronounced as /ɒ-/: honest, honour.

ps- 读作 pronounced as /s-/: psychology.

pn- 读作 pronounced as /n-/: pneumonia.

第二个字母不发音　Second letter not sounded

wh- 有时读作 sometimes pronounced as /w-/: which, whether.

gu- 有时读作 sometimes pronounced as /g-/: guest, guess.

gh- 读作 pronounced as /g-/: ghastly, ghost.

bu- 有时读作 sometimes pronounced as /b-/: build, buoy.

头两个字母发特殊的音　First two letters with special pronunciation

ph- 读作 pronounced as /f-/: photo.

qu- 通常读作 usually pronounced as /kw-/: quick.

ch- 有时读作 sometimes pronounced as /k-/: chorus.

请记住 Remember

- **c-** 可读作 may be pronounced as /k-/: call, 或读作 or pronounced as /s-/: centre.
- **g-** 可读作 may be pronounced as /g-/: good, 或读作 or pronounced as /dʒ-/: general.

如果在词典中查不到某词,下表可用作查找的指南 If you have difficulty in looking up a word, the following table may help:

读音 Pronunciation	可能的拼法 Possible spelling
f-	**ph-** (如 e.g. *photo*)
g-	**gh-** (如 e.g. *ghost*) 或 or
	gu- (如 e.g. *guest*)
h-	**wh-** (如 e.g. *who, whole*)
k-	**ch-** (如 e.g. *character*)
kw-	**qu-** (如 e.g. *quick*)
n-	**kn-** (如 e.g. *knife*) 或 or
	pn- (如 e.g. *pneumonia*)
r-	**wr-** (如 e.g. *write*)
s-	**c-** (如 e.g. *centre*) 或 or
	ps- (如 e.g. *psychology*)
dʒ-	**j-** (如 e.g. *job*) 或 or
	g- (如 e.g. *general*)
ʃ-	**sh-** (如 e.g. *shop*) 或 or
	ch- (如 e.g. *chalet*)
iː	**ea-** (如 e.g. *each*)
ɪ	**e-** (如 e.g. *enjoy*)
e	**a-** (如 e.g. *any*)
ɑː	**au-** (如 e.g. *aunt*)
ɒ	**ho-** (如 e.g. *honest*)
ɔː	**au-** (如 e.g. *author*) 或 or
	oa- (如 e.g. *oar*)
ə	**a-** (如 e.g. *awake*) 或 or
	o- (如 e.g. *obey*)
ɜː	**ear-** (如 e.g. *early*) 或 or
	ir- (如 e.g. *irk*)

eɪ	**ai-** (如 e.g. *aim*)或 or
	ei- (如 e.g. *eight*)
əʊ	**oa-** (如 e.g. *oath*)
aɪ	**ei-** (如 e.g. *either*)
juː	**eu-** (如 e.g. *Europe*)

A a

A, a¹ /eɪ/ [pl **A's, a's** /eɪz/] 英语的第一个（个）字母 yīngyǔde dìyīgè zìmǔ.

A² abbr **ampere(s)**

a /ə 强式:eɪ/ （亦作 **an** /ən 强式: æn/） indefinite article [an 用于以元音开头的词前] 1 一; 一个（个）yī gè: a book 一本书. a teacher 一位教师. a million pounds 一百万英镑. 2（表示数量,群等）: a lot of money 很多钱. 3 每; 每一 měi yī · měi yī: 70 miles an hour 每小时 70 英里.

aback /ə'bæk/ adv [短语动词] **take sb aback** ⇨ TAKE!.

abacus /'æbəkəs/ n [C] 算盘(盤) suànpán.

abandon /ə'bændən/ v [T] 1 离（離）弃 líqì; 遗弃 yíqì. 放弃一种想法 fàngqì: an idea 放弃一种想法. 3 [正式用语] ～ oneself to 陷于（某种感情）xiàn yú. **abandoned** /ə'bændənd/ adj 被抛弃的 bèi pāoqì de. 2（行为）放荡（蕩）的 fàngdàng de. **abandonment** /ə'bændənmənt/ n [U].

abashed /ə'bæʃt/ adj 窘迫的 jiǒngpòde; 羞愧的 xiūkuìde.

abate /ə'beɪt/ v [I, T][正式用语]减少 jiǎnshǎo; 减轻（輕）jiǎnqīng. **abatement** n [U]: noise ～ment 减轻噪音.

abattoir /'æbətwɑː(r); US æbə'twɑː/ n [C] 屠宰场（場）túzǎichǎng.

abbess /'æbes/ n [C] 女修道院院长（長）nǚxiūdàoyuàn yuànzhǎng.

abbey /'æbɪ/ n [C] 修道院 xiūdàoyuàn.

abbot /'æbət/ n [C] 修道院院长 xiūdàoyuàn yuànzhǎng; 寺庙（廟）住持 sìmiào zhùchí.

abbreviate /ə'briːvɪeɪt/ v [T] 简略 jiǎnlüè; 缩写（寫）suōxiě. **abbreviation** /ə,briːvɪ'eɪʃn/ n [C] 缩略语 suōlüèyǔ; 缩略语 suōlüèyǔ.

abdicate /'æbdɪkeɪt/ v [I, T] 让（讓）(位) ràng; 放弃（棄）(责任) fàng-qì. **abdication** /,æbdɪ'keɪʃn/ n [U].

abdomen /'æbdəmən/ n [C] 腹部 fùbù; 腹部 fùbù. **abdominal** /æb'dɒmɪnl/ adj.

abduct /əb'dʌkt, æb-/ v [T] 绑架 bǎngjià. **abduction** /əb'dʌkʃn, æb-/ n [U,C].

aberration /,æbə'reɪʃn/ n [C, U] 越轨 yuèguǐ.

abet /ə'bet/ v [-tt-] [习语] **aid and abet** ⇨ AID.

abhor /əb'hɔː(r)/ v [-rr-] [T][正式用语]憎恨 zēnghèn; 厌（厭）恶（惡）yànwù. **abhorrence** /əb'hɒrəns/ n [U]. **abhorrent** /-ənt/ adj.

abide /ə'baɪd/ v 1 [T] 忍受 rěnshòu; 容忍 róngrěn: She can't ～ that man. 她不能容忍那个男人. 2 [I] ～ by 遵守 zūnshǒu; 坚（堅）持 jiānchí. **abiding** adj 持久的 chíjiǔde.

ability /ə'bɪlətɪ/ n [C, U] [pl -ies] 才干 cáigàn; 能力 nénglì.

abject /'æbdʒekt/ adj [正式用语] 1 情况可怜（憐）的 qíngkuàng kělián de; ～ poverty 赤贫 chìpín. 2 卑鄙的 bēibǐde. **abjectly** adv.

ablaze /ə'bleɪz/ adj 1 着火 zháohuǒ; 燃烧 ránshāo. 2 [喻] 闪耀 shǎnyào.

able /'eɪbl/ adj [～r, ～st] 1 to 能够的 nénggòude; 能（有能力、有办法、有机会）做某事 néngzuò mǒushì; Are you ～ to come with us? 你能同我们一起走吗? 2 聪（聰）明的 cōngmíngde; 能干（幹）的 nénggàndle. **able-'bodied** adj 健壮（壯）的 jiànzhuàngde. **ably** adv.

abnormal /æb'nɔːml/ adj 变（變）态（態）的 biàntàide; 反常的 fǎnchángde. **abnormality** /,æbnɔː'mælətɪ/ n [C, U] [pl -ies]. **abnormally** adv.

aboard /ə'bɔːd/ adv, prep 在船上 zài chuán shang; 在飞机（機）上 zài fēijī shang; 在火车上 zài huǒchē shang; 在公共汽车上 zài gōnggòngqìchē shang.

abode /ə'bəʊd/ n [sing] [正式用语] 1 住所 zhùsuǒ. 2 [习语] (of) ,no fixed a'bode 无（無）固定住所 wú gùdìng zhùsuǒ.

abolish /ə'bɒlɪʃ/ v [T] 废（廢）除 fèichú; taxes 废除赋税. **abolition** /,æbə'lɪʃən/ n [U].

abominable /ə'bɒmɪnəbl; US

-mən-/ adj 1 [非正式用语]讨厌(厌)的 tǎoyànde; ～ weather 讨厌的天气. 2 [正式用语]极(极)坏(坏)的 jíhuàide; ～ behaviour 恶(恶)劣的行为. abominably adv.

aboriginal /ˌæbəˈrɪdʒənl/ adj (人或动物)某地区(区)土生土长(长)的 mǒu dìqū tǔshēngtǔzhǎng de. aboriginal (亦作 Aboriginal) n [C] 澳大利亚(亚)土著人 Aodàlìyà tǔzhù rén.

Aborigine /ˌæbəˈrɪdʒəni/ n [C] 澳大利亚(亚)土著人 Aodàlìyà tǔzhù rén.

abort /əˈbɔːt/ v [I, T] 1 流产(产) liúchǎn; 堕胎 duòtāi. 2 夭折 yāozhé; 取消 qūxiāo; ～ a space flight 取消一次太空飞行. abortion /əˈbɔːʃn/ n [C, U] 流产 liúchǎn. abortive adj 失败的 shībàide.

abound /əˈbaund/ v [I] (in/ with) 多 duō; 富于 fù yú.

about[1] /əˈbaut/ prep 1 关于(关)…(题目) yǒuguān;～a book flowers 一本关于花的书. 2 在…到处(处)zài dàochù; walking ～ the town 在镇上到处走走. 3 关心 guānxīn; 从(从)事于 cóngshì yú; And while you're ～ it, … 你正做的时候, … 4 [习语] be about to do sth 就要… jiùyào; 即将(将)… jíjiāng. how/what about…? (a) (用于提出建议)…怎么(么)样(样)? zěnmeyàng? How some more tea? 再来点茶怎么样? (b) (用于询问情况·信息)…怎么样? zěnmeyàng? What ～ the money ～ do we have enough? 钱怎么样? 我们的钱够吗?

about[2] /əˈbaut/ adv 1 大约 dàyuē; It costs ～ £100. 花费了大约100英镑. 2 到处(处)dàochù; The children were rushing ～. 孩子们到处乱跑. 3 各处 gèchù; papers lying ～ the room 散在房间各处的报纸. 4 在周围(围)活动(动)zài zhōuwéi huódòng; There was no one ～. 周围没有人活动. aˌbout-'turn n [C] (立场·观点等)的彻(彻)底扭转(转)变(变)彻底扭转bàn.

above[1] /əˈbʌv/ prep 1 在…上面 zài…shàngmiàn; 高于 gāo yú; fly ～ the clouds 在云层上面飞行. 2 (数量·价格·质量等)高于 gāo yú;不做 búzuò; be ～ stealing 不会偷窃. be ～ suspi-

cion 无可怀疑. 4 [习语] above all 首先 shǒuxiān;尤其重要的 yóuqí zhòngyào de. above one's 'head ⇨HEAD[1].

above[2] /əˈbʌv/ adv 1 在上面 zài shàngmiàn; 高于 gāo yú: the shelf ～ 上面的架子. 2 (用于书籍等)在上文 zài shàngwén; 在前文 zài qiánwén.

abrasion /əˈbreɪʒn/ n [U] 磨损 mósǔn; 擦伤(伤)cāshāng. 2 [C] 擦伤处(处)cāshāngchù.

abrasive /əˈbreɪsɪv/ adj 1 磨损的 mósǔnde; 粗糙的 cūcāode. 2 [喻]粗暴的 cūbàode; 由 an ～ manner 粗暴的态度.

abreast /əˈbrest/ adv 1 并(并)排 bìngpái; 并肩 bìngjiān. 2 [习语] be/keep abreast of sth 及时(时)了解(某事物)jíshí liǎojiě.

abridge /əˈbrɪdʒ/ v [T] 删节(节)(书等)shānjié. abridg(e)ment n [C, U].

abroad /əˈbrɔːd/ adv 在国(国)外 zài guówài; 去国外 qù guówài; travel ～ 到国外旅行.

abrupt /əˈbrʌpt/ adj 1 突然的 tūránde; 不意的 búyìde; an ～ stop 突然停止. 2 粗暴的 cūbàode; 不友好的 bù yǒuhǎode. abruptly adv. abruptness n [U].

abscess /ˈæbses/ n [C] 脓(脓)肿(肿)nóngzhǒng.

abscond /əbˈskɒnd/ v [I] [正式用语]潜逃 qiántáo; 逃避 qiánbì.

absence /ˈæbsəns/ n 1 [U] 不在 búzài; 缺席 quēxí; ～ from school 缺课. 2 [sing] 缺乏 quēfá; 没有 méiyǒu; the ～ of information 没有资料.

absent[1] /ˈæbsənt/ adj (from) 不在的 búzàide; 缺席的 quēxíde. ˌabsent-'minded n 心不在焉的 xīn bú zài yān de; 健忘的 jiànwàngde.

absent[2] /əbˈsent/ v [正式用语] ～ oneself (from) 未出席 wèi chūxí.

absentee /ˌæbsənˈtiː/ n [C] 缺席者 quēxízhě.

absolute /ˈæbsəluːt/ adj 1 完全的 wánquánde; ～ trust 充分的信任. 2 确(确)实(实)的 quèshíde; ～ proof 确凿的证据. 3 独(独)裁的 dúcáide; an ～ ruler 独裁的统治者. 4 独立的 dúlìde; an ～ standard 独立的标准. absolutely adv 1 完全地 wánquánde; He's ～ly right. 他完全正确. 2 /ˌæbsəˈluːtlɪ/ [非

正式用语](表示同意)当[當]然 dāngrán.

absolve /əb'zɒlv/ *v* [T] *from/of* [正式用语]免除 miǎnchú;赦免 shèmiǎn.

absorb /əb'sɔːb/ *v* [T] 1 吸收 xīshōu. 2 吸引 xīyǐn: ~*ed in her work* 专注于工作. **absorbent** *adj* 能吸收的 néng xīshōu de. **absorption** /əb'sɔːpʃn/ *n* [U].

abstain /əb'steɪn/ *v* [I] 1 (*from*) 戒除 … jièchú;避开[開] … bìkāi …. 2 弃[棄]权[權] qìquán.

abstemious /əb'stiːmɪəs/ *adj* (饮食等)有节[節]制的 yǒu jiézhìde.

abstention /əb'stenʃn/ *n* [C,U] 弃[棄]权[權] qìquán.

abstinence /'æbstɪnəns/ *n* [U] 戒除 jièchú;戒酒 jièjiǔ.

abstract /'æbstrækt/ *adj* 1 抽象的 chōuxiàngde: *Beauty is* ~. 美是抽象的. 2 (艺术)抽象的 chōuxiàngde. 3 (名词)抽象的 chōuxiàngde. **abstract** *n* [C] (书籍·演说等的)摘要 zhāiyào.

absurd /əb'sɜːd/ *adj* 荒谬的 huāngmiùde;可笑的 kěxiàode. **absurdity** *n* [C,U] [*pl* -ies]. **absurdly** *adv*.

abundance /ə'bʌndəns/ *n* [U, sing] 丰[豐]富 fēngfù. **abundant** /-ənt/ *adj*. **abundantly** *adv*.

abuse[1] /ə'bjuːz/ *v* [T] 1 滥[濫]用 lànyòng;妄用 wàngyòng. 2 虐待 nüèdài. 3 辱骂 rǔmà.

abuse[2] /ə'bjuːs/ *n* 1 [U] 辱骂[罵] rǔmà;咒骂 zhòumà: *hurl* ~ *at sb* 辱骂某人. 2 [C,U] 滥[濫]用 lànyòng;妄用 wàngyòng: ~ *of power* 滥用权力. **abusive** *adj* 辱骂的 rǔmàde.

abysmal /ə'bɪzməl/ *adj* 很坏[壞]的 hěnhuàide: *an* ~ *failure* 彻底的失败. **abysmally** *adv*.

abyss /ə'bɪs/ *n* [C] 深渊[淵] shēnyuān.

academic /ˌækə'demɪk/ *adj* 1 学[學]校的 xuéxiàode;研究的 yánjiūde;教育的 jiàoyùde. 2 学术[術]的 xuéshùde. **academic** *n* [C] 大学教师[師] dàxué jiàoshī. **academically** /-klɪ/ *adv*.

academy /ə'kædəmɪ/ *n* [C] [*pl* -ies] 1 (专)门学[學]校 xuéxiào;学院 xuéyuàn: *a music* ~ 音乐专科学校. 2 学会[會] xuéhuì.

accede /ək'siːd/ *v* [I] (*to*) [正式

用语]答应[應] dāying;同意 tóngyì.

accelerate /ək'seləreɪt/ *v* [I,U] (使)加速 jiāsù;变[變]快 biànkuài.

acceleration /əkˌselə'reɪʃn/ *n* [U]. **accelerator** *n* [C] (汽车的)油门 yóumén.

accent /'æksənt/ *n* [C] 1 (个人·地方或民族的)口音 kǒuyīn, 2 重音符号[號] zhòngyīn fúhào. 3 强调 qiángdiào;重点[點] zhòngdiǎn. **accent** /æk'sent/ *v* [T] 重读[讀] zhòngdú.

accentuate /ək'sentʃueɪt/ *v* [T] 强调 qiángdiào;使明显 shǐ míngxiǎn;使突出 shǐ tūchū.

accept /ək'sept/ *v* 1 [I,U] 接受 jiēshòu: ~ *a present* 接受一件礼品. 2 [T] 同意 tóngyì;承认[認] chéngrèn: ~ *the truth* 相信真理.

acceptable *adj* 可接受的 kě jiēshòude;受欢[歡]迎的 shòu huānyíngde. **acceptance** *n* [U,C].

access /'ækses/ *n* [U] (*to*) 1 通路 tōnglù. 2 接近或使用的机[機]会[會] jiējìn huò shǐyòng de jīhuì. **access** *v* 从[從](电子计算机)取出 qǔchū;存取 cúnqǔ. **accessible** *adj* 易接近的 yì jiējìn de;易得到的 yì dédào de.

accession /æk'seʃn/ *n* [U] 就高职[職] jiù gāozhí: *the King's* ~ *to the throne* 国王登基.

accessory /ək'sesərɪ/ *n* [C] [*pl* -ies] 1 附件 fùjiàn;配件 pèijiàn: *car accessories* 汽车配件. 2 (亦作 **accessary**) [法律]从[從]犯 cóngfàn.

accident /'æksɪdənt/ *n* 1 [C] 事故 shìgù;偶然的事 ǒuránde shì. 2 [习语] *by accident* 偶然 ǒurán. **accidental** /ˌæksɪ'dentl/ *adj*. **accidentally** /-təli/ *adv*.

acclaim /ə'kleɪm/ *v* [T] [正式用语]欢[歡]呼 huānhū;喝彩 hècǎi. **acclaim** *n* [U] 欢呼 huānhū;赞[讚]同 zàntóng.

acclimatize /ə'klaɪmətaɪz/ *v* [I, U] (*to*) 适[適]应[應]气[氣]候或环[環]境 shìyìng qìhòu huò huánjìng.

accolade /'ækəleɪd/ *US* ˌækə'leɪd/ *n* [C] [正式用语]赞[讚]扬 zànyáng;赞同 zàntóng.

accommodate /ə'kɒmədeɪt/ *v* 1 [T] 为[為] … 提供住宿 wèi … tígōng zhùsù. 2 施恩惠于 shī ēnhuì yú. **accommodating** *adj* 乐[樂]于助人的 lè yú zhùrén de. **accommodation** *n* /əˌkɒmə'deɪʃn/ *n* [U]

(尤指供居住用的)房间 fángjiān.

accompaniment /ə'kʌmpənɪmənt/ n [C] 1 伴随物 bànsuíwù. 2 [音乐]伴奏 bànzòu; 伴唱 bànchàng.

accompanist /ə'kʌmpənɪst/ n [C] 伴奏者 bànzòuzhě; 伴唱者 bànchàngzhě.

accompany /ə'kʌmpənɪ/ v [pt, pp -ied] [T] 1 陪伴 péibàn. 2 伴随 bànsuí; wind accompanied by rain 风雨交加. 3 伴奏 bànzòu; 伴唱 bànchàng.

accomplice /ə'kʌmplɪs; US ə'kɒm-/ n [C] 帮[幫]凶[兇] bāngxiōng; 共犯 gòngfàn.

accomplish /ə'kʌmplɪʃ; US ə'kɒm-/ v [T] 完成 wánchéng; 实[實]现 shíxiàn. **accomplished** adj 熟练[練]的 shúliànde; 训练有素者的 xùnliàn yǒusù de. **accomplishment** n 1 [U] 完成 wánchéng. 2 [C] 成就 chéngjiù; 技艺[藝] jìyì; Ability to play the piano well is quite an ~. 弹得一手好钢琴确是一项成就.

accord /ə'kɔːd/ n [U] 1 [习语] in accord (with sth/sb) 与(與)…一致 yǔ…yīzhì. of one's own accord 自愿[願]地 zìyuàn[願]地 zìyuànde; 自愿(願)地 zìyuànde. **accord** v 1 [正式用语] …一致 yǔ…yīzhì.

accordance /ə'kɔːdəns/ n [U] [习语] in accordance with sth 与(與)…一致 yǔ…yīzhì; 依照 yīzhào; 根据[據] gēnjù.

accordingly /ə'kɔːdɪŋlɪ/ adv 照着 zhàozhe; 相应[應]地 xiāngyìngde; 因此 yīncǐ; 所以 suǒyǐ.

according to /ə'kɔːdɪŋ tuː/ prep 1 按照 ànzhào …所述 ànzhào …suǒshù; A~ to a recent report, people in Britain don't take enough exercise. 根据最近报道,英国人体育活动做得不够. A~ to my doctor, I ought to go on a diet. 按照我的医生的要求,我应该维持节制饮食. 2 按照 ànzhào; act ~ to one's principles 按照自己的原则办事. 3 依…而定 yī…érdìng; arranged ~ to size 按大小顺序排列.

accordion /ə'kɔːdɪən/ n [C] 手风[風]琴 shǒufēngqín.

accost /ə'kɒst; US ə'kɔːst/ v [T] 与(與)(某不认识的人)搭讪 yǔ dāshàn.

account¹ /ə'kaʊnt/ n 1 [C] 报[報]告 bàogào; 叙述 xùshù; give an ~ of the meeting 报道会议的

情况. 2 [C] 账[賬]户 zhànghù; open a bank ~ 开立银行账户. 3 accounts [pl] 账目 zhàngmù. 4 [习语] of great, no, etc. account 非常重要 fēichángzhòngyào; 不重要 bú zhòngyào. on account of sth 因为[爲] yīnwèi. on no account 决不 juébù. take account of sth, take sth into account 考虑 [慮] kǎolǜ dào.

account² /ə'kaʊnt/ v [短语动词] account for sth (a) 说明原因 shuōmíng; 解释[釋] jiěshì; This ~ for his behaviour. 这是他所作所为的一个说明. (b) 说明钱[錢]的开[開]支 shuōmíng qiànde kāizhī. **accountable** adj 应[應]负责任的 yīng fù zérènde.

accountant /ə'kaʊntənt/ n [C] 会[會]计 kuàijì. **accountancy** /-tənsɪ/ n [U] 会计工作 kuàijì gōngzuò. **accounting** n [U] 会计 kuàijì.

accredited /ə'kredɪtɪd/ adj 被正式认[認]可的 bèi zhèngshì rènkěde; our ~ representative 我们的正式代表.

accrue /ə'kruː/ v [I] [正式用语](尤指利息等)增长[長] zēngzhǎng.

accumulate /ə'kjuːmjʊleɪt/ v [I, T] 积[積]累 jīlěi;积累 jīlěi. **accumulation** /ə,kjuːmjʊ'leɪʃn/ n [C, U].

accurate /'ækjʊrət/ adj 准确[確]的 zhǔnquède; 精密的 jīngmìde. **accuracy** /-rəsɪ/ n [U]. **accurately** adv.

accusation /,ækjʊ'zeɪʃn/ n [C] 控告 kònggào; 谴责 qiǎnzé.

accuse /ə'kjuːz/ v [T] (of) 控告 kònggào; ~ sb of theft 控告某人偷窃. **the accused** n [C] [pl the accused] 被告 bèigào. **accuser** n [C].

accustom /ə'kʌstəm/ v [T] 使惯[習] 惯于 shǐ xíguàn yú. **accustomed** adj 惯常的 guànchángde.

ace /eɪs/ n 1 扑[撲]克牌上的幺点[點] púkèpái shàng de yāodiǎn. 2 [非正式用语]专[專]家 zhuānjiā; an ~ footballer 技术精湛的足球运动员.

ache /eɪk/ n [C] [常用于复合词] 疼痛 téngtòng; 'headache 头痛. **ache** v [I] 1 疼痛 téngtòng; My head ~s. 我头痛. 2 for 渴望 kěwàng; He is aching for home. 他正想家. ~ to go home 渴望回

家.

achieve /əˈtʃiːv/ v [T] 完成 wánchéng; 达[達]到 dádào: ~ one's aim 达到目的. **achievement** n [C,U].

Achilles /əˈkɪliːz/ n [习语] **Achilles' heel** 致命的弱点[點] zhìmìngde ruòdiǎn. **Achilles' tendon** n [C] [解剖]踝腱 gēnjiàn.

acid /ˈæsɪd/ n [C,U] [化学]酸 suān. 2 [习语] **the 'acid test** [喻]严[嚴]峻的考验[驗] yánjùnde kǎoyàn. **acid** adj 1 酸的 suānde. 2 [喻]尖刻的 jiānkède;讽[諷]刺的 fěngcìde. **'acid 'rain** n [U] 酸雨 suānyǔ.

acknowledge /əkˈnɒlɪdʒ/ v [T] 1 承认[認] chéngrèn; I ~ my mistake. 我承认错误. 2 表示收到(信件等) biǎoshì shōudào. 3 表示对[對]…注意到(某人) biǎoshì yǐ zhùyì dào. 4 为[為](某事)表示感谢 wèi biǎoshì gǎnxiè. **acknowledgement** (亦作 **acknowledgment**) n [C,U].

acne /ˈækni/ n [U] 粉刺 fěncì.

acorn /ˈeɪkɔːn/ n [C] 橡子 xiàngzi; 橡果 xiàngguǒ.

acoustic /əˈkuːstɪk/ adj 声[聲]音的 shēngyīnde. **acoustics** n [pl] 音响[響]效果 yīnxiǎng xiàoguǒ. 2 [U] 声学[學] shēngxué.

acquaint /əˈkweɪnt/ v [T] (with) 使认[認]识[識] shǐ rènshí; 使熟悉 shǐ shúxī. **acquaintance** n [C] 熟人 shúrén. 2 [U] (with) (稍稍的)熟悉 shúxī. 3 [习语] **make sb's acquaintance** 熟悉某人 shúxī mǒurén;会[會]见 huìjiàn. **acquainted** adj (with) 熟悉(某人)的 shúxī de.

acquiesce /ˌækwiˈes/ v [I] (in) [正式用语]默认[認] mòrèn. **acquiescence** n [U].

acquire /əˈkwaɪə(r)/ v [T] 获[獲]得 huòdé; 取得 qǔdé. **acquisition** /ˌækwɪˈzɪʃn/ n [C] 1 获得物 huòdéwù. 2 获得 huòdé. **acquisitive** /əˈkwɪzətɪv/ adj 渴望获得的 kěwàng huòdé de.

acquit /əˈkwɪt/ v [-tt-] 1 宣告无[無]罪 xuāngào wúzuì. 2 ~ oneself 使(自己)作出某种[種]表现 shǐ zìjǐ zuòchū mǒuzhǒng biǎoxiàn; He ~ted himself very well. 他表现甚好. **acquittal** n [C,U].

acre /ˈeɪkə(r)/ n [C] 英亩[畝] yīngmǔ. **acreage** /ˈeɪkərɪdʒ/ n [U] 英亩数[數] yīngmǔshù.

acrid /ˈækrɪd/ adj 辣的 làde.

acrimonious /ˌækrɪˈməʊniəs/ adj [正式用语]尖刻的 jiānkède;讥[譏]讽[諷]的 jīfěngde. **acrimony** /ˈækrɪməni; US -məʊni/ n [U].

acrobat /ˈækrəbæt/ n [C] 杂[雜]技演员 zájì yǎnyuán. **acrobatic** /ˌækrəˈbætɪk/ adj. **acrobatics** n [pl].

acronym /ˈækrənɪm/ n [C] 首字母缩写[寫]词[詞] shǒuzìmǔ suōxiěcí.

across /əˈkrɒs; US əˈkrɔːs/ adv, prep 1 横过[過] héngguò; 越过 yuèguò; swim ~ the lake 横游这个湖. 2 在…那一边[邊] zài…nà yìbiān. 3 在…的另[另]一边 zài…de lìng yìbiān; My house is just ~ the street. 我家就在街的那一边.

acrylic /əˈkrɪlɪk/ adj 丙烯酸的 bǐngxīsuānde.

act¹ /ækt/ v [I] 做 zuò;干[幹]干 gàn; 作 zuò: We must ~ quickly. 我们必须赶快采取行动. 2 [I,T] 表演 biǎoyǎn;扮演 bànyǎn. 3 [短语动词] **act as sb/sth** 充当[當] chōngdāng; 起…作用 qǐ…zuòyòng. **acting** n [U] 戏剧表演 xìjù biǎoyǎn. **acting** adj 代理的 dàilǐde: the ~ing manager 代经理.

act² /ækt/ n [C] 1 行为[為] xíngwéi; an ~ of kindness 好意的行为. 2 行动[動] xíngdòng; caught in the ~ of stealing 行窃时被当场捉住. 3 法令 fǎlìng; 条[條]例 tiáolì; A~ of Parliament 议[議]院的法案. 4 戏剧幕 mù. 5 简短的演出 jiǎnduǎnde yǎnchū; a circus ~ 马戏表演. 6 [非正式用语]装[裝]腔作势[勢] zhuāng qiāng zuò shì; put on an ~ 装腔作势,炫耀自己. 7 [习语] **an 'act of 'God** 不可抗拒力(如水灾等) bùkě kàngjù lì.

action /ˈækʃn/ n 1 [U] 行动[動] xíngdòng; 动作 dòngzuò: take ~ to stop the rise in crime 采取行动阻止犯罪的上升. 2 [U] 作为[為] zuòwéi; 行为 xíngwéi. 3 [U] 情节[節] qíngjié;细节 xìjié. 4 [U] 战[戰]斗[鬥] zhàndòu: He was killed in ~. 他阵亡了. 5 [C] 诉讼 sùsòng: bring an ~ against sb 对某人起诉. 6 [习语] **in 'action** 在运[運]转[轉] zài yùnzhuǎn. **out of 'action** 停止运转 tíngzhǐ yùnzhuǎn.

activate /ˈæktɪveɪt/ v [T] 使活动[動] shǐ huódòng; 触[觸]发[發]发

chūfā.

active /'æktɪv/ *adj* 1 积〔積〕极〔極〕的 jíjíde; 活跃〔躍〕的 huóyuède; 活动〔動〕的 huódòngde. 2 [语法](动词)描述动作的 miáoshù dòngzuòde, the active *n* [sing] 描述动作的动词. **actively** *adv*.

activist /'æktɪvɪst/ *n* [C] 积〔積〕极〔極〕分子 jíjífènzǐ.

activity /æk'tɪvətɪ/ *n* [*pl* -ies] 1 [U] 活动〔動〕 huódòng; 繁忙 fánmáng; *a lot of ~ in the street* 街上很热闹. 2 [C, 尤作 pl] 活动 huódòng; *social activities* 社会活动.

actor /'æktə(r)/ *n* [C] (*fem* **actress** /'æktrɪs/) 演员 yǎnyuán.

actual /'æktʃuəl/ *adj* 实〔實〕际〔際〕的 shíjìde; 真实的 zhēnshíde. **actually** /'æktʃulɪ/ *adv* 实际地 shíjìde; *what ~ly happened* 实际上发生的. 2 居然 jūrán; *He ~ly expected me to pay!* 他居然期望我付款!

acumen /ə'kjuːmən/ *n* [U] [正式用语]敏锐 mǐnruì; 聪〔聰〕明 cōngmíng.

acupuncture /'ækjupʌŋktʃə(r)/ *n* [U] [医学]针刺 zhēncì; 针术〔術〕zhēnshù.

acute /ə'kjuːt/ *adj* [~r, ~st] 1 厉〔厲〕害的 lìhaide; *suffer ~ hardship* 遭遇严重困难. 2 敏锐的 mǐnruìde; *an ~ sense of hearing* 敏锐的听力. **acute 'accent** *n* [C] 重音符号〔號〕zhòngyīn fúhào. **acute 'angle** *n* [C] 锐角 ruìjiǎo. **acutely** *adv*. **acuteness** *n* [U].

AD /ˌeɪ'diː/ *abbr* 公元 gōngyuán.

ad /æd/ *n* [C] [非正式用语] (advertisement 的缩略语)广〔廣〕告 guǎnggào.

adamant /'ædəmənt/ *adj* [正式用语]固执[執]的 gùzhíde.

Adam's apple /'ædəmz æpl/ *n* [C] 喉结 hóujié; 喉核 hóuhé.

adapt /ə'dæpt/ *v* [T] 使适〔適〕应〔應〕shǐ shìyìng. **adaptable** *adj* 能适应的 néng shìyìngde. **adaptation** /ˌædæp'teɪʃn/ *n* [C, U] 适应 shìyìng; 适合 shìhé; 改编 gǎibiān; *an ~ of the play for television* 把戏剧改编为电视剧. **adaptor** *n* [C] 三通插头头〔頭〕sāntōng chātóu.

add /æd/ *v* 1 [T] 加 jiā; 增加 zēngjiā; ~ *the flour to the milk* 把面粉加进牛奶中. 2 [I, T] (*up*) 加起来〔來〕jiā qǐlái. 3 [T] 补〔補〕充说〔說〕bǔchōng shuō. 4 [短语动词] add

up [非正式用语]可信的 kěxìnde; *It just doesn't ~ up.* 这简直不可相信. **add up to sth** 意味着 yìwèi zhe; 表示 biǎoshì; 说明 shuōmíng.

adder /'ædə(r)/ *n* [C] 蝰蛇 fùshé.

addict /'ædɪkt/ *n* [C] 1 癖嗜者 pǐshìzhě; 有瘾者的人 yǒu yǐn de rén. 2 ⋯迷⋯mí; *a TV ~* 电视迷. **addicted** /ə'dɪktɪd/ *adj* (*to*) 上了瘾的 shàngleyǐn de; ~*ed to drugs* 吸毒成瘾的 **addiction** /ə'dɪkʃn/ *n* [U, C]. **addictive** /ə'dɪktɪv/ *adj* (使人)上瘾的 shàngyǐnde.

addition /ə'dɪʃn/ *n* 1 [U] 加 jiā; 加法 jiāfǎ. 2 [C] 附加物 fùjiāwù. 3 [习语] **in addition (to sth/sb)** 除⋯以外 chú⋯yǐwài. **additional** /-ʃənl/ *adj* 附加的 fùjiāde; 额外的 éwàide. **additionally** /-ʃənəlɪ/ *adv*.

additive /'ædɪtɪv/ *n* [C] 添加物 tiānjiāwù; 添加剂〔劑〕tiānjiājì.

address /ə'dres/ *US* 'ædres/ *n* [C] 1 通讯处〔處〕tōngxùnchù; 住址 zhùzhǐ. 2 致词 zhìcí. **address** *v* [T] 1 在(信封)上写〔寫〕姓名、住址 zài shàng xiě xìngmíng, zhùzhǐ. 2 向⋯致词 xiàng⋯zhìcí.

adept /ə'dept/ *adj* (*at/ in*) 擅长〔長〕的 shàncháng de; 熟练〔練〕的 shúliànde.

adequate /'ædɪkwət/ *adj* 可胜〔勝〕任的 kě shèngrèn de; 充分的 chōngfènde. **adequately** *adv*.

adhere /əd'hɪə(r)/ *v* [I] [正式用语] 1 (*to*) 粘着 niánzhuó. 2 **to** (喻) (a) 依照、遵循 (原则) yīzhào, zūnxún. (b) 坚〔堅〕持 jiānchí; 忠于 zhōngyú. **adherent** /əd'hɪərənt/ *n* [C] 追随(随)者 zhuīsuízhě; 依附者 yīfùzhě. **adherence** /-rəns/ *n* [U].

adhesive /əd'hiːsɪv/ *adj* 粘着的 niánzhuóde; 有粘性的 yǒu niánxìng de. **adhesion** /əd'hiːʒn/ *n* [U] 粘着 niánzhuó. **adhesive** *n* [C, U] 胶〔膠〕jiāo; 粘着物 niánzhuówù.

ad hoc /ˌæd 'hɒk/ *adj, adv* 特别的 tèbiéde; 特别地 tèbiéde.

adjacent /ə'dʒeɪsnt/ *adj* (*to*) 邻〔鄰〕接的 línjiēde; 邻近的 línjìnde.

adjective /'ædʒɪktɪv/ *n* [C] [语法]形容词 xíngróngcí. **adjectival** /ˌædʒɪk'taɪvl/ *adj*.

adjoin /ə'dʒɔɪn/ *v* [I] [正式用语]相近 xiāngjìn; 毗邻〔鄰〕pílín; ~*ing rooms* 毗邻的房间.

adjourn /ə'dʒɜːn/ v [T] 休(会)
xiū. **adjournment** n [C,U].

adjudicate /ə'dʒuːdɪkeɪt/ v [T,I]
[正式用语] 判决 pànjué; 宣判 xuān-
pàn. **adjudication**
n [U]. **adjudicator** n [C].

adjust /ə'dʒʌst/ v 1 [T] 校准 jiào-
zhǔn; 调整 tiáozhěng. 2 [I, T] to
适(適)应(應) shìyìng. **adjustable**
adj.

ad lib /ˌæd 'lɪb/ adj, adv 即兴
(興) 的 jíxìngde; 即兴地 jíxìngde.
ad lib v [-bb-] 即兴演说 jíxìng
yǎnshuō; 即兴表演 jíxìng biǎoyǎn.

administer /əd'mɪnɪstə(r)/ v [T]
1 支配 zhīpèi; 管理 guǎnlǐ: ~ a
hospital 管理医院. 2 [正式用语]
给予 gěiyǔ; ~ punishment 给予
惩罚. ~ a drug 施用药物. **ad-
ministration** /əd,mɪnɪ'streɪʃn/ n
1 [U] 管理 guǎnlǐ; 经(經)营(營)
jīngyíng; 行政 xíngzhèng. 2 [U] 提
供 tígōng; 施用 shīyòng. 3 (常作
the administration) [C] [尤用于
美语] 政府 zhèngfǔ: the Bush A~
布什政府. **administrative** /əd-
'mɪnɪstrətɪv; US -streɪtɪv/ adj.
administrator
(r)/ n [C].

admirable /'ædmərəbl/ adj 令人
钦佩的 lìngrén qīnpèi de; 极(極)好
的 jíhǎode. **admirably** adv.

admiral /'ædmərəl/ n [C] 海军
(軍)上将(將) hǎijūn shàngjiàng.

admire /əd'maɪə(r)/ v [T] 赞
(讚)赏 zànshǎng; 钦佩 qīnpèi. **ad-
miration** /ˌædmə'reɪʃn/ n [U]
赞赏 zànshǎng; 钦佩 qīnpèi. **ad-
mirer** n [C]. **admiring** adj 钦佩
的 qīnpèide: admiring glances 钦
佩的目光.

admissible /əd'mɪsəbl/ adj 1 [法
律] 容许提出的 róngxǔ tíchū de: ~
evidence 容许提出的证据. 2 [正
式用语] 值得采(採)纳的 zhídé cǎi-
nà de.

admission /əd'mɪʃn/ n 1 [U] 准
入 zhǔnrù; 接纳 jiēnà. 2 [U] 入场费
rùchǎngfèi. 3 [U] 承认(認) chéng-
rèn.

admit /əd'mɪt/ v [-tt-] [T] 1 允
许进(進)入 yǔnxǔ jìnrù. 2 承认(認)
chéngrèn: I — that I was
wrong. 我承认自己错了. **admit-
tance** n [U] 进入权(權) jìnrùquán.
admittedly /əd'mɪtɪdlɪ/ adv 公
认地 gōngrènde.

admonish /əd'mɒnɪʃ/ v [T] [正式

用语]警告 jǐnggào; 告诫 gàojiè.

ad nauseam /ˌæd 'nɔːzɪæm/ adv
令人讨厌(厭)地 lìngrén tǎoyàn de:
She played the same record ~.
她讨厌地老放同一张唱片.

ado /ə'duː/ n [U] 忙乱(亂) máng-
luàn; 麻烦 máfán: without further
~ 没有更多麻烦地.

adolescent /ˌædə'lesnt/ adj, n
[C] 青少年 qīngshàonián. **adoles-
cence** /-'lesns/ n [U].

adopt /ə'dɒpt/ v [T] 1 收养(養)
(子女) shōuyǎng. 2 采(採)用 cǎi-
yòng. **adoption** /ə'dɒpʃn/ n [U,
C]. **adoptive** adj 收养的 shōu-
yǎngde.

adore /ə'dɔː(r)/ v [T] 1 敬爱(愛)
jìng'ài; 崇拜 chóngbài. 2 [非正规用
语]极(極)喜爱 jí xǐ'ài. **adorable**
adj 可爱的 kě'àide: an adorable
child 可爱的孩子. an adorable
puppy 可爱的小狗. **adoration**
/ˌædə'reɪʃn/ n [U].

adorn /ə'dɔːn/ v [T] 装(裝)饰
zhuāngshì. **adornment** n [U].

adrenalin /ə'drenəlɪn/ n [U] 肾
(腎)上腺素 shènshàngxiànsù.

adrift /ə'drɪft/ adj 漂流的 piāoliú-
de; 漂泊的 piāobóde.

adulation /ˌædjʊ'leɪʃn; US
ˌædʒʊ'l-/ n [U] [正式用语]谄媚
chǎnmèi; 奉承 fèngchéng.

adult /'ædʌlt/ n [C],
adj 成人(成熟)的成(動)
物 chéngshúde dòngwù; 成熟的
chéngshúde; 成年的 chéngniánde.
adulthood n [U] 成年 chéngnián.

adulterate /ə'dʌltəreɪt/ v [T] 搀
(摻)假使不纯 chānjiǎ shǐ bù chún.

adultery /ə'dʌltərɪ/ n [U] 通奸
tōngjiān; 私通 sītōng. **adulterer**
/-tərə(r)/ n [C] (fem adulter-
ess /-tərɪs/) 通奸者 tōngjiānzhě.
adulterous /-tərəs/ adj.

advance[1] /əd'vɑːns; US -'væns/
v 1 [I, T] 前进(進) qiánjìn; 推进
tuījìn. 2 [T] 提先检(墊)付 yùxiān diàn-
tù; 赊借 shējiè. **advanced** adj 1
程度高的 chéngdù gāo de: ~d in
years 年长的. 2 高级的 gāojíde: ~
-d study 高级研究. **advance-
ment** n [U] 前进 qiánjìn; 提升 tí-
shēng.

advance[2] /əd'vɑːns; US -'væns/
n 1 [C,U] 前进(進) qiánjìn; 提(進)
jìnzhǎn. 2 [C] 预付的钱(錢) yùfùde
qián. 3 **advances** [pl] (表示友好
的)主动(動)姿态(態) zhǔdòng zī-

tài. 4 [习语] **in advance (of sth)** 事先 shìxiān. **advance** adj 事先的 shìxiānde; 预先的 yùxiānde: an ~ warning 事先的警告.

advantage /əd'vɑːntɪdʒ; US -'væn-/ n 1 [C] 有利条[條]件 yǒulì tiáojiàn; 优[優]势[勢] yōushì. 2 [U] 利益 lìyì. 3 [习语] **take advantage of sth** (充分)利用 lìyòng.

advantageous /ˌædvən'teɪdʒəs/ adj 有利的 yǒulìde; 有用的 yǒuyòngde.

advent /'ædvənt/ n **the advent** [sing] of (不寻常事物的)降临[臨] jiànglín; 出现 chūxiàn.

adventure /əd'ventʃə(r)/ n 1 [C] 冒险[險] màoxiǎn. 2 [U] 奇遇 qíyù; 历[歷] 险 lìxiǎn. **adventurer** 冒险家 màoxiǎnjiā; 投机[機] 者 tóujīzhě. **adventurous** adj 1 喜欢[歡]冒险的 xǐhuān màoxiǎn de. 2 惊[驚]险的 jīngxiǎnde.

adverb /'ædvɜːb/ n [C] [语法]副词 fùcí. **adverbial** /æd'vɜːbɪəl/ adj, n.

adversary /'ædvəsərɪ; US -serɪ/ n [C] [pl -ies] [正式用语]敌[敵]人 dírén; 对[對]手 duìshǒu.

adverse /'ædvɜːs/ adj 不利的 búlìde; 逆 nì: ~ conditions 不利条件. **adversely** adv. **adversity** /əd'vɜːsətɪ/ n [C, U] [pl -ies] 逆境 nìjìng; 不幸 búxìng.

advert /'ædvɜːt/ n [C] [非正式用语]广[廣]告 (advertisement 的缩略语) guǎnggào.

advertise /'ædvətaɪz/ v [T] 做广[廣]告 zuò guǎnggào. **advertisement** /əd'vɜːtɪsmənt; US ˌædvər'taɪzmənt/ n [C] 广告 guǎnggào. **advertiser** n [C]. **advertising** n [U].

advice /əd'vaɪs/ n [U] 劝[勸]告 quànggào; 忠告 zhōnggào.

advise /əd'vaɪz/ v [T] 1 劝[勸]告 quànggào; 建议[議] jiànyì. 2 (尤指商业上)通知 tōngzhī; 告 ~ sb of a delivery date 通知某人发货日期. **advisable** adj 贤[賢]明的 xiánmíngde; 可取的 kěqǔde. **adviser** (亦作 **advisor**) n 顾[顧]问 gùwènshā. **advisory** adj 劝告的 quànggàode; 顾[顧]问的 gùwènde.

advocate /'ædvəkət/ n [C] 倡导[導]者 chàngdǎozhě; 辩护[護]人 biànhùrén. **advocate** /'ædvəkeɪt/ v [T] 提倡 tíchàng; 支持 zhīchí.

aerial /'eərɪəl/ adj 空气[氣]的

kōngqìde; 空中的 kōngzhōngde. ~ photograph 从空中拍摄的照片. **aerial** n [C] (无线电)天线 tiānxiàn.

aerobatics /ˌeərə'bætɪks/ n [pl] 特技飞[飛]行 tèjì fēixíng; 航空表演 hángkōng biǎoyǎn.

aerobics /eə'rəʊbɪks/ n [亦作 sing, 用 pl v] 增氧健身法(如跑步、散步、游泳等) zēngyǎng jiànshēnfǎ.

aerodrome /'eərədrəʊm/ n [C] [旧词,尤用于英国英语]小飞[飛]机[機]场[場] xiǎo fēijīchǎng.

aerodynamics /ˌeərəʊdaɪ'næmɪks/ n [U] 空气[氣]动[動]力学[學] kōngqì dònglìxué. **aerodynamic** adj.

aeronautics /ˌeərə'nɔːtɪks/ n [U] 航空学[學] hángkōngxué; 航空术[術] hángkōngshù.

aeroplane /'eərəpleɪn/ n [C] 飞[飛]机[機] fēijī.

aerosol /'eərəsɒl; US -sɔːl/ n [C] 按钮式喷雾[霧]器 ànniǔshì pēnwùqì.

aerospace /'eərəʊspeɪs/ n [U] 航空和宇宙航行空间[間] hángkōng hé yǔzhòu hángxíng kōngjiān.

aesthetic /iːs'θetɪk; US es'θetɪk/ adj 美学[學]的 měixuéde. **aesthetically** /-klɪ/ adv. **aesthetics** n [U] 美学 měixué.

afar /ə'fɑː(r)/ n [习语] **from afar** 从(從)远[遠]处[處] cóng yuǎnchù.

affable /'æfəbl/ adj 亲[親]切的 qīnqiède; 和蔼的 hé'ǎide. **affably** adv.

affair /ə'feə(r)/ n 1 [C 常作 sing] 事情 shìqíng. 2 [sing] 事件 shìjiàn. 3 **affairs** [pl] (a) 公众[衆]事务[務] gōngzhòng shìwù. (b) 个[個]人私事务 sīwù. 4 [C] 桃色事件 táosè shìjiàn.

affect /ə'fekt/ v [T] 影响[響] yǐngxiǎng: The cold climate ~ed his health. 寒冷的气候影响了他的健康. **affectation** /ˌæfek'teɪʃn/ n [C, U] 装[裝]模作样[樣] zhuāng mú zuò yàng; 造作 zàozuò. **affected** adj 假装的 jiǎzhuāngde; 做作的 zuòzuòde.

affection /ə'fekʃn/ n [U] 喜爱[愛] xǐ'ài; 慈爱 cí'ài. **affectionate** /-ʃənət/ adj. **affectionately** adv.

affidavit /ˌæfɪ'deɪvɪt/ n [法律]宣誓书[書] xuānshìshū.

affiliate /ə'filieɪt/ v [I, T] (尤指团体、组织) (使) 加入 jiārù; 接受为 [为] 分支机构 [機] 構 [構] jiēshòu wéi fēnzhī jīgòu; 接受成为会 [會] 员 [員] jiēshòu wéi huìyuán. **affiliation** /ə,fili'eɪʃn/ n.

affinity /ə'finəti/ n [C, U] [pl -ies] 1 密切的关 [關] 系 [係] mìqiè-de guānxi; 姻亲 [親] 关 [關] 系 [係] yīnqīn guānxi. 2 吸引力 xīyǐnlì.

affirm /ə'fɜːm/ v [T] [正式用语] 断 [斷] 定 duàndìng; 肯定 kěndìng. **affirmation** /,æfə'meɪʃən/ n [C, U]. **affirmative** adj (回答的) 肯定的 kěndìngde. **affirmative** n 1 [C] 肯定词 [詞] kěndìngcí; 肯定语 [語] kěndìngyǔ. 2 [习语] **in the affirmative** [正式用语] (回答) 表示赞成 biǎoshì zànchéng.

affix[1] /ə'fiks/ v [T] 附加 fùjiā; 贴上 tiēshàng.

affix[2] /'æfiks/ n [C] 词缀 cízhuì.

afflict /ə'flikt/ v [T] 使痛苦 shǐ tòngkǔ; 使苦恼 [惱] shǐ kǔnǎo. **affliction** /ə'flikʃn/ n [C, U] [正式用语] 痛苦 tòngkǔ; 苦恼 [惱] kǔnǎo; 痛苦的原因 tòngkǔde yuányīn.

affluent /'æfluənt/ adj 富裕的 fùyùde. **affluence** /-luəns/ n [U].

afford /ə'fɔːd/ v [T] 1 (有足够的金钱、时间、空间等) 能做 néngzuò. 2 不冒险 [險] 做得起 bù màoxiǎn zuò-deqǐ: We can't ~ to lose such experienced workers. 我们可损失不起这些有经验的工人.

affront /ə'frʌnt/ v [T] 冒犯 màofàn; 当 [當] 众 [眾] 侮辱 dāngzhòng wūrǔ. **affront** n [C] 当众侮辱 dāngzhòng wūrǔ.

afield /ə'fiːld/ adv [习语] **far afield** 远 [遠] 离 [離] 家乡 [鄉] yuǎnlí jiāxiāng.

afloat /ə'fləʊt/ adj 1 漂浮的 piāofúde. 2 在船上 zài chuánshàng. 3 经 [經] 济 [濟] 上应 [應] 付自如的 jīngjì shàng yìngfù zìrú de.

afoot /ə'fʊt/ adj 在准 [準] 备 [備] 中的 zài zhǔnbèi zhōng de.

aforementioned /ə,fɔː'menʃənd/ (亦作 **aforesaid** /ə'fɔːsed/) adj [正式用语] 上述的 shàngshùde.

afraid /ə'freɪd/ adj (of/to) 害怕 hàipà: ~ of spiders 害怕蜘蛛. 2 [习语] **I'm afraid** (用以表达令人不快的信息) 精糕! zāogāo! 对 [對] 不起 duìbuqǐ; 遗憾 yíhàn: I'm ~ we'll arrive late. 糟糕, 我们要晚到了.

afresh /ə'freʃ/ adv 再 zài; 重新

chóngxīn.

Africa /'æfrɪkə/ n [U] 非洲 Fēizhōu.

African /'æfrɪkən/ adj 非洲的 Fēizhōude. **African** [C] 非洲人 Fēizhōurén.

after /'ɑːftə(r)/ US /'æf-/ prep 1 在…之后 [後] zài…zhīhòu: leave ~ lunch 午饭后离开. 2 (顺序) 在…之后 zài…zhīhòu; C comes ~ B in the alphabet. 英语字母表 C 排在 B 的后面. 3 由于 yóuyú: A ~ what he said, I don't ever want to see him again. 由于他说的那些话, 我不想再见他了. 4 追寻 zhuīxún: The police are ~ my brother. 警察在追寻我的兄弟. 5 尽 [儘] 管 jìnguǎn: A ~ everything I have done for you, you are leaving me now. 尽管我为你做了这许多事, 你还是要走了. 6 仿 [倣] 照 fǎngzhào: a painting ~ Rembrandt 一幅模仿伦勃朗的画. 7 [习语] **after all** [举] 毕 [畢] 竟 bìjìng; 终究 zhōngjiū. She died three days ~ (I had left). 三天后她就死了 (我是后三天她死了). **'after-effect** n 常作作 pl [副作用 fùzuòyòng; 后效 hòuxiào. **'afterthought** n [C] 事后的想法 shìhòude xiǎngfǎ.

aftermath /'ɑːftəmæθ; Brit 亦作 -mɑːθ/ n [C] (战争等的) 后 [後] 果 hòuguǒ.

afternoon /,ɑːftə'nuːn; US /'æf-/ n [C, U] 下午 xiàwǔ.

afterwards (US 亦作 **afterward**) /'ɑːftəwədz/ US /'æf-/ adv 后 [後] 来 [來] hòulái; 以后 yǐhòu.

again /ə'gen, ə'geɪn/ adv 1 再 zài; try ~ later 以后再试一次. 2 重又 chóngyòu: I was glad to be home ~. 我很高兴又回到了家. 3 另外 lìngwài; 此外 cǐwài: as many/much ~ 加倍 jiābèi. 4 [习语] **a,gain and a'gain** 再三地 zàisāndè.

against /ə'genst, ə'geɪnst/ prep 1 接触 [觸] 着 [著] jiēchù: The ladder was leaning ~ the wall. 梯子靠在墙上. 2 反对 [對] fǎnduì: swim ~ the current 逆流游泳. ~ the law 违反法律. 3 以…为 [為] 背景 yǐ…wéi bèijǐng: The trees were black ~ the sky. 衬着天空, 树是黑黝黝的. 4 防备 [備] fángbèi: an injection ~ measles

麻疹的防预针.

age[1] /eɪdʒ/ *n* **1** [C, U] 年龄[龄]
niánlíng. **2** [U] 老年 lǎonián;*Wis-
dom comes with ~.* 姜是老的
辣. **3** [C] 时[时]代 shídài;*the
Elizabethan ~* 伊丽莎白时代. **4**
[C 常作 pl] [非正式用语]长[长]
时间 cháng shíjiān;*waiting for
~s* 等候很久. **5** [习语] *be*,
come of 'age 成年 chéngnián.
,**under 'age** 未成年 wèi chéngnián.
'**age-group** *n* [C] 同一年龄的人
们 tóngyī niánlíng de rénmen. '**age
limit** *n* [C] (能做某种事情的)年
龄限制 niánlíng xiànzhì. ,**age-'old**
adj 古老的 gǔlǎode;久远[远]的
jiǔyuǎnde.

age[2] /eɪdʒ/ *v* [*pres part* ageing
或 aging, *pp* aged /eɪdʒd/] [I,
T] 使变[变]老 shǐ biànlǎo;变老
biànlǎo. **aged** *adj* **1** /~eɪdʒd/ …岁
(数)的 … suì;*a boy ~ ten* 一
个十岁的男孩;*a boy ~* /eɪdʒɪd/ 老的
niánlǎode;老的 niánlǎode. **the aged**
/'eɪdʒɪd/ *n* [pl] 老人 lǎorén.
ageing (亦作 aging) *n* [U] 变老
biànlǎo;变陈 biànchén. **ageing** *adj*
变老的 biànlǎode.

ageism /'eɪdʒɪzem/ *n* [U] 年龄
[龄]歧视 niánlíngqíshì.

agency /'eɪdʒənsɪ/ *n* [*pl* -ies]
代理商[商] dàilǐshāng;机(机)构[构]
jīgòu;社 shè;*a travel ~* 旅行社.

agenda /ə'dʒendə/ *n* [C] 议(议)事
日程 yìshìrìchéng.

agent /'eɪdʒənt/ *n* [C] **1** 代理人
dàilǐrén;*an estate ~* 房地产经纪
人. **2** (产)力 dònglì;动因 dòng-
yīn;*Rain and frost are ~s that
wear away rocks.* 雨和霜是侵蚀
岩石的自然力.

aggravate /'ægrəveɪt/ *v* **1** [T] 使
恶[恶]化 shǐ èhuà;使加剧[剧] shǐ
jiājù. **2** [非正式用语]使气[气]恼
[恼] shǐ qìnǎo;激怒 jīnù;*an aggravating
delay* 令人讨厌的延误. **aggrava-
tion** *n* [C,U].

aggregate /'ægrɪgət/ *n* [C] 共计
gòngjì;合计 héjì.

aggression /ə'ɡreʃn/ *n* [U] **1** 敌
[敌]对[对]心理 díduì xīnlǐ. **2** 敌对
行为[为] díduì xíngwéi;侵略 qīn-
lüè. **aggressor** /ə'ɡresə(r)/ *n*
[C] 侵略者 qīnlüèzhě.

aggressive /ə'ɡresɪv/ *adj* **1** 侵略
的 qīnlüède. **2** 有闯劲[劲]的 yǒu
chuǎngjìn de;*an ~ salesman* 有
闯劲的推销员. **aggressively** *adv*.

aggressiveness *n* [U].

aggrieved /ə'ɡriːvd/ *adj* [正式用
语]感到受委曲的 gǎndào shòu wěi-
qū de.

aggro /'æɡrəu/ *n* [C] [英俚]暴力
扰[扰]乱[乱] bàolì rǎoluàn;闹事
nàoshì.

aghast /ə'ɡɑːst; US ə'ɡæst/ *adj* 大
惊[惊]的 chījīngde;吓[吓]呆的
xiàdāide.

agile /'ædʒaɪl; US 'ædʒl/ *adj* 敏
捷的 mǐnjiéde;活泼[泼]的 huópo-
de. **agility** /ə'dʒɪlətɪ/ *n* [U].

aging ⇨AGE[2].

agitate /'ædʒɪteɪt/ *v* **1** [T] 鼓动
[动] gǔdòng;鼓[鼓] 鼓动 jīdòng. **2** [I]
for/against 鼓[鼓] … gǔchuī … **3**
[T] 摇动 yáodòng;搅[搅] 动 jiǎo-
dòng. **agitation** /,ædʒɪ'teɪʃn/ *n*
[U]. **agitator** *n* [C] 鼓动家 gǔ-
dòngjiā.

AGM /,eɪ dʒiː 'em/ *abbr* [尤用于
英国英语] Annual General Meet-
ing 年度大会[会] niándù dàhuì.

agnostic /æɡ'nɒstɪk/ *n* [C], *adj*
不可知论[论]的 bùkězhīlùnde;不可
知论者 bùkězhīlùnzhě.

ago /ə'ɡəu/ *adv* 以前 yǐqián;*The
train left five minutes ~.* 火车
在五分钟前开走了.

agog /ə'ɡɒɡ/ *adj* 渴望的 kěwàng-
de;焦急的 jiāojíde.

agonize /'ægənaɪz/ *v* [I] (*over/
about*) 感到焦虑[虑] gǎndào jiāo-
lǜ. **agonized** *adj* 表示极[极]度痛
苦的 biǎoshì jídù tòngkǔ de. **agon-
izing** *adj* 引起痛苦的 yǐnqǐ tòngkǔ
de.

agony /'ægənɪ/ *n* [U,C] [*pl* -ies]
极[极]度痛苦 jídù tòngkǔ. '**agony
aunt** *n* [C] [英国非正式用语] 应
谛[谛]在报[报]纸上解答读[读]者
个[个]人问题的女性写[写]作者
zài bàozhǐ shàng jiědá dúzhě gèrén
wèntí de nǚxìng xiězuòzhě.

agrarian /ə'ɡreərɪən/ *adj* 耕地的
gēngdìde.

agree /ə'ɡriː/ *v* **1** [I] (*with*) 同意
tóngyì;*I ~ with you that money
is the problem.* 我同意你的意
见,问题是出在钱上. **2** [I] 应允[允]
yīngyǔn;*My boss ~d to let me
go home early.* 老板允许我早一
点回家. **3** [I,T] 决定 juédìng.
4 [I,T] (*with*) 批准 pīzhǔn. **5** [I]
符合 fúhé;*The two descriptions
do not ~.* 这两种描述不相符合.
6 [I] (*with*) [语法]动词等的(性、
性、数)一致 yīzhì. **7** [习语] *be*

agreed 达[達]成一致 dáchéng yízhì. **8** [短语动词] **agree with sb** (食物)适[適]合某人的健康 shìhé mǒurénde jiànkāng. **agreeable** adj **1** 令人愉快的 lìng rén yúkuài de. **2** 乐[樂]于同意的 lèyú tóngyì de. **agreeably** adv. **agreement** n **1** [C] 协[協]议[議](書) xiéyì; 协定 xiédìng. **2** [U] 一致 yízhì: The two sides failed to reach ~ment. 双方未能达成一致.

agriculture /'ægrɪkʌltʃə(r)/ n [U] 农[農]业[業] nóngyè. **agricultural** /ˌægrɪ'kʌltʃərəl/ adj.

aground /ə'graʊnd/ adv, adj 浅[淺](的) gēqiǎn.

ahead /ə'hed/ adv, adj 向前 xiàngqián; 在前 zàiqián: go ~ 前进; 继续下去. plan ~ 未雨绸缪. **a head of** prep **1** 在…前面 zài…qiánmian; 早于 zǎo yú; 先于 xiān yú. **2** 领先于 lǐngxiān yú; be years ~ of one's rivals. 比对手们领先数年.

aid /eɪd/ n **1** [U] 帮[幫]助 bāngzhù; 援助 yuánzhù; with the ~ of a friend 在一个朋友的帮助下. **2** [C] 有帮助的事物或人 yǒubāngzhùde wù huò rén: teaching ~s 教具 **3** [C] 援助 yuánzhù: what is sth in aid of? [非正式用语] 干 [幹]什[甚]么[麼]用的? nò shì gàn shénme yòng de? **aid** v **1** [T] [正式用语] 帮[幫]助 bāngzhù; 援助 yuánzhù. **2** [习语] **aid and a'bet** [法律] 伙同…作案 huǒtóng…zuò'àn; 同谋 tóngmóu; 怂[慫]恿[慂] 犯罪 sǒngyǒng fànzuì. **aid flight** n [C] 援助物资班机[機] yuánzhù wùzī bānjī. **aid package** n [C] 一揽[攬]子援助计划[劃] yīlǎnzi yuánzhù jìhuà. **aide** /eɪd/ n [C] (政府重要官员的)助手 zhùshǒu.

AIDS (亦作 **Aids**) /eɪdz/ abbr Acquired Immune Deficiency Syndrome 艾滋病 àizībìng.

ailing /'eɪlɪŋ/ adj 生病的 shēngbìngde. **ailment** /'eɪlmənt/ n [C] 病痛 bìngtòng.

aim /eɪm/ v **1** [I, T] (at) 瞄准[準] miáozhǔn. **2** [I] (at/for) 打算 dǎsuàn; ~ at increasing exports 打算增加出口. **3** [T] (批评等)对[對]着 duìzhe: My remarks were not ~ed at you. 我的话不是对你的. **aim** n **1** [C] 目的 mùdì; 志向 zhìxiàng: Her ~ is to be

famous. 她立志扬名. **2** [U] 瞄准 miáozhǔn. **aimless** adj 无[無]目的的 wú mùdì de. **aimlessly** adv.

ain't /eɪnt/ [用于非标准口语] **1** (short for) am/is/are not: Things ~ what they used to be. 现在的情况可不一样了. **2** (short for) has/have not: You ~ seen nothing yet. 你什么也没看见.

air[1] /eə(r)/ n **1** [U] 空气[氣] kōngqì. **2** [U] 天空 tiānkōng; travel by ~ 乘飞机旅行. **3** [C] 气派 qìpài; 样[樣]子 yàngzi: an ~ of importance 煞有介事的神气. **4** [习语] **give oneself/put on 'airs** 装[裝]腔作势[勢] zhuāng qiāng zuò shì. **in the 'air (a)** (意见等)在流传[傳] zài liúchuán zhōng. **(b)** 未决定 wèi juédìng. **on the 'air** 正在广[廣]播 zhèngzài guǎngbō. **off the 'air** 停止广播 tíngzhǐ guǎngbō. **'air bag** n [C] 安全气袋 ānquán qìdài; 安全气囊 ānquán qìnáng. **airborne** /'eəbɔːn/ adj **1** 空运[運]的 kōngyùnde. **2** (飞机)在飞[飛]行中的 zài fēixíng zhōng de, **'air-conditioning** n [U] 空调 kōngtiáo. **'air-conditioned** adj. **aircraft** n [C] [pl aircraft] 飞行器 fēixíngqì. **'aircraft-carrier** n [C] 航空母舰[艦] hángkōngmǔjiàn. **airfield** n [C] 飞机[機]场[場] fēijīchǎng. **'air force** n [C] 空军[軍] kōngjūn. **'air-hostess** n [C] 客机上的女服务[務]员 kèjī shàng de nǚfúwùyuán; 空中小姐 kōngzhōng xiǎojiě. **airlift** n [C] 空中补[補]给线[綫] kōngzhōng bǔjǐxiàn. **airlift** v [T] 用空中补给线运[運]输 yòng kōngzhōng bǔjǐxiàn yùnshū. **airline** n [C] 客机定期航线 kèjī dìngqī hángxiàn. **airliner** n [C] 大型客机 dàxíng kèjī. **airmail** n [U] 航空邮[郵]件 hángkōng yóujiàn. **airplane** / earplem/ n [C] [美语] = AEROPLANE. **airport** n [C] 航空港 hángkōng gǎng. **'air rage** n [U] 空中狂暴行为[爲] kōngzhōng kuángbào xíngwéi. **'air raid** n [C] 空袭[襲] kōngxí. **airship** n [C] 飞艇 fēitíng. **airspace** n [C] 领空 lǐngkōng. **airstrip** n [C] 飞机跑道 fēijī pǎodào. **'air terminal** n [C] (航空运输的)市内终点[點]站 shìnèi zhōngdiǎnzhàn. **airtight** adj 密封的 mìfēngde. **air-to-'air** (火力攻击)

空对(對)空的 kōngduìkōng de. **air traffic controller** n [C] 空中交通管制员 kōngzhōng jiàozhìng guǎnzhìyuán. **'airway** n [C] 航空线 hángkōngxiàn. **'airworthy** adj (飞机等)适(適)航的 shìhángde.

air² /eə(r)/ v 1 [I, T] 晾晒(曬) liàngshài. 2 [T] 通空气(氣) tōngkōngqì;通风(風) tōngfēng. 3 [T] 发(發)表(意见) fābiǎo: ~ one's views 表示见解. **airing** [sing] 晾晒: give the blanket a good ~ 把毯子好好晾晒一下. **'airing-cupboard** n [C] 晾干(乾)橱 liàngganchú.

airless /'eəlɪs/ adj 新鲜空气(氣)不足的 xīnxiān kōngqì bùzú de.

airy /'eərɪ/ adj **-ier, -iest** 1 通气(氣)的 tōngqìde; 通风(風)的 tōngfēngde. 2 轻(輕)率的 qīngshuàide; 随(隨)便的 suíbiànde. **airily** adv.

aisle /aɪl/ n [C] (大厅中座位中间的)通道 tōngdào.

ajar /ə'dʒɑː(r)/ adj (门)微开(開)的 wēi kāi de.

akin /ə'kɪn/ adj to [正式用语]类(類)似的 lèisìde.

à la carte /ˌɑː lɑː 'kɑːt/ adj (餐馆吃饭)点(點)菜的 diǎncàide.

alacrity /ə'lækrətɪ/ n [U] [正式用语]乐(樂)意 lèyì; 欣然 xīnrán; He accepted her offer with ~. 他欣然接受了她的提议.

alarm /ə'lɑːm/ n 1 [U] 惊(驚)慌 jīnghuāng. 2 [C] 警报(報) jǐngbào: a fire- ~ 火警. sound/raise the ~ 发警报. **alarm** v [T] 使恐(慌)惧(懼);使惊慌 shǐ yǒujù;使惊慌 shǐ jīnghuāng. **a'larm clock** n [C] 闹(鬧)钟(鐘) nàozhōng. **alarming** adj 使人惊愕的 shǐ rén jīngkǒng de.

alas /ə'læs/ interj [旧词或修辞](表示悲痛、怜悯等)哎呀! āiyā! 哎呀! āiyā!

albatross /'ælbətrɒs/ n [C] 信天翁 xìntiānwēng.

albeit /ˌɔːl'biːɪt/ conj [旧词或正式用语][←僭]悔(儘)[儘管];即使 jíshǐ; a ~ brief, description 尽管简短,但是有用的记述.

albino /æl'biːnəʊ; US -'bar-/ n [C] [pl ~s] 白化病患者 báihuàbìng huànzhě;生白化病的动(動)物 shēng báihuàbìng de dòngwù.

album /'ælbəm/ n [C] 1 相片册 xiàngpiàncè;集邮(郵)册 jíyóucè. 2 放唱(唱)时(時)间长(長)的唱片 fàng-

chàng shíjiān cháng de chàngpiàn.

alcohol /'ælkəhɒl; US -hɔːl/ n [U] 酒精 jiǔjīng;酒 jiǔ. **alcoholic** /ˌælkə'hɒlɪk; US -'hɔːl-/ adj 酒精的 jiǔjīngde; 含酒精的 hán jiǔjīng de. **alcoholic** n [C] 酒鬼 jiǔguǐ. **alcoholism** n [U] 酗酒 xùjiǔ;酒精中毒 jiǔjīng zhòngdú.

alcove /'ælkəʊv/ n [C] 壁龛(龕) bìkān.

ale /eɪl/ n [C, U] 浓(濃)啤酒 nóng-píjiǔ.

alert /ə'lɜːt/ adj 警惕的 jǐngtìde;提防的 tífángde. **alert** n [C] 警报(報) jǐngbào. 2 [习语] on the alert 警觉(覺) shí jǐngjué. **alert** v [T] 使警觉(覺) shí jǐngjué.

A level ⇨ A, a¹.

algae /'ældʒiː/ n [pl] 藻类(類) zǎolèi;海藻 hǎizǎo.

algebra /'ældʒɪbrə/ n [U] 代数(數) dàishù.

alias /'eɪlɪəs/ n [C] 别名 biémíng;化名 huàmíng. **alias** adv 别名叫 biémíng jiào;化名叫 huàmíng jiào: Joe Sykes, ~ John Smith 乔·锡克斯,别名约翰·史密斯.

alibi /'ælɪbaɪ/ n [C] 不在犯罪现场(場)的证(證)明 bú zài fànzuì xiànchǎng de zhèngmíng.

alien /'eɪlɪən/ n [C] 1 外侨(僑) wàiqiáo;外国(國)人 wàiguórén. 2 外星人 wàixīngrén. **alien** adj 1 外国的 wàiguóde. 2 陌生的 mòshēng-de.

alienate /'eɪlɪəneɪt/ v [T] 离(離)间 líjiàn;使疏远(遠) shǐ shūyuǎn. **alienation** /ˌeɪlɪə'neɪʃn/ n [U].

alight¹ /ə'laɪt/ adj 燃着的 ránzhede;点(點)亮的 diǎnliàngde.

alight² /ə'laɪt/ v 1 [正式用语](从公共车等)下来[來] xiàlái. 2 (鸟)飞(飛)落 fēiluò.

align /ə'laɪn/ v 1 [T] 使成一直线(綫) shǐ chéng yì zhíxiàn. 2 ~ oneself with a (与[與]…一致 yǔ…yízhì);与…结盟 yǔ…jiéméng: They ~ed themselves with the socialists. 他们与社会主义者结成同盟. **alignment** n [C, U].

alike /ə'laɪk/ adj 同样(樣)的 tóngyàngde;相似的 xiāngsìde. **alike** adv 相同地 tóngyàngde;相似地 xiāngsìde.

alimentary /ˌælɪ'mentərɪ/ adj 食物的 shíwùde;消化的 xiāohuàde. **the ˌalimentary ca'nal** n [C] 消化道 xiāohuàdào.

alimony /'ælɪmənɪ; US -məʊnɪ/ n [U] 离(離)婚后(後)付给配偶的

生活费 lìhún hòu fùgěi pèi'ǒu de shēnghuófèi.

alive /ə'laɪv/ *adj* **1** 活的 huóde. **2** 有活力的 yǒu huólìde; 有生气的 yǒu shēngqìde. **3** 存在的 cúnzàide. **4** [习语] **alive to sth** 注意 zhùyì dào; 意识（识）到 yìshídào. **alive with sth** 充满着…的 chōngmǎn zhe…de.

alkali /'ælkəlaɪ/ *n* [C, U] [化学] 碱 jiǎn.

all¹ /ɔːl/ *adj* **1** [与复数名词连用] 全部的 quánbùde; 所有的 suǒyǒude; A～ the people have come. 所有的人都来了. **2** [与不可数名词连用] 一切的 yíqiède; 整个（个）的 zhěnggède: We have lost ~ the money. 我们所有的钱都丢了. **3** 任何的 rènhéde: beyond ~ doubt 毫无疑问.

all² /ɔːl/ *pron* **1** 全部 quánbù; 大家 dàjiā; 全体（体）quántǐ: They were ~ broken. 它们全被打破了. **2** 唯一的东西 wéiyīde dōngxī; 样（樣）样东西 yàngyàng dōngxī: A~ I want is some peace! 我只要求有一个安静点儿的环境! **3** [习语] **all in 'all** [总] 全而（来）说 zǒngde lái shuō. **(not) at 'all** 根本（不）gēnběn: I didn't enjoy it at ~. 我一点儿也不喜欢它. **in all** 总共 zǒnggòng; 合计 héjì. **not at 'all** (回答对方道谢) 不谢 búxiè.

all³ /ɔːl/ *adv* **1** 完全地 wánquánde: ～dressed ～ in black 穿一身黑色服装. **2** (球赛得分等) 双 (雙) 方相等 shuāngfāng xiāngděng; 各 gè: The score was four ～. 比分是四平. **3** [习语] **all a'long** [非正式用语] 始终 shǐzhōng; 一直 yìzhí. **all 'in** 精疲力竭 jīng pí lì jié. **all over** 到处（處）dàochù. **all 'right** (亦作 alright) [非正式用语] **(a)** 平安的 píng'ānde; 无（無）恙的 wúyàngde. **(b)** 安然无（無）恙 ān rán wú yàng. **(c)** (表示同意) 好! hǎo; 可以 kěyǐ. **the better, harder, etc.** 更好 gènghǎo; 更努力 gèngnǔlì: We'll have to work ～ the harder when we get back from our holidays. 我们假期回来后就得更加努力工作. **all 'the 'same** ⇨SAME. 也见 yěj iàn. **be all for (doing) sth** 完全赞成, 完全 zànchéng. **be all the same to sb** 对某人来说）无所谓 wú suǒ wèi: It's ～ the same to me when you go. 你什么时候走, 我

无所谓. **not all that** 不很 bùhěn. **the all-'clear** *n* [C] 危险 (險) 已过（過）去的信号（號）wēixiǎn yǐ guòqùde xìnhào. **,all-'in** *adj* 包括一切的 bāokuò yíqiè de; an ～-in 'price 一切在内的价格. **,all out** *adv* 全力以赴 quán lì yǐ fù: The team is going ～ out to win. 该队全力以赴要取得胜利. an ～ out effort 最大的努力. **,all-'rounder** *n* [C] 多面手 duōmiànshǒu.

Allah /'ælə/ *n* 安拉, 真主(伊斯兰教的主神) ānlā, zhēnzhǔ.

allay /ə'leɪ/ *v* [T] 减轻（輕）(恐惧等) jiǎnqīng.

allegation /,ælɪ'geɪʃn/ *n* [C] (无证据的) 陈词 chéncí.

allege /ə'ledʒ/ *v* [T] [正式用语] 断（斷）言 duànyán; 宣称 (稱) xuānchēng; He ～s he was misled about the time. 他宣称他是把时间弄错了. **alleged** *adj.* **allegedly** *adv.*

allegiance /ə'liːdʒns/ *n* [U] 忠诚 zhōngchéng.

allegory /'ælɪgəri; US 'ælɪgɔːrɪ/ *n* [C] [*pl* **-ies**] 寓言 yùyán; 讽（諷）喻 fěngyù. **allegorical** /,ælɪ'gɒrɪkl; US ,ælɪ'gɔːrəkl/ *adj.*

alleluia /,ælɪ'luːjə/ *n* [C], *interj* 哈利路亚(亞)(赞颂上帝用语) hā-llìyà.

allergy /'ælədʒɪ/ *n* [C] [*pl* **-ies**] [医] 过（過）敏症 guòmǐnzhèng. **allergic** /ə'lɜːdʒɪk/ *adj.*

alleviate /ə'liːvieɪt/ *v* [T] 减轻（輕）(痛苦等) jiǎnqīng. **alleviation** /ə,liːvi'eɪʃn/ *n* [U].

alley /'ælɪ/ *n* [C] **1** 小巷 xiǎoxiàng. **2** 滚球戏 (戲) 等的球场 (場) gǔnqiúxì děng de qiúchǎng.

alliance /ə'laɪəns/ *n* [C] 联(聯)盟 liánméng; 同盟 tóngméng; 结合 lián-hé.

allied /ə'laɪd/ ⇨ALLY?.

alligator /'ælɪgeɪtə(r)/ *n* [C] 短吻鳄 duānwěn'è.

allocate /'æləkeɪt/ *v* [T] 分配 fēnpèi; 配给 pèijǐ. **allocation** /,ælə-'keɪʃn/ *n* [C, U].

allot /ə'lɒt/ *v* [-tt-] [T] 分配 fēnpèi; 拨(撥)给 bōgěi. **allotment** *n* [C] **1** 配给 pèijǐ fēn'è. **2** [尤用于英国英语]小块(塊)菜地 xiǎo-kuài càidì.

allow /ə'laʊ/ *v* [T] **1** 允许 yǔnxǔ: You are not ～ed to smoke in this room. 不允许你们在这间屋

子吸烟。**2** 允给(钱、时间等) yǔn-gěi。**3** [短语动词] **allow for sth** 考虑(虑) kǎolǜ: 体谅(谅) tǐliàng: ~ for traffic delays 考虑到交通上的耽搁。**allowable** adj.

allowance n **1** [C] 津贴 jīntiē。**2** [习语] **make allowance for sth** 考虑到 kǎolǜ dào: 体谅 tǐliàng。

alloy /'ælɔɪ/ n [C, U] 合金 héjīn.

allude /ə'luːd/ v [I] to [正式用语]提到 tídào; 暗指 ànzhǐ。**allusion** /ə'luːʒn/ n [C] 提及 tíjí; 暗指 ànzhǐ.

alluring /ə'lʊərɪŋ/ adj 诱人的 yòurén de; 吸引人的 xīyǐn rén de; 迷人的 mírén de.

ally¹ /'ælaɪ/ n [C] [pl -ies] 同盟者 tóngméngzhě; 盟国 [国] méngguó.

ally² /ə'laɪ/ v [pt, pp -ied] [I, T] ~ **oneself with/to** 结盟 jiéméng; 联(联)姻 liányīn。**allied** (to) 有关(關)系(係)的 yǒu guānxi de; 有亲(親)缘关系的 yǒu qīnyuán guānxi de.

almanac /'ɔːlmənæk/ n [C] 历(曆)书[書] lìshū; US /'æl-/ n [C] 历[曆]书[書] lìshū.

almighty /ɔːl'maɪti/ adj [非正式用语] 非常的 quánnéng de. **the Almighty** n [sing] 上帝 shàngdì.

almond /'ɑːmənd/ n [C] 杏核 xìnghé; 杏仁 xìngrén.

almost /'ɔːlməʊst/ adv 几(幾)乎 jīhū; 差不多 chàbùduǒ: ~ everywhere 几乎到处 ~. ~ impossible 几乎不可能.

alms /ɑːmz/ n [pl] [旧词]施舍[捨] shīshě; 救济[濟]物 jiùjìwù.

aloft /ə'lɒft/ adv [正式用语]在高处[處] zài gāochù.

alone /ə'ləʊn/ adj, adv **1** 孤独[獨]的 gūdú de; 孤独地 gūdú de: living ~ 孤独地生活。**2** 仅(僅)jǐn; 只 zhǐ: You ~ can help me. 只有你能帮助我。**3** [习语] **leave/let sb/sth a'lone** 独[獨]自干[幹] dúzì gàn.

along /ə'lɒŋ/; US /ə'lɔːŋ/ prep **1** 沿着 yánzhe; walk ~ the street 沿着大街走。**2** 挨着 āizhe: a path ~ the river 挨着河的一条小路。**along** adv **1** 向前 xiàngqián; Come ~! 来吧! **2** 和(别人)一起 hé yìqǐ: Can I bring some friends ~? 我能带朋友来吗? **3** [习语] **along with sth** 一起 yìqǐ, **a'longside** adv, prep 在旁 zài páng; 靠近 kàojìn.

aloof /ə'luːf/ adj 孤僻的 gūpì de; 冷

淡的 lěngdàn de, **aloofness** n [U].

aloud /ə'laʊd/ adv 高声[聲]地 gāoshēng de; 大声地 dàshēng de: read the letter ~ 大声读这封信.

alphabet /'ælfəbet/ n [C] 字母表 zìmǔbiǎo, **alphabetical** /ˌælfə-'betɪkl/ adj 按字母表顺序的 àn zìmǔbiǎo shùnxù de, **alphabetically** /-klɪ/ adv.

already /ɔːl'redɪ/ adv **1** 早已 zǎoyǐ: I've ~ told them what happened. 我早已把发生的事告诉他们了。**2** 早得出乎预料 zǎo dé chūhū yùliào: You are not leaving us ~, are you? 你不会这么早就离开我们吧?

alright = ALL RIGHT (ALL).

Alsatian /æl'seɪʃn/ n [C] 艾尔[爾]萨[薩]星狗(一种大狼狗) àil'ěrsàxīngǒu.

also /'ɔːlsəʊ/ adv 也 yě.

altar /'ɔːltə(r)/ n [C] 祭坛[壇] jìtán.

alter /'ɔːltə(r)/ v [I, T] 改变[變] gǎibiàn; 改做 gǎizuò, **alteration** /ˌɔːltə'reɪʃn/ n [C, U].

alternate¹ /ɔːl'tɜːnət/ adj 交替的 jiāotì de; 轮[輪]流的 lúnliú de; **2** 间隔的 jiàngé de: on ~ days 隔日。**alternately** adv.

alternate² /'ɔːltəneɪt/ v [I, T] (between/with) 交替 jiāotì; The weather will ~ between sunshine and rain. 天气将时晴时雨.

alternating 'current /ˈkʌrənt/ n [U] 交流电[電] jiāoliúdiàn, **alternation** /ˌɔːltə'neɪʃn/ n [C, U, C.].

alternative /ɔːl'tɜːnətɪv/ adj **1** 可供选[選]择[擇]的 kě gōng xuǎnzé de; 可供替代的 kě gōng tìdài de: an ~ means of transportation 一种可供选择的交通工具。**2** 非常规的 fēi chángguī de: ~ medicine including homeopathy and acupuncture 一种非常规的医学, 包括顺势疗法和针刺疗法, **alternative 'energy** n [U] 替代能源 tìdài néngyuán, **alternative** n [C] 供选择的事物 ... 两件[種]或多种可能性之一 liǎngzhòng huò duōzhǒng kěnéngxìng zhī yī: 两者者选一 liǎngzhě èr xuǎn yī。**alternatively** adv.

although /ɔːl'ðəʊ/ conj 虽[雖]然 suīrán; 尽[儘]管 jǐnguǎn; 然而 rán'ér.

altitude /'æltɪtjuːd/ US -t... [C] (海拔)高度 gāodù.

alto /ˈæltəʊ/ n [C] [pl ~s] **1** 男声最高音 nánshēng zuì gāoyīn; 女低音 nǚ dīyīn. **2** 中音(乐)器 zhōngyīn yuèqì: an ~-saxophone 中音萨克斯管.

altogether /ˌɔːltəˈgeðə(r)/ adv **1** 完全 wánquán: It is not ~ surprising that she failed the exam. 她这次考试不及格一点不奇怪. **2** 整个(个)说来(来) zhěnggè shuō lái.

altruism /ˈæltruːɪzəm/ n [U] 利他主义(义) lìtāzhǔyì. **altruist** /-ɪst/ n [C]. **altruistic** /ˌæltruˈɪstɪk/ adj.

aluminium /ˌæljuˈmɪnɪəm/ (美语 **aluminum** /əˈluːmɪnəm/) n [U] 铝 lǚ.

always /ˈɔːlweɪz/ adv **1** 总(总)是 zǒngshì: You should ~ use a seat-belt in a car. 一坐上汽车就应该系上安全带. **2** 永远(远) yǒngyuǎn: I'll ~ love her. 我永远爱她.

am¹ /æm/ ⇨BE.

am² /eɪ ˈem/ abbr 上午 shàngwǔ.

amalgamate /əˈmælgəmeɪt/ v [I, T] 混合 hùnhé; 合并(并) hébìng. **amalgamation** /əˌmælgəˈmeɪʃn/ n [U,C].

amass /əˈmæs/ v [T] 积(积)聚 jījù.

amateur /ˈæmətə(r)/ n [C] 业[乐]余[业爱(爱)好者 yèyú àihàozhě; 业余活动的爱好者 yèyú huódòng de àihàozhě. **amateurish** adj 不够熟练(练)的 búgòu shúliàn de.

amaze /əˈmeɪz/ v [T] 使惊(惊)奇 shǐ jīngqí: ~d at the news 对这消息感到惊奇. **amazement** n [U]. **amazing** adj.

ambassador /æmˈbæsədə(r)/ n [C] 大使 dàshǐ.

amber /ˈæmbə(r)/ n (a) 琥珀 hǔpò. (b) 淡黄色 dànhuángsè.

ambidextrous /ˌæmbɪˈdekstrəs/ adj 左右手都善于使用的 zuǒyòushǒu dōu shànyú shǐyòng de.

ambiguous /æmˈbɪgjuəs/ adj 含糊的 hánhú de. **ambiguity** /ˌæmbɪˈgjuːətɪ/ n [U,C] [pl -ies].

ambition /æmˈbɪʃn/ n (a) [U] 雄心 xióngxīn; 野心 yěxīn. (b) [C] 抱负 bàofù: achieve one's ~(s) 实现自己的抱负. **ambitious** /-ʃəs/ adj.

amble /ˈæmbl/ v [I] 漫步 mànbù. **amble** n [sing].

ambulance /ˈæmbjʊləns/ n [C] 救护(护)车 jiùhùchē.

ambush /ˈæmbʊʃ/ n [U,C] 伏击(击) fújī; **ambush** v [T] 伏击 fújī.

ameba [美语] = AMOEBA.

amen /ˌeɪˈmen, ˌɑːˈmen/ interj 阿门(基督教祈祷结束时用语,意为 "诚心所愿") Āmén.

amenable /əˈmiːnəbl/ adj 能听[顺]教诲的 néng tīng jiàohuì de.

amend /əˈmend/ v [T] 改进(进) gǎijìn; 修正 xiūzhèng. **amendment** n [C,U] 改变(变) gǎibiàn; 改正 gǎizhèng.

amends /əˈmendz/ n [pl] [习语] **make amends (for sth)** 赔偿(偿) péicháng; 赔罪 péizuì; 道歉 dàoqiàn.

amenity /əˈmiːnətɪ/ n [C] [pl -ies] 使人愉快的事物(如公园、商业中心等) shǐ rén yúkuài de shìwù.

America /əˈmerɪkə/ n **1** [U] 美国(国) Měiguó. **2** 美洲 Měizhōu: the Americas 南北美洲.

American /əˈmerɪkən/ adj 美洲的 Měizhōude; (尤指)美国(国)的 Měiguóde. **American** n (尤指)美国人 Měiguórén; (尤指)美洲人 Měizhōurén. **American 'football** n [U] 美式橄榄球 měishì gǎnlǎnqiú.

amiable /ˈeɪmɪəbl/ adj 亲(亲)切的 qīnqiède; 和蔼的 hé'ǎide. **amiably** adv.

amicable /ˈæmɪkəbl/ adj 温柔的 wēnróude; 友善的 yǒushànde: reach an ~ agreement 达成友好的协议. **amicably** adv.

amid /əˈmɪd/ (亦作 **amidst** /əˈmɪdst/) prep [旧词或正式用语] 在…当中 zài… dāngzhōng.

amiss /əˈmɪs/ adj, adv [旧词] **1** 有差错的 yǒu chācuò de; 错误地 cuòwùde; 偏离的 piānlí de: Something seems to be ~. 似乎出了什么岔子了. **2** [习语] **take sth a'miss** 因某事而见怪 yīn mǒushì ér jiànguài.

ammonia /əˈməʊnɪə/ n [U] 氨 ān; 阿摩尼亚[亚] ānmóníyà.

ammunition /ˌæmjʊˈnɪʃn/ n [U] 军火 jūnhuǒ; 弹(弹)药(药) dànyào.

amnesia /æmˈniːzɪə; US -ˈniːʒə/ n [U] [医]健忘症 jiànwàngzhèng.

amnesty /ˈæmnəstɪ/ n [C] [pl -ies] 大赦 dàshè.

amoeba /əˈmiːbə/ n [C] [pl ~s 或 -ae /-biː/] 阿米巴变(变)形虫

āmībā biānxíngchóng. **amoebic**
/-bɪk/ adj.

amok /ə'mɒk/ (亦作 **amuck**
/ə'mʌk/) adv [习语]**run amok**
⇨RUN¹.

among /ə'mʌŋ/ (亦作 **amongst**
/ə'mʌŋst/) prep **1** 在…中间 zài
…zhōngjiān: found it ~ a pile
of papers 在一堆报纸中间找到了
它. **2**…之一…zhīyī: ~ the best
in the world 世界上最好的之一.
3 分到每个[个]成员 fēn dào měigè
chéngyuán: distribute the books
~ the class 把书分给班上每一个人.

amorous /'æmərəs/ adj 色情的
sèqíngde; 多情的 duōqíngde.
amorously adv.

amount /ə'maʊnt/ n [C] 总(總)数
[數] zǒngshù: a large ~ of
money 一大笔钱. **amount** v [I]
~ to 等于 děngyú.

amp /æmp/ n [C][非正式用语]
short forAMPERE.

ampere /'æmpeə(r)/; US 'æm-
pɪər/ n [C] 安培 ānpéi.

amphibian /æm'fɪbɪən/ n [C] 两
栖[棲]动[動]物 liǎngqī dòngwù.
amphibious /-brəs/ adj.

amphitheatre [美语 -ter] /'æmfɪ-
θɪətə(r)/ n [C] [四周露天的] 有
梯式坐位的建筑[築] yǒu tīshì
zuòwèi de jiànzhùwù.

ample /'æmpl/ adj [丰[豐]富的
fēngfùde; 充分的 chōngfènde.
amply adv.

amplify /'æmplɪfaɪ/ v [pt, pp
-ied][T] **1** 增强 zēngqiáng; 放大
fàngdà: ~ the sound 放大声音.
2 详述 xiángshù. **amplification**
/ˌæmplɪfɪ'keɪʃn/ n [U]. **ampli-
fier** n [C] 放大器 fàngdàqì; 扩
[擴]音器 kuòyīnqì.

amputate /'æmpjuteɪt/ v [I,T] 截
肢 jiézhī. **amputation** /ˌæmpju-
'teɪʃn/ n [C,U].

amuck /ə'mʌk/ adv ⇨AMOK.

amulet /'æmjulɪt/ n [C] 护[護]身
符 húshēnfú; 驱[驅]邪物 qūxiéwù.

amuse /ə'mjuːz/ v [T] **1** 逗…笑
dòu…xiào. **2** 使娱乐[樂] shǐ yúlè.
amusement n **1** [C] 娱乐活动
[動] yúlè huódòng. **2** [U] 娱乐 yú-
lè. **amusing** adj 逗乐的 dòulède.

an ⇨A.

anachronism /ə'nækrənɪzəm/ n
[C] 过[過]时[時]的人或事物 guò-
shíde rén huò shìwù.

anaconda /ˌænə'kɒndə/ n [C][南

美等地的]蟒蛇 mǎngshé.

anaemia /ə'niːmɪə/ n [U] 贫血症
pínxuèzhèng. **anaemic** /-mɪk/
adj.

anaesthesia /ˌænɪs'θiːzɪə/ n [U]
麻木 mámù; 麻醉 mázuì. **anaes-
thetic** /ˌænɪs'θetɪk/ n [C,U]麻醉
剂[劑] mázuìjì. **anaesthetist**
/ə'niːsθətɪst/ n [C] 麻醉师[師]
mázuìshī. **anaesthetize** /ə'niːsθə-
taɪz/ v [T] 使麻醉 shǐ mázuì.

anagram /'ænəgræm/ n [C] [变
换字母顺序构成的]变[變]形词
biànxíngcí: 'Stare' is an ~ of
'tears'. "stare" 是 "tears" 的变形
词.

analogy /ə'nælədʒɪ/ n [C] [pl
-ies] **1** [C] 类[類]似 lèisì; an ~
between the heart and a pump
心脏[臟]和抽水机相类似. **2**[U] 类推
lèituī. **analogous** /-ləgəs/ adj 类
似的 lèisìde.

analyse /'ænəlaɪz/ v [T] 分析 fēn-
xī; 研究 yánjiū.

analysis /ə'næləsɪs/ n [pl -yses
/-əsiz/](a)[U,U]分析 fēnxī. (b)
分析结果 fēnxī jiéguǒ. **analyst**
/'ænəlɪst/ n [C] **1** 分析者 fēnxīzhě;
化验[驗]员 huàyànyuán. **2** 精
神分析学家[學] jīngshén fēnxīxué-
jiā. **analytic** /ˌænə'lɪtɪk/ (亦作
analytical /-kl/) adj.

analyze [美语]⇨ANALYSE.

anarchy /'ænəkɪ/ n [U] 无[無]政
府状[狀]态[態]的 wú zhèngfǔ
zhuàngtài; 混乱[亂] hùnluàn. **an-
archist** /-ɪst/ n [C] 无政府主义[義]者
wúzhèngfǔzhǔyìzhě.

anatomy /ə'nætəmɪ/ n [U,C][pl
-ies] 解剖 jiěpōu; 解剖学[學]
pōuxué. **anatomical** /ˌænə'tɒ-
mɪkl/ adj.

ancestor /'ænsestə(r)/ n [C] 祖
先 zǔxiān. **ancestral** /æn'sestrəl/
adj 祖传[傳]的 zǔchuánde; 祖先
的 zǔxiānde. **ancestry** /-trɪ/ n [C]
[pl -ies] 世系 shìxì; 家世 jiāshì.

anchor /'æŋkə(r)/ n [C] 锚 máo.
anchor v [I,T] 用锚泊船 yòng
máo bó chuán. **anchorage** n [C]
锚地 máodì.

anchovy /'æntʃəvɪ; US 'æntʃəʊvɪ/
n [C][pl -ies] 鳀 tí.

ancient /'eɪnʃənt/ adj **1** 古代的
gǔdàide; 古老的 gǔlǎode: ~
Greece 古希腊. **2** 旧[舊]式的 jiù-
shìde; 旧的 jiùde.

ancillary /'ænsɪlərɪ; US

. /ˈænsələri/ adj 支援的 zhīyuánde；帮(幫)助的 bāngzhùde.

and /ənd, ən;强式: ænd/ conj 1 和 hé；与 yǔ；bread ~ butter 面包和黄油. 2 然后〔後〕ránhòu；随〔隨〕后 suíhòu：She came in ~ then sat down. 她走进来,然后坐下. 3 那么〔麼〕nàme；于是 yúshì：Work hard — you will succeed. 努力干,你会成功的. 4 (表示继续)又 yòu；加 jiā：for hours — hours 一连好多个钟头. 5[非正式用语](在某些动词后面用以代替 to)：Try ~ come early. 设法早点来.

anecdote /ˈænɪkdəʊt/ n [C] 轶事 yìshì；趣闻 qùwén.

anemia, anemic [美语] = ANAEMIA, ANAEMIC.

anemone /əˈnemənɪ/ n [C] 银莲〔蓮〕花 yínliánhuā.

anesthesia /ˌænɪsˈθiːzɪə/ = ANAESTHESIA.

anew /əˈnjuː; US əˈnuː/ adv [常作修辞]再 zài；重新 chóngxīn.

angel /ˈeɪndʒl/ n 1 天使 tiānshǐ；安琪儿〔兒〕ānqíˈér. 2 天真可爱〔愛〕的人 tiānzhēn kě'ài de rén. **angelic** /ænˈdʒelɪk/ adj.

anger /ˈæŋgə(r)/ n [U] 愤怒 fènnù. **anger** n [T] 激怒 jīnù；使恣 shǐnù.

angle[1] /ˈæŋgl/ n 1 角 jiǎo；2 角落 jiǎoluò. 3 [喻]观〔觀〕点〔點〕guāndiǎn；看法 kànfǎ. 4 [习语] at an 'angle 斜 xié；倾斜 qīngxié. **angle** v [T] 1 斜放 xiéfàng；斜移 xiéyí. 2 以某种观点报〔報〕道 yǐ mǒuzhǒng guāndiǎn bàodào.

angle[2] /ˈæŋgl/ v [I] 1 钓鱼 diàoyú. 2 for [非正式用语]用语用花招向某物 shǐyòng huāzhāo dédào mǒuwù：~ for compliments 博取恭维. **angler** n [C]. **angling** n [U].

Anglican /ˈæŋglɪkən/ n [C], adj 英国〔國〕国〔國〕教的 Yīngguó guójiàode；英国国教徒 Yīngguó guójiào jiàotú.

Anglo- /ˈæŋgləʊ/ prefix 英国〔國〕Yīngguó；英国的 Yīngguóde：Anglo-American 英美.

angry /ˈæŋgrɪ/ adj [-ier, -iest] 1 愤怒的 fènnùde. 2 肿〔腫〕痛发〔發〕炎的 zhǒngtòng fāyán de. **angrily** adv.

anguish /ˈæŋgwɪʃ/ n [U] 思想感

情上极〔極〕度痛苦 sīxiǎng gǎnqíng shàng jídù tòngkǔ. **anguished** adj.

angular /ˈæŋgjʊlə(r)/ adj 1 有角的 yǒujiǎode. 2 骨瘦如柴的 gǔshòu rú chái de.

animal /ˈænɪml/ n [C] 1 (a)动〔動〕物 dòngwù. (b)人以外的动物 rén yǐwài de dòngwù. 2 野蛮〔蠻〕凶〔兇〕残的人 yěmán ér xiōngcánde rén. **animal** adj 1 动物的 dòngwùde. 2 肉体〔體〕的 ròutǐde. 'animal rights n [pl] 动物权〔權〕益 dòngwù quányì.

animate[1] /ˈænɪmət/ adj 有生命的 yǒu shēngmìng de；有生气〔氣〕的 yǒu shēngqì de.

animate[2] /ˈænɪmeɪt/ v [T] 使有生命 shǐ yǒu shēngmìng；使活泼〔潑〕shǐ huópo. **animated** adj 活生生的 huóshēngshēngde；活跃〔躍〕的 huóyuède；生气〔氣〕勃勃的 shēngqì bóbóde. ,animated car'toon 动〔動〕画〔畫〕片 dònghuàpiàn. **animation** /ˌænɪˈmeɪʃn/ n [U] 1 生气〔氣〕shēngqì；活泼 huópo. 2 动画片制〔製〕作 dònghuàpiàn zhìzuò.

animosity /ˌænɪˈmɒsətɪ/ n [pl -ies] 仇恨 chóuhèn；憎恨 zēnghèn.

ankle /ˈæŋkl/ n [C] 踝 huái.

annals /ˈænlz/ n [pl] 历〔歷〕史记载 lìshǐ jìzǎi.

annex /əˈneks/ v [T] 兼并〔併〕jiānbìng. **annexation** /ˌænekˈseɪʃn/ n [C,U].

annexe (美语 annex) /ˈæneks/ n [C] 附属〔屬〕建筑〔築〕物 fùshǔ jiànzhùwù：the hospital ~ 医院附属建筑物

annihilate /əˈnaɪəleɪt/ v [T] 消灭〔滅〕xiāomiè；歼〔殲〕灭 jiānmiè. **annihilation** /əˌnaɪəˈleɪʃn/ n [U].

anniversary /ˌænɪˈvɜːsərɪ/ n [pl -ies] 周年纪念 zhōunián jìniàn：a wedding ~ 结婚周年纪念.

annotate /ˈænəteɪt/ v [T] 注释〔釋〕zhùshì. **annotation** /ˌænəˈteɪʃn/ n [C,U].

announce /əˈnaʊns/ v [T] 宣布 xuānbù. **announcement** n [C] 宣布 xuānbù. **announcer** n [C] 电〔電〕台或电视台的播音员 diàntái huò diànshìtái de bōyīnyuán.

annoy /əˈnɔɪ/ v [T] 使烦恼 shǐ fánnǎo；使生气〔氣〕shǐ shēngqì. **annoyance** n [C,U].

annual /ˈænjʊəl/ adj 1 每年的 měiniánde. 2 年度的 niándùde：~ income 年度收入. **annual** n [C]

1 年刊 niánkān. 2 一年生植物 yīniánshēng zhíwù. **annually** adv.

annuity /ə'njuːəti; US -'nuː-/ n [C] [pl **-ies**] 年金 niánjīn.

annul /ə'nʌl/ v [-ll-][T] 取消 qǔxiāo; 注销 zhùxiāo, **annulment** n [C, U].

anode /'ænəud/ n [C] (电)阳[陽]极[極] yángjí.

anoint /ə'nɔɪnt/ v [T] 涂[塗]油于(一种宗教仪式) túyóu yú.

anomaly /ə'nɒməli/ n [C] [pl **-ies**] 异[異]常 yìcháng; 反常 fǎncháng; 异态[態] yìtài **anomalous** /-ləs/ adj.

anon¹ /ə'nɒn/ abbr anonymous 匿名的 nìmíngde.

anon² /ə'nɒn/ adv [旧词]立刻 lìkè.

anonymous /ə'nɒnɪməs/ adj 匿名的 nìmíngde; 无[無]名的 wúmíngde; 不知者的 bù zhīmíng de. The author wishes to remain ~. 作者希望匿名发表. **anonymity** /ænə'nɪməti/ n [U].

anorak /'ænəræk/ n [C]带[帶]风[風]帽的厚茄克 dài fēngmào de hòu jiākè.

anorexia /ænə'reksɪə/ n [U] [医]厌[厭][服]食症 yànshízhèng 2 (亦作 **anorexia nervosa** /nɜː'vəusə/) [医]神经[經]性食欲缺乏 shénjīngxìng shíyù quēfá, **anorexic** /-'reksɪk/ adj.

another /ə'nʌðə(r)/ adj, pron 1 再一 zàiyī; have ~ cup of tea 再来一杯茶. 2 别的 biéde; Do that ~ time. 改天的时候做那件事. 3 类[類]似的 lèisìde; ~ Einstein 另一个爱因斯坦.

answer /'ɑːnsə(r); US 'ænsər/ n [C] 1 答复[復] dáfù. 2 答案 dá'àn; The ~ to 3 + 7 is 10. 3 +7 的答案是 10. **answer** v [I, T] 答复 dáfù; Think before you ~. 想一想再答复. - the phone 接电话. - the door 听到敲门说去开. 2 [短语动词] **answer (sb) back** 向某人回嘴 xiàng mǒurén huízuǐ; 与[與]某人顶嘴 yǔ mǒurén dǐngzuǐ. **answer for sb/sth (a)** 对[對]…负责 duì…fùzé. **(b)** 讲[講]话支持 jiǎnghuà zhīchí, **answerable** /-rəbl/ adj 应[應]负责的 yìng fùzéde; ~ for one's actions 对自己的行为负责.

ant /ænt/ n [C] 蚂蚁[蟻] mǎyǐ.

antagonism /æn'tægənɪzəm/ n

[U] 反对[對] fǎnduì; 不喜欢[歡] bù xǐhuān, **antagonist** /-nɪst/ n [C] 反对者 fǎnduìzhě, **antagonistic** /æn,tægə'nɪstɪk/ adj.

antagonize /æn'tægənaɪz/ v [T] 引起…的反抗 yǐnqǐ…de fǎnkàng; 招惹 zhāoyǒu.

Antarctic /æn'tɑːktɪk/ adj 南极[極]的 nánjíde, **the Antarctic** n [sing] 南极 nánjí.

antelope /'æntɪləup/ n [C] 羚羊 língyáng.

antenatal /ænti'neɪtl/ adj (**a**) 产[産]前的 chǎnqiánde. (**b**) 孕妇[婦]的 yùnfùde; an ~ clinic 孕妇检查诊所.

antenna /æn'tenə/ n [C] 1 [pl ~e /-niː/] 昆虫触[觸]角 kūnchóng chùjiǎo. 2 [pl ~s] [美语]天线[綫] tiānxiàn.

anthem /'ænθəm/ n [C] 赞[讚]美诗 zànměishī; 圣[聖]歌 shènggē.

anthology /æn'θɒlədʒɪ/ n [C] [pl **-ies**] 文集 wénjí; (尤指)诗集 shījí.

anthropology /ænθrə'pɒlədʒɪ/ n [U] 人类[類]学[學] rénlèixué, **anthropologist** n [C].

anti- /'æntɪ/ prefix 反对[對] fǎnduì; antiaircraft 防空的; 高射的.

antibiotic /æntɪbaɪ'ɒtɪk/ n [C], adj 抗生素 kàngshēngsù; 抗菌的 kàngjùnde.

antibody /'æntɪbɒdɪ/ n [C] [pl **-ies**] 抗体[體] kàngtǐ.

anticipate /æn'tɪsɪpeɪt/ v [T] 1 预期 yùqī; 预料 yùliào; We ~ trouble. 我们预料会发生麻烦. 2 预先处[處]理 yùxiān chǔlǐ. **anticipation** /æn,tɪsɪ'peɪʃn/ n [U].

anticlimax /æntɪ'klaɪmæks/ n [C] 虎头[頭]蛇尾 hǔ tóu shé wěi.

anticlockwise /æntɪ'klɒkwaɪz/ adv, adj 反时[時]钟[鐘]方向地 fǎn shízhōng fāngxiàng de.

antics /'æntɪks/ n [pl] 滑稽动[動]作 huájī dòngzuò; the children's - 孩子们的滑稽动作.

anticyclone /æntɪ'saɪkləun/ n [C] 高气[氣]压[壓]区[區] gāo qìyā qū.

antidote /'æntɪdəut/ n [C] 解毒药 jiědúyào.

antifreeze /'æntɪfriːz/ n [U] 抗冻[凍]剂[劑] kàngdòngjì.

antiquated /'æntɪkweɪtɪd/ adj 过[過]时[時]的 guòshíde; 老式的 lǎoshìde.

antique /æn'ti:k/ *adj, n* [C] 古代的 gǔdàide; 古玩 gǔwán; 古物 gǔwù; ～ *furniture* 古董家具.

antiquity /æn'tɪkwətɪ/ *n* [*pl* -ies] **1** [U] 古代 gǔdài. **2** [C, 常作 *pl*] 古代建筑[築] gǔdài jiànzhù; 古迹 gǔjī; 古代[繪]画[畫] gǔdài huìhuà **3** [U] 古老 gǔlǎo.

antiseptic /ˌæntɪ'septɪk/ *n* [C], *adj* 防腐的 fángfǔde; 防腐剂[劑] fángfǔjì.

antisocial /ˌæntɪ'səʊʃl/ *adj* **1** 厌[厭]恶[惡]社交的 yànwù shèjiāo de. **2** 反社会[會]的 fǎn shèhuì de.

antithesis /æn'tɪθəsɪs/ *n* [C] [正式用语] [*pl* -ses /-siːz/] 对[對]立 duìlì; 对立面 duìlìmiàn.

antivirus /ˌæntɪ'vaɪərəs/ *adj* 防病毒的 fángbìngdúde.

antler /'æntlə(r)/ *n* [C] 鹿角 lùjiǎo.

antonym /'æntənɪm/ *n* [C] 反义[義]词 fǎnyìcí; *Hot is the ～ of cold* . hot 是 cold 的反义词.

anus /'eɪnəs/ *n* [C] [解剖] 肛门 gāngmén.

anvil /'ænvɪl/ *n* [C] 铁[鐵]砧 tiězhēn.

anxiety /æŋ'zaɪətɪ/ *n* [*pl* -ies] **1** [C, U] 忧[憂]虑[慮] yōulǜ. **2** [U] 渴望 kěwàng; ～ *to please* 急于讨好.

anxious /'æŋkʃəs/ *adj* **1** 忧[憂]虑[慮]的 yōulǜde. **2** 引起忧虑的 yǐnqǐ yōulǜ de; *an ～ time* 焦虑的时刻. **3** *for; to* 渴望 kěwàng; 急要 jíyào; *He's very ～ to meet you* . 他迫不及待地要见你. **anxiously** *adv*.

any /'enɪ/ *adj, pron* **1** 不定量的 bú dìngliàng de: *Have you got ～ milk?* 你有牛奶吗? **2** 任何的 rènhéde: *I haven't read any book by Tolstoy* . 我没有读过托尔斯泰的作品. **2** 任何的 rènhéde: *Take ～ card you like* . 你随意拿一张牌. **any** *adv* 丝毫 sīháo; 任何程度 rènhé chéngdù; *I can't run ～ faster* . 我跑得不能更快了.

anybody /'enɪbɒdɪ/ (亦作 *anyone* /'enɪwʌn/) *pron* **1** 任何人 rènhé rén: *Did ～ see you?* 有人见到你吗? **2** 多么大人[个]一 xiǎ duō rén zhòng zhíyì: *A～ will tell you.* 有人会告诉你的.

anyhow /'enɪhaʊ/ *adv* **1** (亦作 *anyway* /'enɪweɪ/) 无[無]论[論] rúhé wúlùn rúhé: *It's too late*

now , ～. 无论如何, 现在是太晚了. **2** 粗心大意地 cūxīn dàyìde: *do the work ～* 粗心大意地做工作.

anyone = ANYBODY.

anyplace /'enɪpleɪs/ [美语] = ANYWHERE.

anything /'enɪθɪŋ/ *pron* **1** 任何(重要的)事物 rènhé shìwù: *Has ～ unusual happened?* 出了什么不寻常的事吗? **2** 无[無]论[論]什[甚]么[麼] wúlùn shènme: *I am so hungry; I'll eat ～!* 我饿得厉害; 我什么都吃! **3** [习语] **anything but** 决不 juébù.

anyway /'enɪweɪ/ *adj* = ANYHOW 1.

anywhere /'enɪweə(r); *US* -hweər/ *adv* **1** 任何地方 rènhé dìfang. **2** [习语] **get anywhere** ⇨ GET.

aorta /eɪ'ɔːtə/ *n* [C] 主动[動]脉[脈] zhǔdòngmài.

apart /ə'pɑːt/ *adv* **1** 相隔 xiānggé; 相距 xiāngjù: *The houses are 500 metres ～ .* 这些房子相隔 500 米. **2** 分离[離] fēnlí; 分开[開] fēnkāi: *They are living ～ .* 他们正分开居住. **3** 拆开 chāikāi: *It fell ～ .* 土崩瓦解. **apart from** *prep* **1** 除去…外, 都不 chúqù…wài, dōu bù **2** 除去…外, 还[還]有 chúqù…wài, háiyǒu.

apartheid /ə'pɑːthaɪt, -heɪt/ *n* [U] (南非)种[種]族隔离[離]政策 zhǒngzú gélí zhèngcè.

apartment /ə'pɑːtmənt/ *n* [C] **1** [美语]单[單]元房 dānyuánfáng; 公寓 gōngyù; 住宅楼[樓] zhùzháilóu. **2** 一大间房子 yídàjiàn fángzi.

apathy /'æpəθɪ/ *n* [U] 冷淡 lěngdàn; 缺乏感情 quēfá gǎnqíng. **apathetic** /ˌæpə'θetɪk/ *adj* .

ape /eɪp/ *n* [C] 无[無]尾猿 wúwěiyuán; 类[類]人猿 lèirényuán. **ape** *v* [T] 模仿[倣] mófǎng; 学[學]的样[樣] xué…de yàng.

aperitif /əˌperə'tiːf/ *n* [C] 开[開]胃酒 kāiwèijiǔ.

aperture /'æpətʃə(r)/ *n* [C] [正式用语]孔 kǒng; 缝 yàn; 裂 yàn; (照相机镜头上的)孔径[徑] kǒngjìng.

apex /'eɪpeks/ *n* [C] [*pl* -es 或 *apices* /'eɪpɪsɪz/] 顶点[點] dǐngdiǎn; *the ～ of a triangle* 三角形的顶点.

apiece /ə'piːs/ *adv* 每个[個] měigè; 各 gè: *costing £1 ～* 每人花费一英镑.

aplomb /ə'plɒm/ *n* [U] 自信 zìxìn; 自恃 zìshì.

apologetic /ə,pɒlə'dʒetɪk/ *adj* 表示歉意的 biǎoshì qiànyì de. **apologetically** /-klɪ/ *adv*.

apologize /ə'pɒlədʒaɪz/ *v* [I] 道歉 dàoqiàn: I must ~ for being late. 我必须道歉，我迟到了.

apology /ə'pɒlədʒɪ/ *n* [C] (*pl -ies*) 1 道歉 dàoqiàn. 2 [习语] **an apology for sth** 聊以充数(數)的东西 liáoyǐ chōngshù de dōngxi.

apostle /ə'pɒsl/ *n* [C] 1 (基督的) 使徒 shǐtú. 2 改革家 gǎigéjiā.

apostrophe /ə'pɒstrəfɪ/ *n* [C] 撇号[號] piěhào; 省字号 shěngzìhào.

appal (美语亦作 **appall**) /ə'pɔːl/ *v* [-ll-] [T] 使丧(喪)胆(膽) shǐ sàngdǎn; 使吃惊(驚) shǐ chījīng: We were ~led at the news. 我们听到这个消息大为吃惊. **appalling** *adj*.

apparatus /,æpə'reɪtəs; US -'ræ-təs/ *n* [U, C] 仪(儀)器 yíqì; 设备(備) shèbèi.

apparent /ə'pærənt/ *adj* 1 明显[顯]的 míngxiǎn de; for no ~ reason 没有什么明显的理由. 2 表面上的 biǎomiàn shàng de; an ~ lack of courage 表面上的缺乏勇气. **apparently** *adv*.

apparition /,æpə'rɪʃn/ *n* [C] 鬼怪 guǐguài.

appeal /ə'piːl/ *v* [I] 1 (*for*) 呼吁[籲] hūyù; 要求 yāoqiú; ~ for help 呼吁给予帮助. ~ for money 呼吁筹款(款). 2 [法律] 上诉 shàngsù. 3 (to) 吸引 xīyǐn; 引起爱(愛)好 yǐnqǐ àihào: The idea of camping does not ~ to me. 出去露营的主意对我没有吸引力. **appeal** *n* 1 [C] 恳(懇)求 kěnqiú; 呼吁 hūyù. 2 [C] 上诉 shàngsù; 请求重作决定 qǐngqiú chóngzuò juédìng. 3 [U] 吸引力 xīyǐnlì; 'sex~ 性感. **appealing** *adj* 1 有感染力的 yǒu gǎnrǎnlì de; 吸引人的 xīyǐn rén de. 2 使人怜(憐)悯的 shǐ rén liánmǐn de.

appear /ə'pɪə(r)/ *v* [I] 1 出现 chūxiàn; 显[顯]露 xiǎnlù: A ship ~ed on the horizon. 一艘船出现在地平线上. 2 来到 láidào. 3 出版 chūbǎn: Her latest book ~s in the spring. 她的最新的一本书在春季出版. 4[连接 用法] 出庭 chūtíng. 5 看来 kànlái; 似乎 sìhū: That explanation ~s (to be) reasonable. 那个解释似乎是合理的. **appearance** *n* 1 [C] 出

现 chūxiàn. 2 外貌 wàimào; 外表 wàibiǎo; 衣着风[風]度 yīzhuó fēngdù: an untidy ~ance 衣冠不整. 3 [习语] **put in an ap'pearance** (尤指短时间)到场[場] dàochǎng. **to all ap'pearance** 就外表看 jiù wàibiǎo kàn.

appease /ə'piːz/ *v* [T][正式用语] 抚[撫]慰 fǔwèi. **appeasement** *n* [U].

append /ə'pend/ *v* [T][正式用语] 附加 fùjiā; 附注[註] fùzhù. **appendage** *n* [C] 附属[屬]物 fùshǔwù; 附加物 fùjiāwù.

appendicitis /ə,pendə'saɪtɪs/ *n* [U] 阑尾炎 lánwěiyán.

appendix /ə'pendɪks/ *n* [C] 1 (*pl -dices* /-disiz/) 附录(錄) fùlù. 2 (*pl -es*)阑尾 lánwěi.

appetite /'æpɪtaɪt/ *n* [C, U] 食欲(慾) shíyù; 欲望 yùwàng.

appetizer /'æpɪtaɪzə(r)/ *n* [C] 开(開)胃品 kāiwèipǐn. **appetizing** *adj* 开胃的 kāiwèide.

applaud /ə'plɔːd/ *v* 1 [I, T] 鼓掌欢(歡)迎 gǔzhǎng huānyíng; 鼓掌赞(贊)成 gǔzhǎng zànchéng. 2 [T] 赞成 zànchéng. **applause** /ə'plɔːz/ *n* [U].

apple /'æpl/ *n* [C] 苹[蘋]果 píngguǒ.

appliance /ə'plaɪəns/ *n* [C] 用具 yòngjù; 设备[備] shèbèi; 装[裝]置 zhuāngzhì.

applicable /ə'plɪkəbl/ *adj* 亦读 'æplɪ-kəbl/ *adj* (*to*) 合用的 héyòng de; 合适[適]用的 héshìyòng de.

applicant /'æplɪkənt/ *n* [C] 申请人 shēnqǐngrén; 请求者 qǐngqiúzhě.

application /,æplɪ'keɪʃn/ *n* [C, U] 1 请求 qǐngqiú; 申请书 shēnqǐngshū: an ~ (*form*) for a job 求职申请表. 2 [U, C] 应[應]用 yìngyòng: the practical ~s of the invention 发明的实际应用. 3 [U] 努力 nǔlì.

apply /ə'plaɪ/ *v* (*pt, pp -ied*) 1 [I] (*for*) 要求 yāoqiú; 申请 shēnqǐng; ~ for a job 申请工作. ~ for a visa 申请签证. 2[I](*to*) 与(與)...有关[關] yǔ...yǒuguān; 适(適)用 shìyòng: This rule does not ~ to you. 这条规定对你不适用. 3 [T] 专(專)心致志于 zhuānxīn zhìzhì yú: ~ oneself/one's mind to the problem. 专心致志于这个问题. **applied** *adj* 应(應)用的 yìngyòngde: applied science 应用科学.

appoint /ə'pɔɪnt/ v [T] **1** 任命 rènmìng. **2** [正式用语]约定 yuēdìng: *the time ~ed* 约定的时间. **appointment** n **1** (a) [C, U]任命 rènmìng. (b) [C] 职[職]位 zhíwèi. **2** [C, U]约会[會] yuēhuì.

appraise /ə'preɪz/ v[T] [正式用语]估价[價]gūjià; 评价 píngjià; 鉴[鑒]定 jiàndìng. **appraisal** /ə'preɪzl/ n [C, U].

appreciable /ə'priːʃəbl/ adj 可以看到的 kěyǐ kàndào de; 可见的 kějiàn de; 明显[顯]的 míngxiǎnde; 相当大的 xiāngdāng dà de: *~ difference* 明显的差异. **appreciably** adv.

appreciate /ə'priːʃɪeɪt/ v **1** [T]欣赏 xīnshǎng: ~ *classical music* 欣赏古典音乐. **2** 感激 gǎnjī: *I really ~ all your help.* 我实在感激你们的一切帮助. **3**[T]领会[會] lǐnghuì; 体[體]会 tǐhuì: *I ~ your problem, but am not able to help.* 我理解你的困难,但我帮不了你. **4**[I] (价值)涨[漲]价[價] zhǎngjià. **appreciation** /ə,priːʃɪ'eɪʃn/ n [U, C]. **appreciative** /-ʃətɪv/ adj.

apprehend /,æprɪ'hend/ v[T][正式用语]**1** 逮捕 dàibǔ; 拘捕 jūbǔ. **2** 理解 lǐjiě; 明白 míngbai.

apprehension /,æprɪ'henʃn/ n [U, C] 忧[憂]虑[慮] yōulǜ; 恐怖 kǒngbù. **apprehensive** /-'hensɪv/ adj 担[擔]心的 dānxīn de; 忧虑的 yōulǜ de.

apprentice /ə'prentɪs/ n [C] 学[學]徒 xuétú; 徒工 túgōng. **apprentice** v [T] (*to*) 使当[當]学徒 shǐ dāng xuétú: *He s ~d to a plumber.* 他给管子工当学徒. **apprenticeship** /ə'prentɪʃɪp/ n [C, U] 学徒期 xuétúqī.

approach /ə'prəʊtʃ/ v **1** [I, E] 接近 jiējìn; 走近 zǒujìn. **2** [T]要求 yāoqiú; 商洽 shāngqià: ~ *the manager for a pay rise* 要求经理提高工资. **3**[T] (着手)处[處]理 chǔlǐ; (开始)对[對]付 duìfu: *How shall I ~ this problem?* 我如何处理这个问题? **approach** n [C] **1** [usu sing] 接近 jiējìn. **2** 途径[徑] tújìng. **3** 方法 fāngfǎ. **approachable** adj 可接近的 kě jiējìn de; 谈得拢[攏]的 tándelǒngde.

appropriate[1] /ə'prəʊprɪət/ adj 合适[適]的 héshì de; 正确[確]的 zhèngquè de. **appropriately** adv.

appropriate[2] /ə'prəʊprɪeɪt/ v [T] **1** 私占 sīzhàn. **2** 拨[撥]作专用 [專用] bō zuò zhuānyòng. **appropriation** /ə,prəʊprɪ'eɪʃn/ n [C, U].

approval /ə'pruːvl/ n [U] 允许 yǔnxǔ; 批准 pīzhǔn; 赞同 zàntóng: *Your plans have my ~.* 我赞同你的计划. **2** [习语] **on approval** (商品)供试用, 包退包换的 gōng shìyòng, bāotuì bāohuàn de.

approve /ə'pruːv/ v **1** [I] (*of*) 赞同 zàntóng. **2** [T] 同意 tóngyì. **approvingly** adv.

approximate[1] /ə'prɒksɪmət/ adj 近似的 jìnsì de; 约略的 yuēlüè de. **approximately** adv: ~ *1,000 students* 大约 1,000 名学生.

approximate[2] /ə'prɒksɪmeɪt/ v [I] *to* 接近 jiējìn; 近似 jìnsì. **approximation** /ə,prɒksɪ'meɪʃn/ n [C, U].

apricot /'eɪprɪkɒt/ n (a) [C] 杏 xìng. (b)[U] 杏黄色 xìnghuángsè.

April /'eɪprəl/ n 四月 sìyuè: *on A~ the first*; [美语]*on A~ first* 在四月一日. *She was born in A~*. 她在四月出生. *last A~* 上个四月. *next A~* 下个四月.

apron /'eɪprən/ n [C] 围[圍]裙 wéiqún.

apt /æpt/ adj **1** 合适[適]的 héshì de; 妥当[當]的 tuǒdàngde: *an ~ remark* 合适的话. **2** *to* 易于…的 yìyú…de; 倾向于…的 qīngxiàng yú…de: *~ to be forgetful* 健忘的. **3** 伶俐的 línglìde; 聪[聰]明的 cōngmíngde. **aptly** adv. **aptness** n [U].

aptitude /'æptɪtjuːd/ US -tuːd/ n [C, U] 才能 cáinéng; 能力 nénglì.

Aqualung /'ækwəlʌŋ/ n [C] (P) 水中呼吸器 shuǐzhōng hūxīqì.

aquarium /ə'kweərɪəm/ n [C] [pl ~s, ~ria /-rɪə/] 水族馆 shuǐzúguǎn; 养[養]鱼池 yǎngyúchí.

aquatic /ə'kwætɪk/ adj **1** 水产[產]的 shuǐchǎnde; 水生的 shuǐshēngde. **2** (运动)水上的 shuǐshàngde, 水中的 shuǐzhōngde.

aqueduct /'ækwɪdʌkt/ n [C] 渡槽 dùcáo.

Arabic /'ærəbɪk/ adj 阿拉伯语 Ālābóyǔ. **Arabic 'numeral** n [C] 阿拉伯数[數]字 Ālābó shùzì.

arable /'ærəbl/ *adj* (土地)可耕的 kěgēngde.

arbitrary /'ɑːbɪtrəri; US 'ɑːbɪtreri/ *adj* **1** 任意的 rènyìde. **2** 专[專]断[斷]的 zhuānduànde. **arbitrarily** *adv*.

arbitrate /'ɑːbɪtreɪt/ *v* [I, T] (*between*) 仲裁 zhòngcái; 公断[斷] gōngduàn. **arbitration** /ˌɑːbɪ'treɪʃn/ *n* [U] 仲裁 zhòngcái; 公断 gōngduàn. **'arbitrator** *n* [C].

arc /ɑːk/ *n* [C] 弧形 húxíng.

arcade /ɑː'keɪd/ *n* [C] 有拱顶棚亭有两店的街道 shàng yǒu gǒngpéng péng de shāngdiàn de jiēdào.

arch /ɑːtʃ/ *n* [C] 拱门[門] gǒngmén; 桥[橋]洞 qiáodòng. **arch** *v* [I, T] 拱起 gǒngqǐ; 弯[彎]成弓形 wān chéng gōngxíng: *The cat ~ed its back.* 猫弓起了背.

archaeology /ˌɑːkɪ'ɒlədʒɪ/ *n* [U] 考古学[學] kǎogǔxué. **archaeological** /ˌɑːkɪə'lɒdʒɪkl/ *adj*. **archaeologist** *n* [C].

archaic /ɑː'keɪɪk/ *adj* (语言、词汇等)已废[廢]的 yǐfèide.

archangel /'ɑːkeɪndʒl/ *n* [C] 大天使 dàtiānshǐ.

archbishop /ˌɑːtʃ'bɪʃəp/ *n* [C] 大主教 dàzhǔjiào.

archer /'ɑːtʃə(r)/ *n* [C] 弓箭手 gōngjiànshǒu. **archery** /-rɪ/ *n* [U] 弓箭术[術] gōngjiànshù; 射术 shèshù.

archipelago /ˌɑːkɪ'peləgəʊ/ *n* [C] [*pl* ~s, ~es] 群岛 qúndǎo.

architect /'ɑːkɪtekt/ *n* [C] 建筑[築]师[師] jiànzhùshī; 设计师 shèjìshī. **architecture** /-tektʃə(r)/ *n* [U] 建筑学[學] jiànzhùxué; 建筑[築]风[風]格 jiànzhù fēnggé. **architectural** /ˌɑːkɪ'tektʃərəl/ *adj*.

archives /'ɑːkaɪvz/ *n* [pl] 档[檔]案(室) dàng'àn.

Arctic /'ɑːktɪk/ *adj* 北极[極]的 běijíde. **the Arctic** *n* [sing] 北极 běijí.

ardent /'ɑːdnt/ *adj* 热[熱]情的 rèqíngde; 热心的 rèxīnde. **ardently** *adv*.

arduous /'ɑːdjuəs; US -dʒu-/ *adj* 艰[艱]巨的 jiānjùde; 艰苦的 jiānkǔde. **arduously** *adv*.

are ⇨ BE.

area /'eərɪə/ *n* **1** [C, U] 面积[積] miànjī. **2** [C] 地区[區] dìqū; 区域 qūyù: *desert ~s* 沙漠地区. **3** [C] [喻]范[範]围[圍] fànwéi; 领域 lǐngyù: *different ~s of human experience* 人类经验的不同领域.

arena /ə'riːnə/ *n* [C] **1** 竞[競]技场[場] jìngjìchǎng. **2** [喻]比赛场所 bǐsài chǎngsuǒ: *in the political ~* 在政治舞台上.

aren't /ɑːnt/ *are not* ⇨ BE.

argue /'ɑːgjuː/ *v* **1** [I]不同意 bù tóngyì; 争论[論] zhēnglùn. **2** [I, T] *for/against* 为[爲]赞成(或反对)……而辩论 wèi zànchéng…… ér biànlùn. **3** [T] [正式用语]辩论 biànlùn: *The lawyers ~d the case.* 律师们就案件展开辩论. **arguable** /'ɑːgjuəbl/ *adj* 可争辩的 kě zhēngbiàn de. **arguably** *adv*.

argument /'ɑːgjumənt/ *n* **1** [C]不同意 bù tóngyì, 争论[論] zhēnglùn. **argumentative** /ˌɑːgju'mentətɪv/ *adj* 爱[愛]争论的 ài zhēnglùn de.

aria /'ɑːrɪə/ *n* [C] 咏叹[嘆]调 yǒngtàndiào.

arid /'ærɪd/ *adj* **1** (土地)干[乾]旱的 gānhànde. **2** 枯燥的 kūzàode; 使人不感兴[興]趣的 shǐ rén bù gǎn xìngqù de.

arise /ə'raɪz/ *v* [*pt* **arose** /ə'rəʊz/, *pp* **arisen** /ə'rɪzn/] 出现 chūxiàn; 发[發]生 fāshēng: *A difficulty has ~n.* 发生了困难.

aristocracy /ˌærɪ'stɒkrəsɪ/ *n* [C, 亦作 sing, 用 pl v] [*pl* -ies] 贵族 (总称) guìzú. **aristocrat** /'ærɪstəkræt; US 'ærɪst-/ *n* [C] 贵族 guìzú. **aristocratic** /ˌærɪstə'krætɪk; US ə'rɪst-/ *adj*.

arithmetic /ə'rɪθmətɪk/ *n* [U] 算术[術] suànshù; 计算 jìsuàn. **arithmetical** /ˌærɪθ'metɪkl/ *adj*.

ark /ɑːk/ *n* [C] (圣经)诺亚[亞]方舟 Nuòyà fāngzhōu.

arm¹ /ɑːm/ *n* [C] **1** (a) 臂 bì. (b) 袖子 xiùzi. **2** 臂状[狀]物 bìzhuàngwù: *the ~s of a chair* 椅子的扶手. **3** 武装[裝]力量 wǔzhuāng lìliàng. **4** [习语] **arm in 'arm** 挽臂地 wǎn bì de. **'armchair** *n* [C] 扶手椅 fúshǒuyǐ. **'armpit** *n* [C] 腋窝[窩] yèwō.

arm² /ɑːm/ *v* [I, T]武装[裝] wǔzhuāng. **2** [习语] **armed to the 'teeth** 武装到牙齿[齒] wǔzhuāng dào yáchǐ. **the ,armed 'forces** *n* [pl] 军[軍]事力量 jūnshì lìliàng.

armada /ɑː'mɑːdə/ *n* [C] 舰[艦]队[隊] jiànduì.

armadillo /ˌɑːmə'dɪləʊ/ *n* [C]

[pl ~s] 狐狳 qiúyú.

armament /ˈɑːməmənt/ n **1** [C, 常用 pl] 兵器 bīngqì; 大炮 dàpào. **2** [U] 武装〔裝〕wǔzhuāng.

armistice /ˈɑːmɪstɪs/ n [C] 停战〔戰〕tíngzhàn; 休战 xiūzhàn.

armour (美语 -or-) /ˈɑːmə(r)/ n [U] **1** 盔甲 kuījiǎ. **2** 装〔裝〕甲 zhuāngjiǎ. **armoured** (美语 -or-) adj. **armoury** (美语 -or-) n [C pl -ies] 军〔軍〕械库〔庫〕jūnxièkù.

arms /ɑːmz/ n [pl] **1** 武器 wǔqì. **2** [习语] take up 'arms (against sb) [正式用语] 准〔準〕备〔備〕战〔戰〕斗〔鬥〕zhǔnbèi zhàndòu. (be) up in 'arms (about/over sth) 强烈反对〔對〕qiángliè fǎnduì. the 'arms race n [sing] 军〔軍〕备竞〔競〕赛 jūnbèi jìngsài.

army /ˈɑːmɪ/ n [pl -ies] **1** (a) [C] 陆〔陸〕军〔軍〕lùjūn. (b) the army [sing] 军队〔隊〕jūnduì; 部队〔隊〕bùduì; join the ~ 从军, 参军. **2** 群 qún; 大队〔隊〕dàduì; an ~ of volunteers 一群志愿者.

aroma /əˈrəʊmə/ n [C] 芳香 fāngxiāng. **aromatic** /ˌærəˈmætɪk/ adj.

arose /əˈrəʊz/ pt of ARISE.

around /əˈraʊnd/ adv, prep **1** 在…周围〔圍〕zài …zhōuwéi; The earth moves ~ the sun. 地球围绕太阳旋转. **2** 四处〔處〕sìchù; 各处 gèchù; walk ~ the exhibition 在展览会的各处走走. **3** 到处 dàochù; The children gathered ~. 孩子们三五成群地聚在一起. **4** 可得到的 kě dédào de; 存在着的 cúnzàizhe de; Is anyone ~? 有人吗? **5** 大约 dàyuē; 附近 fùjìn; It's ~ six o'clock. 大约六点钟.

arouse /əˈraʊz/ v [T] **1** [正式用语] 唤醒 huànxǐng; 唤起 huànqǐ; ~ suspicion 引起怀疑.

arr abbr arrives 到达〔達〕dàodá.

arrange /əˈreɪndʒ/ v [I, T] **1** 筹〔籌〕备〔備〕chóubèi; ~ a holiday 筹备过假日. **2** [I, T] 准〔準〕备〔備〕安排 ānpái; We ~d to meet at one o'clock. 我们安排一点钟见面. **3** 商定 shāngdìng; ~ a loan 商定一笔贷款. **4** 整理 zhěnglǐ; 排列 páiliè; ~ flowers 整理花束. **5** 改编 gǎibiān. **arrangement** n **1** arrangements [pl] 准备 zhǔnbèi; 安排 ānpái. **2** [C] 商定事〔事〕shāng-

ding. **3** [U] 整理 zhěnglǐ; 改编 gǎibiān; a flower ~ment 插花. a ~ment for piano 一首改编的钢琴曲. **4** [U] 排列 páiliè.

array /əˈreɪ/ n [pl] **1** 大量 dàliàng; 一系列 yíxìliè.

arrears /əˈrɪəz/ n [pl] **1** 欠款 qiànkuǎn. **2** [习语] be in arrears (with sth) 拖欠 tuōqiàn.

arrest /əˈrest/ v [T] **1** 逮捕 dàibǔ. **2** [正式用语] 抑制 yìzhì; 阻止 zǔzhǐ. **3** 吸引(注意) xīyǐn. arrest n **1** [C] 逮捕 dàibǔ. **2** [习语] under arrest 被逮捕 bèi dàibǔ.

arrival /əˈraɪvl/ n **1** 到达〔達〕dàodá; 抵达 dǐdá. **2** [C] 来者 láizhě; 来物 láiwù; The new ~ (= baby) is a boy. 生下的是个男孩子.

arrive /əˈraɪv/ v [I] **1** 到达〔達〕dàodá; 抵达 dǐdá; ~ home 到家. **2** (时间) 到来 dàolái; The great day has ~d! 伟大的日子来到了! **3** [短语动词] arrive at sth 达成 dáchéng; 得到 dédào (决定等) zuòchū; ~ at a decision 作出决定.

arrogant /ˈærəɡənt/ adj 傲慢的 àomàn de; 自负的 zìfù de. **arrogance** /-ɡəns/ n [U] **arrogantly** adv.

arrow /ˈærəʊ/ n [C] **1** 箭 jiàn. **2** 箭头〔頭〕标〔標〕志(➡) jiàntóu biāozhì.

arse /ɑːs/ n [C] [△俚语] **1** 屁股 pìgu. **2** 人 rén; You stupid ~! 你这笨蛋! **arse** v [短语动词] **arse about/around** [△英俚]胡混 gǔhùn.

arsenal /ˈɑːsənl/ n [C] 火药〔藥〕库 huǒyàokù; 军〔軍〕火库 jūnhuǒkù.

arsenic /ˈɑːsnɪk/ n [U] 砒霜 pīshuāng.

arson /ˈɑːsn/ n [U] 放火 fànghuǒ; 纵〔縱〕火 zònghuǒ.

art /ɑːt/ n **1** [U] 美术〔術〕měishù; 艺〔藝〕术 yìshù; an ~ gallery 画廊. **2 arts** [pl] 文科 wénkē. **3** [C, U] 诡计 guǐjì; 花招 huāzhāo.

artefact (亦作 **artifact**) /ˈɑːtɪfækt/ n [C] 人工制〔製〕品 réngōngzhìpǐn.

artery /ˈɑːtərɪ/ n [C] [pl -ies] **1** 动〔動〕脉〔脈〕dòngmài. **2** 主要道路或河流 zhǔyào dàolù huò héliú. **arterial** /ˈɑːˈtɪərɪəl/ adj.

artful /ˈɑːtfl/ adj 巧妙的 qiǎomiàode; 狡猾的 jiǎohuáde. **artfully** adv.

arthritis /ɑːˈθraɪtɪs/ n [U] 关[關]节[節]炎 guānjiéyán, **arthritic** /ɑːˈθrɪtɪk/ adj.

artichoke /ˈɑːtɪʃəʊk/ n [C] 1 (亦作 **globe 'artichoke**) 朝鲜蓟 cháoxiānjì. 2 (亦作 **Jerusalem artichoke** /dʒəˌruːsələm ˈɑːtɪtʃəʊk/) 菊芋 júyù.

article /ˈɑːtɪkl/ n [C] 1 物品 wùpǐn; ~s of clothing 服装. 2 文章 wénzhāng. 3 [法律]条[條]款 tiáokuǎn. 4 [语法]冠词 guàncí.

articulate[1] /ɑːˈtɪkjʊlət/ adj 1 (人)说话表达[達]力强的 shuōhuà biǎodálì qiáng de. 2 发[發]音清晰的 fāyīn qīngxī de. **articulately** adv.

articulate[2] /ɑːˈtɪkjʊleɪt/ v [I, T] 1 清晰地发[發]音 qīngxī de fāyīn; 清楚地说话 qīngchǔde shuōhuà. 2 (用关节)连接 liánjiē. **articulated** adj (卡车)铰接式的 jiǎojiēshìde. **articulation** /ɑːˌtɪkjʊˈleɪʃn/ n [U].

artifact ⇨ARTEFACT.

artificial /ˌɑːtɪˈfɪʃl/ adj 1 人工的 réngōngde; 不真的 bù zhēn de. 2 娇[嬌]揉造作的 jiǎoróuzàozuòde. **artificially** adv.

artillery /ɑːˈtɪləri/ n [U] 大炮 dàpào; 炮兵 pàobīng.

artisan /ˌɑːtɪˈzæn; US ˈɑːrtɪzn/ n [C] 手艺[藝]人 shǒuyìrén; 技工 jìgōng.

artist /ˈɑːtɪst/ n [C] 1 美术[術]家 měishùjiā, 2 能手 néngshǒu. 3 ⇨ ARTISTE.

artistic /ɑːˈtɪstɪk/ adj 1 有艺术性的 yǒu yìshùxìng de. 2 艺术的 yìshùde; 艺术家的 yìshùjiāde. **artistically** /-klɪ/ adv. **artistry** n [U] 艺术技巧 yìshù jìqiǎo.

artiste /ɑːˈtiːst/ n [C] 艺[藝]人 yìrén.

arty /ˈɑːtɪ/ adj [非正式用语, 贬]冒充艺[藝]术[術]的 màochōng yìshù de.

as /əz; 强式 æz/ prep 1 如…一样[樣] rú…yíyàng; 如…一般 rú…yìbān: dressed as a policeman 穿得像个警察. 2 作为 zuòwéi 或 像…的 xiàng…de; 以…的身份或资[資]格 yǐ…de shēnfèn huò shēnfèn: a career as a teacher 教师职业. treat as friends 当作朋友对待. as … as (用于比较)如…一样 rú…yíyàng: as tall as his father 像他

父亲一样高. Run as fast as you can! 你尽量快跑! **as** conj 1 当[當] dāng; 在…的时[時]候 zài…de shíhòu; If saw her as I was leaving. 我离开的时候看见了她. 2 由于 yóuyú; 既然 jìrán: As you were out, I left a message. 由于你不在, 我留了个口信. 3 虽[雖]然 suīrán; 尽[盡]管 jǐnguǎn: Young as I am, I know what I want to be. 虽然我还年轻, 但我知道我要成为什么样的人. 4 按照 ànzhào; 同 rútóng: Do as I say. 照我说的做. 5 [习语]**as for sb/sth, as to sth** 至于 zhìyú, 关于 guānyú. **as from** [尤用于美语] **as of** 自…时间起 zì…shíjiān qǐ: a new job as from Monday 自星期一开始的新工作. **as if/though** 好像 hǎoxiàng; 似乎 shìhū, as it is [实[實]际情况] 似乎 shìhū, 实际上 shíjìshàng, **as it 'were** 可以这[這]么[麼]说 kěyǐ zhème shuō; 在一定程度上 zài yídìng chéngdù shàng. **as much** 同样的事 tóngyàng de shì; I thought as much. 我已经料到了. **as per** 按照 ànzhào; Work as per instructions 按照指令工作.

asbestos /æsˈbestəs/ n [U] 石棉 shímián; 石绒 shíróng.

ascend /əˈsend/ v 1 [I, T] [正式用语]登(山等) dēng; 上升 shàngshēng. 2 [习语] **ascend the throne** [正式用语]登位(为帝或最高统治者) dēngwèi. **ascendancy** n [U][正式用语] n [U] 优[優]势[勢] yōushì; 权[權]势 quánshì. **ascendant** n [习语] **in the a'scendant** 占有支配地位 zhànyǒu zhīpèi dìwèi.

ascent /əˈsent/ n [C] 上升 shàngshēng; 上坡 shàngpō.

ascertain /ˌæsəˈteɪn/ v [T] [正式用语] 查明 chámíng; 探查 tànchá.

ascribe /əˈskraɪb/ v [T] ~ to 归[歸]因于 guī yīn yú; 把…归于 bǎ…guīyú: ~ failure to bad luck 把失败归因于运气不好.

aseptic /ˌeɪˈseptɪk; US ə'sep-/ adj 无[無]病菌的 wú bìngjūn de; 防腐的 fángfǔde.

asexual /ˌeɪˈsekʃʊəl/ adj 1 无[無]性的 wúxìngde. 2 无性欲(慾)的 wú

ash[1] /æʃ/ n 1 [U] (亦作 **ashes** [pl]) 灰 huī; 灰烬[燼] huījìn. 2 [pl] 骨灰 gǔhuī. **'ashtray** n [C] 烟灰碟 yānhuīdié.

ash[2] /æʃ/ n(a) [C] 梣树[樹]ā

shù. (b) 桉树木 ānshùmù.

ashamed /ə'ʃeɪmd/ *adj* 羞愧 的 xiūkuìde; 害臊的 hàisàode.

ashore /ə'ʃɔ:(r)/ *adv* 上岸 shàng'àn; 在岸上 zài ànshang.

aside /ə'saɪd/ *adv* 在旁边 zài pángbiān; 向旁边 xiàng pángbiān; *He laid the book* ~. 他把书放到 一边. **aside** *n* [C] 旁白 pángbái.

ask /ɑːsk; US æsk/ *v* 1 [I, T] 问 wèn; 询问 xúnwèn; *I ~ed him where he lived*. 我问他住在什么 地方. " *What time is it*? " she ~ed. "现在几点钟?" 她问道. 2 [I, T] 要求 yāoqiú; 请求 qǐngqiú; *I ~ed them to close the door*. 我 请他们关上窗子. 3 邀请 yāo-qīng; 请 qǐng; ~ *him to the party* 邀请他参加聚会 4 [习语] 'ask for it/trouble [非正式用语]自找 麻烦 zì zhǎo mátan. 5 [短语动词] **ask after sb** 问起某人健康情况 wènjí mǒurén jiànkāng qíngkuàng. **ask for sb/sth** 找某人 zhǎo mǒu-rén; 要求某物 yāoqiú mǒuwù.

askance /ə'skæns/ *adv* [习语] **look askance at sb/sth** 斜视(表 示怀疑) xiéshì.

askew /ə'skju:/ *adv*, *adj* 歪斜 wāixié; 歪斜的 wāixiéde.

asleep /ə'sli:p/ *adj* 1 睡着了的 shuìzháole de. 2 (四肢)发(發)麻 的 fāmá de.

asp /æsp/ *n* [C] 角蝰(一种北非的 小毒蛇) jiǎokuí.

asparagus /ə'spærəgəs/ *n* [U] 芦 (蘆)笋 lúsǔn; 石刁柏 shídāobǎi.

aspect /'æspekt/ *n* 1 样(樣)子 yàngzi; 外貌 wàimào. 2 [正式用 语](建筑物的)方向 fāngxiàng, 方 位 fāngwèi.

aspersion /ə'spɜːʃn; US -ʒn/ *n* [习语] **cast aspersions on sb/sth** ⇨ CAST¹.

asphalt /'æsfælt; US -fɔːlt/ *n* [U] 沥(瀝)青 lìqīng. **asphalt** *v* [T] 铺 沥青于(马路) pū lìqīng yú; 铺沥青 (路面) pū lìqīng.

asphyxiate /əs'fɪksɪeɪt/ *v* [I, T] 使 窒息 shǐ zhìxī; 捂死 qiǎsǐ. **asphyxiation** /əs,fɪksɪ'eɪʃn/ *n* [U].

aspirate /'æspərət/ *n* [C] [语音] "h" 音 "h" yīn. **aspirate** /'æspə-reɪt/ *v* [T] 发(發)"h"音 fā "h" yīn.

aspire /ə'spaɪə(r)/ *v* [I] (*to*) 渴 望 kěwàng. **aspiration** /,æspə-'reɪʃn/ *n* [C, U] 抱负 bàofù; 渴望 kěwàng.

aspirin /'æsprɪn, æspərɪn/ *n* [C, U] 阿斯匹林 āsīpǐlín; 阿斯匹林 药(藥)片 āsīpǐlín yàopiàn.

ass¹ /æs/ *n* [C] 1 驴(驢)lǘ. 2 [非 正式用语]傻瓜 shǎguā.

ass² /æs/ *n* [C] [△美俚]屁股 pì-gu.

assail /ə'seɪl/ *v* [T] [正式用语]攻 击(擊)gōngjī, **assailant** *n* [C] 攻 击者 gōngjīzhě.

assassin /ə'sæsɪn; US -sn/ *n* [C] (政治)刺客 cìkè, 行刺者 xíngcìzhě; 刺杀者 cìshāzhě. **as-sassinate** /ə'sæsɪneɪt; US -san-/ *v* [T] 暗杀(殺)ànshā; 行刺 xíng-cì. **assassination** /ə,sæsɪ'neɪʃn; US -sn'eɪʃn/ *n* [U, C].

assault /ə'sɔːlt/ *n* [C, U] 袭(襲)击 (擊)xíjī; 突击 tūjī. **assault** *v* [T] 袭击 xíjī.

assemble /ə'sembl/ *v* 1 [I, T] 聚 集 jùjí; 聚合 jùhé. 2 [T] 装(裝) 配 zhuāngpèi.

assembly /ə'semblɪ/ *n* [*pl* -ies] 1 [C] 集会(會)jíhuì; 集合 jíhé. 2 [U] 装(裝)配 zhuāngpèi. **as'sembly line** [C] 装配线(綫)zhuāngpèi-xiàn.

assent /ə'sent/ *n* [U] [正式用语] 同意 tóngyì. **assent** *v* [I] (*to*) [正 式用语]同意 tóngyì.

assert /ə'sɜːt/ *v* 1 宣称(稱) xuānchēng; 断(斷)言 duànyán. 2 维护(護)wéihù. 3 ~ *oneself* 坚(堅)持 jiānchí; 表明 biǎomíng. **assertion** /ə'sɜːʃn/ *n* [U, C]. **assertive** *adj* 断言的 duànyánde; (過)分自信的 guòfèn zìxìn de.

assess /ə'ses/ *v* 1 估值 gūzhí; 确(確)定 quèdìng. 2 评价(價) píngjià. **assessment** *n* [C, U]. **as-sessor** *n* [C] 估价员 gūjiàyuán.

asset /'æset/ *n* [C] 1 宝(寶)贵的 人才、性质或技能 bǎoguìde rén-cái, xìngzhì huò jìnéng. 2 [常作 *pl*] 财产(產)cáichǎn; 资产 zīchǎn.

assign /ə'saɪn/ *v* 1 分配 fēn-pèi; 指派 zhǐpài. 2 选(選)派 xuǎn-pài. 3 确(確)定时(時)间或地点 (點)quèdìng shíjiān huò dìdiǎn. **as-signment** *n* 1 [C](分派的)任务 (務)rènwù; (指定的)作业(業) zuòyè. 2 [U]分配 fēnpèi; 指派 zhǐ-pài.

assimilate /ə'sɪməleɪt/ *v* 1 [T] 吸 收 xīshōu. 2 [I, T] 归(歸)化 guīhuà; *immigrants ~d into the coun-try they moved to* 移民归化在所 移居的国家. **assimilation**

/əˌsɪmə'leɪʃn/ n [U].

assist /ə'sɪst/ v [I, T] [正式用语]
帮(幫)助 bāngzhù; 援助 yuánzhù.
assistance n [U] [正式用语]帮助
bāngzhù. **assistant** n [C] 帮助者
bāngzhùzhě; a 'shop—ant 商店店
员.

associate¹ /ə'səʊʃɪeɪt/ v 1 [T]
(with) 联(聯)合 liánhé; 联想 liánxiǎng: Whisky is often ~d with
Scotland. 威士忌酒常常和苏格兰
联系在一起. the problems ~d
with homelessness 这些问题是同
无家可归相联系的. 2 [I, T] 结(結)
交 jiéjiāo; 支持 zhīchí: ~ with
people one doesn't really like.
同非不真正喜欢的人结交.

associate² /ə'səʊʃɪət/ n [C] 伙
[夥]伴 huǒbàn; 同事 tóngshì; business ~s 业务上的伙伴.

association /əˌsəʊsɪ'eɪʃn/ n 1 [C]
协[協]会 会(會) xiéhuì; 社团(團)
shètuán. 2 联(聯)合 liánhé;联结
liánjié. 3 [C] 联想 liánxiǎng. 4 [习
语] **in association with sb** 与(與)
…联合、结交 yǔ …hùduì. **As-sociation 'Football** n [U, 尤作美
国(國)]式足球 Yīngguóshì zúqiú.

assorted /ə'sɔːtɪd/ adj 各式各样
[樣]的 gèshìgèyàngde; 什锦的 shí-
jǐnde. **assortment** /ə'sɔːtmənt/ n
[C] 各式物品的配合 gèshì wùpǐn
de pèihé.

assume /ə'sjuːm; US ə'suːm/ v
[T] 1 假定 jiǎdìng, 臆测 yìcè.臆
qiú; 呈现出 chéngxiàn chū: ~ control. 承担控制. a greater importance 变得更加重要. 3 装(裝)
出 zhuāngchū: ~ ignorance 装出
无知的样子. **assumption** n 1 [C]
/ə'sʌmpʃn/ [C] 假定之事 jiǎdìng zhī shì. 2 [U] 承担(擔) chéngdàn;担任 dānrèn.

assurance /ə'ʃʊərəns; US ə'ʃʊər-
əns/ n 1 [U] 自信 zìxìn; 把握
bǎwò. 2 [C] 承诺 chéngnuò;保证
(證) bǎozhèng: give an ~ 作出保证. 3 [U] [尤用于英国英语]保险
[險] bǎoxiǎn: life ~ 人寿保险.

assure /ə'ʃɔː(r); US ə'ʃʊər/ v [T]
1 断[斷] 言 duànyán; 保证
bǎozhèng: I assure you
that the money will be safe with
me. 我向你保证,钱在我这里是安
全的. 2 使确(確)信 shǐ quèxìn.3
保险[險] (特指保人寿保险)
bǎoxiǎn. **assured** adj 自信的 zìxìnde;
有信心的 yǒu xìnxīn de.

asterisk /'æstərɪsk/ n [C] 星形符

号 (*) xīngxíng fúhào.

astern /ə'stɜːn/ adv 在船尾部 zài
chuán wěibù.

asteroid /'æstərɔɪd/ n [C] 小行星
xiǎo xíngxīng.

asthma /'æsmə; US 'æzmə/ n [U]
气(氣)喘病 qìchuǎnbìng. **asthmatic** /æs'mætɪk; US æz-/
adj, n.

astonish /ə'stɒnɪʃ/ v [T] 使惊
(驚)讶 shǐ jīngyà;吃惊 chījīng. **astonishing** adj 惊讶的 jīngyàde.
astonishment n [U].

astound /ə'staʊnd/ v [T] 使震惊
shǐ zhènjīng.

astral /'æstrəl/ adj 星的 xīngde.

astray /ə'streɪ/ adv 迷途 mítú.

astride /ə'straɪd/ adj, prep 跨着
kuàzhedə; 跨着 kuàzhe.

astrology /ə'strɒlədʒɪ/ n [U] 占星
术 [術] zhānxīngshù. **astrological**
/ˌæstrə'lɒdʒɪkl/ adj. **astrologer**
/-dʒə(r)/ n [C].

astronaut /'æstrənɔːt/ n [C] 宇宙
航行员 yǔzhòu hángxíng yuán.

astronomy /ə'strɒnəmɪ/ n [U] 天
文学(學) tiānwénxué. **astronomer**
/-nəmə(r)/ n [C]. **astronomical** /ˌæstrə'nɒmɪkl/ adj 1 天文
学的 tiānwénxuéde. 2 [非正式用
语]极(極)巨大的. jí jùdà de.

astute /ə'stjuːt; US ə'stuːt/ adj 机
(機)敏的 jīmǐnde;狡猾的 jiǎohuá-
de. **astutely** adv. **astuteness** n
[U].

asylum /ə'saɪləm/ n 1 [C] [旧]疯
[瘋]人院 fēngrényuàn;精神病院
jīngshénbìngyuàn. 2 [U] 避难(難)
bìnàn: political ~ 政治避难.

at /æt; 强式 æt/ prep 1 在…里(裡)
面或附近 zài lǐmiàn huò fùjìn;at the
station 在火车站. study languages at university 在大学学习
语言. 2 向着 xiàngzhe;朝着 cháo-
zhe;look at her 看着她. guess at
the meaning 猜测含意. 3 (表示距
离)hold sth at arm's length 伸
直手臂拿着某物. 4 (表示时间):
at 2 o'clock (在)两点钟(的时候).
5 (表示年龄):He got married at
(the age of) 24. 他24岁时结了
婚. 6 (表示状态): at war 正战
争. 7 (表示感情):shocked at the
news 被这些消息所震惊. 8 (表示速度、
价钱等):driving at 70 mph 以
每小时 70 英里的速度行驶. 9 (用于形容

词后表示能力）: good ~ music 擅长音乐。

ate /et/ *pt* of EAT.

atheism /'eɪθɪɪzm/ *n* [U] 无[無]神论[論] wúshénlùn. **atheist** /'eɪθɪɪst/ *n* [C]. **atheistic** *adj*.

athlete /'æθliːt/ *n* [C] 体[體]育家 tǐyùjiā; 运[運]动[動]员 yùndòngyuán. **athletic** /æθ'letɪk/ *adj* 1 体育的 tǐyùde; 运动的 yùndòngde. 2 体格健壮[壯]的 tǐgé jiànzhuàngde. **athletics** /n/ 竞[競]技 jìngjì; 运动[動] yùndòng; 体育 tǐyù.

atlas /'ætləs/ *n* [C] 地图[圖]集 dìtújí.

atmosphere /'ætməsfɪə(r)/ *n* [sing] 1 the atmosphere 大气[氣] dàqì; 空气 kōngqì. 2 气氛 qìfēn: *a friendly ~* 友好的气氛。 **atmospheric** /ˌætməs'ferɪk/ *adj* 大气的 dàqìde.

atoll /'ætɒl/ *n* [C] 环[環]礁 huánjiāo.

atom /'ætəm/ *n* [C] 1 原子 yuánzǐ. 2 [喻] 微粒 wēilì, atomic /ə'tɒmɪk/ *adj* 原子的 yuánzǐde. **a,tomic bomb** (亦作 **atom bomb**) 原子弹[彈] yuánzǐdàn.

atrocious /ə'trəʊʃəs/ *adj* 1 残[殘]忍的 cánrěnde; 凶[兇]恶[惡]的 wàn'ěde. 2 [非正式用语]坏[壞]透了的 huài tòu le de: *weather* 坏透了的天气。 **atrociously** *adv*.

atrocity /ə'trɒsətɪ/ *n* [*pl* -ies] [C] 残[殘]暴的行为[爲] cánbàode xíngwéi. 2 [U] 恶[惡]毒 èdú, 残暴 cánbào; 残暴 cánbào.

attach /ə'tætʃ/ *v* [T] 1 系[繫]上 jìshàng; 附上 fùshàng; 加上 jiāshàng. 2 [T] 依附 yīfù; 参[參]加 cānjiā. 3 [I, T] *to* (使)与[與]…相关[關]连 yǔ …xiāngguānlián. *~ importance to her speech* 认为她的话重要。 4 [习语] **be attached to sb/sth** 喜爱[愛] xǐ'ài; 依恋[戀] yīliàn. **attachment** *n* 1 [U] 附着物 fùzhuówù; 附件 fùjiàn. 2 [U] 喜爱 xǐ'ài; 爱慕 àimù.

attaché /ə'tæʃeɪ/ *n* [C] 大使馆[館]员 dàshǐguǎnyuán. **at'taché case** *n* [C] 公文包 gōngwénbāo.

attack /ə'tæk/ *n* 1 [C, U] (**a**) 攻击[擊] gōngjī; 进[進]攻. jìngōng. (**b**) 抨击 pēngjī; 抨击 pēngjī. 2 [C] 疾病的发[發]作 jíbìngde fāzuò. **attack** *v* [I, T] 攻击 gōngjī;

进攻 jìngōng. 2 [T] 干[幹]劲[勁] 十足地干 gànjìn shízú de gàn. **at-tacker** *n* [C].

attain /ə'teɪn/ *v* [T] [正式用语] 取得 qǔdé; 得到 dédào. **attainable** *adj*. **attainment** *n* 1 [U] 达[達]到 dádào; 得到 dédào. 2 [C] 造诣 zàoyì.

attempt /ə'tempt/ *v* [T] 尝[嘗]试 chángshì; 企图[圖] qǐtú: ~ *to escape* 企图逃跑. **attempt** *n* 1 企图 qǐtú; 尝试 chángshì. 2 [习语] **an attempt on sb's life** 企图杀[殺]害某人 qǐtú shāhài mǒurén.

attend /ə'tend/ *v* 1 [I, T] 出席 chūxí; 到场[場] dàochǎng; ~ *a meeting* 出席会议. 2 [I] *to* 专[專]心于 zhuānxīn; 注意 zhùyì; 料理 liàolǐ. 3 [正式用语] 护[護]理 hùlǐ; 照顾 zhàogù. **attendance** *n* 1 [C, U] 到场 dàochǎng; 出席 chūxí. 2 [U] 出席人数[數] chūxí rénshù; *a large ~ance* 出席人数众多. **attendant** *n* [C] 服务员 fúwùyuán.

attention /ə'tenʃn/ *n* 1 [U] 注意 zhùyì; *pay* (或 *attract*) ~ 注意. 2 照料 zhàoliào; 关[關]心 guānxīn; 修理 xiūlǐ: *My old car needs some* ~. 我的旧汽车需要修理一下. 3 [军事]立正 lìzhèng.

attentive /ə'tentɪv/ *adj* 注意的 zhùyìde; 专[專]心的 zhuānxīnde. **attentively** *adv*.

attest /ə'test/ *v* [I, T] (*to*) [正式用语]证[證]明 zhèngmíng.

attic /'ætɪk/ *n* [C] 顶楼[樓]房间[間] dǐnglóu; 阁楼 gélóu.

attitude /'ætɪtjuːd/ *n* [C] 1 态[態]度 tàidù; 看法 kànfǎ. 2 [正式用语]姿势[勢] zīshì; 姿态 zītài.

attorney /ə'tɜːnɪ/ *n* [美语]律师[師] lǜshī.

attract /ə'trækt/ *v* [T] 1 吸引 yǐnyǐn: *A magnet ~s steel.* 磁石吸引钢. 2 引起兴[興]趣等 yǐnqǐ xìngqù, zhùyì děng; 招引 zhāoyǐn: *a window display that ~s customers* 吸引顾客注意的橱窗. 3 诱惑 yòuhuò; 有吸引力 yǒu xīyǐnlì. **at-traction** /ə'trækʃn/ *n* 1 [U] 吸引力 xīyǐnlì. 2 [C] 有吸引力的事物 xīyǐn rén de shìwù. **attractive** /ə/ 有吸引力的 yǒu xīyǐnlì de; 讨人喜欢[歡]的 tǎo rén xǐhuān de.

attribute /ə'trɪbjuːt/ *v* [T] *to* (归[歸]因于 guī yīn yú; ~ *her success* *to hard work.* 她的成功是因为勤奋. **attribute** /'ætrɪbjuːt/ *n* [C] 属[屬]性 shǔxìng; 性质[質] xìngzhì.

attributive /ə'trɪbjutɪv/ *adj* 语法]定语的 dìngyǔde.

aubergine /'əubəʒin/ *n* [C] 茄子 qiézi.

auburn /'ɔːbən/ *adj* (尤指头发)赭色的 zhěsède.

auction /'ɔːkʃn/ *n* [C,U] 拍卖[賣] pāimài. **auction** *v* [T] 拍卖 pāimài. **auctioneer** /ˌɔːkʃə'nɪə(r)/ *n* [C] 拍卖人 pāimàirén.

audacious /ɔː'deɪʃəs/ *adj* 大胆[膽]的 dàdǎnde; 鲁莽的 lǔmǎngde. **audaciously** *adv*. **audacity** /ɔː'dæsətɪ/ *n* [U].

audible /'ɔːdəbl/ *adj* 听[聽]得见的 tīng dé jiàn de, **audibly** *adv*.

audience /'ɔːdɪəns/ *n* [C] 1 (聚集在一起的)听[聽]众(衆) tīngzhòng, 2 (分散的)听众 tīngzhòng. 3 接见 jiējiàn; *an ~ with the Queen* 王后接见.

audio /'ɔːdɪəu/ *adj* 听[聽]觉[覺]的 tīngjuéde. **audio-visual** *adj* 听[聽]觉[覺]视觉的 tīngjué shìjuéde. **'audiobook** *n* [C] 有声[聲]书[書]籍 yǒushēngshūjí; 有声读(讀)物 yǒushēng dúwù.

audit /'ɔːdɪt/ *n* [C] 审[審]计 shěnjì; 查账[賬] cházhàng. **audit** *v* [T] 查账 cházhàng. **auditor** *n* [C].

audition /ɔː'dɪʃn/ *n* [C] 试听[聽] shìtīng; 试演 shìyǎn. **audition** *v* [I, T] (使)试听 shìtīng; (使)试演 shìyǎn.

auditorium /ˌɔːdɪ'tɔːrɪəm/ *n* [C] 会[會]堂 huìtáng; 礼[禮]堂 lǐtáng.

augment /ɔːg'ment/ *v* [T] 用语]增大 zēngdà; 增加 zēngjiā.

augur /'ɔːgə(r)/ *v* [习语] **augur 'well/'ill for sb/sth** [正式用语]是好(坏)兆头[頭] shì hǎo zhàotóu.

August /'ɔːgəst/ *n* [U,C] 八月 bāyuè.

august /ɔː'gʌst/ *adj* 尊严[嚴]的 zūnyánde.

aunt /ɑːnt; US ænt/ *n* [C] 姑母 gūmǔ; 姨母 yímǔ; 伯母 bómǔ; 婶[嬸]母 shěnmǔ; 舅母 jiùmǔ. **auntie** (亦作 **aunty**) *n* [C] [非正式用语] aunt 的昵称 aunt de nīchēng.

au pair /ˌəu 'peə(r)/ *n* [C] "互裨"互助外国寄宿以学习语言的外国年轻人) hùbì.

aura /'ɔːrə/ *n* [C] 气[氣]氛[氛] qìfēn;

氛围[圍] fēnwéi.

aural /'ɔːrəl/, 亦作 'aural] *adj*. 耳的 ěrde; 听[聽]觉[覺]的 tīngjuéde.

auspices /'ɔːspɪsɪz/ *n* [pl] [习语] **under the auspices of sb/sth** [正式用语]在…的赞助下 zài…de zànzhù xià.

auspicious /ɔː'spɪʃəs/ *adj* [正式用语]吉祥的 jíxiángde; 繁荣[榮]的 fánróngde, **auspiciously** *adv*.

austere /ɒ'stɪə(r)/, 亦作 ɔː'stɪə(r)/ *adj* 1 简朴(樸)的 jiǎnpǔde 2 苦行的 kǔxíngde; 严[嚴]格的 yángéde. **austerely** *adv*. **austerity** /ɒ'sterəti, 亦作 ɔː'sterəti/ *n* [C, U] [*pl* -ies].

Australia /ɒ'streɪliə; ɔː'streɪliə/ *n* 澳大利亚 Aodàlìyà.

Australian /ɒ'streɪliən, ɔː'streɪliən/ *adj* 澳大利亚[亞]的 Aodàlìyàde. **Australian** *n* [C] 澳大利亚人 Aodàlìyàrén.

authentic /ɔː'θentɪk/ *adj* 真实[實]的 zhēnshíde; 可靠的 kěkàode. **authentically** /-klɪ/ *adv*. **authenticate** *v* [T] 证[證]实 zhèngshí. **authenticity** *n* [U] 可靠性 kěkàoxìng;真实性 zhēnshíxìng.

author /'ɔːθə(r)/ *n* [C] 1 作者 zuòzhě;作家 zuòjiā. 2 创[創]始人 chuàngshǐrén. **authoress** /'ɔːθərɪs/ *n* [C] 女作者 nǚ zuòzhě;女作家 nǚ zuòjiā.

authoritative /ɔː'θɒrətətɪv; US -teɪtɪv/ *adj* 1 有权[權]威的 yǒu quánwēi de. 2 命令的 mìnglìngde. **authoritatively** *adv*.

authority /ɔː'θɒrəti/ *n* [*pl* -ies] 1 (a) [U] 权力 quánlì; 威信 wēixìn. (b) [C] 当[當]局 dāngjú. 2 [C] 专[專]家 zhuānjiā; *She is an ~ on physics.* 她是物理专家.

authorize /'ɔːθəraɪz/ *v* [T] 授权[權] shòuquán. **authorization** /ˌɔːθəraɪ'zeɪʃn; US -rɪ'z-/ *n* [U].

autobiography /ˌɔːtəbaɪ'ɒgrəfi/ *n* [C] [*pl* -ies] 自传[傳] zìzhuàn. **autobiographical** /ˌɔːtəbaɪə'græfɪkl/ *adj*.

autocrat /'ɔːtəkræt/ *n* [C] (a) 专[專]制君主 zhuānzhì jūnzhǔ. (b) 独[獨]裁者 dúcáizhě. **autocratic** /ˌɔːtə'krætɪk/ *adj*.

autograph /'ɔːtəgrɑːf; US -græf/ *n* [C] 亲[親]笔[筆]签[簽]名 qīnbǐ qiānmíng. **autograph** *v* [T] 签署 qiānshǔ.

automate /'ɔ:təmeɪt/ v [T] 使自动[動]化 shǐ zìdònghuà.

automatic /ˌɔ:tə'mætɪk/ adj 1 (机器)自动[動]的 zìdòngde. 2 (动作)无[無]意识[識]的 wú yìshí de.
automatic n [C] 小型自动武器 xiǎoxíng zìdòng wǔqì; 自动机[機]器 zìdòng jīqì. **automatically** /-klɪ/ adv.

automation /ˌɔ:tə'meɪʃn/ n [U] 自动[動]化 zìdònghuà; 自动操作 zìdòng cāozuò.

automobile /'ɔ:təməbi:l/ n [C] 尤用于美语[語]汽车 qìchē.

autonomous /ɔ:'tɒnəməs/ adj 自治的 zìzhìde; 自主的 zìzhǔde. **autonomy** /-mɪ/ n [U] 自治 zìzhì.

autopsy /'ɔ:tɒpsɪ/ n [C] [pl -ies] (医学)尸[屍]体[體]检[檢]验[驗] shītǐ jiǎnyàn.

autumn /'ɔ:təm/ n [U, C] 秋季 qiūjì; 秋天 qiūtiān. **autumnal** /ɔ:'tʌmnəl/ adj.

auxiliary /ɔ:g'zɪlɪərɪ/ adj 辅[輔]助的 fǔzhùde; 协[協]助的 xiézhùde. **auxiliary** n [C] [pl -ies] 辅助者 fǔzhùzhě; 助手 zhùshǒu; 辅助物 fǔzhùwù. **auxiliary 'verb** n [C] 助动[動]词 zhùdòngcí (如 "Do you know where he has gone?" 中的 "do" 和 "has")

avail /ə'veɪl/ v [正式用语] ~ oneself of 利用 lìyòng. **avail** n [习语] of no avail 无[無]用 wúyòng. to no avail, without a'vail 完全无用 wánquán wúyòng.

available /ə'veɪləbl/ adj 可获[獲]得的 kě huòdé de; 可用的 kěyòng de; There are no tickets ~ 票已售完. **availability** /əˌveɪlə'bɪlətɪ/ n [U].

avalanche /'ævəlɑ:nʃ; US -læntʃ/ n [C] 1 雪崩 xuěbēng. 2 [喻]大量涌来 dàliàng yǒnglái; an ~ of letters 大量信件涌来.

avarice /'ævərɪs/ n [U] [正式用语]贪心 tānxīn. **avaricious** /ˌævə'rɪʃəs/ adj.

avenge /ə'vendʒ/ v [T] 替 … 报[報]仇 tì … bàochóu; ~ his father's death 报了他的杀父之仇.

avenue /'ævənju:; US -nu:/ n [C] 1 林阴[陰]道 línyīndào. 2 [喻]方法 fāngfǎ; 途径[徑] tújìng; explore several ~s 探索几种方法.

average /'ævərɪdʒ/ n [C] 平均数[數] píngjūnshù. 2 [U] 一般水准[準] yìbān shuǐzhǔn. **average** adj 平均的 píngjūnde; the ~ age 平均年龄. **average** v 1 [I, T] 平均为[爲] píngjūn wéi; 求出 … 的平均数[數] qiúchū … de píngjūnshù. 2 [T] 平均做 píngjūnzuò; ~ 200 miles a day 平均一天 200 英里.

averse /ə'vɜ:s/ adj to [正式用语]反对[對]的 fǎnduìde; not ~ to new ideas 不反对新的主意.

aversion /ə'vɜ:ʃn; US ə'vɜ:rʒn/ n [C, U] 嫌恶[惡] xiánwù. 2 [C] 讨厌[厭]的人或事物 tǎoyànde rén huò shìwù.

avert /ə'vɜ:t/ v [T] 1 避开 bìkāi; 防止 fángzhǐ. 2 [非正式用语] 转[轉]移(目光等) zhuǎnyí.

aviary /'eɪvɪərɪ; US -vɪerɪ/ n [C] [pl -ies] (大型)鸟舍 niǎoshè.

aviation /ˌeɪvɪ'eɪʃn/ n [U] 航空 hángkōng; 航空学[學] hángkōngxué; 航空术[術] hángkōngshù.

avid /'ævɪd/ adj 渴望的 kěwàngde. **avidly** adv.

avocado /ˌævə'kɑ:dəʊ/ n [C] [pl ~s] 鳄梨 èlí.

avoid /ə'vɔɪd/ v [T] 避免 bìmiǎn; 逃避 táobì. 2 防止 fángzhǐ; 阻止 zǔzhǐ. **avoidable** adj 可避免的 kě bìmiǎn de. **avoidance** n [U].

avow /ə'vaʊ/ v [T] [正式用语]公开表示 gōngkāi biǎoshì.

await /ə'weɪt/ v [T] [正式用语]等待 děngdài; 等候 děnghòu.

awake[1] /ə'weɪk/ adj 醒着的 xǐngzhede; 醒的 xǐngláide.

awake[2] /ə'weɪk/ v [pt awoke /ə'wəʊk/, pp awoken /ə'wəʊkən/] [I, T] 醒 xǐng; 唤醒 huànxǐng.

awaken /ə'weɪkən/ v 1 [I, T] 醒 xǐng; 唤醒 huànxǐng. 2 [正式用语]唤起 huànqǐ; ~ sb's interest 引起某人兴趣. 3 [短语动词] awaken sb to sth 使认[認]识[識]到 shǐ rènshí dào. **awakening** /-knɪŋ/ n [sing] 认识 rènshí; 觉悟 juéwù.

award /ə'wɔ:d/ v [T] 授予 shòuyǔ; 判给 pàngěi; ~ her first prize 授予她一等奖. **award** n [C] 奖[獎]; 奖品 jiǎngpǐn; 奖赏 jiǎngshǎng; an ~ for bravery 勇敢奖.

aware /ə'weə(r)/ adj of/that 知

道 的 zhīdàode; 意识到的 yìshídào de. **awareness** n [U].

away /ə'weɪ/ adv 1 在 远 [遠] 处 [處] zài yuǎnchù; 到远处 dào yuǎnchù: The sea is two miles ~. 海 有两英里远. 2 继 [繼] 续 [續] 不断 [斷] 地 jìxù búduàn de; He was working ~. 他在继续不断地工作. 3 (表示消失, 等) The water boiled ~. 水被煮干了. 4 [体育] 在客场 [場] 比赛 zài kèchǎng; play the next match ~ 打下一场客场比赛.

awe /ɔː/ n [U] 敬畏 jìngwèi. '**awe-inspiring** adj 令人畏惧 [懼] 的 lìng rén wèijù de. **awesome** adj 可畏的 kěwèide.

awful /'ɔːfl/ adj 1 可怕的 kěpàde; an ~ accident 可怕的事故. 2 [非正式用语] 糟糕的 zāogāode; 极 [極] 度的 jídùde; ~ weather 糟糕的天气. **awfully** adv [非正式用语] 非常地 fēichángde; ~ hot 非常热.

awhile /ə'waɪl/ US ə'hwaɪl/ adv 片刻 piànkè.

awkward /'ɔːkwəd/ adj 1 不灵 [靈] 活的 bù línghuó de; 笨拙的 bènzhuōde. 2 难 [難] 使用的 nán shǐyòng de; 难用的 bù fāngbiàn de; 造成困难的 zàochéng kùnnan de; arrive at an ~ time 在不方便的时候到达. 3 使人尴尬的 shǐ rén gāngà de; an ~ silence 尴尬的沉默. **awkwardly** adv. **awkwardness** n [U].

awning /'ɔːnɪŋ/ n [C] 雨棚 yǔpéng; 凉棚 liángpéng.

awoke pt of AWAKE².

awoken pp of AWAKE².

axe (亦作, 尤用于美语 **ax**) /æks/ n [C] 斧 fǔ. 2 [习语] have an 'axe to grind 别有用心 bié yǒu yòngxīn; 另有企图 [圖] lìng yǒu qǐtú. **axe** v [T] 削减 xuējiǎn; 解雇 jiěgù.

axiom /'æksɪəm/ n [C] 公理 gōnglǐ. **axiomatic** /ˌæksɪə'mætɪk/ adj 不言自喻的 bù yán zì yù de.

axis /'æksɪs/ n [C] [pl axes /'æksiːz/] 1 轴 zhóu; 轴心 zhóuxīn; the earth's ~ 地轴. 2 轴线 [綫] zhóuxiàn.

axle /'æksl/ n [C] 轮 [輪] 轴 lúnzhóu.

aye (亦作 **ay**) /aɪ/ interj [废, 方] 是 shì. **aye** n [C] 赞成票 zànchéngpiào.

azure /'æʒə(r)/, 亦作 /'æʒjʊə(r)/ n [U] 天蓝 [藍] 色(的) tiānlánsè.

B b

B, b /biː/ n [C] [pl **B's**, **b's** /biːz/] 英语的第二个 [個] 字母 Yīngyǔde dì'èrge zìmǔ.

b abbr born 出生 chūshēng.

babble /'bæbl/ v [I] 孩子般喋喋不休 háizibān diédié bù xiū. **babble** n [sing].

babe /beɪb/ n [C] [古] 婴儿 [兒] yīng'ér.

baboon /bə'buːn; US bæ-/ n [C] 狒狒 fèifèi.

baby /'beɪbɪ/ n [C] [pl -bies] 1 婴儿 [兒] yīng'ér. 2 [尤用于美国俚语] 爱 [愛] 人 àirén. **babyish** adj 幼儿的 yòu'érde; 幼儿般的 yòu'ér-bānde; 孩子气 [氣] 的 háiziqìde. '**babysit** v [-tt-, pt, pp -sat] [I] 做临 [臨] 时保姆 zuò línshí bǎomǔ. '**babysitter** n [C].

bachelor /'bætʃələ(r)/ n [C] 1 单 [單] 身汉 [漢] dānshēnhàn. 2 **Bachelor** 学 [學] 士 xuéshì; B~ of Arts / Science 文学士 wénxuéshì / 理学士 lǐxuéshì.

back¹ /bæk/ n [C] 1 背 bèi. 2 后 [後] 面 hòumiàn; 背面 bèimiàn; sit in the ~ of the car 坐在汽车的后面. the ~ of a cheque 支票的背面. 3 椅背 yǐbèi. 4 [语] back to 'front 前后倒置 qiánhòu dàozhì, behind sb's 'back [非正式用语] 使某人生气 [氣] 的 shǐ mǒurén shēngqì, get off sb's 'back [非正式用语] 不再唠叨某人 búzài làodāo mǒurén, put one's 'back into sth 发 [發] 奋 [奮] 做某事 fāfèn zuò mǒushì; 埋头 [頭] 做某事 máitóu zuò mǒushì. back 副 在后面的 zài hòumiàn de; the ~ door 后门 hòumén. '**backache** n [U,C] 背痛 bèitòng. '**back-'bencher** n [C] [英议会] (议会)院后座议员 [員] yuàn hòuzuò yìyuán. '**backbone** n 1 脊椎骨 jǐzhuīgǔ. 2 [sing] [喻] 骨干 [幹] gǔgàn; 支柱 zhīzhù. 3 [U] 刚 [剛] 强 gāngqiáng; 坚 [堅] 毅 jiānyì. '**back-breaking** adj (工作)累

死人的 lèisǐrénde. **'background** n 1 [sing] (**a**) 背景 bèijǐng; 后景 hòujǐng. (**b**) [喻]有关(關)情况 yǒuguān qíngkuàng; 背景 bèijǐng. 2 [C] 个(個)人经(經)历(歷)面 gèrén jīnglì. **'backhand** n [C] (网球等)反手击(擊)球 fǎnshǒu jīqiú, **back-'handed** adj 1 反手击球的 fǎnshǒu jīqiú de. 2 讽(諷)刺的言辞的 fěngcì wǒkǔ de: a ~handed 'compliment 带讽刺的恭维话. **backless** adj 1 无(無)(壓)的工作 jiàdào gōngzuò. **'backlog** n [C] 积(積)压(壓)的工作 jiādào gōngzuò. **'back 'number** n [C] 过(過)期报(報)纸 guòqī bàozhǐ bàozhǐ. **'backpack** n [C] (尤用于美语)帆布背包 fānbù bèibāo; **backside** n [C] [非正式用语]屁股 pìgu. **'backstage** adv 在后台 zài hòutái. **'backstroke** n [U] 仰泳 yǎngyǒng. **'backwater** n [U] 1 死水 sǐshuǐ; 滞水 zhìshuǐ. 2 闭(閉)气(氣)沉沉的地方 chénchén de dìfāng.

back² /bæk/ adv 1 向后(後) xiàng hòu; 在后面 zài hòumian: Stand ~, please! 请往后站! 2 返回 fǎnhuí; put the book ~ on the shelf 把书放回书架. 3 以前 yǐqián; a few months ~ 几个月前. 4 回答 huídá; 作为(爲)报(報)复(復)答(答)复(答)复(答): I'll phone you ~, 我会给你回电话. 5 [习语]**back and 'forth** 来(來)回地 láihuíde; 反复(復)地 fǎnfùde. **'backbiting** n [U] 背后说人坏(壞)话 bèihòu shuō rén huàihuà. **'backdate** v [T] 1 (车辆)倒(發)生返火的响(響)声(聲) fāshēng fǎnhuǒde xiǎngshēng. 2 [喻](计划等)失败 shībài. **'backlash** n [sing] 强烈的反应(應) qiángliède fǎnyìng.

back³ /bæk/ v 1 [I, T] 倒退 dàotui; 使退后(後) shǐ tuìhòu; a car (汽车)倒车. 2 [I] onto 背朝背 bèi cháozhe: The house ~s onto the park. 这座房子背朝着公园. 3 [T] 支持 zhīchí; 援助 yuánzhù. 4 下赌注于(某马) xià dǔzhù yú, 5 [T] 加背面(对(對)话词) back 'down 放弃(棄)要求 fàngqì yāoqiú. **back out (of sth)** 收回(诺言等) shōuhuí. **back sb/sth up** (**a**) 支持某人 zhīchí mǒurén. (**b**) 证(證)实(實)实(實)证(證) zhèngshí. (**c**) [计算机]制(製)出备(備)用拷贝 fùzhì chū bèiyòng

kǎobèi, **backer** n [C] (尤指财务上的)支持者 zhīchízhě. **backing** n [U] 1 支持 zhīchí; 帮(幫)助 bāngzhù. 2 背衬(襯) bèichèn. **'backup** n 1 [U] 额外支持 éwài zhīchí. 2 [U, C] [电脑] 储存拷贝 chǔcún kǎobèi.

backgammon /ˈbækɡæmən/ n [U] 十五子游戏(戲) shíwǔzǐ yóuxì.

backward /ˈbækwəd/ adj 1 向后(後)的 xiànghòude: a ~ glance 向后的一瞥. 2 落后的 luòhòude: a ~ child 成长迟缓的孩子. **backwards** (亦作 **backward**) adv 1 向后地 xiànghòude. 2 倒 dào; 反 fǎn: say the alphabet ~(s) 倒背字母.

bacon /ˈbeɪkən/ n [U] 咸(鹹)肉 xiánròu; 熏(燻)猪肉 xūnròu.

bacteria /bækˈtɪərɪə/ n [pl] [sing -ium /-ɪəm/] 细菌 xìjūn. **bacterial** /-rɪəl/ adj.

bad /bæd/ adj (worse /wɜːs/, worst /wɜːst/) 1 低劣的 dīliède: a ~ actor 蹩脚的演员. 2 坏(壞)的 huàide; 不道德的 bú dàodéde. 3 使人不愉快的 shǐ rén bú yúkuài de: ~ news 不好的消息. 4 严(嚴)重的 yánzhòngde; 厉害的 lìhaide: a ~ mistake 严重的错误. in a ~ mood 心情极坏, 爱生气. 5 (食物)腐坏的 fǔhuàide: The fish has gone ~. 这鱼坏了. 6 有病的 yǒubìngde: a ~ back 有病的背部. 7 有害的 yǒuhàide: Smoking is ~ for you. 吸烟对你有害. 8 [习语]**be in sb's bad books**坏名册 BOOK¹. **be bad 'luck** 倒霉 dǎoméi; 不幸 búxìng. **bad 'blood** 仇恨 chóuhèn; 生气(氣) shēngqì. **go from bad to 'worse** 愈来愈坏 yùlái yù huài. **have a bad night** NIGHT. **not (so) 'bad** [非正式用语]相当(當)好 xiāngdāng hǎo. **too bad** [非正式用语](不幸) kěxī; 不幸 búxìng: It's too ~ she is ill. 不幸她病了. **bad 'debt** n [C] (无法收回的)坏账(賬) huàizhàng; 呆账 dāizhàng. **baddy** n [C] [pl -ies] [非正式用语]（小说、电影中的）反面人物 fǎnmiàn rénwù. **bad 'language** n [U] 粗话 cūhuà; 不礼(禮)貌的话(話) bù límàode huà. **badly** adv [non 工式用语]1 很坏 hěnhuài; 恶(惡)劣 èliè. 2 大大地 dàdàde; 非常 fēicháng: need some money ~ly 很需要钱. 3 [习语]**badly 'off** 境况

不好 jǐngkuàng bùhǎo; 贫困 pínkùn.
badness n [U]. '**bad-tempered**
adj 脾气[氣]坏的 píqì huài de.

bade pt of BID 2.

badge /bædʒ/ n [C] 徽章 huīzhāng;
证[證]章 zhèngzhāng; 标[標]记
biāojì.

badger[1] /'bædʒə(r)/ n [C] 獾
huān.

badger[2] /'bædʒə(r)/ v [T] 烦扰
[擾] fánrǎo; 使困扰 shǐ kùnrǎo.

badminton /'bædmɪntən/ n [U]
羽毛球 yǔmáoqiú.

baffle /'bæfl/ v [T] 阻碍[礙]
zǔ'ài; 使困惑 shǐ kùnhuò.

bag[1] /bæg/ n [C] 1 袋 dài; 包
bāo: a paper ~ 纸袋. 2 bags
[pl] 许多 [于正式用语] 许多 xǔduō.
3 [习语] in the 'bag [非正式用
语] 十拿九稳[穩] shí ná jiǔ wěn
de.

bag[2] /bæg/ v [-gg-] [T] 1 把…装
[裝]进[進]袋 bǎ…zhuāngjìn dài. 2
捕杀[殺] bǔshā. 3 [非正式用语]
要求拥[擁]有 yāoqiú yōngyǒu.

baggage /'bægɪdʒ/ n [U] = LUG-
GAGE. '**baggage reclaim** n [C]
(机场)取行李处[處] qǔxínglǐchù.

baggy /'bægɪ/ adj [-ier,-iest] 松
[鬆]垂的 sōngchuíde: ~ trousers
松垂的裤子.

bagpipes /'bægpaɪps/ n [pl] 风
[風]笛 fēngdí.

bail[1] /beɪl/ n [U] (a) 保释[釋]金
bǎoshìjīn. (b) 保释 bǎoshì. **bail**
n [短语动词] **bail sb out** (a) 交保
证金释放某人 jiāo bǎozhèngjīn shì-
fàng mǒurén. (b) [喻] 帮[幫]助某
人摆[擺]脱困难[難] bāngzhù mǒu-
rén bǎituō kùnnan.

bail[2] (亦作 **bale**) /beɪl/ v [I,T]
将[將]船内的水舀出 jiāng chuán
nèi de shuǐ yǎochū.

bail[3] /beɪl/ n [C] (板球)柱门[門]
上的横木 zhùménshàng de héngmù.

bailiff /'beɪlɪf/ n 1 法警 fǎ-
jǐng. 2 (英国)地主代理人 dìzhǔ
dàilǐrén.

bait /beɪt/ n 1 饵 ěr. 2 [喻]诱
惑物 yòuhuòwù. **bait** v [T] 1 装
[裝]饵于 zhuāng ěr yú. 2 侮弄(某
人) wǔnòng.

bake /beɪk/ v 1 [I,T] 烤 kǎo; 烘
hōng; 焙 bèi. 2 [T] 烧硬 shāohìng;
烤硬 kǎoyìng. 3 [I] [非正式用
语] 非常炎热[熱] fēicháng yánrè:
It's baking today! 今天热得厉
害! **baker** n [C] 面[麵]包师[師]
傅 miànbāo shīfu; **bakery** n [C]

[pl -ies] 面包房 miànbāofáng.
'**baking-powder** n [U] 焙粉(化
学膨松剂) bèifěn.

balance[1] /'bæləns/ n 1 [U] 平衡
pínghéng; keep one's ~ 保持平衡.
lose one's ~ 失却平衡. 2 [C] 秤
chèng; 天平 tiānpíng. 3 [U,sing] 和
谐 héxié; 协[協]调 xiétiáo; a ~
between work and play 工作和
玩耍的平衡协调. 4 [C] 账目上的
余[餘]额 zhàngmù shàng de yú'é.
5 [C] 结欠 jiéqiàn. 6 [习语] in the
'balance 未定 wèidìng; on
'balance 总[總]的说来[來] zǒng
de shuō lái. '**balance sheet** n [C]
资产[產]负债表 zīchǎn fùzhàibiǎo.

balance[2] /'bæləns/ v 1 (a) [T]
使(某物)平衡 shǐ pínghéng. (b) [I]
(人)保持平衡 bǎochí pínghéng: He
~d on the edge of the table. 他
在桌子边上保持平衡. 2 [T] 使
均衡 shǐ jūnhéng. 3 [T] 结算 jié-
suàn; 相抵 xiāngdǐ.

balcony /'bælkənɪ/ n [C] [pl
-ies] 1 阳[陽]台 [臺] yángtái. 2
(剧院)楼[樓]厅[廳] lóutīng.

bald /bɔːld/ adj 1 秃头[頭]的 tū-
tóude; 秃的 tūde; 无[無]毛的 wú
máo de. 2 [喻]单[單]调的 dān-
diàode; 简单的 jiǎndānde: a ~
statement 枯燥无味的陈述. **bald-
ing** adj 变[變]秃的 biàntūde.
baldly adv. **baldness** n [U].

bale[1] /beɪl/ n [C] 包袋;捆
kǔn.

bale[2] /beɪl/ v 1 = BAIL[2]. 2 [习语]
bale out (of sth) 飞[飛]机[機]出
事时[時]跳伞 fēijī chūshì shí tiào-
sǎn.

balk (亦作 **baulk**) /bɔːk/ v [I]
(at) 犹[猶]豫 yóuyù; 提醒 wèi-
suō.

ball[1] /bɔːl/ n [C] 1 球 qiú; 球
[戲] qiúxì. 2 球状[狀]物 qiú-
zhuàngwù; a ~ of wool 一团毛
线. 3 球形突出部分 qiúxíng tūchū
bùfen; the ~ of one's foot 拇趾
底部的肉球 mǔzhǐ dǐbùde ròuqiú. 4
[常作 pl] [非正式用语] 睾丸 gāo-
wán. 5 [习语] keep/start the ball
rolling 使[讓]继续[續]开[開]始活
动[動]jìxù / kāishǐ huódòng. (be)
on the ball [非正式用语]机[機]
警的 jīngjǐng de;留心的 liúxīnde. '**ball
game** n [C] (a) [C] 球赛qiúsài.
(b) [U] [美语]棒球 bàngqiú. 2 [C]
[非正式用语] 情况 qíngkuàng. '
ballpark n 1 [C] 棒球场

bàngqiúchǎng. 2 大致范〔範〕围〔圍〕dàzhì fànwéi; 大致程度 dàzhì chéngdù: *be in the (right) ball-park* 大致正确. *ballpark figure/estimate* 大概的数字/估计 **'ball-point** (亦作 **ball-point 'pen**) *n* [C] 圆珠笔〔筆〕yuánzhūbǐ.

ball² /bɔːl/ *n* **1** 舞会〔會〕wǔhuì. **2** [习语] **have a 'ball** [非正式用语] 痛快地玩 tòngkuài de wán. **'ballroom** *n* [C] 舞厅〔廳〕wǔtīng.

ballad /'bæləd/ *n* [C] 民歌 míngē; 歌谣 gēyáo.

ballast /'bæləst/ *n* [U] **1** 压〔壓〕舱〔艙〕物 yācāngwù. **2** (气象) 沙囊 shānáng.

ballerina /ˌbælə'riːnə/ *n* [C] 芭蕾舞女演员 bālěiwǔ nǚ yǎnyuán.

ballet /'bæleɪ/ *n* **1 (a)** [U] 芭蕾舞 bālěiwǔ. **(b)** [C] 芭蕾舞剧〔劇〕bālěiwǔjù. **2** [C] 芭蕾舞团〔團〕bālěiwǔtuán.

ballistics /bə'lɪstɪks/ *n* [U] 弹〔彈〕道学〔學〕dàndàoxué, **bal,listic 'missile** *n* [C] 弹道导〔導〕弹 dàndào dǎodàn.

balloon /bə'luːn/ *n* **1** 气〔氣〕球 qìqiú. **2** (亦作 **hot-'air balloon**) 热〔熱〕气球(飞行器) rèqiú. *balloon* *v* [I] 膨胀〔脹〕如气球 péngzhàng rú qìqiú. **balloonist** *n* [C] 热气球驾驶员 rè qìqiú jiàshǐyuán.

ballot /'bælət/ *n* **1** [C, U] 无〔無〕记名投票(用纸) wú jìmíng tóupiào. **2** [C] 票数〔數〕piàoshù. *ballot* *v* **1** [I] 投票 tóupiào. **2** [T] 投票决定 tóupiào juédìng. **'ballot-box** *n* [C] 票箱 piàoxiāng.

balm /bɑːm/ *n* **1** [U] 止痛香油 zhǐtòng xiāngyóu. **2** [喻] 安慰物 ānwèiwù. *balmy* *adj* [-ier, -iest] **1** (空气) 温和的 wēnhé de. **2** [疗] (摩) 伤(傷)的 (shāng de. **3** [美语] = BARMY.

balsa /'bɔːlsə/ *n* [C, U] 西印度轻〔輕〕木(热带美洲的一种树木) xīyìndù qīngmù; 西印度轻木的木材 xīyìndù qīngmù de mùcái.

balustrade /ˌbælə'streɪd/ *n* [C] 栏〔欄〕杆 lángān.

bamboo /ˌbæm'buː/ *n* [C, U] 竹 zhú.

ban /bæn/ *v* [-nn-] [T] 禁止 jìnzhǐ. *ban* *n* [C] 禁令 jìnlìng.

banal /bə'nɑːl; US 'beɪnl/ *adj* 陈腐无〔無〕味的 kūzào wúwèide; 平庸

的 píngyōngde: ~ *remarks* 枯燥无味的话; 陈词滥调.

banana /bə'nɑːnə; US bə'nænə/ 香蕉 xiāngjiāo.

band /bænd/ *n* [C] **1** 通俗乐〔樂〕队〔隊〕tōngsú yuèduì. **2** (一)群 qún, (一)伙 huǒ. **3** 一伙强盗 yìhuǒ qiángdào. **3** 带〔帶〕子 dàizi; 镶边 xiāngbiān, **4** 范〔範〕围〔圍〕fànwéi: *an income* ~ 收入 的幅度. *band* *v* [I] *together* 结伙 jiéhuǒ; 结合 jiéhé. **bandstand** *n* [C] 室外音乐〔樂〕台〔臺〕shìwài yīnyuètái. **'bandwagon** *n* [习语] **jump/climb on the bandwagon** [非正式用语] 赶〔趕〕浪头〔頭〕gǎn làngtou.

bandage /'bændɪdʒ/ *n* [C] 绷带 〔帶〕bēngdài. *bandage* *v* [I] 用绷带扎(紮) yòng bēngdài zābǎng.

bandit /'bændɪt/ *n* [C] 土匪 tǔfěi; 强徒 féitú.

bandy¹ /'bændɪ/ *v* [*pt, pp* -ied] **1** [习语] **bandy 'words** [旧] 争吵 zhēngchǎo. **2** [短语动词] **bandy sth about** (漫不经心地)随便便传〔傳〕播 suíbiàn chuánbō.

bandy² /'bændɪ/ *adj* [-ier, -iest] 膝外屈的 xī wài qū de.

bang /bæŋ/ *n* [C] **1** 猛击〔擊〕mēngjī; 砰砰的声〔聲〕音 pēngpēng de shēngyīn. **2** [习语] **bang one's head against a brick wall** = HEAD¹. *bang* *v* [I, T] 猛敲 mēngqiāo; 砰砰作声 pēngpēng zuò shēng: *The door* ~*ed shut.* 门砰地关上了. *She* ~*ed her knee on the desk.* 她的膝盖撞到了书桌上. *bang* *adv* [非正式用语] 正巧 zhèngqiǎo: ~ *in the middle* 正好在中间.

banger /'bæŋə(r)/ *n* [C] [英国非正式用语] **1** 香肠〔腸〕xiāngcháng. **2** 鞭炮 biānpào. **3** 破旧〔舊〕的汽车 pòjiù jiùchē.

bangle /'bæŋɡl/ *n* [C] 手镯 shǒuzhuó; 脚镯 jiǎozhuó.

banish /'bænɪʃ/ *v* [T] **1** 驱〔驅〕逐出境 qūzhú chūjìng; 放逐 fàngzhú. **2** 消除(想法等) xiāochú. **banishment** *n* [U].

banister /'bænɪstə(r)/ *n* [C, pl] 栏〔欄〕杆扶手 lángān xiàozhù; 楼〔樓〕梯扶手 lóutī fúshǒu.

banjo /'bændʒəʊ/ *n* [C] [*pl* ~s] 班卓琴 bānzhuóqín.

bank¹ /bæŋk/ *n* [C] **1** 银行 yínháng. **2** 库 kù: *a* '*blood-* ~ 血库.

bank v 1 [T] 把(钱)存入银行 bǎ cúnrù yínhángli. 2 [短语动词] **bank on sb/sth** 指望 zhǐwàng; 信赖 xìnlài. '**bank account** n [C] 银行账(账)户 yínháng zhànghù. '**bank card** n [C] 银行卡 yínhángkǎ; (银行的)支票保付卡 zhīpiào bǎofù kǎ. '**banker** n [C] 银行家 yínhángjiā. ,**bank 'holiday** n [C] 法定假日 fǎdìng jiàrì. '**banking** n [U] 银行业(业) yínhángyè. '**banknote** n [C] 钞票 chāopiào.

bank² /bæŋk/ n [C] 1 河岸 hé'àn; 河边 hébiān. 2 堤 dī;斜坡 xiépō. 3 雪堆 xuěduī;(云)堆 yúnduī. **bank** v 1 飞[飞]机[机]转[转]弯(弯)时[时]倾斜行进[进] fēijī zhuǎnwān shí qīngxié xíngjìn.

bank³ /bæŋk/ n [C] 1 排 pái;组(组) zǔ; a ~ of switches 一排电闸.

bankrupt /'bæŋkrʌpt/ adj 1 破产(产)了的 pòchǎnle de. 2 [喻] 完全缺乏的 wánquán quēfá de. **bankrupt** n [C] 破产者 pòchǎnzhě. **bankruptcy** /-rəpsɪ/ n [C, U] [pl -ies] 破产(事例) pòchǎn.

banner /'bænə(r)/ n 1 旗帜; (游行者手持的)横幅 héngfú.

banns /bænz/ n [pl] 教堂里[裡]的结婚预告 jiàotáng lǐde jiéhūn yùgào.

banquet /'bæŋkwɪt/ n [C] 宴会(会) yànhuì.

bantam /'bæntəm/ n 矮脚鸡(鸡) ǎijiǎojī.

banter /'bæntə(r)/ n [U] 玩笑话 wánxiàohuà. **banter** v [I] 开[开]玩笑 kāiwánxiào;戏[戏]弄 xìnòng.

baptism /'bæptɪzəm/ n [C, U] 洗礼(礼) xǐlǐ. 2 [习语] ,**baptism of 'fire** (a) (兵士的)第一次经(经)历(历)战(战)争 dìyīcì jīnglì zhànzhēng. (b) 严(严)峻的考验(验) yánjùnde kǎoyàn. **baptize** /bæp'taɪz/ v [T] 给…施洗礼 gěi…shī xǐlǐ.

bar¹ /ba:(r)/ n 1 [C] 棍 gùn;棒 bàng;杆 gān; a steel ~ 钢棒. a ~ of chocolate 一块巧克力. 2 [C] 门窗等的栅 ménchuāng děng de zhà; be behind ~s 在牢狱中. 3 [C] 酒吧间(间) jiǔbājiān;餐柜(柜) cānguì. 4 [C] (颜色等形成的)条状 tiáozhuàng;带(带)状 dàizhuàng. 5 [C] [喻]障碍(碍)物;障碍物 zhàng'àiwù; Poor health is a ~ to success. 身体不好是成功的障

碍.6 [音乐]小节[节] xiǎojié. 7 [C] 法庭上的围[围]栏[栏] fǎtíng shàng de wéilán; the prisoner at the ~ 出庭受审的犯人. 8 **the bar** [sing, 亦作 sing, 用 pl v] 律师(师)的职(职)业(业) lǜshī de zhíyè; be called to the ~ 成为律师 lǜshī. **bar code** n [C] 条形码 tiáoxíngmǎ. '**bar code reader** n [C] 条形码阅读[读]器 tiáoxíngmǎ yuèdúqì. '**barman** /-mən/ n [C] (fem '**barmaid**) 酒吧间招待员 jiǔbājiān zhāodàiyuán. '**bartender** n [C] 在美语]酒吧间招待员 jiǔbājiān zhāodàiyuán.

bar² /ba:(r)/ v [-rr-] 1 闩(门等)shuān, 门闩 ménshuān;拦[拦]住 zhù; ~ the way 拦路. 3 排斥 páichì;不准 bùzhǔn; She was ~red from (entering) the competition. 不准她参加比赛.

bar³ /ba:(r)/ prep 1 除… chú…. 2 [习语] **bar none** 无[无]例外 wú lìwài.

barb /ba:b/ n [C] 倒钩 dàogōu;刺 dàocì, **barbed** n 装[装]倒钩的 zhuāng dàogōu de; ~ed wire 有刺铁丝(网).

barbarian /ba:'beərɪən/ adj, n [C] 野蛮(蛮)的 yěmánde;野蛮人 yěmánrén. **barbaric** /ba:'bærɪk/ adj 1 野蛮人的 yěmánrén de. 2 粗野的 cūyěde. **barbarity** /ba:'bærətɪ/ n [C, U] [pl -ies] 残(残)暴 cánbào. **barbarous** /'ba:bərəs/ adj 残暴的 cánbàode;粗野的 cūyěde.

barbecue /'ba:bɪkju:/ n [C] 1 烤肉架 kǎoròujià. 2 烤肉野餐 kǎoròu yěcān. **barbecue** v [T] 烧烤 shāokǎo.

barber /'ba:bə(r)/ n [C] 理发(发)员 lǐfàyuán.

barbiturate /ba:'bɪtjurət/ n [C] (催眠等用的)巴比妥类(类)药物 bābǐtuǒ lèi yàowù.

bard /ba:d/ n [C] [古]诗人 shīrén.

bare /beə(r)/ adj [~r, ~st] 1 裸露的 luǒlù de;无[无]遮盖的 ~ cupboards 空的碗柜. 3 最起码的 zuì qǐmǎde, **bare** v [T] 揭露 jiēlù;揭开[开] jiēkāi. '**bareback** adj, adv (骑马)不用鞍(的) búyòng ān de. '**barefaced** adj 露骨的 lùgǔde;公开[开]的 gōngkāide;厚颜无耻的 mànhěngde. '**barefoot** adj, adv 赤脚的 chìjiǎode. **barely** adv 仅

plaints 连珠炮似的牢骚. 2 坝[堤]
坝墙.

bargain /'bɑːgɪn/ n [C] 契约 qì-
yuē; 合同 hétong. 2 便宜货 piányi-
huò; 廉价(價)品 liánjiàpǐn. 3 [习语]
into the bargain [非正式用语]另
外 lìngwài. *v* 1 [I] 讲(講)价格(錢) jiǎng jiàgtén.
2 [短语动词] **bargain for/on sth**
[非正式用语]预料 yùliào; 指望 zhǐ-
wàng: *get more than you had
~ed for* 所得超出预料.

barge[1] /bɑːdʒ/ n [C] 驳船 bó-
chuán; 平底船 píngdǐchuán.

barge[2] /bɑːdʒ/ *v* [非正式用语] 1
[I] 猛撞 měngzhuàng; 冲 chōng. 2
[短语动词] **barge in** 粗暴地打断
[斷] cūbào de dǎ duàn.

baritone /'bærɪtəʊn/ n [C] 男中
音 nánzhōngyīn.

bark[1] /bɑːk/ n [C] 犬吠 quǎnfèi.
v 1 [I] (狗)叫 jiào. 2 [T] 咆
哮地说(説) páoxiàode shuōhuà: *~
out orders* 咆哮地发出命令.

bark[2] /bɑːk/ n [U] 树(樹)皮 shù-
pí.

barley /'bɑːli/ n [U] 大麦(麥)粒
dàmàilì; 大麦 dàmài.

barmy /'bɑːmi/ *adj* **-ier, -iest**
[英国英语,非正式用语]傻(儍)呵
呵的 shǎhēhēde; 疯(瘋)疯癫癫的
fēngfēngdiāndiānde.

barn /bɑːn/ n [C] 谷(穀)仓(倉)
gǔcāng.

barnacle /'bɑːnəkl/ n [C] 藤壶
(壺)(附在岩石、船底上的甲壳动
物)ténghú.

barometer /bə'rɒmɪtə(r)/ n [C]
气(氣)压(壓)压(壓)计 qìyājì; 晴雨表
qíngyǔbiǎo: [喻] *a ~ of public
feeling* 公众情绪的晴雨表.

baron /'bærən/ n [C] 1 (英国)男
爵 nánjué. 2 工业(業)巨子 gōngyè
jùzǐ; 大王 dàwáng. **baroness** /
1 有男爵爵位的女人 yǒu nánjué
juéwèi de nǚrén. 2 男爵夫人 nánjué
fūrén. **baronet** /'bærənɪt/ n [C]
(英国)从(從)男爵 cóngnánjué.

baroque /bə'rɒk; *US* bə'rəʊk/
adj (建筑等)巴罗(羅)克风(風)格
的 bāluókè fēnggéde.

barrack /'bærək/ *v* [I, T] 嘲弄
cháonòng; 叫嚣 jiàoxiāo.

barracks /'bærəks/ n [C, sing 或
pl *v*] 营(營)房 yíngfáng.

barrage /'bærɑːʒ; *US* bə'rɑːʒ/ n
[C] 1 [军事]弹(彈)幕(幕)齐射击(擊)
dànmù shèjī. 2 [喻] *a ~ of com-*

barrel /'bærəl/ n [C] 1 (a) 圆桶
yuántǒng. (b) 一圆桶的量 yì yuán-
tǒng de liàng. 2 枪(槍)管 qiāng-
guǎn; 炮筒 pàotǒng. **barrel-organ**
n [C] 手摇风(風)琴 shǒuyáofēng-
qín.

barren /'bærən/ *adj* 1 贫瘠的 pín-
jíde; 不毛的 bùmáode. 2 不结果实
(實)的 bù jié guǒshí de; 不会(會)生
育的 bùhuì shēngyù de. 2 无(無)
[無]益的 wúyìde; 无价(價)值的
wújiàzhí de; 无兴(興)味 wú xìng-
qù de: *a ~ discussion* 枯燥乏味
的讨论.

barricade /'bærɪkeɪd/ n [C] 路障
lùzhàng. **barricade** *v* [T] 在…设
路障 zài…shè lùzhàng.

barrier /'bæriə(r)/ n [C] 1 障碍
(礙)物 zhàng'àiwù; 栅栏(欄)shān-
lán. 2 [喻]妨碍 fáng'ài: *world peace is
the ~ to world peace* 世界
和平的障碍. 2 人际(際)障碍物
rénjì zhàng'àiwù: *the language ~*
人际语言障碍.

barring /'bɑːrɪŋ/ *prep* 如果没有
rúguǒméiyǒu.

barrister /'bærɪstə(r)/ n [C] (英
国)律师(師)lǜshī.

barrow /'bærəʊ/ n 1 = WHEEL-
BARROW (WHEEL). 2 手推车(車)
shǒutuīchē.

barter /'bɑːtə(r)/ *v* [I, T] 货物交
换 huòwù jiāohuàn. **barter** n [U].

base[1] /beɪs/ n 1 基础(礎)jī-
chǔ; 根基 gēnjī. 2 [喻]起点(點)qǐ-
diǎn. 3 主要成分 zhǔyào chéngfèn:
a drink with a rum ~ 以兰姆
酒为主要成分的饮料. 4 基地 jīdì;
根据(據)地 gēnjùdì. **base** *v* [T] 1
on 把…作基础 bǎ…zuò jīchǔ: *a
story ~d on real life* 以实际生活
作基础的小说. 2 把…作生活或工
作的基地 bǎ…zuò shēnghuó huò
gōngzuòde jīdì: *a company ~d in
Cairo* 设在开罗的一家公司.

baseless /'beɪsləs/ *adj* 无(無)根
据的 wúgēnjùde: *~less fears* 无缘无
故的恐惧(懼).

base[2] /beɪs/ *adj* [~r, ~st] [正
式用语]卑劣的 bēiliède; 可鄙的
kěbǐde. 2 (金属)低劣的 dīliède.

baseball /'beɪsbɔːl/ n [U] 棒球
bàngqiú.

basement /'beɪsmənt/ n [C] 底层
[層]dīcéng; 地下室 dìxiàshì.

bases *pl* of BASIS. 2 *pl* of BASE[1].

bash /bæʃ/ *v* [非正式用语]猛
击(擊)měngjī; 猛撞 měngzhuàng.

bash n [C] **1** 猛击 měngjī. **2** [习语] **have a bash at sth** [非正式用语]就...作一尝[嘗]试 jiù...zuò yī chángshì.

bashful /'bæʃfl/ adj 害羞的 hàixiūde; 忸怩的 niǔníde. **bashfully** adv.

basic /'beɪsɪk/ adj 基础[礎]的 jīchūde; 基本的 jīběnde: the ~ facts 基本事实. **basically** adv 基本地 jīběnde. **basics** n [pl] 要素 yàosù; 要点[點] yàodiǎn.

basil /'bæzl/ n [U] (植物)罗[羅]勒 luólè.

basin /'beɪsn/ n [C] **1** = WASH-BASIN (WASH). **2** 碗(盛粥等用)wǎn. **3** 水洼 shuǐwā; 水池 shuǐchí. **4** 流域 liúyù.

basis /'beɪsɪs/ n [C] pl **bases** /'beɪsiːz/) **1** 根据[據] gēnjù; arguments that have a firm ~ 有事实为基础的论说. **2** 基本原则 jīběn yuánzé; a service run on a commercial ~ 以商业原则管理的公用事业.

bask /bɑːsk; US bæsk/ v [I] (in) 取暖 qǔnuǎn; [喻] ~ in sb's approval 对于某人给予的赞扬感到乐滋滋的.

basket /'bɑːskɪt; US 'bæs-/ n [C] 篮[籃]子 lánzi; 筐 kuāng: a 'shopping ~ 购物篮子. **basketball** n [U] 篮[籃]球 lánqiú.

bass[1] /beɪs/ n **1** 男低音 nán dīyīn. **2** = DOUBLE BASS (DOUBLE[1]). **bass** adj 声[聲]调低沉的 shēngdiào dīchén de.

bass[2] /bæs/ n [C] 欧[歐]洲产[產]的鲈[鱸]鱼 Ōuzhōu chǎn de lúyú.

bassoon /bə'suːn/ n [C] 巴松管 bāsōngguǎn; 大管 dàguǎn; 低音管 dīyīnguǎn.

bastard /'bɑːstəd; US 'bæs-/ n [C] **1** 私生子 sīshēngzǐ. **2** [贬,俚]讨厌[厭]的人 tǎoyànde rén. **3** [俚]不幸的人 búxìngde rén: The poor ~ has just lost his job. 这个倒霉的人刚刚失去了工作.

baste[1] /beɪst/ v [T] 把油脂涂[塗]在(烤肉)上 bǎ yóuzhī tú zài ...shàng.

baste[2] /beɪst/ v [T] 用长[長]针脚疏缝 yòng chángzhēnjiǎo shúféng.

bastion /'bæstɪən/ n [C] **1** 棱堡 léngbǎo. **2** [喻](信仰、原则等的)堡垒[壘] bǎolěi.

bat[1] /bæt/ n [C] 球棒 qiúbàng; 球拍 qiúpāi. **2** [习语] **off one's**

own '**bat** [非正式用语]独[獨]立地做某事 dúlì de zuò mǒushì. **bat** v [-tt-] [I] 用球棒、球拍打球 yòng qiúbàng、qiúpāi dǎqiú. **batsman** n [C] (板球)击[擊]球手 jīqiúshǒu.

batter n [C] (尤指棒球)击球员 jīqiúyuán.

bat[2] /bæt/ n [C] 蝙蝠 biānfú.

bat[3] /bæt/ v [-tt-] [习语] **not bat an 'eyelid** [非正式用语]泰[泰]然 tàirán; 处[處]之泰然 chǔ zhī tàirán.

batch /bætʃ/ n [C] 一批(人或物)yīpī.

bath /bɑːθ; US bæθ/ n [pl ~s /bɑːðz; US bæðz/] [C] **1** 洗澡缸[缸]xǐzǎogāng. **2** [C] 洗澡 xǐzǎo; 浴 yù. **3 baths** [pl] 公共浴室 gōnggòng yùshì; 澡堂 zǎotáng. **bath** v [T] 为(某人)洗澡 wèi...xǐzǎo. **'bathrobe** n [C] **1** 浴衣 yùyī. **2** [美语]晨衣 chényī. **'bathroom** n [C] **1** 浴室 yùshì. **2** [尤用于美国用语]厕所 cèsuǒ. **'bath-tub** n [C] 浴缸 yùgāng;澡盆 zǎopén.

bathe /beɪð/ v **1** [T] [尤用于英国英语]下海游泳 xià hǎi yóuyǒng. **2** [I] [美语]洗澡 xǐzǎo. **3** [T] 用水洗 yòng shuǐ xǐ. **bathe** n [sing] 洗澡 xǐzǎo; 游泳 yóuyǒng. **bather** n [C] 洗澡的人 xǐzǎode rén.

batman /'bætmən/ n [pl -men /-mən/] [英国英语]勤务[務]兵 qínwùbīng.

baton /'bætən, 'bætɒn; US bə'tɒn/ n [C] **1** (乐队指挥用)指挥棒 zhǐhuībàng. **2** 警棍 jǐnggùn.

battalion /bə'tæliən/ n [C] 营[營](军事单位)yíng.

batten /'bætn/ n [C] 板条[條]bǎntiáo. **batten** v [T] down ~ 用压[壓]条压牢 yòng yātiáo yāláo.

batter[1] /'bætə(r)/ v [I] 连[連]续[續]猛击[擊] liánxù měngjī; 打烂[爛]dǎlàn. **battered** adj 破损的 pòsǔnde. **battering-ram** n [C] [军事]攻城锤 gōngchéngchuí.

batter[2] /'bætə(r)/ n [U] 面[麵]粉、鸡[鷄]蛋、牛奶等调成的糊状[狀]物(用以做蛋糕)miànfěn、jīdàn、niúnǎi děng tiáochéng de húzhuàngwù: fish fried in ~ 油泡鸡蛋面糊拖鱼片.

battery /'bætərɪ/ n [C] [pl -ies] **1** 电[電]池(组)diànchí. **2** 炮兵连队 pàobīngliánduì. **3** 层[層]架式鸡[鷄]笼[籠] jiàshì jīlóng. **4** (一)组 zǔ;(一)套 tào: a ~ of cameras 一套摄像管. a ~ of tests 一组

测试.

battle /'bætl/ n 1 [C,U] 战(戰)役 zhànyì; 战斗(鬥) zhàndòu. 2 [C] 斗争 dòuzhēng; a ~ of words 论战; 舌战. **battle** v [I] 斗争 dòuzhēng; 战斗 zhàndòu: *battling against poverty* 向贫穷开战 xiàng pínqióng kāizhàn. **'battle-field** n [C] 战场(場) zhànchǎng; 疆场 jiāngchǎng. **'battleship** [C] 军(軍)舰(艦) jūnjiàn.

battlements /'bætlmənts/ n [pl] 城垛 chéngduǒ.

batty /'bætɪ/ adj **-ier, -iest** [非正式用语]疯(瘋)癫癫的 fēng diān diān de.

bauble /'bɔːbl/ n [C] 小装(裝)饰品 xiǎo zhuāngshìpǐn.

baulk ⇨BALK.

bawdy /'bɔːdɪ/ adj **-ier, -iest** 淫秽(穢)的 yínhuìde; 猥亵的 wěixiède.

bawl /bɔːl/ v [I, T] 大喊 dàhǎn; 大叫 dàjiào.

bay¹ /beɪ/ n [C] 海湾(灣) hǎiwān; 湾 wān.

bay² /beɪ/ n [C] (某种用途的)隔间 géjiān; a '*loading ~* 装货间. **,bay 'window** n [C] (房间凸出部分的)凸窗 tūchuāng.

bay³ /beɪ/ v [I] (猎犬)吠叫 fèijiào. **bay** n [习语] **hold/keep sb/sth at 'bay** 不使(敌人等)走近 bù shǐ... zǒujìn.

bay⁴ /亦作 '**bay-tree**/ /beɪ/ n [C] 月桂树(樹) yuèguìshù.

bayonet /'beɪənɪt/ n [C] (枪上的)刺刀 cìdāo. **bayonet** v [T] 用刺刀刺杀(殺) yòng cìdāo cìshā.

bazaar /bə'zɑː(r)/ n [C] 1 (东方国家)市场(場) shìchǎng. 2 义(義)卖(賣) yìmài.

bazooka /bə'zuːkə/ n [C] 火箭筒 huǒjiàntǒng.

BBC /,biː biː 'siː/ abbr British Broadcasting Corporation 英国[國]广[廣]播公司 Yīngguó guǎngbō gōngsī.

BC /,biː 'siː/ abbr (in the year) before the birth of Jesus Christ 公元前 gōngyuán qián.

be¹ /biː/ 强式 biː/ aux v (第一人称单数现在时 **am** am, m; 强式 æm/; 第三人称单数现在时 **is** /s, z; 强式 ɪz/; 第一人称复数现在时及第二人称单数和复数现在时是 **are** /ə(r); 强式 ɑː(r)/; 第一人称单数过去时 **was** /wəz; 强式 wɒz/ US

/wʌz/; 第一人称复数过去时, 第二人称过去时, 第三人称复数过去时 **were** /wə(r); 强式 wɜː(r)/; 现在分词现在分词 **being** /'biːɪŋ/; 过去分词 **been** /biːn; US 亦作 bɪn/) **1** [同现在分词连用, 构成各种进行时态]: *They are reading.* 他们正在阅读. **2** [同过去分词连用构成被动式]: *He was killed.* 他被杀死了. **3** [同动词不定式连用] (a) 必须 bìxū: *You are to report to the police at 10 o'clock.* 你必须在 10 点钟向警察报告. (b) 打算 dǎsuàn: *The president is to visit London in May.* 总统打算在五月访问伦敦.

be² /biː/ 强式 biː/ v [现在时和过去时⇨BE¹] [I] **1** (表示存在, 发生) yǒu: *Is there a God?* 有上帝吗? **2** (表示地点): *The lamp is on the table.* 灯在桌子上. **3** (表示有特定的姓名、性质或特征): *This is Mrs Khan.* 这是卡恩夫人. *The film was very funny.* 这部电影很有趣. *Today is Monday.* 今天是星期一. *I'll be 35 next year.* 明年我 35 岁. **4** (表示所有): *The money's not yours.* 这钱不是你的. **5** 成为[為] chéngwéi: *He wants to be a teacher.* 他想成为一名教师. **6** (表示价值、数字等的等同): *That will be £ 80.95.* 那将会是 80.95 英镑. *7* 去 qù;访问 fǎngwèn: *Have you been to college today?* 你今天上学去了吗? **8** [习语] **be out in the open** ⇨OPEN¹.

beach /biːtʃ/ n [C] 海滩(灘) hǎitān. **beach** v [T] 使(船)冲(衝)向岸 shǐ chōngxiàng àn. **'beach-ball** n [C] (海滩上玩的)沙滩球 shātānqiú. **'beachhead** [C] 滩头[頭]阵[陣]地 tāntóu zhèndì. **'beachwear** n [U] 海滩装(裝) hǎitānzhuāng.

beacon /'biːkən/ n [C] 灯(燈)塔 dēngtǎ.

bead /biːd/ n **1** (a) [C] 念珠 niànzhū. (b) beads [pl] 珠子项链(鏈) zhūzi xiàngliàn. **2** 水珠 shuǐzhū: ~s of sweat 汗珠.

beady /'biːdɪ/ adj **-ier, -iest** (眼睛)小而圆的 xiǎo ér yuán de.

beak /biːk/ n [C] 鸟喙 niǎohuì.

beaker /'biːkə(r)/ n [C] **1** 大酒杯 dà jiǔbēi. **2** 烧[燒]杯 shāobēi.

beam /biːm/ n **1** 梁 liáng; 桁条[條] héngtiáo. **2** 光束 guāngshù; 光

柱 guāngzhù. **3** 笑容 xiàoróng; 喜色 xǐsè. **4** 飞〔飞〕(机)(机)导〔导〕航 无〔无〕线〔线〕电(电)射束 fēijī dǎoháng wúxiàndiàn shèshù. beam v **1** [I] 发〔发〕光 fāguāng; 发热〔热〕fārè. **2** [I] 喻微笑 wēixiào. **3** [T] 定向发出(无线电节目等) dìng-xiàng fāchū.

bean /biːn/ n [C] **1** (植物)豆 dòu; 豆粒 dòulì; 'soya~s 大豆. 'coffee~s 咖啡豆. **2** [习语] full of 'beans [非正式用语]精神旺盛 jīngshén wàngshèng. 兴〔兴〕高采烈 xìng gāo cǎi liè.

bear¹ /beə(r)/ n [C] 熊 xióng.

bear² /beə(r)/ v [pt bore /bɔː(r)/, pp borne /bɔːn/] **1** [T] 携带〔带〕xiédài; 负荷 fùhé. **2** [T] 承受 chéngshòu; 经〔经〕得起 jīngdeqǐ: The ice is too thin to your weight. 这冰太薄承受不住你的重量. **3** [T] 有 yǒu; 表现 biǎoxiàn: The letter bore her signa-ture. 这封信有她的签名. **4** [T] 忍受 rěnshòu; ~ pain without complaining 一声不吭地忍住疼痛. **5** [长] 出(花、果等) chánchū. **6** [T] [正式用语]生育 shēngyù: ~ a child 生孩子. **7** [T] [正式用语]对(别) 对〔别〕~ 怀〔怀〕有某种感情) duì ~ huáiyǒu: ~ them no resentment. 我不恨他们. **8** [I] 拐弯〔弯〕guǎiwān: The road ~s left. 路向左拐弯. **9** [T] 适〔适〕宜于 shìyí yú; 堪 kān: The plan will not ~ close examination. 这个计划经不起仔细审查. **10** [习语] bear the 'brunt of sth [当] 其冲〔冲〕首当其冲 shǒu dāng qí chōng: ~ the brunt of an attack/sb's anger 首当其冲面对一次攻击或某人的怒火. bear sth in mind ⇨MIND¹. bear witness to sth [正式用语]构〔构〕成~的证〔证〕据〔据〕gòuchéng~de zhèngjù. bring sth to bear 施加 shījiā; bring pressure to ~ on him to change his mind. 对他施加压力使他改变主意. can't bear sb/sth 厌〔厌〕恶〔恶〕yànwù. **11** [短语动词] bear 'down on sb/sth 向~冲〔冲〕前去 xiàng~chōngqù. bear on/upon sb/sth 'out 帮〔帮〕助 bāngzhù; 证实〔实〕zhèngshí. bear ~ sb 使得住 tíngdezhù. 'bear with sb 容忍 róngrěn. bearable adj 可忍受的 kě rěnshòu de.

beard /biəd/ n [C] (下巴上的)胡

[鬍]须〔鬚〕húxū. bearded adj 有胡须的 yǒu húxū de.

bearer /'beərə(r)/ n [C] **1** 带〔带〕信人 dài xìn rén, 递信人 dì xìn rén. **2** 抬〔抬〕柜材的人 tái guāncai de rén. **3** 持票(支票、票据)人 chí piào rén.

bearing /'beəriŋ/ n **1** [sing] [正式用语]举〔举〕止 jǔzhǐ; 姿态〔态〕zītài. **2** [U] 关系〔系〕(系)联联〔联〕系 liánxì: That has no ~ on the subject. 那同本题没有关系. **3** [C] 方位 fāngwèi; 方向 fāngxiàng. **4** bearings [pl] 对〔对〕自己处〔处〕境的认〔认〕识〔识〕duì zìjǐ chǔjìng huò huánjìng de rènshí; get/lose one's ~s 方向明; 分不清方向.

beast /biːst/ n [C] **1** [旧词或正式用语]四足兽〔兽〕sìzúshòu. **2** [C] (贬)举止粗野(贬)粗野的人 xiōngbào ér cánrěn de rén. beastly adj [非正式用语]令人厌〔厌〕恶〔恶〕的 lìngrén yànwù de.

beat /biːt/ v [pt beat, pp ~en /'biːtn/] **1** [T] (接连地)打 dǎ; 敲〔敲〕打 qiāodǎ. **2** [T] 把~敲变〔变〕形 bǎ qiāo biànxíng; ~ metal flat 把金属敲平〔平〕. **3** [I, T] (有规则地)跳动〔动〕tiàodòng: His heart was still ~ing. 他的心脏还在跳动〔动〕. **7** [T] 搅〔搅〕拌 jiǎobàn; ~ eggs 打鸡蛋. **5** [T] 打败〔败〕; 打败胜〔胜〕dǎbài: He ~ me at chess. 下国际象棋,他赢了我. **6** [习语] beat about the 'bush 旁敲侧击 pāng qiāo cè jī. beat it [俚]走走; 滚 gǔn. beat a re'treat 匆匆撤退 cōngcōng chètuì. beat 'time 打拍子 dǎ pāizi. off the 'beaten 'track 不落俗套 bù luò sú-tào; 不走老路 bù zǒu lǎolù. **7** [短语动词] beat down (太阳)火辣辣地照射 huǒ làlà de zhàoshè. beat sb down 杀〔杀〕价 shājià; 讨价 tǎojià. beat sb up 打伤〔伤〕某人。beat sb ~ 筋疲力尽〔尽〕jìn jìn: I am dead ~. 我累得筋疲力尽了. beat adj 锤制(制)的 chuízhì de; 锤薄的 chuíbáo de. beater n [C] 拍打器 pāidǎqì; 搅拌器 jiǎobànqì. beating n [C] **1** 挨打 áidǎ. **2** 失败〔败〕shībài; 溃败 kuìbài.

beat² /biːt/ n [C] **1** (接连地)打 dǎ; 敲 qiāo; 敲打声〔声〕qiāodǎ-shēng; the ~ of a drum 鼓声. **2** (音)节拍 jiépāi; 拍子 pāizi. **3** 巡逻〔逻〕路线〔线〕xúnluó lùxiàn.

beautician /bju:'tɪʃn/ *n* [C] 美容师(師) měiróngshī.

beautiful /'bju:tɪfl/ *adj* 美的 měide; 美好的 měihǎode; 优(優)美的 yōuměide. **beautifully** *adv*.

beautify /'bju:tɪfaɪ/ *v* [*pt*, *pp* **-ied**] [T] 使美丽(麗) shǐ měilì; 化妆(妝) huàzhuāng.

beauty /'bju:tɪ/ *n* [*pl* **-ies**] 1 [U] 美丽(麗) měilì. 2 [C] 美人 měirén; 美好的事物 měihǎode shìwù. 3 [C] 'beauty salon (亦作 'beauty parlour) [C] 美容院 měiróngyuàn. 'beauty spot (亦作 'beauty spot) n [C] 风(風)景点(點) fēngjǐng shèngdì; 游览(覽)胜(勝)地 yóulǎn shèngdì.

beaver /'bi:və(r)/ *n* [C] 河狸 hélí. **beaver** *v* [短语动词] **beaver away** [非正式用语] 努力工作 nǔlì gōngzuò, 尤用于英国英语] 努力工作 nǔlì gōngzuò.

became *pt* of BECOME.

because /bɪ'kɒz/ *conj* 因为(為) yīnwèi; *I did it* ~ *they asked me*. 我做了, 因为他们要我做. **because of** *prep* 因为 yīnwèi; *He couldn't walk fast* ~ *of his bad leg*. 他因为腿坏了, 走不快.

beckon /'bekən/ *v* [I, T] (用手)招唤 zhāohuàn.

become /bɪ'kʌm/ *v* [*pt* **became** /bɪ'keɪm/, *pp* **become** [通常与形容词连用] 1 成为(為) chéngwéi; 变(變)得 biàndé; *They soon became angry*. 他们立刻发火了. ~ *a doctor* 成为一名医生. 2 [T] [正式用语] 适(適)合 shìhé; 同…相称(稱) tóng…xiāng chèn; *That hat ~s you*. 那顶帽子适合你戴. 3 [习语] **what becomes of sb** 某人情况怎样(樣) mǒurén qíngkuàng zěnyàng. **becoming** *adj* [正式用语] 好看的 hǎokànde; 引人注意的 yǐnrén zhùyì de.

bed[1] /bed/ *n* [C] 1 床(牀) chuáng; 床铺 chuángpù. 2 (海)底 dǐ; (河)床 (牀)床; (湖)底 dǐ. 3 底座 dǐzuò. 4 (花)坛(壇) tán. 5 [习语] **go to bed with sb** 与(與)某人发生性关(關)系(係) yǔ mǒurén fāshēng xìng guānxì. **bedclothes** *n* [pl] 床上用品 chuáng shàng yòngpǐn. **bedpan** *n* [C] (病人在床上用的)便盆 biànpén. **bedridden** *adj* 卧病的 wòbìngde; 久病不起的 jiǔ bìng bù qǐ de. **bedroom** *n* [C] 卧室 wòshì. **bedside** *n* [sing] 床边(邊) chuángbiān. **bed'sitter** (亦作

'**bedsit**) *n* [C] 卧室兼起居室 wòshì jiān qǐjūshì. '**bedspread** *n* [C] 床罩 chuángzhào. '**bedstead** *n* [C] 床架 chuángjià. '**bedtime** *n* [U] 上床时(時)间(間) shàng chuáng shíjiān.

bed[2] /bed/ *v* [**-dd-**] [T] 1 嵌入 qiànrù; 埋置 máizhì; *The brick are ~ded in the concrete*. 砖头埋放在水泥里(裏) zhuāntóu mái zài shuǐní lǐ. 2 栽(種)种 zāi; 种(種) zhòng. 3 [非正式用语]发(發)生性关(關)系(係) fāshēng xìng guānxì. 4 [短语动词] **bed sb down** 使舒服过(過)夜 shǐ shūfu guòyè. **bedding** *n* [U] 床上用品 chuáng shàng yòngpǐn.

bedlam /'bedləm/ *n* [U] 骚乱(亂)的情景 sāoluàn de qíngjǐng.

bedraggled /bɪ'dræɡld/ *adj* 湿(濕)漉漉的 shīlùlùde; 破烂(爛)的 pòlànde.

bee /bi:/ *n* [C] 1 蜜蜂 mìfēng. 2 [习语] **have a 'bee in one's bonnet** 钉住一件事想 dìngzhù yí jiànshì xiǎng. **make a bee-line for sth/sb** 直奔…而去 zhí bèn…ér qù.

beehive *n* [C] 蜂房 fēngfáng; 蜂箱 fēngxiāng.

beech /bi:tʃ/ *n* [C] 山毛榉(櫸) shānmùjǔ.

beef /bi:f/ *n* [U] 牛肉 niúròu. **beef** *v* [I] [俚]抱怨 bàoyuàn; 发(發)牢骚 fā láosāo. '**beefsteak** *n* [U] 牛排 niúpái. **beefy** *adj* [**-ier, -iest**] [非正式用语]肌肉发达(達)的 jīròu fādá de; 粗壮(壯)的 cūzhuàngde.

been *pp* of BE.

beeper /'bi:pə(r)/ *n* [C] 寻(尋)呼机(機) xúnhūjī.

beer /bɪə(r)/ *n* [U,C] 啤酒 píjiǔ. **beery** *adj* 啤酒似的 píjiǔ shì de; 带(帶)有啤酒味的 dàiyǒu píjiǔwèi de.

beet /bi:t/ *n* [C,U] 甜菜 tiáncài; 糖萝(蘿)卜(蔔) tángluóbo. 2 [美语]甜菜根 tiáncàigēn. '**beetroot** *n* [C] 甜菜根 tiáncàigēn.

beetle /'bi:tl/ *n* [C] 甲虫 jiǎchóng.

befall /bɪ'fɔ:l/ *v* [*pt* **befell** /bɪ'fel/, *pp* **~en** /bɪ'fɔ:lən/] [I, T] [古]临(臨)到…头(頭)上 lín dào…tóu shàng; 发(發)生于 fāshēng yú.

befit /bɪ'fɪt/ *v* [**-tt-**] [T] [正式用语]适(適)合 shìhé; 适宜 shìyí. **befitting** *adj* 适宜的 shìyíde.

before /bɪ'fɔ:(r)/ *v* 1 (时间)在…之前 zhīqián; *the day* ~ *yesterday* 前天. 2 (次序等)在…

之前 zài…zhīqián; *B comes ~ C in the alphabet.* 在字母表上 B 在 C 的前面. **before** *adv* (表示时间) 以前 yǐqián; *I've seen that film ~.* 我以前看过那部电影. **before** *conj* (时间) 在…之前 zài…zhīqián; *Do it ~ you forget.* 记住做这件事.

beforehand /bɪ'fɔːhænd/ *adv* 预先 yùxiān; 事先 shìxiān.

befriend /bɪ'frend/ *v* [T] 以朋友态度对待[对] 待 yǐ péngyǒu tàidù duìdài.

beg /beg/ *v* [-gg-] 1 [I, T] (*for*) 乞讨(食物、钱[錢]等) qǐtǎo. 2 [I, T] 请求 qǐngqiú; 恳[懇]求 kěnqiú; *I ~ you to stay.* 我恳请你留下来. 3 [习语] **to begin with** 首先 shǒuxiān; 第一 dìyī. **beginner** *n* [C] 初学[學]者 chūxuézhě; 生手 shēngshǒu. **beginning** *n* [C, U] 开[開]端 kāiduān; 开始 kāishǐ.

beg pardon (a) 请再说一遍 qǐng zài shuōyíbiàn. (**b**) 抱歉 bàoqiàn; 请原谅 qǐng yuánliàng.

beggar /'begə(r)/ *n* [C] 乞丐 qǐgài.

begin /bɪ'gɪn/ *v* [-nn-; *pt* began /bɪ'gæn/, *pp* begun /bɪ'gʌn/] 1 [I, T] 开[開]始 kāishǐ; ~ *to read a new book* 开始读一本新书. *The film ~s at ten.* 电影 10 点钟开始.~ *to feel ill* 开始觉得不舒服. 2 [习语] **to begin with** 首先 shǒuxiān; 第一 dìyī. **beginner** *n* [C] 初学[學]者 chūxuézhě; 生手 shēngshǒu. **beginning** *n* [C, U] 开[開]端 kāiduān; 开始 kāishǐ.

begrudge /bɪ'grʌdʒ/ *v* [T] 妒忌 dùjì; *I do not ~ them their success.* 我不妒忌他们的成功.

behalf /bɪ'hɑːf; US 'hæf/ *n* [习语] **on behalf of sb** 代表… dàibiǎo…; *I am speaking on Ann's ~.* 我现在代表安说话.

behave /bɪ'heɪv/ *v* 1 [I] 举[舉]动[動] jǔdòng; 表现 biǎoxiàn; ~ *well* 表现好. 2 ~ **oneself** 检[檢]点自己的行[爲] jiǎndiǎn zìjǐde xíngwéi. **behaviour** (美语 **-ior**) *n* [U] 举止 jǔzhǐ; 行[爲]为(对人的)态[態]度 tàidù.

behead /bɪ'hed/ *v* [T] 砍(某人)的头[頭] kǎn…de tóu.

behind[1] /bɪ'haɪnd/ *prep* 1 在…的后[後]面 zài…de hòumiàn; *Hide ~ the tree.* 藏到树后面. 2 不如 bùrú; 落[落]后于 luòhòu yú; *He's ~ the rest of the class.* 他落后于班上的其他同学. 3 赞同 zàntóng; 支

持 zhīchí. 4 作为[爲]…的原因 zuòwéi…de yuányīn; 引起 yǐnqǐ; *What's ~ the smart suit, then?* 那么, 穿得这么漂亮是为什么呢? **behind** *adv* 1 在…的后面 zài…de hòumiàn; *The children followed ~ their parents.* 孩子们跟在他们父母的后面. 2 留在原处[處] liú zài yuánchù; stay ~ *after school.* 放学后留在学校. 3 (*in/with*) 积[積]欠 jīqiàn; 未完成 wèi wánchéng; *be ~ with the rent* 积欠租金.

behind[2] /bɪ'haɪnd/ *n* [C] [委婉, 非正式用语]屁股 pìgu.

behindhand /bɪ'haɪndhænd/ *adv* 落后[後] luòhòu; 耽误 dānwù; *be ~ with one's work* 未按时做完工作.

beige /beɪʒ/ *adj*, *n* [U] 灰棕色 huīzōngsè; 灰棕色的 huīzōngsède.

being[1] *present participle of* BE.

being[2] /'biːɪŋ/ *n* 1 [U] 存在 cúnzài; 生存 shēngcún; *The society came into ~ in 1990.* 该协会成立于 1990 年. 2 [C] 人 rén; *human ~s* 人类.

belated /bɪ'leɪtɪd/ *adj* 来迟[遲]的 láichíde. **belatedly** *adv*.

belch /beltʃ/ *v* 1 [I] 打嗝 dǎgé; 打嗝 dǎgé; 打嗝 dǎgé; 冒出(烟等) pēnchū, màochū. **belch** *n* [C].

belfry /'belfrɪ/ *n* [C] [*pl* **-ies**] (教堂的)钟[鐘]楼[樓] zhōnglóu; 钟塔 zhōngtǎ.

belief /bɪ'liːf/ *n* 1 [C] 信任 xìnrèn; ~ *in his honesty* 信任他的诚实. 2 [C] 信仰 xìnyǎng; *religous ~s* 宗教信仰.

believe /bɪ'liːv/ *v* 1 [T] 相信 xiāngxìn. 2 [T] 认[認]为[爲]相信 rènwéi. 3 (宗教)信仰 xìnyǎng. 4 [短语动词] **believe in sb/sth (a)** 相信(…的存在) xiāngxìn. (**b**) 相信(…的价值) xiāngxìn; *He ~s in getting plenty of exercise.* 他相信多做些体育运动有益处. **believable** *adj* 可以相信的 kěyǐ xiāngxìnde. **believer** *n* [C].

belittle /bɪ'lɪtl/ *v* [T] 轻[輕]视 qīngshì; 小看 xiǎokàn; *Don't ~ your achievements.* 别小看你的成就.

bell /bel/ *n* [C] 1 (**a**) 钟[鐘] zhōng; 铃 líng 2 门铃 ménlíng; 车铃 chēlíng. 2 钟形物 zhōngxíngwù. **'bell-push** *n* [C] 电[電]铃 dìnglíng 铃按钮

钮 diànniǔ ànniǔ.

belligerent /bɪˈlɪdʒərənt/ *adj* 交战(戰)中的 jiāozhàn zhōng de; 好战的 hàozhànde.

bellow /ˈbeləʊ/ *v* [I, T] 吼叫 hǒujiào; 大声(聲)叫喊 dàshēng jiàohǎn.

bellows /ˈbeləʊz/ *n* [pl] (手用)风(風)箱 fēngxiāng.

belly /ˈbeli/ *n* [C] [*pl* -ies] 1 (a) 腹部 fùbù. (b) 胃 wèi. 2 (物体的凸部 wùjiànde tūbù. 'bellyache *n* [C, U] [非正式用语]胃痛 wèitòng. 'bellyache *v* [I] [非正式用语]抱怨 bàoyuàn. 'bellyful *n* [C] [非正式用语]装(裝)一肚子 bàoliàng; 过(過)多 guòduō: *I've had a ~ful of your noise.* 我受不了你的吵闹.

belong /bɪˈlɒŋ; US -ˈlɔːŋ/ *v* [I] 1 *to* 属(屬)于 shǔyú: *These books ~ to me.* 这些书是我的. 2 *to* 是 …的一员 shì … de yīyuán; ~ *to a club* 是俱乐部的一个成员. 3 (應)当在 yīngdāng zài: *The plates ~ in this cupboard.* 盘子应该放在这个碗柜里. **belongings** *n* [pl] 个(個)人所有物 gèrén suǒyǒuwù; 财物 cáiwù.

beloved *adj* 1 /bɪˈlʌvd/ 被热(熱)爱(愛)的 bèi rè'ài de: *He was ~ by all who knew him.* 认识他的人都喜爱他. 2 /bɪˈlʌvɪd/ 钟(鍾)爱的 zhōng'àide: *my ~ husband* 我所钟爱的丈夫. **beloved** /bɪˈlʌvɪd/ *n* [C] 被热爱的人 bèi rè'ài de rén.

below /bɪˈləʊ/ *prep, adv* 在, 到…的下面 zài, dào … de xiàmiàn; *We saw the ocean ~.* 我们看见了下面的海洋. *The temperature was ~ freezing-point.* 温度在零度之下. *For details, see ~.* 详情请看下文.

belt *n* [C] 1 腰带(帶)(帶)yāodài. 2 机(機)器皮带(帶) jīqì pídài. 3 地带 dìdài; 区(區)qū: *the copper ~* 产铜区. 4 [习语] **below the belt** [非正式用语]不公正的 bù gōngzhèngde; 不公正地 bù gōngzhèngde. **belt** *v* 1 [T] 用皮带(帶)束 yòng pídài shù. 2 [T] [非正式用语]用拳头(頭)打 yòng quántou dǎ. 3 [I] [非正式用语]快速移动(動) kuàisù yídòng: *~ing along the road* 在路上快速行驶. **belt up** [俚]保持安静 bǎochí ānjìng.

belting *n* [C] [非正式用语]皮带抽打 yòng pídài chōudǎ.

bemoan /bɪˈməʊn/ *v* [T] [正式用语]悲叹(嘆) bēitàn.

bench /bentʃ/ *n* [C] 1 长(長)凳 chángdèng. 2 [C] (木工等的)工作台(臺)gōngzuòtái. 3 **the bench** [sing] (a) (法庭上的)法官席 fǎguānxí. (b) [亦作 sing, 用 pl v] 法官 fǎguān.

bend /bend/ *v* [*pt, pp* bent /bent/] 1 [I, T] (使)弯(彎)曲 wānqū; ~ *the wire* 把金属线弄弯. 2 [I, T] (使)弯腰 wānyāo; ~ *down and touch your toes* 弯下腰来, 用手触到你的脚尖. 3 [习语] **be bent on (doing) sth** 专(專)心致志于 zhuānxīn zhì zhì yú. **bend over backwards** 竭尽(盡)全力 jiéjìn quánlì. **bend** *n* [C] 弯曲 wānqū; 弯曲(處) wānqūchù: *a ~ in the road* 马路弯曲的地方. 2 **the bends** [pl] 潜(潛)涵(涵)病 qián(潜水员)过快地浮到水面时引起的疼痛 qiánshuǐyuánbìng. 3 [习语] **round the bend** [非正式用语]疯(瘋)狂 fēngkuáng.

beneath /bɪˈniːθ/ *prep, adv* 1 在下方 zài xiàfāng. 2 不值得 bù zhídé; ~ *contempt* 卑鄙到极点.

benefactor /ˈbenɪfæktə(r)/ *n* [C] 捐助人 juānzhùrén; 恩人 ēnrén. **benefactress** /-fæktrɪs/ *n* [C] 女捐助人 nǚ juānzhùrén; 女恩人 nǚ ēnrén.

beneficial /ˌbenɪˈfɪʃl/ *adj* 有益的 yǒuyìde; 有利的 yǒulìde.

beneficiary /ˌbenɪˈfɪʃərɪ; US -ˈfɪʃɪerɪ/ *n* [C] [*pl* -ies] (遗嘱等的)受益人 shòuyìrén.

benefit /ˈbenɪfɪt/ *n* 1 (a) [sing, U] 利益 lìyì; 好处(處) hǎochù; 恩(幫)bāngzhù: *have the ~ of a good education* 有良好教育教育获得的好处. (b) [C] 恩惠 ēnhuì; 益处 yìchù; *the ~s of modern medicine* 现代医学的恩惠. 2 [U, C] 补(補)助费 bǔzhùfèi; 救济(濟)金 jiùjìjīn; *sickness ~* 疾病补助费. 3 [习语] **for sb's benefit** 为(爲)了帮助某人 wèile bāngzhù mǒurén. **give sb the benefit of the doubt** 在(證)据(據)(據)不足的情况下, 对某人的嫌疑作善意的解释 zài zhèngjù bùzú de qíngkuàng xià, duì mǒurén de xiányí zuò shànyì de jiěshì. **benefit** *v* 1 [T] 有益于 yǒuyì yú. 2 [I] 得益 déyì; 得到好处 dédào hǎochù.

benevolent /bɪˈnevələnt/ *adj* 仁慈的 réncíde; 慈善的 císhànde.
benevolence /-ləns/ *n* [U].

benign /bɪˈnaɪn/ *adj* **1** 慈祥的 cíxiángde; 宽厚的 kuānhòude. **2** (病) 不危险[险]的 bù wēixiǎnde; 良性的 liángxìngde.

bent² *pt* of BEND.

bent² /bent/ *n* [C, 常作 sing] 才具 cáijù; 天赋 tiānfù: *have a ~ for language* 具有语言天赋.

bent³ /bent/ *adj* [俚语, 尤用于英国英语] **1** 不老实[实]的 bù lǎoshíde. **2** 搞同性恋[恋]爱[爱]的 gǎo tóngxìng liàn'ài de.

bequeath /bɪˈkwiːð/ *v* [T] [正式用语]死后遗赠 sǐ hòu yízèng, **bequest** /bɪˈkwest/ *n* [C] [正式用语]遗赠物 yízèngwù; 遗产[产] yíchǎn.

berate /bɪˈreɪt/ *v* [T] [正式用语]严厉责备 yánlì zébèi.

bereaved /bɪˈriːvd/ *adj* [正式用语]丧[丧]失亲[亲]友的 sàngshī qīnyǒu de. **bereavement** /bɪˈriːvmənt/ *n* [U,C].

bereft /bɪˈreft/ *adj* of [正式用语]失去……的 shīqù…de: *~ of all hope* 丧失了一切希望.

beret /ˈbereɪ/ *n* [C] 贝雷帽(兵士戴的扁平帽子) bèiléimào.

berry /ˈberɪ/ *n* [C] [*pl* -ies] 浆[浆]果 jiāngguǒ: *black ~* 黑刺梅.

berserk /bəˈsɜːk/ *adj* [习语] go berserk 狂怒 kuángnù; 发[发]狂 fākuáng.

berth /bɜːθ/ *n* [C] **1** (火车、船上的)卧铺[铺] wòpù. **2** 停泊地 tíngbódì; 锚位 máowèi. **berth** *v* [I,T] (使)停泊 tíngbó.

beseech /bɪˈsiːtʃ/ *v* [*pt, pp* besought /bɪˈsɔːt/或 ~ed] [T] [正式用语]恳求 kěnqiú; 哀求 āiqiú.

beset /bɪˈset/ *v* [-tt-; *pt, pp* beset] [T] [正式用语]常用被动语态] 围扰[扰] wéirǎo; 困扰 kùnrǎo: *~ by problems* 被各种问题困扰.

beside /bɪˈsaɪd/ *prep* **1** 在……旁边 zài…pángbiān; *Sit ~ me* 坐到我身边来. **2** [习语] be'side oneself 狂怒 kuángnù; 发[发]狂 fākuáng.

besides /bɪˈsaɪdz/ *prep* 除……之外 chú…zhīwài. **besides** *adv* 而且 érqiě; 还[还]有 háiyǒu.

besiege /bɪˈsiːdʒ/ *v* [T] 包围[围]

bāowéi; 围攻 wéigōng; [喻] *The Prime Minister was ~d by reporters.* 首相被记者包围.

bespoke /bɪˈspəʊk/ *adj* (衣裳等)定做的 dìngzuòde.

best¹ /best/ *adj* **1** 最好的 zuìhǎode; *the ~ dinner I've ever tasted* 我所品尝过的最好的饭菜. **2** (健康情况)最好的 zuìhǎode; *She is very ill but always feels ~ in the morning.* 她病得很厉害,但在早晨却往往觉得挺有精神. **best** 'man *n* [C] 男傧[傧]相 nán bīnxiàng.

best² /best/ *adv* **1** 最好地 zuìhǎode: *He works ~ in the morning.* 他早晨工作效果最好. **2** 最大程度地 zuìdà chéngdù de; 最 zuì: *I enjoyed her first book ~.* 我最喜欢她出版的第一本书. **3** [习语] as 'best one can 尽[尽]最大努力 jìn zuìdà nǔlì. best 'seller *n* [C] 畅[畅]销书[书] chàngxiāoshū.

best³ /best/ *n* [sing] **1** 最好的事物 zuìhǎode shìwù; want the ~ for one's children 要给自己的孩子们弄到最好的. **2** 最大努力 zuìdà nǔlì. **3** [习语] all the 'best 一切顺利! yíqiè shùnlì! at 'best 就最乐[乐]观[观]的一面看 jiù zuì lèguānde yímiàn kàn. at its/one's best 处[处]在最好状[状]态[态] chùzài zuìhǎo zhuàngtài. the best of both 'worlds 两方面的优[优]点[点] liǎng fāngmiàn de yōudiǎn 两全其美 liǎng quán qí měi. make the best of sth 随[随]遇而安 suí yù ér ān.

bestial /ˈbestɪəl; US ˈbestʃəl/ *adj* 残[残]忍的 cánrěnde; 野蛮[蛮]似的 yěmánde. **bestiality** /ˌbestɪˈælətɪ; US ˌbestʃɪ-/ *n* [U].

bestow /bɪˈstəʊ/ *v* [T] 赠予 zèngyǔ; give ~ *an honour on her* 给她以荣誉.

bet /bet/ *v* [-tt-; *pt, pp* bet 或 betted] [I,T] (用钱)打赌 dǎdǔ. **2** [非正式用语]敢断[断]定 gǎn duàndìng: *I ~ they'll come late.* 我敢断定他们会迟到. **bet** *n* [C] (a) 打赌 dǎdǔ. (b) 赌注 dǔzhù. **better** *n* [C] 打赌者 dǎdǔzhě.

betray /bɪˈtreɪ/ *v* [T] **1** 背叛 bèipàn; 出卖[卖] chūmài. **2** 泄漏(秘密等)xièlòu. **3** 暴露 bàolù: *His face ~ed his guilt.* 他的表情显示出他是有罪的. **betray-**

al /ˈbɪˈtreɪəl/ n [C, U] 背叛 bèipàn; 出卖 chūmài; 背叛的事例 bèipànde shìlì. **betrayer** n [C] 背叛者 bèipànzhě.

betrothed /bɪˈtrəʊðd/ adj [正式用语] 订了婚的 dìng le hūn de.

better[1] /ˈbetə(r)/ adj 1 较好的 jiàohǎode; 更好的 gènghǎode; ~ weather than yesterday 比昨天好的天气. 2 (健康状况) 好转 (轉) 的 hǎozhuǎnde; She has been much ~ since her operation. 自从她做了手术, 身体好些了. 3 [习语] one's better 'half [非正式用语, 谑语] 自己的妻子或丈夫 zìjǐde qīzi huò zhàngfu.

better[2] /ˈbetə(r)/ adv 1 更好地 gènghǎode; You play tennis ~ than I do. 你网球打得比我好. 2 [习语] be better 'off 较富裕 jiào fùyù, had better 最好还 (還) 是 zuìhǎo háishì; 还是…的好 háishì... de hǎo; You'd ~ go soon. 你最好马上就走. know better (than to do sth) 很明白 (而不致于) hěn míngbai.

better[3] /ˈbetə(r)/ n [sing] 较好的事物 jiàohǎode shìwù; I expected ~ from him. 我期望他有较好的表现. 2 [习语] get the better of sb 打败 dǎbài; 智胜 (勝) zhìshèng.

better[4] /ˈbetə(r)/ v [T] 1 超过 (過) chāoguò. 2 改善 gǎishàn; ~ oneself 改善自己的地位.

between /bɪˈtwiːn/ prep 1 (地点、时间) 在…中间 (間) zài... zhōngjiān; Q comes ~ P and R in the alphabet. 在字母表上, Q 在 P 和 R 之间. Children must go to school ~ 5 and 16. 5 岁到 16 岁之间的儿童必须上学. 2 (表示关联、关系) 在…之间 zài... zhījiān; fly ~ London and Paris 在伦敦和巴黎之间飞行. the link ~ unemployment and crime 失业和犯罪之间的联系. 3 由…分享、分担 (擔) yóu... fēnxiǎng, fēndān; We drank a bottle of wine ~ us. 我们分享一瓶酒. 4 作为共同努力的结果 zuòwéi gòngtóng nǔlì de jiéguǒ; B~ them, they collected £500. 他们共同募集了 500 英镑. **between** adv (亦作 in between) (时间或空间) 在中间 zài zhōngjiān. [习语] few and far be'tween 稀少 xīshǎo; 罕见 hǎnjiàn.

bevel /ˈbevl/ v [-ll-; 美语 -l-] [T] 斜截 xiéjiē.

beverage /ˈbevərɪdʒ/ n [正式用语] 饮料 (汽水、茶、酒等) yǐnliào.

bevy /ˈbevɪ/ n [pl -ies] 大群 dàqún.

beware /bɪˈweə(r)/ v [I] (of) 谨防 jǐnfáng; 小心 xiǎoxīn; B~ of the dog! 当心狗!

bewilder /bɪˈwɪldə(r)/ v [T] 迷惑 míhuò; 弄糊涂 (塗) nòng hútu; ~ed by the noise and lights 被吵闹和光亮搞糊涂了. **bewildering** adj.

bewitch /bɪˈwɪtʃ/ v [T] 1 施魔力于 shī mólì yú. 2 使着迷 shǐ zháomí; 使…着魔 shǐ... xīnzuì. **bewitching** adj.

beyond /bɪˈjɒnd/ prep 1 在, 向…的那边 (邊) zài, xiàng... de nàbiān; The path continues ~ the village. 这条小路延伸到村子的外边. 2 超出 chāochū; What happened was ~ my control. 发生的事是我控制不了的. 3 [习语] be beyond sb [非正式用语] 某人所理解不了的 mǒurén suǒ lǐjiě bùliǎode. **beyond** adv 在远 (遠) 处 (處) zài yuǎnchù; 到远处 dào yuǎnchù.

bias /ˈbaɪəs/ n [U,C] 偏见 piānjiàn. **bias** v [-s-, -ss-] [T] (多用于被动语态) 以偏见影响 (響) yǐ piānjiàn yǐngxiǎng; a ~ed jury 有偏见的陪审团.

bib /bɪb/ n [C] 1 (小孩的) 围 (圍) 涎 wéixián. 2 裙的上部 qúnde shàngbù.

bible /ˈbaɪbl/ n 1 (a) the Bible [sing] (犹太教和基督教) 圣 (聖) 经 (經) shèngjīng. (b) 圣经的版本 shèngjīng de bǎnběn. 2 [C] 1 (喻) 有权 (權) 威的书 (書) yǒu quánwēi de shū; the gardeners' ~ 园林方面的权威著作. **biblical** /-kl/ adj.

bibliography /ˌbɪblɪˈɒɡrəfɪ/ n [C] [pl -ies] 书 (書) 目 1 书目 shūmù; 文献 (獻) 目录 (錄) wénxiàn mùlù. **bibliographer** /-fə(r)/ n [C].

bicentenary /ˌbaɪsenˈtiːnərɪ; US -ˈsentənerɪ/ n [pl -ies] 二百年 (纪念) èrbǎinián.

bicentennial /ˌbaɪsenˈtenɪəl/ adj 二百年纪念的 èrbǎinián jìniàn de. **bicentennial** n [C] = BICENTENARY.

biceps /ˈbaɪseps/ n [C] [pl biceps] 二头 (頭) 肌 èrtóujī.

bicker /ˈbɪkə(r)/ v [I] 口角 kǒujiǎo; 争吵 zhēngchǎo.

bicycle /'baɪsɪkl/ n [C] 自行车 zì-xíngchē;单〔單〕车 dānchē. **bicycle** v [I] 〔旧〕骑自行车 qí zìxíngchē.

bid¹ /bɪd/ v [-dd-; pt, pp bid; 义项二中, pt bade /bæd/, pp ~den /bɪdn/] 1 出(价)购(購)买(買) chū gòumǎi. 2 [T] 〔古语或正式用语〕(a) 命令 mìnglìng; 吩咐 fēnfù: She bade me (to) come in. 她命令我进去. (b) 说 shuō: ~ sb farewell 向某人说再见. bid n [C] 1 企图(圖)qǐtú;努力 nǔlì: a rescue ~ 数援的图谋. 2 出价 chūjià. bidder n [C]. bidding n [U].

bide /baɪd/ v [习语] bide one's time 等待时〔時〕机〔機〕děngdài shíjī.

biennial /baɪ'enɪəl/ adj 1 两年一次的 liǎngnián yícì de. 2 延续〔續〕两年的 yánxù liǎngnián de.

bier /bɪə(r)/ n [C] 棺材架 guāncáijià.

bifocal /,baɪ'fəʊkl/ adj 〔眼镜〕双〔雙〕焦点〔點〕的 shuāng jiāodiǎn de, **bifocals** n [pl] 双焦点眼镜 shuāng jiāodiǎn yǎnjìng.

big /bɪg/ adj [~ger, ~gest] 1 大的 dàde;重大的 zhòngdàde: ~ feet 大脚. a ~ match 一场大比赛. 2 〔非正式用语,尤用于美国英语〕大受欢〔歡〕迎的 dà shòu huānyíng de. 3 〔习语〕a big noise/shot 〔非正式用语〕重要人物 zhòngyào rénwù. big 'game n [U] 大猎〔獵〕物 dà lièwù. 'big-head n [C] 〔非正式用语〕自高自大的人 zì gāo zì dà de rén. 'bigwig n [C] 〔非正式用语〕重要人物 zhòngyào rénwù.

bigamy /'bɪgəmɪ/ n [U] 重婚罪 chónghūn. **bigamist** n [C] 重婚罪犯 chónghūn zuìfàn. **bigamous** adj.

bigot /'bɪgət/ n [C] 执〔執〕拗的人 zhíniùde rén;抱偏见〔見〕的人 bào piānjiàn de rén. **bigoted** adj 执拗的 zhíniùde;心胸狭窄的 xīnxiōng xiázhǎide.

bike /baɪk/ n [C] 〔非正式用语〕short for BICYCLE.

bikini /bɪ'kiːnɪ/ n [C] 三点〔點〕式女游泳衣 sāndiǎnshì nǚ yóuyǒngyī.

bilateral /,baɪ'lætərəl/ adj 〔双〔雙〕边〔邊〕的 shuāngbiānde: a ~ agreement 双边协定.

bile /baɪl/ n [U] 胆〔膽〕汁 dǎnzhī.

bilge /bɪldʒ/ n [U] 〔俚〕废〔廢〕话 fèihuà.

bilingual /,baɪ'lɪŋgwəl/ adj 说两种〔種〕语言的 shuō liǎngzhǒng yǔyán de;用两种语言写〔寫〕成的 yòng liǎngzhǒng yǔyán xiě chéng de.

bilious /'bɪlɪəs/ adj 恶〔惡〕心的 ěxinde.

bill¹ /bɪl/ n [C] 1 账〔賬〕单〔單〕zhàngdān. 2 〔法律〕议〔議〕案 yì'àn;法案 fǎ'àn. 3 〔美语〕钞票 chāopiào;纸币〔幣〕zhǐbì. 4 招贴 zhāotiē;广〔廣〕告 guǎnggào;传〔傳〕单 chuándān. 5 〔习语〕fill/fit the 'bill 合乎需要 héhū xūyào;符合问题 fúhé wèntí. bill v [T] 1 向(某人)送账单 xiàng sòng zhàngdān;向某人收…钱(錢) xiàng mǒurén shōu~qián. 2 宣传 xuānchuán;登广告 dēng guǎnggào. ～ed to appear as Othello. 宣布他扮演奥赛罗.

bill² /bɪl/ n [C] 鸟〔鳥〕嘴 niǎozuǐ.

billet /'bɪlɪt/ n [C] (军营以外的)部队〔隊〕宿舍 bùduì sùshè. **billet** v [T] 安顿〔頓〕(士兵)在军营〔營〕以外的地方住宿 āndùn zài jūnyíng yǐwài de dìfāng zhùsù.

billiards /'bɪlɪədz/ n [用 sing v] 台球游戏〔戲〕táiqiú yóuxì;弹〔彈〕子游戏 dànzǐ yóuxì.

billion /'bɪlɪən/ pron, adj, n 1 [C] 十亿〔億〕shíyì. 2 〔美国英语〕万〔萬〕亿的 wànyì.

billow /'bɪləʊ/ n [C] 巨浪 jùlàng; 〔喻〕翻〔翻〕烟〔煙〕等波浪般滚滚向前的东〔東〕西 wù yān děng bōlàng bān gǔngǔn xiàngqián de dōngxi. **billow** v [I] 波浪般滚动 bōlàng bān gǔndòng. **billowy** adj.

billy-goat /'bɪlɪ gəʊt/ n [C] 公山羊 gōng shānyáng.

bin /bɪn/ n [C] (贮藏食物、煤等的)箱子 xiāngzi.

binary /'baɪnərɪ/ adj 二进〔進〕的 èrjìnzhì de.

bind /baɪnd/ [pt, pp bound /baʊnd/] v [T] 1 (a) 捆 kǔn;绑 bǎng: ～ the prisoner's legs to the chair 把犯人的双腿捆在椅子上. (b) 〔喻〕使结合 shǐ jiéhé: bound by friendship 由于友谊而结合. 2 [T] 〔装〔裝〕订〔訂〕书〕装订: a book bound in leather 皮装书. 3 [T] 使受诺言、法律等约束 shǐ shòu nuòyán、fǎlǜ děng yuēshù: ～ her to secrecy 使她替合保守秘密. 4 [I, T] 包扎〔紮〕bāozā;绑 bǎng. 5 [sing] 〔非正式用语〕令人厌〔厭〕烦的事物 lìng rén yànfán de shìwù. **binder** n [C] 1 活页夹 huóyèjiā. 2

装订工 zhuāngdìnggōng; 装订材料 zhuāngdìng cáiliào. **binding** n [C] 书[书籍封面 shūjí fēngmiàn.

binge /bɪndʒ/ n [C] [非正式用语] 1 狂欢(欢)作乐(乐) kuánghuān zuòlè. 2 无[节(节)制的狂热(热)行为(爲) wú jiézhì de kuángrè xíngwéi: a shopping ~ 无节制的购物.

bingo /'bɪŋgəʊ/ n [U] 宾[賓]戈(一种博彩游戏)bīngē.

binoculars /bɪ'nɒkjʊləz/ n [pl] (双筒)望远(遠)镜 wàngyuǎnjìng.

biochemistry /ˌbaɪəʊ'kemɪstri/ n [U]生物化学(學) shēngwù huàxué. **biochemist** n [C] 生物化学家 shēngwù huàxué jiā.

biodegradable /ˌbaɪəʊdɪ'greɪdəbl/ adj 生物可降解的 shēngwù kě jiàngjiě de.

biodiversity /ˌbaɪəʊdaɪ'vɜːsəti/ n [U] 生物多样[樣]性 shēngwù duōyàngxìng.

bioenergy /ˌbaɪəʊ'enədʒi/ n [U] 生物能 shēngwùnéng.

bioengineering /ˌbaɪəʊendʒɪ'nɪərɪŋ/ n [U] 生物工程(学) shēngwù gōngchéng.

biofuel /'baɪəʊfjuːəl/ n [U] 生物燃料 shēngwù ránliào.

biography /baɪ'ɒgrəfi/ n [C] [pl -ies] 传[傳]记 zhuànjì. **biographer** /-fə(r)/ n [C] 传记作家 zhuànjì zuòjiā. **biographical** /ˌbaɪə'græfɪkl/ adj.

biology /baɪ'ɒlədʒi/ n [U]生物学[學] shēngwùxué. **biological** /ˌbaɪə'lɒdʒɪkl/ adj. **biologist** n [C] 生物学家 shēngwùxuéjiā; 生物学者 shēngwùxuézhě.

biotechnology /ˌbaɪəʊtek'nɒlədʒi/ n [U] 生物技术[術] shēngwù jìshù.

bioterrorism /ˌbaɪəʊ'terərɪzəm/ n [U] 生物恐怖主义[義] shēngwù kǒngbù zhǔyì. **bio'terrorist** n [C] 生物恐怖主义分子 shēngwù kǒngbù zhǔyì fènzǐ.

birch /bɜːtʃ/ n [C] 1 桦[樺]木 huàmù; 白桦 báihuà; 桦木 huàmù. 2 **the birch** [sing] (鞭笞用的)桦条[條] huàtiáo.

bird /bɜːd/ n [C] 1 鸟 niǎo; 禽 qín. 2 [俚语]姑娘, 尤用于英国英语[語]年轻[輕] 姑娘 niánqīng gūniang. **'bird of 'prey** n [C] 猛禽 měngqín.

biro /'baɪərəʊ/ n [C] [pl ~s] (P) 圆珠笔[筆] yuánzhūbǐ.

birth /bɜːθ/ n 1 [C, U] 分娩 fēn-

miǎn; 出生 chūshēng. 2 [U] 出身 chūshēn; 血统 xuètǒng: Russian by ~ 俄罗斯血统. 3 [sing] 起源 qǐyuán: the ~ of socialism 社会主义的起源. 4 [习语] **give birth (to sb/sth)** 分娩 fēnmiǎn. **'birth control** n [C] 生育节制[制]生育(方法) jiézhì shēngyù. **'birthday** n [C] 生日 shēngrì; **'birthmark** n [C] 胎记 tāijì; 胎志 tāizhì. **'birth rate** n [C] 出生率(每年的千分比) chūshēnglǜ.

biscuit /'bɪskɪt/ n [C] 饼干[乾] bǐnggān.

bisect /baɪ'sekt/ v [T]把…分为[爲]二 bǎ…fēn wéi èr.

bishop /'bɪʃəp/ n [C] 1 (基督教)主教 zhǔjiào. 2 (国际象棋中的)象 xiàng. **bishopric** /-rɪk/ n [C] 主教职(職)位或管区[區] zhǔjiào zhíwèi huò guǎnqū.

bison /'baɪsn/ n [C] [pl **bison**] 欧[歐]洲野牛 Ōuzhōu yěniú; 美洲水牛 Měizhōu shuǐniú.

bistro /'biːstrəʊ/ n [C] [pl ~s] 小餐馆 xiǎo cānguǎn.

bit[1] pt of BITE.

bit[2] /bɪt/ n [C] 1 一点[點] yìdiǎn; 一些 yìxiē; 小片 xiǎopiàn: a ~ of paper 一点纸. 2 [习语] **a bit** (a) 有点儿 yǒudiǎnr; 相当[當] xiāngdāng. (b) 一点时[時]间或距离[離] yìdiǎn shíjiān huò jùlí: Wait a ~. 等一会儿. **bit by bit** 一点点地 yìdiǎn yìdiǎn de; 慢慢地 mànmànde; 渐[漸]渐地 jiànjiànde. **do one's bit** [非正式用语] 尽[盡]自己的一分力量 jìn zìjǐ de yìfēn lìliang. **every bit as good, bad, etc.** 完全好, 坏[壞] wánquán hǎo, huài děng. **not a bit** 一点也不 yìdiǎn yě bù; 毫不 háo bù.

bit[3] /bɪt/ n [C] 1 马嚼子 Mǎjiáozi. 2 钻[鑽]头(头) zuàntóu.

bit[4] /bɪt/ n [C] [电子计算机] (二进制数)位(有时译作"彼特") wèi.

bitch /bɪtʃ/ n 1 母狗 mǔgǒu. 2 [俚]坏[壞]女人 huài nǚrén.

bite /baɪt/ v [pt bit /bɪt/, pp **bitten** /'bɪtn/] 1 [I, T] 咬 yǎo. 2 [I, T] (虫等)叮 dīng; 蜇 zhē. 3 [I] 咬饵 yǎo'ěr. 4 [I] 紧[緊]握 jǐn-wò; 有效果 yǒu xiàoguǒ: The miners' strike is beginning to ~矿工罢工开始有作用了. 5 [习语] **bite sb's head off** [非正式用语] 愤怒地顶撞某人 fènnùde dǐngzhuāng mǒurén. **bite off** ,**more than one can 'chew** 贪多嚼不烂 [喻] tān duō jiáo bú làn. **bite** n 1 [C] (a) 咬 yǎo; 叮 dīng. (b) 咬下的一块 [块] yǎo xià de yíkuài. 2 [sing] [非正式用语] [少量] 食物 shíwù; have a ~ to eat 有点东西吃. 3 [c] 咬伤 [伤] yǎoshāng; 蜇伤 zhēshāng. **biting** adj 尖厉 [厉] 刺人的 jiānlì cìrén de; a biting wind 刺骨的寒风.

bitter / 'bɪtə(r)/ adj 1 有苦味的 yǒu kǔwèi de. 2 愤恨的 fènhèn de; 仇恨的 chóuhèn de; ~ enemies 死敌. 3 辛酸的 xīnsuān de; 痛苦的 tòngkǔ de; ~ disappointments 令人难过的失望. 4 严 [严] 寒的 yánhán de; 刺骨的 cìgǔ de; a ~ wind 刺骨寒风. bitter n [U] [英国英语] 苦啤酒 kǔ píjiǔ. **bitterly** adv: ~ly cold 奇冷; ~ly disappointed 非常心酸的失望. **bitterness** n [U].

bitumen /'bɪtjʊmən/; US bə'tu:mən/ n [U] 沥 [沥] 青 lìqīng.

bivouac /'bɪvuæk/ n [C] 露营 [营] lùyíng. **bivouac** v [-ck-] [I] 露营 lùyíng.

bizarre /bɪ'zɑ:(r)/ adj 异 [异] 乎寻 [寻] 常的 yì hū xúncháng de; 稀奇古怪的 xīqí gǔguài de.

blab /blæb/ v [-bb-] [I] [俚] 泄露秘密 xièlù mìmì.

black /blæk/ adj 1 黑的 hēi de; 漆黑的 qīhēi de. 2 黑人的 hēirén de. 3 脏 [脏] 的 zāng de. 4 (咖啡) 不加牛奶或奶油的 bùjiā niúnǎi huò nǎiyóu de; 不含希望的 méi yǒu xīwàng de; The future looks ~. 前途看来无望. 6 愤怒的 fènnù de; a ~ look 一脸怒气. 7 滑稽而嘲讽 [讽] 的 huájī ér cháofěng de. **black** n [U] 黑色 hēisè. 2 [C] 黑人 hēirén. **black** v [T] 1 使黑 shǐ hēi; 弄黑 nòng hēi. 2 宣布不干 [干] (工作) xuānbù bù gàn; 不处 [处] 理 bù chǔlǐ: The strikers ~ed the cargo. 罢工工人宣布拒绝装卸货物. 3 [短语动词] **black 'out** 失去知觉 [觉] shīqù zhījué. **black sth out** 实 [实] 行灯 [灯] 火管制 shíxíng dēnghuǒ guǎnzhì. **'blackberry** n [C] [pl -ies] 黑莓 hēiméi. **'blackbird** n [C] 乌 [乌] 鸫 [鸫] wūdōng. **'blackboard** n [C] 黑板 hēibǎn. **black'currant** n [C] 黑醋栗 hēicùlì. **blacken** v 1 [I, T]

(使)变 [变] 黑 biànhēi. 2 [T] 破坏 [坏] (坏)名声等) pòhuài. **black'eye** n [C] 被打得发 [发] 青的眼圈 bèi dǎ de fāqīng de yǎnquān. **blackhead** n [C] 黑头 [头] 粉刺 hēitóu fěncì. **black 'ice** n 马路上薄而不见的冰 mǎlù shang chájiàn bùchū de bīng. **'blackleg** n [C] 罢 [罢] 工中擅自上工的人 (during 罢工时) shànggōng de rén. **'blacklist** n [C] 黑名单 [单] hēi míngdān. **blacklist** v [T] 把…列入黑名单 bǎ…lièrù hēi míngdān. **blackly** adv. **black 'magic** n 妖术 [术] yāoshù; 巫术 wūshù. **'blackmail** n [U] 敲诈 qiāozhà; 勒索 lèsuǒ. 2 威胁 [胁] wēixié. **blackmail** v [T] 敲诈 qiāozhà; 勒索 lèsuǒ. **blackmailer** n [C], **black 'market** n [C, 常作 sing] 黑市 hēishì. **blackness** n [U]. **blackout** n [C] 1 熄灯 [灯] (防火管制) dēnghuǒ guānzhì. 2 停电 (电) tíngdiàn. 3 [临] 临时记忆 (忆) 缺失 línshí jìyì quēshī; 临时昏厥 línshí xuānyūn. 4 (新闻等的) 不准发 [发] 表 bùzhǔn fābiǎo; a news ~out 新闻封锁. **black 'sheep** n [C] 败家子 bàijiāzǐ. **'blacksmith** /-smɪθ/ n [C] 铁匠 tiějiàng.

bladder /'blædə(r)/ n [C] 膀胱 pángguāng.

blade /bleɪd/ n [C] 1 刀刃 dāorèn; 刀口 dāokǒu; 刀片 dāopiàn. 2 桨 [桨] 片 jiǎngpiàn; 螺旋桨叶片 luóxuánjiǎng jiàngpiàn. 3 草片 cǎopiàn.

blame /bleɪm/ v 1 [T] 责备 [备] zébèi; 找…的差错 zhǎo…de chācuò. 2 [习语] **be to blame (for sth)** 应受责怪的 yīng shòu zéguài de. **blame** n [U] 责任 zérèn. **blameless** adj 无 [无] 可责备的 wúkě zénàn de; 无过 [过] 错的 wú guòcuò de. **blameworthy** adj 该受责备的 gāi shòu zébèi de.

blanch /blɑ:ntʃ; US blæntʃ/ v [I, T] 1 变白 biàn bái.

blancmange /blə'mɒnʒ/ n [C] 牛奶冻 niúnǎidòng.

bland /blænd/ adj 1 温和的 wēnhé de; 和蔼的 hé'ǎi de. 2 (食物) 刺激性的 cìjīxìng shǎo de. 3 枯燥乏味的 kūzào fáwèi de. **blandly** adv. **blandness** n [U].

blank /blæŋk/ adj 1 (纸) 没有写 [写] 字的 méiyǒu xiězì de; 白的 bái de. 2 失色的 shīsè de; 没有表情的

méiyǒu biǎoqíng de: a ～ look 茫然若失的样子. **blank** n [C] 1 空白 kòngbái. 2 空弹(弹) kōngdàn.

,blank '**cheque** n [C] 开(开)具支票人已签[签]字, 由收款人填入数数[数]的支票 kāi zhīpiào rén yǐ qiānzì, yóu shōukuǎnrén zì tián kuǎnshù de zhīpiào. 2 [喻]自由处(处)理权(权) zìyóu chǔlǐquán. **blankly** adv. ,blank '**verse** n [U] 无韵诗 wúyùnshī.

blanket /'blæŋkɪt/ n [C] 床单[单] chuángdān. [喻] a ～ of snow 一层雪. **blanket** v [T] 覆盖[盖] fùgài. **blanket** adj [总] 总括的 zǒngkuòde: ～ criticism 总括的批评.

blare /bleə(r)/ v [I, T] 发[发]响[响]而刺耳的声[声]音 fāchū xiǎng ér cì'ěrde shēngyīn. **blare** n [U].

blasé /'blɑːzeɪ; US blɑːzeɪ/ adj (因可空见惯而)无[无]动[动]于衷的 wú dòng yú zhōng de.

blaspheme /blæs'fiːm/ v [I, T] 亵渎 xièdú. **blasphemous** /'blæsfəməs/ adj. **blasphemy** /'blæsfəmɪ/ n [C, U] [pl -ies].

blast /blɑːst; US blæst/ n [C] 1 爆炸气[气]浪 bàozhà qìlàng. 2 一阵风[风] yízhèn fēng. 3 管乐[乐]器的声[声]音 guǎnyuèqìde shēngyīn. 4 [习语] **at full 'blast** 全力地 quánlìde. **blast** v [I, T] (用炸药)炸 zhà. 2 [英语动词短语] **blast 'off** (宇宙飞船等)发[发]射 fāshè. **blast** interj (表示厌恶)该死 gāisǐ. '**blastfurnace** n [C] 鼓风炉[炉] gǔfēnglú; 高炉 gāolú. '**blastoff** n [C] (宇宙飞船等)的发射 fāshè.

blatant /'bleɪtənt/ adj 厚颜的 hòuyánde; 炫耀的 xuànyàode; 露[露]骨的 xiǎngǔde. **blatantly** adv.

blaze /bleɪz/ n [C] (a) 火焰火烟; 火光 huǒ. (b) 烈火 lièhuǒ. 2 [sing] 光辉[辉] guānghuī; 光彩 guāngcǎi: [喻]a ～ of publicity 大出风头. **blaze** v [I] 1 熊熊燃烧[烧] xióngxióng ránshāo. 2 闪[闪]耀 shǎnyào; 发光彩 fā guāngcǎi. 3 (感情)激发 jīfā: blazing with anger 发怒 fānù. **blazing** adj.

blazer /'bleɪzə(r)/ n [C] 运[运]动[动]茄克 yùndòng jiākè.

bleach /bliːtʃ/ v [I, T] 漂白 piǎo-

bái. **bleach** n [U] 漂白剂[剂] piǎobáijì.

bleak /bliːk/ adj (天气)阴[阴]冷的 yīnlěngde: a ～ night 阴冷的夜晚. [喻]The future looks ～. 前途看来是暗淡的. **bleakly** adv.

bleary /'blɪərɪ/ adj [-ier, -iest] (眼睛)疲倦疼痛的 píjuàn téngtòng de.

bleat /bliːt/ v [I] n [C, U] (羊)叫 jiào.

bleed /bliːd/ v [pt, pp **bled** /bled/] 1 [I] 流血 liúxuè; 出血 chūxiě. 2 抽…的血 chōu…de xiě. 3 (从)…抽出液体[体] chōuchū yètǐ huò kōngqì.

blemish /'blemɪʃ/ n [C] 瑕疵 xiácī; 污点[点] wūdiǎn. **blemish** v [T] 损害…的完美 sǔnhài…de wánměi; 玷污 diànwū: His reputation has been ～ed. 他的名声被玷污了.

blend /blend/ v [I, T] 混合 hùnhé. 把…混成一体[体] bǎ…hùnchéng yìtǐ. 2 [短语动词] **blend in** 交织 jiāozhī. **blend** n [C] 混成品 hùnchéngpǐn; 混合物 hùnhéwù. **blender** n [C] [尤用于美国英语] 榨计机[机] zhàzhījī.

bless /bles/ v [pt, pp ～ed /blest/] 1 [T] 求上帝赐福于 qiú shàngdì cìfú yú. 2 使神圣[圣]化 shǐ shénshènghuà. **blessed** /'blesɪd/ adj 1 神圣的 shénshèngde. 2 幸运[运]的 xìngyùnde; 幸福的 xìngfúde. **blessing** n [C] 幸事 xìngshì; 喜事 xǐshì. 2 [C] 同意 tóngyì; 允准 yǔnzhǔn. 3 [C] 上帝的赐福 shàngdìde cìfú.

blew /bluː/ pt of BLOW[1].

blight /blaɪt/ n [U] 植物凋枯病. zhíwù diāokūbìng. 2 [U] 挫折 cuòzhé; 打击[击] dǎjī. **blight** v [T] 挫折 cuòzhé; 损毁 sǔnhuǐ.

blind[1] /blaɪnd/ adj 1 瞎的 xiāde; 盲的 mángde. 2 (to) 视而不见的 shì ér bú jiàn de; 不想了解的 bù xiǎng liǎojiě de; ～ to the dangers involved 看不到潜在的危险. 3 不合理的 bù hélǐ de; 无[无]理由的 wú lǐyóu de; ～ obedience 盲目服从. 4 [习语] **as blind as a 'bat** 完全看不见东西的 wánquán kànbùjiàn dōngxi de. **blind 'drunk** [非正式用语]烂醉大醉 mīngmǐng dàzuì. **the blind** n [pl] 盲人 mángrén. '**blind 'alley** n [C] 1 死胡同 sǐ hútòng. 2 [喻]没有前途的事情 méi-

yǒu qiántúde shìqíng. **blindly**
adv. **blindness** n [U]. '**blind
spot** n 公路上司机(機)看不
见的地方 gōnglù shàng sījī kànbújiàn
de dìfang. **2** [喻](对某一领域的)
无知 wúzhī; 不理解 bù lǐjiě.

blind[2] /blaɪnd/ v [T] **1** 使失明 shǐ
shīmíng. **2** [喻]使失去判断(斷)力
shǐ shīqù pànduànlì: ~ed by love
被爱情所迷住.

blind[3] /blaɪnd/ n [C] 窗帘
chuānglián.

blindfold /'blaɪndfəʊld/ v [T] 蒙
住⋯的眼睛 méngzhù⋯de yǎnjing.
blindfold n [C] 障眼的蒙布或(帶)
子 zhàngyǎnde méngbù huò dàizi. **blindfold** adj, adv 眼睛被蒙
住(的) yǎnjing bèi méngzhù; 盲目的
mángmùde; 盲目地 mángmùde.

blink /blɪŋk/ v [I, T] **1** 眨眼睛
yǎnjing. **2** [I] (灯光等)闪烁(爍)
shǎnshuò; 闪亮 shǎnliàng. 时(時)明
zhǎ yǎnjing. **blink** n [C] 眨眼睛
zhǎ yǎnjing. **2** 一瞥 yīpiē. '**on
the blink** [非正式用语](机器等)
坏(壞)了 huàile.

blinkers /'blɪŋkəz/ n [pl] (马的)
眼罩 yǎnzhào.

bliss /blɪs/ n [U] 巨大的幸福 jùdà-
de xìngfú; 福 fú. **blissful** adj.
blissfully adv.

blister /'blɪstə(r)/ n [C] **1** 水疱
shuǐpào; 疱 pào. **2** (油漆表面的)
疱状(狀)突起 pàozhuàng tūqǐ.
blister v [I, T] (使)起疱 qǐ-
pào.

blithe /blaɪð/ adj 欢(歡)乐(樂)的
huānlède; 无(無)忧(憂)无虑(慮)的
wú yōu wú lǜ de.

blitz /blɪts/ n [C] **1** 闪电(電)战
(戰) shǎndiànzhàn; 猛烈的空袭
(襲) měngliède kōngxí. **2** [喻]突击
(擊) tūjī; 闪电式行动(動) shǎn-
diànshì xíngdòng: have a ~ on
the garden 集中力量收拾园子.

blizzard /'blɪzəd/ n [C] 暴风(風)
雪 bàofēngxuě.

bloated /'bləʊtɪd/ adj 肿(腫)胀
(脹)的 zhǒngzhàngde.

blob /blɒb/ n [C] **1** 一滴 yīdī; 一小团
(團) yì xiǎo tuán.

bloc /blɒk/ n [C] 集团(團)国区,
集团 jítuán.

block[1] /blɒk/ n [C] **1** 大块(塊) dà-
kuài: a ~ of ice/stone 大块冰/
石头. **2** (公寓,办公室等的)大楼
(樓) dàlóu: a ⋯ of flats 公寓大楼. **3** 街区(區)(四
条街道当中的地区) jiēqū. **4** 事物
的聚集 shìwùde jùjí: a ~ of the-

atre seats 剧院内的坐位划区. **5** 障
碍(礙)物 zhàng'àiwù; 阻塞 zǔsè.: ~
in the drain 阴沟内的阻塞物.

block v [T] **1** 阻碍 zǔ'ài; 阻塞 zǔ-
sè.; roads ~ed by snow 被雪阻塞
的马路. **2** 破坏(壞) pòhuài.
'**blocking software** n [U] (网络)
封闭软件 fēngbì ruǎnjiàn. '**block
letters** (亦作 '**block** '**capitals**) n
[pl] 大写(寫)字母 dàxiě zìmǔ.

blockade /blɒ'keɪd/ n [C] 封锁
fēngsuǒ. **blockade** v [T] 封锁
fēngsuǒ.

blockage /'blɒkɪdʒ/ n [C] 阻塞物
zǔsèwù.: a ⋯ in a pipe 堵塞在管
道里的东西.

bloke /bləʊk/ n [C] [俚语]人 rén;
家伙(指男子)jiāhuo.

blond (亦指女人, 通常用 **blonde**)
/blɒnd/ n [C], adj 金发(髮)的
(人)jīnfàde.

blood /blʌd/ n [U] **1** 血 xuè; 血液
xuèyè. **2** [正式用语]血统 jiàshǐ; 家
族 jiāzú; 血统 xuètǒng: a woman
of noble ~ 贵族出身的妇女. **3**
[习语] **make sb's 'blood boil** 使
发(發)怒 shǐ fānù. **make sb's
'blood run cold** 使不寒而栗(慄)
shǐ bù hán ér lì. **new/fresh 'blood**
新鲜血液(指有新思想的新成员)
xīnxiān xuèyè. '**blood bath** n [C]
血洗 xuèxǐ; 大屠杀(殺) dàtúshā.
'**blood-curdling** adj 令人毛骨悚
然的 lìng rén máo gǔ sǒng rán de.
'**blood donor** n [C] 献(獻)血人
xiànxiěrén; 供血者 gōngxiězhě.
'**blood group** (亦作 '**blood type**)
n [C] 血型 xuèxíng. '**blood-
hound** n [C] 一种(種)大警犬 yì-
zhǒng dàjǐngquǎn. **bloodless** adj **1**
苍(蒼)白的 cāngbáide. **2** 不流血的
bù liúxiěde; 兵不血刃的 bīng bù xuè
rèn de. **blood poisoning** n [C] 血
中毒 xuè zhòngdú. '**blood pressure**
n [U] 血压(壓) xuèyā.
'**bloodshed** n [U] 流血 liúxuè; 杀
戮 shālù. '**bloodshot** adj (眼睛)充
血的 chōngxiěde. '**blood sports**
n [pl] 可能流血的运(運)动(動)(如
打猎、斗牛等)kěnéng liúxuě de yùn-
dòng. '**bloodstained** adj 沾染着血
的 zhānrǎn zhe xiěde. '**bloodstream**
n [C] 血流 xuèliú. '**bloodthirsty**
adj 嗜血的 shìxiěde; 残(殘)忍的
de cánrěn hàoshā de. '**blood-ves-
sel** n [C] 血管 xuèguǎn.

bloody[1] /'blʌdɪ/ adj [-ier, -iest] **1**
血污的 xuèwūde; 染上血的 rǎn

shàng xiě de. **2** 流血很多的 liúxuè hěnduō de; 伤(傷)亡很大的 shāng-wáng hěndà de. **3** [△英国英语, 非正式用语](表示强调): *You ~ idiot!* 你这个大白痴! **bloody** *adv* [△英国英语, 非正式用语](表示强调): *too ~ quick* 快得多. **bloody-'minded** *adj* [英国英语, 非正式用语]故意寻难(難)的 gùyì diǎonàn de; 不易获(獲)得的 búyì qínjìn de.

bloom /bluːm/ *n* [C] **1** 花 huā [习语] **in (full) bloom** 盛开[開] 着花 shèngkāizhe huā, **bloom** *v* [I] **1** 开花 kāihuā. **2** 繁荣(榮)[茂] 兴(興)旺 fánróng xīngwàng.

blossom /ˈblɒsəm/ *n* [C] **1** 花 huā(果树[樹]花 guǒshùhuā. **2** [习语] **in (full) blossom** 正开[開]花 zhèng kāihuā, **blossom** *v* [I] **1** 开花 kāihuā. **2** [喻]繁荣(榮)[發]达[達] fánróng fādá.

blot /blɒt/ *n* [C] **1** 墨水渍 mòshuǐzì. **2** 污点[點] wūdiǎn; 缺点·缺[缺]点 quēdiǎn; *a ~ in his character* 他性格上的一个缺点 ... **blot** *v* [-tt-] [T] **1** 涂[塗]污 túwū. **2** [用吸墨水纸]吸干(乾) xīgān. **3** [短语动词] **blot sth out** 遮暗 zhē'àn; 把 ... 弄糊糊 bǎ ... nòng móhu: *The cloud ~ted out the view.* 云遮住了视线. **blotter** *n* [C] 吸墨台 xīmòtái, **blotting-paper** *n* [U] 吸墨纸 xīmòzhǐ.

blotch /blɒtʃ/ *n* [C] (皮肤上的)红斑 hóngbān; 疹块 zhěnkuài.

blouse /blauz; *US* blaus/ *n* [C] 女式宽大短外套 nǔshì kuāndà duǎn wàitào.

blow¹ /bləʊ/ *v* [*pt* blew /bluː/, *pp* ~n /bləʊn/] **1** [I,T] (风)吹 chuī. **2** [I,T] (风)吹动(動)吹 chuīdòng: *The wind blew my hat off.* 风吹掉了我的帽子. **3** [I,T] 吹气(氣)于 chuī qì yú; 充气于 chōng qì yú. **4** [T] 吹响(鼻子)吹: ~ *bubbles* 吹泡泡. **6** [I,T] 吹响(響)[樂]乐)器、号[號]角 等 chuīxiǎng yuèqì, hào(jiǎo děng. **7** [I,T] 烧[燒]断[斷](保险[險]丝)shāoduàn bǎoxiǎnsī; *A fuse has ~n.* 保险丝被炔断了. **8** [T] [非正式用语]挥[揮] 霍 huīhuò. **9** [I,T] [习语] **blow sb's 'brains out** [非正式用语](用枪[鎗]射入头[頭]部杀[殺]死自己]qiāngdǎ shèrù tóubù shāsǐ zìjǐ, **blow sb's mind** [俚语]使欣喜若狂 shǐ

xīnxǐ ruò kuáng; **blow one's own 'trumpet** [非正式用语]自吹自擂 zìchuī-zìléi. **10** [短语动词] **blow (sth) out** 吹熄 chuīxī: ~ *out a candle* 吹熄蜡烛. **blow over** 平息 píngxī: *The argument will soon ~ over.* 争论会很快平息. **blow up (a)** 爆炸 bàozhà. **(b)** 突然而有力地开[開]始 tūrán ér yǒulìde kāishǐ: *A storm is ~ing up.* 一场暴风雨即将来临. **(c)** [非正式用语]发(發)脾气 fā píqì. **blow sth up (a)** 把 ... 炸掉 bǎ ... zhàdiào. **(b)** 充气 chōngqì: ~ *up a tyre* 给轮胎打气. **(c)** 放大 fàngdà. **'blowlamp** (亦作 **'blowtorch**) *n* [C] 喷灯(燈) pēndēng. **'blow-out** *n* **1** (汽车轮胎)突然漏气(氣) tūrán lòuqì. **2** (油,汽井)突然并喷 tūrán bìngpēn. **3** [俚]美餐 měicān, **'blow-up** *n* [C] (照片)放大 fàngdà.

blow² /bləʊ/ *n* [C] 吹 chuī;吹风(風) chuīfēng: *Give your nose a good ~.* 好好擤一下你的鼻子.

blow³ /bləʊ/ *n* [C] **1** 打击 dǎjī. **2** 精神上的打击 jīngshén shàng de dǎjī; 灾(災)祸(禍) zāihuò. **3** [习语] **come to 'blows** 动(動)手互殴[毆] dòngshǒu hù ōu.

blow-by-blow *adj* 极[極]为[爲]详细的 jíwéi xiángxìde.

blower /ˈbləʊə(r)/ *n* **1** [C] 风(風)箱 fēngxiāng;吹风机(機) chuīfēngjī. **2** [英国英语, 非正式用语]电话 diànhuà.

blown /bləʊn/ *pp* of BLOW¹.

blubber /ˈblʌbə(r)/ *n* [U] 鲸脂 jīngzhī.

bludgeon /ˈblʌdʒən/ *v* [T] **1** 用重物打击 yòng zhòngwù dǎjī. **2** [喻]强迫某人做某事 qiǎngpò mǒurén zuò mǒushì.

blue /bluː/ *adj* **1** 蓝(藍)色的 lánsè de;青的 qīngde;蓝色的 wèilánde. **2** [非正式用语]沮丧[喪]的 jǔsàngde;郁闷的 yùmènde. **3** 色情的 sèqíngde;粗鄙的 cūbǐde: *a ~ film* 色情电影. **blue** *n* **1** [C] 蓝色 lánsè;青色 qīngsè. **2** the **blues** **(a)** [亦作 sing, pl *v*]布鲁斯音乐[樂](一种伤感的美国南方音乐)bùlǔsī yīnyuè. **(b)** [pl] [非正式用语]忧[憂]郁[鬱] yōuyù. **3** [习语] **out of the 'blue** 出乎意料 chūhū yìliào;突如其来[來] tūrú qí lái [开[開]蓝色铃状[狀]花的植物 kāi lánsè língzhuànghuā de zhíwù. **blue-**

bluebell *n* [C] 开[開]蓝色铃状[狀]花的植物 kāi lánsè língzhuànghuā de zhíwù. **blue-**

'blooded adj 贵族出身的 guìzú chūshēn de. 'bluebottle n [C] 青蝇[蠅] qīngyíng. blue-'collar adj 体[體]力劳[勞]动[動]的 tǐlì láodòng de. 'blueprint n [C] 蓝图[圖] lántú; 行动[動]计划[劃]性[性]图 xíngdòng jìhuà. bluish /'blu:ɪʃ/ adj 带[帶]蓝色的 dài lánsè de.

bluff¹ /blʌf/ v [I, T] 虚张[張]声[聲]势[勢]地诈骗 xū zhāng shēngshì de zhàpiàn. bluff n [C, U] 虚张声势的诈骗 xū zhāng shēngshì de zhàpiàn.

bluff² /blʌf/ adj (人)直率的 zhíshuàide.

blunder /'blʌndə(r)/ n [C] 因疏忽所犯的错误 yīn shūhū suǒ fàn de cuòwù. blunder v [I] 1 犯愚蠢的错误 fàn yúchǔnde cuòwù. 2 瞎闯[闖] xiāchuǎng.

blunt /blʌnt/ adj 1 钝的 dùnde. 2 (人)生硬的 shēngyìngde; 直率的 zhíshuàide. blunt v [T] 使变钝 shǐ dùn; 把…弄迟[遲]钝 bǎ…nòng chídùn. bluntness n [U].

blur /blɜ:(r)/ n [C] 模糊不清的东西 móhu bùqīng de dōngxi; 模糊一片 móhu yīpiàn. blur v [-rr-], [I, T] 使模糊 shǐ móhu; 变[變]模糊 biàn móhu.

blurb /blɜ:b/ n [C] 书[書]籍护[護]封上的内容简介 shūjí hùfēng shàng de nèiróng jiǎnjiè.

blurt /blɜ:t/ v [短语动词] blurt sth out 脱口漏出秘密 tuōkǒu lòuchū mìmì.

blush /blʌʃ/ v [I] (因羞愧等而)脸[臉]红 liǎn hóng. blush n [C].

bluster /'blʌstə(r)/ v [I] 1 (大风)狂吹 kuángchuī; 怒号[號] nùháo. 2 恫吓[嚇] dònghè; 大叫大嚷 dàjiào dàrǎng. bluster n [U]. blustery adj 狂风[風]大作的 kuángfēng dàzuò de.

boa /'bəʊə/ n [C] 1 (南美)蟒蛇 mǎngshé; 王蛇 wángshé.

boa constrictor n [C] (南美)蟒蛇 mǎngshé; 王蛇 wángshé.

boar /bɔ:(r)/ n [C] 1 公猪 gōngzhū. 2 野猪 yězhū.

board¹ /bɔ:d/ n [C] (a) 长[長]木板 chángmùbǎn; a 'floor ~ 地板 木板条. (b) 有专[專]门用途的木板 yǒu zhuānmén yòngtú de mùbǎn; a 'notice ~ 公告牌. 2 [C] 棋盘[盤] qípán; Chess is a ~ game. 国际象棋是棋类游戏. 3 [C] 委员会[會] wěiyuán huì; the ~ of directors 董事会. 4 [U] (包饭的)伙食 huǒshí; pay for ~ and lodg-

ing 付膳宿费. 5 [习语] above 'board 坦诚的 tǎnchéngde. a,cross the 'board 包括一切地 bāokuò yíqiè de; 全面地 quánmiànde; an a,cross-the-~ 'wage increase 全面提高工资. ,go by the 'board 落空 luòkōng; 失去实[實]现 shīqù shíxiàn. 'on board 在船上/飞[飛]机[機]上/火车上 zài chuánshàng/fēijīshàng/huǒchē shàng. take sth on 'board [非正式用语]接受某事物 jiēshòu mǒu shìwù.

board² /bɔ:d/ v 1 [T] 用板面[蓋] yòng bǎn gài; 加板 jiā bǎn; ~ up a window 用木板堵住窗户. 2 [T] 登上(船、火车、公共汽车等) dēngshàng. 3 [I, T] 供应[應]伙食 gōngyìng huǒshí; 寄宿学[學]校的小学生在食宿 jìsù xuéxiào de xiǎo xuéshēng. boarder n [C] 寄宿生 jìsùshēng; 寄膳宿者 jì shànsù zhě. 'boarding card n [C] 登机[機]卡 dēngjīkǎ; 登船卡 dēngchuánkǎ. 'boarding-house n [C] 供膳宿之私人住房 gòng shànsù zhī sīrén zhùfáng. 'boarding-school n [C] 寄宿学校 jìsù xuéxiào.

boast /bəʊst/ v 1 [I, T] (about/of) 自夸[誇] zìkuā; 自吹自擂 zìchuī zìléi. 2 [T] 自豪地拥[擁]有 zìháode yōngyǒu; The hotel ~s a fine swimming-pool. 该饭店以其有一流的游泳池而自豪. boast n [C] 自吹自擂 zìchuī-zìléi. 'boastful adj 爱[愛]自夸的 ài zìkuā de. 'boastfully adv.

boat /bəʊt/ n [C] 1 小船 xiǎo chuán; 船 tǐng; 'rowing-~ 划艇 huáting. 2 船 chuán, boat n [C] 乘船游览[覽]船 chéngchuán yóuwǎn; go ~ing (去)乘船玩. 'boat-house n [C] 船坞 chuánwù. 'boat-train n [C] (与[與]船班[聯]运[運]的火车[車] yǔ chuánbān liányùn de huǒchē.

boatswain (亦作 bo'sn, bos'n, bo'sun) /'bəʊsən/ n [C] 水手长 [長] shuǐshǒuzhǎng.

bob¹ /bɒb/ v [-bb-] 1 上下跳动[動] shàngxià tiàodòng; a cork ~bing on the water 浮在水上上下浮动.

bob² /bɒb/ v [-bb-] 1 给(妇女)剪短发[髮] gěi jiǎn duǎnfà. bob n [C] (女子的)短发式 duǎn fàshì.

bobbin /'bɒbɪn/ n [C] (纺织、缝纫等机器上绕线用的)筒管 tǒngguǎn; 筒子 tǒngzi.

bobsleigh /'bɒbsleɪ/ (亦作 bob-

sled /-sled/) n [C] 连(連)橇 liánqiāo.

bode /bəʊd/ v [习语] bode 'well / 'ill (for sb/sth) 主吉 zhǔ jí; 主凶 (兇) zhǔ xiōng.

bodice /'bɒdɪs/ n [C] 连衫裙的上身 liánshānqún de shàngshēn.

bodily /'bɒdɪlɪ/ adj 身体(體)的 shēntǐde; 肉体的 ròutǐde. **bodily** adv 1 抓住整体 zhuāzhù zhěngtǐ. 2 全部地 quánbùde, 整体地 zhěngtǐde.

body /'bɒdɪ/ n [pl -ies] (a) 身体(體) shēntǐ; 躯(軀)体 qūtǐ. (b) 尸[屍]体 shītǐ. (c) 躯干(幹)(无头和四肢) qūgàn. 2 物体的主 wùtǐ de zhǔ shēn; 车(車)身 as of a car 汽车的车身. 2 团(團)体 tuántǐ: a parliamentary 立法机构. 4 团 tuán; 片 piàn: a ~ of water 一潭水. 5 物体 wùtǐ: heavenly bodies 天体. **bodyguard** n [C] 警卫(衛)员 jǐngwèiyuán; 保镖 bǎobiāo. **bodywork** n [U] 汽车身 qìchē chēshēn.

bog /bɒg/ n 1 泥塘 nítáng; 沼泽(澤) zhǎozé. 2 [英国俚语]厕所 cèsuǒ. **bog** v [-gg-] [习语] be/get bogged down 使陷入困境,不能动(動)弹 shǐ xiànrù kùnjìng, bùnéng dòngtan; be/get ~ged down in small details 在细节问题上陷入僵局. **boggy** adj.

bogey /'bəʊgɪ/ n BOGY.

boggle /'bɒgl/ v [I] (at) [非正式用语]畏缩不前 wèisuō bù qián; 犹(豫) yóuyù: The mind ~s at the idea). 心存犹豫.

bogus /'bəʊgəs/ adj 伪(僞)造的 wěizàode.

bogy (亦作 **bogey**) /'bəʊgɪ/ n [C] [pl -ies] 妖怪 yāoguài.

boil[1] /bɔɪl/ n [I, T] (使)沸腾 fèiténg: The kettle is ~ing. 壶开了. 2 [T]煮沸 zhǔfèi: ~ an egg 煮蛋. 3 [I] 发(發)怒 fānù. 4 [习语] boil 'dry 煮干(乾) zhǔgān. [短语动词] boil away 煮干 zhǔ gān. boil down to sth 归(歸)结起来是 guījié qǐlái shì; 问题是 wèntí shì: It all ~s down to what you really want. 问题是你真正要什么. boil over (a) 沸溢 fèiyì. (b) 激动 jīdòng; 发怒 fānù. boil ... in 煮开 zhǔkāi. bring sth/come to the 'boil 煮开 zhǔkāi. boiling 'hot adj 滚烫(燙)的 gǔntàngde. 'boiling point n [C] 沸点(點) fèidiǎn.

boil[2] /bɔɪl/ n [医]疖(癤) jiē.

boiler /'bɔɪlə(r)/ n [C] 1 煮器(壶、锅等的泛称)zhǔqì; 锅(鍋)炉(爐)guōlú. 'boiler-suit n [C] 连衫裤工作服 liánshānkù gōngzuòfú.

boisterous /'bɔɪstərəs/ adj (人)吵吵闹(闹)的 chǎochǎo nàonào de, 兴(興)高采烈的 xìng gāo cǎi liè de.

bold /bəʊld/ adj 1 大胆(膽)的 dàdǎnde; 勇敢的 yǒnggǎnde. 2 无(無)耻的 wúchǐde; 无礼(禮)的 wúlǐde. 3 醒目的 xǐngmùde; 清楚的 qīngchǔde: ~ designs 醒目的图样. **boldly** adv. **boldness** n [U].

bole /bəʊl/ n [C] 系(繫)缆(纜)柱 xìlǎnzhù; (行人安全岛顶端的)护(護)柱 hùzhù.

bolster /'bəʊlstə(r)/ n [C] 长(長)枕 chángzhěn. **bolster** v 1 (up) 支持 zhīchí; 加强 jiāqiáng; 鼓舞 gǔwǔ.

bolt /bəʊlt/ n [C] 1 插销 chāxiāo. 2 螺栓 luóshuān. 3 闪(閃)电(電) shǎndiàn. 4 逃跑 táopáo: make a ~ for it 溜之大吉. **bolt** v 1 [I, T] 拴紧(緊) shuānjǐn. 2 [I] 马脱缰逃跑 mǎ tuōjiāng táopáo. 3 [T] (down) 囫囵(圇)吞下 húlún tūnxià. **bolt** adv. [习语] bolt 'upright 笔(筆)直地 bǐzhíde.

bomb /bɒm/ n 1 炸弹(彈) zhàdàn, the bomb [sing] 原子弹 yuánzǐdàn. **bomb** v [T] 轰(轟)炸 hōngzhà; 投掷弹 tóudàn yú. **bomber** n [C] 1 装炸机(機)的 hōngzhàjī. 2 投弹手 tóudànshǒu. **bombshell** n [C] [非正式用语]令人大为(爲)震惊(驚)的意外事件 lìng rén dàwéi zhènjīng de yìwài shìjiàn. 'bomb shelter n [C] 防空洞 fángkōngdòng; 防空掩体(體) fángkōng yǎntǐ.

bombard /bɒm'bɑːd/ v [T] 1 炮击(擊)pàojī. 2 [喻]向…发(發)出连珠炮似的问题 xiàng…fāchū liánzhūpào shìde wèntí. **bombardment** n.

bona fide /ˌbəʊnə 'faɪdɪ/ adj, adv 真正的 zhēnzhèngde; 真正地 zhēnzhèngde.

bond /bɒnd/ n 1 (C) 结合 jiéhé; 连接 liánjiē: ~ of friendship 友谊的结合. 2 [C] 契约 qìyuē. 3 [C] 债券 zhàiquàn. 4 bonds [pl] 镣铐 liàokào. **bond** v [I] 使结合 shǐ jiéhé.

bondage /'bɒndɪdʒ/ n [U] [旧词或正式用语]奴役 núyì; 束缚 shùfù.

bone /bəʊn/ n 1 [C,U] 骨骼 gǔgé.
2 [习语] **feel sth in one's bones**
确(確)有把握 què yǒu bǎwò. **have
a 'bone to pick with sb** 与(與)某
人有争执(執)或怨恨 yǔ mǒurén yǒu
zhēngzhí huò yuànhèn. **make no
bones about (doing) sth** 毫不犹
[猶]豫地做某事 háobù yóuyù de
zuò mǒushì. **bone** v [T] 剔去…的
骨 tīqū…de gǔ. **,bone-'dry** adj 干
[乾]透了的 gāntòule de. **,bone-
'idle** adj 极[極]懒的 jílǎnde.

bonfire /'bɒnfaɪə(r)/ n [C] 大篝
火 dàgōuhuǒ.

bonnet /'bɒnɪt/ n [C] 1 汽车引擎
盖子 qìchē yǐnqíng gàizi. 2 [有带子
的]童帽 tóngmào, 女帽 nǚmào.

bonny /'bɒnɪ/ adj [-ier, -iest]
[褒, 尤用于苏格兰]健康的 jiàn-
kāngde; 强壮[壯]的 qiángzhuàngde.

bonus /'bəʊnəs/ n [C] 1 奖[獎]金
jiǎngjīn; 额外津贴 éwài jīntiē. 2 意
外收益 yìwài shōuyì.

bony /'bəʊnɪ/ adj [-ier, -iest] 1
多骨的 duōgǔde: *The fish is ~.*
鱼的骨刺多. 2 瘦的 shòude; 骨头
[頭]突出的 gǔtou tūchū de: ~
fingers 皮包骨头的手指.

boo /buː/ interj, n [C] [pl ~s]
呸(表示嫌恶)pēi. **boo** v [I, T]
[譏笑 jīxiào; 发[發]出呸的声[聲]
音 fāchū pēide shēngyīn.

booby prize /'buːbɪ praɪz/ n [C]
殿军奖[獎] diànjūnjiǎng.

booby trap /'buːbɪ træp/ n [C] 陷
阱 xiànjǐng. **booby-trap** v [-pp-]
[T] 布…陷阱 zài…bùxiànjǐng.

book[1] /bʊk/ n 1 [C] 书[書]籍 shū;
书籍 shūjí. 2 本 běnzi; 册 cè; a
~ *of stamps* 邮票册. 2 **books**
[pl] 商业[業]账[賬]册 shāngyè
zhàngcè. 3 [习语] **be in sb's good/bad
books** 得到(或得不到)某人的好感
dédào mǒurén de hǎogǎn. **'bookcase** n [C] 书橱 shūchú; 书
柜[櫃] shūguì. **'book club** n [C]
购[購]书会[會]gòushūhuì. **book-
keeping** n [U] 簿记 bùjì. **book-
keeper** n [C] 簿记员 bùjìyuán.
'bookmaker n [C] [赛马等]登记赌注的人 dēngjì dǔ-
zhù de rén. **'bookmark** n [C] 书签
[簽]shūqiān. **'bookshop** n [C] 书
店 shūdiàn. **'bookstall** n [C] 书摊
[攤] shūtān; 书亭 shūtíng. **book
token** n [C] (定额的)书籍预约证
[證] shūjí yùyuēzhèng. **'bookworm**
n [C] 极[極]爱[愛]读[讀]书的人

jí ài dúshū de rén.

book[2] /bʊk/ v 1 [I, T] 预定(车票
等)yùdìng. 2 [T] (警察)登记(违
章者)dēngjì; *be ~ed for speed-
ing* 因超速行驶被警察登记.
bookable adj 可预约的 kě yùyuēde;
可预订的 kě yùdìngde. **book-
ing** n [C]. **booking-office** n [C]
售票处[處]shòupiàochù.

bookie /'bʊkɪ/ n [C] [非正式用语]
short for BOOKMAKER (BOOK[1]).

booklet /'bʊklɪt/ n [C] 小册子
xiǎocèzi; 薄本书[書] báoběnshū.

boom[1] /buːm/ n [C] (商业等的)
景气[氣]jǐngqì; 繁荣[榮] fánróng.
boom v [I] 兴[興]旺 xīngwàng;
迅速发[發]展 xùnsù fāzhǎn: *Sales
are ~ing.* 销路正旺.

boom[2] /buːm/ n [C] 1 (大炮等)发
[發]出隆隆声[聲]shēng. 2 [I, T] (out) 用低沉的声
音说 yòng dīchénde shēngyīn shuō.
boom n [C].

boom[3] /buːm/ n [C] 1 帆的下桁
tānde xiàhéng. 2 话筒吊杆(桿)
huàtǒng diàogān.

boomerang /'buːməræŋ/ n [C] 飞
[飛]镖(澳大利亚土著的武器,用曲
形坚木制成,投出后可飞回原处)
fēibiāo.

boon /buːn/ n [C] 恩惠 ēnhuì; 裨益
bìyì.

boor /bʊə(r)/ n [C] 态[態]度粗鲁
的人 tàidù cūlǔ de rén. **boorish**
adj.

boost /buːst/ v [T] 增加(价值等)
zēngjiā. **boost** n [C]. **booster** n [C]
1 增强力量或提高价值的东西
zēngqiáng lìliàng huò tígāo jiàzhíde
dōngxi. 2 外加注射剂[劑]量 wàijiā
zhùshè jìliàng.

boot[1] /buːt/ n [C] 1 靴 xuē; 长靴
的行李箱 qìchēde xínglǐxiāng. 3 [习
语] **give sb/get the 'boot** [非正式
用语]解雇[僱] jiěgù; 被解雇 bèi
jiěgù. **put the 'boot in** [非正式用
语]踢某人 tī mǒurén. **boot** v 1 [T]
踢人 tī rén. 2 [短语动词] **boot sb
out (of sth)** [非正式用语]迫使某
人离[離]开[開]工作或地方 pòshǐ
mǒurén líkāi gōngzuò huò dìfang.

booth /buːð; US buːθ/ n [C] 1 有
篷的售货摊[攤]yǒu péng de shòu-
huòtān. 2 隔开[開]的小间 gékāide
xiǎojiān: *telephone ~* 电话间.

booze /buːz/ n [U] [非正式用语]
酒 jiǔ. **booze** v [I] [非正式用语]
饮酒 yǐnjiǔ. **boozer** n [非正式

用语）**1** 痛饮者 tòngyǐnzhě. **2** [英国英语] 小酒店 xiǎo jiǔdiàn. **'booze-up** n [C] [英国非正式用语] 酒宴 jiǔyàn.

bop /bɒp/ n [C,U] [非正式用语] 跳舞 tiàowǔ; 随音乐跳舞 suí yīnyuè tiàowǔ. **bop** v [-pp-] [I] [非正式英语] 随音乐跳舞 suí yīnyuè tiàowǔ.

border /'bɔːdə(r)/ n [C] **1** 边（邊）界 biānjiè; 国（國）界 guójiè, 边（邊）缘 biānyuán. **2** 边缘 biānyuán. **3** (草坪边上的) 狭长（長）花坛（壇）xiácháng huātán. **border** v [I,T] (on) 与（與）(国)接界 yǔ jiējiè. **2** [短语动词] **border on sth** 近似 jìnsì; 近乎 jìnhū, *a state of excitement ~ing on madness.* 近似于疯狂的激动状态. **'borderline** n [C] 边界线 biānjièxiàn. **'borderline** adj 两可间的 liǎngkějiànde; *a ~line candidate* 可能及格也可能不及格的应试人.

bore¹ /bɔː(r)/ v [T] 厌（厭）烦（煩）的人或事物 rě rén yànfán de rén huò shìwù. **boredom** [U] 厌烦 yànfán; 无（無）聊 wúliáo. **boring** adj 讨人厌烦的; 无味（味）的 wú xìngqùde.

bore² /bɔː(r)/ v [I,T] 钻（鑽）孔 zuānkǒng; 挖洞 wādòng. **bore** n [C] **1** 钻孔 zuānkǒng; 洞 dòng. **2** 枪（槍）炮等的内膛, 口径（徑） qiāng pào děng de nèitáng, kǒujìng.

bore³ /bɔː(r)/ pt of BEAR².

born /bɔːn/ v be born 出生 chūshēng; 出世 chūshì. *He was ~ 1954.* 他出生于 1954 年. **born** adj 有天生的某种（種）品质（質）的 yǒu tiānshēng de mǒuzhǒng pǐnzhìde; *be a ~ leader* 天生的领袖. **-born** [构成复合词和形容词] 具有某种生（時）[國]籍的; 出生于…(地) yǒu mǒuzhǒng chūshēng shí guójí de; *Dutch-~* 在荷兰出生. **born-a'gain** adj (在宗教信仰上)重生的 chóngshēngde; 皈依的 guīyīde; *a ~-again 'Christian* 重生的基督徒.

borne /bɔːn/ pp of BEAR².

borough /'bʌrə; US -rəʊ/ n [C] 城镇 chéngzhèn; 大城镇之区（區）dà chéngzhèn de qū.

borrow /'bɒrəʊ/ v [I,T] 借 jiè. **borrower** n [C]

bosom /'bʊzəm/ n [C] **1** [旧]胸 xiōng; (女性的)乳房 rǔfáng. **2** the **bosom of sth** [sing] [旧]…的关（關）怀（懷）和保护（護）…de guānhuái hé bǎohù; *in the ~ of one's family* 在家庭的关怀和保护下. **bosom 'friend** n [C] 亲（親）密的朋友 qīnmìde péngyou.

boss /bɒs/ n [C] [非正式用语]工头（頭）gōngtóu; 老板（闆）lǎobǎn. **boss** v [T] (*about/around*) [非正式用语]指挥（揮）zhǐhuī. **bossy** adj [-ier, -iest] 爱（愛）指手画（畫）脚的 ài zhǐshǒu huàjiǎo de.

botany /'bɒtəni/ n [U]植物学（學）zhíwùxué. **botanical** /bə-/ adj. **botanist** n [C] 植物学家 zhíwùxuéjiā.

botch /bɒtʃ/ v [T] 笨手笨脚地弄坏（壞）bènshǒu bènjiǎo de nòng huài. **botch** n [C] 粗劣的工作 cūliède gōngzuò.

both /bəʊθ/ adj, pron 两 liǎng; 双（雙）shuāng; 两者 liǎngzhě; *B~ (the) books are expensive.* 两本书都很贵. *His parents are ~ dead.* 他的双亲都已亡故. **both** adv 不仅（僅）而且 yòubìng érqiě; *She has houses in both London and Paris.* 她不仅在伦敦而且在巴黎也有房子.

bother /'bɒðə(r)/ v [T] 烦扰（擾）fánrǎo; 打扰 dǎrǎo; *Is something ~ing you?* 有什么事让你烦恼吗? **2** [I,T] 麻烦 máfan; *Don't ~ to stand up.* 别麻烦, 不用站起来. **bother** n [sing] 麻烦事 máfanshì. **bothersome** adj 麻烦的 máfànde.

bottle /'bɒtl/ n [C] **(a)** 瓶 píng. **(b)** 一瓶(的量) yìpíng. **2** [C] 奶瓶 nǎipíng. **3** [U] [英国俚语]勇气（氣）yǒngqì. **bottle** v [T] 把…装（裝）瓶 bǎ…zhuāng píng. **2** [短语动词] **bottle sth up** 抑制(强烈的感情) yìzhì. **'bottle-neck** n [C] **1** 交通畅容易阻塞的狭口 jiāotōng róngyì zǔsè de xiákǒu. **2** 妨碍前进（進）的环（環）节（節）fáng'ài qiánjìn de huánjié.

bottom /'bɒtəm/ n **1** [C, 常用 sing]底 dǐ; 底部 dǐbù. **2** [C, 常用 sing]屁股 pìgu. **3** [sing] (海、湖等的)底 dǐ. **4** [C, 常作 sing] 最后[後]部 zuìhòubù; 最里[裏]面 zuìlǐmiàn; *at the ~ of the garden* 在花园的最后面. **5** [sing] (阶级、组织等的) 最低名次 zuìdī míngcì. **6** [习语] **at the bottom of sth** 是…的基本原因 shì…de jīběn yuányīn. **get to the**

'bottom of sth 弄清真相 nòngqīng zhēnxiàng: 盘（整）根究底 pángēn jiūdǐ. **bottom** v [短语动词] ~ **bottom out** (达)到最低点[點] dádào dīdiǎn. **bottomed** adj 很深的 hěnshēn de. the ,bottom 'line n [sing] [非正式用语]底细 dǐxì.

bough /bau/ n [C] 大树[樹]枝 dàshùzhī.

bought /bɔːt/ pt, pp of BUY.

boulder /'bəʊldə(r)/ n [C] 巨砾 [礫] jùlì.

bounce /bauns/ v 1 [I, T] (球等)弹跳 tántiào; 弹(彈)起 tánqǐ. 2 [I, T] 跳上跳下 tiàoshàng tiàoxià. 3 [I, T] 蹦跳 bèngtiào: She ~d into the room. 她冲进了房间. 4 [I] [非正式用语](支票)因银行无[無]存款被拒付而退回 yīn yínháng wú cúnkuǎn bèi jùfù ér tuìhuí. **bounce** n [C] 球的 弹跳 qiú de tántiào. **bouncer** n [C] (俱乐部等雇用的)驱[驅]逐捣乱[亂]者的(壮[壯]汉[漢]) qūzhú dǎoluànzhě de zhuànghàn, **bouncing** adj 健壮的 jiànzhuàng de.

bound[1] pt, pp of BIND.

bound[2] /baund/ adj 1 to (a) 一定的 yídìng de; 必定的 bìdìng de; He is ~ to win. 他必定胜利. (b) (法律上、责任上)有义[義]务[務]的 yǒu yìwù de. 2 [习语] **bound 'up with sth** 与[與]…密切相关[關] yǔ…miqiè xiāngguān.

bound[3] /baund/ adj (for) 正在 到…去的 zhèngzài dào…qù de; a ship ~ for Rotterdam 开往鹿特丹的船.

bound[4] /baund/ v [T] [通常用被动语态]形成…的疆界 xíngchéng… de jiāngjiè: an airfield ~ed by woods 四周是树林的飞机场.

bound[5] /baund/ v [I] 跳跃[躍] tiàoyuè; 跳跃前进[進] tiàoyuè qiánjìn. **bound** n [C].

boundary /'baundrɪ/ n [pl -ies] 边(邊)界 biānjiè; 分界线(綫) fēnjièxiàn.

boundless /'baundlɪs/ adj 无[無]限的 wúxiànde.

bounds /baundz/ n [pl] 1 界限 jièxiàn;范[範]围[圍] fànwéi. 2 [习语] **out of 'bounds (to sb)** 不许(某人)进(進)入 bùxǔ jìnrù.

bounty /'baʊntɪ/ n [pl -ies] 1 [U] [旧]慷慨 kāngkǎi. 2 [C] [旧] 捐赠品 juānzèngpǐn; 施舍[捨]品

shīshěpǐn. 3[C] 奖[獎]金 jiǎngjīn. **bountiful** adj 慷慨的 kāngkǎide.

bouquet /buˈkeɪ, bəʊˈkeɪ/ n [C] 1 花束 huāshù. 2 [sing] 酒香 jiǔxiāng.

bourgeois /ˈbʊəʒwɑː, ˌbʊəˈʒwɑː/ n [C] adj 1 中产(產)阶[階]级的 一员 zhōngchǎn jiējí de yìyuán; 中产阶级的 zhōngchǎn jiējí de. 2 [贬]追求物质享受者 zhuīqiú wùzhì xiǎngshòuzhě; (人)追求物质[質]享受的 zhuīqiú wùzhì xiǎngshòu de.

bourgeoisie /ˌbʊəʒwɑːˈziː/ n [sing, 亦作 sing 用 pl v] [贬]中产阶级 zhōngchǎn jiējí.

bout /baut/ n [C] 一回 yìhuí; 一场(場)yìchǎng; 一阵 yízhèn; (疾病等的发)作期 fāzuò.

boutique /buːˈtiːk/ n [C] 小的(时)装[裝]店 xiǎode shízhuāngdiàn.

bow[1] /bau/ v 1 [I, T] 鞠躬 jūgōng; 欠身 qiànshēn. 2 [短语动词] **bow out (of sth)** 撤出 chèchū; 退出 tuìchū. **bow to sth** 屈服 qūfú; 服从[從] fúcóng: I ~ to your authority. 我服从你的权力. **bow** n [C].

bow[2] /bəʊ/ n [C] 1 弓 gōng. 2 弓形 gōngxíng. 3 蝴蝶结 húdiéjié. **bow-'legged** adj (人)有弓形腿的 yǒu gōngxíngtuǐ de. **bow-'tie** n [C] 蝴蝶领结 húdiéling jié. **bow 'window** n [C] 凸肚窗 tǔdùchuāng.

bow[3] /bau/ n [C] 船头[頭] chuántóu.

bowel /'bauəl/ n [C, 常用 pl] 1 肠[腸] cháng. 2 内部 nèibù; 深处[處] shēnchù: in the ~s of the earth 在地球内部.

bowl[1] /bəʊl/ n [C] 1 (a) 碗 wǎn. (b) 一碗的量 yìwǎnde liàng. 2(某种东西的)碗状[狀]部分 wǎnzhuàng bùfen.

bowl[2] /bəʊl/ v 1 (a) [I, T] 在板球戏[戲]中投球给[給]击[擊]球手 zài bǎnqiúxì zhōng tóuqiú gěi jīqiúshǒu. (b) [T] (out) 在板球戏中击中三柱[기]而迫使(击球员)退场[場] pòshǐ tuìchǎng. 2 [I]玩草地滚球 wán cǎodì gǔnqiú; 玩地滚球戏 wán dìgǔnqiúxì. 3[短语动词] **bowl sb over** (a) 击倒某人 jídǎo mǒurén. (b) 使大吃一惊[驚]shǐ dà chī yìjīng. **bowl** n [C] 1草地滚球戏[戲]所用的木球 mùqiú;(十柱[기]游戏所用的)球 qiú. 2 **bowls** [用 sing v] 滚木球戏 gǔnmùqiúxì.

bowler[1] /ˈbəʊlə(r)/ n [C] 玩滚木球戏者 wán gǔnmùqiúxì zhě.

bowler[2] (亦作 ˌbowler ˈhat) /ˈbəʊlə(r)/ n [C] 常礼(禮)帽 cháng lǐ mào.

bowling /ˈbəʊlɪŋ/ n [U] 保龄(齡)球 bǎolíngqiú.

box[1] /bɒks/ n 1 [C] (a) 箱 xiāng; 盒 hé. (b) 一箱(或一盒)的量 yīxiāng de liàng. 2 [C] (a) 分隔间(間)fēngélián;分隔区[區]域 fēngé qūyù; ~ in a theatre 剧院里的包厢. (b) 特定用途的棚屋 tèdìng yòngtúde péngwū; a 'telephone-~ 电话亭. 3 [C] (表格等上的)方格 fānggé. 4 the box [sing] [英国非正式用语]电(電)视[視]机 diànshìjī. box v 1 [T] 把…装[裝]箱(或盒等)bǎ…zhuāng xiāng. 2 [短语动词] box sb/sth in 困格 kùn zhù. 'box number n [C] 信箱号[號]码 xìnxiāng hàomǎ. 'box office n [C] (剧院等的)售票处[處]售票处 shòupiàochù.

box[2] /bɒks/ v [I, T] 与(與)…进[進]行拳击(擊)比赛 yǔ…jìnxíng quánjī bǐsài; 参加拳击比赛 cānjiā quánjī bǐsài. **boxer** n [C] 1 拳击运[運]动[動]员 quánjī yùndòngyuán. 2 拳师(師)犬 quánshīquǎn. **boxing** n [U].

Boxing Day /ˈbɒksɪŋ deɪ/ n [节]礼(禮)物日(圣诞节的次日,如为星期日,改为12月27日)jiélǐrì.

boy /bɔɪ/ n [C] 1 男孩子 nánháizi; 男青年 nán qīngnián. 'boy-friend n [C] 女孩子的男朋友 nǔháizide nán péngyǒu. boyhood n [T] 男孩子的孩童时[時]代 nánháizide háitóng shídài. boyish adj 男孩子的方 nánháizide; 适[適]于于于男孩子的 shìyú nánháizide; 男孩似的 nánhái shìde; 男孩(气[氣]的 nán háiziqìde.

boycott /ˈbɔɪkɒt/ v [T] 联(聯)合抵制 liánhé dǐzhì. boycott n [C].

bra /brɑː/ n [C] 乳罩 nǎizhào; 胸罩 xiōngzhào.

brace /breɪs/ v 1 ~ oneself (for/to) 为(爲)(应付艰难或不愉快的事情)作好准[準]备[備] wèi zuòhǎo zhǔnbèi. 2 [T] 使(手、脚等)牢紧(以稳住身体)shǐ láozhú. 3 [T] 加固 jiāgù; 撑住 chēngzhù. brace n 1 [C] 牙科架[矯]形钢[鋼]丝[絲] yákē jiǎoxíng gāngsīsī. 2 [C] 拉条[條]拉撑 chēngzhù. 3 braces n [pl] [英国英语](裤子的)背带[帶] bēidài. **bracing** adj 令人振奋(奮)的 lìng rén zhènfèn de; 使人心旷(曠)神怡的 shǐ rén xīn kuàng shén yí de; the bracing sea air 使人精神爽快的海上空气.

bracelet /ˈbreɪslɪt/ n [C] 手镯 shǒuzhuó.

bracken /ˈbrækən/ n [U] 欧(歐)洲蕨 ōuzhōujué.

bracket /ˈbrækɪt/ n [C] 1 (通常为 pl)括号[號] kuòhào. 2 托架 tuōjià. 3 等级段 děngjíduàn; 档[檔]次 dàngcì; the 20 - 30 age ~ 20 岁到 30 岁年龄段. **bracket** v [T] 1 给…套以括号 gěi…tàoyǐ kuòhào. 2 把…放在一起 bǎ…fàngzài yīqǐ.

brackish /ˈbrækɪʃ/ adj (水)微咸(鹹)的 wēixiánde.

brag /bræg/ v [-gg-] [I, T] 夸(誇)口 kuākǒu;吹牛皮 chuīniúpí.

braid /breɪd/ n 1 [C] [美语](带[帶]编带)biāndài;�1辫 biàn. 2 [C] [美语](头[頭]发[髮])辫子 biànzi; 辫子 biànzi. **braid** v [T] [美语]把…编成辫子 bǎ…biānchéng biànzi.

braille /breɪl/ n [U] 布莱叶[葉]盲文 bùláiyè mángwén.

brain /breɪn/ n 1 [脑[腦]] nǎo. 2 脑力 nǎolì; 智力 zhìlì; have a good ~ 脑(腦)子好. 3 [非正式用语]极[極]聪(聰)明的人 jí cōngmíngde rén; 智者 zhìzhě. 4 [习语] have sth on the brain [非正式用语]念念不忘 niànniàn bùwàng. **brain** v [T] 猛击(擊)…的头[頭]部致死 mèngjī de tóubù zhìsǐ. 'brain-child n [sing] 新颖的主意 xīnyǐngde zhǔyì. brain drain n [非正式用语]智囊流失 zhìnáng liúshī;人才外流 réncái wàiliú. **brainless** adj 愚笨的 yúbènde. **brainstorm** n [C] 1 [英国英语]脑病暴发[發] nǎobìng bàofā. 2 [美国英语]脑子灵机一动 nǎozi língjī yīdòng. **brainwash** v [T] 给…洗脑 gěi…xǐnǎo;对…实[實]行灌输 duì…shíxíng xī nǎo. 'brainwave n [C] [非正式用语]突然出现的好主意 tūrán xiànkǒu de hǎo zhǔyì. brainy adj [-ier, -iest] [非正式用语]聪(聰)明的 cōngmíngde.

braise /breɪz/ v [T] (用文火)炖(肉等)dùn.

brake /breɪk/ n [C] 刹车 shāchē; 制动[動]器 zhìdòngqì. **brake** v [I, T] 用闸 yòngzhá;刹车制动 shāchē zhìdòng; 刹住(车)用闸使(车)放慢 shāchē; 用闸使(车)放慢 yòngzhá shǐ fàngmàn sùdù.

bramble /ˈbræmbl/ n [C] 荆棘 jīngjí;黑莓灌木丛[叢] hēiméi guànmùcóng.

bran /bræn/ n [U] 麸(麩)fū; 糠

kǎng.

branch /brɑːntʃ; US bræntʃ/ n [C] **1** 树(樹)枝 shùzhī. **2** 支线(綫) zhīxiàn. **3** 家族 zúli, 支系的支系 jiāzúde zhīxì; 分支 fēnzhī 〔機〕构〔構〕 fēnzhī jīgòu; a ~ office 分局; 分店. **branch** v **1** [I] 分支 fēnzhī; 分岔 fēnchà. **2** 〔短语动词〕 **branch** 'off 从大路转(轉)入小路 cóng dàlù zhuǎnrù xiǎolù. **branch** 'out 扩(擴)充业(業)务 kuòchōng yèwù; 扩大活动(動)范(範)围(圍) kuòdà huódòng fànwéi.

brand /brænd/ n [C] **1** 牌子 páizi; the cheapest ~ of margarine 人造黄油最便宜的一种品牌. **2** 〔独(獨)特的〕一种(種) yìzhǒng; 一类(類) yílèi; a strange ~ of humour 一种离奇的幽默. **3** 〔牲畜身上标明其所有者的〕烙印 làoyìn. **brand** v [T] **1** 在…身上打烙印 zài…shēnshang dǎ làoyìn. **2** 加污名于 jiā wūmíng yú; He was ~ed (as) a thief. 他被加上小偷的臭名. ,**brand·'new** adj 全新的 quánxīnde.

brandish /'brændiʃ/ v [T] 挥(揮)舞 huīwǔ.

brandy /'brændi/ n [C, U] (pl -ies) 白兰(蘭)地(酒) báilándì.

brash /bræʃ/ adj 爱(愛)表现自己的 ài biǎoxiàn zìjǐde; 自以为(爲)是的 zì yǐ wéi shì de.

brass /brɑːs; US bræs/ n **1** [U] 黄铜 huángtóng. **2** [U, C, 通常为 pl] 黄铜器 huángtóngqì; 黄铜制(製)品 huángtóngzhì pǐn. **3** the brass [sing, 亦作 sing, 用 pl v] 〔管弦乐队的〕铜管乐(樂)器(组) tóngguǎn yuèqì(zǔ); 铜管乐器 tóngguǎn yuèqì. **4** [U] 〔英国俚语〕钱(錢) qián. ,**brass** 'band n [C] 铜管乐队(隊) tóngguǎn yuèduì.

brassière /'bræsɪə(r); US brə-ˈzɪər/ n [C] 〔正式用语〕= BRA.

brat /bræt/ n [C] 〔贬〕小孩 xiǎohái; 顽童 wántóng.

bravado /brə'vɑːdəʊ/ n [U] 虚张(張)声(聲)势(勢) xū zhāng shēng shì.

brave /breɪv/ adj [~r, ~st] 勇敢的 yǒnggǎnde. **2** 表现英勇的 biǎoxiàn yīngyǒngde. **brave** v [T] 勇敢地面对(對) yǒnggǎn de miànduì. **bravely** adv. **bravery** /'breɪvərɪ/ n [U].

bravo /,brɑː'vəʊ/ interj, n [C] [pl ~s] 好啊! 妙啊! miào'à!

brawl /brɔːl/ n [C] 吵架 chāojià. **brawl** v [I] 争吵 zhēngchǎo.

brawny /'brɔːnɪ/ adj 强壮(壯)的 qiángzhuàngde; 肌肉发(發)达(達)的 jīròu fādá de.

bray /breɪ/ n [C] 驴(驢)叫声(聲) lǘ jiào shēng. **2** 〔驴〕叫似的声(聲)音 tàchū lǘ jiào shìde shēngyīn. **bray** v [I] 〔驴〕叫 jiào; 发(發)出驴叫似的声(聲)音 fāchū lǘ jiào shìde shēngyīn.

brazen /'breɪzn/ adj 厚颜无(無)耻的 hòuyán wúchǐ de.

brazier /'breɪzɪə(r)/ n [C] 火盆 huǒpén; 火钵 huǒbō.

breach /briːtʃ/ n [C, U] 违(違)反 wéifàn; 违背 wéibèi. **2** 〔友好关系的〕破裂 pòliè. **3** [C] 〔正式用语〕〔尤指墙上的〕缺口 quēkǒu, 裂口 lièkǒu. **breach** v [T] **1** 违反(法律等) wéifàn. **2** 〔正式用语〕在…上打开缺口 dǎkāi quēkǒu. **,breach of the** 'peace n [C, 常用 sing] 〔法律〕扰(擾)乱(亂)治安 rǎoluàn zhì'ān.

bread /bred/ n **1** [U] 面(麵)包 miànbāo. **2** [俚]钱(錢) qián. **3** 〔习语〕 on the 'breadline 很穷(窮) hěnqióng. 'breadcrumb n [C, 常用 pl] 面包屑 miànbāoxiè. 'bread·winner n [C] 养(養)家活口的人 yǎngjiā huókǒu de rén.

breadth /bredθ, bretθ/ n [U] 宽度 kuāndù. **2** 〔广(廣)度 guǎngdù; 幅度 fúdù.

break[1] /breɪk/ v [pt broke /brəʊk/, pp broken /'brəʊkən/] **1** [I, T] 打破 dǎpò; 断(斷)dùan; Glass ~s easily. 玻璃容易打破. ~ a plate 打破盘子. **2** [I, T] (使)分裂 fēnliè. ~ open the boxes 把盒子撬开. **3** [I, T] 破坏(壞)pòhuài; My watch has broken. 我的手表坏了. **4** [T] 违(違)背 wéibèi; 违背(法律、诺言等) wéibèi. **5** [I] off 中止 zhōngzhǐ. **6** [T] 打断 dǎduàn; ~ one's journey 中断旅行. ~ the silence 打破沉默. **7** [I] 变(變)得有亮光 biàndé guāngliàng; 开(開)始 kāishǐ; Day was ~ing. 天亮了. **8** [I, T] 削弱 xuēruò; (使)衰弱 shuāiruò; ~ the power of the unions 削弱了工会的力量. His wife's death broke him. 他妻子的去世使他身心受到摧残. **9** [T] 减弱(跌落)的效应(應) jiǎnruò xiàoyīng. **10** [T] (使)(某人)克服某种(種)习(習)惯 shǐ kèfú mǒu zhǒng xíguàn. **11** [I] (天气)变化 tiān biànhuà. **12** [T] 传(傳)播开 chuánkāi; 披露 pīlù. **13** [I] (男孩的

噪音由于青春期)变得低沉 biànde
dīchén. 14 [T] 打破(纪录) dǎpò.
15 [T] 译(譯)解(密码) yìjiě. 16
[习语] **break the back of sth** 完
成某事的最主要或困难(難)部分 wán-
chéng mǒushì de zuì zhǔyào huò
kùnnan bùfen. **break 'even** 不亏(
[虧)不赢 bù kuī bù yíng. **break
fresh/new 'ground** 开(開)辟(闢)新天
地 kāipì xīn tiāndì. **break the 'ice**
打破沉默/僵局 dǎpò chénmò/jiāng-
jú. **break 'wind** 〈委婉〉放屁 fàng-
pì. **make or break sb/sth** 使大成
功或完全失败 shǐ dà chénggōng huò
wánquán shībài. 17 [短语动词]
break away (from sb/sth) 突然
走开 tūrán zǒukāi; 脱离(離)(政党
等) tuōlí. **break down (a)** (机器)
坏(壞)掉 huàidiào. **(b)** 失败 shībài; 垮台
kuǎtái; *Talks between the two
sides have broken down.* 双方谈
判已经失败. ... (c) 精神(ā)崩(ā)溃ā
垮(潰)下来 kuǎ xiàlái. **break sth down (a)**
破坏(壞)掉 pòhuàidiào; ~ *down resistance*
粉碎抵抗. **(b)** 把ā fēnlèi;
开支分类细算 fēnlèi; ~ *down expenses*
分类(類)fēnlèi; ~ *down expenses*
开支分类细算 fēnlèi; ... **break in (a)**
闯入 pò mén ér rù; 闯入 chuǎngrù,
(b) **(on)** 打断(斷) dǎduàn, **break sb/**
sth in 训练(ā)sb) xùnliàn; 使
(某物)合用 shǐ héyòng. **break in-**
to sth (a) 破门(門)而入 pò mén ér rù.
(b) 突然...起来 tūrán ...qǐlái; ~
into laughter/a run 突然笑起来;
突然跑了起来. **(c)** 动用(存
款) kāishǐ shǐyòng. **break off (a)**
说停下 tíngzhǐ shuōhuà. **break off**
(sth) (使)折断 ...zhéduàn. **break sth**
off 突然结束 tūrán jiéshù; *They've*
broken off their engagement. 他
们突然解除了婚约. **break out**
(a) 暴发 bàofā; *Fire broke out.*
突然发生了火灾.... **(b)** **(of)** 逃出
监(監)狱 táochū jiānyù; **(c)** **(in)**
突然被...覆盖(蓋) tūrán bèi...fù-
gài; ~ *out in spots* 突然布满了
斑点. **break through (sth)** **(a)**
突破 tūpò; 冲(衝)破 chōngpò. **(b)** (太
阳)从(從)(云层)中露出 cóng lù chū. **(c)** (人群)挤出
去 jǐ chūqù. **break up (a)** 学(學)校期终
放假 xuéxiào qīzhōng fàngjià. **(b)**
(with) 关(關)系(係)结束 guānxì
jiéshù. **break (sth) up (a)** 打碎
dǎsuì; 打破 dǎpò. **(b)** (使)结束
... *Their marriage is ... break-*
up. 他们的婚姻结束了. **break-**
able *adj.* 易碎的 yìsuìde.

'**breakaway** *adj.* (人)脱离某党
(黨)派、团(團)体(體)的 tuōlí mǒu
dǎngpài、tuántǐ de. '**break-in** *n*
[C] 闯入 chuǎngrù. '**break-out** *n*
[C] 越狱 yuèyù. **breakthrough** *n*
[C] 新发明 xīn fāmíng; 突破 tūpò.
'**breakup** *n* [C] (关系)结束 jié-
shù.

break[2] /breɪk/ *n* [C] 1 破裂处(
處) pòlièchù; *a ~ in a pipe* 管
子上的一个裂口. 2 空间 kōngjiān;
空隙 kòngxì. 3 (工作中间)的休息
时(時)间 xiūxi shíjiān; *a 'lunch-*
(断)zhōngduàn; *a ~ with trad-*
ition 传统的中断. 5 [非正式用语]
好运(運)气(氣)hǎo yùnqi. 6 [习
语] **break of day** 破晓(曉) pò-
xiǎo; 黎明 límíng. **make a break**
for it (企图)逃跑 táopǎo.

breakage /'breɪkɪdʒ/ *n* 1 [C] 破损
物 pòsǔnwù. 2 [C,U] 破损 pòsǔn;损
坏(壞) sǔnhuài.

breakdown /'breɪkdaʊn/ *n* [C] 1
(机械的)损坏(壞) sǔnhuài,故障
gùzhàng. 2 崩溃 bēngkuì; 失败 shī-
bài. 3 身体(體)(尤指精神上)衰弱
shēntǐ shuāiruò; 垮下来(來) kuǎ
xiàlái; *a 'nervous ~* 精神崩溃. 4
统计分类(類)tǒngjì fēnlèi; *a ~ of expenses* 开支的分类.

breaker /'breɪkə(r)/ *n* [C] 1 碎浪
suìlàng; 激浪 jīlàng. 2 打破者 dǎpò-
zhě; 开(開)拓者 kāituòzhě; *a*
'*law-* ~ 违(違)法者.

breakfast /'brekfəst/ *n* [C,U] 早
餐 zǎocān. **breakfast** *v* [I] 吃早
饭(飯)chī zǎofàn. **breakfast 'televi-**
sion *n* [U] 早间电(電)视节(節)
目 zǎojiān diànshì jiémù.

breakneck /'breɪknek/ *adj.* (速
度)快到危险(險)程度的 kuàidào
wēixiǎn chéngdù de; *at ~ speed*
以快到危险程度的速度.

breakwater /'breɪkwɔːtə(r)/ *n*
[C] 防波堤 fángbōdī.

breast /brest/ *n* [C] 1 乳房 rǔfáng.
2 [修辞]胸膛 xiōngtáng. '**breastbone**
n [C] 胸骨 xiōnggǔ. '**breaststroke**
n [U] 蛙泳 wā yǒng.

breath /breθ/ *n* 1 [U] 呼吸之空气
(氣)hūxī zhī kōngqì; 气息 qìxī. 2
[C] 一次呼吸 yícì xīqì. 3 [sing]
(空气的)轻(輕)微流通 qīngwēi liú-
tōng. 4 [习语] **get one's 'breath**
back 恢复(復)正常呼吸 huīfù
zhèngcháng hūxī. **out of breath** 上
气不接下气 shàngqì bù jiē xiàqì.

take sb's breath away 使某人大吃一惊(驚) shǐ mǒurén dàchī yīijīng.

under one's breath 耳语 ěryǔ.

breathless adj 1 上气(氣)不接下气的 shàngqì bù jiē xiàqì de. 2 (因害怕、激动等)透不过(過)气来(來)的 tòubúguòqìláide. **breathlessly** adv.

'**breathtaking** adj 惊(驚)人的 jīngrénde; 惊险壮(壯)观的.

breathalyser (美语 -**lyz**-) /'bre-θəlaizə(r)/ n [C] 测醉器(分析某人呼气,测定其酒醉程度) cèzuìqì.

breathe /briːð/ v 1 [I, T] 呼吸 hūxī. 2 [T] 低声(聲)说出…di-shēng, ěryǔ de shuō. 3 表明(感情等)biǎomíng. 4 [习语] **breathe again** (劳累、紧张后)静下心来(來) jìngxià xīn lái; 宽心 kuānxīn; 松懈(懈)心 sōngxiè. **breathe down sb's neck** [非正式用语]紧(緊)盯(某人) jǐndīng. **breather** n [C] [非正式用语]短暂的休息 duǎnzànde xiūxi.

breeches /'britʃiz/ n [pl] (膝下结扎的)短裤 duǎnkù.

breed /briːd/ v [pt, pp **bred** /bred/] 1 [I] 繁殖 fánzhí; 育种(種) yùzhǒng; ~ horses (cattle) 繁殖马匹(家畜) 2 [T] 生育(動)生育 shēngyù. 3 [T] 教养(養) jiàoyǎng; 养育 yǎngyù; a well-bred boy 有教养的男孩子. 4 [T] 引起 yǐnqǐ; 惹起 rěqǐ; Dirt ~s disease. 脏东西会引发疾病. **breed** n [C] 1 (动物)品种(種) pǐnzhǒng. 2 (人的)类(類)型 lèixíng; a new ~ of manager 新型的经理. **breeder** n [C] 饲养员 sìyǎngyuán. **breeding** n [U] 1 (动物的)繁殖 fánzhí. 2 教养 jiàoyǎng; a man of good ~ing 有教养的人.

breeze /briːz/ n [C, U] 微风(風) wēifēng. **breeze** v [短语动词] **breeze in, out, etc** [非正式用语]飘(飄)然而来,去或者行乐 lái、qù děng. **breezy** adj 1 惠风和畅的 huìfēng héchàng de. 2 活泼(潑)的 huópode. **breezily** adv.

brethren /'breðrən/ n [pl] [旧]兄弟 xiōngdì.

brevity /'brevəti/ n [U] [正式用语]短暂 duǎnzàn; 短促 duǎncù; the ~ of life 生命的短暂.

brew /bruː/ v 1 [I, T] 泡(茶等)酿(釀)造(啤酒等)niàng-zào. 2 [I] (不愉快的事)酝(醞)酿 yùnniàng, 形成 xíngchéng. **brew** n [C] 酿出的饮料 niàngchūde yǐnliào.

brewer n [C]. **brewery**

/'bruːəri/ n [C] [pl -ies] 啤酒厂(廠) píjiǔchǎng.

bribe /braib/ n [C] 贿赂 huìlù; 行贿物 xínghuìwù. **bribe** v [T] 向…行贿 xiàng…xínghuì. **bribery** /'brai-bəri/ n [U] 贿赂 huìlù.

bric-à-brac /'brikəbræk/ n [U] (不值钱的)小装(裝)饰品 xiǎo zhuāngshìpǐn.

brick /brik/ n [C, U] 砖(磚)zhuān. **brick** v [短语动词(combine)]**brick sth in / up** 砌砖填补(補)(缺口等)qìzhuān tiánbǔ. '**bricklayer** n [C] 砌砖工人 qìzhuān gōngrén. '**brickwork** n [U] 砖结构(構)zhuānjiégòu.

bridal /'braidl/ adj 新娘的 xīn-niángde; 婚礼(禮)的 hūnlǐde.

bride /braid/ n [C] 新娘 xīnniáng; 新婚妇(婦)女 xīnhūn fùnǔ. '**bridegroom** n [C] 新郎 xīnláng; 新婚男子 xīnhūn nánzǐ. '**bridesmaid** n [C] 女傧(儐)相 nǔ bīnxiàng.

bridge[1] /brɪdʒ/ n 1 [C] 桥(橋)qiáo; 桥梁 qiáoliáng. 2 [喻]提供联(聯)系(繫)的东西 tígōng liánxìde dōngxi. 3 (船上的)驾(駕)驶台(臺) jiàshǐtái; 桥楼(樓)qiáolóu. 4 鼻梁 bíliáng. 5 (提琴等的)桥马 qiáomǎ. **bridge** v [T] 架桥于 jiàqiáoyú. '**bridgehead** n [C] [军事]桥头(頭)堡 qiáotóubǎo.

bridge[2] /brɪdʒ/ n [U] 桥(橋)牌戏(戲)qiáopáixì.

bridle /'braidl/ n [C] 马勒 mǎlè; 马笼(籠)头(頭) mǎlóngtóu. **bridle** v 1 [T] 给(马)上笼头 gěi shàng lóngtóu. 2 [喻]抑制 yìzhì; 约束 yuē-shù; ~ one's emotion 控制情绪. 3 [I] 昂首收缩表示愤怒 ángshǒu shōusuō biǎoshì fènnù.

brief[1] /briːf/ adj 1 短暂(暫)的 duǎnzànde. 2 简(簡)短的 jiǎnduǎnde. 3 (衣服)短小的 duǎnxiǎode. 4 [习语] **in brief** 简言之 jiǎnyánzhī. **briefly** adv.

brief[2] /briːf/ n [C] 事先提供的背景材料、指示等 shìxiān tígōng de bèijǐng cáiliào, zhǐshì děng. **brief** v [T] 向…事先提供背景材料 xiàng…shìxiān tígōng bèijǐng cáiliào. '**briefcase** n [C] 公事皮包 gōngshì píbāo.

briefs /briːfs/ n [pl] 三角裤 sān-jiǎokù.

brigade /bri'geid/ n 1 [军事]旅 lǚ. 2 [执行一定任务的队(隊)]dui; the 'fire-~ 消防队. **briga-**

dier /ˈbrɪɡəˈdɪə(r)/ n [C] 旅长 [长] lǚzhǎng.

bright /braɪt/ adj [~er, ~est] 1 明亮的 míngliàngde; 光辉[辉]的 guānghuīde. 2 (颜色)鲜亮的 xiānliàngde. 3 欢[欢]乐[乐]的 huānlède. 4 明显[显]的 míngliàngde; 聪明的 cōngmíngde. 5 (前途)大有希望的 dàyǒu xīwàng de: The future looks ~. 前途光明. brighten v [I, T] (使)发[发]亮 fāliàng. brightly adv. brightness n [U].

brilliant /ˈbrɪliənt/ adj 1 光辉的 guānghuīde; 辉煌的 huīhuángde. 2 英明的 yīngmíngde. 3 [非正式用语]非常好的 fēicháng hǎo de. brilliance /-liəns/ n [U]. brilliantly adv.

brim /brɪm/ n [C] 1 杯沿[边]bēibiān. 2 帽边 màobiān. brim v [-mm-] 1 [I] (with) 充满 chōngmǎn. 2 [短语动词] brim over 洋溢 mǎnyì.

brine /braɪn/ n [U] 盐[盐]水 yánshuǐ; 咸[咸]水 xiánshuǐ.

bring /brɪŋ/ v [pt, pp brought /brɔːt/] [T] 1 带[带]来 dàilái; 拿来 nálái: B— me my coat. 把我的上衣拿来. He brought his dog with me. 他带来了他的狗. 2 造成 zàochéng; 产[产]生 chǎnshēng: Spring ~s warm weather. 春天带来温暖的天气. The story brought tears to her eyes. 这个故事使她泪水盈眶. 3 使达[达]到某种[种]状[状]态[态] shǐ dádào mǒuzhǒng zhuàngtài: bring water to the boil 把水烧开. 4 说服 shuōfú; 劝[劝]使 quànshǐ: I can't ~ myself to tell him. 我鼓不起勇气来告诉他. 5 (against) [法律]提出 tíchū; ~ a case against him 对某人提出起诉. 6 [习语] bring sth to a 'head ⇨HEAD¹; bring sth to mind ⇨MIND¹; bring sth into the open ⇨OPEN¹. 7 [短语动词] bring sth about 使某事发[发]生 shǐ mǒushì fāshēng. bring sb/sth back (a) 归还[还]guīhuán: bring back a book 带回一本书. I brought the children back. 我把孩子们带回来了. (b) 使回忆[忆]shǐ huíyì. (c) 重新采[采]用 chóngxīn cǎiyòng: ~ back hanging 重新采用绞刑. bring sb/sth down (a) 使落下 shǐ luòxià; 使倒下 shǐ dǎoxià: ~ down the government

推翻政府. brought him down with a rugby tackle 用橄榄球赛的抱人动作把他摔倒. (b) 减少 jiǎnshǎo; ~ prices down 降低物价. (c) 击[击]落(飞机) jīluò; 使(飞机)降落 shǐ jiàngluò. bring sth forward 1 提前 tíqián: The meeting has been brought forward. 会议提前了. (b) 提出 tíchū. bring sth/sb in (a) 引进[进] yǐnjìn; 采用 cǎiyòng: ~ in a new fashion 引进新的式样. ~ in a new legislation 提出新的立法. (b) 为[为]…提供利润 wèi… tígōng lìrùn. (c) 当[当]作[作]顾[顾]问 bǎ…dāngzuò gùwèn: ~ in a scientist to check pollution 请一位科学家对付污染治理提出意见. bring sth off [非正式用语]使成功 shǐ chénggōng. bring sth on (a) 引起 yǐnqǐ; 导[导]致 dǎozhì: The rain brought on his cold. 这场雨导致了他的感冒. bring sb out (a) 使罢[罢]工 shǐ bàgōng: Union leaders brought out the workers. 工会领导层发动工人罢工. (b) 使少腼腆 shǐ shǎo miǎntiǎn: His first year at college brought him out a little. 他在大学的头一年使他不怎么腼腆了. bring sth out (a) 使显[显]出 shǐ xiǎnchū; ~ out the meaning 使意义明白表现出来. brought out her kindness 显出她的好意. ~ 使显现 shǐ xiǎnchū; 出版 chūbǎn: ~ out a new type of computer 推出一种新型的电子计算机. bring sb round (a) 使[复]苏[苏] shǐ fùsū. (b) 说服 shuōfú. bring sb up (a) 养[养]育 yǎngyù; 教育 jiàoyù: brought up to be polite 养成懂礼貌. bring sth up (a) 使注意 shǐ zhùyì; 提起 tíqǐ: ~ up the subject of salaries 提到工资问题. (b) 呕[呕]吐 ǒutù

brink /brɪŋk/ n [sing] 边缘 biānyuán; 陡[悬]崖[崖]边 dǒuyá biān; ~ on the ~ of war 战争边缘.

brisk /brɪsk/ adj 活泼[泼]的 huópōde; 轻[轻]快的 qīngkuàide: walk at a ~ pace 轻快地散步. briskly adv.

bristle /ˈbrɪsl/ n [C, U] 短而硬的毛 duǎn ér yìng de máo; 刷子的毛 shuāzide máo. bristle v [I] 1 毛发[发]竖立 zhílì. 2 [喻]发[发]怒 fānù. 3 [短语动词] bristle with

sth 丛〔丛〕生 cóngshēng; 重重
chóngchóng.

Britain /'brɪtn/ n [U] 不列颠
Búlièdiān; 英国〔国〕Yīngguó.

British /'brɪtʃ/ adj 1 大不列颠
的 Dàbúlièdiānde; 英国〔国〕的
Yīngguóde; 英国人的 Yīngguórén-
de. 2 英联〔联〕邦的 Yīng-
liánbāngde. **British** n [pl] the
~ the British (总称)英国人 Yīngguórén.

brittle /'brɪtl/ adj 易碎的 yìsuìde;
脆弱的 cuìruòde: ~ glass 易碎的
玻璃.

broach /brəʊtʃ/ v [T] 开[开]始讨
论[论](问题等) kāishǐ tǎolùn.

broad /brɔːd/ adj 1 宽的 kuānde, 广
[广]阔的 guǎngkuòde: ~ [喻] a ~
range of subjects 范围广阔的各
种学科. 3 清楚的 qīngchǔde; 明显
[显]的 míngxiǎnde: a ~ grin 咧
嘴一笑. 4 大概的 dàgàide; 概略的
gàilüède: a ~ outline of a
speech 一篇演说的粗略的提纲. 5
(说话)方言性的 fāngyán xìng de;
口音重的 kǒuyīn zhòng de. 6 [习语]
in broad 'daylight 在大白天 zài
dàbáitiān. **broaden** v [I,T] 变[变]
宽 biànkuān; 使更宽 shǐ gèng kuān.
broadly adv 一般地 yìbānde; ~
speaking 一般地说. **broad-
'minded** adj 能容纳不同意见的
néng róngnà bùtóng yìjiàn de.

broadband /'brɔːdbænd/ n [U]
宽带[带] kuāndài. **broadband** adj
宽带的 kuāndàide.

broadcast /'brɔːdkɑːst; US -kæst/
n [C] 无[无]线[线]电广播节
节[节]目 wúxiàndiàn huò diànshì
jiémù. **broadcast** v [pt, pp
broadcast] [I,T] 播出(无线电或
电视节目) bōchū. **broadcaster** n
[C]. **broadcasting** n [U].

broadside /'brɔːdsaɪd/ n [C] 1 舷
炮的齐[齐]射 xiánpàode qíshè. 2
[喻]连[连]珠炮似的攻讦或谴责
liánzhūpào shì de gōngjié huò qiǎnzé.

broccoli /'brɒkəli/ n [U] 硬花球
花椰菜 yìnghuāqiúhuāyēcài; 花茎
[茎]甘蓝[蓝] huājīng gānlán.

brochure /'brəʊʃə(r); US brəʊ-
'ʃʊər/ n [C] (有某种信息或广告
的)小册子 xiǎocèzi.

broil /brɔɪl/ v [T] [尤用于美国英
语]烤(食物) kǎo.

broke[1] pt of BREAK[1].

broke[2] /brəʊk/ adj [非正式用语]
1 没有钱[钱]的 méiyǒu qián de. 2
[习语] **flat broke** 一个[个]钱
[钱]也没有 yígè qián yě méiyǒu.

broken[1] pp of BREAK[1].

broken[2] /'brəʊkən/ adj 1 不连续
[续]的 bù liánxù de: ~ sleep 断断
续续的睡眠. 2 (外语)说得不标
[标]准的 shuōde bù biāozhǔn
de. 3 (人)因疾病或不幸而衰弱的
yīn jíbìng huò búxìng ér shuāiruò de.
,broken 'home n [C] 离[离]异
[异]的家庭 líyì de jiātíng.

broker /'brəʊkə(r)/ n [C] 股票经
[经]纪人 gǔpiào jīngjìrén; 掮客
qiánkè.

brolly /'brɒli/ n [C] [pl -ies] [非
正式用语,尤用于英国英语]伞[伞]
sǎn.

bronchial /'brɒŋkiəl/ adj 支气
[气]管的 zhīqìguǎnde.

bronchitis /brɒŋ'kaɪtɪs/ n [C] 支
气[气]管炎 zhīqìguǎnyán.

bronze /brɒnz/ n 1 [C] 青铜 qīng-
tóng. 2 [U] 青铜色 qīngtóngsè. 3
[C] 青铜器 qīngtóngqì; 青铜艺[艺]
术(俑) qīngtóng yìshùpǐn; 铜质
tóngzhì. **bronze** v [T] 上青铜色于
shàng qīngtóngsè yú. **bronze
'medal** n [C] (竞赛中的)铜牌
tóngpái.

brooch /brəʊtʃ/ n [C] 胸针 xiōng-
zhēn; 饰针 shìzhēn.

brood /bruːd/ n [C] 1 同窝[窝]幼
鸟[鸟] tóngwō yòuniǎo. 2 [谐谑]一
个(婚家庭的孩子 yíge jiātíng de
háizi. **brood** v [I] 1 孵幼雏[雏](以
yòuchú. 2 [尤指]沉思;忧[愁]思想
yōusī; ~ing over her problems 苦
思冥想她的问题. **broody** adj 1
(母鸡)要孵小鸡(鸡)的 yào fū
xiǎojī de. 2 好郁郁沉思的 hào yùyù
chénsī de.

brook /brʊk/ n [C] 小河 xiǎohé;
溪 xī.

broom /bruːm/ n [C] 扫[扫]帚
sàozhou.

broth /brɒθ; US brɔːθ/ n [U] 肉汤
ròutāng.

brothel /'brɒθl/ n [C] 妓院 jìyuàn.

brother /'brʌðə(r)/ n 1 兄 xiōng;
弟 dì. 2 [比喻]同胞;同事 tóng-
shì. 3 [pl **brethren** /'breðrən/]
(a) 修士 xiūshì. (b) 同教会[会]的
教友 tóng jiàohuìde jiàoyǒu.
'brotherhood n [U] 1 兄弟之情
xiōngdì zhī qíng. 2 社团[团]组织
[织] shètuán zǔzhī; 社团组织成员
shètuán zǔzhī chéngyuán. **'brother-
in-law** n [C] [pl ~s-in-law] 大
伯 dàbó; 小叔 xiǎoshū; 内兄 nèi-
xiōng; 内弟 nèidì; 姐夫 jiěfū; 妹夫
mèifu. **brotherly** adj.

brought /brɔːt/ *pt, pp* of BRING.

brow /braʊ/ *n* 1 额 é. 2 眉 méi; 眉毛 méimáo. 3 通向坡顶的斜坡 tōngxiàng pōdǐng de xiépō.

browbeat /'braʊbiːt/ *v* [*pt* **browbeat**, *pp* ~**en** -biːtn/] 恫吓〔嚇〕dònghè.

brown /braʊn/ *n* [C,U], *adj* 褐色 hèsè; 棕色 zōngsè; 褐色的 hèsède; 棕色的 zōngsède. **brown** *v* [I] (使)变〔變〕成褐色或棕色 (shǐ) biànchéng hèsè huò zōngsè.

browse /braʊz/ *v* [I] 1 浏〔瀏〕览〔覽〕liúlǎn. 2 放牧 fàngmù. **browse** *n* [C, 常作 sing].

browser /'braʊzə(r)/ *n* [C] 浏〔瀏〕览〔覽〕器 liúlǎnqì.

bruise /bruːz/ *n* [C] 青肿〔腫〕qīngzhǒng; 伤〔傷〕痕 shānghén. **bruise** *v* 1 使青肿 shǐ qīngzhǒng; 使…受到 打伤 pèngshāng. 2 [I] 伤成青肿 shāngchéng qīngzhǒng.

brunette /bruː'net/ *n* [C] 具深褐色头〔頭〕发〔髮〕的白种〔種〕女人 jù shēnhèsè tóufa de báizhǒng nǚrén.

brunt /brʌnt/ *n* [习语] **bear the 'brunt of sth** ⇨BEAR[2].

brush[1] /brʌʃ/ *n* [C] 1 刷子 shuāzi; a tooth~ 牙刷. 2 [sing] 刷擦 shuāchá. 3 争吵 zhēngchǎo; 冲〔衝〕突 chōngtū; a nasty ~ with his boss 同他的老板大吵一架. 4 [U] 灌木丛〔叢〕guànmùcóng.

brush[2] /brʌʃ/ *v* 1 刷 shuā. 2 轻〔輕〕触〔觸〕qīngchù; 擦过〔過〕cāguò. 3 [短语动词] **brush sth aside** 不顾〔顧〕búgù; 不理睬 bù lǐcǎi. **brush sth up, brush up on sth** 复〔復〕习〔習〕fùxí; 温习 wēnxí; ~ *up (on) your French* 复习你的法语.

brusque /bruːsk; *US* brʌsk/ *adj* 粗鲁的 cūlǔde; 鲁莽的 lǔmǎngde. **brusquely** *adv*. **brusqueness** *n* [U].

Brussels sprout /ˌbrʌslz 'spraʊt/ *n* [C] 球芽甘蓝〔藍〕qiúyá gānlán.

brutal /'bruːtl/ *adj* 野蛮〔蠻〕的 yěmánde; 残〔殘〕忍的 cánrěnde. **brutality** /bruː'tæləti/ *n* [*pl* -**ies**]. **brutally** *adv*.

brute /bruːt/ *n* 1 兽〔獸〕shòu; 畜牲 chùsheng. 2 残〔殘〕忍的人 cánrěnde rén. **brute** *adj* 没有思想的 méiyǒu sīxiǎng de; 身体〔體〕上的 shēntǐ shàng de; ~ *force* 蛮〔蠻〕力; 暴力. **brutish** *adj* 野兽的 yěshòu-de; 野蛮的 yěmánde.

bubble /'bʌbl/ *n* [C] 1 空气〔氣〕中

的气泡 kōngqì zhōng de qìpào. 2 液体〔體〕中的气泡 yètǐ zhōng de qìpào; 泡沫 pàomò. **bubble** *v* [I] 1 冒泡 màopào. 2 [喻]充满快乐〔樂〕的情感 chōngmǎn kuàilède qínggǎn.

'bubble gum *n* [U] 泡泡糖 pàopàotáng.

bubbly *adj* [-**ier, -iest**] 1 泡多的 pàoduōde; 冒泡的 màopàode. 2 愉快的 yúkuàide; 活泼〔潑〕的 huópode.

buck[1] /bʌk/ *n* [C] 雄鹿 xiónglù; 牡兔 mǔtù.

buck[2] /bʌk/ *v* 1 (马) 猛然弯〔彎〕背跳〔跳〕起 měngrán wānbèi yuèqǐ. 2 [短语动词] **buck 'up** 快点〔點〕kuàidiǎn. **buck (sb) up** (使)振奋〔奮〕zhènfèn.

buck[3] /bʌk/ *n* [美国非正式用语]美元 měiyuán.

buck[4] /bʌk/ *n* **the buck** [sing] [非正式用语]责任 zérèn; *to pass the* ~ 推卸责任.

bucket /'bʌkɪt/ *n* [C] 1 水桶 shuǐtǒng; 提桶 títǒng. 2 (亦作 **bucketful**) 一桶之量 yìtǒng zhī liàng. **bucket** *v* [I] (*down*) [非正式用语] (雨) 倾盆地下 qīngpénde xià.

buckle /'bʌkl/ *n* [C] 扣子 kòuzi; 带〔帶〕扣 dàikòu. **buckle** *v* 1 [I,T] 扣住 kòuzhù. 2 由于〔於〕压〔壓〕力或热〔熱〕力而弯〔彎〕曲 yóuyú yālì huò rèlì ér wānqū. 3 [短语动词] **buckle down (to sth)** [非正式用语]开〔開〕始认〔認〕真地做 kāishǐ rènzhēn de zuò.

bud /bʌd/ *n* [C] 芽 yá; 蓓〔蓓〕蕾 bèilěi. **bud** *v* [-**dd**-] 发〔發〕芽 fāyá; 萌芽 méngyá. **budding** *adj* 开〔開〕始发展的 kāishǐ fāzhǎn de.

Buddhism /'bʊdɪzəm/ *n* 佛教 fójiào; 释〔釋〕教 shìjiào. **Buddhist** /'bʊdɪst/ *n* [C], *adj*.

buddy /'bʌdi/ *n* [*pl* -**ies**] [非正式用语,尤用于美国英语]朋友 péngyou.

budge /bʌdʒ/ *v* [I,T] 移动〔動〕yídòng. *The stone won't* ~. 这石头移动不了.

budgerigar /'bʌdʒərɪgɑː(r)/ *n* [C] 小长〔長〕尾鹦〔鸚〕鹉〔鵡〕xiǎo chángwěi yīngwǔ.

budget /'bʌdʒɪt/ *n* [C] 预算 yùsuàn. **budget** *v* [I] (*for*) 为〔爲〕…编预算 wèi … biān yùsuàn. **budget** *adj* 廉价〔價〕低廉的 liánjiàde; ~ *holidays* 花钱不多的假期.

buff[1] /bʌf/ *n* [U] 暗黄色 ànhuángsè. **buff** *v* [T] 擦亮 cāliàng.

buff² /bʌf/ n [C] 迷 mí; 爱[愛]好者 àihàozhě: a computer ~ 电脑迷.

buffalo /'bʌfələu/ n [C] [pl buffalo 或 ~es] 一种[種]大型野水牛 yìzhǒng dàxíng yě shuǐniú.

buffer /'bʌfə(r)/ n [C] 缓冲[衝]器 huǎnchōngqì.

buffet¹ /'bufeɪ; US bə'feɪ/ n [C] 1 (火车站等处的)食品饮料摊[攤] shípǐn yǐnliào tān. 2 自助餐 zìzhùcān.

buffet² /'bʌfɪt/ v [T] 推 tuī; 打 dǎ: ~ed by the wind 被风吹打.

buffoon /bə'fuːn/ n [C] 小丑 xiǎochǒu.

bug /bʌg/ n [C] 1 小昆虫[蟲] xiǎo kūnchóng. 2 [非正式用语]病菌 bìngjūn; 病菌引起的疾病 bìngjūn yǐnqǐ de jíbìng. 3 [非正式用语]癖 pǐ; 狂 kuáng; 迷 mí: He's got the cooking ~! 他迷上了烹饪! 4 [非正式用语](电子计算机等的)缺陷 quēxiàn. 5 [非正式用语]窃[竊]听[聽]器 qiètīngqì. bug v [-gg-] [T] 1 安装窃听器于 ānzhuāng qiètīngqì yú. 2 [非正式用语]烦扰[擾] fánrǎo.

bugbear /'bʌgbeə(r)/ n [C] 怕[嚇]人的事 xiàrén de shì; 令人厌[厭]恶[惡]的事 lìng rén yànwùde shì.

bugger /'bʌgə(r)/ n [C] [△非正式用语, 尤用于英国英语] 1 讨厌[厭]的事 tǎoyàn de rén huò shì. 2 人 rén; 家伙 jiāhuo: Poor ~! His wife left him last week. 可怜的家伙, 上周他的老婆抛弃了他. bugger v [△非正式用语, 尤用于英国英语](用于表示愤怒或厌恶)他妈的. bugger interj [△非正式用语, 尤用于英国英语](用于表示愤怒或厌恶)他妈的.

bugle /'bjuːgl/ n [C] 喇叭 lǎba; 号[號]角 hàojiǎo. bugler n [C].

build¹ /bɪld/ v [pt, pp built /bɪlt/] [T] 1 建筑[築] jiànzhù; 造 zào. 2 发[發]展 fāzhǎn; 建立 jiànlì; 树[樹]立 shùlì: ~ a better future 建立美好的未来. 3 [短语动词] build on sth 以…为[爲]基础[礎] yǐ …wéi jīchǔ. build sth on sth 依赖 yīlài; 依靠 yīkào; 指望 zhǐwàng: build a relationship on trust 把相互信任作为关系的基础. build (sth) up (使)增强 zēngqiáng; (使)增加 zēngjiā: Traffic is ~ing up. 交通量正在增加. ~ up a business 加强一家商号. build sb/sth up 大大赞[讚]扬[揚] dàdà zànyáng. builder n [C]. 'build-up n [C] 逐渐增加

zhújiàn zēngjiā; 聚集 jùjí. 2 赞[讚]美 zànyáng. ,built-'in adj 内装[裝]的 nèizhuāngde. ,built-'up adj 被建筑物覆盖[蓋]的 bèi jiànzhùwù fùgàide.

build² /bɪld/ n [U,C] 体[體]格 tǐgé.

building /'bɪldɪŋ/ n 1 [C] 建筑[築]物 jiànzhùwù. 2 [U] 建筑 jiànzhù; 建筑业 jiànzhùyè. 'building society n [C] [英国英语]房屋互助协[協]会[會] fángwū hùzhù xiéhuì.

bulb /bʌlb/ n [C] 1 电[電]灯[燈]泡 diàndēngpào. 2 鳞茎[莖] línjīng; 球茎状[狀] qiújīng zhuàng de. **bulbous** adj 球茎状[狀]的 qiújīng zhuàng de.

bulge /bʌldʒ/ v [I] 膨胀 péngzhàng. **bulge** n [C] 膨胀 péngzhàng; 肿[腫]胀 zhǒngzhàng.

bulk /bʌlk/ n 1 [U,C] (尤指巨大的)体[體]积[積]tǐjī; 容积 róngjī. 2 [C] 巨大的外形或团[團]块[塊] jùdàde wàixíng huò tuánkuài. 3 the bulk of sth [sing] 大部分 dà bùfen. 4 [习语] in 'bulk 大批 dàpī; 大量 dàliàng. **bulky** adj [-ier, -iest] 体积大的 tǐjī dà de; 笨大的 bèndàde.

bull /bʊl/ n 1 (未阉割的)公牛 gōngniú. 2 雄性的象、鲸等大型动物 xióngxìngde xiàng, jīng děng dàxíng dòngwù. 3 [习语] a bull in a 'china shop 鲁莽而笨[愛]阔[闊]祸[禍]的人 lǔmǎng ér jù chǔ huò de rén, take the bull by the 'horns 大无[無]畏 dà wúwèi; 不避艰[艱]险[險] bùbì jiānxiǎn. **'bulldog** n [C] 叭喇狗 bālǎgǒu. **'bull's-eye** n [C] 靶的中心 bǎde zhōngxīn. **'bullshit** n [U], interj [△俚]胡说 húshuō; 废[廢]话 fèihuà.

bulldoze /'buldəuz/ v [T] 1 用推土机(机)推或平整 yòng tuītǔjī tuī huò píngzhěng. 2 [喻]强迫(某人)做某事 qiǎngpò zuò mǒushì. **bulldozer** n [C] 推土机 tuītǔjī.

bullet /'bʊlɪt/ n [C] 枪[槍]弹[彈]qiāngdàn; 子弹 zǐdàn. **'bullet-proof** adj 防弹的 fángdànde: ~-proof glass 防弹玻璃.

bulletin /'bʊlətɪn/ n [C] 公报[報] gōngbào.

bullion /'bʊlɪən/ n [U] 金条[條] jīn tiáoqín; 条银 tiáoyín; 块[塊]金 kuàijīn; 块银 kuàiyín.

bullock /'bʊlək/ n [C] 阉[閹]公牛 yāngōngniú.

bully /'bʊlɪ/ n [pl -ies] 恶

[恶] 霸 èbà: 暴徒 bàotú. **bully** v [pt, pp -ied] [T] 欺侮 qīwǔ.

bulrush /'bʊlrʌʃ/ n [C] 芦[蘆] 苇 [葦] lúwěi.

bulwark /'bʊlwək/ n [C] 1 堡垒 [壘] bǎolěi: 防御[禦]工事 fángyù gōngshì. 2 [喻] 屏蔽 píngbì; 保障 bǎozhàng.

bum[1] /bʌm/ n [C] [非正式用语, 尤用于英国英语] 屁股 pìgu.

bum[2] /bʌm/ n [C] [非正式用语, 尤用于美语] 1 游民 yóumín; 乞丐 qǐgài. 2 懒汉[漢] lǎnhàn. **bum** v [短语动词] **bum a'round** 游手好闲 yóu shǒu hào xián.

bumble-bee /'bʌmblbiː/ n [C] 大蜂 dàfēng.

bump /bʌmp/ v 1 [I, T] 撞 zhuàng; 撞击[擊] zhuàngjī: I ~ed into the chair in the dark. 我黑暗中我撞着了椅子. 2 颠簸地行驶 [駛] diānbǒde xíngshǐ; The old bus ~ed along the mountain road. 这辆公共汽车在山路上颠簸前进. 3 [短语动词] **bump into sb** [非正式用语] 偶然遇到某人 ǒurán yùdào mǒurén. **bump sb off** [非正式用语] 杀[殺]死某人 shāsǐ mǒurén. **bump sth up** [非正式用语] 增加某物 zēngjiā mǒuwù. **bump** n [C] 1 撞击 zhuàngjī; 撞击 zhuàngjī; 碰撞声[聲] pèngzhuàngshēng. 2 路面上的凹凸不平 lùmiàn shàng de āotū bùpíng; (撞伤的) 肿[腫]块[塊] zhǒngkuài. **bumpy** adj [-ier, -iest] 凹凸不平 āotū bùpíngde.

bumper[1] /'bʌmpə(r)/ n [C] 汽车上的保险[險]杆[桿] qìchē shàng de bǎoxiǎngān.

bumper[2] /'bʌmpə(r)/ adj 大的 dàde; 丰[豐]富的 fēngfùde: a ~ harvest 大丰收.

bumpkin /'bʌmpkɪn/ n [C] [常作贬] 乡[鄉]下佬 xiāngxiàlǎo; 乡下人 xiāngxiàrén.

bun /bʌn/ n [C] 1 小圆(甜)面[麵] 包 xiǎo yuán miànbāo. 2 (尤指女人的)颈[頸]后[後]的发[髮]髻 jǐng hòude fàjì.

bunch /bʌntʃ/ n [C] 1 束 shù; 串 chuàn. a ~ of grapes 一串葡萄. a ~ of flowers 一束花. 2 [非正式用语]一群 yìqún: They're an interesting ~ of people. 他们是一群有趣的人. **bunch** v [I, T] (together/up) 串成一串 chuàn- chéng yíchuàn; 扎成一束 kǔnchéng yísù.

bundle /'bʌndl/ n [C] 捆 kǔn; 包 bāo: old clothes tied into a ~ 捆成一捆的旧衣服. 2 **a bundle of sth** [sing] 一大堆 yí dàduī: He's a ~ of nerves. 他神经非常紧张.
bundle v 1 [T] (up) 打成捆 dǎ- chéng kǔn; 打成包 dǎchéng bāo. 2 [I, T] 匆忙地走或放 cōngmángde zǒu huò fàng: They ~d him into a taxi. 他们匆匆忙忙地把他推进一辆出租车.

bung v [T] 1 [英国英语, 非正式用语] 扔 rēng; 抛 pāo. 2 (up) 塞住 (孔洞) sāizhù.

bungalow /'bʌŋgələʊ/ n [C] 平房 píngfáng.

bungee /'bʌndʒi/ n [C] 蹦极[極] bèngjí. **bungee jump** n [C] 蹦极跳 bèngjítiào. **bungee jumping** n [U] 蹦极运[運]动[動] bèngjí yùndòng.

bungle /'bʌŋgl/ v [I, T] 搞坏[壞] gǎohuài; 粗制[製]滥[濫]造 cūzhì lànzào.

bunion /'bʌnɪən/ n [C] 拇趾肿[腫]胀[脹] mǔzhǐ zhǒngzhàng.

bunk[1] /bʌŋk/ n [C] 1 (倚壁而设的车、船上的床[牀]) cāng shàng de chuángwèi. 2 双[雙]层 [層]单人床之一 shuāngcéng dān- rénchuáng zhī yī.

bunk[2] /bʌŋk/ n [习语] **do a 'bunk** [英国英语, 非正式用语] 逃 走 táozǒu.

bunker /'bʌŋkə(r)/ n [C] 1 煤舱 [艙] méicāng. 2 [军事] 地堡 dìbǎo. 3 高尔[爾]夫球场[場]上的沙坑 gāo'ěrfū qiúchǎng shàng de shā- kēng.

bunny /'bʌni/ n [C] [pl -ies] 小兔子(儿童语) xiǎo tùzi.

buoy /bɔɪ/ n [短语动词]浮标[標] fúbiāo. **buoy** v (b) 使 boy/sth up (a) (使)浮起 fúqǐ. (b) [喻]鼓舞 gǔwǔ: 使振作 shǐ zhènzuò.

buoyant /'bɔɪənt/ adj 1 有浮力的 yǒu fúlì de. 2 [喻]愉快的 yúkuàide; 轻[輕]松[鬆]的 qīngsōngde. 3 [喻](股票市场等)保持高价(價)的 bǎochí gāojià de. **buoyancy** /-ənsɪ/ n [U]. **buoyantly** adv.

burden /'bɜːdn/ n 1 [正式用语]重负[擔] fùdān: 担子 dànzi. 2 [喻]重负 zhòngfù: the ~ of tax- ation 捐税的重负. **burden** v 使负担 shǐ fùdān; 使负重担 shǐ fù zhòngdàn. **burdensome** /-səm/ adj 难[難]以负担的 nányǐ fùdānde.

bureau /'bjuərəu; *US* bju'rəu/ *n* [C] [*pl* ~x 或 ~s /-rəuz/] 1 [英国英语]有抽屉的写[寫]字桌 yǒu chōuti de xiězìzhuō. 2 [美国英语]五斗橱 wǔdǒuchú. 3 [尤用于美国英语]局 jú; 司 sī; 处[處] chù; 所 suǒ, 4 所 suǒ; 社 shè; 室 shì.

bureaucracy /bjuə'rɒkrəsɪ/ *n* [*pl* -ies] 1 (a) [U] 官僚(总称) guānliáo. (b) [C] 官僚制度 guānliáo zhìdù. 2 [U] [贬]官僚作风[風] guānliáo zuòfēng. **bureaucrat** /'bjuərəkræt/ *n* [C] 官僚 [贬]官僚 guānliáo. **bureau'cratic** /ˌbjuərə'krætɪk/ *adj*.

burglar /'bɜːglə(r)/ *n* [C] 破门入室的盗贼 pòmén rùshì de dàozéi. '**burglar alarm** *n* [C] 防盗警报[報]器 fángdào jǐngbàoqì. '**burglarproof** *adj* 防贼的 fángzéide. **burglary** *n* [C,U] [*pl* -ies] 偷盗 tōudào. **burgle** (美语 **burglarize**) /'bɜːgl/ *v* [T] 偷盗 tōudào.

burial /'berɪəl/ *n* [C,U] 葬 zàng; 埋藏 máicáng.

burly /'bɜːlɪ/ *adj* [-ier, -iest] 强壮[壯]的 qiángzhuàngde; 壮实[實]的 zhuàngshíde.

burn /bɜːn/ *v* [*pt, pp* ~t /bɜːnt/ 或 *US* ~ed /bɜːnd/] 1 [I] 烧[燒] shāo. 2 [T] 烧伤[傷] shāoshāng; 灼伤 zhuóshāng; 烧毁 shāohuǐ: ~ *old papers* 烧毁旧文件. 3 [T] 烧焦; 点[點]燃(炊、灯等)diǎn; ~ *coal in a fire* 在炉子里烧煤. 4 [I,T] (烹饪中)烧焦 shāojiāo: *Sorry, I've* ~*t the toast.* 很抱歉, 我把吐司烤焦了. 5 [I] (因窘迫而脸上)发[發]红 fāhóng. 6 [I] *with* 激怒 jīnù. 7 [短语动词] **burn (sth) down** 烧毁 shāohuǐ. **burn (itself) out** (因燃料耗完而)熄灭[滅] xīmiè; (炉火)熄灭. **burn oneself out** (因劳累过度而)精疲力竭 jīng pí lì jié, 损伤健康 sǔnshāng jiànkāng. **burn sth out** 烧毁 shāohuǐ: *the* ~*t-out wreck of a car* 被烧毁的汽车残骸. **burn** *n* [C] 烧伤 shāoshāng; 灼伤 zhuóshāng; 烙伤 làoshāng. **burner** *n* [C] 燃烧器 ránshāoqì; 炉[爐]子 lúzi. **burning** *adj* 1 热[熱]切的 rèqiède; 火辣辣 huǒlàlà 热的 rède; 灼热的 zhuórède: *a* ~ *desire* 炽烈的愿望. 2 非常重要的 fēicháng zhòngyàode; 紧[緊]迫的 jǐnpòde: *the* ~*ing question* 紧迫的问题.

burnish /'bɜːnɪʃ/ *v* [T] 擦亮 cā-

liàng.

burp /bɜːp/ *n* [C], *v* [I] [非正式用语]打嗝儿 dǎgér.

burrow /'bʌrəu/ *n* [C] 兔等的地洞 tù děng de dìdòng, **burrow** *v* [I, T] 打地洞 dǎ dìdòng; 掘(穴) jué.

bursar /'bɜːsə(r)/ *n* [C] 大学(学)等的财务[務]人员 dàxué děng de cáiwù rényuán, **bursary** *n* [C] [*pl* -ies] 奖[奬]学(学)金 jiǎngxuéjīn; 助学金 zhùxuéjīn.

burst /bɜːst/ *v* [*pt, pp* **burst**] 1 [I,T] (使)爆炸[炸] bàozhà;涨决 kuìjué; 胀裂 zhàngpò: *The tyre* ~ *suddenly.* 轮胎突然爆裂了. *The river* ~ *its banks.* 河决堤了. 2 [I] (*with*) 满得快要开[開]裂的 mǎn de kuài lièkāi: *She was* ~*ing with anger.* 她满胞怒火. 3 **be bursting to do sth** 急于要做某事 jíyú yào zuò mǒushì, **burst** (**sth**) '**open** 猛地打开 měng de dǎkāi. 4 [短语动词] **burst in on sb/sth** 闯入 chuǎngrù; 插嘴 chāzuǐ. **burst into sth** 突然发[發]作 tūrán fāzuò; ~ *into tears* 突然哭了起来. ~ *into laughter* 突然笑了起来. **burst into, out of, etc sth** 突然猛烈移动[動] tūrán měngliè yídòng, **burst out** (a) 突然带(带)感情地说 tūrán dài gǎnqíng de shuō. (b) 突然做某事 tūrán zuò mǒushì; ~ *out crying* 突然哭了起来. **burst** *n* [C] 1 爆炸 bàozhà; 爆裂 bàoliè. 2 短暂而猛烈的努力 duǎnzàn ér měngliède nǔlì; *a* ~ *of energy* 一股猛劲. 3 *a* ~ *of gunfire* 一阵炮火射击.

bury /'berɪ/ *v* [*pt, pp* -ied] [T] 1 埋葬 máizàng; 葬 zàng, 埋藏 máicáng; 掩藏 yǎncáng: *buried treasure* 被埋藏的宝物. *She buried her face in her hands.* 她两手捂着脸. 3 ~ *oneself in* 专[專]心致志于 zhuān xīn zhì zhì yú. [习语] '**bury the 'hatchet** 停止争吵 tíngzhǐ zhēngchǎo.

bus /bʌs/ *n* [C] 公共汽车 gōnggòng qìchē, **bus** *v* [-s- 亦作 -ss-] [I, T] 乘公共汽车去 chéng gōnggòng qìchē qù. '**bus station** *n* [C] 公共汽车站[站] gōnggòng qìchēzǒngzhàn, '**bus stop** *n* [C] 公共汽车站 gōnggòng qìchēzhàn, '**bus ticket** *n* [C] 公共汽车票 gōnggòng qìchēpiào.

bush /bʊʃ/ *n* 1 [C] 灌木 guànmù; 多枝矮树[樹] duōzhī ǎishù, 2 the

bush /bʊʃ/ *n* 1 [U] 澳大利亚〔亞〕未开〔開〕垦〔墾〕的土地 Aodàlìyà wèi kāikěn de tǔdì. 2 [C] 灌〔灌〕密的矮树〔樹〕丛〔叢〕 guànmù de ǎishù cóng. **bushy** *adj* [-ier, -iest] 浓〔濃〕密的 nóngmìde: ~y *eyebrows* 浓眉。

business /ˈbɪznɪs/ *n* 1 [U] 买〔買〕卖〔賣〕的土地 mǎimài de; 商业〔業〕 shāngyè; 贸易 màoyì. 2 [C] 商店 shāngdiàn; 商业企业 shāngyè qǐyè. 3 [C, U] 职〔職〕业〔業〕 zhíyè. 4 [U] 任务〔務〕 rènwù; 职〔職〕责 zhízé. 5 [U] 需要处〔處〕理的事 xūyào chǔlǐ de shì, 6 [sing] 事务 shìwù; 事情 shìqing: *Let's forget the whole ~.* 我们把整个工程〔程〕都忘了吧。 **get down to** ˈbusiness 着手干〔幹〕正事 zhuóshǒu gàn zhèngshì, **out of** ˈbusiness 破产〔產〕 pòchǎn. **have no** ˈbusiness **to do** 无〔無〕权〔權〕做某事 wúquán zuò mǒushì. **ˈbusiness card** *n* [C] 名片 míngpiàn, **businesslike** *adj* 有效率的 yǒu xiàolǜ de; 有条〔條〕理的 yǒu tiáolǐ de, **businessman, businesswoman** *n* [C] 商人 shāngrén. **ˈbusiness model** *n* [C] 商业模式 shāngyè móshì, **ˈbusiness plan** *n* [C] 商业计划 shāngyè jìhuà.

busker /ˈbʌskə(r)/ *n* [C] 〔非正式用语〕〔演奏乐器的〕街头〔頭〕艺〔藝〕人 jiētóu yìrén.

bust[1] /bʌst/ *v* [*pt, pp* **bust** *adj* **~ed**] [T] 〔非正式用语〕打坏〔壞〕 dǎpò; 击〔擊〕破 jīpò. **bust** *adj* [非正式用语] 1 毁坏的 huǐhuàide. 2 [习语] **go bust** 〔企业〕破产〔產〕 pòchǎn.

bust[2] /bʌst/ *n* [C] 1 半身雕塑像 bànshēn diāosùxiàng. 2 妇〔婦〕女的胸部 fùnǚde xiōngbù.

bustle /ˈbʌsl/ *v* [I] 活跃〔躍〕 huóyuè; 忙碌 mánglù, **bustle** *n* [U]

busy /ˈbɪzɪ/ *adj* [-ier, -iest] 1 繁忙的 fánmángde; 忙碌的 mánglùde: *I'm ~ all day so I won't be able to help you.* 我整天很忙, 所以不能帮助你。 2 没空的 méikòngde: *a ~ day* 忙碌的一天, 3 电〔電〕话占线〔綫〕 diànhuà zhànxiàn, **busily** *adv* **busy** *v* [*pt, pp* **-ied**] [T] ~ **oneself** 忙碌 mánglù.

but[1] /bʌt/ *conj* 但 dàn: *Tom went to the party, ~ his brother didn't.* 汤姆参加了聚会, 但是他的兄弟没有参加。

but[2] /bʌt/ *prep* 1 除了 chúle: *nothing to eat ~ bread and cheese* 除了面包和奶酪没有可

吃的. 2 [习语] **but for sb/sth** 要不是 yàobùshì; *B~ for your help we should not have finished on time.* 要不是你的帮助, 我们就不能按时完成。

but[3] /bʌt/ 亦作 bət/ *adv* [正式用语或旧词] 只 zhǐ; 仅〔僅〕仅 jǐnjǐn: *We can ~ try.* 我们只能试试看。

butcher /ˈbʊtʃə(r)/ *n* [C] 1 屠夫 túfū; 屠宰、卖〔賣〕肉的人 tūzǎi、màiròu de rén. 2 残〔殘〕杀〔殺〕者 cánshāzhě, **butcher** *v* [T] 1 屠宰 túzǎi. 2 屠杀 túshā, **butchery** *n* [U] 屠杀 túshā.

butler /ˈbʌtlə(r)/ *n* [C] 男管家 nán guǎnjiā.

butt[1] /bʌt/ *n* [C] 1 枪〔槍〕托 qiāngtuō. 2 香烟未点〔點〕燃的一端 xiāngyān wèi diǎnrán de yīduān.

butt[2] /bʌt/ *n* [C] 大桶 dàtǒng.

butt[3] /bʌt/ *n* [C] 嘲笑的对〔對〕象 cháoxiàode duìxiàng.

butt[4] /bʌt/ *v* 1 [T] 用头〔頭〕顶撞 yòng tóu dǐngzhuàng. 2 [短语动词] **butt in (on sb/sth)** 插嘴 chāzuǐ; 打断〔斷〕说话 dǎduàn shuōhuà.

butter /ˈbʌtə(r)/ *n* [U] 黄油 huángyóu, **butter** *v* [T] 涂〔塗〕黄油于 tú huángyóu yú. 2 [短语动词] **butter sb up** [非正式用语] 奉承 fèngcheng; 阿谀 ēyú, **buttercup** *n* [C] 毛茛属〔屬〕植物 máogènshǔ zhíwù, **butterscotch** *n* [U] 黄油硬糖 huángyóu yìngtáng.

butterfly /ˈbʌtəflaɪ/ *n* [*pl* -ies] 蝴蝶 húdié.

buttock /ˈbʌtək/ *n* [C, 尤用 *pl*] 半边〔邊〕屁股 bànbiān pìgu.

button /ˈbʌtn/ *n* [C] 1 纽扣 niǔkòu. 2 按钮 ànniǔ, **button** *v* [I, T] 扣纽扣 kòu niǔkòu, **buttonhole** *n* [C] 1 纽孔 niǔkǒng; 纽眼 niǔyǎn. 2 戴在外衣翻领〔領〕上的花 dài zài wàiyī fānlǐng shàng de huā, **buttonhole** *v* [T] 强留某人来倾听〔聽〕自己说话 qiánglíu mǒurén lái qīngtīng zìjǐ shuōhuà.

buttress /ˈbʌtrɪs/ *n* [C] 扶垛 fúduò; 扶壁 fúbì, **buttress** *v* [T] 加强 jiāqiáng; 支持 zhīchí.

buxom /ˈbʌksəm/ *adj* 〔妇女〕丰〔豐〕满的 fēngmǎnde; 健康的 jiànkāngde.

buy /baɪ/ *v* [*pt, pp* **bought** /bɔːt/] [T] 1 买〔買〕mǎi; 购〔購〕买 gòumǎi. 2 [非正式用语] 相信 xiāngxìn. 3 [短语动词]

buy sb out (为控制某一企业)出钱
[钱]使某人放弃[弃]对某股份的全部所有权, **buy** n [C] 买得的货物 mǎidé de huòwù: a good ~ 买得合算的东西, **buyer** n [C] (大商店中的)选[选]购[购]者 xuǎngòuzhě.

buzz /bʌz/ v 1 [I] 嗡嗡叫 wēngwēngjiào. 2 [I] (with) 充满嘈杂(杂)的谈话声[声]充满嘈杂 cāzá de tánhuàshēng. 3 [I] 匆忙行走 cōngmáng xíngzǒu. 4 [I] 用蜂音电[电]铃叫(某人) yòng fēngyīn diànlíng jiào. 5 [短语动词] **buzz 'off** [非正式用语]走开 [离开] líkāi. **buzz** n [C] 嗡嗡咔咔声 qīqīchāchā shēng. 2 [sing] [非正式用语,尤用于美语]愉悦 yúyuè; 激动[动] jīdòng. 3 [习语] **give sb a 'buzz** [非正式用语]给(某人)打电话给…打电话 dǎ diànhuà. **buzzer** n [C] 蜂音器 fēngyīnqì; 蜂音电[电]铃 fēngyīn diànlíng.

buzzard /'bʌzəd/ n [C] 鸶 yīng.

by[1] /baɪ/ prep 1 在…旁边[边] zài…pángbiān; 靠近 kàojìn: Sit by me. 靠着我坐吧. 2 经[经]由;由 yóu;沿 yán: Come in by the back door. 由后门进来. 3 经过[过] jīngguò: She walked by me. 她从我身旁走过. 4 不迟[迟]于 bù chíyú: finish the work by tomorrow 不迟于明天完成这项工作. 5 在 zài: The enemy attacked by night. 敌人在夜间进攻. 被 bèi;通过某种[种]手段 tōngguò mǒuzhǒng shǒuduàn: The soldiers were shot by terrorists. 士兵们遭到恐怖分子的射击. a play by Shaw 肖伯纳的一个剧本. pay by cheque 用支票支付. travel by train 坐火车旅行. 7 由于 yóuyú;因为[为] yīnwèi: meet by chance 偶然相遇. 8 (表示接触身体的某一部分) take sb by the hand 拉住某人的手. 9 用…作标[标]准[准]或单[单]位 yòng…zuò biāozhǔn huò dānwèi: get paid by the hour 按小时付给工资. sell material by the metre 按公尺卖衣料. 10 (表示连续的单位) …接着…jiēzhe…, …又…yòu…: The children came in two by two. 孩子们两个两个地进入. 11 (表示长方形的面积) a room 18 feet by 20 feet. 18 英尺乘以 20 英尺的房间. 12 (表示程度)…程度 chéngdù: The bullet missed him by ten millimetres.

子弹没有打中他, 偏了 10 毫米. 13 按照 ànzhào;根据[据] gēnjù: By law, his parents should be informed. 根据法律, 应该通知他的父母.

by[2] /baɪ/ adv 1 经[经]过[过] jīngguò; drive by 开车经过. 2 在附近 zài fùjìn.

bye /baɪ/ (亦作 **bye-bye** /ˌbaɪˈbaɪ/) interj [非正式用语] 再见 zàijiàn.

by-election /'baɪɪlekʃn/ n [C] (议会的)补[补]缺选[选]举[举]bǔquē xuǎnjǔ.

bygone /'baɪgɒn/ adj 过[过]去的 guòqùde; 以往的 yǐwǎngde: in ~ days 在往日. **bygones** n [习语] **let bygones be 'bygones** 既往不咎 jì wǎng bù jiù; 让[让]过去的事过去了吧 ràng guòqùde shì guòqù le ba.

by-law (亦作 **bye-law**) /'baɪlɔ:/ n 地方法规 dìfāng fǎguī.

bypass /'baɪpɑ:s; US -pæs/ n [C] (绕过市镇的)迂回的旁道 yūhuíde pángdào; 旁路 pánglù. **bypass** v [T] 1 设旁道于 shè pángdào yú. 2 回避 huíbì; 躲开[开] duǒkāi: [喻] ~ the problem 回避问题.

by-product /'baɪprɒdʌkt/ n [C] 副产[产]品 fùchǎnpǐn.

bystander /'baɪstændə(r)/ n [C] 旁观[观]者 pángguānzhě.

byte /baɪt/ n [C] (电子计算机)(二进制)字节[节] zìjié; [C] (二进)位组 wèizǔ.

byword /'baɪwɜːd/ n [C] 1 (for) 绰号[号] chuòhào, 别称[称] biéchēng. 2 俗语 súyǔ;谚语 yànyǔ.

C c

C, c /si:/ [pl **C's, c's** /si:z/] 英语的第三个[个]字母 Yīngyǔde dìsāngè zìmǔ.

C abbr 1 Celsius (温度)摄[摄]氏的 shèshìde. 2 罗[罗]马数[数]字的 100 luómǎ shùzì de 100.

c abbr 1 cent(s). 2 century. 3 (亦作 **ca**)(尤用于日期前)about.

cab /kæb/ n [C] 1 出租汽车 chūzū qìchē; 计程汽车 jìchéng qìchē. 2 (机

车等的)司机(機)室 sījī shì.

cabaret /'kæbəreɪ; US ˌkæbə'reɪ/ *n* [U, C] (餐馆等中的)歌舞表演 gēwǔ biǎoyǎn.

cabbage /'kæbɪdʒ/ *n* [C, U] 甘蓝[藍]gānlán;卷(捲)心菜 juǎnxīncài;洋白菜 yángbáicài.

cabin /'kæbɪn/ *n* [C] 1 船舱(艙) chuáncāng;飞[飛]机(機)舱 fēijī-cāng;船的房舱 chuánde fángcāng. 2 小木屋 xiǎo mùwū. 'cabin cruiser *n* [C] =CRUISER 2 (CRUISE).

cabinet /'kæbɪnɪt/ *n* [C] 1 柜(櫃)橱 guìchú. 2 the Cabinet [亦作 sing, 用 pl v] 内阁 nèigé.

cable /'keɪbl/ *n* 1 [C, U] 缆(纜)缆 lǎn;索 suǒ. 2 [C] 电[電]缆 diàn-lǎn. 3 [C] 电[電]报 diànbào. **cable** *v* [T] 给…拍电报 gěi…pāi diàn-bào. 'cable-car *n* [C] 缆车 diànlǎnchē. 'cable 'television *n* [U] 有线(綫)电视 yǒuxiàn diànshì.

cache /kæʃ/ *n* [C] 藏物 yǐn-cángwù;a drugs ~ 隐藏的毒品.

cackle /'kækl/ *n* 1 [U] 母鸡(鷄)咯咯的叫声[聲] mǔjī gēgē de jiào-shēng. 2 [C] 咯咯的笑声 gēgē de xiàoshēng. **cackle** *v* [I] 1 (母鸡)咯咯地叫 gēgē de jiào. 2 大声地笑 dàshēngde xiào.

cactus /'kæktəs/ *n* [C] [*pl* ~ es, cacti /'kæktaɪ/] 仙人掌 xiānrén-zhǎng.

cadet /kə'det/ *n* [C] 警校学[學]生 jǐngxiào xuéshēng;军校学生 jūnxiào xuéshēng.

cadge /kædʒ/ *v* [I, T] [非正式用语]乞求 qǐqiú;乞讨 qǐtǎo: ~ £5 from a friend 向朋友乞求 5 英镑.

café /'kæfeɪ; US kæ'feɪ/ *n* [C] 小餐馆 xiǎo cānguǎn.

cafeteria /ˌkæfə'tɪərɪə/ *n* [C] 自助食堂 zìzhù shítáng;自助餐馆 zìzhù cānguǎn.

caffeine /'kæfiːn/ *n* [U] 咖啡因 kāfēiyīn.

cage /keɪdʒ/ *n* [C] 笼[籠]子 lóng-zi. **cage** *v* [T] 把…关[關]入笼子 bǎ…guānrù lóngzi.

cagey /'keɪdʒɪ/ *adj* 保守秘密的 bǎoshǒu mìmì de.

cagoule /kə'guːl/ *n* [C] 连帽防雨长[長]夹(夾)衣 xǐ lián mào fángyǔ cháng jiākèshān.

cairn /keən/ *n* [C] (用作纪念或路标等的)圆锥形石堆 yuánzhuīxíng shíduī.

cajole /kə'dʒəʊl/ *v* [T] 哄骗[騙]

hōngpiàn;勾引 gōuyǐn;引诱 yǐnyòu.

cake /keɪk/ *n* 1 [C, U] 糕 gāo;蛋糕 dàngāo. 2 [C] 饼状[狀]食物 bǐngzhuàng shíwù: 'fish- ~s 鱼饼. 3 [C] 块状,饼状物 kuài zhuàng wù: a ~ of soap 一块肥皂. **cake** *v* [T] 沾上泥土等凝块 zhānshàng nítǔ děng.

calamity /kə'læmətɪ/ *n* [C] [*pl* -ies] 灾[災]难[難]zāinàn;灾祸(禍)zāihuò;祸患 huòhuàn.

calcium /'kælsɪəm/ *n* [U] 钙 gài.

calculate /'kælkjuleɪt/ *v* [I, T] 计算 jìsuàn;核算 hésuàn: ~ the cost 计算成本. [习语]be calculated to do sth 打算做某事 dǎsuàn zuò mǒushì; ~d to attract attention 目的是想引起注意. **calculating** *adj* [贬][喻][陰]谋的 yīnmóude;有策略的 yǒu cèlüè de. **calculation** /ˌkælkju'leɪʃn/ *n* [C, U] 计算 jìsuàn. **calculator** *n* [C] 计算机(機)计算器.

calendar /'kælɪndə(r)/ *n* [C] 1 历[曆]书[書]lìshū;日历 rìlì;周历 zhōulì;月历 yuèlì. 2 历法 lìfǎ: the Muslim ~ 伊斯兰教历.

calf[1] /kɑːf; US kæv/ *n* [*pl* calves /kɑːvz; US kævz/] 1 [C] (a) 小牛 xiǎoniú;犊子 dúzi. (b) 小海豹 xiǎo hǎibào;小象 xiǎoxiàng. 2 [亦作'calfskin] 小牛皮 xiǎo niúpí.

calf[2] /kɑːf; US kæf/ *n* [C] [*pl* calves /kɑːvz; US kævz/] 腓 féi.

calibre (美语 -ber) /'kælɪbə(r)/ *n* 1 [U] 质[質]量 zhìliàng;才干[幹] cáigàn;才能 cáinéng: Her work is of the highest ~. 她的工作质量最高. 2 [C] 口径[徑]kǒujìng.

calipers /= CALLIPERS.

call[1] /kɔːl/ *v* 1 [I, T] 大声(聲)呼喊 dàshēng hūhǎn;喊叫 hǎnjiào. 2 [T] 请求 qǐnglái;传[傳]唤 chuánhuàn: ~ the police 请来警察. 3 [T] 访问 fǎngwèn;拜访 bàifǎng. 4 [I, T] (给…)打电[電]话 dǎ diànhuà. 5 [T] 召集 zhàojí;宣布 xuānbù: ~ a meeting 召集会议. ~ an election 举行选举. ~ a strike 举行罢[罷]工. 6 [T] 把…叫做 bǎ…jiàozuò: Her husband is ~ed Dick. 她的丈夫名叫迪克. 7 [T] 认(認)为 [爲]rènwéi: I ~ his behaviour very selfish. 我认为他的行为很自私. 8 [T] 叫醒 jiàoxǐng: Please ~ me at 7 o'clock. 请七点钟叫醒我. 9 [习语] **call sb's bluff** 要

某人摊['牌]牌 yào mǒurén tānpái. **call it a day** [非正式用语]收工(停止做一天的工作量已做够)决定停止做 juédìng tíngzhǐ zuò. **call sth to mind** 记起 MIND[1]. **call sb 'names** 谩骂 mànmà. **call the 'tune** [非正式用语]定调子 dìng diàozi; 发[号](号)施令 fāhào shīlìng. 10 [短语动词] **call by** 顺便去一下 shùnbiàn qù yíxià. **call for sb/sth (a)** 去取(某物) qù qǔ; 去接(某人) qù jiē. **(b)** 需要 xūyào: The problem ~s for immediate action. 这个问题需要立即采取行动. **call sb in** 把…请来(提供帮助) qǐng lái. **call sb/sth off** 命令(狗、士兵等)停止进[进]攻、搜寻[寻]jìngdìng, sōuxún, 由使停止(某活动) qùxiōu: The trip was ~ed of. 旅行被取消了. **call on sb** 探望 tànwàng; 拜访 bàifǎng. **call on/upon sb** 正式邀请 zhèngshì yāoqǐng; 请求 qǐngqiú; 号召 hàozhào. **call sb out (a)** 紧[紧]急召唤 jǐnjí zhàohuàn: ~ out the fire brigade 把消防队叫来. **(b)** 命令罢工 mìnglìng bàgōng. **call sb up (a)** [尤用于美语]给…打电话 gěi…dǎ diànhuà. **(b)** 命令…参[参]军 mìnglìng…cānjūn. **caller** n [C] 拜访的人 bàifǎng de rén; 打电话的人 dǎ diànhuà de rén. **'call-up** n [U, C] (服兵役的)征[征]召令 zhēngzhàolìng.

call[2] /kɔːl/ n 1 [C] 喊叫; 叫 jiào, 2 [C] (一次)电话通话 diànhuà tōnghuà. 3 [C] 鸟鸣 niǎomíng. 4 [C] 访问 fǎngwèn; 拜访 bàifǎng. 5 [号](号)召 hàozhào; 传[传]唤 chuánhuàn; 邀来 yāoàlái. 6 [U] 需要 xūyào; 要求 yāoqiú. 7 [习语] **on call** (医生等)随[随]叫随到的 suí jiào suí dào de. **'call centre** n 电话服务[务]中心 diànhuà fúwù zhōngxīn. **'call-box** n [C] = TELE-PHONE-BOX (TELEPHONE). **'call-girl** n [C] 电话应[应]召妓女 diànhuà yìngzhào jìnǚ.

calligraphy /kəˈlɪɡrəfɪ/ n [U] 书[书]法 shūfǎ.

calling /ˈkɔːlɪŋ/ n [C] 职[职]业[业]zhíyè; 行业 hángyè.

callipers (亦作 **calipers**) /ˈkælɪpəz/ n [pl] 1 卡钳 kǎqián; 测经器 cèjìngqì. 2 支具(装于残废人腿部的) zhìjù.

callous /ˈkæləs/ adj 残[残]酷无[无]情的 cánkù wúqíng de.

callow /ˈkæləʊ/ adj [贬]稚嫩无

[无]经[经]验[验]的 zhìnèn wú jīngyàn de.

callus /ˈkæləs/ n [C] 胼胝 piánzhī.

calm /kɑːm; US kɑːlm/ adj 1 镇静的 zhènjìngde; 沉着的 chénzhuó de. 2 (a) (海洋)风[风]平浪静的 fēngpíng làngjìng de. (b) (天气)无[无]风的 wúfēngde. **calm** n [U, C] 平静 píngjìng. **calm** v [I, T] (down) 镇静下来(来) píngjìng xiàlái; 镇静下来 zhènjìng xiàlái; 使镇静 shǐ zhènjìng. **calmly** adv. **calmness** n [U].

calorie /ˈkælərɪ/ n [C] 1 (热量单位)(卡(路里)kǎ; 小卡 xiǎokǎ. 2 卡(食物的热值)(路里)kǎ; 大卡 dàkǎ.

calve /kɑːv; US kæv/ v [I] 生小牛(或小鹿等) shēng xiǎoniú.

calves /kɑːvz/ pl of CALF[1,2].

calypso /kəˈlɪpsəʊ/ n [C] [pl ~s] 加力骚(一种西印度群岛小调) jiālìsāo.

camber /ˈkæmbə(r)/ n [C] (道路等的)中凸形 zhōngtūxíng; 起拱 qǐgōng.

camcorder /ˈkæmkɔːdə(r)/ n [C] 摄像[像]录[录]像[像]机(机) shèxiàng lùxiàngjī.

came /keɪm/ pt of COME.

camel /ˈkæml/ n [C] 骆驼 luòtuo.

cameo /ˈkæmɪəʊ/ n [C] [pl ~s] 1 浮雕宝[宝]石 fúdiāo bǎoshí. 2 (文学、戏剧等的)小品 xiǎopǐn.

camera /ˈkæmərə/ n [C] 照相机(机) zhàoxiàngjī; 摄[摄]像机 shèxiàngjī; 摄影机 shèyǐngjī.

camouflage /ˈkæməflɑːʒ/ n [C, U] 伪(伪)装(装) wěizhuāng. **camouflage** v [T] 伪装 wěizhuāng; 掩饰 yǎnshì.

camp /kæmp/ n [C] 1 营[营] yíng; 野营 yěyíng. 2 阵[阵]营 zhènyíng. **camp** v [I] 设营 shèyíng; 营地度假 yíngdì dùjià: We go ~ing every summer. 我们每年夏天去野营. **camper** n [C] 野营者 yěyíngzhě; 露营者 lùyíngzhě.

campaign /kæmˈpeɪn/ n [C] 1 运[运]动(动) yùndòng; an advertising ~ 一系列广告活动. 2 战[战]役 zhànyì. **campaign** v [I] 参[参]加运动 cānjiā yùndòng. **campaigner** n [C].

campus /ˈkæmpəs/ n [C] 校园[园]xiàoyuán.

can[1] /kən; 强式 kæn/ modal v [否定式 **cannot** /ˈkænɒt/, 节略式

can't /kɑːnt, US kænt/, pt **could** /kʊd/; 强式 kud, 否定式 **could not**, 节略式 **couldn't** /'kʊdnt/1 会(會) huì; C~ you ski? 你会滑雪吗? 2 (与感官动词连用) C~ you hear that cuckoo? 你听见那杜鹃的咕咕叫声吗? 3 可以 kěyǐ; You ~ borrow my car if you want to. 如果你想用的话,你可以用我的车。4 (表示请求) C~ you help me? 请你帮个忙好吗? 5 (表示现在的可能性) That ~'t be true. 那不可能是真的。

can² /kæn/ n [C] (a) (装食品或液体用的)金属[屬]罐 jīnshǔguàn; 罐头(頭) guàntou; a ~ of beans 蚕豆罐头。(b) (盛食品或装[裝]物品的)金属[屬]罐 jīnshǔguàn; 罐头(頭) guàntou: a ~ of beans 蚕豆罐头。(b) (盛食品所装[裝]物品的)罐 guàn。 **cannery** n [C] [pl -ies] 罐头食品厂(廠) guàntou shípǐnchǎng.

Canada /'kænədə/ n [U] 加拿大 Jiānádà.

Canadian /kə'neɪdɪən/ adj 加拿大的 Jiānádà de. **Canadian** n [C] 加拿大人 Jiānádàrén.

canal /kə'næl/ n [C] 运(運)河 yùnhé; 沟(溝)渠 gōuqú; 水道 shuǐdào.

canary /kə'neərɪ/ n [C] [pl -ies] 金丝雀 jīnsīquè.

cancel /'kænsl/ v [-ll-; US -l-] [T] 1 取消 qǔxiāo: The meeting was ~ed. 会议被取消了。2 删去 shānqù; 注销 zhùxiāo; 作废(廢) zuòfèi. 3 [短语动词] **cancel** (sth) **out** (势[勢]均力敌[敵])使 jūn lì dí; 抵消 dǐxiāo; 使平衡 shǐ pínghéng. **cancellation** /ˌkænsə'leɪʃn/ n [C, U].

cancer /'kænsə(r)/ n [C, U] 癌症 áizhèng. 2 **Cancer** ⇨ TROPIC. **cancerous** adj 癌的 áide; 像癌的 xiàng'áide.

candid /'kændɪd/ adj 正直的 zhèngzhíde; 坦率的 tǎnshuàide: a ~ discussion 坦率的讨论. **candidly** adv.

candidate /'kændɪdət; US -deɪt/ n [C] 1 候选[選]人 hòuxuǎnrén. 2 应(應)试人 yìngshìrén.

candied /'kændɪd/ adj (糕饼等食物)上有一层[層]糖粒的 yǒu yīcéng tánglì de.

candle /'kændl/ n [C] 蜡(蠟)烛(燭) làzhú. **'candlestick** n [C] 烛台

zhútái.

candour (美语 **-dor**) /'kændə(r)/ n [U] 坦白 tǎnbái; 真直 shuǎngzhí.

candy /'kændɪ/ n [pl -ies (尤用于美语)] 1 [U] 糖果 tángguǒ; 巧克力 qiǎokèlì. 2 [C] (一块)糖果 tángguǒ; (一块)巧克力 qiǎokèlì.

cane /keɪn/ n [C] 1 (a) 竹等的茎(莖) zhú děng de jīng. (b) [U] 竹料 zhúliào; 藤料 téngliào. 2 [C] 竹竿(作支撑或手杖) zhúgān. 3 **the cane** [sing] (孩子所受的)鞭笞处[處]罚 biānchī chǔfá. **cane** v [T] 用藤鞭抽打 yòng téngbiān chōudǎ.

canine /'keɪnaɪn/ adj 犬的 quǎnde; 似犬的 sì quǎn de.

canister /'kænɪstə(r)/ n [C] 1 金属[屬]罐 jīnshǔguàn. 2 (榴)霰弹(彈)筒 sǎndàntǒng.

cannabis /'kænəbɪs/ n [U] 麻醉剂(劑) mázuìjì; 毒品 dúpǐn.

cannery ⇨CAN².

cannibal /'kænɪbl/ n [C] (a) 吃人肉的人 chī rénròu de rén. (b) 吃同类(類)肉的动(動)物 chī tónglèiròu de dòngwù. **cannibalism** /-bəlɪzəm/ n [U]. **cannibalize** /-bəlaɪz/ v [T] 拆取(机器等的)可用部件 chāiqǔ kěyòng bùjiàn.

cannon /'kænən/ n [C] [pl **cannon**] 1 大炮 dàpào;加农(農)炮 jiānóngpào. 2 [C] 飞(飛)机(機)上的机(機)关(關)炮 fēijī shàng de jīguānpào.

cannot /'kænət/ ⇨CAN¹.

canoe /kə'nuː/ n [C] 独[獨]木舟 dúmùzhōu; 皮舟 pízhōu. **canoe** v [T] 用独木舟载(載)运(運) yòng dúmùzhōu zàiyùn. **canoeist** n [C] 划独木舟者 huá dúmùzhōu zhě.

canon /'kænən/ n [C] 1 大教堂中有特殊任务的牧师[師] dà jiàotáng zhōng yǒu tèshū rènwù de mùshī. 2 [正式用语](准[準])则 zhǔnzé; 标[標]准[準] biāozhǔn; 规(規)范[範] guīfàn: offend the ~s of good taste 违反高尚趣味的准则. **canonical** /kə'nɒnɪkl/ adj 依照教规(規)的 yīzhào jiàoguī de. **canonize** /'kænənaɪz/ v [T] 使入(教会[會])成为[爲]圣[聖][者] shǐ chéngwéi shèngtú. **ˌcanon 'law** n [U] 教(会法)规 jiàoguī.

canopy /'kænəpɪ/ n [C] [pl -ies] 1 床,王座等的罩篷(盖在床料)chuáng、wángzuò děng de zhào péng; 华[華]盖[蓋] huágài. 2 飞[飛]机(機)座舱[艙](舱罩 fēijī zuòcāng zhào.

can't cannot ⇨CAN¹.

cantankerous /kæn'tæŋkərəs/ adj 脾气(氣)坏(壞)的 píqì huài de;爱(愛)争吵的 ài zhēngchǎo de.

canteen /kæn'ti:n/ n [C] 1 食堂 shítáng;食品小卖(賣)部 shípǐn xiǎomàibù. 2 [英国英语] 餐具箱 cānjùxiāng.

canter /'kæntə(r)/ n [C, 常 sing] (马的)慢跑 mànpǎo. **canter** v [I, T] (马)慢跑 mànpǎo.

cantilever /'kæntɪli:və(r)/ n [C] (建筑)悬(懸)臂 xuánbì;悬臂梁 xuánbìliáng.

canvas /'kænvəs/ n (a) [U] 粗帆布 cū fānbù. (b) [C] 油画(畫)布 yóuhuà bù;油画 yóuhuà.

canvass /'kænvəs/ v [I, T] 四处(處)(对人们)游说(說) 进行政治游说 sìchù jìnxíng zhèngzhì yóushuì. **canvasser** n [C].

canyon /'kænjən/ n [C] 峡(峽)谷 xiágǔ.

cap /kæp/ n [C] 1 便帽 biànmào;制服帽 zhìfúmào. 2 盖(蓋)盖;套 tào. **cap** v [-pp-] 1 给…戴帽 gěi … dài mào;给…加盖 gěi… jiā gài. 2 胜(勝)过(過)shèngguò;凌驾(駕)进 língjià jìn. 3 挑选(選)(运动员)进(國家队[隊])(运动[動]队[隊]) tiāoxuǎn jìn guójiāxìng yùndòngduì.

capability /ˌkeɪpə'bɪlətɪ/ n [pl -ies] 1 (做)力 nénglì;才能 cáinéng;a country's nuclear ~ 国家打核战(戰)争的能力. 2 (常作[作])潜(潛)在能力 qiánzài nénglì.

capable /'keɪpəbl/ adj 1 (of) 有做某事所必需的能力的 yǒu zuò mǒushì suǒ bìxū de nénglìde;You are ~ of producing better work than this. 你有能力把工作做得比这更好. 2 有才能的 yǒu cáinéng de,聪(聰)明的 cōngmíngde;a person 聪明能干[幹]的人 **capably** adv.

capacity /kə'pæsətɪ/ n [pl -ies] 1 [U] 容量 róngliàng;容积(積) róngjī;a hall with a seating ~ of 750 有 750 个坐位的大厅. 2 [C, U] 能力 nénglì. 3 [C] 地位 di wèi;身分 shēnfèn;资格 zīgé;in my ~ as manager 我作为经理 的身份.

cape¹ /keɪp/ n [C] 披肩 pījiān;斗篷 dǒupeng.

cape² /keɪp/ n [C] 海角 hǎijiǎo;岬 jiǎ.

capillary /kə'pɪləri; US 'kæpɪləri/ n [C] [pl -ies] 毛细管 máoxìguǎn.

capital /'kæpɪtl/ n 1 [C] 首都 shǒudū. 2 [U] 资本 zīběn. 3 [C] (亦作 **capital letter**) 大写(寫)字母 dàxiě zìmǔ. 4 [习语] **make capital (out) of sth** 利用 lìyòng. **capital** adj 可处(處)死刑的 kě chǔ sǐxíng de.

capitalism /'kæpɪtəlɪzəm/ n [U] 资本主义(義) zīběnzhǔyì. **capitalist** /-lɪst/ n [C] 资本主义者 zī-běnzhǔyìzhě. 2 资本家 zīběnjiā. **capitalist** adj.

capitalize /'kæpɪtəlaɪz/ v 1 [T] 用大写(寫)字母书(書)写 yòng dàxiě zìmǔ shūxiě. 2 [T] 使资本增(增) zīběn. 3 [短语动词] **capitalize on sth** 利用 lìyòng.

capitulate /kə'pɪtʃuleɪt/ v [I] (to) 投降 tóuxiáng. **capitulation** /kəˌpɪtʃu'leɪʃn/ n [U].

Capricorn ⇨TROPIC.

capsize /kæp'saɪz; US 'kæpsaɪz/ v [I, T] (使船)倾覆 qīngfù.

capstan /'kæpstən/ n [C] 绞盘(盤) jiǎopán;起锚机(機) qǐmáojī.

capsule /'kæpsjuːl; US 'kæpsl/ n [C] 1 装(裝)一剂(劑)药的小囊 zhuāng yíjì yào de xiǎo náng. 2 宇宙飞(飛)船密闭小舱(艙) yǔzhòu fēichuán mìbì xiǎocāng.

captain /'kæptɪn/ n [C] 1 (运动队[隊])队(隊)长(長) duìzhǎng. 2 (飞机的)机长 jīzhǎng;舰(艦)长 jiàn-zhǎng. 3 陆(陸)军(軍)上尉 lùjūn shàngwèi. **captain** v [T] 做…的首领 zuò … de shǒu-lǐng.

caption /'kæpʃn/ n [C] (照片等的)说明 shuōmíng.

captivate /'kæptɪveɪt/ v [T] 迷住 mízhù;强烈感染 qiánglìè gǎnrǎn;~d by her beauty 被她的美貌迷住.

captive /'kæptɪv/ n [C], adj 被俘获(獲)的人或动(動)物 bèi fúhuò de rén huò dòngwù;被俘虏(虜)的 bèi fúlǔ de;被拴住的 bèi shuānzhù de. **captivity** /kæp'tɪvətɪ/ n [U] 俘虏(虜)状(狀);监禁(禁);束缚 shùfù.

captor /'kæptə(r)/ n [C] 俘获(獲)(他人)者 fúhuòzhě;捕获(獲)物者 bǔhuòzhě.

capture /'kæptʃə(r)/ v [T] 1 俘虏(虜) fúlǔ;捕获(獲) bǔhuò. 2 夺(奪)得 duódé. 3 成功地拍摄(攝) chénggōngde pāishè. **capture** n 1 俘虏 fúlǔ;夺得 duódé. 2 被捕获者 bèi bǔhuò zhě;战(戰)利(利)

品 zhānlǐpǐn; 缴获品 jiǎohuòpǐn.

car /ka:(r)/ n [C] **1** 载客汽车[車] zàikè qìchē. **2** 火车车厢 huǒchē chēxiāng; a 'dining-~ 餐车. 'car-boot sale n [C] 户外旧[舊] 货拍卖[賣] hùwài jiùhuò pāimài. 'carjack v [T] 劫车 jiéchē. 'carjacker n [C] 劫车人 jiéchērén; 'carjacking n [C] 'carjacking n [U] 汽车劫持 qìchē jiéchí. **car park** n [C] 停车场[場] tíngchēchǎng.

carafe /kə'ræf/ n [C] (餐桌上的) 饮料玻璃瓶 yǐnliào bōlíbēi.

caramel /'kærəmel/ n [U] **1** 酱 [醬]色 jiàngsè. **2** [C] 一种[種]小 糖果 yìzhǒng xiǎotángguǒ.

carat /'kærət/ n [C] **1** 克拉(宝石 重量单位) kèlā. **2** 开[開](金的纯 度单位) kāi.

caravan /'kærəvæn/ n [C] **1** 供住 家用的汽车[車]拖车 zhù jiā yòng de qìchē tuōchē. **2** 大篷车 dàpénghē. **3** (穿过沙漠的)商队[隊] shāngduì; 旅行队[隊] lǚxíngduì.

carbohydrate /,ka:bəʊ'haɪdreɪt/ n [C,U] 碳水化合物 tànshuǐ huàhéwù.

carbon /'ka:bən/ n **1** [U] (化学元 素)碳 tàn. **2** [C] = CARBON COPY. **3** [C,U] = CARBON PAPER. 'carbon 'copy n [C] 复[複]写[寫]的副本 fùxiěde fùběn. 'carbon 'paper n [C,U] 复写纸 fùxiězhǐ.

carbuncle /'ka:bʌŋkl/ n [C] 痈 yōng.

carburettor /,ka:bjʊ'retə(r)/(美 语 -t- /US 'ka:bəreɪtər/) n [C] (汽车)汽化器 qìhuàqì.

carcass /'ka:kəs/ n [C] 动[動]物 尸[屍]体[體] dòngwù shītǐ.

card /ka:d/ n [C, U] **1** 卡片 kǎpiàn; 纸[紙]牌 zhǐpái. **2** Christmas ~ 圣 [聖]诞卡. a 'membership ~ 会 员卡. a 'post~ 明信片. **2** = PLAYING-CARD (PLAY²). **3** [习语] lay/put one's 'cards on the table 摊[攤]牌 tānpái; 公布自己的打算 gōngbù zìjǐde dǎsuàn. on the cards [非正式用语]多半 duōbàn; 可能的 kěnéngde.

cardboard /'ka:dbɔ:d/ n [U] 硬纸 板 yìngzhǐbǎn.

cardiac /'ka:diæk/ adj 心脏[臟] 的 xīnzàngde.

cardigan /'ka:dɪgən/ n [C] 羊毛 衫 yángmáoshān; 羊毛背心 yángmáo bèixīn.

cardinal¹ /'ka:dɪnl/ adj [正式用 语]主要的 zhǔyàode; 基本的 jīběn-

de. **cardinal** (亦作 ,cardinal 'number) n [C] 基数[數] jīshù.

cardinal² /'ka:dɪnl/ n [C] 红衣主 教 hóngyīzhǔjiào; 枢[樞]机[機]主 教 shūjīzhǔjiào.

care¹ /keə(r)/ n **1** [U] 小心 xiǎo-xīn; 谨慎 jǐnshèn; 注意 zhùyì: *arrange the flowers with ~ 仔细 地插花. Take ~ when crossing the road. 过马路时要小心. **2** [U] 保护[護] bǎohù; 照管 zhàoguǎn: *The child was left in his sister's ~.* 孩子留给他的姐姐照管了. **3** [C, U] 心事 xīnshì; 牵[牽]累 qiānlèi: *the ~s of a large family* 大家庭 的牵累. *without a ~ in the world* 无忧无虑. **4** [习语] take care of oneself/sb/sth (a) 照看 zhàokàn; 照料 zhàoliào. (b) 负责 fùzé; 处[處]理 chǔlǐ. take sb into care 把(儿童等)交给地方当[當] 局的福利院等照管 bǎ értóng děng jiāogěi dìfāng de fúlìyuàn děng zhǎoguǎn. 'carefree adj 无[無]忧[憂] 无虑的 wúyōu wúlǜ de. careful adj **1** (人)细心的 xìxīnde; 仔细 的 zǐxìde. **2** 细致的 xìzhìde: *a ~ful piece of work* 精心细致的工作. carefulness n [U]. careless adj **1** (人)粗心的 cūxīnde; 粗枝大叶的 cū zhī dà yè de. **2** 由于粗心而引起的 yóuyú cūxīn ér yǐnqǐ de. **3** 不介意 的 bú jièyì de; 不经心的 bù jīng xīn de. carelessly adv. carelessness n [U].

care² /keə(r)/ v [I] **1** (about) 关[關]心 guānxīn; 担[擔]心 dānxīn: *I ~ about this country's future.* 我关心国家的未来. **2** for: 想要 xiǎngyào; 喜爱[愛] xǐ'ài: *Would you ~ to go for a walk?* 出去 散散步, 好吗? **3** [短语动词] care for sb (a) 照管 zhàoguǎn. (b) 喜 欢[歡] xǐhuān;爱[愛](某人) ài.

career /kə'rɪə(r)/ n [C] **1** 职[職] 业[業] zhíyè. **2** 生涯 shēngyá. **career** v [I] 飞[飛]跑 fēipǎo; ~ down the hill 飞奔下山.

caress /kə'res/ n [C] 爱[愛]抚 [撫] àifǔ. **caress** v [T] 爱抚 àifǔ; 抚摸 fǔmō.

caretaker /'keəteɪkə/ n [C] 看门人 kānménrén.

cargo /'ka:gəʊ/ n [C, U] [pl ~es; 美语 ~s] (船或飞机上的)货物 huòwù.

caricature /,kærɪkə'tʃʊə(r)/ n [C] 漫画[畫] mànhuà; 讽[諷]刺画

fēngcìhuà. **caricature** v [T] 用漫画表现 yòng mànhuà biǎoxiàn; 使丑[醜]化 shǐ chǒuhuà.

carnage /'kɑːnɪdʒ/ n [U] 大屠杀(殺) dàtúshā; 残(殘)杀 cánshā.

carnal /'kɑːnl/ adj [正式用语]肉体(體)的 ròutǐde; 性欲的 xìngyùde; 色情的 sèqíngde.

carnation /kɑː'neɪʃn/ n [C] 麝香石竹 shèxiāng zhízhú.

carnival /'kɑːnɪvl/ n [C] 狂欢(歡)节(節) kuánghuānjié.

carnivore /'kɑːnɪvɔː(r)/ n [C] 食肉动(動)物 shíròu dòngwù. **carnivorous** /kɑː'nɪvərəs/ adj.

carol /'kærəl/ n [C] 颂歌 sònggē; 欢(歡)乐(樂)之歌 huānlè zhī gē; 圣(聖)诞歌 shèngdàn sònggē.

carp[1] /kɑːp/ n [C] [pl carp] 鲤科的鱼 lǐkēde yú; 鲤鱼 lǐyú.

carp[2] /kɑːp/ v [I] (at / about) 找岔子 zhǎo chàzi; 挑剔 tiāoti.

carpenter /'kɑːpɪntə(r)/ n [C] 木工 mùgōng; 木匠 mùjiàng. **carpentry** (/-trɪ/) n [U] 木工业(業) mùgōngyè.

carpet /'kɑːpɪt/ n [C] 地毯 dìtǎn. **carpet** v [T] 铺地毯(或地毯状物)于 pū dìtǎn yú.

carriage /'kærɪdʒ/ n 1[C] (火车) 客车厢 kèchēxiāng. 2 马车 mǎchē. 3 [U] 运(運)输(輸)(费) yùnshū. 4 [C] (机器的移动[動])承载部分 yìdòng chéngzài bùfen; a type-writer ~ 打字机的滑动床. **carriageway** n [C] 车行道 chēxíngdào.

carrier /'kærɪə(r)/ n [C] 运(運)货人 yùnhuòrén;运货公司 yùnhuò gōngsī. 2 带(帶)菌者 dàijūnzhě. **carrier bag** n [C] [英]纸或塑料的购物袋 gòuwùdài.

carrot /'kærət/ n [C] 胡萝(蘿)卜 húluóbo.

carry /'kærɪ/ v [pt, pp -ied] 1 (a) 传(傳)送 chuánsòng; 运(運)送 yùnsòng; 携带(帶) xiédài; ~ the boxes upstairs 把箱子搬到楼上. (b) 支撑 zhīchēng; 支持 zhīchí; The pillars ~ the whole roof. 柱子支撑整个屋顶. 2 [T] 带有 dàiyǒu; I never ~ much money. 我身上从来不带很多的钱. 3 [T] (管道、电线等) 输送 chuánshū. 4 含有 hányǒu; 使承担(擔) shǐ chéngdān; Power carries with it great responsibility. 权力本身是要承担很大责任的. 5 (报纸)刊登 kāndēng. 6 [T] [常用被动语态]投票通过(過) tóu-

piào tōngguò; The proposal was carried. 提议被通过. 7 [I] (声音)达(達)到 dádào, 传到(某种距离) chuándào; His voice doesn't ~ very far. 他的声音传不到很远处. 8 [习语] be/get carried away 失去自制力 shīqù zìzhìlì. 9 [短语动词] carry sth off 赢得 yíngdé. carry on (with/doing sth) 继(繼)续(續) jìxù; ~ on reading 继续阅读. carry on (with sb) [非正式用语]调情 tiáoqíng. carry sth on (参加) 加 cānjiā;进(進)行 jìnxíng. carry sth out 做 zuò; 实(實)现 shíxiàn; 完成 wánchéng; ~ out a plan 完成计划. carry sth through 胜(勝)利完成 shènglì wánchéng. carry sb through sth 使渡过(過)难(難)关(關) shǐ dùguò nánguān.

cart /kɑːt/ n [C] 1 马车 mǎchē. 2 [习语] put the cart before the horse 本末倒置 běnmò dàozhì. **cart** v [T] 1 用车运(運)送 yòng chē yùnsòng. 2 [非正式用语]携带(帶) xiédài; ~ parcels around 提着小包到处走. **'cart-horse** n [C] 担(擔)负重工作的马(壯)马 dànfù chénzhòng gōngzuò de zhuàngmǎ. **'cart-wheel** n [C] (体操)侧手翻 cèshǒufān.

carte blanche /kɑːt 'blɑːnʃ/ n [U] 全权(權) quánquán; 自由处(處)理权自由处理权 zìyóu chǔlǐquán.

cartilage /'kɑːtɪlɪdʒ/ n [U] 软骨 ruǎngǔ.

carton /'kɑːtn/ n [C] 纸板箱 zhǐbǎnxiāng; 塑料箱 sùliàoxiāng.

cartoon /kɑː'tuːn/ n [C] 1 漫画(畫) mànhuà. 2 卡通 kǎtōng; 动(動)画片 dònghuàpiàn. **cartoonist** n [C] 漫画家 mànhuàjiā; 动画片画家 dònghuàpiàn huàjiā.

cartridge /'kɑːtrɪdʒ/ n [C] 1 子弹(彈) zǐdàn; 弹筒 dàntǒng. 2 唱机(機)的唱头(頭) chàngjīde chàngtóu. 3 小的封闭容器 xiǎode fēngbì róngqì; an ink ~ 墨水瓶.

carve /kɑːv/ v [I, t] 1 雕刻 diāokè; 刻坯 kèpī; 做雕刻工作 zuò diāokè gōngzuò; ~ one's initials on a tree 把名字的首字母刻在树上. 2 切(熟)肉 qiē ròu. 3 [短语动词] carve sth out 努力创(創)立(事业等) nǔlì chuànglì. **carver** n [C] 雕刻家 diāokèjiā; 切肉刀 qiēròudāo. **carving** n [C] 雕刻品 diāokèpǐn. **'carving knife** n [C] 切(熟)肉刀

qiěròudào.

cascade /kæˈskeɪd/ n [C] 小瀑布 xiǎo pùbù; 瀑布 pùbù. **cascade** v [I] 瀑布似地落下 pùbù sì de luòxià.

case¹ /keɪs/ n [C] 情况 qíngkuàng; 状[狀]况 zhuàngkuàng; a clear ~ of blackmail 明显的 敲诈事例. In most ~s, no extra charge is made. 在大多数情况下 不另付费. **2 the** ~ [sing] 事实 [實] shìshí; 实情 shíqíng: If this is the ~, you will have to work harder. 果真如此，你就得更加努 力工作. **3** [C] 病例 bìnglì. **4** [C] 案 件 ànjiàn. **5** [C] 诉讼 sùsòng. (**b**) [常作 sing] (辩论的事中的)系 列事实[實] xìliè shìshí. **6** [U,C] (语 法)格 gé. **7** [习语] **a case in** 'point 有关[關]的例证 yǒu-guānde lìzhèng. **in** 'any case 无 [無]论[論]如何 wúlùn rúhé, **in case of sth** 如果 rúguǒ: In ~ of emergency, phone the police. 如 有紧急情况，就给警方打电话. **in** 'that case 假如那样[樣] jiǎrú nà-yàng. (just) **in case** 以防[防]万[萬]一 yǐ fáng wànyī: Take an umbrella in ~ it rains. 带一把伞，以防下雨. **case** 'history n [C] (个[個]人)档[檔]案 gèrén dàng'àn; 病 历[歷] bìnglì.

case² /keɪs/ n [C] **1** 箱子 xiāngzi; 袋子 dàizi; 套子 tàozi. **2** 衣箱 yī-xiāng. **case** v [T] 把…装[裝]箱 ... zhuāngxiāng; 把…装盒 bǎ ... zhuānghé.

cash /kæʃ/ n [U] **1** 现金 xiànjīn; 现 款 xiànkuǎn. **2** [非正式用语]钱[錢] qián; 款子 kuǎnzi. **cash** v [T] 兑 现 duìxiàn; 兑付 duìfù. **2** [短语动词] **cash in on sth** 从…获[獲]利 yī huòlì; 营[營]利 yínglì. **'cash crop** n [C] 商品作物 shāngpǐn zuòwù. **'cash dispenser** n [C] 自动[動] 付款机[機] zìdòng fùkuǎnjī. **'cash machine** n [C] 取款机 qǔkuǎnjī. **'cash register** n [C] 现金收入记 录[錄]机 xiànjīn shōurù jìlùjī.

cashew /ˈkæʃuː/ n [C] 腰果树 yāoguǒshù; 腰果 yāoguǒ.

cashier /kæˈʃɪə(r)/ n [C] 出纳员 chūnàyuán.

cashmere /ˈkæʃmɪə(r)/ n [U] 开 [開]士米(一种细毛料) kāishìmǐ; 山羊绒 shānyángróng.

casing /ˈkeɪsɪŋ/ n [C] 包装[裝] bāozhuāng; 外壳[殼] wàiké; 套 tào.

casino /kəˈsiːnəʊ/ n [C] [pl ~s] 娱乐[樂]场[場] yúlèchǎng; 赌场 dǔchǎng.

cask /kɑːsk/ n [C] 木桶 mùtǒng.

casket /ˈkɑːskɪt/ US /ˈkæs-/ n [C] **1** 精美的小盒子 jīngměide xiǎohé-zi; 首饰盒 shǒushìhé. **2** [美语]棺材 guāncái.

casserole /ˈkæsərəʊl/ n (**a**) [C] (烧菜用的)有盖[蓋]焙盆[盤] zhì-gài bèipán; 蒸锅[鍋] zhēngguō. (**b**) [C,U] 用焙盆烧[燒]焖[燜]制[製]的食品 yòng bèipán shāozhì de shípǐn.

cassette /kəˈset/ n [C] 磁带[帶] 盒 cídàihé; 照相软[軟]片盒 zhàoxiàng ruǎnpiàn hé.

cassock /ˈkæsək/ n [C] 教士穿的 长[長]袍 jiàoshì chuān de chángpáo.

cast /kɑːst; US kæst/ v [pt, pp cast] [T] **1** 投石[投]; 掷[擲] zhì, 撒 sā; ~ a net 撒网. Snakes ~ their skins. 蛇蜕皮了. [喻] The tree ~ a long shadow. 树木投下长长的树影. ~ a glance at sb 瞥了那人一眼. ~ doubt on his claims 对他的主张表示怀疑. **2** 浇 [澆]铸[鑄]; 浇灌 jiāoguàn: a statue ~ in bronze 浇铸铜像. **3** 给(演员)选[選]派角 色 gěi xuǎnpài juésè. **4** [习语] **cast aspersions on sb/sth** [正式用语] 诋毁 dǐhuǐ; 毁谤 huǐbàng. **cast on eye/one's eyes over sth** 迅速查看 xùnsù chákàn. **cast light on sth** ⇨ LIGHT¹. **cast lots** ⇨ LOT³. **5** [短语 动词] **cast sb/sth aside** 抛弃[棄] pāoqì. **cast (sth) off** 解缆[纜]放 (船等) jiě lǎn fàng. **cast sth off** 抛 弃 pāoqì, 铸造物 zhùzàowù, 'casting 'vote n [C] 决定性的一票 juédìng-xìng de yìpiào. **cast 'iron** n [U] 铸 铁[鐵] zhùtiě; 生铁 shēngtiě. **cast-iron** adj **1** 生铁造的 shēngtiě zào de. **2** [喻]坚[堅]强的 jiānqiáng de; a ~-iron excuse 无懈可击的理 由. **cast-off** n [C, 常作 pl], adj 原主人不再穿的衣服 yuán zhǔrén búzài chuān de yīfu; (衣服)原主人 不再穿的 yuán zhǔrén búzài chuān de.

cast² /kɑːst; US kæst/ n [C] **1** (戏剧等的)全体[體]演员 quántǐ yǎnyuán. **2** [喻]投; 掷[擲]; 抛 pāo; 掷 zhì. **3** (a) 铸造物 zhùzàowù; 模压[壓]品 múyāpǐn. (**b**) 铸型 zhùxíng; 模子 múzi.

castanets /ˌkæstə'nets/ *n* [pl] 响
[響]板(硬木或象牙的两片板,系于
手指上,互击作响,配合音乐歌舞)
xiǎngbǎn.

castaway /'kɑːstəweɪ/ *n* [C] 乘船
遇难(難)的人 chéngchuán yùnàn de
rén.

caste /kɑːst/ *n* [C]种姓 zhǒngxìng,
(印度社会的等级之一).

castigate /'kæstɪgeɪt/ *v* [T] 《正式
用语》申斥 shēnchì; 严[嚴]厉[厲]
批评 yánlì pīpíng.

castle /'kɑːsl/ *n* [C] **1** 城堡
chéngbǎo. **2** (国际象棋)车 jū.

castor (亦作 **caster**) /'kɑːstə(r)/;
US 'kæs- *n* [C] **1** 脚轮(輪)(椅子
等的小脚轮[輪]) xiǎo jiǎolún. **2** 盛
调味品的小瓶 chéng tiáowèipǐn de xiǎo
píng. ,**castor 'sugar** [U] 细白砂
糖 xì báishātáng.

castor oil /ˌkɑːstər 'ɔɪl; US
'kæstər/ *n* [U] 蓖麻油 bìmáyóu.

castrate /kæ'streɪt; US 'kæstreɪt/
v [T] 阉[閹]割 yāngē. **castration**
/kæ'streɪʃn/ *n* [U].

casual /'kæʒuəl/ *adj* **1** 随[隨]便
的 suíbiàn de; 漫不经[經]心的 màn
bù jīngxīn de; ~ *clothes* 便服. **2** 偶
然的 ǒurán de; 碰巧的 pèngqiǎo de;
a ~ meeting 偶然的相会, 巧遇.
3 临[臨]时[時]的 línshí de; ~
work 临时工作. **casually** *adv*.

casualty /'kæʒuəltɪ/ *n* [C] [*pl*
-ies] 伤[傷]亡人员 shāngwáng
rényuán.

cat /kæt/ *n* [C] **(a)** 猫 māo. **(b)**
猫科动[動]物 māokē dòngwù. '**cat
burglar** *n* [C] 翻墙[牆]入室的窃
[竊]贼 fānqiáng rùshì de qièzéi.
'**catcall** *n* [C] (表示不满的)尖厉
[厲]口哨声[聲] jiānlì kǒushào
shēng. '**catnap** *n* [C] 小睡 xiǎo-
shuì; 假寐 jiǎmèi.

catacombs /'kætəkuːmz; US
-kəumz/ *n* [pl] 地下墓穴 dìxià
mùxué; 陵寝 língqǐn.

catalogue (美语亦作 **-log**) /'kæ-
təlɒg; US -lɔːg/ *n* [C] 目录(货品等
目录[錄]) mùlù. **catalogue** *v* [T]
把…编入目录 biānrù mùlù.

catalyst /'kætəlɪst/ *n* [C] 【化学】
催化剂[劑] cuīhuàjì.

catapult /'kætəpʌlt/ *n* [C] 弹
[彈]弓 dàngōng. **catapult** *v* [T]
用弹弓射 yòng dàngōng shè; 如用
弹弓射 rú yòng dàngōng shè.

cataract /'kætərækt/ *n* [C] **1** 大
瀑布 dà pùbù. **2** 白内障 báinèi-

zhàng.

catarrh /kə'tɑː(r)/ *n* [U] 卡他
kǎtā; 黏膜炎 niánmóyán.

catastrophe /kə'tæstrəfɪ/ *n* [C]
大灾[災]难[難][難] dàzāinàn; 大祸
[禍] dàhuò, **catastrophic** /ˌkætə-
'strɒfɪk/ *adj*.

catch[1] /kætʃ/ *v* [*pt*, *pp* **caught**
/kɔːt/] **1** [T] 接住 jiēzhù; 抓住
zhuāzhù; ~ *a ball* 接住球. **2** [T]
逮住 dàizhù; 捕获[獲] bǔhuò; ~ *a
thief* 逮住小偷. **3** [T] 撞见(某人)
做坏事(恶事) zhuàngjiàn zuò mǒu-
shǐ... **4** [T] 赶[趕]上(火车等)
gǎnshàng. **5** [I, T] 绊住 bànzhù; 挂
住 guàzhù; *I caught my fingers
in the door.* 我的手指夹在门缝里
了. **6** [T] 感染到 gǎnrǎndào; 患(感
冒)患[患]上 ~ *a cold* 感冒, 伤风. **7** [T]
懂得 dǒng-de; 了解 liǎojiě; 听[聽]到(声音)
tīngdào; *I didn't catch your
name.* 我没有听清楚你的名字. **8**
[T] 打(打)中 jízhòng. **9** [习语]
be caught up in sth 被卷
[捲]入 bèi juǎnrù, **catch sb's
at'tention/'eye** 吸引某人注意, 吸
引 yǐn mǒurén zhùyì. **catch sb's fancy**
⇒FANCY[1] **catch 'fire** 着火 zháo-
huǒ, **catch sb napping** [非正式用
语]发[發]现…走神 fāxiàn …; 乘其不
备 chéng qí bù bèi, **catch sb red-'handed** 当
[當]场(場)抓住某人(做坏事)
dāngchǎng zhuāzhù mǒurén, **catch
sight of sb/sth** 瞥见 piējiàn. **10**
[短语动词] **catch 'on** [非正式用
语]流行(流行) liúxíng; 时髦 shímáo.
,**catch 'on (to sth)** [非正式用语]
理解 lǐjiě. ,**catch sb 'out** 证[證]明
…无[無]知 wúzhī, 错误 cuòwù. **catch 'up (with sb)**,
,**catch sb 'up** 赶上 gǎnshàng; 追上
zhuīshàng, **catch up on sth** 赶做
gǎnzuò, **catching** *adj* (疾病)传
[傳]染性的 chuánrǎnxìngde,
'**catchment ,area** /'kætʃmənt/ *n*
[C] 来源区(區)(如特定学校学生区、
某医院的病人来源区等) láiyuánqū.
catch-phrase *n* [C] 时髦话 shí-
máohuà. **catchy** *adj* [**-ier, -iest**]
(曲调)易记住的 yì jìzhùde.

catch[2] /kætʃ/ *n* [C] **1** 接住 jiē-
jiēzhù. **2** 捕获[獲]物 bǔhuòwù; 捕
获量 bǔhuòliàng. **3** 钩钩 chuānggōu;
门扣 ménkòu. **4** 暗题[題]圈套 àntí
quāntào; *There must be a ~ in this
somewhere.* 这里头一定有蹊跷.

categorical /ˌkætɪ'gɒrɪkl; US

-'gɔːr-/ adj 无[無]条[條]件的 wútiáojiànde;绝对[對]的 juéduìde.

categorically /-klɪ/ adv.

category /'kætəgərɪ; US -gɔːrɪ/ n [C] (pl -ies) 种[種]类[類]zhǒnglèi;类目 lèimù. **categorize** /-gəraɪz/ v [T] 把…分类 bǎ…fēnlèi.

cater /'keɪtə(r)/ v [I] (for) 1 供应[應]伙食 gōngyìng huǒshí. 2 迎合 yínghé;满足 mǎnzú: television programmes ~ing for all tastes 满足各种品味的电视节目. **caterer** n [C].

caterpillar /'kætəpɪlə(r)/ n [C] 1 毛虫 máochóng. 2 (亦作 **Caterpillar track** (P) 履带[帶]lǚdài.

catgut /'kætɡʌt/ n [U] (用作小提琴弦、网球拍等)肠[腸]线[綫]chángxiàn.

cathedral /kə'θiːdrəl/ n [C] 总[總]教堂 zǒngjiàotáng;大教堂 dàjiàotáng.

cathode /'kæθəʊd/ n [C] (电)阴[陰]极[極]yīnjí.

catholic /'kæθəlɪk/ adj 1 Catholic = ROMAN CATHOLIC (ROMAN). 2 [正式用语]普遍的 pǔbiànde;广[廣]泛的 guǎngfànde: have ~ tastes 有广泛的兴趣. **Catholic** n [C] = ROMAN CATHOLIC (ROMAN). **Catholicism** /kə'θɒləsɪzəm/ n [U] 天主教教义[義]、信仰 tiānzhǔjiào jiàoyì,xìnyǎng.

cattle /'kætl/ n [pl] 牛 niú.

catty /'kætɪ/ adj (-ier, -iest) 恶[惡]毒的 èdúde.

caught /kɔːt/ pt, pp of CATCH[1].

cauldron /'kɔːldrən/ n [C] 大锅[鍋]dàguō.

cauliflower /'kɒlɪflaʊə(r); US 'kɔːlɪ-/ n [C, U] 菜花 càihuā.

cause /kɔːz/ n 1 [C] 原因 yuányīn;起因 qǐyīn: the ~ of the fire 起火的原因. 2 [U] (for) 理由 lǐyóu; have ~ for complaint 有抱怨的理由. 3 [C] 事业[業]shìyè;目标[標]mùbiāo: the ~ of world peace 世界和平事业. **cause** v [T] 是…的原因 shì…de yuányīn: What ~d his death? 他怎么死的?

causeway /'kɔːzweɪ/ n [C] (穿越湿地的)堤道 dīdào.

caustic /'kɔːstɪk/ adj 1 腐蚀性的 fǔshíxìngde;苛性的 kēxìngde: ~ soda 苛性钠. 2 [喻](话语)讽刺的 fěngcìde;刻薄的 kèbóde.

caustically /-klɪ/ adv.

caution /'kɔːʃn/ n 1 [U] 小心 xiǎoxīn;谨慎 jǐnshèn. 2 [C] 告诫 gàojiè;警告 jǐnggào. **caution** v [T] 警告 jǐnggào. **cautionary** /'kɔːʃənərɪ; US -nerɪ/ adj 告诫的 gàojiède;警告的 jǐnggàode.

cautious /'kɔːʃəs/ adj 小心的 xiǎoxīnde;谨慎的 jǐnshènde. **cautiously** adv.

cavalcade /ˌkævl'keɪd/ n [C] 车队[隊]chēduì;马群 mǎqún.

cavalry /'kævlrɪ/ n [C,亦作 sing, 用 pl v] (pl -ies) 骑兵 qíbīng;装[裝]甲兵 zhuāngjiǎbīng.

cave /keɪv/ n [C] 山洞 shāndòng;岩洞 yándòng;地窖 dìjiào. **cave** v [短语动词] **cave in** 场[塌]tāfāng;坍陷 tānxiàn.

cavern /'kævən/ n [C] 大山洞 dà shāndòng;大洞穴 dà dòngxué. **cavernous** adj 大洞穴似的 dà dòngxuè shìde;大而深的 dà ér shēn de.

caviare (亦作 **caviar**) /'kævɪɑː(r)/ n [U] 鱼子酱[醬]yúzǐjiàng.

cavity /'kævətɪ/ n [C] (pl -ies) [正式用语]洞 dòng.

cayenne /keɪ'en/ n (亦作 **cayenne pepper**) [U] 辣椒 làjiāo.

CB /ˌsiː 'biː/ abbr citizens' band 民用电[電]台[臺]波[㠠]频带[帶]mínyòng diàntái píndài.

cc /ˌsiː 'siː/ abbr cubic centimetre 立方厘米 lìfāng límǐ.

CCTV /ˌsiː siː tiː 'viː/ abbr closed-circuit television 闭路电[電]视 bìlù diànshì.

CD /ˌsiː 'diː/ abbr compact disc 激光唱盘[盤]jīguāng chàngpán. **CD burner** n [C] 光盘烧[燒]录[錄]机[機]guāngpán shāolùjī. **CD player** n [C] CD 播放机 CD bōfàngjī. **CD writer** n [C] 光盘刻录机 guāngpán kèlùjī. **CD-'ROM** abbr 只读[讀]光盘 zhǐdú guāngpán. **CD-ROM drive** n 只读光盘驱[驅]动[動]器 zhǐdú guāngpán qūdòngqì.

cease /siːs/ v [I, T] [正式用语]停止 tíngzhǐ,停歇 tíngxiē. **cease-'fire** n [C] 停战[戰]tíngzhàn;停火协[協]定 tínghuǒ xiédìng. **ceaseless** adj 不停的 bùtíngde. **ceaselessly** adv.

cedar /'siːdə(r)/ n (a) [C] 雪松 xuěsōng. (b) [U] 雪松木 xuěsōngmù.

ceiling /'siːlɪŋ/ n [C] 1 天花板 tiānhuābǎn;顶篷 dǐngpéng. 2 最高限度 zuìgāo xiàndù: price (wage)

~ 物价(工资)最高限度.

celebrate /'selɪbreɪt/ v [I, T] 庆 [慶]祝 qìngzhù. 2 [T] [正式用语] 歌颂 gēsòng; 赞 [讚] 美 zànměi. **celebrated** 著名的 zhùmíngde; 有名 的 yǒumíngde. **celebration** /ˌselɪ'breɪʃn/ n [C, U] 歌颂 gēsòng; 赞 美 zànměi.

celebrity /sɪ'lebrətɪ/ n [pl -ies] 1 [C] 著名人士 zhùmíng rénshì. 2 [U] 著名 zhùmíng; 名声[聲] míng-shēng.

celery /'selərɪ/ n [U] 芹菜 qíncài.

celestial /sɪ'lestɪəl/ US -tʃl/ adj [非正式用语]天的 tiānde; 天空的 tiānkōngde.

celibate /'selɪbət/ adj [C] 独[獨] 身的 dúshēnde. **celibacy** /-bəsɪ/ n [U]. **celibate** n [C] 独身者 dú-shēnzhě.

cell /sel/ n [C] 1 小房间[間] xiǎo fángjiān; a prison ~ 小牢房. 2 牢 [電]池 diànchí. 3 细胞 xìbāo. 4 (秘 密组织等的)小组 xiǎozǔ.

cellar /'selə(r)/ n [C] 地窖 dìjiào; a wine ~ 酒窖.

cello /'tʃeləʊ/ n [C] [pl ~s] 大 提琴 dàtíqín, **cellist** /'tʃelɪst/ n [C] 大提琴手 dàtíqínshǒu.

Cellophane /'seləfeɪn/ n [C] (P) 玻璃纸[紙] bōlízhǐ; 胶[膠]膜 jiāomó; 赛 璐珞 sàilùlào.

cellular /'seljʊlə(r)/ adj 1 由细胞 组成的 yóu xìbāo zǔchéng de. 2 (地毯等)织[織]得松[鬆]的 zhīde-sōngde.

Celsius /'selsɪəs/ adj, n [U] 摄 [攝]氏度的 shèshìdù.

cement /sɪ'ment/ n [U] 1 水泥 shuǐní. 2 结合剂[劑]jiéhéjì; 粘固剂 niángùjì. **cement** v [T] 粘结 nián-jié; 胶[膠]合 jiāohé.

cemetery /'semətrɪ; US -terɪ/ n [C] [pl -ies] 墓地 mùdì.

cenotaph /'senətɑːf; US -tæf/ n [C] (为战争中的牺牲者而立的)纪 念碑 jìniànbēi.

censor /'sensə(r)/ n [C] 审[審]查 官 shěncháguān; 审查员 shěnchá-yuán. **censor** v [T] 审查 shěnchá; 检[檢]查 jiǎnchá. **censorship** n [U] 审查(制度) shěnchá; 审查政策 shěnchá zhèngcè.

censure /'senʃə(r)/ v [T] [正式用 语]指责 zhǐzé; 非难[難] fēinàn. **censure** n [U].

census /'sensəs/ n [C] 人口调查 rénkǒu diàochá.

cent /sent/ n [C] 分(货币单位)

fēn.

centaur /'sentɔː(r)/ n [C] [希腊 神话]半人半马[馬]怪物 bànrén bànmǎ guàiwù.

centenarian /ˌsentɪ'neərɪən/ n [C], adj 百岁[歲]老人(的) bǎisuì lǎorén.

centenary /sen'tiːnərɪ; US 'sentənerɪ/ n [C] [pl -ies] 百年 纪念 bǎinián jìniàn.

centennial /sen'tenɪəl/ n [C] [美 语]百年纪念 bǎinián jìniàn.

center [美语] = CENTRE.

centigrade /'sentɪgreɪd/ adj, n [U] = CELSIUS.

centimetre (美语 **-meter**) /'sen-tɪmiːtə(r)/ n [C] 公分 gōngfēn; 厘米 límǐ.

centipede /'sentɪpiːd/ n [C] 蜈蚣 wúgōng.

central /'sentrəl/ adj 1 中央的 zhōngyāngde; 中心的 zhōngxīnde. 2 最重要的 zuìzhòngyàode; 主要的 zhǔyàode. **central 'heating** n [U] 中央暖气[氣]系统 zhōngyāng nuǎn-qì xìtǒng, **centrally** adv. **central 'locking** n [U] 中央门锁 zhōngyāng ménsuǒ.

centralize /'sentrəlaɪz/ v [I, T] (使)集中到中央 jízhōng dào zhōng-yāng;由中央政府管理 yóu zhōng-yāng zhèngfǔ guǎnlǐ. **centralization** /ˌsentrəlaɪ'zeɪʃn; US -lɪ'z-/ n [U].

centre /'sentə(r)/ n 1 中心 zhōngxīn;中央 zhōngyāng. 2 [C] 某 种[種]活动[動]集中的地方 mǒu-zhǒng huódòng jízhōng de dìfāng: a shopping ~ 购物区. 3 人们兴 [興]趣的集中点 rénmen xìngqù de jízhōngdiǎn; the ~ of attention 注意的中心. 4 (尤用 the centre) [sing] 中间立场 zhōngjiān lìchǎng; 政治上的中间阵地 zhèngzhìshàng de zhōngjiān lìchǎng. **centre** v [短语动词] **centre (sth) on/around sb/sth** 把 … 当 [當]作中心 bǎ…dāngzuò zhōngxīn.

centrifugal /ˌsentrɪ'fjuːgl, 亦作 sen'trɪfjʊgl/ adj 离[離]心的 líxīn-de: ~ force 离心力.

century /'sentʃərɪ/ n [C] [pl -ies] 1 一百年 yībǎinián; 世纪 shìjì. 2 (板球的)一百分 yìbǎifēn.

ceramic /sɪ'ræmɪk/ adj 陶器的 táoqìde; 陶瓷的 táocíde. **ceramics** n 1 [U] 制陶艺[藝]术[術] zhìtáo yìshù. 2 [pl] 陶瓷制[製]品 táocí zhìpǐn.

cereal /'sɪərɪəl/ n [U, C] 1 谷[穀] 类[類]粮[糧]食 gǔlèi liángshí. 2 谷

类食品 gùlèi shípǐn: **'breakfast** ~**s** 早餐麦片粥.

ceremonial /ˌserɪ'məʊnɪəl/ *adj* 礼 [仪]仪[仪]的 lǐyíde. a ~ *occasion* 正式场合. **ceremonial** *n* [C, U] 礼仪 lǐyí; 仪式 yíshì. **ceremonially** /-nɪəlɪ/ *adv*.

ceremonious /ˌserɪ'məʊnɪəs/ *adj* 仪[仪]式隆重的 yíshì lóngzhòng de. **ceremoniously** *adv*.

ceremony /'serɪmənɪ; *US* -məʊnɪ/ *n* [*pl* **-ies**] **1** [C] 典礼[礼] diǎnlǐ; 仪[仪]式 yíshì. **2** 礼节[节] lǐjié; 礼 仪 lǐyí.

certain /'sɜːtn/ *adj* **1** 确[确]定的 quèdìngde; 无[无]疑的 wúyí de. *be ~* (*to*) 一定的 yídìngde; 必然的 bìránde: *They're ~ to win the game.* 他们一定会赢这场比赛. **3** 某的 mǒude; 某种[种]的 mǒuzhǒngde; 某一的 mǒuyīde: *on ~ conditions* 在某些条件下. **4** 一些的 yīxiēde; 一定的 yídìngde: *a ~ coldness in his attitude* 态度有些冷淡. **5** [习语] **make certain** 弄确实[实] nòngquèshí: *Make ~ that no bones are broken.* 确定没有骨折. **certainly** *adv* **1** 无疑 wúyí; 一定 yídìng. **~** *~ly die*. 他肯定会死的. **2** (回答疑问时)当 然 dāngrán; 肯定 kěndìng. **certainty** *n* [*pl* **-ies**] **1** [U] 必然的事 bìrándeshì. **2** [C] 必然的 事 bìrándeshì.

certificate /sə'tɪfɪkət/ *n* 证[证]书[书] zhèngshū; 执[执]照 zhízhào: *a 'birth ~* 出生证明.

certify /'sɜːtɪfaɪ/ *v* [*pt*, *pp* **-ied**] [T] (正式)证[证]明 zhèngmíng: ~ *him dead* (*insane*) 证明他死亡 (精神失常).

cessation /se'seɪʃn/ *n* [U, C] [正 式用语]停止 tíngzhǐ.

cesspit /'sesprt/ (亦作 **cesspool** /'sespuːl/) *n* [C] 污水坑 wūshuǐkēng; 粪[粪]坑 fènkēng.

CFC /ˌsiː ˈef siː/ *abbr* chlorofluorocarbon 含氯氟烃[烃]烃 hánlǜfútīng.

chafe /tʃeɪf/ *v* **1** [I] [T] 擦痛(皮肤 等) cātòng. **2** [I] (*at / under*) 焦 躁 jiāozào: ~ *at the delay* 因拖 延而焦躁.

chaff /tʃɑːf; *US* tʃæf/ *n* [U] 谷 壳[壳](壳) gǔké; 糠 kāng.

chagrin /'ʃægrɪn; *US* ʃəˈɡriːn/ *n* **1** [U] [正式用语]懊恼[恼] àonǎo; 懊恨 huìhèn.

chain /tʃeɪn/ *n* **1** [C, U] 链 liàn; 链

条[条] liàntiáo. **2** [C] 一连串 yīliánchuàn; 一系列 yīxìliè: *a ~ of mountains* 山脉 shānmài; 山系. *a ~ of shops* 连锁店. *a ~ of events* 一 系列事件. **chain** *v* [T] 用链条拴 住 yòng liàntiáo shuānzhù; 束缚 shùfù. **,chain re'action** *n* [C] 连锁反 应[应] liánsuǒ fǎnyìng. **'chain-smoke** [I, T] 一根接一根地吸烟 yīgēn jiē yīgēn de xīyān. **'chain-smoker** *n* [C] 连续抽烟的人 liánxù chōuyān de rén. **'chain-store** *n* [C] 连锁商店 liánsuǒ shāngdiàn.

chair /tʃeə(r)/ *n* **1** [C] 椅子 yǐzi. **2 the chair** [*sing*] 会[会]议[议]主 席职[职]位 huìyì zhǔxí zhíwèi; 会议 主席 huìyì zhǔxí. **3** [C] 大学[学]教 授的职位 dàxué jiàoshòu de zhíwèi. **chair** *v* [T] 任(会议)主席 rèn zhǔxí; 主持(会议) zhǔchí. **'chairman, 'chairperson, 'chairwoman** *n* [C] (会议)主席 zhǔxí.

chalet /'ʃæleɪ/ *n* [C] **1** 瑞士山上的 小木屋 Ruìshì shānshàng de xiǎomùwū. **2** 木屋式别墅 mùwūshì biéshù.

chalk /tʃɔːk/ *n* **(a)** [U] 白垩[垩] bái'è. **(b)** [C, U] 粉笔[笔] fěnbǐ. **chalk** *v* [I, T] 用粉笔写(写)、画 huà; 用粉笔在…写、画. **2** [短语动 词]**chalk sth up** 获[获]得(成功) huòdé. **chalky** [-ier, -iest] 白垩的 bái'è de; 像白垩的 xiàng bái'è de.

challenge /'tʃælɪndʒ/ *n* [C] **1** 艰 [艰]难[难]的任务[务] jiānnánde rènwù. **2** 邀请比试 yāoqǐng bǐshì; 挑 战[战] tiǎozhàn. **challenge** *v* [T] **1** 挑战 tiǎozhàn. **2** 要求提出事实 [实](以证明一项声明) yāoqiú tíchū shìshí. **challenger** *n* [C]. **challenging** *adj* 挑战性的 tiǎozhànxìng de; 提出难题的 tíchū nántí de.

chamber /'tʃeɪmbə(r)/ *n* **1** [旧时 的]房间[间] fángjiān. **2** 议[议]院 yìyuàn;立法机[机]关[关]的会[会] 议[议]厅[厅] lìfǎ jīguān de huìyìtīng. **3 chambers** [*pl*] 法官与律师 [师]使用的套间 fǎguān yǔ lǜshī shǐyòngde tàojiān. **4** [C] (动植物体内 的)腔 qiāng; 室 shì: *the ~s of the heart* 心腔(心房与心室). **'chambermaid** (旅馆)卧室女服务 [务]员 wòshì nǚ fúwùyuán; 女招待 nǚzhāodài. **'chamber music** 室内乐[乐] shìnèiyuè. **chamber of commerce** *n* [C] 商会 shānghuì.

chameleon /kə'miːliən/ *n* [C] 变 [变]色蜥蜴 biànsè xīyì; 变色龙 [龙] biànsèlóng.

chamois /'ʃæmwɑː; *US* 'ʃæmɪ/ *n* [C] [*pl* **chamois**] 欧[欧]洲和

加索地区〔區〕的小羚羊 Gāosuǒ dìqū de xiǎo língyáng. **'chamois leather** n [C,U] 羚羊皮 língyángpí.

champ[1] /tʃæmp/ v [I,T] **1** (马等) 大声〔聲〕地嚼或咬 dàshēngde jiáo huò yǎo. **2** 不耐烦 bùnàifán; 焦急 jiāojí.

champ[2] /tʃæmp/ n [C] 〔非正式用语〕= CHAMPION.

champagne /ʃæm'peɪn/ n [C,U] 香槟(檳)酒 xiāngbīnjiǔ.

champion /'tʃæmpɪən/ n [C] **1** 冠军 guànjūn. **2** 战〔戰〕士 zhànshì; 拥〔擁〕护〔護〕者 yōnghùzhě; a ~ of women's rights 妇女权利的拥护者. **champion** v [T] 支持 zhīchí; 拥护 yōnghù; 保卫〔衛〕 bǎowèi.

championship n [C] **1** 冠军赛 guànjūnsài; 锦标(標)赛 jǐnbiāosài. **2** 冠军的地位 guànjūnde dìwèi. **3** 拥护 yōnghù; 支持 zhīchí.

chance /tʃɑːns; US tʃæns/ n **1** [U] 机(機)会(會) jīhuì; 幸运〔運〕 xìngyùn; 运气〔氣〕 yùnqì. **2** [C,U] 可能性 kěnéngxìng; no ~ to make an apology 没有机会道歉. **3** [C] 机遇 jīyù; 机会 jīhuì; have a ~ to make an apology 有机会道歉. **4** 〔习语〕 by 'chance 偶然 ǒurán. on the (off) chance 抱着希望 bàozhe xīwàng. take a 'chance (on sth) 冒险〔險〕màoxiǎn; 投机 tóujī. **chance** v **1** [I] 〔正式用语〕碰巧 pèngqiǎo; 偶然发(發)生 ǒurán fāshēng; I ~d to be there. 我碰巧在那里. **2** [T] 冒…的危险 mào…de wēixiǎn. **chancy** adj [-ier, -iest] 〔非正式用语〕冒险的 màoxiǎnde.

chancel /'tʃɑːnsl; US 'tʃænsl/ n [C] (教堂东端的)圣(聖)坛〔壇〕 shèngtán.

chancellor /'tʃɑːnsələ(r); US 'tʃæn-/ n [C] **1** (某些国家的)总(總)理 zǒnglǐ. **2** (英国英语)某些大学的)名誉〔譽〕校长〔長〕 míngyù xiàozhǎng. **Chancellor of the Ex'chequer** n 〔英国英语〕财政大臣 cáizhèng dàchén.

chandelier /ˌʃændə'lɪə(r)/ n [C] 枝形吊灯 zhīxíng diàodēng.

change[1] /tʃeɪndʒ/ v [I,T] 改变〔變〕gǎibiàn; 变化 biànhuà; Our plans have ~d. 我们的计划改变了. Water ~s into steam. 水变成蒸气. ~ one's attitude 改变态度. **2** 替换 tìhuàn; 替代 tìdài; 更换 gēnghuàn; a light bulb 换一个

灯泡. **3** [I,T] 换衣服 huàn yīfu. **4** [I,T] 换车、船 huàn chē, chuán. **5** [T] 兑换 duìhuàn. **6** 〔习语〕 change hands 转〔轉〕手 zhuǎnshǒu. change one's mind 改变主意 gǎibiàn zhǔyì. change one's tune 改变态度〔態〕gǎibiàn tàidù. **7** 〔短语动词〕 ,change 'over (from sth) (to sth) 改变制度 gǎibiàn zhìdù.

changeable adj 常变的 chángbiànde. **'change-over** n [C] 制度的改变 zhìdùde gǎibiàn.

change[2] /tʃeɪndʒ/ n [C] 〔變〕改变 gǎibiàn; 变化 biànhuà. **2** [C] 替换物 tìhuànwù; ~ of clothes 替换的衣服. ~ of name 改换的名字. **3** [U] (a) 找头〔頭〕zhǎotou. (b) 零钱〔錢〕língqián. **4** 〔习语〕 for a change 为〔爲〕了改变一下 wèile gǎibiàn yíxià.

channel /'tʃænl/ n [C] **1** 水道 shuǐdào; 河床 héchuáng; 航道 hángdào. **2** 海峡〔峽〕hǎixiá; The English C ~ 英吉利海峡. **3** 路线(綫)lùxiàn; 途径〔徑〕tújìng; 系统 xìtǒng; Your complaint must be made through the proper ~s. 你提出不满意见必须通过合适的途径提出. **4** 电(電)视台(臺)diànshìtái; 频道 píndào. **channel** v [-ll-; 美语亦作 -l-] [T] **1** 在…形成水道 zài…xíngchéng shuǐdào. **2** 导(導)引 yǐndǎo; 〔喻〕~ all our resources into the new scheme 把我们所有的资源都用到新的计划上. **channel changer** n [C] (电视机的)遥控器 yáokòngqì.

chant /tʃɑːnt/ v [I,T] **1** 单(單)调地唱 dāndiàode chàng. **2** (有节奏地、反复地)唱或喊叫 chàng huò hǎnjiào. **chant** n [C].

chaos /'keɪɒs/ n [U] 混乱(亂)hùnluàn; 纷乱 fēnluàn. **chaotic** /keɪ'ɒtɪk/ adj.

chap[1] /tʃæp/ n [C] 〔非正式用语, 尤用于英国英语〕家伙 jiāhuo; 小伙子 xiǎohuǒzi.

chap[2] /tʃæp/ v [-pp-] (尤指皮肤)粗糙 cūcāo, 皲(皸)裂 jūnliè; ~ped lips 皲裂的嘴唇.

chapel /'tʃæpl/ n [C] **1** 学(學)校等内的小教堂 xuéxiào děng de xiǎo jiàotáng. **2** 教堂内的私人祈祷〔禱〕处〔處〕jiàotáng nèi de sīrén qídǎochù.

chaplain /'tʃæplɪn/ n [C] 军队〔隊〕、监(監)狱内之牧师〔師〕jūnduì, jiānyù nèi zhī mùshi.

chapter /'tʃæptə(r)/ n [C] **1** (书

的）章 zhāng: 回 huí. **2** 时〔時〕期 shíqī: 时代 shídài.

char[1] /tʃɑː(r)/ v [-rr-] [I, T] (使)烧（燃）焦 shāojiāo; (使)烧黑 shāohēi.

char[2] /tʃɑː(r)/ n [C] (亦作 **'charwoman**) n [C] 〔英国英语〕替人打扫〔掃〕清洁〔潔〕的女工 tì rén dǎsǎo qīngjié de nǚgōng.

character /'kærəktə(r)/ n **1** [U] （个人等的）性格 xìnggé; 特性 tèxìng: The ~ of the town has changed over the years. 这些年来这个城镇的特性改变了. **2** [U] （事物的）性质〔質〕xìngzhì; discussions that were confidential in ~ 属于机密性质的讨论. **3** [U] **(a)** 显〔顯〕著的特点〔點〕xiǎnzhuó tèdiǎn: a house with no ~ 无显著特色的房屋. **(b)** 道德的力量 dàodéde lìliàng: a woman of ~ 品格高尚的女人. **4** [C] （戏剧、小说中的）人物 rénwù, 角色 juésè. **5** [C] 〔非正式用语〕人 rén; 怪人 guàirén. **6** [C] 书〔書〕写〔寫〕或印刷符号 shūxiě huò yìnshuā fúhào; （汉）字 zì: Chinese ~s 汉字. **7** [习语] in character 与〔與〕自身特性相符 yǔ zìshēn tèxìng xiāngfú. out of character 与自身特性不相符 yǔ zìshēn tèxìng bù xiāngfú. **characterless** adj 无〔無〕特点的 wú tèdiǎn de; 平常的 píngchángde.

characteristic /ˌkærəktə'rɪstɪk/ adj 特有的 tèyǒude; 表示特征〔徵〕的 biǎoshì tèzhēng de. **characteristic** n [C] 特性 tèxìng; 特点〔點〕tèdiǎn. **characteristically** /-klɪ/ adv.

characterize /'kærəktəraɪz/ v [T] **1** 描绘〔繪〕…的特征（徵）miáohuì…de tèzhēng. **2** 成为〔為〕…的特征（徵）chéngwéi…de tèzhēng.

charade /ʃə'rɑːd; US ʃə'reɪd/ n [C] **charades** [用 sing v] 一种〔種〕猜字游戏〔戲〕yìzhǒng cāizì yóuxì. **2** 荒唐而易被认识〔識〕破的伪〔偽〕装〔裝〕huāngtáng ér yìbèi shípò de wěi zhuāng.

charcoal /'tʃɑːkəʊl/ n [U] 炭 tàn; 木炭 mùtàn; 炭笔〔筆〕tànbǐ.

charge[1] /tʃɑːdʒ/ v [I, T] 要求支付（金〔錢〕）yāoqiú zhīfù(qián): They ~d me £50 for the repair. 他们为这修理要我50英镑. **2** [T] 记〔記〕在账〔賬〕上 jì…zài zhàng shàng: C~ it to his account. 把它记在他的账

上.**3** [T] (with) 控告 kònggào; 指控 zhǐkòng: He was ~d with murder. 他被控告有谋杀罪.**4** [I, T] 猛攻 měnggōng; 冲〔衝〕向 chōngxiàng.**5** [T] 给（电池等）充电〔電〕gěi (diànchí děng) chōngdiàn.**6** [T] 〔尤用于被动语态〕使充满 shǐ chōngmǎn: a voice ~d with tension 充满紧张的声音.**7** [T] (with) 〔正式用语〕给以责任 gěi yǐ zérèn; 交付使命 jiāofù shǐmìng.

charge[2] /tʃɑːdʒ/ n [C] 要价〔價〕yàojià.**2** [C] 控告 kònggào; 指控 zhǐkòng: a ~ of murder 控告谋杀.**3** [U] 主管 zhǔguǎn; 掌管 zhǎngguǎn: take ~ of the department 主管…部门.**4** [U] 突然猛攻 tūrán měnggōng.**5** [U] 电〔電〕荷 diànhé; 充电 chōngdiàn.**6** [U] 〔尤作 in charge of sb/sth〕主管 zhǔguǎn; 负责 fùzé.

chargé d'affaires /ˌʃɑːʒeɪ dæ'feɑː/ n [pl **chargés d'affaires**] 代办〔辦〕dàibàn.

chariot /'tʃærɪət/ n [C] 古代双〔雙〕轮〔輪〕战〔戰〕车 gǔdài shuānglún zhàn zhànchē. **charioteer** /ˌtʃærɪə'tɪə(r)/ n [C] 驾驶战车者 jiàshǐ zhànchē zhě.

charisma /kə'rɪzmə/ n [U] 魅力 mèilì; 号〔號〕召力 hàozhàolì. **charismatic** /ˌkærəz'mætɪk/ adj: a ~tic politician 有号召力的政治家.

charitable /'tʃærɪtəbl/ adj **1** 慈善的 císhànde; 宽厚的 kuānhòude.**2** (有关) 慈善机〔機〕构的 císhàn jīgòu de. **charitably** adv.

charity /'tʃærətɪ/ n [pl **-ies**] **1** [C] 慈善团〔團〕体 císhàn tuántǐ.**2** [U] 博爱〔愛〕bó'ài.**3** [U] 赈济〔濟〕款、物 zhènjì kuǎn、wù. **charity shop** n [C] （为慈善事业筹款的）旧〔舊〕货店 jiùhuòdiàn.

charlatan /'ʃɑːlətən/ n [C] 冒充内行者 màochōng nèiháng zhě.

charm /tʃɑːm/ n **1 (a)** 吸引力 xīyǐnlì; 诱力 yòulì.**(b)** [C] 可爱〔愛〕之处〔處〕kě'ài zhī chù.**2** [C] 护〔護〕身符 hùshēnfú.**3** [C] 咒符 zhòufú; 咒语 zhòuyǔ. **charm** v [T] **1** 吸引 xīyǐn; 使风靡 shǐ fēngmǐ.**2** [对]…施行魔法 shī xíng mófǎ. **charming** adj 可爱的 kě'àide; 媚人的 mèirénde.

chart /tʃɑːt/ n **1** [C] 图〔圖〕tú; 图表 túbiǎo.**2** [C] 海图 hǎitú; 航线〔線〕图 hángxiàntú.**3** **the charts**

[pl] 流行音乐[樂]唱片每周畅[暢]销目录[錄] liúxíng yīnyuè chàngpiàn měizhōu chàngxiāo mùlù. **chart** n [T] 制[製]…的海图[圖]…de hǎitú.

charter /'tʃɑ:tə(r)/ n [T] 1 君主或政府颁发[發]的特许状[狀]、凭[憑]照 jūnzhǔ huò zhèngfǔ bānfā de tèxǔzhuàng, píngzhào. 2 (飞机、船等)租赁 zūlìn; a '~ flight 包机的班机. **charter** v [T] 租,包(船、飞机等)zū, bāo. **chartered** adj 有特许状的 yǒu tèxǔzhuàng de; a ~ed ac'countant 有许特状的会计.

charwoman /'tʃɑ:wumən/ n ⇨ CHAR².

chase /tʃeɪs/ v [I, T] (after) 追逐 zhuīzhú; 追击[擊] zhuījī; 追赶[趕] zhuīgǎn. **chase** n [C] 追逐 zhuīzhú; 追赶 zhuīgǎn; 追击 zhuījī.

chasm /'kæzəm/ n [C] 1 (地壳)陷窟 xiànkū, 断[斷]层[層] duàncéng, 裂口 lièkǒu. 2 [喻](感情、兴趣等)巨大分歧 jùdà fēnqí, 巨大差别 jùdà chābié.

chassis /'ʃæsɪ/ n [C] [pl chassis /'ʃæsɪz/] 汽车的底盘[盤] qìchē dǐpán de dǐpán.

chaste /tʃeɪst/ adj 1 纯洁[潔]的 chúnjié de; 贞洁的 zhēnjié de. 2 朴[樸]实[實]的 pǔshí de, 简朴的 jiǎnpǔ de. **chaste** adj 纯洁的 chúnjié de; 贞洁的 zhēnjié de, 2 贞洁的 zhēnjié de. 3 (文风等)简洁朴[樸]实[實]的 pǔshí de.

chasten /'tʃeɪsn/ v [T] [正式用语]惩罚[罰]chéngfá; 责罚 zéfá; 磨炼[煉]móliàn.

chastise /tʃæ'staɪz/ v [T] [正式用语]严[嚴]惩[懲]惩[懲] yánchéng. **chastisement** n [U].

chastity /'tʃæstətɪ/ n [U] 贞洁[潔] zhēnjié; 纯洁 chúnjié; 高雅 gāoyǎ.

chat /tʃæt/ n [C] 闲[閑]谈 xiántán; 聊天 liáotiān. **chat** v [-tt-] 1 [I]闲谈 xiántán; 聊天 liáotiān. 2 [短语动词] **chat sb up** [英国英语,非正式用语] (与…)搭讪 yǔ…dāshàn; 调情 tiáoqíng. 'chatline n [C] 闲聊电[電]话 xiánliáo diànhuà. 'chat room n [C] [网上]聊天室 liáotiānshì. **chat show** n [C] (电视)访谈节[節]目 fǎngtánjiémù. **chatty** adj [-ier, -iest] 爱[愛]闲聊的 ài xiánliáode.

chatter /'tʃætə(r)/ v [I] 1 喋喋不休 diédié bùxiū; 饶[饒]舌 ráoshé. 2 (鸟)啭[囀]鸣[鳴] zhuànmíng; (猴子)喳

喳叫 jiūjiào. 3 (牙齿)打战[戰]哆哆 dǎzhàn. **chatter** n [C] 1 喋喋不休 diédié bùxiū; (牙齿)打战[戰]哆哆 dǎzhàn. 2 啭鸣声[聲] zhuànmíng-shēng; 喳[喳]鸣声 zhuànmíngshēng; (牙齿)的打战声 dǎzhànshēng. 'chatter-box n [C] 喋喋唠叨叨的人 liáo-láodāodāode rén.

chauffeur /'ʃəufə(r)/; US ʃəu'fɜːr/ n [C] 受雇的私人汽车司机[機] shòugùde sīrén qìchē sījī. **chauffeur** v [T] 为[爲]…开[開]车 wèi…kāichē.

chauvinism /'ʃəuvɪnɪzəm/ n [U] 沙文主义[義]shāwénzhǔyì; 大国[國]主义 dàguózhǔyì; 本性别第一主义 běnxìngbié dìyī zhǔyì. **chauvinist** /-ɪst/ n [C]. **chauvinistic** /ˌʃəuvɪ'nɪstɪk/ adj.

cheap /tʃiːp/ adj 1 便宜的 piányi de; 廉价[價]的 liánjià de. 2 低劣的 dīliède; 劣质[質]的 lièzhìde; and nasty 质量低劣的 dīliède. 3 粗鄙的 cūbǐ de; 不正当[當]的 bú zhèngdāng de; a ~ joke 粗鄙的笑话. **cheapen** v [T] (使)成为[爲]便宜 chéngwéi piányi. **cheaply** adv. **cheapness** n [U].

cheat /tʃiːt/ v 1 [I]欺诈 qīzhà; 欺骗[騙] qīpiàn; ~ in an examination 考试作弊. 2 [短语动词] **cheat sb (out) of sth** 从[從]某人骗取某物 cóng mǒurén piànqǔ mǒuwù. **cheat** n [C] 骗子 piànzi.

check¹ /tʃek/ v 1 (a) [I, T] 检[檢]查 jiǎnchá; 核对[對] héduì. (b) 审[審]查 shěnchá; 核查 héchá. 2 [T] 制止 zhìzhǐ; 控制 kòngzhì; ~ the enemy's progress 制止敌人的前进. 3 [短语动词] **check in** (住旅馆或登[登]机等)办[辦]理登记手续[續] bànlǐ dēngjì shǒuxù. **check out** (旅馆)结[結]帐[帳]后[後]离[離]开[開](旅馆)结帐 fúzhàng hòu líkāi lǚguǎn. **check up on sth** 检查 jiǎnchá. **check sth out** 检查 jiǎnchá. 'check-in n [C] (机场的)登机 [機]登记处[處] dēngjì dēngjìchù. 'check-out n [C] (超级市场的)付款处 fùkuǎnchù. 'checkpoint n [C] 边[邊]防检查站 biānfáng jiǎncházhàn. 'check-up n [C] 体[體]格检查 tǐgé jiǎnchá.

check² /tʃek/ n [C] 1 检[檢]查 jiǎnchá. 2 [U] 控制 kòngzhì; hold/keep one's emotions in ~ 控制情绪. 3 [sing] 将棋[棋]将(棋) jiāng. 4 [C] [美语](饭馆的)账[帳]单[單] zhàngdān. 5 [C] [美语]

CHEQUE.

check³ /tʃek/ n [U,C] 方格图[圖]
案 fānggé tú'àn.

checkered [美语]= CHEQUERED.

checkmate /'tʃekmeɪt/ n [U] 1
(国际象棋)将[將](將]死玉棋的局面
jiāngsǐ wángqí de júmiàn. 2 [喻] 彻
[徹]底失败 chèdǐ shībài.

cheek /tʃiːk/ n 1 [C] 面颊[頰]
miànjiá; 脸[臉]蛋儿 liǎndànr. 2 [U]
厚脸皮 hòu liǎnpí; 没礼[禮]貌 méi
lǐmào. **cheek** v [T] 无[無]礼地对
[對]…说 wúlǐ de duì…shuō. **cheeky**
adj [-ier, -iest] 无礼的 wúlǐde.
cheekily adv.

cheer¹ /tʃɪə(r)/ v 1 [I,T] 欢[歡]
呼 huānhū; 喝彩 hècǎi. 2 [T] 使高
兴[興](奮) shǐ gāoxìng; 振奋[奮] zhèn-
fèn: ~ing news 振奋人心的消息.
3 [短语动词] **cheer (sb) up** (使)
高兴起来 gāoxìng qǐlái.

cheer² /tʃɪə(r)/ n 1 [C] 欢[歡]呼
huānhū; 喝彩 hècǎi. 2 [C] 古]高兴
[興] gāoxìng. 3 **cheers** [pl] (干
酒)祝你健康 zhù nǐ jiànkāng. **cheer-
ful** /'tʃɪəfl/ adj 高兴的 gāoxìng-
de. **cheerfully** adv. **cheerless**
adj 不快乐[樂]的 bú kuàilède; 阴
[陰]暗的 yīn'ànde. **cheerless**
adv.

cheerio /ˌtʃɪərɪ'əʊ/ interj [英国非
正式用语]再见 zàijiàn.

cheery /'tʃɪəri/ adj [-ier, -iest]
活泼(潑)的 huópōde; 喜气[氣]洋洋
的 xǐqì yángyáng de. **cheerily**
adv.

cheese /tʃiːz/ n [C,U] 乳酪 rǔlào.
cheesecake n [C, U] 干酪饼 gānlàobǐng.
cheesecloth n [C] 粗布 cūbù; 干
酪包布 gānlào bāobù. **cheesed off**
adj [英国非正式用语]厌[厭]烦的
yànfánde; 恼[惱]怒的 nǎonùde.

cheetah /'tʃiːtə/ n [C] 猎[獵]豹
lièbào.

chef /ʃef/ n [C] 男厨师[師](厨]长[長]
nán chúshīzhǎng.

chemical /'kemɪkl/ adj 化学[學]
的 huàxuéde; 用化学方法得到的
yòng huàxué fāngfǎ dédào de.
chemical n [C] 化学[學]制[製]品
huàxué zhìpǐn. **chemically** /-klɪ/
adv.

chemist /'kemɪst/ n [C] 1 药剂师
[劑](师)[師] yàojìshī; 药剂商 yàojì-
shāng; 化妆[妝]品商 huàzhuāngpǐn-
shāng. 2 化学[學]家 huàxuéjiā; 化
学师 huàxuéshī.

chemistry /'kemɪstrɪ/ n [U] 化学
[學] huàxué.

cheque /tʃek/ n [C] 支票 zhīpiào.
'cheque-book n [C] 支票簿 zhī-
piàobù. **cheque card** n [C] (银行)
支票保付限额卡 zhīpiào bǎofù
xiàn'é kǎ.

chequered /'tʃekəd/ adj 盛衰无
[無]常的 shèng shuāi wúcháng de:
a ~ history 盛衰无常的历史.

cherish /'tʃerɪʃ/ v [T] [正式用语]
1 (爱]爱[愛]护[護] àihù. 2 抱有(希望)
bàoyǒu;怀[懷]有(情感) huáiyǒu:
~ed memories 怀念.

cherry /'tʃerɪ/ n [C] [pl -ies] 樱
桃 yīngtáo.

cherub /'tʃerəb/ n [C] 1 [pl ~im
] 天使 tiānshǐ. 2 [pl ~s] 美
丽[麗]可爱[愛]的小孩子 měilì
kě'ài de xiǎoháizi.

chess /tʃes/ n [U] 国[國]际[際]象
棋 guójì xiàngqí.

chest /tʃest/ n 1 [C] 胸腔 xiōng-
qiāng. 2 [C] 箱子 xiāngzi; 柜[櫃]子
guìzi. 3 [习语] **get sth off one's
chest** [非正式用语]把话倾吐出来
bǎ huà qīngtǔ chūlái. **chest of
drawers** n [C] 衣柜 yīguì; 五斗橱
wǔdǒuchú.

chestnut /'tʃesnʌt/ n [C] 栗[慄];栗
树[樹] lìshù. **chestnut** adj 红褐色
的 hónghèsède.

chew /tʃuː/ v 1 [I,T] 嚼 jiáo; 咀嚼
jǔjué. 2 [短语动词] **chew sth over**
[非正式用语]深思 shēnsī; 考虑
[慮] kǎolǜ. **chewing-gum** n [C]
口香糖 kǒuxiāngtáng. **chewy** adj
[-ier, -iest].

chewing-gum n [C] 橡皮糖
xiàngpítáng;口香糖 kǒuxiāngtáng.

chic /ʃiːk/ adj 时[時]髦的 shímáo-
de.

chick /tʃɪk/ n [C] 小鸡[鷄] xiǎojī;
小鸟 xiǎoniǎo.

chicken /'tʃɪkɪn/ n (a) [C] 小鸡
[鷄] xiǎojī;小鸟 xiǎoniǎo. (b) [U]
鸡肉 jīròu. **chicken** adj [俚]胆
[膽]怯的 dǎnqiède; 软[軟]弱的
ruǎnruòde. **chicken** v [短语动词]
chicken out (of sth) [非正式用
语]因胆小而放弃[棄]做 yīn dǎn-
xiǎo ér fàngqì zuò. **'chickenpox**
/-pɒks/ n [U] 水痘 shuǐdòu.

chicory /'tʃɪkərɪ/ n [U] (a) 菊苣
(蔬菜) jújù. (b) 菊苣粉与咖啡同
用) jújùfěn.

chief /tʃiːf/ n [C] 领袖 lǐngxiù; 首领
shǒulǐng. **chief** adj 1 主要的 zhǔ-
yàode; 首要的 shǒuyàode. 2 首席
的 shǒuxíde; 最高的 zuìgāode. **chief
constable** n [C] [英国英语](郡
等的)警察局长[長] jǐngchájú-

zhǎng. **chiefly** adv 大半 dàbàn: 主要 zhǔyào. **-in-'chief** [用于复合词] 最高的 zuìgāode: the Commander-in-~ 统帅, 总司令.

chieftain /'tʃiːftən/ n [C] 首领 shǒulǐng; 首长[長] qiúzhǎng.

child /tʃaɪld/ n [C pl **children** /'tʃɪldrən/] 1 儿[兒]童 értóng; 小孩 xiǎohái. 2 儿子 érzi; 女儿 nǚ'ér. **'childbirth** n [U] 分娩 fēnmiǎn; 生产[產] shēngchǎn **childhood** n [U] 幼年 yòunián; 童年 tóngnián; 幼年时[時]代 tóngnián shídài. **child-ish** adj (成年人)像孩子的 yòuzhìde, 傻[傻]气[氣]的 shǎqìde. **childless** adj 无[無]子女的 wú zǐnǚ de. **'childlike** adj 孩子般天真的 háizibān tiānzhēn de. **'child-minder** n [C] 代人照看孩子者 dài rén zhàokàn háizǐ zhě.

chill /tʃɪl/ v 1 [I,T] 使寒冷 shǐ hánlěng; 变[變]冷 biànlěng. 2 [T] 使害怕 shǐ hàipà. **chill** n 1 [sing] 冷飕[飕]飕[飕] lěng sōusōu. 2 [C] 着凉 zháoliáng; 感冒 gǎnmào. **chilly** adj **-ier, -iest** 1 寒冷的 hánlěngde; 感到寒冷的 gǎndào hánlěngde. 2 [喻]不友善的 bù yǒushàn de; 冷淡的 lěngdànde.

chilli (美语 **chili**) /'tʃɪlɪ/ n [C,U pl ~es] 干[乾]辣椒 gānlàjiāo. **,chilli con 'carne** /kɑːn/ 墨西哥辣味牛肉末 mòxīgē làwèi niúròumò.

chime /tʃaɪm/ n [C] 编钟[鐘] biānzhōng; 一套编钟的谐和的钟声[聲] yítào biānzhōng de xiéhéde zhōngshēng. **chime** v [I,T] (乐钟)鸣响[響] míngxiǎng.

chimney /'tʃɪmnɪ/ n [C] 烟囱 yāncōng; 烟筒 yāntǒng. **'chimney-pot** n [C] 烟囱管帽 yāncōng guǎnmào. **'chimney-stack** n [C] 丛[叢]烟囱(有几个顶管的烟囱) cóngyāncōng. **'chimney-sweep** n [C] 打扫[掃]烟囱的工人 dǎsǎo yāncōng de gōngrén.

chimp /tʃɪmp/ n [C] [非正式用语]黑猩猩 hēixīngxīng.

chimpanzee /,tʃɪmpæn'ziː, -pæn-/ n [C] 黑猩猩 hēixīngxīng.

chin /tʃɪn/ n [C] 颏 kē; 下巴 xiàba.

China /'tʃaɪnə/ n 中国 [國] Zhōngguó. **People's Republic of China** 中华[華]人民共和国 Zhōnghuá Rénmín Gònghéguó.

china /'tʃaɪnə/ n [U] (a) 瓷器

(b) 瓷器 cíqì.

Chinese /,tʃaɪ'niːz/ n 1 [U] 中文 zhōngwén. 2 [C pl **Chinese**] 中国 [國] 人 zhōngguórén. **Chinese** adj 中国的 zhōngguóde; 中国人的 zhōngguórénde; 中文的 zhōngwén-de.

chink[1] /tʃɪŋk/ n [C] 裂缝 lièfèng; 裂口 lièkǒu.

chink[2] /tʃɪŋk/ n [C], v [I] (金属、玻璃等)丁当[當]声[聲] dīngdāngshēng; 作丁当声 zuò dīngdāng-shēng.

chip /tʃɪp/ n 1 [常作 pl] (土豆)薄片 bópiàn; fish and ~s 油炸的鱼和土豆片. 2 (a) 碎片 suìpiàn. (b) (破损的)缺口 quēkǒu. 3 (赌博中代替钱的)塑料筹[籌] sùliào chóumǎ. 4 集成电[電]路片 jíchéng diànlùpiàn; 芯片 xīnpiàn. 5 [习语] **have a 'chip on one's shoulder** [非正式用语]自认[認]为(鸟)受到不公平对[對]待而怀[懷]恨或忿[憤]懑 zìrènwéi shòudào bùgōngpíng duìdài ér huáihèn huò fènmèn. **chip** v [-pp-] 1 [I,T] (使)形成缺口 xíngchéng quēkǒu. 2 [短语动词] **chip in (with sth)** [非正式用语] (a) 插嘴 chāzuǐ; 打断[斷]别人的话 dǎduàn biérénde huà; She ~ped in with a couple of useful comments. 她插进一两句很有用的话. (b) 捐(款) juān; 凑(钱) còuqián.

chiropodist /kɪ'rɒpədɪst/ n [C] 脚[脚]病医[療]师 jiǎobìng yīshī. **chiropody** /-dɪ/ n [U].

chirp /tʃɜːp/ n [C] (小鸟)喞[喞]喳喳地叫 qiāchāchāde jiào; 小鸟喞喳喳的叫声[聲] xiǎoniǎo qiāchāchāde de jiàoshēng. **chirpy** adj [-ier, -iest] [英国非正式用语]活泼[潑]的 huópōde; 快活的 kuàihuóde.

chisel /'tʃɪzl/ n [C] 凿[鑿]子 záozi; 錾子 zànzi. **chisel** v [-ll-, 美语亦作 -l-] [T] 凿 záo; 雕 diāo.

chit /tʃɪt/ n [C] 欠条[條] qiàntiáo; 欠款单[單]据[據] qiànkuǎn dānjù.

chivalry /'ʃɪvlrɪ/ n [U] 1 中世纪的骑士制度 zhōngshìjì de qíshì zhìdù. 2 帮助弱者和妇[婦]女的慈爱[愛]精神 bāngzhù ruòzhě hé fùnǚ de cí'ài jīngshén. **chivalrous** /'ʃɪvlrəs/ adj.

chlorine /'klɔːriːn/ n [U] [化学]氯 lǜ.

chloro-fluorocarbon /klɔːrə-

ˌfluərəu'kɑːbən/ n [C] = CFC.

chlorophyll /'klɒrəfɪl; US 'klɔːr-/ n [U] (叶)绿素 yèlǜsù.

chocolate /'tʃɒklət/ n (a) [U] 巧克力 qiǎokèlì; 朱古力 zhūgǔlì. [C] 夹(夾)心巧克力糖 jiāxīn qiǎokèlìtáng. (c) [U] 巧克力饮料 qiǎokèlì yǐnliào. **chocolate** adj 褐色的 zhěsède.

choice /tʃɔɪs/ n 1 [C] 选(選)择(擇) xuǎnzé. 2 [U] 选择的权(權)利或可能 xuǎnzéde quánlì huò kěnéng: I had no ~ but to leave. 我没有选择的权利,只得离开. 3 [C] 选择的种(種)类(類) xuǎnzéde zhǒnglèi: a large ~ of restaurants 可供选择的餐馆. 4 [C] 被选中的人或物 bèi xuǎnzhòng de rén huò wù: I don't like his ~ of friends. 我不喜欢他选中的朋友. **choice** adj 上等的 shàngděngde; 优(優)质(質)的 yōuzhìde: ~ fruit 上等水果.

choir /'kwaɪə(r)/ n [C] (a) (教会的)歌唱队(隊) gēchàngduì; 唱班 chàngshìbān. (b) 歌唱队的席位 gēchàngduìde xíwèi.

choke /tʃəʊk/ v 1 [I, T] 阻塞 mēnsāi. 2 [T] 堵塞 dǔsāi; 阻塞 zǔsāi: The drains are ~d with dead leaves. 水沟被枯叶堵塞. 3 [短语动词] **choke sth back** 忍住 rěnzhù; 抑制 yìzhì. **choke** n [C] (机械)阻气(氣)门 zǔqìmén; 阻气门开(開)关(關) zǔqìmén kāiguān.

cholera /'kɒlərə/ n [U] 霍乱(亂) huòluàn.

cholesterol /kə'lestərɒl/ n [U] (生化)胆(膽)固醇 dǎngùchún.

choose /tʃuːz/ v [pt chose /tʃəʊz/, pp chosen /'tʃəʊzn/] 1 [I, T] 选(選)择(擇) xuǎnzé; 挑选 tiāoxuǎn: You can't have all of the sweets, you must ~ one. 你不能把糖都吃了,你必须挑选一个. 2 选定 xuǎndìng; 决定 juédìng: She chose to become a doctor. 她决定当医生.

chop /tʃɒp/ v [-pp-] 1 劈 pī; 砍 kǎn; 剁 duò. **chop** 2 1 劈 kǎn; 劈手 pī; 剁 duò. 2 排骨 páigǔ.

chopper /'tʃɒpə(r)/ n [C] 1 斧头(頭) fǔtóu; 屠刀 túdāo; 砍刀 kǎndāo. 2 [非正式用语]直升机(機) zhíshēngjī.

choppy /'tʃɒpɪ/ adj [-ier, -iest] (海)波涛(濤)汹涌的 bōtāo xiōngyǒng de.

chopsticks /'tʃɒpstɪks/ n [pl] 筷

子 kuàizi.

choral /'kɔːrəl/ adj 合唱队(隊)的 héchàngduìde; 合唱的 héchàngde.

chord /kɔːd/ n [C] 1 (音乐)和弦 héxián. 2 (数学)弦 xián.

chore /tʃɔː(r)/ n 1 日常工作 rìcháng gōngzuò; 琐碎烦人的杂(雜)务(務) suǒsuì fánrén de záwù.

choreography /ˌkɒrɪ'ɒgrəfɪ; US ˌkɔːr-/ n 舞蹈设计 wǔdǎo shèjì. **choreographer** /-fə(r)/ n [C].

chorister /'kɒrɪstə(r)/ n [C] 唱诗班歌手 chàngshībān gēshǒu.

chorus /'kɔːrəs/ n [C] 1 合唱队(隊) héchàngduì; 合唱团 héchàngtuán. 2 (歌的)合唱句 héchàngjù; 合唱部分 héchàng bùfen. 3 齐(齊)声(聲) qíshēng; ~ of approval 齐声赞同. **chorus** v [T] 合唱 héchàng; 齐声地说 qíshēng de shuō.

chose pt of CHOOSE.

chosen pp of CHOOSE.

Christ /kraɪst/ (亦作 **Jesus Christ** /'dʒiːzəs/) n [sing] 基督 Jīdū.

christen /'krɪsn/ v [T] 1 为(爲)⋯ 施洗礼(禮)命名 wèi⋯shī xǐlǐ; 洗礼时(時)命名 xǐlǐshí mìngmíng. 2 [喻]首次使用 shǒucì shǐyòng. **christening** n [C].

Christendom /'krɪsndəm/ n [sing] 正式用语]全体(體)基督教徒 quántǐ Jīdūjiàotú.

Christian /'krɪstʃən/ n [C] 基督教徒 Jīdūjiàotú. **Christian** adj 1 基督教的 Jīdūjiàode. 2 表现基督精神的 biǎoxiàn Jīdū jīngshén de; 仁慈的 réncíde. **Christianity** /ˌkrɪstɪ-'ænətɪ/ n [U] 基督教 Jīdūjiào. **'Christian name** n [C] 教名 jiàomíng.

Christmas /'krɪsməs/ n (亦作 **Christmas Day**) n [U, C] 圣(聖) 诞节(節) Shèngdànjié.

chrome /krəʊm/ n [U] 铬黄 gèhuáng.

chromium /'krəʊmɪəm/ n [U] 铬 gè.

chromosome /'krəʊməsəʊm/ n [C] 染色体(體) rǎnsètǐ.

chronic /'krɒnɪk/ adj 1 (疾病)慢性的 mànxìngde. 2 [英国非正式用语]很坏(壞)的 hěn huàide. **chronically** /-klɪ/ adv.

chronicle /'krɒnɪkl/ n [C] 编年纪 niándài; 编年史 biānniánshǐ. **chronicle** v [T] 把⋯载入编年史

bǎ…zàirù biānniánshǐ.

chronology /krə'nɒlədʒi/ n [pl -ies] 1 [U] 年代学〔學〕niándàixué. 2 [c] 年表 niánbiǎo. **chronological** /ˌkrɒnə'lɒdʒikl/ adj 按时〔時〕间顺序的 àn shíjiān shùnxù de. **chronologically** /-kli/ adv.

chrysalis /'krɪsəlɪs/ n [C] 蛹 yǒng.

chrysanthemum /krɪ'sænθəməm/ n [C] 菊花 júhuā.

chubby /'tʃʌbi/ adj [-ier, -iest] 微胖的 wēipàng de; 丰〔豐〕满的 fēngmǎnde.

chuck¹ /tʃʌk/ v [T] [非正式用语] 1 扔 rēng; 抛 pāo. 2 丢弃〔棄〕diūqì; 扔 fēngqì: *She's just ~ed her boyfriend.* 她刚刚甩掉了她的男朋友.

chuck² /tʃʌk/ n [C] 1 车床〔牀〕的夹〔夾〕盘〔盤〕chēchuángde jiāpán. 2 夹头 jiātóu.

chuckle /'tʃʌkl/ v [I] 抿着嘴轻〔輕〕声〔聲〕地笑 mǐnzhe zuǐ qīngshēngde xiào. **chuckle** n [C].

chum /tʃʌm/ n [C] 1 [非正式用语] 朋友 péngyou. **chummy** adj [-ier, -iest] 亲〔親〕密的 qīnmìde, 友好的 yǒuhǎode.

chump /tʃʌmp/ n [C] 1 [非正式用语] 笨蛋 bèndàn. 2 厚肉块〔塊〕hòu ròukuài.

chunk /tʃʌŋk/ n [C] 1 厚块〔塊〕hòukuài. 2 [非正式用语]相当〔當〕大的数〔數〕量 xiāngdāng dà de shùliàng. **chunky** adj [-ier, -iest] 短粗的 duǎncūde.

church /tʃɜːtʃ/ n 1 [C] 基督教教堂 Jīdūjiào jiàotáng. 2 **Church** [C] 基督教教会〔會〕或教派 Jīdūjiào huò jiàopài: *the Anglican C~* 圣公会. 3 **the Church** [sing] 基督教神职〔職〕人员 Jīdūjiào shénzhí rényuán; 神职 shénzhí: *go into/enter the C~* 任圣职 神职. '**churchyard** n [C] 教堂的墓地 jiàotángde mùdì.

churn /tʃɜːn/ n [C] 1 (制黄油用的)搅〔攪〕乳器 jiǎorǔqì. 2 大的盛奶罐 dàde chéngnǎiguàn. **churn** v 1 [T] 用搅乳器搅(乳等)(以制黄油) yòng jiǎorǔqì jiǎo... 2 [I, T] 剧〔劇〕烈搅动 jùliè jiǎodòng. 3 [短语动词] **churn sth out** [非正式用语]粗制〔製〕滥造 cūzhì lànzào.

chute /ʃuːt/ n [C] 1 滑运〔運〕道 huáyùndào.

chutney /'tʃʌtni/ n [U] 水果辣椒等混合制〔製〕成的辣酱〔醬〕shuǐ-

guǒ làjiāo děng hùnhé zhìchéng de làjiàng.

cider /'saɪdə(r)/ n [U] 苹〔蘋〕果酒 píngguǒjiǔ.

cigar /sɪ'gɑː(r)/ n [C] 雪茄烟 xuějiāyān.

cigarette /ˌsɪɡə'ret; US 'sɪɡəret/ n [C] 香烟 xiāngyān; 纸烟 zhǐyān; 卷〔捲〕烟 juǎnyān.

cinder /'sɪndə(r)/ n [C, 常作 pl] 炉〔爐〕渣 lúzhā; 煤渣 méizhā.

cinema /'sɪnəmə; 'sɪnəmɑː/ n 1 [C] 电〔電〕影院 diànyǐngyuàn. 2 [sing] 电影 diànyǐng; 电影工业〔業〕diànyǐng gōngyè.

cinnamon /'sɪnəmən/ n [U] 肉桂 ròuguì.

cipher (亦作 **cypher**) /'saɪfə(r)/ n 1 [C, U] 密码 mìmǎ. 2 [C, 喻, 贬] 不重要的人 bú zhòngyào de rén; 无〔無〕价〔價〕值的东西 wú jiàzhí de dōngxi.

circa /'sɜːkə/ prep [与年代连用] 大约 dàyuē: *born ~ 150 BC* 约生于公元前 150 年.

circle /'sɜːkl/ n [C] 1 圆 yuán; 圆周 yuánzhōu. 2 圆形物 yuánxíngwù; 环〔環〕huán; 圈 quān. 3 圈子 quānzi; 集团〔團〕jítuán; 界 jiè: *our ~ of friends* 我们交游的朋友. 4 楼〔樓〕厅〔廳〕(剧场的二楼厅坐) lóutīng. **circle** v [I, T] 环绕〔繞〕huánrào; 盘〔盤〕旋 pánxuán.

circuit /'sɜːkɪt/ n [C] 1 圈道 quāndào; 环(环)行道 huánxíngdào: *a racing ~* 赛车道. 2 电〔電〕路 diànlù. 3 巡回〔迴〕旅行 xúnhuí lǚxíng: *a lecture ~* 巡回讲学旅行. **circuitous** /sɜː'kjuːɪtəs/ adj 迂回的 yūhuíde; 绕〔繞〕行的 ràoxíngde: *a ~ous route* 迂回路线.

circular /'sɜːkjʊlə(r)/ adj 1 圆形的 yuánxíngde. 2 环〔環〕绕〔繞〕的 huánràode: *a ~ route* 环行路. **circular** n [C] 通知 tōngzhī; 通告 tōnggào; 通函 tōnghán.

circulate /'sɜːkjʊleɪt/ v [I, T] 1 循环〔環〕xúnhuán; 流通 liútōng. 2 流传〔傳〕liúchuán; 传播 chuánbō. **circulation** /ˌsɜːkjʊ'leɪʃn/ n 1 [C] 血液循环 xuèyè xúnhuán. 2 [U] (a) 传播 chuánbō; 传〔傳〕: *the ~ of news* 消息的传播 (b) 流通 liútōng: *There are only a few of the new coins in ~.* 市场上只有少数新的硬币在使用. 3 [C] 报〔報〕纸等的发〔發〕行量 bàozhǐ děng de fāxíngliàng.

circumcise /'sɜːkəmsaɪz/ v 环〔環〕割 (…的包皮 huángē …de bāopí);

pl. circumcision /ˌsɜːkəm'sɪʒn/ *n* [C,U].

circumference /sə'kʌmfərəns/ *n* [C] (**a**) 圆周 yuánzhōu. (**b**) 周围长[長]度 zhōuwéi chángdù: *the earth's* ~ 地球的周长.

circumflex /'sɜːkəmfleks/ *n* [C] 元音字母上的声[聲]调符号[號] (如法语 rôle 上的 ˆ) yuányīn zìmǔ shàng de shēngdiào fúhào.

circumnavigate /ˌsɜːkəm'nævɪ-geɪt/ *v* [T] (尤指乘船)环[環]航 huánháng; 环球航行 huánqiú hángxíng. **circumnavigation** /ˌsɜːkəm-ˌnævɪ'geɪʃn/ *n* [C,U].

circumspect /'sɜːkəmspekt/ *adj* 谨慎小心的 jǐnshèn xiǎoxīn de.

circumstance /'sɜːkəmstəns/ *n* [C, 常作 pl] 情况 qíngkuàng; 形势[勢] xíngshì; 环[環]境 huánjìng: *the ~s of his death* 他死亡时的情况. 2 **circumstances** [pl] 经[經]济[濟]状[狀]况 jīngjì zhuàngkuàng. 3 [习语] **in/under the circumstances** 在此种[種]情况下 zài cǐzhǒng qíngkuàng xià. **in/under no circumstances** 决不 juébù.

circumstantial /ˌsɜːkəm'stænʃl/ *adj* 1 (证据)间接的 jiànjiēde. 2 (描述)详细的 xiángxìde; 详尽[盡]的 xiángjìnde.

circus /'sɜːkəs/ *n* [C] 1 马戏[戲]表演 mǎxì biǎoyǎn. 2 [英国英语](用于地名)几[幾]条[條]街道交叉处[處]的广[廣]场(场)地 jǐtiáo jiēdào jiāochāchù de guǎngchǎng: *Piccadilly C*~ (伦敦)皮卡迪利广场.

cistern /'sɪstən/ *n* [C] (厕所等的)水箱 shuǐxiāng; 水槽 shuǐcáo.

cite /saɪt/ *v* [T] [正式用语] 1 引用 yǐnyòng; 举[舉]例[例]出. 2 [法律]引[傳]讯 chuánxùn. **citation** /saɪ-'teɪʃn/ *n* (**a**) [U] 引用 yǐnyòng; 引证[證] yǐnzhèng. (**b**) [C] 引文 yǐnwén.

citizen /'sɪtɪzn/ *n* [C] 1 公民 gōngmín. 2 市民 shìmín; 城市居民 chéngshì jūmín. **citizens' band** *n* [sing] 民用波段 mínyòng bōduàn. **citizenship** *n* [U] 公民或市民身份 gōngmín huò shìmín shēnfèn; 公民的权[權]利和义[義]务[務] gōngmínde quánlì hé yìwù.

citric acid /ˌsɪtrɪk 'æsɪd/ *n* [U] 柠檬酸 níngméngsuān.

citrus /'sɪtrəs/ *n* [C] 柑橘[橘]属[屬]植物 gānjúshǔ zhíwù: ~ *fruit* 柑橘属水果.

city /'sɪtɪ/ *n* [*pl* -ies] 1 [C] (**a**) 都市 dūshì; 城市 chéngshì; 享有特别自治权[權]之城市 xiǎngyǒu tèbié zìzhìquán zhī chéngshì. (**b**) [亦作 sing, 用 pl v]全市居民 quánshì jūmín. 2 **the City** [sing] 英国[國]伦[倫]敦之金融中心 Yīngguó Lúndūn zhī jīnróng zhōngxīn.

civic /'sɪvɪk/ *adj* 城市的 chéngshìde; 市民的 shìmínde.

civil /'sɪvl/ *adj* 1 公民的 gōngmínde. 2 市民的 shìmínde; 平民的 píngmínde. 3 文明的 wénmíngde; 有礼[禮]貌的 yǒu lǐmào de; 客气[氣]的 kèqìde. **civil engi'neering** [U] 土木工程 tǔmùgōngchéng. **civility** /sɪ'vɪlətɪ/ [U] 礼貌 lǐmào 语 1 [U] 礼貌 lǐmào; 客气 kèqì. 2 [C,常用 pl] 礼仪[儀]]lǐyí; 客套 kètào, **civilly** /'sɪvəlɪ/ *adj*. **civil rights** *n* 公民权[權] gōngmínquán, **civil 'servant** *n* [C] 文职[職]公务[務]员 wénzhí gōngwùyuán, **the ˌCivil 'Service** *n* [sing] (**a**) 文职政府部门[門] wénzhí zhèngfǔ bùmén. (**b**)[用 sing 或 pl v] (总称)文职公务员 wénzhí gōngwùyuán, **civil 'war** *n* [C,U]内战[戰] nèizhàn.

civilian /sɪ'vɪlɪən/ *n, adj* 平民 píngmín; 老百姓 lǎobǎixìng; 平民的 píngmínde; 民用的 mínyòngde; 民间的 mínjiānde.

civilization /ˌsɪvəlaɪ'zeɪʃn; US -əlɪ'z-/ *n* 1[U] 开[開]化 kāihuà; 教化 jiàohuà. 2[C] 文明 wénmíng; 文化 wénhuà: *the history of western* ~ 西方文明史.

civilize /'sɪvəlaɪz/ *v* [T] 1 使文明 shǐ wénmíng; *a* ~*d society* 文明社会. 2 教导[導]jiàodǎo; 教育 jiàoyù.

clad /klæd/ *adj* [旧词或正式用语]穿…衣服的 chuān…yīfude.

claim /kleɪm/ *n* 1 宣称[稱] xuānchēng; 声[聲]言 shēngyán: *He* ~*s to be a British citizen.* 他声称是一位英国公民. 2 对[對](权利)提出要求 duì tíchū yāoqiú. 3 [正式用语](灾难等)造成…后[後]果 zàochéng…hòuguǒ: *The earthquake* ~*ed thousands of lives.* 这次地震造成成千上万人死亡. **claim** *n* [C] 声称 shēngchēng; 断[斷]言 duànyán. 2 [C,权[權]利 quánlì; 要求 yāoqiú: *an insurance* ~ 保险索赔. 3 权利 quánlì; 所有权 suǒyǒuquán.

claimant *n* [C] 根据[據]权利提

出法律上的要求的人 gēnjù quánlì tíchū fǎlǜ shàng de yāoqiú de rén.

clairvoyance /kleəˈvɔɪəns/ n [U] 洞察力 dòngchálì.

clairvoyant /-ənt/ n [C], adj 有洞察力的人 yǒu dòngchálì de rén; (人)有洞察力的 yǒu dòngchálì de.

clam /klæm/ n [C]. **clam** v [-mm-] [短语动词] **clam up** 变(变)为(变)沉默 biànwéi chénmò.

clamber /ˈklæmbə(r)/ v [I] 攀登 pāndēng; 爬 pá.

clammy /ˈklæmɪ/ adj [-ier, -iest] (天气)阴冷(潮湿)的 yīn-rè ér cháoshī de.

clamour (美语 -or) /ˈklæmə(r)/ n [C, U] 喧闹 xuānnào; 吵嚷 chǎorǎng. **clamour** v [I] (for) 吵吵闹闹地要求 chāochǎodǎodao de yāoqiú.

clamp /klæmp/ n [C] 螺丝钳 luósīqián. **clamp** v [T] 用螺丝钳夹(夹) yòng luósīqián jiā. 2 [短语动词] **clamp down on sb/sth** 制止 zhìzhǐ; 压(压)制 yāzhì. ˈclampdown n [C].

clan /klæn/ n [C] 氏族 shìzú; 苏(苏)格兰(兰)高地人的氏族 sūgélán gāodìrén de shìzú.

clandestine /klænˈdestɪn/ adj [正式用语] 秘密的 mìmìde; 私下的 sīxiàde: ~ organizations 秘密组织.

clang /klæŋ/ n [C] 铿(铿)锵(锵)声(声) kēngqiāngshēng. **clang** v [I, T] (使)发(发)出铿锵声 fā kēngqiāngshēng.

clank /klæŋk/ n [C] (金属链相击的)丁当(当)声(声) dīngdāngshēng. **clank** v [I, T] (使)发(发)丁当声 fā dīngdāngshēng.

clap /klæp/ v [-pp-] 1 [I, T] 拍手喝彩 pāishǒu hècǎi. 2 用手轻(轻)拍 yòng shǒu qīngpāi: ~ somebody on the back 拍拍某人的背. 3 [非正式用语]猛推(入狱) měngtuī. **clap** n [I] 拍手喝彩(声)声 pāishǒu hècǎi. 2 霹雳声(声) pīlìshēng. ˌclapped ˈout adj [英国非正式用语]破旧的(普)不堪的 pòjiù búkān de: a ~ped out old car 一辆破旧不堪的汽车.

claret /ˈklærət/ n [U, C] 法国(国)波尔(尔)多红葡萄酒 Fǎguó pǒ'ěrduō hóngpútáojiǔ. **claret** adj 紫红色的 zǐhóngsède.

clarify /ˈklærəfaɪ/ v [pt, pp -ied] 1 使清晰明了 shǐ qīngxī míngliǎo. **clarification** /ˌklærəfɪˈkeɪʃn/

n [U].

clarinet /ˌklærɪˈnet/ n [C] 单(单)簧管 dānhuángguǎn. **clarinettist** n [C] 单簧管演奏者 dānhuángguǎn yǎnzòuzhě.

clarity /ˈklærətɪ/ n [U] 清澈 qīngchè; 明晰 míngxī.

clash /klæʃ/ v 1 [I] 发(发)生冲[衝]突 fāshēng chōngtū; 争论(论)争辩 zhēnglùn. 2 [I]不协(协)调 bù xiétiáo; 不一致 bù yízhì. 3 [I] (时间)发生时[時]间的冲突 fāshēng shíjiān shàng de chōngtū. 4 [I, T]发出刺耳的冲击(击)声[聲] fāchū cì'ěrde chōngjīshēng. **clash** n [C] 1 抵触[觸]矛盾 dǐchù; 不一致 bù yízhì. 2 碰撞声 pèngzhuàngshēng.

clasp /klɑ:sp; US klæsp/ n [C] 1 扣子 kòuzi; 扣紧[緊]物(物)(如书夹子)kòujǐnwù; 拥(拥)抱 yōngbào. **clasp** v [T] 1 拥抱 yōngbào. 2 扣住 kòuzhù.

class /klɑ:s; US klæs/ n 1 (a) [C] 阶(阶)级 jiējí: the middle ~ 中等阶级. (b) [U] 阶级制度 jiējí zhìdù. 2 [C] (a) (学校的)年级 niánjí, 班级 bānjí; 上课 shàngkè. 3 [C]质量的)等级 děngjí. 4 [U] [非正式用语]优(优)雅 yōuyǎ; 杰[傑] 出 jiéchū. **class** v [T] 把···分入某等级 bǎ···fēnrù mǒuděngjí. ˈclassroom n [C] 教室 jiàoshì. ˈclassy adj [-ier, -iest] [非正式用语]时[時]髦的 shímáode; 漂亮的 piàoliàngde.

classic /ˈklæsɪk/ adj 1 典型的 diǎnxíngde: a ~ example 典型的例子. 2 第一流的 dìyīliúde; 最(优)秀的 zuìyōuxiùde: a ~ film 第一流的影片. **classic** n [C] 1文艺[藝]名著 wényì míngzhù; 艺(艺)术[術]大师[師]yìshù dàshī; 名著 míngzhù. 2 **classics** [用 sing v] 古希腊[臘]、罗[羅]马[馬]的语文和文学(学)经[經]典 gǔxīlà, luómǎ de yǔwén hé wénxué jīngdiǎn; 古希腊、罗马文学、语文研究 gǔxīlà, luómǎ wénxué, yǔwén yánjiū.

classical /ˈklæsɪkl/ adj 1 古希腊[臘]罗[羅]马[馬]风[風]格的 gǔxīlà luómǎ fēnggéde. 2 传[傳]统的 chuántǒngde. 3 (音乐)古典的 gǔdiǎnde. **classically** /-kəlɪ/ adv.

classify /ˈklæsɪfaɪ/ v [pt, pp -ied][T] 把···分类[類]bǎ···fēnlèi. 把···分等级 bǎ···fēn děngjí. **classification** /ˌklæsɪfɪˈkeɪʃn/ n [C, U]. **classified** adj 机[機]密的 jīmìde; 保密的 bǎomìde.

clatter /'klætə(r)/ n [sing](物体碰击的)卡嗒声(声)kǎdāshēng. **clatter** v [I]发(發)出卡嗒声 fāchū kǎdāshēng.

clause /klɔːz/ n [C] 1 [语法]子句 zǐjù; 从(從)句 cóngjù. 2 [法律]条(條)款 tiáokuǎn.

claustrophobia /ˌklɔːstrə'fəʊbɪə/ n [U] 幽闭恐怖 yōubì kǒngbù.

claw /klɔː/ n [C] 1 爪 zhǎo; 脚爪 jiǎozhuǎ. 2 蟹等的钳、螯 xiè děng de qián, áo. 3 爪形器具 zhuǎxíng qìjù. **claw** v [I, T] 用爪抓 yòng zhǎo zhuā; 搔 sāo.

clay /kleɪ/ n [U] 黏土 niántǔ; 泥土 nítǔ.

clean[1] /kliːn/ adj 1 清洁(潔)的 qīngjiéde; 干(乾)净的 gānjìngde. 2 没有用过[過]的 méiyǒu yònggǔo de: a ~ piece of paper 一张没有用过的纸. 3 纯洁的 chúnjiéde; 清白的 qīngbáide: a ~ joke 文雅的玩笑. 4 匀称(稱)的 yúnchènde; 规则的 guīzéde: a ~ cut 干净利落的切割. 5[习语] **make a clean 'breast of sth** 坦白(徹)底讲白 chèdǐ tánbái. **clean** adv 1 彻底地 chèdìde; 完全地 wánquánde: I ~ forgot it. 我把它完全忘掉了. 2[习语] **come clean** 全盘(盤)招供 quánpán zhāogòng. **clean-'cut** adj 1 轮(輪)廓鲜明的 lúnkuò xiānmíng de. 2 整洁的 zhěngjiéde. **clean-'shaven** adj 脸(臉)刮得光光的 liǎn guā de guānggūang de.

clean[2] /kliːn/ v 1 [T]使干(乾)净 shǐ gānjìng. 2 [短语动词]**clean sb out** [非正式用语]使某人花光(錢)财 huāguāng qiáncái. **clean sth out** 打扫(掃)干净 dǎsǎo gānjìng; 打扫内部 dǎsǎo nèibù. **clean (sth) up (a)** 清除(污物等)qīngchú. **(b)**[非正式用语]赚钱 zhuànqián. **clean sth up** 清除不法现象 qīngchú bùfǎ xiànxiàng. **clean** n [sing] 打扫 dǎsǎo; 清洁[潔] qīngjié. **cleaner** n [C] 1 清洁工 qīngjiégōng; 清洁器 qīngjiéqì: a 'vacuum~ 真空吸尘器. 2 干洗店 gānxǐdiàn.

cleanliness /'klenlɪnəs/ n [U] 清洁[潔] qīngjié; 干[乾]净 gānjìng.

cleanly /'kliːnlɪ/ adv 利落地 lìluòde.

cleanse /klenz/ v [T] 使纯洁(潔)shǐ chúnjié; 净化 jìnghuà. **cleanser** n [C]清洁剂[劑] qīngjiéjì.

clear[1] /klɪə(r)/ adj 1 清澈的

qīngchède; 透明的 tòumíngde: ~ glass 透明的玻璃. 2 清楚的 qīngchude: a ~ explanation of the problems 对问题的清楚的解释. 3 明显(顯)的 míngxiǎnde; 无[無]可怀[懷]疑的 wú kě huáiyí de: a ~ case of cheating 明显的诈骗案. 4 明确(確)的 míngquède; 无[無]疑的 wúyíde: I'm not ~ about what I should do. 我不明确我应该做什么. 5 无障碍(礙)的 wú zhàng'ài de; 无阻的 wúzǔde. 6 (of) 不接触(觸)的 bù jiēchù de. 7 晴朗的 qīnglǎngde: a ~ sky 晴朗的天空. 8 无瑕疵的 wú xiácīde; ~ skin 光洁的皮肤. 9 清白的 qīngbáide; 无罪的 wúzuìde: a ~ conscience 清白的良心. 10 (钱数等)整整的 zhěngzhěngde: 净的 jìngde: ~ profit 净利. 11 [习语] **make sth/oneself 'clear** 把···表达[達]清楚 bǎ··· biǎodá qīngchu. **clear** n [习语] **in the 'clear** 非正式用语]无危险[險]的 wú wēixiǎn de; 清白无辜的 qīngbái wúgū de. **clear** adv 1 清楚地 qīngchude; 清晰地 qīngxīde: I can hear you loud and ~. 我能听清楚你响亮的声音. 2 十分地 shífēnde; 完全地 wánquánde: The prisoner got ~ away. 这囚徒逃得无影无踪. 3 不阻碍 bù zǔ'ài: Stand ~ of the door. 别站在那里挡住门. 4[习语] **keep/stay/steer clear of sb/ sth** 避开(開)bìkāi; 躲开 duǒkāi. **clear-'cut** adj 容易理解的 róngyì lǐjiě de; 不含混的 bù hánhùnde. **clear-'headed** adj 头(頭)脑[腦]清楚的 tóunǎo qīngchude. **clearly** adv 清楚地 qīngchude; 明显地 míngxiǎnde. **clear-'sighted** adj 理解清楚的 lǐjiě qīngchude; 思维清楚的 sīwéi qīngchude.

clear[2] /klɪə(r)/ v 1 [T]清除 qīngchú;扫[掃]清 sǎoqīng. 2 [T]越过(過)而未触(觸)及 yuèguò ér wèi chùjí: The horse ~ed the fence. 马跃过栅栏. 3 [T](雾霾)逐渐消散 zhújiàn xiāosàn. 4 [T] 批准 pīzhǔn, 5 [T] (of)宣告···无[無]罪 xuāngào ···wúzuì. 6 [习语] **clear the 'air** 消除恐惧(懼)、猜疑气[氣]氛 xiāochú kǒngjù,cāiyí qìfēn. 7[短语动词] **clear (sth) away** 清除 qīngchú. **clear off** [非正式用语](从···)走开[開]zǒukāi, 溜掉 liūdiào. **clear out (of)** [非正式用语]离[離]开 líkāi. **clear sth out** 清理 qīnglǐ; 出

空 chūkōng: ~ out the cupboards 清理碗橱. **clear up** (天气) 晴朗起来 qínglǎng qǐlái. **clear (sth) up** 使澄清(潔) shǐ zhēngjié. **clear sth up** 澄清 chéngqīng; 解除 jiěchú: ~ up a mystery 消除疑团.

clearance /'klɪərəns/ n [C,U] 清除 qīngchú, 清理 qīnglǐ; 出清 chūqīng. **2** [C,U] 净空 jìngkōng: ~ under a bridge 桥下的净空. **3** [U] 许可 xǔkě.

clearing /'klɪərɪŋ/ n [C] 林中空地 línzhōng kòngdì.

cleavage /'kliːvɪdʒ/ n [C] **1** (妇女两乳之间的) 胸槽 xiōngcáo. **2** [正式用语] 分裂 fēnliè; 开(開)裂 kāiliè.

clef /klef/ n [C] 音乐(樂)谱号(號) yīnyuè pǔhào.

clemency /'klemənsɪ/ n [U] [正式用语] 仁慈 réncí.

clench /klentʃ/ v [T] 紧(緊)握 jǐnwò; 压(壓)紧 yājǐn: ~ one's fist 攥紧拳头.

clergy /'klɜːdʒɪ/ n [pl] 正式委任的牧师(師), 教士 zhèngshì wěirèn de mùshī, jiàoshì. **clergyman** /'klɜːdʒɪmən/ n [C] 牧师 mùshī, 教士 jiàoshì.

clerical /'klerɪkl/ adj **1** 办(辦)事员的 bànshìyuán de. **2** 牧师的 mùshī de; 教士的 jiàoshì de.

clerk /klɑːk; US klɜːk/ n [C] 职(職)员 zhíyuán; 办(辦)事员 bànshìyuán; 秘书(書) mìshū.

clever /'klevə(r)/ adj **1** 聪(聰)明的 cōngmíng de; 伶俐的 línglì de. **2** 精巧的 jīngqiǎo de; 机(機)敏的 jīmǐn de: a ~ scheme 聪明的方案. **cleverly** adv. **cleverness** n [U].

cliché /'kliːʃeɪ; US kliː'ʃeɪ/ n [C] 陈腐思想 chénfǔ sīxiǎng; 陈词滥(濫)调 chéncí làndiào.

click /klɪk/ n [C] 卡嗒声(聲)(类似钥匙在锁中转动的声音) kǎdā shēng. **click** v [I,T] 发(發)卡嗒声 fā kǎdā shēng. **2** [非正式用语]突然变(變)得明白 tūrán biànde míngbai. **3** 点(點)击 diǎnjī: ~ on the icon 点击该图标. ~ the left mouse button 点击鼠标左键.

client /'klaɪənt/ n [C] **1** 律师(師)等的当(當)事人、委托人 lǜshī děng de dāngshìrén, wěituōrén. **2** 商店顾(顧)客 shāngdiàn gùkè.

clientele /ˌkliːɑːnˈtel; US ˌklaɪən-/ n [sing] [用 sing 或 pl v] [集合名词]顾(顧)客 gùkè; 当(當)事人 dāngshìrén.

cliff /klɪf/ n [C] 悬(懸)崖 xuányá; (尤指海边的)峭壁 qiàobì.

climactic /klaɪˈmæktɪk/ adj [正式用语]形成高潮的 xíngchéng gāocháo de.

climate /'klaɪmɪt/ n **1** [C,U] 气(氣)候 qìhòu. **2** [C]社会(會)趋(趨)势(勢) shèhuì qūshì. **climatic** /klaɪˈmætɪk/ adj.

climax /'klaɪmæks/ n [C] 顶点(點) dǐngdiǎn; 小说等的高潮 xiǎoshuō děng de gāocháo. **climax** v [I,T] (使)达(達)到高潮 dádào gāocháo.

climb /klaɪm/ v [I,T] 攀登 pāndēng; 爬 pá. **2** [I]攀爬 pānpá: ~ out of the lorry 爬出卡车. **3** [I] (飞机)爬升 páshēng. **4** [I] (植物)攀缘向上 pānyuán xiàngshàng. **5** [习语]**climb on the bandwagon** ⇒ BAND. **6** [短语动词] **climb down** [非正式用语]认(認)错 rèncuò. **climb** n [C] **1** 攀登 pāndēng; 爬升 páshēng. **2** 攀登的地方 pāndēngde dìfang; 山坡 shānpō. '**climb-down** n [C] 认错 rèncuò. **climber** n [C] **1** 攀登者 pāndēngzhě. **2** 攀缘植物 pānyuán zhíwù.

clinch /klɪntʃ/ v [T] **1** [非正式用语]确(確)定 quèdìng; 决定 juédìng. **2** 拥(擁)抱 yōngbào. **clinch** n [C] 拥抱 yōngbào.

cling /klɪŋ/ v [pt, pp **clung** /klʌŋ/] **1** [I] 抱紧(緊) bàojǐn; 坚(堅)守 jiānshǒu. **2** 保鲜纸 bǎoxiānzhǐ. 保鲜膜 bǎoxiānmó. '**cling film** n [C] 保鲜纸 bǎoxiānzhǐ. 保鲜膜 bǎoxiānmó.

clinic /'klɪnɪk/ n [C] 诊所 zhěnsuǒ; 门诊所 ménzhěnsuǒ: a children's ~ 儿童诊所. **clinical** adj **1** 临(臨)床(牀)的 línchuáng de; 临诊的 línzhěnde. **2** 冷静的 lěngjìngde. **3** (房间或建筑物)简朴(樸)的 jiǎnpǔde; 朴素的 pùsùde.

clink /klɪŋk/ n [C] 丁当(當)声(聲) dīngdāngshēng. **clink** v [I,T] 丁当作响(響) dīngdāng zuòxiǎng; 使作丁当声 shǐ zuò dīngdāngshēng.

clip[1] /klɪp/ n [C] 回形针 huíxíngzhēn; 夹(夾)子(子) jiāzi: a paper-~ 回形针. **clip** v [-pp-] [I,T] 夹住 jiāzhù; 钳牢 qiánláo. '**clipboard** n [C]有夹(夾)子的写(寫)字板 dài jiāzide xiězìbǎn.

clip[2] /klɪp/ n [C] **1** 剪短 jiǎnduǎn; 剪整齐(齊) jiǎn zhěngqí. **2** [非正式用语]猛击(擊) měngjī;

痛打 tòngdǎ. **clip** n [C] 1 剪接；
剪短 jiǎnduǎn;修剪 xiūjiǎn. 2[非正
式用语]猛打 měngdǎ. **clippers** n
[pl] 剪刀 jiǎndāo;修剪器 xiūjiǎnqì.
clipping n 1 剪下物 jiǎnxiàwù. 2 [尤用于美语]剪报[報] jiǎnbào.

clique /kliːk/ n [C][常作贬]派系
pàixì;小集团[團] xiǎojítuán.

cloak /kləʊk/ n 1 斗篷 dǒupeng;大氅 dàchǎng. 2[sing][喻]
遮盖物 zhēgàiwù; a ~ of secrecy
笼[籠]罩着神秘气氛. **cloak** v [T]掩
盖 yǎngài;包藏 bāocáng. **'cloak-room** n 1 衣帽间 yīmàojiān. 2
[英国英语,委婉]厕所 cèsuǒ.

clock /klɒk/ n 1[C]时[時]钟[鐘]
shízhōng. 2[习语] **put/turn the
clock back** 倒退 dàotuì. **round
the 'clock** 连续[續]一昼[晝]夜
liánxù yí zhòuyè;日夜不停地 rìyè
bùtíngde. **clock** v 1[T]测量…的
时间 cèliáng…de shíjiān. 2[短语动
词] **clock in/out** (用自动计时钟)
记录[錄]上[下]班时间 jìlù shàngbān shíjiān. **clock sth up** 达[達]到
(某一时间、速度) **clockwise** adv, adj 顺时针方向
(的) shùn shízhēn fāngxiàng.
clockwork n [U] 1 钟表[錶]机[機]
械 zhōngbiǎo jīxiè;发[發]条机[機]
(装)置 fātiáo jīxiè. 3[习语] **go**
like 'clockwork 顺利进行 shùnlì jìnxíng.

clod /klɒd/ n [C] 土块[塊] tǔkuài;
泥块 níkuài.

clog[1] /klɒg/ n [C] 木底鞋 mùdǐxié.

clog[2] /klɒg/ v [-gg-] 1, T (up) 阻
塞 zǔsè;填塞 tiánsè.

cloister /ˈklɔɪstə(r)/ n [C] 回廊
huíláng; 走廊 zǒuláng. **cloistered**
adj 隐[隱]居的 yǐnjūde.

clone /kləʊn/ n [C] (生物)无[無]性繁
殖(系) wúxìng fánzhí;克隆 kèlóng.
clone v [T] (使) 无性繁殖
wúxìng fánzhí;克隆 kèlóng.

close[1] /kləʊz/ v 1 [I, T] 关[關]
guān;闭 bì;合起 héqǐ: ~ the
door 关门. The shop ~s at
5pm. 这家商店下午五时停止营
业. 2[I, T](使)终止 zhōngzhǐ;(使)
停止 tíngzhǐ: ~ a meeting 结束
会议. 3[习语] **close one's 'eyes**
to sth 无[無]视 wúshì. 4[短语动
词] **'close down** (电台、电视台)关
闭 guānbì. **close in (on sb/sth)** 迫近 pòjìn;

包围[圍] bāowéi. **close** n [sing]
[正式用语](时间或活动的)结束
jiéshù: at the ~ of the day 在黄
昏时候. **ˌclosed-'circuit tele-vision** n [U] 闭路电[電]视 bìlù
diànshì. **'closed-down** n [C] 关闭
yánbì. **'closed shop** [C](根据
劳资协议)只雇用工会[會]会员的
企业 zhǐ gùyòng gōnghuì huìyuánde qǐyè.

close[2] /kləʊs/ adj [~r,~st] 1 接
近的 jiējìnde. 2 [in 关[關]系[係]接
近的 guānxì jiējìnde; ~ relatives
近亲. (b)亲[親]密的 qīnmìde; a
~ friend 亲密的朋友. 3 严[嚴]
密的 yánmìde; 彻[徹]底的 chèdǐde
~ inspection 严密的审查. 4
比分接近的 bǐfēn jiējìnde; a ~
race 势均力敌的竞赛. 5 闷热[熱]
的 mēnrède. 6[习语] **close**
'call/shave 幸免于难[難] xìng-
miǎn yú nàn. **close adv** 紧[緊]密
地 jǐnmìde; follow ~ behind 紧
跟在后面. **ˌclose-'fitting** adj
(衣服)紧身的 jǐnshēnde. **ˌclose-**
'knit adj (人群)紧密结合的 jǐnmì
jiéhéde. **closely** adv. **closeness**
n [U]. **close-'set** adj 紧靠在一
起的 jǐnkào zài yìqǐ de: ~ -set
'eyes 靠在一起的眼睛. **'close-up**
n [C] (照相等的)特写[寫]镜头[頭]
tèxiě jìngtóu.

close[3] /kləʊs/ n [C] 1(不通行的)
死路 sǐlù. 2(大教堂等的)围[圍]地
wéidì, 院子 yuànzi.

closet /ˈklɒzɪt/ n [C] [尤用于美
语]小储藏室 xiǎo chǔcángshì. **closet**
v [T]把…关[關]在小房间里[裏]
bǎ…guān zài xiǎo fángjiān lǐ.

closure /ˈkləʊʒə(r)/ n [C, U] 关
闭[閉]关[關]闭;the ~ of a
factory 工厂的关闭.

clot /klɒt/ n [C] 1血等的凝块[塊]
xuè děng de níngkuài; 泥块 níkuài.
2[英国非正式用语](傻子等)笨蛋
zi;蠢人 chǔnrén. **clot** v [-tt-][I,
T](使)凝结 níngjié;(使)凝块 níngkuài.

cloth /klɒθ/ US klɔːθ/ n (a) [U]
n (棉布、羊毛等)布,织[織]物
bù, zhīwù. (b)[C] 布块 bùkuài; a
table ~ 桌布.

clothe /kləʊð/ v[T] 供给…衣穿
gōngjǐ…yī chuān.

clothes /kləʊðz/ US klɔːz/ n [pl]
衣服 yīfu; 服装[裝] fúzhuāng.
'clothes-horse n[C](尤指室内的)
晾衣架 liàngyījià. **'clothes-line** n

[C] 晾衣绳〔繩〕liàngyīshéng.
'clothes-peg n [C]〔晾衣服用的〕衣夹〔夾〕yījiā.

clothing /'kləʊðɪŋ/ n [U]〔集合名词〕衣服 yīfú.

cloud /klaʊd/ n 1 [C, U] 云〔雲〕yún. 2 [C]〔空中成团的〕尘〔塵〕chén, 烟 yān. 3 [C]〔喻〕引起悲伤〔傷〕、恐惧〔懼〕等的事物 yǐnqǐ bēishāng, kǒngjù zhī wù; the ~s of war 战云. 4 [习语] under a 'cloud 有麻烦〔煩〕扫〔掃〕地 mǐngyù sǎodì; 受嫌疑 shòu xiányí. cloud v 1 [I, T] 变〔變〕暗 biàn'àn; 使不清楚 shǐ bù qīngchu: The sky ~ed over. 天空阴云密布. 2 [T] 使混乱〔亂〕shǐ hùnluàn; 使不清楚 shǐ bù qīngchu. cloudy adj [-ier, -iest] 1 有云的 yǒu yún de; 阴〔陰〕的 yīn de, 2 多云的 duō yún de, 3 混浊〔濁〕的 hùnzhuóde.

clout /klaʊt/ v [T]〔非正式用语〕敲击〔擊〕qiāojī; 掌击 zhǎngjī. clout n [非正式用语] 1 敲击 qiāojī; 掌击 zhǎngjī. 2 [U] 影响〔響〕yǐngxiǎng; 门路 ménlù.

clove[1] /kləʊv/ n [C] 丁香 dīngxiāng.

clove[2] /kləʊv/ n [C] 小鳞茎〔莖〕xiǎo línjīng; a ~ of garlic 一瓣蒜.

clover /'kləʊvə(r)/ n 三叶〔葉〕草 sānyècǎo.

clown /klaʊn/ n [C] (a)〔马戏〔戲〕团〕小丑 xiǎochǒu; 丑角 chǒujué. (b) 行动〔動〕像小丑的人 xíngdòng xiàng xiǎochǒu de rén. clown v [I] 做出小丑似的行为〔爲〕zuòchū xiǎochǒu shìde xíngwéi.

club /klʌb/ n [C] 1(a)俱乐〔樂〕部 jùlèbù; 会〔會〕huì; 社 shè. (b) 俱乐部的会所 jùlèbù de huìsuǒ. 2 棍棒 gùnbàng. 3 高尔〔爾〕夫球球棒 gāo'ěrfūqiú qiúbàng. 4〔纸牌〕梅花 méihuā. club v [-bb-] 1 [T] 用棒棒打 yòng gùnbàng dǎ. 2 [短语动词] club together 凑钱〔錢〕còuqián; 分摊〔攤〕费用 fēntān fèiyòng.

cluck /klʌk/ v [I], n [C] 咯咯叫 gēgē jiào; 咯咯声〔聲〕gēgē shēng.

clue /kluː/ n [C] 1 线〔綫〕索 xiànsuǒ. 2 [习语] not have a 'clue [非正式用语] 无〔無〕所知 wú wú suǒ zhī. clueless adj [非正式用语, 贬] 愚蠢的 yúchǔnde.

clump[1] /klʌmp/ n [C]〔树、灌木〕丛〔叢〕cóng.

clump[2] /klʌmp/ v [I] 用沉重的脚步行走 yòng chénzhòngde jiǎobù

xíngzǒu.

clumsy /'klʌmzɪ/ adj [-ier, -iest] 1 笨拙的 bènzhuōde. 2 不好使用的 bùhǎo shǐyòng de. 3 不灵〔靈〕活的 bù línghuóde. clumsily adv. clumsiness n [U].

clung /klʌŋ/ pt, pp of CLING.

cluster /'klʌstə(r)/ n [C] 一串 yíchuàn; 一簇 yícù; 一组 yìzǔ. cluster v [I, T] 群集 qúnjí; 丛〔叢〕生 cóngshēng.

clutch[1] /klʌtʃ/ v [I, T] 抓住 zhuāzhù; 攫住 juézhù. clutch n 1 [C] 抓 zhuā; 攫 jué. 2 clutches [pl] [非正式用语] 控制 kòngzhì; be in sb's ~es 在某人的控制下. 3 [C] 离〔離〕合器 líhéqì.

clutch[2] /klʌtʃ/ n [C] 一窝蛋 yì-wōdàn.

clutter /'klʌtə(r)/ n [U] 零乱〔亂〕língluàn; 杂〔雜〕乱〔亂〕záluàn. clutter v [T] 把…弄乱 bǎ…nòngluàn.

cm abbr [pl cm 或 ~s] centimetre(s) 厘〔釐〕米 límǐ.

CND /ˌsiː en 'diː/ abbr Campaign for Nuclear Disarmament 核裁军运〔運〕动〔動〕yùndòng.

Co. abbr company 公司 gōngsī.

c/o /ˌsiː'əʊ/ abbr (信封上用语) care of 由…转〔轉〕交 yóu…zhuǎnjiāo.

coach[1] /kəʊtʃ/ n [C] 1 长途公共汽车 chángtú gōnggòng qìchē. 2 铁〔鐵〕路客车 tiělù kèchē. 3 公共马车 gōnggòng mǎchē.

coach[2] /kəʊtʃ/ n [T] 辅导〔導〕fǔdǎo; 训练〔練〕xùnliàn. coach n [C] 1 私人教师〔師〕sīrén jiàoshī; 体〔體〕育教练 tǐyù jiàoliàn.

coagulate /kəʊˈæɡjuleɪt/ v [I, T] 使凝结 shǐ níngjié; 凝结 níngjié.

coal /kəʊl/ n [C, U] 煤 méi. 'coalface n [C] 采〔採〕煤工作面 cǎiméi gōngzuòmiàn. 'coal-field n 煤田 méitián; 产〔產〕煤区〔區〕chǎnméiqū. 'coal-mine n 煤矿〔礦〕méikuàng. 'coal-miner n [C] 煤矿工人 méikuàng gōngrén.

coalesce /ˌkəʊəˈles/ v [I] [正式用语] 接合 jiēhé; 结合 jiéhé.

coalition /ˌkəʊəˈlɪʃn/ n [C] (政党等)联〔聯〕盟 liánméng.

coarse /kɔːs/ adj [~r, ~st] 1 粗的 cūde; 粗糙的 cūcāode. 2(语言等)粗俗的 cūsúde; 粗鲁的 cūlǔde. coarsely adv. coarsen /ˈkɔːsn/ v [I, T] 变〔變〕粗 biàn cū; 使粗 shǐ cū. **coarseness** n [U].

coast /kəʊst/ n [C] **1** 海岸 hǎi'àn; 海滨（濱）hǎibīn. **2** [习语] **the coast is clear** [非正式用语]危险（險）已过（過）weixiǎn yǐguò. **coast** v [I] 顺坡滑行 shùn pō huáxíng.

coastal adj. **coastguard** n [C], 亦作 sing, pl v] 海岸警卫（衛）队（隊）hǎi'àn jǐngwèiduì. **coastline** n [C]海岸线（綫）hǎi'ànxiàn.

coat /kəʊt/ n [C] **1** 外套 wàitào; 上衣 shàngyī. **2** 动（動）物皮毛 dòngwù pímáo. **3** 涂（塗）层（層）túcéng; 膜 mó: a ~ of paint 一层 漆.**coat** v [T] 涂以油漆等 tú yǐ yóuqī děng. **'coat-hanger** n [C]衣 架 yījià. **coating** n [C] 涂层 túcéng. **coat of arms** n [C]盾形纹 章 dùnxíng wénzhāng.

coax /kəʊks/ v [T] **1** 劝（勸）诱 quànyòu. **2** 动（動）用巧妙手段 coax sth out of/from sb 哄出 hǒngchū; 诱 出 yòuchū.

cob /kɒb/ n [C] **1** 矮脚（腳）马 ǎijiǎomǎ. **2** 雄天鹅 xióng tiān'é. **3** CORN-COB (CORN¹).

cobble¹ /'kɒbl/ n [C] (亦作 **'cobble-stone**) (铺路等用的)大鹅 卵石 dà éluǎnshí; 圆石块（塊）yuán shíkuài, **cobbled** adj.

cobble² /'kɒbl/ v [短语动词]**cobble sth together** 草率地拼凑起来 cǎoshuàide pīncòu qǐlái.

cobbler /'kɒblə(r)/ n [C] 修鞋匠 xiūxiéjiàng.

cobra /'kəʊbrə/ n [C] 眼镜蛇 yǎnjìngshé.

cobweb /'kɒbweb/ n [C] 蜘蛛网 （網）zhīzhūwǎng.

cocaine /kə'keɪn/ n [U] 可卡因 kěkǎyīn.

cock¹ /kɒk/ n [C] 雄禽 xióngqín; 公鸡（雞）gōngjī.

cock² /kɒk/ n [C] **1** 开（開）关（關）kāiguān; 龙（龍）头（頭）lóngtóu; 旋 塞 xuánsāi. **2**(枪的)击（擊）铁（鐵）jītiě.

cock³ /kɒk/ v [T] **1** 使翘（翹）起 shǐ qiáoqǐ; 竖（豎）起 shùqǐ: The horse ~ed its ears. 马竖起了耳 朵. **2** 扳起(枪)的击(擊)铁（鐵）bānqǐ de jītiě. **3** [短语动词]**cock sth up**[英国非正式用语]把…弄糟 bǎ…nòngzāo. **'cock-up** n [C][英 国非正式用语]大错 dàcuò.

cockatoo /ˌkɒkə'tuː/ n [C] [pl ~s] 白鹦 báiyīng.

cockerel /'kɒkərəl/ n [C] 小公鸡

（鷄）xiǎo gōngjī.

cock-eyed /'kɒkaɪd/ adj [非正式 用语] **1** 斜的 xiéde; 歪的 wāide. **2** 荒谬的 huāngmiùde: a ~ plan 荒 谬的计划.

cockle /'kɒkl/ n [C] 鸟蛤 niǎogé.

cockney /'kɒknɪ/ n (a)[C](伦 敦东区（區）佬 Lúndūn dōngqūlǎo;伦 敦佬 Lúndūnlǎo. (b)[U] 伦敦土话 Lúndūn tǔhuà; 伦敦东区土话 Lúndūn dōngqū tǔhuà.

cockpit /'kɒkpɪt/ n [C] (小型飞 机飞行员的)坐舱（艙）zuòcāng.

cockroach /'kɒkrəʊtʃ/ n [C] 蟑螂 zhāngláng.

cocksure /ˌkɒk'ʃɔː(r)/; US -'ʃʊər/ adj [非正式用语]过（過）于自信的 guòyú zìxìn de; 自以为（爲）是的 zì yǐ wéi shì de.

cocktail /'kɒkteɪl/ n [C] **1** 鸡（鷄）尾酒 jīwěijiǔ. **2** 水果、贝类（類）开 胃品 kāiwèipǐn: a ˌprawn '~ 大虾冷盘.

cocky /'kɒkɪ/ adj [-ier, -iest] [非 正式用语]自以为（爲）是的 zì yǐ wéi shì de.

cocoa /'kəʊkəʊ/ n (a)[U] 可可粉 kěkěfěn. (b)[U, C] 可可茶 kěkě-chá.

coconut /'kəʊkənʌt/ n [C, U] 椰 子果 yēzìguǒ.

cocoon /kə'kuːn/ n [C] 茧（繭）jiǎn.

cod /kɒd/ n (a)[C] [pl cod] 鳕 xuě. (b)(作为食物的)鳕鱼肉 xuě-yúròu.

coddle /'kɒdl/ v [T] 娇（嬌）养（養）jiāoyǎng; 溺爱（愛）nì'ài.

code /kəʊd/ n [C] **1** 规则 guīzé; 准 （準）则 zhǔnzé: a ~ of be-haviour 行为准则. **2**[C, U]代号 （號）dàihào; 密码 mìmǎ: break the ~ the enemy is used to send mes-sages 破译敌人专用信的密码. **3** (用机器发出的)电（電）码 diàn-mǎ. **code** v [T] 把…译（譯）成密 码 bǎ…yìchéng mìmǎ.

coed /kəʊ'ed/ n [C] [美国非正式 用语]男女同校大学（學）的女生 nánnǚ tóngxiào dàxuéde nǚshēng. **coed** adj [非正式用语]男女合校 的 nánnǚ héxiàode.

coeducation /ˌkəʊedʒʊ'keɪʃn/ n [U] 男女同校 nán nǚ tóngxiào. **co-educational** adj.

coerce /kəʊ'ɜːs/ v [T][正式用语] 强迫 qiángpò; 胁（脅）迫 xiépò; 迫 使 pòshǐ. **coercion** /kəʊ'ɜːʃn/ n [U]. **coercive** adj.

coexist /ˌkəʊɪgˈzɪst/ v [I] 共 存 gòngcún. **coexistence** n [U] (国 与国 的) 共存 gòngcún; peaceful ~ence 和平共处.

coffee /ˈkɒfɪ; US ˈkɔːfɪ/ n (a) [U] 咖啡豆 kāfēidòu; 咖啡 kāfēi. (b) 咖啡茶 kāfēichá.

coffer /ˈkɒfə(r)/ n 1 [C] (盛钱的) 保险[险]箱 bǎoxiǎnxiāng. **2 coffers** [pl] [正式用语] 金库 jīnkù.

coffin /ˈkɒfɪn/ n [C] 棺材 guāncai; 棺木 guānmù.

cog /kɒg/ n [C] **1** 齿[齿]轮[轮]的轮牙 chǐlúnde lúnyá. **2** [习语] **a cog in a machine** 不重要但又不可少的人 bù zhòngyào dàn yòu bù kěshǎo de rén. 'cog-wheel n 嵌齿轮 qiànchǐlún.

cogent /ˈkəʊdʒənt/ adj [正式用语] (论据等) 强有力的 qiángyǒulìde; 有说服力的 yǒu shuōfúlì de.

cognac /ˈkɒnjæk/ n [C] 法国[国]白兰[兰]地酒 Fǎguó báilándìjiǔ.

cohabit /ˌkəʊˈhæbɪt/ v [I][正式用语] 男女姘居 nánnǚ pīnjū. **cohabitation** /ˌkəʊhæbɪˈteɪʃn/ n [U].

cohere /kəʊˈhɪə(r)/ v [I][正式用语] **1** 黏着 niánzhuó; 黏合 niánhé. **2** (思想等) 连贯 liánguàn; 前后 [后] 一致 qiánhòu yízhì. **coherent** /-ˈhɪərənt/ adj (思想、语言等) 连贯的 liánguànde; 清楚的 qīngchude. **coherence** /-rəns/ n [U]. **coherently** adv.

cohesion /kəʊˈhiːʒn/ n [U] 内聚性 nèijùxìng; 内聚力 nèijùlì. **cohesive** /-ˈhiːsɪv/ adj.

coil /kɔɪl/ v [I, T] 盘[盘]绕[绕] pánrào; 缠绕 chánrào. **coil** n [C] **1** 一卷 yìjuǎn; 一圈 yìquān; 盘绕物 pánràowù. **2** 线[线]圈 xiànquān. **3** 子宫节[节]育环[环] zǐgōng jiéyùhuán.

coin /kɔɪn/ n [C] 铸[铸]币[币]zhùbì; 硬币 yìngbì. **coin** v [T] **1** 铸造(硬币) zhùzào. **2** 杜撰(新字、词) dùzhuàn. **coinage** /ˈkɔɪnɪdʒ/ n [U] 硬币币制 yìngbì bìzhì.

coincide /ˌkəʊɪnˈsaɪd/ v [I] **1** (事情)同时(出现)[现] tóngshí chūshēng. **2** (意见)一致 yízhì. **3** (物体)位置重合 wèizhì chónghé. **coincidence** /kəʊˈɪnsɪdəns/ n [C, U] 符合 fúhé; 巧合 qiǎohé; 巧合的事例 qiǎohéde shìlì; It was pure ~ that we were both travelling on the same plane. 我们乘同一

架飞机旅行纯然是一种巧合. **coincidental** /kəʊˌɪnsɪˈdentl/ adj 巧合的 qiǎohéde.

coke /kəʊk/ n [U] 焦炭[炭]jiāotàn; 焦炭 jiāotàn.

colander (亦作 **cullender**) /ˈkʌləndə(r)/ n [C] 滤(滤)器lǜqì; 滤锅(锅) lǜguō.

cold¹ /kəʊld/ adj **1** 冷的 lěngde; 寒冷的 hánlěngde. **2** (食品)未熟[熟]过[过]的 wèi réguòde; 热过后[后]变凉[凉]的 règuòhòu biàn liáng de. **3** 冷淡的 lěngdànde; 不热情的 bú rèqíngde: a ~ stare 冷淡的凝视. a ~ welcome 冷淡的接待. **4** 失去知觉[觉]的 shīqù zhījuéde: knock sb out ~ 把某人打昏. **5** [习语] **get/have cold 'feet** [非正式用语] 害怕 hàipà; 临[临]阵退缩 línzhèn tuìsuō. **give sb/get the cold 'shoulder** (被)冷落 lěngluò. **in cold 'blood** 冷[残]酷地 lěngkùde; 无[无]情地 wúqíngde: kill sb in ~ blood 残酷地杀害某人. **pour/throw cold 'water on sth** 对(对)…泼(泼)冷水 pō lěngshuǐ, 给(给)…的 热血冷 gěi… lěngxuèlěng. **2** 残酷无情的 cánkù wúqíng de. **cold-'blooded** adj **1** (动物)冷血的 lěngxuède. **2** 残酷无情的 cánkù wúqíng de. **cold-'hearted** adj 无情的 wúqíngde. **coldly** adv. **coldness** n [U]. **cold 'war** [sing] 冷战[战] lěngzhàn.

cold² /kəʊld/ n [U] **1** 寒冷 hánlěng. **2** 伤(伤)风[风]感冒 shāngfēng; 感冒 gǎnmào. **3** [习语] **(be left) out in the cold** 不被理睬 bù bèi lǐcǎi.

coleslaw /ˈkəʊlslɔː/ n [U] 酸卷心(心)菜丝(一种生拌凉菜) suān juǎnxīncài sī.

collaborate /kəˈlæbəreɪt/ v [I] **1** 协[协]作 xiézuò; 合作 hézuò. **2** (with) (同敌人)勾结 gōujié. **collaboration** /kəˌlæbəˈreɪʃn/ n [U]. **collaborator** n [C].

collage /ˈkɒlɑːʒ; US kəˈlɑːʒ/ n [C] 抽象派的拼贴画[画] chōuxiàngpàide pīntiēhuà.

collapse /kəˈlæps/ v **1** [I] 倒坍 dǎotān: The building ~d in the earthquake. 该建筑在地震中倒塌. **2** [I] 瘫[瘫] 倒 yūndǎo. **3** [I] 垮下来 kuǎxiàlái. **4** [I, T] 折叠起来 zhédiéqǐlái: The table ~s to fit into the cupboard. 桌子折叠起来装进了壁橱. **collapse** n [sing] 倒坍 dǎotān: the ~ of the company 这家公司的垮台. **collapsible** adj 可折叠的 kě zhédié de.

collar /ˈkɒlə(r)/ n [C] **1** 领子 lǐngzi. **2**(狗等的)围[圈]圈脖 wéibó, 颈[颈]圈 jǐngquān. **collar** v[T] 抓住…的领口 niūzhù…de lǐngkǒu. **'collar-bone** n [C] 锁骨 suǒgǔ.

collate /kəˈleɪt/ v[T] 校勘 jiàokān.

collateral /kəˈlætərəl/ n [U] 担[擔]保品 dānbǎopǐn.

colleague /ˈkɒli:g/ n [C] 同事 tóngshì; 同僚 tóngliáo.

collect /kəˈlekt/ v [I,T] 聚集 jùjí; 收集 shōují; ~ *the empty glasses* 收集空玻璃杯. *A crowd ~ed at the scene of the accident.* 出事现场集了一群人. **2** [I] (为了爱好)积[積]攒(郵票等)jīzǎn. **3** [I,T] (为)募捐 mùjuān; ~ *money for charity* 为慈善事业募捐. **4** [T]接(某人); ~ *a child from school* 从学校接孩子. **5** [T]使(自己镇定下来[來] shǐ zhèndìng xiàlái. **collect** *adj, adv* [美语](电话)由受话人付费的(电话) yóu shòuhuàrén fùfèi. **collected** *adj* 镇定的 zhèndìngde; 泰然的 tàiránde. **collection** /kəˈlekʃn/ n [U] 收集 shōují; 收藏 shōucáng. **2** [C] 一批收集来[來]的东[東]西 yīpī shōujílái de dōngxi. **3** [C] 募集的钱[錢] mùjíde qián. **collective** *adj* 集体[體]的 jítǐde; 共同的 gòngtóngde. **collectively** *adv.* **collector** n[C]收藏家 shōucángjiā; *a 'ticket-~or* 入场券收藏家.

college /ˈkɒlidʒ/ n [C] **1**(独立的)学[學]院 xuéyuàn; (综合大学中的)学院 zōnghé dàxué zhōng de xuéyuàn. **2** 学会[會] xuéhuì; 社团[團]体[體] shètuán; *the Royal C~ of Surgeons* 皇家外科医生学会.

collide /kəˈlaɪd/ v[I](*with*) **1**猛冲[衝] měngchōng; **2** 冲突 chōngtū; 抵触[觸] dǐchù.

collier /ˈkɒliə(r)/ n [C] 煤矿[礦]工人 méikuàng gōngrén.

colliery /ˈkɒliəri/ n [C] [*pl* **-ies**] 煤矿[礦] méikuàng.

collision /kəˈliʒn/ n [C] **1**猛撞 měngzhuàng; 冲[衝]突 chōngtū; 抵触[觸] dǐchù.

colloquial /kəˈləʊkwiəl/ *adj* 口语的 kǒuyǔde; 会[會]话的 huìhuàde. **colloquialism** n [C] 口语 kǒuyǔ; 口语词汇 kǒuyǔcí. **colloquially** *adv.*

collude /kəˈlu:d/ v[I] (*with*) [正式用语]勾结 gōujié. **collusion** /kəˈlu:ʒn/ n [U].

colon¹ /ˈkəʊlən/ n [C] 冒号[號]

(:) màohào.

colon² /ˈkəʊlən/ n [C] 结肠[腸] jiécháng.

colonel /ˈkɜ:nl/ n [C]陆[陸]军(或美国空军)上校 lùjūn shàngxiào.

colonial /kəˈləʊniəl/ *adj* 殖民地的 zhímíndìde; 关[關]于殖民地的 guānyú zhímíndì de. **colonial** n [C] 殖民地居民 zhímíndì jūmín. **colonialism** n [U] 殖民主义[義] zhímínzhǔyì. **colonialist** n[C], *adj*.

colonize /ˈkɒlənaɪz/ v[T] 在…开[開]拓殖民地 zài…kāituò zhímíndì. **colonization** /ˌkɒlənaɪˈzeɪʃn; US ˌkɒlənəˈz-/ n [U].

colonnade /ˌkɒləˈneɪd/ n [C] 一列柱子 yīliè zhùzi.

colony /ˈkɒləni/ n [C] [*pl* **-ies**] **1** 殖民地 zhímíndì. **2** 殖民队[隊] zhímín-...

color [美语] = COLOUR[1,2].

colossal /kəˈlɒsl/ *adj* 庞[龐]大的 pángdàde.

colossus /kəˈlɒsəs/ n [C] [*pl* **-lossi** /-ˈlɒsaɪ/ 或 **~es**] **1**巨像 jùxiàng. **2**巨人 jùrén.

colour¹ /ˈkʌlə(r)/ n **1**(**a**)颜色 yánsè; 颜色 sècǎi; 彩色 cǎisè. (**b**) [C](某一种)色 sè. **2** [U] 红晕 hóngyùn; 血色 xuèsè; 脸[臉]色 liǎnsè. **3** colours [pl] (**a**) (作为团体、队、学校标志的)徽章 huīzhāng. (**b**)旗 qí; 船旗 chuánqí; 团[團]旗 tuánqí. **4** 生动[動]的细节[節] shēngdòngde xìjié; 兴[興]趣 xìngqù. **5** [习语]**off colour** [非正式用语]身体[體]不舒服 shēntǐ bù shūfu. **with flying 'colours** 成功地 chénggòngde. **'colour bar** n 对[對]有色人种[種]的歧视 duì yǒusè rénzhǒng de qíshì; 种族隔离[離] zhǒngzú gélí. **'colour 'blind** *adj* 色盲的 sèmángde. **colourful** *adj* **1** 颜色鲜艳[艷]的 yánsè xiānyànde. **2** 有趣的 yǒuqùde; 刺激性的 cìjīxìngde. **colourless** *adj* **1** 无[無]色的 wúsède. **2** 平淡无趣的 píngdàn wúqù de. **'colour supplement** n[C] [英国英语](报纸等的)彩色增刊 cǎisè zēngkān.

colour² /ˈkʌlə(r)/ v **1** [T] 给…着色涂[塗]…zhuósè, 染色 rǎnsè. **2** [I] 脸[臉]红 liǎnhóng. **3** [T] 影响[響] yǐngxiǎng. **4**[喻语动词]**colour sth in** 给…着色 gěi…zhuósè. **coloured** *adj* **1** 有某种[種]颜色的

yǒu mǒuzhǒng yánsè de; 彩色的 cǎisède. 2 有色人种的 yǒusè rénzhǒng de. **colouring** n 1 [U](a) 颜色, 染色 yánsè, rǎnsè. (b)[肤][肤]色 fūsè. 2 [C, U] 食物色料 shíwù sèliào.

colt /kəʊlt/ n [C] 小公马 xiǎo gōngmǎ.

column /'kɒləm/ n [C] 1 (a)柱 zhù. (b)柱状[状]物 zhùzhuàngwù; a ~ of smoke 烟柱. 2 纵[纵]列 zòngliè. 3 (a)[报纸的]专[专]栏 [栏] zhuānlán. (b)(印刷物上的)栏 lán. **columnist** /-nɪst/ n [C] (报纸的)专栏作家 zhuānlán zuòjiā.

coma /'kəʊmə/ n [C] 昏迷 hūnmí.

comb /kəʊm/ n [C] 1 梳 shū. 2 [常作 sing](头发的)梳理 shūlǐ; give one's hair a ~ 梳头. 3 n [C, U] = HONEYCOMB (HONEY).

comb v[T] 1 梳(头发) shū. 2 [喻]彻底搜查 chèdǐ sōuchá.

combat /'kɒmbæt/ n [C, U, v [I, T]战(斗)[斗] zhàndòu; 搏斗 bódòu. **combatant** /-bətənt/ n [C] 战斗者 zhàndòuzhě. **combatant** adj 战斗的 zhàndòude.

combination /kɒmbɪ'neɪʃn/ n 1 [U] 联[联]合[合]; 结合 jiéhé; 合并[并] hébìng; a ~ of traditional and modern architecture 传统建筑同现代建筑的结合. 2 [U]结合, 合并的行为[为] jiéhé, hébìng de xíngwéi. 3(C)保险[险]柜[柜]的暗码 bǎoxiǎnguì de ànmǎ.

combine /kəm'baɪn/ v [I, T] 联[联]合 liánhé; 结合 jiéhé; 连结 liánjié.

combine /'kɒmbaɪn/ n [C] 集团[团] jítuán; 联[联]合企业[业] liánhé qǐyè. **,combine 'harvester** n [C] 联合收割机[机] liánhéshōugējī; 康拜因 kāngbàiyīn.

combustible /kəm'bʌstəbl/ adj 易燃的 yìránde; 可燃的 kěránde.

combustion /kəm'bʌstʃən/ n [U] 燃烧[烧] ránshāo.

come /kʌm/ v [pt **came** /keɪm/, pp **come**] [I] 1 (a)来 lái; ~ and talk to me 来同我谈谈. (b)来到 láidào; 接近 jiējìn; 行进[进](一定距离) xíngjìn; We have ~ thirty miles since lunch. 午饭后我们走了30英里. 3 到达 dàodào; 至 zhì; The path ~s right up to the gate. 这条小路一直通到大门口. 4 发[发]生 fāshēng; Christmas ~s once a year. 每年有一次圣诞节. 5 有供应[应][应]可供应的 kě gōngyìng;

This dress ~s in several different colours. 这衣服有几种不同颜色可供应. 6 成为[为] chéngwéi; ~ loose 变松了. 7 (to)开[开]始 kāishǐ; ~ to realize the truth 开始了解真相. 8 (to/into)达到(某种状态等) dádào; ~ to an end 结束. 9 [习语]**come to grips with sth** ⇨GRIP. **come to a 'head** ⇨HEAD¹. **come loose** ⇨LOOSE. **come to nothing** 终未实[实]现 zhōng wèi shíxiàn. **come out into the open** ⇨ OPEN. **come what 'may** 不管发生什[甚]么[麽]事 bùguǎn fāshēng shénme shì. **how come (. . .)?** [非正式用语]…怎么[麽]回事? …zěnme huíshì? …怎么搞的? …zěnme gǎode? **come to sth** 将[将]要到来的 jiàngyào dàolái de; for several years to ~ 在未来的几年里. 10 [短语动词] **come a'bout** 发生 fāshēng. **come across sb/sth** 偶然遇到[到] ǒurán yùdào; 偶然找到 ǒurán zhǎodào. **come a'long** (a)来到 láidào; 出现 chūxiàn; When the right job ~s along, she will take it. 有合适的工作机会, 她就会工作的. (b)前[进]; 进行 jìnxíng; Her work is coming along nicely. 她的工作进展顺利. ~ = COME ON (c). **come a'part** 裂开 lièkāi; 破碎 pòsuì. **come at sb (with sth)** 袭[袭]击[击] xíjī; He came at me with a knife. 他拿着一把小刀向我刺来. **come back** 回来 huílái. **come 'back (to sb)** 被回想起来 bèi huíxiǎng qǐlái. **come before sb/sth** 被…处[处]理 bèi …chǔlǐ. **come between A and B** 介入 jièrù; 干涉 gānshè. **'come by sth** 获[获]得 huòdé; Good jobs are hard to ~ these days. 这些日子很难获得好的工作岗位. **come 'down** (a)倒塌 dǎotā. (b)(雨)降下 jiàngxià; (物价)下跌 xiàdiē. (c)作出决定 zuòchū juédìng. **come down to sb** (传统, 故事等)流传[传]到 liúchuán dào. **come down to sth** (a)下垂 xiàchuí 到; 延(长)到 dádào; Her hair ~s down to her waist. 她的头发下垂到腰部. (b)可归[归]结为[为]…实[实]质[质]上意味着 shízhì shàng yìwèizhe; What it ~s down to is that if your work doesn't improve you'll have to leave. 这实

质上意味着如果你的工作没有改进,你就得离开了. **come in** (a) (潮)涨[涨] zhǎng. (b) 流行起来 liúxíng qǐlái. (c) (钱) 到手 dàoshǒu; 被收入账 bèi shōurù. (d) 起作用 qǐ zuòyòng: *Where do I ~ in?* 我在哪里发挥作用? **come in for sth** 挨 āi; 遭受 zāoshòu. **come into sth** 继[繼]承 jìchéng. **come off sth** 从 (某物) 上掉下来 cóng…shàng diàoxiàlái. **come off** (a) 能被除掉 néng bèi chúdiào: *Will these dirty marks come off?* 这些污痕能被除掉吗? (b) 发生 fāshēng; 举[舉]行 jǔxíng: *Did your holiday ~ off?* 你休过假了吗? (c) (计划等) 成功 chénggōng: *The experiment did not ~ off.* 试验没有成功. **come off (sth)** 从 (某) 从[從]…分开 cóng…fēnkāi: *The button has ~ off my coat.* 我外套上的纽扣掉下来了. (d) 从…跌下 cóng…diēxià. **come on** (a) (演员) 登场 [場] dēngchǎng. (b) = COME ALONG (b). (c) (表示激励、挑战等) 快点 [點] kuàidiǎn: *C ~ on , if we don't hurry we'll be late.* 快点, 如果我们不加快, 就要迟到了. (d) (雨、夜、病等) 开始 kāishǐ: *I think he has a cold coming on.* 我想他感冒了. **come 'out** (a) 出现 chūxiàn: *The rain stopped and the sun came out.* 雨停了, 太阳出来了. (b) 被发[發]表 bèi zhǐfābo; 出版 chūbǎn: *The truth came out eventually.* 真相最终被披露出来. (c) [人] [罷] 工 bàgōng, (d) (照片等) 清楚地显[顯]露 qīngchude xiǎnlù. **come 'out (of sth)** 从…除去 cóng…chúqù, *Will the stains ~ out?* 污渍能除掉吗? **come out in sth** (皮肤等) 长出 (丘疹等) zhǎngchū ~ *out in a rash* 发皮疹. **come out with sth** 说出 shuōchū; ~ *out with the strangest remarks* 说出最奇怪的话. **come over** (a) 从远 (遠) 处来 cóng yuǎnchù lái; ~ *over to Scotland for a holiday* 来苏格兰度假. (b) 传[傳]送 chuándá: *Your position didn't really ~ over in your speech.* 你的讲话并没有真正地传达出来的立场. **come over sb** (某种感觉等) 支配 (某人) zhī pèi: *A feeling of dizziness came over him.* 他感到一阵头晕. **come 'round** (a) 绕行 [繞] dào ér xíng.

ráodào ér xíng. (b) 访问 fǎngwèn: *C ~ round to my place for the evening.* 晚上来我们家坐坐. (c) 到来 dàolái; 再度来临[臨] zàidù láilín: *Christmas seems to ~ round quicker every year.* 圣诞节似乎一年比一年来得快. (d) [蘇] 醒 sūxǐng. (e) 改变[變]意见 gǎibiàn yìjiàn. **come 'through** (消息等) 传来 chuánlái, **come through (sth)** 经[經]历[歷]疾病而康复 [復] jīnglì jíbìng ér kāngfù; 躲过 (過) (伤害) duǒguò. **come 'to** = COME ROUND (d). **.come to 'sth** 总[總]计 zǒngjì; 达到 dádào: *The bill came to £ 20.* 账单总计 20 英镑. **come to sb** (思想等) 来到某人 láidào mǒurén: *The idea came to me in a dream.* 这个主意是我在一个梦里想出来的. **come to sth** 归[歸]入 (某一种类) guīrù. **~** 受到[影响等] shòudào; ~ *under her influence* 受她的影响. **come 'up** (a) (植物等) 长 [長] 出地面 zhǎngchū dìmiàn. (b) 被提到 bèi tídào; *The question hasn't ~ up yet.* 这个问题还没有提到了. (c) 发生 fāshēng; *A couple of problems have ~ up so I'll be late home from work.* 发生了一些问题, 我下班回家要晚. **come up against sb/sth** 碰到 (困难等) pèngdào; 与 (困) 斗; 相撞 yǔ…xiāngzhuàng. **come up (to sth)** 达到 dádào: *The water came up to my waist.* 水深齐到我的腰. **come up with sth** 产[產]生 chǎnshēng; 找到 zhǎodào; ~ *up with a solution.* 找到解决办法. **come upon sb/sth** 无[無]意中遇到、发现 wúyì zhōng yùdào、fāxiàn; ~ *upon a group of children playing* 无意中碰到一群正在玩的孩子. **come-back** *n* [C, 常作 sing] 恢复 huīfù; 复原 fùyuán, **come-down** *n* [C, 常作 sing] 落泊 luòbó; 失势[勢] shīshì, **coming** *adj* 未来的 wèiláide; *in the coming months* 在今后的几个月里. **coming** *n* [sing] 来临[臨] láilín; *the coming of spring* 春天的来到, 2 [习语] **comings and 'goings** 来来往往 láiláiwǎngwǎng.

comedian /kə'mi:diən/ *n* [C] **1** (*fem* **comedienne** /kə,mi:di'en/) 喜剧[劇]演员 xǐjù yǎnyuán, **2** 丑角

式人物 chōujuéshì rénwù.

comedy /'kɒmədɪ/ n [pl -ies] 1 [C] 喜剧(劇) xǐjù;喜剧片 xǐjùpiàn. 2 [U] 喜剧成分 xǐjù chéngfèn;喜剧性 xǐjùxìng.

comet /'kɒmɪt/ n [C] 彗星 huìxīng.

comfort /'kʌmfət/ n [U] 舒适(適) shūshì;安逸 ānyì. 2 [U] 安慰 ānwèi: words of ~ 安慰的话. 3 [sing] 给予安慰的人或事物 gěiyǔ ānwèi de rén huò wù. 4 [C, 常作 pl] 使生活愉快、身体(體)舒适的东西 shǐ shēnghuó yúkuài, shēntǐ shūshì de dōngxi. comfort v [T] 安慰 ānwèi. **comfortable** /'kʌmftəbl; US -fərt-/ adj 1 使身体舒适的 shǐ shēntǐ shūshì de: a ~able chair 舒适的椅子. 2 轻(輕)松(鬆)的 qīngsōng de: a ~able job 轻松的工作. 3 [非正式用语]富裕的 fùyù de;小康的 xiǎokāng de. 4 充裕的 chōngyù de. **comfortably** adv.

comic /'kɒmɪk/ adj 1 滑稽的 huájī de;引人发(發)笑的 yǐn rén fāxiào de. 2 喜剧(劇)的 xǐjù de. comic n [C] 1 喜剧演员 xǐjù yǎnyuán. 2 连环(環)漫画(畫)杂(雜)志 liánhuán mánhuà zázhì. **comical** adj 使人发笑的 shǐ rén fāxiào de. **comic 'strip** n [C] 连环漫画 liánhuán mánhuà.

comma /'kɒmə/ n [C] 逗点(點) dòudiǎn.

command /kə'mɑːnd; US -'mænd/ v 1 [I, T] 命令 mìnglìng. 2 [T]应(應)得 yìngdé;博得 bódé: ~ respect 博得尊敬. 3 [T] 管辖 guǎnxiá; ~ a regiment 管辖一个团. 4 [T]俯视 fǔshì: a ~ing position over the valley 一个控制着这山谷的阵地. command n 1 [C] 命令 mìnglìng. 2 [U]控制 kòngzhì, 指挥 zhǐhuī: in ~ of a ship 指挥一艘军舰. 3 **Command** n [C] 部队(隊)部队(隊) bùduì;军区(區) jūnqū. 4 [U, sing] 掌握运(運)用能力 zhǎngwò yùnyòng nénglì: a good ~ of French 对法语的掌握和运用能力.

commandant /,kɒmən'dænt/ n [C] 司令 sīlìng;指挥官 zhǐhuīguān.

commandeer /,kɒmən'dɪə(r)/ v [T] 征(徵)用 zhēngyòng.

commander /kə'mɑːndə(r); US -'mæn-/ n [C] 1 指挥官 zhǐhuīguān;司令 sīlìng. 2 海军中校 hǎijūn zhōngxiào.

commandment /kə'mɑːndmənt;

US -'mænd-/ n [C] 戒律 jièlǜ.

commando /kə'mɑːndəʊ; US -'mæn-/ n [C] [pl ~s 或 ~es] 突击(擊)队(隊) tújī duì;突击队员 tújī duì yuán.

commemorate /kə'meməreɪt/ v [T] 纪念 jìniàn. **commemoration** /kə,memə'reɪʃn/ n [C,U]. **commemorative** /-rətɪv/ adj.

commence /kə'mens/ v [I, T] [正式用语]开(開)始 kāishǐ. **commencement** n [U].

commend /kə'mend/ v [T] [正式用语] 1 称(稱)赞(讚) chēngzàn;表扬(揚) biǎoyáng. 2 ~ oneself to 给…以好印象 gěi…yǐ hǎo yìnxiàng. **commendable** adj 值得称赞的 zhídé chēngzàn de;值得表扬的 zhídé biǎoyáng de. **commendation** /,kɒmen'deɪʃn/ n [U,C].

commensurate /kə'menʃərət/ adj (with) [正式用语]相称(稱)的 xiāngchèn de;相当(當)的 xiāngdāng de: pay ~ with the importance of the job 按工作的重要性付酬.

comment /'kɒment/ n [C, U] 评论(論) pínglùn;批评 pīpíng. comment v [I] (on) 评论 pínglùn.

commentary /'kɒməntrɪ; US -terɪ/ n [pl -ies] 1 [C, U] 广(廣)播实(實)况报(報)导(導) guǎngbō shíkuàng bàodǎo: a ~ on a football match 足球比赛的广播实况报导. 2 [C]集注 jízhù;集释 jíshì.

commentate /'kɒməntert/ v [I] 评论(論) pínglùn. **commentator** n [C].

commerce /'kɒmɜːs/ n [U] 贸易 màoyì.

commercial /kə'mɜːʃl/ adj 1 贸易的 màoyì de;商业(業)的 shāngyè de. 2 以获(獲)利为(爲)目的的 yǐ huòlì wéi mùdì de. 3 (电视、广播)由广告收入支付的 yóu guǎnggào shōurù zhīfù de. commercial n [C] 电(電)视或无(無)线电广(廣)告 diànshì huò wúxiàndiàn guǎnggào. **commercialized** adj 以赚利为目的的 yǐ zhuàn lì wéi mùdì de. **commercially** /-ʃəlɪ/ adv. **commercial 'traveller** n [C] 旅行推销员 lǚxíng tuīxiāoyuán.

commiserate /kə'mɪzəreɪt/ v [I] (with) [正式用语]表示同情 biǎoshì tóngqíng;表示怜(憐)悯 biǎoshì liánmǐn: I ~d with her on the loss of her job. 我对她失去工作

表示慰问. **commiseration** /kə‚mɪzə'reɪʃn/ n [C,U].

commission /kə'mɪʃn/ n 1 [C] 任务[務] rènwù; 所托[託]之事 suǒ tuō zhī shì. 2 [C,U] 佣金 yòngjīn; 回扣 huíkòu. 3 [C] 考察团[團] kǎocháztuán; 调查团 diàochátuán; 委员会[會] wěiyuánhuì. 4 [C] 军事任职[職]令 jūnshì rènzhílìng. **commission** v [T] 1 委任 wěirèn; 委托 wěituō; 任命 rènmìng. 2 授予(某人)军事任职令 shòuyǔ jūnshì rènzhílìng.

commissionaire /kə‚mɪʃə'neə(r)/ n [C] (尤用于英国英语)(剧院、旅馆等)穿制服的守门人 chuān zhìfú de shǒuménrén.

commissioner /kə'mɪʃənə(r)/ n [C] 1 (专)(员) wěiyuán. 2 政府高级代表 zhèngfǔ gāojí dàibiǎo; 高级专员 gāojí zhuānyuán.

commit /kə'mɪt/ v **-tt-** [T] 1 犯(单行等) fàn; 干(坏事)(环事) gàn. 2 (to) 承诺(某事) chéngnuò zuò: The government has ~ted itself to fighting inflation 政府承诺要回通货膨胀斗争. 3 ~ oneself 坚[堅]定地表明态[態]度 jiāndìngde biǎomíng tàidù. 4 把…送进[進](监狱或医院) bǎ…sòngjìn. **commitment** n [C] 所承诺之事 suǒ chéngnuò zhī shì. n [U] 献[獻]身 xiànshēn; 忠诚 zhōngchéng.

committee /kə'mɪtɪ/ n [C, 亦作 sing, 用 pl v] 委员会[會] wěiyuánhuì.

commodity /kə'mɒdətɪ/ n [C] [pl -ies] 商品 shāngpǐn.

common[1] /'kɒmən/ adj 1 普通的 pǔtōngde, 一般的 yìbānde. 2 公共的 gōnggòngde; 共有的 gòngyǒude: a ~ interest 共同利益. a ~ knowledge 众(衆)所周知的事. 3 [贬](人)粗鲁的 cūlǔde; 粗俗的 cūsúde. **,common 'ground** n [U] (观点、目标等的)共同基础[礎] gòngtóng jīchǔ. **,common 'law** n [U] (尤指英国的)不成文法 bùchéngwénfǎ. **'common-law** adj. **commonly** adv. the **,Common 'Market** n [sing]欧(歐)洲经[經]济[濟]共同体 Ōuzhōu Jìngjì Gòngtóngtǐ. **'commonplace** adj 普通的 pǔtōngde. **,common 'sense** n [U] (由实际生活经验得来的)常识[識] chángshí.

common[2] /'kɒmən/ n 1[C] 公地 gōngdì. 2 [习语] **have sth in common** 有共同之处[處] yǒu gòngtóng zhī chù. **in common with sb/sth** 与(與)…一样(樣) yǔ…yíyàng.

commoner /'kɒmənə(r)/ n [C] 平民 píngmín.

Commons /'kɒmənz/ n the **Commons** [sing, 亦作 sing, 用 pl v] 英国[國]下议[議]院 Yīngguó xiàyìyuàn; 英国下议院议员 Yīngguó xiàyìyuàn.

commonwealth /'kɒmənwelθ/ n 1[C] 联[聯]邦 liánbāng. the C~ of Australia 澳大利亚联邦. 2 the **Commonwealth** [sing] 英联邦 yīngliánbāng.

commotion /kə'məʊʃn/ n [sing, U] 混乱[亂] hùnluàn; 动(動)乱 dòngluàn; (骚)乱 sāoluàn.

communal /'kɒmjunl/ adj 公共的 gōnggòngde.

commune[1] /'kɒmjuːn/ n [C] 1 公社 gōngshè. 2 (法国等)最小行政区[區] zuìxiǎo xíngzhèngqū.

commune[2] /kə'mjuːn/ v [I] with (感情上)与[與]为[爲]一体(體) gǎnwèi yìtǐ; 谈心 tánxīn; ~ with nature 沉浸于大自然中.

communicate /kə'mjuːnɪkeɪt/ v 1 [T] 传[傳]达[達] chuándá; 传送(消息等) chuánsòng. 2 [T] 传染(疾病) chuánrǎn. 3 [I] (房间)相通 xiāngtōng: a communicating door 通房间的门. **communication** /kə‚mjuːnɪ'keɪʃn/ n 1[U] 传达 chuándá; 传播 chuánbō. 2 [C][正式用语]信 xìn; 电[電]话 diànhuà. 3 **communications** [pl] 通讯工具 tōngxùn gōngjù; 交通(工具) jiāotōng. **communicative** /-kətɪv; US -keɪtɪv/ adj 愿意提供信息的 yuànyì tígōng xìnxī de; 爱[愛]说话的 ài shuōhuà de.

communion /kə'mjuːnɪən/ n 1 [正式用语](思想、感情等)交流 jiāoliú. 2 **Communion** (基督教)圣[聖]餐 shèngcān.

communiqué /kə'mjuːnɪkeɪ; US kə‚mjuːnə'keɪ/ n [C] 公报[報] gōngbào.

communism /'kɒmjunɪzəm/ n [U] (**a**) 共产(產)主义(義) gòngchǎnzhǔyì. (**b**) **Communism** 共产主义学[學]说 gòngchǎnzhǔyì xuéshuō; 共产主义运动[動] gòngchǎnzhǔyì yùndòng; 共产主义制度 gòngchǎnzhǔyì zhìdù. **communist** /-nɪst/ n [C], adj.

community /kəˈmjuːnətɪ/ n [C]
[pl -ies] 1 [C] 社会(會) shèhuì; 社区[區]
shèqū. 2 [C, 亦作 sing, 用 pl v]团
[團]体[體] tuántǐ; 社团 shètuán. 3
[U] 共有 gòngyǒu; 共同性 gòng-
tóngxìng; 一致 yīzhì. **community
charge** [sing] 成人税(英国的一
种地方税) chéngrénshuì.

commute /kəˈmjuːt/ v 1 [I](尤指
在市区和郊区之间)乘公交车辆上
下班 chéng gōngjiāo chēliàng shàng-
xiàbān. 2 [T]减轻(輕)(刑罚) jiǎn-
qīng. **commuter** n [C](尤指在市
区和郊区之间)乘公交车辆上下班
的人 chéng gōngjiāo chēliàng shàng-
xiàbān de rén.

compact[1] /kəmˈpækt/ adj 紧(緊)
密的 jǐnmìde; 紧凑的 jǐncòude.
compact 'disc n [C]激光唱片 jī-
guāng chàngpiàn; (信息容量极大
的)光盘[盤] guāngpán. **compact-
ly** adv. **compactness** n.

compact[2] /ˈkɒmpækt/ n [C] 连
镜小粉盒 liánjìng xiǎo fěnhé.

companion /kəmˈpænɪən/ n [C]
同伴 tóngbàn. **companionship** n
[U]伴侣关[關]系(係) bànlǚ guān-
xì.

company /ˈkʌmpənɪ/ n [pl -ies]
1 [C] 公司 gōngsī. 2 [c]一群一起
工作的人 yìqún yìqǐ gōngzuò de rén;
an opera ~ 歌剧团. 3 [U] 陪伴
péibàn; He is good/bad ~. 他是
令人愉快/不愉快的伴侣. 4 [U]一
群人 yìqúnrén; 客人 kèrén. 5 [U]伴
伙[夥]伴 huǒbàn; That girl keeps
very bad ~. 那女孩同坏人交往.
6 [C] (步兵)连 lián.

comparable /ˈkɒmprəbl/ adj 可
比较的 kě bǐjiào de; 类(類)似的
lèisìde.

comparative /kəmˈpærətɪv/ adj
1 比较的 bǐjiàode; 比较上的 bǐjiào
shàng de. 2 比较而言的 bǐjiào ér
yán de; living in ~ comfort 比
较舒适的生活. 3[语法]比较级的
bǐjiàojíde; 'Better' is the ~
form of 'good'. "better"是
"good"的比较级. **comparative** n
[C] [语法](形容词和副词的)比较
级 bǐjiàojí. **comparatively** adv.

compare /kəmˈpeə(r)/ v 1 [T]
(with/to) 比较 bǐjiào; 对[對]照
duìzhào; ~ the results of one test
with the results of another 把一
次试验和另一次试验的结果进行比
较. 2 [T] (A to B) 比拟[擬] bǐnǐ.

3 [I] (with) 比得上 bǐdéshàng. 4
[I] compare 'notes 交换意见
jiāohuàn yìjiàn.

comparison /kəmˈpærɪsn/ n 1
[C, U] 比较 bǐjiào; 对[對]照 duì-
zhào. 2 [U] 相似 xiāngsì; There is
no ~ between them. 两者不可
同日而语. 3 [习语] by/in com-
parison (with sb/sth) 比较起来
bǐjiào qǐlái; 与[與]…
比较起来 yǔ…bǐjiào qǐlái.

compartment /kəmˈpɑːtmənt/ n
[C] 分隔间[間] fēngéjiān; 火车车
厢的分隔间 huǒchē chēxiāng de
fēngéjiān.

compass /ˈkʌmpəs/ n 1 [C] 指南
针 zhǐnánzhēn. 2 **compasses** [pl] 圆
规 yuánguī. 3 [正式用语]界限
jièxiàn; 范[範]围[圍] [圖] fànwéi; be-
yond the ~ of the human mind
超出了人类智力的范围.

compassion /kəmˈpæʃn/ n [U]
怜[憐]悯 liánmǐn; 同情 tóngqíng.
compassionate /-ʃənət/ adj 表示
怜悯的 biǎoshì liánmǐn de; 表示同情
的 biǎoshì tóngqíng de. **compas-
sionately** adv.

compatible /kəmˈpætəbl/ adj
(思想、人、原则等)可和谐共存的
kě héxié gòngcún de; 相容的 xiāng-
róng de. **compatibility** /kəm-
ˌpætəˈbɪlətɪ/ n [U].

compatriot /kəmˈpætrɪət; US
-ˈpeɪt-/ n [C] 同胞 tóngbāo.

compel /kəmˈpel/ v [-ll-] [T]
[正式用语]强迫 qiǎngpò; 迫使 pò-
shǐ. **compelling** adj 令人信服的
lìng rén xìnfú de.

compensate /ˈkɒmpenseɪt/ v [I,
T] (for) 赔偿[償][償] péicháng; 补
[補]偿 bǔcháng. **compensation**
/ˌkɒmpenˈseɪʃn/ n 1 [U] 赔偿
péicháng. 2 [U,C]赔偿物 péicháng-
wù; 赔偿费 péichángfèi.

compère /ˈkɒmpeə(r)/ n [C] 表
演节[節]目主持人 biǎoyǎn jiémù
zhǔchírén. **compère** v [T] 主持
(演出)zhǔchí.

compete /kəmˈpiːt/ v [I] 比赛 bǐ-
sài; ~ against/with other 与别
人比赛.

competence /ˈkɒmpɪtəns/ n [U]
1 能力 nénglì; 胜[勝]任 shèngrèn.
2[正式用语]权[權]限[權]能 quánnéng;
权限 quánxiàn. **competent** /-tənt/
adj 能胜任的 néng shèngrèn de; 有
权能的 yǒu quánnéng de. **com-
petently** adv.

competition /ˌkɒmpəˈtɪʃn/ n 1
[C] 比赛会[會] bǐsàihuì; a photo-

graphy ~ 摄影比赛会. **2** [U]比赛 bǐsài; 竞〔競〕争 jìngzhēng.

competitive /kəm'petətɪv/ *adj* **1** 竞争的 jìngzhēngde. **2** 好竞争的 hào jìngzhēngde.

competitor /kəm'petɪtə(r)/ *n* [C] 竞争者 jìngzhēngzhě; 竞争者 bǐsàizhě; 敌〔敵〕手 díshǒu.

compile /kəm'paɪl/ *v* [T] 编辑〔輯〕biānjí;编写〔寫〕biānxiě. **compilation** /ˌkɒmpɪ'leɪʃn/ *n* **1** [U] 编辑 biānjí;编写 biānxiě. **2** [C] 编辑物 biānjíwù. **compiler** *n* [C].

complacent /kəm'pleɪsnt/ *adj* [常作贬]自满的 zìmǎnde. **complacency** /-snsɪ/ *n* [U]. **complacently** *adv*.

complain /kəm'pleɪn/ *v* [I] 不满意 bù mǎnyì; 埋怨 mányuàn; 抱怨 bàoyuàn; 诉苦 sùkǔ: ~ *about the food* 对食物表示不满.

complaint /kəm'pleɪnt/ *n* **1** [C, U] 抱怨 bàoyuàn; 叫屈 jiàoqū. **2** [C] 疾病 jíbìng.

complement /'kɒmplɪmənt/ *n* [C] **1** 补〔補〕足物 bǔzúwù;补充物 bǔchōngwù: *Wine is the perfect ~ to a meal*. 吃饭有酒,再好不过. **2** 定额 dìng'é. **3**[语法]补〔補〕足语 bǔzúyǔ: *In* 'I'm unhappy', 'unhappy' *is the* ~. 在 "I'm unhappy" 这个句子里,"unhappy" 是补足语. **complement** *v* [T] 补足 bǔzú;补充 bǔchōng. **complementary** /ˌkɒmplɪ'mentrɪ/ *adj* 互为〔爲〕补充的 hùwéi bǔchōngde.

complete /kəm'pliːt/ *adj* **1** 完全的 wánquánde; 全部的 quánbùde. **2** 完成的 wánchéngde; 结束了的 jiéshùle. **3** 彻〔徹〕底的 chèdǐde: *a ~ surprise* 十足的意外. **complete** *v* [T] **1** 完成 wánchéng;结束 jiéshù. **2** 填写〔寫〕(表格)tiánxiě. **completely** *adv* 完全地 wánquánde;彻底地 chèdǐde. **completeness** *n* [U]. **completion** /kəm'pliːʃn/ *n* [U].

complex¹ /'kɒmpleks; US kəm'pleks/ *adj* 复〔複〕杂〔雜〕的 fùzáde. **complexity** /kəm'pleksətɪ/ *n* [C, U] (*pl* -ies).

complex² /'kɒmpleks/ *n* [C] **1** 复〔複〕合体〔體〕fùhétǐ: *a sports ~* 体育中心. **2** 变〔變〕态〔態〕心理 biàntài xīnlǐ.

complexion /kəm'plekʃn/ *n* [C] **1** 肤〔膚〕色 fūsè: *a dark (fair)*

~ 黑色(淡色)肤色. **2**[常作 sing] 情况 qíngkuàng;局面 júmiàn.

compliance /kəm'plaɪəns/ *n* [U][正式用语]顺从〔從〕shùncóng;依从 yīcóng. **compliant** /-ənt/ *adj* 依从的 yīcóngde;屈从的 qūcóngde.

complicate /'kɒmplɪkeɪt/ *v* [T] 使复〔複〕杂〔雜〕shǐ fùzá;使麻烦 shǐ máfan. **complicated** *adj* 结构〔構〕复杂的 jiégòu fùzá de;困难 kùnnande. **complication** /ˌkɒmplɪ'keɪʃn/ *n* [C] 使情况更加困难的事物 shǐ qíngkuàng gèngjiā kùnnán de shìwù.

complicity /kəm'plɪsətɪ/ *n* [U][正式用语]同谋关〔關〕系〔係〕tóngmóu guānxì;共犯关系 gòngfàn guānxì.

compliment /'kɒmplɪmənt/ *n* **1** [C]赞〔讚〕扬〔揚〕zànyáng. **2** compliments [pl][正式用语]问候 wènhòu;致意 zhìyì. **compliment** /-ment/ *v* [T] 恭维 gōngwéi;称〔稱〕赞 chēngzàn. **complimentary** /ˌkɒmplɪ'mentrɪ/ *adj* 恭维的 gōngweide;表示钦〔欽〕羡的 biǎoshì qīnxiàn de. **2** 赠送的 zèngsòngde: *~ary tickets* 招待券.

comply /kəm'plaɪ/ *v* [*pt, pp* -ied] [I] (*with*) [正式用语]照做 zhàozuò;遵守 zūnshǒu.

component /kəm'pəʊnənt/ *n* [C] 组成部分 zǔchéng bùfen;成分 chéngfen. **component** *adj*.

compose /kəm'pəʊz/ *v* **1** [I, T] 创〔創〕作(音乐等) chuàngzuò. **2** ~ *oneself* 使自己镇定下来 shǐ zìjǐ zhèndìng xiàlái. **3** [习语] **be composed of sb/sth** 由…组成 yóu… zǔchéng. **composed** *adj* 镇定的 zhèndìngde. **composer** *n* [C]作曲家 zuòqǔjiā.

composite /'kɒmpəzɪt/ *n* 合成物 héchéngwù;复〔複〕合材料 fùhé cáiliào. **composite** *adj* 合成的 héchéngde;复合的 fùhéde;混成的 hùnchéngde.

composition /ˌkɒmpə'zɪʃn/ *n* **1** [C]作品 zuòpǐn;乐〔樂〕曲 yuèqǔ. **2** 写〔寫〕作 xiězuò;作曲 zuòqǔ. **3** [C] 作文 zuòwén. **4**[U]构〔構〕成 gòuchéng;成分 chéngfen: *the chemical ~ of the soil* 土壤的化学成分.

compost /'kɒmpɒst/ *n* [U] 堆肥 duīféi;混合肥料 hùnhé féiliào.

composure /kəm'pəʊʒə(r)/ *n* [U][正式用语]沉着 chénzhuó;镇静

zhènjìng.

compound[1] /'kɒmpaʊnd/ *n* [C]
1 混合物 hùnhéwù; 化合物 huàhéwù. **2** [语法] [复[複]合词 fùhécí.
compound *adj*. ,compound
'**interest** *n* [U]复利 fùlì.

compound[2] /kəm'paʊnd/ *v* [T]
[正式用语] **1** 使混合 shǐ hùnhé; 使
化合 shǐ huàhé: ~ *several chemicals* 化合几种化学制品. **2** 使恶
[惡]化 shǐ èhuà.

compound[3] /'kɒmpaʊnd/ *n* [C]
院子 yuànzi.

comprehend /ˌkɒmprɪ'hend/ *v*
[T][正式用语] **1** 了[瞭]解 liǎojiě;
领会[會] lǐnghuì. **2** 包括 bāokuò;
包含 bāohán.

comprehension /ˌkɒmprɪ'henʃn/
n **1** [U] 理解力 lǐjiělì. **2**[C]理解练
[練]习[習] lǐjiě liànxí. **comprehensible** /-'hensəbl/ *adj* 能理解
的 néng lǐjiě de.

comprehensive /ˌkɒmprɪ'hensɪv/
adj **1** 包罗[羅]广[廣]泛的 bāoluó
guǎngfàn de: *a ~ description* 综
合性的描述. **2** [英国英语] (教育)
综合的 zōnghéde. **comprehensive
school** *n* [英国英语]综合学
[學]校 zōnghé xuéxiào.

compress /kəm'pres/ *v* [T] **1** 压
[壓] yā; 压缩 yāsuō. **2** 使精炼[煉] shǐ
jīngliàn. **compression** /-'preʃn/ *n*
[U].

comprise /kəm'praɪz/ *v*[T] 包含
bāohán; 包括 bāokuò.

compromise /'kɒmprəmaɪz/ *n*
[C,U] 妥协[協] tuǒxié; 折衷 zhézhōng. **compromise** *v* **1** [I]妥协
tuǒxié. **2** [T]使遭受损害 shǐ zāoshòu sǔnhài;危及 wēijí.

compulsion /kəm'pʌlʃn/ *n* **1** [U]
强制 qiángzhì; 强迫 qiángpò. **2** [C]
冲[衝]动[動] chōngdòng.

compulsive /kəm'pʌlsɪv/ *adj* **1**
入迷的 rùmíde; 上瘾[癮]的 shàngyǐnde: *a ~ liar* 说谎成癖的人. **2**
(书;影片等)极[極]有趣的 jí yǒuqù de.

compulsory /kəm'pʌlsərɪ/ *adj* 义
[義]务[務]的 yìwùde; 强制的
qiángzhìde.

compunction /kəm'pʌŋkʃn/ *n*
[U][正式用语]内疚 nèijiù.

compute /kəm'pjuːt/ *v* [T][正式
用语]计算 jìsuàn. **computation**
/ˌkɒmpju'teɪʃn/ *n* [U,C] 计算 jìsuàn.

computer /kəm'pjuːtə(r)/ *n* 计算

电[電]子计算机[機] diànzǐ jìsuànjī.

computerize *v* [T]用电子计算机
操作 yòng diànzǐ jìsuànjī cāozuò.

computerization /kəmˌpjuːtəraɪ'zeɪʃn/; *US* -rɪ'z-/ *n* [U]. **computer-'literate** *adj* 懂计算机的
dǒng jìsuànjī de; 熟悉计算机工作原
理的 shúxī jìsuànjī gōngzuò yuánlǐ de.

comrade /'kɒmreɪd; *US* -ræd/ *n*
[C] **1** 同志 tóngzhì. **2** [旧]朋友
péngyou; 伙[夥]伴 huǒbàn. **comradeship** /-ʃɪp/ *n* [U].

Con /kɒn/ *abbr* [英国政治] Conservative (party) 保守党[黨]
Bǎoshǒudǎng.

con[1] /kɒn/ *v* [**-nn-**] [T][非正式用
语]欺骗 qīpiàn; 诈骗 zhàpiàn. **con
man** *n* [C] 诡计 guǐjì; 骗局 piànjú. '**con
man** *n* [C] 骗钱[錢]的人 piàn
qián de rén.

concave /'kɒnkeɪv/ *adj* 凹的 āode.

conceal /kən'siːl/ *v* [T] 隐[隱]藏
yǐncáng; 隐瞒 yǐnmán. **concealment** *n* [U].

concede /kən'siːd/ *v* **1** [T] 承认
[認]…为… [爲] zhèngrèn…wéi…; 承认
zhèngrèn. **2** [I,T] 承认比赛等失败
chéngrèn bǐsài děng shībài. **3** [T] 让
[讓]予 ràngyǔ.

conceit /kən'siːt/ *n* [U] 自负 zìfù;
自高自大 zìgāo zì dà; 骄[驕]傲
jiāo'ào. **conceited** *adj*.

conceive /kən'siːv/ *v* **1** [I, T] **1**
(*of*) 想出(主意) xiǎngchū. **2** 怀
[懷]孕 huáiyùn. **conceivable** *adj* 可
以相信的 kěyǐ xiāngxìn de; 可以
想象的 kěyǐ xiǎngxiàng de. **conceivably** *adv*.

concentrate /'kɒnsntreɪt/ *v* **1** [I]
(*on*) 集中注意力于 jízhōng zhùyìlì
yú; 全神贯注 quánshén guànzhù:
~ on one's work 全神贯注于
工作. **2** [I,T]集中 jízhōng. **3**[T]浓
[濃]缩 nóngsuō; 提炼 tíliàn. **concentrate** *n* [C,U] 浓缩物 nóngsuōwù.

concentration /ˌkɒnsn'treɪʃn/ *n*
1 [U]专[專]心 zhuānxīn. **2**[C]集中
的人或物 jízhōngde rén huò wù.
concen'tration camp *n* [C] 集中
营[營] jízhōngyíng.

concentric /kən'sentrɪk/ *adj*
(圆)同心的 tóngxīnde.

concept /'kɒnsept/ *n* [C] 概念
gàiniàn; 思想 sīxiǎng.

conception /kən'sepʃn/ *n* **1** (**a**)
[U] 概念的形成 gàiniànde xíngchéng. (**b**)[C] 概念 gàiniàn; 想法

xiǎngfǎ. 2 [U] 怀[懷] 孕 huáiyùn.

concern[1] /kən'sɜːn/ v 1 [T] 担 [擔] 心 dānxīn; 记挂 (掛) jìguà; I am ~ed about her safety. 我担心她的安全. 2 ~ oneself with 忙于 mángyú. 3 [T] 对 [對] …有重要性 duì …yǒu zhòngyàoxìng; 影响 [響] yǐngxiǎng. 4 [T] 涉及 shèjí. 5 [习语] as far as sb/sth is concerned 就…而言 jiù…ér yán; As far as I'm ~ed, it doesn't matter what you do. 就我来说, 你做什么都没有关系. **concerning** prep 关 [關] 于 guānyú.

concern[2] /kən'sɜːn/ n 1 [U] 担心 dānxīn; 忧 [憂] 虑 [慮] yōulǜ. 2 关[關]切的事 guānqiè de shì. 3 [C] 商行 shāngháng; 企业[業] qǐyè; a profitable ~ 赚钱的企业.

concert /'kɒnsət/ n 1 [C] 音乐 [樂] 会 [會] yīnyuèhuì. 2 [习语] in 'concert (a) 现场 (場) 演出音乐会 xiànchǎng yǎnchū yīnyuèhuì. (b) [正式用语] 合作 hézuò.

concerted /kən'sɜːtɪd/ adj 商定的 shāngdìngde; 一致的 yízhìde; make a ~ effort 齐心协力.

concertina /ˌkɒnsə'tiːnə/ n [C] 六角手风 [風] 琴 liùjiǎo shǒufēngqín. **concertina** v 1 折起 zhéqǐ.

concerto /kən'tʃeətəʊ, -'tʃɜː-/ n [C] [pl ~s] 协 [協] 奏曲 xiézòuqǔ.

concession /kən'seʃn/ n 1 (a) [U] 让 [讓] 步 ràngbù. (b) [C] 让与 [與] 物 ràngyǔwù. 2 [C] 特许权 [權] tèxǔquán; a ~ to drill for oil 钻探石油的特许权.

conciliate /kən'sɪlɪeɪt/ v [T] [正式用语] 安抚 [撫] ānfǔ; 劝 [勸] 慰 quànwèi. **conciliation** /kənˌsɪlɪ'eɪʃn/ n [U]. **conciliatory** /kən'sɪlɪətərɪ; US -tɔːrɪ/ adj 抚慰的 fǔwèide.

concise /kən'saɪs/ adj 简明的 jiǎnmíngde; 简要的 jiǎnyàode; a ~ report 简要的报告. **concisely** adv. **conciseness** n [U].

conclude /kən'kluːd/ v 1 [I, T] [常为正式用语] 结束 jiéshù. 2 [T] 推论 [論] 出 tuīlùn chū; The jury ~d that he was guilty. 陪审团断定他有罪. 3 [T] 安排 ānpái; 缔结 dìjié; ~ an agreement 缔结协定. **conclusion** /-'kluːʒn/ n [C] 1 结束 jiéshù; 终了 zhōngliǎo. 2 结论 jiélùn; 解决 jiějué. **conclusive** /-'kluːsɪv/ (证据 等)令人信服的

lìng rén xìnfú de. **conclusively** adv.

concoct /kən'kɒkt/ v [T] 1 调合 tiáohé; 混合 hùnhé. 2 编造 (故事等) biānzào. **concoction** /-'kɒkʃn/ n [C] 混合物 hùnhéwù; 调制 [製] 品 tiáozhìpǐn. 2 混合 hùnhé.

concord /'kɒŋkɔːd/ n [U] [正式用语] 和睦和谐 ; 一致 yízhì.

concourse /'kɒŋkɔːs/ n [C] 群集场 [場] 所 qúnjí chǎngsuǒ.

concrete /'kɒŋkriːt/ n [U] 混凝土 hùnníngtǔ. **concrete** v [T] 浇 (澆) 混凝土于 jiāo hùnníngtǔ yú. **concrete** adj 1 有形的 yǒuxíngde. 2 具体 [體] 的 jùtǐde; 明确 (確) 的 míngquède; a ~ suggestion 具体的建议.

concur /kən'kɜː(r)/ v [-rr-] [正式用语] 1 同意 tóngyì; 赞 [讚] 成 zànchéng. 2 同时 [時] 发 [發] 生 tóngshí fāshēng. **concurrence** /-'kʌrəns/ n [U]. **concurrent** /-'kʌrənt/ adj 同时的 tóngshíde; 兼任的 jiānrènde. **concurrently** adv.

concuss /kən'kʌs/ v 使 (脑) 震伤 (傷) shǐ zhènshāng. **concussion** /-'kʌʃn/ n [U].

condemn /kən'dem/ v [T] 1 谴责 qiǎnzé. 2 to (a) [法律] 给…判刑 gěi …pànxíng; He was ~ed to death. 他被判死刑. (b) 迫使接受不愉快的事物 pòshǐ jiēshòu bù yúkuàide shìwù; ~ed to a job she hates 被迫做她讨厌的工作. 3 宣告 (建筑物) 不宜使用 xuāngào bùyí shǐyòng. **condemnation** /ˌkɒndem'neɪʃn/ n [U,C].

condense /kən'dens/ v 1 [I,T] (a) (使) (液体) 浓 [濃] 缩 nóngsuō. (b) (气体、水汽) 冷凝 lěngníng. 2 [T] 缩短 suōduǎn; 压 [壓] 缩 yāsuō; ~ a speech 压缩讲话. **condensation** /ˌkɒnden'seɪʃn/ n 1 [U] 浓缩 níngjié; 冷凝 lěngníng. 2 蒸汽凝结成的水滴 zhēngqì níngjié chéng de shuǐdī. **condenser** n [C].

condescend /ˌkɒndɪ'send/ v [I] (to) 屈 [屈] 尊俯就 fǔjiù; 屈尊 qūzūn; 俯允 fǔyǔn; The manager ~ed to talk to the workers. 经理放下架子同工人们谈话. **condescending** adj. **condescension** /-'senʃn/ n [U].

condiment /'kɒndɪmənt/ n [C] 调味品 tiáowèipǐn; 作料 zuóliào.

condition[1] /kən'dɪʃn/ n 1 [sing]

状〔狀〕况 zhuàngkuàng; 状态〔態〕zhuàngtài: a car in good ~ 车况良好的汽车. 2 conditions [pl] 环〔環〕境 huánjìng; 情形 qíngxíng. 3 [C] (a)条〔條〕件 tiáojiàn: One of the ~s of the job is that you can drive. 一是会开车. (b) (合同等上的)条件 tiáojiàn. 4 [U] 健康 jiànkāng: be out of ~ 健康状况不佳. 5 [C]病 bìng. 6 [习语]on condition that 在…条件下 zài…tiáojiàn xià.

condition² /kən'dɪʃn/ v [T] 1 决定 juédìng; 支配 zhīpèi. 2 训练〔練〕xùnliàn; 使适〔適〕应〔應〕shǐ shìyìng. conditioner n [C] 护〔護〕发〔髮〕剂〔劑〕hùfàjì. conditioning n [U].

conditional /kən'dɪʃənl/ adj ~ (on) 附有条〔條〕件的 fù yǒu tiáojiàn de; 视…而定的 shì…ér dìng de: Payment is ~ on satisfactory completion of the work. 完满完成工作才付酬. 2 [语法](子句)条件的 tiáojiàn de. conditionally /-ʃənəli/ adv.

condolence /kən'dəuləns/ n[U,C 尤作 sing] 吊唁 diàoyàn; 吊慰 diàowèi; 慰问 wèiwèn.

condom /'kɒndəm/ n [C] 避孕套 bìyùntào.

condone /kən'dəun/ v [T] 宽恕 kuānshù; 原谅 yuánliàng.

conducive /kən'dʒu:sɪv; US -'dus-/ adj to 有益于~的 yǒuyì yú~de; 有助于~的 yǒuzhù yú~de: ~ to health 有益于健康.

conduct¹ /kən'dʌkt/ v [I,T] 组织〔織〕zǔzhī; 指导〔導〕zhǐdǎo; 进〔進〕行 jìnxíng: ~ a survey 进行调查. 2 ~ oneself [正式用语]表现 biǎoxiàn; 为〔爲〕人 wéirén. 3 [I,T]指挥〔揮〕(乐队等)zhǐhuī. 4 [T](传〔傳〕导(热、电等)chuándǎo. conduction /-'dʌkʃn/ n [U](热、电的传导 chuándǎo. conductor n [C] 1 (乐队等)的)指挥 zhǐhuī. 2 (fem conductress /-trɪs/)[英国英语]公共汽车〔車〕售票员 gōnggòngqìchē shòupiàoyuán. 3 导体〔體〕dǎotǐ.

conduct² /'kɒndʌkt/ n [U] 1 行为〔爲〕xíngwéi; 举〔舉〕动 jǔdòng; 品行 pǐnxíng. 2 处〔處〕理方法 chǔlǐ fāngfǎ.

cone /kəun/ n [C] 1 (a) 圆锥体〔體〕yuánzhuītǐ. (b) 圆锥形的东〔東〕西 yuánzhuīxíngde dōngxi: an

ice-cream — 蛋卷冰淇淋. 2 (松树等的)球果 qiúguǒ.

confection /kən'fekʃən/ n [C][正式用语]糖果 tángguǒ; 点〔點〕心 diǎnxīn. confectioner /-ʃənə(r)/ n [C]制〔製〕造、销售糖果点心的人 zhìzào、xiāoshòu tángguǒ diǎnxīn de rén. confectionery n [U] 糖果点心 tángguǒ diǎnxīn.

confederacy /kən'fedərəsɪ/ n [C] (pl -ies) 同盟 bānglián; 同盟 tóngméng; 联盟 liánméng.

confederate /kən'fedərət/ n [C] 同盟者 tóngméngzhě; 同盟国〔國〕tóngméngguó; 同谋 tóngmóu; 同伙〔夥〕tónghuǒ.

confederation /kənˌfedə'reɪʃn/ n [C] 同盟 tóngméng; 联〔聯〕盟 liánméng; 邦联 bānglián.

confer /kən'fɜ:(r)/ v [-rr-][正式用语] 1 ~ (with) 协〔協〕商 xiéshāng. 2 [T] (on) 授予 shòuyǔ: ~ authority on sb 授予某人权〔權〕力.

conference /'kɒnfərəns/ n [C] 1 会〔會〕议〔議〕huìyì; 大会 dàhuì. 2 [习语]in conference 正开〔開〕正式会议 zhèngkāi zhèngshì huìyì. 'conference call n [C] 电〔電〕话会议 diànhuà huìyì.

confess /kən'fes/ v [I,T] 1 承认〔認〕(做错)chéngrèn. 2(尤指罗马天主教)向神父忏〔懺〕悔 xiàng shénfù chànhuǐ. confession /-'feʃn/ n [C,U] 1 招供 zhāogòng; 交代 jiāodài; 坦白 tǎnbái. 2 忏悔 chànhuǐ. confessional /-'feʃənl/ n [C] 忏悔室(神父听取忏悔处)chànhuǐshì.

confetti /kən'fetɪ/ n [用 sing v] (婚礼中投掷的)五彩纸屑 wǔcǎi zhǐxiè.

confidant /ˌkɒnfɪ'dænt/ n [C] (fem -dante /ˌkɒnfɪ'dænt/) n [C] 知心人 zhīxīnrén.

confide /kən'faɪd/ v 1 [T]向…吐露秘密 xiàng…tǔlù mìmì. 2 [短语动词]confide in sb 向信任的人吐露秘密 xiàng xìnrèn de rén tǔlù mìmì.

confidence /'kɒnfɪdəns/ n [U] 1 信任 xìnrèn. 2[U]信心 xìnxīn; 自信 zìxìn. 3[U]秘密 mìmì; 隐私 yǐnsī. 4[习语]in (strict) confidence 作为〔爲〕秘密 zuòwéi mìmì. take sb into one's confidence 把某人作为知心人 bǎ mǒurén zuòwéi zhīxīnrén.

confident /-dənt/ adj 确〔確〕信的 quèxìnde; 有把握的 yǒu bǎwò de. confidently adv.

confidential /ˌkɒnfɪˈdenʃl/ adj 1 机(機)密的 jīmìde; 秘密的 mìmìde. 2 信任的 xìnrènde; 心腹的 xīnfùde. **confidentiality** /-ˌdenʃɪˈæləti/ n [U]. **confidentially** /-ʃəli/ adv.

configuration /kənˌfɪɡəˈreɪʃn; US -ˌfɪɡjʊˈreɪʃn/ n [正式用语]配置 pèizhì; 布局 bùjú.

confine /kənˈfaɪn/ v [T] 1 (to) 限制 xiànzhì; 控制 kòngzhì: The illness was ~d to the village. 这种疾病被控制在这个村的范围里. 2 禁闭 jìnbì: ~d to bed with a fever 因发烧而卧床. **confined** adj (空间)有限的 yǒuxiànde; 狭(狹)窄的 xiázhǎide. **confinement** n 1[U]监(監)禁 jiānjìn; 禁闭 jìnbì. 2 [C,U] 分娩 fēnmiǎn. **confines** /ˈkɒnfaɪnz/ n [pl][正式用语]界限 jièxiàn; 边(邊)界 biānjiè.

confirm /kənˈfɜːm/ v [T] 1 证(證)实(實) zhèngshí: The announcement ~ed my suspicions. 这个通告证实了我的怀疑. 2 确(確)定 quèdìng: Please write to ~ the details. 请把细节写写明确. 3 [通常用被动语态](基督教)施坚信礼(禮)(使成为教徒) shī jiānxìnlǐ. **confirmation** /ˌkɒnfəˈmeɪʃn/ n [C,U]. **confirmed** adj 确定的 quèdìngde; 坚(堅)定的 jiāndìngde: a ~ed bachelor 抱独身主义的单身汉.

confiscate /ˈkɒnfɪskeɪt/ v [T] 没收(私人财产) mòshōu. **confiscation** /ˌkɒnfɪˈskeɪʃn/ n [C,U].

conflagration /ˌkɒnfləˈɡreɪʃn/ n [C][正式用语]大火灾(災) dà huǒzāi.

conflict /ˈkɒnflɪkt/ n [C,U] 战(戰)斗(鬥) zhàndòu; 斗争 dòuzhēng. 2 分歧 fēnqí. **conflict** /kənˈflɪkt/ v [I] 1 抵触(觸) dǐchù; 冲(衝)突 chōngtū.

conform /kənˈfɔːm/ v [I] 1 (to) 遵守(规则、标准等) zūnshǒu. 2 (with/to) 符合 fúhé. **conformist** /-ɪst/ n [C] 遵纪守法者 zūnjì shǒufǎ zhě. **conformity** n [U].

confound /kənˈfaʊnd/ v [T] 使困惑和惊(驚)奇 shǐ kùnhuò hé jīngqí.

confront /kənˈfrʌnt/ v [T] 1 (with) 使面临(臨)(困难等) shǐ miànlín. 2 使面对(對)(令人不愉快的事物) shǐ miànduì. 3 面对 miànduì; 对抗 duìkàng. **confrontation** /ˌkɒnfrʌnˈteɪʃn/ n [C,U] 对抗

duìkàng.

confuse /kənˈfjuːz/ v 1 [T] 弄错 nòngcuò: You have ~d him and/with his brother. 你把他和他的兄弟搞混了. 2 使糊涂(塗) shǐ hútu: I am ~d. 我弄糊涂了. 3 使模糊不清 shǐ móhu bùqīng. **confusion** /-ˈfjuːʒn/ n [U].

congeal /kənˈdʒiːl/ v [I,T] (使)冻结 dòngjié; (使)凝结 níngjié.

congenial /kənˈdʒiːnɪəl/ adj 令人愉快的 lìng rén yúkuàide: a ~ atmosphere 令人愉快的气氛. 2 情投意合的 qíng tóu yì hé de. **congenially** adv.

congenital /kənˈdʒenɪtl/ adj (疾病)与(與)生俱来的 xiāntiānde.

congested /kənˈdʒestɪd/ adj 拥(擁)挤(擠)的 yōngjǐde: streets ~ with traffic 车流拥挤的街道. **congestion** /-ˈdʒestʃən/ n [U].

conglomerate /kənˈɡlɒmərət/ n [C] 联(聯)合大企业(業) liánhé dà qǐyè. **conglomeration** /kənˌɡlɒməˈreɪʃn/ n [C] 聚集物 jùjíwù; 混合体(體) hùnhétǐ.

congratulate /kənˈɡrætʃuleɪt/ v 1 祝贺 zhùhè; 庆(慶)贺 qìnghè: ~ sb on good exam results 祝贺某人考试成绩优秀. **congratulations** /kənˌɡrætʃuˈleɪʃnz/ interj 祝贺你! zhùhènǐ!

congregate /ˈkɒŋɡrɪɡeɪt/ v [I]集合 jíhé. **congregation** /ˌkɒŋɡrɪˈɡeɪʃn/ n [C]教堂会(會)众(眾)[集合词]jiàotáng huìzhòng. **congregational** adj.

congress /ˈkɒŋɡres; US -ɡrəs/ n [C,亦作 sing, 用 pl v] 1 代表会(會)议(議) dàibiǎo huìyì. 2 Congress (美国等)议会会议 yìhuì. **congressional** /kənˈɡreʃənl/ adj. **Congressman, Congresswoman** /-n/ n [C] (美国国会)男女议员 nánnǚ yìyuán.

congruent /ˈkɒŋɡruənt/ adj (三角形)全等的 quánděngde; 适合的 shìhéde.

congruous /ˈkɒŋɡruəs/ adj [正式用语]适(適)合的 shìhéde.

conical /ˈkɒnɪkl/ adj 圆锥形的 yuánzhuīxíngde.

conifer /ˈkɒnɪfə(r)/ n [C] 针叶(葉)树(樹) zhēnyèshù. **coniferous** /kəˈnɪfərəs/ adj.

conjecture /kənˈdʒektʃə(r)/ v [I,T][正式用语]猜想 cāixiǎng; 猜测 cāicè; 推测 tuīcè. **conjecture**

n [C, U] [正式用语] 推测 tuīcè. **conjectural** *adj*.

conjugal /'kɒndʒugl/ *adj* [正式用语] 婚姻的 hūnyīnde; 夫妇(妇)关(關)系(係)的 fūfù guānxì de; 夫妇的 fūfùde.

conjunction /kən'dʒʌŋkʃn/ *n* 1 [C] [语法] 连词 liáncí. 2 [C, U] [正式用语] 结合 jiéhé; 连接 liánjiē. 3 [习语] **in conjunction with sb/sth** 与[與]…共同 yǔ…gòngtóng.

conjure /'kʌndʒə(r)/ *v* 1 [I] 变[變]戏(戲)法 biànxìfǎ. 2 [短语动词] **conjure sth up** 使显起于脑(腦)际(際)际(際)际 shǐ chéngxiàn yú nǎojì. **conjurer** (亦作 **conjuror**) *n* [C] 变戏法者 biàn xìfǎzhě.

conk /kɒŋk/ *v* [短语动词] **conk out** (使汽车等)停止运[運]转[轉] tíngzhǐ yùnzhuǎn: *His old car has ~ed out.* 他的那辆老车汗不动了. (b)(人)筋疲力尽[盡] jīn pí lì jìn; 入睡 rùshuì; 死去 sǐqù.

connect /kə'nekt/ *v* 1 [I, T] 连结 liánjié; 连接 liánjiē; ~ *two wires* 把两条电线连接起来. 2 [T] 联[聯]想 liánxiǎng.

connection (英国英语亦作 **connexion**) /kə'nekʃn/ *n* 1 (a)[U] 连接 liánjiē; 连结 liánjié. (b)[C] 连结点(點) liánjiédiǎn; 关[關]系 (係)guānxì. 2[C] (火车、机车等)联运[運] liányùn. 3[C, 常用 pl] (生意上的)熟人 shúrén. 4 [习语] **in connection with sb/sth** 关于 guānyú.

connive /kə'naɪv/ *v* [I] (*at*) 默许 mòxǔ; 纵[縱]容 zòngróng. **connivance** *n* [U].

connoisseur /ˌkɒnə'sɜː(r)/ *n* [C] 鉴[鑒]赏家 jiànshǎngjiā; 鉴定家 jiàndìngjiā; 行家 hángjiā; 内行 nèiháng.

connotation /ˌkɒnə'teɪʃn/ *n* [C, 尤用 pl] 言外之意 yán wài zhī yì: *Be careful not to use slang words that have obscene ~s.* 当心别使用含有下流的言外之意的俚语词.

conquer /'kɒŋkə(r)/ *v* [T] 1 攻取 gōngqǔ; 攻克 gōngkè, 占[佔]领[領](勝) zhànlǐng. 2 战(戰)胜[勝] zhànshèng; 克服 kèfú: *You must ~ your fear of driving.* 你必须克服你对开车的害怕情绪. **conqueror** *n* [C].

conquest /'kɒŋkwest/ *n* 1 [U] 征

服 zhēngfú. 2 [C] 征服地 zhēngfúdì; 掠取物 lüèqǔwù.

conscience /'kɒnʃəns/ *n* 1 [C, U] 良心 liángxīn: *have a clear ~* 问心无愧. *have a guilty ~* 感到内疚. 2 [习语] **have (sth) on one's conscience** 因某事而感到内疚 yīn mǒushì ér gǎndào nèijiù.

conscientious /ˌkɒnʃi'enʃəs/ *adj* (人、行为)小心谨慎的 xiǎoxīn jǐnshèn de. **conscientiously** *adv*. **conscientiousness** *n* [U].

conscious /'kɒnʃəs/ *adj* 1 清醒的 qīngxǐngde. 2 (*of*) 知道 zhīdàode; 觉[覺]察的 juécháde. 3 故意的 gùyìde: *make a ~ effort* 刻意. **consciously** *adv*. **consciousness** *n* [U]: *regain ~ses after an accident* 事故之后恢复了知觉.

conscript /kən'skrɪpt/ *v* [T] 征[徵]募 zhēngmù; 征召 zhēngzhào. **conscript** /'kɒnskrɪpt/ *n* [C] 应[應]征士兵 yìngzhēng shìbīng. **conscription** /-'skrɪpʃn/ *n* [U].

consecrate /'kɒnsɪkreɪt/ *v* [T] 1 把…奉为[為]神圣[聖]yì…fèngwéi shénshèng; 使成为神圣的 shǐ chéngwéi shénshèng. 2 把…放着做祭礼用 bǎ… fàngzhe zuò jìlǐ yòng. **consecration** /ˌkɒnsɪ'kreɪʃn/ *n* [U].

consecutive /kən'sekjʊtɪv/ *adj* 连续[續]的 liánxùde; 连贯的 liánguànde; 顺序的 shùnxùde. **consecutively** *adv*.

consensus /kən'sensəs/ *n* [C, U] 一致 yízhì; 合意 héyì.

consent /kən'sent/ *v* [I] (*to*) 同意 tóngyì; 赞成 zànchéng. **consent** *n* [U] 同意 tóngyì; 赞成 zànchéng; 允许 yǔnxǔ.

consequence /'kɒnsɪkwəns; US -kwens/ *n* 1 [C] 结果 jiéguǒ; 后[後]果 hòuguǒ: *the political ~s of the decision* 这个决定的政治后果. 2 [U] [正式用语] 重要(性) zhòngyào; 重大 zhòngdà: *It is of no ~.* 那没有什么重要性.

consequent /'kɒnsɪkwənt/ *adj* [正式用语] 随[隨]之发[發]生的 suí zhī fāshēng de. **consequently** *adv* 因而 yīn'ér; 所以 suǒyǐ.

consequential /ˌkɒnsɪ'kwenʃl/ *adj* [正式用语] 1 随[隨]之发[發]生的 suí zhī fāshēng de. 2 重要

的 zhòngyàode.

conservation /ˌkɒnsə'veɪʃn/ n [U]
1 保存 bǎocún; 保护[護] bǎohù. 2
对[對]自然环[環]境的保护 duì zìrán huánjìngde bǎohù. **conservationist** n [C] 自然环境保护者 zìrán huánjìng bǎohùzhě.

conservative /kən'sɜːvətɪv/ adj 1
保守的 bǎoshǒude; 守旧[舊]的 shǒujiùde. 2 **Conservative** 英国[國]保守党[黨]的 Yīngguó Bǎoshǒudǎng de. 3 谨慎的 jǐnshènde; 稳[穩]当[當]的 wěndàngde; a ~
estimate 稳妥的估计. **conservative** n [C] 1 **Conservative** 保守主义[義]者 bǎoshǒuzhǔyìzhě. 2 **Conservative** 英国保守党人 Yīngguó Bǎoshǒudǎngrén. **conservatively** adv. **the Con'servative Party** n [sing] [英国政治]英国保守党 Yīngguó Bǎoshǒudǎng. **conservatism** /-tɪzəm/ n [U].

conservatory /kən'sɜːvətrɪ; US -tɔːrɪ/ n [pl **-ies**] 1 (培养植物的)暖房 nuǎnfáng, 温室 wēnshì. 2 艺[藝]术[術]学[學]校 yìshù xuéxiào.

conserve /kən'sɜːv/ v [T] 保存 bǎocún; 保藏 bǎocáng. **conserve** /'kɒnsɜːv/ n [C, U] [正式用语]果酱[醬] guǒjiàng; 蜜饯[餞] mìjiàn.

consider /kən'sɪdə(r)/ v 1 想 xiǎng; 考虑[慮] kǎolǜ. 2 认[認]为[為] rènwéi; 以为 yǐwéi; We ~
this (to be) very important. 我们认为这很重要. 3 顾[顧]及 gùjí; 体[體]谅 tǐliàng; ~ the feelings of others 体谅别人的感情. **considered** adj 经[經]过[過]深思熟虑的 jīngguò shēnsī shúlǜde; a ~ed opinion 经过反复考虑后的意见.

considerable /kən'sɪdərəbl/ adj 相当[當]大的 xiāngdāng dà de. **considerably** /-əblɪ/ adv 相当大地 xiāngdāng dà de; It's considerably colder today. 今天冷多了.

considerate /kən'sɪdərət/ adj 体[體]贴别人的 tǐtiē biérén de, **considerately** adv.

consideration /kənˌsɪdə'reɪʃn/ n 1 [U] 考虑[慮] kǎolǜ. 2 [U] (对别人的)体[體]贴 tǐtiē. 3 [C] 要考虑的事 yào kǎolǜ de shì; Cost is just one of the ~s. 费用仅仅是要考虑的因素之一. 4 [C] [正式用语]报[報]酬 bàochóu. 5 [习语] take sth into consideration 考虑某事 kǎolǜ mǒushì.

considering /kən'sɪdərɪŋ/ prep, conj 考虑[慮]到 kǎolǜdào; 就…而论[論]jiù…ér lùn; She's very active, ~ her age. 考虑到她的年龄, 她是很积极的.

consign /kən'saɪn/ v [T] 1 运[運]送(货物) yùnsòng. 2 [正式用语]交付 jiāofù; 把…委托[託]给…bǎ…wěituō gěi…; ~ the boy to his brother's care 把男孩子托付给他的兄弟照顾. **consignment** n 1 [U] 交付 jiāofù; 托付 tuōfù. 2 [C] 托付物 tuōfùwù.

consist /kən'sɪst/ v [短语动词] **consist of** 由…组成 yóu…zǔchéng; 由…构[構]成 yóu…gòuchéng; a meal ~ing of soup and bread 一顿有汤和面包的饭. **consist in** 以…为[為]主要成分 yǐ…wéi zhǔyào chéngfèn.

consistency /kən'sɪstənsɪ/ n 1 [U] 一致性 yízhìxìng; 连贯性 liánguànxìng. 2 [C, U] [pl **-ies**](尤指液体的)浓[濃]度 nóngdù; 稠度 chóudù; 密度 mìdù.

consistent /kən'sɪstənt/ adj 1 (言)(行为等)始终如一的 shǐzhōng rúyīde. 2 (with) 与(奥)…一致的 yǔ…yízhìde; injuries ~ with the accident 与这次事故相符的受伤情况. **consistently** adv.

consolation /ˌkɒnsə'leɪʃn/ n 1 [U] 安慰 ānwèi; 慰藉 wèijiè; a few words of ~ 几句安慰的话. 2 [C] 安慰的人或物 ānwèide rén huò wù.

console[1] /kən'səʊl/ v [T] 安慰 ānwèi; 慰问 wèiwèn.

console[2] /'kɒnsəʊl/ n [C] (电子设备的)控制盘[盤] kòngzhìpán.

consolidate /kən'sɒlɪdeɪt/ v [I, T] 1 巩[鞏]固 gǒnggù; 加强 jiāqiáng. 2 [商]把…合为[為]一体[體] bǎ…héwéi yìtǐ; ~ all his debts 把他所有的债务合并起来. **consolidation** /kənˌsɒlɪ'deɪʃn/ n [C, U].

consonant /'kɒnsənənt/ n [C] (a) 辅音 fǔyīn. (b) 辅音字母 fǔyīn zìmǔ.

consort[1] /'kɒnsɔːt/ n [C] 帝王的夫或妻 dìwángde fū huò qī; 配偶 pèi'ǒu.

consort[2] /kən'sɔːt/ v [I] (with)[常作贬]陪伴 péibàn; 结交 jiéjiāo; ~ing with criminals 结交犯罪分子.

consortium /kən'sɔːtɪəm; US -'sɔːʃɪəm/ n [pl **-tia** /-tɪə; US -ʃɪə/] [C] [用 sing 或 pl v] 国[國]际

〔際〕财团(團) guójì cáituán.

conspicuous /kən'spɪkjuəs/ adj 明显(顯)的 míngxiǎn de; 引人注目的 yǐn rén zhùmù de. **conspicuously** adv.

conspiracy /kən'spɪrəsɪ/ n [pl -ies] 1 [C] 阴(陰)谋 yīnmóu; 密谋 mìmóu. 2 [U] 同谋 tóngmóu; 共谋 gòngmóu.

conspire /kən'spaɪə(r)/ v 1 (with; against) 密商 mìshāng; 阴(陰)谋 yīnmóu; 密谋 mìmóu: ~ to kill the king 密谋弄死国王. He ~d with others against the government. 他与别人合谋反对政府. 2 (against) 协(協)力 xiélì; 联(聯)合 liánhé: Circumstances ~d against them. 种种对他们不利的情况凑在一起. **conspirator** /kən'spɪrətə(r)/ n [C] 阴谋家 yīnmóujiā; 共谋者 gòngmóuzhě.

constable /'kʌnstəbl; US 'kɒn-/ n [C] 〔英国旧词〕警察 jǐngchá. **constabulary** /kən'stæbjʊlərɪ; US -lerɪ/ n [C, 亦作 sing, 用 pl v] [pl -ies] 警察 jǐngchá; 保安队(隊) bǎo'ānduì.

constant /'kɒnstənt/ adj 1 经(經)常的 jīngchángde; 经久的 jīngjiǔde; 不变(變)的 búbiànde; 持(持)续(續)的 chíxùde: ~ noise 不断的噪音. 2 持久不变(變)的 chíjiǔ búbiàn de; a ~ temperature 恒温. **constancy** n [U].

constellation /ˌkɒnstə'leɪʃn/ n [C] 星座 xīngzuò.

consternation /ˌkɒnstə'neɪʃn/ n [U] 惊(驚)慌 jīnghuāng; 惊愕 jīng'è.

constipated /'kɒnstɪpeɪtɪd/ adj 便秘的 biànmìde. **constipation** /ˌkɒnstɪ'peɪʃn/ n [U] 便秘 biànmì.

constituency /kən'stɪtjʊənsɪ/ n [C] [用 sing 或 pl v] [pl -ies] 选(選)区(區) xuǎnqū; 全体(體)选民 quántǐ xuǎnmín.

constituent /kən'stɪtjʊənt/ adj 1 组成的 zǔchéngde. 2 (大会等)有宪(憲)法制订权(權)的 yǒu xiànfǎ zhìdìngquán de. **constituent** n [C] 1 选(選)民 xuǎnmín; 选举(舉)人 xuǎnjǔrén. 2 成分 chéngfèn; 要素 yàosù.

constitute /'kɒnstɪtjuːt/ v [T] 组成 zǔchéng; 构(構)成 gòuchéng: Twelve months ~ a year. 一年有 12 个月. 2 是 shì: The decision

to build the road ~s a real threat to the countryside. 修建这条路的决定是对农村的真正的威胁.

constitution /ˌkɒnstɪ'tjuːʃn; US -'tuːʃn/ n 1 [C] 宪(憲)法 xiànfǎ. 2 [C] (人的)体(體)格 tǐgé; 体质(質) tǐzhì; 素质 sùzhì; a strong ~ 强壮的体格. 3 [C] (事物的)构(構)造 gòuzào; 组成(方式) zǔchéng. **constitutional** adj 符合宪法的 fúhé xiànfǎ de. **constitutionally** /-əlɪ/ adv.

constrain /kən'streɪn/ v [T] [正式用语] 强迫 qiǎngpò; 强使 qiǎngshǐ: I felt ~ed to obey. 我觉得非服从不可.

constraint /kən'streɪnt/ n 1 [C] 限制性的事物 xiànzhìxìngde shìwù: One of the ~s on the project will be the money available. 这项工程遇到的制约之一是可动用的资金问题. 2 [U]约束 yuēshù; 强制 qiángzhì.

constrict /kən'strɪkt/ v [T] 使收缩 shǐ shōusuō; 压(壓)缩 yāsuō: a tight collar ~ing the neck 卡着脖子的衣领. **constriction** /kən'strɪkʃn/ n 1 [U] 压缩 yāsuō. 2 [C] 压缩的事物 yāsuōde shìwù; [喻] the ~ions of prison life 牢狱生活中的种种约束.

construct /kən'strʌkt/ v [T] 建造 jiànzào; 构(構)筑(築) gòuzhù.

construction /kən'strʌkʃn/ n 1 [U] 建设 jiànshè; 建造 jiànzào; 建筑(築)营 jiànzào: The new bridge is still under ~. 新桥仍在建筑中. 2 [C] 结构(構) jiégòu; 建筑物 jiànzhùwù.

constructive /kən'strʌktɪv/ adj 有帮(幫)助的 yǒu bāngzhù de; 有用的 yǒuyòngde: ~ suggestions 有用的建议.

consul /'kɒnsl/ n [C] 领事 lǐngshì. **consular** /'kɒnsjʊlə(r); US -sel-/ adj 领事的 lǐngshìde; 领事职(職)权(權)的 lǐngshì zhíquán de. **consulate** /'kɒnsjʊlət/ n [C] 领事馆 lǐngshìguǎn.

consult /kən'sʌlt/ v 1 [T] 请教 qǐngjiào; 与…商量 zīxún; 查阅 cháyuè: ~ the doctor about a sore throat 为喉咙疼去看医生. 2 [I] (with) 商量 shāngliang: ~ with one's friend 同朋友商量.

consultant /kən'sʌltənt/ n 1 顾(顧)问 gùwèn. 2 [英国英语]会(會)诊医(醫)师(師) huìzhěn yīshī.

a ~ **surgeon** 会诊外科医师.

consultation /ˌkɒnsəlˈteɪʃn/ *n* 1 [U] 咨询 zīxún; 磋商 cuōshāng. 2 [C] (磋商)会[会]议[议] huìyì; 会诊 huìzhěn.

consume /kənˈsjuːm; US -ˈsuːm/ *v* [T] 1 消耗 xiāohào; *Some types of car* ~ *less petrol than others.* 某些类型的汽车比其他汽车汽油消耗得少. 2 (火等)烧[烧]毁[毁]shāohuǐ; 毁灭[灭] huǐmiè. 3 [正式用语]吃光 chīguāng; 喝光 hēguāng. **consuming** *adj* 强烈的 qiángliè-de; *a* ~ *passion* 强烈的情绪.

consumer /kənˈsjuːmə(r); US -ˈsuː-/ *n* [C] 消费者 xiāofèizhě; 用户 yònghù. **consumer durables** = DURABLES (DURABLE). **consumer goods** *n* [pl] 生活资料 shēnghuó zīliào; 消费品 xiāofèipǐn.

consummate /ˈkɒnsəmeɪt/ *v* [T] 1 [正式用语]圆满 wánshǎn. 2 (初次同房而)完[完](婚) wán. **consummation** /ˌkɒnsəˈmeɪʃn/ *n* [C, U].

consumption /kənˈsʌmpʃn/ *n* [U] (a) 消费 xiāofèi; *This food is not fit for human* ~ 这种食物不适合人吃. (b) 消耗量 xiāohàoliàng; *measure a car's fuel* ~ 测量汽车的燃料消耗量.

contact /ˈkɒntækt/ *n* 1 [U] 接触[触] jiēchù; *Her hand came into* ~ *with a hot surface.* 她的手接触到一个热的表面. 2 [U] 联[联]络 liánluò; *Stay in* ~ *with your parents.* 同你的父母保持联络. 3 [C] (会[会]晤用的)联系[系](关[关]系) xì; *a job involving* ~*s with other companies* 一个要同其他公司进行联系的工作岗位. 4 [C] (能提供帮助的)熟人 shúrén; *He has several* ~*s in the building trade.* 他在建筑行业中有若干关系户. 5 [C] (电)接点[点] jiēdiǎn. **contact** /ˈkɒntækt, kənˈtækt/ *v* [T] (用电话,信等)同…联系 tóng…liánxì; *Where can I* ~ *you next week?* 下周同你联系,你在哪里? **contact lens** *n* [C] 隐[隐]形眼镜 yǐnxíng yǎnjìng.

contagious /kənˈteɪdʒəs/ *adj* (a) (疾病)接触传染的 jiēchù chuánrǎn de. (b) (人)患接触传染病的 huàn jiēchù chuánrǎnbìng de. 2 感染性的 gǎnrǎnxìngde; *contagious laughter* 有感染力的笑(声).

contain /kənˈteɪn/ *v* [T] 1 容纳 róngnà; 包含 bāohán; *A bottle* ~*s two litres of milk.* 一瓶盛两升牛奶. 2 控制 kòngzhì; 抑制 yìzhì; *trying to* ~ *her anger* 控制她不让发脾气.

container /kənˈteɪnə(r)/ *n* [C] 1 容器 róngqì; *a* ~ *for sugar* 糖瓶. 2 集装[装]箱 jízhuāngxiāng.

contaminate /kənˈtæmɪneɪt/ *v* [T] 弄脏[脏] nòng zāng; 污染 wūrǎn; ~*d food* 被污染的食物. **contamination** /kənˌtæmɪˈneɪʃn/ *n* [U].

contemplate /ˈkɒntəmpleɪt/ *v* [T] 1 沉思 chénsī; 打算 dǎsuàn; ~ *visiting London* 打算访问伦敦. 2 [正式用语]注视 zhùshì; ~ *a picture* 注视一幅画. **contemplation** /ˌkɒntəmˈpleɪʃn/ *n* [U] 注视 zhùshì; 沉思 chénsī. **contemplative** /kənˈtemplətɪv/ *adj* 沉思的 chénsīde.

contemporary /kənˈtemprərɪ; US -pərerɪ/ *adj* 1 当[当]代的 dāngdàide. 2 同时[时]代的 tóngshídàide; *a play by Shakespeare accompanied by* ~ *music* 有同时代音乐伴奏的莎士比亚戏剧. **contemporary** *n* [C] (*pl* **-ies**) 同时代的人 tóngshídàide rén; *Shakespeare and his contemporaries* 莎士比亚以及他的同时代人.

contempt /kənˈtempt/ *n* [U] 1 (*for*) 轻[轻]蔑 qīngmiè; *feel* ~ *for people who are cruel to animals* 鄙视那些虐待动物的人. 2 不顾[顾] bùgù; *her* ~ *for the risks* 她置危险于不顾. **contemptible** /-əbl/ *adj* 可鄙视的 kě bǐshì de; 卑鄙的 bēibǐde. **con**/**tempt of** 'court *n* [U] 蔑视法庭 mièshì fǎtíng. **contemptuous** /-tʃʊəs/ *adj* 鄙视的 bǐshìde.

contend /kənˈtend/ *v* [I] *with* / *against* 斗[斗]争 dòuzhēng; 竞[竞]争 jìngzhēng. 2 争论[论] zhēnglùn; 主张 zhǔzhāng; ~ *that the theory was wrong* 认为这种理论是错误的. **contender** *n* [C] 竞争者 jìngzhēngzhě; 对[对]手 duìshǒu.

content[1] /kənˈtent/ *adj* 满意的 mǎnyìde; 甘愿[愿]的 gānyuànde; ~ *to stay at home* 甘愿于呆在家里. **content** *n* [U] 满意 mǎnyì; 满足 mǎnzú. **content** *v* [T] 使满意 shǐ mǎnyì. **contented** *adj* 心满意足

的 xīn mǎn yì zú de;满意的 mǎnyì-de. **contentedly** adv. **content-ment** n [U] 满意 mǎnyì.

content² /'kɒntent/ n 1 **contents** [pl] 内容 nèiróng;容纳物 róngnàwù;the ~s of her bag 她提包里装的东西. 2 **contents** [pl] (书籍)目录(錄) mùlù. 3 [sing] (书籍)内容 nèiróng. 4 [sing] 容量 róngliàng;the silver ~ of a coin 一个硬币的银含量.

contention /kən'tenʃn/ n 1 [U] 争论(論) zhēnglùn. 2 [C] 论点(點) lùndiǎn, **contentious** /-ʃəs/ adj 好争论的 hào zhēnglùn de;引起争论的 yǐnqǐ zhēnglùn de.

contest¹ /'kɒntest/ n [C] 争夺(奪) zhēngduó;竞(競)争 jìngzhēng;比赛 bǐsài.

contest² /kən'test/ v [T] 1 争论(論) zhēnglùn;争议(議) zhēngyì. 2 参(參)加(竞争) cānjiā;~ an election 参加竞选. **contestant** n [C] 竞争者 jìngzhēngzhě.

context /'kɒntekst/ n [C, U] 1 上下文 shàngxiàwén. 2 (事情的)来龙(龍)去脉(脈) lái lóng qù mài.

continent /'kɒntɪnənt/ n 1 [C] 大陆(陸) dàlù. 2 **the Continent** [sing] 欧(歐)洲大陆 Ōuzhōu dàlù. **continental** /ˌkɒntɪ'nentl/ adj 1 大陆的 dàlùde;大陆性的 dàlùxìngde. 2 (亦作 **Continental**) 欧洲大陆的 Ōuzhōu dàlù de;a ~al holiday 欧洲大陆的假日.

contingency /kən'tɪndʒənsi/ n [C] [pl -ies] 偶然事件 ǒurán shìjiàn;prepared for every ~ 以防万一.

contingent¹ /kən'tɪndʒənt/ n 1 分遣部队(隊) fēnqiǎn bùduì;分遣舰队 fēnqiǎn jiànduì. 2 构(構)成一个(個)大集团的一批人 gòuchéng yígè dà jítuán de yìpīrén.

contingent² /kən'tɪndʒənt/ adj 不可预料的 bùkě yùliào de.

continual /kən'tɪnjuəl/ adj 频繁的 pínfánde;不断(斷)的 búduànde;~ rain 不停的雨. ~ interruptions 不停的打断. **continually** adv 不断地 búduànde;一再地 yízàide.

continuation /kənˌtɪnju'eɪʃn/ n 1 [U, sing] 继(繼)续(續)(物) jìxù. 2 [C] 延续部分 yánxù bùfen;This road is a ~ of the motorway. 这条路是高速公路的延伸.

continue /kən'tɪnjuː/ v [I, T] 1 (使)继续(續)向前 jìxù xiàngqián;~ up the hill 继续上山. 2 (使)继续存在、发(發)生 jìxù cúnzài、fāshēng;~ running 继续跑. ~d her visits to the hospital 她继续去医院. 3 恢复(復) huīfù.

continuity /ˌkɒntɪ'njuːəti/ n [U] 1 继(繼)续(續)性 jìxùxìng. 2 连贯性 liánguànxìng;The story lacks ~. 这故事缺乏连贯性.

continuous /kən'tɪnjuəs/ adj 继(繼)续(續)的 jìxùde;连续的 liánxùde;a ~ line 连续不断的线.a ~ noise 不断的噪音.a ~ flow 不断的涨潮. **continuously** adv. **con'tinuous tense** n [语法](进(進)行时(時)态(態) jìnxíng shítài.

contort /kən'tɔːt/ v [T] 扭弯(彎)扭曲 niǔ wān;弄歪 nòng wāi;a face ~ed with pain 因痛苦而扭曲的脸. **contortion** /kən'tɔːʃn/ n [C].

contour /'kɒntʊə(r)/ n [C] 轮(輪)廓 lúnkuò;外形 wàixíng. **'contour line** (地图)的等高线(綫) děnggāoxiàn.

contraband /'kɒntrəbænd/ n [U] 走私货 zǒusīhuò.

contraception /ˌkɒntrə'sepʃn/ n [U] 避孕法 bìyùnfǎ. **contraceptive** /-tɪv/ n [C] 避孕药 bìyùnyào;避孕器具 bìyùn qìjù;避孕的 bìyùnde.

contract¹ /'kɒntrækt/ n [C, U] 合同 hétong;契约 qìyuē;a ~ between a person and his/her employer 一个人同其雇主所订的合同. The builder is under ~ to finish the house by the end of June. 按照合同,营造商应在六月底以前建造完这房子. **contractual** /kən'træktʃuəl/ adj 契约性的 qìyuēxìngde;契约的 qìyuēde.

contract² /kən'trækt/ v 1 [T] 订约 dìngyuē;~ with the firm to supply goods 同这家商号订约供货合同. 2 [T] (生(疾)病) shēng. 3 [T] [正式用语]负(债)hù. 4 [短语动词] **contract out (of sth)** 退出(…的)合同 tuìchū hétong.

contract³ /kən'trækt/ v [I, T] 缩小 suōxiǎo;Metal ~s when it cools. 金属遇冷时收缩. **contraction** /kən'trækʃn/ n 1 [U] 收缩 shōusuō;缩短 suōduǎn. 2 [C] 缩写(寫)式 suōxiěshì;'Can't' is a ~ion of 'cannot'. "can't" 是

"cannot"的缩写字.**3** (分娩前的) 子宫收缩 zǐgōng shōusuō.

contradict /ˌkɒntrə'dɪkt/ v [T] **1** 反驳(駁) fǎnbó; 否认[認] fǒurèn; 驳斥 bóchì; Don't ～ your mother. 不要顶嘴母亲顶嘴. **2** 同…不一致 tóng…bù yīzhì; 同…抵触[觸] tóng …dǐchù; Her account ～s what you said. 她的叙述同你的说法不一致. **contradiction** n [C,U]. **contradictory** adj 矛盾的 máodùnde; 对[對]立的 dùilìde; ～ory accounts of the accident 有关这次事故的互相矛盾的报道.

contraflow /'kɒntrəfləʊ/ n [C,U] (车辆)逆行 nìxíng.

contralto /kən'træltəʊ/ n [C] 女低音 nǚdīyīn.

contraption /kən'træpʃn/ n [C] [非正式用语]新发[發]明的玩意儿[兒] xīn fāmíng de wányìr; 奇特的装[裝]置 qítède zhuāngzhì.

contrary[1] /'kɒntrərɪ; US -trerɪ/ adj (to) 相反的 xiāngfǎnde; 对[對]立的 dùilìde; 对抗的 dùikàng-de; ～ to what you believe 同你所认为的相反.

contrary[2] /'kɒntrərɪ; US -trerɪ/ n **1** the contrary [习语] 相反 xiāngfǎn; The ～ is true. 恰恰相反. **2** [习语] on the 'contrary 恰恰相反 qiàqià xiāngfǎn; I've never said I don't like music; on the ～, I like it a lot. 我从未说过我不爱音乐, 恰恰相反, 我很爱音乐. **to the 'contrary** 相反的(地) xiāngfǎnde; I shall continue to believe this until I get proof to the ～. 我将对此深信不疑, 除非我得到相反的报道.

contrary[3] /kən'treərɪ/ adj [非正式用语]乖戾的 guāilìde; Don't be so ～! 别这样别扭! **contrariness** n [U].

contrast /kən'trɑːst/ v **1** [T] 使对[對]比 shǐ dùibǐ. **2** [I] 形成对照 [對] xíngchéng dùizhào; the ～ing cultures of Africa and Europe 非洲和欧洲形成对照的文化. **contrast** /'kɒntrɑːst/ n [C,U] 明显[顯]的差别 míngxiǎnde chābié.

contravene /ˌkɒntrə'viːn/ v [T] 违[違]反 wéifǎn; 触[觸]犯 chùfàn. **contravention** /ˌkɒntrə'venʃn/ n [C,U].

contribute /kən'trɪbjuːt/ v **1** [I,T] (to/towards) 贡献[獻] gòngxiàn; 捐助 juānzhù. **2** [I] (to) 促成 cù-

chéng; ～ to her success 促成她的成功. **3** [I,T] 投稿 tóugǎo. **contribution** /ˌkɒntrɪ'bjuːʃn/ n [C,U]. **contributor** n [C] 捐助者 juānzhù-zhě; 投稿者 tóugǎozhě. **contributory** /kən'trɪbjʊtərɪ/ adj.

contrite /'kɒntraɪt/ adj 痛悔的 tònghuǐde. **contritely** adv. **contrition** /kən'trɪʃn/ n [U].

contrive /kən'traɪv/ v [T] **1** 设法 shèfǎ; ～ to live on a small income 精打细算过日子. **2** 发[發]明 fāmíng; 谋划[劃] móuhuà; 设计 shèjì; ～ a way of avoiding paying tax 谋划避税. **contrivance** n [U] 发明 fāmíng; 设计 shèjì. **2** [C] 发明物 fāmíngwù.

control /kən'trəʊl/ n **1** [U] 控制 (能力) kòngzhì; 指挥[揮]的能力 zhǐhuī; 支配(能力) zhīpèi; She lost ～ of the car on the ice. 她在冰上开车时, 控制不住汽车. **2** [U] 管理 guǎnlǐ; 控制的手段 kòngzhì shǒuduàn; ～s on pollution 控制污染的手段. **3** [C] [鉴定实验结果的] 对[對]照标[標]准 dùizhào biāozhǔn. **4** [常作 pl] 操纵[縱]装[裝]置 cāozòng zhuāngzhì. **5** [习语] **be in control (of sth)** 掌管着 ～ zhǎngguǎnzhe ～; 控制着 kòngzhìzhe. **out of con'trol** 失去控制 shīqù kòngzhì; The car went out of ～. 汽车失去了控制. **under control** 被控制 bèi kòngzhì; The fire was brought under ～. 火势得到控制. **control** v [-ll-] [T] **1** 控制 kòngzhì; 支配 zhīpèi; ～ one's temper 控制自己不发脾气. **2** 管理(交通、物价等) guǎnlǐ. **3** 检[檢]查 jiǎnchá; inspections to ～ quality 质[質]量检查. **controller** n [C] 管理员 guǎn-lǐyuán; 部门负责人 bùmén fùzérén.

controversy /'kɒntrəvɜːsɪ, kən-'trɒvəsɪ/ n [pl -ies] [C,U] [论]辩(戰) lùnzhàn; ～ over the building of a new motorway 关于修建新高速公路的辩论.
controversial /ˌkɒntrə'vɜːʃl/ adj 引起争论的 yǐnqǐ zhēnglùn de. **controversially** adv.

conundrum /kə'nʌndrəm/ n [C, 常作 sing] **1** (以双关语作答案的)谜语 míyǔ. **2** 谜似的难[難]题 mí-shìde nántí.

conurbation /ˌkɒnɜː'beɪʃn/ n [C] (连带卫星城镇的)大都市 dà dū shì; 集合城市 jíhé chéngshì.

convalesce /ˌkɒnvə'les/ v [I] 痊

愈[癒] quányù; 恢复[復]健康的 huīfù jiànkāng. **convalescence** n [sing, U] 恢复健康 huīfù jiànkāng; 恢复期间 huīfùqī. **convalescent** n [C], adj 恢复健康的人 huīfù jiànkāng de rén. 恢复健康的 huīfù jiànkāng de.

convene /kən'viːn/ v [I, T] 召集 zhàojí; 召唤 zhàohuàn; 集合 jíhé. **convener** (亦作 -**venor**) n [C] 召集人 zhàojírén.

convenience /kən'viːnɪəns/ n [C] 便利 biànlì; 方便 fāngbiàn. **2** [C] 便利的设施 biànlìde shèshī; Central heating is one of the ~s of modern houses. 集中供暖是现代化房屋的便利设施之一. **convenient** /kən'viːnɪənt/ adj 便利的 biànlìde; 方便的 fāngbiànde; 近便的 jìnbiànde; a ~ place to stay 停留的近便地方. **conveniently** adv.

convent /'kɒnvənt; US -vent/ n [C] 女修道院 nǚ xiūdàoyuàn.

convention /kən'venʃn/ n [C] 会[會]议[議] huìyì; 大会 dàhuì; 全国[國]性大会 quánguóxìng dàhuì; a scientists' ~ 科学家大会. **2** (a) [U] 习[習]俗 xísú. (b) [C] 惯例 guànlì; 常规 chángguī; the ~s of international trade 国际贸易惯例. **3** [C] 协[協]定 xiédìng; 公约 gōngyuē. **conventional** adj 惯例的 guànlìde; 常规的 chángguīde; 传[傳]统的 chuántǒngde. **conventionally** adv.

converge /kən'vɜːdʒ/ v [I] (线、移动物体等) 会 huì; 集中 jízhōng; a village where two roads ~ 两条公路会聚处的一个村庄. **convergence** n [U]. **convergent** adj.

conversant /kən'vɜːsnt/ adj with 精通的 jīngtōngde; 熟悉的 shúxīde; ~ with modern teaching methods 精通现代教学法.

conversation /ˌkɒnvə'seɪʃn/ n **1** [U] 谈话 tánhuà; the art of ~ 谈话的艺术. **2** [C] 会[會]话 huìhuà; hold a ~ 举行非正式会谈. **conversational** adj 会话的 huìhuàde; 谈话的 tánhuàde; a ~al tone 谈话的语调. a ~al style 谈话的文体.

converse[1] /kən'vɜːs/ v [I] (with) [正式用语] 谈话 tánhuà.

converse[2] /'kɒnvɜːs/ the converse n [sing] 相反的事物 xiāngfǎnde shìwù; 反面说法 fǎnmiàn shuōfǎ; The ~ is true. 实际情况相反.

converse adj 相反的 xiāngfǎnde. **conversely** adv.

conversion /kən'vɜːʃn; US kən-'vɜːʒn/ n [C, U] 变[變]换 biànhuàn; 转[轉]变 zhuǎnbiàn; (宗教、政党等) 皈依 guīyī; 改变 gǎibiàn; 兑换 duìhuàn; the ~ of the barn into a house 把谷仓改成人住的房子.

convert[1] /kən'vɜːt/ v [I, T] **1** 转[轉]变 zhuǎnbiàn; 变换 biànhuàn; 兑换 duìhuàn; ~ a house into flats 把一所房子改建成几套公寓房屋. **2** 使改变信仰 shǐ gǎibiàn xìnyǎng; ~ him to Christianity 使他改信基督教. **convertible** /-əbl/ adj 可改变的 kě gǎibiànde; 可兑换的 kě duìhuànde. **convert** n [C] 折篷汽车 zhépéng qìchē.

convert[2] /'kɒnvɜːt/ n [C] 皈依宗教者 guīyī zōngjiào zhě; 改变[變]宗教信仰者 gǎibiàn zōngjiào xìnyǎng zhě.

convex /'kɒnveks/ adj 凸的 tūde; 凸面的 tūmiànde; a ~ mirror 凸面镜.

convey /kən'veɪ/ v [T] **1** 运[運]送 yùnsòng, 搬运 bānyùn; 传递 chuándì; goods ~ed by rail 由铁路运送的货物. **2** (to) 转[轉]达[達] zhuǎndá; 传[傳]达(思想、感情等) chuándá; She ~ed her fears to her friends. 她向朋友们表达了自己的恐惧心情. **conveyance** n [C, U] 运输[輸] yùnshū; 搬运 bānyùn; 运输工具 yùnshū gōngjù. **conveyancing** n [U] [法律]产[產]权[權]转让[讓] chǎnquán zhuǎnràng. **conveyor** (亦作 -**veyer**) n [C] 运送者 yùnsòng zhě; 运送设备[備] yùnsòng shèbèi. **con'veyor belt** n [C] 传送带[帶] chuánsòngdài.

convict[1] /kən'vɪkt/ v [T] 证[證]明…有罪 zhèngmíng…yǒu zuì; 宣判…有罪 xuānpàn…yǒu zuì; She was ~ed of theft. 法庭宣判犯有盗窃罪. **convict** /'kɒnvɪkt/ n [C] 罪犯 zuìfàn.

conviction /kən'vɪkʃn/ n [C, U] 定罪 dìngzuì; 证[證]明有罪 zhèngmíng yǒu zuì. **2** 深信 shēnxìn; 确[確]信 quèxìn; a ~ that what she said was true 对她所说属实的深信不疑.

convince /kən'vɪns/ v [T] (of) 使信服 shǐ xìnfú; 使确[確]信 shǐ quèxìn; I ~d her that I was right. 我使她确信我是对的.

sb of the truth 使某人相信事实.

convincing adj 有说服力的 yǒu shuōfúlì de; 使人深信的 shǐ rén shēnxìn de: a convincing argument 有说服力的论据. **convincingly** adv.

convivial /kən'vɪvɪəl/ adj 愉快的 yúkuàide: a person/evening 愉快的人/愉快的夜晚. **conviviality** /kən,vɪvɪ'ælətɪ/ n [U].

convoluted /'kɒnvəluːtɪd/ adj 1 扭曲的 niǔqūde; 盘绕(繞)的 pánràode. 2 [喻]复(複)杂(雜)难(難)懂的 fùzá nándǒng de.

convolution /,kɒnvə'luːʃn/ n [C, 常作 pl] 扭曲 niǔqū 盘(盤)绕(繞) pánrào: [喻] the ~s of the plot 情节的错综复杂.

convoy /'kɒnvɔɪ/ n [C] (a) 车队(隊) chēduì; 船队 chuánduì. (b) 护(護)航的船队 hùháng de chuánduì. **convoy** v [T] (军舰等)为(爲)⋯护航 wèi⋯hùháng.

convulse /kən'vʌls/ v [T] 使剧(劇)烈震动(動)或引起震动(動); 摇动 yáodòng; a city ~d by riots 被暴乱震撼的城市. **convulsion** /-'vʌlʃn/ n [C, 1 常作 pl] 惊(驚)厥 jīngjué; 抽搐 chōuchù. 2 动(動)乱(亂)dòngluàn. **convulsive** adj.

coo /kuː/ v 1 (1) (鸽)咕咕叫 gūgūjiào. 2 [T] 柔情地说 róuqíngde shuō. **coo** n [C].

cook /kʊk/ v 1 (a) [I, T] 烹调 pēngtiáo; 烧(燒) shāo; 煮 zhǔ. ~ breakfast/dinner 做早饭;做饭. (b) 2 [T] 被煮 bèi zhǔ; 被烧 bèi shāo. 2 [I, T] [非正式用语, 贬]窜(竄)改(账目等) cuàngǎi: ~ the figures 审改数字. **cook** n [C] 厨(廚)师(師)chúshī. **cooker** n [C] 炊具 chuījù. **cookery** n [U] 烹调艺(藝)术(術) pēngtiáo yìshù. **cooking** n [U] 烹调 pēngtiáo.

cookie /'kʊkɪ/ n [C] [美语] 饼干(乾) bǐnggān. 2 erson 人 jiāo; a tough 厉害的家伙.

cool¹ /kuːl/ adj 1 凉的 liángde;凉快的 liángkuàide: It feels ~ in the shade. 背阴处是凉爽的.2 沉着的 chénzhuóde;冷静(靜)的 lěngjìngde: stay ~ in spite of danger 遇险不惊. 3 冷淡的 lěngdànde: He was ~ about the suggestion. 他对这建议不感兴趣. 4 [非正式用语](表示数量很大)足足的 zúzúde, 整整的 zhěngzhěngde: a ~ five million pounds! 足足五百万英

镑! 5 [非正式用语]绝妙的 juémiàode; 顶刮刮的 dǐngguāguāde: real ~ music 真正绝妙的音乐.

cool n 1 the cool [sing] 凉快的空气(氣) liángkuaide kōngqì; 凉快的地方 liángkuàide dìfang;凉快(凉)处(處) liángkuài chù: sitting in the ~ 坐在凉快的地方. 2 [习语] keep/lose one's cool [非正式用语]保持冷静; 失去冷静 shīqù lěngjìng. **cool-'headed** adj 头(頭)脑(腦)冷静的 tóunǎo lěngjìng de. **coolly** adv. **coolness** n [U].

cool² /kuːl/ v [I, T] 1 (down/off) (使)变(變)凉 biàn liáng; have a drink to ~ down 喝点饮料凉快凉快.2 [短语动词] cool down/off 冷静下来 lěngjìng xiàlái.

coop /kuːp/ n [C] (鸡)笼(籠) jīlóng. **coop** v [短语动词] coop up 禁闭 jìnbì: prisoners ~ed up in cells 关在单人牢房里的囚犯.

co-operate /kəʊ'ɒpəreɪt/ v [I] 协(協)作 xiézuò;合作 hézuò: They ~ on the project. 他们在这个科研项目上合作. **co-operation** /kəʊ,ɒpə'reɪʃn/ n [U] 1 合作 hézuò;协作 xiézuò. 2 协助 xiézhù. **co-operative** /-pərətɪv/ adj 1 合办(辦)的 hébàn de. 2 乐(樂)意合作的 lèyì hézuò de. **co-operative** n [C] 合作社 hézuòshè; 合作农(農)场(場) hézuò nóngchǎng.

co-opt /kəʊ'ɒpt/ v [T] (委员会)增选(選)某人为(爲)成员 zēngxuǎn mǒurén wéi chéngyuán.

co-ordinate¹ /kəʊ'ɔːdɪneɪt/ v [T] (with) 使协(協)调 shǐ xiétiáo: ~ efforts to get the project finished 同心协力完成这一工程. **co-ordination** /kəʊ,ɔːdɪ'neɪʃn/ n [U]. **co-ordinator** n [C].

co-ordinate² /kəʊ'ɔːdɪnət/ n [C] (表格上的)坐标(標) zuòbiāo. **co-ordinates** [pl] 配套衣服 pèitào yīfu.

cop¹ /kɒp/ n [C] [俚语]警察 jǐngchá.

cop² /kɒp/ v [-pp-] [T] [俚语] 1 忍受 rěnshòu;挨 āi: ~ a bang on the head 头上挨了一下.2 [短语动词] cop out [贬]逃避 táobì, 逃遁 táodùn. **'cop-out** n [C] [俚语,贬]逃避(的借口) táobì.

cope /kəʊp/ v [I] (with) 对(對)付 duìfu;妥善处(處)理 tuǒshàn chǔ-

Π; *She couldn't ~ with all her work.* 她不能妥善处理自己的全部工作.

copier ⇨COPY².

copious /'kəʊpɪəs/ *adj* [正式用语]非(豐)富的 fēngfù de; 富饶(饒)的 fùráo de: *a ~ supply* 丰富的供应. **copiously** *adv*.

copper¹ /'kɒpə(r)/ *n* 1 [U] 铜 tóng; ~ *wire* 铜丝. 2 [C] 紫铜色 zǐtóngsè. 3 [C] 铜币[幣] tóngbì.

copper² /'kɒpə(r)/ *n* [C] [俚]警察 jǐngchá.

copse /kɒps/ *n* [C] 小灌木林 xiǎo guànmùlín; 矮树[樹]林 ǎi shùlín.

copulate /'kɒpjʊleɪt/ *v* [I] (*with*)[正式用语](尤指动物)交配 jiāopèi; 交媾 jiāogòu. **copulation** /ˌkɒpjʊ'leɪʃn/ *n* [U].

copy¹ /'kɒpɪ/ *n* [C] [*pl* *-ies*] 1 抄本 chāoběn;副本 fùběn;复(複)制[製]品 fùzhìpǐn; (电影)拷贝 kǎobèi: *Put a ~ of the letter in the file.* 把这封信的一份副本放进档案. 2 一本 yìběn;一册 yícè;一份 yífèn: *The library has two copies of this book.* 这图书馆有两本这种书. 'copycat *n* [C] [非正式用语, 贬]模仿他人者 mófǎng tārén zhě.

copy² /'kɒpɪ/ *v* [*pt*, *pp* *-ied*] 1 [T] (**a**) 抄写[寫] chāoxiě: *He wrote the sentence on the blackboard and told the children to ~ it into their books.* 他把这个句子写在黑板上,让孩子们抄写到自己的本子上. (**b**) 复[複]制[製]fùzhì: ~ *a document on the photocopier* 在影印机上复印一份文件. 2 [T] 模仿(倣) mófǎng: *The teacher told the class to ~ his movements.* 教师让班上的学生模仿他的动作. 3 [I] 抄袭(襲)(考试中作弊) chāoxí, copier *n* [C] 复印机(機) fùyìnjī.

copyright /'kɒpɪraɪt/ *n* [U,C] 版权[權] bǎnquán. **copyright** v [T] 保护(護)⋯的版权 bǎohù⋯de bǎnquán.

coral /'kɒrəl/ US 'kɔːrəl/ *n* [U] 珊瑚 shānhú. **coral** *adj* 用珊瑚制[製]造的 yòng shānhú zhìzào de.

cord /kɔːd/ *n* 1 [C,U] 粗线(綫) cūxiàn;细绳(繩) xìshéng;索 suǒ. 2 [C] 人体(體)的带(帶)状(狀)部分 réntǐde dàizhuàng bùfen: *the vocal ~s* 声带. 'cordless telephone *n* [C] 无[無] 绳电[電]话 wúshéng

diànhuà.

cordial¹ /'kɔːdɪəl; US 'kɔːrdʒəl/ *adj* 热(熱)诚的 rèchéng de;衷心的 zhōngxīn de;亲(親)切的 qīnqiè de: *a ~ welcome/smile* 亲切的欢迎 (微笑). **cordially** *adv*.

cordial² /'kɔːdɪəl; US 'kɔːrdʒəl/ *n* [C] [英国英语](不含酒精的)甜饮料 tián yǐnliào; *lime ~* 酸橙汁饮料.

cordon /'kɔːdn/ *n* [C] 警戒线(綫) jǐngjièxiàn; 警卫[衛]圈 jǐngwèiquān: *a police ~* 警察的封锁线. **cordon** *v* [短语动词] **cordon off** 用警戒线围[圍]住 yòng jǐngjièxiàn wéizhù: *The army ~ed off the area.* 军队警戒了这个地区.

corduroy /'kɔːdərɔɪ/ *n* [U] 灯芯绒 dēngxīnróng: ~ *trousers* 灯芯绒裤子.

core /kɔː(r)/ *n* [C] 1 果实[實]的心 guǒshíde xīn. 2 核心 héxīn;精髓 jīngsuǐ: *the ~ of the problem* 问题的核心. 3 [习语] **to the 'core** 彻(徹)底彻底 chèdǐ; *shocked to the 'core* 大吃一惊. **core** *v* [T] 挖去⋯的果心 wāqù⋯de guǒxīn.

cork /kɔːk/ *n* 1 [U] 软木 ruǎnmù; ~ *table mats* 软木桌垫. 2 [C] 软木塞 ruǎnmùsāi. **cork** *v* [T] 塞住 (瓶子等) sāizhù. 'corkscrew *n* [C] 瓶塞钻(鑽) píngsāizuàn.

corn¹ /kɔːn/ *n* 1 [U] 谷(穀)物 gǔwù;五谷 wǔgǔ. 2 [尤用于美语]玉米 yùmǐ. **corn-cob** *n* [C] 玉米穗轴 yùmǐ suìzhóu. **cornflour** *n* [U] 玉米粉 yùmǐfěn. **corn on the 'cob** *n* [U] (煮熟的)玉米棒子 yùmǐ bàngzi.

corn² /kɔːn/ *n* [C] 鸡(鷄)眼 jīyǎn; 钉胼 dīngpián.

cornea /'kɔːnɪə/ *n* [C] 角膜(眼球的)角膜 jiǎomó.

corned beef /ˌkɔːnd 'biːf/ *n* [U] 咸(鹹)牛肉 xián niúròu.

corner /'kɔːnə(r)/ *n* [C] 1 角 jiǎo. 2 冷僻地方 lěngpì dìfang;角落处(處) jiǎoluòchù. 3 地区(區) dìqū: *from all ~s of the earth* 从世界各地 4 [非正式用语]困境 kùnjìng. 5 [习语] **turn the 'corner** 渡过(過)难(難)关(關) dùguò nánguān. **corner** *v* 1 [T] 把⋯逼入困境 bǎ⋯bīrù kùnjìng; 使走投无[無]路 shǐ zǒutóuwúlù: ~*ed by the police* 被警察逼得走投无路. 2 [I] 转(轉)弯[彎] zhuǎnwān: *a car designed for fast ~ing* 设计成可快速转弯的汽车.

cornet /'kɔːnɪt/ *n* [C] 1 (乐器)短

号〔號〕 duānhào. **2**（盛冰淇淋等的）锥形鸡蛋卷 zhuīxíng jīdànjuǎn.

cornice /'kɔːnɪs/ n [C]（建筑）上楣（柱）shàngméi 楣 yánkòu.

corny /'kɔːnɪ/ adj [-ier, -iest] 老一套的 lǎoyítào de; 多愁善感的 duōchóu shàngǎn de.

coronary /'kɒrənrɪ; US 'kɔːrə-nərɪ/ adj 冠状（状）动脉〔脉〕的 guānzhuàng dòngmài de. **coronary** n [C] [pl -ies]（亦作 **coronary thrombosis**）冠状动脉血栓形成 guānzhuàng dòngmài xuèshuān xíngchéng.

coronation /ˌkɒrəˈneɪʃn; US ˌkɔːr-/ n [C]加冕典礼〔禮〕jiāmiǎn diǎnlǐ.

coroner /'kɒrənə(r); US 'kɔːr-/ n [C]〔英国英语〕验〔驗〕尸官 yànshīguān.

coronet /'kɒrənet; US 'kɔːr-/ n [C]（贵族戴的）小冠冕 xiǎo guānmiǎn.

corporal[1] /'kɔːpərəl/ adj 肉体〔體〕的 ròutǐ de; 身体的 shēntǐ de: ~ punishment 肉刑 ròuxíng; 体罚 tǐfá.

corporal[2] /'kɔːpərəl/ n [C]（军队）下士 xiàshì.

corporate /'kɔːpərət/ adj **1** 社团〔團〕的 shètuán de; 法人的 fǎrén de. **2** 共同的 gòngtóng de; 全体〔體〕的 quántǐ de: ~ responsibility 共同的责任.

corporation /ˌkɔːpəˈreɪʃn/ n [C, 亦作 sing, 用 pl v] **1** 市镇自治机〔機〕关〔關〕shì zhèn zìzhì jīguān. **2** 法人团〔團〕体 fǎrén; 公司 gōngsī; 社团〔團〕shètuán.

corps /kɔː(r)/ n [C] [pl **corps** /kɔːz/] **1** 兵团〔團〕bīngtuán; 军团. **2** 技术〔術〕兵种〔種〕jìshù bīngzhǒng; 特殊兵种 tèshū bīngzhǒng: the Medical C~ 医疗队. **3**（从事某种活动的）团 tuán; 组 zǔ: the diplomatic ~ 外交使团

corpse /kɔːps/ n [C] 尸〔屍〕体〔體〕shītǐ, 死尸 sǐshī.

corpulent /'kɔːpjulənt/ adj [正式用语]肥胖的 féipàng de.

corpuscle /'kɔːpʌsl/ n [C] 血球 xuèqiú（白血球或红血球）xuèqiú.

corral /kəˈrɑːl/ n [C] 畜栏〔欄〕xùlán, **corral** v [-ll-; 美语 -l-] 把…关〔關〕进〔進〕畜栏 bǎ…guānjìn xùlán.

correct[1] /kəˈrekt/ adj **1** 正确〔確〕的 zhèngquè de: the ~ answer 正确的答案. the ~ way to do it 做此事的正确方法. **2** 恰当〔當〕的

qiàdàngde; 端正的 duānzhèngde.

correctly adv. **correctness** n [U].

correct[2] /kəˈrekt/ v [T] **1** 改正 gǎizhèng; 修正 xiūzhèng: ~ sb's spelling 改正某人的拼写了. **2** 纠正 jiūzhèng: glasses to ~ your eyesight 纠正视力的眼镜. **correction** /kəˈrekʃn/ n [C] **1** 修改之处〔處〕xiūgǎi zhī chù; 改正的东西 gǎizhèngde dōngxi; corrections written in red ink 用红墨水书写的修改之处. **2** [U] 改正 gǎizhèng; 纠正 jiūzhèng. **3** 惩〔懲〕罚 chéngfá. **corrective** /-tɪv/ n [C], adj 纠正物 jiūzhèngwù; 改正的 gǎizhèngde.

correlate /'kɒrəleɪt/ v [I, T]（使）相互关〔關〕联〔聯〕xiānghù guānlián: The results of the two tests do not ~ 这两种试验的结果并不相互关联. **correlation** /ˌkɒrəˈleɪʃn/ n [sing, U] 相互关系〔係〕xiānghù guānxì.

correspond /ˌkɒrɪˈspɒnd; US ˌkɔːr-/ v [I] **1**（with / to）符合 fúhé; 一致 yīzhì: Your account doesn't ~ with hers. 你的叙述同她的不一致. **2**（with）通信 tōngxìn. **corresponding** adj 相等的 xiāngděng de; 相称〔稱〕的 xiāngchèng de; 相当〔當〕的 xiāngdāng de. **correspondingly** adv.

correspondence /ˌkɒrɪˈspɒndəns; US ˌkɔːr-/ n **1** [C, U] 符合 fúhé; 一致 yīzhì; 相似 xiāngsì: a close ~ between the two texts 两种文本的极其相似. **2** [U] 通信 tōngxìn; 信件 xìnjiàn. **correspondent** n [C] **1** 通信者 tōngxìnzhě. **2**（新闻）通讯员 tōngxùnyuán; 记者 jìzhě.

corridor /'kɒrɪdɔː(r); US 'kɔːr-/ n [C] 走廊 zǒuláng; 通路 tōnglù; 回〔迴〕廊 huíláng.

corroborate /kəˈrɒbəreɪt/ v [T] 巩〔鞏〕固(信仰) gǒnggù; 证〔證〕实〔實〕zhèngshí: I can ~ what she said. 我能证实她说的话. **corroboration** /kəˌrɒbəˈreɪʃn/ n [U].

corrode /kəˈrəud/ v [I, T] 腐蚀 fǔshí; 侵蚀 qīnshí. **corrosion** /kəˈrəuʒn/ n [U]（a）腐蚀 fǔshí; 侵蚀 qīnshí.（b）锈蚀 xiùshí; 铁锈〔鏽〕tiěxiù. **corrosive** /kəˈrəusɪv/ n [C], adj 腐蚀剂〔劑〕fǔshíjì; 腐蚀的 fǔshíde.

corrugated /'kɒrəgeɪtɪd; US 'kɔːr-/ adj 皱〔皺〕的 zhòude; 起皱的 qǐzhòude: ~ iron 瓦楞铁. ~ cardboard 瓦楞纸.

corrupt /kə'rʌpt/ adj 堕落的 duòluòde; 邪恶(恶)的 xié'ède; 不道德的 bú dàodé de: a ~ society/ mind 邪恶的社会/心. 2 贪污的 tānwūde; 腐败的 fǔbàide: a ~ business deal 营私舞弊的买卖.

corrupt v [I, T] (使)腐败 fǔbài; 贿赂 huìlù: ~ing young people 道德败坏的年轻人. **corruption** /kə'rʌpʃn/ n [U]. **corruptly** adv.

corset /'kɔːsɪt/ n [C] 妇(妇)女紧(紧)身阔衣 fùnǚ jǐnshēn xiōngyī.

cortege /kɔː'teɪʒ/ n [C] (送葬的)行列 hángliè; 随[随]从[从]们 suícóngmén.

cosh /kɒʃ/ n [C] [英国俚语](用于打人的)内装[装]金属属]重的橡皮棒 nèizhuāng jīnshǔ de xiàngpíbàng.

cosmetic /kɒz'metɪk/ n [C] 化妆(妆)品 huàzhuāngpǐn. — adj 1 化妆用的 huàzhuāng yòng de. 2 [喻,常贬]粉饰门面的, 饰好 看的 fěnshì yòng de: These are just ~ improvements to the system, they do not really change anything. 这些不过是对这个系统所作的一些装饰门面的改进, 没有任何真正的改变.

cosmic /'kɒzmɪk/ adj 宇宙的 yǔzhòude.

cosmonaut /'kɒzmənɔːt/ n [C] (前苏联的)宇宙航员 yǔhángyuán, 航天员 hángtiānyuán.

cosmopolitan /ˌkɒzmə'pɒlɪtən/ adj 1 全世界的 quánshìjiède: a ~ gathering 世界性的集会. 2 [褒]世界主义[义]的 shìjièzhǔyìde; 四海为[为]家的 sìhǎi wéi jiā de.

cosmos /'kɒzmɒs/ n the cosmos 宇宙 yǔzhòu.

cost[1] /kɒst; US kɔːst/ n 1 [C, U] 费用 fèiyòng; the high ~ of repairs 高昂的修理费. 2 [sing, U] 代价[价] dàijià; the ~ of victory 胜利的代价. 3 **costs** [pl] [法律] 诉讼费用 sùsòng fèiyòng. 4 [习语] at all costs 不惜任何代价 bùxī rènhé dàijià. to one's cost 吃了苦头 chīle kǔtóu 之后(后)之后 ~ chī le kǔtóu zhīhòu cái···. **costly** adj [-ier, -iest] 1 费用高的 fèiyòng gāo de; 贵重的 guìzhòng de. 2 代价大的 dàijià dà de: a ~ly mistake 代价大的错误.

cost[2] /kɒst; US kɔːst/ v [pt, pp cost, 第三义项 costed] 1 [I] 价[价]钱(钱)为 jiàqián wéi: shoes ~ing £20 20 英镑一双的鞋. 2 [I] 代价为 dàijià wéi: a mis-

take that ~ him his life 一个使他付出了自己生命的错误. 3 [T] [商]估计···的价格 gūjì···de jià- qián. **costing** n [C, U] [商]估价 gūjià; 成本计算 chéngběn jìsuàn.

co-star /'kəʊstɑː(r)/ n [C] (电影与其他明星)联[联]合合 主演星 liánxián héyǎn míngxīng. **co-star** v [-rr-] [I] (与其他明星)联袍主演 liánxián zhǔyǎn.

costume /'kɒstjuːm; US -tuːm/ n 1 [C, U] 服装[装]式样[样] fúzhuāng shìyàng. 2 [C] 化妆(妆)服 huàzhuāngfú; 戏(戏)服 xìfú.

cosy /'kəʊzɪ/ adj [-ier, -iest] 温暖而舒适(适)的 wēnnuǎn ér shūshìde; 安逸的 ānyìde: a ~ room/feeling 舒适的房间/感觉. — n [喻] a little talk 轻松的闲谈. **cosily** adv. **cosiness** n [U]. **cosy** n [pl -ies] (茶壶等的)保暖罩 bǎonuǎnzhào.

cot /kɒt/ n [C] 1 [英国英语]儿(儿)童床(床)értóngchuáng. 2 [美国英语](船等上的)简单(单)的窄床 jiǎndānde zhǎichuáng.

cottage /'kɒtɪdʒ/ n [C] 村舍 cūnshè; 小屋 xiǎowū.

cotton[1] /'kɒtn/ n [U] 1 棉花 miánhuā; 棉 mián. 2 棉线(线) miánxiàn; a ~ dress 棉布衣服. **cotton 'wool** n [U] 脱脂棉 tuōzhīmián.

cotton[2] /'kɒtn/ v [短语动词] **cotton on (to sth)** [非正式用语]明白 míngbai; 领会[会] lǐnghuì; 领悟 lǐngwù.

couch[1] /kaʊtʃ/ n [C] 长[长]沙发(发) cháng shāfā.

couch[2] /kaʊtʃ/ v [T] (in) [正式用语]表达(达) biǎodá: a reply ~ed in friendly terms 措辞友好的答复.

cougar /'kuːɡə(r)/ n [C] (尤用于美国英语) = PUMA.

cough /kɒf/ v 1 [I] 咳嗽 késou: The smoke made me ~. 这烟呛得我咳嗽. 2 [T] (up) 咳出 ké- chū, 咳吐 kétù. 3 [喻]咳嗽 késou; 咳嗽声(声) késoushēng. 2 [sing] 咳嗽病 késoubìng.

could[1] /kəd; 强读 kʊd/ modal v (否定式 **could not**, 缩略式 **couldn't** /'kʊdnt/) 1 (用于请求)可以 kěyǐ: C~ I use your phone? 我可以用一下你的电话吗? 2 (表示结果)We were so tired, we ~ have slept for *days*. 我们疲倦得能一下子睡上几天. **3** (表示可能性的): *You ~ be right*. 你可能是对的. **4** (表示建议): *You ~ ask her to go with you*. 你不妨要求她同你一起去.

could² *pt of* CAN¹.

couldn't could not.⇨COULD¹.

council /'kaʊnsl/ *n* [C, 亦作 sing, 用 pl v] 市、镇议[議]会会议, 政务[務]会议: *zhèngwùhuì*; 会议 huìyì; 委员会 wěiyuánhuì; 理事会 lǐshìhuì: *a ~ meeting* 理事会会议. 'council house 市议会所有的房产[產]房 shìyìhuì suǒyǒu de fángchǎn, **councillor** (美语 **councilor**) /'kaʊnsələ(r)/ *n* [C] 地方议会议员 dìfāng yìhuì yìyuán.

counsel /'kaʊnsl/ *n* **1** [U] 忠告 zhōnggào; 劝[勸]告 quàngào; 建议[議] jiànyì. **2** [C] [*pl* counsel] 律师[師] lǜshī. counsel *v* [-ll-; 美语 -l-] **1** [T] [正式用语] 忠告 zhōnggào; 劝告 quàngào: *He ~ed her to leave*. 他劝她离开. **counsellor** (美语 **counselor**) *n* **1** 顾[顧]问 gùwèn. **2** [美语]律师 lǜshī.

count¹ /kaʊnt/ *v* **1** [I] 数[數]shù; 计数 jìshù; 点[點]数目 diǎn shùmù: *C~ from 1 to 10*. 从一数到十. **2** [T] (*up*) 点…的数目 diǎn…de shùmù: *the people in the room* 点房间里的人数. **3** [T] 把…算入 bǎ…suànrù; *ten people ~ing Ann* 把安算在内, 十个人. **4** [T] 认[認]为 [為] rènwéi; 看作 kànzuò: *~ oneself lucky* 认为自己幸运. **5** [I] (a) 重要 zhòngyào; 有考虑[慮]价[價]值 yǒu kǎolǜ jiàzhí: *Every minute ~s.* 每一分钟都重要. (b) 有效 yǒuxiào: *That goal didn't ~ because the game was over*. 那个进球被认为无效, 因为比赛已经结束. **6** [短语动词] **count** (**sth**) **against sb** 对某人不利于…的 rènwéi shì bùlìyú… de: *Will my past mistakes ~ against me?* 我过去的错误还会对我有不利影响吗? **count on sb** 依靠 yīkào; 指望 zhǐwàng: *I am ~ing on you to help*. 我正仰望你来帮我. **count sb/sth out** (a) 点…的数 diǎn…de shù. (b) 把…不计在内 bǎ…bùjì zài nèi; *C~ me out, I'm not going*. 别算我, 我不去. **countable** *adj* 可数的 kěshǔde: '*House' is a ~able*

noun. "house" 是可数名词. 'countdown *n* [C] (火箭发射等的)倒读[讀]数 dào dúshù.

count² /kaʊnt/ *n* [C] **1** 点[點]点 diǎn; 数[數]shù; 得数 déshù: *There were 50, at the last ~*. 最后一次点数是 50. **2** [法律]被控告事项 bèi kònggào shìxiàng; *a ~ of robbery* 抢劫罪状. **3** [习语] **keep/lose 'count of sth** 知道…的确[確]切数目 zhīdào…de quèqiè shùmù; 不知道…的确切数目 bù zhīdào…de quèqiè shùmù.

count³ /kaʊnt/ *n* [C] (法国、意大利等)伯爵 bójué.

countenance /'kaʊntɪnəns/ *n* **1** [C] [正式用语]面目 miànmù; 面部表情 miànbùbiǎoqíng; 面容 miànróng; 脸[臉]色 liǎnsè. **2** [U] 赞助 zànzhù; 支持 zhīchí; 鼓励[勵]gǔlì: *give/lend ~ to a plan* 支持一项计划. countenance *v* [T] [正式用语]支持 zhīchí; 赞成 zànchéng: *I cannot ~ violence*. 我不能支持暴力.

counter¹ /'kaʊntə(r)/ *n* [C] 柜[櫃]台[臺]guìtái.

counter² /'kaʊntə(r)/ *n* [C] **1** 游戏[戲]等记分用的筹[籌]码[碼]码[碼] yóuxì děng jìfēn yòng de chóumǎ. **2** (讨价还价的)本钱[錢]běnqián; 有利条[條]件 yǒulì tiáojiàn: *a bargaining ~* 讨价还价的有利资本.

counter³ /'kaʊntə(r)/ *adv* 相反地 xiāngfǎnde; 违[違]反地 wéifǎnde; 背道而驰 bèi dào ér chí: *Her theories ran ~ to the evidence*. 她的理论同事实根据背道而驰.

counter⁴ /'kaʊntə(r)/ *v* [I, T] 反对[對]fǎnduì; 反击[擊]fǎnjī: *~ his arguments with her own opinion* 用她自己的意见来反击他的说法.

counter- /'kaʊntə(r)-/ (用于复合词) **1** 反 fǎn; 逆 nì: *~pro-ductive*. 有碍于进展的. **2** 回报[報] huíbào: *~-attack* 反攻, 反击. **3** 对[對]应[應]dùiyìng: *~part* 配对物或人; 对应物或人.

counteract /ˌkaʊntər'ækt/ *v* [T] 抵抗 dǐkàng; 抵制 dǐzhì; 阻碍[礙] zǔ'ài; 抵消 dǐxiāo: *try to ~ the bad influence of TV* 企图抵消电视的负面影响.

counter-attack /'kaʊntər ə'tæk/ *n* [C] 反攻 fǎngōng; 反击[擊]fǎnjī.

counterbalance /ˈkaʊntəbæləns/ *n* [C] 平衡 pínghéng; 抗衡 kànghéng; 平衡力 pínghénglì. **counterbalance** /ˌ/ *v* [T] 使平衡 shǐ pínghéng; 抵消 dǐxiāo.

counter-espionage /ˌkaʊntər ˈespiənaːʒ/ *n* [U] 反间谍活动(動) fǎn jiàndié huódòng.

counterfeit /ˈkaʊntəfit/ *n* [C], *adj* 伪(偽)造物 wěizàowù; 伪造者 wěizàozhě; 假冒的 jiǎmàode; 仿(倣)造的 fǎngzàode; 假造的 jiǎzàode. **counterfeit** *v* [T] 伪造 wěizào; 仿 造 fǎngzào. **counterfeiter** *n* [C] 伪造货币[幣]的人 wěizào huòbìde rén.

counterfoil /ˈkaʊntəfɔɪl/ *n* [C] (支票、收据等的)存根 cúngēn.

countermand /ˌkaʊntəˈmɑːnd; US -ˈmænd/ *v* [T] 取消 qǔxiāo, 改变[變](命令等) gǎibiàn.

counterpart /ˈkaʊntəpɑːt/ *n* [C] 对[對]应[應]物或人 duìyìng wù huò rén; 配对人或物 pèiduì rén huò wù.

counter-productive /ˌkaʊntə prəˈdʌktɪv/ *adj* 产[產]生相反效果的 chǎnshēng xiāngfǎn xiàoguǒ de; *Her anger was ~ : it just made him refuse to help at all.* 她的发脾气效果适得其反: 使他干脆拒绝帮助.

countersign /ˈkaʊntəsaɪn/ *v* [T] 连署 liánshǔ;会(會)签[簽] huìqiān; 副署 fùshǔ.

countess /ˈkaʊntɪs/ *n* [C] 1 伯爵夫人 bójué fūrén. 2 女伯爵 nǚ bójué.

countless /ˈkaʊntlɪs/ *adj* 无[無]数[數]的 wúshùde; 数不清的 shǔbùqīngde; *I have been there ~ times.* 我到过那里无数次.

country /ˈkʌntrɪ/ *n* [*pl* -ies] 1 [C]国[國]家 guójiā. 2 the country [sing]国民 guómín; *a politician loved by the whole ~.* 受全体国民爱戴的政治家. 3 the country [sing]农[農]村 nóngcūn; ~ *life* / *people* 农村生活;农民. 4 [C] go to the country (政府)举[舉]行大选[選] jǔxíng dàxuǎn.

countryman /ˈkʌntrɪmən/ (*fem* **countrywoman** /ˈkʌntrɪwʊmən/) *n* [C] 1 农[農]民 nóngmín; 农[農]村人 nóngcūnrén; 农民 nóngmín. 2 同胞 tóngbāo.

countryside /ˈkʌntrɪsaɪd/ the countryside *n* [sing] 农[農]村 nóngcūn; 乡[鄉]村 xiāngcūn.

county /ˈkaʊntɪ/ *n* [C] [*pl* -ies]

郡 jùn;县[縣] xiàn.

coup /kuː/ *n* [C] [*pl* ~s /kuːz/] 1 突然而成功的行动[動] tūrán ér chénggōng de xíngdòng; *This deal was a ~ for her .* 这笔交易是她的一次成功的行动. 2 (亦作 **coup d'état** /ˌkuːdeɪˈtɑː/) 政变[變] zhèngbiàn.

couple /ˈkʌpl/ *n* [C] 1 一对[對] yíduì; 一双[雙] yìshuāng; *a married ~* 夫妇. 2 [习语] **a couple of** [非正式用语]几[幾]个[個]几 jǐge; *a ~ of drinks/days* 几份饮料;几天.

couple[2] /ˈkʌpl/ *v* (*with*) 1 [T] 使连接 shǐ liánjiē; 使接合 shǐ jiēhé. 2 [T] 把…与[與]…联[聯]系[繫]起来 bǎ…liánxì qǐlái; *His illness , ~d with his lack of money, prevented him leaving .* 他的病加上缺钱,就走不了. 3 [U] [古语或修辞]性交 xìngjiāo.

coupon /ˈkuːpɒn/ *n* [C] 1 证[證]明持券人有某种(種)权[權]利的卡片;票、证 zhèngmíng chíquànrén yǒu mǒuzhǒng quánlì de kǎpiàn,piào, zhèng. 2 (从报刊上剪下的)参[參]赛表 cānsàibiǎo; 订货单[單] dìnghuòdān.

courage /ˈkʌrɪdʒ/ *n* [U] 勇气[氣] yǒngqì; 胆[膽]量 dǎnliàng; *show ~ in a battle* 在战斗中表现英勇无畏. **courageous** /kəˈreɪdʒəs/ *adj*. **courageously** *adv*.

courgette /kʊəˈʒet/ *n* [C] 密生西胡芦[蘆](蔬菜) mìshēng xīhúlu.

courier /ˈkʊrɪə(r)/ *n* [C] 1 旅游服务[務]员 lǚyóu fúwùyuán;导[導]游 dǎoyóu. 2 信使 xìnshǐ;送急件的人 sòng jíjiàn de rén.

course[1] /kɔːs/ *n* [C] 1 行进[進]方向 xíngjìn fāngxiàng;路线[綫] lùxiàn; *the ~ of a river* 河流所经区域 .the ~ *of an aircraft* 飞机的航线 .2 [用于复合词]运[運]动[動]场[場] yùndòng chǎngsuǒ; *a golf~* 高尔夫球场. *a race ~* 跑道.3 [sing] 进程 jìnchéng; *the ~ of history* 历史的进程. 4 [C] 课程 kèchéng; 学[學]程 xuéchéng; *a French ~* 法语课程. 5 [C] [医疗(療)]疗[療]程 liáochéng; *a ~ of injections* 一个疗程的注射. 6 [C] 一道菜 yídàocài; *the fish ~* 鱼菜. 7 [习语] **(as) a matter of course** (当)然之事 dāngrán zhī shì;自然之事 zìrán zhī shì. **in the course of** of

··· 的过程中 zài ···de guòchéng zhōng, **in** **due** **'course** 及时(时)地 jíshíde;在适(适)当(当)的时候 zài shìdàngde shíhou. **of course** 当然 dāngrán;自然 zìrán. **run/take its** **'course** 持续(续)到自然结束 chíxù dào zìrán jiéshù. **'course book** n [C] 教科书[书] jiàokēshū;课本 kèbǎn. **'coursework** n [U] 课程作业[業] kèchéng zuòyè.

course² /kɔːs/ v [I] [正式用语] (液体)流淌 liútǎng: The blood ~d round his veins. 血液在他的血管里流淌.

court¹ /kɔːt/ n 1 [C, U] 法院 fǎyuàn;法庭 fǎtíng. 2 **the court** [sing] (法庭的)出庭人员 chūtíng rényuán, 审(審)判人员 shěnpàn rényuán. 3 [C, U] 宫廷 gōngtíng;朝廷 cháotíng;朝廷人员 cháotíng rényuán. 4 [C] (常用于复合词)球场[場] qiú chǎng: a tennis ~ 网球场. 5 [C] (亦作 **'courtyard**) 庭院 tíngyuàn.

court² /kɔːt/ v [T] 1 讨好 tǎohǎo;求爱[愛] qiú'ài. (b) [情旧] 谈恋(戀)爱 tán liàn'ài. 2 [T] [常贬] 寻求 xúnqiú;招致 zhāozhì: ~ sb's favour 奉承某人. 3 [T] 冒…的危险[險] mào···de wēixiǎn;导[導]致 dǎozhì: ~ disaster 导致灾难.

courteous /ˈkɜːtɪəs/ adj 有礼[禮]貌的 yǒu lǐmào de;殷勤的 yīnqínde: a ~ person 有礼貌的人. ▷ **~ly** adv 有礼貌地 yǒu lǐmào de. **courtesy** /ˈkɜːtəsɪ/ n [pl **-ies**] [U] 礼[禮]貌 lǐmào;谦恭 qiāngōng. 2 [C] 有礼貌的言行 yǒu lǐmàode yánxíng. 3 [习语] **by** **courtesy** **of** 蒙···的惠 méng··· de hǎoyì;蒙···的允许 méng··· de yǔnxǔ.

courtier /ˈkɔːtɪə(r)/ n [C] 廷臣 tíngchén;朝臣 cháochén.

court martial /ˌkɔːt ˈmɑːʃl/ n [C] [pl **courts martial**] 军事法庭 jūnshì fǎtíng;军事审(審)判 jūnshì shěnpàn. **court martial** v [-ll-;美语-l-] [T] (for) 军事审判(某人) jūnshì shěnpàn.

courtship /ˈkɔːtʃɪp/ n [C, U] 求爱[愛] qiú'ài;求婚 qiúhūn;求爱期间 qiú'ài qījiān.

courtyard /ˈkɔːtjɑːd/ = COURT¹ (5).

cousin /ˈkʌzn/ n [C] 堂、表兄弟 táng、biǎo xiōngdì;堂、表姐妹 táng、biǎo jiěmèi.

cove /kəʊv/ n [C] 小海湾[灣] xiǎo hǎiwān.

cover¹ /ˈkʌvə(r)/ v 1 [T] (up/ over) 遮盖[蓋] zhēgài;遮挡 zhē-yǎn;保护[護] bǎohù: ~ a table with a cloth 给桌子铺上台布. ~ one's face 遮住脸. ~ (up) the body 盖住尸体. 2 [T] (in/with) [尤用于被动语态]落满 luòmǎn;铺满 gàimǎn: hills ~ed with snow 盖了一层雪的小山. boots ~ed in mud 沾满泥土的靴子. 3 [T] 行过(過)(路程) xíngguò: ~ 100 miles in a day 一天 100 英里. 4 [T] (钱)够用于 gòu yòng yú: Will £20 ~ your expenses? 20英镑够你花销吗? 5 [T] 包括 bāokuò;包含 bāohán: His researches ~ed a wide field. 他的研究包括极广的范围. 6 (记者)采访 cǎifǎng: I've been asked to ~ the election. 我被要求采访选举. 7 [I] (for) 代替(某人)工作 dàitì gōngzuò. 8 [T] 枪[槍]口对(對)准(准) qiāngkǒu duìzhǔn: We've got him ~ed. 我们用枪对准了他. 9 [习语] **cover one's** **tracks** 掩盖行踪 yǎngài xíngzōng. 10 [短语动词] **cover up** [贬]掩饰 yǎnshì;遮掩 zhēyǎn. **cover up for** **sb** 为[爲]···遮掩 wèi··· zhēyǎn. **coverage** n [U] 新闻报[報]导[導] xīnwén bàodǎo. **covered** adj (in/with) 盖满···的 gàimǎn···de;trees ~ed in blossom 繁花满枝的树木. **covering letter** n 附信 fùxìn;附函 fùhán. **'cover-up** n

cover² /ˈkʌvə(r)/ n 1 [C] (a) 套子 tàozi; a chair ~ 椅套. (b) 盖[蓋]子 gàizi;顶子 dǐngzi. 2 [C] (书、杂志)封面 fēngmiàn;封底 fēngdǐ. 3 [U] 庇护[護]所 bìhùsuǒ;隐蔽处[處] yǐnbìchù: seek ~ under some trees 在树下找一个隐蔽的地方. 4 **the covers** [pl] 床(铺)褥 chuángrùrù;被子 bèizi. 5 [常用 sing] (for) 掩护[護] yǎnhù;假身份 jiǎ shēnfèn: a business that is a ~ for drug dealing 用作掩护毒品交易的一家商行. 6 [U] 防护 fánghù;掩护 yǎnhù: Aircraft gave the infantry ~. 飞机掩护步兵. 7 [U] 保险[險] bǎoxiǎn. 8 [U] 包皮 bāopí;封皮 fēngpí;信封 xìnfēng. 9 [习语] **under cover of** ···掩护下 ~ zài···yǎnhù xià;趁着 chènzhe; under ~ of darkness

在黑暗的掩护下。

covert /'kʌvət; US 'kəʊvɜːt/ adj
隐[隐]蔽的 yǐnbìde; 暗地里[裏]的
àndìlǐde, 偷偷摸摸的 tōutōumōmō
de: a ~ glance 偷偷的一瞥 a
~ threat 隐蔽的威胁。

cow¹ /kaʊ/ n [C] 1 母牛 mǔniú; 奶
牛 nǎiniú。2 (象、鲸、犀牛等)母兽
[獸] mǔshòu。3 [贬,俚语]泼人 nǚ
rén: You silly ~! 你这蠢女人!
'**cowboy** n [C] 1 (美国西部)牛仔
niúzǎi。2 [英国非正式用语]不老实
[實]的建筑[築]商、管子工 bù lǎo-
shíde jiànzhùshāng、guǎnzigōng。

cow² /kaʊ/ v [T] (用[嚇]唬) 威吓
[嚇] wēixià: He was ~ed
into giving them all his money.
他被吓得把钱都给了他们。

coward /'kaʊəd/ n [C] [贬]胆
[膽]小鬼 dǎnxiǎoguǐ。**cowardly**
adj [贬]怯懦的 qiènuòde; 胆
小的 dǎnxiǎode: a cowardly at-
tack 怯懦的进攻。**cowardice**
/-dɪs/ n [U] [贬]胆小 dǎnxiǎo; 怯
懦 qiènuò。

cower /'kaʊə(r)/ v [I] 畏缩 wèi-
suō; 抖缩 dǒusuō。

cowl /kaʊl/ n [C] 1 僧衣的头[頭]
巾 sēngyīde tóujīn。2 烟囱[囪]帽 yān-
cōngmào。

cox /kɒks/ (亦作[非正式用语]
coxswain /'kɒksn/ n [C] 赛船
的舵手 sàichuánde duòshǒu。**cox** v
[I, T] 做赛船的舵手 zuò sàichuánde
duòshǒu。

coy /kɔɪ/ adj 1 怕羞的 pàxiūde; 装
[裝]着怕羞的 zhuāngzhe pàxiūde: a
~ smile 忸怩的一笑。2 不愿
[願]表态[態]的 bùyuàn biǎotài de:
She was a little ~ about her
past. 她不愿评说自己的过去。
coyly adv. **coyness** n [U].

coyote /'kɔɪəʊt; US 'kaɪəʊt/ n [C]
(北美西部的一种小狼)丛[叢]林狼
cónglínláng, 郊狼 jiāoláng。

crab /kræb/ n (a) [C] 蟹 xiè。(b)
蟹肉 xièròu。

crabby /'kræbɪ/ adj [-ier, -iest]
[非正式用语]脾气[氣]坏[壞]的
píqì huài de; 烦躁的 fánzàode: in a
~ mood 心情烦躁。

crack¹ /kræk/ n [C] 1 裂缝[縫]
lièfèng。a ~ in a cup 杯子上的裂
缝。a ~ in the ice 冰上的裂缝。2
破裂声[聲] pòlièshēng; 爆裂声 bào-
lièshēng: the ~ of a whip 抽
鞭子的啪啪声。the ~ of a rifle
枪声。3 (碎的)一击[擊] yìjī; a ~
on the head 迎头一击。4 [非正式

用语]俏皮话 qiàopíhuà; 笑话 xiào-
huà: She made a ~ about his
baldness. 她对他的秃顶开了一个
玩笑。5 [习语] **the crack of
dawn** [非正式用语]破晓[曉] pò-
xiǎo。**crack** adj 第一流的 dìyīliúde:
She's a ~ shot. 她是一名神
枪手。

crack² /kræk/ v 1 [I, T] 使破裂
shǐ pòliè: 裂开[開] lièkāi。~ a
plate 把盘子碰裂。2 [I, T] (使)噼
啪作响[響] pīpā zuòxiǎng: ~ a
whip 噼噼啪啪地抽鞭子。3 [T] 砸
开 záikāi; 砸碎 zásuì: ~ a safe 砸
开保险箱。~ nuts 砸开胡桃磕开坚
果。[T] 猛击[擊] měngjī: ~ one's
head on the door 把头撞在门上。5
[I, T] (使)停止抵抗[抵] tíngzhǐ dǐkàng;
屈服 qūfú: She finally ~ed and
told the truth. 最后她坦白了,讲出
了实情。6 [T] [非正式用语]解决(难
题等)jiějué: ~ a code 破译密码。
7 [I] (声音)变哑[啞]变粗[麤] biàn
yǎ(男孩子声音)变粗 biàn cū。8 [T] [非
正式用语]说(笑话) shuō,讲 jiǎng。9 [习语]
get 'cracking [非正式用语]开始
繁忙 kāishǐ fánmáng。10 [短语动
词] **crack down (on sb/sth)** 对
[對]…采[採]取严[嚴]厉[厲]措施
duì…cǎiqǔ yánlì cuòshī: ~ down
on crime 严厉打击犯罪。**crack up**
kuǎdiào, [非正式用语]身体或精神上崩溃
kuǎdiào, **'crack-down** n [C] 镇压
[壓] zhènyā: a police ~-down
on vandalism 警方对破坏公共财
产行为的打击措施。**cracked** [非
正式用语]有点[點]疯[瘋]狂[狂]的
yǒu diǎn fēngkuángde: You must
be ~ed to drive so fast! 你疯
了,开这么快的车!

crack³ /kræk/ n [U] [俚]强效纯
可卡因 qiángxiào chún kěkǎyīn; 快
克 kuàikè; 霹雳[靂] pīlì。

cracker /'krækə(r)/ n [C] 1 (常
与奶酪一起吃的)薄脆饼干[乾]
báocuì bǐnggān; 薄饼 bópíng。2 鞭炮
bàozhú。3 彩包爆竹(宴会等上的娱
乐用品) cǎibāo bàozhú。

crackers /'krækəz/ adj [英国非
正式用语]发[發]疯[瘋]的 fāfēngde。

crackle /'krækl/ v [I] 噼啪作响
[響] pīpā zuòxiǎng: Dry leaves
~d under our feet. 枯树叶被我
们踩得吱吱作响。**crackle** n
[sing, U] 噼啪响声[聲] pīpāxiǎng;
爆裂声 bàolièshēng。

crackpot /'krækpɒt/ n [C] [非正

式用语)怪人 guàirén。/ 疯〔瘋〕子 fēngzi。

cradle /'kreɪdl/ *n* [C] 1 摇篮 yáolán。2 [喻]策源地 cèyuándì；发〔發〕源地 fāyuándì：*the ~ of Western culture* 西方文化的发源地。3 摇篮形支架 yáolánxíng zhījià。**cradle** *v* [T] 把…放在摇篮里(裡) bǎ…fàngzài yáolán lǐ；把…放在摇篮形支架上 bǎ…fàngzài yáolánxíng zhījià shàng。

craft /krɑːft; US kræft/ *n* 1 [C] 工艺〔藝〕gōngyì；手艺 shǒuyì：*the potter's ~* 制陶手艺。2 [C] [*pl* craft] 船 chuán；小船 xiǎo chuán；飞〔飛〕行器 fēixíngqì；宇宙飞船 yǔzhòu fēichuán。3 手腕 shǒuwàn；诡计(計)guǐjì。-**craft** (用于复合词)：*handi~* 手工业。*needle~* 刺绣技艺。**craftsman** *n* [*pl* -men] 手艺人 shǒuyìrén；工匠 gōngjiàng；名匠 míngjiàng。**craftsmanship** *n* [U] 手艺 shǒuyì；技艺 jìyì。

crafty /'krɑːftɪ; US 'kræftɪ/ *adj* [-ier, -iest] 狡猾的 jiǎohuáde；诡计多端的 guǐjì duōduān de。**craftily** *adv*。**craftiness** *n* [U]。

crag /kræg/ *n* [C] 岩石 yánshí；峭壁 qiàobì；危岩 wēiyán。**craggy** *adj* [-ier, -iest] 1 峻峭的 jùnqiàode。2 (人脸)多皱〔皺〕纹的 duō zhòuwén de。

cram /kræm/ *v* [-mm-] 1 [T] (*in/into/onto*) 塞进 sāijìn；塞满 sāimǎn：*~ clothes into the suitcase* 把衣服塞进箱子。*~ the file with papers* 把文件塞进文件夹。2 [I] (*for*) 为(為)考试而死记硬背 wèi kǎoshì ér sǐjì yìngbèi。

cramp¹ /kræmp/ *n* [C, 常用 pl, U] (肌肉)痉〔痙〕挛〔攣〕jìngluán；抽筋 chōujīn。

cramp² /kræmp/ *v* 1 [T]常用被动语态]束缚 shùfù：*feel ~ed by the rules* 感觉受到规则的束缚。2 [习语] **cramp sb's style** [非正式用语]限制某人的正常自由 xiànzhì mǒurénde zhèngcháng zìyóu。**cramped** *adj* 狭〔狹〕窄的 xiázhǎide：*~ conditions* 狭窄的环境。

crampon /'kræmpɒn/ *n* [C] (登冰山用的)鞋底铁(鐵)钉 xiédǐ tiědīng。

cranberry /'krænbərɪ; US -berɪ/ *n* [C] 蔓越桔(橘)(酸味蔓的果实)mànyuèjú。

crane¹ /kreɪn/ *n* [C] 1 鹤 hè。2 起重机〔機〕qǐzhòngjī；吊车〔車〕diàochē。

crane² /kreɪn/ *v* [I, T] 伸(颈)shēn：*Children ~d to see the animals.* 孩子们伸长脖子观看动物。

cranium /'kreɪnɪəm/ *n* [C] [*pl* ~s 或 crania /'kreɪnɪə/] [解剖]头〔頭〕盖〔蓋〕-tóugài；脑〔腦〕壳〔殼〕nǎoké；头盖骨 tóugàigǔ。**cranial** *adj*。

crank¹ /kræŋk/ *n* [C] 曲柄 qūbǐng。**crank, crank** *v* [T] (*up*) 用曲柄启(啟)动(動)或转(轉)动 yòng qūbǐng qǐdòng huò zhuǎndòng：*crank the engine* 用曲柄启动发动机。**'crankshaft** *n* [C] 曲轴 qūzhóu。

crank² /kræŋk/ *n* [C] 古怪的人 gǔguàide rén。**cranky** *adj* [-ier, -iest] [非正式用语, 贬] 1 (人)古怪的 gǔguàide。2 [美语]脾气〔氣〕坏(壞)的 píqì huài de。

cranny /'krænɪ/ *n* [C] 1 (墙壁等上的)裂缝 lièfèng。2 [习语] **every nook and cranny** ⇨ NOOK。

crap /kræp/ *v* [-pp-] [I] [俚语△] 拉屎 lāshǐ。**crap** *n* (△) 1 [U] 屎 shǐ。2 [sing] 拉屎 lāshǐ。3 [U] 胡扯 húchě；废〔廢〕话 fèihuà；废物 fèiwù。**crappy** *adj* [-ier, -iest] [俚语]蹩脚的 biéjiǎode；没价值的 méi jiàzhí de。

crash¹ /kræʃ/ *n* [C] 1 [常作 sing] 坠〔墜〕地 zhuìdì；撞击〔擊〕声〔聲〕zhuàngjīshēng；突然坠落 tūrán zhuìluò：*The dishes fell with a ~ to the floor.* 盘碟哗啦一声摔到地上。2 事故 shìgù；撞车〔車〕事故 zhuàngchē shìgù：*a car ~* 汽车撞车事故。3 倒闭 dǎobì；垮台〔臺〕kuǎtái。**crash** *adj* 速成的 sùchéngde：*a ~ course in French* 法语速成课程。**crash** *v* 砰地一声 pēngde yìshēng。**'crash-helmet** *n* [C] (摩托车驾驶者戴的)防撞头(頭)盔 fángzhuàng tóukuī。**crash-land** *v* [I,T] (飞机失控而)猛撞降落 měngzhuàng jiàngluò。**crash-landing** *n* [C] 猛撞降落 měngzhuàng jiàngluò。

crash² /kræʃ/ *v* 1 [I, T] (使)哗(嘩)啦一声落下 huálā yìshēng luòxià；撞毁〔毀〕zhuànghuǐ：*The tree ~ed through the window.* 树倒进了窗里。2 [I,T] (使)碰撞 pèngzhuàng：~ *the car (into a wall)* 把车撞到(墙上)了。3 [I] 发(發)出巨声(聲)fāchū jùshēng：*The* *thunder* ~*ed*. 雷声隆隆. **4** [I, T] (使) 猛冲 [衡] měngchōng; *an elephant* ~*ing through the trees* 一头在树丛中猛冲直闯的象. **5** [I] (企业等) 倒闭 dǎobì.

crass /kræs/ *adj* [-*ier, iest*] **1** 愚蠢的 yúdùnde, (贬) 1 愚蠢的 yúdùnde; 无[無]知的 wúzhīde. **2** (愚蠢、无知等) 极[極]度的 jídùde, 非常的 fēichángde; ~ *stupidity* 极度的愚蠢.

crate /kreɪt/ *n* [C] 板条[條]箱 bǎntiáoxiāng; 枘条 箱 liǔtiáoxiāng. **crate** *v* [T] 用板条箱装[裝] yòng bǎntiáoxiāng zhuāng.

crater /'kreɪtə(r)/ *n* [C] **1** 火山口 huǒshānkǒu. **2** 弹[彈]坑 dànkēng.

cravat /krə'væt/ *n* [C] 旧[舊]式 领带[帶] jiùshì lǐngdài.

crave /kreɪv/ *v* [I, T] (*for*) 恳[懇] 求 kěnqiú; 渴望 kěwàng; ~ *for a cigarette* 非常想抽支烟. **craving** *n* [C].

crawl /krɔːl/ *v* [I] **1** 爬行 páxíng; 匍匐前进[進] púfú qiánjìn; *The baby* ~*ed along the floor.* 婴儿 在地板上爬. **2** 缓慢地行进 huǎnmàn de xíngjìn; *traffic* ~*ing into London* 缓慢地驶进伦敦的车流. **3** *with* [尤用于进行时](爬满 pámǎn; 充斥着 (爬虫) chōngchìzhe; *a floor* ~*ing with ants* 爬满蚂蚁 的地板. **4** *to* 卑[卑]正式用语)奉承 fèngchéng; 巴结 bājie. **5** [习语] **make one's flesh crawl** ⇨ FLESH. **crawl** *n* [C] 爬行 páxíng; 爬 仓(缓慢)行进 rúdòng. **2 the crawl** [sing] 自由泳 zìyóuyǒng; 爬 泳 páyǒng. **crawler** *n* [非正式用语](贬) 马屁精 mǎpìjīng.

crayon /'kreɪən/ *n* [C] 粉笔[筆] fěnbǐ; 蜡笔 làbǐ; 颜色笔 yánsèbǐ. **crayon** *v* [T] 用粉笔等画[畫] yòng fěnbǐ děng huà.

craze /kreɪz/ *n* [C] **(a)** (一时的) 狂热[熱] kuángrè; **(b)** 风[風]靡一 时[時]的事物 fēngmǐ yìshí de shìwù; 红极[極]一时的人 hóngjí yìshí de rén.

crazed /kreɪzd/ *adj* (*with*) 疯 [瘋]狂的 fēngkuángde; 非常兴[興] 奋[奮]的 fēicháng xīngfèn de.

crazy /'kreɪzɪ/ *adj* [-*ier, -iest*] **1** 狂热[熱]的 kuángrède; 热[熱]衷的 rèzhōng yú ~ *about football* 热衷 于足球. **2** [非正式用语] 疯[瘋]狂的 fēngkuángde; 疯[瘋]癫 kuángde; 糊 涂[塗]的 hútúde; *a* ~ *idea* 愚蠢的主意 **crazily**

adv. **craziness** *n* [U].

creak /kriːk/ *v* [I], *n* [C] 咯吱嘎嘎 (地响) zhīzhīgāgā; *The branches* ~*ed in the wind.* 树枝被风刮得 吱吱嘎嘎地响. **creaky** *adj* [-*ier, -iest*] 吱吱响[響]的 zhīzhī xiǎng de.

cream /kriːm/ *n* **1** [U] 乳脂 rǔzhī; 奶油 nǎiyóu. **2** [U] 奶油状[狀]物 nǎiyóu zhuàng wù; '*furniture* ~ 家具蜡. **3 the cream** [sing] 精华 [華] jīnghuá;最精彩的部分 zuìjīng-cǎide bùfen; *the* ~ *of society* 社 会中坚.4 [U] 奶油色 nǎiyóusè;米 色 mǐsè. **cream** *adj* 奶油色的 nǎi-yóusède; 米色的 mǐsède. **cream** *v* [T] **1** 加入 (牛奶中)提取奶油 cóng tíqū nǎiyóu. **2** 把(马铃薯等)搅 [攪]拌成糊 bǎ jiǎobàn chéng hú. **3** [短语动词] **cream off** 取出最好部 分 qǔchū zuìhǎo bùfen. **creamy** *adj* [-*ier, -iest*] 奶油似的 nǎiyóu shì de; 含奶油的 nǎiyóu de.

crease /kriːs/ *n* [C] **1** (衣服、纸等) 1 折缝 zhéfèng; 皱[皺]痕 zhòuhén. **2** 皮肤[膚]上的皱纹 pífū shàng de zhòuwén **3** (板球)球员位置的白 线[線] qiúyuán wèizhì de báixiàn. **crease** *v* [I, T] (使)起折痕 qǐ zhé-hén.

create /kri'eɪt/ *v* [T] **1** 创[創]造 chuàngzào; 创作 chuàngzuò. **2** 产 [產]生 chǎnshēng; 造成 zàochéng; 引起 yǐnqǐ; ~ *problems* 引起问 题.

creation /kri'eɪʃn/ *n* **1** [U] 创[創] 造 chuàngzào; 创作 chuàngzuò; *the* ~ *of the world* 世界的创造. **2** (亦作 **Creation**) [U] 天地万[萬] 物 tiāndì wànwù;宇宙 yǔzhòu. **3** [C] 创作物 chuàngzuòwù.

creative /kri'eɪtɪv/ *adj* **1** 有创 [創]造力的 yǒu chuàngzàolì de; 有 创造性的 yǒu chuàngzàoxìng de; *a person who writes and paints* 一个又写又画、有创造性的 人. **2** 创作的 chuàngzuòde; *the* ~ *act* 创作的节目 **creatively** *adv*. **creativity** /ˌkriːeɪ'tɪvətɪ/ *n* [U].

creator /kri'eɪtə(r)/ *n* **1** [C] 创 [創]造者 chuàngzàozhě; 创作者 chuàngzuòzhě; *the* ~ *of this novel* 这本小说的创作者. **2 the Creator** [sing] 上帝 shàngdì;造物 主 zàowùzhǔ.

creature /'kriːtʃə(r)/ *n* [C] 动 [動]物 dòngwù;人 rén; *all God's* ~*s* 人和动物.

crèche /kreɪʃ/ *n* [C] 日托托儿〔兒〕所 rìtuō tuō'érsuǒ.

credentials /krɪ'denʃlz/ *n* [pl] **1** 信任状〔狀〕xìnrènzhuàng; 证〔證〕书〔書〕zhèngshū. **2** 资格 zīgé: *Does she have the ~ for this demanding work?* 她有资格做这种要求很高的工作吗?

credible /'kredəbl/ *adj* 可信任的 kě xìnrèn de; 可靠的 kěkàode: *a ~ story* 可信的描述. *a ~ explanation* 可靠的解释. **credibility** /ˌkredə'bɪlətɪ/ *n* [U] 可信 kěxìn. **credibly** /-əblɪ/ *adv* 可信地 kěxìnde.

credit[1] /'kredɪt/ *n* **1** 赊购〔購〕(制度) shēgòu: *buy a car on ~* 赊购一辆汽车. **2** 信誉〔譽〕xìnyù: *have good ~* 信誉好. *have poor ~* 信誉不好. **3** [U] (银行)存款 cúnkuǎn. **4** [C] (银行)信用贷款 xìnyòng dàikuǎn. **5** [C] (簿记)贷方 dàifāng. **6** [U] 相信 xiāngxìn: *give ~ to his story* 相信他的话. **7** [U] 赞〔讚〕扬〔揚〕zànyáng: *get/be given all the ~ for sth* 为…大受赞扬. **8** [sing] *to* 增光的人或事物 zēngguāngde rén huò shìwù: *She's a ~ to her family.* 她为家庭增光. **9** [C] [美语]学〔學〕分 xuéfēn. **10** [习语] **be to sb's credit** 为〔爲〕某人带〔帶〕来荣〔榮〕誉 wèi mǒurén dàilái róngyù. '**credit card** *n* [C] 信用卡 xìnyòngkǎ; 记账〔賬〕卡 jìzhàngkǎ. '**credit-worthy** *adj* 值得提供信贷的 zhídé tígōng xìndài de. '**credit-worthiness** *n* [U].

credit[2] /'kredɪt/ *v* [T] **1** (*with*) 认〔認〕为〔爲〕…有… rènwéi…yǒu…: *I ~ed you with more sense.* 我认为你不糊涂. **2** 把…记入贷方 bǎ…jìrù dàifāng. **3** 相信 xiāngxìn: *Would you ~ it?* 你相信吗?

creditable /'kredɪtəbl/ *adj* 值得赞〔讚〕扬〔揚〕的(虽不完美) zhídé zànyángde: *a ~ piece of work* 值得称赞的作品. **creditably** *adv*.

creditor /'kredɪtə(r)/ *n* [C] 债权〔權〕人 zhàiquánrén.

credulous /'kredjʊləs; *US* -dʒə-/ *adj* 轻〔輕〕信的 qīngxìnde. **credulity** /krɪ'dju:lətɪ/ *n* [U].

creed /kri:d/ *n* [C] 信条〔條〕xìntiáo; 教义〔義〕jiàoyì.

creek /kri:k; *US* krɪk/ *n* [C] **1** [英国英语]小湾〔灣〕xiǎowān; 小港 xiǎogǎng. **2** [美语]小河 xiǎohé.

creep /kri:p/ *v* [I] [*pt*, *pp* **crept** /krept/] **1** 爬行 páxíng; 匍匐而行 púfú ér xíng; 缓慢移行 huǎnmàn yíxíng; 悄悄移行 qiāoqiāo yíxíng: *The thief crept along the corridor.* 小偷悄悄地在走廊里走. [喻] *Old age is ~ing up on me.* 老年正悄悄向我走近. **2** (植物等)匍匐 púfú; 蔓生 mànshēng. **3** [习语] **make one's flesh creep** ⇨ FLESH. **creep** *n* **1** [C] [非正式用语, 贬]讨厌〔厭〕的人 tǎoyànde rén; 奴颜卑膝的人 núyán bēixī de rén. **2** [习语] **give sb the creeps** [非正式用语]使恐惧〔懼〕shǐ kǒngjù; 使厌恶〔惡〕shǐ yànwù. **creeper** *n* [C] 匍匐植物 púfú zhíwù.

creepy /'kri:pɪ/ *adj* [**-ier, -iest**] [非正式用语]令人毛骨悚然的 lìng rén máogǔ sǒngrán de: *a ~ house/atmosphere* 令人毛骨悚然的屋子/气氛.

creepy-crawly /ˌkri:pɪ'krɔ:lɪ/ *n* [C] [非正式用语, 尤用于谐谑]爬虫 páchóng; 蜘蛛 zhīzhū.

cremate /krɪ'meɪt/ *v* [T] 焚(尸) fén. **cremation** /-'meɪʃn/ *n* [C, U] 焚尸〔屍〕fénshī, 火葬 huǒzàng. **crematorium** /ˌkremə'tɔ:rɪəm/ *n* [C] [*pl* **~s** 或 **-oria** /-ɔ:rɪə/] 焚尸炉〔爐〕fénshīlú; 火化场〔場〕huǒhuàchǎng.

creosote /'krɪəsəʊt/ *n* [U] 杂〔雜〕酚油(木材防腐剂) záfēnyóu.

crepe (亦作 **crêpe**) /kreɪp/ *n* [U] **1** 绉〔縐〕布 zhòubù; 绉纸 zhòuzhǐ: *a ~ blouse* 绉布罩衫 **2** 绉胶〔膠〕zhòujiāo. **3** 薄烤饼 báokǎobǐng.

crept /krept/ *pt*, *pp* of CREEP.

crescendo /krɪ'ʃendəʊ/ *n* [C] [*pl* **~s**] **1** (音乐)渐强 jiànqiáng. **2** [喻]向高潮渐进〔進〕xiàng gāocháo jiànjìn. **crescendo** *adj*, *adv* 渐强的(地) jiànqiángde: *a ~ passage* 渐强的乐节.

crescent /'kreznt, 'kresnt/ *n* [C] **1** 月牙 yuèyá; 新月 xīnyuè; 新月状〔狀〕物 xīnyuè zhuàng wù. **2** 新月形排房 xīnyuè xíng páifáng.

cress /kres/ *n* [U] 水芹 shuǐqín.

crest /krest/ *n* [C] **1** 鸟禽等的冠 niǎo qín děng de guān. **2** (**a**) (小山的)山顶 shāndǐng. (**b**) 浪峰 làngfēng **3** (盾形纹章上方的)饰章 shìzhāng. **4** 盔上的羽毛饰 kuī shàng de yǔmáoshì. **crest** *v* [T] 达〔達〕到…的顶端 dádào…de dǐngduān.

crestfallen /'krestfɔ:lən/ *adj* 沮丧〔喪〕的 jǔsàngde.

cretin /ˈkretɪn/ n [C] 1 [蔑△]笨蛋 bèndàn. 2 [医]白痴[癡] báichī.

crevasse /krɪˈvæs/ n [C] 裂罅 lièxì; 冰川的裂隙 bīngchuānde lièxì.

crevice /ˈkrevɪs/ n [C] (岩石、墙等)裂缝 lièfèng.

crew /kruː/ n [C] 1 全体[體]船员 quántǐ chuányuán; 全体空勤人员 quántǐ kōngqín rényuán; 全体工作人员(不包括高级职员) shàngshù gōngzuò rényuán. 2 同事们 tóngshìmen; 一起工作的人们 yìqǐ gōngzuò de rénmen; 一帮人 yìbāngrén; a camera ~ 摄影组 shèyǐngzǔ. crew v [I, T] 以船员身份操作 yǐ chuányuán shēnfen cāozuò.

crib[1] /krɪb/ n [C] 1 婴儿[兒]小床[牀] yīng'ér xiǎochuáng. 2 (牲口的)饲料槽 sìliàocáo.

crib[2] /krɪb/ n [C] 1 剽窃[竊] piáoqiè; 抄袭[襲] chāoxí. *The teacher said my exam answer was a* ~. 老师说我的考试答案是抄袭的. 2 用来帮助理解的东西(如学外语用的对照译文) yònglái bāngzhù lǐjiě de dōngxi. **crib** v [-bb-] [I, T] 剽窃 piáoqiè; 抄袭 chāoxí.

crick /krɪk/ n [sing] (颈部等的)痛性痉[痙]挛[攣] tòngxìng jìngluán.

cricket[1] /ˈkrɪkɪt/ n [U] 板球(运动) bǎnqiú. a ~ *match* 板球比赛. **cricketer** n [C] 板球选[選]手 bǎnqiú xuǎnshǒu.

cricket[2] /ˈkrɪkɪt/ n [C] 蟋蟀 xīshuài.

cried /kraɪd/ *pt, pp* of CRY[2].

cries /kraɪz/ 1 3*rd pers sing pres t* of CRY[2]. 2 *pl* of CRY[2].

crime /kraɪm/ n 1 [C] 罪 zuì; 罪行 zuìxíng; *commit a* ~ 犯罪. 2 [U] 犯罪行为[為] fànzuì xíngwéi. 3 **a crime** [sing] 愚蠢或可耻的行为 yúchǔn huò kěchǐde xíngwéi: *It's a* ~ *to waste money like that.* 那样浪费金钱真是愚蠢. **criminal** /ˈkrɪmɪnl/ adj 1 犯罪的 fànzuìde; 刑事上的 xíngshì shàng de: a ~ *offence* 刑事犯罪. ~ *law* 刑法. 2 愚蠢的 yúchǔnde; 无[無]耻的 wúchǐde: *It's* ~ *not to use your talents fully.* 不充分发挥你的才能真是愚蠢. **criminal** n [C] 罪犯 zuìfàn. **criminally** /-nəlɪ/ adv.

crimson /ˈkrɪmzn/ n [U], adj 深红(的) shēnhóng; 绯红(的) fēihóng.

cringe /krɪndʒ/ v [I] 1 畏缩 wèisuō. 2 (*to/before*) 卑躬屈膝 bēigōng qūxī; *Don't always* ~ *to the boss.* 对老板别总是卑躬屈膝.

crinkle /ˈkrɪŋkl/ n [C] 皱[皺]折 zhòuzhé. **crinkle** v [I, T] (使)起皱纹 qǐ zhòuwén. ~*d paper* 皱纸.

cripple /ˈkrɪpl/ n [C] 残[殘]疾人 cánjírén; 跛子 bǒzi. **cripple** v [T] (通常用被动语态)1 使跛 shǐ bǒ; 使残疾 shǐ cánjí; ~*d by a back injury* 背部受伤致残. 2 [喻]严[嚴]重削弱 yánzhòng xuēruò; 损坏[壞]损毁[毀] sǔnhuài: ~*d by debt* 深受债务之害.

crisis /ˈkraɪsɪs/ n [C] *pl* **crises** /-siːz/ 1 危急时[時]刻[點]zhuānzhédiǎn; 危急存亡关[關]头[頭] wēijí cúnwáng guāntóu; 危机[機] wēijī: *an economic* ~ 经济危机. a *country in* ~ 处于危急存亡关头的国家.

crisp /krɪsp/ adj 1 (a) (尤指食物)脆的 cuìde; 易碎的 yìsuìde: a ~ *biscuit* 脆饼干. ~ *snow* 干硬的积雪. (b) (尤指水果蔬菜)鲜脆的 xiāncuìde: a ~ *lettuce* 鲜脆的莴苣 xiāncuìde wōjù. (c) (尤指纸)挺括的 tǐngkuòde: ~ *banknotes* 挺括的钞票. 2 (天气)干[乾]冷的 gānlěngde: a ~ *winter morning* 一个干冷的冬日早晨. 3 (说话、行为等)干脆的 gāncuìde; 干净利落的 gānjìng lìluò de: a ~ *reply* 干净利落的答复. **crisp** n [C, 通常作 pl] 油炸马[馬]铃薯片(袋装) yóuzhá mǎlíngshǔpiàn. **crisp** v [I, T] (使)发[發]脆 fā cuì. **crisply** adv. **crispness** n [U]. **crispy** adj [-ier, -iest] [非正式用语](食物)脆的 cuìde; (水果、蔬菜)鲜脆的 xiāncuìde.

criss-cross /ˈkrɪskrɒs/ adj 十字形的 shízìxíngde; 交叉的 jiāochāde: a ~ *pattern* 十字形花样. **criss-cross** v 在…上画[畫]十字形图[圖]案 zài…shàng huà shízìxíng tú'àn; 纵横交错地 zòng héng jiāocuò de: *roads* ~*ing the country* 全国纵横交错的公路.

criterion /kraɪˈtɪərɪən/ n [C] *pl* **-ria** /-rɪə/ 判断[斷]的标[標]准[準] pànduànde biāozhǔn.

critic /ˈkrɪtɪk/ n [C] 1 批评家 pīpíngjiā; 评论家 pínglùnjiā; 评论员 pínglùnyuán: *literary* ~ 文艺[藝]评论家 wényì pínglùnjiā. *The* ~*s liked the play.* 评论家们喜欢这个戏剧. 2 批评缺点[點]错误的人 pīpíng quēdiǎn cuòwù de rén.

critical /ˈkrɪtɪkl/ adj 1 批评(缺

点、错误)性的: pipingxingde: a ~ remark 批评的话. 2 (尤指文艺方面)评论[论]性的 pinglùnxìngde: a ~ review 评论性期刊. 3 [紧]紧急 jǐnjí de: a ~ decision 紧急决定. **critically** /-ɪklɪ/ adv 紧急地 jǐnjí de; ~ly ill 病得危急.

criticism /'krɪtɪsɪzəm/ n 1 (a) [U] (对文学、书籍等的)评论[论]pínglùn; literary ~ 文学评论. (b) [C] 评论文章 pínglùn wénzhāng. 2 (a) [U] (对缺点、错误的)批评 pīpíng: I can't stand her constant ~. 我受不了她的不断的批评. (b) [C] 批评意见 pīpíng yìjiàn 批评的话 pīpíng de huà.

criticize /'krɪtɪsaɪz/ v 1 [I, T] 批评(…的缺点错误) pīpíng: Don't ~ my work. 不要批评我的工作. 2 [T] 评论[论](文艺等) pínglùn.

critique /krɪ'tiːk/ n [C] 评论[论]文章 pínglùn wénzhāng: The book contains a ~ of her ideas. 这本书里有一篇关于她的思想的评论文章.

croak /krəʊk/ n [C] (蛙等)呱呱叫声[声] guāguā jiàoshēng, **croak** v 1 [I] 呱呱地叫 guāguā de jiào. 2 [I, T] 用嘶哑[哑]的声音说 yòng sīyǎde shēngyīn shuō.

crockery /'krɒkərɪ/ n [U] 陶器 táoqì; 瓦器 wǎqì.

crocodile /'krɒkədaɪl/ n [C] 鳄鱼 èyú. 2 [非正式用语]两人一排的学[学]生行列 liǎngrén yìpái de xuéshēng hángliè. 3 [习语] **crocodile tears** 鳄鱼的眼泪[泪] èyúde yǎnlèi; 假慈悲 jiǎ cíbēi.

crocus /'krəʊkəs/ n [C] 藏红花 zànghónghuā.

croissant /'krwʌsɒŋ/ US krə'sɒŋ/ n [C] 羊角面[面]包 yángjiǎo miànbāo.

crony /'krəʊnɪ/ n [pl -ies] [贬]好朋友 péngyou; 伙[夥]伴 huǒbàn.

crook /krʊk/ n 1 [非正式用语]骗子 piànzi; 流氓 liúmáng. 2 弯[弯]曲的棍(棒) wānqūcch; 牧羊人用的弯柄杖 wānbìngzhàng. 2 弯[弯] [T] 使(手指、手臂等)弯曲 shǐ wānqū.

crooked /'krʊkɪd/ adj 1 弯[弯]曲的 wānqūde; 扭曲的 niǔqūde; a ~ line 曲线的路. 2 欺诈的 qīzhàde; 不正当[当]的 bú zhèngdàngde: a politician 狡猾的政客. **crookedly** adv.

crop¹ /krɒp/ n [C] 1 (农作物等)收成 shōuchéng; a good ~ of wheat 麦子的好收成. 2 [sing] 一批 yìpī; 一群 yìqún: a new ~ of problems 一大堆新问题.

crop² /krɒp/ v [-pp-] [T] 1 剪短(头发、马尾等) jiǎnduǎn. 2 (牲畜)吃掉(草、青草)的顶端 yǎodiào de dǐngduān; 啃吃(青草) kěnchī. 3 [短语动词] **crop up** 突然发[发]生、出现 tūrán fāshēng, chūxiàn: A new problem has ~ped up. 突然发生了新的问题.

croquet /'krəʊkeɪ; US krəʊ'keɪ/ n [U] 槌球游戏[戏] chuíqiú yóuxì.

cross¹ /krɒs/ n [C] 1 十字形记号[号] shízìxíng jìhào. 2 (a) **the Cross** [sing] 耶稣被钉死的十字架 Yēsū bèi dìngsǐ de shízìjià. (b) (作为基督教标志的)十字架 shízìjià (c) [C] (基督教的象征)的划[划]十字 dòngzuò 3 [正式用语] 苦难[难] kǔnàn; 灾难[难] zāinàn; (苦恼)忧[忧]愁: We all have our ~ to bear. 每个人都要承受苦难. 4 (a) (动植物的)杂[杂]种[种] zázhǒng, (b) 两种事物的混合 liǎngzhǒng shìwùde hùnhé.

cross² /krɒs; US krɔːs/ v 1 [I, T] 横穿 héngchuān; 横过[过] héngguò; 横渡 héngdù: a bridge ~ing the road 横穿过公路的一座桥梁. 2 [T] 使交叉 shǐ jiāochā; ~ one's arms 抱着双臂. 3 [T] 划[划]横线[线] 于 huà héngxiàn yú: ~ a cheque 在支票上划双线(表示只能记入银行账户来兑付). 4 [I] (行人)对[对]面而过 duìmiàn ér guò; (邮寄信件)相互错过 xiānghù cuòguò: The letters ~ed in the post. 信件在邮寄中互相错过. 5 [T] 阻扰[扰] zǔnǎo; 反对 fǎnduì: You shouldn't ~ her in business. 你不应在事业上阻挠她. 6 [T] (with) 使杂[杂]交 shǐ zájiāo; ~ different varieties of rose 使不同品种的玫瑰杂交. 7 ~ oneself 在胸前画[画]十字 zài xiōngqián huà shízì. 8 [习语] **cross one's mind** (想法等)浮现心头[头] fúxiàn xīntóu. 9 [短语动词] **cross sth off/out/through** 划掉 huàdiào; ~ her name off the list 从名单上划掉她的名字. ~ his name out 划掉他的名字.

cross³ /krɒs; US krɔːs/ adj 1 生

气〔氣〕的 shēngqìde: *I was ~ with him for being late.* 因为他迟到, 我生气了. *She's ~ about this.* 为此而生气了. **2** (风)逆的 nìde: *a ~ breeze* 逆向的微风.
crossly *adv.* **crossness** [U].

crossbow /'krɒsbəʊ; US 'krɔːs-/ *n* [C] 十字弓 shízìgōng; 弩 nǔ.

crossbred /'krɒsbred; US 'krɔːs-/ *adj* 杂(雜)交的 zájiāode; 杂种〔種〕的 zázhǒngde: *a ~ horse* 杂种交马.

crossbreed /'krɒsbriːd; US 'krɔːs-/ *n* [C] (动植物)杂(雜)种〔種〕 zázhǒng.

cross-check /ˌkrɒs 'tʃek; US ˌkrɔːs-/ *v* [I, T] (从不同角度或以不同资料)反复(復)核对(對)了 fǎnfù héduì. **cross-check** /'krɒstʃek/ *n* [C] 反复核对 fǎnfù héduì.

cross country /ˌkrɒs 'kʌntri; US ˌkrɔːs-/ *adj, adv* 横越全国〔國〕的(地) héngyuè quánguó de (de): 横越乡〔鄉〕村的(地) yuèyěde: *a ~ race* 越野赛跑.

cross-examine /ˌkrɒs ɪg'zæmɪn; US ˌkrɔːs-/ *v* [T] 盘(盤)问 pánwèn. **cross-examination** [C, U] 盘问 pánwèn.

cross-eyed /'krɒsaɪd; US 'krɔːs-/ *adj* 内斜视的 nèixiéshìde; 斗(鬥)鸡(雞)眼的 dòujīyǎnde.

crossfire /'krɒsfaɪə(r); US 'krɔːs-/ *n* [C] 交叉火力 jiāochā huǒlì.

crossing /'krɒsɪŋ; US 'krɔːs-/ *n* [C] **1** 交叉点(點) jiāochādiǎn; 十字路口 shízì lùkǒu. **2** (公路与铁路的)平交道口 píngjiāo dàokǒu **3** 横渡 héngdù; 横穿 héngchuān: *a stormy ~ of the Atlantic* 暴风雨中横渡大西洋.

cross-legged /ˌkrɒs 'legd; US ˌkrɔːs-/ *adj* 盘(盤)着腿 pánzhetuǐ; 跷(蹺)着二郎腿 qiāozhe èrlángtuǐ: *sitting ~* 跷着二郎腿坐着.

cross-piece /'krɒspiːs; US 'krɔːs-/ *n* [C] (结构、工具等上之)横杆 hénggān; 横档(檔) héngdàng.

cross purposes /ˌkrɒs 'pɜːpəsɪz; US ˌkrɔːs-/ *n* [习语] **at cross 'purposes** 互相误解 hùxiāng wùjiě; 有矛盾 yǒu máodùn.

cross-reference /'refrəns; US ˌkrɔːs-/ *n* [C] 相互参(參)照 xiānghù cānzhào; 互见(見)条(條)目 hùjiàn tiáomù.

crossroads /'krɒsrəʊdz; US 'krɔːs-/

n [C] [*pl* **crossroads**] **1** 十字路口 shízì lùkǒu;(多条道路的)交叉路口 jiāochā lùkǒu. **2** [习语] **at a/the 'crossroads** 处(處)于抉择(擇)的紧(緊)要关〔關〕头〔頭〕 chǔyú juézéde jǐnyào guāntóu.

cross-section /ˌkrɒs 'sekʃn; US ˌkrɒs-/ *n* [C] **1** 横断面 héngduànmiàn; 截面 jiémiàn;断面图(圖)断面(圖) duànmiàntú. **2** [喻]样(樣)品 yàngpǐn;典型 diǎnxíng: *a ~ of society* 社会的缩影.

crosswalk /'krɒswɔːk/ *n* [C] 过〔過〕街人行道 guòjiē rénxíngdào.

crossword /'krɒswɜːd/ *n* [C] 一种(種)纵(縱)横(橫)填字字谜 yìzhǒng zònghéng tiánzì zìmí.

crotch /krɒtʃ/ *n* [C] 人体(體)两腿分叉处(處) liǎngtuǐ fēnchāchù; 胯部 kuàbù; 裤裆(襠) kùdāng.

crouch /kraʊtʃ/ *v* [I] 蹲伏 dūnfú: *~ on the floor* 蹲伏在地板上. **crouch** *n* [sing] 蹲伏(姿势) dūnfú.

croupier /'kruːpɪeɪ; US -pɪər/ *n* [C] 赌台管理员 dǔtái guǎnlǐyuán.

crow[1] /krəʊ/ *n* 鸦 yā; 乌鸦 wūyā. **2** [习语] **as the 'crow flies** 笔(筆)直地 bǐzhíde; (打)直线距离 zhíxiàn jùlí: *It's ten miles away, as the ~ flies.* 直线距离为10英里. **'crow's-feet** *n* [pl] 眼睛外角的皱(皺)纹(紋) yǎnjīng wàijiǎo de zhòuwén. **'crow's-nest** *n* [C] 桅上瞭望台 wéi shàng liáowàngtái.

crow[2] /krəʊ/ *n* [I] **1** (公鸡)啼 tí. **2** (*over*) 得意洋洋 déyì yángyáng: *~ing over her profits* 为她的利润得意洋洋. **crow** *n* [通常 sing] 鸡(雞)啼声(聲) jītíshēng.

crowbar /'krəʊbɑː(r)/ *n* [C] 撬棍 qiàogùn.

crowd /kraʊd/ *n* [C, 亦作 sing, 用 pl v] **1** 人群 rénqún. **2** [非正式用语] 一伙(夥)人 yìhuǒ rén; 一帮 yìbāng: *the golfing ~* 打高尔夫球的一帮人. **crowd** *v* [I] 群集 qúnjí; 拥(擁)挤(擠) yōngjǐ. **2** (*around*) 聚集在舞台周围(圍). **2** [T] 拥过(過) yōngguò; 挤满(滿): *Tourists ~ed the beach.* 旅游者挤满了海滩. **3** [I] [非正式用语] 催逼(某人) cuībī. **crowded** *adj* 挤满人的 jǐmǎn rén de: *a ~ room* 挤满人的房间.

crown[1] /kraʊn/ *n* **1** [C] 王冠 wángguān; 冕 miǎn. **2** **the Crown** [sing] 王权(權) wángquán. **3** [C] 顶部 dǐngbù; 帽顶 màodǐng.

crown[2] /kraun/ v [T] 1 为﹝為﹞…加冕 wèi…jiāguǎn; 为…加冕 wèi…jiāmiǎn. 2 (with)﹝通常为被动语态﹞(a)﹝正式用语﹞占据﹝據﹞…的顶部 zhànjù …de dǐngbù; a hill ~ed with a wood 顶部长满了树的小山. (b) 圆满地结束 yuánmǎnde jiéshù; a project ~ed with success 圆满成功的工程. 3 [习语] to crown it 'all 更糟糕的是 gèng zāogāo de shì. **crowning** adj 登峰造极﹝極﹞的 dēngfēng zàojí de; a ~ing achievement 空前的成功.

crucial /'kru:ʃl/ adj 决定性的 juédìngxìngde; 紧﹝緊﹞要关﹝關﹞头﹝頭﹞的 jǐnyào guāntóu de; a ~ decision 关键性的决定 **crucially** /-ʃəlɪ/ adv.

crucifix /'kru:sɪfɪks/ n [C] 耶稣钉在十字架上的苦像﹝圖﹞像 Yēsū dīng zài shízìjià shang de kǔxiàng.

crucifixion /ˌkru:sɪ'fɪkʃn/ n [C, U] 在十字架上钉死的刑罚 zài shízìjià shang dìngsǐ de xíngfá.

crucify /'kru:sɪfaɪ/ v [pt, pp -ied] [T] 1 把…钉死在十字架上 bǎ…dìngsǐ zài shízìjià shang. 2 [非正式用语]诋毁 dǐhuǐ; 虐待 nüèdài.

crude /kru:d/ adj 1 天然的 tiānránde; 未加工的 wèi jiāgōng de; ~ oil 原油,石油. 2 (a) 粗制﹝製﹞的 cūzhìde; 粗糙的 cūcāode; ~ tools 粗糙的工具. (b) 粗俗的 cūsúde; 鄙俗的 bǐsúde; ~ jokes 粗俗的笑话. **crudely** adv.

cruel /'kru:əl/ adj 1 (人)残﹝殘﹞忍的 cánrěnde; 残酷的 cánkùde. 2 残暴的 cánbàode; 无﹝無﹞情的 wúqíngde; ~ treatment 残忍的对待. **cruelly** adv. **cruelty** n 1 [U] 残忍 cánrěn;残暴 cánbào [常用 pl][pl -ies] 残忍的行为﹝爲﹞cánrěnde xíngwéi. **cruelty-free** adj (对动物)不残忍的 bù cánrěn de.

cruet /'kru:ɪt/ n [C] (餐桌上的)调味品瓶 tiáowèipǐnpíng.

cruise /kru:z/ v 1 巡航 xúnháng; 巡游 xúnyóu. 2 (汽车、飞机等)以最节﹝節﹞省燃料的速度行进﹝進﹞以最节﹝節﹞省燃料的速度行进﹝進﹞yǐ zuì jiéshěng ránliào de sùdù xíngjìn; ~ along at 50 miles per hour 以每小时 50 英里的速度行驶. **cruise** n [C] 乘船巡游 chéng chuán xúnyóu. **cruiser** n [C] 1 巡洋舰﹝艦﹞xúnyángjiàn. 2 (有住宿设﹝設﹞备﹝備﹞的)游艇 yóutǐng. 'cruise missile n [C] 巡航导﹝導﹞弹﹝彈﹞xúnháng dǎodàn.

crumb /krʌm/ n [C] 1 面﹝麵﹞包屑 miànbāoxiè; 糕饼屑 gāobǐngxiè. 2 一点﹝點﹞点 yìdiǎndiǎn; 少许 shǎoxǔ.

crumble /'krʌmbl/ v 1 [I,T] 弄碎 nòng suì; 破碎 pòsuì; 碎裂 suìliè; material that ~s easily 容易破碎的材料. 2 [I][喻]瓦﹝滅﹞亡 mièwáng; 消失 xiāoshī; Their marriage ~d. 他们的婚姻结束了. **crumbly** adj [-ier, -iest] 易碎的 yìsuìde; 易捏碎的 yì niēsuì de.

crumple /'krʌmpl/ v (up) [I, T] 起皱﹝皺﹞qǐzhòu; 把…弄皱 bǎ…nòng zhòu; material that ~s easily 容易起皱的材料. 2 [I][喻]垮掉 kuǎdiào; 崩溃 bēngkuì; Her resistance ~d. 她的抵抗结束了. 'crumple zone n [C] (汽车)防撞压﹝壓﹞损﹝損﹞区﹝區﹞fángzhuàng yǔsǔnqū.

crunch /krʌntʃ/ v 1 [T] (up) 嘎嘎咬啮﹝嚙﹞ gāgā yǎo de yǎojiáo. 2 [I,T] 压﹝壓﹞碎 yāsuì; 嘎嘎吱吱地被压碎﹝壓﹞gāgāzhīzhīde bèi yāsuì; The snow ~ed under our feet. 我们踩着积雪嘎吱作响. **crunch** n 1 [sing] 嘎吱作响﹝響﹞声﹝聲﹞地咀嚼 gāzhīzuǒxiángde jǔjué; 嘎吱嘎吱的声﹝聲﹞音 gāgāzhīzhīde shēngyīn. 2 **the crunch** [非正式用语]危急关﹝關﹞头﹝頭﹞wēijí guāntóu; when the ~ comes 到了危急关头的时候.

crusade /kru:'seɪd/ n [C] (for / against) 1 运﹝運﹞动﹝動﹞yùndòng; 斗﹝鬥﹞争﹝爭﹞zhēng. **crusade** v [I] 参﹝參﹞加某种﹝種﹞运动 cānjiā mǒuzhòng yùndòng. **crusader** n [C].

crush[1] /krʌʃ/ v 1 [T] 压﹝壓﹞坏﹝壞﹞yā huài; Her hand was ~ed by the heavy door. 她的手被很重的门轧伤了. 2 [T] 压﹝壓﹞碎 yā suì. 3 [I,T] (使)起皱﹝皺﹞qǐzhòu; clothes ~ed in a suitcase 在提箱里弄皱的衣服. 4 [T] 压﹝壓﹞穷﹝窮﹞xù suì; 制服 zhìfú. 5 [T] 挤﹝擠﹞入 jǐrù; Crowds ~ed into the theatre. 人群挤进剧场. **crushing** adj 压倒的 yādǎode; 决定性的 juédìngxìngde; a ~ing defeat 彻底的失败. 2 羞辱性的 xiūrùxìngde; a ~ing remark 让人下不了台的话.

crush[2] /krʌʃ/ n [sing] 拥﹝擁﹞挤﹝擠﹞的人群 yōngjǐde rénqún. 2 [C] (on) 短暂的热﹝熱﹞爱﹝愛﹞duǎnzàn de rè'ài.

crust /krʌst/ n [C, U] 1 面﹝麵﹞包、饼等的皮 miànbāo, bǐng děng de pí. 2 硬外皮 yìngwàipí; 外壳﹝殼﹞

wàikè; *the earth's* ~ 地壳 **crusty** *adj* [*-ier, -iest*] 有硬皮的 yǒu yìngpí de; 像外壳的 xiàng wàikède: ~*y bread* 有硬皮的面包 2 [非正式用语]脾气[氣]坏[壞]的 píqì huài de.

crustacean /krʌˈsteɪʃn/ *n* [C] 甲壳[殼]纲[綱]动[動]物 jiǎkégāng dòngwù.

crutch /krʌtʃ/ *n* [C] 1 (跛子用的)拐杖 guǎizhàng. 2 [喻]支撑物 zhīchēngwù; 给予帮[幫]助或支持的人 gěiyǔ bāngzhù huò zhīchí de rén. 3 = CROTCH.

crux /krʌks/ *n* [C] 难[難]题 nántí; 症[癥]结 zhèngjié.

cry[1] /kraɪ/ *n* [*pl -ies*] 1 [C] 叫喊声 jiàohǎn; 喊 hǎn; *a* ~ *for help* 呼救. 2 [sing] 一阵哭 yīzhènkū; *have a good* ~ 痛哭一阵. 3 [C] 鸟[鳥]等动[動]物的叫声[聲] niǎo děng dòngwùde jiàoshēng: *the* ~ *of the thrush* 歌鸫的叫声. 4 [习语] *a far cry from* 大不相同 dà bù xiāngtóng.

cry[2] /kraɪ/ *v* [*pt, pp -ied*] 1 [I] (*for; over;* with) 哭 kū; 哭泣 kūqì; ~ *with pain* 痛得哭起来. *He was* ~*ing for his mother.* 他哭着要妈妈. 2 [I] (人、动物因)疼痛、恐惧而)大叫 dàjiào: ~ *out in surprise* 惊叫起来. 3 [I, T] 叫喊 jiàohǎn; 大声[聲]地说 dàshēngde shuō: '*Get out!' he cried.* "滚出去!"他大声喊道. 4 [短语动词] **cry off** 取消(约会等) qǔxiāo, **cry out for** 迫切需要 pòqiè xūyào, **'cry-baby** *n* [C] 爱[愛]哭的人 ài kū de rén.

crypt /krɪpt/ *n* [C] 教堂的地下室 jiàotángde dìxiàshì.

cryptic /ˈkrɪptɪk/ *adj* 有隐[隱]义[義]的 yǒu yǐnyì de.

crystal /ˈkrɪstl/ *n* 1 (a) [U] 水晶 shuǐjīng; 石英晶体[體] shíyīng jīngtǐ (b) [C] 水晶石 shuǐ jīngshí; 水晶体 jīngtǐ 2 [U] 晶质[質]玻璃 jīngzhì bōli. 3 [C] 结晶体 jiéjīngtǐ; *salt* ~*s* 盐的结晶体 4 [C] [美语]表[錶]蒙子 biǎoméngzi, **crystalline** *adj* 1 水晶的 shuǐjīngde; 水晶似的 shuǐjīng shìde. 2 [U] 清澈透明的 qīngchè tòumíng de; ~ *water* 清澈透明的水. **crystallize** *v* 1 [I, T] (使)结晶 jié jīng, 2 [I, T] [喻](使)想法、计划等)明确而具体化 míngquè ér jùtǐhuà 3 [T] 蜜钱(餞)一类 yī lèi mìjiàn.

CT /ˌsiː ˈtiː/ *abbr* computerized

tomography X 射线[綫]电[電]子计算机[機]断[斷]层[層]扫[掃]描 X shèxiàn diànzǐjìsuànjī duàncéng sǎomiáo.

cub /kʌb/ *n* [C] 幼狐 yòuhú; 幼兽[獸] yòushòu.

cubby-hole /ˈkʌbi həʊl/ *n* [C] 围[圍]阁的小天地 wéi qǐlái de xiǎotiāndì.

cube /kjuːb/ *n* [C] 1 立方体[體] lì-fāngtǐ. 2 [数学]立方 lìfāng; *8* ~*d of* [T] [尤用被动语态] 自乘三次 zì-chéng sāncì; *3 is 27.* 3 的立方是 27. **cubic** /ˈkjuːbɪk/ *adj* 1 立方形的 lìfāngxíngde; 立方体的 lì-fāngtǐde, 2 立方的 lìfāngde: ~ *metre* 1 立方米.

cubicle /ˈkjuːbɪkl/ *n* [C] 大房间中用帷幕等隔开[開]的小室 dà fáng-jiān zhōng yòng wéimù děng gékāi de xiǎoshì.

cuckoo /ˈkʊkuː/ *n* [C] 杜鹃 dù-juān; 布谷[穀]鸟 bùgǔniǎo.

cucumber /ˈkjuːkʌmbə(r)/ *n* [C, U] 黄瓜 huángguā.

cud /kʌd/ *n* [U] 反刍[芻]的食物 fǎnchú de shíwù.

cuddle /ˈkʌdl/ *v* 1 [T] 搂[摟]抱 yǒngbào; 怀[懷]抱 huáibào; ~ *a child* 抱着一个孩子. 2 [短语动词] **cuddle up** 蜷曲着身子 quánqūzhe shēnzi; *She ~d up to her father.* 她偎依着爸爸. **cuddle** *v* [C] 拥抱 yǒngbào, 搂抱 lǒubào. **cuddly** *adj* [*-ier, -iest*] [非正式用语]引人搂抱的 yǐnrén lǒubào de.

cudgel /ˈkʌdʒəl/ *n* [C] 1 短粗的棍棒 duàncūde gùnbàng. 2 [习语] **take up the cudgels** 保卫[衛] bǎowèi; 维护[護] wéihù. **cudgel** *v* [*-ll-*; 美语 *-l-*] [T] 用短粗的棍棒打 yòng duàncūde gùnbàng dǎ.

cue[1] /kjuː/ *n* [C] 1 (戏剧)尾白 wěibái; 提示 tíshì; *The actor came in on* ~. 演员按提示走上了舞台. 2 暗示 ànshì.

cue[2] /kjuː/ *n* [C] (台球戏中的)弹[彈]子棒 dànzǐbàng.

cuff[1] /kʌf/ *n* [C] 1 袖口 xiùkǒu. 2 [习语] **off the 'cuff** 即兴[興]地 jíxìngde; 非正式地 fēi zhèngshì de, **'cuff-link** *n* [C] (衬衫袖口的)链扣 liànkòu.

cuff[2] /kʌf/ *v* [T] 掌击[擊] zhǎng-jī; 打…一巴掌 dǎ…yībāzhǎng, **cuff** *n* [C].

cuisine /kwɪˈziːn/ *n* [U] 烹饪 pēngrèn; 烹饪法 pēngrènfǎ.

cul-de-sac /ˈkʌl də sæk/ *n* [C] 死胡

胡同 shíhútòng; 死巷 sǐxiàng.

culinary /'kʌlɪnərɪ; US -neri/ adj 烹饪的 pēngrènde; 烹饪用的 pēngrèn yòng de.

cullender /'kʌləndə(r)/ n [C] = COLANDER.

culminate /'kʌlmɪneɪt/ v [I] in 达(達)到顶点(點) dádào dǐngdiǎn; 告终 gàozhōng: ~ in success 以成功告终. **culmination** /ˌkʌlmɪ'neɪʃn/ n [sing] 顶点 dǐngdiǎn; 结果 jiéguǒ.

culpable /'kʌlpəbl/ adj 应(應)受责备(備)的 yīng shòu zébèi de. **culpability** n [U]. **culpably** adv.

culprit /'kʌlprɪt/ n [C] 犯过(過)错的人 fàn guòcuò de rén.

cult /kʌlt/ n [C] 1 宗教崇拜 zōngjiào chóngbài; 迷信 míxìn. 2 崇拜 chóngbài; 狂热(熱) kuángrè. 3 (时[時])尚 shíshàng; 时髦 shímáo: a ~ film 时髦影片.

cultivate /'kʌltɪveɪt/ v [T] 1 耕作(土地) gēngzuò. 2 培植(作物) péizhí. 3 培养(養) péiyǎng: ~ her interest in literature 培养她对文学的兴趣. 4 努力获(獲)得(某人)的友谊 nǔlì huòdé de yǒuyì. **cultivated** adj 有教养的 yǒu jiàoyǎng de; 有修养的 yǒu xiūyǎng de; 举(舉)止文雅的 jǔzhǐ wényǎ de. **cultivation** /ˌkʌltɪ'veɪʃn/ n [U].

culture /'kʌltʃə(r)/ n 1 (U) 文化(文学、艺术或及文艺修养)wénhuà. 2 [U,C] 文明文化(作物等的)栽培养(養)殖 yǎngzhí. 4 [生物](为研究用的)培养细胞组织(織) péiyǎng xìbāo zǔzhī, **cultural** adj 文化的 wénhuàde; 文化上的 wénhuà shàng de. **cultured** adj (人)有文化修养的 yǒu wénhuà xiūyǎng de. **'culture shock** n [C] 文化冲[衝]击(擊)(首次接触异国文化时的困惑、不安的感受) wénhuà chōngjī; 文化震惊(驚) wénhuà zhènjīng.

cumbersome /'kʌmbəsəm/ adj 笨重的 bènzhòngde; 不便携(攜)带(帶)的 búbiàn xiédài de; 累(動)缓慢的 xíngdòng huǎnmàn de; 效率低的 xiàolǜ dī de.

cumulative /'kjuːmjʊlətɪv; US -leɪtɪv/ adj 累积(積)的 lěijīde; 累加的 lěijiāde.

cunning /'kʌnɪŋ/ adj 狡猾的 jiǎohuáde; 精巧的 jīngqiǎode: a ~ trick 狡猾的骗局. **cunning** n [U] 狡猾 jiǎohuá; 精巧 jīngqiǎo.

cunningly adv.

cunt /kʌnt/ n [C] [俚△俚] 1 阴[陰]道 yīndào; 女性阴部 nǚxìng yīnbù. 2 [贬]讨厌(厭)鬼 tǎoyànguǐ.

cup¹ /kʌp/ n [C] 1 杯 bēi. 2 杯之物 bēi zhī wù. 3 奖(獎)杯 jiǎngbēi; 优(優)胜(勝)杯 yōushèngbēi. 4 杯状(狀)物 bēizhuàngwù 5[习语] **not sb's cup of 'tea** [非正式用语]不是某人所喜爱(愛)的 búshì mǒurén suǒ xǐ'ài de. **cupful** n [C] 一杯的量 yìbēide liàng.

cup² /kʌp/ v [-pp-] [T] 用(两手)做成杯形 yòngzhuǒchéng bēixíng; 把…放入杯形物中 fàngrù bēixíngwù zhōng: ~ one's chin in one's hands 用两手托着下巴.

cupboard /'kʌbəd/ n [C] 柜(櫃)橱 guìchú.

curable /'kjʊərəbl/ adj 可以医(醫)好的 kěyǐ yīhǎo de.

curate /'kjʊərət/ n [C] 副牧师(師) fùmùshī.

curative /'kjʊərətɪv/ adj 治病的 zhìbìngde; 有疗(療)效的 yǒu liáoxiào de.

curator /kjʊə'reɪtə(r); US 'kjʊərətər/ n [C] (博物馆、美术馆等的)馆长(長) guǎnzhǎng.

curb /kɜːb/ n [C] 1 (on) 控制 kòngzhì; 抑制 yìzhì; 约束 yuēshù. 2 马嚼子 mǎjiáozi. 3 [尤用于美语] = KERB. **curb** v [T] 1 控制 kòngzhì; 抑制 yìzhì: ~ one's joy 控制喜悦之情. 2 (用马嚼子)勒住(马) lèzhù.

curd /kɜːd/ n 1[C, 常用 pl] 凝乳 níngrǔ. 2[U]凝乳样(樣)的东西 níngrǔyàngde dōngxi: lemon~ 柠檬乳糕.

curdle /'kɜːdl/ v [I, T] (使)凝结 níngjié.

cure /kjʊə(r)/ v [T] 1 (of) 治愈(癒) zhìyù: ~d of a serious illness 治愈一种严重疾病. 2 消除 xiāochú: a policy to ~ inflation 消除通货膨胀的政策. 3 改正 gǎizhèng; 矫(矯)正 jiǎozhèng: ~ sb of an obsession 打消了某人入迷的块念. 4 (用腌、熏等方法)加工处(處)理(肉、鱼等) jiāgōng chǔlǐ. **cure** n 1[C,常用 sing]治愈 zhìyù; 痊愈 quányù. 2 [C]疗(療)法 liáofǎ; 药(藥)物 yàowù: a ~ for arthritis 关节炎的疗法.

curfew /'kɜːfjuː/ n [C] 宵禁 xiāojìn.

curio /'kjʊərɪəʊ/ n [C] [pl ~s]

珍奇小物品 zhēnqí xiǎo wùpǐn.

curiosity /ˌkjʊərɪˈɒsətɪ/ n [pl -ies] 1 [U]好奇 hàoqí; 好奇心 hàoqíxīn. 2 [C]奇异(異)的东西 qíyìde dōngxi; 珍品 zhēnpǐn.

curious /ˈkjʊərɪəs/ adj 1 好奇的 hàoqíde; 爱(愛)打听(聽)的 ài dǎtīng de: ~ about how a machine works 很想知道机器是如何运转的. 2 [贬]爱管闲事的 ài guǎn xiánshì de. 3 稀奇古怪的 xīqí gǔguài de; 不寻(尋)常的 bù xúncháng de. **curiously** adv.

curl /kɜːl/ n [C] 卷(捲)毛 juǎnmáo; 卷曲物 juǎnqūwù; 螺旋形物 luóxuánxíngwù; 卷发(髮)juǎnfà. **curl** v 1 [I,T](使)卷曲 juǎnqū. 2 [I]形成卷曲 xíngchéng juǎnqū 盘(盤)绕(繞)pánráo: a plant ~ing round a post 盘绕着柱子的植物. 3 [短语动词] **curl up** (躯或蛇)蜷曲着身体(體) quánqūzhe shēntǐ. **curly** adj [-ier, -iest] 有卷毛的 yǒu juǎnmáo de; 有卷发的 yǒu juǎnfà de.

currant /ˈkʌrənt/ n [C] 1 无(無)核小葡萄干(乾) wúhé xiǎo pútáogān. 2 (用于构成复合词)醋栗 cùlì; 醋栗树(樹) cùlìshù: black~s 黑茶藨子.

currency /ˈkʌrənsɪ/ n [pl -ies] 1 [C,U]通货 tōnghuò; 货币(幣) huòbì. 2 [U] 通用 tōngyòng; 流通 liútōng.

current[1] /ˈkʌrənt/ adj 1 当(當)前的 dāngqiánde; 现今的 xiànjīnde; 现行的 xiànxíngde: ~ affairs 时事 shíshì. 2 通用的 tōngyòngde; 流行的 liúxíngde. ,**current ac'count** n [C] 活期存款(账户) huóqí cúnkuǎn. **currently** adv 当前 dāngqián; 现今 xiànjīn.

current[2] /ˈkʌrənt/ n 1 [C]流(流) liú; 水流 shuǐliú; 气(氣)流 qìliú. 2 [U, sing] 电(電)流 diànliú. 3 [C]趋(趨)势(勢)qūshì; 倾向 qīngxiàng; 潮流 cháoliú.

curriculum /kəˈrɪkjʊləm/ n [pl ~s 或 -la /-lə/] 学(學)校的课程 xuéxiào de kèchéng. **curriculum vitae** /ˈviːtaɪ/ 简历(歷)书(書) jiǎnlùde lǚlìshū.

curry[1] /ˈkʌrɪ/ n [pl -ies] 咖喱 gālí; 咖喱食品 gālí shípǐn. **curried** adj (肉等)加咖喱的 jiā gālí de.

curry[2] /ˈkʌrɪ/ v [pt, pp -ied] [习语] **curry favour** (with sb) 求宠(寵) qiúchǒng; 献(獻)媚 xiàn-

mèi; 拍马屁 pāi mǎpì.

curse[1] /kɜːs/ n 1 [C] 咒骂(語) zhòumà. 2 [sing] 咒语 zhòuyǔ; 诅咒 zǔzhòu: The witch put a ~ on him. 女巫念咒语诅咒他. 3 [C] 祸(禍)因 huòyīn; 祸根 huògēn.

curse[2] /kɜːs/ v 1 [I,T] 咒骂 zhòumà: cursing her bad luck 咒骂她的运气不佳. 2 [T] 诅咒 zǔzhòu. 3 [T] with [通常用被动语态]被…所苦着(著)…suǒ kǔ; 因…遭殃 yīn…zāoyāng: a man ~d with arthritis 一个因关节炎而痛苦不堪的男人. **cursed** /ˈkɜːsɪd/ adj 可恨的 kěhènde; 讨厌(厭)的 tǎoyànde: a ~d nuisance 讨厌的东西.

cursor /ˈkɜːsə(r)/ n [C] [电子计算机]光标(標) guāngbiāo.

cursory /ˈkɜːsərɪ/ adj 常作(貶)草的 cǎocǎode; 粗略的 cūlüède. **cursorily** adv.

curt /kɜːt/ adj 草率的 cǎoshuàide; 简短的 jiǎnduǎnde: a ~ refusal 草率的拒绝. **curtly** adv. **curtness** n [U].

curtail /kɜːˈteɪl/ v [T] 截短 jiéduǎn; 缩短 suōduǎn; 削减 xuējiǎn; ~ sb's activities 减少某人的活动. **curtailment** n [C,U] 缩短 suōduǎn; 缩减 suōjiǎn; 减少 jiǎnshǎo.

curtain /ˈkɜːtn/ n [C] 1 窗帘(簾) chuānglián; 窗帘 chuānglián: draw the ~s 拉上窗帘. 2 [C] (舞台的)幕 mù. 3 [C] 遮蔽物 zhēbìwù; 保护(護)物 bǎohùwù: a ~ of mist 一层薄雾. 4 **curtains** [pl] (for) [非正式用语]完结 wánjié; 死亡: It's ~ for us if they find out what you've done! 要是他们发现你干的这些事,我们就完蛋了! **curtain** v [T] 装…帘 zhuāng…lián; 装(裝)上帘子 gěi…zhuāngshàng liánzi.

curtsey (亦作 **curtsy**) /ˈkɜːtsɪ/ n [C] (~s 或 **curtsies**) 西方女子的屈膝礼(禮) xīfāng nǚzǐ de qūxǐlǐ. **curtsey** (亦作 **curtsy**) v [pt, pp ~ed 或 -ied] [I] 行屈膝礼 xíng qūxīlǐ.

curve /kɜːv/ n [C] 曲线(線) qūxiàn. **curve** v 1 [I,T] 弄弯(彎)nòng wān; (使)成曲线 chéng qūxiàn. 2 [I] 沿曲线运(運)动(動)yán qūxiàn yùndòng.

cushion /ˈkʊʃn/ n 1 垫(墊)子 diànzi; 座垫 zuòdiàn; 靠垫 kàodiàn. 2 垫状(狀)物 diànzhuàngwù: a ~ of air 气垫. **cushion** v [T] 1 使减少震动(動) shǐ jiǎnshǎo zhèn-

dòng; 缓和…的冲[衡]击[擊] huǎn-
hé…de chōngjī. 2 (from) 使免遭
不愉快 shǐ miǎnzāo bù yúkuài.

cushy /'kuʃi/ adj [-ier, -iest] [常
作贬][工作岗位等]舒适 [適]的
shūshìde: 安逸的 ānyìde, 不费心劳
神的 bù fèixīn láoshén de.

custard /'kʌstəd/ n [C,U] 牛奶蛋
糊 niúnǎi dànhú.

custodian /kə'stəudiən/ n [C] 保
管人 bǎoguǎnrén, 监[監]护[護]人
jiānhùrén; 公共建筑 [築]的看守人
gōnggòngjiànzhùde kānshǒurén.

custody /'kʌstədi/ n [U] 1 保管
bǎoguǎn; 保护 [護] bǎohù; 监[監]护
jiānhù: ~ of her child 对她的孩
子的监护 duì tāde háizi de jiānhù;
be in ~ 被拘留; 被监禁.

custom /'kʌstəm/ n 1 [U] 习 [習]
俗 xísú; 惯例 guànlì. 2 [C] 习惯 xí-
guàn: ancient ~s 古代的习惯. 3
[U] [顾客的] 光顾 [顧] guānggù.

customary /-məri; US -meri/
adj 按照习惯的 ànzhào xíguàn de;
通常的 tōngchángde. **custom-
built, custom-made** adj 定做
的 dìngzuòde; 定制 [製] 的 dìngzhì-
de.

customer /'kʌstəmə(r)/ n [C] 顾
[顧]客 gùkè.

customs /'kʌstəmz/ n [pl] 1 关
[關]税 guānshuì. 2 Customs 海关
hǎiguān.

cut¹ /kʌt/ v [-tt-; pt, pp cut] 1
[I,T]剪 jiǎn; 切 qiè; 割 gē; 砍 kǎn;
削 xiāo: I ~ my hand with a
knife. 我用一把小刀把手割破了.
2 [T] (a) (off) 割出 gēchū; 切出
qiēchū: ~ (off) a piece of cake
切出一块蛋糕 qiēchū yíkuài dàngāo;
~ the cake 把蛋糕切开 bǎ dàngāo
qiēkāi; ~ the cake 把蛋糕切好. 3 [T]
剪短 jiǎnduǎn; 切短 qiēduǎn: ~
sb's hair 把某人的头发剪短: ~
4 [I] (a) (小刀等) 切, 割 kě-
yòngyú qiē gē. (b) (织物等) 可裁
切, 割 kě bèi qiē, gē.5 [T] 使疼痛,
痛苦 shǐ téngtòng, tòngkǔ: His re-
marks ~ me deeply. 他的话
使我伤心. 6 [T] (线) 与[與] (另一
线) 相交 yǔ xiāngjiāo. 7 [T] 减少
jiǎnshǎo: ~ taxes 减税. 8 (a) [T]
去除 (影片、磁带等的一部分) qù-
chú: ~ some scenes from a film
去掉影片的某些镜头. (b) [I] 停
止 (拍摄、录音) tíngzhǐ. 9 [T] [非
正式用语]不去上(课)等 kuàngkè;不到
场 [場] bú dàochǎng. 10 [习语]
cut and dried 现成的 xiànchéng-
de; 事先准 [準] 备 [備] 好的 shìxiān

zhǔnbèi hǎo de. **cut both/two
'ways** 有弊亦有利 yǒubì yì yǒulì; 两
方面都说得通 liǎng fāngmiàn dōu
shuōdétōng. **cut 'corners** 抄近路
chāo jìnlù; 走捷径 [徑] zǒu jiéjìng.
cut sb dead 不理睬(某人)bù lǐ-
cǎi. **cut it 'fine** (时间,金钱等) 几
(几)乎不留余 [餘] 地, 所留余不充
裕. **cut 'loose** [非正式用语]无(無)约
束 wú yuēshù. **cut one's 'losses** 趁
损失不大趕 [趕] 紧 [緊] 出手 chèn
sǔnshī búdà gǎnjǐn chū shǒu. **cut no
'ice (with sb)** 对(對)…不发生[發]
生影响 [響] duì…bù fāshēng yǐng-
xiǎng, 不起作用. **cut sb to the 'quick** 伤
[傷] 害某人的感情 shānghài mǒurén
de gǎnqíng. **cut sb short** 使某人
(说话等) 打断[斷] shǐ mǒurén (shuō-
huà děng) dǎduàn. 11 [短语动词] **cut
across sth (a)** 抄近路穿过 [過]
chāo jìnlù chuānguò, 抄与[與]直穿
(过) (逾越通常的分类) 不符 yǔ bùfú:
~ across social barriers 超越社会壁垒. **cut
sth back, cut back (on sth) (a)**
修剪 xiūjiǎn; 截短 jiéduǎn. (b) 减少
jiǎnshǎo: ~ back on the num-
ber of workers 减少工人人数. **cut
down** 砍倒 kǎndǎo: ~ down a
tree 把树砍倒. **cut sth down, cut
down on (sth)** 减少 jiǎnshǎo: ~
down on one's smoking 减少吸
烟. **cut 'in (on) (a)** 打断 [斷] (谈话
等) dǎduàn. (b) 插进 [進] (另一辆
车的前面) chājìn. **cut sb 'off** 打断
(谈话) dǎduàn: be ~ off while
talking on the phone 正打着电
话,被中断了. **cut sb/sth off** 停止
供应[應] tíngzhǐ gōngyìng: ~ off
the gas 停止供应煤气. **cut sth off
(a)** 切除 qiēchú (b) 阻断 zǔduàn: ~
off their retreat 阻断他们的
退路. (c) 孤立 gūlì: a town ~
off by floods 被洪水包围的城镇. **cut
sb 'out** 弄破 nòng pò; 弄开
nòng kāi. **cut out** (发动机等)停止
运[運]转 [轉] tíngzhǐ yùnzhuǎn, **cut
sth out (a)** 切除 qiēchú. (b) 切出
qiēchū; 剪出 jiǎnchū: ~ out a
dress 裁出一件衣服. (c) 省略
shěnglüè. (d) [非正式用语]停止
做(使用)习惯[慣]动[動]作 shìyòng: ~
cigarettes 戒烟. **(not) be cut out
for/to be sth** (没)有当 [當] …的
能力 yǒu…de nénglì: I'm not
~ out to be a teacher. 我当不了
教师. **cut up (a)** 切碎 qiēsuì; 割碎
gēsuì. (b) [非正式用语]使伤[傷]

心 shī shāngxīn. **'cut-back** n [C] 削减 xuējiǎn. **'cut-out** n [C] **1** 用纸剪的图(樣) (樣)yòng zhǐ jiǎn de túyàng. **2** 断流器 duànliúqì; 保险(險)装[裝]置 bǎoxiǎn zhuāngzhì. **,cut-'price** adj 减价(價)的 jiǎnjià de; 便宜的 piányde.

cut² /kʌt/ n [C] **1** 切口 qiēkǒu; 伤(傷)口 shāngkǒu. **2** (刀等的) 砍坎; 击(擊)打 jī dǎ. **3** 切 qiē; 割 gē; 剪裁 jiǎncái; 砍 kǎn; 削 xiāo; 割 gē ~ jiǎn: Your hair needs a ~ 你的头发该剪了. **4** (in) 削减 xuējiǎn; 缩短 suōduǎn; 削节(節) shānjiē: a ~ in taxes 减税. **5** 删除 qiēchú; 删除 shānchú: make some ~s in the film 对这影片作一些删剪. **6** 切下的部分 qiēxiàde bùfen: a ~ of beef 一块牛肉. **7** 剪裁式样[樣] jiǎncái shìyàng; 发[髮]式 fàshì: a suit with a loose ~ 宽松式样的西服. **8**[非正式用语]份额 fèn³ é; ~ of the profits 利润的一个份额. **9**[习语] **a cut above** sb/sth 优(優)于 yōuyú.

cute /kjuːt/ adj **1** 漂亮的 piàoliàng de; 逗人喜爱(愛)的 dòu rén xǐ'ài de. **2** [非正式用语,尤用于美语]机(機)灵(靈)的 jīling de;敏(聰)明的 cōngmíngde. **cutely** adv. **cuteness** n [U].

cuticle /'kjuːtɪkl/ n [C] 指甲根部的表皮 zhǐjiǎ gēnbù de biǎopí.

cutlery /'kʌtlərɪ/ n [U] 刀叉餐具 dāo chā cānjù.

cutlet /'kʌtlət/ n [C] 肉片 ròupiàn; 鱼片 yúpiàn; 炸肉排 zhá ròupái.

cutter /'kʌtə(r)/ n [C] **1** 从(從)事切、剪、割的人 cóngshì qiē、jiǎn、gē de rén. 切割机(機)器 qiēgē jīqì; **2 cutters** [pl] 切割工具 qiēgē gōngjù. **3** 独(獨)桅帆船 dúwéi fānchuán.

cut-throat /'kʌtθrəʊt/ adj 残(殘)酷的 cánkùde.

cutting¹ /'kʌtɪŋ/ adj (话语等)尖刻的 jiānkède; 刻薄的 kèbóde.

cutting² /'kʌtɪŋ/ n [C] **1** 剪报[報] jiǎnbào. **2**(公路、铁路等的)路堑 lùqiàn. **3**(供扦插用的)插枝 chāzhī; 插条(條) chātiáo.

cv /ˌsiː ˈviː/ abbr curriculum vitae (求职者等用的)简历(歷) jiǎnlì.

cyanide /'saɪənaɪd/ n [U] 氰化物 qínghuàwù.

cybercafé /'saɪbəˌkæfeɪ/ n [C] 网[網]吧 wǎngbā.

cyberspace /'saɪbəspeɪs/ n [U] 网[網]络空间 wǎngluò kōngjiān.

cycle /'saɪkl/ n [C] **1** 循环(環) xúnhuán;周期 zhōuqī;周转(轉) zhōuzhuǎn: the ~ of the seasons 四季循环. **2**[非正式用语]摩托车[車] mótuōchē;自行车 zìxíngchē.

cycle v [I] 乘自行车 chéng zìxíng-chē.

cyclical /'sɪklɪkl/ adj 循环的 xúnhuánde;周期的 zhōuqī-de:轮[輪]转的 lúnzhuǎnde. **cyclist** n [C] 骑自行车的人 qí zìxíngchē de rén.

cyclone /'saɪkləʊn/ n [C] 旋风(風) xuànfēng;气(氣)旋 qìxuán. **cyclonic** /saɪˈklɒnɪk/ adj.

cygnet /'sɪgnɪt/ n [C] 小天鹅 xiǎo tiān'é.

cylinder /'sɪlɪndə(r)/ n [C] **1** 圆柱 yuánzhù;圆柱体(體)yuánzhùtǐ. **2** 汽缸 qìgāng. **cylindrical** /sɪ'lɪn-drɪkl/ adj 圆柱形的 yuánzhùxíng-de.

cymbal /'sɪmbl/ n [C] [音乐]铙(鐃)钹 náobó;镲 chǎ.

cynic /'sɪnɪk/ n [C] 认(認)为(爲)人的动机(機)皆出自私的人 rènwéi rénde dòngjī jiē zìsīde rén. **cynical** adj 不信世间有真诚善意的 búxìn shìjiān yǒu zhēnchéng shànyì de: a ~ remark 愤世嫉俗的话. **cynically** /-klɪ/ adv. **cynicism** /'sɪnɪsɪzəm/ n [U] 愤世嫉俗的观点(點)、态(態)度 fènshì jísúde guāndiǎn、tàidù.

cypher /'saɪfə(r)/ n [C] = CIPHER.

cypress /'saɪprəs/ n [C] 柏属(屬)植物 bǎishǔ zhíwù.

cyst /sɪst/ n [C] [生物]胞 bāo;囊 náng.

cystitis /sɪ'staɪtɪs/ n [U] [医]膀胱炎 pángguāngyán.

czar, czarina = TSAR, TSARINA.

D d

D, d /diː/ n [pl D's, d's /diːz/] **1** 英语的第四个(個)字母 Yīngyǔde dìsìgè zìmǔ. **2** 罗马数[數]字的 500 Luómǎ shùzì de 500.

d. abbr died 死亡 sǐwáng: d. 1924 死于1924年.

'd = HAD 或 WOULD: I'd, she'd.

dab /dæb/ v [-bb-] [T] 轻(輕)拍 qīngpāi;轻 敲 qīngqiāo;轻 搽 qīngchá: ~ one's face dry 轻轻把脸擦干. **dab** n [C] (涂上的)少量(颜色等) xiǎoliàng.

dabble /'dæbl/ v [I] (in) 涉猎[獵] shèliè;把…作为[爲]业[業]余[餘]爱[愛]好 bǎ…zuòwéi yèyú àihào. **2** [T] 用(手、脚等)嬉水 yòng xīshuǐ.

dachshund /'dækshund/ n [C] 达[達]克斯猎[獵]狗 dákèsī liègǒu, (德国种的小猎狗).

dad /dæd/ n [C] [非正式用语]爸爸 bàba.

daddy /'dædi/ n [C] [pl -ies] (儿童用语)爸爸 bàba.

daffodil /'dæfədɪl/ n [C] 黄水仙 huángshuǐxiān.

daft /dɑːft/ adj [非正式用语]愚[愚]傻的 shǎde;愚笨的 yúbènde.

dagger /'dægə(r)/ n [C] 短剑[劍] duǎnjiàn;匕首 bǐshǒu.

daily /'deɪli/ adj, adv 每天的 měitiānde;每天地 měitiānde. daily n [C] [pl -ies] 日报[報] rìbào.

dainty /'deɪnti/ adj [-ier, -iest] 秀丽[麗]的 xiùlìde;优[優]雅的 yōuyǎde;精致[緻]的 jīngzhìde. daintily adv.

dairy /'deəri/ n [C] [pl -ies] **1** 牛奶房 niúnǎifáng;牛奶场[場] niúnǎichǎng;制[製]酪场 zhìlàochǎng. **2** 牛奶及乳品店 niúnǎi jí rǔpǐn diàn. 'dairy cattle 乳牛 rǔniú.

daisy /'deɪzi/ n [C] [pl -ies] 雏[雛]菊 chújú.

dale /deɪl/ n [C] [诗]山谷 shāngǔ.

dam /dæm/ n [C] 水坝[壩] shuǐbà;水堤 shuǐdī. dam v [-mm-] [T] **1** 在…筑[築]坝 zhù bà. **2**[喻]控制 kòngzhì;抑制 yìzhì.

damage /'dæmɪdʒ/ n **1** [U] 损坏[壞] sǔnhuài;损失 sǔnshī;毁坏 huǐhuài;破坏 pòhuài: The fire caused great ~. 火灾造成巨大损失. **2** damages [pl] [法律]损失赔偿[償]金 sǔnshī péichángjīn. damage v [T] 损坏 sǔnhuài;毁坏 huǐhuài.

dame /deɪm/ n [C] **1** 夫人 fūrén;贵夫人 guìfūrén: D~ Janet Baker 珍妮特·贝克夫人. **2** [美国俚语]女人 nǚrén.

damn /dæm/ interj [非正式用语](表示厌烦、愤怒等)该死! gāisǐ! 讨厌[厭]tǎoyàn! damn v [T] **1** (上帝)罚…入地狱[獄]rù dìyù;诅咒 zǔzhòu. **2** 谴责 qiǎnzé;指责 zhǐzé. not care/give a damn [习语] 毫无[無]价[價]值 háo wú jiàzhí;根本不值得

gēnběn bùzhíde. **damnation** /-'neɪʃn/ n [U] 罚入地狱 fárù dìyù;毁灭[滅]huǐmiè.

damned /dæmd/ adj [非正式用语](表示厌恶)讨厌[厭]的 tǎoyànde;该死的 gāisǐde;十足的 shízúde,完全的 wánquánde: You ~ fool! 你这十足的傻瓜! **damned** adv [非正式用语]非常 fēicháng: ~ lucky 非常幸运.

damp[1] /dæmp/ adj 潮湿[濕]的 cháoshīde: a ~ cloth 一块潮湿的布. damp n [U] 潮湿 cháoshī. dampness n [U].

damp[2] /dæmp/ v [T] 使潮湿[濕] shǐ cháoshī. **2** (亦作 dampen /'dæmpən/)使沮丧[喪]shǐ jǔsàng;减少 jiǎnshǎo;降低 jiàngdī: ~ his enthusiasm 给他的热情泼冷水. **3** [短语动词] damp sth down 减弱火势[勢] jiǎnruò huǒshì.

damper /'dæmpə(r)/ n [C] **1** 令人扫[掃]兴[興]的人或事 lìng rén sǎoxìng de rén huò shì: put a ~ on the party 使聚会大为扫兴. **2** 风[風]门[門]调节[節]器 fēngjié qì,气[氣]流调节[節]器 qìliú tiáojiéqì.

damson /'dæmzn/ n [C] 布拉斯李子 bùlāsī lǐzi;布拉斯李树[樹]bùlāsī lǐshù.

dance /dɑːns/ n [C] **1** 舞蹈 wǔdǎo;跳舞 tiàowǔ. **2** 舞会[會]wǔhuì. dance v [I] 跳舞 tiàowǔ. **2** [C] 跳(某一种舞) tiào. dancer n [C]. dancing n [U]: a dancing teacher 舞蹈教师.

dandelion /'dændɪlaɪən/ n [C] 蒲公英 púgōngyīng.

dandruff /'dændrʌf/ n [U] 头[頭]屑 tóuxiè;头皮屑 tóupíxiè.

danger /'deɪndʒə(r)/ n **1** [U] 危险[險]wēixiǎn. **2** [C]危险的事物 wēixiǎnde shìwù,危险人物 wēixiǎn de rénwù. **3** [习语] in danger 在危险中 zài wēixiǎn zhōng. out of danger 脱离[離]危险 tuōlí wēixiǎn. dangerous adj 危险的 wēixiǎnde. dangerously adv.

dangle /'dæŋgl/ v [I, T] (使)悬[懸]垂 xuánchuí;(使)悬荡[蕩]xuándàng.

dank /dæŋk/ adj 湿[濕]冷的 shīlěngde;阴[陰]湿[濕]的 yīnshīde: a ~ cellar/cave 阴湿的地窖(洞穴).

dare[1] /deə(r)/ modal v [present tense, all persons use ~, dare not or daren't /deənt/] 敢 gǎn: I ~n't ask him. 我不敢问

他. *D~ we try again*? 我们敢
再试一试吗?

dare[2] /deə(r)/ v 1 [T] to 向…挑
战[戰] xiàng…tiǎozhàn; 激 [激] I ~
you to jump off the tree. 你要
有种就从树上跳下来. 2 [I] (*to*) 敢
gǎn: *No one ~d* (*to*) *speak*. 没
有一个人敢说话. **dare** n [习语]
do sth for a dare 因为[爲]受到激
将[將]才做某事 yīnwèi shòudào jī
-jiàng cái zuò mǒushì. '**daredevil** n
[C] 鲁莽大胆[膽]的人 lǔmǎng dà
-dǎn de rén.

daring /'deərɪŋ/ adj 大胆的 dà
-dǎnde; 鲁莽的 lǔmǎngde. **daringly**
adv.

dark /dɑːk/ adj 1 黑暗的 hēi'àn-
de; 暗的 ànde: a ~ *night* 一个黑
暗的夜晚. a ~ *room* 一个黑暗的
房间. 2(颜色)深色的 shēnsède: ~
色的 ànsède: ~ *blue* 深蓝色. 3.
(肤色)黑色的 hēisède;浅（淺）黑的
qiǎnhēide. 4(对事物的看法)悲观
(觀)的 bēiguānde;忧[憂]伤(傷)的
yōushāngde: *look on the ~ side
of things* 看事物的阴暗面. 5[习
语] a ,**dark 'horse** 黑马[馬];意
(競)争中出人意料的胜[勝]利者 jìng
-zhēng zhōng chū rén yì liào de
shènglìzhě. **darken** v [I,T] (使)变
(變)黑 biàn hēi; (使)变暗 biàn'àn.
darkly adv. **darkness** n [U].

dark[2] /dɑːk/ n 1 黑暗 hēi'àn:
sit in the ~ 坐在黑暗中. 2 [习
语] **after dark** 黄昏后[後] huánghūn
hòu. **before dark** 天黑以前
tiānhēi yǐqián. **be in the dark** 不知
(道) bù zhīdào;蒙在鼓里[裏] méng
zài gǔlǐ. **keep sb in the dark** 对
[對]某人保密 duì mǒurén bǎomì.

darling /'dɑːlɪŋ/ n [C] 心爱(愛)
的人 xīn'àide rén.

darn /dɑːn/ v [I,T] 织[織]补[補]
zhībǔ: ~ *sb's socks* 织补某人的袜
子 zhībǔ mǒurén de wàzi. **darn** n
[C] 织补处[處] zhībǔ
chù.

dart[1] /dɑːt/ n 1 [C] 飞[飛]镖
fēibiāo. 2 **darts** [用 sing v] 掷[擲]
镖游戏 zhì biāo yóuxì.

dart[2] /dɑːt/ v [I] 突进(進) tūjìn;
急冲[衝] jíchōng.

dash[1] /dæʃ/ n 1 [C] 猛冲[衝]
měngchōng: *make a ~ for the
bus* 为赶上公共汽车而猛跑了一
阵. 2 少量的掺[摻]和物 shǎoliàngde
chānhéwù: a ~ *of pepper* 加入
一点胡椒. 3 破折号[號] pòzhéhào.
'**dashboard** n [C] (汽车上的)仪

[儀]表板[鐵]板 yíbiǎobǎn.

dash[2] /dæʃ/ v 1 [I] 猛冲[衝]
měngchōng: ~ *across the road* 冲
过公路. 2 [T] 猛掷[擲] měngzhì. 3.
[T] 破坏[壞](某人的希望)pòhuài.
dashing adj 闯[闖]劲[勁]大的;精
神抖擞[擻]的 jīngshén dǒusǒu de.

data /'deɪtə/ n [U] 事实[實]资料
shìshí zīliào;已知材料 yǐzhī cáiliào;
供电脑[腦]处[處]理用的资
料 gōng diànnǎo chǔlǐ yòng
de zīliào. '**database** n [C] 数[數]
据[據]库[庫] shùjùkù;资料库 zī
liàokù. **data processing** n [U] 数
[數]据[據]处[處]理 shùjù chǔlǐ.
data pro'tection n [U] (涉及个
人隐私权的)数据保护[護] shùjù
bǎohù. **data re'trieval** n [U] 数据
检[檢]索 shùjù jiǎnsuǒ. **data
se'curity** n [U] 数据安全 shùjù
ānquán. **data 'storage** n [U] 数据
存储 shùjù cúnchǔ.

date[1] /deɪt/ n [C] 1 日期 rìqī;日子
rìzi: *His ~ of birth is 18 May
1930*. 他是1930年5月18日出生
的. 2 [非正式用语](a)（男女间
的)约会[會] yuēhuì. (b) [尤用于
美语的会面]男友[性](对[對]象
yuēhuì de yìxìng duìxiàng). 3 [习语]
(**be/go**) **out of date** 过[過]时
[時]的 guòshíde; 陈旧[舊]的 chén-
jiùde. **to date** 到此时为[爲]止 dào
cǐshí wéizhǐ. **be up to date** 时兴的
xiànxíngde. **bring up to date** 使成
为现代的 shǐ chéngwéi xiàndài de.

date[2] /deɪt/ v 1 [T] 注明…的日期
zhùmíng…de rìqī: *The letter was
~d 23 July*. 这封信注明日期
是 7月23日了. 2 [I] *from/back to*
自…时[時]代至今 zì…shídài zhì
jīn;始于[於]…时 shǐyú…shídài:
*The church ~s from the
twelfth century*. 这座教堂早在
12世纪就建成了. 3 [I] 过[過]时
guòshí. 4 [T] [非正式用语,尤用于
美语]与[與](异性朋友)约会[會]
yǔ yuēhuì. **dated** /'deɪtɪd/ adj 过时
的 guòshíde.

date[3] /deɪt/ n [C] 海枣[棗] hǎi-
zǎo;枣椰子 zǎoyēzi.

daub /dɔːb/ v [T] 涂[塗]抹;抹 túmǒ;
乱[亂]涂 luàntú.

daughter /'dɔːtə(r)/ n [C] 女儿
[兒] nǚ'ér. **daughter-in-law** [pl
~s-in-law] 儿媳 érxí.

daunting /'dɔːntɪŋ/ adj 气[氣]馁
的 qìněide.

dawdle /'dɔːdl/ v [I] 游荡

dawn /dɔːn/ n 1 [C, U] 黎明 límíng;
破晓(晓) pòxiǎo. 2 [sing] [喻]开
[開]始 kāishǐ; 发(發)生 fāshēng:
the ~ of civilization 文明的发
端. **dawn** v [I] 1 破晓 pòxiǎo. 2
(on) 渐被理解 jiàn bèi lǐjiě: The
truth began to ~ on him. 他开
始明白了真相.

day /deɪ/ n 1 [C] 天 tiān; 日 rì; 一
昼[晝]夜 yìzhòuyè. 2 [C, U] 白天
báitiān; 白昼 báizhòu. 3 [sing] 工作
日 gōngzuòrì. 4 [C, U] 时[時]代 shídài;
in the ~s of the Roman Empire
在罗马帝国时代. **any
day**(**now**) 不久 bùjiǔ; 很快 hěn
kuài. **day and night** 日夜 rìyè. ⇨
NIGHT. **day
in, day out, day after day** 一天又
一天 yìtiān yòu yìtiān. **sb's/sth's days
are numbered** 的日子不长
[長](指快死或快失败) …de rìzi
bùchángle. **make sb's day**[口]工作
用语]使人非常高兴[興] shǐ
mǒurén fēicháng gāoxìng. **one day**
(过去)某一天 mǒuyìtiān; (将来)有
一天 yǒu yìtiān. **'day break** n [U]
黎明 límíng. **daydream** n [C]
白日梦[夢] báirìmèng. **'daylight** n [U] 日光 rìguāng. 2
黎明 límíng. **'daytime** n [U] 白天
báitiān; 白昼 báizhòu. **'day
trader** n [C] 做当[當]日买
[買]进[進]卖[賣]的股票投资人(在
一个当时市场内买进股卖出股)zuò dàngrì mǎijìn màichū gǔpiào jiāoyì
de rén. **'day trading** n [U] 当日买
进出股票交易 dàngrì mǎijìn màichū
gǔpiào jiāoyì.

daze /deɪz/ v [T] 使茫然 shǐ máng-
rán; 使发[發]昏 shǐ fāhūn. **daze** n
[习语] **in a daze** 迷乱[亂] míluàn;
茫然 mángrán.

dazzle /'dæzl/ v [T] 1 使目眩 shǐ
mùxuàn; 耀(眼)眼 yào. 2 惊(驚)倒
shǐ jīngdǎo.

dB abbr decibel(s) 分贝(音强单
位) fēnbèi.

DDT /diː diː 'tiː/ n [U] 滴滴涕(杀
虫剂) dīdītì.

dead /ded/ adj 1(人、动植物)死的
sǐde. 2(语言、习惯等)废[廢]弃
[棄]了的 fèiqìle de. 3(身体的一
部分)冻[凍]得麻木的 dòng de má-
mù de. 4 完全的 wánquánde; 绝对
[對]的 juéduìde; 突然的 túránde: a
~ stop 突然的停止. 5 停止运
[運]转[轉]的 tíngzhǐ yùnzhuǎn de:
The telephone went ~. 电话打不
通了. 6 停止活动[動]的 tíngzhǐ
huódòng de: The town is ~
after 10 o'clock. 十点钟以后,这

个城镇就全都入睡了. 7 [喻](颜
色)晦暗的 huì'àn de; (声音)低沉的
dīchénde. 8 [习语] **a dead 'loss**
[俚]毫无[無]用的人或物 wúyòngde
rén huò wù. **dead** adv 全然 quán-
rán; 绝对 juéduì: ~ certain 绝对
有把握. ~ accurate 完全准确.
the dead n [pl] 死人 sǐrén. **dead
'end** n [C] (路等的)尽[盡]头
[頭] jìntóu; 死巷 sǐxiàng; 绝境 jué-
jìng. **'deadline** n [C] 最后[後]期
限 zuìhòu qīxiàn; meet a ~ line 如
期. miss a ~line 超过期限.

deaden /'dednʔ/ v [T] 闷[悶](声音
等)mēn;减弱 shǐ huǎnhé;使失
去光泽[澤] shǐ shīqù guāngzé.

deadlock /'dedlɒk/ n [C, U] 僵持
jiāngchí; 僵局 jiāngjú.

deadly /'dedlɪ/ adj [-ier, -iest] 1
致命的 zhìmìngde: a ~ poison 令人
致命的毒药. 2 令人厌[厭]烦的 lìng
rén yànfán de; 枯燥的 kūzàode.
deadly adv [非正式用语]极[極]
其 jíqí: ~ serious 极其严重.

deaf /def/ adj 1 聋(聾)的 lóngde.
2 to 不愿[願]听[聽]的 búyuàn tīng
de. the deaf n [pl] 聋人 lóngrén.
deaf-and-dumb adj 聋哑[啞]的
lóngyǎde. **'deaf'mute** n [C] 聋哑
人 lóngyǎrén. **deafness** n [U].

deafen /'defn/ v [T] 使难[難]以
听[聽]到声[聲]音 shǐ nányǐ tīngdào
shēngyīn: ~ed by the noise 被噪
音吵得几乎不见的声音.

deal /diːl/ n [习语] **a good/great
deal** 大量 dàliàng: a good ~ of
money 大量金钱. I see him a
great ~. 我常常看见他.

deal /diːl/ n [C] 1(商业)协[協]
议[議] xiéyì. 2(牌戏)发[發]牌 fā-
pái.

deal /diːl/ v [pt, pp ~t /delt/]
1 [I, T](牌戏)发[發]牌 fā-
pái;分 fēn. 2 [T] 给予 jǐyǔ. 3[短语动
词] **deal in sth** 买[買]卖[賣](货
物)mǎimài; 经营[營]...的生意:
~ in second-hand cars 经营旧汽
车. **deal with sb** 用...做买卖 yòng
... zuò mǎimài; 对[對]...做 duì ...
zuò mǎimài, **deal with sb**(a)
处[處]理 chǔlǐ; 对[對]待 duìdài.
(b) 关[關]于 guānyú; 讨论[論] tǎolùn; a book
~ing with Africa 一本关于非洲
的书. **dealer** n [C] 1(牌戏)发牌
的人 fāpái de rén. 2商人 shāngrén.
dealings n [pl] 交易 jiāoyì; 交往
jiāowǎng; have ~ings with sb 同
某人有交往.

dean /diːn/ n [C] 1 主任牧师[師]

(主管几个牧区) zhǔrèn mùshī. **2** (大学)系主任 xìzhǔrèn.

dear /dɪə(r)/ adj **1** 亲(親)爱[愛]的 qīn'àide; 可爱的 kě'àide. **2** 亲爱的(信件开头的套语) qīn'àide; D~ Madam 亲爱的女士. D~ Sir 亲爱的先生. **3** [英国英语]昂贵的 ángguìde; 索价(價)高的 suǒjià gāo de. **4** (to) 可爱的 kě'àide. **dear** adv 高价地 gāojiàde. **dear** n [C] **1** 可爱的人 kě'àide rén; 亲爱的人(信件开头的套语) qīn'àide rén; (招呼)亲爱的 qīn'àide: 'Yes, ~.' "好, 亲爱的." **dear** interj (表示惊讶、伤感等)呵! 咦! 哎呀! āiyā! Oh ~! 呵, 哎呀呀! D~ me! 哎呀, 我的天哪! **dearly** adv **1** 非常 fēichāng. **2** [喻]代价很高地 dàijià hěngāo de.

dearth /dɜːθ/ n [C] [正式用语]缺乏 quēfá; 不足 bùzú.

death /deθ/ n [C] 死亡 sǐwáng; 死 sǐ. **2** [U] 生命的结束 shēngmìng de jiéshù; 死亡状[狀]态[態] sǐwáng zhuàngtài. **3** [sing] [喻]破灭(滅) pòmiè; 毁灭 huǐmiè: the ~ of one's hopes 希望的破灭. **4** [习语] bored/sick, etc to death of sth 对[對]某事厌[厭]烦得要死 duì mǒushì yànfán de yàosǐ. **put sb to death** (杀[殺]死 shāsǐ; 处[處]死 chǔsǐ. **deathly** adj, adv 死一般的(地) sǐyībānde **death penalty** n [sing] 死刑 sǐxíng. **death-trap** n [C] 危险[險]场[場]所 wēixiǎn chǎngsuǒ; 危险车辆 wēixiǎn chēliàng. **death-warrant** n [C] 死刑执[執]行令 sǐxíng zhíxínglìng.

débâcle /deɪ'bɑːkl/ n [C] 溃败 kuìbài; 崩溃 bēngkuì.

debase /dɪ'beɪs/ v [T] 降低…的身份 jiàngdī…de shēnfèn; 使贬值 shǐ biǎnzhí. **debasement** n [U].

debate /dɪ'beɪt/ n [C, U] 争论[論]zhēnglùn; 辩论 biànlùn; 讨论 tǎolùn. **debate** v [I, T] 辩论 biànlùn; 争论 zhēnglùn; 讨论 tǎolùn; 考虑 sīkǎo. **debatable** adj 争论中的 zhēnglùn zhōng de; 成问题的 chéng wèntí de kě zhēnglùn de.

debauched /dɪ'bɔːtʃt/ adj [正式用语]道德败坏[壞]的 dàodé bàihuài de; 堕落的 duòluòde. **debauchery** /-tʃərɪ/ n [U] 放纵[縱]行为[為] fàngzòng xíngwéi.

debilitating /dɪ'bɪlɪteɪtɪŋ/ adj 使衰弱的 shǐ shuāiruò de: a ~ illness 使人虚弱的疾病.

debit /'debɪt/ n [C] (会计)借方

jièfāng. **debit** v [T] 将(將)…记入借方 jìrù jièfāng. **debit card** n [C] 借记卡 jièjìkǎ; 扣账[賬]卡 kòuzhàngkǎ.

debris /'debriː; US də'briː/ n [U] 碎片 suìpiàn.

debt /det/ n **1** [C] 欠款 qiànkuǎn. **2** [U] 负债状[狀]态[態]态 fùzhài zhuàngtài; be in ~ 负债. be out of ~ 不负债. **3** [C, U] 恩情 ēnqíng; 人情债 rénqíng zhài. **debtor** n [C] 债务人 zhàiwùrén; 欠债人 qiànzhàirén.

début /'deɪbjuː; US deɪ'bjuː/ n [C] (演员、音乐家)首次演出 shǒucì yǎnchū; make one's ~ 作首次演出.

decade /'dekeɪd; US de'keɪd/ n [C] 十年 shínián.

decadent /'dekədənt/ adj 堕落的 duòluòde: ~ behaviour 颓废的行为. ~ society 颓废的社会. **decadence** /-dəns/ n [U].

decaffeinated /ˌdiː'kæfɪneɪtɪd/ adj (咖啡)脱掉咖啡因的 tuō kāfēiyīn de.

decant /dɪ'kænt/ v [T] 把(酒等)注入另一容器 bǎ zhùrù lìngyī róngqì. **decanter** n [C] 倾析器 qīngxīqì.

decapitate /dɪ'kæpɪteɪt/ v [T] [正式用语]杀(殺)…的头[頭] shā…de tóu.

decay /dɪ'keɪ/ v **1** [I, T] (使)腐烂[爛] fǔlàn; (使)衰退 shuāituì. **2** [I] 衰弱 shuāiruò. **decay** n [U] **1** 腐烂 fǔlàn; 腐烂 fǔlàn; 衰微 shuāiwēi: tooth ~ 龋齿[齒]; 虫(蟲)牙.

deceased /dɪ'siːst/ **the deceased** n [C] [pl the deceased] [正式用语](新逝的)死者 sǐzhě.

deceit /dɪ'siːt/ n [U, C] 欺骗 qīpiàn; 欺诈 qīzhà; 欺骗行为[為]qīpiàn xíngwéi. **deceitful** adj 惯于欺骗的 guànyú qīpiàn de. **2** 有意欺骗的 yǒuyì qīpiàn de: ~ful words 骗人的话. **deceitfully** adv. **deceitfulness** n [U].

deceive /dɪ'siːv/ v [T] 欺骗 qīpiàn; 诓骗 kuāngpiàn. **deceiver** n [C].

December /dɪ'sembə(r)/ n 十二月 shí'èryuè. (用法举例见 April)

decent /'diːsnt/ adj **1** 正当[當]的 zhèngdàngde; 合适[適]的 héshìde; 尊重人的 zūnzhòng rén de: wear ~ clothes to the party 穿像样的衣服去参加这次聚会. **2** 文雅的 wényǎde; 受人尊重的 shòu rén zūnzhòng de: ~ behaviour 文雅的举止. **decency** /'diːsnsɪ/ n [U].

decently adv.

deception /dɪ'sepʃn/ n 1 [U]欺骗 qīpiàn; 诓骗 kuāngpiàn; 蒙蔽 méngbì: obtain sth by ~ 骗取某物. 2 [C]诡计 guǐjì; 骗术[術] piànshù.

deceptive /dɪ'septɪv/ adj 骗人的 piàn rén de; 靠不住的 kàobúzhùde: a ~ appearance 骗人的外表.

deceptively adv.

decibel /'desɪbel/ n [C] 分贝(测量音强的单位) fēnbèi.

decide /dɪ'saɪd/ v 1 [I,T]决定 juédìng; 决意 juéyì; I ~d to leave. 我决意离开. 2 [T]使决意 shǐ juéyì. 3 [T]解决(问题等) juéjué; 裁决 cáijué. **decided** adj 1 明显[顯]的 míngxiǎnde; 明确(確)的 míngquède. 2 (人)坚[堅]决的 jiānjuéde; 果断[斷]的 guǒduànde. **decidedly** adv 明确地 míngquède.

deciduous /dɪ'sɪdjuəs/ adj (树木)每年落叶[葉]的 měinián luòyè de.

decimal /'desɪml/ adj 十进[進]法的 shíjìnfǎde: ~ currency 十进制货币. **decimal** n [C] 小数[數] xiǎoshù; 十进小数 shíjìn xiǎoshù. **decimalize** /-məlaɪz/ v [I,T]把…改为[爲]十进制 gǎiwéi shíjìnzhì. **decimalization** /ˌdesɪməlaɪ'zeɪʃn; US -lɪ'z-/ n [U]. ,**decimal** 'point n [C] 小数[數]点[點] xiǎoshùdiǎn: 10.25 十点二五.

decimate /'desɪmeɪt/ v [T]1 大批杀[殺]死或毁坏[壞] dàpī shāsǐ huò huǐhuài. 2 [喻]减少 jiǎnshǎo; 降低 jiàngdī.

decipher /dɪ'saɪfə(r)/ v [T] 译[譯](密码等) yìjiě.

decision /dɪ'sɪʒn/ n 1 [C,U]决定 juédìng; 判断[斷] pànduàn: come to/reach/make a ~ 作出决定. 2 [U]果断 guǒduàn; 坚[堅]定 jiāndìng. **decisive** /dɪ'saɪsɪv/ adj 1 有明确(確)结果的 yǒu míngquè jiéguǒ de. 2 果断的 guǒduànde. **decisively** adv. **decisiveness** n.

deck[1] /dek/ n 1 甲板 jiǎbǎn; 舱[艙]面 cāngmiàn; 公共汽车[車]的上层[層] gōnggòngqìchē de shàngcéng; (录音机的)走带[帶]机构[機構] zǒudài jīgòu. 2 一副纸牌 yífù zhǐpái. ,**deck-chair** n [C] 折叠[疊]帆布躺椅 zhédié fānbù tǎngyǐ.

deck[2] /dek/ v [T] (out) 装[裝]饰 zhuāngshì; 打扮 dǎbàn: streets ~ed out with flags 挂着许多旗帜的街道.

declare /dɪ'kleə(r)/ v [I,T] 1 宣告 xuāngào;声[聲]明 shēngmíng. 2 断[斷]言 duànyán;宣称[稱] xuānchēng. 3 申报[報](应纳税物品) shēnbào: Have you anything to ~? 你有什么要申报的吗? **declaration** /ˌdeklə'reɪʃn/ n [C].

decline[1] /dɪ'klaɪn/ n [C,U] 下降 xiàjiàng;衰退 shuāituì;衰弱 shuāiruò: a ~ in population 人口减少.

decline[2] /dɪ'klaɪn/ v [I,T] 减少 jiǎnshǎo;衰退 shuāituì. 2 [I,T] 拒绝 jùjué.

decode /ˌdiː'kəʊd/ v [T] 译[譯](电报) yìjiě.

decompose /ˌdiːkəm'pəʊz/ v [I,T](使)腐败 fǔbài;(使)腐烂[爛] fǔlàn. **decomposition** /ˌdiːkɒmpə'zɪʃn/ n [U,sing].

décor /'deɪkɔː(r); US deɪ'kɔːr/ n [U,sing] (房间,家具等的)装[裝]饰[風]格 zhuāngshì fēnggé.

decorate /'dekəreɪt/ v 1 [T] 装[裝]饰 zhuāngshì;装潢 zhuānghuáng. 2 [T]给(房间)贴壁纸 gěi tiē bìzhǐ;油漆(建筑物等) yóuqī. 3 [T]授勋[勳]章 shòu xūnzhāng gěi…; ~d for bravery 因英勇而被授勋. **decoration** /ˌdekə'reɪʃn/ n 1 [U]装[裝]饰 zhuāngshì;装潢 zhuānghuáng. 2 [C] 装饰品 zhuāngshìpǐn: Christmas decorations 圣诞节装饰品. 3 [C]勋章 xūnzhāng;奖[獎]章 jiǎngzhāng. **decorative** /'dekərətɪv/ adj 可作装饰的 kě zuò zhuāngshì de. **decorator** n [C] 贴壁纸工人 tiē bìzhǐ gōngrén;(墙壁)油漆工 yóuqīgōng.

decoy /'diːkɔɪ/ n [C] (诱捕鸟兽用的)引诱物 yǐnyòuwù;囮子 ézi. 2 [喻]诱人入圈套的人或东西 yòu rén rùquāntào de rén huò dōngxi.

decrease /dɪ'kriːs/ v [I,T] (使)减小 jiǎnxiǎo;(使)减少 jiǎnshǎo: Sales are decreasing. 销量减少.

decrease /'diːkriːs/ n [C,U] 减小 jiǎnxiǎo;减少 jiǎnshǎo;减少量 jiǎnshǎoliàng; 减少数[數]量 jiǎnshǎo shùliàng: a small ~ in sales 销售稍有减少.

decree /dɪ'kriː/ n [C] 1 法令 fǎlìng;政令 zhènglìng: by royal ~ 诏书令,敕令. 2 [法律]判决 pànjué. v [T] 颁布(法令) bānbù;下令 xiàlìng.

decrepit /dɪ'krepɪt/ adj 老弱的 lǎoruòde;衰老的 shuāilǎode.

decrypt /dɪ'krɪpt/ v [T] 解密

jiēmì.

dedicate /'dedɪkeɪt/ v [T] **to** 1 奉献[獻] fèngxiàn; 贡献 gòngxiàn. 2 (作者)题献 tíxiàn 〔作品〕于 yú. **dedicated** adj 专[專]心致志的 zhuān xīn zhì zhì de. **dedication** /ˌdedɪ'keɪʃn/ n [C, U].

deduce /dɪ'djuːs/ v [T] 演绎[繹] yǎnyì;推演 tuīyǎn;推论[論] tuīlùn.

deduct /dɪ'dʌkt/ v [T] 扣除 kòuchú;减去 jiǎnqù: ~ £50 from her salary 从她工资中扣掉 50 英镑.

deduction /dɪ'dʌkʃn/ n [U, C] 1 扣除 kòuchú;扣除量 kòuchúliàng;回扣 huíkòu;tax ~s 减税额 2 演绎[繹] yǎnyì;推论[論] tuīlùn;用演绎推得的结论 yòng yǎnyì tuīdédé de jiélùn.

deed /diːd/ n [C] 1 [正式用语]行为[爲] xíngwéi; 行动[動] xíngdòng. 2 [法律]契约 qìyuē.

deem /diːm/ v [T] 认[認]为[爲] rènwéi.

deep¹ /diːp/ adj 1 深的 shēnde. a ~ river 水深的河. a hole one metre ~ 一米深的洞. 2 [喻]严[嚴]肃[肅]的 yánsùde: a ~ book 严肃的书. 3 (声音)深沉的 shēnchénde. 4 (颜色)深色的 shēnsède. 5 (浓[濃]色的)浓[濃]艳的 nóngsède;(感情)深厚的 shēnhòude;深切的 shēnqiède: ~ hatred 深仇大恨. 5 (睡眠)深沉的 shēnchénde, 6 in ~ thought 陷入沉思. ~ in a book 专心致志于读一本书.7 [习语]go off the deep end 大发[發]脾气[氣] dàfā píqì. in deep water 遇到麻烦 yùdào máfan. **deeply** adv 深入地 shēnrùde;深刻地 shēnkède;深厚地 shēnhòude: ~ly hurt by your remarks 被你的话深深地伤害.

deep² /diːp/ adv 深 shēn. **deep-freeze** n [C] 以极[極]低温度作速冷藏的冷藏器 yǐ jídī wēndù kuàisù lěngcáng de lěngcángqì.

deep-rooted [喻]根深蒂固的 gēn shēn dì gù de: ~-rooted suspicions 根深蒂固的猜疑 cāiyí. **deep-seated** adj 由来已久的 yóulái yǐjiǔ de;根深蒂固的 gēn shēn dì gù de: ~-seated fears 由来已久的恐惧. **deepen** /'diːpən/ v [I, T] 加深 jiāshēn;深化 shēnhuà;深入 shēnrù.

deep-vein thrombosis /ˌdiːpveɪn θrɒmˈbəʊsɪs/ n [C] 深静脉[脈]血栓症 shēnjìngmài xuèshuānzhèng;深层[層]静脉栓塞 shēncéng

jìngmài shuānsāi; 经[經]济[濟]舱[艙] [艙]综合征[徵] jīngjìcāng zōnghézhēng.

deer /dɪə(r)/ n [C] [pl ~]鹿 lù. ⇨DOE, STAG.

deface /dɪ'feɪs/ v [T] 损伤[傷]…的外貌 sǔnshāng…de wàimào.

defame /dɪ'feɪm/ v [T] [正式用语]诽谤[謗][贬]…的名誉[譽] pǔhuài…de míngyù;诽谤 fěibàng. **defamation** /ˌdefə'meɪʃn/ n [U].

default /dɪ'fɔːlt/ v [I] 1 拖欠 tuōqiàn;不履行 bù lǚxíng;不出庭 bù chūtíng, **default** n [U]拖欠 tuōqiàn;不履行 bù lǚxíng;违[違]约 wéiyuē;不出庭 bù chūtíng;win a game by — 因对手未出场而赢得比赛. **defaulter** n [C] 拖欠者 tuōqiànzhě;缺席者 quēxízhě;违约者 wéiyuēzhě.

defeat /dɪ'fiːt/ v [T] 1 打败 dǎbài;战[戰]胜[勝]zhànshèng;击[擊]败 jībài. 2 使失败 shǐ shībài;使落空 shǐ luòkōng: Our hopes were ~ed. 我们的希望破灭了. **defeat** n [U, C] 击败 jībài;失败 shībài.

defect¹ /'diːfekt/ n [C] 毛病 máobìng;缺点[點]quēdiǎn;不足之处[處] bùzú zhī chù. **defective** /dɪ'fektɪv/ adj.

defect² /dɪ'fekt/ v [I] 背叛 bèipàn;逃跑 táopǎo;开[開]小差 kāi xiǎochāi. **defection** /dɪ'fekʃn/ n [C, U]. **defector** n [C] 背叛者 bèipànzhě;逃兵 táobīng.

defence (美语 **-fense**) /dɪ'fens/ n 1 [U]防卫[衛]fángwèi;保卫 bǎowèi;防护[護]fánghù. 2 [C] 防务[務]fángwù;防御[禦]物 fángyùwù: the country's ~s 这个国家的防务.3 [U] [法律](a)辩护 biànhù;答辩 dábiàn. (b) the defence (用 sing 或 pl v) 被告律师 bèigào lǜshī. **defenceless** adj 无[無]防卫的 wú fángwèi de;没有保护的 méiyǒu bǎohù de.

defend /dɪ'fend/ v [T] 1 (from / against) 保卫[衛]bǎowèi;防御[禦]fángyù. 2 为[爲]…辩护[護]wèi…biànhù; v. ~ 答辩 wèi…biànhù;辩护 biànhù. **defendant** n [C] 被告 bèigào. **defender** n [C] 1 n [C] 防御者 fángyùzhě;保卫人 bǎowèirén. 2 (体育)防守队[隊]员 fángshǒu duìyuán. **defensible** /dɪ'fensəbl/ adj 能防御的 néng fángyù de;能辩护的 néng biànhù de.

defensive /dɪ'fensɪv/ adj 防卫

[衛]用的 fángwèi yòng de. **defen-sive** n [习语] **on the defensive** 准[備]备[備]好辩护[護]自己 zhǔnbèi hǎo biànhù zìjǐ. **defensively** adv.

defer /dɪˈfɜː(r)/ v [-rr-] **1** [I] to 听[聽]从[從] tīngcóng; 遵从[從] zūncóng; I ~ to her experience. 我尊重她的体验. **2** [T] 推迟[遲]支付. **deference** /ˈdefərəns/ n [U] 听从听从 tīngcóng; 依从 yīcóng; 尊重 zūnzhòng.

defiance /dɪˈfaɪəns/ n [U] 蔑视 mièshì; 违[違]抗 wéikàng; 不服从 [從] bù fúcóng; in ~ of my orders 蔑视我的命令. **defiant** /-ənt/ adj 挑战[戰]的 tiǎozhànde; 违抗的 wéikàngde. **defiantly** adv.

deficiency /dɪˈfɪʃnsɪ/ n [pl -ies] 缺乏 quēfá; 缺少 quēshǎo; 不足 bùzú. **deficient** /-ʃnt/ adj 缺少的 quēshǎode; 不足的 bùzúde; ~ in vitamins 缺少维生素.

deficit /ˈdefɪsɪt/ n [C] 空额 kòngé; 赤字 chìzì.

defile /dɪˈfaɪl/ v [T] 弄脏[髒] nòng zāng; 污損 wūsǔn.

define /dɪˈfaɪn/ v [T] **1** 解释[釋] jiěshì; 给 … 下定义[義] gěi … xià dìngyì. **2** 明确[確]表示 míngquè biǎoshì; ~ a judge's powers 明确规定法官的权力. **definable** adj 可下定义的 kě xià dìngyì de.

definite /ˈdefɪnət/ adj 确[確]切的 quèqiède; 明确的 míngquède. **definite article** n [C] 定冠词 dìngguāncí. **definitely** adv 确切地 quèqiède; 明确地 míngquè de; ~ly not true 确属不实. **2** [非正式用语](用于回答问题)当然 dāngrán.

definition /ˌdefɪˈnɪʃn/ n **1** [C](词的)释[釋]义[義] shìyì. **2** [U] 清晰(度)qīngxī; The photograph lacks ~. 这张照片不清晰.

definitive /dɪˈfɪnətɪv/ adj 决定的 juédìngde; 最后[後]的 zuìhòude; 权[權]威性的 quánwēixìngde.

deflate /dɪˈfleɪt/ v [T] **1** 使(轮胎等)瘪下去 shǐ biě xiàqù. **2**[喻]降低(重要性)jiàngdī. **3** /ˌdiːˈfleɪt/ 紧[緊]缩(通货)jǐnsuō. **deflation** /dɪˈfleɪʃn/ n.

deflect /dɪˈflekt/ v [I,T](使)偏斜 piānxié; a bullet 把一颗子弹打偏了. ~ a criticism 批评得不对

deflection /dɪˈflekʃn/ n [C, U].

deform /dɪˈfɔːm/ v [T] 损坏[壞] … 的形象 sǔnhuài … de xíngxiàng; 使成畸形 shǐ chéng jīxíng; a ~ed foot 畸形脚. **deformity** n [C, U] [pl -ies].

defraud /dɪˈfrɔːd/ v [T] 欺骗 qīpiàn; 欺诈 qīzhà; ~ him of £100 骗了他 100 英镑.

defrost /ˌdiːˈfrɒst/ US -ˈfrɔːst/ v [T] 除去 … 的冰 chúqù … de bīng; 解冻 shǐ jiědòng; 使不结冰 shǐ bù jiébīng.

deft /deft/ adj (at)(尤指手)灵[靈]巧的 língqiǎode; 熟练[練]的 shúliànde. **deftly** adv. **deftness** n [U].

defunct /dɪˈfʌŋkt/ adj [正式用语]不再使用的 bùzài shǐyòng de; 失效的 shīxiàode.

defuse /ˌdiːˈfjuːz/ v [T] **1** 去掉(炸弹等)的信管 qùdiào de xìnguǎn. **2** [喻]缓和 huǎnhé; 平息 píngxī.

defy /dɪˈfaɪ/ v [pt, pp -ied] [T] **1** 公然反抗 gōngrán fǎnkàng; 蔑视 mièshì; 拒绝服从[從] jùjué fúcóng. **2** 激(某人)做某事 jī … mǒushì; **3** 使 … 简直不可能 shǐ jiǎnzhí bù kěnéng; ~ description 无法描述.

degenerate /dɪˈdʒenəreɪt/ v [I] 衰退 shuāituì; 变[變]坏[壞]变坏 biànhuài; 退化 tuìhuà. **degenerate** /-nərət/ adj 堕[墮]落的 duòluòde; 颓废[廢]的 tuífèide.

degrade /dɪˈɡreɪd/ v [T] 使降低身份 shǐ jiàngdī shēnfèn; 使丢脸[臉] shǐ diūliǎn; ~ oneself by cheating 因骗而丢脸. **degradation** /ˌdeɡrəˈdeɪʃn/ n [U].

degree /dɪˈɡriː/ n [C] **1** 程度 chéngdù; a high ~ of accuracy 高度精确. not in the slightest ~ 丝毫不感兴趣. **2**(温度的)度数[數] dùshù; ten ~s Celsius (10°C) 摄氏十度. **3**(角的)度数 dùshù; an angle of 30 ~s (30°)三十度的角. **4** 学[學]位 xuéwèi; 学衔 xuéxián. **5** [习语] by degrees 逐渐地 zhújiànde.

dehydrate /ˌdiːhaɪˈdreɪt/ v [T] 使(食品)脱水 shǐ tuōshuǐ.

de-ice /ˌdiːˈaɪs/ v [T] 除去 … 上的冰 chúqù … shang de bīng.

deign /deɪn/ v [T] 屈尊 qūzūn; 垂顾[顧] chuígù; She didn't ~ to speak to me. 她不屑于同我说话.

deity /ˈdeɪətɪ/ n [C] [pl -ies] 神神 shén; 女神 nǚshén.

dejected /dɪˈdʒektɪd/ adj 沮丧

〔喪〕的 jǔsàngde; 情绪低落的 qíng-xù dīluòde. **dejection** /-kʃn/ n [U].

delay /dɪ'leɪ/ v [I, T] 1 延缓 yán-huǎn; 耽搁〔擱〕dāngē: I was ~ed by the traffic. 路上车子拥挤, 我被耽搁了. 2 推迟〔遲〕tuīchí; 延期 yánqī. **delay** n [C, U] 延缓 yán-huǎn; 耽搁〔擱〕dāngē; 延迟 yánchí: 延迟的事例 yánchíde shìlì.

delectable /dɪ'lektəbl/ adj [正式用语] (尤指食物) 使人愉快的 shǐ rén yúkuài de; 美味的 měiwèide.

delegate[1] /'delɪgət/ n [C] 代表 dàibiǎo.

delegate[2] /'delɪgeɪt/ v [T] 委派 …为〔為〕… wěipài …wéi …; 授权〔權〕shòuquán. **delegation** /ˌdelɪ'geɪʃn/ n 1 [C] 委派 wěipài; 派遣 pàiqiǎn. 2 [C] 代表团〔團〕dàibiǎotuán.

delete /dɪ'liːt/ v [T] 删除 (文字) shānchú; 擦去 (字迹) cāqù. **deletion** /dɪ'liːʃn/ n [C, U].

deliberate[1] /dɪ'lɪbərət/ adj 1 故意的 gùyìde; 蓄意的 xùyìde: 存心的 cúnxīnde: a ~ insult 故意的侮辱. 2 (行动、语言上) 从〔從〕容的 cóngróngde; 谨慎的 jǐnshènde. **deliberately** adv.

deliberate[2] /dɪ'lɪbəreɪt/ v [I, T] (about/on) [正式用语] 仔细考虑〔慮〕zǐxì kǎolǜ; 商议〔議〕shāngyì.

deliberation /dɪˌlɪbə'reɪʃn/ n 1 [C, U] 细思 xìsī; 细想 xìxiǎng. 2 [U] 谨慎 jǐnshèn; 审慎 shěnshèn.

delicacy /'delɪkəsɪ/ n [pl -ies] 1 [C] 精美 jīngměi; 细致 xìzhì; 〔纖〕弱 xiānruò; 优〔優〕美 yōuměi; 浅〔淺〕淡 qiǎndàn 或 微妙 wēimiào; 棘手 jíshǒu; 灵〔靈〕敏 língmǐn; 精密 jīngmì. 2 [C] 精美的食品 jīngměide shípǐn: a local ~ 当地的精美食品.

delicate /'delɪkət/ adj 1 细软〔軟〕的 de xìruǎnde; 纤〔纖〕细的 xiānxìde; 柔嫩的 róunènde; 精美的 jīngměide; 雅致的 yǎzhìde. 2 (颜色) 浅〔淺〕淡的 qiǎndànde; 柔和的 róuhéde. 3 娇〔嬌〕嫩的 jiāonènde; 脆弱的 culruòde; 难〔難〕处〔脯〕的 nánbànde: a ~ vase 容易破碎的花瓶. a ~ situation 棘手的局面. 4 弱的 ruòde; 病弱的 bìngruòde: in ~ health 身体虚弱. 5 灵〔靈〕敏的 língmǐnde: a ~ instrument 精密仪器. **delicately** adv.

delicatessen /ˌdelɪkə'tesn/ n [C] 熟食店 (尤指出售较少见的或进口食品者) shúshídiàn.

delicious /dɪ'lɪʃəs/ adj 美味的 měiwèide; 可口的 kěkǒude.

delight[1] /dɪ'laɪt/ n [U] 高兴〔興〕gāoxìng; 快乐〔樂〕kuàilè: take ~ in being a parent 享受做父母的快乐. 2 [C] 乐事 lèshì. **delightful** adj. **delightfully** adv.

delight[2] /dɪ'laɪt/ v 1 [T] 使高兴〔興〕shǐ gāoxìng; 使快乐〔樂〕shǐ kuàilè. 2 [I] 感到快乐、高兴 gǎndào kuàilè, gāoxìng: She ~s in working hard. 她以努力工作为乐. [习语] **be delighted** 感到很高兴 gǎndào hěn gāoxìng.

delinquent /dɪ'lɪŋkwənt/ adj, n [C] 做坏〔壞〕事的(人) zuò huàishì de (rén). **delinquency** /-kwənsɪ/ n [C, U] [pl -ies] 〔為〕非作歹 wéi fēi zuò dǎi; 过〔過〕失 guòshī.

delirious /dɪ'lɪrɪəs/ adj 1 神志昏迷的 shénzhì hūnmí de. 2 〔喻〕发〔發〕狂的 fākuángde; 极〔極〕度兴〔興〕奋〔奮〕的 jídù xīngfèn de. **deliriously** adv.

delirium /dɪ'lɪrɪəm/ n [U] 1 神志昏迷 shénzhì hūnmí; 说胡话 shuō húhuà. 2[喻] 极〔極〕度兴〔興〕奋〔奮〕jídù xīngfèn.

deliver /dɪ'lɪvə(r)/ v 1 [I, T] 投递〔遞〕(信件、货物等) tóudì: ~ milk 送牛奶. ~ newspapers 送报纸. 2 [T]发表 (演说、讲演等) fābiǎo: ~ a lecture 发表演说. 3 [T] 给产〔產〕妇〔婦〕接生 (婴儿) gěi chǎnfù jiēshēng. 4[习语] **deliver the goods** ⇨GOODS.

delivery /dɪ'lɪvərɪ/ n [pl -ies] 1 [C, U] (信件、货物等) 投递〔遞〕tóudì. 2 [C] 分娩 fēnmiǎn: The mother had an easy ~. 母亲顺利分娩. 3 [C, sing, u] 讲话〔講〕的风〔風〕格 jiǎnghuàde fēnggé. 4 [习语] **take delivery (of sth)** 收 (货物) 收shōu; 提取 (货物) tíqǔ.

delta /'deltə/ n [C] (河流的) 三角洲 sānjiǎozhōu.

delude /dɪ'luːd/ v [T] 欺骗 qīpiàn; 哄骗 hǒngpiàn.

deluge /'deljuːdʒ/ n [C] 1 暴雨 bàoyǔ. 2[喻] 像洪水般的泛滥〔濫〕hóngshuǐ bān de fànlàn: a ~ of letters 信件纷至沓来 xìn-jiàn fēnzhì tàlái. **deluge** v [T] 使泛滥 shǐ fànlàn; 使满溢 shǐ mǎnyì: ~d with questions 问题不断涌来.

delusion /dɪ'luːʒn/ n [C] 误会〔會〕wùhuì: under the ~ that he is Napoleon 把他误认成拿破仑.

deluxe /dɪ'lʌks/ adj 豪华[華]的 háohuáde;高级的 gāojíde: a ~ hotel 一家豪华饭店.

delve /delv/ v [I] into/into 探究 tànjiū;钻[鑽]研 zuānyán: ~ into the past 探索过去.

Dem abbr Democrat(ic) (美国)民主党(黨)人 Mínzhǔdǎng rén;民主党的 Mínzhǔdǎngde

demand[1] /dɪ'mɑːnd; US dɪ'mænd/ n [C] 要求 yāoqiú;要求的事物 yāoqiúde shìwù: the workers' ~s for higher pay 工人们对于增加工资的要求. 2 [U] 需要 xūyào;需求 xūqiú: no ~ for history graduates 对历史专业的毕业生没有需求. Our goods are in great ~. 我们的货物需求量很大. 3 [习语] on demand 一经[經]要求 yìjīng yāoqiú.

demand[2] /dɪ'mɑːnd; US dɪ'mænd/ v 1 要求 yāoqiú. 2 [正式用语]需要 xūyào: work ~ing great care 需要很细心地做的工作. **demanding** adj (a) 费力的 fèilìde;需要技能的 xūyào jìnéng de: a ~ing job 一个需要技能的工作岗位. (b) 要求别人努力工作的 yāoqiú biérén nǔlì gōngzuò de: a ~ing boss 一个要求很严的老板.

demarcate /'diːmɑːkeɪt/ v [T] 给…划[劃]界 gěi…huàjiè. **demarcation** /ˌdiːmɑː'keɪʃn/ n [U, C].

demean /dɪ'miːn/ v [正式用语] ~ oneself 降低自己的身份 jiàngdī zìjǐ de shēnfèn.

demeanour (美语 -or) /dɪ'miːnə(r)/ n [C, 通常用 sing] 行为[爲] xíngwéi;举[舉]止 jǔzhǐ.

demented /dɪ'mentɪd/ adj 发[發]狂的 fākuángde.

demilitarize /ˌdiː'mɪlɪtəraɪz/ v [T] 使非军事化 shǐ fēi jūnshìhuà.

demise /dɪ'maɪz/ n [sing] 1 [正式用语]死亡 sǐwáng. 2 [喻]终止 zhōngzhǐ;失败 shībài.

demist /ˌdiː'mɪst/ v [T] 除去(汽车挡风玻璃等上的)雾[霧]水 chúqù wùshuǐ.

democracy /dɪ'mɒkrəsɪ/ n [pl -ies] 1 [U] 民主制国[國]家 mínzhǔzhì guójiā. 2 [C] 民主政体(體) mínzhǔ zhèngtǐ;民主政治 mínzhǔ zhèngzhì. 3 [U] 民主精神 mínzhǔ jīngshén.

democrat /'deməkræt/ n 1 民主主义[義]者 mínzhǔzhǔyìzhě. 2 **Democrat** [美国]民主党[黨]人 Mínzhǔdǎng rén. **democratic** /ˌdemə-

'krætɪk/ adj 民主的 mínzhǔde;支持民主的 zhīchí mínzhǔ de. **democratically** adv.

demolish /dɪ'mɒlɪʃ/ v [T] 1 拆毁 chāihuǐ. 2 [喻]推翻(论据、理论等) tuīfān. **demolition** /ˌdemə'lɪʃn/ n [C, U].

demon /'diːmən/ n [C] 1 恶[惡]魔 èmó;恶鬼 èguǐ. 2 [正式用语]精力过(過)人的人 jīnglì guòrén de rén;技艺[藝]高超的人 jìyì gāochāo de rén. **demonic** /diː'mɒnɪk/ adj.

demonstrable /'demənstrəbl; US dɪ'mɒnstrəbl/ adj 可证[證]明的 kě zhèngmíng de. **demonstrably** adv.

demonstrate /'demənstreɪt/ v 1 [T] 论[論]证[證] lùnzhèng;证明 zhèngmíng. 2 [I] 参[參]加示威 cānjiā shìwēi. **demonstrator** n [C] 1 示威者 shìwēizhě. 2 示范[範]者 shìfànzhě.

demonstration /ˌdemən'streɪʃn/ n [C, U] 论[論]证[證] lùnzhèng;证明 zhèngmíng. 2 示威 shìwēi. **demonstrative** /dɪ'mɒnstrətɪv/ adj 1 感情外露的 gǎnqíng wàilùde. 2 [语法](代名词)指示的 zhǐshìde.

demoralize /dɪ'mɒrəlaɪz; US -'mɔːr-/ v [T] 使泄气[氣] shǐ xièqì;使士气低落 shǐ shìqì dīluò: unemployed school-leavers 对前途失去信心的失业毕业生.

demote /ˌdiː'məʊt/ v [T] 使降级[級] shǐ jiàngjí.

demure /dɪ'mjʊə(r)/ adj 娴静的 xiánjìngde;严[嚴]肃[肅]的 yánsùde;羞怯的 xiūqiède: a ~ young woman 娴静的年轻女人 **demurely** adv.

den /den/ n [C] 1 兽[獸]穴 shòuxué;窝[窩]窝 wō. 2 [非正式用语](小而安静的)私人的工作室 sīrénde gōngzuòshì.

denationalize /ˌdiː'næʃənəlaɪz/ v [T] 使非国[國]有化 shǐ fēi guóyǒuhuà;使私有化 shǐ sīyǒuhuà. **denationalization** /ˌdiː'næʃənəlaɪ'zeɪʃn; US -lɪ'z-/ n [U].

denial /dɪ'naɪəl/ n 1 否认[認] fǒurèn;否定 fǒudìng. 2 [C, U] 拒绝 jùjué;拒绝一项请求 jùjué yíxiàng qǐngqiú.

denigrate /'denɪgreɪt/ v [T] 贬低 biǎndī;轻[輕]视 qīngshì.

denim /'denɪm/ n 1 [U] 斜纹粗棉布 xiéwén cū miánbù. 2 **denims** [pl] (尤指蓝色的)斜纹粗棉布的工装[裝]裤 xiéwén cū miánbùde gōngzhuāngkù.

denomination /dɪˌnɒmɪˈneɪʃn/ n [C] 1 教派 jiàopài. 2(度量衡、货币等的) 单〔畢〕位 dānwèi. **denominational** adj 教派的 jiàopàide.

denominator /dɪˈnɒmɪneɪtə(r)/ n [C]分母 fēnmǔ.

denote /dɪˈnəʊt/ v [T] 1 是…的符号〔號〕shì…de fúhào; 是…的名称〔稱〕shì…de míngchēng. 2 指示 zhǐshì; 表示 biǎoshì; His silence ~d criticism. 他的沉默表示了他的指责.

denounce /dɪˈnaʊns/ v [T] 谴责 qiǎnzé; 斥责 chìzé: ~ sb as a spy 谴责某人是间谍.

dense /dens/ adj [~r, ~st] 1(人、物)稠密的 chóumìde; 密集的 mìjíde: ~ traffic 密集的车流. 2(液体、蒸气等)浓〔濃〕的 nóngmìde: a ~ fog 浓雾. 3[非正式用语]愚笨的 yúbènde. **densely** adv.

density /ˈdensəti/ n [pl -ies] 1 [U]稠密度 chóumìdù. 2 [C, U] 物理]密度 mìdù.

dent /dent/ n [C]凹部 āobù; 凹痕 āohén. **dent** n [T] 使出现凹痕 shǐ chūxiàn āohén.

dental /ˈdentl/ adj (为)牙齿〔齒〕的 yáchǐde.

dentist /ˈdentɪst/ n [C]牙医〔醫〕yáyī. **dentistry** n [U] 牙科 yákē.

denunciation /dɪˌnʌnsɪˈeɪʃn/ n [C, U]谴责 qiǎnzé; 斥责 chìzé.

deny /dɪˈnaɪ/ v [pt, pp -ied] [T] 1 否认〔認〕fǒurèn; 否定 fǒudìng. 2 拒绝一项要求 jùjué yíxiàng yāoqiú.

deodorant /diːˈəʊdərənt/ n [C, U] 除臭剂〔劑〕chúchòujì.

dep abbr departs 离〔離〕开〔開〕líkāi.

depart /dɪˈpɑːt/ v [I] 离〔離〕开〔開〕líkāi; 启〔啓〕程 qǐchéng: The train ~s from platform 3. 火车从第三站台开出. ~ from the truth 背离事实.

department /dɪˈpɑːtmənt/ n [C] (行政、企业、大学等的)部,司,局,处〔處〕,科,系 bù, sī, jú, chù, kē, xì. **de'partment store** n [C] (大型)百货商店 bǎihuò shāngdiàn.

departure /dɪˈpɑːtʃə(r)/ n [C, U] 离〔離〕开〔開〕líkāi; 启〔啓〕程 qǐchéng. **de'parture lounge** n [C] 候机(机)室 hòujīshì.

depend /dɪˈpend/ v [I] 1 on (为生存而)依赖 yīlài; Children ~ on their parents. 儿童依赖父母(而生活). (b)信任 xìnrèn;相信

xiāngxìn; You can ~ on John not to be late. 你可以相信约翰不会迟到. 2 on 视…而定 shì…ér dìng: Our success ~s on how hard we work. 我们的成功决定于我们努力得如何. **dependable** adj 可靠的 kěkàode; a ~able friend 可靠的朋友.

dependant (亦作, 尤用于美语 **-ent**) /dɪˈpendənt/ n [C] 被赡养〔養〕者 bèi shànyǎng zhě.

dependence /dɪˈpendəns/ n [U] 1 依赖 yīlài; 依赖 yīlài; ~ on drugs 毒瘾. ~ on foreign imports 依赖外国进口. 2 信赖 xìnlài; 信任 xìnrèn.

dependent /dɪˈpendənt/ adj 1 依靠的 yīkàode; 依赖的 yīlàide: ~ on her parents 依靠她的父母. 2 取决于 qǔjué yú: ~ on your passing the exam 取决于你考试合格. **dependent** n [C] [尤用于美语]被赡养〔養〕者 bèi shànyǎng zhě.

depict /dɪˈpɪkt/ v [T] 描绘〔繪〕miáohuì; 描写〔寫〕miáoxiě. **depiction** /-kʃn/ n [U, C].

deplete /dɪˈpliːt/ v [T] 耗尽〔盡〕hàojìn; 大量消耗 dàliàng xiāohào: Our food supplies are badly ~d. 我们的食物已消耗殆尽. **depletion** /-iːʃn/ n [U].

deplore /dɪˈplɔː(r)/ v [T] 强烈反对〔對〕qiángliè fǎnduì. **deplorable** adj 糟糕的 zāogāode; 应〔應〕受谴责的 yīng shòu qiǎnzé de.

deploy /dɪˈplɔɪ/ v [I, T] 部署(军队)bùshǔ; 调度(军队)diào-dù. **deployment** n [C, U].

deport /dɪˈpɔːt/ v [T] 把(外国人)驱〔驅〕逐出境 qūzhú chūjìng. **deportation** /ˌdiːpɔːˈteɪʃn/ n [C, U].

depose /dɪˈpəʊz/ v [T] 废〔廢〕黜 fèichù.

deposit[1] /dɪˈpɒzɪt/ n 1 [C] 存款 cúnkuǎn. 2 [C]定金 dìngjīn. 3 [C]押金 yājīn. 4 [C] (河流的)沉淀〔澱〕物 chéndiànwù. **de'posit account** n [C] 定期存款账〔賬〕户 dìngqī cúnkuǎn zhànghù.

deposit[2] /dɪˈpɒzɪt/ v [T] 1[正式用语]放下 fàngxià; 置 zhì. 2(河流等)淤积〔積〕(泥沙等)yūjī. 3 存(款)于银行 cún yú yínháng; 存放(贵重物品等)cúnfàng.

depot /ˈdepəʊ; US ˈdiːpəʊ/ n 1 (a)仓(倉)库 cāngkù. (b)公共汽车停的场〔場〕所 chēkù. 2[美语]

(火车、公共汽车)车站 chēzhàn.

depraved /dɪ'preɪvd/ adj 堕(墮)落的 duòluòde; 道德败坏(壞)的 dàodé bàihuài de. **depravity** /dɪ'prævətɪ/ n [U,C].

deprecate /'deprəkeɪt/ v [T] [正式用语]对(對)⋯表示不赞成 duì⋯biǎoshì bú zànchéng.

depreciate /dɪ'priːʃɪeɪt/ v [I] 贬值 biǎnzhí; 降价(價) jiàngjià. **depreciation** /dɪˌpriːʃɪ'eɪʃn/ n [U, C].

depress /dɪ'pres/ v [T] 1 使沮丧(喪) shǐ jǔsàng; 使消沉 shǐ xiāochén. 2 降低⋯的价值(值)值 jiàngdī⋯de jiàzhí; ~ *prices* 降价. 3 [正式用语]压(壓)下 yàxià; 按下 ànxià. **depressing** adj 压抑的 yāyìde; ~ing *film* 使人感到压抑的影片.

depression /dɪ'preʃn/ n [U] 1 沮丧(喪) jǔsàng; 消沉 xiāochén. 2 [C] 萧(蕭)条(條)(时)时期 xiāotiáo shíqī. 3 [C] 凹陷 āoxiàn; 凹地 āodì. 4 [C] [气象]低气(氣)压(壓) dīqìyā.

deprive /dɪ'praɪv/ v [T] 剥夺(奪) bōduó; 使丧(喪)失 shǐ sàngshī; ~ *people of freedom* 剥夺人民的自由. **deprivation** /ˌdeprɪ'veɪʃn/ n [U, C]. **deprived** adj 贫困的 pínkùnde.

Dept abbr Department 司;局;部;科(系)(学校的)系 xì.

depth /depθ/ n 1 [C, U]深深 shēndù; 厚度 hòudù. 2 [U] 深奥 shēn'ào; 深沉 shēnchén; 深厚 shēnhòu; *a writer of great* ~ 极有思想性的作家. 3 [习语]in '**depth** 详细地 xiángxìde; 彻(徹)底地 chèdǐde. **out of one's depth** (a) 在超过(過)自己身高的水中 zài chāoguò zìjǐ shēngāo de shuǐ zhōng. (b) 非⋯所能理解 fēi⋯suǒ néng lǐjiě.

deputation /ˌdepjʊ'teɪʃn/ n [C] [用 sing 或 pl v] 代表团(團) dàibiǎotuán.

deputize /'depjʊtaɪz/ v [I] 担(擔)任代表 dānrèn dàibiǎo; ~ *for the manager* 充当经理的代表.

deputy /'depjʊtɪ/ n [C] [pl **-ies**] 1 副手 fùshǒu. 2 代表 dàibiǎo;代理人 dàilǐrén.

derail /dɪ'reɪl/ v [T] 使(火车)出轨 shǐ chūguǐ. **derailment** n [U, C].

deranged /dɪ'reɪndʒd/ adj 精神错乱(亂)的 jīngshén cuòluàn de; 疯(瘋)狂的 fēngkuángde.

derelict /'derəlɪkt/ adj 被抛弃(棄)的 bèi pāoqì de; *a* ~ *house* 被抛弃的房屋. **dereliction** /ˌderə'lɪkʃn/ n [U].

derision /dɪ'rɪʒn/ n [U] 嘲笑 cháoxiào.

derisory /dɪ'raɪsərɪ/ adj 微不足道得可笑的 wēi bù zú dào dé kěxiào de.

derivation /ˌderɪ'veɪʃn/ n [C, U] 词源 cíyuán. **derivative** /dɪ'rɪvətɪv/ adj, n [C] 衍生的 yǎnshēngde;派生的 pàishēngde;派生词 pàishēngcí.

derive /dɪ'raɪv/ v 1 [T] 得到 dédào;取得 qǔdé; ~ *pleasure from something* 从某事得到乐趣. 2 [I] *from* 起源于 qǐyuán yú; 来源 láiyuán; ~d *from Latin* 起源于拉丁语的词.

derogatory /dɪ'rɒgətrɪ; US -tɔːrɪ/ adj 贬抑的 biǎnyìde;毁损的 huǐsǔnde.

derrick /'derɪk/ n [C] 1(船用)起重摇臂吊杆(桿) qǐzhòng yáobì diàogān. 2 (油井)井架 jǐngjià.

descend /dɪ'send/ v 1 [I, T] [正式用语]下降 xiàjiàng; 下来 xiàlái. 2 [习语]**be descended from sb/sth** 是⋯的后(後)代 shì⋯de hòudài. 3 [短语动词]**descend on sb/sth** 突然访问 tūrán fǎngwèn 袭(襲)击(擊) xíjī. de'**scendant** n [C] 后裔 hòuyì;后代 hòudài;子孙(孫) zǐsūn; *the* ~*ants of Queen Victoria* 维多利亚女王的后代.

descent /dɪ'sent/ n 1 [C, 常作 sing] 下降 xiàjiàng; 降下 jiàngxià. 2 [C]斜坡 xiépō;下坡 xiàpō. 3 出身 chūshēn; 血统 xuètǒng; *of French* ~ 法国血统.

describe /dɪ'skraɪb/ v [T] 1 描述 miáoshù; 描绘(繪) miáohuì; 形容 xíngróng. 2[正式用语]画(畫)出 huàchū; ~ *a circle* 画一个圆圈.

description /dɪ'skrɪpʃn/ n 1 [C, U] 描写(寫) miáoxiě; 描述 miáoshù; 叙述 xùshù. 2 [C, 种(種)]类(類) zhǒnglèi; *boots of every* ~ 所有种类的靴子. **descriptive** /dɪ'skrɪptɪv/ adj 描写的 miáoxiěde.

desecrate /'desɪkreɪt/ v [T] 亵(褻)渎(瀆) xièdú;污辱 wūrǔ. **desecration** /ˌdesɪ'kreɪʃn/ n [U].

desegregate /ˌdiː'segrɪgeɪt/ v [T] 废(廢)除⋯的种族隔离(離) fèichú⋯de zhǒngzú gélí; ~ *schools* 学校的种族隔离. **desegregation**

/'di:səgri'geɪʃn/ n [U].

desert[1] /dɪ'zɜːt/ v 1 [T] 丢弃[棄] diūqì; 离[離]开[開] líkāi. 2 [T] 背 弃 bèiqì; 置…于[於]不顾[顧]不 bùgù: ~ one's family 置家庭于 不顾. 3 [I, T] 开小差 kāi xiǎochāi. **deserter** n 逃兵 táobīng. **desertion** /dɪ'zɜːʃn/ n [U].

desert[2] /'dezət/ n [C, U] 沙漠 shāmò; 不毛之地 bùmáo zhī dì. ˌdesert **island** n [C] 荒无[無]人 烟[煙]的(热[熱]带[帶]海岛)岛屿 huāng wú rén yān de rèdài dǎoyǔ.

deserts /dɪ'zɜːts/ n [pl] 应[應]得 的赏罚[罰] yīngdé de shǎngfá: get one's just ~ 得到应得的赏罚.

deserve /dɪ'zɜːv/ v [T] [U] 值得 yīngdé; 应受 yīngshòu; 值得 zhídé: She ~d to win. 她的获胜是应该 的.

design /dɪ'zaɪn/ n 1 (a) [C] 设计图 [圖] shèjìtú. (b) [U] 设计制[製] 图术[術] shèjì zhìtú shù. 2 [C] 装 [裝]饰图案 zhuāngshì tú'àn. 3 [U] (机器、建筑物等等的)设计 shèjì. 4 [C, U] 绘[繪]画[畫]图样 túmó, túyàng. 5 [U] 打…的图样 dǎ…de túyàng. 2 打算 dǎsuàn; 计划[劃] jìhuà: a room ~ed for the children 打算给孩子们用的房间. **designer** n [C]. **designer** 'drug n [C] 策划药[藥] (一种毒品) cèhuàyào.

designate /'dezɪgneɪt/ v [T] 1 指 派 zhǐpài; 选[選]派 xuǎnpài. 2 标 [標]出 biāochū; 指明 zhǐmíng.

desirable /dɪ'zaɪərəbl/ adj 值得作 到手的 zhídé nòngdào shǒu de; 值得 做的 zhídé zuò de. **desirability** /dɪˌzaɪərə'bɪlətɪ/ n [U].

desire /dɪ'zaɪə(r)/ n 1 [C, U] 愿 [願]望 yuànwàng; 心愿 xīnyuàn: no ~ to be rich 想发财. 2 [C] 想望的事物 xiǎng- wàngde shìwù. desire v [T] [正 式用语]想要 xiǎngyào; 希望 xī-wàng.

desist /dɪ'zɪst/ v [U] (from) [正 式用语]停止(做…) tíngzhǐ.

desk /desk/ n [C] 写[寫]字台[臺] xiězìtái; 办[辦]公桌 bàngōngzhuō. **desktop** [C] 1 桌面 zhuōmiàn; 台式电[電]脑[腦] táishì diànnǎo. **desktop computer/ machine** 台式计算机. 2 台式计算机[機] táishì jìsuànjī. 3 [计算机屏幕上的]桌面 zhuōmiàn. ˌdesk-top **publishing** n [U] 桌 面出版(使用电子计算机和激光印 刷机编写、印刷书籍等) zhuōmiàn

chūbǎn.

desolate /'desələt/ adj 1 荒芜[蕪] 的 huāngwúde; 无[無]人居住的 wú-rén jūzhù de. 2 孤寂的 gūjìde; 凄凉 的 qīliángde. **desolation** /ˌdesə-'leɪʃn/ n [U].

despair /dɪ'speə(r)/ n [U] 绝望 juéwàng. **despair** v [I] (of) 绝望 juéwàng; [喻]失信心 sàngshī xìnxīn: ~ of ever getting better 对 病情好转已不抱希望.

despatch = DISPATCH.

desperate /'despərət/ adj 1 绝望 juéwàng; 不顾[顧]一切的 bú- gù yíqiè de. 2 孤注一掷[擲]的 gū-zhù yí zhì de: a ~ attempt to save her 孤注一掷去救她. 3 极 [極]需要的 jí xūyào de. 4 危急的 wēijí-de; a ~ situation 危急的形势. **desperately** adv. **desperation** /ˌdespə'reɪʃn/ n [U].

despicable /dɪ'spɪkəbl/ adj 可鄙 的 kěbǐde; 卑鄙的 bēibǐde.

despise /dɪ'spaɪz/ v [T] 鄙视 bǐ- shì; 看不起 kànbùqǐ.

despite /dɪ'spaɪt/ prep 尽[儘]管 jǐnguǎn; still a clear thinker, ~ his old age 尽管年纪大了, 他仍然 头脑清楚 tóunǎo qīngchu.

despondent /dɪ'spɒndənt/ adj 沮 丧[喪]的 jǔsàngde; 失望的 shī-wàngde. **despondency** /-dənsɪ/ n [U]. **despondently** adv.

despot /'despɒt/ n [C] 专[專]制统 治者 zhuānzhì tǒngzhìzhě; 暴君 bào-jūn. **despotic** /dɪ'spɒtɪk/ adj 暴君 的 bàojūnde; 暴虐的 bàonüède.

dessert /dɪ'zɜːt/ n [C] 甜食 (正餐 的最后一道菜) tiánshí. **dessert-spoon** n [C] 点[點]心匙 diǎnxīn-chí; 中匙 zhōngchí.

destination /ˌdestɪ'neɪʃn/ n [C] 目的地 mùdìdì.

destined /'destɪnd/ adj 1 打算使 成为[為]的 dǎsuàn shǐ chéngwéi de; 注定的 zhùdìngde: ~ to be-come famous 注定要成名. 2 for 去到某一目的地 de qùdào mǒuyī mùdìdì.

destiny /'destɪnɪ/ n [pl -ies] 1 [C]天命 tiānmìng; 定数[數] dìng-shù. 2 [U] 命运[運] mìngyùn.

destitute /'destɪtjuːt/ US -tuːt/ adj 赤贫的 chìpínde. **destitution** /ˌdestɪ'tjuːʃn; US -'tuː-/ n [U].

destroy /dɪ'strɔɪ/ v [T] 1 破坏[壞] pòhuài; 毁坏 huǐhuài; 摧毁 cuī-huǐ. 2 杀[殺]死(动物)(因其生病不

能保留) shǎsi. **destroyer** n [C]
(a) 破坏者 pòhuàizhě; 起破坏作用
的东西 qǐ pòhuài zuòyòng de dōng-
xi. **(b)** 驱逐舰 qūzhújiàn.

destruction /dɪˈstrʌkʃn/ n [U] 破
坏[坏]pòhuài; 毁灭[灭] huǐmiè. **de-
structive** /-ktɪv/ adj 破坏的 pò-
huàide;破坏性的 pòhuài chéng-
xìngde.

detach /dɪˈtætʃ/ v [T] 分开[开]
fēnkāi;拆开 chāikāi. **detached** adj
(a) (房屋)独[独]立的 dúlìde. **(b)**
超然的 chāoránde;公正的 gōng-
zhèngde. **detachment** n **(a)** [U]
超然 chāorán;公正 gōngzhèng. **(b)**
[C] 分遣队[队] fēnqiǎnduì; 支队
zhīduì.

detail¹ /ˈdiːteɪl; US dɪˈteɪl/ n [C,
U] 细节 xìjié;详情 xiángqíng :
describe sth in ~ 详细描述某事.

detail² /ˈdiːteɪl; US dɪˈteɪl/ v [T]
1 详细叙述 xiángxì xùshù;细说 xì-
shuō. **2** 派遣 pàiqiǎn.

detain /dɪˈteɪn/ v [T] 扣留 kòuliú;
拘留 jūliú;耽搁 dānge. **detainee**
/ˌdiːteɪˈniː/ n [C] (尤指因政治原
因)被拘留者 bèi jūliú zhě.

detect /dɪˈtekt/ v [T] 发[发]现 fā-
xiàn;发觉[觉] fājué;侦察 zhēnchá.
detection n [U] 发[发]现 fāxiàn;发
觉[觉] fājué. **detective** n [C]
(尤指警方的)侦查员 zhēncháyuán.
detector n [C] 探测器 tàncèqì.

detention /dɪˈtenʃn/ n **1** [U] 拘留
jūliú;关[关]押 guānyā. **2** 处罚学生
的)课后[后]留校 kèhòu liúxiào.

deter /dɪˈtɜː(r)/ v **-rr-** [T]
(from) 阻止 zǔzhǐ;使不敢 shǐ bù-
gǎn;吓[吓]住 xiàzhù.

detergent /dɪˈtɜːdʒənt/ n [C, U]
去垢剂[剂] qùgòujì;清洁[洁]剂
qīngjiéjì.

deteriorate /dɪˈtɪərɪəreɪt/ v [I] 恶
[恶]化 èhuà;败坏[坏] bàihuài :
His health ~d. 他的健康状况恶
化. **deterioration** /dɪˌtɪərɪəˈreɪʃn/ n
[U].

determination /dɪˌtɜːmɪˈneɪʃn/ n
[U,C] 决心 juéxīn. ~ to im-
prove one's English 提高英语水
平的决心. **2** 决定 juédìng.

determine /dɪˈtɜːmɪn/ v **1** [T] 是
…的决定因素 shì…de juédìng yīn-
sù : Our living standards are
~d by our income. 我们的收入
决定了我们的生活水平. **2** [T]查明
chámíng : ~ what happened 查
明发生的事. **3** [T]决定 juédìng :
party policy 决定党的政策. **4** [T]

[正式用语]决心(做) juéxīn. **deter-
mined** adj 决意的 juéyìde : ~d to
win 决心取胜.

deterrent /dɪˈterənt; US -ˈtɜː-/ n
[C] 威慑[慑]因素 wēishè yīnsù :
the nuclear ~ 核威慑.

detest /dɪˈtest/ v [T] 痛恨 tòng-
hèn;憎恶[恶] zēngwù. **detestable**
adj 令人厌[厌]恶的 lìng rén yànwù-
de.

dethrone /diːˈθrəʊn/ v [T] 废[废]
黜 fèichù.

detonate /ˈdetəneɪt/ v [I,T] (使)
爆炸 bàozhà. **detonation** /ˌdetə-
ˈneɪʃn/ n [C,U]. **detonator** /ˈdetə-
neɪtə(r)/ n [C] 起爆剂[剂] qǐbàojì;雷管 léiguǎn.

detour /ˈdiːtʊə(r)/ n [C] 迂回路
线 yūhuí lùxiàn. **detour** n
[C] 弯[弯]路 wānlù;绕[绕]道 rào-
dào : make a ~ round the
floods 围着洪水绕道走.

detract /dɪˈtrækt/ v [I] from 贬
低 biǎndī;减损(价值,名誉等) jiǎn-
sǔn.

detriment /ˈdetrɪmənt/ n [U] 损
害 sǔnhài;损伤[伤] sǔnshāng : to
the ~ of her health 损害她的健
康. without ~ to her health 不
损害她的健康. **detrimental**
/ˌdetrɪˈmentl/ adj (to) 有害的
yǒuhàide;有损的 yǒusǔnde.

deuce /djuːs; US duːs/ n [C] (网球
赛中的)40 平 shísì píng.

devalue /ˌdiːˈvæljuː/ v [T] 使(货
币)贬值 shǐ biǎnzhí. **devaluation**
/ˌdiːvæljuˈeɪʃn/ n [C,U].

devastate /ˈdevəsteɪt/ v [T] 破坏
[坏] pòhuài;摧毁 cuīhuǐ;[喻] ~d
by his death 他的死而痛不欲生.
devastation /ˌdevəˈsteɪʃn/ n [U].

develop /dɪˈveləp/ v [I,T] (使)成长
[长] chéngzhǎng;发[发]展 fā-
zhǎn : The argument ~ed into a
fight. 辩论发展成打斗. **2**[I,T] 显
[显]现(出) xiǎnxiàn(chū);显露[出]
xiǎnlù;开[开]始患(病) kāishǐ huàn :
~ a cough 患咳嗽. **3** [T] [摄影]
使显影 shǐ xiǎnyǐng;显(影) xiǎn. **4**
[T] 开发利用(土地) kāifā lì-
yòng. **developer** n [C] 房地产[产]
投资开发者 fángdìchǎn tóuzī kāifā
zhě;房地产投资开发公司 fángdì-
chǎn tóuzī kāifā gōngsī. **develop-
ment** n **1** [U] 发展 fāzhǎn;成
长[长] chéngzhǎng;显影 xiǎnyǐng :
房屋 kāifā. **2**[C] 新事件 xīn shìjiàn;
新形势[势] xīn xíngshì. **(c)**新开发
区 xīn kāifāqū.

deviate /ˈdiːvɪeɪt/ v [I] from 偏
离[离] piānlí;背离 bèilí. **deviation**

/ˌdiːvɪ'eɪʃn/ n [C,U].

device /dɪ'vaɪs/ n [C] **1** 装[裝]置 zhuāngzhì; 设备[備] shèbèi; 器具 qìjù. **2** 手段 shǒuduàn; 策略 cèlüè; 诡计 guǐjì.

devil /'devl/ n [C] **1 the Devil** 魔王 mówáng; 撒旦 sādàn. **2** 魔鬼 móguǐ; 恶[惡]魔 èmó. **3** [非正式用语] 调皮鬼 tiáopíguǐ; 捣蛋鬼 dǎodànguǐ. **4** [习语] **devil's 'advocate** 故意反对[對]以引发[發]讨论[論]的人 gùyì fǎnduì yǐ yǐnfā tǎolùn de rén.

devious /'diːvɪəs/ adj 狡猾的 jiǎohuáde; 不正当[當]的 bú zhèngdàng de; 歪门[門]邪道的 wāimén xiédào de.

devise /dɪ'vaɪz/ v [T] 设计 shèjì; 想出 xiǎngchū.

devoid /dɪ'vɔɪd/ adj of 缺乏的 quēfáde; 没有的 méiyǒude; ~ of any ability 没有一点能力的.

devolution /ˌdiːvə'luːʃn; US ˌdev-/ n [U] (中央政府向地方政府的权[權]力下放 quánlì xiàfàng.

devote /dɪ'vəʊt/ v [T] to 把…奉献[獻]给 bǎ…fèngxiàn gěi~.

devoted adj (to) 挚[摯]爱[愛]的 zhìʼàide; 忠诚的 zhōngchéngde. **devotee** /ˌdevə'tiː/ n 热心的人 rèxīnde rén; 信徒 xìntú. **devotion** /dɪ'vəʊʃn/ n (a) [U] 忠诚 zhōngchéng; 献身 xiànshēn; 热[熱]爱[愛]受 rè'ài. (b) [U, 常作 pl] 祈祷[禱] qídǎo.

devour /dɪ'vaʊə(r)/ v [T] **1** 狼吞虎咽地吃 láng tūn hǔ yàn de chī. **2** [喻]挥霍 huīhuò; 耗尽[盡] hàojìn; 吸引 xīyǐn; 毁灭[滅] huǐmiè: forests ~ed by fire 大火毁灭了的森林.

devout /dɪ'vaʊt/ adj **1** 虔诚的 qiánchéngde; 虔敬的 qiánjìngde. **2** 诚恳[懇]的 chéngkěnde; 衷心的 zhōngxīnde.

dew /djuː; US duː/ n [U] 露水 lùshuǐ; 露 lù. **dewy** adj. **'dewdrop** n [C] 露珠 lùzhū.

dexterity /dek'sterətɪ/ n [U] (手)灵[靈]巧 língqiǎo; 敏捷的 mǐnjiéde. **dexterous, dextrous** /'dekstrəs/ adj.

diabetes /ˌdaɪə'biːtiːz/ n [U] 糖尿病 tángniàobìng. **diabetic** /ˌdaɪə'betɪk/ adj, n [C] 糖尿病的 tángniàobìngde; 糖尿病人 tángniàobìng rén.

diabolical /ˌdaɪə'bɒlɪkl/ adj **1** 凶[兇]暴的 xiōngbàode; 残暴的 cánbàode. **2** [非正式用语] 精透的 zāo-

tòude: ~ weather 糟透了的天气.

diagnose /ˈdaɪəgnəʊz/ v [T] 诊断[斷](疾病) zhěnduàn; 对[對](错误等)作判断 duì zuò pànduàn. **diagnosis** /ˌdaɪəg'nəʊsɪs/ n [C, U] [pl -noses -siːz/] 诊断 zhěnduàn; 判断 pànduàn. **diagnostic** /ˌdaɪəg-'nɒstɪk/ adj.

diagonal /daɪ'ægənl/ n [C] 对[對]角线[線] duìjiǎoxiàn. adj 对[對]角线的 duìjiǎoxiànde; 对角线的 duìjiǎoxiànde. **diagonally** adv.

diagram /'daɪəgræm/ n [C] 图[圖]解 tújiě; 图[圖]表 túbiǎo. **diagramatic** /ˌdaɪəgrə'mætɪk/ adj.

dial /'daɪəl/ n [C] **1** 表[錶]面 biǎomiàn; 钟[鐘]面 zhōngmiàn; 罗[羅]盘[盤]面板 luópán miànbǎn. **2** (电话)拨[撥]号[號]盘[盤]bōhàopán. dial v [-ll-; US -l-] [I, T] 打电[電]话 gǎ diànhuà; 拨(电话号码)bō. **dialling tone** n [C] (电话)拨号音 bōhàoyīn.

dialect /'daɪəlekt/ n [C, U] 方言 fāngyán; the Yorkshire ~ 约克郡方言.

dialogue (美语 -log) /'daɪəlɒɡ; US 'daɪəlɔːg/ n [U] (国家、组织之间的)对[對]话 duìhuà: ~ between the superpowers 超级大国之间的对话. **2** [U] (戏剧中的)对白 duìbái; (生活中的)谈话 tánhuà.

dialysis /daɪ'ælɪsɪs/ n [U] 血液透析 xuèyètòuxī.

diameter /daɪ'æmɪtə(r)/ n [C] (圆的)直径[徑] zhíjìng.

diametrically /ˌdaɪə'metrɪklɪ/ adv 完全地 wánquánde; 全然地 quánránde: ~ opposed 完全相反.

diamond /'daɪəmənd/ n **1** [C, U] 金刚[剛]石 jīngāngshí; 钻[鑽]石 zuànshí. **2** [C] 菱形 língxíng. **3** [C] (纸牌)方块[塊]牌 fāngkuài pái. **'diamond 'jubilee** n [C] (重大事件的)六十周年纪念 liùshí zhōunián jìniàn.

diaper /'daɪəpə(r); US 亦作 'daɪpər/ n [C] [美语](小儿尿布 xiǎo'ér niàobù.

diaphragm /'daɪəfræm/ n [C] **1** [解剖]膈膜 gé. **2** 膜片 mópiàn; 振动[動]膜 zhèndòngmó.

diarrhoea (美语 -rrhea) /ˌdaɪə'rɪə/ n [U] 腹泻[瀉] fùxiè; 泻肚 xièdù.

diary /'daɪərɪ/ n [C] [pl -ies] 日记 rìjì; 日记簿 rìjìbù: keep a ~ 保持记日记.

dice /daɪs/ n [C] [pl dice] 骰子 shǎizi. **dice** v [T] **1** 将[將](食

物)切成小方块[块] jiāng…qiē chéng xiǎofāngkuài. 2 [习语] **dice with 'death** 冒生命危险[险] mào shēngmìng wēixiǎn.

dictate /dɪk'teɪt; US 'dɪkteɪt/ v [I, T] 1 (使)听[听]写[写] tīngxiě. 2 命令 mìnglìng; 支配 zhīpèi. **dictation** /-'teɪʃn/ n [U] 1 听写 tīngxiě. 2 [C]听写的一段文字 tīngxiěde yíduàn wénzì.

dictator /dɪk'teɪtə(r); US 'dɪkteɪtər/ n [贬] 独裁[裁]者 dúcáizhě. **dictatorial** /ˌdɪktə'tɔːriəl/ adj 独裁政府 dúcái zhèngfǔ; 独裁国[国]家 dúcái guójiā; 专横政 zhuānhèngzhèng. **diction** /'dɪkʃn/ n [U]措词; 用词风[风]格 yòng cí fēnggé.

dictionary /'dɪkʃənri; US -neri/ n [C] [pl -ies] 词典 cídiǎn; 字典 zìdiǎn.

did pt of DO.

didn't did not. ⇨DO.

die¹ /daɪ/ n [C] 印模 yìnmó; 冲模 chōngmó; 钢[钢] 型 gāngxíng.

die² /daɪ/ v [pres part dying /'daɪɪŋ/] 1 死 sǐ; 死亡 sǐwáng. 2[喻] 消亡 xiāowáng; 灭[灭]亡 mièwáng; 消失 xiāoshī: love that will never ~ 永不消亡的爱情. 3 for; to 渴望 kěwàng; 非常 fēicháng 切望 qièwàng: dying for a drink 渴得要命. dying to tell her 急着想告诉她. 4[习语] **die laughing** [非正式用语]笑差[差] [点] 笑死 xiàosǐle. 5 [短语动词] **die away** 变[变]弱 biànruò, 逐渐消失 zhújiàn xiāoshī. **die out** 死光 sǐguāng; 绝种[种] juézhǒng; 灭绝 mièjué.

diesel /'diːzl/ n [C]内燃机(机)车 [车] nèirán jīchē; 柴油车 cháiyóu chē. 2 (亦作 **'diesel oil**) 柴油 cháiyóu. **diesel engine** n [C] 内燃机 nèiránjī.

diet /'daɪət/ n 1 日常饮食 richáng yǐnshí; 日常食物 richáng shíwù. 2 [C] 减肥饮食 jiǎnféi yǐnshí: be/go on a ~ 实行减肥 饮食 shíxíng jiǎnféi yǐnshí. **diet** v [I] 吃减肥饮食 chī jiǎnféi yǐnshí.

differ /'dɪfə(r)/ v [I] 1 (from) 不相同 bù xiāngtóng. 2 意见不一致 yìjiàn bù yízhì: I am sorry to ~ with you on that. 我很抱歉,在 这个问题上我同你意见不一致.

difference /'dɪfrəns/ n 1 [C] 差别 chābié; 差异[异] chāyì: the ~ in their ages 他们年龄的差

异. 2 [sing] 差距 chājù; 差额 chā'é: The ~ between 7 and 18 is 11. 7 和 18 的差数是 11. 3 [C] 意见分歧 yìjiàn fēnqí. 4 [习语] **not make any/the slightest difference** 不重要 bú zhòngyào; 不要紧[紧] bú yàojǐn.

different /'dɪfrənt/ adj 1 (from; [非正式用语] to; [美语] than) 不同的 bùtóngde; 相异[异]的 xiāngyìde. 2 分别的 fēnbiéde; 各别 gèbié: several ~ people 几个各不相同的人.

differentiate /ˌdɪfə'renʃɪeɪt/ v 1 (between A and B; A from B) 区[区]别 qūbié; 区分 qūfēn.

difficult /'dɪfɪkəlt/ adj 1 困难 [难]的 kùnnánde; 难的 nánde: find sth ~ to understand 觉得某事 难以理解. 2 (人)难对[对]付的 nán dùifu de. **difficulty** n [pl -ies] 1 [C] 难懂的事物 nándǒngde shìwù. 2 [U] 困难 kùnnán; 困难性 kùnnánxìng.

diffident /'dɪfɪdənt/ adj 缺乏信心 的 quēfá xìnxīn de; 羞怯的 xiūqiède. **diffidence** /-dəns/ n [U].

diffuse /dɪ'fjuːz/ v [I, T] (使)(光 线)漫射 mànshè. **diffuse** /dɪ'fjuːs/ adj 1 扩[扩]散的 kuòsànde; 散布 的 sǎnbùde: ~ light 漫射光. 2 冗长[长]的 rǒngchángde. **diffusion** /-uːʒn/ n [U].

dig¹ /dɪg/ n 1 推 tuī; 刺 cì: a ~ in the ribs 对肋骨部位的一 件. 2 挖苦 wākǔ; 讽[讽]刺话 fěngcìhuà: That was a ~ at Ray. 那 是对莱的挖苦. 3 考古挖掘 kǎogǔ wājué. 4 digs [pl] [英国英语]住宿 zhùsù.

dig² /dɪg/ v [-gg-; pt, pp dug /dʌg/] 1 [I, T] 掘 jué; 掘进[进] juéjìn; 挖掘 wājué. 2 [T] 挖出 wāchū: ~ potatoes 挖马铃薯. 3 [短语 动词] **dig sb/sth out (of sth)** (a) 从[从]…挖出 cóng…wāchū. (b) [非正式用语]找出 zhǎochū. **dig sth up** 挖出 wāchū; 找出 zhǎochū.

digest¹ /dɪ'dʒest, daɪ-/ v 1 (a) [T] 消化[化] xiāohuà. (b) [I] (食 物)被消化 bèi xiāohuà. 2 [T] 领会 [会] lǐnghuì; 透彻[彻]了了[解] tòuchè liǎojiě; 融会贯通 rónghuì guàntōng.

digest² /'daɪdʒest/ n [C] 摘要 zhāiyào; 文摘 wénzhāi.

digit /'dɪdʒɪt/ n [C] 1 数[数]字 (0

到 9 中的任何一个数字）shùzì. **2**
[正式用语]手指〔脚趾〕shǒuzhǐ; jiǎozhǐ. **digital** adj 数字的 shùzìde; 计
的 jìshùde: a ~al watch 数字
显示式手表 shùzì xiǎnshì shǒubiǎo. **digital camera** [C] 数
码相机〔機〕shùmǎ xiàngjī. **digital
television** [U] 数字电〔電〕视 shùzì
diànshì.

dignified /'dɪɡnɪfaɪd/ adj 高贵的
gāoguìde; 尊贵的 zūnguìde.

dignitary /'dɪɡnɪtərɪ; US -terɪ/ n
[C] [pl -ies] [正式用语]职〔職〕
位高的人 zhíwèi gāo de rén.

dignity /'dɪɡnətɪ/ n [U] 1 (态度、
举止等上的)庄〔莊〕严〔嚴〕zhuāng-
yán; 尊严 zūnyán. 2 高贵 gāoguì; 尊
贵 zūnguì. 3 [习语] **beneath one's
dignity** 有失身份 yǒu shī shēnfèn.

digress /daɪ'ɡres/ v [I] (from)
离〔離〕题 lítí. **digression** [C,U]
n [U,C].

digs ⇨ DIG¹ 4.

dike (亦作 **dyke**) /daɪk/ n [C] **1**
堤 dī;堤防 dīfáng;堰 yàn. **2** 排水道
páishuǐdào; 沟〔溝〕gōu; 渠 qú.

dilapidated /dɪ'læpɪdeɪtɪd/ adj
(建筑物)破旧〔舊〕的 pòjiùde;坍坏
〔壞〕的 tānhuàide.

dilate /daɪ'leɪt/ v [I, T] (尤指眼
睛)(使)扩〔擴〕大 kuòdà; (使)张
〔張〕大 zhāngdà.

dilemma /dɪ'lemə/ n [C] 进〔進〕
退两难〔難〕的境地 jìntuì liǎng nán
de jìngdì;困境 kùnjìng.

diligent /'dɪlɪdʒənt/ adj 勤奋〔奮〕
的 qínfènde;勤勉的 qínmiǎnde; a
~ worker 勤奋的工人 qínfènde
gōngrén. **diligence**
/-dʒəns/ n [U]. **diligently**
adv.

dilute /daɪ'lju:t/ v [T] (with) 使
变〔變〕淡 shǐ biàndàn;冲淡 chōng-
dàn; 稀释〔釋〕xīshì. **dilution**
/-'lu:ʃn/ n [U,C].

dim /dɪm/ adj [~mer, ~mest] **1**
暗的 ànde;暗淡的 àndànde;不明亮
的 bù míngliàng de: in a ~ light
在暗淡的光线中 zài àndàn de
guāngxiàn zhōng. **2** 看不清楚的 kàn
bù qīngchu de;模糊的 móhude. **3**
[喻]不清晰的 bù qīngxī de:
~ memories 模糊的记忆 móhu de
jìyì. **4** [非正式用语]迟〔遲〕钝的
chídùnde. **5** [习语] **take a dim
view of sth** 对〔對〕…抱悲观〔觀〕、
怀〔懷〕疑态〔態〕度 duì…bào bēiguān,
huáiyí tàidù. **dim** v [-mm-] [I, T] (使)变
〔變〕暗淡 biàn àndàn; (使)变模糊
biàn móhu. **dimly** adv. **dimness**
n [U].

dime /daɪm/ n [C] (美国、加拿大)

一角钱〔錢〕硬币〔幣〕yìjiǎoqián
yìngbì.

dimension /dɪ'menʃn/ n [C] **1** 长
〔長〕度 chángdù; 宽度 kuāndù; 高度
gāodù. **2 dimensions** [pl] 规模 guī-
mó;程度 chéngdù; 大小 dàxiǎo: the
~s of the problem 问题的程度 . **3**
[C] [喻]方面 fāngmiàn. **dimen-
sional** /-ʃənəl/ (构成复合形容词)
…维的 …wéide: two-~al 二维
的.

diminish /dɪ'mɪnɪʃ/ v [I, T] 减少
jiǎnshǎo;减少 jiǎnshǎo;缩小 suō-
xiǎo: Our chances of success are
~ing . 我们成功的机会正在减少.

diminutive /dɪ'mɪnjutɪv/ adj 微
小的 wēixiǎode.

dimple /'dɪmpl/ n [C] 酒窝〔窩〕
jiǔwō;笑窝 xiàowō;笑靥〔靨〕xiào-
yè.

din /dɪn/ n [U, sing] 喧闹声〔聲〕
xuānnàoshēng;嘈杂〔雜〕声 cáozá-
shēng. **din** v [-nn-] [短语动词]
din sth into sb 反复〔復〕告诫(某
人) fǎnfù gàosù.

dine /daɪn/ v [I] [正式用语]吃饭
chīfàn;进〔進〕餐 jìncān. **2** [短语动
词] **dine out** 在指在餐馆、饭店
外出进餐 wàichū jìncān. **'dining-
car** n [C] (火车)餐车〔車〕cān-
chē. **'dining-room** n [C] 餐室
cānshì;餐厅〔廳〕cāntīng.

dinghy /'dɪŋɡɪ/ n [C] [pl -ies] 小
艇 xiǎotǐng;橡皮艇 xiàngpítǐng.

dingy /'dɪndʒɪ/ adj [-ier, -iest]
脏〔髒〕的 zāngde;龌龊〔齪〕褪〔褪〕的
lánlüde;邋遢的 lātade. **dinginess**
n [U].

dinner /'dɪnə(r)/ n [C,U] 正餐
zhèngcān. **'dinner-jacket** n [C] 男
式晚礼〔禮〕服 nánshì wǎnlǐfú.

dinosaur /'daɪnəsɔ:(r)/ n [C] 恐
龙〔龍〕kǒnglóng.

diocese /'daɪəsɪs/ n [C] 主教管区
〔區〕zhǔjiào guǎnqū.

dip /dɪp/ v [-pp-] **1** [T] 沾 zhān;
蘸 zhàn;浸 jìn. **2** [I] 落下 luòxià;
The sun ~ped below the hori-
zon . 太阳落到地平线下面. **3** [T]
把(光束)调低 bǎ tiáodī; ~ the
headlights of a car 把汽车前灯的
远光调为近光 . **4** [短语动词] **dip
into sth (a)** 动〔動〕用(储蓄等)
dòngyòng. **(b)** 随〔隨〕便翻阅 suí-
biàn fānyuè. **dip** n [C] **1** 沾 zhān;
蘸 zhàn;浸 jìn. **2** [C] 短时〔時〕的游
泳 duǎnshíde yóuyǒng. **3** [C,U] 奶油
沙司 nǎiyóu shāsī. **4** [C] 下坡 xià-
pō.

diphtheria /dɪfˈθɪərɪə/ n [U] [医] 白喉 báihóu.

diphthong /ˈdɪfθɒŋ; US -θɔːŋ/ n [C] 双〔雙〕元音 shuāngyuányīn; 复〔複〕合元音 fùhé yuányīn.

diploma /dɪˈpləʊmə/ n [C] 毕〔畢〕业〔業〕证〔證〕书〔書〕diplomas 文凭〔憑〕wénpíng.

diplomacy /dɪˈpləʊməsɪ/ n [U] 1 外交 wàijiāo. 2 外交手腕 wàijiāo shǒuwàn; 交际〔際〕手腕 jiāojì shǒuwàn.

diplomat /ˈdɪpləmæt/ n [C] 外交家 wàijiāojiā; 外交人员 wàijiāo rényuán; 外交官 wàijiāoguān. **diplomatic** /ˌdɪpləˈmætɪk/ adj 1 外交的 wàijiāode; 外交上的 wàijiāoshàng de; work in the ~ic service 外交部门的工作. 2 有手腕的 yǒu shǒuwàn de; 策略的 cèlüède. **diplomatically** adv.

dire /ˈdaɪə(r)/ adj 可怕的 kěpàde; 惨〔慘〕的 cǎnde; 悲惨的 bēicǎnde.

direct[1] /dɪˈrekt/ adj 1 笔〔筆〕直的 bǐzhíde; 笔直前进〔進〕的 bǐzhí qiánjìn de; a ~ route 直达的路 2 直系〔係〕的 zhíxìde; 直接的 zhíjiēde; a ~ result 直接的结果 3 直率的 zhíshuàide; 直截了当〔當〕的 zhíjiéliǎodàng de; 坦白的 tǎnbáide. 4 正好相反的 zhènghǎo xiāngfǎn de; the ~ opposite 正好相反. **direct** adv 径〔徑〕直地 jìngzhíde; 直接地 zhíjiēde; travel ~ to Rome 直接去罗马. **direct** ˈcurrent n [U] 直流电〔電〕zhíliúdiàn. **direct** ˈdebit n [C] (会计)直接借记 zhíjiē jièjì. **direct**ness n [U]. **direct** ˈobject n [C] [语法]直接宾〔賓〕语 zhíjiē bīnyǔ. **direct** ˈspeech n [C] [语法]直接引语 zhíjiē yǐnyǔ.

direct[2] /dɪˈrekt/ v [T] 1 指引 zhǐyǐn; 指点〔點〕zhǐdiǎn; Can you ~ me to the station, please? 请问到车站怎么走？2 指导〔導〕zhǐdǎo; 管理 guǎnlǐ; 支配 zhīpèi; ~ a project 监督一个工程. ~ a film 导演一部影片. 3 把…对〔對〕准〔準〕某目标〔標〕bǎ…duìzhǔn mǒu yī mùbiāo; 使转〔轉〕向 shǐ zhuǎnxiàng; ~ one's attention to a more important matter 把注意力转向更重要的问题. 4 [正式用语]命令 mìnglìng; 指示 zhǐshì.

direction /dɪˈrekʃn, daɪ-/ n 1 [C] 方向 fāngxiàng; 方位 fāngwèi; run off in the ~ opposite 向相反的方向逃走. 2 **directions** [pl] 说明 shuōmíng; 指引 zhǐyǐn. 3 [U] 管理

guǎnlǐ; 指挥〔揮〕zhǐhuī; under my ~ 在我的指导下.

directive /dɪˈrektɪv, daɪ-/ n [C] [正式用语]指示 zhǐshì; 命令 mìnglìng.

directly /dɪˈrektlɪ/ adv 1 直接地 zhíjiēde; 正好地 zhènghǎode. 2 立即 lìjí. **directly** conj 一当〔當〕yīdāng; I came ~ I knew. 我一知道就来了.

director /dɪˈrektə(r), daɪ-/ n [C] 1 董事 dǒngshì; 处〔處〕长〔長〕chùzhǎng; 署长 shǔzhǎng; 总〔總〕监〔監〕zǒngjiān. 2 导〔導〕演 dǎoyǎn; 指挥〔揮〕zhǐhuī. **directorship** n [U] 董事、导演等的职〔職〕位 dǒngshì、dǎoyǎn děng de zhíwèi.

directory /dɪˈrektərɪ, daɪ-/ n [C] [pl -ies] 1 名录〔錄〕(姓名地址录、电话号码簿等) mínglù; a telephone ~ 电话号码簿. 2 (计算机中的)目录 mùlù.

dirt /dɜːt/ n [U] 1 脏〔臟〕物 zāngwù; 污垢 wūgòu. 2 [非正式用语]下流话 xiàliúhuà; 丑〔醜〕闻 chǒuwén. 3 [非正式用语]粪便〔便〕fènbiàn; dog ~ on my shoe 我鞋上的狗屎. **dirt** ˈcheap adj [非正式用语]非常便宜的 fēicháng piányí de.

dirty /ˈdɜːtɪ/ adj [-ier, -iest] 1 脏〔臟〕的 zāngde; ~ water 脏水. 2 残〔殘〕忍的 cánrěnde; 不公正的 bù gōngzhèng de; a ~ trick 鬼把戏. 3 下流的 xiàliúde; 淫秽〔穢〕的 yínhuìde; a ~ joke 下流的玩笑. 4 不许〔許〕可的 bù xǔkě de; give sb a ~ look 给某人不好的脸〔臉〕色. **dirty** v [pt, pp -ied] [T] 弄脏 nòng zāng. **dirty** ˈbomb n [C] (有放射性微粒的)脏弹〔彈〕zāngdàn.

disable /dɪsˈeɪbl/ v [T] 使无〔無〕能力 shǐ wú nénglì; 使残〔殘〕废〔廢〕(伤〔傷〕)残 shǐ shāngcán. **disability** /ˌdɪsəˈbɪlətɪ/ n [pl -ies] 1 [C] 导〔導〕致无〔無〕能力的事物 dǎozhì wú nénglì de shìwù; 残〔殘〕疾 cánjí. 2 [U] [正式用语]伤〔傷〕残 shāngcán; 残废〔廢〕cánfèi. **disabled** adj. **disablement** n [U].

disabuse /ˌdɪsəˈbjuːz/ v [T] of 使省悟〔悟〕shǐ xǐngwù.

disadvantage /ˌdɪsədˈvɑːntɪdʒ; US -væn-/ n 1 不利条〔條〕件 búlì tiáojiàn. 2 [习语] to sb's disadvantage [正式用语]对〔對〕某人不利 duì mǒurén búlì. **disadvantaged** adj 下层〔層〕社会〔會〕的 xiàcéng shèhuì de. **disadvantageous** /ˌdɪsædvəːn'teɪdʒəs; US -væn-/ adj.

disagree /ˌdɪsə'griː/ v [I] 1 不同意 bù tóngyì: I ~ with you. 我不同意你的意见。I ~ with what you say. 我不同意你所说的。2 不一致 bù yīzhì; 不符 bùfú. 3 [短语动词] disagree with sb (食物) 使感到不舒服 shǐ gǎndào bù shūfu. disagreeable adj 令人不快的 lìng rén búkuài de. disagreement n [C, U] 意见不一致 yìjiàn bù yīzhì.

disappear /ˌdɪsə'pɪə(r)/ v [I] 1 不见 bújiàn. 2 消失 xiāoshī. disappearance n [C, U].

disappoint /ˌdɪsə'pɔɪnt/ v [T] 使失望 shǐ shīwàng. disappointed adj 失望的 shīwàngde; 沮丧 jǔsàng de jǔsàngde. disappointing adj. disappointingly adv. disappointment n 1 [U] 失望 shīwàng; 扫 (掃) 兴 (興) sǎoxìng. 2 [C] 令人失望的人或事物 lìng rén shīwàngde rén huò shìwù.

disapprove /ˌdɪsə'pruːv/ v [I] (of) 不赞 (讚) 成 bú zànchéng; 不同意 bù tóngyì. disapproval n [U].

disarm /dɪs'ɑːm/ v [I] [T] 缴…的械 jiǎo… de xiè; 解除武装 (裝) jiěchú wǔzhuāng. 2 [I] (国家) 裁军 cáijūn. 3 [T] 使消除怒气(氣), 敌(敵) 意等 shǐ xiāochú nùqì, díyì děng. disarmament n [U] 裁军 cáijūn.

disarray /ˌdɪsə'reɪ/ n [U] [正式用语] 混乱 (亂) hùnluàn; 紊乱 wěnluàn: in ~ 一片混乱; 凌乱不堪.

disassociate = DISSOCIATE

disaster /dɪ'zɑːstə(r); US -'zæs-/ n [C] 灾(災)难(難) zāinàn; 祸(禍)患 huòhuàn. disastrous /dɪ'zɑːstrəs; US -'zæs-/ adj. disastrously adv.

disband /dɪs'bænd/ v [I, U] 解散 jiěsàn; 遣散 qiǎnsàn.

disbelieve /ˌdɪsbɪ'liːv/ v [T] 不相信 bù xiāngxìn; 怀(懷)疑 huáiyí. disbelief /-bɪ'liːf/ n [U] 不信 bú xìn; 怀疑 huáiyí.

disc (亦作, 尤用于美语 disk) /dɪsk/ n [C] 1 圆盘(盤) yuánpán; 圆形 yuánxíng; 圆板 yuánbǎn; 唱片 chàngpiàn; 椎间盘 zhuījiānpán: a slipped ~ 脱出的椎间盘. 'disc jockey n [C] 广(廣)播, 电(電)视(視)播放爵士(或流行)音乐(樂)唱片播放及介绍人 guǎngbō diànshì bōfàng juéshì (huò liúxíng) yīnyuè chàngpiàn bōfàng jí jièshào rén.

discard /dɪ'skɑːd/ v [T] 抛弃(棄) pāoqì; 遗弃 yíqì.

discern /dɪ'sɜːn/ v [T] [正式用语] 看出 kànchū; 辨出 biànchū. discernible adj. discerning adj [褒] 有眼力的 yǒu yǎnlì de. discernment n [U] 敏锐 mǐnruì; 精明 jīngmíng.

discharge /dɪs'tʃɑːdʒ/ v 1 [T] 释(釋)放 shìfàng; 允许离(離)开(開) yǔnxǔ líkāi. 2 [T] [正式用语] 履行(义务) lǚxíng. 3 [I] 排出(液体、气体等) páichū. 4 [T] (从船上)卸(货)xièhuò. 5 [T] [正式用语]偿(償)付(债款) chángfù. discharge /'dɪstʃɑːdʒ/ n 1 [U] 释放 shìfàng; 排出 páichū; 卸货 xièhuò; 放出 fàngchū. 2 [U, C] 流出物 liúchūwù, 排泄物 páixièwù.

disciple /dɪ'saɪpl/ n [C] 信徒 xìntú; 门徒 méntú; 追随(隨)者 zhuīsuízhě.

discipline /'dɪsɪplɪn/ n 1 (a) [U] (为服从, 自我控制等而进行的)训练(練) xùnliàn. (b) [U] 纪律 jìlǜ; 风(風)纪 fēngjì. 2 [U] 惩(懲)罚 chéngfá; 处(處)罚 chǔfá. 3 [C] [正式用语] 学(學)科 xuékē. discipline v 1 训导(導) xùndǎo. 2 惩罚 chéngfá.

disclaim /dɪs'kleɪm/ v [T] [正式用语] 否认(認) fǒurèn; 放弃…责任 fàngqì…zérèn.

disclose /dɪs'kləuz/ v [T] (a) 透露 tòulù; 揭露 jiēlù. (b) 使显(顯)露 shǐ xiǎnlù. disclosure /-'kləuʒə(r)/ n [U, C].

disco /'dɪskəu/ n [C] (亦作 discotheque /'dɪskətek/ n [C] [pl ~s] 迪斯科舞厅(廳) dísīkē wǔtīng; 迪斯科舞会(會) dísīkē wǔhuì.

discolour (美语 -or) /dɪs'kʌlə(r)/ v [I, U] (使)变色 (使)变(變)色 biànsè; (使)变污 biànwū. discoloration /ˌdɪskʌlə'reɪʃən/ n [C, U].

discomfort /dɪs'kʌmfət/ n (a) [U] 不舒服 bù shūfu. (b) [C] 使人不舒服的事物 shǐ rén bù shūfu de shìwù.

disconcert /ˌdɪskən'sɜːt/ v [T] 使不安 shǐ bù'ān; 使仓(倉)惶失措 shǐ cānghuáng shīcuò.

disconnect /ˌdɪskə'nekt/ v [T] A (from B) 拆开(開) chāikāi; 断(斷)开 duànkāi; 使分离(離)fēnlí. disconnected adj (说话, 写作)不连贯(貫)的 bù liánguàn de; 凌乱(亂)的 língluànde; 无(無)条(條)理的 wú tiáolǐ de.

disconsolate /dɪs'kɒnsələt/ adj [正式用语]忧愁的(鬱)的 yōuyù-de;不愉快的 bù yúkuài de. **disconsolately** adv.

discontent /ˌdɪskən'tent/ n [U] (with) 不满意 bù mǎnyì. **discontented** adj 不满意的 bù mǎnyì de.

discontinue /ˌdɪskən'tɪnjuː/ v [T] [正式用语]停止 tíngzhǐ;中止 zhōngzhǐ;中断[斷] zhōngduàn.

discord /'dɪskɔːd/ n 1 [U] 不和 bùhé;争吵 zhēngchǎo. 2 (a) [U] (音乐)不协[協]和 bù xiéhé. (b) [C] (音乐)不协和弦 bù xiéhé héxián. **discordant** /dɪs'kɔːdənt/ adj.

discotheque /'dɪskətek/ n = DISCO.

discount[1] /'dɪskaʊnt/ n [C] (价格)折扣 zhékòu. 'discount card n [C] 折扣卡 zhékòukǎ;优[優]惠卡 yōuhuìkǎ.

discount[2] /dɪs'kaʊnt/ v [T] 不信 bùxìn;看轻[輕] kànqīng.

discourage /dɪs'kʌrɪdʒ/ v [T] 1 使泄气[氣] shǐ xièqì;使失掉信心 shǐ shīdiào xìnxīn;使沮丧[喪] shǐ jǔsàng:~d by failure 因失败而失掉信心. 2 劝[勸]阻 quànzǔ: ~ children from smoking 劝阻孩子们不要吸烟. **discouragement** n [U,C].

discourse /'dɪskɔːs/ n [C,U] [正式用语]演说 yǎnshuō;讲[講]话 jiǎnghuà.

discourteous /dɪs'kɜːtɪəs/ adj [正式用语]不客气[氣]的 bù kèqì de;不礼[禮]貌的 bù lǐmào de. **discourteously** adv. **discourtesy** /-'kɜːtəsɪ/ n [U].

discover /dɪ'skʌvə(r)/ v [T] 1 发[發]现 fāxiàn;第一次了[瞭]解 dìyīcì liǎojiě. 2 了解到 liǎojiě dào;发[認]识[識]到 rènshí dào;找到 zhǎodào. **discoverer** n [C]. **discovery** /dɪ'skʌvərɪ/ n [pl -ies] 1 [U] 发现 fāxiàn. 2 [C] 被发现的事物 bèi fāxiàn de shìwù.

discredit /dɪs'kredɪt/ v [T] 1 败坏[壞]…的名声[聲] bàihuài…de míngshēng. 2 使不可置信 shǐ bùkě zhìxìn. **discredit** n [U] 丧[喪]失信誉[譽] sàngshī xìnyù;丧失名声 sàngshī míngshēng.

discreet /dɪ'skriːt/ adj 谨慎的 jǐnshènde;思虑[慮]周全的 sīlǜ zhōuquán de. **discreetly** adv.

discrepancy /dɪ'skrepənsɪ/ n [C, U] [pl -ies] 不一致 bù yízhì;差异

[異]chāyì;不符 bùfú.

discretion /dɪ'skreʃn/ n [U] 1 明智 míngzhì. 2 处[處]理权[權]chǔlǐquán: use your own ~ 你自行决定.

discriminate /dɪ'skrɪmɪneɪt/ v [I] 1 (between) 区[區]别 qūbié;区分 qūfēn;辨别 biànbié. 2 against/in favour of 歧视(或优待) qíshì. **discriminating** adj. **discrimination** /dɪˌskrɪmɪ'neɪʃn/ n [U].

discus /'dɪskəs/ n [C] [体育]铁[鐵]饼 tiěbǐng.

discuss /dɪ'skʌs/ v [T] 讨论 tǎolùn;商讨 shāngtǎo. **discussion** n [C, U].

disdain /dɪs'deɪn/ n [U] 蔑视 mièshì;轻[輕]视 qīngshì. **disdain** v [T] 1 蔑视 mièshì;轻视 qīngshì. 2 不屑做(某事) bùxiè zuò. **disdainful** adj.

disease /dɪ'ziːz/ n [C, U] 疾病 jíbìng;病 bìng. **diseased** adj 生病的 shēngbìngde;有病的 yǒubìngde.

disembark /ˌdɪsɪm'bɑːk/ v [I] (from) 离[離]船上岸 lí chuán shàng'àn;下飞[飛]机[機]下 (飛)機 xià fēijī;下公共汽车 xià gōnggòngqìchē. **disembarkation** /ˌdɪsembɑː'keɪʃn/ n [U].

disenchanted /ˌdɪsɪn'tʃɑːntɪd; US -'tʃænt-/ (with) 对[對]…失去好感的 duì…shīqù hǎogǎn de.

disentangle /ˌdɪsɪn'tæŋgl/ v [T] 1 解开[開]…的结 jiěkāi…de jié. 2 (from) 使摆[擺]脱 shǐ bǎituō.

disfigure /dɪs'fɪgə(r)/ US -gjər/ v [T] 损毁…的容貌 sǔnhuǐ…de róngmào;破…的相 pò…de xiàng;破坏[壞]…的外形 pòhuài…de wàixíng. **disfigurement** n [C, U].

disgorge /dɪs'gɔːdʒ/ v [I, T] (使)流出 liúchū;(使)倒出 dàochū.

disgrace /dɪs'greɪs/ n 1 [U] 耻辱 chǐrǔ;丢脸[臉] diūliǎn. 2 [sing] 使人丢脸的事 shǐ rén diūliǎn de shì;使人丢脸的人 shǐ rén diūliǎn de rén. **disgrace** v [T] 使丢脸 shǐ diūliǎn;使蒙受耻辱 shǐ méngshòu chǐrǔ. **disgraceful** adj 可耻的 kěchǐde;不名誉[譽]的 bù míngyù de.

disgruntled /dɪs'grʌntld/ adj 不满意的 bù mǎnyì de;不高兴[興]的 bù gāoxìng de.

disguise /dɪs'gaɪz/ v [T] 1 把…假装[裝]起来 bǎ…jiǎzhuāng qǐlái;把…假扮起来 bǎ…jiǎbàn qǐlái. 2 掩饰 yǎnshì;隐[隱]蔽 yǐnbì: ~ one's anger 按捺住怒火. **disguise** n 1

[C] (供穿戴的)伪[偽]装品 wěizhuāngpǐn. 2 [U] 伪装 wěizhuāng; 假扮; 掩饰 yǎnshì.

disgust /dɪs'gʌst/ n [U] 厌[厭]恶[惡] yànwù; 讨厌 tǎoyàn. **disgust** v [T] 使厌恶 shǐ yànwù. **disgusted** adj 感到厌恶的 gǎndào yànwù de. **disgusting** 令人厌恶的 lìng rén yànwù de.

dish /dɪʃ/ n 1 [C] 盘[盤]碟 pán; 碟 dié 2 [C] 菜肴 càiyáo. 3 **the dishes** [pl] 全部餐具 quánbù cānjù. **dish** v [短语动词] dish sth out 大量分发[發] dàliàng fēnfā; ~ out leaflets 分发传单. ~ out compliments 大加赞扬. dish sth up 把(食物)装[裝]盘[盤] bǎ zhuāng pán shàngzuò. 'dishcloth n [C] 洗碟布 xǐdiébù. 'dishwasher 洗碗机[機] xǐwǎnjī.

dishearten /dɪs'hɑːtn/ v [T] 使失去希望或信心 shǐ shīqù xīwàng huò xìnxīn.

dishevelled (美语 -l-) /dɪ'ʃevld/ adj (衣服、头发)散乱[亂]的 sǎnluàn de; 不整洁[潔]的 bù zhěngjié de.

dishonest /dɪs'ɒnɪst/ adj 不诚实[實]的 bù chéngshí de; 不实[實]的 bù lǎoshi de. **dishonestly** adv. **dishonesty** n [U].

dishonour (美语 **-or**) /dɪs'ɒnə(r)/ n [U, sing] 正式用语]耻辱 chǐrǔ; 不光彩 bù guāngcǎi; 不名誉[譽] bù míngyù. **dishonour** v [T] [正式用语] 1 使受耻辱 shǐ shòu chǐrǔ; 使无[無]脸[臉]见[見]人 shǐ wú liǎn jiàn rén. 2 (银行)拒付(票据) jùfù. **dishonourable** adj 不明誉的 bù míngyù de; 可耻的 kěchǐ de.

disillusion /ˌdɪsɪ'luːʒn/ v [T] 使醒悟 shǐ xǐngwù; 使幻想破灭[滅] shǐ huànxiǎng pòmiè. **disillusioned** adj. **disillusionment** n [U].

disinclined /ˌdɪsɪn'klaɪnd/ adj (for, to) 不愿[願]的 bùyuànde; 不喜欢[歡]的 bù xǐhuān de; ~ for study 不愿学习. ~ to leave 不愿离开.

disinfect /ˌdɪsɪn'fekt/ v [T] 给…消毒 gěi…xiāodú; 杀[殺]死…的病菌 shādú…de xìjūn; ~ a wound 给伤口消毒. **disinfectant** n [U, C] 消毒剂[劑] xiāodújì.

disinformation /ˌdɪsɪnfə'meɪʃn/ n [U] 〔尤指来自政府的〕假情报[報] jiǎ qíngbào; 假消息 jiǎ xiāoxi.

disinherit /ˌdɪsɪn'herɪt/ v [T] 剥夺[奪]…的继[繼]承权[權] bōduó

…de jìchéngquán.

disintegrate /dɪs'ɪntɪɡreɪt/ v [I] 瓦解 wǎjiě; 崩溃 bēngkuì. **disintegration** /dɪsˌɪntɪ'ɡreɪʃn/ n [U].

disinterested /dɪs'ɪntrəstɪd/ adj 无[無]私的 wúsīde; 无偏见的 wú piānjiàn de.

disjointed /dɪs'dʒɔɪntɪd/ adj (言语、思想等)不连贯的 bù liánguàn de; 没有条[條]理的 méiyǒu tiáolǐ de.

disk /dɪsk/ n [C] 1 [尤用于美语] = DISC. 2 (电子计算机)磁盘[盤] cípán, 'disk **drive** n [C] 磁盘驱[驅]动[動]器 cípán qūdòngqì.

diskette /dɪs'ket/ n [C] 软磁盘[盤] ruǎncípán.

dislike /dɪs'laɪk/ v [T] 不喜欢[歡] bù xǐhuān; 不爱[愛]好 bú ài; 厌[厭]恶[惡] yànwù. **dislike** n 1 [U] 不喜欢 bù xǐhuān; 厌恶 yànwù. 2 不喜欢的对[對]象 bù xǐhuānde duìxiàng.

dislocate /'dɪsləkeɪt; US -ləu-/ v [T] 1 使(骨骼)脱位 shǐ tuōwèi; 使离[離]开[開]原位 shǐ líkāi yuánwèi. 2 使(交通等)紊乱[亂] shǐ wěnluàn. **dislocation** /ˌdɪslə'keɪʃn/ n [U, C].

dislodge /dɪs'lɒdʒ/ v [T] (从固定位置上)强行移开[開] qiángxíng yíkāi.

disloyal /dɪs'lɔɪəl/ adj 不忠诚的 bù zhōngchéng de. **disloyally** adv. **disloyalty** n [U].

dismal /'dɪzməl/ adj 忧[憂]愁的 yōuchóude; 阴[陰]沉的 yīnchénde. **dismally** adv.

dismantle /dɪs'mæntl/ v [T] 拆散 chāisàn; ~ a machine 拆机器。~ an engine 拆发动机.

dismay /dɪs'meɪ/ n [U] 灰心 huīxīn; 惊[驚]愕 jīng'è. **dismay** v [T] 使灰心 shǐ huīxīn; 使沮丧[喪] shǐ jǔsàng.

dismember /dɪs'membə(r)/ v [T] 1 肢解 zhījiě. 2 瓜分(国家) guāfēn.

dismiss /dɪs'mɪs/ v [T] 1 解雇 jiěgù; 开[開]除 kāichú; 免职[職] miǎnzhí. 2 解散 jiěsàn; 让[讓]…离[離]开[開] ràng…líkāi. 3 不考虑[慮](念头等) bù kǎolǜ; 消除(念头等) xiāochú. 4 [法律]驳回(上诉等) bóhuí. **dismissal** n [U, C].

disobedient /ˌdɪsə'biːdɪənt/ adj 不服从[從]的 bù fúcóng de; 违抗命令的 bú shùncóng de. **disobedience** /-əns/ n [U]. **disobediently**

adv.

disobey /ˌdɪsəˈbeɪ/ v [I, T] 不服从(从) (某人，法律等) bù fúcóng.

disorder /dɪsˈɔːdə(r)/ n 1 [U] 混乱(乱) hùnluàn; 杂(雜)乱 záluàn. 2 [C, U] 骚乱 sāoluàn; 骚动(動) sāodòng. 3 [C, U] (身心) 失调 shītiáo. **disorder** v [T] 使混乱 shǐ hùnluàn; 使失调 shǐ shītiáo; 扰(擾)乱 rǎoluàn. **disorderly** *adj*.

disorganize /dɪsˈɔːgənaɪz/ v [T] 打乱(亂) dǎluàn.

disorientate /dɪsˈɔːrɪənteɪt/ (亦作，尤用于美国英语 disorient /dɪsˈɔːrɪənt/) v [T] 使迷失方向 shǐ míshī fāngxiàng; 使迷惘 shǐ míwǎng. **disorientation** /dɪsˌɔːrɪən-ˈteɪʃn/ n [U].

disown /dɪsˈəʊn/ v [T] 声(聲)明与(與)…脱离(離)关(關)系(係) shēngmíng yǔ…tuōlí guānxi.

disparaging /dɪˈspærɪdʒɪŋ/ *adj* 贬低的 biǎndīde; 轻(輕)蔑的 qīngmiède.

disparate /ˈdɪspərət/ *adj* [正式用语] 完全不相同的 wánquán bù xiāngtóng de; 不能比(擬)的 bùnéng bǐnǐ de. **disparity** /dɪˈspærətɪ/ n [C, U, pl -ies] [正式用语] 悬(懸)殊 xuánshū.

dispassionate /dɪsˈpæʃənət/ *adj* 不动(動)感情的 bùdòng gǎnqíng de; 冷静的 lěngjìngde; 公平的 gōngpíngde. **dispassionately** *adv*.

dispatch (亦作 **despatch**) /dɪˈspætʃ/ v [T] 1 派遣 pàiqiǎn; 发(發)送 fāsòng. 2 迅速办(辦)理 xùnsù bànlǐ; 了结 liǎojié. **dispatch** (亦作 **despatch**) n 1 [正式用语] 派遣 pàiqiǎn; 发(發)送 fāsòng. 2 [C] (发送的) 信件 xìnjiàn; 报(報)告 bàogào. 3 [U] [正式用语] 迅速 xùnsù.

dispel /dɪˈspel/ v [-ll-] [T] 消除 xiāochú; ~ doubts 解除疑虑 jiěchú yílǜ.

dispense /dɪˈspens/ v 1 [正式用语] 分配 fēnpèi; 分发(發) fēnfā. 2 配(药) pèiyào; 配(方) pèifāng; 发(药) fāyào. 3 [习语] **dispense with** sth 省掉 shěngdiào; 免除 miǎnchú. **dispensary** /dɪˈspensərɪ/ n [pl -ies] 药(藥)房 yàofáng. **dispensation** /ˌdɪspenˈseɪʃn/ n [正式用语] 1 [U] 分配 fēnpèi; 分发(發) fēnfā. 2 [U, C] 特许 tèxǔ.

disperse /dɪˈspɜːs/ v [I, T] (使)散开(開) sànkāi; (使)疏开 shūkāi; (使)分散 fēnsàn. **dispersal** n [U].

dispirited /dɪˈspɪrɪtɪd/ *adj* 没精打采的 méi jīng dǎ cǎi de; 垂头(頭)丧(喪)气(氣)的 chuí tóu sàng qì de.

displace /dɪsˈpleɪs/ v [T] 1 转(轉)移 zhuǎnyí; 移置 yízhì. 2 取代 qǔdài; 撤换 chèhuàn. **displacement** n [U].

display /dɪˈspleɪ/ v [T] 展览(覽) zhǎnlǎn; 陈列 chénliè. **display** n [C] 展览 zhǎnlǎn; 陈列 chénliè; 展览品 zhǎnlǎnpǐn; 陈列品 chénlièpǐn.

displease /dɪsˈpliːz/ v [T] 使不愉快 shǐ bù yúkuài; 使不高兴(興) shǐ bù gāoxìng; 冒犯 màofàn; 使生气(氣) shǐ shēngqì. **displeasure** /dɪsˈpleʒə(r)/ n [U] 生气 shēngqì; 不愉快 bù yúkuài.

dispose /dɪˈspəʊz/ v [习语] **dispose of** sth 处(處)理 chǔlǐ; 处置 chǔzhì; 除去 chúqù. **disposable** /dɪˈspəʊzəbl/ *adj* 1 用毕(畢)即可任意处置的 kě rènyì chǔzhì de; ~ nappies 用毕扔掉的尿布. 2 可自由使用的 kě zìyóu shǐyòng de; ~ income 可自由使用的收入. **disposal** n [U] 处理 chǔlǐ; 处置 chǔzhì. 2 [习语] at one's disposal 由某人支配 yóu mǒurén zhīpèi. **disposed** *adj* 1 (to) 愿(願)意的 yuànyìde. 2 [习语] **well/favourably disposed towards** sb/sth 认(認)为(為)…很好 rènwéi…hěn hǎo. **disposition** /ˌdɪspəˈzɪʃn/ n [U] (正式)人的)气(氣)质(質) qìzhì; 性情 xìngqíng.

dispossess /ˌdɪspəˈzes/ v [T] (of) 剥夺(奪) bōduó.

disproportionate /ˌdɪsprəˈpɔːʃənət/ *adj* 不相称(稱)的 bù xiāngchèn de; 不匀称的 bù yúnchèn de. **disproportionately** *adv*.

disprove /ˌdɪsˈpruːv/ v [T] 证(證)明…为(為)错误 zhèngmíng …wéi cuòwù; 证明…为伪(偽) zhèngmíng …wéi wěi.

dispute /dɪˈspjuːt/ v 1 争执(執) zhēngzhí; 争论(論) zhēnglùn. **dispute** v 1 [T] 就…发(發)生争论 jiù…fāshēng zhēnglùn; 争论 zhēnglùn. 2 表示异(異)议(議) duì…biǎoshì yìyì. 2 [T] (with) 争论 zhēnglùn.

disqualify /dɪsˈkwɒlɪfaɪ/ v [pt, pp -ied] [T] (from) 使(某人)无(無)资格(做某事) shǐ…wú zīgé. **disqualification** /dɪsˌkwɒlɪfɪˈkeɪʃn/ n [U, C].

disquiet /dɪsˈkwaɪət/ n [U] [正式用语]不安 bù'ān; 焦虑(慮) jiāolǜ. **disquiet** v [T] [正式用语]使忧

〔憂〕慮 shǐ yōulǜ.

disregard /ˌdɪsrɪˈgɑːd/ v [T] 不理 bùlǐ; 不顾〔顧〕búgù; 漠视 mòshì. **disregard** n [U] 漠视 mòshì; 忽视 hūshì.

disrepair /ˌdɪsrɪˈpeə(r)/ n [U] 破损 pòsǔn;失修 shīxiū.

disrepute /ˌdɪsrɪˈpjuːt/ n [U] 声〔聲〕名狼藉 shēngmíng lángjí: bring the sport into ~ 使这项运动声名狼藉. **disreputable** /dɪsˈrepjʊtəbl/ adj 名声不好的 míngshēng bùhǎo de: a ~ nightclub 名声不好的夜总会.

disrespect /ˌdɪsrɪˈspekt/ n [U] 无〔無〕礼〔禮〕wúlǐ;失敬 shījìng;粗鲁 cūlǔ. **disrespectful** adj.

disrupt /dɪsˈrʌpt/ v [T] 使混乱〔亂〕shǐ hùnluàn;破坏〔壞〕pòhuài: ~ a public meeting 破坏公共集会. **disruption** /-ˈrʌpʃn/ n [U, C]. **disruptive** adj 破坏性的 pòhuàixìngde;制〔製〕造混乱的 zhìzào hùnluàn de: a ~ive influence 破坏性的影响.

dissatisfy /dɪˈsætɪsfaɪ/ v [T, pp -ied] 使不满 shǐ bùmǎn;使不高兴〔興〕shǐ bù gāoxìng. **dissatisfaction** /ˌdɪsˌsætɪsˈfækʃn/ n [U]. **dissatisfied** adj.

dissect /dɪˈsekt/ v [T] 解剖 jiěpōu. **dissection** /dɪˈsekʃn/ n [U, C].

disseminate /dɪˈsemɪneɪt/ v [T] 〔正式用语〕散布 sànbù;传〔傳〕播 chuánbō. **dissemination** /dɪˌsemɪˈneɪʃn/ n [U].

dissension /dɪˈsenʃn/ n [U, C] 意见分歧 yìjiàn fēnqí;激烈争吵 jīliè zhēngchǎo.

dissent /dɪˈsent/ n [U] 不同意 bù tóngyì;异〔異〕义〔義〕yìyì. **dissent** v [I] (from) 〔正式用语〕不同意 bù tóngyì;持不同意见 chí bùtóng yìjiàn. **dissenter** n [C] 持不同意见者 chí bùtóng yìjiàn zhě.

dissertation /ˌdɪsəˈteɪʃn/ n [C] (on) 长〔長〕篇论〔論〕文 chángpiān lùnwén;专〔專〕题演讲 zhuāntí yǎnjiǎng.

disservice /dɪsˈsɜːvɪs/ n [C, 常作 sing] 帮〔幫〕倒忙 bāng dàománg;损害 sǔnhài: do sb a ~ 给某人帮倒忙.

dissident /ˈdɪsɪdənt/ n [C] 持不同政见者 chí bùtóng zhèngjiàn zhě.

dissimilar /dɪˈsɪmɪlə(r)/ adj 不同的 bùtóngde;不一样〔樣〕的 bù yíyàng de. **dissimilarity** /ˌdɪsɪmɪ-

ˈlærəti/ n [U, C] [pl -ies].

dissipated /ˈdɪsɪpeɪtɪd/ adj 放荡〔蕩〕的 fàngdàngde;浪荡的 làngdàngde.

dissociate /dɪˈsəʊʃɪeɪt/ (亦作 **dis-associate** /ˌdɪsəˈsəʊʃɪeɪt/) v [T] 1 ~ oneself from 否认〔認〕同…有关〔關〕系〔係〕fǒurèn tóng…yǒu guānxì. 2 A from B 使分分离〔離〕shǐ fēnlí;使无〔無〕关系 shǐ wú guānxì. **dissociation** /dɪˌsəʊsɪˈeɪʃn/ n.

dissolve /dɪˈzɒlv/ v 1 [I] 液化 yèhuà;溶化 rónghuà: Salt ~s in water. 盐融于水. 2 [T] 使液化 shǐ yèhuà;使融化 shǐ rónghuà: D~ the salt in water. 把盐融在水中.3 [T] 使解散 shǐ jiěsàn;使终结 shǐ zhōngjié: ~ parliament 解散议会.4 [T] (习语) go the distance 自始至终地坚〔堅〕持 zì shǐ zhì zhōng de jiānchí. **distance** [T] (from) 对…冷淡 duì…lěngdàn. **distance learning** n [U] 远程学〔學〕习〔習〕yuǎnchéng xuéxí.

dissolution /ˌdɪsəˈluːʃn/ n [C, U] (婚姻,会议等)终止 zhōng-zhǐ;结束 jiéshù.

dissuade /dɪˈsweɪd/ v [T] (from) 劝〔勸〕阻 quànzǔ;阻止 zǔzhǐ: ~ sb from leaving 劝某人不要离去.

distance /ˈdɪstəns/ n 1 [C, U] 距离〔離〕jùlí. 2 [U] 远处〔處〕yuǎnchù;远方(或地方)远处 yuǎnfāng(huò dìfāng)yuǎnchù: listen from a ~ 从远处听.4 [习语] go the distance 自始至终地坚〔堅〕持 zì shǐ zhì zhōng de jiānchí. **distance** [T] (from) 对…冷淡 duì…lěngdàn. **distance learning** n [U] 远程学〔學〕习〔習〕yuǎnchéng xuéxí.

distant /ˈdɪstənt/ adj 1 远〔遠〕隔的 yuǎngéde;远处〔處〕的 yuǎnchùde;久远的 jiǔyuǎnde. 2 不密切的 bù mìqiè de;关〔關〕系〔係〕不亲〔親〕密的 guānxì bù qīnmì de;疏远的 shūyuǎnde: a ~ cousin 远房表兄弟 yuǎnfáng biǎoxiōngdì. 3 冷淡的 lěngdànde. **distantly** adv.

distaste /dɪsˈteɪst/ n [U, sing] 不喜欢〔歡〕bù xǐhuān;讨〔討〕厌〔厭〕tǎoyàn. **distasteful** adj 讨厌的 tǎoyànde;不合口味的 bù hé kǒuwèi de.

distil (美语 **distill**) /dɪˈstɪl/ [-ll-] [T] 1 (from) (a) 蒸馏 zhēngliú. (b) 用蒸馏法制〔製〕造(威士忌酒等) yòng zhēngliúfǎ zhì zhì-zào. 2 (from) 提取 tíqǔ: advice ~led from years of experience 多年经验凝结成的忠告. **distilla-**

tion /ˌdɪstɪˈleɪʃn/ *n* [U]. **distillery** *n* [C] (威士忌等的)酒厂[廠] jiǔchǎng.

distinct /dɪˈstɪŋkt/ *adj* **1** 不同的 bùtóngde, 各别的 gèbiéde. **2** 清晰的 qīngxīde. **distinctly** *adv*.

distinction /dɪˈstɪŋkʃn/ *n* [C,U] (**between A and B**) 区[區]分 qūfēn; 区别 qūbié. **2** [U] 卓著 zhuózhù; 卓越 zhuóyuè. **3** [C] 荣[榮]誉[譽] 称[稱]号[號] róngyù chēnghào.

distinctive /dɪˈstɪŋktɪv/ *adj* 有特色的 yǒu tèsè de; 特别的 tèbiéde. **distinctively** *adv*.

distinguish /dɪˈstɪŋgwɪʃ/ *v* **1** [I, T] (**between**) **A and B**; **A from B** [C] 区[區]别 qūbié; 分别 fēnbié; 辨别 biànbié. **2** [T] **A** (**from B**) (**a**) 显[顯]示(两者的)区[區]别 xiǎnshì de qūbié. (**b**) 为[爲]…的特征[徵] wéi…de tèzhēng. **3** [T] 看清 kànqīng; 听[聽]清 tīngqīng. **4** ~ **oneself** 使杰[傑]出 shǐ jiéchū; 使著名 shǐ zhùmíng. **distinguishable** *adj*. **distinguished** *adj* 杰出的 jiéchūde.

distort /dɪˈstɔːt/ *v* [T] **1** 弄歪 nòng wāi. **2** 歪曲 wāiqū;曲解 qūjiě: ~ *the facts* 歪曲事实. **distortion** /dɪˈstɔːʃn/ *n*.

distract /dɪˈstrækt/ *v* [T] 分散 (注意力) fēnsàn. **distracted** *adj* 心神烦乱[亂]的 xīnshén fánluàn de. **distraction** /dɪˈstrækʃn/ *n* [C, U] 分散注意力的事物 (如噪音等)fēnsàn zhùyìlì de shìwù. **2** 消遣 xiāoqiǎn;娱乐[樂] yúlè.

distraught /dɪˈstrɔːt/ *adj* 心烦意乱[亂]的 xīnfán yì luàn de;极其烦恼[惱]的 jíqí fánnǎo de.

distress /dɪˈstres/ *n* [U] **1** 悲痛 bēitòng;忧[憂]伤[傷] yōushāng;痛苦 tòngkǔ;贫苦 pínkǔ. **2** 危难[難] wēinàn: *a ship in* ~ 处于危险中的船. **distress** *v* [T] 使痛苦 shǐ tòngkǔ;使悲痛 shǐ bēitòng. **distressing** *adj* 令人痛苦的 lìng rén tòngkǔ de;令人悲痛的 lìng rén bēitòng de: ~*ing news* 令人伤心的消息.

distribute /dɪˈstrɪbjuːt/ *v* [T] **1** 分发[發] fēnfā;分配 fēnpèi;发行 fāxíng. **2** 散布 sànbù;使分布 shǐ fēnbù. **distribution** /ˌdɪstrɪˈbjuːʃn/ *n* [C, U]. **distributor** /dɪˈstrɪbjuːtə(r)/ *n* **1** 批发商 pīfāshāng;批发公司 pīfā gōngsī.

(供电)分配器 fēnpèiqì;配电[電]盘[盤] pèidiànpán.

district /ˈdɪstrɪkt/ *n* [C] 区[區] qū;(行政单位)区 qū.

distrust /dɪsˈtrʌst/ *v* [T] 不信任 bú xìnrèn. **distrust** *n* [U, sing] 不信任 bú xìnrèn;怀[懷]疑 huáiyí. **distrustful** *adj*.

disturb /dɪˈstɜːb/ *v* [T] **1** 打扰[擾] dǎrǎo;扰乱[亂] rǎoluàn;打断[斷] dǎduàn. **2** 搅[攪]乱[亂] jiǎoluàn;使混乱 shǐ hùnluàn. **3** 使心神不安 shǐ xīnshénbù·ān. **disturbance** *n* [C, U] 打扰 dǎrǎo. **2** [U] 骚动[動] sāodòng;骚乱 sāoluàn. **disturbed** *adj* 有精神病的 yǒu jīngshénbìng de.

disunity /dɪsˈjuːnəti/ *n* [U] [正式用语]不团[團]结 bù tuánjié;不和 bùhé.

disuse /dɪsˈjuːs/ *n* [U] 废[廢]弃[棄] fèiqì;搁置不用 gēzhì búyòng: *fall into* ~ 废而不用. **disused** /-ˈjuːzd/ *adj*.

ditch /dɪtʃ/ *n* [C] 排水沟[溝] páishuǐgōu;沟 gōu;沟渠 gōuqú. **ditch** *v* [T] [非正式用语]断[斷]断[斷]绝 (某人)的关[關]系[係] duànjué tóng de guānxì: *She* ~*ed her boyfriend*. 她甩掉了她的男朋友.

dither /ˈdɪðə(r)/ *v* [I] 踌[躊]躇 chóuchú;犹[猶]豫 yóuyù.

ditto /ˈdɪtəʊ/ *n* [C] [*pl* ~**s**] (用于表示避免重复)同上 tóngshàng;同前 tóngqián.

ditty /ˈdɪti/ *n* [C] [*pl* -**ies**] 小调 xiǎodiào;小曲 xiǎoqū.

divan /dɪˈvæn;*US* ˈdaɪvæn/ *n* [C] 无[無]靠背的(长[長])沙发[發] wú kàobèi de cháng shāfā.

dive /daɪv/ *v* [*pt, pp* dived; *US* 亦作 *pt* dove /dəʊv/] [I] **1** 跳水 tiàoshuǐ. **2** 潜[潛]水 qiánshuǐ. **3** (飞机)俯冲[衝] fǔchōng;突然下降 tūrán xiàjiàng. **4** 弄向 bēnxiàng;冲向 chōngxiàng: ~ *under the bed* 钻到床下 **5** [短语动词] **dive into** **sth** 全身心投入 quánshēnxīn tóurù. **dive** *n* [C] **1** 跳水 tiàoshuǐ. **2** 低级 dìjí 夜总[總]会[會] yèzǒnghuì;下等酒吧 xiàděng jiǔbā. **diver** *n* [C] 潜水员 qiánshuǐyuán. **'diving-board** *n* [C] 跳水板 tiàoshuǐbǎn.

diverge /daɪˈvɜːdʒ/ *v* [I] 分开[開] fēnkāi;分歧 fēnqí;背离 bèilí. **divergence** /-dʒəns/ *n* [C, U]. **divergent** /-dʒənt/ *adj*.

diverse /daɪˈvɜːs/ *adj* 多种[種]多样[樣]的 duōzhǒng duōyàng de: *interests* 多种多样的兴趣. **diver-**

sity n [U, sing] 差异[異] chāyì; 多样性 duōyàngxìng.

diversify /dɑɪˈvɜːsɪfɑɪ/ v [pt, pp -ied] [I, T] (使)多样化 duōyànghuà. **diversification** /dɑɪˌvɜːsɪfɪˈkeɪʃn/ n [U].

diversion /dɑɪˈvɜːʃn; US -vɜːrʒn/ n [C] 用以转[轉]移视线(線)的事物(或假象) yòng yǐ zhuǎnyí shìxiàn de shìwù: create a ~ 制造一个假象. 2 [C] 改道 gǎidào; 临[臨]时[時]绕(繞)行路 línshí ràoxínglù. 3 [U, C] 转[轉]向 zhuǎnxiàng: the ~ of a river 河流的改道. **diversionary** adj: ~ary tactics 转移注意力的策略.

divert /dɑɪˈvɜːt/ v [T] (from, to) 1 使转[轉]向 shǐ zhuǎnxiàng; 使改道 shǐ gǎidào: ~ traffic 使车辆绕行. ~ money to education 把钱[錢]改用到教育上. 2 使得到消遣 shǐ dédào xiāoqiǎn; 给…娱[娛]乐[樂] gěi…yúlè.

divide /dɪˈvɑɪd/ v 1 [I, T] 分[分]; 划[劃]分 huàfēn. 2 [I, T] (使)分歧 yǐjiàn fēnqí. 3 [T] by [数学] 除以 chúyǐ; 30 ~d by 6 is 5. 30 除以 6 得 5. **divide** n [C] 分水岭[嶺] fēnshuǐlíng; 分界线(線) fēnjièxiàn, **dividers** n [pl] 两脚规 liǎngjiǎoguī; 分线规 fēnxiànguī.

dividend /ˈdɪvɪdend/ n [C] 红利 hónglì; 股息 gǔxī.

divine [1] /dɪˈvɑɪn/ adj 神的 shénde; 神样(樣)的 shényàngde. 2 [非正式用语] 极[極]好的 jíhǎode. **divinely** adv. **divinity** /dɪˈvɪnətɪ/ n [U] 神学[學]? shénxué. 2 [U] 神性 shénxìng; 神威 shénwēi. 3 [C] 神 shén; 女神 nǚshén.

divine [2] /dɪˈvɑɪn/ v [T] [正式用语]凭(憑)猜测发[發]现 píng cāicè fāxiàn.

divisible /dɪˈvɪzəbl/ adj 可除尽[盡]的 kě chújìn de: 4 is ~ by 2. 4 可用 2 除.

division /dɪˈvɪʒn/ n 1 [U] 分开[開] fēnkāi; 分割 fēngē. 2 [C] [数学] 除法 chúfǎ. 3 [C] (机构的组成部分)部 bù; 处[處] chù: the sales ~ 销售部. 4 [C, U] 分歧 yìjiàn fēnqí. 5 [U] [数学?]除 chú. 6 [C] [尤用于英国英语](议会)分组表决 fēnzǔ biǎojué. 7 [C] (比赛的)级[级]别; 组 zǔ. **divisional** /~ənl/ adj.

divisive /dɪˈvɑɪsɪv/ adj 引起分歧的 yǐnqǐ fēnqí de; 造成不和的 zào-

chéng bùhé de.

divorce /dɪˈvɔːs/ n 1 [C, U] 离[離]婚 líhūn. 2 [C] 分离 fēnlí; 脱离 tuōlí.

divorce v 1 [T] 判…离婚 pàn…líhūn: ~ sb 判某人离婚. get ~d 离婚了. 2 [T] from 使分离 shǐ fēnlí; 使脱离 shǐ tuōlí. **divorcee** /dɪˌvɔːˈsiː/ n [C] 离了婚的人 líle-hūnde rén.

divulge /dɑɪˈvʌldʒ/ v [T] 泄露(秘密) xièlòu.

DIY /ˌdiː aɪ ˈwaɪ/ n [U] 自己动[動]手 (do it yourself, 指自己修理,自己粉刷装饰房间[間]等) zìjǐ dòngshǒu.

dizzy /ˈdɪzɪ/ adj -ier, -iest 1 眩晕的 xuànyùnde. 2 使人眩晕的 shǐ rén xuànyùnde: ~ heights 使人眩晕的高处. **dizzily** adv. **dizziness** n [U].

DJ /ˈdiː ˈdʒeɪ/ abbr [非正式用语] 1 dinner jacket 晚礼(禮)服 wǎnlǐfú. 2 disc jockey 无[無]线(線)电[電]唱片音乐[樂]节[節]目广[廣]播员 wúxiàndiàn chàngpiàn yīnyuè jiémù guǎngbōyuán.

DNA /ˌdiː en ˈeɪ/ abbr deoxyribonucleic acid 脱氧核糖核酸(基因的基本成分) tuō yǎng hétáng hésuān.

do [1] /duː/ aux v [否定式 do not, 缩略式 don't /dəʊnt/; 第三人称单数现在式 does /dʌz/; 强式 dʌz, 否定式 does not, 缩略式 doesn't /ˈdʌznt/; 过去式 did /dɪd/, 否定式 did not, 缩略式 didn't /ˈdɪdnt/] (a) [用于动词前, 构成否定句和疑问句] I don't like fish. 我不喜欢鱼. Do you believe him? 你相信他吗? (b) [用于句尾, 构成疑问] You live in Hastings, don't you? 你住在黑斯丁斯,是吗? 2 [用于加强语气] He 'does look tired. 他确实看上去疲倦了. Do shut up! 快闭嘴! 3 [用于避免动词的重复] She runs faster than I do. 她比我跑得快.

do [2] /duː/ v [第三人称单数现在式 does /dʌz/, 过去式 did /dɪd/, 过去分词 done /dʌn/] 1 [T] 做 zuò; 干[幹] gàn: What are you doing now? 现在你在做什么? 2 [T] 制[製]造 zhìzào; 生产[產] shēng-chǎn; do a drawing 画画. do science at school 在学校学习习. do a puzzle 解决难题. 4 [T] 整理 zhěnglǐ;

使整洁（潔）shǐ zhěngjié: do one's hair 做头发. do the cooking 做饭.5 [I, T] 做 zuò: 表现 biǎoxiàn: do as you please 你愿意怎么做就怎么做吧. do one's best 尽最大努力.6 [T] 行经（經）(若干距离) xíngjīng: How many miles did you do? 你走了多少英里? 7 [I, T] (for) 合适（適）héshì: 尽够 zúgòu: 行 xíng: 'Can you lend me some money?' 'Yes—will £10 do for you?' '你能借给我一些钱吗?' '可以——10英镑行吗?'8 [I] (生活、工作等方面)进（進）展 jìnzhǎn: She's doing well at school. 她在学校学得很好.9 [T] 欺骗 qīpiàn: You've been done! 你受骗了! 10 [习语] be/have to do with sb/sth 与[與]…有关[關] yǔ…yǒuguān. The letter is to do with the trip to France. 这封信同法国之行有关. how do you do? (用于被介绍的人相互的客套话) 你好 nǐhǎo. what do you do (for a living)? 你做什么[麼]工作? nǐ zuò shénme gōngzuò? do away with oneself/sb 杀[殺]死自己(或某人) shāsǐ zìjǐ. do away with sth [非正式用语] 去掉 qùdiào; 废[廢]除 fèichú. do sb/sth down [非正式用语] 贬低 biǎndī. do for sb 为[爲]…做家务[務] wèi…zuò jiāwù. do for sb/sth [非正式用语] 通常用被动语态) 杀[殺]死 shāsǐ; 使毁[毀]灭[滅] shǐ huǐmiè: If we can't borrow the money, we're done for. 如果我们借不到这笔钱,我们就完蛋了. do for sth [非正式用语] 设法得到 shèfǎ dédào: What will you do for lunch? 你们午饭怎么办? do sth 'in [非正式用语] (a) 杀[殺]死 shāsǐ; (b) 使精疲力竭 shǐ jīng pí lì jié: You look done in! 你看起来是精疲力竭了! do sth out [非正式用语] 打扫[掃]、清理 dǎsǎo、qīnglǐ. do sth out of sth [非正式用语](尤指用欺骗手段)阻止某人得到某事物 zǔzhǐ mǒurén dédào mǒu shìwù. do sb 'over [非正式用语]痛打 tòngdǎ: 打伤[傷] dǎshāng. do (sth) up 整修 zhěngxiū; 装[裝]饰 zhuāngshì. do with sth 需要 xūyào; I could do with a cold drink. 我想要一份冷饮.

do sth with oneself 使(有益地)度过[過]时[時]间[間] shǐ dùguò shíjiān; 使忙碌 shǐ mánglù: What does Simon do with himself at weekends? 西蒙周末忙些什么呢? do sth with 放 fàng; 隐[隱]藏 yǐncáng; 使用 shǐyòng: What have you done with my keys? 你把我的钥匙放到哪里去了? do without (sb/sth) 没有…而设法对[對]付过去 méiyǒu…ér shèfǎ duìfù guòqù. do-'gooder n [C] 常贬]不现实[實]的慈善家 bú xiànshíde císhànjiā. 空想的社会[會]改良家 kōngxiǎngde shèhuì gǎiliángjiā.

do³ /duː/ n [C] pl dos 或 do's /duːz/ 1 [英国非正式用语] 社交聚会[會] jùhuì. 2 [习语] do's and don'ts /duːz'dəʊnts/ 规则 guīzé.

docile /'dəʊsaɪl; US 'dɒsl/ adj 容易驾驭的 róngyì jiàyùde; 容易照管的 róngyì guǎnlǐde; 驯良的 xùnliángde.

dock¹ /dɒk/ n [C] 船坞[塢]; 码头[頭] mǎtóu. dock v 1 [I, T] (使)(船)进[進]港、船坞[塢]或船坞, chuānwù 2 [I] (宇宙飞行器)在外层[層]空间对[對]接 zài wàicéng kōngjiān duìjiē. docker n [C] 码头工人 mǎtóu gōngrén. dockland n [U, C] 港区[區]陆[陸]地 gǎngqū lùdì. 'dockyard n [C] 造船所 zàochuánsuǒ; 船厂[廠] xiūchuánchǎng.

dock² /dɒk/ n [C] 刑事法庭的被告席 xíngshì fǎtíng de bèigàoxí.

dock³ /dɒk/ n v [T] 1 剪短(动物的尾巴) jiǎnduǎn 2 从[從]工资中扣除(一定数额) cóng gōngzī zhōng kòuchú.

doctor /'dɒktə(r)/ n [C] 1 医[醫]生 yīshēng. 2 博士 bóshì. doctor v [T] 1 窜[竄]改 cuàngǎi: ~ the figures 窜改数字. 2 阉割(猫、狗等) yāngē. doctorate /-tərət/ n [C] 博士[學]位 bóshì xuéwèi; 博士衔 bóshì xián.

doctrinaire /ˌdɒktrə'neə(r)/ adj [正式用语, 贬]空谈理论[論]的 kōngtán lǐlùn de; 教条[條]主义[義]的 jiàotiáo zhǔyì de; ~ attitudes 教条主义的态度.

doctrine /'dɒktrɪn/ n [C, U] 教条[條] jiàotiáo; 教义[義] jiàoyì; 主义 zhǔyì. doctrinal /dɒk'traɪnl; US 'dɒktrɪnl/ adj.

document /'dɒkjʊmənt/ n [C] 文献[獻] wénxiàn; 文件 wénjiàn.

document /-mənt/ v [T] 用文件证(證)明 yòng wénjiàn zhèngmíng; 为〔爲〕…提供文件 wèi…tígōng wénjiàn. **documentation** /ˌdɒkjumen'teɪʃn/ n [U] (提供或使用的)文件证据(據) wénjiàn zhèngjù.

documentary /ˌdɒkju'mentrɪ/ n [C] [pl -ies] 记录(錄)影片 jìlù yǐngpiàn; 纪实(實)性影片 jìshíxìng yǐngpiàn; (广播、电视等)记实节(節)目 jìshí jiémù. **documentary** adj 文件的 wénjiàn de: ~ evidence 书面证明.

dodge /dɒdʒ/ v 1 [I, T] 闪开 shǎnkāi; 躲闪 duǒshǎn. 2 [T] 躲避 duǒbì. **dodge** n [C] 1 躲闪 duǒshǎn; 闪开 shǎnkāi. 2 托词 tuōcí; 妙计 miàojì. **dodger** n [C] 油滑的人 yóuhuá de rén. **dodgy** /'dɒdʒɪ/ adj [非正式用语]狡猾的 jiǎohuá de; 冒险(險)的 màoxiǎn de.

doe /dəʊ/ n [C] 雌鹿 cílù; 雌兔 cítù.

does ⇨ DO[1,2].

doesn't does not. ⇨ DO[1].

dog[1] /dɒg; US dɔːg/ n [C] 1 (a) 狗 gǒu. (b) 雄狗 xiónggǒu. 2 **the dogs** 赛狗会(會)(赌赙) sàigǒuhuì. 3 [习语] **a** ˌdog **in the** ˈmanger 占(佔)着茅坑不拉屎的人 zhànzhe máokēng bù lāshǐ de rén. **a dog's life** 困苦的生活 kùnkǔ de shēnghuó. ˌgo to the ˈdogs (国家或组织)衰败 shuāibài. ˈdog-collar n [C] 狗项圈 gǒuxiàngquān. 2 牧士领(扭扣针在颈后的白色硬立领) mùshìlǐng. ˈdog-eared adj (书)翻旧(舊)了的 fānjiùle de. ˈdoghouse n [C] 1 [美语]狗窝(窩) gǒuwō. 2 [习语] ˌin the ˈdoghouse [非正式用语][尤用于美语]失宠(寵)的 shīchǒng de; 丢脸(臉)的 diūliǎn de. ˌdog-ˈtired adj [非正式用语]极累的 hěnlèi de.

dog[2] /dɒg; US dɔːg/ v [-gg-] [T] 尾随(隨)跟踪 wěisuí gēnzōng; [喻] ~ged by illness 疾病缠身.

dogged /'dɒgɪd/ adj 顽强的 wánqiáng de; 顽固的 wángù de. **doggedly** adv.

dogma /'dɒgmə; US dɔːg-/ n [C, U] (尤指宗教的)教理 jiàolǐ; 教条(條) jiàotiáo; 教义(義) jiàoyì. **dogmatic** /dɒg'mætɪk/ adj 武断(斷)的 wǔduàn de; 固执(執)己见的 gùzhí jǐjiàn de. **dogmatically** /-klɪ/ adv.

do-gooder ⇨ DO[2].

dogsbody /'dɒgzbɒdɪ; US dɔːg-/ n [C] [pl -ies] [英国非正式用语]勤杂(雜)工 qínzágōng.

doldrums /'dɒldrəmz/ n [习语] **in the** ˈdoldrums 1 悲哀的沮丧(喪)的 jǔsàngde. 2 停滞(滯)的 tíngzhìde; 萧(蕭)条(條)的 xiāotiáode.

dole /dəʊl/ n **the dole** [sing] [英国非正式用语]失业(業)救济(濟)金 shīyè jiùjìjīn. ˌbe on the ~ 靠失业救济金生活. ˌgo on the ~ 开始领失业救济金. **dole** v [短语动词] ˌdole sth ˈout 少量发(發)放(救济金,衣物食品等) shǎoliàng fāfàng.

doleful /'dəʊlfl/ adj 悲哀的 bēi'āide; 不高兴(興)的 bù gāoxìngde. **dolefully** adv.

doll /dɒl; US dɔːl/ n [C] 玩偶 wán'ǒu; 洋娃娃 yángwáwa. **doll** v [短语动词] ˌdoll oneself ˈup [非正式用语]打扮得漂漂亮亮 dǎbàn de piàopiaoliàngliàng.

dollar /'dɒlə(r)/ n [C] 1 元(美国、加拿大、澳大利亚等国的货币单位) yuán. 2 一元钞票 yìyuán chāopiào; 一元硬币(幣) yìyuán yìngbì.

dollop /'dɒləp/ n [C] [非正式用语] (软而不成形的)一团(團)(尤指食物) yìtuán.

dolphin /'dɒlfɪn/ n [C] 海豚 hǎitún.

domain /də'meɪn/ n [C] [正式用语] 1 (活动、知识的)范(範)围(圍) fànwéi; 领域 lǐngyù. 2 分(勢)力范围 shìlì fànwéi; 领地 lǐngdì. 3 (计算机)域 yù. do'**main name** n [C] (计算机)网络(絡)域名 yùmíng.

dome /dəʊm/ n [C] 圆屋顶 yuánwūdǐng; 穹顶 qióngdǐng. **domed** adj 圆屋顶形的 yuánwūdǐngxíng de.

domestic /də'mestɪk/ adj 1 家的 jiāde; 家庭的 jiātíngde; 家里(裡)的 jiālǐde: ~ duties 家庭琐事. 2 本国(國)的 běnguóde: ~ policies 国内政策. 3 (动物)驯(馴)养(養)的(非野生的) xùnyǎngde. **domestic** (亦作 domestic ˈhelp) n [C] 用人 yòngren. **domesticated** adj 1 (动物)驯养的 xùnyǎngde; 经(經)驯养[爱]家务(務)的(勞[勞]动[動]和家庭生活的) xǐ'ài jiāwù láodòng hé jiātíng shēnghuó de. **domestic** ˈ**science** n [U] = HOME ECONOMICS.

dominant /'dɒmɪnənt/ adj 支配的 zhīpèide; 统治的 tǒngzhìde: ˌa ~ position 统治地位. **dominance** /-nəns/ n

dominate /'dɒmɪneɪt/ v 1 [I, T] 支配 zhīpèi; 统治 tǒngzhì. 2 [T] 在…中占(佔)首要地位 zài…zhōng zhàn shǒuyào dìwèi. 3 [T] 俯瞰 fǔkàn; 俯视 fǔshì: The castle ~s the whole city. 城堡俯瞰全城. **domination** /ˌdɒmɪ'neɪʃn/ n [U].

domineering /ˌdɒmɪ'nɪərɪŋ/ adj 盛气(氣)凌人的 shèng qì líng rén de; 作威作福的 zuò wēi zuò fú de.

dominion /də'mɪnɪən/ n 1 [正式用语] 统治 tǒngzhì; 支配 zhīpèi; 管辖 guǎnxiá. 2 [C] 领土 lǐngtǔ; 版图(圖) bǎntú; 疆土 jiāngtǔ.

domino /'dɒmɪnəʊ/ n [pl ~es] [C] 多米诺骨牌 duōmǐnuò gǔpái. **dominoes** [sing n] 多米诺骨牌戏(戲) duōmǐnuò gǔpáixì.

don¹ /dɒn/ n [英国英语] 大学(學)教师(師) dàxué jiàoshī.

donate /dəʊ'neɪt/ US 亦作 [T] /'dəʊneɪt/ 捐赠(贈) juānzèng. **donation** /dəʊ'neɪʃn/ n [C, U].

done¹ pt of DO¹,².

done² /dʌn/ adj 1 完毕(畢)的 wánbì de; 完成的 wánchéng de. 2 [食物] 煮熟的 zhǔshú de. 3 合乎规矩的 héhū guījǔ de.

donkey /'dɒŋkɪ/ n [C] 驴(驢)lǘ. 2 [习语] **donkey's years** [非正式用语] 很久 hěnjiǔ; 多年 duōnián.

donor /'dəʊnə(r)/ n [C] 捐赠(贈)者 juānzèngzhě; 捐献(獻)者 juānxiànzhě; 赠与(與)者 zèngyǔzhě: a blood-~ 输血人.

don't do not. ⇨ DO¹.

doodle /'duːdl/ v [I] 心不在焉地乱(亂)画(畫)乱涂(塗) xīn bú zài yān de luàntú. **doodle** n [C].

doom /duːm/ n [U] 毁灭(滅)huǐmiè; 死亡 sǐwáng; 厄运(運)èyùn. **doomed** adj (坏事)注定要发(發)生的 zhùdìng yào fāshēng de: be ~ed to die 注定要死的; be ~ed to failure 注定要失败. **doomsday** /'duːmzdeɪ/ n [sing] 世界末日 shìjiè mòrì.

door /dɔː(r)/ n [C] 1 门 mén. = DOORWAY. 2 门口 ménkǒu. 'door-to-door' adj 挨家挨户的 āijiā āihù de: a ~-to-~ 'salesman 挨家挨户的推销员 tuīxiāoyuán. next 'door 住在隔壁 zhù zài gébì; 到隔壁 dào gébì; go next ~ to borrow some milk 到隔壁去借一些牛奶. (be) on the 'door (为公共集会等)把门(如收票等) bǎmén. out of 'doors 在户外 zài hùwài; 在室外 zài shìwài.

'doorbell n [C] 门铃 ménlíng.

'doorstep n [C] 门前台阶(階) ménqián táijiē. 'doorway n [C] 门道 méndào; 出入口 chūrùkǒu.

dope /dəʊp/ n 1 [U] 毒品 dúpǐn; 麻醉品 mázuìpǐn. 2 [U] 笨蛋 bèndàn. **dope** v [T] 给…毒品服 gěi…dúpǐn fú. **dopey** adj [非正式用语] 1 (如麻醉后)昏昏沉沉的 hūnhūnchénchénde. 2 迟(遲)钝的 chídùn de; 愚笨的 yúbèn de.

dormant /'dɔːmənt/ adj 休眠的 xiūmiánde; 暂(暫)死的 zànsǐde: a ~ volcano 死寂的火山, 休眠的火山.

dormitory /'dɔːmɪtrɪ/ US -tɔːrɪ/ n [C] [pl -ies] 集体(體)寝室 jítǐ qǐnshì; (集体)宿舍 sùshè.

dormouse /'dɔːmaʊs/ n [C] [pl **dormice** /'dɔːmaɪs/] 榛睡鼠 zhēnshuìshǔ.

dosage /'dəʊsɪdʒ/ n [C, 常用 sing] 剂(劑)量 jìliàng.

dose /dəʊs/ n 1 (药的)一剂(劑)yījì; 一服 yìfú. 2 (苦事的)一次 yícì; 一番 yìfān: a ~ of flu 患一次流行性感冒. **dose** v [T] (with) 给…服药(藥) gěi…fúyào.

doss /dɒs/ v [短语动词] **doss down** [英国俚语] 在可以凑合的地方过(過)夜 zài kěyǐ còuhé de dìfang guòyè. 'doss-house n [英国俚语]廉价(價)小旅店 liánjià xiǎo lǚdiàn.

dossier /'dɒsɪeɪ/ US 亦作 /'dɒsɪər/ n [C] 一宗档(檔)案材料 yīzōng dàng'àn cáiliào.

dot /dɒt/ n 1 小圆点(點)xiǎoyuándiǎn. 2 [习语] **on the dot** 准(準)时(時)地 zhǔnshíde. **dot** v [-tt-] 1 加点于 dǒt yuándiǎn yú. 2 遍布于 biàn bù yú. 2 通常为被动语态]布满 bùmǎn; 散布于 sànbù yú: The sky was ~ted with stars. 繁星满天.

dot-com n [C] 网(網)络公司 wǎngluò gōngsī.

dotage /'dəʊtɪdʒ/ n [习语] **in one's dotage** 老年昏愦 lǎonián hūnkuì.

dote /dəʊt/ v [I] on 过(過)分喜爱(愛)guòfèn xǐ'ài; ~ on a child 溺爱孩子.

dotty /'dɒtɪ/ adj [-ier, -iest] [英国非正式用语]半痴(癡)的 bànchīde.

double¹ /'dʌbl/ adj 1 加倍的 jiābèi de...

bèide; 两倍的 liǎngbèide: *Her income is ~ what it was a year ago*. 她的收入是一年前的两倍. **2** 双（双）的 shuāng（shuāng）de: *~ door* 双重门. *'Otter' is spelt with a ~ 't'*. 'otter' 的拼写中有两个 't'. **3** 双人的 shuāngrénde: *a ~ bed* 双人床. **double-'bass** *n* [U] 低音提琴 dīyīn tíqín. **double 'chin** [C] 双下巴 shuāngxiàba. **double-click** *v* [T, I] 双击（击）shuāngjī. **double-'dealing** *n* [U] 两面派行为（为）liǎngmiànpài xíngwéi. **double-'decker** *n* [C] 双层（层）公共汽车（车）shuāngcéng gōnggòngqìchē. **double 'Dutch** *n* [U] [英国非正式用语]莫名其妙的话 mò míng qí miào de huà; 难以理解的语言 nányǐ lǐjiě de yǔyán.

double² /'dʌbl/ *adv* 双（双）倍 shuāngbèi; 成两部分 chéng liǎng bùfen: *fold a blanket ~* 把毯子对折叠起. **double-'barrelled** *adj* （枪）双管的 shuāngguǎnde. **double-'book** *v* [I, T] 为（为）（同一机票、旅馆房间等）接受两家预订 wèi liǎngjiā yùdìng. **double-'breasted** *adj* （上衣）双排纽扣的 shuāngpái niǔkòu de. **double-'check** *v* [I, T] 从（从）两方面查对对（对）cóng liǎng fāngmiàn cháduì. **double-'cross** *v* [T] [非正式用语]欺骗 qīpiàn; 出卖（卖）màimài. **double-'edged** *adj* [喻]（评语）模棱两可的 móléng liǎngkě de; 可作两种（种）解释（释）的 kězuò liǎngzhǒng jiěshì de. **double-'glazing** *n* [U]（窗户的）双层（层）玻璃 shuāngcéng bōli. **double-'jointed** *adj* （手指、手臂等）可前弯（弯）也可后（后）弯的 kě qiánwān yě kě hòuwān de. **double-'quick** *adj*, *adv* [非正式用语]非常快的（地）fēichángkuài de.

double³ /'dʌbl/ *n* [C] **1** 两倍 liǎngbèi: *He's paid ~ for the same job*. 做同样的工作, 他的报酬比别人高一倍. **2** 与（与）另一人极（极）相似的人 yǔ língyīrén jí xiāngsì de rén. **3 doubles** [pl]（体育比赛）双（双）打 shuāngdǎ. **4** **(at) the double** [非正式用语]迅速地 xùnsùde.

double⁴ /'dʌbl/ *v* [I, T] 使加倍 shǐ jiābèi: 成倍 chéngbèi. **2** [T] 把…对（对）折 bǎ…duìzhé. **3** [短语动词] **double as sb** 兼任（某工作）

jiānrèn. **double as sth** 兼作某物做用 jiānzuò mǒuwù shǐyòng. **double back** 往回走 wǎnghuí zǒu. **double (sb) up** 使（弯）身 wānshēn; *be ~d up with laughter* 笑得直不起身子.

doubly /'dʌbli/ *adv* [用于形容词前]双（双）倍地 shuāngbèide: *make ~ sure* 要加倍注意.

doubt /daʊt/ *n* **1** [C, U] 怀（怀）疑 huáiyí; 疑惑 yíhuò; 疑问 yíwèn. **2** [习语] **in 'doubt** 不能肯定的 bùnéng kěndìng de. **,no 'doubt** 十有八九, 很可能 hěn kěnéng. **without doubt** 无（无）疑地 wúyíde. **doubt** *v* [I, T] 怀（怀）疑 huáiyí; 不相信 = 是真的 bù xiāngxìn…shì zhēn de. **doubtful** *adj* **1** 疑惑的 yíhuòde; 怀疑的 huáiyíde. **2** 不大可能的 búdà kěnéng de. **doubtless** *adv* 很可能 hěn kěnéng.

dough /daʊ/ *n* [U] **1** 揉好的生面（面）róuhǎode shēngmiàn. **2** [俚]钱（钱）qián. **'doughnut** [C] 炸面圈 zhá miànquān.

douse (亦作 **dowse**) /daʊs/ *v* [T] **1** 浇（浇）水 = 上, 往 = 上 jiāo shuǐ zài…shàng. **2** 熄（灭）xī.

dove¹ /dʌv/ *n* [C] **1** 鸽 gē. **2** [喻]从（从）事和平（平）（运）动（动）的人 cóngshì hépíng yùndòng de rén. **dovecote** /'dʌvkɒt, 亦作 'dʌvkaʊt/ 鸽棚 gēpéng; 鸽房 gēfáng.

dove² [美语] *pt* of DIVE.

dovetail /'dʌvteɪl/ *n* [C] 鸠尾榫 jiūwěisǔn; 楔形榫 xiēxíngsǔn. **dovetail** *v* **1** [T] 用鸠尾榫接合 yòng jiūwěisǔn jiēhé. **2** [I] 吻合 wěnhé…

dowdy /'daʊdɪ/ *adj* [**-ier, -iest**]（人）衣着过（过）时（时）的 yīzhuó guòshí de.

down¹ /daʊn/ *adv* **1** 向下 xiàngxià; 在下面 zài xiàmiàn: *jump ~* 跳下. **2** 向地面 xiàng dìmiàn; *knock sb ~* 把某人打倒下去. **3** (a) 往较次要的地方 wǎng jiàocìyàode dìfang: *move ~ from London* 从伦敦迁出. (b) 向南方 xiàng nánfāng. **4** （程度等）由高向低 yóu gāo dào dī;（数量等）由大到小 yóu dà dào xiǎo: *calm ~* 平静下来. *settle ~* 安静下来. *Prices are down*. 物价下降. **5** （写）到纸上 = dào zhǐshàng: *Copy this ~*. 把这个复印下来. *Take this. ~* 把这个记（记）下来. **6** [习语] **be/go down with sth** 患病 huàn…bìng. **down 'under** [非

正式用语]在澳大利[亚]亚) zài Ào-dàlìyà. **down with sb/sth** 打倒 dǎdǎo; D~ with fascism! 打倒 法西斯! **down-to-earth** n [C] 穷 [窮]困潦倒的人 qióngkùn liáodǎo de rén. **down-to-'earth** adj 务 [務]实[實]的 wùshíde; 实际[際]的 shíjìde.

down² /daun/ prep 1 在下面 zài xiàmiàn; 往下 wǎngxià; 向下 xiàng-xià; roll ~ the hill 滚下山来。2 沿着 yánzhe; live ~ the street 顺 街道住着.

down³ /daun/ adj 1 向下的 xiàng-xiàde; the ~ escalator 下行自动 扶梯。2 沮丧[喪]的 jǔsàngde; feel ~ 感到沮丧. 3 停工的 tínggōngde; 关[關]闭的 guānbìde; The com-puter is ~ again. 电脑又出故障 了. ,down 'payment (分期付款 的)初付款额 chūfùkuǎn'é.

down⁴ /daun/ v [T] 1 吞下 tūn-xià; (大口地)喝下 hēxià. 2 击[擊] 倒 jīdǎo.

down⁵ /daun/ n [U] 绒毛 róng-máo; 羽绒 yǔróng; 耳毛 ěrmáo; duck ~ 鸭绒.

downcast /'daunkɑːst/ adj (人) 垂头[頭]丧[喪]气[氣]的 chuí tóu sàng qì de; 消沉的 xiāochénde. 2 (眼睛)往下看的 wǎng xià kàn de.

downfall /'daunfɔːl/ n [sing] 垮 台 kuǎtái; 衰落 shuāiluò; 垮台、衰落 的原因 kuǎtái、shuāiluò de yuányīn.

downgrade /ˌdaunˈgreid/ v [T] 使降级别[級]降低…的重要性 jiàngdī…de zhòngyàoxìng.

downhearted /ˌdaunˈhɑːtid/ adj 消沉的 xiāochénde; 沮丧[喪]的 jǔ-sàngde.

downhill /ˌdaunˈhil/ adv 1 向坡下 xiàng pōxià. 2 [习语] go downhill 恶[惡]化 èhuà; 衰退 shuāituì.

Downing Street /'dauniŋ striːt/ n [sing] (a) (英国伦敦的)唐宁 [寧]街(英国首相官邸所在地) Tángníngjiē. (b) [喻]英国[國]首 相 Yīngguó shǒuxiàng; 英国政府 Yīngguó zhèngfǔ.

download /ˌdaunˈləud/ v [T] 下载 [載]xiàzài.

downpour /'daunpɔː(r)/ n [C] 倾 盆大雨 qīngpén dàyǔ.

downright /'daunrait/ adj 彻[徹] 头[頭]彻尾的 chè tóu chè wěi de; 十足的 shízúde; a ~ lie 彻头彻尾 的谎话 chèdǐ de huǎnghuà. **downright** adv 彻底地 chèdǐde; 完全地 wánquánde; ~ rude 无礼透顶.

downs /daunz/ n the downs [pl] 丘陵地 qiūlíngdì; 开[開]阔的高地 kāikuòde gāodì.

downstairs /ˌdaunˈsteəz/ adv 往 楼[樓]下 wǎng lóuxià; 在楼下 zài lóuxià; 往楼下的 wǎng lóuxià de; 在 楼下的 zài lóuxià de.

downstream /ˌdaunˈstriːm/ adv 顺流地 shùnliúde.

downtown /ˌdaunˈtaun/ adv, adj [尤用于美国英语]在城市的商业 [業]区[區]区[區]的) zài chéngshìde shāngyèqū. 往城市的商业区(的) wǎng chéngshìde shāngyèqū.

downtrodden /ˌdaunˈtrɒdn/ adj 受压[壓]制的 shòu yāzhìde; ~ workers 受压制的工人.

downward /'daunwəd/ adj 向下 的 xiàng xià de. **downwards** (亦作 **downward**) adv 向下地 xiàng xià de.

dowry /'dauəri/ n [C] [pl -ies] 嫁妆[妝] jiàzhuāng.

dowse /daus/ v = DOUSE.

doz abbr dozen (一)打 dá; 十二个 [個]shí'èrge.

doze /dauz/ v [I] 打盹儿[兒] dǎ-dǔnr; 打瞌睡 dǎ kēshuì. **doze** n [C, 常用 sing] 小睡 xiǎoshuì; 打盹儿 dǎ dǔnr. **dozy** adj [-ier, -iest] 1 昏昏欲睡的 hūnhūn yù shuì de. 2 [非正式用语]笨的 bènde.

dozen /'dʌzn/ n [pl ~s 或与数字 连用时 pl ~] 一打 yīdá; 十二 个[個]shí'èrge. 1 [习语] talk, etc nineteen to the dozen 不停地 谈 bùtíngde tán.

Dr abbr 1 Doctor 博士 bóshì; 医 [醫]生 yīshēng. 2 (用于街名) Drive 路 lù; 大道 dàdào.

drab /dræb/ adj [~ber, ~best] 单[單]调的 dāndiàode; 没有兴[興] 趣的 méiyǒu xìngqù de. **drabness** n [U].

draft /drɑːft; US dræft/ n 1 [C] 草案 cǎo'àn. 2 [C] 汇[匯]票 huì-piào. 3 草稿 cǎogǎo. [C][美语] = CALL-UP (CALL¹). 4 [C] [美语]= DRAUGHT. **draft** v 1 起草 qǐcǎo. 2 派遣 pàiqiǎn. 3 [美语]征[徵]召…入伍 zhēngzhào… rùwǔ. **draftsman** n [C] [pl -men] 1 法案起草人 fǎ'àn qǐcǎo rén. 2 [美语] = DRAUGHTSMAN (DRAUGHT).

drafty /'drɑːfti/ adj [美语] = DRAUGHTY (DRAUGHT).

drag /dræg/ v [-gg-] 1 [T] 拖 tuō; 拉 lā; 拽 zhuài. 2 [I] 吃力而慢着吞

地移动[动] chīlí ér màntūntūnde yídòng. 3 [T] 迫使从某处[处] pòshǐ qù mǒuchù: She ~ged herself out of bed. 4 [I] [时间] 缓慢地过[过]去 huǎnmànde guòqù. 5 [T] 用绳网 [网]捕捞[捞] yòng tuówǎng bǔlāo. 6 [习语] drag one's 'feet/'heels 故意推诿 gùyì tuītā. 7 [短语动词] drag on 拖延 tuōyán; 使拖延 shǐ tuōyán. drag sth out 拖延 tuōyán; 拖长[长] tuōcháng. drag sth out of sb 迫使某人说出情况 pòshǐ mǒurén shuōchū qíngkuàng. drag sth up 说起令人不愉快的事情 shuōqǐ lìng rén bù yúkuài de shìqíng.

drag n 1 [sing] [俚] 令人厌[厌] 倦的人, 事物 lìng rén yànjuànde rén, shìwù. 2 [C] [俚] 男人穿的女 子服装[装] nánrén chuān de nǚzǐ fúzhuāng: in ~ (男人)穿着女子 服装的 3 [C] [俚](香烟的)一吸 4 [sing] [非正式用语]累赘 léizhui.

dragon /'dræɡən/ n [C] 1 龙[龙] lóng. 2 老恶妇[妇] lǎo'èfù.

drain /dreɪn/ n 1 [C] 排水管 páishuǐguǎn 排水沟(沟) páishuǐgōu; 阴 [阴]沟 yīngōu; 排水设备[备] páishuǐ shèbèi. 2 [习语] a drain on sth 消耗 xiāohào; 耗竭 hàojié: a ~ on one's resources resource的复数 zīyuán de. (go) down the drain 浪费掉 làngfèidiào. drain v 1 [I, T] (away/off; from) 使(液体)流 出 shǐ liúchū;流掉 liúdiào;排出 páichū; The water ~ed away. 水流 掉了. She ~ed the oil from the engine. 她把引擎中的油排出 来. 2 [T] 喝光(杯中的酒) 9 hē guāng. 3 [I, T] (使)流干(乾) liúgān; (使)滴干 dīgān; leave the dishes to ~ 让盘子控干. 4 [T] 使 身体[体]虚弱 shǐ shēntǐ xūruò;使变 [变] 穷 [穷] shǐ biàn qióng. drainage n 1 [U] 排水系统 páishuǐ xìtǒng. 2 排水 páishuǐ;放水 fàngshuǐ. 'draining-board (美语 'drain-board) n [C] (洗碗池边 上的)滴水板 dīshuǐbǎn. 'drainpipe n [C] (排泄屋顶雨水的)排 水管 páishuǐguǎn.

drake /dreɪk/ n [C] 雄鸭 xióngyā.

drama /'drɑːmə/ n 1 [C] (一出) [戏]剧 xì. 2 [U] 戏剧[剧] xìjù: Elizabethan ~ 伊丽莎白时代的 戏剧. 3 [U] 一系列戏剧性事件 yíxìliè xìjùxìng shìjiàn. dramatic

/drə-'mætɪk/ adj 1 戏剧性的(的) xìjùxìngde; 激动[动]人心的 jīdòng rénxīn de. 2 戏剧的 xìjùde. dramatically /-klɪ/ adv. dramatics /drə-'mætɪks/ n [U] 1 [用 sing v]演剧活动[动] yǎnjù huódòng; 戏 剧作品 xìjù zuòpǐn. 2 [pl] [贬]戏剧 性的行为[为] xìjùxìngde xíngwéi. dramatist /'dræmətɪst/ n [C] 剧 作家 jùzuòjiā. dramatize /'dræmətaɪz/ v [T] 1 把(小说等)改编 为戏剧及 gǎibiānwéi xìjù. 2 使(事 情)更具戏剧性 shǐ gèng jù xìjùxìng dramatization /ˌdræmətaɪ'zeɪʃn/ n [C, U]: a ~tization of the novel 小说改编成的戏剧.

drank /dræŋk/ pt of DRINK.

drape /dreɪp/ v [T] 1 把(布等)随 [随]便悬垂(悬)挂[挂] bǎ suíbiàn de xuánguà. 2 (in/with) 用布遮 盖[盖]、装[装]饰 yòng bù zhēgài, zhuāngshì. 3 round/over 伸开 [开]手或脚放在…上 shēnkāi shǒu huò jiǎo fàng zài…shàng. drape n [C, 常作 pl] [美语]窗帘 chuānglián. draper n [C] [英国英语]布商 bùshāng. drapery n [pl -ies] 1 [U] 折 摺的 装饰织[织]物 zhédiéde zhuāngshì zhīwù. 2 [U] [英国英语] 布业[业] bùyè;布匹 bùpǐ.

drastic /'dræstɪk/ adj 严[严] 厉[厉] 的 yánlìde;严重的 yánzhòngde: a ~ shortage of food 食物严 重缺乏. drastically /-klɪ/ adv.

draught (US draft) /drɑːft/ n 1 [C] 气[气]流 qìliú. 2 [C] 一饮的量 yìyǐnde liàng. 3 [习语] on draught (啤酒等)取自桶 中的 qǔ zì tǒng zhōng de;散装[装] 的 sǎnzhuāngde. draught adj 1 (啤酒等)散装的 sǎnzhuāngde. 2 (牲畜)拖重物的 tuō zhòngwù de;役 用的 yìyòngde. draughtsman (美 语 draftsman) n [pl -men] 1 起草人 qǐcǎorén;制[制]图[图]员[员] zhìtúyuán. 2 长[长]于描绘[绘]的美 术[术]家 chángyú miáohuìde měishùjiā. draughty adj [-ier, -iest] 有穿堂风[风]的 yǒu chuāntángfēngde.

draughts /drɑːfts/ n [用 sing v] 国[国]际[际]跳棋 guójì tiàoqí.

draw[1] /drɔː/ v [pt drew /druː/, pp /~/drɔːn/] 1 [T] 画[画] (画)huà. 2 [I] 移动[动] yídòng; 行进[进] xíngjìn: The train drew into the station. 火车进了站. 3 [T] 拖 tuō;拉 lā: The horse drew the coach along. 拉着公共马车前进。~ the curtains 拉开窗帘;拉上窗帘.4 [T] from/out of 拔(出) bá; ~ a gun from one's pocket 从衣袋里拔出枪来.5 [T] 吸引 xīyǐn;招引 zhāoyǐn; ~ a crowd 招引了一大群人.6 [T] 提取 tíqǔ;汲取 jíqǔ;领取 lǐngqǔ; ~ water from a well 从井中汲取水.~ one's salary 领取工资.7 [T] 推断[斷] tuīduàn;作出 zuòchū;形成 xíngchéng; ~ a conclusion 作出结论.~ a comparison 形成比较.8 [I, T] 打成平局 dǎchéng píngjú;未分胜[勝]负 bù fēn shèngfù: The match was a ~n. 比赛打平. 9 [I, T] 抽(气) xī.10 [I, T] (from) 抽签 chōuqiān; ~ the winning ticket 抽了张中彩票.11 [习语] draw a 'blank 未找到人或物 méiyǒu zhǎodào rén huò wù. draw lots 抽 LOT³. draw the line a sth 拒绝(做某事) jùjué. 12 [短语动词] draw back (from sth/doing sth) (尤因无把握)躲开 duǒkāi,撤回 chèhuí. draw in (白昼)变[變]短 biànduǎn. draw sb in, draw sb into sth 诱使某人[參]加 yǒushǒu mǒurén cānjiā. draw on 临(亦临)近 línjìn. draw on sth 利用 lìyòng;凭[憑]藉 píng;借靠; ~ on sb's experience 利用某人的经验. draw out (白昼)变[變]长[長] biàncháng. draw sb out 引(某人)畅[暢]谈 yǐn chàngtán. draw sth out 拉长 lācháng. draw up (车辆)停下 tíngxià. draw oneself up 笔[筆]直地站立 bǐzhíde zhànlì. draw sth up 制[製](写[寫])出 xiěchū;草拟[擬]出 cǎonǐ chū.

draw² /drɔː/ n [C] 1 (比赛的)平局 píngjú. 2 [常为 sing] 抽签 chōuqiān. 3 [常为 sing] 有吸引力的人或事物 yǒu xīyǐnlì de rén huò shìwù.

drawback /'drɔːbæk/ n [C] 障碍[礙] zhàng'ài;不利 búlì.

drawer /drɔː(r)/ n [C] 抽屉 chōuti.

drawing /'drɔːɪŋ/ n 1 [C] 图[圖]画[畫] túhuà;素描画 sùmiáohuà. 2 [U] 绘画术[術](艺术) huìhuà; 图[技巧] zhìtú. 'drawing-pin n [C] 图钉 túdīng. 'drawing-room n [C] 客厅 kètīng.

drawl /drɔːl/ v [I, C] 慢吞吞地说 màntūntūnde shuō. drawl n

[sing].

drawn¹ /drɔːn/ pp of DRAW¹.

drawn² /drɔːn/ adj (人、人脸)憔悴的 qiáocuìde.

dread /dred/ v [T] 畏惧[懼] wèijùde;深恐 shēnjù. dread n [U] 恐怖 kǒngbù;害怕 hàipà;担[擔]忧[憂] dānyōu. dreaded adj 畏惧的 wèijùde;害怕的 fēichàng kěpà de. dreadful adj 糟透的 zāotòude;非常可怕的 fēichàng kěpà de. dreadfully adv 可怕地 kěpàde;非常 fēichàng;极[極]其 jíqí.

dream /driːm/ n 1 [C] 梦[夢] mèng. 2 [C] 梦想 mèngxiǎng;空想 kōngxiǎng; his ~ of becoming president 他当总统的梦想. 3 [sing] [非正式用语]美妙的事物 měimiàode shìwù. dream v, pp ~t /dremt/ 或, 尤用于美语 ~ed) 1 [I, T] 做梦 zuò mèng;梦见 mèngjiàn;梦到 mèngdào. 2 [I, T] 想像 xiǎngxiàng;幻想 huànxiǎng. 3 [习语] not dream of sth/doing sth 不考虑[慮]做某事 bù kǎolǜ zuò mǒushì;决不做某事 jué bù zuò mǒushì; I wouldn't ~ of allowing you to pay. 我决不让你付账. 4 [短语动词] dream sth up 想入非非 xiǎng rù fēifēi. dream adj [非正式用语]极(棒)的 jíhǎode; a ~ house 极美的房子. dreamer n [C] 做梦的人 zuòmèng de rén. 2 [贬]空想家 kōngxiǎngjiā. dreamless adj (睡眠)无[無]梦的 wúmèngde dreamlike adj 似梦的 sìmèngde;奇异[異]的 qíyìde. dreamy adj [-ier, -iest] 1 (人)心不在焉的 xīn bù zài yān de. 2 模糊的 móhude. 3 轻[輕]松[鬆]宁静的 qīngsōng tíngjìng de. dreamily adv.

dreary /'drɪəri/ adj [-ier, -iest] 沉闷的 chénmènde;阴[陰]沉的 yīnchénde. drearily /-rəli/ adv. dreariness n [U].

dredge /dredʒ/ v 1 [T] 疏浚(河道) shùjùn. 2 [短语动词] dredge sth up 重提不愉快的旧[舊]事 chóngtí bù yúkuài de jiùshì. dredger n [C] 挖泥船 wānníchuán;疏浚船 shūjùnchuán.

dregs /dregz/ n [pl] 1 残[殘]渣 cánzhā;渣滓 zhāzǐ;糟粕 zāopò. 2 [贬]废[廢]料 fèiliào;渣滓 zhāzǐ; the ~ of society 社会渣滓.

drench /drentʃ/ v [T] 使淋透 shǐ lìntòu;使湿[濕]透 shǐ shītòu; We *were ~ed in the rain.* 我们被雨淋透.

dress[1] /dres/ *n* 1 [C] 女服 nǚfú. 2 [U] 服装(裝) fúzhuāng; *formal* ~ 礼服. **dressmaker** *n* [C] 裁缝 cáiféng; (尤指制女服的)女裁缝 nǚ cáiféng. **'dress rehearsal** *n* [C] (戏剧)彩排 cǎipái.

dress[2] /dres/ *v* 1 [I, T] 穿衣服 chuān yīfu; 给…穿衣服 gěi…chuān yīfu. 2 [I] 穿上晚礼服 chuān shàng wǎnlǐfú: ~ *for dinner* 穿晚礼服赴宴. 3 [T] 装(裝)饰 zhuāngshì: ~ *a shop window* 布置商店橱窗. 4 [T] 清洗敷裹(伤口) qīngxǐ fùguǒ. 5 [T] (为烹调)加工(禽、兽等) jiāgōng; (加佐料自制)制作 zhìzuò. 6 [习语] **dressed to 'kill** [非正式用语] 穿着引人注目(尤指异性)的 chuānzhuó yǐnrén zhùmù. 7 [短语动词] **dress sb down** 痛斥 tòngchì. **dress up (a)** 穿上盛装 chuān shàng shèngzhuāng. **(b)** (尤指小孩)化装(裝) huàzhuāng.

dresser /'dresə(r)/ *n* [C] [尤用于英国英语]食具柜(櫃) shíjùguì.

dressing /'dresɪŋ/ *n* 1 [C] (医用)敷料 fūliào. 2 [C, U] (拌色拉的)调味汁 tiáowèizhī. **'dressing-gown** *n* [C] (罩于睡衣外的)晨衣 chényī. **'dressing-table** *n* [C] 梳妆(妝)台 shūzhuāngtái.

drew /dru:/ *pt* of DRAW[2].

dribble /'drɪbl/ *v* 1 [I] 流口水 liú kǒushuǐ. 2 [I, T] 使(液体)滴落(點)滴滴流淌 yètǐ diǎndī liútǎng. 3 [I, T] (足球)短传(傳) duǎnchuán. **dribble** *n*, 常作 sing].

dried /draɪd/ *pt, pp* of DRY.

drier ⇨ DRY.

drift /drɪft/ *v* 1 [I] 漂流 piāoliú; 飘(飄)流 piāoliú. 2 (人)漂泊 piāobó; 游荡(蕩) yóudàng. **drift** *n* 1 [C] 漂流 piāoliú; 飘(飄)流 piāoliú. 2 [C] (被风吹积的)雪堆 xuě duī [于 dī 或 xuěduī]. 3 [C, U] 倾向(趨)势(勢) qūshì; 倾向 qīngxiàng. 4 [sing] 大概意思 dàgài yìsi; 要旨 yàozhǐ: *the ~ of his arguments* 他的话的主要内容. **drifter** *n* [C] 流浪者 liúlàngzhě.

drill[1] /drɪl/ *n* 1 [C] 钻(鑽)孔器 zuānkǒngqì; 钻头 zuāntóu. **drill** *v* [I, T] 在…上钻孔 zài…shàng zuān kǒng.

drill[2] /drɪl/ *n* 1 [C] 操练(練) cāoliàn; 练习(習) liànxí: *pronunciation ~s* 发音操练. 2 [U] (士兵

的)训练方法 xùnliàn fāngfǎ. 3 [U] 紧(緊)急措施 jǐnjí cuòshī; *a fire ~* 消防措施. **drill** *v* [I, T] 训练 xùnliàn; 操练 cāoliàn.

drily ⇨ DRY.

drink /drɪŋk/ *v* [*pt* **drank** /dræŋk/, *pp* **drunk** /drʌŋk/] 1 [I, T] 饮 yǐn; 喝 hē. 2 [I] 饮酒 yǐnjiǔ; 喝酒 hējiǔ. 3 [习语] **drink sb's health** [正式用语] 向某人祝酒 xiàng mǒurén zhùjiǔ. **drink like a fish** [非正式用语]豪饮 háoyǐn. 4 [短语动词] **drink sth in** 全神贯注地看 quánshén guànzhù de kàn huò tīng. **drink to sb/sth** 为…祝酒 xiàng…zhùjiǔ; 为(爲)…干(乾)杯 wèi…gānbēi. **drink** *n* [C, U] 饮料 yǐnliào. 2 酒 jiǔ. **drinkable** *adj*. **drinker** *n* [C] 酒徒 jiǔtú.

drip /drɪp/ *v* [**-pp-**] [I, T] 1 (使)滴下 dīxià. 2 [I] 湿(濕)透 **dripping 'wet** 全部湿(濕)透 quánbù shītòu. **drip** *n* 1 [C] 滴下的液体(體) dīxià de yètǐ. 2 [医] 静脉注器 dīzhìqì. 3 [俚] 呆(獃)子 dāizi. **drip-'dry** *adj* (衣服无须绞干)滴干(乾)的 néng dīgān de. **dripping** *n* [C] (烤肉上滴下的)油滴 yóudī.

drive /draɪv/ *v* [*pt* **drove** /drəʊv/, *pp* ~n /'drɪvn/] 1 [I, T] 驾(駕)驶 jiàshǐ. 2 [T] 驾车(車)送(人) jiàchē sòng. 3 [T] 驱(驅)赶(趕)(牲畜或人) qūgǎn. 4 [T] 驱动(動)(机器) qūdòng. 5 [T] 猛击(擊)(球) měngjī; 猛抽(球) měngchōu. 6 [T] 打 dǎ; 敲 qiāo: ~ *nail into wood* 把钉子敲进木头. 7 [T] 逼迫 bīpò; 迫使 pòshǐ: *You are driving me mad!* 你逼我发疯! 8 [习语] **be driving at** 要说 yào shuō; 意指 yìzhǐ: *What are you driving at?* 你要说的是什么? **drive a hard 'bargain** 坚(堅)持苛刻的条(條)件 jiānchí kēkè de tiáojiàn. **'drive-in** (顾客无须下车即可得到服务的)"免下车"餐馆(館)、剧场(場)、银行、邮(郵)局 "miǎn xiàchē" cānguǎn、jùchǎng、yínháng、yóujú; 有"免下车"服务(務)设施的 yǒu "miǎnxiàchē" fúwù shèshī de. **driver** *n* [C] 赶车[車]者 gǎnchēzhě; 驾驶员 jiàshǐyuán. **'driving-licence** (美语 **driver's licence**) *n* [C] 驾驶执(執)照 jiàshǐ zhízhào. **'driving test** (美语 **driver's test**) *n* [C] 驾车考试 jiàchē kǎoshì; 路考 lùkǎo.

drive[2] /draɪv/ *n* [C] 驾车[車]旅

行 jiàchē lǚxíng. **2** [C] (美语常为 'drive-way') (通向一所房屋的)私人车道 sīrén chēdào. **3** [C] (高尔夫球等) 猛击(擎) měngjī bèngshòu. **4** [U] 干(幹)劲 gànjìn; 魄力 pòlì. **5** [C] 欲望 yùwàng; 冲(衝)动 chōngdòng. **6** [C] 运(運)动 yùndòng; an 'export ~ 出口运动.

drivel /ˈdrɪvl/ n [U] 幼稚无(無)聊的话 yòuzhì wúliáo de huà.

drizzle /ˈdrɪzl/ n [U] 蒙蒙细雨 méngméng xìyǔ. **drizzle** v [I] (与 it 连用) 下蒙蒙细雨 xià méngméng xìyǔ.

drone /drəʊn/ v **1** [I] 发(發)出嗡声 fāchū wēngshēng. **2** [短语动词] **drone on** 用单(單)调沉闷的声音说话 yòng dāndiào chénmèn de shēngyīn shuōhuà. **drone** n **1** [sing] 低沉的嗡嗡声 dīchén de wēngwēngshēng. **2** [C] 雄蜂 xióngfēng.

drool /druːl/ v **1** [I] 滴口水 dī kǒushuǐ; 垂涎 chuíxián. **2** [常用于非正式用语] (过)分地表示兴(興)奋(奮) guòfèn de biǎoshì xīngfèn.

droop /druːp/ v [I] (因衰弱而)下垂 xiàchuí; 低垂 dīchuí.

drop¹ /drɒp/ v [-pp-] **1** [I, T] (使)滴下 dīxià; (使)落下 luòxià. **2** [I] 减弱 jiǎnruò; 降低 jiàngdī. **3** [T] (off) 使下车 shǐ xiàchē. **4** [T] (from) 使退学 shǐ tuìxué; 开除 kāichú; He's been ~ped from the team. 他被队里开除了. **5** [T] (非正式用语) 寄(信); 不经(經)意地说出 bù jīngyì de shuōchū. **6** [T] 停止做 tíngzhǐ zuò; 停止讨论(論) tíngzhǐ tǎolùn. **7** [习语] **drop sb a line** [非正式用语] 给某人写(寫)一短信 gěi mǒurén xiě yī duǎnxìn. **8** [短语动词] **drop back** 落后(後) luòhòu. **drop in/round, drop in on sb** 顺便访问 shùnbiàn fǎngwèn; 偶然访问 ǒurán fǎngwèn. **drop off** (a) 睡着 shuìzháo; 入睡 rùshuì. (b) 逐渐减少 zhújiàn jiǎnshǎo. **drop out (of sth)** (a) 退学(學) tuìxué. (b) 退出(活动) tuìchū. 'drop-out n [C] 退学学生 tuìxué xuéshēng. **droppings** n [pl] (鸟、兽等的)粪 fèn.

drop² /drɒp/ n **1** [C] 滴 dī. **2** **drops** [pl] (药)滴剂(劑) dījì. **3** [sing] 倾斜或垂直的距离(雜) qīngxié huò chuízhí de jùlí; a ~ of

500 metres 垂直距离 500 米. **5** [sing] [喻] 减少 jiǎnshǎo; a ~ in price 减价. **6** [习语] **at the drop of a 'hat** 毫不迟(遲)疑 háobù chíyí de.

drought /draʊt/ n [C, U] 干(乾)旱 gānhàn.

drove¹ /drəʊv/ pt of DRIVE¹.

drove² /drəʊv/ n [C] 大群 dàqún; ~s of visitors 一大群一大群的访问者.

drown /draʊn/ v **1** [I, T] (使)淹死 yānsǐ. **2** [T] (out) (声音)压(壓)过(過) yāguò. **3** [习语] **drown one's 'sorrows** 借酒浇(澆)愁 jiè jiǔ jiāo chóu.

drowsy /ˈdraʊzɪ/ adj [-ier, -iest] 昏昏欲睡的 hūnhūn yù shuì de. **drowsily** adv. **drowsiness** n [U].

drudge /drʌdʒ/ n [C] 做苦工的人 zuò kǔgōng de rén. **drudgery** /-ərɪ/ n [U]; 苦工 kǔgōng; 单(單)调乏味的工作 dāndiào fáwèi de gōngzuò.

drug /drʌg/ n [C] **1** (药) 药物 yàowù. **2** 麻醉药 mázuìyào; 成瘾(癮)性毒品 chéngyǐnxìng dúpǐn; He's on ~s. 他吸毒成瘾. **drug** v [-gg-] [T] **1** 搀(攙)毒药于(食物、饮料) chān dúyào yú. **2** 用麻醉药 yòng yào shǐ…mázuì. 'drug addict n [C] 吸毒者 xīdúzhě; 瘾君子 yǐnjūnzǐ. 'drug dealer n [C] 贩毒者 fàndúzhě; 'drug pusher n [C] 贩毒者 fàndúzhě; 毒贩 dúfàn. 'drug store n [C] [美语]杂(雜)货店 záhuòdiàn.

drum /drʌm/ n [C] **1** 鼓 gǔ. **2** 圆桶 yuántǒng; an oil ~ 油桶. **drum** v [-mm-] **1** [I] 打鼓 dǎ gǔ. **2** [I, T] (用手指等)连续(續)敲击(擊) liánxù qiāojī. **3** [短语动词] **drum sth into sb** 反复(復)向某人灌输某事物 fǎnfù xiàng mǒurén guànshū mǒu shìwù. **drum sth up** 竭力争取 jiélì zhēngqǔ; 招徕(顾客等) zhāolái. **drummer** n [C] 鼓手 gǔshǒu. **drumstick** n [C] 鼓槌 gǔchuí.

drunk¹ pp of DRINK.

drunk² /drʌŋk/ adj 酒醉的 jiǔzuìde. **drunkard** /-əd/ n [C] 酒汉(漢) zuìhàn; 酒鬼 jiǔguǐ. **drunken** adj **1** 显(顯)出酒力的 xiǎnchū jiǔlì de. **2** 酒醉的 jiǔzuìde. **drunkenly** adv. **drunkenness** n [U].

dry /draɪ/ adj [drier, driest] **1** 干(乾)的 gānde; 干燥的 gānzàode;

a ~ *cloth* 干布。~ *paint* 干了的油漆。~ *weather* 干燥的天气。**2** (酒) 不甜的 bùtiánde。**3** (幽默) 冷面滑稽的 lěngmiàn huáilì de; 冷峭的 lěngqiàode。**4** 枯燥乏味的 kūzào fáwèi de: *a* ~ *speech* 枯燥乏味的讲话。**drier** (亦作 **dryer**) /'draɪ-ə(r)/ *n* [C] 干燥器 gānzàoqì: *a clothes drier* 干衣机。**dry** *v* [*pt*, *pp* **dried**] **1** [I, T] (使) 干 gān。**2** [短语动词] **dry (sth) out** (使) 干透 gāntòu。**dry up (a)** (供应) 停止 tíngzhǐ。**(b)** (忘记要说的话而) 说不下去 shuō bù xiàqù。**dry (sth) up** 擦干 (碗、碟等) cā gān。**dry-'clean** *v* [T] 干洗 gānxǐ。**'dry-cleaner** *n* [C] 干洗商 gānxǐshāng。**'dry-'cleaning** *n* [U]。**dry 'dock** *n* [C] 干船坞 gān chuánwù。**dryly** (亦作 **drily**) /'draɪlɪ/ *adv*。**dryness** *n* [U]。**'dry 'rot** *n* [U] (植物) 干腐病 gānfǔbìng。

dual /'djuːəl; US 'duːəl/ *adj* 双 (雙) 的 shuāngde; 二体 (體) 的 èrtǐde; 二重的 èrchóngde: ,**dual 'carriageway** *n* [C] (有中央分隔带的) 双车 (車) 道 shuāngchēdào。

dub /dʌb/ *v* [-**bb**-] [T] **1** 给…起绰号 (號) gěi…qǐ chuòhào。**2** 译 (譯) 制 (製) (影片) yìzhì。

dubious /'djuːbɪəs; US 'duː-/ *adj* 引起怀 (懷) 疑的 yǐnqǐ huáiyí de。**dubiously** *adv*。

duchess /'dʌtʃɪs/ *n* [C] **1** 公爵夫人 gōngjué fūrén。**2** 女公爵 nǚ gōngjué。

duchy /'dʌtʃɪ/ *n* [C] [*pl* **-ies**] 公爵、女公爵领地的 gōngjué,nǚ gōngjué lǐngdì de。

duck¹ /dʌk/ *n* [*pl* **duck** 或 ~**s**] **1** (**a**) [C] 鸭 yā。(**b**) [C] 雌鸭 cíyā。**2** [U] 鸭肉 yāròu。**2** [C] (板球) 零分 língfēn。

duck² /dʌk/ *v* **1** [I, T] 突然低下 (头) tūrán dīxià。**2** [T] 把 (某人) 按入水中 bǎ zàn ànrù shuǐ zhōng。**2** [I, T] (*out of*) 逃避责任 táobì zérèn。

duckling /'dʌklɪŋ/ *n* [C] 小鸭 xiǎoyā; 幼鸭 yòuyā。

duct /dʌkt/ *n* [C] (输送液体或气体的) 导 (導) 管 dǎoguǎn; 管道 guǎndào。

dud /dʌd/ *n* [C], *adj* [非正式用语] 不中用的东西 bù zhōngyòng de dōngxi; 无 (無) 价 (價) 值的东西 wú jiàzhí de dōngxi; 不中用的 bù zhōngyòng de; 无价值的 wú jiàzhí de: *a* ~ *cheque* 无用的支票。

due /djuː; US duː/ *adj* **1** 应 (應) 支付的 yīng zhīfù de。**2** 预定应到的 yùdìng yīngdào de; 预期的 yùqīde: *The train is* ~ (*to arrive*) *at 1 : 30*. 列车一点半钟到站。**3** 适 (適) 当 (當) 的 shìdàngde; 正当的 zhèngdàngde。**4** *to* 由于 yóuyú: *His success is* ~ *to hard work*. 他由于努力而获得成功。**due** *adv* 正 (南、北等) zhèng: ~ *east* 正东。**due** *n* **1** [*sing*] 应得的事物 yīngdé de shìwù。**2 dues** [*pl*] 应缴款 yīngjiǎo kuǎn; 会 (會) 费 huìfèi。

duel /'djuːəl; US 'duːəl/ *n* [C] **1** (旧时的) 决斗 (鬥) juédòu。**2** (双方的) 斗争 dòuzhēng。**duel** *v* [-**ll**-; 美式 -**l**-] [I] 决斗 juédòu。

duet /dju:'et; US duː'et/ *n* [C] 二重唱 èrchóngchàng; 二重奏 èrchóngzòu。

duffle-coat (亦作 **duffel-coat**) /'dʌflkəʊt/ *n* [C] 粗呢上衣 cūní shàngyī。

dug /dʌg/ *pt*, *pp* of DIG²。

dug-out /'dʌgaʊt/ *n* [C] **1** 独 (獨) 木舟 dúmùzhōu。**2** 地下掩蔽部 dìxià yǎnbìbù。

duke /djuːk; US duːk/ *n* [C] **1** 公爵 gōngjué。**dukedom** *n* [C] **1** 公爵位 gōngjué juéwèi。**2** 公爵领地 gōngjué lǐngdì。

dull /dʌl/ *adj* **1** 阴 (陰) 暗的 yīn'ànde。**2** 迟 (遲) 钝的 chídùnde。**3** 沉闷的 chénmènde; 令人厌烦的 lìng rén yànfán de。**4** 钝的 dùnde: *a* ~ *knife* 一把钝刀。**5** ~ 隐痛的 yǐntòngde。**dull** *v* [T] (使) 变 (變) 钝 biàn dùn。**dullness** *n* [U]。**dully** /'dʌlɪ/ *adv*。

duly /'djuːlɪ; US 'duːlɪ/ *adv* 适 (適) 当 (當) 地 shìdàngde; 按时 (時) 地 ànshíde。

dumb /dʌm/ *adj* **1** 哑 (啞) 的 yǎde; 不能说话的 bùnéng shuōhuà de。**2** 不愿 (願) 说话的 bùyuàn shuōhuà de; 沉默的 chénmòde。**3** [非正式用语, 贬] 愚蠢的 yúchǔnde; 蠢的 chǔnde。**dumbly** *adv*。**dumbness** *n* [U]。

dumbfounded /dʌmˈfaʊndɪd/ *adj* 惊 (驚) 得说不出话的 jīng dé shuō bùchū huà de。

dummy /'dʌmɪ/ *n* [*pl* **-ies**] **1** (服装店的人体 (體) 模型 rénti múxíng。**2** [英国英语] (哄婴儿的) 橡皮奶头 (頭) xiàngpí nǎitóu。**dummy 'run** *n* 演习 (習) yǎnxí; 排演 páiyǎn。

dump /dʌmp/ v [T] 1 倒掉 dàodiào; 扔掉 rēngdiào. 2 随(隨)便放置 suíbiàn fàngzhì. 3 [喻] 向国(國)外倾销 xiàng guówài qīngxiāo. **dump** n [C] 1 垃圾堆的地方 lājī duī de dìfang; 垃圾堆 lājīduī. 2 军需品堆集处(處) jūnxūpǐn duījíchù. 3 [非正式用语, 贬] 丑(醜)陋的处(處)所 chǒulòude chùsuǒ. 4 [习语] **down in the dumps** 不高兴(興)的 bù gāoxìng de; 沮丧(喪)的 jǔsàngde. **'dumper truck** n [C] 自动(動)卸货(貨)卡车 zìdòng xièhuò kǎchē.

dumpling /'dʌmplɪŋ/ n [C] 水果布丁 shuǐguǒ bùdīng.

dumpy /'dʌmpɪ/ adj [-ier, -iest] 矮而胖的 ǎi ér pàng de.

dunce /dʌns/ n [C] [贬] 笨人 bènrén; 笨学(學)生 bèn xuéshēng.

dune /dju:n/ US /du:n/ (也作 '**sand-dune**) n [C] (风吹积成的) 沙丘 shāqiū.

dung /dʌŋ/ n [U] (牲畜的) 粪(糞) fèn; 粪肥 fènféi.

dungarees /ˌdʌŋɡə'ri:z/ n [pl] 粗布工作服 cūbù gōngzuòfú.

dungeon /'dʌndʒən/ n [C] 土牢 tǔláo; 地牢 dìláo.

dunk /dʌŋk/ v [T] (吃前) 把…在汤(湯) 等中浸一浸 bǎ…zài tāng děng zhōng jìnyíjìn.

duo /'dju:əu; US 'du:əu/ n [C] [pl ~s] 一对(對) 表演者 yíduì biǎoyǎnzhě.

dupe /dju:p; US du:p/ v [T] 欺骗 qīpiàn; 诈骗 zhàpiàn. **dupe** n [C] 受骗者 shòupiànzhě.

duplex /'dju:pleks; US 'du:-/ n [C] 1 [美国] 联(聯)式房屋 liánshì fángwū. 2 占(佔) 两层(層)楼(樓)的公寓套房 zhàn liǎngcénglóu de gōngyù tàofáng.

duplicate¹ /'dju:plɪkeɪt; US 'du:plɪkeɪt/ v [T] 复(複)写[寫] fùxiě; 复[複]制 fùzhì. **duplication** /ˌdju:plɪ'keɪʃn; US ˌdu:plɪ'keɪʃn/ n [C]. **duplicator** n [C] 复印机(機) fùyìnjī.

duplicate² /'dju:plɪkət; US 'du:plɪkət/ adj 完全一样(樣)的 wánquán yíyàng de. **duplicate** n [C] 完全一样的东(東)西 wánquán yíyàngde dōngxi. 2 [习语] **in duplicate** 一式两份地 yíshì liǎngfèn de.

durable /'djuərəbl; US 'du-/ adj 耐用的 nàiyòngde. **durables** n [pl] 耐用品 nàiyòngpǐn.

duration /dju'reɪʃn; US du-/

[U] 持续(續)[時]间 chíxù shíjiān.

duress /dju'res; US du-/ n [U] 威胁(脅) wēixié; 强迫 qiǎngpò. **under** ~ 在被胁迫的情况下.

during /'djuərɪŋ; US 'du-/ prep 1 在…期间 qījiān. 2 在…的时[時]候(在…期间的某个时候) zài…de shíhou; He died ~ the night. 他在夜里死了.

dusk /dʌsk/ n [U] 黄昏 huánghūn; 薄暮 bómù. **dusky** adj [-ier, -iest] 晦暗的 ǎndànde; 暗黑的 ǎnhēide.

dust /dʌst/ n [U] 灰尘(塵) huīchén; 尘土 chéntǔ; 尘埃 chén'āi. **dust** v [T] 1 去掉…上的尘土 qùdiào…shàng de chéntǔ. 2 撒粉状(狀)物于… sǎ fěnzhuàngwù yú… **'dustbin** n [C] 垃圾箱 lājīxiāng. **'dust bowl** n [C] 干(乾)旱不毛的地区(區) gānhàn bù máo de dìqū. **'dust-cart** n [C] 垃圾车(車) lājīchē. **duster** n [C] 掸布 kǎibù; 抹布 mǒbù. **'dust-jacket** n [C] 书(書)的护(護)封 shū de hùfēng. **'dustman** /-mən/ n [C] [pl -men] 倒垃圾工 dào lājī gōng. **dustpan** n [C] 畚箕 běnjī. **'dust-sheet** n [C] (家具的) 防尘套 fángchén tào. **dusty** adj [-ier, -iest] 灰尘覆盖(蓋)的 huīchén fùgàide.

Dutch /dʌtʃ/ adj 1 荷兰(蘭)的 Hélánde; 荷兰人的 Hélánrénde; 荷兰语的 Hélányǔde. 2 [习语] **go Dutch (with sb)** 平摊(費用 píngtān fèiyòng.

duty /'dju:tɪ; US 'du:tɪ/ n [C, U] [pl -ies] 1 责任 zérèn; 本分 běnfèn; 义(義)务(務) yìwù. 2 税 shuì; **customs duties** 关税. 3 [习语] **on duty** 上班 shàngbān; 值班 zhíbān. **off duty** 下班 xiàbān. **dutiful** adj 恭敬的 gōngjìngde; 孝敬的 xiàojìngde. **dutifully** adv. **duty-free** adj, adv (货物) 免关(關)税的(地) miǎn guānshuì de.

duvet /'dju:veɪ; US du-/ n [C] 羽绒(絨)被(墊) rǔróngdiàn.

DVD /ˌdi: vi: 'di:/ abbr digital video disc 数(數)字式激光视盘(盤) shùzìshì jīguāng shìpán. **DVD player** n [C] DVD 播放机(機) DVD bōfàngjī.

DVT /ˌdi: vi: 'ti:/ abbr deep-vein thrombosis 深静脉(脈)血栓症 shēnjìngmài xuèshuānzhèng; 深层(層)静脉栓塞 shēncéng jìngmài shuānsāi; 经(經)济(濟)舱(艙)综

合征(徵) jīngliǎng zōnghézhèng.

dwarf /dwɔːf/ n [C] [pl ~s] 矮人 ǎirén; 矮小的动(動)植物 ǎixiǎo-de dòngzhíwù. **dwarf** v [T] 使显(顯)得矮小 shǐ xiǎnde ǎixiǎo.

dwell /dwel/ v [pt, pp **dwelt** /dwelt/] 1 [I] [旧词或修辞]居住(于某地) jūzhù. 2 [短语动词] **dwell on sth** 细思 xìsī; 详述 xiángshù; 详论(論) xiánglùn. **dweller** n [C] (用于复合词)居住者 jūzhùzhě; 居民 jūmín: 'city- ~ers 城市居民. **dwelling** n [C] [正式用语]住处(處) zhùchù;住宅 zhùzhái;寓所 yùsuǒ.

dwindle /'dwindl/ v [I] 缩小 suōxiǎo;减少 jiǎnshǎo.

dye /daɪ/ v [pres part ~**ing**] [T] 使…染色 shǐ…rǎnsè, **dye** n [C, U] 染料 rǎnliào. **dyed-in-the-'wool** adj 彻头彻尾的 sì xīn tǔ dǐ de.

dying ⇨ DIE².

dyke ⇨ DIKE.

dynamic /daɪ'næmɪk/ adj 1 动(動)力的 dònglìde. 2 精力充沛的 jīnglì chōngpèi de; 精悍的 jīngànde, **dynamically** /-klɪ/ adv. **dynamics** n [U] [用 sing v] 力学(學) lìxué动力学 dònglìxué. **dynamism** /'daɪnəmɪzəm/ n [U] 活力 huólì;干(幹)劲(勁) gànjìn.

dynamite /'daɪnəmaɪt/ n [U] 1 炸药(藥) zhàyào. 2 [喻]具有爆炸性的事物 jùyǒu bàozhàxìngde shìwù;轰(轟)动(動)一时(時)的人物 hōngdòng yìshí de rénwù. **dynamite** v [T] 用炸药爆炸 yòng zhàyào bàozhà.

dynamo /'daɪnəməʊ/ n [C] [pl ~s] 发(發)电(電)机(機) fādiànjī.

dynasty /'dɪnəstɪ; US 'daɪ-/ n [C] [pl -ies] 朝代 cháodài;王朝 wángcháo.

dysentery /'dɪsəntrɪ; US -terɪ/ n [U] 痢疾 lìjí.

dyslexia /dɪs'leksɪə; US -lekʃə/ n [U] [医]诵读(讀)困难(難) sòngdú kùnnán. **dyslexic** /-'leksɪk/ n [C], adj 诵读困难患者 sòngdú kùnnán huànzhě;诵读困难的 sòngdú kùnnán de.

E e

E, e /iː/ n [C] [pl **E's, e's** /iːz/] 英语的第五个(個)字母 Yīngyǔde dìwǔgè zìmǔ. **'E number** n [C] E 数(數)(食品添加剂的代号) E shù.

E abbr 1 (元用于电器插头) earth. 2 east(ern): E Sussex 东萨萨克斯.

each /iːtʃ/ adj 每一 měiyī;各 gè;各自的 gèzìde: a ring on ~ finger 每个(個)指头上戴着一个戒指. **each** pron 每个 měigè;各个 gègè: ~ of the girls 每个女孩. **each** adv 各个地 gègède;分别地 fēnbiéde: They cost £10 each. 它们每个的价钱为 10 英镑. **each 'other** [只用作动词或介词的宾语] 互相 hùxiāng: Paul and Sue helped ~ other. 保罗和苏互相帮助.

eager /'iːgə(r)/ adj (for; to) 渴望的 kěwàngde; 热(熱)切的 rèqiède: ~ for success 渴望成功. **eagerly** adv. **eagerness** n [U].

eagle /'iːgl/ n [C] 鹰 yīng, **eagle-'eyed** adj 目光锐利的 mùguāng ruìlì de;注意到细微末节(節)的 zhùyì dào xìwēi mòjié de.

ear¹ /ɪə(r)/ n 1 [C] 耳朵 ěrduo. 2 [sing] 听(聽)觉(覺) tīngjué: She has a good ~ for music. 她对音乐有很好的听觉. 3 [习语] (be) all ears [专] 心倾听 zhuānxīn qīngtīng; (be) up to one's ears in sth 忙于 mángyú; 深深卷(捲)入 shēnshēn juǎnrù. **'earache** n [U, sing] 耳中疼痛 ěr zhōng téngtòng. **'ear-drum** n [C] 耳膜 ěrmó; 鼓膜 gǔmó. **'ear-ring** n [C] 耳环(環) ěrhuán. **'earshot** n [U] [习语] **out of earshot** 在听力范(範)围(圍)之外 zài tīnglì fànwéi zhī wài. **within earshot** 在听力范围之内 zài tīnglì fànwéi zhī nèi.

ear² /ɪə(r)/ n [C] 穗 suì.

earl /ɜːl/ n [C] (fem countess) (英国)伯爵 bójué. **earldom** n [C] 伯爵爵位 bójué juéwèi;伯爵领地 bójué lǐngdì.

early /'ɜːlɪ/ *adj*, *adv* [**-ier**, **-iest**] 1 在开[开]始阶[阶]段 zài kāishǐ jiēduàn; 在初期[期] zài chūqī; 早期的 zǎoqīde; in the ~ morning 在清晨. 2 提早 tízǎo; 提早的 tízǎode: *The bus arrived* ~. 公共汽车提早到达. 在 the earliest 作为[爲]最早日期 zuòwéi zuìzǎo rìqī. an 'early bird [谚]早到者 zǎodàozhě; 早起者 zǎoqǐzhě. early closing day *n* [C] [英国英语]商店每周[周]的一天[天]提早打烊日 tízǎo dǎyáng rì. early 'warning system *n* [C] (雷达)预警系[係]统 yùjǐng xìtǒng.

earmark /'ɪəmɑːk/ *v* [T] 指定…作特殊用途 zhǐdìng … zuò tèshū yòngtú: *money ~ed for research* 供研究用的专款.

earn /ɜːn/ *v* 1 [I, T] 赚得 zhuàndé; 挣得 zhèngdé. 2 [T] 赢得 yíngdé; 博得 bódé. **earner** *n* [C]. **earnings** *n* [pl] 挣得的钱[錢] zhèngdéde qián.

earnest /'ɜːnɪst/ *adj* [认(認)真的 rènzhēnde; 坚[堅]决的 jiānjuéde. **earnest** *n* [习语] **in earnest** 坚决地 jiānjuédì; 认真地 rènzhēnde. **earnestly** *adv*. **earnestness** *n* [U].

earth /ɜːθ/ *n* 1 (通常用 **the earth**) [sing] 世界 shìjiè; 地球 dìqiú. 2 [sing] 大地 dàdì; 地面 dìmiàn. 3 [U] 土 tǔ; 泥 ní. 4 [C] 野兽[獸]的洞穴 yěshòude dòngxué. 5 [C, 常为 sing 尤用于英国英语] (电)地线[綫] dìxiàn. 6 [U] [习语] charge, cost, etc the earth [非正式用语]要付很多钱[錢] yào fù hěnduō qián. how, why, etc on 'earth [非正式用语][用于加强语气]究竟 jiūjìng; 到底 dàodǐ: *What on ~ are you doing?* 你究竟在做什么? **earth** *v* [T] [英国英语][通常用被动语态](电)把…接地 bǎ … jiēdì. **earthly** *adj* 1 尘[塵]世的 chénshìde; 世俗的 shìsúde. 2 [非正式用语]可能的 kěnéngde: *no ~ly use* 毫无用处. **earthquake** *n* [C] 地震[震] dìzhèn. **earthworm** *n* [C] 蚯蚓 qiūyǐn. **earthy** *adj* 1 泥土的 nítǔde; 泥土似的 nítǔshìde. 2 不文雅 bù wényǎ; 粗俗的 cūsúde: *an ~ sense of humour* 粗俗的幽默感. **earthenware** /'ɜːθnweə(r)/ *n* [U] 陶器 táoqì.

ease /iːz/ *n* [U] 1 容易 róngyì; 不费

力 bú fèilì; *do sth with* ~ 轻而易举地做某事. 2 舒适[適] shūshì. 3 [习语] **at (one's) ease** 安适 ānshì. **ease** *v* 1 [I, T] (使)变[變]得容易 biàndé róngyì; 减轻[輕]…的痛苦 jiǎnqīng … de tòngkǔ 2 [I, T] 缓和 huǎnhé; 放松[鬆] fàngsōng. 3 [T] 缓慢地移动[動] huǎnmànde yídòng: ~ *the injured man out of the car* 慢慢地把那个受伤的人抬出车子. 4 [短语动词] **ease 'off/'up** 放松 fàngsōng; 缓和 huǎnhé.

easel /'iːzl/ *n* [C] 画[畫]架 huàjià; 黑板架 hēibǎnjià.

east /iːst/ *n* [sing] 1 **the east** 东 dōng; 东方 dōngfāng. 2 **the East** (a) 亚[亞]洲国家 Yàzhōu guójiā; (尤指)中国 Zhōngguó、日本 Rìběn. (b) 欧[歐]洲以东地区[區] Ōuzhōu yǐ dōng dìqū: *the Middle E*~ 中东. (c) (某一国家的)东部地区 dōngbù dìqū. **east** *adj* 1 在东方的 zài dōngfāng de; 向东方的 xiàng dōngfāng de. 2 (风)来[來]自东方的 láizì dōngfāng de. **east** *adv* 向东方 xiàng dōngfāng. **eastbound** /'iːstbaʊnd/ *adj* 向东行的 xiàng dōng xíng de. **easterly** /'iːstəlɪ/ *adj*, *adv* 1 在东方的[的] zài dōngfāng; 向东方的[的] xiàng dōngfāng. 2 (风)来自东方的[的] láizì dōngfāng. **eastern** /'iːstən/ *adj* (东方的;东方[国家的 dōngfāng guójiā de. (或作 **Eastern**) *adj* (世界或某一国家)东部地区的 dōngbù dìqū de. **eastward** /'iːstwəd/ *adj* 向东方的 xiàng dōngfāng de. **eastward(s)** *adv*.

Easter /'iːstə(r)/ *n* 耶稣复[復]活节[節] Yēsū fùhuójié.

easy /'iːzɪ/ *adj* [**-ier**, **-iest**] 1 容易的 róngyìde. 2 舒适[適]的 shūshìde; 安心的 ānxīnde; 自在的 zìzàide. **easily** /'iːzɪlɪ/ *adv* 1 容易地 róngyìde; 不费力地 bú fèilì de. 2 无[無]疑地 wúyíde: *easily the best* 无疑是最好的. **easy** *adj* [习语] **go easy on sb** 善待 shàndài (某人). **go easy on sth** 有节[節]制地使用(某物) yǒu jiézhìde shǐyòng: *Go* ~ *on the milk*. 牛奶要省着点喝. **take it/ things easy** 不拼命工作 bù pīnmìng gōngzuò; 放松[鬆] fàngsōng; 从容 cóngróng. **easy 'chair** *n* [C] 安乐[樂]椅 ānlèyǐ. **easy 'going** *adj* 随[隨]遇而安的 suíyù ér ān de; 脾气[氣]随和的 píqì suíhé de.

eat /iːt/ v [pt **ate** /et; US eɪt/, pp **~en** /ˈiːtn/] **1** [I, T] 吃 chī. **2** [习语] **eat one's heart out** 忧〔郁〕伤〔伤〕的 yōushāngde, 沮丧〔丧〕的 jǔsàngde. ,**eat one's 'words** 承认〔认〕自己说错话 chéngrèn zìjǐ shuō cuòhuà. **3** [短语动词] **eat sth away** 逐渐毁掉 zhújiàn huǐdiào. **eat into sth (a)** 毁损 huǐsǔn; 侵蚀 qīnshí. **(b)** 消耗掉(时间、供应等) xiāohàodiào. **eatable** adj 可吃的 kěchīde; 可食用的 kěshíyòngde. **eater** n [C] 惯于吃…的人 guàn yú chī…de rén: *a big ~ er* 食量大的人.

eaves /iːvz/ n [pl] 屋檐 wūyán.

eavesdrop /ˈiːvzdrɒp/ v [-pp-] [I] (*on*) 偷听〔听〕 tōutīng; 窃〔窃〕听 qiètīng.

e-banking /ˈiːbæŋkɪŋ/ n [U] 电〔电〕子银行业〔业〕务 diànzǐ yínháng yèwù; 网〔网〕上银行服务 wǎngshàng yínháng fúwù.

ebb /eb/ v [I] **1** 退潮 tuìcháo; 落潮 luòcháo. **2** [喻] 衰退 shuāituì; 衰落 shuāiluò; 减少 jiǎnshǎo. **ebb** (常作 **the ebb**) [sing] 落潮 luòcháo; 退潮 tuìcháo.

ebony /ˈebənɪ/ n [U] 乌〔乌〕木 wūmù; 黑檀 hēitán. **ebony** adj 乌黑发〔发〕亮的 wūhēi fāliàng de.

e-book /ˈiːbʊk/ n [C] 电子书〔书〕籍 diànzǐ shūjí; 电子读〔读〕物 diànzǐ dúwù.

eccentric /ɪkˈsentrɪk/ adj **1** (人、行为举止) 古怪的 gǔguàide, 不正常的 bù zhèngcháng de, 偏执〔执〕的 piānzhíde. **2** (圆) 不同心的 bù tóngxīn de. **eccentric** n [C] 古怪的人 gǔguài de rén. **eccentricity** /ˌeksenˈtrɪsətɪ/ n [C, U] [pl -ies] 行为〔为〕古怪 gǔguài.

ecclesiastical /ɪˌkliːzɪˈæstɪkl/ adj (基督教) 教会〔会〕的 jiàohuìde; 传〔传〕教士的 chuánjiàoshìde.

echo /ˈekəʊ/ n [C] [pl **~es**] 回声〔声〕 huíshēng; 反响〔响〕 fǎnxiǎng. **echo** v **1** [I] 产〔产〕生回响 chǎnshēng huíxiǎng. **2** [T] 重复〔复〕(他人的话) chóngfù; 同意(他人的话) tóngyì.

éclair /ɪˈkleə(r)/n /ekˈleə(r)/ n [C] 巧克力长〔长〕形奶油的小蛋糕 qiǎokèlì cháng xíng nǎiyóu de xiǎodàngāo.

eclipse /ɪˈklɪps/ n [C] **1** 日食 rìshí. **2** 月食 yuèshí. **eclipse** v [T] [喻] (通过比较) 使暗淡 shǐ àndàn; 使失色 shǐ shīsè.

ecology /iːˈkɒlədʒɪ/ n [U] 生态〔态〕学 shēngtàixué. **ecological** /ˌiːkəˈlɒdʒɪkl/ adj. **ecologist** /-dʒɪst/ n [C] 生态学研究者 shēngtàixué yánjiūzhě; 生态学家 shēngtàixuéjiā.

ecommerce n [U] 电〔电〕子商务〔务〕 diànzǐ shāngwù.

economic /ˌiːkəˈnɒmɪk, ˌekə-/ adj **1** 经〔经〕济〔济〕上的 jīngjìshangde; 经济学〔学〕的 jīngjìxuéde. **2** 有利可图〔图〕的 yǒulì kětú de, 合算的 hésuànde. **economical** /-kl/ adj 节〔节〕俭的 jiéjiǎnde. **economically** /-klɪ/ adv.

economics /ˌiːkəˈnɒmɪks, ˌekə-/ n [U] [用 sing v] 经〔经〕济〔济〕学〔学〕 jīngjìxué. **economist** /ɪˈkɒnəmɪst/ n [C] 经济学家 jīngjìxuéjiā; 经济学研究者 jīngjìxué yánjiūzhě.

economize /ɪˈkɒnəmaɪz/ v [I] 节〔节〕约 jiéyuē; 节省 jiéshěng.

economy /ɪˈkɒnəmɪ/ n [pl -ies] **1** (常用 **the economy**) [C] (国家经〔经〕济〔体〕系 jīngjì tǐxì. **2** [C, U] 节〔节〕约 jiéyuē; 节省 jiéshěng. **economy** adj 便宜的 piányíde; 经济的 jīngjìde: ~ class air travel 乘经济舱的经济旅行. **economy-class syndrome** 经济舱〔舱〕综合征〔徵〕 jīngjìcāng zōnghézhēng; 深静脉〔脉〕血栓症 shēnjìngmài xuèshuānzhèng; 深层〔层〕静脉栓塞 shēncéng jìngmài shuānsāi.

ecotourism /ˈiːkəʊtʊərɪzəm/ n [U] 生态〔态〕旅游 shēngtài lǚyóu.

ecotourist /ˈiːkəʊˌtʊərɪst/ n [C] 生态〔态〕旅游度假者 shēngtài lǚyóu dùjiàzhě.

ecstasy /ˈekstəsɪ/ n [C, U] [pl -ies] **1** 狂喜 kuángxǐ; 心醉神迷 xīnzuì shénmí. **2** **Ecstasy** n 摇头〔头〕丸 yáotóuwán. **ecstatic** /ɪkˈstætɪk/ adj. **ecstatically** /-klɪ/ adv.

eddy /ˈedɪ/ n [C] [pl -ies] (空气、水等) 旋涡〔涡〕 xuánwō; 涡流 wōliú. **eddy** v [pp -ied] [I] 旋转〔转〕 xuánzhuǎn; 起漩涡 qǐ xuánwō.

edge /edʒ/ n [C] **1** 边〔边〕 biān; 边缘 biānyuán: *the ~ of the bed* 床边. **2** 刀口 dāokǒu; 锋 fēng. **3** [习语] **have the edge on/over sb/sth** 比…略胜〔胜〕一筹 bǐ…lüèshèng yīchóu. **on 'edge** 紧张的 jǐnzhāngde, 不安的 bù'ānde. **take the edge off sth** 减弱 jiǎnruò. **edge** v **1** [I, T] (使)徐徐移动 yídòng. **2** [I, T] (使)徐

动 [动] xúxú yídòng: She ~d (her way) along the cliff. 她在悬崖上慢慢移动. **edging** n [C, U] 边缘 biānyuán. **edgy** adj [非正式语言] 紧张的 jǐnzhāngde; 不安的 bù'ānde.

edible /'edibl/ adj 可以食用的 kěyǐ shíyòng de.

edit /'edit/ v [T] 1 编辑(他人作品) biānjí. 2 编辑(报纸、书等) biānjí. 3 剪辑 jiǎnjí. **editor** n [C] 编辑 biānjí.

edition /ɪ'dɪʃn/ n [C] 1 版本 bǎnběn: a paperback ~ 纸面平装版. 2 (书、报等的)一次印刷数(数) yícì yìnshuāshù.

editorial /ɪedɪ'tɔːrɪəl/ adj 编辑的 biānjíde; 编者的 biānzhěde. **editorial** n [C] 社论(论) shèlùn.

educate /'edʒukeɪt/ v [T] 教育 jiàoyù; 培养(养) péiyǎng. **education** /ɪedʒu'keɪʃn/ n [U] 1 教育 jiàoyù. 2 修养(养) xiūyǎng; 教养 jiàoyǎng. **educational** /ɪedʒu-'keɪʃənl/ adj.

EEC /ɪiː iː 'siː/ abbr European Economic Community (the Common Market) 欧(欧)洲经(经)济(济)共同体(体)(共同市场) Ōuzhōu jīngjì gòngtóngtǐ.

eel /iːl/ n [C] 鳗 shàn; 鳗 màn.

eerie /'ɪərɪ/ adj [-ier, -iest] 引起恐慌(慌)的 yǐnqǐ kǒngjǐn de; 奇怪的 qíguàide. **eerily** /'ɪə-rəlɪ/ adv.

effect /ɪ'fekt/ n 1 [C, U] 结果 jiéguǒ; 效果 xiàoguǒ. 2 [C] 印象 yìnxiàng. 3 **effects** [pl] [正式用语] (个人)财产(产) cáichǎn;所有物 suǒyǒuwù. 4 [习语] **bring/put sth into effect** 实(实)行 shíxíng; 使生效 shǐ shēngxiào. **in effect** (a) 事实(实)上 shíshí shàng; 实(实)际(际)上 shíjì shàng. (b) 正在实行 zhèngzài shíxíng. **take effect** 生效 shēngxiào. **effect** v [T] [正式用语]使发(发)生 shǐ fāshēng.

effective /ɪ'fektɪv/ adj 1 有效的 yǒuxiàode: the most ~ method 最有效的方法. 2 实(实)际(际)的 shíjìde; 事实上的 shíshí shàng de: the club's ~ membership 俱乐部实际上的会员. **effectively** adv. **effectiveness** n [U].

effectual /ɪ'fektʃuəl/ adj [正式用语]有效的 yǒuxiàode: an ~ remedy 有效的药剂 yǒuxiào de yàojì.

effeminate /ɪ'femɪnət/ adj [贬]

(男人)女人气(气)的 nǚrénqìde; 无(无)大丈夫气概的 wú dàzhàngfu qìgài de.

effervesce /ɪefə'ves/ v [I] 冒气(气)泡 mào qìpào. **effervescence** n [U] 1 冒泡 màopào; 起沫 qǐmò. 2 欢(欢)腾 huānténg. **effervescent** /-'vesnt/ adj.

efficient /ɪ'fɪʃnt/ adj 能胜(胜)任的 néng shèngrèn de: an ~ manager 能干的经理. 2 (机器等)效率高的 xiàolǜ gāo de. **efficiency** /-ʃnsɪ/ n [U]. **efficiently** adv.

effigy /'efɪdʒɪ/ n [C] [pl -ies] 肖像 xiàoxiàng; 模拟(拟)像 mónǐxiàng.

effort /'efət/ n 1 [U] 力量和精力 lìliàng hé jīnglì de shǐyòng: a waste of time and ~ 时间和精力的浪费. 2 [C] 努力尝(尝)试 nǔlì chángshì; 企图(图) qǐtú: make an ~ to escape 企图逃跑. **effortless** adj 不需要努力的 bù xūyào nǔlì de; 不费力的 bù fèilì de. **effortlessly** adv.

effrontery /ɪ'frʌntərɪ/ n [U] 厚颜 hòuyán; 无(无)耻 wúchǐ.

effusive /ɪ'fjuːsɪv/ adj 过(过)分热[热]情的 guòfèn rèqíng de. **effusively** adv.

EFL /ɪiː ef 'el/ abbr English as a Foreign Language 非母语英语课程 fēi mǔyǔ yīngyǔ kèchéng.

egg[1] /eg/ n 1 [C] 蛋 dàn. 2 [C, U] 食用蛋 shíyòngdàn. 3 [C] 卵细胞 luǎn xìbāo. 4 [习语] **put all one's eggs in one basket** 孤注一掷(掷) gū zhù yí zhì. **egg-cup** [C] (吃煮鸡蛋用的)蛋杯 dànbēi. **egghead** [C] [非正式用语, 贬] 自以为(为)有大学(学)问的人 zì yǐwéi yǒu dà xuéwèn de rén **egg-plant** [C, U] [尤用于美语]茄子 qiézi.

egg[2] /eg/ v [短语动词] **egg sb on** 鼓励(励)某人 gǔlì; 怂(怂)恿 sǒngyǒng.

ego /'egəu, 'iːgəu/ n [C] [pl ~s] 自我 zìwǒ; 自尊 zìzūn; 自负 zìfù.

egocentric /ɪegəu'sentrɪk/ US ˈiːg-/ adj 利己的 lìjǐde; 自我中心的 zìwǒ zhōngxīn de.

egoism /'egəuɪzəm/ US 'iːg-/ n [U] 自我主义(义) zìwǒzhǔyì; 利己主义 lìjǐzhǔyì. 2 自私自利 zìsī zìlì. **egoist** /-ɪst/ n [C] 自我主义者 zìwǒzhǔyìzhě. **egotistic** /ɪegə'tɪstɪk; *US* i:g-/ (亦作 **egotistical**) *adj*.

egotism /'egəʊtɪzəm; *US* i:g-/ *n* [U] 自我中心 zìwǒ zhōngxīn; 利己主义(义) lìjǐzhǔyì. **egotist** /-tɪst/ *n* [C] 自私自利者 zìsī zìlì zhě. **egotistic** /egə'tɪstɪk; *US* i:g-/ (亦作 **egotistical**) *adj*.

eiderdown /'aɪdədaʊn/ *n* [C] 鸭绒被 yāróngbèi; 鸭绒垫(垫) yāróngdiàn.

eight /eɪt/ *pron, adj, n* [C] 八 bā; 八个(个) bāgè, **eighth** /eɪtθ/ *pron, adj, n* 第八 dì bā; 第八个(个) dì bā gè. **eighth** *pron, n* [C] 八分之一 bāfēn zhī yī.

eighteen /eɪ'ti:n/ *pron, adj, n* [C] 十八 shíbā; 十八个(个) shíbā gè. **eighteenth** /eɪ'ti:nθ/ *pron, adj, n* 第十八 dì shíbā; 第十八个(个) dì shíbā gè. **eighteenth** *pron, n* [C] 十八分之一 shíbāfēn zhī yī.

eighty /'eɪtɪ/ *pron, adj, n* [*pl* **-ies**] 八十 bāshí; 八十个(个) bāshí gè. **eightieth** *pron, adj* 第八十 dì bāshí; 第八十个(个) dì bāshí gè. **eightieth** *pron, n* [C] 八十分之一 bāshífēn zhī yī.

either /'aɪðə(r), 'i:ðər/ *adj, pron* (两者中)任一个 rènyīgè; 两者一 liǎngzhě zhī yī: *park on ~ side of the road* 把车停在马路的哪一边都可以. **either** *adv, conj* **1** (与一个否定动词连用) 也 yě: *I don't like the red tie and I don't like the blue one ~*. 我不喜欢红领带, 也不喜欢蓝领带. **2 either ... or ...** (表示两者挑一)或者 huòzhě; 要么 yàome: *You can ~ write or phone for the book*. 你可以写信或者打电话要这本书.

eject /ɪ'dʒekt/ *v* [T] (*from*) 排出 páichū; 喷(喷)出 pēnchū. **ejection** /ɪ'dʒekʃn/ *n*. **ejector seat** *n* [C] (飞机)弹射座椅 tánshè zuòyǐ.

eke /i:k/ *v* (习语用语) **eke sth out** 竭力维持(生计) jiélì wéichí; 设法过(活) shèfǎ guò.

elaborate /ɪ'læbərət/ *adj* 复(复)杂(杂)的 fùzáde; 详尽(尽)的 xiángjìnde. **elaborate** /ɪ'læbəreɪt/ *v* [I, T] (*on*) 详细说明 xiángxì shuōmíng. **elaborately** *adv*.

elapse /ɪ'læps/ *v* [I] (正式用语) (时间)流逝 liúshì.

elastic /ɪ'læstɪk/ *adj* **1** 弹(弹)性的 tánxìngde; 有伸缩性的 yǒu shēnsuōxìng de. **2** [喻]可伸缩的 kě

shēnsuō de; 灵(灵)活的 línghuóde: *Our plans are fairly ~*. 我们的计划相当灵活. **elastic** *n* [U] 弹性织(织)物 tánxìng zhīwù. e**lastic 'band** *n* [C] 橡皮圈 xiàngpíquān. **elasticity** /elæ'stɪsətɪ, i:l-/ *n* [U].

elated /ɪ'leɪtɪd/ *adj* (*at/by*) 欢(欢)欣鼓舞的 huānxīn gǔwǔ de; 兴(兴)高采烈的 xìng gāo cǎi liè de. **elation** /ɪ'leɪʃn/ *n* [U].

elbow /'elbəʊ/ *n* [C] (a) 肘 zhǒu. (b) 衣服的肘部 yīfude zhǒubù. **elbow** *v* [短语动词] **elbow sb aside** 用肘推 yòng zhǒu tuī; 用肘挤(挤) yòng zhǒu jǐ. **elbow one's way** 挤进(进) jǐjìn; 挤过(过)jǐguò. '**elbow-grease** *n* [U] [非正式用语]苦差使 kǔchāishi; 重活 zhònghuó. '**elbow-room** *n* [U] [非正式用语]活动(动)余(余)地 huódòng yúdì.

elder¹ /'eldə(r)/ *adj* 年长(长)的 niánzhǎngde: *my ~ brother* 我的哥哥. **elder** *n* **1** my, etc **elder** [*sing*] 年龄(龄)较大的人 niánlíng jiàodà de rén. **2** [C] 长(长)者 zhǎngzhě; 前辈 qiánbèi. **3** [C] (某些基督教会的)长老 zhǎnglǎo. **elderly** *adj* 过(过)了中年的 guòle zhōngnián de; 上了年纪的 shàngle niánjì de. '**elder statesman** *n* [C] 政界元老 zhèngjiè yuánlǎo.

elder² /'eldə(r)/ *n* [C] [植物]接骨木 jiēgǔmù.

eldest /'eldɪst/ *adj, n* [C] (三人或三人以上的人中年龄(龄)最大的人) niánlíng zuìdà de.

elect /ɪ'lekt/ *v* [T] **1** 选(选)举(举)xuǎnjǔ. **2** [非正式用语]决定 juédìng. *They ~ed to stay*. 他们决定留下来. **elect** *adj* [正式用语]选出而未上任的 xuǎnchū ér wèi shàngrèn de: *president-~* 当选(尚未上任)总统. **elector** *n* [C] 有选举权(权)的人 yǒu xuǎnjǔquán de rén. **electoral** /ɪ'lektərəl/ *adj* 选举的 xuǎnjǔde. **electorate** /ɪ'lektərət/ *n* [C, 亦作 *sing*, 用 *pl* v] 总称]选举人 xuǎnjǔrén; 选民 xuǎnmín.

election /ɪ'lekʃn/ *n* [C, U] 选(选)举(举)xuǎnjǔ.

electric /ɪ'lektrɪk/ *adj* **1** 电(电)的 diànde; 电动(动)的 diàndòngde; 发(发)电的 fādiànde: *an ~ fire* 家用电火炉. **2** [喻]高度刺激的(gāo dù cìjī de) 使人激动(动)的 shǐ rén jīdòng de. **electrical** *adj* 由电发生的 yǒu diàn fāshēng de; 与(与)电

有关[關]的 yǒu diān yǒuguān de.

electrically /-klɪ/ adv. the e,lectric 'chair n [C] [尤用于美语]电椅 diànyǐ. e,lectric 'shock n [C] 触[觸]电 chùdiàn.

electrician /ɪˌlek'trɪʃn/ n [C] 电[電]工 diàngōng.

electricity /ɪˌlek'trɪsətɪ/ n [U] 1 电[電] diàn; 电能 diànnéng. 2 电力供应[應] diànlì gōngyìng: Don't waste ～. 别浪费电.

electrify /ɪ'lektrɪfaɪ/ v [pt, pp -ied] [T] 1 向…供电(電) xiàng…gōngdiàn. 2 [喻]使激动[動] shǐ jīdòng; 使震惊[驚] shǐ zhènjīng.

electrocute /ɪ'lektrəkjuːt/ v [T] 用电(電)刑处[處]死 yòng diànxíng chǔsǐ. **electrocution** /ɪˌlektrə'kjuːʃn/ n [U].

electrode /ɪ'lektrəʊd/ n [C] 电[電]极[極] diànjí.

electron /ɪ'lektrɒn/ n [C] 电[電]子 diànzǐ. **electronic** /ɪˌlek'trɒnɪk/ adj 1 电子的 diànzǐ de; 用电子操纵[縱]的 yòng diànzǐ cāozòng de: an ～ calculator 电子计算器. 2 电子器件的 diànzǐ qìjiàn de. **electronically** /-klɪ/ adv. **electronics** /ɪˌlek'trɒnɪks/ n [U] [用 sing v] 电子学[學] diànzǐxué.

elegant /'elɪɡənt/ adj 雅致的 yǎzhìde; 优[優]美的 yōuměide. **elegance** /-gəns/ n [U]. **elegantly** adv.

element /'elɪmənt/ n 1 [C] (in/ of) 组成部分 zǔchéng bùfen: Justice is only one ～ in good government. 公正只是仁义的一个要素. 2 [C, 常为 sing] 少量 shǎoliàng: an ～ of truth in their story 他们的话中的一点道理. 3 [C] (化学) 元素 yuánsù. 4 **the elements** [pl] 大自然的力量 dà zìránde lìliàng; 坏[壞]天气[氣] huài tiānqì. 5 **elements** [pl] 原理 yuánlǐ; 基础[礎] jīchǔ. 6 [C] 电[電]阻丝(电热壶等的供热部件) diànzǔsī. 7 [习语] in one's 'element 处[處]于适[適]宜环[環]境之中 chǔyú shìyí huánjìng zhī zhōng. out of one's 'element 处于不适宜环境之中 chǔyú bú shìyí huánjìng zhī zhōng; 不得其所 bù dé qí suǒ.

elementary /ˌelɪ'mentərɪ/ adj 1 基本的 jīběnde; 初级的 chūjíde; 基础[礎]的 jīchǔde: ～ maths 基础数学. 2 简单[單]的 jiǎndānde: ～

question 简单的问题. ele'mentary ,school n [C] [美语]小学[學] xiǎoxué.

elephant /'elɪfənt/ n [C] 象 xiàng; 大象 dàxiàng.

elevate /'elɪveɪt/ v [T] [正式用语] 1 升高 shēnggāo; 抬起 táiqǐ. 2 提高(思想等) tígāo.

elevation /ˌelɪ'veɪʃn/ n 1 [sing] 提高 tígāo; 提升 tíshēng. 2 [C] 海拔 hǎibá. 3 [C] (建筑物) 正视图[圖] zhèngshìtú.

elevator /'elɪveɪtə(r)/ n 1 [C] [美语]电[電]梯 diàntī. 2 斗式皮带输送机[機] dǒushì pídài shūsòngjī.

eleven /ɪ'levn/ pron, adj, n 11 shíyī; 11 个[個] shíyīgè. **elevenses** /-zɪz/ n [U] [英语]上午 11 时[時]用的茶点[點] shàngwǔ shíyīshí yòng de chádiǎn. **eleventh** /ɪ'levnθ/ pron, adj 第11(个) dìshíyī. **eleventh** pron, n [C] 十一分之一 shíyīfēn zhī yī.

elf /elf/ n [C] [pl **elves** /elvz/] (民间故事中善与人捣乱的)小精灵[靈] xiǎo jīnglíng.

elicit /ɪ'lɪsɪt/ v [T] (from) [正式用语]引出 yǐnchū; 诱出(想了解的情况等) yòuchū.

eligible /'elɪdʒəbl/ adj (for; to) 合格的 hégéde; 适[適]宜的 shìyíde; 符合要求的 fúhé yāoqiú de. **eligibility** /ˌelɪdʒə'bɪlətɪ/ n [U].

eliminate /ɪ'lɪmɪneɪt/ v [T] 消灭[滅] xiāomiè; 消除 xiāochú. **elimination** /ɪˌlɪmɪ'neɪʃn/ n [U].

élite /eɪ'liːt/ n [C] 社会[會]精英 shèhuì jīngyīng; 精锐[銳] jīngruì /-izəm/ n [U] [常褒]精英主义[義] jīngyīngzhǔyì; 精英统治 jīngyīng tǒngzhì. **élitist** /-tɪst/ n [C], adj.

elk /elk/ n [C] 麋鹿 mílù.

ellipse /ɪ'lɪps/ n [C] 椭[橢]圆[圓] tuǒyuán. **elliptical** /ɪ'lɪptɪkl/ adj.

elm /elm/ n (a) [C] (亦作 'elm tree) 榆 yú. (b) [U] 榆木 yúmù.

elocution /ˌelə'kjuːʃn/ n [U] 演说术[術] yǎnshuōshù; 演讲[講]技巧 yǎnjiǎng jìqiǎo.

elongate /'iːlɒŋɡeɪt; US ɪ'lɔːŋ-/ v [T] 伸长[長] shēncháng; 拉长 lācháng; 延长 yáncháng.

elope /ɪ'ləʊp/ v [I] 私奔 sībēn. **elopement** n [C, U].

eloquence /'eləkwəns/ n [U] 雄辩 xióngbiàn; 口才 kǒucái. **eloquent** /-ənt/ adj. **eloquently** adv.

else /els/ adv 1 另外 lìngwài; 其他

qìtā: *Have you anything ~ to do?* 你还有其他事要做吗？*We went to the cinema and nowhere ~*. 我们去了电影院，没有去其他地方。**2** [习语] **or else** 否则 fǒuzé: *Run or ~ you'll be late*. 快跑，否则你就要晚了。**elsewhere** /ˌels'weə(r); US -'hweər/ *adv* 在别处[国] zài biéchù; 向别处 xiàng biéchù.

ELT /ˌiː el 'tiː/ *abbr* English Language Teaching 英语教学（学） Yīngyǔ jiàoxué.

elucidate /ɪ'luːsɪdeɪt/ *v* [T] [正式用语] 阐[闡]明 chǎnmíng; 解释 jiěshì.

elude /ɪ'luːd/ *v* [T] **1** 逃避 táobì; 躲避 duǒbì; 避开[開] bìkāi. **2** 不为[爲]…所记得 bù wèi … suǒ jìdé. **elusive** /ɪ'luːsɪv/ *adj* 难[難]以捉摸的 nán yǐ zhuōmō de; 难[難]以记[記]忆的 nán yǐ jìyì de; 难以形容的 nán yǐ xíngróng de.

elves *pl* of ELF.

emaciated /ɪ'meɪsɪeɪtɪd/ *adj* 消瘦的 xiāoshòude; 憔悴的 qiáocuìde.

email /'iːmeɪl/ *n* 电[電]子邮件 diànzǐ hán jiàn, **email** *v* [T]给…发电子邮件 gěi … fā diànzǐ hànjiàn. **'email address** *n* [C] 电邮[郵]地址 diànyóu dìzhǐ.

emanate /'eməneɪt/ *v* [I] *from* [正式用语]散发[發] sànfā; 发射 fāshè.

emancipate /ɪ'mænsɪpeɪt/ *v* [T] (尤指政治上或社会问题上)解放 jiěfàng. **emancipation** /ɪˌmænsɪ'peɪʃn/ *n* [U].

embalm /ɪm'bɑːm; US 亦作 -'bɑːlm/ *v* [T] (用化学药剂)对[對](尸体)作防腐处[處]理 duì zuò fángfǔ chǔlǐ.

embankment /ɪm'bæŋkmənt/ *n* [C] 堤岸 dī'àn; 路堤 lùdī.

embargo /ɪm'bɑːgəʊ/ *n* [C] [*pl* ~es /-gəʊz/] *(on)* 禁止贸易 jìnzhǐ màoyì lìng. **embargo** *v* [*pt*, *pp* ~ed /-gəʊd/] [T] 禁止(贸易) jìnzhǐ.

embark /ɪm'bɑːk/ *v* **1** [I] 上船 shàngchuán. **2** [短语动词] **embark on/upon sth** 从[從]事 cóngshì; 开[開]始 kāishǐ. **embarkation** /ˌembɑː'keɪʃn/ *n* [U, C].

embarrass /ɪm'bærəs/ *v* [T] 使为[爲]难[難] shǐ wéinán; 使尴[尷]尬 shǐ gāngà; 使难为情 shǐ nánwéiqíng: *His smile ~ed her*. 他微微一笑使他感到很尴尬. **embar-**

rassing *adj*: *an ~ing mistake* 使人难堪的错误. **embarrassingly** *adv*. **embarrassment** *n* [U, C].

embassy /'embəsi/ *n* [C] [*pl* -ies] 大使馆 dàshǐguǎn.

embed /ɪm'bed/ *v* [-dd-] [T] *(in)* [常用被动语态]把…嵌入 bǎ … qiànrù; 把…放入 bǎ … fàngrù.

embellish /ɪm'belɪf/ *v* [T] **1** *(with)* [常用被动语态]美化 měihuà; 装[裝]饰 zhuāngshì. **2** 给(叙述)添加细节[節] gěi xùshù xìjié. **embellishment** *n* [C, U].

ember /'embə(r)/ *n* [C, 常用 *pl*] 余(餘)烬[燼] yújìn.

embezzle /ɪm'bezl/ *v* [I, A] 盗用 dàoyòng; 贪污 tānwū.

embitter /ɪm'bɪtə(r)/ *v* [T] [常用被动语态]激怒 jīnù; 使愤怨 shǐ fènnù.

emblem /'embləm/ *n* [C] 象征(徵) xiàngzhēng; 标[標]志 biāozhì: *The dove is an ~ of peace*. 鸽子是和平的象征.

embody /ɪm'bɒdi/ *v* [*pt, pp* -ied] *(in)* [正式用语]体[體]现 tǐxiàn; 使具体化 shǐ jùtǐhuà. **embodiment** *n* [*sing*]: *She is the embodiment of honesty*. 她是诚实的化身.

embossed /ɪm'bɒst; US -'bɔːst/ *adj* **1** (表面)有浮雕图[圖]案的 yǒu fúdiāo tú'àn de. **2** (图案)凸起的 tūqǐde, 隆起的 lóngqǐde.

embrace /ɪm'breɪs/ *v* **1** [I, A] 拥[擁]抱 yōngbào. **2** [T] [正式用语]欣然接受(主意、宗教等) xīnrán jiēshòu. **3** [T] [正式用语]包含 bāohán; 包括 bāokuò. **embrace** *n* [C] 拥抱 yōngbào: *a loving ~* 爱的拥抱.

embroider /ɪm'brɔɪdə(r)/ *v* **1** [I, T] 在…上刺绣[繡] zài … shàng cìxiù; 在…上绣花丝 zài … shàng xiùhuà. **2** [T] 渲染 xuànrǎn, **embroidery** *n* [U].

embryo /'embrɪəʊ/ *n* [C] [*pl* ~s /-əʊz/] **1** 胚胎 pēitāi; 胚 pēi. **2** [习语] in embryo 在未成熟时[時]期 zài wèi chéngshú shíqī. **embryonic** /ˌembrɪ'ɒnɪk/ *adj*.

emerald /'emərəld/ *n* [C] 绿宝[寶]石 lǜbǎoshí. **emerald** *adj* 鲜绿色的 xiānlǜsède; 翠绿色的 cuìlǜsède.

emerge /ɪ'mɜːdʒ/ *v* [I] **1** 出现 chūxiàn; 浮现 fúxiàn. **2** (事实等)被知晓[曉] bèi zhīxiǎo. **emergence** /-dʒəns/ *n* [U]. **emergent**

/-dʒənt/ adj 新出现的 xīn chūxiàn de; 发(發)展的 fāzhǎnde.

emergency /ɪ'mɜːdʒənsɪ/ n [C, U] [pl -ies] 紧(緊)急情况 jǐnjí qíngkuàng; 突发(發)事件 tūfā shìjiàn.

emigrate /'emɪɡreɪt/ v [I] 移居国(國)外 yíjū guówài. **emigrant** /'emɪɡrənt/ n 移居外国(國)的人 yíjū wàiguó de rén; 移民 yímín. **emigration** /ˌemɪ'ɡreɪʃn/ n [U].

eminent /'emɪnənt/ adj (人)著名的 zhùmíngde; 卓越的 zhuóyuède. **eminence** /-əns/ n [U]. **eminently** adv [正式用语]非常 fēicháng; 明显(顯)地 míngxiǎnde; ~ly qualified 非常胜任的.

emir /e'mɪə(r)/ n [C] 埃米尔(爾) (某些穆斯林国家统治者的称号) āimǐ'ěr. **emirate** /'emɪərət/ n [C] 埃米尔的管辖地 āimǐ'ěrde guǎnxiádì; 埃米尔的职(職)位 āimǐ'ěrde zhíwèi.

emit /ɪ'mɪt/ v [-tt-] [正式用语]散发(發) sànfā; 发射 fāshè; ~ heat 散发热. **emission** /ɪ'mɪʃn/ n [U, C].

emoticon /ɪ'məʊtɪkɒn/ n [C] 表情符号 biǎoqíngfúhào; 情感图(圖)标(標)qíngǎn túbiāo.

emotion /ɪ'məʊʃn/ n [C, U] 情绪 qíngxù; 情感 qínggǎn. **emotional** /-ʃənl/ adj 1 情感的 qínggǎnde; 情绪的 qíngxùde. 2 易动情感的 yìdòng qínggǎn de; 激动(動)人心的 jīdòng rénxīn de: an ~al speech 激动人心的演说. 3 表现(現)强烈)感情的 biǎoxiàn qiángliè gǎnqíng de. **emotionally** adv. **emotional quotient** n [U] 情商 qíngshāng.

emotive /ɪ'məʊtɪv/ adj 激动(動)情感的 jīdòng qínggǎn de.

emperor /'empərə(r)/ n [C] 皇帝 huángdì.

emphasis /'emfəsɪs/ n [C, U] [pl -ases /-əsiːz/] 1 强调 qiángdiào. 2 强语气(氣) qiáng yǔqì. **emphasize** /-əsaɪz/ v [T] 强调 qiángdiào. **emphatic** /ɪm'fætɪk/ adj 强调的 qiángdiàode; 加强语气的 jiāqiáng yǔqì de. **emphatically** /-klɪ/ adv.

empire /'empaɪə(r)/ n [C] 帝国(國) dìguó.

empirical /ɪm'pɪrɪkl/ adj (知识)以经(經)验(驗)(或观察)为(為)依据(據)的 yǐ jīngyàn wéi yījù de; 经验主义(義)的 jīngyànzhǔyìde.

employ /ɪm'plɔɪ/ v [T] 1 雇用 gù-

yòng. 2 [正式用语]使用 shǐyòng; 用 yòng. **employable** adj 达(達)到受雇条(條)件的 dádào shòugù tiáojiàn de. **employee** /ˌemplɔɪ'iː/ n 雇工 gùgōng; 受雇者 shòugùzhě; 雇员 gùyuán. **employer** /ɪm'plɔɪə(r)/ n 雇主 gùzhǔ. **employment** n [U] 1 职(職)业(業) zhíyè; 付酬的工作 fùchóude gōngzuò. 2 雇用 gùyòng.

empower /ɪm'paʊə(r)/ v [T] [正式用语]常用被动语态]授权(權)给 shòuquán gěi.

empress /'emprɪs/ n [C] 女皇 nǚhuáng; 皇后 huánghòu.

empty /'emptɪ/ adj [-ier, -iest] 1 空的 kōngde. 2 无(無)价(價)值的 wú jiàzhí de; 无意义(義)的 wú yìyì de: ~ promises 无价值的许诺. **empties** n [pl] 空桶 kōngtǒng; 空瓶 kōngpíng; 空箱 kōngxiāng. **emptiness** /-tɪnɪs/ n [U].

empty v [pt, pp -ied] [I, T] (使)成为(為)空 chéngwéi kōng. **empty-'handed** adj 空手的 kōngshǒude; 一无(無)所获(獲)的 yì wú suǒ huò de. **empty-'headed** adj 愚蠢的 yúchǔnde.

emu /'iːmjuː/ n [C] (澳洲产的)鸸鹋 érmiáo.

emulate /'emjʊleɪt/ v [T] [正式用语]同…竞(競)争 tóng … jìngzhēng; 努力赶上或超过(過)nǔlì gǎnshàng huò chāoguò. **emulation** /ˌemjʊ'leɪʃn/ n [U].

emulsion /ɪ'mʌlʃn/ n [C, U] 乳胶(膠)rǔjiāo; 乳剂(劑)rǔjì.

enable /ɪ'neɪbl/ v [T] to 使能够 shǐ nénggòu.

enamel /ɪ'næml/ n [U] 1 釉药(藥) yòuyào; 珐琅(琺)fàláng; 搪瓷 tángcí. 2 珐琅质(質)fàláng zhì. **enamel** v [-ll-; 美语亦作 -l-] 涂(塗)瓷釉于… tú cíyòu yú…

enamoured (美语 -ored) /ɪ'næməd/ adj of 迷恋(戀)于…的 míliàn yú … de.

enchant /ɪn'tʃɑːnt/ v [T] 使喜悦 shǐ xǐyuè; 使心醉 shǐ xīnzuì. **enchanted** /-ɪd/ adj 着了魔的 zháolemóde. **enchanting** adj 迷人的 mírénde; 醉人的 zuìrénde. **enchantment** n [U, C].

encircle /ɪn'sɜːkl/ v [T] 包围(圍)bāowéi; 环(環)绕 huánrào.

enclave /'enkleɪv/ n [C] 飞(飛)地(国境内属于另一国的一块领土)fēidì.

enclose /ɪn'kləʊz/ v [T] 1 把…围

[圈]起来[來] 5 bǎ … wéi qǐlái. 2 把 … 封入(信封) bǎ … fēngrù. **enclosure** /ɪn'kləʊʒə(r)/ n [C] 1 (四周 有围墙等的)围场[場] wéichǎng. 2 (信内的)附件 fùjiàn.

encore /'ɒŋkɔː(r)/ interj, n [C] 再来[來]一个[個]! zài lái yíge! 重 演 chóngyǎn; 重唱 chóngchàng.

encounter /ɪn'kaʊntə(r)/ v [T] [正式用语]遇到 yùdào; 意外地遇 到(朋友) yìwàide yùdào. **encounter** n [C] 意外的相见 xiāngjiàn; 不愉快的相见 yúkuài de xiāngjiàn.

encourage /ɪn'kʌrɪdʒ/ v [T] 鼓励 [勵] gǔlì; 支持 zhīchí: They ~d him to come. 他们鼓励他来. **encouragement** n [C, U]. **encouraging** adj: encouraging news 鼓舞人心的消息.

encroach /ɪn'krəʊtʃ/ v [I] (on) [正式用语]侵犯 qīnfàn; 侵占 [佔] qīnzhàn; ~ on sb's right 侵犯某 人的权利.

encrypt /en'krɪpt; ɪn-/ v [T] 加密 jiāmì.

encyclopedia (亦作 **-paedia**) /ɪn- ˌsaɪklə'piːdɪə/ n [C] 百科全书 [書] bǎikēquánshū. **encyclopedic** (亦作 **-paedic** /-'piːdɪk/) adj 广 [廣]博的 guǎngbó de.

end /end/ n [C] 1 末尾 mòwěi; 末 端 mòduān; 尽[盡]头[頭] jìntóu: at the ~ of the street 在街道的 尽头. at the ~ of the war 在战 争结束时. 2 剩余[餘]部分 shèngyú bùfen; 残[殘]余部分 cányú bùfen: cigarette ~s 香烟头. 3 目的 mù- dì; 目标[標] mùbiāo: with this ~ in view 以此为[為]目标. 4 [习语] in the 'end 最后[後] zuìhòu; 终于 zhōngyú. **make ends meet** 量入为 [為]出 liàng rù wéi chū. **no end of sth** [非正式用语]无[無]数[數]的 wúshù; 大量 dàliàng. **on 'end** (a) 直立 zhílì; 竖[豎]着 shùzhe. (b) 连续[續]地 liánxùde: rain for days on ~ 一连接几天地下雨. **put an end to sth** 使…停止 tíngzhǐ; 结束 jiéshù. **end** v 1 [I, T] 结束 jiéshù; 使结束 shǐ jiéshù; 结束某动词 **end up** 结束 jiéshù; 告终 gào- zhōng. **ending** n [C] 词尾 cíwěi; 结尾 jiéwěi; 结局 jiéjú. **endless** /-'lɪs/ adj 无止境的 wú zhǐjìng de; 无穷[窮]的 wúqióng; 没完 的 méiwán de. **endlessly** adv.

endanger /ɪn'deɪndʒə(r)/ v [T]

危及 wēijí; 危害 wēihài.

endear /ɪn'dɪə(r)/ v [T] to [正式 用语]使爱喜欢[歡] shǐ shòu xǐ- huān. **endearment** n [C, U] 亲 [親]爱[愛]的表示 qīn'àide biǎo- shì.

endeavour (美语 **-vor**) /ɪn'de- və(r)/ v [I] to [正式用语]努力 nǔlì; 力图[圖] lìtú. **endeavour** n [正式用语] 1 [C] 尝[嘗]试 cháng- shì. 2 [U] 努力 nǔlì; 尽[盡]力 jìn- lì.

endemic /en'demɪk/ adj [正式用 语]流行的 liúxíng; 地方性的(病) liúxíng yú mǒu dìfang de.

endorse /ɪn'dɔːs/ v [T] 1 赞[讚] 同 zàntóng. 2 支持 zhīchí. 2 背签 [簽](支票) bèiqiān. 3 [常用被动 态态](驾驶员执照)被写[寫]上违 [違]章记录案) bèi xiěshàng wéi- zhāng jìlù. **endorsement** n [C, U].

endow /ɪn'daʊ/ v [T] 1 捐款 juān- kuǎn; 资助 zīzhù. 2 [习语] **be en- dowed with sth** 有…的天赋 yǒu … de tiānfù. **endowment** n [C, U].

endure /ɪn'djʊə(r); US -'dʊər/ v 1 [T] 忍耐 rěnnài; 忍受 rěnshòu. 2 [I] 持久 chíjiǔ; 持续[續] chíxù. **endurance** n [U] 忍耐力 rěnnàilì. **enduring** adj 持久的 chíjiǔde; 耐 久的 nàijiǔde.

enemy /'enəmɪ/ n [pl -ies] 1 [C] 敌[敵]人 dírén. 2 **the enemy** [sing] [用 sing 或 pl v] 敌军 dí- jūn; 敌国[國] díguó.

energy /'enədʒɪ/ n [U] 活力 huó- lì; 劲[勁]力 jìnlì. 2 energies [pl] (人 的)精力 jīnglì; 能力 nénglì. 2 [U] 能 néng; 能量 néngliàng: atomic ~ 原子能. **energetic** /ˌenə- 'dʒetɪk/ adj 精力旺盛的 jīnglì wàngshèng de. **energetically** /-klɪ/ adv.

enforce /ɪn'fɔːs/ v [T] 强迫服从 [從]law fúcóng; 实[實]施 shí- shī. **enforceable** adj. **enforce- ment** n [U].

engage /ɪn'geɪdʒ/ v 1 [T] [正式用 语]雇用 gùyòng; 聘 pìn. 2 [T] [正 式用语]占用 xīyǐn, 占(佔)用(注意 力等) zhànyòng. 3 [I, T] (使机器 部件)啮[嚙]合 nièhé. 4 [短语动 词] **engage (sb) in sth** 使从[從] 事 shǐ cóngshì; 使参[參]加 shǐ cān- jiā. **engaged** adj 1 已订婚的 yǐ dìnghūn de. 2 (电话线等)被占用的 bèi zhànyòng de; 使用中的 shǐyòng zhōng de; 忙的 mángde; 从事…的 cóngshì … de. **engagement** n [C] **1** 订婚 dìnghūn. **2** 约会[會] yuēhuì. **3** [正式用语] 雇约[約] huòchétóu. **engaging** adj 可爱[愛]的 kě'ài-de; 迷人的 mírénde.

engine /'endʒɪn/ n [C] **1** 发[發]动[動]机[機] fādòngjī; 引擎 yǐnqíng. **2** 火车头[頭] huǒchētóu. '**engine-driver** n [C] 火车司机 huǒchē sījī.

engineer /ˌendʒɪ'nɪə(r)/ n [C] **1** 工程师[師] gōngchéngshī. **2** (操纵发动机的)技工 jìgōng. **engineer** v [T] 策划[劃] cèhuà. **engineering** n [U] 工程 gōngchéng; 工程师行业[業] gōngchéngshī hángyè.

English /'ɪŋglɪʃ/ n **1** [U] 英语 Yīngyǔ. **2 the English** [pl] 英国[國]人 Yīngguórén. **English** adj 英国的 Yīngguóde; 英国人的 Yīngguórén de; 英语的 Yīngyǔde. **Englishman** /-mən/ [pl -men], **Englishwoman** [pl -women] n [C] 英国人 Yīngguórén.

engrave /ɪn'greɪv/ v [T] **1** A on B/B B (with A) 在…上雕刻 zài … shàng diāokè. **2** [习语] be engraved on sb's mind, memory, etc 铭刻于心 míngkè yú xīn; 铭记 míngjì. **engraver** n [pl -men]. **engraving** n [C] **1** 雕版印刷品 diāobǎn yìnshuāpǐn. **2** [U] 雕刻品 diāokèpǐn.

engross /ɪn'grəʊs/ v [T] 常用被动语态] 全神贯注于 quán shén guàn zhù yú; ~ed in her work (她全神贯注于工作).

engulf /ɪn'gʌlf/ v [T] 使陷入 shǐ xiànrù; 使消失 shǐ xiāoshī: The hotel was ~ed in flames. 饭店陷入一片火海中.

enhance /ɪn'hɑːns/ v [T]; US -hæns/ 提高(质量) tígāo. **enhancement** n [U, C].

enigma /ɪ'nɪgmə/ n [C] 神秘的事物 shénmìde shìwù; 谜 mí. **enigmatic** /ˌenɪg'mætɪk/ adj. **enigmatically** /-klɪ/ adv.

enjoy /ɪn'dʒɔɪ/ v [T] **1** 欣赏 xīnshǎng; 喜爱[愛] xǐ'ài. **2** 享受 xiǎngshòu; 有有 xiǎngyǒu: ~ good health 身体健康. **3** ~ oneself 生活愉快 shēnghuó kuàilè. **enjoyable** adj 有乐趣的 yǒu lèqù de; 能使人快乐的 néng shǐ rén kuàilè de. **enjoyably** adv. **enjoyment** n [U, C].

enlarge /ɪn'lɑːdʒ/ v **1** [I, T] 变

[變] biàndà; 增大 zēngdà; 扩[擴]大 kuòdà; 放大 fàngdà. **2** [短语动词] **enlarge on sth** [正式用语]详述 xiángshù. **enlargement** n [C, U].

enlighten /ɪn'laɪtn/ v [T] 启[啟]发[發] qǐfā; 开[開]导[導] kāidǎo. **enlightenment** n [U].

enlist /ɪn'lɪst/ v **1** [I, T] 征[徵]募 zhēngmù; (使)服兵役 fú bīngyì. **2** 谋取 móuqǔ; 罗[羅]致 luózhì. **enlistment** n [U, C].

enormity /ɪ'nɔːmətɪ/ n [pl -ies] **1** [C, U] [正式用语] 穷[窮]凶极[極]恶[惡]思[惡]穷凶极[極]的 qióng xiōng jí è; 无[無]法无天 wúfǎ wútiān. **2** [U] 庞[龐]大 pángdà.

enormous /ɪ'nɔːməs/ adj 庞[龐]大的 pángdàde; 巨大的 jùdàde. **enormously** adv 极[極]大地 jídàde; 巨大地 jùdàde.

enough /ɪ'nʌf/ adj, pron 足够的 zúgòude; 充足的 chōngzúde: 足够 zúgòu; 充足 chōngzú: Is £100 ~? 100 英镑够吗? **enough** adv **1** 足够地 zúgòude; 充分地 chōngfènde: not old ~ 年纪不够大. **2** [习语] oddly, strangely, etc **enough** 说来奇怪 shuō lái qíguài.

enquire, enquiry ⇒ INQUIRE, INQUIRY.

enraged /ɪn'reɪdʒd/ adj 勃然大怒的 bórán dànù de.

enrich /ɪn'rɪtʃ/ v [T] **1** (with) 使丰[豐]富 shǐ fēngfù; 加料于 jiāliào yú; 增进[進] zēngjìn: soil ~ed with fertilizer 施用了肥料的土壤. **2** 使富裕 shǐ fùyù; 使富裕 shǐ fùyù. **enrichment** n [C, U].

enrol (亦作, 尤用于美语 **-ll**) /ɪn'rəʊl/ v [-ll-] [I, T] 招收 zhāoshōu; (使)入学[學] rùxué; 注册 zhùcè. **enrolment** n [U, C].

en route /ˌɒn 'ruːt/ adv [法语] 在途中 zài tú zhōng.

ensemble /ɒn'sɒmbl/ n [C] **1** 全体[體] quántǐ; 总[總]体 zǒngtǐ. **2** 演唱组 yǎnchàngzǔ; 演奏组 yǎnzòuzǔ.

ensign /'ensən, 亦作 'ensaɪn/ n [C] **1** 军舰旗 jūnjiànqí. **2** [美国]海军少尉 hǎijūn shàowèi.

ensue /ɪn'sjuː; US -'suː/ v [I] 跟着发[發]生 gēnzhe fāshēng; 结果产[產]生 jiéguǒ chǎnshēng; 结果是 jiéguǒ shì.

ensure (美语 **insure**) /ɪn'ʃɔː(r); US ɪn'ʃʊər/ v [T] 保证[證] bǎozhēng; 担[擔]保 dānbǎo.

entail /ɪn'teɪl/ v [T] 需要 xūyào: *Your plan ~s a lot of work.* 你的计划需要大量的工作.

entangled /ɪn'tæŋgld/ adj (in) 缠[纏]住的 chánzhùde. **entanglement** n [C, U].

enter /'entə(r)/ v 1 [I, T] 进[進]入 jìnrù; 入 rù. 2 [T] 加入 jiārù; 参[參]加 cānjiā: ~ *university* 进入大学. 3 [T] 登录[錄](细节) dēnglù. 4 [I, T] 参加(竞赛、考试等) cānjiā. 5 (短语动词) **enter into sth** (a) 开[開]始 从[從]事 kāishǐ cóngshì. (b) 构[構]成 … 的一部分 gòuchéng … de yī bùfen. **enter on / upon sth** [正式用语]开始 kāishǐ; 着手 zhuóshǒu.

enterprise /'entəpraɪz/ n 1 [C] 新计划[劃]的 项[項]目的计划 jìhuà. 2 [U] 勇气[氣] yǒngqì; 进[進]取心 jìnqǔxīn; 事业[業]心 shìyèxīn. 3 [C] 商业企业 shāngyè qǐyè: *private* ~ 私人企业. **enterprising** adj 有进[進]取心的 yǒu jìnqǔxīn de; 有事业心的 yǒu shìyèxīn de.

entertain /entə'teɪn/ v 1 [I, T] 使娱乐[樂] shǐ yúlè; 使有兴[興]趣 shǐ yǒu xìngqù. 2 [I, T] 招待 zhāodài; 款待 kuǎndài. 3 [T] 怀[懷]有 huáiyǒu; 持有 chíyǒu; 准[準]备[備]考虑[慮] zhǔnbèi kǎolǜ: ~ *an idea* 怀有想法. **entertainer** n [C] 表演者 biǎoyǎnzhě. **entertaining** adj 娱乐的 yúlède; 有趣的 yǒuqùde. **entertainment** n 1 [U] 招待 zhāodài; 款待 kuǎndài; 娱乐 yúlè. 2 [C] 表演 biǎoyǎn; 文娱节[節]目 wényú jiémù.

enthral (亦作 **enthrall**, 尤用于美语) /ɪn'θrɔːl/ v [-ll-] 迷住 mízhù.

enthuse /ɪn'θjuːz; US -'θuːz/ v [I] (about/over) 表现出热[熱]情 biǎoxiànchū rèqíng; 津津乐[樂]道 jīnjīn lèdào.

enthusiasm /ɪn'θjuːzɪæzəm; US -'θuː-/ n [U] 热[熱]情 rèqíng; 热心 rèxīn; 积[積]极[極]性 jījíxìng. **enthusiast** /-æst/ n [C] 热心人 rèxīnrén; 热情者 rèqíngzhě. **enthusiastic** /ɪn,θjuːzɪ'æstɪk; US -,θuː-/ adj 热心的 rèxīnde; 热情的 rèqíngde. **enthusiastically** /-klɪ/ adv.

entice /ɪn'taɪs/ v [T] 诱惑 yòuhuò; 怂[慫]恿 sǒngyǒng. **entice-**

ment n [C, U].

entire /ɪn'taɪə(r)/ adj 全部的 quánbùde; 完全的 wánquánde; 完整的 wánzhěngde. **entirely** adv. **entirety** /ɪn'taɪərətɪ/ n [U].

entitle /ɪn'taɪtl/ v [T] 1 给(书)题名 gěi tímíng. 2 给予 … 权[權]利 jǐyǔ … quánlì. **entitlement** n [C, U].

entity /'entətɪ/ n [C] [pl -ies] [正式用语]存在 cúnzài; 实[實]体 shítǐ.

entourage /ˌɒntu'rɑːʒ/ n [C, 亦作 sing, 用 pl v] 随[隨]行人员 suíxíng rényuán; 扈从[從] hùcóng.

entrance[1] /'entrəns/ n 1 [C] 入口处[處] rùkǒuchù; 门[門]口 ménkǒu. 2 [C] 进[進]入 jìnrù. 3 [U] 进入权[權] jìnrùquán.

entrance[2] /ɪn'trɑːns; US -'træns/ v [T] 使入迷 shǐ rùmí; 使欣乐[樂] shǐ kuàilè: ~*d by the music* 被音乐迷住了.

entrant /'entrənt/ n [C] 刚[剛]就业[業]者 gāng jiùyè zhě; 参[參]加竞[競]赛者 cānjiā jìngsài zhě.

entreat /ɪn'triːt/ v [T] [正式用语] 恳[懇]求 kěnqiú; 央求 yāngqiú. **entreaty** n [C, U] [pl -ies] 恳求 kěnqiú.

entrenched /ɪn'trentʃt/ adj (主意等)确[確]立了的 quèlìliǎode.

entrepreneur /ˌɒntrəprə'nɜː(r)/ n [C] 企业[業]家 qǐyèjiā.

entrust /ɪn'trʌst/ v [T] with; to 委托[託] wěituō; 托管 tuōguǎn: ~ *the job to him* 把这工作委托给他. ~ *him with the job* 委托给他这项工作.

entry /'entrɪ/ n [pl -ies] 1 [C] 进[進]入 jìnrù. 2 [U] 进入权[權] jìnrùquán. 3 [C] 入口 rùkǒu; 门口 ménkǒu. 4 条[條]目 tiáomù; 项目 xiàngmù; 词条 cítiáo: *dictionary entries* 词典词目. **'entry visa** [C] 入境签[簽]证[證] rùjìng qiānzhèng.

enumerate /ɪ'njuːməreɪt; US ɪ'nuː-/ v [T] 数[數]说 shǔshuō; 点[點]点 diǎndiǎn. **enumeration** /ɪ,njuːmə'reɪʃn; US ɪ,nuː-/ n [U].

enunciate /ɪ'nʌnsɪeɪt/ v [T] (清晰地发[發]音 fāyīn; 念[唸]字 niànzì; (清晰地)发(音) fā; 念(字) niàn.

envelop /ɪn'veləp/ v [T] 包 bāo; 裹 guǒ; 封 fēng: ~*ed in fog* 被雾遮蔽. **envelopment** n [U].

envelope /'envələʊp, 亦作 'ɒn-/ n

[C] 信封 xìnfēng.

enviable /'enviəbl/ adj 值得羡慕的 zhíde xiànmù de; 引起妒忌的 yǐnqǐ dùjì de.

envious /'enviəs/ adj 妒忌的 dùjì de. **enviously** adv.

environment /ɪn'vaɪərənmənt/ n [C, U] 环[環]境 huánjìng. **environmental** /ɪnˌvaɪərən'mentl/ adj. **environmentalist** /ɪnˌvaɪərən'mentəlɪst/ n [C] 环境保护[護]论[論]者 huánjìng bǎohùlùn zhě.

envisage /ɪn'vɪzɪdʒ/ v [T] 期望 qīwàng; 设想 shèxiǎng.

envoy /'envɔɪ/ n [C] 1 使节[節] shǐjié; 代表 dàibiǎo; 使者 shǐzhě. 2 (外交)公使 gōngshǐ.

envy /'envi/ n 1 妒忌 dùjì; 羡慕 xiànmù. 2 [习语] the envy of sb 某人羡慕的事物 mǒurén xiànmù de shìwù. **envy** v [pt, pp -ied] [T] 妒忌 dùjì; 羡慕 xiànmù.

enzyme /'enzaɪm/ n [C] 酶 méi.

epaulette (亦作 epaulet, 尤用于美语) /'epəlet/ n [C] 肩章 jiānzhāng.

ephemeral /ɪ'femərəl/ adj 短暂[暫]的 duǎnzànde.

epic /'epɪk/ n [C] 史诗 shǐshī. **epic** adj 宏大的 hóngdàde; 规模大的 guīmó dà de; 场[場]面大的 chǎngmiàn dà de.

epidemic /ˌepɪ'demɪk/ n [C] 流行病 liúxíngbìng.

epilepsy /'epɪlepsɪ/ n [U] 癫痫[癇]症 diānxiánzhèng; 羊痫疯[瘋] yángxiánfēng. **epileptic** /ˌepɪ'leptɪk/ adj, n [C].

epilogue /'epɪlɒg/ (美语 -log -lɔːg/) n [C] (书或剧本)结尾部分 jiéwěi bùfen; 尾声[聲] wěishēng; 跋 bá.

episode /'epɪsəʊd/ n [C] 1 一系列事件中的一个[個]事件 yíxìliè shìjiàn zhōng de yíge shìjiàn; 一段[時]间(的经历) yíduàn shíjiān. 2 (电视等的)连续(續)简[劇]的一集 liánxùjùde yìjí.

epitaph /'epɪtɑːf; US -tæf/ n [C] 墓志铭 mùzhìmíng.

epithet /'epɪθet/ n [C] 表示性质[質]、特征[徵]的形容词 biǎoshì xìngzhì, tèzhēng de xíngróngcí.

epitome /ɪ'pɪtəmɪ/ n [C] 概括 gàikuò; 缩影 suōyǐng; [喻]现实[實]体现 xiànshí tǐxiàn. She is the ~ of kindness. 她是和善的象征. **epitomize** /ɪ'pɪtəmaɪz/ v [T] 是(为)…的缩影 wéi … de suōyǐng; 集中体现 jízhōng tǐxiàn.

epoch /'iːpɒk; US 'epɑk/ n [C] 新纪元 xīnjìyuán; 新时[時]代 xīnshídài.

EQ /ˌiː'kjuː/ abbr emotional quotient 情商 qíngshāng.

equable /'ekwəbl/ adj 稳[穩]定的 wěndìngde; 变[變]化小的 biànhuà xiǎo de; an ~ climate 稳定的气候. an ~ temper 温和的性情.

equal /'iːkwəl/ adj 1 相等的 xiāngděngde; 相同的 xiāngtóngde. 2 to (胜[勝]任的 shèngrènde; ~ to the task 胜任这项任务. **equal** n [C] 相等的事物 xiāngděngde shìwù; 匹敌[敵]者 pǐdíchě. **equal** v [-ll-; 美语 -l-] 相等于 xiāngděng yú. **equality** /ɪ'kwɒlətɪ/ n [U] 相等 xiāngděng; 平等 píngděng. **equalize** v [I, T] 变[變]成相等 biànchéng xiāngděng; 使相等 shǐ xiāngděng. **equally** adv 1 相等地 xiāngděngde. 2 同样[樣]地 tóngyàngde.

equate /ɪ'kweɪt/ v [T] 同等对[對]待 tóngděng duìdài; You cannot ~ these two systems of government. 不能把这两种政府体系等同起来.

equation /ɪ'kweɪʒn/ n [C] 方程式 fāngchéngshì; 等式 děngshì.

equator /ɪ'kweɪtə(r)/ n the equator [sing] 赤道 chìdào. **equatorial** /ˌekwə'tɔːrɪəl/ adj.

equestrian /ɪ'kwestrɪən/ adj 骑马的 qímǎde; 马术[術]的 mǎshùde.

equilibrium /ˌiːkwɪ'lɪbrɪəm, ˌek-/ n [U] [正式用语]平衡 pínghéng; 均衡 jūnhéng.

equinox /'iːkwɪnɒks, 亦作 'ek-/ n [C] (天文)昼[晝]夜平分时[時] zhòuyè píngfēnshí.

equip /ɪ'kwɪp/ v [-pp-] [T] (with) 装[裝]备[備] zhuāngbèi; 配备 pèibèi. **equipment** n [U] 装备 zhuāngbèi; 设备 shèbèi; office ~ment 办公室设备.

equitable /'ekwɪtəbl/ adj 公正的 gōngzhèngde; 公平的 gōngpíngde; an ~ tax system 公正的税收制度. **equitably** adv.

equity /'ekwətɪ/ n 1 [U] [正式用语]公平 gōngpíng; 公道 gōngdào. 2 **equities** [pl] 无[無]固定利息的股票 wú gùdìng lìxī de gǔpiào.

equivalent /ɪ'kwɪvələnt/ adj, n [C] 相等的事物 xiāngděngde; 相同的 xiāngtóngde; 等同物 děngtóngwù.

equivocal /ɪ'kwɪvəkl/ adj [正式

用语)暧(暖)昧的 àimèide; 可疑的 kěyíde; 不明确(确)的 bù míngquè de: an ~ answer 不明确的回答. **equivocate** /ɪˈkwɪvəkeɪt/ v [I] [正式用语] 含糊其词 hánhú qí cí.

era /ˈɪərə/ n [C] 时[时]代 shídài; 历[历]史时期 lìshǐ shíqī.

eradicate /ɪˈrædɪkeɪt/ v [T] 根除 gēnchú; 消除 xiāochú. **eradication** /ɪˌrædɪˈkeɪʃn/ n [U].

erase /ɪˈreɪz; US -s/ v [T] 擦掉 cādiào; 抹掉 mǒdiào; [喻] ~ the event from his memory 从他的记忆里消除这件事. **eraser** n [C] [尤用于美语]擦除器 cāchúqì; 橡皮 xiàngpí; 黑板擦 hēibǎncā.

erect /ɪˈrekt/ v [T] 1 [正式用语] 建造 jiànzào; 建立 jiànlì; 建设 jiànshè; 竖[竖]起 shùlì; 立 ~ a tent 架设帐篷. **erect** adj 直立的 zhílìde; 竖直的 shùzhíde; stand ~ 直立. **erection** /ɪˈrekʃn/ n [U] 1 直立 zhílì; 建立 jiànlì; 建造 jiànzào. 2 [C] [正式用语]建筑(筑)物 jiànzhùwù. 3 [C] (男人阴茎的)勃起 bóqǐ, erectness n [U].

erode /ɪˈrəʊd/ v [T] (常用被动语态)(海水、风等)腐蚀 fǔshí; 侵蚀 qīnshí. **erosion** /ɪˈrəʊʒn/ n [U].

erotic /ɪˈrɒtɪk/ adj (引起)性欲(愁)的 xìngyùde; (引起)性爱[爱]的 xìng'àide.

err /ɜː(r); US eə(r)/ v [I] [正式用语]犯错误 fàn cuòwù; 弄错 nòng cuò.

errand /ˈerənd/ n [C] 差使(如购物等)chāishǐ.

erratic /ɪˈrætɪk/ adj 无[无]规律的 wú guīlǜde; 不可靠的 bù kěkàode. **erratically** /-klɪ/ adv.

erroneous /ɪˈrəʊnɪəs/ adj [正式用语]错误的 cuòwùde; 不正确[确]的 bù zhèngquè de.

error /ˈerə(r)/ n 1 [C] 错误 cuòwù. 2 [U] 弄错 nòng cuò; do it in ~ 做错.

erudite /ˈeruːdaɪt/ adj [正式用语]有学问的 yǒu xuéwèn de; 博学的 bóxuéde.

erupt /ɪˈrʌpt/ v [I] 1 (火山)喷发[发] pēnfā. 2 爆发 bàofā; Fighting ~ed on the street. 街上爆发了打斗. **eruption** /ɪˈrʌpʃn/ n [C, U].

escalate /ˈeskəleɪt/ v [I, A] 升级 shēngjí; 使升级 shǐ shēngjí. **escalation** /ˌeskəˈleɪʃn/ n.

escalator /ˈeskəleɪtə(r)/ n [C] 自动(动)楼[楼]梯[梯]zìdòng lóutī.

escapade /ˈeskəpeɪd/ n [C]. 越轨(轨)行为[为] yuèguǐ xíngwéi.

escape /ɪˈskeɪp/ v 1 [I] (from) 逃跑 táopǎo; 逃脱 táotuō; 逃亡 táowáng. 2 [I] (from) (气体、液体等)漏出 lòuchū; 流出 liúchū. 3 [I, T] 逃避 táobì; 避免 bìmiǎn. 4 [T] 被忘记 bèi wàngjì; His name ~s me. 我忘记了他的名字. **escape** n 1 [C, U] 逃跑 táopǎo; 逃脱 táotuō. 2 [U] 逸出 yìchū; 漏出 lòuchū. **escapism** n [U] 逃避现实[实] táobì xiànshí. **escapist** adj, n [C].

escort /ˈeskɔːt/ n [C] 护[护]卫[卫][衞]者 hùwèizhě; 护送者 hùsòngzhě; 护航舰(舰)hùhángjiàn; 护航机[机]hùhángjī; 护送者 hùsòngzhě. **escort** /ɪˈskɔːt/ v [T] 护送 hùsòng; 护卫 hùwèi.

e-shopping /ˈiːʃɒpɪŋ/ n [U] 网上购[购]物 wǎngshàng gòuwù.

esophagus [美语] = OESOPHAGUS.

esoteric /ˌiːsəˈterɪk, ˌiːsə-/ adj [正式用语]奥秘的 àomìde; 深奥的 shēn'àode.

especially /ɪˈspeʃəlɪ/ adv 1 特别 tèbié; I love the country, ~ in spring. 我喜欢农村,特别是在春天. 2 主要地 zhǔyàode; 在很大程度上 zài hěndà chéngdù shàng; This is ~ true of old people. 这主要适用于老年人.

espionage /ˈespɪənɑːʒ/ n [U] 间谍活动[动] jiàndié huódòng.

essay /ˈeseɪ/ n [C] 文章 wénzhāng; 小品文 xiǎopǐnwén; 随笔 suíbǐ. **essayist** n [C] 小品文作家 xiǎopǐnwén zuòjiā; 随笔作家 suíbǐ zuòjiā.

essence /ˈesns/ n 1 [U] 本质[质] běnzhí; 实[质]质 shízhí. 2 [C] 香精 xiāngjīng; 香料 xiāngliào. [习语] in 'essence 实质上 shízhìshàng; 本质上 běnzhìshàng.

essential /ɪˈsenʃl/ adj 1 最重要的 zuì zhòngyào de; 必需的 bìxūde. 2 基本的 jīběnde; an ~ part of the English character 英国人的民族性的基本部分. **essential** n [C, 常为 pl] 本质 běnzhí; 要素 yàosù. **essentially** adv 基本上 jīběnshàng; 本质上 běnzhìshàng.

establish /ɪˈstæblɪʃ/ v [T] 1 建立 jiànlì; 创[创]立 chuànglì. 2 使开办 shǐ kāibàn; 建立 jiànlì; 建造 jiànzào. 3 证[证]实[实]zhèngshí. **establishment** n 1 [U] 建立 jiànlì;

设立 shèlì。2 [正式用语][正式用语]建立的(机)构(构)(如军事机构、行政机关等) jiànlìde jīgòu; 公司 gōngsī; 企业 [业] qǐyè。3 the establishment [sing] [尤用于英国英语, 常贬]统治集团 [团] tǒngzhì jítuán; 权(权)势(势)集团 quánshì jítuán.

estate /ɪˈsteɪt/ n 1 [C] 地产(产) dìchǎn。2 [C] [尤用于英国英语]有大片建筑(筑)物的地区(区) yǒu dàpiàn jiànzhùwù de dìqū: a housing ～ 住宅区。3 [U,C] [法律]财产 cáichǎn; 产业(业) chǎnyè。**estate agent** n [C] 房地产经(经)纪人 fángdìchǎn jīngjìrén。**estate car** n [C] 旅行轿(轿)车 lǚxíng jiàochē; 客货两用轿车 kèhuò liǎngyòng jiàochē.

esteem /ɪˈstiːm/ n 1 [正式用语]尊重 zūnzhòng; 尊敬 zūnjìng。**esteem** v [T][正式用语]尊重 zūnzhòng; 尊敬 zūnjìng.

esthetic [美语] = AESTHETIC.

estimate /ˈestɪmət/ v [T] 估计 gūjì; 估量 gūliàng; 估价(价) gūjià。2 评价 píngjià。**estimate** /ˈestɪmət/ n [C]估计 gūjì; 估量 gūliàng; 估价 gūjià。**estimation** /ˌestɪˈmeɪʃn/ n [U] 判断(断) pànduàn; 看法 kànfǎ.

estuary /ˈestʃʊəri; US -ueri/ n [C] [pl -ies] 河口湾(湾) hékǒuwān; 江口湾 jiāngkǒuwān.

etc /ɪtˈsetərə, et-/ abbr 等等 děngděng.

etch /etʃ/ v [I,T] 蚀刻 shíkè。**etching** n 1 [U] 蚀刻法 shíkèfǎ。2 [C] 蚀刻画(画) shíkè huà.

eternal /ɪˈtɜːnl/ adj 1 永久的 yǒngjiǔde; 永存的 yǒngcúnde; 不朽的 bùxiǔde。2 [非正式用语]不停的 bùtíngde: ～ fighting 不停的战斗。**eternally** /-nəlɪ/ adv.

eternity /ɪˈtɜːnətɪ/ n 1 [U] [正式用语]永恒 yǒnghéng; 无(无)穷(穷)无尽 wúqióng wújìn。2 [常与 sing]非正式用语]无穷无尽(尽)的一段时(时)间 wúqióng wújìn de yíduàn shíjiān.

ether /ˈiːθə(r)/ n [U] 醚 mí; 乙醚 yǐmí。**ethereal** /ɪˈθɪərɪəl/ adj 轻(轻)飘的 qīngpiāode.

ethic /ˈeθɪk/ n 1 [sing] 伦(伦)理 lúnlǐ: the Christian ～ 基督教伦理观。2 **ethics** (a) [pl] 道德规范(范) dàodé guīfàn。(b) [用 sing v] 伦理学(学) lúnlǐxué。**ethical** adj 1 道德的 dàodéde。2 合乎道德的 héhū dàodé de。**ethically** adv.

ethnic /ˈeθnɪk/ adj 种(种)族的

种族的 zhǒngzúde; 部落的 bùluòde。**ethnically** /-klɪ/ adv.

etiquette /ˈetɪkət/ n [U] 礼(礼)节(节) lǐjié; 礼仪(仪) lǐyí.

etymology /ˌetɪˈmɒlədʒɪ/ n [U] 词源学(学) cíyuánxué.

EU /iːˈjuː/ abbr European Union 欧(欧)盟 Ōuméng.

eucalyptus /ˌjuːkəˈlɪptəs/ n [C]桉树(树) ānshù.

euphemism /ˈjuːfəmɪzəm/ n [U] 委婉法 wěiwǎnfǎ; 婉言法 wǎnyánfǎ: 'Pass away' is a ～ for 'die'。"pass away (逝世)"是"die (死)"的委婉说法.

euphoria /juːˈfɔːrɪə/ n [U] 异(异)常欣快 yìcháng xīnkuài。**euphoric** /juːˈfɒrɪk; US -ˈfɔːr-/ adj.

euro /ˈjʊərəʊ/ n [C] 欧(欧)元 ōuyuán.

Europe /ˈjʊərəp/ n [U] 欧(欧)洲 Ōuzhōu

European /ˌjʊərəˈpɪən/ adj 欧(欧)洲的 Ōuzhōude。**European** n 欧(欧)洲人 Ōuzhōurén。**European Central Bank** n [U] 欧洲中央银行 Ōuzhōu Zhōngyāng Yínháng。**European Parliament** n [U] 欧洲议(议)会 Ōuzhōu Yìhuì。**European Union** n [U] 欧洲联(联)盟 Ōuzhōu Liánméng.

eurosceptic /ˈjʊərəʊˌskeptɪk/ n [C] 对(对)欧(欧)盟持怀(怀)疑态(态)度者 duì Ōuméng chí huáiyí tàidù zhě。**eurosceptic** adj 对欧盟持怀疑态度的 duì Ōuméng chí huáiyí tàidù de.

eurozone /ˈjʊərəʊzəʊn/ n [U] 欧(欧)元区(区) Ōuyuánqū.

euthanasia /ˌjuːθəˈneɪzɪə; US -ˈneɪʒə/ n [U] 安乐(乐)死术(术) ānlèsǐshù.

evacuate /ɪˈvækjʊeɪt/ v [T] 撤离(离) chèlí; 疏散 shūsàn: ～ (children from) the city (把孩子们)撤离城市。**evacuation** /ɪˌvækjuˈeɪʃn/ n [C,U].

evade /ɪˈveɪd/ v [T] 躲避 duǒbì; 逃避 táobì: ～ (answering) a question 逃避(回答)问题。2 躲开(开) duǒkāi.

evaluate /ɪˈvæljʊeɪt/ v [T] 估一的价(价) gū一de jià; 定一的值 dìng一de zhí。**evaluation** /ɪˌvæljuˈeɪʃn/ n [C,U].

evangelical /ˌiːvænˈdʒelɪkl/ adj 福音的 fúyīnde; 合乎福音的 héhū fúyīn de.

evangelist /ɪˈvændʒəlɪst/ n [C] 1

福音作者之一 fúyīn zuòzhě zhī yī. **2** 福音传〔播〕者 fúyīn chuánbōzhě. **evangelistic** /ɪˌvændʒə'lɪstɪk/ adj.

evaporate /ɪ'væpəreɪt/ v **1** [I, T] (使)蒸发〔發〕掉 zhēngfādiào. **2** [I] 消失 xiāoshī. **evaporation** /ɪˌvæpə'reɪʃn/ n [U].

evasion /ɪ'veɪʒn/ n [C, U] 逃避 táobì; 躲避 duǒbì. **evasive** /ɪ'veɪsɪv/ adj 回避的 huíbìde; 躲避的 duǒbìde. **evasively** adv.

eve /iːv/ n [C] (常与 sing) **1** (节日的)前夕 qiánxī; 前夜 qiányè. **2** (重大事件的)前夕 qiánxī; 前夜 qiányè: on the ~ of the election 选举前夕.

even[1] /'iːvn/ adv **1** 甚至…(也) shènzhì; 连…都 lián…dōu: Anyone can understand this, ~ a child. 任何人都会懂得这个道理, 连孩子也会懂的. **2** 甚至(比…)还 〔還〕shènzhì hái: You know ~ less than I do. 你甚至比我知道得还〔還〕少. **3** [习语] even if/though 即使 jíshǐ; 纵〔縱〕使 zòngshǐ: I'll get there, ~ if I have to walk. 即使不得不走路, 我也会到那里的. ,even 'now/'so/'then 尽〔儘〕管情况如此 jǐnguǎn qíngkuàng rúcǐ; 即 jí: I told him, but ~ then he didn't believe me. 我告诉了他, 尽管如此, 他还是不相信我.

even[2] /'iːvn/ adj **1** 平的 píngde; 平滑的 pínghuáde; 平坦的 píngtǎnde: an ~ surface 平坦的表面. **2** 有规律的 yǒu guīlǜde; 稳〔穩〕定的 wěndìngde: an ~ temperature 稳定的温度. **3** (数量, 距离等)相等的 xiāngděngde. **4** (数字)双〔雙〕数〔數〕的 shuāngshùde. **5** 均衡的 jūnhéngde; 对〔對〕等的 duìděngde: The two teams are very ~. 这两个队旗鼓相当. **6** [习语] get even with sb 报〔報〕复〔復〕某人 bàofù mǒurén. on an even keel 稳定 wěndìng. even v [短语动词] ,even (sth) out 使相等 shǐ xiāngděng; 拉平 lāpíng. ,even (sth) up 扯平 chěpíng. ,even-handed /ˌiːvn'hændɪd/ adj 公正的 gōngzhèngde. evenly adv 公正地. evenness n [U]. eventempered adj 性情平和的 xìngqíng pínghé de.

evening /'iːvnɪŋ/ n [C] 晚上 wǎnshang; 傍晚 bàngwǎn; 黄昏 huánghūn. ,evening 'dress n **1** [U]

夜礼〔禮〕服 yèlǐfú. **2** [C] 女装〔裝〕wǔzhuāng.

event /ɪ'vent/ n [C] **1** 事件 shìjiàn; 事变〔變〕shìbiàn; 大事 dàshì. **2** (比赛项目 bǐsài xiàngmù. **3** [习语] at 'all event 无〔無〕论〔論〕如何 wúlùn rúhé; 不管怎样〔樣〕bùguǎn zěnyàng, in the event of sth [正式用语]倘若 tǎngruò; 万〔萬〕一 wànyī. **eventful** /-fl/ adj 充满大事的 chōngmǎn dàshì de; 发〔發〕生许多有趣事件的 fāshēng xǔduō yǒuqù shìjiàn de.

eventual /ɪ'ventʃuəl/ adj 最后〔後〕的 zuìhòude; 结果的 jiéguǒde. **eventuality** /ɪˌventʃu'ælətɪ/ n [C] [pl -ies] [正式用语]可能发〔發〕生的事 kěnéng fāshēng de shì; 可能的结果 kěnéng jiéguǒ. eventually adv 最后〔後〕zuìhòu; 终于 zhōngyú: They ~ly agreed to pay the bill. 他们终于同意付账.

ever /'evə(r)/ adv **1** 在任何时〔時〕候 zài rènhé shíhou: Nothing ~ happens here. 这里平静无事. Do you ~ wish you were rich? 你有时希望发财吗? the best work you've ~ done 你做过的最好的工作. **2** ever- (构成复合词)总〔總〕是 zǒngshì; 不断〔斷〕地 bùduàn de: the ~-increasing number of students 数目不断增加的学生数目. **3** 究竟 jiūjìng; 到底 dàodǐ: What ~ do you mean? 你到底是什么意思? for ever [习语] for ever → FOREVER. ever since 自从〔從〕以来〔來〕zìcóng … yǐlái: She's liked reading ~ since she was a child. 她从儿童时期就喜欢读书.

ever so/such [非正式用语]非常 fēicháng; …之极 hěn 非常 fēicháng.

evergreen /'evəɡriːn/ n [C], adj 常绿植物 chánglǜ zhíwù; 常绿树〔樹〕chánglǜshù; (树)常绿的 chánglǜde.

everlasting /ˌevə'lɑːstɪŋ/ US -'læst-/ adj 永久的 yǒngjiǔde; 永恒的 yǒnghéngde.

every /'evrɪ/ adj 每一的 měiyīde; 每个〔個〕的 měigède: Every ~ child passed the exam. 每个孩子都考试及格. **2** 一切可能的 yíqiè kěnéng de: You have ~ reason to be satisfied. 你有充分理由感到满足. **3** 每…中的 měi …zhōng de: She phones ~ week. 她每周打电话. **4** [习语] every other 每隔 měi gé: ~ other day 每隔

天. 'everybody (亦作 'everyone) pron 每个人 měigèrén. 'everyday adj 日常的 rìchángde; 普通的 pǔtōngde; 每天的 měitiānde. 'everything pron 所有事物 suǒyǒu shìwù: E~thing was destroyed. 一切都被摧毁了. 'everywhere adv 到处[處] dàochù.

evict /ɪ'vɪkt/ v [T] 驱[驅]逐 qūzhú. eviction /-kʃn/ n [C,U].

evidence /'evɪdəns/ n [U] 1 (尤用于法律)证[證]据[據][據] zhèngjù. 2 [习语] in evidence 明显[顯]的 míngxiǎnde; 显而易见的 xiǎn ér yì jiàn de.

evident /'evɪdənt/ adj 明白的 míngbáide; 显[顯]明的 xiǎnmíngde; 明显的 míngxiǎnde. evidently adv.

evil /'iːvl/ adj 坏[壞]的 huàide; 邪恶[惡]的 xié'ède; 有害的 yǒuhàide. evil n 1 [C] 坏事 huàishì; 邪恶 zuì'è. 2 [U] 坏[壞]事 huàishì; 恶行 èxíng. evilly /-vəlɪ/ adv.

evocative /ɪ'vɒkətɪv/ adj 引起… 的 yǐnqǐ…de; 唤起…的 huànqǐ…de; an ~ picture 勾起往日之情的图画.

evoke /ɪ'vəʊk/ v [T] 引起 yǐnqǐ; 唤起 huànqǐ.

evolution /ˌiːvə'luːʃn; US ˌev-/ n [U] 进[進]化 jìnhuà; 进化论[論] jìnhuàlùn.

evolve /ɪ'vɒlv/ v [I,T] 发[發]展 fāzhǎn; 使发展 shǐ fāzhǎn.

ewe /juː/ n [C] 母羊 mǔyáng.

exacerbate /ɪg'zæsəbeɪt/ v [T] [正式用语]使恶[惡]化 shǐ èhuà.

exact¹ /ɪg'zækt/ adj 正确[確]的 zhèngquède; 确切的 quèqiède; 精确的 jīngquède; the ~ time 精确的时间. exactitude /-tjuːd; US -tuːd/ n [U] 正确性 zhèngquèxìng. exactly adv 1 正确地 zhèngquède; 精确地 jīngquède. 2 [用于回答]确实[實]如此 quèshí rúcǐ, 一点[點]不错 yìdiǎn bùcuò. exactness n [U].

exact² /ɪg'zækt/ v [T] [正式用语]强求 qiángqiú; 坚[堅]持 jiānchí; ~ obedience 强求服从. exacting adj 严[嚴]格的 yángéde; 费力的 fèilìde; 需要小心细致[緻]的 xūyào xiǎoxīn xìzhì de.

exaggerate /ɪg'zædʒəreɪt/ v [I,T] 夸[誇]大 kuādà; 夸张[張] kuāzhāng. exaggeration /ɪgˌzædʒə'reɪʃn/ n [C,U].

exam /ɪg'zæm/ n [C] [非正式用

语]考试 kǎoshì (examination 的缩略).

examination /ɪgˌzæmɪ'neɪʃn/ n 1 考试 kǎoshì. 2 [U,C] 仔细观[觀]察 zǐxì guānchá.

examine /ɪg'zæmɪn/ v [T] 1 仔细观[觀]察 zǐxì guānchá. 2 考试 kǎoshì. examiner n [C] 主考人 zhǔkǎorén.

example /ɪg'zɑːmpl; US -'zæm-/ n [C] 1 例子 lìzi; 例证[證] lìzhèng; a fine ~ of Norman architecture 诺曼底建筑的一个杰出的例子. 2 范[範]例 fànlì; 榜样[樣] bǎngyàng; His bravery is an ~ to us all. 他的英勇是我们所有人的榜样. 3 [习语] for example 例如 lìrú; 举[舉]例(来)说 jǔlì lái shuō: Many women, Alison for ~, have a job and a family. 许多妇女, 例如阿里森, 都有工作和家庭. make an example of sb 惩[懲]罚 [罰]…以做戒别人 chéngfá…yǐ zuò jǐngjiè biérén.

exasperate /ɪg'zɑːspəreɪt/ v [T] 激怒 jīnù; 使恼[惱]火 shǐ nǎohuǒ. exasperation /ɪgˌzæspə'reɪʃn/ n [U].

excavate /'ekskəveɪt/ v [T] 挖掘 wājué; 挖出 wāchū; ~ a hole 挖一个洞. ~ a buried city 挖出一座被埋藏的城市. excavation /ˌekskə'veɪʃn/ n [C,U]. excavator n [C] 挖掘者 wājuézhě; 挖土机[機] wātǔjī; [电]电[電]铲[鏟] diànchǎn.

exceed /ɪk'siːd/ v [T] 1 比…大 bǐ…dà; 大于 dàyú. 2 超出(规定) chāochū; ~ the speed limit 超出规定的最高速度. exceedingly adv [正式用语]极[極]端地 jíduānde; 非常 fēicháng.

excel /ɪk'sel/ v [-ll-] [正] at/in 突出 tūchū; 超常 chāocháng; 优[優]于 yōuyú; 杰[傑]出 jiéchū.

Excellency /'eksələnsɪ/ n [C] [pl -ies] 阁下 géxià.

excellent /'eksələnt/ adj 优[優]秀的 yōuxiùde; 杰[傑]出的 jiéchūde. excellence /-ləns/ n [U]. excellently adv.

except /ɪk'sept/ prep 除…之外 chú…zhīwài; 除 chú: The shop is open every day ~ Sunday. 这家商店除星期日外, 每天营业. except v [T] [正式用语]常用被动语态[態]除去 chúqù; 除掉 chúdiào.

exception /ɪk'sepʃn/ n [C] 除外 chúwài; 例外 lìwài; All the students did well, with the ~ of

Jo, who failed. 所有孩子都考得很好, 只有乔是例外, 他未及格。2 [习语] **make an exception (of sb/sth)** 把…作为 [场] 例外处 = 以做例外 liwài. **take exception to sth** 生气 (气) shēngqì 不悦 búyuè.

exceptional /-fənl/ *adj* 异 [异] 常的 yīchángde; 优 [优] 越的 yōuyuède. **exceptionally** /-fənəli/ *adv*.

excerpt /'eksɜːpt/ *n* 1 [sing] 摘录 (录) zhāilù; 节 [节] 录 jiélù.

excess /ɪk'ses/ *n* 1 [sing] 超过 (过) 量 chāoguòliàng. 2 **excesses** [pl] [正式用语] 暴行 bàoxíng. 3 [习语] **in excess of sth** 超过 chāoguò. **to excess** 过度 guòdù: *drink to ~* 饮酒过度.

excess /'ekses/ *adj* 额外的 éwàide; 附加的 fùjiāde: ~ *baggage* 超重行李. **excessive** *adj* 过多的 guòduōde; 过分的 guòfènde. **excessively** *adv*.

exchange /ɪks'tʃeɪndʒ/ *v* [T] 交换 jiāohuàn; 兑换 duìhuàn: ~ *pounds for dollars* 用英镑兑换美元. *n* 1 [C, U] 交换 jiāohuàn; 互换 hùhuàn; 交易 jiāoyì. 2 兑换 duìhuàn. 3 争吵 zhēngchǎo. 4 [C] 交易所 jiāoyìsuǒ: *the 'Stock E~* 证券交易所. 4 = **TELEPHONE EXCHANGE (TELEPHONE). exchange rate** *n* [C] (外汇) 兑换率 duìhuànlǜ.

exchequer /ɪks'tʃekə(r)/ *n* **the Exchequer** [sing] [英国英语] (英国) 财政部 cáizhèngbù; *the Chancellor of the E~* 英国财政大臣.

excise /'eksaɪz/ *n* [U] 国 [国] 内货物税 guónèi huòwùshuì.

excite /ɪk'saɪt/ *v* [T] 1 刺激 cìjī; 使激动 (动) shǐ jīdòng. 2 引起 yǐnqǐ; 激发 (发) jīfā. **excitable** *adj* 易激 (动) 的 yì jīdòng de; 易兴 [兴] 奋 [奋] 的 yì xīngfèn de. **excited** *adj* 激动的 jīdòngde; 兴奋的 xīngfènde. **excitedly** *adv*. **excitement** *n* [C, U]. **exciting** *adj* 令人激动的 lìng rén jīdòng de; 令人兴奋的 lìng rén xīngfèn de.

exclaim /ɪk'skleɪm/ *v* [I, T] 呼喊 hūjiào; 呼喊 hūhǎn; 惊 [惊] 叫 jīngjiào. **exclamation** /ˌekskləˈmeɪʃn/ *n* [C] 呼喊 hūhǎn; 惊叫 jīngjiào; 感叹 (叹) 语 gǎntànyǔ. **exclamation mark** (美语 **exclamation point**) *n* [C] 惊叹号 (号) (!) jīngtànhào.

exclude /ɪk'skluːd/ *v* [T] 1 把…排斥在外 bǎ … páichì zàiwài; 不包

括 bù bāokuò. 2 不予考虑 [虑] bùyǔ kǎolǜ: ~ *the idea of failure* 不考虑失败的可能性. **exclusion** /-luːʒn/ *n* [U].

exclusive /ɪk'skluːsɪv/ *adj* 1 (团体) 不轻 [轻] 易吸收新会 [会] 员的 bù qīngyì xīshōu xīnhuìyuán de. 2 (为) 少数 (数) 富有人服务 (务) 的 wèi shǎoshù fùrén fúwù de. 3 (报导) 独 [独] 家发 (发) 表的 dújiā fābiǎo de. **exclusively** *adv* 仅 [仅] 仅 jǐnjǐn.

excommunicate /ˌekskəˈmjuːnɪkeɪt/ *v* [T] (基督教) 开 [开] 除…的教籍 kāichú … de jiàojí; 把…逐出教门 bǎ … zhúchū jiàomén. **excommunication** /ˌekskəmjuːnɪˈkeɪʃn/ *n* [U, C].

excrement /'ekskrɪmənt/ *n* [U] [正式用语] 粪 (粪) 便 fènbiàn.

excrete /ɪk'skriːt/ *v* [T] 排泄 (身体废物) páixiè.

excruciating /ɪk'skruːʃɪeɪtɪŋ/ *adj* (痛苦) 难 (难) 忍受的 nán rěnshòu de. **excruciatingly** *adv*.

excursion /ɪk'skɜːʃn; US -ɜːrʒn/ *n* [C] 远足 yuǎnzú; 短途旅行 duǎntú lǚxíng.

excuse /ɪk'skjuːs/ *n* [C] 借 (藉) 口 jièkǒu; 理由 lǐyóu. **excusable** /ɪk-'skjuːzəbl/ *adj* 可原谅的 kě yuánliàng de. **excuse** /ɪk'skjuːz/ *v* [T] 1 原谅 yuánliàng. 2 (*from*) 给…免去 (责任等) gěi … miǎnqù. 3 为 (为) …辩解 wèi … biànjiě: *Nothing can ~ such rudeness.* 无法为这种粗鲁行为辩解. 4 [习语] **excuse me** (a) (用作打断对方谈话或表示不同意的道歉语) 对 [对] 不起 duìbùqǐ. (b) [美语] 请再说一遍 qǐng zài shuō yíbiàn.

execute /'eksɪkjuːt/ *v* [T] 1 [正式用语] 执 (执) 行 zhíxíng; 实 (实) 施 shíshī; 实施 shíshī; 实施: ~ *a plan* 实施一项计划. 2 将 (将) …处 (处) 死 jiāng … chǔsǐ. **execution** /ˌeksɪ-ˈkjuːʃn/ *n* 1 [U] [正式用语] 执 (执) 行 zhíxíng; 实施 shíshī; 完成 wánchéng. 2 [C, U] 死刑 sǐxíng. **executioner** /ˌeksɪˈkjuːʃənə(r)/ *n* [C] 行刑人 xíngxíngrén.

executive /ɪg'zekjutɪv/ *adj* 执行的 zhíxíngde; 实 (实) 行的 shíxíngde; 经 [经] 营 [营] 管理的 jīngyíng guǎnlǐ de. **executive** *n* 1 [C] (公司组织的) 经营管理人员 jīngyíng guǎnlǐ rényuán. 2 **the executive** [sing] 政府行政部门 zhèngfǔ xíngzhèng bùmén.

executor /ɪg'zekjutə(r)/ n [C] 指定的遗嘱执(执)行人 zhǐdìngde yí-zhǔ zhíxíngrén.

exemplify /ɪg'zemplɪfaɪ/ v [pt, pp -ied] [T] 举(举)例说明 jǔlì shuōmíng; 作为(为)…的例证(证) zuòwéi … de lìzhèng. **exemplification** /ɪg,zemplɪfɪ'keɪʃn/ n [U, C].

exempt /ɪg'zempt/ adj (from) 被免除(责任、义务等的) bèi miǎnchú de. **exempt** v [T] (from) 免除 miǎnchú; 豁免 huòmiǎn. **exemption** /ɪg'zempʃn/ n [U, C].

exercise /'eksəsaɪz/ n 1 [U] 运(运)动 yùndòng; jogging is good — 慢跑是极好的运动. 2 [C] 练习(习)[题] liànxí; 训练 xùnliàn; maths —s 数学练习. 3 [U] 行使 xíngshǐ; 运用 yùnyòng: the — of authority 权力的运用. **exercise** v 1 [I, T] 锻炼(炼) duànliàn; 训练 xùnliàn. 2 [T] 行使 xíngshǐ; 运用 yùnyòng. **'exercise book** n [C] 练习簿 liànxíbù.

exert /ɪg'zɜːt/ v [T] 1 发(发)挥 fāhuī; 行使 xíngshǐ; 运(运)用 yùnyòng; 施加 shījiā: ~ pressure on sb to do sth 对某人施加压力使其做某事. 2 ~ oneself 努力 nǔlì; 尽(尽)力 jìnlì. **exertion** /ɪg'zɜːʃn; US -ɜːrʒn/ n [C, U].

exhale /eks'heɪl/ v [I, T] 呼气(气) hūqì. **exhalation** /,ekshə'leɪʃn/ n [C, U].

exhaust /ɪg'zɔːst/ v [I, T] 1 使精疲力竭 shǐ jīng pí lì jié. 2 耗尽(尽) hàojìn; 用完 wányòng. **exhaust** n (a) [C] 排气(气)管 páiqìguǎn. (b) [U] (排出的)废(废)气 fèiqì. **exhausted** adj 精疲力竭的 jīng pí lì jié de. **exhaustion** /ɪg'zɔːstʃən/ n [U]. **exhaustive** adj 全面彻(彻)底的 quánmiàn chèdǐ de.

exhibit /ɪg'zɪbɪt/ v [T] 1 [正式用语]显示 xiǎnshì; 表现 biǎoxiàn. 2 展出 zhǎnchū; 陈列 chénliè. **exhibit** n [C] 1 陈列品 chénlièpǐn; 展览(览)品 zhǎnlǎnpǐn. 2 [法律](法庭上出示的)证(证)据 zhèngjù. **exhibitor** n [C] 展出者 zhǎnchūzhě.

exhibition /,eksɪ'bɪʃn/ n 1 [C] 展览(览)会(会) zhǎnlǎnhuì. 2 [sing] 表现 biǎoxiàn; 显(显)示 xiǎnshì: an ~ of bad manner 没有礼貌的表现. **exhibitionism** /-ʃənɪzəm/ n [U] 出风(风)头

(头) chūfēngtou; 风头主义(义) fēngtóuzhǔyì. **exhibitionist** n [C].

exhilarate /ɪg'zɪləreɪt/ v [常用被动语态]使(使)高兴[奋] shǐ gāoxìng-fèn; 使高兴[奋] shǐ gāoxìng. **exhilaration** /ɪg,zɪlə'reɪʃn/ n [U].

exhort /ɪg'zɔːt/ v [T] [正式用语]敦促 dūncù; 劝(劝)告 quàngào; 规劝 guīquàn: ~ him to try harder 劝他更加努力. **exhortation** /,egzɔː-'teɪʃn/ n [C, U].

exile /'eksaɪl/ n 1 [U] 流放 liúfàng; 放逐 fàngzhú; live in ~ 过流放生活. 2 [C] 被流放者 bèi liúfàngzhě; 放逐者 fàngzhúzhě. **exile** v [T] 流放 liúfàng; 放逐 fàngzhú.

exist /ɪg'zɪst/ v [I] 有 yǒu; 存在 cúnzài; 生存 shēngcún. **existence** n 1 [U] 存在 cúnzài; believe in the —ence of God 相信上帝的存在. 2 [sing] 生存方式 shēngcún fāngshì; a miserable —ence 凄惨的生活. **existent** adj [正式用语]存在的 cúnzàide; 实(实)在的 shízàide.

exit /'eksɪt/ n [C] 1 出口 chūkǒu; 太平门(门) tàipíngmén. 2 出去 chūqù; 离(离)去 líqù; (演员的)退场(场) tuìchǎng. **exit** v [I] 出去 chūqù; 离去 líqù; (演员)退场 tuìchǎng. **'exit visa** n [C] 出境签(签)证 qiānzhèng.

exonerate /ɪg'zɒnəreɪt/ v [T] [正式用语]使免受责备(备) shǐ miǎnshòu zébèi. **exoneration** /ɪg,zɒnə-'reɪʃn/ n [U].

exorbitant /ɪg'zɔːbɪtənt/ adj 价(价)格高昂的 jiàgé gāo'áng de. **exorbitantly** adv.

exorcize /'eksɔːsaɪz/ v [T] (用祷告等)驱(驱)除(妖魔等) qūchú. **exorcism** /-sɪzəm/ n [C, U]. **exorcist** n [C].

exotic /ɪg'zɒtɪk/ adj 1 外国(国)(种)的 wàiguó zhǒng de; 外国传(传)入的 wàiguó chuánrù de; ~ fruits 外国水果. 2 奇异(异)的 qíyìde; 吸引人的 xīyǐn rén de.

expand /ɪk'spænd/ v 1 [I, T] (使)扩(扩)大 kuòdà; (使)膨胀(胀) péngzhàng; (使)扩张(张) kuòzhāng: Metal —s when heated. 金属受热则膨胀. 2 [短语动词] **expand on sth** 详述 xiángshù; 充分叙述 chōngfèn xùshù.

expanse /ɪk'spæns/ n [C] 广阔(阔) guǎngkuò (陆地、海洋等的)广(广)阔(阔)地区(区) guǎngkuò dìqū.

expansion /ɪk'spænʃn/ n [U] 扩(扩)张(张) kuòzhāng; 扩大 kuòdà;

膨胀〔脹〕péngzhàng. **expansion-ism** /-ʃənɪzəm/ n [U] 〔尤用于贬〕(领土,事业等的)扩张主义 kuòzhāng zhǔyì; 扩张政策 kuòzhāng zhèngcè. **expansionist** adj.

expansive /ɪkˈspænsɪv/ adj (人) 爱〔愛〕说的 àishuōde; 豪爽的 háoshuǎngde; 开〔開〕阔的 kāikuòde.

expatriate /ˌeksˈpætrɪət; US -ˈpeɪt-/ n [C] 移居国〔國〕外的人 yíjū guówài de rén; 移民 yímín.

expect /ɪkˈspekt/ v 1 [T] 〔尤用于期望 qīwàng. 2 〔习语〕**be expecting** 怀〔懷〕孕 huáiyùn. **ex-pectancy** n [U] 〔正式用语〕期待 qīdài; 期望 qīwàng. **expectant** adj 1 期待的 qīdàide; 期望的 qīwàngde. 2 怀孕的 huáiyùnde. **expect-ation** /ˌekspekˈteɪʃn/ n [C,U] 期待 qīdài; 期望 yùqí.

expedient /ɪkˈspiːdɪənt/ adj, n [C] 〔有时贬〕权〔權〕宜之计的 quányí zhī jì de; 合算的 hésuànde; 紧〔緊〕急的(办)法 jǐnjíde bànfǎ; 权宜之计 quányí zhī jì.

expedition /ˌekspɪˈdɪʃn/ n [C] (**a**) 远征 yuǎnzhēng; 探险〔險〕探险队〔隊〕tànxiǎn duì. (**b**) 远征队〔隊〕(探险)探险队员 tànxiǎnduì; 考察队员 kǎochá duì.

expel /ɪkˈspel/ v [-ll-] [T] 1 驱〔驅〕逐 qūzhú; 开〔開〕除 kāichú. 2 排出 páichū: ～ air from the lungs 从肺里排出空气.

expend /ɪkˈspend/ v [T] 〔正式用语〕消费 xiāofèi; 花费 huāfèi; 用尽〔盡〕yòngjìn. **expendable** adj 〔正式用语〕可消耗的 kě xiāohào de; 为〔爲〕达〔達〕到某种可被牺〔犧〕牲的 wéi dádào mǒuzhǒng mùdì ér kě bèi xīshēng de.

expenditure /ɪkˈspendɪtʃə(r)/ n [U,C] 1 消费量 xiāofèiliàng; 支出额 zhīchū'é. 2 花费 huāfèi; 支出 zhīchū; 消费 xiāofèi; 支出 zhīchū.

expense /ɪkˈspens/ n 1 [U,C] 消费 xiāofèi; 花费 huāfèi; 支出 zhīchū. 2 **expenses** [pl] 开〔開〕支 kāizhī; 经〔經〕费 jīngfèi; *travelling* ～*s* 旅行开支.3 〔习语〕**at sb's expense** (**a**) 由某人付款 yóu mǒurén fùkuǎn. (**b**) (玩笑)取笑某人 qūxiào mǒurén.

expensive /ɪkˈspensɪv/ adj 花费的 huāfèide; 昂贵的 ángguìde; 花钱〔錢〕多的 huāqián duō de. **expen-sively** adv.

experience /ɪkˈspɪərɪəns/ n 1 [U] 体〔體〕验〔驗〕tǐyàn; 经〔經〕验〔驗〕jīng-

yàn; *learn by* ～ 从经验中学习. 2 [C] 经历〔歷〕jīnglì; 阅历 yuèlì: *a happy* ～ 一段幸福的经历. **experience** v [T] 体验 tǐyàn; 经历 jīnglì; 感受 gǎnshòu: ～ *difficulty* 经受困难. ～ *pain* 感受痛苦. **experienced** adj 经验丰〔豐〕富的 jīngyàn fēngfù de.

experiment /ɪkˈsperɪmənt/ n [C, U] 〔尤指科学上的〕实〔實〕验〔驗〕shíyàn; 试验 shìyàn. **experiment** v [I] 做实验 zuò shíyàn; 进〔進〕行试验 jìnxíng shìyàn. **experimental** /ɪkˌsperɪˈmentl/ adj 实验(性)的 shíyàn(xìng)de; 用实验的 yòng shíyàn de.
experimentation /ɪkˌsperɪmenˈteɪʃn/ n [U].

expert /ˈekspɜːt/ n [C] 专〔專〕家 zhuānjiā; 能手 néngshǒu. **expert** adj 有经〔經〕验〔驗〕的 yǒu jīngyàn de; 熟练〔練〕的 shúliànde. **expertly** adv.

expertise /ˌekspɜːˈtiːz/ n [U] 专〔專〕门知识〔識〕zhuānmén zhīshi; 专门技能 zhuānmén jìnéng.

expire /ɪkˈspaɪə(r)/ v [I] 1 满期 mǎnqī; 到期 dàoqī: *My passport has* ～*d.* 我的护照到期了. 2 〔旧词,正式用语〕死 sǐ. **expiry** /ɪkˈspaɪərɪ/ n [U] 满期 mǎnqī.

explain /ɪkˈspleɪn/ v 1 [I,T] 解释〔釋〕jiěshì; 阐〔闡〕明 chǎnmíng; 说明 shuōmíng. 2 说明...的理由 shuōmíng...de lǐyóu; 为〔爲〕...辩解 wèi...biànjiě; ～ *one's behaviour* 为其行为辩解.3 〔短语动词〕**explain sth away** 对〔對〕...进〔進〕行解释 以消除指责 yǐ xiāochú zhǐzé. **explanation** /ˌeksplə'neɪʃn/ n [C] (为解释所作的)陈述 chénshù. 2 [U] 解释 jiěshì; 说明 shuōmíng. **explanatory** /ɪkˈsplænətərɪ; US -tɔːrɪ/ adj (陈述)作解释的 yòng zuò jiěshì de.

explicit /ɪkˈsplɪsɪt/ adj 1 (陈述等)清楚的 qīngchu de; 明确〔確〕的 míngquède. 2 (人)直言的 zhíyánde; 坦率的 tǎnshuàide. **explicitly** adv. **explicitness** n [U].

explode /ɪkˈspləʊd/ v 1 [I,T] (使)爆炸 bàozhà; (使)爆发〔發〕bàofā. 2 [I] (人)感情发作 gǎnqíng fāzuò.

exploit [1] /ɪkˈsplɔɪt/ v [T] 1 剥削 bōxuē. 2 开〔開〕拓 kāituò; 开发〔發〕kāifā; 开采〔採〕kāicǎi: ～ *oil re-serves* 开发石油资源. **exploitation** /ˌeksplɔɪˈteɪʃn/ n [U].

exploit [2] /ˈeksplɔɪt/ n [C] 英雄行

为(爲) yīngxióng xíngwéi.

explore /ɪkˈsplɔː(r)/ v [T] **1** 考察 kǎochá; 勘察 kānchá. **2** 探索 tànsuǒ;探究 tànjiū:~ *different possibilities* 探索不同的可能性. **exploration** /ˌekspləˈreɪʃn/ n [U, C]. **exploratory** /ɪkˈsplɔːrətrɪ; *US* -tɔːrɪ/ adj 探索的 tànsuǒde. **explorer** n [C] 考察者 kǎocházhě;勘察者 kāncházhě.

explosion /ɪkˈspləʊʒn/ n [C] **1** 爆炸声(聲) bàozhàshēng;爆炸 bàozhà;爆发(發) bàofā. **2** 感情爆发 gǎnqíng bàofā. **3** 激增 jīzēng: *the population* — 人口激增.

explosive /ɪkˈspləʊsɪv/ n [C], adj 炸药(藥) zhàyào;爆炸的 bàozhàde;爆炸性的 bàozhàxìngde;爆发(發)(性)的 bàofāde. **explosively** adv.

exponent /ɪkˈspəʊnənt/ n [C] (信仰等)支持者 zhīchízhě;鼓吹者 gǔchuīzhě.

export /ɪkˈspɔːt/ v [I, T] 出口 chūkǒu; 输出 shūchū. **export** /ˈekspɔːt/ n [U] 出口 chūkǒu;出口企业(業) chūkǒu qǐyè. **2** [C] 出口品 chūkǒupǐn. **exporter** n [C] 出口国(國) chūkǒuguó;出口商 chūkǒushāng;输出者 shūchūzhě.

expose /ɪkˈspəʊz/ v [T] **1** 使暴露 shǐ bàolù. **2** 揭发(發);揭露 jiēlù. **3** 使曝光 shǐ bàoguāng. **exposure** /ɪkˈspəʊʒə(r)/ n [U, C].

expound /ɪkˈspaʊnd/ v [T] [正式用语]详述 xiángshù;陈述 chénshù: ~ *a theory* 详述一种理论.

express¹ /ɪkˈspres/ v [T] **1** 表示 biǎoshì;表白 biǎobái: ~ *an opinion* 陈述意见. **2** ~ **oneself** 表达自己的思想感情 biǎodá zìjǐ de sīxiǎng gǎnqíng.

express² /ɪkˈspres/ adj **1** 快的 kuàide;特快的 tèkuàide: *an ~ letter* 快信. **2** [正式用语]明白表示的 míngbái biǎoshì de: *his ~ wish* 他的明确的愿望. **express** adv 以快邮(郵)寄送 yǐ kuàiyóu jìsòng. **express** (亦称 **express train**) n [C] 特快列车 tèkuài lièchē. **expressly** adv 明确地 míngquède. **expressway** n [C] [美语]高速公路 gāosù gōnglù.

expression /ɪkˈspreʃn/ n **1** [C, U] 表示 biǎoshì;表达(達) biǎodá. **2** [C] 词语 cíyǔ;措辞(辭): *a polite* ~ 礼貌用语. **3** [C] 表情 biǎoqíng: *an angry* ~ 愤怒的表情. **4** [U] (表演时的)

感情 gǎnqíng. **expressionless** adj 无(無)表情的 wú biǎoqíng de.

expressive /ɪkˈspresɪv/ adj 富于表情的 fù yú biǎoqíng de. **expressively** adv. **expressiveness** n [U].

expropriate /eksˈprəʊprɪeɪt/ v [T] [正式用语]征用 zhēngyòng;没收 mòshōu.

expulsion /ɪkˈspʌlʃn/ n [C, U] 驱(驅)除 qūchú;开(開)除 kāichú.

exquisite /ɪkˈskwɪzɪt/ adj 优(優)美的 yōuměide;精巧的 jīngqiǎode. **exquisitely** adv.

extend /ɪkˈstend/ v [I] 延伸 yánshēn;伸展 shēnzhǎn: *The park* ~*s to the river.* 公园延伸到河边. **2** [T] 扩(擴)展 kuòzhǎn;扩大 kuòdà: ~ *the house* 扩建房屋. **3** [T] 伸出 shēnchū;伸开(開) shēnkāi. **4** [T] [正式用语]给予 jǐyǔ;提供 tígōng: ~ *an invitation* 发出邀请.

extension /ɪkˈstenʃn/ n **1** [U] 扩(擴)大 kuòdà;伸展 shēnzhǎn;延伸 yánshēn. **2** [C] 附加部分 fùjiā bùfen;增设部分 zēngshè bùfen: *a new* ~ *to the hospital* 医院新扩建部分. **3** [C] 电(電)话分机(機) diànhuà fēnjī.

extensive /ɪkˈstensɪv/ adj 广(廣)大的 guǎngdàde;广泛的 guǎngfànde;数(數)量大的 shùliàng dà de. **extensively** adv.

extent /ɪkˈstent/ n [U] **1** 广(廣)度 guǎngdù;长(長)度 chángdù;范(範)围(圍) fànwéi: *the ~ of the damage* 破坏的范围. **2** [sing] 程度 chéngdù: *to some* ~ 在某种程度上.

extenuating /ɪkˈstenjueɪtɪŋ/ adj [正式用语]情有可原的 qíng yǒu kě yuán de: ~ *circumstances* 情有可原的实际情况.

exterior /ɪkˈstɪərɪə(r)/ n [C] 外部 wàibù;外表 wàibiǎo. **exterior** adj 外部的 wàibùde;外面的 wàimiànde;外部来(來)的 wàibù lái de.

exterminate /ɪkˈstɜːmɪneɪt/ v [T] 灭(滅)绝 mièjué;根除 gēnchú. **extermination** /ɪkˌstɜːmɪˈneɪʃn/ n [C, U].

external /ekˈstɜːnl, ɪkˈstɜːnl/ adj 外面的 wàimiànde;外部的 wàibùde: ~ *injuries* 外伤. **externally** /-nəlɪ/ adv.

extinct /ɪkˈstɪŋkt/ adj **1** 消灭(滅)了的 xiāomièle de;灭绝了的 mièjuélede. 2 (火山)熄灭了的 xīmièlede.

extinction /ɪk'stɪŋkʃn/ n [U] 消灭 xiāomiè; 熄灭 xīmiè; 灭绝 mièjué.

extinguish /ɪk'stɪŋgwɪʃ/ v [T] 1 [正式用语] 熄灭(灭)(火) xīmiè; 扑(撲)灭 pūmiè. 2 消灭 (希望等) xīmiè. **extinguisher** = FIRE EXTINGUISHER (FIRE[1]).

extol /ɪk'stəʊl/ v [-ll-] [正式用语] 颂扬(揚) sòngyáng; 赞(讚)扬 zànyáng.

extort /ɪk'stɔːt/ v [T] 强取 qiǎngqǔ; 勒索 lèsuǒ. **extortion** /ɪk'stɔːʃn/ n [U]. **extortionate** /-ʃənət/ adj [贬] (要求)过(過)分的 guòfènde; (价格)昂贵的 ángguìde.

extra /'ekstrə/ adj 额外的 éwàide; 附加的 fùjiāde: ~ pay 额外报酬. **extra** adv 1 非常 fēicháng; 特别地 tèbiéde: an ~ strong box 特别结实的箱子. 2 另外 lìngwài; 另加 lìngjiā: price £1.75, postage ~ 货价 1.75 英镑, 外加邮资. **extra** n [C] 1 额外的东西 éwàide dōngxi. 2 (戏剧或电影的)临时(時)演员 línshí yǎnyuán. 3 报(報)纸号(號)外 bàozhǐ hàowài.

extract /ɪk'strækt/ v [T] 1 拔出 báchū; 用力取出 yònglì qǔchū. 2 索得 suǒdé; ~ money from sb 从某人索得钱. 3 榨取(液计) zhàqǔ. **extract** /'ekstrækt/ n [C] 1 (书,影片等的)摘录(錄) zhāilù; 选(選)辑 xuǎnjí. 2 提出物 tíchūwù; 精 jīng; 汁 zhī; beef ~ 牛肉汁. **extraction** /ɪk'strækʃn/ n 1 [C, U]: the ~ion of information 提取消息. the ~ion of a tooth 拔牙. 2 [U] 血统 xuètǒng; 出身 chūshēn: of French ~ion 法国血统的.

extra-curricular /ˌekstrəkə'rɪkjələ(r)/ adj 课外的 kèwàide.

extradite /'ekstrədaɪt/ v [T] 引渡 (犯起) yǐndù. **extradition** /ˌekstrə'dɪʃn/ n [U, C].

extra-marital /ˌekstrə'mærɪtl/ adj (性关系)婚外的 hūnwàide.

extraneous /ɪk'streɪnəs/ adj [正式用语] 无(無)关(關)的 wúguānde.

extraordinary /ɪk'strɔːdnrɪ; US -dənerɪ/ adj 1 非常的 fēichángde; 特别的 tèbiéde; 非凡的 fēifánde: ~ beauty 出众的美丽. 2 令人惊(驚)讶的 lìng rén jīngyà de. ex-

traordinarily adv.

extrapolate /ɪk'stræpəleɪt/ v [I, T] [正式用语] 推断(斷) tuīduàn; 推知 tuīzhī; 进(進)行推断 jìnxíng tuīduàn. **extrapolation** /ɪkˌstræpə'leɪʃn/ n [U].

extraterrestrial /ˌekstrətə'restrɪəl/ adj 地球外的 dìqiú wài de; 来自地球外的 láizì dìqiú wài de.

extravagant /ɪk'strævəgənt/ adj 1 奢侈的 shēchǐde; 浪费的 làngfèide. 2 (思想、行为等)过(過)分的 guòfènde; 过度的 guòdùde. **extravagance** /-gəns/ n [C, U]. **extravagantly** adv.

extravaganza /ɪkˌstrævə'gænzə/ n [C] 铺张(張)华(華)丽(麗)的娱乐(樂)表演 pūzhāng huálì de yúlè biǎoyǎn.

extreme /ɪk'striːm/ adj 1 极(極)度的 jídùde; 极大的 jídàde: in ~ pain 在极度痛苦中. 2 尽(盡)头(頭)的 zài jìntóu de; 末端的 mòduānde: the ~ north of the country 这个国家的最北部. 3 [常贬]偏激的 piānjīde; 走极端的 zǒu jíduān de: ~ opinions 偏激的意见. **extreme** n [C] 极端 jíduān: Love and hate are ~s. 爱和恨是两个极端. 2 最大程度 zuìdà chéngdù: the ~s of heat in the desert 沙漠中的酷热. **extremely** adv 非常 fēicháng.

extremist /ɪk'striːmɪst/ n [C], adj [常贬] (政治上的)极(極)端主义(義)者 jíduānzhǔyìzhě; (政治上)极端主义的 jíduānzhǔyìde.

extremity /ɪk'stremətɪ/ n [pl -ies] 1 [sing] [正式用语] 极度 jídù. 2 [a] [C] [正式用语] 尽(盡)头 jìntóu; 末端 mòduān. (b) **extremities** [pl] (人体的)肢 zhī.

extricate /'ekstrɪkeɪt/ v [T] 使摆(擺)脱 shǐ bǎituō.

extrovert /'ekstrəvɜːt/ n [C] 活泼(潑)愉快的人 huópo yúkuài de rén.

exuberant /ɪg'zjuːbərənt; US -'zuː-/ adj 精力充沛的 jīnglì chōngpèi de; 活泼(潑)的 huópode. **exuberance** /-əns/ n [U]. **exuberantly** adv.

exude /ɪg'zjuːd; US -'zuːd/ v [正式用语] 1 [I, T] (使)缓慢流出 huǎnmàn liúchū; (使)渗(滲)出 shènchū. 2 [T] 充分显(顯)露(感情) chōngfēn xiǎnlù; ~ happiness 喜气洋洋.

exult /ɪg'zʌlt/ v [I] [正式用语] 欢

[欧] 欣鼓舞 huānxīn gǔwǔ; 狂喜 kuángxǐ. **exultant** adj. **exultation** /ˌɪgzʌlˈteɪʃn/ n [U].

eye /aɪ/ n 1 [C] 眼睛 yǎnjīng; 视力 shìlì. 2 [C,U] (a) [U] 织 (織) 物 zhīwù; 布 bù. 2 **the fabric (of sth)** [sing] (某物的) 构 (構) 造 gòuzào, 结构 jiégòu; *the ~ of society* 社会结构. *the ~ of a building* 建筑物的构造.

eye /aɪ/ n 1 [C] 眼睛 yǎnjīng; 判断 (斷) 判断 pànduàn; *have a good ~ for detail* 有观察细部的敏锐眼力. 3 [C] 针眼 zhēnyǎn. 4 [C] (台风 (風)的) 风 (風) 眼 fēngyǎn. 5 [习语] **(be) all 'eyes** 目不转 (轉) 睛地看 mù bù zhuǎn jīng de kàn. **in the eyes of sb/sth** 在…看来 zài …kànlái. **make eyes at sb** [非正式用语] 含情脉 (脈) 脉地看 hánqíngmòmòde kàn. **with one's 'eyes open** 有意识 (識) 地 yǒu yìshí de. **eye** v [T] 注视 zhùshì; 审 (審) 视 shěnshì. **'eyeball** n [C] 眼球 yǎnqiú. **'eyebrow** n [C] 眉毛 méimao. **'eyelash** n [C] 睫毛 jiémáo. **'eyelid** n [C] 眼睑 (瞼) yǎnjiǎn. **'eyeopener** n [C, 常为 sing] 令人瞠目的事物 lìng rén chēngmùde shìwù; 发 (發) 人深省的事物 fā rén shēn xǐng de shìwù. **'eyesight** n [U] 视力 shìlì; 目力 mùlì. **'eyesore** n [C] 丑 (醜) 陋东西 chǒulòu dōngxi; 丑陋的高层 (層) 建筑 (築) chǒulòude gāocéng jiànzhù. **'eyewitness** n = WITNESS 1.

F f

F, f /ef/ n [C] (*pl* **F's, f's** /efs/) 英语的第六个 (個) 字母 Yīngyǔde dìliùgè zìmǔ.

F *abbr* Fahrenheit.

fable /'feɪbl/ n 1 [C] 寓言 yùyán. 2 [C,U] 传 (傳) 说 chuánshuō; 神话 shénhuà. **fabled** adj 传说的 chuánshuōde 而著称 (稱) 的 yīn yùyán ér zhùchēng de.

fabric /'fæbrɪk/ n 1 [C,U] 织 (織) 物 zhīwù; 布 bù. 2 **the fabric (of sth)** [sing] (某物的) 构 (構) 造 gòuzào, 结构 jiégòu; *the ~ of society* 社会结构. *the ~ of a building* 建筑物的构造.

fabricate /'fæbrɪkeɪt/ v [T] 1 捏造 niēzào; 编造 (谎言等) biānzào. 2 制 (製) 造 zhìzào; 建造 jiànzào; 装 (裝) 配 zhuāngpèi. **fabrication** /ˌfæbrɪˈkeɪʃn/ n [C,U].

fabulous /'fæbjʊləs/ adj 1 [非正式用语] 极 (極) 好的 jíhǎode. 2 巨大的 jùdàde; 巨大的财富 jùdàde cáifù. 3 传 (傳) 说中的 chuánshuō zhōng de; 神话中的 shénhuà zhōng de; *~ monsters* 神话中的怪物. **fabulously** adv 极 jí; *~ly rich* 极富.

facade /fəˈsɑːd/ n [C] 1 建筑 (築) 物的正面 jiànzhùwùde zhèngmiàn. 2 [喻] 门面 ménmiàn; 假象 jiǎxiàng; *behind a ~ of respectability* 在正派、体面的假象下.

face /feɪs/ n [C] 1 脸 (臉) 脸; 面孔 miànkǒng. 2 表情 biǎoqíng; 表情 biǎoqíng. 3 正面 zhèngmiàn; *the north ~ of the mountain* 山脉的北坡. 4 表面 biǎomiàn; 正面 zhèngmiàn; 表盘 (盤) 面 biǎopánmiàn. **face to face (with sb/sth)** 面对 (對) 着的 miàn duìzhe de. **make/pull 'faces/a 'face** 做鬼脸 zuò guǐliǎn; 做怪相 zuò guàixiàng. **to sb's 'face** 当 (當) 面地 dāng miàn de; 坦率地 tǎnshuàide. **face** v 1 [I,T] 面向 miàn-xiàng; 朝向 cháoxiàng. 2 [T] 正视 zhèngshì; 有信心地面对 yǒu xìnxīn de miànduì; 藐视 miǎoshì; *~ danger* 藐视危险 miǎoshì wēixiǎn. 3 [T] 需要…加以注意 xūyào …jiāyǐ zhùyì; *the problems that ~ the government* 政府面临的问题. 4 [T] 抹盖 (蓋) 覆盖 fùgài; 覆盖. 5 [习语] **face the 'music** [非正式用语] 为 (爲) 错误决定或行动 (動) 而接受批评 wèi cuòwù juédìng huò xíngdòng ér jiēshòu pīpíng. 6 [短语动词] **face up to sth** 勇敢地接受或对付 yǒnggǎnde jiēshòu huò duìfu. **'face-cloth** n [C] 洗脸毛巾 xǐliǎn máojīn. **faceless** adj 无 (無) 个 (個) 性的 wú gèxìng de; 身份不明的 shēnfèn bùmíng de. **facelift** n 1 整容 zhěngróng. 2 [喻] 修整 xiūzhěng; 整修 zhěngxiū. **'face 'value** n [C, U] 钞票、邮票等的) 票面价 (價) 值 piàomiàn jiàzhí. 2 [习语] **take sth at 'face value** 相信…真像其表面所显 (顯) 示的 zhēnxiàng qí biǎomiàn suǒ xiǎnshì de.

facet /'fæsɪt/ n [C] 1 (宝石等的) 琢面 zhuómiàn. 2 (问题等的) 一个 (個) 方面 yīgè fāngmiàn.

facetious /fəˈsiːʃəs/ adj (尤指不分场合地) 爱 (愛) 开 (開) 玩笑的 ài kāi wánxiào de. **facetiously** adv.

facial /'feɪʃl/ adj 面部的 miànbùde; 面颊的 miànjiáde.

facile /'fæsaɪl; US 'fæsl/ adj [常为贬] 草草写 (寫) 成的 cǎocǎo xiěchéng de; 随〔隨〕口说出的 suí kǒu shuōchū de; ~ comments 信口开河的评论。

facilitate /fə'sɪlɪteɪt/ v [T] [正式用语] 使变〔變〕得容易 shǐ biànde róngyì; 便便利 shǐ biànlì。

facility /fə'sɪlɪtɪ/ n [pl -ies] 1 [C,常为 pl] 设备〔備〕 shèbèi; 设施 shèshī; 'sports facilities 体育设施,运动器材。2 [U, sing] 技能 jìnéng; 技巧 jìqiǎo; a ~ for learning languages 学习语言的技巧。

facsimile /fæk'sɪmlɪ/ n [C] 摹真本 mózhēnběn; 传〔傳〕真 chuánzhēn。

fact /fækt/ n 1 [C] 事实〔實〕 shìshí。2 [U] 实〔實〕情 shíqíng;真实〔實〕 zhēnshí;实际〔際〕 shíjì。[习语] the facts of life 性生活常识〔識〕 xìngshēnghuó chángshí。in 'fact 事实上 shìshíshàng。

faction /'fækʃn/ n [C] (尤指政治上的) 宗派 zōngpài;派系 pàixì;小集团〔團〕 xiǎo jítuán。

factor /'fæktə(r)/ n [C] 因素 yīnsù;要素 yàosù;a major ~ in making a decision 制定一项决定的主要因素。

factory /'fæktərɪ/ n [C] [pl -ies] 工厂〔廠〕 gōngchǎng;制〔製〕造厂〔廠〕 zhìzàochǎng。

factual /'fæktʃuəl/ adj 事实〔實〕的 shìshí de。**factually** adv。

faculty /'fæklti/ n [C] [pl -ies] 1 才能 cáinéng;本领 běnlǐng;能力 nénglì;her mental faculties 她的智力。2 (a) (大学的) 系科 xìkē,学〔學〕院 xuéyuàn。(b) [亦作 sing, 用 sing v] 系科、学院的全体〔體〕教员 xìkē、xuéyuàn de quántǐ jiàoyuán。

fade /feɪd/ v 1 [I,T] (使) 褪色 tuìsè;(使) 不新鲜 bù xīnxiān。2 [I] (away) 逐渐消失 zhújiàn xiāoshī。3 短语动词] **fade away** (人) 衰弱 shuāiruò; 死亡 sǐwáng。

faeces /'fiːsiːz/ n [pl] [正式用语] 粪〔糞〕便 fènbiàn。

fag /fæg/ n 1 [C] [英国非正式用语] 香烟 xiāngyān。2 [C] [非正式用语,尤用于美语] 搞男性同性恋〔戀〕的人 gǎo nánxìng tóngxìngliàn de rén。**fagged out** /ˌfægd/ adj [非正式用语] 非常疲劳的 fēicháng píláo de。

Fahrenheit /'færənhaɪt/ n [U] 华〔華〕氏温度计 huáshì wēndùjì。

fail /feɪl/ v 1 [I,T] 失败 shībài。2 [T] 评定(学生等)不及格 píngdìng

bù jígé。3 [I,T] 不足 bùzú;欠缺 qiànxhóu;使失望 shǐ shīwàng; The crops ~ed because of drought. 因干旱而粮食歉收。All his friends ~ed him. 所有的朋友都使他失望。4 [I] (健康、视力等) 衰弱 shuāiruò;衰退 shuāituì。5 [I] 忘记〔記〕wàngjì;疏忽 shūhu; ~ to keep an appointment 未能履行约会。6 [I] 破产〔產〕pòchǎn; The company ~ed. 公司破产了。**fail** n [C] (考试) 不及格 bù jígé。[习语] without 'fail 必定 bìdìng。

failing /'feɪlɪŋ/ n [C] 缺点〔點〕 quēdiǎn;弱点 ruòdiǎn。**failing** prep 如果… 不发〔發〕生 rúguǒ… bù fāshēng,如果…不可能 rúguǒ… bù kěnéng。

failure /'feɪljə(r)/ n 1 [U] 失败 shībài。2 [C] 失败者 shībàizhě;失败的事物 shībài de shìwù。3 [C,U] 疏忽 shūhu;没做到 méi zuòdào。His ~ to help was disappointing. 他没有帮助我们,真使人失望。4 [C,U] 故障 gùzhàng;失灵〔靈〕 shīlíng;engine ~ 发动机故障。heart ~ 心脏衰竭。

faint /feɪnt/ adj 1 微弱的 wēiruò de;不清楚的 bù qīngchu de;~ sound 微弱的声音。2 (想法等) 模糊的 móhu de;不明确〔確〕的 bù míngquè de;a ~ hope 渺茫的希望。3 (人) 将晕〔暈〕倒的〔暈〕的 jiāngyào hūnyūn de。**faint** v [I] 昏厥 hūnjué。**faint** n [C] 昏厥 hūnjué。**faint-hearted** adj 怯懦的 qiènuò de;懦弱 nuòruò。**faintly** adv 微弱地 wēiruò de;微微地 wēiwēi de。**faintness** n [U]。

fair[1] /feə(r)/ adj 1 公正的 gōngzhèng de;公平的 gōngpíng de;诚实〔實〕的 chéngshí de;a ~ decision 公正的决定。2 相当〔當〕好的 xiāngdāng hǎo de;a ~ chance of success 相当好的成功机会。3 (天气) 晴朗的 qínglǎng de。4 (肤色) 白皙的 báixī de;(头发) 金色的 jīnsè de;a ~ 'haired boy 金色头发的男孩。5 干〔乾〕净的 gānjìng de;清楚的 qīngchu de;a ~ copy 清楚的副本。6 [习语] **fair 'play** 公平对〔對〕待 gōngpíng duìdài。**fair** adv 1 公平地 gōngpíng de;公正地 gōngzhèng de。2 [习语] **fair enough** 行! xíng! 说得对 shuōdé duì。**fairly** adv 1 相当 xiāngdāng;~ly easy 相当容易。2 公正地 gōngzhèng de;

诚实地 chéngshíde. **fairness** n [U].

fair² /feə(r)/ n [C] 1 公共露天游乐(樂)场(場) gōnggòng lùtiān yóulèchǎng. 2 农贸市场物资交流会 nóngmào shìchǎng wùzī jiāoliú huì; 商品展览(覽)会(會) shāngpǐn zhǎnlǎnhuì; 商品交易会 shāngpǐn jiāoyìhuì: a book 一图书展览会 'fairground [C] 流动表演场(場)地 liúdòng biǎoyǎn chǎngdì.

fairy /'feərɪ/ n [pl -ies] 仙女 xiānnǚ; 小妖精 xiǎoyāojīng. 'fairy story, 'fairy-tale n [C] 1 神话 shénhuà; 童话 tónghuà. 2 谎言 huǎngyán.

fait accompli /ˌfeɪt əˈkɒmplɪ; US ˌfeɪt ækmˈpliˈ/ [法语]既成事实(實) jìchéng shìshí.

faith /feɪθ/ n 1 [U] 信心 xìnxīn; 信任 xìnrèn. 2 [U, sing] 宗教信仰 zōngjiào xìnyǎng; [C] 宗教 zōngjiào: the Jewish ~ 犹太教. 4 [习语] **in good faith** 诚实(實)地 chéngshíde.

faithful /'feɪθfl/ adj 1 (to) 忠实(實)的 zhōngshíde; 守信的 shǒuxìnde. 2 准(準)确(確)的 zhǔnquède: a ~ description 准确的描述. **the faithful** n [pl] 虔诚的教徒 qiánchéng de jiàotú. **faithfully** /-fəlɪ/ adv. **faithfulness** n [U].

fake /feɪk/ n [C] 1 伪(僞)造品 wěizàopǐn; 伪(僞)品 wěipǐn. 2 骗子 piànzi; 伪造者 wěizàozhě. **fake** v [T] 1 伪造 wěizào. 2 假装(裝) jiǎzhuāng.

falcon /'fɔːlkən; US 'fælkən/ n [C] 猎(獵)鹰 lièyīng.

fall¹ /fɔːl/ v [pt fell /fel/, pp ~en /'fɔːlən/] [I] 1 落下 luòxià; 跌落 diēluò: Leaves ~ in autumn. 秋天叶落. ~ off a ladder 从梯子上跌落. 2 倒下 dǎoxià; 倒向 dǎoxiàng; 落台(臺) luòtái: The tree fell (down) in the storm. 这棵树在暴风雨刮(颳)倒了. Her hair ~s over her shoulders. 她的头发垂到双肩. 4 (温度、价格等)下跌 xiàdiē: The temperature fell sharply. 温度剧烈下降. 5 (土地)下斜 xiàxié, 垮台 kuǎtái: The government fell after the revolution. 革命后这

on a Friday this year. 今年圣诞节适逢星期五. 10 [习语] **fall flat** 达(達)不到预想效果 dábùdào yùxiǎng xiàoguǒ. **fall foul of sb/sth** 同…发(發)突 tóng…发 zhēngchǎo. **fall in love with sb** 与(與)…相爱(愛)了 yǔ…xiāng'ài. **fall on one's feet** ⇨ FOOT. **fall short of sth** 达不到 dábùdào; 不符合 bùfúhé. 11 [短语动词] **fall apart** 破碎 pòsuì; 瓦解 wǎjiě. **fall back** 退却 tuìquè; 后(後)退 hòutuì. **fall back on (sb/sth)** 求助于 qiúzhù yú; 依靠 yīkào. **fall behind (sb/sth)** 落后(後)于 luòhòu yú; 跟不上 gēnbúshàng. **fall behind with sth** 拖欠未付(租金等) tuōqiàn wèifù. **fall for sb** [非正式用语]爱(愛)上 àishàng; 迷上 míshàng. **fall for sth** [非正式用语]受…的骗 shòu…de piàn; 上…的当(當) shàng…de dàng. **fall in** 倒塌 dǎotā: The roof fell in. 屋顶倒塌了. **fall off** 减少 jiǎnshǎo; 缩小 suōxiǎo: Attendance has ~en off. 出席人数下降了. **fall on sb/sth (a)** 由…负担(擔) yóu…fùdān. **(b)** (眼睛等)投向 bèi yìn xiàng. **fall out (with sb)** 同…争吵 tóng…zhēngchǎo. **fall through** 失败 shībài: The business deal fell through. 交易失败.

fall² /fɔːl/ n [C] 1 落下 luòxià; 跌倒 diēdǎo; 垂下 chuíxià. 2 降落量 jiàngluòliàng: a heavy ~ of snow 很大的降雪量. 3 落差 luòchā; 降落距离(離) jiàngluò jùlí. 4 [亦作 falls pl]瀑布 pùbù. 5 [美语]秋季 qiūjì.

fallacy /'fæləsɪ/ n [C, U] [pl -ies] 谬论[論] miùlùn; 谬见 miùjiàn. **fallacious** /fə'leɪʃəs/ adj [正式用语]谬误的 miùwùde.

fallen pp of FALL¹.

fallible /'fæləbl/ adj 易犯错误的 yì fàn cuòwù de; 错误难(難)免的 cuòwù nánmiǎn de. **fallibility** /ˌfælə'bɪlətɪ/ n [U].

fallout /'fɔːlaʊt/ n [U] 放射性尘(塵)埃 fàngshèxìng chén'āi.

fallow /'fæləʊ/ adj (土地)休闲的 xiūxiánde.

false /fɔːls/ adj 1 错误的 cuòwùde; 不正确(確)的 bù zhèngquè de. 2 假的 jiǎde; 人工的 réngōngde; 人造的 rénzàode: ~ teeth 假牙. 3 欺诈的 qīzhàde; 不忠诚的 bù zhōngchéng de: a ~ friend 不可靠的朋友. 4

[习语] a false a'larm 假警报[报] jiǎ jǐngbào. a false 'start a (a) (赛跑中的)抢[抢]跑 qiǎngpǎo; 偷跑 tōupǎo, (b) 失败的开[开]端 shībàide kāiduān. on/under false pretences 冒充某人,以行骗 màochōng mǒurén yǐ xíngpiàn. falsehood /'fɔːlshʊd/ n [C, U] 谎言 huǎngyán; 说谎 shuōhuǎng. falsely adv. falseness n [U].

falsify /'fɔːlsɪfaɪ/ v [pt, pp -ied] [T] 审[审]改 cuànggǎi; 伪[伪]造 wěizào. falsification /ˌfɔːlsɪfɪ'keɪʃn/ n [C, U].

falter /'fɔːltə(r)/ v [I] 1 踉跄 pánshàn; 跟跄 liàngqiàng; 犹〔豫〕豫 yóuyù. 2 支吾 zhīwú. falteringly adv.

fame /feɪm/ n [U] 名声[声] míngshēng; 声 誉[誉] shēngyù. famed adj 有名的 yǒumíngde.

familiar /fə'mɪlɪə(r)/ adj 1 (to) 为[为]…所熟悉的 wèi…suǒ shúxī de; 常见的 chángjiànde; 听[听]惯的 tīngguànde. 2 with 熟悉的 shúxīde;通晓[晓]的 tōngxiǎode. 3 随[随]便的 suíbiànde;友好的 yǒuhǎode;亲[亲]密的 qīnmìde. familiarity /fəˌmɪlɪ'ærəti/ n [C, U] [pl -ies]. familiarly adv.

familiarize /fə'mɪlɪəraɪz/ v [T] with 使熟悉 shǐ shúxī.

family /'fæməlɪ/ n [pl -ies] 1 [C,亦作 sing, 用 pl v] (a) 家庭 jiātíng; 家族 jiātíng. (b) 家庭成员及关[关]系[系]的亲[亲]属,家属 jiāshǔ. 2 [C,亦作 sing, 用 pl v] 子女 zǐnǚ. 3 [C,亦作 sing, 用 pl v] 氏族 jiāzú;氏族 shìzú. 4 [C] (动植物)科 kē;语族 yúzú: the cat ~ 猫科. ,family 'planning n [U] 计划[划]生育 jìhuà shēngyù. ,family 'tree n [C] 家系 jiāxì;家谱 jiāpǔ.

famine /'fæmɪn/ n [C, U] 饥[饥]荒 jīhuāng.

famished /'fæmɪʃt/ adj [非正式用语]挨饿的 ái'ède.

famous /'feɪməs/ adj 著名的 zhùmíngde;有名的 yǒumíngde. famously adv 很好 hěnhǎo: They get on ~ly. 他们过得很好.

fan[1] /fæn/ n [C] 风[风]扇 fēngshàn;扇子 shànzi. fan v [-nn-] [T] 向…扇[扇]风 shàn…shàn fēng. [短语动词] fan out 成扇形展开[开] chéng shànxíng zhǎnkāi: The troops ~ned out across the

field. 部队在田野上成扇形展开. 'fan belt n [C] (汽车发动机散热风扇上用的)风扇皮带[带] fēngshàn pídài.

fan[2] /fæn/ n [C] 狂热爱[爱]好者 kuángrè àihào zhě: football ~s 足球迷. 'fan mail n [U] 狂热爱好者寄出的信(如影迷寄给电影明星的信) kuángrèzhě jíchū de xìn.

fanatic /fə'nætɪk/ n [C] 狂热[热]者 kuángrèzhě; a religious ~ 宗教狂 zōngjiàokuáng. fanatical adj 狂热的 kuángrède. fanatically /-klɪ/ adv. fanaticism /-tɪsɪzəm/ n [U].

fanciful /'fænsɪfl/ adj 1 (人)爱[爱]空想的 ài kōngxiǎng de. 2 不真实[实]的 bù zhēnshí de; 奇异[异]的 qíyìde: ~ ideas 奇异的想法. fancifully adv.

fancy[1] /'fænsɪ/ n [pl -ies] 1 [C] (for) 爱[爱]好 àihào; 喜爱 xǐ'ài: a ~ for some cake 对蛋糕的喜爱. 2 [C] 想象[象]力 xiǎngxiànglì. 3 [C] 模糊的想法 móhúde xiǎngfǎ. 4 [习语] catch/take sb's fancy 中某人的意 zhòng mǒurén de yì;吸引某人 xīyǐn mǒurén, take a fancy to sb 喜欢[欢]上某人 xǐhuān shàng mǒurén. fancy v [pt, pp -ied] [T] 1 [非正式用语]想要 xiǎngyào: I ~ a cup of tea. 我想喝一杯茶. 2 [非正式用语]喜爱 xǐ'ài: I think she fancies you. 我想她喜欢你. 3 认[认]为[为] rènwéi;相信 xiāngxìn. 4 (表示惊讶) F~ that! 真奇怪!

fancy[2] /'fænsɪ/ adj 1 有装[装]饰的 yǒu zhuāngshì de;颜色鲜艳[艳]的 yánsè xiānyàn de: ~ cakes 花哨的蛋糕. 2 越轨的 yuèguǐde;异[异]想天开[开]的 yì xiǎng tiān kāi de: ~ ideas 奇特的想法. ,fancy 'dress n [U] (化妆舞会等上的)化装[装]服饰 huàzhuāng fúshì.

fanfare /'fænfeə(r)/ n [C] 嘹亮的喇叭声[声] liáoliàngde lǎbā shēng.

fang /fæŋ/ n [C] 尖牙 jiānyá.

fanny /'fænɪ/ n [C] [pl -ies] 1 [英国英语 △俚] 女性生殖器 nǚxìng shēngzhíqì. 2 [尤用于美语]屁股 pìgu.

fantasize /'fæntəsaɪz/ v [I, T] (about) 想像 xiǎngxiàng; 幻想 huànxiǎng.

fantastic /fæn'tæstɪk/ adj 1 [非正式用语]极[极]端好的 jíhǎode; a ~ party 极好的聚会. 2 [非正式用语]非常大的 fēicháng dà de. 3 奇

异[異]的 qíyìde; 古怪的 gǔguàide.
4 (主意) 不现实(實)的 bú xiànshí
de. **fantastically** /-klɪ/ *adv*.

fantasy /ˈfæntəsɪ/ *n* [C, U] [*pl*
-ies] 幻想 huànxiǎng; 想像 xiǎng-
xiàng; 荒诞的念头[頭] huāngdànde
niàntou; *childhood ~ies* 童年幻
想.

FAQ /ef eɪ ˈkjuː/ *n* [C] fre-
quently asked questions (计算机)
常见问题解答 chángjiàn wèntí
jiědá.

far¹ /fɑː(r)/ *adv* [~**ther** /ˈfɑː-
ðə(r)/ 或 **further** /ˈfɜːðə(r)/,
~**thest** /ˈfɑːðɪst/ 或 **furthest**
/ˈfɜːðɪst/] 1 远[遠]远地 yuǎn-
yuǎnde; 遥远地 yáoyuǎnde: *How far is it to Lon-
don?* 到伦敦有多远? 2 到很大程
度 dào hěndà chéngdù; 远远 yuǎn-
yuǎn; 极大地 jídàde: *with his
work* 工作远远有完成. 3 很,
~ *richer* 富有得多 fùyǒu de duō: *as
so far as, in so far as* 就…. jiù…:
*As ~ as I know, they're still
coming.* 就我所知道的, 他们还是
要来的. **far from doing sth** 非但
不 fēidàn bù: *F~ from hating
the music, I love it.* 我不但不讨
厌, 而且爱音乐. **far from sth** 完全
不 wánquán bù: *The work is ~
from easy.* 这工作决不是容易
的. **go 'far** (钱) 可买[買]很多东西
kě mǎi hěnduō dōngxi. **go 'far, go a
long 'way** (人) 非常成功 fēicháng
chénggōng. **go too 'far** 做得过[過]
分 zuòde guòfèn. **'so far** 到目前为
[爲] 止 dào mùqián wéizhǐ. **'far-
away** *adj* 1 遥远的 yáoyuǎnde. 2
(眼神) 恍惚的 huǎnghūde. **far-
'fetched** 牵[牽]强的 qiānqiǎngde.
far-'reaching *adj* 有广[廣]泛影
响[響]的 yǒu guǎngfàn yǐngxiǎng
de: *a ~-reaching decision* 有广
泛影响的决定. **far-'sighted** *adj*
有远见的 yǒu yuǎnjiàn de; 深谋远虑
[慮]的 shēn móu yuǎn lǜ de.

far² /fɑː(r)/ *adj* [~**ther** /ˈfɑː-
ðə(r)/ 或 **further** /ˈfɜːðə(r)/,
~**thest** /ˈfɑːðɪst/ 或 **furthest**
/ˈfɜːðɪst/] 1 较远[遠]的 jiàoyuǎn-
de; *the ~ end of the street* 在街
的那一头 de nà yì tóu. **on the ~ = right** 持极
右观点. 2 [旧词或正式用语]遥远
的 yáoyuǎnde: *a ~ country* 遥远
的国家. **the Far East** *n* [sing]
远东 yuǎndōng.

farce /fɑːs/ *n* 1 (a) [C] 笑剧[劇]
xiàojù; 滑稽戏[戲] huájìxì. (b) [U]

滑稽戏剧 huájì xìjù. 2 [C] 一系列可
笑的事物 yíxìliè kěxiào de shìwù.
farcical *adj*.

fare /feə(r)/ *n* [C] 车[車]费 chē-
fèi; 船费 chuánfèi; *bus ~* 公共汽
车费. **fare** *v* [I] [正式用语]进
[進]展 jìnzhǎn: ~ *well* 情况很
好. ~ *badly* 情况糟糕.

farewell /ˌfeəˈwel/ *interj, n* [C]
[旧词或正式用语]再见 zàijiàn.

farm /fɑːm/ *n* [C] 农[農]场[場]
nóngchǎng; 农庄 nóngzhuāng.
farm *v* [I, T] 种[種]植 zhòngzhí;
养[養]殖 yǎngzhí. **farmer** *n* [C]
农场主 nóngchǎngzhǔ. **farm-hand**
n [C] 农场工人 nóngchǎng gōng-
rén. **farmyard** *n* [C] 农场场院
nóngchǎng chǎngyuàn.

fart /fɑːt/ *v* [I] [△] 放屁 fàngpì.
fart *n* [C] [△] 放屁 fàngpì; [俚,
贬]讨厌[厭]的家伙 tǎoyànde jiā-
huo.

farther, farthest *adv, adj* ⇨
FAR.

fascinate /ˈfæsɪneɪt/ *v* [T] 使神魂
颠倒 shǐ shénhún diāndǎo; 迷住 mí-
zhù. **fascinating** *adj*. **fascin-
ation** /ˌfæsɪˈneɪʃn/ *n* [U, C].

fascism (亦作 **Fascism**) /ˈfæʃɪzəm/
n [U] 法西斯主义[義] fàxīsīzhǔyì.
fascist (亦作 **Fascist**) /ˈfæʃɪst/.

fashion /ˈfæʃn/ *n* 1 [sing] 方式
fāngshì; 样[樣]子 yàngzi; *walk
in a strange ~* 走路样子古怪. 2
[C, U] (服装等) 流行式样 liúxíng
shìyàng: *wearing the latest ~*
穿最新款式的服装. 3 [习语] *after
a 'fashion* 勉强 miǎnqiǎng; 马[馬]
马虎虎 mǎmǎhūhū. **in fashion** 时
[時]新的 shíxīnde; 时髦的 shímáo-
de. **out of fashion** 不合时尚 bù
héshíshàng de. **fashion** *v* [T]
使成形 shǐ chéngxíng.

fashionable /ˈfæʃnəbl/ *adj* 1 时
[時]髦的 shímáode. 2 高档[檔]的
gāodàngde; *a ~ restaurant* 高档
饭馆.

fast¹ /fɑːst/ *adj* 1 快的
kuàide; 迅速的 xùnsùde: *~ cars*
开得快的汽车. 2 (钟表) 偏快的
piānkuàide. **fast** *adv* 快地 kuàide;
迅速地 xùnsùde. **fast 'food** *n* [U]
快餐食品 kuàicān shípǐn.

fast² /fɑːst/ *adj* 1 牢固的
láogùde; 紧[緊]的 jǐnde. 2 不褪
色的 bú tuìsè de. 3 [习语] *stand
fast* ⇨STAND². **fast** *adv* 1 牢固
地 láogùde; 紧紧地 jǐnjǐnde. 2 [习

语] fast asleep 熟睡 shúshuì.

fast³ /fɑːst; US fæst/ v [I] 禁食
jìnshí; 斋（斋）戒 zhāijiè. **fast** n
[C] 斋戒期 zhāijièqī.

fasten /'fɑːsn; US 'fæsn/ v 1 [I,
T] 扎[紮]牢 zāláo; 扣紧[緊] kòu-
jǐn; 闩牢 shuānláo; 注意 zhùyì. **fasten
sth on sth** 集中(注意力,思想等)
于… jízhōng yú…. **fasten, fas-
tening** n [C] 扣紧[緊]固件 kòujǐn-
jiàn; 扣件 kòujiàn; 扣拴物 kòu-
shuānwù; a 'zip--er 拉链.

fastidious /fæ'stɪdɪəs, fæ-/ adj 难
[難]讨好的 nán tǎohǎo de; 爱[愛]
挑剔的 ài tiāotī de. **fastidiously**
adv.

fat¹ /fæt/ adj [-ter, -test] 1 (人
体)胖的 pàngde. 2 厚的 hòude; 宽
阔的 kuānkuòde; a ~ book 一本
厚书. 3 [非正式用语]大量的 dà-
liàngde; ~ profits 巨利. **fatness**
n [U].

fat² /fæt/ n 1 [U] (动物的)皮下脂
肪 píxià zhīfáng. 2 [C,U] (烹饪用)
植物油 zhíwùyóu, 动[動]物油
dòngwùyóu.

fatal /'feɪtl/ adj 1 致命的 zhìmìng-
de; a ~ accident 人命事故. 2
灾[災]难[難]性的 zāinànxìngde; a
~ mistake 灾难性的错误. **fatal-
ly** adv.

fatalism /'feɪtəlɪzəm/ n [U] 宿命
论[論] sùmìnglùn. **fatalist** n [C].

fatality /fə'tælətɪ/ n [pl -ies] 1
[C] (事故或暴力造成的)死亡 sǐ-
wáng. 2 [U] 天数[數]tiānshù;命
中注定 mìng zhōng zhùdìng.

fate /feɪt/ n 1 [U] 命运[運] mìng-
yùn; 天数[數]tiānshù. 2 [C] 未来
[來]的吉凶[兇] wèiláide jíxiōng;
死亡 sǐwáng. **fateful** adj 重大的
zhòngyàode; that ~ day 那重要
的一天.

father /'fɑːðə(r)/ n 1 [C] 父亲
[親] fùqīn; 爸爸 bàba. 2 [C, 常作
pl]祖先 zǔxiān. 3 [C] 创始(辦)人
xiāngzǐ; 鼻祖 bízǔ; 元老 yuánlǎo;
city ~ s 市元老. 4 [C]神父 shén-
fù;教士 jiàoshì. 5 **Father** [sing]
上帝 shàngdì. **father** v [T] 当
[當]…的父亲 dāng …de fùqīn.
'Father Christmas n [C] 圣[聖]
诞老人 shèngdàn lǎorén. **father-
in-law** n [C] [pl **-s-in-law**] 岳
父 yuèfù;公公(丈夫的父亲) gōng-

gong. **'fatherland** n [C] 祖国
[國] zǔguó. **fatherly** adj 父亲的
fùqīnde;慈父般的 cífùbānde.

fathom /'fæðəm/ n [C] 英寻(噚)(测
量水深的单位,约合 1.8 米或 6 英
尺) xún. **fathom** v [T] 充分了
[瞭]解 chōngfēn liǎojiě. **fathom-
less** adj 深不可测的 shēn bù kě cè
de; 无[無]法理解的 wúfǎ lǐjiě de.

fatigue /fə'tiːg/ n 1[U] 疲劳[勞]
píláo;劳累 láolèi. 2 [U] (金属材
料)疲劳 píláo. **fatigues** n [pl] (士兵
做杂役时时穿的)工作服 gōngzuòfú,
劳动服 láodòngfú. **fatigue** v [T]
使疲劳[勞]使疲劳 shǐ píláo.

fatten /'fætn/ v [I,T] (使长[長])
养肥 yǎngféi; 发[發]财 fācái;使肥
沃 shǐ féiwò.

fatty /'fætɪ/ adj [-ier, -iest] 含脂
肪的 hán zhīfáng de; 含过[過]多脂
肪的 hán guòduō zhīfáng de. **fatty**
n [C] [pl **-ies**] [非正式用语,贬]
胖子 pàngzi.

fatuous /'fætjuəs/ adj 愚昧的 yú-
mèide;蠢的 chǔnde; ~ remarks
蠢话.

faucet /'fɔːsɪt/ n [C] [美语]水龙
[龍]头[頭] shuǐlóngtóu; 开[開]关
[關] kāiguān; 旋塞 xuánsāi.

fault /fɔːlt/ n 1 [sing] 过[過]错
guòcuò; 错误(誤)的责任 cuòwùde
zérèn; It was Pat's ~. 这是帕
特的过错. 2 [C] 错误 cuòwù; 缺点
[點] quēdiǎn; 故障 gùzhàng; an
electrical ~ 电路故障. 3 [C] (地
质)断[斷]层[層] duàncéng. 4 [习
语] at fault 出毛病 chū máobìng;
有故障 yǒu gùzhàng. **fault** v [T]
找出…的缺点 zhǎo chū…de quē-
diǎn; I cannot ~ her perform-
ance. 我的表演我找不出毛病.
faultless adj 完美无[無]缺的
wánměi wúquē de. **faultlessly**
adv. **faulty** adj (尤指机器)有
故障的 chūle gùzhàng de.

fauna /'fɔːnə/ n [U] 动[動]物群
(同一地区或同一时代的)dòngwù-
qún.

faux pas /ˌfəʊ'pɑː/ n [C] [pl
faux pas /ˌfəʊ'pɑːz/] [法语]失态
[態] shītài.

favour (美语 **-or**) /'feɪvə(r)/ n 1
[U] 喜爱[愛] xǐ'ài; 赞[讚]同 zàn-
tóng; look with ~ on the idea
赞同一个主意. 2 [U] 偏袒 piāntǎn;
偏祖 piāntǎn; show ~ to sb 偏袒
某人. 3 [C] 善意的行为[為] shàn-
yìde xíngwéi; 恩惠 ēnhuì; Do me a
~ and lend me your pen. 劳驾

把你的钢笔借我用用一用。4 [习语] **be out of** / **favour with sb** 不受某人喜欢 bùshòu mǒurén zàntóng。**in favour of sb/sth** 支持某人(或某事)zhīchí mǒurén。**in sb's favour** 对[對]某人有利 duì mǒurén yǒulì。
favour / 美语 **favor**-/ 'fervə(r)/ n [C] 特别受喜欢的人或物 tèbié shòu xǐ'ài de rén huò wù。**2 the favourite** [sing] (比赛中)最有希望获胜[獲勝(勝)者 zuìyǒu xīwàng huòshèngzhě。**favourite** adj 最喜爱的 zuì xǐ'àide。**favouritism** /-ɪzəm/ n [U] 偏爱行为 piān'ài xíngwéi。

fawn[1] /fɔːn/ n [C] 幼鹿 yòulù。**fawn** adj 浅[淺]黄褐色的 qiǎnhuánghèsède。

fawn[2] /fɔːn/ v [短语动词] **fawn on sb** 奉承 fèngcheng；讨好 tǎohǎo。

fax /fæks/ n [C] 传[傳]真件 chuánzhēnjiàn。**fax** v [T] 用传真机[機]传送 yòng chuánzhēnjī chuánsòng。**'fax machine** n [C] 传真机 chuánzhēnjī。**'fax modem** n [C] 传真调制解调器 chuánzhēn tiáozhì jiětiáoqì。

FBI /ˌef biː 'aɪ/ abbr the FBI [美语] Federal Bureau of Investigation (美国)联[聯]邦调查局 liánbāng diàocháiú。

fear /fɪə(r)/ n 1 [C,U] 恐惧[懼] kǒngjù；害怕 hàipà。**2** [U] 可能性 kěnéngxìng；There's no ~ of me going. 没有我去的可能性(我不会去的)。**3** [习语] **in fear of one's life** 担[擔]心自己的安全 dānxīn zìjǐde ānquán。**no 'fear** [非正式用语]当[當]然不! dāngrán bù! **fear** v **1** [T] 害怕 hàipà；惧怕 jùpà。**2** [I] for sb/sth 担心 dānxīn；忧[憂]虑 yōulǜ。~ **for one's life** 担心生命安全 dānxīn shēngmìng ānquán。**fearful** adj **1** 害怕的 hàipàde；惧怕的 jùpàde。**2** 令人极[極]其不快的 lìng rén jíqí búkuài de。**3** [非正式用语]非常的 fēicháng de；a ~ful mess 一片混乱。**fearless** adj 不怕的 búpàde；无[無]畏的 wúwèide。**fearlessly** adv。

feasible /'fiːzəbl/ adj 可行的 kěxíngde；可做的 kězuòde。**feasibility** /ˌfiːzə'bɪlətɪ/ n [U]。

feast /fiːst/ n [C] **1** 筵席 yánxí；宴会[會] yànhuì。**2** 宗教节[節]日 zōngjiào jiérì。**feast** v [I] 参[參]加宴会 cānjiā yànhuì。**2** [T] 宴请 yànqǐng。**3** [习语] **feast one's eyes on sth** 饱看 bǎokàn。

feat /fiːt/ n [C] 功绩 gōngjì。

feather /'feðə(r)/ n [C] **1** 羽毛 yǔmáo。**2** [习语] **a 'feather in one's cap** 引以为[爲]荣[榮]的事物 yǐn yǐ wéi róng de shìwù。**feather** v [T] **1** 用羽毛覆盖[蓋] yòng yǔmáo fùgài；給…装上羽毛 gěi…zhuāngshàng yǔmáo。**2** [习语] **feather one's 'nest** 营[營]私 yíngsī；自肥 zìféi。**'feather 'bed** n [C] 羽毛褥垫[墊] yǔmáo rùdiàn。**featherly** adj 轻[輕]而软[軟]的 qīng ér ruǎn de。

feature /'fiːtʃə(r)/ n [C] **1** 特征[徵] tèzhēng；an important ~ of city life 城市生活的一个重要特征。**2 features** 容貌 róngmào；面貌(如口、眼等)liànde yí bùfen。**3** (报纸上的)特写[寫] tèxiě。**4** 故事片 gùshìpiàn；艺[藝]术[術]片 yìshùpiàn。**feature** v [T] 给…以显著地位 gěi…yǐ xiǎnzhù dìwèi；由…主演 yóu…zhǔyǎn。**2** [I] in 起重要作用 qǐ zhòngyào zuòyòng；作为主要角色 zuòwéi zhǔyào juésè。**featureless** adj 平乏的 píngfáde；无[無]吸引人的东[東]西的 wú xīyǐn rén de dòngxi de。

February /'februərɪ/ US -ʊerɪ/ n [U,C] 二月 èryuè。(参见 April 词条的用法例证)

feces [美语] = FAECES。

fed /fed/ pt, pp of FEED。

federal /'fedərəl/ adj **1** 联[聯]邦制的 liánbāngzhìde。**2** 联邦政府的 liánbāng zhèngfǔ de。

federation /ˌfedə'reɪʃn/ n [C] **1** 联[聯]邦 liánbāng。**2** (社会团体的)联合会[會] liánhéhuì。

fed up /ˌfed 'ʌp/ adj [非正式用语]级[級]厌[厭]的 jí yàn de；其厌[厭]倦的 qí yàn de。

fee /fiː/ n [C] **1**(考试的)报[報]名费 bàomíngfèi；(俱乐部的)入会[會]费 rùhuìfèi；entrance ~ 入会费。**2** [常为 pl] 劳[勞]务[務]费 láowùfèi。

feeble /'fiːbl/ adj [~r, ~st] 虚弱的 xūruòde；无[無]力的 wúlìde。**feeble-'minded** adj 弱智的 ruòzhìde。**feebly** /-blɪ/ adv。

feed /fiːd/ v [pt, pp fed /fed/] **1** [T] 喂 wèi；饲[飼] sì。**2** [I] (on) (尤指动物)吃 chī。**3** [T] A with B；B

to A 以…供给…; yǐ …gōngjǐ…; 供
料给… gōngliào gěi…. **feed** *n* 1
[C] (动物或婴儿的) 一餐 yìcān; 一
顿 yídùn. 2 [U] 饲料 sìliào. 3 [C]
(机器的进[道]料管 jìnliàoguǎn;
进料槽 jìnliàocáo. '**feedback** *n*
[U] 反馈 fǎnkuì; 用户反应[应]
yònghù fǎnyìng.

feel /fiːl/ *v* [*pt, pp* **felt** /felt/]
1 [T] 触[觸] 摸; 摸索 mōsuǒ. 2 [T] 感到 gǎndào; 觉[覺]得
juéde; 感觉 gǎnjué. ~ *the
pain* 感受到疼痛. ~ *concern* 感到忧
虑. 3 [常与形容词连用](a) (表示
某种状态): ~ *happy* 感到愉快.
~ *tired* 觉得累了. (b) (表示具
有某种性质): *These shoes* ~
tight. 这些鞋穿上去有些紧. 4
[T] 遭受…的苦 zāoshòu…de kǔ;
~ *the cold* 挨冻. 5 [T] 认[認]为
[爲] rènwéi; 相信 xiāngxìn: *He
felt he would succeed*. 他认为他
会成功. 6 [习语] **feel like
(doing) sth** 想要做 xiǎngyào zuò;
~ *like (having) a drink* 想喝
点东西. 7 [短语动词] **feel for sb**
同情 tóngqíng. **feel** *n* [sing] 1 触
chù; 摸索 mōsuǒ. 2 感知 gǎnzhī; 感
觉 gǎnjué. 3 (对…的) 总[總]的印象
zǒng de yìnxiàng.

feeler /ˈfiːlə(r)/ *n* [C] 1 触[觸]角
chùjiǎo; 触须[鬚] chùxū. 2 [习语]
put out feelers 作试探 zuò shìtàn.

feeling /ˈfiːlɪŋ/ *n* 1 [C] 感觉[覺]
gǎnjué; 感触[觸] gǎnchù. 2 [U] 知
觉 zhījué. 3 [C, *常为 sing*]预感 yù-
gǎn; 模糊的想法 móhude xiǎngfǎ:
*a ~ that something awful is
going to happen*. 可怕的事情就
要发生的预感. 4 [sing] 意见 yì-
jiàn. 5 [U] 同情 tóngqíng; 体[體]
谅 tǐliàng. 6 **feelings** [*pl*] 情感
qínggǎn. 7 [习语] **bad/ill feeling**
反感 fǎngǎn; 愤慨 fènkǎi.

feet /fiːt/ *n pl* of FOOT.

feign /feɪn/ *v* [T] [正式用语] 假装
[裝] jiǎzhuāng; 冒充 màochōng.

feint /feɪnt/ *n* [C, U] 假象 jiǎ-
xiàng; 佯攻 yánggōng. **feint** *v* [I]
伴[佯]攻 jiǎ; 假装[裝] jiǎzhuāng.

felicity /fəˈlɪsəti/ *n* [U] [正式用
语] 幸福 xìngfú; 快乐[樂] kuàilè.

feline /ˈfiːlaɪn/ *adj* 猫的 māode;
猫一样[樣]的 māo yíyàng de.

fell[1] /fel/ *pt* of FALL[1].

fell[2] /fel/ *n* [C] (英格兰北部的)荒
野 huāngyě, 沼泽[澤]地 zhǎozédì.

fell[3] /fel/ *v* [T] 1 砍倒(树) kǎn-

dǎo. 2 击[擊]倒(某人) jīdǎo.

fellow /ˈfeləʊ/ *n* [C] 1 [旧词,非正
式用语] 男人 nánrén; 小伙子 xiǎo-
huǒzi. 2 [常为 pl] 伙伴 huǒbàn;
'*school* ~ 同学 tóngxué. **fellow** *adj* 同
类[類]的 tónglèide; 同种[種]的
tóngzhǒngde; *one's* ~ *men* 同胞.

fellowship *n* 1 [U] 交情 jiāoqíng;
友谊 yǒuyì. 2 [C] 团[團]体[體] 1
tuántǐ; 协[協]会[會] xiéhuì. 3 [C]
(学院中的)董事的职[職]位 dǒngshì
de zhíwèi, 研究员的职位 yánjiū-
yuánde zhíwèi.

felony /ˈfeləni/ *n* [C] [*pl* -ies]
[法律] 重罪 zhòngzuì. **felon**
/ˈfelən/ *n* [C] 重罪犯 zhòngzuì-
fàn.

felt[1] /felt/ *pt, pp* of FEEL.

felt[2] /felt/ *n* [U] 毡 zhān. **felt-
tip 'pen** (亦作 **felt-'tip**) *n* [C]
(书写标笔等用的)毡制[製]粗头
[頭]笔[筆] zhānzhì cūtóubǐ.

female /ˈfiːmeɪl/ *adj* 1 雌的 cíde;
女性的 nǚxìngde. 2 (植物)雌性的
cíxìngde. 3 (机械)阴[陰]的 yīn-
de; 内的 nèide. **female** *n* [C] 雌
[雌]女 fùnǚ; 雌性动[動]物 cíxìng
dòngwù.

feminine /ˈfemənɪn/ *adj* 1 女性的
nǚxìngde; 妇[婦]女的 fùnǚ de. 2
[语法] 阴[陰]性的 yīnxìngde.

femininity /femɪˈnɪnəti/ *n* [U]
女人气[氣]质[質] nǚrén qìzhì.

feminism /ˈfemɪnɪzəm/ *n* [U] 男
女平等主义[義] nánnǚ píngděng
zhǔyì. **feminist** *n*, *adj*.

fen /fen/ *n* [C] 沼泽[澤] zhǎozé.

fence[1] /fens/ *n* [C] 篱[籬]笆 líba;
栅栏[欄] zhàlan. **fence** *v* [T] *in/off*
把…用篱笆围[圍]起来[來]出…;
yòng líba wéi qǐlái; 把…用篱笆分
开[開] bǎ…yòng líba fēnkāi. **fenc-
ing** *n* [U] 筑[築]栅栏的材料 zhù
zhàlan de cáiliào.

fence[2] /fens/ *v* [I] 1 击[擊]剑
[劍] jījiàn. 2 搪塞 tángsè; 模棱两
可 móléng liǎngkě. **fencing** *n* [U]
击剑 jījiàn.

fend /fend/ *v* [短语动词] **fend for**
one'self 照料自己 zhàoliào zìjǐ.
fend sb/sth off 挡[擋]开[開]
dǎngkāi; 避开 bìkāi.

ferment[1] /fəˈment/ *v* [I, T] 1
(使)发[發]酵 fājiào. 2 (使)激动
[動] jīdòng. **fermentation** /fɜː-
menˈtenʃn/ *n* [U].

ferment[2] /ˈfɜːment/ *n* [U] 骚动
[動] sāodòng.

fern /fɜːn/ n [C, U] (植物)蕨类[類]
juélèi.

ferocious /fəˈrəʊʃəs/ adj 1 (兽[獸])
猛的 měngde; 凶猛的 xiōngměngde.
2 凶恶[惡]的 xiōng'ède; 残[殘]暴的
xiōngcánde; 凶恶 xiōngyě·de.
ferociously adv.

ferocity /fəˈrɒsətɪ/ n [U] 凶猛[猛]
猛 xiōngměng; 凶暴[暴]xiōng'è.

ferret /ˈferɪt/ n [C] 白鼬 báiyòu;
雪貂 xuědiāo. ferret v 1 [I]
(about) [非正式用语]搜寻 sōu·
xún. 2 [短语动词]ferret sth out
[非正式用语]搜出 sōuchū.

ferry (亦作 ferry-boat) /ˈferɪ/ n
[C] [pl -ies] 渡船 dùchuán. ferry
v [pt, pp -ied] 1 渡运[運]
(人、货物)

fertile /ˈfɜːtaɪl; US ˈfɜːtl/ adj 1
(土地、土壤)肥沃的 féiwòde; 富饶
[饒]的 fùráode; 多产[產]的 duō
chǎnde. 2 (人)创[創]造力丰[豐]
富的 chuàngzàolì fēngfù de; 想象力
丰富的 xiǎng xiàngli fēngfù de. 3
(植物)能结果实[實]的 néng jiè
guǒshí de; (动物)能产子的 néng
chǎnzǐ de. fertility /fɜˈtɪlətɪ/ n
[U].

fertilize /ˈfɜːtɪlaɪz/ v [T] 使肥沃
shǐ féiwò. fertilization /ˌfɜːtəlaɪ-
ˈzeɪʃn; US -lɪˈzeɪ/ n [U]. fertil-
izer n [C, U] 肥料 féiliào.

fervent /ˈfɜːvənt/ adj 热[熱]情的
rèqíngde; 热切的 rèqiède. ~ be-
lief 强烈的信仰. ~ supporter 热
情的支持者. fervently adv.

fervour (美语-or) /ˈfɜːvə(r)/ n
[U] 炽[熾]热[熱]chìrè; 热情 rè-
qíng; 热烈 rèliè.

fester /ˈfestə(r)/ v [I] 1 (伤口)化
染 gǎnrǎn; 化脓[膿]huànóng. 2
[喻]恶[惡]化 èhuà.

festival /ˈfestəvl/ n [C] 1 表演会
[會]期 biǎoyǎn huìqī; 音乐[樂]节
[節]yīnyuèjié; 戏[戲]剧[劇]节 xì·
jùjié. 2 节日 jiérì.

festive /ˈfestɪv/ adj 欢[歡]乐[樂]
的 huānlède.

festivity /feˈstɪvətɪ/ n [U, C] [pl
-ies] 欢[歡]庆[慶]huānqìng; 欢乐
[樂]huānlè.

fetch /fetʃ/ v [T] 1 接来 jiēlái; 请
来 qǐnglái; 取来 qǔlái. ~ the
children (from school) (从学
校)接孩子. 2 (货物)售得(价钱)
shòudé; The vase ~ed £1000.
这花瓶卖了一千英镑.

fête /feɪt/ n [C] (为筹集基金等而
举行的)室外游[遊]乐[樂]会(会[會])shì·
wài yóulèhuì. fête v [T] 常用被

动语态]款待 kuǎndài; 盛宴招待
shèngyàn zhāodài.

fetish /ˈfetɪʃ/ n [C] 迷恋[戀]物
míliànwù.

fetter /ˈfetə(r)/ n [C] 1 脚镣 jiǎo·
liào. 2 [喻]常用 pl]羁绊 jībàn;
束缚 shùfù. The ~s of govern-
ment controls 政府控制的束缚.
fetter v [T] 1 为[為]…上脚镣
wèi…shàng jiǎoliào. 2 [喻]束缚
shùfù; 拘束 jūshù.

fetus [美语]/ = FOETUS.

feud /fjuːd/ n [C] 长[長]期不和
chángqī bùhé. feud v [I] 长期争吵
chángqī zhēngchǎo.

feudal /ˈfjuːdl/ adj 封建的 fēng-
jiànde; 封建制度的 fēngjiàn zhìdù
de. feudalism /-dəlɪzəm/ n [U].

fever /ˈfiːvə(r)/ n 1 [C, U] 发[發]
烧(病)fāshāo; 热[熱]度 rèdù. 2
[U] 热病 rèbìng. 3 [sing] 狂热
kuángrè; 兴[興]奋[奮]xīngfèn; in
a ~ of impatience 急不可耐.
feverish adj 1 发烧的 fāshāode;
发热的 fārède. 2 极[極]度兴奋的
jídù xīngfèn de. feverishly adv.

few /fjuː/ adj 1 a few 少数[數]的
shǎoshùde; 有些 yǒuxiē. 2 (不与 a 连用)很少的
hěnshǎode; 几[幾]乎没有的 jīhū
méiyǒu de. F~ people live to be
100. 很少有人活到 100 岁.

fiancé /fɪˈɒnseɪ; US fiːɑːnˈseɪ/ n
[C] (fem fiancée) 未婚夫
wèihūnfū.

fiasco /fɪˈæskəʊ/ n [C] [pl -s,
美语亦作 -es]惨[慘]败 cǎnbài;
大败 dàbài.

fib /fɪb/ n [C] [非正式用语]小小
的谎话 xiǎoxiǎode huǎnghuà. fib v
[-bb-]撒小谎 sā xiǎohuǎng. fib-
ber n [C].

fibre (美语 fiber) /ˈfaɪbə(r)/ n 1
[C] 纤[纖]维 xiānwéi; muscle ~s
肌肉纤维. 2 [U] 纤维物质[質]
xiānwéi wùzhì; 纤维质料 xiānwéi
zhìliào. 3 [U] (人的)性格 xìnggé;
strong moral ~ 高尚的道德品
质. 'fibreglass (美语 'fiber-) n
[U] 玻璃纤维 bōli xiānwéi; 玻璃棉
bōlimián. fibrous /-brəs/ adj 纤
维构[構]成的 xiānwéi gòuchéng
de; 纤维状[狀]的 xiānwéizhuàng-
de.

fickle /ˈfɪkl/ adj 易变[變]的 yì-
biànde; 无[無]常的 wúchángde.

fiction /ˈfɪkʃn/ n 1 [U] 虚构(構)
xūgòu; 杜撰 dùzhuàn. 2 [C, U] 小说
xiǎoshuō; 虚构性的陈述 xūgòuxìngde

chénshù. **fictional** /-ʃənl/ adj.

fictitious /fɪk'tɪʃəs/ adj 虚构(構)的 xūgòude; 杜撰的 dùzhuànde.

fiddle /'fɪdl/ n [C] 1 [俚]欺骗(騙)行为(爲) qīpiàn xíngwéi. 2 [非正式用语]小提琴 xiǎotíqín. **fiddle** v 1 [I] with 无[無]目的地拨(撥)弄 wú mùdì de bōnòng. 2 [T] [非正式用语]篡改(账)目 cuàngǎi; 以欺骗手段得到 yǐ qīpiàn shǒuduàn dédào. 3 [I] 拉小提琴 lā xiǎotíqín. **fiddler** n [C] 1 小提琴手 xiǎotíqín shǒu. 2 弄虚作假者 nòng xū zuò jiǎ zhě. **fiddling** adj 微不足道的 wēi bù zú dào de; 无足轻重的 wú zú qīng zhòng de. **fiddly** adv 费事的 fèishìde; 不便使用的 búbiàn shǐyòng de.

fidelity /fɪ'delətɪ; US faɪ-/ n [U] 1 忠诚 zhōngchéng; 忠实[實] zhōngshí. 2 精确(確)精确 jīngquè; 逼真 bīzhēn.

fidget /'fɪdʒɪt/ v [I] 坐立不安 zuò lì bù'ān; 烦躁 fánzào. **fidget** n [C] 烦躁不安的人 fánzào bù'ān de rén. **fidgety** adj.

field¹ /fiːld/ n 1 [C] 田野 tiányě; 田地 tiándì. 2 场(場)地 chǎngdì; 空地 kōngdì: a 'football ~ 足球场. 'oil ~ 油田. 'battle~ 战场. 3 [C] (学术研究等)界 jiè; 领域 lǐngyù. 4 [C] (某种力效应的)场 chǎng: a magnetic ~ 磁场. 'field-day [习语] have a field-day 特别有趣 tèbié yǒuqù; 获(獲)得重大成功 huòdé zhòngdà chénggōng, 'field 'marshal n [C] (英国)陆[陸]军元帅(帥) lùjūn yuánshuài.

field² /fiːld/ n [C] (板球等)防守一方 fángshǒu yì fāng. ◇ v 1 [I,T] (板球等)接(球) jiē; 守(球) shǒu. 2 [T] 使(球队)上场(場) shǐ shàngchǎng. 3 [T] 巧妙地对[對]付(问题) qiǎomiàode duìfu, **fielder** n [C] (板球等)守外场员 wàichǎngyuán, 守队[隊]队员 shǒuduì duìyuán.

fiend /fiːnd/ n [C] 1 非常坏(壞)的人 fēicháng huàide rén. 2 渴望某种[種]事物的人 a kěwàng mǒuzhǒng shìwù de rén: a health ~ 极注重身体健康的人. **fiendish** adj. **fiendishly** adv 很 hěn; 极[極]度地 jídùde.

fierce /fɪəs/ adj [~r, ~st] 1 凶[兇]猛的 xiōngměngde; 凶暴的 tēnnùde. 2 狂热(熱)的 kuángrède; 强烈的 qiángliède: ~ heat 酷热. ~ opposition 强烈的反对. **fiercely** adv. **fierceness** n [U].

fiery /'faɪərɪ/ adj [-ier, -iest] 火焰的 huǒyànde; 燃烧[燒]着的 ránshāozhede; 火一般的 huǒ yìbān de; 火热(熱)的 huǒrède. 2 (人)易发怒的 yì fānù de; 暴躁的 bàozào de; 暴躁的 piqí bàozào de. **fierily** /-rəlɪ/ adv.

fifteen /,fɪf'tiːn/ pron, adj, n [C] 十五 shíwǔ; 十五个[個] shíwǔgè. **fifteenth** /,fɪf'tiːnθ/ pron, adj, n 第十五 dìshíwǔ; 第十五个 dìshíwǔgè. **fifteenth** pron, n [C] 十五分之一 shíwǔfēn zhī yī.

fifth /fɪfθ/ pron, adj, n 第五 dìwǔ; 第五个[個] dìwǔgè; 第五的 dìwǔde. **fifth** pron, n [C] 五分之一 wǔfēn zhī yī.

fifty /'fɪftɪ/ pron, adj, n [pl -ies] 五十 wǔshí; 五十个[個] wǔshígè. **fiftieth** pron, adj, n 第五十 dìwǔshí; 第五十个 dìwǔshígè; 第五十的 dìwǔshíde. **fiftieth** pron, n [C] 五十分之一 wǔshífēn zhī yī.

fig /fɪg/ n [C] 1 无[無]花果 wúhuāguǒ; 无花果树[樹] wúhuāguǒshù. 2 [习语] not care/give a 'fig (about sth) 不在乎 búzàihu.

fig abbr 1 figure; See fig 3 参见图 3. 2 figurative.

fight /faɪt/ v [pt, pp fought /fɔːt/] 1 [I,T] 打架 dǎjià; 打仗 dǎzhàng; [喻] ~ against poverty 与贫困作斗争 4 [T] 打(仗)打 dǎ. 3 [T] 争吵 zhēngchǎo; 争论[論] zhēnglùn. 4 [短语动词] **fight back** (a) 抵抗 dǐkàng. (b) 为[爲]恢复[復]原来状态[態]而奋[奮]斗[鬥] wèi huīfù yuánlái zhuàngtài ér fèndòu, **fight sb/sth off** 击(擊)退 jītuì; 竭力摆[擺]脱 jiélì bǎituō: ~ off an attacker 击退来犯的人. ~ a cold 治愈感冒. **fight sth out** 决斗争解决争争 tōngguò dòuzhēng jiějué zhēngchǎo. **fight** n [C] 1 战(戰)斗 zhàndòu; 搏斗 bódòu. 2 [U] 战斗的愿[願]望 zhàndòude yuànwàng; 战斗力 zhàndòulì. **fighter** n [C] 1 战士 zhànshì; 兵士 bīngshì; 拳击手 quánjīshǒu. 2 战斗机 zhàndòujī.

figment /'fɪgmənt/ n [C] 想像的事 xiǎngxiàngde shì; 虚构[構]的事 xūgòude shì: a ~ of her imagination 她想像中的事物.

figurative /'fɪgjʊərətɪv/ adj (词语)比喻的 bǐyùde. **figuratively** adv.

figure /'fɪgə(r)/ n 1 [C] 数[數]字 shùzì. 2 [C]价[價]格 jiàgé. 3 [C] 体[體]形 tǐxíng; 风[風]姿 fēngzī; 人影 rényǐng.

approaching in the darkness 黑暗中走来的一个人影. 4 [C] 人物 rénwù; *important ~ in history* 历史上的重要人物. 5 [C] 画(畫)像 huàxiàng; 塑像 sùxiàng. 6 [C] 图(圖)形 túxíng; 图表 túbiǎo; 图案 túàn. 7 figures [pl] 算术(術) suànshù; 计算 jìsuàn. figure v 1 [I] (*in*) 出现 chūxiàn; 露头(頭)角 lù tóujiǎo. 2 [尤用于美语](认(認)为(爲) rènwéi. 3 [I] [非正式用语](与 yǔ or *that* 连用) 是很可能的 shì hěn kěnéng de; *That ~s.* 那是很可能的. [短语动词] figure on sth 指望 zhǐwàng. figure sth out 想出 xiǎngchū; 弄出 jìsuànchū. 'figurehead n [C] 挂(掛)名首脑(腦) guàmíng shǒunǎo. ,figure of 'speech n 比喻 bǐyù.

filament /'fɪləmənt/ n [C] 细丝(絲) xìsī; 灯(燈)丝 dēngsī.

file¹ /faɪl/ n [C] 锉 cuò; 锉刀 cuòdāo. file v [T] 锉 cuò; 锉平 cuòpíng; 锉光 cuòguāng; ~ *one's fingernails* 把指甲锉光. filings /'faɪlɪŋz/ n [pl] 锉屑 cuòxiè.

file² /faɪl/ n [C] 1 文件夹(夾) wénjiànjiā; 公文箱 gōngwénxiāng; 卷宗 juànzōng. 2 档(檔)案 dàng'àn. 3 (电子计算机) 文件 wénjiàn. 4 [习语] on file 存档 cúndàng. file v 1 [T] 把…归(歸)档 bǎ…guīdàng. 2 [I, T] (*for*) 提出申请 tíchū shēnqǐng; 起诉 qǐsù; ~ *for divorce* 起诉要求离婚. 'filing cabinet n [C] 文件柜(櫃) wénjiànguì.

file³ /faɪl/ n [C] 纵(縱)列 zòngliè. file v [I] 成纵队(隊)前进(進) chéng zòngduì qiánjìn; ~ *out of the room* 从房里鱼贯而出.

fill /fɪl/ v 1 [I, T] 装(裝)满(滿) zhuāngmǎn; 注满 zhùmǎn; 充满 chōngmǎn. 2 [T] 担(擔)任(职务) dānrèn; 填入 tiánrù; *a vacancy* 补上空缺. 3 [T] 履行(职能等) lǚxíng. 4 [短语动词] fill in (for sb) 暂代dànrèn. fill sth in [美语亦作] fill sth out 填写(寫) tiánxiě; ~ *in a form* 填写表格. fill out 扩(擴)大 kuòdà; 变(變)胖 biàn pàng. fill sth up 装(裝)满 zhuāngmǎn; 灌满 guànmǎn. 5 [习语] one's fill of sth (a) 吃饱喝足的量 chī bǎo hē zú de liàng. (b) 忍受

的限度 rěnshòude xiàndù; *I've had my ~ of your rudeness!* 你的粗暴我受够了! filler n [C] 填补(補)物 tiánbǔwù. filling n [C] (牙科医生用的) 填补物 tiánbǔwù. 'filling station n [C] 加油站 jiāyóuzhàn.

fillet /'fɪlɪt/ n [C] 肉片 ròupiàn; 鱼片 yúpiàn. fillet v [T] (把鱼、肉) 切成片 qiē chéng piàn.

film /fɪlm/ n 1 [C] 影片 yǐngpiàn; 电(電)影 diànyǐng. 2 [C, U] (摄影) 胶(膠)卷(捲) jiāojuǎn; 软片 ruǎnpiàn. 3 [C, 常为 sing] 薄膜 bómó;膜 mó; 薄层(層) bócéng; *a ~ of oil* 一层油膜. film v [I, T] (把…)拍成电影 diànyǐng. 'film star n [C] 电影明星 diànyǐng míngxīng.

filter /'fɪltə(r)/ n [C] 1 滤(濾)器 lǜqì. 2 滤光器 lǜguāngqì; 滤色器 lǜsèqì. filter v 1 [I, T] (摄影) (过)滤 lǜguò. 2 [I] 慢慢传(傳)开(開) mànmàn chuánkāi; 慢慢通过 mànmàn tōngguò; 慢慢流过 mànmàn liúguò.

filth /fɪlθ/ n [U] 1 污秽(穢) wūhuì; 污物 wūwù. 2 淫秽 yínwèi. filthy adj [-ier, -iest].

fin /fɪn/ n [C] 1 鳍 qí. 2 鳍状(狀)的东(東)西 qízhuàngde dōngxi; (飞机) 直尾翼 zhíwěiyì.

final /'faɪnl/ adj 1 最后(後)的 zuìhòude; 最终的 zuìzhōngde. 2 确(確)定的 quèdìngxìngde; 决定性的 juédìngxìngde. 3 [习语] final straw ⇨STRAW. final n 1 决赛 juésài; *the tennis ~s* 网球决赛. 2 finals [pl] (大学) 期终考试 qízhōng kǎoshì. finalist /'faɪnəlɪst/ n [C] 决赛选(選)手 juésài xuǎnshǒu. finalize /-nəlaɪz/ v [T] 把…最后定下来 bǎ…zuìhòu dìng xiàlái. finally /-nəlɪ/ adv 1 最后地 zuìhòude; 最终地 zuìzhōngde. 2 决定性地 juédìngxìngde; *settle the matter ~ly* 彻底解决这个问题.

finale /fɪ'nɑːlɪ; US -'næl/ n [C] (音乐)终曲 zhōngqǔ; 末乐(樂)章 mò yuèzhāng; (戏剧)终场(場) zhōngchǎng.

finance /'faɪnæns, fɪ'næns/ n 1 [U] 财政 cáizhèng; 金融 jīnróng; *an expert in ~* 财政专家. 2 [U] (工程项目、公司等)的资金 zījīn; *obtain ~ from the bank* 从银行获得资金. 3 finances [pl] (个人、公司等)可动(動)用的钱(錢) kě dòngyòng de qián; 财源

cáiyuán. **finance** v [T] 为[爲]…提供资金 wèi…tígōng zījīn. **financial** /faɪˈnænʃl, fɪˈnæ-/ adj. **financially** adv. **financier** /faɪˈnænsɪə(r); US fɪˈnænsɪər/ n [C] 金融家 jīnróngjiā.

finch /fɪntʃ/ n [C] 雀科鸣[鳴]禽 quèkē míngqín.

find /faɪnd/ v [pt, pp found /faʊnd/] [T] 1 找到 zhǎodào; 寻[尋]得 xúndé. 2 意外发[發]现 yìwài fāxiàn; 偶然(丢失的物或人) ǒurán. 4 设法获[獲]得 shèfǎ huòdé: ~ time to study 挤出时间学习 jǐ chū shíjiān xuéxí. 5 感到 gǎndào; 达(認)为[爲] rènwéi; I ~ it difficult to understand him. 我觉得了解他是困难的. 6 自然地到达[達]~s its own level. 水总会自成水平 shuǐ zǒng huì zìchéng shuǐpíng. 7 发现…的存在 fāxiàn…de cúnzài: Tigers are found in India. 印度有老虎. 8 [法律]判决 pànjué; 裁决 cáijué: ~ her innocent 判她无罪. 9 [习语] find fault with sb/sth 找岔子 zhǎo chàzi; 抱怨 bàoyuàn. 10 [短语动词] find sth out 找出 zhǎochū; 查明 chámíng; ~ out when the next train leaves 查明下一趟火车何时开出 find n [C] (有价值或有趣的)发现物 fāxiànwù. **finder** n [C]. **finding** n [C, 常作 pl] 1 调查研究的结果 diàochá yánjiū de jiéguǒ. 2 [法律]判决 pànjué; 裁决 cáijué.

fine¹ /faɪn/ adj [~r, ~st] 1 可爱[愛]的 kě'ài de; 美好的 měihǎo de: a ~ view 美好的景色. 2 身体[體]健康的 shēntǐ jiànkāng de. 3 (天气)晴朗的 qínglǎng de. 4 颗粒微小的 kēlì wēixiǎo de: ~ powder 细粉末. 5 纤[纖]巧的 xiānqiǎo de; 精制[製]的 jīngzhìde. 6 细微难[難]察的 xìwēi nánchá de: a ~ distinction 细微难察的差别. **fine** adv 很好 hěnhǎo **fine 'arts** n [U] (亦作 the fine 'arts [pl]) 美艺[藝]术[術](绘画、雕塑、诗歌、音乐等) měiyìshù. **finely** adv 1 很好 hěnhǎo; 极[極]好 jíhǎo. 2 细小地 xìxiǎode: ~ly cut meat 切得很细的肉. **fineness** n [U].

fine² /faɪn/ n [C] 罚款 fákuǎn; 罚金 fájīn. **fine** v [T] 处(處)以罚金 chǔyǐ fájīn.

finery /ˈfaɪnərɪ/ n [U] 华丽[麗]的服饰 huálìde fúshì.

finesse /fɪˈnes/ n [U] 手腕 shǒuwàn; 策略 cèlüè.

finger /ˈfɪŋɡə(r)/ n [C] 1 手指 shǒuzhǐ. 2 (手套的)套手指部分 tào shǒuzhǐ bùfen. 3 [习语] get, put, etc one's **finger** out 不再懒惰)开[開]始努力工作 kāishǐ nǔlì gōngzuò. put one's **finger** on sth 确(確)切指出 quèqiè zhǐchū. **finger** v [T] 用手指触[觸]、碰 yòng shǒuzhǐ chù、pèng. **fingernail** n [C] 指甲 zhǐjia. **fingerprint** n [C] 指纹印 zhǐwényìn; 手印 shǒuyìn. **fingertip** n [C] 1 指尖 zhǐjiān. 2 [习语] have sth at one's **fingertips** 熟知某事物 shúzhī mǒu shìwù.

finish /ˈfɪnɪʃ/ v 1 [I, T] 完成 wánchéng; 结束 jiéshù. 2 [T] 吃完 chīwán; 用完 yòngwán; 耗尽[盡] hàojìn. 3 [T] 使完美 wánměi; 使完善 wánshàn. [短语动词] finish sb/sth off 杀[殺]死 shāsǐ; 毁灭[滅] huǐmiè. finish with sb/sth 与(與)…断[斷]绝关[關]系(係) yǔ…duànjué guānxi. finish n [C] 1 最后(後)部分 zuìhòu bùfen. 2 [C, U] 完善 wánshàn; 完美 wánměi: a highly polished ~ 精心修饰后的完美.

finite /ˈfaɪnaɪt/ adj 1 有限的 yǒuxiànde. 2 [语法]限定的 xiàndìngde: 'Is' and 'was' are forms of 'be'. "is" 和"was"是"be"的限定形式.

fir (亦作 'fir-tree) /fɜː(r)/ n [C] 冷杉 lěngshān. **'fir-cone** n [C] 冷杉球果 lěngshān qiúguǒ.

fire¹ /ˈfaɪə(r)/ n 1 [U] 火 huǒ. 2 (a) [C] 失火 shīhuǒ; 火灾 huǒzāi: forest ~ 森林火灾. (b) [U] 失火造成的破坏[壞] shīhuǒ zàochéngde pòhuài. 3 [C] 炉(爐)火 lúhuǒ: light a ~ 生炉子. 4 [C] 取暖装[裝]置 qǔnuǎn zhuāngzhì: a gas ~ 煤气取暖器. 5 [U](枪炮的)开[開]火 kāihuǒ. 6 [习语] on fire 着火 zháohuǒ; 起火 qǐhuǒ. under 'fire 遭射击[擊] zāo shèjī. **'fire-alarm** n [C] 火警 huǒjǐng. **'firearm** n [C, 常为 pl] 小型枪[槍]、手枪等) huǒqì. the '**fire brigade** n [sing] 消防队[隊] xiāofángduì. **'fire-drill** n [C] 消防演习[習] xiāofáng yǎnxí. **'fire-engine** n [C] 救火车 jiùhuǒchē. **'fire-escape** n [C] (建筑物外面的)太平梯 tàipíngtī. **'fire**

extinguisher n [C] 灭(滅)火器 mièhuǒqì. **'fire-fighter** n [C] 消防队员 xiāofáng duìyuán. **fire-guard** n [C] 炉栏(欄) lúlán. **fire-man** /-mən/ n [pl -men] 消防队员 xiāofáng duìyuán. **'fire-place** n [C] 壁炉(爐) bìlú. **'fireproof** v [T], adj 使防火 shǐ fánghuǒ; 防火的 fánghuǒde; 耐火 的 nàihuǒde. **'fireside** n (the ~, 常与 sing (單)炉边(邊) lúbiān. **'fire station** n [C] 消防站 xiāofángzhàn. **'firewall** n [C] (计算机病毒) 防火墙(牆) fánghuǒqiáng. **'firewood** n [U] 木柴 mùchái. **'firework** n [C] 焰火 yànhuǒ.

fire² /ˈfaɪə(r)/ v 1 [I] 开(開)火 kāihuǒ; (枪等)射击(擊) shèjī; 开(枪、炮) kāi; 射击(擊) shèjī; 开(開)炮 kāipào. 2 [T] [非正式用语]开除(雇员等) kāichú. 3 [T] 激起 jīqǐ; 激发(發) jīfā; ~ sb's imagination 激发某人的想象力. 4 [T] (在窑内)烧(燒)制(製)(陶器等) shāozhì. **'firing-line** n [sing] 火线(綫) huǒxiàn. **'firing-squad** n [C,U] 行刑队(隊) xíngxíngduì.

firm¹ /fɜːm/ adj 1 结实(實)的 jiēshide; 坚(堅)硬的 jiānyìngde. 2 牢固的 láogùde. 3 坚定的 jiāndìngde. 4(人的动作)沉稳(穩)的 chénwěnde. 5 [习语] **stand firm** ⇨ STAND 8. ▷ v [I,T] 使坚定 shǐ jiāndìng; 使牢固 shǐ láogù; 变(變)坚定 biàn jiāndìng; 变稳固 biàn wěngù; 变(變)牢固 biàn láogù. **firmly** adv 坚定地 jiāndìngde; 稳固地 wěngùde. **firmness** n [U].

firm² /fɜːm/ n [C] 商号(號) shānghào; 商行 shāngháng.

first¹ /fɜːst/ adj 1 第一的 dìyīde; 首要的 shǒuyàode. 2 [习语] **at first 'sight** 乍看之下 zhà kàn zhī xià; 初看 chūkàn. **first 'thing** 首先 shǒuxiān; 立即 lìjí; 首先要做的事 shǒuxiān yào zuò de shì. **first 'aid** n [U] (对病人的)急救 jíjiù. **first 'class** n [U] (火车的)头(頭)等车(車)厢 tóuděngchēxiāng; (轮船等的)头等舱(艙) tóuděngcāng. **'first-class** adj 头等车厢的 tóuděngchēxiāngde; 乘火等车厢(或船)的 chéng tóuděngchēxiāng. **'first 'floor** n [C] 1 [英国英语]二(层)楼 èrlóu. 2 [美语]底层 dǐcéng; 一(层)楼 yīlóu. **first 'hand** adj, adv (资料等)第一手的 dìyīshǒu de; 直接的 zhíjiēde; 直接地 zhíjiēde.

de. **firstly** adv (列举论点等)首先 shǒuxiān, 第一 dìyī. **'first name** n [C] 教名 jiàomíng; 名字 míngzi. **the 'first 'person** n [sing] 语法]第一人称(稱) dìyī rénchēng. **first-rate** adj 第一流的 dìyīliúde.

first² /fɜːst/ adv 1 第一 dìyī; 最初 zuìchū; 首先 shǒuxiān: She spoke ~. 她第一个讲话. 2 第一次 dìyīcì: when I ~ came to London 当我第一次来到伦敦. 3 宁(寧)可 nìngkě; 宁愿(願) nìngyuàn.

first³ /fɜːst/ n, pron 1 **the first** [sing] 第一个(個)人(或物) dìyī gèrén; the ~ to leave 离开的第一个人. 2 [C] 新成就 xīn chéngjiù. 3 (大学考试成绩的)优(優)等 yōuděng. 4 [习语] **at first** 起初 qǐchū; 当初 dāngchū.

fish¹ /fɪʃ/ n [pl fish 或 ~es] 1 [C] 鱼 yú. 2 [U] 鱼肉 yúròu: ~ and chips 鱼和炸土豆片. **fish** v 1 [I] 捕鱼 bǔyú; 钓鱼 diàoyú. 2 [習语](用动词)**fish for sth** 转(轉)弯(彎)抹角地引出 zhuǎnwān mǒ jiǎo de yǐnchū. **fish sth out (of sth)** 从…掏出 cóng… tāochū: He ~ed a coin out of his pocket. 他从口袋里掏出一个硬币. **fisherman** /ˈfɪʃəmən/ n [C] [pl -men] 渔民 yúmín; 渔夫 yúfū. **fishery** n [C, 常作 pl -ies] 渔场(場) yúchǎng. **fishing** n [U] 钓鱼 diàoyú; 捕鱼 bǔyú: go ~ing 出去钓鱼. **'~ing-rod** n 钓竿. **fishmonger** /ˈfɪʃmʌŋgə(r)/ n [C] 鱼商 yúshāng. **fishy** adj [-ier,-iest] 1 像鱼的 xiàng yú de. 2 [非正式用语]可疑的 kěyíde: a ~y story 可疑的说法.

fission /ˈfɪʃn/ n [U] [尤指原子]裂变(變) lièbiàn: nuclear ~ (核)裂变 lièbiàn.

fissure /ˈfɪʃə(r)/ n [C] (岩石等的)裂缝 lièfèng.

fist /fɪst/ n [C] 拳 quán; 拳头(頭) quántou. **fistful** n [C] 一把 yībǎ.

fit¹ /fɪt/ v [-tt-] 1 [I,T] (使)适(適)合 shìhé: These shoes don't ~ (me). 这双鞋(子)大小不适合(我). 2 [T] 试穿(衣服) shìchuān: have a new coat ~ed 试穿一件新上衣. 3 [T]安装(裝)安置 ānzhuāng; 装置 zhuāngzhì: ~ a new window 安装新窗户. 4 [T] 使符合 shǐ fúhé; 使适应[應] shǐ shìyìng: *make the punishment ~ the crime* 按罪量刑。5 [短语动词] **fit sb in** 安排时[時]间见某人 ānpái shíjiān jiàn mǒurén. **fit sth in** 插入 chārù. **fit in (with sb/sth)** 相合 xiānghé; 合得来 hédelái, **fit sb/sth out** 装备[備] zhuāngbèi; 配备 pèibèi. **fit** *n* [C] 合身 héshēn; 合身 *a tight ~* 贴身 tiēshēn. **fitted** *adj* 按放置位置量做的 ān fàngzhì wèizhì dìngzuò de; ~*ted carpets/cupboard* 按放置量做的地毯(碗橱).

fitter /'fɪtə(r)/ *n* [C] 1 装配工 zhuāngpèigōng. 2 剪裁并[並]试样的裁缝 jiǎncái bìng shìyàng de cáiféng.

fit² /fɪt/ *adj* [~ter, ~test] 1 适[適]合 的 shìhéde; 适宜的 shìyíde; 适当的 zhèngdàngde: *not ~ to eat* 不适宜食用。*Do as you think ~* 你认为怎样合适你就怎么办 nǐ rènwéi zěnyàng héshì nǐ jiù zěnme bàn. 2 健康的 jiànkāngde; 强健的 qiángjiànde. 3 齐[齊]备[備]的 qíbèide; 要…的 laughing ~ *to burst* 笑不可支。**fitness** *n* [U] 1 健康 jiànkāng. 2 *for;* 适合 shìhé; 恰当 qiàdàng.

fit³ /fɪt/ *n* [C] 1 (病的)发[發]作 fāzuò; 歇斯底里发作 xiēsīdǐlǐ fāzuò; 痉[痙]挛[攣] jìngluán. 2 (感情的)突发 tūfā; (活动的)一阵紧[緊]张[張] yīzhèn jǐnzhāng: *a ~ of anger* 勃然大怒。*a ~ of enthusiasm* 一阵热情。2 突发 tūfā *by/in fits and starts* 一阵一阵地 yīzhènyīzhènde. *have/throw a 'fit* (a) 惊呆 jīngdāi; 昏厥 hūnjué. (b) [非正式用语]震惊[驚]愤怒 fènnù. **fitful** /-fl/ *adj* 间歇的 jiànxiēde, **fitfully** /-fəlɪ/ *adv.*

fitting /'fɪtɪŋ/ *adj* 适[適]合的 shìhéde; 恰当 qiàdàngde. **fitting** *n* [C] 1 [常作 pl] 零件 língjiàn; 配件 pèijiàn: *electrical ~s* 电气[氣]配件. 2 [常作 pl] 搬家时[時]可带走的装[裝]置 bānjiāshí kě yǐ zǒude zhuāngzhì.

five /faɪv/ *pron, adj, n* [C] 五 wǔ; 五个[個] wǔ gè. **fiver** /-ə(r)/ *n* [英国非正式用语]五英镑 wǔ yīngbàng; 五英镑钞票 wǔ yīngbàng chāopiào.

fix¹ /fɪks/ *v* [T] 1 使固定 shǐ gùdìng; 安装[裝]妥当 ānzhuāng tuǒdang. 2 钉 住 dìngzhù; 凝视 níngshì; 吸引(注意) xīyǐn. 3 安排

ānpái; ~ *a date for a meeting* 安排会议的日期。4 修理 xiūlǐ. 5 整理 zhěnglǐ; 收拾 shōushi; ~ *one's hair* 梳头. 6 [尤用于美语](准[準]备[備](饮食)zhǔnbèi. 7 用不正当[當]手段操纵[縱]yòng bú zhèngdàng shǒuduàn cāozòng. 8 [短语动词] **fix on sb/sth** 选[選]定 xuǎndìng. **fix sb up (with sth)** 为(某人)安排好…wèi…ānpái hǎo, **fixation** /fɪk'seɪʃn/ *n* [C] 不健康的依恋[戀]bú jiànkāngde yīliàn.

fix² /fɪks/ *n* [常作 sing] 1 困境 kùnjìng; 困境 kùnjìng. 2 方位 fāngwèi. 3 [俚]吸毒者的毒品注射 xīdúzhě de dúpǐn zhùshè.

fixture /'fɪkstʃə(r)/ *n* [C] 1 [常作 pl] (房屋内的)固定装[裝]置 gùdìng zhuāngzhì. 2 确[確]定日期的体[體]育项目 yī quèdìng rìqī de tǐyù xiàngmù.

fizz /fɪz/ *v* [I] (液体冒气泡时)嘶嘶作响[響]sīsī zuò xiǎng. **fizz** *n* [U] 液体[體]冒出的气泡 qìpào. **fizzy** *adj* [-ier, -iest].

fizzle /'fɪzl/ *v* [I] 1 发[發]微弱的嘶嘶声 fā wēiruòde sīsīshēng. 2 [短语动词] **fizzle out** 结果不妙 jiéguǒ búmiào.

flab /flæb/ *n* [U] [非正式用语]松[鬆]弛的肌肉 sōngchí de jīròu.

flabby *adj* [-ier, -iest] 1 (肌肉)不结实[實]的 bù jiēshí de; 松弛的 sōngchíde. 2 [喻]软弱的 ruǎnruòde. **flabbiness** *n* [U].

flabbergasted /'flæbəgɑːstɪd/ *US* -gæst-/ *adj* 感到震惊[驚]的 gǎndào zhènjīng de.

flag¹ /flæg/ *n* [C] 旗 qí. **flag** *v* -gg-] [短语动词] **flag sth down** 打信号[號]使(车辆)停下 dǎ xìnhào shǐ tíngxià. **'flagship** *n* [C] 1 旗舰[艦] qíjiàn. 2 [喻](同类事物中的)佼佼者 jiǎojiǎozhě.

flag² /flæg/ *v* [-gg-] [I] 变[變]弱 biànruò: *Interest is ~ging.* 兴趣正在减弱下来。*Enthusiasm is ~ging.* 热情正在减退。

flagon /'flægən/ *n* [C] 大肚酒瓶 dà dù jiǔpíng.

flagrant /'fleɪgrənt/ *adj* 明目张[張]胆[膽]的 míng mù zhāng dǎn de; 公然的 gōngránde: ~ *disobedience* 公然抗拒. **flagrantly** *adv*.

flagstone /'flægstəʊn/ *n* [C] (铺地,铺路用)石板 shíbǎn.

flair /fleə(r)/ n [U, sing] 天赋 tiānfù; 资质 zīzhì; 才能 cáinéng: *She has a ~ for languages*. 她有语言天赋.

flake /fleik/ n [C] 薄片 bópiàn: *'snow~s* 雪片. **flake** v [I] 1 [短语动词] **flake out** [非正式用语] (因疲倦而)倒下 dǎoxià. **flaky** adj [-ier, -iest] 由一片片组成的 yóu yípiànpiàn zǔchéng de; 易剥落的 yì bōluò de.

flamboyant /flæm'bɔiənt/ adj 1 (人)爱[愛]炫耀的 ài xuànyào de. 2 艳[艷]丽的 yànlì de; 灿[燦]烂[爛]的 cànlànde. **flamboyance** /-əns/ n [U]. **flamboyantly** adv.

flame /fleim/ n [C, U] 火焰 huǒyàn; 火舌 huǒshé: *The house was in* ~*s*. 房屋着火了. **flame** v [I] 1 发[發]出火焰 fāchū huǒyàn; 燃烧[燒] ránshāo. 2 呈火红色 chéng huǒhóngsè; 发光 fāguāng. **flaming** adj 猛烈的 měngliède; 激烈的 jīliède: *a flaming argument* 激烈的争论.

flamingo /fləˈmiŋgəʊ/ n [C] [pl ~s] 火烈鸟[鳥] huǒlièniǎo.

flammable /ˈflæməbl/ adj 易燃的 yìrán de.

flan /flæn/ n [C] 果酱[醬]饼 guǒjiàngbǐng.

flank /flæŋk/ n [C] 1 胁[脅] xié; 胁腹 xiéfù. 2 [军事] 侧翼 cèyì. **flank** v [T] 位于…的侧翼 wèiyú …de cèyì; 包抄…的侧翼 bāochāo …de cèyì.

flannel /ˈflænl/ n 1 [U] 法兰[蘭]绒 fǎlánróng. 2 **flannels** [pl] (男式)法兰绒裤子 fǎlánróng kùzi. ⇨FACE-CLOTH (FACE).

flap /flæp/ n [C] 1 (口子的)覆盖[蓋]物 (袋盖、信封口盖等)fùgàiwù. 2 拍打 pāidǎ; 拍击[擊] pāijī; 拍打声[聲] pāidǎshēng. 3 (飞机)襟翼 jīnyì. 4 [习语] **be in / get into a flap** [非正式用语]慌乱[亂] huāngluàn; 神经[經]紧[緊]张[張] shénjīng jǐnzhāng. **flap** v [-pp-] 1 [I, T] (使)上下左右拍动 shàngxià zuǒyòu pāidòng; 挥[揮]动[動] huīdòng; 摆[擺]动 bǎidòng: *sails ~ping in the wind* 在风中扑动的船帆. 2 [I, T] 轻[輕]轻拍打 qīngqīng pāidǎ: ~ *the flies away* 把苍蝇赶走. *The bird ~ped its wing*. 鸟儿轻轻拍动翅

膀. 3 [I] [非正式用语]激动[動] jīdòng; 忧[憂]虑[慮]重[重] yōulǜ yōulǜ.

flare[1] /fleə(r)/ v 1 [I] 熊熊地燃烧[燒] xióngxióngde ránshāo. 2 [短语动词] **flare up** (a) 突然燃烧 tūrán ránshāo. (b) [喻]暴烈行为等)突然爆发[發] tūrán bàofā. **flare** n [C] 1 [常作 sing] 摇曳的火焰 yáoyède huǒyàn; 门烁[爍]的火光 shǎnshuòde huǒguāng. 2 闪光信号[號]装[裝]置 shǎnguāng xìnhào zhuāngzhì; 闪光信号 shǎnguāng xìnhào. **'flare-up** n [C] 1 突然发光 tūrán fāguāng. 2 [喻]爆发暴力事件 bàofā bàolì shìjiàn.

flare[2] /fleə(r)/ v [I, T] (使)底部变宽[寬] biànkuān: *a ~d skirt* 下摆宽大的衬衫. **flare** n [C] 逐渐变宽 zhújiàn biànkuān.

flash /flæʃ/ n 1 [C] 闪光 shǎnguāng; 闪烁[爍] shǎnshuò: *a ~ of lightning* 一道闪电. [喻] *a ~ of inspiration* 灵感的闪现. 2 [C, U] (摄影)闪光灯[燈] shǎnguāngdēng. 3 [习语] **in a flash** 转[轉]瞬间 zhuǎnshùnjiān; 一刹那 yíshànà. **flash** *adj* [非正式用语]华[華]而不实[實]的 huá ér bù shí de; 俗艳[艷]的 súyànde. **flash** v 1 [I, T] (使)闪光 shǎnguāng; (使)闪烁 shǎnshuò; 闪烁[爍] shǎnshuò; 闪现 shǎnxiàn; 掠过[過] lüèguò. 2 [I, T] 掠过 lüèguò; (心头[頭]) lüèguò xīntóu. 3 [T] (通过电视、卫星等)传[傳]送(新闻、信息) chuánsòng. 4 [I] 飞[飛]驰 fēichí; 掠过[過] lüèguò: *The train ~ed past us*. 火车从我们身旁飞驰而过. **'flashback** n [C] (电影等的)闪回(镜头) shǎnhuí. **'flashbulb** n [C] 闪光灯[燈]泡 shǎnguāngdēngpào. **'flashlight** n [C] 1 = FLASH 2. 2 [尤用于美语]手电[電]筒 shǒudiàntǒng. **flashy** adj [-ier, -iest] 俗艳的 súyànde: ~y *clothes* 华而不俗气的衣装. **flashily** adv.

flask /flɑːsk; US flæsk/ n [C] 1 细颈[頸]瓶 xìjǐngpíng. 2 热[熱]水瓶 rèshuǐpíng. 3 = HIP-FLASK (HIP).

flat[1] /flæt/ n [C] [尤用于英国英语]亦作 **apartment**, [美语](用作住家的在同层楼上的)一套房间[間] yítào fángjiān.

flat[2] /flæt/ adj [~ter, ~test] 1 平的 píngde; 平坦的 píngtǎnde; 扁

平的 biǎnpíngde. **2** 平展的 píngzhǎnde; 平伸的 píngshēnde: *lying ~ on her back* (她)平躺着. **3** 浅[浅]的 qiǎnde: *a ~ dish* 浅盘子. **4** 枯燥的 kūzàode; 乏味的 fáwèide. **5** (电池)电[電]用完了的 diàn yòng wán le de. **6** (轮胎)没有气[氣]的 méiyǒu qì le de. **7** (饮料)没有气泡了的 méiyǒu qìpào le de. **8** 绝对[對]的 juéduìde: *a ~ refusal* 断然拒绝. **9** (价格等)固定的 gùdìngde: *a ~ rate* 固定收费率. **10** [音乐]降音的 jiàngyīnde.

flat *adv* **1** 平坦地 píngtǎnde; 平直地 píngzhíde. **2** 恰好 qiàhǎo; 正好 zhènghǎo: *in 10 seconds ~* 正好 10 秒钟. **3** [音乐]降音地 jiàngyīnde. **4** [习语] **flat 'out** [非正式用语]竭尽[盡]全力 jié jìn quánlì.

flat-'footed *adj* 有扁平足的 yǒu biǎnpíngzú de.

flatpack *n* [C] 组装[裝]式 zǔzhuāngshì; 扁平组件式包装[裝] biǎnpíng zǔjiàn shì bāozhuāng: *flatpack furniture* 组装式家具.

flat³ /flæt/ *n* **1** [sing] 平坦部分 píngtǎn bùfen. **2** [C] 平地 píngdì; 浅[淺]滩[灘] qiāntān: '*mud ~s* 泥泞的浅滩. **3** [C] [音乐]降半音 jiàngbànyīn. **4** [C] 沃用于美语[語]没有气[氣]的轮[輪]胎 méiyǒu qì le de lúntāi.

flatten /'flætn/ *v* [I, T] 把…弄平 bǎ…nòngpíng; 变[變]平 biànpíng.

flatter /'flætə(r)/ *v* [T] **1** 阿谀奉承 fèngcheng. **2** (常用被动语态)使高兴[興]gāoxìng. **3** (肖像、画等)胜[勝]过[過](真人、真物) shèngguò. **flatterer** *n* [C].

flattery *n* [U] 捧场[場]的话 pěngchǎngde huà.

flaunt /flɔ:nt/ *v* [T] 夸[誇]耀 kuāyào; 夸示 kuāshì: *~ one's wealth* 炫耀财富.

flautist /'flɔ:tɪst/ *n* [C] 笛手 díshǒu.

flavour (美语 **-or**) /'fleɪvə(r)/ *n* **1** [U] 味 wèi; 味 wèi: *add salt to improve the ~* 加盐以提味. **2** [C] 风[風]味 fēngwèi; 情味 qíngwèi: *six ~s of ice-cream* 六味冰淇淋. **3** [C, U] 特点[點] tèdiǎn. **flavour** *v* [T] 给…调味 gěi…tiáowèi; 给…增添风趣 gěi…zēngtiān fēngqù. **flavouring** *n* [C, U] 调味品 tiáowèipǐn. **flavourless** *adj*.

flaw /flɔ:/ *n* [C] 瑕疵 xiácī; 缺点[點] quēdiǎn. **flaw** *v* [T] 使有缺

点 shǐ yǒu quēdiǎn. **flawless** *adj* 无[無]缺点的 wú quēdiǎn de; 完美的 wánměide. **flawlessly** *adv*.

flax /flæks/ *n* [U] 亚[亞]麻 yàmá. **flaxen** /'flæksn/ *adj* (头发)亚麻色的 yàmásède; 淡黄色的 dànhuángsède.

flea /fli:/ *n* [C] 蚤 zǎo.

fleck /flek/ *n* [C] 斑点[點] bāndiǎn; 微粒 wēilì. **fleck** *v* [T] 使有斑点 shǐ yǒu bāndiǎn.

flee /fli:/ *v* [*pt, pp* **fled** /fled/] [I, T] (*from*) 迅速离[離]开[開] xùnsù líkāi; 逃 táo; 逃走 táozǒu.

fleece /fli:s/ *n* [C] (未剪下的)羊毛 yángmáo. **fleece** *v* [T] 敲诈 qiāozhà; 诈取 zhàqǔ. **fleecy** *adj* 羊毛似的 yángmáo shì de; 羊毛制[製]的 yángmáo zhì de.

fleet /fli:t/ *n* **1** 舰队[隊] jiànduì. **2** 船队 chuánduì; 机[機]群 jīqún; 汽车[車]队 qìchēduì.

fleeting /'fli:tɪŋ/ *adj* 飞[飛]逝的 fēishìde; 短暂的 duǎnzànde: *a ~ glimpse* 瞥一瞥.

flesh /fleʃ/ *n* **1** [U] 肉 ròu. **2** [U] 果肉 guǒròu. **3** *the* **flesh** [sing] 肉体[體](与精神、灵魂相对而言) ròutǐ. **4** [习语] **in the flesh** 本人 běnrén; 在实[實]际[際]生活中 zài shíjì shēnghuó zhōng. **make one's flesh crawl/creep** 令人毛骨悚然 lìng rén máo gǔ sǒngrán. **one's own flesh and 'blood** 亲[親]骨肉 qīngǔròu. **fleshy** *adj* 肥胖的 féipàngde.

flew /flu:/ *pt of* FLY¹.

flex¹ /fleks/ *n* [C] (电)花线[綫] huāxiàn; 皮线 píxiàn.

flex² /fleks/ *v* [T] 屈曲(四肢) qūqū; 活动[動](肌肉) huódòng.

flexible /'fleksəbl/ *adj* **1** 易弯[彎]曲的 yì wānqū de; 柔软[軟]的 róuruǎnde. **2** 灵[靈]活的 línghuóde; 能适[適]应[應]的 néng shìyìng de: *~ plans* 灵活的计划. **flexibility** /ˌfleksə'bɪlətɪ/ *n* [U].

flexitime /'fleksɪtaɪm/, **flextime** /'flekstaɪm/ *n* [U] 弹[彈]性工作时[時]间 tánxìng gōngzuò shíjiān.

flick /flɪk/ *n* **1** 轻[輕]打 qīngdǎ; 轻弹[彈] qīngtán. **2** 抖动 dǒudòu: *with a ~ of the wrist* 手腕一抖. **flick** *v* [T] **1** 轻打 qīngdǎ; 轻弹 qīngtán. **2** [短语动词] **flick through sth** 快速地翻阅 kuàisùde fānyuè.

flicker /'flɪkə(r)/ v [I] 1 (光、焰等)闪烁(爍)shǎnshuò, 摇曳 yáoyè. 2 (希望等)闪现 shǎnxiàn. 3 (轻微地)颤动(動)chàndòng: 摆(擺)动 bǎidòng. **flicker** n [C, 常作 sing] 1 闪烁 shǎnshuò, 摇曳 yáoyè. 2 [喻]闪现 shǎnxiàn: a ~ of hope 希望的闪现.

flier (亦作 **flyer**) /'flaɪə(r)/ n [C] 飞(飛)行员 fēixíngyuán.

flight¹ /flaɪt/ n 1 [U] 飞(飛)行 fēixíng: the development of ~ 飞行的发展. 2 [C] **(a)** 空中旅行 kōngzhōng lǚxíng. **(b)** 航班 hángbān: ~ number BA4793 from London 从伦敦来的 BA4793 航班. 3 [C] 一群飞鸟(鳥)yìqún fēiniǎo; 一群飞机(機)yìqún fēijī. 4 [C] (两层楼之间的)一段楼梯 yíduàn lóutī. 5 [C] [习语]a flight of 'fancy 异[異]想天开[開] yì xiǎng tiān kāi. 'flight path [C] (飞机的)飞行路线(綫)fēixíng lùxiàn.

flight² /flaɪt/ n [U, C] 逃跑 táopǎo.

flimsy /'flɪmzɪ/ adj [-ier, -iest] 1 轻(輕)而薄的 qīng ér bó de; 容易损坏(壞)的 róngyì sǔnhuài de. 2 [喻]脆弱的 cuìruò de: a ~ excuse 站不住脚的借口. **flimsily** adv.

flinch /flɪntʃ/ v [I] 退缩 tuìsuō; 畏缩 wèisuō.

fling /flɪŋ/ v [pt, pp flung /flʌŋ/] [T] 1 掷(擲)zhì; 抛 pāo; 扔 rēng; 猛烈移动(動)měngliè yídòng. 2 [短语动词]fling oneself into sth 投身于工作 tóushēn yú gōngzuò. **fling** n [C] 1 掷 zhì; 抛 pāo; 扔 rēng. 2 一时(時)的放纵(縱)行乐(樂)yìshíde fàngzòng xínglè: have a ~ after the exams 考试以后纵情玩了一阵. 3 奔放的苏(蘇)格兰(蘭)舞蹈 bēnfàngde sūgélán wǔdǎo.

flint /flɪnt/ n [C] 1 燧石 suìshí; 打火石 dǎhuǒshí. 2 [C] (打火机)电(電)石 diànshí.

flip /flɪp/ v [-pp-] 1 [T] 捻掷(擲)niǎnzhì: ~ a coin 掷 捻 砸币 zhì. 2 [I] [非正式用语]发(發)怒 fānù. **flip** n [C] 弹(彈)击 tánjī; 抛 pāo; 轻(輕)击(擊)qīngjī. **flip chart** [C] 活动(動)挂[掛]图[圖]huódòng guàtú. 翻纸板 fānzhǐbǎn.

flippant /'flɪpənt/ adj 无(無)礼(禮)的 wúlǐde; 不客气(氣)的 bú kèqì de. **flippancy** /-ənsɪ/ n

[U]. **flippantly** adv.

flipper /'flɪpə(r)/ n 1 (某些海中动物的)鳍状(狀)肢 qízhuàngzhī. 2 橡皮脚掌(游泳用)xiàngpí jiǎozhǎng; 足蹼 zúpǔ.

flirt /flɜːt/ v [I] 1 (with) 调情 tiáoqíng; 卖(賣)弄风(風)情 màinòng. 2 with 对…偶尔(爾)想想而已 duì…ǒu'ěr xiǎngxiǎng éryǐ. **flirt** n [C] 调情者 tiáoqíngzhě. **flirtation** /flɜː'teɪʃn/ n [C, U]. **flirtatious** /flɜː'teɪʃəs/ adj 爱(愛)调情的 ài tiáoqíngde; 轻(輕)桃的 qīngtiǎode.

flit /flɪt/ v [-tt-] 掠过(過)lüèguò; 飞(飛)过 fēiguò.

float /fləʊt/ v 1 [I, T] 漂浮 piāofú; 浮 fú; 使漂浮 shǐ piāofú; 使浮 shǐ fú. 2 [T] 提出(意见,计划等)tíchū. 3 筹(籌)资(資)开办(辦)(公司等)chóuzī kāibàn. 4 [I, T] (货币)币值浮动 bìzhí fúdòng; 使货币值浮动 shǐ bìzhí fúdòng. **float** n [C] 1 (常用于在水中承载较重物的)漂浮物 piāofúwù. 2 (游行时装载展品的)低架平板车(車)dījià píngbǎnchē. 3 (商店的)日常零售钱(錢)rìcháng língshòuqián. **floating** adj 不固定的 bú gùdìng de; 浮动(動)的 fúdòngde.

flock /flɒk/ n [C] 1 (鸟、兽等)群群 qún. 2 一群人 yìqúnrén. 3 羊群 yángqún; 教会(會)的会众(眾)Jiàdùizhòng de huìzhòng. **flock** v [I] 成群行动(動)chéngqún xíngdòng; 蜂拥(擁)fēngyōng: Crowds ~ed to the football match. 一群一群的人蜂拥去看足球比赛.

flog /flɒg/ v [-gg-] [T] 1 鞭打 biāndǎ; 抽打 chōudǎ. 2 [俚]卖(賣)mài. 3 [习语]flog a dead 'horse [非正式用语]徒费精力 túfèi jīnglì. flog sth to 'death [非正式用语]"炒冷饭" "chǎo lěngfàn". **flogging** n [C, U] 抽打 chōudǎ.

flood /flʌd/ n [C] 1 洪水 hóngshuǐ; 水灾(災)shuǐzāi. 2 [喻]大量 dàliàng: a ~ of tears 泪如雨下. a ~ of letters 信件雪片飞来. **flood** v [I, T] 1 淹没 yānmò; 泛滥(濫)fànlàn. 2 充满 chōngmǎn; 充斥 chōngchì; [喻]A sense of relief ~ed over her. 她深感宽慰. 2 [短语动词]flood in 大量涌来 dàliàng yǒnglái. **'flood-tide** n [U, C] 涨(漲)潮 zhǎngcháo.

floodlight /'flʌdlaɪt/ n [C, 常作 pl] 泛光灯(燈)fànguāngdēng.

floodlight v [pt, pp **floodlit** /-lɪt/] [T] 用泛光照亮 yòng fàn-guāng zhàoliàng.

floor /flɔː(r)/ n 1 [C] 地面 dìmiàn; 地板 dìbǎn. 2 [C] (海洋、山洞等的)底 dǐ. 3 [C] 楼[樓]层[層] lóucéng: I live on the fourth ~. 我住在五楼. 4 [C, 常作 sing] (某些活动的)场[場]地 chǎngdì: the dance ~ 舞池. the factory/shop ~ 车间. 5 [习语] take the 'floor (在辩论时)发[發]言 fāyán, **floor** v [T] 1 在…上铺地板 zài…shàng pù dìbǎn; 在…上铺地面 zài…shàng pù dìmiàn. 2 击[擊]败 jībài, 把…打倒在地 bǎ…dǎdǎo zài dì. 3 (问题等)难[難]倒 nándǎo, 使困惑 shǐ kùnhuò. '**floor-board** n [C] 做地板用的木板 zuò dìbǎn yòng de mùbǎn. '**floor show** n [C] 夜总[總]会[會]的文娱[娛]表演 yèzǒnghuìde wényú biǎoyǎn.

flop /flɒp/ v [-pp-] [I] 1 笨拙地移动[動]或倒下 bènzhuōde yídòng huò dǎoxià; 无[無]奈地移动或躺下 wúnàide yídòng huò tǎngxià: ~ exhausted into a chair 精疲力竭噗地一下坐到椅子上. 2 [非正式用语](书、电影)失败 shībài. **flop** n [C] 1 拍击[擊]声[聲] pāijī shēng; 拍击声 pāijīshēng; 重坠[墜]声 zhòngzhuìshēng; 重坠 zhòngzhuì. 2 [非正式用语](书、电影等)的失败 shībài. **floppy** adj [-ier, -iest] 松[鬆]软地下垂的 sōngruǎnde xiàchuí de; 耷拉着的 dālāzhede; 松软的 sōngruǎnde: a ~py hat 松软的帽子. **floppy 'disk** n [C] [电子计算机] 软磁盘 ruǎn cípán.

flora /ˈflɔːrə/ n [pl, U] 某一地区[區]或某一时[時]期的植物群 mǒuyī dìqū huò mǒuyī shíqī de zhíwùqún.

floral /ˈflɔːrəl/ adj 花的huàde.

florid /ˈflɒrɪd/ adj 1 [常贬]过[過]分华[華]丽[麗]的 guòfèn huálì de; 过分装[裝]饰的 guòfèn zhuāngshì de. 2 (人脸)发[發]红的 fāhóngde.

florist /ˈflɒrɪst; US ˈflɔːr-/ n [C] 花商 huāshāng.

flotation /fləʊˈteɪʃn/ n [C, U] (企业的)开[開]募[募]资[資]开[開]办[辦] chóuzī kāibàn.

flotilla /fləˈtɪlə/ n [C] 小舰[艦]队[隊] xiǎo jiànduì; 小船队 xiǎo chuánduì.

flounce /flaʊns/ v [I] 愤然离[離]去 fènrán líqù: She ~d out of the room. 她愤怒地走出房间.

flounder /ˈflaʊndə(r)/ v [I] 1 (陷入水中等时)挣扎 zhēngzhá; (肢体)乱[亂]动[動] luàndòng. 2 [喻]错乱地做事 cuòluànde zuò shì; 胡乱说话 húluàn shuōhuà.

flour /ˈflaʊə(r)/ n [U] 面[麵]粉 miànfěn.

flourish /ˈflʌrɪʃ; US ˈflɜːr-/ v [I] 1 繁荣[榮]茂盛 fánróng; 兴[興]旺 xīngwàng; 兴盛 xīngshèng: Her business is ~ing. 她生意兴隆. 2 [I] 健壮[壯]生长[長] jiànzhuàngde shēngzhǎng. 3 [T] 挥舞 huīwǔ: ~ a pen 挥舞一支笔. **flourish** n [C, 常作 sing] 1 挥舞 huīwǔ. 2 高雅的乐[樂]段 gāoyǎ de yuèduàn.

flout /flaʊt/ v [T] 藐视 miǎoshì; 轻[輕]视 qīngshì.

flow /fləʊ/ v [I] 1 (液体)流淌 liútǎng, 流通 liútōng: [喻] Keep the traffic ~ing. 保持车辆畅行无阻. 2 (潮水)涨[漲]潮 zhǎngcháo. 3 (头发)飘[飄]垂 piāochuí, 飘扬 piāofú. 4 [短语动词] flow from sth 来[來]自 láizì; 产[産]生于 chǎnshēng yú. **flow** n 1 [C, 常作 sing] 流通 liútōng; 水流 shuǐliú; 持续[續]供应[應] chíxù gōngyìng. 2 (常作 the flow) [sing] 涨潮 zhǎngcháo.

flower /ˈflaʊə(r)/ n 1 [C] 花 huā; 花卉 huāhuì. 2 [sing] [修辞]精华[華] jīnghuá: the ~ of the nation's youth 全国青年的精华. **flower** v [I] 开[開]花 kāihuā. '**flower-bed** n [C] 花坛[壇] huātán. '**flowerpot** n [C] 花盆 huāpén. **flowery** adj 1 多花的 duōhuā de. 2 (语言)词藻华丽[麗]的 cízǎo huálì de: a ~y speech 词藻华丽的演说.

flown /fləʊn/ pp of FLY¹.

flu /fluː/ n [U] [非正式用语]流行性感冒 liúxíngxìng gǎnmào.

fluctuate /ˈflʌktʃueɪt/ v [I] 1 (物价等)涨[漲]落 zhǎngluò; 起落 qǐluò; 波动[動] bōdòng. 2 (态度)动摇不定 dòngyáo bùdìng. **fluctuation** /ˌflʌktʃuˈeɪʃn/ n [C, U].

fluent /ˈfluːənt/ adj 1 (人)说话流利的 shuōhuà liúlì de: He's ~ in Spanish. 他西班牙语说得很流利. 2 (演说等)流畅[暢]的 liúchàngde: speak ~ English 英语说得很流畅. **fluency** /-ənsɪ/ n [U]. **fluently** adv.

fluff /flʌf/ n [U] 1 (毛织品上的) 绒毛 róngmáo. 2 (幼兽身上的) 软毛 ruǎnmáo. **fluff** v [T] 抖开 [开] dǒu kāi; 抖松 [鬆] dǒu sōng: ~ *up a pillow* 抖松枕头. 2 [非正式用语]把…弄糟 bǎ…nòng zāo: *He ~ed his exams.* 他考试考糟了. **fluffy** adj [-ier, -iest] 软而轻(輕)的 ruǎn ér qīng de; 覆盖(蓋)着绒毛的 mǎoróngróngde; *a ~y cat* 毛绒绒的猫.

fluid /ˈfluːɪd/ adj 1 流动(動)的 liúdòngde. 2 (思想等)不固定的 bú gùdìng de, 易变(變)的 yìbiànde. **fluid** n [C, U] 流体(體) liútǐ; 液夜.

fluke /fluːk/ n [C, 常作 sing] (侥)侥幸的成功 jiǎoxìngde chénggōng.

flung /flʌŋ/ pt, pp of FLING.

fluorescent /ˌfluəˈresnt/ US fluə'r-/ adj 荧(熒)光的 yíngguāngde. **fluoresce** v [I] 发(發)荧光 fā yíngguāng de.

fluoride /ˈflɔːraɪd; US ˈfluər-/ n [U] 氟化物 fúhuàwù.

flurry /ˈflʌrɪ/ n [C] [pl -ies] 1 阵风(風) zhènfēng; 一阵雪 yízhèn xuě. 2 [喻]活动(動)的突然发(發)生 huódòngde túrán fāshēng; *a ~ of activity* 一阵活动. *a ~ of excitement* 一阵紧张. **flurry** v [pt, pp -ied] [T] 使慌乱 shǐ huāngluàn; 使慌乱 shǐ huāngluàn.

flush¹ /flʌʃ/ n 1 [sing] 急流 jíliú, (厕所的)冲(沖)水 chōngshuǐ. 2 [C, 常作 sing] (脸)红晕 hóngyùn. 3 [C, 常作 sing] 突然的激动(動) túrán de jīdòng. **flush** v 1 [I, T] (脸)(發)红 fā hóng; 使(脸)发红 shǐ fā hóng. 2 [T] 冲洗 chōngxǐ: ~ *the toilet* 冲洗马桶. **flushed** adj 得意的 déyìde.

flush² /flʌʃ/ adj 1 齐(齊)平的 qípíngde. 2 [非正式用语]富有的 fùyǒude.

flute /fluːt/ n [C] 长(長)笛 chángdí.

flutter /ˈflʌtə(r)/ v 1 [I, T] (鸟)振翼 zhènyì; 拍翅 pāichì; 振翼 zhèn; 拍(翅)pāi. 2 [I, T] 飘动(動) piāodòng; 使飘动 shǐ piāodòng: *curtains ~ing in the breeze* 在微风中飘动的窗帘. 3 [I] (心脏)不规则地跳动 bù guīzé de tiàodòng. **flutter** n 1 [C, 常作

sing] 颤动 chàndòng. 2 [sing] 焦急 jiāojí.

flux /flʌks/ n [U] (不断的)变(變) 动 biàndòng; 变化 biànhuà: *in a state of ~* 处于不断变化之中.

fly¹ /flaɪ/ v [pt flew /fluː/, pp flown /fləʊn/] 1 飞翔 fēixiáng; 乘飞机(機)旅行 chéng fēijī lǚxíng. 2 [T] 驾驶(飞机)jiàshǐ. 3 [I] 飞跑 fēipǎo: *It's late, I must ~.* 已经晚了,我必须快跑. 4 [I] 升(旗)shēng. 5 [习语] **fly in the face of sth** 与(與)…相违(違)背 yǔ…xiāngwéibèi; 反对(對)fǎnduì. **fly into a 'passion, 'rage, 'temper, etc** 勃然大怒 bórán dànù. **'fly-by-wire** n [U] 线(線)控飞行 xiànkòng fēixíng; 线传(傳)飞行 xiànchuán fēixíng. **'fly-drive** adj 陆(陸)空联(聯)游的 lùkōng liányóu de. **'flying 'saucer** n [C] 飞碟 fēidié; 不明飞行物 bùmíng fēixíngwù. **'flying squad** n [C] (警察局处理危急犯罪的)闪电(電)行动(動)队(隊) shǎndiàn xíngdòng duì. **'flying 'start** n [C] 很好的开(開)端 hěnhǎode kāiduān. **flying 'visit** n [C] (短暂的)闪电式访问(問) shǎndiànshì fǎngwèn.

fly² /flaɪ/ n [pl flies] 1 苍(蒼)蝇(蠅)cāngying. 2 (作钓饵用的)苍蝇 cāngying, 假蝇 jiǎyíng. **'fly-on-the-wall** adj (影视制作)非常逼真的 fēicháng bīzhēn de; 非常自然的 fēicháng zìrán de.

fly³ /flaɪ/ n [C, 常作 pl] [pl flies] 裤子上拉链的遮盖(蓋)kùzi shang lāliànde zhēgài.

flyer = FLIER.

flyleaf /ˈflaɪliːf/ n [C] [pl -leaves /-liːvz/] (书的)扉页 fēiyè; 飞(飛)页.

flyover /ˈflaɪəʊvə(r)/ n [C] (公路上的)陆(陸)桥(橋)lùqiáo, 立交桥 lìjiāoqiáo.

foal /fəʊl/ n [C] 小马 xiǎomǎ; 驹(駒)jū.

foam /fəʊm/ n [U] 泡沫 pàomò. **foam** v [I] 起泡沫(之 pàomò); 发(發)出泡沫 fāchū pàomò. **foam 'rubber** n [U] 海绵橡胶(膠)hǎimián xiàngjiāo; 泡沫橡胶 xiàngjiāo.

fob /fɒb/ v [-bb-] [短语动词] **fob sb off (with) sth** 搪塞 tángsè: *He ~bed me off with a weak excuse.* 他用很勉强的借口搪塞我.

focus /'fəukəs/ n [C] 1 焦点[點] jiāodiǎn. 2 [常作 sing] [兴趣等的] 集中点 jízhōng diǎn, 中心 zhōngxīn; the ~ of attention 注意的中心. 3 [习语] in focus 清晰的 qīngxīde; 焦点对[對]准[準]的 jiāodiǎn duìzhǔn de. out of focus 不清晰的 bù qīngxī de; 焦点未对准的 jiāodiǎn wèi duìzhǔn de. focus v [-s- 或 -ss-] 1 [I, T] 调焦[節](···的)焦距 tiáojù jiāojù. 2 [T] (on) 集中(精力) jízhōng.

fodder /'fɒdə(r)/ n [U] 饲料料 cū sìliào; 草料 cǎoliào.

foe /fəu/ n [C] [正式用语或旧词] 敌(敵)人 dírén.

foetus /'fiːtəs/ n 胎儿[兒] tāi'ér; 胚胎.

fog /fɒg; US fɔːg/ n 1 [U] 雾[霧] wù; I couldn't see through the ~. 有雾,我看不见. 2 [C, U] [摄影](底片、照片上的)灰雾 huīwù. fog v [-gg-] 1 [I, T] (被)以雾气笼[籠]罩 wùqì lóngzhào; The window has ~ged up. 窗玻璃上满是雾气. 'fogbound 因雾受阻的 yīn wù shòu zǔ de. foggy adj [-ier, -iest] 雾濛濛的 wùméngméngde; a ~gy night 雾濛濛的夜. 'fog-horn n [C] 雾角(警告浓雾的号角) wùjiǎo. 'fog-lamp n [C] (汽车在雾中使用的)雾灯[燈] wùdēng.

foil[1] /fɒil/ n 1 [U] 金属[屬]薄片 jīnshǔ bópiàn; 箔 bó: tin ~ 锡箔. 2 [C] 陪衬[襯]物 péichènwù; 陪衬 péichènzhī.

foil[2] /fɒil/ v [短语动词] foist sth on sb 把···强加给··· bǎ···qiángjiā gěi···.

fold[1] /fəuld/ v 1 [T] 折叠 zhédié; ~ a letter 折信. 2 [I] 可被叠起 kě bèi zhédié; a ~ing bed 折叠床. 3 [I] (企业)停业[業] tíngyè; 倒闭 dǎobì. 4 [习语] fold one's arms 双[雙]臂在胸前交叉 shuāngbì zài xiōngqián jiāochā. fold n [C] 1 褶 zhě. 2 褶痕 zhěhén. 'folder n [C] (硬纸)文件夹[夾] wénjiànjiā.

fold[2] /fəuld/ n [C] 羊栏[欄] yángián.

foliage /'fəuliɪdʒ/ n [U] [正式用语]树[樹]或植物的叶[葉]子的总[總]称[稱] shù huò zhíwù de yèzi de zōngchēng.

folk /fəuk/ n 1 [pl] 人们[們]

rénmen. 2 folks [pl] [非正式用语]家属[屬]家属[屬] jiāshǔ; 亲[親]属 qīnshǔ; the ~s at home 家里的人. 3 [U] 民间音乐[樂] mínjiānyīnyuè. 'folk-dance n [C] 民间舞 mínjiānwǔ; 民间舞的乐曲 mínjiānwǔ de yuèqǔ. folklore /'fəuklɔː(r)/ n [U] 民俗 mínsú; 民俗学(學) mínsúxué. 'folk-music n [U] (亦作 'folk-song [C]) 民间音乐 mínjiānyīnyuè; 民歌 míngē.

follow /'fɒləu/ v 1 [I] 跟随[隨] gēnsuí. 2 [T] 沿着(路等) yánzhe. 3 [T] 遵照 zūnzhào; 跟着···行动 xíngshì; ~ her advice 听从她的劝告. 4 [T] 从[從]事[工作、行业等]cóngshì; ~ a career in law 做法律工作. 5 [T] 对[對] ··· 有[興]趣 duì··· yǒu xìngqù; ~ all the football news 关心所有足球新闻. 6 [I, T] 理解 lǐjiě; 懂 dǒng; I don't ~ (your meaning). 我不懂(你的意思). 7 [T] 作为[爲] ···的必然结果 zuòwéi···de bìrán jiéguǒ; 因···而起 yīn···ér qǐ: It ~s from what you say that... 按你所说,则必然会···. 8 [T] 听[聽]着别人的朗读[讀]跟着阅读(文字) tīngzhe biérén de lǎngdú gēnzhe yuèdú. 9 [习语] as follows (用于列举如下 rúxià. follow in sb's 'footsteps 效法他人 xiàofǎ tārén. follow one's 'nose 本能地指引 yóu běnnéng zhǐyǐn. follow 'suit 仿[倣] 效 榜样[樣] fǎngxiào bǎngyàng. 10 [短语动词] follow sth through 进[進]行到底 jìnxíng dàodǐ; 坚[堅]持 完 成 jiānchí wánchéng. follow sth up (a) 采[採]取进[進]一步行动[動] cǎiqǔ jìnyībù xíngdòng; ~ up a suggestion 建议之后采取行动. (b) 追查 zhuīchá; ~ up a clue 追查线索. follower n [C] 支持者 zhīchízhě; 追随[隨]者 zhuīsuízhě. 'follow-up n [C] 后[後]续[續]行动[動] hòuxù xíngdòng; ~up visit 后续访问.

following /'fɒləuɪŋ/ adj 接着的 jiēzhede; 下列的 xiàliède; 下述的 xiàshùde. Answer the ~ questions. 回答下列问题. following n [sing] 一批支持者 yīpī zhīchízhě. following prep 在···之后 zài···zhīhòu.

folly /'fɒli/ n [pl -ies] 1 [U] 愚蠢 yúchūn; 笨拙 bènzhuō; 傻[儍]主意 shǎ zhǔyì. 2 傻事 shǎshì; 傻[儍]主意 shǎ zhǔyì.

fond /fɒnd/ adj 1 of 喜欢[歡] 欢[歡]···

的 xǐhuan…de; 喜爱 [愛]…的 xǐ'ài …de. 2 深情的 shēnqíngde: a ~ embrace 深情的拥抱. 3 (愿望等) 热切而很难 [難] 实 [實] 现的 rèqiè ér hěnnán shíxiàn de: ~ belief 难以实现的信念. ~ wish 美梦. **fondly** adv. **fondness** n [U].

fondle /'fɒndl/ v [T] 爱 [愛] 抚 [撫] àifǔ; 抚弄 fǔnòng.

font /fɒnt/ n [C] (基督教) 洗礼 [禮] 盘 [盤] xǐlǐpán.

food /fuːd/ n 1 [U] 食物 shíwù; a shortage of ~ 食物短缺. 2 [C] (某种) 食品 shípǐn; health ~ 保健食品. 3 [习语] **food for 'thought** 发 [發] 人深省的事 fā rén shēnshǐ de shì. '**foodstuff** n [C] 食物 shíwù.

fool /fuːl/ n [C] 1 [贬] 傻 [傻] 子 shǎzi; 笨蛋 bèndàn. 2 [习语] **make a 'fool of oneself** 做蠢事出丑 [醜] zuò chǔnshì chūchǒu. **fool** v 1 [I] 干 [幹] 蠢事 gàn chǔnshì; Stop ~ing around. 别胡混了. 2 [T] 欺骗 qīpiàn. 3 [习语] 玩弄 wánnòng; 戏 [戲] 弄 xìnòng. **fool** adj [非正式用语, 贬] 愚蠢的 yúchǔnde; some ~ politician 一些愚蠢的政客. **foolhardy** /-haːdɪ/ adj 有勇无 [無] 谋的 yǒu yǒng wú móu de. **foolish** adj 愚蠢的 yúchǔnde. **foolishly** adv. **foolishness** n [U]. '**foolproof** /-pruːf/ adj 不会 [會] 出毛病的 búhuì chū máobìng de: a ~proof plan 万全之策.

foot /fʊt/ n [pl feet /fiːt/] 1 [C] 脚 jiǎo; 足 zú. 2 [C] 英尺 yīng chǐ. 3 [sing] 下端 xiàduān: at the ~ of the stairs 在楼梯的下端. 4 [习语] **fall/land on one's 'feet** 逢凶 [兇] 化吉 féng xiōng huà jí; 化险 [險] 为 [為] 夷 huà xiǎn wéi yí. on foot 步行 bùxíng. **put one's 'feet up** 休息 xiūxi. **put one's 'foot down** 坚 [堅] 决压 [壓] 制 jiānjué yāzhì. **put one's 'foot in it** 说错话 shuō cuòhuà; 做错事 zuò cuòshì. **foot** v [习语] **foot the 'bill** 付账 [賬] fùzhàng; 付钱 [錢] fùqián. '**football** n [C] 足球 zúqiú; 橄榄 [欖] 球 gǎnlǎnqiú. 2 [U] 足球赛 zúqiúsài; 橄榄球赛 gǎnlǎnqiúsài. '**footballer** n [C]. '**football pools** n [pl] 足球赛赌博 zúqiúsài dǔbó. '**foothill** n [C, 常作 pl] 山麓小丘 shānlù xiǎoqiū. '**foothold** n [C]

(攀登时可踩脚的) 立足处 [處] lìzúchù. 2 [喻] 立足点 [點] lìzúdiǎn; 据 [據] 点 jùdiǎn. '**footnote** n [C] 脚注 [註] jiǎozhù. '**footpath** n [C] 人行道 rénxíngdào. '**footprint** n [C, 常作 pl] 足迹 zújì; 脚印 jiǎoyìn. '**footstep** n [C, 常作 pl] 脚步声 [聲] jiǎobùshēng; 脚印 jiǎoyìn. '**footwear** n [U] (总称) 鞋类 [類] xiélèi.

footing /'fʊtɪŋ/ n 1 [sing] 站稳 [穩] zhànwěn. 2 关 [關] 系 [係] guānxi: on an equal ~ 处于平等的关系.

for /fə(r); 强读 fɔː(r)/ prep 1 (表示授受某事物的人) 给…的 gěi …de; a letter ~ you 给你的信. 2 (表示目的或功能) 为 [為] 了 wèile; go ~ a walk 去散步. What's this machine ~? 这机器做什么用? 3 (表示目的地、目标或原因): Is this train ~ York? 这火车是开往约克郡的吗? books ~ children 儿童读物. 4 (表示帮助): ~ a ~ wèi: What can I do ~ you? 有什么要我帮忙的吗? 5 以…为代价 [價] yǐ…wèi dàijià; 作为…的报酬 zuòwéi…de bàochou; ~ £5 花5英镑. buy a book ~ £15 花15英镑买一本书. 6 用以取代 yòngyǐ qǔdài; change one's car ~ a new one 给自己换一辆新车. 7 支持 zhīchí; Are you ~ or against nuclear arms? 你赞成还是反对核武器? 8 代表 dàibiǎo; 意为 [為]: Speak ~ yourself! 谈你自己的看法吧! Red is ~ danger. 红色意为危险. 9 (用于动词后面) 为得到某事物 wèi dédào: pray ~ peace 祈祷和平. 10 对 [對] 于 duìyú; 关 [關] 于 guānyú: anxious ~ his safety 担心他的安全. 11 因为 yīnwèi; famous ~ its church 由于它的教堂而出名. 12 (表示距离或一段时间): walk ~ three miles 步行三英里. stay ~ a few days 逗留几天. 13 (用于形容词后面) 考虑 [慮] 到 kǎolùdào: She is tall ~ her age. 考虑到她的年龄,她的身材是高的. 14 (用于引导词组): It's impossible ~ me to continue. 我是不可能继续下去了.

forage /'fɒrɪdʒ; US 'fɔːr-/ v [I] (for) 搜寻 [尋] sōuxún.

foray /'fɒreɪ; US 'fɔːreɪ/ n [C] 突

袭 [襲] fúxí; 突进 [進] tūjìn: [喻] *the company's first ~ into the computer market* 这家公司首次打进电子计算机市场.

forbear = FOREBEAR.

forbearance /fɔːˈbeərəns/ n [U] [正式用语] 克制 kèzhì; 宽容 kuānróng.

forbid /fəˈbɪd/ v [pt **forbade** /fəˈbæd/; US fəˈbeɪd/ 或 **forbad** /fəˈbæd/ pp **-den** /fəˈbɪdn/] [T] 1 (to) 禁止 jìnzhǐ: ~ you to go. 我禁止你去. 2 不准 bùzhǔn: Smoking is ~den. 不许吸烟. **forbidding** adj 严[嚴]峻的 yánjùnde.

force /fɔːs/ n 1 [U] 力量 lìliàng; 力 lì; 暴力 bàolì. 2 [C, U] 影响 [響] yǐngxiǎng; 实 [實] 力 shílì: economic ~s 经济实力. 3 [U] (产生运动的)力 lì; the ~ of gravity 地心吸力. 4 [C] (风,雨等大自然的)威力 wēilì; the ~s of nature 大自然的威力. 5 [C] 部队 [隊] bùduì; 队 [隊] 伍 duìwǔ: the po'lice ~ 警察部队. a sales ~ 销售队伍. 6 [U] 权 [權] 威 quánwēi; the ~ of the law 法律的权威. 7 [习语] **bring sth/come into 'force** (使)开 [開] 始实 [實] 施 kāishǐ shíshī. **in 'force** (a) (人)众 [眾] 多的 zhòngduōde. (b) (法律等)在实 [實] 施中 zài shíshī zhōng. **force** v [T] 1 (to) 强迫 qiǎngpò; 迫使 pòshǐ: ~ him to talk 强迫他说. 2 用力使(某物)移动 [動] yònglì shǐ yídòng. 3 用力打开 [開] yònglì dǎkāi: ~ (open) a door 用力把门打开. 4 勉强产 [產] 生 miǎnqiǎng chǎnshēng: ~ a smile 强作笑颜. **forceful** /-fl/ adj 强有力的 qiáng yǒulì de; 有说服力的 yǒu shuōfúlì de. **forcefully** /-fəli/ adv. **forcible** /ˈfɔːsəbl/ adj 用强力的 yòng qiáng lì de. **forcibly** adv.

forceps /ˈfɔːseps/ n [pl] (医用)镊 [鑷] 子 nièzi; (医用)钳子 qiánzi.

ford /fɔːd/ n [C] 津渡; 可涉水而过 [過] 的地方 kě shèshuǐ ér guò de dìfang. **ford** v [T] 徒涉 túshè.

fore /fɔː(r)/ adj 前部的 qiánbùde; a cat's ~ legs 猫的前腿. **fore** [习语] **be/come to the fore** 处于重要的 chǔyú zhòngyàode; 成为 [為] 重要的 chéngwéi zhòngyàode.

forearm /ˈfɔːrɑːm/ n [C] 前臂 qiánbì.

forebear (亦作 **forbear**) /ˈfɔːbeə(r)/ n [C, 常作 pl] [正式用语] 祖先 zǔxiān.

foreboding /fɔːˈbəʊdɪŋ/ n [C, U] (对不幸之事的)预感 yùgǎn.

forecast /ˈfɔːkɑːst; US -kæst/ v [pt, pp ~ 或 **~ed**] [T] 预报 [報] yùbào; 预测 yùcè. **forecast** n [C] 预告 yùgào; 预报 yùbào: weather ~ 天气预报.

forecourt /ˈfɔːkɔːt/ n [C] 前院 qiányuàn.

forefather /ˈfɔːfɑːðə/ n [C, 常作 pl] 祖先 zǔxiān.

forefinger /ˈfɔːfɪŋɡə(r)/ n [C] 食指 shízhǐ.

forefront /ˈfɔːfrʌnt/ n [sing] 最前列 zuì qiánliè; 最重要的地位 zuì zhòngyàode dìwèi: the ~ of space research 空间研究的最前沿.

foregone /ˈfɔːɡɒn; US -ɡɔːn/ adj [习语] **a foregone conclusion** 预料的必然结果 yùliàode bìrán jiéguǒ.

foreground /ˈfɔːɡraʊnd/ n [sing] 1 (景物、图画等的)前景 qiánjǐng: in the ~ 在前景中. 2 [喻] 最令人瞩 [矚] 目的地位 zuì lìngrén zhǔmù de dìwèi.

forehand /ˈfɔːhænd/ n [C], adj (网球等的)正手打 zhèngshǒu dǎ; 正手打的 zhèngshǒu dǎ de.

forehead /ˈfɒrɪd; US ˈfɔːrɪd/ n [C] 额 é; 前额 qián é.

foreign /ˈfɒrən; US ˈfɔːr-/ adj 1 (a) 外国 [國] 的 wàiguóde: 在外国的 zài wàiguó de: 从 [從] 外国来 [來] 的 cóng wàiguó lái de. (b) 有关 [關] 外国的 yǒuguān wàiguó de: ~ policy 外交政策. 2 to [正式用语] 非…所固有的 fēi…suǒ gùyǒu de: ~ to his nature 同他的本性格格不入. 3 (正式) 由外部进来的 wàilái de; 异 [異] 质 [質] 的 yìzhìde: a ~ body in the eye 眼睛里的异物. **foreigner** n [C] 外国人 wàiguórén. **foreign ex'change** n [U] 国际 [際] 汇 [匯] 兑 guójì huìduì; 外汇 wàihuì.

foreman /ˈfɔːmən/ n [C] [pl **-men** /-mən/, fem **forewoman** /-wʊmən/, pl **-women** /-wɪmɪn/] 1 工头 [頭] gōngtóu; 领班 lǐngbān. 2 陪审 [審] 长 [長] péishěnzhǎng.

foremost /ˈfɔːməʊst/ adj 最重要的 zuì zhòngyào de; 第一流的 dìyīliúde.

forensic /fəˈrensɪk; US -zɪk/

法庭的 fǎtíngde: ~ *medicine* 法医学.

forerunner /ˈfɔːrʌnə(r)/ *n* [C] 前征 [徵] qiánzhēng; 先驱 [驅] xiānqū.

foresee /fɔːˈsiː/ *v* [*pt* **foresaw** /fɔːˈsɔː/, *pp* **~n** /fɔːˈsiːn/] [T] 预见 yùjiàn: ~ *difficulties* 预见到种种困难. **foreseeable** /-əbl/ *adj* 1 可 可预见到的 kěyǐ yùjiàn dào de. 2 [习语] **in the fore,see-able 'future** 在可预见的 [將] 来 [來] zài kě yùjiàn de jiānglái.

forest /ˈfɒrɪst/ *US* /ˈfɔːr-/ *n* [C, U] 森林 sēnlín; 森林地带 [帶] sēnlín dìdài. **forestry** *n* [U] 林业 [業] línyè; 林学 [學] línxué.

forestall /fɔːˈstɔːl/ *v* [T] (先发制人地) 阻止 zǔzhǐ......

foretell /fɔːˈtel/ *v* [*pt*, *pp* **fore-told** /fɔːˈtəuld/] [T] [正式用语] 预言 yùyán; 预告 yùgào.

forever /fəˈrevə(r)/ *adv* 1 (亦作 **for ever**) 永远 [遠] yǒngyuǎn: *I'll love you* ~! 我永远爱你! [非正式用语] *It takes her* ~ *to get dressed*. 她穿衣打扮得老半天时间. 2 常常 chángcháng: *He is* ~ *complaining*. 他老是埋怨.

forewarn /fɔːˈwɔːn/ *v* [T] (of) 预先警告 yùxiān jǐnggào: ~ *him of the danger* 警告他有危险.

foreword /ˈfɔːwɜːd/ *n* [C] 序 xù; 前言 qiányán.

forfeit /ˈfɔːfɪt/ *v* [T] (因受罚而) 失去 shīqù. **forfeit** *n* [C] (因受罚而) 丧 [喪] 失的东西 sàngshīde dōngxi.

forgave *pt* of FORGIVE.

forge¹ /fɔːdʒ/ *n* [C] 锻工车 [車] 间 duàngōng chējiān; 铁 [鐵] 工厂 [廠] tiěgōngchǎng; 铁匠店 tiějiàngdiàn. **forge** *v* [T] 1 锻造 duànzào; 打 (铁等) dǎ. 2 [喻] 使形成 shǐ xíngchéng; 缔制 [製] 作 dìzuò: ~ *a friendship* 缔造友谊. ~ *a link* 建立联系. 3 伪 [僞] 造 wěizào; ~ *banknotes* 伪造纸币. **forger** *n* [C] 伪造者 wěizàozhě. **forgery** /-ərɪ/ *n* [*pl* **-ies**] 1 [U] 伪造 wěizào. 2 [C] 伪造品 wěizàopǐn; 赝品 yànpǐn.

forge² /fɔːdʒ/ *v* [短语动词] **forge ahead** 快速 前进 [進] kuàisù qiánjìn.

forget /fəˈget/ *v* [*pt* **forgot** /fəˈgɒt/, *pp* **forgotten** /fəˈgɒtn/, I, T] 1 忘记(某事) wàngjì: *Don't*

~ *to post the letters*. 别忘记寄这些信. 2 不以......为 [爲] 意 bùyǐ...wéi yì; 不再思念 bùzài sīniàn: *Let's* ~ *our differences*. 让我们把分歧置诸脑后. **forgetful** /-fl/ *adj* 健忘的 jiànwàngde.

forgive /fəˈgɪv/ *v* [*pt* **forgave** /fəˈgeɪv/, *pp* **~n** /fəˈgɪvn/] [T] 原谅 yuánliàng; 宽恕 kuānshù: *She forgave him his rudeness*. 她原谅了他的粗鲁. **forgivable** *adj* 可原谅的 kě yuánliàng de. **forgive-ness** *n* [U]. **forgiving** *adj* 宽容的 kuānróngde.

forgo /fɔːˈgəu/ *v* [*pt* **forwent** /fɔːˈwent/, *pp* **forgone** /fɔːˈgɒn/; *US* /-ˈgɔːn/] [T] 放弃 [棄] fàngqì; 摒绝 bìngjué.

forgot *pt* of FORGET.

forgotten *pp* of FORGET.

fork /fɔːk/ *n* [C] 1 (a) 餐叉 cānchā; 叉 chā. (b) 叉 chā. 2 (a) (路的) 分岔 fēnchà; (树) 分叉 fēnchà. (b) 岔路 chàlù; 叉枝 chàzhī. **fork** *v* 1 [T] 叉 chā; 叉起 chāqǐ. 2 [I] (路等) 分岔 fēnchà; 分叉 fēnchà. 3 [I] (人) 拐弯 [彎] (向左或右) guǎiwān. 4 [短语动词] **fork out (sth)** [非正式用语] (不情愿地) 掏出(钱) tāochū. **forked** *adj* 分叉的 fēnchàde. **,fork-lift 'truck** *n* [C] 叉车 [車] chāchē; 铲 [鏟] 车 chǎnchē.

forlorn /fəˈlɔːn/ *adj* 悲伤 [傷] 的 bēishāngde; 可怜 [憐] 的 kěliánde; 孤苦伶仃的 gūkǔ língdīng de. **for-lornly** *adv*.

form¹ /fɔːm/ *n* 1 [C, U] 形状 [狀] xíngzhuàng; 外貌 wàimào. 2 [C] 体 [體] 制 tǐzhì; 种 [種] 类 [類] zhǒnglèi; 类型 lèixíng: *different* ~*s of government* 不同的政体. 3 [C, U] [语法] 词形 cíxíng; 词的发 [發] 音 cíde fāyīn: *The plural* ~ *of 'goose' is 'geese'*. "goose" 的复数词形是 "geese". 4 [C] 表格 biǎogé: *application* ~*s* 申请表. 5 [C] [英国英语] (学校的) 年级 niánjí. 6 [U] 形式 xíngshì: ~ *and content* 形式和内容. 7 [习语] **on 'form** 竞 [競] 技极佳 [狀] 态 [態] liánghǎo. **off 'form** 竞技状态不佳 jìngjì zhuàngtài bùjiā. **formless** *adj* 无 [無] 形状的 wú xíngzhuàng de.

form² /fɔːm/ *v* 1 [T] 使形成 shǐ xíngchéng; 制 [製] 作 zhìzuò. 2 组成 zǔchéng; 建立 jiànlì: ~ *a gov-*

ernment 组成政府。3 [T] 是…的
组成部分 shì…de zǔchéng bùfen:
It ~s part of the course. 它构
成了课程的一部分。4 [I, T] 排列
páiliè; 把…编排成 bǎ…biānpái
chéng: ~ a line 排成队列。

formal /ˈfɔːml/ adj 1 (a) 正式的
zhèngshìde; 庄(莊) 重的 zhuāng-
zhòngde: a ~ dinner 正式的晚
餐。(b) (衣服或词语)正式场(場)
合使用的 zhèngshì chǎnghé shǐyòng
de。2 整齐(齊) 的 zhěngqíde; 有条
(條) 理的 yǒu tiáolǐ de: ~
gardens 有规则的几何图形构成的
花园。3 官方的 guānfāngde; 正式
的 zhèngshìde: a ~ declaration
of war 正式宣战。**formality**
/fɔːˈmælətɪ/ n [pl -ies] 1 [U]
繁文缛节(節) fán wén rù jié。2 [C]
手续(續) shǒuxù; 正式手续 zhèngshì
shǒuxù: a legal ~ity
法律手续。**formalize** v [T] 使(计
划等)正式成为文字 shǐ xíngchéng wén-
zì。**formally** adv。

format /ˈfɔːmæt/ n [C] 大小 dà-
xiǎo; 形式 xíngshì; 总(總)体(體)
安排 zǒngtǐ ānpái。**format** v
[-tt-] [T] (电子计算机)为(爲)…
编排格式 biānpái géshì。

formation /fɔːˈmeɪʃn/ n 1 [U] 形
成 xíngchéng。2 [C, U] 构(構)造
gòuzào; 排列 páiliè。

formative /ˈfɔːmətɪv/ adj 影响
(響)…发(發)展的 yǐngxiǎng…fā-
zhǎn de: a child's ~ years 儿童
性格形成的时期。

former /ˈfɔːmə(r)/ adj 以前的 yǐ-
qiánde; 从(從)前的 cóngqiánde:
the ~ President 前任总统。the
former pron 前者 qiánzhě。**for-
merly** adv 从前 cóngqián; 以前
yǐqián。

formidable /ˈfɔːmɪdəbl/ adj 1 可
怕的 kěpàde: a ~ opponent 可
怕的敌手。2 难(難)以对(對)付的
nányǐ duìfu de: a ~ task 艰巨的
任务。3 优(優)秀的 yōuxiùde; 杰
(傑)出的 jiéchūde。**formidably**
/-əblɪ/ adv。

formula /ˈfɔːmjʊlə/ n [C] [pl
~s, 或作为科技用语 -mulae
/-mjuːliː/] 1 公式 gōngshì; 程式
chéngshì: a chemical ~ 化学式。
2 方案 fāng'àn; 计划(劃)表示 jìhuà
a peace ~ 和平方案。3 俗套话 sú-
tàohuà: ' How do you do ' is a
social ~. "How do you do" 是
一句社交俗套话。4 配方 pèifāng。

formulate /ˈfɔːmjʊleɪt/ v [T] 1 制

定 zhìdìng: ~ a rule 制定规则。
2 精确(確)地表达(達) jīngquède
biǎodá。**formulation** /ˌfɔːmjʊ-
ˈleɪʃn/ n [C, U]。

forsake /fəˈseɪk/ v [pt forsook
/fəˈsʊk/; pp ~n /fəˈseɪkən/]
[T] [正式用语]抛弃(棄)pāoqì; 遗
弃 yíqì。

fort /fɔːt/ n [C] 堡垒(壘) bǎolěi;
要塞 yàosài。

forte /ˈfɔːteɪ; US fɔːt/ n [C] 长
[長]处(處) chángchù; 特长 tè-
cháng: Singing is not my ~.
唱歌不是我的特长。

forth /fɔːθ/ adv 1 [正式用语]向前
方 xiàng qiánfāng; 向前 xiàngqián。
2 [习语] and (so on and) so
forth 等等 děngděng。

forthcoming /ˌfɔːθˈkʌmɪŋ/ adj 1
即将(將)发(發)生的 jíjiāng fā-
shēng de; 即将出现的 jíjiāng chū-
xiàn de。2 现有的 xiànyǒude; 唾手
可得的 tuò shǒu kě dé de; 现成的
xiànchéngde: The money was not
~. 没有现成的钱。3 愿(願)意帮
助的 yuànyì bāngzhù de。

forthright /ˈfɔːθraɪt/ v [pt, pp -ied]
[T] 1 (against) 防卫(衛)(某地)
fángwèi。2 强化 qiánghuà: cereal
fortified with extra vitamins
用额外维生素增强营养的麦片。

fortieth ⇨ FORTY。

fortify /ˈfɔːtɪfaɪ/ v [pt, pp -ied]
[T] 1 (against) 防卫(衛)(某地)
fángwèi。2 强化 qiánghuà: cereal
fortified with extra vitamins
用额外维生素增强营养的麦片。

fortification /ˌfɔːtɪfɪˈkeɪʃn/ n 1
[U] 防卫 fángwèi; 强化 qiánghuà。
2 [C, 常作 pl] 防御(禦)工事 fáng-
yù gōngshì。

fortnight /ˈfɔːtnaɪt/ n [C] [尤用
于英国英语]两星期 liǎng xīngqī。
fortnightly adj, adv 每两周的
měi liǎngzhōu de; 每两周地 měi
liǎngzhōu de。

fortress /ˈfɔːtrɪs/ n [C] 要塞 yào-
sài; 堡垒(壘) bǎolěi。

fortuitous /fɔːˈtjuːɪtəs; US ˈtuː-/
adj [正式用语]偶然发(發)现的
ǒurán fāxiàn de。

fortunate /ˈfɔːtʃənət/ adj 幸运
(運)的 xìngyùnde; 吉利的 jílìde。
fortunately adv。

fortune /ˈfɔːtʃuːn/ n 1 [C, U] 好运
(運)hǎoyùn; 坏(壞)运 huàiyùn; 机
(機)会(會) jīhuì。2 [C] 命运 mìng-
yùn: tell sb's ~ 给某人算命。
3 [C] 大量财产 dàliàng cáichǎn: cost a
~ 花费大量钱财。'**fortune-teller**
n [C] 算命先生 suànmìng xiān-
sheng。

forty /ˈfɔːtɪ/ pron, adj, n [C]
[pl -ies] 四十 sìshí; 四十个(個)

211

forum / fraction

sishíge. **fortieth/-tɪəθ/** *pron, adj* 第四十 dìshí; 第四十个 dìshíshíge. **fortieth** *n* [C] 四十分之一 sìshí fēn zhī yī.

forum /ˈfɔːrəm/ *n* [C] 论[论]坛 [坛] lúntán.

forward¹ /ˈfɔːwəd/ *adj* 1 向前的 xiàngqiánde; 在前部的 zài qiánbùde; ~ *movements* 向前运动. 2 未来[来]的 wèiláide; ~ *planning* 对未来的计划. 3 (庄稼、儿童等)早熟的 zǎoshúde. 4 孟浪的 mènglàngde; 冒失的 màoshīde. **forward** *n* [C] (足球等)前锋 qiánfēng. **forward** *v* 1 [T] (信件等)转[转]递 [递]; 转交 zhuǎnjiāo. 2 发[发]送(货物等) fāsòng. 3 促进[进] cùjìn; ~ *her career* 促进她的事业. **forwardness** *n* [U] 冒失 màoshī; 鲁莽 lǔmǎng.

forward² /ˈfɔːwəd/ *adv* (亦用 **forwards**) 向前 xiàngqián; (亦未来)向未来[来] xiàng wèilái; *take a step* ~ 向前迈进一步. **forward-looking** *adj* 有现代思想的 yǒu xiàndài sīxiǎng de

forwent *pt* of FORGO.

fossil /ˈfɒsl/ *n* [C] 化石 huàshí.

fossilize /-səlaɪz/ *v* [I, T] 1 成化石 chéng huàshí; 使成化石 shǐ chéng huàshí. 2 [喻]使思想等)僵化 jiānghuà; 使(思想等)僵化 shǐ jiānghuà.

foster /ˈfɒstə(r)/ *US* /ˈfɔː-/ *v* [T] 1 培养[养] péiyǎng; 促进[进] cùjìn. 2 领养(孩子) lǐngyǎng. **foster-** (用于复合词)通过[过]领养而[而](产)生家庭关[关]系[系]的 tōngguò lǐngyǎng ér chǎnshēng jiātíng guānxi de; ~*parent* 养父母; ~*child* 养子;养女.

fought *pt, pp* of FIGHT.

foul /faʊl/ *adj* 1 恶[恶]臭的 èchòude; 难[难]闻[闻]的 nánwénde; 腐败的 fǔbàide. 2 令人不愉快的 lìng rén bù yúkuài de; ~ *temper* 坏脾气. 3 (语言)下流的 xiàliúde; 辱骂性的 rǔmàxìngde. 4 (天气)暴风[风]雨的 bàofēngyǔde. **foul** *n* [C] (体育)犯规 fànguī. **foul** *v* 1 [T] 弄脏[脏] nòng zāng; 污染 wūrǎn. 2 [T, I] (体育中)(对…)犯规 fànguī. 3 [短语动词] **foul sth up** 非正式用语]把…搞糟 gǎo zāo, 搞乱 gǎo luàn. **'foul 'play** *n* [U] 1 [体育]不合体[体]育道德的行为[为] bù hé tǐyù dàodé de

xíngwéi. 2 (导致谋杀的)暴行 bàoxíng.

found¹ /faʊnd/ *pt, pp* of FIND.

found² /faʊnd/ *v* [T] 1 建立 jiànlì; 设立 shèlì; ~ *a hospital* 建立一所医院. 2 [常用被动语态]把…建立在…jiànlì zài; ~*ed on facts* 根据事实写成的小说. **founder** *n* [C] 创[创]建者 chuàngjiànzhě.

foundation /faʊnˈdeɪʃn/ *n* 1 [U] (学校等)创[创]建 chuàngjiàn; 建立 jiànlì. 2 [C] (慈善事业等的)基金 jījīn. 3 [C, 常作 pl] 地基 dìjī; 房基 fángjī. 4 [C] 基础[础]的 jīchǔ.

founder /ˈfaʊndə(r)/ *v* [I] 1 (船)沉没 chénmò. 2 [喻](计划等)失败 shībài.

foundry /ˈfaʊndrɪ/ *n* [C] (*pl* **-ies**) 铸[铸]工车[车]间 zhùgōng chējiān; 铸工厂[厂] zhù gōngchǎng.

fount /faʊnt/ *n* [C] (*of*) (修辞)源泉 yuánquán; 源头[头] yuántóu; *the ~ of all wisdom* 一切智慧的源泉.

fountain /ˈfaʊntɪn/ *n* [C] 1 (水池中的)人造喷泉 rénzào pēnquán. 2 (液体的)喷出 pēnchū. **fountainpen** *n* [C] 自来[来]水笔[笔] zìláishuǐbǐ.

four /fɔː(r)/ *pron, n* [C] 1 四 sì; 四个[个] sìge. 2 [习语] **on all 'fours** 爬 pá; 匍匐 púfú.

fourth /fɔːθ/ *pron, adj* 1 第四 dìsì; 第四个[个] dìsìge. 2 [美语] QUARTER.

fourteen /ˌfɔːˈtiːn/ *pron, adj, n* [C] 十四 shísì; 十四个[个] shísìge. **fourteenth** /ˌfɔːˈtiːnθ/ *pron, adj* 第十四 dìshísì; 第十四个[个] dìshísìge. **fourteenth** *n* [C] 十四分之一 shísìfēn zhī yī.

fowl /faʊl/ *n* [*pl* **fowl** 或 **~s**] 1 [C] 鸡[鸡] jī. 2 [U] (食用的)肉禽 qínròu.

fox /fɒks/ *n* 狐 hú. **fox** *v* [T] 迷惑 míhuò; 欺骗 qīpiàn. **foxhunting** *n* [U] 猎狐 lièhú.

foyer /ˈfɔɪeɪ/ *US* /ˈfɔɪər/ *n* [C] (剧院的)门厅[厅] méntīng.

fraction /ˈfrækʃn/ *n* [C] 1 [数学] 分数[数] fēnshù. 2 小部分 xiǎo bùfen; 片断[断] piànduàn; *a ~ of a second* 瞬间. **fractional** /-fənl/ *adj* 微不足道的 wēi bù zú dào de.

fracture /'fræktʃə(r)/ *n* [C, U] 断[斷]裂 duànliè; 折断 zhéduàn; 骨折 gǔzhé. **fracture** *v* [I, T] (使)断[斷]裂 duànliè; (使)折断 zhéduàn.

fragile /'frædʒaɪl; *US* -dʒl/ *adj* 1 易断[斷]的 yìduànde; 易损坏[壞]的 yì sǔnhuàide. 2 [非正式用语]虚弱的 xūruòde; 不健康的 bù jiànkāng de. **fragility** /frə'dʒɪlətɪ/ *n* [U].

fragment /'frægmənt/ *n* [C] 碎片 suìpiàn; 碎块[塊] suìkuài; 片断[斷] piànduàn. **fragment** /fræg'ment/ *v* [I, T] (使)裂成碎片 lièchéng suìpiàn. **fragmentary** *adj* 不完整的 bù wánzhěngde. **fragmentation** /ˌfrægmen'teɪʃn/ *n* [U].

fragrance /'freɪgrəns/ *n* [C, U] 香味 xiāngwèi; 香气[氣] xiāngqì. **fragrant** /-grənt/ *adj* 香的 xiāngde; 芬芳的 fēnfāngde.

frail /freɪl/ *adj* 虚弱的 xūruòde; 脆弱的 cuìruòde. **frailty** *n* [*pl* -ies] 1 [U] 虚弱 xūruò. 2 [C] (性格上的)弱点[點] ruòdiǎn.

frame /freɪm/ *n* [C] 1 (窗、画等的)框 kuàng; 框架 kuàngjià. 2 构[構]架 gòujià; 骨架 gǔjià; 结构 jiégòu. 3 (常作 *pl*) 眼镜架 yǎnjìngjià. 4 (常作 *sing*) (人或动物的)骨骼 gǔgé. 5 (电影的)画[畫]面 huàmiàn; 镜头[頭] jìngtóu. 6 [习语] a frame of 'mind 精神状[狀]态[態] jīngshén zhuàngtài; 心情 xīnqíng. **frame** *v* [T] 1 给…装[裝]框[架]架 gěi…zhuāng kuàngjià. 2 [非正式用语]诬陷 wūxiàn; 陷害 xiànhài. **'framework** *n* [C] 1 框架 kuàngjià. 2 准[準]则 zhǔnzé; 观[觀]点[點] guāndiǎn.

France /frɑːns/ *n* [U] 法国[國] Fǎguó.

franchise /'fræntʃaɪz/ *n* 1 the [*sing*] 公民权[權]gōngmínquán; 选[選]举[舉]权 xuǎnjǔquán. 2 [C] 特许经[經]销权 tèxǔ jīngxiāoquán.

frank[1] /fræŋk/ *adj* 坦率的 tǎnshuàide; 坦白的 tǎnbáide. **frankly** *adv*. **frankness** *n* [U].

frank[2] /fræŋk/ *v* [T] 在(信件上)盖[蓋]邮戳以表示邮[郵]资已付 zài shàng gàizhāng biǎoshì yóuzī yǐfù.

frankfurter /'fræŋkfɜːtə(r)/ *n* [C] 一种[種](小的)熏[燻]香肠[腸] yìzhǒng xiǎo de xūn xiāngcháng.

frantic /'fræntɪk/ *adj* 1 疯[瘋]狂的 fēngkuángde; 狂乱的 kuángluàn de; 狂地 kuángde. 2 紧[緊]张[張]而纷乱[亂]的 jǐnzhāng ér fēnluàn de: a ~ search 狂乱的搜查. **frantically** /-klɪ/ *adv*.

fraternal /frə'tɜːnl/ *adj* 兄弟般的 xiōngdìbānde; 兄弟的 xiōngdìde. **fraternally** /-nəlɪ/ *adv*.

fraternity /frə'tɜːnətɪ/ *n* [*pl* -ies] 1 [U] 兄弟情谊 xiōngdìqíngyì. 2 [C] 趣味相投的人 qùwèi xiāngtóu de rén; 兄弟会[會] xiōngdìhuì; 行会 hánghuì. 3 [C] [美语]男大学[學]生联[聯]谊会 nán dàxuéshēng liányíhuì.

fraternize /'frætənaɪz/ *v* [I] (*with*) 亲[親]善 qīnshàn; 友善 yǒushàn: ~ with the enemy 与敌人亲善. **fraternization** /ˌfrætənaɪ'zeɪʃn; *US* -nɪ'z-/ *n* [U].

fraud /frɔːd/ *n* 1 [C, U] 诈骗 zhàpiàn; 欺诈行为[爲] qīzhà xíngwéi. 2 [C] 骗子 piànzi. **fraudulent** /'frɔːdjʊlənt; *US* -dʒʊ-/ *adj* 欺骗性的 qīpiànxìngde; 骗来[來]的 piànláide.

fraught /frɔːt/ *adj* 1 *with* 充满的 chōngmǎnde: ~ with danger 充满危险 chōngmǎn wēixiǎn. 2 忧[憂]虑[慮]的 yōulǜde; 担[擔]心的 dānxīnde.

fray /freɪ/ *v* [I, T] 1 (织物等)磨损 mósǔn; 磨破(织物等) mópò. 2 [喻]使紧[緊]张[張] shǐ jǐnzhāng: ~ed nerves 紧张的神经.

freak /friːk/ *n* [C] 1 怪诞的行为[爲]或事 guàidànde xíngwéi huò shì; a ~ storm 极不寻常的暴风雨. 2 背离[離]社会[會]习[習]俗的人 bèilí shèhuì xísú de rén. 3 [非正式用语]…迷 …mí: a jazz ~ 爵士乐迷. **freakish** *adj* 怪诞的 guàidànde.

freckle /'frekl/ *n* [C, 常作 *pl*] 雀斑 quèbān; (皮肤上的)斑点[點] bāndiǎn. **freckled** *adj*.

free /friː/ *adj* [~*r* /-ə(r)/, ~*st* /-ɪst/] 1 (人)不受监[監]禁的 bù shòu jiānjìn de, 自由的 zìyóude; 可自由行动[動]的 kě zìyóu xíngdòng de. 2 不受控制约束的 bù shòu kòngzhì, yuēshù de; a ~ press 有新闻自由的报业. 3 松[鬆]开[開]的 sōngkāi de; 不固定的 bú gùdìng de: the ~ end of a rope 绳子的松开的一头. 4 不受阻的 bú shòuzǔ de; 通畅的 tōngchàngde: a ~ flow of water 水流通畅. 5 *from/of* 摆[擺]脱了…的 bǎituō le…de; 没有

…的 méiyǒu…de; ~ *from pain* 无痛苦的; ~ *from suffering* 没有痛苦的. **6** 免费的 miǎnfèide. **7** 不包括的 bù bāokuò de; *tax ~* 不包括税. **8** (**a**) 未被占[佔]用的 wèi bèi zhànyòng de; 空闲[閒]的 kōngxiánde; *a ~ seat* 空坐位. (**b**) (人) 空闲的 kōngxiánde. **9** [习语] **free and easy** 不拘礼节[節]的 bùjū lǐjié de; 轻[輕]松的 qīngsōngde. **a free 'hand** 准许随[隨]意做什么[麼]的自由权[權] zhǔnxǔ suíyì zuò shénme de zìyóuquán; *get / have a ~ hand* 被准许自由行动. **free** *adv* **1** 免费地 miǎnfèide. **2** 松开[開]地 sōngkāide; 不固定地 bù gùdìng de. **3** [习语] **make free with sth** 擅自使用 shànzì shǐyòng.

free *v* [T] 使自由 shǐ zìyóu; 解放 jiěfàng; 使摆脱 shǐ bǎituō.

free 'enterprise *n* [U] 自由企业[業]制 zìyóu qǐyè zhì. **free-for-all** *n* [C] (争吵等) 不合场[場]合都参加之的 zài chǎngzhōng dōu cānjiā de. **free-hand** *adj*, *adv* 徒手画[畫] (的) (地) túshǒu huà de **freelance /-lɑːns; US -læns/** *n* [C], *adj*, *adv* 自由职[職]业者 zìyóu zhíyèzhě; 自由职业者的 zìyóu zhíyèzhě de; 当[當]自由职[職]业者 zìyóu zhíyèzhě zuò de; 作为[爲]自由职业者的 zuòwéi zìyóu zhíyèzhě de. **free-lance** *v* [I] 当[當]自由职业者 dāng zìyóu zhíyè zhě. **free-range** *adj* (鸡蛋) 由自由放养[養]的鸡[鷄]产[産]的 yóu zìyóu fàngyǎng de jī chǎn xià de. **free speech** *n* [U] 言论[論]自由 yánlùn zìyóu. **free 'trade** *n* [U] 自由贸易 zìyóu màoyì. **freeway** *n* [C] [美语] 高速公路 gāosù gōnglù. **free 'will** *n* [U] 自由选[選]择[擇] zìyóu xuǎnzé, 2 自由意志 zìyóu yìzhì; 自由意志论[論] zìyóu yìzhì lùn.

freedom /'friːdəm/ *n* **1** [U] 自由 zìyóu, (*of*) 自由权[權] zìyóuquán; ~ *of worship* 敬神自由.

freeze /friːz/ *v* (*pt* froze /frəʊz/, *pp* frozen /'frəʊzn/) **1** [I, T] (尤指水) 结冰 jiébīng; 冻结 dòngjié; 使 (水) 结冰 shǐ jiébīng. **2** [I] 天冷 (天气) 结冰 bīngdòng; 冷 lěng; [I, T] 用以 (天气) 冰冻[凍] bīngfēng. *It's freezing today*. 今天冷冰冰的. **3** [I] 感到极[極]冷 gǎndào jílěng. 冻[凍]僵 dòngjiāng. *frozen peas* 冻豆 **4** [I, T] (因惊惧等) 呆[獃]住

dāizhù; 使突然停住 shǐ tūrán tíngzhù; ~ *with terror* 吓得呆住了. **6** [T] 冻结(工资, 物价等) dòngjié. **7** [习语] **freeze to 'death** 冻死 dòngsǐ. **8** [短语动词] **freeze over** 被冰覆盖[蓋] bèi bīng fùgài. **freeze up** 冻住 dòngzhù. ▷ *n* [C] **1** 严[嚴]寒期 yánhánqī. **2** (工资、物价等的) 冻结 dòngjié. **freezer** *n* [C] 大型冰箱 dàxíng bīngxiāng. **freezing-point** *n* [U, C] (尤指水的) 冰点[點] bīngdiǎn.

freight /freit/ *n* [U] (运输的) 货物 huòwù. **freight** *v* [T] 运[運]输 (货物) yùnshū. **freighter** *n* [C] 货船 huòchuán; 运货机[機]
 yùnshùjī.

French /frentʃ/ *n* **1** [U] 法语 Fǎyǔ. **2 the French** [pl] 法国人 Fǎguórén. **French** *adj* 法国的 Fǎguóde; 法国人的 Fǎguórénde; 法语的 Fǎyǔde. **French 'fries** [pl] [尤用于美语] 法式炸土豆条 fǎshì zhá tǔdòutiáo. **French 'window** *n* [C, 常作 *pl*] 落地长[長]窗 luòdì chángchuāng.

frenzy /'frenzi/ *n* [sing, U] 疯 [瘋]狂的激动(動) fēngkuáng de jīdòng. **frenzied** /'frenzid/ *adj*.

frequency /'friːkwənsi/ *n* (*pl* **-ies**) **1** [U] 重复[複]度[發]生率 chóngfù fāshēnglǜ. **2** [C] (无线电波)频率 pínlǜ.

frequent[1] /'friːkwənt/ *adj* 时[時]常发[發]生的 shícháng fāshēng de. **frequently** *adv*.

frequent[2] /frɪ'kwent/ *v* [T] 常到 (某地) chángdào; 常去 chángqù.

fresco /'freskəʊ/ *n* [*pl* ~s 或 ~es] 湿[濕]壁画[畫] shī bìhuà.

fresh /freʃ/ *adj* **1** 新的 xīnde; 新鲜 的 xīnxiānde; *make a ~ start* 重新开始. **2** 新鲜的 xīnxiānde; 鲜明 的 xīnxiānde; ~ *bread* 新鲜的面包. **3** (食物) 鲜的 (非罐装或冷冻的) xiānde. **4** (水) 淡的 dànde. **5** (天气) 冷而有风 [風] 的 lěng ér yǒu fēng de. **6** (颜色) 明亮的 míngliàngde. **7** 精神饱 满的 jīngshén bǎomǎn de. **8** [非正式用语] (对异性) 鲁莽的 lǔmǎngde. **9** *from / out of* 刚[剛]离开[離]开[開] (某地) 的 gāng líkāi de; *students ~ from college* 刚出大学校门的学生们. **fresh** *adv* 新近地; 最近地. ~ *painted* 新近油漆的. **freshness** *n* [U]. **fresh water** *n* [来]淡水的 de; 淡水的 láizì dànshuǐ de; 淡

水的 dànshuǐde; 生活于淡水的 shēnghuó yú dànshuǐ de; 含淡水的 hán dànshuǐ de.

freshen /ˈfreʃn/ *v* 1 [T] 使新鲜 shǐ xīnxiān. 2 [I] (风)增强 zēngqiáng. 3 [短语动词] **freshen (oneself) up** 梳洗打扮 shūxǐ dǎbàn.

fret[1] /fret/ *v* [-tt-] [I, T] (*about*) (使)烦躁 fánzào. **fretful** /-fl/ *adj* 烦躁的 fánzàode; 抱怨的 bàoyuànde. **fretfully** *adv*.

fret[2] /fret/ *n* [C] (吉他等弦乐器上的)品 pǐn, 柱 zhù, 桥(橱) qiáo.

friar /ˈfraɪə(r)/ *n* [C] 天主教托钵修会(会)僧士 tiānzhǔjiàohuì tuōbō xiūhuì xiūshì.

friction /ˈfrɪkʃn/ *n* 1 [U] 摩擦 mócā. 2 [C, U] 不和 bùhé; 倾轧(轧) qīngyà.

Friday /ˈfraɪdɪ/ *n* 星期五 xīngqīwǔ. (用法举例参见 Monday)

fridge /frɪdʒ/ *n* [C] 电(电)冰箱 diànbīngxiāng.

fried /fraɪd/ *pt, pp* of FRY.

friend /frend/ *n* 1 朋友 péngyou; 友人 yǒurén. 2 赞助者 zànzhùzhě; 支持者 zhīchízhě; *a ~ of the arts* 美术的赞助者. 3 [习语] **be friends (with sb)** 与(与)…友好 yǔ…yǒuhǎo. **make friends (with sb)** 与…交朋友 yǔ…jiāo péngyou, 交好朋友 jiāo péngyou. **friendless** *adj* 没有朋友的 méiyǒu péngyou de. **friendly** *adj* [-ier, -iest] 1 友好的 yǒuhǎode. 2 (比赛等)友谊的 yǒuyìde. **friendliness** *n* [U]. **friendship** *n* 友好的关(关)系(系) yǒuhǎode guānxì.

frieze /friz/ *n* [C] (建筑)(墙顶的)横地带(带) héngshídài.

frigate /ˈfrɪɡət/ *n* [C] (小型)快速护(护)航舰(舰) kuàisù hùhángjiàn.

fright /fraɪt/ *n* [C, U] 惊(惊)恐 jīngkǒng; 惊吓(吓) jīngxià.

frighten /ˈfraɪtn/ *v* [T] 使惊(惊)恐 shǐ jīngkǒng; 吓(吓)唬 xiàhu; 惊吓 jīngxià. **frightened** *adj* 害怕的 hàipàde. **frightening** *adj* 令人惊恐的 lìng rén jīngkǒng de. **frighteningly** *adv*.

frightful /ˈfraɪtfl/ *adj* 1 令人厌(厌)恶(恶)的 lìng rén yànwù de. 2 [非正式用语]极(极)度的 jídùde; 极糟的 jízāode. **frightfully** /-fəlɪ/ *adv* [非正式用语]非常 fēicháng; 极 jí.

frigid /ˈfrɪdʒɪd/ *adj* 1 寒冷的 hánlěngde. 2 (妇女)性感缺失的

xìnggǎn quēshī de. **frigidity** /frɪˈdʒɪdətɪ/ *n* [U]. **frigidly** *adv*.

frill /frɪl/ *n* [C] 1 (服装)褶边(边)褶饰边 zhěshìbiān. 2 [常作 pl] [喻]虚饰 xūshì; 娇(娇)饰 jiāoshì; 装饰(饰)腔作势(势) zhuāng qiáng zuò shì. **frilly** *adj*.

fringe /frɪndʒ/ *n* [C] 1 (妇女发式)前刘(刘)海 qián liúhǎi. 2 缘饰 yuánshì; 蓬边(边) péngbiān; 毛边 máobiān. 3 边缘 biānyuán; *on the ~ of the forest* 在森林的边缘. *on the ~ of the crowd* 在人群的边缘.

frisk /frɪsk/ *v* 1 [I] 欢(欢)跃(跃)huānyuè; 跳跳蹦蹦 tiàotiào bèngbèng. 2 [T] 搜查(某人是否身上有武器) sōuchá. **frisky** *adj* [-ier, -iest] 活泼(泼)的 huópode.

fritter[1] /ˈfrɪtə(r)/ *v* [短语动词] **fritter sth away** 浪费(尤指金钱或时间) làngfèi.

fritter[2] /ˈfrɪtə(r)/ *n* [C] (果酱、肉等的)油煎饼 yóu jiānbǐng.

frivolous /ˈfrɪvələs/ *adj* 轻(轻)薄的 qīngbáode; 轻浮 qīngfúde. **frivolity** /frɪˈvɒlɪtɪ/ *n* [*pl* -ies] 1 [U] 轻薄的举(举)动 qīngbáode jǔdòng. 2 [C] 无(无)聊的活动或活语 wúliáode huódòng huò huóyǔ. **frivolously** *adv*.

frizzy /ˈfrɪzɪ/ *adj* (头发)有小鬈曲的 yǒu xiǎo quánqǔ de.

fro /frəu/ *adv* [习语] **to and fro** ⇨ TO[3].

frog /frɒɡ; US frɔːɡ/ *n* [C] 青蛙 qīngwā. **'frogman** /-mən/ *n* [*pl* -men] (使用潜水式潜水装备进行水下作业的)蛙人 wārén.

frolic /ˈfrɒlɪk/ *v* [*pt, pp* ~ked] [I] 嬉戏(戏) xīxì; 打打闹闹 dǎdǎnàonào. **frolic** *n* [sing] 欢(欢)乐(乐)嬉闹 xīnào; 嬉戏 xīxì.

from /frəm; 强式 frɒm/ *prep* 1 (表示起点)从(从)cóng; *London to Oxford* 从伦敦去牛津. 2 (表示时间的开始)从 cóng; *on holiday* 1 May 从 5 月 1 日开始度假. 3 (表示施于者)(来)来自 láizì; *a letter ~ my brother* 我兄弟的来信. 4 (表示来源)来自 láizì; 用 yòng; *quotations ~ Shakespeare* 引自莎士比亚的文句. 5 (表示距离)离(离)cóng; 距 jù; *ten miles ~ the sea* 离海 10 英里. 6 (表示下界) cóng; *Tickets cost ~ £3 to £12*. 门票从 3 英镑到 12 英镑. 7 (表示制作

所用材料）用 yòng; *Wine is made ~ grapes*. 酒是用葡萄制造的。8 [表示分开、除去等] 从 cóng: *take the money ~ my purse* 从我的钱包拿出钱。9 [表示保护或防止]: *save a boy ~ drowning* 救了一个要淹死的男孩。*prevent sb ~ sleeping* 不让某人睡着。10 [表示理由或原因]: *suffer ~ cold and hunger* 忱寒交迫。11 [表示变化]: *~ bad to worse* 每况愈下。12 考虑[慮]到(某事物等) kǎolǜdào: *~ the evidence* 根据证据作出决定。

front /frʌnt/ n 1 [尤作 **the front**] [sing] 正面 zhèngmiàn; 前面 qiánmiàn; *the ~ of a building* 建筑物的正面。2 **the front** [sing] 海边[邊]道路 hǎibiān dàolù。3 **the front** [sing] [軍] 前线[綫]战[戰]线 zhànxiàn。4 [sing] (常为假装的)样子 yàngzi: *put on a brave ~* 装作勇敢的样子。5 [C] [气象]锋 fēng。6 [sing] [非正式用语]起掩蔽作用的人或物 qǐ yǎnbì zuòyòng de rén huò wù。7 [C] (某一)阵地 lǐngyù: *on the financial ~* 在财政方面。8 [习语] **in front** 在最前面的位置 zài zuì qiánmiàn de wèizhi; 在前面 zài qiánmiàn。**in front of** (a) 在…的前面 zài … de qiánmiàn。(b) 当[當](某人)的面 dāng miàn。**front** v [I, T] 面对 miàn duì [對] 朝 cháo; 朝向 cháo: *hotels that ~ onto the sea* 朝着海的旅馆。**frontage** /-tɪdʒ/ n [C] 土地或建筑[築]物的正面宽度 tǔdì huò jiànzhùwù de zhèngmiàn kuāndù。**frontal** adj 正面的 zhèngmiàn de; 从[從]正面的 cóng zhèngmiàn de; 在正面的 zài zhèngmiàn de。**the ˌfront ˈline** n [C] 前线[綫] qiánxiàn。**ˈfront-page** adj (新闻等)头[頭]版上的 tóubǎn shàng de。

frontier /ˈfrʌntɪə(r); US frʌnˈtɪər/ n 1 [C] 国[國]界 guójiè; 边[邊]界 biānjiè。2 [pl] 尖端 jiānduān: *the ~s of science* 科学尖端。

frost /frɒst; US frɔːst/ n 1 [C, U] 冰点[點]以下的气[氣]候 bīngdiǎn yǐxià de qìhòu。严[嚴]寒 yánhán。2 [U] 霜 shuāng。**frost** v 1 [T] (使玻璃)具有无[無]光泽(澤)的表面 shǐ jùyǒu wú guāngzé de biǎomiàn。3 [T] [尤用于美语]撒糖粉于(糕饼) sā

tánglí yú。4 [短语动词] **frost over/up** 结霜 jié shuāng。**ˈfrost-bite** n [C] 冻伤[傷] dòngshāng。**ˈfrost-bitten** adj 冻伤的 dòngshāng de。**ˈfrosty** adj [-ier, -iest] 1 霜冻的 shuāngdòng de。严寒的 yánhán de。2 [喻]冷淡而冰霜的 lěng ruò bīngshuāng de: 冷漠的 lěngmò de: *a ~y welcome* 冷漠的接待。

froth /frɒθ/ US frɔːθ/ n [U] 1 泡沫 pàomò。2 [贬]空谈 kōngtán; 浅[淺]薄而空洞的主意 qiānbó ér kōngdòng de zhǔyì; 迷人而无[無]价[價]值的事物 mírén ér wú jiàzhí de shìwù。**froth** v [I] 起泡沫 qǐ pàomò。**frothy** adj [-ier, -iest] 泡沫状[狀]的 pàomò zhuàng de; 有泡沫的 yǒu pàomò de。

frown /fraun/ v [I] 皱[皺]眉 zhòu méi。2 [短语动词] **frown on/upon sth** 不赞成 bù zànchéng。**frown** n [C]: *with a ~ on his face* 他愁眉不展的样子。

froze pt of FREEZE.

frozen pp of FREEZE.

frugal /ˈfruːgl/ adj 1 经[經]济[濟]的 jīngjì de; 俭[儉]朴[樸]的 jiǎnpǔde。2 花钱[錢]少的 huāqián shǎo de; 少的 xiǎode: *a ~ supper* 一顿凑合的晚饭。

fruit /fruːt/ n 1 [C] 水果 shuǐguǒ。2 [C] [生物]果实(實) guǒshí。3 [尤用 **the fruits**] [pl] 艰[艱]苦工作的成果 jiānkǔ gōngzuò de chéngguǒ。**fruitful** adj [喻]有成果的 yǒu chéngguǒ de; **fruitless** adj [喻]徒劳[勞]的 túláode; 无[無]成果的 wú chéngguǒ de。**fruity** adj [-ier, -iest] 1 水果的 shuǐguǒ de; 像水果的 xiàng shuǐguǒ de。2 [非正式用语](声音)圆润的 yuánrùnde。

fruition /fruːˈɪʃn/ n [习语] **come to fruition** [正式用语]希望、计划等实[實]现 shíxiàn; 完成 wánchéng。

frustrate /frʌˈstreɪt; US ˈfrʌstreɪt/ v [T] 1 阻挠[撓](某人做某事) zǔnáo; 使灰心 shǐ huīxīn; 使懊恼[惱]怒 shǐ nǎonù。2 挫败 cuòbài; 使受挫折 shǐ shòu cuòzhé。**frustrated** adj 失望的 shīwàng de; 挫折的 cuòzhé de。**frustration** /-reɪʃn/ n [C, U].

fry /fraɪ/ v [pt, pp **fried** /fraɪd/] [I, T] 油煎 yóujiān; 油炸 yóuzhà; 油炒 yóuchǎo。**ˈfrying-pan** (美语 **ˈfry-pan**) n [C] 1 煎锅[鍋]

jiānguǒ. **2** [习语] **out of the 'frying-pan into the 'fire** 跳出油锅又落火坑 tiàochū yóuguō yòu luò huǒkēng.

ft *abbr* feet; foot.

fuck /fʌk/ *v* [I, T] [△俚] **1** (与…)性交 xìngjiāo. **2** 使不安(愤怒、恼怒等)使感恼 zhǔzhuó. F~ (*it*)! 他妈的! **3** [短语动词] **fuck 'off** 滚开 [开] gǔnkāi. **fuck** *n* [C] [△俚]性交 xìngjiāo. **fuck-'all** *n* [U] [△俚] 一点儿 [儿]也不 yìdiǎnr yě bù; 绝不 juébù. **'fucking** *adv*, *adj* [△俚] (用于表示愤怒、恼怒等)该死的(讨厌[厌]的) gāisǐ de tǎoyàode.

fudge[1] /fʌdʒ/ *n* [U] 一种[种]软糖 yìzhǒng ruǎntáng.

fudge[2] /fʌdʒ/ *v* [T] [非正式用语] 回[迴]避 huíbì.

fuel /'fjuːəl/ *n* [U] 燃料 ránliào. **fuel** *v* (美式 -l-; 英式 -ll-) [T] **1** 对[对]…供给燃料 duì…gōngjǐ ránliào. **2** 为[为]…火上加油 wèi…huǒ shàng jiā yóu; 刺激 cìjī: to ~ inflation 为通货膨胀火上加油.

fugitive /'fjuːdʒətɪv/ *n* [C] (*from*) 逃亡者 táowángzhě; ~ *from famine* 逃(饥)荒者.

fulfil (美语 **fulfill**) /fʊl'fɪl/ *v* [-ll-] [T] **1** 完成 wánchéng, 履行(任务、职责、诺言等) lǚxíng. **2** ~ **oneself** 发挥自己的才能 fāhuī zìjǐ de cáinéng. **fulfilment** *n* [U].

full /fʊl/ *adj* **1** 满的 mǎnde; 充满的 chōngmǎnde: a ~ *bottle* 装满瓶的. **2** 吃饱了的 chībǎole de. **3** 完全的 wánquánde; 无[无]省略的 wú shěnglüè de; *give ~ details* 给出全部细节. **4** 丰[丰]圆的 fēngmǎnde; 又胖又圆的 yòupàng yòuyuán de; a ~ *figure* 丰满的身材. a ~ *face* 圆圆脸(脸). **5** (衣服)宽松[松]的 kuān sōng de: a ~ *skirt* 宽松的衬衫. **6** 只有 zhǐ yǒu 想某事物的 zhīxiǎng mǒu shìwùde: [贬] *He's ~ of himself.* 他只想自己. **7** [习语] **at full speed/pelt/tilt** 全速 quán sù, in **full** 完全地 wánquánde; 无省略地 wú shěnglüè de. **to the 'full** 充分地 chōngfènde; 彻[彻]底地 chèdǐde; *enjoy life to the ~* 充分享受. **full** *adv* **1** 正好 zhènghǎo; 直接 zhíjiē: *hit him ~ in the face* 正打着他的脸上. **2** 非常 fēicháng; 十分 shífēn: *You knew ~ well*

that he was lying. 你非常明白, 他在撒谎. **full-'board** *n* [U] (旅馆提供的)全食宿 quán shísù, **full-'length** *adj* **1** 全身的 quánshēnde. **2** 未经[经]删节(节)的 wèijīng shānjié de. **full 'moon** *n* [C] 满月 mǎnyuè. **fullness** (亦作 **fulness**) *n* [U]. **full-'scale** *adj* **1** (与[与])原物同样[样]大小的 dàxiǎo de. **2** 完全的 wánquánde; 详尽[尽]的 xiángjìnde: a ~*scale inquiry* 全面调查, **full 'stop** (亦作 **full point**) *n* [C] **1** (标点符号)句点 jùdiǎn. **2** [习语] **come to a full stop** 完全停止 wánquán tíngzhǐ, **full-'time** *adj*, *adv* 全部工作时间[间]工作的(地) quánbù gōngzuò shíjiān gōngzuò de. **fully** *adv* **1** 完全地 wánquánde; 充分地 chōngfènde. **2** 至少 zhìshǎo: *The journey took ~ two hours.* 行程至少2小时.

fumble /'fʌmbl/ *v* [I] 笨手笨脚地做 bènshǒu bènjiǎo de zuò.

fume /fjuːm/ *n* [C, 常作 pl] (气味浓烈的)烟 yān, 汽 qì. **fume** *v* **1** 熏(熏) xūn; 冒烟 màoyān; 冒汽 màoqì. **2** [喻]发(怒)怒 fānù.

fun /fʌn/ *n* [U] **1** 玩笑 wánxiào; 乐[乐]趣 lèqù. **2** 滑稽 huájī. **3** [习语] **for 'fun** 闹着玩 [玩] (儿) nào zhe wánr de, **in 'fun** 开[开]个玩[玩]笑 (标点符号)kāi gè wánxiào shuō de. **make fun of sb/sth** 拿(某人或某事)开玩笑 ná kāi wánxiào. **'fun-fair** *n* [C] 公共露天游乐[乐]场(场) gōnggòng lùtiān yóulèchǎng.

function /'fʌŋkʃn/ *n* [C] **1** 职(职)责 zhízé; 作用 zuòyòng; 功能 gōngnéng. **2** 正式社会[会]集会 zhèngshì shèhuì jíhuì, **function** *v* [I] 起作用 qǐ zuòyòng; 运(运)行 yùnxíng; *The lift doesn't ~.* 电梯坏了. **functional** /-ʃənl/ *adj* **1** 实[实]用的 shíyòngde. **2** 有功能的 yǒu gōngnéng de; 在工作的 zài gōngzuò de.

fund /fʌnd/ *n* [C] **1** 专[专]款 zhuānkuǎn; 基金 jījīn. **2** 蕴藏 yùncáng; a *large ~ of experience* 丰富的经验. **fund** *v* [T] 资助 zīzhù.

fundamental /ˌfʌndə'mentl/ *adj* 基础(础)的 jīchǔde; 作为[为]起点[点]的 zuòwéi qǐdiǎn de; 十分重要的 shífēn zhòngyào de. **fundamen-**

tal n [C, 常作 pl] 基本原则 jīběn yuánzé: 基本原理 jīběn yuánlǐ.

fundamentalism /-təlɪzəm/ n [U] 基要主义(认为《圣经》、《古兰经》等的经文确实无误) jīyào zhǔyì. **fundamentalist** n [C], adj. **fundamentally** /-təli-/ adv.

funeral /'fjuːnərəl/ n [C] 丧(喪)葬 sāngzàng; 葬礼(禮) zànglǐ.

fungus /'fʌŋgəs/ n [C] [pl -gi /-gaɪ; 亦作 -guy/ 或 ~es /-gəsɪz/] 真菌 zhēnjūn.

funnel /'fʌnl/ n [C] 1 漏斗 lòudǒu. 2 (轮船等的)烟囱 yāncōng. **funnel** v [-ll-; 美语 -l-] [I, T] (使)汇(匯)集 huìjí; (使)流经(經)漏斗 liújīng lòudǒu.

funny /'fʌni/ adj [-ier, -iest] 1 可笑的 kěxiàode; 有趣的 yǒuqùde. 2 奇特的 qítède. **funnily** adv. **'funny-bone** n 尺骨端 chǐgǔduān; 麻筋儿(兒)(肘端神经敏感处) májīnr.

fur /fɜː(r)/ n 1 [U] (兽类的)软(軟)毛 ruǎnmáo. 2 [C] 毛皮 máopí; 毛皮衣 máopíyī. 3 (锅、壶等中的)水垢 shuǐgòu. **furry** adj [-ier, -iest] 毛皮的 máopíde; 像毛皮的 xiàng máopíde; 穿毛皮的 chuān máopí de.

furious /'fjʊərɪəs/ adj 1 狂怒的 kuángnùde. 2 猛烈的 měngliède; 强烈的 qiángliède: a ~ storm 猛烈的暴风雨.

furlong /'fɜːlɒŋ; US -lɔːŋ/ n [C] 弗隆(= 201 米) fúlóng.

furnace /'fɜːnɪs/ n [C] 炉(爐)子 lúzi; 熔炉 rónglú.

furnish /'fɜːnɪʃ/ v [T] 1 用家具装(裝)备(備) yòng jiājù zhuāngbèi. 2 [正式用语]供应(應) gōngyìng. **furnishings** n [pl] 家具,设备(備) shèbèi; 陈设 chénshè.

furniture /'fɜːnɪtʃə(r)/ n [U] 家具 jiājù.

furrier /'fʌrɪə(r)/ n [C] 皮货商 píhuòshāng; 毛皮加工制(製)作者 máopí jiāgōng zhìzuòzhě.

furrow /'fʌrəʊ/ n [C] 1 犁沟(溝) lígōu. 2 (面部)皱(皺)纹 zhòuwén. **furrow** v [T] 使起皱纹 shǐ qǐ zhòuwén: a ~ed brow 布满皱纹的前额.

fury /'fjʊərɪ/ n ⇨ FUR.

further /'fɜːðə(r)/ adv 1 (表示空间或时间的距离)更远(遠)地 gèng yuǎn de: move ~ away 走更远些就不安全了. 2 此

外 cǐwài; 而且 érqiě: F~, it has come to my attention... 此外,我已注意到…. 3 进(進)一步地 jìnyíbùde. **further** adj 1 (空间或时间的)距离更远的 gèngyuǎnde. 2 更多的 gèngduōde; 进一步的 jìnyíbùde; 另外的 lìngwàide: ~ information 更多的信息. **further** v [T] 促进 cùjìn; 推进 tuījìn; 助长(長) zhùzhǎng. **furtherance** n [U] [正式用语]促进 cùjìn; 推动(動) tuīdòng. **further edu'cation** n [U] (为成年人的)继(繼)续(續)教育 jìxù jiàoyù; 进修 jìnxiū.

furthermore adv 而且 érqiě; 此外 cǐwài. **furthermost** adj 最远的 zuìyuǎnde.

furthest /'fɜːðɪst/ adj, adv ⇨ FAR.

furtive /'fɜːtɪv/ adj 偷偷摸摸的 tōutōumōmōde; 鬼鬼祟祟的 guǐguǐsuìsuìde. **furtively** adv. **furtiveness** n [U].

fury /'fjʊərɪ/ n [U, C] 狂怒 kuángnù; 暴怒 bàonù.

fuse[1] /fjuːz/ n [C] 保险(險)丝 bǎoxiǎnsī. **fuse** v [I, T] 1 (使电器等)因保险丝熔断而停止工作 yīn bǎoxiǎnsī róngduàn ér zhōngzhǐ gōngzuò: the lights ~d 因保险丝熔断,电灯不亮了. 2 熔化 rónghuà; 熔接 róngjiē.

fuse[2] /fjuːz/ n [C] 1 导(導)火线 dǎohuǒxiàn; 导爆线 dǎobàoxiàn. 2 [美语亦作 fuze] 引信 yǐnxìn; 信管 xìnguǎn.

fuselage /'fjuːzəlɑːʒ; US -sə-/ n [C] 飞(飛)机(機)机身 fēijī jīshēn.

fusion /'fjuːʒn/ n [C, U] 熔合 rónghé; 熔接 róngjiē.

fuss /fʌs/ 1 [U, sing] 大惊(驚)小怪 dà jīng xiǎo guài. 2 [习语] **make a fuss of sb** 娇(嬌)养(養)某人 jiāoyǎng mǒurén; 过(過)分体(體)贴某人 tài mǒurén. **fuss** v [I] 1 大惊小怪 dà jīng xiǎo guài; 小题大作 xiǎo tí dà zuò.

fussy adj [-ier, -iest] 1 (about) 过分注重细节(節)的 guòfèn zhùzhòng xìjié de. 2 大惊小怪的 dà jīng xiǎo guài de. 3 (服装等)过分装(裝)饰的 guòfèn zhuāngshì de. **fussily** adv.

futile /'fjuːtaɪl; US -tl/ adj 无(無)效的 wúxiàode; 无用的 wúyòngde: a ~ attempt 枉费心机的企图. **futility** /fjuː'tɪlətɪ/ n [U].

future /'fjuːtʃə(r)/ n 1 the future

[sing] 将〔將〕来〔來〕jiānglái；未来 wèilái．in the ~ 在将来．2 [C] 前途 qiántú；前景 qiánjǐng：The company's ~ is uncertain．这家公司前景可能不明．3 [U] 成功的可能 chénggōngde kěnéng：There is no ~ in this job．这个工作没有前途．4 [习语] in future 在将来 zài jiānglái．**future** adj 将来的 jiāngláide．

futuristic /ˌfjuːtʃə'rɪstɪk/ adj 未来〔來〕派的 wèiláipàide．

fuzz /fʌz/ n [U] 茸毛 róngmáo；绒毛 róngmáo．**fuzzy** adj [-ier, -iest] 1 (布)有卷曲的 juǎnqūde．2 (布)柔软的 róuruǎnde；绒毛似的 róngmáoshìde．3 (形状、轮廓)模糊的 móhude．**fuzzily** adv．**fuzziness** n [U].

G g

G, g /dʒiː/ n [C] [pl **G's, g's** /dʒiːz/] 英语的第七个〔個〕字母 Yīngyǔde dìqīgè zìmǔ．

g abbr gram(s) 克(重量单位) kè；500g 500 克．

gabardine (亦作 **gaberdine**) /'gæbədiːn; ˌgæbə'diːn/ n 1 [U] 华〔華〕达〔達〕呢 huádání．2 [C] 华达呢雨衣 huádání yǔyī．

gabble /'gæbl/ v [I, T] 急促而不清楚地说话 jícù ér bù qīngchu de shuōhuà．gabble n [sing] 急促不清的话 jícù bùqīng de huà．

gable /'geɪbl/ n [C] 山墙〔牆〕shānqiáng．

gad /gæd/ v [-dd-] [短语动词] **gad about/around** [非正式用语] 闲〔閒〕逛 xiánguàng；游荡〔蕩〕yóudàng；漫游 mànyóu．

gadget /'gædʒɪt/ n [C] 小巧的机〔機〕械 xiǎoqiǎode jīxiè，小装〔裝〕置 xiǎozhuāngzhì．**gadgetry** n [U] (总称)小巧机械 xiǎoqiǎo jīxiè，精巧装置 jīngqiǎo zhuāngzhì．

Gaelic n [U], adj 1 /'geɪlɪk/ 爱〔愛〕尔〔爾〕兰〔蘭〕语〔語〕(盖〔蓋〕尔兰人 Aiěrlán Gàiěr(lán rén 的 Aiěrlán Gàiěrrén de．2 /'gælɪk, 亦作 'geɪlɪk/ (苏〔蘇〕格兰)格尔盖尔语 Sūgélán Gàiěryǔ；苏格兰盖尔人的

Sūgélán Gài'ěrrén de．

gaffe /gæf/ n [C] 失礼〔禮〕shīlǐ，失言 shīyán；失态〔態〕shītài．

gag /gæg/ n [C] 1 塞口物 sāikǒuwù．2 笑话 xiàohuà；插科打诨 chākē dǎhùn．gag v [-gg-] [T] 塞住…的嘴 sāizhù…de zuǐ．

gaga /'gɑːgɑː/ adj [非正式用语]老朽的 lǎoxiǔde；老糊涂〔塗〕的 lǎo hútu de．

gage [美语] = GAUGE．

gaggle /'gægl/ n [C] 1 (鹅)群 qún．2 嘈杂(雜)的人群 cáozáde rénqún．

gaiety /'geɪətɪ/ n [U] 高兴〔興〕gāoxìng；快乐〔樂〕kuàilè．

gaily /'geɪlɪ/ adv 快乐〔樂〕地 kuàilède；娱乐地 yúlède．

gain[1] /geɪn/ v 1 [I, T] 获〔獲〕得 (所需之物) huòdé；~ experience 取得经验．~ an advantage 取得优势．2 增加(速度、重量等) zēngjiā．3 (钟、表)走快 zǒukuài：My watch ~s three minutes a day．我的手表一天快两分钟．4 [习语] **gain ground** ⇒ GROUND[1]．**gain 'time** 赢得时〔時〕间 yíngdé shíjiān；借故拖延时间 jiègù tuōyán shíjiān．5 [短语动词] **gain on sb/sth** (赛跑等中)逼近 bījìn．

gain[2] /geɪn/ n [C, U] 增加 zēngjiā；增进(進) zēngjìn．**gainful** adj 有收益的 yǒu shōuyìde．~ful employment 有报酬的工作．

gait /geɪt/ n [C] 步态〔態〕bùtài，马的步法 mǎde bùfǎ．

gala /'gɑːlə/ n [C] 盛会〔會〕shènghuì；节〔節〕日 jiérì；庆〔慶〕祝 qìngzhù．

galaxy /'gæləksɪ/ n [pl -ies] 1 [C] [天文] 星系 xīngxì．2 **the Galaxy** [sing] [天文] 银河系 yínhéxì．3 [喻] 一群(精英)yìqún：a ~ of famous singers 一群著名歌星．**galactic** /gə'læktɪk/ adj．

gale /geɪl/ n [C] 1 大风〔風〕dàfēng．2 一阵喧闹〔鬧〕yízhèn xuānnào．

gall[1] /gɔːl/ n [U] 1 = BILE．2 厚颜 hòuyán．**gall-bladder** n [C] 胆〔膽〕囊 dǎnnáng．**gallstone** n [C] 胆石 dǎnshí．

gall[2] /gɔːl/ v [T] 使恼〔惱〕怒 shǐ nǎonù；使烦恼 shǐ fánnǎo．

gallant /'gælənt/ adj 1 勇敢的 yǒnggǎnde．2 对〔對〕妇女献〔獻〕殷勤的 duì fùnǚ xiàn yīnqín de．**gallantly** adv．**gallantry** n [U].

galleon /'gæliən/ n [C] (15—17世纪)西班牙帆船 Xībānyá fān

chuán.

gallery /'gæləri/ n [C] [pl **-ies**]
1 画[畫]廊 huàláng; 美术[術]品陈
列室 měishùpǐn chénlièshì. 2 (教堂、
大厅等沿内壁凸出的)廊台[臺]
lángtái. 3 (剧场)顶层[層]楼[樓]
座 dǐngcéng lóuzuò. 4 (矿井)水平
巷道 shuǐpíng hàngdòdao.

galley /'gæli/ n 1 (从前的)桨
[槳]帆并用大木船 jiǎngfān bìng
yòng dà mùchuán. 2 船上厨房 chuán
shàng chúfáng.

gallivant /'gæli'vænt, 'gælivænt/
v [短语动词] **gallivant about** [非
正式用语]游荡 yóudàng; 闲
[閒]逛 xiánguàng.

gallon /'gælən/ n [C] 加仑[侖]
(液量单位, = 4.5 升) jiālún.

gallop /'gæləp/ n [C] (马等)飞
[飛]跑 fēipǎo: at full ~ 以最快
速度. **gallop** v [I, T] (使马)飞
跑 fēipǎo. 2 [I] [非正式用语]急速
行动[動] jísù xíngdòng.

gallows /'gæləuz/ n [常与 sing v
连用]绞刑架 jiǎoxíngjià; 绞台[臺]
jiǎotái.

galore /gə'lɔː(r)/ adv 许多 xǔduō;
大量 dàliàng; 丰[豐]盛 fēngshèng:
prizes ~ 大量奖[奬]品.

galvanize /'gælvənaɪz/ v [T] 1 给
(铁)镀锌 gěi dùxīn. 2(into)使振奋
[奮]shǐ zhènfèn; 激起 jīqǐ.

gambit /'gæmbɪt/ n [C] 1 开[開]
局让[讓]棋法(国际象棋中用作开
出牺牲以优势的下法)kāijú
ràngqífǎ. 2 [喻]第一步行动[動]dìyī
bù xíngdòng.

gamble /'gæmbl/ v [I] 1 赌博 dǔ
bó. 2 [短语动词]**gamble on sth** 投
机[機]tóujī; 冒险 màoxiǎn.
gamble n [C]投机 tóujī; 冒险 mào
xiǎn. **gambler** n [C]赌博者 dǔbó
zhě; 投机者 tóujīzhě. **gambling** n
[U].

gambol /'gæmbl/ v (-ll-; 美语亦作
-l-)[I]蹦跳 bèngtiào; 嬉戏[戲]xīxì.

game¹ /geɪm/ n [C] 游戏[戲]
yóuxì. 2 (运)动动[動]比赛[賽](戏
戏[戲])比赛 bǐsài. 3 [C](比赛中
的)一局 yìjú; 一场[場]yìchǎng; 一盘
[盤]yìpán. 4 [C]游戏器具 yóuxì
qìjù. 5 [非正式用
语]计策 jìcè. **game**² adj
[非正式用语]诡计 guǐjì;
(常)勾当[當]gòudàng: Politics is a power
~. 政治是权力活动[動]. 6[C]
猎[獵]物 lièwù; 野味 yěwèi. 8[习语]
give the
game away 泄露秘密 xièlòu mìmì;

game² /geɪm/ adj 勇敢的 yǒng
gǎnde; 雄纠纠的 xióngjiūjiūde.

gamely adv.

gammon /'gæmən/n [U] 熏[燻]
猪腿 xūnzhūtuǐ; 腌腿 yāntuǐ.

gamut /'gæmət/n **the gamut**
[sing] 整个[個]范[範]围[圍]
zhěngg fànwéi.

gander /'gændə(r)/ n [C] 雄鹅
xióng'é.

gang /gæŋ/ n [C, 亦作 sing, 用复
数] 1 一群罪犯 yìqún zuìfàn; 一队
[隊]工人 yídù gōngrén. 2 一群年轻
人(通常为男子)yìqún niánqīngrén.
gang v [短语动词]**gang up (on**
sb)结成一帮(反对某人)jiéchéng
yìbāng.

gangling /'gæŋglɪŋ/adj (人)细长
[長]的 xìchángde. 瘦长难[難]看的
shòucháng nánkàn de.

gangrene /'gæŋgriːn/ n [U] (医
学)坏[壞]疽 huàijū. **gangrenous**
/'gæŋgrɪnəs/adj.

gangster /'gæŋstə(r)/ n [C]一帮
中的一个[個]匪徒 fěitú.

gangway /'gæŋweɪ/ n [C] 1(船)跳
板 tiàobǎn. 2 (坐位中间的)通道
tōngdào.

gaol (美语通常作 **jail**) /dʒeɪl/ n [C,
U] 监[監]狱 jiānyù. **goal** (美语通常
作 jail) v [T]监禁 jiānjìn. **goaler**
(美语通常作 **jailer**) n [C]监狱看守
jiānyù kānshǒu.

gap /gæp/ n [C] 1 裂口 lièkǒu; 缺口
quēkǒu. 2(时间上的)间隙 jiànxì;~
between school and university 在
高中毕业到上大学之间的间隙. 3
[喻]缺失 quēshī: ~s in one's
knowledge 知识上的缺失.

gape /geɪp/ v [I] 1 目瞪口呆地凝视
mù dèng kǒu dāi de níngshì. 2 张开
[開]zhāngkāi: 裂开 lièkāi: a gap-
ing hole 裂口. **gape** n [C] 目瞪口呆
的凝视 mù dèng kǒu dāi de níngshì.

garage /'gærɑːʒ/ n [C] 1 车库
chēkù; 汽车库[庫](汽车)房 qìchē
fáng. 2 汽车修理站 qìchē xiūlǐzhàn.
garage v [T] 把(汽车)送入汽车
房或修理站 bǎ sòngrù qìchēfáng huò
xiūlǐzhàn. **garage 'start-up** n (计

算机、网络行业)车库车[庫]起步公司
chēkù qǐbù gōngsī; 家庭创[創]业
[業]公司 jiātíng chuàngyè gōngsī.

garbage /'gɑːbɪdʒ/ n [U] [尤用于
美语]垃圾 lājī; 污物 wùwù.
'**garbage can** n [C] [美语]垃圾箱
lājīxiāng; 垃圾桶 lājītǒng.

garbled /'gɑːbld/ adj 零星而混乱
[亂]的 língxīng ér hùnluàn de; a ~
message 零星而混乱的信息.

garden /'gɑːdn/ n 1 [C, U] 花园
[園] huāyuán;菜园 càiyuán. 2 **gar-
dens** [pl] 公园 gōngyuán. **garden**
v [I] 从[從]事园艺[藝] cóngshì
yuányì. '**garden centre** n [C](兼售
园艺工具等的) 花卉商店 huāhuì
shāngdiàn. **gardener** n [C] 园林工
人 yuánlín gōngrén. **gardening** n
[U]. **garden party** n [C]花园招待
会(會) huāyuán zhāodàihuì.

gargle /'gɑːgl/ v [I] 漱喉 shùhóu;漱
口 shùkǒu. **gargle** n 1 [C] 含漱药
[劑] hánshùyào. 2 [sing] 漱口 shù-
kǒu;漱喉 shùhóu.

gargoyle /'gɑːgɔɪl/ n [C] (建筑)滴
水嘴(常作怪兽状) dīshuǐzuǐ.

garish /'geərɪʃ/ adj 耀眼的 yào-
yǎnde;炫目的 xuànmùde. **garishly**
adv.

garland /'gɑːlənd/ n [C] 花环[環]
huāhuán, 花圈 huāquān. **garland** v
[T] 用花环装饰 yòng huāhuán
zhuāngshì.

garlic /'gɑːlɪk/ n [U] 大蒜 dàsuàn.

garment /'gɑːmənt/ n [C] [正式
用语](一件)衣服(长袍、外套) yīfu.

garnish /'gɑːnɪʃ/ v [T] 加饰菜于
(食品) jiā shìcài yú. **garnish** n [C]
饰菜 shìcài.

garret /'gærət/ n [C] 阁楼(樓)
gélóu.

garrison /'gærɪsn/ n [C] 卫(衛)戍
sing,用 pl v [T] [军](衛)戍部队[隊]
wèishù bùduì;警卫部队 jǐngwèi bù-
duì. **garrison** v [T] 卫戍 wèishù,
守卫(城市) shǒuwèi.

garrulous /'gærələs/ adj [正式用
语]饶[饒]舌的 ráoshéde;喋喋不休
的 diédié bùxiū de.

garter /'gɑːtə(r)/ n [C] 吊袜[襪]
带[帶] diàowàdài.

gas /gæs/ n [pl ~es] 气[氣]体[體]
~ses]气[氣]体[體] qìtǐ.
2 [U] 可燃气 kěránqì;煤气 méiqì;
沼气 zhǎoqì. 3 [U] [美语;非正式用
语]汽油 qìyóu. **gas** v [-ss-] [T] 用
毒气杀[殺]死(某人) yòng dúqì shā
sǐ. '**gasbag** n [C]非正式用语,贬]
饶[饒]舌的人 ráoshéde rén.

gaseous /'gæsɪəs, 'geɪsɪəs/ adj 气
体的 qìtǐde;气体似的 qìtǐshìde.
'**gas-fitter** n [C] 煤气设备[備]安
装(裝)工 méiqì shèbèi ānzhuāng-
gōng. **gaslight** n [C, U] 煤气灯
[燈] méiqìdēng. '**gasman** /-mæn/
n [C] [pl ~men /-men/] [非正式
用语]煤气表[錶]抄表员 méiqìbiǎo
chāobiǎoyuán. **gas mask** n [C]防
毒面具 fángdú miànjù. **gas station**
n [C] [美语](汽车)加油站 jiāyóu-
zhàn. **gassy** adj [-ier, -iest] 充满
气体的 chōngmǎn qìtǐ de;气体似
的 qìtǐshìde;气体似的 qìtǐshìde;充满
气体的 chōngmǎn qìtǐ de; ~sy beer
气很足的啤酒. **gasworks** n [C]
[pl **gasworks**] 煤气厂[廠] méiqì-
chǎng.

gash /gæʃ/ n [C] (in) 深而长
[長]的切口 shēn ér cháng de qiē-
kǒu;深而长的伤[傷]口 shēn ér
cháng de shāngkǒu. **gash** v [T] 划
开 huákāi.

gasket /'gæskɪt/ n [C] 垫[墊]圈
diànquān;垫片 diànpiàn.

gasoline (亦作 **gasolene**) /'gæsə-
liːn/ n [U] [美语]汽油 qìyóu.

gasp /gɑːsp/ v 1 [I] 喘气[氣]
chuǎnqì; 透不过[過]气 tòu bú guò
qì. 2 [T]气喘吁吁地说 qìchuǎn xūxū
de shuō; a reply ~气喘吁吁地回
答. **gasp** n [C] 气喘 qìchuǎn.

gastric /'gæstrɪk/ adj [医]胃部的
wèibùde; ~ ulcers 胃溃疡[瘍].

gastro-enteritis /ˌgæstrəʊˌentə-
'raɪtɪs/ n [U] [医]胃肠[腸]炎 wèi-
cháng yán.

gate /geɪt/ n [C] 1 门[門] mén;大
门 dàmén; 篱[籬]笆门 líbamén. 2
(飞机场登机的)入口 rùkǒu. 3(运动
会等)观[觀]众[眾](数[數]) guān-
zhòng rénshù; 门票收入 ménpiào
shōurù. '**gatecrash** v [I, T] 擅自进
[進]入 shànzì jìnrù;无[無]票入场
[場] wúpiào rùchǎng. '**gatecrasher**
n [C]. **gatepost** n [C] 门柱 mén-
zhù. '**gateway** n [C] 1 门 mén;大门
kǒu;出入口处[處] chūrùkǒu chù. 2
[喻]途径[徑] tújìng; 手段 shǒu-
duàn; the ~ to success 成功的途
径.

gâteau /'gætəʊ; US ɡæˈtəʊ/ n [C]
[pl ~x 或 ~s] 大奶油蛋糕 dà
nǎiyóu dàngāo.

gather /'gæðə(r)/ v 1 [I, T] (使)
聚集 jùjí; (使)聚拢[攏] jùlǒng. 2
[T]采[採]集 cǎijí;收集(花、果等)
shōují. 3 [T] 积[積]累[累]积累 jī-
lěi; ~ information 积累资料. 4
[T]猜想 cāixiǎng;推测 tuīcè; I ~

she's looking for a job. 我推测，她在找工作做。**5** [T] 增加 zēngjiā: ~ *speed* 增加速度。**6** [T] 把（衣服上）打褶子 zài dǒ zhězi. **gathering** *n* [C] 集会(會) jíhuì.

gauche /gəuʃ/ *adj* 不善交际(際)的 búshàn jiāojì de; 粗鲁的 cūlǔde.

gaudy /'gɔːdi/ *adj* [-ier, -iest] [贬] 炫丽(麗)的 xuànlìde. **gaudily** *adv*.

gauge (美语亦作 **gage**) /geɪdʒ/ *n* [C] **1** 计量器 jìliàngqì; *a patrol ~* 汽油计量器。**2** (铁道)轨距 guǐjù. **3** (金属板等的)厚度 hòudù; (铁丝等的)直径(徑)zhíjìng. **4** [喻]估计 gūjì: *a ~ of her progress* 对她的进步的估计. **gauge** *v* [T] **1** 测量 cèliáng. **2** [喻]估计 gūjì; 评估(價)pínggū.

gaunt /gɔːnt/ *adj* (人)憔悴的 qiáocuìde; 瘦削的 shòuxuēde. **gauntness** *n* [U].

gauntlet /'gɔːntlɪt/ *n* [C] 防护(護)手套 fánghù shǒutào.

gauze /gɔːz/ *n* [U] 纱布 bóshā; 罗(羅)网(網)纱 wǎngshā; 纱布 shābù.

gave /geɪv/ *pt* of GIVE1.

gawky /'gɔːki/ *adj* [-ier, -iest] (尤指身材高的人)粗笨难(難)看的 cūbèn nánkàn de. **gawkiness** *n* [U].

gawp /gɔːp/ *v* [I] [非正式用语]呆头(頭)呆脑(腦)地凝视 dāitóu dāinǎo de níngshì.

gay /geɪ/ *adj* **1** 同性恋(戀)的 tóngxìngliànde. **2** 快乐(樂)的 kuàilède; 愉快的 yúkuàide; ~ *laughter* 欢乐的笑声。~ *colours* 鲜艳的旗帜. **gay** *n* [C] 搞同性恋的人 gǎo tóngxìngliàn de rén.

gaze /geɪz/ *v* [I] (*at*) 注视 zhùshì; 凝视 níngshì. **gaze** *n* [sing] 注视 zhùshì; 凝视 níngshì.

gazelle /gə'zel/ *n* [C] 小羚羊 xiǎolíngyáng; 瞪羊 dènglíng.

gazette /gə'zet/ *n* [C] (政府等)公报(報)gōngbào.

gazump /gə'zʌmp/ *v* [T] [英国正式用语, 贬] (常用被动语态) 向…抬高房价(價)敲诈 xiàng…tái gāo fángjià qiāozhà.

GB /'dʒiː 'biː/ *abbr* = Great Britain.

GCSE /'dʒiː siː es 'iː/ *n* [C] [英国英语]普通中等教育证(證)书(書) pǔtōng zhōngděng jiàoyù zhèngshū. (General Certificate of Secondary Education); 普通中等教育

证书考试 pǔtōng zhōngděng jiàoyù zhèngshū kǎoshì.

gear /gɪə(r)/ *n* **1** [C, U] 齿(齒)轮(輪)chǐlún, 传(傳)动(動)装(裝)置 chuándòng zhuāngzhì; (排)挡(擋)dǎng: *The car has five ~s.* 这汽车有五个挡. **change** ~ 换挡. **2** [U] 设备(備)shèbèi; *camping* ~ 野营用具. **3** [U] 装置 zhuāngzhì; *the landing~ of an aircraft* 飞机着陆装置. **gear sb to/towards sth** 调节(節)…以适(適)应(應)…; tiáojié…yǐ shìyìng…: *The whole city is ~ed to the needs of tourists.* 整个城市都来适应旅游者的需要. **gear (sb) up (for/to sth)** (为…)做好准(準)备 (為…)zuòhǎo zhǔnbèi. **'gearbox** *n* [C] 齿轮箱 chǐlúnxiāng; 变(變)速箱 biànsùxiāng. **'gear-lever** *n*; **'gear-stick** (美语常作 **gearshift**) *n* [C] 变速装置 biànsù zhuāngzhì.

geese /giːs/ *n* *pl* of GOOSE.

gelatine /'dʒelətiːn; -tɪn/ *n* [U] (亦作 **gelatin** /-ɪtɪn/, 尤用于美语) [U] 明胶(膠) míngjiāo; 动(動)物胶 dòngwùjiāo.

gelignite /'dʒelɪgnaɪt/ *n* [U] 葛里炸药 gělǐ zhàyào.

gem /dʒem/ *n* [C] **1** 宝(寶)石 bǎoshí. **2** 难(難)能可贵的人 nán néng kěguìde rén; 珍贵的物品 zhēnguìde wùpǐn.

gender /'dʒendə(r)/ *n* [C, U] **1** [语法](名词、代名词)性 xìng. **2** [正式用语](生理上的)性 xìng.

gene /dʒiːn/ *n* [C] [生物]基因 jīyīn.

genealogy /,dʒiːnɪ'ælədʒɪ/ *n* [*pl* **-ies**] **1** [U]家系学(學)jiàxìxué; 系谱学 xìpǔxué. **2**[C]系谱图(圖)xìpǔtú; 系统图 xìtǒngtú. **genealogical** /,dʒiːnɪə'lɒdʒɪkl/ *adj*.

general /'dʒenrəl/ *adj* **1** 普通的 pǔtōngde; 全面的 quánmiànde; ~ *interest* 普遍有关趣的. **2** 一般的 yìbānde; ~ *knowledge* 一般的知识. **3** 总(總)的 zǒngde; 概括的的 gàikuòde; ~ *impressions* 总的印象. **4** [习语]in general 一般地说 yìbānde; 大体(體)上 dàtǐshàng. **general** *n* [C] 将(將)军 jiāngjūn. **general anaes'thetic** *n* [C]全身麻 quánshēn mázuì. **general e'lection** *n*[C] 大选(選)dàxuǎn; 普选 pǔxuǎn. **generality** /,dʒenə'rælətɪ/ *n* [*pl* **-ies**] [C]笼(籠)统的表述 lǒngtǒngde biǎoshù. **2**[U]一般性 yìbānxìng; 普通性 pǔtōngxìng. **gener-ally** adv 1 一般地 yìbāndì; 通常 tōngcháng: I ～ly get up early. 我通常起得很早. 2 被大多数[數]人 bèi dàduōshù rén: The plan was ～ly welcomed. 这项计划受到大多数人的欢迎. 3 一般地 yìbāndì; 概括地 gàikuòdì: ～ly speaking 一般地说. **general prac-'titioner** n [C] (非专科的)普通医[醫]生 pǔtōng yīshēng, **general 'strike** n [C] 总罢[罷]工 zǒngbà-gōng.

generalize /'dʒenrəlaɪz/ v 概括 gàikuò; 归[歸]纳 guīnà. **generalization** /ˌdʒenrəlaɪ'zeɪʃn; US -lɪ'z-/ n [C,U] 概括 gàikuò; 推论[論] tuīlùn.

generate /'dʒenəreɪt/ v [T] 使产[產]生 shǐ chǎnshēng; 使发[發]生 shǐ fāshēng: ～ electricity 发电. **generative** /-rətɪv/ adj 有生产力的 yǒu shēngchǎnlì de. **generator** n [C] 发电[電]机[機]发[發]电[電]机[機] fā-diànjī.

generation /ˌdʒenə'reɪʃn/ n 1 [C] 代 dài; 一代人 yídài rén; 累[輩] bèi; 世代 shìdài. 2 [C](家史中的)一代人 yídàirén. 3 [U]发[發]生 fāshēng: the ～ of heating 产生热.

generic /dʒɪ'nerɪk/ adj [正式用语[語]]一般的 yìbānde; 普通的 pǔtōng de. **generically** /-klɪ/ adv.

generous /'dʒenərəs/ adj 1 慷慨的 kāngkǎide: He's ～ with his money. 他用钱慷慨. 2 丰[豐]盛的 fēngshèngde; 丰富的 fēngfùde. **generosity** /ˌdʒenə'rosətɪ/ n [U]. **generously** adv.

genetic /dʒɪ'netɪk/ adj 发[發]生的 fāshēngde; 遗传[傳]学[學]的 yíchuánxué de. **genetically** /-klɪ/ adv. **genetically modified** 转[轉]基因的 zhuǎnjīyīn de; 基因改造的 jīyīn gǎizào de. **genetics** n [与 sing v 连用]遗传学 yíchuánxué.

genial /'dʒiːnɪəl/ adj 和蔼的 héǎide; 亲[親]切的 qīnqiède; 友好的 yǒuhǎode. **genially** adv.

genital /'dʒenɪtl/ adj 生殖器的 shēngzhíqìde. **genitals** n [pl] 生殖器 shēngzhíqì; 外阴[陰]部 wài-yīnbù.

genius /'dʒiːnɪəs/ n 1(a)[U]天才 tiāncái. (b)[C] 天才人物 tiāncái rénwù. 2 [sing]才华[華] cáihuá; 天资 tiānzī; 天赋 tiānfù: have a ～ for languages 在语言上有天赋.

genocide /'dʒenəsaɪd/ n [U] 种[種]族灭[滅]绝 zhǒngzú mièjué; 灭绝种族的屠杀[殺] mièjué zhǒngzú de túshā.

genome /'dʒiːnəʊm/ n [U] 基因组 jīyīnzǔ.

genre /'ʒɑːnrə/ n [正式用语[語]]种[種]类 zhǒnglèi; 类[類]型 lèixíng; 类[類]别 lèibié; 样[樣]式 yàngshì.

gent /dʒent/ n 1 [非正式用语[語]或谑]绅士 shēnshì; 假绅士 jiǎ shēnshì; 人 rén; 家伙 jiāhuo. 2 **the Gents** [非正式英语[語]]男公共厕所 nán gōnggòngcèsuǒ.

genteel /dʒen'tiːl/ adj 彬彬有礼[禮]的 bīnbīn yǒulǐ de; 过[過]分礼貌的 guòfēn lǐmào de.

gentile /'dʒentaɪl/ n [C], adj 非犹[猶]太人 fēi yóutài rén; 非犹太人的 fēi yóutàirén de.

gentle /'dʒentl/ adj [～r /-lə(r)/, ～st /-lɪst/] 温和的 wēnhéde; 有礼[禮]貌的 yǒu lǐmào de. **gentleness** n [U]. **gently** /-lɪ/ adv.

gentleman /'dʒentlmən/ n [C] [pl -men /-mən/] 1 有教养[養]的人 yǒu jiàoyǎng de rén; 有礼[禮]貌的人 yǒu lǐmào de rén. 2(对男子的尊称)先生 xiānsheng. 3 [旧]绅士 shēnshì; 有钱[錢]有社会[會]地位的人 yǒu qián yǒu shèhuì dìwèi de rén. **gentlemanly** adj [正式用语[語]或旧[舊]]有绅士风[風]度的 yǒu shēnshì fēngdù de.

gentry /'dʒentrɪ/ n the gentry [pl] (仅次于贵族的)中上阶[階]级[級] zhōng shàng jiējí.

genuine /'dʒenjʊɪn/ adj 真正的 zhēnzhèngde; 名副其实[實]的 míng fù qí shí de. **genuinely** adv. **genuineness** n [U].

genus /'dʒiːnəs/ n [C] [pl genera /'dʒenərə/] (生物分类[類])属[屬]shǔ.

geography /dʒɪ'ɒɡrəfɪ/ n [U] 1 地理学[學] dìlǐxué. 2 位置 wèizhì; 地形 dìxíng, 布 局 bùjú. **geographer** /-fə(r)/ n [C] 地理学家 dìlǐxuéjiā. **geographical** /ˌdʒɪə'ɡræfɪkl/ adj. **geographically** /-klɪ/ adv.

geology /dʒɪ'ɒlədʒɪ/ n [U] 1 地质[質]学[學] dìzhìxué. 2(某地的)地质 dìzhì. **geological** /ˌdʒɪə'lɒdʒɪkl/ adj. **geologically** /-klɪ/ adv. **geologist** /dʒɪ'ɒlədʒɪst/ n [C]地质学家 dìzhìxuéjiā.

geometry /dʒɪ'ɒmətrɪ/ n [U] 几[幾]何学[學] jǐhéxué. **geometric**

/dʒɪəˈmetrɪk/ (亦作 **geometrical**) adj.

geranium /dʒəˈreɪniəm/ n [C] 天竺葵 tiānzhúkuí.

geriatrics /ˌdʒerɪˈætrɪks/ n [U] 老年病学[學] lǎoniánbìngxué. **geriatric** adj.

germ /dʒɜːm/ n 1 [C] 微生物 wēishēngwù; 病菌 bìngjūn. 2 [sing] 开[開]始 kāishǐ; 发[發]端 fāduān; 萌芽 méngyá: the ~ of an idea 一个主意的萌发.

German /ˈdʒɜːmən/ n 1 [U] 德语 Déyǔ. 2 [C] 德国[國]人 Déguórén. **German** adj 德国的 Déguóde; 德国人的 Déguórénde; 德语的 Déyǔde. ,**German 'measles** n [U] [医] 风[風]疹 fēngzhěn.

Germany /ˈdʒɜːmənɪ/ n 德国[國] Déguó.

germinate /ˈdʒɜːmɪneɪt/ v [I, T] (使种子)发[發]芽 fāyá. **germination** /ˌdʒɜːmɪˈneɪʃn/ n [U].

gerund /ˈdʒerənd/ n [C] [语法]动[動]名词 dòngmíngcí.

gestation /dʒeˈsteɪʃn/ n [U] 妊娠 rènshēn; 怀[懷]孕 huáiyùn.

gesticulate /dʒɪˈstɪkjuleɪt/ v [I] [正式用语](说话时)做手势 zuò shǒushì; (说话时)做手势 zuò shǒushì. **gesticulation** /dʒeˌstɪkjuˈleɪʃn/ n [C, U].

gesture /ˈdʒestʃə(r)/ n [C] 1 姿势[勢] zīshì. 2 [喻]姿态[態] zītài; 表示 biǎoshì: a ~ of support 支持的姿态. a ~ of defiance 对抗的表示.

get /get/ v -tt-; pt, pp **got** /gɒt/; 美语 pp **gotten** /ˈgɒtn/ 1 [T]得到 dédào; 获[獲]得 huòdé: ~ a new car 得到一辆新车. 2 [T]收到 shōudào; ~ a letter 收到一封信. 3 [T]取来 qǔlái; ~ your coat. 把你的外套拿来. 4 [T]使受惩[懲]罚 shǐ shòu chéngfá: ~ six months 判刑六个月. 5 [T]乘(交通工具)chéng: ~ a plane to Rome 乘飞机去罗马. 6 [I, T]使遭受病痛 shǐ zāoshòu bìngtòng: ~ flu 得了流感. ~ a headache 头痛. 7 [T](准[準]备[備](饭食) zhǔnbèi. 8 [T](a)俘获 fúhuò; 捕获 bǔhuò: The police get the robber. 警方抓到了强盗. 我[殺]死 shāsǐ; 惩罚 chéngfá: I'll ~ you for that! 过不了你的. 9 [I, T](使)成为[爲] chéngwéi: ~ wet 弄湿. ~

dressed 梳洗打扮好. ~ a box open 把箱子打开. ~ your hair cut 理理你的发. He got killed in a car accident. 他在一次车祸中丧生. 10 [T](a)有权[權]会[會] yǒu jīhuì; 设法 shèfǎ; 能够 nénggòu: ~ to know someone 有机会认识某人. (b)开[開]始做某事 kāishǐ zuò mǒushì: We soon got talking. 我们很快就谈了起来. 11 [T]使(做某事)shǐ zuò mǒushì: I can't ~ her to understand. 我没法让她懂了. He got her to help him with his homework. 他让她在他做家庭作业时帮忙他. 12 [T]移动(动)(有时是艰难地)yídòng; ~ off the bus 下公共汽车. We can't ~ the piano downstairs. 我们没法把钢琴弄到楼下去. ~ a message to sb 给某人传个口信. 13 [I]到(达[達])dàodá; ~ home early 很早就到家. What time did you ~ to London? 你什么时候到达伦敦的? 14 [T] [非正式用语](了[瞭]解 liǎojiě: I don't ~ you. 我不懂你. 15 [T] [非正式用语]使困扰 shǐ kùnrǎo; 使迷惑 shǐ míhuò; 使糊涂[塗] shǐ kǔtú; That's got you! 你被弄糊涂了. 17[喻]深深打动[動]shēnshēn dǎdòng: Loud pop music really ~s me. 吵人的通俗音乐真的使我着迷了. 17[习惯用语] **get into groove** ⇨ GROOVE. **get somewhere** (或 **anywhere**) [非正式用语](使)有一些进[進]展 yǒu yīxiē jìnzhǎn; (使)有一些或就 yǒu yīxiē jìnzhǎn. **get nowhere** [非正式用语](使)无[無]进展 wú jìnzhǎn; (使)徒劳[勞]túláo. 或者⇨GRIP. [习语成词词] **get (sth) a'cross (to sb)** (使某事)被了解 bèi liǎojiě. **get a'head (of sb)** (使)走在(某人)前面 zǒu zài qiánmiàn; (使)领先(某人)lǐngxiān. **get a'long** = GET ON WITH (或 **get a'long (with sb**) = GET ON (WITH SB). **'get at sb** [非正式用语]批评责[責]难 zhìzé: Stop ~ting at me! 别再数落我! **get at (sth** (a)够得着某物 gòudezháo mǒuwù. (b)发[發]现弄清 fāxiàn; 查明 chámíng: ~ at the truth 查明事实. **be getting at sth** 意指 yìzhǐ; 暗指 ànzhǐ: What are you ~ting at? 你倒底什么意思? **get a'way (a)走开 zǒukāi; Two prisoners got away. 两名囚犯逃走了. (b)度假 dùjià; ~ away for two weeks in France. 在法国度假两个星期. **get away with sth** 做成(某种坏事而未受惩处) zuòchéng; ~ away with cheating 作弊得逞. **get by** 勉强过[过]活 miǎnqiǎng guòhuó; ~ by on a small salary 靠微薄的薪水糊口. **get sb 'down** [非正式用语]使沮丧[丧] shǐ jǔsàng. **get sth down** 费力地吞下 fèilìde tūnxià. **get down to sth** 开始认真做某事 kāishǐ rènzhēn zuò mǒushì; ~ down to work 开始认真工作. ~ down to business 开始办正经事. **get in** 到达 dàodá: The train got in late. 列车晚点到达. **get sb in** 请某人来服务[务] qǐng mǒurén lái fúwù; ~ someone in to fix the TV 请某人来修电视. **get sth in** 得到…的供应[应] dédào…de gōngyìng: ~ some coal in for the winter 得到一些过冬用的煤. **get in with sb** [非正式用语](为得到好处而)结交某人 jiéjiāo mǒurén. **get into sth** (a) (使)陷入(某种状态) xiànrù; ~ into trouble 陷入困境. (b) (使)染上(某种习惯)rǎnshàng; ~ into the habit of rising at 6 a.m. 养成六点钟起床的习惯. Don't ~ into drugs! 别随便便便吸起毒来. (c) 对[对]…产[产]生兴[興]趣 duì…chǎnshēng xìngqù; I can't ~ into this book. 这本书不吸引我. (d) 开始 kāishǐ; ~ into a fight 打起来. ~ into a conversation 谈了起来. (e) 着手某种事[事]业[業] zhuóshǒu mǒuzhǒng shìyè: ~ into journalism 开始从事新闻事业. **get (sb) off** (使某人)离[離]去 líqù; (使某人)出发出[發]chūfā; ~ children off to school 打发孩子们上上学. **get (sb) off (with sth)** (使某人)逃脱重罚 táotuō zhòngfá: He got off with just a fine. 他被从轻发落, 罚款了事. **get on (with sb)** (与某人)关[關]系[係]很好 guānxì hěnhǎo. We don't ~ on. 我们关系不好. Do you ~ on with your boss? 你和你的上司关系好吗? **get on (with sth)** (a) 进展 jìnzhǎn; 进步 jìnbù: How are you ~ing on with your new job? 你的新工作做得怎样? (b) 继[繼]续[續]进[進]行 jìxù; G— on with your work. 继续做你的工作. **be getting on** [非正式用语] (a) 上了年纪 shàngle niánjì. (b)

晚的 wǎnde: It's ~ting on, so I must go home. 天晚了, 我得回家了. **get 'out** (a) 逃走 táozǒu. (b) 泄露 xièlòu: The secret got out. 秘密泄露了. **get out of sth/doing sth** (使)逃避(该做的事) táobì; (使)规避(该做的事) guībì. **get over sth** (从震惊中等)恢复[復] (使…) huīfù guòlái: I haven't got over my mother's death. 我自母亲去世以后心情一直一蹶不振. (b)克服(困难、偏[偏]见[見]等) kèfú zhàn shèng; ~ over one's shyness 克服羞怯心理. **get sth over (to sb)** 向某人讲[講]清楚 bǎ … xiàng mǒurén jiǎng qīngchu. **get sth over (with)** [非正式用语]熬过 áoguò; 结束 jiéshù: I'm glad I've got my exams over with. 我很高兴, 我把考试熬过去了. **get round sb** 用奉承等说服 yòng fèngchéng děng shuōfú: She knows how to ~ round her father. 她知道怎样去哄得她父亲依顺她. **get round sth** 回[圓]避(法律、规章等) huíbì. **get round to sth/doing sth** 处理完某事 (他事情后)终于能做某事 néng zuò mǒushì. **get through** 用完 yòngwán; ~ through £100 a week 一星期花掉 100 英镑. **get through (sth)** 通过(考试等) tōngguò. **get through (to sb)** (通过电话等)同[…]联[聯]系[繫] liánxì. **get sth 'through to sb** 使某人理解(某事) shǐ mǒurén lǐjiě: I just can't ~ through to them (that this is wrong). 我没法使他们明确[這]是错误的). **get to'gether (with sb)** 会面 huìmiàn; ~ together for a drink 聚一聚喝上一杯. **get up** (a) 起床[牀]的 qǐchuáng. (b) 起立 qǐlì. **get up to sth** (a) 达到 dádào; ~ up to page ten (学或阅读)到第十页 (b) 做(某种顽皮、意外的事) zuò What have you ~ting up to? 你在搞什么名堂? 'getaway n [C] 逃跑 táopǎo: a fast ~away 急速逃逸 jísù táoyì. **'get-together** n [C] [非正式用语]社交聚会 shèjiāo jùhuì. 'getup n [C] [非正式用语]服[裝] fúzhuāng; 穿戴 chuāndài. **'get-up-and-'go** n [C] [非正式用语][干]劲[勁] gànjìn; 进取心 jìnqǔxīn.

geyser /ˈɡiːzə(r)/; US /ˈɡaɪzər/ n (a) 喷出喷柱的温泉 pēnchū pēn zhù de wēnquán.

ghastly /'gɑːstlɪ; US 'gæstlɪ/ *adj* [-ier, -iest] **1** 可怕的 kěpàde; 恐怖的 kǒngbùde: *a ~ accident* 可怕的事故. **2** [非正式用语]极[極]坏[壞]的 jíhuàide; 糟糕透了的 zāogāotòulede: *a ~ mistake* 糟透了的错误. **3** 苍[蒼]白的 cāngbáide.

ghetto /'ɡetəʊ/ *n* [C] [*pl* ~s 常配](美国的)少数民族居住区[區] shǎoshù mínzú jūzhùqū. **'ghetto blaster** *n* [C] [非正式用语]大型收录[錄]机(機)dàxíng shōulùjī.

ghost /ɡəʊst/ *n* **1** [C] 鬼魂 ɡuǐhún; 幽灵[靈] yōulíng. **2** [sing] [喻]一点[點]点 yìdiǎndiǎn; 一丝 yìsī; 少许 shǎoxǔ: *not have the ~ of a chance* 很少的一点机会. **3** [习语] **give up the 'ghost** 死 sǐ. **ghostly** *adj* 鬼的 ɡuǐde; 鬼一样[樣]的 ɡuǐ yíyàng de. **'ghost town** *n* [C] 被废[廢]弃[棄]的城镇 bèi fèiqì de chéngzhèn. **'ghost-writer** *n* [C] 代人写[寫]作的人 dài rén xiězuò de rén; 捉刀人 zhuōdāorén.

GI /ˌdʒiː 'aɪ/ *n* [C] 美国[國]陆[陸]军士兵 měiɡuó lùjūn shìbīng.

giant /'dʒaɪənt/ *n* [C] (*fem* ~ess) (神话故事中的)巨人 jùrén. **giant** *adj* 特大的 tèdàde.

gibberish /'dʒɪbərɪʃ/ *n* [U] 无[無]意义[義]的谈话 wú yìyì de tánhuà.

gibbon /'ɡɪbən/ *n* [C] 长[長]臂猿 chángbìyuán.

gibe (亦作 **jibe**) /dʒaɪb/ *v* [I] (*at*) 嘲弄 cháonòng; 嘲笑 cháoxiào. **gibe** (亦作 **jibe**) *n* [C] 嘲笑 cháoxiào; 嘲弄 cháonòng; 嘲弄话 cháonònghuà.

giblets /'dʒɪblɪts/ *n* [pl] (鸡鸭等作食用的)内脏[臟] nèizàng.

giddy /'ɡɪdɪ/ *adj* [-ier, -iest] 使人头[頭]晕的 shǐ rén tóuyūnde. **giddiness** *n* [U].

gift /ɡɪft/ *n* [C] **1** 赠品 zèngpǐn; 礼[禮]物 lǐwù. **2** 天赋 tiānfù; 才能 cáinéng: *a ~ for languages* 语言的天赋. **3** [习语] **the gift of the 'gab** 口才 kǒucái; 辩才 biàncái. **gifted** *adj* 有天赋的 yǒu tiānfù de.

gig /ɡɪɡ/ *n* [C] [非正式用语]爵士乐[樂]队[隊]等的特约演奏 juéshì yuèduì děng de tèyuē yǎnzòu.

gigantic /dʒaɪ'ɡæntɪk/ *adj* 巨大的 jùdàde; 庞[龐]大的 pángdàde.

giggle /'ɡɪɡl/ *v* [I] (*at*) 咯咯地笑 ɡéɡéde xiào; 傻[儍]笑 shǎxiào. **giggle** *n* **1** [C] 傻笑 shǎxiào. **2** [sing] [非正式用语]娱[娛]乐[樂]

yúlè 趣事 qùshì.

gild /ɡɪld/ *v* [T] 包金箔于 bāo jīnbó yú; 涂[塗]金色于 tú jīnsè yú.

gill[1] /ɡɪl/ *n* [C, 常作 pl] (鱼的)鳃 sāi.

gill[2] /dʒɪl/ *n* [C] 吉尔[爾](液量单位,= $\frac{1}{4}$ 品脱)jí'ěr.

gilt /ɡɪlt/ *n* [U] 镀金用的材料 dùjīn yòng de cáiliào.

gimmick /'ɡɪmɪk/ *n* [C] 骗人的花招 piànrén de huāzhāo; 鬼把戏[戲] ɡuǐbǎxì. **gimmicky** *adj*.

gin /dʒɪn/ *n* [U] 杜松子酒 dùsōngzǐjiǔ.

ginger /'dʒɪndʒə(r)/ *n* [U] **1** 生姜[薑] shēngjiāng; 姜 jiāng. **2** 姜黄色 jiānghuángsè. **ginger** *v* [短语动词] **ginger sb/sth up** 使有生气 shǐ yǒu huóli; 使兴[興]奋[奮] shǐ xīngfèn. **ginger-'ale, ginger-'beer** *n* [C] 姜味汽水 jiāngwèi qìshuǐ. **'gingerbread** *n* [U] 姜味饼 jiāngwèibǐng.

gingerly /'dʒɪndʒəlɪ/ *adv* 小心谨慎地 xiǎoxīn jǐnshèn de; 犹[猶]豫地 yóuyùde.

gipsy = GYPSY.

giraffe /dʒɪ'rɑːf; US dʒə'ræf/ *n* [C] 长[長]颈[頸]鹿 chángjǐnglù.

girder /'ɡɜːdə(r)/ *n* [C] (建筑)大梁 dàliáng.

girdle /'ɡɜːdl/ *n* [C] **1** 腰带[帶] yāodài. **2** (妇女的)紧[緊]身胸衣 jǐnshēn xiōngyī. **girdle** *v* [T] [修辞]围[圍]绕 wéirào; 束 shù: *a lake ~d with trees* 树木环绕的湖泊.

girl /ɡɜːl/ *n* [C] 女孩子 nǚháizi; 姑娘 ɡūniáng; 女儿[兒] nǚ'ér. **'girlfriend** *n* [C] (男人的)情人 qíngrén, 情妇[婦] qíngfù. **2** 女朋友 nǚpéngyou. **Girl 'Guide** *n* 女童子军 nǚ tóngzǐjūn. **girlhood** *n* [U] 少女时[時]期 shàonǚ shíqí. **girlish** *adj* 少女的 shàonǚde; 少女似的 shàonǚshìde; 适[適]合于女子的 shìhé yú nǚzǐ de.

giro /'dʒaɪrəʊ/ *n* [*pl* ~s] **1** [U, C]银行或部[郵]局间的直接转[轉]账[賬] zhíjiē zhuǎnzhàng zhīlú. **2** [英国英语](政府对[對]失业者的)直接转账支票 zhíjiē zhuǎnzhàng zhīpiào.

girth /ɡɜːθ/ *n* [C, U] [正式用语](物体的)围[圍]长[長]wéicháng. **2** (马的)肚带[帶] dùdài.

gist /dʒɪst/ *n* **the gist** [sing] 要旨 yàozhǐ: *Tell me the ~ of what* he said. 告诉他他说话的要点.

give¹ /gɪv/ v [pt **gave** /geɪv/, pp **given** /'gɪvn/] **1** [T] 给 gěi: ~ her a cheque 给她一张支票. Have you been ~n the book you need? 你需要的书给你了吗? **2** [T] for 付给 fùgěi: I gave (her) £500 for the car. 我用 500 英镑买了(她的)这辆汽车. **3** [T] 提供 tígōng: a book giving information on schools 提供各学校信息的书. **4** [T] 允许(许) yǔnxǔ: ~ her a week to decide 允许她有一周的时间作出决定. **5** [T] 给…造成 gěi…zàochéng: ~ trouble 带来麻烦. Does your back ~ you pain? 你背痛吗? **6** [T] 发(發)出(笑声,叫声等) fāchū: 用言词表示 yòng yáncí biǎoshì: ~ an account of one's journey 报告所经过. She gave a speech to parliament. 她在议会发表演说. **7** [T] 表演(戏剧等) biǎoyǎn: a poetry reading 表演诗朗诵. **8** [T] 作出(动作) zuòchū: ~ a wave 挥手示意. He gave the door a kick. 他朝门上踢了一脚. **10** [T] (作为主人)举办(辦)(宴会等) jǔbàn. **11** [I] 弯(彎)(曲) yānwān: The plank gave a little when I stepped on it. 我一踏上这块板子,它就弯下去了一点. **12** [习语] give and 'take 互相让(讓)步 hùxiāng ràngbù; 互相迁(遷)就 hùxiāng qiānjiù: You have to ~ and take in a marriage. 夫妻双方都要互相迁就. give ground ⇨ GROUND¹. give or take sth [非正式用语]相差不到… xiāngchà bú dào…: It takes an hour to get to Hastings, ~ or take a few minutes. 到黑斯廷斯要一个小时,快慢相差不到几分钟. give sb on a plate ⇨ PLATE. **13** [短语动词] give sth away 赠送 zèngsòng. give sth/sb away 泄露秘密 xièlòu mìmì; ~ away secrets 泄露秘密. give sth back (to sb) 归(歸)还(還)给某人 bǎ mǒuwù guīhuán gěi mǒurén; ~ the book back (to him) 还给(给). ~ him back the book 还给他书. give 'in (to sb/sth) 投降 tóuxiáng; 屈服,让步(某人)在(氣)味面前)屈服 qūfú. give 'out (a) 用完 yòngwán; 筋疲力尽(盡) jīn pí lì

jìn. (b) (发动机等)停止运(運)转(轉) tíngzhǐ yùnzhuǎn. give sth out 分发 fēnfā; ~ out prizes 分发奖品. ~ out leaflets 分发小册子. give over (doing sth) [非正式用语]停止(做某事) tíngzhǐ zuò. give sb up (a) 对(對)…不再抱有希望 duì…bùzài bàoyǒu xīwàng: The doctors have ~n up hope. 医生们对他不再抱有希望. (b) 不再同…交往 búzài tóng…jiāowǎng. give (sth) up 停止做… tíngzhǐ zuò…: She has ~n up trying to change him. 她已不再试图改变他了. give sth up for b 不再做(búzài zuò 不再拥(擁)有 búzài yōngyǒu: I've ~n up smoking. 我戒烟了. I gave up my job. 我辞职了. (b) 把…让给 bǎ…rànggěi: ~ one's seat to the old man 把他坐位让给这位老人. give oneself/sth up 将…交出 jiāng…jiāochū. give oneself up 投降 tóuxiáng: He gave himself up to the police. He 向警方投降. **given** adj 商定的 shāngdìngde: at the ~ time 在商定的时间. **given** prep 考虑(慮)到 kǎolǜdào: He runs very fast. ~n his size. 考虑到他的身材,他是跑得很快的. 'give-away n [C] [非正式用语] (a) 赠品 zèngpǐn. (b) 泄露出秘密的某种事物 xièlòuchū mìmì de mǒuzhǒng shìwù.

give² /gɪv/ n [U] 延展性 yánzhǎnxìng: This rope has too much ~ in it. 这绳子延展性太大. [习语] give and 'take 迁(遷)让 qiānràng; 妥协(協) tuǒxié: There must be ~ and take in a marriage. 婚姻必须互相迁就妥协.

glacial /'gleɪsɪəl; US 'gleɪʃl/ adj 冰的 bīngde; 冰河期的 bīnghéqīde.

glacier /'glæsɪə(r); US 'gleɪʃər/ n [C]冰川 bīngchuān; 冰河 bīnghé.

glad /glæd/ adj [~der, ~dest] 高兴(興)的 gāoxìngde; 乐(樂)意的 lèyìde. **2** [旧]令人愉快的 lìng rén yúkuài de: ~ news 好消息. **gladden** /'glædn/ v [T] 使高兴 shǐ gāoxìng; 使欢乐 shǐ kuàilè. **gladly** adv 乐意地 lèyìde; 情愿(願)地 qíngyuànde: I will ~ help you. 我乐意帮助你. **gladness** n [U].

glade /gleɪd/ n [C] [修辞]林间空地 línjiān kōngdì.

gladiator /'glædɪeɪtə(r)/ n [C

（古罗马）斗〔门〕士 dòushì, 斗剑
〔剑〕士 dòujiànshì.

glamour（美语亦作 **-or**）
/'glæmə(r)/ n [U] 1 魅力 mèilì.
2 性感的女性美 xìnggǎn de nǚxìngměi. **glamorize** v [T] 使有魅力
shǐ yǒu mèilì; 美化 měihuà. **glamorous** adj.

glance /glɑːns; US glæns/ v [I] 1
扫〔掃〕视 sǎoshì; 看一眼 kàn yīyǎn.
2 [短语动词] glance off sth 擦过
〔過〕cāguò; 掠过 lüèguò. **glance** n
[C] 1 一瞥 yīpiē; 扫视 sǎoshì. 2
[习语] **at a glance** 看一眼 kàn yī
yǎn.

gland /glænd/ n [C] [解剖] 腺
xiàn. **glandular** /-julə(r); US
-ʒulə(r)/ adj.

glare /gleə(r)/ v [I] 1 (at) 瞪视
nùshì; 瞪视 dèngshì. 2 闪耀 shǎn
yào. **glare** n [C] 1 怒视 nùshì; 瞪
视 dèngshì. 2 令人不快的耀眼
的光 lìng rén bùkuài de yàoyǎn de
guāng. **glaring** /'gleərɪŋ/ adj 1 耀
眼的 yàoyǎn de; 刺目的 cìmù de. 2
愤怒的 fènnù de. 3 显〔顯〕眼的
xiǎnyǎn de; 明显的 míngxiǎn de: a ~ mistake 显
著的错误.

glass /glɑːs; US glæs/ n 1 [U] 玻
璃 bōli. 2 [C] 玻璃杯 bōlibēi; 一杯
（的容量）yībēi: a ~ of milk 一杯
牛奶. 3 **glasses** [pl] 眼镜 yǎn
jìng. **'glasshouse** n [C]（栽培植物
用的）玻璃暖房 bōli nuǎnfáng; 温室
wēnshì. **glassware** /-weə(r)/ n
[U] 玻璃制〔製〕品 bōli zhìpǐn; 料器
liàoqì. **glassworks** n [C] [用 sing
或 pl v] 玻璃厂〔廠〕bōli chǎng; 玻璃
厂 chǎng. **glassy** adj [-ier, -iest] 1
光滑的 guānghuá de; 光亮的 guāng
liàng de. 2 [喻] 没有表情的 méiyǒu
biǎoqíng de: a ~ stare 呆滞的凝
视.

glaze /gleɪz/ v 1 [T] 装〔裝〕玻璃于
zhuāng bōli yú: ~ a window 给窗
户装玻璃. 2 [T] 上釉于 shàng yòu
yú; 上光于 shàng guāng yú: ~
pottery 给陶瓷器上釉. 3 [短语动
词] glaze over（眼）变〔變〕呆滞
（滯）biàn dāizhì. **glaze** n [C, U] 釉
彩 yòucǎi; 上光剂 shàngguāngjì. **glazier**
/'gleɪzɪə(r); US -ʒər/ n [C] 装玻
璃工人 zhuāng bōli gōngrén.

gleam /gliːm/ v [I] 1 微光 wēi
guāng; 闪光 shǎnguāng. 2 [喻] 短暂
而微弱的闪光〔或〕短促的闪光〔或〕微弱或
shǎnxiàn: a ~ of hope 一线希望.
gleam v [I] 闪烁〔爍〕shǎnshuò.

glean /gliːn/ v [T] 搜集（资料、新
闻等）sōují.

glee /gliː/ n [U] (at) 高兴〔興〕
gāoxìng; 快乐〔樂〕kuàilè. **gleeful**
/-fl/ adj. **gleefully** adv.

glen /glen/ n [C]（尤指苏格兰和爱
尔兰的）峡〔峽〕谷 xiágǔ.

glib /glɪb/ adj [~ber, ~best]
[贬] 圆滑的 yuánhuá de; 油嘴滑
舌的: a ~ answer 圆滑的回答.
glibly adv. **glibness** n [U].

glide /glaɪd/ v [I] 1 滑动〔動〕huá
dòng; 滑行 huáxíng. 2（飞机）滑翔
huáxiáng; 滑行 huáxíng. **glide** n [C]
滑动 huádòng; 滑翔 huáxiáng. **glider** n [C]
滑翔机〔機〕huáxiángjī. **gliding** n
[U] 滑翔运〔運〕动 huáxiáng yùn
dòng.

glimmer /'glɪmə(r)/ v [I] 发〔發〕
微光 fā wēiguāng. **glimmer** n [C]
1 微光 wēiguāng. 2 [喻] 少许 shǎo
xǔ; 微量 wēiliàng: a ~ of inter-
est 一点兴趣.

glimpse /glɪmps/ n [C] 一瞥 yī
piē; 一瞥 yīpiē: catch a ~ of the
secret papers 瞥见了秘密文件.
glimpse v [T] 瞥见 piējiàn.

glint /glɪnt/ v [I] 闪烁〔爍〕shǎn
shuò; 发〔發〕微光 fā wēiguāng.
glint n [C] 闪光 shǎnguāng; 闪烁
shǎnshuò.

glisten /'glɪsn/ v [I]（尤指湿润表
面）反光 fǎnguāng; 闪耀 shǎnyào.

glitter /'glɪtə(r)/ v [I] 闪闪发
〔發〕光 shǎnshǎn fāguāng: ~ing
jewels 闪亮的宝石. **glitter** n [U]
1 闪光 shǎnguāng. 2 [喻] 诱惑力
yòuhuòlì; 魅力 mèilì: the ~ of
show business 演艺业的诱惑力.

gloat /gləʊt/ v [I] (over) 对〔對〕
（自己的胜利等）洋洋得意 duì yáng
yáng déyì; 对（别人的失败等）幸灾
〔災〕乐〔樂〕祸〔禍〕duì xìng zāi lè
huò. **gloatingly** adv.

global /'gləʊbl/ adj 1 全世界的
quánshìjiè de; 全球的 quánqiú de. 2
综合的 zōnghé de; 概括的 gàikuò
de. **globally** /-bəlɪ/ adv. **global
po'sitioning system** n [C] 全球定
位系统 quánqiú dìngwèi xìtǒng. **global
'village** n [C] 地球村 dìqiúcūn. **global
'warming** n [C] 全球变
〔變〕暖 quánqiú biànnuǎn.

globe /gləʊb/ n 1 [C] 地球仪〔儀〕
dìqiúyí. 2 **the globe** [sing] 地球
dìqiú.

globule /'glɒbjuːl/ n [C] [正式用
语] 小滴 xiǎodī.

gloom /gluːm/ n [U] 1 黑暗 hēi'àn; 阴暗 yīn'àn. 2 忧[憂]愁 yōuchóu; 忧郁[鬱] yōuyù. **gloomy** adj [-ier, -iest] 1 黑暗的 hēi'àn-de. 2 郁闷的 yùmènde. **gloomily** /-ɪlɪ/ adv.

glorify /ˈglɔːrɪfaɪ/ v [pt, pp -ied] [T] 1 美化 měihuà; His cottage is only a glorified barn. 他的小别墅只不过是一间稍加装饰的谷仓而已. 2 崇拜(上帝) chóngbài; 赞[讚]美(上帝) zànměi. **glorification** /ˌglɔːrɪfɪˈkeɪʃn/ n [U].

glorious /ˈglɔːrɪəs/ adj 1 光荣[榮]的 guāngróngde; a ~ victory 光荣的胜利. 2 辉煌的 huīhuángde; 壮[壯]丽[麗]的 zhuànglìde. **gloriously** adv.

glory /ˈglɔːrɪ/ n [pl -ies] 1[U]光荣[榮] guāngróng; 荣誉[譽] róngyù. 2 [U] (对上帝的)赞[讚]美 zànměi; to God 赞美上帝. 3 [U] 壮[壯]丽[麗] zhuàng-lì; the ~ of a sunset 落日的壮丽. 4 [C] 值得称[稱]赞的事 zhídé chēngzàn de shì; 自豪的原因 zìháo de yuányīn; the glories of ancient Rome 值得古罗马骄傲的事物. **glory** v [pt, pp -ied] [I] in 骄[驕]傲(做某事) jiāo'ào; 自豪 zìháo.

gloss¹ /glɒs/ n [U, sing] 1 光泽[澤] guāngzé; 光滑 guānghuá. 2 [喻]漂亮(的)表面 zhēyán; 假象 jiǎxiàng. **gloss** v [短语动词] **gloss over sth** 掩饰 yǎnshì; 遮遮 zhēyán. **gloss paint** n 1 清漆 qīngqī; 有光涂[塗]料 yóu guāng túliào. **glossy** adj [-ier, -iest] 1 光滑的 guānghuáde; 光泽的 guāngzéde. ~y magazines 用有光纸印刷的杂志.

gloss² /glɒs/ n [C] 注释[釋] zhù-shì. **gloss** v [T] 注释 zhùshì.

glossary /ˈglɒsərɪ/ n [C] [pl -ies] 词汇[彙]表 cíhuìbiǎo.

glove /glʌv/ n [C] 手套 shǒutào.

glow /gləʊ/ v [I] 1 (无火发热地)发[發]光 fāguāng, 发热[熱]fārè; ~ing coal 灼热的煤. 2 (色彩)鲜艳[艷]夺[奪]目 xiānyàn duómù. **glow** n [sing] 1 光辉[輝]guānghuī; the ~ of a sunset 落日的光辉. **glowing** adj 热烈赞[讚]扬[揚]的 rèliè zànyáng-de; a ~ing report 热情赞扬的报告.

glower /ˈglaʊə(r)/ v [I] (at) 怒视 nùshì; 沉着脸[臉] chéngzháliǎn.

glucose /ˈgluːkəʊs/ n [U] 葡萄糖

pútáotáng.

glue /gluː/ n [U,C] 胶[膠]jiāo; 胶水 jiāoshuǐ. **glue** v [T] 1 粘贴 zhāntiē; 胶合 jiāohé. 2 [喻][正式用语]紧[緊]附于 jǐnfùyú; They were ~d to the television. 他们电视看得入了迷. **glue-sniffing** n [U] (为获得麻醉和迷幻效果的)嗅胶 xiùjiāo.

glum /glʌm/ adj [~mer, ~mest] 忧[憂]郁[鬱]的 yōuyùde; 阴[陰]沉的 yīnchénde. **glumly** adv.

glut /glʌt/ n [C, 常作 sing] 过[過]量供应[應] guòliáng gōngyìng.

glutton /ˈglʌtn/ n [C] 1 贪食者 tānshízhě; 好食者 hàoshízhě. 2[非正式用语]承受力过强的人 chéngshòulì qiáng de rén; a ~ for punishment 不怕吃的人. **gluttonous** /-tənəs/ adj 贪吃的 tānchīde; 贪心的 tānxīnde. **gluttony** n [U]贪食 tānshí; 暴食 bàoshí.

glycerine /ˈglɪsəriːn/ n (美语 **glycerin** /-rɪn/) [U] 甘油 gānyóu.

GM /ˌdʒiː ˈem/ abbr genetically modified 转[轉]基因的 zhuǎnjīyīn de; 基因改造的 jīyīn gǎizào de.

gm abbr gram(s) 克 kè.

gnarled /nɑːld/ adj (树干等)扭曲的 niǔqūde.

gnash /næʃ/ v [T] 咬(牙) yǎo.

gnat /næt/ n [C] 咬人的小昆虫 yǎorénde xiǎokūnchóng.

gnaw /nɔː/ v [I, T] 1 咬 yǎo; 啃 kěn; 啮[嚙]niè. 2[喻]折磨 zhémó; guilt ~ing at his conscience 折磨着他的良心的负疚感.

gnome /nəʊm/ n [C] 1(故事中的)土地神 tǔdìshén. 2(花园中的)土地神塑像 tǔdìshén sùxiàng.

go¹ /gəʊ/ v [第三人称单数现在时 **goes**/gəʊz/, pt **went** /went/, pp **gone** /gɒn; US gɔːn/][I] 1 (a) 去 qù; go home 回家. go for a walk 去散步. go on holiday 去度假. go to the cinema 去看电影. (b) 行进[進] xíngjìn; go five miles to get a doctor 行五英里去请一位医生. 2 离[離]开[開] líkāi; It's time for us to go. 我们该走了. 3 伸展 shēnzhǎn; 达[達]到 dádào; This road goes to London. 这条路通到伦敦. 4 与 [與] 经[經] 常去某处[處](圆)jīngchángqù mǒuchù; go to school 上学. go to church (去教堂)做礼拜. 5 伸展 shēnzhǎn; 放置 fàngzhì; The book goes on the shelf. 书放在书架上. 6 插入 chārù; 嵌入 qiànrù: This key won't go (in the lock). 这把钥匙插不进(锁). **7** 进展 jìnzhǎn: How are things going? 事情进展得如何? The party went very well. 聚会进行得很好. **8** 工作 gōngzuò: This clock doesn't go. 这钟不走了. **9** (尤用于命令)开始 kāishǐ: One, two, three, go! 一,二,三,开始! **10** 发(发)某种(种)声(声)音 fā mǒuzhǒng shēngyīn: The bell went at 3 pm. 这铃声3点钟响了. The clock goes 'tick-tock'. 这钟嘀嗒嘀嗒地响. **11** 用某种言辞(辞)表达 yòng mǒuzhǒng yáncí biǎodá; 有某种调子 yǒu mǒuzhǒng diàozi: How does the poem go? 这首诗是怎么写的? How does the song go? 这歌是怎么唱的? **12** 成为(为) chéngwéi: go from bad to worse 每况愈下. go to sleep 入睡. go mad 疯了. go blind 瞎了. **13** 处于某种状(状)态(态) chǔyú mǒuzhǒng zhuàngtài: go hungry 饿了. go armed 武装起来. **14**(a) 衰(衰)失 shuāishī; 用光 yòngguāng: Supplies of coal went very quickly. 存煤很快用光. (b) (to, for)卖(卖)出 màichū: The car went to a dealer for £500. 这辆车以 500 英镑卖给了一个商人. **15** 腐(腐)烂(烂) fǔlàn; 衰退 shuāituì; 停止运(运)转 tíngzhǐ yùnzhuǎn: My sight is going. 我的视力在衰退. The car battery has gone. 汽车电池用完了. **16** (时间)逝去 shìqù: two hours to go before lunch 午饭还有两个小时. **17** [习语] 'anything goes [非正式用语]无(无)论(论)什(什)么(么)事情都有可能 wúlùn shénme shìqíng dōu yǒu kěnéng. be going to do sth (a) 打算 dǎsuàn; 计划(划) jìhuà: We are going to sell our house. 我们打算出售我们的房子. (b) 将(将)要(要) jiàngyào: It's going to rain. 要要下雨. go and do sth [非正式用语]做蠢事、错事等 zuò chǔnshì, cuòshì děng: That stupid girl went and lost her watch. 那个傻姑娘把手表弄丢了. go to seed ➪SEED. go to waste ➪WASTE[2]. there goes sth [用于表示失去某事物的遗憾]: There goes my chance of getting the job. 我获得这份工作的机会是没有了. **18** [短语动词] go a'bout 四处走动

[动] sìchù zǒudòng. go about sth 着手 zhuóshǒu; 开始做 kāishǐ zuò: How do you go about writing a novel? 你怎样着手写小说? go after sb/sth 追逐 zhuīzhú; 追求 zhuīqiú. go against sb/sth (a) 反对(对) fǎnduì: Don't go against my wishes. 不要同我的愿望作对. go against sb 对某人不利 duì mǒurén búlì; The verdict went against him. 裁决对他不利. go a'head 进行 jìnxíng: The tennis match went ahead in spite of the bad weather. 尽管天气不好,网球比赛照样进行. go a'long with sb/sth (a) 同行 tóngxíng; 一起 yīqǐ. (b) 同意 tóngyì: Will they go along with the plan? 他们会同意这项计划吗? go a'mong mem 到某人中去 dào mǒurén zhōng qù. go a'way (a) 离开 líkāi; 走开 zǒukāi. (b) 消失 xiāoshī; 消除(除) xiāochú: Has the pain gone away? 疼痛消失了吗? go 'back (a) 返回 fǎnhuí; 追溯 zhuīsù: Our family goes back 300 years. 我们的家系可以追溯到 300 年前. go back on sth 违(违)背(诺言等)wéibèi: go back on one's word 违背诺言. go 'by (时间)过去 guòqù; 流逝 liúshì: The days go by slowly. 日子过得很慢. 'go by sth 遵循 zūnxún: I always go by what my doctor says. 我总是按照医生的话去做. go 'down (a) (船等)下沉 xiàchén. (b) (太阳、月亮等)落下 luòxià. (c) (食物)咽(咽)下 yànxià. (d) (海、风等)宁(宁)静下来 níngjìng xiàlái. (e) (物价、温度等)下降 xiàjiàng. go down (in sth) 被写(写)下 bèi xiěxià; 被记录(录)bèi jìlù: Her name will go down in history. 她的名字将永垂史册. go down well (with sb) 被接受 bèi jiēshòu; 受欢(欢)迎 shòu huānyíng. go down badly (with sb) 不被接受 bú bèi jiēshòu; 不受欢迎 bú shòu huānyíng. go down with sth 患病 huànbìng; 感染上 gǎnrǎnshàng: go down with flu 得了流感. go for sb/sth (a) 去拿 qù ná; 去买(买) qù mǎi; 去请(请) qù qǐng. (b) 攻击 gōngjī; The dog went for him. 狗向他扑过去. (c) 适(适)用于 shìyòng yú: What she said goes for *me too*. 她说的也适用于我.(**d**)[非正式用语]喜欢 xǐhuān; 倾心于 qīnxīn yú. **go 'in** (**a**) 进入 jìnrù. (**b**) (太阳、月亮等)被云〔雲〕层〔層〕遮蔽 bèi yúncéng zhēbì. **go in for sth** (**a**)参〔參〕加(比赛等) cānjiā. (**b**)爱〔愛〕好(业余活动等) àihào: *go in for golf* 喜爱高尔〔爾〕夫球运动. **go into sth** (**a**) (汽车等)撞上 zhuàngshàng. (**b**)参加(某团体等) cānjiā: *go into the Army* 参军. (**c**) 调查 diàochá; 研究 yánjiū: *go into* (*the*) *details* 调查详细情况. (**d**)开始 kāishǐ: *go into a long explanation* 开始大作解释. **go 'off** (**a**) 爆炸 bàozhà; 被发射 bèi fāshè. (**b**) (食物等)腐败变〔變〕质〔質〕 fǔbài biànzhì: *The milk has gone off*. 牛奶坏了.(**c**) 进行 jìnxíng: *The party went off well*. 舞会开得很成功. **go off sb/sth** 不再喜爱 búzài xǐ'ài. **go 'on** (**a**) (时间)过去 guòqù. (**b**)(灯)点〔點〕亮 diǎn liàng; (自来水等)开始供应〔應〕 kāishǐ gōngyìng. (**c**) 继〔繼〕续〔續〕 jìxù: *The meeting went on for hours*. 会议连续开了几个小时. (**d**) 发生 fāshēng: *What's going on here?* 这里发生了什么事? **go 'on (about sb/sth)** 没完没了地讲〔講〕 méiwán méiliǎo de jiǎng. **go 'on (at sb)** 责骂 zémà; 批评 pīpíng. **go 'on (with sth/doing sth)** 继续 jìxù. **go on to sth/to do sth** 转入 zhuǎn rù; 进而讨论(另一问题等) jìn ér tǎolùn. **go 'out** (**a**) 外出娱〔娛〕乐〔樂〕 wàichū yúlè; 外出交际〔際〕 wàichū jiāojì: *I don't go out much at weekends*. 周末我不大出去活动.(**b**) (火、灯等)熄灭〔滅〕 xīmiè. (**c**)过时 guòshí; 不流行 bù liúxíng. **go 'out (together), go out with sb** [非正式用语]与〔與〕…谈恋〔戀〕爱或有性关〔關〕系〔係〕 yǔ…tán liàn'ài huò yǒu xìng guānxì. **go over sth** 仔细察看 zǐxì chákàn; 检〔檢〕查 jiǎnchá. **go 'round** (**a**) 满足人人的需要 mǎnzú rénrénde xūyào: *There aren't enough apples to go round*. 没有足够的苹果人人都分到.(**b**)绕〔繞〕路走 ràolù zǒu. **go round** (**to**) 访问 fǎngwèn: *We're going round to see Sarah*. 我们去访问萨拉. **go round with sb** 经常与…结伴 jīngcháng yǔ…jiébàn. **go 'through** 完成 wánchéng; 谈妥 tántuǒ: *The deal didn't go through*. 生意没有谈成. **go through sth** (**a**) 详细讨论〔論〕 xiángxì tǎolùn. (**b**)检查 jiǎnchá; 审〔審〕查 shěnchá: *go through the papers* 检查证件. (**c**)遭受 zāoshòu; 经受 jīngshòu. (**d**) 用完(钱) yòngwán. **go through with sth** 完成(尤指令人讨厌或艰难的事) wánchéng. **go to/towards sth** 有助于 yǒu zhù yú; 贡献〔獻〕给 gòngxiàn gěi: *All profits go to charity*. 全部收益捐给慈善事业. **go 'under** (**a**) 沉没 chénmò. (**b**)[喻]失败 shībài. **go 'up** (**a**) 上升 shàngshēng; 增长〔長〕 zēngzhǎng. (**b**) 被建成 bèi jiànchéng. (**c**) 被炸毁 bèi zhàhuǐ; 被烧〔燒〕毁 bèi shāohuǐ: *The petrol station went up in flames*. 汽油站被大火烧毁. (**d**) (价格)上涨〔漲〕 shàngzhǎng. **go up sth** 攀登 pāndēng. **go with sb** (**a**) 和…一起存在 hé…yìqǐ cúnzài. (**b**) 和…谈恋爱 hé…tán liàn'ài. **go together, go with sth** 与…相配 yǔ… xiāngpèi; 与…协〔協〕调 yǔ…xiétiáo: *Do green curtains go with a pink carpet?* 绿窗帘同粉红的地毯是否相配? **go without** (**sth**) 没有…而将就对〔對〕付 méiyǒu…ér jiāngjiu duìfu: *go without food for four days* 忍饥挨饿四天. **'go-ahead** *n* **the go-ahead** [sing] 准许 zhǔnxǔ; 许可 xǔkě. **'go-ahead** *adj* 有进取心的 yǒu jìnqǔxīn de. **ˌgo-'slow** *n* [C] 怠工 dàigōng.

go² /gəʊ/ *n* [*pl* ~**es** /gəʊz/] **1** [C] (游戏中)轮〔輪〕到的机〔機〕会〔會〕 lúndàode jīhuì. **2** [C] 尝〔嘗〕试 chángshì: '*I can't lift this box*.' '*Let me have a go*.' "我抬不起这箱子.""我来试一试." **3**[U][非正式用语]精力 jīnglì: *He's full of* ~. 他精力充沛. **4**[习语] **be on the 'go** [非正式用语]非常活跃〔躍〕 fēicháng huóyuè; 忙碌 mánglù. **it's all 'go** [非正式用语]很忙碌 hěn mánglù. **make a 'go of sth** [非正式用语]使成功、美满 shǐ chénggōng、měimǎn.

goad /gəʊd/ *v* **1** [T] (*into*) 招惹 zhāorě: *He* ~*ed me into an angry reply*. 他招惹得我回答时没有好气. **2**[短语动词] **goad sb on** 驱〔驅〕使(做) qūshǐ. **goad** *n* [C] (赶家畜用的)刺棒 cìbàng.

goal /gəʊl/ *n* [C] **1**(**a**) (足球等)球

门(門) qiúmén. (b) 得分 défēn. 2 喻目的 mùdì; 目标(標) mùbiāo. 'goal-keeper n [C] (足球等)守门员 shǒuménynuán. 'goal-post n [C] 球门柱 qiú ménzhù.

goat /ɡəʊt/ n [C] 山羊 shānyáng. 2 [习语] get sb's **goat** [非正式用语]惹怒某人 rěnù mǒurén.

gobble[1] /'ɡɒbl/ v [I, T] 狼吞虎咽(嚥) láng tūn hǔ yàn.

gobble[2] /'ɡɒbl/ v [I], n [C] 发(發)公火鸡(鷄)叫声(聲) gōng huǒjī jiàoshēng; 公火鸡叫声 gōng huǒjī jiàoshēng.

go-between /'ɡəʊbɪtwiːn/ n [C] 中间人 zhōngjiānrén; 媒人 méirén.

goblet /'ɡɒblɪt/ n [C] 高脚无(無)把手酒杯 gāojiǎo wú bǎshǒu jiǔbēi.

goblin /'ɡɒblɪn/ n [C] (神话故事中的)小妖精 xiǎo yāojīng.

god /ɡɒd/ n [C] 神 shén. 2 God (sing) (基督教、天主教、犹太教和伊斯兰教的)上帝 Shàngdì, 天主 tiānzhǔ, 主 zhǔ, 真主 Zhēnzhǔ. 3 [C]极(極)受崇敬的人或物 jí shòu chóngjìng de rén huò wù. 4 the **gods** [pl] (剧院)最高楼(樓)座 zuìgāo lóuzuò. 5 [习语] **God willing** (表示但愿事情能如愿)若上帝许可 rú Shàngdì xǔkě. 'godchild n [C] 教子 jiàozǐ; 教女 jiàonǚ. 'goddaughter n [C] 教女 jiàonǚ. 'godson n [C] 教子 jiàozǐ. 'goddess n [C] 女神 nǚshén. 'godfather n [C] 教父 jiàofù. 'godmother n [C] 教母 jiàomǔ. 'godparent n [C] 教父 jiàofù 或 教母 jiàomǔ. 'god-fearing adj 虔诚敬神的 qiánchéng de. 'godforsaken [地方]凄凉的 qīliángde. **godless** adj 不信神的 bù xìnshén de; 邪恶(惡)的 xié'ède; 违背上帝的 wéibèi Shàngdìbiànde. **godly** adj [-ier, -iest] 虔诚的 qiánchéngde. **godliness** n [U]. 'godsend n [C] 天赐之物 tiān cì zhī wù; 出乎意料之外的人或事物 chū hū yìliào zhī wài de shìwù.

goggle /'ɡɒɡl/ v [I] (at) 瞪视 dèngshì, **goggles** n [pl] 风(風)镜 fēngjìng; 护(護)目镜 hùmùjìng.

going /'ɡəʊɪŋ/ n 1 [sing] 离(離)去 líqù. 2 [U]工作或行驶的速度 gōngzuò huò xíngshǐ de sùdù; It was good ~ to get to York so quickly. 这样快到达约克郡,速度相当可观的. **going** adj [C] **a going con'cern** 兴(興)隆昌盛的企业(業) xīnglóng chāngshèng de

qǐyè. **the going 'rate** 时(時)价(價)shíjià.

go-kart /'ɡəʊkɑːt/ n [C] 微型竞(競)赛汽车(車) wēixíng jìngsài qìchē.

gold /ɡəʊld/ n 1 [U]黄金 huángjīn; 金 jīn. 2 [U]金饰品 jīnshìpǐn; 金币(幣) jīnbì. 3 [U,C]金黄色 jīnhuángsè. 4[C] [体育]金质(質)奖(奬)章 jīnzhì jiǎngzhāng. 'goldfish n [C] [pl **goldfish**] 金鱼 jīnyú. **gold foil** (亦作 gold-'leaf) n [U] 金叶(葉) jīnyè. **gold 'medal** n [C] 金质奖章 jīnzhì jiǎngzhāng. 'goldmine n [C] 金矿(礦) jīnkuàng. 2[喻]聚来(來)的企业(業) fánróngde qǐyè. 'gold-rush n [U] 淘金热(熱) táojīnrè. 'goldsmith n [C] 金匠 jīnjiàng.

golden /'ɡəʊldən/ adj 1 金的 jīnde; 像黄金的 xiàng huángjīnde. 2 极(極)好的 jíhǎode: a ~ opportunity 极好的机会. 3[习语] a **golden handshake** 大笔(筆)的退职(職)金 dàbǐ de tuìzhíjīn, **golden jubilee** n [C] 五十周年纪念 wǔshí zhōunián jìniàn. **golden 'rule** n 主(為)人准(準)则 wéirén zhǔnzé.

golf /ɡɒlf/ n [U] 高尔(爾)夫球戏(戲) gāo'ěrfūqiúxì. **golf ball** 高尔夫球 gāo'ěrfūqiú. **golf club** n [C] 高尔夫球俱乐(樂)部 gāo'ěrfūqiú jùlèbù; 高尔夫球场(場)会会(會)所 gāo'ěrfū qiúchǎng huìsuǒ. 'golf-club n [C] 高尔夫球棍 gāo'ěrfū qiúgùn. 'golf-course n [C] 高尔夫球场 gāo'ěrfūqiúchǎng. **golfer** n [C] 打高尔夫球的人 dǎ gāo'ěrfūqiú de rén.

gone /ɡɒn/ pp of GO[1].

gong /ɡɒŋ/ n [C] 锣(鑼) luó.

gonorrhoea (亦作 **gonorrhea**) /ˌɡɒnəˈrɪə/ n [U] 淋病 línbìng.

good /ɡʊd/ adj [better /'betə(r)/, best/best/] 1 好的 hǎode; 出色的 chūsède: very ~ exam results 出色的考试成绩. 2 使人愉快的 shǐ rén yúkuài de; 悦人的 yuèrénde: ~ news 喜讯. ~ weather 好天气. à ~ time 好时光. 3 能干(幹)的 nénggànde: a ~ teacher 能干的老师. ~ at languages 擅长语言. 4 有道德的 yǒu dàodéde; 善良的 shànliángde: ~ deeds 合乎道德的行为. 5 (尤指对儿童)守规矩的 shǒu guījú de de. 6 有益的 yǒuyìde; 适(適)合的 shìhéde: Milk is ~

for you. 牛奶对你有益. 7 仁慈的 réncíde; 和善的 héshànde: *They were very ~ to her when she was ill.* 她有病时他们待她很好. 8 充分的 chōngfènde; 透彻[彻]的 tòuchède: *a ~ sleep* 酣睡. 9 **good for sth** (a) (对一定数额)可以信赖的 kěyǐ xìnlài de: *My credit is ~ for £500.* 我凭我的信用可贷款 500 英镑. (b)有效的 yǒuxiàode; *tickets ~ for three months* 有效期为三个月之用的(c)能维持(一段时间)的 néng wéichí de: *The car's ~ for a few months yet.* 这辆车还能开几个月. 10 (用于打招呼和告别); *G~ morning.* 早安. *G~ afternoon.* 下午好; 再见. 11 **a good...** (a) 许多 xǔduō;大量 dàliàng; *a ~ many people* 许许多多的人. (b)十足的 shízúde; 至少的 zhìshǎode: *a ~ three miles to the station* 离车站至少 3 英里. 12(用于感叹句): *G~ Heavens!* 天哪! 13(用于表示赞同)好! hǎo: *'I've finished!' '~!'* "我完成了!" "好!" 14 [习语] **a good deal**⇨DEAL!. **a good 'job** [非正式用语](运)幸(运)事 xìngyùnshì, **a good many**⇨MANY. **all in good time** 等得及及 láideji; 别急别忙. **as good as** 几(几)乎 jīhū; ~ *as ~ as finished* 几乎完成. **as good as gold** 表现很好的 biǎoxiàn hěnhǎo de. **be a good thing (a)** 值得庆[庆]幸的事 zhídé qìngxìng de shì, **(b)** 好主意 hǎo zhǔyì. **do sb a good turn** 做有益于某人的事 zuò yǒuyì yú mǒurén de shì, **for good measure** 作为[为]外加的东西 zuòwéi wàijiāde dōngxi; 另外加的 lìngwài. **good and** [非正式用语]完全地 wánquánde: *I won't go until I'm ~ and ready.* 我要完全准备好了才去. **good for 'sb, 'you, 'them, etc** [非正式用语](用于表示赞许)真行 zhēnxíng, 真棒 zhēnbàng. **good 'grief** [非正式用语](用于表示惊讶等强烈感情)哎呀! àiyā! **good 'luck** (用于祝贺)好运道 hǎo yùndào; 成功 chénggōng. **have a good mind to do sth** 很乐[乐]意 做某事 hěn lèyì zuò mǒushì. **have a good night**⇨NIGHT. **in good time** 及早 jízǎo. **make good** 成功 chénggōng. **'good-for-nothing** *n*

[C]. *adj* 没有用处[处]的人 méiyǒu yòngchù de rén; 懒汉[汉] lǎnhàn, **Good 'Friday** *n* [U,C](基督教)受难[难]节[节](复活节前的星期五) shòunànjié. **good-'humoured** *adj* 脾气[气]好的 píqì hǎo de; 心情好的 xīnqíng hǎo de; **good-'looking** *adj* 好看的 hǎokànde; 漂亮的 piàoliàng de. **good-'natured** *adj* 性情温和的 xìngqíng wēnhé de. **good 'sense** *n* [U] 理智 lǐzhì, **good-'tempered** *adj* 脾气好的 píqì hǎo de.

good² / gud/ *n* [U] 1 好事 hǎoshì; 善 shàn; ~ *and evil* 善与恶. 2 好处[处] hǎochù; 益处 yìchù; *It's for your own ~.* 那是为了你好. 3 [习语] **be no/not much 'good** 没(或没有多大)用 méi yòng; *It's no ~ talking to them.* 同他们说没用. **do (sb) 'good** 对…有好处 hǎochù; *Drinking the medicine will do you ~.* 喝这药水会对你有好处. **for 'good** 永久地 yǒngjiǔde. **up to no 'good** 做坏[坏]事 zuò huàishì.

goodbye / gud'baɪ/ *interj*, *n* [C] 再见! zàijiàn! 告别 gàobié.

goodness / 'gudnɪs/ *n* [U] 1 优[优]良 yōuliáng; 善良 shànliáng. 2 (食物的)养[养]分 yǎngfèn; *Brown bread is full of ~.* 黑面包营养丰富. 3(用于表示惊讶、宽慰、焦愁等的词语中); *My ~! / My ~!* 我的天哪! *For ~' sake!* 看在老天爷的份上!

goods / gudz/ *n* [pl] 1 货物 huòwù; 动[动]产[产] dòngchǎn; *electrical ~* 电器商品. 2(火车的)运[运]货 yùnhuò; ~ *a train* 货运列车. 3 [习语] **come up with/deliver the goods** [非正式用语]履行诺言 lǚxíng nuòyán.

goodwill / gud'wɪl/ *n* [U] 1 亲[亲]善 qīnshàn; 友好 yǒuhǎo. 2(商店企业等)信誉[誉] xìnyù; [会计]商誉 shāngyù.

goody / 'gudɪ/ *n* [C] [*pl* **-ies**] [非正式用语] 1[常作 pl] 好吃的东西 hǎochī de dōngxi; 好东西 hǎo dōngxi. 2(书、电影等中的)正面人物 zhèngmiàn rénwù.

goose / guːs/ *n* [pl **geese** / giːs/] 1 [C]鹅 é. 2 [C]母鹅 mǔ'é. 3 [U]鹅肉 éròu. **goose-flesh** *n* [U] (亦作 **'goose-pimples** [pl])(因恐惧、寒冷等引起的)鸡[鸡]皮疙瘩 jīpí gēda.

gooseberry /'gʊzbəri; US 'guːsberi/ n [C] [pl -ies] [植物]醋栗 cùlì; 醋栗果实[實] cùlì guǒshí.

gorge[1] /gɔːdʒ/ n [C] 山峡[峽] shānxiá; 峡谷 xiágǔ.

gorge[2] /gɔːdʒ/ v [I, T] ~ (oneself) (on) 狼吞虎咽[嚥] láng tūn hǔ yàn.

gorgeous /'gɔːdʒəs/ adj 1 [非正式用语]令人十分愉快的 lìng rén shífēn yúkuài de; 极[極]好的 jíhǎode. 2 吸引人的 xīyǐn rén de; 华[華]丽[麗]的 huálìde. **gorgeously** adv.

gorilla /gə'rɪlə/ n [C] 大猩猩 dà xīngxīng.

gorse /gɔːs/ n [U] [植物]荆豆灌木 jīng dòu guànmù.

gory /'gɔːrɪ/ adj [-ier, -iest] 血淋淋的 xiělínlínde; 沾满血的 zhānmǎnxiěde; a ~ film 充满血肉横飞镜头的影片.

gosh /gɒʃ/ interj [非正式用语](表示惊讶)天哪! tiānnǎ! 哎呀! aiyā!

gosling /'gɒzlɪŋ/ n [C] 小鹅 xiǎo'é.

gospel /'gɒspl/ n 1 《圣经》(a) the Gospel [sing] 耶稣生平及其教导[導] Yēsū shēngpíng jíqí jiàodǎo. (b) Gospel [C] (基督教)《新约》四福音书[書]之一 《Xīnyuē》sìfúyīnshū zhī yī. 2 [U] 绝对[對]真理 juéduì zhēnlǐ.

gossamer /'gɒsəmə(r)/ n [U] 蛛丝 zhūsī; 游丝 yóusī.

gossip /'gɒsɪp/ n 1 [U] 流言飞语 liúyán fēiyǔ. 2 [C]爱[愛]传[傳]流言飞语的人 ài chuán liúyán fēiyǔ de rén. **gossip** v [I] 传播流言飞语 chuánbō liúyán fēiyǔ.

got pt, pp of GET.

gotten [美语] pp of GET.

gouge /gaʊdʒ/ n [C] 半圆凿[鑿] bànyuánzáo. **gouge** v [I, T]在…上凿上凿出、凿成凹槽 záochū. 2 [短语动词] gouge sth out 挖出 wāchū.

goulash /'guːlæʃ/ n [C, U] 菜炖[燉]牛肉 cài dùn niúròu.

gourd /gʊəd/ n [C] 1 葫芦[蘆] húlu; 葫芦属[屬]植物 húlushǔ zhíwù. 2 葫芦制[製]成的容器 húlu zhìchéng de róngqì.

gourmet /'gʊəmeɪ/ n [C] 美食家 měishíjiā.

gout /gaʊt/ n [U] [医]痛风[風] tòngfēng.

govern /'gʌvn/ v [I, T] 统治 tǒngzhì; 管理 guǎnlǐ. 2 [T]控制 kòngzhì; 抑制 yìzhì; 影响[響]yǐng-

xiǎng; 支配 zhīpèi; The law of supply and demand ~s the prices of goods. 供求规律支配着物价. **governing** /'gʌvənɪŋ/ adj 统治的 tǒngzhìde; 管理的 guǎnlǐde; the ~ing body of a school 学校的管理机构.

governess /'gʌvənɪs/ n [C](住在学生家的)家庭女教师[師] jiātíng nǚjiàoshī.

government /'gʌvənmənt/ n 1 [C, 亦作 sing 用 pl v] 政府 zhèngfǔ; 内阁 nèigé. 2 [U]政治 zhèngzhì; 政体 zhèngtǐ; democratic ～民主政治.

governor /'gʌvənə(r)/ n [C] 1 省长[長] shěngzhǎng; (美国)州长 zhōuzhǎng. 2 学[學]校等主管人员 xuéxiào děng zhǔguǎn rényuán; 管理者 guǎnlǐzhě; 理事 lǐshì; a prison ～ 典狱长. a school ～ 校长.

gown /gaʊn/ n [C] 1 妇[婦]女的正式服装[裝] fùnǚde zhèngshì fúzhuāng. 2 教授、法官等穿的礼[禮]服 jiàoshòu, fǎguān děng de lǐfú.

GP /dʒiː 'piː/ abbr general practitioner 普通医[醫]生 (通治各科疾病) pǔtōng yīshēng.

GPS /dʒiː piː 'es/ abbr global positioning system 全球定位系统 quánqiú dìngwèi xìtǒng.

grab /græb/ v [-bb-] [I, T] 攫取 juéqǔ; 抓取 zhuāqǔ. **grab** n [C] 1 攫取 juéqǔ; 掠夺[奪]juéqǔ. 2 [习语] up for 'grabs [非正式用语]可得的 kědéde; 易得的 yìdéde.

grace /greɪs/ n 1 [U]优[優]美 yōuměi; 优雅 yōuyǎ; 雅致[緻] yǎzhì. 2 [U]宽限 kuānxiàn; 给某人一个星期的宽限 give sb a week's ~. 3 [U] 善意 shànyì; 恩惠 ēnhuì. 4 [U, C] (宗教)饭前饭后[後]的感恩祷[禱]告 fànqián fànhòu de gǎn'ēn dǎogào. 5 [U] (宗教)上帝的恩典 Shàngdìde ēndiǎn. 6 [习语] with (a) bad grace 勉强地 miǎnqiǎngde. with (a) good grace 欣然 xīnrán. 7 [正式用语] 1 修饰 xiūshì; 使优美 shǐ yōuměi. 2 赏光 shǎngguāng; 使…有来[來]头[榮] shǐ…róngyào; The Queen is gracing us with her presence. 女王的光临使我们深感荣耀. **graceful** /-fl/ adj 优美的 yōuměide; 优雅的 yōuyǎde; a ~ful dancer 姿态优美的舞蹈家. **gracefully** adv.

graceless adj 不优美的 bù yōuměide; 粗野的 cūyěde.

gracious /'greɪʃəs/ adj 1 亲[親]切的 qīnqiède; 和善的 héshànde; 仁慈的 réncíde. 2 奢华[華]的 shēhuáde: ~ living 奢侈的生活. **graciously** adv. **graciousness** n [U].

grade /greɪd/ n [C] 1 等级 děngjí; 级别 jíbié: different ~s of pay 工资的不同等级. 2 学校的分数、等级 xuéxiào gèi de fēnshù, děngjí. 3(美国学校的)年级 niánjí. 4[美语]坡度 pōdù. 5[习语] **make the 'grade** [非正式用语]达[達]到要求的标[標]准[準] dádào yāoqiú de biāozhǔn. **grade** v[T] 给…分等级;给…评分数[數] gěi…fēn děngjí; gěi…píng fēnshù. **'grade school** n [C] [美语]小学[學] xiǎoxué.

gradient /'greɪdɪənt/ n [C] 坡度 pōdù; 斜度 xiédù.

gradual /'grædʒʊəl/ adj 逐渐的 zhújiànde. **gradually** /-dʒʊlɪ/ adv.

graduate¹ /'grædʒʊət/ n [C] 大学[學]毕[畢]业[業]生 dàxué bìyèshēng. 2 [美语]毕业生 bìyèshēng.

graduate² /'grædʒʊeɪt/ v 1 [I] (a)接受学[學]位 jiēshòu xuéwèi: ~ in law 获法学学位. (b)[美语]毕业[業] bìyè. 2 [T]给…分等级 gěi…fēn děngjí; 刻度数[數]于[於] kè dùshù yú. 3 [I]升级 shēngjí. **graduation** /ˌgrædʒʊ'eɪʃn/ n 1 [U]授予学位(典礼) shòuyǔ xuéwèi; 毕业(典礼) bìyè. 2 刻度线(线) kèdùxiàn.

graffiti /grə'fiːtɪ/ n [pl, U] (墙壁等处的)乱[亂]涂[塗] luàntú.

graft¹ /grɑːft; US græft/ n [C] 1 接穗 jiēsuì. 2 [医学]移植物 yízhíwù; 移植片 yízhípiàn. **graft** v [T] 将[將]…嫁接于 jiāng…jiàjiē yú.

graft² /grɑːft; US græft/ n [U][英国英语]艰[艱]苦的工作 jiānkǔde gōngzuò.

grain /greɪn/ n 1 (a) [U] 谷[穀]物 gǔwù; 谷类[類] gǔlèi. (b) [C]谷粒 gǔlì; 谷粒子 lìzi; 粒状[狀]物. ~s of sand 沙粒. 3 [C][喻]少量 shǎoliàng; 一点[點] yìdiǎn: a ~ of truth 一点真理. 4 (U, C) 木纹 mùwén. [习语] **be/go against the 'grain** 格格不入 gégé bùrù. **take sth with a grain of salt**⇒ SALT.

gram (亦作 **gramme**) /græm/ n [C](重量单位)克 kè.

grammar /'græmə(r)/ n [C, U] 语法 yǔfǎ; 语法书[書] yǔfǎshū.

grammarian /grə'meərɪən/ n [C] 语法学[學]家 yǔfǎxuéjiā. **'grammar school** n [C] 文法学校(16世纪前后教授文化课程而非技术课程) wénfǎ xuéxiào. **grammatical** /grə'mætɪkl/ adj 语法的 yǔfǎde; 合乎语法的 héhū yǔfǎde. **grammatically** /-klɪ/ adv.

gramophone /'græməfəʊn/ n [C] [旧]留声[聲]机(機) liúshēngjī.

granary /'grænərɪ/ n [C] [pl -ies] 谷[穀]仓[倉]gǔcāng; 粮仓 liángcāng.

grand /grænd/ adj 1 宏伟[偉]的 hóngwěide; 壮[壯]丽[麗]的 zhuànglìde: a ~ palace 宏伟的宫殿. 2 [常作贬]傲慢的 àomànde; 自负的 zìfùde; 高傲的 gāo'àode. 3[非正式用语]快乐[樂]的 kuàilède; 称[稱]心的 chènxīnde: We had a ~ time. 我们过得很愉快. 4 总[總]括的 zǒngkuòde; 最终的 zuìzhōngde: the ~ total 总额. **grand** n [C] 1 [pl **grand**] [俚]一千英镑 yìqiān yīngbàng; 一千美元 yìqiān měiyuán. 2 平台[臺]式钢[鋼]琴 píngtáishì gāngqín. **grandly** adv. **grand 'piano** n [C] 平台式钢琴 píngtáishì gāngqín. **'grandstand** n [C] 大看台 dà kàntái.

grand- (用于复合词, 表示亲属关系)祖…于[於]…、外祖…、外孙[孫]、孙[孫]… sūn…. 外 外孙 wàisūn…. **'grandchild** (pl **-children**) n 孙子 sūnzi; 外孙 wàisūn; 孙女 sūnnǚ; 外孙女 wàisūnnǚ. **'granddaughter** n [C]孙女 sūnnǚ; 外孙女 wàisūnnǚ. **'grandfather** n [C] 祖父 zǔfù; 外祖父 wàizǔfù. **'grandfather clock** n [C] 落地式大摆[擺]钟[鐘]luòdìshì dà bǎizhōng. **'grandmother** n [C] 祖母 zǔmǔ; 外祖母 wàizǔmǔ. **'grandparent** n [C] 祖父 zǔfù;外祖父 wàizǔfù;祖母 zǔmǔ;外祖母 wàizǔmǔ. **'grandson** n [C] 孙子 sūnzi; 外孙 wàisūn.

grand-dad (亦作 **grandad**) /'grændæd/ n [英国非正式用语]祖父 zǔfù; 外祖父 wàizǔfù.

grandeur /'grændʒə(r)/ n [U] 壮[壯]观[觀]zhuàngguān; 宏伟 hóngwěi.

grandiose /'grændɪəʊs/ adj [常作

贬 过(過)分华(華)丽(麗) de guò-fēn huálì de.

grandma /'grænmɑ:/ n [C] [非正式用语]祖母 zǔmǔ; 外祖母 wàizǔmǔ.

grandpa /'grænpɑ:/ n [C] [非正式用语]祖父 zǔfù; 外祖父 wàizǔfù.

granite /'grænɪt/ n [U] 花岗(崗)石 huāgǎngshí.

granny (亦作 **grannie**) /'grænɪ/ n[C] [pl **-ies**] [非正式用语]祖母 zǔmǔ; 外祖母 wàizǔmǔ. **'granny flat** n [C] [非正式用语]老奶奶(的)套间 lǎonǎinai tàojiān.

grant /ɡrɑ:nt/ v [T] [正式用语] 同意给予 tóngyì jǐyǔ; 允许 yǔnxǔ: ~ sb's request 允许某人的请求. 2 [正式用语]承认(認)(⋯是真的) chéngrèn. 3 [习语] take sb/sth for 'granted (a)认为(某事物)理所当然 rènwéi ⋯ lǐ-suǒ dāng rán. **grant** n [C] 拨(撥)款 bōkuǎn; 授予物 shòuyǔwù.

granulated /'grænjʊleɪtɪd/ adj (糖)砂状(狀)的 shāzhuàngde.

granule /'grænju:l/ n [C] 细粒 xìlì.

grape /ɡreɪp/ n [C] 葡萄 pútáo. **'grape-vine** n 1 [C]葡萄藤 pútáo-téng. 2 [sing] 小道消息 xiǎo-dào xiāoxi: heard about it on the ~-vine 从小道消息听到.

grapefruit /ˈɡreɪpfru:t/ n [C] [pl **grapefruit** 或 ~**s**] 葡萄柚 pútáo-yòu.

graph /ɡrɑ:f; US ɡræf/ n [C] 曲线(綫)图(圖) qūxiàntú; 图表 túbiǎo. **'graph paper** n [U] 方格纸(紙) fānggézhǐ; 坐标(標)纸(紙) zuòbiāozhǐ.

graphic /ˈɡræfɪk/ adj 1 图(圖)示的 túshìde;图解的 tújiěde. ~ de-sign 平面造型设计. 2(描写)详细的 xiángxìde; 生动(動)的 shēng-dòngde; 鲜明的 xiānmíngde. **graphically** /-klɪ/ adv 鲜明地 xiānmíngde; ~ally described 生动地描写的. **graphics** n [pl] 书(書)画(畫)刻印作品 shūhuà kèyìn zuòpǐn.

graphite /ˈɡræfaɪt/ n [U] [化学]石墨 shímò.

grapple /ˈɡræpl/ v [I] (with) 1 格斗(鬥) gédòu; 搏斗(鬥) bódòu. 2 [喻](尽)力解决(問题) jìnlì jiě-jué.

grasp /ɡrɑ:sp; US ɡræsp/ v [T] 1 抓住 zhuāzhù; 抓紧(緊) zhuājǐn.

2 领会(會) [會] lǐnghuì; 掌握 zhǎngwò. 3 [短语动词] grasp at sth 抓住 zhuāzhù; 攫取 juéqǔ. ~ at an opportunity 抓住机会. **grasp** n [C, 常作 sing] 1 抓 zhuā. 2 了(瞭)解 liǎojiě. **grasping** adj [贬]贪财的 tāncáide.

grass /ɡrɑ:s; US ɡræs/ n 1 [U] 草 cǎo; 青草 qīngcǎo. 2[C]禾本科植物 héběnkē zhíwù. 3[U]草地 cǎo-dì; 牧场(場) mùchǎng; Don't walk on the ~. 别在草地上行走. 4 [U][俚]大麻 dàmá. 5[C][英国俚语]向警方告密的人 xiàng jǐngfāng gàomìde rén. 6 [习语] (not) let the grass grow under one's feet (别)坐失良机(機)不去做(做) bù zuòshī liángjī. **grass** v 1[T] 使长(長)满草 shǐ zhǎngmǎn cǎo. 2[I][英国俚语]向警察 xiàng jǐngchá告密. **'grass 'roots** n [pl] 基层(層)底层; 基层群众(衆) jīcéng qúnzhòng. **grassy** adj **-ier, -iest** 生满草的 shēngmǎn cǎo de; 草多的 cǎoduōde.

grasshopper /ˈɡrɑ:shɒpə(r); US ˈɡræs-/ n [C] 蚱蜢 zhàměng.

grate¹ /ɡreɪt/ n [C] 炉(爐)格 lú-gé; 炉(爐)箅 lúbì.

grate² /ɡreɪt/ v 1 [T] 擦碎 cāsuì; 磨碎 mósuì: ~ cheese 擦碎干酪. 2 [I]擦响(響) cāxiǎng. 3 [I] (on) [喻]使烦躁 shǐ fánzào: ~ on sb's nerves 使某人神经过不安. **grater** n [C] (擦食物的)擦子 cāzi, **grating** adj 令人气(氣)恼(惱)的 de lìng rén qìnǎo de.

grateful /ˈɡreɪtfl/ adj 感激的 gǎn-jīde; 感谢的 gǎnxiède: I'm ~ to you for your help. 我感谢你的帮助. **gratefully** /-fəli/ adv.

gratify /ˈɡrætɪfaɪ/ v [pt,pp -ied] [T] [正式用语]使快意 shǐ kuàiyì; 使满意 shǐ mǎnyì. **gratification** /ˌɡrætɪfɪˈkeɪʃn/ n [U,C]. **gratifying** adj [正式用语]令人快意的 lìng rén kuàiyì de.

grating /ˈɡreɪtɪŋ/ n [C] (门、窗等) 格栅, 栅 shān.

gratitude /ˈɡrætɪtju:d; US -tu:d/ n [U] 感激 gǎnjī; 感恩 gǎn'ēn; feel ~ 感激.

gratuitous /ɡrəˈtju:ɪtəs; US -tu:-/ adj [正式用语]无(無)故的 wúgùde; 无理的 wúlǐde: ~ vio-lence on television 电视节目中不必要的暴力场面. **gratuitously** adv.

gratuity /grə'tju:ɪtɪ; *US* -'tu:-/ *n* [C] [*pl* **-ies**] **1** 小账（賬）xiǎozhàng; 小费 xiǎofèi. **2** [英国英语] 退职（職）金 tuìzhíjīn.

grave[1] /greɪv/ *n* 墓 mù; 坟墓 fénmù. '**gravestone** [C] 墓碑 mùbēi. '**graveyard** [C] 墓地 mùdì.

grave[2] /greɪv/ *adj* [~r, ~st] 严（嚴）重的 yánzhòngde; *a situation* 严重的局势 yánzhòngde júshì. **gravely** *adv*.

gravel /'grævl/ *n* [U] 砾（礫）石 lìshí; 砂石 Ilshí, **gravel** *v* [-ll-]; 美语亦作 **-l-**] [T] 铺以砾石 pū yǐ lìshí. **gravelly** /'grævəlɪ/ *adj* **1** 铺砾石的 pū shālì duǒ de. **2** [喻] (声音)粗重的 cū zhòng de; 沙哑（啞）的 cūzhòng ér shāyǎ de.

gravitate /'grævɪteɪt/ *v* [I] *towards/to* 受吸引 shòu xīyǐn; 倾向 qīngxiàng. **gravitation** /ˌgrævɪ'teɪʃn/ *n* [U].

gravity /'grævətɪ/ *n* [U] **1** 地球引力 dìqiú yǐnlì. **2** 严（嚴）重性 yánzhòngxìng; *the ~ of the situation* 形势的严重性.

gravy /'greɪvɪ/ *n* [U] 肉汁 ròuzhī.

gray /greɪ/ (尤用于美语) = GREY.

graze[1] /greɪz/ *v* **1** [I] (牲畜)吃草 chīcǎo. **2** [T] 放牧 fàngmù.

graze[2] /greɪz/ *v* [T] **1** 擦去⋯的皮 cāqù⋯de pí. **2** 擦过（過）cāguò. **graze** *n* [C] 擦破处（處）cāpòchù.

grease /gri:s/ *n* [U] **1** 动（動）物脂肪 dòngwù zhīfáng; 熔化的动物脂肪 rónghuàde dòngwù zhīfáng. **2** 油脂状（狀）物 yóuzhī zhuàng wù. **grease** *v* [T] 涂（塗）油脂于 tú yóuzhī yú. **2** [习语] **grease sb's palm** [非正式用语] 向⋯行贿 xiàng⋯xínghuì. **like greased lightning** [非正式用语]闪电（電）似地 shǎndiànshìde; 飞（飛）快地 fēikuàide. ,**grease-proof** '**paper** *n* [U] 防油纸 fáng yóu zhǐ. **greasy** *adj* [-ier, -iest] 涂有油脂的 tú yóu yóuzhīde. **greasily** *adv*.

great /greɪt/ *adj* **1** (体积、数量、程度)超过（過）一般标（標）准（準）的 chāoguò yìbān biāozhǔn de; 巨大的 jùdàde; 非常的 fēichángde; *of ~ importance* 非常重要的. **2** 伟（偉）大的 wěidàde; *a ~ artist* 伟大的艺术家. **3** [非正式用语]美妙的 měimiàode; *a ~ time on holiday* 假日过得非常愉快. **2** [非正式用语]绝妙的 juémiàode; 极

（極）好的 jíhǎode; *What a ~ idea!* 这主意妙极了! **5** 精神非常好的 jīngshén fēicháng hǎode; 健康的 jiànkāngde; *I feel ~ today.* 我今天精神好极了. **6**[非正式用语](用于表示强调)多么（麼）duōme; *Look at that ~ big tree!* 瞧那棵好大的树! **7**[习语] **a great deal** ⇨ DEAL. **a great many** ⇨ MANY. ,**Great** '**Britain** *n* [sing] 大不列颠岛(包括英格兰、威尔士和苏格兰) Dàbùlièdiāndǎo. **greatly** *adv* [正式用语]非常 fēicháng. **greatness** *n* [U].

great- (用于复合词,表示隔两代)曾 zēng; ~ *uncle* 伯（或叔）祖父. ~'*grandson* 曾孙;曾外孙.

greed /gri:d/ *n* [U] (*for*) 贪心 tānxīn; 贪婪 tānlán. **greedy** *adj* [-ier, -iest] 贪吃的 tānchīde; 贪婪的 tānlánde. **greedily** *adv*.

green[1] /gri:n/ *adj* **1** 绿的 lǜde; 青绿的 qīnglǜde. **2**(水果)未熟的 wèishúde. **3**(脸色)发（發）青的 fāqīngde; 苍（蒼）白的 cāngbáide. **4**[非正式用语]没有经（經）验（驗）的 méiyǒu jīngyàn de; 容易受骗的 yì shòupiàn de. **5** 嫉妒的 jídùde; ~ *with envy* 十分妒忌. **6**(关指政治上)关（關）心环（環）境保护（護）的 guānxīn huánjìng bǎohù de. **7** [习语] **give sb the green** '**light** [非正式用语]允许某人做⋯ yǔnxǔ mǒurén zuò⋯; **get the green light** [非正式用语]被允许做⋯ bèi yǔnxǔ zuò⋯. ,**green** '**belt** *n* (城市周围等的)绿化地带（帶） lǜhuà dìdài; 绿带 lǜdài. ,**green** '**fingers** *n* [pl] [非正式用语][英国口语][園]艺（藝）技能 yuányì jìnéng. ,**greengrocer** *n* [C] [英国英语]蔬菜水果零售商 shūcài shuǐguǒ língshòushāng. ,**greenhouse** *n* [C] 温室 wēnshì. ,**greenhouse effect** *n* [sing] 温室效应（應） wēnshì xiàoyìng. **greenness** *n* [U].

green[2] /gri:n/ *n* **1** [C,U] 绿色 lǜsè; 青色 qīngsè. **2** **greens** [pl] 蔬菜 shūcài. **3** [C] 草地 cǎodì; *the village ~* 村中公有草地. **4** [C](高尔夫球场)球洞四周的草地 gāo'ěrfū qiúchǎng qiúdòng sìzhōu de cǎodì.

greenery /'gri:nərɪ/ *n* [U] 草木 cǎomù; 绿叶（葉） lǜyè.

greet /gri:t/ *v* [T] **1** 迎接 yíngjiē; 欢（歡）迎 huānyíng. **2** (被眼、耳)察觉（覺）chájué; 呈现 chéngxiàn.

greeting n [C] 问候 wènhòu; 招呼 zhāohu.

gregarious /grɪ'geərɪəs/ adj 1 [爱] 群居的 ài qúnjū de; 合群的 héqúnde. 2 群居的 qúnjūde.

grenade /grɪ'neɪd/ n [C] 手榴弹 [弹] shǒuliúdàn.

grew /gruː/ pt of GROW.

grey (亦作 **gray**, 尤用于美语) /greɪ/ adj 1 灰色的 huīsède. 2 头[头]发[发]灰白的 tóufa huībái de.

grey n [U] 灰色 huīsè. **grey** n [I] 成灰色 chéng huīsè. '**grey matter** n [U] [非正式用语]智力 zhìlì; 脑[脑]脑 nǎo.

greyhound /'greɪhaʊnd/ n [C] 跑狗(一种身体细长而善跑的赛狗) pǎogǒu.

grid /grɪd/ n [C] 1 格子 gézi; 格栅 gézhà. 2 a '~cattle~ 牲口栅栏. 3 (a)网[网]格 wǎnggé. (b) 地图[图]的坐标(图)dìtúde zuòbiāo fānggé. 3 高压[压]输电[电]线[线]网 gāoyā shūdiàn xiànlùwǎng.

gridlock /'grɪdlɒk/ n [U] (十字路口的) 交通大堵塞 jiāotōng dà dǔsè. '**gridlocked** adj 交通全面堵塞的 jiāotōng quánmiàn dǔsè de; 堵得不能动[动]的 dǔ de bùnéng dòng de.

grief /griːf/ n [U] (at/over) 悲伤[伤]悲恸 bēishāng. 2 [C] 产[产]生悲痛的缘由 chǎnshēng bēitòngde yuányóu. 3 [习语] **come to 'grief** 以失败告终 yǐ shībài gàozhōng; 出事故 chū shìgù.

grievance /'griːvns/ n [C] (against) 冤情 yuānqíng; 苦情 kǔqíng.

grieve /griːv/ v [正式用语] 1 [I]感到悲痛 gǎndào bēitòng; 伤[伤]心 shāngxīn. 2 [T]使悲痛 shǐ bēitòng; 使伤心 shǐ shāngxīn.

grill /grɪl/ n [C] 1 (烤食物用的)烤架 kǎojià. 2 炙烤的肉类[类](颜色) zhìkǎode ròulèi shípǐn; a mixed ~ 什锦烤肉. **grill** v 1 [I, T] 炙烤[食品] kǎo. 2 [T] 对[对]…加盘[盘]问 duì…yánjiā pánwèn.

grille (亦作 **grill**) /grɪl/ n [C] (铁[铁]栅 tiězhà) 部[部]局柜[柜]台[台]上的铁栅 yóuyú guìtái shàng de tiězhà.

grim /grɪm/ adj [~mer, ~mest] 1 讨厌[厌]的 tǎoyànde; 糟糕的 zāogāode; ~ news 糟糕的消息. 2 严[严]厉[厉]的 yánlìde; 严格的

yángéde; ~-faced 铁板着脸的. **grimly** adv.

grimace /grɪ'meɪs; US 'grɪməs/ n [C] 怪脸[脸] guàiliǎn; 怪相 guàixiàng. **grimace** v [I] 做怪脸 zuò guàiliǎn; 做怪相 zuò guàixiàng.

grime /graɪm/ n [U] (积于表面的)尘[尘]垢 chéngòu. **grimy** adj [-ier, -est].

grin /grɪn/ v [-nn-] [I] 露齿[齿]而笑 lù chǐ ér xiào. 2 [习语] **grin and 'bear it** 逆来顺受 nì lái shùn shòu. **grin** n [C]露齿的笑 lù chǐ de xiào.

grind /graɪnd/ v [pt, pp ground /graʊnd/] [T] 1 磨碎 mósuì; 碾碎 niǎnsuì; ~ corn into flour 把谷物磨成粉. 2 用力磨 mó; 磨光 móguāng; 磨快 mó kuài; ~ a knife 磨小刀. 3 用力擦 yònglì cā; 用力压[压]挤 yònglì jǐ; ~ one's teeth 咬牙切齿. 4 [习语] **grind to a halt** 慢慢停下来 mànmàn tíng xiàlái. 5 [短语动词] **grind sb down** 虐待 nüèdài; 折磨 zhémó. **grind** n [sing] 1 磨 mó; 磨碎 mósuì. 2 [非正式用语]苦差使 kǔchāishi. **grinder** n [C] 磨床[床] móchuáng; 磨工 mógōng. '**grindstone** n [C] 磨石 móshí.

grip /grɪp/ v [-pp-] 1 [I, T] 紧[紧]握 jǐnwò; 抓紧 zhuājǐn. 2 [T] 吸[吸]住…的注意 zhuāzhù…de zhùyì; ~ a ping film 吸引人的电影. **grip** n 1 [sing] 紧握 jǐnwò; 紧夹[夹] jǐnjiā. 2 [C]夹子 jiāzi. 3 [C] (旅行)手提包 shǒutíbāo; 旅行包 lǚxíngbāo. 4 [习语] **come/get to grips with sth** (认真)对[对]付[问题等] duìfu.

grisly /'grɪzlɪ/ adj 可怕的 kěpàde.

gristle /'grɪsl/ n [U] (肉食中的)软[软]骨 ruǎngǔ.

grit /grɪt/ n [U] 1 粗砂 cūshā; 砂砾[砾] shālì. 2 [喻]毅力 yìlì; 勇气[气] yǒngqì; 坚[坚]忍 jiānrěn. **grit** v [-tt-] 1 铺砂砾子 (冰冻的路面等) pū shālì yú. 2 [习语] **grit one's teeth** (a) 咬紧[紧]牙齿 yǎo jǐn yáchǐ (b) 咬紧牙关[关]坚[坚]决…yǎo jǐn yáguān jiānjué…; **gritty** adj [-ier, -iest].

groan /grəʊn/ v [I], n [C] 呻吟 shēnyín; 呻吟声 shēnyín shēng. She ~ed with pain. 她痛苦得呻吟起来.

grocer /'grəʊsə(r)/ n [C] 杂[杂]货商 záhuòshāng; 食品商 shípǐnshāng. **groceries** n [pl] 食品杂货

shípǐn zǎhuò.

groggy /ˈgrɒgɪ/ adj [-ier, -iest] 身体(體)虚弱的 shēntǐ xūruò de.

groin /grɔɪn/ n [C] 腹股沟(溝) fùgǔgōu.

groom /gruːm/ n [C] 1 马(馬)夫 mǎfū. 2 新郎 xīnláng. **groom** v [T] 1 饲(飼)养(養)马 sìyǎng. 2 使为(爲)某工作做准(準)备(備) shǐ wèi mǒu gōngzuò zuò zhǔnbèi. **groomed** adj 穿戴整洁(潔)的 chuāndài zhěngjié de. a well-~ed young man 衣冠楚楚的年轻人.

groove /gruːv/ n [C] 1 槽 cáo; 沟(溝) gōu. 2 [习语] **get into/be stuck in a groove** 成为(爲)习(習)惯 chéngwéi xíguàn. **grooved** adj 有槽的 yǒucáode.

grope /grəup/ v 1 [I]触(觸)摸 chùmō; 摸索 mōsuǒ. ~ for one's glasses 摸索自己的眼镜. 2 [T][非正式用法]摸(对…的身体)调情时)抚(撫)摸(…的身体) fǔmō.

gross[1] /grəus/ n [C] [pl gross] (商业用语)罗(羅)[罗] luó (=144 个或 12 打).

gross[2] /grəus/ adj 1 非常胖的 fēicháng pàngde. 2 粗俗的 cūsúde. 3 显(顯)著的 xiǎnzhùde; ~ injustice 显著的不公. 4 总(總)的 zǒngde; 毛的 máode; ~ income 毛收入(即税前收入). **gross** v [T] 获(獲)得…毛收入 huòdé…máo shōurù, **grossly** adv. **grossness** n [U].

grotesque /grəuˈtesk/ adj 奇形怪状(狀)的 qí xíng guài zhuàng de; 奇异(異)的 qíyìde. **grotesquely** adv.

grotto /ˈgrɒtəu/ n [C] [pl ~es 或 ~s] 岩洞; 穴 xué.

ground[1] /graund/ n 1 the ground [sing] 地面 dìmiàn; ~ fall to the ~ 掉到地上. 2 [U]地面上的区(區)域、距离(離) dìmiàn shàng de qūyù, jùlí. stony ~ 多石地. marshy ~ 沼泽地. 3 [C]场(場)地 chǎngdì; a football ~ 足球场. a play ~ (学校的)操场. 4 grounds [pl] (建筑物周围的)场地 chǎngdì, 园(園)庭院 tíngyuàn; the palace ~s 王宫庭院. 5 [U][喻](兴趣、讨论等的)领域 lǐngyù, 范(範)围(圍) fànwéi; The programme covered a lot of ~. 这节目包括了多方面的内容. common ~ between the two sides 双方的共同点. 7[C, 尤

作 pl]理由 lǐyóu; ~s for divorce 离婚的理由. 8 grounds [pl] 渣滓 zhāzǐ; 沉积(積)物 chénjīwù; 'coffee~~s 咖啡渣. 9[T]习语 **gain/make up ground (on sb/sth)** 追上 zhuī shàng; [喻]gain ~ on one's competitors 追上对手. **get off the ground** 有一个(個)好的开(開)始 yǒu yíge hǎode kāishǐ. **give/lose 'ground (to sb/sth)** 失利 shīlì. **hold/keep/stand one's 'ground** 坚(堅)持立场 jiānchí lìchǎng. ˌground 'floor n [sing] [英国英语](建筑物的)一楼(樓)层(層) yìlóucéng, 一楼(樓)[层(層)] yìcéng. **groundless** adj 没有理由的 méiyǒu lǐyóu de; ~'less fears 没有理由的害怕. 'groundsheet n [C](防止睡袋受潮的)铺地防潮布 pūdì fángcháobù. **groundwork** n [U] 基础(礎)工作 jīchǔ gōngzuò.

ground[2] /graund/ v 1 [I,T] (使)船搁(擱)浅(淺) chuán gēqiǎn. 2 [T] 使(飞机)停飞(飛) shǐ tíngfēi. 3 [短语动词] **ground sb in sth** 给(某人)…基础(礎)训练(練) gěi…jīchǔ xùnliàn. **ground sth on sth** 使基础训练 jīchǔ xùnliàn. **grounding** n [sing] 基础 jīchǔ.

ground[3] /graund/ pt, pp of GRIND.

group /gruːp/ n [C, 亦作 sing, 用 pl v] 群 qún; 批 pī, 组(組) zǔ, **group** v [I,T] (把…)分组 fēnzǔ.

grouse[1] /graus/ n [C] [pl grouse] 松鸡(鷄) sōngjī.

grouse[2] /graus/ v [I][非正式用语]埋怨 mányuàn; 发(發)牢骚 fā láosāo, **grouse** n [C] 牢骚 láosāo.

grove /grəuv/ n [C] 树(樹)丛(叢) shùcóng; 小树林 xiǎoshùlín.

grovel /ˈgrɒvl/ v [-ll-; 美洲 -l-] [贬]卑躬屈节(節)的 bēi gōng qū jié.

grow /grəu/ v [pt grew /gruː/, pp ~n /grəun/] 1 [I]增大 zēngdà, 2 [I]生长(長) shēngzhǎng; Plants ~ from seeds. 植物是从种子生长起来的. ~ a beard 蓄胡须. 3 [通常与形容词连用]成为(爲) chéngwéi, 变(變)得 biànde; ~ older 变老. 4 [短语动词] **grow on sb** 引起…的爱(愛)影 yǐnqǐ…de àihào; The picture will ~ on you. 这图画会引起你的喜爱. **grow out of sth (a)** 长大得穿不上(某一衣服等)zhǎngdà chuānbùshàng. **(b)** 长大得不宜 zhǎngdà dé bù yí; ~ out of play-

ing with toys 长大，不玩玩具了.
grow up (a) 成年 chéngnián. **(b)** 开[開]始存在 kāishǐ cúnzài; *A warm friendship grew up between them.* 他们之间发展起了亲密的友谊.

growl /graul/ *v* [I], *n* [C] (动物) 嗥叫 háojiào; (雷) 轰[轟] 鸣[鳴] hōngmíng: *The dog ~ed at the burglars.* 那狗向小偷汪汪直叫.

grown /grəʊn/ *adj* 成年的 chéngniánde; 成熟的 chéngshúde. **grown 'up** *adj* 成年的 chéngniánde; 成熟的 chéngshúde. **'grown-up** *n* [C] 成年人 chéngniánrén.

growth /grəʊθ/ *n* **1** [U] 生长[長] shēngzhǎng; 发[發]展 fāzhǎn. **2** 生长物 shēngzhǎngwù: *three days' ~ of beard* 长了三天的胡子. **3** [C] [医]瘤 liú.

grub¹ /grʌb/ *n* **1** [C] (动物) 蛴[蠐]螬 qícáo. **2** [U] [俚]食物 shíwù.

grub² /grʌb/ *v* [**-bb-**] **1** 掘地 (掘出某物) juédì.

grubby /'grʌbi/ *adj* [**-ier, -iest**] 污秽(穢)的 wūhuìde.

grudge /grʌdʒ/ *v* [T] 吝惜 lìnxī; 不愿[願]给 búyuàn gěi; 不愿接受 búyuàn ... : *I ~ paying so much for such bad goods.* 对这么糟的食物我不愿付很多钱. **grudge** *n* [C] 恶[惡]意 èyì; 怨恨 yuànhèn; 忌妒 jìdù: *have a ~ against sb* 怀恨某人. **grudgingly** *adv*.

gruelling (美语 **grueling**) /'gruːəlɪŋ/ *adj* 累垮人的 lèikuǎ rén de.

gruesome /'gruːsəm/ *adj* 可怕的 kěpàde; 讨厌[厭]的 tǎoyàde. **gruesomely** *adv*.

gruff /grʌf/ *adj* 粗暴的 cūbàode; 不友好的 bùyǒuhǎode. **gruffly** *adv*. **gruffness** *n* [U].

grumble /'grʌmbl/ *v* [I] 埋怨 mányuàn; 发[發]牢骚 fā láosāo. **grumble** *n* [C] 埋怨 mányuàn; 牢骚 láosāo.

grumpy /'grʌmpi/ *adj* [**-ier, -iest**] 脾气[氣]坏[壞]的 píqì huài de. **grumpily** *adv*.

grunt /grʌnt/ *v* [I] **(a)** (猪等) 作呼噜声[聲] zuò hūlū shēng. **(b)** (人) 发哼哼声 fā hēngheng shēng. **grunt** *n* [C] (猪等的) 呼噜声 hūlū shēng; (人的) 哼哼声 hēngheng shēng.

guarantee /ˌɡærən'tiː/ *n* [C] **1** 保

证[證](书) bǎozhèng: *The repairs to this watch are covered by the ~.* 这表保修. **2** 担[擔]保 dānbǎo. **guarantee** *v* [T] **1** (为[爲])...担保 wèi ... dānbǎo. **2** 保证 bǎozhèng: *We cannot ~ that train will arrive on time.* 我们不能保证火车会正点到达.

guarantor /ˌɡærən'tɔː(r)/ *n* [C] [法律] 担[擔]保人 dānbǎorén; 保证人 bǎozhèngrén; 保人 bǎorén.

guard /ɡɑːd/ *n* **1** [U] 警惕 jǐngtì; 警戒 jǐngjiè. **2** 看守 ... — 担任警戒的士兵 ... **2** 警[警]卫[衛]人员 jǐngwèi rényuán. **3 the guard** [C, 亦作 sing,用 pl v] 卫队[隊] wèiduì: *the ~ of honour* 仪仗队. **4** [英国英语]列车长 [長] lièchēzhǎng. **5** [C] (尤用于复合词) 防护[護]器 fánghùqì: *'fire-* 挡火板. **guard** *v* **1** [T] 保护 bǎohù. **2** [I] 看守 (从) ... kānshǒu; 监[監]视 jiānshì. **3** [短语动词] **guard against sth** 防止 fángzhǐ; 防范[範] fángfàn: ~ *against disease* 防病. **guarded** *adj* 谨慎的 jǐnshènde; 小心提防的 xiǎoxīn dīfáng zhe de.

guardian /'ɡɑːdɪən/ *n* [C] 保护人 [護]人 bǎohùrén; 监[監]护人 jiānhùrén. **guardianship** *n* [U] 监护 jiānhù.

guerrilla (亦作 **guerilla**) /ɡə'rɪlə/ *n* [C] 游击[擊]队员 yóujíduìyuán.

guess /ɡes/ *v* **1** [I, T] 猜想 cāixiǎng; 推测 tuīcè. **2** [非正式用语, 尤用于美语] 认[認]为[爲] rènwéi; 想 xiǎng. **guess** *n* [C] **1** (at) 猜想 cāixiǎng. **2** 猜想出的意见 cāixiǎng chū de yìjiàn. **'guesswork** *n* [U] 猜想 cāixiǎng; 推测 tuīcè.

guest /ɡest/ *n* [C] **1** 旅客 lǚkè. **2** (应邀吃饭、看戏等的) 客人 kèrén. **3** 客串演员 kèchuàn yǎnyuán. **4** [习语] **be my 'guest** [非正式用语] 请便! Qǐng biàn! **'guest-house** *n* [C] 小旅馆 xiǎo lǚguǎn.

guffaw /ɡʌ'fɔː/ *v* [I], *n* [C] 大笑 dàxiào; 狂笑 kuángxiào.

guidance /'ɡaɪdns/ *n* [U] 指导 [導] zhǐdǎo; 指引 zhǐyǐn; 忠告 zhōnggào.

guide /ɡaɪd/ *n* [C] **1** 领路人 lǐnglùrén; 向[嚮]导[導]人 xiàngdǎorén. **2** 影响行为[爲]的人或物 yǐngxiǎng xíngwéi de rén huò wù. **3** 指南 [手册[冊] shǒucè] 'guidebook (介绍某一地方的) 指南 zhǐnán. **4** 手册 shǒucè; *a ~ to* *plants* 花木手册. **5 Guide** 女童子军 nǔ tóngzǐjūn. **guide** v [T] 1~领路 wèi … lǐnglù; 指引 zhǐyǐn.

'guided 'missile n [C] 导弹[彈] dǎodàn. **'guide-line** [C, 常作 pl] 指导方针 zhǐdǎo fāngzhēn; 指导原则 zhǐdǎo yuánzé.

guild /gɪld/ n [C] 行会[會] hánghuì; 同业[業]公会 tóngyè gōnghuì.

guile /gaɪl/ n [U] 诡计 guǐjì.

guillotine /ˈgɪlətiːn/ n [C] 1 断[斷]头[頭]台[臺] duàntóutái. 2 (切纸用)裁刀 cáidāo. 3 [喻, 英国英语, 政治]议[議]会[會]会[會]议止辩论[論](以时表决法 yǐ jiézhǐ biànlùn yǐ fù biǎojuéfǎ, guillotine v 1 在断头台上处[處]决 zài duàntóutái shàng chūjué; 切开[開] qiēkāi.

guilt /gɪlt/ n [U] 1 内疚 nèijiù. 2 罪责 zuìzé, **guilty** adj [-ier, -iest] 1 有罪的 yǒuzuìde. 2 内疚的 nèijiùde; 自觉[覺]有罪的 zìjué yǒuzuì de. **guiltily** adv.

guinea /ˈgɪni/ n [C] (尤用于过去的英国) 21 先令 (£1.05) èrshíyī xiānlìng.

guinea-pig /ˈgɪni pɪg/ n [C] 1 (动物)豚鼠 túnshǔ. 2 供试验(驗)用的人 gōng shìyàn yòng de rén.

guise /gaɪz/ n [C] [正式用语]外表 wàibiǎo.

guitar /gɪˈtɑː(r)/ n [C] [音乐]六弦琴 liùxiánqín; 吉他 jítā. **guitarist** n [C].

gulf /gʌlf/ n [C] 1 海湾[灣] hǎiwān; *the G~ of Mexico* 墨西哥湾.2 [喻]深刻的分歧 shēnkède fēnqí.

gull /gʌl/ n [C] [海]鸥[鷗] ōu.

gullet /ˈgʌlɪt/ n [C] 咽喉 yānhóu.

gullible /ˈgʌləbl/ adj 易受上当[當]受骗的 róngyì shàngdàng shòupiàn de.

gulp /gʌlp/ v [I] 吞食 tūnshí. **gulp** n [C] 吞食 tūnshí.

gum[1] /gʌm/ n [C, 常作 pl] 牙床[牀] yáchuáng; 齿[齒]龈 chǐyín.

gum[2] /gʌm/ n 1 [U] 树[樹]胶[膠] shùjiāo. 2 [U] 口香糖 kǒuxiāngtáng; 橡皮糖 xiàngpítáng. 3 [C] 果味糖果 guǒwèi tángguǒ. **gum** v [-mm-] [T] 用树胶粘 yòng shùjiāo zhān; 涂[塗]树胶于 tú shùjiāo yú. **'gumboot** n [常作 pl] 橡胶靴 qí xǐ jiāoxuē. **gummy** adj [-ier, -iest] 粘性的 niánxìngde. **'gumtree** n [C] 胶树 jiāoshù.

gun /gʌn/ n [C] 炮 pào; 枪[槍]枪 qiāng. **gun** v [-nn-] [短语动词]

gun sb down v 开[開]枪 xiǎng…kāiqiāng. **gun for sb** [非正式用语]伺机[機]攻击[擊] sìjī gōngjī.

'gunboat n [C] 炮艇 pàotǐng.

gunfire n [U] 炮火 pàohuǒ; 火器射击 huǒqì shèjī. **gunman** n [pl -men / -mən/] 持枪歹徒 chíqiāng dǎitú; 枪手 qiāngshǒu.

gunner /ˈgʌnə(r)/ n [C] 炮手 pàoshǒu. **gunpoint** n [习语] **at 'gunpoint** 在枪口威胁[脅]下 zài qiāngkǒu wēixié xià. **'gunpowder** n [U] 炸药[藥] zhàyào. **'gunshot** n [C] 枪炮射击 qiāngpào shèjī. 2 [U] 射程 shèchéng. **gunsmith** n [C] 枪炮匠 qiāngpàojiàng; 枪炮工 qiāngpào gōng.

gurgle /ˈgɜːgl/ v [I] n [C] (发)汩汩流水声[聲] gǔgǔ liúshuǐ shēng.

gush /gʌʃ/ v [I] 1 涌出 yǒngchū; 喷出 pēnchū; *blood ~ing from a wound* 伤口涌出的血. 2 [贬]滔滔不绝地说 tāotāo bùjué de shuō. **gush** n [sing] 迸发[發] bèngfā. **gushing** adj.

gust /gʌst/ n [C] 阵风[風] zhènfēng. **gusty** adj [-ier, -iest].

gut /gʌt/ n 1 **guts** [pl] [非正式用语] **(a)** 内脏[臟] nèizàng. **(b)** 要害部分 yàohài bùfen. 2 **guts** [pl] [非正式用语]勇气[氣] yǒngqì; 决心 juéxīn. 3 肠[腸] cháng. 4 [C] 肠线 chángxiàn. **gut** v [-tt-] [T] 1 取出(鱼等)内脏 qǔchū nèizàng. 2 (除去)内部装[裝]置 sǔnhuǐ…nèibù zhuāngzhì; *a house ~ted by fire* 被毁坏了内部装置的房子. **gut** adj 发[發]自内心深处[處]的 fā zì nèixīn shēnchù de; 直觉[覺]的 zhíjuéde; *a ~ reaction* 本能的反应.

gutter /ˈgʌtə(r)/ n 1 [C] 檐槽 yáncáo. 2 **the gutter** [sing] 下层[層]贫贱[賤] pínjiàn de. **the 'gutter press** n [sing] [贬]低级趣味报[報]纸 dījí qùwèi bàozhǐ.

guy[1] /gaɪ/ n [C] 1 [非正式用语]人 rén; 家伙 jiāhuo. 2 盖[蓋]伊·福克斯的模拟[擬]像(每年 11 月 15 日盖伊·福克斯日被示众后烧毁) Gàiyī·Fúkèsī de móníxiàng.

guy[2] /gaɪ/ n [C] 牵[牽]索 qiānsuǒ; 稳[穩]索 wěnsuǒ.

guzzle /ˈgʌzl/ v [I, T] [非正式用语]大吃大喝 dàchī dàhē.

gym /dʒɪm/ n [非正式用语] 1 [C] 体[體]育馆 tǐyùguǎn. 2 [U] 体操 tǐcāo. **'gym-shoes** n [C] (橡

底帆布面的)运[運]动[動]鞋 yùndòngxié.

gymkhana /dʒɪm'kɑːnə/ *n* [C] 赛马 sàimǎ.

gymnasium /dʒɪm'neɪzɪəm/ *n* [C] 体[體]育馆 tǐyùguǎn.

gymnast /'dʒɪmnæst/ *n* [C] 体[體]操家 tǐcāojiā.

gymnastics /dʒɪm'næstɪks/ *n* [U] 体[體]操 tǐcāo. **gymnastic** *adj*.

gynaecology (美语 gynec-) /ˌgaɪnə'kɒlədʒɪ/ *n* [U] 妇[婦]科学[學] fùkēxué. **gynaecological** (美语 gynec-) /ˌgaɪnəkə'lɒdʒɪkl/ *adj*. **gynaecologist** (美语 gynec-) /ˌ/ *n* [C] 妇科医[醫]生 fùkē yīshēng.

gypsy (亦作 **gipsy**) /'dʒɪpsɪ/ *n* [C] [*pl* **-ies**] 吉卜赛人 jípǔsàirén.

gyrate /dʒaɪ'reɪt; US 'dʒaɪreɪt/ *v* [I] 旋转[轉] xuánzhuǎn. **gyration** /dʒaɪ'reɪʃn/ *n* [C, U].

H h

H, h /eɪtʃ/ *n* [C] [*pl* **H's, h's** /'eɪtʃɪz/] 英语的第八个[個]字母 Yīngyǔde dìbāgè zìmǔ.

haberdasher /'hæbədæʃə(r)/ *n* [C] 1 [英国英语] 男子服饰针线[綫]商 língxiàng fúshì zhēnxiàn shāng. 2 [美语] 男子服装[裝]商 nánzǐ fúzhuāngshāng. **haberdashery** *n* 零星服饰针线 língxīng fúshì zhēnxiàn.

habit /'hæbɪt/ *n* 1 [C,U] 习[習]惯 xíguàn; 习性 xíxìng. *Smoking is a bad* ~. 吸烟是坏习惯. 2 [C] 修道士或修女穿的衣服 xiūdàoshì huò xiūnǚ chuānde yīfu. 3 [习] **make a habit of (doing) sth** 经[經]常 做…… jīngcháng zuò….

habitable /'hæbɪtəbl/ *adj* 可居住的 kě jūzhù de.

habitat /'hæbɪtæt/ *n* [C] (动植物的)生境 shēngjìng, 栖[棲]息地 qīxīdì.

habitation /ˌhæbɪ'teɪʃn/ *n* [U] 居住 jūzhù; *houses fit for* ~ 适宜居住的房屋.

habitual /hə'bɪtʃuəl/ *adj* 1 惯常 guànchángde; 通常的 tōngcháng-

de. 2 习[習]惯的 xíguàn de; *a* ~ *smoker* 有烟瘾[癮]的人. **habitually** *adv*.

hack[1] /hæk/ *v* [I, T] 劈 pī; 砍 kǎn. **'hack-saw** *n* [C] 钢[鋼]锯 gāngjù; 弓锯 gōngjù.

hack[2] /hæk/ *n* [C] 雇佣文人 gùyōng wénrén.

hacker /'hækə(r)/ *n* [C] 私自存取电[電]子计算机[機]资料的人 sīzì cúnqǔ diànzǐ jìsuànjī zīliào de rén.

hackneyed /'hæknɪd/ *adj* (词语等)陈腐的 chénfǔde.

had /hæd/ *pt, pp* of HAVE.

haddock /'hædək/ *n* [C, U] [*pl* **haddock**] 黑线[綫]鳕 hēixiànxuě.

hadn't /'hædnt/ had not. ⇨ HAVE.

haemophilia (亦作 **hem-**, 尤用于美语) /ˌhiːmə'fɪlɪə/ *n* [U] 血友病 xuèyǒubìng. **haemophiliac** (亦作 **hem-**, 尤用于美语) /-læk/ *n* [C] 血友病人 xuèyǒubìng rén.

haemorrhage (亦作 **hem-**, 尤用于美语) /'heməridʒ/ *n* [C, U] 大出血 dà chūxiě.

haemorrhoids (亦作 **hem-**, 尤用于美语) /'heməroidz/ *n* [pl] [医]痔 zhì.

hag /hæg/ *n* [C] [贬] 丑[醜]老妇[婦] chǒulǎofù.

haggard /'hægəd/ *adj* 憔悴的 qiáocuìde; 枯槁的 kūgǎode.

haggis /'hægɪs/ *n* [U] (苏格兰食品)肉馅羊肚 ròuxiàn yángdǔ.

haggle /'hægl/ *v* [I] (*over/ about*) 讨价[價]还[還]价 tǎojià huánjià.

hail[1] /heɪl/ *n* 1 [U] 冰雹 bīngbáo; 雹子 báozi. 2 [sing] [喻](冰雹般)一阵 yízhèn; *a* ~ *of bullets* 一阵弹雨. **hail** *v* 1 [I] (与 it 连用) 下雹 xià báo. 2 [I, T] [喻]落下 luòxià. **'hailstone** *n* [C] 冰雹 bīngbáo; 雹子 báozi. **'hailstorm** *n* [C] 雹暴 báobào.

hail[2] /heɪl/ *v* 1 [T] 向……打招呼 xiàng…dǎ zhāohu. 2 [T] 示意(出租车)停下 shìyì tíngxià. 3 [T] 热[熱]情赞[讚]扬[揚] rèqíng zànyáng; *They* ~*ed him as their hero.* 他们赞颂他是他们的英雄. 4 [I] *from* 来自 láizì.

hair /heə(r)/ *n* 1 (a) [C] 毛 máo. (b) [U] 头[頭]发[髮]tóufa. 2 [习惯](by) a **'hair's 'breadth** (以)极[極]短的距离[離] jíduǎnde júlì, **make one's hair stand on end** 使某人毛骨悚然 shǐ mǒurén máo gǔ sǒngrán. **'haircut** n [C] 理发 lǐfà. **'hair-do** n [C] [pl -dos] [非正式用语](女子的)做发 zuò fà;(女子)发式 fàshì. **hairdresser** n [C] 理发(女发)师(師) lǐfàshī. **'hair-grip** n [C] 小发夹(夾) xiǎo fàjiā. **'hair-line** n [C] 1(前额)发际(際)线(線) fàjìxiàn. 2[喻]细线 xìxiàn; a ~-line 'crack 裂缝. **'hairpin** n [C] 发卡 fàqiǎ. **hairpin 'bend** n [C] (道路的)U 字形急转(轉)弯(彎)处 U zìxíng jízhuǎnwān. **'hair-raising** adj 令人毛骨悚然的 lìng rén máo gǔ sǒngrán de. **'hairstyle** n 发式 fàshì. **hairy** adj [-ier, -iest] 1 毛的 máode;像毛一样(樣)的 xiàng máo yíyàng de; 长(長)满毛的 zhǎng mǎn máo de. 2[俚]惊(驚)险(險)的 jīngxiǎnde;令人毛骨悚然的 lìng rén máo gǔ sǒngrán de. **hairiness** n [U].

hale /heɪl/ adj [习语] **hale and hearty** 矍铄(鑠)的 juéshuòde;健壮(壯)的 jiànzhuàngde.

half¹ /hɑːf; US hæf/ n [C] [pl halves /hɑːvz; US hævz/] 1 一半 yíbàn;½. 2 半票 bànpiào;(饮料的)半杯 bànbēi; Two halves to the station, please. 买两张到火车站的半票. 3(体育比赛或音乐会的)一半 yíbàn;半场(場) bànchǎng. 4[习语] **go 'halves (with)** sb 与(與)某人均摊(攤)费用 yǔ mǒurén jūntān fèiyòng.

half² /hɑːf; US hæf/ adj 一半的 yíbànde; ~ an hour 半小时(時) bàn xiǎoshí. 2[习语] **half past 'one, 'two, etc**, [美语] **half 'one, 'two, etc** 一点(點)、两点(點)(等)三十分 yīdiǎn, liǎngdiǎn sānshí fēn, half pron 一半 yíbàn; H~ of the money is hers. 这钱的一半是她的. **half-and-'half** adj 一半…一半…的 yíbàn…yíbàn…de, half 'board n 半膳宿(旅馆供应早餐及晚餐) bàn shànsù, half-caste n [C], adj 混血儿(兒) hùnxuè'ér;混血的 hùnxuède. **half-mast** n [习语] **at half-mast** (旗)升半的 shēng bàn de, half 'term n [C] 期中假(学期中间的假日) qīzhōngjià, half 'time n [U] (体育比赛上下半场中间的)中场(場)休息 zhōngchǎng xiūxi, **half-'way**

adv, adj 在中途(的) zài zhōngtú; 半路上(的) bànlùshàng. **'half-wit** n [C] 笨蛋 bèndàn;傻(傻)瓜 shǎguā. **half-'witted** adj.

half³ /hɑːf; US hæf/ adv 1 一半地 yíbànde; ~ full 半满. 2 部分地 bùfende; ~ cooked 没有完全煮熟的. 3[非正式用语]几(幾)乎 jīhū; They felt ~ dead. 他们筋疲力尽. 4[习语] **not half** [俚]非常 fēicháng; 'Do you like ice-cream?' 'Not ~.' "你爱吃冰淇淋吗?""非常爱吃." **half-'baked** adj [非正式用语]愚蠢的 yúchǔnde, **half-'hearted** adj 兴(興)趣不大的 xìngqù búdà de;不热(熱)心的 bú rèxīn de.

hall /hɔːl/ n [C] 1 门厅(廳)门téng;过(過)道 guòdào. 2 礼(禮)堂 lǐtáng;会(會)堂 huìtáng;大厅 dàtīng. 3 大学(學)生宿舍 dàxuéshēng sùshè; a ~ of residence 大学宿舍.

hallelujah = ALLELUIA.

hallmark /ˈhɔːmɑːk/ n [C] 1 金银纯度标(標)记(記) jīnyín chúndù biāojì. 2 [喻]特点(點) tèdiǎn;特征(徵) tèzhēng.

hallo (亦作 **hello, hullo**) /həˈləʊ/ interj [pl ~s] (用于打招呼、引起注意或表示惊讶)喂! wèi! hāi! 嗨! hēi!

Hallowe'en /ˌhæləʊˈiːn/ n [U] 十月三十一日(万圣节前夕) shíyuè sānshíyī rì.

hallucination /həˌluːsɪˈneɪʃn/ n [C, U] 幻觉(覺) huànjué.

halo /ˈheɪləʊ/ n [C] [pl ~es] (绘于神像头上的)光环(環) guānghuán. 2(日、月)晕 yùn.

halt /hɔːlt/ v [I, T] (使)停止前进(進) tíngzhǐ qiánjìn, halt n [sing, C] 停止 tíngzhǐ; The train came to a ~ outside the station. 火车在站外停了下来.

halter /ˈhɔːltə(r)/ n [C] (马)笼(籠)头(頭) lóngtou;缰绳(繩) jiāngshéng.

halting /ˈhɔːltɪŋ/ adj 踌躇踯躇的 chóuchúde;迟(遲)疑不决的 chíyí bù jué de. **haltingly** adv.

halve /hɑːv; US hæv/ v [T] 1 把…等分为(為)两半 bǎ…děngfēn wéi liǎngbàn. 2 把…减少一半 bǎ…jiǎnshǎo yíbàn; ~ the cost 把费用减少一半.

halves n pl of HALF¹.

ham /hæm/ n 1 (a)[C] 火腿 huǒtuǐ. (b) [U] 火腿肉 huǒtuǐròu. 2

[C] 〔俚〕拙劣的演员 zhuōliède yǎnyuán, **3** [C] 〔业〕余[餘] yú[無] 无线[綫]电[電]爱[愛]好者 yèyú wúxiàndiàn àihàozhě. **ham** v [-mm-] [I,T] 〔俚〕过[過]火地表演某一角色 guòhuǒde biǎoyǎn mǒuyī juésè. **ham-'fisted** adj 〔贬〕笨手笨脚地本领不佳地 bènshǒu bènjiǎo de.

hamburger /'hæmbɜːɡə(r)/ n [C] 面[麵]包片夹[夾]牛肉饼 miànbāopiàn jiā niúròubǐng; 汉[漢]堡包 hànbǎobāo.

hamlet /'hæmlɪt/ n [C] 小村庄[莊] xiǎocūnzhuāng.

hammer /'hæmə(r)/ n [C] **1** 锤 chuí; 榔头[頭] lángtou. **2** (钢琴)音锤 yīnchuí; 锤打 chuídǎ. **2** [T] 〔非正式用语〕惨败 cǎnbài; 打垮 dǎkuǎ. **3** 〔短语动词〕hammer away at sth 致力于 zhìlì yú: ～ at a problem 苦苦研究一个问题. hammer sth out 经[經]详细讨论[論]得出一致意见 jīng xiángxì tǎolùn déchū yízhì yìjiàn.

hammock /'hæmək/ n [C] 吊床[牀] diàochuáng.

hamper[1] /'hæmpə(r)/ v [T] 阻碍[礙] zǔ'ài; 妨碍 fáng'ài; 牵[牽]制 qiānzhì.

hamper[2] /'hæmpə(r)/ n [C] 携带食品用的有盖[蓋]篮[籃]子 yǒu gài lánzi.

hamster /'hæmstə(r)/ n [C] 仓[倉]鼠 cāngshǔ.

hand[1] /hænd/ n [C] **1** 手 shǒu. **2 a hand** (sing) 帮[幫]助 bāngzhù: Can you give me a ～ with the washing-up? 你帮我洗洗餐具吧. **3** [C] (钟表等的)指针 zhǐzhēn; hour～ 时针. **4** [C] 工人 gōngrén; a farm-～ 农场工人. **5** [C] (纸牌戏的一方)一手牌 yīshǒupái. **6** [sing] 字迹 zìjì; 笔迹 bǐjì. **7** [sing] 鼓掌 gǔzhǎng: Give her a big～ 让我热烈鼓掌. 8 [习语] at first 'hand 直接 zhíjiē. at second 'hand 间接 jiānjiē. at 'hand 在附近 zài fùjìn. by 'hand (a) 用手工 yòng shǒugōng. (b) 由专[專]人递[遞]送(非邮寄) yóu zhuānrén dìsòng. hand in 'hand (a) 手拉手 shǒu lā shǒu. (b) 密切有关[關]联[聯]地 mìqiè guānlián de. have/take a hand in sth 起一份 qǐ yīfèn zuòyòng. have one's 'hands full 很忙 hěnmáng. in 'hand (a) 被掌[掌]握 bèi yòng-

yǒu; 待使用 dài shǐyòng. (b) 在控制下 zài kòngzhì xià: The situation is well in ～. 局势得到了很好的控制. (c) 在进[進]行中 zài jìnxíng zhōng: the job in ～ 正在进行的工作. in sb's 'hands 在某人控制下 zài mǒurén kòngzhì, zhàoguǎn xià. out of sb's hands 不在某人控制下 bú zài mǒurén kòngzhì, zhàoguǎn xià. off one's 'hands 不再由某人负责 búzài yóu mǒurén fùzé. on one's 'hands 由某人负责 yóu mǒurén fùzé. on 'hand 现有 xiànyǒu; 在手头[頭]的 zài shǒutóu de. on the 'one hand ... on the 'other (hand) (用于表示两种相反的一方面……,另一方面……) yì fāngmiàn…, lìng yì fāngmiàn… out of 'hand (a) 失控 shīkòng; 不服从[從]控制 bù fúcóng kòngzhì. (b) 不假思索地 bùjiǎ sīsuǒ de. 'handbag n [C] (女式)手提包 shǒutíbāo. 'handbook n [C] 手册 shǒucè; 便览[覽] biànlǎn; 指南 zhǐnán. 'handbrake n [C] (汽车等的)手闸 shǒuzhá; 手刹车 shǒu shāchē. 'handcuff v [T] 给…带[帶]上手铐 gěi…dàishàng shǒukào. 'handcuffs n [pl] 手铐 shǒukào. handful n [C] 一把(的量) yī-bǎ. 2 [sing] 少数[數] shǎoshù; 少量 shǎoliàng. 3 [sing] 〔非正式用语〕难[難]控制的人或动[動]物 nán kòngzhì de rén huò dòngwù. 'hand-picked adj 精选[選]的 jīngxuǎnde. 'hands-free adj (电话)免提的 miǎntí de. 'handshake n [C] 握手 wòshǒu. 'handstand n [C] 〔体育〕手倒立 shǒu dàolì. 'handwriting n [U] 手写[寫]shǒuxiě; 笔[筆]迹 bǐjì.

hand[2] /hænd/ v [T] **1** 传[傳]递[遞]chuándì; 交 jiāo: Please ～ me that book. 请把那本书递给我. 2 [习语] hand sb sth on a plate ⇨PLATE. **3** [短语动词] hand sth down (to sb) 把(习惯、知识等)传给下一代 chuángěi xiàyídài. hand sth in (to sb) 交上 jiāoshàng; 呈送 chéngsòng: ～ in homework 交上家庭作业. hand sth on (to sb) 转[轉]交 zhuǎnjiāo; 传送 chuánsòng. hand sth out (to sb) 分发[發]给 fēnfā gěi; 散发给 sànfā gěi. (b) 施舍[捨]给 shīshě gěi. hand sb/sth over (to sb) 交出 jiāochū; 移交 yí jiāo: ～ a prisoner to the au-

thorities 把一个因犯交给当局。
'**hand-out** n [C] 1 施舍[捨] shī-shě. 2 传单[單] chuándān;分发的印刷品、资料等 fēnfā de yìnshuā-pǐn, zīliào děng.

handicap /'hændikæp/ n [C] 1 (身体或智力上的)残[殘]疾 cánjí; 障碍[礙] zhàng'ài. 2 障碍 zhàng'ài. 3 给予优[優]劣者的不利条[條]件以使竞[競]赛机[機]会[會]相等 jǐyǒu yōuzhě de búlì tiáojiàn yǐ shǐ jìngsài jīhuì xiāngděng. **handicap** v [-pp-] [T] 使不利 shǐ búlì, **handi-capped** *adj* (身体或智力上)有残疾的 yǒu cánjí de.

handicraft /'hændɪkrɑːft; US -kræft/ n [C] 手工业[業]shǒugōngyè;手工艺[藝] shǒuyì;手工艺品 shǒugōngyìpǐn.

handiwork /'hændɪwɜːk/ n [U] 1 手工 shǒugōng;手工制[製]品 shǒugōng zhìpǐn. 2 (某人)所做事物 suǒzuò shìwù.

handkerchief /'hæŋkətʃɪf/ n [C] 手帕 shǒupà.

handle /'hændl/ n [C] 把手 bǎ-shǒu;柄 bǐng, **handle** v 1 [T] 抓住 zhuāzhù;摸 mō;触[觸] chù; 弄 nòng. 2 [T] 处[處]理 chǔlǐ;管理 guǎnlǐ; ~ *a situation* 对付局势 [勢]. 3 [I,T] 操纵[縱] cāozòng;操作(交通工具等) cāozuò; *This car ~s well*. 这辆车很好开. '**handlebars** n [C] (自行车等的)把手 bǎshǒu, **handler** n [C] (警犬等的)训练[練]员 xùnliànyuán.

handsome /'hænsəm/ *adj* 1 (尤指男人)漂亮的 piàoliàngde;清秀的 qīngxiùde. 2 慷慨的 kāngkǎide; 大方的 dàfāngde, **handsomely** *adv*.

handy /'hændɪ/ *adj* [-ier, -iest] 1 容易掌握的 róngyì zhǎngwò de;使用方便的 shǐyòng fāngbiàn de. 2 近便的 jìnbiànde;手边[邊]的 shǒu-biānde. 3 (人)手灵[靈]巧的 shǒu língqiǎo de. 4 [习语] **come in 'handy** 派得上用处[處] pàideshàng yòngchù, **handily** *adv*. '**handyman** n [pl -men] 善于做零碎修理活的人 shànyú zuò língsuì xiūlǐhuó de rén.

hang[1] /hæŋ/ v [*pt, pp* hung /hʌŋ/;下列第二义项, ~ed] [I, T] 挂[掛]起 guàqǐ;悬挂 xuánguà. 2 [T] 吊死 diàosǐ;绞死 jiǎosǐ. 3 [T] 贴[貼]壁纸[紙]于 tiē bìzhǐ yú qiángshàng. 4 [I,T] (把)肉挂起来(晾晒)可以食用 ròu guàqǐlái

dào kěyǐ shíyòng. 5 [短语动词] **hang about/around** 闲[閒]荡 xián-dàizhe. **hang back** 不情愿[願]做某事 bù qíngyuàn zuò mǒushì, **hang on** (a) 紧[緊]紧握住 jǐnjǐn wòzhù. (b) [非正式用语]等待片刻 děngdài piànkè. **hang on to sth** (a) 紧紧抓住 jǐnjǐn zhuāzhù. (b) [非正式用语]保有 bǎoyǒu. **hang up** 挂[掛]断[斷]电[電]话 guàduàn diànhuà, **be/get hung up** [俚]忧[憂]虑[慮] yōulǜ;着急 zháojí. '**hang-gliding** n [U] 悬挂式滑翔运[運]动[動] xuánguàshì huáxiáng yùndòng, **hanging** n 1 [U,C] 绞死 jiǎosǐ. 2 **hangings** [pl] 悬挂物(如帷幕等) xuánguàwù (rú wéimù děng). **hangman** n [C] *pl* -men] 执[執]行绞刑的刽[劊]子手 zhíxíng jiǎoxíngde guìzishǒu, '**hang-up** n [C] [俚]烦恼[惱] fánnǎo.

hang[2] /hæŋ/ n [习语] **get the hang of sth** 熟悉…的做法 shúxī … de zuòfǎ.

hangar /'hæŋə(r)/ n [C] 飞[飛]机[機]库[庫] fēijīkù.

hanger /'hæŋə(r)/ n [C] 挂[掛]钩 guàgōu; *a 'coat~* 衣架. '**hanger-on** n [C] [*pl* ~s-on] [贬]为[為]讨[討]便宜而与[與]人交好者 wèi tǎo piányí ér yǔ rén jiāohǎo zhě.

hangover /'hæŋəʊvə(r)/ n [C] 1 (酗酒后的)宿醉 sùzuì. 2 遗[遺]留物 yíliúwù.

hanker /'hæŋkə(r)/ v [I] *after/ for* 渴望 kěwàng, **hankering** n [C].

hanky /'hæŋkɪ/ n [C] [*pl* -ies] [非正式用语]手帕 shǒupà.

haphazard /hæp'hæzəd/ *adj* 杂 [雜]乱[亂]的 záluànde;任意的 rènyìde, **haphazardly** *adv*.

happen /'hæpən/ v [I] 1 发[發]生 fāshēng. 2 偶然 ǒurán; *I ~ed to be out when he called*. 他打电话我碰巧出去了. 3 [短语动词] **happen on sb/sth** [正式用语]偶然发现 ǒurán fāxiàn, **happening** n [C] 事件 shìjiàn.

happy /'hæpɪ/ *adj* [-ier, -iest] 1 幸福的 xìngfúde;幸运[運]的 xìng-yùnde. 2 [正式用语]愉快的 yú-kuàide; *I shall be ~ to accept your invitation*. 我们欣然接受你的邀请. 3 (言语、行为等)恰当[當]的 qiàdàngde,巧妙的 qiǎomiàode. 4(用于表示祝贺)快乐[樂]的

kuàilède: *H~ birthday!* 祝你生日快乐! 5 〔习语〕**a happy 'medium** 中庸之道 zhōngyōng zhī dào; 折中办〔调〕法 zhézhōng bànfǎ. **happily** *adv.* **happiness** [U]. **happy-go-'lucky** *adj* 无〔無〕忧〔慮〕无虑〔慮〕的 wúyōu wúlǜ de.

harangue /həˈræŋ/ *n* [C] 长〔長〕篇的训斥性演说 chángpiànde xùnchìxìng yǎnshuō. **harangue** *v* [T] (向…) 作冗长的训斥性演说 zuò róngchángde xùnchìxìng yǎnshuō.

harass /ˈhærəs; *US* həˈræs/ *v* [T] 使烦恼〔惱〕 shǐ fánnǎo; 折磨 zhémó; 骚扰〔擾〕 sāorǎo. **harassment** *n* [U].

harbour (美语 **-or**) /ˈhɑːbə(r)/ *n* [C] 港 gǎng; 港湾〔灣〕 gǎngwān; 港口 gǎngkǒu. **harbour** *v* [T] 1 〔隐〕匿 yǐnnì; 包庇 bāobì. 2 心怀〔懷〕 xīnhuái; 怀有 huáiyǒu: *~ secret fears* 心怀不外露的恐惧.

hard[1] /hɑːd/ *adj* 1 坚〔堅〕硬的 jiānyìngde; 硬的 yìngde: *as ~ as rock* 坚如磐石. 2 困难〔難〕的 kùnnánde: *a ~ exam* 困难的考试. 3 辛劳的 xīnláode; 费力的 fèilìde: *~ work* 费力的工作. *a ~ worker* 辛苦的工人. 4 难忍的 nánrěnde; 艰〔艱〕难的 jiānnánde: *I had a ~ childhood.* 我的童年是很艰苦的. 5 〔天气〕严〔嚴〕寒〔酷〕的 yánhánde: *a ~ winter* 严冬. 6 〔人〕严厉的 yánlìde; 苛刻的 kēkède. 7 〔习语〕**hard and 'fast** (规则等) 硬性的 yìngxìngde; 不容改变〔變〕的 bùróng gǎibiàn de, **hard 'at it** 拼死拼活地工作 pīnsǐ pīnhuó de gōngzuò. **hard 'facts** 准〔準〕确〔確〕的信息 zhǔnquède xìnxī, **hard 'luck** (用于对不幸表示同情) 真倒霉? zhēn dǎoméi! **hard of 'hearing** 耳背 ěrbèi. **'hardback** *n* [C] 硬皮书〔書〕 yìngpíshū. **hardboard** *n* [U] 硬纤板 yìng zhǐbǎn. **hard 'cash** *n* [U] 现金 xiànjīn; 现款 xiànkuǎn. **'hard 'copy** *n* [U] (电脑打印的) 硬拷贝 yìng kǎobèi; 复〔複〕制印本 fùyìnwénběn. **hard core** *n* [sing] 中坚力量 zhōngjiān lìliàng; 骨干〔幹〕 gǔgàn. **hard 'currency** *n* [U, C] 硬通货 yìngtōnghuò. **hard 'drug** *n* [C] 硬毒品 yìng dúpǐn; 易成瘾的药〔藥〕性毒品 (如海洛因等) yì chéngyǐn de lièxìng dúpǐn. **hard-'headed** *adj* 讲〔講〕究实〔實〕际〔際〕的

jiāngjiū shíjì de; 不易激动〔動〕的 bùyì jīdòng de. **hard-'hearted** *adj* 硬心肠〔腸〕的 yìng xīncháng de; 冷酷的 lěngkùde. **hard 'labour** *n* [U] 苦工 kǔgōng; 苦役 kǔyì, **hard-'line** *adj* 不妥协〔協〕的 bù tuǒxiéde; 立场〔場〕强硬的 lìchǎng qiángyìng de. **hard 'shoulder** *n* [C] (高速路旁供紧急情况下车辆离开车道停车用的) 硬质〔質〕路肩 yìngzhì lùjiān. **'hardware** *n* [U] 1 五金制〔製〕品 wǔjīn zhìpǐn. 2 (电子计算机) 硬件 yìngjiàn. **'hard 'water** *n* [U] 硬水(含钙镁等矿物质多、易生水垢的水) yìngshuǐ. **'hardwood** *n* [U] 硬木(如橡木等) yìngmù.

hard[2] /hɑːd/ *adv* 1 努力地 nǔlìde; 尽〔盡〕力地 jìnlìde: *try ~* 努力干. *~ push* 用力推. 2 重重地 zhòngzhòngde; 猛烈地 měngliède: *raining ~* 下大雨. 3 困难〔難〕地 kùnnánde: *my '~-earned money* 我的血汗钱. 4 〔习语〕**be hard 'put (to it) (to do sth)** (做某事) 有极大困难 yǒu hěndà kùnnán, **be hard to say** 很难估计 hěnnán gūjì. **be hard 'up** 缺钱〔錢〕 quē qián. **hard 'done by** 被不公正对〔對〕待 bèi bù gōngzhèng duìdài. **hard on sb/sth** 〔正式用语〕紧〔緊〕接…之后〔後〕 jǐnjiē …zhī hòu, **take sth hard** 因某事而心烦意乱〔亂〕 yīn mǒushì ér xīnfán yìluàn. **hard-'boiled** *adj* (蛋) 煮得老的 zhǔdé lǎo de; (人) 铁石心肠的 tiěshí xīncháng de. **hard 'disk** *n* [C] 硬盘〔盤〕 yìngpán. **hard-'pressed** *adj* 处〔處〕境困难或 chǔjìng kùnnán de. **hard-'wearing** *adj* (衣服等) 经〔經〕穿的 jīngchuānde.

harden /ˈhɑːdn/ *v* 1 [I, T] (使)变〔變〕硬 biàn yìng; (使)变强壮〔壯〕 biàn qiángzhuàng, 2 [T] (*to*) 使对〔對〕…变得冷酷无〔無〕情 shǐ duì…biàn de lěngkù wúqíng.

hardly /ˈhɑːdlɪ/ *adv* 1 刚〔剛〕刚 gānggāng; 简直不 jiǎnzhí bù: *I ~ know him.* 不怎么认识他. 2 决不 juébù: *You can ~ expect me to lend you money again.* 你别想我再借给你钱. 3 几〔幾〕乎没有 jīhū méiyǒu; 几乎不 jīhū bù: *~ ever* 很少.

hardship /ˈhɑːdʃɪp/ *n* [C, U] 艰〔艱〕难 kùnnán; 困苦 kùnkǔ.

hardy /ˈhɑːdɪ/ *adj* (**-ier, -iest**) 耐劳〔勞〕的 nàiláode; 能吃苦的 néng chīkǔ de. **hardiness** *n* [U].

hare /heə(r)/ n [C] 野兔 yětù.

hare v [I] 飞〔飛〕跑 fēipǎo.
'**hare-brained** adj 愚蠢的 yúchǔnde.

harem /'hɑ:riːm; US 'hærəm/ n [C] (伊斯兰教徒)女眷居住的内室 nǚjuàn jūzhùde nèishì; (伊斯兰教徒的)妻妾 qīqiè.

hark /hɑ:k/ v [I] [古] [听〔聽〕] tīng. 2 [短语动词] **hark back (to sth)** 回到原题 huídào yuántí.

harm /hɑ:m/ n [U] 1 损害 sǔnhài; 伤〔傷〕害 shānghài. 2 [习语] **out of harm's way** 在安全的地方 zài ānquánde dìfang. **harm** v [T] 损害 sǔnhài; 损伤 sǔnshāng. **harmful** adj 有害的 yǒuhàide. **harmless** adj 无〔無〕害的 wúhàide. 2 无恶〔惡〕意的 wú èyì de; —**less fun** 无恶意的玩笑.

harmonica /hɑː'mɒnɪkə/ n [C] = MOUTH-ORGAN (MOUTH[1]).

harmonize /'hɑ:mənaɪz/ v [I, T] 1 (使)协〔協〕调 xiétiáo; colours that ~ well 很协调的几种颜色. 2 [音乐] 用和声(聲)唱或演奏 yòng héshēng chàng huò yǎnzòu.

harmony /'hɑ:mənɪ/ n [pl -ies] 1 [U] 一致 yīzhì; 融洽 róngqià; live together in perfect ~ 非常融洽地生活在一起. 2 [C, U] 协〔協〕调 xiétiáo; 融和 rónghé; the ~ of colour 色彩的协调. 3 [C, U] 和声〔聲〕héshēng; 和声学〔學〕héshēngxué. **harmonious** /hɑː'məʊnɪəs/ adj.

harness /'hɑ:nɪs/ n [C, U] 1 轭具 wǎngjù; 马具 mǎjù. 2 降落伞等的背带〔帶〕jiàngluòsǎn děng de bēidài; a parachute ~ 降落伞的背带. **harness** v [T] 1 给…上轭具 gěi …shàng wǎngjù. 2 治理(河流等) zhìlǐ; 利用 lìyòng.

harp /hɑ:p/ n [C] 竖〔豎〕琴 shùqín. **harp** v [短语动词] **harp on (about) sth** 唠〔嘮〕唠叨叨叨地说 láoláodāodāode shuō. **harpist** n [C] 竖琴师 shùqínshī.

harpoon /hɑː'puːn/ n [C] 鱼叉 yúchā; 标〔標〕枪〔槍〕biāoqiāng. **harpoon** v [T] 用鱼叉叉 yòng yúchā chā.

harpsichord /'hɑ:psɪkɔːd/ n [C] 拨〔撥〕弦古钢〔鋼〕琴 bōxián gǔgāngqín.

harrowing /'hærəʊɪŋ/ adj 折磨人的 zhémó rén de; 使人痛苦的 shǐ rén tòngkǔ de.

harsh /hɑ:ʃ/ adj 1 粗糙的 cūcāo-

de. 2 严〔嚴〕厉〔厲〕的 yánlìde; a ~ punishment 严厉的处罚. **harshly** adv. **harshness** n [U].

harvest /'hɑ:vɪst/ n [C] 1 收获〔獲〕shōuhuò; 收获季节〔節〕shōuhuò jìjié. (b) 收成 shōuchéng; 收获量 shōuhuòliàng; a good wheat ~ 小麦丰收. **harvest** v [T] 收割 shōugē; 收获 shōuhuò.

has /hæz/ ⇨HAVE.

hash /hæʃ/ n 1 [U] 回锅〔鍋〕肉丁 huíguō ròudīng. 2 [习语] **make a hash of sth** [非正式用语]把…弄糟 bǎ…nòng zāo.

hashish /'hæʃiːʃ, 'hæʃɪʃ/ n [U] 大麻麻醉剂〔劑〕dàmá mázuìjì.

hasn't /'hæznt/ has not ⇨HAVE.

hassle /'hæsl/ n [C] [非正式用语]困难〔難〕kùnnan; 麻烦 máfan. **hassle** v [T] [非正式用语]不断〔斷〕打扰〔擾〕búduàn dǎrǎo; 使烦恼〔惱〕shǐ fánnǎo.

haste /heɪst/ n [U] 急速 jísù; 仓〔倉〕促 cāngcù.

hasten /'heɪsn/ v 1 [I] 急忙 jímáng; 赶〔趕〕紧〔緊〕gǎnkuài; 急忙说 jímáng shuō; I ~ to say that your child is safe. 我急忙补充说我的孩子安然无恙. 2 [T] 催促 cuīcù; 使赶快 shǐ gǎnkuài.

hasty /'heɪstɪ/ adj 1 急速的 jísùde; 匆促的 cōngcùde; 仓〔倉〕促的 cāngcùde; a ~ meal 急速的用餐. 2 (人)草率的 cǎoshuàide; 轻〔輕〕率的 qīngshuàide; too ~ in deciding to get married 太草率地决定结婚. **hastily** adv.

hat /hæt/ n [C] 1 帽子 màozi. 2 [习语] **take one's hat off to sb** 向…致敬 xiàng…zhìjìng. '**hat trick** n [C] 连续〔續〕三次取胜〔勝〕连续三次取胜 liánxù sāncì qǔshèng.

hatch[1] /hætʃ/ v 1 [I, T] (使)孵出 fūchū; The chicks have ~ed (out). 小鸡都出来了. 2 [T] 策划〔劃〕cèhuà; 计划 jìhuà.

hatch[2] /hætʃ/ n [C] (a) 地板上的开〔開〕口 dìbǎn shàng de kāikǒu; 舱(艙)口 cāngkǒu. (b) (地板开口、舱口等的)盖〔蓋〕gài.

hatchback /'hætʃbæk/ n [C] 仓〔倉〕门式后〔後〕背车〔車〕身小轿〔轎〕车 cāngménshì hòubèi chēshēn xiǎojiàochē.

hatchet /'hætʃɪt/ n [C] 短柄小斧 duǎnbǐng xiǎofǔ.

hatchway /'hætʃweɪ/ n [C] = HATCH[2] (a).

hate /heɪt/ v [T] **1** 恨 hèn; 憎恨
zēnghèn; 讨厌〔厭〕tǎoyàn. **2** 〔非正
式用语〕抱歉 bàoqiàn; 遗憾 yíhàn:
I ~ to trouble you. 真抱歉,麻
烦你了. **3** 〔习语〕**hate sb's 'guts**
〔非正式用语〕对〔對〕某人恨之入骨 duì
mǒurén hèn zhī rù gǔ. **hate** n
[U] 憎恨 zēnghèn; 憎恶〔惡〕zēng-
wù. **hateful** adj 非常讨厌的 fēi-
cháng tǎoyàn de, **hatefully** adv.

hatred /'heɪtrɪd/ n [U] (for /
of) 仇恨 chóuhèn; 憎恨 zēnghèn.

haughty /'hɔːtɪ/ adj [-ier, -iest]
傲慢的 àomànde; 骄〔驕〕傲的 jiāo-
'àode. **haughtily** adv **haughti-
ness** n [U].

haul /hɔːl/ v [I, T] 用力拉 yònglì
lā; 拖 tuō, 拖拉 tuōlā. **haul** n [C] **1** 拖 tuō; 拉
lā. **2** 拖运〔運〕的距离〔離〕bānyùn-
de jùlí. **3** 捕获〔獲〕量 bǔhuòliàng.
haulage n [U] 货运 huòyùn.

haunch /hɔːntʃ/ n [C, 常作 pl]
(人的)腰臀部 tūntúnbù.

haunt /hɔːnt/ v [T] **1** (鬼魂)常出
没于 cháng chūmò yú. ~ a ~ed
house 闹鬼的屋子. **2** 常去 cháng
qù; 常到 cháng dào. **3** (思想等)萦
〔縈〕绕〔繞〕yíngrào: The memory
still ~s me. 往事仍紫绕在我的
心头. **haunt** n [C] 常去的地方
cháng qù de dìfang.

have¹ /hæv/ v [T] v; 强式 hæv/ aux
v [第三人称单数现在时 has
/hæz, əz, s, z; 强式 hæz/, pt had
/həd, əd, d; (强式 hæd/, pp
had /hæd/] **1** (用于构成完成时态)已
经〔經〕yǐjīng: I ~ /I've finished.
我完成了. She has/She's gone.
她走了. **2** 〔习语〕**had I, he, she,
etc.** 如果我、他、她等 rúguǒ wǒ,
tā, tā děng: ~ I known, …
如果我知道, …

have² /hæv/ (英国英语 **have got**) /hæv/
v [T] **1** 有 yǒu; 据〔據〕有 jùyǒu:
He has/has got a house in Lon-
don. 他在伦敦有一所房子. Has
she (got)/Does she ~ blue
eyes? 她的眼睛是蓝色的吗? **2** 感
受 gǎnshòu; 怀〔懷〕有 huáiyǒu: I
~ no doubt that you are right.
我不怀疑你是对的. Have you
(got) any idea where he lives?
你知道他住在哪里〔裏〕吗? 呢
huàn: ~ a headache 患头痛. **4**
〔习语〕**have it 'in for sb** 〔非正式
用语〕总〔總〕想与某人过〔過〕
不去 zǒngxiǎng yǔ mǒurén guòbúqù.
have (got) to (do sth) 必须 bì-

xū: I've got to go now. 我现在就
得走了. **5** 〔短语动词〕**have sth on**
穿着 chuānzhe; 戴着 dàizhe. **have
sth on sb** 〔非正式用语〕有(信息)
表明某人做了什事 yǒu bǐdàmíng
biǎomíng zuòle cuòshì.

have³ /hæv/ v [T] (在否定句和疑
问句中常与 do 连用) **1** 做 zuò; 进
〔進〕行 jìnxíng; 从〔從〕事 cóngshì:
~ a swim 游泳. ~ a walk 散
步. **2** 吃 chī; 喝 hē; 吸烟 xī yān: ~
breakfast 吃早餐. ~ a cigarette
吸烟. **3** 接受 jiēshòu; 体〔體〕验〔驗〕
tǐyàn: I've had a letter from my
aunt. 我收到了姑母的来信. ~ a
good holiday 假期过得很愉快. **4**
生育 shēngyù; 产〔產〕生 chǎn-
shēng: ~ a baby 生孩子. 〔喻〕
~ a good effect 产生好的作用.
5 使(某物)被 shǐ…bèi: You should ~
your hair cut. 你该理了发. **6** 遭
受…的后〔後〕果 zāoshòu…de
hòuguǒ: They had their house
burgled. 他们家被盗了. **7** 允许
yǔnxǔ: I won't ~ such be-
haviour here. 我不许在这里胡作
非为. **8** 请…来做客 qǐng…lái zuò-
kè: We're having friends round
for dinner. 我们把朋友们请来吃
饭. **9** 〔非正式用语〕欺骗 qīpiàn:
You've been had! 你上当受骗
了! **10** 〔习语〕**have 'had it** 〔非正
式用语〕不能继〔繼〕续〔續〕做某事
bùnéng jìxù zuò mǒushì, **have it
(that)** 坚〔堅〕持说 jiānchí shuō: 说
shuō: Rumour has it that ~ …
有谣言说, …11 〔短语动词〕**have sb
'on** 欺哄 qīhōng; 捉弄 zhuōnòng.
have sth 'out 把…除去 bǎ…chú-
qù; 拔除 báchú; ~ a tooth out 拔
掉一颗牙齿〔齒〕. **have sth 'out (with
sb)** 通过〔過〕争论〔論〕解决问〔問〕
某事 tōngguò zhēnglùn jiějué tóng
mǒurén de mǒushì. **have sb 'up
(for sth)** 〔非正式用语〕(尤用于
被动语态)被…送交法庭审〔審〕
shǐ mǒurén shàng fǎtíng shòushěn:
He was had up for robbery. 他
因抢劫被送上法庭.

haven /'heɪvn/ n [C] 〔喻〕安全处
〔處〕所 ānquán chùsuǒ; 避难〔難〕所
bìnànsuǒ.

haven't /'hævnt/ have not. ⇨
HAVE.

haversack /'hævəsæk/ n [C] 帆
布背包 fānbù bēibāo.

havoc /'hævək/ n [U] 大灾〔災〕难
〔難〕dàzāinàn; 浩劫 hàojié.

hawk /hɔːk/ n [C] 1 鹰 yīng; 隼 sǔn. 2 [喻]主战(战)分子 zhǔzhàn fènzǐ.

hay /heɪ/ n [U] 干(乾)草(饲料) gāncǎo. 'hay fever n [医学] 枯草热(熱) kūcǎorè; 花粉热 huāfěnrè. 'haystack n 干草堆 gāncǎoduī. 'haywire adj [习语] go haywire (机〔機〕)七八糟 luànqībāzāo; 杂(雜)乱不堪 záluàn bùkān.

hazard /'hæzəd/ n [C] 危险 (險) wēixiǎn; 危害 wēihài. **hazard** v [T] 1 使冒险危险 shǐ mào wēixiǎn. 2 斗胆[膽]提出 dǒudǎn tíchū. **hazardous** adj 危险的 wēixiǎnde; 冒险的 màoxiǎnde. **hazardous waste** n [C, U] 危险废(廢)物 wēixiǎn fèiwù; 有害健康的垃圾 yǒuhài jiànkāng de lèjī.

haze /heɪz/ n [U] 1 薄雾(霧) bówù; 霾 mái. 2 [喻]困惑 kùnhuò; 糊涂(塗) hútu.

hazel /'heɪzl/ n 榛 zhēn. **hazel** adj (尤指眼睛) 淡褐色的 dànhèsède.

hazy /'heɪzɪ/ adj [-ier, -iest] 1 雾 [霧]蒙蒙的 wùméngméngde, 雾蒙蒙的 2 模糊的 móhúde; 困惑的 kùnhuòde: ~ memories 模糊的记忆. **hazily** adv **haziness** n [U].

H-bomb /'eɪtʃ bɒm/ n [C] 氢(氫)弹(彈)qīngdàn.

he /hiː/ pron [用于作动词的主语] 1 (代表男人或雄性动物)他 tā; 它 tā: I spoke to John before he left. 约翰离开以前, 我和他说过话. 2 (泛指任何人的)一个人 yí-gèrén; 任何人 rènhérén: Anyone can learn a foreign language, if he wants to. 任何人只要想学, 都可以学外语.

head /hed/ n 1 [C] 头(頭) tóu. 2 [C] 头脑(腦) tóunǎo; 智力 zhìlì; 理解力 lǐjiělì: The thought never entered my ~. 我从来没有这个想法. 3 [sing] 天资 tiānzī; a good ~ for figures 数学天才. 4 heads [用复数 v] (硬币的有头像的)正面 zhèngmiàn. 5 a head [sing] 每人 měirén: dinner at £15 a ~ 每人 15 英镑的客饭. 6 [C] 头状(狀)物 tóuzhuàngwù; the ~ of a pin 针头. the ~ of a hammer 锤头. 7 [C, 常作 sing] 顶端 dǐngduān; at the ~ of the page 在一页的顶端. at the ~ of the stairs 在楼梯的最上首. 8 [C] 较重要的一端 jiào zhòngyào de yīduān; at the ~ of the table 在桌子的上首. the ~ of a bed 床头. 9 [C] 领导(導)人 lǐngdǎorén; 统治者 tǒngzhìzhě; ~s of government 政府首脑. 10 [sing] 前部 qiánbù; at the ~ of the queue 在排成的长队的前列. 11 [sing] (水压[壓])水头 shuǐtóu; 水的落差 shuǐde luòchā. 12 [习语] above/over one's 'head 太高深而难(難)以理解 tài gāo-shēn ér nányǐ lǐjiě. bang/hit one's head against a brick wall 以头碰壁, 试图[圖]干[幹]不可能办理的事 yǐ tóu pèngbì, shìtú gàn bù kěnéng chénglǐ de shì. bring sth to a 'head 使达(達)到危急关头 shǐ dádào wēijí guāntóu. come to a 'head 迫至紧要关头 pòilín jǐnyào guāntóu. go to one's 'head (a) (酒)上头 shàng tóu; 使头晕 shǐ tóuyūn. (b) (胜利等)引起骄(驕)傲 yǐnqǐ jiāo'ào. have one's 'head screwed on 精明能干 jīngmíng nénggàn; 有见识(識) yǒu jiànshi. head first 1 头朝下[下去] tóu cháoxià; fall ~ first down the stairs 一个倒载葱, 从楼梯上跌了下去. 2 仓[倉]促地 cāng-cùde; 匆匆 cōngcōng. head over 'heels (a) 向前翻筋斗 xiàngqián fān gēndòu. (b) 完全地 wánquánde: ~ over heels in love 深陷爱河. keep one's 'head 保持镇静 bǎochí zhènjìng. lose one's 'head 张[張]皇失措 zhānghuáng shīcuò. laugh, scream, etc one's 'head off [非正式用语] 大笑不止 dàxiào bùzhǐ; 拼命地喊叫 pīnmìngde hǎnjiào. put your/their 'heads together 大家一起商量 dàjiā yìqǐ shāngliáng; 共同筹划(畫) 广[廣]益 jì sī guǎng yì. 'headache n [C] 1 头痛 tóutòng. 2 [喻]麻烦事 máfanshì; 难[難]题 nántí. **headhunt** v [T] 物色(人才) wùsè; 猎头[頭]猎 liètóu. **headhunter** n [C] 1 猎头 liètóu. 2 猎头猎 liètóu. **headland** n [C] 陆[陸] 岬 lùjiǎ; 海角 hǎijiǎo. **headlight** n (亦作 **headlamp**) n [C] (车辆的)前灯(燈) qiándēng. **headline** n 1 [C] (报纸的)标[標]题 biāotí. 2 the **headlines** [pl] (广播、电视的)内容提要 nèiróng tíyào. **head'master** (fem **head'mistress**) n [C] 校长[長] xiàozhǎng. **head-'on** adj, adv 迎面的(地) yíngmiànde: The cars crashed ~'on. 两辆汽车迎面相撞. **headphones** n [pl] 耳机(機)

ērjǐ. **'head'quarters** n [sing 或 pl v] 总(部)部 zǒngbù. **'head-rest** n [C] (某些座椅上的)头靠 tóukào. **'headroom** n [U] (汽车等)车内净高度 chēnèi jìngàodù. **'headstone** n [C] 基碑 mùbēi. **'headway** n [习语] **make headway** 前进(进) qiánjìn; 取得进展 qǔdé jìnzhǎn.

head² /hed/ v [T] (a) 位于(…)前部 wèiyú qiánbù; 位于(…)顶端 wèiyú dǐngduān: ~ the procession 在队伍的前列. ~ the list 名单的前列. (b) 主管 zhǔguǎn; 领导(导) lǐngdǎo: ~ the government 领导政府. 2 [I] 朝着特定方向前进(进) cháozhe tèdìng fāngxiàng qiánjìn: ~ south 朝南行. ~ for home 往家去. 3 [T] (足球)顶(球) dǐng. 2 [短语动词] **head sb off** 上前拦(拦)住使转(转)变(变)方向 shàng qián lánzhù shǐ zhuǎnbiàn fāngxiàng. **head sth off** 阻止 zǔzhǐ.

heading /'hedɪŋ/ n [C] 标(标)题 biāotí.

headlong /'hedlɒŋ; US -lɔ:ŋ/ adj, adv 1 头(头)向前的 tóu xiàngqián de; 头向前地 tóu xiàngqiánde. 2 轻(轻)率地 qīngshuàide: rush ~ into a decision 轻率地作出决定.

headstrong /'hedstrɒŋ; US -strɔ:ŋ/ adj 任性的 rènxìngde; 顽固的 wángùde.

heady /'hedɪ/ adj [-ier, -iest] 1 (酒)易醉的 yìzuìde. 2 [喻](成就等)令人兴(兴)奋(奋)的 lìng rén xīngfèn de.

heal /hi:l/ v [I, T] 痊愈(愈)quányù; 治愈 zhìyù.

health /helθ/ n [U] 1 健康状(状)况 jiànkāng zhuàngkuàng: be in good ~ 很健康. be in poor ~ 不健康. 2 健康 jiànkāng. **healthy** adj [-ier, -iest] 1 健康的 jiànkāngde. 2 有益于健康的 yǒu yì yú jiànkāng de: a ~y climate 有益于健康的气候. a ~y appetite 好胃口. [喻] ~y profits 可观的利润. **healthily** adv.

heap /hi:p/ n [C] 1 堆 duī; 一堆 yīduī: a ~ of books 一堆书. a ~ of sand 一堆沙. 2 **heaps** [pl] [非正式用语]大量 dàliàng; 许多 xǔduō: ~s of time 许多时间. ▷ **heap** v [T] 堆积(积) duījī; 装(装)载 zhuāngzài: ~ food on one's plate 把食品装在盘子里.

hear /hɪə(r)/ v [pt, pp ~d /hɜːd/] 1 [I, T] 听(听)见 tīngjiàn. 2 [T] 注意听 zhùyì tīng; 认(认)真听 rènzhēn tīng: You're not to go, do you ~ me? 你不要去,听见了吗? 3 听说 tīngshuō: I hear she's leaving. 我听说她要离开了. 4 得知 dézhī. 5 [习语] **Hear! Hear!** (用于在会议上表示同意)说得对(对)! 说得对 Shuōdéduì! 6 [短语动词] **hear from sb** 得到(获)悉 dédào mǒurén huòxī. **hear of sb/sth** 听说 tīngshuō; 得知 dézhī: I've never ~d of the place. 我从来没有听说过这地方. **not 'hear of sth** 不允许 bù yúnxǔ; 不予考虑(虑) bùyǔ kǎolǜ: He wouldn't ~ of my walking home alone. 他不准我独(独)自走回家. **hear sb out** 听完某人的话 tīng wán mǒurén de huà.

hearing /'hɪərɪŋ/ n 1 [U] 听(听)力 tīnglì. 2 [U] 听力所及的距离(离) tīnglì suǒjí de jùlí: He's out of ~. 他在(我们互相)听得见的距离以外. 3 [C] (尤指辩护时)被倾听(申诉)的机(机)会(会) bèi qīngtīng de jīhuì: get a fair ~ 获得公正地申诉的机会. 4 [C] [法律]开(开)庭审理(案件)kāitíng shěnlǐ. **'hearing-aid** n [C] 助听器 zhùtīngqì.

hearsay /'hɪəseɪ/ n [U] 谣言 yáoyán; 传(传)闻 chuánwén.

hearse /hɜːs/ n [C] 枢车 jiùchē.

heart /hɑːt/ n [C] 1 心脏(脏) xīnzàng. 2 [喻]心情 gǎnqíng; 爱(爱)心 àixīn; 内心 nèixīn; 心地 xīndì. 3 中心 zhōngxīn. 4 心状(状)物 xīnzhuàngwù. 5 (纸牌红色)桃 táo. 6 [习语] **break sb's/one's 'heart** 使伤(伤)心 shǐ shāngxīn. **by heart** 靠记忆(忆) kào jìyì: learn/know a poem by ~ 背诵一首诗. **from the (bottom of one's) heart** 真诚地 zhēnchéngde; 从(从)内心 cóng nèixīn. **not have the 'heart to do sth** 不忍心做某与 bù rěnxīn zuò mǒushì. **take 'heart** 鼓起勇气(气) gǔqǐ yǒngqì; 受到鼓励(励) shòudào gǔlì. **lose 'heart** 失去勇气 shīqù yǒngqì; 丧(丧)失信心 sàngshī xìnxīn. **take sth to 'heart** 关(关)注某事 guānzhù mǒushì; 把某事放在心上 bǎ mǒushì fàng zài xīn shàng. **'heartache** n [U, C] 痛心 tòngxīn; 伤心 shāngxīn. **'heart**

attack n [C] 心脏病发[發]作 xīnzàngbìng fāzuò. **'heartbeat** n [C] 心跳 xīntiào; 心搏 xīnbó. **'heart-breaking** adj 伤[傷]心的 shāngxīnde; 令人心碎的 lìng rén xīnsuì de. **'heart-broken** adj 心碎的 xīnsuìde; 断[斷]肠[腸]的 duàncháng de. **'heartburn** n [U] [医学] 胃灼热[熱] wèi zhuórè. **'heartfelt** adj 衷心的 zhōngxīnde; 诚挚[摯]的 chéngzhìde. **'heartless** adj 残[殘]忍的 cánrěnde. **'heartlessly** adv. **'heart-rending** adj 令人心碎的 lìng rén xīnsuì de. **,heart-to-'heart** n [C] 真诚的谈心 zhēnchéng de tánxīn.

hearten /ˈhɑːtn/ v [T] 鼓励[勵] gǔlì; 激励 jīlì.

hearth /hɑːθ/ n [C] 壁炉[爐]底 bìlúdǐ; 壁炉地面 bìlú dìmiàn.

hearty /ˈhɑːtɪ/ adj [-ier, -iest] 1 衷心的 zhōngxīnde; 热[熱]情的 rèqíngde; a ~ welcome 衷心的欢迎. 2 强烈的 qiángliède; 尽[盡]情的 jìnqíngde. 3 丰[豐]盛的 fēngshèngde; 胃口好的 wèikǒu hǎo de. 4 健壮[壯]的 jiànzhuàngde, **heartily** adv 1 热忱地 rèchénde; 衷心地 zhōngxīnde. 2 非常 fēicháng: I'm heartily sick of this wet weather. 我非常厌恶这种潮湿天气.

heat[1] /hiːt/ n 1 [U] 热 rè; 热度 rèdù. 2 炎热的天气[氣] yánrède tiānqì; 暑热 shǔrè. 3 [U] [喻] 愤怒 fènnù; 激情 jīqíng. 4 [C] (比赛的)预赛 yùsài. 5 [习语] **be on heat**, (美语) **be in heat** (母畜)发[發]情 fāqíng. **'heatwave** n [C] [气象] 热浪期 rèlàngqī.

heat[2] /hiːt/ v [I, T] 变[變]热[熱] biànrè; 使热 shǐ rè, **heated** adj 愤怒的 fènnùde; 热烈的 rèliède: a ~ed argument 热烈的争论. **heater** n [C] 供热装[裝]置 gōngrè zhuāngzhì; 加热器 jiārèqì, **heating** n [U] 暖气[氣] nuǎnqì.

heath /hiːθ/ n [C] 石南丛[叢]生的荒地 shínán cóngshēng de huāngdì.

heathen /ˈhiːðn/ n [C] 1 [旧][贬]异教徒(基督教徒或犹太教徒、伊斯兰教徒以外的人) yìjiàotú. 2 [非正式用语] 野蛮[蠻]人 yěmánrén.

heather /ˈheðə(r)/ n [C] 石南属[屬]植物 shínánshǔ zhíwù.

heave /hiːv/ v [pt, pp ~d, 第六义项 hove /həʊv/] 1 [I, T] 用力举[舉]起 yònglì jǔqǐ. 2 [T] 掷[擲](重物) zhì. 3 [T] 说出 shuōchū; 发[發]出 fāchū: ~ a sigh of relief 如释[釋]重负地舒一口气[氣]. 4 [I] 使起伏 shǐ qǐfú. 5 [I] 呕[嘔]吐 ǒutù; 恶[惡]心 ěxīn. 6 [习语] **heave 'to** (船)顶风[風]停航 dǐngfēng tíngháng.

heaven /ˈhevn/ n 1 [sing] 天国[國] tiānguó. 2 **Heaven** [sing] 上帝 Shàngdì. 3 [U, C] 极[極]乐[樂]之地 jílè zhī dì. 4 **the heavens** [pl] 天空 tiānkōng. 5 [习语] (**Good**) **'Heavens!** (表示惊讶)天哪! tiān na! **heavenly** adj 1 天国的 tiānguóde; 天堂的 tiāntángde. 2 [非正式用语] 极可爱[愛]的 jí kě'ài de, 非常好的 fēicháng hǎo de. **'heavenly body** n [C] [天文] 天体[體] tiāntǐ.

heavy /ˈhevɪ/ adj [-ier, -iest] 1 重的 zhòngde. 2 大量的 dàliàngde; 猛烈的 měngliède; ~ rain 大雨. a ~ smoker 吸烟多的人. 3 繁忙的 fánmángde; a very ~ day 繁忙的一天. a very ~ schedule 活动繁多的日程. 4 (工作)繁重的 fánzhòngde; 费力的 fèilìde. 5 (食物)难[難]消化的 nán xiāohuà de, (音乐等)沉闷的 chénmènde; 乏味的 fáwèide. 7 沉痛的 chéntòngde; 悲伤[傷]的 bēishāngde; a ~ heart 沉痛的心情. 8 [习语] **heavy going** 困难[難]的 kùnnánde; 令人厌[厭]烦的 lìng rén yànfán de. **make heavy weather of sth** 把…弄得比实[實]际[際]困难 bǎ…nòng de bǐ shíjì kùnnán. **heavily** adv: drink heavily 酗酒. sleep heavily 酣睡. **heaviness** n [U]. **heavy** n [pl -ies] [非正式用语] 膀粗腰圆的贴身保镖 bǎng cū yāo yuán de tiēshēn bǎobiāo, **,heavy-'duty** adj 结实[實]而耐穿的 jiēshí ér nàichuān de. **,heavy 'industry** n [C] 重工业[業] zhònggōngyè. **'heavyweight** n [C] 1 重量级拳击[擊]手 zhòngliàngjí quánjīshǒu. 2 大人物 dà rénwù; 要人 yàorén.

heckle /ˈhekl/ v [I, T] 当[當]众[眾](诘问)诘问[問] dāngzhòng jiéwèn, **heckler** /ˈheklə(r)/ n [C].

hectare /ˈhekteə(r)/ n [C] 公顷(一万平方米) gōngqǐng.

hectic /ˈhektɪk/ adj 闹[鬧]哄哄的 nàohōnghōngde; 兴[興]奋[奮]的 xīngfènde: lead a ~ life 生活忙乱.

哄哄的.

he'd /hiːd/ **1** he had ⇨HAVE. **2** he would. ⇨WILL¹, WOULD¹.

hedge /hedʒ/ *n* [C] **1** 树(樹)篱(籬) shùlí. **2** [喻]障碍(礙) zhàng'ài; 障碍物 zhàng'àiwù: *a ~ against inflation* 反通货膨胀的手段. **hedge** *v* **1** [T] 用树篱围(圍)住 yòng shùlí wéizhù; 设障碍于 shè zhàng'ài yú. **2** 躲闪 duǒshǎn; 推诿 tuīwěi. **3** [习语] **hedge one's 'bets** 脚踏两只(隻)船 jiǎotà liǎngzhǐ chuán; 骑墙(牆) qíqiáng. **'hedgerow** *n* [C] 灌木树篱 guànmù shùlí.

hedgehog /'hedʒhɒg; *US* -hɔːg/ *n* [C] 刺猬 cìwèi.

heed /hiːd/ *v* [T] [正式用语]注意 zhùyì; 留意 liúyì. **heed** *n* [U] [正式用语]注意 zhùyì: *take ~ of her advice* 留心她的劝告. **heedless** *adj* 不注意的 bú zhùyì de.

heel¹ /hiːl/ *n* [C] **1** (a) 脚后(後)跟 jiǎohòugēn; 踵 zhǒng. (b) 袜(襪)后跟 wàhòugēn; 鞋后跟 xiéhòugēn. **2** 鞋后掌(指后跟突出的部分) xié hòuzhǎng. **3** [习语] **at/on sb's heels** 紧(緊)跟某人后面 jǐngēn mǒurén hòumiàn. **come to 'heel** (狗)紧跟主人 jǐngēn zhǔrén. **down at 'heel** 衣衫褴(襤)褛(褸)的 yīshān lánlǚ de; 邋遢的 lātā de. **heel** *v* [T] 修理(鞋)的后跟 xiūlǐ hòugēn.

heel² /hiːl/ *v* [I] (*over*) (船)倾斜 qīngxié.

hefty /'heftɪ/ *adj* [**-ier, -iest**] [非正式用语]大的 dà de; 重的 zhòng de.

heifer /'hefə(r)/ *n* [C] 小母牛 xiǎomǔniú.

height /haɪt/ *n* **1** (a) [U, C] (自底至顶)高度 gāodù. (b) [U] 高高 gāo. **2** [U] (表示某物与地面或海平面距离的)高度 gāodù; 高 gāo — 升高. *lose ~* 损失高度. **3** [C, 尤用 *pl*] 高地 gāodì; 高处 gāochù. **4** [sing] 最高程度 zuìgāo chéngdù; 顶点(點) dǐngdiǎn: *the ~ of folly* 愚蠢之至. *the ~ of summer* 盛夏.

heighten /'haɪtn/ *v* [I, T] (使)提高 tígāo; (使)加强 jiāqiáng.

heir /eə(r)/ *n* [C] 继(繼)承人 jìchéngrén. **heiress** /'eərɪs, eə'res/ *n* [C] 女继承人 nǚjìchéngrén. **heirloom** /'eəluːm/ *n* [C] 传(傳)家宝(寶) chuánjiābǎo; 祖传物 zǔchuánwù.

held /held/ *pt, pp* of HOLD¹.

helicopter /'helɪkɒptə(r)/ *n* [C] 直升机(機) zhíshēngjī. **helicopter 'gunship** *n* 武装(裝)直升机 wǔzhuāng zhíshēngjī.

helium /'hiːlɪəm/ *n* [U] [化]氦 hài.

hell /hel/ *n* **1** [sing] 地狱 dìyù; 阴(陰)间 yīnjiān. **2** [U] 苦难 kǔnàn; 极(極)大的困苦 jídàde kùnkǔ. **3** [U] [俚](表示愤怒或加强语气): *Who are ~ is he?* 到底他是谁? **4** [习语] **for the hell of it** [非正式用语]仅(僅)仅为了取乐(樂) wèile qǔlè. **give sb 'hell** [非正式用语]使某人吃苦头 chīkǔtóu. **like 'hell (a)** [非正式用语]拼命地 pīnmìng de. *drive like ~* 拼命地开(车). **(b)** [俚, 讽]绝不 juébù. **hellish** *adj* [非正式用语]讨厌(厭)的 tǎoyàn de; 可憎的 kězēng de.

he'll /hiːl/ he will. ⇨WILL¹.

hello = HALLO.

helm /helm/ *n* [C] **1** 舵 duò; 舵柄 duòbǐng; 舵轮(輪) duòlún. **2** [习语] **at the helm** 掌握 zhǎngwò; 领导(導) lǐngdǎo.

helmet /'helmɪt/ *n* [C] 头(頭)盔 tóukuī; 安全帽 ānquánmào.

help¹ /help/ *v* [I, T] 帮(幫)助 bāngzhù; 援助 yuánzhù; 救助 jiùzhù: *They ~ed me (to) lift the boxes.* 他们帮我抬一下(这)箱子. *H~! I'm stuck!* 救命啊! 我陷进去出不来了. **2** [T] *~ oneself/sb (to)* 夹(夾)菜 gěi...cài; 给...饮食 gěi...zhēn yǐnláo. **3** [习语] **can/could not help (doing) sth** 忍不住 rěnbúzhù; 避免不了 bìmiǎnbùliǎo. **4** [短语动词] **help (sb) 'out** 帮助...摆(擺)脱(脫)困难(難) bāngzhù...bǎituō kùnnan.

helper *n* [C] 帮助者 bāngzhùzhě; 帮手 bāngshou. **helping** *n* [C] (食物的)一份 yīfèn; 一客 yīkè.

help² /help/ *n* **1** [U] 帮(幫)助 bāngzhù; 救助 jiùzhù. **2** [C] 帮助者 bāngzhùzhě; 帮手 bāngshou; 帮助的东西 bāngzhùde dōngxi: *She's a great ~ to me.* 她帮了我很大的忙. **3** [C] 佣人 yòngrén. **helpful** *adj* 有用的 yǒuyòngde. **helpfully** *adv.* 有用地. **helpfulness** *n* [U]. **helpless** *adj* 无(無)助的 wúzhùde; 无依无靠的 wú yī wú kào de. **helplessly** *adv.* **helplessness** *n* [U].

hem /hem/ n [C] (衣裳等)折边
[邊] zhébiān, hem v [-mm-] 1
[T] 给…缝边 gěi…féng biān; 给…
镶边 gěi…xiāng biān. 2 [短语动
词] hem sb in 包围[圍] bāowéi;
禁闭 jìnbì. 'hem-line n [C] (衣裳
的下摆[擺]) xiàbǎi.

hemisphere /'hemɪsfɪə(r)/ n [C]
1 半球 bànqiú. 2 (地球的)半球
bànqiú; the Northern ~ 北半球
bànqiú.

hemo- = HAEMO-.

hemp /hemp/ n [U] 1 大麻 dàmá.
2 由大麻制[製]成的麻醉剂[劑]
yóu dàmá zhìchéngde mázuìjì.

hen /hen/ n [C] 1 母鸡[雞] mǔjī.
2 母禽 mǔqín. 'henpecked adj [非
正式用语](男人)怕老婆的 pà lǎo-
po de.

hence /hens/ adv 1 [从[從]] [从
[從]此时[時] cóng cǐshí. 2 因此
yīncǐ; 由此 yóucǐ. henceforth
/ˌhens'fɔːθ/ (亦作 hencefor-
ward) adv [正式用语] 今后[後]
jīnhòu; 从此 cóngcǐ.

henchman /'hentʃmən/ n [C]
[pl -men] 亲[親]信 qīnxìn; 仆
[僕]从[從] púcóng.

henna /'henə/ n [U] [植物] 散沫
花 sànmòhuā;散沫花染剂[劑] sàn-
mòhuā rǎnjì.

her /hɜː(r)/ pron [用作动词或介
词的宾词] she 的宾语 I love
~. 我爱她. Give it to ~. 把它交给她.
her adj 她的 tāde; That's ~
book, not yours. 那是她的书,不
是你的. hers /hɜːz/ pron 她的
东西 tāde dōngxi; Is that ~?
那是她的吗? herself 见
herald /'herəld/ n [C] 1 (从前的)
传[傳]令官 chuánlìngguān. 2 先驱
[驅] 预兆 yùzhào. herald
v [T] 预示…的来到 yùshì…de
láidào. heraldry /'herəldrɪ/ n
[U] 纹章学[學] wénzhāngxué.

herb /hɜːb; US ɜːrb/ n [C] 草本植
物 cǎoběn zhíwù; 药[藥]草 yào-
cǎo;香草 xiāngcǎo. herbal adj 药
草的 yàocǎode. herbalist n [C]
种[種]草药的人 zhòng cǎoyào de
rén;卖[賣]草药的人 mài cǎoyào
de rén.

herbaceous /hɜː'beɪʃəs; US ɜːr-/
adj 1植物草本的 cǎoběnde.
her,baceous 'border n [C] 种
[種]植多年生花草的花坛[壇] zhòng-
zhí duōniánshēng huācǎo de
huātán.

herd /hɜːd/ n [C] 1兽[獸]群 shòu-
qún;牲口群 shēngkǒuqún. herd
v [T] 把…驱[驅]赶[趕]到一起 bǎ

…qūgǎndào yìqǐ; prisoners ~ed
onto a train 被驱赶上火车的囚犯
们. herdsman /-mən/ n [C] [pl
-men] 牧人 mùrén;牧工 mùgōng.

here /hɪə(r)/ adv 1这[這]里[裏]
zhèlǐ;向这里 xiàng zhèlǐ;在这里
zài zhèlǐ;到这里 dào zhèlǐ; I live
~. 我住在这里. Come ~. 到这
里来. 2在这(点[點]上 zài zhèdiǎn
shàng; H~ the speaker paused.
演讲人说到这一点时停了一下. 3
[习语] here and 'there各处[處]
gèchù;到处 dàochù. here's to sb/
sth (用于敬酒时)祝…健康 zhù…
jiànkāng, 祝…成功 zhù…
chénggōng, 祝…干[乾]杯 wéi…
gānbēi. neither ,here nor
'there 不相干[乾]的 bù xiānggān de;
与(興)题目不相关[關] yǔ tímù bù
xiāngguān. here a'bouts adv 在
这附近 zài zhè fùjìn. here'in adv
[正式用语] 在这里[裏]中;在本
文件中 zài běn wénjiàn zhōng.
here'with adv [正式用语] 与此
一道 yǔ cǐ yídào.

hereafter /ˌhɪər'ɑːftə(r)/ US -'æf-/
adv [正式用语] 此后[後] cǐhòu;
今后 jīnhòu. the hereafter n
[sing] 死后(灵魂)的生活 sǐhòu de
shēnghuó.

hereditary /hɪ'redɪtrɪ; US -terɪ/
adj 世袭[襲]的 shìxíde;遗传[傳]
的 yíchuánde.

heredity /hɪ'redətɪ/ n [U] 遗传
[傳] yíchuán.

heresy /'herəsɪ/ n [C,U] [pl -ies]
异[異]端 yìduān;异教 yìjiào.
heretic /'herətɪk/ n [C] 持异端
论[論]者 chí yìduānlùn zhě;异教徒
yìjiàotú. heretical /hɪ'retɪkl/ adj
异端的 yìduānde.

heritage /'herɪtɪdʒ/ n [C, 常作
sing] 传[傳]统 chuántǒng;遗产
[產] yíchǎn.

hermit /'hɜːmɪt/ n [C] 隐[隱]士
yǐnshì;独[獨]居修道士 dújū xiū-
dàoshì.

hernia /'hɜːnɪə/ n [U] [医学]疝
shàn.

hero /'hɪərəʊ/ n [C] [pl ~es] 1
英雄 yīngxióng;勇士 yǒngshì. 2 (小
说、戏剧等中的)男主人公 nánzhǔ-
réngōng. heroic /hɪ'rəʊɪk/ adj 英
雄的 yīngxióngde;英勇的 yīngyǒng-
de. heroically /-klɪ/ adv. hero-
ics n [pl] (常指神众实现的)英雄
辞[辭]令 yīngxióng cílìng;(炫耀性
的)豪壮[壯]行为[爲]háozhuàng
xíngwéi. heroine /'herəʊɪn/ n
[C] 女英雄 nǚ yīngxióng;(小说、戏

剧等的)女主人公 nǚ zhǔréngōng.

heroism /'herəʊɪzəm/ n [U] 英雄行为 yīngxióng xíngwéi; 英勇 yīngyǒng.

heroin /'herəʊɪn/ n [U] (药)海洛因 hǎiluòyīn.

herpes /'hɜːpiːz/ n [U] [医]疱疹 pàozhěn.

herring /'herɪŋ/ n [C] 鲱鱼 fēiyú. **'herring-bone** n [U] 人字形图[圖]案 rénzìxíng tú'àn.

hers ⇨HER.

herself /hɜː'self/ pron 1 [反身代词]她自己 tā zìjǐ: She `hurt ~ 她伤了自己. She ,bought ~ a new `dress. 她给自己买了一件新衣服. 2 (用于加强语气)她亲(親)自 tā qīnzì;她本人 tā běnrén: She told me the news ~. 她亲自告诉我这个消息. 3 [习语](all) by her`self (a) 她单[單]独(獨)地 tā dāndúde. (b) 她独力地 tā dúlìde.

he's /hiːz/ 1 he is. ⇨BE. 2 he has. ⇨HAVE.

hesitant /'hezɪtənt/ adj 犹(猶)豫的 yóuyùde; 踌[躊]躇的 chóuchúde. **hesitancy** /-si/ n.

hesitate /'hezɪteɪt/ v [I] 犹(猶)豫 yóuyù;踌[躊]躇 chóuchú. **hesitation** /,hezɪ'teɪʃn/ n [C, U].

heterosexual /,hetərə'sekʃʊəl/ adj 异(異)性爱[愛]的 yìxìng'ài de.

het up /,het'ʌp/ adj [非正式用语]心急火燎的 xīn jí huǒ liǎo de.

hexagon /'heksəgən/ US -gon /-ɡɒn/ n [C] 六边[邊]形 liùbiānxíng.

heyday /'heɪdeɪ/ n [sing] 全盛时[時]期 quánshèng shíqí.

hiatus /haɪ'eɪtəs/ n [常作 sing] 脱漏 tuōlòu;间断[斷] jiànduàn.

hibernate /'haɪbəneɪt/ v [I] (动物)冬眠 dōngmián, **hibernation** /,haɪbə'neɪʃn/ n [U].

hiccup (亦作 **hiccough**) /'hɪkʌp/ n [C] 1 打嗝 dǎ'é. 2 [非正式用语]小问题 xiǎo wèntí. **hiccup** v [I] 打嗝 dǎ'é.

hide[1] /haɪd/ v [pt hid /hɪd/, pp hidden /'hɪdn/] 1 [I, T] [隐(隱)藏 yǐncáng;遮掩 zhēyǎn. 2 躲藏 duǒcáng. **'hide-out** n [C] 躲藏处[處] duǒcángchù;隐藏处 yǐncángchù: a terrorist ~out 恐怖分子的黑窝. **'hiding**[1] n [U] 躲藏 duǒcáng. **go into 'hiding** 躲藏起来 duǒcáng qǐlái. **come out of 'hiding** 从躲藏处出

来 cóng duǒcángchù chūlái. **in 'hiding** 躲藏着 duǒcángzhe. **'hiding-place** n [C] 隐藏处 yǐncángchù.

hide[2] /haɪd/ n [C] 兽[獸]皮 shòupí.

hideous /'hɪdiəs/ adj 丑(醜)陋的 chǒulòude; 可怕的 kěpàde. **hideously** adv.

hiding[1] ⇨HIDE[1].

hiding[2] /'haɪdɪŋ/ n [C] 痛打 tòngdǎ;鞭打 biāndǎ.

hierarchy /'haɪərɑːkɪ/ n [C] [pl -ies] 等级森严(嚴)的组织(織) děngjí sēnyánde zǔzhī.

hi-fi /'haɪfaɪ/ n [C], adj [非正式用语] (HIGH FIDELITY (HIGH[1]) 的缩略)高保真音响(響)(的)gāobǎozhēn yīnxiǎng.

high[1] /haɪ/ adj 1 (a) 高的 gāode: a ~ fence 高围墙. (b) 有某一高度的 yǒu mǒu yī gāodù de: The wall is six feet ~. 这墙六英尺高. 2 在正言之上的 zài zhèngyán zhī shàng de: a ~ price 高物价. 3 巨大的 jùdàde; 强烈的 qiángliède: a ~ degree of accuracy 高度准确. 4 高尚的 gāoshàngde; 崇高的 chónggāode: have ~ ideals 有崇高的理想. 5 有利的 yǒulìde: have a ~ opinion of her 对她有好评. 6 重要的 zhòngyàode: a ~ official 高级官员. 7 尖声(聲)的 jiānshēngde: a ~ summer 盛夏 9 (食物)开[開]始变[變]质[質]的 (食物)kāishǐ biànzhì de. 10 (on) [非正式用语]被毒品麻醉了的 bèi dúpǐn mázuì le de. 11 (汽车等变速器的挡高速的 gāosùde. 12 [习语] be/get on one's 'high 'horse [非正式用语]摆(擺)架子 bǎi jiàzi; 神气(氣)活现 shénqì huóxiàn. ,high and 'dry 孤立无(無)援 gūlì wúyuán; 处(處)于困境 chǔyú kùnjìng. ,high time 应(應)该马上做某事的时[時]候 yīnggāi mǎshàng zuò mǒushì de shíhòu: It's ~ time you cleaned the car. 你该擦洗车了. **'highbrow** n [C] [有时贬]文化修养[養]很高的(人) wénhuà xiūyǎng hěn gāo de rén. **,high-'class** adj 高级的 gāojíde. **,High Com'missioner** n [C] 高级专(專)员(英联邦国家间互相派驻的外交代表) gāojí zhuānyuán. **,High 'Court** n [常用单]高等民事案件的)最高法院 zuìgāo fǎyuàn. **,higher edu'cation** n [U] 高等教育 gāo-

děng jiàoyù. **,high fi'delity** n [C],
adj 高保真音响〔器〕(的)(的) gāo
bǎozhēn yīnxiǎng. **,high-'flier** n
[C] 有抱负的人 yǒu bàofù de rén,
优〔優〕质的 yōuzhìde. **,high-'grade** adj 高级的 gāojíde. **,high-'handed** adj 专横的 zhuānhèngde. **the 'high jump** n [sing] (运动) 跳高 tiàogāo. **'highlands /-ləndz/** n [pl] 山岳地带〔帶〕shānyuè dìdài; 高原地区〔區〕gāoyuán dìqū. **,high-'level** adj (会议等)由高阶〔階〕层〔層〕人士进〔進〕行的 yóu gāo jiēcéng rénshì jìnxíng de. **the 'high life** n [sing] 上层社会(的)豪华〔華〕生活 shàngcéng shèhuì de háohuá shēnghuó. **,high-'minded** adj 思想高超的 sīxiǎng gāochāo de. **,high-'powered** adj 精力充沛的 jīnglì chōngpèi de; 能力很强的 nénglì hěnqiáng de. **,high 'profile** n [C], PROFILE. **'high-rise** adj (建筑物)高层的 gāocéngde. **'high school** n [C] (尤指美国的)中学(学生年龄约为15—18岁) zhōngxué. **the ,high 'seas** n [pl] 公海 gōnghǎi. **,high 'season** n [U] (旅游等的)旺季 wàngjì. **,high-'spirited** adj 活泼〔潑〕的 huópo de; 兴〔興〕高采烈的 xìng gāo cǎi liè de. **'high spot** n [C] (事物的)最突出或最精彩部分 zuì tūchū huò zuì jīngcǎi bùfen. **'high street** n [C] (市镇的)主要街道 zhǔyào jiēdào. **,high 'tea** n [U] [英国英语] 傍晚茶(傍晚吃的茶点) bàngwǎnchá. **,high tech'nology** n [U] 高技术〔術〕gāo jìshù. **,high-'tech** adj [非正式用语] 高技术的 gāo jìshù de. **'highway** n [C] 公路 gōnglù. **'highwayman** n [C] [pl -men] (旧时的)拦路抢劫(抢)场的强盗 lánlù qiǎngjié de qiángdào.

high² /haɪ/ n [C] **1** 高水平 gāo shuǐpíng; 最高水平 zuìgāo shuǐpíng: profits reached a new ~ 利润达到新的最高水平. **2** [非正式用语] 强烈的快感 qiángliè de kuàigǎn: on a ~ 享受快感.

high³ /haɪ/ adv 高高地 gāogāodi; 向高处〔處〕xiàng gāochù; 高度地 gāodùdi.

highlight /'haɪlaɪt/ n [C] **1** (事物的)最有趣部分 zuì yǒuqù bùfen. **2** [常作 pl] (a) (画等)最亮部分 zuì liàng bù. (b) (头发上)染成较浅的浅〔淺〕色部分 rǎnliàng de qiǎnsè bùfen. **highlight** v [T] 使注意力集

中于 shǐ zhùyìlì jízhōng yú.

highly /'haɪlɪ/ adv **1** 高度地 gāodùde; 非常 fēicháng: a ~ amusing film 非常有趣的影片. **2** 非常赞〔讚〕许的 fēicháng zànxǔ de: think ~ of 赞赏某人. **,highly-'strung** adj 易激动〔動〕的 yì jīdòng de; 神经〔經〕紧〔緊〕张的 shénjīng jǐnzhāng de.

Highness /'haɪnɪs/ n [C] 王室成员的尊称〔稱〕wángshì chéngyuán de zūnchēng: His/Her (Royal) ~ 殿下.

hijack /'haɪdʒæk/ v [T] 劫持 jiéchí; 劫机〔機〕jiéjī. **hijacker** n [C].

hike /haɪk/ n [C], v [I] 远〔遠〕足 yuǎnzú; 长〔長〕途徒步旅行 chángtú túbù lǚxíng. **hiker** n [C].

hilarious /hɪ'leəriəs/ adj 狂欢〔歡〕的 kuánghuānde; 热〔熱〕闹的 rènàode. **hilariously** adv. **hilarity** /hɪ'lærətɪ/ n [U] 欢闹 huānnào; 热闹 rènào.

hill /hɪl/ n [C] **1** 小山 xiǎoshān; 丘陵 qiūlíng; 山坡 shānpō. **2** 坡 pō. **'hillside** n [C] (小山的)山腰 shānyāo; 山坡 shānpō. **'hilltop** n [C] 小山山顶 xiǎoshān shāndǐng. **hilly** adj 丘陵的 qiūlíngde; 多坡的 duōpōde.

hilt /hɪlt/ n [C] **1** 剑〔劍〕柄 jiànbǐng. **2** [习语] (up) to the 'hilt 彻〔徹〕底地 chèdǐdì; 完全地 wánquándì: We support you to the ~. 我们完全支持你.

him /hɪm/ pron [he 的宾格] 他 tā: I love ~. 我爱他. Give it to ~. 把它给他.

himself /hɪm'self/ pron **1** 他自己 tā zìjǐ: He 'cut ~. 他割伤了自己. **2** (用于加强语气)他亲〔親〕自 tā qīnzì; 他本人 tā běnrén; He told me the news. 他亲自告诉我这个消息. **3** [习语] (all) by him'self (a) 单〔單〕独〔獨〕地 dāndúde. (b) 独立地 dúlìde.

hind¹ /haɪnd/ adj [usu 后〔後〕面的 hòumiànde; 后部的 hòubùde: the legs of a horse 马的两条后腿. **,hind'quarters** n [pl] 臀〔臀〕部 (性畜的)半边〔邊〕臀体〔體〕的后半部 bānbiān tóngtizhèn hòu bànbù.

hind² /haɪnd/ n [C] 雌马鹿 cí mǎ lù.

hinder /'hɪndə(r)/ v [T] 阻碍〔礙〕zǔ'ài; 阻止 zǔzhǐ; ~ sb from working 阻止某人工作. **hin-**

drance /'hɪndrəns/ n [C] 起妨碍作用的人或事物 qǐ fáng'ài zuòyòng de rén huò shìwù; 障碍物 zhàng'àiwù; 障碍 zhàng'ài.

hindsight /'haɪndsaɪt/ n [U] 事后 (後) 的聪 (聰) 明 shìhòu de cōngmíng.

Hindu /'hɪnduː/; US 'hɪnduː/ n [C] 印度教教徒 Yìndùjiào jiàotú. Hindu adj 印度教的 Yìndùjiàode. Hinduism /'hɪnduːɪzəm/ n [U] 印度教 Yìndùjiào.

hinge /hɪndʒ/ n [C] 铰链 jiǎoliàn; 合页 héyè. hinge v 1 [T] 给…装铰链 gěi…zhuāng jiǎoliàn. 2 [短语动词] hinge on sth 取决于 qǔjué yú: Everything ~ on the result of these talks. 一切取决于谈判的结果.

hint /hɪnt/ n [C] 1 暗示 ànshì; 示意 shìyì. 2 线 (綫) 索 xiànsuǒ; 细微的迹象 xìwēide jìxiàng. a ~ of sadness in his voice 他声音中些许的哀伤. 3 建议 (議) jiànyì; helpful ~ 有益的建议. hint v [I, T] at 暗示 ànshì.

hip /hɪp/ n [C] 臀部 túnbù. 'hip-flask n [C] (可放在裤子后袋的) 小酒瓶 xiǎo jiǔpíng.

hippie (亦作 hippy) /'hɪpɪ/ n [C] [pl -ies] 嬉皮士 (反对正常的社会价值观者) xīpíshì.

hippo /'hɪpəʊ/ n [C] [pl ~s] [非正式用语] 河马 (HIPPOPOTAMUS 的缩略) hémǎ.

hippopotamus /ˌhɪpə'pɒtəməs/ n [C] [pl -muses 或 -mi /-maɪ/] 河马 hémǎ.

hire /'haɪə(r)/ v [T] 1 租用 zūyòng: ~ a car for a week 租一星期汽车. 2 雇用 (某人) gùyòng. 3 [短语动词] hire sth out 出租 chūzū. hire n [U] 出租 chūzū; bicycles for ~ 供出租的自行车. 'hire-'purchase n [C] [英国英语] 分期付款购 [購] 买 [買] (法) fēnqī fùkuǎn gòumǎi.

his /hɪz/ adj 他的 tāde: That's ~ book, not yours. 那是他的书,不是你的. his pron 他的 tāde: Is that ~? 那是他的吗?

hiss /hɪs/ v [I, T] 发 [發] 嘶嘶声 [聲] fā sīsī shēng; 发咝声反对 [對] fā xūshēng fǎnduì. hiss n [C] 嘶声 sīshēng; 咝咝声 sīsīshēng.

historian /hɪ'stɔːrɪən/ n [C] 历史学 (學) 家 lìshǐxuéjiā.

historic /hɪ'stɒrɪk/; US -'stɔːr-/ adj 有历 [歷] 史意义 [義] 的 yǒu lì-

shǐ yìyì de; a (n) ~ event 有历史意义的事件.

historical /hɪ'stɒrɪkl/; US -'stɔːr-/ adj 历 [歷] 史的 lìshǐde: ~ novels 历史小说. ~ research 历史研究. historically /-klɪ/ adv.

history /'hɪstrɪ/ n [pl -ies] 1 [U] 历 [歷] 史学 [學] lìshǐxué; 历史 lìshǐ. 2 [U] 过 [過] 去事件的记载 guòqù shìjiàn de jìzǎi; 来 [來] 历 láilì; 经 [經] 历 jīnglì. 3 [C] 某人或某物的事件记载 mǒurén huò mǒuwù de shìjiàn jìzǎi: his medical ~ 他的病历. 4 [习语] make 'history 开 [開] 创 [創] 创历史的新篇章 kāichuàng lìshǐde xīn piānzhāng. go down in 'history 载入史册 zǎirù shǐcè.

hit¹ /hɪt/ v [-tt-; pt, pp hit] [T] 1 (a) (用某物) 打 dǎ; 击打 (擊) dǎjī; He ~ me with a stick. 他用棍子打我. (b) (使) 碰撞 pèngzhuàng; The car ~ a tree. 汽车撞到了树上. 2 对 [對] … 产 [產] 生不良影响 [響] duì…yōu bùliáng yǐngxiǎng: The new law will ~ the poor. 新的法律对穷人不利. 3 到达 [達] dàodá; 找到 zhǎodào: ~ the right road 找到正确的路. 4 [习语] hit it 'off [非正式用语] 相处 [處] 很好 xiāngchǔ hěnhǎo. hit one's head against a brick wall ⇨ HEAD¹. hit the nail on the 'head 说中 shuō zhòng; 打中要害 dǎ zhòng yàohài. hit the 'roof [非正式用语] [發] 脾气 [氣] 冲天 fā píqì; 暴跳如雷 bàotiào rú léi. hit the 'sack [非正式用语] 上床睡觉 [覺] shàng chuáng shuìjiào. 5 [短语动词] hit back (at sb) 回击 huíjī. hit on/upon sth 偶然想起 ǒurán xiǎngqǐ. hit out 挥拳猛击 huīquán měngjī; 猛烈抨击 měngliè pēngjī. 'hit-and-'run adj (车祸) 肇事人逃逸的 zhàoshìrén táoyì de.

hit² /hɪt/ n [C] 1 打中 dǎzhòng. 2 轰 [轟] 动 [動] 一时 [時] 的人或事物 hōngdòng yìshí de rén huò shìwù; 成功 chénggōng: Her new play is a great ~. 她的新剧本轰动一时. 'hit list n [C] [非正式用语] 黑名单 [單] hēimíngdān. 'hit man n [C] [非正式用语, 尤用于美洲] 职 [職] 业 [業] 杀 [殺] 手 zhíyè shāshǒu. 'hit parade n [C] 畅 [暢] 销流行音乐 [樂] 唱片目录 [錄] chàngxiāo liúxíng yīnyuè chàngpiàn mùlù.

hitch /hɪtʃ/ v 1 [I, T] 免费搭乘汽

车[restored]. miǎnfèi dāchéng qìchē: ~
round Europe 沿途搭乘便车周
游欧洲. 2 钩住 gōuzhù; 拴住 shuān-
zhù. 3 [短语动词] hitch sth up 急
速拉起 (自己的衣服) jìsù lāqǐ.
hitch n [C] 1 小困难[难] xiǎo
kùnnan. 2 急拉 jílā; 急推 jítuī. 3 索
结 suǒjié. 'hitch-hike v [I] 搭便
车旅行 dā biànchē lǚxíng. 'hitch-
hiker n [C].

hitherto /ˌhɪðə'tuː/ adv [正式用
语]到目前为[为]止 dào mùqián
wéizhǐ; 迄今 qìjīn.

HIV /ˌeɪtʃ aɪ 'viː/ abbr human
immunodeficiency virus 人体
[体]免疫缺损病毒 réntǐ miǎnyì
quēsǔn bìngdú; 艾滋病病毒 àizī bìng
bìngdú.

hive /haɪv/ n [C] 1 蜂箱 fēng-
xiāng. 2 繁忙[忙]喧闹繁忙的人群
的处[处]所 chōngmǎn xuānnào fán-
máng de rénqún de chùsuǒ: a ~ of
activity 紧张繁忙的场所 jǐnzhāng
fánmáng de chǎngsuǒ. 3 [短语动词]
hive sth off 使(下属
单位等)分立出来 shǐ fēnlì chūlái.

HMS /ˌeɪtʃ em 'es/ abbr (用于
英国军舰名称前) Her/His Majesty's
Ship (英国)皇家海军 huángjiā hǎi-
jūn.

hoard /hɔːd/ n [C] 秘藏的钱[钱]
财 mìcáng de qiáncái. hoard v [T]
积[积]攒 jīzǎn; 积累 jīlěi.

hoarding /'hɔːdɪŋ/ n [C] [英国英
语](张贴广告的)广[广]告牌
guǎnggàopái.

hoarse /hɔːs/ adj [~r, ~st] (声
音)嘶哑[哑]的 sīyǎde. hoarsely
adv. hoarseness n [U].

hoax /həʊks/ n [C] 戏[戏]弄
xìnòng. hoax v [T] 欺骗 qīpiàn; 戏
弄 xìnòng.

hob /hɒb/ n [C] (火炉顶部的)搁
架 gējià.

hobble /'hɒbl/ v [I] 跛行 bǒxíng;
蹒跚 pánshān.

hobby /'hɒbɪ/ n [C] [pl -ies] 业
[业]余(除)爱[爱]好 yèyú àihào;
癖好 pǐhào.

hobnail boot /'hɒbneɪl/ n [C]
(鞋底钉有防断损的平头钉的)粗重
靴子 cūzhòng xuēzi.

hockey /'hɒkɪ/ n [U] 曲棍球
qūgùnqiú.

hod /hɒd/ n [C] (建筑工人使用
的)砖[砖]斗 zhuāndǒu.

hoe /həʊ/ n [C] 锄头[头] chútou.
hoe v [I, T] 用锄子[锄]活 yòng
chú gànhuó; 用锄(为作物)松[松]
土、间苗等 yòng chú sōngtǔ, jiàn-

miáo děng.

hog /hɒɡ/ US hɔːɡ/ n [C] 1 阉过
[过]的公猪 yāngguòde gōngzhū. 2
[非正式用语]肮[肮]脏[脏]贪吃、贪婪、
贪吃的人 āngzāng, tānlán, tānchī de
rén. hog v [-gg-] [T] [喻]多占
[占] duōzhàn.

Hogmanay /'hɒɡmɪneɪ/ n [U]
(苏格兰)除夕 chúxī; 大年夜
dàniányè.

hoist /hɔɪst/ v [T] 升[昇]起
shēngqǐ; 扯起 chěqǐ; 绞起 jiǎoqǐ.
hoist n [C] 起重机[机]qǐ-
zhòngjī; 升降机 shēngjiàngjī. 2
[sing]向上拉 xiàng shàng lā; 向上
推 xiàng shàng tuī.

hold[1] /həʊld/ v [pt, pp held
/held/] 1 [T] 握 wò; 拿 ná; 抓住
zhuāzhù. 2 [T] 使保持某一姿势
(势)shǐ bǎochí mǒu zīshì: H~
your head up! 抬起头! 3 [T] 支
持 zhīchí; That branch won't ~
you. 那树枝吃不消你.4 [T] 扣留
kòuliú; 拘留 jūliú: H~ the thief
until the police come. 在住这小
偷,等警察来.5 [T] 保持坚[坚]定
bǎochí jiāndìng; 保持不变[变] bǎo-
chí bǎibiàn; How long will this
fine weather ~? 这好天气会能
持多久?6 [T] (汽车等)贴住(道路
等)tiēzhù. 7 [T] 装[装]得下
zhuāngdexià; 容得下 róngdexià:
This barrel ~s 25 litres. 这桶
能装 25 升.8 [T] 守住 shǒuzhù; 拥
[拥]有 yōngyǒu; 保有 bǎoyǒu: ~
jùyǒu 持有 chíyǒu: ~ 25 shares
拥有 25 股.10 [T] 拥有(职位)
yōngyǒu: ~ the post of Prime
Minister 担任首相职位.11 [T] 吸
引…的注意或兴[兴]趣 xīyǐn…de
zhùyì huò xìngqù.12 [T] 认[认]为
[为] rènwéi.13 [T] 召开[开](会
议)zhàokāi.14 [T] 相信 xiāngxìn;
I ~ you responsible for the ac-
cident . 我认为你应对这次事故负
责.15 [习语]将某人/某物抱在身旁
责bào sb/sth at bay ⇨BAY[3]. hold one's 'breath (因惊
惧或激动等)屏息 bǐngxī; 暂时(时)
停止呼吸 zànshí tíngzhǐ hūxī. hold
the 'fort 暂时代理事 zànshí dàilǐ.
hold 'good 有效 yǒuxiào; 适(适)
用 shìyòng. hold one's 'ground ⇨
GROUND[1]. hold it [非正式用语]
就这(这)样(样)! jiù zhèyàng! 别
动[动]! biédòng! 等一等! děngyī-
děng! hold the 'line 请别挂[挂]
电[电]话 qǐng bié guà diànhuà.
hold one's 'own (against sb) 不

被(某人)击[擊]败 bú bèi jíbài.
,hold one's 'tongue 不说什[甚]
么[麼] bùshuō shénme; 保持沉默
bǎochí chénmò. there's no
'holding sb (由于性格倔强等)简
直拦[攔]不住(某人)jiǎnzhí lánbúzhù
mǒurén. 16 [短语动词] hold sth
against sb 因…而歧视(某人)yīn
…ér qíshì; 因…而对[對](某人)抱
成见 yīn…ér duì bào chéngjiàn.
hold 'back 阻[阻]踌踌chóuchú.
'hold sb/sth back 控制 kòng-
zhì: ~ back the crowd 控制群
众. (b) 保守秘密 bǎoshǒu mìmì.
'hold sth down 限制某人的自由
xiànzhì mǒurén de zìyóu. hold sth
down (a) 压[壓]低 价[價]格 yā-
dī jiàgé; ~ down prices 压低价格. (b) 保有(费用较
高的)工作 bǎoyǒu gōngzuò. hold
'forth (on sth) 滔滔不绝地讲[講]tāotāo bù-
jué de jiǎng. hold 'off (雨等)推
迟[遲]下 (雨等) tuīchí; 抵挡[擋](进攻)dǐdǎng zhílà.
hold off (doing) 推迟 tuīchí.
hold 'on (a) 等一下 děng yíxià.
(b) 坚[堅]持 jiānchí; 忍住 rěnzhù.
hold sth on 固定住 gùdìng zhù.
hold on to sth 保持 bǎochí, hold
'out (a) 维持 wéichí; 继[繼]续
[續]使用或存在(足以)维持生
活存 huò yúnxíng. (b) 抵抗 dǐkàng. hold
sth out 提出坚[堅]决要求 tíchū jiānjué
yāoqiú. hold out for sth 坚决要求坚
yāoqiú. hold sth over 推迟 tuīchí.
hold sb/sth up/sth up 使遵守(诺言等)
shǐ zūnshǒu. hold sb/sth up (a)
举[舉]出…为榜样[樣]jǔchū…wéi
bǎngyàng. (b) 延迟 yánchí; 停[停]
搁[擱] tínggē: Our flight was held up
by fog. 我们的航班因雾耽误
了. hold up sth 抢[搶]劫(银行等)
qiǎngjié. 'hold-up n [C] 交通阻
塞 jiāotōng zǔsè. 2 抢劫 qiǎngjié.

hold² /həʊld/ n 1 [sing] 抓[抓]住zhuā
zhù; 握 wò; 掌握 zhǎngwò. 2 [C] (攀援
等)捞[撈]手处[處]bǎnshǒuchù; 可以把握
的东西 kěyǐ bǎwò de dōngxi; 支
撑点[點]zhīchēngdiǎn. 4 [sing]
影响[響]yǐngxiǎng; 力量 lìliàng. 5
[习语] catch, take, etc hold of
sb/sth 控制 kòngzhì; 掌握zhǎng-
wò. get hold of sb/sth [非正式用
语](a) 找到并使用 zhǎodào bìng
shǐyòng. (b) 联[聯]系[繫](某人)
liánxì; 找到(某人) zhǎodào.

hold³ /həʊld/ n [C] 货舱[艙]huò-
cāng; 底舱[艙]dǐcāng.

holdall /'həʊldɔːl/ n [C] 手提旅行

包 shǒutí lǚxíngbāo.

holder /'həʊldə(r)/ n [C] 1 持有
者 chíyǒuzhě; 占[佔]有者 zhànyǒu-
zhě: ticket~ 持票人. 2 支托物
zhītuōwù; 手把 shǒubǎ; 柄 bǐng.

holding /'həʊldɪŋ/ n [C] 拥[擁]有
物(如土地等) yōngyǒuwù.

hole /həʊl/ n 1 [C] 洞 dòng; 孔
kǒng; a ~ in the road 道路上
的一个坑洼. a ~ in the wall 墙[牆]上
的一个洞. 2 [C] (a) 兽[獸]穴
shòuxué. (b) [喻,非正式用语]狭[狹]窄,黑暗、令人厌[厭]恶[惡]的
处[處]所 xiázhǎi, hēi'àn, lìng rén
yànwù de chùsuǒ. 3 [sing] 困
境 kùnjìng; 窘境 jiǒngjìng; be in a
~ 处于困境.4 [C] (高尔夫球)球
穴 qiúxué. 5 [习语] make a hole
in sth [非正式用语]大量耗费 dà-
liàng hàofèi. hole v [T] 打洞
于 dǎdòng yú; 穿孔于 chuānkǒng
yú. [I,T] (out) (高尔夫球)把
击[擊]球入球穴 jiùqiú rù dòng. 6 [短
语动词] hole-in-the-'wall n [C] 隐藏 duǒ-
cáng, hole-in-the-'wall n [C] 取
款[款]机[機] qǔkuǎn jī.

holiday /'hɒlədeɪ/ n 1 [C] 假日
jiàrì; 节[節]日 jiérì. 2 [习语] on
'holiday 度假 dùjià. holiday v [I]
度假 dùjià. 'holiday-maker n [C]
度假的人 dùjià de rén.

holiness /'həʊlɪnəs/ n 1 [U] 神圣
[聖] shénshèng. 2 His/Your Holi-
ness 陛下(对罗马教皇的尊称) bì-
xià.

hollow /'hɒləʊ/ adj 1 空的 kōng-
de; 中空的 zhōngkōngde. 2 凹陷的
āoxiànde; 凹的 āode; ~ cheeks 凹
陷的双颊. 3 (声音)空洞的 kōng-
dòngde; 沉重的 chénzhòngde. 4
[喻]虚假的 xūjiǎde; ~ words 虚
假的言语. ~ pleasures 空欢喜.
hollow n [C] 坑 kēng; 洞 dòng.
hollow v [T] (out) 挖空 wā
kōng;使成凹形 shǐ chéng āoxíng:
~ out a tree trunk to make a
boat 把树干掏空做成一条船.

holly /'hɒlɪ/ n [C,U] (植物)冬
青 dōngqīng;冬青树[樹]枝 dōngqīng
shùzhī.

holocaust /'hɒləkɔːst/ n [C] 大破
坏[壞] dà pòhuài; 大屠杀[殺] dà
túshā.

holster /'həʊlstə(r)/ n [C] 手枪
[槍]皮套 shǒuqiāng pítào.

holy /'həʊlɪ/ adj -ier, -iest 1 上
帝的 shàngdìde; 与[與]宗教有关[關]的 yǔ zōngjiào yǒuguān de. 2
圣[聖]洁[潔]的 shèngjiéde: live a

~ *life* 过圣洁的生活. **the Holy 'Spirit** (亦作 **the Holy 'Ghost**) *n* [sing] (基督教) 圣灵 [灵] shènglíng.

homage /'hɒmɪdʒ/ *n* [U] [正式用语] 尊敬 zūnjìng; 敬重 jìngzhòng.

home¹ /həʊm/ *n* **1** [C,U] 家 jiā. **2** [C] 老人院 lǎorényuàn; 儿[兒]童养[養]育院 értóng yǎngyùyuàn. **3** (动植物的)生息地 shēngxīdì. **4** [sing] 发[發]祥地 fāxiángdì: *Greece is the ~ of democracy.* 希腊是民主的发祥地. **5** [U] (赛跑等的)终点[點] zhōngdiǎn. **6** [习语] **at home** (a) 在家 zài jiā. [喻] (适) shūshì; 无[無]拘束 wú jūshù: *Make yourself at ~!* 请别拘束! **a 'home 'truth** 令人不愉快的事实[實] lìng rén bù yúkuài de shìshí. **,Home 'Counties** *n* [pl] 英国[國]伦[倫]敦周围[圍]各郡 Yīngguó Lúndūn zhōuwéi gè jùn. **,home eco'nomics** *n* [用 sing v] 家政学[學] jiāzhèngxué. **,home-'grown** *adj* (食品等)本国[國]产[產]的 běnguó chǎn de; 自家园[園]子产的 zìjiā yuánzi chǎn de. **,home 'help** *n* [C] 家庭用人 jiātíng yòngrén. **'homeland** *n* [C] **1** 祖国 zǔguó. **2** [常 pl] (南非的)"黑人家园" hēirén jiāyuán. **homeless** *adj* 无家的 wújiā de. **,home-'made** *adj* 家里[裏]做的 jiālǐ zuò de. **,the 'Home Office** *n* [sing] (英国)内政部 Nèizhèngbù. **'home page** *n* [C] 主页[頁] zhǔyè. **,home 'shopping** *n* [U] 家居购[購]物 jiājū gòuwù. **homesick** *adj* 想家的 xiǎngjiā de. **homesickness** *n* [U]. **homeward** *adj* 归[歸]家的 guījiā de. **homewards** *adv* 向家 xiàngjiā. **homework** *n* [U] (学生的)家庭作业[業] jiātíng zuòyè. **2** [喻] (会议、讨论等之前的)准[準]备[備]工作(如看资料等等) zhǔnbèi gōngzuò.

home² /həʊm/ *adj* **1** 家庭的 jiātíng de; 家中的 jiāzhōng de; 在家里[裏]进[進]行的 zài jiālǐ jìnxíng de. **2** 国[國]内的 guónèi de: ~ *news* 国内新闻[聞] guónèi xīnwén. **3** [体育]主场的 zhǔchǎng de: *a ~ match* 主场比赛.

home³ /həʊm/ *adv* **1** 在家 zài jiā; 回家 huí jiā: *on her way ~* 在她回家的路上. **2** 中目标[標] zhòng mùbiāo; 彻[徹]底 chèdǐ; 深深地 shēnshēnde: *drive a nail ~* 把钉

子钉到头儿. **3** [习语] **bring sth 'home to sb** 使某人充分[分]了[瞭]解某事 shǐ mǒurén chōngfèn liǎojiě mǒushì. **come 'home to sb** 使某人完全理解 shǐ mǒurén wánquán lǐjiě. **,home and 'dry** 安全地大功告成 ānquánde dà gōng gào chéng. **'home-coming** *n* [C,U] (长期外出后的)回家 huíjiā.

home⁴ /həʊm/ *v* [短语动词] **home in (on sth)** 确[確]定(某物)准[準]确[確]地朝向、移向[某物]的方位 chácóxiàng, yíxiàng.

homely /'həʊmlɪ/ *adj* [-ier, -iest] **1** (裹, 尤用于英国英语) 简朴[樸]的 jiǎnpǔde; 家常的 jiāchángde. **2** [美语, 贬] (人)不好看的 bù hǎokàn de; 相貌平平的 xiàngmào píngpíng de. **homeliness** *n* [U].

homeopathy /,həʊmɪ'ɒpəθɪ/ *n* [U] [医]顺势[勢]疗[療]法 shùnshì liáofǎ. **homeopathic** /,həʊmɪə-'pæθɪk/ *adj*.

homicide /'hɒmɪsaɪd/ *n* [U] 杀[殺]人 shārén. **homicidal** /,hɒmɪ-'saɪdl/ *adj*.

homing /'həʊmɪŋ/ *adj* **1** (鸽)有归[歸]家性的 yǒu guījiāxìng de. **2** (武器)自导(导)引的 zìdǎoyǐnde; 导航的 dǎohángde.

homogeneous /,hɒmə'dʒiːnɪəs/ *adj* 由同类[類]部分组成的 yóu tónglèi bùfen zǔchéng de.

homogenized /hə'mɒdʒənaɪzd/ *adj* (牛奶)均质[質]的 jūnzhìde.

homonym /'hɒmənɪm/ *n* [C] 同形异[異]义[義]词 tóngxíng yìyì cí; 同音异义词 tóngyīn yìyì cí.

homosexual /,hɒmə'sekʃʊəl/ *adj*, *n* [C] 同性恋[戀]的 tóngxìngliànde; 同性恋者 tóngxìngliànzhě. **homosexuality** /,hɒməsekʃʊ-'ælətɪ/ *n* [U].

honest /'ɒnɪst/ *adj* **1** (人)诚实[實]的 chéngshíde: 正直的 zhèngzhíde. **2** 显[顯]出诚意的 xiǎnchū chéngyì de; 由诚意产[產]生的 yóu chéngyì chǎnshēng de: *give an ~ opinion* 提出诚实的意见. **honestly** *adv* **1** 诚实地 chéngshíde. **2** (用以加强语气)实在 shízài; 的确[確] díquè; 真[眞]的 zhēnde. **honesty** *n* [U].

honey /'hʌnɪ/ *n* **1** [U] 蜂蜜 fēngmì; 蜜 mì. **2** (尤用作称语, 主于美语)亲[親]爱[愛]的人 qīn'ài de rén; 宝[寶]贝[貝]儿[兒] bǎobèir. **'honeycomb** /-kəʊm/ *n* [C,U] 巢脾 cháopí; 蜂房 fēngfáng.

'honeysuckle /-sʌkl/ *n* [U] [植物]忍冬属[属]; 金银花.

honeymoon /'hʌnɪmuːn/ *n* [C] **1** 蜜月 mìyuè. **2**[喻] 初同事业[业]关中[关]系和谐的阶[阶]段 gòngtóng shìyè zhōng guānxì héxié de jiēduàn. **honeymoon** *v* [I] 度蜜月 dù mìyuè.

honk /hɒŋk/ *n* [C] 汽车喇叭声[声] qìchē lǎbāshēng; 汽车喇叭响[响][声] qìchē lǎbā xiǎng.

honorary /'ɒnərərɪ; *US* -rerɪ/ *adj* **1**(学位, 等级等)作为[为]荣誉[誉]而授予的 zuòwéi róngyù ér shòuyǔ de; 名誉的 míngyù de. **2**(工作职位)无[无]报[报]酬的 wú bàochóu de; 义[义]务的 yìwù de: ~ *president* 义务会长.

honour (美语 *-or*) /'ɒnə(r)/ *n* **1** [U,sing]荣誉[誉]; 光荣 guāngróng: *a great ~ to be invited* 承蒙邀请备感荣幸. **2** [U] 正义[义]感 zhèngyìgǎn; 道义 dàoyì; 廉耻 liánchǐ: *a man of ~* 有节操的人. **3** 崇敬 chóngjìng; 尊敬 zūnjìng. **4** [sing] 带来光荣的人或事物 dàilái guāngróngde rén huò shìwù: *You are an ~ to your school.* 你是你的学校的光荣. **5** [sing] (对法官的尊称)阁下 géxià. **honourably** *adv* 光荣地 guāngróngde; 荣誉[誉]地 róngyùde. **2 the honourable**(对某些高级官员的尊称)阁下 géxià, **honourably** *adv*.

hood /hud/ *n* [C] **1** (外衣等上的)风[风]帽 fēngmào; 兜帽 dōumào. **2** (汽车、婴儿车等上的)折合式车篷[篷] zhéhéshì chēpéng. **3** [美]汽车发[发]动[动]机[机]罩盖[盖] qìchē fādòngjī zhàogài. **hooded** *adj* 带风帽的 dài fēngmào de.

hoodwink /'hudwɪŋk/ *v* [T] 欺诈(某人) qīzhà; 哄骗(某人) hǒngpiàn.

hoof /huːf/ *n* [C] (*pl* ~**s** 或 hooves /huːvz/) 蹄 tí.

sb off the ~ 使某人脱离困境.
hook *v* [T] 1 钩住 gōuzhù; 用钩连结 yòng gōu liánjié. **2** 把…弯成钩状[状] bǎ …wānchéng gōuzhuàng. **hooked** *adj* 1 钩状的 gōuzhuàngde. **2**[习语] **be hooked on sth** (吸毒)成瘾 chéngyǐn.

hooligan /'huːlɪgən/ *n* [C] 流氓 liúmáng; 恶[恶]少 èshào. **hooliganism** *n* [U].

hoop /huːp/ *n* [C] 箍 gū.

hooray = HURRAH.

hoot /huːt/ *n* [C] **1** 猫头[头]鹰叫声[声] māotóuyīng jiàoshēng. **2** 汽车[车]喇叭声 qìchē lǎbāshēng. **3** 表示不同意的叫声 biǎoshì bù tóngyì de jiàoshēng. **4** [习语] **not care/give a hoot/two hoots** [非正式用语]毫不在乎 háo bù zàihu, 毫不介意 háo bù jièyì. **hoot** *v* [I] **1** (猫头鹰)叫 jiào; (汽车喇叭)鸣响[响] míngxiǎng. **2** [T] 使(喇叭)鸣响 shǐ míngxiǎng. **hooter** *n* [C] [尤用于英国英语]警笛 jǐngdí; 汽笛 qìdí.

Hoover /'huːvə(r)/ *n* [C] (P) 胡佛牌真空吸尘[尘]器 Húfǔpái zhēnkōng xīchénqì; 真空吸尘器 zhēnkōng xīchénqì. **hoover** *v* [I,T] 用真空吸尘器吸(…的)尘 yòng zhēnkōng xīchénqì xī chén.

hooves /huːvz/ *pl* of HOOF.

hop¹ /hɒp/ *v* [-pp-] [I] **1** (a) (人)单[单]脚跳 dānjiǎotiào. (b) (鸟,兽)齐[齐]足[足]跳 qízútiào. **2**[非正式用语]快速行走 kuàisù xíngzǒu; 蹦 tiào: *on a bus* 跳上一辆公共汽车. **3**[习语] **hop it** [俚]走开[开] zǒukāi; 滚开 gǔnkāi.

hop *n* [C] **1** 跳跃 tiàoyuè; 短距离跳 duǎn jùlí tiào; 单脚跳 dānjiǎotiào. **2**[非正式用语]一段舞会 yí duàn wǔhuì. **3** 飞行中的)一段旅程 yíduàn lǚchéng.

hop² /hɒp/ *n* [C] 蛇麻草 shémácǎo.

hope /həʊp/ *n* **1** [C, U] 希望 xīwàng. **2** [C] 寄予希望的人或物 jìyǔ xīwàng de rén huò wù. **3** [习语] **be beyond hope** (成功、痊愈等)毫无[无]希望 háo wú xīwàng. **hope** *v* [I,T] 希望 xīwàng: *I ~ (that) you win.* 我希望你赢. **hopeful** *adj* 有希望的 yǒu xīwàng de. **hopefully** *adv* 抱着希望地 bàozhe xīwàng de. **2** 但愿[愿] dànyuàn: 作为[为]希望 xīwàng: *H~fully she'll be here soon.* 但愿她马上就来到这里.

hopeless adj 1 不给人希望的 bù gěi rén xīwàng de. 2 (at) [非正式用语]不行的 bùxíngde; 无(無)能的 wúnéngde: ~less at maths 在数学上无能. **hopelessly** adv. **hopelessness** n [U].

horde /hɔːd/ n [C] 一帮人群 qún; ~s of football fans 一帮足球迷.

horizon /həˈraɪzn/ n 1 **the horizon** [sing] 地平线(綫) dìpíngxiàn. 2 [C] [喻]眼界 yǎnjiè; 视野 shìyě: Travel broadens one's ~s. 旅行可以开阔人们的视野.

horizontal /ˌhɒrɪˈzɒntl; US ˌhɔːr-/ adj 平的 píngde; 水平的 shuǐpíngde. **horizontal** n [sing] 水平线(綫) shuǐpíngxiàn; 水平位置 shuǐpíng wèizhi. **horizontally** /-təlɪ/ adv.

hormone /ˈhɔːməʊn/ n [C] 荷尔(爾)蒙 héʼěrméng; 激素 jīsù.

horn /hɔːn/ n 1 (a) [C] (兽)角 jiǎo. (b) [U, C] (质(質)角物质(質)) 角物 jiǎowù. 2 [C] 喇叭 lǎba; 管 guǎn; 号(號)号 hào: a French ~ 法国号. 3 [C] (汽车等的)喇叭 lǎba. **horny** adj [-ier, -iest] 1 角制(製)的 jiǎozhìde; 像角一样(樣)坚(堅)硬的 xiàng jiǎo yíyàng jiānyìng de. 2 [俚]欲(慾)火中烧(燒)的 yùhuǒ zhōng shāo de.

hornet /ˈhɔːnɪt/ n [C] 大黄蜂 dà huángfēng.

horoscope /ˈhɒrəskəʊp/ n [C] 根据(據)星象算命 gēnjù xīngxiàng suànmìng.

horrendous /hɒˈrendəs/ adj 可怕的 kěpàde; 骇人的 hàirénde: ~ colours 使人惊吓的颜色. ~ clothes 令人惊讶的衣服.

horrible /ˈhɒrəbl/ adj 1 可怕的 kěpàde; 恐怖的 kǒngbùde: a ~ crime 骇人听(聽)闻的罪行. 2 [非正式用语]讨厌(厭)的 tǎoyànde: ~ weather 讨厌的天气. **horribly** adv.

horrid /ˈhɒrɪd; US ˈhɔːrɪd/ adj [非正式用语]讨厌(厭)的 tǎoyànde.

horrific /hɒˈrɪfɪk/ adj 非常可怕的 fēicháng kěpàde. **horrifically** adv.

horrify /ˈhɒrɪfaɪ; US ˈhɔːr-/ v [pt, pp -ied] 使恐怖 shǐ kǒngbù 使害怕 shǐ hàipà: horrified by his death 对他的死感到震惊.

horror /ˈhɒrə(r); US ˈhɔːr-/ n 1 [C, U] 恐怖 kǒngbù; 极(極)端厌(厭)恶(惡)恶 jíduānyànwù. 2 [非正式用语]小讨厌(指调皮捣蛋的小孩) xiǎo tǎoyàn. **horror** adj 意在引起恐怖的 yì zài yǐnqǐ kǒngbù de: a ~ story 恐怖故事. a ~ film 恐怖电影. **horror-stricken**, **horror-struck** adj 惊(驚)恐万(萬)状(狀)的[惊恐万分的] jīngkǒng wànzhuàng de.

hors d'oeuvre /ˌɔːˈdɜːvrə; US -ˈdɜːv/ n [C] 餐前的开(開)胃小吃 cānqiánde kāiwèi xiǎochī.

horse /hɔːs/ n 1 [C] 马(馬)mǎ. 2 [习语] (straight) from the horse's 'mouth (情报)直接来自参(參)于者的 zhíjiē láizì cānyùzhě de. **horse** v [短语动词] **horse about/around** [非正式用语]哄闹 hōngnào; 胡闹 húnào; 胡闹 húnào. **horseplay** n [U] 胡闹 nàoténg; 胡闹 húnào. **horsepower** n [U] 马力 mǎlì. **horseshoe** n [C] 马蹄铁(鐵) mǎtítiě.

horseback /ˈhɔːsbæk/ n [习语] **on horseback** 骑着马(馬) qízhe mǎ. **horseback** adv, adj [尤用于美语]: ~ riding 骑马.

horticulture /ˈhɔːtɪkʌltʃə(r)/ n [U] 园(園)艺(藝) yuányì. **horticultural** /ˌhɔːtɪˈkʌltʃərəl/ adj.

hose[1] /həʊz/ n (亦作 **hose-pipe**) [C, U] 输水软管 shūshuǐ ruǎnguǎn. **hose** v (down) 用水管冲洗 yòng shuǐguǎn chōngxǐ; 用水管浇(澆) yòng shuǐguǎn jiāo.

hose[2] /həʊz/ n [pl] 长(長)统(統)袜(襪) chángtǒngwà; 短统袜 duǎntǒngwà.

hosiery /ˈhəʊzɪərɪ; US ˈhəʊʒərɪ/ n [U] 针织(織)业(業) zhēnzhīyè.

hospice /ˈhɒspɪs/ n [C] 晚期病人收容所 wǎnqī bìngrén shōuróngsuǒ.

hospitable /hɒˈspɪtəbl/ adj 亦作 /ˈhɒspɪtəbl/ adj 1 (to/toward) 好客的 hàokède; 招待周到的 zhāodài zhōudào de. 2 (地方、处所)使人乐(樂)于居住的 shǐ rén lèyú jūzhù de. **hospitably** adv.

hospital /ˈhɒspɪtl/ n [C] 医(醫)院 yīyuàn. **hospitalize** v [T] 使住院 shǐ zhùyuàn.

hospitality /ˌhɒspɪˈtælətɪ/ n [U] 好客 hàokè; 殷勤 yīnqín.

host[1] /həʊst/ n [C] 1 主人 zhǔrén. 2 (电视、广播节目的)主持人 zhǔchírén. **host** v [T] 作…的主持人 zuò…de zhǔchírén; 在…中主持人 zài…zuò zhǔchírén.

host² /həʊst/ n [C] 许多 xǔduō；一大群 yídàqún：a ~ of different reasons 种种不同的原因。

hostage /'hɒstɪdʒ/ n [C] 人质[質] rénzhì.

hostel /'hɒstl/ n [C] (为学生、无家者提供膳宿的)寄宿舍 jìsùshè.

hostess /'həʊstɪs/ n [C] 1 女主人 nǚzhǔrén；女主持人 nǚzhǔchírén. 2 女服务[務]员 nǚfúwùyuán；女招待 nǚzhāodài.

hostile /'hɒstaɪl; US -tl/ adj (to / toward) 1 不友好的 bù yǒuhǎo de. 2 敌[敵]方的 dífāngde：~ aircraft 敌机.

hostility /hɒ'stɪlətɪ/ n 1 [U] 敌[敵]意 díyì；敌视 díshì，敌对 dídù. 2 hostilities [pl] 战[戰]争 zhànzhēng；战争行动 zhànzhēng xíngdòng.

hot /hɒt/ adj [~ter, ~test] 1 热[熱]的 rède；烫 de làde：~ spices 辣的调味品. ~ curry 辛辣的咖喱. 2 强烈的 qiángliède；猛烈的 měngliède；暴躁的 bàozàode：He has a ~ temper. 他脾气暴躁. 4 (消息等)新近的 xīnjìnde；刚[剛]刚的 gānggāngde；刚[剛]到的 gānggāngde. 5 [习语] be in/get into hot water [非正式用语]惹上严[嚴]重的麻烦 rě shàng yánzhòng de máfan. hot 'air [非正式用语]空话 kōnghuà，牛[嘲]羽谈 chuīniútán. (be) hot on sb's 'heels / 'tracks / 'trail 紧[緊]紧 jǐnjǐn 跟随 mòurén. not so hot [非正式用语]并不怎么[麼]好 bìng bù zěnme hǎo. hot up [非正式用语]变[變]得激动[動]起来[來] biànde jīdòng qǐlái；加剧[劇] jiājù. hot-'blooded adj 易怒的 yìnùde；感情强烈的 gǎnqíng qiángliè de. hot-desking n [U] 办[辦]公桌轮[輪]用制 bàngōngzhuō lúnyòngzhì. hot 'dog n [C] 热狗 règǒu；红肠[腸]面[麵]包 hóngcháng miànbāo. 'hotfoot adv 匆忙地 cōngmáng de；火烧[燒]火燎地 huǒ shāo huǒ liáo de. 'hothead n [C] 鲁莽的人 lǔmǎngde rén；易发脾气的人 yì fāpíqì de rén. hot-'headed adj 鲁莽的 lǔmǎngde. 'hothouse n 温室 wēnshì；暖房 nuǎnfáng. 'hot line n (政府首脑间的)热线[綫] rèxiàn，热线 rèxiàn. 'hotly adv 1 热烈地 rèlède. 2 紧[緊]紧地 jǐnjǐnde：~ly pursued 紧追. hot-'tempered adj 脾气[氣]暴躁的 píqì bàozàode.

hotel /həʊ'tel/ n [C] 旅馆 lǚguǎn. **hotelier** /-lɪə(r), -lɪeɪ; US həʊtel'jeɪ/ n [C] 旅馆老板 lǚguǎn lǎobǎn.

hound /haʊnd/ n [C] 猎[獵]狗 lièqǒu；赛狗 sàigǒu. hound v [T] 追逼 zhuībī；困扰[擾]kùnrǎo；追逐 zhuīzhú：~ed by the newspapers 被记者纠缠.

hour /aʊə(r)/ n [C] 1 小时[時] xiǎoshí. 2 [C] 钟[鐘]点[點](指 24 小时中的某 1 点、正 2 点等)zhōngdiǎn：Trains leave on the ~. 火车每个钟点的整点开出一趟. 3 hours [pl] (工作等的)固定时间 gùdìng shíjiān：Office ~s are from 9 am to 5 pm. 办公时间为上午 9 时到下午 5 时. 4 [C, 常作 sing] (大约一小时的某种用途的)时间 shíjiān：a long lunch ~ 很长的午餐时间. 5 [C] 一小时的行程 yì xiǎoshí de xíngchéng：London is only two ~s away. 到伦敦只不过两小时的行程. 6 [习语] at the eleventh 'hour 在最后[後]时刻 zuìhòu shíkè.

hourly /'aʊəlɪ/ adv 1 每小时[時]地 měixiǎoshíde. 2 按每工作一小时 àn měi gōngzuò yīxiǎoshí：be paid ~ 按每工作小时付酬. hourly adj 1 每小时的 měixiǎoshíde：an ~ bus service 每小时开一班车的公共汽车. 2 按小时计算的 àn xiǎoshí jìsuàn de.

house¹ /haʊs/ n [C] [pl ~s /'haʊzɪz/] 1 (a) 房屋 fángwū. (b) 同住一所房屋的人们 tóng zhù yīsuǒ fángwū de rénmen：Be quiet or you'll wake the whole ~! 请安静，不然你们会把全屋子的人都吵醒! 2 (某种特别用途的房舍)为某所 tídào de yòngtú jiànzhù de fángshè：an 'opera-~ 歌剧院. a 'hen-~ 鸡舍. 3 学[學]校为体[體]育竞赛等分的组 xuéxiào wèi tǐyù bǐsài děng fēn de zǔ. 4 (常作 House) 议[議]院 yìyuàn；议院大楼[樓] yìyuàn dàlóu：the H~s of 'Parliament 国会两院. the H~ of 'Representatives 众议院. 5 企业[業]机[機]构 qǐyè jīgòu：a publishing ~ 出版社. 6 (常作 House) 家族 jiāzú；贵族 guìzú；王族 wángzú. 7 (剧院等的)全场[場]观[觀]众 quánchǎng guānzhòng：a full ~ 客满 kèmǎn. 8 [习语] bring the 'house down [非正式用语]博得全场[場]喝彩 bódé quánchǎng hècǎi. **on the 'house** 由店家出钱[签]: yóu diànjiā chūqián; 免费 miǎnfèi. **'house-bound** *adj* (因病等)出不了门了 chūbùliǎo mén de. **'housebreaking** *n* [U] (为图谋不轨而)破门入屋 pò mén rù wū. **'housekeeper** *n* [C] 女管家 nǚguǎnjiā. **housekeeping** *n* [U] 1 料理家务[务] liàolǐ jiāwù; 管家 guǎnjiā. 2 家务开支[费] jiāwù kāizhī. **'housemaster** (*fem* **'housemistress**) *n* [C] (寄宿学校的)舍监[监] shèjiān. **the House of Lords** [英国英语]贵族院 guìzúyuàn; 上议院 shàngyìyuàn. **'house-proud** *adj* 热中于美化家庭的 rèzhōngyú měihuà jiātíng de. **'housewife** *n* [*pl* **housewives** /-warvz/] 家庭[妇]女 jiātíng fùnǚ. **'housework** *n* [U] 家务劳动 jiāwù láodòng.

house² /hauz/ *v* [T] 供给⋯房子住 gōngjǐ⋯fángzi zhù.

household /'haushəuld/ *n* 1 [C] 一家人 yìjiārén; 家庭 jiātíng. 2 [习语] a **household 'name/'word** 家喻户晓(晓)的人(或事物) jiā yù hù xiǎo de rén.

housing /'hauzɪŋ/ *n* 1 [U] 住房 zhùfáng. 2 [C] (机器等的)遮盖[盖]物 zhēgàiwù.

hove ⇨HEAVE.

hovel /'hɒvl; US 'hʌvl/ *n* [C] (贬)陋室 lòuwū; 棚房 péng; 茅屋 máowū.

hover /'hɒvə(r); US 'hʌvər/ *v* [I] 1 (鸟等)盘[盘]旋 pánxuán; 翱翔 áoxiáng. 2 (人)徘徊 páihuái; 彷徨 pánghuáng. **hovercraft** *n* [C] [*pl* **hovercraft**] 气(垫)垫(垫)船 qìdiànchuán.

how /hau/ *adv* 1 (用于问句) (a) 如何 rúhé; 怎样 zěnyàng; H~ is this word spelt? 这个词怎样拼? (b) 健康情况等怎样 jiànkāng qíngkuàng zěnyàng; H~ are you? 你身体怎样? (c) (与形容词或副词连用)何种程度 hézhǒng chéngdù; H~ old is he? 他多大岁数? 2 (用于感叹句, 形容程度)多么[么] duōme, 真 zhēn; H~ hot it is! 真多么热呀呀! **how** *conj* 怎样 zěnyàng; 如何 rúhé; He told me ~ to get to the station. 他告诉我到车站怎么去.

however /hau'evə(r)/ *adv* 1 无[无]论[论]如何 wúlùn rúhé; 不管怎样[样] bùguǎn zěnyàng; He'll

never succeed, ~ hard he tries. 不管他如何努力,他都不会成功. 2 (用于评说前述事实)然而 rán'ér, 不过(过) búguò, 仍然 réngrán; She felt ill; she went to work, ~. 她觉得不舒服,然而她仍然去工作. 3 (用于问句,表示惊讶)究竟怎样[样]jiūjìng zěnyàng; 到底如何 dàodǐ rúhé; H~ did you get here without a car? 没有开汽车,你到底是怎么到这里来的? **however** *conj* 无论以何种(细)方式 wúlùn yǐ hézhǒng fāngshì; H~ I thought about the problem, I couldn't work out an answer. 我翻来覆去地思考这个问题,怎么也想不出办法.

howl /haul/ *v* [I] *n* [C] 发(嗥)出吼叫 fāchū hǒujiào; 吼叫 hǒujiào.

HQ /,eɪtʃ 'kju:/ *abbr* headquarters 总(总)部 zǒngbù.

HR abbr /ˌ ɑ:(r)/ human resources 人力资源 rénlì zīyuán.

hr *abbr* [*pl* **hrs**] hour 小时[时] xiǎoshí.

HRH /ˌeɪtʃ ɑː(r) 'eɪtʃ/ *abbr* His/Her Royal Highness 殿下 diànxià.

HTML /,eɪtʃ ti: em 'el/ *abbr* hypertext markup language 超文本标[标]记语言 chāowénběn biāojì yǔyán.

hub /hʌb/ *n* [C] 1 轮[轮]毂 lúngǔ. 2 [喻]活动[动]中心 huódòng zhōngxīn. **'hub-cap** *n* [C] (汽车的)毂盖[盖] gǔgài.

hubbub /'hʌbʌb/ *n* [U] [*sing*] 吵闹 chāonào; 喧哗(哗) xuānhuá.

huddle /'hʌdl/ *v* 1 [I, T] 挤[挤]成一团[团] jǐchéng yìtuán. 2 [短语动词] **huddle up** (身体)缩成一团 suōchéng yìtuán. **huddle** *n* 杂[乱](乱)的一团 záluàn de yìtuán.

hue¹ /hju:/ *n* [C] [正式用语]颜色 yánsè; 色度 sèdù.

hue² /hju:/ *n* [习语] **hue and 'cry** 公众[众]抗议[议]的愤怒喊叫声[声] gōngzhòng kàngyì de fènnù hǎnjiàoshēng.

huff /hʌf/ *n* [*sing*] 愤怒 fènnù; *be in a ~* 发脾气.

hug /hʌg/ *v* [-gg-] [T] 1 紧[紧]抱 jǐnbào; 拥[拥]抱 yǒngbào. 2 紧靠 jǐnkào; 挨近 āijìn; The boat ~ged the shore. 小艇紧靠着海岸. **hug** *n* [C] 拥抱 yǒngbào; *give sb a ~* 拥抱某人.

huge /hju:dʒ/ *adj* 巨大的 jùdàde; 庞

〔喻〕大的 pángdàde. **hugely** adv 非常地 fēichángde.

hulk /hʌlk/ n [C] **1** 废〔废〕船 fèichuán. **2** 巨大笨重的人或物 jùdà bènzhòng de rén huò wù. **hulking** adj 巨大而笨重的 jùdà ér bènzhòng de.

hull /hʌl/ n [C] 船体〔體〕 chuántǐ.

hullo = HALLO.

hum /hʌm/ v [-mm-] **1** [I] 发〔發〕哼哼声〔聲〕 fā hēnghēng shēng. **2** [I, T] 哼(曲子) hēng; ~ a tune 哼一个曲调. **3** [I] 活跃〔躍〕 huóyuè; 忙碌 mánglù. hum n [C] 哼哼声 hēnghēng shēng; 嗡嗡声 wēngwēng shēng.

human /ˈhjuːmən/ adj 人的 rén de; 人类〔類〕的 rénlèi de. **2** 有人性的 yǒu rénxìng de; 有人情味的 yǒu rénqíngwèi de. **human** (亦作 **human being**) n [C] 人 rén. **humanly** adv 人力所及地 rénlì suǒ jí de; do all that is ~ly possible 尽人力之所及. **human resources** n [pl] 人力资源 rénlì zīyuán. **human rights** n [pl] 人权〔權〕 rénquán.

humane /hjuːˈmeɪn/ adj **1** 仁慈的 réncí de; 人道的 réndào de. **2** 使少受痛苦的 shǐ shǎoshòu tòngkǔ de; ~ killing of animals 无痛宰杀动物. **humanely** adv.

humanity /hjuːˈmænəti/ n [U] **1** 人类〔類〕 rénlèi. **2** 仁慈 réncí; 仁爱〔愛〕 rén'ài.

humble /ˈhʌmbl/ adj [~r, ~st] **1** 谦卑的 qiānbēide; 恭顺的 gōngshùnde. **2** 地位低下的 dìwèi dīxià de; 微贱〔賤〕的 wēijiànde. **3** 简陋的 jiǎnlòude; my ~ home 我的简陋的家. **humble** v [T] 使卑下 shǐ bēixià; 贬抑 biǎnyì. **humbly** adv.

humdrum /ˈhʌmdrʌm/ adj 单〔單〕调的 dāndiàode; 枯燥的 kūzàode.

humid /ˈhjuːmɪd/ adj (尤指空气) 潮湿〔濕〕的 cháoshīde. **humidity** /hjuːˈmɪdəti/ n [U] 湿气〔氣〕 shīqì; 湿度 shīdù.

humiliate /hjuːˈmɪlieɪt/ v [T] 羞辱 xiūrǔ; 使丢脸〔臉〕 shǐ diūliǎn. **humiliating** adj: a humiliating defeat 丢脸的失败. **humiliation** /hjuːˌmɪliˈeɪʃn/ n [C, U].

humility /hjuːˈmɪləti/ n [U] 谦卑 qiānbēi; 谦恭 qiāngōng.

humorist /ˈhjuːmərɪst/ n [C] 幽默家 yōumòjiā; 幽默作家 yōumò zuòjiā.

humorous /ˈhjuːmərəs/ adj 幽默

的 yōumòde; 有幽默感的 yǒu yōumògǎn de. **humorously** adv.

humour (美语 -or) n [U] 幽默 yōumò; 诙谐 huīxié; a sense of ~ 幽默感. **humour** v [T] 迁〔遷〕就 qiānjiù; 使满足 shǐ mǎnzú.

hump /hʌmp/ n [C] 圆形隆起物 yuánxíng lóngqǐwù; 驼峰 tuófēng. **hump** v [T] 非正式用语〔語〕费力地扛 fèilì de káng; 吃力地背 chīlì de bēi.

hunch /hʌntʃ/ n [C] 非正式用语〕非正式用语〕基于直觉的想法 jīyú zhíjué de xiǎngfǎ; 预感 yùgǎn. **hunch** v [T] 弓起(肩和背) gōngqǐ. **'hunchback** n [C] 驼背者 tuóbèi zhě; 驼背的人 tuóbèide rén. **'hunchbacked** adj.

hundred /ˈhʌndrəd/ pron, adj, n [C] 一百 yìbǎi; 一百个〔個〕 yìbǎigè; one, two, etc ~ 一百, 二百…~s of people 好几百人. **hundredth** /-dθ/ pron, adj 第一百 dìyībǎi. **hundredth** pron, n [C] 百分之一 bǎifēn zhī yī.

hundredweight /ˈhʌndrədweɪt/ n [C] [pl **hundredweight**] 英担〔擔〕(衡名, 约合 50.8 千克) yīngdàn.

hung /hʌŋ/ pt, pp of HANG[1].

hunger /ˈhʌŋgə(r)/ n **1** [U] 饿 è. **2** [sing] for 〔喻〕渴望 kěwàng. **hunger** v [短语动词] **hunger for/after sth** 热〔熱〕望 rèwàng; 渴望 kěwàng. **'hunger strike** 绝食 juéshí.

hungry /ˈhʌŋgri/ adj [-ier, -iest] 饥〔饑〕饿的 jī'ède. **hungrily** adv.

hunk /hʌŋk/ n [C] 厚块〔塊〕 hòukuài; 大块 dàkuài; a ~ of bread 一大块面包.

hunt /hʌnt/ v [I, T] 打猎〔獵〕 dǎliè; 猎取 lièqǔ. **2** (for) 搜寻〔尋〕 sōuxún. **3** [短语动词] **hunt sb down** 搜寻…直到找到 sōuxún… zhǎodào. **hunt** n [sing] 狩猎 shòuliè; 搜寻 sōuxún. **2** 猎狐队〔隊〕 lièhúduì. **hunter** n [C] 猎人 lièrén.

hurdle /ˈhɜːdl/ n [C] **1** 跳栏〔欄〕 tiàolán. **2** 〔喻〕障碍〔礙〕 zhàng'ài.

hurl /hɜːl/ v [T] 猛投〔擲〕 měngtóu; 猛掷 měngzhì; 〔喻〕 ~ insults at sb 恶狠狠地辱骂某人.

hurly-burly /ˈhɜːliˌbɜːli/ n [sing] 喧嚣 xuānxiāo; 喧哗〔嘩〕 xuānhuá.

hurrah /huˈrɑː/ (亦作 **hurray**, **hooray** /huˈreɪ/) interj, n [C] (表示高兴、赞许等) 好哇! hǎowa!

hurricane /ˈhʌrɪkən; US -keɪn/ n [C] 飓风[風] jùfēng.

hurry /ˈhʌrɪ/ v [pt, pp -ied] 1 [I, T] (使)赶[趕]紧[緊] gǎnjǐn; 匆忙 cōngmáng. 2 [短语动词] hurry (sb) up 赶紧 gǎnjǐn; 赶快 gǎnkuài; H～ up! It's late. 快一些! 已经晚了. **hurried** adj 匆促做成的 cōngcù zuòchéng de. **hurriedly** adv. hurry n 1 [U] 匆忙 cōngmáng; (仓[倉]促)赶紧 gǎnjǐn. 2 [习语] in a 'hurry (a) 匆忙 cōngmáng. (b) 急于 jíyú; 渴望 kěwàng.

hurt /hɜːt/ v [pt, pp hurt] 1 [I, T] (使)受伤[傷]痛 shòu shāngtòng; He～himself. 他把自己弄伤了. I～my hand. 我弄伤了手. 2 [T] 伤…的感情 shāng…de gǎnqíng; 使痛心 shǐ tòngxīn. 3 损害 sǔnhài; It wouldn't～(you) to say sorry. 进一声歉(对你)没有损害. hurt n [C,U] 伤害 shānghài; 感情伤害 gǎnqíng shānghài. **hurtful** adj. **hurtfully** adv.

hurtle /ˈhɜːtl/ v [I] 猛冲[衝] měngchōng; 飞[飛]驰 fēichí.

husband /ˈhʌzbənd/ n [C] 丈夫 zhàngfu.

hush /hʌʃ/ v 1 [I, T] (使)静下来 jìng xiàlái. 2 [短语动词] hush sth up 不使(某事)张扬[揚] 不使张扬 zhāngyáng. hush n [U, sing] 沉默 chénmò; 寂静 jìjìng.

husk /hʌsk/ n [C] 荚[莢]jiá; 外壳[殼] wàiqiàoké. husk v [T] 去…的荚 qù…de jiá; 去…的壳 qù…de ké.

husky[1] /ˈhʌskɪ/ adj [-ier, -iest] (声音)沙哑[啞]的 shāyǎ de. **huskily** adv.

husky[2] /ˈhʌskɪ/ n [C] [pl -ies] 爱[愛]斯基摩种[種]狗 àisījīmó zhǒng gǒu.

hustle /ˈhʌsl/ v [T] 1 乱[亂]推 luàntuī. 2 (into) 催促 cuīcù; ～sb into a decision 催促某人作出决定. hustle n [U] 忙碌 mánglù; 奔忙 bēnmáng. **hustler** /ˈhʌslə(r)/ n [C] [美国俚语]妓女 jìnǚ.

hut /hʌt/ n [C] 小棚屋 xiǎopéngwū.

hutch /hʌtʃ/ n [C] 兔箱 tùxiāng; 兔笼[籠] tùlóng.

hyacinth /ˈhaɪəsɪnθ/ n [C] [植物]风[風]信子 fēngxìnzǐ.

hyaena = HYENA.

hybrid /ˈhaɪbrɪd/ n [C] (动植物)杂[雜]种[種] zázhǒng.

hydrant /ˈhaɪdrənt/ n [C] (尤指街上的)取水管 qǔshuǐguǎn.

hydraulic /haɪˈdrɔːlɪk/ adj 水力的 shuǐlì de; 液力的 yèlì de; 液压[壓]的 yèyā de.

hydroelectric /ˌhaɪdrəʊɪˈlektrɪk/ adj 水力发[發]电[電]的 shuǐlì fādiàn de.

hydrofoil /ˈhaɪdrəfɔɪl/ n [C] 水翼艇 shuǐyìtǐng.

hydrogen /ˈhaɪdrədʒən/ n [U] 氢[氫](气[氣])qīng(qì). **hydrogen bomb** n [C] 氢弹[彈] qīngdàn.

hyena (亦作 **hyaena**) /haɪˈiːnə/ n [C] 鬣狗 liègǒu.

hygiene /ˈhaɪdʒiːn/ n [U] 卫[衛]生 wèishēng. **hygienic** /haɪˈdʒiː-nɪk; US -dʒiˈen-/ adj 卫生的 wèishēng de. **hygienically** adv.

hymn /hɪm/ n [C] (颂扬[揚]上帝的)赞[讚]美诗 zànměishī; 圣[聖]歌 shènggē.

hyperactive /ˌhaɪpərˈæktɪv/ adj 活动[動]过[過]强的 huódòng guòqiáng de; 活动尤进[進]的 huódòng kàngjìn de.

hypermarket /ˈhaɪpəmɑːkɪt/ n [C] [英国英语]大型超级[級]市场[場] dàxíng chāojí shìchǎng.

hypertext /ˈhaɪpətekst/ n [U] 超文本 chāowénběn.**hypertext 'markup language** n [U] 超文本标[標]记语言 chāowénběn biāojì yǔyán.

hyphen /ˈhaɪfn/ n [C] 连字号[號] liánzìhào. **hyphenate** /ˈhaɪfəneɪt/ v [T] 用连字号连接 yòng liánzìhào liánjiē.

hypnosis /hɪpˈnəʊsɪs/ n [U] 催眠状[狀]态[態] cuīmián zhuàngtài. **hypnotic** /hɪpˈnɒtɪk/ adj. **hypnotism** /ˈhɪpnətɪzəm/ n [U] 催眠术 cuīmiánshù; 催眠状态 cuīmián zhuàngtài. **hypnotist** /ˈhɪpnətɪst/ n [C]. **hypnotize** /ˈhɪpnətaɪz/ v [T] 为[爲]…催眠 cuīmián.

hypochondriac /ˌhaɪpəˈkɒndrɪæk/ n [C] 过[過]虑[慮]分担[擔]担心自己健康的人 guòlǜ dānxīn zìjǐ jiànkāng de rén.

hypocrisy /hɪˈpɒkrəsɪ/ n [C, U] [pl -ies] 伪善[善]wěishàn; 虚伪 xūwěi. **hypocrite** /ˈhɪpəkrɪt/ n [C] 伪君子 wěijūnzǐ. **hypocritical** /ˌhɪpəˈkrɪtɪkl/ adj.

hypodermic /ˌhaɪpəˈdɜːmɪk/ n [C], adj 皮下注射器针头[頭](的)píxià zhùshèqì zhēntóu.

hypotenuse /haɪˈpɒtənjuːz; US -tənuːs/ n [C] [数学]弦 xián(斜边).

边(邊) xiébiān.

hypothesis /haɪˈpɒθəsɪs/ *n* [C]
[*pl* -theses /-siːz/] (逻辑)前提
qiántí; 假说 jiǎshuō. **hypothetical**
/ˌhaɪpəˈθetɪkl/ *adj* 假设的 jiǎ-
shède.

hysteria /hɪˈstɪəriə/ *n* [U] 1 歇斯
底里 xiēsīdǐlǐ; 癔病 yìbìng. 2 狂热
[熱] kuángrè. **hysterical** /hɪˈste-
rɪkl/ *adj*. **hysterics** /hɪˈsterɪks/
n [pl] 癔病发[發]作 yìbìng fā-
zuò.

I i

I[1], **i** /aɪ/ *n* [C] [*pl* **I's**, **i's** /aɪz/]
1 英语的第九个[個]字母 Yīngyǔde
dìjiǔge zìmǔ. 2 罗马数[數]字 1
Luómǎ shùzì yī.

I[2] /aɪ/ *pron* 我 wǒ.

ice[1] /aɪs/ *n* 1 [U] 冰 bīng. 2 [C] 一
份冰淇淋 yífèn bīngqílín. 3 [习语]
put sth on ice 延[遲]搁[擱] yánchí;
…暂时[擱]搁 bǎ…zànshí gēqǐ.
iceberg /ˈaɪsbɜːg/ *n* [C] 冰山
bīngshān; 流冰 liúbīng. **icebox** *n*
[C] 1 (内有冰块以冷藏食物的)冰
箱 bīngxiāng. 2 [尤用于美语[語]电
[電]冰箱 diànbīngxiāng. **ice-
cream** [尤用于美语[語] /US
ˈaɪskriːm/ *n* [C,U] (一份)冰淇淋
bīngqílín. **ice hockey** *n* [U] 冰球
bīngqiú. **ice lolly** *n* [C] 冰棍
bīngqùn. **ice-skate** *n* [C] 冰鞋
bīngxié. **ice-skate** *v* [I] 溜冰 liū-
bīng; 滑冰 huábīng.

ice[2] /aɪs/ *v* 1 [T] 使…冷 shǐ liàng; 冰
镇 bīngzhèn. 2 [T] 在(糕饼等上)
滚糖霜 zài gǔn tángshuāng.

icicle /ˈaɪsɪkl/ *n* [C] 冰柱 bīngzhù.

icing /ˈaɪsɪŋ/ *n* [C] (糕饼表层上
的)糖霜 tángshuāng, 糖衣 tángyī,
酥皮 sūpí.

icy /ˈaɪsi/ *adj* [-ier, -iest] 1 冰冷的
bīnglěngde. 2 盖[蓋]着冰的
gàizhebīngde. 3 [喻]冷冰冰的
lěngbīngbīngde; *an* ~ *stare* 冷冰冰的盯视.
icily *adv*.

I'd /aɪd/ = 1 I **had**. ⇨HAVE. 2 I
would. ⇨WILL[1], WOULD[1].

idea /aɪˈdɪə/ *n* [C] 1 计划[劃] jì-

huà; 主意 zhǔyì; 打算 dǎsuàn:
That's a good ~! 这是个好主
意! 2 [U, sing] 想像 xiǎngxiàng.
3 [C] 意见 yìjiàn; 信念 xìnniàn. 4
[U, sing] 认[認]为[爲]某事可能
发[發]生的感觉[覺] rènwéi mǒu-
shì kěnéng fāshēng de gǎnjué: *I've*
an ~ *it will rain*. 我预感天会
下雨. 5 **the idea** [sing] 目的 mù-
dì; 目标[標] mùbiāo. 6 [习语] **get**
the idea 明白 míngbai. **have no idea**
不知道 bù zhīdào: *He has no* ~
how to manage people. 他完全
不知道如何管理人. **not have the**
first idea about sth 完全不知道
wánquán bù zhīdào.

ideal /aɪˈdɪəl/ *adj* 1 完美的 wán-
měide; 理想的 lǐxiǎngde: ~
weather 理想的天气. 2 想像中的
xiǎngxiàng zhōng de; 空想的 kōng-
xiǎngde; *in an* ~ *world* 在想像
的世界. **ideal** *n* [C] 1 理想的人
或事物 lǐxiǎngde rén huò shìwù. 2
(常作 *pl*)行为[爲]的高标[標]准
[準] xíngwéide gāo biāozhǔn.
ideally *adv* 1 理想地 lǐxiǎngde: ~
ly suited to the job 最适宜该项
工作. 2 最理想的说[説]来 zuì lǐxiǎng de
shuō.

idealist /aɪˈdɪəlɪst/ *n* [C] 理想主
义[義]者 lǐxiǎngzhǔyìzhě. **ideal-
ism** *n* [U]. **idealistic** /ˌaɪdɪə-
ˈlɪstɪk/ *adj*.

idealize /aɪˈdɪəlaɪz/ *v* [T] 使理想
化 shǐ lǐxiǎnghuà. **idealization** /aɪ-
ˌdɪəlaɪˈzeɪʃn/ *n* [U, C].

identical /aɪˈdentɪkl/ *adj* 1 同一
的 tóngyīde. 2 (*to/with*) 完全相
似的 wánquán xiāngsìde; 完全相同
的 wánquán xiāngtóng de: ~
twins 同卵双[雙]生 shuāng. **identically**
adv.

identify /aɪˈdentɪfaɪ/ *v* [*pt, pp*
-ied] 1 [T] 认[認]出 rènchū; 识
[識]别 shíbié: *Can you* ~ *the*
man who attacked you? 你能认
出打你的人吗? 2 [短语动词]
identify (*oneself*) **with sb/sth**
和…打成一片 hé…dǎchéng yípiàn.
identify with sb 了[瞭]解某人的
感情 liǎojiě mǒurén de gǎnqíng.
identification /aɪˌdentɪfɪˈkeɪʃn/
n [U] 1 认出 rènchū; 识别 shíbié.
2 身份证[證]明 shēnfèn zhèng-
míng.

identity /aɪˈdentəti/ *n* [*pl* -ies] 1
[C, U] 身份 shēnfèn; 个[個]性 gè-
xìng; 特性 tèxìng: *the* ~ *of the*

thief 窃贼身份。2 [U] 同一 tóngyī; 一致 yízhì。

ideology /ˌaɪdɪˈɒlədʒɪ/ *n* [C, U] [*pl* -ies] 思想 sīxiǎng; 思想体 [體]系 sīxiǎng tǐxì; 意识[識]形态 [態] yìshí xíngtài。 **ideological** /ˌaɪdɪəˈlɒdʒɪkl/ *adj*。

idiocy /ˈɪdɪəsɪ/ *n* [*pl* -ies] 1 [U] 极[極]端愚笨 jíduān yúbèn; 白痴 [癡] báichī。2 [C] 极愚蠢的言行 jí yúchǔn de yánxíng。

idiom /ˈɪdɪəm/ *n* [C] 习[習]语 xíyǔ; 成语 chéngyǔ; 惯用语 guànyòngyǔ: '*Pull your socks up*' *is an* ~ *meaning* '*improve your behaviour*'. 'pull your socks up' 是一个习语, 意为 '加紧努力'。 **idiomatic** /ˌɪdɪəˈmætɪk/ *adj* (语言) 自然而正确 [確] 的 zìrán ér zhèngquè de。

idiosyncrasy /ˌɪdɪəˈsɪŋkrəsɪ/ *n* [C] [*pl* -ies] (人的) 特性 tèxìng; 癖 性 pǐxìng。 **idiosyncratic** /ˌɪdɪəsɪŋˈkrætɪk/ *adj*。

idiot /ˈɪdɪət/ *n* [C] 1 [非正式用语] 傻[儍]子 shǎzi。2 [旧] 白痴[癡] báichī。 **idiotic** /ˌɪdɪˈɒtɪk/ *adj* 愚 蠢的 yúchǔnde。

idle /ˈaɪdl/ *adj* [~r, ~st] 1 (a) 不工作的 bù gōngzuò de。(b) 不 使用的 bù shǐyòngde: *The machines are lying* ~. 这些机器闲 置不用。2 懒惰的 lǎnduòde。3 无 [無]用的 wúyòngde。~ *gossip* 无 聊的闲话。~ *promises* 无用的诺 言, idle *v* 1 [I] 无所事事 wú suǒ shì shì; 浪费时[時]间 làngfèi shíjiān。2 [I] (发动机) 空转[轉] kōngzhuǎn。3 [短语动词] idle *sth away* 浪费 (时间) 虚度光阴。 **idleness** *n* [U]。 **idly** *adv*。

idol /ˈaɪdl/ *n* [C] 1 偶像 ǒuxiàng。2 宠[寵]儿 chǒng'ér; 宠物 chǒngwù; 崇拜的对[對]象 chóngbàide duìxiàng。 **idolize** /ˈaɪdəlaɪz/ *v* [T] 崇拜 chóngbài。

idyllic /ɪˈdɪlɪk/ *US* aɪˈd-/ *adj* 质 [質]朴(樸)宜人的 zhìpǔ yírén de。

ie /ˌaɪ ˈiː/ *abbr* (拉丁文) id est 即 lí; 就是 jiùshì: *They arrived on the next day*, *ie Monday*. 他们在第二天 即星期一抵达。

if /ɪf/ *conj* 1 假使 jiǎshǐ; 如果 rúguǒ: *She will help you if you ask her*. 如果你求她, 她会帮助你。2 是否 shìfǒu: *Do you know if he's working today?* 你知道他今天工作吗?3 当(當) dāng: *If*

you mix yellow and blue, *you get green*. 把黄色同蓝色混合起来, 就成绿色。4 (用于表示情感的动词或形容词后面): *I'm sorry if I'm disturbing you*. 很抱歉, 打扰你了。5 虽[雖]然 suīrán; 尽[儘]管 jǐnguǎn: *The hotel was good value, if a little expensive*. 这家旅馆值得住, 尽管价钱贵了一点。6 [习语] **if I were 'you** (用于提出劝告): *If I were you, I'd look for a new job*. 要是我是你, 我就另找工作了。 **if 'only** (用于表示强烈的愿[願]望或遗 ~... 多好 yōoshì ~... duōhǎo): *If only I were rich!* 我要是发财多好! **if** *n* [C] 1 不确[確]定的事 bú quèdìng de shì; 疑问 yíwèn: *If he wins, but it's a big if*. 如果他会赢, 但是他能否获胜还是个大疑问。2 [习语] **ifs and 'buts** 故意拖延的借[藉]口 gùyì tuōyán de jièkǒu。

igloo /ˈɪgluː/ *n* [C] [*pl* ~s] 爱 [愛]斯基摩人用雪块(塊)砌成的小 屋子 àisījīmórén yòng xuěkuài qìchéng de jièkǒu。

ignite /ɪgˈnaɪt/ *v* [I, T] 点[點]燃 diǎnrán; 使燃烧[燒] shǐ ránshāo。 **ignition** /ɪgˈnɪʃn/ *n* 1 (机械发[發]火装[裝]置 fā huǒ zhuāngzhì。2 [U] 点火 diǎnhuǒ; 着 火 zháohuǒ。

ignorant /ˈɪgnərənt/ *adj* 无[無]知 的 wúzhīde。 **ignorance** /-rəns/ *n* [U]。 **ignorantly** *adv*。

ignore /ɪgˈnɔː(r)/ *v* [T] 不顾[顧] búgù; 不理 bùlǐ。

ill /ɪl/ *adj* 1 有病的 yǒubìngde; 不健康的 bú jiànkāng de。2 坏[壞]的 huàide; 恶[惡]劣的 èliède: ~ *feeling* 愤怒; 妒忌。3 [习语] **be taken ill** 生病 shēngbìng。 **ill** *n* 1 [正式用语] 1 坏行 xíng; 伤[傷]害 shānghài。2 [C, 常作 pl] 困难 [難] kùnnan; 不幸 búxìng。 **ill** *adv* 1 坏[壞]地 huài; 恶劣地 èliède: *an* ~*-written 'book* 一本写得很不好的书。2 不利地 búlìde; *think ~ of sb* 对某人没有好感。3 几[幾]乎不[而]能 bù ~: *We can ~ afford the time*. 我们花不起这个时间。4 [习语] **at 'ease** 不舒服 bù shūfú; 不安 bù'ān。 **ill-ad'vised** 不明智的 bù míngzhìde。 **ill-'bred** *adj* 没有教养[養]的 méiyǒu jiàoyǎng de。 **ill-'natured** *adj* 脾气[氣]坏的 píqì huài de。 **ill-'treat** *v* [T] 虐待 nüèdài。 **ill-**

'treatment n [U]. ill 'will n [U] 恶意 èyì.

I'll /aɪl/ I will⇨WILL.

illegal /ɪˈliːɡl/ adj 非法的 fēifǎde; 违(違)法的 wéifǎde; 非法移民者 fēifǎ yímínzhě; 非法移民 fēifǎ yímín. **illegal immigrant** n [C] 非法移民者 fēifǎ yímínzhě; 非法移民 fēifǎ yímín. **illegality** /ˌɪliːˈɡæləti/ n [U, C]. **illegally** /-ɡəli/ adv.

illegible /ɪˈledʒəbl/ adj (字迹(跡)难(難))以辨认(認)的 nányǐ biànrèn de; 字迹不清的 zìjì bùqīng de.

illegitimate /ˌɪlɪˈdʒɪtɪmət/ adj 1 (孩子)非婚生的 fēi hūnshēng de; 私生的 sīshēngde. 2 违(違)法的 wéifǎde; 非法的 fēifǎde. **illegitimately** adv.

illicit /ɪˈlɪsɪt/ adj 违(違)法的 wéifǎde. **illicitly** adv.

illiterate /ɪˈlɪtərət/ n [C], adj 文盲(的) wénmáng. **illiteracy** /-rəsi/ n [U].

illness /ˈɪlnɪs/ n 1 [U] 生病 shēngbìng. 2 [C] 某种(種)疾病 mǒuzhǒng jíbìng.

illogical /ɪˈlɒdʒɪkl/ adj 不合逻(邏)辑的 bùhé luójí de; 悖理的 bèilǐde; 无(無)缘由的 wú yuányóu de. **illogicality** /ɪˌlɒdʒɪˈkæləti/ n [C, U]. **illogically** adv.

illuminate /ɪˈluːmɪneɪt/ v [T] 1 照亮 zhàoliàng; 照明 zhàomíng; 阐(闡)明 chǎnmíng. 2 用灯(燈)装(裝)饰 yòng dēng zhuāngshì. 3 (尤指旧时)用金色等鲜明色彩装饰(书)yòng jīnsè děng xiānmíng sècǎi zhuāngshì. **illuminating** adj 富于启(啟)发(發)性的 fù yú qǐfāxìngde; an illuminating lecture 富有启发性的讲课. **illumination** /ɪˌluːmɪˈneɪʃn/ n 1 [U] 照明 zhàomíng; 照亮 zhàoliàng. 2 illuminations [pl] [英国英语](城市大街上的)灯彩装饰 dēngcǎi zhuāngshì.

illusion /ɪˈluːʒn/ n [C] 错误的观(觀)念 cuòwù de guānniàn; 幻想 huànxiǎng. 2 幻觉(覺) huànjué; an optical ~ 光幻觉; 视错觉. **illusory** /ɪˈluːsəri/ adj 虚幻的 xūhuànde; 幻觉的 huànjuéde; 迷惑人的 míhuò rén de.

illustrate /ˈɪləstreɪt/ v [T] 1 配以插图(圖)peìyǐ chātú; ~ a book 给一本书配插图. 2 举(舉)例或以图表说明 jǔlì huò yǐ túbiǎo shuōmíng. **illustration** /ˌɪləˈstreɪʃn/ n [C] 插图 chātú. 2 例证

(證)lìzhèng. 3 [U] 作插图 zuò chātú; 图解 tújiě; 举例说明 jǔlì shuōmíng. **illustrative** /ˈɪləstrətɪv; US -lʌs-/ adj 用作例证的 yòng zuò lìzhèng de. **illustrator** n [C] 插图作者 chātú zuòzhě.

illustrious /ɪˈlʌstrɪəs/ adj 著名的 zhùmíngde. **illustriously** adv.

I'm /aɪm/ I am ⇨BE.

image /ˈɪmɪdʒ/ n 1 心目中的形象 xīnmù zhōng de xíngxiàng. 2 (个人、公司等给予公众的)总(總)的印象 zǒngde yìnxiàng. 3 (镜中的)映像 yìngxiàng; (拍照的)影像 yìngxiàng. 4 (某物的)像 xiàng; 木像 mùxiàng; 石像 shíxiàng. 5 [习语] be the (living/spitting) image of sb [非正式用语]与某人一模一样(樣) tóng mǒurén yìmóyíyàng. **imagery** n [U] 形象化描述 xíngxiànghuà miáoshù.

imaginary /ɪˈmædʒɪnəri; US -əneri/ adj 虚构(構)的 xūgòude; 假想的 jiǎxiǎngde.

imagine /ɪˈmædʒɪn/ v [T] 1 想像 xiǎngxiàng; 设想 shèxiǎng; Can you ~ life without electricity? 你能想像没有电的生活吗? 2 料想 liàoxiǎng; 认(認)为(為)rènwéi; I ~ he will be there. 我认为他将在那里. **imaginable** adj 可以想像得到的 kěyǐ xiǎngxiàng dédào de. **imagination** /ɪˌmædʒɪˈneɪʃn/ n 1 [U] 想像力 xiǎngxiànglì. 2 [U] 想像中的事物 xiǎngxiàngchūde shìwù. **imaginative** /ɪˈmædʒɪnətɪv; US -əneɪtɪv/ adj 想像的 xiǎngxiàngde; 有想像力的 yǒu xiǎngxiànglì de.

imbalance /ɪmˈbæləns/ n [C] 不平衡 bù pínghéng.

imbecile /ˈɪmbəsiːl; US -sl/ n [C] 1 [非正式用语]笨人 bènrén; 蠢货 chǔnhuò. 2 [旧词]低能儿(兒)dīnéng'ér. **imbecile** adj 愚蠢的 yúchǔnde.

imbue /ɪmˈbjuː/ v [T] with [正式用语]使充满(情绪、精神等)shǐ chōngmǎn.

imitate /ˈɪmɪteɪt/ v [T] 1 模仿(倣)mófǎng;仿效 fǎngxiào. 2 模拟(擬)mónǐ. **imitative** /ˈɪmɪtətɪv; US -teɪtɪv/ adj 模仿的 mófǎngde; 模拟的 mónǐde. **imitator** n [C].

imitation /ˌɪmɪˈteɪʃn/ n 1 [C] 仿(倣)制(製)品 fǎngzhìpǐn; 赝品 yànpǐn. 2 [U] 模仿 mófǎng; 仿效 fǎngxiào;学[學]样[樣] xuéyàng. imitation adj 假的 jiǎde; 人造的 rénzàode: ~ jewels 人造宝石.

immaculate /ɪˈmækjʊlət/ adj 纯洁[潔]的 chúnjiéde. 2 无[無]瑕疵的 wú xiácī de. immaculately adv.

immaterial /ˌɪməˈtɪərɪəl/ adj 1 (to) 不重要的 bú zhòngyào de. 2 非物质[質]的 fēi wùzhì de; 无[無]形的 wúxíngde.

immature /ˌɪməˈtjʊə(r); US -ˈtʊər/ adj 1 (所作所为)不老练[練]的 bù lǎoliàn de. 2 未成熟的 wèi chéngshú de; 未完成的 wèi wánchéng de. immaturity n [U].

immeasurable /ɪˈmeʒərəbl/ adj 大得不可计量的 dàde bùkě jìliàng de; 无[無]尽的 wúbiānde.

immediate /ɪˈmiːdɪət/ adj 1 立即的 lìjíde: take ~ action 立即采取行动. 2 最接近的 zuì jiējìn de; 紧[緊]靠的 jǐnkàode: in the ~ future 在最近的将来.

immediately /ɪˈmiːdɪətlɪ/ adv 1 立即地, 马上 mǎshàng. 2 紧[緊]靠地 jǐnkàode; 直接地 zhíjiēde: the years ~ after the war 战后最初几年. immediately conj [尤用于英国英语]一…(就…)yī… , 当我看见她就认出她来了.

immense /ɪˈmens/ adj 广[廣]大的 guǎngdàde; 巨大的 jùdàde. immensely adv 非常 fēicháng: I enjoyed the film ~ly. 我非常喜欢这部电影. immensity n [U].

immerse /ɪˈmɜːs/ v [T] 1 (in) 使浸没 shǐ jìnmò. 2 ~ oneself 使沉浸于 shǐ chénjìn yú; 使专[專]心于 shǐ zhuānxīn yú: ~ oneself in one's work 专心工作之中. ~d in thought 陷入沉思之中. immersion /ɪˈmɜːʃn; US -ʒn/ n [U]. im'mersion heater n [C] 浸没式加热[熱]器 jìnmòshì jiārèqì.

immigrant /ˈɪmɪɡrənt/ n [C] 移民 yímín; 侨(僑)民 qiáomín. immigration /ˌɪmɪˈɡreɪʃn/ n [U] 侨居 qiáojū.

imminent /ˈɪmɪnənt/ adj 迫近的 pòjìnde; 紧[緊]迫的 jǐnpòde. imminently adv.

immobile /ɪˈməʊbaɪl; US -bl/ adj 固定的 gùdìngde; 不动[動]的 bùdòngde. immobility /ˌɪməˈbɪlətɪ/ n [U]. immobilize /ɪˈməʊbəlaɪz/ v [T] 使不动 shǐ bùdòng. immobilizer n

[C] (汽车防盗)止动装[裝]置 zhǐdòng zhuāngzhì.

immoral /ɪˈmɒrəl; US ɪˈmɔːrəl/ adj 1 不道德的 bú dàodé de;邪恶[惡]的 xié'ède. 2 (在性问题上)不道德的 bú dàodé de. immorality /ˌɪməˈrælətɪ/ n [U].

immortal /ɪˈmɔːtl/ adj 1 不死的 bùsǐde;长[長]生的 chángshēngde. 2 不朽的 bùxiǔde;流芳百世的 liúfāng bǎishì de. immortal n [C] 永生不朽者 yǒngshēng bùxiǔ zhě. immortality /ˌɪmɔːˈtælətɪ/ n [U]. immortalize /-təlaɪz/ v [T] 使不朽 shǐ bùxiǔ; 使…永垂不朽: ~ized in a novel 在一本小说中成为不朽的人物.

immune /ɪˈmjuːn/ adj 1 (to / against) 对[對]…有免疫力的 duì…yǒu miǎnyìlì de: ~ to smallpox 对天花有免疫力. 2 (to) 不受影响[響]的 búshòu yǐngxiǎng de: ~ to criticism 不为批评所动. immunity n [U]. immunize /ˈɪmjʊnaɪz/ v [T] (against) 使对…有免疫力 shǐ duì…yǒu miǎnyìlì. immunization /ˌɪmjʊnaɪˈzeɪʃn; US -nɪˈz-/ n [U].

imp /ɪmp/ n [C] 1 小魔鬼 xiǎomóguǐ. 2 小淘气[氣] xiǎotáoqì;顽童 wántóng.

impact /ˈɪmpækt/ n 1 [U] 碰撞 pèngzhuàng; 撞击(擊) zhuàngjī: 撞击力 zhuàngjīlì: The bomb exploded on ~. 炸弹一碰撞就爆炸了. 2 [C, 常作 sing] (on) (对…的)强烈影响 qiángliè yǐngxiǎng: the ~ of computers on industry 电子计算机对工业的影响. impact /ɪmˈpækt/ v [T] 挤[擠]满 jǐmǎn.

impair /ɪmˈpeə(r)/ v [T] 损害 sǔnhài; 削弱 xuēruò: Loud noise can ~ your hearing. 强烈的噪音会损害听力.

impale /ɪmˈpeɪl/ v [T] (用…尖物)刺穿 cìchuān, 刺住 cìzhù: ~d on a spear 用矛戳起的.

impart /ɪmˈpɑːt/ v [T] [正式用语]传[傳]授 chuánshòu;告知 gàozhī.

impartial /ɪmˈpɑːʃl/ adj 公正的 gōngzhèngde; 公平的 gōngpíngde: A judge must be ~. 法官必须公正. impartiality /ˌɪmpɑːʃɪˈælətɪ/ n [U].

impassable /ɪmˈpɑːsəbl; US -ˈpæs-/ adj (道路等)不能通行的

impassioned /ɪmˈpæʃnd/ adj 充满热(熱)情的 chōngmǎn rèqíng de; 激动(動)的 jīdòngde; an ~ appeal 热情的呼吁.

impassive /ɪmˈpæsɪv/ adj 冷淡的 lěngdànde. **impassively** adv.

impatient /ɪmˈpeɪʃnt/ adj 1 不耐烦的 bù nàifán de; 急躁的 jízàode. 2 切望的 qièwàngde: ~ to leave school 迫不及待地要离开学校. **impatience** /ɪmˈpeɪʃns/ n [U]. **impatiently** adv.

impeccable /ɪmˈpekəbl/ adj 无(無)瑕疵的 wú xiácī de. **impeccably** adv.

impede /ɪmˈpiːd/ v [T] 妨碍(礙) fáng'ài; 阻碍 zǔ'ài.

impediment /ɪmˈpedɪmənt/ n [C] 1 障碍(礙)物 zhàng'àiwù. 2 残(殘)疾 cánjí; 口吃 kǒuchī.

impending /ɪmˈpendɪŋ/ adj 即将(將)发(發)生的 jíjiāng fāshēng de: ~ disaster 即将发生的灾祸.

impenetrable /ɪmˈpenɪtrəbl/ adj 1 穿不进(進)的 chuān bù jìn de; 刺不进的 cì bù jìn de. 2 费解的 fèijiěde; 不可理解的 bùnéng lǐjiě de.

imperative /ɪmˈperətɪv/ adj 1 紧(緊)急的 jǐnjíde; 必要的 bìyàode. 2 [语法]祈使语气(氣)的 qíshǐyǔqì de. **imperatively** adv.

imperfect /ɪmˈpɜːfɪkt/ adj 不完整的 bù wánzhěng de; 不完美的 bù wánměi de. **imperfect** n the imperfect [sing] [语法]未完成过(過)去时(時)(动词) wèiwánchéng guòqùshí. **imperfection** /ˌɪmpəˈfekʃn/ n 1 [U] 不完美 bù wánměi. 2 [C] 缺点(點) quēdiǎn; 瑕疵 xiácī. **imperfectly** adv.

imperial /ɪmˈpɪərɪəl/ adj 帝国(國)的 dìguó de; 皇帝的 huángdìde. **imperialism** n [U] 帝国主义(義) dìguózhǔyì. **imperialist** n [C], adj. **imperially** adv.

impersonal /ɪmˈpɜːsənl/ adj 1 不受个(個)人感情影响(響)的 bù shòu gèrén gǎnqíng yǐngxiǎng de; 没有人情味的 méiyǒu rénqíngwèi de: a large ~ organization 一个庞大的没有人情味的组织. 2 不特指某个人的 bù tèzhǐ mǒugèrén de. **impersonally** /-nəlɪ/ adv.

impersonate /ɪmˈpɜːsəneɪt/ v [T] 假冒(某人) jiǎmào. **impersonation** /ɪmˌpɜːsəˈneɪʃn/ n [C,U].

impertinent /ɪmˈpɜːtɪnənt/ adj 不礼(禮)貌的 bù lǐmào de; 不客气(氣)的 bú kèqì de. **impertinence** /-nəns/ n [U, sing]. **impertinently** adv.

impervious /ɪmˈpɜːvɪəs/ adj (to) 1 (材料)透不过(過)的 tòubuguòde; 穿不过的 chuānbuguòde. 2 [喻]无(無)动(動)于衷的 wú dòng yú zhōng de; 不受影响(響)的 bú shòu yǐngxiǎng de: ~ to criticism 对批评无动于衷.

impetuous /ɪmˈpetʃuəs/ adj 鲁莽的 lǔmǎngde; 轻(輕)举(舉)妄动(動)的 qīng jǔ wàng dòng de.

impetus /ˈɪmpɪtəs/ n [U, sing] 促进(進) cùjìn; 推动(動) tuīdòng; 激励(勵) jīlì; give a fresh ~ to trade 给予推进贸易. 2 [U] 动力 dònglì; 推动力 tuīdònglì.

impinge /ɪmˈpɪndʒ/ v [I] on [正式]显出(起)作用 qǐ zuòyòng; 影响(響) yǐngxiǎng.

implacable /ɪmˈplækəbl/ adj 不变(變)的 búbiànde; 不能安抚(撫)的 bùnéng ānfǔ de.

implant /ɪmˈplɑːnt; US -ˈplænt/ v [T] (in/into) 灌输 guànshū; 使树(樹)立 shǐ shùlì; 使牢固 shǐ láogù; ~ ideas in sb's mind 给某人灌输思想.

implement¹ /ˈɪmplɪment/ v [T] 贯彻(徹) guànchè; 履行 lǚxíng. **implementation** /ˌɪmplɪmenˈteɪʃn/ n [U].

implement² /ˈɪmplɪmənt/ n [C] 工具 gōngjù; 器具 qìjù.

implicate /ˈɪmplɪkeɪt/ v [T] (in) 使(某人)牵(牽)连于罪行之中 shǐ qiānlián yú zuìxíng zhī zhōng.

implication /ˌɪmplɪˈkeɪʃn/ n 1 [C, U] 暗示 ànshì; 含意 hányì. 2 [U] 牵(牽)连(于罪行) qiānlián.

implicit /ɪmˈplɪsɪt/ adj 1 暗示的 ànshìde; 含蓄的 hánxùde. 2 无(無)疑的 wúyíde; 无保留的 wú bǎoliú de: ~ trust 无保留的信任. **implicitly** adv.

implore /ɪmˈplɔː(r)/ v [T] 恳(懇)求 kěnqiú; 乞求 qǐqiú: They ~d her to stay. 他们恳求她留下来不要走. **imploringly** adv.

imply /ɪmˈplaɪ/ v [pt, pp -ied] [T] 1 暗示 ànshì; 含有…的意思 hán yǒu…de yìsi: Are you ~ing that I stole your watch? 你的意思是我偷了你的手表了? 2 必然包含 bìrán bāohán.

impolite /ˌɪmpəˈlaɪt/ adj 不客气(氣)的 bú kèqì de. **impolitely** adv.

adv. **impoliteness** *n* [U].

import /ɪmˈpɔːt/ *v* [T] 进(進)口 jìnkǒu. **import** /ˈɪmpɔːt/ *n* 1 [U] 进口 jìnkǒu;进口生意 jìnkǒu shēngyi. 2 进口货 jìnkǒuhuò. 3 [U] [正式用语]重要(性) zhòngyào. **importation** /ɪmpɔːˈteɪʃn/ *n* [U, C]. **importer** *n* [C] 进口商 jìnkǒushāng.

important /ɪmˈpɔːtnt/ *adj* 1 重要的 zhòngyàode;重大的 zhòngdàde. 2 (人)有权(權)力的 yǒu quánlì de. **importance** /-tns/ *n* [U]. **importantly** *adv.*

impose /ɪmˈpəʊz/ *v* 1 [T] (*on*) 征(徵)(税等) zhēng. 2 [T] 把…强加于 bǎ…qiángjiā yú. 3 [短语动词] **impose on sb** [占]…的便宜 zhàn…de piányí. **imposing** *adj* 壮(壯)丽(麗)的 zhuànglìde;堂皇的 tánghuángde. **imposition** /ɪmpəˈzɪʃn/ *n* [U, C].

impossible /ɪmˈpɒsəbl/ *adj* 1 不可能的 bù kěnéng de. 2 [无(無)法忍受的 wúfǎ rěnshòu de; *an ~ situation* 不能忍受的局面. **impossibility** /ɪmpɒsəˈbɪlətɪ/ *n* [U, C]. **impossibly** *adv.*

impostor /ɪmˈpɒstə(r)/ *n* [C] 冒名顶替者 màomíng dǐngtìzhě.

impotent /ˈɪmpətənt/ *adj* 1 无(無)力的 wúlìde;软(軟)弱无能的 ruǎnruò wúnéng de. 2 [医学]阳(陽)痿的 yángwěide. **impotence** /-təns/ *n* [U].

impound /ɪmˈpaʊnd/ *v* [T] 没收 mòshōu.

impoverish /ɪmˈpɒvərɪʃ/ *v* [T] 使穷(窮)困 shǐ qióngkùn.

impracticable /ɪmˈpræktɪkəbl/ *adj* 不能实(實)行的 bùnéng shíxíng de;行不通的 xíngbútōngde.

impractical /ɪmˈpræktɪkl/ *adj* 不现实(實)的 bú xiànshí de;不切实际(際)的 bú qiè shíjì de.

imprecise /ɪmprɪˈsaɪs/ *adj* 不精确(確)的 bù jīngquè de;不准(準)确的 bù zhǔnquè de.

impregnable /ɪmˈpregnəbl/ *adj* 坚(堅)不可摧的 jiān bù kě cuī de; *an ~ fort* 坚不可摧的堡垒.

impregnate /ˈɪmpregneɪt/ ; *US* /ɪmˈpreg-/ *v* [T] 灌注 guànzhù;浸透 jìntòu; *cloth ~d with perfume* 浸过香水的衣服.

impresario /ɪmprɪˈsɑːrɪəʊ/ *n* [C] [*pl* ~s] (歌舞剧团等的)经(經)理 jīnglǐ.

impress /ɪmˈpres/ *v* [T] 1 使钦佩 shǐ qīnpèi: *Her honesty ~ed me.* 我钦佩她的诚实. 2 *on* 使铭记 shǐ míngjì; ~ *on him the importance of hard work* 使他铭记努力工作的重要 2 印 yìn;盖(蓋)印 gàiyìn.

impression /ɪmˈpreʃn/ *n* [C] 1 印象 yìnxiàng; *create a good ~* 创造一个好的印象. 2 (不清晰的)想法 xiǎngfǎ;感觉(覺) gǎnjué; *My general ~ was that she seemed a nice woman.* 我的总的感觉是她似乎是一个很好的女人. 3 (对某人言谈举止的)滑稽的模仿(倣) huájī de mófǎng. 4 印记 yìnjì;[压(壓)]痕 yáhén. 5 [习语] **be under the impression that...** 有…(通常为错误的)想法 yǒu…xiǎngfǎ.

impressionable /ɪmˈpreʃnəbl/ *adj* 易受影响(響)的 yìshòu yǐngxiǎng de.

impressionism /-ˈʃənɪzəm/ *n* [U] (绘画的)印象主义(義) yìnxiàngzhǔyì;印象派 yìnxiàngpài.

impressive /ɪmˈpresɪv/ *adj* 感人的 gǎnrénde;给人深刻印象的 gěi rén shēnkè yìnxiàng de;令人钦佩的 lìng rén qīnpèi de; *an ~ building* 给人印象深刻的建筑物. **impressively** *adv.*

imprint /ɪmˈprɪnt/ *v* [T] 印 yìn;铭刻 míngkè;[喻] *details ~ed on his memory* 他所记录的详情.

imprint /ˈɪmprɪnt/ *n* [C] 1 印记 yìnjì. 2 [喻]持久的影响(響) chíjiǔde yǐngxiǎng.

imprison /ɪmˈprɪzn/ *v* [T] 监(監)禁 jiānjìn;关(關)押 guānyā. **imprisonment** *n* [U].

improbable /ɪmˈprɒbəbl/ *adj* 不大可能的 bú dà kěnéng de;未必可能是真的 bú dà kěnéng shì zhēn de. **improbability** /ɪmprɒbəˈbɪlətɪ/ *n* [U, C] [*pl* -ies]. **improbably** *adv.*

impromptu /ɪmˈprɒmptjuː/ ; *US* -tuː/ *adj, adv* 无(無)准(準)备(備)的(地) wú zhǔnbèi de;即兴(興)的(地) jíxìngde; *an ~ speech* 即兴演讲.

improper /ɪmˈprɒpə(r)/ *adj* 1 不正确(確)的 bù zhèngquè de; *use of a word/drug* 用字(药)不正确. 2 不适(適)当(當)的 bú shìdàng de;不合适的 bù héshì de; ~ *behaviour* 不适当的举止; ~ *dress* 不适当的衣服. 3 不道德的 bú dàodé de;不正派的 bù zhèngpài de:不合礼(礼)貌(貌)仪(仪)的 bùhé lǐyí de: make ~ suggestions 提出不礼貌的建议. **improperly** adv.

improve /ɪmˈpruːv/ v [I, T] 改善 gǎishàn, 改进(进) gǎijìn. **improvement** n 1 [C, U] 改进 gǎijìn, 改善 gǎishàn. 2 [C] 改进措施 gǎijìn cuòshī; 改善某事物所作的修改 xiūgǎi; home ~ments 住宅修缮.

improvise /ˈɪmprəvaɪz/ v [I, T] 1 临(临)时(时)凑成(成) línshí còuchéng. 2 即席创(创)作 jíxí chuàngzuò; 即席演奏 jíxí yǎnzòu. **improvisation** /ˌɪmprəvaɪˈzeɪʃn/ n [U, C].

impudent /ˈɪmpjudənt/ adj 厚颜无(无)耻的 hòuyán wúchǐ de. **impudence** /-əns/ n [U]. **impudently** adv.

impulse /ˈɪmpʌls/ n [C, U] 冲(冲)动(动) chōngdòng. 2 冲力 chōnglì; 推力 tuīlì; an electrical ~ 电脉冲 diànmàichōng. [习语] **on impulse** 一时(时)冲动 yìshí chōngdòng.

impulsive /ɪmˈpʌlsɪv/ adj 凭感情冲(冲)动(动)而行事的 píng gǎnqíng chōngdòng xíngshì de. **impulsively** adv. **impulsiveness** n [U].

impunity /ɪmˈpjuːnətɪ/ n [习语] **with impunity** 不受惩(惩)罚(罚)bú shòu chéngfá.

impure /ɪmˈpjʊə(r)/ adj 1 不纯的 bùchúnde. 2 [旧]不道德的 bú dào-dé de. **impurity** n [C, U] (pl -ies).

in¹ /ɪn/ adv 1 (指位置)进(进)进(进)入 rù: He opened the bedroom door and went in. 他打开卧室的门走了进去. 2 在家里(里)zài jiā-lǐ; 在工作处(处)[所] zài gōngzuò chùsuǒ; Nobody was in when we called. 我们打电话可屋里没有人. 3 (火车、公共汽车等)在站里 zài zhànlǐ. 4 (潮汐)上涨(涨)shàng zhǎng; (处)于最高点[点] shàngzhǎng huò chùyú zuìgāodiǎn. 5 到或收到 dào huò shòudào; Competition entries should be in by 31 May. 参赛者名单须在 5 月 31 日以前交来. 6 流行 liúxíng; (时)兴 shíxīng; Miniskirts are in again. 超短裙又流行了. 7 当(当)选(选)dāngxuǎn; 执(执)政 zhízhèng; Labour came in after the war. 战后工党执政. 8 [体育](a) 轮(轮)到击(击)球 lúndào jíqiú. (b) (球)在界内 zài jièinèi,

[习语] **be in for sth** [非正式用语]注定要遭受 zhùdìng yào zāo-shòu. **be/get in on sth** [非正式用语]参[参]与[与]某人某种活动 mǒu shì. **be (well) 'in with sb** [非正式用语]与某人友好 yǒuhǎo; 与某人有联系 yǒu liánxì. **have (got) it 'in for sb** [非正式用语]伺机(机)报[报]复[复]某人 bàofù mǒurén.

in- adj 1 [非正式用语]流行的 liú-xíng de; 时髦的 shímáode: the in-thing 时髦的事情 the in-place 众人喜欢的地方. 2 小圈子里的 xiǎoquānzilǐ II e: an in-joke 小圈子里的笑话.

in² /ɪn/ prep 1 (表示地点)在…里[里]zhī nèi: Rome is in Italy. 罗马在意大利. play in the street 在街上玩. lying in bed 躺在床上. a pen in his pocket 他口袋里的一支 zhōng: Throw it in the fire. 把它扔到火里. 3 在(一段时间)zài: in June 在六月. 4 过(过)…之久 zhī jiǔ; Lunch will be ready in an hour. 过一个小时午饭就准备好了. 5 构[构]成(某事物的)整体[整]或部分 gòuchéng zhěngtǐ huò bùfen: seven days in a week 七天是一星期. 6 (表示比率)比…以…比…bǐ…: a slope of 1 in 5 一比五的坡度. 7 穿、衣服的(表示)yīfu de: the woman in white 白衣女人. 8 (表示环境)go out in the cold 冒着寒冷外出. 9 (表示状态、情况)in a mess 乱七八糟. in love 相爱. 10 (表示形式)a story in three parts 由三部分组成的故事. 11 (表示媒体、手段等)speak in English 说英语. write in ink 用墨水写. 12 在…方面 zài…fāngmiàn; lacking in courage 缺乏勇气. 3 metres in length 长三米. 13 (表示某人的职业)a career in journalism 新闻生涯. 14 [习语]**in that** 因为[为]yīnwèi: The chemical is dangerous in that it can kill. 化学物品是危险的因为它能致命.

in³ /ɪn/ n [习语]**the ins and outs** 详情 xiángqíng; 细节[节] xìjié.

inability /ˌɪnəˈbɪlətɪ/ n [U] (to) 无(能)技能 wú jìnéng; 无力量 wú lìliàng.

inaccessible /ˌɪnækˈsesəbl/ adj 达(达)不到的不易(易)得到的:难(难)接(接)近的 nán jiējìn de; 难得到的 nán dédāo de.

inaccurate /ɪˈnækjərət/ *adj* 不正确〔確〕的 bú zhèngquè de.
inaccuracy /-jərəsɪ/ *n* [U, C] [*pl* -ies]. **inaccurately** *adv*.

inadequate /ɪnˈædɪkwət/ *adj* 不够标〔標〕准的 bú gòukè de; 不能胜〔任〕的 bùnéng shèngrèn de. **inadequately** *adv*.

inadmissible /ˌɪnədˈmɪsəbl/ *adj* (法律上)不许可的 bù xǔkě de: ~ *evidence* 不能承认的证据.

inadvertent /ˌɪnədˈvɜːtənt/ *adj* [正式用语] 不经〔經〕心的 bù jīngxīn de; 因疏忽造成的 yīn shūhū zàochéng de. **inadvertently** *adv*.

inalienable /ɪnˈeɪlɪənəbl/ *adj* [正式用语] 不可剥夺〔奪〕的 bùkě bōduó de; 不可让〔讓〕与〔與〕的 bùkě ràngyǔ de.

inane /ɪˈneɪn/ *adj* 愚蠢的 yúchǔnde. **inanely** *adv*.

inanimate /ɪnˈænɪmət/ *adj* 无〔無〕生命的 wú shēngmìng de: *A rock is an* ~ *object*. 岩石是无生命的东西.

inapplicable /ɪnˈæplɪkəbl/, 亦作 /ˌɪnəˈplɪkəbl/ *adj* (*to*) 不适〔適〕用的 bú shìyòng de.

inappropriate /ˌɪnəˈprəʊprɪət/ *adj* 不适〔適〕当〔當〕的 bú shìdàng de. **inappropriately** *adv*.

inapt /ɪnˈæpt/ *adj* 不适〔適〕当〔當〕的 bú shìdàng de; 不合适的 bù héshì de: ~ *remarks* 不适当的话.

inarticulate /ˌɪnɑːˈtɪkjʊlət/ *adj* 1 口齿〔齒〕不清的 kǒuchǐ bùqīng de. 2 (话语)没有表达〔達〕清楚的 méiyǒu biǎodá qīngchǔ de.

inasmuch as /ˌɪnəzˈmʌtʃ æz/ *conj* [正式用语] ...的范〔範〕围〔圍〕内 ...de fànwéi nèi; 由于〔於〕 yóuyú; 因为〔爲〕 yīnwèi.

inaudible /ɪnˈɔːdəbl/ *adj* (声音)听〔聽〕不见的 tīng bú jiàn de.

inaugural /ɪˈnɔːɡjʊrəl/ *adj* 就职〔職〕的 jiùzhíde; 开〔開〕幕的 kāimùde; 开始的 kāishǐde: *an* ~ *speech* 就职〔開幕〕演说.

inaugurate /ɪˈnɔːɡjʊreɪt/ *v* [T] 1 为〔爲〕...举〔舉〕行就职〔職〕典礼〔禮〕 wèi...jǔxíng jiùzhí diǎnlǐ. 2 为(展览会等)举〔舉〕行揭幕 wèi...jǔxíng jiēmù. 3 开〔開〕创〔創〕 kāichuàng. **inauguration** /ɪˌnɔːɡjʊˈreɪʃn/ *n* [C,U].

inborn /ˌɪnˈbɔːn/ *adj* 生来的 shēngláide.

inbred /ˌɪnˈbred/ *adj* 1 生来的

shēngláide. 2 近亲〔親〕繁殖的 jìnqīn fánzhí de. **inbreeding** /ˈɪnˌbriːdɪŋ/ *n* [U] 近亲繁殖 jìnqīn fánzhí.

in-built /ˌɪnˈbɪlt/ *adj* ⇨ BUILT-IN (BUILD).

Inc /ɪŋk/ *abbr* [美语] Incorporated 股份有限公司 gǔfèn yǒuxiàn gōngsī.

incalculable /ɪnˈkælkjʊləbl/ *adj* 无〔無〕数〔數〕的 wúshùde; 数不清的 shǔ bùqīng de.

incapable /ɪnˈkeɪpəbl/ *adj of* 无〔無〕能力的 wú nénglì de; 不会〔會〕的 búhuìde; 不能的 bùnéngde: ~ *of telling a lie* 不会说谎.

incapacitate /ˌɪnkəˈpæsɪteɪt/ *v* [T] 使无〔無〕能力 shǐ wú nénglì. **incapacity** /-sətɪ/ *n* [U] 无能力 wú nénglì.

incarcerate /ɪnˈkɑːsəreɪt/ *v* [T] [正式用语] 监〔監〕禁 jiānjìn. **incarceration** /ɪnˌkɑːsəˈreɪʃn/ *n* [U].

incarnation /ˌɪnkɑːˈneɪʃn/ *n* 1 [C] (象征某种品质的)典型人物 diǎnxíng rénwù; 化身 huàshēn. 2 (神灵等的)化身 huàshēn.

incendiary /ɪnˈsendɪərɪ; US -dɪerɪ/ *adj* 1 引起燃烧〔燒〕的 yǐnqǐ ránshāo de: *an* ~ *bomb* 燃烧弹. 2 煽动〔動〕的 shāndòngxìngde; *an* ~ *speech* 煽动性的演说. **incendiary** *n* [C] [*pl* -ies] 燃烧弹〔彈〕 ránshāodàn.

incense¹ /ˈɪnsens/ *n* [U] (点燃用的)香 xiāng.

incense² /ɪnˈsens/ *v* [T] 激怒 jīnù; 触〔觸〕怒 chùnù.

incentive /ɪnˈsentɪv/ *n* [C, U] (*to*) 激励某人做某事的事物 jīlì mǒurén zuò mǒushì de shìwù.

incessant /ɪnˈsesnt/ *adj* 连续〔續〕的 liánxùde; 不停的 bùtíngde: *his* ~ *complaints* 他的不停的埋怨. **incessantly** *adv*.

incest /ˈɪnsest/ *n* [U] 乱〔亂〕伦〔倫〕 luànlún. **incestuous** /ɪnˈsestjʊəs; US -tʃʊəs/ *adj*.

inch /ɪntʃ/ *n* [C] 1 英寸 yīngcùn. 2 少量 shǎoliàng, 一点〔點〕点 yìdiǎndiǎn: *He escaped death by an* ~. 他差一点儿就死了. 3 [习语] **every inch** 在各方面 zài gèfāngmiàn; 完全 wánquán; 彻〔徹〕底 chèdǐ. **within an inch of sth** 差一点儿〔兒〕chà yìdiǎnr. **inch** *v* [短语动词] **inch** (*sth*) **forward**, past, etc 使缓慢地移动[动] shǐ huǎnmànde yídòng.

incidence /'ɪnsɪdəns/ n [C] [发]生率 fāshēnglǜ; 发生的方式 fāshēngde fāngshì; a high ~ of crime 犯罪的高发生率.

incident /'ɪnsɪdənt/ n [C] 1 事情 shìqing; 小事 xiǎoshì. 2 事件 shìjiàn; 事变[变] shìbiàn; border ~s 边境事件.

incidental /ˌɪnsɪ'dentl/ adj 1 零星的 língxīngde; 次要的 cìyàode; ~ expenses 杂费. 2 伴随[随]的的 bànsuíde; ~ music for a film 电影配乐. **incidentally** /-tlɪ/ adv (为了引导刚刚想起要说的一件事) 顺便说一下 shùnbiàn shuō yíxià.

incinerate /ɪn'sɪnəreɪt/ v [T] 把…烧[烧]成灰 shāochéng huī; 焚化 fénhuà. **incineration** /ɪnˌsɪnə'reɪʃn/ n [U]. **incinerator** n [C] 焚化炉[炉] fénhuàlú.

incipient /ɪn'sɪpɪənt/ adj [正式用语]开[开]始的 kāishǐde; 早期的 zǎoqīde.

incision /ɪn'sɪʒn/ n 1 [C] (尤指开刀后的)切口 qiēkǒu. 2 [U] 切开[开] qiēkāi; 切入 qiērù.

incisive /ɪn'saɪsɪv/ adj 尖锐的 jiānruìde; 透彻的 zhìchède; ~ questions 尖锐的问题. **incisively** adv.

incisor /ɪn'saɪzə(r)/ n [C] 门牙 ményá.

incite /ɪn'saɪt/ v [T] 1 激励[励] jīlì; 煽动[动] shāndòng; ~ workers to riot 煽动工人暴乱. 2 制[制]造 zhìzào; 引起 yǐnqǐ; ~ violence 制造暴力事件. **incitement** n [U,C].

inclination /ˌɪnklɪ'neɪʃn/ n [C, U] 倾向 qīngxiàng; 爱[爱]好 àihào; I have no ~ to leave. 我不想离开. 2 [C] 趋[趋]势 qūshì. 3 [U] 倾角 qīngjiǎo; 斜角 xiéjiǎo.

incline[1] /ɪn'klaɪn/ v 1 [I] towards 倾斜 qīngxié. 2 [T] 屈身 qūshēn; 低头[头] dītóu. 3 [T] towards [正式用语]说服(某人)做某事 shuōfú zuò mǒushì; 影响[响] yǐngxiǎng. 4 [I] to/towards [正式用语]倾向于 qīngxiàng yú; 喜欢[欢] xǐhuan; ~ to laziness. 他爱懒散. **inclined** adj (常)1 想以某种方式行事 xiǎngyǐ mǒuzhǒng fāngshì xíngshì. 2 倾向于… de qīngxiàng yú…de; She's ~d to

be depressed. 她老是爱郁闷寡欢.

incline[2] /'ɪnklaɪn/ n [C] 斜坡 xiépō.

include /ɪn'kluːd/ v [T] 1 包括 bāokuò;包含 bāohán; Prices ~ delivery. 价钱包括送货. 2 使成为(整个[体]的一部分 shǐ chéngwéi zhěngtǐde yíbùfen; Chris in the team 把克雷斯吸收到队里. **inclusion** /ɪn'kluːʒn/ n [U]. **inclusive** /ɪn'kluːsɪv/ adj 一切包括在内的 yíqiè bāokuò zàinèide.

incognito /ˌɪnkɒg'niːtəʊ; US ɪŋ'kɒgnətəʊ/ adj, adv 化名的 (地)huàmíngde; travel ~ 化名旅行.

incoherent /ˌɪnkəʊ'hɪərənt/ adj 语无[无]伦(偷)次的 yǔ wú lúncì de;语[难]懂的 nándǒngde. **incoherence** /-əns/ n [U]. **incoherently** adv.

income /'ɪnkʌm/ n [C, U] 收入 shōurù; 所得 suǒdé. **income tax** n [U] 所得税 suǒdéshuì.

incoming /'ɪnkʌmɪŋ/ adj 1 进[进]来的 jìnláide; ~ mail 进来的邮件. 2 新当任[官]选的 xīn dāngxuǎnde; 新任命的 xīn rènmìngde; the ~ president 新当选的总统.

incomparable /ɪn'kɒmprəbl/ adj 无与[与]伦比[无]比的 wúbǐde.

incompatible /ˌɪnkəm'pætəbl/ adj 不相容的 bù xiāngróng de; 不能共存的 bùnéng gòngcún de; Smoking is ~ with good health. 吸烟与健康不相容. **incompatibility** /ˌɪnkəmˌpætə'bɪlətɪ/ n [U].

incompetent /ɪn'kɒmpɪtənt/ adj 不胜[胜]任的 bú shèngrèn de; 不够格的 bú gòugé de. **incompetence** /-əns/ n [U].

incomplete /ˌɪnkəm'pliːt/ adj 不完全的 bù wánquán de; 不完善的 bù wánshàn de. **incompletely** adv.

incomprehensible /ˌɪnˌkɒmprɪ'hensəbl/ adj 不能理解的 bùnéng lǐjiě de. **incomprehension** /-'henʃn/ n [U] 不理解 bù lǐjiě.

inconceivable /ˌɪnkən'siːvəbl/ adj 1 [非正式用语]难[难]以相信的 nányǐ xiāngxìn de. 2 不能想像的 bùnéng xiǎngxiàng de.

inconclusive /ˌɪnkən'kluːsɪv/ adj 非结论[论]性 fēi jiélùnxìng de; 无[无]最后[后]结果的 wú zuìhòu jiéguǒ de; ~ evidence 无说服力的

证据.

incongruous /ɪnˈkɒŋgruəs/ adj 不适[宜]的 bú shìyí de; 不协[协]调的 bù xiétiáo de: Modern buildings look ~ in an old village. 现代化的建筑与古老的农村看上去很不协调. **incongruity** /ˌɪnkɒŋˈgruːəti/ n [U, C] [pl -ies].

inconsiderate /ˌɪnkənˈsɪdərət/ adj 不替别人着想的 bútì biérén zhuóxiǎng de; 不体[谅]识别人的 bù tǐliàng biérén de. **inconsiderately** adv.

inconsistent /ˌɪnkənˈsɪstənt/ adj (with) 矛盾的 máodùnde; 不协[协]调的 bù xiétiáo de; 反复[复]无[无]常的 fǎnfù wúcháng de. **inconsistency** /-tənsi/ n [C, U] [pl -ies]. **inconsistently** adv.

inconspicuous /ˌɪnkənˈspɪkjuəs/ adj 不显[显]著的 bù xiǎnzhù de; 不引人注意的 bù yǐnrén zhùyì de. **inconspicuously** adv.

incontinent /ɪnˈkɒntɪnənt/ adj (大小便)失禁的 shìjìnde. **incontinence** /-nəns/ n [U].

incontrovertible /ˌɪnkɒntrəˈvɜːtəbl/ adj 无[无]可否认[认]的 wúkě fǒurèn de.

inconvenience /ˌɪnkənˈviːnɪəns/ n [C, U] 不方便 bù fāngbiàn; 烦扰[扰]的事物 fánrǎo de shìwù; 不方便之事 bù fāngbiàn zhì shì. **inconvenience** v [T] 打扰 dǎrǎo; 使遭到不方便 shǐ gǎndào bù fāngbiàn. **inconvenient** /-ənt/ adj 不方便的 bù fāngbiàn de. **inconveniently** adv.

incorporate /ɪnˈkɔːpəreɪt/ v [T] 使并[并]入 shǐ bìngrù; 包含 bāohán; 吸收 xīshōu: ~ your ideas in the new plan 把你的想法吸收到新的计划中. **incorporated** adj [美语]组成公司的 zǔchéng gōngsī de; 组成社团[团]的 zǔchéng shètuán de. **incorporation** /ɪnˌkɔːpəˈreɪʃn/ n [U].

incorrect /ˌɪnkəˈrekt/ adj 不正确[确]的 bù zhèngquè de; 错误的 cuòwùde. **incorrectly** adv. **incorrectness** n [U].

incorrigible /ɪnˈkɒrɪdʒəbl/ US -ˈkɔːr-/ adj (人)不可救药[药]的 bùkě jiùyào de; (毛病)难[难]以改正的 nányǐ gǎizhèng de.

increase¹ /ɪnˈkriːs/ v [I, T] 增加 zēngjiā; 增长 zēngzhǎng; 增大 zēngdà: increasingly difficult 愈来愈困难.

increase² /ˈɪnkriːs/ n [C, U] 增加量 zēngjiāliàng.

incredible /ɪnˈkredəbl/ adj 1 难[难]以置信的 nányǐ zhìxìn de. 2 [非正式用语]惊[惊]人的 jīngrén de. **incredibly** adv.

incredulous /ɪnˈkredjuləs; US -dʒuːl/ adj 不相信的 bù xiāngxìn de; 表示怀[怀]疑的 biǎoshì huáiyí de. **incredulity** /ˌɪnkrɪˈdjuːlətɪ; US -ˈduː-/ n [U]. **incredulously** adv.

increment /ˈɪnkrəmənt/ n [C] 增值 zēngzhí; (薪金等的)增额 zēngé.

incriminate /ɪnˈkrɪmɪneɪt/ v [T] 控告 kònggào; 显[显]示(某人)有罪 yǒuzuì.

incubate /ˈɪnkjubeɪt/ v [I, T] 孵(卵)fū; 孵化 fūhuà. **incubation** /ˌɪnkjuˈbeɪʃn/ n 1 [U] 孵化 fūhuà; 孵化 fūhuà. 2 [C] (亦作 incubation period) [医]潜[潜]伏期 qiánfúqī. **incubator** /-tə(r)/ n 1 孵化器 fūhuàqì. 2 早产[产]婴儿(儿)保育器 bǎoyùqì.

incumbent /ɪnˈkʌmbənt/ adj on [正式用语]负有责任的 fùyǒu zérèn de; 义[义]不容辞[辞]的 yì bù róng cí de. **incumbent** n [C] 任职(职)者 rènzhízhě.

incur /ɪnˈkɜː(r)/ v [-rr-] [T] 招致 zhāozhì; 遭受 zāoshòu: ~ large debts 负债累累.

incurable /ɪnˈkjuərəbl/ adj 医[医]不好的 yī bùhǎo de. **incurable** n [C] 医不好的病人 yī bùhǎo de bìngrén. **incurably** adv.

incursion /ɪnˈkɜːʃn; US -ʒn/ n [C] [正式用语]突然袭(袭)击 túrán xíjī; 入侵 rùqīn; 侵犯 qīnfàn.

indebted /ɪnˈdetɪd/ adj 蒙恩的 méng'ēnde; 感激的 gǎnjīde: ~ to him for his help 很感激他的帮助.

indecent /ɪnˈdiːsnt/ adj 1 下流的 xiàliúde; 粗鄙的 cūbǐde; 猥亵的 wěixiède. 2 不合适[适]的 bù héshì de; 不对[对]的 búduìde. **indecency** /-nsɪ/ n [U]. **indecently** adv.

indecision /ˌɪndɪˈsɪʒn/ n [U] [褒]犹豫寡断[断] yóuyù guǎduàn; 犹[犹]豫 yóuyù.

indecisive /ˌɪndɪˈsaɪsɪv/ adj 1 优[褒]柔寡断[断]的 yóuróu guǎduàn de. **2** 非决定性的 fēi juédìngxìng de. **indecisively** adv.

indeed /ɪnˈdiːd/ adv **1** 真正地 zhēnzhèngde; 当 [當] 然 dāngrán: 'Did he complain?' 'I～ did.' "他埋怨了吗?" "他当然埋怨了。" **2** (与 very 连用, 以加强语气) 确 [確] 实 [實] quèshí; 实在 shízài: Thank you very much ～. 确实非常感谢你。 **3** (表示惊讶、兴趣) 哦! ō!: She thinks she got the job. 'Does she ～!' "她认为她得到了这个工作。""哦!"

indefensible /ˌɪndɪˈfensəbl/ adj 无 [無] 法防备 [禦] 的 wúfǎ fángyù de; 无法辩护 [護] 的 wúfǎ biànhù de: ～ rudeness 无可辩解的粗暴表现。

indefinable /ˌɪndɪˈfaɪnəbl/ adj 难 [難] 以下定义 [義] 的 nánnyǐ dìngyì de; 难以用言语表达 [達] 的 nányǐ yòng yányǔ biǎodá de.

indefinite /ɪnˈdefɪnət/ adj **1** 模糊的 móhude; 不明确的 bù míngquè de. **2** 无 [無] 定限的 wú dìngxiàn de: an ～ period of time 一段长短不确定的时间。 **in,definite 'article** n [C] [语法] 不定冠词 búdìngguàncí. **indefinitely** adv: The meeting was postponed ～ly. 会议无限期推迟。

indelible /ɪnˈdeləbl/ adj 去不掉的 qùbudiàode; 擦不掉的 cābudiàode. **indelibly** adv.

indelicate /ɪnˈdelɪkət/ adj [正式用语,常作委婉]不文雅的 bù wényǎ de; 粗野的 cūyěde; 令人窘迫的 lìng rén jiǒngpò de.

indemnify /ɪnˈdemnɪfaɪ/ v [pt, pp -ied] [T] 赔偿 [償] péicháng; 补 [補] 偿 bǔcháng.

indemnity /ɪnˈdemnəti/ n [pl -ies] **1** [U] 保障 bǎozhàng; 保护 [護] bǎohù. **2** 赔偿 [償] péicháng; 补 [補] 偿 bǔcháng.

indent /ɪnˈdent/ v [I,T] 缩格书 [書] 写 [寫] suōgé shūxiě. **indentation** /ˌɪndenˈteɪʃn/ n [C,U] 缩格书写 suōgé shūxiě; 凹陷 āoxiàn; 缺口 quēkǒu: the ～ations of the coastline 海岸线的犬牙交错。

independent /ˌɪndɪˈpendənt/ adj **1** 独 [獨] 立的 dúlìde: an ～ nation 独立国家 **2** (of) 自立的 zìlìde; 不需外援的 bù xū wàiyuán de; 自治的 zìzhìde: 自信的 zìxìnde. **independent** n [C] 无 [無] 党 [黨] 派人士 wú

党派 rénshì. **independence** /-əns/ n [U]: independence from one's parents 不依赖父母.

independently adv.

indescribable /ˌɪndɪˈskraɪbəbl/ adj 难 [難] 以形容的 nányǐ xíngróng de. **indescribably** adv.

indestructible /ˌɪndɪˈstrʌktəbl/ adj 破坏 [壞] 不了的 pòhuài bùliǎo de.

index /ˈɪndeks/ n [C] [pl ～es; 义项2 ～es 或 indices /ˈɪndɪsiːz/] **1** (a) (书末的) 索引 suǒyǐn. (b) (图书馆等的) 卡片索引 kǎpiàn suǒyǐn; a 'card ～ 卡片索引. **2** (物价等的) 指数 [數] zhǐshù: the cost-of-living ～ 生活 (费用) 指数. **index** v [T] 为 [為] …编索引 wèi…biān suǒyǐn; 把…编入索引目录 bǎ…biānrù suǒyǐn. **'index finger** n [C] 食指 shízhǐ.

India /ˈɪndɪə/ n [U] 印度 Yìndù.

Indian adj 印度的 Yìndùde. **Indian** n [C] 印度人 Yìndùrén.

indicate /ˈɪndɪkeɪt/ v [T] **1** 指示 zhǐshì; 指出 zhǐchū; 表示 biǎoshì. **2** [I,T] 发 [發] 出改变 [變] 行车 [車] 方向信号 [號] fāchū gǎibiàn xíngchē fāngxiàng xìnhào. **indication** /ˌɪndɪˈkeɪʃn/ n [C,U] 指示 zhǐshì; 表示 biǎoshì. **2** [C,U] 作出某种 [種] 指示的言语、标 [標] 记等 zuòchū mǒuzhǒng zhǐshì de yányǔ, biāojì děng. **indicative** /ɪnˈdɪkətɪv/ adj of 标示的 biāoshìde; 表示的 biǎoshìde; 象征 [徵] 的 xiàngzhēngde. **indicator** n [C] **1** (仪器上的) 指示器 zhǐshìqì; 记录 [錄] 器 jìlùqì. **2** (车辆上的) 变 [變] 向指示灯 [燈] biànxiàng zhǐshìdēng.

indict /ɪnˈdaɪt/ v [T] (for) [法律] 控告 kònggào; 起诉 qǐsù: ～ed for murder 被控告谋杀. **indictable** adj (罪行) 可招致起诉的 kě zhāozhì qǐsù de: an ～able offence 可提起公诉的罪行. **indictment** n [C,U].

indifferent /ɪnˈdɪfrənt/ adj (to) 不感兴 [興] 趣的 bù gǎn xìngqù de; 不关 [關] 心的 bù guānxīn de. **2** 质 [質] 量不高的 zhìliàng bùgāo de: an ～ meal 一顿粗劣饭. **indifference** /-frəns/ n [U]. **indifferently** adv.

indigenous /ɪnˈdɪdʒɪnəs/ adj (to) 土生土长 [長] 的 tǔ shēng tǔ zhǎng de; 本土的 běntǔde; Kangaroos are ~ to Australia. 袋鼠产于澳大利亚.

indigestion /ˌɪndɪˈdʒestʃən/ n [U] 消化不良 xiāohuà bùliáng; 消化不良症 xiāohuà bùliáng zhèng.

indignant /ɪnˈdɪɡnənt/ adj 愤慨的 fènkǎide; 义(義)愤的 yìfènde. **indignantly** adv. **indignation** /ˌɪndɪɡˈneɪʃn/ n [U].

indignity /ɪnˈdɪɡnəti/ n [C, U] [pl -ies] 无(無)礼(禮) wúlǐ; 侮辱 wúrǔ.

indirect /ˌɪndɪˈrekt, -daɪˈr-/ adj 1 迂回(迴)的 yūhuíde; an ~ route 迂回路线. 2 间接的 jiànjiēde; an ~ answer 间接的回答. 3 非直接相关(關)的 fēi zhíjiē xiāngguān de; 次要的 cìyàode; an ~ cause 次要的原因. **indirectly** adv. **indirect 'object** n [C] [语法]间接宾(賓)语 jiànjiē bīnyǔ; In 'Give him the book.' 'him' is the ~ object. 在 "Give him the book." 的句子中, "him" 是间接宾语. **indirect 'speech** n [U] [语法]间接引语 jiànjiē yǐnyǔ; In ~ speech, 'He said, ' I will come.' becomes ' He said he would come.' 如果用间接引语, 'He said, "I will come."' 就成了 ' He said he would come.' **indirect 'tax** n [C] 间接税 jiànjiēshuì.

indiscreet /ˌɪndɪˈskriːt/ adj 不慎重的 bú shènzhòng de; 轻(輕)率 qīngshuài. **indiscreetly** adv. **indiscretion** /ˌɪndɪˈskreʃn/ n 1 [U] 不慎重 bú shènzhòng; 轻率 qīngshuài. 2 [C] 不检(檢)点(點)的言行 bù jiǎndiǎnde yánxíng.

indiscriminate /ˌɪndɪˈskrɪmɪnət/ adj 不加区(區)别的 bù jiā qūbié de; ~ praise 一味恭维. **indiscriminately** adv.

indispensable /ˌɪndɪˈspensəbl/ adj 必需的 bìxūde; 必不可少的 bì bù kě shǎo de.

indisposed /ˌɪndɪˈspəʊzd/ adj [正式用语] 1 有病的 yǒubìngde; 不舒服的 bù shūfu de. 2 不愿(願)的 búyuànde; ~ to help 不愿相助.

indisputable /ˌɪndɪˈspjuːtəbl/ adj 无(無)可争辩的 wú kě zhēngbiàn de. **indisputably** adv.

indistinguishable /ˌɪndɪˈstɪŋɡwɪʃəbl/ adj (from) 难(難)分辨的 nán fēnbiàn de; ~ from her sister 分辨不出她和她的姐姐.

individual /ˌɪndɪˈvɪdʒuəl/ adj 1 单(單)独(獨)的 dāndúde; 个(個)别的 gèbiéde. 2 个人的 gèrénde; 个体(體)的 gètǐde. **individual** n [C] 个人 gèrén. **individuality** /ˌɪndɪˌvɪdʒuˈælɪti/ n [U] 个性 gèxìng. **individually** adv.

indoctrinate /ɪnˈdɒktrɪneɪt/ v [T] (with) [常用反]向(某人)灌输(某种思想) xiàng guànshū. **indoctrination** /ɪnˌdɒktrɪˈneɪʃn/ n [U].

indolent /ˈɪndələnt/ adj [正式用语]懒惰的 lǎnduòde. **indolence** /-ləns/ n [U].

indoor /ˈɪndɔː(r)/ adj 在室内的 zài shìnèi de; 在屋内的 zài wūnèi de. **indoors** /ˌɪnˈdɔːz/ adv 在屋里(裡) zài wūlǐ; 进(進)屋里 jìn wūlǐ.

induce /ɪnˈdjuːs; US -ˈduːs/ v [T] 1 劝(勸)诱 quànyòu; 促使 cùshǐ. 2 造成 zàochéng; 导(導)致 dǎozhì. 3 用药(藥)为(爲)(孕妇)催生 yòng yào wèi cuīshēng. **inducement** n [C, U] 引诱 yǐnyòu; 刺激 cìjī; a pay rise as an ~ment to work harder 用来鼓励人们努力工作的增加工资.

induction /ɪnˈdʌkʃn/ n 1 [U, C] 就职(職) jiùzhí. 2 [U] [逻辑]归(歸)纳法 guīnàfǎ. 3 [U] (对孕妇的)催产(產) cuīchǎn.

indulge /ɪnˈdʌldʒ/ v 1 [I] (in) 让(讓)自己尽(盡)情享受某事物 ràng zìjǐ jìnqíng xiǎngshòu mǒu shìwù; 沉迷于 chénmí yú; 纵(縱)情于 zòngqíng yú. 2 [T] 满足(欲望) mǎnzú. 3 [T] 放纵 fàngzòng. **indulgence** n 1 [C] 嗜好 shìhào; 着迷的事物 zháomíde shìwù. 2 [U] 沉湎 chénmí; 纵容 zòngróng; 娇(嬌)惯 jiāoguàn. **indulgent** adj 放纵的 fàngzòngde; 沉湎的 chénmiàde.

industrial /ɪnˈdʌstrɪəl/ adj 工业(業)的 gōngyède. **in,dustrial 'action** n [U] 劳(勞)工行动(動) (如罢工,怠工等) láogōng xíngdòng. **industrialism** n [U] 工业主义(義)(以大工业为主的体制) gōngyèzhǔyì. **industrialist** n [C] 实(實)业家 shíyèjiā. **industrialize** v [I, T] (使)工业化 gōngyèhuà. **industrially** adv.

industrious /ɪnˈdʌstrɪəs/ adj 勤奋(奮)的 qínfènde; 勤劳(勞)的 qínláode.

industry /ˈɪndəstri/ n [pl -ies] 1

[C, U] 工业〔業〕gōngyè; 产〔產〕业〔業〕chǎnyè; 行业 hángyè: the steel ~ 钢铁工业. 2 [U] 〔正式用语〕勤奋〔奮〕qínfèn.

inebriated /ɪ'ni:brɪeɪtɪd/ adj 〔正式用语或谑〕喝醉的 hēzuìde.

inedible /ɪn'edɪbl/ adj 〔正式用语〕不能食用的 bùnéng shíyòng de.

ineffective /ˌɪnɪ'fektɪv/ adj 无〔無〕效的 wúxiàode; 不起作用的 bùqǐ zuòyòng de. **ineffectively** adv. **ineffectiveness** n [U].

ineffectual /ˌɪnɪ'fektʃʊəl/ adj 无〔無〕效的 wúxiàode; 不成功的 bù chénggōng de: an ~ attempt 徒然的尝试. **ineffectually** adv.

inefficient /ˌɪnɪ'fɪʃnt/ adj 1 （人）无〔無〕能的 wúnéngde; 不称〔稱〕职〔職〕的 bù chènzhí de. 2 （机器等）无效的 wúxiàode; 效率低的 xiàolǜ dī de. **inefficiency** /-nsɪ/ n [U]. **inefficiently** adv.

ineligible /ɪn'elɪdʒəbl/ adj （for）不合格的 bù hégé de: ~ for the job 没有资格做这项工作.

inept /ɪ'nept/ adj 1 （at）不熟练〔練〕的 bù shúliàn de; 不擅长的 bù shàncháng de. 2 不合时〔時〕宜的 bùhé shíyí de. **ineptitude** /ɪ'neptɪtju:d; US -tu:d/ n [U].

inequality /ˌɪnɪ'kwɒlətɪ/ n [C, U] [pl -ies] 不平等 bù píngděng; 不平衡 bù pínghéng.

inert /ɪ'nɜ:t/ adj 1 无〔無〕活动〔動〕能力的 wú huódòng nénglì de. 2 呆〔獃〕滞〔滯〕的 dāizhìde; 迟〔遲〕钝的 chídùnde.

inertia /ɪ'nɜ:ʃə/ n [U] 1 呆〔獃〕滞〔滯〕dāizhì; 迟〔遲〕钝 chídùn. 2 [物理]惯性 guànxìng.

inescapable /ˌɪnɪ'skeɪpəbl/ adj 逃避不了的 táobì bùliǎo de.

inevitable /ɪn'evɪtəbl/ adj 1 不可避免的 bùkě bìmiǎn de. 2 [非正式用语]照例必有的 zhàolì bì yǒu de: a tourist with his ~ camera 照例携有相机的游客. **inevitability** /ɪnˌevɪtə'bɪlətɪ/ n [U]. **inevitably** adv.

inexact /ˌɪnɪg'zækt/ adj 不精确〔確〕的 bù jīngquè de; 不准〔準〕确的 bùzhǔnquè de.

inexcusable /ˌɪnɪk'skju:zəbl/ adj 不可原谅〔諒〕的 bùkě yuánliàng de; ~ rudeness 不可宽恕的粗鲁行为.

inexpensive /ˌɪnɪk'spensɪv/ adj 花费不大的 huāfèi bùdà de; 廉价〔價〕的 liánjiàde.

inexperience /ˌɪnɪk'spɪərɪəns/ n

[U] （in）缺乏经〔經〕验〔驗〕quēfá jīngyàn. **inexperienced** adj.

inexplicable /ˌɪnɪk'splɪkəbl/ adj 费解的 fèijiěde; 不能说明的 bùnéng shuōmíng de.

inextricable /ˌɪnɪk'strɪkəbl, ɪn-'ekstrɪkəbl/ adj 无〔無〕法逃避〔離〕的 wúfǎ táolí de; 解不开〔開〕的 jiě bùkāi de; 分不开的 fēn bùkāi de.

infallible /ɪn'fæləbl/ adj 1 不会〔會〕犯错误的 bùhuì fàn cuòwù de: Nobody is ~. 没有人不犯错误. 2 绝对〔對〕可靠的 juéduì kěkào de: an ~ method 绝对可靠的方法. **infallibility** /ɪnˌfælə'bɪlətɪ/ n [U].

infamous /'ɪnfəməs/ adj 邪恶〔惡〕的 xié'ède; 可耻的 kěchǐde. **infamy** /'ɪnfəmɪ/ n [C, U] [pl -ies] 声〔聲〕名狼藉 shēngmíng lángjí; 无耻的行为〔爲〕wúchǐde xíngwéi.

infancy /'ɪnfənsɪ/ n [U] 1 婴儿〔兒〕期 yīng'érqī; 婴儿期 yīng'érqī. 2 [喻]初期阶〔階〕段 chūqī jiēduàn: The project is still in its ~. 这个项目仍然处在初期阶段.

infant /'ɪnfənt/ n [C] 婴儿〔兒〕yīng'ér.

infantile /'ɪnfəntaɪl/ adj 婴儿〔兒〕的 yīng'érde; 幼稚的 yòuzhìde; 孩子气〔氣〕的 háiziqìde: ~ behaviour 孩子气的行为.

infantry /'ɪnfəntrɪ/ n [U] [用 sing 或 pl v]步兵 bùbīng.

infatuated /ɪn'fætjʊeɪtɪd/ adj （with）迷恋〔戀〕某人的 míliàn mǒurén de. **infatuation** /ɪnˌfæ-tjʊ'eɪʃn/ n [U, C].

infect /ɪn'fekt/ v [T] （with）1 传〔傳〕染 chuánrǎn. 2 [喻]受影响〔響〕shòu yǐngxiǎng; 受感染 shòu gǎnrǎn. **infection** /ɪn'fekʃn/ n [C] 传染病 chuánrǎnbìng; 传染 chuánrǎn: danger of ~ion 传染的危险. **infectious** /ɪn'fekʃəs/ adj 1 （疾病）传染的 chuánrǎnde. 2 [喻]有感染力的 yǒu gǎnrǎnlì de: ~ious laughter 有感染力的笑声.

infer /ɪn'fɜ:(r)/ v [T] [-rr-] （from）推论〔論〕tuīlùn; 推断〔斷〕tuīduàn: What can be ~red from the election results? 从选举结果能作出什么推断呢? **inference** /'ɪnfərəns/ n [U, C].

inferior /ɪn'fɪərɪə(r)/ adj （to）劣质〔質〕的 lièzhìde; 差的 chàde;

下等的 xiàděngde. **inferior** n [C] 地位低的人 dìwèi dī de rén; 能力低的人 nénglì dī de rén. **inferiority** /ɪnˌfɪərɪˈɒrətɪ/ n [U].

inferi'ority complex n [C] 自卑感 zìbēigǎn.

infernal /ɪnˈfɜːnl/ adj 1 阴[陰]间的 yīnjiānde; 地狱的 dìyùde. 2 [非正式用语]可恨的 kěhènde.

inferno /ɪnˈfɜːnəʊ/ n [C] [pl ~s] 1 毁灭[滅]性大火(的地方) huǐmièxìng dàhuǒ. 2 地狱般的地方 dìyùbānde dìfang.

infertile /ɪnˈfɜːtaɪl; US -tl/ adj 贫瘠的 pínjíde; 不毛的 bùmáode: ~ land 不毛之地.

infest /ɪnˈfest/ v [T] (with) (昆虫等)大批出现于 dàpī chūxiàn yú: a dog ~ed with fleas 身上满是跳蚤的狗.

infidelity /ˌɪnfɪˈdelətɪ/ n [C, U] [pl -ties] 不忠诚 bù zhōngchéng; 背信 bèixìn; (夫妻间的)不忠 bù zhōng.

infighting /ˈɪnfaɪtɪŋ/ n [U] [非正式用语]暗斗[鬥] àndòu.

infiltrate /ˈɪnfɪltreɪt/ v [T] 悄悄穿越 qiāoqiāo chuānyuè; 使(思想)渗透 shǐ shèntòu. **infiltration** /ˌɪnfɪlˈtreɪʃn/ n [U]. **infiltrator** n [C].

infinite /ˈɪnfɪnət/ adj 无[無]限的 wúxiànde; 无穷[窮]的 wúqióngde. **infinitely** adv.

infinitive /ɪnˈfɪnətɪv/ n [C] [语法]不定式 búdìngshì.

infinity /ɪnˈfɪnətɪ/ n [U] 无[無]穷[窮] wúqióng.

infirm /ɪnˈfɜːm/ adj 体[體]弱的 tǐruòde; 年老体衰的 niánlǎo tǐshuāi de. **infirmity** n [C, U] [pl -ties].

infirmary /ɪnˈfɜːmərɪ/ n [C] [pl -ies] 医[醫]院 yīyuàn.

inflame /ɪnˈfleɪm/ v [T] 激怒 jīnù; 使极[極]度激动[動] shǐ jídù jīdòng. **inflamed** adj (身体的一部分)发[發]炎的 fāyánde.

inflammable /ɪnˈflæməbl/ adj 易燃的 yìránde.

inflammation /ˌɪnfləˈmeɪʃn/ n [C, U] 发[發]炎 fāyán.

inflammatory /ɪnˈflæmətrɪ; US -tɔːrɪ/ adj 煽动[動]性的 shāndòngxìngde: ~ remarks 煽动性的话.

inflate /ɪnˈfleɪt/ v [I, T] (轮胎、气球等)充气[氣] chōngqì; 使膨胀[脹] shǐ péngzhàng. 2 [T] [喻]使

骄[驕]傲 shǐ jiāo'ào; 使自高自大 shǐ zì gāo zì dà: an ~d ego 自高自大的虚荣心. 3 [I, T] (使)通货膨胀 tōnghuò péngzhàng. **inflation** /ɪnˈfleɪʃn/ n [U] 1 充气 chōngqì. 2 通货膨胀 tōnghuò péngzhàng. **inflationary** /ɪnˈfleɪʃ-nerɪ/ adj 通货膨胀的 tōnghuò péngzhàng de; 造成通货膨胀的 zàochéng tōnghuò péngzhàng de.

inflection (亦作 **inflexion**) /ɪnˈflekʃn/ n [C, U] 1 [语法]词形变[變]化 cíxíng biànhuà; 屈折形式 qūzhé xíngshì. 2 变[變]音 biànyīn; 转[轉]调 zhuǎndiào.

inflexible /ɪnˈfleksəbl/ adj 1 不可弯[彎]曲的 bùkě wānqū de. 2 坚[堅]定的 jiāndìngde; 固执[執]的 gùzhíde. **inflexibility** /ɪnˌfleksə-bɪlətɪ/ n [U]. **inflexibly** adv.

inflict /ɪnˈflɪkt/ v [T] (on) 使遭受(痛苦等) shǐ zāoshòu: ~ a defeat on the enemy 打败敌人. **infliction** /ɪnˈflɪkʃn/ n [C, U].

influence /ˈɪnfluəns/ n 1 [U] 影响[響]力 yǐngxiǎnglì; 感化力 gǎnhuàlì. 2 [C] 有影响的人或事 yǒu yǐngxiǎng de rén huò shì: She's a bad ~ on me. 她是个对我有坏影响的人. 3 [U] 权[權]力 quánlì; 权势[勢] quánshì: Can you use your ~ to get me a job? 你能使用权力为我谋到工作吗? 4 [习语] under the 'influence [正式用语或谑]喝醉酒 hē zuì jiǔ. **influence** v [T] 影响 yǐngxiǎng.

influential /ˌɪnfluˈenʃl/ adj 有权[權]势[勢]的 yǒu quánshì de.

influenza /ˌɪnfluˈenzə/ n [U] [正式用语]流行性感冒 liúxíngxìng gǎnmào.

influx /ˈɪnflʌks/ n [C] 涌进[進]涌[湧]入 yǒngjìn: an ~ of tourists 大批游客涌进.

inform /ɪnˈfɔːm/ v 1 [T] 通知 tōngzhī; 告诉 gàosù. 2 [I] against/on [法律]告发[發] gàofā. **informant** /-ənt/ n [C] 提供消息 tígōng xiāoxi huò qíngbào de rén. **informed** adj 见闻广[廣]的 jiànwén guǎng de. **informer** n [C] 告发人 gàofārén.

informal /ɪnˈfɔːml/ adj 1 非正规[規]的 fēi zhèngguī de; 非正式的 fēi zhèngshì de; 不拘礼[禮]节[節]的 bùjū lǐjié de: ~ clothes 便服. 2 (词语)非正式使

用的 fēi zhèngshì shíyòng de. **informality** /ˌɪnfɔːˈmæləti/ n [U]. **informally** adv.

information /ˌɪnfəˈmeɪʃn/ n [U] (on/about) 通知 tōngzhī;报[報]告 bàogào;消息 xiāoxi;情报 qíngbào. **infor'mation pack** n 套资料 zhěngtào zīliào. **infor'mation retrieval** n [U] 信息检[檢]索 xìnxī jiǎnsuǒ;情报检索 qíngbào jiǎnsuǒ. **infor'mation science** n [U] 信息科学[學] xìnxī kēxué. **in-formation 'superhighway** n [C] 信息高速公路 xìnxī gāosù gōnglù. **infor'mation system** n [C] 信息系统 xìnxī xìtǒng. **infor'mation technology** n [U] 信息技术[術] xìnxī jìshù.

informative /ɪnˈfɔːmətɪv/ adj 提供消息、情报[報]的 tígōng xiāoxi, qíngbào de.

infra-red /ˌɪnfrə ˈred/ adj 红外线[綫]的 hóngwàixiàn de.

infrequent /ɪnˈfriːkwənt/ adj 不常发[發]生的 bùcháng fāshēng de;稀罕的 xīhan de. **infrequency** /-kwənsɪ/ n [U]. **infrequently** adv.

infringe /ɪnˈfrɪndʒ/ v 1 [T] 违[違]反(规则等) wéifǎn; 触[觸]犯 chùfàn. 2 [I] on 侵犯 qīnfàn;侵害 qīnhài: ~ on the rights of other people 侵犯其他人的权利. **infringement** n [C, U].

infuriate /ɪnˈfjʊərieɪt/ v [T] 激怒 jīnù.

infuse /ɪnˈfjuːz/ v 1 [T] 正式用语]向…灌输 xiàng…guànshū;使鼓[鼓]得 shǐ huódé: ~ the workers with energy 鼓舞工人的干劲. 2 [I, T] 泡(茶)jìnzì;浸液 jìnyè. **infusion** n [C, U] 浸液 jìnyè;浸泡 jìnpào.

ingenious /ɪnˈdʒiːniəs/ adj 1 (人)机[機]灵[靈]的 jīlíng de, 2 制[製]作精巧的 zhìzuò jīngqiǎo de;灵巧的 língqiǎo de. **ingeniously** adv. **ingenuity** /ˌɪndʒɪˈnjuːəti; US -ˈnuː-/ n [U].

ingot /ˈɪŋɡət/ n [C] 锭 dìng;铸[鑄]块[塊] zhùkuài.

ingrained /ˌɪnˈɡreɪnd/ adj (习惯等)根深蒂固的 gēnshēndìgù de.

ingratiate /ɪnˈɡreɪʃieɪt/ v [T] 正式用语] ~ oneself (with) 使得到…的欢[歡]心 shǐ dédào…de huānxīn. **ingratiating** adj.

ingratitude /ɪnˈɡrætɪtjuːd; US -tuːd/ n [U] 忘恩负义[義] wàng'ēn fù yì.

ingredient /ɪnˈɡriːdiənt/ n [C] 混合物的组成部分 hùnhéwù de zǔchéng bùfen;配料 pèiliào: the ~s of a cake 蛋糕的成分.

inhabit /ɪnˈhæbɪt/ v [T] 居住于 jūzhù yú. **inhabitant** /-ənt/ n [C] 居民 jūmín.

inhale /ɪnˈheɪl/ v [I, T] 吸气[氣] xīqì. **inhaler** n [C] 吸入器 xīrùqì.

inherent /ɪnˈhɪərənt, -ˈher-/ adj 内在的 nèizài de;固有的 gùyǒu de: ~ weaknesses in a design 设计本身的弱点.

inherit /ɪnˈherɪt/ v 1 [T] 继[繼]承 jìchéng. 2 [经]遗传[傳]而得(特性等) jīng yíchuán ér dé. **inheritance** n 1 [U] 继承 jìchéng. 2 [C] 继承物 jìchéngwù;遗产[產] yíchǎn. **inheritor** n [C] 继承人 jìchéngrén;后[後]继者 hòujìzhě.

inhibit /ɪnˈhɪbɪt/ v [T] (from) 禁止 jìnzhǐ;阻止 zǔzhǐ;抑制 yìzhì. **inhibited** adj 拘谨的 jūjǐn de;不能自然地表达[達]感情的 bùnéng zìrán de biǎodá gǎnqíng de. **inhibition** /ˌɪnhɪˈbɪʃn/ n [C, U] 压[壓]抑 yāyì.

inhospitable /ˌɪnhɒˈspɪtəbl/ adj 不适[適]于居住的 bú shìyú jūzhù de;an ~ climate 不适宜居住的气候;气候恶劣.

inhuman /ɪnˈhjuːmən/ adj 野蛮[蠻]的 yěmán de;残[殘]暴的 cánbào de;无[無]情的 wúqíng de. **inhumanity** /ˌɪnhjuːˈmænəti/ n [U, C] [pl -ies].

inhumane /ˌɪnhjuːˈmeɪn/ adj 无[無]人道的 wú réndào de;残[殘]忍的 cánrěn de. **inhumanely** adv.

inimitable /ɪˈnɪmɪtəbl/ adj 不能模仿[倣]的 bùnéng mófǎng de;无[無]与[與]伦[倫]比的 wú yǔ lún bǐ de.

initial /ɪˈnɪʃl/ adj 最初的 zuìchū de;开[開]始的 kāishǐ de. **initial** n [C, 常作 pl] 人名的首字母 rénmíngde shǒuzìmǔ. **initial** v [-ll-; US -l-] [I, T] 签[簽]署名字的首字母(于)qiānshǔ xìngmíng shǒuzìmǔ. **initially** /-ʃəli/ adv 开始 kāishǐ;最初 zuìchū.

initiate /ɪˈnɪʃieɪt/ v 1 [T] 正式用语]创[創]始 chuàngshǐ;着手 zháoshǒu;发[發]动[動]fādòng. 2 (into) 介绍(某人)为[為](会员等)jièshào wéi. **initiate** /ɪˈnɪʃiət/

n [C] 新入会[會]的人 xīn rùhuì de rén. **initiation** /ɪˌnɪʃɪˈeɪʃn/ n [U].

initiative /ɪˈnɪʃətɪv/ n 1 [C] 主动 [動]的行动 zhǔdòng de xíngdòng. 2 **the initiative** [sing] 主动权 [權] zhǔdòngquán. 3 [U] 主动精神 zhǔdòngjīngshén. 3 [习] do sth on one's own ~ 主动做某事. 4 [习语] take the initiative [采]取主动 cǎiqǔ zhǔdòng; 首先采取行动 shǒuxiān cǎiqǔ xíngdòng.

inject /ɪnˈdʒekt/ v [T] 1 注射 zhùshè; ~ a drug into sb (或 ~ sb with a drug) 向某人注射药液. 2 (into) [喻]注入(新事物) zhùrù; ~ new life into the team 为该队增添了生气. **injection** /ɪnˈdʒekʃn/ n [C, U].

injunction /ɪnˈdʒʌŋkʃn/ n [C] [正式用语]法院的强制令 fǎyuànde qiángzhìlìng.

injure /ˈɪndʒə(r)/ v [T] 伤[傷]害 shānghài; 损害 sǔnhài. **injured** adj 受伤害的 shòu shānghài de; 被触[觸]怒的 bèi chùnù de. **the injured** n [pl] 受伤者 shòushāngzhě.

injury /ˈɪndʒərɪ/ n [pl -ies] 1 伤[傷]害 shānghài; 损害 sǔnhài. 2 [C] (a) (对身体的)伤害 shānghài. (b) (对感情的)伤害 shānghài.

injustice /ɪnˈdʒʌstɪs/ n 1 [U] 非正义[義] fēi zhèngyì; 不公正 bùgōngzhèng. 2 [C] 非正义的行为[爲] fēi zhèngyì de xíngwéi. 3 [习语] do sb an in'justice 对[對]某人不公平 duì mǒurén bù gōngpíng; 冤枉某人 yuānwǎng mǒurén.

ink /ɪŋk/ n [U, C] 墨水 mòshuǐ; 油墨 yóumò. **inky** adj 墨水的.

inkling /ˈɪŋklɪŋ/ n [sing] 模糊的想法 móhude xiǎngfǎ.

inland /ˈɪnlænd/ adj 内地的 nèidìde; 内陆[陸]的 nèilùde; ~ lakes 内陆湖. inland /ˌɪnˈlænd/ adv 向内地 xiàng nèidì. the **Inland 'Revenue** n [sing] (英国)税务[務]局 shuìwùjú.

in-laws /ˈɪnlɔːz/ n [pl] [非正式用语]姻亲[親] yīnqīn.

inlet /ˈɪnlet/ n [C] 海湾[灣] hǎiwān; 小港 xiǎogǎng.

inmate /ˈɪnmeɪt/ n [C] 同住者(同狱犯人等) tóngzhùzhě.

inmost /ˈɪnməʊst/ adj 1 最内的 zuìnèide; 最深处[處]的 zuì shēnchù de. 2 [喻]内心深处的 nèixīn shēn-

chù de; ~ thoughts 内心深处的思想.

inn /ɪn/ n [C] 小旅馆 xiǎo lǚguǎn; 小客栈[棧] xiǎo kèzhàn. **'inn-keeper** n [C] 小旅馆老板[闆] xiǎo lǚguǎn lǎobǎn.

innards /ˈɪnədz/ n [pl] 1 内脏[臟] nèizàng. 2 内部结构[構] nèi-bù jiégòu; 内部机[機]件 nèibù jī-jiàn.

innate /ɪˈneɪt/ adj 天生的 tiānshēngde; 固有的 gùyǒude. **innately** adv.

inner /ˈɪnə(r)/ adj 1 内部的 nèibùde; 里[裡]面的 lǐmiànde. 2 (感情)内心的 nèixīnde. **innermost** /-məʊst/ adj 内心深处[處]的 nèixīn shēnchù de; her ~most feelings 她内心深处的感情.

innings /ˈɪnɪŋz/ n [pl innings] 1 [板球]局 jú; 回合 huíhé. 2 [习语] have had a good 'innings [英国非正式用语]一生幸福而长[長]寿[壽] yìshēng xìngfú ér chángshòu. **inning** n [C] [棒球]局 jú; 回合 huíhé.

innocent /ˈɪnəsnt/ adj 1 无[無]罪的 wúzuìde. 2 无害的 wúhàide; ~ fun 无害的玩笑. 3 天真的 tiānzhēnde; 单[單]纯的 dānchúnde. 4 无知的 wúzhīde; 轻[輕]易信任别人的 qīngyì xìnrèn biérén de. **innocence** /-sns/ n [U]. **innocently** adv.

innocuous /ɪˈnɒkjuəs/ adj 无[無]害的 wúhàide; an ~ remark 不得罪人的话.

innovate /ˈɪnəveɪt/ v [I] 创[創]新 chuàngxīn; 革新 géxīn. **innovation** /ˌɪnəˈveɪʃn/ n 1 [U] 创新 chuàngxīn; 改革 gǎigé. 2 [C] 新主意 xīn zhǔyì; 新方法 xīn fāngfǎ. **innovative** /ˈɪnəvətɪv/ (亦作 **innovatory** /ˈɪnəveɪtərɪ/) adj. **innovator** n [C] 改革者 gǎigézhě.

innuendo /ˌɪnjuˈendəʊ/ n [pl ~es /-z/] 影射 yǐngshè; 暗讽[諷] ànfěng.

innumerable /ɪˈnjuːmərəbl; US ˈnuː-/ adj 数[數]不清的 shù bù qīng de.

inoculate /ɪˈnɒkjuleɪt/ v [T] 给…接种[種](疫苗) gěi…jiēzhòng; 给…作预防注射 gěi…zuò yùfáng zhùshè; ~ sb against cholera 给某人打针预防霍乱. **inoculation** /ɪˌnɒkjuˈleɪʃn/ n [C, U].

inoffensive /ˌɪnəˈfensɪv/ adj 不触

(腼)犯人的 bú chǔfàn rén de; 不粗野的 bù cūyě de.

inopportune /ˌɪnˈɒpətjuːn; US -tuːn/ adj [正式用语] 不合适(適)的 bù héshì de; 不合时(時)宜的 bùhé shíyí de: an ~ remark 不合时宜的话. **inopportunely** adv.

inordinate /ɪnˈɔːdɪnət/ adj [正式用语]过度的 guòdù de; 极(極)度的 jídù de. **inordinately** adv.

inorganic /ˌɪnɔːˈɡænɪk/ adj 无(無)机(機)的 wújī de: Rocks and minerals are ~. 岩石和矿(礦)物是无机的.

input /ˈɪnpʊt/ n 1 [U] 输入 shūrù. 2 [C] 输入 shūrù xìnxī. input v [-tt-; pt, pp input 或 ~ted] [T] 输入(电子计算机[機]的...) shūrù diànzǐjìsuànjī.

inquest /ˈɪnkwest/ n [C] 审(審)讯 shěnxùn; 审问 shěnwèn.

inquire (亦作 enquire) /ɪnˈkwaɪə(r)/ v 1 [T] 询问 xúnwèn. 2 [I] (about) 打听(聽) dǎtīng: ~ about trains to Oxford 打听去牛津的火车. 3 [I] inquire after sb 问候 wènhòu; 向某人问好 xiàng mǒurén wènhǎo. inquire into sth 调查 diàochá. inquiring adj 爱(愛)打听的 ài dǎtīng de; 好询问的 hào xúnwèn de: an inquiring mind 爱探索的头脑.

inquiry (亦作 enquiry) /ɪnˈkwaɪərɪ; US ˈɪnkwərɪ/ n [pl -ies] 1 [C] 质(質)询 zhìxún; 调查 diàochá. 2 [U] 询问 xúnwèn; 打听(聽) dǎtīng.

inquisition /ˌɪnkwɪˈzɪʃn/ n [C] [正式用语] 彻(徹)底调查 chèdǐ diàochá.

inquisitive /ɪnˈkwɪzətɪv/ adj 爱(愛)打听(聽)人事情的 ài dǎtīng biérén shìqíng de. **inquisitively** adv.

inroads /ˈɪnrəʊdz/ n [pl] 1 (对一个国家的)突然袭(襲)击 tūrán xíjī. 2 [习语] make inroads into/on sth 消耗 xiāohào; 花费 huāfèi: make ~ into one's savings 耗去大量的储备.

insane /ɪnˈseɪn/ adj 疯(瘋)狂的 fēngkuángde. **insanely** adv. **insanity** /ɪnˈsænətɪ/ n [U].

insatiable /ɪnˈseɪʃəbl/ adj 无(無)法满足的 wúfǎ mǎnzú de.

inscribe /ɪnˈskraɪb/ v [T] 题写(寫) tíxiě: ~ words on a tombstone 在墓碑上题字. inscription

/ɪnˈskrɪpʃn/ n [C] 铭文 míngwén; 题字 tízì; 题词 tící.

inscrutable /ɪnˈskruːtəbl/ adj 不可理解的 bùkě lǐjiě de; 谜一样(樣)的 mí yíyàng de.

insect /ˈɪnsekt/ n [C] 昆虫 kūnchóng. **insecticide** /ɪnˈsektɪsaɪd/ n [C, U] 杀(殺)虫剂(劑) shāchóngjì.

insecure /ˌɪnsɪˈkjʊə(r)/ adj 1 不安全的 bù ānquán de; 不可靠的 bù kěkào de. 2 得不到信任的 débudào xìnrèn de. **insecurely** adv. **insecurity** n [U].

insensible /ɪnˈsensəbl/ adj [正式用语] 1 失去知觉(覺)的 shīqù zhījué de. 2 (of) 不知的 bù zhīdào de. 3 (to) 感觉(覺)不到的 gǎnjué búdào de: ~ to pain 感觉不到痛. **insensibility** /ɪnˌsensəˈbɪlətɪ/ n [U].

insensitive /ɪnˈsensətɪv/ adj 不敏感的 bù mǐngǎn de; 不灵(靈)敏的 bù língmǐn de. **insensitively** adv. **insensitivity** /ɪnsensəˈtɪvətɪ/ n [U].

inseparable /ɪnˈseprəbl/ adj 分不开(開)的 fēn bùkāi de; 不可分割的 bùkě fēngē de: ~ friends 形影不离的好友.

insert /ɪnˈsɜːt/ v [T] 插入 chārù: ~ a key in a lock 把钥匙插进锁里. insert /ˈɪnsɜːt/ n [C] 插入物 chārùwù; 插页 chāyè. **insertion** /ɪnˈsɜːʃn/ n [C, U].

inset /ˈɪnset/ n [C] (大地图上的)小插图[圖] xiǎochātú; 图表 túbiǎo.

inshore /ˌɪnˈʃɔː(r)/ adj, adv 靠海岸的 kào hǎi'àn de; 沿海岸的 yán hǎi'àn de; 沿海岸 yán hǎi'àn.

inside¹ /ɪnˈsaɪd/ n 1 [C, 常作 sing] 里(裡)面 lǐmiàn; 内部 nèibù. 2 [sing] (亦作 insides [pl]) [非正式用语](胃)肠[腸]胃 chángwèi; 肚子 dùzi. 3 [习语] inside out (a) 里面朝外 lǐmiàn cháowài, 内(裡)朝底地 chèdǐde; know sth ～ out 非常熟悉某事. on the in'side 熟悉内幕的 shúxī nèimù de. inside adj 里面的 lǐmiàn de; 内幕的 nèimùde. 2 有内应(應)的 yǒu nèiyìng de; 内部人干[幹]的 nèibù rén gàn de: The robbery was an ~ job. 这劫案是内部人干的. insider n [C] (社团等)内部的人 nèibùde rén. in,sider 'dealing (亦作 in,sider 'trading) [C] 内幕交易 nèimù jiāoyì.

inside[2] /ˌɪnˈsaɪd/ (尤用于美语 **inside of**) *prep* 1 在…里[裡]面 zài…lǐmiàn; 到…里面 dào…lǐmiàn: *come ~ the house* 到屋里来. 2 (时间)在…之内 zài…zhī nèi: ~ *a year* 一年之内. **inside** *adv* 1 在里面 zài lǐmiàn; 到屋里面 dào lǐmiàn: *go ~* 走进屋里. 2 [俚]在监[監]牢里 zài jiānláo lǐ.

insidious /ɪnˈsɪdɪəs/ *adj* 暗中为[爲]害的 ànzhōng wéihài de; 阴[陰]险[險]的 yīnxiǎnde. **insidiously** *adv*.

insight /ˈɪnsaɪt/ *n* [C, U] 洞悉 dòngxī; 洞察 dòngchá; 见[見]识[識] jiànshi: ~*s into his character* 深刻了解他的性格.

insignia /ɪnˈsɪɡnɪə/ *n* [pl] 权[權]威或荣[榮]誉[譽]的标[標]识[識] quánwēi huò róngyù de biāozhì.

insignificant /ˌɪnsɪɡˈnɪfɪkənt/ *adj* 无[無]意义[義]的 wú yìyì de; 无足轻[輕]重的 wú zú qīng zhòng de. **insignificance** /-kəns/ *n* [U]. **insignificantly** *adv*.

insincere /ˌɪnsɪnˈsɪə(r)/ *adj* 不真诚的 bù zhēnchéng de; 虚假的 xūjiǎde. **insincerely** *adv*. **insincerity** /-ˈserətɪ/ *n* [U].

insinuate /ɪnˈsɪnjueɪt/ *v* [T] 含沙射影地说 hán shā shè yǐng de shuō. 2 *into* [正式用语]使迂回[迴]地挤[擠]入 shǐ yūhuí de jǐrù. **insinuation** /ɪnˌsɪnjuˈeɪʃn/ *n* [C, U].

insipid /ɪnˈsɪpɪd/ *adj* 1 [贬] 无[無]味的 wúwèide. 2 [喻]枯燥乏味的 kūzào fáwèi de; 单[單]调的 dāndiàode. **insipidly** *adv*.

insist /ɪnˈsɪst/ *v* [I, T] (*on*) 坚[堅]决要求 jiānjué yāoqiú; ~ *on going with sb* 坚决要求同某人一起去. ~ *that she (should) stop* 坚决要求她停下来. 2 坚决认[認]为[爲] jiānjué rènwéi; 坚决主张[張] jiānjué zhǔzhāng; *He ~s that he is innocent.* 他坚决认为他是无罪的. **insistent** *adj* 坚持的 jiānchíde. **insistence** *n* [U].

insofar /ˌɪnsəˈfɑː(r)/ *adv* = AS FAR AS (FAR[1]).

insolent /ˈɪnsələnt/ *adj* (*to*) 蛮[蠻]横的 mánhèngde; 粗鲁的 cūlǔde. **insolence** /-əns/ *n* [U].

insoluble /ɪnˈsɒljubl/ *adj* 1 不能溶解的 bùnéng róngjiě de; 难[難]溶解的 nán róngjiě de. 2 [喻](问题等)不能解决的 bùnéng jiějué de.

insolvent /ɪnˈsɒlvənt/ *n* [C], *adj* 无[無]偿[償]债[債]能力的人 wú chángzhài nénglì de rén; (人)无偿债能力的 wú chángzhài nénglì de. **insolvency** /-ənsɪ/ *n* [U].

insomnia /ɪnˈsɒmnɪə/ *n* [U] 失眠 shīmián; 失眠症[癥] shīmiánzhèng.

insomniac /-nɪæk/ *n* [C] 失眠者 shīmiánzhě.

inspect /ɪnˈspekt/ *v* [T] 检[檢]查 jiǎnchá; 审[審]查 shěnchá. **inspection** /ɪnˈspekʃn/ *n* [C, U]. **inspector** *n* [C] 1 检查员 jiǎncháyuán; 督学[學] dūxué. 2 [英国英语]警察巡官 jǐngchá xúnguān.

inspire /ɪnˈspaɪə(r)/ *v* [T] 1 鼓舞 gǔwǔ; 激励[勵] jīlì. 2 激起 jīqǐ; 唤起 huànqǐ: ~ *sb with confidence* (或 ~ *confidence in sb*) 唤起某人的信心. **inspiration** /ˌɪnspəˈreɪʃn/ *n* 1 [U] 灵[靈]感 línggǎn. 2 [C] 鼓舞人心的人或事 gǔwǔ rénxīnde rén huò shì; 非正式用语]好主意 hǎo zhǔyi; 灵机[機]妙算 língjī miàosuàn. **inspired** *adj* 有灵感的 yǒu línggǎn de. **inspiring** *adj*.

instability /ˌɪnstəˈbɪlətɪ/ *n* [U] 不稳[穩]定性 bù wěndìngxìng.

install (英语亦作 **instal**) /ɪnˈstɔːl/ *v* [T] 1 安装[裝](机器等)ānzhuāng. 2 [正式用语]任命 rènmìng; 使就职[職] shǐ jiùzhí. 3 [正式用语]安置 ānzhì; 安顿 āndùn. **installation** /ˌɪnstəˈleɪʃn/ *n* [C, U].

instalment (美语常作 **-ll-**) /ɪnˈstɔːlmənt/ *n* [C] 1 分期连载[載]、连演的一个部分 fēnqī liánzài, liányǎn de yīgè bùfen; *a television series in six ~s* 六集的电视连续剧. 2 分期付款的一期付款 fēnqī fùkuǎn de yī qī fùkuǎn.

instance /ˈɪnstəns/ *n* [C] 1 例子 lìzi; 实[實]例 shílì. 2 [习语] *for instance* 例如 lìrú.

instant /ˈɪnstənt/ *n* [C, 常作 sing] 1 时[時]刻 shíkè; 2 瞬息 shùnxī; 瞬时 shùnshí; *I'll be there in an ~.* 我立刻就来. **instant** *adj* 1 立即的 lìjíde; 紧[緊]迫的 jǐnpòde: *an ~ success* 立即(或获得的)成功. 2(食物)速溶的 sùróngde; 配制[製]好的 pèizhì hǎo de: ~ *coffee* 速溶咖啡. **instantly** *adv* 立刻 lìkè; 马上 mǎshàng.

instantaneous /ˌɪnstənˈteɪnɪəs/ *adj* 瞬间的 shùnjiānde; 即刻的 jíkède. **instantaneously** *adv*.

instead /ɪnˈsted/ *adv* 代替 dàitì; 顶替 dǐngtì: *Bill was ill so I went* ~. 比尔病了，就由我去了. **instead of** *prep* 代替 dàitì;而不是 ér búshì: *drink tea ~ of coffee* 喝茶而不是喝咖啡.

instep /ˈɪnstep/ *n* [C] 脚背 jiǎobèi.

instigate /ˈɪnstɪgeɪt/ *v* [T] 煽动 [動] shāndòng; 挑动 tiǎodòng: ~ *a strike* 挑动罢工. ~ *a riot* 煽动骚乱. **instigation** /ˌɪnstɪˈgeɪʃn/ *n* [U]. **instigator** *n* [C].

instil (美语 **instill**) /ɪnˈstɪl/ *v* [-ll-] [T] (*in/into*) 灌输(思想) guànshū.

instinct /ˈɪnstɪŋkt/ *n* [C, U] 本能 běnnéng; 天性 tiānxìng. **instinctive** /ɪnˈstɪŋktɪv/ *adj* 本能的 běnnéngde: *an ~ive fear of fire* 天生怕火. **instinctively** *adv*.

institute /ˈɪnstɪtjuːt; US -tuːt/ *n* [C] 学(學)会(會) xuéhuì; 协(協)会 xiéhuì;学院 xuéyuàn;研究所 yánjiūsuǒ. **institute** *v* [T] [正式用语] 实行 shíxíng.

institution /ˌɪnstɪˈtjuːʃn; US -tuːʃn/ *n* **1** [U] 建立 jiànlì;制定 zhìdìng. **2** [C]公共机(機)构(構)或其建筑(築)物 gōnggòng jīgòu huò qí jiànzhùwù. **3** [C] 制度 zhìdù;惯例 guànlì. **institutional** /-ʃənl/ *adj*. **institutionalize** /-ʃənəlaɪz -/ *v* [T] **1** 使制度化 shǐ zhìdùhuà. **2** 使收容于社会(會)福利机构 shǐ shōuróng yú shèhuì fúlì jīgòu.

instruct /ɪnˈstrʌkt/ *v* [T] **1** 教 jiào;教育 jiàoyù. **2** 命令 mìnglìng;指示 zhǐshì: ~ *the child not to go out* 嘱咐孩子不要走出去. **3** (尤用于正式场(場)合)通知 tōngzhī. **instructive** *adj* 提供丰[豐]富知识(識)的 tígōng fēngfù zhīshì de. **instructor** *n* [C] 教员 jiàoyuán;指导者 zhǐdǎozhě.

instruction /ɪnˈstrʌkʃn/ *n* **1** [U] 教育 jiàoyù;指导[導] zhǐdǎo. **2** [C] 命令 mìnglìng. **3 instructions** [pl] 用法说明 yòngfǎ shuōmíng;操作指南 cāozuò zhǐnán: *follow the ~s on a tin of paint* 按照颜料桶上的说明操作.

instrument /ˈɪnstrəmənt/ *n* **1** 仪(儀)器 yíqì;器具 qìjù;器械 qìxiè. **2** 乐(樂)器 yuèqì. **instrumental** /ˌɪnstrəˈmentl/ *adj* **1** *in* 起作用的 qǐ zuòyòng de;有助于…的 yǒu zhùyú…de: *You were ~al in*

his promotion. 他的提升，你是出了力的. **2** 用乐器演奏的 yòng yuèqì yǎnzòu de;为(爲)乐器谱写[寫]的 wèi yuèqì pǔxiě de. **instrumentalist** /ˌɪnstruˈmentəlɪst/ *n* [C] 乐器演奏者 yuèqì yǎnzòuzhě.

insubordinate /ˌɪnsəˈbɔːdɪnət/ *adj* 不服从(從)的 bù fúcóng de;不听[聽]话的 bù tīng huà de. **insubordination** /ˌɪnsəˌbɔːdɪˈneɪʃn/ *n* [C, U].

insufferable /ɪnˈsʌfrəbl/ *adj* 难(難)以忍受的 nányǐ rěnshòu de: ~ *behaviour* 令人难以忍受的行为.

insufficient /ˌɪnsəˈfɪʃnt/ *adj* 不足的 bùzúde;不够的 búgòude. **insufficiency** /-ʃnsɪ/ *n* [U]. **insufficiently** *adv*.

insular /ˈɪnsjʊlə(r); US -sələr/ *adj* **1** [贬] 思想狭[狹]窄的 sīxiǎng xiázhǎi de. **2** 岛屿[嶼]的 dǎoyǔde. **insularity** /ˌɪnsjʊˈlærətɪ; US -səˈl-/ *n* [U].

insulate /ˈɪnsjuleɪt; US -səl-/ *v* [T] **1** 使绝缘 shǐ juéyuán;使绝热[熱]shǐ juérè: ~*d wires* 绝缘电线. **2** [喻]隔离(離)(以免遭受不愉快)shǐ gélí. **insulation** /ˌɪnsjuˈleɪʃn; US -səˈl-/ *n* [U] 绝缘 juéyuán;绝缘材料 juéyuáncáiliào.

insult /ɪnˈsʌlt/ *v* [T] 侮辱 wǔrǔ;凌辱 língrǔ. **insult** /ˈɪnsʌlt/ *n* [C] 侮辱的言语 wǔrǔ de yányǔ或行[爲]的言语 wǔrǔ huò xíngwéi. **insulting** *adj*.

insurance /ɪnˈʃɔːrəns; US -ˈʃʊər-/ *n* [U] (**a**) 保险[險] bǎoxiǎn. (**b**) 保险费 bǎoxiǎnfèi;保险金额 bǎoxiǎn jīn'é. **2** [喻]安全保障 ānquán bǎozhàng.

insure /ɪnˈʃɔː(r); US ɪnˈʃʊər/ *v* [T] **1** 给…上保险 gěi…shàng bǎoxiǎn: ~ *a car against fire/ theft* 给汽车投保火险/盗险. **2** [美语] = ENSURE.

insurgent /ɪnˈsɜːdʒənt/ *adj* 暴动[動]的 bàodòng de;起义[義]的 qǐyì de;造反的 zàofǎnde. **insurgent** *n* [C] 暴动者 bàodòngzhě;起义者 qǐyìzhě.

insurmountable /ˌɪnsəˈmaʊntəbl/ *adj* [正式用语] (问题、困难等)解决不了的 jiějué bùliǎo de;克服不了的 kèfú bùliǎo de.

insurrection /ˌɪnsəˈrekʃn/ *n* [C, U] 暴动[動] bàodòng;起义 qǐyì;造反 zàofǎn.

intact /ɪnˈtækt/ *adj* 未受损的 wèishòusǔnde;完整的 wánzhěngde.

intake /'ɪnteɪk/ n 1 (a) [U] (机器等的液体、气体的)吸入 xīrù;纳入 nàrù. (b) [C] (液体等的)入口 rùkǒu. 2 [C,U] (人员的)吸收量 xīshōuliàng; last year's ~ of students 去年的新生数量.

intangible /ɪn'tændʒəbl/ adj 1 难[难]以捉摸的 nányǐ zhuōmō de: an ~ air of sadness 说不出的凄惨气氛. 2 [商业] (资产等)无[无]形的 wúxíng de; the ~ value of a good reputation 良好商誉的无形价值.

integer /'ɪntɪdʒə(r)/ n [C] 整数[数] zhěngshù.

integral /'ɪntɪgrəl/ adj 构[构]成整体的 gòuchéng zhěngtǐ suǒ bìxū de: an ~ part of the plan 计划的一个组成部分. **integrally** adv.

integrate /'ɪntɪgreɪt/ v 1 [T] (into/with) 使一体[体]化 shǐ yìtǐhuà. 2 [I,T] (在种族、宗教等方面)使取消隔离[离] shǐ qǔxiāo gélí. **integration** /ˌɪntɪ'greɪʃn/ n [U].

integrity /ɪn'tegrəti/ n [U] 1 诚实[实] chéngshí;正直 zhèngzhí. 2 完整 wánzhěng;完全 wánquán.

intellect /'ɪntəlekt/ n 1 [U] 智力 zhìlì; 才智 cáizhì. **intellectual** /ˌɪntɪ'lektʃuəl/ adj 1 智力的 zhìlìde;理智的 lǐzhìde. 2 (而非实际问题的) 观[观]念的 guānniànde. **intellectual** n [C] 知识[识]分子 zhīshi fènzǐ. **intellectually** adv.

intelligence /ɪn'telɪdʒəns/ n 1 [U] 智力 zhìlì;理解力 lǐjiělì. 2 (a) [U] (有关敌方的)情报[报] qíngbào. (b) [sing] (用以搜 集 pl v] 情报人员 qíngbào rényuán. **intelligent** /-dʒənt/ adj 聪[聪]颖的 cōngyǐngde. **intelligently** adv.

intelligible /ɪn'telɪdʒəbl/ adj 可理解的 kě lǐjiě de;明白的 míngbaide. **intelligibility** /ɪnˌtelɪdʒə'bɪlɪti/ n [U]. **intelligibly** adv.

intend /ɪn'tend/ v [T] 打算 dǎsuàn;想要 xiǎngyào; I ~ to leave soon. 我打算很快就离开.

intense /ɪn'tens/ adj 1 强烈的 qiángliède;剧[剧]烈的 jùliède; ~ heat 酷热. ~ anger 极为恼怒. 2 (人)认[认]真的 rènzhēnde;热[热]情的 rèqíngde. **intensely** adv. **intensify** /-sɪfaɪ/ v [pt, pp -ied] [I,T] 加强 jiāqiáng;加剧[剧] jiājù. **intensification** /ɪn-

intensity /ɪn'tensəti/ n [U]. **intensity** n [U] 强烈 qiángliè;剧烈 jùliè;强度 qiángdù.

intensive /ɪn'tensɪv/ adj 加强的 jiāqiángde;深入细致的 shēnrù xìzhì de;彻[彻]底的 chèdǐde: an ~ search 彻底的搜查. **intensively** adv.

intent' /ɪn'tent/ adj 1 专[专]心的 zhuānxīnde;专注的 zhuānzhùde: an ~ look/gaze 专心致志的样子;目不转睛的注视. 2 on 下决心的 xià juéxīn de;坚[坚]决的 jiānjuéde: ~ on becoming manager 一心想成为经理. **intently** adv.

intent² /ɪn'tent/ n 1 [U] (尤指法律)目的 mùdì;意图[图] yìtú: shoot with ~ to kill 蓄意射杀. 2 [习语] to all intents (and purposes) 实际[际]上 shíjìshàng;实[实]际[际]上 shíjìshàng.

intention /ɪn'tenʃn/ n [C,U] 意图[图] yìtú;目的 mùdì. **intentional** /-ʃənl/ adj 有意的 yǒuyìde;故意的 gùyìde. **intentionally** adv.

inter /ɪn'tɜː(r)/ v [-rr-] [T] [正式用语] 埋葬 máizàng.

interact /ˌɪntər'ækt/ v [I] (with) 1 (人)互相影响 hùxiāng yíngxiǎng. 2 (人)互相联[联]系[系] hùxiāng liánxì. **interaction** /-'ækʃn/ n [U,C]. **interactive** adj 1 互相的 hùxiāngde;互相作用的 hùxiāng zuòyòng de;互相影响的 hùxiāng yíngxiǎng de. 2 [计算机]交互的 jiāohùde;人机[机]对[对]话的 rén jī duìhuà de.

intercept /ˌɪntə'sept/ v [T] 拦截[截]拦[拦]住 lánjié;截击[击] jiéjī;截断[断] jiéduàn. **interception** /-'sepʃn/ n [U].

interchange /ˌɪntə'tʃeɪndʒ/ v [I,T] 交换 jiāohuàn;互换 hùhuàn. **interchange** /'ɪntətʃeɪndʒ/ n 1 [C,U] 交换 jiāohuàn;互换 hùhuàn. 2 [C] (高速公路的)立体[体]交叉道 lìtǐ jiāochādào. **interchangeable** adj.

inter-city /ˌɪntə'sɪti/ adj (高速运输)城市间的 chéngshìjiānde;市际[际]间的 shìjìjiānde.

intercom /'ɪntəkɒm/ n [C] 内部通话系统 nèibù tōnghuà xìtǒng;内部通话设备[备] nèibù tōnghuà shèbèi.

intercontinental /ˌɪntəˌkɒntɪ'nentl/ adj 洲际[际]的 zhōujìde: ~ flights 洲际飞行.

intercourse /'ɪntəkɔːs/ n [U] [正

式用语】 1 ⇨ SEXUAL INTER-
COURSE (SEXUAL). 2 交际〔際〕
jiāojì; 往来 wǎnglái.

interest /'ɪntrəst/ n 1 [U, sing]
(in) 兴〔興〕趣 xìngqù; 好奇心 hǎo-
qíxīn; lose ～ 对…失去兴趣. take
an ～ in art 对艺术感兴趣. 2 [U]
吸引力 xīyǐnlì; 趣味 qùwèi; an idea
of ～ to us 我们感兴趣的一个主
意. 3 [C] 爱〔愛〕好的事物 àihǎode
shìwù; His great ～ is football.
他的一大爱好是足球. 4 [C, 常用
pl] 利益 lìyì; 好处〔處〕hǎochù; It
is in your ～(s) to work hard.
勤奋努力是对你有好处. 5 [U]
利息 lìxī; borrow money at a
high rate of ～ 高利率借款. 6
[C, 常用 pl] 股份 gǔfèn. 7 [C, 常用
pl] 行业〔業〕hángyè. 8 【习语】in
the interests of sth 为〔爲〕了某事
(起见) wèile mǒushì. **interest** v
[T] 使发〔發〕生兴趣 shǐ fāshēng
xìngqù. **interested** adj 1 (in)
(对某事) 感兴趣的 gǎn xìngqù de;
be ～ed in history 对历史感兴趣.
2 有(利害)关〔關〕系〔係〕的 yǒu
guānxì de. **interesting** adj 引起兴
趣的 yǐnqǐ xìngqù de.

interface /'ɪntəfeɪs/ n [U] 1 (计算
机)界面 jièmiàn; 接口 jiēkǒu.

interfere /ˌɪntə'fɪə(r)/ v [I] 1
(in) 干预(他人的事) gānyù; 干涉
gānshè, 乱 (with (a) 在允许)
摆〔擺〕弄 bǎinòng; 损害 sǔnhài.
(b) 妨碍〔礙〕fáng'ài; 妨害 fáng-
hài. 乱 with ~ 干扰〔擾〕搅乱妨害某
人 gānrǎo huò fáng'ài mǒurén.
2 [英国英语, 婉]性骚扰 xìng
sāorǎo; 性攻击〔擊〕xìnggōngjī. **in-
terference** n [U] 1 干预 gānyù; 干
涉 gānshè 妨碍 fáng'ài; 性攻击 xìng
gōnggōngjī. 2 [无线电]干扰 gān-
rǎo.

interim /'ɪntərɪm/ adj 临〔臨〕时
〔時〕的 línshíde; 暂时的 zànshíde;
～ arrangements 临时安排. **in-
terim** n 【习语】in the interim 在
此期间 zài cǐ qījiān.

interior /ɪn'tɪərɪə(r)/ n 1 [C] 内
部 nèibù; 里〔裏〕面 lǐmiàn. 2 **the
interior** [sing] 内地 nèidì; 内陆
〔陸〕nèilù. **interior** adj 1 在内的
zàinèide; 内部的 nèibùde. 2 内政的
nèizhèngde; 内务〔務〕的 nèiwùde.

interjection /ˌɪntə'dʒekʃn/ n [C]
[语法] 感叹〔嘆〕词 gǎntàncí.

interlock /ˌɪntə'lɒk/ v [I, T] (使)
连锁 liánsuǒ; (使)连结 liánjié.

interlude /'ɪntəluːd/ n [C] 两事件
中间的时〔時〕间〔間〕liǎng shìjiàn zhōng-
jiān de shíjiān; 幕间 mùjiān.

intermarry /ˌɪntə'mærɪ/ v [pt,
pp -ied] [I] (指不同种族、宗教
等) 通婚 tōnghūn. **intermarriage**
/-'mærɪdʒ/ n [U].

intermediary /ˌɪntə'miːdɪərɪ/ US
-dɪerɪ/ n [C] [pl -ies] 中间人
zhōngjiānrén; 调解人 tiáojiěrén.

intermediate /ˌɪntə'miːdɪət/ adj
1 居间的 jūjiānde. 2 中级的 zhōng-
jíde; an ～ course 中级的课程.

interminable /ɪn'tɜːmɪnəbl/ adj
[常作贬]无〔無〕休止的 wú xiūzhǐ
de; 持续〔續〕过〔過〕长〔長〕的 chíxù
guòchǎng de. **interminably** adv.

intermission /ˌɪntə'mɪʃn/ n [C,
U] 间歇 jiànxiē; 幕间休息 mùjiān
xiūxī.

intermittent /ˌɪntə'mɪtənt/ adj
间歇的 jiànxiēde; 断〔斷〕断续〔續〕
续的 duànduànxùxùde; ～ rain 时
下时停的雨. **intermittently** adv.

intern[1] /ɪn'tɜːn/ v [T] (尤指战
时)拘留 jūliú; 扣押 kòuyā. **intern-
ment** n [U].

intern[2] /'ɪntɜːn/ n [C] [美语] 实
〔實〕习〔習〕医〔醫〕师〔師〕shíxí yī-
shī.

internal /ɪn'tɜːnl/ adj 1 内部的
nèibùde; 在 nèibùde; ～
injuries 内伤. 2 国〔國〕内的 guó-
nèide; 内政的 nèizhèngde; ～
trade 国内贸易. **internally** adv.

international /ˌɪntə'næʃnəl/ adj
国〔國〕际〔際〕的 guójìde; 世界(性)
的 shìjiède. **international** n [C]
(a) (体育)国际比赛 guójì bǐsài.
(b) 国际比赛选〔選〕手 guójì bǐsài
xuǎnshǒu. **internationally** adv.

Internet /'ɪntənet/ n [U] 因特网
〔網〕因特网 Yīntèwǎng; to be on the ～
正在上网. **Internet 'café** n [C]
网吧 wǎngbā. **Internet connec-
tion** n [C] 因特网联〔聯〕接
Yīntèwǎng liánjiē. **Internet 'Service
Provider** n [C] 因特网服务〔務〕
提供者 Yīntèwǎng fúwù tígōngzhě. **In-
ternet 'shopping** n [U] 网上购
〔購〕物 wǎngshàng gòuwù.

interplay /'ɪntəpleɪ/ n [U] 相互影
响〔響〕xiānghù yǐngxiǎng; 相互作用
xiānghù zuòyòng.

interpret /ɪn'tɜːprɪt/ v 1 [T]解释
〔釋〕jiěshì; 说〔說〕明 shuōmíng. 2 [T] 把
…理解 lǐjiě; 了〔瞭〕解 liǎojiě; ～ his
silence as an admission of guilt

认为他的沉默是承认有罪. 3 [I, T] 口译 [译] kǒuyì. **interpretation** /ɪnˌtɜːprɪˈteɪʃn/ n [U, C] 说明 shuōmíng; 解释 jiěshì. **interpreter** n [C] 口译者 kǒuyìzhě; 译员 yìyuán.

interrogate /ɪnˈterəgeɪt/ v [T] 审 [审] 问 shěnwèn; 盘 [盘] 问 pánwèn. **interrogation** /ɪnˌterəˈgeɪʃn/ n [C, U]. **interrogator** n [C].

interrogative /ˌɪntəˈrɒgətɪv/ adj [语法] 用于疑问句的 yòngyú yíwènjù de; ~ pronouns/adverbs 疑问代词 (或 疑问副词) (例 如 who, why). **interrogative** n [C] 疑问词 yíwèncí.

interrupt /ˌɪntəˈrʌpt/ v 1 [I, T] 打断 [断] 讲 (讲) 话 dǎduàn jiǎnghuà. 2 [T] 中断 zhōngduàn; 中止 zhōngzhǐ; ~ a journey 中断旅行. **interruption** /-ˈrʌpʃn/ n [C, U].

intersect /ˌɪntəˈsekt/ v 1 [I, T] (直线、道路等) 相交 xiāngjiāo; 交叉 jiāochā. 2 [T] 横切 héngqiē; 横断 [断] héngduàn. **intersection** /-ˈsekʃn/ n 1 [U] 横切 héngqiē; 横断 héngduàn. 2 [C] 交叉路口 jiāochā lùkǒu; 十字路口 shízì lùkǒu.

intersperse /ˌɪntəˈspɜːs/ v [T] 散布 sànbù; 点缀 diǎnzhuì.

interval /ˈɪntəvl/ n [C] 1 (a) (两件事的) 间隔时间 (时) jiàngé shíjiān. (b) 间隔空间 jiàngé kōngjiān. 2 [英国英语] (戏剧等的) 幕间休息 mùjiān xiūxi.

intervene /ˌɪntəˈviːn/ v [I] [正式用语] 1 (in) 干预 gānyù; 干涉 gānshè. 2 (时间) 介于 jièyú. 3 (事件) 干扰 [扰] gānrǎo; 阻挠 [挠] zǔnáo. **intervening** adj 处于其间的 fāshēng yú qíjiān de; in the intervening years 发生在这几年. **intervention** /-ˈvenʃn/ n [C, U].

interview /ˈɪntəvjuː/ n [C] (with) 面试 miànshì; 面谈 miàntán. **interview** v [T] 采 (采) 访 cǎifǎng; 访问 fǎngwèn. **interviewer** n [C] 主持面试者 zhǔchí miànshìzhě; 采访者 cǎifǎngzhě.

intestate /ɪnˈtesteɪt/ adj [法律] 未留遗嘱 (嘱) 的 wèi liú yízhǔ de; die ~ 死时未留遗嘱.

intestine /ɪnˈtestɪn/ n [C, 尤作 pl] 肠 [肠] cháng. **intestinal** adj.

intimacy /ˈɪntɪməsi/ n 1 [U] 亲 [亲] 密 qīnmì; 亲近 qīnjìn. 2 **intimacies** [pl] 接吻 jiēwěn; 爱 [爱]

抚 [抚] àifǔ.

intimate[1] /ˈɪntɪmət/ adj 1 亲 [亲] 密的 qīnmì de; They are ~ friends. 他们是知己. 2 私人的 sīrén de; 个 (个) 人的 gèrén de; ~ details of her life 她生活中的隐私. 3 精通的 jīngtōng de; an ~ knowledge of Greek 对希腊语的精通. **intimately** adv.

intimate[2] /ˈɪntɪmeɪt/ v [T] [正式用语] 宣布 (布) xuānbù; 通知 tōngzhī; 暗示 ànshì. **intimation** /ˌɪntɪˈmeɪʃn/ n [C, U].

intimidate /ɪnˈtɪmɪdeɪt/ v [T] 恫吓 [吓] dònghè; 威胁 [胁] wēixié. **intimidation** /ɪnˌtɪmɪˈdeɪʃn/ n [U].

into /ˈɪntə, 元音前读作 ˈɪntuː/ prep 1 进 (进) 入 jìnrù; 到…里 [里] 面 dào …lǐmiàn; Come ~ the house. 到房屋里来. 到屋里来. 2 触 [触] 及 (某人、某物) chùjí; ~ a line of cars. 一辆卡车撞上一排汽车. 3 持续 (续) 到 chíxù dào; work long ~ the night 一直工作到深夜. 4 (表示形式的变化) Cut the paper ~ strips. 把纸裁成条. 5 (表示情况或行动的变化); frighten sb ~ submission 威逼某人顺从. 6 (用以表示数字) chú; 5 ~ 25 = 5. 5 除 25 等于 5. 7 [习语] be into sth [非正式用语] 对 (对) …很有兴趣 duì…hěn yǒu xìngqù.

intolerable /ɪnˈtɒlərəbl/ adj 无 [无] 法容忍的 wúfǎ róngrěn de; 不能忍受的 bùnéng rěnshòu de. **intolerably** adv.

intolerant /ɪnˈtɒlərənt/ adj 不容忍的 bù róngrěn de. **intolerance** /-rəns/ n [U].

intonation /ˌɪntəˈneɪʃn/ n [C, U] 语调 yǔdiào; 声 (声) 调 shēngdiào.

intoxicate /ɪnˈtɒksɪkeɪt/ v [T] [正式用语] 1 使喝醉 shǐ hē zuì. 2 [喻] 使陶醉 shǐ táozuì; ~d with success 为成功所陶醉. **intoxication** /ɪnˌtɒksɪˈkeɪʃn/ n [U].

intransitive /ɪnˈtrænsətɪv/ adj [语法] (动词) 不及物的 bùjíwùde.

in-tray /ˈɪntreɪ/ n [C] (办公室中存放待处理的信件等的) 文件盘 (盘) wénjiànpán.

intrepid /ɪnˈtrepɪd/ adj [尤作褒辞] 勇敢的 yǒnggǎnde; 无 [无] 畏的 wúwèide; ~ explorers 无畏的探险者. **intrepidly** adv.

intricate /ˈɪntrɪkət/ adj 错综复 [复] 杂 (杂) 的 cuòzōng fùzá de. **in-**

tricacy /-kəsɪ/ n [pl **-ies**] **1** [U] 错综复杂 cuòzōng fùzá. **2** [C, 常用 pl]错综复杂的事物 cuòzōng fùzá de shìwù. **intricately** adv.

intrigue /ɪn'triːg/ v **1** [I] 引起…的兴[興]趣或好奇心 yǐnqǐ…de xìngqù huò hàoqíxīn: be ~d by a story 被一个故事迷住. **2** [I] 策划[劃]阴[陰]谋 cèhuà yīnmóu; 施诡计 shī guǐjì. **intrigue** /ɪn'triːg, 'ɪntriːg/ n **1** [U] 密谋 mìmóu. **2** [C]阴谋 yīnmóu. **intriguing** adj 引人入胜[勝]的 yǐn rén rù shèng de.

intrinsic /ɪn'trɪnsɪk, -zɪk/ adj (价值、性质)固有的 gùyǒude; 内在的 nèizàide. **intrinsically** /-klɪ/ adv.

introduce /ˌɪntrə'djuːs; US 'duːs/ v [T] **1** (to) 介绍相识(識) jièshào xiāngshí; 引见 yǐnjiàn: I ~d Paul to Sarah. 我把保罗介绍给萨拉. **2** 引进(進) yǐnjìn; 采(採)用 cǎiyòng: ~ computers into schools 将计算机引进学校. **3** 宣布并(並)介绍(细节) xuānbù bìng jièshào.

introduction /ˌɪntrə'dʌkʃn/ n **1** [C, U] 介绍相识(識) jièshào xiāngshí. **2** [C] (**a**) 引言 yǐnyán; 序言 xùyán. (**b**) 入门(门) rùmén. **3** [U] 初次投入使用 chūcì tóurù shǐyòng.

introductory /ˌɪntrə'dʌktərɪ/ adj 导(導)言的 dǎoyánde; 序言的 xùyánde.

introspection /ˌɪntrə'spekʃn/ n [U] 反省 fǎnxǐng; 内省 nèixǐng. **introspective** /-'spektɪv/ adj.

introvert /'ɪntrəvɜːt/ n **1** [C] 内向性格的人 nèixiàng xìnggé de rén. **introverted** adj.

intrude /ɪn'truːd/ v [I] on 闯入 chuǎngrù; 侵入 qīnrù. **intruder** n [C] 闯入者或闯入强(强)者; 入侵者 qīnzhě. **in'truder alarm** n [C] 防盗警报(報) fángdào jǐngbàoqì. **intrusion** /ɪn'truːʒn/ n [C, U]. **intrusive** /ɪn'truːsɪv/ adj 闯入的 chuǎngrùde; 强行侵入的.

intuition /ˌɪntjuː'ɪʃn; US -tu-/ n **1** [U] 直觉(覺) zhíjué; 直觉力 zhíjuélì. **2** [C] 直觉知识(識) zhíjué zhīshì. **intuitive** /ɪn'tjuːɪtɪv; US -'tuː-/ adj. **intuitively** adv.

inundate /'ɪnʌndeɪt/ v [T] **1** 淹没 yānmò; 泛滥(濫) fànlàn. **2** [喻]压[壓]倒 yādǎo: ~d with replies 回应的信件如雪片纷纷飞.

invade /ɪn'veɪd/ v [T] **1** 侵略 qīn-

lüè; 侵入 qīnrù; 侵犯 qīnfàn. **2** [喻]蜂拥(擁)而至 fēng yōng ér zhì: Fans ~d the football pitch. 球迷们拥进了足球场. **invader** n [C]. **invasion** /ɪn'veɪʒn/ n [C, U].

invalid /ɪn'vælɪd/ adj 无[無]效的 wúxiàode; 作废[廢]的 zuòfèide: an ~ argument/passport 无效的辩论; 作废的护照. **invalidate** v [T] 使无效 shǐ wúxiào; 使作废 shǐ zuòfèi. **invalidation** /ɪnˌvælɪ'deɪʃn/ n [U].

invalid² /ɪn'vælɪd, -lɪd/ n [C] 病人 bìngrén; 病弱者 bìngruòzhě; 伤[傷]残[殘]者 shāngcánzhě. **invalid** v [短语动词] **invalid sb out** (**of sth**) (因病)使退役 shǐ tuìyì.

invaluable /ɪn'væljuəbl/ adj 无[無]价(價)的 wújiàde; 非常宝[寶]贵的 fēicháng bǎoguì de.

invariable /ɪn'veərɪəbl/ adj 不变[變]的 búbiànde; 永不变的 yǒng búbiàn de. **invariably** adv 不变地 búbiànde; 始终 shǐzhōng; 总是 zǒngshì; 永恒[恆]地 yǒnghéngde: He's invariably late. 他总是迟到.

invasion ⇨ INVADE.

invective /ɪn'vektɪv/ n [U] [正式用语]抨击[擊] pēngjī; 谩骂 mànmà.

invent /ɪn'vent/ v [T] **1** 发[發]明 fāmíng; 创[創]造 chuàngzào: Who ~ed television? 谁发明了电视? **2** 虚构(構) xūgòu; 捏造 niēzào: ~ an excuse 捏造借口. **invention** /ɪn'venʃn/ n **1** [U] 发明 fāmíng; 创造 chuàngzào. **2** [C] 发明物 fāmíngwù. **inventive** adj 有发明才能的 yǒu fāmíng cáinéng de; 善于创造的 shànyú chuàngzào de. **inventor** n [C].

inventory /'ɪnvəntrɪ; US -təːrɪ/ n [C, pl **-ies**] 详细目录[錄] xiángxì mùlù; 存货清单(單) cúnhuò qīngdān; 存货盘(盤)存 cúnhuò páncún.

inverse /ˌɪn'vɜːs/ adj (位置、关系等)相反的 xiāngfǎnde; 反向的 fǎnxiàngde. **inverse** /ɪn'vɜːs-/ n **the inverse** [sing] 相反的事物; 反面 fǎnmiàn.

invert /ɪn'vɜːt/ v [T] 倒转[轉]dàozhuǎn; 倒置 dàozhì. **inversion** /ɪn'vɜːʃn; US ɪn'vɜːrʒn/ n [U, C]. **inverted commas** n [pl] [英国英语] = QUOTATION-MARKS (QUOTATION).

invest /ɪn'vest/ v **1** [I, T] (in) 投资 tóuzī: ~ (money) in shares

股东(金钱)投资. **2** [T] *in* 投入(时间、精力等) tóurù: ~ *one's time in learning French* 花时间学习法语. **3** [I] *in* [非正式用语]购(购)买(买)(价钱高的有用之物) gòumǎi: ~ *in a new car* 花一笔钱买辆新汽车. **4** [T] (*with*) [正式用语]授予 shòuyǔ. **investment** *n* **1** [U] 投资 tóuzī. **2** [C] 投资额 tóuzī'é. **3** [C] 接受投资的企业 jiēshòu tóuzī de qǐyè. **investor** *n* [C].

investigate /ɪn'vestɪgeɪt/ *v* [I, T] 调查 diàochá; 调查研究 diàochá yánjiū: ~ *a murder* 调查谋杀案. **investigation** /ɪnˌvestɪ'geɪʃn/ *n* [C, U]. **investigative** /-gətɪv; *US* -geɪtɪv/ *adj* 调查的 diàochá de. **investigator** *n* [C].

investiture /ɪn'vestɪtʃə(r); *US* -tʃʊər/ *n* [C] 授权(权)(仪式) shòuquán; 授爵(仪式) shòujué; 授职(职)(仪式) shòuzhí.

inveterate /ɪn'vetərət/ *adj* [贬](指恶习)根深蒂固的 gēn shēn dì gù de; *an* ~ *liar/smoker* 积习难改的说谎者/烟瘾很大的人.

invigilate /ɪn'vɪdʒɪleɪt/ *v* [I, T][英国英语] 监(监)考 jiānkǎo. **invigilator** *n* [C].

invigorate /ɪn'vɪgəreɪt/ *v* [T] 使生气(气)勃勃 shǐ shēngqì bóbó; 使精力充沛 shǐ jīnglì chōngpèi. **invigorating** *adj*: *an invigorating walk* 令人爽快的散步.

invincible /ɪn'vɪnsəbl/ *adj* 不可战(战)胜(胜)的 bùkě zhànshèng de; 不能征服的 bùnéng zhēngfú de.

inviolable /ɪn'vaɪələbl/ *adj* [正式用语] 不可侵犯的 bùkě qīnfàn de; 不可违(违)背的 bùkě wéibèi de: ~ *rights* 不可侵犯的权利.

inviolate /ɪn'vaɪələt/ *adj* (*from*) [正式用语]不受侵犯的 bù shòu qīnfàn de; 未遭损害的 wèi zāo sǔnhài de.

invisible /ɪn'vɪzəbl/ *adj* (*to*) 看不见的 kàn bù jiàn de; 无(无)形的 wúxíng de. **invisibility** /ɪnˌvɪzə'bɪlətɪ/ *n* [U]. **invisibly** *adv*.

invite /ɪn'vaɪt/ *v* **1** (*to/for*) 邀请 yāoqǐng: ~ *sb to/for dinner* 邀请某人吃饭. **2** 请求 qǐngqiú; 征求 zhēngqiú: ~ *criticism* 招致批评. **invitation** /ˌɪnvɪ'teɪʃn/ *n* **1** [U] 邀请 yāoqǐng: *Admission is by invitation only.* 凭

请柬入场. **2** [C] 请求去(或来)某处 qǐngqiú qù mǒuchù; *an invitation to a party* 宴会请帖. **inviting** *adj* 诱人的 yòurén de. **invitingly** *adv*.

invoice /'ɪnvɔɪs/ *n* [C] 发(发)票货(货)清单(单) fāhuò qīngdān. **invoice** *v* [T] 开[开]发票给(某人) kāi fāpiào gěi.

invoke /ɪn'vəʊk/ *v* [T][正式用语] **1** 求助于[行动]依据[据]yǐ~wéi xíngdòng yījù. **2** 祈求(上帝、法律等)帮[帮]助 qíqiú bāngzhù. **3** (用法术)召唤 zhàohuàn. **invocation** /ˌɪnvə'keɪʃn/ *n* [C, U] 祷[祷]告(祈求 dǎogào qíqiú; 恳[恳]求帮助 kěnqiú bāngzhù.

involuntary /ɪn'vɒləntrɪ; *US* -terɪ/ *adj* 无[无]意的 wúyì de; 非本意的 fēi běnyì de: *an* ~ *movement* 不自觉的动作. **involuntarily** /-trəlɪ; *US* -terəlɪ/ *adv*.

involve /ɪn'vɒlv/ *v* [T] **1** 需要 xūyào; 使…成为[为]必要条[条]件(或结果) shǐ~chéngwéi bìyào tiáojiàn: *The job* ~*d me/my living in London.* 工作需要我住在伦敦. **2** 使陷入 shǐ xiànrù; 使卷(卷)入 shǐ juǎnrù. **involved** *adj* **1** 复[复]杂(杂)的 fùzá de. **2** (a) (*in*) 有关[关]的 yǒuguān de. (b) (*with*) 有密切关系(系)的 yǒu mìqiè guānxi de. **involvement** *n* [U, C].

invulnerable /ɪn'vʌlnərəbl/ *adj* 不能伤[伤]害的 bùnéng shānghài de; 不能损害的 bùnéng sǔnhài de.

inward /'ɪnwəd/ *adj* **1** 内部的 nèibù de; 内在的 nèizài de: ~ *thoughts* 内心的思想. **2** 向内的 xiàngnèi de. **inward** (亦作 **inwards**) *adv* **1** 向内 xiàngnèi. **2** 向着心灵(灵) xiàng zhe xīnlíng. **inwardly** *adv* 在内心 zài nèixīn; 精神上 jīngshén shàng.

iodine /'aɪədiːn; *US* -daɪn/ *n* [U] 碘 diǎn.

ion /'aɪən; *US* 亦读 'aɪɒn/ *n* [C] 离[离]子 lízǐ. **ionize** /ɪ, I, T/ (使)电[电]离 diànlí.

iota /aɪ'əʊtə/ *n* [sing] 极[极]少量 jí shǎoliàng.

IOU /ˌaɪ əʊ 'juː/ *n* [C] [非正式用语]借据 jièjù.

IQ /ˌaɪ 'kjuː/ *n* [C] 智商 zhìshāng: *have a high/low IQ* 智商高/低.

irate /aɪ'reɪt/ *adj* [正式用语]发[发]怒的 fānù de; 愤怒的 fènnù de. **irately** *adv*.

iridescent /ˌɪrɪ'desnt/ adj [正式用语]彩虹色的 cǎihóngsède.

iris /'aɪərɪs/ n [C] 1 虹膜 hóngmó. 2 鸢尾属植物 yuānwěishǔ zhíwù.

irk /ɜːk/ v [T] 使厌(厌)烦 shǐ yànfán; 使苦恼[惱] shǐ kǔnǎo. **irksome** /-səm/ adj 令人厌烦的 lìng rén yànfán de.

iron¹ /'aɪən/ n 1 [U] 铁[鐵] tiě; an ~ bridge/gate 铁桥/门. 2 [C] 熨斗 yùndǒu. 3 **irons** [pl] 镣铐 liàokào. 4 [U] 坚[堅]强 jiānqiáng; 刚[剛]强 gāngqiáng: have a will of ~/an ~ will 有刚铁般的意志. 5 [习语] **have many, etc irons in the fire** 同时[時]参[參]加许[許]多事的活动 tóngshí cānyù xǔduō huódòng. the ˌIron 'Curtain n [sing] 铁幕 tiěmù. **ironmonger** /'aɪənmʌŋɡə(r)/ n [英国英语]五金商 wǔjīnshāng.

iron² /'aɪən; US 'aɪərn/ v 1 [I, T] 熨 yùn; 熨平 yùnpíng. 2 [短语动词] **iron sth out** 消除(困难[難])等 xiāochú, **ironing** n 1 [U] 熨烫[燙] yùntàng. 2 要熨的衣物 yào yùn de yīwù: do the ~ing 熨衣服. 'ironing-board n [C] 熨衣板 yùnyībǎn.

ironic /aɪ'rɒnɪk/ (亦作 ironical /-kl/) adj [諷]刺的 fěngcìde; 反语的 fǎnyǔde. **ironically** /-klɪ/ adv.

irony /'aɪərənɪ/ n [pl -ies] 1 反话 fǎnhuà; 冷嘲 lěngcháo. 2 [U, C] 出乎意料的事情 chū hū yìliào de shìqíng; 讽刺性的事件(情况 等) fěngcìxìngde shìjiàn.

irrational /ɪ'ræʃənl/ adj 没有道理的 méiyǒu dàolǐ de; 荒谬的 huāngmiùde; an ~ fear of water 没有道理的怕水. **irrationally** /-nəlɪ/ adv.

irreconcilable /ɪˌrekən'saɪləbl/ adj [正式用语]不能和解的 bùnéng héjiě de; 相对[對]立的 xiāngduìlì de.

irregular /ɪ'reɡjʊlə(r)/ adj 1 不平坦的 bù píngtǎn de; 不整齐[齊]的 bù zhěngqí de: an ~ surface 不整齐的外表. 2 不规则的 bùguīzéde. 3[语法]不规则(变化)的 bù guīzé de ~ verbs 不规则动词. **irregularity** /ɪˌreɡjʊ'lærətɪ/ n [C, U] [pl -ies]. **irregularly** adv.

irrelevant /ɪ'reləvnt/ adj 离题的 lítíde; 不相干的 bù xiānggān

de. **irrelevance** /-əns/ n [U].

irreparable /ɪ'repərəbl/ adj (损失、伤害等)不能补[彌]补[補]的 bùnéng míbǔ de; 无[無]可挽救的 wú kě wǎnjiù de.

irreplaceable /ˌɪrɪ'pleɪsəbl/ adj 不能替代的 bùnéng tìdài de.

irrepressible /ˌɪrɪ'presəbl/ adj 抑制不住的 yìzhì de; 不能控制的 bùnéng kòngzhì de.

irreproachable /ˌɪrɪ'prəʊtʃəbl/ adj [正式用语]无[無]可指责的 wú kě zhǐzé de; 无过[過]失的 wú guòshī de.

irresistible /ˌɪrɪ'zɪstəbl/ adj (强大得)不可抵挡的 bùkě dǐdǎng de; 不能压[壓]制的 bùnéng yāzhì de. **irresistibly** adv.

irrespective /ˌɪrɪ'spektɪv/ **irrespective of** prep 不考虑[慮]的 bù kǎolǜ de; 不顾[顧]的 bùgù de: buy it now, ~ of the cost 不考虑价钱,现在就买它.

irresponsible /ˌɪrɪ'spɒnsəbl/ adj 无[無]责任感的 wú zérèngǎn de; 不负责任的 bù fù zérèn de. **irresponsibility** /ˌɪrɪ'spɒnsə'bɪlətɪ/ n [U]. **irresponsibly** adv.

irreverent /ɪ'revərənt/ adj 不虔诚的 bù qiánchéng de; 不尊敬的 bù zūnjìng de, **irreverence** /-əns/ n [U]. **irreverently** adv.

irrevocable /ɪ'revəkəbl/ adj [正式用语]不可改变[變]的 bùkě gǎibiàn de; 不可取消的 bùkě qǔxiāo de: an ~ decision 最后决定.

irrigate /'ɪrɪɡeɪt/ v [T] 灌溉(田地) guàngài. **irrigation** /ˌɪrɪ'ɡeɪʃn/ n [U].

irritable /'ɪrɪtəbl/ adj 急躁的 jízàode; 易怒的 yìnùde. **irritability** /ˌɪrɪtə'bɪlətɪ/ n [U]. **irritably** adv.

irritate /'ɪrɪteɪt/ v [T] 1 激怒 jīnù; 使烦躁 shǐ fánzào. 2 使(身体某部位)感到不适 shǐ gǎndào bùshì. **irritation** /ˌɪrɪ'teɪʃn/ n [U, C].

is ⇨ BE.

Islam /'ɪz'lɑːm; US 'ɪslɑːm/ n 1 [U] 伊斯兰[蘭]教 Yīsīlánjiào. 2 [sing] (总称)伊斯兰教徒 Yīsīlánjiàotú; 穆斯林 mùsīlín. **Islamic** /ɪz'læmɪk; US 'ɪslæmɪk/ adj.

island /'aɪlənd/ n [C] 1 岛 dǎo; 岛屿[嶼] dǎoyǔ. 2 = TRAFFIC ISLAND (TRAFFIC). **islander** n 岛民 dǎomín.

isle /aɪl/ n [C] (尤用于诗歌和专有名词中)岛 dǎo.

isn't /ˈɪznt/ is not. ⇨BE.

isolate /ˈaɪsəleɪt/ v [T] 隔离[離] géilí; 孤立 gūlì. **isolated** adj 隔离 的 gélíde; 孤立的 gūlìde: an ~d cottage 孤立的小屋. **isolation** /ˌaɪsəˈleɪʃn/ n [U].

ISP /ˌaɪ es ˈpiː/ abbr Internet Service Provider 因特网[網]服务[務]提供者 Yīntèwǎng fúwù tígōngzhě.

issue /ˈɪʃuː, ˈɪsjuː/ n 1 [C] 议[議]题 yìtí; 争端 zhēngduān. 2 [C] (杂志等 的)期号[號] qīhào. 3 [U] 分发 [發] fēnfā; 发出 fāchū. 4 [sing] [正式用语]结果 jiéguǒ. 5 [U] [法律]子女 zǐnǔ. 6 [习语] (the matter, point, etc) at issue 争议中, 讨论中的的 zhēngyì zhōng de. **issue** v [正式用语] 1 [T] 公布 gōngbù: ~ a statement 发表声明. 2[T] 供给 gōngjǐ; 分配 fēnpèi: ~ weapons 提供武器. 3 [I] 流出 liúchū.

IT /ˌaɪ ˈtiː/ abbr information technology 信息技术[術] xìnxī jìshù.

it /ɪt/ pron (用作动词的主语或宾语或用于介词之后) 1 (a) 它(指东西、动物) tā: Where's my book? Have you seen ~? 我的书在哪 儿? 你看见它没有? (b) 他(无指性别或不详的婴儿) tā. 2(用以确定人的身份): 'Who's that?' 'It's the postman.' "是谁?" "是邮递员." 3(作主语或宾语的先行代词): It's nice to see you. 见到你很高兴. 4(指时间、距离或天气时作句中主语): It's 12 o'clock. 十二点钟. It's raining. 下雨了. 5(用以强调句中的任何部分): It was work that exhausted him. 是工作使他疲惫不堪. 6 [习语] this/that is 'it (a) 这(遒)(或那) 正是所需要的 zhè zhèngshì suǒ xū-yào de. (b)这(或那)正是原因 zhè zhèngshì yuányīn. (c) 这(或那)就 是结局 zhè jiúshì zhōngjú: That's it, then —we've lost the match. 到此为止 ——这场比赛我们已经输给 了. its /ɪts/ adj 它的 tāde; 他的 tāde: its tail 它的尾巴.

Italian /ɪˈtæljən/ adj 意大利的 Yìdàlìde. **Italian** n 1[C] 意大利人 Yìdàlìrén. 2 [U] 意大利语 Yìdàlìyǔ.

italic /ɪˈtælɪk/ adj (印刷字体)斜 体[體]的 xiétǐde: This is ~ type. 这是斜体字. **italics** n [pl] 斜体字母 xiétǐ zìmǔ.

Italy /ˈɪtəlɪ/ n [U] 意大利 Yìdàlì.

itch /ɪtʃ/ n 1 [C, 常indis sing] 痒[癢] yǎng. 2 [sing] 渴望 kěwàng; have an ~ to travel 渴望旅行. **itch** v 1 [I] 发[發]痒 fāyǎng. 2 [I] for/ 非[非正式用语]渴望 kěwàng; ~ing to tell her the news 很想把 这消息告诉她. **itchy** adj 1 发痒 的 fāyǎngde; an ~y shirt 使人穿 上痒痒的衬衫. 2 [习语] get/ (have) itchy feet [非正式用语]渴 望旅行 kěwàng lǚxíng.

it'd /ˈɪtəd/ 1 it had. ⇨HAVE. 2 it would. ⇨WILL¹, WOULD¹.

item /ˈaɪtəm/ n [C] 1 条(條)款 tiáokuǎn; 项目 xiàngmù. 2(新闻)一条 yìtiáo. **itemize** v [T] 分项记载 fēnxiàng jìzài; 逐条记载 zhútiáo jìzài.

itinerant /aɪˈtɪnərənt/ adj [正式 用语]巡回[迴]的 xúnhuíde: an ~ preacher 巡回传教士.

itinerary /aɪˈtɪnərəri; US -reri/ n [C] (pl -ies) 旅行计划[劃] lǚxíng jìhuà; 旅程 lǚchéng.

it'll /ˈɪtl/ it will. ⇨WILL¹.

its ⇨IT.

it's /ɪts/ 1 it is. ⇨ BE. 2 it has. ⇨ HAVE.

itself /ɪtˈself/ pron 1 [反身]它自 己 tā zìjǐ; 它本身 tā běnshēn; My dog hurt ~. 我的狗伤了它自己. 2(用于加强语气): The name ~ sounds foreign. 这名字本身听起 来就陌生. 3 [习语] (all) by it-'self (a) 自动[動]地 zìdòngde. (b) 独[獨]自地 dúzìde.

ITV /ˌaɪ tiː ˈviː/ abbr Independent Television 独[獨]立电[電]视公司 dúlì diànshì gōngsī.

I've /aɪv/ I have. ⇨ HAVE.

ivory /ˈaɪvərɪ/ n 1 [U] 象牙 xiàng-yá; 长[長]牙 chángyá. 2 象牙色 xiàngyásè; 乳白色 rǔbáisè. 3 [习 语]an ivory 'tower 象牙塔 xiàng-yátǎ.

ivy /ˈaɪvɪ/ n [U] 常春藤 chángchūn-téng.

J j

J, j /dʒeɪ/ n [C] (pl J's, j's /dʒeɪz/) 英语的第十个[個]字母

Yīngyǔde dìshíge zìmǔ.

jab /dʒæb/ v **-bb-** [I, T] 刺 cì; 截 chuō; 猛击(擊) měngjī. **jab** n [C] 猛击 měngjī. 2 [非正式用语]针对 dǎzhēn;注射 zhùshè.

jabber /'dʒæbə(r)/ v [I, T] 急促 而激动(動)地说 jícù ér jīdòngde shuō. **jabber** n [U] 喋喋不休 dié-dié bùxiū.

jack¹ /dʒæk/ n [C] 1 起重器 qǐzhòngqì;千斤顶 qiānjīndǐng. 2 (纸牌中的)杰克(介于 10 点和王后之间)jiékè.

jack² /dʒæk/ v [短语动词] jack sth in [俚]停止(工作等)tíngzhǐ; 放弃(棄)fàngqì. jack sth up (用千斤顶)顶起 dǐngqǐ.

jacket /'dʒækɪt/ n [C] 1 上衣 shàngyī;夹(夾)克 jiākè. 2 (罐、管等的)保护(護)罩 bǎohù-zhào;套 tào. 3 (书的)护(護)封 hù-fēng. 4 (书的)护(護)封 hù-fēng.

jack-knife /'dʒæknaɪf/ n [C] [pl -knives] (可放鞘内的)大折刀 dà zhédāo. jack-knife v [I] (尤指拖接车辆)发(發)生弯(彎)折 fāshēng wānzhé.

jackpot /'dʒækpɒt/ n [C] (游戏等)大笔(筆)收入 dàbǐ shōurù;巨额奖(奬)金 jù'é jiǎngjīn.

Jacuzzi /dʒə'kuːzɪ/ n [C] (P)(一种漩水浴缸 yùgāng.

jade /dʒeɪd/ n [U] 翡翠 fěicuì;玉 yù;硬玉 yìngyù.

jaded /'dʒeɪdɪd/ adj 精疲力竭的 jīng pí lì jié de.

jagged /'dʒægɪd/ adj 边(邊)缘不整齐(齊)的 biānyuán bù zhěngqí de;参差不齐的 cēncī bù qí de.

jaguar /'dʒægjuə(r)/ n [C] 美洲虎 měizhōuhǔ;美洲豹 měizhōubào.

jail n = GAOL.

jam¹ /dʒæm/ n [U] 果酱(醬)guǒjiàng.

jam² /dʒæm/ v **-mm-** 1 [T] 把…塞入 bǎ…sāirù;使挤(擠)满 shǐ jǐmǎn: ~ clothes into a suitcase 把衣服塞进箱子里. 2 [I, T] (机器等)发(發)生故障 fāshēng gùzhàng: The window ~med. 窗户卡住了. 3 [T] 堵塞(道路或地区)dǔsè;阻塞 zǔsè. 4 [T] (无线电)干扰(擾)gānrǎo. 5 [短语动词] jam sth on 猛踩(制动器)měng cǎi… jam n [C] 1 拥(擁)挤 yōngjǐ;堵塞 dǔsè: a traf-fic ~ 交通堵塞. 2 [非正式用语]

困境 kùnjìng;窘境 jiǒngjìng: be in a ~ 陷入困境.

jangle /'dʒæŋgl/ v [I, T] (使)发(發)出刺耳的金属(屬)声(聲)fā-chū cì'ěrde jīnshǔshēng. **jangle** n [sing] 刺耳的金属声 cì'ěrde jīn-shǔshēng.

janitor /'dʒænɪtə(r)/ n [C] [美语]看门(門)人 kānménrén;管门人 guǎnménrén.

January /'dʒænjuərɪ; US -jueri/ n [U, C] 一月 yīyuè.

Japan /dʒə'pæn/ n [U] 日本 Rìběn.

Japanese /dʒæpə'niːz/ adj 日本的 Rìběnde;日本人的 Rìběnrénde. **Japanese** n 1 [C] 日本人 Rìběnrén. 2 [U] 日语 Rìyǔ.

jar¹ /dʒɑː(r)/ n [C] 1 罐子 guàn-zi;坛(壇)子 tánzi;广(廣)口瓶 guǎngkǒupíng. 2 一罐(或一坛)之量 yīguàn zhī liàng: a ~ of honey 一瓶蜂蜜.

jar² /dʒɑː(r)/ v **-rr-** 1 [I] (on) 产(產)生不愉快的感觉(覺)chǎn-shēng bù yúkuàide gǎnjué: Her singing really ~s on my nerves. 她的歌声确实使我的神经受到刺激. 2 [I] (with) 不和谐 bù héxié;不一致 bù yīzhì. 3 震伤(傷)zhènshāng;震动(動)zhèndòng. **jarring** adj.

jargon /'dʒɑːgən/ n [U] 行话 hánghuà;切口 qièkǒu; medical ~ 医学行话.

jaundice /'dʒɔːndɪs/ n [U] 黄疸 huángdǎn. **jaundiced** adj 妒忌的 dùjìde;怨恨的 yuànhènde;猜疑的 cāiyíde: a ~d opinion 带怨恨的偏见.

jaunt /dʒɔːnt/ n [C] 短途游览(覽)duǎntú yóulǎn: go on a ~ 作短途游览.

javelin /'dʒævlɪn/ n [C] 标(標)枪(槍)biāoqiāng.

jaw /dʒɔː/ n 1 颌 hé: the lower/upper ~ 下颌/上颌. 2 [sing] 下颌 xiàhé;下巴 xiàba. 3 [pl] 口部 kǒubù;嘴部 zuǐbù: escape from the ~s of death 逃脱险境. 4 jaws [pl] (工具、机器等)夹住东西的部分 jiā zhù dōngxi de bùfen. '**jaw-bone** n [C] 下颌骨 xiàhégǔ.

jazz /dʒæz/ n [U] 爵士乐(樂)juéshìyuè. **jazz** v 1 [T] 用爵士乐风(風)格演奏 yòng juéshìyuè fēnggé yǎnzòu. 2 [短语动词] jazz sth up 使…有生气(氣)shǐ…yǒu shēngqì.

jazzy adj **-ier, -iest** [非正式用语] 1 爵士乐的 juéshìyuède. 2 鲜

明的 xiānmíngde; 花哨的 huāshào-de; a ~y tie 花哨的领带.

jealous /'dʒeləs/ adj 1 妒忌的 dùjìde; a ~ husband 爱妒忌的丈夫. 2 (of) 羡慕的 xiànmùde. 3 精心守护(護)的 jīngxīn shǒuhù de: ~ of one's rights 珍惜自己的权利. **jealously** adv. **jealousy** n [U,C] [pl -ies].

jeans /dʒiːnz/ n [pl] 牛仔裤 niúzǎikù.

Jeep /dʒiːp/ n [C] (P) 吉普车 jípǔchē.

jeer /dʒɪə(r)/ v [I,T] (at) 嘲笑 cháoxiào; 嗤笑 chāoxiào. **jeer** n [C] 讥(譏)笑的言辞 jīxiàode yáncí; 嘲笑人的话 cháoxiào rén de huà.

jelly /'dʒeli/ n [pl -ies] 果(子)冻 guǒdòng. 2 (a) 酱 jiàng; guǒjiàng; blackcurrant ~ 黑醋栗果酱. **jellyfish** n [C] [pl jellyfish 或 ~es] 水母 shuǐmǔ; 海蜇 hǎizhé.

jibe = GIBE.

jiffy /'dʒɪfi/ n [C] [pl -ies] [非正式用语] 瞬间 shùnjiān; 一会(會)儿(兒) yīhuìr.

jig /dʒɪg/ n [C] 吉格舞 jígéwǔ; 吉格舞曲 jígéwǔqǔ. **jig** v [-gg-] 1 跳吉格舞 tiào jígéwǔ; 快速上下急动(動)地 shàngxià jídòng; 急速地上下颠跳 diāntiào.

jiggle /'dʒɪgl/ v [I,T] [非正式用语]轻(輕)快地左右(或上下)移动(動) qīngkuàide zuǒyòu yídòng.

jigsaw /'dʒɪgsɔː/ n [C] (亦作 'jigsaw puzzle) 拼图(圖)玩具 pīntú wánjù.

jilt /dʒɪlt/ v [T] 抛弃(棄)(情人) pāoqì; 遗弃 yíqì.

jingle /'dʒɪŋgl/ n [sing] (硬币、小铃、钥匙等)叮当声 dīngdāngshēng; 丁当(當)声(聲) dīngdāngshēng. 2 (广告)押韵的短诗或短歌 yāyùnde duǎnshī huò duǎngē. 跳跃(躍) tiàoyuè. **jingle** v [I,T] (使)发(發)出叮当声 fāchū dīngdāngshēng.

jinx /dʒɪŋks/ n [C, 常作 sing] 不祥的人或物 bùxiángde rén huò wù.

jive /dʒaɪv/ n [sing] (常作 the jive) 摇摆(擺)乐(樂) yáobǎiyuè; 摇摆舞 yáobǎiwǔ.

job /dʒɒb/ n [C] 1 职(職)业(業) zhíyè; 职位 zhíwèi. 2 (一件)工作 gōngzuò. 3 难(難)做的工作 nánzuòde gōngzuò: Finding a flat to rent was quite a ~. 找一套出租的公寓房子可不是件容易的事. 4 [常作 sing] 职责 zhízé; 作用 zuòyòng: It is not my ~ to do this. 做这件事不是我分内的事. 5 [非正式用语]犯罪行为(爲)(尤指窃窃) zánzuì

滑水 zuò pēngshuǐ huáshuǐ. **'jet-skiing** n [U] 喷气式滑水 pēngshuǐ huáshuǐ.

jet /dʒet/ n [U] 煤玉 méiyù; 黑玉 hēiyù. 黑玉 adj 乌黑发(發)亮的 wūhēi fāliàng de.

jettison /'dʒetɪsn/ v [T] 丢弃(棄) diūqì; 抛弃 pāoqì.

jetty /'dʒeti/ n [C] [pl -ies] 防波堤 fángbōdī; 码头(頭) mǎtóu.

Jew /dʒuː/ n [C] 犹(猶)太人 Yóutàirén; 犹太教徒 Yóutài jiàotú.

jewel /'dʒuːəl/ n [C] 1 宝(寶)石 bǎoshí. 2 (手表内的)宝石轴承 bǎoshí zhóuchéng. 3 [喻]受珍爱的人或物 shòu zhēnài de rén huò wù. **jeweller** (美语 -l-) n [C] 宝石商 bǎoshíshāng; 珠宝商 zhūbǎoshāng; 宝石匠 bǎoshíjiàng. **jewellery** (亦作 jewelry) /-rɪ/ n [U] 珠宝 zhūbǎo; 首饰(飾) shǒushì.

jerk /dʒɜːk/ n [C] 1 急动(動)急停 jídòng急停. 2 [非正式用语,贬]蠢人 chǔnrén. **jerk** v [I,T] (使)突然一动 tūrán yídòng; 急拉 jílā. **jerky** adj [-ier, -iest] 忽动忽停 hūdòng hūtíng de.

jersey /'dʒɜːzi/ n [C] 毛织(織)紧(緊)身套衫 máozhī jǐnshēn tàoshān.

jest /dʒest/ n 1 玩笑 wánxiào; 笑话 xiàohuà. 2 [习语] in jest 开(開)玩笑地 kāi wánxiào de. **jest** v [I] 开玩笑 kāi wánxiào; 说笑话 shuō xiàohuà; 打趣 dǎqù. **jester** n [C] (旧时的)弄臣 nòngchén; 小丑 xiǎochǒu.

jet¹ /dʒet/ n [C] 1 喷气(氣)(飛)机(機)pēnqì fēijī. 2 (a) 喷射 pēnshè. (b) 喷射口 pēnshèkǒu; 喷嘴 pēnzuǐ. **jet** v [-tt-] (乘喷气式飞机)航行 hángxíng. **'jet engine** n [C] 喷气发(發)动(動)机 pēnqì fādòngjī. **'jet lag** n [U] 喷气飞行时(時)差反应(應) pēnqì fēixíng shíchā fǎnyìng. **the 'jet set** n [sing] (乘喷气式飞机周游世界的)喷气式飞机阶(階)层(層) pēnqìshì fēijī jiēcéng. **'jet-ski** v [I] 做喷气式

xíngwéi. **6** [习语] just the ˈjob [非正式用语]正是想要的 zhèng shì xiǎngyàode. **make a bad, good, etc job of sth** 将某事做坏(坏)、做好等 jiāng mǒushì zuò huài、zuò hǎo děng. **jobless** adj 失业的 shīyède. **job sharing** n [U]一工分做制(两人分时做一份工作) yī gōng fēn zuò zhì.

jockey[1] /ˈdʒɒkɪ/ n [C] 职(职)业(业)赛马骑师(师) zhíyè sàimǎ qíshī.

jockey[2] /ˈdʒɒkɪ/ v [短语动词] **jockey for sth** 用手段获得(获)取(利益、好处等) yòng shǒuduàn huòqǔ; ~ **for position** 用计谋获得职位.

jog /dʒɒg/ v [-gg-] **1** [T] 轻(轻)地推(轻)轻撞; 轻撞 qīngqīng tuīzhuàng. **2** [I] 慢跑 mànpǎo. **3** [习语] **jog sb's memory** 唤起某人的记忆(忆) huànqǐ mǒurénde jìyì. **4** [短语动词] **jog along/on** 持续(续)而缓慢地进(进)行 chíxù ér huǎnmànde jìnxíng. jog n [sing] **1** 轻推 qīngtuī; 轻撞 qīngzhuàng. **2** 慢跑 mànpǎo. **jogger** n [C] 慢跑的人 mànpǎode rén.

join /dʒɔɪn/ v **1** [I, T] 连接 liánjiē; 接合 jiēhé. **2**[I,T] (与会(会)合) 会合 huìhé; 相聚 xiāngjù: The two roads ~ here. 两条路在这里连接. Please ~ us for a drink. 请和我们一起喝点. **3** [T] 参(参)加 cānjiā; 加入 jiārù; ~ a club 加入俱乐部. **4** [短语动词] **join (with sb) join ˈforces (with sb)** 联(联)合(达(达)到共同的目的 liánhé yǐ dádào gòngtóngde mùdì. **join in (sth)** 参(参)加(活动) cānjiā. **join** n [C] 连接处(处) liánjiēchù.

joiner /ˈdʒɔɪnə(r)/ n [C] 细木工人 xìmù gōngrén. **joinery** n [C] 细木工的工作(或制品) xìmùgōngde gōngzuò.

joint[1] /dʒɔɪnt/ n [C] **1** 关(关)节(节)guānjié. **2** 连接处(接)点(点)jiēhédiǎn; 接合点(点) jiēhédiǎn: the ~s of a pipe 管道的接头. **3** [英]大块(块)肉 dàkuài ròu. **4** [俚, 贬]下流场(场)所(酒馆、赌场等)xiàliú chǎngsuǒ. **5** [俚]含大麻的香烟 hán dàmá de xiāngyān.

joint[2] /dʒɔɪnt/ adj 共有的 gòngyǒude; 共同做的 gòngtóng zuò de: ~ *responsibility* 共同的责任. a ~ *account* 共同账户. **jointly** adv.

joist /dʒɔɪst/ n [C] 小梁(梁)xiǎo-

liáng; (地板等的)托梁 tuōliáng.

joke /dʒəʊk/ n [C] 笑话 xiàohuà; 玩笑 wánxiào. **joke** v [I] 开[开]玩笑 kāi wánxiào. **joker** n [C] **1** 喜开玩笑的人 xǐ kāi wánxiào de rén. **2**(纸牌)百搭(可作任何点数的牌或王牌)bǎidā. **jokingly** adv 开玩笑地 kāi wánxiào de.

jolly /ˈdʒɒlɪ/ adj [-ier, -iest] 高兴(兴)的 gāoxìngde; 愉快的 yúkuàide. **jolly** adv [英国非正式用语]很; 非常 fēicháng: a ~ *good teacher* 一位非常好的老师.

jolt /dʒəʊlt/ v [I, T] (使)颠簸 diānbǒ;颠簸而行 diānbǒ ér xíng. **jolt** n [C, 常作 sing] 颠簸 diānbǒ; 震动(动) zhèndòng.

jostle /ˈdʒɒsl/ v [I, T] 推搡 tuīsǎng; 挤(挤)撞(挤)yōngjǐ.

jot /dʒɒt/ v [-tt-] [短语动词] **jot sth down** 草草记下 cǎocǎo jì xià. **jotter** n [笔]记本 jìběn; 记事本 jìshìběn.

journal /ˈdʒɜːnl/ n [C] **1** 日报[报]rìbào; 期刊 qīkān; 杂(杂)志[志]zázhì. **2** 日志 rìzhì; 日记 rìjì. **journalism** /-nəlɪzəm/ n [U] 新闻工作 xīnwén gōngzuò. **journalist** n [C] 新闻工作者 xīnwén gōngzuòzhě; 新闻记者 xīnwén jìzhě.

journey /ˈdʒɜːnɪ/ n [C] 旅行 lǚxíng. **journey** v [I] [正式用语]旅行 lǚxíng.

jovial /ˈdʒəʊvɪəl/ adj 和蔼快活的 hé'ǎi kuàihuó de; 愉快的 yúkuàide.

joy /dʒɔɪ/ n **1** [U] 快乐[乐]kuàilè; 喜悦 xǐyuè. **2**[C] 乐事 lèshì. **joyful** adj 充满欢(欢)乐的 chōngmǎn huānlè de; 使人高兴(兴)的 shǐ rén gāoxìng de. **joyfully** adv. **joyous** adj [修辞] 充满欢乐的 chōngmǎn huānlè de. **joyously** adv.

jubilant /ˈdʒuːbɪlənt/ adj [正式用语](尤指由于成功)欢(欢)欣的 huānxīnde; 欣喜的 xīnxǐde. **jubilation** /ˌdʒuːbɪ'leɪʃn/ n [U] 欢欣 huānxīn; 欢腾 huānténg.

jubilee /ˈdʒuːbɪliː/ n [C] (有特定意义的)周年纪念 zhōunián jìniàn.

Judaism /ˈdʒuːdeɪɪzəm/ ; US -dɪzəm/ n [U] 犹(犹)太教 Yóutàijiào; 犹太人的文化 Yóutàirén de wénhuà.

judge /dʒʌdʒ/ n **1** 法官 fǎguān; 审(审)判员 shěnpànyuán. **2** 裁判员 cáipànyuán; 评判人 píngpànrén. **3** 鉴(鉴)赏家 jiànshǎngjiā; 鉴定人 jiàndìngrén: She's a good ~ *of character*. 她是一位善于

鉴别人的个性的人. **judge** v [I, T]. 1 审判 shěnpàn; 审理 shěnlǐ. 2 断(斷)定 duàndìng; 判断 pànduàn.

judgement (亦作 judg·ment) /'dʒʌdʒmənt/ n 1 [C] 意见 yìjiàn; make a fair ~ of his character 对他的品格作出公正的评价. 2 [C, U] (法官或法庭的)判决 pànjué; 裁决 cáijué; The court has still to pass ~. 法庭仍作出判决. 3 [U] 判断(斷)力 pànduànlì.

judicial /dʒu:'dɪʃl/ adj 法庭的 fǎtíngde; 法官的 fǎguānde; 审(審)判的 shěnpànde.

judiciary /dʒu:'dɪʃəri; US -ʃɪeri/ n [C, 亦作 sing, 用 pl v] [pl -ies] (总称)法官 fǎguān.

judicious /dʒu:'dɪʃəs/ adj [正式用语]有见识(識)的 yǒu jiànshí de; 明智的 míngzhìde. **judiciously** adv.

judo /'dʒu:dəʊ/ n [U] (日本)柔道 róudào.

jug /dʒʌg/ n [C] 1 (英国英语) 壶(壺) hú; 罐 guàn. 2 一壶(或一罐)的容量 yī hú de róngliàng; a ~ of milk 一罐牛奶.

juggernaut /'dʒʌgənɔːt/ n [C] [英国英语] 重型货车 zhòngxíng huòchē.

juggle /'dʒʌgl/ v [I, T] 1 (用球等)玩杂(雜)耍 wán záshuǎ; 变(變)戏(戲)法 biàn xìfǎ. 2 (with) 耍花招 shuǎ huāzhāo; 欺骗 qīpiàn; jug·gling (with) the figures 篡改数字. **juggler** n [C].

juice /dʒu:s/ n [U, C] 果汁 guǒzhī; 菜汁 càizhī; 肉汁 ròuzhī. **juicy** adj [-ier, -iest] 1 多汁的 duōzhīde. 2 [非正式用语]有趣的 (尤指花事) yǒuqùde.

juke-box /'dʒu:kbɒks/ n [C] (投币式)自动(動)唱机(機) zìdòng chàngjī.

July /dʒu:'laɪ/ n [U, C] 七月 qīyuè.

jumble /'dʒʌmbl/ v [T] (up) 使混杂(雜)乱 shǐ hùnzá. jumble n 1 [sing] 杂乱(亂)的一堆 záluàn de yīduī; 混乱 hùnluàn. 2 [U] [英国英语]廉卖(賣)的旧(舊)杂物 liánmài de jiù záwù. 'jumble sale n [C] [英国英语](为慈善等筹款)旧杂物卖(賣)义(義)卖 jiù záwù yìmài.

jumbo /'dʒʌmbəʊ/ adj [非正式用语]特大的 tèdàde; 巨大的 jùdàde. jumbo n [C] [pl ~s] (亦作 jumbo 'jet) 大型喷气(氣)式客机(機) dàxíng pēnqìshì kèjī.

jump[1] /dʒʌmp/ v 1 [I] 跳 tiào; 跳

跃(躍) tiàoyuè; ~ up in the air 向上跳起来. 2[T] 跳过(過) tiàoguò; 跃过 yuèguò; ~ a wall 跳过一堵墙. 3 [I] 迅速而突然行动(動) xùnsù ér tūrán xíngdòng; The loud bang made me ~. 砰的一声巨响吓我一跳. 4 [I] 暴涨(漲) bàozhāng; 猛增 měngzēng; Prices ~ed by 60% last year. 物价去年暴涨60%. 5 [T] [非正式用语]突然攻击(擊) tūrán gōngjī. 6[习语] jump on the bandwagon ⇨ BAND. jump the gun 抢(搶)先做某事 qiǎngxiān zuò mǒushì. jump the queue 在未轮(輪)到前抢(搶)先 (獲)得 wèi lúndào zhī wèi lúndào qián qiǎngxiān huòdé. jump to con'clusions 匆匆作出结论 cōngcōng zuòchū jiélùn. 7 [短语动词] jump at sth 迫不及待地抓住 pò bù jí dài de zhuāzhù. jumper n [C].

jump[2] /dʒʌmp/ n [C] 1 跳 tiào; 跳跃(躍) tiàoyuè. 2(需跳越的)障碍(礙)物 zhàng'àiwù. 3 (in) 猛增 měngzēng; 暴涨(漲) bàozhǎng; a huge ~ in profits 利润大增.

jumpy /'dʒʌmpi/ adj [-ier, -iest] [非正式用语]神经(經)质(質)的 shénjīngzhìde; 焦虑(慮)的 jiāolǜde.

jumper /'dʒʌmpə(r)/ n [C] [英国英语] ⇨ JERSEY.

junction /'dʒʌŋkʃn/ n [C] (公路、铁路的)交叉点(點) jiāochādiǎn; 交叉口 jiāochākǒu.

juncture /'dʒʌŋktʃə(r)/ n [习语] at this juncture [正式用语]在此时(時)刻 zài cǐshí.

June /dʒu:n/ n [U, C] 六月 liùyuè.

jungle /'dʒʌŋgl/ n [C, U] 丛(叢)林 cónglín; 密林 mìlín.

junior /'dʒu:nɪə(r)/ adj 1 (to) 地位(或身分)较低的 dìwèi jiàodīde. 2 Junior [用于美语](父子同名时,用于儿子姓名之后) 3 [英国英语](适于7至11岁儿)(兒)童的 értóngde; a ~ school 小学. junior n [C] 地位(或等级)较低者 jiàodīzhě. 2 [sing] 较年幼者 jiào niányòu zhě; He is three years her ~. 他比她小三岁.

junk /dʒʌŋk/ n [U] 废(廢)弃(棄)的旧(舊)物 fèiqìde jiùwù; 无(無)价(價)值的东西 wú jiàzhí de dōngxi. 'junk food n [非正式用语,贬义]劣等食物 lièděng shíwù.

jurisdiction /ˌdʒʊərɪs'dɪkʃn/ n [U] 司法 sīfǎ; 司法权(權) sīfǎquán.

juror /'dʒʊərə(r)/ n [C] 陪审(审)员 péishěnyuán.

jury /'dʒʊərɪ/ n [C, 亦作 sing, 与 pl v] **1** [pl **-ies**] 陪审(审)团(团) péishěntuán. **2** (比赛的)评判委员会(會) píngpàn wěiyuánhuì.

just¹ /dʒʌst/ adj 公平的 gōngpíngde;公正的 gōngzhèngde. a ~ decision 公正的决定. **justly** adv.

just² /dʒʌst/ adv **1** 刚(刚)才 gāngcái;方才 fāngcái: I've ~ had dinner. 我刚吃过饭. **2** 正好 zhènghǎo;恰好 qiàhǎo: It's ~ 2 o'clock. 现在是两点正. Put it ~ here. 把它就放在这里. **3** just as (a) 正如 zhèngrú;如同 rútóng: Leave everything ~ as you find it. 让一切保持原样(樣). (b) 正当(當)[时](時)候 zhèngdāng…de shíhou: She arrived ~ as I did. 我到达时她也到了. **4** 仅(僅)仅 jǐnjǐn;几(幾)乎 jīhū: I can only ~ reach the shelf. 我刚能够拿著(著)架子. **5** 正(當)[时](時) cìshí;那时 nàshí: We're ~ leaving. 我们正要离开. **6** just about/going to do sth (表示即将) The clock is ~ going to strike 12. 钟即将敲响12点. **7** 只管 zhǐguǎn: Why not ~ wait and see? 为什么不等著看见? **8** 仅 jǐn: There is ~ one way of saving him. 只有一个办法能救他. **9** (请求注意) J~ listen to me! 听听我的! **10** [习语] just about 几乎 jīhū. just 'now (a) 此时 cìshí;现在 xiànzài: I can't do it ~ now. 我现在不能做这件事. (b) 刚才 gāngcái: I saw him ~ now. 我刚才看见他.

justice /'dʒʌstɪs/ n **1** [U] 正义(義) zhèngyì;公正 gōngzhèng;公平 gōngpíng. **2** [U] 司法 sīfǎ;审(審)判 shěnpàn: a court of ~ 法庭. **3** [C] 法官 fǎguān: the Lord Chief J~ 首席法官. **Justice of the 'Peace** [C] 治安官 zhì'ānguān.

justify /'dʒʌstɪfaɪ/ v [pt, pp **-ied**] [T] 证明…是正当(當)的或有理的 zhèngmíng…shì zhèngdàngde huò yǒulǐde. **2** 为(爲)…辩(辯)护(護) wèi…de biànhù. **justifiable** /ˌdʒʌstɪ'faɪəbl/ adj 可证明为正当的 kě zhèngmíng wéi zhèngdàngde;有理由的 yǒu lǐyóu de. **justifiably** adv. **justification** /ˌdʒʌstɪfɪ'keɪʃn/ n [U,C] (for) 正当的理由 zhèngdàngde lǐyóu.

jut /dʒʌt/ v [-tt-] [短语动词] **jut out** 突出 tūchū;伸出 shēnchū.

juvenile /'dʒuːvənaɪl/ n [C] [正式用语或法律]少年 shàonián. **juvenile** adj **1** [正式用语或法律]少年的 shàoniánde;适(適)合于少年的 shìhé yú shàoniánde. **2** [贬]幼稚的 yòuzhìde;不成熟的 bù chéngshúde. **juvenile de'linquent** n [C] 少年犯 shàoniánfàn.

juxtapose /ˌdʒʌkstə'pəʊz/ v [T] 并列 bìngliè;把…并置 bǎ…bìngzhì. **juxtaposition** /ˌdʒʌkstəpə'zɪʃn/ n [U].

K k

K, k /keɪ/ n [C] [pl K's, k's /keɪz/] 英语的第十一个(個)字母 Yīngyǔde dìshíyīgè zìmǔ.

K /keɪ/ abbr [计算机] kilobyte.

kaleidoscope /kə'laɪdəskəʊp/ n **1** [C] 万(萬)花筒 wànhuātǒng. **2** [sing] 千变(變)[萬]万化 qiānbiànwànhuà.

kangaroo /ˌkæŋgə'ruː/ n [C] [pl ~s] 袋鼠 dàishǔ.

karate /kə'rɑːtɪ/ n [U] 空手道(日本式徒手武术) kōngshǒudào.

kebab /kɪ'bæb/ n [C] 烤肉串 kǎoròuchuàn.

keel /kiːl/ n (船)龙(龍)骨 lónggǔ. **keel** v [短语动词] **keel over** 1 (船)倾覆 qīngfù;翻倒 fāndǎo. **2** 倒下 dǎoxià.

keen /kiːn/ adj **1 (a)** on 热(熱)中于 rèzhōng yú: He's very ~ on tennis. 他很喜欢打网球. **(b)** on 喜欢(歡)某人 xǐhuān mǒurén. **2** (指感觉,头脑,感性)灵(靈)敏的 língmǐnde;敏捷的 mǐnjiéde;强烈的 qiángliède. **3** (风)刺骨的 cìgǔde. **keenly** adv.

keep¹ /kiːp/ v [pt, pp kept /kept/] **1** [I,T] (使)保持某状(狀)态(態);(使)某地位(位)保持某种状况 bǎochí mǒu zhuàngtài: K~ (them) quiet! (让他们)保持安静! K~ off the *grass!* 勿踏草地! **2** [I] (*on*) *doing* 继(繼)续(續)做某事 jìxù zuò mǒushì; 重复(復)做某事 chóngfù zuò mǒushì: *He ~s* (*on*) *interrupting me.* 他总是打扰我. **3** [T] 保有 bǎoyǒu: *Here's £5 you can ~ the change.* 这是五英镑——零钱不用找了. **4** [T] (*from*) 阻止(阻)...: *~ him from leaving* 不让他离开. **5** [T] 延误 yánwù; 耽搁 dānge: *You're very late——what kept you?* 你太晚了——是什么事给耽误了? **6** [T] 拥(擁)有 yōngyǒu; 经营(營) jīngyíng: *~ a shop* 经营商店. **7** [T] (秘密)保存好 bǎocún hǎo. **8** [I] (指食物)保存好 bǎocún hǎo: *Milk doesn't ~ in hot weather.* 牛奶不能在热天保存. **9** [I] 处(處)于健康状态 chùyú jiànkāng zhuàngtài: *Is she ~ing well?* 她的身体好吗? **10** [T] (**a**) 记入 jìrù: *~ a diary* 记日记. (**b**) 记账(賬) jì zhàng: *~ an account* 记账. **11** [T] 经济(濟)上支持 jīngjì shàng zhīchí. **12** [T] 履行 lǚxíng; 遵守 zūnshǒu: *~ a promise* 遵守诺言. **13** [习语] **keep abreast of** ⇨ ABREAST. **keep sb at arm's length** 与(與)某人保持距离(離) yǔ mǒurén bǎochí jùlí. **keep the ball rolling** ⇨ BALL¹. **keep sb/ sth at bay** ⇨ BAY³. **keep sb company** 陪伴某人 péibàn mǒurén. **keep count of sth** ⇨ COUNT². **keep one's 'distance** (**from sb/ sth**) (**a**) (与某人)保持距离 bǎochí jùlí. (**b**) (对人,事)冷淡 lěngdàn. **keep an 'eye on sb/sth** 照料(某人,某物) zhàoliào. **keep one's fingers crossed** 祈求成功 qíqiú chénggōng: *Good luck with your exam——we're ~ing our fingers crossed for you.* 祝你考试好运,我们为你祈求成功. **keep one's 'ground** ⇨ GROUND¹. **keep one's 'hair/'shirt on** [非正式用语]不生气(氣) bù shēngqì. **keep one's head above water** 未举(舉)债 wèi jǔzhài; 未陷入困境 wèi xiànrù kùnjìng. **keep sb in mind** ⇨ MIND¹. **keep sb in the dark** ⇨ DARK². **keep it 'up** 继续保持 jìxù bǎochí. **keep one's 'mouth shut** 保持缄默 bǎochí jiānmò. **keep an open mind** ⇨ OPEN¹. **keep pace** (**with sb/sth**) (与某人、某物)并(並)驾齐(齊)驱(驅)bìng jià qí qū. **keep the 'peace** (**a**) 维持秩序 wéichí zhìxù. (**b**) 维持治安 wéichí zhì'ān. **keep quiet about sth** ⇨ QUIET. **keep sth quiet** (对某事)缄默不语 jiānmò bù yǔ. **keep a straight 'face** 绷着脸(臉) bēng zhe liǎn; 忍住不笑 rěn zhù bù xiào. **keep a tight 'rein on sb/sth** (对某人、某事)严(嚴)加约束 yán jiā yuēshù. **keep one's wits about one** ⇨ WIT. **14** [短语动词] **keep at sth** 继续做 jìxù zuò. **keep** (**sb/sth**) **away** (**from sb/sth**) 不接近 bù jiējìn; 远(遠)离 yuǎnlí. **keep back** (**from sb**) 隐(隱)瞒(瞞)某事 yǐnmán. **keep sb 'down** 压(壓)制 yāzhì; 压制 yāzhì. **keep sth 'down** 控制 kòngzhì. **keep sth from sb** 不将(將)某事告诉某人 bù jiāng mǒushì gàosu mǒurén. **keep in with sb** 与(某人)保持友谊 yǔ bǎochí yǒuyì. **keep on about sth** ⇨ ON³. **keep 'on** (**at sb**) (对某人)唠叨 láodao. **keep 'out** (**of sth**) 不进(進)入 bú jìnrù. **keep 'out of sth** 避开(開) bìkāi. **keep to sth** (**a**) 不偏离 bù piānlí; 不离开 bù líkāi: *~ to the path* 不偏离轨道. *~ to the point* 不要离题. (**b**) 遵循 zūnxún; 遵守 zūnshǒu. **keep one,self to one'self** 不与人交往 bù yǔ rén jiāowǎng. **keep sth to one'self** 不把(某事)告诉别人 bù gàosu mǒurén. **keep sth up** (**a**) 使(某物)不落下 shǐ bù luòxià. (**b**) 使保持高水平 bǎochí gāo shuǐpíng: *~ prices up* 使物价居高不下. *~ one's spirits up* [喻]保持高昂的情绪. (**c**) 继续 jìxù: *Do you still ~ up your French?* 你仍在学语吗? (**d**) 维修 wéixiū; 保养(養) bǎoyǎng. **keep 'up** (**with sb/sth**) 跟上 gēnshàng;同步前进 tóngbù qiánjìn.

keep² /kiːp/ *n* **1** [U] 生活费 shēnghuófèi;(食物等)生活必需品 shēnghuó bìxūpǐn: *earn one's ~* 谋生. **2** [习语] **for ~s** [非正式用语]永远(遠)长期 yǒngyuǎn chángqī.

keeper /'kiːpə(r)/ *n* [C] **1** (动物园的)饲养(養)员 sìyǎngyuán. **2** (尤用以构成复合词)管理人 guǎnlǐrén; 经(經)营(營)者 jīngyíngzhě: *a 'shop~* 店主.

keeping /'kiːpɪŋ/ *n* [习语] **in sb's keeping** 由某人保管 yóu mǒurén bǎoguǎn: *The keys are in his* ~. 钥匙由他保管. **in/out of keeping with sth** 一致 yízhì; 不一致 bù yízhì.

keepsake /'kiːpseɪk/ n [C] 纪念品 jìniànpǐn.

kennel /'kenl/ n **1** [C] 狗舍 gǒushè; 狗窝 [窩] gǒuwō. **2 kennels** [用 sing 或 pl v] 养 [養] 狗场 [場] yǎnggǒuchǎng.

kept *pt, pp* of KEEP[1].

kerb (亦作 **curb**, 尤用于美语) /kɜːb/ n [C] (人行道的) 边沿 [沿] 石 biānshí.

kernel /'kɜːnl/ n **1** [C] (果) 核 hé; (果) 仁 rén; (谷) 粒 lì. **2** [喻] 核心 héxīn; 中心 zhōngxīn.

kestrel /'kestrəl/ n [C] 红隼 hóngsǔn.

ketchup /'ketʃəp/ n [U] 蕃茄酱 [醬] fānqiéjiàng.

kettle /'ketl/ n [C] (烧水用的) 壶 [壺] hú.

key[1] /kiː/ n **1** [C] 钥 [鑰] 匙 yàoshi. **2** [常作 sing] (*to*) [喻] 关 [關] 键 [鍵] guānjiàn: *Diet and exercise are the ~ to good health.* 规定食物和锻炼运动是身体健康的关键. **3** 答案 dá'àn; 题解 tíjiě. **4**(打字机、钢琴等) 键盘 [盤] 键 jiànpán jiàn. **5**(音乐) 调 diào: *in the* ~ *of G* G 调. **key** adj [极] 极重要的; 关键的 ~ *a position* 重要的位置; *a* ~ *position* 重要的位置. **'keyboard** n [C](打字机、钢琴等) 键盘 [盤] jiànpán. **'keyboard** v [T] 用键盘把…输入计算机(机) yòng jiànpán bǎ…shūrù jìsuànjī. **'keyhole** n [C] 锁 [鎖] 孔 suǒkǒng. **'keynote** n [C] (演说等) 基 [基] 调 [調] jīdiào; 主旨 zhǔzhǐ; [喻] 基调. **'key-ring** n [C] 钥匙圈 yàoshiquān.

key[2] /kiː/ v [T] (*in*) (计算机) 用键盘输入 yòng jiànpán shūrù. **keyed up** adj 激动 [動] 的 jīdòngde; 紧张的 jǐnzhāngde.

kg *abbr* kilogram(s).

khaki /'kɑːki/ adj 土黄色的 tǔhuángsède.

kibbutz /kɪ'buts/ n [C] [*pl* ~**im** /kɪˈbutsɪm/] 基布兹(以色列的合作农场或居留地) jībùzī.

kick[1] /kɪk/ v **1** [T] 踢 tī. **2** [I] 蹬 dēng; 踢腿. 3 [习语] (枪)后坐 [座] fānchōng. **4** [习语] **kick the 'bucket** [俚] 死亡 sǐwáng. **kick the habit** [非正式用语] 戒酒 jièjiǔ. **5** [短语动词] **kick against sth** 反对 [對] fǎnduì. **kick**

'**off** [开] 开始 kāishǐ. **kick sb out (of sth)** [非正式用语] 驱[驅]逐某人 qūzhú mǒurén. '**kick-off** n [C] (足球比赛的) 开球 kāiqiú.

kick[2] /kɪk/ n **1** [C] 踢 tī; *give sb a* ~ 踢某人一脚. **2** [C] [非正式用语]快感 kuàigǎn;乐[樂]趣 lèqù: *She gets her* ~*s from skiing.* 她从滑雪中得到乐[樂]趣. **3** [U, sing] [非正式用语] 精力 jīnglì; 气[氣]力 qìlì.

kid[1] /kɪd/ n **1** [C] [非正式用语]小孩 xiǎohái; 年轻 [輕] 人 niánqīngrén. **2 (a)** [C] 小山羊 xiǎoshānyáng. **(b)** [U] 小山羊皮革 xiǎoshānyáng pígé.

kid[2] /kɪd/ v [-**dd**-] [I, T] [非正式用语]欺骗 qīpiàn; 哄骗 hǒngpiàn.

kidnap /'kɪdnæp/ v [-**pp**-; 美语 -**p**-] 诱拐 yòuguǎi; 绑架 bǎngjià. **kidnapper** n [C].

kidney /'kɪdni/ n [C] **1** 肾 [腎] 脏 [臟] shènzàng. **2** [U, C] (用作食物的) 腰子 yāozi.

kill /kɪl/ v **1 (a)** [I, T] 杀死 shāsǐ. **(b)** [T] 杀 [殺] 死 shāsǐ; [喻] *He'll* ~ *me if he finds me here.* 他要是发现我在这儿,会非常生气. **2** [T] [非正式用语]使疼伤[傷]的; 使之痛苦) 折磨 *My feet are* ~*ing me.* 我的脚疼极了. **3** [T] 终止 zhōngzhǐ; ~ *sb's love* 使某人失去爱情. **4** [习语] **kill two 'birds with one 'stone** 一箭双 [雙] 雕 yī jiàn shuāng diāo. **kill** n **1** [C] 杀死 shāsǐ. **2** [常作 sing] 被杀死的动物(物) bèi shāsǐ de dòngwù. **killer** n [C].

killing n [C] 杀死 shāsǐ. [习语] **make a 'killing** [非正式用语]财运[運]亨通 cáiyùn hēngtōng. '**killjoy** n [C] [贬]令人扫[掃]兴[興]者 lìng rén sǎoxìng de rén.

kiln /kɪln/ n [C] 窑 [窯] yáo.

kilo /'kiːləʊ/ n [C] [*pl* ~**s**] 公斤 gōngjīn; 千克 qiānkè.

kilo- *comb form* 千 qiān; 千克 qiānkè.

kilobyte /'kɪləbaɪt/ n [C] (计算机)千字节[節](一个千字节实为1024个字节) qiānzìjié.

kilogram (亦作 -**gramme**) /'kɪləgræm/ n [C] 公斤 gōngjīn; 千克 qiānkè.

kilometre (美语 -**meter**) /'kɪləmiːtə(r), kɪ'lɒmɪtə(r)/ n [C] 公里 gōnglǐ; 千米 qiānmǐ.

kilowatt /'kɪləwɒt/ n [C] 千瓦 qiānwǎ.

kilt /kɪlt/ n [C] (苏格兰男子穿的)

短褶裙 duǎnzhéqún.

kind¹ /kaɪnd/ n 1 [C] 种〔種〕类 zhǒnglèi: *two ~s of fruit* 两种水果.2 [习语] **in kind (a)** 以货代款 yǐ huò dài kuǎn. **(b)** [喻]以同样〔樣〕方式 yǐ tóngyàng fāngshì. **a kind of** [非正式用语] 有点不肯定 yǒudiǎn bù kěndìng: *I had a ~ of feeling this might happen.* 我隐隐约约地感到这事可能发生.

kind² /kaɪnd/ adj 亲〔親〕切的 qīnqiè de: *friendly* 友好的 yǒuhǎode. **kind-hearted** adj 仁慈的 réncíde: 好心的 hǎoxīnde. **kindly** adj [-ier, -iest] [正式用语] 友好的 yǒuhǎode; 亲切的 qīnqiède. **kindly** adv 1 亲切地 qīnqiède; 和蔼地 hé'ǎide. 2 (礼貌用语) 请 qǐng: *K~ly leave me alone!* 请别打扰我! **3** [习语] **not take kindly to sb/sth** 不喜欢〔歡〕某人(或某物) bù xǐhuān mǒurén. **kindness** n 1 [U] 亲切 qīnqiè; 和蔼 hé'ǎi. 2 [C] 好心的行为 hǎoxīnde xíngwéi.

kindergarten /'kɪndəgɑːtn/ n [C] 幼儿园〔園〕 yòu'éryuán.

kindle /'kɪndl/ v 1 [I,T] 点〔點〕燃 diǎnrán. 2 [T] 激起(感情) jīqǐ.

kindred /'kɪndrɪd/ adj [习语] **a kindred spirit** 意气〔氣〕相投的人 yìqì xiāngtóu de rén.

king /kɪŋ/ n [C] 1 国〔國〕王 guówáng. 2 最重要者 zuì zhòngyào zhě. 3 国际象棋〔棋〕王 wáng. 4 纸牌 K zhǐpái K. **king-size** (亦作 **-sized**) adj 比正常大的 bǐ zhèngcháng dà de; 特大的 tèdàde: *a ~-size bed* 特大的床.

kingdom /'kɪŋdəm/ n [C] 1 王国〔國〕 wángguó. 2 (自然三界之一) 界 jiè: *the animal, plant and mineral ~s* 动物、植物和矿物三界.

kink /kɪŋk/ n [C] 1 (绳、索等) 纽结 niǔjié. 2 [常作贬] 举〔舉〕止古怪; 奇想 qíxiǎng. **kink** n [I, T] (使) 扭结 niǔjié. **kinky** adj [-ier, -iest] [非正式用语] (尤指性行为) 变〔變〕态〔態〕的 biàntàide.

kiosk /'kiːɒsk/ n [C] 1 (出售报纸等)售货亭 shòuhuòtíng.

kipper /'kɪpə(r)/ n [C] 腌或熏〔燻〕的鲱鱼 yān huò xūn de fēiyú.

kiss /kɪs/ v [I,T] 吻 wěn; 接吻 jiēwěn. **kiss** n [C] 吻 wěn. **the kiss of life** [sing] 人工呼吸 réngōng hūxī.

kit /kɪt/ n 1 [C] 成套工具 chéngtào gōngjù; *a first-aid ~* 一套急救用品. 2 [C,U] (士兵、运动员的)衣物和装〔裝〕备(備) yīwù hé zhuāngbèi. 3 [C] 配套元件 pèitào yuánjiàn. **kit** v [-tt-] [短语动词] **kit sb out/up (with sth)** 给…装备 gěi…zhuāngbèi.

kitchen /'kɪtʃɪn/ n [C] 厨〔廚〕房 chúfáng.

kite /kaɪt/ n [C] 风〔風〕筝 fēngzheng.

kith /kɪθ/ n [习语] **kith and kin** /kɪn/ 亲〔親〕友 qīnyǒu.

kitten /'kɪtn/ n [C] 小猫〔貓〕 xiǎomāo.

kitty /'kɪtɪ/ n [C] [pl -ies] (共同凑集的)一笔〔筆〕钱(錢) yì bǐ qián.

kiwi /'kiːwiː/ n [C] 1 几维(新西兰的一种不能飞的鸟) jīwéi. 2 **Kiwi** [非正式用语]新西兰〔蘭〕人 Xīnxīlánrén.

km abbr [pl **km** 或 **~s**] kilometre(s).

knack /næk/ n [sing] 诀窍〔竅〕juéqiào; 技巧 jìqiǎo.

knackered /'nækəd/ adj [英俚] 筋疲力尽〔盡〕的 jīn pí lì jìn de.

knead /niːd/ v [T] 1 揉(面团)róu; 捏〔捏〕niē. 2 按摩(肌肉) ànmó.

knee /niː/ n [C] 1 (a) 膝 xī; 膝盖(蓋) xīgài. (b) (裤子等的)膝部 xībù. 2 [习语] **bring sb to his/her knees** 迫使某人屈服 pò shǐ mǒurén qūfú. **kneecap** n [C] 膝盖骨 xīgàigǔ; 髌〔髕〕骨 bìngǔ. **knee-deep** adj 深及膝的 shēn jí xī de.

kneel /niːl/ v [pt, pp knelt /nelt/或尤用于美语 **~ed**] [I] 跪下 guìxià; 屈膝 qūxī.

knew pt of KNOW.

knickers /'nɪkəz/ n [pl] (女用)内裤〔褲〕nèikù.

knick-knack /'nɪknæk/ n [C, 尤作 pl] 小装〔裝〕饰品 xiǎo zhuāngshìpǐn.

knife /naɪf/ n [C] [pl **knives** /naɪvz/] (有柄的)刀 dāo. **knife** v [T] 用刀刺(人) yòng dāo cì. **knife-edge** n [习语] **on a knife-edge** (指重要的事情,结果)极〔極〕不肯定 jí bù kěndìng.

knight /naɪt/ n [C] 1 爵士(其名前冠以 Sir) juéshì. 2 骑士 qíshì. 3 (国际象棋的)马(馬) mǎ. **knight** v [T] 封…为(為)爵士 fēng…wéi juéshì. **knighthood** /-hʊd/ n [C]

U] 爵士(或骑士)的地位、身份 juéshìde dìwèi、shēnfèn.

knit /nɪt/ v [-tt-; pt, pp ~ted; 用于下述第二义项时常作 knit] 用 **1** 编织(织)(衣物等) biānzhī; 针织 zhēnzhī. **2** 牢固地结合 láogùde jiéhé; 紧(紧)密地结合 jǐnmìde jiéhé: a closely-~ family 关系密切 的家庭. **knitting** n [C] 编织物 biānzhīwù. **'knitting-needle** n [C] 编织针 biānzhīzhēn, 织针 zhīzhēn.

knives pl of KNIFE.

knob /nɒb/ n [C] **1 (a)** (门、抽屉 等)圆形把手 yuánxíng bǎshǒu. **(b)** (收音机的)旋钮 xuánniǔ. **2** 圆形物 yuánxíngwù: a ~ of butter 一块 黄油. **knobbly** /-blɪ/ adj [-ier, -iest] 多节(节)的 duō jié de; 多疙 瘩的 duō gēda de: ~bly knees 长 着很多疙瘩的膝盖.

knock[1] /nɒk/ n [C] **1 (a)** [T] 敲 qiāo;击(击)打 dǎ. **(b)** [I] 敲 击(某物)出声 chūshēng: ~ on the door 敲门. **2** [T] [非正式用语]批评 pīpíng. **3** [短语 动词] **knock about with sb** [非 正式用语]常与(与)某人作伴 cháng yǔ mǒurén zuòbàn, **knock sth/sb about** 粗暴对待某人(或某事) cūbào duìdài mǒurén. **knock sth back** [非正式用语]很快喝掉 hěn kuài hēdiào. **knock sth down** 打倒 dǎdào;击倒 jīdǎo: She was ~ed down by a bus. 她被公共汽车撞 倒了. **knock sth down** 拆除(建 筑)chāichú; (追使)减(价)jiǎn. **knock (sth)** [非正式用语]停止(工作) tíngzhǐ: When do you ~ off? 你什么时候下班? **knock sth off (a)** 减价(价)jiǎnjià: ~ £20 off the price 减价20英镑. **(b)** [俚] 偷 tōu, **knock sb out (a)** 击昏某 人 jīhūn mǒurén. **(b)** 使筋疲力尽 shǐ jīnpílìjìn [或] pī lìjìn, **knock sb out (of sth)** 淘汰某人 táotài mǒurén. **knock sth up** [非正式用语]匆匆 做... cōngcōng zuò...: ~ up a meal 匆匆做好 一顿饭. **knocker** n [C] 环(环) 门锤mén chuí. **knock-'kneed** adj 膝 外翻的 xīwàifānde. **knock-'on effect** n [C] 间接结果 jiànjiē jiéguǒ. **knock-out** n [C] **1** 击倒对 [对]手的一击 duìshǒu de yìjī. **2** 淘汰赛 táotàisài. **3** [非正式用语]引人注目的人(或物) yǐn rén zhǔmù de rén.

known pp of KNOW.

knuckle /'nʌkl/ n [C] 指节(节

knock[2] /nɒk/ n [C] **1** 敲击(击)声 (声) qiāojīshēng. **2** [非正式用语] 不幸的经(经)历(历) búxìng de jīnglì.

knot /nɒt/ n [C] **1** (绳索等的)结 jié. **2** 扭结 niǔjié; 纠结 jiūjié. **3** (木 材)的节(节) jié; 节疤 jiébā. **4** 一 小群人 yìxiǎoqún rén. **knot** v [-tt-] **1** 打结(结) dǎjié; 连结 liánjié. **2** [T] 打结系(紧)牢 dǎjié jiláo. **knotty** adj [-ier, -iest] **1** (木材)多节的 duōjiéde. **2** 棘手的 jíshǒude: a ~ty problem 难以解 决的问题.

knot /nɒt/ n [C, 常作 pl] 节(节) (速度单位,为每小时一海里) jié.

know /nəʊ/ v [pt knew /njuː; US nuː/, pp ~n /nəʊn/] **1** [I, T] 知 道 zhīdào; 懂得 dǒngde. **2** [T] 认 识(识)rènshí, 意(懂) (某 地)熟识 shúshí. **4** [T] 认(认)出 rènchū; 识别 shíbié: I'll ~ her when I see her. 我看到她时,就会认出她. **5** [T] 通晓(晓)(语言) tōngxiǎo;掌 握(语言) zhǎngwò, huì. **6** [T] 经(经)历(历)jīnglì; 体(体)验 (验) tǐyàn: a man who has ~n poverty 经历贫困的人. **7** [习语] be known as sb/sth ... 著称 (称) yǐ ...zhùchēng. know sb by sight 面熟 miànshú. know one's own 'mind 有自己的想法 yǒu zìjǐ de xiǎngfǎ. **8** [短语动词] know about sth 了解(解)(某事) liǎojiě; 知道(某事) zhīdào. know of sb/ sth 知道(某人或某事)的情况 zhī- dào ...de qíngkuàng: I ~ of the book but I've not read it. 我听说 过这本书,但我没去读过它. **'know- how** n [U] [非正式用语]实(实)践知识 shíjiàn zhīshi; 技能 jìnéng.

knowing /'nəʊɪŋ/ adj 心照不宣的 xīn zhào bù xuān de; 会(会)意的 huìyìde: a ~ look 露出了(了)解 内情的样子. **knowingly** adv **1** 故 意地 gùyìde. **2** 会意地 huìyìde.

knowledge /'nɒlɪdʒ/ n **1** [U] 了 (解) liǎojiě; 理解 lǐjiě. **2** [U, sing] (个人的)知识(识) zhīshi; 学 识(识) xuéshí. **3** [U] 学问 xuéwèn; 知识 zhīshi, knowledgeable /-əbl/ adj 知识渊(渊)博的 zhīshi yuānbó de. **'knowledge economy** n [U] 知识 经(经)济(济)jīngjì.

zhíjié. **knuckle** v [短语动词]
knuckle under [非正式用语] 屈
服 qūfú.

koala /kəʊˈɑːlə/ n [C] [动物] (澳
洲) 树(樹) 袋熊 shùdàixióng.

Koran /kəˈrɑːn; US -ˈræn/ n the
Koran [sing] (伊斯兰教) [古兰
(蘭)经(經)] (一译可兰经) (Gǔ-
lánjīng).

kosher /ˈkəʊʃə(r)/ adj (食物) 合
礼(禮)的 (符合犹太教规) hélǐde;
洁(潔)净(淨)的 jiéjìngde.

kowtow /ˌkaʊˈtaʊ/ v [I] (to) 叩
头(頭) kòutóu; 磕头 kētóu; 卑躬屈
膝 bēi gōng qū xī.

kph /ˌkeɪ piː ˈeɪtʃ/ abbr kilometres
per hour 公里/小时(時) gōnglǐ/
xiǎoshí; 千米/小时 qiānmǐ/xiǎoshí.

L l

L, l /el/ n [C] [pl L's, l's /elz/]
1 英语的第十二个(個)字母 Yīngyǔ
de dìshí'èrgè zìmǔ. 2 [罗(羅)马(馬)
数(數)字] 的 50 Luómǎ shùzì de 50.

L abbr 1 Lake. 2 (尤用于电器插
头) live (connection).

l abbr 1 line. 2 litre/公升.

Lab /læb/ abbr (英国政治)
Labour (Party) 工党(黨) Gōng-
dǎng.

lab /læb/ n [C] [非正式用语]实
(實)验(驗)室 shíyànshì.

label /ˈleɪbl/ n [C] 1 标(標)签(籤)
biāoqiān; 签条(條) qiāntiáo. 2 [喻]
(用以描述人或事物)称(稱)号(號)
chēnghào. **label** v [-ll-; 美语 -l-]
[T] 1 贴标签于 tiē biāoqiān yú. 2
(喻)把…归(歸)类(類)为…guīlèi;
把…称为(爲)…chēngwéi: They
~led her (as) a liar. 他们把她
说成说谎者.

labor (美语) = LABOUR. **labor
union** (美语) = TRADE UNION
(TRADE).

laboratory /ləˈbɒrətrɪ/ n [C] [pl -ies] 实(實)验
(驗)室 shíyànshì.

laborious /ləˈbɔːrɪəs/ adj (工作
等)吃力的 chìlìde; 艰(艱)苦的 jiān-
kǔde. **laboriously** adv.

labour[1] (美语 -or) /ˈleɪbə(r)/ n
1 [U] 劳(勞)动(動) láodòng. 2 [U,
常作 pl] 工作 gōngzuò; 任务(務)
rènwù. 3 [U] 劳工 láogōng. 4 [U,
sing] 分娩 fēnmiǎn: a woman in
~ 分娩中的妇女. 5 **Labour**
[U] (英国政治)[用 sing or pl]
v 工党(黨) Gōngdǎng. the
'**Labour Party** n [sing] (英国政
治)工党 Gōngdǎng.

labour[2] (美语 -or) /ˈleɪbə(r)/ v
1 [I] 劳动(動) láodòng; 工作
gōngzuò; 努力 nǔlì. 2 [I] 努力地做
nǔlìde zuò. 3 [习语] '**labour the
point** 一再重复(複)说(說)某事 yízài
chóngfù shuō mǒushì; 一再解释(釋) yízài jiěshì. 4[短语
动词]**labour under sth** 因…而苦
恼(惱) yīn…ér kǔnǎo. **labourer**
(美语-bor-) n [C] 劳动者 láo-
dòngzhě; 工人 gōngrén.

labyrinth /ˈlæbərɪnθ/ n [C] 迷宫
mígōng; 曲径(徑) qūjìng.

lace /leɪs/ n 1 [U] (网眼)花边(邊)
huābiān; 透孔织(織)品 tòukǒng zhǐ-
pǐn. 2 [C] 鞋带(帶) xiédài; 带 dài.
lace v [I, T] 用带子束紧(緊)
yòng dàizi shù jǐn. 2 [T] (with) 搀
(摻)酒于(飲料)chān jiǔ yú.

lacerate /ˈlæsəreɪt/ v [T] [正式用
语]划(劃)破(肌肉等) huápò; 撕裂
sīliè. **laceration** /ˌlæsəˈreɪʃn/ n
[C, U].

lack /læk/ v 1 [T] 没有 méiyǒu; 缺
少 quēshǎo. 2 [习语] **be 'lacking**
缺乏 quēfá; **be 'lacking in sth** 不
足 bùzú. **lack** n [U, sing] 缺乏
quēfá; 短缺 duǎnquē: a ~ of
money 缺钱.

lackadaisical /ˌlækəˈdeɪzɪkl/ adj
无(無)精打采的 wú jīng dǎ cǎi de;
不热(熱)心的 bú rèxīn de.

laconic /ləˈkɒnɪk/ adj [正式用语]
简洁(潔)的 jiǎnjiéde; 精练(練)的
jīngliànde. **laconically** /-klɪ/
adv.

lacquer /ˈlækə(r)/ n [U] 1 漆 qī.
2 [旧] 发(髮)胶(膠) fàjiāo. **lac-
quer** v [T] 用漆涂(塗) yòng qī tú;
喷发胶于 pēn fàjiāo yú.

lacy /ˈleɪsɪ/ adj [-ier, -iest] 花边
(邊)的 huābiānde; 似花边的 sì huā-
biān de; 透孔织(織)物的 tòukǒng zhī-
wù de.

lad /læd/ n [C] 1 男孩子 nánháizi;
男青年 nán qīngnián. 2 [非正式用
语]活伙(漢)(dì);男人(鲁莽)的男子
huǒbo de nánzǐ: He's a bit of a
~. 他是个有点莽撞的小伙子
zhīwù de.

lads [pl] 〖非正式用语〗伙(夥)伴 huǒbàn; 家(傢)伙 jiāhuo: *He's gone out with the ~s.* 他和伙伴们出去了.

ladder /'lædə(r)/ n [C] **1** 梯子 tīzi. **2** (长统袜上的)抽丝(絲) chōusī. **3**〖喻〗(事业等)阶(階)梯 jiētī: *climb up the social ~* 攀登社会阶梯. **ladder** v [I,T] (长统袜)抽丝 chōusī.

laden /'leɪdn/ adj (with) 装(裝)满的 zhuāngmǎnde; 满载的 mǎnzàide.

ladle /'leɪdl/ n [C] 长(長)柄勺 (杓) chángbǐngsháo; 勺子 sháozi. **ladle** v [T] (用勺)盛 chéng, 舀 yǎo.

lady /'leɪdɪ/ n [C] [pl **-ies**] **1**(作礼貌称呼的)女士 nǚshì; 夫人 fūrén; 小姐 xiǎojiě. **2** 举(舉)止文雅的女子 jǔzhǐ wényǎ de nǚzǐ. **3**(亦指旧时)贵族夫人 guìzú fūrén; 贵族小姐 guìzú xiǎojiě. **4 Lady** (对贵族妻子的尊称)夫人 fūrén. **the Ladies** [pl] 〖常用 sing〗〖英, 非正式用语〗女厕(厠)所 nǚcèsuǒ. **ladylike** adj 淑女的 shūnǚde; 文雅的 wényǎde. **ladyship** n (尤用 Ladyship) (作敬称)夫人 fūrén; 小姐 xiǎojiě: *her L~ship* 夫人; 小姐.

lag[1] /læg/ v [-gg-] (behind) 走得慢 zǒu de màn; 落后(後) luòhòu.

lag[2] /læg/ v [-gg-] 给(水管等)装(裝)绝缘材料 gěi zhuāng juéyuán cáiliào, **lagging** n [U] 绝缘材料 juéyuán cáiliào.

lager /'lɑːgə(r)/ n [U] (一杯或一瓶)贮(貯)藏啤酒 zhùcáng píjiǔ.

lagoon /lə'guːn/ n [C] 泻(瀉)湖 xièhú; 潟湖 jiāohú; 咸(鹹)水湖 xiánshuǐhú.

laid pt, pp of LAY[1].

lain pp of LIE[1].

lair /leə(r)/ n [C] 兽(獸)穴 shòuxué; 兽窝(窩) shòuwō.

laity /'leɪətɪ/ n **the laity** [sing] [用 sing 或 pl v] 俗人 súrén.

lake /leɪk/ n [C] 湖 hú.

lamb /læm/ n **1** (a) [C] 小羊 xiǎoyáng; 羔羊 gāoyáng. (b) [U] 小羊肉 xiǎoyángròu; 羔羊肉 gāoyángròu. **2** [C] 〖非正式用语〗温顺的人 wēnshùnde rén; 可亲(親)的人 kěqīnde rén.

lame /leɪm/ adj **1** 跛的 bǒde; 瘸的 quéde. **2**(借口等)蹩脚的 biéjiǎode; 不能说服人的 bùnéng shuōfú rén

de. **3** 〖习语〗a **lame 'duck** (a) 处(處)于困境的人(或组织等) chǔyú kùnjìng de rén. (b) 〖尤用于美语〗(任期将满的)官员 guānyuán. **lame** v [T] 使跛 shǐ bǒ. **lameness** n [C].

lament /lə'ment/ v [I,T] 悲痛 bēitòng; 哀悼 āidào. **lament** n [C] 挽(輓)歌 wǎngē; 挽诗 wǎnshī. **lamentable** /'læməntəbl/ adj 可悲的 kěbēide; 令人惋惜的 lìng rén wǎnxī de. **lamentably** adv.

laminated /'læmɪneɪtɪd/ adj 由薄片组成的 yóu bópiàn zǔchéng de.

lamp /læmp/ n 灯(燈)deng. **'lamp-post** n [C] 路灯柱 lùdēngzhù. **'lampshade** n [C] 灯罩 dēngzhào.

lance[1] /lɑːns; US læns/ n (旧时)骑兵用的长(長)矛 qíbīng yòng de chángmáo.

lance[2] /lɑːns; US læns/ v [T] 用刀刺开(開)yòng dāo cìkāi.

land[1] /lænd/ n **1** [U] 陆(陸)地 lùdì, 地 dì. **2** [U] 土地 tǔdì; 田地 tiándì: *work on the ~* 务农 wù nóng. **3** [有时作 **lands** [U,pl] 地产(產)dìchǎn. **4** [U] 〖修辞〗国家(家)guójiā, 土地 tǔdì. **5** [短语动词] *see, etc how the 'land lies* 了(瞭)解情况 liǎojiě qíngkuàng. **landed** adj 有土地的 yǒu tǔdì de. **'land-locked** adj 陆围(圍)的 lù wéide; 内陆的 nèilùde. **'landmark** n [C] **1** 路标(標)lùbiāo; 地标 dìbiāo. **2** 〖喻〗里程碑 lǐchéngbēi. **'landowner** n [C] 土地所有者 tǔdì suǒyǒuzhě. **'landslide** n [C] **1** 山崩 shānbēng; 地滑 dìhuá; 崩塌 bēngtā. **2** 〖喻〗(选举中)压(壓)倒多数(數)的选(選)票 yādǎo duōshù de xuǎnpiào; 一边(邊)倒的胜(勝)利 yìbiān dǎo de shènglì.

land[2] /lænd/ v **1** [I,T] 上岸 shàng àn; 登陆 dēnglù. **2** [I,T] 下船 xià chuán. **2** [I,T] (飞机)着陆 zhuó lù. **3** [T] 〖非正式用语〗使某人得到 shǐ mǒurén dédào: *~ a job* 得到一份工作. **4** 〖习语〗**land on one's feet** ⇨FOOT. **5** [短语动词] *land sb/oneself in sth* 〖非正式用语〗使(某人或自己)陷入困境 shǐ xiànrù kùnjìng. **land up** [非正式用语]最终出(達)到(達)zuìzhōng dádào; 最后(後)处(處)于 zuìhòu chǔyú: *~ up in gaol* 结果入狱. **land sb with sth** 〖非正式用语〗使(某人)承担(擔)(责任等)chéngdān.

landfill /'lændfɪl/ n [U] 垃圾填

埋 lái tiánmái. 2 [C] 垃圾填埋场
(場) lājī tiánmáichǎng. '**landfill
site** n 垃圾填埋场 lājī tiánmáichǎng.

landing /'lændɪŋ/ n [C] 1 登陆
[陸] dēnglù; 着陆 zhuólù: a ˌcrash-
'~ 紧急着陆 jǐnjí zhuólù. 2 楼[樓] 梯平台
[臺] lóutī píngtái. 3 (亦作 '**landing-
place**) 码头[頭] mǎtóu; 浮动[動]
码头 fúdòng mǎtóu. '**landing-craft**
n [C] 登陆艇 dēnglùtǐng.
'**landing-gear** n [U] = UNDER-
CARRIAGE. '**landing-stage** n [C]
码头 mǎtóu; 浮动码头 fúdòngmǎ-
tóu.

landlady /'lændleɪdɪ/ n [C] [pl
-ies] 1 女房东[東] nǚ fángdōng. 2 (酒
店、寄宿舍的) 女店主 nǚ diànzhǔ.

landlord /'lændlɔːd/ n [C] 1 地主
dìzhǔ; 房东 fángdōng. 2 (酒店、寄
宿舍的) 店主 diànzhǔ.

landscape /'lændskeɪp/ n [C] 1
风[風]景 fēngjǐng; 景色 jǐngsè. 2 风
景[景]画 fēngjǐnghuà. **landscape** v
[T] 对[對] ⋯ 作景观[觀]美化 duì
⋯ zuò jǐngguān měihuà.

lane /leɪn/ n [C] 1 小径[徑] (名)
jìng; 小路 xiǎolù. 2 (用作路名)巷
xiàng; 胡同 hútòng: Mill L~ 米尔
巷. 3 车[車]道 chēdào: a four-
motorway 四车道高速公路.4(船
或飞机的)航道 hángdào, 航线[線]
hángxiàn. 5 (比赛用的)跑道 pǎo-
dào; 泳道 yǒngdào.

language /'læŋgwɪdʒ/ n 1 [U] 语
言 yǔyán, 言语 yányǔ. 2 (集团、国家、民族等)
的语言 yǔyán; 部落语 bùluòyǔ: the
English ~ 英语. 3 [U] 表达[達]
方式 biǎodá fāngshì. 4 [U] 术[術]
语 shùyǔ; 行话 hánghuà: medical
~ 医学用语. 5 [C,U] 符号[號]
fúhào; 信息 [訊] xìnxī: biǎodá; a
computer ~ 计算机用语. body
~ 身势语. '**language laboratory**
n [C] 语言实[實]验[驗]室 yǔyán
shíyànshì.

languid /'læŋgwɪd/ adj [正式用
语]懒得打采的 méi jīng dǎ cǎi de;
倦怠的 juàndàide. **languidly** adv.

languish /'læŋgwɪʃ/ v [I] [正式用
语] 1 变[變]得衰弱无[無]力 biàn-
de shuāiruò wúlì. 2 [内 受苦 shòu-
kǔ; 受折磨 shòu zhémó: ~ in
poverty 在贫穷中挣扎.

lank /læŋk/ adj 1 (头发)平直的
píngzhíde. 2 (人)瘦长[長]的 shòu-
chángde.

lanky /'læŋkɪ/ adj [-ier, -iest] 瘦
长[長]的 shòuchángde.

lantern /'læntən/ n [C] 灯[燈]笼
[籠] dēnglóng; 提灯 tídēng.

lap[1] /læp/ n [C] (人坐着时)自腰
至膝的大腿前部 zì yāo zhì xī de
dàtuǐ qiánbù; a baby on his ~ 坐
在他腿上的婴儿. '**lap dance** n [C]
腿上艳[艷]舞 tuǐshàng yànwǔ. '**lap
dancer** n [C] 腿上艳舞女郎
tuǐshàng yànwǔ nǚláng. '**lap dancing**
n [U] 腿上艳舞 tuǐshàng yànwǔ. '**lap-
top** n [C] 便携式计算机[機]
biànxiéshì jìsuànjī.

lap[2] /læp/ n [C] (跑道的)一圈 yī-
quān, lap v [-pp-] [T] (在跑道
上)比(某人)领先一圈 bǐ ⋯ lǐngxiān
yīquān.

lap[3] /læp/ v [-pp-] 1 [T] 舔 tiǎn:
舔食 tiǎn shí. 2 [I] (水)发[發]出
轻[輕]轻的拍打声[聲] fāchū qīng-
qīngde pāidǎ shēng. [短语动词]
lap sth up [非正式用语]接受(夸
奖等) jiēshòu.

lapel /lə'pel/ n [C] (大衣的)翻领
fānlǐng.

lapse /læps/ n [C] 1 小错 xiǎocuò;
记错 jìcuò. 2 (时间)流逝 liúshì.
lapse v [I] 1 (from, into) 失足
shīzú; 堕 落 duòluò: a ~d
Catholic 背教的天主教徒. 2 into
陷入(或进入)某种[種]状[狀]态
[態] xiànrù mǒuzhǒng zhuàngtài: ~
into sleep 入睡. 3 (时间)流逝 liú-
shì. 4 [法律](权利)丧[喪]失 sàng-
shī; 失效 shīxiào.

larch /lɑːtʃ/ n [C] 落叶[葉]松 luò-
yèsōng.

lard /lɑːd/ n [U] 猪油 zhūyóu.

larder /'lɑːdə(r)/ n [C] 食橱 shí-
chú; 食物贮[貯]藏室 shíwù zhù-
cángshì.

large /lɑːdʒ/ adj [~r, ~st] 1 大
的 dàde. 2 [习语] (as) large as
'life] 本人 běnrén; 真人 zhēnrén. (a)
by and 'large 大体[體] 上 dà-
tǐ shàng; 一般而论[論] yībān ér
lùn. large [习语]at 'large (a)
自由的 zìyóude. (b) 一般 yībān:
the country at ~ 一般的国家.

largely adv 在很大程度上 zài
hěndà chéngdù shàng; 主要地 zhǔ-
yàode. '**large-scale** adj a ~scale
的 dàguīmóde: a ~scale search
大规模搜查.2 大比例尺的 dà bǐlǐ-
chǐ de.

lark[1] /lɑːk/ n [C] 小鸣禽 xiǎo-
míngqín.

lark[2] /lɑːk/ n [C,常作 sing] [非正
式用语]嬉戏[戲]] xīxì; 玩笑 wán-

xiào. **lark** v [I] about/around
[非正式用语]嬉戏 xìxì;取笑 qǔxiào.

larva /'lɑːvə/ n [C] [pl ~e /-viː/] 幼虫 yòuchóng.

larynx /'lærɪŋks/ n [C] [pl **larynges** /læ'rɪndʒiːz/] n [C] 喉头 hóutóu.

laryngitis /ˌlærɪn'dʒaɪtɪs/ n [C] 喉炎 hóuyán.

lascivious /lə'sɪvɪəs/ adj [正式用语]好色的 hàosède; 猥亵[亵]的 wěixiède.

laser /'leɪzə(r)/ n [C] 激光仪器 jīguāngqì.

lash¹ /læʃ/ n [C] **1** 鞭子 biānzi; 鞭梢 biānshāo. **2** = EYELASH (EYE).

lash² /læʃ/ v [I,T] **1** 鞭打 biāndǎ; 抽打 chōudǎ. **2** [I,T](动物尾巴)甩动 shuǎidòng, 摆动 bǎidòng. **3** [T](用绳索)捆扎 bǎngzhā. **4** [短语动词] **lash out** (a) (against/at) 猛击[击] měngjī; 猛烈抨击 měngliè pēngjī. (b) (on) [非正式用语]花大量的钱(买) huā dàliàng de qián.

lashings /'læʃɪŋz/ n [pl] [英国非正式用语]大量 dàliàng: ~ of cream 大量的奶油.

lass /læs/ n [C] [尤用于苏格兰和英国北部, 亦作复数]少女 shàonǚ; 小姑娘 xiǎogūniang.

lasso /læ'suː/ n [C] [pl ~s 或 ~es] 套索 tàosuǒ. **lasso** v [T] 用套索捕捉 yòng tàosuǒ bǔzhuō.

last¹ /lɑːst; US læst/ adj **1** 最后[后]的 zuìhòu de: December is the ~ month of the year. 十二月是一年的最后一个月份. / last ~ night 昨晚 zuówǎn. 刚[刚]过[过]去的 gāng guòqù de: ~ night 昨晚. **3** 唯一剩下的 wéiyī shèngxià de: 最终的 zuìzhōngde: This is our ~ bottle of milk. 这是我们最后的一瓶牛奶. **4** 极[极]少可能的 jíshǎo kěnéng de: 最不适(宜)的 zuì bù shìdàng de: She's the ~ person to trust with a secret. 她是最不可信赖的人. **be on one's/its last 'legs** 危将 wēijiàng; 糟糕 zāogāo. **have the last 'laugh** 获[获]得最后胜[胜]利 huòdé zuìhòu shènglì. **have, etc the last 'word** (辩论中)作最后一次发[发]言 zuòhòu yīcì fāyán. **in the/as a last re'sort** 作为[为]最后手段 zuòwéi zuìhòu shǒuduàn. **the ˌlast 'ditch** 最后拼[拚]搏 zuìhòu pīnbó: a ~ ~ '-ditch attempt

最后的努力. **the ˌlast 'straw** ⇨ STRAW. **the ˌlast 'word (in sth)** 最新的(或最时髦的)事物 zuìxīn de shìwù: This car is the ~ ~ word in luxury. 这种汽车是最新的豪华车. **last** n **1** the last 最后的人 (或事物) zuìhòu de rén; 最后的人(或事物) zuìhòu tí dào de rén. **2** [习语] **at (long)** 'last 终于 zhōngyú. **lastly** adv 最后一点[点] zuìhòu yìdiǎn; 最后 zuìhòu.

last² /lɑːst; US læst/ adv **1** 最后[后] zuìhòu. **2** 最近一次 zuìjìn yícì; 上次 shàngcì.

last³ /lɑːst; US læst/ v [I] 延续[续] yánxù; 持续 chíxù. **2** [I,T] 足够维持 zúgòu wéichí: enough food to ~ two days 足够维持两天的食物. **lasting** adj 持久的 chíjiǔde.

latch¹ /lætʃ/ n [C] **1** 门闩 ménshuān. **2** 碰锁[锁] pèngsuǒ; 弹(弹)簧锁 tánhuángsuǒ. **latch** v **1** [I,T] 用门闩拴住 yòng ménshuān shuān zhù; 用碰锁锁住 yòng pèngsuǒ suǒ zhù. **2** [短语动词] **latch on to sb** [非正式用语]缠[缠]住不放 chán zhù bù fàng.

late /leɪt/ adj [~r, ~st] **1** 迟[迟]的 chíde: The train is ~. 火车晚点了. **2** 晚的 wǎnde: in the afternoon 在下午晚些时候 **3** 最近的 zuìjìnde: the ~st news 最新消息. **4** 已故的 yǐgùde: her ~ husband 她已故的丈夫. **5** [习语] **at the 'latest** 至迟 zhì chí; 最晚 zuì wǎn. **late** adv **1** 迟 chí; 晚 wǎn; 后[后]期 hòuqī: 近来 jìnlái: as ~ as the 1970's 直到 20 世纪 70 年代. **lately** adv 近来 jìnlái; 不久前 bùjiǔ qián.

latent /'leɪtnt/ adj 潜[潜]在的 qiánzàide; 不明显[显]的 bù míngxiǎn de: ~ talent 潜在的才能.

lateral /'lætərəl/ adj 侧面的 cèmiànde; 从[从]侧面的 cóng cèmiàn de; 向侧面的 xiàng cèmiàn de.

lathe /leɪð/ n [C] 车[车]床 chēchuáng.

lather /'lɑːðə(r)/ US læð-/ n [U] (肥皂)泡沫 pàomò. **lather** v [I] 起泡沫 qǐ pàomò. **2** [T] 涂[涂]以皂沫 túyǐ zàomò.

Latin /'lætɪn; US 'lætn/ n [U] 拉丁语 Lādīngyǔ. adj, [U] 拉丁语的 Lādīngyǔ de. **ˌLatin A'merica** n 拉丁美洲 Lādīngměizhōu. **ˌLatin A'merican** n [C], adj.

latitude /'lætɪtjuːd; US -tuːd/ n **1**

[U] 纬(緯)度 wěidù. **2** [U] (言论、行动的)自由 zìyóu.

latter /'lætə(r)/ *adj* 后(後)期的 hòuqīde; 末尾的 mòwěide: *the ~ part of her life* 她的晚年. **the latter** *pron* (已提到的两者中的)后者 hòuzhě. **latter-'day** *adj* 近代的 jìndàide; 当(當)今的 dāngjīnde. **latterly** *adv* 近来 jìnlái; 最近 zuìjìn.

lattice /'lætɪs/ *n* [C,U] (板条制成的)格子架 gézìjià.

laugh /lɑːf; US læf/ *v* **1** [I] 笑 xiào;发(發)笑 fāxiào. **2** [习语] **be no laughing matter** 不是开(開)玩笑的事 búshì kāi wánxiào de shì. **laugh one's head off** [短语动词] **laugh at sb/sth** 取笑 qǔxiào; 嘲笑 cháoxiào. **laugh** *n* [C] 笑 xiào; 笑声(聲) xiàoshēng. **2** [非正式用语]引人发笑的事 yǐnrén fāxiào de shì 笑柄 xiàobǐng. **laughable** *adj* 可笑的 kěxiàode; 荒唐的 huāngtángde. **laughably** *adv*. **laughing-stock** *n* [C,常作sing] 笑柄 xiàobǐng. **laughter** *n* [U] 笑 xiào;笑声 xiàoshēng.

launch[1] /lɔːntʃ/ *v* [T] **1** 使(船)下水 shǐ ... xiàshuǐ. **2** 发(發)射(火箭)fāshè. **3** 开(開)始 kāishǐ;开办(辦)kāibàn;~ *a new business* 创办新商行.**4** [短语动词] **launch into** sth 开始从事 kāishǐ cóngshì;积(積)极(極)投入 jījí tóurù;~ *out into a new career* 开始从事新的事业. **launch** *n* [C] (船)下水 xiàshuǐ; 发射 fāshè. **'launching pad** *n* [C] (航天器等的)发射台(臺)fāshètái.

launch[2] /lɔːntʃ/ *n* [C] 大汽艇 dà qìtǐng.

launder /'lɔːndə(r)/ *v* [T] [正式用语]洗熨(衣服)xǐ yùn.

launderette /ˌlɔːn'dret, ˌlɔːndə'ret/ *n* (设有投币洗衣机的)自助洗衣店 zhùzhù xǐyīdiàn.

laundromat /'lɔːndrəmæt/ *n* (P)[尤用于美语]自助洗衣店 zhùzhù xǐyīdiàn.

laundry /'lɔːndrɪ/ *n* [*pl* **-ies**] [C] 洗衣店 xǐyīdiàn. **2** [U]所洗的衣物 suǒxǐde yīwù; 待洗的衣物 dàixǐde yīwù.

laurel /'lɒrəl; US 'lɔːrəl/ *n* [C] 月桂属(屬)植物 yuèguìshǔ zhíwù; 月桂树(樹)yuèguìshù.

lava /'lɑːvə/ *n* [U] 熔岩 róngyán.

lavatory /'lævətrɪ; US -tɔːrɪ/ *n*

[C] [*pl* **-ies**] 盥洗室 guànxǐshì;厕(廁)所 cèsuǒ.

lavender /'lævəndə(r)/ *n* [U] **1** 薰衣草 xūnyīcǎo. **2** 淡紫色 dànzǐsè.

lavish /'lævɪʃ/ *adj* **1** 慷慨的 kāngkǎide. **2** 大量的 dàliàngde: *a ~ meal* 丰盛的饭菜. **lavish** *v* [短语动词] **lavish sth on sb** 慷慨地给予 kāngkǎide jǐyǔ. **lavishly** *adv*.

law /lɔː/ *n* **1** (a) [U] 法律 fǎlǜ. (b) (亦作 **the law**) [U] 法(治)律 fǎlǜ; 法规 fǎguī; 法令 fǎlìng: *Murder is against the ~.* 谋杀是违法的. **2** [C] 法则 fǎzé; 定律 dìnglǜ; *the ~s of physics* 物理学定律. **3 the law** [sing] [非正式用语]警方 jǐngfāng; 警察 jǐngchá. **4** [习语] **be a law unto one'self** (无视惯例)自行其是 zì xíng qí shì. **law and 'order** 法治 fǎzhì. **'lawabiding** *adj* 守法的 shǒufǎde. **'law-court** *n* [C] 法院 fǎyuàn;法庭 fǎtíng. **lawful** *adj* **1** 合法的 héfǎde;法定的 fǎdìngde. **2** 法律承认(認)的 fǎlǜ chéngrèn de. **lawfully** *adv*. **lawless** *adj* 未实(實)施法律的 wèi shíshī fǎlǜ de. **lawlessness** *n* [U]. **'lawsuit** *n* [C] 诉讼 sùsòng.

lawn /lɔːn/ *n* [C,U] 草地 cǎodì;草坪 cǎopíng. **'lawn-mower** *n* [C] 割草机 gēcǎojī. **'lawn tennis** *n* [正式用语] = TENNIS.

lawyer /'lɔːjə(r)/ *n* [C] 律师(師)lǜshī.

lax /læks/ *adj* 疏忽的 shūhūde;不严(嚴)格的 bù yángéde. **laxity** *n* [U].

laxative /'læksətɪv/ *n* [C], *adj* 泻(瀉)药(藥)xièyào;缓泻的 huǎnxiède.

lay[1] /leɪ/ *v* [*pt*, *pp* laid /leɪd/] **1** [T] 放 fàng; 放置 fàngzhì;~ *a book on the table* 把书放在桌上. **2** [T] 把 ... 放在 ... 当(當)位置 bǎ ... fàng zài shìdàng wèizhi;~ *the table* (饭前)摆好餐具. **3** [T] [正式用语]使 ... 减轻(輕)shǐ ... jiǎnqīng; 缓解 huǎnjiě;~ *sb's fears* 消除某人的恐惧. **4** [T] (鸟)生(卵)shēng;产(產)(卵)chǎn. **5** [T] (△便语)性交 xìngjiāo. **6** [习语] **lay sth 'bare** 揭露 jiēlù;揭发(發)jiēfā;~ *bare one's feelings* 吐露真情. **lay the 'blame on sb** 把 ... 归(歸)咎于某人 bǎ ... guījiù yú mǒurén. **lay claim to sth** 声(聲)

称(稱)有 shēngchēng yǒu; 拥(擁)有 yōngyǒu. **lay down the 'law** 以权(權)威资格说话 yǐ quánwēi zīgé shuōhuà. **lay down one's life** 献辞(辭)献(獻)身 xiànshēn; 献出生命 xiànchū shēngmìng. **lay a 'finger on sb** 伤(傷)害 shānghài. **lay it 'on** ('thick) [非正式用语]夸(誇)大 kuādà. **lay 'low** 使衰弱 shǐ shuāiruò. **lay oneself 'open to sth** 使自己遭到(指责等) shǐ zìjǐ zāodào. **lay sth 'waste** [正式用语]摧毁 cuīhuǐ; 毁坏 huǐhuài. 7 [短语动词] **lay into sb/sth** [非正式用语]痛打 tòngdǎ; (用言语)攻击(擊) gōngjī. **lay 'off (sth)** [非正式用语]不再做(有害的事) bùzài zuò; 不再使用 bùzài shǐyòng. **lay sb 'off** 解雇(僱) jiěgù. **lay sth 'on (a)** 供应(應)(煤气、水等) gōngyìng. **(b)**[非正式用语]提供(某物) tígōng; ~ *on a party* 为社交聚会准备茶点. **lay sb 'out** 打扮 dǎbàn. **lay sth 'out (a)** 展示 zhǎnshì. **(b)**布置 bùzhì; 设计 shèjì; *a well laid out garden* 设计得精美的花园. **lay sb 'up** 使卧床(牀) shǐ wòchuáng; *be laid up with flu* 因患流感而卧床. —**laid-'back** *adj* [俚语]松(鬆)弛的 sōngchíde; 悠闲(閑)的 yōuxiánde. **'lay-off** *n* [C] 解雇 jiěgù. **'lay-out** *n* [C] 安排 ānpái.

lay² *pt of* LIE².

lay³ /leɪ/ *adj* 1 世俗的 shìsúde; 非神职(職)的 fēi shénzhí de. 2 外行的 wàihángde; 非(專)业(業)的 fēi zhuānyè de. **'layman /-mən/ *n** 俗人 súrén; 外行 wàiháng.

layabout /'leɪəbaʊt/ *n* [C][英国, 非正式用语]不务(務)正业(業)的人 bù wù zhèngyè de rén; 游手好闲(閑)的人 yóushǒu hàoxián de rén.

lay-by /'leɪ baɪ/ *n* [C][英国英语]路旁停车(車)场(場) lùpáng tíngchēchǎng.

layer /'leɪə(r)/ *n* [C] 层(層) céng; 一层 *of dust* 一层灰尘. ~*s of clothing* 几层衣服.

layman ⇨LAY³.

laze /leɪz/ *v* [I] 懒散 lǎnsǎn; 混日子 hùn rìzi.

lazy /'leɪzɪ/ *adj* [-ier, -iest] 1 懒惰的 lǎnduòde; 怠惰的 dàiduòde. 2 懒洋洋的 lǎnyángyángde; 无(無)精打采的 wú jīng dǎ cǎi de. **lazily** *adv*. **laziness** *n* [U].

lb *abbr* [*pl* **lb, lbs**] pound

(weight)磅(重量单位) bàng.

LD /ˌel 'diː/ *abbr* laser disc 激光视盘(盤) jīguāngshìpán.

lead¹ /liːd/ *v* [*pt*, *pp* **led** /led/] 1 [T] **(a)** 给…引路 gěi…yǐnlù. **(b)** 带(帶)领 dàilǐng; ~ *a blind person* 搀扶一位盲人. 2 [T]影响(響) yǐngxiǎng; *What led you to this conclusion?* 你是怎样得出这个结论的？3 [I]/道路 dàolù, 通达(達)到 dǎo. 4 [I] *to* 导(導)致某种(種)结果 dǎozhì mǒuzhǒng jiéguǒ; *a mistake that led to his death* 导致他死亡的一个错误. 5 [T] 过(過)(某种)生活 guò…shēnghuó; *a miserable existence* 过悲惨的生活. 6 [I, T]领导(導); 领先 lǐngxiān. 7 [T]率领 shuàilǐng; 指挥 zhǐhuī; ~ *a team of scientists* 领导一科学家小组. 8 [习语]**lead sb astray** 将(將)某人引入歧途 jiāng mǒurén yǐnrù qítú. **lead the 'way** 引路 yǐnlù; 带路 dàilù; 引导 yǐndǎo. 9 [短语动词] **lead sb on** 诱误入歧途 shǐ wùrù qítú. **lead up to sth** 作为(爲)…的准备 zuòwéi…de zhǔnbèi. **leader** *n* [C] 领导 lǐngdǎo; 领袖 lǐngxiù. **leadership** *n* [U]领导地位 lǐngdǎo dìwèi; 领导能力 lǐngdǎo nénglì. **leading** *adj* 最重要的 zuì zhòngyào de. **leading 'article** *n* [C] (报纸的)社论(論) shèlùn. **leading 'question** *n* [C] 诱导性问题 yòudǎoxìng wèntí.

lead² /liːd/ *n* 1 [U, sing] 带(帶)领 dàilǐng; 领导(導) lǐngdǎo; 带头 dàitóu; 榜样 bǎngyàng; *follow sb's* ~ 跟着某人学. 2 [sing] 领先地位 lǐngxiān dìwèi; *a* ~ *of ten metres* 领先十米. 3 **the lead** [sing] 首位 shǒuwèi; *take the* ~ 夺得领先地位. 4 [C] 主角 zhǔjué; 扮演主角的演员 bànyǎn zhǔjué de yǎnyuán. 5 [C] (栓狗的绳)皮带(或带子) qiān gǒu de shéngsuǒ. 6 [C] 导线(綫) dǎoxiàn; 引线 yǐnxiàn. 7 [C] 线索 xiànsuǒ.

lead³ /led/ *n* 1 [U] 铅 qiān. 2 [C, U] 铅笔(筆)心 qiānbǐxīn. **leaden** *adj* 1 沉重的 chénzhòngde; 缓慢的 huǎnmànde; 沉闷的 chénmènde. 2 铅灰色的 qiānhuīsède; 暗灰色的 ànhuīsède.

leaf /liːf/ *n* [*pl* **leaves** /liːvz/] 1 [C] 叶(葉); 叶子 yèzi. 2 [C] (书刊等的)张(張) (即正反两页) zhāng. 3 [U] 金属(屬)薄片 jīnshǔ bópiàn; (金、银)箔 bó; *gold-* ~ 金箔. 4 [C] (活边桌的)折面或活面

zhěmiàn huò huámiàn. **5** [习语] **take a leaf out of sb's 'book** 模仿(做)某人 mófǎng mǒurén; 仿效某人的举(举)止 fǎngxiào mǒurén de jǔzhǐ.

leaf v [短语动词] **leaf through sth** 匆匆翻阅 cōngcōng fānyuè; 草草浏(浏)览(览) cǎocǎo liúlǎn.

leafy adj [-ier, -iest]

leaflet /'li:flɪt/ n [C] 散页印刷品 sǎnyè yìnshuāpǐn; 传(传)单 chuándān.

league /li:g/ n [C] **1** 同盟 tóngméng;联(联)盟 liánméng. **2** (体育俱乐部)联合会(会) liánhéhuì;社团(团)shètuán; 协(协)会 xiéhuì. **3** [非正式用语]等级 děngjí; 范(范)畴(畴) fànchóu: *They're not in the ~.* 他们不属于同一级别. **4** [习语] **in league (with sb)** 勾结 gōujié;共谋 gòngmóu.

leak /li:k/ n [C] **1** (**a**) 漏洞 lòudòng;裂缝 lièfèng. (**b**) 泄出物 xièchūwù. **2** [喻]泄露 xièlù: *a security* ~ 保安上的泄密. **leak** v **1** [I,T] (**a**) (容器)漏 lòu. (**b**) (液体,气体)渗(渗)漏 shènlòu; 泄漏 xièlòu. **2** [T] 泄露(消息等) xièlòu; 透露 tòulù. **leakage** /'li:kɪdʒ/ n [C, U] 渗漏 shènlòu;泄露 xièlòu;渗漏量 shènlòuliàng. **leaky** adj [-ier, -iest]

lean¹ /li:n/ v [pt, pp ~t /lent/ 或尤用于美国 ~ed /li:nd/] **1** [I] 倾斜 qīngxié; 弯(弯)曲 wānqū:屈身 qūshēn. **2** [I,T] *against/on* (使)倚靠 yǐkào: *a ladder against a wall* 把梯子靠在墙上. **3** [短语动词] **lean on sb** [非正式用语,尤用于美国]威胁(胁)(某人) wēixié; 恐吓(吓) kǒnghè. **lean (up) on sb** 依靠 yǐkào. **lean towards sth** 倾向 qīngxiàng. **leaning** n [C] 倾向 qīngxiàng;爱(爱)好 àihào: *political* ~*ings* 政治倾向.

lean² /li:n/ adj **1** (人、动物)瘦的 shòude. **2** (肉)脂肪少的 zhīfáng shǎo de;无(无)脂肪的 wú zhīfáng de. **3** 产(产)量低的 chǎnliàng dī de: ~ *years* 歉收年.

leap /li:p/ v [pt, pp ~t /lept/ 或尤用于美国 ~ed /li:pt/] **1** [I] 跳 tiào;跳跃(跃) tiàoyuè. **2** 急速移动(动) jísù yídòng; 冲(冲)冲 chōng; 窜(窜) cuàn: ~ *into the car* →头钻进汽车. **3** [短语动词] **leap at sth** 迫不及待地接受急切的机会(会) jíqiè de jiēshòu; *She ~t at the chance.* 她紧抓住这个机会. **leap** n [C] **1** 跳

tiào;跳跃(跃). **2** 激增 jīzēng:骤变(变) zhòubiàn. **3** [习语] **by leaps and 'bounds** 非常迅速 fēicháng xùnsù. '**leap-frog** n [U] 跳背游戏(戏) tiào bèi yóuxì. '**leap-frog** v [-gg-] [I,T] 做跳背游戏) tiào (过) tiàoguo. **leap year** n [C] 闰年 rùnnián.

learn /lɜːn/ v [pt, pp ~t /lɜːnt/ 或尤用于美国 ~ed /lɜːnd/] **1** [I, T] 学(学) xué;学习(习) xuéxí: ~ *Dutch* 学荷兰语. ~ (*how*) *to swim* 学游泳. **2** [T] 记住 jìzhù: ~ *a poem* 把一首诗背下来. **3** [I,T] (*of/about*) 获悉(悉)huòxī;得知 dézhī: ~ *of sb's death* 听说某人死了. **learned** /'lɜːnɪd/ adj 有学问的 yǒu xuéwèn de;博学的 bóxuéde. **learner** n [C]. **learning** n [U] 学问 xuéwèn;知识(识) zhīshí;学识 xuéshí.

lease /li:s/ n [C] (土地或房屋的)租约 zūyuē;租契 zūqì. **lease** v [T] 出租 chūzū;租得 zūdé. '**leasehold** n [U], adj 租赁(的)

leash /li:ʃ/ n [C] = LEAD² 5.

least /li:st/ pron, adj 最小(的) zuìxiǎo; 最少(的) zuìshǎo: *She gave* ~ *of all towards the present.* 她提供的礼品最少. **least** adv **1** 最小 zuìxiǎo;最少 zuìshǎo: *the* ~ *expensive hotel* 最便宜的旅馆. **2** [习语] **at least** (**a**) 至少 zhìshǎo: *at* ~ *three months* 至少三个月. (**b**) 无(无)论 wúlùn:不管 bùguǎn: *she's reliable* 无论如何她很可靠. **not in the 'least** 绝对(对)不 juéduì bù;一点(点)也不 yìdiǎn yě bù. **not least** 尤其 yóuqí;特别 tèbié.

leather /'leðə(r)/ n [U] 皮革 pígé;皮革制(制)品 pígé zhìpǐn. **leathery** adj 似皮革的 sì pígéde.

leave /li:v/ v [pt, pp ~t /left/] **1** [I,T] 离开(开) líkāi. **2** [T] 使→处(处)于某种(状)态 [愿]状→chǔyú mǒu zhǒngzhuàng:~ *the window open* 让窗户敞着. **3** [T] 遗忘 yíwàng;丢下 diūxià:~ *I left my umbrella at home.* 我把雨伞落在家了. **4** [T] 留下 liúxià;使→残(残)→ *Blood* ~*s a stain.* 血留下污迹. **5** [T] 遗留 yíliú;遗赠 yízèng. **6** [T] 委托 wěituō;交给 jiāogěi: *We left him to do the cooking.* 我们把做饭的事交给他了. **7** [T] (数学)剩余(余) shèngyú: 剩下 shèngxià: **7**

from 10 ～s 3. 10 减 7 得 3. 8 [习语] **leave/let sb/sth a'lone/**
'be 不打扰〔搅〕 bù dǎrǎo; 不干预 bù gānyù. **leave 'go/'hold (of sth)**
松〔鬆〕开 sōngkāi. **leave it at 'that**
[非正式用语]到此为〔爲〕止 dào cǐ wéi zhǐ. **leave sb in the lurch** 使(某人)于困境 pāogī...yú kùn-jìng. **leave well alone** 见 WELL³. 9 [短语动词] **leave sb/sth behind**
忘记带〔帶〕 wàngjì dài; 遗落 yíluò. **leave off (doing sth)** [非正式用语]停止做某事 tíngzhǐ zuò mǒushì; 停止做某事 tíngzhǐ zuò mǒushì. **leave sb/sth out** 不包括 bù bāokuò.

leave² /liːv/ *n* [U] 1 假 jiǎ; 假期 jiàqī: *a few days ～* 几天假期. 2 [正式用语]许可 xǔkě; 准许 zhǔnxǔ. 3 [习语] **take ,leave of one's 'senses** 〔修辭或戏谑〕发〔發〕疯 〔瘋〕 fāfēng.

leaves *pl* of LEAF.

lecherous /'letʃərəs/ *adj* [贬]好色的 hàosède; 纵〔縱〕欲〔慾〕的 zòngyùde.

lectern /'lektən/ *n* [C] (教堂中的)读经〔經〕台〔臺〕 dújīngtái; 讲〔講〕台 jiǎngtái.

lecture /'lektʃə(r)/ *n* [C] 讲〔講〕课 jiǎngkè; 演讲 yǎnjiǎng. **lecture** v 1 [I] 讲课 jiǎngkè; 演讲 yǎnjiǎng. 2 [T] 责骂 zémà; 训斥 xùnchì. **lectur-er** *n* [C] 讲师 jiǎngshī. **lec-tureship** *n* [C] 讲师的职〔職〕位 jiǎngshīde zhíwèi.

led *pt, pp* of LEAD¹.

ledge /ledʒ/ *n* [C] 岩石架 yánshíjià; 壁架 bìjià; 架状〔狀〕突出物 jiàzhuàng tūchūwù.

ledger /'ledʒə(r)/ *n* [C] 分类〔類〕账〔賬〕 fēnlèizhàng.

lee /liː/ *n* [sing] [正式用语]避风〔風〕处〔處〕 bìfēngchù; 背风处 bèifēngchù.

leech /liːtʃ/ *n* [C] 1 水蛭 shuǐzhì; 蚂蟥 mǎhuáng. 2 [喻, 贬]吸血鬼 xī-xuèguǐ; 榨取人脂膏者 zhàqǔ rén zhīgāo zhě.

leek /liːk/ *n* [C] 韭葱 jiǔcōng.

leer /lɪə(r)/ *n* [C, 常作 sing] (表示恶意、挑逗的) 一瞥 yīpiē; 睨视 nìshì. **leer** v 1 (*at*) 投以(恶意、挑逗的) 一瞥 tóu yǐ...yīpiē; 睨视 nìshì.

left¹ *pt, pp* of LEAVE¹. **left-**
'luggage office *n* [C] [英国英语] (火车站等的) 行李寄存处〔處〕 xínglǐ jìcúnchù. **'left-overs** *n* [pl] 剩余〔餘〕物 shèngyúwù; 残〔殘〕羹

剩饭 cán gēng shèng fàn.

left² /left/ *adj, adv* 左边〔邊〕的 zuǒbiānde; 左侧的 zuǒcède; 向左 xiàngzuǒ; 在左边 zài zuǒbiān. **left** *n* 1 [U] 左边 zuǒbiān; 左侧 zuǒcè. 2 **the left** [sing] [用 sing 或 pl v] **(a)** (政党的)左翼 zuǒyì, 左派 zuǒpài. **(b)** 左派人士 zuǒpài rénshì; ～-**click** v 左击〔擊〕 zuǒjī; ～-*click on the icon* 左击该图标. ～-*click the mouse* 左击鼠标键. **'left-hand** *adj* 左边的 zuǒbiānde; 左侧的 zuǒcède. **,left-'**
handed *adj* 惯用左手的 guàn yòng zuǒshǒu de; 左撇子的 zuǒpiězi de. **leftist** *n* [C], *adj* 左派 zuǒpài; 左派的 zuǒpàide. **the left 'wing** *n* [sing 用 sing 或 pl v] 左翼 zuǒyì. **left-wing** *adj*: ～-*wing policies* 左翼政策.

leg /leg/ *n* [C] 1 **(a)** 腿 tuǐ; (b) (动)物的腿 dòngwù de tuǐ. **(c)** 裤腿 kùtuǐ; *a trouser ～* 一条裤腿. 2 (某一阶段的)支撑〔撐〕物 zhīchēngwù. 3 一段行程 yíduàn xíngchéng. 4 [习语] **not have a ,leg to 'stand on** [非正式用语](论点)站不住脚 zhàn bú zhù jiǎo; 缺乏根据〔據〕 quēfá gēnjù.

legacy /'legəsɪ/ *n* [C] [*pl* -**ies**] 1 遗赠的财物 yízèng de cáiwù; 遗产〔產〕 yíchǎn. 2 [喻]遗留之物 yíliú zhī wù.

legal /'liːgl/ *adj* 1 法律的 fǎlǜde; 法定的 fǎdìngde: *my ～ adviser* 我的法律顾问. 2 合法的 héfǎde; 法律认〔認〕可的 fǎlǜ rènkě de. **legal-**
ity /liː'gælətɪ/ *n* [U] 合法 héfǎ; 依法 yīfǎ. **legally** /'liːgəlɪ/ *adv* 法律上地 fǎlǜ shàng de.

legalistic /ˌliːgə'lɪstɪk/ *adj* [常作贬]墨守法规的 mò shǒu fǎguī de; 条〔條〕文主义〔義〕的 tiáowén zhǔyì de.

legalize /'liːgəlaɪz/ *v* [T] 使合法化 shǐ héfǎhuà.

legend /'ledʒənd/ *n* 1 **(a)** [C] 传〔傳〕说 chuánshuō; 传奇 chuánqí. **(b)** [U] 民间传说 mínjiān chuán-shuō; 传奇文学〔學〕 chuánqí wén-xué. 2 [C] [非正式用语]传奇人物 chuánqí rénwù; 传奇事件 chuánqí shìjiàn: *He has become a ～ in*
his own lifetime. 他成为他那个时代的传奇人物. 3 [C] (地图、图片等的)图例 túlì; 例 túlì, 说明. **legendary** /'ledʒəndrɪ; US -deri/ *adj* 著名的 zhùmíngde; 有名的 yǒumíngde.

legible /'ledʒəbl/ *adj* 易读〔讀〕的 yìdúde; (字迹、印刷等)清楚的 qīngchude. **legibly** adv.

legion /'li:dʒən/ n [C] **1** 古罗[罗]马军团[团] gǔluómǎ jūntuán. **2** 众[众]多 zhòngduō; 大批 dàpī. **le-gion** adj [修辞]众多的 zhòngduōde; 大批的 dàpīde. **legionary** /'li:dʒənərɪ; US -nerɪ/ n [C (pl -ies)], adj 古罗马军团成员 gǔluómǎ jūntuán chéngyuán; 军团的 jūntuánde.

legislate /'ledʒɪsleɪt/ v [I] 立法 lìfǎ. **legislation** /ˌledʒɪs'leɪʃn/ n [U] **1** 立法 lìfǎ. **2** 法律 fǎlǜ; 法规 fǎguī. **legislator** n [C].

legislative /'ledʒɪslətɪv; US -leɪtɪv/ adj 立法的 lìfǎde: a ~ assembly 立法会议.

legislature /'ledʒɪsleɪtʃə(r)/ 或 /leˈdʒɪsleɪtʃə(r)/ n [C, 亦作 sing, 用 pl v] [正式用语]立法机[机]关[关] lìfǎ jīguān; 立法团[团]体[体] lìfǎ tuántǐ.

legitimate /lɪˈdʒɪtɪmət/ adj **1** 合法的 héfǎde. **2** 合法婚姻所生的 héfǎ hūnyīn suǒ shēng de. **3** 合理的 hélǐde: a ~ excuse 合乎情理的理由. **legitimacy** /-məsɪ/ n [U].

legless /'leglɪs/ adj [俚]烂[烂]醉 dàzuì.

leisure /'leʒə(r); US 'li:ʒər/ n [U] **1** 空闲[闲] kòngxián; 闲暇 xiánxiá. **2** [习语] **at one's 'leisure** 有空时[时] yǒu kòng shí; 方便时 fāngbiàn shí. **leisured** adj 有空闲 的 yǒu kòngxián de. **leisurely** adv, adj 不慌不忙[忙]的 bùhuāng bùmáng; 从[从]容[容]的 cóngróngde: a ~ly walk 漫步.

lemon /'lemən/ n **1** (a) [C,U] 柠[柠]檬 níngméng. (b) [C] 柠檬树[树] níngméngshù. **2** [C] 柠檬黄 níngménghuáng; 淡黄色 dànhuángsè.

lemonade /ˌleməˈneɪd/ n [C,U] 柠[柠]檬汽水 níngméng qìshuǐ.

lend /lend/ v [pt, pp lent /lent/] [T] **1** (to) 借出 jièchū; 把…借给 bǎ…jiè gěi: He lent him the money. 他借给他钱. He lent it to him. 他把它借给他. **2** (to) [正式用语]提供 tígōng; 添加 tiānjiā: Her presence lent dignity to the occasion. 她的出席给这场合增添了尊严. **3 lend itself to** 适[适]合于 shìhé yú. **4** [习语] **lend (sb) a hand** 帮[帮]助（某人） bāngzhù.

length /leŋθ 或 leŋkθ/ n [U] 长[长]场;长度 chángdù. **2** [U,C] 一段时[时]间 yíduàn shíjiān. **3** (作度量单位之物的)长度 chángdù: swim two ~s of the pool 在游泳池游了一个来回. **4** [C] 一段 yí-duàn; 一节[节] yìjié: a ~ of wire 一段电线. **5** [习语] **at length (a)** [正式用语]最终 zuìzhōng; 终于 zhōngyú. **(b)** 详尽[尽]地 xiángjìn-de. **go to any, some, great, etc 'lengths (to do sth)** (为达到目的)不遗余余[余]力 bù yí yú lì;不顾[顾]一切 búgù yíqiè. **lengthen** v [I, T] (使)变[变]长 biàncháng; (使)延长 yáncháng. **lengthways** /亦作 **lengthwise**) adv 纵[纵]长地 zòngchángde; 纵向地 zòngxiàngde. **lengthy** adj **-ier, -iest** 很长的 hěnchángde.

lenient /'li:nɪənt/ adj 宽大的 kuāndàde; 宽厚的 kuānhòude. **le-niency** /-ənsɪ/ n [U]. **leniently** adv.

lens /lenz/ n [C] **1** 透镜 tòujìng; 镜片 jìngpiàn. **2** (眼球的)晶状[状]体 [体] jīngzhuàngtǐ.

Lent /lent/ n [U] (基督教)四旬斋 [斋] sìxúnzhāi; 大斋节[节] dàzhāi-jié.

lent pt, pp of LEND.

lentil /'lentl/ n [C] 小扁豆 xiǎo-biǎndòu.

leopard /'lepəd/ n [C] 豹 bào, **leopardess** /ˌlepəˈdes/ n [C] 母豹 mǔbào.

leotard /'li:ətɑ:d/ n [C] (杂技、舞蹈演员等穿的)紧[紧]身连衣裤 jǐnshēn liányīkù.

leper /'lepə(r)/ n [C] **1** 麻风[风]病患者 máfēngbìng huànzhě. **2** [喻]被排斥的人 bèi páichì de rén.

leprosy /'leprəsɪ/ n [U] 麻风[风]病 máfēngbìng.

lesbian /'lezbɪən/ n [C] 同性恋[恋]女子 tóngxìngliàn nǚzǐ. **lesbian** adj 女性同性恋的 nǚxìng tóngxìngliàn de.

less /les/ adj, pron 较少的 jiào-shǎode;更少的 gèngshǎode: ~ to do than I thought 做的事比我想的要少一些. **less** adv **1** 较少地 jiàoshǎode; 更少地 gèngshǎode: It rains ~ here. 这里的降雨量较少. **2** [习语] **even/much/still less** 更不用说 gèng búyòng shuō; 何况 gèng hékuàng. **less and less** 越来越小[小] yuè lái yuè xiǎo de; 越来越少地 yuè lái yuè shǎo de. **no less (than)** 多达[达] duōdá. **less**

lessen / level

prep 先扣除 xiān kòuchú; 减去 jiǎnqù: *$1000 a month ~ tax*. 扣除税款一月 1000 英镑.

lessen /'lesn/ v [I, T] (使)减少 jiǎnshǎo; (使)变[變]少 biànshǎo.

lesser /'lesə(r)/ *adj* 1 较小的 jiàoxiǎode; 次要的 gèngshàode. 2 不重要 [語]的 the *lesser of two evils* 两害 取其轻[輕]者.

lesson /'lesn/ *n* [C] 1 一节[節]课 yījiékè; 一堂课 yītángkè; *piano ~s* 钢琴课. 2 经[經]验[驗] jīngyàn; 教 训 jiàoxùn: *Let this be a ~ to you*! 把这件事当作你的教训吧!

lest /lest/ *conj* 为[爲]防 wèifáng; 以免 yǐmiǎn.

let /let/ v [-tt-; *pt, pp* **let**] 1 允许 yǔnxǔ; 让 ràng: *We ~ him leave*. 我们让他走了. 2 允许 进[進]入 yǔnxǔ jìnrù; 通过[過]tōngguò: ~ *sb into the house* 允 许某人进屋子里. 3 [习语] ~ '*go*! 我们走吧! 4 出租(房屋) chūzū. 5 [习语] **let alone** 更不必说 gèng búbì shuō: *We cannot even pay our bills, ~ alone make a profit*. 我们甚至连账都付不起, 更不必说赚钱了! **let sb/sth alone/be** ⇨ LEAVE¹. **let the 'cat out of the bag** 泄露秘密 xièlòu mìmì. **let sth 'drop** 说出 shuōchū; 泄露 tùlù. **let fly (at sb/sth)** 飞[飛]挪[揶] fēizhì; 攻击[擊] gōngjī. **let sb/sth go, let 'go of sb/sth** 释[釋]放 shìfàng; 释[釋]手 shìshǒu; 释放 shìfàng. **let oneself 'go** (a) 尽[盡]情 jìnqíng; 放纵[縱] fàngzòng. (b) 不再整齐[齊] búzài zhěngqí; 不 谨慎 bù jǐnshèn. **let one's 'hair down** [非正式用语]放松[鬆]一下 fàngsōng yíxià. **let sb 'have it** [俚]打击(某人); 惩[懲]罚(某 人) chéngfá. **let sb 'know (about sth)** 告诉 gàosu; 通知 tōngzhī. **let off 'steam** [非正式用语]宣泄[力或情感] xuānxiè. **let sb 'down** 不帮[幫]助 bù bāngzhù; 使失 望 shǐ shīwàng. **let sleeping dogs 'lie** 别惹事生非 bié rě shì shēng fēi, 莫自找麻烦 mò zì zhǎo máfan. **let sth 'slide** 任凭[憑]自然, 放任自流 fàngrèn zìliú; 听 [聽]其自然 tīng qí zìrán. **let sb 'slip** (a) 错过 cuòguò; 放过 fàngguò. (b) 无[無]意中吐露 wúyì zhōng tǔlù, 失言 shīyán: *let well alone* ⇨ WELL¹. 6 [短语动词] **let sb down** 使失望 shǐ shīwàng. **let sth down** (a) 放 长[長](衣服) fàngcháng. (b) 放掉

(车胎等的)气[氣] fàngdiào qì. **let sb/oneself in for sth** 使陷入(困境) shǐ xiànrù; 惹起(麻烦) rě qǐ. **let sb in on/into sth** [非正式用语]让(谁)知道(某人)zhīdào. **let sb off (with sth)** 不惩罚 bù chéngfá; 从轻[輕]处[處]理 cóng qīng chǔlǐ. **let sb off (sth)** 不强迫(某人)做(某事) bù qiǎngpò…zuò. **let sth off** 放(枪、炮、烟火等) fàng. **let 'on** [非正式用语]泄露秘密 mìmì; *Don't ~ on that you know*. 别把你知道的秘密泄露出去. **let sth out** 放宽 fàngkuān; 放大(衣服) fàngdà. **let sth up** (雨)减弱 jiǎnruò; 停止 tíngzhǐ: *The rain began to ~ up*. 雨开始减弱了. **let-down** /'letdaʊn/ *n* [C] 失望 shīwàng; 沮丧[喪] jǔsàng. **let-up** /'letʌp/ *n* [C, U] 减弱 jiǎnruò; 缓和 huǎnhé; 放松 fàngsōng.

lethal /'li:θl/ *adj* 致命的 zhìmìngde; 致死的 zhìsǐde.

lethargy /'leθədʒi/ *n* [U] 无[無]生气 [氣] wú shēngqì; 无兴[興]趣 wú xìngqù. **lethargic** /lə'θɑ:dʒɪk/ *adj*.

let's let us. ⇨ LET 3.

letter /'letə(r)/ *n* 1 [C] 信 xìn; 函件 hánjiàn. 2 [C] 字母 zìmǔ. '**letter-bomb** *n* [C] 信件炸弹[彈] xìnjiàn zhàdàn. '**letter-box** *n* [英国英语]信箱 xìnxiāng. 2 邮[郵]筒 yóutǒng. **lettering** /'letərɪŋ/ *n* [U] 字母字 zìmǔ; 字 zì.

lettuce /'letɪs/ *n* [C, U] 莴[萵]苣 wōjù;生菜 shēngcài.

leukaemia (美语-kem-) /lu:'ki:mɪə/ *n* [U] 白血病 báixuèbìng.

level¹ /'levl/ *adj* 1 水平的 shuǐpíngde; 平的 píngde. 2 (*with*) 等 高的 děnggāode; 同等的 tóngděngde: *Wales drew ~ early in the game*. 比赛初期威尔士队打了个 平局. 3 [习语] **do one's level 'best** 全力以赴 quán lì yǐ fù. '**level-crossing** *n* [C] (公路和铁路的)平面交叉处[處]dàokǒu, jiāochāchù; (平交)道口 dàokǒu, '**level-headed** *adj* 头[頭]脑[腦]冷静的 tóunǎo lěngjìngde; 清醒的 qīngxǐngde.

level² /'levl/ *n* 1 [C] 水平线[綫] shuǐpíngxiàn; 水平面 shuǐpíngmiàn. 2 [C] (测量的)数[數]值 shùzhí; 浓 度 nóngdù; 数量 shùliàng: *a high ~ of output* 高生产率. 3 [U] 等级

dēngjì; 水 平 shuǐpíng: *talks at management* ~ 管 理 人 员 的 商 谈.

level³ /'levl/ *v* [-ll-; 美式 -l-] [T] **1** 使成水平状(状)态[態] shǐ chéng shuǐpíng zhuàngtài. **2** 摧毁(建筑等) cuīhuǐ; 夷 平 yípíng. **3** (*at*) 瞄准[準] miáozhǔn; 对[對]准 duìzhǔn. **4** [短语动词] **level off/out (a)** (飞机在着陆前或在爬升、俯冲后)水平飞[飛]行 shuǐpíng fēixíng. (b) [喻] 呈 平 稳 (穩) 状态 chéng píngwěn zhuàngtài: *Prices ~led off.* 物价趋稳定. **level with sb** [非正式用语] 坦诚待人 tǎn chéng dài rén.

lever /'li:və(r)/ *n* **1** 杆[桿]杆[桿] gàn; 杠[槓]杆 gànggǎn. **2** 控制杆 kòngzhìgǎn; 操作杆 cāozuògǎn. **3** [喻](施加影响的)手段 shǒuduàn. 方法 fāngfǎ. **lever** *v* [T] 撬动[動] qiàodòng: *L~ it into position.* 用杠杆将其移入位置. **leverage** /'-ərɪdʒ/ *n* [U] **1** 杠杆作用 gànggǎn zuòyòng. **2** [喻]影响[響] yǐngxiǎng; 力量 lìliàng.

levy /'levɪ/ *v* [*pt*, *pp* -ied] 征(徵)收 zhēngshōu; 征集 zhēngjí: *~ a tax* 征税. **levy** *n* [C] [*pl* -ies] 征收额 zhēngshōu'é; 税款 shuìkuǎn.

lewd /lju:d; 美式 lu:d/ *adj* 淫荡(蕩)的 yíndàngde; 猥亵[褻]的 wěixiède: ~ *jokes* 下流的笑话.

liability /ˌlaɪə'bɪlətɪ/ *n* [*pl* -ies] **1** [U] 义[義]务[務] yìwù; 责任 zérèn. **2** liabilities [pl] 债务 zhàiwù. **3** [C] [非正式用语]不利 búlì; 妨碍[礙]者 fáng'àizhě: *An old car is a ~.* 旧车是个累赘.

liable /'laɪəbl/ *adj* **1** 有…倾向的 yǒu…qīngxiàng de: ~ *to make mistakes* 可能出差错. **2** 有可能遭受到 kěnéng zāoshòu zhe: ~ *to flu in winter* 冬天易患流感. **3** 应[應]负责的 yīng fùzé de: ~ *for debts* 对债务负责的.

liaise /lɪ'eɪz/ *v* [I] 取得联[聯]系[繫] qǔdé liánxì; 做联系人 zuò liánxì rén.

liaison /lɪ'eɪzn; US 'lɪeɪzɒn/ *n* **1** [U] 联[聯]络 liánluò. **2** [C] 私通 sītōng.

liar /'laɪə(r)/ *n* [C] 说谎的人 shuōhuǎngde rén.

libel /'laɪbl/ *n* [U,C] 诽谤 fěibàng. **libel** *v* [-ll-; 美式 -l-] [T] 发表文章等)诽谤 fěibàng. **libellous** (美语 **libelous**) /-bələs/ *adj*.

liberal /'lɪbərəl/ *adj* **1** 宽容的 kuānróngde; 大度的 dàdùde. **2** 慷慨的 kāngkǎide; 大方的 dàfangde: *a ~ supply* 大量的供应. **3** (教育)扩[擴]展知识[識]的 kuòzhǎn zhīshi de. **liberalism** *n* [C] 自由主义[義] zìyóu zhǔyì. **liberalize** /'lɪbəˌlaɪz/ *v* [T] 使自由化 shǐ zìyóuhuà: *~ize shop opening hours* 使营业时间不固定. **liberally** *adv*. the '**Liberal Party** *n* [*sing*] (英国政治)自由党[黨] Zìyóudǎng.

liberate /'lɪbəreɪt/ *v* [T] [正式用语]解放 jiěfàng; 使获[獲]自由 shǐ huò zìyóu. **liberated** *adj* 解放的 jiěfàngde. **liberation** /ˌlɪbə'reɪʃn/ *n* [U].

liberty /'lɪbətɪ/ *n* [*pl* -ies] **1** [U] [正式用语]自由 zìyóu; 自主 zìzhǔ. **2** [C] [正式用语]自由权(權)自由权 zìyóuquán. **3** [习语] **at liberty** 自由 zìyóu; 获[獲]得自由的 de. **take the liberty of doing sth** 擅自做某事 shànzì zuò mǒushì; 冒昧做某事 màomèi zuò mǒushì.

library /'laɪbrərɪ/ *n* [C] [*pl* -ies] 图书[書]馆[館] túshūguǎn. **librarian** /laɪ'breərɪən/ *n* [C] 图书馆长[長] túshūguǎnzhǎng.

lice *pl* of LOUSE.

licence (美语 **license**) /'laɪsns/ *n* [C,U] 执[執]照 zhízhào; 许可证[證] xǔkězhèng.

license (亦作 **licence**) /'laɪsns/ *v* [T] 给(某人)执[執]照(或许可证) gěi…zhízhào; 准许 zhǔnxǔ. **licensee** /ˌlaɪsən'si:/ *n* [C] 领有执照者 lǐngyǒu zhízhào zhě.

lick /lɪk/ *v* [T] **1** 舔 tiǎn: *The dog ~ed its paw.* 狗舔爪子. **2** [非正式用语]打败 dǎbài. **3** (波浪)轻[輕]拍 qīngpāi; (火焰)舔[舔]及 chùjí. **4** [习语] **lick one's lips** ⇒ LIP. **lick** *n* [C] 舔 tiǎn. **2** [*sing*] 少许 shǎoxǔ.

licorice [美语] = LIQUORICE.

lid /lɪd/ *n* **1** 盖[蓋]子 gàizi. **2** = EYELID (EYE).

lie¹ /laɪ/ *v* [*pt*, *pp* ~d, *pres p* **lying**] [I] 说谎 shuōhuǎng. **lie** *n* [C] 谎言 huǎngyán; 假话 jiǎhuà.

lie² /laɪ/ *v* [*pt* **lay** /leɪ/, *pp* **lain** /leɪn/, *pres p* **lying**] [I] **1** 躺 tǎng; 平卧 píngwò. **2** 平放 píngfàng. **3** 处[處]于某种(種)状[狀]态: *machines lying idle* 闲置的机器. **4**

位于 wèiyú: *The town ~s on the coast*. 这座城镇位于海滨. **5** 展现 zhǎnxiàn; 伸展 shēnzhǎn: *The valley lay before us*. 山谷展现在我们面前. **6** (抽象事物)存在 cúnzài; 在于 zàiyú: *It does not ~ within my power to help you*. 要帮助你实在是超出了我的能力范围. **7** [习语] **lie in 'wait (for sb)** 隐〔隱〕蔽 yǐnbì. **lie 'low** [非正式用语]不出声〔聲〕 bù chūshēng; 隐藏 yǐncáng. **not take sth lying 'down** 不甘忍受侮辱 bùgān rěnshòu wǔrǔ. **8** [短语动词] **lie behind sth** 是某事的原因或理由 shì mǒushìde yuányīn huò lǐyóu. **lie down** 躺着 tǎngzhe; 躺下 tǎngxià. **lie with sb** [正式用语]是(某人)的义〔義〕务〔務〕、责任 shì… de yìwù、zérèn: *The final decision ~s with the director*. 最后的决定由主任做主. **lie** *n* [sing] **1** 状态 zhuàngtài; 位置 wèizhì. **2** [习语] **the ˌlie of the 'land** (a) 地形地貌 dìxíng dìmào. (b) [喻]事态 shìtài. **'lie-down** *n* [sing] [非正式用语]小睡 xiǎoshuì; 小憩 xiǎoqì. **'lie-in** *n* [sing] [非正式用语]睡懒觉〔覺〕 shuì lǎn jiào.

lieutenant /lef'tenənt; *US* luː't-/ *n* [C] 陆〔陸〕军〔軍〕中尉 lùjūn zhōngwèi; 海军上尉 hǎijūn shàngwèi.

life /laɪf/ *n* [*pl* **lives** /laɪvz/] **1** [U] 生命 shēngmìng. **2** [U] 生物 shēngwù: *Is there ~ on Mars?* 火星上有生物吗? **3** [U] 人生 rénshēng: *He expects a lot from ~*. 他对生活所求很多. **4** [C] 人 rén: *Many lives were lost*. 许多人丧生. **5** [C] 一生 yìshēng; 终身 zhōngshēn: *She spent her whole ~ in Canada*. 她在加拿大度过一生. **6** [U] (亦作 **life sentence**) [非正式用语]终身监〔監〕禁 zhōngshēn jiānjìn; 无〔無〕期徒刑 wúqī túxíng. **7** 社交活动〔動〕 shèjiāo huódòng: *Join the navy and see ~!* 参加海军, 可增广见识. **8** [U] 活力 huólì; 精力 jīnglì: *full of ~* 充满活力. **9** [C, U] 生活方式 shēnghuó fāngshì: *city ~* 城市生活方式. **10** [C] 传〔傳〕记 zhuànjì: *a ~ of Dante* 但丁传. **11** [U] (美术创作中的)实〔實〕物 shíwù; 活体〔體〕模型 huótǐ móxíng: *a portrait drawn from ~* 以真人作模特儿的画像. **12** [C] 寿〔壽〕命 shòumìng; 有效期 yǒuxiàoqī: *a battery with a ~ of three years* 寿命为三年的电池. **13** [习语] **come to 'life** 表现生气〔氣〕或活力 biǎoxiàn shēngqì huò huólì. **for the 'life of one** [非正式用语]无〔無〕论〔論〕怎样〔樣〕努力 wúlùn zěnyàng nǔlì. **the life and soul of the party** [非正式用语](聚会等的)最活跃〔躍〕的人物 zuì huóyuè de rénwù. **not on your 'life** [非正式用语]当〔當〕然不 dāngrán bù. **take one's life in one's hands** 冒生命危险〔險〕 mào shēngmìng wēixiǎn. **take sb's 'life** 杀〔殺〕死某人 shāsǐ mǒurén. **'lifebelt** (亦作 **lifebuoy**) *n* [C] 救生带〔帶〕 jiùshēngdài; 救生圈 jiùshēngquān. **'life-boat** *n* [C] 救生艇 jiùshēngtǐng; 救生船 jiùshēngchuán. **'life cycle** *n* [C] [生物]生活周期 shēnghuó zhōuqī; 生活史 shēnghuóshǐ: *the ~ cycle of a frog* 蛙的生活周期. **'life-guard** *n* [C] 救生员 jiùshēngyuán. **'life-jacket** *n* [C] 救生衣 jiùshēngyī. **lifeless** *adj* **1** 死的 sǐde. **2** 无生气的 wú shēngqì de; 沉闷的 chénmènde. **'lifelike** *adj* 逼真的 bīzhēnde; 栩栩如生的 xǔxǔ rú shēng de: *a ~like painting* 栩栩如生的绘画. **'life line** *n* [C] **1** 救生索 jiùshēngsuǒ. **2** [喻]生命线〔綫〕 shēngmìngxiàn. **'lifelong** *adj* 毕〔畢〕生的 bìshēngde; 终身的 zhōngshēnde. **'life-size(d)** *adj* 与〔與〕真人(或实物)一样〔樣〕大小的 yǔ zhēnrén yíyàng dà xiǎo de. **'life-span** *n* [C] 寿〔壽〕命 shòumìng; 生命期限 shēngmìng qīxiàn; 使用期 shǐyòngqī. **'life-style** *n* [C] 生活方式 shēnghuó fāngshì. **'lifetime** *n* [C] 一生 yìshēng; 终身 zhōngshēn.

lift /lɪft/ *v* **1** [T] 举〔舉〕起 jǔqǐ; 抬起 táiqǐ. **2** [T] 使高兴〔興〕 shǐ gāoxìng: *The news ~ed her spirits*. 这个消息让她精神振奋. **3** [I] (云、雾等)消失 xiāoshī; 消散 xiāosàn. **4** [T] 撤销 chèxiāo; 解除 jiěchú. **5** [T] [非正式用语]偷 tōu. **6** [习语] **not lift a finger** [非正式用语]不帮〔幫〕忙 bù bāngmáng. **7** [短语动词] **lift off** (航天器)发〔發〕射 fāshè; 起飞〔飛〕 qǐfēi; 升〔昇〕空 shēngkōng. **lift** *n* **1** [sing] 举 jǔ; 抬 tái. **2** [C] 电〔電〕梯 diàntī; 升降机〔機〕 shēngjiàngjī. **3** [C] 免费搭车〔車〕 miǎnfèi dāchē; 搭便车 dā biànchē: *a ~ to the station* 搭便车去车站. **4** [sing] 鼓舞 gǔwǔ; 振奋〔奮〕 zhènfēn. **'lift-off** n [C,U] (航天器)发射 fāshè; 升空 shēngkōng; 起飞 qǐfēi.

ligament /'lɪgəmənt/ n [C] 韧[韧]带(带) rèndài.

light¹ /laɪt/ n **1** [U] 光 guāng; 光线(线) guāngxiàn: the ~ of the sun 阳光. **2** [C] 光源 guāngyuán; 电[电]灯(灯) diàndēng. **3** [C] 点[点]火物 diǎnhuǒwù; 火焰 huǒyàn. **4** [U] 了[瞭]解 liǎojiě; 领悟 lǐngwù. **5** [sing] (观察人、物的)角度 jiǎodù, 眼光 yǎnguāng: see things in a good ~ 从适当的角度看事物. **6** [习语] **bring sth/come to 'light** 揭露(某事) jiēlù; 暴露 bàolù. **cast/ shed/throw light on sth** 使某事清楚些 shǐ mǒushì qīngchǔ xiē. **in the light of sth** 考虑[虑]到某事 kǎolǜ dào mǒushì; in the ~ of this news 考虑到这条新闻. **light at the end of the tunnel** 历[历]尽(苦)尽[尽]甘来 lì jǐn gān lái/幸福等 II **in** jiānxīn hòu de chénggōng; 苦尽甘来 kǔ jǐn gān lái. **'light bulb** = BULB 1. **'lighthouse** n [C] 灯塔 dēngtǎ. **'light-year** n [C] 光年 guāngnián. **2** [喻用 pl]非正式用语]长(长)期 chángqī.

light² /laɪt/ adj **1** (地方)明亮的 míngliàngde: a ~ room 明亮的房间. **2** 淡色的 dànsède; 浅(浅)色的 qiǎnsède: ~ blue eyes 淡蓝色的眼睛.

light³ /laɪt/ v [pt, pp **lit** /lɪt/或 **lighted**] **1** [I,T] 点[点]燃 diǎnrán; 点 diǎn. **2** [I] 开[开](灯) kāi. **3** [T] 提供光源 tígōng guāngyuán: a castle lit by coloured lights 彩色灯照亮的城堡. **4** [短语动词] **light up** [非正式用语]点(烟)吸起来 diǎn…xī qǐlái, **light (sth) up** 发光 fāguāng; 容光焕发 róngguāng huànfā: The fire lit up the whole sky. 火光照亮了整个天空. **lighting** n [U] 照明设备(备) zhàomíng shèbèi.

light⁴ /laɪt/ adj **1** 轻[轻]的 qīng-de; 不重的 bùzhòngde. **2** 少量的 shǎoliàngde: (比平均重量)轻的 qīngde: ~ rain 小雨. **3** 轻柔的 qīngróude; a ~ touch 轻轻的一碰. **4** 容易做的 róngyì zuò de: ~ work 轻活儿. **5** 轻松(松)的 qīngsōngde: ~ reading 消遣读物. **6** 不严[严]厉[厉]的 bù yánlì de: a

~ attack of flu 轻度流感. **7** (食物)易消化的 yì xiāohuà de. **8** (睡眠)不沉的 bùchénde; 不甜的 bùtiánde. **9** (饮料)酒精含量低的 jiǔjīng hánliàng dī de; 淡味的 dànwèide. **10** [习语] **make light of sth** 轻视 qīngshì; 视…为[为]微不足道 shì…wéi wēi bù zú dào. **light-'fingered** adj [非正式用语]好偷窃[窃]的 guǎnqiède, **light-'headed** adj 眩晕的 xuànyūnde, **'light-hearted** adj 轻松愉快的 qīngsōng yúkuài de. **'light 'industry** 轻工业(业) qīnggōngyè, **lightly** adv **1** 轻轻地 qīngqīngde, **2** 轻率地 qīngshuàide, **3** [习语] **get off 'lightly** [非正式用语]逃避重罚 táobì zhòngfá. **lightness** n [U.]. **lightweight** n [C] **1** (体重为59—61千克的)轻量级拳击(击)手 qīngliàngjí quánjīshǒu. **2** [非正式用语]无足轻重的人 wú zú qīngzhòng de rén.

light⁵ /laɪt/ v [pt, pp **lit** /lɪt/或 **lighted**] [正式用语] [短语动词] **light on/upon sb/sth** 偶遇某人(或某事) ǒu yù mǒurén.

lighten¹ /'laɪtn/ v [I,T] 减轻[轻] jiǎnqīng; 变[变]轻 biànqīng.

lighten² /'laɪtn/ v [I,T] (使)变[变]得明亮 biàn de míngliàng.

lighter /'laɪtə(r) / n [C] 打火机(机) dǎhuǒjī.

lightning /'laɪtnɪŋ/ n [U] 闪电(电) shǎndiàn. **lightning** adj 闪电般的 shǎndiànbānde; 快速的 kuàisùde: at ~ speed 飞电般的速度. **'lightning conductor** (美语 **lightning rod**) n [C] 避雷针 bìléizhēn.

like¹ /laɪk/ v [T] **1** 喜欢(欢) xǐhuan; 喜爱(爱) xǐ'ài, **2** [用于否定句]愿意 yuànyì: I didn't ~ to stop you. 我不愿意阻止你. **3** (与should 或would连用, 表示期望或选择) Would you ~ a cup of tea? 你要不要来一杯茶? I'd ~ to think about it. 我愿意考虑考虑. **4** [习语] **if you like** (作表示同意或建议的礼貌用语). **not like the look/sound of sth** 对某事有不好的印象 duì mǒushì yǒu bùhǎode yìnxiàng. **likeable** (亦作 **likable**) adj 讨人喜欢的 tǎo rén xǐhuān de, **likes** n [pl] [习语] **likes and 'dislikes** 好恶[恶] hàowù; 爱憎 àizēng.

like² /laɪk/ prep **1** 像 xiàng; 像

一样[樣] xiàng…yíyàng: *a hat ~ mine* 和我那顶一样的帽子. **2** 符合(某人或某事物)的特点[點] fúhé…tèdiǎn: *It's just ~ him to be rude.* 像他那样的人才会无礼. **3** 像(某人或某事) ~ 一样 xiàng…yíyàng: *behave ~ children* 举止像孩子. *drink ~ a fish* 大口大口地喝. **4** 例如 lìrú; 比如 bǐrú: *sports, ~ football and hockey* 体育项目, 比如足球和曲棍球. **5** [习语] **like 'anything** [非正式用语] 全力 yì quánlì. **like conj** [非正式用语] **1** 像…那样 xiàng…nàyàng: *No one sings ~ she did.* 唱歌谁也比不上她. **2** (尤用于美语)好像 hǎoxiàng.

like³ /laɪk/ *adj* 相似的 xiāngsìde; 同样的 tóngyàngde. **like n** [sing] 相似的人(或事物) xiāngsìde rén: *music, painting and the ~* 音乐、绘画等等. **~ -'minded** 志趣相投的 zhìqù xiāngtóu de.

likelihood /'laɪklɪhʊd/ *n* [U] 可能(性) kěnéng.

likely /'laɪklɪ/ *adj* [-ier, -iest] **1** 预期的 yùqīde; 可能的 kěnéngde: ~ *to rain* 像要下雨. **2** [习语] a **likely story** [反语](用以表示对某人的话不相信)说得倒像是真的 shuōde dào xiàng shì zhēnde. **likely** *adv* 大概 dàgài; **as likely as not**, **most/very likely** (很)可能 kěnéng. **not likely** [非正式用语] 决不可能 juébù kěnéng.

liken /'laɪkən/ *v* [T] ~ *to* [正式用语]把…比做 bǎ…bǐzuò.

likeness /'laɪknɪs/ *n* [C, U] 相像 xiāngxiàng; 相似 xiāngsì: *a family ~* 家族特征.

likewise /'laɪkwaɪz/ *adv* 同样[樣]地 tóngyàngde; 照样地 zhàoyàngde.

liking /'laɪkɪŋ/ *n* [sing] **have a liking for sth** 喜爱[愛] xǐ'ài. **to sb's liking** [正式用语]合某人之意 hé mǒurén yì.

lilac /'laɪlək/ *n* [C] 丁香 dīngxiāng. **2** [U] 淡紫色 dànzǐsè.

lilt /lɪlt/ *n* [sing] (说话时声音的)抑扬[揚]顿挫 yìyáng dùncuò. **lilting** *adj*.

lily /'lɪlɪ/ *n* [C] [*pl* -ies] 百合 bǎihé; 百合花 bǎihéhuā.

limb /lɪm/ *n* [C] **1** 肢 zhī; 臂 bì; 腿 tuǐ; 翼 yì. **2** (树的)主枝 zhǔzhī. **3** [习语] **out on a 'limb** [非正式用语]处(處)于孤立无[無]援的境地 chǔyú gūlì wúyuán de jìngdì.

limber /'lɪmbə(r)/ *v* [短语动词] **limber 'up** (运动前)做准[準]备[備]活动[動] zuò zhǔnbèi huódòng.

limbo /'lɪmbəʊ/ *n* [习语] **in limbo** 处[處]于不定(或中间)状[狀]态[態] chǔyú bùdìng zhuàngtài: *The company is in ~.* 公司处于不稳[穩]定状态.

lime¹ /laɪm/ *n* [U] 石灰 shíhuī. **'limestone** *n* [U] 石灰岩 shíhuīyán.

lime² /laɪm/ *n* [C] 椴树[樹] duànshù.

lime³ /laɪm/ *n* [C] 酸橙树[樹] suānchéngshù; 酸橙 suānchéng.

limelight /'laɪmlaɪt/ *n* **in the limelight** [sing] 公众[衆]注意中心 gōngzhòng zhùyì zhōngxīn.

limerick /'lɪmərɪk/ *n* [C] 五行打油诗 wǔháng dǎyóushī.

limit /'lɪmɪt/ *n* [C] **1** 界线[綫]线[綫] xiàn; 界限 jièxiàn. **2** 最大限度 zuìdà xiàndù; 限量 xiànliàng. **3** [习语] (**be**) **the limit** [俚]能忍受的极[極]限 néng rěnshòu de jíxiàn. **off 'limits** [美语] = OUT OF BOUNDS (BOUNDS). **within 'limits** 有限度地 yǒu xiàndù de: *You are free to spend money, within ~s.* 你在一定范围内可自由地花钱. **limit** *v* [T] 限制 xiànzhì; 限定 xiàndìng. **limitation** /ˌlɪmɪ'teɪʃn/ *n* [U] 限制 xiànzhì; 限定 xiàndìng. **2** [C] 局限 júxiàn; 限制因素 xiànzhì yīnsù. **limited** *adj* **1** 有限的 yǒuxiànde; 少的 shǎode; 小的 xiǎode. **2** (企业等)有限责任的 yǒuxiàn zérèn de. **limitless** *adj* 无[無]限制的 wú xiànzhì de; 无限度的 wú xiàndù de; 无界限的 wú jièxiàn de.

limousine /'lɪməzi:n/ *n* [C] (前后座间用玻璃隔开的)豪华[華]轿[轎]车 háohuá jiàochē.

limp¹ /lɪmp/ *v* [I] 跛行 bǒxíng; 蹒跚 pánshān. **limp** *n* [sing] 跛行 bǒxíng.

limp² /lɪmp/ *adj* 柔软的 róuruǎnde; 软弱的 ruǎnruòde. **limply** *adv*. **limpness** *n*.

linchpin /'lɪntʃpɪn/ *n* [C] **1** 制轮[輪]楔 zhìlúnxiē. **2** [喻]关[關]键性人物(或事物) guānjiàn xìng rénwù.

line¹ /laɪn/ *n* [C] **(a)** 线[綫]xiàn; 线条 xiàntiáo. **(b)** [常作 *pl*](手或脸上的)纹 wén: *lines on his face* 他脸上的皱纹. **2** [C] 界线 jièxiàn; 边[邊]界 biānjiè; ~

marking a tennis court 网球场的场界。3 [C] (军事)防线 fángxiàn. 4 [C] (人或物的)行 háng, 排 pái, 列 liè: *customers standing in a* ~. 顾客排成队。5 [C, 常作 sing] 家族 jiāzú;家族 jiāzú. 6 [C] (a) 字行 zìháng. (b) **lines** [pl] 台词 táicí. 7 [C] [非正式用语] 短简 duǎnjiǎn;便条 (條) biàntiáo. 8 [C] 线 xiàn(繩) shéng;索 suǒ. 9 [C] 电(電)话线 diànhuàxiàn: *Our firm has* 20 ~s. 我们公司有 20 条电话线。10 [C] (铁路的)轨道 guǐdào;线路 xiànlù. 11 **lines** [pl] 外形 wàixíng;轮(輪)廓 lúnkuò. 12 [C] (行动、行为、思想的)方针 fāngzhēn,路线 lùxiàn: *a new* ~ *of research* 一种新的研究方针. 13 [sing] 方向 fāngxiàng;路线 lùxiàn: *the* ~ *of gunfire* 炮火射击路线. 14 [C] 运(運)输公司 yùnshū gōngsī: *a 'shipping* ~ 航运公司. 15 [sing] (a) 行业(業)领域 lǐngyù: *a job in the banking* ~ 在银行的工作. (b) (产品的)类(類)别 lèibié;种(種)类 zhǒnglèi: *a new* ~ *in coats* 一种新款式的大衣. 16 [习语] **in line for sth** 有可能获(獲)得 yǒu kěnéng huòdé. **in line with sth** 与(與)一致 yǔ...yīzhì. (put sth) on the 'line 冒生命(财产)风(風)险[險]做某事 mào fēngxiǎn zuò mǒushì. on the right 'lines 正确(確)的 zhèngquède. out of 'line (with sb/sth) (a) 不成一直线 bùchéng yīzhíxiàn. (b) 出格 chūgé. 'line-drawing n [C] (用钢笔、铅笔)线条画(畫) xiàntiáohuà. 'line-printer n [C] (计算机的)行式打印机(機) hángshì dǎyìnjī.

line² /laɪn/ v [T] 1 用线(線)标(標)示 yòng xiàn biāoshì;划线(線)于 huà xiàn: ~*d paper* 印有横格的纸. 2 沿...排列成行 yán...pái-liè chéngháng: *a road* ~*d with trees* 树木成行的道路. 3 [短语动词] **line (sb) up** (使)排成行 pái chéngháng. **line sth up** [非正式用语]安排(某事)ānpái;组织(織)zǔ-zhī. 'line-up *n* [C] 1 事先检查 shìxiān jiǎnchá. 2 一排人 yīpái rén,(同一目的)一组人 yīzǔ rén;(同一用途的)一批东西 yīpī dōngxi.

line³ /laɪn/ v [T] 1 加衬(襯)里(裏)于 jiā chènlǐ yú;(用...)衬里(裏)chènlǐ: *fur-* ~*d gloves* 毛皮里的手套. 2 [习语] **line one's (own) pocket(s)** 以钱(錢)装(裝)入私囊(尤指来路不正的钱)yǐ qián zhuāngrù sīnáng.

linear /'lɪnɪə(r)/ *adj* 1 线(線)的 xiànde;直线的 zhíxiànde. 2 长(長)度的 chángdude: ~ *measurement* 长度.

linen /'lɪnɪn/ *n* [U] 亚(亞)麻布 yàmábù;亚麻制(製)品 yàmá zhìpǐn.

liner¹ /'laɪnə(r)/ *n* [C] 班轮(輪)bānlún;邮(郵)轮 yóulún.

liner² /'laɪnə(r)/ *n* [C] (用于构成复合词)衬(襯)里(裏)chènlǐ;衬垫(墊)chèndiàn;bin-~s (衬在垃圾桶内的)垃圾塑料袋.

linesman /'laɪnzmən/ *n* [C] (*pl* -**men**) (球赛中的)边(邊)线人员 biānxiàn rényuán;巡边员 xúnbiānyuán.

linger /'lɪŋgə(r)/ *v* [I] 逗留 dòuliú;徘徊 páihuái. **lingering** *adj* 拖留的 tuōliúde;拖延的 tuōyánde: *a* ~ *illness* 久病不愈.

lingerie /'lænʒəri; US ˌlɑːndʒə'reɪ/ *n* [U] [正式用语]女内衣 nǚ nèiyī.

linguist /'lɪŋgwɪst/ *n* [C] 1 通晓(曉)数(數)国(國)语言的人 tōngxiǎo shùguó yǔyán de rén. 2 语言学(學)家 yǔyánxuéjiā. **linguistic** /lɪŋˈgwɪstɪk/ *adj* 语言的 yǔyánde;语言学的 yǔyánxuéde. **linguistics** *n* [用 sing v] 语言学 yǔyánxué.

liniment /'lɪnɪmənt/ *n* [C,U] 搽剂(劑)(指去痛剂) cházì;擦剂 cājì.

lining /'laɪnɪŋ/ *n* [C,U] 衬(襯)里(裏)chènlǐ;里子 lǐzi: *a fur* ~ 毛皮里.

link /lɪŋk/ *n* [C] 1 联(聯)系(繫)liánxì;关(關)系(係)guānxì. 2 (链的)环(環)huán,圈 quān. 3 (计算机网络)链接点 liànjiēdiǎn. **link** *v* 1 [T] 连接 liánjiē;联系 liánxì. 2 [短语动词] **link (sth) up (with sth)** 将(將)...连接起来 jiāng...liánjiē qǐlái.

lino /'laɪnəʊ/ *n* [U] [非正式用语] short for LINOLEUM.

linoleum /lɪˈnəʊlɪəm/ *n* [U] (亚麻)油地毡(氈)yóudìzhān.

lint /lɪnt/ *n* [U] (作绷带等用的)纱布 shābù.

lion /'laɪən/ *n* [C] 狮(獅)子 shīzi. 2 [习语] **the 'lion's share (of sth)** 最大部分 zuìdà bùfen. **lioness** *n* [C] 母狮 mǔshī.

lip /lɪp/ *n* 1 [C] 嘴唇 zuǐchún. 2 [C] (器皿的)边(邊)的边 biān. 3 [U] [俚]无礼

突无[無]礼(禮)的话 tángtū wúlǐ de huà. **4** [习语] lick/smack one's lips [非正式用语]舔嘴唇(表示满意,渴望等) tiǎn zuǐchún. **one's lips are sealed** 闭口不谈 bìkǒu bù tán. 'lip-read v [pt, pp lip-read /-red/] [I] 观(觀)唇形(说话人)嘴唇动[動]作来理解(话语) guānchá…zuǐchún dòngzuò lái lǐjiě; [读(讀)唇形] chúndú. 'lip-reading n [U]. 'lip-service n [习语] give/pay 'lip-service to sth 空(空)头(頭)许(許)诺 不兑现口头上事实(實)不一致 ... kǒuhuì er shí bùzhì. 'lipstick n [C, U] 口红 kǒuhóng;唇膏 chúngāo.

liqueur /lɪˈkjʊə(r); US liˈkɜr/ n [C, U] (通常指甜的)烈性酒 lièxìngjiǔ.

liquid /ˈlɪkwɪd/ n [C, U] 液体(體) yètǐ. **liquid** adj **1** 液体的 yètǐde. **2** 清澈的 qīngchède; ~ blue eyes 水汪汪的蓝眼睛. **3** (声音)清脆的 qīngcuìde;流畅(暢)的 liúchàngde. **4** 易变(變)为(爲)现金的或可变现的 yì biànwéi xiànjīn de: ~ assets 流动资产.

liquidate /ˈlɪkwɪdeɪt/ v [T] **1** [非正式用语]除掉(某人)(尤指杀掉) chúdiào. **2** 清算(破产的企业等) qīngsuàn;清理 qīnglǐ. **liquidation** /ˌlɪkwɪˈdeɪʃn/ n [U].

liquidize /ˈlɪkwɪdaɪz/ v [T] 将(將)(水果,蔬菜等)榨成汁 jiàng… zhà chéng zhī. **liquidizer** (尤用于美国 blender) n [C] (电动的)果汁机(機) guǒzhīzhī.

liquor /ˈlɪkə(r)/ n [U] [尤用于美语]烈性酒 lièxìngjiǔ. 'liquor store n [C] [美语]酒店 jiǔdiàn.

liquorice /ˈlɪkərɪs, -ɪʃ/ n [U] 甘草 gāncǎo.

lisp /lɪsp/ v [I] 用咬舌音说(s/音 读 th/θ/) yòng yǎoshéyīn shuō, lisp n [sing] 咬舌儿(兒) yǎoshér.

list[1] /lɪst/ n [C] 一览(覽)表 yīlǎnbiǎo;名单(單) míngdān;目录(錄)mùlù;表 biǎo. list v [T] 把…列入表册(目录、名册)等 … lièrù biǎocè;把…造册 zàocèbǎo;把…编目 bǎ…biān mùlù.

list[2] /lɪst/ v [I] (尤指船只)倾侧(側) qīngcè;倾斜 qīngxié. list n [sing] (船)倾侧 qīngcè;倾斜 qīngxié.

listen /ˈlɪsn/ v [I] **1** ~ (to) (sth) 听 tīng;倾听 qīngtīng;L— carefully to what I'm saying. 仔细听我说话. **2** (to) (sb) 听从 tīngcóng;听(聽)从(從)劝告 tīngcóng quàngào;I warned you, but you wouldn't ~ . 我提醒过你,可你

不听. **3** [短语动词] listen 'in (to sth) (a) 收听电(電)台(臺)广(廣)播 shōutīng diàntái guǎngbō. (b) 偷听(谈话) tōutīng. **listener** n [C].

listless /ˈlɪstlɪs/ adj 无[無]精打采的 wú jīng dǎ cǎi de; 倦怠的 juàndàide. **listlessly** adv.

lit pt, pp of LIGHT[3,5].

liter [美语] = LITRE.

literacy /ˈlɪtərəsɪ/ n [U] 读(讀)写(寫)能力 dú xiě nénglì.

literal /ˈlɪtərəl/ adj **1** 照字面的 zhào zìmiàn de;原义(義)的 yuányìde. **2** 逐字的 zhúzìde;a ~ translation 逐字翻译(或直译). **literally** adv **1** 逐字地 zhúzìde;按照字面地 ànzhào zìmiàn de [用以加强语气];I was ~ly bored to tears. 我真的十分厌烦. **2** 逐字地 zhúzìde:translate ~ly 逐字翻译.

literary /ˈlɪtərərɪ; US ˈlɪtərerɪ/ adj 文学(學)的 wénxuéde;作家的 zuòjiāde.

literate /ˈlɪtərət/ adj **1** 有读(讀)写(寫)能力的 yǒu dú xiě nénglì de, **2** 有文化的 yǒu wénhuà de 有教养(養)的 yǒu jiàoyǎng de.

literature /ˈlɪtrətʃə(r); US -tʃʊər/ n [U] **1** 文学(學) wénxué;文学作品 wénxué zuòpǐn, **2** (某学科的)文献(獻) wénxiàn. **3** [非正式用语]印刷品 yìnshuāpǐn;宣传(傳)品 xuānchuánpǐn.

lithe /laɪð/ adj (身体)柔软的 róuruǎnde;易弯(彎)曲的 yì wānqū de.

litigation /ˌlɪtɪˈɡeɪʃn/ n [U] 诉讼 sùsòng;打官司 dǎ guānsi.

litre /ˈliːtə(r)/ n [正式用语] 升(容量单位) shēng.

litter /ˈlɪtə(r)/ n **1** [U] 废(廢)弃(棄)物(如纸屑、瓶子等) fèiqìwù, **2** [C] (一胎生下的)小动(動)物 xiǎo dòngwù;一窝(窩) yīwō. litter v [T] 乱丢(丟);扔杂(雜)物于 luàn rēng záwù yú;使 凌乱 shǐ língluàn. 'litterbin n [C] 废物箱 fèiwùxiāng.

little[1] /ˈlɪtl/ adj 小的 xiǎode: ~ cups 小杯子. **2** (距离、时间)短的 duǎnde;wait a ~ while 等一小会儿. **3** 微不足道的 wēi bù zú dào de;a ~ mistake 小错. **4** 幼小的 yòuxiǎode.

little[2] /ˈlɪtl/ adj [less, least] 少量的 shǎoliàngde;不足的 bùzúde;I have very ~ time to spare. 我没有多余的时间. **little** pron [U], n 少量 shǎoliàng;I understood

~ of what she said. 她说的我只听懂一点。**little** adv 1 稍许 shāoxǔ; 些少 xiēshǎo; I slept very ~ last night. 昨晚我睡得很少。L~ does he know what trouble he's in. 他对自己所处的困境一无所知。2 [习语] **little by little** 逐渐地 zhújiàndе。

little³ /'lɪtl/ pron, adj 少量 shǎoliàng; 些微 xiēwēi; a ~ sugar 少许糖。**a little** adv 有些 yǒuxiē; 有几(幾)分 yǒu jǐfēn: a ~ afraid 有点怕。

live¹ /lɪv/ v 1 [I] 活着 huózhe。2 [I] 活 huó; 生存 shēngcún: The doctors don't think he'll ~ in Leeds 住在里兹 lǐzī。3 [I] 居住 jūzhù; ~ in Leeds 住在里兹 lǐzī。3 [I] 生活 shēnghuó; 过(過)活 guòhuó: ~ happily 过幸福地生活。5 [I] 享受生活乐(樂)趣 xiǎngshòu shēnghuó lèqù。6 [习语] **live beyond/within/in one's means** 入不敷出 rù bù fū chū; [喻] 量入为(為)出 liàng rù wéi chū; **live from hand to mouth** 仅(僅)能糊口 jǐn néng húkǒu。**live it up** [非正式用语] 享乐 xiǎnglè。7 [短语动词] **live sth down** 以某种(種)方式生活使忘却(过去的丑行等) yǐ mǒuzhǒng fāngshì shēnghuó shǐ wàngquè。**live for sth** 以…为生活目标(標) yǐ…wéi shēnghuó mùbiāo。**live in/out** 寄宿在工作处(處) jìsù zài gōngzuòchù; 不寄宿在工作处处 bù jìsù zài gōngzuòchù。**live off sb** 依赖…生活 yīlài…shēnghuó; 靠某人 yīlài…shēnghuó。**live on (a)** 以某物为主食 yǐ mǒuwù wéi zhǔshí; **(b)** 靠(某种经济来源)生活 kào…shēnghuó。**live through sth** [经历(歷)] 而未死 jīnglì…ér wèisǐ; ~ through two wars 经历过两次战争而幸存。**live together** 同居 tóngjū。**live up to sth** 符合(某种标准)同居 tóngjū: The new house ~ up to my expectations. 新房子符合我的期望。**live with sb** 同居 tóngjū。**live with sth** 接受 jiēshòu; 容忍 róngrěn。

live² /laɪv/ adj 1 活的 huóde; 活着的 huózhede。2 点(點)燃着的 diǎnránzhede; 发(發)着光的 fāzheguāngde: ~ coals 烧着着的煤。3 未爆炸的 wèi bàozhà de; 未点火的 wèi diǎnhuǒ de: a ~ bomb 未爆炸的炸弹。4 (电线)带(帶)电(電)的 dàidiànde; 通电的 tōng-

diànde。5 (广播)现场(場)直播的 xiànchǎng zhíbō de; 实(實)况转(轉)播的 shíkuàng zhuǎnbō de。6 (当前)重要的 zhòngyàode; 令人关(關)切的 lìng rén guānqiè de: a ~ issue 当前的大问题。

livelihood /'laɪvlɪhud/ n [C, 常作 sing] 生活 shēnghuó; 生计 shēngjì。

lively /'laɪvlɪ/ adj [-ier, -iest] 1 充满生气(氣)的 chōngmǎn shēngqì de; 精力充沛的 jīnglì chōngpèi de。2 (颜色)鲜明的 xiānmíngde; 鲜艳(艷)的 xiānyàndе, **liveliness** n [U] 。

liven /'laɪvn/ v [短语动词] **liven (sb/sth) up** (使某人或某物)有生气(氣) yǒu shēngqì; (使)活跃(躍) huóyuè。

liver /'lɪvə(r)/ n 1 [C] 肝脏(臟) gānzàng。2 [U] (牛、鸡等供食用的)肝 gān。

lives pl of LIFE.

livestock /'laɪvstɒk/ n [U] 家畜 jiāchù;牲畜 shēngchù。

livid /'lɪvɪd/ adj 1 [非正式用语]大怒的 dànùde。2 铅色的 qiānsède; 青灰色的 qīnghuīsède。

living /'lɪvɪŋ/ adj 1 活的 huóde; 活着的 huózhede。2 尚在使用的 shàng zài shǐyòng de: a ~ language 现用的语言。3 [习语] **be the living image of sth** ⇨IMAGE. **within/in living memory** 在当(當)今人的记忆(憶)中 zài dāngjīn rén de jìyì zhōng。**the living** n [pl] 活着的人 huózhede rén。

living² /'lɪvɪŋ/ n 1 [sing] 生计 shēngjì。2 [U] 生活方式 shēnghuó fāngshì: a low standard of ~ 低水准的生活。**'living-room** [C] 起居室 qǐjūshì; 客厅(廳) kètīng。

lizard /'lɪzəd/ n [C] 蜥蜴 xīyì; 四脚蛇 sìjiǎoshé。

load /ləud/ n 1 [C] 负荷 fùhè;负载 fùzài。2 [C] (尤用于构成复合词)载(裝)载 量 zhuāngzàiliàng: coach ~s of tourists 一车一车的游客。3 [C] (机器等的)负载 fùzài;负荷 fùhè。4 [C] [喻](责任、忧虑等的)沉重感 chénzhònggǎn。5 **loads (of)** [pl] (非正式用语)大量 dàliàng: ~s of money 很多钱。**load** v 1 [I, T] 装载 zhuāngzài; (使)负荷 fùhè: ~ cargo onto a ship 装船。2 [T] **(a)** 把弹(彈)药(藥)装入(枪炮)装入 shèrù; **(b)** 把胶卷(捲)装入(照相机)装入 zhuāngrù。**loaded** adj 1 载重的 zàizhòngde; 装着货的 zhuāngzhehuòde。2 [俚]富有的 fùyǒude;

钱〔錢〕的 yǒuqiánde. 3 [习语] a **loaded 'question** 别有用心的问题 biéyǒu yòngxīn de wèntí.

loaf[1] /ləʊf/ n [pl **loaves** /ləʊvz/] [C] 大面〔麵〕包 dà miànbāo.

loaf[2] /ləʊf/ v [I] (about/ around) [非正式用语]虚度光阴〔陰〕 xūdù guāngyīn; 游手好闲〔閑〕 yóu shǒu hào xián.

loan /ləʊn/ n 1 [C] 借出物 jièchūwù; 贷款 dàikuǎn. 2 [U] 借出 jiè-chū. 3 [习语] **on loan** 借来的 jièláide. **loan** v [T] [尤用于美语或英国正式用语]借出 jièchū.

loath (亦作 **loth**)/ləʊθ/ adj [正式用语]不愿〔願〕意的 bù yuànyì de.

loathe /ləʊð/ v [T] 憎恨 zēnghèn; 厌〔厭〕恶〔惡〕 yànwù. **loathing** [U] 憎恨 zēnghèn; 厌〔厭〕恶〔惡〕 yànwù. **loathsome** /-səm/ adj 讨厌的 tǎoyànde; 令人厌恶的 lìng rén yànwù de.

loaves pl of LOAF[1].

lob /lɒb/ v -bb- [I, T] (打网球、板球时)吊高球 diào gāoqiú, lob n [C] (网球)高球 gāoqiú;(板球)低手球 dīshǒuqiú.

lobby /'lɒbɪ/ n [C] (旅馆、戏院的)大厅〔廳〕dàtīng; 门〔門〕厅 méntīng. 2 [C, 亦作 sing, 用 pl v]院外活动〔動〕集团〔團〕 (议员等)游说支持或反对某法案 duì yóushuì zhīchí huò fǎnduì mǒu fǎ'àn. **lobby** v [pt, pp -ied] [I, T] (对)(议员等)游说支持或反对某法案 duì yóushuì zhīchí huò fǎnduì mǒu fǎ'àn.

lobe /ləʊb/ n [C] 耳垂 ěrchuí.

lobster /'lɒbstə(r)/ n [C] 1 龙〔龍〕虾〔蝦〕lóngxiā. 2 [U] (作食物的)龙虾肉 lóngxiāròu.

local /'ləʊkl/ adj 1 地方的 dìfāng-de; 本地的 běndìde; ~ news 本地新闻. 2 身体的 jūbùde; a ~ anaesthetic 局部麻醉. **local** n [C] 1 [常作 pl] 本地人 běndìrén; 当地〔常用的人 dāngdì cháng... jūbùde. 2 [英国非正式用语]当地酒店(饭馆) dāngdì jiǔdiàn. **locally** adv.

locality /ləʊ'kælətɪ/ n [C] [pl -ies] 地区〔區〕dìqū;地点〔點〕dìdiǎn;现场(場) xiànchǎng.

localize /'ləʊkəlaɪz/ v [T] 使局部化 shǐ jūbùhuà;使具有地方性 shǐ jùyǒu dìfāngxìng; ~ a disease 使疾病限于局部.

locate /ləʊ'keɪt; US 'ləʊkeɪt/ v [T] 1 找出……的位置 zhǎochū……de wèizhi. 2 [常作被动语态]把……设置

在 bǎ……shèzhì zài; 使……坐落于 shǐ……zuòluò yú: Our offices are ~d in Paris. 我们的办事处设置在巴黎. **location** n 1 位置 wèizhi, 所在地 suǒzàidì. 2 [习语] **on location** (拍摄)外景 pāishè wàijīng.

loch /lɒk/ n [C] [苏格兰英语]湖 hú; L~ Ness 内斯湖.

lock[1] /lɒk/ n 1 [C] 锁 suǒ. 2 [C] (运河的)水闸 shuǐzhá. 3 [习语] **lock, stock and 'barrel** 全部 quánbù;完全 wánquán. **'locksmith** n [C] 锁匠 suǒjiàng.

lock[2] /lɒk/ n [I, T] 1 锁 suǒ;锁上 suǒshàng. 2 (使)卡住 kǎzhù;锁住 shàzhù. 3 [短语动词] **lock sth away** 将〔將〕(某物)锁藏 jiàng……suǒ cáng. **lock sb in/out** 将某人锁在某处〔處〕jiàng mǒurén suǒ zài mǒuchù;把(某人)关〔關〕在门外 bǎ mǒurén guān zài ménwài. **lock (sth) up** 上锁 shàng suǒ;关锁(房子)guān suǒ. **lock sb up** 将某人监〔監〕禁 jiàng mǒurén jiānjìn;送……进(進)精神病院 sòng……jìn jīngshén-bìngyuàn.

lock[3] /lɒk/ n [C] 一绺头〔頭〕发〔髮〕yīliǔ tóufa.

locker /'lɒkə(r)/ n [C] (公共场所供存放衣物用的)小橱柜〔櫃〕xiǎo chúguì.

locket /'lɒkɪt/ n [C] 盒式项链坠〔墜〕(用以藏照片等)héshì xiàngliànzhuì.

locomotive /'ləʊkəməʊtɪv/ n [C] [正式用语]机(機)车(車)jīchē;火车头 huǒchētóu.

locust /'ləʊkəst/ n [C] 蝗虫 huángchóng.

lodge[1] /lɒdʒ/ n [C] 1 (花园宅第大门口的)小屋 xiǎowū. 2 乡(鄉)间小舍 xiāngjiān xiǎoshè; a hunting ~ 打猎时用的小屋.

lodge[2] /lɒdʒ/ v 1 [I] 租住(某人)房屋 zū zhù tángwū. 2 [T] 供(某人)住宿 gōng……zhùsù. 3 [I, T] (使)射入 shèrù;嵌入 qiànrù;陷在 xiàn zài mǐrù: The bullet (was) ~d in his arm. 子弹射入他的手臂. 4 [T] 提出(申诉)tíchū;~ a com-plaint 提出控告. **lodger** n [C] 房客 fángkè;租住者 zūzhùzhě.

lodging /'lɒdʒɪŋ/ n 1 [U] 寄宿 jìsù;借宿 jièsù. 2 **lodgings** [pl] 寄宿舍 jìsùshè;出租房间(有别于旅馆)gōngyù fángjiān.

loft /lɒft; US lɔːft/ n [C] (存放东西的)阁楼〔樓〕gélóu;顶楼 dǐnglóu.

lofty /'lɒftɪ; US 'lɔ:ftɪ/ adj [-ier, -iest] 1 高的,高耸的 gāoshèngde. 2 [修辞]极(極)高的的 jí-gāode. 3 [贬]高傲的 gāo'àode.

log[1] /lɒg; US lɔ:g/ n [C] 原木 yuánmù;圆材 yuáncái.

log[2] /lɒg; US lɔ:g/ n 1 航海(或飞行)日志(誌) hánghǎi rìzhì. 2 机(機)动(動)车(車)主登记册 jī-dòngchē zhèzhǔ dēngjìcè. ▷ v [-gg-] [T] 1 把…载入航海或飞行)日志 bǎ…zǎirù hánghǎi huò fēixíng rìzhì. 2 [习语] **log in/on** [计]登记(接通数据库等时联机存取) dēngjì. **log out/off** [计]注销(关闭数据库等结束联机存取) zhùxiāo.

loggerheads /'lɒgəhedz/ n [习语] **at loggerheads (with sb)** 不和 bùhé;相争(爭) xiāngzhēng.

logic /'lɒdʒɪk/ n [U] 1 逻辑(邏輯)学(學) luójíxué;论[論]理学 lùnlǐxué. 2 逻辑性 luójíxìng;条[條]理性 tiáolǐxìng: *There's no ~ in what he says.* 他讲的话没有逻辑性.

logical /'lɒdʒɪkl/ adj 符合逻辑的 fúhé luójí de. **logically** /-klɪ/ adv.

loins /lɔɪnz/ n [pl] 腰 yāo;腰部 yāobù.

loiter /'lɔɪtə(r)/ v [I] 闲[閒]逛 xiánguàng;消磨时[時]光 xiāomó shíguāng.

loll /lɒl/ v [I] 1 懒洋洋地呆着 lǎnyángyángde dāizhe. 2 [短语动词] **loll out** (舌头)伸出 shēnchū.

lollipop /'lɒlɪpɒp/ n [C] 棒糖 bàngtáng;冰棒 bīnggùn.

lolly /'lɒlɪ/ n [pl -ies] 1 [英国英语] [C] [非正式用语]棒糖 bàngtáng;冰棍 bīnggùn. 2 [U] [俚]钱(錢) qián.

lone /ləʊn/ adj [常用于修辞]孤独(獨)的 gūdúde;孤单(單)的 gūdānde.

lonely /'ləʊnlɪ/ adj [-ier, -iest] 1 孤独(獨)的 gūdúde;寂寞的 jìmòde. 2 (地方)偏僻的 piānpìde;人迹稀少的 rénjì xīshǎo de. **loneliness** n [U].

lonesome /'ləʊnsəm/ adj [尤用于美语]孤寂的 gūjìde;寂寞的 jìmòde.

long[1] /lɒŋ; US lɔ:ŋ/ adj [~er /-ŋgə(r)/, ~est /-ŋgɪst/] 1 (空间、时间)长[長]的 chángde: *a journey ~ 800 米 ~ 800 米长.* 2 [习语] **go a long way** ⇨FAR[1]. **in the 'long run** 最后[後] zuìhòu;终于 zhōngyú. **in the 'tooth** ⇨TOOTH. **not by a 'long chalk/shot** 完全不 wánquán bù. **long-'distance** adj, adv 长距离[離]的 cháng jùlí de. **'long drink** n 大杯饮料(用高脚杯盛的啤酒) dàbēi yǐnliào. **'long-range** adj 长期的 chángqīde;远(遠)的 chángyuǎnde: *a ~-range weather forecast* 远期天气预报. **long-'sighted** adj 远视的 yuǎnshìde. **long-'term** adj 长期的 chángqīde. **long 'wave** n [U] 长波 chángbō. **long-'winded** adj 唠唠不休的 diédie bùxiū de;冗长的 rǒngchángde.

long[2] /lɒŋ; US lɔ:ŋ/ n 1 [U] 长(長)时[時]间[間] chángshíjiān: *This won't take ~.* 这要不了多久. *I hope to see you before ~.* 我希望不久就能见到你. 2 [习语] **the long and (the) 'short of it** 总[總]的意思 zǒngde yìsi.

long[3] /lɒŋ; US lɔ:ŋ/ adv [~er /-ŋgə(r)/, ~est /-ŋgɪst/] 1 长[長]期地 chángqīde;长久 chángjiǔ: *Were you in Rome ~?* 你在罗马呆的时间长吗? *I shan't be ~.* 我用不了很久时间. 2 很久地 hěnjiǔde: *~ ago* 很久以前. 3 始终 shǐzhōng;一直 yìzhí: *all day ~* 整天. 4 [习语] **as/so long as** 只要 zhǐyào;如果 rúguǒ. **no longer/not any longer** 不再 búzài. **long-playing 'record** n 密纹唱片 mǐwén chàngpiàn. **long-'standing** adj 长期存在的 chángqí cúnzài de: *a ~-standing ar'rangement* 长期安排 chángqí ānpái. **long-'suffering** adj 长期忍受的 chángqí rěnshòu de.

long[4] /lɒŋ; US lɔ:ŋ/ v [I] **for:** 渴望 kěwàng;非常想念(某事物) fēicháng xiǎng niàn: *~ for the holidays* 盼望放假. **longing** adj, n [C,U] 渴望的 kěwàngde;热(熱)望 rèwàng. **longingly** adv.

longitude /'lɒndʒɪtju:d; US -tu:d/ n [C] 经[經]度 jīngdù.

loo /lu:/ n [C] [pl ~s] [英国非正式英语]厕所 cèsuǒ.

look[1] /lʊk/ v 1 看 kàn;瞧 qiáo. 2 [常与形容词连用]看上去 kàn shàngqù;像是 xiàng shì: *a sad 'look* 悲伤的表情. 3 [I] 面向 miàn xiàng;朝向 cháoxiàng: *The house ~s east.* 这房子朝东. 4 [I,T] 留

心 liúxīn; 注意 zhùyì: *L~ where you're going!* 嘿, 你到哪里去了! 5 [习语] **look one's** '**best** 使看上去最美(或最吸引人) shǐ kàn shàng qù zuìměi. **look daggers at sb** 怒目而视 nù mù ér shì. **look down one's** '**nose at sb/sth** 轻视(或蔑视)某人(或某事) qīngshì mǒurén. **look** '**here!** 听着! (用以表示抗议或叫某人注意) **look like sb/sth, look as if** 看着像是 kànzhe xiàng shì: *She ~ed as if she was asleep.* 她看着像是睡着了. *It ~s like rain.* 天像是要下雨. **look** '**sharp** 快 gānkuài. **never/not look** '**back** [非正式用语] 一帆风顺 yìfān shùnlì. **not be much to** '**look at** [非正式用语] 其貌不扬(揚) qí mào bù yáng. **not look one'self** 有病 yǒu bìng; 健康情况不正常(健康) kànqìlái hé wǎngcháng bù yíyàng. 6 [短语动词] **look** '**after sb/sth** 照料 zhàoliào; 照顾(顧) zhàogù: *She ~ed her aged mother.* 她照顾年迈的母亲. **look a'head** 向前看 xiàngqián kàn; 为(爲)将来(來)设想 wèi jiānglái dǎsuàn. **look at sth** 检(檢)查 jiǎnchá; 考虑 kǎolù: *I'll ~ at your proposal tomorrow.* 明天我要考虑你的建议. **look (on sth)** 闲散看 gù; 追想 zhuīxiǎng. **look down on sb/sth** [非正式用语] 轻视 qīngshì; 看不起 kàn bù qǐ. **look for sb/sth** 寻(尋)找 xúnzhǎo; 期望 qīwàng. **look forward to sth** (喜滋滋地) 盼望 pànwàng; 期待 qīdài. **look 'in (on sb)** (顺道)访问 fǎngwèn; 看望 kànwàng. **look into sth** 调(調)查 diàochá; 考查 kǎochá. **look 'on** 旁观(觀) pángguān. **look on sth as sth** 将某事物看作某事物 jiāng mǒu shìwù kàn zuò shìwù. **look 'out** 小心 xiǎoxīn; 当(當)心 dāngxīn. **look out for sb/sth** 留心 liúxīn; 留神 liúshén. **look out onto sth** 俯视 fǔshì. **look over sth** 检查 jiǎnchá; 察看 chákàn. **look round sth** 观光 guānguāng; 游览(覽) yóulǎn. **look through sth** 快速阅读(讀) kuàisù yuèdú. **look to sb for sth/to do sth** 依赖(某人)以期 yīlài; 指望(某人) zhǐwàng. **look 'up** [非正式用语] 好转(轉) hǎozhuǎn; 改善 gǎishàn. **look sb up** [非正式用语] 访(訪)问某人 fǎngwèn. **look sth up** (在词典等、参考书中)查阅 cháyuè. **look up to sb** 尊敬(某人) zūnjìng; 钦佩 qīnpèi.

look *interj* (用以唤起某人听要说的话). '**look-in** [习语] **(not) give sb/get a look-in** [非正式用语] (不)给某人参(參)加的机(機)会(會) gěi mǒurén cānjiā de jīhuì; (不)给某人成功的机会 gěi mǒurén chénggōng de jīhuì. '**look-out** *n* 1 岗(崗)哨 gǎngshào; 观察所 guānchásuǒ. 2 岗哨(指人) gǎngshào; 守望员 shǒuwàngyuán. 3 [习语] **be** '**sb's look-out** [非正式用语]为某人的责任 wèi mǒurén de zérèn: *If you want to waste your money, that's your ~out.* 假如你乱花钱, 那是你的事.

look² /luk/ *n* 1 [C, 常作 sing] 看 kàn; 望 wàng: *Take a ~ at this.* 请看一看这个. 2 [C] 表情 biǎoqíng; 外表 wàibiǎo: *I don't like the ~ of him.* 我不喜欢他的外表. 3 [pl] 容貌 róngmào; 美貌 měimào: *She's got her father's good ~s.* 她有她父亲那样俊秀的容貌.

loom¹ /luːm/ *n* [C] 织(織)布机(機) zhībùjī.

loom² /luːm/ *v* [I] 隐隐(隱)约约出现 yǐnyuēde chūxiàn: *The outline of a ship ~ed through the fog.* 船的轮廓透过雾气隐约出现. *Her problems ~ed large in her mind.* [喻]她面临的诸多问题涌上心头.

loop /luːp/ *n* [C] 1 环(環)形 huánxíng. 2 [由绳等打成的]圈 quān; 环 huán. **loop** *v* 1 [I, T] (使)成环 chénghuán; (使)成圈 chéngquān. 2 [T] 打环住(住)在 dǎ huán kòuzhù; 缠(纏)绕(繞) chánrào.

loophole /'luːphəul/ *n* [C] (法律等的)漏洞 lòudòng: *tighten up ~s in the law* 堵塞法律的漏洞.

loose /luːs/ *adj* [~r, ~st] 1 自由的 zìyóu de; 不受束缚的 bùshòu shùfù de: *The dog is too dangerous to be set ~.* 这条狗不拴太危险了. 2 不牢固的 bù láogù de; *a ~ tooth* 松动的牙齿. 3 不系(繫)在一起的 wèi xì zài yìqǐ de; *~ sheets of paper* 散页纸. 4 (衣服)宽松(鬆)的 kuānsōng de; 不贴身的 bù tiēshēn de; *a ~ translation* 不精确的译文. 5 松散(散)的 sōngsǎn de; 放荡(蕩) fàngdàngde. 7 [习语] **at a loose 'end** (美语亦作 **at loose ends**) 无事(無)事做 wú shì kě zuò. **come/work 'loose** (扣件等)松开(開) sōngkāi, 不牢固 bù láogù. **loosely** *adv*.

loosen /'lu:sn/ v [I, T] 使松弛 shǐ sōngchí;变〔變〕松 biàn sōng;放松 fàng sōng.

loot /lu:t/ n [U] 掠夺〔奪〕物 lüèduówù;战〔戰〕利品 zhànlìpǐn;赃〔贓〕物 zāngwù. **loot** v [I, T] 掠夺 lüèduó;抢〔搶〕劫 qiǎngjié.

lop /lɒp/ v [-pp-] [T] 剪去 jiǎnqù;砍掉(树枝等) kǎndiào.

lop-sided /ˌlɒp 'saɪdɪd/ adj (两侧)不平衡的 bù pínghéng de, 不匀称(稱)的 bù yúnchèn de.

lord /lɔ:d/ n 1 [C] 君主 jūnzhǔ, 主人 zhǔrén. 2 **(the) Lord** [sing] 上帝 Shàngdì;基督 Jīdū. 3 (a) [C] 贵族 guìzú. (b) **the Lords** [sing] 上议(議)院议员 shàngyìyuàn yìyuán. 4 **Lord** [C] [英国英语](高级官员的尊称) L~ Mayor 市长 shìzhǎng. 5 [C] (表示惊讶等) Good L~! 天哪! tiānna! **lordly** adj 高傲的 gāo'ào de;不可一世的 bù kě yī shì de. **lordship** n [C] 大人阁下 dàrén gé xià;爵爷(爺) juéyé.

lorry /'lɒrɪ; US 'lɔːrɪ/ n [C] [pl **-ies**] 运〔運〕货汽车(車) yùnhuò qìchē;卡车 kǎchē.

lose /lu:z/ v [pt, pp lost /lɒst; US lɔ:st/] 1 [T] 遗失 yíshī;丢失 diūshī: ~ one's keys 丢了钥匙. 2 [T] 失去 shīqù;丧〔喪〕失 sàngshī: ~ one's job 失业. 3 [T] 不再有(或保持) bùzài yǒu: ~ interest in sth 对某事失去兴趣. ~ weight (人)减轻体重. 4 [I, T] 未赢得 wèi yíngdé: ~ a game 比赛输了. 5 [I] (钟、表)慢(若干时间) màn. 6 ~ oneself in 入迷 rùmí;专(專)心于 zhuānxīn yú. 7 [T] [非正式用语]使(某人)不自 shǐ ~ bù míngbai: I'm afraid you've lost me. 对不起, 我不明白了. 8 [T] 浪费(时间或机会) làngfèi. 9 [习语] lose count of sth 记〔記〕不清 jìbùqīng;丧(喪)失 sàngshī shēngyù. lose ground ⇨GROUND¹. lose one's head ⇨HEAD¹. lose 'heart ⇨HEART. lose one's 'heart to sb 爱(愛)上 ài shàng, lose sight of sb/sth (a) 看不见某人(或某事物)kànbújiàn mǒurén. (b) 忽略(某事) hūlüè. lose one's 'way 迷路 mílù. lose one's weight ⇨WEIGHT. 10 [短语动词] lose 'out 不成功 bù chénggōng. loser n

[C].

loss /lɒs; US lɔ:s/ n 1 [U] 遗失 yíshī;损失 sǔnshī;丧〔喪〕失 sàngshī: ~ of blood 失血. 2 [C] 遗失的人(或物) shīshī de rén; heavy ~ of life 一生的重大损失. (b) (生意)亏〔虧〕损 kuīsǔn. 3 [习语] at a 'loss 茫然不知所措 mángrán bùzhī suǒ cuò;困惑 kùnhuò.

lost¹ pt, pp of LOSE.

lost² /lɒst; US lɔ:st/ adj 1 迷失的 míshī de, 失去的 shīqù de. 2 遗失的 yíshī de;丧(喪)失的 sàngshī de. 3 [习语] **lost 'cause** 已失败的计划(劃) yǐ shībài de jìhuà.

lot¹ /lɒt/ pron a lot, lots [非正式用语]大量 dàliàng;许多 xǔduō. a lot of (亦作[非正式用语]lots of) adj 大量 dàliàng;许多 xǔduō: a ~ of people 许多人. the 'lot n [sing] [非正式用语]全部 quánbù;全体(體) quántǐ.

lot² /lɒt/ adv a lot [非正式用语]1 [与形容词或副词连用]很 hěn;非常 fēicháng: I feel a ~ better. 我感到好多了. 2 [与动词连用](a) 很 hěn;非常 fēicháng. (b) 常时(時)常 shícháng.

lot³ /lɒt/ n 1 [C, 亦作 sing 用 pl v](人或物)的组 zǔ, 堆 pī, 套 tào: The next ~ of students 下一批学生. 2 [C] (拍卖品)(一)件 jiàn, (一)批 pī. 3 [C] 地皮 dìpí;一块(塊)地 yī kuàidì. 4 [sing] 命运(運) mìngyùn;运气(氣) yùnqì. 5 [习语] **cast/draw 'lots** 抽签(簽) chōuqiān;抓阄(鬮) zhuājiū.

loth = LOATH.

lotion /'ləʊʃn/ n [C, U] (外用)药〔藥〕液 yàoyè;(化妆用的)润肤〔膚〕液 rùnfūyè;洗剂(劑) xǐjì.

lottery /'lɒtərɪ/ n [C] [pl **-ies**] 抽彩给(給)奖(獎)法 chōucǎi gěijiǎng fǎ.

loud /laʊd/ adj 1 高声(聲)的 gāoshēng de;响(響)亮的 xiǎngliàng de. 2 (色彩)刺眼的 cìyǎn de, loud adv 大声地 dàshēng de. **loudly** adv. **loudness** n [U]. **loud'speaker** n [C] 扩(擴)音器 kuòyīnqì.

lounge /laʊndʒ/ v [I] (懒洋洋地)坐着(著)或站着 zuòzhe, **lounge** n [C] [英国英语]起居室 qǐjūshì. 2 候机(機)室 hòujīshì, 'lounge bar n [C] [英国英语]豪华(華)酒吧 háohuá jiǔbā.

louse /laʊs/ n [C] [pl **lice** /laɪs/]

虱[蝨] shǐ.

lousy /'lauzɪ/ adj [-ier, -iest] 1 [非正式用语]极[極]坏[壞]的 jíhuàide: a ~ holiday 极糟的假日. 2 多虱虱的 duōshīde.

lout /laut/ n [C] 粗鲁的人 cūlǔde rén. **loutish** adj.

lovable /'lʌvəbl/ adj 可爱[愛]的 kě'àide; 讨人喜欢[歡]的 tǎo rén xǐhuān de.

love /lʌv/ n 1 [U] 热[熱]爱[愛] rè'ài; 喜爱 xǐ'ài. 2 [U] 性爱 xìng'ài; 恋[戀]爱 liàn'ài; He's in ~. 他在热恋中. 3 [U] 爱好 àihào; a ~ of books 酷爱书籍. 4 [C] 招人喜爱的人(或物) zhāo rén xǐ'ài de rén. 5 [U] (网球比赛)零分 língfēn. 6 [习语] **give/send sb one's 'love** 向某人致意 xiàng mǒurén zhìyì. **make love (to sb)** 性交 xìngjiāo. **there's little/no 'love lost between A and B** (他们之间)互有反感 méiyǒu hǎogǎn; 互相厌[厭]恶(惡) hùxiāng yànwù. **love** v [T] 1 爱 ài; 热爱 rè'ài; ~ one's wife 爱妻子. 2 喜爱[歡] xǐhuān; 爱好 àihào; I ~ cakes. 我爱吃蛋糕. **'love-affair** n [C] 风[風]流韵[韻]事 fēngliú yùnshì; 性关[關]系[係] xìng guānxì.

lovely /'lʌvlɪ/ adj [-ier, -iest] 1 美丽[麗]的 měilìde; 可爱[愛]的 kě'àide; a ~ woman 可爱的女人. 2 令人愉快的 lìng rén yúkuài de; a ~ holiday 愉快的假日. **loveliness** n [U].

lover /'lʌvə(r)/ n [C] 1 (婚外恋的)情人 qíngrén. 2 爱[愛]好者 àihàozhě; 热[熱]爱者 rè'àizhě; a ~ of music 音乐爱好者.

loving /'lʌvɪŋ/ adj 爱[愛]的 àide; 表示爱的 biǎoshì ài de. **lovingly** adv.

low¹ /ləu/ adj 1 低的 dīde; 矮的 ǎide; a ~ wall 矮墙. 2 低于通常水平的 dī yú tōngcháng shuǐpíng de; ~ prices 低价格. 3 (重要性或质量)低的 dīde, 差的 chàde. 4 粗俗的 cūsúde; 卑劣的 bēiliède; keep ~ company 结交庸俗的朋友. 5 (声音)低沉的 dīchénde. 6 (声音)不大的 bùdàde, 下降的 shuāixiàde; 消沉的 xiāochénde; feel ~ 情绪低落. 8 不赞成的 bú zànchéng de; 不同意的 bù tóngyì de; have a ~ opinion of him 对他评价很低. 9 (变速器)低挡[擋]的 dīdǎngde. 10 [习

语] **at a low 'ebb** 处[處]于低潮 chǔyú dīcháo; 情况不佳 qíngkuàng bùjiā. **be/run 'low (on sth)** (供应品)几[幾]乎耗尽[盡]的 jīhū hàojìn de; (几)乎用尽 jīhū yòngjìn. **'low-down** n [习语] **give sb/get the low-down on sb/sth** [非正式用语]告诉某人真相 gàosù mǒurén zhēnxiàng; 获[獲]得实[實]情 huòdé shíqíng. **'low-down** adj 卑劣的 bēiliède. **low-** 'key (亦作 **low-**'keyed) adj 低调的 dīdiàode; 克制的 kèzhìde. **low-lands** /'ləuləndz/ n [pl] 低地 dīde. **low** n [sing] **low profile** ⇨ PROFILE. **low-'spirited** adj 无[無]精打采的 wú jīng dǎ cǎi de; 消沉的 xiāochénde.

low² /ləu/ adv 在(或向)低水平 zài dī shuǐpíng; aim/shoot ~ 向低处瞄准/射击.

low³ /ləu/ n [C] 低水平 dī shuǐpíng; Shares reached a new ~ yesterday. 昨天股票跌到新的低点.

lower /'ləuə(r)/ adj 较低的 jiàodīde;较下的 jiàoxiàde; the ~ lip 下唇. **lower** v 1 [T] (使)降低 jiàngdī;降下 jiàngxià; ~ a flag 降旗. 2 [I, T] 减低 jiǎndī; 减少 jiǎnshǎo; ~ the price 降低价格. 3 ~ **oneself** 贬低身份 biǎndī shēnfèn, **lower 'class** n [C] 下层[層]阶[階]级 xiàcéng jiējí. **lower-'class** adj.

lowly /'ləulɪ/ adj [-ier, -iest] [旧]谦逊的 qiānxùnde; 谦卑的 qiānbēide.

loyal /'lɔɪəl/ adj (to) 忠诚的 zhōngchéngde; 忠贞的 zhōngzhēnde; ~ supporters 忠实的拥护者. ~ to one's country 忠于国家. **loyally** adv. **loyalty** n [pl -ies] 1 [U] 忠诚 zhōngchéng. 2 [C, 常用 pl]向…效忠的义[義]务[務] xiàng…xiàozhōng de yìwù. **loyalty card** n [C] 联[聯]名卡 liánmíngkǎ;顾客再次光临的)忠诚卡 zhōngchéngkǎ;积[積]分卡[奬]励[勵]卡 jīfēn jiǎngkǎ.

lozenge /'lɒzɪndʒ/ n 1 糖锭 tángdìng;锭剂[劑] dìngjì. 2 菱形 língxíng.

LP /ˌel 'piː/ abbr long-playing (record). ⇨LONG³.

Ltd abbr Limited. = LIMITED 2 (LIMIT).

lubricate /'luːbrɪkeɪt/ v [T] 加润滑油于 jiā rùnhuáyóu yú; 使润滑 shǐ rùnhuá. **lubrication** /ˌluːbrɪ'keɪʃn/

n [U].

lucid /'luːsɪd/ *adj* [正式用语] 1 明白的 míngbáide; 易懂的 yìdǒngde. 2 清醒的 qīngxǐngde; 头 [頭] 脑 [腦] 清楚的 tóunǎo qīngchu de. **lucidity** /luːˈsɪdətɪ/ *n* [U]. **lucidly** *adv*.

luck /lʌk/ *n* [U] 1 运 [運] 气 [氣] yùnqi. 2 幸运 xìngyùn; 好运 hǎoyùn. 3 [习语] be down on one's luck [非正式用语] 背运之时 [時] bèiyùn zhī shí. be in/out of 'luck 走运 zǒuyùn; 不走运 bù zǒuyùn. **lucky** *adj* [-ier, -iest] 幸运的 xìngyùnde; 好运的 hǎoyùnde. **luckily** *adv*.

lucrative /'luːkrətɪv/ *adj* 可获 [獲]利的 kě huòlì de; 赚钱[錢]的 zhuànqiánde.

ludicrous /'luːdɪkrəs/ *adj* 荒唐的 huāngtángde; 可笑的 kěxiàode. **ludicrously** *adv*.

lug /lʌg/ *vt* [-gg-] [用力]拉 lā, 拖 tuō.

luggage /'lʌgɪdʒ/ *n* [U] 行李 xínglǐ.

lukewarm /ˌluːkˈwɔːm/ *adj* 1 (指液体)不冷不热[熱]的 bùlěng bùrè de; 温热的 wēnrède. 2 [喻]不热情的 bú rèqíng de; 冷淡的 lěngdànde.

lull /lʌl/ *v* [T] 使安静 shǐ ānjìng; ~ a baby to sleep 哄婴儿入睡. **lull** *n* [c, 常作 sing] 间歇 jiànxiē.

lullaby /'lʌləbaɪ/ *n* [c] [*pl* -ies] 摇篮[籃]曲 yáolánqǔ; 催眠曲 cuīmiánqǔ.

lumbago /lʌmˈbeɪɡəʊ/ *n* [U] 腰痛 yāotòng.

lumber[1] /'lʌmbə(r)/ *n* [U] 1[尤用于英国英语][旧][舊]家 [家]具 jiājù. 2 [尤用于美国] = TIMBER 1. **lumber** *v* [T] (with) [非正式用语]给…添麻 [麻]烦 gěi…tiān máfan; 累及 lěijí; 给…增加负担 gěi…zēngjiā fùdān; 不便给… gěi… búbiàn: They've ~ed me with the washing-up again. 他们再次给我增加洗碗餐具的负担.
'**lumberjack** *n* [c] 伐木工人 fámù gōngrén; 木材加工工人 mùcái jiāgōng gōngrén.

lumber[2] /'lʌmbə(r)/ *v* [I] 笨重地移动[動] bènzhòngde yídòng.

luminous /'luːmɪnəs/ *adj* 发[發]光的 fāguāngde; 发亮的 fāliàngde.

lump[1] /lʌmp/ *n* [c] 1 堆 duī, 团 [團]tuán; 块 [塊] kuài; a ~ of coal 一块煤. 2 肿[腫]块 zhǒng-kuài; 隆起 lónggǐ. 3 [习语] have a lump in one's throat (因激动等而形成的)哽咽 gěngyè. **lump** *v* [T] (together) 把…混为[爲]一

谈 bǎ…hùn wéi yì tán. '**lump sum** *n* [c] 一次总[總]付的款 yí cì zǒng fù de kuǎn. **lumpy** *adj* [-ier, -iest].

lump[2] /lʌmp/ *v* [习语] '**lump it** [非正式用语]勉强接受不想要(或讨厌)的事物 miǎnqiǎng jiēshòu bù xiǎngyàode shìwù.

lunacy /'luːnəsɪ/ *n* [U] 1 疯[瘋]狂 fēngkuáng; 精神错乱[亂] jīngshén cuòluàn.

lunar /'luːnə(r)/ *adj* 月的 yuède; 月球的 yuèqiúde.

lunatic /'luːnətɪk/ *n* [c] 1[非正式用语]极[極]愚蠢的人 jí yúchǔnde rén. 2 [旧]疯[瘋]子 fēngzi; 精神失常者 jīngshén shīcháng zhě. **lunatic** *adj* [非正式用语]极愚蠢的 jí yúchǔnde. '**lunatic asylum** *n* [c] [旧]精神病院 jīngshénbìngyuàn.

lunch /lʌntʃ/ *n* [c] 午餐 wǔcān. **lunch** *v* [I] [正式用语]进[進]午餐 jìn wǔcān; 吃午饭 chī wǔfàn.

luncheon /'lʌntʃən/ *n* [c, U] [正式用语] = LUNCH.

lung /lʌŋ/ *n* [c] 肺 fèi.

lunge /lʌndʒ/ *n* [c, 常作 sing] 前冲[衝] qiánchōng; 刺 cì; 戳 chuō. **lunge** *v* [I, 常作 sing] 突然倾斜 tūrán qīngxié, lurch *n* 蹒跚 pánshān; 跌跌撞撞 diēdiē zhuàngzhuàng.

lure /lʊə(r)/ *n* [c, 常作 sing] 诱惑物 yòuhuòwù; the ~ of adventure 冒险的诱惑. **lure** *v* [T] 吸引 xīyǐn; 诱惑 yòuhuò: ~ sb into a trap 引诱某人上圈套.

lurid /'lʊərɪd/ *adj* 1 耀眼的 yàoyǎnde. 2 [喻]耸[聳]人听[聽]闻的 sǒng rén tīng wén de: ~ details of the murder 凶杀案惊人的详情.

lurk /lɜːk/ *v* [I] 潜[潛]伏 qiánfú; 埋伏 máifú.

luscious /'lʌʃəs/ *adj* (味道)香甜的 xiāngtiánde.

lush /lʌʃ/ *adj* 茂盛的 màoshèngde; 繁茂的 fánmàode.

lust /lʌst/ *n* [c] 1(强烈的)性欲[慾] xìngyù. 2 (for) 渴望 kěwàng; 物欲 wùyù. **lust** *v* [I] ~ after/for 对[對]…有强烈的欲望 duì … yǒu qiángliè de yùwàng; 贪[貪]婪 kěwàng; 贪求 tānqiú. **lustful** *adj*.

lustre (美语 **luster**) /'lʌstə(r)/ *n* [U] 1 光泽[澤] guāngzé; 光辉 guānghuī. 2 [喻]光荣[榮] guāngróng; 辉煌 huīhuáng; 荣耀 róngyào.

lusty /'lʌstɪ/ *adj* 健壮[壯]的 jiànzhuàngde; 精力充沛的 jīnglì chōngpèi de.

luxuriant /lʌg'ʒʊəriənt/ *adj* 茂盛的 màoshèngde；繁茂的 fánmàode.

luxuriance /-əns/ *n* [U]. **luxuriantly** *adv*.

luxurious /lʌg'ʒʊəriəs/ *adj* 非常舒适[適]的 fēicháng shūshì de；奢华[華]的 shēhuáde. **luxuriously** *adv*.

luxury /'lʌkʃərɪ/ *n* [*pl* **-ies**] 1 [U] 奢侈 shēchǐ: *a life of ~* 奢侈的生活. 2 [C] 奢侈品 shēchǐpǐn.

lying ⇨LIE[1,2].

lynch /lɪntʃ/ *v* [T] 以私刑处[處]死 yǐ sīxíng chǔsǐ.

lyric /'lɪrɪk/ *adj* (诗)抒情的 shūqíngde. **lyric** *n* 1 抒情诗 shūqíngshī. 2 **lyrics** [pl] 歌词 gēcí. **lyrical** /-kl/ *adj* 1 = LYRIC. 2 狂热[熱]的 kuángrède. **lyrically** /-klɪ/ *adv*.

M m

M, m /em/ *n* [C] [*pl* **M's, m's** /emz/] 1 英语的第十三个[個]字母 Yīngyǔ de dìshísāngè zìmǔ. 2 罗[羅]马数[數]字的 1000 Luómǎ shùzì de 1000. 3 高速公路 gāosù gōnglù; *take the M1 to London* 取道 M1 号高速公路去伦敦.

m *abbr* 1 metre(s). 2 mile(s). 3 million.

ma /mɑ:/ *n* [C] [非正式用语]妈妈 māma; 妈妈 māma.

ma'am /mæm, 或罕读 mɑːm/ *n* [sing] (对女王、贵妇人等的尊称)夫人 fūrén；女士 nǚshì.

mac /mæk/ *n* [C] [英国非正式用语] short for MACKINTOSH.

macabre /mə'kɑːbrə/ *adj* 可怕的 kěpàde；令人毛骨悚然的 lìng rén máo gǔ sǒngrán de.

macaroni /ˌmækə'rəʊnɪ/ *n* [U] 通心粉 tōngxīnfěn; 通心面[麵] tōngxīnmiàn.

mace[1] /meɪs/ *n* [C] 权[權]杖 quánzhàng.

mace[2] /meɪs/ *n* [U] 肉豆蔻干[乾]皮(用作食物香料) ròudòukòu gānpí.

Mach /mɑːk, mæk/ *n* [U] 马赫(飞行速度与音速之比) mǎhè；*~ 2* 两倍于音速.

machete /mə'tʃetɪ, -'ʃetɪ/ *n* [C] (拉丁美洲人使用的)大砍刀 dà kǎndāo.

machine /mə'ʃiːn/ *n* [C] 1 机[機]器 jīqì；机械 jīxiè. 2 (操纵政党的)核心组织[織] héxīn zǔzhī; *the party* ~ 党的核心组织. **machine** *v* [T] 用机器制[製]造(或切削等) yòng jīqì zhìzào. **machine-gun** *n* [C] 机枪[槍] jīqiāng. **ma,chine-**'**readable** *adj* [计]机器可读[讀]的 jīqì kědú de. **ma**'**chinery** *n* [U] 1 (总称)机器 jīqì；机械 jīxiè. 2 (机器的)转[轉]动部分 zhuǎndòng bùfen. 3 组织 zǔzhī；机构[構] jīgòu；*the* ~ *of government* 政府机构. **ma**'**chine tool** *n* [C] 机床[牀] jīchuáng. **ma**'**chinist** *n* [C] 机械工 jīxiègōng；机械师[師] jīxièshī.

macho /'mætʃəʊ/ *adj* [非正式用语,尤作贬]大男子气[氣]的 dà nánzǐqì de.

mackerel /'mækrəl/ *n* [C] [*pl* **mackerel**] 鲭 qīng.

mackintosh /'mækɪntɒʃ/ *n* [C] [英国英语]雨衣 yǔyī.

mad /mæd/ *adj* [**~der, ~dest**] 1 疯[瘋]的 fēngde；精神失常的 jīngshén shīcháng de. 2 [非正式用语]极[極]愚蠢的 jí yúchǔn de；疯狂的 fēngkuángde. 3 *about* 狂热[熱]的 kuángrède；着迷的 zháomíde: *He's* ~ *about football*. 他对足球很入迷. 4 (*at*) [非正式用语]愤怒的 fènnùde；狂怒的 kuángnùde: *You're driving me ~!* 你哪事我发疯了! 5 [非正式用语]非常激动[動]的 fēicháng jīdòng de; *in a* ~ *rush* 狂奔. 6 [习语] like '**mad** [非正式用语]非常 fēicháng；很快地 hěn kuàide. **mad** '**keen (on sb/sth)** [非正式用语]很着迷 hěn zháomí. **madly** *adv* 1 疯狂地 fēngkuángde；*rush about ~ly* 狂奔. 2 [非正式用语]极端地 jíduānde；*~ly in love* 热恋 '**madman**，**madwoman** *n* [C] 疯子 fēngzi；狂人 kuángrén. **madness** *n* [U].

madam /'mædəm/ *n* Madam [sing] [正式用语] (对妇女的尊称)夫人 fūrén；女士 nǚshì.

madden /'mædn/ *v* [T] 激怒 jīnù；使狂怒 shǐ kuángnù.

made *pt*, *pp* of MAKE[1].

Madonna /məˈdɒnə/ n 1 **the Madonna** [sing] 圣(聖)母马利亚(亞) Shèngmǔ Mǎlìyà. 2 **madonna** [C] 圣母像 shèngmǔ xiàng.

madrigal /ˈmædrɪgl/ n [C] (无伴奏的合唱)歌曲 gēqǔ; 牧歌 mùgē.

maestro /ˈmaɪstrəʊ/ n [C] [pl ~s 或 -stri /-strɪ/] 大师(師)(用以称作曲家、指挥家、音乐教师) dàshī.

magazine /ˌmægəˈziːn; US ˈmægəziːn/ n [C] 1 杂(雜)志(誌) zázhì; 期刊 qīkān. 2 弹(彈)盒 dànhé; 弹仓(倉) dàncāng.

magenta /məˈdʒentə/ adj, n [U] 洋红色 yánghóngsè; 洋红色 yánghóngsè; 洋红染料 yánghóng rǎnliào.

maggot /ˈmægət/ n [C] 蛆虫 qū chóng.

magic /ˈmædʒɪk/ n [U] 1 魔法 mófǎ; 巫术(術) wūshù. 2 戏(戲)法 xìfǎ; 魔术 móshù. 3 [喻]魔力 mólì; 魅力 mèilì: the ~ of the circus 马戏表演的魅力. **magic** adj 1 用魔法的 yòng mófǎ de; 用巫术的 yòng wūshù de. 2 [理]绝妙的 juémiàode; 神奇的 shénmìde; 奇妙的 qímiàode. **magical** /-kl/ adj 神奇的 shénqíde; 奇妙的 qímiàode. **magically** /-klɪ/ adv. **magician** /məˈdʒɪʃn/ n [C] 魔术师(師) móshùshī.

magistrate /ˈmædʒɪstreɪt/ n [C] 地方法官 dìfāng fǎguān.

magnanimous /mægˈnænɪməs/ adj [正式用语]慷慨的 kāngkǎide; 宽宏大量的 kuānhóng dàliàng de. **magnanimity** /ˌmægnəˈnɪmətɪ/ n [U]. **magnanimously** adv.

magnate /ˈmægneɪt/ n [C] 富豪 fùháo; 巨头(頭) jùtóu; 大企业(業)家 dà qìyèjiā.

magnesium /mægˈniːzɪəm; US mægˈniːʒəm/ n [U] 镁 měi.

magnet /ˈmægnɪt/ n [C] 1 磁铁(鐵) cítiě; 磁石 císhí. 2 [喻]有吸引力的人(或物) yǒu xīyǐnlì de rén. **magnetic** /mægˈnetɪk/ adj 1 有磁性的 yǒu cíxìng de; 有吸引力的 yǒu xīyǐnlì de. **magnetically** /-klɪ/ adv. magnetic **north** n [U] 磁北 cíběi. magnetic 'tape n [U, C] 磁带(帶) cídài. **magnetism** /ˈmægnɪtɪzəm/ n [U] 1 磁性 cíxìng; 磁力 cílì. 2 [喻]人的魅力 rén de mèilì; 人的吸引力 rén de xīyǐnlì. **magnetize** v [T] 使磁化 shǐ cíhuà; 使生磁性 shǐ shēng cíxìng.

magnificent /mægˈnɪfɪsnt/ adj

壮(壯)丽(麗)的 zhuànglìde; 宏伟(偉)的 hóngwěide. **magnificence** /-sns/ n [U]. **magnificently** adv.

magnify /ˈmægnɪfaɪ/ v [pt, pp -ied] [T] 1 放大 fàngdà; 扩(擴)大 kuòdà. 2 [正式用语]夸(誇)大 kuādà; 夸张(張) kuāzhāng: ~ the dangers 夸大危险. **magnification** /ˌmægnɪfɪˈkeɪʃn/ n [U] 放大 fàngdà; 放大率 fàngdàlǜ. **magnifying glass** n [C] 放大镜 fàngdàjìng.

magnitude /ˈmægnɪtjuːd; US -tuːd/ n [U] 1 [正式用语]大小 dà xiǎo. 2 重要性 zhòngyàoxìng; 重要 zhòngyào.

magpie /ˈmægpaɪ/ n [C] 鹊(鵲)què; 喜鹊 xǐquè.

mahogany /məˈhɒgənɪ/ n [U] 桃花心木 táohuāxīnmù; 红木 hóngmù.

maid /meɪd/ n [C] 女仆(僕) nǚpú; 保姆 bǎomǔ.

maiden /ˈmeɪdn/ n [C] [古]少女 shàonǚ; 未婚女子 wèihūn nǚzǐ. **maiden** adj 1 首次的 shǒucìde: a ship's ~ voyage 轮船的首航. 2 老处(處)女的 lǎo chǔnǚ de. 'maiden name n [C] (女子的)娘家姓 niángjiā xìng.

mail /meɪl/ n [U] 1 邮(郵)政 yóuzhèng. 2 邮件 yóujiàn; 信件 xìnjiàn; 邮包 yóubāo. **mail** v [T] 尤用于美语]邮寄 yóujì. 'mailbox n [C] [美语] = LETTERBOX 2 (LETTER). 'mailman /-mæn/ n [C] [美语] = POSTMAN (POST¹). 'mail order n [U] 邮购(購) yóugòu. 'mailshot n [C] (a) (寄给客户的)广(廣)告材料 guǎnggào cáiliào. (b) 邮寄广告材料(给客户) yóujì guǎnggào cáiliào.

maim /meɪm/ v [T] 使残废(廢) shǐ cánfèi.

main¹ /meɪn/ adj 主要的 zhǔyàode; 最重要的 zuì zhòngyào de: the ~ purpose of the meeting 会议的主要目的. 2 [习语] **in the main** 大体(體)上 dàtǐ shàng. 'mainframe n [计]主机(機) zhǔjī. 'mainland n [sing] 大陆(陸) dàlù. **mainly** adv 主要地 zhǔyàode. 'mainspring n [C] 1 (钟表的)主发(發)条(條) zhǔ fātiáo. 2 [正式用语,喻]主要动(動)机 zhǔyào dòngjī; 主要原因 zhǔyào yuányīn. 'mainstay n [C] 主要依靠 zhǔyào yīkào; 支柱 zhīzhù.

'mainstream n [sing] 主流 zhǔliú;主要倾向 zhǔyào qīngxiàng.

main² /mein/ n 1 [C] (自来水、煤气等的)总[管]道 zǒngguǎndào;干[幹]线[綫] gànxiàn. 2 the mains (供应建筑物的)水源 shuǐyuán;煤气[氣]源 méiqìyuán;电[電]源 diànyuán.

maintain /mein'tein/ v [T] 1 维持 wéichí;保持 bǎochí; ~ peaceful relations 保持和平关系. 2 养[養] shānyǎng;扶养 fúyǎng. 3 保养 bǎoyǎng;维修 wéixiū; ~ a car 保养汽车. 4 坚[堅]持 jiānchí;断[斷]言 duànyán; ~ one's innocence 坚持自己无罪. maintenance /'meintənəns/ n [U] 1 维持 wéichí;赡养 shānyǎng. 2 [英国英语] 赡养费 shānyǎngfèi.

maisonette /ˌmeizə'net/ n [C] (占有两层楼的)公寓套房 gōngyù tàofáng.

maize /meiz/ n [U] 玉米 yùmǐ.

majesty /'mædʒəsti/ n [pl -ies] 1 Majesty [C] (对帝王、王后的尊称):Good morning, Your M~. 陛下,早安. His M~ 陛下. 2 [U] 威严[嚴] wēiyán;庄[莊]严 zhuāngyán. majestic /mə'dʒestik/ adj. majestically /-kli/ adv.

major¹ /'meidʒə(r)/ adj 主要的 zhǔyàode;较[較]重要的 jiào zhòngyàode;a ~ road 干道;要道. major v [I] 在 主修(科目) zhǔxiū; ~ in French 主修法语.

major² /'meidʒə(r)/ n [C] 陆[陸]军少校 lùjūn shàoxiào.

majority /mə'dʒɔrəti; US -'dʒɔːr-/ n [pl -ies] 1 [sing] [用 sing 或 pl v] 大多数(數) dàduōshù;多数 duōshù 2 [C] 超过[過] chāoguò [對]于的票数 chāoguò duìfāng de piàoshù;win by a ~ of 9 votes 超过对方 9 票获胜. 3 [sing] 法定年龄[齡] fǎdìng niánlíng.

make¹ /meik/ v [pt, pp made /meid/] 1 [T] 建造 jiànzào;制[製]造 zhìzào; ~ bread 做面包. ~ a lot of noise 造成很大噪音. 2 [T] 引起 yǐnqǐ;产[產]生 chǎnshēng; ~ trouble 引起麻烦. 3 [T] 使成为[爲] shǐ chéngwéi;变[變]得 biàndé:The news made her happy. 这消息使很高兴. 4 [T] (a) 使发[發]生 shǐ fāshēng;Can you ~ this door shut? 你能关上门吗? (b) 使做某事 shǐ zuò mǒushì; ~ sb jump 使某人跳

起来. 5 [T] 选[選]举[舉] xuǎnjǔ;委派 wěipài;They made me the manager. 他们委派我做经理. 6 [T] 足以成为 zú yǐ chéngwéi;发展为 fāzhǎn wéi:She will ~ a brilliant doctor. 她将来可以成为名技艺精湛的医生. 7 [T] 赚得 zhuàndé;获[獲]得 huòdé; ~ a profit 获利. 8 [T] 计算 jìsuàn;估计 gūjì:What do you ~ the time? 你估计现在几点钟? 9 [T] 等于 děngyú;合计 héjì;Two and two ~ four. 2加2等于4. 10 [T] 保持(某一速度) bǎochí;达[達]到 dádào; ~ the station on time 按时到达火车站. 11 [T] 想要做 bidesōnce chū yàozuò;She made (as if) to hit him. 她像想要打他的样子. 12 [习语] make (sth) do, make do with sth (将)就 jiāngjiù;(凑)合 còuhe. 'make it [非正式用语]成功 chénggōng;达到预定目标[標] dádào yùdìng mùbiāo. make up ground ⇒ GROUND¹. 13 [短语动词] make after sb/sth 追撵 zhuīniǎn;追赶[趕] zhuīgǎn. make for sb/sth (a) 走向 zǒuxiàng;移向 yíxiàng. (b) 有助于 yǒu zhù yú:Does exercise ~ for good health? 锻炼有益于健康吗? make A into B 使变为 shǐ biànwéi;转[轉]变为 zhuǎnbiàn wéi; ~ water into wine 把水变成酒. make sth of sb/sth 理解 lǐjiě;明白 míngbái:What do you ~ of this sentence? 你明白这个句子的意思吗? make 'off [非正式用语]匆匆离[離]开[開] cōngcōng líkāi;逃走 táozǒu. make off with sth 携…而逃 xié…értáo. make 'out [非正式用语]辨认[認];明白 míngbái:How are you making out in your new job? 新工作你干得还可以吗? make sth out (a) 填写[寫] tiánxiě;写出 xiěchū; ~ out a cheque 开支票. (b) 辨认[認] biànrèn chū:I can't ~ out his writing. 我辨认不出他的笔迹. make sb/sth out 将否定句和疑问句理解 lǐjiě;I just can't ~ her out. 我的确不了解她. make out that, make oneself/sb/sth out to be 声 [聲]称[稱] shēngchēng:He ~s himself out to be cleverer than he is. 他把自己说得比实际聪明.

make (sb/oneself) **up** 为…化妆(妆) wèi …huàzhuāng. **make sth up** (a) 补(补)足 bǔzú; 凑(凑)补 mǐbǔ: We need £5 to ~ up the sum. 我们需要五英镑以补足总数. (b) 捏(捏)造 niēzào; 虚(虚)构(构)造的故事. (c) 组成 zǔchéng; 构成 gòuchéng: Bodies are made up of cells. 身体是由细胞组成的. (d) 把…制成(衣服) bǎ…zhìchéng. (e) 铺(床) pūchuáng. **make up (for sth)** 补偿(偿) bǔcháng; 弥补 míbǔ. **make up to sb** 讨好 tǎohǎo; 奉承 fèngcheng. **make it up to sb** 补偿某人损失 bǔcháng mǒurén sǔnshī. **make (it) 'up (with sb)** 与(与)…和解 yǔ…héjiě. **make-believe** n [U] 假装(装) jiǎzhuāng: a world of ~believe 幻想世界. **make-up** n 1 [U] 化妆品 huàzhuāngpǐn. 2 [sing] (a) 性格 xìnggé; 气(气)质(质)素质(质): There is no jealousy in his ~up. 他的品性中没有忌妒. (b) 组成 zǔchéng; 构成 gòuchéng: the ~up of the new committee 新委员会的人员组成.

make[2] /meɪk/ n [C] 牌子 páizi; 样(样)式 yàngshì: a ~ of car 汽车的牌子. 2 [习语] **on the 'make** [非正式用语]谋求私利 móuqiú sīlì.

maker /ˈmeɪkə(r)/ n 1 [C] 制(制)造者 zhìzàozhě; 制作者 zhìzuòzhě; a film~电影制片人. 2 **the/our Maker** [sing] [宗教]上帝 Shàngdì.

makeshift /ˈmeɪkʃɪft/ adj 权(权)宜的 quányíde; (临时)代用的 dàiyòngde.

making /ˈmeɪkɪŋ/ n [习语] **be the making of sb** 使成功 shǐ chénggōng; 使顺利 shǐ shùnlì. **have the makings of sth** 具备(备)所需的素质(质) jùbèi suǒxūde sùzhì.

maladjusted /ˌmæləˈdʒʌstɪd/ adj (人)不适(适)应(应)环(环)境的 bú shìyìng huánjìng de; 心理失调的 xīnlǐ shītiáo de.

malaria /məˈleəriə/ n [U] 疟(疟)疾 nüèjí.

male /meɪl/ adj 1 男的 nánde; 雄的 xióngde. 2 (植物)雄的 xióngde. 3 (工具零件等)阳(阳)的 yángde. **male** n [C] 男人 nánrén; 雄性动(动)物 xióngxìng dòngwù. **male 'chauvinist** n [C] [贬]大男子主义(义)者 dà nánzǐ zhǔyì.

malevolent /məˈlevələnt/ adj [正式用语][恶]恶)意的 èyìde; 恶毒的 édúde. **malevolence** /-ləns/ n [U]. **malevolently** adv.

malformation /ˌmælfɔːˈmeɪʃn/ n [U, C] 畸形 jīxíng. **malformed** /-ˈfɔːmd/ adj.

malfunction /ˌmælˈfʌŋkʃn/ v [I] [正式用语](机器)发(发)生故障 fāshēng gùzhàng; 运(运)转(转)不正常 yùnzhuǎn bú zhèngcháng. **malfunction** n [C, U].

malice /ˈmælɪs/ n [U] 恶(恶)意 èyì; 怨恨 yuànhèn. **malicious** /məˈlɪʃəs/ adj. **maliciously** adv.

malignant /məˈlɪɡnənt/ adj 1 [恶]恶)意的 èyìde; 恶毒的 édúde. 2 (疾病)恶性的 èxìngde, 致命的 zhìmìngde. **malignantly** adv.

mall /mɔːl/ n [C] [尤用于美语]商店大街 shāngdiàn dàjiē; (车辆不得入内的)商店区(区) shāngdiànqū.

malleable /ˈmæliəbl/ adj (金属)可锻的 kěduànde; 有延展性的 yǒu yánzhǎnxìng de.

mallet /ˈmælɪt/ n [C] 木槌 mùchuí.

malnutrition /ˌmælnjuːˈtrɪʃn/ US -nuː-/ n [U] 营(营)养(养)不良 yíngyǎng bùliáng.

malt /mɔːlt/ n [U] 麦(麦)芽 màiyá.

maltreat /ˌmælˈtriːt/ v [T] [正式用语]虐待 nüèdài. **maltreatment** n [U].

mamba /ˈmæmbə/ n [C] 曼巴(产于非洲黑色或绿色毒蛇) mànbà.

mamma /ˈmɑːmə/ n [C] [美语,非正式用语]妈妈 māma.

mammal /ˈmæml/ n [C] 哺乳动(动)物 bǔrǔ dòngwù.

mammoth /ˈmæməθ/ n [C] 猛犸(已绝种的古代大象) měngmǎ. **mammoth** adj [非正式用语]巨大的 jùdàde.

man[1] /mæn/ n [C] (pl men /men/) 1 [C] 男人 nánrén; 男子 nánzǐ. 2 [C] 人(指男人或女人) rén: All men must die. 人人都得死. 3 [U] 人类(类) rénlèi: the origins of ~ 人类的起源. 4 [C, 常作 pl] 雇员 gùyuán; 工人 gōngrén: officers and men 官兵. 5 丈夫 zhàngfu; 男性人 nán qíngrén; ~ and wife 夫妻. 6 [C] 男子汉(汉)男子汉 nánzǐhàn; 大丈夫气(气)概 dà zhàngfu qìgài: Don't give up, be a ~! 别认输, 要做个大丈夫! 7 [C] 棋子 qízǐ. 8 [习语] **be one's own**

'man 能做主 néng zuòzhǔ. **the 'man in the 'street** 普通人 pǔtōngrén. **man to 'man** 真诚地 zhēnchéngde; 公开[開]地 gōngkāide. **to a 'man** 毫无[無]例外 háo wú lìwài. **'manhole** n [C] 人孔 rénkǒng; 检[檢]修孔 jiǎnxiūkǒng. **'manhood** n [U] (男性的)成年 chéngnián; 男子的气[氣]质[質]nánzǐ de qìzhì. **man-'made** adj 人造的 rénzàode; 人工的 réngōngde. **'manpower** n [U] 人力 rénlì; 劳[勞]动[動]力 láodònglì. **'manslaughter** n [U] 过[過]失杀[殺]人 guòshī shārén.

man² /mæn/ v [-nn-] [T] **1** (为)⋯提供服务[務](或操作)人员 wèi⋯tígōng fúwù rényuán: ~ *a boat* 为一艘船配备船员.

manacle /'mænəkl/ n [C, 常作 pl] 手铐 shǒukào; 脚镣 jiǎoliào. **manacle** v [T] 给⋯上手铐(或脚镣) gěi⋯shàng shǒukào; 束缚 shùfù.

manage /'mænɪdʒ/ v **1** [T] 负责 fùzé; 经[經]营[營]管[管]理 jīngyíng guǎnlǐ. **2** [I, T] 做成(某事)zuòchéng: *How did the prisoners ~ to escape?* 犯人是怎样设法逃跑的? (b) [I] 过[過]活 guòhuó; *I can only just ~ on my wages.* 我靠工资仅够维持生活. **manageable** adj 易管理的 yì guǎnlǐ de; 易处[處]理的 yì chǔlǐ de.

management /'mænɪdʒmənt/ n **1** [U] 管理 guǎnlǐ; 经[經]营[營]管[管]理 jīngyíng: *problems caused by bad ~* 经营不善引起的问题. **2** [C, 亦作 sing, 用 pl v] (企业等)管理人员,资方 guǎnlǐ rényuán; zīfāng: *workers ~* 劳资双方. **3** [U] [正式用语]手段 shǒuduàn; 手腕 shǒuwàn.

manager /'mænɪdʒə(r)/ n [C] 经[經]理 jīnglǐ; 管理人 guǎnlǐrén. **manageress** /ˌmænɪdʒə'res/ n [C] 女经理 nǚ jīnglǐ; 女管理人 nǚ guǎnlǐrén. **managerial** /ˌmænə'dʒɪərɪəl/ adj 经理的 jīnglǐ de; 管理人的 guǎnlǐrén de.

mandate /'mændeɪt/ n [C, 常作 sing] 授权[權] shòuquán, **mandatory** /'mændətərɪ; US -tɔːrɪ/ adj [正式用语] 依法的 yīfǎde; 强制的 qiángzhìde.

mandolin /ˌmændə'lɪn, 'mændəlɪn/ n [C] 曼陀林(乐器) màntuólín.

mane /meɪn/ n [C] (马、狮等的)鬃 zōng.

manoeuver = MANOEUVRE.

manful /'mænfl/ adj 勇敢的 yǒnggǎnde; 坚[堅]定的 jiāndìngde. **manfully** adv.

manger /'meɪndʒə(r)/ n [C] (牛、马的)食槽 shícáo.

mangle /'mæŋgl/ v [T] [常作被动语态]严[嚴]重损伤[傷] yánzhòng sǔnshāng; 损毁 sǔnhuǐ.

mango /'mæŋgəʊ/ n [C] [pl ~es 或 ~s] 芒果 mángguǒ;芒果树[樹] mángguǒshù.

mangy /'meɪndʒɪ/ adj [-ier, -iest] 褴[襤]褛(褸)的 lánlǚde.

manhandle /'mænhændl/ v [T] **1** 用人力移动[動] yòng rénlì yídòng. **2** 粗暴地对[對]待 cūbào de duìdài.

mania /'meɪnɪə/ n **1** [C, U] (*for*) 癖好 pǐhào; 狂热[熱] kuángrè: *a ~ for motor bikes* 对摩托车的狂热. **2** [U] [医学]躁狂 zàokuáng. **maniac** /-nɪæk/ n [C] 躁狂(症)者 zàokuángzhě; 疯[瘋]子 fēngzi; 狂人 kuángrén. **2** 入迷的人 rùmíde rén; 有癖者 yǒupǐzhě. **maniacal** /mə'naɪəkl/ adj.

manicure /'mænɪkjʊə(r)/ n [C, U] 修剪指甲 xiūjiǎn zhǐjiǎ. **manicure** v [T] 给⋯修剪指甲 gěi⋯xiūjiǎn zhǐjiǎ. **manicurist** n [C].

manifest /'mænɪfest/ adj [正式用语]明白的 míngbaide; 明显[顯]的 míngxiǎnde. **manifest** v [T] [正式用语]显示 xiǎnshì; 表明 biǎomíng: *The disease ~ed itself.* 症状已出现. **manifestation** /ˌmænɪfe'steɪʃn/ n [C, U]. **manifestly** adv.

manifesto /ˌmænɪ'festəʊ/ n [C] [pl ~s 或 ~es] 宣言 xuānyán; 声[聲]明 shēngmíng.

manifold /'mænɪfəʊld/ adj [正式用语]各种[種]各样[樣]的 gèzhǒng gèyàng de; 多种的 duōzhǒngde. **manifold** n [C] 歧管 qíguǎn; 多支管 duōzhīguǎn.

manipulate /mə'nɪpjʊleɪt/ v [T] **1** (熟练地)操纵 cāozòng; 使用 shǐyòng; **2** (巧妙地或不正当地)控制 kòngzhì; 操纵 cāozòng; 影响 [響] yǐngxiǎng. **manipulation** /mə,nɪpjʊ'leɪʃn/ n [C, U]. **manipulative** /-lətɪv; US -leɪtɪv/ adj.

mankind /ˌmæn'kaɪnd/ n [U] 人类[類] rénlèi.

manly /'mænlɪ/ adj [-ier, -iest]

[褒]有男子气[氣]概的 yǒu nánzǐ qìgài de.

manner /'mænə(r)/ n 1 [sing] [正式用语]方式 fāngshì;方法 fāngfǎ; in a friendly ~ 友好的态度.2 [sing] 态[態]度 tàidù;举[舉]止 jǔzhǐ; I don't like your ~. 我不喜欢你的态度.3 **manners** [pl] 礼[禮]貌 lǐmào;规矩 guījǔ: good ~s 有礼貌.4 [习语] **all manner of sb/sth** [正式用语]各种[種]各样[樣]的 gèzhǒng gèyàng de. **in a manner of speaking** 可以说[說];在某种意义[義]上 zài mǒuzhǒng yìyì shàng. **-mannered** (用以构成复合形容词)有...态度的 yǒu...tàidù de;有...举止的 yǒu...jǔzhǐ de.: well-~ed 有礼貌的.

mannerism /'mænərɪzəm/ n [C] (言谈举止的)特殊习[習]惯 tèshū xíguàn.

manoeuvre (美语 **maneuver**) /mə'nuːvə(r)/ n 1 [C] (a) 熟练[練]的动[動]作 shúliàn de dòngzuò.(b) [喻]巧计 qiǎojì;花招 huāzhāo.2 **manoeuvres** [pl] (大规模)演习[習] yǎnxí. **manoeuvrable** (美语 **maneuverable**) adj 可移动的 kě yídòng de;可演习的 kě yǎnxí de;机[機]动的 jīdòng de. **manoeuvre** (美语 **maneuver**) v 1 [I,T] 运[運]用技巧移动 yùnyòng jìqiǎo yídòng.2 [T] (巧妙地)操纵[縱] cāozòng.

manor /'mænə(r)/ n (亦作 **manor house**) n [C] 庄[莊]园[園]主宅 zhuāngyuánzhǔ zháidì.

mansion /'mænʃn/ n [C] 大厦 dàshà;宅第 zháidì;官邸 guāndǐ.

mantelpiece /'mæntlpiːs/ n [C] 壁炉[爐]台[臺] bìlútái.

mantle /'mæntl/ n 1 [C] (a) 斗篷 dǒupéng;披风[風] pīfēng.(b) [喻]覆盖[蓋]物 fùgàiwù: a ~ of snow 一层雪.2 [sing] of [修辞](重要工作的)责任 zérèn: take on the ~ of supreme power 担当最高权力的重任.

manual /'mænjuəl/ adj 手工的 shǒugōng de;用手操作的 yòng shǒu cāozuò de. **manual** n [C] 手册 shǒucè;指南 zhǐnán. **manually** adv.

manufacture /ˌmænju'fæktʃə(r)/ v [T] (大量)制[製]造 zhìzào. **manufacture** n [U] 制造 zhìzào. **manufacturer** n [C] 制造商 zhìzàoshāng;制造者 zhìzàozhě.

manure /mə'njuə(r)/ n [U] 粪

[糞]肥 fènféi;肥料 féiliào.

manuscript /'mænjuskrɪpt/ n [C] 1 手稿 shǒugǎo;原稿 yuángǎo.2 手写[寫]本 shǒuxiěběn.

many /'meni/ adj, pron 1 许多的 xǔduō de;许多 xǔduō.2 有的 yǒu de;多的 duō de;许多人(或物) xǔduō rén;许多物: ~ people 很多人. ~ of the students 许多学生. **many a** [与单数名词连用]许多 xǔduō;一个又一个: a ~ mother 很多母亲.3 [习语] **a good/great many** 很多 hěnduō;许多 xǔduō. **have had one too many** [非正式用语]有点[點]醉 yǒu diǎn zuì.

map /mæp/ n [C] 1 地图[圖] dìtú.2 [习语] **put sth on the 'map** 出名 shì chūmíng;赋予...重要性 fùyǔ...zhòngyàoxìng. **map** v [-pp-] [T] 绘[繪]制[製]...地图 huìzhì...dìtú.

mar /maː(r)/ v [-rr-] [T] [正式用语]毁坏[壞]huǐhuài;损坏[壞]sǔnhuài: a mistake that ~red his career 毁掉他事业的错误.

marathon /'mærəθən; US -θɒn/ n [C] 马拉松赛跑(全长约42千米或26英里) mǎlāsōng sàipǎo. **marathon** adj [喻]有耐力的 yǒu nàilì de;马拉松式的 mǎlāsōngshì de: a ~ speech lasting five hours 持续五小时的马拉松式演说.

marauding /mə'rɔːdɪŋ/ adj 抢[搶]劫的 qiǎngjié de;劫掠的 jiélüè de.

marble /'maːbl/ n 1 [U] 大理石 dàlǐshí.2 (a) [C] (儿童玩的玻璃的)弹[彈]子 dànzǐ.(b) **marbles** [pl] 弹子游戏[戲] dànzǐ yóuxì.

March /maːtʃ/ n [U,C] 三月 sānyuè.

march /maːtʃ/ v 1 [I] (齐步)前进[進] qiánjìn;行进 xíngjìn.2 [T] 使行进 shǐ xíngjìn;使前进 shǐ qiánjìn: They ~ed the prisoner away. 他们令犯人齐步走. **march** n 1 [C] 行军 xíngjūn;行进 xíngjìn.2 [C] 进行曲 jìnxíngqǔ.3 [C] 游行 yóuxíng;游行示威 yóuxíng shìwēi.4 [sing] of [修辞]前进 qiánjìn;进行 jìnxíng: the ~ of time 时间的推移.

marchioness /ˌmaːʃə'nes/ n [C] 1 侯爵夫人 hóujué fūrén.2 女侯爵 nǚ hóujué.

mare /meə(r)/ n [C] 母马 mǔmǎ;牝驴[驢] pìnlǘ.

margarine /ˌmaːdʒə'riːn; US 'maːrdʒərɪn/ n [U] 人造黄油

rénzào huángyóu.

margin /'mɑːdʒɪn/ n [C] **1** 页边
(邊)空白 yèbiān kòngbái. **2** 边
biān; 缘 yuán. **3** (a) 差数(數)
chāshù; 差距 chājù: a ~ of six votes
六票之差. (b) 余[餘]地 yúdì.

marginal /-nl/ adj 很少的 hěn
shǎode; 很小的 hěn xiǎode: a ~ al
increase 稍微增加. **marginally**
/-nəli/ adv.

marijuana /ˌmærɪjʊˈɑːnə, ˌmærɪ-
ˈwænə/ n [U] 大麻 dàmá; 大麻
[葉]和花 dàmáyè hé huā; 大麻烟
dàmáyān.

marina /məˈriːnə/ n [C] 小艇船坞
[塢] xiǎotǐng chuánwù; 游艇停泊港
yóutǐng tíngbógǎng.

marinade /ˌmærɪˈneɪd/ n [C, U]
(酒、香料等腌制的)腌泡汁 yān-
pàozhī. **marinade** (亦作 **marinate**
/'mærɪneɪt/) v [T] (用腌泡汁)
腌泡 yānpào; 浸泡 jìnpào.

marine /məˈriːn/ adj 海的 hǎi-
de; 海产[產]的 hǎichǎnde; 海中的
hǎizhōngde: ~ life 海生生物. **2**
海运(運)的 hǎiyùnde; 船只[隻]的
chuánzhīde. **marine** n [C] 海军陆
[陸]战(戰)队(隊)士兵 hǎijūn lù-
zhànduì shìbīng.

mariner /'mærɪnə(r)/ n [C] [旧
或正式用语]水手 shuǐshǒu.

marionette /ˌmærɪəˈnet/ n [C] 牵
[牽]线(綫)木偶 qiānxiàn mù'ǒu.

marital /'mærɪtl/ adj 婚姻的 hūn-
yīnde; 夫妻的 fūqīde.

maritime /'mærɪtaɪm/ adj **1** 海上
的 hǎishàngde; 航海的 hánghǎide;
海事的 hǎishìde. **2** 近海的 jìnhǎide;
沿海的 yánhǎide.

mark¹ /mɑːk/ n [C] **1** (a) 痕迹
hénjì; 斑点[點]bāndiǎn; 污点 wū-
diǎn: dirty ~s on my new shirt
我的新衬衫上的污迹. (b) 特征
[徵]tèzhēng; 标记 biāojì: a birth
～胎记 tāijì. **2** (书写或印刷的)符号
[號]fúhào; ˌpunctu'ation ～ 标
点符号 biāodiǎn fúhào; 迹象 jìxiàng;
～s of old age 老年的标志. a ～
of respect 敬意. **3** (评定工作成品
行等的)数(數)字或字母符号 hào
shùzì huò zìmǔ fúhào; top ～s 最高
分. **5** Mark M(与数字或车型机器
等的)型 xíng; 式 shì: a M～ 2
Ford Escort 福特埃斯科特II型轿
车. **6** [习语]be ˌquick/slow off the
'mark 不失时(時)机(機)地/慢得
地 mǐn gǎn shì de/màntūntūnde kāishǐ. **make**
one's 'mark (in sth) 出名 chū-

míng; 成功 chénggōng. ˌup to the
'mark 达(達)到要求的标[標]准
[準]dádào yāoqiú de biāozhǔn.

mark² /mɑːk/ v **1** [I, T] 作记号
[號](或符号)zuò jìhào; 留痕迹
(于)liú hénjì: You've ～ed the
table. 你给这张桌子留下了痕迹.
The carpet ~s easily. 地毯容易
弄上污迹. **2** [T] 表示 biǎoshì; 表明
biǎomíng: This cross ~s the place
where she died. 这个十字符号表
明她死去的地点. His death ~ed
the end of an era. 他的逝世标志
着一个时代的结束. **3** [T] 给 ~ 评
分 gěi …píngfēn; zài… 评成绩 gěi…
píng chéngjì. **4** [T] 用记号表示
yòng jìhào biǎoshì; documents
~ed 'secret' 标明"机密"的文
件. **5** [T] [正式用语]注意 zhùyì; 留
心 liúxīn; My words fairly ~s. 留心听
我说的话. **6** [T] 与(與)～的特征
[徵] wéi …de tèzhēng; qualities
that ～ a leader 表示领袖特征的
品质. **7** [T] (体育)盯住(对方队员)
dīngzhù. **8** [习语]'mark 'time 等
待时(時)机(機)děngdài shíjī. **7** [短
语动词]mark sth down/up 减价
(價)jiǎnjià; 加价 jiājià. mark sth
off/out 以界线(綫)隔开[開]yǐ
jièxiàn gékāi; 划[劃]线分出 huà-
xiàn fēnchū. mark sb out for sth
选[選]出 xuǎnchū; 选定 xuǎndìng.

marked adj 易见的 yìjiànde; 清楚
的 qīngchude: a ~ed improve-
ment 明显的改进. **markedly**
/'mɑːkɪdli/ adv. **marker** n [C]
1 作记号的人 zuò jìhào de rén; 作
记号的工具 zuò jìhào de gōngjù. **2**
打分数(數)的人 dǎ fēnshù de rén. **3**
标[標]示物 biāoshìwù; (标示位
置的)标(標)记 biāojì.

marking n [C,
常作 pl] (兽皮、鸟羽等的)斑纹
bānwén; 斑点[點] bāndiǎn. ˈmark-
up n [C,常作 sing] (为确定售价
而增加的)成本加价率 chéngběn
jiājiàlǜ.

market /'mɑːkɪt/ n **1** [C] 市场
[場] shìchǎng; 集市 jíshì. **2** [C] 营
作 sing] 行情 hángqíng: The cof-
fee ～ was steady. 咖啡行情稳
定. **3** [sing, U] 需求 xūqiú; 销路
xiāolù: a good ～ for cars 良好的汽车
销路. **4** [C] 推销地区[區] tuīxiāo
dìqū; foreign ～ 国外推销市场. **5**
the market [sing] 买(買)者和卖
[賣]者 mǎizhě hé màizhě. **6** [习语]
in the market for sth [非正式用
语]想买进[進] xiǎng mǎijìn. on/

onto the **'market** 待售 dàishòu; 出售 chūshòu: *a product not yet on the ～* 尚未上市的产品. **new goods coming onto the ～** 上市的新商品. **market** v [T] 销售 xiāoshòu; 出售 chūshòu. **marketable** *adj.* ，**market 'garden** n [C] [英国英语]蔬菜农(农)场(場) shūcài nóngchǎng, **marketing** n [U] 销售部门 xiāoshòu bùmén; 市场推广(廣) 部 shìchǎng tuīguǎng bù. **'market-place** n 1 [C] 集市 jíshì; 市场 shìchǎng. **2 the market-place** [sing] 商业(業)活动(動) shāngyè huódòng. **market re-'search** n [U] 市场调查 shìchǎng diàochá.

marksman /'mɑ:ksmən/ n [C] (*pl -men* /-mən/] 射击(擊)能手 shèjī néngshǒu; 神射手 shénshèshǒu.

marmalade /'mɑ:məleɪd/ n [U] 橘子酱(醬) júzijiàng; 橙子酱 chéngzijiàng.

maroon[1] /mə'ru:n/ *adj, n* [C] 褐红色的 hèhóngsède; 褐红色 hèhóngsè.

maroon[2] /mə'ru:n/ v [T] 将(將)(某人)放逐到荒岛(或游无人烟的地方) jiāng ～ fāngzhú dào huāngdǎo.

marquee /mɑ:'ki:/ n [C] 大帐(帳)篷 dà zhàngpeng.

marquis (亦作 **marquess**) /'mɑ:kwɪs/ n [C] (英国的)侯爵 hóujué.

marriage /'mærɪdʒ/ n [U,C] 结婚 jiéhūn; 婚姻 hūnyīn. **marriageable** *adj* (年龄)适(適)宜结婚的 (niánlíng) shìyí jiéhūn de; 达(達)到结婚年龄(齡)的 dádào jiéhūn niánlíng de.

marrow[1] /'mærəʊ/ n [C,U] 西葫芦(蘆) xīhúlu.

marrow[2] /'mærəʊ/ n [U] 髓 suí; 骨髓 gǔsuí.

marry /'mærɪ/ v [pt, pp **-ied**] 1 [I, T] 结婚 jiéhūn; 娶 qǔ; 嫁 jià. **2** [T] 为(爲)……主持婚礼(禮) wèi…… zhǔchí hūnlǐ. **Which priest is going to ～ them?** 哪位牧师来为他们主持婚礼? **3** [T] (off) 嫁(女) jià; 娶 qǔ: *They married (off) their daughter to a rich banker.* 他们把女儿嫁给一位富有的银行家. **married** *adj* 1 (的)结婚的 jiéhūnde; 已婚的 yǐhūnde. **2** 婚姻的 hūnyīnde: *married life* 婚姻生活.

marsh /mɑ:ʃ/ n [C,U] 沼泽(澤)

(地带) zhǎozé; 湿(濕)地 shīdì. **marshy** *adj* [**-ier, -iest**].

marshal[1] /'mɑ:ʃl/ n [C] **1** 元帅(帥) yuánshuài; 高级军官 gāojí jūnguān. **2** 司仪(儀)官(儀); 典礼(禮)官 diǎnlǐguān. **3** [美语]执(執)法官 zhífǎguān; 治安官 zhì'ānguān.

marshal[2] /'mɑ:ʃl/ v [**-ll-**; 美语 **-l-**] [T] **1** 整理 zhěnglǐ; 安排 ānpái, **2** (按礼仪)引导(導) yǐndǎo.

marsupial /mɑ:'su:pɪəl/ *adj, n* [C] 有袋动(動)物的 yǒu dài dòngwù de; 有袋动物(如袋鼠等) yǒu dài dòngwù.

martial /'mɑ:ʃl/ *adj* [正式用语] 军事的 jūnshìde; 战(戰)争的 zhànzhēngde. **martial 'arts** n [pl] 武术(術)(如柔道、空手道) wǔshù. ，**martial 'law** n [U] 军事管制 jūnshì guǎnzhì.

martin /'mɑ:tɪn; US -tn/ n [C] 圣(聖)马丁鸟 shèngmǎdīng niǎo; 燕科小鸟 yànkē xiǎoniǎo.

martyr /'mɑ:tə(r)/ n [C] 烈士 lièshì; 殉道者 xùndàozhě. **martyr** v [T] 使殉难(難)折磨(被)殉难者杀(殺) 死 shǐ xùnnàn; 处(處)死(坚持某种信仰者) chǔsǐ. **martyrdom** /'mɑ:tədəm/ n [U, C] 殉难 xùnnàn; 殉道 xùndào.

marvel /'mɑ:vl/ n [C] 令人惊(驚)奇的事 lìng rén jīngqí de shì; *the ～s of modern science* 现代科学的奇迹. **marvel** v [**-ll-**; 美语 **-l-**] [T] *at* [正式用语]对(對)……感到惊讶 duì…… gǎndào jīngyà. **marvellous** (美语 **-velous**) /'mɑ:vələs/ *adj* 极(極)好的, 绝妙的 juémiàode. **marvellously** (美语 **-velously**) *adv*.

Marxism /'mɑ:ksɪzəm/ n [U] 马克思主义(義) Mǎkèsī zhǔyì. **Marxist** /-sɪst/ n [C], *adj*.

marzipan /'mɑ:zɪpæn/ n [U] 杏仁蛋白糖 xìngrén dànbáitáng.

mascara /mæ'skɑ:rə; US -'skærə/ n [U] 染睫毛膏 rǎn jiémáo gāo.

mascot /'mæskət, -skɒt/ n [C] 吉祥的人(或动物、东西) jíxiángde rén.

masculine /'mæskjʊlɪn/ *adj* **1** 男性的 nánxìngde. **2** 阳(陽)性的 yángxìngde. **masculinity** /ˌmæskju'lɪnətɪ/ n [U] 男性 nánxìng; 阳性 yángxìng.

mash /mæʃ/ v [T] 把……捣成糊状(狀) bǎ……dǎochéng húzhuàng. **mash** n [U] [非正式用语]土豆泥 tǔdòuní.

mask /mɑ:sk; US mæsk/ n [C] 面

具 miànjù; 面 罩 miànzhào; [喻] *His behaviour is really a ~ for his shyness.* 他的行为实际上是用来遮掩他腼腆的性格的. **mask** *v* [T] 用面具遮住(脸) yòng miànjù zhēzhù; 遮盖 zhēgài. **masked** *adj* 戴面具的 dài miànjù de; 戴面罩的 dài miànzhào de: ~ed robbers 戴面具的盗贼.

masochism /ˈmæsəkɪzəm/ *n* [U] 受虐狂 shòunüèkuáng; 性受虐狂 xìngshòunüèkuáng. **masochist** /-kɪst/ *n* [C]. **masochistic** /ˌmæsəˈkɪstɪk/ *adj*.

mason /ˈmeɪsn/ *n* [C] 石工 shígōng; 石匠 shíjiàng; 泥瓦工 níwǎgōng. **masonry** /-sənrɪ/ *n* [U] 砖[砖]石建筑[築] zhuānshí jiànzhù; 水泥砖石结构[構] shuǐní zhuānshí jiégòu.

masquerade /ˌmɑːskəˈreɪd; US ˌmæsk-/ *n* [C] 1 (as) 伪装[裝] wěizhuāng. 2 伪[僞]装 wěizhuāng: ~ as a police officer 假冒警官. **masquerade** *v* [I] 伪装 wěizhuāng; 假扮 jiǎbàn.

Mass (亦作 mass) /mæs/ *n* [C, U] (天主教的) 弥[彌]撒 mísa.

mass /mæs/ *n* 1 [C] 块[塊] kuài, 堆 duī; 团[團] tuán: *a ~ of earth* 土块. 2 [C] 大量 dàliàng; 大宗 dàzōng: *a ~ of tourists* 大批游客. 3 [C] [物理] (物体的) 质[質]量 zhìliàng. 4 the masses [pl] 群众 [衆] qúnzhòng.

mass *v* [I, T] (使)集合 jíhé; *The general ~ed his troops for the attack.* 将军集合部队准备进攻. **the mass media** *n* [pl] 大众传[傳]播媒介 dàzhòng chuánbō méijiè; 大众传播工具 dàzhòng chuánbō gōngjù. **mass-produce** /ˈ/ [T] 大量生产[產] dàliàng shēngchǎn. **mass production** *n* [U].

massacre /ˈmæsəkə(r)/ *n* [C] 屠杀[殺] túshā. **massacre** *v* [T] 大规模屠杀 dàguīmó túshā.

massage /ˈmæsɑːʒ; US məˈsɑːʒ/ *n* [C, U] 按摩 ànmó; 推拿 tuīná. **massage** *v* [T] 给…按摩 gěi…ànmó; 给…推拿 tuīná.

masseur /mæˈsɜː(r)/ *n* [C] (fem **masseuse** /mæˈsɜːz/) 按摩师[師] ànmóshī.

massive /ˈmæsɪv/ *adj* 大而重的 dà ér zhòng de; 巨大的 jùdàde. **massively** *adv*.

mast /mɑːst; US mæst/ *n* [C] 1 船桅 chuánwéi; 桅杆 wéigān; 樯

[檣] qiáng. 2 天线[綫]塔 tiānxiàntǎ.

master[1] /ˈmɑːstə(r); US ˈmæs-/ *n* [C] 1 主人 zhǔrén; 雇主 gùzhǔ. 2 男户主 nán hùzhǔ. 3 船长[長] chuánzhǎng. 4 (狗、马等的)男主人 nán zhǔrén. 5 [尤用于英国英语]男教师[師] nán jiàoshī. 6 Master 硕士 shuòshì: *a ~ M ~ of 'Arts' / 'Sciences* 文学硕士/理学硕士. 7 大师 dàshī. 8 of [正式用语]专[專]家 zhuānjiā; 行家 hángjiā. 9 原版影片 yuánbǎn yǐngpiàn; 原版磁带[帶] yuánbǎn cídài: *the ~ copy* 原版拷贝. **master** *adj* 1 技术[術]熟练[練]的 jìshù shúliàn de; 精通的 jīngtōngde: *a ~ carpenter* 手艺高明的木工. 2 总[總]的 zǒngde; 主[體]的 zhǔtǐde: *a ~ plan* 总体规划. **mastermind** *n* [C] 1 策划[劃]者[者] cèhuàzhě; 操纵[縱]者 cāozòngzhě. **mastermind** *v* [C] 才子 cáizǐ; 决策者 juécèzhě. **Master of Ceremonies** *n* [C] 司仪[儀] sīyí; 典礼[禮]官 diǎnlǐguān. **masterpiece** *n* [C] 杰作 jiézuò; 名著 míngzhù.

master[2] /ˈmɑːstə(r); US ˈmæs-/ *v* [T] 1 控制 kòngzhì; 制服 zhìfú. 2 掌握 zhǎngwò; 精通 jīngtōng: *a foreign language* 掌握门外语.

masterful /ˈmɑːstəfl; US ˈmæs-/ *adj* [专]专横的 zhuānhèngde; 能控制别人的 néng kòngzhì biérén de. **masterfully** /-fəlɪ/ *adv*.

masterly /ˈmɑːstəlɪ; US ˈmæs-/ *adj* 熟练[練]的 shúliànde; 巧妙的 qiǎomiàode.

mastery /ˈmɑːstərɪ/ *n* [U] 1 熟练[練]shúliàn; 精通 jīngtōng. 2 控制 kòngzhì.

masturbate /ˈmæstəbeɪt/ *v* [I] 手淫 shǒuyín. **masturbation** /ˌmæstəˈbeɪʃn/ *n* [U].

mat[1] /mæt/ *n* [C] 1 席[蓆]子 xízi; 垫[墊]子 diànzi. 2 (花瓶、盘等的)小垫 xiǎodiàn. **mat** *v* [-tt-] [I, T] (使)缠[纏]结 chánjié: *~ted hair* 缠结在一起的头发.

mat[2] = MATT.

matador /ˈmætədɔː(r)/ *n* [C] 斗[鬥]牛士 dòuniúshì.

match[1] /mætʃ/ *n* [C] 火柴 huǒchái. **matchbox** *n* [C] 火柴盒 huǒcháihé.

match[2] /mætʃ/ *n* [C] 1 比赛[賽]bǐsài; 竞[競]赛 jìngsài: *a 'football ~* 足球比赛. 2 [sing] 对[對]手

duìshǒu; 敌［敌］手 díshǒu; *He's no
~ for her at tennis.* 在网球上
他不是她的对手. **3** ［了］婚姻 hūn-
yīn; *They made a good ~.* 他们
成就了美满的婚姻. **4** ［sing］相配
的物 xiāngpèi de wù; *The carpets
and curtains are a perfect ~.*
地毯和窗帘很匹配. **mate** v **1** ［I,
T］相配 xiāngpèi: *The carpets
and the curtains ~ perfectly.*
地毯和窗帘十分相称. **2** ［I, T］(a)
比得上 bǐ de shàng; (b) 使相当
［当］shǐ xiāngdāng; 使相等 shǐ
xiāngděng. **matchless** adj ［正式
用语］无与伦比的; 无双的 wúshuāng-
de; 无双［双］的 wúshuāngde. **'matchmaker**
n ［C］媒人 méirén.

mate /meɪt/ n ［C］**1** 朋友 péngyǒu;
伙伴 huǒbàn; 同事 tóngshì; *He's
gone out with his ~s.* 他和朋友
出去了. *a flat-~* 同住一单元的
人. **2** ［英国］(用作对男子的称呼)
老兄 lǎoxiōng. **3** (商船的)大副 dà-
fù. **4** 兽（獸）的配偶 shòu de pèi'ǒu.
5 助手 zhùshǒu; *a plumber's ~*
管子工的助手. **mate** v ［I, T］
(*with*) (鸟、兽)(使)交配 jiāopèi.

material /məˈtɪərɪəl/ n ［C,U］材
料 cáiliào; 原料 yuánliào. **2** ［U］
布料 bùliào. **3** ［U］资料 zīliào; ~
for a newspaper article 写报纸
文章的素材. **material** adj **1** 物质
（質）的 wùzhìde. **2** 肉体［體］的 ròu-
tǐde; 身体需要的 shēntǐ xūyào de;
~ *comforts* 身体的享乐. **3** ［尤用
于法律］重要的 zhòngyàode; ~
evidence 重要证据.

materialism /məˈtɪərɪəlɪzəm/ n
［U］**1** 唯物主义（義）wéiwùzhǔyì;
唯物论（論）wéiwùlùn. **2** ［常作贬］
实（實）利主义 shílì zhǔyì; 物质（質）
主义 wùzhì zhǔyì. **materialist**
/-lɪst/ n ［C］. **materialistic**
/məˌtɪərɪəˈlɪstɪk/ adj.

materialize /məˈtɪərɪəlaɪz/ v ［I］
1 成为［爲］事实（實）chéngwéi shì-
shí; 实现 shíxiàn. **2** 具体（體）化 jùtǐ-
huà; 实体化 shítǐhuà.

maternal /məˈtɜːnl/ adj **1** 母亲
（親）的 mǔqīnde; 似母亲的 sìmǔqīn-
de. **2** 母系的 mǔxìde; 母方（亲）的
mǔfāngde; *a ~ grandfather* 外祖
父.

maternity /məˈtɜːnəti/ n ［U］母
亲（亲）身份 mǔqīn shēnfèn; 母性
mǔxìng. **maternity** n attrib 产（産）妇
（婦）的 chǎnfùde; 孕妇的 yùnfùde; *a
~ hospital* 产科医院. *~ leave*

产假.

math /mæθ/ n ［美语］［用 sing v］
short for MATHEMATICS.

mathematics /ˌmæθəˈmætɪks/ n
［用 sing v］数（數）学（學）shùxué.
mathematical /-ɪkl/ adj. **mathematically**
/-ɪkli/ adv. **mathematician**
/ˌmæθəməˈtɪʃn/ n
［C］数学家 shùxuéjiā.

maths /mæθs/ n ［英国英语］［用
sing v］short for MATHEMATICS.

matinée (美语亦作 **matinee** /
ˈmætɪneɪ, ˈmætɪneɪ/ US ˌmætn-
ˈeɪ/ n ［C］(电影院、剧院的)下午
场 xiàwǔchǎng.

matriarch /ˈmeɪtriːɑːk/ n ［C］女
家长（長）nǚ jiāzhǎng; 女族长 nǚ
zúzhǎng. **matriarchal** /ˌmeɪtri-
ˈɑːkl/ adj.

matriculate /məˈtrɪkjuleɪt/ v ［I］
被录（錄）取入学（學）bèi lùqǔ rù-
xué; 注册入学 zhùcè rùxué. **matriculation**
/məˌtrɪkjuˈleɪʃn/ n
［U］.

matrimony /ˈmætrɪməni; US
-məʊni/ n ［U］［正式用语］婚姻
hūnyīn; 婚姻生活 hūnyīn shēnghuó.
matrimonial /ˌmætrɪˈməʊniəl/
adj.

matron /ˈmeɪtrən/ n ［C］**1** (旧时)
护（護）士长（長）hùshìzhǎng. **2** 女总
（總）管 nǚ zǒngguǎn; 女舍监（監）nǚ
shèjiān. **3** (已婚的，仪表庄重的)中
年妇（婦）女 zhōngnián fùnǚ. **matronly**
adj 似中年妇女的 sì
zhōngnián fùnǚ de; 庄（莊）重的
zhuāngzhòngde.

matt (亦作 **mat**, 美语亦作 **matte**
/mæt/ adj (表面)粗糙的 cūcāo-
de;无［無］光泽（澤）的 wú guāngzé-
de.

matter[1] /ˈmætə(r)/ n **1** ［C］事情
shìqíng; 问题 wèntí; *an important
business* 重要的商业问题. **2**
［U］物质（質）wùzhì; *The universe
is composed of ~.* 宇宙是由物
质组成的. **3** ［U］材料 cáiliào; 物品
wùpǐn; *reading ~* 读物. **4** ［习语］
as a matter of fact (用于加强语
气)事实（實）上 shìshí shàng; 其实
qíshí. **for 'that matter** 就那件事
而论（論）jiù nàjiàn shì ér lùn. **(as) a
matter of 'course** (作为)理所当
（當）然的事 II 当（當）然的事; (按照)
惯例 chángguī. **(be) the
matter (with sb/sth)** ［非正式用
语］(不幸、痛苦等的)原因 yuányīn;
理由 lǐyóu: *What's the ~ with*

her? 她怎么啦? Is anything the ~? 怎么啦? Is anything the 'hours, 'minutes, etc 不多于 bù duōyú; 至多 zhìduō. **a matter of o'pinion** 看法不同的问题 kànfǎ bùtóng de wèntí. (**be**) **a matter of** (**doing**) **sth** 取决于某事的问题(或情况) qǔjuéyú mǒushì de wèntí: Teaching isn't just a ~ of good communication. 教学的好坏不仅仅取决于有良好的思想沟通. **no matter who, what, etc** 无(無)论(論)谁 wúlùn shuí; 无论什么 wúlùn shénme: Don't believe him, no ~ what he says. 无论他说什么, 都别相信. **matter-of-'fact** adj 不动(動)情感的 bùdòng qínggǎn de; 不加想像的 bùjiā xiǎngxiàng de.

matter² /'mætə(r)/ v [I] 关(關)系(係)重要 guānxì zhòngyào: It doesn't ~. 没关系.

matting /'mætɪŋ/ n [U] 粗糙编织(織)物 cūcāo biānzhīwù; 地席(蓆)dìxí.

mattress /'mætrɪs/ n [C] 床(牀)垫(墊) chuángdiàn.

mature /mə'tjʊə(r)/ US -'tʊər/ adj 1 成熟的 chéngshúde. 2 深思熟虑(慮)的 shēnsī shúlǜ de. 3 (葡萄酒或干酪)成熟的 chéngshúde. **mature** v [I, T] (使)成熟 chéngshú. **maturity** n [U].

maul /mɔːl/ v [T] 伤(傷)害 shānghài; 虐打 nüèdǎ: ~ed by a lion 受到狮子伤害.

mausoleum /ˌmɔːsə'liːəm/ n [C] 陵墓 língmù.

mauve /məʊv/ adj, n [U] 淡紫色的 dànzǐsède; 淡紫色 dànzǐsè.

maxim /'mæksɪm/ n [C] 格言 géyán; 箴言 zhēnyán.

maximize /'mæksɪmaɪz/ v [T] 使增加到最大限度 shǐ zēngjiā dào zuìdà xiàndù.

maximum /'mæksɪməm/ n [C,常作 sing] [pl maxima /-mə/] 最大量 zuìdàliàng. **maximum** adj 最大的 zuìdàde; 最大限度的 zuìdà xiàndù de: the ~ load a lorry can carry 卡车的最大载重量. **~ use of the room** 最大限度利用这个房间.

May /meɪ/ n [U, C] 五月 wǔyuè.

may /meɪ/ modal v [否定式 may not, 罕, 缩略式 mayn't /meɪnt/; might /maɪt/, 否定式 might not, 罕, 缩略式 mightn't /'maɪtnt/] 1 (用以表示可能); This coat ~ be Sarah's. 这件大衣也许是萨拉的. He ~ have forgotten to come. 他可能忘记来了. 2 [正式用语](用以表示允许); M~ I sit down? 我可以坐下吗? 3 (用以表示希望); M~ you both be very happy! 祝你们二位幸福!

maybe /'meɪbɪ/ adv 大概 dàgài; 或许 huòxǔ.

mayonnaise /ˌmeɪə'neɪz/ n [U] 'meɪəneɪz/ n [U] (用蛋黄、油、醋等制成的)蛋黄酱[醬] dànhuángjiàng.

mayor /meə(r); US 'meɪər/ n [C] 市长(長) shìzhǎng. **mayoress** /meə'res; US 'meɪərəs/ n [C] 1 女市长 nǚ shìzhǎng. 2 市长夫人 shìzhǎng fūrén.

maze /meɪz/ n [C] 迷宫 mígōng.

MBA /ˌem biː 'eɪ/ abbr Master of Business Administration 工商管理学硕士 gōngshāng guǎnlǐ xué shuòshì.

MC /ˌem 'siː/ abbr 1 Master of Ceremonies 司仪(儀); 典礼(禮)官 diǎnlǐguān. 2 [美语] Member of Congress 国(國)会(會)议(議)员 guóhuì yìyuán.

m-commerce /em'kɒmɜːs/ n [U] 移动[動](电子)商务[務] yídòng shāngwù.

MD /ˌem 'diː/ abbr Doctor of Medicine 医(醫)学(學)博(博)士 yīxué bóshì.

me /miː/ pron 我 wǒ; Don't hit ~. 别打我. Give it to ~. 给我.

meadow /'medəʊ/ n [C, U] 草地 cǎodì; 牧场(場) mùchǎng.

meagre (美语 **meager**) /'miːgə(r)/ adj 少量的 shǎoliàngde; 不足的 bùzúde; 贫乏的 pínfáde: a ~ income 微薄的收入. **meagrely** adv. **meagreness** n [U].

meal¹ /miːl/ n [C] 1 一餐 yìcān. 2 一餐所吃的食物 yìcān suǒ chī de shíwù; 饭食 fànshí.

meal² /miːl/ n [U] 粗粉 cūfěn; **'oat** ~ 燕麦(麥)片.

mean¹ /miːn/ v [pt, pp ~t /ment/] [T] 1 意指 yìzhǐ; 意谓 yìwèi: What does this word ~? 这个词是什么意思? 2 (符号、标志)象征(徵) xiàngzhēng: A green light ~ 's ' go'. 绿灯表示"通行". 3 造成(某种结果) zàochéng; This will ~ more work. 这将

意味着有更多的工作. **4** 意欲 yìyù; 打算 dǎsuàn: *What do you ~ by coming so late?* 你干什么这么晚才来? *Sorry, I ~t to tell you earlier.* 对不起, 我是要早点告诉你的. *Don't laugh! I ~ it!* 别笑! 我真是这个意思! **5** *to* 对 [对]…重要 duì…zhòngyào: *Your friendship ~s a lot to me.* 你的友谊对我很重要. **6** [习语] **be meant to** 必须 bìxū; 应[应]该 yīnggāi: *You're ~t to pay before you come in.* 你进来之前得先付款. **mean 'business** 是认[认]真的 shì rènzhēn de. **'mean well** 出于好心 chū yú hǎoxīn; 怀[怀]有好意 huáiyǒu hǎoyì. **meaning** *n* **1** [C, U] 意义[义] yìyì; 意思 yìsi. **2** [U] 目的 mùdì: *My life has lost all ~ing.* 我的生活已毫无目的. **meaningful** *adj* 富有意义的 fùyǒu yìyì de; 意味深长[长]的 yìwèi shēncháng de. **meaningless** *adj* 无[无]意义的 wú yìyì de.

mean² /miːn/ *adj* **1** 吝啬[啬]的 lìnsè de; 自私的 zìsī de. **2** 不善良的 bú shànliáng de. **3** [尤用于美语] 脾气[气]坏[坏]的 píqì huài de; 恶[恶]毒的 èdú de. **4** [习语] **no mean** [褒](表演者等)很好的 hěn hǎo de: *He's no mean tennis player.* 他是个网球高手. **meanness** *n* [U].

mean³ /miːn/ *n* [C] [数学]平均数[数] píngjūnshù; 平均值 píngjūnzhí; 中数 zhōngshù. **mean** *adj*.

meander /mɪˈændə(r)/ *v* [I] **1** (河川)蜿蜒而流 wānyán ér liú. **2** 漫步 mànbù; 闲[闲]逛[逛] xiánguàng.

means¹ /miːnz/ *n* [用 sing 或 pl v] 方法 fāngfǎ; 手段 shǒuduàn: *find ~ of improving the standard of education* 找到改进教育标准的方法. **2** [习语] **by 'all means** [正式用语] 当[当]然可以 dāngrán kěyǐ, 不用客气[气]. **by 'means of sth** 凭某办[办]法 píng mǒu bànfǎ. **by 'no means** [正式用语] 绝不 juébù.

means² /miːnz/ *n* [pl] 金钱[钱] jīnqián; 财富 cáifù: *a man of ~* 富有的人. **'means test** *n* [C] (对申请补助者所作的)家庭经[经]济[济]情况调查 jiātíng jīngjì qíngkuàng diàochá.

meant *pt, pp* of MEAN¹.

meantime /miːntaɪm/ *n* [习语] **in the 'meantime** 在此期间 zài cǐ

qījiān; 同时[时] tóngshí. **meantime** *adv* 同时 tóngshí.

meanwhile /ˈmiːnwaɪl; US -hwaɪl/ *adv* 同时[时] tóngshí.

measles /ˈmiːzlz/ *n* [用 sing v] 麻疹 mázhěn.

measure¹ /ˈmeʒə(r)/ *v* [T] **1** 量 liáng; 测量 cèliáng: ~ *a piece of wood* 量一块木头. **2** 为[为](某长度/体积等) wéi: *The room is 5 metres across.* 这房间宽 5 米. **3** [短语动词] **measure sth out** 量取(一定量) liángqǔ, **measure up to sth** 符合标[标]准[准] fúhé biāozhǔn. **measured** *adj* 慎重的 shènzhòng de. **measurement** *n* **1** [U] 测量 cèliáng; 量度 liángdù. **2** [C] 宽度 kuāndù; 长[长]度 chángdù.

measure² /ˈmeʒə(r)/ *n* **1** (**a**) [U, C] 计量制度 jìliáng zhìdù; 度量法 dùliángfǎ. (**b**) [C] 计量单[单]位 jìliáng dānwèi: *The metre is a ~ of length.* 米是长度单位. **2** [C] 量具 liángjù; 量器 liángqì: *a 'tape-~* 卷尺; 皮尺. **3** [sing] (判断事物的)尺度 chǐdù; 标[标]准[准] biāozhǔn: *a ~ of his anger* 他气愤的程度. **4** [sing] 对于[正式用语]程度 chéngdù; 地步 dìbù: *a ~ of success* 一定程度的成功. **5** [C,常作 pl] 措施 cuòshī; 办[办]法 bànfǎ: *The government is taking ~s to reduce crime.* 政府正采取措施遏止犯罪活动. **6** [习语] **made-to-'measure** 定做(衣服) dìngzuò. **get/take the measure of sb** 判断某人的性格(或能力) pànduàn mǒurén de xìnggé.

meat /miːt/ *n* **1** [U] (可食用的)肉 ròu. **2** [U] [喻]实[实]质[质] shízhì: *There's not much ~ in his argument.* 他的论点没有什么实质性的东西. **meaty** *adj* [**-ier, -iest**].

mechanic /mɪˈkænɪk/ *n* [C] 技工 jìgōng; 机[机]械工 jīxièɡōng; 机修工 jīxiūgōng. **mechanical** *adj* **1** 机械的 jīxiè de; 机械制[制]造的 jīxiè zhìzào de. **2** 机械似的 jīxièshì de; 呆板的 dāibǎn de. **mechanically** /-klɪ/ *adv*.

mechanics /mɪˈkænɪks/ *n* **1** [用 sing v] 力学[学] lìxué; 机[机]械学 jīxièxué. **2 the mechanics** [pl] (**a**) 机件 jījiàn; 工作部件 gōngzuò bùjiàn. (**b**) [喻](制作的)过[过]程 guòchéng.

mechanism /'mekənɪzəm/ n [C]
1 机(機)械装(裝)置 jīxiè zhuāngzhì. 2 [喻]手法 shǒufǎ;技巧 jìqiǎo.

mechanize /'mekənaɪz/ v [T] 使机(機)械化 shǐ jīxièhuà. **mechanization** /ˌmekənaɪ'zeɪʃn/ US -nɪ'z-/ n [U].

medal /'medl/ n [C] 奖(奬)章 jiǎngzhāng;勋(勳)章 xūnzhāng;纪念章 jìniànzhāng. **medallist** (美语 **medalist**) /'medəlɪst/ n [C] 奖章(或勋章)获(獲)得者 jiǎngzhāng huòdézhě.

medallion /mɪ'dæliən/ n [C] 大奖(奬)章 dà jiǎngzhāng;大纪念章 dà jìniànzhāng;(奖章形的)圆形装(裝)饰(飾)(物) yuánxíng zhuāngshì.

meddle /'medl/ v [I] [贬]干涉 gānshè;干预 gānyù. **meddler** n [C].

media /'miːdɪə/ n **the media** [pl] 传(傳)播工具 chuánbō gōngjù;传播媒介 chuánbō méijiè.

mediaeval = MEDIEVAL.

mediate /'miːdɪeɪt/ v [I] (between) 调停 tiáotíng;斡旋 wòxuán. **mediation** /ˌmiːdɪ'eɪʃn/ n [U]. **mediator** n [C].

medic /'medɪk/ n [C] [非正式用语]医科学(學)生 yīkē xuéshēng;医生 yīshēng.

medical /'medɪkl/ adj 医(醫)学(學)的 yīxué de;医术(術)的 yīshù de. 2 内科的 nèikē de. **medical** n [C] 体(體)格检(檢)查 tǐgé jiǎnchá. **medically** /-klɪ/ adv.

Medicare /'medɪkeə(r)/ n [U] (美国)老年保健医(醫)疗(制度) lǎonián bǎojiàn yīliáo.

medication /ˌmedɪ'keɪʃn/ n [C, U] 药(藥)物 yàowù;药品 yàopǐn;药剂(劑) yàojì.

medicinal /mə'dɪsɪnl/ adj 治疗(療)的 zhìliáo de;医(醫)用的 yīyòng de.

medicine /'medsn/ US 'medɪsn/ n 1 [U] 医(醫)学(學) yīxué;医术(術) yīshù;内科学 nèikēxué. 2 [C, U] 药(藥) yào;内服药 nèifúyào. 3 [习语] **a dose/taste of one's own medicine** 以牙还(還)牙 yǐ yá huán yá. **'medicine-man** n [C] = WITCH-DOCTOR (WITCH).

medieval (亦作 **mediaeval**) /ˌmedɪ'iːvl/ US /ˌmiːdɪ-/ adj 中世纪的 zhōngshìjì de;中古的 zhōnggǔ de.

mediocre /ˌmiːdɪ'əʊkə(r)/ adj 平庸的 píngyōng de;平常的 píngcháng de. **mediocrity** /ˌmiːdɪ'ɒkrətɪ/ n [U, C] [pl **-ies**].

meditate /'medɪteɪt/ v [I] (on) 深思 shēnsī;沉思 chénsī. **meditation** /ˌmedɪ'teɪʃn/ n [U, C].

medium /'miːdɪəm/ n [C] [pl **media** /'miːdɪə/ 或 ~s;用于下列第四义 ~s] 1 媒介 méijiè;an effective advertising ~ 有效的广告宣传工具. 2 中间物 zhōngjiànwù. 3 借(藉)以生存之物 jiè yǐ shēngcún zhī wù;环(環)境 huánjìng. 4 灵(靈)媒 língméi;巫师(師)wūshī. **medium** adj 中间的 zhōngjiān de;中等的 zhōngděng de. **'medium wave** n [U] [无线电]中波 zhōngbō.

meek /miːk/ adj 温顺的 wēnshùn de;驯服的 xùnfú de. **meekly** adv. **meekness** n [U].

meet[1] /miːt/ v [pt, pp met /met/] 1 [I, T] 会(會)面 huìmiàn;Let's ~ again soon. 我们不久再相会. 2 [I, T] 结识(識) jiéshí;引见 yǐnjiàn. 3 [T] [喻]经(經)历(歷)(不愉快的事) jīnglì;~ one's death 死亡. 4 [T] 迎接 yíngjiē. 5 [I, T] 接触(觸) jiēchù;Their hands met. 他们的手相触. 6 [T] 满足 mǎnzú;符合 fúhé;~ sb's wishes 满足某人的愿望. 7 [T] 支付 zhīfù;~ all expenses 支付全部开支. 8 [习语] **meet sb half-way** 妥协(協) tuǒxié. **there is more to sb/sth than meets the eye** 某人(或某事)比原想的复(複)杂(雜)(或有趣) mǒurén bǐ yuán xiǎng de fùzá. 9 [短语动词] **meet with sb** [美语]与(與)…会晤 yǔ…huìwù. **meet with sth** 经历(某事) jīnglì;~ with difficulties/an accident 遇到困难;遇到意外.

meet[2] /miːt/ n [C] 1 [尤用于英国英语](猎人和猎犬在猎狐前的)集合 jíhé. 2 [尤用于美语]运(運)动(動)会(會) yùndònghuì.

meeting /'miːtɪŋ/ n [C] 集会(會) jíhuì;会议(議) huìyì.

megabyte /'megəbaɪt/ n 兆字节(節) zhàozìjié.

megaphone /'megəfəʊn/ n [C] 扩(擴)音器 kuòyīnqì;喇叭筒 lǎbatǒng.

melancholy /'melənkɒlɪ/ n [U] 忧(憂)郁(鬱) yōuyù;悲哀 bēi'āi. **melancholic** /ˌmelən'kɒlɪk/ adj.

melancholy /'melənkəli/ adj 忧郁的 yōuyùde; 悲哀的 bēi'āide.

mellow /'meləʊ/ adj 1 熟透的 shútòude. 2 (颜色)丰(豐)富的 fēngfùde. 3 成熟的 chéngshúde. **mellow** v [I, T] (使)成熟 chéngshú. **mellowness** n [U].

melodrama /'melədrɑːmə/ n [C, U] 1 情节(節)剧[劇](情节剧剧情剧剧性的事件(或行为等) qíngjiéjù shì de shìjiàn. **melodramatic** /ˌmelədrə'mætɪk/ adj. **melodramatically** /-klɪ/ adv.

melody /'melədɪ/ n [C] (pl -ies) 曲调 qǔdiào; 歌曲 gēqǔ. **melodic** /mɪ'lɒdɪk/ adj 曲调的 qǔdiàode. **melodious** /mɪ'ləʊdɪəs/ adj 音调悦耳的 yīndiào yuè'ěr de; 音调优[優]美的 yīndiào yōuměi de.

melon /'melən/ n [C] 瓜 guā.

melt /melt/ v 1 [I, T] (使)融化 rónghuà; (使)熔化 rónghuà: The sun ~ed the snow. 太阳把雪融化了. 2 [I] (away) 融掉 róngdiào; 消失 xiāoshī. 3 [I, T] (使人的感情)软化 ruǎnhuà. 4 [短语动词] **melt sth down** (重新)熔化 rónghuà; 熔融 rónghuà. **'meltdown** n [C] (核反应堆核心熔化的)熔毁 rónghuǐ. **'melting-pot** n [C] 1 大量多国[國]移民聚居的地方 dàliàng duōguó yímín jùjū de dìfang. 2 [习语] **in the melting-pot** 在改变[變]中 zài gǎibiàn zhōng.

member /'membə(r)/ n [C] 1 (团体、组织等)成员 chéngyuán; 会(會)员 huìyuán. 2 [正式用语]肢体(體)的一部分 shēntǐde yíbùfen; 肢体 zhītǐ. ˌMember of 'Parliament n [C] 下院议[議]员 xiàyuàn yìyuán. **membership** n 1 [U] 会员资格 huìyuán zīgé; 会员身份 huìyuán shēnfèn. 2 [sing] 用 sing 或 pl v] 会员(或成员)人数[數] huìyuán rénshù.

membrane /'membreɪn/ n [C, U] 膜 mó; 薄膜 báomó.

memento /mɪ'mentəʊ/ n [C] (pl ~s 或 ~es) 纪念品 jìniànpǐn.

memo /'meməʊ/ n [C] (pl ~s) [非正式用语] short for MEMORANDUM.

memoir /'memwɑː(r)/ n memoirs [pl] 自传[傳] zìzhuàn; 回忆[憶]录[錄] huíyìlù.

memorable /'memərəbl/ adj 值得纪念的 zhídé jìniàn de; 值得注意的 zhídé zhùyì de. **memorably** adv.

memorandum /ˌmemə'rændəm/ n [C] (pl -da /-də/ 或 ~s) 非正式的商业[業]文件 fēizhèngshìde shāngyè wénjiàn.

memorial /mə'mɔːrɪəl/ n [C] 纪念物 jìniànwù; 纪念碑 jìniànbēi.

memorize /'meməraɪz/ v [T] 熟记 shújì; 记住 jìzhù.

memory /'memərɪ/ n [pl -ies] 1 [C, U] 记忆[憶] jìyì; 记忆力 jìyìlì: He's got a good ~. 他的记忆力好. 2 [C] 记忆的事 jìyì de shì; memories of childhood 对童年的回忆. 3 [U] 记忆所及的时[時]期 jìyì suǒ jí de shíqī; 记忆的范[範]围 jìyì de fànwéi. 4 [U] 对[對]死者的记忆 duì sǐzhě de jìyì. 5 [C] [计]存储器 cúnchǔqì. 6 [习语] **in memory of sb** 为[為]纪念某人 wèi jìniàn mǒurén.

men pl of MAN¹.

menace /'menəs/ n 1 [C, U] 威胁[脅] wēixié; 恐吓[嚇] kǒnghè. 2 [sing] 威胁(讨厌)的人(或东西) tǎoyànde rén. **menace** v [T] 威胁 wēixié; 恐吓 kǒnghè. **menacingly** adv.

menagerie /mɪ'nædʒərɪ/ n [C] 动[動]物园[園] dòngwùyuán; (笼中的)野生动物 yěshēng dòngwù.

mend /mend/ v 1 [T] 修理 xiūlǐ; 修补[補] xiūbǔ. 2 [I] 恢复[復]健康 huīfù jiànkāng; 痊愈[癒] quányù. 3 [习语] **mend one's ways** (变[變]作风[風])改好 gǎihǎo zuòfēng. **mend** n 1 [C] 修补过[過]的地方 xiūbǔ guò de dìfang; 补丁 bǔdīng. 2 [习语] **on the 'mend** [非正式用语]在康复中 zài kāngfù zhōng.

menial /'miːnɪəl/ adj [常作贬](工作)不体[體]面的 bù tǐmiàn de; 乏味的 fáwèide.

meningitis /ˌmenɪn'dʒaɪtɪs/ n [U] 脑[腦](脊)膜炎 nǎomóyán.

menopause /'menəpɔːz/ n the **menopause** [sing] 绝经[經](期) juéjīng.

menstruate /'menstrueɪt/ v [I] [正式用语]行经[經] xíngjīng;月经来潮 yuèjīng láicháo. **menstrual** /-struəl/ adj. **menstruation** /ˌmenstru'eɪʃn/ n [U].

mental /'mentl/ adj 1 精神的 jīngshénde; 心理的 xīnlǐde: a ~ illness 精神病. make ~ a note of sth 把某事记在脑子里. 2 精神病的 jīngshénbìngde: a ~ patient/hospital 精神病人;精神病院. 3 [非正式用语, 贬] 疯[瘋]的 fēng-

de. **mentally** /-təlɪ/ *adv* 精神上;
精神方面; 心理上 xīnlǐ shàng:
~*ly ill* 精神上有病的.

mentality /menˈtælətɪ/ *n* [*pl* -ies] 1 [C] 思想方法 sīxiǎng fāngfǎ. 2 [U] [正式用语]智力 zhìlì; 智能 zhìnéng.

menthol /ˈmenθɒl/ *n* [U] 薄荷醇 bòhéchún.

mention /ˈmenʃn/ *v* 1 [T] 说到 shuōdào; 写[寫]到 xiědào; 提及 tíjí. 2 [习语] **don't 'mention it** [用以表示不必道谢]. **not to mention** 更不必说 gèng bùbì shuō. **mention** *n* [C, U] 简述 jiǎnshù.

menu /ˈmenjuː/ *n* [C] 菜单[單] càidān.

MEP /ˌem iː ˈpiː/ *abbr* Member of the European Parliament 欧[歐]洲议[議]会[會]议员 Ōuzhōu yìhuì yìyuán.

mercantile /ˈmɜːkəntaɪl; US -tiːl, -tɪl/ *adj* [正式用语]贸易的 màoyìde; 商业[業]的 shāngyède; 商人的 shāngrénde.

mercenary /ˈmɜːsɪnərɪ; US ˈmɜːsəneri/ *adj* 惟利是图[圖]的 wéilì shì tú de; 为[為]钱[錢]的 wèiqiánde. **mercenary** *n* [C] [*pl* -ies] 外国[國]雇佣[傭]兵 wàiguó gùyōngbīng.

merchandise /ˈmɜːtʃəndaɪz/ *n* [U] [正式用语]商品 shāngpǐn; 货物 huòwù.

merchant /ˈmɜːtʃənt/ *n* [C] 商人 shāngrén. **merchant** *adj* 商人的 shāngrénde; 商业[業]的 shāngyède: *the ~ navy* 商船. **merchant 'bank** *n* [C] 商业银行 shāngyè yínháng.

mercury /ˈmɜːkjʊrɪ/ *n* [U] 汞 gǒng; 水银 shuǐyín. **mercurial** /mɜːˈkjʊrɪəl/ *adj* [正式用语](人或情绪)多变[變]的 duōbiànde; 无[無]常的 wúchángde.

mercy /ˈmɜːsɪ/ *n* [*pl* -ies] 1 [U] 仁慈 réncí; 宽[寬]恕 kuānshù. 2 [C] 幸运[運] xìngyùn. 3 [习语] **at the mercy of sb/sth** 任凭[憑]…的摆[擺]布 rènpíng…de bǎibù; 受…的支配 shòu…de zhīpèi. **merciful** *adj* 仁慈的 réncíde; 宽恕的 kuānshùde. **mercifully** *adv*. **merciless** *adj* 不宽容的 bù kuānróng de; 不仁慈的 bù réncí de. **mercilessly** *adv*.

mere /mɪə(r)/ *adj* 仅[僅]仅的 jǐnjǐnde; 只不过[過]是的 zhǐbùguò shì de: *She's a ~ child*. 她只不过是个孩子. **mere**-**ly** *adv* 仅 jǐn; 只 zhǐ; 不过 bùguò.

merge /mɜːdʒ/ *v* 1 [I, T] (使)合并[併] hébìng; 兼并 jiānbìng: *The two companies ~d*. 这两家公司合并了. 2 [I] (*into*) 渐渐消失 jiànjiàn xiāoshī; 渐渐变[變]化 jiànjiàn biànhuà: *Day ~d into night*. 日尽夜至. **merger** *n* [C] (两公司)合并 hébìng; 归[歸]并 guībìng.

meridian /məˈrɪdɪən/ *n* [C] 子午线[綫] zǐwǔxiàn; 经[經]线 jīngxiàn.

meringue /məˈræŋ/ *n* 1 [U] (蛋白和糖混合烤成的)酥皮 sūpí. 2 [C] 蛋白酥皮饼 dànbái sūpíbǐng.

merit /ˈmerɪt/ *n* 1 [U] 值得称[稱]赞[讚]的品质[質] zhí dé chēngzàn de pǐnzhì; [常 *pl*] 值得称赞(或奖励)的事情或行为[為] zhí dé chēngzàn de shìqíng. **merit** *v* [T] [正式用语]值得 zhídé.

mermaid /ˈmɜːmeɪd/ *n* [C] (传说中的)美人鱼 měirényú.

merry /ˈmerɪ/ *adj* [-ier, -iest] 1 [旧]愉快的 yúkuàide; 欢[歡]乐[樂]的 huānlède. 2 [非正式用语]微醉的 wēizuìde. **merrily** *adv*. **merriment** *n* [U]. **'merry-go-round** *n* [C] = ROUNDABOUT 2.

mesh /meʃ/ *n* [C, U] 网[網]状[狀]物 wǎngzhuàngwù. **mesh** *v* [I] (齿轮)啮[嚙]合 nièhé; [喻] *Their opinions don't really ~*. 他们的意见并不协调一致.

mesmerize /ˈmezməraɪz/ *v* [T] 吸引住(某人) xǐyǐn zhù.

mess¹ /mes/ *n* 1 [sing, 常作 sing] 脏[髒]乱[亂]状[狀]态[態] zāng luàn zhuàngtài. 2 [sing] 混乱状态 hùnluàn zhuàngtài; 凌乱状态 língluàn zhuàngtài: *My life's in a ~*. 我的生活杂乱无章. **mess** *v* [非正式用语] [短语动词] **mess about/around** (a) 胡闹 húnào. (b) 瞎忙 xiāmáng. **mess sb about/around** 粗鲁地对[對]待某人 cūlǔ de duìdài mǒurén. **mess sth up** (a) 把…弄乱 bù…nòngluàn. (b) 弄糟 nòngzāo. **messy** *adj* [-ier, -iest].

mess² /mes/ *n* [C] (军人的)食堂 shítáng.

message /ˈmesɪdʒ/ *n* 1 [C] 消息 xiāoxi; 信息 xìnxī. 2 [sing] 启[啟]示 qǐshì; 中心思想 zhōngxīn sīxiǎng. 3 [习语] **get the 'message** [非正式用语]明白 míngbai; 领会[會] lǐnghuì. **messenger** /ˈmesɪndʒə(r)/ *n* [C] 送信者 sòngxìnzhě; 报[報]信者 bàoxìnzhě.

messiah /mɪˈsaɪə/ n 1 [C] (常大写)弥(彌)赛亚(亞)(犹太人盼望的复国教主) Mísàiyà. 2 the Messiah [sing] 救世主基督 Yēsū Jīdū.

met pt, pp of MEET[1].

metabolism /məˈtæbəlɪzəm/ n [U] 新陈代谢 xīn chén dàixiè. metabolic /ˌmetəˈbɒlɪk/ adj.

metal /ˈmetl/ n [C, U] 金属(屬) jīnshǔ. metallic /mɪˈtælɪk/ adj.

metaphor /ˈmetəfə(r)/ n [C, U] 隐(隱)喻(如 'She has a heart of stone.') yǐnyù. metaphorical /ˌmetəˈfɒrɪkl/ US -ˈfɔːr-/ adj. metaphorically /-klɪ/ adv.

mete /miːt/ v [短语动词] mete sth out (to sb) (作为)[正式用语]给予(惩罚、奖励) jǐyǔ.

meteor /ˈmiːtɪə(r)/ n [C] 流星 liúxīng. meteoric /ˌmiːtɪˈɒrɪk; US -ˈɔːr-/ adj 1 流星的 liúxīngde. 2 [喻]迅速的 xùnsùde: a ~ic rise to fame 迅速升出名. meteorite /ˈmiːtɪəraɪt/ n [C] 陨星 yǔnxīng.

meteorology /ˌmiːtɪəˈrɒlədʒɪ/ n [U] 气(氣)象学(學) qìxiàngxué. meteorological /-rəˈlɒdʒɪkl/ adj. meteorologist /-dʒɪst/ n [C] 气象学家 qìxiàngxuéjiā.

meter[1] /ˈmiːtə(r)/ n [C] 计量(儀)表(錶)biǎo: a gas ~ 煤气表.

meter[2] [美语] = METRE.

method /ˈmeθəd/ n 1 [C] 方法 fāngfǎ. 办(辦)法 bànfǎ. 2 [U] 条(條)理 tiáolǐ; 秩序 zhìxù. methodical /mɪˈθɒdɪkl/ adj 有条理的 yǒu tiáolǐ de; 井井有条的 jǐngjǐng yǒu tiáo de. methodically /-klɪ/ adv.

methodology /ˌmeθəˈdɒlədʒɪ/ n [C, U] [pl -ies] 一套方法 yítào fāngfǎ.

meticulous /mɪˈtɪkjʊləs/ adj 谨小慎微的 jǐn xiǎo shèn wēi de; 极(極)注意细节(節)的 jí zhùyì xìjié de. meticulously adv.

metre[1] /ˈmiːtə(r)/ n [C] (公制长度单位)米 mǐ;公尺 gōngchǐ. metric /ˈmetrɪk/ adj (公制长度单位)米的 mǐde. metrication /ˌmetrɪˈkeɪʃn/ n [U] (采[採])用公制 cǎiyòng gōngzhì;改为(爲)公制 gǎi wéi gōngzhì. the 'metric system n [sing] 十进(進)制 shíjìnzhì;公制 gōngzhì;米制 mǐzhì.

metre[2] /ˈmiːtə(r)/ n [C, U] (诗的)韵(韻)律 yùnlǜ;格律 gélǜ.

metropolis /məˈtrɒpəlɪs/ n [C] 大城市 dà chéngshì;首都 shǒudū;首府 shǒufǔ. metropolitan /ˌmetrəˈpɒlɪtən/ adj.

mettle /ˈmetl/ n [U] 1 耐力 nàilì;勇气(氣) yǒngqì. 2 [习语] on his/her mettle 激励(勵)某人尽(盡)最大努力 jìn mòurén jìn zuìdà nǔlì.

mews /mjuːz/ n [C] [pl mews] (马厩改建的)住房 zhùfáng.

miaow /miˈaʊ/ n [C] 喵(猫叫声) miāo. miaow v [I] 喵喵叫 miāomiāojiào.

mice pl of MOUSE.

mickey /ˈmɪkɪ/ n [习语] take the mickey (out of sb) [非正式用语]嘲笑 cháoxiào;取笑 qǔxiào.

micro /ˈmaɪkrəʊ/ n [C] [pl ~s] [非正式用语]short for MICROCOMPUTER.

microbe /ˈmaɪkrəʊb/ n [C] 微生物 wēishēngwù;细菌 xìjūn.

microchip /ˈmaɪkrəʊtʃɪp/ n [C] 集成电(電)路 jíchéng diànlù.

microcomputer /ˈmaɪkrəʊkəmˌpjuːtə(r)/ n [C] 微型(电子)计算机(機) wēixíng jìsuànjī.

microcosm /ˈmaɪkrəʊkɒzəm/ n [C] 微观(觀)世界 wēiguān shìjiè;小天地 xiǎo tiāndì;小宇宙 xiǎo yǔzhòu.

microfilm /ˈmaɪkrəʊfɪlm/ n [C, U] 缩微胶(膠)卷(捲) suōwēi jiāojuǎn. microfilm v [T] 用缩微胶卷拍摄(攝) yòng suōwēi jiāojuǎn pāishè.

microphone /ˈmaɪkrəfəʊn/ n [C] 麦(麥)克风(風) màikèfēng;扩(擴)音器 kuòyīnqì;话筒 huàtǒng.

microscope /ˈmaɪkrəskəʊp/ n [C] 显(顯)微镜 xiǎnwēijìng. microscopic /ˌmaɪkrəˈskɒpɪk/ adj 1 极(極)小的 jíxiǎode;微小的 wēixiǎode. 2 显微镜的 xiǎnwēijìngde;用显微镜的 yòng xiǎnwēijìngde.

microwave /ˈmaɪkrəweɪv/ (亦作 microwave 'oven) n [C] 微波炉(爐) wēibōlú.

mid- /mɪd/ prefix 在…中间 zài zhōngjiān: ~-morning 上午的中段时间. ~-air 天空.

midday /ˌmɪdˈdeɪ/ n [U] 正午 zhèngwǔ;中午 zhōngwǔ.

middle /ˈmɪdl/ n the middle [sing] 中间 zhōngjiān;中部 zhōngbù;中央 zhōngyāng. middle adj 中间的 zhōngjiānde;中部的 zhōngbùde;中央的 zhōngyāngde. middle 'age n [U] 中年 zhōngnián. ˌmiddle-'aged *adj*. the ˌMiddle ˈAges *n* [pl] 中世纪 zhōngshìjì. the ˌmiddle ˈclass *n* [C] 中产[產]阶[階]级 zhōngchǎn jiējí. ˌmiddle-ˈclass *adj*. the ˌMiddle ˈEast *n* [sing] 中东 zhōngdōng. ˈmiddleman *n* [C] [*pl* -men /-men/] 经[經]纪人 jīngjìrén; 掮客 qiánkè. ˌmiddle-of-the-ˈroad *adj* 温和路线(線)的 wēnhé lùxiàn de; 不极[極]端的 bù jíduān de.

middling /ˈmɪdlɪŋ/ *adj* 中等的 zhōngděng de; 普通的 pǔtōng de.

midge /mɪdʒ/ *n* [C] 蠓 měng; 摇蚊 yáowén.

midget /ˈmɪdʒɪt/ *n* [C] 侏儒 zhūrú; 矮人 ǎirén. **midget** *adj* 极[極]小的 jíxiǎo de.

Midlands /ˈmɪdləndz/ *n* the **Midlands** [用 sing 或 pl v] 英格兰[蘭]中部地区[區] Yīnggélán zhōngbù dìqū.

midnight /ˈmɪdnaɪt/ *n* [U] 午夜 wǔyè; 子夜 zǐyè; 夜半 yèbàn.

midriff /ˈmɪdrɪf/ *n* [C] 腹部 fùbù.

midst /mɪdst/ *n* [习语] **in the midst of sth** 在…之中 zài …zhī zhōng.

midway /ˈmɪdweɪ/ *adv*, *adj* 中途(的) zhōngtú(de): ~ *between Paris and Rome* 巴黎至罗马的中途.

midwife /ˈmɪdwaɪf/ *n* [C] [*pl* -wives /-waɪvz/] 助产[產]士 zhùchǎnshì; 接生婆 jiēshēngpó. **midwifery** /ˈmɪdwɪfərɪ; *US* -waɪf-/ *n* [U] 产科学[學] chǎnkēxué; 助产学 zhùchǎnxué; 助产士的职[職]业[業] zhùchǎnshì de zhíyè.

might¹ /maɪt/ *modal v* 否定式 **might not**, 缩略式 **mightn't** /ˈmaɪtnt/ 1 (表示可能): *He ~ be at home, but I doubt it.* 他也许在家, 但是我说不准. 2 (用以表示请求): *M~ I make a suggestion?* 我可以提个建议吗? 3 (于婉转的请求或吁请): *You ~ at least offer to help!* 你至少可以帮个忙吧!

might² *pt of* MAY.

might³ /maɪt/ *n* [U] 力量 lìliàng; 威力 wēilì; 权[權]力 quánlì. **mighty** *adj* [-ier, -iest] [正式用语] 1 强有力的 qiáng yǒulì de; 权力大的 quánlì dà de. 2 巨大的 jùdà de; 庞大的 pángdà de: *the ~y oceans* 汪洋大海. **mightily** *adv*. **mighty** *adv* [非正式用语, 尤用于

美语]非常 fēicháng; 很 hěn: *~y good* 很好的.

migraine /ˈmiːgreɪn, ˈmaɪgreɪn/ *n* [U, C] 偏头[頭]痛 piāntóutòng.

migrate /maɪˈgreɪt; *US* ˈmaɪgreɪt/ *v* [I] (*from, to*) 1 移居 yíjū; 迁 [遷]移 qiānyí. 2 (候鸟等的)迁徙 qiānxǐ; 移栖 yíqī. **migrant** /ˈmaɪgrənt/ *n* [C] 移居者 yíjūzhě; 迁移动[動]物 qiānyí dòngwù; 候鸟 hòuniǎo. **migration** /maɪˈgreɪʃn/ *n* [C, U] 迁徙 qiānxǐ. **migratory** /ˈmaɪgrətrɪ, maɪˈgreɪtərɪ; *US* ˈmaɪgrətɔːrɪ/ *adj*.

mike /maɪk/ *n* [C] [非正式用语] short for MICROPHONE.

mild /maɪld/ *adj* 1 温和的 wēnhé de; 温柔的 wēnróu de: *a ~ punishment/climate* 轻微的惩罚; 温和的气候. 2 (味道)淡的 dàn de; 不强烈的 bù qiángliè de. **mildly** *adv*. **mildness** *n* [U].

mildew /ˈmɪldjuː; *US* -duː/ *n* [U] 霉 méi; 霉菌 méijūn.

mile /maɪl/ *n* [C] 英里 yīnglǐ. **mileage** /-ɪdʒ/ *n* 1 [C, U] 英里数 yīnglǐshù. 2 [喻]好处[處] hǎochù: *The unions are getting a lot out of the manager's mistakes.* 联合会从经理的错误中得到许多好处. **milestone** *n* [C] 1 里程碑 lǐchéngbēi. 2 [喻]历[歷]史上的重大事件 lìshǐ shàng de zhòngdà shìjiàn. **milometer** (亦作 **mileometer**) /maɪˈlɒmɪtə(r)/ *n* [C] 计程器 jìchéngqì.

militant /ˈmɪlɪtənt/ *n* [C], *adj* 好斗(鬥)(的)(人) hàodòu; 好战(戰)(的) hàozhàn. **militancy** /-tənsɪ/ *n* [U].

military /ˈmɪlɪtrɪ; *US* -terɪ/ *adj* 军人的 jūnrén de; 军事的 jūnshì de. the **military** [用 sing 或 pl v] 军队[隊] jūnduì; 武装[裝]部队[隊] wǔzhuāng bùduì.

militate /ˈmɪlɪteɪt/ *v* [I] *against* [正式用语]发[發]生作用 fāshēng zuòyòng; 产[產]生影响[響] chǎnshēng yǐngxiǎng.

militia /mɪˈlɪʃə/ *n* [C, 亦作 sing, 用 pl v] 民兵组[組]织[織] mínbīng zǔzhī; 全体[體]民兵 quántǐ mínbīng; (在紧急情况下召集的)国[國]民军 guómínjūn.

milk /mɪlk/ *n* [U] 1 奶 nǎi; 牛奶 niúnǎi; 牛乳 niúrǔ. 2 (植物,果实的)乳液 rǔyè: *coconut ~* 椰子汁 yēzizhī. **milk** *v* 1 [I, T] 挤[擠]奶 jǐ nǎi. 2 [T]

[喻] 榨取 zhàqǔ; 骗取 piànqǔ. 'milkman /-mən/ n [C] 送牛奶的人 sòng niúnǎi de rén. milk shake n [C] 奶昔(牛奶和冰淇淋等混合后搅打至起泡的饮料) nǎixī. milky adj (-ier, -iest) 1 乳的 rǔde; 似乳的 sìrǔde. 2 乳白的 rǔbáide. the ,Milky 'Way n [sing] = GALAXY 2.

mill¹ /mɪl/ n [C] 1 磨谷机[機] mó'gǔjī; 磨粉厂[廠] mófěnchǎng. 2 磨碎机 mósuìjī; 碾磨机 niǎnmójī. a 'pepper-~ 胡椒研磨器. 3 工厂[廠] gōngchǎng. a 'paper-~ 造纸厂[廠]. 4 [习语] put sb/go through the 'mill 经[經]受严[嚴]格的训练[練] jīngshòu yángé de xùnliàn; 经受磨练[煉] jīngshòu móliàn. miller n [C] 磨坊主 mófáng zhǔ; 磨粉厂[廠]主 mófěnchǎng zhǔ. 'millstone n [C] 1 磨石 móshí; 磨盘[盤] mópán. 2 [喻] 重负 zhòngfù; 重担[擔] zhòngdàn: His debts are a ~stone round his neck. 他欠的债像是在脖子上套着个磨盘.

mill² /mɪl/ v 1 [T] 碾碎 niǎnsuì; 磨细 móxì. 2 [短语动词] mill about/around 乱[亂]转[轉]圈子转 luànzhuǎn quānzi zhuǎn; 乱[亂]转 luànzhuǎn.

millennium /mɪ'leniəm/ n [pl -nia /-niə/ 或 ~s] 1 [C] 一千年 yìqiānnián; 千年间 qiānniánjiān. 2 the millennium [sing] 美满时[時]期 měimǎn shíqī; 太平盛世 tàipíng shèngshì.

millepede (亦作 millipede) /'mɪlɪpiːd/ n [C] 马陆[陸] mǎlù; 千足虫 qiānzúchóng.

millet /'mɪlɪt/ n [U] 1 黍属[屬] shǔshǔ; 稷 jì. 2 小米 xiǎomǐ.

milli- /'mɪlɪ/ prefix (公制的)千分之一 qiān fēn zhī yī: ~metre 毫米.

milliner /'mɪlɪnə(r)/ n [C] 女帽商 nǚmàoshāng; 妇[婦]女服饰商 fùnǚ fúshìshāng. millinery n [U] 女帽制造[業] nǚmào zhì zào yè.

million /'mɪljən/ pron, adj, n 1 [C] 百万[萬] bǎiwàn. 2 [非正式用语]许多 xǔduō: ~s of things to do 有许多事情要做. millionaire /ˌmɪljə'neə(r)/ n [C] (fem millionairess /ˌmɪljə'neəres/) 百万富翁 bǎiwàn fùwēng; 大富豪 dà fùwēng. millionth pron, adj 第一百万(的) dìyībǎiwàn. millionth

pron, n [C] 百万分之一 bǎiwàn fēn zhī yī.

millipede = MILLEPEDE.

milometer ⇨MILE.

mime /maɪm/ n 1 [U] 哑[啞]剧[劇] yǎjù. 2 [C] 哑剧演员 yǎjù yǎnyuán. mime v [I, T] 以哑剧的形式表演 yǐ yǎjù de xíngshì biǎoyǎn.

mimic /'mɪmɪk/ v [pt, pp -ked] 1 模仿 mófǎng; 以取笑 mófǎng…yǐ qǔxiào. 2 (物) 酷似 kùsì. mimic n [C] 善于模仿的人 shànyú mófǎng de rén. mimicry n [U] 模仿 mófǎng; 酷似 kùsì.

minaret /ˌmɪnə'ret/ n [C] (清真寺旁的)尖塔 jiāntǎ.

mince /mɪns/ v 1 [T] 切碎 qiēsuì; 剁碎 duòsuì. 2 [习语] not mince one's 'words 直言不讳[諱] zhíyán bù huì. mince n [U] 切碎的肉 qiēsuìde ròu. 'mincemeat n [U] 1 百果馅 bǎiguǒxiàn. 2 [习语] make mincemeat of sb 彻[徹]底击[擊]败 chèdǐ jībài; 彻底驳倒 chèdǐ bódào.

mind¹ /maɪnd/ n 1 [U] 智力 zhìlì; 悟性 wùxìng. The idea never entered my ~. 我从未有过这样的主意. She has a brilliant ~. 头脑聪明. My ~ has gone blank! 我的脑子里成了一片空白. 3 [C] 有才智的人 yǒu cáizhì de rén: one of the greatest ~s this century 本世纪才智出众的人之一. 4 [习语] be in two 'minds about sth 犹[猶]豫不决 yóuyù bùjué; 三心二意 sān xīn èr yì. be/take a load/weight off sb's mind 使…如释[釋]重负 shǐ…rú shì zhòngfù. be on one's mind, have sth on one's mind (使某人)为[爲]…担[擔]忧[憂] wèi…dānyōu. be ,out of one's mind [非正式用语][發]疯[瘋]狂 fāfēng. bear/keep sb in 'mind 记住某事 jìzhù mǒushì. bring/call sth to mind 想起某事 xiǎngqǐ mǒushì. have a (good) mind to do sth [非正式用语]想做某事 xiǎngzuò mǒushì. in one's mind's 'eye 在想像中 zài xiǎngxiàng zhōng. make up one's mind 决定 juédìng; 决心 juéxīn. put/set/turn one's mind to sth 专[專]心于某事 zhuānxīn yú mǒushì. take one's mind off sth 转[轉]移对[對]某事的注意 zhuǎnyí duì mǒushì de zhùyì. to 'my mind 照我的想法

zhào wǒde xiǎngfǎ.

mind² /maɪnd/ v 1 [I, T] 介意 jièyì; 反对[對] fǎnduì: Do you ~ if I open the window? 你不反对吧? 2 [T] 照看 zhàokàn: ~ the baby 照料婴儿. 3 [I, T] 当心 liúxīn; 留神 liúshén: You don't fall! 小心, 别摔跤. 4 [习语] mind one's own 'business 管自己的事 guǎn zìjǐ de shì; 少管闲[閒]事 shǎo guǎn xiánshì. mind one's 'step ➡ STEP¹. mind 'you, mind 请注意 qǐng zhùyì: She's still ill, you, but at least she's getting better. 她仍在生病, 请注意, 但无论如何她渐渐愈愈了. never 'mind 不必担[擔]心 búbì dānxīn. 5 [短语动词] mind 'out [非正式用语] 当心 dāngxīn; 小心 xiǎoxīn. **minder** n [C] 照料者 zhàoliàozhě; 看守人 kānshǒurén: a 'child-—er 照看孩子的人.

mindful /'maɪndfl/ adj of [正式用语]留意的 liúyìde; 注意的 zhùyìde.

mindless /'maɪndlɪs/ adj 1 不用脑[腦]子的 búyòng nǎozi de. 2 [贬]没头[頭]脑的 méi tóunǎo de; 愚蠢的 yúchǔnde.

mine¹ /maɪn/ pron 我的 wǒde: Is this book yours or ~? 这本书是你的还是我的?

mine² /maɪn/ n [C] 1 矿[礦]kuàng; 矿井 kuàngjǐng; 矿山 kuàngshān. 2 地雷 dìléi; 水雷 shuǐléi. 3 [习语] a mine of information 知识[識]的宝[寶]库 zhīshì de bǎokù. **mine** v 1 [I, T] (for) 开[開]矿 kāikuàng; 采[採]矿 cǎikuàng; 采掘 cǎijué. 2 [T] 在…埋地雷 zài…mái dìléi; 布水雷 bù shuǐléi. '**mine-detector** n [C] 探雷器 tànléiqì. '**minefield** n [C] 布雷区[區] bùléiqū. 2 危险[險]形势[勢] wēixiǎn xíngshì. '**miner** n [C] 矿工 kuànggōng. '**minesweeper** n [C] 扫[掃]雷艇[艦] sǎoléitǐng.

mineral /'mɪnərəl/ n [C, U] 矿[礦]物 kuàngwù. **mineral** adj 含有矿物的 hányǒu kuàngwù de; 矿物的 kuàngwùde. '**mineral water** n [U] 矿泉水 kuàngquánshuǐ.

mineralogy /ˌmɪnəˈrælədʒɪ/ n [U] 矿[礦]物学[學] kuàngwùxué. **mineralogist** n [C] 矿物学家 kuàngwùxuéjiā.

mingle /'mɪŋgl/ v [I, T] with (使)混合 hùnhé.

mini- /'mɪnɪ/ prefix 表示"极[極]

小的"、"极短的"等 biǎoshì "jíxiǎode"、"jíduǎnde" děng: a '~bus 微型公共汽车.

miniature /'mɪnətʃə(r); US 'mɪnɪətʃuər/ adj 小型的 xiǎoxíngde; 微型的 wēixíngde. **miniature** n [C] 微型人像画[畫] wēixíng rénxiànghuà. **miniaturize** v [T] 使小型化 shǐ xiǎoxínghuà; 使微型化 shǐ wēixínghuà.

minimal /'mɪnɪml/ adj 最小的 zuìxiǎode; 最低限度的 zuìdī xiàndù de.

minimize /'mɪnɪmaɪz/ v [T] 使减到最小限度 shǐ jiǎn dào zuìxiǎoliàng; 使减到最低程度 shǐ jiǎn dào zuìdī chéngdù.

minimum /'mɪnɪməm/ n [C, 常作 sing] (pl minima /-mə/) 最小量 zuì xiǎoliàng; 最低限度 zuìdī xiàndù. **minimum** adj 最小的 zuìxiǎode; 最低限度的 zuìdī xiàndù de: the ~ age 最低龄.

mining /'maɪnɪŋ/ n [U] 采[採]矿[礦]cǎikuàng.

minion /'mɪnɪən/ n [C] [贬]惟命是从[從]的奴仆[僕] wéi mìng shì cóng de núpú.

minister /'mɪnɪstə(r)/ n [C] 1 部长[長] bùzhǎng; 大臣 dàchén. 2 (基督教)牧师[師] mùshī. **minister** v 1 to [正式用语]给予援助 jǐyǔ yuánzhù; 给予照料 jǐyǔ zhàoliào. **ministerial** /ˌmɪnɪˈstɪərɪəl/ adj.

ministry /'mɪnɪstrɪ/ n [pl -ies] 1 (政府的)部 bù. 2 (全体)牧师[師] mùshī. 3 the ministry [sing] 牧师职[職]位(或职责、任期) mùshī zhíwèi: enter the ~ 从事牧师工作.

mink /mɪŋk/ n 1 [C] 貂 diāo. 2 [U] 貂皮 diāopí.

minor /'maɪnə(r)/ adj 较小的 jiàoxiǎode; 次要的 cìyàode: ~ problems 次要问题. a ~ illness 小病. **minor** n [C] [法律]未成年人 wèichéngniánrén.

minority /maɪˈnɒrətɪ; US -ˈnɔːr-/ n [pl -ies] 1 [C] (a) [亦作 sing, 用 pl v] (尤指投票)少数[數] shǎoshù. (b) 少数民族 shǎoshù mínzú. 2 [C] [法律]未成年 wèichéngnián.

minster /'mɪnstə(r)/ n [C] 大教堂 dà jiàotáng.

minstrel /'mɪnstrəl/ n [C] (中世纪的)吟游歌手 yínyóu gēshǒu.

mint¹ /mɪnt/ n 1 [U] 薄荷 bòhe;

薄荷属[属]植物 bòheshǔ zhíwù. 2 [U, C] short for PEPPERMINT.

mint² /mɪnt/ n **1** [C] 铸(铸)币(币)厂(厂)zhùbìchǎng. **2** [sing] [非正式用语] 巨款 jùkuǎn: make/ earn a ~ 赚了好多钱. **3** [习语] in mint condition 崭新的 zhǎnxīnde. mint v [T] 铸造(硬币)zhùzào.

minuet /ˌmɪnju'et/ n [C] 小步舞 xiǎobùwǔ; 小步舞曲 xiǎobùwǔqǔ.

minus /'maɪnəs/ prep **1** 减(减)jiǎn: 15 − 6 equals 9. 15 减 6 等于 9. **2** 零下 língxià: ~ 3 degrees Celsius. 零下 3 摄氏度 (−3°C). **3** [非正式用语] 无(无)wú; 没有 méiyǒu. minus adj 负的 fùde, 负数 fùshù. minus (亦作 minus sign) n [C] [数学]减号(号)jiǎnhào; 负号(一)fùhào.

minute¹ /'mɪnɪt/ n **1 (a)** [C] 分 (一小时的六十分之一)fēn. **(b)** [sing] 片刻 piànkè; 瞬间 shùnjiān: I'll be with you in a ~. 我很快就会和你在一起. **2** [C] 分(角的度量单位, 六十分之一度)fēn. **3** minutes [pl] 会(会)议(议)记录(录)huìyì jìlù. **4** [习语] the minute/moment (that) 一… 就… yī…jiù…. **minute** v [T] 将(将)…记入会议记录 jiāng … jìrù huìyì jìlù.

minute² /maɪ'njuːt; US −'njuːt/ adj [~r, ~st] 微小的 wēixiǎode; 极(极)小的 jíxiǎode. minutely adv.

minutiae /maɪ'njuːʃiː; US mɪ'nuːʃɪiː/ n [pl] 微小的细节(节)wēixiǎode xìjié.

miracle /'mɪrəkl/ n **1 (a)** [C] 奇迹 qíjì. **(b)** [sing] 惊(惊)人的奇事 jīng rén de qíshì: It's a ~ we weren't all killed. 我们大家没有被害真是不可思议. **2** [C] 惊人的事例 jīng rén de shìlì: a ~ of modern science 现代科学的一大奇迹. miraculous /mɪ'rækjələs/ adj.

mirage /'mɪrɑːʒ; US mɪ'rɑːʒ/ n [C] 海市蜃楼(楼)hǎi shì shèn lóu; 蜃景 shènjǐng.

mire /'maɪə(r)/ n [C] 泥潭 nítán; 沼泽(泽)zhǎozé; 泥沼 nízhǎo.

mirror /'mɪrə(r)/ n [C] 镜 jìng. mirror v [T] 反射 fǎnshè; 映照 yìngzhào.

misadventure /ˌmɪsəd'ventʃə(r)/ n [C, U] [正式用语]不幸 búxìng;

灾(灾)祸(祸)zāihuò; 不幸事故 búxìng shìgù.

misappropriate /ˌmɪsə'prəʊprɪeɪt/ v [T] 滥(滥)用 lànyòng; 误用 wùyòng: ~ sb's money 盗用他人的金钱.

misbehave /ˌmɪsbɪ'heɪv/ v [I] 行为(为)不端 xíngwéi bùduān; 举(举)止不当 jǔzhǐ búdàng. **misbehaviour** (美语 -ior) n [U].

miscalculate /ˌmɪs'kælkjuleɪt/ v [I, T] 误算 wùsuàn; 算错 suàncuò. **miscalculation** /ˌmɪskælkju'leɪʃn/ n [C, U].

miscarriage /ˌmɪs'kærɪdʒ, 'mɪskærɪdʒ/ n [C, U] 流产(产)liúchǎn; 小产 xiǎochǎn. **miscarriage of justice** n [C, U] [审]判不公 shěnpàn bùgōng; 误审 wùshěn; 误判 wùpàn.

miscarry /ˌmɪs'kæri/ v [pt, pp -ied] [I] 流产(产)liúchǎn; 小产 xiǎochǎn. **2** (计划等)失败 shībài.

miscellaneous /ˌmɪsə'leɪniəs/ adj 各种(种)各样(样)的 gèzhǒng gèyàng de; 不同种类(类)的 bùtóng zhǒnglèi de.

miscellany /mɪ'seləni; US 'mɪsəleɪni/ n [C] [pl -ies] 杂(杂)集 zájí.

mischance /ˌmɪs'tʃɑːns; US −'tʃæns/ n [C, U] [正式用语]不幸 búxìng; 厄运 èyùn.

mischief /'mɪstʃɪf/ n [U] **1** 恶(恶)作剧(剧)èzuòjù; 顽皮 wánpí; 淘气(气)táoqì. **2** [习语] do sb/ oneself a **mischief** [非正式用语, 谑]伤(伤)害某人(或自己)shānghài mǒurén. **mischievous** /-tʃɪvəs/ adj **1** 顽皮的 wánpíde; 淘气的 táoqìde. **2** 有害的 yǒuhàide. **mischievously** adv.

misconception /ˌmɪskən'sepʃn/ n [C, U]误解 wùjiě.

misconduct /ˌmɪs'kɒndʌkt/ n [U] [正式用语]不端行为(为)bùduān xíngwéi.

misdeed /ˌmɪs'diːd/ n [C, 常用 pl] [正式用语]恶(恶)行 èxíng; 罪行 zuìxíng.

miser /'maɪzə(r)/ n [C] 守财奴 shǒucáinú; 吝啬(啬)鬼 lìnsèguǐ. **miserly** adv.

miserable /'mɪzrəbl/ adj **1** 悲惨(惨)的 bēicǎnde; 不幸的 búxìngde. **2** 使人难(难)堪(堪)的 shǐ rén nánkān de: ~ weather 令人难受的天气. **3** 粗劣的 cūliède;

乏的 pínfáde; earn a ~ wage 赚得微薄的工资. **miserably** adv.

misery /ˈmɪzəri/ n [pl -ies] 1 [U, C] 痛苦 tòngkǔ; 苦难〔難〕kǔnàn. 2 [英国非正式用语]爱〔愛〕发〔發〕牢骚的人 zǒng fā láosāo de rén.

misfire /ˌmɪsˈfaɪə(r)/ v [I] 1 (枪等)走火 zǒuhuǒ; (枪)发〔發〕火 bù fāhuǒ; 射不出 shè bùchū. 2 [喻, 非正式用语](计划等)未产〔產〕生预期效果 wèi chānshēng yùqī xiàoguǒ; 未能奏效 wèinéng zòuxiào.

misfit /ˈmɪsfɪt/ n [C] 不适〔適〕应〔應〕环〔環〕境的人 bú shìyìng huánjìng de rén; 不适应工作的人 bú shìyìng gōngzuò de rén.

misfortune /ˌmɪsˈfɔːtʃuːn/ n [C, U] 不幸 búxìng; 灾〔災〕祸〔禍〕zāihuò.

misgiving /ˌmɪsˈɡɪvɪŋ/ n [U, C, 尤作 pl][正式用语]疑虑〔慮〕yílǜ; 担〔擔〕忧〔憂〕dānyōu.

misguided /ˌmɪsˈɡaɪdɪd/ adj 举〔舉〕措失当〔當〕(或愚蠢)的 jǔcuò shīdàng de.

mishap /ˈmɪshæp/ n [C, U] (不严重的)不幸事故 búxìng shìgù.

misjudge /ˌmɪsˈdʒʌdʒ/ v [T] 对〔對〕…判断〔斷〕错误 duì…pànduàn cuòwù; 对…估计错误 duì…gūjì cuòwù; ~ sb/sb's character 对某人的品德看法不公正.

mislay /ˌmɪsˈleɪ/ v [pt, pp mislaid /-ˈleɪd/] [T] 误置 wùzhì; 误放 wùfàng.

mislead /ˌmɪsˈliːd/ v [pt, pp misled /-ˈled/] [T] 使产〔產〕生错误想法(或印象) shǐ chānshēng cuòwù xiǎngfǎ.

mismanage /ˌmɪsˈmænɪdʒ/ v [T] 管理不善 guǎnlǐ búshàn; 处〔處〕置失当〔當〕chǔzhì shīdàng. **mismanagement** n [U].

misprint /ˈmɪsprɪnt/ n [C] 印刷错误 yìnshuā cuòwù; 排版错误 páibǎn cuòwù.

misrepresent /ˌmɪsreprɪˈzent/ v [T] 误传〔傳〕wùchuán; 歪曲 wāiqū. **misrepresentation** /-zenˈteɪʃn/ n [C, U].

Miss /mɪs/ n [C] (对未婚女子的称呼)小姐 xiǎojiě; ~ Smith 史密斯小姐.

miss /mɪs/ v [I, T] 未中(击〔擊〕中) wèi zhòngzhòng; 未抓住 wèi zhuāzhù; 未达〔達〕到 wèi dádào; ~ the ball/the train 未击中(或未接住)球; 没赶上火车. 2 [T] 未看见 wèi kànjiàn; 未听〔聽〕见 wèi tīngjiàn. 3

[T] 因…不在而感到惋惜 yīn…búzài ér gǎndào wǎnxī; I'll ~ you when you go. 你走了, 我会怀念你. 4 [短语动词] **miss** sb/sth **out** 漏掉某人(或某事) bǔ bāokuò mǒurén; 遗漏〔漏〕某事 yílòu mǒushì. **miss** 'out (on sth) 错过〔過〕获〔獲〕得机〔機〕利益 cuòguò huòlì jīlìú. **miss** n [C] 1 击不中 jī bùzhòng; 失误 shīwù. 2 [习语] give sth a 'miss 避开〔開〕bìkāi. **missing** adj 找不到的 zhǎo bú dào de; 失去的 shīqùde.

missile /ˈmɪsaɪl; US ˈmɪsl/ n [C] 1 导〔導〕弹〔彈〕dǎodàn; 飞〔飛〕弹〔彈〕fēidàn; nuclear ~s 核导弹. 2 发〔發〕射(或投掷)之物(或武器) fāshè zhī wù.

mission /ˈmɪʃn/ n [C] 1 代表团〔團〕dàibiǎotuán; 外交使团 wàijiāoshǐtuán; a trade ~ to China 派往中国的商务代表团. 2 特殊任务〔務〕tèshū rènwù; 特殊使命 tèshū shǐmìng; her ~ in life 她的天职. 3 传〔傳〕教地区〔區〕chuándì dìqū. **missionary** /-nəri; US -neri/ n [pl -ies] 传教士 chuánjiàoshì.

misspell /ˌmɪsˈspel/ v [pt, pp -spelt /-ˈspelt/ 或尤用于美语 ~ed] [T] 拼写〔寫〕错 pīnxiě cuò. **misspelling** n [U, C].

misspent /ˌmɪsˈspent/ adj 滥〔濫〕用的 lànyòngde; 浪费的 làngfèide; his ~ youth 他虚度的青春.

mist /mɪst/ n [U] 雾〔霧〕bówù; hills covered in ~ 薄雾笼罩的群山. 2 [喻]迷雾 míwù; lost in the ~s of time 湮没在时间的迷雾中 v [短语动词], **mist** 'over 蒙上薄雾 méng shàng bówù; His glasses ~ed over. 他的眼镜被蒙上了一层水汽. **misty** adj [-ier, -iest] 充满雾气〔氣〕的 chōngmǎn wùqì de; 雾重(朦)胧〔朧〕的 wùzhòng lóngzhào de; a ~y morning 雾气笼罩的早晨; 不清楚的 bù qīngchu de; 朦胧〔朧〕的 ménglóngde.

mistake /mɪˈsteɪk/ n [C] 1 错误 cuòwù; 过〔過〕失 guòshī. 2 [习语] **by mistake** 错误地 cuòwùde. **mistake** v [pt mistook /mɪˈstuk/, pp ~n /mɪˈsteɪkən/] 1 弄错 nòngcuò; 误会〔會〕wùhuì; 误解 wùjiě. 2 for 把…误认〔認〕为(爲) bǎ…wù rènwéi; People often ~ Jill for her twin sister. 人们常把吉尔当成她的孪

生妹妹. **mistaken** adj 错误的 cuòwùde; 不正确的 bú zhèngquè de. ~n beliefs 错误的信念. **mistakenly** adv.

mistletoe /ˈmɪsltəʊ/ n [U] [植物] 槲寄生life(用作圣诞节的装饰物) húlíshēng.

mistress /ˈmɪstrɪs/ n [C] 1 女主人 nǚ zhǔrén. 2 [英国英语](狗、马等的)女主人 nǚ zhǔrén. 3 [尤用于英国英语](中小学的)女教师[师] nǚ jiàoshī. 4 情妇 qíngfù.

mistrust /ˌmɪsˈtrʌst/ v [T] 不信任 bú xìnrèn; 不相信 bù xiāngxìn. **mistrust** n [U] 不信任 bú xìnrèn; 不相信 bù xiāngxìn. **mistrustful** adj.

misty ⇨MIST.

misunderstand /ˌmɪsʌndəˈstænd/ v [pt, pp -stood /-ˈstʊd/] [T] 误解 wùjiě; 误会[会] wùhuì: He misunderstood the instructions and got lost. 他对操作指南理解错误而不知所措. **misunderstanding** n [C, U] 误会 wùhuì; 误解 wùjiě.

misuse /ˌmɪsˈjuːz/ v [T] 1 误用 wùyòng; 滥[滥]用 lànyòng. ~ one's time 虚度光阴. 2 虐待 nüèdài: He felt ~d by the company. 他觉得受到公司冷落. **misuse** /ˌmɪsˈjuːs/ n [C, U].

mitigate /ˈmɪtɪgeɪt/ v [T] [正式用语]使和缓 shǐ héhuǎn; 使减轻[轻] shǐ jiǎnqīng. **mitigating** adj 使(某事)似乎不太严[严]重 shǐ bú tài yánzhòng: There were mitigating circumstances to explain her bad behaviour. 她行为不端,但在一定程度上情有可原. **mitigation** /ˌmɪtɪˈgeɪʃn/ n.

mitre (美语 miter) /ˈmaɪtə(r)/ n [C] 主教冠 zhǔjiàoguān.

mitten /ˈmɪtn/ (亦作 mitt /mɪt/) n [C] 连指手套(四指相连与拇指分开) liánzhǐ shǒutào.

mix /mɪks/ v 1 [I, I] 混合 hùnhé; 搅[搅]和 chānhuo. ~ flour and water to make paste 把面和水和成面团. Oil and water don't ~ 油和水不能溶合. 2 [I] (人)交往 jiāowǎng; 相处[处](xiāngchǔ): He finds it hard to ~. 他觉得很难与人相处. 3 [习语] be/get mixed 'up in sth [非正式用语]使发[发]卷(搅) qiānlián; 使卷(搅) 入 shǐ juǎnrù. 4 [短语动词] mix sb/sth up 混淆某

人(或某事)与[与]他人(或他事) hùn xiáo mǒurén yǔ tārén: I got her ~ed up with her sister. 我把她和她的妹妹弄混了. **mix** n [C, U] 混合 hùnhé; 结合 jiéhé: a 'cake ~ 蛋糕混合料. **mixed** adj 1 混合的 hùnhéde; 搀和的 chānhuode. 2 男女混合的 nán nǚ hùnhé de; a ~ed school 男女生混合学校. **mixer** n [C] 混合者 hùnhézhě. **'mix-up** n [C] [非正式用语]混乱 [乱] hùnluàn; 杂[杂]乱 záluàn.

mixture /ˈmɪkstʃə(r)/ n [C] 混合物 hùnhéwù: a ~ of fear and sadness 恐惧中带着忧伤.

mm abbr [pl mm 或 ~s] millimetre(s).

moan /məʊn/ v [I] 1 发[发]出呻吟声[声] fāchū shēnyínshēng. 2 (about) 抱怨 bàoyuàn; 发牢骚 fā láosāo: He's always ~ing about having no money. 他总是抱怨没有钱. **moan** n [C].

moat /məʊt/ n [C] (城堡的)护 [壕]城河 hùchénghé; 城壕 chéngháo.

mob /mɒb/ n [C] 1 暴民 bàomín; 乌[乌]合之众[众] wū hé zhī zhòng. 2 [俚](邪恶等的)一伙[夥] yìhuǒ; 一群 yìqún. **mob** v [-bb-] [T] (出于好奇、愤怒等)成群围 [围]住 chéngqún wéizhù: a film star ~bed by his fans 被影迷围困围住的电影明星.

mobile /ˈməʊbaɪl; US -bl/ adj 1 (可)动[动]的 dòngde; 易于移动的 yìyú yídòng de. 2 [建]风 [风]动饰物(用金属等组成的悬挂饰物, 可随风移动) fēng dòng shìwù. **mobile 'phone** n [C] 移动电[电]话 yídòng diànhuà; 手机[机] shǒujī. **mobility** /məʊˈbɪlətɪ/ n [U].

mobilize /ˈməʊbɪlaɪz/ v [I, I] (动[动]员 dòngyuán; 调动 diàodòng.

moccasin /ˈmɒkəsɪn/ n [C] 软皮 (平底)鞋 ruǎn píxié.

mock¹ /mɒk/ v [I, I] 嘲弄 cháonòng; 嘲笑 cháoxiào: a ~ing smile 嘲弄的微笑. **mockery** n 1 [U] 嘲弄 cháonòng; 嘲笑 cháoxiào. 2 [sing] 嘲笑的对象; 可取笑之例 kě qǔxiào zhī lì: a ~ of justice 蔑视正义的恶例. 3 [习语] make a mockery of sth 使成泡影[显影] shǐ chéng pàoyǐng; 现露荒谬 shǐ mǒuwù xiǎnde huāngmiù.

mock² /mɒk/ adj 模拟(拟)的 mónǐde; 非真实[實]的 fēi zhēnshí de: a ~ battle 模拟战争.

modal /'məudl/ n [C] (亦作 **modal au'xiliary**) [语法]情态[態]助动[動]词(如 can, may, should) qíngtài zhùdòngcí.

mode /məud/ n [正式]方式 fāngshì; 方法 fāngfǎ: 方式 fāngshì.

model[1] /'mɒdl/ n 1 模型 móxíng: a ~ of the new airport 新机场模型. 2 (产品的设计 shèjì; 型号[號] xínghào: This car is our latest ~. 这辆汽车是我们最新的型号. 3 模范[範]mófàn; 典型 diǎnxíng: a ~ wife 模范妻子. 4 (艺术家,摄影家用的)模特儿[兒] mótèr. 5 时[時]装[裝]模特儿[兒]服装模特r.: a ~ 'fashion ~ 时装模特儿.

model[2] /'mɒdl/ v [-ll-, 美法 -l-] 1 [I, T] (用泥、蜡等)塑造 sùzào; 做…的模型 zuò… de móxíng. 2 [I, T] 当[當]模特儿[兒]mótèr; 展示(服装等)zhǎnshì. 3 [T] on 以…作榜样[樣]yǐ…zuò bǎngyàng: He ~s himself on his uncle. 他以他的叔叔为榜样.

modem /'məudem/ n [C] 调制解调器(数据通信用)tiáozhìjiětiáoqì.

moderate[1] /'mɒdərət/ adj 适[適]度的 shìdùde; 适中的 shìzhōngde. **moderate** n [C] (政治上)稳[穩]健派 wěnjiànpài; 温和派 wēnhépài. **moderately** adv 不过[過]分地 bú guòfènde: only ~ly successful 略有成功.

moderate[2] /'mɒdəreit/ v [I] 和缓 héhuǎn; 节[節]制 jiézhì; 减轻[輕] jiǎnqīng.

moderation /ˌmɒdə'reiʃn/ n [U] 1 适[適]度 shìdù; 温和 wēnhé. 2 [习语] **in moderation** 适度地 shìdùde: Drink whisky in ~. 适量喝点威士忌.

modern /'mɒdn/ adj 1 现代的 xiàndàide; 近代的 jìndàide. 2 最新的 zuìxīnde; 新式的 xīnshìde. **modernize** /'mɒdənaiz/ v [T] (使)现代化 xiàndàihuà. **modernization** /ˌmɒdənai'zeiʃn; US -ni'z-/ n [U].

modest /'mɒdist/ adj 1 谦虚的 qiānxūde; 谦逊[遜]的 qiānxùnde. 2 适[適]度的 shìdùde; 不太大的 de; a ~ salary 不高的工资. 3 羞怯的 xiūqiède; 检[檢]点的 jiǎndiǎnde: ~ behaviour 行为检点. **modestly** adv. **modesty** n

[U].

modify /'mɒdifai/ v [pt, pp -ied] [T] 1 修改 xiūgǎi; 更改 gēnggǎi. 2 减轻[輕] jiǎnqīng; 缓和 huǎnhé; 降低 jiàngdī: ~ one's demands 降低要求. 3 [语法] (尤指形容词或副词)修饰 xiūshì: In the phrase 'the red car', 'red' modifies 'car'. 在"the red car"这一词组中,"red"修饰"car". **modification** /ˌmɒdifi'keiʃn/ n.

module /'mɒdju:l; US -dʒu:l/ n [C] 1 (标准的)建筑[築]部件 jiànzhù bùjiàn; 预制[製]件 yùzhìjiàn. 2 (航天器的)舱[艙] cāng. 3 (主修课程的)单[單]元 dānyuán: the biology ~ in the science course 科学课程中的一门生物学单元. **modular** /-julə(r)/ adj.

mohair /'məuheə(r)/ n [C] 马海毛 mǎhǎimáo; 马海毛织[織]物 mǎhǎimáo zhīwù.

Mohammedan ⇒ MUHAMMADAN (MUHAMMAD).

moist /mɔist/ adj 潮湿[濕]的 cháoshīde; 湿润的 shīrùnde. **moisten** /'mɔisn/ v [I, T] 变[變](潮)湿 biàn shī; 弄湿 nòng shī. **moisture** /'mɔistʃə(r)/ n [U] 潮气[氣] cháoqì; 湿气[氣] shīqì; 水气 shuǐqì.

molar /'məulə(r)/ n [C] 白齿[齒] jiùchǐ; 磨牙 móyá.

mold [美语] ⇒ MOULD.

molder [美语] ⇒ MOULDER.

mole[1] /məul/ n [C] 痣 zhì.

mole[2] /məul/ n [C] 1 鼹鼠 yǎnshǔ. 2 [非正式用语]内奸 nèijiān. **'molehill** n [C] 鼹鼠丘 yǎnshǔ qiū.

molecule /'mɒlikju:l/ n [C] 分子 fēnzǐ. **molecular** /mə'lekjulə(r)/ adj.

molest /mə'lest/ v [T] 1 骚扰[擾] sāorǎo; 干扰 gānrǎo. 2 对[對](妇女、儿童)作性骚扰 duì…zuò xìng sāorǎo.

mollusc (美语亦作 **mollusk**) /'mɒləsk/ n [C] 软[軟]体[體]动[動]物(如牡蛎、蜗牛等) ruǎntǐ dòngwù.

molt [美语] ⇒ MOULT.

molten /'məultən/ adj 熔化的 rónghuàde; 熔融的 róngróngde: ~ rock/steel 熔化的岩石/钢.

moment /'məumənt/ n 1 [C] 瞬间 shùnjiān; 片刻 piànkè. 2 [sing] 就在那时[時] jiù zài nàshí. 3 [U]

[正式用语]重要 zhòngyào: *a matter of great* ~ 最重要的一件事. **4** [习语] **the moment (that)** ⇨ MINUTE¹. **momentary** /-məntrɪ/ adj 片刻的 piànkède; 短暂的 duǎnzànde; 瞬间的 shùnjiānde. **momentarily** /ˈməʊməntˈterəlɪ/ adv **1** 片刻地 piànkède; 短暂地 duǎnzànde. **2** [尤用于美语]立即 lìjí; 即刻 jíkè.

momentous /məˈmentəs; məʊˈm-/ adj 重要的 zhòngyàode; 重大的 zhòngdàde.

momentum /məˈmentəm; məʊˈm-/ n [U] **1** [物理]动[動]量 dòngliàng. **2** [喻]冲[衝]力 chōnglì; 动力 dònglì: *The demands for reform are slowly gathering* ~. 改革的要求正愈愈加强.

monarch /ˈmɒnək/ n [C] 君主 jūnzhǔ; 国[國]王 guówáng; 女王 nǚwáng; 皇帝 huángdì; 女皇 nǚhuáng. **monarchy** n [pl -ies] **1** 君主制[制](体[體]) jūnzhǔ zhìdù; 君主政体 jūnzhǔ zhèngtǐ; 君主国 jūnzhǔguó.

monastery /ˈmɒnəstrɪ; US -terɪ/ n [pl -ies] 隐[隱]修院 yǐnxiūyuàn; 寺院 sìyuàn.

monastic /məˈnæstɪk/ adj 隐[隱]修院的 yǐnxiūyuànde; 寺院的 sìyuànde.

Monday /ˈmʌndɪ/ n [U, C] 星期一 xīngqīyī: *They're coming on* ~. 他们星期一来. *last/next* ~ 上/下星期一. *The museum is closed on* ~*s*. 博物馆每星期一闭馆.

monetary /ˈmʌnɪtrɪ; US -terɪ/ adj 钱[錢]的 qiánde; 货币[幣]的 huòbìde.

money /ˈmʌnɪ/ n [U] **1** 货币[幣](硬币和纸币) huòbì; 钱[錢] qián. **2** 财富 cáifù; 财产[產] cáichǎn. **3** [习语] **get one's money's worth** 花得上算 huà de shàng suàn. **'money-box** [C] 扑[撲]满 pūmǎn; 钱箱 qiánxiāng.

mongrel /ˈmʌŋɡrəl/ n [C] 杂[雜]种狗 zázhǒnggǒu.

monitor /ˈmɒnɪtə(r)/ n [C] **1** 监[監]听[聽]器 jiāntīngqì; 监视器 jiānshìqì; 监测器 jiāncèqì: *a heart* ~ 心脏监测器. **2** (对外国广播的)监听员 jiāntīngyuán, (电视台连播用的)监视屏 jiānshìpíng. **4** [计]监控设[後]光屏(与 yìngguāngpíng). **5** (学校的)班长[長] bānzhǎng; 级长 jízhǎng.

monitor v [T] 监听 jiāntīng; 监视 jiānshì; 监测 jiāncè.

monk /mʌŋk/ n [C] 修道士 xiūdàoshì; 僧侣 sēnglǚ.

monkey /ˈmʌŋkɪ/ n [C] **1** 猴 hóu; 猿 yuán. **2** [非正式用语]顽童 wántóng. **monkey** v [短语动词] **monkey about/around**[非正式用语]调皮 tiáopí; 捣蛋 dǎodàn.

mono /ˈmɒnəʊ/ adj, n [U] 单[單]声[聲]道的 dānshēngdàode; 单声道 dānshēngdào: *a recording in* ~ 单声道录音.

monochrome /ˈmɒnəkrəʊm/ adj 单[單]色的 dānsède; 黑白的 hēibáide.

monocle /ˈmɒnəkl/ n [C] 单[單]眼镜 dān yǎnjìng.

monogamy /məˈnɒɡəmɪ/ n [U] 一夫一妻(制) yìfū yìqī. **monogamous** /-məs/ adj.

monogram /ˈmɒnəɡræm/ n [C] 字母组合图[圖]案 zìmǔ zǔhé tú'àn.

monologue (美语亦作 **monolog**) /ˈmɒnəlɒɡ; US -lɔːɡ/ n [C] **1** [戏剧]独[獨]白 dúbái; 滔滔不绝的话 tāotāo bù jué de huà.

monopoly /məˈnɒpəlɪ/ n [C] **1** 垄[壟]断[斷]权[權] lǒngduànquán; 专卖[賣]权 zhuānmàiquán; 专利权 zhuānlìquán; [喻]: *A good education should not be the* ~ *of the rich*. 良好的教育不应是富人独占的事. **monopolize** v [T] 垄断 lǒngduàn.

monorail /ˈmɒnəreɪl/ n [U] 单[單]轨 dānguǐ; 单轨铁路 dānguǐ tiělù.

monosyllable /ˈmɒnəsɪləbl/ n [C] 单[單]音节[節]词 dānyīnjié cí. **monosyllabic** /ˌmɒnəsɪˈlæbɪk/ adj.

monotonous /məˈnɒtənəs/ adj 单[單]调的 dāndiàode; 无[無]变[變]化的 wú biànhuà de: *a* ~ *voice* 单调的声音. **monotonously** adv. **monotony** /-tənɪ/ n [U].

monsoon /ˌmɒnˈsuːn/ n [C] 季风[風] jìfēng; (西南季风带来的)雨季 yǔjì.

monster /ˈmɒnstə(r)/ n [C] **1** (巨大、丑陋、可怕的)怪物 guàiwù. **2** 残忍的人 cánrěnde rén; 恶[惡]人 èrén. **3** 巨大的东西 jùdàde dōngxi: *The new house is a real* ~. 新房子是个庞然大物.

monstrous /ˈmɒnstrəs/ adj **1** 巨大的 jùdàde; 丑[醜]陋的 chǒulòude. 2 令人震惊[驚]的 lìng rén zhènjīng de; 畸形的 jīxíngde. **monstrosity** /mɒnˈstrɒsəti/ n [C] [pl **-ies**] 巨大而丑陋的东西 jùdà ér chǒulòu de dōngxi. **monstrously** adv.

month /mʌnθ/ n [C] 月 yuè; 一个(個)月的时[時]间[間] yígèyuède shíjiān. **monthly** adj 1 每月(的) měiyuè; 每月一次的 měiyuè yícì. 2 一个月内有效的(的)yígèyuè nèi yǒuxiào de. **monthly** n [C] [pl **-ies**] 月刊 yuèkān.

monument /ˈmɒnjumənt/ n [C] 1 纪念碑 jìniànbēi; 纪念馆 jìniànguǎn; 纪念像 jìniànxiàng. 2 历[歷]史遗迹 lìshǐ yíjì. **monumental** /ˌmɒnjuˈmentl/ adj 1 纪念物的 jìniànwù de. 2 巨大而难[難]忘的 jùdà ér nánwàng de. 3 极[極]大的 jídàde: a ~ failure 极大的失败.

moo /muː/ n [C] 哞声(牛叫声) mōu. **moo** v [I] (牛)哞哞地叫 mōumōude jiào.

mood[1] /muːd/ n [C] 1 心境 xīnjìng; 情绪 qíngxù: in a good ~ 情绪好. 2 生气[氣]shēngqì; 情绪不好 qíngxù bùhǎo. **moody** adj [-ier, -iest] 易怒变[變]的 的 xīnqíng duōbiàn de; 喜怒无[無]常的 xǐ nù wúcháng de. **moodily** adv.

mood[2] /muːd/ n [C] [语法]语气[氣] yǔqì: the subjunctive ~ 虚拟语气.

moon[1] /muːn/ n 1 **the moon** [sing] 月亮 yuèliàng; 月球 yuèqiú. 2 [C] 行星的卫[衛]星 xíngxīngde wèixīng. 3 [习语]**over the 'moon** [非正式用语]非常快乐[樂]fēicháng kuàilè. **'moonbeam** n [C] (一道)月光 yuèguāng. **'moonlight** n [U] 月光 yuèguāng. **'moonlight** v [pt, pp -lighted] (尤指夜晚)做兼职[職]工作 zuò jiānzhí gōngzuò.

moon[2] /muːn/ v [I] (about/around) 闲荡 xiándàng; 懒散度日 lǎnsàn dùrì.

moor[1] /mɔː(r)/ US muǝr/ n [C, 尤作 pl] 沼泽[澤]zhǎozé; 荒野 huāngyě; 旷[曠]野 kuàngyě: walk on the ~ 在野外散步. **'moorland** /-lǝnd/ n [U, C] 高沼地 gāozhǎodì.

moor[2] /mɔː/ US muǝr/ v [I, T] (使)泊定 tíngbó. **mooring** n **moorings** [pl] 系[繫]泊设备[備]

xìbó shèbèi. 2 [C] 停泊处[處]tíngbóchù.

moose /muːs/ n [C] [pl **moose**] [美语]糜 mí; 驼鹿 tuólù.

mop /mɒp/ n [C] 1 拖把 tuōbǎ. 2 蓬乱[亂]的头[頭]发[髮]péngluànde tóufa. **mop** v [-pp-] 1 [T] 用拖把拖洗 yòng tuōbǎ tuòxǐ. 2 [短语动词]**mop sth up** 擦净 cādǐng.

mope /mǝup/ v [I] 忧[憂]郁[鬱]yōuyù; 闷闷不乐[樂]mènmèn bú lè.

moped /ˈmǝuped/ n [C] 机[機]动[動]脚踏车[車]jīdòng jiǎotàchē; 摩托自行车 mótuō zìxíngchē.

moral /ˈmɒrəl; US ˈmɔːr-/ n 1 道德的 dàodéde: a drop in ~ standards 道德标准下降. 2 有道德的 yǒu dàodé de; 品行端正的 pǐnxíng duānzhèng de. **morally** adv [义]上的支持或鼓励[勵]jīngshén zhīchí; 精神支持 jīngshén zhīchí. **morally** adv [义]上的 jīngshén. **morals** [pl] 行为[爲]准[準]则 xíngwéi zhǔnzé; 道德规范[範]dàodé guīfàn.

morale /mǝˈrɑːl; US -ˈræl/ n [U] 士气[氣]shìqì; 精神状[狀]态[態]jīngshén zhuàngtài.

morality /mǝˈrælǝti/ n [pl **-ies**] 1 [U] 道德 dàodé; 美德 měidé. 2 道德体[體]系 dàodé tǐxì. **moralize** /ˈmɒrǝlaiz/ US ˈmɔːr-/ v [I] (about/on) [贬]说教 shuōjiào; 训导[導]xùndǎo.

morbid /ˈmɔːbid/ adj 病态[態]的 bìngtàide. **morbidly** adv.

more /mɔː(r)/ adj, pron 更大的 gèngdàde; 更多的 gèngduōde; 较大 jiàodà; 较多 jiàoduō: I need ~ time. 我还需要更多的. ~ people 更多的人. Please tell me ~. 请再告诉我一些. **more** adv 1 用[以]构成两个音节以上形容词或副词的比较级) 更 gèng: expensive 更贵 guì. talk ~ quietly 更轻声地谈话. 2 加 gèng shèn: You need to sleep ~. 你需要更多的睡眠. 3 再 zài: I'll go there once ~. 我要再去那里一次. 4 [习语]**more and 'more** 越来越多 yuè lái yuè duō. **more or 'less** (a) 几(幾)乎 jīhū. (b) 大约 dàyuē: £20, ~ or less 大约20英镑.

moreover /mɔːˈrǝuvǝ(r)/ adv

[正式用语]而且 érqiě; 此外 cǐwài.

morgue /mɔːg/ n [C] [尤用于美语]陈尸(屍)所 chénshīsuǒ; 停尸房 tíngshīfáng.

morning /'mɔːnɪŋ/ n [C, U] 1 早晨 zǎochén; 上午 shàngwǔ. 2 [习语] in the 'morning 次日上午 cìrì shàngwǔ: see him in the ～ 明天上午见他. 'morning dress n [U] 常礼(禮)服 chánglǐfú.

moron /'mɔːrɒn/ n [C] [非正式用语]傻[傻]子 shǎzi; 蠢人 chǔnrén.

moronic /mə'rɒnɪk/ adj.

morose /mə'rəus/ adj 忧[憂]愁的 yōuchóude; 脾气[氣]不好的 píqì bùhǎo de; 孤僻的 gūpìde. **morose·ly** adv.

morphine /'mɔːfiːn/ n [U] 吗啡 mǎfēi.

Morse /mɔːs/ (亦作 **Morse 'code**) n [U] 莫尔[爾]斯电[電]码 Mò'ěrsī diànmǎ.

morsel /'mɔːsl/ n [C] (of) (尤指食物)一小块[塊]yìxiǎokuài; 少量 shǎoliàng.

mortal /'mɔːtl/ adj 1 终有一死的 zhōng yǒu yì sǐ de. 2 致死的 zhìsǐde; 致命的 zhìmìngde: a ～ wound 致命的创伤. 3 极[極]大的 jídàde; 极度的 jídùde: in ～ fear 在极度的恐惧中. **mortal** n [C] 人 rén. **mortality** /mɔː'tælətɪ/ n [U] 1 不免一死 bùmiǎn yì sǐ. 2 死亡率 sǐwánglǜ. **mortally** /-təlɪ/ adv 致命地 zhìmìngde; ～ly wounded 受致命伤. 2 极[極]jí; ～ly offended 极为震怒.

mortar¹ /'mɔːtə(r)/ n [U] 砂浆[漿] shājiāng; 灰浆 huījiāng.

mortar² /'mɔːtə(r)/ n 1 迫击[擊]炮 pǎijīpào. 2 臼 jiù; 研钵 yánbō.

mortgage /'mɔːgɪdʒ/ n [C] 1 抵押 dǐyā; 抵押契据[據]dǐyā qìjù. 2 抵押借款 dǐyā jièkuǎn. **mortgage** v [T] 抵押(房产等) dǐyā.

mortify /'mɔːtɪfaɪ/ v [pt, pp -ied] [T] (常用被动语态) 使羞辱 shǐ xiūrǔ; 使难[難]堪 shǐ nánkān. **mortification** /ˌmɔːtɪfɪ'keɪʃn/ n [U].

mortuary /'mɔːtʃərɪ; US tʃʊərɪ/ n [C] [pl -ies] 停尸[屍]房 tíngshīfáng; (医院的)太平间 tàipíngjiān.

mosaic /məʊ'zeɪɪk/ n [C, U] 马赛克 mǎsàikè; 镶嵌图[圖]案 xiāngqiàn tú'àn; 镶嵌画 xiāngqiànhuà.

Moslem = MUSLIM.

mosque /mɒsk/ n [C] 清真寺 qīngzhēnsì.

mosquito /məs'kiːtəʊ/ n [C] [pl ～es] 蚊 wén.

moss /mɒs; US mɔːs/ n [U] 苔藓 táixiǎn. **mossy** adj [-ier, -iest].

most /məʊst/ adj, pron 1 最大的 zuìdàde; 多数的 duōshùde; 最高度 zuìgāo chéngdù de; 最多数[數] zuìduōshù; 最大量 zuìdàliàng: Who will get the ～ votes? 谁会得票最多? He ate the ～. 他吃得最多. 2 大部分(的) dà bùfen; 大多数(的) dà duōshù: M～ people must pay the new tax. 大多数人必须纳新税 bìxū nà xīnshuì. 3 [习语] 'at (the) most 至多 zhìduō; 不超过[過] bù chāoguò. **most** adv 1 (用以构成音节形容词和副词的最高级): the ～ expensive car 最昂贵的汽车. 2 最 zuì: Children need ～ sleep. 儿童最需要睡眠. 3 很 hěn; 非常 fēicháng: a ～ interesting talk 十分有趣的谈话. 4 [习语] most likely ⇨ LIKELY. **mostly** adv 主要地 zhǔyàode; 大部分地 dà bùfen de.

motel /məʊ'tel/ n [C] 汽车[車]旅馆 qìchē lǚguǎn.

moth /mɒθ; US mɔːθ/ n 1 蛾 é, 'mothball n [C] 卫[衛]生球 wèishēngqiú; 樟脑[腦]丸 zhāngnǎowán. 'moth-eaten adj 1 虫蛀的 chóngzhùde; 虫坏[壞]的 chónghuàide. 2 [喻]破旧[舊]的 pòjiùde; 破烂[爛]的 pòlànde.

mother /'mʌðə(r)/ n [C] 1 母亲[親] mǔqīn. 2 妇[婦]女宗教团[團]体[體]的女主持人 fùnǚ zōngjiào tuántǐ de nǚ zhǔchírén. **mother** v [T] 1 像母亲般照管(或关怀) xiàng mǔqīn bān zhàoguǎn. 2 溺爱[愛] nì'ài. 'mother country n [C] 祖国[國] zǔguó. **motherhood** n [U]. 'mother-in-law n [C] [pl ～s-in-law] 岳母 yuèmǔ; 婆母 pómǔ. **motherly** adv 母亲般地 mǔqīnbānde. **mother 'tongue** n [C] 母语 mǔyǔ.

motif /məʊ'tiːf/ n [C] (文艺作品的) 主题 zhǔtí; 主旨 zhǔzhǐ.

motion /'məʊʃn/ n 1 [U] 运[運]动(動) yùndòng; 移动 yídòng; 动态[態] dòngtài. 2 [C] 动作 dòngzuò; 姿态 zītài: signal with a ～ of the hand 手势. 3 [C] 动议[議] dòngyì; 提议 tíyì. 4 [习语] go

through the motions [非正式用语]装［裝］装样［樣］子 zhuāngzhuāng yàngzi; 敷衍了事 fūyǎn liǎoshì. **put/set sth in 'motion** 使某物动[開]始运转[轉](或工作) shǐ mǒuwù kāishǐ yùnzhuàn. **motion** v [I, T] to (向…)做手势[勢] zuò shǒushì; 以姿势示意 yǐ zīshì shìyì. **motionless** adj 不动的 bùdòngde; 静止的 jìngzhǐde.

motivate /'məʊtɪveɪt/ v [T] 1 构[構]成(行为)的动[動]机[機] gòuchéng … de dòngjī; 生动物机 shǐ chánshēng dòngjī. 2 使激励做某事 shǐ yù zuò mǒushì. **motivation** /ˌməʊtɪ'veɪʃn/ n [C, U].

motive /'məʊtɪv/ n [C] 动[動]机[機] dòngjī; (行动的)缘由 yuányóu.

motor /'məʊtə(r)/ n [C] 1 发[發]动[動]机[機] fādòngjī; 马达[達] mǎdá: an electric ~ 电动机. 2 汽车[車]的引擎 qìchē de yǐnqíng. **motor** adj 1 有发动机的 yǒu fādòngjī de: ~ vehicles 机动车辆. 2 机动车辆的 jīdòng chēliàng de: ~ racing 汽车比赛. **motor** v [I] [英旧]乘汽车 chéng qìchē. **'motor bike** n [非正式用语] = MOTORCYCLE. **motorcade** /'məʊtəkeɪd/ n [C] 一长[長]列汽车 yī chángliè qìchē. **'motor car** n [C] [英国正式用语] = CAR. **'motor cycle** n [C] 摩托车 mótuōchē. **motorist** n [C] 开[開]汽车的人 kāi qìchē de rén. **motorize** v [T] (常指机动装备)给…装[裝]发[發]动机 gěi … zhuāng fādòngjī. **'motor-scooter** n [C] = SCOOTER 1. **motorway** n [C] 高速公路 gāosù gōnglù, **motorway 'service area**, **motorway 'services** n [C] 高速公路服务[務]区[區] gāosù gōnglù fúwùqū.

motto /'mɒtəʊ/ n [C] [pl ~es] 座右铭 zuòyòumíng; 箴言 zhēnyán; 格言 géyán (例如 'Live each day as it comes'. "有一天过一天.").

mould /məʊld/ n [C] 1 模子[學]; 模型 móxíng; 铸[鑄]模 zhùmó. **mould** v [T] 1 使成形 shǐ chéngxíng; 用模子制[製]作 yòng múzǐ zhìzuò. 2 [喻]影响[響]形成 yǐngxiǎng; 塑造 sùzào: ~ sb's character 塑造某人的性格.

mould² /məʊld/ n [C] 霉 méi; 霉菌 méijūn. **mouldy** adj [-ier, -iest].

moulder /'məʊldə(r)/ v [I] 碎裂

sùliè; 崩塌 bēngtā; 腐烂[爛] fǔlàn.

moult /məʊlt/ v [I] 1 (鸟)换羽毛 huànyǔmáo. 2 (猫狗)脱毛 tuōmáo.

mound /maʊnd/ n [C] 1 小丘 xiǎoqiū; 小山岗[崗] xiǎoshāngǎng. 2 堆 duī; 垛 duǒ.

mount¹ /maʊnt/ v 1 [I, T] 登上 dēngshàng; slowly ~ the stairs 慢步登上楼梯. 2 [I, T] 骑上[马] qí shàng; 为[為](某人)备[備]马 wèi … bèi mǎ. 3 [T] 增加 zēngjiā; ~ing costs 日益增多的费用. 4 [T] 安装[裝] ānzhuāng; 裱贴 biǎotiē; ~ pictures 裱画. 5 [T] 组织[織] zǔzhī; 开[開]始 kāishǐ; ~ an exhibition 举办展览. **mount** n [C] 承载物(如马等) chéngzàiwù.

mount² /maʊnt/ n [C] (用于地名)山 shān; 峰 fēng.

mountain /'maʊntən; US -ntn/ n [C] 1 山 shān; 山岳 shānyuè. 2 [sing] 大量 dàliàng: a ~ of work 大量的工作. 3 [习语] make a ˌmountain out of a 'molehill 小题大做 xiǎotí tí dà zuò. **mountaineer** /ˌmaʊntɪ'nɪə(r); US -ntn-/ n [C] 登山者 dēngshānzhě; 登山运[運]动员 dēngshān yùndòngyuán. **mountaineering** n [U]. **mountainous** adj 1 多山的 duōshānde. 2 巨大的 jùdàde: ~ous waves 巨浪.

mourn /mɔːn/ v [I, T] (for) (对死者)感到悲痛 gǎndào bēitòng; 表示哀悼 biǎoshì āidào. **mourner** n [C] 哀悼者 āidàozhě. **mournful** adj 悲哀的 bēi'āide; 令人悲痛的 lìng rén bēitòngde. **mourning** n [U] 1 哀悼 āitòng; 哀痛 āitòng. 2 丧[喪]服 sāngfú.

mouse /maʊs/ n [C] [pl mice /maɪs/] 1 鼠 shǔ. 2 胆小的人 dǎnxiǎo de rén. 3 [计]鼠标[標] shǔbiāo. **'mouse mat** n [C] 鼠标垫[墊] shǔbiāodiàn. **mousy** /'maʊsɪ/ adj [-ier, -iest] [贬] 1 (毛发)灰褐色的 huīhèsède. 2 (人)胆小的 dǎnxiǎode; 羞怯的 xiūqiède.

mousse /muːs/ n [U, C] 奶油冻 nǎiyóudòng.

moustache /mə'stɑːʃ/ (美语 mustache /'mʌstæʃ/) n [C] 髭 zī.

mouth /maʊθ/ n [C] [pl ~s /maʊðz/] 1 嘴 zuǐ; 口 kǒu. 2 口状[狀]物 kǒuzhuàngwù; (江河的)出口 chūkǒu: the ~ of the cave 洞口.

mouthful n 1 [C] 一口(的量) yì-kǒu. 2 [sing] [非正式用语, 谑] 长 [长]而拗口的词语 cháng ér àokǒu de cíyǔ. 'mouth-organ n [C] 口琴 kǒuqín. 'mouthpiece n [C] 1 (乐器的) 吹口 chuīkǒu. 2 (电话的) 送话口 sònghuàkǒu. 2 代言人 dàiyánrén; 喉舌 hóushé. 'mouth-watering adj [褒] 令人垂涎的 lìng rén chuíxián de; 诱人食欲[欲]的 yòu rén shíyù de.

mouth² /mauð/ v [I, T] 不出声[声]地说 bù chū shēng de shuō.

movable /'mu:vəbl/ adj 可动[动]的 kědòng de; 活动的 huódòng de.

move¹ /mu:v/ v 1 [I, T] 改变[变] 位置 gǎibiàn wèizhi; 移动[动] yídòng: Don't ~ while I'm taking the photo. 我拍照时别动. 2 [I] (from, to) 搬家 bānjiā; 迁 [迁]居 qiānjū: They are moving (house) soon. 他们不久就要搬家. 3 [I] 进[进]步 jìnbù: The company has ~d ahead of the competition. 公司在竞争中已走在前头. 4 [T] 感动 gǎndòng: ~d by a sad film 为一部悲惨的影片所感动. 5 [T] (在会议上) 提议 [议] tíyì. 6 [I] [习语] move 'house 搬家 bānjiā. 7 [短语动词] move in/out 迁[迁]入 qiānrù, 迁出 qiānchū. move off (车指车辆) 开走(出) chífā. 起程 qǐchéng.

move² /mu:v/ n [C] 1 一步棋 yíbù qí: It's your ~! 该你走了! 2 步骤 bùzhòu; ~s to end the strike 结束罢工的措施. 3 行动 xíngdòng: get a 'move on [非正式用语][喻]快些 gǎnkuài, make a 'move (a) 起程 qǐchéng. (b) 采[采]取行动[动] cǎiqǔ xíngdòng. on the 'move 在移动中 zài yídòng zhōng.

movement /'mu:vmənt/ n 1 [C, U] 动[动]作 dòng; 活[活]动 yùndòng; 移动 huódòng. 2 [C, 亦作 sing, 用 pl v] (有共同目标或原则的) 团体(运动) tuántǐ; (这种团体开展的) 运动 yùndòng; the peace ~ 和平运动. 3 [C] (乐)章 yuèzhāng.

movie /'mu:vi/ n [尤用于美语] 1 [C] 电[电]影 diànyǐng. 2 the movies [pl] 电影院 diànyǐngyuàn; 电影业 diànyǐngyè; 电影界 diànyǐngjiè.

mow /məʊ/ v [pt ~ed, pp ~n /məʊn/ 或 ~ed] [T] 1 (用刈草机) 割 gē, 刈 yì. 2 [短语动词]

mow sb down 大量杀[杀]死(人) dàliàng shāsǐ. **mower** n [C] = LAWN MOWER (LAWN).

MP /ˌem 'pi:/ abbr n [C] Member of Parliament (英国) 下院议 [议] 员 yìyuán.

mpg /ˌem pi: 'dʒi:/ abbr miles per gallon 每加仑/加仑(仑) 每加仑汽油所行驶英里数) yīnglǐ/jiālún.

mph /ˌem pi: 'eitʃ/ abbr miles per hour 英里/小时[时](每小时所行驶英里数) yīnglǐ/xiǎoshí.

MPV /ˌem pi: 'vi:/ abbr multi-purpose vehicle 多功能商务[务]车[车] duōgōngnéng shāngwùchē.

Mr /'mɪstə(r)/ abbr (用在男子的姓、姓名或职务之前) 先生 xiān-sheng.

Mrs /'mɪsɪz/ abbr (用在已婚女子的夫姓或丈夫的姓名之前) 夫人 fūrén.

Ms /mɪz/ abbr (用在已婚或未婚女子的姓氏或姓名之前) 女士 nǚshì.

Mt abbr mount²; Mt Everest 埃佛勒斯峰(即: 珠穆朗玛峰).

much¹ /mʌtʃ/ adj, pron 1 大量 dàliàng; 多的 duōde; 许多 xǔduō: I haven't got ~ money. 我的钱不多. There's too ~ salt in this pie. 馅饼里的盐太多了. How ~ is it? 多少钱? 2 [习语] not much of a 不太好的 bú tài hǎo de: It isn't ~ of a car. 它算不上一辆好车.

much² /mʌtʃ/ adv 1 很 hěn, 很 [很] 非常 fēicháng; 在很大程度上 zài hěndà chéngdù shàng: work ~ harder 更加努力地工作. He isn't in the office ~. 他不常在办公室. I would very ~ like to come. 我很愿意来. 2 [习语] much as 尽 [尽] 管 jìnguǎn; 虽(虽) 然 suīrán; M~ as I want to stay, I must go now. 虽然我想要留下, 可现在必须走了. ˌmuch the 'same 情况大致相同 qíngkuàng dàzhì xiāng-tóng.

muck /mʌk/ n [U] 1 粪 fèn, 肥料 féiliào. 2 [非正式用语] 脏 [脏] 物 zāngwù; 污秽 wūhuì. **muck** v [短语动词] **muck about/around** [英国非正式用语] 混日子 hùn rìzi. **muck in** [英国非正式用语] 同工作 tóng gōngzuò: If we all ~ in we'll soon get the job done. 如果我们一块儿干, 很快就会把工作做完了. **muck sth up** [非正式用语, 尤用于英国英语] (a) 弄脏 nòng zāng. (b) 弄糟

nòng zāo. **mucky** *adj* [-ier, -iest].

mucous /'mju:kəs/ *adj* 黏液的 niányède; 似黏液的 sì niányède.
,**mucous 'membrane** [C] 黏膜 niánmó.

mucus /'mju:kəs/ *n* [黏液] 分泌的)黏液 niányè.

mud /mʌd/ *n* [U] 泥 ní. **muddy** *adj* [-ier, -iest]. **mudguard** *n* [C] (自行车等的)挡[擋]泥板 dǎngníbǎn.

muddle /'mʌdl/ *n* [C, 常作 sing] 混乱[亂] hùnluàn; 凌乱 língluàn. **muddle** *v* 1 [T] 把…混在一起 bǎ … hùn zài yìqǐ; 弄乱 nòng luàn. 2 [短语动词] **muddle along** [贬] 糊里糊涂度日子 hùn rìzi, **muddle through** 胡乱应[應]付过[過]去 húluàn yìngfù guòqù; 混过去 hùn guòqù.

muesli /'mju:zlɪ/ *n* [U] (由谷物、坚果、干果等制成的)早餐食品 zǎocān shípǐn.

muffle /'mʌfl/ *v* [T] 1 包住(某物)使其声[聲]音低沉 bāozhù … shǐ qí shēngyīn dīchén. 2 用保暖用头巾、围巾)包裹 bāo guǒ, 裹 guǒ. **muffler** *n* [C] 1 围巾 wéijīn. 2 [美语]消声[聲]器 xiāoshēngqì.

mug[1] /mʌg/ *n* [C] 1 (a) (圆筒形有柄的)大杯 dàbēi. (b) 一大杯的容量 yídàbēide róngliàng. 2 [俚]脸 liǎn.

mug[2] /mʌg/ *n* [C] [俚]愚人 yúrén; 容易受骗的人 róngyì shòupiàn de rén.

mug[3] /mʌg/ *v* [-gg-] [T] [非正式用语]行凶[兇]抢[搶](抢)劫 xíngxiōng qiǎngjié, **mugger** *n* [C], **mugging** *n* [C, U].

muggy /'mʌgɪ/ *adj* [-ier, -iest] (天气)闷热[熱]而潮湿[濕]的 mēnrè ér cháoshī de.

Muhammad /mə'hæmɪd/ *n* 穆罕默德(伊斯兰教创始人) Mùhǎnmòdé. **Muhammadan** (亦作 **Muhammedan, Mohammedan**) /-ən/ *n, adj* [C] 伊斯兰[蘭]教徒(的). Yìsīlánjiàotú.

mulberry /'mʌlbrɪ; US -berɪ/ *n* [C] [pl -ies] 桑树[樹] sāngshù; 桑葚 sāngshèn.

mule /mju:l/ *n* [C] 骡 luó. **mulish** *adj* 顽固的 wángùde; 执[執]拗的 zhíniùde.

mull[1] /mʌl/ *v* [T] (加糖、香料等)煮(葡萄酒)制[製]成热[熱]饮 jiāng … zhìchéng rèyǐn.

mull[2] /mʌl/ [短语动词] **mull sth over** 仔细考虑[慮] zǐxì kǎolǜ; 反复[復]思考 fǎnfù sīkǎo; *Give me time to ~ my decision over.* 给我时间仔细考虑才做决定. *~ over what to do* 仔细考虑做什么.

multilateral /ˌmʌltɪ'lætərəl/ *adj* 多边[邊]的 duōbiānde; 多国[國]的 duōguóde; 多方面的 duōfāngmiànde.

multimedia /ˌmʌltɪ'mi:dɪə/ *n* 多媒体[體]的采用) duōméitǐ.

multinational /ˌmʌltɪ'næʃnəl/ *adj* 多国[國]的 duōguóde. **multinational** *n* 跨国公司 kuàguó gōngsī.

multiple /'mʌltɪpl/ *adj* 多个[個](或多部分、多种)的 duōgède; 由多个(或多部分、多种)组成的 yóu duōgè zǔchéng de, **multiple** *n* [数学]倍数 bèishù; *28 is a ~ of 7.* 28 是 7 的倍数. **multiple choice** *adj* (试题)多项(答案供)选[選]择[擇]的 duōxiàng xuǎnzé de, ,**multiple scle'rosis** /sklə'rəʊsɪs/ *n* [U] 多发[發]性硬化(症) duōfāxìng yìnghuà.

multiply /'mʌltɪplaɪ/ *v* [*pt, pp* -ied] [I, T] 1 乘 chéng; 6 *multiplied by 5 is 30.* 6 乘 5 等于 30. 2 增加 zēngjiā; 增多 zēngduō. 3 繁殖 fánzhí; 繁衍 fányǎn; *Rabbits ~ quickly.* 兔子繁殖很快. **multiplication** /ˌmʌltɪplɪ'keɪʃn/ *n* [U, C].

multi-purpose /ˌmʌltɪ'pɜ:pəs/ *adj* 多用途的 duōyòngtúde.

multitude /'mʌltɪtju:d; US -tu:d/ *n* [C] [正式用语]多数[數] duōshù; 大批 dàpī.

mum[1] /mʌm/ *n* [C] [非正式用语]妈妈 māma.

mum[2] /mʌm/ *adj* 1 沉默的 chénmòde. 2 [习语] ,**mum's the 'word** [英国非正式用语]别说出去 bié shuō chūqù.

mumble /'mʌmbl/ *v* [I, T] 含糊地说 hánhude shuō; 咕哝 [噥] gūnóng.

mummify /'mʌmɪfaɪ/ *v* [*pt, pp* -ied] 将[將](尸体)制[製]成木乃伊 jiāng … zhìchéng mùnǎiyī.

mummy[1] /'mʌmɪ/ *n* [C] [pl -ies] (用作儿语)妈妈 māma.

mummy[2] /'mʌmɪ/ *n* [C] [pl -ies] 木乃伊 mùnǎiyī; *an Egyptian ~* 埃及木乃伊.

mumps /mʌmps/ n [用 sing v] 腮腺炎 sāixiànyán.

munch /mʌntʃ/ v [I, T] 用力咀嚼 yònglì jǔjué.

mundane /mʌn'deɪn/ adj 平凡的 píngfándè; 平淡的 píngdàndè.

municipal /mju:'nɪsɪpl/ adj 市的 shìdè; 市政的 shìzhèngdè. **municipality** /mju:,nɪsɪ'pælətɪ/ n [pl -ies] 自治市 zìzhìshì; 市政当（当）局 shìzhèng dāngjú.

munitions /mju:'nɪʃnz/ n [pl] 军需品 jūnxūpǐn; 军火 jūnhuǒ.

mural /'mjuərəl/ n [C] 壁画（畫）bìhuà.

murder /'mɜ:də(r)/ n [C, U] 谋杀（殺）móushā; 谋杀案 móushā'àn. 2 [U] [喻]极（極）艰（艱）难（難）[或不愉快]的事（經）历 jì jiānnánde jīnglì; Climbing that hill was ~. 爬那座山真是活受罪. **murder** v [T] 谋杀 móushā. **murderer** n [C] 谋杀犯 móushāfàn; 凶（兇）手 xiōngshǒu. **murderess** n [C] 女谋杀犯 nǚ móushāfàn; 女凶手 nǚ xiōngshǒu. **murderous** adj 杀人的 shārénde; 蓄意谋杀的 xùyì móushā de; a ~ous attack 凶残的袭击.

murky /'mɜ:kɪ/ adj [-ier, -iest] 阴（陰）暗的 yīn'ànde; 昏暗的 hūn'ànde; ~ streets 昏暗的街道.

murmur /'mɜ:mə(r)/ n 1 [C] (低沉、连续而不清的)细声（聲）xìshēng. 2 低语声 dīyǔshēng. 3 小声的抱怨 xiǎoshēngde bàoyuàn. **murmur** v 1 发（發）低声（聲）而低沉声 fā liánxù ér dīchén shēng. 2 低声说 dīshēng shuō.

muscle /'mʌsl/ n 1 [C, U] 肌肉 jīròu. 2 [U] [喻]力量 lìliàng. **muscle** v [短语动词] **muscle in (on sth)** [非正式用语, 贬]强行挤（擠）入以便分享利益 qiángxíng jǐrù yǐbiàn fēnxiǎng lìyì.

muscular /'mʌskjələ(r)/ adj 1 肌肉的 jīròude. 2 肌肉发（發）达（達）的 jīròu fādá de.

museum /mju:'zɪəm/ n [C] 博物馆 bówùguǎn.

mushroom /'mʌʃrʊm; US -ru:m/ n [C] 蘑菇 mógu; 食用伞（傘）菌 shíyòng sǎnjùn; 草菇 xùnsūn. **mushroom** v [I] 迅速增长（長）xùnsù zēngzhǎng; 迅速蔓延 xùnsù mànyán.

music /'mju:zɪk/ n [U] 1 音乐（樂）yīnyuè; a piece of ~ 一首乐曲. 3 乐谱 yuèpǔ. **musical** /-kl/ adj 1 音乐的 yīnyuède.

2 爱[愛]好音乐的 àihào yīnyuè de; 精于音乐的 jīng yú yīnyuè de. **musical** n [C] 音乐喜剧（劇）yīnyuè xǐjù. **musically** /-klɪ/ adv.

musician /mju:'zɪʃn/ n [C] 音乐（樂）家 yīnyuèjiā; 作曲家 zuòqǔjiā.

Muslim /'mʊzlɪm; US 'mazləm/ n [C] 穆斯林 Mùsīlín; 伊斯兰（蘭）教信徒 Yīsīlánjiào xìntú. **Muslim** (亦作 **Moslem**) adj 穆斯林的 Mùsīlínde; 伊斯兰教信徒的 Yīsīlánjiào xìntú de.

muslin /'mʌzlɪn/ n [U] 平纹细布 píngwén xìbù.

mussel /'mʌsl/ n [C] 贻贝 yíbèi; 壳菜 kécài; 淡菜 dàncài.

must /mʌst/ modal v [否定式 **must not**, 缩略式 **mustn't** /'mʌsnt/] 1 (表示必要) You ~ finish your work before you go. 你走以前必须完成你的工作. Visitors ~ not feed the birds. 参观者不得喂鸟. 2 (表示必定) You ~ be tired after your journey. 旅行后你一定累了. **must** n [C] [非正式用语]必须做（或看）的事 bìxū zuò de shì; If you like her acting then her new film is a ~. 如果你喜欢她的演技, 那么她的新影片是一定要看的.

mustache [美语] = MOUSTACHE.

mustard /'mʌstəd/ n [U] 芥 jiè; 芥末 jièmò.

muster /'mʌstə(r)/ v [I, T] 集合 jíhé; 召集 zhàojí.

musty /'mʌstɪ/ adj [-ier, -iest] 霉的 méide; 有霉味的 yǒu méiwèi de; 霉烂（爛）而潮湿（濕）的 méilàn ér cháoshī de.

mutation /mju:'teɪʃn/ n [C, U] 变（變）化 biànhuà; 变异（異）biànyì; 突变 tūbiàn; 转（轉）变 zhuǎnbiàn.

mute /mju:t/ adj 沉默的 chénmòde; 无（無）声（聲）的 wúshēngde. **mute** n [C] 1 [旧]哑（啞）巴 yǎba. 2 弱音器 ruòyīnqì. **muted** adj (声音)减弱的 jiǎnruòde; 轻（輕）轻的 qīngqīngde; (颜色)不耀眼的不 bù yàoyǎn de; ~d colours 各种柔和的颜色.

mutilate /'mju:tɪleɪt/ v [T] 使残伤（傷）shǐ shāshāng; 使伤残（殘）shǐ shāngcán; 使残缺 shǐ cánquē. **mutilation** /,mju:tɪ'leɪʃn/ n [C, U].

mutiny /'mju:tɪnɪ/ n [C, U] [pl -ies] (水手对上级的)反叛 fǎnpàn

哗[嘩]变[變] huábiàn; 叛变 pànbiàn. **mutineer** /ˌmjuːtɪ'nɪə(r)/ n [C] 反叛者 fǎnpànzhě; 叛变者 pànbiànzhě. **mutinous** /-nəs/ adj 反叛的 fǎnpàn de. **mutiny** n [C, U], pp **-ied** [I] 反叛 fǎnpàn; 叛变 pànbiàn.

mutter /'mʌtə(r)/ v [I, T] 小声[聲]而含糊不清地说 xiǎoshēng ér hánhú bùqīng de shuō; 嘀咕[嘰]gūnong. **mutter** n [C, 常作 sing] 轻[輕]声低语 qīngshēng dīyǔ; 含糊不清的声音 hánhú bùqīng de shēngyīn.

mutton /'mʌtn/ n [U] 羊肉 yángròu.

mutual /'mjuːtʃuəl/ adj 相互的 xiānghù de; 彼此的 bǐcǐ de: ~ affection 相互间的爱慕 jiānhù jiān de àimù; 共有的 gòngyǒu de; 共同的 gòngtóng de; 共有的 gòngyǒude: our ~ friend/interests 我们共同的朋友/利益. **mutually** /-əlɪ/ adv.

muzzle /'mʌzl/ n [C] **1** (a) (狗等的)鼻口部分 bí kǒu bùfen. (b) (防动物咬人的)口套 kǒutào. **2** 枪[槍]口 qiāngkǒu; 炮[砲]口 pàokǒu. **muzzle** v [T] **1** 给(狗等)套上嘴套 dài kǒutào. **2** [喻] 禁止…自由发[發]表意见 jìnzhǐ …zìyóu fābiǎo yìjiàn.

my /maɪ/ adj **1** 我的 wǒde: Where's my hat? 我的帽子在哪儿? **2** (用于称呼): Yes, my dear. 是的, 我亲爱的. **3** [用于感叹语]: My goodness! 天哪!

myopia /maɪ'əʊpɪə/ n 近视 jìnshì. **myopic** /-'ɒpɪk/ adj.

myriad /'mɪrɪəd/ n [C] 无[無]数[數] wúshù; 极[極]大量 jídà shùliàng.

myself /maɪ'self/ pron **1** (用于反身): I've cut ~. 我伤了自己. **2** (用于加强语气): I said so ~. 我自己这样说过. **3** (by myself) (a) 独[獨]自 dúzì. (b) 独力地 dúlìde.

mysterious /mɪ'stɪərɪəs/ adj 神秘的 shénmìde; 不可思议[議]的 bùkě sīyì de; 难[難]解的 nánjiě de; her ~ disappearance 她神秘的失踪. **2** 保密的 bǎomìde: He's been very ~ and not told anyone his plans. 他很会保密,不告诉任何人他的计划. **mysteriously** adv.

mystery /'mɪstərɪ/ n [pl **-ies**] 神秘的事物 shénmìde shìwù; 不可思议[議]的事

shìwù: Her disappearance is a real ~. 她的失踪真是不可思议的事. **2** [U] 神秘 shénmì; 秘密 mìmì.

mystic /'mɪstɪk/ (亦作 **mystical** /'mɪstɪkl/) adj 秘教的 mìjiào de; 神秘的 shénmì de; 玄妙的 xuánmiàode; 不可思议[議]的 bùkě sīyì de. **mystic** n [C] 神秘主义[義]者 shénmìzhǔyìzhě. **mysticism** /'mɪstɪsɪzəm/ n [U] 神秘主义 shénmìzhǔyì.

mystify /'mɪstɪfaɪ/ v [pt, pp **-ied**] [T] 使困惑不解 shǐ kùnhuò bùjiě; 迷惑 míhuò.

mystique /mɪ'stiːk/ n [C, 常作 sing] 神秘性 shénmìxìng.

myth /mɪθ/ n **1** (a) [C] 神话 shénhuà; one of many ~s about the creation of the world 关于创世的许多神话之一. (b) [U] 神话(总称) shénhuà. **2** [C] 虚构[構]的人(或事) xūgòu de rén. **mythical** /-ɪkl/ adj **1** 存在于神话中的 cúnzài yú shénhuà zhōng de. **2** 虚构的 xūgòude; 想像的 xiǎngxiàngde.

mythology /mɪ'θɒlədʒɪ/ n [U] **1** 神话(总称) shénhuà(zǒngchēng); Greek ~ 希腊神话. **2** 神话学[學] shénhuàxué. **mythological** /ˌmɪθə'lɒdʒɪkl/ adj 神话(中)的 shénhuà(zhōng) de; 神话(上)的 shénhuà(shàng)de.

N n

N, n /en/ n [C] [pl **N's, n's** /enz/] 英语的第十四个[個]字母 Yīngyǔde dìshísìgè zìmǔ.

N abbr **1** north (ern): N Yorkshire 北约克郡. **2** neutral (connection) (尤用于电器插头上)不带[帶]电的(接线)bú dàidiàn de.

nab /næb/ v [-**bb**-] [T] [英国非正式用语]逮住 dǎizhù; 抓住 zhuāzhù; 捉住 zhuōzhù.

nag¹ /næg/ v [-**gg**-] [I, T] (at) 指责不休 zhǐzé bùxiū; 不断[斷]地批评 búduàn de pīpíng.

nag² /næg/ n [C] [非正式用语]老马 lǎomǎ.

nail /neɪl/ n [C] **1** 钉子 dīngzi. **2**

指甲 zhǐjiǎ; 趾甲 zhǐjiǎ. **nail** v [T] 1 钉牢 dìngláo; 钉住 dìngzhù. 2 [非正式用语]抓住 zhuāzhù; 逮住 dǎizhù. 3 [短语动词] **nail sb down** 迫使某人说明其打算 pòshǐ mǒurén shuōmíng qí dǎsuàn.

naive (亦作 **naïve**) /naɪˈiːv/ adj 天真的 tiānzhēnde. **naively** adv. **naivety** n [U].

naked /ˈneɪkɪd/ adj 1 裸体[體]的 luǒtǐde. 2 无[無]遮蔽的 wú zhēbì de; a ~ light 没有灯罩的灯. 3 [习语]**with the naked eye** 用肉眼 yòng ròuyǎn. **nakedly** adv. **nakedness** n [U].

name /neɪm/ n 1 [C] 名字 míngzì; 名称[稱] míngchēng; My ~ is Tim. 我的名字叫蒂姆. 2 [sing] 名誉[譽] míngyù; 名声[聲] míngshēng; a ~ for being lazy 因为懒惰而出名. 3 [C] 名人 míngrén; the big ~s in show business 演艺业的名人. 4 [习语] **in the name of sb/sth** (a) 代表某人(某事) dàibiǎo mǒurén. (b) 凭[憑]借…的权[權]威(力) de quánwēi; I arrest you in the ~ of the law. 我依法逮捕你. **make a 'name for oneself** 成名 chéngmíng; 出名 chūmíng. **take sb's name in vain** 滥[濫]用某人的名义[義] lànyòng mǒurén de míngyì. **name** v [T] 1 (after; 美语 for) 给…命名 gěi…mìngmíng;给 …取名 gěi…qǔmíng; The child was ~d after his father. 那孩子是按他父亲的名字取的名. 2 说出…的名字 shuōchū…de míngzì. 3 说定 shuōdìng; 确定 quèdìng; ~ the day for the party 设定聚会的日期. **'name-dropping** n [U] (在谈话中)提起名人(暗示与之相识)以提高身价(價)的行为[為] tíqǐ míngrén yǐ tígāo shēnjià de xíngwéi. **nameless** adj 1 无[無]名的 wúmíngde; 不知名的 bù zhīmíng de; ~less horrors 不可名状的恐怖. 2 不可名状[狀]的 bùkě míngzhuàng de; 难[難]以形容的 nányǐ xíngróng de; ~less horrors 不可名状的恐怖. **namesake** n [C] 同名(或同姓、同名姓)的人 tóngmíng de rén.

namely /ˈneɪmlɪ/ adv 即; 就是 jíshì; Only one child was missing, ~ John. 只有一个孩子不在场,他是约翰.

nanny /ˈnænɪ/ n [C] [pl -ies] (照看幼儿的)保姆 bǎomǔ.

nanny-goat /ˈnænɪ ɡəʊt/ n [C] 雌

山羊 cí shānyáng.

nap[1] /næp/ n [C] 小睡 xiǎoshuì; 打盹 dǎdǔn. **nap** v [-pp-] [I] 小睡 xiǎoshuì;打盹 dǎdǔn.

nap[2] /næp/ n [U] (织物表面的) 绒毛 róngmáo.

napalm /ˈneɪpɑːm/ n [U] 凝固汽油 nínggù qìyóu.

nape /neɪp/ n [C, 常作 sing] 项 (颈的后部)xiàng.

napkin /ˈnæpkɪn/ n [C] 餐巾 cānjīn.

nappy /ˈnæpɪ/ n [C] [pl -ies] 尿 布 niàobù.

narcissus /nɑːˈsɪsəs/ n [C] (pl ~es /nɑːˈsɪsəsɪz/ 或 **narcissi** /nɑːˈsɪsaɪ/) 水仙属[屬] shuǐxiānshǔ;水仙 shuǐxiān.

narcotic /nɑːˈkɒtɪk/ n [C, adj] 麻醉剂[劑] mázuìjì;麻醉的 mázuìde.

narrate /nəˈreɪt; US ˈnæreɪt/ v [T] 讲[講](故事) jiǎng;叙述 xùshù. **narration** /nəˈreɪʃn/ n [U]. **narrator** n [C] 讲述者 jiǎng-shùzhě;叙述者 xùshùzhě.

narrative /ˈnærətɪv/ n 1 [C] 故事 gùshì. 2 [U] 叙述 xùshù;讲[講]述 jiǎngshù.

narrow /ˈnærəʊ/ adj 1 狭[狹] 的 xiázhǎide;狭小的 xiáxiǎode; a ~ road 窄路. 2 小的 xiǎode;有限的 yǒuxiànde; a ~ circle of friends 交游不广. 3 勉强的 miǎn-qiǎngde; a ~ escape 死里逃生. 4 偏狭的 piānxiáde;狭隘的 xiá'àide; a ~ mind 小心胸狭窄. **narrow** v [I, T] (使)变[變]窄 biàn zhǎi;(使)变窄 biàn zhǎi. **narrowly** adv 仅[僅]仅 jǐnjǐn;勉强地 miǎnqiǎngde; ~ly escape 勉强地逃脱. **narrow-'minded** adj 气[氣]量小的 qìliàng xiǎo de;心胸狭窄的 xīnxiōng xiázhǎi de. **narrowness** n [U].

nasal /ˈneɪzl/ adj 鼻的 bíde;鼻音的 bíyīnde.

nasturtium /nəˈstɜːʃəm; US næ-/ n [C] 旱金莲 hànjīnlián.

nasty /ˈnɑːstɪ; US ˈnæ-/ adj (-ier, -iest) 1 令人作呕[嘔]的 lìng rén zuò'ǒu de;令人不快的 lìng rén bùkuài de; a ~ smell 难闻的气味. 2 不善良的 bù shànliáng de; 恶[惡]意的 èyìde; a ~ person 恶人. 3 疼痛的 téngtòngde;严[嚴] 重的 yánzhòngde; a ~ injury 重伤. **nastily** adv. **nastiness** n [U].

nation /'neɪʃn/ n [C] 民族 mínzú；
国[國]家 guójiā；国民 guómín.
,nation·'wide adv, adj 全国范
[範]围[圍](的) quánguó fànwéi；
全国性(的) quánguóxìng.

national /'næʃnəl/ adj 1 民族的
mínzúde；国[國]家(的) guójiā；国
民的 guómín: *local and ~
news* 地方和全国新闻. 2 国有
的guóyǒude；国立的 guólìde；国营
[營]的 guóyíngde. national n [C]
(某国的)公民 gōngmín；国民 guó-
mín. ,national 'anthem n [C] 国
歌 guógē. ,National 'Health
Service n [sing] (英国)国民保健
署 Guómín Bǎojiànshǔ. national-
ism n /-ɪzəm/ [U] 民族主义[義] mínzú
zhǔyì；国家主义 guójiā zhǔyì. 2 政
治独[獨]立运[運]动[動] zhèngzhì
dúlì yùndòng. nationalist n, adj.
nationalist n [C] 1 本地人
běndìrén. ,nationally adv. ,national
'service n [U] 义务[務]兵役 yìwù
bīngyì.

nationality /,næʃə'næləti/ n [U,
C] [pl -ies] 国[國]籍 guójí: *a
person with French ~* 一位法国
籍的人士.

nationalize /'næʃnəlaɪz/ v [T] 使
国[國]有化 shǐ guóyǒuhuà；收归
[歸]国有 shōu guī guóyǒu. nation-
alization /,næʃnəlaɪ'zeɪʃn/; US
-lɪ'z-/ n [U].

native /'neɪtɪv/ n [C] 1 本地人
běndìrén；本国[國]人 běnguórén. 2
[尤作贬]土著 tǔzhù；土人 tǔrén. 3
当[當]地土生动[動]物或植物
dāngdì tǔshēng dòngwù huò zhíwù.
native adj 1 出生地的 chūshēng-
dìde; *my ~ city* 我的故里. 2
(动植物)当地土生的 dāngdì tǔ-
shēng de.

nativity /nə'tɪvəti/ n the Nativity
[sing] 耶稣基督的诞生 Yēsū Jīdū
de dànshēng.

NATO /'neɪtəʊ/ abbr North At-
lantic Treaty Organization 北
大西洋公约组织[織] Běidàxīyáng
Gōngyuē Zǔzhī.

natural /'nætʃrəl/ adj 1 自然的
zìránde；与[與]自然有关[關]的 yǔ
zìrán yǒuguān de；天然的 tiānránde:
the earth's ~ resources 地球的
自然资源. 2 本能的 běnnéngde:
It's ~ for a bird to fly. 鸟生
来就会飞. 3 生来的 shēnglái de；
天生的 tiānshēngde; *a ~ artist* 天生的艺
术家. 4 意料中的 yìliào zhōng de；
正常的 zhèngchángde: *It's only
~ you're upset.* 你心烦，那是很

自然的. 5 不夸[誇]张的 bù kuā-
zhāng de；不做作的 bú zuòzuo de.

natural n [C] 天生具有某种[種]
才能的人 tiānshēng jùyǒu mǒuzhǒng
cáinéng de rén: *That dancer is a
~.* 那位舞蹈演员是天生的料子.
,natural 'history n [U] 博物学
[學] bówùxué. natural 'wastage
n [U] (离职退休等引起的)自然
减员 zìrán jiǎnyuán.

naturalist /'nætʃrəlɪst/ n [C] 博
物学[學]家 bówùxuéjiā.

naturalize /'nætʃrəlaɪz/ v [T] 使
加入国[國]籍 shǐ jiārù guójí；使归
[歸]化 shǐ guīhuà. naturalization
/,nætʃrəlaɪ'zeɪʃn; US -lɪ'z-/ n
[U].

naturally /'nætʃrəli/ adv 1 天生
地 tiānshēngde: *She's ~ music-
al.* 她天生喜爱音乐. 2 当[當]然地
dāngrán; *I'll help you.* 当
然，我要帮助你. 3 自然地 zìrán-
de: *behave ~* 举止自然. 4 非人为
[爲]地 fēi rénwéi de.

nature /'neɪtʃə(r)/ n 1 [U] 自然
界 zìránjiè；大自然 dàzìrán: *Ani-
mals and plants are all part of
~.* 动物和植物都是大自然的一部
分. 2 [U] 简朴[樸]生活 jiǎnpǔ
shēnghuó: *go back to ~* 回到自然.
3 [C, U] 本性 běnxìng；天
性 tiānxìng: *It's her ~ to be
kind.* 和蔼是她的天性. *the ~
of language* 语言的特征. 4
[sing] 种[種]类[類] zhǒnglèi；类
型 lèixíng: *changes of that ~* 那
种类型的种种变化.

naught /nɔːt/ n [古] 1 无[無] wú；
无物 wúwù. 2 [习语] come to
'naught 失败 shībài; *All his
plans came to ~.* 他所有的计划
都失败了.

naughty /'nɔːti/ adj [-ier, -iest]
1 顽皮的 wánpíde；不听[聽]话[話]
的 bù tīnghuà de. 2 下流的 xiàliúde；猥
亵[褻]的 wěixiède. naughtily
adv. naughtiness n [U].

nausea /'nɔːsɪə; US 'nɔːʒə/ n [U]
恶[惡]心 ěxīn；作呕[嘔] zuò'ǒu.
nauseate /'nɔːsɪeɪt; US 'nɔːz-/ v
[T] 使恶心 shǐ ěxīn；使作呕 shǐ
zuò'ǒu. nauseous adj.

nautical /'nɔːtɪkl/ adj 航海的
hánghǎide；船舶的 chuánbóde；海员
的 hǎiyuánde. nautical 'mile n
[C] 海里(约 6080 英尺或 1852 米)
hǎilǐ.

naval /'neɪvl/ adj 海军的 hǎijūnde.

nave /neɪv/ n [C] (教堂的)中殿 zhōngdiàn.

navel /'neɪvl/ n [C] 肚脐[臍]dùqí.

navigable /'nævɪgəbl/ adj (江河、海洋等)可通航的 kě tōnghángde; 可航行的 kě hángxíngde.

navigate /'nævɪgeɪt/ v [I, T] 导[導]航 dǎoháng; 领航 lǐngháng. **navigation** /ˌnævɪ'geɪʃn/ n [U]. **navigator** n [C].

navy /'neɪvɪ/ n [C] 海军 hǎijūn. ,navy 'blue adj 海军蓝[藍]hǎijūnlán.

NB /ˌen 'biː/ abbr note carefully 注意 zhùyì; 留心 liúxīn.

near¹ /nɪə(r)/ adj 1 (空间、时间)近的 jìnde: The house is ~ (to) the station. 这房子离车站很近. 2 关[關]系[係]近的 guānxì jìnde; 关系密切的 guānxì mìqiè de: ~ relations 近亲. 3 [习语] **a near 'thing** 几[幾]乎失败或造成灾[災]祸[禍]的事 jīhū shībài huò zàochéng zāihuò de shì. **near** v [I, T] 靠近 kàojìn; 接近 jiējìn: The ship is ~ing land. 船正在接近陆地. **nearness** n [U]. **'nearside** adj, n [sing] 左边[邊]的 zuǒbiānde; 左边 zuǒbiān. **,near-'sighted** adj = SHORT-SIGHTED (a) (SHORT¹).

near² /nɪə(r)/ prep (距离,时间)靠近 kàojìn; 接近 jiējìn: Bradford is ~ Leeds. 布雷德福靠近利兹. **near** adv 1 在近处[處]zài jìnchù; 接近 jiējìn. 2 [习语] **nowhere 'near** 离[離]得远[遠]lí de yuǎn. **,near 'by** adv 在附近 zài fùjìn: They live ~by. 他们住在附近. **'nearby** adj 不远的 bùyuǎnde. **nearly** adv 1 几[幾]乎 jīhū; 很接近 hěn jiējìn de. 2 [习语] **not nearly** 相差很远 xiāngchà hěn yuǎn: not ~ly enough money 钱远远不够.

neat /niːt/ adj 1 整齐[齊]的 zhěngqíde; 干净[淨]的 gānjìng de. 2 灵[靈]巧的 língqiǎode; 巧妙的 qiǎomiàode: a ~ answer to the problem 巧妙的回答问题. 3 [非正式用语]绝妙的 juémiàode; a ~ idea 好的主意. 4 (酒)不掺[摻]水的 bù chān shuǐ de; 纯的 chúnde. **neatly** adv. **neatness** n [U].

necessary /'nesəsərɪ; US -serɪ/ adj 必要的 bìyàode; 必需的 bìxūde; 必须的 bìxūde: Have you

made the ~ arrangements? 你已作出必要的安排了吗? **necessarily** /ˌnesə'serəlɪ/ adv 必定 bìdìng; 必然地 bìránde: Tall men aren't necessarily strong. 高大的人未必逞强壮.

necessitate /nɪ'sesɪteɪt/ v [T] [正式用语]使成为必需 shǐ chéngwéi bìxū.

necessity /nɪ'sesətɪ/ n [pl -ies] 1 [U] 必要(性) bìyào; 需要 xūyào. 2 [C] 必需品 bìxūpǐn: Food is a ~ of life. 食物为生活的必需品.

neck /nek/ n [C] 1 (a) 颈[頸]jǐng; 脖子 bózi. (b) (衣服的)领圈 lǐngquān; 领口 lǐngkǒu. 2 (物的)颈状[狀]部位 jǐngzhuàng bùwèi; 狭[狹]长[長]部分 xiácháng bùfèn: the ~ of a bottle 瓶颈. 3 [习语] **neck and 'neck** (竞赛等)并并不分上下 bìng bùfēn shàngxià. **risk/save one's 'neck** 冒着危险[險]màozhe wēixiǎn; 保住性命 bǎozhù xìngmìng. **up to one's neck in sth** 深深陷入(或卷入)shēnshēn xiànrù. **neck** v [I] [非正式用语]拥[擁]抱亲[親]吻 yōngbào qīnwěn. **necklace** /'neklɪs/ n [C] 项链 xiàngliàn. **'necktie** n [C] [旧或美语]=TIE¹1.

nectar /'nektə(r)/ n [U] 花蜜 huāmì.

née /neɪ/ adj (用于已婚妇女姓名之后,娘家姓氏之前):Mrs Jane Smith, ~ Brown 娘家姓布朗的简·史密斯夫人.

need¹ /niːd/ modal v (pres tense all persons need, 否定式 need not 或 needn't /'niːdnt/) (表示必要): You ~ n't finish that work today. 你今天不必把那件工作做完.

need² /niːd/ v [T] 1 需要 xūyào; 要 yào: That dog ~s a bath. 那狗该洗澡了. 2 (表示必要): You ~ to work harder! 你一定要努力工作!

need³ /niːd/ n 1 [sing, U]需要 xūyào; 必要 bìyào: There's a ~ for more engineers. 这里需要更多的工程师. There's no ~ to start yet. 现在还不必动身. 2 **needs** [pl] 必需品 bìxūpǐn: My ~s are few. 我没什么需要. 3 [U] 贫穷[窮]pínqióng; 不幸 búxìng: in ~ 处于贫困的[境况]. 4 [习语] **if need be** 需要的话 xūyào de huà. **needless** adj 1 不需要的 bù xūyào de; 不必要的 bù bìyào de. 2 [习语] **needless to 'say** 不用说 búyòng shuō. **needlessly** adv.

needy adj [**-ier, -iest**] 贫穷的 pínqióng de.

needle /'niːdl/ n [C] 1 针 zhēn; 缝衣针 féngyīzhēn. 2 = KNITTING-NEEDLE (KNIT). 3 (注射器的)针头 zhēntóu. 4 (唱机的)唱针 chàngzhēn. **needle** v [T] [非正式用语]挑扰(擾) tiǎorǎo;(用话)刺激 cìjī. '**needlework** n [U] 缝纫 féngrèn; 刺绣 cìxiù.

negation /nɪ'geɪʃn/ n [U] [正式用语]否定 fǒudìng; 否认(認) fǒurèn.

negative /'negǝtɪv/ adj 1 否定的 fǒudìng de; 否认(認)的 fǒurèn de. 2 消极(極)的 xiāojíde; 无(無)助益的 wú zhùyì de; ～ criticism 消极的批评. 3 [数学]负的 fùde. 4 [电]阴(陰)极的 yīnjíde; 负极的 fùjíde. **negative** n [C] 1 否定词 fǒudìngcí; 否定语 fǒudìngyǔ. 2 (摄影)底片 dǐpiàn. 3 [习语] **in the 'negative** 否定的(地) fǒudìng de; 否认的(地) fǒurèn de. **negatively** adv.

neglect /nɪ'glekt/ v [T] 1 忽视 hūshì; 忽略 hūlüè; ～ one's work 忽视工作. 2 未做 wèizuò; 忘记做 wàngjì zuò; He ～ed to write. 他忘了写信. **neglect** n [U] 忽略 hūlüè; 疏忽 shūhu; 疏漏 shūlòu. **neglectful** adj [正式用语]疏忽的 shūhu de; 不注意的 bú zhùyì de.

négligé (亦作 **negligee**) /'neglɪʒeɪ; US ˌneglɪ'ʒeɪ/ n [C] 轻(輕)而薄的女晨衣 qīng ér bó de nǚ chényī.

negligent /'neglɪdʒənt/ adj 疏忽的 shūhu de; 玩忽的 wánhū de. **negligence** /-dʒəns/ n [U]. **negligently** adv.

negligible /'neglɪdʒəbl/ adj 不重要的 bú zhòngyào de; 极(極)小的 jíxiǎode; 微不足道的 wēi bù zú dào de.

negotiable /nɪ'gəʊʃɪəbl/ adj 1 可谈判的 kě tánpàn de; 可磋商的 kě cuōshāng de. 2 (支票等)可兑换现金的 kě duìhuàn xiànjīn de; 可转(轉)让(讓)的 kě zhuǎnràng de. 3 (道路,河流等)可穿越的 kě chuānyuè de; 可通行的 kě tōngxíng de.

negotiate /nɪ'gəʊʃɪeɪt/ v 1 [I, T] 谈判 tánpàn; 协(協)商 xiéshāng; 洽谈 qiàtán. 2 [T] 越过(過)(障碍) yuèguò; 超越 chāoyuè. **negotiation** /nɪˌgəʊʃɪ'eɪʃn/ n [C, U]. **nego-**

tiator n [C] 谈判人 tánpànrén; 洽谈人 qiàtánrén.

Negress /'niːgres/ n [C] [有时作贬]女黑人 nǚ hēirén.

Negro /'niːgrəʊ/ n [C] [pl ～es] [有时作贬]黑人 hēirén;黑种(種)人 hēizhǒngrén.

neigh /neɪ/ v [I], n [C] (马)嘶叫 sījiào; 马的嘶叫声(聲) mǎde sī jiàoshēng.

neighbour (美语 **-or**) /'neɪbə(r)/ n [C] 1 邻居 línjū; 邻人 línrén. 2 邻国(國) línguó; 邻近的人(或物) línjìn de rén, wù. **neighbourhood** n [C] 1 地区(區) dìqū; 邻近地区 línjìn dìqū. 2 [习语] **in the neighbourhood of** 大约 dàyuē. **neighbouring** adj 邻近的 línjìn de; 附近的 fùjìn de; ～**ing towns** 邻近的城市. **neighbourliness** n [U] 睦邻 mùlín; 友善 yǒushàn; 亲(親)切 qīnqiè. **neighbourly** adj 睦邻的 mùlín de; 友善的 yǒushàn de.

neither /'naɪðə(r), 'niːðə(r)/ adj, pron 两者皆非的 liǎngzhě jiē fēi de; N～ boy is to blame. 两个男孩都不应责怪. I chose ～ of them. 这两个我都不要. **neither** adv, conj 1 也不 yěbù; She doesn't like Mozart and ～ do I. 她不喜欢莫扎特的音乐, 我也不喜欢. I've never been to Paris and ～ has she. 我从未去过巴黎, 她也没去过. 2 [习语] **neither... nor** 既不…也不 jì bù…yě bù; ～ his sister nor his brother was invited. 他妹妹和他弟弟均未得到邀请.

neon /'niːɒn/ n [U] 氖 nǎi.

nephew /'nevjuː, 'nefjuː/ n [C] 侄子 zhízi; 外甥 wàisheng.

nepotism /'nepətɪzəm/ n [U] 裙带(帶)关(關)系(係) qúndài guānxì; 任人唯亲(親) rèn rén wéi qīn.

nerve /nɜːv/ n 1 [C] 神经(經) shénjīng. 2 **nerves** [pl] [非正式用语]神经质(質) shénjīngzhì; 神经紧(緊)张(張) shénjīng jǐnzhāng; 神经过(過)敏 shénjīng guòmǐn; He has ～ of steel. 他沉得住气儿. 3 [U] 胆(膽)量 dǎnliàng; 勇气(氣) yǒngqì; lose one's ～ 失去勇气. 4 [sing] 无(無)礼(禮) wúlǐ; 放肆(肆) fàngsì; She had the ～ to say I was cheating! 她竟敢说我作弊,太放肆了. 5 [习语] **get on sb's 'nerves** [非正式用语]烦扰

[擾] 某人 fánrǎo mǒurén. 'nerve-racking adj 使人心烦的 shǐ rén xīnfán de.

nervous /'nɜːvəs/ adj 1 神经[經]的 shénjīngde. 2 神经紧[緊]张[張]的 shénjīng jǐnzhāng de. nervous 'breakdown [C] 神经衰弱 shénjīng shuāiruò. nervously adv. nervousness n [U] 神经紧[緊]张[張] shénjīng jǐnzhāng. nervous system [C] 神经系统 shénjīng xìtǒng.

nervy /'nɜːvɪ/ adj [英国非正式用语]神经[經]质[質]的 shénjīngzhì de, 神经紧[緊]张[張]的 shénjīng jǐnzhāng de.

nest /nest/ n [C] 1 (鸟的)巢 cháo; 窝[窩] wō. 2 一组(或一套)相似物件 yìzǔ xiāngsì wùjiàn. nest v [I] 做窝 zuò wō; 筑[築]巢 zhù cháo. 'nest-egg n [C] 储备[備]金 chǔbèijīn.

nestle /'nesl/ v 1 [I] (舒适地)安顿下来[來] āndùn xiàlái; ~ (down) among the cushions 舒适地倚在靠垫上. 2 [T] 偎依 wēiyī; She ~d her head on his shoulder. 她把头偎依在他的肩上.

nestling /'neslɪŋ/ n [C] 雏[雛]鸟 chúniǎo.

net¹ /net/ n [C, U]网[網] wǎng; 网状[狀]物 wǎng zhuàng wù; 'fishing- s 鱼网. the Net 因特网 Yīntèwǎng. net v [-tt-] [T] 用网捕捉 yòng wǎng bǔzhuō. 'netball n [U] 无[無]挡板篮[籃]球 wú dǎngbǎn lánqiú. 'network n [C] 1 网状系统(如公路网) wǎngzhuàng xìtǒng. 2 联[聯]络网 liánluòwǎng. 3 广[廣]播网 guǎngbōwǎng; 电[電]视网 diànshìwǎng.

net² (亦作 nett) /net/ adj 净[淨]的 jìngde; 纯的 chúnde: ~ profit 纯利. net v [-tt-] [T] 净得 jìngdé; 净赚 jìngzhuàn.

netting /'netɪŋ/ n [U] 网[網] wǎng; 网状[狀](织)物 wǎngzhuàng wù.

nettle /'netl/ n [C] 荨[蕁]麻 xúnmá.

network ⇨ NET¹.

neurology /njʊə'rɒlədʒɪ/ n [U] 神经[經]病学[學] shénjīngbìngxué. neurologist n [C] 神经病学家 shénjīngbìngxuéjiā.

neurosis /njʊə'rəʊsɪs/ n [C] [pl -oses /-əʊsiːz/] 神经[經]

机[機]能病 shénjīng jīnéng bìng; 神经官能症 shénjīng guānnéng zhèng.

neurotic /njʊə'rɒtɪk/ US nu-/ adj 神经[經]机(機)能病的 shénjīng jīnéng bìng de; 神经官能症的 shénjīng guānnéng zhèng de. neurotic n [C] 神经官能症患者 shénjīng guānnéng zhèng huànzhě.

neuter /'njuːtə(r)/ US 'nuː-/ adj [语法] 中性的 zhōngxìngde. neuter v [T] 阉割 yāngē.

neutral /'njuːtrəl/ US 'nuː-/ adj 1 中立的 zhōnglìde. 2 中性的 zhōngxìngde: a dull ~ colour 暗淡的颜色. 3 (汽车排挡)空挡[擋]的 kōngdǎngde. neutral n 1 [C] 中立者 zhōnglìzhě; 中立国[國] zhōnglìguó. 2 [U] 空挡位置 kōngdǎng wèizhì. neutrality /nju:ˈtræləti/ n [U] 中立 zhōnglì. neutralize v [T] 使无[無]效 shǐ wúxiào; 中和 zhōnghé: ~ize a poison 解毒.

neutron /'njuːtrɒn/ US 'nuː-/ n [C] 中子 zhōngzǐ.

never /'nevə(r)/ adv 从[從]未 cóng wèi; 永不 yǒng bù; 未曾 wèicéng; I've ~ been to Wales. 我从未去过威尔士.

nevertheless /ˌnevəðə'les/ conj [正式用语] 虽[雖]然如此 suīrán rúcǐ, 不过[過] bùguò; 仍然 réngrán; He was old and poor, but ~ he was happy. 他年老而且贫穷,但仍然很快乐.

new /njuː/ US adj 1 新的 xīnde; a ~ film 新影片. 2 新发[發]现的 xīn fāxiàn de; 生疏的 shēngshūde: learn ~ words 学习生词. 3 (to) 不熟悉的 bù shúxī de; I'm ~ to this town. 我对这个城市不熟悉. 4 转[轉]换的 zhuǎnhuàn de: get a ~ job 换个新工作. 5 重新的 chóngxīnde; 重新开[開]始的 chóngxīn kāishǐ de: start a ~ life 开始新生活. 6 [习语] New blood ⇨ BLOOD. a new lease of 'life (病愈或烦恼消除后)愉快和更有生气[氣]的新生活 yúkuài hé gèng yǒu shēngqì de xīn shēnghuó. new- prefix [构成复合形容词] 新近的 xīnjìnde; ~-born 新生的. 'newcomer n [C] 新来的人 xīnláide rén. newly adv 新近 xīnjìn; 最近 zuìjìn; a ~ly married couple 新婚夫妇. 'newly-weds n [pl] 新婚夫妇[婦] xīnhūn fūfù. new 'moon n [C] 新月 xīnyuè.

newness *n* [U]. **new 'year** *n* [U,C] 新年 xīnnián.

news /njuːz; *US* nuːz/ *n* [U] 新闻 xīnwén; 新闻报(報)道 xīnwén bàodào: *Here's some good* ~! 有好新闻了。**2 the news** [sing] (电台、电视的)定时(時)新闻广(廣)播 dìngshí xīnwén guǎngbō, **'newsagent** (美语 **'newsdealer**) *n* [C] 报刊经(經)销人 bàokān jīngxiāorén. **'newsflash** *n* [C] (电台、电视插播送的)简明新闻(尤指重要新闻) jiǎnmíng xīnwén. **newspaper** /'njuːspeɪpə(r); *US* nuːz-/ *n* [C] 报纸 bàozhǐ; 报 报 bào.

newt /njuːt; *US* nuːt/ *n* [C] 蝾(蠑)螈 róngyuán.

next /nekst/ *adj* **1** 紧(緊)接在后(後)的 jǐn jiē zài hòu de; 其次的 qícìde: *the* ~ *name on the list* 名单上的下一个名字。**2** 接下去的 jiēxiàqùde: ~ *Thursday* 下星期四。**next** *adv* 在这(這)以后 zài zhè zhīhòu; *What are you going to do* ~? 下一步你要做什么? **next 'door** *adv* 隔壁 gébì. **next of 'kin** /'kɪn/ *n* [用 sing 或 pl v] 近亲(親) jìnqīn; 至亲亲戚 zhìqīn. **next to** *prep* **1** 在…旁边(邊) zài…pángbiān; 在…附近 zài…fùjìn: *Come and sit* ~ *to me*. 过来,坐在我旁边。**2** 几(幾)乎 jīhū; *say* ~ *to nothing* 几乎什么也没说。*in* ~ *to no time* 几乎马上 jīhū mǎshàng.

NHS /en eɪtʃ 'es/ *abbr* National Health Service (英国)国(國)民保健署 Guómín Bǎojiànshǔ.

nib /nɪb/ *n* [C] (钢)笔尖 bǐjiān.

nibble /'nɪbl/ *v* [I,T] 一点(點)一点地咬 yìdiǎn yìdiǎn de yǎo; 轻(輕)咬 qīngyǎo. **nibble** *n* [C] 小口的咬 xiǎokǒude yǎo; 轻咬 qīngyǎo.

nice /naɪs/ *adj* [~**r**, ~**st**] **1** 令人愉快的 lìng rén yúkuài de; 好的 hǎode; 美好的 měihǎode. **The patient is doing** ~*ly*. 那病人好得很快. **niceness** *n* [U].

nicety /'naɪsətɪ/ *n* [C, 常作 pl] [*pl* -**ies**] 细微的区(區)别 xìwēide qūbié: *niceties of meaning* 意义区别.

niche /niː, nɪtʃ/ *n* [C] **1** 壁龛(龕) bìkān. **2** [喻]适(適)当(當)的位置(或职业等) shìdàngde wèizhì.

nick[1] /nɪk/ *n* [C] **1** 小切口 xiǎo qiēkǒu; 刻痕 kèhén. **2** [习语] **in good, bad, etc 'nick** [英俚]情况好(或坏等) qíngkuàng hǎo. **in the 'nick of 'time** 正是时(時)候 zhèng shì shíhòu; 不迟(遲)不比 bùchí. **nick** *v* [T] 在…上切口 zài…shàng qiēkǒu; 刻痕于 kèhén yú.

nick[2] /nɪk/ *n* **the nick** [sing] [英俚]监(監)狱 jiānyù; 警察局 jǐngcháJú. **nick** *v* [T] **1** [英国]逮捕 dàibǔ. **2** [英国非正式用语]偷 tōu.

nickel /'nɪkl/ *n* [U] **1** 镍 niè. **2** (美国或加拿大的)五分镍币(幣) wǔfēn nièbì.

nickname /'nɪkneɪm/ *n* [C] 绰号(號) chuòhào; 浑名 húnmíng. **nickname** *v* [T] 给…起绰号 gěi…qǐ chuòhào.

nicotine /'nɪkətiːn/ *n* [U] 尼古丁 nígǔdīng.

niece /niːs/ *n* [C] 侄女 zhínǚ; 甥女 shēngnǚ.

night /naɪt/ *n* **1** [C,U] 夜 yè; 夜晚 yèwǎn; 夜间 yèjiān. **all night; by night** 在夜里 zài yèlǐ. **have a good/bad 'night** (夜里)睡得好/不好 shuì de hǎo/bùhǎo. **night and day, day and night** 日日夜夜 rìrì yèyè; 夜以继(繼)日 yè yǐ jì rì. **'night-club** *n* [C] 夜总(總)会[會] yèzǒnghuì. **'night-dress** (亦作 **nightie** [非正式用语] /'naɪtɪ/) *n* [C] (妇女或女孩的)睡衣 shuìyī. **'nightfall** *n* [U] 黄昏 huánghūn; 傍晚 bàngwǎn. **'nightlife** *n* [U] 夜生活 yèshēnghuó. **nightly** *adv*, *adj* 夜间(的) yèjiān; 每夜(发生、做)(的) měiyè. **'nightmare** *n* **1** 恶(惡)梦(夢) èmèng. **2** [非正式用语]令人可怕的经(經)历(歷) fēicháng kěpàde jīnglì; 不愉快的经历 bù yúkuài de jīnglì. **night-watchman** *n* [C] [*pl* -**men**] 守夜人 shǒuyèrén; 夜班警卫 zhíyèbānguǎn.

nightingale /'naɪtɪŋgeɪl; *US* -tŋg-/ *n* [C] 夜莺(鶯) yèyīng.

nil /nɪl/ *n* [U] 无[無] wú; 零 líng.

nimble /'nɪmbl/ adj [~r, ~st] 1 敏捷的 mǐnjié de; 灵活的 línghuó de; 伶俐的 línglì de: ~ fingers 灵活的手指. 2 [喻]头脑聪[聰]明的 cōngmíng de; 敏捷的 mǐnjié de. **nimbly** adv.

nine /naɪn/ pron, n [C], adj 九 (的) jiǔ. **ninth** /naɪnθ/ pron, adj 第九(的) dìjiǔ. ~ pron, n [C] 九分之一 jiǔfēn zhī yī.

nineteen /ˌnaɪn'tiːn/ pron, adj, n [C] 十九(的) shíjiǔ. **nineteenth** /ˌnaɪn'tiːnθ/ pron, adj 第十九(的) dìshíjiǔ. ~ pron, n [C] 九分之一 shíjiǔfēn zhī yī.

ninety /'naɪntɪ/ pron, adj, n [C] [pl -ies] 九十(的) jiǔshí. **ninetieth** /'naɪntɪəθ/ pron, adj 第九十(的) dìjiǔshí. ~ pron, n [C] 九十分之一 jiǔshífēn zhī yī.

nip /nɪp/ v [-pp-] 1 [T] 夹[夾]住 jiāzhù; 掐住 qiāzhù; 咬住 yǎozhù; [捏]住 niēzhù. 2 [I] [非正式用语]快速行动[動] kuàisù xíngdòng; 急忙 jímáng: I'll just ~ along to the shops. 我要赶紧去商店. 3 [习语] **nip sth in the bud** [喻] ~ 消灭[滅]于萌芽状[狀]态[態] bǎ…xiāomiè yú méngyá zhuàngtài. **nip** n [C] 1 [常作 sing] 掐 qiā; 捏 niē; 咬 yǎo. 2 (烈酒)少量 shǎoliàng. 3 [习语] **a 'nip in the air** 刺骨的寒气[氣] cìgǔ de hánqì.

nipple /'nɪpl/ n [C] 1 奶头[頭] nǎitóu. 2 橡皮奶头 xiàngpí nǎitóu.

nippy /'nɪpɪ/ adj [-ier, -iest] [非正式用语] 1 寒冷的 hánlěng de. 2 敏捷的 mǐnjié de: a ~ little car 速度快的小汽车.

nit /nɪt/ n [C] 1 (寄生虫等的)卵 luǎn. 2 [非正式用语, 尤用于英国英语] = NITWIT.

nitrogen /'naɪtrədʒən/ n [U] 氮 dàn.

nitroglycerine (亦作 -glycerin, 尤用于美语) /ˌnaɪtrəʊ'glɪsəriːn/; US -rin/ n [U] 硝化甘油 xiāohuàgānyóu.

nitwit /'nɪtwɪt/ n [C] [非正式用语][贬] 瓜 shǎguā; 笨蛋 bèndàn.

No (亦作 no) abbr [pl ~s] number.

no /nəʊ/ adj 1 没有 méiyǒu: She had ~ money. 她没有钱. 2 (表示禁止): No smoking. 禁止吸烟. 3 (表示与所说的事相反): He's ~ fool. 他可不是傻子. **no** interj (表示否定): 'Would you

like a drink?' 'No thanks.' "你想喝点什么?" "不, 谢谢." **no** adv 不 bù: He's feeling ~ better. 他不觉得有所好转. **no** n [C] [pl ~es] 1 投反对[對]票者 tóu fǎnduìpiào zhě. 2 不 bù; 否定 fǒudìng; 没有 méiyǒu. **no-claims 'bonus** n [C] 保险[險]金 (尤指汽车保险金)优[優]惠 bǎoxiǎnjīn yōuhuì. **no-'go area** n 禁区[區] jìnqū. **'no man's land** n [U] (战争中双方阵前的)无[無]人地带[帶] wúrén dìdài. **no one** = NOBODY.

nobility /nəʊ'bɪlətɪ/ n 1 [U] 高贵 gāoguì; 高贵的出身 (或地位) gāoguìde chūshēn. 2 高尚的思想 gāoshàngde sīxiǎng. 2 **the nobility** [sing] 贵族 [用 sing 或 pl v] guìzú.

noble /'nəʊbl/ adj [~r, ~st] 1 贵族的 guìzú de; 高贵的 gāoguì de. 2 高尚的 gāoshàng de; 崇高的 chónggāo de: a ~ leader 伟大的领袖. 3 给人深刻印象的 gěi rén shēnkè yìnxiàng de; 卓越的 zhuóyuè de. **noble** n [C] 贵族 guìzú; 贵族的成员 guìzúde chéngyuán. **'nobleman** (fem **noblewoman**) n [C] 贵族 guìzú. **nobly** adv.

nobody /'nəʊbədɪ/ pron 没有人 méiyǒu rén; 无[無]人 wúrén: N~ came to see me. 没人来看我. **nobody** n [C] [pl -ies] 无足轻[輕]重的人 wúzú qīng zhòng de rén; 小人物 xiǎorénwù.

nocturnal /nɒk'tɜːnl/ adj 夜间的 yèjiān de; 在夜间的 zài yèjiān de; 夜间发[發]生的 yèjiān fāshēng de: Owls are ~. 猫头鹰是夜间活动的.

nod /nɒd/ v [-dd-] 1 [I, T] 点[點]头[頭] diǎntóu. 2 [短语动词] **nod off** [非正式用语]打瞌睡 dǎ kēshuì; 睡着 shuìzháo, 睡 shuì. **nod** n [常作 sing] 点头 diǎntóu; 瞌睡 kēshuì.

noise /nɔɪz/ n [C, U] 噪声[聲] zàoshēng; 喧[闹]声 zàoyīn; 嘈杂声 cáozáshēng. **noisy** adj [-ier, -iest] 嘈杂的 cáozá de; 喧闹[闹]的 xuānnào de; 充满嘈声的 chōngmǎn zàoshēng de. **noisily** adv.

nomad /'nəʊmæd/ n [C] 游牧部落的人 yóumù bùluò de rén; 流浪者 liúlàngzhě. **nomadic** /nəʊ'mædɪk/ adj.

nominal /'nɒmɪnl/ adj 1 名义[義]上的 míngyìshàng de; 有名无

〔無〕实〔實〕的 yǒumíng wúshí de: *the ~ ruler of the country* 名义上的国家统治者. **2** 很少的 hěnshǎode; *a ~ rent* 象征性房租. **3** 〔语法〕名词性的 míngcíxìngde.

nominally /-nǝlɪ/ *adv*.

nominate /'nɒmɪneɪt/ *v* [T] 提名 tímíng; 推荐〔薦〕tuījiàn. **nomination** /ˌnɒmɪ'neɪʃn/ *n* [C, U].

nominee /ˌnɒmɪ'niː/ *n* [C] 被提名者 bèi tímíng zhě; 被任命者 bèi rènmìng zhě.

non- /nɒn/ *prefix* 无〔無〕wú; 非 fēi; 不 bù. **non-com'missioned** *adj* 未获军官衔〔衘〕的 wèishòu jūnguānxián de; 无委任状〔狀〕的 wú wěirènzhuàng de; 未受任命的 wèishòu rènmìng de. **non-com'mittal** /kǝ'mɪtl/ *adj* 不表态〔態〕的 bù biǎotài de; 不表明意见的 bù biǎomíng yìjiàn de. **non-con'formist** *adj*, *n* [C] 不遵照社会〔會〕常规的(人) bù zūnzhào shèhuì chángguī de. **non-'fiction** *n* [U] (非小说类)写〔寫〕实〔實〕文学〔學〕xiěshí wénxué; 非小说类写实文学. **non-'stick** *adj* (锅) 不粘食物的 bù zhān shíwù de. **non-'stop** *adv* 中途不停的 zhōngtú bùtíng; 直达〔達〕的(的) zhídá; *a ~ -stop train* 直达火车.

nonchalant /'nɒnʃǝlǝnt/ *adj* 不感兴〔興〕趣的 bù gǎn xìngqù de; 不热〔熱〕心的 bù rèxīn de. **nonchalance** /-lǝns/ *n* [U]. **nonchalantly** *adv*.

nondescript /'nɒndɪskrɪpt/ *adj* 平淡的 píngdànde; 没有特征〔徵〕的 méiyǒu tèzhēng de.

none /nʌn/ *pron* 没有一个〔個〕méiyǒu yígè; 全无〔無〕quánwú; *N~ of them have/has come back yet.* 他们中还没有一个人回来. **none** *adv* **1 none the** 毫不 háobù; 毫无〔無〕háo wú: ~ *the worse for this experience* 这经验一点都不差. **2 none too** 不很 bù hěn; 不太 bú tài: ~ *too happy* 不太高兴. **none the 'less** *adv* 尽〔儘〕管如此 jǐnguǎn rúcǐ; 依然 yīrán; 而况〔況〕ér'kuàng; *She may be ill but she got the work done* ~ *the less.* 她也许病了, 可是她把工作做完了.

nonentity /nɒ'nentɪtɪ/ *n* [C] [*pl* **-ies**] 无〔無〕足轻〔輕〕重的人 wú zú qīng zhòng de rén.

nonplussed /ˌnɒn'plʌst/ *adj* 诧异的 chàyìde; 困惑的 kùnhuòde.

nonsense /'nɒnsns; *US* -sens/ *n* **1** [U] 无〔無〕意义〔義〕的词语 wú yìyì de cíyǔ. **2** [U, sing] 废〔廢〕话 fèihuà; 胡说 húshuō; 糊涂〔塗〕想法 hútu xiǎngfǎ. **nonsensical** /nɒn-'sensɪkl/ *adj* 愚蠢的 yúchǔnde; 荒谬的 huāngmiùde.

noodle /'nuːdl/ *n* [C, 常作 pl] 面〔麵〕条(条) miàntiáo.

nook /nʊk/ *n* **1** 隐〔隱〕蔽处〔處〕yǐnbìchù; 幽深处 yōushēnchù; 角落 jiǎoluò. **2** [习语] **every nook and 'cranny** 到处 dàochù.

noon /nuːn/ *n* [U] 中午 zhōngwǔ; 正午 zhèngwǔ.

no-one, no one = NOBODY.

noose /nuːs/ *n* [C] 紧套 suǒtào; 活结 huójié; 活套 huótào.

nor /nɔː(r)/ *conj*, *adv* (用在 *neither* 或 *not* 之后也可) 也不 yě bù; 也没有 yě méiyǒu: *Neither Chris* ~ *his sister wanted to come.* 克里斯和他妹妹都不想来. *He can't see,* ~ *can he hear.* 他看不见, 也听不见.

norm /nɔːm/ *n* [C] 标〔標〕准〔準〕biāozhǔn; 规范〔範〕guīfàn.

normal /'nɔːml/ *adj* 正常的 zhèngchángde; 正规的 zhèngguīde; 常态〔態〕的 chángtàide. **normal** *n* [U] 正常 zhèngcháng; 常态 chángtài. **normality** /nɔː'mælǝtɪ/ (美 **normalcy** /'nɔː-mlsɪ/) *n* [U] 正常 zhèngcháng; 常态 chángtài. **normally** /-mǝlɪ/ *adv*.

north /nɔːθ/ *n* [sing] **1 the north** 北方 běifāng. **2 the North** 北部 běibù. **north** *adj* **1** 北方的 běifāngde; 在北方的 zài běifāng de; 向北的 xiàngběide. **2** (风)来自北方的 lái zì běifāng de. **north** *adv* 在北方 zài běifāng; 向北方 xiàng běifāng. **north-'east** *n* [sing], *adj*, *adv* (地区、方向等)东北 dōngběi. **north-'eastern** *adj*.

northerly /'nɔːðǝlɪ/ *adv*, *adj* **1** 向北的; 在北方的 zài běifāng. **2** (风)来自北方(的) lái zì běifāng. **northern** /'nɔːðǝn/ *adj* 北方的 běifāngde; 在北方的 zài běifāng de. **northerner** *n* [C] 北方人 běifāngrén. **northward** /'nɔːθwǝd/ *adv* 向北的 xiàngběide. **northward(s)** *adv*. **north-'west** *n* [sing], *adj*, *adv* (地区、方向等)西北 xīběi. **north-'western** *adj*.

nose¹ /nəʊz/ n 1 [C] 鼻子 bízi。2 [C] 鼻状(状)形 (如飞机机头) bízhuàngwù。3 [sing] (a) 嗅觉(觉) xiùjué。(b) for 非正式用语)觉察力 juécháli; a ~ for a good story 善于发现好题材。**get up sb's 'nose** [便] 使人恼(恼)怒 shǐ rén nǎonù, **poke/stick one's nose into sth** [非正式用语]干预(别人的事) gānyù; 管闲(闲)事 guǎn xiánshì, **under sb's nose** [非正式用语]就在某人面前 jiù zài mǒurén miànqián, **'nosebleed** n [C] 鼻出血 bí chūxiě, **'nosedive** n [C], v i (飞机的)俯冲(冲) fǔchōng; [喻] Prices have taken a ~dive. 价格已暴跌。

nose² /nəʊz/ v i [I, T] (使)缓慢前进(进) huǎnmàn qiánjìn, **2** [短语动词] **nose about/around** 打听(听)某事 dǎtīng mǒushì; He's been nosing around in my desk. 他在我的部门里到处打听。

nosey (亦作 **nosy**) /'nəʊzi/ adj [-ier, -iest] [非正式用语, 贬]好打听(听)的 hào dǎtīngde; 爱(爱)管闲(闲)事的 àiguǎn xiánshì de, **,Nosey 'Parker** [英国非正式用语, 贬]好管闲事或爱打听消息的人 hào dǎtīng xiāoxi huò ài dǎtīng xiāoxi de rén; 好管闲事的人 hàoguǎn xiánshì de rén。

nostalgia /nɒˈstældʒə/ n [U] 恋旧(旧)情怀(怀) liànjiù qínghuái; 怀(怀)旧 huáijiù, **nostalgic** /-dʒik/ adj 恋旧的 liànjiùde; 怀旧的 huáijiùde。

nostril /'nɒstrəl/ n [C] 鼻孔 bíkǒng。

not /nɒt/ (常略作 **-n't** /nt/) adv **1** (用以构成否定式;) She did ~ see him. 她没见到他。He warned me ~ to be late. 他警告我不要迟到。Don't be late! 别迟到! **2** [习语] **not only** … (**but**) **also** (用于进一步强调某人或某事;) She's ~ only my sister but also my best friend. 她不仅是我的姐妹,还是我最好的朋友。**'not that** 并不是说 bìng bùshì shuō; I asked him to visit me — ~ that I like him, you understand. 我要他来看我——并不是说我喜欢他, 你是了解的。

notable /'nəʊtəbl/ adj 值得注意的 zhídé zhùyì de; 显(显)著的 xiǎnzhùde, **notable** n [C] 名人 míngrén; 要人 yàorén, **notably** adv 特别地 tèbiéde; 特殊地 tèshūde。

notary /'nəʊtəri/ n [C] [pl -ies]

,notary 'public 公证(证)人 gōngzhèngrén; 公证员 gōngzhèngyuán。

notation /nəʊˈteɪʃn/ n [C] (数学,音乐等用的)一套符号(号) yī tào fúhào。

notch /nɒtʃ/ n [C] (V字形)切口 qiēkǒu; 刻痕 kèhén, **notch** v [T] **1** 在…上刻 V 字形痕 zài…shàng kè Vxínghén, **2** [短语动词] **notch sth up** 赢得 yíngdé; 获(获)得 huòdé; ~ up a victory 获胜。

note /nəʊt/ n **1** [C] 笔(笔)记 bǐjì。摘记 zhāijì; take ~s at a lecture 课上记笔记。**2** [C] 短笺(笺) duǎnjiān; 便条(条) biàntiáo。Leave a ~ about it on the table. 请在桌上留个有关这件事的便条。**3** [C] 注解(解) zhùjiě; 注解 zhùjiě, **4** [C] 纸币(币) zhǐbì; 'bank~s 钞票。**5** [C] (a) 单(单)音 dānyīn, **(b)** 音符 yīnfú。**6** [sing] 声(声)音 shēngyīn; a ~ of bitterness in his voice 他的声调中带有悲伤。**7** [U] 重要 zhòngyào; a family of ~ 显要之家。**8** [习语] **take note of sth** 注意 zhùyì; 留意 liúyì, **note** v [T] **1** 注意 zhùyì, **2** (down) 记录(录) jìlù, **'notebook** n [C] 笔记本 bǐjìběn; 记事本 jìshìběn, **note-book com'puter** n [C] 笔记本电(电)脑(脑) bǐjìběn diànnǎo, **noted** adj 著名的 zhùmíngde, **'notepaper** n [C] 信纸 xìnzhǐ, **'noteworthy** adj 值得注意的 zhídé zhùyì de; 显(显)著的 xiǎnzhùde。

nothing /'nʌθɪŋ/ pron **1** 没有东西 méiyǒu dōngxi; 没有什么(麼) méiyǒu shénme; I've had ~ to eat since lunch. 从午饭到现在我什么也没吃。'You've hurt your arm.' 'It's ~.' '你伤了自己的胳膊。''没什么。' **2** [习语] **for 'nothing** (a) 免费 miǎnfèi; He did the job for ~. 他无偿地干了那份工作。(b) 无(无)结果 wú jiéguǒ; 徒劳(劳) túláo, **have nothing to do with sb/sth** 自己与(与)…无(无)关 zìjǐ yǔ…wúguān, **'nothing but** 仅(仅)仅 jǐnjǐn; 只不过(过) zhǐ bùguò; ~ but the best 最好的 zuìhǎode, **nothing (else) 'for it (but)** 只有别的办(办)法 méiyǒu biéde bànfǎ; There's ~ for it but to work late tonight. 除了落夜工作没有别的办法。**nothing like** [非正式用语] (a) 完全不像 wánquán bú xiàng; She's ~ like her sister.

她完全不像她的妹妹。(b) 绝对 [對]不 juéduì bù: This is ~ like as good. 绝对不是这样好的。

notice /'nəʊtɪs/ n 1 [C] 布告 bùgào;公告 gōnggào;启[啟]事 qǐshì. 2 [U] 警告 jǐnggào;通知 tōngzhī;预告 yùgào: give her a month's ~ 通知她一个月后解雇. at short ~ 一提前很短时[時]间通知. 3 [习语] **bring sth/come to sb's notice** 引起某人对[對]...的注意 yǐnqǐ mǒurén duì... de zhùyì. **take no notice of sb/ sth** 不注意某事物 bù zhùyì; 不理会[會]bù lǐhuì. **notice** v [I, T] 注意到 zhùyì dào;察觉[覺] chájué. **noticeable** adj 明显[顯]的 míngxiǎnde;显著的 xiǎnzhùde. **noticeably** adv.

notify /'nəʊtɪfaɪ/ v [pt, pp **-ied**] (of) 通知 tōngzhī;报告 bàogào: ~ the police of the accident 向警方报告出了事故. **notification** /ˌnəʊtɪfɪ'keɪʃn/ n [U, C].

notion /'nəʊʃn/ n [C] 概念 gàiniàn;观[觀]念 guānniàn.

notorious /nəʊ'tɔːrɪəs/ adj 臭名昭著的 chòumíng zhāozhùde;声[聲]名狼藉的 shēngmíng lángjí de: a ~ murder 声名狼藉的谋杀案. **notoriety** /ˌnəʊtə'raɪətɪ/ n [U] 臭名 chòumíng;恶[惡]名 èmíng. **notoriously** adv.

nougat /'nuːɡɑː, 'nʌɡət; US 'nuː- gət/ n [U] 牛轧糖(用花生等做成的糖果) niúzhátáng.

nought /nɔːt/ n [C] 零 líng.

noun /naʊn/ n [C] [语法] 名词 míngcí.

nourish /'nʌrɪʃ/ v [T] 1 养[養]育 yǎngyù. 2 [正式用语,喻] 怀[懷]有(希望等) huáiyǒu. **nourishment** n [U] 食物 shíwù.

novel[1] /'nɒvl/ n [C] 小说 xiǎoshuō. **novelist** /'nɒvəlɪst/ n [C] 小说家 xiǎoshuōjiā.

novel[2] /'nɒvl/ adj 新奇的 xīnqíde;新的 xīnde: a ~ idea 新奇的观念.

novelty /'nɒvltɪ/ n [pl **-ies**] 1 [U] 新颖 xīnyǐng;新奇 xīnqí. 2 [C] 新奇的事物 xīnqíde shìwù. 3 [C] (廉价的)小玩具 xiǎo wánjù;小装[裝]饰品 xiǎo zhuāngshìpǐn.

November /nəʊ'vembə(r)/ n [U] 十一月 shíyīyuè.

novice /'nɒvɪs/ n [C] 1 新手 xīnshǒu;生手 shēngshǒu;初学[學]者

chūxuézhě. 2 见习[習]修士(或修女) jiànxí xiūshì.

now /naʊ/ adv 1 (a) 现在 xiànzài;目前 mùqián: Where are you living ~? 你现在住在什么地方? (b) 立刻 lìkè;马上 mǎshàng: Start writing ~. 立刻开始写. 2 (用于引起注意): N~ stop quarrelling and listen! 别吵了,听我说! 3 [习语] (**every**) **now and then/again** 不时[時] yǒushí: He visits me every ~ and then. 他有时来看我. **now** conj (that) 既然 jìrán;由于 yóuyú: N~ (that) you're here, let's begin. 既然你已经来了,那就开始吧!

nowadays /'naʊədeɪz/ adv 现在 xiànzài;现今 xiànjīn: She doesn't go out much ~. 她现在不参加社交活动.

nowhere /'nəʊweə(r)/ US -hwear/ adv 1 任何地方都不 rènhé dìfang dōu bù: There is ~ interesting to visit in this town. 这座城市没有有趣的地方可以参观. 2 [习语] **get nowhere** ⇨GET.

noxious /'nɒkʃəs/ n [正式用语] 有害的 yǒuhàide;有毒的 yǒudúde.

nozzle /'nɒzl/ n [C] 管嘴 guǎnzuǐ;喷嘴 pēnzuǐ.

nuance /'njuːɑːns; US 'nuː-/ n [C] (意义、意见、颜色等)细微差别 xìwēi chābié.

nuclear /'njuːklɪə(r); US 'nuː-/ adj 核的 héde;(使用)核能的 hénéngde. **nuclear 'energy** n [U] 核能 hénéng;核动[動]力 hédònglì. **nuclear re'actor** n [C] 核反应[應]堆 héfǎnyìngduī.

nucleus /'njuːklɪəs; US 'nuː-/ n [C] [pl **nuclei** /-klɪaɪ/] 1 (a) [物理] 核 hé;原子核 yuánzǐhé. (b) [生物]细胞核 xìbāohé. 2 核心 héxīn;中心 zhōngxīn: These books form the ~ of the library. 这些书是图书馆的主要部分.

nude /njuːd; US nuːd/ adj 裸体[體]的 luǒtǐde. **nude** n 1 [C] 裸体[畫] luǒtǐhuà. 2 [习语] **in the nude** 未穿衣的 wèi chuān yī de;赤裸裸的 chìluǒluǒde. **nudism** /-ɪzəm/ n [U] 裸体主义[義] luǒtǐ zhǔyì. **nudist** n [C]. **nudity** n [U].

nudge /nʌdʒ/ v [T] 用肘轻[輕]推(以引起注意) yòng zhǒu qīngtuī.

nudge n [C] (以肘)轻推 qīngtuī.

nugget n [C] 1 金属(屬)块[塊](尤指天然金块)jīnshǔ kuài. 2 [喻]有价[價]值的消息(或情报)yǒujiàzhíde xiāoxi.

nuisance /'njuːsns; US 'nuː-/ n [C, 常作 sing] 讨厌(厭)的人 tǎoyànde rén; 讨厌的东西 tǎoyànde dōngxi; 恼[惱]人的事 nǎorénde shì.

null /nʌl/ adj [习语] **null and void** [法律]无[無]约束力的 wú yuēshùlì de; 无效的 wúxiàode. **nullify** /'nʌlɪfaɪ/ v [pt, pp **-fied**] [T] 使无效 shǐ wúxiào; 使无约束力 shǐ wú yuēshùlì.

numb /nʌm/ adj 麻木的 mámùde; 失去感觉[覺]的 shīqù gǎnjué de: ~ with cold/shock 冻僵的;吓[嚇]呆了. **numb** v [T] 使麻木 shǐ mámù; 使失去知觉 shǐ shīqù zhījué. **numbness** n [U].

number /'nʌmbə(r)/ n [C] 1 数[數]字 shùzì; 数目 shùmù; 数码 hàomǎ: 3, 13 and 103 are ~s. 3, 13 和 103 都是数字. 2 数量 shùliàng; 数额 shù'é: a large ~ of people 很多人. A ~ of books are missing. 一些图书丢失了. 3 (期刊等)一期 yìqī. 4 一段舞 yíduàn wǔ; 一首歌 yìshǒu gē. **number** v [T] 1 给…编号 gěi… biānhào: ~ the pages 给书页编号码. 2 总[總]数为 zǒngshù wéi: The crowd ~ed over 3000. 总共三千多人. 3 among 包括 bāokuò: I ~ her among my friends. 我把她算作朋友.

numeral /'njuːmərəl; US 'nuː-/ n [C] 数[數]字 shùzì.

numerate /'njuːmərət; US 'nuː-/ adj 识[識]数[數]的 shíshùde; 有计算能力的 yǒu jìsuàn nénglì de.

numerical /njuː'merɪkl; US nuː-/ adj 数[數]字的 shùzìde; 用数字表示的 yòng shùzì biǎoshì de. **numerically** /-klɪ/ adv.

numerous /'njuːmərəs; US 'nuː-/ adj [正式用语]许多的 xǔduōde: on ~ occasions 许多次.

nun /nʌn/ n [C] 修女 xiūnǚ; 尼姑 nígū. **nunnery** n [C] [pl **-ies**] 女修道院 nǚxiūdàoyuàn; 尼姑庵 nígū'ān.

nurse /nɜːs/ n [C] 护[護]士 hùshi. **nurse** v [T] 1 看护 kānhù; 护理(病人等) hùlǐ. 2 哺乳 bǔrǔ; 给(婴儿)喂奶 gěi… wèinǎi. 3 培养[養]

péiyǎng; 特别照料 tèbié zhàoliào: ~ young plants 培育幼苗. 4 怀[懷]有 huáiyǒu: ~ feelings of revenge 心存报复. **nursing** n [U] 护理职[職]业 hùlǐ zhíyè. **nursing-home** n [C] (私立的)小医[醫]院 xiǎo yīyuàn.

nursery /'nɜːsərɪ/ n [C] [pl **-ies**] 1 保育室 bǎoyùshì; 托儿[兒]所 tuō'érsuǒ; 儿童室 értóngshì. 2 苗圃 miáopǔ. **nursery rhyme** n [C] 儿歌 érgē; 童谣[謠] tóngyáo. **nursery school** n [C] 幼儿园[園] yòu'éryuán.

nurture /'nɜːtʃə(r)/ v [T] [正式用语] 1 养[養]育 yǎngyù; 教育 jiàoyù; 教养 jiàoyǎng. 2 培养 péiyǎng; 培育 péiyù.

nut /nʌt/ n [C] 1 坚[堅]果 jiānguǒ. 2 螺母 luómǔ; 螺帽 luómào. 3 [俚]脑[腦]袋 nǎodài; [俚]疯[瘋]子 fēngzi. 4 [习语] **off one's nut** [俚]疯狂的 fēngkuángde. **nut-case** n [C] [俚]疯狂的人 fēngkuángde rén. **nutcrackers** n [pl] 坚果钳 jiānguǒqián. **nutshell** n [C] [习语] **(put sth) in a nutshell** 简括地(说) jiǎnkuòde. **nutty** adj [-ier, -iest] 1 坚果味的 jiānguǒwèide. 2 [俚]疯狂的 fēngkuángde.

nutmeg /'nʌtmeg/ n [U, C] 肉豆蔻(树) ròudòukòu; 肉豆蔻末 ròudòukòumò.

nutrient /'njuːtrɪənt; US nuː-/ n [C] 营[營]养[養] yíngyǎng; 滋养 zīyǎng.

nutrition /njuː'trɪʃn; US nuː-/ n [U] 营[營]养[養] yíngyǎng; 滋养 zīyǎng. **nutritional** /-ʃənl/ adj. **nutritious** /-ʃəs/ adj 有营养的 yǒu yíngyǎng de; 滋养的 zīyǎngde.

nuts /nʌts/ adj [俚]发[發]疯[瘋]的 fāfēngde; 疯狂的 fēngkuángde.

nuzzle /'nʌzl/ v [I, T] (用鼻子)挨擦 āicā; [轻触]轻蹭 qīngcèng; 轻擦 qīngcā.

nylon /'naɪlɒn/ n [U] 尼龙[龍] nílóng.

nymph /nɪmf/ n [C] (希腊、罗马神话中居于山林、河上的)小仙女 xiǎo xiānnǚ.

O o

O, o /əʊ/ n [C] [pl **O's**, o

/əʊz/〕1 英语的第十五个〔个〕字母 Yīngyǔde dìshíwǔgè zìmǔ. 2 (说电话号码时的)零 líng.

OA /ˌəʊ ˈeɪ/ abbr office automation 办〔辨〕公自动〔动〕化 bàngōng zìdònghuà.

oaf /əʊf/ n [C] 蠢人 chǔnrén; 白痴〔癡〕báichī.

oak /əʊk/ n [C] 栎〔櫟〕树〔樹〕yuèshù; 橡树 xiàngshù. 2 [U] 栎木 yuèmù; 橡木 xiàngmù.

OAP /ˌəʊ eɪ ˈpiː/ abbr old-age pensioner 〔英国非正式用语〕领养〔養〕老金的人 líng yǎnglǎojīn de rén.

oar /ɔː(r)/ n 1 [C] 桨〔槳〕jiǎng; 橹 lǔ. 2 〔习语〕put/stick one's 'oar in 〔非正式用语〕干涉 gānshè; 干预 gānyù.

oasis /əʊˈeɪsɪs/ n [C] [pl oases /-siːz/] (沙漠中的)绿洲 lǜzhōu.

oath /əʊθ/ n [pl ~s /əʊðz/] 1 誓言 shìyán; 誓约 shìyuē; 咒语 zhòuyǔyǔ. 3 〔习语〕be on/ under 'oath (法律上)宣过〔過〕誓要说实〔實〕话 xuān guò shì yào shuō shíhuà.

oats /əʊts/ n [pl] 燕麦〔麥〕yànmài. 'oatmeal /-miːl/ 燕麦片 yànmàipiàn.

obedient /əˈbiːdɪənt/ adj 服从〔從〕的 fúcóngde; 顺从的 shùncóngde. **obedience** /-əns/ n [U]. **obediently** adv.

obelisk /ˈɒbəlɪsk/ n [C] 方尖碑 fāngjiānbēi; 方尖塔 fāngjiāntǎ.

obese /əʊˈbiːs/ adj 〔正式用语〕(人)非常肥胖的 fēicháng féipàng de. **obesity** n [U].

obey /əˈbeɪ/ v [I, T] 服从〔從〕fúcóng; 听(从) tīngcóng.

obituary /əˈbɪtʃʊərɪ; US -tʃʊeri/ n [C] [pl -ies] 讣告 fùgào.

object /ˈɒbdʒɪkt/ n [C] 1 实〔實〕物 shíwù; 物体〔體〕wùtǐ. 2 of (行动、情感等的)对〔對〕象 duìxiàng; 客体 kètǐ; an ~ of pity 可怜的人(或物). 3 目的 mùdì; Our ~ is to win. 我们的目的是要获胜. 4 〔语法〕宾〔賓〕语(如例句 Give him the money 中的 him 和the money) bīnyǔ. 5 〔习语〕money, etc is no object 钱〔錢〕等不成问题 qián děng bùchéng wèntí.

object /əbˈdʒekt/ v [I] (to) 反对〔對〕fǎnduì; 不赞成 bù zànchéng.

objection /əbˈdʒekʃn/ n [C, U] 厌〔厭〕恶(惡)yànwù; 反对〔對〕fǎnduì. 2 [C] 反对的理由 fǎnduìde

liyóu. **objectionable** /-fənəbl/ adj 令人不快的 lìng rén bùkuài de. **objectionably** adv.

objective /əbˈdʒektɪv/ adj 1 客观〔觀〕的 kēguānde; 无〔無〕偏见的 wú piānjiàn de; 感情的 bùdài gǎnqíng de; an ~ report 客观的报道. 2 [哲学]客观存在的 kēguān cúnzài de; 真实〔實〕的 zhēnshíde. **objective** n [C] 目标〔標〕mùbiāo; 目的 mùdì. **objectively** adv 客观地 kèguānde; 无偏见地 wú piānjiàn de. **objectivity** /ˌɒbdʒekˈtɪvətɪ/ n [U].

obligation /ˌɒblɪˈgeɪʃn/ n [C, U] 1 义〔義〕务〔務〕yìwù; 责任 zérèn. 2 〔习语〕be under no obligation to do sth 没有义务做某事 méiyǒu yìwù zuò mǒushì; 没有道义责任 méiyǒu dàoyì zérèn.

obligatory /əˈblɪgətrɪ; US -tɔːrɪ/ adj (法律上或道义上)必须的 bìxūde; 强制的 qiángzhìde.

oblige /əˈblaɪdʒ/ v 1 [T] (常作被动态态)要求(某人)做 yāoqiú…zuò; 强使 qiángshǐ; They were ~ d to sell the house. 他们被迫卖掉房子. 2 [I, T] 帮〔幫〕助 bāngzhù; Could you ~ me by closing the door? 你能帮我把门关上吗? 3 〔习语〕much obliged, I'm much obliged to you 〔旧〕甚〔甚〕谢 shénxiè; 非常感谢 fēicháng gǎnxiè. **obliging** adj 乐〔樂〕于助人的 lèyú zhùrén de. **obligingly** adv.

oblique /əˈbliːk/ adj 1 斜的 xiéde; 倾斜的 qīngxiéde. 2 〔喻〕间接的 jiànjiēde; an ~ reference 拐弯抹角的提到. **obliquely** adv.

obliterate /əˈblɪtəreɪt/ v [T] 抹掉 mǒdiào; 涂〔塗〕去 túqù. **obliteration** /-ˈreɪʃn/ n [U].

oblivion /əˈblɪvɪən/ n [U] 遗忘 yíwàng; 忘却 wàngquè.

oblivious /əˈblɪvɪəs/ adj of/to 未觉〔覺〕察的 wèi juéchá de; 不注意的 bù zhùyì de; ~ of the news 不注意新闻. ~ to his problems 未觉察到他的问题

oblong /ˈɒblɒŋ; US ˈɒblɔːŋ/ n [C]，adj 长〔長〕方形 chángfāngxíng; 长方形的 chángfāngxíngde.

obnoxious /əbˈnɒkʃəs/ adj 非常不快的 fēicháng bùkuài de; 讨厌〔厭〕的 tǎoyàn de; 可憎的 kèzēng de.

oboe /ˈəʊbəʊ/ n [C] 双〔雙〕簧管 shuānghuángguǎn. **oboist** n [C] 双簧管吹奏者 shuānghuángguǎn chuīzòuzhě.

obscene /əbˈsiːn/ adj 猥亵〔褻〕

wěixiéxie; 淫秽 (穢) 的 yínhuìde; 下流的 xiàliúde. **obscenely** adv. **obscenity** /əb'senətɪ/ n [C, U] [pl -ies] 淫秽的语言 (或行为) yínhuìde yǔyán.

obscure /əb'skjʊə(r)/ adj 1 不易看清的 búyì kānqīng de; 费解的 fèijiěde. 2 不著名的 bú zhùmíng de; an ~ poet 不著名的诗人. **obscure** v [T] 使不分明 shǐ bù fēnmíng; 遮掩 zhēyǎn: a hill ~d by fog 被雾遮蔽的小山. **obscurely** adv. **obscurity** n [U] 1 不明显 bù míngxiǎn; 费解 fèijiě; 无 [無] 闻 wúwén.

observance /əb'zɜːvəns/ n 1 [U] (法律,习俗等的) 遵守 zūnshǒu. 奉行 fèngxíng; (节日的) 纪念 jìniàn. 2 [C] 宗教仪式 zōngjiào yíshì; 庆 [慶] 典 qìngdiǎn.

observant /əb'zɜːvənt/ adj 善于观 [觀] 察的 shànyú guānchá de; 观察力敏锐的 guānchálì mǐnruì de.

observation /ˌɒbzə'veɪʃn/ n 1 [U] 观 [觀] 察 guānchá; 注意 zhùyì: a doctor's ~ of a patient 医生对病人的观察. 2 [U] 观察力 guānchálì; keen powers of ~ 敏锐的观察力. 3 [C] 评论 [論] pínglùn; 言论 yánlùn. 4 [习语] under observation 在观 [觀] 察中 zài guānchá zhōng; 在监 [監] 视中 zài jiānshì zhōng.

observatory /əb'zɜːvətrɪ; US -tɔːrɪ/ n [C] [pl -ies] 天文台 [臺] tiānwéntái; 观 [觀] 象台 guānxiàngtái; 气 [氣] 象台 qìxiàngtái.

observe /əb'zɜːv/ v [T] 1 看到 kàndào; 注意 zhùyì 观 [觀] 察 guānchá. 2 [正式用语] 遵守 (规则,法律等) zūnshǒu; 奉行 fèngxíng. 3 [正式用语] 庆 [慶] 祝 qìngzhù; 过 [過] (节日,生日等) guò. 4 [正式用语] 评论 [論] pínglùn; 评说 píngshuō. **observer** n [C] 1 观察者 guāncházhě; 遵守者 zūnshǒuzhě. 2 (会议等的) 观察员 guāncháyuán; 旁听 [聽] 者 pángtīngzhě.

obsess /əb'ses/ v [T] (常用被动语态) 使困扰 [擾] shǐ kùnrǎo; 使心神不宁 [寧] shǐ xīnshén bùníng; 使着迷 shǐ zháomí: be ~ed by the fear of death 受着死亡恐惧的困扰. **obsession** /-ʃn/ n 1 [U] 困扰 kùnrǎo; 着迷 zháomí; 分神 fēnshén. 2 [C] 萦 [縈] 绕心头的事物 yíngrào yú xīn de shìwù; 强迫观 [觀] 念 qiǎngpò guānniàn. **obsessive** adj 萦绕于心的 yíngrào yú xīn de; 强迫

性的 qiǎngpòxìngde.

obsolescent /ˌɒbsə'lesnt/ adj 逐步废 [廢] 弃 [棄] 的 zhúbù fèiqì de; 即将 [將] 过 [過] 时 [時] 的 jíjiāng guòshí de. **obsolescence** /-'lesns/ n [U].

obsolete /'ɒbsəliːt/ adj 不再使用的 bú zài shǐyòng de; 过 [過] 时 [時] 的 guòshíde.

obstacle /'ɒbstəkl/ n [C] (常指) 障碍 [礙] (物) zhàng'ài; 妨碍 fáng'ài; an ~ to world peace 世界和平的障碍.

obstetrics /əb'stetrɪks/ n [用 sing v] 产 [產] 科学 [學] chǎnkēxué. **obstetrician** /ˌɒbstə'trɪʃn/ n [C] 产科医生 [醫] chǎnkē yīshēng.

obstinate /'ɒbstɪnət/ adj 顽固的 wángùde; 倔强的 juéjiàngde; 固执 [執] 的 gùzhíde. 2 难对付的 nán duìfu de; 难以去除的 nányǐ qùchú de; 难 [難] 治的 nánzhìde; ~ stains 去不掉的污渍. **obstinacy** /-nəsɪ/ n [U]. **obstinately** adv.

obstreperous /əb'strepərəs/ adj 喧闹 [鬧] 的 xuānnàode; 吵嚷 [嚷] 的 chǎorǎngde; a class full of ~ children 有许多闹事儿童的班级.

obstruct /əb'strʌkt/ v [T] 1 阻塞 zǔsè; 堵塞 dǔsè; ~ a road 阻塞道路. 2 妨碍 [礙] fáng'ài; 阻挠 [撓] zǔnáo; ~ justice 阻挠执法. **obstruction** /-kʃn/ n 1 [U] 阻塞 zǔsè; 障碍 zhàng'ài; 妨碍 fáng'ài. 2 [C] 障碍物 zhàng'àiwù; 阻塞物 zǔsèwù. **obstructive** adj 阻碍的 zǔ'àide; 阻挠的 zǔnáode.

obtain /əb'teɪn/ v [T] [正式用语] 得到 dédào; 获 [獲] 得 huòdé; Where can I ~ the book? 我在哪里可以买到这本书? **obtainable** adj.

obtrusive /əb'truːsɪv/ adj 显眼的 xiǎnyǎnde; 突出的 tūchūde; a modern house which is ~ in an old village 在古老乡村中一所刺眼的现代化房子. **obtrusively** adv.

obtuse /əb'tjuːs/ adj 1 [正式用语,贬] 迟 [遲] 钝的 chídùnde; 愚笨的 yúbènde. 2 [数学] 钝角的 dùnjiǎode. **obtusely** adv. **obtuseness** n [U].

obverse /'ɒbvɜːs/ n [常用 sing] [正式用语] 1 (钱币的) 正面 zhèngmiàn. 2 对 [對] 立面 duìlìmiàn.

obvious /'ɒbvɪəs/ adj 明显 [顯] 的 míngxiǎnde; 显然的 xiǎnránde; 不

occasion /əˈkeɪʒn/ n [C] 时(時)刻 shíkè; 时候 shíhou; 场(場)合 chǎnghé. **2** [C] 特殊事件 tèshū shìjiàn; 庆(慶)典 qìngdiǎn. **3** [U, sing] [正式用语]理由 lǐyóu; 原因 yuányīn: *I have had no ~ to visit them recently.* 我最近不需要去看他们. **4** [习语] **on oc'casion** 有时 yǒushí. **occasion** v [T] [正式用语]引起 yǐnqǐ; 惹起 rěqǐ.

occasional /əˈkeɪʒənl/ adj 偶然的 ǒuránde; 偶(爾)的 ǒu'ěrde; *an ~ drink / visit* 偶尔喝的酒; 偶然的拜访 bàifǎng. **occasionally** /-nəli/ adv.

occidental /ˌɒksɪˈdentl/ adj [正式用语]西方的 xīfāngde; 西方国(國)家的 xīfāng guójiā de.

occult /ɒˈkʌlt; US əˈ-/ n **the oc-cult** [sing] 超自然的 chāo zìrán de 有魔力的 yǒu mólì de. **occult** adj.

occupant /ˈɒkjupənt/ n [C] 居住者 jūzhùzhě; 占(佔)用者 zhànyòngzhě. **occupancy** /-pənsi/ n [U] 居住 jūzhù; 占用 zhànyòng; 占用期间 zhànyòng qījiān.

occupation /ˌɒkjuˈpeɪʃn/ n **1** [C] 工作 gōngzuò; 职(職)业 zhíyè. **2** [C] 日常事务(務) rìcháng shìwù; 消遣 xiāoqiǎn. **3** [U] 占据 zhànjù; 占领 zhànlǐng. **occupational** /-ʃənl/ adj 职业的 zhíyède; 职业引起的 zhíyè yǐnqǐ de.

occupy /ˈɒkjupaɪ/ v [pt, pp -ied] [T] **1** 占(佔)用 zhànyòng; 占有 zhànyǒu. **2** 占领 zhànlǐng; 侵占 qīnzhàn. **3** 占(空间、时间、头脑) zhàn; 填满 tiánmǎn. **4** 担(擔)任(职务) dānrèn. **5** ~ oneself 忙于 mángyú. **occupier** n [C] 居住人 jūzhùrén;占用者 zhànyòngzhě.

occur /əˈkɜː(r)/ v [-rr-] [I] **1** 发(發)生 fāshēng: *The accident ~red in the rain.* 事故发生在下雨天. **2** 被发现 bèi fāxiàn; 存在 cúnzài: *Poverty ~s in every country.* 每个国家都存在贫穷. **3** to 想到 xiǎngdào; 想起 xiǎngqǐ: *It never ~red to me that I should tell you.* 我从未想到我应当告诉你. **occurrence** /əˈkʌrəns/ n [C] **1** 事件 shìjiàn; 事情 shìqíng. **2** [U] [正式用语]事情发生的情况 shìqíng fāshēng de qíngkuàng.

ocean /ˈəʊʃn/ n **Ocean** [C] 洋 yáng; 海洋 hǎiyáng: *the Pacific O~* 太平洋. **oceanic** /ˌəʊʃiˈænɪk/ adj.

o'clock /əˈklɒk/ adv (说钟点时与数字连用)…点(點)钟(鐘) …diǎnzhōng: *It's 5 ~.* 现在是 5 点钟.

octagon /ˈɒktəgən; US -gɒn/ n [C] 八边(邊)形 bābiānxíng; 八角形 bājiǎoxíng. **octagonal** /ɒkˈtægənl/ adj.

octane /ˈɒkteɪn/ n [U] 辛烷 xīnwán.

octave /ˈɒktɪv/ n [C] [音乐]八度 bādù; 八度音 bādùyīn; 八度音程 bādù yīnchéng.

October /ɒkˈtəʊbə(r)/ n [U, C] 十月 shíyuè.

octopus /ˈɒktəpəs/ n [C] 章鱼 zhāngyú.

odd /ɒd/ adj **1** 奇怪的 qíguàide; 不寻(尋)常的 bù xúncháng de. **2** 奇数(數)的 jīshùde: *1 and 3 are ~ numbers.* 1 和 5 是奇数. **3** 单(單)[隻]的 dānde: *an ~ sock / shoe* 单只的袜子/鞋. **4** 稍多于 shāoduō yú: *30~ years* 三十多年. **5** [习语] **odd man / one 'out** 与(與)众(衆)不同的人(或物) yǔ zhòng bùtóng de rén. **oddity** n [pl -ties] **1** [U] 奇特 qítè; 古怪 gǔguài. **2** [C] 怪人 guàirén; 怪事 guàishì. **odd 'jobs** n [pl] 零工 línggōng. **odd 'job man** n [C] 打零工者 dǎ línggōng zhě; 打短工者 dǎ duǎngōng zhě. **oddly** adv 奇特地 qítède; 奇怪地 qíguàide.

oddment /ˈɒdmənt/ n [C] 剩余(餘)物 shèngyúwù.

odds /ɒdz/ n [pl] **1** 可能性 kěnéngxìng; 机(機)会(會) jīhuì: *The ~ are she'll win.* 可能她赢. **2** [习语] **be at odds** 不和 bùhé; 意见不一致 yìjiàn bù yīzhì; *It makes no 'odds* 无(無)关(關)紧(緊)要 wúguān jǐnyào. **odds and 'ends** n [pl] [英国非正式用语]零星杂(雜)物 língxīng záwù.

ode /əʊd/ n [C] (通常为长篇的)颂诗 sòngshī; 颂歌 sònggē.

odious /ˈəʊdiəs/ adj [正式用语]可憎的 kězēngde; 可恨的 kěhènde.

odour (美语 **odor**) /ˈəʊdə(r)/ n [C] [正式用语](香的或臭的)气[氣]味 qìwèi.

oesophagus /iːˈsɒfəgəs/ n [C] [医学]食管 shíguǎn; 食道 shídào.

of /əv; 强式 ɒv/ prep **1** 属(屬)于 shǔyú: *a friend of mine* 我的朋友. *the lid of the box* 箱子的盖. **2** 来自 lái zì; 居住于 jūzhù yú: *the* miners of Wales 威尔士的矿工. **3** 由…创[创]作的; the works of Shakespeare 莎士比亚的著作. **4** 关于 guān-yú: a picture of sb 某人的像. **5** (表示制作某物的材料) a dress of silk 丝绸连衣裙. **6** (表示某种关系) a lover of music 爱好音乐的人、the support of the voters 选民的支持. **7** (表示数量或方位) 40 litres of petrol 40 升汽油. a bottle of lemonade 一瓶柠檬汽水. **8** (表示): a member of the team 队员. **9** (表示空间或时间的距离): 20 kilometres south of Paris 巴黎以南 20 公里. **10** (用于日期): the first of May 五月一日. **11** (表示原因): die of cancer 死于癌症. **12** (表示除去、剥夺等): rob sb of sth 抢去某人的东西. **13** [旧] [经]常 (在某时) 发[发]生 jīngcháng fāshēng: go for a walk of an evening 通常晚上去散步.

off¹ /ɒf/US ɔːf/ adv **1** 离 [离] [开] líkāi; 距 jù; 到 dào: The town is still 5 miles ~. 这个小城还在五英里以外. **2** (表示除掉或分离) take one's hat ~ 摘帽. **3** 出发[发] chūfā: He's to France today. 他今天出发去法国. **4** [非正式用语] 取消 qǔxiāo: The wedding is ~. 婚礼取消了. **5** 切断[断] qiēduàn; 停止 tíngzhǐ: The electricity is ~. 电停了. **6** 关[关] 掉 guāndiào; 不用 búyòng: The radio is ~. 收音机已关掉. **7** (餐馆的某种菜肴) 不再供应[应] búzài gōngyìng: The soup is ~. 汤已售完. **8** 不工作 bù gōngzuò; take the day ~ 休假一天. **9** [习语] **off and on, on and off** 有时 yǒushí.

off² /ɒf/US ɔːf/ adj **1** [非正式用语] 不礼[礼] 貌的 bù lǐmào de; 不友好的 bù yǒuhǎo de: He can be a bit ~ sometimes. 他有时会有点不礼貌. **2** (食物) 不新鲜 bù xīnxiān: The milk is ~. 牛奶已变质. **3** [非正式用语] 不佳的 bùjiā-de; 倒霉的 dǎoméi de: an ~-day 倒霉的日子. **4** 萧 [萧] 条 (条) 的 xiāotiáode: the '~-season 淡季. **5** [习语] **on the 'off-chance** 极 [极] 小的可能性 jíxiǎode kěnéngxìng: I went to his house on the ~-chance (that he'd be at home). 我抱着万一他在家的想

法, 去他家了.

off³ /ɒf/US ɔːf/ prep **1** 离 [离] 开 [开] líkāi; 从 [从] …向下 cóng … xiàngxià: fall ~ a ladder 从梯子上跌下来. take a packet off the shelf 从架上取下一小包. **2** [喻] We're getting ~ the subject. 我们离题了. **3** (尤指道路) 通向 tōngxiàng; 从…分岔 cóng … fēnchà: a lane ~ the main road 从大路进入的一条小路. **4** 离…不远 lí … bùyuǎn: a house ~ the high street 离大街不远的一所房子. **4** [非正式用语] 不想要 bù xiǎngyào; 不需要 bù xūyào: ~ one's food 不想吃东西. He's ~ drugs now. 他现在戒毒

offal /ˈɒfl; US ˈɔːfl/ n [U] (食用的) 动 [动] 物内脏 [脏] dòngwù nèizàng.

offence (美语 **-ense**) /əˈfens/ n **1** [C] 犯法 fànfǎ; 罪行 zuìxíng. **2** [U] 冒犯 màofàn; 得罪 dézuì: I didn't mean to give ~. 我并不是有意得罪的. He's quick to take ~. 他动不动就生气.

offend /əˈfend/ v **1** [T] 伤 (伤) …的感情 shāng … de gǎnqíng; 冒犯 màofàn. **2** [T] 使不快 shǐ búkuài; ugly buildings that ~ the eye 刺眼的难看建筑物. **3** [I] against [正式用语] 犯过 (过) 错 fàn guòcuò; 犯罪 fànzuì. **offender** n [C] 犯法者 fànfǎzhě; 犯罪者 fànzuìzhě. **offending** adj 冒犯的 màofànde; 得罪的 dézuìde; 使不快的 shǐ búkuài de; 讨厌的 tǎoyànde.

offensive /əˈfensɪv/ adj **1** 冒犯的 màofànde; 唐突的 tángtūde. **2** [正式用语] 攻击 (击) 性的 gōngjīxìngde; 进 (进) 攻的 jìngōngde: ~ weapons 进攻性武器. offensive n [C] **1** 进攻 jìngōng; 攻势 [势] gōngshì. **2** [习语] **go on/take the offensive** 开始进攻 kāishǐ jìngōng. **offensively** adv. **offensiveness** n

offer /ˈɒfə(r)/ US ˈɔːf-/ v **1** [T] 给予 jǐyǔ; 提供 tígōng: They ~ed him a good job. 他们给他一份好工作. **2** [I,T] 表示愿 [愿] 意做 biǎoshì yuànyì zuòs; 给 (某物) 拿 [拿] ~ed to go first. 我表示要第一个去. **3** [T] [正式用语] 给予 jǐyǔ: The job ~s good chances of promotion. 这份工作有好的晋升机会. offer n [C] **1** 建议 [议] jiànyì [议]

建议 jiànyì. **2** 给于物 jǐyúwù;提供物 tígōngwù. **offering** n [C] 捐献(献)物 juānxiànwù;捐助物 juānzhùwù.

offhand /ˌɒf'hænd; US ˌɔːf-/ adj (行为)随便的 suíbiànde;(失礼)的 wúlǐde. **offhand** adv 不假思索地 bù jiǎ sīsuǒde: *I can't give you an answer ~.* 我不能即刻给你回答.

office /'ɒfɪs; US 'ɔːfɪs/ n **1** [C] 办公室 bàngōngshì;办公室(楼)bàngōnglóu. **2** [C] (有特定用途的)办事处 bànshìchù;事务[务]所 shìwùsuǒ;营[营]业[业]所 yíngyèsuǒ: *a 'ticket ~* 售票处. **3 Office** [sing.] (政府部门)的部 bù;局 jú;厅[厅] tīng: *The Foreign O~* 外交部. **4** [C] 公职[职] gōngzhí;官职 guānzhí: *the ~ of president* 总统职位.

officer /'ɒfɪsə(r); US 'ɔːf-/ n [C] **1** 军官 jūnguān: *an ~ in the navy* 海军军官. **2** (政府的)官员 guānyuán;*a customs ~* 海关官员. **3** (男、女)警察 jǐngchá;警官 jǐngguān.

official /ə'fɪʃl/ adj 公务[务]的 gōngwùde;公职[职]的 gōngzhíde;职权[权]的 zhíquánde. 官方的 guānfāngde;正式的 zhèngshìde: *an ~ statement* 官方声明. **official** n [C] 官员 guānyuán. **officialdom** /-dəm/ n [U] [用 sing. 或 pl v] [正式用语,常作贬义]官员 guānyuán. **officially** /-ʃəlɪ/ adv 公务(或职)上 gōngwù shàng;正式地 zhèngshìde.

officiate /ə'fɪʃɪeɪt/ v [I] (*at*) 执[执]行职[职]务[务] zhíxíng zhíwù;主持 zhǔchí.

officious /ə'fɪʃəs/ adj 爱发[发]号施令者;常作贬[贬]爱[爱]发[发]号施令的 ài fā hào shī lìng de;好管闲[闲]事的 hào guǎn xiánshì de. **officiously** adv. **officiousness** n [U].

offing /'ɒfɪŋ/ n [习语] **in the offing** [非正式用语]即将(将)发[发]生 jíjiāng fāshēng.

off-licence /'ɒf ˌlaɪsns/ n [C] [英国英语]持有外卖[卖]酒类[类]执[执]照的酒店 chíyǒu wàimài jiǔlèi zhízhào de jiǔdiàn.

offline /ˌɒf'laɪn/ adj, adv 脱机(机)的(地) tuōjīde.

off-peak /ˌɒf 'piːk; US /ɔːf-/ adj 非高峰(时间)的 fēi gāofēng de: *~ travel* 淡季旅行.

off-putting /'ɒf ˌpʊtɪŋ; US ˌɔːf-/ adj [尤用于英国英语,非正式用语]令人厌[厌]恶[恶]的 lìng rén yànwù de;令人气[气]恼(恼)的 lìng rén qìnǎo de: *His manner is very ~.* 他的举止使人难堪.

offset /'ɒfset; US 'ɔːf-/ v [-tt-; pt, pp offset] [T] 补(补)偿(偿) bǔcháng;抵消 dǐxiāo: *increase prices to ~ higher costs* 提高售价以补偿较高的成本.

offshoot /'ɒfʃuːt; US 'ɔːf-/ n [C] 枝条[条] zhītiáo;枝杈 zhīchà;枝子 zhīzi: [喻] *the ~ of a large organization* 一个大机构的分支机构.

offshore /ˌɒf'ʃɔː(r); US ˌɔːf-/ adv, adj 1 离岸[岸]的 lí'àn de: *~ breezes* 离岸微风. **2** 近海的 jìnhǎide: *an ~ 'oil rig* 近海的石油钻塔.

offside /ˌɒf'saɪd; US /ɔːf-/ adv, adj 越位(位)的 yuèwèi de. **offside** n, [sing.] 右侧[侧]的 yòucède.

offspring /'ɒfsprɪŋ; US 'ɔːf-/ n [pl **offspring**] [正式用语]子女 zǐnǚ;子孙 zǐsūn;(动物的)崽 zǎi.

off-white /'ɒf ˌwaɪt; US /ɔːf 'hwaɪt/ adj 灰白色的 huībáisède;米色的 mǐsède.

often /'ɒfn, 'ɒftən; US 'ɔːfn/ adv 1 时[时]常 shícháng;常常 chángcháng: *We ~ go there.* 我们时常去那里. **2** 通常 tōngcháng: *Old houses are ~ damp.* 旧房子大都潮湿. **3** [习语] **as often as 'not, more often than 'not** 往往 wǎngwǎng. **every so often** 有时 yǒushí.

ogle /'əʊgl/ v [I, T] (*at*) [贬]挑逗地注视 tiǎodòude zhùshì;做媚眼 zuò měiyǎn.

ogre /'əʊgə(r)/ n **1** (童话中)吃人的妖魔 chī rén de yāomó. **2** [喻]可怕的人 kěpàde rén: *Our teacher is a real ~.* 我们的老师是个可怕的恶魔. **ogress** /'əʊgres/ n 吃人女妖 chī rén nǚyāo.

oh /əʊ/ interj (表示惊奇、恐惧等): *Oh dear!* 啊呀!

oil /ɔɪl/ n **1** [U] 油 yóu;石油 shíyóu;汽油 qìyóu. **2 oils** [pl] 油画[画]颜料 yóuhuà yánliào. **oil** v [T] 给…加润滑油 gěi…jiā rùnhuá yóu. **'oil-colour** n [C,U] 油画颜料 yóuhuà yánliào. **'oilfield** n [C] 油田 yóutián. **'oil-painting** n [C] 油画作品(或艺术) yóuhuà zuòpǐn.

'oil rig n [C] 石油钻(鑽)塔 shíyóu zuàntǎ; 油井设备(備) yóujǐng shèbèi. **'oilskin** n [C,U] 防水油布 fángshuǐ yóubù;油布雨衣 yóubù yǔyī. **'oil-slick** n [C] (海面)浮油 fúyóu. **'oil well** n [C] 油井 yóujǐng. **oily** adj [-ier, -iest] 1 油的 yóude;似油的 sìyóude;涂(塗)油的 túyóude. 2 [贬]谄(諂)媚的 chǎnmèide.

ointment /'ɔɪntmənt/ n [C,U] 软膏 ruǎngāo;油膏 yóugāo.

OK (亦作 **okay**) /ˌəʊ'keɪ/ adj, adv [非正式用语]好 hǎo;不错 búcuò: Was your holiday OK? 你的假日过得好吗? **OK** interj [非正式用语](表示同意)行, I'll do it. 好吧,我会做的. **OK** v [T] [非正式用语]同意;认(認)可 rènkě: I'll OK the plan if you make a few changes. 你如果作些改动,我将同意这项计划. **OK** n [C] [非正式用语]同意 tóngyì;许(許)可 xǔkě;批准 pīzhǔn: give a plan the OK 批准一项计划.

old /əʊld/ adj 1 (指年龄)…岁(歲)的…suìde: He's 40 years~. 他40岁了. How~ are you? 你多大岁数了? 2 年老的 niánlǎode;老的 lǎode: an~ man 老人. 3 得久的 hěnjiǔde;陈旧(舊)的 chénjiùde:~shoes 旧鞋. 4 古老的 gǔlǎode;旧时(時)的 jiùshíde;~habits 旧习惯. 5 熟悉的 shúxīde;认(認)识(識)的 rènshíde: an~friend 老朋友. 6 以前的 yǐqiánde;从(從)前的 cóngqiánde:~boys/girls 男/女校友. 7 [习语] (be) an old hand (at sth) 老手 lǎoshǒu;有经(經)验者 yǒu jīngyànzhě. **old 'hat** 老式的 lǎoshìde;过(過)时的 guòshíde. **an old 'wives' tale** 陈腐的观(觀)念;愚蠢的想法 yúchǔnde xiǎngfǎ. **the old** n [pl] 老人 lǎorén. **old age 'pension** n [C] 养(養)老金 yǎnglǎojīn. **,old-age 'pensioner** n [C] 领取养老金的人 lǐng yǎnglǎojīn de rén. **,old-'fashioned** adj 1 过时的 guòshíde;老式的 lǎoshìde. 2 守旧的 shǒujiùde;保守的 bǎoshǒude. **old 'maid** n [C] [非正式用语, 贬]老处(處)女 lǎo chǔnǚ. **old 'master** n [C] 大画(畫)家 dà huàjiā;大画家的作品 dà huàjiā de zuòpǐn.

olden /'əʊldən/ adj [古]古时(時)的 gǔshíde;往昔的 wǎngxīde: in

the ~ days 往昔.

olive /'ɒlɪv/ n 1 [C] 橄榄(欖)树 gǎnlǎn. 2 [U] 橄榄色 gǎnlǎnsè. **'olive-branch** n [C] 橄榄枝(和平的象征) gǎnlǎnzhī.

ombudsman /'ɒmbʊdzmən, -mæn/ n [C] [pl -men/-mæn/] 调查官 diàocháguān;巡视(視)官(指调查公民对政府、渎职官员所提控告的特派员) xúnshìguān.

omelette /'ɒmlɪt/ n [C] 煎蛋卷 jiāndànjuǎn;炒蛋 chǎodàn.

omen /'əʊmen/ n [C] 预兆 yùzhào;征(徵)兆 zhēngzhào.

ominous /'ɒmɪnəs/ adj 不祥的 bùxiángde;不吉的 bùjíde. **ominously** adv.

omission /ə'mɪʃn/ n 1 [U] 省略 shěnglüè;删节 shānjié;排除 páichú. 2 [C] 省略(或删节、遗漏)的东西 shěnglüède dōngxi.

omit /ə'mɪt/ v [-tt-] [T] 1 不包括 bùbāokuò;省略 shěnglüè;删节(節) shānjié;排除 páichú. 2 (to) [正式用语]疏忽 shūhu;忘记做 wàngjì zuò: I ~ted to mention his age. 我忘了提到他的年龄.

omnibus /'ɒmnɪbəs/ n [C] 1 选(選)集 xuǎnjí;汇(彙)编 huìbiān. 2 (广播、电视)综合节(節)目 zōnghé jiémù. 3 [旧,正式用语]公共汽车(車) gōnggòng qìchē.

omnipotent /ɒm'nɪpətənt/ adj [正式用语]有无(無)限权(權)力的 yǒu wúxiàn quánlì de. **omnipotence** /-təns/ n [U].

omniscient /ɒm'nɪsɪənt/ adj [正式用语]无(無)所不知的 wú suǒ bù zhī de;全知的 quánzhīde. **omniscience** /-əns/ n [U].

omnivorous /ɒm'nɪvərəs/ adj [正式用语](动物)杂(雜)食的 záshíde.

on¹ /ɒn/ adv 1 (表示继续,进展): They wanted the band to play on. 他们要乐队继续演奏下去. 2 (表示在空间、时间中的进展): walk on to the bus-stop 走着去公共汽车站. from that day on 从那天起. 3 (衣服)穿上 chuānshang;戴上 dàishang: Put your coat on. 穿上你的大衣. He had nothing on. 他没穿衣服. 4 接通 jiētōng: The electricity is on. 通电了. 5 使用中 shǐyòng zhōng;(机器)开着: The radio is on. 收音机开着. 6 (按计划将)发(發)生 fāshēng;进行 jìnxíng: Is the strike still on? 罢工仍将举行吗? What's on at the cinema? 电影

院上演什么? Have you got anything on for this evening? 你今晚有什么安排吗? **7** 在…里(裡)在…中: get on the bus 上了公共汽车. **8** 向前地 xiàngqiánde; crash head-on 迎头相撞上. **9** [习语] be 'on [非正式用语]认(認)可的 rènkěde; Such bad behaviour isn't on. 这种不良行为不能接受. be/go/keep on about sth [非正式用语]唠(嘮)叨 láodao. on and off ⇨ OFF¹. ,on and 'on 不停地 bùtíngde.

on² /ɒn/ prep **1** 在…上shàng; a picture on the wall 墙上的画. **2** 支撑 zhīchēng; 依附于 yīfù yú; a roof on the house 房顶. **3** 在…里 zài…: on the train 在火车上. **4** 有 yǒu; 身上带(帶)着 shēnshàng dàizhe; Have you got any money on you? 你带着钱吗? **5** (表示时间) 在 Sunday 在星期日. on 1 May 在五月一日. **6** 就在某时(時)(之后) jiù zài mǒushí; on arriving home 一到家. **7** 关(關)于 guānyú; a lecture on Bach 有关巴赫的讲演. **8** (表示集团的成员) zài… on the committee 在委员会中. **9** 借(藉)助于 jièzhù yú; 用 yòng; Most cars run on petrol. 大多数汽车行驶靠汽油. speak on the telephone 在电话中说. **10** (表示方向) march on Rome 向罗马进发. **11** 靠近 kàojìn; a town on the coast 沿海的市镇. **12** (表示原因) arrested on a charge of theft 因偷窃被捕. **13** 经(經)济(濟)上依靠 jīngjì shàng yīkào; live on a student grant 靠助学金生活. **14** (表示有关费用) a tax on beer 啤酒税. **15** (表示状态) go to Paris on business 出差去巴黎. on fire 着火.

once /wʌns/ adv **1** 一次 yícì; 一回 yìhuí; I've only been there ~. 我只去过那里一次. **2** 曾经(經) céngjīng; 一度 yídù; She ~ lived in Zambia. 她曾在赞比亚住过. **3** [习语] at 'once (a) 立刻 lìkè; 马上 mǎshàng. (b) 一时(時)同时(時) tóngshí; Don't all speak at ~! 不要大家同时讲! once and for 'all 最终地 zuìzhōngde. ,once in a blue 'moon [非正式用语]极(極)少 jíshǎo. (every) once in a 'while 偶尔(爾) ǒu'ěr. once 'more 再一次 zài yícì. once or 'twice 一两次

yìliǎngcì. once upon a 'time (用于童话开头) 从(從)前 cóngqián. once conj 一旦 yídàn…; O~ you know how, it's easy. 你一旦知道怎样,就容易了.

oncoming /ˈɒnkʌmɪŋ/ adj 即将(將)来临(臨)的 jíjiāng láilín de; 接近的 jiējìnde; ~ traffic 迎面驶来的车辆.

one¹ /wʌn/ pron, adj **1** 一(个)yī; **2** 某一 mǒuyī; ~ day 一天. The winner is ~ Mrs West from Hull. 获胜者是来自赫尔的威斯特夫人. **3** (the other 或 another 连用表示对比); I can't tell ~ car from another. 我说不出这辆汽车与那辆有什么区别. **4** 同一 tóngyī; They all went off in ~ direction. 他们都往同一方向去了. **5** [习语] be at 'one [正式用语]一致 yīzhì; I, he/she, etc for ~ (我或他、她等)就是 wǒ jiùshì; I for ~ don't like it. 我个人不喜欢它. one or 'two 几(個)个人(個)几个. one 'up on sb [非正式用语]略胜(勝)一筹 lüè shèng yì chóu. one n [C] (数字)1 yī. ,one-'off adj, n [C] 一次性的 yícìxingde; 一次性的事物 yícìxing shìwù. ,one-parent 'family n [C] 单(單)亲(親)家庭 dānqīn jiātíng. ,one-'sided adj **1** (思想)不公正的 bù gōngzhèng de; a ~-sided 'argument 一面之辞. **2** (体育)力量悬(懸)殊的 lìliàng xuánshū de. ,one-stop 'shopping n [U] 一站式购(購)物 yīzhànshì gòuwù. ,one-to-'one adv, adj 一对一的 yī duì yī de; 一对一的(的)对的 yī…; a ~-to-~ relationship 一对一的关系. ,one way adv, adj 单行(的) dānxíng; 单程(的) dānchéng; a ~way street 单行道.

one² /wʌn/ pron **1** (用于代替名词) I forgot to bring a pen. Can you lend me ~? 我忘带钢笔了,你借我一支好吗? The blue hat is the ~ I like best. 这顶蓝帽子是我最喜欢的. The small car is just as fast as the big ~. 这辆小汽车像那辆大汽车一样快. **2** of (表示一组中的一个) He is not ~ of my customers. 他不是我的顾客. **3** [正式用语]任何人 rènhérén; One cannot always find the time for reading. 人们不一定能经常找到读书的时间.

,one a'nother 互相 hùxiāng; *They don't like ~ another.* 他们彼此不喜欢.

onerous /'ɒnərəs, 'əun-/ *adj* [正式用语] 艰(艱)巨的 jiānjùde; 繁重的 fánzhòngde.

oneself /wʌn'self/ *pron* 1 (用于反身):'*wash ~* 洗澡. 2 (用于加强语气): *One could arrange it all ~ .* 谁都能自己安排好. 3 [习语] **(all) by one'self** (a) 单(單)独 [獨]地 dāndúde; 独自 dúzì. (b) 靠自己 kào zìjǐ.

ongoing /'ɒngəuŋ/ *adj* 继(繼)续 [續]的 jìxùde; ~ *research* 持续的研究.

onion /'ʌnɪən/ *n* [C,U] 洋葱 yángcōng.

online /'ɒn'laɪn/ *adj, adv* 联(聯)机(機)的(地) liánjīde.

onlooker /'ɒnlukə(r)/ *n* [C] 旁观(觀)者 pángguānzhě.

only[1] /'əunlɪ/ *adj* 1 唯一的 wéiyīde; 仅(僅)有的 jǐnyǒude; *Jane was the ~ person able to do it.* 简是唯一能做那事的人. 2 [非正式用语]最好的 zuìhǎode; *He's the ~ person for the job.* 他是最适合做这一工作的人.

only[2] /'əunlɪ/ *adv* 1 只 zhǐ; 仅(僅)仅 jǐnjǐn; *I ~ saw Mary.* 我只看见马利了. 2 [习语] **only 'just** 几(幾)乎不 jīhū bù; *We ~ just caught the train.* 我们差点没赶上火车. **only too** ⇨ TOO.

only[3] /'əunlɪ/ *conj* [非正式用语]可是 kěshì; 但是 dànshì; *I'd love to come, ~ I have to work.* 我很愿意来, 可是我还得工作.

onrush /'ɒnrʌʃ/ *n* [sing] [正式用语]猛冲(衝) měngchōng; 奔流 bēnliú.

onset /'ɒnset/ *n* [sing] 开(開)始 (尤指不愉快的事) kāishǐ.

onshore /'ɒnʃɔː(r)/ *adv, adj* 向岸的(地) xiàng'àn; 向陆(陸)地的(地) xiànglù; ~ *winds* 向岸风.

onslaught /'ɒnslɔːt/ *n* [C] (*on*) 猛攻 měnggōng.

onto (亦作 *on to*) /'ɒntə/ *prep* 1 到…上 dào…shàng; *climb ~ a horse* 骑上马. 2 [习语] **be onto sb** 查某人的违(違)法活动(動) zhùchá mǒurén de wéifǎ huódòng. **be onto sth** 有能导(導)致重要发(發)现的信息(或证据) yǒu néng dǎozhì zhòngyào fāxiàn de xìnxī.

onus /'əunəs/ *n* [sing] [正式用语]责任 zérèn; 职(職)责 zhízé;

The ~ is on you. 这个责任在你.

onward /'ɒnwəd/ *adj* 向前的 xiàngqiánde; 向前 [進]的 qiánjìnde; *an ~ movement* 前移. **onward** (亦作 **onwards**) *adv*: *move ~s* 向前移动.

ooze /uːz/ *v* 1 [I] (浓液) 慢慢流出 mànmàn liúchū, 沁出 qìnchū; 使(某物)慢慢流出 shǐ…mànmàn liúchū; [喻] *She ~d charm.* 她浑身透着迷人的气息. **ooze** *n* [U] 软泥 ruǎnní; 淤泥 yūní.

opal /'əupl/ *n* [C] 蛋白石 dànbáishí.

opaque /əu'peɪk/ *adj* 1 不透光的 bù tòuguāng de; 不透明的 bù tòumíng de. 2 (语言、写作等) 难(難)理解的 nán líjiě de.

open[1] /'əupən/ *adj* 1 开[開]着的 kāizhe de; *leave the door ~* 让门开着. 2 敞开的 chǎngkāide; 未围(圍)起的 wèi wéiqǐ de; 开阔的 kāikuòde; ~ *field* 田野. 3 营(營)业(業)(或办公)的 yíngyède; *Are the shops ~ yet?* 商店都营业了吗? 4 展开的 zhǎnkāide; 伸开的 shēnkāide; *The flowers were all ~.* 花儿都开了. 5 未系(繫)[繫]住的(扣)子系(繫)的 sōngkāide; *an ~ shirt* 没系纽扣的衬衫. 6 无[無]遮盖[蓋]的 wú zhēgài de; 无覆盖的 wú fùgài de; *an ~ car* 敞篷汽车. 7 公开的 gōngkāide 的 kāifàngde. 8 众(衆)所周知的 zhòng suǒ zhōu zhī de; 不保密的 bù bǎomì de; *an ~ secret* 公开的秘密. 9 愿(願)意的 yuànyì de; 诚实[實]的 chéngshíde. 10 未决定的 wèi juédìng de; *leave the matter ~* 此事尚无定论. 11 to (a) 乐(樂)意 接受 lèyì jiēshòu; ~ *to new ideas* 乐于接受新意见. (b) 容易受到 róngyì shòudào; ~ *to criticism* 易受批评. 12 [习语] **have/keep an open 'mind** 思考虑(慮)别人的意见 yuàn kǎolǜ biérén de yìjiàn. **in the open 'air** 在户外 zài hùwài. **with open 'arms** 热(熱)情地 rèqíngde. **the open** [sing] 1 户外 hùwài; 野外 yěwài; 露天 lùtiān. 2 [习语] **bring sth, be/come (out) in(to) the open** 公开(秘密)的 gōngkāide; *bring the truth out into the ~* 公开事实真相. *a problem which is out in the ~* 众所周知的问题. **open 'air** *adj* 户外的 hùwàide; 露天的

lùtiànde, ,open-and-'shut *adj* 明显[顯]的 míngxiǎnde；显然的 xiǎnránde。,open 'cheque *n* [C] 非划[劃]线[綫]支票 fēi huàxiàn zhīpiào；普通支票 pǔtōng zhīpiào。,open-'ended *adj* 无[無]限制的 wú xiànzhì de。,open-'handed *adj* 慷慨的 kāngkǎide。openly *adv* 公开[開]地 gōngkāide；公然地 gōngránde。,open-'minded *adj* 能接受新思想的 néng jiēshòu xīn sīxiǎng de。openness *n* [U] 真诚 zhēnchéng。,open-'plan *adj* 开敞布置的 kāichǎng bùzhì de；透雕细工 tòudiāo xìgōng；网[網]状[狀]细工 wǎngzhuàng xìgōng。

open² /ˈəʊpən/ *v* 1 [I,T] 开[開]启 kāiqǐ；打开 dǎkāi；张[張]开 zhāngkāi：*The door ~ed.* 门开了。*Please ~ a window.* 请打开窗。2 [I,T] 上开[開]始 kāishǐ；开辟[闢]通道 kāipì tōngdào：~ *a new road through the forest* 开辟一条穿过森林的新路。3 [I,T] (使)展现 zhǎnxiàn；(使)张开 zhāngkāi：~ *a book* 打开书。4 [T] 开 kāishǐ：~ *a bank account* 在银行开户。5 [I,T] (使)开张 kāizhāng；营[營]业[業]开始 yíngyè kāishǐ：*When does the bank ~?* 银行什么时间办公? 6 [习语] open one's/sb's 'eyes 使某人了[瞭]解(…) shǐ mǒu rén liǎojiě；使某人看清楚(…) shǐ mǒurén kànqīng。open 'fire 开火 kāihuǒ。7 [短语动词] open up 开 kāishǐ。开辟[闢]通道 kāipì tōngdào。(使某物)供开发[發] gōng kāifā；开业 kāiyè：~ *up possibilities* 开发可用的东西。opener /ˈəʊpnə(r)/ *n* [C] (用以构成复合词)开启(工具) kāiqǐ gōngjù：'tin-~*er* 开听器。

opening /ˈəʊpnɪŋ/ *n* [C] 1 (通道的)口子 kǒuzi；洞 dòng；孔 kǒng。2 (常作 sing) 开端 kāiduān，开始 kāishǐ。3 [sing] 开幕 kāimù；张[張]开 zhāngkāi：*the ~ of the new library* 新图书馆的开放。4 [C] 职[職]位的空缺 kòngquē。open *adj* 首先的 shǒuxiānde；开头[頭]的 kāitóude：*her ~ words* 她的开场白。

opera /ˈɒprə/ *n* [C] 歌剧[劇] gējù。operatic /ˌɒpəˈrætɪk/ *adj*。

operate /ˈɒpəreɪt/ *v* 1 [I,T] 操作 cāozuò；运转[轉]yùnzhuǎn；开[開]动[動]kāidòng：~ *a machine* 起作动机器。2 [I] 有效 yǒuxiào；起作用 qǐ zuòyòng。3 [I,T] 经[經]营[營]

jīngyíng；管理 guǎnlǐ。4 [I] 动手术[術] dòng shǒushù。operable /ˈɒpərəbl/ *adj* 可动手术的 kě dòng shǒushù de。'operating theatre *n* [C] 手术室 shǒushùshì。

operation /ˌɒpəˈreɪʃn/ *n* 1 [U] 操作 cāozuò；运[運]转[轉]yùnzhuǎn；作业[業] zuòyè：*the ~ of the controls* 操纵装置的运转。2 [C] 活动[動] huódòng；行动 xíngdòng：*a rescue ~* 救援活动。3 [C] [医学]手术 shǒushù。4 [C] 公司 gōngsī。5 [C, 常作 pl] 作战[戰]行动 zuòzhàn xíngdòng；军事行动 jūnshì xíngdòng。6 [习语] in(to) ~ eration 工作中 gōngzuò zhōng；操作中 cāozuò zhōng；运转中 yùnzhuǎn zhōng：*put our plans into ~* 把我们的计划实施。operational /-ʃənl/ *adj* [正式用语] 操作的 cāozuòde；手术的 shǒushùde；军事行动的 jūnshì xíngdòng de；公司的 gōngsīde。2 即可使用的 jí kěshǐyòng de。

operative /ˈɒprətɪv；US -reɪt/ *adj* [正式用语]操作的 cāozuòde，使用着的 shǐyòngzhede，有效的 yǒuxiàode：*The law becomes ~ in July.* 此法令自7月起生效。operative *n* [C] [正式用语]技工 jìgōng；工人 gōngrén。

operator /ˈɒpəreɪtə(r)/ *n* [C] 操作者 cāozuòzhě；电[電]话接线[綫]生 diànhuà jiēxiànshēng。

operetta /ˌɒpəˈretə/ *n* [C] 小歌剧[劇] xiǎo gējù；轻[輕]歌剧 qīng gējù。

opinion /əˈpɪnɪən/ *n* 1 [C] 意见 yìjiàn；看法 kànfǎ；主张[張]zhǔzhāng：*In my ~, the price is too high.* 我的意见是价格太高。*his ~ of the new manager* 他对新经理的看法。2 [U] 舆论[論] yúlùn；public ~ 公众[衆]意见。3 [C] (专业的)评估 pínggū，意见 yìjiàn：*a doctor's ~* 医生的诊断。opinionated /-eɪtɪd/ *adj* 固执[執]己见的 gùzhí jǐjiàn de。

opium /ˈəʊpɪəm/ *n* [U] 鸦片 yāpiàn。

opponent /əˈpəʊnənt/ *n* [C] 对[對]手 duìshǒu；敌[敵]手 díshǒu；(争论的)对方 duìfāng。

opportune /ˈɒpətjuːn；US -tuːn/ *adj* [正式用语] 1 (时间)合适[適]的 héshìde；恰好的 qiàhǎode。2 (行动)及时[時]的 jíshíde；适时的 shìshíde。

opportunism /ˌɒpəˈtjuːnɪzəm；US

-'tu:n- / n [U] [正式用语，贬]机
[机]会[會]主义[義] jīhuì zhǔyì.
opportunist /-nɪst/ n [C].

opportunity / ˌɒpə'tju:nətɪ; US
-'tu:n- / n [C, U] [pl -ies] 机
[機]会[會] jīhuì; 时[時]机[機]
shíjī.

oppose /ə'pəʊz/ v [T] 反对[對]
fǎnduì; 反抗 fǎnkàng; 抵制
dǐzhì. **opposed** adj 1 反对的 fǎnduì-
de; 对抗的 duìkàngde; *He is ~d to
our plans.* 他反对我们的计划. 2
[习语] **as opposed to** 与[與]…对
照(或对比) yǔ…duìzhào.

opposite /'ɒpəzɪt/ adj 1 对[對]面
的 duìmiànde; 相对的 xiāngduì-
de; *the house ~ (to) mine* 在我
对面的那所房子 2 相反的 xiāng-
fǎnde; 完全不同的 wánquán bùtóng
de; *in the ~ direction* 相反的方
向. **opposite** prep, adv 在对
面 zài duìmiàn; 在对面的 zài duìmiàn-
de; *the station* 在车站的对面. *the
person sitting ~* 坐在对面的那个
人. **opposite** n [C] 对立物(或事)
duìlìwù; 对立面 duìlìmiàn; *one's
~ 's opposite 'number* n [C] 另一
部门中工作或职位与[與]自己相
当[當]的人 yǔ zìjǐ xiāngdāng de
rén; *the President's ~ number
from France* 这位总会长的法国对
应人物.

opposition / ˌɒpə'zɪʃn/ n 1 [U] 反
对[對] fǎnduì; 敌[敵]对 díduì; 抵抗
dǐkàng; 反对 fǎnduì; *strong ~ to
the new law* 对新法律的强烈反
对. 2 [sing, 亦作 sing, 用 pl v]
(a) 反对派 fǎnduìpài; 对手 duì-
shǒu. (b) **the Opposition** [尤用
于英国英语]反对党[黨] fǎnduìdǎng.

oppress /ə'pres/ v [T] 1 压[壓]迫
yāpò; 压制 yāzhì. 2 使烦恼[惱] shǐ
fánnǎo; 使忧[憂]虑[慮] shǐ yōulǜ;
~ed by the heat 因暑热而烦闷.
oppression /ə'preʃn/ n [U, C].
oppressive adj 1 不公正的 bù
gōngzhèng de; 暴虐的 bàonüède. 2
难[難]以忍受的 nányǐ rěnshòu de;
令人烦恼的 lìng rén fánnǎo de;
~ive heat 难熬的暑热. **oppress-
or** n [C] 压迫者 yāpòzhě; 压制者
yāzhìzhě.

opt /ɒpt/ v 1 [T] 选[選]择[擇]
xuǎnzé; *He ~ed to go to Paris.*
他选择了去巴黎. 2 [短语动词]
opt for sth 选择 xuǎnzé; ~ *for
that plan* 选择那项计划. **opt out
(of sth)** 决定不参[參]加 juédìng
bù cānjiā.

optic /'ɒptɪk/ adj [正式用语]视觉
[覺]的 shìjuéde; 眼睛的 yǎnjīngde. **optical**
/-kl/ adj 视觉的 shìjuéde.
ˌoptical il'lusion n [C] 视错觉
shìcuòjué; 光幻觉 guānghuànjué.
optician /ɒp'tɪʃn/ n [C] 眼镜制
[製]造者 yǎnjìng zhìzàozhě; 眼镜商
yǎnjìngshāng.

optimism /'ɒptɪmɪzəm/ n [U] 乐
[樂]观[觀] lèguān; 乐观主义[義]
lèguān zhǔyì. **optimist** /-mɪst/ n
[C]. **optimistic** / ˌɒptɪ'mɪstɪk/
adj.

optimize /'ɒptɪmaɪz/ v [T] 使尽
[盡]可能完善 shǐ jìnkěnéng wán-
shàn; 最有效地进[進]行 zuì yǒu-
xiàode jìnxíng.

optimum /'ɒptɪməm/ adj [正式
用语]最佳的 zuìjiāde; 最适[適]宜
的 zuì shìyí de; *the ~ price* 最适
宜的价格.

option /'ɒpʃn/ n 1 [U] 选[選]择
[擇]自由 xuǎnzé zìyóu; 选择权[權]
xuǎnzéquán. 2 [C] 可选择的事物
kě xuǎnzé de shìwù. **optional**
/-ʃənl/ adj 可选择的 kě xuǎnzé
de; 随[隨]意的 suíyìde.

opulent /'ɒpjʊlənt/ adj [正式用
语]富裕的 fùyùde; 富有的 fùyǒude.
opulence /-ləns/ n [U].

or /ɔ:(r)/ conj 1 (表示选择); *Is it
green or blue?* 它是绿的还是蓝
的? *Do you want tea, coffee or
milk?* 你要喝茶、咖啡还是牛奶?
2 否则 fǒuzé; 要不 yàobù yàobùrán;
*Turn the heat down or the cake
will burn.* 把热度调低, 要不然糕
饼要糊了. 3 换句话说 huàn jù huà
shuō; *It weighs one pound, or
about 450 grams.* 它重一磅, 也
就是说大约 450 克. 4 [习语] **or
'else** [非正式用语](用以表示威
胁)否则[後]果不妙 fǒuzé hòuguǒ
bùmiào; *Do it, or else I'll hit
you!* 你去干, 不然我要打你. **or
so** 左右 zuǒyòu; 大约 dàyuē; *We
stayed there an hour or so.* 我们
在那里停了一小时左右.

oral /'ɔ:rəl/ adj 1 口头[頭]的 kǒu-
tóude; 口述的 kǒushùde; *an ~
test* 口试. 2 口的 kǒude; 口用的
kǒuyòngde; ~ *medicine* 口服药.
oral n [C] 口试 kǒushì. **orally**
adv.

orange /'ɒrɪndʒ; US 'ɔːr-/ n [C]
柑橘 gānjú; 橙 chéng. **orange** adj
橙黄色 chénghuángsè; 橘黄色 jú-
huángsè.

orang-utan (亦作 **orang-outan**)
/ɔːˌræŋuːˈtæn; US əˌræŋəˈtæn/
(亦作 **orang-outang** /-uːˈtæŋ/)
n [C] 猩猩 xīngxing.

orator /ˈɒrətə(r); US ˈɔːr-/ *n* [C]
[正式用语] 演说者 yǎnshuōzhě.
oratory /ˈɒrətrɪ; US ˈɔːrətɔːrɪ/ *n*
[U] 演讲[讲][术] yǎnjiǎngshù;
雄辩术 xióngbiànshù.

orbit /ˈɔːbɪt/ *n* [C] 1 (天体的)轨
道 guǐdào. 2 [喻]势[势]力范[范]
围[围] shìlì fànwéi. orbit *v* [I,T]
环[环]绕(天体等)的轨道运
[运]行 huánrào ... de guǐdào yùn-
xíng. **orbital** /-tl/ *adj*.

orchard /ˈɔːtʃəd/ *n* [C] 果园[园]
guǒyuán.

orchestra /ˈɔːkɪstrə/ *n* [C, 亦作
sing, 用 pl v] 管弦乐[乐]队[队]
guǎnxiányuèduì. **orchestral** /ɔː-ˈkes-
tral/ *adj*. **orchestrate** /-streɪt/ *v*
[T] 1 将…谱写[写]成管弦乐曲[曲]
…pǔxiě chéng guǎnxiányuèqǔ. 2 精
心安排 jīngxīn ānpái. **orchestra-
tion** /ˌɔːkɪˈstreɪʃn/ *n*.

orchid /ˈɔːkɪd/ *n* [C] 兰[兰]科植
物 lánkē zhíwù; 兰花 lánhuā.

ordain /ɔːˈdeɪn/ *v* [T] 1 委任(某
人)为(牧师[师]) wěirèn ... wéi
mùshī. 2 [正式用语](上帝,法律
等)命令 mìnglìng.

ordeal /ɔːˈdiːl/ *n* [C] 苦难[难]经[经]历 kǔnàn jīnglì; 折
磨 zhémó.

order¹ /ˈɔːdə(r)/ *n* 1 [U] 次序 cì-
xù; 顺序 shùnxù; *names in alpha-
betical ~* 按字母顺序排列的名
字. *arranged in ~ of* 按 ... 大小
小排列的. 2 [U] 整齐[齐] zhěng-
qí; 有条[条]理 yǒu tiáolǐ. 3 [U] 工
作状[状]况 gōngzuò zhuàngkuàng;
The machine is out of ~. 机器
出故障了. 4 [U] 治安 zhì'ān; 秩序
zhìxù. 5 [C] 命令 mìnglìng; 指示
zhǐshì. 6 [C] (a) 定购[购]单 dìng-
gòudān; 定货 dìnghuò; 订单[单] (for
books. (b) 交付的货 jiāofùde huò;
Your ~ will arrive tomorrow. 你的
货明天到. 7 [C] 汇[汇]票 huìpiào; 付
款单 fùkuǎndān; *Send the shop your ~ for
books.* 请付这个店 8 [U] (会议,议会等)程序
chéngxù; 规程 guīchéng; *a point of
~* 程序问题. 9 [C] [正式用语]
种[种]类[类] zhǒnglèi; *skills of
the highest ~* 最高技巧. 10 [C]
勋[勋]章 xūnzhāng; *~s and
medals* 勋章和奖章. 11 [习语] in

order 处[处]于良好状态[态] chǔ-
yú liánghǎo zhuàngtài; *Your pass-
port is in ~*. 你的护照仍然有效.
in the order of [正式用语]大约
dàyuē; *It will cost in the ~ of
£60*. 它大约值 60 英镑. **in
order that** [正式用语]为了 wèile. **in order to do sth** 为了做
某事 wèile zuò mǒushì. **on 'order**
已定购(货尚未到了) yǐ dìnggòu.
take (holy) **orders** 任圣[圣]职
[职] rèn shèngzhí.

order² /ˈɔːdə(r)/ *v* 1 [T] 命令
mìnglìng; 指示 zhǐshì; 吩咐 fēnfù; *He
~ed the soldiers to attack.* 他命
令士兵发动进攻. 2 [I, T] 定购
[购] dìnggòu; 预定 yùdìng; *to ~ a
new carpet* 定购一块新地毯. 3
[T] [正式用语]布置 bùzhì. 4 [短
语动词] **order sb about** 不断[断]
驱[驱]使某人做事 búduàn qūshǐ
mǒurén zuòshì.

orderly /ˈɔːdəlɪ/ *adj* 1 有条[条]理
的 yǒu tiáolǐ de; 整齐[齐]的 zhěng-
qí de. 2 守秩序的 shǒu zhìxù de; 品
行良好的 pǐnxíng liánghǎo de; *an
~ crowd* 守秩序的群众. **order-
liness** *n* [U]. **orderly** *n* [C] [pl
-ies] (医院的)勤务[务]工[工] qínzá-
gōng; [护]护理员 hùlǐyuán.

ordinal /ˈɔːdɪnl; US -dənl/ (亦作
ˌordinal 'number) *n* [C] 序数[数] (如 *first*, *second*, *third*)
xùshù.

ordinary /ˈɔːdɪnrɪ; US ˈɔːrdənerɪ/
adj 1 普通的 pǔtōngde; 平常的
píngchángde. 2 [习语] **out of the
'ordinary** 特别的 tèbiéde; 特殊的
tèshūde. **ordinarily** /-rəlɪ; US
ˌɔːrdnˈerəlɪ/ *adv* 通常地 tōng-
chángde; 惯常地 guànchángde.

ordination /ˌɔːdɪˈneɪʃn; US ˌɔːrdn-
ˈeɪʃn/ *n* [C,U] (牧师等职位的)任
命仪[仪]式 rènmìng yíshì.

ore /ɔː(r)/ *n* [U, C] 矿[矿]石
kuàngshí; 矿砂 kuàngshā.

organ¹ /ˈɔːgən/ *n* [C] 1 器官 qì-
guān; *The eye is the ~ of sight.*
眼睛是视觉的器官. 2 机[机]构[构]
jīgòu; 机关[关] jīguān; *Parliament
is an ~ of government*. 议会是
一个治国机构. 3 [正式用语]新闻
媒介 xīnwén méijiè; 机关报[报] jī-
guānbào.

organ² /ˈɔːgən/ *n* [C] 风琴 fēng-
qín; 管风琴 guǎnfēngqín. **organist**
n [C] 风琴演奏者 fēngqín yǎnzòu-
zhě; 风琴师 fēngqínshī.

organic /ɔːˈgænɪk/ adj 1 生物体
[體]的 shēngwùtǐde; 有机(機)体的
yǒujītǐde; 有机物的 yǒujīwùde. 2 施
用有机肥料(或有机农药)的 shī-
yòng yǒujī féiliào de. 3 [正式用语]
有机的 yǒujīde; 有组织(織)
zǔzhīde 的; 建制的 jiànzhìde. **orga-
nically** /-klɪ/ adv.

organism /ˈɔːgənɪzəm/ n [C] 1
(微小的)生物 shēngwù; 有机(機)
体[體] yǒujītǐ. 2 [正式用语]有机
组织[織] yǒujī zǔzhī.

organization /ˌɔːgənaɪˈzeɪʃn; US
-nɪˈz-/ n 1 [C] 组织(織) zǔzhī; 机
(機)构(構) jīgòu. 2 [U] 组织的活
动(動) zǔzhīde huódòng.

organize /ˈɔːgənaɪz/ v [T] 1 为
[爲]…做准[準]备[備] wèi…zuò
zhǔnbèi; ~ a party 筹备宴会. 2
组织(織); 把…编组 bǎ…
biānzǔ; ~ one's time 安排某人的
时间.

orgasm /ˈɔːgæzəm/ n [C] 性高潮
xìnggāocháo.

orgy /ˈɔːdʒɪ/ n [C] [pl -ies] 狂欢
[歡] kuánghuān; 纵[縱]酒 zòngjiǔ;
纵饮[飲] zòngyǐn.

orient /ˈɔːrɪənt/ n the Orient
[sing] 东[東]方国家 dōngfāng guójiā;
东[東]方 dōngfāng. **oriental**
/ˌɔːrɪˈentl/ adj 东方国家的 dōng-
fāng guójiā de; 来自东方国家的 lái-
zì dōngfāng guójiā de.

orientate /ˈɔːrɪənteɪt/ v 1 [T]
(尤用于英语 orient /ˈɔːrɪənt/) v 1
(towards) [常作被动语态]以…
为[爲]目的 yǐ…wèi mùdì; 使朝向
shǐ cháoxiàng; Our company is
~d towards exports. 我们公司的
方向是以…2 ~ oneself 使自己
熟悉环[環]境 shǐ zìjǐ shúxī huán-
jìng. **orientation** /ˌɔːrɪənˈteɪʃn/ n
[U,C].

orifice /ˈɒrɪfɪs/ n [C] [正式用语]
(身体的)外孔 wàikǒng; 外口 wài-
kǒu.

origin /ˈɒrɪdʒɪn/ n [U] 1 起源
qǐyuán; 来源 láiyuán; 开[開]端 kāi-
duān. 2 [C, 尤作 pl] 出身 chū-
shēn; 血统 xuètǒng; of Polish ~
波兰血统.

original /əˈrɪdʒənl/ adj 1 最初的
zuìchūde; 最早的 zuìzǎode. 2 (a)
[常作褒]创[創]新的 chuàngxīnde;
新颖的 xīnyǐngde; ~ designs 新颖
的设计. (b) 有创见的 yǒu chuàng-
jiàn de; 创造性的 chuàngzàoxìngde;
an ~ thinker 有创见的思想家. 3
非模仿[傚]的 fēi mófǎng de. o-

riginal n the original [C] 原作
yuánzuò; 原文 yuánwén; 原型 yuán-
xíng; 原物 yuánwù. **originality** /
əˌrɪdʒəˈnælətɪ/ n [U] 创新
chuàngxīn; 独[獨]创性 dúchuàng-
xìng. **originally** /-nəlɪ/ adv 1 独
创地 dúchuàngde. 2 最初 zuìchū; 起
先 qǐxiān; His shirt was ~ly
white. 他的衬衫原先是白的.

originate /əˈrɪdʒɪneɪt/ v [I,T] [正
式用语]开[開]始 kāishǐ; 发[發]端
fāduān. **originator** n [C].

ornament /ˈɔːnəmənt/ n 1 [C] 装
[裝]饰物 zhuāngshìwù; 点[點]缀品
diǎnzhuìpǐn. 2 [U] [正式用语]装饰
zhuāngshì; 点缀 diǎnzhuì. **orna-
ment** /-ment/ v [T] 装饰 zhuāng-
shì; 点缀 diǎnzhuì. **ornamental**
/ˌɔːnəˈmentl/ adj.

ornate /ɔːˈneɪt/ adj 装[裝]饰华
[華]丽[麗]的 zhuāngshì huálì de; 过
[過]分修饰的 guòfèn xiūshì de. **or-
nately** adv.

ornithology /ˌɔːnɪˈθɒlədʒɪ/ n [U]
鸟类[類]学[學] niǎolèixué. **or-
nithologist** n [C].

orphan /ˈɔːfn/ n [C] 孤儿[兒] gū-
ér. **orphan** v [T] 使成为孤儿 shǐ
chéng gū'ér. **orphanage** /ˈɔːfə-
nɪdʒ/ n [C] 孤儿院 gū'éryuàn.

orthodox /ˈɔːθədɒks/ adj 公认
[認]的 gōngrènde; 普遍赞[讚]同的
pǔbiàn zàntóng de; 正统的 zhèng-
tǒngde. **orthodoxy** n [U,C] [pl -ies].

orthography /ɔːˈθɒgrəfɪ/ n [U]
[正式用语]正字法 zhèngzìfǎ; 拼字
法 pīnzìfǎ.

orthopaedics (亦作 -pedics)
/ˌɔːθəˈpiːdɪks/ n [用 sing v] 矫
[矯]形外科 jiǎoxíng wàikē; 整形外
科 zhěngxíng wàikē. **orthopaedic**
(亦作 -pedic) adj.

oscillate /ˈɒsɪleɪt/ v [I] 1 [正式用
语] 1 摆[擺]动 bǎidòng. 2
[喻](感情、想法等)波动 bōdòng;
犹[猶]豫 yóuyù. **oscillation** /ˌɒsɪ-
ˈleɪʃn/ n [U,C] [正式用语].

ostensible /ɒˈstensəbl/ adj [正式
用语](理由)表面的 biǎomiànde; 假
装[裝]的 jiǎzhuāngde. **ostensibly** adv.

ostentation /ˌɒstenˈteɪʃn/ n [U]
[贬](对财富、知识等的)夸[誇]耀
kuāyào; 卖[賣]弄 màinòng. **osten-
tatious** /-fəs/ adj.

ostracize /ˈɒstrəsaɪz/ v [T] [正式
用语]排斥 páichì; 摈[擯]弃[棄]
bìngqì.

ostrich /ˈɒstrɪtʃ/ n [C] 鸵鸟 tuó-
niǎo.

other /ˈʌðə(r)/ adj 1 另外的 lìng-
wàide;其他的 qítāde;*Tim , John
and two — students were
there.* 蒂姆、约翰和另外两位学生
都在那里. 2 (两个中的)另一个
[个] lìng yīgè;*Pull the cork up
with your — hand.* 用你另一只
手按瓶塞. 3 其余(除)的 qíyúde;剩
下的 shèngxiàde;*The — teachers
are from Brunei.* 其余的教师都
是文莱人. **others** pron 1 另外的
人(或物) lìngwàide rén;其他的人
(或物) qítāde rén;其余的人(或
物) qíyúde rén;剩下的人(或物)
shèngxiàde rén;*I went swim-
ming, the — s played ten-
nis.* 我去游泳,其余的人打网球.
other than prep 除了 chúle;*She
never speaks to me — than to
ask for something.* 她除了向我要
东西,从不跟我说话.

otherwise /ˈʌðəwaɪz/ adv 1 [正式
用语]用别的方法 yòng biéde fāng-
fǎ;不同地 bùtóngde. 2 除此之外
chú cǐ zhī wài;在其他方面 zài qítā
fāngmiàn;*The rent is high , but
— the room is satisfactory.* 租
金是贵,但房子令人满意. **other-
wise** conj 否则 fǒuzé;*We must
run , — we'll be late.* 我们必须
跑着去,否则要晚了.

otter /ˈɒtə(r)/ n [C] 水獭 shuǐtǎ.

ouch /autʃ/ interj (表示突然疼
痛)*O —! That hurt!* 哎哟!

ought /ɔːt/ modal v (否定式
ought not 或 **oughtn't** /ˈɔːtnt/)
to 1 (表示责任或义务)*You —
to say you're sorry.* 你应该说声
对不起. 2 (表示劝告)*You — to
see a doctor about that cough.*
你应该去找医生看看你的咳嗽. 3
(表示可能性)*She started early ,
so she — to be here by now.* 她
动身早,现在应该到这里了.

ounce /auns/ n [C] 1 盎司(1/16
磅,等于 28.35 克) àngsī. 2 [sing][非
正式用语]少量 shǎoliàng;一点
[点] yīdiǎn.

our /ɑː(r), ˈauə(r)/ adj 我们的
wǒmende;~ *house* 我们的房子.
ours /ɑːz, ˈauəz/ pron 我们的
wǒmende;*That's ~ s.* 那是我们
的.

ourselves /ɑːˈselvz, auəˈselvz/ pron

1 (反身代词)*We dried ~.* 我
们自己擦干了身体. 2 (用于强调)
We saw the crash ~. 我们亲眼
看见了撞车. 3 [习语] (all) by
our'selves (a) 我们单[單]独[獨]
地 wǒmen dāndúde. (b) 靠我们自
己 kào wǒmen zìjǐ.

oust /aust/ v [T] (*from*) [正式
用语]免职[職] miǎnzhí;罢[罷]黜 bà-
chù.

out /aut/ adv 1 离[離]开[開]出
[出]去;不在里[裏]面 bùzài lǐmiàn;*go
— for some fresh air* 出去呼吸
新鲜空气. 2 不在家 bùzài jiā;不在
工作单[單]位(或办公室) bùzài
gōngzuò dānwèi;*I phoned her but
she was ~.* 我给她打电话,可是
她不在. 3 (表示远离陆地、城镇
等);*The boats were all ~ at
sea.* 船都已出海. 4 不隐[隱]蔽 bù
yǐnbì;显[顯]露 xiǎnlù;*The secret
is ~.* 那秘密泄露了. 5 不再流行
bùzài liúxíng;*Short skirts are
~.* 短裙不时兴. 6 (潮水)退潮 tuì-
cháo. 7 在罢[罷]工中 zài bàgōng
zhōng;*The teachers are
again.* 教师又罢工了. 8 (火、灯
等)熄灭[滅] xīmiè. 9 到底 dàodǐ;
全部 quánbù;*I'm tired ~.* 我已
筋疲力尽. 10 大声[聲]地 dà-
shēngde;*shout ~* 大声喊. 11 (表
示差错)*I'm ~ in my calcula-
tions.* 我的计算有误. 12 [体育]
(a) 出局 chūjú. (b) (球)出界
chūjiè. 13 [习语] **be out to do sth**
努力想做某事 nǔlì xiǎng zuò mǒushì;
I'm not ~ to change the world!
我并不想要改变世界! **out-and-
'out** adj 完全的 wánquánde;
彻[徹]底[底]的 chèdǐde;*a ~ lie*
十足的谎言. **out of** prep 1 离开 líkāi;
在外边 zài wàibiān;*Fish cannot live
~ of water.* 鱼离了水就不能活. 2
离开(某处) líkāi;*walk ~ of the
room* 从房间里走出来. 3 (表示动
机或原因)*They helped us ~ of
kindness.* 他们出于好意帮助我
们. 4 每…中 měi…zhōng;*in
nine cases ~ of ten* 十之八九. 5
用(物)做成 ~ *made of wood* 用木
头做的. 6 缺乏 quēfá;缺之 quē-
fá;~ *of breath* 喘不过气来. 7
(不处于所应有的情况);~ *of
order* 发生故障;出毛病;弄乱. 8 以
…为[爲]起源 yǐ …wéi qǐyuán;*a
story ~ of a book* 一本书中的故
事. 9 离 lí;距 jù;*a mile ~ of*

Hull 距赫尔一英里.

outboard /'aʊtbɔːd/ *adj* 舷外的 xiánwàide;尾挂(挂)的 wěiguàde: *an ˌ~ 'motor* 舷外发动机.

outbreak /'aʊtbreɪk/ *n* [C] 爆发 [發] bàofā;突然发生 tūrán fāshēng: *the ~ of war* 战争的爆发.

outbuilding /'aʊtbɪldɪŋ/ *n* [C] 附属[屬]建筑[築]物 fùshǔ jiànzhùwù.

outburst /'aʊtbɜːst/ *n* [C] (怒气等)发[發]作 fāzuò;进发 bèngfā.

outcast /'aʊtkɑːst; *US* -kæst/ *n* [C] 被(家庭、社会)抛弃[棄]的人 bèi pāoqìde rén;被逐出的人 bèi zhúchūde rén.

outcome /'aʊtkʌm/ *n* [C, 常作 sing] 效果 xiàoguǒ;结果 jiéguǒ.

outcrop /'aʊtkrɒp/ *n* [C] 地表(岩石等)露头[頭] lùtóu;露出地表 lùchū dìbiǎo.

outcry /'aʊtkraɪ/ *n* [C] [*pl* -ies] 强烈抗议[議](或反对) qiángliè kàngyì.

outdated /ˌaʊt'deɪtɪd/ *adj* 过[過]时[時]的 guòshíde;老式的 lǎoshìde;已废[廢]弃[棄]的 yǐ fèiqìde.

outdo /ˌaʊt'duː/ *v* [第三人称单数现在时 **-does** /-'dʌz/, *pt* **-did** /-'dɪd/, *pp* **-done** /-'dʌn/] [T] 比…做得多(或做得好) bǐ…zuò de duō;胜[勝]过 shèngguò: *She tries to ~ her friends at games.* 她试图在体育活动中胜过她的朋友.

outdoor /'aʊtdɔː(r)/ *adj* 户外的 hùwàide;露天的 lùtiānde. **outdoors** /ˌaʊt'dɔːz/ *adv* 在户外 zài hùwài;在露天 zài lùtiān.

outer /'aʊtə(r)/ *adj* 外面的 wàimiànde;外部的 wàibùde: *~ walls* 外墙. 2 远[遠]离[離]中心(或中心的 yuǎnlí nèibù de: *the ~ suburbs* 远郊. **outermost** *adj* 最外面的 zuì wàimiànde;远离中心的 yuǎnlí zhōngxīn de. ,**outer 'space** ⇨ SPACE 5.

outfit /'aʊtfɪt/ *n* [C] 1 全套装[裝]备[備] quántào zhuāngbèi;全部用品 quántào gōngjù. 2 [非正式用语]组织[織]组织 zǔzhī. **outfitter** *n* [C] 男子服装商店 fúzhuāng shāngdiàn;服装商店 fúzhuāng shāngdiàn.

outflank /ˌaʊt'flæŋk/ *v* [T] (对敌人)翼侧包抄 yìcè bāochāo.

outgoing /'aʊtgəʊɪŋ/ *adj* 外出的 wàichūde;离[離]去的 líqùde: *the ~ president* 将离任的总统. 2 友好的 yǒuhǎode. **outgoings** *n* [pl] 支出 zhīchū;开[開]支 kāizhī.

outgrow /ˌaʊt'grəʊ/ *v* [*pt* **-grew** /-'gruː/, *pp* **-grown** /-'grəʊn/] [T] 1 长[長]大而穿不下(原有的衣服) zhǎng dà ér chuān bú xià. 2 因年长而放弃[棄](坏习惯等) yīn niánzhǎng ér fàngqì.

outhouse /'aʊthaʊs/ *n* [C] [*pl* **-s** /-haʊzɪz/] 附属[屬]建筑[築]物 fùshǔ jiànzhùwù.

outing /'aʊtɪŋ/ *n* [C] 远[遠]足 yuǎnzú;短途旅行 duǎntú lǚxíng.

outlandish /aʊt'lændɪʃ/ *adj* [尤作贬]怪异[異]的 guàiyìde;奇特的 qítède: *~ clothes* 奇装异服. **outlandishly** *adv*.

outlaw /'aʊtlɔː/ *n* [C] (旧时)不法之徒 bùfǎ zhī tú;歹徒 dǎitú;逃犯 táofàn. **outlaw** *v* [T] 宣布…非法 xuānbù…fēifǎ: *~ the sale of guns* 宣布出售枪支非法.

outlay /'aʊtleɪ/ *n* [C] 费用 fèiyòng;支出 zhīchū.

outlet /'aʊtlet/ *n* [C] 1 出口 chūkǒu;排放孔 páifàngkǒng;出路 chūlù. 2 [喻]发[發]泄(感情、精力等)的途径[徑] tàoxiè tújìng: *sport is an ~ for energy* 运动是释放精力的途径.

outline /'aʊtlaɪn/ *n* 1 轮[輪]廓 lúnkuò;外形 wàixíng. 2 大纲[綱] dàgāng;纲要 gāngyào: *an ~ of the plans* 计划纲要. **outline** *v* [T] 概述 gàishù.

outlive /ˌaʊt'lɪv/ *v* [T] 比…活得久 bǐ…huó de jiǔ: *~ one's children* 比自己的孩子活得久.

outlook /'aʊtlʊk/ *n* [C] 1 (对生活的)看法 kànfǎ;观[觀]点(點) guāndiǎn;态[態]度 tàidù. 2 展望 zhǎnwàng;前景 qiánjǐng.

outlying /'aʊtlaɪɪŋ/ *adj* 远[遠]离[離]中心的 yuǎnlí zhōngxīn de;远离城市的 yuǎnlí chéngshì de: *~ villages* 偏僻的乡村.

outmoded /ˌaʊt'məʊdɪd/ *adj* 过[過]时[時]的 guòshíde;不流行的 bù liúxíng de.

outnumber /ˌaʊt'nʌmbə(r)/ *v* [T] 在数[數]量上超过[過] zài shùliàng shàng chāoguò.

out of date ⇨ DATE[1].

outpatient /'aʊtpeɪʃnt/ *n* [C] 门诊病人 ménzhěn bìngrén.

outpost /'aʊtpəʊst/ *n* 1 前哨 qiánshào. 2 边[邊]远[遠]居民区[區] biānyuǎn jūmín qū.

output /'aʊtpʊt/ *n* [sing] 1 产

〔產〕量 chǎnliàng. 2 (信息等的)输出 shūchū.

outrage /ˈautreɪdʒ/ n 1 [C,U] 暴行 bàoxíng; 暴虐 bàonüè. 2 [C] 激起愤慨的行为〔事〕jīqǐ mínfèn de xíngwéi. 3 [U] 义〔义〕愤 yìfèn; 愤慨 fènkǎi. outrage v [T] 激怒 jīnù. **outrageous** /autˈreɪdʒəs/ adj 1 骇人的 hàirén de. 2 不寻〔寻〕常的 bù xúncháng de. **outrageously** adv.

outright /ˈautraɪt/ adv 1 坦率地 tǎnshuàide; 诚实〔实〕地 chéngshíde: I told him — what I thought. 我把我的想法坦率地告诉了他. 2 立即 lìjí; be killed — 立即毙命. 3 完全地 wánquánde; 彻〔彻〕底地 chèdǐde: He won —. 他获得全胜. outright adj 毫无〔无〕疑义〔义〕的 háo wú yíyì de; 清楚的 qīngchǔde: the — winner 毫无疑问的获胜者.

outset /ˈautset/ n 〔习语〕at/from the outset 开〔开〕始 kāishǐ, 开端 kāiduān; 从〔从〕一开始 cóng yì kāishǐ.

outshine /autˈʃaɪn/ v [pt, pp **outshone** /-ˈʃɒn/] [T] 〔喻〕比… 光亮 bǐ… guāngliàng; 比…出色 bǐ… chūsè: She ~s all her friends at games. 她在体育比赛中比她的所有朋友更出色.

outside /autˈsaɪd/ n [C, 常作 sing] 外部 wàibù; 外面 wàimiàn: the ~ of the house 房子的外部. **outside** /ˈautsaɪd/ adj 1 外面的 wàimiàn de; 在外面的 zài wàimiàn de; 对〔对〕着外面的 duìzhe wàimiàn de. 2 局外的 júwài de; 外界的 wàijiè de: ~ help 外援. 3 非常小的 fēicháng xiǎo de; an ~ chance 微乎其微的机会. **outside** adv 在外面 zài wàimiàn; 在外面 zài wàimiàn; 向…外面 xiàng wàimiàn; 在户外 zài hùwài: Please wait ~. 请在外面等候. **outside** (亦作 **outside of**, 尤用于美语) prep 1 在…的外面 zài… de wàimiàn; 向…的外面 xiàng…de wàimiàn; the bank 在银行外面. 2 超出…的范〔范〕围〔围〕chāochū…de fànwéi: ~ my areas of responsibility 超出我的责任范围. 3 除了 chúle; no interests ~ his work 他除了工作没有别的兴趣.

outsider /autˈsaɪdə(r)/ n [C] 外人 wàirén; 局外人 júwàirén; 组织以外的人 zǔzhī zhī wài de rén. 2 不大可能获〔获〕胜〔胜〕的选手(或赛马) búdà kěnéng huòshèng de

xuǎnshǒu.

outsize /ˈautsaɪz/ adj (尤指衣服)大于标〔标〕准〔准〕尺寸的 dàyú biāozhǔn chǐcùn de; 特大的 tèdàde.

outskirts /ˈautskɜːts/ n [pl] 市郊 shìjiāo; 郊区〔区〕jiāoqū.

outsmart /autˈsmɑːt/ v [T] 比…精明 bǐ… jīngmíng; 智胜〔胜〕zhìshèng.

outspoken /autˈspəʊkən/ adj 直言的 zhíyán de; 坦率的 tǎnshuài de.

outstanding /autˈstændɪŋ/ adj 1 杰〔杰〕出的 jiéchū de; 优〔优〕秀的 yōuxiù de. 2 显〔显〕著的 xiǎnzhù de; 突出的 tūchū de. (报酬、工作等)未偿〔偿〕付的 wèi chángfù de; 未完成的 wèi wánchéng de. **outstandingly** adv.

outstay /autˈsteɪ/ v 〔习语〕outstay one's welcome 做客时〔时〕间过〔过〕久 zuòkè shíjiān guòjiǔ.

outstrip /autˈstrɪp/ v [-pp-] [T] 胜〔胜〕过〔过〕shèngguò; 超过 chāoguò: Demand ~s ~ping production. 需求正在超过生产能力.

outward /ˈautwəd/ adj 1 (旅行)外出的 wàichū de; 出外的 chūwài de: the ~ flight 飞出的航班. 2 外面的 wàimiàn de; 在外的 zài wàimiàn de: an ~ appearance 外表. **outward** (亦作 **outwards**) adv 向外 xiàngwài; 离〔离〕家 líjiā. **outwardly** adv 表面上 biǎomiàn shang.

outweigh /autˈweɪ/ v [T] 在重要性方面超过〔过〕zài zhòngyàoxìng fāngmiàn chāoguò.

outwit /autˈwɪt/ v [-tt-] [T] 智胜〔胜〕zhìshèng.

outworn /autˈwɔːn/ adj 不能再用的 bùnéng zàiyòng de; 旧〔旧〕式的 jiùshìde.

oval /ˈəuvl/ n [C], adj 卵形的 luǎnxíng; 椭圆形的 tuǒyuánxíng.

ovary /ˈəuvərɪ/ n [C] [pl -ies] 〔解剖〕卵巢 luǎncháo.

ovation /əuˈveɪʃn/ n [C] 热〔热〕烈欢〔欢〕呼(或鼓掌)rèliè huānhū; 欢呼 huānhū.

oven /ˈʌvn/ n [C] 烤炉〔炉〕kǎolú; 烤箱 kǎoxiāng.

over[1] /ˈəuvə(r)/ prep 1 在…上面 zài…shàngmiàn; 覆盖〔盖〕在…上面 fùgài zài…shàngmiàn: spill oil on one's clothes 把油溅到自己的衣服上. 2 在…的上方 zài…de shàngfāng; 高于 gāoyú: They held an umbrella ~ her. 他们给她撑着一把伞. 3 (a) 从〔从〕…的一边〔边〕到另一边 cóng… de yìbiān dào ling yìbiān: *a bridge ～ the river* 一座桥横跨河上. (**b**) 在…另一边 zài…lìng yìbiān. (**c**) 越过〔过〕yuēguò: *jump ～ the wall* 跳过墙. **4** 遍及各处〔处〕(或大部分) biànjí gèchù: *travel all ～ Africa* 游遍非洲. **5** 多于 duōyú; 超过 chāoguò: *wait for ～ an hour* 等了一个多小时. **6** (表示控制,掌握等): *rule ～ an empire* 统治一个帝国. **7** 在…期间 zài…qíjiān: *discuss ～ lunch* 吃午饭时讨论此事. **8** 因为〔为〕yīnwéi; 由于 yóuyú: *an argument ～ money* 因钱而引起的争论. **9** 以 yǐ; 借 jiè: *hear it ～ the radio/telephone* 从无线电广播通讯〔讯〕中听到这件事. **10** 〔习语〕¡over and a'bove 除外 lìngwài. ⇨ over one's **head** ⇨ HEAD¹.

over² /'əʊvə(r)/ *adv* **1** (倒)下 xià; (掉)下 xià; 翻转〔转〕过〔过〕来 fānzhuǎn guòlái: *knock a vase ～* 把花瓶打翻. **2** 从〔从〕一边(到)另一边 cóng yìbiān dào lìng yìbiān: *turn a page ～* 翻过一页. **3** 穿过〔过〕(街道、开阔地等) chuānguò; 横过 héngguò: *Take this letter ～ to the post office.* 把这封信送到对面邮局去. **4** [用于 from 美语] 再; 又 yòu: *do it ～* 再做一次. **5** 余(留) yú(liú); 剩下 shèngxià: *the food left ～* 剩下的食物. **6** 加上 jiā shàng; 多… duō: *children of 14 and ～* 14岁和 14 岁以上的少年. **7** 结束 jiéshù; 完结 wánjié: *The meeting is ～.* 会议结束了. **8** 全部涂遍〔涂〕quánbù zhēbiàn: *paint sth ～* 把某物全部涂上颜料. **9** 〔习语〕¡(all) over a'gain 再一次 zài yīcì; ¡over and ¡over a'gain 一再 yīzài; 多次 duōcì.

over³ /'əʊvə(r)/ *n* [C] (板球)(投手的)一轮〔轮〕投球数〔数〕(一次连续投 6 个球) (yī cì liánxù tóuqiú liù gè qiú).

over- *prefix* **1** 在上 zài shàng; 越过〔过〕yuēguò: ～*land* 经由陆路的. ～*head* 头顶上的; 上空的. **2** 过多 guòduō: ～*eat* 吃得过多. ～*work* 工作时间过长.

overall¹ /,əʊvər'ɔːl/ *adj, adv* 包括一切的 bāokuò yīqiè de; 全部的 quánbù de; 总〔总〕共 zǒnggòng: *the ～ cost* 全部成本.

overall² /'əʊvərɔːl/ *n* **1** [C] [英国英语] 罩衫 zhàoshān; 罩衣 zhàoyī. **2 overalls** [pl] [英国英语] 工装〔装〕裤 gōngzhuāngkù.

overawe /,əʊvər'ɔː/ *v* [T] [常作被动语态]使(某人)敬畏 shǐ jìngwèi; 慑(服)服 shèfú.

overbalance /,əʊvə'bæləns/ *v* [I] 失去平衡 shīqù pínghéng; 跌倒 diēdǎo.

overbearing /,əʊvə'beərɪŋ/ *adj* [贬](专)横的 zhuānhéng de; 跋扈的 báhú de; 盛气〔气〕凌人的 shèng qì líng rén de. **overbearingly** *adv*.

overboard /'əʊvəbɔːd/ *adv* 自船边〔边〕缘落入水中 zì chuán biānyuán luòrù shuǐ zhōng; 向船外 xiàng xiānwài.

overcast /,əʊvə'kɑːst; US -'kæst/ *adj* (天空)阴〔阴〕的 yīnde, 多云〔云〕的 duōyúnde.

overcharge /,əʊvə'tʃɑːdʒ/ *v* [I,T] 要价〔价〕过〔过〕高 yàojià guògāo.

overcoat /'əʊvəkəʊt/ *n* [C] 大衣 dàyī.

overcome /,əʊvə'kʌm/ *v* [*pt* -came /-'keɪm/, *pp* -come] [T] **1** 击〔击〕败 jíbài; 战〔战〕胜〔胜〕zhànshèng; 制伏 zhìfú. **2** 使软弱 shǐ ruǎnruò; 使失去控制力 shǐ shīqù kòngzhìlì: ～ *by/with sadness* 因忧伤而不能自持.

overcrowded /,əʊvə'kraʊdɪd/ *adj* 过〔过〕度拥〔拥〕挤〔挤〕的 guòdù yōngjǐ de, **overcrowding** /-dɪŋ/ *n* [U].

overdo /,əʊvə'duː/ *v* [第三人称单数现在时 -does /-'dʌz/, *pt* -did /-'dɪd/, *pp* -done /-'dʌn/] **1** [T] 把…做得过〔过〕分 bǎ…zuòde guòfèn. **2** 〔习语〕'over'do it 工作过度 gōngzuò guòdù.

overdose /'əʊvədəʊs/ *n* [C, 常作 sing] (药物)过〔过〕量 guòliáng.

overdraft /'əʊvədrɑːft; US -dræft/ *n* [C] 透支 tòuzhī; 透支额 tòuzhī'é.

overdrawn /,əʊvə'drɔːn/ *adj* **1** (人)有透支的 yǒu tòuzhī de. **2** (账户)透支的 tòuzhīde.

overdrive /'əʊvədraɪv/ *n* [C, U] (汽车的)超速挡〔挡〕chāosùdǎng.

overdue /,əʊvə'djuː; US -'duː/ *adj* (到期)未付款的 wèi fùkuǎn de; 到期未还〔还〕的 dàoqī wèi huán de; 未到达的 wèi dàodá de; 延误〔误〕的 yánwùde.

overflow /,əʊvə'fləʊ/ *v* [I,T] **1** 溢出 yìchū; 泛滥〔滥〕tànlàn: *The river has ～ed its banks.* 河水漫过堤岸了. **2** 超过〔过〕…的范〔范〕围〔围〕chāoguò…de fànwéi. **over-**

flow /ˈəʊvəfləʊ/ n [C] **1** [常作 sing] 溢出物 yìchūwù. **2** 溢流管 yìliúguǎn.

overgrown /ˌəʊvəˈɡrəʊn/ adj (野草等)蔓生的 mànshēngde.

overhang /ˌəʊvəˈhæŋ/ v [pt, pp -hung /-ˈhʌŋ/] [I, T] 悬(懸)于…之上 xuán yú…zhī shàng; 突出于…之上 tūchū yú…zhī shàng. **overhang** /ˈəʊvəhæŋ/ n [C, 常作 sing] 悬垂(或突出)部分 xuánchuí bùfen.

overhaul /ˌəʊvəˈhɔːl/ v [T] 彻(徹)底检(檢)修 chèdǐ jiǎnxiū; 大修 dàxiū: ~ the engine 检修发动机. **overhaul** /ˈəʊvəhɔːl/ n [C, 常作 sing] 彻底检修 chèdǐ jiǎnxiū; 大修 dàxiū.

overhead /ˈəʊvəhed/ adj 在头(頭)顶上的 zài tóudǐng shang de; 离(離)地面的 lí dìmiàn de: ~ wires 架空线. **overhead** /ˌəʊvəˈhed/ adv 在头顶上 zài tóudǐng shang; 在空中 zài kōngzhōng: aircraft flying ~ 在空中飞行的飞机.

overheads /ˈəʊvəhedz/ n [pl] (企业等的)经(經)费(如房租、工资、保险等) jīngfèi.

overhear /ˌəʊvəˈhɪə(r)/ v [pt, pp -heard /-ˈhɜːd/] [T] 无(無)意中听到;偶然听到 tōutīngdào.

overjoyed /ˌəʊvəˈdʒɔɪd/ adj 极(極)高兴(興)的 jí gāoxìng de.

overland /ˈəʊvəlænd/ adv, 横越陆(陸)地(的)lùdì; 经(經)由陆路(的) jīng yóu lùlù.

overlap /ˌəʊvəˈlæp/ v [-pp-] [I, T] (与某物)部分重叠[疊]bùfen chóngdié; [喻] These two subjects ~. 这两门学科交叉重叠. **overlap** /ˈəʊvəlæp/ n [C, U] 重叠部分 chóngdié bùfen.

overleaf /ˌəʊvəˈliːf/ adv 在(纸的)背面 zài bèimiàn.

overload /ˌəʊvəˈləʊd/ v [T] **1** 使超载 shǐ chāozài; 使过(過)载 shǐ guòzài. **2** 使(电路等)超负荷 shǐ chāo fùhè. **overload** /ˈəʊvələʊd/ n [U].

overlook /ˌəʊvəˈlʊk/ v [T] **1** 俯视 fǔshì; 俯瞰 fǔkàn. **2** 忽略 hūlüè; 忽视 hūshì. **3** 宽恕 kuānshù: ~ a fault 宽容错误.

overmanned /ˌəʊvəˈmænd/ adj 人手过(過)多的 rénshǒu guòduō de; 人浮于事的 rén fú yú shì de.

overmanning /-nɪŋ/ n [U].

overnight /ˌəʊvəˈnaɪt/ adv **1** 在晚上 zài wǎnshang; 在夜里 zài yèlǐ; stay ~ 过夜. **2** [非正式用语]很 hěnkuài; 突然 tūrán: become a success ~ 一下子成功. **overnight** /ˈəʊvənaɪt/ adj: an ~ bag (短途旅行用的)小旅行袋.

overpass /ˈəʊvəpɑːs; US -pæs/ n [C] [尤用于美语]立交桥[橋] lìjiāoqiáo.

overpower /ˌəʊvəˈpaʊə(r)/ v [T] 以较强力量打败 yǐ jiàoqiáng lìliàng dǎbài; 制服 zhìfú. **overpowering** adj 强的 qiáng de; 厉(厲)害的 lìhai de: an ~ing smell 浓烈的臭味.

overrate /ˌəʊvəˈreɪt/ v [T] 对(對)…估计过[過]高 duì…gūjì guògāo.

overreach /ˌəʊvəˈriːtʃ/ v ~ oneself 因不自量力而失败 yīn bú zì liàng lì ér shībài.

over-react /ˌəʊvəriˈækt/ v [I] 反应(應)过(過)火 fǎnyìng guòhuǒ; 反应过激 fǎnyìng guòjī.

override /ˌəʊvəˈraɪd/ v [pt -rode /-ˈrəʊd/, pp -ridden /-ˈrɪdn/] [T] **1** 不理会(會)…的意见[見] bù lǐhuì…; 不顾[顧] búgù. **2** 比…更重要 bǐ…gèng zhòngyào. **overriding** adj 首要的 shǒuyàode.

overrule /ˌəʊvəˈruːl/ v [T] 否决 fǒujué; 驳回 bóhuí.

overrun /ˌəʊvəˈrʌn/ v [pt -ran /-ˈræn/, pp -run] [T] **1** 侵占[佔] qīnzhàn; 横行于 héngxíng yú: a house ~ by insects 满屋昆虫. **2** [I, T] 超越(时限) chāoyuè: The meeting might ~. 会议也许超过了原定时间.

overseas /ˌəʊvəˈsiːz/ adj, adv (在)海外的 hǎiwàide; (在)国[國]外的 guówàide; (间或来自)外国的 wàiguóde; 在(或)到海外 zài hǎiwài; 在(或到)国外 zài guówài.

oversee /ˌəʊvəˈsiː/ v [pt -saw /-ˈsɔː/, pp -seen /-ˈsiːn/] [T] 监[監]视 jiānshì; 监督 jiāndū. **overseer** /ˈəʊvəsɪə(r)/ n [C].

overshadow /ˌəʊvəˈʃædəʊ/ v [T] **1** 给…遮暗 gěi…zhē'àn; 使阴[陰]暗 shǐ yīn'àn. **2** [喻]使黯然失色 shǐ ànrán shīsè; 使不快 shǐ búkuài.

overshoot /ˌəʊvəˈʃuːt/ v [pt, pp -shot /-ˈʃɒt/] [T] 超过(過)(目标) chāoguò.

oversight /ˈəʊvəsaɪt/ n [C, U] 失察 shīchá; 疏忽 shūhu.

oversleep /ˌəʊvəˈsliːp/ v [pt, pp

-slept /-'slept/ [I] 睡得过(過)久,shuì de guòjiǔ;睡过头(頭) shuì-guòtóu.

overspill /'əʊvəspɪl/ n [U] [尤用于英国英语]城市过(過)剩人口的迁(遷)移 chéngshì guòshèng rénkǒu de qiānyí.

overstep /ˌəʊvə'step/ v [-pp-] [T] 超越(超出正常或容许的范围) chāoyuè.

overt /'əʊvɜːt; US əʊ'vɜːt/ adj [正式用语]公开(開)的 gōngkāide; ~ hostility 公然的敌意. **overtly** adv.

overtake /ˌəʊvə'teɪk/ v [pt -took /-'tʊk/, pp -taken /-'teɪkən/] 1 [I,T] 追上,赶(趕)上 chāoyuè. 2 [T] (不愉快的事)突然降临(臨) tūrán jiànglín.

overthrow /ˌəʊvə'θrəʊ/ v [pt -threw /-'θruː/, pp -thrown /-'θrəʊn/] [T] 推翻 tuīfān,打倒 dǎdǎo. **overthrow** /'əʊvəθrəʊ/ n [C].

overtime /'əʊvətaɪm/ n [U], adv 加班 jiābān;加班时(時)间 jiābān shíjiān;超时地 chāoshíde:在加班时间内 zài jiābān shíjiān nèi.

overtone /'əʊvətəʊn/ n [C, 常作 pl] 弦外之音 xián wài zhī yīn;暗示 ànshì.

overture /'əʊvətjʊə(r)/ n 1 [C] (歌剧等的)序曲 xùqǔ;前奏曲 qiánzòuqǔ. 2 [习语] **make overtures to sb** (向某人)做出友好表示 zuò chū yǒuhǎo biǎoshì.

overturn /ˌəʊvə'tɜːn/ v 1 [I,T] 翻倒 fāndǎo;倾覆 qīngfù;翻转(轉) fānzhuǎn. 2 [T] 否决 fǒujué;驳回 bóhuí. 3 [T] 推翻 tuīfān;颠覆 diānfù.

overview /'əʊvəvjuː/ n [C] 概述 gàishù;概观(觀) gàiguān.

overweight /ˌəʊvə'weɪt/ adj (人)体(體)重超常的 tǐzhòng chāochángde;肥胖的 féipàngde.

overwhelm /ˌəʊvə'welm/ US -'hwelm/ v [T] 1 (感情被动)使态(態)使无(無)助 wúzhù;使焦虑 jiāolǜ;ed by sorrow 不胜悲伤. 2 打败(敗)jìbài;压(壓)倒 yādǎo. **overwhelming** adj.

overwork /ˌəʊvə'wɜːk/ v 1 [I,T] (使)工作过(過)度 guòdù;(使)过劳 guòláo. 2 [T] 对(對)……使用过度 duì—— shǐyòng guòdù.

overwrought /ˌəʊvə'rɔːt/ adj 神经(經)紧(緊)张(張)的 shénjīng jǐnzhāngde;忧(憂)虑(慮)的 yōulǜde;不安的 bù'ānde.

ovulate /'ɒvjʊleɪt/ v [I] [医学]排卵 páiluǎn;产(產)卵 chǎnluǎn. **ovulation** /ˌɒvjʊ'leɪʃn/ n [U].

ovum /'əʊvəm/ n [C] [pl ova /'əʊvə/] [生物]卵子 luǎnzǐ;卵细胞 luǎnxìbāo.

ow /aʊ/ interj (表示疼痛):Ow! That hurt! 啊唷! 痛!

owe /əʊ/ v [T] 1 欠(债等)qiàn:I ~ him £10. 我欠他 10 英镑. 2 to 把……归(歸)功于 bǎ——guīgōng yú:Owe ~s her success to hard work. 她把成功归因于努力工作. 3 对(對)……感激 gǎnjī.

owing /'əʊɪŋ/ adj 未付的 wèifùde. **owing to** prep 由于 yóuyú.

owl /aʊl/ n [C] 猫头(頭)鹰 māotóuyīng.

own[1] /əʊn/ adj, pron 1 自己的 zìjǐde;属(屬)于自己的 shǔyú zìjǐ de:his ~ room 他自己的房间. a room of his ~ 他自己的房间. 2 [习语] **get one's own back (on sb)** [非正式用语]报(報)复(復) bàofù. **(all) on one's own (a)** 独(獨)自 dúzì. **(b)** 独力地 dúlìde.

own[2] /əʊn/ v [T] 1 有有;拥(擁)有 yōngyǒu:~ a house 拥有一所房子. 2 [短语动词] **own up (to sth)** [非正式用语]承认(認)有错 chéngrèn yǒucuò. **owner** n [C]. **ownership** n [U].

ox /ɒks/ n [C] [pl ~en /'ɒksn/] 牛 niú;(去势的)公牛 gōngniú.

oxygen /'ɒksɪdʒən/ n [U] 氧 yǎng,氧气(氣) yǎngqì. **'oxygen bar** n [C] 氧吧 yǎngbā.

oyster /'ɔɪstə(r)/ n [C] 蚝(蠔) háo;牡蛎(蠣) mǔlì. **'oyster-catcher** n [C] 蛎鹬 lìyù.

oz abbr [pl oz 或 ozs] ounce(s).

ozone /'əʊzəʊn/ n [U] 1 臭氧 chòuyǎng. 2 [非正式用语]清新空气(氣) qīngxīn kōngqì. **'ozone depletion** n [U] 臭氧层(層)损耗 chòuyǎngcéng sǔnhào;臭氧层破坏(壞) chòuyǎngcéng pòhuài. **ozone-friendly** adj 不损臭氧层的 bù sǔn chòuyǎngcéng de. **'ozone hole** n [C] 臭氧层空洞 chòuyǎngcéng kōngdòng. **'ozone layer** n [U] 臭氧层 chòuyǎngcéng.

P p

P, p /piː/ n [C] [pl P's, p's /piːz/] 英语中第十六个[個]字母 Yīngyǔ zhōng dìshíliùge zìmǔ.

P abbr **1** [英国非正式用语] penny; pence. **2** [pl pp] page.

pa /pɑː/ n [C] [非正式用语] 爸爸 bàba.

pace /peɪs/ n [C] **1** 一步 yíbù; 一步的距离[離] yíbù de jùlí. **2** [sing] (走或跑的)速度 sùdù. **3** (工作或发展的)速度 jìnbùde sùdù. **pace** v [I, T] 慢步行走 mànbù xíngzǒu; 踱步 duó tàngbù. **2** [T] 为[爲]…定速度 wèi…dìng sùdù. **3** [动词短语] **pace sth out/off** 用步测 bùcè. **'pace maker** n [C] (心脏)起搏器 qǐbóqì.

pacifism /ˈpæsɪfɪzəm/ n [U] 和平主义[義] hépíng zhǔyì; 反战[戰]主义 fǎnzhàn zhǔyì. **pacifist** /-ɪst/ n [C].

pacify /ˈpæsɪfaɪ/ v [pt, pp -ied] [T] 抚[撫]慰 fǔwèi; 使平静 shǐ píngjìng; 使息怒 shǐ xīnù. **pacification** /ˌpæsɪfɪˈkeɪʃn/ n [U].

pack[1] /pæk/ n [C] **1** 包 bāo; 包裹 bāoguǒ. **2** [尤用于美语] 小包(或袋) xiǎobāo; 小盒(或箱) xiǎohé. **3** (野兽的)一群 yìqún; a ~ of wolves 一群狼. **4** (人或物的)一伙 [夥] yìhuǒ; 一帮 yìbāng; a ~ of fools/lies 一伙傻子; 一派谎言. **5** (纸牌的)一副 yífù.

pack[2] /pæk/ v [I, T] **1** 包 bāo; 包装 bāozhuāng. **2** 把…装 [裝]入(箱,盒等) bǎ…zhuāngrù; ~ clothes in a bag 把衣物装入袋子里. **2** 用…包(或装)bāo; 用…充填 yòng…chōngtián; glass ~ed in paper 用纸包包的玻璃. **3** [I, T] (into) (物)塞满 sāimǎn; (人)挤[擠]满 jǐmǎn; Crowds ~ed (into) the theatre. 人群挤进剧院. **4** [短语动词] **pack sth in** [非正式用语] 停止做某事 tíngzhǐ zuò mǒushì. **pack sb off** [非正式用语] 打发[發]某人走 dǎfa mǒurén zǒu. **pack up** [非正式用语] (a) 结束工作 jiéshù gōngzuò. (b) (机器)出故障 chū

gùzhàng. **pack (sth) up** 整理(行装)并[並]离[離]开[開]某地 zhěnglǐ…bìng líkāi mǒudì. **packed** adj 拥[擁]挤的 yōngjǐde; 挤满的 jǐmǎnde.

package /ˈpækɪdʒ/ n [C] **1** 包裹 bāoguǒ. **2** [美语] 小包(或袋) xiǎobāo. **3** (亦作 **'package deal**) 一揽[攬]子交易 yìlǎnzi jiāoyì. **package** v [T] 将[將]…包装[裝] (如为出售) jiāng…bāozhuāng. **'package holiday/tour** n [C] (由旅行社代办的)包价(價)旅游 bāojià lǚyóu; 一揽子旅游 yìlǎnzi lǚyóu. **package 'tourist** n [C] 包价旅游游客 bāojià lǚyóu yóukè.

packet /ˈpækɪt/ n [C] **1** 小包(或盒、袋) xiǎobāo; a ~ of cigarettes 一小包香烟. **2** [sing] [非正式用语]大笔[筆]款项 dàbǐ kuǎnxiàng.

packing /ˈpækɪŋ/ n [U] **1** (货物)包装[裝] bāozhuāng; 包装[裝]业 bāozhuāngyè. **2** 包装材料 bāozhuāng cáiliào.

pact /pækt/ n [C] 协[協]定 xiédìng; 契约 qìyuē; 条[條]约 tiáoyuē; 公约 gōngyuē.

pad[1] /pæd/ n [C] **1** 垫[墊]垫 diàn; 衬[襯]垫 chèndiàn; 护[護]垫 hùdiàn; 护垫簿 pǎizhǐbù; 便笺[箋]本 biànjiānběn. **2** (航天器等的)发[發]射台[臺] fāshètái; (直升机的)起落台[臺] qǐluòtái. **3** [俚]住处 zhùchù. **4** (狗、狐等的)肉垫 ròuzhěn.

pad[2] /pæd/ v [-dd-] **1** [T] (用软物)填塞 tiánsāi; 覆盖[蓋] fùgài; 加垫 [墊](或衬)diàn. **2** [短语动词] **pad sth out** (用多余的内容)拉长 [長] lācháng. **padding** n [U] **1** (软的)垫料 diànliào; 衬[襯]料 chènliào. **2** (书等的)凑篇幅的材料 còu piānfú de cáiliào.

pad[3] /pæd/ v [-dd-] [短语动词] **pad about, along, etc** (轻[輕]脚步走 fāngqīng jiǎobù zǒu.

paddle[1] /ˈpædl/ n [C] 短桨[槳] duǎnjiǎng. **paddle** v [I, T] 用桨划 yòng jiǎng huá.

paddle[2] /ˈpædl/ v [I] 涉水 shèshuǐ; 蹚水 tāngshuǐ. **paddle** n [sing] 涉水 shèshuǐ; 蹚水 tāngshuǐ.

paddock /ˈpædək/ n [C] (放牧、驯马等的)小围[圍]场[場] xiǎo wéichǎng.

paddy (亦作 **'paddy-field**) /ˈpædɪ/ n [C] [pl -ies] 稻田 dàotián.

padlock /'pædlɒk/ n [C] 挂[掛]锁 guàsuǒ; 扣锁 kòusuǒ. **padlock** v [T] 用挂锁锁住 yòng guàsuǒ suǒ.

paediatrics /ˌpiːdɪ'ætrɪks/ n [用 sing 或 v] 儿[兒]科学[學] érkēxué. **paediatrician** /ˌpiːdɪə'trɪʃn/ n [C] 儿科医[醫]师[師] érkē yīshī; 儿科医学家 érkēxuéjiā.

pagan /'peɪgən/ n [C] 异[異]教徒 yìjiàotú. **pagan** adj 异教徒的 yìjiàotúde. **paganism** n [U].

page[1] /peɪdʒ/ n [C] 1 (书等的)页 yè. 2 (纸的)张[張]张 zhāng.

page[2] (亦作 **page-boy**) /peɪdʒ/ n [C] 1 男仆 nánshí. 2 (婚礼上的)男傧相 nán bīnxiàng.

page[3] v [T] 1 用寻[尋]呼机(機)寻[發]呼某人 yòng xúnhūjī xúnhū gei. 2 用寻呼机呼唤 yòng xúnhūjī hūhuàn; 呼叫.

pager /'peɪdʒə(r)/ n [C] 寻[尋]呼机(機) xúnhūjī; 呼机.

pageant /'pædʒənt/ n [C] 1 露天演出的历[歷]史剧[劇] lùtiān yǎnchū de lìshǐjù. 2 壮[壯]丽[麗]的场[場]面 zhuànglìde chǎngmiàn. **pageantry** n [U] 盛况 shèngkuàng.

pagoda /pə'gəʊdə/ n [C] (印度、东亚的)塔 tǎ;宝[寶]塔 bǎotǎ.

paid pt, pp of PAY[1].

pail /peɪl/ n [C] 桶 tǒng.

pain /peɪn/ n 1 [U] 痛苦 tòngkǔ; cry with ~ 疼得大叫. 2 [C] (身体某部分的)疼痛 téngtòng; a ~ in her leg 她的腿痛. 3 [C] [非正式用语]令人厌[厭]烦的人(或事) lìng rén yànfán de rén. **a pain in the neck** [非正式用语]令人厌烦的人(或事) lìng rén yànfán de rén. **pain** v [T] 使痛苦 shǐ tòngkǔ; 使(难[難]过) shǐ nánguòde. **pained** adj 痛苦的 tòngkǔde; 难[難]过(过)的 nánguòde; a ~ed look 一副痛苦相. **painful** adj 疼痛的 téngtòngde; 痛苦的 tòngkǔde. **painless** adj 不痛的 bútòngde.

pains /peɪnz/ n [pl] [习语] **take (great) ~ by be at pains to do sth** 尽[盡]力去做 jìnlì qù zuò. **painstaking** adj 十分小心的 shífēn xiǎoxīn de; 仔细的 zǐxìde.

paint /peɪnt/ n 1 [U] 油漆 yóuqī; 涂[塗]料 túliào. 2 **paints** [pl] (一套)管装[裝]的颜料 guǎnzhuāngde yánliào. **paint** v 1 [习语] 用~画[畫]画 huà; ~ flowers 画花卉. 2 [T] 油漆 yóuqī; 涂饰[飾]涂~

shì; ~ the door 油漆门. 3 [T] [喻]描写[寫] miáoxiě; 描绘[繪] miáohuì. 4 [习语] **paint the 'town red** [非正式用语]饮酒作乐[樂] yǐnjiǔ zuòlè; 狂欢[歡] kuánghuān. **painting** n 1 [U] 涂色 túsè; 油漆 yóuqī; 绘画技巧 huìhuà jìqiǎo; 绘画 huìhuà. 2 [C] 图[圖]画 huà. **paintwork** n [U] 已涂颜料的表面 yìtú yánliào de biǎomiàn.

painter /'peɪntə(r)/ n [C] 1 画[畫]家 huàjiā. 2 油漆工 yóuqīgōng; 粉刷工 fěnshuāgōng.

pair /peə(r)/ n [C] 1 一双[雙]yìshuāng; 一对[對]yíduì; 一副 yífù; a ~ of shoes 一双鞋. 2 [C] (由两个相同部分组成的)一件 yíjiàn; 一条[條]yìtiáo; a ~ of trousers/scissors 一条裤子/一把剪刀. 3 [C,亦作 sing,用 pl v]两个(個)关[關]系[係]密切的人(如一对夫妇、一对情侣)liǎngge guānxì mìqiè de rén. **pair** v [I,T] (off) (使)成对 chéngduì; (使)成双 chéngshuāng; ~ (off) a pile of socks 使一堆袜子成为一双一双的袜子.

pajamas [美语] = PYJAMAS.

pal /pæl/ n [C] [非正式用语]朋友 péngyou.

palace /'pæləs/ n [C] 1 王宫 wánggōng; 宫殿 gōngdiàn; 豪华[華]住宅 háohuá zhùzhái.

palaeontology /ˌpælɪɒn'tɒlədʒɪ/ (亦作 paleon- /ˌpeɪlɪ-/, 尤用于美语) n [U] 古生物学[學] gǔshēngwùxué. **palaeontologist** (亦作 paleon-, 尤用于美语) /-dʒɪst/ n [C].

palatable /'pælətəbl/ adj 1 可口的 kěkǒude; 美味的 měiwèide. 2 [喻]合意的 héyìde; 认[認]可的 rènkěde; The truth is not always very ~. 事实真相并不尽如人意.

palate /'pælət/ n [C] 1 腭 è. 2 [常作 sing] 味觉[覺] wèijué.

palatial /pə'leɪʃl/ adj 像宫殿的 xiàng gōngdiàn de; 壮[壯]丽[麗]的 zhuànglìde; a ~ hotel 富丽堂皇的旅馆.

palaver /pə'lɑːvə(r)/ US -'læv-/ n [U,sing] [非正式用语]烦恼[惱] fánnǎo;忙乱[亂] mángluàn.

pale[1] /peɪl/ adj (~r, ~st) 1 (脸色)苍[蒼]白的 cāngbáide. 2 (颜色)浅[淺]的 qiǎnde; 暗淡的 àndànde; ~ blue eyes 淡蓝色的眼睛. **pale** v 1 变[變]苍白 biàn cāngbái. 2 相形失色 xiāng xíng shísè: 相形见绌 xiāng xíng jiàn chù: *Compared to your problems mine ~ into insignificance.* 我的问题和你的比起来显得微不足道了. **paleness** *n* [U].

pale[2] /peɪl/ *n* [习语] be,yond the 'pale 越轨的 yuèguǐde: *Your remarks are beyond the ~.* 你的话出格了.

paleo- = PALAEO-.

palette /'pælət/ *n* [C] 调色板 tiáo-sèbǎn.

paling /'peɪlɪŋ/ *n* [C] 栅栏 zhàlan: 木桩 mùzhā.

pall[1] /pɔːl/ *v* [I] 生厌(厌) shēng-yàn: 乏味 fáwèi: 厌烦 yànfán.

pall[2] /pɔːl/ *n* 1 棺罩 guān-zhào: 柩衣 jiùyī. 2 [常作 sing] [喻](阴暗色的)遮盖(盖)物 zhēgàiwù: *a ~ of smoke* 一片浓烟. 'pallbearer /'pælbeərə(r)/ *n* [C] (出殡时)抬棺者 táiguānzhě.

pallet /'pælɪt/ *n* [C] (移动或堆放货物的)托盘(盤) tuōpán: 集装(裝)架 jízhuāngjià: 货板 huòbǎn.

pallid /'pælɪd/ *adj* 苍(蒼)白的 cāngbáide: 无(無)血色的 wú xuèsè de. **pallor** /'pælə(r)/ *n* [U].

palm[1] /pɑːm/ *n* [C] 手掌 shǒu-zhǎng: 手心 shǒuxīn. **palm** *v* [短语动词] palm sth off (on sb) [非正式用语]把(想)(將)(令人讨厌的东西)卖(勸)说别人接受 jiǎng-quànshuō biérén jiēshòu: *She always ~s off her old clothes on me.* 她总是哄骗我接受她穿不了的旧衣服. 'palmtop *n* [C] 掌上电(電)脑(腦) zhǎngshàng diànnǎo.

palm[2] /pɑːm/ *n* (亦作 **'palm-tree**) /pɑːm/ *n* [C] 棕榈树(樹) zōnglǘshù.

palmist /'pɑːmɪst/ *n* [C] 看手相者 kànshǒuxiàngzhě. **palmistry** *n* [U] 手相术(術) shǒuxiàngshù.

palpable /'pælpəbl/ *adj* [正式用语]明显(顯)的 míngxiǎnde: 可感知的 kě gǎnzhī de: 摸得出的 mōdechūde. **palpably** /-əblɪ/ *adv*.

palpitate /'pælpɪteɪt/ *v* [I] 1 (心脏)急速地跳动(動) jísù de tiàodòng. 2 (人)颤抖 chàndǒu. **palpitation** /ˌpælpɪ'teɪʃn/ *n* [U, C, 常作 pl].

paltry /'pɔːltrɪ/ *adj* [-ier, -iest] 没价(價)值的 méi jiàzhí de: 微不足道的 wēi bù zú dào de.

pamper /'pæmpə(r)/ *v* [T] 纵(縱)容 zòngróng: 娇(嬌)养(養) jiāoyǎng.

pamphlet /'pæmflɪt/ *n* [C] 小册子 xiǎocèzi.

pan[1] /pæn/ *n* [C] 1 平底锅(鍋) píngdǐguō: 盘(盤)(状)器皿 pán-zhuàng qìmǐn: *a 'frying-* 煎锅. 2 盆状器皿 pénzhuàng qìmǐn: *a toilet ~* 卫生间马桶. **pan** *v* [-nn-] 1 1 (*for*) (用淘盘)淘 táo, 2 [非正式用语]严(嚴)厉(厲)[属]地批评 yánlì de pīpíng. 3 [短语动词] **pan out** [喻](事情)发(發)展 fāzhǎn: 结果 jié-guǒ: *How did things ~ out?* 事情的结果怎么样?

pan[2] /pæn/ *v* [-nn-] [I, T] (为拍摄全景或动景)向左或向右移动(動)(摄影机) xiàng zuǒ huò xiàng yòu yídòng: 摇镜头(頭) yáo jìng-tóu.

panacea /ˌpænə'sɪə/ *n* [C] 治百病的药(藥) zhì bǎibìng de yào: 万(萬)灵(靈)药 wànlíngyào.

panache /pæ'næʃ; US pə-/ *n* [U] 炫耀 xuànyào: 神气(氣)十足 shénqì shízú: 炫耀 xuànyào.

pancake /'pænkeɪk/ *n* [C] 烙饼 làobǐng: 薄饼 báobǐng.

pancreas /'pæŋkrɪəs/ *n* [C] 胰 yí, 胰腺 yíxiàn.

panda /'pændə/ *n* [C] 大熊猫 dà xióngmāo: 大猫熊 dà māoxióng.

pandemonium /ˌpændɪ'məʊnɪəm/ *n* [U] 大混乱(亂) dà hùnluàn: 喧闹(鬧) xuānnào.

pander /'pændə(r)/ *v* [短语动词] **pander to sb/sth** 迎合(他人的低级趣味等) yínghé: *newspapers that ~ to the public's interest in violence* 迎合公众对暴力的兴趣的报纸.

pane /peɪn/ *n* [C] (窗上的)单(單)块(塊)玻璃 dānkuài bōli.

panel /'pænl/ *n* [C] 1 镶板 xiāng-bǎn: 嵌板 qiànbǎn. 2 控制板 kòng-zhìbǎn: 仪(儀)表(錶)板 yíbiǎobǎn. 3 (广播、电视中)座谈小组 zuòtán xiǎozǔ: 答问小组 dáwèn xiǎozǔ. **panel** *v* [-ll-; 美语 -l-] [T] (用镶板等)镶嵌 xiāngqiàn. **panelling** (美语 -l-) *n* [U] 镶板细工 xiāngbǎn xìgōng: 镶板饰面 xiāngbǎn shì-miàn.

pang /pæŋ/ *n* [C] 一阵剧(劇)痛 yízhèn jùtòng: 悲痛 bēitòng.

panic /'pænɪk/ *n* [U,C] 惊(驚)慌 jīnghuāng: 恐慌 kōnghuāng. **panic** *v* [-ck-] [I] 惊慌 jīnghuāng: 惊恐 jīngkǒng. **panicky** *adj* [非正式用语]惊慌的 jīnghuāngde: 惊慌引起的 jīnghuāng yǐnqǐ de. 'panic-stricken *adj* 惊慌失措的 jīng-

huāng shīcuò de; 万[萬]分恐慌的
wànfēn kǒnghuāng de.

pannier /'pænɪə(r)/ n [C] (自行
车两侧的挂[掛]篮[籃] guàlán;挂
包 guàbāo.

panorama /ˌpænə'rɑːmə; US
-'ræmə/ n [C] 全景 quánjǐng.
panoramic /-'ræmɪk/ adj.

pansy /'pænzɪ/ n [C] (pl **-ies**) 1
三色堇 sānsèjǐn. 2 [非正式用语,
贬]女性化的男子 nǚxìnghuàde nán-
zǐ;同性恋[戀]男子 tóngxìngliàn
nánzǐ.

pant /pænt/ v [I] 气[氣]喘 qì-
chuǎn;喘息 chuǎnxī. **pant** n [C]
喘息 chuǎnxī;气喘 qìchuǎn.

panther /'pænθə(r)/ n [C] 豹
bào;黑豹 hēibào.

panties /'pæntɪz/ n [pl] [非正式
用语]女用紧[緊]身短衬[襯]裤
jǐnshēn duǎnchènkù.

pantomime /'pæntəmaɪm/ n [C,
U] (圣诞节期间演出的)童话剧
[劇] tónghuàjù.

pantry /'pæntrɪ/ n [C] (pl **-ies**)
食品(储藏)室 shípǐnshì.

pants /pænts/ n [pl] 1 [英国英
语]男用的、女用的)内裤 nèikù. 2
[尤用于美语]裤子 kùzi.

papa /pə'pɑː; US 'pɑːpə/ n [C]
[旧,非正式用语](儿语)爸爸 bà-
ba.

papal /'peɪpl/ adj 教皇的 jiào-
huángde.

paper /'peɪpə(r)/ n 1 [U] 纸 zhǐ.
2 [C] 报[報]纸 bàozhǐ. 3 **papers**
[pl] 文件 wénjiàn. 4 [C] 试卷 shì-
juàn. 5 [C] 文章 wénzhāng;论[論]
文 lùnwén. **paper** v [T] 用壁纸裱
糊(墙壁) yòng bìzhǐ biǎohú
(qiáng). 'paperback n [C] (书)平装[裝]
本 píngzhuāngběn; 纸面本 zhǐmiàn-
běn. 'paper-boy, 'paper-girl n
[C] 送报男孩 sòngbào nánhái;送报
女孩 sòngbào nǚhái. 'paper-clip
n [C] 回[迴]形针 huíxíngzhēn.
paperweight n [C] 镇纸 zhènzhǐ.
paperwork n [U] 文书[書]工作
wénshū gōngzuò.

paprika /'pæprɪkə; US pə'priːkə/
n [U] 辣椒粉 làjiāofěn.

par /pɑː(r)/ n 1 [sing] (高尔夫
球)规定击(擊)球次数[數](18 个
六共 72 次)guīdìng jīqiú cìshù;(标
[標]准[準]杆[桿]数 biāozhǔn gǎn-
shù. 2 [习语] below par [非正式
用语]一般水平以下 yìbān shuǐpíng
yǐxià;不佳 bùjiā. on a par
with sb/sth 与[與]…同等重要 yǔ
…tóngděng zhòngyào;与…同水平
yǔ…tóng shuǐpíng.

parable /'pærəbl/ n [C] (尤指《圣
经》中的)寓言故事 yùyán gùshì.

parachute /'pærəʃuːt/ n [C] 降落
伞[傘] jiàngluòsǎn. **parachute** v
[I, T] 跳伞 tiàosǎn;用降落伞空投
yòng jiàngluòsǎn kōngtóu. **para-
chutist** n [C] 跳伞者 tiàosǎn-
zhě.

parade /pə'reɪd/ n [C] 1 (部队的)
检[檢]阅 jiǎnyuè. 2 游行 yóuxíng.
parade v [I, T] (为检阅等)集
合(部队)jíhé. 2 [I]游行 yóuxíng;
列队[隊]行进[進]lièduì xíngjìn. 3
[T]炫耀 xuànyào;展示 zhǎnshì;~
one's wealth 炫耀个人的财富.

paradise /'pærədaɪs/ n 1 天
堂 tiāntáng;天国[國]tiānguó. 2
[C,常作 sing, U] 乐[樂]园[園]
lèyuán;乐土 lètǔ.

paradox /'pærədɒks/ n [C] 似非
而是的言论 sì'ér shìde yánlùn;
似矛盾而可能正确[確]的说法 sì
máodùn ér kěnéng zhèngquè de
shuōfǎ. **paradoxical** /ˌpærə'dɒk-
sɪkl/ adj. **paradoxically** /-klɪ/
adv.

paraffin /'pærəfɪn/ n [U] 煤油
méiyóu.

paragon /'pærəgən; US -gɒn/ n
[C] (of) 典范[範] diǎnfàn;完人
wánrén;She is a ~ of virtue.
她是美德的典范.

paragraph /'pærəgrɑːf; US -græf/
n [C] (文章的)段落 duànluò;段
[節]jié.

parakeet /'pærəkiːt/ n [C] 长[長]
尾鹦鹉 chángwěi yīngwǔ.

parallel /'pærəlel/ adj 1 平行的
píngxíngde. 2 [喻]类[類]似的 lèi-
side. **parallel** n 1 [C, U] 类似的
(人(或事)的类似物 lèisìwù. 2 相
比 duìbǐ;比较 bǐjiào;draw a ~
between A and B 把 A 和 B 作一
比较. **parallel** v [T] 与[與]…相
当(當)yǔ…xiāngdāng;与…相似
yǔ…xiāngsì.

parallelogram /ˌpærə'leləgræm/
n [C] 平行四边[邊]形 píngxíng sì-
biānxíng.

paralyse (美语 -lyze) /'pærəlaɪz/
v [T] 1 使麻痹 shǐ mábì;使瘫[癱]
痪 shǐ tānhuàn. 2 [喻]使不能正常
活动[動] shǐ bùnéng zhèngcháng
huódòng;使丧[喪]失作用力 shǐ
sàngshī zuòyònglì;The city was
~d by the railway strike. 铁路
罢工使该市陷于瘫痪.

paralysis /pə'ræləsɪs/ n [U] 1 麻

痹 mábì; 瘫(癱)痪 tānhuàn. 2 [喻]
(活动、工作等)瘫痪 tānhuàn.

paralytic /ˌpærəˈlɪtɪk/ *adj* 1 麻
痹的 mábìde; 瘫痪的 tānhuànde. 2
[英俚]酩酊大醉的 mǐngdǐng dàzuì-
de. **paralytic** *n* [C] 麻痹症患者
mábìzhèng huànzhě; 瘫痪病人 tān-
huàn bìngrén.

parameter /pəˈræmɪtə(r)/ *n* [C],
常作 pl] 起限定作用的因素 qǐ
xiàndìng zuòyòng de yīnsù; 界限 jiè-
xiàn.

paramilitary /ˌpærəˈmɪlɪtrɪ; US
-terɪ/ *adj* 准军事的 zhǔnjūnshìde;
辅助军事的 fǔzhù jūnshì de.

paramount /ˈpærəmaʊnt/ *adj*
[正式用语]最重要的 zuì zhòngyào
de 首要的 shǒuyàode.

paranoia /ˌpærəˈnɔɪə/ *n* [U] 妄想
狂 wàngxiǎngkuáng; 偏执(執)狂
piānzhíkuáng; 多疑症 duōyízhèng.

paranoid /ˈpærənɔɪd/ *adj*, *n*
[C] 有妄想狂的(人) yǒu wàng-
xiǎngkuáng de; 有偏执狂的(人)
yǒu piānzhíkuáng de; 多疑的(人)
duōyíde.

parapet /ˈpærəpɪt/ *n* [C] 屋顶、
桥梁等边缘的矮护(護)墙(牆) ǎi-
hùqiáng.

paraphernalia /ˌpærəfəˈneɪlɪə/ *n*
[U] (个人的)随(隨)身物品 suí-
shēn wùpǐn.

paraphrase /ˈpærəfreɪz/ *v* [T],
n [C] 将(將)…释(釋)义(義)
jiāng…shìyì; 将…意译(譯)
yìyì;(对一段文字的)释义 shìyì; 意
译 yìyì.

parasite /ˈpærəsaɪt/ *n* [C] 1 寄生
物(如寄生虫、寄生植物) jìshēng-
wù. 2 [喻]靠他人为(爲)生的人 kào
tārén wéishēng de rén. **para-
sitic** /ˌpærəˈsɪtɪk/ *adj*.

parasol /ˈpærəsɒl; US -sɔːl/ *n* [C]
阳(陽)伞(傘) yángsǎn.

paratroops /ˈpærətruːps/ *n* [pl]
伞(傘)兵部队(隊) sǎnbīng bùduì.
paratrooper /-pə(r)/ *n* [C].

parcel /ˈpɑːsl/ *n* [C] 包 bāo; 包裹
bāoguǒ. **parcel** *v* [-ll-; 美语 -l-]
[短语动词] **parcel sth out** 将(將)
…分成若干部分 jiāng…fēnchéng
ruògān bùfen. **parcel sth up** 将…
打包 jiāng…dǎbāo.

parched /pɑːtʃt/ *adj* 1 干(乾)透的
gāntòude. 2 干枯的 gānkūde. 3 [非
正式用语]干渴的 kǒukěde.

parchment /ˈpɑːtʃmənt/ *n* [C] 1 羊
皮纸 yángpízhǐ. 2 仿羊皮纸 fǎng
yángpízhǐ.

pardon /ˈpɑːdn/ *n* [C, U] 1 原谅

yuánliàng; 宽恕 kuānshù. 2 赦免
shèmiǎn. **pardon** *v* [T] 原谅
yuánliàng; 宽恕 kuānshù. **pardon**
interj (用以请求某人重复所说).
pardonable *adj* 可原谅的 kě
yuánliàng de;可宽恕的 kě kuānshù
de.

pare /peə(r)/ *v* [T] 1 剥皮 bāo
xiāo; 剥去(外皮) bōqù. 2 [短语动
词] **pare sth down** 削减某物 xuē-
jiǎn mǒuwù.

parent /ˈpeərənt/ *n* [C] 父亲(親)
fùqīn; 母亲 mǔqīn. **parental** /pə-
ˈrentl/ *adj*.

parenthesis /pəˈrenθəsɪs/ *n* [C]
[*pl* **-eses** /-əsɪːz/] 1 插入成分
chārù chéngfen; 插入句 chārùjù; 插
入词 chārùcí. 2 [常作 pl] 圆括号
(號) (yuánkuòhào.

parish /ˈpærɪʃ/ *n* [C] 教区(區)
jiàoqū. **parishioner** /pəˈrɪ-
ʃə(r)/ *n* [C] 教区居民(经常上教
堂礼拜者) jiàoqū jūmín.

parity /ˈpærətɪ/ *n* [U] [正式用语]
相等 xiāngděng; 对(對)等 duìděng.

park /pɑːk/ *n* [C] 公园(園) gōng-
yuán. **park** *v* [I, T] 停放(车辆)
tíngfàng. **park-and-ride** *n* [U]
(火车站、公共汽车站等为方便者提
供的停车(車)换乘公共车辆(輛)
方式 tíngchē huànchéng gōnggòng
chēliàng fāngshì. 2 停车换乘公
共车辆处 tíngchē huànchéng
gōnggòng chēliàng chù. **parking-
meter** *n* [C] 停车计时(時)收费器
tíngchē jìshí shōufèiqì. '**parkland**
n [U] 林(樹)木丛(叢)生的开(開)阔草
地 yǒu shùmù de kāikuò cǎodì.

parliament /ˈpɑːləmənt/ *n* [C, 亦
作 sing, 用 pl v] 议(議)会(會) yì-
huì; 国(國)会 guóhuì. **parliamen-
tary** /ˌpɑːləˈmentrɪ/ *adj*.

parlour (美语 **-lor**) /ˈpɑːlə(r)/ *n*
[C] 1 (旧时)客厅(廳) kètīng; 会
(會)客室 huìkèshì. 2 [尤用于美
语]店 diàn; 馆 guǎn: *an ice'cream
~* 冷饮店.

parochial /pəˈrəʊkɪəl/ *adj* 1 [正
式用语]教区(區)的 jiàoqūde. 2
[喻]范围狭小的 piànxiáde; 狭
隘的 xiáʼàide: *a ~ attitude* 偏狭
的态度. **parochially** *adv*.

parody /ˈpærədɪ/ *n* [*pl* **-ies**]
[C,U] (滑稽)模仿(倣)诗文 mó-
fǎng shīwén. 2 [C] 拙劣的模仿
(倣)客 huìkèshì. 2 [尤用于美
zhuōliède mófǎng: *a ~ of justice*
假装公正. **parody** *v* [*pt*, *pp*
-ied] [T] 通过(過)模仿嘲弄 tōng-

guǒ mófǎng cháonòng.

parole /pə'rəʊl/ n [U] (刑满前)有
条(條)件释(釋)放 yǒutiáojiàn shì-
fàng; 假释 jiǎshì. **parole** v [T] 假
释 jiǎshì.

paroxysm /'pærəksɪzəm/ n [C]
[正式用语] (愤怒、疼痛等的)发
(發)作 fāzuò; 阵发 zhènfā.

parquet /'pɑːkeɪ; US pɑr'keɪ/ n
[U] 拼花地板 pīnhuā dìbǎn.

parrot /'pærət/ n [C] 鹦鹉 yīng-
wǔ. **parrot** v [T] 鹦鹉学(學)舌
般地重复(複) yīngwǔ xuéshé bān de
chóngfù.

parry /'pærɪ/ v [pt, pp -ied]
[T] 挡(擋)开(開) dǎngkāi; 避开
bìkāi. **parry** n 挡开 dǎngkāi;
避开 bìkāi.

parsimonious /ˌpɑːsɪ'məʊnɪəs/
adj [正式用语, 贬](过)度(过)于节
(節)俭(儉)的 guòyú jiéjiǎn de; 吝
啬的 lìnsè de.

parsley /'pɑːslɪ/ n [U] (簇叶)欧
(歐)芹 ōuqín; 荷兰(蘭)芹 hélán-
qín.

parsnip /'pɑːsnɪp/ n [C,U] 欧(歐)
洲防风(風)(根长,黄色,可食) ōu-
zhōu fángfēng.

parson /'pɑːsn/ n [C] 教区(區)
牧师(師) jiàoqū mùshī. **parsonage**
/-ɪdʒ/ n [C] (教区)牧师住所 mù-
shī zhùsuǒ.

part¹ /pɑːt/ n [C] 1 (of) 部分
bùfen; We spent (a) ~ of our
holiday in Paris. 我们的假期部
分是在巴黎度过的. 2 (机器的)部
件 bùjiàn; spare ~s 备件. 3 (国
家、市镇的)地区(區) dìqū. 4 等分
中的一份 děngfēn zhōng de yífèn;
…分之一 … fēn zhī yī. 5 [常作
sing] (活动中个人的)作用 zuò-
yòng;份儿(兒) fènr; (戏剧、电影中
的)角色 juésè. 6 [音乐]部分 bù-
fen;声(聲)部 shēngbù; 段 duàn. 7 [习语]
for the 'most part 多半 duōbàn;
通常 tōngcháng. **on my, 'his,
'her, etc part** 我(我、他、她等)
来说 (就… 而) lái shuō. **in 'part** 在某
种(種)程度上 zài mǒuzhǒng chéng-
dù shàng. **on sb's part** 由某人做
出 yóu mǒurén zuòchū. **take part
(in sth)** 参(參)加 cānjiā; 参
(與) cānyù. **take sb's part** 支持
某人(如在辩论中) zhīchí mǒurén.
part adv 部分地 bùfende. **partly**
adv 在一定程度上 zài yídìng
chéngdù shàng; 不完全地 bù wán-
quán de. **part of 'speech** n
[语法]词类(類)(如名词、动词等)
cílèi; 词 性 cíxìng. **part-'time**
adv, adj 部分时(時)间工作(的)
bùfen shíjiān gōngzuò; 兼职(職)
(的) jiānzhí.

part² /pɑːt/ v [I, T] 分开(開)
fēnkāi; 分离(離) fēnlí; The clouds
~ed. 云散开了. ~ two people
把两人拉开了. 2 [T] 将(將)(头发)
梳成分头(頭) jiāng…shūchéng fēn-
tóu. 3 [习语] **part 'company
(with sb/sth)** (a) 与人分散(散);
各奔东西 gè bēn dōng xī. (b) 与
(與)…意见不合 yǔ…yìjiàn bùhé. 4
[短语动词] **part with sth** 放弃
(棄) 某物 fàngqì mǒuwù; She'll
never ~ with her family
jewels. 她永远不会变卖家中的珠
宝. **parting** n [U,C] 离别 líbié;
分手 fēnshǒu. 2 (头发的)分缝
fēnfèng.

partial /'pɑːʃl/ adj 1 不完全的
bù wánquán de; 部分的 bùfende; only
a ~ success 仅部分成功. 2 (to-
wards) 偏向的 piānxiàng de; 偏心
的 piānxīn de; 偏袒的 piāntǎn de. 3
to (rather) ~ to cakes. 他特别喜
欢吃蛋糕. **partiality** /ˌpɑːʃɪ'ælətɪ/
n [U] 偏向 piānxiàng; 偏袒 piān-
tǎn. 2 [C, 常作 sing] 偏爱 piān'ài;
特别喜爱 tèbié xǐ'ài. **partially**
/'pɑːʃəlɪ/ adv 不完全地 bù wán-
quán de; 部分地 bùfende.

participate /pɑː'tɪsɪpeɪt/ v [I]
(in) 参(參)加 cānjiā; 参与(與)
cānyù 参加者 cānyùzhě. **partici-
pation** /pɑːˌtɪsɪ'peɪʃn/ n [U].

participle /'pɑːtɪsɪpl/ n [C] [语
法]分词 fēncí; 'Hurrying' and
'hurried' are the present and
past ~s of 'hurry'. 'hurrying'
和 'hurried' 是 'hurry' 的现在分
词和过去分词.

particle /'pɑːtɪkl/ n [C] 1 粒子 lì-
zǐ;微粒 wēilì. 2 [语法]小品词
xiǎopǐncí.

particular /pə'tɪkjʊlə(r)/ adj 1
个(個)别的 gèbié de; in this ~
case 在这个特定情况下. 2 特殊的
tèshū de; 特别的 tèbié de; of ~
interest 特殊的兴趣. 3 (about)
挑剔的 tiāotī de; 苛(嚴)求的 kēqiú
de;难(難)以满足的 nányǐ mǎnzú
de. 4 [习语] **in par'ticular** 特别
地 tèbié de; 尤其 yóuqí; I like these
flowers in ~. 我尤其喜欢这些
花. **particular** n [C, 常作 pl] 详

息 xīnxī; 细节 [節] xìjié. **particularly** adv 尤其 yóuqí; 特别地 tèbiéde.

partisan /ˌpɑːtɪˈzæn; US ˈpɑːtɪzn/ n [C] 1 热[熱]情而盲目的支持者 rèqíng ér mángmù de zhīchízhě. 2 敌[敵]后[後]游击[擊]队[隊]员 díhòu yóujíduìyuán. **partisan** adj 盲从[從]的 mángcóngde; 偏袒的 piāntǎnde.

partition /pɑːˈtɪʃn/ n [C] 1 (房子中的)隔断[斷] (隔墙(牆)) gégéqiáng. 2 分割 fēngē; 分裂(国家) fēnliè. **partition** v 1 [T] 把…分成部分 bǎ…fēnchéng bùfen; 分割 fēngē. 2 [短语动词] **partition sth off** 隔开[開] gékāi.

partner /ˈpɑːtnə(r)/ n [C] 1 合伙[夥]人 héhuǒrén; 股东 gǔdōng; 伙伴 huǒbàn. 2 (跳舞、打球等的)伙伴 tóngbàn; 搭档[檔] dādàng. 3 配偶或情人 qíngrén. **partner** v 做…的同伴(或搭档) zuò…de tóngbàn. **partnership** n 1 [U] 合伙人身份 héhuǒrén shēnfen; 合股 hégǔ; 合伙 [經][營][業] héhuǒ jīngyíng. 2 [C] 合伙企业[業] héhuǒ qǐyè.

partridge /ˈpɑːtrɪdʒ/ n [C] 山鹑 shānchún.

party /ˈpɑːtɪ/ n [C] [pl -ies] 1 社交聚会[會] shèjiāo jùhuì: a birthday — 生日宴会. 2 党[黨]派; 政党 zhèngdǎng; 党派 dǎngpài. 3 (一起工作、同行的)一组[組]人 [團] tuán; 队[隊] duì: a — of tourists 旅游团. 4 [法律](契约的)一方 yīfāng. 5 [短语] **be (a) party to sth** 参[參]与[與] cānyù; 支持 zhīchí. **the party 'line** n [sing] 政党的路线[綫] zhèngdǎngde lùxiàn.

pass[1] /pɑːs; US pæs/ v 1 [I, T] 经[經]过[過] jīngguò; 穿过 chuānguò; 越过 yuèguò: ~ the house 经过这所房子. 2 [I, T] 沿…行进[進] yán… xíngjìn: He ~ through Oxford on his way to London. 他在去伦敦的途中经过牛津. 3 [T] 将[將]…递[遞]给某人 jiāng— dìgěi mǒurén: Please ~ me the butter. 请把黄油递给我. 4 [I, T] 经(球给巴方队员) chuán. 5 [I] 改变[變]…的状[狀]况[況] gǎibiàn—de zhuàngkuàng. 6 [I] (时间)消逝 xiāoshì; 过去 guòqù. (b) [T] 消磨(时间) xiāomó. 7 [I] 结束 jiéshù; 完结 wánjié: wait for the storm to ~ 等待暴风雨过去.

8 (a) [I, T] 考及格 kǎo jígé. (b) [T] 通过(考试、检查) tōngguò. 9 [I] 表决通过 (法规) biǎojué tōngguò. 10 [T] 许可 xǔkě; 准[準]许 zhǔnxǔ: I don't like it but I'll let it ~. 我不喜欢, 但就让它过去吧. 11 [T] 宣布 xuānbù: ~ (a) sentence on a prisoner 对犯人宣判. 12 [习语] **pass the time of 'day (with sb)** 与[與]…互相寒暄 xiānxuān; 与…寒暄几句 hánxuān. **pass 'water** [正式用语]排泄 páixiè; 撒尿 sāniào. 13 [短语动词] **pass a'way** [婉]死 sǐ. **pass by sb/sth** 走过 zǒuguò; 经过 jīngguò. **pass by sb/sth** 不注意某人(或某事) bù zhùyì mǒurén; 忽视某人(或某事) hūshì mǒurén. **pass for sb/sth** 被认[認]为[爲]某人(或某物) bèi rènwéi mǒurén: He could ~ for a Frenchman 他可能被当成法国人. **pass 'off** (事情)发[發]生并[並]完成 fāshēng bìng wánchéng. **pass sb/sth off as sb/sth** 冒充某人(某物) màochōng mǒurén. **pass 'on** = PASS AWAY. **pass sth on (to sb)** 把某物交给(某人) bǎ mǒuwù jiāogěi. **pass 'out** 昏厥 hūnjué. **pass sb over** (在提升、任命时)对[對](某人)不加考虑[慮] bùjiā kǎolǜ. **pass over sth** 忽略某事 hūlüè mǒushì. **pass sth up** 放弃[棄] fàngqì; 放过(机会等) fàngguò. **passer-'by** n [C] [pl passers-by] 过路人 guòlùrén.

pass[2] /pɑːs; US pæs/ n [C] 1 考试及格 kǎoshì jígé. 2 通行证[證] tōngxíngzhèng; 出入证 chūrùzhèng. 3 [体育]传[傳]球 chuán qiú. 4 关[關]隘 guān'ài; 山口 shānkǒu. 5 [习语] **make a pass at sb** [非正式用语]向某人调情 xiàng mǒurén tiáoqíng. **'password** n [C] 口令 kǒulìng; (计算机)密码 mìmǎ.

passable /ˈpɑːsəbl; US ˈpæs-/ adj 1 (道路等)可通行的 kě tōngxíng de. 2 尚可的 shàngkěde; 过[過]得去的 guòdeqùde.

passage /ˈpæsɪdʒ/ n 1 [C] 通道 tōngdào; 走廊 zǒuláng. 2 [C, 常作 sing] 通路 tōnglù: clear a — through the crowd 在人群中挤出一条通路. 3 [U] 过[過]去 guòqù; 经过 jīngguò: the ~ of time 时间的推移. 4 [C] 旅程 lǚchéng; 旅费 lǚfèi. 5 [C] (书、讲话等的)一段 yīduàn; 一节[節] yījié.

passenger /'pæsɪndʒə(r)/ n [C] 乘客 chéngkè; 旅客 lǚkè.

passing /'pɑːsɪŋ; US 'pæsɪŋ/ adj 短暂的 duǎnzàn de; 一时的 yīshí de: a ~ thought 一时的念头. **passing** n [U] 1 经(經)过(過) jīngguò. 2 (a) [正式用语]末尾 mòwěi. (b) [婉]去世 qùshì. 3 [习语] **in passing** 顺便地 shùnbiàn de; 附带(帶)地 fùdài de.

passion /'pæʃn/ n 1 [C,U]强烈的情感(如爱、恨、怒) qiángliè de qínggǎn. 2 [U]强烈的情欲 qiángliè de qíngyù. 3 [sing] for 酷爱(愛) kù'ài; a ~ for books 很喜欢读书籍. **passionate** /'pæʃənət/ adj 感情强烈的 gǎnqíng qiángliè de. **passionately** adv.

passive /'pæsɪv/ adj 1 被动(動)的 bèidòng de; 消极(極)的 xiāojí de. 2 [语法]被动语态(態)的(如 'She was bitten by a dog.' 中的动词形式)被动语态的. **the passive** n [sing]被动语态 bèidòng yǔtài. **passively** adv. **passiveness** n [U].

Passover /'pɑːsəʊvə(r); US 'pæs-/ n [U](犹太人的)逾越节(節) yúyuèjié.

passport /'pɑːspɔːt; US 'pæs-/ n [C] 1 护(護)照 hùzhào. 2 取(取)得某物的)手段 shǒuduàn; 保障 bǎozhàng; a ~ to success 获得成功的保障.

past¹ /pɑːst; US pæst/ adj 1 过(過)去的 guòqù de; 以前的 yǐqián de: in ~ years 在过去的年月. 2 [语法](动词形式)过去(时)的 guòqù de; the ~ tense 过去时. ~ participle 过去分词. **past** n [sing] 1 **the past** 过去 guòqù; 昔时(時) xīshí. 2 经(經)历(歷)(尤指不光彩的)经历 jīnglì; 过去的生活 guòqù de shēnghuó.

past² /pɑːst; US pæst/ prep 1 在(时间)晚于 wǎnyú; 在…之后(後) zài… zhī hòu; ~ midnight 半夜以后. 2 在…的更远(遠)处(處)处(處); 另一边(邊) lìng yībiān: She walked ~ the church. 她走过那座教堂. 3 (在兴趣、能力方面)超过(過) chāoguò; I'm ~ caring what happens. 我不再关注正在发生什么事情. 4 [习语] **past it** [非正式用语]无(無)法做年轻(輕)时(時)能做的事的 wúfǎ zuò niánqīngshí néng zuò de shì de; (因年老等而)不能工作的 bùnéng gōngzuò de. **past** adv 过(經)过 jīngguò.

pasta /'pæstə; US 'pɑːstə/ n [U] 意大利面团(糰)食(如通心粉、细面条等) Yìdàlì miànshí.

paste /peɪst/ n 1 [C,U] 面(麵)团(糰)〔圍〕miàntuán. 2 [U] 糨糊(糊) jiànghú. 3 [U] (尤用于构成复合词)肉酱(醬) ròujiàng; 鱼酱 yújiàng; fish ~ 鱼酱. **paste** v [T] (用浆糊)贴 tiē; 粘 zhān.

pastel /'pæstl; US pæˈstel/ adj (色彩)柔和的 róuhé de; 淡的 dàn de. **pastel** n 1 彩色粉笔(筆) cǎisè fěnbǐ; 蜡(蠟)笔 làbǐ. 2 彩色粉笔画(畫) cǎisè fěnbǐhuà; 蜡笔画 làbǐhuà.

pasteurize /'pæstʃəraɪz; US 'pæs-/ v [T] (用巴氏杀菌法)对(對)(牛奶等)消毒 duì…xiāodú.

pastille /'pæstɪl; US pæˈstiːl/ n [C] 药(藥)的锭剂(劑) dìngjì; 糖锭糖 tángdìng.

pastime /'pɑːstaɪm; US 'pæs-/ n [C] 消遣 xiāoqiǎn; 娱乐(樂) yúlè.

pastor /'pɑːstə(r); US 'pæs-/ n [C] (基督教的)牧师(師) mùshi.

pastoral /'pɑːstərəl; US 'pæs-/ adj 1 牧师(師)的 mùshi de; 牧师工作的 mùshi gōngzuò de. 2 乡(鄉)村生活的 xiāngcūn shēnghuó de; 田园(園)风(風)属(屬)光的 tiányuán fēngguāng de.

pastry /'peɪstrɪ/ n [pl -ies] 1 [U] 油酥面(麵)团(糰)面(麵) yóusū miàntuán; 油酥皮 yóusūpí. 2 [C] 酥皮糕点(點) sūpí gāodiǎn.

pasture /'pɑːstʃə(r); US 'pæs-/ n [C,U] 牧场(場) mùchǎng; 牧地 mùdì.

pasty¹ /'peɪstɪ/ adj [-ier, -iest] 苍(蒼)白的 cāngbái de; 不健康(康)的 bú jiànkāng de; a ~ white skin 苍白的皮肤.

pasty² /'pæstɪ/ n [C] [pl -ies] (肉等的)馅饼 xiànbǐng.

pat /pæt/ v [-tt-] [T] (用掌)轻(輕)拍 qīng pāi. **pat** n [C] 1 轻拍 qīng pāi. 2 (黄油等的)小块(塊) xiǎokuài.

pat² /pæt/ adj 过(過)快的 guòkuài de; 轻(輕)易的 qīngyì de; a ~ answer 脱口而出的回答.

patch /pætʃ/ n [C] 1 补(補)丁 bǔdīng. 2 (与周围颜色等不同的)斑 bān; 斑(塊) kuài. 3 保护(護)受伤眼睛的眼罩 yǎnzhào. 4 一小块地 yìxiǎokuài dì; a 'cabbage ~ 洋白菜地. 5 [习语] **not be a patch on sb/sth** [非正式用语]远(遠)不如某人(或某物) yuǎn bùrú mǒurén.

patch v [T] **1** 修补 xiūbǔ. **2** [短语动词] **patch sth up** (a) 修理 xiūlǐ; 快修 kuàixiū. (b) 调停(争执) tiáotíng. **patchwork** n **1** [U] (由形形色色的小布片拼缝而成的)拼缝物 pīnféngwù. **2** [C, 常用 sing] 拼凑的东西 pīncòude dōngxi. **patchy** adj [-ier, -iest] 质[質]量不一致的 zhìliàng bù yīzhì de; 不均匀的 bù jūnyún de.

pâté /ˈpæteɪ; US pɑːˈteɪ/ n [U] 肉酱[醬] ròujiàng; 肉酱 ròujiàng.

patent /ˈpeɪtnt, 亦读 ˈpætnt; US ˈpætnt/ adj 清楚的 qīngchude; 显[顯]著的 xiǎnzhùde. **patently** adv 明显地 míngxiǎnde.

patent[2] /ˈpeɪtnt, 亦读 ˈpætnt; US ˈpætnt/ n [C] 专[專]利 zhuānlì; 专利权[權] zhuānlìquán; 专利证书[書] zhuānlì zhèngshū. **patent** adj 受专利保护[護]的 shòu zhuānlì bǎohù de. **patent** v [T] 取得…的专利权 qǔdé … de zhuānlìquán. **patent 'leather** n [U] 漆皮 qīpí.

paternal /pəˈtɜːnl/ adj 父亲[親]的 fùqīnde; 父亲般的 fùqīnbānde; 父系的 fùxìde: my ~ grandfather 我的祖父. **paternally** adv.

paternity /pəˈtɜːnətɪ/ n [U] 父亲[親]身份 fùqīn shēnfèn.

path /pɑːθ; US pæθ/ n [pl ~s /pɑːðz/] **1** (亦作 **'pathway**) 小路 xiǎolù; 小径[徑] xiǎojìng. **2** 路线[綫] lùxiàn; 轨道 guǐdào.

pathetic /pəˈθetɪk/ adj **1** 可怜[憐] kěliánde; 可悲的 kěbēide: a ~ sight 悲惨的景象. **2** [非正式用语]不足的 bùzúde; 微弱的 wēiruòde: a ~ attempt 不充分的尝试. **pathetically** /-klɪ/ adv.

pathology /pəˈθɒlədʒɪ/ n [U] 病理学[學] bìnglǐxué. **pathological** /ˌpæθəˈlɒdʒɪkl/ adj **1** 病理学的 bìnglǐxuéde. **2** 疾病的 jíbìngde; 由疾病引起的 yóu jíbìng yǐnqǐ de. **3** [非正式用语]无[無]道理的 wú dàolǐ de; 病态[態]的 bìngtàide. **pathologist** n [C] 病理学家 bìnglǐxuéjiā.

pathos /ˈpeɪθɒs/ n [U] [正式用语](文学作品、演讲等)激起怜[憐]悯(或同情)的因素 jiqǐ liánmǐnde yīnsù.

patience /ˈpeɪʃns/ n [U] **1** 容忍 róngrěn; 耐心 nàixīn; 忍耐 rěnnài. **2** (单[單]人纸牌游[遊]戏[戲] dānrén zhǐ-

patient[1] /ˈpeɪʃnt/ adj 有耐性的 yǒu nàixìng de; 容忍的 róngrěnde; 忍耐的 rěnnàide. **patiently** adv.

patient[2] /ˈpeɪʃnt/ n [C] 病人 bìngrén.

patio /ˈpætɪəʊ/ n [C] [pl ~s] (连接房屋并铺有地面的)露台[臺] lùtái; 平台(作户外休息、用餐处) píngtái.

patriarch /ˈpeɪtrɪɑːk; US ˈpæt-/ n [C] **1** (男性)家长[長] jiāzhǎng; 族长 zúzhǎng. **2 Patriarch** (东正教的)高级主教 gāojí zhǔjiào. **patriarchal** /ˌpeɪtrɪˈɑːkl; US ˌpæt-/ adj.

patriot /ˈpeɪtrɪət; US ˈpæt-/ n [C] 爱[愛]国[國]者 àiguózhě. **patriotic** /ˌpeɪtrɪˈɒtɪk; US ˌpæt-/ adj. **patriotically** /-klɪ/ adv. **patriotism** /-ɪzəm/ n [U].

patrol /pəˈtrəʊl/ v [-ll-] [I, T] (在某地区等)巡逻[邏] xúnluó;巡查 xúnchá. **patrol** n **1** [C] 巡逻 xúnluó;巡查 xúnchá. **soldiers on ～** 在巡逻中的士兵. **2** [C] 巡逻者 xúnluózhě;巡逻队[隊] xúnluóduì.

patron /ˈpeɪtrən/ n [C] **1** 赞助人 zànzhùrén; 资助人 zīzhùrén: a wealthy ～ of the arts 艺术方面的富有的赞助人. **2** [正式用语](商店的)老主顾[顧] lǎo zhǔgù; 顾客 gùkè. **patronage** /ˈpætrənɪdʒ/ n **1** [U] 赞助 zànzhù; 资助 zīzhù: her ～age of the arts 她对艺术方面的赞助. **2** (重要职务的)任命权[權] rènmìngquán. **patron 'saint** n [C] 守护[護]神 shǒuhùshén.

patronize /ˈpætrənaɪz; US ˈpeɪt-/ v [T] **1** 以屈尊俯就的态[態]度对[對]待 yǐ qūzūn fǔjiù de tàidù duìdài. **2** [正式用语](经常)光顾[顧] guānggù; 惠顾 huìgù. **patronizing** adj.

patter[1] /ˈpætə(r)/ v [I], n [sing] 发[發]出轻[輕]快的脚步声[聲] chū qīngkuàide jiǎobùshēng; 轻快的脚步声或拍打声 qīngkuàide jiǎobùshēng huò pāidǎshēng.

patter[2] /ˈpætə(r)/ n [U] (演员、推销员等的)顺口溜 shùnkǒuliū.

pattern /ˈpætn/ n [C] **1** 图[圖]案 tú'àn; 花样[樣] huāyàng. **2** 形式 xíngshì; 模式 móshì; 方式 fāngshì: the usual ～ of events 事件的通

常形式. **3** 模型 móxíng; 样式 yàngshì; 说明 shuōmíng; a knitting ~ 编织样式. **pattern** v [T] on [常用被动语态] 仿(傲)做(制)造(製) fǎngzào; 仿造 fǎngzào: The tax system is ~ed on the one used in Sweden. 税务制度是仿效瑞典使用的一种规则. **patterned** adj 有图案的 yǒu tú'àn de; 带(帶)花样的有 huāyàng de.

paucity /ˈpɔːsətɪ/ n [sing] [正式用语]少量 shǎoliàng; 不足 bùzú.

paunch /pɔːntʃ/ n [C] 大肚子 dà dùzi.

pauper /ˈpɔːpə(r)/ n [C] 穷(窮)人 qióngrén; 贫民 pínmín.

pause /pɔːz/ n [C] 中止 zhōngzhǐ; 暂停 zàntíng: a ~ in the conversation 交谈中的停顿. **pause** v [I] 中止 zhōngzhǐ; 暂停 zàntíng: He ~d a minute before finishing his speech. 在结束讲话之前他稍作暂停.

pave /peɪv/ v **1** (用石、砖铺(路)) 铺(鋪)砌 pūqì; 铺砌 pūqì: ~ the 'way (for sth) 为(爲)…做准(凖)备(備) wèi…zuò zhǔnbèi; 创(創)造条(條)件 chuàngzào tiáojiàn. **paving stone** [C] 铺路石 pūlùshí.

pavement /ˈpeɪvmənt/ n [C] 人行道 rénxíngdào.

pavilion /pəˈvɪlɪən/ n [C] **1** [英国英语](运动场旁的)休息室 xiūxishì. **2** (展览会的)大帐篷 dà zhàngpéng.

paw /pɔː/ n [C] 爪子 zhuǎzi. **paw** v [I, T] (at) 用爪子抓 yòng zhuǎzi zhuā; 抓 bā. **2** [T] (人)粗鲁地摸弄 cūlǔ de mōnòng.

pawn¹ /pɔːn/ n [C] **1** (西洋棋中)兵 bīng; 卒 zú. **2** [喻]被人利用的人 bèi rén lìyòng de rén; 马前卒 mǎ qiánzú.

pawn² /pɔːn/ v [T] 典当(當) diǎndàng; 抵押 dǐyā. **pawnbroker** n [C] 当铺老板 dàngpù lǎobǎn; 典当(業)者 diǎndàngyèzhě.

pay¹ /peɪ/ v [pt, pp **paid** /peɪd/] **1** [I, T] 付钱(錢)给 fùqián gěi: ~ him for the bread 付给他面包钱. **2** [T] 还(還)(钱) huán(qián); (價)还 chánghuán: ~ the rent 缴租. **3** [I, T] 有利 yǒulì; 有益处 yǒu yìchù: It ~s to be honest. 诚实不吃亏. **4** [T] 给予 jǐyǔ; 致以 zhìyǐ; 进(進)行 jìnxíng: ~ attention to sth 对某事注意. ~ a visit 拜访.

5 [习语]**pay lip-service to sth** ⇨ LIP. **pay through the 'nose** (for sth) 为(爲)…花钱过(過)多 wèi…huāqián guòduō. **pay one's 'way** 挣钱维持生活 zhèngqián wéichí shēnghuó. **put 'paid to sth** 毁掉某物 huǐdiào mǒuwù. **6** [短语动词] **pay sb back (sth)** 还(钱)给某人 huán…gěi mǒurén. **pay sb back (for sth)** 惩罚某人 chéngfá mǒurén; 报(報)复(復) bàofù. **pay for sth** 为…吃苦(或受惩罚) wèi …chīkǔ. **pay off** [非正式用语]取得成功 qǔdé chénggōng. **pay off** (a) 付清工资解雇(某人)的工资结清. (b) [非正式用语]贿赂某人 huìlù mǒurén. **pay off** 全部付清 chánghuán. **pay sth out** (a) 付出(钱) fùchū. (b) 放松(鬆)(绳)索 fàngsōng. **pay up** 付清欠款 fùqīng qiànkuǎn; 已缴款的 yǐ jiǎokuǎn de. **,paid-'up** adj 付清的 yǐ fùqīng de. **payable** adj 应(應)付的 yīngfù de; 可支付的 kě zhīfù de. **payee** /ˌpeɪˈiː/ n [C] 收款人 shōukuǎnrén; 领款人 lǐngkuǎnrén. **payer** n [C] 付款人 fùkuǎnrén. **payment** n **1** [U] 支付 zhīfù; 付款 fùkuǎn. **2** [C] 支付的款项 zhīfùde kuǎnxiàng. **'pay-off** n [C] [非正式用语] **1** 贿赂 huìlù. **2** 报偿 bàocháng; 结果 jiéguǒ. **pay-per-'view** n [U] (电视)按次付费服务(務) àn cì fùfèi fúwù. **'pay station** n [C] 电(電)话亭 diànhuàtíng. **'pay television**, **'pay TV** n 收费电视 shōufèi diànshì.

pay² /peɪ/ n [U] 工资 gōngzī; 薪金 xīnjīn. **'payload** n 酬载 chóuzài. **'paypacket** n [C] 工资袋 gōngzīdài. **'pay phone** n [C] (币式)公用电(電)话 gōngyòng diànhuà. **'payroll** n [C] 工资(资)薪水)名单(單) gōngzī míngdān.

PC /ˌpiːˈsiː/ abbr **1** personal computer 个(個)人计算机(機) gèrén jìsuànjī. **2** politically correct 政治上正确(確) zhèngzhì shàng zhèngquè: 政治立场(場)正确 zhèngzhì lìchǎng zhèngquè.

PE /ˌpiːˈiː/ abbr physical education 体(體)育 tǐyù: a PE lesson in school 学校的体育课.

pea /piː/ n [C] 豌豆 wāndòu.

peace /piːs/ n **1** [U] 和平 hépíng. **the peace** [sing] 安定 āndìng; 安宁(寧)ān'níng: break/disturb the

破坏治安;扰乱治安。3 [U] 和睦 hémù;友好 yǒuhǎo。4 [U] 安静 ānjìng;平静 píngjìng:*be at ~ with oneself* 让自己平静。5 [习语] **make one's peace with sb** 与 (奥)某人和解(尤指主动道歉) yǔ mǒurén héjiě。 **peaceable** *adj* 和平的 hépíngde。 **peaceful** *adj* 1 和平的 hépíngde。2 安静的 ānjìngde;安宁〔宁〕的 ānníngde。 **peacefully** *adv*。 **peacefulness** *n* [U]。 **'peace-keeping force** *n* [C] 维持和平部队〔队〕 wéichí hépíng bùduì;维和部队 wéihé bùduì。 **'peacetime** *n* [U] 和平(时期) hépíng shíqī。

peach /piːtʃ/ *n* [C] 桃 táo。 **peach** *adj* 桃色的 táosède。

peacock /'piːkɒk/ *n* [C] (雄)孔雀 kǒngquè。

peahen /'piːhen/ *n* [C] 雌孔雀 cí kǒngquè。

peak /piːk/ *n* [C] 1 山峰 shānfēng。2 最高点〔点〕 zuìgāodiǎn;顶峰 dǐngfēng:*Sales reached a new ~ in May.* 五月份的销售额达到了新的高峰。3 帽舌 màoshé。 **peak** *adj* 最大值的 zuìdàzhíde;高峰的 gāofēngde:~ *hours* 高峰时间。 **peak** *v* [I] 达(到)最高峰 dádào zuìgāofēng;达到最大值 dádào zuìdàzhí。 **peaked** *adj* 有峰的 yǒufēngde, 有帽舌的 yǒu màoshéde。

peal /piːl/ *n* [C] 1 响〔嘹〕亮的铃声〔声〕(或钟声) xiǎngliàngde língshēng。2 洪亮的响声 hóngliàngde xiǎngshēng:~s *of laughter/ thunder* 一阵大笑声/雷声隆隆。 **peal** *v* [I] (钟或笑声)大声鸣响 dàshēng míngxiǎng。

peanut /'piːnʌt/ *n* [C] 花生 huāshēng;落花生 luòhuāshēng。2 **peanuts** [pl] [俚]小数〔数〕额〔尤指钱〕xiǎoshùé。

pear /peə(r)/ *n* [C] 梨 lí。

pearl /pɜːl/ *n* [C] 珍珠 zhēnzhū。

peasant /'peznt/ *n* [C] 1 (某些国家的农民)农民 nóngmín。2 [非正式用语,贬][举]粗鲁的人 jùzhí cūlǔ de rén。 **peasantry** *n* [sing] [用 sing 或 pl v] (总称)农民 nóngmín。

peat /piːt/ *n* [U] 泥煤 níméi;泥炭 nítàn;泥炭块〔块〕nítànkuài。 **peaty** *adj*。

pebble /'pebl/ *n* [C] 卵石 luǎnshí, 小圆石 xiǎoyuánshí。 **pebbly** *adj*。

peck /pek/ *v* 1 [I, T] (指鸟)啄

zhuó;啄食 qiān。2 [T] [非正式用语] 匆匆轻〔轻〕吻 cōngcōng qīng wěn。 **peck** *n* [C] 1 啄 zhuó;啄食 qiān。2 啄 痕 zhuóhén;啄伤〔伤〕qiānshāng。2 [非正式用语]匆匆一吻 cōngcōng yì wěn。

peckish /'pekiʃ/ *adj* [非正式用 语](有点)饿的 ède。

peculiar /pɪ'kjuːliə(r)/ *adj* 1 奇 怪的 qíguàide;古怪的 gǔguàide。2 [非正式用语]不舒服的 bù shūfu de。3 (*to*) 特有的 tèyǒude;独〔独〕特的 dútède:*an accent ~ to the West of the country* 该国西部独特的口音。 **peculiarity** /pɪˌkjuːliˈærəti/ *n* [pl -ies] [C] 怪异〔异〕的性质〔质〕guàiyìde xìngzhì;怪癖 guàipǐ。2 [C] 怪异的东西 guàiyìde dōngxi。3 [U] 特质 tèzhì;独特性 dútèxìng。 **peculiarly** *adv* 1 古怪地 gǔguàide。2 特殊地 tèshūde。

pedagogue (美语-gog) /'pedəgɒg/ *n* [C] 1 [古或非正式用语]教师〔师〕jiàoshī。2 [贬]严〔严〕厉的教师 yánlìde jiàoshī。 **pedagogy** /'pedəgɒdʒɪ/ *n* [U] [正式用语] 教学〔学〕法 jiàoxuéfǎ。 **pedagogic** /ˌpedəˈgɒdʒɪk/ (亦作 **pedagogical** /-ɪkl/) *adj*。 **pedagogically** /-klɪ/ *adv*。

pedal /'pedl/ *n* [C] (自行车等的)脚蹬 jiǎodēng;踏板 tàbǎn。 **pedal** *v* [-ll-;美语亦作-l-] [I, T] 踩踏板 cǎi tàbǎn;踩踏板踢〔蹬〕(动)(或操作) cǎi tàbǎn qūdòng。

pedant /'pednt/ *n* [C] [贬]书〔书〕呆(子)〔子〕shūdāizi;学究 xuéjiū。 **pedantic** /pɪ'dæntɪk/ *adj*。 **pedantically** /-klɪ/ *adv*。

peddle /'pedl/ *v* [I, T] 沿街叫卖〔卖〕yánjiē jiàomài;挨户兜售 āihù dòushòu。 **peddler** *n* [C] [美语] = PEDLAR。2 贩毒者 fàndúzhě。

pedestal /'pedistl/ *n* [C] 1 基座 jīzuò;柱脚 zhùjiǎo;柱基 zhùjī。2 [习语] **put sb on a 'pedestal** (不指盲目地)崇拜某人 chóngbài mǒurén。

pedestrian /pɪ'destrɪən/ *n* [C] 行人 xíngrén;步行者 bùxíngzhě。 **pedestrian** *adj* 1 平凡的 píngfánde;乏味的 fáwèide。2 行人的 xíngrénde;为〔为〕行人的 wèi xíngrén de。 **pe'destrian 'crossing** *n* [C] 人行横道 rénxíng héngdào。

pediatrics /ˌpiːdɪ'ætrɪks/ = PAEDIATRICS。

pedigree /'pedɪgriː/ *n* 1 [C] 世系 shìxì。2 [U] 门第 méndì;出身 chūshēn. **pedigree** adj （动物）纯种〔种〕的 chúnzhǒngde.

pedlar /'pedlə(r)/ n [C] （挨户兜售的）小贩 xiǎofàn; （沿街叫卖的）货郎 huòláng.

pee /pi:/ v [I] [俚] 撒尿 sā niào.
pee n [C] 1 [俚] 尿 niào. 2 [sing] 撒尿 sā niào.

peek /pi:k/ v [I], n [C] (at) 偷看 tōukàn; 窥视 kuīshì.

peel /pi:l/ v 1 [T] 削（或剥）去…的皮 xiāoqù…de pí: ～ the potatoes 削土豆皮. 2 [I] 剥落 bōluò; 脱落 tuōluò; The paint is ～ing. 油漆在剥落.3 [短语动词] peel (sth) off [非正式用语]脱掉（衣服）tuōdiào. peel n [U] （水果等的）皮 pí; lemon ～ 柠檬皮.

peep[1] /pi:p/ v [I], n [sing] (at) 偷看 tōukàn; 窥视 kuīshì.

peep[2] /pi:p/ n [C] 喞喞声〔声〕 jījīshēng; 啾 啾 声 jiūjiūshēng. 2 [sing] [非正式用语]人语声 rényǔshēng; 人声 rénshēng.

peer[1] /piə(r)/ n [C] 1 [英国]有（公、侯、伯、子、男）爵位的贵族 yōu juéwèide guìzú; Dukes and earls are ～s. 公爵和伯爵是贵族. 2 [常作复]同辈（龄）人 tóngzhíxián. **peerage** n 1 the peerage [sing] 贵族 guìzú. 2 [C] 贵族爵位 guìzú juéwèi. **peeress** n [C] 1 女贵族 nǚ guìzú. 2 贵族的夫人 guìzúde fūrén. **'peer group** n [C] 同辈群体〔体〕 tóngbèi qúntǐ.

peer[2] /piə(r)/ v [I] (at) 仔细看 zǐxì kàn.

peeved /pi:vd/ adj [非正式用语]生气〔气〕的 shēngqìde. **peevish** /'pi:vɪʃ/ adj 易怒的 yìnùde; 脾气坏（壞）的 píqì huài de. **peevishly** adv.

peg /peg/ n [C] 1（木、金属、塑料的）钉 dīng; 栓 shuān; 挂〔掛〕钉 guàdīng; 销子 xiāozi. 2 = CLOTHES-PEG (CLOTHES). **peg** v [-gg-] 1 [T] 用钉（或桩等）固定 yòng dìng gùdìng. 2 [T] 常用被动语态[固定（或维持）不变 bù gùdìng zài mǒu shuǐpíng shàng: Pay increases have been ～ged at five per cent. 工资增长率已限定在百分之五. 3 [短语动词] peg out [非正式用语]死 sǐ.

pejorative /prɪ'dʒɒrətɪv/, US -'dʒɔːr-/ adj [正式用语]贬损的 biǎnsǔnde; 贬抑的 biǎnyìde.

Pekinese /ˌpiːkɪ'niːz/ n [C] （狮

子狗 shīzigǒu; 哈巴狗 hābagǒu.

pelican /'pelɪkən/ n [C] 鹈鹕 tíhú; 淘河 táohé. **,pelican 'crossing** n [C] （行人穿越马路时可自行按亮红灯使车辆停下的）自控人行横道 zìkòng rénxínghéngdào.

pellet /'pelɪt/ n [C] 1 小球 xiǎoqiú; 小团（圈）xiǎotuán; 小丸 xiǎowán. 2 小弹（彈）丸 xiǎo dànwán.

pelmet /'pelmɪt/ n [C] 窗帘〔簾〕盒 chuāngliánhé.

pelt[1] /pelt/ v 1 [T] (with) 连续（續）地投掷（擲）liánxùde tóuzhì. 2 [I] (down) （雨）下得很大 xià de hěndà. 3 [习语] (at) full pelt ⇨ FULL.

pelt[2] /pelt/ n [C] 毛皮 máopí.

pelvis /'pelvɪs/ n [C] [解剖]骨盆 gǔpén. **pelvic** /-vɪk/ adj.

pen[1] /pen/ n [C] 笔〔筆〕（如钢笔、圆珠笔等）bǐ. **pen** v [-nn-] [T] [正式用语]写〔寫〕(信等）xiě. **'pen-friend** n [C] 笔友 bǐyǒu. **'penknife** n [C] [pl -knives] 小折（摺）刀 xiǎo zhédāo. **'pen-name** n [C] 笔名 bǐmíng.

pen[2] /pen/ n [C] 1 （家畜的）栏〔欄〕lán; 圈 juàn; 槛〔檻〕jiàn. **pen** v [-nn-] [T] (up/in) 将（將）…关（關）入圈（或栏）中 jiāng…guānrù juàn zhōng.

penal /'piːnl/ adj 处（處）罚的 chǔfáde; 刑罚的 xíngfáde: reform of the ～ system 刑罚体制改革.

penalize /'piːnəlaɪz/ v [T] [常用被动语态]1（因违法）处（處）chǔfá;（因比赛犯规）判罚 pànfá. 2 使处于不利地位 shǐ chǔyú búlì dìwèi.

penalty /'penltɪ/ n [C] [pl -ies] 1 处〔處〕罚 chǔfá; 刑罚 xíngfá; 惩〔懲〕罚 chéngfá: the 'death ～ 死刑. 2 [体育]（对犯规者的）处罚〔処〕kǔfá; （球赛中场等）chǔfá. 3（行为或处境造成的）不利 búlì; 不便 búbiàn. **'penalty kick** n [C] [足球]罚球点〔點〕fá diǎnqiú.

penance /'penəns/ n [U, C] （表示悔过的）自我惩〔懲〕罚 zìwǒ chéngfá.

pence pl of PENNY.

penchant /'pɒnʃɒn/, US 'pentʃənt/ n [sing] for [正式用语]爱〔愛〕好 àihào.

pencil /'pensl/ n [C] 铅笔 qiānbǐ. **pencil** v [-ll-; 美法-l-] [T] 用铅笔写〔寫〕(或画等）yòng qiānbǐ xiě. 2 [短语动词] **pencil sth in** 用铅笔（暂时）添入 yòn qiānlǐ tiānrù.

pendant /'pendənt/ n [C] (项链上的) 垂饰 chuíshì; 挂 (掛) 件 guàjiàn.

pending /'pendɪŋ/ adj [正式用语] **1** 未决定的 wèi juédìng de; 即将 [將] 发 [發] 生的 jíjiāng fāshēng de; 未定的 pòlìnde. **2** 即将 (將) 发 (發) 生的 jíjiāng fāshēng de; 在进 [進] 行的 zài jìnxíng de. **pending** prep [正式用语] 直至 zhízhì.

pendulum /'pendjʊləm; US -dʒʊləm/ n [C] 摆 [擺] 摆 bǎi; 摆锤 bǎichuí.

penetrate /'penɪtreɪt/ v **1** [I,T] 进 [進] 入 jìnrù; 穿过 [過] 穿进 [進] chuānguòjìn: *The snow ~d his shoes through holes.* 雪渗入他的鞋洞里. **2** [T] [喻] 看穿 kànchuān; 透过 [過] 看透: *~ the disguise* 看穿伪装. **penetrating** adj **1** (声音) 响 [響] 亮的 xiǎngliàngde. **2** 有敏锐力的 yǒu mǐnruì de; 敏锐的 mǐnruìde. **penetration** /,penɪ'treɪʃn/ n [U].

penguin /'peŋgwɪn/ n [C] 企鹅 qǐ'é.

penicillin /,penɪ'sɪlɪn/ n [U] 青霉素 qīngméisù; 盘 [盤] 尼西林 pánníxīlín.

peninsula /pə'nɪnsjʊlə; US -nsələ/ n [C] 半岛 [島] bàndǎo. **peninsular** adj.

penis /'piːnɪs/ n [C] 阴 [陰] 茎 [莖] 阴茎 yīnjīng.

penitent /'penɪtənt/ adj 悔过 [過] 的 huǐguòde; 后 [後] 悔的 hòuhuǐde. **penitence** /-təns/ n [U].

penitentiary /,penɪ'tenʃərɪ/ n [C] [pl -ies] [美语] 监 [監] 狱 [獄] jiānyù.

pennant /'penənt/ n [C] (船只上作航海信号等的) 长 [長] 三角旗 chángsānjiǎoqí.

penniless /'penɪlɪs/ adj 身无 [無] 分文的 shēn wú fēnwén de; 一贫如洗的 yì pín rú xǐ de.

penny /'penɪ/ n [C] [pl pence /pens/ 或 pennies] **1** 便士 (英国硬币,自 1971 年实行十进位制后,其值为一英镑的百分之一) biànshì. **2** 便士 (英国硬币,1971 年以前其值为一先令的 $\frac{1}{12}$) biànshì. **3** [习语] **the penny (has) dropped** [尤用于英国英语,非正式用语] 终 [終] (来) 如此,终然大悟 huǎngrán dàwù: *I had to explain the problem to him several times before the ~ dropped.* 那问题我给他解释了好几次,最后他才明白.

pension[1] /'penʃn/ n [C, U] 养

[養] 老金 yǎnglǎojīn; 退休金 tuìxiūjīn; 抚 [撫] 恤金 fǔxùjīn. **pension** v [短语动词] **pension sb off** 发给…养老金使其退休 fā gěi…yǎnglǎojīn shǐ qí tuìxiū. **pensionable** adj 可领取养老金 (或退休金、抚恤金) 的 kě lǐngqǔ yǎnglǎojīn de. **pensioner** n [C] 领退休金 (或养老金、抚恤金) 的人 lǐng tuìxiūjīn de rén.

pension[2] /'pɒnsɪɒn/ n [C] (法国等的) 私人小旅店 sīrén xiǎo lǚdiàn.

pensive /'pensɪv/ adj 沉思的 chénsīde; 忧 [憂] 虑 [慮] 的 yōulǜde. **pensively** adv.

pentagon /'pentəgən; US -gɒn/ n [C] **1** 五角形 wǔjiǎoxíng; 五边 [邊] 形 wǔbiānxíng. **2** **the Pentagon** [sing] [用 sing 或 pl v] 五角大楼 [樓] (美国国防部办公大楼) Wǔjiǎo dàlóu. **pentagonal** /pen'tægənl/ adj.

pentathlon /pen'tæθlən/ n [C] 五项全能运 [運] 动 [動] (跑步、骑马、游泳、击剑、射击) wǔxiàng quánnéng yùndòng.

penthouse /'penthaʊs/ n [C] (高楼的) 顶层 [層] 房子 dǐngcéng fángzi.

pent up /,pent 'ʌp/ adj (感情) 不流露的 bù liúlù de; 被压 [壓] 抑的 bèi yāyì de; ~ *anger* 强忍的怒火.

penultimate /pen'ʌltɪmət/ adj 倒数 [數] 第二的 dàoshǔ dì'èr de.

penury /'penjʊrɪ/ n [U] [正式用语] 贫穷 [窮] pínqióng.

people /'piːpl/ n **1** [pl] 人 rén: *How many ~ were at the party?* 这次聚会来了多少人? **2** [C] 民族 mínzú; 种 [種] 族 zhǒngzú: *the ~s of Asia* 亚洲各民族. **3** [pl] (生活在某地的) 人们 [們] rénmen; the ~ of London 伦敦居民. **4** **the people** [pl] 普通人 pǔtōngrén; 平民 píngmín; 民众 [眾] mínzhòng. **people** v [T] 使住 (满) 人 shǐ zhù rén.

pep /pep/ n [U] [非正式用语] 精力 jīnglì; 活力 huólì. **pep** v [-pp-] [短语动词] **pep sb/sth up** [罗] (使) 使某人活跃 [躍] (或精力充沛) shǐ mǒurén huóyuè; 使振奋 [奮] shǐ zhènfèn. **'pep pill** n [非正式用语] 兴 [興] 奋 [奮] 丸 xīngfènwán; 兴奋片 (尤指安非他明) xīngfènpiàn. **'pep talk** n [非正式用语] 鼓励 [勵] 的讲 [講] 话 gǔlì de jiǎnghuà; 激励性讲话 jīlìxìng jiǎnghuà.

pepper /'pepə(r)/ n **1** 胡椒粉

húijiāofěn. 2 [C] 辣椒 làjiāo; green ~s 绿辣椒. **pepper** v [T] 1 在…上撒胡椒粉 zài…shàng sǎ hújiāofěn. 2 (with) 不断[斷]击打(击) búduàn dǎjī. **peppercorn** 'rent n [C] 极(極)低的租金 jídī de zūjīn.

peppermint /'pepəmɪnt/ n 1 [U] (胡椒)薄荷 bòhe. 2 [C] (胡椒)薄荷糖 bòhetáng.

per /pə(r)/; 强式 pɜː(r)/ prep 每 měi; 每一 měi yī; £60 ~ day 每天 60 英镑. **per 'annum** /'ænəm/ adv 每年 měinián. **per 'cent** adv 每一百 měi yībǎi zhōng; 百分之一 bǎifēnzhī… a five ~ cent wage increase 工资增加百分之五. **per 'se** /pɜː 'seɪ/ adv 本身 běnshēn.

perambulator /pə'ræmbjuleɪtə(r)/ n [C] [英国非正式用语] 手推童车(車) shǒutuī tóngchē; 婴儿[兒]车 yīng'érchē.

perceive /pə'siːv/ v [T] [正式用语]意识(識)到 yìshí dào; 察觉(覺)出jué; 理解 lǐjiě.

percentage /pə'sentɪdʒ/ n 1 [C] 百分比 bǎifēnbǐ; 百分率 bǎifēnlǜ. 2 [亦作 sing, 用 pl v] 比例 bǐlì; 部分 bùfen: pay a ~ of one's earnings in tax 按自己收入的比例纳税.

perceptible /pə'septəbl/ adj [正式用语] 可感知的 kě gǎnzhī de; 可觉(覺)察的 kě juéchá de: a ~ change in colour 看得出的颜色变化. **perceptibly** adv.

perception /pə'sepʃn/ n [正式用语] 1 [U] 感知能力 gǎnzhī nénglì; 认(認)识(識)能力 rènshi nénglì. 2 [C] 看法 kànfǎ; 理解 lǐjiě.

perceptive /pə'septɪv/ adj [正式用语] 观(觀)察敏锐的 guānchá mǐnruì de; 善于理解的 shànyú lǐjiě de. **perceptively** adv.

perch¹ /pɜːtʃ/ n [C] 1 (鸟类的)栖木(處) qīxīchù. 2 [非正式用语] 高座 gāozuò; 高位 gāowèi. **perch** v 1 [I] (鸟)栖息 qīxī. 2 [I] 坐(在高处或险处)zuò. 3 [I, T] 把…置于(高处或险处)zhì yú.

perch² /pɜːtʃ/ n [C] (pl perch) 鲈[鱸] lú.

percolate /'pɜːkəleɪt/ v 1 [I, T] (水经咖啡)渗(滲)透 shèntòu; 过(過)滤(濾) guòlǜ. 2 [I] (through) (消息等)传[傳]播 chuánbò; 扩[擴]散 kuòsàn. **percolator** n [C] 过滤式咖啡壶(壺) guòlǜshì kāfēihú.

percussion /pə'kʌʃn/ n [U] 打击

[擊]乐[樂]器 dǎjī yuèqì.

peremptory /pə'remptərɪ; US 'perəmptɔːrɪ/ adj [正式用语] (专)横的 zhuānhèngde; 霸道的 bàdàode. **peremptorily** /-trəli; US -tɔːrəli/ adv.

perennial /pə'renɪəl/ adj 1 持久的 chíjiǔde; 长[長]久的 chángjiǔde. 2 一再的 yīzàide; 反复[復]的 fǎnfùde: a ~ problem 一再出现的问题. 3 (植物)多年生的 duōniánshēngde. **perennial** n [C] 多年生植物 duōniánshēng zhíwù. **perennially** adv.

perfect¹ /'pɜːfɪkt/ adj 1 完美的 wánměide; 无[無]瑕的 wúxiáde; 优[優]异[異]的 yōuyìde: ~ weather 美好的天气. 2 最好的 zuìhǎode; 理想的 lǐxiǎngde: the ~ example 最好的事例. 3 完备[備]的 wánbèide; 完整的 wánzhěngde: a ~ set of teeth 一副完整的牙齿. 4 准[準]确(確)的 zhǔnquède: The dress is a ~ fit. 那件连衣裙很合身. 5 [非正式用语]全然的 quánbùde; a ~ stranger 完全陌生的人. 6 [语法]完成时[時]的 (如 have eaten) wánchéngshíde. **perfectly** adv 完美地 wánměide; 完全地 wánquánde.

perfect² /pə'fekt/ v [T] 使完美 shǐ wánměi; 使完善 shǐ wánshàn. **perfectible** adj 可使之完美的 kě shǐ zhī wánměide; 可完善的 kě wánshànde.

perfection /pə'fekʃn/ n [U] 1 完善(指过程) wánshàn; 完满 wánmǎn. 2 完美(指状况) wánměi; 完善 wánshàn: The part of 'Macbeth' suited him to ~. '麦克白'这个角色对他最适合了. **perfectionist** /-ʃənɪst/ n [C] 完美主义[義]者 wánměi zhǔyì zhě; 至善论[論]者 zhìshàn lùn zhě.

perfidious /pə'fɪdɪəs/ adj [正式用语] 背信弃[棄]义[義]的 bèi xìn qì yì de; 不忠的 bùzhōngde.

perforate /'pɜːfəreɪt/ v [T] 1 在…上穿孔 zài…shàng chuānkǒng; 在…上打眼 zài…shàng dǎyǎn. 2 在(纸)上打齿[齒]孔 zài…shàng dǎ chǐkǒng. **perforation** /ˌpɜːfə'reɪʃn/ n [C, U].

perform /pə'fɔːm/ v 1 [T] 做 zuò; 履行 lǚxíng; 执[執]行 zhíxíng: ~ a task 执行任务. 2 [I, T] 表演 biǎoyǎn; 演奏 yǎnzòu; 演出 yǎnchū. 3 [I] 工作 gōngzuò; 运[運]转[轉]

yùnzhuǎn: This new car ~s well. 这辆新汽车性能良好. **performance** n [U] 执行 zhíxíng;履行 lǚxíng;工作 gōngzuò. **2** [C] 表演 biǎoyǎn;演出 yǎnchū. **performer** n [C] 表演者 biǎoyǎnzhě;演出者 yǎnchūzhě.

perfume /ˈpɜːfjuːm; US pərˈfjuːm/ n [C, U] 香水 xiāngshuǐ;香味 xiāngwèi. **perfume** /pəˈfjuːm/ v [T] 使香[带]香味 shǐ dài xiāngwèi.

perfunctory /pəˈfʌŋktəri/ adj [正式用语]敷衍的 fūyǎnde;马虎的 mǎhude;例行的 lìxíngde. **perfunctorily** /-trəli; US -tərəli/ adv.

perhaps /pəˈhæps, 亦读 præps/ adv 也许 yěxǔ;大概 dàgài;可能 kěnéng: P~ the weather will improve tomorrow. 明天天气可能好转.

peril /ˈperəl/ n [正式用语] **1** [U] (严重的)危险[险] wēixiǎn. **2** [C] 危险的事物 wēixiǎnde shìwù. **perilous** adj . **perilously** adv .

perimeter /pəˈrɪmɪtə(r)/ n [C] 周边[边] zhōubiān;周长[长] zhōucháng;边缘 biānyuán.

period /ˈpɪərɪəd/ n [C] (一段)时[时]间 shíjiān;时期 shíqī. **2** (学校的)课 kè;课时 kèshí. **3** 月经[经] yuèjīng. **4** [尤用于美语]句号[号] jùhào;句点[点] jùdiǎn. **periodic** /ˌpɪərɪˈɒdɪk/ adj 周期的 zhōuqī de;定期的 dìngqīde. **periodical** /-kl/ n [C] 期刊 qīkān. **periodically** /-klɪ/ adv 周期地 zhōuqīde;定期地 dìngqīde.

peripatetic /ˌperɪpəˈtetɪk/ adj [正式用语]到处[处]走的 dàochù zǒu de;(因工作而)流动[动]的 liúdòngde.

periphery /pəˈrɪfəri/ n [C] [pl -ies] [正式用语]外围[围] wàiwéi;边[边]缘 biānyuán. **peripheral** /-əl/ adj [正式用语]外围的 wàiwéide;边缘的 biānyuánde: ~ topics 无关紧要的话题.

periscope /ˈperɪskəʊp/ n [C] 潜[潜]望镜 qiánwàngjìng.

perish /ˈperɪʃ/ v [I] **1** [正式用语]毁灭[灭] huǐmiè;死亡 sǐwáng. **2** 凋谢 diāoxiè;腐烂[烂] fǔlàn. **perishable** adj 容易腐烂的 yì fǔlàn de;易坏[坏]的 yìhuàide. **perishables** n [pl] 易腐烂的食物 yì fǔlàn shìwù. **perishing** adj [非正式用语,尤用于英国英语]极[极]冷

的 jílěngde.

perjure /ˈpɜːdʒə(r)/ v ~ **oneself** (在法庭上)作伪[伪]证 zuò wěizhèng. **perjury** n [U].

perk[1] /pɜːk/ v [短语动词] perk (sb/sth) up 使振作 shǐ zhènzuò;使活跃[跃] shǐ huóyuè. **perky** adj [-ier, -iest] 活跃的 huóyuède;生气[气]勃勃的 shēngqì bóbó de.

perk[2] /pɜːk/ n [C, 常作 pl] [非正式用语]额外收入(如奖金、小费、津贴等) éwài shōurù.

perm /pɜːm/ n [C] [非正式用语]烫[烫]发[发] tàngfà. **perm** v [T] 烫[烫] tàng.

permanent /ˈpɜːmənənt/ adj 永久的 yǒngjiǔde;永恒的 yǒnghéngde. **permanence** /-nəns/ n [U]. **permanently** adv.

permeate /ˈpɜːmɪeɪt/ v [I, T] (through) [正式用语]弥[弥]漫 mímàn;遍布 biànbù;充满 chōngmǎn. **permeable** /ˈpɜːmɪəbl/ adj [正式用语]可渗[渗]入的 kě shènrù de;可渗透的 kě shèntòu de.

permissible /pəˈmɪsəbl/ adj [正式用语]容[容]许的 róngxǔde;许可的 xǔkěde;可准许的 kě zhǔnxǔ de. **permissibly** /-əblɪ/ adv.

permission /pəˈmɪʃn/ n [U] 允许 yǔnxǔ;许可 xǔkě;准许 zhǔnxǔ.

permissive /pəˈmɪsɪv/ adj 纵[纵]容的 zòngróngde;放任的 fàngrènde: the ~ society 放任的社会. **permissiveness** n [U].

permit /pəˈmɪt/ v [-tt-] [T] [正式用语]允许 yǔnxǔ;许可 xǔkě. **permit** /ˈpɜːmɪt/ n [C] 许可证[证] xǔkězhèng;通行证 tōngxíngzhèng.

permutation /ˌpɜːmjʊˈteɪʃn/ n [C] [正式用语]排列 páiliè;置换 zhìhuàn.

pernicious /pəˈnɪʃəs/ adj [正式用语]有害的 yǒuhàide;恶[恶]性的 èxìngde.

pernickety /pəˈnɪkətɪ/ adj [非正式用语,常作贬]吹毛求疵的 chuī máo qiú cī de.

perpendicular /ˌpɜːpənˈdɪkjʊlə(r)/ adj **1** 直立的 zhílìde. **2** 垂直的 chuízhíde;成直角的 chéng zhíjiǎo de. **perpendicular** n [C] 垂直线[线] chuízhíxiàn;垂直 chuízhí.

perpetrate /ˈpɜːpɪtreɪt/ v [T] [正式用语]犯(罪等) fàn. **perpetrator** n [C].

perpetual /pəˈpetʃʊəl/ adj **1** 永久的 yǒngjiǔde;永恒的 yǒnghéngde. **2**

反复[复]的 fǎnfùde; 不断[断]的 búduànde: *their ~ complaints* 他们无休止的抱怨. **perpetually** /-tʃʊəlɪ/ *adv*.

perpetuate /pə'petʃʊeɪt/ *v* [T] [正式用语]使永久 shǐ yǒngjiǔ; 使水恒 shǐ yǒnghéng; 使持续[续] shǐ chíxù.

perplex /pə'pleks/ *v* [T] 使困惑 shǐ kùnhuò; 使迷惑 shǐ míhuò: *They were all ~ed by her behaviour.* 她的行为使他们大惑不解. *a ~ing problem* 一个复杂的问题. **perplexity** /-ətɪ/ *n* [U] 困惑 kùnhuò; 茫然 mángrán.

per se ⇨ PER.

persecute /'pɜːsɪkjuːt/ *v* [T] (因宗教信仰、政治等原因)迫害 pòhài. **persecution** /ˌpɜːsɪ'kjuːʃn/ *n* [C,U]. **persecutor** *n* [C].

persevere /ˌpɜːsɪ'vɪə(r)/ *v* [I] 坚[坚]持不懈 jiānchí bú xiè;坚持做(某事) jiānchí zuò: *You need to ~ with your studies if you want to pass your exams.* 要想通过考试,你必须锲而不舍地学习. **perseverance** *n* [U].

persist /pə'sɪst/ *v* [I] 1 (*in/with*) 坚[坚]持不懈 jiānchí bú xiè;执[执]意 zhíyì: *He will ~ in thinking I don't like him.* 他会坚持认为我不喜欢他. 2 持续[续]chíxù;存留 cúnliú: *Fog will ~ in most areas.* 大部分地区将持续有雾. **persistence** *n* [U]. **persistent** *adj* 持续的 chíxùde;一再出现[现]的 yízài chūxiàn de; ~*ent warnings/attacks* 一再警告/不停的进攻. **persistently** *adv*.

person /'pɜːsn/ *n* [C] (*pl* **people** /'piːpl/ 或作正式用语时复数为 **persons**) 1 人 rén: *You're just the ~ we need.* 你正是我们需要的人. 2 [语法]人称(称) rénchēng: *the first ~* 第一人称. *the second ~* 第二人称. *the third ~* 第三人称. 3 [习语] **in 'person** 亲(亲)自 qīnzì:*the actress will be there in ~.* 女演员将亲自去那里.

personable /'pɜːsənəbl/ *adj* 英俊的 yīngjùnde;美貌的 měimàode;风[风]度好的 fēngdù hǎo de: *a young woman* 漂亮年轻的妇女.

personal /'pɜːsənl/ *adj* 1 个[个]人的 gèrénde: ~ *belongings* 私人物品. 2 私人的 sīrénde: *receive a*

~ *phone call at work* 工作时接私人电话. 3 攻击[击]个人的 gōngjī rén de: ~ *remarks* 批评个人的言词. 4 人身的 rénshēnde;身体[体]的 shēntǐde: ~ *cleanliness* 身体的清洁卫生. **personal com'puter** *n* [C] 个人计算机[机] gèrén jìsuànjī. **personally** /'pɜːsənəlɪ/ *adv* 1 就个人而言 jiù gèrén ér yán: *P~ly, I think you're crazy!* 就我个人来说,我认为你疯了! 2 亲(亲)自 qīnzì. 3 私下地 sīxiàde. ,**personal 'pronoun** *n* [C] [语法]人称(称)代词 rénchēng dàicí.

personality /ˌpɜːsə'nælətɪ/ *n* [*pl* **-ies**] 1 [C,U] 个[个]性 gèxìng: *a strong ~* 坚强的个性. 2 [C] (尤指娱乐、体育界的)名人 míngrén: *a television ~* 电视名人.

personify /pə'sɒnɪfaɪ/ *v* [*pt, pp* **-ied**] [T] 1 将[将]…人格化 jiāng …réngéhuà;将…拟[拟]人化 jiāng …nǐrénhuà. 2 是…的化身 shì…de huàshēn: *She personifies kindness.* 她是仁慈的化身. **personification** /pəˌsɒnɪfɪ'keɪʃn/ *n* [U,C].

personnel /ˌpɜːsə'nel/ *n* 1 [pl] 职[职]员 zhíyuán;人员 rényuán. 2 [U] 人事部门 rénshì bùmén: *a ~ manager* 人事部主任.

perspective /pə'spektɪv/ *n* 1 [U] 透视法 tòushìfǎ. 2 [U] [喻](观察问题的)视角 shìjiǎo. 3 [习语] **in perspective** 用透视法的观点 yòng tòushìfǎ de; *get/see one's problems ~* 正确看待问题.

Perspex /'pɜːspeks/ *n* [U] (*P*) 有机[机]玻璃(一种高强度透明塑料) yǒujī bōli.

perspire /pə'spaɪə(r)/ *v* [I] [正式用语]出汗 chū hàn;流汗 liú hàn. **perspiration** /ˌpɜːspə'reɪʃn/ *n* [U].

persuade /pə'sweɪd/ *v* [T] 1 说服(某人) shuōfú;劝说 quànshuō: *They ~d him to try again.* 他们劝他再试一次. 2 [正式用语]使相信 shǐ xiāngxìn;使信服 shǐ xìnfú.

persuasion /pə'sweɪʒn/ *n* 1 [U] 说服 shuōfú;劝(劝)服 quànfú. 2 [C] 信念 xìnniàn;信仰 xìnyǎng.

persuasive /pə'sweɪsɪv/ *adj* 有说服力的 yǒu shuōfúlì de;令人信服的 lìng rén xìnfú de: *She can be very ~ when she wants.* 她提出要求时,很有说服力. **persuasively** *adv*.

pert /pɜːt/ *adj* 无〔無〕礼〔禮〕的 wúlǐde; 失礼的 shīlǐde: *a ~ reply* 无礼的回答 wúlǐde huídá. **pertly** *adv*. **pertness** *n* [U].

pertain /pə'teɪn/ *v* [I] *to* 〔正式用语〕有关〔關〕yǒuguān; 从〔從〕属〔屬〕附属 fùshǔ.

pertinent /'pɜːtɪnənt; US 'pɜːtənənt/ *adj* 〔正式用语〕有关〔關〕的 yǒuguānde; 相关的 xiāngguānde.

perturb /pə'tɜːb/ *v* [T] 〔正式用语〕使不安 bù'ān; 使烦恼〔惱〕shǐ fánnǎo.

peruse /pə'ruːz/ *v* [T] 〔正式用语〕仔细阅读〔讀〕zǐxì yuèdú. **perusal** *n* [C,U].

pervade /pə'veɪd/ *v* [T] 〔正式用语〕弥〔彌〕漫 mímàn; 遍及 biànjí.

pervasive /pə'veɪsɪv/ *adj* 弥〔彌〕漫的 mímànde; 遍布的 biànbùde.

perverse /pə'vɜːs/ *adj* **1** (人)坚〔堅〕持错误〔誤〕的 jiānchí cuòwùde; 背理的 bèilǐde; 不合常情的 bùhé chángqíng de. **2** (行为)任性的 rènxìngde; 不讲〔講〕理的 bù jiǎnglǐ de. **perversely** *adv*. **perversity** *n* [U].

perversion /pə'vɜːʃn; US -ʒn/ *n* **1** [U] 变〔變〕错 biàncuò; 反常 fǎncháng: *the ~ of truth* 歪曲事实. **2** [C,U] 性欲〔慾〕反常(或倒错) xìngyù fǎncháng; 性变态〔態〕xìng-biàntài.

pervert[1] /pə'vɜːt/ *v* [T] **1** 误用 wùyòng; 滥〔濫〕用 lànyòng: *~ the course of justice* 滥用司法程序. **2** 使人邪路 shǐ rù xiélù; 使反常 shǐ fǎncháng; 使变〔變〕坏〔壞〕shǐ biànhuài.

pervert[2] /'pɜːvɜːt/ *n* [C] 堕落者 duòluòzhě; 反常者 fǎnchángzhě; 性变〔變〕态〔態〕者 xìngbiàntàizhě.

pessimism /'pesɪmɪzəm/ *n* [U] 悲观〔觀〕běiguān zhǔyì. **pessimist** /-mɪst/ *n* [C]. **pessimistic** /ˌpesɪ'mɪstɪk/ *adj*.

pest /pest/ *n* [C] **1** 害兽〔獸〕hàishòu; 害虫 hàichóng; 有害生物 yǒuhài shēngwù. **2** 〔非正式用语〕讨厌〔厭〕的人 tǎoyànde rén.

pester /'pestə(r)/ *v* [T] 不断〔斷〕打扰〔擾〕búduàn dǎrǎo; 纠缠〔纏〕jiūchán.

pesticide /'pestɪsaɪd/ *n* [C,U] 杀〔殺〕虫剂〔劑〕shāchóngjì; 农〔農〕药〔藥〕nóngyào.

pestle /'pesl/ *n* [C] 捣研用的杵 chǔ.

pet /pet/ *n* [C] **1** 玩赏动〔動〕物 wánshǎng dòngwù; 宠〔寵〕物 chǒngwù. **2** 宠儿〔兒〕chǒng'ér; 宝〔寶〕贝 bǎobèi. **pet** *v* [-tt-] **1** 宠爱〔愛〕chǒng'ài; 抚〔撫〕摸 fǔmō. **2** [I] 亲〔親〕吻和爱抚 qīnwěn hé àifǔ. '**pet name** *n* [C] 爱称〔稱〕àichēng; 昵称 nìchēng.

petal /'petl/ *n* [C] 花瓣 huābàn.

peter /'piːtə(r)/ *v* 〔短语动词〕**peter out** 逐渐减少 zhújiàn jiǎnshǎo; 逐渐消失 zhújiàn xiāoshī.

petition /pə'tɪʃn/ *n* [C] **1** 请愿〔願〕书〔書〕qǐngyuànshū; (向法院递交的)诉状〔狀〕sùzhuàng. **petition** *v* [I,T] 〔正式用语〕正式请求 zhèngshì qǐngqiú; 请愿 qǐngyuàn.

petrify /'petrɪfaɪ/ *v* [*pt*, *pp* -ied] **1** [T] 常作被动语态 cháng zuò bèidòng yǔtài 使吓〔嚇〕呆〔獃〕shǐ xiàdāi; 使惊〔驚〕呆 shǐ jīngdāi. **2** [I,T] 使石化 shǐ shíhuà.

petrol /'petrəl/ *n* [U] 汽油 qìyóu. '**petrol station** *n* [C] 汽车〔車〕加油站 qìchē jiāyóuzhàn.

petroleum /pə'trəʊliəm/ *n* [U] 石油 shíyóu.

petticoat /'petɪkəʊt/ *n* [C] 衬〔襯〕裙 chènqún.

petty /'petɪ/ *adj* [-ier, -iest] **1** 小的 xiǎode; 不重要的 bú zhòngyào de; ~ *details* 细节 **2** 琐碎的 suǒsuìde; 小气〔氣〕的 xiǎoqìde; ~ *jealousies* 心胸狭窄的妒忌 **pettiness** *n* [U] 小额现金 xiǎo'é xiànjīn. '**petty 'cash** *n* [U] 小额现金 xiǎo'é xiànjīn. '**petty officer** *n* [C] 海军军士 hǎijūn jūnshì.

petulant /'petjʊlənt; US -tʃʊ-/ *adj* 任性的 rènxìngde; 脾气〔氣〕坏〔壞〕的 píqì huài de. **petulance** /-ləns/ *n* [U]. **petulantly** *adv*.

pew /pjuː/ *n* [C] 教堂长〔長〕椅 jiàotáng chángyǐ.

pewter /'pjuːtə(r)/ *n* [U] 白镴 báilà.

phallus /'fæləs/ *n* [C] (某些宗教作为生殖力象征的)阴〔陰〕茎〔莖〕图〔圖〕像 yīnjīngtúxiàng. **phallic** /'fælɪk/ *adj*.

phantom /'fæntəm/ *n* [C] **1** 鬼魂 guǐhún; 幽灵〔靈〕yōulíng. **2** 不真实〔實〕(或想象)的事物 bù zhēnshí de shìwù.

Pharaoh /'feərəʊ/ *n* [C] (古埃及君王的称号)法老 fǎlǎo.

pharmaceutical /ˌfɑːmə'sjuːtɪkl; US -'suː-/ *adj* 制〔製〕药〔藥〕的

zhǐyàode; 配药的 pèiyàode.

pharmacist /ˈfɑːməsɪst/ n [C] 药(藥)剂(劑)师(師)yàojìshī; 药商yàoshāng.

pharmacy /ˈfɑːməsɪ/ n [pl -ies] 1 [U] 药学(學)yàoxué; 制(製)药学zhìyàoxué; 配药学pèiyàoxué. 2 [C] 药店 yàodiàn; 药房 yàofáng.

phase /feɪz/ n [C] 1 阶(階)段 jiēduàn; 时(時)期 shíqī. 2 (指月亮)位相 wèixiàng; 盈亏(虧)(新月、满月等) yíngkuī. **phase** v 1 [T] 按阶段计划(劃)(或实行、安排)àn jiēduàn jìhuà. 2 [短语动词] **phase sth in/out** 逐步采(採)用(或引入)zhúbù cǎiyòng; 逐步停止使用 zhúbù tíngzhǐ shǐyòng.

PhD /ˌpiː eɪtʃ ˈdiː/ abbr Doctor of Philosophy 哲学(學)博士 zhéxué bóshì.

pheasant /ˈfeznt/ n [C] 1 雉 zhì. 2 [U] 雉肉 zhìròu.

phenomenal /fəˈnɒmɪnl/ adj 非凡的 fēifánde; 不寻(尋)常 bù xúncháng de; ~ success 非常成功. **phenomenally** /-nəlɪ/ adv; -ly successful 非常成功的.

phenomenon /fəˈnɒmɪnən/ n [C] [pl -mena /-mɪnə/] 1 现象 xiànxiàng. 2 非凡的人 fēifánde rén; 奇迹(蹟) qíjì.

philanthropy /fɪˈlænθrəpɪ/ n [U] 慈善事业(業) císhàn shìyè; 慈善性捐赠 císhànxìng juānzèng. **philanthropic** /ˌfɪlənˈθrɒpɪk/ adj. **philanthropist** /fɪˈlænθrəpɪst/ n [C].

philately /fɪˈlætəlɪ/ n [U] 集邮(郵) jíyóu.

philistine /ˈfɪlɪstaɪn; US -stiːn/ n [C] 讨厌(厭)艺(藝)术(術)的人 tǎoyàn yìshù de rén; 无(無)教养(養)的人 wú jiàoyǎng de rén.

philosopher /fɪˈlɒsəfə(r)/ n [C] 1 研究哲学(學)者 yánjiū zhéxué zhě; 哲学家(師)zhéxuéjiā. 2 [非正式用语]善于思考的人 shànyú sīkǎo de rén.

philosophy /fɪˈlɒsəfɪ/ n [pl -ies] 1 [U] 哲学(學)zhéxué. 2 [C] 哲学思想 zhéxué sīxiǎng; 哲学体(體)系 zhéxué tǐxì. **philosophical** /ˌfɪləˈsɒfɪkl/ adj 1 哲学的 zhéxuéde. 2 达(達)观(觀)的 dáguānde; 泰然自若的 tàirán zìruò de. **philosophically** /-klɪ/ adv. **philosophize** /-faɪz/ v [I] 哲学家似地思考(或推理、辩论) zhéxuéjiā shì de sīkǎo.

phlegm /flem/ n [U] 1 痰 tán. 2 [旧,正式用语] 冷静 lěngjìng.

phlegmatic /flegˈmætɪk/ adj 冷静的 lěngjìngde; 沉着的 chénzhuóde. **phlegmatically** /-klɪ/ adv.

phobia /ˈfəʊbɪə/ n [C] 恐惧(懼) kǒngjù; 憎恶(惡) zēngwù.

phone /fəʊn/ n [C], v [I, T] short for TELEPHONE. '**phone book** n [C] ⇨ TELEPHONE DIRECTORY (TELEPHONE). '**phone-box** (亦作 '**phone booth**) n [C] = TELE-PHONE-BOX (TELEPHONE). '**phone card** /n [C] 电话(储金盒)卡 diànhuàkǎ. '**phone-in** n [C] (电台或电视台的)听(聽)(或观)众(眾)通过(過)电话打进直播节(節)目(向主持人提问或交谈) tīngzhòng tōngguò diànhuà dǎ jìn zhíbō jiémù. '**phone number** = TELEPHONE NUMBER (TELEPHONE).

phonetic /fəˈnetɪk/ adj [语言]语音的 yǔyīnde. **phonetically** /-klɪ/ adv. **phonetician** /ˌfəʊnɪˈtɪʃn/ n [C] 语音学(學)家 yǔyīnxuéjiā. **phonetics** n [用 sing v] 语音学 yǔyīnxué.

phoney (亦作 **phony**) /ˈfəʊnɪ/ adj [-ier, -iest] [非正式用语]假的 jiǎde; 伪(僞)造的 wěizàode. **phoney** (亦作 **phony**) n [C] 假冒者 jiǎmàozhě; 假货 jiǎhuò; 赝品 yànpǐn.

phonology /fəˈnɒlədʒɪ/ n [语]音系学(學) yīnxìxué; 音位学 yīnwèixué; 音韵(韻)学 yīnyùnxué; English ~ 英语语音体系. **phonological** /ˌfəʊnəˈlɒdʒɪkl/ adj.

phosphorescence /ˌfɒsfəˈresns/ n [U] 磷光 línguāng; 磷光 línhuǒ. **phosphorescent** /-ˈresnt/ adj 在黑暗中发(發)光的 zài hēi'àn zhōng fāguāng de.

phosphorus /ˈfɒsfərəs/ n [U] 磷 lín.

photo /ˈfəʊtəʊ/ n [C] [pl ~s] [非正式用语] short for PHOTO-GRAPH. '**photo finish** n [C] (比赛者到达终点时十分接近,需用照片来判断结果的)摄(攝)影定名次 shèyǐng dìng míngcì.

photocopy /ˈfəʊtəʊkɒpɪ/ n [C] [pl -ies] 摄(攝)影复(複)制(製)品 shèyǐng fùzhìpǐn; 复印件 fùyìnjiàn; 照相复印本 zhàoxiàng fùyìnběn. **photocopy** v [pt, pp -ied] 摄影复印 shèyǐng fùyìn; 复印 fùyìn; 照相复印 zhàoxiàng fùyìn; 影印 yǐngyìn. **photocopier** /-pɪə(r)/ n

[C] 摄影复制机(機) shèyìng fùzhìjī; 复印机(機) fùyìnjī;影印机 yìngyìnjī.

photogenic /ˌfəʊtəˈdʒenɪk/ adj 适(適)于拍照的 shìyú pāizhào de; 上相的 shàngxiàngde; 上镜 de shàngjìngde.

photograph /ˈfəʊtəgrɑːf; US -græf/ n [C] 照片 zhàopiàn; 相片 xiàngpiàn. photograph v [T] 给…拍照 gěi … pāizhào. photographer /fəˈtɒgrəfə(r)/ n [C] 摄(攝)影师(師) shèyìngshī;摄影者 shèyìngzhě. photographic /ˌfəʊtəˈgræfɪk/ adj. photography /fəˈtɒgrəfɪ/ n [U] 摄影 shèyìng;摄影术(術) shèyìngshù.

phrasal /ˈfreɪzl/ adj 短语(語)的 duǎnyǔde;词组的 cízǔde;片语的 piànyǔde. phrasal verb n [C] 短语动(動)词 duǎnyǔ dòngcí: ' Blow up' and ' look forward to' are verbs. "blow up" 和 "look forward to" 是短语动词.

phrase /freɪz/ n [C] 1 一组字 yìzǔ zì. 2 [语法] 短语 duǎnyǔ;词组 cízǔ;片语 piànyǔ. phrase v [T] 用词或词组表达(達) yòng cí huò cízǔ biǎodá: a badly ～d example 措辞不当的例子. 'phrase-book n [C] (供到国外旅游用的)外语常用语手册 wàiyǔ chángyòngyǔ shǒucè.

phraseology /ˌfreɪzɪˈɒlədʒɪ/ n [U] 措辞(辭) cuòcí;用语 yòngyǔ.

physical /ˈfɪzɪkl/ adj 1 身体(體)的 shēntǐde;肉体的 ròutǐde: ～ exercise 体育活动. 2 物质(質)的 wùzhìde: the ～ world 物质世界. 3 自然规律的 zìrán guīlǜ de;按自然法则的 àn zìrán fǎzé de: a ～ impossibility 自然法则上不可能的事. 4 自然(界)的 zìránde: ～ geography 自然地理学. physically /-klɪ/ adv.

physician /fɪˈzɪʃn/ n [C] 医(醫)生 yīshēng;内科医生 nèikē yīshēng.

physicist /ˈfɪzɪsɪst/ n [C] 物理学(學)家 wùlǐxuéjiā.

physics /ˈfɪzɪks/ n [U] 物理 wùlǐ;物理学(學) wùlǐxué.

physiology /ˌfɪzɪˈɒlədʒɪ/ n [U] 生理学(學) shēnglǐxué. physiological /ˌfɪzɪəˈlɒdʒɪkl/ adj. physiologist n [C] 生理学家 shēnglǐxuéjiā.

physiotherapy /ˌfɪzɪəʊˈθerəpɪ/ n [U] 物理疗(療)法 wùlǐliáofǎ;理疗 liáo. physiotherapist n [C].

physique /fɪˈziːk/ n [C] 体(體)格 tǐgé;体形 tǐxíng.

piano /pɪˈænəʊ/ n [C] [pl ～s] 钢(鋼)琴 gāngqín. pianist /ˈpiːənɪst/ n [C] 钢琴家 gāngqínjiā;钢琴演奏者 gāngqín yǎnzòuzhě.

piccolo /ˈpɪkələʊ/ n [C] [pl ～s] 短笛 duǎndí.

pick¹ /pɪk/ v [T] 1 选(選)择(擇) xuǎnzé;挑选 tiāoxuǎn. 2 采(探)摘 cǎizhāi;采集 cǎijí: ～ strawberries 摘草莓. 3 除 chú;除掉 chúdiào. 4 从(從)…上去掉某物 cóng … qùdiào mǒuwù; ～ one's teeth 剔牙. 5 寻(尋)鲜(釁) zhǎochá;找差儿(兒) zhǎo chár. 6 拨(撥)开(開)(锁) bōkāi. 7 扎(或摘、或拔、或闷)弹(彈) zhēzhèng. 8 (鸟)啄食 diàoshí;啄起 zhuóqǐ. 9 [习语] pick and 'choose 挑拣拣拣 tiāojiǎnjiǎnjiǎn. pick sb's 'brains 利用(或抄袭)别人的成果 lìyòng biérén de chéngguǒ;借问问题以获(獲)取有用的信息 jièwèn wèntí yǐ huòqǔ yǒuyòng de xìnxī. pick holes in sth 挑毛病 tiāo máobìng. pick sb's 'pocket 扒窃(竊) páqiè. 10 [短语动词] pick at sth 一点(點)一点地吃(食物)yīdiǎn yīdiǎn de chī. pick on sb 选(選)中某人以惩(懲)罚(或责怪等)xuǎnzhòng mǒurén chéngfá: He's always ～ing on me. 他总是责备我. pick sb/sth out (a) 挑选出某人(或某物)tiāoxuǎn chū mǒurén. (b) 分辨出某人(或某物)fēnbiàn chū mǒurén. pick up 好转(轉)hǎozhuǎn;改善 gǎishàn. (b) 重新开始(工作)chóngxīn kāishǐ. pick sb up (a) (用汽车)搭载某人 dāzài mǒurén. (b) [非正式用语,贬]偶然结识(識)某人 ǒurán jiéshí mǒurén. (c) 拘留 jūliú;逮捕 dàibǔ. pick sth up (a) 举(舉)起 jǔqǐ;拿起 náqǐ;拾起 shíqǐ. (b) 学(學)会(會)(技术、外语等)xuéhuì. (c) 得(病)dé;染(疾病)rǎn. (d) 收集 shōují. (e) 收到 shōudào;听(聽)到 tīngdào. picker n [C] 采摘者 cǎizhāizhě;采集者 cǎijízhě; 采摘机(或工具)cǎizhāijī. pickings n [pl] 利润 lìrùn;[非正式用语]不义(義)之财 bùyí zhī cái. 'pickpocket n [C] 扒手 páshǒu. 'pick-up n [C] 1 [音器]拾音器 shíyīnqì. 2 轻(輕)型小货车(車)qīngxíng xiǎo huòchē. 3 [非正式用语,贬]偶然结识(識)的人 ǒurán jiéshí de rén.

pick² /pɪk/ n [sing] 1 挑选(選)tiāoxuǎn;选择(擇)xuǎnzé: take

your ~ 精朱(华) jīnghuá. **2 the pick of
sth** 精华(华) jīnghuá.

pick³ /pɪk/ n (亦作 **pickaxe**, 美语
pickax /'pɪkæks/） n [C] 镐
gǎo; 丁字镐 dīngzìgǎo.

picket /'pɪkɪt/ n [C] (罢工时, 守
在工作地点厂口和其他人上班的)
纠察队(队)员 jiūcháduìyuán; 纠察
队 jiūcháduì. **picket** v [I,T] (罢工
时)设置纠察队 shèzhì jiūcháduì: ~
a factory 在工厂设置纠察队.

pickle /'pɪkl/ n **1 (a)** [U] (腌肉、
泡菜等的)盐(盐)卤(卤) yánlǔ; 腌
汁 yānzhī. **(b)** [C,U] 腌菜 yāncài.
2 [sing] [非正式用语]迷(迷)境(境)
困境(境) (或不愉快) chǔjìng kùn-
nan; *in a* ~ 在困境中. **pickle** v
[T] (用酸汁) 腌渍 yānzì. **pickled**
adj [非正式用语]醉的 zuìde.

picnic /'pɪknɪk/ n [C] 野餐 yěcān.
picnic v [-ck-] [I]. **picnicker** n
[C]野餐者 yěcānzhě.

pictorial /pɪk'tɔːrɪəl/ *adj* 用图
[图]表示的 yòng tú biǎoshì de; 有
图片的 yǒu túpiàn de.

picture /'pɪktʃə(r)/ n **1** [C] **(a)**
绘(绘)画(画) huìhuà; 图画(画) tú-
huà. **(b)** 照片 zhàopiàn; 相片
xiàngpiàn. **(c)** 电(电)视图像 diàn-
shì túxiàng. **2** [英国英语, 旧] a
[C] 影片 yǐngpiàn; 电影 diànyǐng.
(b) the pictures [pl] 电影院
diànyǐngyuàn: *go to the ~s* 去看电
影. **3** [C] (心目中的)形象 xíng-
xiàng. **4** [C] 描述 miáoshù; 叙述 xù-
shù. **5** [习语] **be/put sb in the
'picture** (使某人)了(晓)解实实实情
情况(况) liǎojiě shíqíng. **be the pic-
ture of health, happiness, etc** 看上去
很健康(或愉快等) kàn shàng qù
hěn jiànkāng. **get the 'picture** [非
正式用语]明白 míngbai; 理解 lǐjiě.
picture v [T] **1** 想像 xiǎngxiàng:
He ~d himself as a rich man. 他想像自己是个富人. **2** 画 huà; 拍
[摄]摄 pāishè.

picturesque /ˌpɪktʃə'resk/ *adj* **1**
美丽画(画)的 měilì huà de; *a ~
fishing village* 风景如画的渔村.
2(语言)生动(动)的 shēngdòngde;
绘(绘)声(声)绘色色的 huì shēng huì
sè de.

pidgin /'pɪdʒɪn/ n [C] (在贸易、交
往中形成的)不同语种的混(混)杂(杂)
语 hùnzáyǔ, 不纯正的语言 bù chún-
zhèng de yǔyán.

pie /paɪ/ n [C,U] (肉或水果的)馅
饼 xiànbǐng; 肉馅排 ròuxiànpái. 牛
馅排 guǒxiànpái.

piebald /'paɪbɔːld/ *adj* (马)有黑
白斑的 yǒu hēibáibān de.

piece¹ /piːs/ n [C] **1** 块(块) kuài;
片 piàn; 段 duàn. **2** 部件 bùjiàn. **3** 件
jiàn; 个(个) gè; a ~ *of furni-
ture* 一件家具. **4** [喻] a ~ *of
news/advice* 一则新闻(闻)/一则忠
告. **4** (艺术品、音乐等的)幅 fú; 篇
piān; 首 shǒu. **5** 棋子 qízǐ; *a chess
~* (国际象棋)棋子. **6** 硬币 yìng-
bì; *a ten-pence* ~ 十便士的
硬币. **7** [习语] **give sb a piece of
one's 'mind** [非正式用语]直言
zhíyán; 坦诚相告 tǎnchéng xiàng-
gào. **go to 'pieces** 身体(体)(或精神)失
去 zhìzhìlì. **in one 'piece** 未受伤
[伤]的 wèi shòushāng de. **a ,piece
of 'cake** [非正式用语]容易的事
róngyìde shì. **'piece-work** n [U]
计件工作 jìjiàn gōngzuò.

piece² /piːs/ v [短语动词] **piece
sth together** 拼合 pīnhé; 拼接 pīn-
còu;组装(装) zǔzhuāng.

piecemeal /'piːsmiːl/ *adv* 一件一
件地 yíjiàn yíjiàn de; 一块(块)一块
[块]地 yíkuài yíkuài de; *work done* ~
逐个地做完的工作.

pier /pɪə(r)/ n [C] **1** 码头 [头]
mǎtóu; 突堤 tūdī. **2** 桥(桥)墩 qiáo-
dūn.

pierce /pɪəs/ v **1** [I, T] 刺入 cìrù;
刺透 cìtòu; 刺穿 cìchuān. **2** [T] [喻]
(声、光等)进(进)入 jìnrù; 透入 tòu-
rù. **piercing** *adj* **1** (声音)尖锐的
jiānruìde; 刺耳的 cì'ěrde. **2** (眼睛)
敏锐的 mǐnruìde; 锐利的 ruìlìde. **3**
(风)刺骨的 cìgǔde; 凛冽的 lǐnliè-
de. **piercingly** *adv*.

piety /'paɪətɪ/ n [U] 虔诚 qián-
chéng; 虔敬 qiánjìng.

pig /pɪg/ n [C] **1** 猪 zhū. **2** [非正式
用语, 贬]贪心(或肮脏、粗野)的人
tānxīnde rén. **3** [习语] **make a 'pig
of oneself** [非正式用语]吃得(或
喝得)太多 chīde tàiduō. **piggy** n
[C] [*pl* **-ies**] [儿语]小猪 xiǎozhū. **'piggy bank** n
[C] 扑(扑)满 pūmǎn,(猪形)储蓄
罐 chǔxùguàn. **,pig'headed** *adj* 顽
固的 wángùde; 顽执(执)的 gùzhíde.
'pigsty n [C] [*pl* **-ies**] **1** 猪
圈 zhūjuàn. **2** [非正式用语]肮(肮)
脏(脏)地方 āngzāng dìfang.
'pigtail n [C] 辫子 biànzi.

pigeon /'pɪdʒɪn/ n [C] **1** 鸽子 gē-
zi. **2** [非正式用语]责任 zérèn; 要做
的事. **'pigeon-hole** n [C] 信件架

xìnjiàngé;文件格 wénjiàngé. **pigeon-hole** v [T] 1 把…分类[類](或归[歸]档) bǎ…fēnlèi. 2 把…搁置一边[邊] bǎ…gēzhì yìbiān. **pigeon-toed** adj 足内翻的 zúnèifānde;内八字的 nèibāzìde.

piglet /'pɪglɪt/ n [C] 小猪 xiǎozhū.

pigment /'pɪgmənt/ n 1[C,U] 颜料 yánliào. 2[U]色素 sèsù. **pigmentation** /ˌpɪgmen'teɪʃn/ n [U] 色素沉着 sèsù chénzhuó.

pigmy = PYGMY.

pike[1] /paɪk/ n [C] [pl pike] 狗鱼 gǒuyú.

pike[2] /paɪk/ n [C] 长[長] 矛 chángmáo.

pilchard /'pɪltʃəd/ n [C] 沙丁鱼 shādīngyú.

pile[1] /paɪl/ n [C] 1 堆 duī;a ～ of papers 一堆纸. 2 [常作 pl] [非正式用语]大量 dàliàng;许多 xǔduō;～s of work 大量工作. 3 [习语]**make a 'pile** [非正式用语]赚钱[錢] zhuànqián. **pile** v 1[T] 堆积[積] duījī;堆放(堆) duīfàng;～the books on the table 把书堆放在桌子上. 2 [T] 将[將](某物)堆在某处[處] jiāng…duī…;The table was ～d high with boxes. 桌子上高高地摞着盒子. 3[I] into/out of 蜂拥[擁]而入 fēngyōng ér rù;蜂拥而出 fēngyōng ér chū. 4[短语动词] **pile up** (a) 增多 zēngduō;堆积 duījī;The work is piling up. 工作越来越多. (b) (车辆)互相碰撞 hùxiāng pèngzhuàng. **'pile-up** n [C] 几[幾]辆车相撞 jǐliàng chē xiāngzhuàng.

pile[2] /paɪl/ n [C] (房屋、桥梁等的)桩[樁] zhuāng.

pile[3] /paɪl/ n [U] (织物、地毯的)绒面 róngmiàn;绒毛 róngmáo;绒头[頭] róngtóu.

piles /paɪlz/ n [pl] = HAEMORRHOIDS.

pilfer /'pɪlfə(r)/ v [I,T] 小偷小摸 xiǎotōu xiǎomō.

pilgrim /'pɪlgrɪm/ n [C] 朝圣[聖]者 cháoshèngzhě;香客 xiāngkè. **pilgrimage** /-ɪdʒ/ n [C,U] 朝圣 cháoshèng.

pill /pɪl/ n 1[C] 药[藥]丸 yàowán;药片 yàopiàn. 2 **the pill** [sing] 口服避孕药 kǒufú bìyùnyào.

pillage /'pɪlɪdʒ/ v [I,T] [正式用语](尤指战争中的)抢[搶]劫 qiǎngjié;掠夺[奪] lüèduó.

pillar /'pɪlə(r)/ n [C] 1 支柱 zhī-zhù;柱子 zhùzi. 2 重要成员 zhòngyào chéngyuán;积[積]极[極]支持者 jījí zhīchízhě. **'pillar-box** n [C] 邮[郵]筒 yóutǒng;信箱 xìnxiāng.

pillion /'pɪliən/ n [C] 摩托车[車]后[後]座 mótuōchē hòuzuò.

pillory /'pɪləri/ n [pt, pp -ied] [正式用语]公开[開]攻击[擊] gōngkāi gōngjī.

pillow /'pɪləʊ/ n [C] 枕头[頭] zhěntou. **pillow** v 把(头)枕在枕上 bǎ…zhěn zài. **'pillowcase** n (亦作 **'pillowslip**) [C] 枕套 zhěntào.

pilot /'paɪlət/ n [C] 1 驾驶员 jiàshǐyuán;飞[飛]行员 fēixíngyuán. 2 领港员 lǐnggǎngyuán;领航员 lǐnghángyuán. **pilot** adj 试验[驗]性的 shìyànxìngde;试点[點]的 shìdiǎnde;a ～ scheme 试验性计划. **pilot** v [T] 驾驶 jiàshǐ;引航 yǐnháng. **'pilot-light** n [C] (煤气灯具等用于引火的)常燃火苗 chángrán huǒmiáo.

pimp /pɪmp/ n [C] 拉皮条[條]的男人 lāpítiáode nánrén.

pimple /'pɪmpl/ n [C] 丘疹 qiūzhěn;小脓[膿]疱 xiǎo nóngpào.

pimply adj.

pin[1] /pɪn/ n [C] 1 大头[頭]针 dàtóuzhēn. **'pincushion** n [C] 针垫[墊] zhēndiàn. **'pinpoint** v [T] 准[準]确[確]描述(或确定)zhǔnquè miáoshù. **pins and 'needles** n [pl] 发[發]麻 fāmá;针刺感 zhēncìgǎn.

pin[2] /pɪn/ v [-nn-] [T] 1(用大头针等)别住 biézhù,钉住 dìngzhù. 2 不能行动[動]时[時]不能移动 bùnéng yídòng. 3 on 将[將]某事(如责任、希望等)附加在某人身上 jiāng moushì fùjiā zài mǒurén shēnshàng. 4[短语动词] **pin sb down** 强使承担 qiángshǐ chéngdān;Try and ～ him down to (giving you) an answer. 试图强使他(给你)作出回答. **pin sth down** 明确[確]说明某事 míngquè shuōmíng moushì;The nature of beauty is difficult to ～ down. 美的性质是很难确切说清楚的. **'pin-up** n [C] (钉在墙上的美人等的)画[畫]像 huàxiàng;照片 zhàopiàn.

pinafore /'pɪnəfɔː(r)/ n [C] 连胸围[圍]裙 liánxiōng wéiqún.

pincer /'pɪnsə(r)/ n 1 **pincers** [pl] 钳子 qiánzi. 2[C] 螯 áo.

pinch /pɪntʃ/ v 1 [T] 捏 niē;拧[擰] níng;掐 qiā. 2 [I] 挤[擠]痛 jǐtòng

tòng; 夹[夹]痛 jiā tòng: *These shoes ~.* 这双鞋挤脚. 3 [T] [非正式用语]偷取 tōuqǔ. **pinch** n 1 [C] 捏 niē; 拧 nǐng; 掐 qiā. 2 [C] (一)撮 cuō; 少量 shǎoliàng: *a ~ of salt* 一撮盐. 3 **the pinch** [sing] 拮据 jiéjū: *feel the ~* 感到手头拮据. 4 [习语] **at a 'pinch** 必要时[时]biyàoshí. **take sth with a pinch of salt** ⇨ SALT.

pine[1] /paɪn/ n [C] (亦作 'pine tree) 松树[树]sōngshù. 2 [U] 松木 sōngmù.

pine[2] /paɪn/ v [I] (for; to) (因生离死别)痛苦 tòngkǔ; *~ for one's lover* 苦苦思念自己的情人. 2 渴望 kěwàng.

pineapple /'paɪnæpl/ n [C, U] 凤梨[梨]fènglí; 菠萝[萝]bōluó.

ping /pɪŋ/ n [C] (子弹击中硬物或铁丝等)的响[响]声[声]fāchū pēngde xiǎngshēng; 砰 pēng; 铛[铛]dāng.

ping-pong n [U] = TABLE TENNIS (TABLE).

pinion[1] /'pɪnɪən/ v [T] 绑住(人的双臂) bǎngzhù.

pinion[2] /'pɪnɪən/ n [C] 小齿[齿]轮[轮]xiǎo chǐlún; 副齿轮 fù chǐlún.

pink /pɪŋk/ adj 粉红色的 fěnhóngsède; 淡红色的 dànhóngsède. **pink** n 1 粉红色 fěnhóngsè. 2 石竹 shízhú. 3 [习语] **in the pink** 健康状[状]况很好 jiànkāng zhuàngkuàng hěnhǎo de.

pinnacle /'pɪnəkl/ n [C] 1(建筑上的)小尖塔 xiǎo jiǎntǎ; 尖顶 jiāndǐng. 2 尖锥形岩石 jiānzhuīxíng yánshí. 3 [喻 sing] 顶峰 dǐngfēng; *the ~ of her career* 她事业的顶峰.

pinpoint ⇨ PIN[1].

pin-stripe ⇨ PIN[1].

pint /paɪnt/ n [C] 1 品脱(液量或干量单位,作液量单位时等于 $\frac{1}{8}$ 加仑,或 0.568 升) pǐntuō. 2 一品脱啤酒(或牛奶) yīpǐntuō píjiǔ.

pioneer /ˌpaɪə'nɪə(r)/ n [C] 1 拓荒者 tuòhuāngzhě; 开[开]发[发]开拓者 kāituòzhě. 2 先驱[驱]者 xiānqūzhě; 创[创]始人 chuàngshǐrén; 先锋 xiānfēng. **pioneer** v [T] 当拓荒者 dāng tuòhuāngzhě; 当先驱者 dāng xiānqūzhě.

pious /'paɪəs/ adj 虔诚的 qiánchéngde; 虔敬的 qiánjìngde. **piously** adv.

pip[1] /pɪp/ n [C] (苹果、桔子、葡萄等的)种[种]子 zhǒngzi.

pip[2] /pɪp/ n **the pips** [pl] (广播中的)报时[时]信号[号]bàoshí xìnhào.

pip[3] /pɪp/ v [-pp-] [习语] **pip sb at the post** 在最后[后]一刻击[击]败 zuìhòu yīkè jībài.

pipe[1] /paɪp/ n [C] 1 管子 guǎnzi. 2 烟斗 yāndǒu. 3 [音乐[乐]]管乐器 guǎnyuèqì. 4 **pipes** [pl] = BAGPIPES. '**pipe-dream** n [C] 白日梦[梦]báirìmèng; 不能实[实]现的计划[划](或希望等) bùnéng shíxiàn de jìhuà. '**pipeline** n 1 [C] (长距离输送油、气等的)管道 guǎndào. 2 [习语] **in the 'pipeline** 在准[准]备[备]中 zài zhǔnbèi zhōng; 即将[将]发[发]生 jíjiāng fāshēng.

pipe[2] /paɪp/ v 1 [T] 用管道输[输]送(水、煤气等) yòng guǎndào shūsòng. 2[I, T] 用管乐[乐]器吹奏 yòng guǎnyuèqì chuīzòu. 3 [短语动词] **pipe down** [非正式用语]安静[静]下来 ānjìng xiàlái; [非正式用语]住口(讲话) tíngzhǐ jiǎnghuà. **pipe up** [非正式用语]开始说话 kāishǐ shuō. **piped music** 在公共场[场]所连续[续]播放的轻[轻]音乐 zài gōnggòng chǎngsuǒ liánxù bōfàng de qīngyīnyuè.

piper /'paɪpə(r)/ n [C] 吹奏者 chuīzòuzhě.

piping /'paɪpɪŋ/ n [U] 管道 guǎndào; 管道系统 guǎndào xìtǒng. **piping** adj (人声)尖声[声]的 jiānshēngde. **piping 'hot** adj (食物)滚烫的 gǔntàngde.

piquant /'pi:kənt/ adj 1 辛辣的 xīnlàde; 开胃的 kāiwèide. 2 刺激的 cìjīde; 振奋[奋]的 zhènfènde. **piquancy** /-ənsɪ/ n [U]. **piquantly** adv.

pique /pi:k/ n [U] (因自尊心受到伤害的)愠怒 jīnnù; 生气[气] shēngqì. **pique** v [T] [常用被动语态]伤[伤]害…的自尊心 shānghài…de zìzūnxīn.

piracy /'paɪərəsɪ/ n [U] 1 海上抢[抢]劫 hǎishàng qiǎngjié; 海盗行为[为] hǎidào xíngwéi. 2 侵犯版权[权]qīnfàn bǎnquán; 非法翻印 fēifǎ fānyìn.

piranha /pɪ'rɑːnjə/ n [C] 比拉鱼(南美淡水中产的食肉小鱼) bǐlāyú; 水虎鱼 shuǐhǔyú.

pirate /'paɪərət/ n [C] 1(尤指旧时)海盗 hǎidào; (海上)掠夺[夺]者 lüèduózhě. 2 侵犯版权[权]者 qīnfàn bǎnquán zhě. **pirate** v [T] 非法翻印 fēifān yìnxíng; 盗用 dàoyòng.

pirouette /ˌpɪruˈet/ n [C] (芭蕾舞的)单(脚)足尖旋转(转)dānzú xuánzhuǎn. **pirouette** v [I] 用单足(或单脚尖)旋转 yòng dānzú xuánzhuǎn.

piss /pɪs/ v [△俚] 1 [I] 撒尿 sāniào. 2 [短语动词] **piss off** [尤用于英国英语] 滚开[開] gǔnkāi.

piss n [俚] 1 [sing] 尿 niào. 2 [习语] **take the piss (out of sb)** 取笑(某人) qǔxiào. **pissed** adj [英国 △俚语] 喝醉的 hēzuìde.

pistol /ˈpɪstl/ n [C] 手枪[槍] shǒuqiāng.

piston /ˈpɪstən/ n [C] 活塞 huósāi.

pit /pɪt/ n 1 [C] 坑 kēng; 深坑 shēnkēng. 2 [C] 矿[礦]井 kuàngjǐng; 坑道 kēngdào: a 'gravel ~ 采石场. 3 [C] 煤矿 méikuàng. 4 [C] (动物身体上的)凹部 āobù; 窝[窩] wō: the ~ of the stomach 胸口(或心窝). 5[C] (天花留下的)痘点[點] dòudiǎn. 6 [C] [乐[樂]]池 yuèchí. 7 **the pits** [pl] (赛车道旁的)检[檢]修加油站 jiǎnxiū jiāyóuzhàn. 8 [习语] **the pits** [非正式用语]极[極]坏[壞]的事物; 最糟糕的 zuì zāogāo. **pit** v [-tt-] 1 [T] 使留下麻点 shǐ liúxià mádiǎn; 使有凹陷 shǐ yǒu āoxiàn. 2 [短语动词] **pit sb/sth against** 使某人(或某事与[與])他人较量 shǐ mǒurén yǔ tārén jiàoliàng.

pitch¹ /pɪtʃ/ n 1 [C] (足球、板球等)球场[場] qiúchǎng. 2 [U] 声[聲]音的高低 shēngyīnde gāodī. 3 [sing] 程度 chéngdù; 强度 qiángdù: The excitement reached a high ~. 高度兴奋. 4 [C] [尤用于英国英语](商贩的)摊[攤]位 tānwèi. 5 [C] 商品推销员的用语 shāngpǐn tuīxiāoyuán de yòngyǔ: a clever sales ~ 精明的推销用语.

pitch² /pɪtʃ/ v n 1 [T] 投 tóu; 掷[擲] zhì; 扔 rēng; 抛 pāo. 2 [I, T] (使向前或向外)跌倒 diēdǎo. 3 [I] (船、飞机)颠簸 diānbǒ. 4 [T] 搭(帐篷)dā; 扎[紮](营)zhā. 5 [T] (音乐)定... 的音调 dìng... de yīndiào. 6 [T] 以某水平表达[達]yǐ mǒu shuǐpíng biǎodá. 7 [短语动词] **pitch in (a)** 使劲[勁]干[幹]shǐjìn gàn. **(b)** 协[協]力相助 xiélì xiāngzhù. **pitch into sb** [非正式用语]猛烈攻击(某)人 měngliè gōngjī mǒurén. **pitched 'battle**

[C] 对[對]阵战(戰)duìzhènzhàn. **'pitchfork** n [C] 干(乾)草叉 gāncǎochā.

pitch³ /pɪtʃ/ n [U] 沥[瀝]青 lìqīng; **pitch-'black** adj 乌(烏)黑的 wūhēide; 漆黑的 qīhēide.

pitcher¹ /ˈpɪtʃə(r)/ n [C] 1 [尤用于英国英语](双柄的)大罐 dàguàn; 大壶[壺]dàhú. 2 [美语]罐 guàn.

pitcher² /ˈpɪtʃə(r)/ n [C] (棒球)的投手 tóushǒu.

piteous /ˈpɪtɪəs/ adj [正式用语]可怜[憐]的 kěliánde; 值得同情的 zhíde tóngqíng de: a ~ cry 令人怜悯的哭声. **piteously** adv.

pitfall /ˈpɪtfɔːl/ n [C] 意想不到的困难(難)(或危险)yìxiǎng bú dào de kùnnan.

pith /pɪθ/ n [U] (木)髓 suǐ. **pithy** adj [-ier, -iest] 1 简练(練)的 jiǎnliànde: ~ remarks 简要的评论. 2 多髓的 duōsuǐde. **pithily** adv.

pitiable /ˈpɪtɪəbl/ adj 1 可怜[憐]的 kěliánde; 令人怜悯[憫]的 lìng rén liánmǐn de. 2 可鄙的 kěbǐde. **pitiably** adv.

pitiful /ˈpɪtɪfl/ adj 1 可怜[憐]的 kěliánde; 令人同情的 lìng rén tóngqíng de. 2 可鄙的 kěbǐde: a ~ attempt 可鄙的企图. **pitifully** adv.

pitiless /ˈpɪtɪlɪs/ adj 无[無]情的 wúqíngde; 无怜[憐]悯[憫]心的 wú liánmǐnxīn de; 残[殘]酷的 cánkùde. **pitilessly** adv.

pittance /ˈpɪtns/ n (常作 sing)微薄的收入 wēibóde shōurù.

pity /ˈpɪtɪ/ n 1 [U] 怜[憐]悯[憫]liánmǐn; 同情 tóngqíng. 2 [sing] 可悲的事 kěbēi de shì; 遗憾的事 yíhànde shì: It's a ~ (that) the weather isn't better. 天气不见好, 真遗憾. 3 [习语] **more's the 'pity** [非正式用语]真不幸 zhēn bùxíng. **take 'pity on sb** 出于同情而(幫)[幫]助某人 chūyú tóngqíng ér bāngzhù mǒurén. **pity** v [pt, pp -ied] [T] 同情 tóngqíng.

pivot /ˈpɪvət/ n 1 枢[樞]轴[軸]shūzhóu; 支点[點] zhīdiǎn; 中心点 zhōngxīndiǎn. 2 [喻]中心人物 zhōngxīn rénwù; 关[關]键人物 guānjiàn rénwù; 中枢 zhōngshū; 要点 yàodiǎn. **pivot** v [I] 在枢轴上转[轉]动(動)zài shūzhóu shàng zhuàndòng. **pivotal** adj.

pixie (亦作 **pixy**) /ˈpɪksɪ/ n [C]

[pl -ies] 小精灵〔灵〕xiǎo jīnglíng; 小仙子 xiǎo xiānzǐ.

pizza /'pi:tsə/ n [C,U] 比萨〔萨〕饼 (涂有奶酪、番茄酱的意大利式烘饼) bǐsàbǐng.

placard /'plæka:d/ n 招贴 zhāotiē; 海报〔报〕hǎibào.

placate /plə'keɪt; US 'pleɪkeɪt/ v [T] 使息怒 shǐ xīnù; 抚〔抚〕慰 fǔwèi.

place¹ /pleɪs/ n 1 [C] 城镇; 镇 zhèn; 村 cūn: Canada is a big ~. 加拿大是个大地方. 2 [C] (作特定用途的)建筑〔筑〕物或场(场)所 jiànzhùwù huò chǎngsuǒ; a 'meeting-~ 会面地点. 3 [C] 地方 dìfang; 场所 chǎngsuǒ; 所在地 suǒzàidì. 4 [C] 坐位 zuòwèi; 位置 wèizhì. 5 [sing] (社会)地位 dìwèi; 等级 děngjí; 身分 shēnfèn. 6 [C] 职(职)位(或职务) zhíwèi; 学〔学〕习〔习〕的机(机)会(会) xuéxíde jīhuì: get a ~ at university 得到在大学学习的机会. 7 [C] 恰当〔当〕(或合适)的位置 qiàdàngde wèizhì: Put everything away in the right ~. 把东西放到该放的地方去. 8[C,常作 sing] (竞赛中获胜者的)名次 míngcì; 步骤 bùzhòu; 层(层)次 céngcì; in the first ~ 第一点. 10 [C,常作 sing] [非正式用语] 家 jiā: come to my ~ 到我家来. 11 Place [sing] [尤用于英国英语] (用于广场或较短的街道的名称). 12 [C] (在餐桌上为某人)摆〔摆〕好餐具 bǎihǎo cānjù; lay/set a ~ 摆上一套餐具. 13 [习语] all 'over the place [非正式用语] (a) 到处〔处〕dàochù. (b) 凌乱〔乱〕língluàn. in/out of place (a) 在适当(或适合)的位置 zài píngchángde wèizhì; 不在平常(或应在)的位置 bùzài píngchángde wèizhì. (b) 合适(适)的 héshìde; 不合适的 bù héshìde: His remarks were out of ~. 他的话不合时宜. in place of sb/sth 代替某人(或某物)dàitì mǒurén; Machines can do this job in ~ of people. 机器能代替人做这项工作. put sb in his/her 'place 使某人安分 shǐ mǒurén ānfèn. take 'place 发〔发〕生 fāshēng. take the place of sb/sth 代替某人(或某物) dàitì mǒurén.

place² /pleɪs/ v [T] 1 放置 fàngzhì. 2 任命 rènmìng. 3 (向某公司)发〔发〕出(定单)fāchū. 4 认〔认〕出

认出 rènchū: I know her face, but I can't ~ her. 她的面孔我很熟,但记不清她是谁了. placement n [U] 放置 fàngzhì; 安置 ānzhì; 辨认 biànrèn.

placenta /plə'sentə/ n [C] [pl -tae /-ti:/ 或 ~s] [解剖]胎盘(盘) tāipán.

placid /'plæsɪd/ adj 平静的 píngjìngde; 平和的 pínghéde. placidly adv.

plagiarize /'pleɪdʒəraɪz/ v [T] 抄袭〔袭〕(他人的作品、学说等) chāoxí; 剽窃〔窃〕piáoqiè. plagiarism /-rɪzəm/ n [U].

plague /pleɪg/ n 1 [C,U] 瘟疫 wēnyì. 2 [C] 喧〔喧〕烦 máfán; 祸〔祸〕患 huòhuàn: a ~ of locusts 蝗灾. plague v [T] (with) 烦扰〔扰〕tǎnrǎo: They ~d him with questions. 他们用种种问题使他烦恼.

plaice /pleɪs/ n [C,U] [pl plaice] 鲽 diédié.

plaid /plæd/ n [C,U] (苏格兰高地人用的)长〔长〕披肩 cháng pījiān.

plain¹ /pleɪn/ adj 1 无[无]装饰[饰]的 wú zhuāngshì de; 朴(模)素的 pǔsùde; 简单[单]的 jiǎndānde. 2 清楚的 qīngchude; 明白的 míngbaide; 易懂的 yìdǒngde. 3(人、言行等)真诚的 zhēnchéngde; 坦率的 tǎnshuàide. 4 不漂亮的 bù piàoliàng de; 不好看的 bù hǎokàn de: a ~ girl 不漂亮的女孩. 5 [习语] plain 'sailing 轻〔轻〕而易举〔举〕的行动[动] qīng ér yì jǔ de xíngdòng; 十分顺利 shífēn shùnlì. plain adv 清楚地 qīngchude; 完全地 wánquánde. 'plain-clothes adj (尤指警察)便衣的 biànyīde. plainly adv. plainness n [U]. 'plain-spoken adj 说话坦率的 shuōhuà tǎnshuài de; 直言的 zhíyánde.

plain² /pleɪn/ n [C] 平原 píngyuán; 平地 píngdì.

plaintiff /'pleɪntɪf/ n [C] [法律] 原告 yuángào.

plaintive /'pleɪntɪv/ adj 哀伤[伤]的 āishāngde; 悲哀的 bēi'āide. plaintively adv.

plait /plæt/ v [T] 把…编成辫子…biānchéng biàn. plait n [C] 发〔发〕辫 fàbiàn; 辫状〔状〕物 biànzhuàngwù.

plan /plæn/ n [C] 1 计划〔划〕jìhuà; 规划 guīhuà; 方案 fāng'àn: make ~s for the holidays 作度

假计划. 2(机器部件的)图[圖]解 tújiě. 3(建筑、城市、花园等)平面图 píngmiàntú. **plan** v [-nn-] [I, T] 订计划 dìng jìhuà. **planner** n [C] 设计者 shèjìzhě; 策划者 cèhuàzhě.

plane[1] /pleɪn/ n [C] 1 = AERO-PLANE. 2 几何[何]平面 píngmiàn. 3 [喻](思想、存在等的)水平 shuǐpíng; 程度 chéngdù; 阶[階]段 jiēduàn. **plane** adj 平的 píngde; 平面的 píngmiànde.

plane[2] /pleɪn/ n [C] 刨子 bàozi; 木工刨 mùgōngbào. **plane** v [T] 刨平 bàopíng; 刨光 bàoguāng.

plane[3] /pleɪn/ n [C] (亦作 **plane-tree**) n [C] 悬[懸]铃木(树) xuánlíngmù.

planet /'plænɪt/ n [C] 行星 xíngxīng. **planetary** /-trɪ/ adj.

plank /plæŋk/ n [C] 厚(木)板 hòubǎn. **planking** n [U] 板材 bǎncái; 地板 dìbǎn.

plankton /'plæŋktən/ n [U] 浮游 生物 fúyóu shēngwù.

plant[1] /plɑːnt; US plænt/ n [C] 植物 zhíwù. 2 [U](用于工业生产等的)机[機]器 jīqì; 设备[備] shèbèi. 3 工厂[廠] gōngchǎng.

plant[2] /plɑːnt; US plænt/ v [T] 1 种[種]植 zhòngzhí; 栽种 zāizhòng. 2 使固定 shǐ gùdìng; 插 chā; 放置 fàngzhì. 3 (on) [非正式用语]诬赖 (赃)zàilài v. [非正式用语]使(人)秘密加入一集团[團] shǐ…mìmì rù yī jítuán; 安插(间谍等) ānchā. **planter** n [C] (农场的)种植者 zhòngzhízhě; 经[經]营[營]者[營]者 jīngyíngzhě. **plantation** /plæn'teɪʃn/ n [C] 种[種]植园[園] zhòngzhíyuán; 大农[農]场(场) dà nóngchǎng.

plaque[1] /plɑːk/ n [C] (装饰于墙上作牌物、纪念物的石质或金属等制的)牌[牌]饰 páishì.

plaque[2] /plɑːk/ n [C] [医学]牙斑 yábān; 齿(齒)菌斑 chǐjūnbān.

plasma /'plæzmə/ n [U] 血浆 [漿] xuèjiāng.

plaster /'plɑːstə(r); US 'plæs-/ n 1 [U] 灰泥 huīní. 2 [C] (亦作 **plaster of Paris**) 熟石膏 shúshígāo; 烧[燒]石膏 shāoshígāo. Her leg is still in ~. 她的腿至今仍打着石膏. 3 [C, U] 橡皮膏 xiàngpígāo. **plaster** v [T] 1 上抹灰 泥 zài…shàng mò huīní. 2 厚厚地涂 [塗]抹 hòuhoude túmǒ; hair ~ed

with oil 抹油的头发. **'plaster cast** n [C] 1 石膏绷带[帶] shígāo bēngdài. 2 石膏模型 shígāo móxíng. **plastered** adj [俚]醉的 zuìde. **plasterer** n [C] 抹灰工 mǒhuīgōng; 粉刷工 fěnshuāgōng.

plastic /'plæstɪk/ n [C, U] 塑料 sùliào. **plastic** adj 1 塑料的 sùliàode. 2 可塑的 kěsùde. **plasticity** /plæ'stɪsətɪ/ n [U] 可塑性 kěsùxìng. ,plastic 'surgery n [U] 整形外科 zhěngxíng wàikē.

plate /pleɪt/ n 1 [C] (a) 盘[盤]子 pánzi; 碟子 diézi. (b) 一盘食物 yī pán shíwù. 2 [U] 金的(或银的)餐 具 jīnde cānjù. 3 [C] 金属[屬]镀层 [層] jīnshǔ dùcéng. 4 [C] (a) (印刷等用的)版 bǎn. (b) 版 yìnbǎn. (b) (书籍的)整版插图[圖] zhěngbǎn chātú. 5 [习语] hand/give sb sth on a 'plate 把某物奉送某人 bǎ mǒuwù fèngsòng mǒurén; 乐[樂]意地给某人某物 lèyìde gěi mǒurén mǒuwù. on one's 'plate [非正式用语]要做的工作(或要办的事) yàozuòde gōngzuò; I've got a lot on my ~ at the moment. 我目前我有很多事要做. **plate** v [T] 镀上…的金属层金、银) dù shang. ,plate 'glass n [U] 厚玻璃板 hòu bōlíbǎn.

plateau /'plætəʊ; US plæ'təʊ/ n [C] [pl ~s 或 -eaux /-təʊz/] 1 高 原 gāoyuán. 2 (上升或下降后的) 稳[穩]定状[狀]态[態] wěndìng zhuàngtài; prices have reached a ~ 物价趋于平稳.

platform /'plætfɔːm/ n [C] 1(火 车站的)月台 yuètái; 站台 zhàntái. 2 讲[講]台 jiǎngtái; 舞台 wǔtái; 戏[戲]台 xìtái. 3 (政党在选 举前发表的)政纲[綱] zhènggāng; 纲领 gānglǐng. 4 (计算机)平台 píngtái.

plating /'pleɪtɪŋ/ n [U] (金或银等 的)镀层[層] dùcéng.

platinum /'plætɪnəm/ n [U] 铂 bó; 白金 báijīn.

platitude /'plætɪtjuːd; US -tuːd/ n [C] [正式用语]陈词滥[濫]调 chéncí làndiào.

platonic /plə'tɒnɪk/ adj (两人的 爱或友谊)非肉[肉]的 fēiròude; 纯 精神的 chún jīngshénde.

platoon /plə'tuːn/ n [军事]排 pái.

platter /ˈplætə(r)/ n [C] **1** 大浅盘(盘) dàqiǎnpán. **2** [英古语](木制的)盘盆; 碟 dié.

platypus /ˈplætɪpəs/ n [C] **duck-billed 'platypus** 鸭(鸭)嘴兽(兽) yāzuǐshòu.

plausible /ˈplɔːzəbl/ adj 似乎有理的 sìhū yǒulǐ de; 似乎正确(确)的 sìhū zhèngquè de. **plausibly** adv.

play[1] /pleɪ/ n **1** [U] 游戏(戏) yóuxì; 玩耍 wánshuǎ. **2** [U] (体育等)比赛(作风) bǐsài; (运)动(动)(表现)yùndòng. **3** [C] 剧(剧)本 jùběn; 戏剧 xìjù. **4** [U] 轻(轻)快的活动(或移动)yùndòng: the ~ of sunlight on water 阳光在水面上闪烁. **5** [U] 自由活动(空间)zìyóu huódòng: a lot of ~ in the rope 绳子可以大大放开了 brìng sth/come into 'play (使某事)发(发)生影响(响)(或作用) fāshēng yǐngxiǎng. **a play on 'words** = PUN. **'play-act** v [I] 做作 zuòzuò; 假装(装)jiǎzhuāng; 假作(或做)作态 jiǎzuò. **'playground** n [C] 游戏场(场)yóuxìchǎng; (学校的)操场 cāochǎng. **'playgroup** n [C] (学龄前的)幼儿(儿)学(学)校 yòu'ér xuéxiào. **'playhouse** n = THEATRE. **'playmate** n 游戏伙(伴)yóuxì huǒbàn. **'play-pen** n (使婴儿在内玩的携带式)游戏围(围)栏(栏)yóuxì wéilán. **'plaything** n [C] 玩具 wánjù. **'playwright** /ˈpleɪraɪt/ n [C] 剧(剧)作家 jùzuòjiā.

play[2] /pleɪ/ v **1** [I] 玩 wán; 游戏(戏)yóuxì. **2** [I,T] (at) 装(装)扮 zhuāngbàn; 假装 jiǎzhuāng. **3** [I,T] 参(参)加(比赛等)cānjiā; 同(某人)比赛 tóng…bǐsài. **4** [T] (板球、足球等)踢 tī; 传(传)chuán. **5** [I,T] (a) 下(棋)xià; 移动(动)(棋子)yídòng. (b) (纸牌)出牌 chūpái. **6** [I,T] 演奏(乐器)yǎnzòu. **7** [I] (唱片等)播放 bōfàng. **8** [T] 上演(戏剧)shàngyǎn; 扮演(角色)bànyǎn. **9** [T] [非正式用语]从某种(种)方式表现~ yǐ mǒuzhǒng fāngshì biǎoxiàn; ~ the fool 做蠢事~. (it) safe 持慎重态度 ~. **10** [T] (on) 开(开)玩笑 kāi wánxiào; 捉弄 zhuōnòng: ~ a joke/trick on sb 对(某人)玩笑/作弄某人. **11** [T] 将(将)

…对[对]准(准)(某处)jiāng…duìzhǔn: ~ water on a burning building 向燃烧的建筑物上喷水. **12** [T] 轻(轻)快地活动(或移动)qīngkuàide huódòng: sunlight ~ing on the lake 湖面上闪动的阳光. **13** [习语] **play 'ball** [非正式用语]合作 hézuò. **play sth by 'ear** (临)机(机)应(应)变(变)lín jī yìngbiàn: We'll ~ it by ear depending on the weather. 我们将依据天气情况临时作决定. **play one's 'cards right** 做事精明 zuò shì jīngmíng; 处(处)理得当(当)chǔlǐ déderang. **play it 'cool** [非正式用语]泰然处(处)理 tàirán chǔ zhǐ. **play for 'time** (以拖延的手段等)争取时(时)间 zhēngqǔ shíjiān. **play the 'game** 办(办)事公道 bànshì gōngdào; 为人正直 wéi rén zhèngzhí. **play gooseberry** [非正式用语]不知觉的第三者 bùzhījuéde dìsānzhě. **play hell with sth** [非正式用语]使某事造成麻烦(给某处)jìchéng máfan. **play into sb's 'hands** 做有利于(对手)的蠢事 zuò yǒulì yú…de chǔnshì. **play a part (in sth)** 起(起)作用 qǐ zuòyòng; 对某事起作用 duì mǒushì qǐ zuòyòng. **play second 'fiddle (to sb)** 居次位 jū cìwèi. **14** [英俗语动词] **play a'long (with sb/sth)** 假装与(与)某人合作 jiǎzhuāng yǔ mǒurén hézuò; 假意参与某事 jiǎyì cānyù mǒushì. **play at sth** (a) 敷衍地做 fūyǎnde zuò. (b) **what sb is playing at** (表示愤怒)某人在搞什么[麼]名堂 mǒurén zài gǎo shénme míngtáng. **play sth 'back** 播放(已录制的录音带、录像带等)bōfàng. **play sth 'down** 减低…的重要性 jiǎndī…de zhòngyàoxìng. **play sb off against sb else** 使双(双)方互斗[门]以坐收渔利 shǐ shuāngfāng hùdòu yǐ zuò shōu yúlì. **play on sth** 利用(他人的)弱点 lìyòng…ruòdiǎn. **play (sb) up** 给…带(带)来痛苦(或麻烦)gěi…dàilái tòngkǔ. **play sth up** 使…显(显)得重要 shǐ…xiǎnde zhòngyào. **play up to sb** 迎合 yínghé; 讨好 tǎohǎo. **play with sth** 不认[认]真地考虑[虑](意见等)bú rènzhēnde kǎolǜ. **'play-back** n [U] 录音、录像的(播放 bōfàng. **'playing-card** n [C] 纸牌 zhǐpái; 扑(扑)克 pūkè; 纸牌pái. **'playing-field** n [C] 球场(场)qiúchǎng; 运(运)动场 yùndòngchǎng. **'play-off** n [C] (平局后的)延长(長)赛 yáncháng sài; 加赛 jiāsài.

player /'pleɪə(r)/ n [C] **1** 游戏(戲)的人 yóuxì de rén; 运(運)动(動)员 yùndòngyuán. **2** 演奏者 yǎnzòuzhě; a 'trumpet ～ 吹奏小号(號)的人 人 chuīzòu xiǎohào de rén. **3** 演员 yǎnyuán.

playful /'pleɪfl/ adj **1** 爱(愛)玩耍的 àiwánshuǎ de; 顽皮的 wánpí de. **2** 开(開)玩笑的 kāi wánxiào de; 闹(鬧)着玩的 nàozhe wánde. **playfulness** n. **playfully** adv.

plaza /'plɑːzə; US 'plæzə/ n [C] (城市中的)广(廣)场(場) guǎngchǎng; 集市 jíshì.

PLC (亦作 **plc**) /ˌpiː el 'siː/ abbr [Brit] Public Limited Company (英国)股份公开(開)有限公司 Gǔfèn Gōngkāi Yǒuxiàn Gōngsī.

plea /pliː/ n **1** [正式用语] 恳(懇)求 kěnqiú; 请求 qǐngqiú; a ～ for mercy 恳求宽恕. **2** [法律] (被告在法庭上所作的)答辩 dábiàn; 申诉 shēnsù.

plead /pliːd/ v [pt, pp ～ed; US pled /pled/] **1** [I] (with) 再三恳(懇)求(或请求) zàisān kěnqiú. **2** [T] [法律] 承认(認) chéngrèn; 认(認)罪 rènzuì. **3** [I] for [法律] (律师)(在法庭上为原告或被告提出申诉)为原告(或被告)辩护 biànhù. **4** [T] 提出…为(爲)借(藉)口 tíchū…wéi jièkǒu.

pleasant /'pleznt/ adj **1** 令人愉快的 lìng rén yúkuài de; 可喜的 kěxǐ de. **2** 友好的 yǒuhǎo de; 友善的 yǒushàn de. **pleasantly** adv. **pleasantness** n.

pleasantry /'plezntri/ n [C] [pl -ies] [正式用语]有礼(禮)貌的话 yǒu lǐmào de huà; 客气(氣)话 kèqì huà.

please /pliːz/ interj (用于客气的请求) Come in, ～. 请进. 请进. **please** v **1** [I,T] (使)高兴(興) gāoxìng; (使)满意 mǎnyì; 使…满意 shǐ…mǎnyì. **2** [I] 喜欢(歡) xǐhuan; 想要 xiǎngyào; He does as he ～s. 他喜欢怎么做就怎么做. **pleased** adj 高兴的 gāoxìng de; 满意的 mǎnyì de; She was very ～d with her exam results. 她对考试结果非常满意. **pleasing** (to) 令人高兴的 lìng rén gāoxìng de; 讨人喜欢的 tǎo rén xǐhuan de. **pleasure** /'pleʒə(r)/ n **1** [U] 愉快 yúkuài; 高兴(興) gāoxìng; 满足 mǎnzú. **2** [C] 乐(樂)事 lèshì; 快事 kuàishì; It's a ～ to help you. 帮

助你是件乐事. **pleasurable** /-ərəbl/ adj [正式用语]令人愉快的 lìng rén yúkuài de; 使人高兴的 shǐ rén gāoxìng de. **'pleasure-boat** n [C] 游船 yóuchuán; 游艇 yóutǐng.

pleat /pliːt/ n [C] 褶 zhě. **pleat** v [T] 给…打褶 gěi…dǎzhě.

plectrum /'plektrəm/ n [C] [pl ～s 或 -tra /-trə/] (弹奏弦乐器用的)拨(撥)子 bōzi; 琴拨 qínbō.

pled pt, pp of PLEAD.

pledge /pledʒ/ n **1** 誓言 shìyán; 誓约 shìyuē; 诺言 nuòyán; 保证(證) bǎozhèng. **2** 抵押品 dǐyāpǐn; 典当(當)物 diǎndàngwù. **3** (表示爱情的)信物 xìnwù. **pledge** v [T] **1** 保证给予 bǎozhèng jǐyǔ; 许诺 xǔnuò; 发(發)誓 fāshì. **2** 保证做某事 bǎozhèng zuò mǒushì; The government has ～d itself to fight poverty. 政府已承诺与贫困作斗争.

plenary /'pliːnərɪ/ adj (会议)全体(體)出席的 quántǐ chūxí de; a ～ session 全体会议.

plentiful /'plentɪfl/ adj 大量的 dàliàng de; 丰(豐)富的 fēngfù de; a ～ supply 丰富的供应. **plentifully** adv.

plenty /'plentɪ/ pron (of) 丰(豐)富 fēngfù; 充足 chōngzú; 大量 dàliàng; There's ～ of time before the train goes. 这趟火车距发车还有很多时间.

pleurisy /'plʊərəsɪ/ n [U] 胸膜炎 xiōngmóyán.

pliable /'plaɪəbl/ adj **1** 易弯(彎)的 yìwān de; 柔韧(韌)的 róurèn de. **2** [喻]易受影响(響)的 yìshòu yǐngxiǎng de. **pliability** /ˌplaɪə'bɪlətɪ/ n [U].

pliant /'plaɪənt/ adj **1** 易弯(彎)的 yìwān de; 柔韧(韌)的 róurèn de. **2** [喻]易受影响(響)的 yìshòu yǐngxiǎng de.

pliers /'plaɪəz/ n [pl] 钳子 qiánzi; 老虎钳 lǎohǔqián.

plight /plaɪt/ n [sing] [正式用语] 困境 kùnjìng; 苦境 kǔjìng.

plimsoll /'plɪmsəl/ n [C] 橡皮底帆布鞋 xiàngpídǐ fānbùxié.

Plimsoll line /'plɪmsəl/ n [C] (船的)载(載)重线(綫)标(標)志 zàizhòngxiàn biāozhì;载货吃水线 zàihuò chīshuǐxiàn.

plinth /plɪnθ/ n [C] 柱(雕像的)底座 dǐzuò;柱基 zhùjī;基座 jīzuò.

plod /plɒd/ v [-dd-] **1** 沉重缓慢地

走 chénzhòng huǎnmàn de zǒu. 2 孜孜从〔从〕事 zīzī cóngshì; 辛辛苦苦工作 xīnxīn gōngzuò. **plodder** n [C] 做事慢条斯理〔斯理〕的人 zuò shì màn tiáo sīlǐ de rén.

plonk[1] /plɒŋk/ v [T] ~ (sth) (down) [非正式用语]重重放下(某物) zhòngzhòng fàngxià; P~ it (down) on the chair. 把它砰的一声扔到椅子上.

plonk[2] /plɒŋk/ n [U] [非正式用语,尤用于英国英语]廉价(质)酒 liánjià(zhì)jiǔ; 劣质(质)酒 lièzhìjiǔ.

plop /plɒp/ n [C] 扑通声〔声〕pūtōngshēng; 啪啪声 pādāshēng. **plop** v [-pp-] [I] 扑通落下 pūtōng luòxià.

plot[1] /plɒt/ n [C] 1 小块〔块〕土地 xiǎokuài tǔdì. 2 (在图〔图〕上标〔标〕出《飞机,船的》位置 zài tú shàng biāochū ⋯ wèizhì. 2 (在图上连接标定的点)绘(绘)图(曲线) huìchénqu.

plot[2] /plɒt/ n [C] 1 密谋 mìmóu; 阴〔阴〕谋 yīnmóu. 2 (故事的)情节〔节〕qíngjié. **plot** v [-tt-] [I, T] 密谋 mìmóu; 策划〔划〕cèhuà. **plotter** n [C]

plough (美语 plow) /plaʊ/ n [C] 犁 lí. **plough** (美语 plow) v [I, T] 1 犁(地)lí (dì); 耕(地)gēng (dì). II [短语动词] **plough sth back** 把(利润)再投资等 ⋯ fù re tóuzī. **plough into sth** 猛撞某物 měng zhuàng mǒuwù. **plough (one's way) through sth** 费力通过〔过〕fèilì tōngguò; 艰〔艰〕苦前进〔进〕jiānkǔ qiánjìn.

ploy /plɔɪ/ n [C] 策略 cèlüè; 手段 shǒuduàn.

pluck /plʌk/ v [T] 1 拔 bá; 摘 zhāi; 采〔采〕cǎi; ~ flowers/fruit 摘花; 采果. 2 拔去 ⋯ 的毛 bá qù ⋯ de máo. 3 拉 lā; 拖 tuō; 抽 chōu; 扯 chě. 4 弹〔弹〕拨〔拨〕(乐器的弦) bō. 5 [习语] **pluck up 'courage** 鼓起勇气〔气〕gǔ qǐ yǒngqì. **pluck** n [U] 勇气 yǒngqì; 胆量 dǎnliàng. **plucky** adj [-ier, -iest] 勇敢的 yǒnggǎnde; 有胆量的 yǒu dǎnliàng de.

plug /plʌɡ/ n [C] 1 塞子 sāizi; 栓 shuān. 2 插头 chátóu; 插塞 chāsāi. 3 [非正式用语](广播,电视的)插播广(告)bōgào. **plug** v [-gg-] [T] 1 用 ⋯ 塞住 yòng ⋯ sāizhù; 堵住 dǔzhù. 2 拉〔拉〕插头 lā chātóu; 塞住 sāizhù. 3 [非正式用语]大肆宣传〔传〕dàsì xuānchuán; 大做广告 dà zuò guǎnggào. 3

[短语动词]**plug away (at sth)** 孜孜工作 zīzī gōngzuò; 苦干〔干〕kǔgàn. **plug sth in** (插上插头)接通(电源)jiētōng. **'plug-hole** n [C] (洗脸池等的)排水孔 páishuǐkǒng.

plum /plʌm/ n [C] 李子 lǐzi; 梅子 méizi. **plum** adj [非正式用语]最好的 zuìhǎode; 称〔称〕心的 chènxīnde; a ~ job 美差.

plumage /'pluːmɪdʒ/ n [U] (鸟的)全身羽毛 quánshēn yǔmáo; 羽衣 yǔyī.

plumb /plʌm/ v [T] 1 探究 tànjiū; 探索 tànsuǒ. 2 [习语] **plumb the depths of sth** 到达〔达〕⋯ 的最低点〔点〕dàodá ⋯ de zuì dīdiǎn. **plumb** adv 恰恰 qiàqià; 正好 zhènghǎo; ~ in the middle 在正中间. **'plumb-line** n [C] 铅垂线〔线〕qiānchuíxiàn.

plumber /'plʌmə(r)/ n [C] 管子工 guǎnzigōng; 水暖工 shuǐnuǎngōng.

plumbing /'plʌmɪŋ/ n [U] 1(建筑物的)管道设备(备)(或装置)guǎndào shèbèi; 水暖设备 shuǐnuǎn shèbèi. 2 管子工(或水暖工)的工作 guǎnzigōng de gōngzuò.

plume /pluːm/ n [C] 1 羽毛 yǔmáo; (尤指色彩鲜艳的)大(或长)羽 dàyǔ. 2 羽状(状)物 yǔzhuàngwù; a ~ of smoke 一缕烟.

plummet /'plʌmɪt/ v [I] 快速落下 kuàisù luòxià; 垂直落下 chuízhí luòxià; House prices have ~ed. 房价大跌.

plump[1] /plʌmp/ adj 肥胖的 féipàngde; 丰〔丰〕满的 fēngmǎnde. **plump** v [短语动词] **plump up** (使长〔长〕胖 dàng pàng; (使)变〔变〕丰满 biàn fēngmǎn; ~ up the cushions 把厚垫弄得蓬蓬的. **plumpness** n [U]

plump[2] /plʌmp/ v [短语动词] **plump (oneself/sb/sth) down** (沉重或突然)倒下 dǎoxià; 落下 luòxià. **plump for sb/sth** 选(择)xuǎn(zé); 支持 zhīchí. **plump** n [C, 常作 sing] (突然沉重的)坠〔坠〕落(的声音)zhuìluò.

plunder /'plʌndə(r)/ v [I, T] (尤指战时)抢劫 qiǎngjié; 掠夺〔夺〕lüèduó. **plunder** n [U] 1 抢劫 qiǎngjié; 掠夺 lüèduó. 2 赃〔赃〕物 zāngwù; 掠夺来的财物 lüèduólái de cáiwù.

plunge /plʌndʒ/ v [I, T] (使 ⋯)突然前倾〔倾〕tūrán qiánqīng; The car ~d into the river. 汽车冲入河中. He ~d his hands into *his pockets*. 他把手插进口袋里。

plunge *n* 1 [C, 常作 sing] (向前或向下的)冲[衝] chōng; 投 tóu; 猛跌 měngdiē; 骤降 zhòujiàng. 2 [习语] **take the 'plunge** 决意冒险 [險] juéyì màoxiǎn; 采[採]取决定性步骤 cǎiqǔ juédìng bùzhòu.

plunger *n* [C] 柱塞 zhùsāi; 活塞 huósāi.

pluperfect /ˌpluː'pɜːfɪkt/ *n* the **pluperfect** [sing] [语法]过[過]去完成时 guòqù wánchéngshí.

plural /'plʊərəl/ *n* [常作 sing], *adj* [语法]复[複]数[數](的) fùshù; *The ~ of 'child' is 'children'*. "child" 的复数是 "children".

plus /plʌs/ *prep* 1 加 jiā; 加上 jiāshàng; *One ~ two equals three*. 一加二等于三。2 在零以上 zài líng yǐshàng. 3[非正式用语]和 hé. **plus** 在零以上 zài líng yǐshàng de; 正的 zhèngde, **plus** (亦作 **plus sign**) [C] 1 加号[號] jiāhào; 正号(+) zhènghào. 2 [非正式用语]有利因素 yǒulì yīnsù.

plush /plʌʃ/ *adj* 豪华[華]的 háohuáde; 漂亮的 piàoliàngde.

plutonium /pluː'təʊnɪəm/ *n* [U] [化学]钚 bù.

ply[1] /plaɪ/ *n* [U] 1 (布的)厚度 hòudù; (木的)层[層] céng; (绳的)股 gǔ; (胶合板的)层 céng. **'plywood** *n* [U] 胶[膠]合板 jiāohébǎn.

ply[2] /plaɪ/ *v* [*pt, pp* **plied**] 1 [I, T](船等沿某航线)定期航行 dìngqí hángxíng; *ferries that ~ between the islands* 定期在两岛间航行的渡船.2[习语]**ply one's 'trade** (从[從]事(熟练)工作 cóngshì···gōngzuò.3[短语动词]**ply sb with sth** (a) 不断[斷]供给(食物和饮料) búduàn gōngjǐ. (b) 不断提出(问题) búduàn tíchū.

PM /ˌpiː 'em/ *abbr* [非正式用语, 尤用于英国英语]Prime Minister 首相.

pm /ˌpiː 'em/ *abbr* afternoon 下午 xiàwǔ.

pneumatic /njuː'mætɪk/ *adj* 1 由压[壓]缩空气(或操作)的 yóu yāsuō kōngqì ··· de; *a ~ drill* 风镐.2. 充气的 chōngqìde; *a ~ tyre* 气胎. **pneumatically** /-klɪ/ *adv*.

pneumonia /njuː'məʊnɪə/ *n* [U] 肺炎 fèiyán.

PO /ˌpiː 'əʊ/ *abbr* 1 Post Office

邮[郵]政局 yóuzhèngjú. 2 postal order 邮政汇[匯]票 yóuzhèng huìpiào.

poach[1] /pəʊtʃ/ *v* 1 [I, T](侵入他人地界)偷猎[獵]偷捕 tōuliè; 偷捕 tōubǔ. 2 [T] [喻]窃[竊]取 qièqǔ; 盗用 dàoyòng; 侵犯 qīnfàn. **poacher** *n* [C].

poach[2] /pəʊtʃ/ *v* [T] 水煮(荷包蛋、鱼等) shuǐzhǔ.

pock /pɒk/ *n* [C] **'pock-mark** (出天花后留下的)痘痕 dòuhén; 麻子 mázi. **'pock-marked** *adj* 有痘痕的 yǒu dòuhén de; 有麻子的 yǒu mázi de.

pocket /'pɒkɪt/ *n* [C] 1 (a) 衣袋 yīdài; 口袋 kǒudài. (b) (汽车口袋、衣箱等内侧的)口袋 kǒudài. 2 (孤立的)小群体[體](或地区) xiǎo qúntǐ; *~s of resistance* 孤军抵抗地区. 3 [常作 sing] 钱[錢] qián; 财力 cáilì; *within reach of everyone's* ··· 为每个人财力所及. 4[习语]**out of 'pocket** 因···赔钱 yīn···péiqián. **pocket** *v* [T] 1 把···放入衣袋 bǎ···fàngrù yīdài. 2 把···据[據]为[爲]己有 bǎ···jù wéi jǐ yǒu, **pocket** *adj* 袖珍的 xiùzhēnde; *a ~ calculator* 袖珍计算器. **'pocket-book** *n* [C] 小笔[筆]记本 xiǎo bǐjìběn. **'pocket-money** *n* [U] 零用钱 língyòngqián.

pod /pɒd/ *n* [C] 豆荚[莢] dòujiá; 荚 jiá. **pod** *v* [-dd-] [T] 剥出(豆等) bōchū.

podgy /'pɒdʒɪ/ *adj* [**-ier**, **-iest**] 矮胖的 ǎipàngde.

poem /'pəʊɪm/ *n* [C] 诗 shī; 韵文 yùnwén.

poet /'pəʊɪt/ *n* [C] 诗人 shīrén. **ˌPoet 'Laureate** /'lɒrɪət; *US* 'lɔːr-/ *n* [C] 桂冠诗人(正式任命为英国王室成员,为特定场合作诗) guìguān shīrén.

poetic /pəʊ'etɪk/ (亦作 **poetical** /-ɪkl/) *adj* 1 有诗意的 yǒu shīyì de; 优[優]美的 yōuměide. 2 诗的 shīde; 韵文的 yùnwénde. **poetically** /-klɪ/ *adv*.

poetry /'pəʊɪtrɪ/ *n* [U] 诗 shī. 2 诗意 shīyì; *the ~ of dance* 舞蹈的诗意.

poignant /'pɔɪnjənt/ *adj* 痛苦的 tòngkǔde; 伤[傷]心的 shāngxīnde; 辛酸的 xīnsuānde; *~ memories* 辛酸的回忆. **poignancy** /-jənsɪ/ *n* [U]. **poignantly** *adv*.

point[1] /pɔɪnt/ *n* 1 尖 jiān; 尖

端 jiānduān; *the ~ of a pin / pencil* 针尖; 铅笔尖. 3 [C] 岬角 jiǎjiǎo. 3 [C] (书写、印刷用的)点(點) (如句点、小数点等)diǎn. 4 [C] 地点 dìdiǎn; (时间)刻 shíkè. 5 [C] (进展的)程度 chéngdù; (温度的)度 dù; *boiling* ~ 沸点. 6 [C] 罗经(經)点(羅盘上的32个刻度之一)luójīngdiǎn. 7 [C] (作计量单位的)点(點)diǎn; *We won the game by six ~s.* 我们以六分胜了这一局. 8 [C] (表示意见、事项等的)点 diǎn; 条(條)tiáo; 项 xiàng; *the main ~ of a story* 故事要点. 9 the point [sing] 要点, 核心问题 héxīn wèntí; *come to / get to the ~* 谈到正题(或关键问题). *see / miss the ~ of a joke* 明白笑话的寓意, 不明白笑话的寓意. 10 [U] 目的 mùdì; 理由 lǐyóu; *There's no ~ in going now.* 现在去毫无意义. 11 [C] 特点 tèdiǎn; 特征(徵)tèzhēng; *Tidiness is not his strong ~.* 他不讲究整洁. 12 [C] 插座 chāzuò, 13 points [pl] [英国英语](铁路的)道岔 dàochà. 14 [习语] beside the 'point 离(離)题的 lítíde; 不相关(關)的 bù xiāngguān de. make a point of doing sth 坚持认为必须做某事, 总(總)是要做某事 zǒng shì yàozuò mǒushì, on the point of doing sth 正要做某事的时候 zhèngyào zuò mǒushì shí. a point of 'view 看法 kànfǎ; 观(觀)点 guāndiǎn. take sb's 'point 领会(會)某人的论(論)点 lǐnghuì mǒurén de lùndiǎn. to the 'point 中肯的(地)zhòngkěnde(de).

point² /pɔɪnt/ *v* 1 [I] (*at / to*) 指出 zhǐchū; 指明 zhǐmíng; 瞄准 miáozhǔn; ~ *a gun at sb* 用枪瞄准某人. 3 [T] (用水泥等)勾(砖石缝的)灰浆, 嵌缝 qiànfèng. 2 [短语动词] **point sth out** 使注意 shǐ zhùyì. **pointed** *adj* 1 尖的, 有尖头(頭)的 yǒu jiāntóu de, 2 [喻]有针对性的 yǒu zhēnduìxìng de; 直截了当(當)的 zhíjié-liǎodàng de; ~ *remarks* 一针见血的话. **pointedly** *adv*.

point-blank /,pɔɪnt 'blæŋk/ *adj*, *adv* 1 近距离(離)平射的(地)jìn jùlí píngshè de, 直射的(地)zhíshè de; 2 直截了当(當)的(地)zhíjié-liǎodàng de; 断(斷)然的(地)duànrán de; *He refused*

~. 他直截了当地拒绝了.

pointer /'pɔɪntə(r)/ *n* [C] 1 指物棒 zhǐwùbàng; 指示棒 zhǐshìbàng. 2 (仪表, 刻度上的)指针 zhǐzhēn. 3 主意 zhǔyì; 意见 yìjiàn. 4 (短毛)猎(獵)犬 lièquǎn.

pointless /'pɔɪntləs/ *adj* 无(無)意义(義)的 wú yìyì de; 无目的的 wú mùdì de; 无意义的 wúyìyìde. **pointlessly** *adv*.

poise /pɔɪz/ *n* [U] 1 平衡 pínghéng; 均衡 jūnhéng. 2 [喻]泰然自若 tàirán zìruò; 自信 zìxìn. poise *v* [I, T] (使)平衡 pínghéng; 保持平衡 bǎochí pínghéng, **poised** *adj* 1 (*to; for*) 准(準)备(備)好行动(動)的 zhǔnbèi hǎo xíngdòng de. 2 [喻]镇定的 zhèndìngde; 镇静的 zhènjìngde.

poison /'pɔɪzn/ *n* [C] 毒药(藥)dúyào 毒物 dúwù. poison *v* [T] 1 给...服毒药 gěi...fú dúyào;毒死 dúsǐ; 放毒 fàngdú. 2 [喻]破坏(壞)pòhuài; 毁坏 huǐhuài; **poisonous** *adj*.

poke /pəuk/ *v* 1 [I] (用棍棒等)捅攮; 戳 chuō; 拨(撥)bō. 2 猛推 měng tuī; 插入 chārù; 刺 cì; *P~ your head out of the window*. 把你的头伸出窗外. 3 [习语] **poke 'fun at sb** 嘲弄某人, 讥笑某人 jīxiào mǒurén. **poke one's nose into sth** ⇨ NOSE¹. **poke** *n* [C] 捅 tǒng; 戳 chuō; 拨 bō.

poker¹ /'pəukə(r)/ *n* [C] 拨(撥)火棒 bōhuǒbàng; 通条(條)tōngtiáo.

poker² /'pəukə(r)/ *n* [U] 扑(撲)克牌戏(戲)pūkèpáixì.

poky /'pəukɪ/ *adj* [-ier, -iest] [非正式用语, 贬]小的 xiǎode; 狭(狹)小的 xiáxiǎode.

polar /'pəulə(r)/ *adj* 1 地极(極)的 dìjí de; 近地极的 jìndìjí de. 2 [正式用语]完全相反的 wánquán xiāngfǎn de; 'polar bear 北极(極)熊 běijíxióng. **polarity** /pə'lærətɪ/ *n* [U] [正式用语](性质、倾向等的)正好相反 zhènghǎo xiāngfǎn.

polarize /'pəuləraɪz/ *v* [I, T] (使)人, 观点)两极(極)化 liǎngjíhuà; *an issue that ~d opinions* 造成意见对立的问题. **polarization** /,pəuləraɪ'zeɪʃn; US -rɪ'z-/ *n* [U] 两极化 liǎngjíhuà.

pole /pəul/ *n* [C] 1 地极(極)dìjí; *the North / South P~* 北极/南极. 2 电(電)极 diànjí; 磁极 cíjí. 3 [习语] **be 'poles apart** 完全相反 wánquán xiāngfǎn.

pole² /pəʊl/ *n* [C] 杆 gān; 竿 gān; 棒 bàng; 筒 gāo. **'pole-vault** *n* [C] 撑竿跳高 chēng gān tiàogāo.

polecat /'pəʊlkæt/ *n* [C] 鸡鼬 diāo; 臭鼬 (产于北美) chòuyòu.

police /pə'liːs/ *n* (the) **police** [pl] 警察 jǐngchá; 警方 jǐngfāng; 警察部门 jǐngchá bùmén. **police** *v* [T] 维持 … 的治安 wéichí … de zhì'ān; 守卫 (某处) shǒuwèi. **po'lice force** *n* [C] (国家、地区的) 警察 jǐngchá. **po'liceman, po'lice-officer, po'licewoman** *n* [C] 男警察 nán jǐngchá; (男或女) 警察 jǐngchá; 女警察 nǚ jǐngchá. **po'lice station** *n* [C] 警察分局 jǐngchá fēnjú; 派出所 pàichūsuǒ.

policy /'pɒləsɪ/ *n* [C] [*pl* -ies] 1 政策 zhèngcè; 方针 fāngzhēn: *the Government's foreign* — 政府外交政策. 2 保险 (险) 单 (單) bǎoxiǎndān.

polio /'pəʊliəʊ/ *n* [U] 小儿 (兒) 麻痹症 (癥) xiǎo'ér mábìzhèng; 脊髓灰质 (質) 炎 jǐsuǐ huīzhìyán.

polish /'pɒlɪʃ/ *v* [T] 1 磨光 mó guāng; 擦亮 cā liàng. 2 (*up*) [喻] 润饰 rùnshì; 修改 xiūgǎi. 3 [短语动词] **polish sth off** (迅速地) 完成 wánchéng; 匆匆做完 cōngcōng zuòwán. **polish** *n* 1 [C,U] 擦光剂 (劑) cāguāngjì; 上光剂 shàngguāngjì. 2 [sing] 磨光 mó guāng; 擦亮 cā liàng; 修饰 xiūshì. 3 [U] [喻] 优 (優) 雅 yōuyǎ; 完美 wánměi. **polished** *adj* 优美的 yōuměide; 文雅的 wényǎde.

polite /pə'laɪt/ *adj* 有礼 (禮) 貌的 yǒu lǐmào de; 文雅的 wényǎde. **politely** *adv*. **politeness** *n* [U].

political /pə'lɪtɪkl/ *adj* 1 国 (國) 家的 guójiāde; 政府的 zhèngfǔde. 2 政治的 zhèngzhìde; 政党 (黨) 的 zhèngdǎngde. 3 关 (關) 心政治的 guānxīn zhèngzhì de; 对 (對) 政治感兴 (興) 趣的 duì zhèngzhì gǎn xìngqù de. **politically** /-klɪ/ *adv*. **politically correct** 政治上正确 (確) zhèngzhìshàng zhèngquè; 政治立场 (場) 正确 zhèngzhì lìchǎng zhèngquè. **polit ically incorrect** 政治上不正确 zhèngzhìshàng bù zhèngquè; 政治立场不正确 zhèngzhì lìchǎng bù zhèngquè.

politician /ˌpɒlə'tɪʃn/ *n* [C] 政治家 zhèngzhìjiā; 政客 zhèngkè.

politics /'pɒlətɪks/ *n* 1 [亦作sing, 用 pl v] 政治活动 (動) zhèng-

zhì huódòng; 政治事务 (務) zhèngzhì shìwù. 2 [pl] 政治观 (觀) 点 (點) zhèngzhì guāndiǎn. 3 [用 sing v] 政治学 (學) zhèngzhìxué.

polka /'pɒlkə/ *US* /'pəʊlkə/ *n* [C] 波尔卡 bō'ěrkǎ. **'polka dot** 舞曲 bō'ěrkǎ wǔqǔ.

poll /pəʊl/ *n* 1 民意测验 (驗) (或调查) mínyì cèyàn. 2 [C] 选举 (舉) xuǎnjǔ. 3 [sing] (投的) 票数 (數) piàoshù; 得票 (若干选票) huòdé. 2 对 (對) … 作民意测验 duì … zuò mínyì cèyàn. **'polling-booth** (亦作 **'polling-station**) *n* [C] 投票站 tóupiàozhàn. **poll tax** *n* [sing] [非正式用语] = COMMUNITY CHARGE (COMMUNITY).

pollen /'pɒlən/ *n* [U] 花粉 huāfěn.

pollinate /'pɒləneɪt/ *v* [T] 给 … 传 (傳) 授花粉 gěi … chuánshòu huāfěn. **pollination** /ˌpɒlə'neɪʃn/ *n* [U].

pollute /pə'luːt/ *v* [T] 弄脏 (髒) nòng zāng; 污染 wūrǎn: ~*d water* 被污染的水. **pollution** /pə'luːʃn/ *n* [U].

polo /'pəʊləʊ/ *n* [U] 马球 mǎqiú. **'polo neck** *n* [C] 高圆翻领 gāo yuán fānlǐng.

polyester /ˌpɒlɪ'estə(r)/ *US* /'pɒli-estər/ *n* [U] 聚酯纤 (纖) 维 jùzhǐ xiānwéi.

polygamy /pə'lɪɡəmɪ/ *n* [U] 一夫多妻 yīfū duōqī.

polygon /'pɒlɪɡən/ *US* -ɡɒn/ *n* [C] 多边 (邊) 形 duōbiānxíng; 多角形 duōjiǎoxíng.

polystyrene /ˌpɒlɪ'staɪriːn/ *n* [U] 聚苯乙烯 jùběnyǐxī.

polytechnic /ˌpɒlɪ'teknɪk/ *n* [C] 理工学 (學) 院 lǐgōng xuéyuàn.

polythene /'pɒlɪθiːn/ *n* [U] 聚乙烯 jùyǐxī.

polyunsaturated /ˌpɒlɪʌn'sætʃə-reɪtɪd/ *adj* 多不饱和的 duōbùbǎo-héde.

pomegranate /'pɒmɪɡrænɪt/ *n* [C] 石榴 (树) shíliu.

pomp /pɒmp/ *n* [U] (典礼等的) 盛况 shèngkuàng; 盛大的仪 (儀) 式 shèngdàde yíshì.

pompous /'pɒmpəs/ *adj* 自负 (負) 的 zìfùde; 自大的 zìdàde. **pomposity** /pɒm'pɒsətɪ/ *n* [U]. **pompously** *adv*.

poncho /'pɒntʃəʊ/ *n* [C] [*pl* ~s] 斗篷 dǒupeng.

pond /pɒnd/ *n* [C] 池塘 chítáng.

ponder /'pɒndə(r)/ *v* [I,T] 深思

shēnsī; 仔细考虑 [虑] zǐxì kǎolǜ.

ponderous /'pɒndərəs/ adj [正式用语] 1 笨重的 bènzhòngde. 2 (文章、讲话) 沉闷的 chénmènde, 生硬的 shēngyìngde; 乏味的 fáwèide. **ponderously** adv.

pong /pɒŋ/ v, n [C] [英国非正式用语]难闻的气 [气] 味 nánwénde qìwèi.

pontoon¹ /pɒn'tuːn/ n [C] 1 浮桥用的) 浮舟 fúzhōu; (作浮桥用的) 平底船 píngdǐchuán.

pontoon² /pɒn'tuːn/ n [U] [英国英语](二十一点)牌戏 [戏] páixì.

pony /'pəʊnɪ/ n [C] [pl -ies] 小马 xiǎomǎ. **pony-tail** n [C] 马尾辫 (一种发型) mǎwěibiàn.

poodle /'puːdl/ n [C] 鬈毛狗 quánmáogǒu.

pool¹ /puːl/ n [C] 1 水塘 shuǐtáng. 2 (液体等的) 一滩 (滩) yìtān; a ~ of blood 血泊. 3 = SWIMMING-POOL (SWIM).

pool² /puːl/ n 1 [C] (几个人或机构中起来使用的) 共用物(如共用款、共用物资等) gòngyòngwù, 共用人员 gòngyòng rényuán; a 'typing ~ 打字办公组. 2 [U] [尤用于美语]落袋台 [台] 球戏(戏) luòdài táiqiúxì. 3 the pools [pl] = FOOTBALL POOLS (FOOT). pool v [T] 把 …集中一起用 bǎ …jízhōng yìqǐ yòng; 共用 gòngyòng.

poor /pɔː(r); US pʊə(r)/ adj 1 贫穷 [穷] 的 pínqióngde; 贫困的 pínkùnde. 2 贫乏的 pínfáde; 缺少的 quēshǎode; a ~ crop 歉收. 3 劣质[质]的 lièzhìde; ~ soil 贫瘠的土壤. 4 值得同情的 zhíde tóngqíng de; 可怜 [怜] 的 kěliánde; P~ Lisa is ill. 不幸的莉萨病了. **poorness** n [U].

poorly /'pɔːlɪ; US 'pʊərlɪ/ adj [非正式用语]身体 [体] 不适 [适] 的 shēntǐ búshì de; 健康不佳的 jiànkāng bùjiā de. **poorly** adv 拙劣地 zhuōlièdè; 不足地 bùzúde.

pop¹ /pɒp/ n [C] 1 短促爆裂声 [声] duàncù bàoliè shēng. 2 [非正式用语]含气(气)饮料(如汽水、啤酒等) hán qì yǐnliào. pop adv 砰的一声 pēngde yìshēng.

pop² /pɒp/ n [C] [非正式用语]爸爸 bàba.

pop³ /pɒp/ n [U] [非正式用语]流行音乐 [乐] liúxíng yīnyuè; 流行歌曲 liúxíng gēqǔ; a ~ singer / group 流行歌曲歌手 / 音乐乐队.

pop⁴ /pɒp/ v [-pp-] [I, T] (使)

发 [发] 短促爆裂声 [声] fā duàncù bàolièshēng. 2 [I] 来去匆匆 lái qù cōngcōng; She's just ~ped out to the shops. 她刚才急匆匆地去商店了. 3 [短语动词]pop up (意外地)出现 chūxiàn. '**popcorn** n [U] 爆玉米花 bào yùmǐhuā. '**pop-eyed** adj (因惊讶而)睁大眼睛的 zhēng dà yǎnjīng de.

pope /pəʊp/ n [C] (天主教的)教皇 jiàohuáng.

poplar /'pɒplə(r)/ n [C] 杨 [杨] 树 [树] yángshù.

poppy /'pɒpɪ/ n [C] [pl -ies] 罂粟 yīngsù.

populace /'pɒpjʊləs/ n the populace [sing] [正式用语]平民 píngmín; 百姓 bǎixìng.

popular /'pɒpjʊlə(r)/ adj 1 多数 [数] 人喜爱(爱)的 duōshù rén xǐ'ài de; 流行的 liúxíngde. 2 民众(众)的 mínzhòngde; 大众的 dàzhòngde. 3 通俗的 tōngsúde; 普及的 pǔjíde. **popularity** /ˌpɒpjʊ'lærətɪ/ n [U]. **popularize** v [T] 使受大家喜欢 [欢] 迎 [迎] shǐ shòu dàjiā xǐhuan. **popularly** adv.

populate /'pɒpjʊleɪt/ v [T] [常用被动语态]居住于 jūzhù yú.

population /ˌpɒpjʊ'leɪʃn/ n [C] 人口(口) rénkǒu.

porcelain /'pɔːsəlɪn/ n [U] 瓷 cí; 瓷器 cíqì.

porch /pɔːtʃ/ n [C] 门廊 ménláng.

porcupine /'pɔːkjʊpaɪn/ n [C] 豪猪 háozhū; 箭猪 jiànzhū.

pore¹ /pɔː(r)/ n [C] 毛孔 máokǒng.

pore² /pɔː(r)/ v [短语动词]pore over sth 钻 [钻] 研 zuānyán; 仔细阅读(读) zǐxì yuèdú.

pork /pɔːk/ n [U] 猪肉 zhūròu.

porn /pɔːn/ n [U] [非正式用语] short for PORNOGRAPHY.

pornography /pɔː'nɒɡrəfɪ/ n [U] 色情作品(书刊、影片等) sèqíng zuòpǐn. **pornographic** /ˌpɔːnə'ɡræfɪk/ adj.

porous /'pɔːrəs/ adj 能渗 [渗] 透的 néng shèntòu de; 渗水的 shènshuǐde; 透气 [气] (风、光)的 tòuqìde.

porpoise /'pɔːpəs/ n [C] 鼠海豚 shǔhǎitún; 海豚 hǎitún.

porridge /'pɒrɪdʒ; US 'pɔːr-/ n [U] 粥 zhōu; 麦 [麦] 片粥 màipiàn-zhōu.

port¹ /pɔːt/ n [C] 1 港 gǎng; 港口 gǎngkǒu. 2 港市 gǎngshì; 口岸 kǒu'àn.

port² /pɔːt/ n [U] (船、飞机的)左舷 zuǒxián.

port³ /pɔːt/ n [U] 波尔[爾]图[圖]葡萄酒(产自葡萄牙,深红色) bō'ěrtú pútáojiǔ.

portable /'pɔːtəbl/ adj 手提式的 shǒutíshìde;便于携带(帶)的 biànyú xiédài de.

portal /'pɔːtl/ n [C] 1 (宏伟的)正门 zhèngmén;入口 rùkǒu. 2 (计算机网络)门户[戶]网[網]站 ménhù wǎngzhàn;门户站点[點] ménhù zhàndiǎn.

porter /'pɔːtə(r)/ n [C] 1(火车站等的)搬运[運]工 bānyùngōng. 2(旅馆等的)守门人 shǒuménrén.

portfolio /pɔːt'fəʊliəʊ/ n [C] [pl ~s] 1 公事包 gōngshìbāo;文件夹[夾] wénjiànjiā. 2(个人等所有的)投资组合 tóuzī zǔhé. 3 部长(或大臣)的职[職]位或职责 bùzhǎngde zhíwèi huò zhízé.

porthole /'pɔːthəʊl/ n [C] (船、飞机的)舷窗 xiánchuāng.

portion /'pɔːʃn/ n [C] 1 部分 bùfen;一份 yífèn. 2(食物的)一份 yífèn;一客 yíkè. 3 [短语动词]**portion sth out** 把(将[將])…分成份 jiāng…fēnchéng fèn.

portly /'pɔːtlɪ/ adj [-ier, -iest] 胖的 pàngde;发[發]福的 fāfúde.

portrait /'pɔːtreɪt, -trɪt/ n [C] 1 肖像 xiàoxiàng;画[畫]像 huàxiàng. 2 描写[寫] miáoxiě;描绘[繪] miáohuì.

portray /pɔː'treɪ/ v [T] 1 画[畫](人物、风景等) huà;为[為]…画像 wèi…huàxiàng. 2 描述 miáoshù;描写[寫] miáoxiě. 3 扮演 bànyǎn. **portrayal** n [C, U].

pose /pəʊz/ v 1 [I] (for) (画像、拍照前)摆[擺]姿势[勢] bǎi zīshì. 2 [I] as 假装[裝] jiǎzhuāng;冒充 màochōng. 3 [T] 引起(问题)yǐnqǐ. 4 [T] [正式用语]提出 tíchū. n [C] 1 姿势[勢] zīshì;姿态[態] zītài. 2 装腔作势 zhuāngqiāng zuòshì. **poser** n [C] 难[難]题 nántí.

posh /pɒʃ/ adj [非正式用语]漂亮的 piàoliàngde;豪华[華]的 háohuáde.

position /pə'zɪʃn/ n 1 [C, U] 位置 wèizhì;方位 fāngwèi. 2 [C] (人或物)被安置的方式 bèi ānzhìde fāngshì;姿势[勢] zīshì: lie in a comfortable ~ 舒服地躺着 shūfu de tǎngzhe. 3 [C] 处[處]境 chǔjìng;状[狀]况 zhuàngkuàng: I am not in a ~ to help

you. 我无力帮助你. 5 [C] [正式用语]工作 gōngzuò. 6 [C] 地位 dìwèi;等级 děngjí. 7 [习语]**in position** 在适[適]当[當]的位置 zài shìdàngde wèizhì, **position** v [T] 安置 ānzhì;安放 ānfàng.

positive /'pɒzətɪv/ adj 1 明确[確]的 míngquède;确定的 quèdìngde: ~ proof 确凿的证据. 2 有把握的 yǒu bǎwò de;确信的 quèxìnde: I'm ~ he's here. 我确信他在这里. 3 有用的 yǒuyòngde;有帮[幫]助的 yǒu bāngzhù de. 4 [数学]正的 zhèngde. 5 (电)正的 zhèngde;正极[極]的 zhèngjíde. 6 [非正式用语]完全的 wánquánde;真实[實]的 zhēnshíde: a ~ pleasure 十足的乐事. **positively** adv 确定地 quèdìngde;确实地 quèshíde.

possess /pə'zes/ v [T] 1 拥[擁]有 yōngyǒu. 2 [尤作被动语态](感情)控制 kòngzhì;支配 zhīpèi: ~ed by jealousy 妒火中烧. **possessor** n [C] [正式用语]拥有者 yōngyǒuzhě;所有人 suǒyǒurén.

possession /pə'zeʃn/ n 1 [U] 持有 chíyǒu;具有 jùyǒu. 2 [C, 尤作 pl] 财产[產] cáichǎn;所有物 suǒyǒuwù.

possessive /pə'zesɪv/ adj 1 不愿[願]与[與]人分享的 bú yuàn yǔ rén fēnxiǎng de. 2 [语法]所有格的 suǒyǒugéde: 'Yours' is a ~ pronoun. "yours" 是物主代词. **possessively** adv. **possessiveness** n [U].

possibility /ˌpɒsə'bɪlətɪ/ n [pl -ies] 1 [U] 可能 kěnéng;可能性 kěnéngxìng. 2 [C] 可能的事 kěnéngde shì;可能发[發]生的事 kěnéng fāshēng de shì.

possible /'pɒsəbl/ adj 1 可能的 kěnéngde;可能存在的 kěnéng cúnzài de. 2 合理的 hélǐde;可接受的 kě jiēshòu de. **possible** n [C] 可能的候选[選]人 kěnéng hòuxuǎnrén;可能适[適]合的事物 kěnéng shìhé de wù. **possibly** adv 1 大概 dàgài;也许 yěxǔ. 2 合理地 hélǐde: I'll come as soon as I ~ can. 我尽可能提前来.

post¹ /pəʊst/ n 1 [U] 邮[郵]政 yóuzhèng;邮递[遞] yóudì. 2 [U, C] 信件 xìnjiàn;包裹 bāoguǒ;邮件 yóujiàn. **post** v [T] 投寄 tóujì;邮寄 yóujì. **'post-box** n [C] 邮筒 yóutǒng;邮箱 yóuxiāng. **'postcard** n [C] 明信片 míngxìnpiàn. **'post-code** n [C] 邮政编码

yóuzhèng biānmǎ. **post'haste** adv 正式用语】急速地 jísùde.
'**postman** /-mən/ [pl **-men**] n [C] 邮递员 yóudìyuán. '**postmark** n [C] 邮戳 yóuchuō. '**post-office** n [C] 邮政局 yóuzhèngjú. '**post-office box, P'O box** n [C] 专(專)用信箱 zhuānyòng xìnxiāng.

post² /pəust/ n 1 [C] (木、金属等)柱 zhù; 支柱 zhīzhù; 标(標)杆 biāogān. 2 [sing] (速度比赛的)起点(點)标 qǐdiǎnbiāo; 终点标 zhōngdiǎnbiāo. **post** v [T] 1 张(張)贴(公告等) zhāngtiē. 2 公开(開)宣布 gōngkāi xuānbù.

post³ /pəust/ n 1 [C] 工作 gōngzuò; 职(職)业(業) zhíyè. 2 岗(崗)位 gǎngwèi; 哨所 shàosuǒ. **post** v [T] 1 委派 wěipài; 任命 rènmìng. 2 布置(崗哨等) bùzhì.

postage /'pəustɪdʒ/ n [U] 邮费 yóufèi; 邮资 yóuzī. '**postage stamp** n [C] = STAMP 1.

postal /'pəustl/ adj 邮(郵)政的 yóuzhèngde; 邮递(遞)的 yóudìde; 邮务(務)的 yóuwùde. '**postal order** n [C] 邮政汇(匯)票 yóuzhèng huìpiào.

post-date /ˌpəust'deɪt/ v [T] 在(支票等)上填写(寫)比实(實)际(際)迟的日期 zài…shang tiánxiě bǐ shíjì wǎn de rìqí.

poster /'pəustə(r)/ n [C] 招贴 zhāotiē; 广(廣)告画(畫) guǎnggàohuà; 海报(報) hǎibào.

posterior /pɒ'stɪərɪə(r)/ adj 【正式用语】(时间、次序上)较后(後)的 jiàohòude.

posterity /pɒ'sterətɪ/ n [U] 【正式用语】后(後)代 hòudài; 子孙 zǐsūn; 后世 hòushì.

postgraduate /ˌpəust'grædʒuət/ adj 研究生的 yánjiūshēngde. **postgraduate** n [C] 研究生 yánjiūshēng.

posthumous /'pɒstjuməs; US 'pɒstʃəməs/ adj 死后(後)的 sǐhòude; 身后的 shēnhòude. **posthumously** adv.

post-mortem /ˌpəust'mɔːtəm/ n [C] 1 验(驗)尸(屍) yànshī; 尸体(體)解剖 shītǐ jiěpōu. 2 【非正式用语】事后(後)剖析 shìhòu pōuxī.

postpone /pə'spəun/ v [T] 推迟(遲) tuīchí; 延期 yánqī; The match was ~d because of the rain. 比赛因雨延期. **postponement** n [U].

postscript /'pəusskrɪpt/ n [C] (信末签名后的)附笔(筆) fùbǐ; 又及 yòují.

posture /'pɒstʃə(r)/ n 1 [C] 姿势(勢) zīshì; 姿态(態) zītài. 2 [C] 态度 tàidù.

posy /'pəuzɪ/ n [C] [pl **-ies**] 小花束 xiǎo huāshù.

pot /pɒt/ n 1 [C] (a) 罐 guàn; 锅(鍋) guō; 壶(壺) hú. (b) 一罐之物 yìguàn zhī wù; 一锅之量 yìguō zhī liàng. 2 [U] 【俚】大麻(烟) dàmá. 3 **pots** [pl] 【非正式用语】大量 dàliàng; ~s of money 一大笔钱. 4 [习语] **go to 'pot** 【非正式用语】被损坏(壞) bèi sǔnhuài; 被毁掉 bèi huǐdiào. **take pot 'luck** 有什么(麼)吃什么 yǒu shénme chī shénme; 吃便饭 chī biànfàn. '**pot-bellied** adj 【非正式用语】大腹便便的 dà fù piánpián de. '**pot-hole** n [C] 1 锅穴 guōxué; 圆(圓)穴 ōuxué. 2(路面的)坑洼(窪) kēngwā. '**pot-shot** n [C] 任意射击(擊) rènyì shèjī; 盲目射击 mángmù shèjī.

pot² /pɒt/ v [-tt-] [T] 把(植物)栽种(種)在花盆里(裏) bǎ…zài zhòng zài huāpén lǐ. **potted** adj 1 (熟肉、熟鱼)放入罐内保存的 fàngrù guànnèi bǎocún de. 2 (书等)节(節)略的 jiélüède.

potassium /pə'tæsɪəm/ n [U] 钾 jiǎ.

potato /pə'teɪtəʊ/ n [C, U] [pl **-es**] 马铃薯 mǎlíngshǔ; 土豆 tǔdòu.

potent /'pəutnt/ adj 强有力的 qiángyǒulìde; 有效的 yǒuxiàode; ~ arguments / drugs 有说服力的论据; 很有效的药物. **potency** /-tnsɪ/ n [U]. **potently** adv.

potential /pə'tenʃl/ adj 可能的 kěnéngde; 可能存在的 kěnéng cúnzài de. **potential** n [U] 潜(潛)力 qiánlì; 可能性 kěnéngxìng. **potentiality** /pəˌtenʃɪ'ælətɪ/ n [C, U] [pl **-ies**] 【非正式用语】潜力 qiánlì; 潜在性 qiánzàixìng. **potentially** /-ʃəlɪ/ adv.

potion /'pəuʃn/ n [C] (有药效、有毒性、有魔力的)饮料 yǐnliào.

potter¹ /'pɒtə(r)/ v [短语动词] **potter about / around** 轻(輕)松(鬆)地做琐碎的事 qīngsōngde zuò suǒsuìde shì; 慢条(條)斯理地干(幹)活 màntiáosīlǐ de gànhuó.

potter² /'pɒtə(r)/ n [C] 陶工 táogōng; 制(製)陶工人 zhìtáo gōngrén. **pottery** [pl **-ies**] 1

[U] 陶器 táoqì. **2** [C] 陶器制〔製〕造厂〔廠〕 táoqì zhìzàochǎng.

potty[1] /ˈpɒtɪ/ *adj* [**-ier, -iest**] [英国非正式用语]愚蠢的 yúchǔnde; 疯〔瘋〕癫的 fēngdiānde.

potty[2] /ˈpɒtɪ/ *n* [C] [*pl* **-ies**] (儿童的)便盆 biànpén; 夜壶〔壺〕yèhú.

pouch /paʊtʃ/ *n* [C] **1** 小袋 xiǎo dài. **2** (袋鼠等的)育儿〔兒〕袋 yùérdài.

poultry /ˈpəʊltrɪ/ *n* **1** [pl] 家禽 jiāqín. **2** [U] 家禽肉 jiāqínròu.

pounce /paʊns/ *v* [I] (*on*) **1** 猛扑〔撲〕měng pū; 突然袭〔襲〕击〔擊〕tūrán xíjī. **2** [喻]渴望抓住 kěwàng zhuāzhù: *She ~d on the chance to go abroad.* 她巴不得抓住机会到国外去.

pound[1] /paʊnd/ *n* [C] **1** (英)镑(英国货币单位, 合 100 便士) bàng. **2** 镑(爱尔兰等国的货币单位) bàng. **3** 磅(重量单位, 合 16 盎司或 0.454 千克) bàng.

pound[2] /paʊnd/ *n* [C] (收留走失狗、猫以待认领的)待领处〔處〕 dàilǐngchù.

pound[3] /paʊnd/ *v* **1** [I, T] 连续〔續〕重击〔擊〕 liánxù zhòngjī. **2** [T] 捣碎 dǎosuì; 把…捣成粉 bǎ…dǎochéng fěn. **3** [I] (心脏)剧〔劇〕烈地跳动〔動〕jùliède tiàodòng.

pour /pɔː(r)/ *v* **1** [I, T] (液体)不断〔斷〕流动〔動〕 búduàn liúdòng. **2** [I] (雨)倾盆而下 qīngpén ér xià. **3** [I] (人)不断地涌现 búduànde yǒngxiàn: *In summer tourists ~ into London.* 在夏季游客拥入伦敦. **4** [习语] **pour cold water on sth** ⇨COLD[1]. **5** [短语动词] **pour sth out** 倾吐 qīngtǔ; 倾诉 qīngsù: *~ out one's troubles* 倾诉苦恼.

pout /paʊt/ *v* [I] 撅嘴 juēzuǐ. **pout** *n* [C, 常作 sing] 撅嘴 juēzuǐ.

poverty /ˈpɒvətɪ/ *n* [U] 贫穷〔窮〕 pínqióng; 贫困 pínkùn. ˈ**poverty-stricken** *adj* 贫困不堪的 pínkùn bùkān de; 极〔極〕贫穷的 jí pínqióng de.

powder /ˈpaʊdə(r)/ *n* [C, U] 粉末 fěnmò; 粉 fěn. **powder** *v* [T] 往…上搽粉 wǎng… shàng cāfěn. **powdered** *adj* (成)粉状〔狀〕的 fěnzhuàngde. ˈ**powder-room** *n* [C] 女盥洗室 nǚ guànxǐshì; 女厕所 nǚ cèsuǒ. **powdery** *adj* 粉的 fěnde; 粉状的 fěnzhuàngde.

power /ˈpaʊə(r)/ *n* **1** [U] (人的)能力 nénglì. **2** [U] (亦作 **powers**) [pl] 体〔體〕力 tǐlì; 智力 zhìlì: *the ~ of speech* 说话能力. **3** [U] 力 lì; 力量 lìliàng. **4** [U] **(a)** 操纵〔縱〕力 cāozònglì; 影响〔響〕力 yǐngxiǎnglì. **(b)** 政权〔權〕 zhèngquán; 统治 tǒngzhì: *The Conservative Party came to ~ in 1979.* 保守党于 1979 年上台执政. **5** [C, U] 职〔職〕权 zhíquán; 权力 quánlì; 权限 quánxiàn. **6** [C] 很有权力(或影响)的人(或国家等) hěn yǒu quánlìde rén: *a world ~* 世界大国. **7** [U] 动〔動〕力 dònglì: *nuclear ~* 核动力. **power** *v* [T] 给…提供动力 gěi…tígōng dònglì: *~ed by electricity* 用电作动力. ˈ**power drill** *n* [C] 电〔電〕钻〔鑽〕 diànzuàn. ˈ**power point** *n* [C] 电源插座 diànyuán chāzuò. ˈ**power-station** *n* [C] 发〔發〕电站 fādiànzhàn; 发电厂〔廠〕 fādiànchǎng.

powerful /ˈpaʊəfl/ *adj* 强大的 qiángdàde; 强有力的 qiáng yǒulì de. **powerfully** *adv*.

powerless /ˈpaʊəlɪs/ *adj* 无〔無〕权〔權〕力的 wú quánlì de; 无力量的 wú lìliàng de: *~ to act* 无力行动. **powerlessness** *n* [U].

pp *abbr* pages.

PR /ˌpiː ˈɑː(r)/ *abbr* public relations 公关〔關〕活动〔動〕 gōngguān huódòng.

practicable /ˈpræktɪkəbl/ *adj* 能实〔實〕行的 néng shíxíng de; 可行的 kěxíngde: *~ ideas* 切实可行的意见. **practicability** /ˌpræktɪkəˈbɪlətɪ/ *n* [U].

practical /ˈpræktɪkl/ *adj* **1** 实〔實〕践〔踐〕的 shíjiànde; 实际〔際〕的 shíjìde. **2** 切合实际的 qièhé shíjì de: *~ clothing for wearing in bad weather* 适于坏天气穿的衣服. **3** (人)心灵〔靈〕手巧的 xīnlíng shǒuqiǎo de. **4** 讲〔講〕求实际的 jiǎngqiú shíjì de. **practicality** /ˌpræktɪˈkælətɪ/ *n* [C, U] [*pl* **-ies**]. ˌ**practical** ˈ**joke** *n* [C] 恶〔惡〕作剧〔劇〕 èzuòjù. **practically** /-klɪ/ *adv* **1** 几〔幾〕乎 jīhū: *~ no time left* 几乎没有时间了. **2** 实际地 shíjìde.

practice /ˈpræktɪs/ *n* **1** [U] 实〔實〕行 shíxíng; 实践〔踐〕 shíjiàn: *put a plan into ~* 实行一项计划. **2** [C, U] (经常反复的)练〔練〕习〔習〕 liànxí. **3** [C, U] 惯例 guànlì; 常规 chángguī: *standard ~* 一般惯例. **4** **(a)** [U] (医生或律师的)工

作 gōngzuò. (b) [C] (医生)诊所 zhěnsuǒ; (律师)事务所 (務) shìwùsuǒ. 5 [习语] **in/out of practice** 勤于实践 qín yú shíjiàn; 疏于实践 shū yú shíjiàn.

practise (美语 **-ice**) /ˈpræktɪs; ˈpræktɪs/ v 1 [I, T] 练(練)习(習) liànxí; 实(實)习 shíxí; ~ the piano 练习弹钢琴. 2 [T] 惯做 guàn zuò; 常习 [為] cháng xí. 3 [I, T] (as) (以) (医生或律师)从业为业(業) yǐ wéi yè. 4 [T] 积(積)极(極)从 [從] cóngshì; ~ one's religion 实践自己的信仰. 5 [习语] **practise what one 'preaches** 身体(體)力行 shēntǐ lìxíng. **practised** adj 有经(經)验(驗)的 yǒu jīngyàn de; 熟练(練)的 shúliàn de.

practitioner /prækˈtɪʃənə(r)/ n [C] 1 开(開)业(業)者 kāiyèzhě. 2 从(從)业(業)者 cóngyèzhě; (尤指)行医(醫)者 xíngyīzhě.

pragmatic /præɡˈmætɪk/ adj 讲(講)究实(實)际(際)的 jiǎngjiū shíjì de; 重实效的 zhòng shíxiào de; 讲求实际的 jiǎngqiú shíjì de.

prairie /ˈpreərɪ/ n [C] (北美洲的) 大草原 dàcǎoyuán.

praise /preɪz/ v [T] 1 赞(讚)扬(揚) zànyáng; 称(稱)赞 chēngzàn. 2 [宗教] 颂扬(上帝) sòngyáng; 赞美 zànměi. **praise** n [U] 1 赞(讚)扬(揚) zànyáng; 称赞 chēngzàn. 2 [宗教] 颂扬(上帝) sòngyáng; 赞美 zànměi. **'praise-worthy** adj 值得赞扬的 zhídé zànyáng de; 可嘉的 kějiā de.

pram /præm/ n [C] 手推童车 shǒutuī tóngchē; 婴儿(兒)车 yīng'érchē.

prance /prɑːns; US præns/ v [I] 1 (马)腾跃 téngyuè. 2 雀跃 quèyuè; 欢喜地跳跃 xīnxǐde tiàoyuè.

prank /præŋk/ n [C] 恶(惡)作剧(劇) èzuòjù; 玩笑 wánxiào.

prattle /ˈprætl/ v [I] 闲(閒)聊 xiánliáo; 絮絮叨叨地说 xùxùdāodāode shuō. **prattle** n [U] 闲话 xiánhuà; 闲聊 xiánliáo.

prawn /prɔːn/ n [C] 对(對)虾(蝦) duìxiā; 明虾 míngxiā.

pray /preɪ/ v [I] 1 祈祷(禱) qídǎo; 祷告 dǎogào. 2 [正式用语] 祈求 qíqiú; 恳(懇)求 kěnqiú; I just ~ he won't get hurt. 我仅祈求他别受伤.

prayer /preə(r)/ n 1 [C] 祈祷(禱) qídǎo; 祷告 dǎogào. 2 [C] 祈祷文 qídǎowén. 3 [C] (宗教的)祈祷式 qídǎoshì.

PRC /ˌpiː ɑː(r) ˈsiː/ abbr People's Republic of China 中华人民共和国(國) Zhōnghuá Rénmín Gònghéguó.

preach /priːtʃ/ v 1 [I, T] 布道 bùdào; 讲(講)道 jiǎngdào. 2 [T] 劝(勸)说 quànshuō; 进行道德等的)说教 shuōjiào. **preacher** n [C].

preamble /priˈæmbl/ n [C, U] (尤指正式文件的)序言 xùyán; 绪论(論) xùlùn.

precarious /prɪˈkeərɪəs/ adj 不稳(穩)定的 bù wěndìng de; 不安全的 bù ānquán de. **precariously** adv.

precaution /prɪˈkɔːʃn/ n [C] 预防 yùfáng; take ~s against illness 预防疾病. **precautionary** adj.

precede /prɪˈsiːd/ v [T] (时间、位置或顺序上)在…之前 zài…zhī qián; 先于 xiānyú. **preceding** adj 在前的 zàiqiánde; 在先的 zàixiānde.

precedence /ˈpresɪdəns/ n [U] [正式用语] (在顺序、时间、重要程度上)领先 lǐngxiān; 居前 jūqián; take ~ over all others 领先于其他人.

precedent /ˈpresɪdənt/ n [C, U] [正式用语]先例 xiānlì; (法律)判例 pànlì; set a ~ 创先例.

precinct /ˈpriːsɪŋkt/ n 1 [C] [英国英语]市镇中作特定用途的区(區)域 qūyù; a 'shopping ~ 商业区.2 [C] (市、县等的)区 qūyù. 3 **precincts** [pl] (由建筑物、围墙、教堂等围成的)场(場)地 chǎngdì; 区域 qūyù.

precious /ˈpreʃəs/ adj 1 宝(寶)贵的 bǎoguìde; 珍贵的 zhēnguìde. 2 [贬](语言、风格等)矫(矯)揉造作的 jiǎoróu zàozuò de; 过(過)分讲讲(講)究的 guòfēn jiǎngjiū de. **precious** adv [非正式用语]很 hěn; 非常 fēicháng; ~ little time 极少的时间.

precipice /ˈpresɪpɪs/ n [C] 悬(懸)崖 xuányá; 峭壁 qiàobì.

precipitate /prɪˈsɪpɪteɪt/ v 1 [正式用语] 使发(發)生 shǐ fāshēng; 使迅速发生 shǐ xùnsù fāshēng; Illness ~d her death. 疾病加速了他的死亡. 2 [化学]使沉淀(澱) shǐ chéndiàn. **precipitate** n [C] [化学]沉淀物 chéndiànwù. **precipitate** /prɪˈsɪpɪtət/ adj 急促的 jícùde. **precipitation** /prɪˌsɪpɪˈteɪʃn/ n 1 沉淀 chéndiàn. 2 急促 jícù. 3 (雨、雪等)

jiāngluò.

precipitous /prɪ'sɪpɪtəs/ adj [正式用语]陡峭的 dǒuqiàode; 险[險]峻的 xiǎnjùnde.

précis /'preɪsiː; US preɪ'siː/ n [C] [pl précis /-iːz/] (演说、文章的)摘要 zhāiyào; 梗概 gěnggài. 大意 dàyì.

precise /prɪ'saɪs/ adj 1 准[準]确[確]的 zhǔnquède. 2 精确的 jīngquède. **precisely** adv 1 精确地 jīngquède. 2 (用以表示同意)对[對]dui.

precision /prɪ'sɪʒn/ n [U] 精确[確](性) jīngquè(xìng); 精密(度) jīngmì.

preclude /prɪ'kluːd/ v [T] (~ from) [正式用语]阻止 zǔzhǐ; 妨碍[礙] fáng'ài.

precocious /prɪ'kəʊʃəs/ adj (儿童的智力等)过[過]早发[發]育的 guòzǎo fāyù de; 早熟的 zǎoshúde. **precociousness** n [U].

preconceived /ˌpriːkən'siːvd/ adj (看法、观点等)事先形成的 shìxiān xíngchéng de. **preconception** /-'sepʃn/ n [C] 事先形成的观[觀]点[點] shìxiān xíngchéng de guāndiǎn; 先入之见 xiān rù zhī jiàn.

precursor /ˌpriː'kɜːsə(r)/ n [C] [正式用语]前兆 qiánzhào; 先兆 xiānzhào.

predatory /'predətrɪ; US -tɔːrɪ/ adj (动物)食肉的 shíròude. **predator** /-tə(r)/ n [C] 食肉动[動]物 shíròu dòngwù.

predecessor /'priːdɪsesə(r); US 'predə-/ n [C] (职务或职位的)前任 qiánrèn.

predestined /ˌpriː'destɪnd/ adj 命定的 mìngdìngde; 宿命的 sùmìngde.

predicament /prɪ'dɪkəmənt/ n [C] (为难的)处[處]境 chǔjìng; 困境 kùnjìng.

predicate /'predɪkət/ n [C] [语法]谓语(如 "Life is short." 中的 "is short" 是谓语) wèiyǔ.

predicative /prɪ'dɪkətɪv; US 'predɪkeɪtɪv/ adj [语法]表谓语的 biǎowèiyǔde; 谓语性的 wèiyǔxìngde.

predict /prɪ'dɪkt/ v [T] 预言 yùyán; 预料 yùliào. **predictable** adj 可预言的 kě yùyán de; 可预示的 kě yùshì de. **prediction** /-'dɪkʃn/ n [U] 预言 yùyán; 预料 yùliào. 2 [C] 预言(或预料)的事物 shìwù.

predispose /ˌpriːdɪ'spəʊz/ v [T] [正式用语]使事先影响[響] shìxiān yǐngxiǎng; 使倾向有倾向 shǐ xiānxiàn yǒu qīngxiàng. **predisposition** /-dɪspə'zɪʃn/ n [C].

predominant /prɪ'dɒmɪnənt/ adj [正式用语]有势[勢]力的 yǒu shìlì de; 重要的 zhòngyàode; 显[顯]著的 xiǎnzhùde. **predominance** /-nəns/ n [U]. **predominantly** adv 主要地 zhǔyàode.

predominate /prɪ'dɒmɪneɪt/ v [I] [正式用语]1 支配 zhīpèi; 统治 tǒngzhì. 2 (数量等)占[佔]优[優]势[勢] zhàn yōushì.

pre-eminent /ˌpriː'emɪnənt/ adj [正式用语]卓越的 zhuóyuède; 杰[傑]出的 jiéchūde. **pre-eminence** /-nəns/ n [U]. **pre-eminently** adv.

preen /priːn/ v 1 [I, T] (鸟)用喙整理(羽毛) yòng huì zhěnglǐ. 2 [喻] ~ oneself 打扮 dǎbàn.

prefabricated /ˌpriː'fæbrɪkeɪtɪd/ adj (房屋、墙等)预制[製]的 yùzhìde.

preface /'prefɪs/ n [C] 序言 xùyán; 前言 qiányán. **preface** v [T] (with) (以序言为[爲]…的开[開]端) duànwéi…de kāiduān.

prefect /'priːfekt/ n [C] 1 (学校的级长[長])jízhǎng, 班长 bānzhǎng. 2 (法国地区的)最高行政长官 zuìgāo xíngzhèng zhǎngguān.

prefer /prɪ'fɜː(r)/ v [-rr-] [T] 1 宁[寧]可 nìngkě;更喜欢[歡] gèng xǐhuān; I ~ tea to coffee. 我喜欢茶,不喜欢咖啡。2 [习语] **prefer 'charges** [法律](对某人)提起诉讼 tíchū kòngsòng. **preferable** /'prefrəbl/ adj 更合意的 gèng héyì de; 更适[適]宜的 gèng shìyí de. **preferably** adv.

preference /'prefrəns/ n 1 [U, sing] (for) 更加的喜爱[愛] gèngjiāde xǐ'ài;偏爱 piān'ài. 2 [C] 偏爱物 piān'àiwù. 3 [U] 优[優]先 yōuxiān;优待 yōudài;优惠 yōuhuì.

preferential /ˌprefə'renʃl/ adj 优[優]先的 yōuxiānde;优待的 yōudàide;特惠的 tèhuìde; get ~ 'treatment 受优待.

prefix /'priːfɪks/ n [C] 前缀[綴](如 pre-, un-) qiánzhuì. **prefix** v [T] 加前缀于 jiā qiánzhuì yú.

pregnant /'pregnənt/ adj 1 怀[懷]孕的 huáiyùnde; 妊娠的 rènshēnde. 2 [喻]富有意义[義]的 fù yǒu yìyì de; a ~ 'pause 意味深长的停顿. **pregnancy** /-nənsɪ/ n [U, C] [pl -ies].

prehistoric /ˌpriːhɪ'stɒrɪk; US

-tɔːrɪk/ adj 史前的 shǐqiánde.

prehistory /ˌpriːˈhɪstrɪ/ n [U]

prejudge /ˌpriːˈdʒʌdʒ/ v [T] (正式用语) (未了解全部情况) 对(对) ~ 预先作出判断(断) duì ··· yùxiān zuòchū pànduàn.

prejudice /ˈpredʒʊdɪs/ n [C, U] 1 偏见 piānjiàn; 成见 chéngjiàn. 2 [法律] 损害 sǔnhài; 侵害 qīnhài. **prejudice** v [T] 1 使抱偏见 shǐ bào piānjiàn; 使有成见 shǐ yǒu chéngjiàn. 2 使受到损害 shǐ shòudào sǔnhài; 侵害 qīnhài. **prejudicial** /ˌpredʒuˈdɪʃl/ adj.

preliminary /prɪˈlɪmɪnərɪ; US -neri/ adj 起始的 qǐshǐde; 初步的 chūbùde; a ~ study/report 初步研究/报道. **preliminary** n [C] [pl -ies] (常作 pl) 初步的行动(动) chūbùde xíngdòng.

prelude /ˈpreljuːd/ n [C] 1 前奏 qiánzòu; 序幕 xùmù. 2 前奏曲 qiánzòuqǔ.

premarital /ˌpriːˈmærɪtl/ adj 婚前的 hūnqiánde; ~ sex 婚前的性行为.

premature /ˈpremətjʊə(r); US ˌpriːməˈtuər/ adj 提前的 tíqiánde; 过(过)早的 guòzǎode; 未到期的 wèi dàoqī de; ~ birth 早产. **prematurely** adv.

premeditated /ˌpriːˈmedɪteɪtɪd/ adj 预先考虑(虑)的 yùxiān kǎolǜ de; 预先计划(划)的 yùxiān jìhuà de; 预谋的 yùmóude; ~ murder 谋杀.

premier /ˈpremɪə(r); US ˈpriːmɪər/ n [C] 总(总)理 zǒnglǐ; 首相 shǒuxiàng. **premier** adj 首要的 shǒuyàode; 首位的 shǒuwèide. **premiership** n [U].

première /ˈpremɪeə(r); US ˈmɪər/ n [C] (戏剧或电影的) 首次公演 shǒucì gōngyǎn.

premise /ˈpremɪs/ n [C] (正式用语) 前提 qiántí.

premises /ˈpremɪsɪz/ n [pl] 房屋连地基 fángwū lián dìjī: The company is looking for larger ~. 该公司正在寻找较大的办公地址.

premium /ˈpriːmɪəm/ n [C] 1 保险(险)费 bǎoxiǎnfèi. 2 额外费用 éwài fèiyòng; 津贴 jīntiē. 'Premium Bond n [C] (英国)(有奖无息的)储蓄债券 chǔxù zhàiquàn.

premonition /ˌpreməˈnɪʃn, ˌpriː-/ n [C] (不祥的)预感 yùgǎn; 预兆 yùzhào.

preoccupation /priːˌɒkjʊˈpeɪʃn/ n

1 [U] 先占 xiānzhàn. 2 [C] 令人全神贯注的事物 lìng rén quán shén guàn zhù de shìwù.

preoccupy /priːˈɒkjʊpaɪ/ v [pt, pp -ied] [T] 使全神贯注 shǐ quán shén guàn zhù.

preparation /ˌprepəˈreɪʃn/ n 1 [U] 准(准)备(备) zhǔnbèi; 预备 yùbèi; work done without ~ 无准备而完成的工作. 2 [C, 常作 pl] 准备工作 zhǔnbèi gōngzuò. 3 [C] (配制的)制(剂)(剂) zhìjì; 配制品 pèizhìpǐn.

preparatory /prɪˈpærətrɪ; US -tɔːrɪ/ adj 预备(备)的 yùbèide; 准(准)备的 zhǔnbèide. pre'paratory school n 1 (英国) 私立小学(学) sīlìxiǎoxué. 2 (美国, 通常为私立) 大学预科学校 dàxué yùkē xuéxiào.

prepare /prɪˈpeə(r)/ v [I, T] 预备(备) yùbèi; 准(准)备 zhǔnbèi. 2 [习语] **be prepared to do sth** [愿] 愿意做某事 yuànyì zuò mǒushì.

preposition /ˌprepəˈzɪʃn/ n [C] [语法] 介词(如 in, from, to) jiècí; 前置词 qiánzhìcí. **prepositional** /-ʃənl/ adj.

preposterous /prɪˈpɒstərəs/ adj 反常的 fǎnchángde; 荒谬的 huāngmiùde. **preposterously** adv.

prerogative /prɪˈrɒgətɪv/ n [C] 特权 tèquán.

Presbyterian /ˌprezbɪˈtɪərɪən/ n [C], adj 长(长)老会(会)教友 Zhǎnglǎohuì jiàoyǒu; 长老制的 zhǎnglǎozhìde.

prescribe /prɪˈskraɪb/ v [T] 1 吩咐使用 fēnfù shǐyòng; ~ medicine 开药方. 2 [正式用语] 规定 guīdìng; 指定 zhǐdìng.

prescription /prɪˈskrɪpʃn/ n 1 [C] (a) 药(药)方 yàofāng; 处(处)方 chǔfāng. (b) 处方上开(开)的药 chǔfāng shàng kāi de yào. 2 [U] 开处方 kāi chǔfāng.

prescriptive /prɪˈskrɪptɪv/ adj [正式用语] 规定的 guīdìngde; 指定的 zhǐdìngde.

presence /ˈprezns/ n [U] 1 出席 chūxí; 在场(场) zàichǎng. 2 仪(仪)表 yíbiǎo; 风(风)度 fēngdù.

present[1] /ˈpreznt/ adj 1 出席的 chūxíde; 在场(场)的 zàichǎngde: Were you ~ at the meeting when the news was announced? 宣布这消息时你在会场吗? 2 现存的 xiàncúnde; 现有的 xiànyǒude; the ~ government 现政府. 3

[语法]现在时(时)的 xiànzàishíde: *the ~ tense* 一般现在时. *a ~ participle* 现在分词. **present**[1] **the present** [sing] 现在 xiànzài; 目前 mùqián. 2 [习语] **at 'present** 现在 xiànzài.

present[2] /'preznt/ *n* [C] 礼(禮)物 lǐwù; 赠品 zèngpǐn.

present[3] /prɪ'zent/ *v* [T] 1 (*with, to*) 赠送 zèngsòng; 授予 shòuyǔ: ~ *her with a book* 赠她一本书. 2 (*to*) 引见 yǐnjiàn; 介绍 jièshào. 3 提出 tíchū; 提供 tígōng. 4 ~ **one-self** (a) 出现 chūxiàn. (b) (机会)产(產)生 chǎnshēng: *The opportunity may not ~ it-self again.* 机会不会再有了. 5 显[顯]示 xiǎnshì. 6 公演(戏剧等) gōngyǎn. 7 (在广播、电视中)主持播出(节目) zhǔchí bōchū. **present-er** [C] (广播、电视)节[節]目主持人 jiémù zhǔchírén.

presentable /prɪ'zentəbl/ *adj* 拿得出去的 ná dé chūqù de; 体[體]面的 tǐmiànde; 像样[樣]的 xiàngyàngde. **presentably** *adv*.

presentation /ˌprezn'teɪʃn; *US* ˌpriːzen-/ *n* 1 [U] 赠送 zèngsòng; 引见 yǐnjiàn; 提出 tíchū; 出席 chūxí. 2 [U] 表现 biǎoxiàn; 呈现 chéngxiàn. 3 [C] 礼[禮]物 lǐwù; 赠品 zèngpǐn.

presently /'prezntlɪ/ *adv* 1 不久 bùjiǔ: *I'll see you ~.* 我过不久就去看你. 2 [尤用于美语]现在 xiànzài.

preservative /prɪ'zɜːvətɪv/ *n* [C, adj] 防腐剂[劑] fángfǔjì; 防腐的 fángfǔde.

preserve /prɪ'zɜːv/ *v* [T] 1 保护[護] bǎohù; 维护 wéihù. 2 保护(某人) bǎohù. 3 (用干燥、冷冻法等)保存(食物) bǎocún. **preservation** /ˌprezə'veɪʃn/ *n* [U]. **preserve** *n* [C, 常作 pl, U] 蜜饯(钱) mìjiàn; 果酱[醬] guǒjiàng.

preside /prɪ'zaɪd/ *v* [I] (*over / at*) 主持(会议) zhǔchí; 作(会议)主席 zuò zhǔxí.

presidency /'prezɪdənsɪ/ *n* [*pl* -**ies**] 1 **the presidency** [sing] 总[總]统(或国家主席、院长、校长、总裁、会长等)的职(職)位 zhíwèi. 2 [C] 上述各职位的任期 shàngshù gè zhíwèi de rènqī.

president /'prezɪdənt/ *n* [C] 1 总[總]统 zǒngtǒng; 国[國]家主席

guójiā zhǔxí. 2 (政府部门)首长(長) shǒuzhǎng; (社会团体的)会[會]长 huìzhǎng; 校长 xiàozhǎng; 院长 yuànzhǎng. **presidential** /ˌprezɪ-'denʃl/ *adj*.

press[1] /pres/ *v* 1 [T] 压[壓] yā; 按 àn; 挤(擠)压 jǐyā. 2 [T] 压平 yāpíng; 熨平 yùn píng. 3 [T] 榨取(汁等) zhàqǔ. 4 催促 cuīcù; 敦促 dūncù. 5 [T] (人群)拥[擁]挤 yōngjǐ; 推进(進) tuījìn: *The crowd ~ed forward.* 人群拥挤向前进. 6 [习语] **be pressed for sth** 缺少 quēshǎo; 缺乏 quēfá: *be ~ed for time* 时间紧迫. 7 [短语动词] **press for sth** 急切要求 jíqiè yāoqiú. **press on (with sth)** 坚[堅]持 jiānchí. **pressing** *adj* 紧(緊)迫的 jǐnpòde; 急迫的 jípòde: *~ing business* 急迫的事.

press[2] /pres/ *n* 1 [C, 常作 sing] 压[壓] yā; 按 àn; 挤(擠)压 jǐyā; 熨 yùn. 2 **the press** [sing] 用 sing 或 pl *v*] 新闻界 xīnwénjiè; 报[報]界 bàojiè; 记者 jìzhě. 4 [sing] 报刊 bàokān; 评论[論] pínglùn: *The film got a good ~.* 这部片子受到舆论界的好评. '**press conference** *n* [C] 记者招待会[會] jìzhě zhāodàihuì.

pressure /'preʃə(r)/ *n* 1 [C, U] 压[壓]力 yālì: *the ~ of her hand on his head* 她的手紧按他的头部. 2 [C, U] 气[氣]压 qìyā: *air ~* 气压. 3 [U] (施加的)压力 yālì. 4 [U] 困扰[擾] kùnrǎo; 忧[憂]虑[慮] yōulǜ: *The ~ of work is making her ill.* 工作的忧虑使她生了病. '**pressure-cooker** *n* [C] 压力锅[鍋] yālìguō. '**pressure group** *n* [C] 压力集团[團] yālì jítuán.

pressurize /'preʃəraɪz/ *v* [T] 1 (*into*) 迫使(某人)做某事 pòshǐ zuò mǒushì. 2 使(飞机座舱等)保持恒定气[氣]压[壓] shǐ bǎochí héngdìng qìyā.

prestige /pre'stiːʒ/ *n* [U] 威信 wēixìn; 威望 wēiwàng; 声(聲)望 shēngwàng. **prestigious** /-'stɪdʒəs/ *adj* 有威信的 yǒu wēixìn de; 有声望的 yǒu shēngwàng de.

presumably /prɪ'zjuːməblɪ; *US* -'zuː-/ *adv* 可假定地 kě jiǎdìng de; 据[據]推测 jù tuīcè; 大概 dàgài.

presume /prɪ'zjuːm; *US* -'zuːm/ *v* 1 [T] 假定 jiǎdìng; 假设 jiǎshè; 推测 tuīcè. 2 [I] [正式用语]冒昧(做)

màomèi; 敢于 gǎnyú: *I wouldn't ~ to advise you*. 我不敢向你提出劝告.

presumption /prɪˈzʌmpʃn/ n 1 [C] 假定 jiǎdìng; 假设 jiǎshè; 推测 tuīcè. 2 [U] [正式用语] 无[無]理 wúlǐ; 傲慢 àomàn; 放肆 fàngsì.

presumptuous /prɪˈzʌmptʃʊəs/ adj 自行其是的 zì xíng qí shì de; 胆[膽]大妄为[爲]的 dǎn dà wàng wéi de.

presuppose /ˌpriːsəˈpəʊz/ v [T] [正式用语] 1 预先假定 yùxiān jiǎdìng; 假设 jiǎshè: 预料 yùliào. 2 以⋯为[爲]先决条[條]件 yǐ⋯wéi xiānjué tiáojiàn. **presupposition** /-sʌpəˈzɪʃn/ n [C,U].

pretence (美语 -**tense**) /prɪˈtens/ n [C,U] 假装[裝] jiǎzhuāng; 做作 zuòzuò: a ~ of grief 伤心的假象.

pretend /prɪˈtend/ v [I, T] 假装[裝] jiǎzhuāng; 佯装 yángzhuāng.

pretension /prɪˈtenʃn/ n [C, U, 尤作 pl] 自称[稱] zìchēng; 自命 zìmìng.

pretentious /prɪˈtenʃəs/ adj 自负的 zìfù de; 自命不凡的 zìmìng bùfán de. **pretentiously** adv. **pretentiousness** n [U].

pretext /ˈpriːtekst/ n [C] 借[藉]口 jièkǒu; 托词 tuōcí.

pretty /ˈprɪtɪ/ adj [-ier, -iest] 漂亮的 piàoliàngde; 标[標]致 (緻) 的 biāozhìde; 可爱[愛]的 kě'àide: a ~ girl 可爱的女孩子. **prettily** adv. **prettiness** n [U]. **pretty** adv 1 相当[當] xiāngdāng: I'm ~ sure he came back. 我肯定他回来了. 2 [习语] **pretty well** 几[幾]乎 jīhū.

prevail /prɪˈveɪl/ v [I] [正式用语] 1 流行 liúxíng; 盛行 shèngxíng. 2 获[獲]胜[勝] huòshèng. 3 [短语动词] **prevail on/upon sb to do sth** 劝[勸]说 quànshuō; 说服 shuōfú. **prevailing** adj 1 流行的 liúxíngde; 盛行的 shèngxíngde; 普遍的 pǔbiànde. 2 (风) 常刮的 chángguāde.

prevalent /ˈprevələnt/ adj [正式用语]普遍的 pǔbiànde; 流行的 liúxíngde; 盛行的 shèngxíngde. **prevalence** /-ləns/ n [U].

prevent /prɪˈvent/ v [T] 阻止 zǔzhǐ; 妨碍[礙] fáng'ài; 防止 fángzhǐ. **prevention** /-ˈvenʃn/ n [U]. **preventive** adj 预防的 yùfángde; 防止的 fángzhǐde: ~ive medicine 预防医学.

preview /ˈpriːvjuː/ n [C] 预演 yùyǎn; 预展 yùzhǎn; 预映 yùyìng; 预审 yùshěn. **preview** v [T] 预演 yùyǎn; 预展 yùzhǎn; 预映 yùyìng; 预展 yùzhǎn.

previous /ˈpriːvɪəs/ adj 以前的 yǐqiánde; 先前的 xiānqiánde: *the ~ day* 前一天. **previously** adv.

prey /preɪ/ n [U] 被捕食的动[動]物 bèi bǔshí de dòngwù; 捕获[獲]物 bǔhuòwù. **prey** v [习语] **prey on sb's 'mind** 烦扰[擾]某人 fánrǎo mǒurén. **prey on sth** 捕食(动物) bǔshí.

price /praɪs/ n 1 [C] 价[價]格 jiàgé; 价钱[錢] jiàqián. 2 [sing] 代价 dàijià: *a small ~ to pay for freedom* 以获得自由而付出的低价. **price** v 给⋯定价 gěi⋯dìngjià. **'price increase** n [C] 价格上涨[漲] jiàgé shàngzhǎng. **priceless** adj 1 无[無]价的 wújiàde; 极[極]贵重的 jí guìzhòng de. 2 [非正式用语]极有趣的 jí yǒuqù de; 十分荒唐的 shífēn huāngtáng de. **'price list** n [C] 价目表 jiàmùbiǎo.

prick /prɪk/ v 1 [T] 刺 cì; 扎 zhā; 戳 chuō. 2 [I, T] 引起刺痛 yǐnqǐ cìtòng; 感到刺痛 gǎndào cìtòng. 3 [习语] **prick up one's ears** (a) (马、狗等)竖[豎]起耳朵 shùqǐ ěrduo. (b) (人) 突然注意听[聽]忽然注意听 hūrán zhùyì tīng.

prick [2] /prɪk/ n [C] 1 小洞 xiǎodòng; 刺痕 cìhén; 刺孔 cìkǒng. 2 刺痛 cìtòng. 3 [△俚] (a) 阴[陰]茎[莖] yīnjīng. (b) [贬] 蠢人 chǔnrén.

prickle /ˈprɪkl/ n [C] 1 (植物的)刺 cì; (动物的)皮刺 pícì. 2 针刺般的感觉[覺] zhēncìbānde gǎnjué. **prickle** v [I] (使)感到刺痛 gǎndào cìtòng. **prickly** adj [-ier, -iest] 1 多刺的 duōcìde. 2 [非正式用语]易发怒的 yì fānù de.

pride /praɪd/ n 1 [C] (a) 自豪 zìháo; 得意 déyì. (b) [sing] 引以自豪的人(或事物) yǐn yǐ zìháo de rén: *Their daughter was their ~ and joy.* 他们的女儿使他们引以自豪和愉快. 2 [U] 自尊 zìzūn. 3 [U] 骄[驕]傲 jiāo'ào; 傲慢 àomàn; 自大 zìdà. 4 [C] 狮[獅]群 shīqún. **pride** v [短语动词] **pride oneself on sth** 以⋯自豪 yǐ⋯zìháo.

priest /priːst/ n [C] 司铎[鐸] sīduó; 司祭 sījì; 祭司 jìsī. 2 (基督[教])神甫[父] shénfu; 牧师[師] mùshī; 神父 shénfù. **priesthood** n [sing] 司铎(或司

祭、牧师、神父等)的职〔職〕位 sì-duóde zhíwèi.

prig /prɪg/ *n* [C] (贬)自以为(爲)道德高尚的人 zì yǐwéi dàodé gāoshàng de rén. **priggish** *adj*.

prim /prɪm/ *adj* [~mer, ~mest] 一本正经(經)的;拘谨的 yìběn zhèngjīng de; jūjǐnde: ~ *and proper* 一本正经的;循规蹈矩的.

primary /'praɪmərɪ/ *US* -merɪ/ *adj* 1 最初的 zuìchūde; 最早的 zuìzǎode; 初级的 chūjíde. 2 首要的 shǒuyàode; 主要的 zhǔyàode. **primarily** /'praɪmərəlɪ/ *US* praɪ'merəlɪ/ *adv* 主要地 zhǔyàode. **primary** *n* [C] [*pl* -ies] (美国为大选推举候选人的)初选(選) chūxuǎn. ,primary 'colour *n* [C] 原色(能指混合生成其它颜色的红、黄和蓝三色之一)jīsè. 'primary school *n* [C] 1 (英国)小学(學)(5至11岁儿童) xiǎoxué. 2 (美国)初等学校(6至9岁儿童) chūděng xuéxiào.

primate[1] /'praɪmeɪt/ *n* [C] 灵(靈)长(長)目动(動)物 língzhǎngmù dòngwù.

primate[2] /'praɪmeɪt/ *n* [C] 大主教 dàzhǔjiào; 首席主教 shǒuxí zhǔjiào.

prime[1] /praɪm/ *adj* 1 主要的 zhǔyàode; 首要的 shǒuyàode. 2 最好的 zuìhǎode; 第一流的 dìyīliúde. ,prime 'minister *n* [C] 首相 shǒuxiàng; 总(總)理 zǒnglǐ.

prime[2] /praɪm/ *n* [sing] 最好部分 zuìhǎo bùfen: *in the ~ of life* 正在壮年.

prime[3] /praɪm/ *v* [T] 1 在…上涂(塗)底色(油漆)zài …shàng tú dǐsè. 2 事先为(爲)…提供情况(或消息等) shìxiān wèi …tígōng qíngkuàng.

primer /'praɪmə(r)/ *n* [C] 底漆 dǐqī; 底层〔層〕涂〔塗〕料 dǐcéng túliào.

primeval (亦作 **-aeval**) /praɪ-'miːvl/ *adj* 原始的 yuánshǐde; 远(遠)古的 yuǎngǔde.

primitive /'prɪmɪtɪv/ *adj* 1 原始的 yuánshǐde; 上古的 shànggǔde; 早期的 zǎoqīde: ~ *tribes* 原始部落. 2 简单[單]的 jiǎndānde; 古老的 gǔlǎode. **primitively** *adv*.

primrose /'prɪmrəʊz/ *n* [C] 报[報]春花 bàochūnhuā.

prince /prɪns/ *n* [C] 1 王子 wángzǐ; 王孙(孫) wángsūn; 亲(親)王 qīnwáng. 2 (小国的)君主 jūnzhǔ.

princely *adj* 1 王子的 wángzǐde; 王侯的 wánghóude. 2 豪华(華)的 háohuáde; 慷慨的 kāngkǎide.

princess /prɪn'ses/ *n* [C] 1 公主 gōngzhǔ. 2 王妃 wángfēi.

principal /'prɪnsəpl/ *adj* 主要的 zhǔyàode; 首要的 shǒuyàode. **principal** *n* [C] 1 校长(長) xiàozhǎng; 院长 yuànzhǎng. 2 [常作 *sing*] 本金 běnjīn; 资本 zīběn. **principally** /-plɪ/ *adv* 主要地 zhǔyàode.

principality /ˌprɪnsɪ'pælətɪ/ *n* [C] [*pl* -ies] 公国(國) gōngguó; 侯国 hóuguó.

principle /'prɪnsəpl/ *n* [C] 1 原理 yuánlǐ; 原则 yuánzé; 原理 yuánlǐ; 准〔準〕则 zhǔnzé: *the ~ of justice* 公正的原则. 2 [C, U] (行为)准(準)则 zhǔnzé. 3 [习语] **in principle** 原则上 yuánzé shàng, **on principle** 根据(據)行为(爲)准则 gēnjù xíngwéi zhǔnzé; 按照原则 ànzhào yuánzé.

print[1] /prɪnt/ *v* 1 [T] (a) 印在(纸)上 yìn zàishàng. (b) 印刷(等) yìnshuā. 2 [I, T] 用印刷体(體)写(寫) yòng yìnshuātǐ xiě. 3 [T] 从(從)(底片)印出 cóng yìnchū. **printer** *n* [C] 1 印刷工人 yìnshuā gōngrén; 印刷商 yìnshuāshāng. 2 (计算机)打印机(機) dǎyìnjī. **printout** *n* [C, U] 打印输出 dǎyìn shūchū.

print[2] /prɪnt/ *n* 1 [U] 印刷字体(體) yìnshuā zìtǐ; 铅印 qiānyìn; 印迹(跡) yìnjì: *finger~s* 指印;指纹. 2 [C] 印出的图(圖)片 yìnchūde túpiàn; 版画(畫) bǎnhuà. 4 [C] (由底片印出的)照片 zhàopiàn. 5 [习语] **in/out of print** (书)已印好的 yǐ yìnhǎo de, 可买[買]到的 kě mǎidào de; (书)已售完的 yǐ shòuwán de; 绝版的 juébǎnde.

prior /'praɪə(r)/ *adj* 较早的 jiàozǎode; 在前的 zàiqiánde; 更重要的 gèng zhòngyào de: *a ~ engagement* 优先的约会. **prior to** *prep* 在…之前 zài…zhīqián.

priority /praɪ'ɒrətɪ; *US* -'ɔːr-/ *n* [*pl* -ies] 1 [U] (优〔優〕先权〔權〕) yōuxiānquán; 优先 yōuxiān. 2 [C] 优先考虑(慮)的事 yōuxiān kǎolǜ de shì.

prise (亦作 **prize**, 尤用于美语) /praɪz/ *v* [T] 撬(起) qiàoqǐ; 撬起 qiàoqǐ; 撬动(動) qiàodòng.

prism /'prɪzəm/ *n* [C] 棱(稜)镜 léngjìng; 三棱镜 sānléngjìng.

prison /'prɪzn/ *n* [C, U] 监(監)狱

jiānyù; 牢房 láofáng. **prisoner** n [C] 犯人 fànrén; 囚犯 qiúfàn. **prisoner of 'war** n [C] 战(戰)俘 zhànfú.

privacy /ˈprɪvəsɪ, ˈpraɪv-/ n [U] (不受干扰的)独(獨)处(處)dúchù; 隐(隱)私 yǐnsī.

private /ˈpraɪvɪt/ adj 1 私人的 sīrénde; 私有的 sīyǒude; 私营(營)的 sīyíngde; 个(個)人的 gèrénde. 2 不公开(開)的 bù gōngkāi de; 秘密的 mìmìde. 3 (人)退职(職)工作无(無)关(關)的 yǔ gōngzuò wúguān de. 4 私营(營)的 sīyíngde; 民间的 mínjiān de; 私立的 sīlìde: a ~ school 私立学校. 5 清静的 qīngjìngde. **private** n 1 [C] 士兵 shìbīng. 2 [习语] **in private** 私下地 sīxiàde. **privately** adv.

privatize /ˈpraɪvətaɪz/ v [T] 使私有化 shǐ sīyǒuhuà. **privatization** /ˌpraɪvətaɪˈzeɪʃn; US -tɪˈz-/ n [U].

privet /ˈprɪvɪt/ n [U] 水蜡(蠟)树(樹)(樹) shuǐlàshù.

privilege /ˈprɪvəlɪdʒ/ n 1 [C,U] 特权(權)tèquán; 特别待遇 tèbié dàiyù. 2 [C] 特殊的荣(榮)幸 tèshūde róngxìng: a ~ to hear him sing 听他歌唱乃是种荣幸. **privileged** adj 享有特权的 xiǎngyǒu tèquán de.

prize[1] /praɪz/ n [C] 奖(奬)品 jiǎngpǐn; 奖金 jiǎngjīn; 奖赏(賞)jiǎngshǎng. **prize** adj 获(獲)奖的 huòjiǎngde; 该得奖的 gāi déjiǎngde: ~ cattle 优选的牛. **prize** v [T] 重视 zhòngshì; 珍视 zhēnshì.

prize[2] /praɪz/ [尤用于美语] = PRISE.

pro[1] /prəʊ/ n [习语] **the pros and 'cons** /ˈkɒnz/ 赞(讚)成和反对(對)的论(論)点(點)zànchéng hé fǎnduì de lùndiǎn.

pro[2] /prəʊ/ n [C] (pl ~s) [非正式用语] short for PROFESSIONAL.

pro- /prəʊ/ prefix 亲(親)qīn; 赞(讚)成 zànchéng: pro-American 亲美的. **pro-a'bortion** adj 赞成堕胎的 zànchéng duòtāi de. **pro-'choice** adj 赞成堕胎的 zànchéng duòtāi de. **pro-'life** adj 反堕胎的 fǎn duòtāi de; 反安乐(樂)死的 fǎn ānlèsǐ de.

probability /ˌprɒbəˈbɪlətɪ/ n [pl -ies] 1 [U, sing] 可能性 kěnéngxìng; There is little ~ that you will win. 你不大可能取胜. 2 [C] (很)可能的事 kěnéng yǒu de shì; 可能出现的结果 kěnéng chūxiàn de

jiéguǒ. 3 [习语] **in all proba'bility** 多半 duōbàn; 很可能 hěn kěnéng.

probable /ˈprɒbəbl/ adj 很可能发(發)生的 hěn kěnéng fāshēng de; 很可能成为(爲)事实(實)的 hěn kěnéng chéngwéi shìshí de. **probably** adv.

probation /prəˈbeɪʃn; US prəʊ-/ n [U] 1 缓刑 huǎnxíng: a ~ officer 缓刑监视官. 2 试用(期)shìyòng.

probe /prəʊb/ v [I, T] 1 细查 xìchá. 2 探查 tànchá. **probe** n [C] 1 (医生用的)探子 tànzi; 探针 tànzhēn. 2 (into) 深入调查 shēnrù diàochá. 3 (航天)探测器 tàncèqì.

problem /ˈprɒbləm/ n [C] 问题 wèntí; 难(難)题 nántí. **problematic** /ˌprɒbləˈmætɪk/ adj 成为问题的 chéngwéi wèntí de; 疑难的 yínànde.

procedure /prəˈsiːdʒə(r)/ n [C,U] 程序 chéngxù; 手续(續)shǒuxù; 步骤 bùzhòu. **procedural** adj.

proceed /prəˈsiːd; US prəʊ-/ v [I] 1 (to) 继(繼)续(續)进(進)行 jìxù jìnxíng; 继续下去 jìxù xiàqù. 2 [正式用语]前进 qiánjìn; 行进 xíngjìn.

proceedings /prəˈsiːdɪŋz/ n [pl] [正式用语] 1 诉讼(程序)sùsòng. 2 (会议)议(議)程 yìchéng.

proceeds /ˈprəʊsiːdz/ n [pl] 收入 shōurù; 收益 shōuyì.

process /ˈprəʊses; US ˈprɒses/ n 1 [C] 步骤 bùzhòu; 程序 chéngxù. 2 [C] 方法 fāngfǎ; 工艺(藝)流程 gōngyì liúchéng. 3 [习语] **in the process of doing sth** 在…的 jìnchéng zhōng. **process** v [T] 1 加工(贮(貯)藏(物))jiāgōng zhùcáng. 2 冲(沖)洗(摄(攝)影胶(膠)片)chōngxǐ. 3 审(審)查 shěnchá; 处(處)理 chǔlǐ: ~ an application 审查申请书. 4 [用计算机]处理 chǔlǐ.

procession /prəˈseʃn/ n [C] (人、车等的)行列 hángliè; 队(隊)伍 duìwǔ.

proclaim /prəˈkleɪm/ v [T] [正式用语]宣告 xuāngào; 宣布 xuānbù; 声(聲)明 shēngmíng. **proclamation** /ˌprɒkləˈmeɪʃn/ n 1 [C] 宣告 xuāngào; 布告 bùgào; 宣布 xuānbù. 2 [U] 宣告 xuāngào; 公布 gōngbù; 声明 shēngmíng.

procure /prəˈkjʊə(r)/ v [T] [正式用语]取得 qǔdé; 获(獲)得 huòdé.

prod /prɒd/ v [**-dd-**] **1** [I, T] 刺
ci; 戳 chuō; 捅 tǒng. **2** [T] [喻]激励
[勵] jīlì; 促使 cùshǐ. **prod** n [C].

prodigal /'prɒdɪgl/ adj [正式用
语, 贬] 挥霍的 huīhuòde; 浪费的
làngfèide; 奢侈的 shēchǐde.

prodigious /prə'dɪdʒəs/ adj 巨大
的 jùdàde; 大得惊[驚]人的 dàde
jīngrén de. **prodigiously** adv.

prodigy /'prɒdɪdʒɪ/ n [C] [pl
-ies] 奇才 qícái; 天才 tiāncái.

produce /prə'djuːs; US -'duːs/ v
[T] **1** 引起 yǐnqǐ; 产[產]生 chǎn-
shēng. **2** 制[製]造 zhìzào. **3** 生产
shēngchǎn. **4** 拿出 náchū; 出示 chū-
shì. **4** 上演 shàngyǎn; 上映 shàngy-
ìng; 播放 bōfàng. **produce**
/'prɒdjuːs; US -duːs/ n [U] 产品
chǎnpǐn; 农[農]产品 nóngchǎnpǐn.

producer /prə'djuːsə(r); US -'duː-/
n [C] **1** 制[製]片人[產]人 zhìpiànrén; 制
作人 zhìzuòrén. **2** 舞台[臺]监[監]督
wǔtái jiāndū. **2** 生产[產]者 shēng-
chǎnzhě; 制造者 zhìzàozhě.

product /'prɒdʌkt/ n [C] **1** 产
[產]品 chǎnpǐn; 产物 chǎnwù. **2** 结
果 jiéguǒ; 成果 chéngguǒ. **3** [数学]
(乘)积[積] jī.

production /prə'dʌkʃn/ n **1** 生产
[產]生 shēngchǎn; 制[製]造 zhì-
zào. **2** [产]产量 chǎnliàng. **3** 上
演的戏[戲] shàngyǎn de xì; 上映的
影片 shàngyǎn de yǐngpiàn; 播放的
电视节[節]目 bōfàng de diànshì jié-
mù.

productive /prə'dʌktɪv/ adj 多
产[產]的 duōchǎnde; 有生产力的
yǒu shēngchǎnlì de. **2** 富有成效的
fùyǒu chéngxiào de; 得益的 déyìde;
a ~ meeting 富有成效的会议.
productively adv.

productivity /ˌprɒdʌk'tɪvətɪ/ n
[U] 生产[產]率 shēngchǎnlǜ; P~
has fallen sharply. 生产率急剧
下降.

profane /prə'feɪn; US prəʊ-/ adj
[正式用语] **1** 渎[瀆]神的 dúshén-
de; 亵[褻]渎的 xièdúde. **2** 下流的
xiàliúde; ~ language 下流语言.**3**
世俗的 shìsúde. **profane** v [T]
[正式用语] 亵渎 xièdú; 玷污 diàn-
wū. **profanely** adv. **profanity**
/prə'fænətɪ; US prəʊ-/ n [C, U]
[pl **-ies**] 亵渎语言 (或行为) xièdú
yǔyán.

profess /prə'fes/ v [T] [正式用
语] **1** 自称[稱] zìchēng; 声[聲]称
shēngchēng; 伪[偽]称 wěichēng; I

---

don't ~ to be an expert. 我不自
认为是个专家. **2** 公开[開]表示
gōngkāi biǎoshì. **3** 宣称信仰 xuān-
chēng xìnyǎng. **professed** adj **1** 自
称的 zìchēngde; 声称的
shēngchēngde; 伪称的 wěichēngde. **2** 公
开表示的 gōngkāi biǎoshì de; 公开
承认[認]的 gōngkāi chéngrèn de.

profession /prə'feʃn/ n [C] **1** 职
[職]业[業] zhíyè. **2** 表白 biǎobái;
表示 biǎoshì.

professional /prə'feʃənl/ adj **1**
职[職]业[業]的 zhíyède; 职业上的
zhíyè shàng de. **2** 内行的 nèihǎng-
de. **3** 专[專]业的 zhuānyède; 非业
余[餘]的 fēi yèyú de; a ~ actor
专业演员. **professional** n [C] 专
业人员 zhuānyè rényuán. **profes-
sionalism** n [U] 专业技能 zhuān-
yè jìnéng; 职业特性 zhíyè tèxìng.
professionally /-ʃənəlɪ/ adv.

professor /prə'fesə(r)/ n [C] (大
学) 教授 jiàoshòu. **professorial**
/ˌprɒfɪ'sɔːrɪəl/ adj. **professor-
ship** n [C] 教授职[職]位 jiàoshòu
zhíwèi.

proffer /'prɒfə(r)/ v [T] [正式用
语] 提出 tíchū; 提供 tígōng.

proficient /prə'fɪʃnt/ adj 熟练
[練]的 shúliànde; 精通的 jīngtōng-
de. **proficiency** /-nsɪ/ n [U].
proficiently adv.

profile /'prəʊfaɪl/ n [C] **1** (面部)
的侧面[像] cèmiàn. **2** 传[傳]略
zhuànlüè; 人物简介 rénwù jiǎnjiè. **3**
[习语] a **high/low 'profile** 引人
注目 yǐn rén zhùmù; 不引人注目 bù
yǐn rén zhùmù.

profit /'prɒfɪt/ n **1** [C, U] 利润 lì-
rùn; 赢利 yínglì. **2** [U] [正式用语]
利益 lìyì. **profit** v [I] from/by 有
益 yǒuyì; 获[獲]利 huòlì. **profitable**
adj **1** 可获利的 kě huòlì de. **2** [喻]
有益的 yǒuyìde; a ~ discussion
有益的讨论. **profitably** adv.

profound /prə'faʊnd/ adj [正式
用语] **1** 深的 shēnde; 极[極]度的
jùdùde; a ~ effect 极大的效应. **2**
知识[識]渊[淵]博的 zhīshí yuānbó
de; 思想深邃的 sīxiǎng shēnsuì de.
profoundly adv 深深地 shēnshēn-
de.

profuse /prə'fjuːs/ adj [正式用
语]极[極]其丰[豐]富的 jíqí fēngfù
de; 大量的 dàliàngde. **profusely**
adv. **profusion** /-'fjuːʒn/ n
[sing, U] [正式用语] 大量 dà-
liàng; 丰富 fēngfù; a ~ of

flowers growing in — 长着很多的鲜花. *flowers growing in* — 长着很多的鲜花.

program /ˈprəʊgræm; US -grəm/ n [C] 1 [计]程序 chéngxù. 2 [美语] = PROGRAMME. **program** v [-mm-; 美语作-m-] [T] 1 为（为）…编制程序 wèi…biānzhì chéngxù. 2 [美语] = PROGRAMME. **programmer** (美语亦作 **programer**) n [C] [计]程序编制员 chéngxù biānzhìyuán.

programme /ˈprəʊgræm/ n [C] 1 (广播、电视)节目 jiémù. 2 计划(劃)jìhuà; 方案 fāng'àn: *a* — *of modernization* 现代化计划. 3 节目单(單) jiémùdān; (教学)大纲(綱) dàgāng. **programme** v [T] 计划 jìhuà; 安排 ānpái.

progress /ˈprəʊgres; US ˈprɒg-/ n [U] 1 前进(進) qiánjìn; 行进 xíngjìn. 2 改进 gǎijìn; 发(發)展 fāzhǎn. 3 [习语] **in progress** 进行中 jìnxíng zhōng. **progress** /prəˈgres/ v [I] 前进 qiánjìn; 改进 gǎijìn.

progression /prəˈgreʃn/ n 1 [U] 前进(進) qiánjìn; 进展 jìnzhǎn. 2 [C] 连续(續) liánxù; 一系列 yíxìliè.

progressive /prəˈgresɪv/ adj 1 先进(進)的 xiānjìnde; 改革的 gǎigéde; ~ *policies* 改革政策. 2 渐(漸)进的 jiànjìnde; 累进的 lèijìnde. **progressive** n [C] 进步人士 jìnbù rénshì; 改革派人士 gǎigépài rénshì. **progressively** adv.

prohibit /prəˈhɪbɪt; US prəʊ-/ v [T] [正式用语] 1 禁止 jìnzhǐ. 2 阻止 zǔzhǐ.

prohibition /ˌprəʊɪˈbɪʃn; US ˌprəʊə-/ n 1 [U] 禁止 jìnzhǐ; 阻止 zǔzhǐ. 2 [C] 禁令 jìnlìng; 禁律 jìnlǜ.

prohibitive /prəˈhɪbɪtɪv; US prəʊ-/ adj 1 (价格)高得买(買)不起的 gāode mǎibuqǐ de. 2 禁止性的 jìnzhǐxìngde. **prohibitively** adv.

project[1] /ˈprɒdʒekt/ n [C] 计划(劃) jìhuà; 规划 guīhuà; 工程 gōngchéng; 事业(業) shìyè.

project[2] /prəˈdʒekt/ v 1 [T] 设计 shèjì; 规划(劃) guīhuà; 计划 jìhuà. 2 [T] 预计 yùjì; 推断(斷) tuīduàn: ~ *the population growth* 预测人口的增加. 3 [T] (*on to*) 投射(光、影像等) tóushè. 4 [T] 向他人表现(某人、某事或自己)以

产(產)生好的印象 xiàng tārén biǎoxiàn yǐ chǎnshēng hǎode yìnxiàng. 5 [I] 伸出 shēnchū; 突出 tūchū.

projectile /prəˈdʒektaɪl/ n [C] 抛射物 pāoshèwù; 发(發)射物 fāshèwù; 射弹(彈)(如子弹、炮弹) shèdàn.

projection /prəˈdʒekʃn/ n 1 [U] 设计 shèjì; 规划(劃) guīhuà; 投射 tóushè. 2 [C] 凸出物 tūchūwù. 3 [C] 预测 yùcè; 推断(斷) tuīduàn.

projector /prəˈdʒektə(r)/ n [C] (电影)放映机(機) fàngyìngjī; 幻灯 huàndēng.

proletariat /ˌprəʊlɪˈteərɪət/ n (the v) 无[無]产[產]阶[階]级 wúchǎn jiējí; 工人阶级 gōngrén jiējí.

proliferate /prəˈlɪfəreɪt; US prəʊ-/ v [I] (数量)激增 jīzēng. **proliferation** /prəˈlɪfəˈreɪʃn; US prəʊ-/ n [U].

prolific /prəˈlɪfɪk/ adj (作家、艺术家等)多创(創)作的 duō chuàngzuò de.

prologue (美语亦作 -**log**) /ˈprəʊlɒg; US -lɔːg/ n [C] 1 序诗 xùshī; 序幕 xùmù; 引言 yǐnyán. 2 (一系列事件的)开端 kāiduān; 序幕 xùmù.

prolong /prəˈlɒŋ; US -ˈlɔːŋ/ v [T] 延长(長) yáncháng; 延伸 yánshēn.

prolonged adj 持续(續)很久的 chíxù hěnjiǔ de; 长时(時)间的 cháng shíjiān de.

promenade /ˌprɒməˈnɑːd; US -ˈneɪd/ n [C] 散步场(場)所 sànbù chǎngsuǒ.

prominent /ˈprɒmɪnənt/ adj 1 (指人)杰出的 jiéchūde; 重要的 zhòngyàode. 2 显(顯)著的 xiǎnzhùde. 3 突出的 tūchūde; 凸出的 tūchūde. **prominence** n 1 [U] 突出 tūchū; 显著 xiǎnzhù; 卓越 zhuóyuè. 2 [C] [正式用语]突出物 tūchūwù; 突出部分 tūchū bùfen. **prominently** adv.

promiscuous /prəˈmɪskjʊəs/ adj [贬]性关[關]系随便的 xìngguānxì suíbiàn de. **promiscuity** /ˌprɒmɪˈskjuːətɪ/ n [U]. **promiscuously** adv.

promise /ˈprɒmɪs/ n 1 [C] 承诺 chéngnuò; 允诺 yǔnnuò; 诺言 nuòyán. 2 [U] 成功(或成果、成绩)的征(徵)兆 chénggōngde zhēngzhào: *His work shows great* ~. 他的作品大有前途. **promise** v 1 [I, T]

允诺 yǔnnuò; 答应[應] dāying. **2** [T] 使…有可能 shǐ…kěnéng: *It ~s to be a hot day.* 天气可望转热. **promising** *adj* 有希望的 yǒu xīwàng de; 有前途的 yǒu qiántú de.

promontory /ˈprɒməntrɪ; US -tɔːrɪ/ *n* [C] (*pl* **-ies**) 海角 hǎijiǎo; 岬 jiǎ.

promote /prəˈməʊt/ *v* [T] **1** 提升 tíshēng; 晋升 jìnshēng. **2** 促进[進] cùjìn; 鼓励[勵] gǔlì; 支持 zhīchí. **3** 宣传[傳] xuānchuán; 推销 tuīxiāo. **promoter** *n* [C] 创[創]办[辦]人 chuàngbànrén; 赞助人 zànzhùrén.

promotion /prəˈməʊʃn/ *n* [C, U] **1** 提升 tíshēng; 晋升 jìnshēng. **2** (商品等的) 宣传[傳] xuānchuán; 推销 tuīxiāo.

prompt[1] /prɒmpt/ *adj* 迅速的 xùnsùde; 及时[時]的 jíshíde: *a ~ reply* 及时的答复. **promptly** *adv*. **promptness** *n* [U].

prompt[2] /prɒmpt/ *v* [T] **1** 促使 cùshǐ; 激励[勵] jīlì; 推 tuī. **2** (为演员) 提词 tící; 提白 tíbái. **prompt** *n* [C] (给演员的) 提词 tící; 提白 tíbái. **prompter** *n* 提词员 tícíyuán.

prone /prəʊn/ *adj* **1** 有…倾向的 yǒu…qīngxiàng de; 易于…的 yìyú…de: ~ *to infection* 易受感染. ~ *accident* 易出事故. **2** 俯卧的 fǔwòde.

prong /prɒŋ; US prɔːŋ/ *n* [C] (叉等的) 尖齿[齒] jiānchǐ.

pronoun /ˈprəʊnaʊn/ *n* [C] (语法]代词(如 it, hers 等) dàicí.

pronounce /prəˈnaʊns/ *v* [T] **1** 发[發]…的音 fā…de yīn. **2** [正式用语] 宣称[稱] xuānchēng; 宣告 xuāngào. **pronounced** *adj* 明显[顯]的 míngxiǎnde; 显著的 xiǎnzhùde. **pronouncement** *n* [C] 声[聲]明 shēngmíng; 公告 gōnggào.

pronunciation /prəˌnʌnsɪˈeɪʃn/ *n* **1** [U] 发[發]音 fāyīn; 发音法 fāyīnfǎ. **2** [C] 读[讀]法 dúfǎ.

proof[1] /pruːf/ *n* **1** [C, U] 证[證]据[據] zhèngjù; 证物 zhèngwù. **2** [U] 证言 zhèngyán; 证据 zhèngjù. **3** [C, 尤作 pl] 校样[樣] jiàoyàng. **4** [U] (酒的标[標]准[準]) 酒精度 biāozhǔn jiǔjīngdù.

proof[2] /pruːf/ *adj* (用以构成复合词) 抗…的 kàng…de; 防…的 fáng…de; 耐…的 nài…de: ˌbullet-~ *glass* 防弹玻璃. ˈwater-~ 防水.

prop[1] /prɒp/ *n* [C] 支柱 zhīzhù; 支撑物 zhīchēngwù. **2** [喻]支持者 zhīchízhě; 后[後]盾 hòudùn. **prop** *v* [-pp-] [T] 支持 zhīchí; 支撑 zhīchēng.

prop[2] /prɒp/ *n* [C, 常作 pl] (舞台]道具 dàojù.

propaganda /ˌprɒpəˈɡændə/ *n* [U] 宣传[傳] xuānchuán; 传播 chuánbō.

propagate /ˈprɒpəɡeɪt/ *v* **1** [I, T] 繁殖 fánzhí; 增殖 zēngzhí. **2** [T] [正式用语] 传播 chuánbō; ~ *ideas* 传播观点. **propagation** /ˌprɒpəˈɡeɪʃn/ *n* [U].

propel /prəˈpel/ *v* [-ll-] [T] 推进[進] tuījìn; 推动[動] tuīdòng. **propeller** *n* [C] (轮船、飞机上的) 螺旋桨[槳] luóxuánjiǎng; 推进器 tuījìnqì.

propensity /prəˈpensətɪ/ *n* [C] (*pl* **-ies**) (*for/to*) [正式用语]倾向 qīngxiàng; 习[習]性 xíxìng.

proper /ˈprɒpə(r)/ *adj* **1** 正确[確]的 zhèngquède; 适[適]当[當]的 shìdàngde. **2** 可敬的 kějìngde; 体[體]面的 tǐmiànde. **3** 真的 zhēnde; 真实[實]的 zhēnshíde: *We've not had a ~ holiday in years.* 多年来我们没有过真正的假日. **4** 本身的 běnshēnde: *There is a small hall and the concert hall ~*. 音乐厅主体建筑有一间小厅. **properly** *adv* 正确地 zhèngquède. ˈproper name (亦作 ˈproper noun) *n* [语法]专有名词 zhuānyǒu míngcí.

property /ˈprɒpətɪ/ *n* (*pl* **-ies**) **1** [U] 财产[產] cáichǎn; 资产 zīchǎn; 所有物 suǒyǒuwù. **2** [C, U] 房地产 fángdìchǎn. **3** [C, 尤作 pl] 特性 tèxìng; 性质[質] xìngzhì: *the chemical properties of the metal* 金属的化学特性.

prophecy /ˈprɒfəsɪ/ *n* (*pl* **-ies**) **1** [U] 预言能力 yùyán nénglì. **2** [C] 预言 yùyán.

prophesy /ˈprɒfəsaɪ/ *v* (*pt, pp* **-ied**) [I, T] 预言 yùyán; 预告 yùgào.

prophet /ˈprɒfɪt/ *n* [C] **1** 预言家 yùyánjiā; 预言者 yùyánzhě. **2** (宗教)先知 xiānzhī. **prophetic** /prəˈfetɪk/ *adj*.

propitious /prəˈpɪʃəs/ *adj* [正式用语]有利的 yǒulìde; 合适[適]的 héshìde.

proportion /prəˈpɔːʃn/ *n* **1** [C] 部

分 bùfen;份儿〔兒〕fènr. **2** [U] 比例
bǐlì;比 bǐ. **3 proportions** [pl] 大小
dàxiǎo;面积〔積〕miànjī;容量 róng-
liàng;体〔體〕积 tǐjī: *trade of substan-
tial ~s* 大量的贸易. **4** [习语] **in
proportion to sth** 与〔與〕…成比
例 yǔ…chéng bǐlì;比 bǐ. **3 paid in ~
to the work done** 报酬与工作量成比
例. **proportional** *adj* 成比例的
chéngbǐlìde.

proposal /prə'pəʊzl/ *n* [C] **1** 计划
〔劃〕jìhuà;方案 fāng'àn. **2** 求婚 qiú-
hūn.

propose /prə'pəʊz/ *v* **1** [T] 提议
〔議〕tíyì;建议 jiànyì. **2** [T] 打算
dǎsuàn;计划〔劃〕jìhuà. **3** [I, T]
(*to*) 求婚 qiúhūn.

proposition /ˌprɒpə'zɪʃn/ *n* [C] **1**
观〔觀〕点〔點〕guāndiǎn;见解 jiàn-
jiě;主张〔張〕zhǔzhāng. **2** 建议 jiànyì. **3** [非
正式用语] 要处〔處〕理的事务 yào
chǔlǐ de shì. ▷ **proposition** *v* [T] 向
…提出猥亵〔褻〕的要求 xiàng…tí-
chū wěixiè de yāoqiú.

proprietary /prə'praɪətrɪ; *US* -teri/ *adj* 独〔獨〕家制〔製〕造和销
售的 dújiā zhìzào hé xiāoshòu de;专
〔專〕利的 zhuānlìde.

proprietor /prə'praɪətə(r)/ *n* [C]
(*fem* -**tress** /-trɪs/) 所有人 suǒ-
yǒurén;业〔業〕主 yèzhǔ.

propriety /prə'praɪətɪ/ *n* [U] [正
式用语]正当〔當〕(或得体)的行为
〔為〕zhèngdàng de xíngwéi;礼〔禮〕
貌 lǐmào.

propulsion /prə'pʌlʃn/ *n* [U] 推
进〔進〕tuījìn;推进力 tuījìnlì.

pro rata /ˌprəʊ 'rɑːtə/ *adv, adj*
[正式用语] 成比例的(地) chéng bǐlì.

prosaic /prə'zeɪɪk/ *adj* 乏味的 fá-
wèide;单〔單〕调的 dāndiàode.

proscribe /prə'skraɪb; *US* prəʊ-/
v [T] [正式用语] 禁止 jìnzhǐ.

prose /prəʊz/ *n* [U] 散文 sǎnwén.

prosecute /'prɒsɪkjuːt/ *v* [I, T] 对
〔對〕…提起公诉〔訴〕duì…tíqǐ
gōngsù;告发〔發〕gàofā;检〔檢〕举〔舉〕
jiǎnjǔ. **prosecution** /ˌprɒsɪ'kjuːʃn/
n [C, U] 起诉 qǐsù;告发 gàofā;
检举 jiǎnjǔ. **2 the prosecution**
[sing] 〔用 *sing* 或 *pl* 〕原告
yuángào;代表原告的律师 dàibiǎo
yuángào de lǜshī. **prosecutor** *n* [C]
〔尤用于美国〕.

prospect[1] /'prɒspekt/ *n* **1** ~
(*of*) 期望 qīwàng;指望 zhǐwàng. **2**
[C,U] 将〔將〕要发〔發〕生的事
jiāngyào fāshēng de shì;期望中的事

qīwàng zhōng de shì. **3 prospects**
[pl] 成功的机〔機〕会〔會〕chéng-
gōngde jīhuì.

prospect[2] /prə'spekt; *US* 'prɒs-/
v [I] (*for*) 勘探 kāntàn;勘察
kānchá. **prospector** *n* [C].

prospective /prə'spektɪv/ *adj* 预
期的 yùqīde;未来的 wèiláide.

prospectus /prə'spektəs/ *n* [C]
章程 zhāngchéng;简章 jiǎnzhāng;简
介 jiǎnjiè;说明书〔書〕shuōmíngshū.

prosper /'prɒspə(r)/ *v* [I] 兴〔興〕
旺 xīngwàng;繁荣〔榮〕fánróng;成
功 chénggōng. **prosperity** /prɒ-
'sperətɪ/ *n* [U] 成功 chénggōng;
富足 fùzú. **prosperous** /'prɒspə-
rəs/ *adj* 成功的 chénggōngde;繁
荣的 fánróngde.

prostitute /'prɒstɪtjuːt; *US* -tuːt/
n [C] 妓女 jìnǚ;娼妓 chāngjì;男妓
nánjì. **prostitute** *v* [T] 滥〔濫〕用
(才能等) lànyòng;(为图利)糟蹋
(自己) zāotà. **prostitution** /ˌprɒ-
stɪ'tjuːʃn; *US* -'tuːʃn/ *n* [U].

prostrate /'prɒstreɪt/ *adj* 俯卧的
fǔwòde;卧倒的 wòdǎode. **pros-
trate** /prə'streɪt; *US* 'prɒstreɪt/
v ~ **oneself** 使俯卧 shǐ fǔwò;使
拜倒 shǐ bàidǎo.

protagonist /prə'tægənɪst/ *n* [C]
1 [正式用语](戏剧等的)主角 zhǔ-
jué,主人公 zhǔréngōng. **2** (运动等
的)提倡者 tíchàngzhě;拥〔擁〕护
〔護〕者 yōnghùzhě.

protect /prə'tekt/ *v* [T] 保护〔護〕
bǎohù;防护 fánghù. **protection**
/prə'tekʃn/ *n* **1** [U] 保护 bǎohù;
防护 fánghù. **2** [C] 防护物 fánghù-
wù. **protective** *adj* **1** 保护的 bǎo-
hùde;防护的 fánghùde. **2** (*to-
wards*) (对人)关〔關〕切保护的
guānqiè bǎohù de;有保护愿〔願〕望
的 yǒu bǎohù yuànwàng de. **pro-
tector** *n* [C] 保护者 bǎohùzhě;保
护装〔裝〕置 bǎohù zhuāngzhì.

protectorate /prə'tektərət/ *n* [C]
受保护〔護〕国〔國〕(或领地) shòu
bǎohùguó.

protégé /'prɒteʒeɪ; *US* ˌprəʊti'ʒeɪ/
n [C] 被保护〔護〕人 bèi bǎohù
rén.

protein /'prəʊtiːn/ *n* [C,U] 蛋白
质〔質〕dànbáizhì;朊 ruǎn.

protest[1] /'prəʊtest/ *n* [C,U] 抗议
〔議〕kàngyì;抗议书〔書〕kàngyì-
shū;抗议活动 kàngyì huódòng.

protest[2] /prə'test/ *v* **1** [I] 抗议
〔議〕(*about/against/at*) 抗议
kàngyì;反对〔對〕fǎnduì;提出异

[異]议 tíchū yìyì. **2** [T] 申明 shēnmíng;声[聲]言 shēngyán; He ~ed his innocence. 他严正申明自己无罪. **protester** n [C].

Protestant /'prɒtɪstənt/ n [C], adj 新教徒 xīnjiàotú;新教(徒)的 xīnjiàotú de.

protocol /'prəʊtəkɒl; US -kɔ:l/ n [U] 礼[禮]仪(儀)規矩 lǐyí;外交礼节[節] wàijiāo lǐjié.

proton /'prəʊtɒn/ n [C] 质[質]子 zhìzǐ.

prototype /'prəʊtətaɪp/ n [C] 原型 yuánxíng.

protracted /prə'træktɪd; US prəʊ-/ adj 延长(長)的 yáncháng-de;拖延的 tuōyánde.

protractor /prə'træktə(r); US prəʊ-/ n [C] 量角器 liángjiǎoqì;分度规 fēndùguī.

protrude /prə'truːd; US prəʊ-/ v [I, T] (使)伸出 shēnchū;(使)突出 tūchū, **protrusion** /-truːʒn/ n [C, U].

protuberance /prə'tjuːbərəns; US prəʊ'tuː-/ n [C] [正式用语]隆起物 lóngqǐwù;凸出物 tūchūwù.

proud /praʊd/ adj **1** 感到自豪的 gǎndào zìháo de;得意的 déyìde. **2** 有自尊心的 yǒu zìzūnxīn de. **3** 骄[驕]傲的 jiāo'àode;妄自尊大的 wàng zì zūn dà de;自负的 zìfùde. **proudly** adv.

prove /pruːv/ v [pp **~d**; 美语 **~n** /'pruːvn/ /'pruːvn/] **1** [T] 证明 zhèngmíng;证实(實) zhèngshí. **2** 被发(發)现(是)有 fāxiàn;表现出 biǎoxiàn chū; The attempts ~d to be useless. 这些尝试证实是有用的.

proverb /'prɒvɜːb/ n [C] 谚语(如 It takes two to make a quarrel.) yànyǔ;谚 géyán. **proverbial** /prə'vɜːbɪəl/ adj **1** 谚语的 yànyǔde;谚语所表达的 yànyǔ suǒ biǎodá de. **2** 众(衆)所周知的 zhòng suǒ zhōu zhī de.

provide /prə'vaɪd/ v [T] 供给 gōngjǐ;供应(應) gōngyìng;提供 tígōng. **provide for sb** 供应~所需 gōngyìng ~suǒ xū. **provide for sth** (为某事可能发生)预先准[準]备 yùxiān zhǔnbèi.

provided /prə'vaɪdɪd/ (亦作 **providing** /prə'vaɪdɪŋ/) conj (that) 在...条(條)件下 zài...tiáojiàn xià;假如 jiǎrú.

providence /'prɒvɪdəns/ n [U] 天道 tiāndào;天意 tiānyì;天命 tiānmìng;神(神)意 shényì.

providential /ˌprɒvɪ'denʃl/ adj [正式用语]幸运(運)的 xìngyùnde.

province /'prɒvɪns/ n **1** [C] 省 shěng;行政区[區] xíngzhèngqū. **2 the provinces** [pl] 首都以外的地方 shǒudū yǐwài de dìfāng;外省 wàishěng;地方 dìfāng. **3** [sing] [正式用语](知识、责任的)范围[圍] fànwéi. **provincial** adj **1** 省的 shěngde;行政区(区)的 xíngzhèngqū de;首都以外的 shǒudū yǐwài de. **2** 偏狭(狹)的 piānxiáde;守旧(舊)的 shǒujiùde. **provincial** n [C] 外省人 wàishěngrén;外地人 wàidìrén;地方居民 dìfāng jūmín.

provision /prə'vɪʒn/ n **1** [U] 供给 gōngjǐ;供应(應) gōngyìng;提供 tígōng. **2** [U] (for) 准[準]备(備) zhǔnbèi;预备 yùbèi. **3 provisions** [pl] 食品的供应 shípǐn de gōngyìng. **4** [C] (法律文件中的)条(條)款 tiáokuǎn;规定 guīdìng.

provisional /prə'vɪʒənl/ adj 临[臨]时(時)的 línshíde;暂时性的 zànshíxìngde. **provisionally** /-nəlɪ/ adv.

provocation /ˌprɒvə'keɪʃn/ n **1** [U] 激怒 jīnù;挑衅(釁) tiǎoxìn;刺激 cìjī. **2** [C] 挑衅性的事 tiǎoxìnxìngde shì;激怒人的事 jīnù rén de shì.

provocative /prə'vɒkətɪv/ adj **1** 激怒人的 jīnù rén de;挑衅于的 tiǎoxìn-de;刺激的 cìjīde. **2** 引起色欲的 yǐnqǐ sèyù de;挑逗的 tiǎodòude. **provocatively** adv.

provoke /prə'vəʊk/ v [T] **1** 激怒 jīnù;对[對]...挑衅(釁) duì...tiǎoxìn. **2** 激起 jīqǐ;引起(感情等) yǐnqǐ.

prow /praʊ/ n [C] 船首 chuánshǒu.

prowess /'praʊɪs/ n [U] [正式用语] 高超的技艺(藝) gāochāo de jìyì;杰[傑]出的才能 jiéchūde cáinéng.

prowl /praʊl/ v [I, T] (about/around) (为觅食、偷窃等)潜[潛]行 qiánxíng. **prowl** n [习语] **be on the prowl** 徘徊 páihuái;潜行 qiánxíng.

proximity /prɒk'sɪmətɪ/ n [U] [正式用语]邻[鄰]近 línjìn;接近 jiējìn.

proxy /'prɒksɪ/ n [pl **-ies**] **1** [U] 代理权[權] dàilǐquán;代理投票 dàilǐ tóupiào. **2** [C] 代理人 dàilǐrén;代表 dàibiǎo.

prude /pruːd/ n [C] [贬]过[過]分

拘谨的人 gǔjǐn de rén;(对性问题)故作正经(經)的人 gùzuò zhèngjīng de rén. **prudish** adj.

prudent /'pru:dnt/ adj 谨慎的 jǐnshènde; 慎重的 shènzhòngde. **prudence** -dns/ n [U]. **prudently** adv.

prune[1] /pru:n/ n [C] 梅干(乾) méigān; 梅脯 méifǔ.

prune[2] /pru:n/ v [T] 1 修剪(树枝等) xiūjiǎn. 2 [喻]删除 shānchú; 除去 chúqù.

pry /prai/ v (pt, pp **pried** /praid/) [I] (into) 刺探(他人私事) cìtàn; 打听(聽) dǎtīng.

PS /ˌpi: 'es/ abbr (at the end of a letter) postscript.

psalm /sɑːm/ n [C] 圣(聖)诗 shèngshī; 赞(讚)美诗 zànměishī; 圣歌 shènggē.

pseudonym /'sjuːdənɪm; US 'suː-dənɪm/ n [C] 假名 jiǎmíng; 笔(筆)名 bǐmíng.

psyche /'saɪkɪ/ n [C] 心灵(靈) xīnlíng;灵魂 línghún.

psychedelic /ˌsaɪkɪ'delɪk/ adj 1 (药物引起幻觉(覺)的 yǐnqǐ huànjué de. 2 (色彩等)产(產)生迷幻效果的 chǎnshēng míhuàn xiàoguǒ de.

psychiatry /saɪ'kaɪətrɪ; US sɪ-/ n [U] 精神病学(學) jīngshénbìngxué; 精神病治疗(療)法 jīngshénbìng zhìliáo. **psychiatric** /ˌsaɪkɪ'ætrɪk/ adj. **psychiatrist** /saɪ'kaɪətrɪst/ n [C] 精神科医(醫)师 jīngshénkē yīshī; 精神病学家 jīngshénbìngxuéjiā.

psychic /'saɪkɪk/ adj 1 有超自然力的 yǒu chāo zìránlì de. 2 (亦作 **psychical** /-kɪkl/) (a) 灵(靈)魂的 línghúnde;心灵的 xīnlíngde. (b) 超自然的 chāo zìrán de.

psychoanalysis /ˌsaɪkəʊə'næləsɪs/ n [U] 精神分析(治疗法) jīngshén fēnxī; 心理分析(治疗法) xīnlǐ fēnxī. **psychoanalyse** /ˌsaɪkəʊ'æ-nəlaɪz/ v [T] (对(某人)作精神(或心理)分析 gěizuò jīngshén fēnxī; 用精神(或心理)分析治疗 yòng jīngshén fēnxītǎ zhìliáo. **psychoanalyst** /ˌsaɪkəʊ'ænəlɪst/ n [C] 精神分析学(學)家 jīngshénfēnxīxuéjiā; 心理分析学家 xīnlǐfēnxīxuéjiā.

psychology /saɪ'kɒlədʒɪ/ n [U] 心理学(學) xīnlǐxué. **psychological** /ˌsaɪkə'lɒdʒɪkl/ adj. **psychologist** n [C] 心理学家 xīnlǐxuéjiā.

psychopath /'saɪkəʊpæθ/ n [C] 精神变(變)态(態)者 jīngshénbiàn-

tàizhě; 精神病患者 jīngshénbìng huànzhě. **psychopathic** /ˌsaɪkə'pæθɪk/ adj.

pt abbr 1 part. 2 pint. 3 point. 4 port.

PTO /ˌpi: ti: 'əʊ/ abbr (at the bottom of a page, etc) please turn over 见下页 jiàn xiàyè.

pub /pʌb/ n [C] 酒店 jiǔdiàn;酒吧 jiǔbā.

puberty /'pjuːbətɪ/ n [U] 青春期 qīngchūnqī;发(發)育期 fāyùqī.

pubic /'pjuːbɪk/ adj 阴(陰)部的 yīnbùde; 近阴部的 jìn yīnbù de.

public /'pʌblɪk/ n 1 公众(衆)的 gōngzhòngde. 2 公用的 gōngyòngde; 公共的 gōnggòngde; ～ money 公款. a ～ library 公共图书馆. 3 公开(開)的 gōngkāide; 众所周知的 zhòng suǒ zhōu zhī de. 4 [习语] in the public 'eye 众所熟知的 zhòng suǒ shóu zhī de; 公众常见的 gōngzhòng chángjiàn de. **public** n 1 the **public** [sing] [用 sing 或 pl v] (a) 公众 gōngzhòng; 民众 mínzhòng. (b) 一群人 yìqún rén; the reading ～ 读者大众. 2 [习语] in public 公开地 gōngkāide; 公然 gōngrán. **public** 'bar n [C] [英国英语](酒馆里供应便宜饮品的)酒吧 jiǔbā. **public** 'company, **public limited company** n [C] 公开招股公司 gōngkāi zhāogǔ gōngsī. **public con'venience** n [C] [英国英语]公共厕所 gōnggòng cèsuǒ. **public** 'house n [C] [正式用语] = PUB. **publicly** adv. **public re'lations** n 1 [U] 公关(關)工作(或活动) gōngguān gōngzuò. 2 [pl] 公共关系 gōnggòng guānxi. **public school** n [C] (英国)公学(學) (私立付费学校,寄宿制) gōngxué.

publication /ˌpʌblɪ'keɪʃn/ n 1 [U] 出版 chūbǎn;刊印 kānyìn. 2 [C] 出版物 chūbǎnwù.

publicity /pʌb'lɪsətɪ/ n [U] 1 广(廣)告 guǎnggào;宣传(傳) xuānchuán. 2 众所周知 zhòng suǒ zhōu zhī.

publicize /'pʌblɪsaɪz/ v [T] 宣传(傳) xuānchuán;使引人注意 shǐ yǐn rén zhùyì.

publish /'pʌblɪʃ/ v [T] 1 出版(书,期刊等) chūbǎn; 发(發)行 fāxíng. 2 公布 gōngbù;发布 fābù. **publisher** n [C] 出版者 chūbǎnzhě;出版商 chūbǎnshāng;出版公司 chūbǎn gōngsī.

pucker /'pʌkə(r)/ v [I,T] (使)起皱(皱)齐齐zhě;(使)成褶 chéngzhě.

pudding /'pudɪŋ/ n [C,U] 1 甜点[点]心 tiándiǎnxīn;(一道)甜食 tiánshí. 2 布丁(用面粉等烘烤或蒸煮做成的甜食品) bùdīng.

puddle /'pʌdl/ n [C] 水坑 shuǐkēng;小水潭 xiǎo shuǐtán.

puff¹ /pʌf/ n 1 [I,T] 一阵阵地吹(或喷)yīzhènzhènde chuī. 2 [I,T] 一口口地吸烟(或喷烟)yīkǒukǒude xīyān. 3 [I] 喘息 chuǎnxī. **puff** (sth) **out/up** 膨胀(胀)péngzhàng. **puffed** adj [非正式用语]呼吸困难(难)的 hūxī kùnnan de;气[气]喘吁吁的 qìchuǎn xūxū de.

puff² /pʌf/ n [C] 吹 chuī;呼气 hūqì;喷 pēn;(风、烟等等)一阵 yīzhèn. ˌpuff ˈpastry n [U] (做饼、糕用的)油酥面[面]团[团] yóusū miàntuán. **puffy** adj [-ier,-iest] 肿[肿]胀(胀)的 zhǒngzhàng de.

puffin /'pʌfɪn/ n [C] 海鹦(产于北大西洋的海鸟,喙大而色艳)hǎiyīng;角嘴海雀 jiǎozuǐhǎiquè.

pull¹ /pul/ v 1 [I,T] 拉 lā;拖 tuō;牵[牵] qiān. ~ the cart up the hill 把大车拉上小山. ~ the plug out 拔掉塞子. 2 [T,I] 用力移动(动)yònglì yídòng;拔出 báchū;抽出 chōuchū. ~ (out) a tooth 拔牙. 3 [T] 拉伤[伤] lāshāng;扭伤扭伤(伤)~ a muscle 扭伤肌肉. 4 [习语] **pull faces/a face** ⇨ FACE. **pull a ˈfast one (on sb)** [非正式用语]欺骗 qīpiàn;欺诈 qīzhà. **pull one's finger out** ⇨ FINGER. **pull sb's leg** ⇨ LEG. **pull sth off** [非正式用语]开[开]...的玩笑 kāi...de wánxiào. **pull one's socks up** [非正式用语]努力改进 nǔlì gǎijìn. **pull sth to ˈpieces** 苛刻地批评 kēkède pīpíng. **pull one's weight** 尽[尽]应(应)尽之力 jìn yīng jìn zhī lì. 5 [短语动词] **pull away** (车辆)开始开动 kāishǐ kāidòng. **pull sth down** 拆毁(如旧建筑物)chāihuǐ;拆除 chāichú. **pull in (a)** (火车)进站 jìnzhàn,到站 dàozhàn. (b)(车辆)停下 tíngxià. **pull sth off** [非正式用语]成功 chénggōng;做成某事 zuòchéng mǒushì. **pull out** (车辆)驶出 shǐchū;打斜 dǎxié. **pull (sb/sth) out (of sth)** (使某人或某事)从[从]...中退出 cóng...zhōng tuìchū;~ out of a race 中途退赛. **pull over** (车辆)靠边[边](停下)kàobiān. **pull (sb) through** (使某人)恢复[复]健康 huīfù jiànkāng.

pull together 同心协[协]力 tóngxīn xiélì. **pull oneself together** 控制自己(感情)kòngzhì zìjǐ. **pull up** (车辆)停下 tíngxià. **pull sb up** [非正式用语]责备(备)zébèi;训斥.

pull² /pul/ n 1 [C] 拉 lā;拖 tuō;牵[牵] qiān. 2 [sing] 力[力];引力 yǐnlì;the ~ of the river current 河水激流的冲力. 3 [U,非正式用语]影响[响](力)yǐngxiǎng. 4 [sing] 持续(续)的努力 chíxù de nǔlì;a hard ~ to the top of the hill 为爬到山顶所作的艰苦努力.

pullet /'pulɪt/ n [C] 小母鸡[鸡]xiǎo mǔjī.

pulley /'pulɪ/ n [C] 滑轮[轮] huálún;滑车 huáchē.

pullover /'puləuvə(r)/ n [C] (毛衣等)套头(头)衫 tàotóushān.

pulp /pʌlp/ n 1 果肉 guǒròu. 2 纸浆[浆] zhǐjiāng. **pulp** v [T] 使成浆状[状] shǐ chéng jiāngzhuàng.

pulpit /'pulpɪt/ n [C] (教堂的)讲[讲]坛[坛] jiǎngtán;布道坛 bùdàotán.

pulsate /pʌl'seɪt/ US /'pʌlseɪt/ v [I] 有规律地跳动(动)yǒu guīlǜ de tiàodòng;搏动 bódòng;颤动 chàndòng. **pulsation** /-'seɪʃn/ n [C,U].

pulse /pʌls/ n 1 [C,常作 sing] 脉搏 màibó. 2 [sing] (音乐的)节拍 jiépāi. **pulse** v [I] 有规律地跳动 yǒu guīlǜ de tiàodòng;搏动 bódòng.

pulverize /'pʌlvəraɪz/ v [T] 1 把...研磨成粉 bǎ...yánmó chéng fěn;粉碎 fěnsuì. 2 摧毁 cuīhuǐ;毁灭[灭] huǐmiè.

puma /'pjuːmə/ n [C] 美洲狮[狮] měizhōu shī.

pump /pʌmp/ n [C] 泵 bèng;抽水(或气)机[机] chōushuǐjī;唧筒 jītǒng. **pump** v 1 [T] 用泵抽出(或压入)(气体、液体等等)yòng bèng chōuchū;The heart ~s blood around the body. 心脏把血液压送至全身. 2 [I] 似唧筒般运[运]作jì jītǒng bān yùnzuò;跳动 tiàodòng;搏动 bódòng. 3 [T] [非正式用语]盘[盘]诘 pánjié;追问 zhuīwèn.

pumpkin /'pʌmpkɪn/ n [C,U] 南瓜 nánguā;倭瓜 wōguā.

pun /pʌn/ n 双关[关]语(如 'The soldier laid down his arms.')shuāngguānyǔ. **pun** v [-nn-] 用双关语 yòng shuāngguānyǔ.

punch¹ /pʌntʃ/ v [T] 用拳猛击(撃) yòng quán měngjī. **punch** n 1 [C] 一拳 yìquán;一击 yìjī. 2 [U] 非正式用语, 喻〕力量 lìliàng;活力 huólì. 'punch-up n [C] 打架斗(鬥)殴(毆) dǎjià; dǒu'ōu.

punch² /pʌntʃ/ n [C] 打孔器 dǎkǒngqì;穿孔机(機) chuānkǒngjī;冲(衝)床 chōngchuáng. **punch** v [T] (用打孔器)在…上打孔 zài…shang dǎkǒng;(用冲)冲, chōng.

punch³ /pʌntʃ/ n [U] 潘趣, 果汁, 糖、香料与搀和的)混合饮料 hùnhé yǐnliào.

punctual /'pʌŋktʃuəl/ adj 准(準)时(時)的 zhǔnshíde;即时的 jíshíde;守时的 shǒushíde. **punctuality** /ˌpʌŋktʃu'ælətɪ/ n [U]. **punctually** adv.

punctuate /'pʌŋktʃueɪt/ v 1 [I,T] 加标(標)点(點)于 jiā biāodiǎn. 2 [T] (with / by) (常用被动语态)不时打断(斷) bùshí dǎduàn. **punctuation** /ˌpʌŋktʃu'eɪʃn/ n [U] 标点法 biāodiǎnfǎ.

puncture /'pʌŋktʃə(r)/ n [C] 小孔 xiǎo kǒng;(车胎等的)穿孔 chuānkǒng. **puncture** v [I,T] (轮胎)被刺穿 bèi cìchuān;穿孔 chuānkǒng.

pungent /'pʌndʒənt/ adj (气味、味道)有刺激性的 yǒu cìjīxìng de;刺鼻的 cìbíde;辣的 làde.

punish /'pʌnɪʃ/ v [T] 1 处(處)罚(罰) chǔfá;惩(懲)罚 chéngfá. 2 (非正式用语)粗暴地对(對)待 cūbàode duìdài. **punishing** adj 使人筋疲力尽(盡)的 shǐ rén jīn pí lì jìn de;吃力的 chīlìde. **punishment** n 1 [U] 处罚 chǔfá;惩罚 chéngfá. 2 [C] 受罚 shòufá;刑罚 xíngfá.

punitive /'pju:nɪtɪv/ adj (正式用语)处(處)罚(罰)的 chǔfáde;刑罚的 xíngfáde;严(嚴)厉(厲)的 yánlìde.

punk /pʌŋk/ n 1 [U] (亦作 punk 'rock) 朋客(一种摇滚乐, 自 20 世纪 70 年代末期起盛行) 2 [C] (亦作 punk 'rocker) 朋客摇滚(滾)乐(樂)迷者 péngkè yáogǔnyuèmí.

punnet /'pʌnɪt/ n [C] 水果篮(籃)子 shuǐguǒ lánzi.

punt /pʌnt/ n [C] (用篙撑的)方头(頭)平底船 fāngtóu píngdǐchuán. **punt** v [I] 用篙撑方头平底船 yòng gāo chēng fāngtóu píngdǐchuán.

punter /'pʌntə(r)/ n [C] (英国非正式用语) 1 (对赛马)下赌注的人 xià dǔzhù de rén. 2 顾(顧)客 gùkè.

puny /'pju:nɪ/ adj [-ier, -iest] 弱小的 ruòxiǎode;微弱的 wēiruòde.

pup /pʌp/ n [C] = PUPPY. 2 幼小动(動)物 (如小海狗) yòuxiǎo dòngwù.

pupil¹ /'pju:pl/ n [C] 学(學)生 xuéshēng;小学生 xiǎoxuéshēng.

pupil² /'pju:pl/ n [C] 瞳孔 tóngkǒng.

puppet /'pʌpɪt/ n [C] 1 木偶 mù'ǒu. 2 傀儡 kuǐlěi.

puppy /'pʌpɪ/ n [C] [pl -ies] 小狗 xiǎo gǒu;幼犬 yòuquǎn.

purchase /'pɜːtʃəs/ v [T] (正式用语)购(購)买(買)gòumǎi. **purchase** n 1 [U] 购买 gòumǎi. 2 [C] 购买之物 gòumǎi zhī wù. **purchaser** n [C] 买主 mǎizhǔ.

pure /pjʊə(r)/ adj [~r, ~st] 纯粹的 chúncuìde;不搀(攙)杂(雜)质(質)的 bù chānzá de. 2 无(無)有害物质(質)的 wú yǒuhài wùzhì de;洁(潔)净(淨)的 jiéjìngde. 3 无罪的 wúzuìde;无错的 wúcuòde. 4 (声音)清晰的 qīngxīde. 5 完全的 wánquánde;十足的 shízúde: They met by ~ chance. 他们相遇纯属巧合. 6 纯理论(論)的 chún lǐlùn de;非实(實)用的 fēi shíyòng de: ~ science 理论科学 lǐlùn kēxué. **purely** adv 完全地 wánquánde;仅(僅)仅 jǐnjǐn.

purée /'pjʊəreɪ; US pjʊə'reɪ/ n [U,C] 蔬菜、水果等制成的)泥 ní;酱(醬) jiàng.

purgatory /'pɜːgətrɪ; US -tɔːrɪ/ n [U] [天主教教义中的)炼(煉)狱(獄) liànyù. 2 [喻]暂时(時)受苦的地方 zànshí shòukǔ de dìfang;一时的受难 yīshíde shòunàn.

purge /pɜːdʒ/ v 1 (of / from) 清洗(党员) qīngxǐ;清除(异己) qīngchú: ~ a party of extremists;~ extremists from the party 把极端主义者清除出党. 2 (off / from) 使洁(潔)净(淨) shǐ jiéjìng. **purge** n [C] 清洗 qīngxǐ;清除 qīngchú.

purify /'pjʊərɪfaɪ/ v [pt, pp -ied] 净(淨)化 jìnghuà;使纯净 shǐ chúnjìng. **purification** /ˌpjʊərɪfɪ'keɪʃn/ n [U].

purist /'pjʊərɪst/ n [C] (语言、艺术方面的)纯粹主义(義)者 chúncuì zhǔyì zhě.

puritan /'pjʊərɪtn/ n [C] 1 (常作复)道德上极(極)拘谨的(人) dàodé shàng jí jǔjǐn de;禁欲(慾)的

(人) jiānyùtú. **2 Puritan** 清教徒(的) qīngjiàotú. **puritanical** /ˌpjʊərɪˈtænɪkl/ *adj* (常作贬).

purity /ˈpjʊərətɪ/ *n* [U] 纯净(淨) chúnjìng; 纯正 chúnzhèng; 纯洁(潔) chúnjié.

purl /pɜːl/ *n* [U] (编织中的)反针 fǎnzhēn, **purl** *v* [I, T] 用反针编织(織) fǎnzhēn biànzhī.

purple /ˈpɜːpl/ *adj* 紫色的 zǐsède.

purpose /ˈpɜːpəs/ *n* **1** [C] 目的 mùdì; 意图[圖] yìtú. **2** [U] 决心 juéxīn; 意志 yìzhì. **3** [习语] **on purpose** 故意地 gùyìde, 有意地 yǒuyìde. **purposeful** *adj* 坚[堅]定的 jiāndìngde; 果断[斷]的 guǒduànde.

purr /pɜː(r)/ *v* [I] (猫)发(發)呼噜声[聲] hūlūshēng, **purr** *n* 呼噜声 hūlūshēng.

purse¹ /pɜːs/ *n* [C] **1** 钱[錢]包 qiánbāo; 小钱袋 xiǎo qiándài. **2** (募集或捐赠的)一笔[筆]款 yìbǐkuǎn; 一笔奖[奖]金 yìbǐ jiǎngjīn. **3** [美语] 女用手提包 nǚyòng shǒutíbāo.

purse² /pɜːs/ *v* [T] 噘起(嘴唇) juēqǐ.

purser /ˈpɜːsə(r)/ *n* [C] (轮船上的)事务[務]长[長] shìwùzhǎng.

pursue /pəˈsjuː; US -ˈsuː/ *v* [T] [正式用语] **1** 追赶[趕] zhuīgǎn; 追捕 zhuībǔ. **2** 进[進]行 jìnxíng; 继(繼)续(續) jìxù: ~ one's studies 深造. **pursuer** *n* [C].

pursuit /pəˈsjuːt; US -ˈsuːt/ *n* [正式用语] **1** [U] 追赶[趕] zhuīgǎn; 追求 zhuīqiú; 从[從]事 cóngshì. **2** [C, 常作 pl] 职[職]业(業)zhíyè; 爱[愛]好 àihào.

purvey /pəˈveɪ/ *v* [T] [正式用语] 供应[應](食品等) gōngyìng; 提供 tígōng. **purveyor** *n* [C].

pus /pʌs/ *n* [U] 脓[膿] nóng.

push¹ /pʊʃ/ *v* **1** [I, T] 推动[動] tuīdòng; 推进[進] tuījìn: ~ a bike up the hill 把自行车推上山. ~ the plug in 塞入塞子. **2** [T] [非正式用语] 逼迫 bīpò; 做某事 zuò mǒushì; 催促 cuīcù. **3** [I, T] (for) 对(對)…施加压[壓]力以获[獲]得某物 duì…shījiā yālì yǐ huòdé mǒuwù: ~ sb for payment 催逼某人付款. **4** [T] [非正式用语] 贩卖(賣)(毒品)fànmài. **5** [习语] **be pushed for sth** [非正式用语] 缺少时(時)间 quēshǎo shíjiān: ~ed for time 缺少时间. **6** [短语动词] **push sb around** [非正式用语](擺)布某

人 bǎibù mǒurén, **push off** [非正式用语]走开[開]走[赱]zǒukāi, **'push-bike** *n* [C] [非正式用语]自行车 zìxíngchē; 脚踏车 jiǎotàchē, **'push-button** *adj* 用按钮操纵(縱)的 yòng ànniǔ cāozòng de, **'push-chair** *n* [C] (折叠式)幼儿(兒)车 yòu'ér-chē, **pusher** *n* [C] [非正式用语] 毒品贩子 dúpǐn fànzi.

push² /pʊʃ/ *n* [C, 常作 sing] **1** 推tuī; 搡 sǎng. **2** 奋(奮)力 fènlì; 猛攻 měnggōng. **3** [习语] **give sb/get the push** [非正式用语]解雇(僱)某人 jiěgù mǒurén; 被解雇 bèi jiěgù.

pussy /ˈpʊsɪ/ *n* [C] [*pl* **-ies**] (亦作 **'pussy-cat**) (儿语)猫咪 māomī.

put /pʊt/ *v* [*pt*, *pp* ~, *pres part* **~ting**] **1** 放 fàng; 搁 gē; 置 zhì: *She* ~ *the book on the table.* 她把书放在桌子上. [喻] *They* ~ *the blame on me.* 他们责备我. **2** 书(書)写[寫] shūxiě; 标(標)上 biāoshàng: ~ *his name on the form* 把他的名字写在表格上. **3** 使处(處)于特定状(狀)态(態) shǐ chǔyú tèdìng zhuàngtài: ~ *sth right* 改正某事. **4** (**a**) (*to*) 提交 tíjiāo; 提出 tíchū: *a proposal to a client* 向当事人提出建议. (**b**) 表达(達)biǎodá: ~ *sth politely* 有礼貌地表达某事. **5** [习语] **put one's cards on the table** ⇨ CARD. **put the clock back** ⇨ CLOCK. **put one's oar in** ⇨ OAR. **put sth right** ⇨ RIGHT¹. **put sb/sth to 'rights** ⇨ RIGHT³. **6** [短语动词] **put sth a'bout** 散布(傳)播 chuánbò; 散布(谣言等)sànbù. **put sth a'bout** 沟(溝)通 gōutōng; 传达 chuándá. **put sth a'side** (**a**) (暂时)丢开 diūkāi; 放下 fàngxià; ~ *aside a book* 放下一本书. (**b**) 储存(钱)chǔcún. (**c**) 置之不理 zhìzhī bùlǐ; 忽视(視)hūshì: ~ *one's disagreements aside* 抛开彼此的不同意见 pāokāi bǐcǐ de bùtóng yìjiàn. **put sth at sth** 估计 gūjì: ~ *the possible cost at* £ 500. 我估计可能值 500 英镑. **put sth a'way** 把…收起 bā…shōuqǐ; 放好 fànghǎo: ~ *the cup away in the cupboard* 把杯子收进橱柜里. **put sth 'back** (**a**) 把…放回原处 bā…fànghuí yuánchù: ~ *the book back on the shelf* 把书放回到书架上. (**b**) 倒拨(撥)(钟表

的)指针 dǎobiāo…zhǐzhēn. (c) 延误
yánwù;拖延 tuōyán: ~ *the meet-
ing back by one hour* 会议延误一
小时. **put sth 'by** 储存 chǔcún;备(備)用
chǔcún…bèiyòng. **put sb down** (a)
(公共汽车)让(讓)乘客(乘客)下车 ràng
…xiàchē. (b) [非正式用语] 贬低
biǎndī;奚落 xīluò. **put sth down**
(a) 放在…上 fàngzài…shàng
shàng. (b) 将(飛机)降落 jiàng
…jiàngluò;着陆(陸) zhuólù. (c) 取
缔 qǔdì;镇压(壓) zhènyā: ~ *a*
down a rebellion 镇压叛乱. (d)
写下 xiěxià;记下 jìxià. (e) 杀(殺)
死 shāsǐ;宰杀 zǎishā. **put sth**
down to sth 认(認)为(爲)某事系(係)由
另一事引起 rènwéi mǒushì xì yóu
lìngyīshì yǐnqǐ: I ~ *his failure*
down to laziness. 我把他的失败
归因于他的懒惰. **put sth forward**
(a) 提出 tíchū;建议(議) jiànyì: ~
forward a new idea 提出一种新的
构想(有积极意义的)指针 bō
kuài…de zhǐzhēn. **put sth in** (a)
实(實)行 shíxíng;做 zuò: ~ *in an*
hour's work 做一小时的工作. (b)
安装(裝) ānzhuāng;设置 shèzhì: ~
a new barn in for a new window
(sb/sth) in for sth 参(參)加竞
(競)赛 cānjiā jìngsài;申请(工作
等)shēnqǐng: ~ *a painting in*
for the competition 把一幅画送
去参赛 (會)见 tuīchí tuīchí(同某
人的)会(會)晤 huìwù. **put sb**
off (sth/sb) (a) 打搅(攪)某人
dǎjiǎo mǒurén: Don't ~ *me off*
when I'm trying to concentrate.
我正要集中注意力时,别打搅我.
(b) 使对(對)…失去兴(興)趣 shǐ duì
…shīqù xìngqù;使反感 shǐ fǎngǎn.
put sth off (a) 关(關)掉 guān
diào: ~ *the television off* 关掉电
视机. (b) 推迟 tuīchí. **put sth 'on**
(a) 穿上 chuānshàng: ~ *a coat*
on 穿上外套. (b) 涂(塗)(化妆品
等)tú. (c) 操纵 cāozòng: ~ *on the*
television 开电视机. (d) ~ *on extra*
trains 开加班火车. (e) 上演
shàngyǎn;演出 yǎnchū: ~ *on a*
play 安排一剧的演出. (f) 长胖
zhǎngpàng;增加体(體)重 zēngjiā
tǐzhòng: ~ *on a stone* (*in*
weight) (体重)增加一咭(石)(重
量). **put sb out** (a) 使不安 shǐ
bù'ān;恼怒(惱)怒 shǐ nǎonù. (b)
使不方便 shǐ bù fāngbiàn: I hope

my visit won't ~ *you out*. 我希
望我的拜访不会使你感到不便. **put**
sth out (a) 熄灭(滅) xīmiè;关掉
guāndiào: ~ *out the lights* 关灯.
(b) 发(發)布 fābù;广(廣)播
guǎngbō: ~ *out a warning* 发出
警告. **put sth over** = PUT STH
ACROSS. **put sb through** ~ 接通
电(電)话 wèi…jiētōng diànhuà. **put**
sth up (a) 进(進)摊(攤) jìntān. (b)
进行 jìnxíng: ~ *up a fight* 进行战斗. **put**
sb up 提供食宿 tígōng shísù. **put sth**
up (a) 举(舉)起 jǔqǐ;抬(擡)起
táiqǐ: ~ *one's hand up* 举起手
(b) 建造 jiànzào;搭起 dāqǐ: ~
a tent up 支起帐篷. (c) 增加
zēngjiā: ~ *up the rent* 提高租金.
(d) 提供(资金) tígōng. **put 'up**
(at…) 下榻(于…) xiàtà: ~ *up*
at a hotel 下榻于一家旅馆. **put**
sb up to sth 唆使…做坏(壞)事
suōshǐ…zuò huàishì. **put sb up with**
sb/sth 容忍 róngrěn;忍受 rěnshòu: ~
up with bad behaviour 容忍
不良行为. **'put-down** *n* 贬低的话
biǎndī de huà.

putrefy /'pjuːtrɪfaɪ/ *v* [*pt, pp*
-ied] [习] 腐烂(爛) fǔlàn;腐败 fǔ
bài. **putrefaction** /ˌpjuːtrɪ'fækʃn/
n [U].

putrid /'pjuːtrɪd/ *adj* 腐烂(爛)
fǔlàn de;腐败的 fǔbàide;发(發)臭
的 fāchòude.

putt /pʌt/ *v* [I, T] (高尔夫球)轻
[輕]击(擊)(球) qīngjī.

putty /'pʌtɪ/ *n* [U] 油灰 yóuhuī;腻
子 nìzi.

puzzle /'pʌzl/ *n* [C] **1** 难(難)题
nántí, 2 测验(驗)(智力、技巧等)的
问题 cèyàn…de wèntí;智力玩具
zhìlì wánjù: *a 'crossword* ~ 纵横
字谜. **puzzle** *v* **1** [T] 使迷惑 shǐ
míhuò;使为(爲)难(難)shǐ wéinán: I'm
~*d by his not replying to my*
letter. 他不给我回信使我困惑不
解. **2** [I] 冥思苦索 míngsīkǔsuǒ. **3** [短语动
词] **puzzle sth out** 苦思而解决 kǔ
sī ér jiějué.

PVC /ˌpiː viː 'siː/ *n* [U] 聚氯乙烯
(一种塑料) jùlǜyǐxī.

pygmy (亦作 **pigmy**) /'pɪgmɪ/ *n*
[C] [*pl* **-ies**] **1** Pigmy (非洲等地
的身体矮小的)俾格米人 Bǐgémǐ-
rén. **2** 侏儒 zhūrú;矮人 ǎirén;矮小
的动(動)物 ǎixiǎo de dòngwù.

pyjamas /pə'dʒɑːməz/ *US* -'dʒæm-
/ *n* [pl] 睡衣裤 shuìyīkù.

pylon /'paɪlən/ *US* -lɒn/ *n* [C] 电

[電]缆[纜]塔 diànlǎntǎ.

pyramid /'pɪrəmɪd/ n [C] **1** (古代埃及的) 金字塔 jīnzìtǎ. **2** 金字塔形之物 jīnzìtǎxíng zhī wù.

pyre /'paɪə(r)/ n [C] 大堆可燃的木料 dàduī kěrán de mùliào; (火葬用的) 柴堆 cháiduī.

python /'paɪθn; *US* -θɒn/ n [C] 蟒蛇 mǎngshé; 巨蛇 jùshé.

Q q

Q, q /kjuː/ n [C] [*pl* Q's, q's /kjuːz/] 英语的第十七个 (個) 字母 Yīngyǔ de dìshíqīgè zìmǔ.

quack[1] /kwæk/ n [I], n [C] (鸭子) 嘎嘎地叫 gāgā de jiào; (鸭子叫的) 嘎嘎声 (聲) gāgāshēng.

quack[2] /kwæk/ n [C] [非正式用语] 庸医 [醫] yōngyī; 江湖医生 jiānghú yīshēng.

quad /kwɒd/ n [C] [非正式用语] **1** short for QUADRANGLE. **2** short for QUADRUPLET.

quadrangle /'kwɒdræŋgl/ n [C] **1** 四边 (邊) 形 sìbiānxíng. **2** (有建筑物围着的) 方院 fāngyuàn.

quadruped /'kwɒdruped/ n [C] 四足动物 (動) sìzú dòngwù.

quadruple /'kwɒdrʊpl; *US* kwɒ'druːpl/ *adj* 由四部分组成的 yóu sìbùfèn zǔchéng de. **quadruple** n [C] 四倍 sìbèi, **quadruple** v [I,T] 使成四倍 shǐ chéng sìbèi; 以四乘 (某数) yǐ sì chéng.

quadruplet /'kwɒdrʊplət/ n [C] kwɒ'druːp-/ n [C] 四胞胎中的一个 (個) 孩子 sìbāotāi zhōng de yīgè háizi.

quagmire /'kwæɡmaɪə(r)/, 亦读 kwɒɡ-/ n [C] 沼泽 (澤) zhǎozé; 泥潭 nítán.

quail[1] /kweɪl/ n [C] 鹑 chún; 鹌鹑 ānchún.

quail[2] /kweɪl/ v [I] [正式用语] 害怕 hàipà; 胆 (膽) 怯 dǎnqiè; 提醒 wèisuō.

quaint /kweɪnt/ *adj* 古雅的 gǔyǎ- 奇特物 qítè de. **quaintly** *adv*.

quake /kweɪk/ v [I] 震动 (動) zhèndòng; 飘动 chàndòng.

qualification /ˌkwɒlɪfɪ'keɪʃn/ n [C] 资格证 (證) zīgé zhì. **2** [U,

C] 先决条 (條) 件 xiānjué tiáojiàn; 接受报价. **3** [U] 取得资格 qǔdé zīgé.

qualify /'kwɒlɪfaɪ/ v [*pt, pp* -ied] **1** [I,T] (使) 具有资格 jùyǒu zīgé; (使) 合格 héxé; (使) 合适 [適] héshì; *She'll ─ as a doctor next year.* 她明年具备当医生的资格. **2** [T] 使不一般化 shǐ bù yībānhuà; 使不极 (極) 端 shǐ bù jíduān. **qualified** *adj* 有资格的 yǒu zīgé de; 合格的 héɡé de. **2** 有限制的 yǒu xiànzhì de; 有保留的 yǒu bǎoliú de; *qualified approval* 有限制的同意.

qualitative /'kwɒlɪtətɪv; *US* -teɪt-/ *adj* 性质 [質] 的 xìngzhì de; 质量的 zhìliàng de.

quality /'kwɒlətɪ/ n [*pl* -ies] **1** [U,C] 品质 [質] pǐnzhì. **2** [C] 特质 tèzhì; 特性 tèxìng; *Kindness is not one of her qualities.* 仁慈不是她的特点.

qualm /kwɑːm/ n [C] 怀 [懷] 疑 huáiyí; 疑虑 [慮] yílǜ.

quandary /'kwɒndərɪ/ n [C] [*pl* -ies] 窘境 jiǒngjìng; 困惑 kùnhuò.

quantitative /'kwɒntɪtətɪv; *US* -teɪt-/ *adj* 量的 liàng de; 数 [數] 量的 shùliàng de.

quantity /'kwɒntətɪ/ n [C,U] [*pl* -ies] 数 [數] 目 shùmù; (尤指巨大的) 数量 shùliàng.

quantum /'kwɒntəm/ n [C] 量子 liàngzǐ. **'quantum leap** n [C] 激增 jīzēng; 跃 [躍] 进 [進] yuèjìn. **'quantum theory** n [U] 量子理论 [論] liàngzǐ lǐlùn.

quarantine /'kwɒrəntiːn; *US* kwɔːr-/ n [U] (防止传染病的) 隔离 [離] gélí. **quarantine** v [T] 将 (将) ─ 隔离 jiāng ─ gélí.

quarrel /'kwɒrəl; *US* kwɔːrəl/ n [C] **1** 争吵 zhēngchǎo; 吵架 chǎojià; 口角 kǒujiǎo. **2** 抱怨的缘由 bàoyuàn de yuányóu; 失和的原因 shīhé de yuányīn. **quarrel** v [-ll-; 美语 -l-] [I] **1** 争吵 zhēngchǎo; 吵架 chǎojià; 口角 kǒujiǎo. **2** *with* 挑剔 tiāotī; 不同意 bù tóngyì. **quarrelsome** /-səm/ *adj* 爱 [愛] 争吵的 ài zhēngchǎo de.

quarry[1] /'kwɒrɪ; *US* kwɔːrɪ/ n [C] 采 [採] 石场 [場] cǎishíchǎng. **quarry** v [*pt, pp* -ied] [T] 从 [從] 采石场采得 cóng cǎishíchǎng cǎidé.

quarry[2] /'kwɒrɪ; *US* kwɔːrɪ/

[C, 常作 sing] [pl -ies] 猎[猎]物
(鸟、兽) lièwù.

quart /kwɔːt/ n [C] 夸脱(液量单位,等于 2 品脱,或英制约 1.14 升) kuātuō.

quarter /'kwɔːtə(r)/ n 1 [C] 四分之一 sìfēn zhī yī. 2 [C] 一刻钟[钟]钟(或 15 分钟) yíkèzhōng; a ~ to four; (US) a ~ of four 差一刻四点. a ~ past six; (US) a ~ after six 六点一刻. 3 [C] 季(度) jì(dù); 三个[个]月 sāngèyuè. 4 [C] (城镇的某[区]区) qū; 地区 dìqū; the business ~ 商业区. 5 [C] (提供帮助、消息等的)人士或团[团]体[体] rénshì huò tuántǐ. 6 **quarters** [pl] 驻[驻]地 zhùdì; 住处(处) zhùchù; married ~s 已婚者的住所. **quarter** v [T] 1 将[将]…四等分 jiāng…sìděngfēn, 2 供给…住宿 gōngjǐ…zhùsù. **,quarter 'final** n [C] 四分之一决赛 sìfēnzhīyī juésài. **'quarter-master** n [C] 军需官 jūnxūguān.

quarterly /'kwɔːtəli/ adj, adv 每度(的地) jǐdù(de); 按季度(的)的 ànjìdù. **quarterly** n [C] [pl -ies] 季刊 jìkān.

quartet /kwɔː'tet/ n [C] 四重唱(曲) sìchóngchàng; 四重奏(曲) sìchóngzòu.

quartz /kwɔːts/ n [U] 石英 shíyīng.

quash /kwɒʃ/ v [T] 1 废[废]止[止]; 撤销 chèxiāo; 宣布无[无]效 xuānbù wúxiào; ~ a revolt / an appeal 驳回叛乱或上诉.

quaver /'kweivə(r)/ v 1 (1) (声音)颤抖 chàndǒu. 2 [I] 用颤声[声]说 yòng chànshēng shuō; 用颤声说 yòng chànshēng shuō. **quaver** n [C, 常作 sing] 颤音 chànyīn.

quay /kiː/ n [C] 码头[头] mǎtóu.

queasy /'kwiːzi/ adj **-ier, -iest** (想)呕[呕]吐的的 ǒutù de; (感到)恶[恶]心的 ěxīnde.

queen /kwiːn/ n [C] 1 女王 nǚwáng. 2 王后 wánghòu. 3 (地位、相貌等)出众(类)的女人 chūzhòng de nǚrén; 出类[类]拔萃的女子 chū lèi bá cuì de nǚzǐ. 4 (国际象棋中的)后 hòu. 5 (纸牌中的)王后 wánghòu. 6 (蜜蜂、蚂蚁等的)后 hòu. **queen 'mother** n [C] 太后 tàihòu.

queer /kwiə(r)/ adj 1 奇怪的 qíguàide; 不平常的 bù píngcháng de. 2 [俚](指)同性恋的 tóngxìngliànde. 3 [旧]、非正式用语)不舒服的 bù shūfú de. **queer** n [C] [俚,

贬]男同性恋者 nán tóngxìngliànzhě.

quell /kwel/ v [T] 镇压[压] zhènyā; 平息 píngxī.

quench /kwentʃ/ v [T] 1 解(渴) jiě. 2 扑[扑]灭(灭) pūmiè; 熄灭 xīmiè.

query /'kwiəri/ n [C] [pl -ies] 问题 wèntí, **query** v [pt, pp -ied] [T] 1 对[对]…表示怀[怀]疑 duì…biǎoshì huáiyí. 2 问 wèn; 询问 xúnwèn.

quest /kwest/ n [C] [正式用语] 寻[寻]求(寻)求 xúnqiú; 寻找 xúnzhǎo.

question[1] /'kwestʃən/ n 1 [C] 问题 wèntí. 2 [C, U] 待讨论[论]的问题 xū tǎolùn de wèntí; 疑问 yíwèn; His honesty is beyond ~. 他的诚实是无可怀疑的. 4 [习语] **in 'question** 讨论中的 tǎolùn zhōng de. **out of the 'question** 不可能的 bù kěnéng de. **'question mark** n [C] 问号[号] wènhào.

question[2] /'kwestʃən/ v [T] 1 问(某人)问题 wèn wèntí; 询问 xúnwèn. 2 怀[怀]疑 huáiyí. **questionable** adj 成问题的 chéng wèntí de; 可疑的 kěyíde.

questionnaire /ˌkwestʃə'neə(r)/ n [C] 问题单 wèntídān; 调查表 diàochábiǎo.

queue /kjuː/ n [C] (人或车辆等的)行列 hángliè, 长[长]队[队] chángduì. **queue** v [I] 排队 páiduì 或等候 páiduì děnghòu.

quibble /'kwɪbl/ v [I] (为小事)争论[论] zhēnglùn. **quibble** n [C] 吹毛求疵 chuī máo qiú cī.

quiche /kiːʃ/ n [C] 蛋奶火腿蛋糕 dànnǎi huǒtuǐ dàngāo.

quick /kwik/ adj 1 快的 kuàide; 迅速的 xùnsùde. 2 急躁的 jízàode; 性情急躁的 jízàode; a ~ temper 性情急躁. 3 聪[聪]明的 cōngmíngde; 有才智的 yǒu cáizhì de; He's ~ at (learning) languages. 他敏于学习语言. 4 [习语] **be quick off the mark** ⇨ MARK[1]. **quick on the uptake** ⇨ UPTAKE. **quick** adv 快地 kuàide; 迅速地 xùnsùde. **quick** n [sing] (指甲下的)嫩肉 nènròu. **quickly** adv. **quickness** n [U]. **quick-'witted** adj 聪明的 cōngmíngde; 机[机]智的 jīzhìde.

quicken /'kwɪkən/ v [I, T] 加快 jiākuài; 变[变]快 biànkuài.

quicksand /'kwɪksænd/ n [U, C] 流沙 liúshā.

quid /kwɪd/ n [pl quid] [英国非正式用语] 镑 bàng.

quiet /'kwaɪət/ adj 1 轻[輕]声[聲]的 qīngshēngde; 安静的 ānjìngde. 2 不激动[動]的 bù jīdòng de; 不烦恼[惱]的 bù fánnǎo de; a ~ life 安宁的生活. 3 温和的 wēnhéde; 文静的 wénjìngde. 4 (颜色)不鲜艳[艷]的 bù xiānyàn de; 暗淡的 àndànde. **quiet** n 1 [习语] on the quiet 秘密地 mìmìde. **quieten** /-tn/ v [I, T] (使)安静 ānjìng; 安静(或平静)下来 ānjìng xiàlái. **quietly** adv. **quietness** n.

quill /kwɪl/ n 1 (a) 大羽毛 dà yǔmáo. (b) 羽毛笔[筆] yǔmáobǐ. 2 (豪猪的)刺 cì.

quilt /kwɪlt/ n [C] 被子 bèizi; 被褥 bèirù. **quilted** adj 中间[間]夹[夾]有软物的 zhōngjiān diàn yǒu ruǎnwù de.

quin /kwɪn/ (美语 quint /kwɪnt/) n [C] [非正式用语] short for QUINTUPLET.

quinine /kwɪ'niːn/; US 'kwaimain/ n [U] 奎宁[寧] kuíníng; 金鸡[雞]纳霜 jīnjīnàshuāng.

quintet /kwɪn'tet/ n [C] 五重唱(曲) wǔchóngchàng; 五重奏(曲) wǔchóngzòu.

quintuplet /'kwɪntjuplət; US kwɪn'tuplɪt/ n [C] 五胞胎中的一个[個]孩子 wǔbāotāi zhōng de yíge háizi.

quip /kwɪp/ n [C] 妙语 miàoyǔ; 讽[諷]刺语 fěngcìyǔ. **quip** v [-pp-] [I] 讥[譏]讽 jīfěng; 说妙语 shuō miàoyǔ.

quirk /kwɜːk/ n [C] 1 古怪举[舉]动[動] gǔguài jǔdòng; 怪癖 guàipǐ. 2 突发[發]事件 tūfā shìjiàn; 偶然的事 ǒurán de shì.

quit /kwɪt/ v [-tt-; pt, pp quit, 或英国英语 -ted] 1 [T] [非正式用语]停止(做) tíngzhǐ. 2 [I, T] 离[離]开[開] líkāi; 辞[辭]去 cíqù.

quite /kwaɪt/ adv 1 达[達]到某种[種]程度 dádào mǒuzhòng chéngdù; 相当[當] xiāngdāng; ~ hot 相当热. 2 完全地 wánquánde; 全部 quánbù; She played ~ brilliantly! 她演奏得实在很优美! 3 (用作表示同意)Q~ (so). (如此). 4 [习语] quite a/an 异[異]常的 yìchángde; There's a story about how they met. 关于

他们怎样相识有个非同寻常的故事.

quiver[1] /'kwɪvə(r)/ n [I, T] 颤动 chàndòng; 抖动 dǒudòng. **quiver** n [C] 颤抖的动作 chàndǒude dòngzuò.

quiver[2] /'kwɪvə(r)/ n [C] 箭袋 (或箭囊) jiàndài; 箭筒 jiàntǒng.

quiz /kwɪz/ n [pl ~zes] 智力竞[競]赛 zhìlì jìngsài; 答问比赛 dáwèn bǐsài. **quiz** v [-zz-] [T] 问…问题 wèn…wèntí; 对[對]…测验[驗] duì…cèyàn.

quizzical /'kwɪzɪkl/ adj 戏[戲]弄的 xìnòngde; 取笑的 qǔxiàode; 揶揄的 yéyúde. **quizzically** /-klɪ/ adv.

quoit /kɔɪt; US kwɔɪt/ n [C] (掷环套圈游戏的)铁环[環](或绳圈等) tiěhuán. 2 quoits [用 sing v] 掷[擲]环套圈(椿)游戏[戲] zhìhuán tàoquān yóuxì.

quota /'kwəʊtə/ n [C] 配额 pèi'é; 限额 xiàn'é.

quotation /kwəʊ'teɪʃn/ n [C] 1 引文 yǐnwén; 引语 yǐnyǔ. 2 [U] 引用 yǐnyòng; 引证[證] yǐnzhèng. 3 估价[價] gūjià; 报[報]价 bàojià. **quo'tation marks** n [pl] 引号 yǐnhào.

quote /kwəʊt/ v 1 [I, T] 引用 yǐnyòng; 引述 yǐnshù. 2 [T] 引证[證] yǐnzhèng. 3 [T] 报[報]…的价 bào…de jià; 开[開](价) kāi. **quote** n [非正式用语] 1 [C] short for QUOTATION 1. short for QUOTATION 3. 2 **quotes** [pl] short for QUOTATION MARKS (QUOTATION).

quotient /'kwəʊʃnt/ n [C] [数学]商 shāng.

R r

R, r /ɑː(r)/ n [C] [pl R's, r's /ɑːz/] 英语的第十八个[個]字母 Yīngyǔ de dìshíbāge zìmǔ.

rabbi /'ræbaɪ/ n [C] 拉比 (犹太教教士，犹太教学学习[習]) lābǐ.

rabbit /'ræbɪt/ n [C] 兔 tù. **rabbit** v [I] on [非正式用语]无[無]针对[對]性地 [长[長]谈 wú zhēnduìxìngde chángtán.

rabble /'ræbl/ n [C] 乌[鸟]合之
众[荣]: wū hé zhī zhòng. '**rabble-
rousing** adj 煽动[动]性的 shān-
dòngxìngde.

rabid /'ræbɪd/ adj 1 患狂犬病的
huàn kuángquǎnbìng de. 2 [喻]极
[醒]端的 jíduānde: 疯[疯]狂的
fēngkuángde: a ~ Conservative
偏激的英国保守党党员.

rabies /'reɪbiz/ n [U] 狂犬病
kuángquǎnbìng.

race¹ /reɪs/ n [C] 1 (速度的)比赛
bǐsài, 竞 (竞) 赛 jìngsài. 2 比赛 bǐ-
sài; 竞争 jìngzhēng: the arms ~
军备竞 赛. race v [I, T]
(against) (与…) 参赛加速度竞赛 cān-
jiā sùdù jìngsài. 2 (使) 疾走 jízǒu;
(使)迅跑 xùnpǎo. 3 参加赛马
jiā sàimǎ. '**racecourse** n [C] 赛马
场[场] sàimǎchǎng;赛马跑道 sài-
mǎ pǎodào. '**racehorse** n [C] 赛马
用的马 sàimǎ yòng de mǎ. '**race-
track** n [C] 跑道 pǎodào; (美
语)赛马场 sàimǎchǎng;(赛马)跑道
pǎodào.

race² /reɪs/ n 1 [C, U] 人种[种]
rénzhǒng;种族 zhǒngzú. 2 [C] (动
植物的)属[属]shǔ;族[族]zú;种
zhǒng;族 zú: the human ~ 人类.
3 [C] 民族 mínzú. '**race relations**
n [pl] 种族关[关]系 zhǒngzú
guānxì.

racial /'reɪʃl/ adj 种[种]族的
zhǒngzúde; 人 种 的 rénzhǒngde.
racialism (亦作 **racism** /'reɪsɪ-
zəm/) n [U] 种族偏见 zhǒngzú
piānjiàn;种族主义[义] zhǒngzú
zhǔyì. **racialist** (亦 作 **racist**
/'reɪsɪst/) adj, n [C]. **racially**
adv.

rack¹ /ræk/ n [C] 1 架子 jiàzi;挂
(挂)物架 guàwùjià;搁物架 gēwù-
jià. 2 (火车、客机等坐位上方的)行
李架 xínglǐjià.

rack² /ræk/ v [T] (疾病等)使痛
苦 shǐ tòngkǔ. (习语)
rack one's 'brains 绞尽[尽]脑
[脑]汁 jiǎo jìn nǎozhī;苦苦思索 kǔ-
kǔ sīsuǒ.

rack³ /ræk/ n (习语) **go to 'rack
and 'ruin** 毁灭[灭] huǐmiè;破落
[落]pòhuài.

racket¹ (亦作 **racquet** /'rækɪt/)
n [C] 1 (网球、羽毛球等的)球拍
qiúpāi. 2 **rackets** (亦作 **racquets**
[用 sing v]) 网[网]球 (在四周有围墙的墙
玩的)网[网]球戏[戏]
wǎngpāishì qiángqiúxì. 墙 网球戏

qiángwǎngqiúxì.

racket² /'rækɪt/ n [非正式用语]
1 [sing] 吵闹[闹] chāonào; 喧嚷
xuānrǎng. 2 [C] 敲诈 qiāozhà; 勒索
lèsuǒ. **racketeer** /ˌrækə'tɪə(r)/
n [C] 敲诈勒索者 qiāozhà lèsuǒ zhě.

racy /'reɪsɪ/ adj [-ier, -iest] 生动
[动]的 shēngdòngde, 有趣的 yǒu-
qùde;不雅(有点下流)的 bùyǎde.
racily adv. **raciness** n [U].

radar /'reɪdɑː(r)/ n [U] 雷达[达]
léidá.

radiant /'reɪdɪənt/ adj 1 光辉灿
[灿]烂[烂]的 guānghuī cànlàn de;
光芒四射的 guāngmáng sì shè de. 2
(人)容光焕发[发]的 róngguāng
huànfā de; 喜气[气]洋洋的 xǐqì
yángyáng de: ~ beauty 喜笑颜开
的美人. **radiance** /-əns/ n [U].
radiantly adv.

radiate /'reɪdɪeɪt/ v [I, T] 1 发
[发]出(光或热)fāchū. 2 [喻]流露
liúlù; 显[显]示 xiǎnshì: She ~s
confidence. 她显示出信心.

radiation /ˌreɪdɪ'eɪʃn/ n [U] 1 发
[发]光 fāguāng; 散热[热] sànrè;
辐射 fúshè. 2 放射线 fàngshèxiàn;
放射现象 fàngshè xiànxiàng.

radiator /'reɪdɪeɪtə(r)/ n [C] 1
暖气[气]装[装]置 nuǎnqì zhuāng-
zhì; 散热[热]器 sànrèqì. 2 (汽车等
发动机的)冷却器 lěngquèqì.

radical /'rædɪkl/ adj 1 根本的
gēnběnde; 基本的 jīběnde. 2 完全的
wánquánde;彻[彻]底的 chèdǐde. 3
赞成彻底政治改革的 zànchéng
chèdǐ zhèngzhì gǎigé de; 激进[进]
的 jījìnde. **radical** n [C] 激进分子
jījìn fēnzǐ. **radically** /-klɪ/ adv.

radii pl of RADIUS.

radio /'reɪdɪəʊ/ n [pl ~s] 1 无线电
(a) 无[无]线(线)电(电)传[传]送
wúxiàndiàn chuánsòng. (b) 无线电
广[广]播 wúxiàndiàn guǎngbō. 2
[C] 收音机[机] shōuyīnjī. **radio** n
[I, T] 用无线电发[发]讯号 yòng
wúxiàndiàn fāsòng xùnrì;发报[报]
fābào.

radioactive /ˌreɪdɪəʊ'æktɪv/ adj
放射性的 fàngshèxìngde;放射性引
起的 fàngshèxìng yǐnqǐ de. **radio-
activity** /-æk'tɪvətɪ/ n [U].

radiography /ˌreɪdɪ'ɒgrəfɪ/ n [U]
射线(线)照相 shèxiàn zhào-
xiàng. **radiographer** /-fə(r)/ n
[C] 射线摄[摄]影师[师] shèxiàn
shèyǐngshī.

radiology /ˌreɪdɪ'ɒlədʒɪ/ n [U] 放

射学〔學〕fàngshèxué. **radiologist** n [C].

radish /'rædɪʃ/ n [C] (放在色拉中生吃的)小萝〔蘿〕卜〔蔔〕xiǎoluóbo.

radium /'reɪdɪəm/ n [U] 镭 léi.

radius /'reɪdɪəs/ n [C] [pl radii /-dɪaɪ/] **1** 半径〔徑〕bànjìng. **2** 半径范〔範〕围〔圍〕bànjìng fànwéi: within a two-mile ~ of the factory 在工厂周围两英里以内.

raffia /'ræfɪə/ n [U] 酒椰叶〔葉〕纤〔纖〕维 jiǔyēyè xiānwéi.

raffle /'ræfl/ n [C] 对〔對〕奖〔獎〕售物 duìjiǎng shòuwù; 抽彩 chōucǎi. **raffle** v [T] 用对奖(獎)法出售 yòng duìjiǎng bànfǎ chūshòu; 以抽彩中奖给(物) yǐ chōucǎi zhòngjiǎng gěi.

raft /rɑːft; US ræft/ n [C] 木排 mùpái; 筏子 fázi.

rafter /'rɑːftə(r); US 'ræf-/ n [C] 椽 chuán.

rag[1] /ræg/ n [C] **1** 破布 pòbù; 碎布 suìbù. **2** rags [pl] 破旧〔舊〕衣服 pòjiù yīfu. **3** [C] [非正式用语, 贬] 报〔報〕纸 bàozhǐ.

rag[2] /ræg/ n [C] (学生为慈善募捐举行的)娱〔娛〕乐〔樂〕活动〔動〕yúlè huódòng. **rag** v [-gg-] [T] [非正式用语]戏〔戲〕弄 xìnòng; 拿…取乐 ná…qǔlè.

rage /reɪdʒ/ n **1** [U,C] (一阵)狂怒 kuángnù; 盛怒 shèngnù. **2** [习语] (be) all the 'rage [非正式用语]风〔風〕靡一时〔時〕的时〔時〕物 fēngmí yìshí de shìwù; 时尚 shíshàng. **rage** v [I] **1** 大怒 dànù; 发〔發〕怒 fānù. **2** (风暴)狂吹 kuángchuī.

ragged /'rægɪd/ adj **1** (a) (衣服)破旧〔舊〕的 pòjiùde; 褴〔襤〕褛〔褸〕的 lánlǚde. (b) 衣衫褴褛的 yīshān lánlǚ de. **2** (外形)参差不齐〔齊〕的 cēncī bùqí de. **raggedly** adv.

ragtime /'rægtaɪm/ n [U] 雷格泰姆(20世纪初20年代流行的爵士音乐)léigétàimǔ.

raid /reɪd/ n [C] **1** 突击〔擊〕tūjī; 突袭〔襲〕tūxí. **2** (警察等)突然搜捕(或搜查)tūrán sōubǔ. **raid** v [T] (突然)袭击 xíjī; 突然搜捕 tūrán sōubǔ. **raider** n [C].

rail[1] /reɪl/ n **1** [C] 横条〔條〕héngtiáo; 横档〔檔〕héngdàng; 扶手 fúshǒu. **2** [C] (挂东西用的)横杆 hénggān: a towel ~ 挂毛巾的横杆 fúshǒu. **3** [C, 尤作 pl] 铁〔鐵〕轨 tiěguǐ; 钢〔鋼〕轨 gāngguǐ. **4** [U] 铁路(交通, 运输)tiělù: travel by ~ 乘火车旅行. **rail** v [短语动词] rail sth in/off 用栏〔欄〕杆围住 yòng lángān wéizhù; 用栏杆隔开〔開〕yòng lángān gékāi; **railing** [C, 尤作 pl] 栏杆 lángān; 栅栏 zhàlán.

railroad n [C] [美语]铁路 tiělù.

railway n [C] **1** 铁路 tiělù; 铁道 tiědào. **2** 铁路系统(或部门)tiělù xìtǒng.

rain /reɪn/ n **1** [U] 雨 yǔ; 雨水 yǔshuǐ. **rain** v **1** [I] (it 做主语)下雨 xiàyǔ; 降雨 jiàngyǔ: It ~ed all day. 下了一整天雨. **2** [习语]

rain (**sth**) **down** 大量流下(或落下)dàliàng liúxià. **rain sth off** [常作被动语态]因雨而受阻(步)或取消(活动)yīn yǔ zhōngzhǐ. **rainbow** /'reɪn-bəʊ/ n [C] 彩虹 cǎihóng. **'raincoat** n [C] 雨衣 yǔyī. **'rainfall** n [U] 降雨量 jiàngyǔliàng. **'rainforest** n [C] 雨林(热带多雨地区的密林)yǔlín.

rainy /'reɪnɪ/ adj [-ier, -iest] **1** 下雨的 xiàyǔde; 多雨的 duōyǔde. **2** [习语] for a rainy 'day 未雨绸缪 wèi yǔ chóumóu; 存钱(錢)以备〔備〕不时(時)之需 cúnqián yǐbèi bù shí zhī xū.

raise /reɪz/ v [T] **1** 举〔舉〕起 jǔqǐ; 使升高 shǐ shēnggāo. **2** (a) 增加(数量、容量等)zēngjiā: ~ sb's hopes 唤起某人的希望. (b) 提高(声音)tígāo: ~ one's voice 提高嗓门. **3** 使产〔產〕生 shǐ chǎnshēng; 使出现 shǐ chūxiàn: ~ doubts 引起怀疑 **4** 提出(尽人皆知的事)tí-rén jiē zhī. **5** 使引起注意 shǐ yǐnqǐ zhùyì; 提出…讨论(論)提出来 tíchūlái: ~ a new point 提出新论点. **6** 召集 zhàojí; 集结 jíjié: ~ an army/money 募集军队;筹款. **7** (a) 种〔種〕植(作物)zhòngzhí; 饲养〔養〕(家畜)sìyǎng. (b) 养育 yǎngyù. **8** [习语] raise 'hell/the 'roof [非正式用语]大怒 dànù. **raise** n [C] [美语]工资、薪金的增加 zēngljiā.

raisin /'reɪzn/ n [C] 葡萄干〔乾〕pútáogān.

rake /reɪk/ n [C] (长柄的)耙子 pázi. **rake** v **1** [I,T] 用耙子耙 pá. **2** (用耙子)耙集 páijí; 耙平 pápíng. **3** [短语动词] rake sth in [非正式用语]大量敛(斂)钱(錢)dà-liàn: She's really raking it in! 她真赚了不少钱. **rake sth up** 重提

(不愉快的往事) chóngtí; 揭(疮疤)痕
jiē. 'rake-off n [C] [非正式用语]
(通常以不正当手段得到的)利润的
分成 lìrùn fēnchéng; 回扣 huíkòu;
佣金 yòngjīn.

rally /'ræli/ n [C] [pl -ies] 1 群
众[聚]集会[会](或大会) qúnzhòng
jíhuì. 2 公路赛车赛(或公路汽车赛)
gōnglù sàichē. 3 (网球等得分前的)
对[对]打 duìdǎ. rally v [pt, pp
-ied] [I, T] 1 重新集结[结]
zhēnxīn zhěnjié. 2 (使)恢复[复](健康等)
huīfù. 3 [短语动词] rally round 前
去帮[帮]助某人(或某事) qiánqù
bāngzhù mǒurén.

ram /ræm/ n [C] 1 (未阉割的)公
羊 gōngyáng. 2 = BATTERING-RAM
(BATTER¹). ram [-mm-] v [T] 1
猛压[压] měngyā; 猛撞 měng-
zhuàng. 2 猛推 měngtuī. 'ram raid
n [C] 开[开]车[车]撞入商店抢
[抢]劫 kāichē zhuàngrù shāngdiàn
qiǎngjié. 'ram-raider n [C] 开车撞
入商店抢劫者 kāichē zhuàngrù
shāngdiàn qiǎngjiézhě.

ramble /'ræmbl/ n [C] 漫步 mànbù. ramble v [I] 1 漫步 mànbù; 闲
逛 xiánguàng. 2 [喻]漫谈 màntán;
漫笔[笔] mànbǐ. 3 (植物)蔓生
mànshēng. rambler n [C]. 1 ram-
bling adj 1 (尤指建筑物)布局零乱
[乱]的 bùjú língluàn de. 2 (讲话、
文章)散漫芜[芜]杂[杂]的 sǎnmàn
wúzá de.

ramification /ˌræmɪfɪ'keɪʃn/ n
[C, 常作 pl] [正式用语] 衍生结
果 yǎnshēng jiéguǒ: the ~s of the
new system 新体系的种种复杂后
果. 2 分支(或分枝) fēnzhī.

ramp /ræmp/ n [C] 斜坡 xiépō; 斜
道 xiédào; 斜面 xiémiàn.

rampage /ræm'peɪdʒ/ v [I] 横冲
[冲]直撞 héng chōng zhí zhuàng.
rampage n [习语] be/go on the
'rampage 狂暴的行为[为] kuáng-
bàode xíngwéi.

rampant /'ræmpənt/ adj (疾病、
罪恶)猖獗的 chāngjuéde; 不能控制
的 bùnéng kòngzhì de.

rampart /'ræmpɑːt/ n [C] (城堡
周围堤形)防御[御]土墙[墙]的
fángyù tǔqiáng.

ramshackle /'ræmʃækl/ adj (房
屋或车辆)摇摇欲坠[坠]的 yáoyáo
yùzhuì de; 破烂[烂]不堪的 pòlàn
bùkān de.

ran pt of RUN¹.

ranch /ræntʃ/ n [C]; US ræntʃ/ n [C]
(美国)大牧场[场] dà mùchǎng; 大

牧牛场 dà mùniúchǎng. rancher n
[C] 大牧场主(或经理) dà mù-
chǎngzhǔ.

rancid /'rænsɪd/ adj (含脂肪食
物)腐臭的 fǔchòude; 变[变]哈
[哈]味的 biànhāwèide.

rancour (美语 -cor) /'ræŋkə(r)/
n [U] [正式用语]积[积]怨 jī-
yuàn; 深仇 shēnchóu. rancorous
/-kərəs/ adj.

R & D abbr 研究与发[发]展 yánfā;
研究与[与]发展 yánjiū yǔ fāzhǎn.

random /'rændəm/ adj 随[随]意
的 suíyìde; 胡乱[乱]的 húluànde; 任
意的 rènyìde. random n [习语] at
'random 随便 suíbiàn; 任意 rènyì.
randomly adv.

randy /'rændɪ/ adj [-ier, -iest]
[非正式用语, 尤用于英国英语]性
欲[欲]冲[冲]动[动]的 xìngyù
chōngdòng de; 好色的 hàosède.

rang pt of RING¹.

range¹ /reɪndʒ/ n [C] 1 排[排]: 行
háng; 列 liè; 脉 mài. 2 [C] 成套(或
成系列的)东[东]西 chéngtàode dōng-
xi; 种[种]类[类] zhǒnglèi: sell a
wide ~ of books 出售种类很多
的书籍. 3 [C] (变化的)限度 xiàn-
dù. 4 [C] 1 视力或听[听]力所达
[达]到的距离[离] shìlì huò tīnglì
suǒ dádào de jùlí. (b) [U, sing]
(枪炮、导弹的)射程 shèchéng: shot
him at close ~ 在近距离向他射
击. 5 [C] 射击[击]场[场] shèjī-
chǎng; 靶场 bǎchǎng.

range² /reɪndʒ/ v 1 [I] 在…之间
变[变]动 zài…zhī jiān biàndòng:
Prices ~ from £70 to £100.
售价从 70 英镑到 100 英镑不等. 2
[I] (over) [喻]包括 bāokuò; 涉及
shèjí: a talk ranging over many
subjects 涉及许多题目的谈话. 3
[T] [正式用语]使排成行 shǐ pái-
chéng háng.

ranger /'reɪndʒə(r)/ n [C] (担任
巡逻的)护[护]林员 hùlínyuán.

rank¹ /ræŋk/ n 1 [C, U] 军阶[阶]
jūnjiē; 军衔 jūnxián. 2 [C, U] 社会
[会]地位 shèhuì dìwèi. 3 [C] 排
[排]列 páiliè: a 'taxi ~ 一
列出租汽车. 4 the ranks [pl] 士
兵 shìbīng. rank n v [I, T] 使属于
[于]某等级 shǐ shǔyú mǒu děngjí:
~ among the world's best
居于世界最优秀之列. the 'rank
and 'file [sing] [用 sing 或 pl
v] (某组织的)普通成员 pǔtōng
chéngyuán.

rank² /ræŋk/ adj 1 (植物)茂密的 màomìde; 生长过(過)盛的 shēngzhǎng guòshèng de. 2 腐味的 fǔwèide; 恶臭的 èchòude. 3 完全的 wánquánde; 不折不扣的 bùzhé bùkòu de.

rankle /'ræŋkl/ v [I] 引起怨恨 yǐnqǐ yuànhèn; 痛苦不已 tòngkǔ bùyǐ.

ransack /'rænsæk/ US ræn'sæk/ v [T] 彻(徹)底搜索 chèdǐ sōusuǒ; 仔细搜查 zǐxì sōuchá.

ransom /'rænsəm/ n [C] 赎(贖)金 shújīn, ransom v [T] 赎出 shúchū; 赎回 shúhuí; 付赎金后(後)释(釋)放(某人) dé shújīn hòu shìfàng.

rant /rænt/ v 大叫大嚷 dàjiào dàrǎng; 大声(聲)地说 dàshēng de shuō.

rap /ræp/ n [C] 1 敲击(擊)(声) qiāojī; 叩击(声) kòujī. 2 [习语] take the rap for sth [非正式用语](代人受过而)受罚 shòufá. rap v [-pp-] [I, T] (轻而快地)敲击 qiāojī; 急敲 jíqiāo.

rape /reɪp/ v [T] 强奸 qiángjiān. rape n [C, U] 1 强奸 qiángjiān. 2 [喻]破坏(壞) pòhuài; 损环 sǔnhuài, rapist n [C].

rapid /'ræpɪd/ adj 快的 kuàide; 迅速的 xùnsùde. rapidity /rə'pɪdətɪ/ n [U]. rapidly adv. rapids n [pl] 急流 jíliú; 湍流 tuānliú.

rapport /ræ'pɔ:(r)/ US -'pɔ:rt/ n [U, sing] 融洽关(關)系(係) róngqià guānxì; 和谐 héxié.

rapt /ræpt/ adj 着迷的 zháomíde; 全神贯注的 quán shén guàn zhù de.

rapture /'ræptʃə(r)/ n 1 [U] [正式用语]狂喜 kuángxǐ; 极(極)度高兴(興)jí gāoxìng. 2 [习语] go into raptures about/over sth 狂喜 kuángxǐ; 欢(歡)喜若狂 huānxǐ ruò kuáng. rapturous adj: ~ applause 欢喜若狂的喝彩.

rare¹ /reə(r)/ adj [~r, ~st] 稀有的 xīyǒude; 罕见的 hǎnjiànde. rarely adv 不常 bùcháng; 难(難)得 nándé. rareness n [U].

rare² /reə(r)/ adj (肉)半熟的 bànshúde; 煮得嫩的 zhǔ de nènde.

rarefied /'reərɪfaɪd/ adj 1 (空气)稀薄的 xībóde, 氧气的 quēyǎngde. 2 [喻]高尚的 gāoshàngde; 精选(選)的 jīngxuǎnde.

raring /'reərɪŋ/ adj to 渴望的 kěwàngde.

rarity /'reərətɪ/ n [pl -ies] 1 [U] 稀有 xīyǒu; 罕见 hǎnjiàn. 2 [C]珍品 zhēnpǐn;稀有的东西 xīyǒude dōngxi.

rascal /'rɑ:skl/ US ræskl/ n [C] 1 小淘气(氣) xiǎo táoqì. 2 不诚实(實)的人 bù chéngshí de rén; 流氓 liúmáng; 无(無)赖 wúlài.

rash¹ /ræʃ/ adj 鲁莽的 lǔmǎngde; 轻(輕)率的 qīngshuàide. rashly adv. rashness n [U].

rash² /ræʃ/ n 1 [sing] 疹子 zhěnzi. 2 [sing] [喻]爆发(發)一连串的事 bàofā yíliánchuànde shì; a ~ of strikes 一连串罢工.

rasher /'ræʃə(r)/ n [C] 熏(燻)肉(或腌腿)片 xūnròupiàn.

rasp /rɑ:sp/ US ræsp/ n 1 [sing] 刺耳的锉磨声(聲) cì'ěrde cuòmóshēng. 2 [C] 粗锉刀 cūcuòdāo; 木锉 mùcuò. rasp v [I, T] 用刺耳声说出 yòng cì'ěrshēng shuōchū; 粗哑(啞)地说 cūshēng cūyā de shuō. rasping adj.

raspberry /'rɑ:zbrɪ/ US 'ræzberɪ/ n [C] [pl -ies] 1 [植物]悬(懸)钩子 xuángōuzi; 覆盆子 fùpénzi. 2 [非正式用语](表示憎恶、嘲笑、不赞成的)咂舌声(聲) zāshéshēng.

rat /ræt/ n [C] 1 大鼠 dàshǔ. 2 [非正式用语]不忠的人 bùzhōngde rén; 变(變)节(節)的人 biànjiéde rén; 小人 xiǎorén. 3 [习语] the 'rat race 激烈的竞(競)争 jìliède jìngzhēng. rat v [-tt-] [I] (on) [非正式用语]泄露秘密 xièlòu mìmì; 背叛 bèipàn.

ratty /'rætɪ/ adj [-ier, -iest] [英国非正式用语]暴躁的 bàozàode.

rate¹ /reɪt/ n [C] 1 比率 bǐlǜ, 率 lǜ; a ~ of 3 miles per hour 每小时 3 英里. the 'birth ~ 出生率. 2 价(價)格或质(質)量的量度 jiàgé huò zhìliàng de liángdù; postage ~s 邮资. a first-~ 'job 一等的工作. 3 赋(賦)税率 fùshuìlǜ. rates n [pl] (旧时,英国)不动(動)产(產)税 búdòngchǎnshuì. 5 [习语] at 'any rate 无(無)论(論)如何 wúlùn rúhé. at 'this/'that rate 照这(這)(或那)种(種)情况 zhèzhǒng qíngxíng; 如果这样(樣)(或那样)的话 rúguǒ zhèyàngde huà. 'ratepayer n [C] (旧时,英国)纳不动产(产)的纳税人 nàshuìrén.

rate² /reɪt/ v [I, T] 评价(價) píngjià; 认(認)为(為)rènwéi; He is generally ~d as one of the best players. 他被普遍地认为是最好的运动员之一. 2 把...看成是 bǎ...kànchéng shì; ~ sb as a friend 把

某人看作朋友。**3** [非正式用语,尤用于美国]值得之谊。

rather /'rɑːðə(r)/; US /'ræ-/ adv **1** 在一定程度上 zài yídìng chéngdù shàng: They were ~ surprised. 他们有点吃惊。**2** [习语] or rather 更确(確)切地说 gèng quèqiède shuō; last night, or ~ early this morning 昨天夜里,说得更确切一点,是今天凌晨。would rather . . . (than) 宁(寧)可 nìngkě; 宁愿(願) nìngyuàn; I'd ~ walk than go by bus. 我宁愿走路,不愿坐公共汽车去。

ratify /'rætɪfaɪ/ v [pt, pp -ied] [T] 正式批准 zhèngshì pīzhǔn; (经签署)认(認)可 rènkě. **ratification** /ˌrætɪfɪ'keɪʃn/ n [U].

rating /'reɪtɪŋ/ n **1** [C,U] 等级 děngjí; 品级 pǐnjí. **2** [pl] (广播、电视的)收看(听)率 shōukànlǜ. **3** [尤用于英国英语](海军)士兵 shìbīng.

ratio /'reɪʃɪəʊ/ n [C] [pl ~s] 比率 bǐlǜ; 比率 bǐlǜ: The ~ of men to women was 3 to 1. 男人和女人的比率是三比一。

ration /'ræʃn/ n [C] (食物)定量 dìngliàng, **2** rations [pl] (日需)口粮 kǒuliáng, 给养 gěiyǎng. ~ v [T] **1** 对[對]···实(實)行配给出···shíxíng pèijǐ. **2** 定量供应(應) dìngliàng gōngyìng.

rational /'ræʃnəl/ adj **1** 有推理能力的 yǒu tuīlǐ nénglì de. **2** 理智的 lǐzhìde; 明事理的 míngshìlǐde. **rationally** /-ʃnəlɪ/ adv.

rationale /ˌræʃə'nɑːl/; US /-'næl/ n [sing] 逻(邏)辑依据(據) luójí yījù;理论(論)基础(礎) lǐlùn jīchǔ; 基本原理 jīběn yuánlǐ.

rationalize /'ræʃnəlaɪz/ v **1** [I,T] 合理地说(說)明 héliǐ de shuōmíng; 使合理 shǐ héliǐ. **2** [T] (为提高效率、降低损耗而)改进(進)(体系、产业等) gǎijìn; 使合理化 shǐ héliǐhuà. **rationalization** /ˌræʃnəlaɪ'zeɪʃn; US -lɪ'z-/ n [C,U].

rattle /'rætl/ v [I,T] (使)发(發)出连续(續)短促的尖利声(聲) fāchū liánxù duǎncù de jiānlì shēng. **2** [T] [非正式用语]使···紧(緊)张(張)不安 shǐ ··· jǐnzhāng bù'ān. ~ n [C] **1** 连续短促的尖利声 liánxù duǎncù de jiānlì shēng. **2** 嘎嘎作响(響)的玩具 gāgā zuò xiǎng de wánjù. 'rattlesnake n [C] 响尾蛇(美洲毒蛇) xiǎngwěishé.

ratty ⇨RAT.

raucous /'rɔːkəs/ adj 沙哑(啞)的 shāyǎde; 粗哑的 cūyǎde. **raucously** adv.

ravage /'rævɪdʒ/ v [T] 毁坏(壞) huǐhuài; 严(嚴)重损毁 yánzhòng sǔnhuǐ. the ravages n [pl] 破坏的痕迹 pòhuàide hénjì; 灾(災)害 zāihài: the ~s of time 岁月的摧残。

rave /reɪv/ v **1** 胡言乱(亂)语 húyán luànyǔ. **2** about [非正式用语]赞(讚)赏地谈论 zànshǎngde tánlùn. **rave** adj [非正式用语]赞扬(揚)的 zànyángde: a ~ review 极好的评论。**raving** adj 十足的 shízúde.

raven /'reɪvn/ n [C] 渡鸦(黑色,似乌鸦)dùyā. **raven** adj (毛发)乌(烏)亮的 wūliàngde.

ravenous /'rævənəs/ adj 极[極]饿的 jí'ède. **ravenously** adv.

ravine /rə'viːn/ n [C] 深谷 shēngǔ; 峡(峽)谷 xiágǔ.

ravish /'rævɪʃ/ v [T] [正式用语] [尤作被动语态]使狂喜 shǐ kuángxǐ; 使陶醉 shǐ táozuì; 使着迷 shǐ zháomí. **ravishing** adj 非常美丽(麗)的 fēicháng měilì de; 迷人的 mírénde.

raw /rɔː/ adj **1** 未煮过(過)的 wèi zhǔguò de; 生的 shēngde. **2** 未加工的 wèi jiāgōng de; 处(處)于自然状(狀)态(態)的 zìrán zhuàngtài de: ~ materials 原料. **3** (人)未受训练(練)的 wèi shòu xùnliàn de; 无[無]经(經)验(驗)的 wú jīngyàn de. **4** (皮肤)疼痛的 téngtòngde. **5** (天气)湿(濕)冷的 shīlěngde.

ray /reɪ/ n [C] **1** (光或热的)线 xiàn; 射线 shèxiàn. **2** [喻]一丝微光 yìsī wēiguāng: a ~ of hope 一线希望。

rayon /'reɪɒn/ n [U] 人造丝 rénzàosī.

raze (亦作 rase) /reɪz/ v [T] 摧毁 cuīhuǐ; 把···夷为[爲]平地 bǎ ··· yí wéi píngdì.

razor /'reɪzə(r)/ n [C] 剃刀 tìdāo; 刮胡(鬍)子刀 guā húzi dāo.

Rd abbr road.

re- /riː/ prefix 再 zài; 又 yòu; 重新 chóngxīn; refill 再度装满(或充满). reexamine 再检查;再详问.

reach /riːtʃ/ v **1** [T] 到达(達) dàodá; 抵达 dǐdá: ~ London 到达伦敦. **2** 达成协议 dáchéng xiéyì; ~ an agreement 达成协议. **2** [I,T] 伸手触(觸)及 shēnshǒu chuǐr; 拿到 (某物) nádào: He ~ed for his gun. 他伸手去拿枪. Can you ~ the book on the top shelf? 你能够到架子顶上的那本书吗? 3 [I,T] 到 (某处) dào: Their land ~es (down to) the river. 他们的土地延伸到河边. 4 [T] 与 (與) …联(聯)系(繫) yǔ…liánxì; 给 …打[电][電]话 gěi…dǎ diànhuà. **reach** n 1 [U] 伸手可及的距离 [離] shēnshǒu kějí de jùlí. Medicines should be kept out of ~ of children. 药品应该放在孩子够不着的地方. 2 [C 常作 pl]河段 héduàn.

react /rɪˈækt/ v 1 [I] (to) 作出反应 [應] zuòchū fǎnyìng; 反应 fǎnyìng. 2 against 反动 [動] fǎndòng; 反其道而行 fǎn qí dào ér xíng. 3 (with) [化学][學]起化学[學]反应(或作用) qǐ huàxué fǎnyìng.

reaction /rɪˈækʃn/ n 1 [C,U] 反应 [應] fǎnyìng. 2 [U] (政治上的)反对 [對]改革 fǎnduì gǎigé; 反动[動] fǎndòng. 3 [C] [化学]反应 fǎnyìng; 作用 zuòyòng. **reactionary** /-ʃənrɪ; US -ʃənerɪ/ n [C,U 或 pl -ies] 反对改革 (或进步)的(人) fǎnduì gǎigé de; 反动(的)(人) fǎndòng de.

reactor /rɪˈæktə(r)/ n ⇔ NUCLEAR REACTOR (NUCLEAR).

read /riːd/ v [pt, pp read /red/] 1 [I,T] 读[讀](读)(出) dú; ~ a book 读书. (b) 朗读 lǎngdú. 2 [I] 有某些字样(樣)(或某种含义) yǒu mǒuxiē zìyàng: The sign ~s 'No Entry'. 牌子上写着"禁止入内". Her reports always ~ well. 她的报告读起来总是很不错. 3 [T] 理解 lǐjiě; 看懂 kàndǒng; ~ sb's thoughts 了解某人的思想. 4 [T] (度量仪器)指示 zhǐshì; (顯)示 xiǎnshì. 5 [T] 攻读 [讀]学[學](功课) xuéxí. 6 [习语] ,read between the 'lines 从字里[裏]行间 [間] 领会 [會] 言外之意 cóng zìlǐ hángjiān lǐnghuì yán wài zhī yì.

readable adj 易读的 yìdúde; (读起来)有趣味的 yǒu qùwèi de.

reader /ˈriːdə(r)/ n [C] 1 读者 dúzhě. 2 教科书[書] jiàokēshū; 读本 kèběn; 读本 dúběn. 3 (英国大学的)高级讲 [講]师[師] gāojí jiǎngshī. **readership** n [sing] (报刊等的)读者人数[數] dúzhě rénshù.

reading /ˈriːdɪŋ/ n 1 [C] (a) 阅读 [讀] yuèdú. (b) 读物 dúwù; light

~ 轻松读物. 2 [C] (仪表等上的)读数[數] dúshù; 度数 dúshù; 指示数 zhǐshìshù. 3 [C] 解释[釋]见 [見]; 理解 lǐjiě. 4 [C] (英国议会上)(分别称法案等议案提出、审议、表决等三个阶段的)三读之一 sān dú zhī yī.

ready /ˈredɪ/ adj [-ier, -iest] 1 (for/to) 准[準]备[備]好的 zhǔnbèi hǎo de: ~ for action 准备行动. ~ to act 准备行动. 2 愿[願]意的 yuànyìde. 3 to 即将[將]做某事 jíjiāng zuò mǒushì: She looked ~ to collapse. 她看样子快要垮下来. 4 快的 kuàide; 迅速的 xùnsùde: a ~ answer 脱口而出的回答. 5 容易得到的 róngyì dédào de. **readily** adv 1 毫不迟[遲]疑地 háo bù chíyí de. 2 容易地 róngyìde. **readiness** n [U] **ready** adv 已经[經] yǐjīng: ~ -cooked 已经做熟的. ,ready n [习语] at the 'ready 准备行动[動] zhǔnbèi xíngdòng; 随[隨]时[時]可用 suíshí kěyòng. ,ready-'made adj 现成的 xiànchéngde.

real /rɪəl/ adj 1 真实[實]的 zhēnshíde; 实在的 shízàide. 2 真的 zhēnde; 真正的 zhēnzhèngde. 'real estate n [U] [尤用于美语,法律] 不动[動]产[產] búdòngchǎn.

realism n [U] 1 现实[實][實]现实态[態](现实行为等)现实[實] 态度. 2 (文艺的)现实主义[義] xiànshí zhǔyì; 写[寫]实主义 xiěshí zhǔyì n [C]. **realistic** /ˌrɪəˈlɪstɪk/ adj.

reality /rɪˈælətɪ/ n [pl -ies] 1 [U] 真实[實] zhēnshí; 实在 shízài. 2 [C] 真正存在或实际[際]经[經]历[歷]过[過]的事物 zhēnzhèng xiàn dào huò shíjì jīnglì guò de shì: the realities of war 战争的实情. 3 [习语] in re'ality 事实上 shìshí shàng. reality 'television n [U], reality TV n [U] (娱乐性)纪实电[電]视[視]剧 jìshí diànshìjù.

realize /ˈrɪəlaɪz/ v [T] 1 认[認]识 [識]到 rènshí dào; 了解 liǎojiě. 2 [正式用语]实[實]现(计划等)shíxiàn. 3 [正式用语]卖[賣]得 mài dé; 售得 shòudé. **realization** /ˌrɪəlaɪˈzeɪʃn; US -lɪˈz-/ n [U].

really /ˈrɪəlɪ/ adv 1 事实[實]上 shìshí shàng; 实际[際]上 shíjì shàng. 2 真正地 zhēnzhèngde; [用于表示兴趣、惊讶等]当[當]真 dàngzhēn.

realm /relm/ n [C] 1 [正式用语] 王国[圈] wángguó. 2 [喻](活动或兴趣的)范[範]围[圈] fànwéi; 领域 lǐngyù.

reap /ri:p/ v 1 [I, T] 收割 shōugē; 收获[穫] shōuhuò. 2 [T] [喻]获得 huòdé; 得到 dédào.

rear[1] /rɪə(r)/ n 1 the rear [sing] 后[後]部 hòubù; 后面 hòumiàn; 背后 bèihòu. 2 [习语] bring up the 'rear 殿后 diànhòu. rear adj 后部的 hòubùde; 后面的 hòumiànde; 背部的 bèibùde. the 'rearguard n [C] 后卫[衛]部队[隊] hòuwèi bùduì.

rear[2] /rɪə(r)/ v 1 [T] 养[養]育 yǎngyù; 抚[撫]养 fǔyǎng. 2 饲养 sìyǎng. 3 (~ up) (马等)用后腿[後]直立 yòng hòutuǐ zhílì. 3 [T] 抬起[頭] táiqǐ.

reason[1] /'ri:zn/ n 1 [C, U] 理由 lǐyóu; 原因 yuányīn. 2 [U] 理智[智] lǐzhì; 理性 lǐxìng; 推理力 tuīlǐlì; 判断[斷] 力 pànduànlì. 3 [sing] 道理 dàolǐ; 情理 qínglǐ; 明智 míngzhì; lose one's ~ 发疯. 4 [习语] within reason 理智的 lǐzhìde; 合理的 hélǐde.

reason[2] /'ri:zn/ v 1 [I] 思考 sīkǎo; 推理 tuīlǐ. 2 [T] 推论[論] tuīlùn; 断定 duàndìng. 3 [短语动词] reason with sb 劝[勸]说 quànshuō; 说服 shuōfú. reasoning n [U] 推论 tuīlùn; 推理 tuīlǐ.

reasonable /'ri:znəbl/ adj 1 公正的 gōngzhèngde; 合理的 hélǐde. 2 不太贵的 bú tàiguì de; 公道的 gōngdàode. reasonably adv 1 相当[當]地 xiāngdāngde. 2 合理地 hélǐde.

reassure /ˌri:ə'ʃɔ:(r); US -'ʃuər/ v [T] 使放心 shǐ fàngxīn; 使消除疑虑[慮] shǐ xiāochú yílǜ. reassurance n [U, C].

rebate /'ri:beit/ n [C] (作为减免或折扣的)部分退款 bùfen tuìkuǎn; 折扣 zhékòu.

rebel /'rebl/ n [C] 1 反叛者 fǎnpànzhě; 造反者 zàofǎnzhě. 2 反抗者 fǎnkàngzhě. rebel /rɪ'bel/ v [-ll-] [I] 1 (against) 反抗(政府) fǎnkàng(zhèngfǔ); 反叛 fǎnpàn. 2 反抗权[權]威 fǎnkàng quánwēi. rebellion /rɪ'belɪən/ n [C, U] 反叛 fǎnpàn; 反抗(行动) fǎnkàng(xíngdòng). rebellious adj.

reboot /ˌri:'bu:t/ v [T] 重新启[啟]动(电脑) chóngxīn qǐdòng(diànnǎo).

rebound /rɪ'baund/ v [I] 1 弹[彈]回 tánhuí; 反弹 fǎntán. 2 (on) 产

[產]生事与[與]愿[願]违[違]的结果 chǎnshēng shì yǔ yuàn wéi de jiéguǒ. rebound /'ri:baund/ n [习语] on the 'rebound 在心灰意懒之余[餘] zài xīn huī yì lǎn zhī yú.

rebuff /rɪ'bʌf/ n [C] 断[斷]然拒绝 duànrán jùjué; 回绝 huíjué. rebuff v [T] 断然拒绝 duànrán jùjué; 回绝 huíjué.

rebuke /rɪ'bju:k/ v [T] [正式用语]指责 zhǐzé; 申斥[斥] shēnchì; He was ~d for being late. 他因迟到受到指责. rebuke n [C, U].

recall /rɪ'kɔ:l/ v 1 回想起来 huíxiǎng qǐlái; 回忆[憶]起 huíyì qǐ; 记得 jìdé. 2 要求召[召]回[還]回 yāoqiú guīhuán. recall /亦读 'ri:kɔ:l/ n [sing] 召回 zhàohuí; 唤回 huànhuí.

recap /'ri:kæp/ v [-pp-] [I, T] [非正式用语] short for RECAPITULATE.

recapitulate /ˌri:kə'pɪtʃuleɪt/ v [I, T] 扼要重述 èyào chóngshù; 概述 gàishù.

recede /rɪ'si:d/ v 1 后[後]退 hòutuì. 2 向后倾斜 xiàng hòu qīngxié.

receipt /rɪ'si:t/ n 1 [C] 收条[條] shōutiáo; 收据[據] shōujù. 2 receipts [pl] (营业)收到的款项 shōudàode kuǎnxiàng. 3 [U] [正式用语]收到 shōudào.

receive /rɪ'si:v/ v [T] 1 收到 shōudào; 接到 jiēdào. 2 经[經]受 jīngshòu; 遭受 zāoshòu; ~d severe injuries in the crash 在撞车事故中受重伤. 3 接待 jiēdài; 款待 kuǎndài. 4 (无线电、电视)接收 jiēshōu. receiver n 1 [C] (电话)听[聽]筒 tīngtǒng. 2 收音机[機] shōuyīnjī; 电[電]视机 diànshìjī. 3 接受者 jiēshòuzhě; 收赃[贓]人 shōuzāngrén.

recent /'ri:snt/ adj 最近的 zuìjìnde; 近来的 jìnláide. recently adv 最近地 zuìjìnde; 近来地 jìnláide.

receptacle /rɪ'septəkl/ n [C] [正式用语]容器 róngqì.

reception /rɪ'sepʃn/ n 1 [C] 招待会[會] zhāodàihuì; 宴会 yànhuì; 欢[歡]迎会 huānyínghuì. 2 [C] 迎接 huānyíng; 接待 jiēdài; be given a warm ~ 受到热情的欢迎. 3 [U] (旅馆等)的接待处[處] jiēdàichù. 4 [U] (无线电、电视的)接收 jiēshōu; 接收质[質]量[量] jiēshōu zhìliàng. receptionist /-ʃənɪst/ n [C] (旅馆等的)接待员 jiēdàiyuán.

receptive /rɪ'septɪv/ adj (对新思

想等)善于接受的 shànyú jiēshòu de;易接受的 yì jiēshòu de.

recess /rɪˈses; US ˈriːses/ n **1** [C, U] (工作等的)暂停 zàntíng;休会(會) xiūhuì. **2** [C] 壁凹 bì'āo;凹室 āoshì,常作复 pl] [喻]隐[隱]秘处[處] yǐnmìchù.

recession /rɪˈseʃn/ n [C, U] (经济)衰退 shuāituì;不景气(氣) bù jǐngqì. **2** [U] 后[後]退 hòutuì;退回 tuìhuí;撤回 chèhuí.

recharge /ˌriːˈtʃɑːdʒ/ v [T] 给…充电 gěi … chōngdiàn. **re'chargeable** adj 可充电的 kěchōngdiànde.

recipe /ˈresəpɪ/ n [C] **1** 烹饪法 pēngrènfǎ;食谱 shípǔ. **2** [喻]诀窍[竅] juéqiào;方法 fāngfǎ;a ~ for disaster 应付灾难的诀窍.

recipient /rɪˈsɪpɪənt/ n [C] [正式用语]接受者 jiēshòuzhě.

reciprocal /rɪˈsɪprəkl/ adj 相互的 xiānghùde;互惠的 hùhuìde;~ trade agreements 互惠贸易协定. **reciprocally** /-klɪ/ adv.

reciprocate /rɪˈsɪprəkeɪt/ v [I, T] [正式用语]互给 hùgěi;互换 hùhuàn.

recital /rɪˈsaɪtl/ n [C] 独[獨]奏会(會) dúzòuhuì;独唱会 dúchànghuì. **2** 详述 shángshù;朗诵会 lǎngsònghuì;音乐[樂]演奏会 yīnyuè yǎnzòuhuì.

recite /rɪˈsaɪt/ v [T] **1** 背诵 bèisòng;朗诵 lǎngsòng. **2** 列举[舉](名字、事实等等) lièjǔ. **recitation** /ˌresɪˈteɪʃn/ n [C, U].

reckless /ˈreklɪs/ adj 鲁莽的 lǔmǎngde;不顾[顧]后[後]果的 bùgù hòuguǒ de. **recklessly** adv. **recklessness** n [U].

reckon /ˈrekən/ v [T] **1** [非正式用语]认(認)为(爲) rènwéi;以为 yǐwéi;想 xiǎng;I ~ we ought to go now. 我想我们应当现在去. **2** 估算 gūsuàn;猜想 cāixiǎng. **3** 计算 jìsuàn. **4** [短语动词] reckon on sth 依赖某事 yīlài mǒushì. reckon with sb/sth (a) 处[處]理 chǔlǐ;对[對]待 duìdài. (b) 重视 zhòngshì;a force to be ~ed with 不可忽视的力量 bùkě hūshì de lìliàng. **1** 计算 jìsuàn;估计 gūjì. **2** 惩[懲]罚 chéngfá;报[報]应[應] bàoyìng;the day of '~ing 报应到来的日子.

reclaim /rɪˈkleɪm/ v [T] **1** 要求归[歸]还[還] yāoqiú guīhuán. **2** 开[開]垦[墾] kāikěn. **reclamation**

/ˌrekləˈmeɪʃn/ n [U].

recline /rɪˈklaɪn/ v [I] [正式用语]斜倚 xiéyǐ;靠 kào;躺 tǎng.

recluse /rɪˈkluːs/ n [C] 隐[隱]士 yǐnshì.

recognize /ˈrekəgnaɪz/ v [T] **1** 认(認)出 rènchū;识[識]别 shíbié,认出 rènchū. **2** 承认 chéngrèn;认可 rènkě. refuse to ~ a new government 拒绝承认一新政府. **3** 认识到 rènshí dào;~ one's faults 承认错误. **4** 赏识 shǎngshí;表彰 biǎozhāng. **recognition** /ˌrekəgˈnɪʃn/ n [U]. **recognizable** adj.

recoil /rɪˈkɔɪl/ v [I] **1** (因恐惧、厌恶等)畏缩 wèisuō;退缩 tuìsuō. **2** (枪等)后[後]坐 hòuzuò;产[產]生后[後]坐力 chǎnshēng hòuzuòlì. **recoil** /ˈriːkɔɪl/ n [U, sing].

recollect /ˌrekəˈlekt/ v [T] 回忆[憶] huíyì;想起 xiǎngqǐ;记起 jìqǐ. **recollection** /-ˈlekʃn/ n [C] 回忆起的事物 huíyì qǐ de shìwù;往事 wǎngshì. **2** [U] 记忆力 jìyìlì;回忆 huíyì.

recommend /ˌrekəˈmend/ v [T] **1** 推荐[薦] tuījiàn;荐举[舉] jiànjǔ;称[稱]赞[讚] chēngzàn. **2** 建议[議] jiànyì;劝[勸]告 quàngào;I ~ leaving/you leave early. 我建议早点离开;我劝你早点走. **recommendation** /-menˈdeɪʃn/ n [C, U].

recompense /ˈrekəmpens/ v [T] [正式用语]报[報]酬 bàochóu;酬谢 chóuxiè;回报 huíbào;赔偿[償] péicháng. **recompense** n [sing, U] [正式用语]报酬 bàochóu;赔偿 péicháng.

reconcile /ˈrekənsaɪl/ v [T] **1** 使重新和好 shǐ chóngxīn héhǎo;使和解 shǐ héjiě. **2** 使一致 shǐ yízhì;调和 tiáohé. **3** ~ oneself to 使顺从[從] shǐ shùncóng;使 甘心于[于] shǐ gānxīn. **reconciliation** /ˌrekənsɪlɪˈeɪʃn/ n [C, U].

reconnaissance /rɪˈkɒnɪsns/ n [C, U] 侦察 zhēnchá.

reconnoitre (美语 -ter) /ˌrekəˈnɔɪtə(r)/ v [I, T] 侦察(敌人的位置、地区等) zhēnchá.

record¹ /ˈrekɔːd; US ˈrekərd/ n [C] 1 记录[錄] jìlù;记载 jìzǎi. **2** 履历[歷] lǚlì. **3** 最好的成绩 zuìhǎo de chéngjì;a new world ~ in the 100 metres 100 米新的世界纪录. ~ profits 创记录的利润. **4** 唱片 chàngpiàn. **5** [习语] off the 'record 非正式的 fēi zhèngshì de; 不供发[发]表的 bú gōng fābiǎo de. on 'record 记录在案的 jìlù zài'àn de; 正式记录的 zhèngshì jìlù de. 'record-player n [C] 唱机[机] chàngjī.

record² /rɪ'kɔːd/ v 1 [T] 记录[录] jìlù; 记载(载) jìzǎi. 2 [I, T] 录(音)(图像) lù(yīn) (tú xiàng). 3 [T] (指仪器)显[显] xiǎnshì; 标(标)明 biāomíng.

recorder /rɪ'kɔːdə(r)/ n [C] 1 录(录)音机[机] lùyīnjī; 录像机 lù-xiàngjī. 2 (八孔)直笛 zhídí. 3 (英国某些法院的)法官 fǎguān.

recording /rɪ'kɔːdɪŋ/ n [C] (声音、图像的)录[录]制[制] lùzhì; 录音 lùyīn; 录像 lùxiàng.

recount /rɪ'kaʊnt/ v [T] [正式用语]详述 xiángshù; 描述 miáoshù.

re-count /ˌriː'kaʊnt/ v [T] 重新计算(尤指选票) chóngxīn jìsuàn; 重数[数] chóngshǔ. re-count /'riː-kaʊnt/ n [C] 重新计算 chóngxīn jìsuàn.

recoup /rɪ'kuːp/ v [T] 赔偿(偿) péicháng; 补(补)偿 bǔcháng; 偿还(还) chánghuán.

recourse /rɪ'kɔːs/ n [习语] have recourse to sth [正式用语]求助于 qiúzhù yú; 求助于 qiúyuán yú.

recover /rɪ'kʌvə(r)/ v 1 [I] (from) 恢复[复] huīfù; 康复[复] kāngfù. 2 [T] 找回(遗失、被盗之物) zhǎohuí; 重新得到 chóngxīn dédào. 3 [T] 重新控制(自己、自己的情绪等) chóngxīn kòngzhì. recovery /rɪ'kʌvərɪ/ n [U, sing].

recreation /ˌrekrɪ'eɪʃn/ n [C, U] 消遣 xiāoqiǎn; 娱(娱)乐[乐] yúlè.
recreational /ˌrekrɪ'eɪʃənl/ adj 娱乐的 yúlè de. recreational drug (社会活动中偶尔使用的)娱乐性毒[毒]品 yúlèxìng dúpǐn.

recrimination /rɪˌkrɪmɪ'neɪʃn/ n [C, 常用 pl 用] 反责 fǎnzé; 反诉 fǎnsù.

recruit /rɪ'kruːt/ n [C] 新兵 xīnbīng; 新成员 xīn chéngyuán. recruit v [I, T] 吸收(新成员) xīshōu; 征募(新兵) zhēngmù. recruitment n [U].

rectangle /'rektæŋgl/ n [C] 长[长]方形 chángfāngxíng; 矩形 jǔxíng. rectangular /rek'tæŋgjələ(r)/ adj.

rectify /'rektɪfaɪ/ v [pt, pp -ied] [T] 改正 gǎizhèng; 纠正 jiūzhèng; ~ an error 纠正错误.

rector /'rektə(r)/ n [C] (英国教会的)教区(区)长[长] jiàoqūzhǎng.

rectory /'rektərɪ/ n [C] [pl -ies] 教区长住所 jiàoqūzhǎng zhùsuǒ.

rectum /'rektəm/ n [C] [解剖]直肠[肠] zhícháng.

recuperate /rɪ'kuːpəreɪt/ v [I] (from) [正式用语]恢复[复] huīfù; 复原 fùyuán; 恢复(健康) huīfù. recuperation /rɪˌkuːpə'reɪʃn/ n [U].

recur /rɪ'kɜː(r)/ v [-rr-] [I] 再发[发]生 zài fāshēng; 重现 chóng-xiàn. recurrence /rɪ'kʌrəns/ n [C, U] 重现 chóngxiàn. recurrent /rɪ'kʌrənt/ adj.

recycle /ˌriː'saɪkl/ v [T] 回收利用(废物等) huíshōu lìyòng.

red /red/ adj [~der, ~dest] 1 红 hóng de; 红色的 hóngsède. 2 (脸)通红的 tōnghóngde; 涨[涨]红的 zhànghóngde. 3 (毛发)红褐色的 hónghèsède. 4 Red [非正式用语]共产(产)主义的 gòngchǎn zhǔyì de. 5 [习语] red 'herring 转(转)移注意力的事 zhuǎnyí zhùyìlì de shì. red 'tape 繁文缛节(节)的 fán wén rù jié de. 红色的 hóngsè de. 2 红衣股 hóng yīfu 绿红色的[非正式用语]共产主义者 gòngchǎn zhǔyì zhě. in the 'red 负债 fùzhài. 'redhead n [C] 红褐色头[头]发(发)的人 hónghèsè tóufa de rén. red-'hot adj 赤热(热)的 chìrè de; 炽[炽]热的 chìrè de.

redden /'redn/ v [I, T] (使)变[变]红 biàn hóng.

redeem /rɪ'diːm/ v [T] 1 买[买]回 mǎihuí; 赎[赎]回 shúhuí. 2 弥[弥]补(缺陷) míbǔ. 3 (红褐色)抵消 dǐxiāo. a film with no ~ing features 一部没有可取之处的影片 redemption /rɪ'dempʃn/ n [U].

redouble /ˌriː'dʌbl/ v [T] 使再加倍 shǐ zàijiābèi; 进(进)一步加倍 jìnyíbù jiābèi; 使变[变]得更大 shǐ biànde gèngdà; ~ one's efforts 加倍努力.

redress /rɪ'dres/ v [T] [正式用语] 1 纠正 jiūzhèng; 矫[矫]正 jiǎozhèng. 2 [习语] redress the 'balance 使恢复[复]均衡 shǐ huīfù jūnhéng; 使重新相等 shǐ chóngxīn xiāngděng. redress n [U] [正式用语]纠正 jiūzhèng; 补偿 bǔcháng.

reduce /rɪ'djuːs/; US -'duːs/ v [T] 1 减少 jiǎnshǎo; 减小 jiǎnxiǎo. 2

(to) [常用被动语态] 使处[處]于某种(种[種])状(狀)态(態) shǐ chǔyú mǒuzhǒng zhuàngtài: He was ~d to tears. 他流了泪. **reduction** /rɪ'dʌkʃn/ n [C, U] 1 缩减 suōjiǎn; 降低 jiàngdī; 减少 jiǎnshǎo: a ~ in price 降低价格. 2 [C] (图片、地图等的)缩图(圖) suōtú; 缩版 suōbǎn.

redundant /rɪ'dʌndənt/ adj 1 被解雇(僱)的 bèi jiěgùde; 失业(業)的 shīyède. 2 过(過)多的 guòduōde; 过剩的 guòshèngde; 多余(餘)的 duōyúde. **redundancy** /-dənsɪ/ n [C, U] [pl -ies].

reed /riːd/ n 1 [C] 芦(蘆)苇(葦)苇(葦) lúwěi. 2 (乐器)簧片 huángpiàn.

reef /riːf/ n [C] 礁脉(脈); 礁脉 jiāomài.

reek /riːk/ n [sing] 浓(濃)烈的臭味 nóngliède chòuwèi. **reek** v (of) 发(發)出难(難)闻气(氣)味 fāchū nánwén qìwèi.

reel[1] /riːl/ n [C] 1 (电缆、棉纱等的)卷(捲)轴(軸) juǎnzhóu; 卷筒(筒) juǎntǒng. 2 (电影胶片)一盘(盤)胶片 yīpán; (电缆等的)一卷 yī juǎn. **reel** v 1 in/out 绕(繞)起(綟)起 ràoqǐ; 绕(綟)或放出 chūchū. 2 [短语动词] **reel sth off** 一口气(氣)说出 yīkǒuqì shuōchū.

reel[2] /riːl/ v [I] 1 蹒跚 pánshān; 摇晃 yáohuàng; 摇摆(擺) yáobǎi; 摇动 yáodòng. 2 (喻)(头脑)眩晕 xuànyūn; 发(發)昏 fāhūn.

refectory /rɪ'fektrɪ/ n [C] [pl -ies] (学校等)的食堂 shítáng; 餐厅(廳) cāntīng.

refer /rɪ'fɜː(r)/ v [-rr-] 1 [I] to (a) 说到 shuōdào; 提到 tídào. (b) 涉及 shèjí; 有关(關) yǒuguān. 2 [I] to 查询(詢) cháxún; 查阅 cháyuè. 3 [T] 把…交给(給)…qiāzhú yǒu.

referee /refə'riː/ n [C] 1 [体育] 裁判(员) cáipàn. 2 证(證)明人 zhèngmíngrén; 介绍人 jièshàorén; 推荐(薦)人 tuījiànrén.

reference /'refrəns/ n [C, U] 1 提到 tídào; 说到 shuōdào; 涉及 shèjí. 2 [C] 附注 fùzhù. 3 [C] 证(證)明(书[書])介绍(或推荐)信 jièshàoxìn. 4 [习语] in/with reference to sth [用于于商信]关(關)于 [關]于某事 guānyú mǒushì. **'reference book** n [C] 工具书 gōngjùshū; 参(參)考书 cānkǎoshū.

referendum /refə'rendəm/ n [pl -da/-də/ -dums] [C] 全民投票 quánmín tóupiào; 公民复(復)决(直接)投票 gōngmín fùjué tóupiào.

refine /rɪ'faɪn/ v [T] 1 精制(製) jīngzhì; 精炼(煉) jīngliàn; 提纯 tíchún. 2 改良 gǎiliáng; 改进(進) gǎijìn. **refined** adj 1 有教养(養)的 yǒu jiàoyǎngde; 文雅的 wényǎde. 2 精纯的 chúnjìngde; 精炼的 jīngliànde. **refinement** n 1 [U] 精炼 jīngliàn; 精制 jīngzhì; 提纯 tíchún. 2 [U] 文雅 wényǎ; 有教养 yǒu jiàoyǎng. 3 [C] 改良 gǎiliáng; 改进 gǎijìn. **refinery** /-ərɪ/ n [C] [pl -ies] 精炼厂(廠) jīngliànchǎng.

reflate /riː'fleɪt/ v [T] 使(通货)再膨胀 shǐ zài péngzhàng. **reflation** /riː'fleɪʃn/ n [U].

reflect /rɪ'flekt/ v 1 [T] (光、热、声等)反射 fǎnshè. 2 [T] [喻]表达(達)fǎnyìng; 显(顯)示 xiǎnshì: The book faithfully ~s his ideas. 这本书忠实地反映出他的主张. 3 [I] (on) 沉思 chénsī; 深思 shēnsī. 4 [短语动词] **reflect on sb/sth** 深思 shēnsī; 考虑(慮) kǎolǜ. **reflector** n [C] 反射器 fǎnshèqì; 反射镜 fǎnshèjìng; 反射物 fǎnshèwù.

reflection /rɪ'flekʃn/ n [C] (镜中)映像 yìngxiàng, 2 [U] 反射光 fǎnshèguāng; 反射热(熱) fǎnshèrè; 回声(聲) huíshēng. 3 [C, U] 深思 shēnsī; 考虑(慮) kǎolǜ: on ~ 再三考虑.

reflex /'riːfleks/ n [C] (亦作 **reflex action**) 反射作用 fǎnshè zuòyòng.

reflexive /rɪ'fleksɪv/ n [C], adj [语法] 反身的 fǎnshēnde: a ~ verb 反身动词. In 'I cut myself', 'myself' is a ~ pronoun. 在 "I cut myself" 句中, "myself" 是反身代词.

reform /rɪ'fɔːm/ v [I, T] 改革革 gǎigé; 改良 gǎiliáng; 改造 gǎizào. **reform** n [C, U] 改革 gǎigé; 改良 gǎiliáng; 改造 gǎizào. **reformer** n [C] 改革者 gǎigézhě; 改良者 gǎiliángzhě; 革新者 géxīnzhě.

re-form /riː'fɔːm/ v [I, T] 重新形成 chóngxīn xíngchéng; 重新组(組)成 chóngxīn zǔchéng: The army ~ed and attacked. 军队重新编队后发起了进攻.

reformation /refə'meɪʃn/ n 1 [C, U] 改进(進) gǎijìn; 改良 gǎiliáng; 改造 gǎizào. 2 the **Reformation** [sing] 宗教改革(16 世纪欧洲改革天主教会的运动, 产生了新教) zōngjiào gǎigé.

refract /rɪˈfrækt/ v [T] 使(光线)折射 shǐ zhéshè. **refraction** /-kʃn/ n [U].

refrain¹ /rɪˈfreɪn/ v [I] (*from*) [正式用语]抑制 yìzhì; 克制 kèzhì.

refrain² /rɪˈfreɪn/ n [C] (歌曲的)叠句 diéjù; 副歌(歌曲中重复演唱的部分) fùgē.

refresh /rɪˈfreʃ/ v [T] 1 使恢复(复)活力 shǐ huīfù huólì; 使振作精神 shǐ zhènzuò jīngshén. 2 [习语] **refresh one's memory** 唤醒自己的记忆[憶] huànxǐng zìjǐ de jìyì. **re'fresher course** n [C] 进修[修]课程 jìnxiū kèchéng. **refreshing** adj 1 提神的 tíshénde; 使人精力恢复 shǐ rén zhènzuò de. 2 [喻]令人欣喜的 lìng rén xīnxǐ de; 新奇的 xīnqíde.

refreshment /rɪˈfreʃmənt/ n 1 [正式用语](精力的)恢复 huīfù; 爽快 shuǎngkuài. 2 **refreshments** [pl] 茶点[點] chádiǎn; 点心 diǎnxīn; 饮料 yǐnliào.

refrigerate /rɪˈfrɪdʒəreɪt/ v [T] 冷冻 lěngdòng; 冷藏 lěngcáng. **refrigeration** /rɪˌfrɪdʒəˈreɪʃn/ n [U]. **refrigerator** n [C] 冰箱 bīngxiāng.

refuel /ˌriːˈfjuːəl/ v [-ll-; 美语 -l-] [I, T] 加燃料 jiā ránliào.

refuge /ˈrefjuːdʒ/ n [C, U] 避难[難](所) bìnàn(suǒ); 庇护[護](所)bìhù.

refugee /ˌrefjuˈdʒiː/ n [C] 避难[難]者 bìnànzhě; 难民 nànmín; 流亡者 liúwángzhě.

refund /rɪˈfʌnd/ n [C] 退款 tuìkuǎn; 偿[償]还[還]金额 chánghuán jīn'é. **refund** /rɪˈfʌnd/ v [T] 归还[還]钱 guīhuán qián; 偿还 chánghuán.

refusal /rɪˈfjuːzl/ n [C, U] 拒绝 jùjué.

refuse¹ /rɪˈfjuːz/ v [I, T] 拒绝 jùjué; 回绝 huíjué; ~ *permission* 不允许。 ~ *to help* 不愿帮助.

refuse² /ˈrefjuːs/ n [U] 废[廢]物 fèiwù; 垃圾 lājī.

regain /rɪˈɡeɪn/ v [T] 恢复[復] huīfù; 重回 chónghuí; ~ *one's strength* 恢复气力.

regal /ˈriːɡl/ adj 国[國]王的 guówángde; 王室的 wángshìde; 豪华[華]的 háohuáde.

regalia /rɪˈɡeɪlɪə/ n [U] 王权[權]的标(标)志(如王冠等) wángquánde biāozhì.

regard¹ /rɪˈɡɑːd/ v [T] as 把…看作为[為]…kànzuò…zuòwéi…; *She is ~ed as the best teacher in the school.* 她被认为是

学校里最好的教师。**regarding**(亦作 **as regards**) prep 关[關]于 guānyú.

regard² /rɪˈɡɑːd/ n 1 [U] 注意 zhùyì; 关[關]心 guānxīn; *with no ~ for safety* 不顾及安全. 2 [U] 尊重 zūnzhòng; 敬重 jìngzhòng; *have a high ~ for sb* 极为尊重某人. 3 **regards** [pl] 致意 zhìyì; 问候 wènhòu. 4 [习语] **in/with regard to sth** 关于 guānyú. **regardless (of)** adv 不顾[顧] bùgù.

regatta /rɪˈɡætə/ n [C] 划船比赛 huáchuán bǐsài; 赛船会[會] sàichuánhuì.

regency /ˈriːdʒənsɪ/ n [pl -ies] [C] 摄[攝]政(期) shèzhèng. 2 **the Regency** [sing] (英国)摄政时[時]期(1810—1820 年) shèzhèng shíqí.

regenerate /rɪˈdʒenəreɪt/ v [T] (使在精神上)重生 chóngshēng; (使)新生 xīnshēng. **regeneration** /rɪˌdʒenəˈreɪʃn/ n [U].

regent /ˈriːdʒənt/ n [C] 摄[攝]政者 shèzhèngzhě.

reggae /ˈreɡeɪ/ n [U] 雷盖[蓋]乐[樂](西印度群岛的流行音乐) léigài yīnyuè(西印度群岛的流行音乐) léigài yīnyuè.

regime /reɪˈʒiːm/ n [C] 政体[體] zhèngtǐ; 政府 zhèngfǔ; 政权[權] zhèngquán. **re'gime change** n [U, C] 政权更替 zhèngquán gēngtì; 政府变[變]更 zhèngfǔ biàngēng.

regiment /ˈredʒɪmənt/ n [C] [军队]团[團]tuán. **regiment** v [T] 严[嚴]密地编组(或队)yánmì de biānzǔ. **regimental** /ˌredʒɪˈmentl/ adj.

region /ˈriːdʒən/ n 1 [C] 地区[區] dìqū; 地带[帶] dìdài. 2 [C] 行政区 xíngzhèngqū. 3 [习语] **in the region of sth** 大约 dàyuē; 接近 jiējìn. **regional** adj.

register /ˈredʒɪstə(r)/ n [C] 1 登记簿 dēngjìbù; 注册[冊]簿 zhùcèbù; 登记 dēngjì; 注册 zhùcè. 2 (人声或乐器的)音区[區] yīnqū; 声[聲]区 shēngqū. **register** v 1 [I] 登记(姓名)dēngjì. 2 [T] 注册 zhùcè; 登记 dēngjì. 3 [T] (仪表等)指示 zhǐshì; 显[顯]示 xiǎnshì. 4 [T] (面容)流露[露]情绪 liúlù qíngxù. 5 [T] 挂[掛]号[號]邮[郵]寄(信等)guàhào yóujì.

registrar /ˌredʒɪˈstrɑː(r)/ n [C] 登记员 dēngjìyuán; 注册员 zhùcèyuán.

registration /ˌredʒɪˈstreɪʃn/ n 登记 dēngjì; 注册 zhùcè; 挂[掛]号[號]

[號] guàhào. **regi'stration number** *n* [C] (汽车) 登记号码 dēngjì hàomǎ; 牌照号码 páizhào hàomǎ.

registry office /'redʒɪstrɪ/ *n* [C] 户籍登记处 [處] hùjí dēngjìchù.

regret[1] /rɪ'gret/ *v* [-tt-] [T] 因…懊悔 yīn…àohuǐ; 因…遗憾 yīn…yíhàn; 因…惋惜 yīn…wǎnxī: *Later, I ~ted my decision to leave.* 后来, 我对决定离开感到遗憾. **regrettable** *adj* 使人悔恨的 shǐ rén huǐhèn de; 令人遗憾的 lìng rén yíhàn de. **regrettably** *adv*

regret[2] *n* [U,C] 懊悔 àohuǐ; 遗憾 yíhàn. **regretful** *adj* 懊悔的 àohuǐde; 遗憾的 yíhànde.

regular /'regjʊlə(r)/ *adj* 1 定时 [時] 的 dìngshíde; 定期的 dìngqīde; ~ *breathing* 均匀的呼吸 jūnyún de hūxī. 2 匀称 [稱] 的 yúnchènde; 整齐 [齊] 的 zhěngqíde. 3 经 [經] 常的 jīngchángde; 正常的 zhèngchángde. 4 [语法] (动词、名词等) 按规则变 [變] 化的 àn guīzé biànhuà de. 5 (军队) 正规的 zhèngguīde; 常备 [備] 的 chángbèide: *a ~ soldier* 正规士兵. **regular** *n* [C] 1 正规兵 zhèngguībīng; 常备兵 chángbèibīng; 职 [職] 业 [業] 军人 zhíyè jūnrén. 2 [非正式用语] 常客 chángkè; 老顾 [顧] 客 lǎo gùkè. **regularity** /,regjʊ'lærətɪ/ *n* [U]. **regularly** *adv* 有规律地 yǒu guīlǜ de.

regulate /'regjʊleɪt/ *v* [T] 1 控制 kòngzhì; 管理 guǎnlǐ. 2 调整 tiáozhěng; 校准 [準] jiàozhǔn.

regulation /,regjʊ'leɪʃn/ *n* 1 [C, 常作 pl] 规章 guīzhāng; 规则 guīzé; 法规 fǎguī; 条 [條] 例 tiáolì. 2 [U] 控制 kòngzhì; 管理 guǎnlǐ; 校准 [準] jiàozhǔn. **regulation** *adj* 规定的 guīdìngde; 正规的 zhèngguīde: ~ *clothes* 规定的服装.

rehabilitate /,ri:ə'bɪlɪteɪt/ *v* [T] 使 (出狱者、病人) 恢复 [復] 正常生活 …huīfù zhèngcháng shēnghuó. **rehabilitation** /,ri:ə,bɪlɪ'teɪʃn/ *n* [U].

rehearse /rɪ'hɜːs/ *v* [I, T] 排练 [練] páiliàn; 排演 páiyǎn. **rehearsal** *n* [C, U].

reign /reɪn/ *n* [C] 君主统治 jūnzhǔ tǒngzhì; (君主) 统治 (时) 期 tǒngzhì shíqī. **reign** *v* [I] (君主等) 统治 tǒngzhì. 2 [喻] 支配 zhīpèi; 盛行 shèngxíng: *Silence ~ed.* 万籁俱寂.

reimburse /,ri:ɪm'bɜːs/ *v* [T] 偿 [償] 还 [還] chánghuán; 补 [補] 偿

bùcháng. **reimbursement** *n* [C, U].

rein /reɪn/ *n* [C, 常作 pl] 缰绳 [繩] jiāngshéng.

reincarnate /,ri:ɪn'kɑ:neɪt/ *v* [T] [常用被动语态] 使转 [轉] 世化身 shǐ zhuǎnshì huàshēn. **reincarnation** /,ri:ɪnkɑ:'neɪʃn/ *n* [C, U].

reindeer /'reɪndɪə(r)/ *n* [C] [pl **reindeer**] 驯鹿 xúnlù.

reinforce /,ri:ɪn'fɔːs/ *v* [T] 增援 zēngyuán; 加强 [強] jiāqiáng. **reinforcement** *n* 1 [U] 增援 zēngyuán; 加强 jiāqiáng. 2 **reinforcements** [pl] 援军 yuánjūn; 增援部队 [隊] zēngyuán bùduì.

reinstate /,ri:ɪn'steɪt/ *v* [T] 使复 [復] 位 shǐ fùwèi; 恢复原职 [職] huīfù yuánzhí. **reinstatement** *n* [U].

reiterate /ri:'ɪtəreɪt/ *v* [T] [正式用语] 反复 [複] 做 fǎnfù zuò; 反复讲 [講] fǎnfù jiǎng. **reiteration** /ri:,ɪtə'reɪʃn/ *n* [C, U]. **reject** /rɪ'dʒekt/ *v* [T] 1 拒绝 jùjué; 拒绝接受 jùjué jiēshòu. 2 抛弃 [棄] pāoqì; 摈 [擯] 弃 bìnqì. **reject** /'ri:dʒekt/ *n* [C] 被抛弃的东西 bèi pāoqìde dōngxi. **rejection** /rɪ'dʒekʃn/ *n* [U, C].

rejoice /rɪ'dʒɔɪs/ *v* [I] [正式用语] 欣喜 xīnxǐ; 高兴 [興] gāoxìng. **rejoicing** *n* [U] 欢 [歡] 喜 huānxǐ; 高兴 gāoxìng.

rejuvenate /rɪ'dʒu:vəneɪt/ *v* [T] 使变 [變] 年轻 [輕] shǐ biàn niánqīng; 使恢复 [復] 青春活力 shǐ huīfù qīngchūn huólì. **rejuvenation** /rɪ,dʒu:və'neɪʃn/ *n* [U].

relapse /rɪ'læps/ *v* [I] (疾病) 复 [復] 发 [發] fùfā; 重新陷入 chóngxīn xiànrù; 故 态 [態] 复萌 gù tài fù méng. **relapse** *n* [C].

relate /rɪ'leɪt/ *v* [I, T] (to) (使) 有关 [關] 联 [聯] yǒu guānlián. 2 (to) 和睦相处 [處] hémù xiāngchǔ. 3 [T] [正式用语] 讲 [講] 述 jiǎngshù. **related** *adj* 有亲 [親] 戚关系 [係] 的 yǒu qīnqi guānxì de; 相关的 xiāngguānde.

relation /rɪ'leɪʃn/ *n* 1 [C] 亲 [親] 属 [屬] qīnshǔ; 亲戚 qīnqi. 2 [U] 关 [關] 系 [係] guānxì. 3 **relations** [pl] (国家、人民之间的) 关系 guānxì; 往来 [來] wǎnglái. 4 [习语] **in relation to sth** [正式用语] 涉及 某事 shèjí mǒushì. **relationship** *n* [C] 1 关系 guānxì. 2 感情关系 gǎnqíng guānxi. **3** (与异性的)浪漫关系 làngmàn guānxi.

relative /'relətɪv/ *adj* 比较的 bǐjiàode; 相对(對)的 xiāngduìde, **2** 有 [正式用语]有关[關]的 yǒuguānde; 相关的 xiāngguānde. **relative** *n* [C] 亲(親)属[屬]qīnshǔ; 亲戚 qīnqi. **relative 'clause** *n* [C] [语法]关系(係)从句 guānxì cóngjù. **relatively** *adv* 适(適)度地 shìdùde; 相当[當]地 xiāngdāngde: ~*ly cheap food* 相当便宜的食品. **relative 'pronoun** *n* [C] [语法] 关系代词 guānxì dàicí.

relax /rɪ'læks/ *v* [I,T] 使松[鬆]弛 shǐ sōngchí; 放松 fàngsōng; 变(變)得轻松de qīngsōng. **2** [T] 使(规则等)放宽 shǐ fàngkuān. **relaxation** /ˌriːlæk'seɪʃn/ *n* **1** [U] 消遣 xiāoqiǎn; 娱乐(樂) yúlè. **2** [U] 松弛 sōngchí; 放松 fàngsōng. **relaxed** *adj* 松弛的 sōngchíde; 轻松的 qīngsōngde.

relay /'riːleɪ/ *n* **1** (a) [C,U] 接替人员 jiētì rényuán; 替班 tìbān. (b) **'relay race** *n* [C] (赛跑、游泳等)接力赛 jiēlìsài. **2** [C] 中继[繼]设备 shèbèi. **relay** /亦读 rɪ'leɪ/ *v* [*pt, pp* ~**ed**] [T] 中继转[轉]发[發] zhōngjì zhuǎnfā; 转播 zhuǎnbō.

release /rɪ'liːs/ *v* [T] **1** 释[釋]放 shìfàng. **2** 发[發]布(新闻等) fābù. **3** 松[鬆]开[開] sōngkāi; 放开 fàngkāi: ~ *the brake* 松开刹车. **release** *n* **1** [U,C] 释放 shìfàng; 发表 fābiǎo. **2** [C] 发行(影片等) fāxíng.

relegate /'relɪgeɪt/ *v* [T] 使降低地位 shǐ jiàngdī dìwèi; 使降级 shǐ jiàngjí. **relegation** /ˌrelɪ'geɪʃn/ *n* [U].

relent /rɪ'lent/ *v* [I] 变[變]温和 biàn wēnhé; 变宽容 biàn kuānróng. **relentless** *adj* 不间断[斷]的 bù jiànduàn de; 严[嚴]格的 yángéde.

relevant /'reləvənt/ *adj* 有关[關]的 yǒuguānde; 切题的 qiètíde, **relevance** /-vəns/ *n* [U]. **relevantly** *adv*.

reliable /rɪ'laɪəbl/ *adj* 可靠的 kěkàode; 可信赖的 kě xìnlài de, **reliability** /rɪˌlaɪə'bɪləti/ *n* [U]. **reliably** *adv*.

reliant /rɪ'laɪənt/ *adj on* 信赖的 xìnlàide; 依靠的 yīkàode. **reliance**

/-əns/ *n* [U] 信赖 xìnlài; 依靠 yīkào.

relic /'relɪk/ *n* **1** 遗物 yíwù; 遗迹 yíjì; 遗痕 yísú. **2** 圣[聖]徒遗物 shèngtú yíwù; 圣物 shèngwù; 圣骨 shènggǔ.

relief[1] /rɪ'liːf/ *n* **1** [U, sing] (痛苦、忧虑等的)减轻 jiǎnqīng, 解除 jiěchú: *of suffering* 解除疼痛. **2** [U] 救济[濟] jiùjì; 解救 jiějiù. **3** [C] 换班人 huànbānrén; 接替人 jiētìrén; 轮[輪]班人 lúnbānrén.

relief[2] /rɪ'liːf/ *n* [U,C] 浮雕(法) fúdiāo; 凸雕 tūdiāo. **relief map** *n* [C] [用莫法、分层设色法或凸现法表示地面起伏的]地貌(勢)图[圖] dìshìtú.

relieve /rɪ'liːv/ *v* [T] **1** 减轻[輕] jiǎnqīng, 解除(痛苦、忧虑) jiěchú: *medicine to ~ the pain* 缓解疼痛的药. **2** 接替 jiētì; 换班 huànbān. **3** 调剂[劑] tiáojì. **4** [短语动词] **relieve sb of sth** [正式语]解除(责任、工作) jiěchú: *He was ~d of his duties.* 他被免职. **relieved** *adj* 宽心的 kuānxīnde; 宽慰的 kuānwèide.

religion /rɪ'lɪdʒən/ *n* [U] 宗教信仰 zōngjiào xìnyǎng. **2** [C] 宗教 zōngjiào.

religious /rɪ'lɪdʒəs/ *adj* **1** 宗教的 zōngjiàode. **2** 虔诚的 qiánchéngde; 笃信宗教的 dǔxìn zōngjiào de. **religiously** *adv* 有规律地 yǒu guīlǜ de.

relinquish /rɪ'lɪŋkwɪʃ/ *v* [T] [正式用语]放弃[棄] fàngqì; 让[讓]予 ràngyǔ: ~ *one's duties* 放弃自己的职责.

relish /'relɪʃ/ *v* [T] 享受 xiǎngshòu: *I don't ~ the idea of getting up so early.* 我不喜欢这么早起床的主意. **relish** *n* **1** [U] 滋味 zīwèi; 美味 měiwèi. **2** 调味品 tiáowèipǐn; 佐料 zuǒliào.

reluctant /rɪ'lʌktənt/ *adj* 不情愿[願]的 bù qíngyuàn de; 勉强的 miǎnqiǎngde. **reluctance** /-təns/ *n* [U]. **reluctantly** *adv*.

rely /rɪ'laɪ/ *v* [*pt, pp* -**ied**] [I] *on* 依赖 yīlài; 依赖 yīlài; 信任 xìnrèn.

remain /rɪ'meɪn/ *v* **1** (常与形容词连用)保持不变[變] bǎochí búbiàn: ~ *silent* 保持沉默. **2** 剩下 shèngxià; 剩余[餘] shèngyú: *Not much ~ed of the house after the fire.* 火灾后,这所房子所剩无几. *She ~ed in the house after her friends had left.* 她的

朋友走后，她仍留在屋里。**3** [I] 留待 liúdài；尚等 shàngděi：*There are only a couple of jobs ~ing now*. 现在只有两件工作有待完成. **remainder** /-də(r)/ *n* [sing, 亦作 sing, 用 pl v] 剩余部分 shèngyú bùfen. **remains** *n* [pl] **1** 剩余物 shèngyúwù；残[殘]余 cányú. **2** [正式用语] 遗体 yítǐ，遗骸 yíhái.

remand /rɪ'mɑːnd; *US* -'mænd/ *v* [T] 将[將](被告、犯人)还[還]押等候审[審]讯 jiāng…hòushěn. **remand** *n* [习语] **on remand** 还押中 huányā zhōng.

remark /rɪ'mɑːk/ *v* [I, T] (*on*) 谈论[論] tánlùn；评论 pínglùn：*They all ~ed on his youth*. 他们都谈到他的青年时期. **remark** *n* [C] 评论 pínglùn；评述 píngshù. **remarkable** *adj* 不平常的 bù píngcháng de；值得注意的 zhídé zhùyì de. **remarkably** *adv*.

remedial /rɪ'miːdɪəl/ *adj* 治疗[療]的 zhìliáode；补[補]救的 bǔjiùde；矫[矯]正的 jiǎozhèngde.

remedy /'remədɪ/ *n* [C, U] [*pl* **-ies**] **1** 补[補]救(办)法 bǔjiùbànfǎ；纠[糾]正 jiūzhèng. **2** 治疗[療] zhìliáo. **remedy** *v* [*pt*, *pp* **-ied**] [T] 补救 bǔjiù；纠正 jiūzhèng；治疗 zhìliáo.

remember /rɪ'membə(r)/ *v* **1** [I, T] 记得 jìde；回忆[憶]起 huíyì qǐ. **2** [T] 给…钱[錢] gěi…qián；向…送礼[禮] xiàng…sònglǐ. **3** (短语动词) **remember sb to sb** 代某人向他人问候(或致意) dài mǒurén xiàng tārén wènhòu. **remembrance** /-brəns/ *n* [正式用语] **1** 记忆 jìyì；回忆 huíyì；追忆 zhuīyì. **2** [C] 纪念品 jìniànpǐn；纪念物 jìniànwù.

remind /rɪ'maɪnd/ *v* [T] **1** 提醒 tíxǐng；使想起 shǐ xiǎngqǐ：*R~ me to buy some more milk, will you?* 提醒我再买些牛奶，好吗? **2** 使(产[產])生联[聯]想 shǐ chǎnshēng liánxiǎng：*He ~s me of his brother*. 他使我想起他的弟弟. **reminder** *n* [C] 催询(或催还、催缴)单[單] cuīxúndān.

reminisce /remɪ'nɪs/ *v* [I] (*about*) 缅怀[懷]往事 miǎnhuái wǎngshì；回忆[憶] huíyì；谈旧[舊]事 tán jiùshì. **reminiscences** *n* [pl] 经[經]验谈 tán jīngyàntán；回忆录[錄] huíyìlù. **reminiscent** *adj* 缅怀往事的 miǎnhuái wǎngshì de；话旧的 huàjiùde；使人联[聯]想的 shǐ rén liánxiǎng de.

remission /rɪ'mɪʃn/ *n* [U, C] 刑期减免 xíngqī jiǎnmiǎn；减刑 jiǎnxíng. **2** [U] 宽恕 kuānshù；赦免 shèmiǎn.

remit /rɪ'mɪt/ *v* [-tt-] [正式用语] **1** 汇[匯](款) huì；汇寄 huìjì. **2** 免除(费用、处罚) miǎnchú；取消 qūxiāo. **remittance** *n* [C] 汇款额 huì kuǎn'é；汇款 huìkuǎn.

remnant /'remnənt/ *n* [C] 残[殘]余[餘] cányú；剩余 shèngyú.

remonstrate /'remənstreɪt; *US* rɪ'mɒnstreɪt/ *v* [I] (*with*) [正式用语] 抗议[議] kàngyì；反对[對] fǎnduì：*~d with him about being late again* 对他再次迟到表示抗议.

remorse /rɪ'mɔːs/ *n* [U] 懊悔 àohuǐ；悔恨 huǐhèn；自责 zìzé. **remorseful** *adj* **remorseless** *adj* **1** 无[無]情的 wúqíngde. **2** 无休止的 wú xiūzhǐ de.

remote /rɪ'məʊt/ *adj* [~**r**, ~**st**] **1** (*from*) 远[遠]离[離]的 yuǎnlí-de. **2** (在时间或空间上)遥远的 yáoyuǎnde. **3** (*from*) 与[與]…无[無]关[關]的 yǔ…wúguānde. **4** (人)冷淡的 lěngdànde；漠不关心的 mò bù guānxīn de. **5** 微小的 wēixiǎode：*a ~ possibility* 微乎其微的可能性. **remote con'trol** 遥控 yáokòng. **remotely** *adv* 轻[輕]微地 qīngwēide. **remoteness** *n* [U].

remove /rɪ'muːv/ *v* [T] **1** 移开[開]yíkāi；挪走 nuózǒu. **2** 去掉 qùdiào；清除 qīngchú：*~ stains/doubts* 去除污迹；消除疑虑. **3** 把…免职[職] bǎ…miǎnzhí. **removal** *n* [C, U] **1** 去除 qùchú；免职 miǎnzhí. **2** [C] 搬迁[遷] bānqiān. **removed** *adj* **from** 有[區]别的 yǒu qūbié de；不同的 bùtóngde. **remover** *n* [C, U]：*a 'stain ~r* 去污剂.

remunerate /rɪ'mjuːnəreɪt/ *v* [T] [正式用语] 报[報]酬 bàochóu；酬劳[勞] chóuláo. **remuneration** /rɪˌmjuːnə'reɪʃn/ *n* [C, U]. **remunerative** /-ərətɪv; *US* -əreɪtɪv/ *adj* 有利的 yǒulìde；有报酬的 yǒu bàochóu de.

renaissance /rɪ'neɪsns; *US* 'renəsɑːns/ *n* **1 the Renaissance** [sing] (欧洲14至16世纪的)文艺[藝]复[復]兴[興] wényì fùxīng. **2** 复兴 fùxīng.

renal /'riːnl/ *adj* [解剖]肾[腎]脏[臟]的 shènzàngde.

render /'rendə(r)/ v [T] [正式用语] **1** 致使 zhìshǐ; 使成 shǐ chéng: *The shock ~ed him speechless.* 惊得他说不出话来. **2** 给于 jǐyǔ; 回报[報] huíbào: *a reward for services ~ed* 服务的酬金. **3** 演出 yǎnchū; 演奏 yǎnzòu. **4** 翻译[譯] fānyì. **rendering** n [C] 表演 biǎoyǎn; 演奏 yǎnzòu.

rendezvous /'rɒndɪvuː/ n [pl **rendezvous** /-vuːz/] **1** 约会[會] yuēhuì; 会面 huìmiàn. **2** 约会地 yuēhuìdì; 聚会地 jùhuìdì. **rendezvous** v [I] (在指定地点) 会合 huìhé; 会面 huìmiàn.

rendition /ren'dɪʃn/ n [C] [正式用语] 表演 biǎoyǎn; 演奏 yǎnzòu.

renegade /'renɪgeɪd/ n [C] 变[變]节[節]者 biànjiézhě; 叛徒 pàntú; 叛教者 pànjiàozhě.

renew /rɪ'njuː; US -'nuː/ v [T] **1** 重新开[開]始 chóngxīn kāishǐ: *~ a friendship* 重修旧好. **2** 更新 gēngxīn. **3** 注入新的力量 zhùrù xīnde lìliàng. **4** 延期 yánqī; 续[續]期 xùqī: *~ a passport* 延长护照的期限. **renewal** n [C,U].

renounce /rɪ'naʊns/ v [T] [正式用语] **1** 宣称[稱]脱离[離]与[與]…断[斷]绝关[關]系[係] xuānchēng yǔ…duànjué guānxì; *~ one's faith* 声明放弃自己的信仰. **2** 声[聲]明放弃[棄] shēngmíng fàngqì.

renovate /'renəveɪt/ v [T] 修复[復] (旧建筑) xiūfù; 整旧[舊]如新 zhěng jiù rú xīn. **renovation** /ˌrenə'veɪʃn/ n [C,U].

renown /rɪ'naʊn/ n [U] [正式用语] 名望 míngwàng; 声[聲]誉[譽] shēngyù. **renowned** adj 著名的 zhùmíngde.

rent¹ /rent/ n [U,C] 租金 zūjīn; 租费 zūfèi. **rent** v [T] **1** 租借 zūjiè; 租用 zūyòng. **2** (*out*) 出租 chūzū. **rental** n [C] 租费 zūfèi.

rent² /rent/ n [C] (布、衣服等的) 破裂 pòliè; 裂口 lièkǒu; 破裂处[處] pòlièchù.

renunciation /rɪˌnʌnsɪ'eɪʃn/ n [U] [正式用语] 放弃[棄] fàngqì; 拒绝承认[認] jùjué chéngrèn; 宣布断[斷]绝关[關]系[係] xuānbù duànjué guānxì.

reorganize /ˌriː'ɔːɡənaɪz/ v [I,B] 改组 gǎizǔ; 改编 gǎibiān; 整顿 zhěngdùn. **reorganization** /ˌriːˌɔːɡənaɪ'zeɪʃn; US -nɪ'z-/ n [U,B].

Rep abbr [美语] Republican.

rep¹ /rep/ n [C] [非正式用语] short for REPRESENTATIVE 2.

rep² /rep/ n [C] [非正式用语] short for REPERTORY.

repair /rɪ'peə(r)/ v [T] 修理 xiūlǐ; 修补[補] xiūbǔ. **repair** n **1** [C, U] 修理 xiūlǐ; 修补[補] xiūbǔ: *His car is under ~ at the moment.* 他的汽车此刻正在修理. **2** [习语] **in good/bad re'pair** 维修良好; 维修不善.

reparation /ˌrepə'reɪʃn/ n [C] [正式用语] 补[補]偿[償] bǔcháng; 赔偿 péicháng.

repatriate /ˌriː'pætrɪeɪt; US -'peɪt-/ v [T] 把…遣返回国[國] bǎ…qiǎnfǎn huíguó. **repatriation** /ˌriːˌpætrɪ'eɪʃn; US -ˌpeɪt-/ n [U].

repay /rɪ'peɪ/ v [pt, pp **repaid** /rɪ'peɪd/] [T] **1** 付还[還] fùhuán; 偿[償]还 chánghuán. **2** 报[報]答 bàodá; 回报 huíbào: *How can I ~ your kindness?* 我怎样报答你的恩惠呢? **repayment** n [C, U].

repeal /rɪ'piːl/ v [T] 废[廢]止(法令等) fèizhǐ; 撤销 chèxiāo; 取消 qǔxiāo. **repeal** n [U].

repeat /rɪ'piːt/ v **1** [T] 重复[複] chóngfù; 重说 chóngshuō; 重做 chóngzuò. **2** ~ **oneself** 重复 chóngfù; 重说 chóngshuō; 重做 chóngzuò. **repeat** n [C] 重复 chóngfù; 重说 chóngshuō; 重做 chóngzuò. **repeated** adj 重复的 chóngfùde; 反复[復]的 fǎnfùde. **repeatedly** adv. **repel** /rɪ'pel/ v [-ll-] [T] **1** 击[擊]退 jītuì; 驱[驅]逐 qūzhú. **2** 使厌[厭]恶[惡] shǐ yànwù; 使反感 shǐ fǎngǎn. **repellent** adj 令人厌恶的 lìng rén yànwù de; 令人反感的 lìng rén fǎngǎn de. **repellent** n [C,U] 驱虫剂[劑] qūchóngjì.

repent /rɪ'pent/ v [I,B] (*of*) [正式用语] 后[後]悔 hòuhuǐ; 懊悔 àohuǐ. **repentance** n [U]. **repentant** adj.

repercussion /ˌriːpə'kʌʃn/ n [常作 pl] (深远的、间接的) 反响[響] fǎnxiǎng; 影响 yǐngxiǎng; 后[後]果 hòuguǒ.

repertoire /'repətwɑː(r)/ n [C] (艺术团体、演员、音乐家可随时演出的) 全部剧[劇]目 quánbù jùmù; 全部节[節]目 quánbù jiémù.

repertory /'repətrɪ; US -tɔːrɪ/ n [U] (同一剧团在同一剧院演出的) 保留剧[劇]目轮[輪]演 bǎoliú jùmù lúnyǎn: *a ~ company* 保留剧目

轮演剧团.

repetition /ˌrepɪˈtɪʃn/ n [C, U] 重复[複] chóngfù; 重说 chóngshuō; 重做 chóngzuò. **repetitive** /rɪˈpetətɪv/ adj 重复的 chóngfùde; 反复[復]的 fǎnfùde. **repetitive 'strain injury** 重复性肌肉劳[勞]损症 chóngfùxìng jīròuláosǔn zhèng; (办[辦])公室疼痛症 bānggōngshì téngtòngzhèng.

rephrase /ˌriːˈfreɪz/ v 用措辞[辭]再叙述; 改变[變]措辞 gǎibiàn cuòcí.

replace /rɪˈpleɪs/ v [T] 1 放回 fànghuí. 2 代替 dàitì; 取代 qǔdài. 3 替换 tìhuàn. **replacement** n 1 回归[歸]原位 huíguī yuánwèi; 代替 dàitì. 2 [C] 替换物 tìhuànwù.

replay /ˌriːˈpleɪ/ v [T] 1 重赛 chóngsài. 2 重放 (录音、录像) chóngfàng. **replay** /ˈriːpleɪ/ n [C] 重赛 chóngsài.

replenish /rɪˈplenɪʃ/ v [T] [正式用语]再装[裝]满 zài zhuāngmǎn; 补[補]充 bǔchōng.

replica /ˈreplɪkə/ n [C] 复[複]制[製]品 fùzhìpǐn.

reply /rɪˈplaɪ/ v [pt, pp -ied] [I, T] 回答 huídá; 答复[復] dáfù. **reply** n [pl -ies] 回答 huídá; 答复 dáfù.

report¹ /rɪˈpɔːt/ n 1 [C] 报[報]告 bàogào; 报道 bàodào. 2 [C] [英国英语](学生的)成绩报告单[單] chéngjì bàogàodān. 3 [C] 传[傳]闻 chuánwén; 谣言 yáoyán. 4 [C] [正式用语]爆炸声[聲] bàozhàshēng.

report² /rɪˈpɔːt/ v [I, T] 报[報]道 bàodào. 2 [T] (to) 告发[發] gàofā; 控告 kònggào. 3 [I] to/ for 报到 bàodào. **reported speech** [U] = INDIRECT SPEECH (INDIRECT). **reporter** n [C] 记者 jìzhě; 新闻通讯员 xīnwén tōngxùnyuán.

repose /rɪˈpəʊz/ v [I] [正式用语]休息 xiūxi; 躺 tǎng. **repose** n [U] [正式用语]休息 xiūxi.

reprehensible /ˌreprɪˈhensəbl/ adj [正式用语]应[應]受指责的 yīng shòu zhǐzé de.

represent /ˌreprɪˈzent/ v [T] 1 代表(某人) dàibiǎo; ~ the Queen 代表女王. 2 (在绘画、雕塑中)表现 biǎoxiàn. 3 象征[徵] xiàngzhēng. 4 描绘[繪] miáohuì. 5 [正式用语]相当[當]于 xiāngdāng yú; 是…的结果 shì…de jiéguǒ; This figure ~s an increase of 10%. 这

个数字相当于增加 10%. **representation** /ˌreprɪzenˈteɪʃn/ n [U, C].

representative /ˌreprɪˈzentətɪv/ n [C] 1 代表 dàibiǎo. 2 代理商 dàilǐshāng; (公司派出的)推销员 tuīxiāoyuán. **representative** adj 1 典型的 diǎnxíngde; 有代表性的 yǒu dàibiǎoxìng de. 2 代表制的 dàibiǎozhìde; 代议[議]制的 dàiyìzhìde.

repress /rɪˈpres/ v [T] 抑制 yìzhì; 控制 kòngzhì; ~ one's emotions/ a nation 抑制自己的情感; 控制一个国家. **repression** n [U]. **repressive** adj 严[嚴]厉[厲]的 yánlìde; 残[殘]酷的 cánkùde.

reprieve /rɪˈpriːv/ v [T] 缓期执[執]行…的刑罚[罰] (尤指死刑) huǎnqī zhíxíng…de xíngfá. **reprieve** n [C] 1 (尤指死刑的)缓刑 huǎnxíng. 2 [喻]暂时[時]缓解 zànshí huǎnjiě.

reprimand /ˈreprɪmɑːnd; US -mænd/ v [T] 训斥 xùnchì; 申斥 shēnchì; 斥责 chìzé. **reprimand** n [C].

reprisal /rɪˈpraɪzl/ n [C] 报[報]复[復] bàofù; 报复行动[動] bàofù xíngdòng.

reproach /rɪˈprəʊtʃ/ v [T] (for) 责备[備] zébèi; 指责 zhǐzé. **reproach** n 1 [U] 责备[備]; 指责 zhǐzé. 2 [C] 责备[備]的言词 zébèide yáncí. 3 [习语] above/beyond reproach 无[無]可指摘的 wú kě zhǐzhāi de.

reproduce /ˌriːprəˈdjuːs; US -ˈduːs/ v [I, T] 1 复[複]制[製] fùzhì; 翻版 fānbǎn. 2 繁殖 fánzhí; 生殖 shēngzhí. **reproduction** /-ˈdʌkʃn/ n [U, C]. **reproductive** /-ˈdʌktɪv/ adj 繁殖的 fánzhíde; 生殖的 shēngzhíde.

reproof /rɪˈpruːf/ n [C, U] [正式用语]责备[備] zébèi; 指摘 zhǐzhāi.

reprove /rɪˈpruːv/ v [T] [正式用语]责备 zébèi; 指摘 zhǐzhāi.

reptile /ˈreptaɪl/ n [C] 爬行动[動]物(如蜥蜴、蛇) páxíng dòngwù; 爬虫 páchóng. **reptilian** /repˈtɪliən/ adj.

republic /rɪˈpʌblɪk/ n [C] 共和国[國] gònghéguó; 共和政体[體] gònghé zhèngtǐ. **republican** adj 共和国的 gònghéguóde; 共和政体的. **republican** n [C] 拥[擁]护[護]共和政体者 yōnghù gònghé zhèngtǐ zhě. 2 Re-

publican (美国)共和党〔黨〕党员 Gònghédǎng dǎngyuán.

repudiate /rɪˈpjuːdɪeɪt/ *v* [T] [正式用语]拒绝接受 jùjué jiēshòu;与〔與〕…断〔斷〕绝往来 yǔ…duànjué wǎnglái. **repudiation** /rɪˌpjuːdɪˈeɪʃn/ *n* [U].

repugnant /rɪˈpʌgnənt/ *adj* [正式用语]令人厌〔厭〕恶〔惡〕的 lìng rén yànwù de;使人反感的 shǐ rén fǎngǎn de. **repugnance** /-nəns/ *n* [U].

repulse /rɪˈpʌls/ *v* [T] [正式用语] **1** 击〔擊〕退(敌人) jītuì. **2** [喻]拒绝接受 jùjué jiēshòu. **repulsion** /rɪˈpʌlʃn/ *n* [U] **1** 厌〔厭〕恶〔惡〕yànwù;反感 fǎngǎn. **2** [物理]排斥 páichì;斥力 chìlì. **repulsive** *adj* 令人厌恶的 lìng rén yànwù de;使人反感的 shǐ rén fǎngǎn de.

reputable /ˈrepjʊtəbl/ *adj* 声〔聲〕誉〔譽〕好的 shēngyù hǎo de;有声望的 yǒu shēngwàng de.

reputation /ˌrepjʊˈteɪʃn/ *n* [C, U] 名誉〔譽〕míngyù;名声〔聲〕míngshēng;名气〔氣〕míngqì.

repute /rɪˈpjuːt/ *n* [U] [正式用语] **1** 名誉〔譽〕míngyù;名声〔聲〕míngshēng. **2** 美名 měimíng;声望 shēngwàng: *a doctor of* ～ 名医. **reputed** *adj* 普遍认〔認〕为〔爲〕的 pǔbiàn rènwéi de. **reputedly** *adv*.

request /rɪˈkwest/ *n* **1** [C, U] 请求 qǐngqiú;要求 yāoqiú: *make a* ～ *for more money* 请求更多的资助. **2** [C] 要求的事物 yāoqiúde shìwù. **request** *v* [T] [正式用语]请求 qǐngqiú;要求 yāoqiú.

require /rɪˈkwaɪə(r)/ *v* [T] **1** 需要 xūyào: *My car* ～*s some attention*. 我的汽车需要修理一下. **2** [正式用语][常用被动语态]命令 mìnglìng;要求 yāoqiú: *You are* ～*d to pay the fine*. 你被命令交罚款. **requirement** *n* [C] 需要的东西 xūyàode dōngxi.

requisite /ˈrekwɪzɪt/ *n* [C], *adj* [正式用语]必需品 bìxūpǐn;需要的 xūyàode;必要的 bìyàode.

rescue /ˈreskjuː/ *v* [T] 救援 jiùyuán;搭救 dājiù;营〔營〕救 yíngjiù. **rescue** *n* [C, U] 救援 jiùyuán;搭救 dājiù;营救 yíngjiù.

research /rɪˈsɜːtʃ; *US* ˈriːsɜːtʃ/ *n* [U, C] 研究 yánjiū;调查 diàochá. **research** /rɪˈsɜːtʃ/ *v* [I, T] 研究 yánjiū;调查 diàochá. **research and development** 研究与〔與〕发〔發〕展 yánjiū yǔ fāzhǎn;研发 yánfā. **researcher** *n* [C].

resemble /rɪˈzembl/ *v* [T] 像 xiàng;与〔與〕…相似 yǔ…xiāngsì. **resemblance** *n* [C, U] 相似 xiāngsì;相像 xiāngxiàng.

resent /rɪˈzent/ *v* [T] (因受伤害、委屈等)对〔對〕…感到愤恨(或怨恨、气愤) duì…gǎndào fènhèn: ～ *his success* 对他的成功心怀怨恨. **resentful** *adj*. **resentment** *n* [U, C].

reservation /ˌrezəˈveɪʃn/ *n* **1** [C, U] 保留条〔條〕件 bǎoliú tiáojiàn;保留意见 bǎoliú yìjiàn: *I have a few* ～*s about the plan*. 我对该计划有所保留. **2** [C] (坐位、房间等)预订 yùdìng. **3** [C] 居留地 jūliúdì.

reserve /rɪˈzɜːv/ *v* [T] **1** 储备〔備〕chǔbèi;保留 bǎoliú. **2** 预订 yùdìng: ～ *a seat on a train* 预定火车坐位. **reserve** *n* **1** [C] 储备 chǔbèi. **2** **reserves** [pl] 后〔後〕备部队〔隊〕hòubèi bùduì. **3** [C] 保留地 bǎoliúdì: *a* ˈ*nature* ～ 自然保护区. **4** [C] 预备(或替补)队员 yùbèi duìyuán. **5** [U] 拘谨 jūjǐn;寡言 guǎyán. **6** [习语] **in reˈserve** 储存 chǔcún;留以备用 liú yǐ bèiyòng. **reserved** *adj* 矜持的 jīnchíde;寡言的 guǎyánde.

reservoir /ˈrezəvwɑː(r)/ *n* [C] 水库 shuǐkù;蓄水池 xùshuǐchí.

reside /rɪˈzaɪd/ *v* [I] [正式用语] **1** 居住 jūzhù;定居 dìngjū. **2** *in* 归〔歸〕于 guīyú;属〔屬〕于 shǔyú.

residence /ˈrezɪdəns/ *n* [正式用语] **1** [C] (尤指大的)住宅 zhùzhái;官邸 guāndǐ. **2** [U] 居住 jūzhù;定居 dìngjū. **3** [习语] **in** ˈ**residence** (官员等)驻在的 zhùzàide;住在任所的 zhù zài rènsuǒ de;住校的 zhùxiàode.

resident /ˈrezɪdənt/ *n* [C], *adj* 居民 jūmín;定居者 dìngjūzhě;定居的 dìngjūde;常驻的 chángzhùde. **residential** /ˌrezɪˈdenʃl/ *adj* **1** 居住的 jūzhùde;住宅的 zhùzháide. **2** 学〔學〕生寄宿的 xuéshēng jìsù de;(需)住宿在任所的 zhùsù zài rènsuǒ de.

residue /ˈrezɪdjuː; *US* -duː/ *n* [C] 残〔殘〕留物 cánliúwù;剩余〔餘〕物 shèngyúwù;残渣 cánzhā. **residual** /rɪˈzɪdjuəl; *US* -dʒʊ-/ *adj* 残留的 cánliúde;剩余的 shèngyúde.

resign /rɪˈzaɪn/ *v* **1** [I, T] 放弃〔棄〕fàngqì;辞〔辭〕去 cíqù. **2** [短语动词] **resign oneself to sth** 听〔聽〕任 tīngrèn;顺从〔從〕shùncóng. **resigned** *adj* 屈从的 qūcóngde;顺从

的 shùncóngde.

resignation /ˌrezɪgˈneɪʃn/ *n* 1 [C, U] 辞[辭]职[職] cízhí; 放弃[棄] fàngqì. 2 [U] 屈从[從] qūcóng; 顺从 shùncóng.

resilient /rɪˈzɪlɪənt/ *adj* 1 能复[復]原的 néng fùyuán de; 弹[彈]回的 tánhuíde. 2 有弹性的 yǒu tánxìng de. 2 '喻]能迅速恢复的 néng xùnsù huīfù de; 有复原能力的 yǒu fùyuánnénglì de. **resilience** /-əns/ *n* [U].

resin /ˈrezɪn/ *n* 1 [C] 树[樹]脂 shùzhī. 2 合成树脂 héchéng shùzhī.

resist /rɪˈzɪst/ *v* [T] 1 抵抗 dǐkàng; 对[對]抗 duìkàng. 2 不受…的损害 bùshòu…de sǔnhài. 3 忍住 rěnzhù; 顶住 dǐngzhù: ~ temptation 顶得起诱惑. **resistance** *n* 1 [U, sing] (a) 抵抗 dǐkàng; 对抗 duìkàng. (b) 抵抗力 dǐkànglì; *wind* ~ 风的阻力. 2 **the resistance** [sing] 用 sing 或 pl v] (敌占区的)秘密抵抗组织[織] mìmì dǐkàng zǔzhī. **resistant** *adj* 抵抗的 dǐkàngde; 抗拒的 kàngjùde.

resistor /rɪˈzɪstə(r)/ *n* [C] 电[電]阻器 diànzǔqì.

resolute /ˈrezəluːt/ *adj* [正式用语]坚[堅]决的 jiānjuéde; 坚定的 jiāndìngde. **resolutely** *adv*.

resolution /ˌrezəˈluːʃn/ *n* 1 [C] (会议的)正式决定 zhèngshì juédìng; 决议[議] juéyì. 2 [C] 决定 juédìng; 决心 juéxīn: *a New Year ~ to give up smoking* 新年[年]立下的戒烟[煙]决心. 3 [U] 坚[堅]定 jiāndìng; 坚决 jiānjué; 坚定 jiāndìng. 4 [U] [正式用语]解决 jiějué; 解答 jiědá.

resolve /rɪˈzɒlv/ *v* [T] [正式用语] 1 决定 juédìng; 决心 juéxīn. 2 解决(疑问、问题等) jiějué. **resolve** *n* [C] 决心 juéxīn; 决定 juédìng; 坚[堅]定 jiāndìng.

resonant /ˈrezənənt/ *adj* (声音的)回声[聲]的 huíshēngde; 回响[響]的 huíxiǎngde. **resonance** /-nəns/ *n* [U].

resort /rɪˈzɔːt/ *n* 1 [U] to 求助 qiúzhù; 凭[憑]借[藉] píngjiè; 采[採]用 cǎiyòng. **resort** *v* [C] 度假胜[勝]地 dùjià shèngdì: *a 'seaside ~* 海滨度假胜地.

resound /rɪˈzaʊnd/ *v* 1 [I] (声音) 回荡[蕩] huídàng; 激起回响[響] jīqǐ huíxiǎng. 2 (*with*) (地方)引起回响[聲] yǐnqǐ huíxiǎng. **resounding** *adj* 1 响亮的 xiǎngliàngde; 洪

亮的 hóngliàngde: *~ing cheers* 响亮的欢呼声. 2 极[極]大的 jídàde: *a ~ing success* 重大的成功.

resource /rɪˈsɔːs, -ˈzɔːs; US ˈriːsɔːrs/ *n* [C, 常作 pl] 1 资源 zīyuán. 2 可给予帮[幫]助的东西 kěyǐyǔ bāngzhù de dōngxi. **resourceful** *adj* 善于随[隨]机[機]应[應]变[變]的 shànyú suí jī yìng biàn de; 机敏的 jīmǐnde. **resourcefully** *adv*.

respect /rɪˈspekt/ *n* 1 [U] 尊敬 zūnjìng; 敬重 jìngzhòng. 2 [U] 尊重[應] 考虑[慮] kǎolǜ: *show ~ for her wishes* 重视她的愿望. 3 [C] 细节[節] xìjié: *In some ~s, I agree with you.* 在某些方面, 我同意你的意见. 4 **respects** [pl] [正式用语]敬意 jìngyì; 问候 wènhòu. 5 [习语] **with respect to sth** [正式用语]关[關]于 guānyú; 涉及 shèjí. **respect** *v* [T] 尊敬 zūnjìng; 敬重 jìngzhòng; 考虑 kǎolǜ.

respectable /rɪˈspektəbl/ *adj* 1 值得尊敬的 zhídé zūnjìng de; 应[應]受敬重的 yìng shòu jìngzhòng de. 2 相当[當]多(数[數]量或规模)的 xiāngdāng shùliàng de; 可观[觀]的 kěguānde: *a ~ income* 可观的收入. **respectability** /rɪˌspektəˈbɪləti/ *n* [U]. **respectably** *adv*.

respectful /rɪˈspektfl/ *adj* 表示尊敬(或尊重)的 biǎoshì zūnjìng de; 恭敬的 gōngjìngde. **respectfully** *adv*.

respective /rɪˈspektɪv/ *adj* 各自的 gèzìde; 各个[個]的 gègède; 分别的 fēnbiéde. **respectively** *adv* 各自地 gèzìde; 各个地 gègède; 分别地 fēnbiéde.

respiration /ˌrespəˈreɪʃn/ *n* [U] [正式用语]呼吸 hūxī; 一次呼吸 yícì hūxī. **respiratory** /ˈrespɪrətrɪ, rɪˈspaɪərətərɪ; US -tɔːrɪ/ *adj* 呼吸的 hūxīde; 呼吸用的 hūxī yòng de.

respite /ˈrespaɪt, -pɪt/ *n* [U, sing] (不愉快的事等)暂停 zàntíng, 暂时[時]缓解 zànshí huǎnjiě.

resplendent /rɪˈsplendənt/ *adj* [正式用语]灿[燦]烂[爛]的 cànlànde; 辉煌的 huīhuángde.

respond /rɪˈspɒnd/ *v* [I] (*to*) 1 回答 huídá, 作出反应[應] zuòchū fǎnyìng; 响[響]应 xiǎngyìng. 2 有反应 yǒu fǎnyìng: *~ to treatment* 治疗生效.

response /rɪˈspɒns/ *n* 1 [C] 回答 huídá; 答复[復] dáfù. 2 [C, U] 反应 fǎnyìng; 响[響]应 xiǎngyìng.

responsibility /rɪˌspɒnsəˈbɪlətɪ/ *n*

[*pl* **-ies**] 1 [U] 责任 zérèn; 负责 fùzé. 2 [C] 职(职)责 zhízé; 任务(务) rènwù.

responsible /rɪˈspɒnsəbl/ *adj* 1 (*for*) 需负责任的 xū fù zérèn de; 承担(担)责任的 chéngdān zérèn de. ~ *for cleaning the car* 负责清洗汽车. 2 (*to*) 必须对(对)某人负责的(对) bìxū duì mǒurén fùzé. 3 (*for*) 作为原因的 zuòwéi yuányīn de; 应(应)受责备(备)的 yīng shòu zébèi de. *Who's ~ for this mess?* 是谁弄得这么乱! 4 可靠的 kěkào de; 可信赖的 kě xìnlài de. 5 责任重大的 zérèn zhòngdà de. **responsibly** *adv*.

responsive /rɪˈspɒnsɪv/ *adj* 反应(应)灵[灵]敏的 fǎnyīng língmǐn de; 敏感的 mǐngǎn de.

rest¹ /rest/ *n* 1 [C,U] 休息 xiūxi; 睡眠 shuìmián. 2 [C] 支承物 zhīchéngwù; 支架 zhījià; 托架 tuōjià. *an ˈarm-~* 扶手. 3 [C] [音乐]休止(符) xiūzhǐfú. 4 [习语] **at ˈrest (a)** 静止 jìngzhǐ; 不动(动) búdòng. **(b)** 安宁(宁) ānníng. **restful** *adj* 给人充分休息的 gěi rén chōngfèn xiūxi de; 令人有宁静感的 lìng rén yǒu níngjìnggǎn de. **restless** *adj* 运(运)动(动)不止的 yùndòng bùzhǐ de; 静不下来的 jìng bù xiàlái de; 不能安宁的 bùnéng ānníng de.

rest² /rest/ *v* 1 [I, T] (使)休息 xiūxi; (使)静止 jìngzhǐ. 2 [I, T] *on/against* 倚靠 yǐkào; 倚着 yǐzhe. 3 [I] *on* (目光)凝视 níngshì. 4 [习语] **rest assured** [正式用语]放心 fàngxīn. **rest on one's laurels** 自满 zìmǎn. 5 [短语动词] **rest on sth** 依靠 yīkào. **rest with sb** 责任全在于(某人) zérèn quán zàiyú.

rest³ /rest/ *n* **the rest** 1 [sing] 剩余(馀)部分 shèngyú bùfèn. 2 [pl] 其他人(或物) qítā rén.

restaurant /ˈrestrɒnt; *US* -tərənt/ *n* [C] 餐馆 cānguǎn; 饭店 fàndiàn.

restive /ˈrestɪv/ *adj* [正式用语]不受管束的 búshòu guǎnshù de; 不安宁(宁)的 bù ānníng de.

restoration /ˌrestəˈreɪʃn/ *n* 1 [C,U] 恢复[复] huīfù; 复原 fùyuán. 2 **the Restoration** [sing] (1660 年英王查理二世的)王政复辟时(时)期 wángzhèng fùpì shíqī.

restorative /rɪˈstɔːrətɪv/ *adj* 恢复[复]健康(或体力)的 huīfù jiànkāng de. **restorative** *n* [C] 恢复健康(或体力)的食物(或药品) huīfù jiànkāng de shíwù.

restore /rɪˈstɔː(r)/ *v* [T] 1 [正式用语]归(归)还(还);交还 jiāohuán. 2 使复[复]位 shǐ fùwèi;使复职(职) shǐ fùzhí. 3 重新采[采]用 chóngxīn cǎiyòng. 4 修复(复)(建筑、艺术品等) xiūfù;整修 zhěngxiū. **restorer** *n* [C] (残损文物等的)修复者 xiūfùzhě.

restrain /rɪˈstreɪn/ *v* [T] 抑制 yìzhì;遏制 èzhì. **restrained** *adj* 克制的 kèzhì de;受约束的 shòu yuēshù de. **restraint** *n* 1 [C, U] 克制物 kèzhìwù;起遏制作用的事物 qǐ èzhì zuòyòng de shìwù. 2 [U] 抑制 yìzhì;遏制 èzhì.

restrict /rɪˈstrɪkt/ *v* [T] 限制 xiànzhì;约束 yuēshù. **restriction** /rɪˈstrɪkʃn/ *n* [C, U]. **restrictive** *adj*.

result /rɪˈzʌlt/ *n* 1 [C,U] 结果 jiēguǒ;效果 xiàoguǒ. 2 [C] 比赛结果 bǐsài jiēguǒ;成绩 chéngjì. 3 [C] (数学)答案 dá'àn;答数(数) dáshù. **result** *v* 1 [I] (*from*) 发(发)生 fāshēng;产(产)生 chǎnshēng. 2 [短语动词] **result in sth** 结果是 jiēguǒ shì;结果造成 jiēguǒ zàochéng. **resultant** *adj* [正式用语]因而发生的 yīn'ér fāshēng de;作为(为)结果而产生的 zuòwéi jiēguǒ ér chǎnshēng de.

resume /rɪˈzjuːm; *US* -ˈzuːm/ *v* 1 [I, T] 重新开[开]始 chóngxīn kāishǐ;继续[续]续 jìxù. 2 [正式用语]重新得到 chóngxīn dédào;重新占(占)有 chóngxīn zhànyǒu. ~ *one's seat* 重新坐下.

résumé /ˈrezjuːmeɪ; *US* ˌrezəˈmeɪ/ *n* [C] 摘要 zhāiyào;简历[历] jiǎnlì.

resumption /rɪˈzʌmpʃn/ *n* [U, sing] [正式用语]重新开始 chóngxīn kāishǐ;继续[续]续 jìxù.

resurrect /ˌrezəˈrekt/ *v* [T] 重新使用 chóngxīn shǐyòng;使重新流行 shǐ chóngxīn liúxíng. **resurrection** /ˌrezəˈrekʃn/ *n* 1 [U] 重新起用 chóngxīn qǐyòng;重新流行 chóngxīn liúxíng. 2 **the Resurrection** [sing] **(a)** [宗教]耶稣复[复]活 Yēsū fùhuó. **(b)** (最后审判日)全部死者的复活 quánbù sǐzhě de fùhuó.

resuscitate /rɪˈsʌsɪteɪt/ *v* [T] [正式用语]使恢复[复]知觉[觉]或生机 huīfù zhījué;使苏[苏]醒 shǐ sūxǐng. **resuscitation** /rɪˌsʌsɪˈteɪʃn/ *n* [U].

retail /ˈriːteɪl/ *n* [U] 零售 língshòu;零卖[卖] língmài. **retail** *adv* 以零售方式 yǐ língshòu fāngshì. **re-**

tail v [I, T] 零售 língshòu; 零卖 língmài. **retailer** n [C] 零售商 língshòushāng.

retain /rɪ'teɪn/ v [T] [正式用语] 1 保持 bǎochí; 保留 bǎoliú. 2 付定金聘请(律师) fù dìngjīn pìnqǐng. **retainer** n [C] 1 聘用定金 pìnyòng dìngjīn. 2 (为外出期间保留租房等而付的)定金 dìngjīn. 3 [古]仆(僕)人 púrén.

retaliate /rɪ'tælieɪt/ v [I] 报(報)复(復) bàofù; 以牙还(還)牙 yǐ yá huán yá. **retaliation** /rɪ,tæli'eɪʃn/ n [U].

retard /rɪ'tɑːd/ v [T] [正式用语] 使放慢 fàngmàn; 使延迟(遲) shǐ yánchí, **retarded** adj 智力迟钝的 zhìlì chídùn de.

retch /retʃ/ v [I] 干(乾)呕(嘔) gān'ǒu.

retention /rɪ'tenʃn/ n [U] [正式用语]保持 bǎochí; 保留 bǎoliú.

retentive /rɪ'tentɪv/ adj 能记住的 néng jìzhù de; 记忆(憶)力强的 jìyìlì qiáng de.

reticent /'retɪsnt/ adj 沉默寡言的 chénmò guǎ yán de; 言不尽(盡)意的 yán bù jìn yì de. **reticence** /-sns/ n [U].

retina /'retɪnə/; US /'retənə/ n [pl ~s 或 -ae /-niː/] 视网(網)膜 shìwǎngmó.

retinue /'retɪnjuː/; US /'retənuː/ n [C, 亦作 sing, 用 pl v] (要人的)一批随(隨)员 suíyuán.

retire /rɪ'taɪə(r)/ v [I] (a) (from) 退休 tuìxiū; 退职(職) tuìzhí; 退役 tuìyì. (b) [T] 使…退休(或退职、退役)shǐ…tuìxiū. 2 [I] [正式用语]退出 tuìchū; 退出 tuìchū; 引退 yǐntuì. 3 [I] [正式用语]就寝(寢) jiùqǐn. **retired** adj 退休的 tuìxiū de; 退职的 tuìzhí de; 退役的 tuìyì de. **retirement** n [U]. **retiring** adj 离(離)群索居的 lí qún suǒ jū de; 过(過)隐(隱)居生活的 guò yǐnjū shēnghuó de.

retort /rɪ'tɔːt/ v [I] 反驳 fǎnbó; 回嘴 huízuǐ说 shuō. **retort** n [C, U] 反驳 fǎnbó;回嘴 huízuǐ.

retrace /riː'treɪs/ v [T] 折返 zhéfǎn;沿(路返)重行 yán…chóngxíng; ~ one's steps 原路折回返.

retract /rɪ'trækt/ v [I, T] 1 撤回 chèhuí;收回(声明等)shōuhuí. 2 缩回 suōhuí;缩进(進)suōjìn: A cat can ~ its claws. 猫能缩回它的爪子. **retractable** adj. **retraction** /rɪ'trækʃn/ n [C, U].

retread /'riːtred/ n [C] 翻新的轮(輪)胎 fānxīn de lúntāi.

retreat /rɪ'triːt/ v [I] (尤指军队)退却 tuìquè, 后(後)退 hòutuì, 撤退 chètuì. **retreat** n 1 退却 tuìquè;撤退 chètuì. 2 隐(隱)退 处(處)yǐntuìchù;静居处 jìngjūchù.

retribution /,retrɪ'bjuːʃn/ n [U] [正式用语]应(應)得的惩(懲)罚(罰) yīngdé de chéngfá; 报(報)应 bàoyìng.

retrieve /rɪ'triːv/ v [T] [正式用语] 1 重新得到 chóngxīn dédào;取回 qǔhuí. 2 纠正 jiūzhèng;挽回 wǎnhuí. **retrieval** n [U] 再获(獲)得zài huòdé;取回 qǔhuí. **retriever** n [C] (经训练会衔回猎物的)猎犬 lièquǎn.

retrograde /'retrəɡreɪd/ adj [正式用语]退化的 tuìhuà de;倒退 dàotuì;[意]思退化的 de èhuà de;衰退的 shuāituìde.

retrogression /,retrəˈɡreʃn/ n [U] [正式用语]退化 tuìhuà;衰退 shuāituì. **retrogressive** /-'ɡresɪv/ adj.

retrospect /'retrəspekt/ n [习语] **in retrospect** 回顾(顧)时 huígù;追溯 zhuīsù. **retrospective** n 1 回顾的 huígù de;追溯的 zhuīsù de. 2 (法律等)有既往的 sù jì jì wǎng de;有追溯效力的 yǒu zhuīsù xiàolì de.

return¹ /rɪ'tɜːn/ v 1 [I] 回来 huí lái;返回 fǎnhuí: ~ home 回家. (b) 恢复(復)原先的状(狀)态(態)huīfù yuánxiān de zhuàngtài. 2 [I] 归(歸)回 guīhuán;返(還)guīhuán;退回 tuìhuí: 退回 tuìhuí. ~ damaged goods to the shop 将破损货物退回商店. 3 [T] 选(選)出…为(爲)议(議)员 xuǎnchū…wéi yìyuán. 4 [T] 正式宣布 zhèngshì xuānbù: The jury ~ed a verdict of guilty. 陪审团宣布被告有罪的裁决.

return² /rɪ'tɜːn/ n 1 [C, U] 回来 huílái;返回 fǎnhuí. 2 [C, 尤作 pl] 赢利 yínglì;收益 shōuyì. 3 [C] 报(報)告 bàogào;申报 shēnbào: fill in one's tax ~. 填写税单. 4 [C] (亦作 return 'ticket) 来回票 láihuípiào;往返票 wǎngfǎnpiào. 5 [习语] **in return (for sth)** 作为(爲)…的付款(或回报)zuòwéi…de fùkuǎn.

reunion /riː'juːnɪən/ n 1 [C] 团(團)聚 tuánjù;聚会(會)jùhuì. 2 [C, U] 重聚 chóngjù.

Rev (亦作 **Revd**) abbr Reverend.

rev /rev/ v [-vv-] [I, T] (up) (发动机)加快转(轉)速 jiākuài zhuànsù: ~ the car (up) 加快汽车速

度.

reveal /rɪˈviːl/ v [T] 1 揭示 jiēshì; 揭露 jiēlù: ~ a secret 泄露秘密. 2 展现 zhǎnxiàn; 显[顯]示 xiǎnshì.

revel /ˈrevl/ v [-ll-; 美语 -l-] [短语动词] revel in sth 陶醉 táozuì; 沉迷 chénmí.

revelation /ˌrevəˈleɪʃn/ n 1 [U] 揭示 jiēshì; 揭露 jiēlù. 2 [C] 被揭露的事 bèi jiēlù de shì.

revenge /rɪˈvendʒ/ n 复[復]仇 fùchóu; 报[報]复 bàofù. **revenge** v [T] ~ oneself (on) 报仇 bàochóu; 报复 bàofù.

revenue /ˈrevənjuː/ n [U, C] 收入 shōurù; (国家的)岁[歲]入 suìrù.

reverberate /rɪˈvɜːbəreɪt/ v 发[發]出回声[聲] fāchū huíshēng; 回响[響] huíxiǎng. **reverberation** /rɪˌvɜːbəˈreɪʃn/ n 1 [C] 回声 huíshēng; 回响 huíxiǎng. 2 [C, 常作 pl] [喻]影响 yǐngxiǎng.

revere /rɪˈvɪə(r)/ v [T] [正式用语]尊敬 zūnjìng; 尊崇 zūnchóng. **reverence** /ˈrevərəns/ n 尊敬 zūnjìng; 尊崇 zūnchóng. **Reverend** /ˈrevərənd/ n [C] 牧师(師)(或神父等)的尊称[稱] mùshī de zūnchēng. **reverent** /ˈrevərənt/ adj 恭敬的 gōngjìngde; 虔敬的 qiánjìngde. **reverently** adv.

reversal /rɪˈvɜːsl/ n [C, U] 反向 fǎnxiàng; 倒转[轉] dǎozhuǎn; 颠倒 diāndǎo.

reverse /rɪˈvɜːs/ adj 反向的 fǎnxiàngde; 相反的 xiāngfǎnde. **reverse** n 1 the reverse [sing] 相反情况 xiāngfǎn qíngkuàng. 2 [U] (机动车)倒挡[擋] dàodǎng: put the car into ~ (gear) 汽车挂上倒挡. 3 [C] (硬币)反面 fǎnmiàn; 背面 bèimiàn. **reverse** v 1 [T] 使反向 shǐ fǎnxiàng; 使倒转[轉] shǐ dǎozhuǎn. 2 [T] 使转化为[為]自身的对[對]立面 shǐ zhuǎnhuà wéi zìshēn de duìlìmiàn: ~ a decision 取消一项决定. 3 [I, T] (使车辆)倒退行驶 dàotuì xíngshǐ. 4 [习语] reverse the 'charges 由接电[電]话一方付费 yóu jiē diànhuà yìfāng fùfèi.

revert /rɪˈvɜːt/ v [T] 归[歸]属[屬]于(原状) guīshǔ yú; 归[歸]属[屬]于(原主) guīshǔ yú.

review /rɪˈvjuː/ v 1 [T] 再考虑[慮]zài kǎolǜ; 再检[檢]查 zài jiǎnchá: ~ the past/a decision 回顾过去; 复查一项决定. 2 [I, T] 评论

[論]pínglùn. 3 [T] 检阅[閱]jiǎnyuè. **review** n 1 [C, U] 再考虑 zài kǎolǜ; 再检查 zài jiǎnchá. 2 [C] 评论文章 pínglùn wénzhāng; 书[書]评 shūpíng; 影评 yǐngpíng. 3 [C] 检阅[閱]jiǎnyuè. **reviewer** n [C] 评论家 pínglùnjiā.

revise /rɪˈvaɪz/ v 1 [T] 修订 xiūdìng; 校订 jiàodìng; 订正 dìngzhèng. 2 [I, T] (for) 复[復]习[習]fùxí; 温习 wēnxí. **revision** /rɪˈvɪʒn/ n 1 [C, U] 修订 xiūdìng; 校订 jiàodìng; 复习 fùxí. 2 [C] 修订本 xiūdìngbèn; 修订版 xiūdìngbǎn.

revitalize /ˌriːˈvaɪtəlaɪz/ v [T] 使复[復]生 shǐ fùshēng; 使恢复[復]生机[機]shǐ huīfù shēngjī.

revive /rɪˈvaɪv/ v [I, T] 1 使恢复[復]知觉[覺]shǐ huīfù zhījué. 2 重新使用 chóngxīn shǐyòng: ~ old customs 再兴旧风俗. **revival** n [C, U].

revoke /rɪˈvəʊk/ v [T] [正式用语]废[廢]除 fèichú; 撤销 chèxiāo; 取消 qǔxiāo.

revolt /rɪˈvəʊlt/ v 1 [I] (against) 反叛 fǎnpàn; 反抗 fǎnkàng; 背叛 bèipàn. 2 [T] 使厌[厭]恶[惡]shǐ yànwù; 使反感 shǐ fǎngǎn. **revolt** n [C, U] 反叛 fǎnpàn; 背叛 bèipàn; 叛乱 pànluàn. **revolting** adj 令人作呕[嘔]的 lìng rén zuò'ǒu de; 令人不愉快的 lìng rén bù yúkuài de.

revolution /ˌrevəˈluːʃn/ n 1 [C, U] 革命 gémìng. 2 [C, U] (方法、情况的)彻[徹]底改变[變]chèdǐ gǎibiàn; 大变革 dà biàngé: the ~ in computer ~ 计算机革命. 3 [C] 旋转[轉]一周 xuánzhuàn yìzhōu. **revolutionary** adj 1 革命的 gémìngde. 2 大变革的 dà biàngé de: a ~ry idea 创新的思想. **revolutionary** n [C] [pl -ies] 革命者 gémìngzhě; 革命活动[動]家 gémìng huódòngjiā. **revolutionize** /-ʃənaɪz/ v [T] 使发[發]生革命性剧[劇]变 shǐ fāshēng gémìngxìng jùbiàn.

revolve /rɪˈvɒlv/ v 1 [I] (around) 作圆周运[運]动[動]zuò yuánzhōu yùndòng; 旋转 xuánzhuàn. 2 [短语动词] revolve around sb/sth 以某人(或某事)为[為]中心 yǐ mǒu yī wéi zhōngxīn: The story ~s around the old man. 故事以这位老人为主题.

revolver /rɪˈvɒlvə(r)/ n [C] 左轮[輪]手枪[槍]zuǒlún shǒuqiāng.

revue /rɪˈvjuː/ n [C] (由歌舞、滑稽短剧等组成的)时[時]事讽[諷]刺

剧[劇]shìshí fēngcìjù.

revulsion /rɪˈvʌlʃn/ n [U, sing] 厌[厭]恶(惡)yànwù;憎恶 zēngwù.

reward /rɪˈwɔːd/ n [C] 报[報]答 bàodá;报偿(償)bàochángcháng;酬金 chóujīn;奖[獎]赏 jiǎngshǎng. **reward** v [T] 报答 bàodá;报偿 bàocháng;酬谢 chóuxiè;奖励[勵]jiǎng-lì. **rewarding** adj 令人满意的 lìng rén mǎnyì de.

rewind /ˌriːˈwaɪnd/ v [pt, pp **rewound** /ˌriːˈwaʊnd/] [I, T] 倒回(影片、录音带等)dàohuí.

rhapsody /ˈræpsədɪ/ n [C] [pl -ies] 1 [音乐]狂想曲 kuángxiǎng-qǔ. 2 狂喜 kuángxǐ.

rhetoric /ˈretərɪk/ n [U] 1 修辞[辭]学[學](的) xiūcíxué, 2 [贬]浮夸[誇]的言语 fúkuā de yányǔ;华[華]丽[麗]的辞藻 huálì de cízǎo.

rhetorical /rɪˈtɒrɪkl; US -ˈtɔːr-/ adj 1 (疑问)修辞性(只求修辞效果,并不要求答复)的 xiūcíxìng de. 2 辞藻华丽的 cízǎo huálì de;夸张(張)的 kuāzhāng de.

rheumatism /ˈruːmətɪzəm/ n [U] 风[風]湿[濕]病 fēngshībìng. **rheumatic** /ruːˈmætɪk/ adj, n [C].

rhino /ˈraɪnəʊ/ n [C] [pl ~s] [非正式用语] short for RHINOCEROS.

rhinoceros /raɪˈnɒsərəs/ n [C] 犀牛 xīniú.

rhododendron /ˌrəʊdəˈdendrən/ n [C] 杜鹃[鵑]花 dùjuānhuā.

rhubarb /ˈruːbɑːb/ n [U] [植物]大黄 dàhuáng;美洲大黄 cūyòng tè dàhuáng (药用)大黄根 dàhuánggēn.

rhyme /raɪm/ v [I] 押韵[韻]yāyùn: 'Fall' ~s with 'wall'. "fall" 与 "wall" 押韵. **rhyme** n 1 [U] 押韵 yāyùn. 2 [C] 押韵词 yāyùncí;同韵词 tóngyùncí. 3 [C] 押韵诗 yāyùnshī.

rhythm /ˈrɪðəm/ n [C, U] 1 节[節]奏 jiézòu;节律 jiélǜ. 2 [C] 循[循]环往复(復)的规则变[變]化 guīlǜ biànhuà;the ~ of the tides 潮汐的涨落. **rhythmic(al)** /ˈrɪðmɪk(l)/ adj.

rib /rɪb/ n [C] 1 (人的)肋骨 lèigǔ. 2 (织物的)凸起条(條)纹 tūqǐ tiáowén, 罗[羅]纹 luówén. **ribbed** /rɪbd/ adj (织物)有凸起条纹的 yǒu tūqǐ tiáowén de;有罗纹的 yǒu luówén de.

ribbon /ˈrɪbən/ n [C, U] 缎带[帶]duàndài;丝带 sīdài;带子 dàizi.

rice /raɪs/ n 米 mǐ.

rich /rɪtʃ/ adj 1 富的 fù de;富裕

的 fùyù de. 2 昂贵的 ángguì de;华[華]丽[麗]的 huálì de: ~ clothes 华丽的衣服. 3 in 盛产[產]的 shèngchǎn de;丰[豐]富的 fēngfù de: soil ~ in minerals 矿物质丰的土壤. 4 (食物)味浓(濃)的 wèinóng de;油腻[膩]的 yóunì de. 5 (颜色)鲜艳[艷]的 xiānyàn de;(声音)深沉的 shēnchén de. **rich** n 1 the rich [pl] 富人 fùrén. 2 **riches** [pl] 财富 cáifù;财富 cáifù. **richly** adv. **richness** n [U].

rickety /ˈrɪkətɪ/ adj 摇晃的 yáo-huàng de;不牢靠的 bù láokào de.

rickshaw /ˈrɪkʃɔː/ n [C] 人力车 rénlìchē;黄包车 huángbāochē.

ricochet /ˈrɪkəʃeɪ; US ˌrɪkəˈʃeɪ/ v [pt, pp -t- and -tt-] [I] (子弹击中物体表面后)弹[彈]起 tánqǐ;跳飞[飛] tiàofēi;弹跳 tántiào. **ricochet** n [C, U].

rid /rɪd/ v [-dd-; pt, pp rid] 1 [T] of [正式用语]使摆[擺]脱 shǐ bǎituō. 2 [习语] **get rid of sb/sth** 摆脱 bǎituō.

riddance /ˈrɪdns/ n [习语] **good riddance** (用以表达摆脱讨厌的人或事后的愉快和轻重负感): He's finally gone and good ~ to him! 他终于走了,谢天谢地!

ridden pp of RIDE¹.

riddle¹ /ˈrɪdl/ n [C] 1 谜 mí;谜语 míyǔ. 2 谜一般的人(或东西、状况) míyìbānde rén.

riddle² /ˈrɪdl/ v [习语] (尤作被动语态)把…弄得满是窟窿 bǎ…nòngdé mǎn shì kūlong: a body ~d with bullets 一身弹痕累累.

ride¹ /raɪd/ v [pt rode /rəʊd/, pp ridden /ˈrɪdn/] 1 [I, T] 骑(马、自行车等)qí. 2 [I] 乘坐 chéng-zuò;搭乘 dāchéng. 3 [I] 漂浮而行 piāofú ér xíng: a ship riding the waves 一艘乘风破浪的船. 4 [短语动词] **ride up** (衣服等)向上拱 xiàngshàng gǒng. **rider** n [C] 1 骑马(或自行车)的人 qí mǎ de rén;骑手 qíshǒu. 2 (文件等后面的)附文 fùwén,附件 fùjiàn.

ride² /raɪd/ n [C] 1 乘骑 chéngqí;乘坐 chéngzuò;搭乘 dāchéng. 2 [习语] **take sb for a 'ride** [非正式用语]欺骗某人 qīpiàn mǒurén.

ridge /rɪdʒ/ n [C] 1 山脊 shānjǐ;山脉[脈]shānmài. 2 脊 jǐ;脊梁 jǐliáng;脊状(狀)物 jǐzhuàngwù.

ridicule /ˈrɪdɪkjuːl/ n [U] 嘲笑 cháoxiào;嘲弄 cháonòng;戏[戲]弄

xǐnòng. **ridicule** v [T] 嘲笑 cháoxiào; 嘲弄 cháonòng.

ridiculous /rɪˈdɪkjʊləs/ adj 可笑的 kěxiàode; 荒谬的 huāngmiùde. **ridiculously** adv.

rife /raɪf/ adj (尤指不好的事)流行的 liúxíngde; 普遍的 pǔbiànde.

rifle[1] /ˈraɪfl/ n [C] 步枪[槍] bùqiāng; 来复[複]枪 láifùqiāng.

rifle[2] /ˈraɪfl/ v [T] 搜劫 sōujié; 劫掠 jiélüè.

rift /rɪft/ n [C] 1 裂缝 lièfèng; 裂口 lièkǒu. 2 [喻]裂痕 lièhén; 不和 bùhé.

rig[1] /rɪɡ/ v (-gg-) [T] 1 给(船只桅杆)装[裝]上帆和索具 gěi zhuāng shàng fān hé suǒjù. 2 [短语动词] **rig sb out** (为)(某人)提供衣服(或装备等)wèi tígōng yīfu. **rig sth up** 临[臨]时[時]架起 línshí jiàqǐ. **rig** n [C] 船具(如帆、桅等)设备[備]的设备 shèbèi; 装置 zhuāngzhì; an 'oil ~ 油井钻探设备. **rigging** n [U] (船的)索具 suǒjù.

rig[2] /rɪɡ/ v (-gg-) [T] (用欺骗手段)操纵[縱]cāozòng; 控制 kòngzhì; ~ an election 操纵选举.

right[1] /raɪt/ adj 1 (行为)公正的 gōngzhèngde, 正当[當]的 zhèngdàngde. 2 正确[確]的 zhèngquède; 对[對]的 duìde; the ~ answer 正确答案. 3 最恰当的 zuì qiàdàng de; 最适[適]的 zuì héshì de; the ~ person for the job 最适合做这工作的人. 4 健康的 jiànkāngde; Do you feel all ~ ? 你感觉好吗? in one's ~ mind 头脑正常. 5 [习语] **on the right 'track** 走对了路 zǒu duìle lù; TRACK. **put/set sth right** 纠正错误[誤]jiūzhèng cuòwù. **'right angle** n [C] 直角 zhíjiǎo; 90 度角 jiǔshídù jiǎo. **'right-angled** adj. **'right-click** v 右击[擊] yòujī; ~-click on the icon 右击该图[圖]标[標]. ~-click the mouse 右击鼠标键. **rightly** adv 正确[確]地 zhèngquède; 正当[當]地 zhèngdàngde. **rightness** n [U].

right[2] /raɪt/ adv 1 精确[確]地 jīngquède; Put it ~ in the middle. 把它放在正中间. 2 完全地 wánquánde; Go ~ to the end of the road. 一直走到这条路的尽头. 3 正确[確]地 zhèngquède. 4 [习语] **'right away** 立刻 lìkè. **right 'now** 此刻 cǐkè.

right[3] /raɪt/ n 1 [U] 正确[確] zhèngquè; 公正 gōngzhèng; 正当 zhèngdàng. 2 [C,U] 权[權]利 quánlì; 正当[當]权利 zhèngdàng quánlì; You have no ~ to be here. 你无权在这里. basic political ~s 基本政治权利. 3 [习语] **be in the 'right** 有理 yǒulǐ; 正确 zhèngquè. **by rights** 根据[據]这些权利 gēnjù zhèxiē quánlì; 按理 ànlǐ. **in one's own 'right** 凭[憑]本身的权利(或资格等)píng běnshēn de quánlì. **put/set sb/sth to 'rights** 纠正 jiūzhèng; 使恢复[復]正常 shǐ huīfù zhèngcháng. **right of 'way** n [U] (车辆的)先行权 xiānxíngquán; 在他人土地上通过[過]的)通行权 tōngxíngquán.

right[4] /raɪt/ v [T] 改正 gǎizhèng; 纠正 jiūzhèng; 使恢复[復]正常 shǐ huīfù zhèngcháng; ~ a wrong 改正错误. The ship ~ed herself. 船自行恢复平稳.

right[5] /raɪt/ adj, adv 右边[邊]的 yòubiānde; 往右 wǎngyòu; 向右 xiàngyòu. **right** n 1 [U] 右方 yòufāng; 右方 yòufāng. 2 **the Right** [sing] 用 sing 或 pl v] (政党、团体的)右翼 yòuyì; 右派 yòupài. **'right-hand** adj 右手的 yòushǒude; 右边的 yòubiānde; 右方的 yòufāngde. **'right-handed** adj 惯用右手的 guànyòng yòushǒu de. **'right-hand 'man** n [C] 得力助手 délì zhùshǒu. **the right 'wing** n [sing] [用 sing 或 pl v] (政党等的) 右翼 yòuyì. **'right-'wing** adj.

righteous /ˈraɪtʃəs/ adj 正直的 zhèngzhíde; 公正的 gōngzhèngde. **righteously** adv. **righteousness** n [U].

rightful /ˈraɪtfl/ adj 合法的 héfǎde; 正当[當]的 zhèngdàngde; 合理的 hélǐde; the ~ owner 合法的主人. **rightfully** adv.

rigid /ˈrɪdʒɪd/ adj 1 坚[堅]硬的 jiānyìngde; 不易弯[彎]的 bú yì wān de. 2 严[嚴]格的 yángéde; 不变[變]的 búbiànde. **rigidity** /rɪˈdʒɪdətɪ/ n [U]. **rigidly** adv.

rigorous /ˈrɪɡərəs/ adj 1 精确[確]的 jīngquède; 严[嚴]密的 yánmìde. 2 严格的 yángéde; 严厉[厲]的 yánlìde. **rigorously** adv.

rigour (美语 -or) /ˈrɪɡə(r)/ n 1 [正式用语] [U] 严[嚴]格 yángé; 严厉[厲] yánlì; 严酷 yánkù. 2 **rigours** [pl]

艰[艱]苦 jiānkǔ; 严酷 yánkù.

rim /rɪm/ *n* [C] (圆形物的)边(邊) biān; 边缘 biānyuán: *the ~ of a cup* 杯子的边缘. **rim** *v* [-mm-] [T] 成为(爲)…的边(缘)chéngwéi ...de biān.

rind /raɪnd/ *n* [C, U] (水果的)硬皮 yìngpí; (干酪、陡肉的)外皮 wàipí.

ring¹ /rɪŋ/ *v* [*pt* rang /ræŋ/, *pp* rung /rʌŋ/] **1** [I, T] (使)响(響)xiǎng; (发)发(發)出清脆响亮的声(聲)音 fāchū qīngcuì xiǎngliàng de shēngyīn. **2** [I, T] 打电(電)话 dǎ diànhuà. **3** [I] (*for*) 按铃命令 àn líng. **4** [I] (*with*) 响着(声音)xiǎngzhe. **5** [与 *adj* 连用]产(產)生某种(種)效果 chǎnshēng mǒuzhǒng xiàoguǒ: *Her words rang true.* 她的话听起来很真实 hěn zhēnshí. **6** [习语] **ring a 'bell** [非正式用语]引起模糊回忆(憶)yǐnqǐ móhū huíyì. **7** [短语动词] **ring off** [英国英语 Brit](挂)断电(電)话 guàduàn diànhuà. **ring out** 发出响亮清晰的声音 fāchū xiǎngliàng qīngxī de shēngyīn. **ring sb up** 给某人打电话 gěi mǒurén dǎ diànhuà. **ring** *n* [C] **1** 铃声 língshēng; 钟(鐘)声 zhōngshēng. **2** [sing] 特有的声音效果 tèyǒu de shēngyīn xiàoguǒ: *a ~ of truth* 听起来像是确有其事 hǎoxiàng shì quèyǒu qíshì. **3** [英国非正式用语]电话 diànhuà.

ring² /rɪŋ/ *n* **1** [C] 环(環)形物 huánxíng wù, 戒指 jièzhǐ. **2** 环状(狀)物 huánzhuàngwù. **3** 圆圈 yuánquān; 圆环 yuánhuán: *The children stood in a ~.* 孩子们站成一个圆圈 yuánquān. **4** 集斗(圖)场(場)地 chǎngdì; *a 'spy ~* 间谍网(網)jiàndié wǎng. **5** 圆形表演场 yuánxíng biǎoyǎnchǎng: *a 'circus ~* 马戏团表演场. **6** 拳击(擊)台 quánjītái. **ring** *v* [*pt, pp* ~ed] [T] **1** 围(圍)绕(繞)wéirào; 环绕 huánrào. **2** 做…圆形标(標)记 zuò yuánxíng biāojì. **'ringleader** *n* [C] (犯罪等的)头(頭)目 tóumù; 元凶(兇)yuán xiōng; 首恶(惡)shǒu'è. **'ring pull** *n* [C] (易拉罐的)拉环 lāhuán. **'ring road** *n* [C] 环城(或环形)公路 huánchéng gōnglù.

ringlet /'rɪŋlɪt/ *n* [C, 尤作 pl] (下垂的)长(長)卷(捲)发(髮)cháng juǎnfà.

rink /rɪŋk/ *n* [C] 溜冰场(場)liūbīngchǎng; 滑冰场 huábīngchǎng.

rinse /rɪns/ *v* [T] (用清水)冲洗 chōngxǐ; 漂洗 piǎoxǐ. **rinse** *n* **1** [C] 冲洗 chōngxǐ; 漂洗 piǎoxǐ. **2** [C, U] 染发(髮)li rǎnfàyè.

riot /'raɪət/ *n* **1** [C] 暴乱(亂)bàoluàn; 骚动(動)sāodòng. **2** [sing] 鲜艳(艷)夺目 xiānyàn duómù; *a ~ of colour* 色彩缤纷 sècǎi bīnfēn. **run 'riot** ⇨ RUN¹. **riot** *v* [I] 参(參)加暴乱 cānjiā bàoluàn. **rioter** *n* [C]. **riotous** *adj* 闹(鬧)事的 nàoshìde; 无(無)秩序的 wú zhìxù de.

rip /rɪp/ *v* [-pp-] [I, T] 撕破 sīpò; 拉开(開)lākāi. **2** [短语动词] **rip sb off** [俚]欺诈(钱财)qīzhà. **rip** *n* [C] 裂缝 lièfèng; 裂口 lièkǒu. **'rip-cord** *n* [C] (降落伞的)开伞(傘)索 kāisǎnsuǒ. **'rip-off** *n* [俚]敲诈 qiāozhà; 偷窃(竊)tōuqiè.

ripe /raɪp/ *adj* [~r, ~st] **1** 熟的 shúde; 成熟 de chéngshúde; *apples/cheese* 成熟的苹果;成熟的干酪. **2** 充分发(發)展的 chōngfēn fāzhǎn de. **3** *for* 时(時)机(機)成熟的 shíjī chéngshú de. **ripeness** *n* [U].

ripen /'raɪpən/ *v* [I, A] (使)成熟 chéngshú.

ripple /'rɪpl/ *n* [C] **1** 涟漪 liányī; 微波 wēibō. **2** 短促的轻(輕)笑声(聲)duǎncù de qīngxiào shēng. **ripple** [I, T] (使)起涟漪 qǐ liányī.

rise¹ /raɪz/ *v* [*pt* rose /rəʊz/, *pp* ~n /'rɪzn/] [I] **1** 上升 shàngshēng. **2** [正式用语](a) 站起来 zhàn qǐlái. (b) 起床 qǐchuáng. **3** (太阳;月亮等)升起 shēngqǐ. **4** 上涨(漲)shàngzhǎng; *Prices have continued to ~.* 物价继续上涨. 3 渐高 jiàn gāo; *rising ground* 渐渐高起之地. **5** 向(转)增高 zēnggāo; *rising ground* 渐渐高起之地. **6** 向(转)增高 zēnggāo. **7** [正式用语](造反)反抗 fǎnkàng. **8** 反抗 fǎnkàng, **9** (河)源(發)源 fāyuán. **10** [习语] **rise to the oc'casion** 能应(應)付困难(難)能 néng yìngfù kùnnán. **rising** *n* [C] 武装(装)叛乱(亂)wǔzhuāng pànluàn; 反叛 fǎnpàn.

rise² /raɪz/ *n* **1** [sing] 上升 shàngshēng; 升高 shēnggāo; 增涨 zēngzhǎng; *his ~ to power* 他上台掌权. **2** [C] 增加 zēngjiā; [正式用语工资的增加 zēngjiā. **4** [C] 小山 xiǎoshān. **5** [习语] **give rise**

to sth 引起 yǐnqǐ; 导 [導] 致 dǎozhì.

risk /rɪsk/ n **1** [C,U] 危险 [險] wēixiǎn; 风 [風] 险 fēngxiǎn. **2** [C] 保险对 [對] 象 bǎoxiǎn duìxiàng; 被保险的人 (或物) bèi bǎoxiǎnde rén; 危险的根源 wēixiǎn de gēnyuán. **3** [习语] **at one's own risk** 自担 [擔] 风险 zì dān fēngxiǎn. **at 'risk** 处 [處] 境危险 chǔjìng wēixiǎn. **run the risk of sth, take a 'risk** 冒……的危险 mào……de wēixiǎn. _v_ [T] **1** 使冒危险 shǐ mào wēixiǎn; 冒……之险 mào……zhī xiǎn: ~ _getting wet_ 冒淋湿的危险. **3** [习语] **risk one's neck** ⇨ NECK. **risky** _adj_ [-ier, -iest] 危险的 wēixiǎnde.

risotto /rɪ'zɒtəʊ/ n [C, U] [_pl_ ~s] (用干酪、洋葱、肉等做成的) 意大利焖 (湯) 饭 Yìdàlì tāngfàn.

rissole /'rɪsəʊl/ n [C] 炸肉 (或鱼) 饼 zhárǒubǐng; 炸肉 (或鱼) 丸 zhárǒuwán.

rite /raɪt/ n [C] (宗教) 仪 [儀] 式 yíshì; 典礼 [禮] diǎnlǐ.

ritual /'rɪtʃʊəl/ n [C,U] **1** (宗教) 仪 [儀] 式 yíshì; 典礼 [禮] diǎnlǐ. **2** (宗教仪式的) 程序 chéngxù. **ritual** _adj_ (宗教) 仪式的 yíshìde; 依仪式而行的 yī yíshì ér xíng de.

rival /'raɪvl/ n [C] 竞 [競] 争者 jìngzhēngzhě; 对 [對] 手 duìshǒu. **rival** _v_ [-ll-; 美 -l-] [T] 与 [與] ……竞争 yǔ……jìngzhēng. **rivalry** n [C,U] [_pl_ -ies] 竞争 jìngzhēng; 对抗 duìkàng.

river /'rɪvə(r)/ n [C] 江 jiāng; 河 hé.

rivet /'rɪvɪt/ n [C] 铆钉 mǎodīng. **rivet** _v_ [T] **1** 铆接 mǎojiē; 铆牢 mǎoláo. **2** [喻] 吸引 xīyǐn; 吸引住……的注意力 xīyǐn zhù……de zhùyìlì. **riveting** _adj_ 饶 [饒] 有兴 [興] 味的 ráo yǒu xìngwèi de.

road /rəʊd/ n **1** [C] 路 lù; 道路 dàolù; 公路 gōnglù. **2** [习语] **the road to sth** 实 [實] 现某事 (或达到某目标) 的途径 [徑] shíxiàn mǒushì de tújìng: _on the ~ to success_ 走向成功. **'road-block** n [C] 路障 lùzhàng. **'road-hog** n [C] 鲁莽而不顾 [顧] 他人的司机 [機] lǔmǎng ér búgù tārén de sījī. **'road rage** n [C] 道路暴力 dàolù bàolì; 公路暴怒 gōnglù bàonù. **'road-works** n [pl] 道路施工 dàolù shīgōng. **'road-worthy** _adj_ (车辆) 适 [適] 于在公路上行驶的 shìyú zài gōnglù shàng xíngshǐ de.

roam /rəʊm/ _v_ [I,T] 漫步 mànbù;

漫游 mànyóu.

roar /rɔː(r)/ n [C] (狮等) 吼叫声 [聲] hǒujiàoshēng. **roar** _v_ **1** (a) [I] 吼叫 hǒujiào; 咆哮 páoxiào. (b) [T] 大声叫喊 dàshēng jiàohǎn. **2** [I] 大笑 dàxiào. **roaring** _adj_ [非正式用语] **1** 吼叫的 hǒujiàode; 喧闹 [鬧] 的 xuānnàode. **2** 非常好的 fēicháng hǎo de; _do a ~ing trade_ 生意兴隆. **roaring** _adv_ 非常 fēicháng; ~_ing drunk_ 酩酊大醉.

roast /rəʊst/ _v_ [T] 烤 kǎo; 烘烤 hōnghǎo. **roast** _adj_ 烤 (或烘) 过 (過) 的 kǎoguòde. **roast** n [C] 烤肉 kǎoròu.

rob /rɒb/ _v_ [-bb-] [T] 抢 [搶] 劫 qiǎngjié; 盗取 dàoqǔ. **robber** n [C] 强盗 qiángdào; 盗贼 dàozéi. **robbery** n [C, U] [_pl_ -ies] 抢劫 qiǎngjié; 偷盗 tōudào.

robe /rəʊb/ n [C] 长 [長] 袍 chángpáo.

robin /'rɒbɪn/ n [C] 欧 [歐] 驹 [駒] 鸟 ōuyāqū; 旅鸫 lǔdōng.

robot /'rəʊbɒt/ n [C] 机 [機] 器人 jīqìrén.

robust /rəʊ'bʌst/ _adj_ 强健的 qiángjiànde; 健壮的 jiànkàngde. **robustly** _adv_. **robustness** n [U].

rock¹ /rɒk/ n **1** [U] 岩 [巖] 石 yán; 岩层 [層] yáncéng. (b) [C,U] 岩石 yánshí. **2** [C] 大石 dàshí. **3** [C] [英国英语] 硬棒糖 yìngbàngtáng. **4** [习语] **on the 'rocks** (a) (婚姻) 濒于破裂 bīnyú pòliè. (b) (饮料) 加冰块 [塊] jiā bīngkuài. **rock-'bottom** n [U] 最低点 [點] zuìdīdiǎn. **rockery** n [C] [_pl_ -ies] 岩石园 [園] yánshíyuán; 假山庭园 jiǎshānyuán.

rock² /rɒk/ _v_ [I,T] 轻 [輕] 轻摇动 (動) qīngqīng yáodòng; 摇晃 yáohuàng. **2** [T] [喻] 剧烈震动 jùliè zhèndòng. **3** [习语] **rock the 'boat** 破坏 [壞] 平静的局面 pòhuài píngjìng de júmiàn; 惹麻烦 [煩] rě máfan. (摇椅脚下的) 弧形摇摆板 húxíng yáobǎn. **2** = ROCKING-CHAIR. **3** [习语] **off one's rocker** [俚] 发 [發] 疯 [瘋] fāfēng. **'rocking-chair** n [C] 摇椅 yáoyǐ.

rock³ (亦作 **rock music**) /rɒk/ n [U] 摇滚 [滾] 乐 [樂] yáogǔnyuè. **rock and 'roll** (亦作 **rock 'n' roll**) n (初期的) 摇滚乐 yáogǔnyuè.

rocket /'rɒkɪt/ n [C] **1** 火箭 huǒjiàn. **2** 烟火 yānhuǒ. **rocket** _v_ [I]

迅速增加 xùnsù zēngjiā; *Prices are ~ing.* 物价在飞涨. **'rocket science** *n* [U] **1** 火箭学〔學〕 huǒjiànxué. **2** [非正式用语]高深的学问 gāoshēn de xuéwèn: *It's not rocket science.* 这并不是高深的学问.

rocky /'rɒkɪ/ [*-ier*, *-iest*] *adj* **1** 岩〔巖〕石的 yánshíde; 多岩石的 duōyánshíde. **2** [非正式用语]不稳〔穩〕的 bùwěnde: *The table is ~.* 这张桌子不稳.

rod /rɒd/ *n* [C] 杆 gǎn; 竿 gān; 棒 bàng. → *fishing-* → 钓鱼竿.

rode *pt* of RIDE¹.

rodent /'rəʊdnt/ *n* [C] 啮〔嚙〕齿〔齒〕目动〔動〕物(如鼠、松鼠等)niè-chǐmù dòngwù.

rodeo /'rəʊdɪəʊ; *US* 'rəʊdiəʊ/ *n* [C] [*pl* ~*s*] (美国)(牧人骑马并以绳圈套捕牛的)竞〔競〕技表演 jìngjì biǎoyǎn.

roe¹ /rəʊ/ *n* [U] 鱼卵 yúluǎn; 鱼子 yúzǐ.

roe² /rəʊ/ *n* [C] 狍 páo. **'roebuck** /rəʊ/ *n* [C] 雄狍 xióngpáo.

rogue /rəʊg/ *n* [C] 流氓 liúmáng; 无〔無〕赖 wúlài; 恶〔惡〕棍 ègùn. **roguish** *adj* 调皮的 tiáopíde; 淘气〔氣〕的 táoqìde.

role (亦作 **rôle**) /rəʊl/ *n* **1** 角色 juésè. **2** 作用 zuòyòng; 重要性 zhòngyàoxìng.

roll¹ /rəʊl/ *v* **1** [I, T] 滚〔滾〕动〔動〕gǔndòng. **2** [T] 转〔轉〕动〔動〕zhuǎndòng; 旋转 xuánzhuǎn: *The clouds ~ed away.* 云散了. **3** [I, T] (使)摇摆〔擺〕yáobǎi; 摇晃 yáohuàng: *The ship was ~ing heavily.* 船摇晃得很厉害. **4** [T] (*up*) 把…捲〔捲〕成球形或圆柱形) juǎnchéng qiúxíng: ~ *up a carpet* 把地毯卷起来. **5** [T] 碾平 niǎnpíng: ~ *a lawn* 把草地碾平. **6** [I] 发〔發〕出低沉的声〔聲〕音 fāchū dī-chénde shēngyīn: *The thunder ~ed in the distance.* 远处雷声隆隆. **7** [短语动词] **roll in** [非正式用语]大量涌〔湧〕来 dàliàng yǒng lái; 滚滚来 gǔngǔn lái. **roll up** [非正式用语]到达〔達〕dàodá.

roll² /rəʊl/ *n* [C] **1** 一卷 yìjuǎn; 卷状〔狀〕物 juǎnzhuàngwù: ~ *of film* 一卷胶卷. **2** 滚〔滾〕转〔轉〕翻滚 fāngǔn. **3** 小圆面〔麵〕包 xiǎo yuánmiànbāo. **4** 名单〔單〕míngdān; 花名册 huāmíngcè. **5** 隆隆声〔聲〕lóng-

lóngshēng; 轰〔轟〕响〔響〕声 hōng-xiǎngshēng: *the ~ of drums* 鼓声咚咚.

roller /'rəʊlə(r)/ *n* [C] 滚〔滾〕子 gǔnzi; 滚轴 gǔnzhóu; 滚筒 gǔntǒng. **'roller-skate** *n* [C] 旱冰鞋 hàn-bīngxié; 结〔結〕轮鞋 gǔlúnxié. **'roller-skate** *v* [I] 穿旱冰鞋滑行 chuān hànbīngxié huáxíng.

Rollerblade /'rəʊləbleɪd/ *n* [C] 直排轮 zhípái lún. **Rollerblade** *v* [I] 做直排轮滑 zuò zhípái lúnhuá.

rolling /'rəʊlɪŋ/ *adj* **1** 起伏的 qǐfúde; 翻腾的 fānténgde: ~ *hills/waves* 绵延起伏的山冈〔岡〕滚滚起伏.**2** [习语] **be 'rolling in it** [非正式用语]有许多钱〔錢〕yǒu xǔduō qián. **'rolling-pin** *n* [C] 擀面〔麵〕棍 gǎnmiàngùn.

Roman /'rəʊmən/ *n* [C, adj] 古罗〔羅〕马人 gǔLuómǎrén; 古罗马的 gǔLuómǎde. **Roman 'Catholic** *n* [C, adj] 天主教徒 tiānzhǔjiàotú; 天主教的 tiānzhǔjiàode. **Roman Ca'tholicism** *n* [C] 天主教 tiānzhǔjiào. **Roman 'numeral** *n* [C] 罗马数〔數〕字(如 V, L, M, IV 等)Luómǎ shùzì.

romance /rəʊ'mæns/ *n* **1** [C, U] 风〔風〕流韵〔韻〕事 fēngliú yùnshì. **2** 险〔險〕故事 màoxiǎn gùshì. **3** [U] 浪漫性 làngmànxìng; 传〔傳〕奇性 chuánqíxìng.

romantic /rəʊ'mæntɪk/ *adj* **1** 不切实〔實〕际〔際〕的 bú qiè shíjì de; 空想的 kōngxiǎngde. **2** 多情的 duōqíngde. **3** 有浪漫色彩的 yǒu làng-màn sècǎi de: *a ~ journey* 富于浪漫色彩的旅行. **romantic** *n* [C] 浪漫的人 làngmàn de rén. **romantically** /-klɪ/ *adv*. **romanticism** /rəʊ'mæntɪsɪzəm/ *n* [U] 浪漫主义〔義〕làngmàn zhǔyì; 浪漫的情感(或态度等) làngmàn de qínggǎn. **romanticize** /rəʊ'mæntɪsaɪz/ *v* [I, T] 使浪漫化 shǐ làngmànhuà; 以浪漫方式行事(或说话) yǐ làngmàn fāngshì xíngshì.

romp /rɒmp/ *v* [I] (尤指儿童)玩耍 wánshuǎ; 嬉戏〔戲〕xīxì. **romp** *n*

roof /ruːf/ *n* [C] **1** 屋顶 wūdǐng; 车〔車〕顶 chēdǐng. **2** 顶 dǐng; 顶部 dǐngbù: *the ~ of the mouth* 上颚. **roof** *v* [T] 给…盖〔蓋〕上屋顶 gěi…gài shàng wūdǐng. **roofing** *n* [U] 屋面材料 wūmiàn cáiliào. **'roof-rack** *n* [C] (机动车供装载行李等用的)车

顶架 chēdǐngjià.

rook[1] /ruk/ n [C] 秃鼻乌(乌)鸦 tūbí wūyā. **rookery** n [C] (pl -ies) 秃鼻乌鸦结巢处[處]tūbí wūyā jiēcháochù.

rook[2] /ruk/ v [T] [俚]敲诈(顾客) qiāozhà.

rook[3] /ruk/ n [C] = CASTLE 2.

room /ru:m, rum/ n 1 [C] 室 shì; 房间 fángjiān. 2 [U] 空间 kōngjiān; 空位 kòngwèi: Is there ~ for me in the car? 汽车里还有我坐的空位吗？3 [U] [喻]机[機]会[會][范][範][圍]範围: ~ for improvement 改进的余地. **roomy** adj [-ier, -iest] 宽敞的 kuān-chǎngde.

roost /ru:st/ n [C] 栖[棲]息处[處]qīxīchù. **roost** v [I] (鸟)栖息 qīxī.

rooster /ˈru:stə(r)/ n [C] [尤用于美国]公鸡[鷄]gōngjī.

root[1] /ru:t/ n 1 [C] 根 gēn. 2 **roots** [pl] (家族的)根 gēn. 3 (头发、牙齿的)根 gēn. 4 [C] [喻]根源 gēnyuán; 根基 gēnjī: Is money the ~ of all evil? 金钱是万恶之源吗？5 [C] [语法]词根 cígēn. 6 [习语] take root 建立 jiànlì; 确[確]立 quèlì.

root[2] /ru:t/ v 1 [I, T] 使生根 shēnggēn. 2 [T] (处理工作)固定 gùdìng; 站立不动[動]zhànlì bùdòng: ~ed to the spot by fear 吓得站在那里一动不动. 3 [T] [常用被动语态的](思想等)牢固树[樹]立 láogù shùlì; deeply ~ed feelings 根深蒂固的感情. 4 [短语动词] root sth out 根除 gēnchú.

rope /rəup/ n [C, U] 粗绳[繩]cū-shéng; 索 suǒ. 2 [T] (处理工作、问题等的)诀窍[竅]juéqiào; show sb the ~s 把诀窍教给某人 bǎ... 1 [T] 用绳系[繫]住 yòng shéng xì-zhù. 2 [短语动词] rope sb in to do sth 说服某人参加活动 shuōfú mǒurén cānjiā. **rope sth off** 用绳子围[圍]起(或隔开)yòng shéngzi wéiqǐ. **ropy** (亦作 **ropey**) adj [-ier, -iest] [英国非正式用语]质[質]量差的 zhìliàng chà de; 蹩脚的 biéjiǎo-de.

rosary /ˈrəuzəri/ n [C] (pl -ies) 1 (天主教徒念玫瑰经时用的)(一串)念珠 niànzhū. 2 玫瑰经 méiguijing.

rose[1] pt of RISE[1].

rose[2] /rəuz/ n 1 [C] 玫瑰 méigui; 蔷[薔]薇 qiángwēi. 2 [U] 粉红色

fěnhóngsè; 玫瑰红 méiguihóng.

rosé /ˈrəuzei; US rəuˈzei/ n [U] 玫瑰红葡萄酒 méiguihóng pútáojiǔ.

rosette /rəuˈzet/ n [C] 玫瑰花形物 méigui huāxíngwù; 玫瑰花形饰物 méigui huāxíng shìwù.

roster /ˈrɒstə(r)/ n [C] [尤用于美国]值勤人员表 zhíqín rényuán biǎo.

rostrum /ˈrɒstrəm/ n [C] (pl ~s 或 -tra /-trə/)讲[講]台 jiǎngtái; 讲坛 jiǎngtán.

rosy /ˈrəuzi/ adj [-ier, -iest] 1 深粉红色的 shēnfěnhóngsède; 玫瑰色的 méiguisède. 2 [喻]有希望的 yǒu xīwàng de; 乐[樂]观[觀]的 lè-guānde: a ~ future 美好的将来.

rot /rɒt/ v [-tt-] [I, T] (使)腐烂[爛]fǔlàn; (使)腐坏[壞]fǔhuài. **rot** n [U] 1 腐烂 fǔlàn; 腐坏 fǔhuài. 2 [喻]情况逐渐恶[惡]化 zhújiàn biànhuài. 3 [旧, 非正式用语]胡说 húshuō.

rota /ˈrəutə/ n [C] [英国英语]勤务[務]轮[輪]值表 qínwù lúnzhí-biǎo.

rotary /ˈrəutəri/ adj 旋转[轉]的 xuánzhuǎnde; 转动[動]的 zhuàn-dòngde.

rotate /rəuˈteit; US ˈrəuteit/ v [I, T] 1 (使)旋转[轉]xuánzhuǎn; (使)转动[動]zhuàndòng. 2 (使)轮[輪]流 lúnliú; (使)交替 jiāotì: ~ crops 轮种庄稼. **rotation** /-ˈteiʃn/ n 1 [U] 旋转 xuánzhuǎn; 转动 zhuàndòng: the rotation of the Earth 地球的自转. 2 [C] [旋转]一圈 yìquān.

rotor /ˈrəutə(r)/ n [C] (直升机的)旋翼 xuányì; (机器的)转子[轉]zǐ 转动部分 zhuàndòng bùfen.

rotten /ˈrɒtn/ adj 1 腐烂[爛]的 fǔlànde; 变[變]质[質]的 biànzhìde. 2 [非正式用语]很坏(壞)的 hěn-huàide; 讨厌[厭]的 tǎoyànde.

rouge /ru:ʒ/ n [U] 胭脂 yānzhi.

rough[1] /rʌf/ adj 1 (表面)不平的 bùpíngde; 粗糙的 cūcāode. 2 粗鲁的 cūlǔde; 粗暴的 cūbàode; 粗野的 cūyěde. 3 狂暴的 kuángbàode: a ~ sea 汹涌的大海. 4 不精确[確]的 bù jīngquè de; 粗略的 cūlüède: a ~ guess/sketch 大致的猜想; 草图. 5 [习语] **'rough and 'ready** 简单的 jiǎndānde; 凑合的 còuhede. **rough** adv 简陋地 jiǎnlòude: live/sleep ~ 餐风宿露; 随处栖身 suíchù qīshēn. 1 (使)表面变[變]粗糙 biàn cūcāo. **rough**[2] 1 [习语] in 'rough 未完成 wèi wánchéng;

roughly adv 1 粗鲁地 cūlǔde; 粗暴地 cūbàode. 2 大约 dàyuē; 大概 dàgài: It will cost ~ly £100. 它大约值 100 英镑. **roughness** n [U].

rough² /rʌf/ v 1 [习语]'rough it [非正式用语]过(過)不舒适 de (或简陋)的生活 guò bù shūshì de shēnghuó. 2 [短语动词] **rough sb up** [非正式用语]施用暴力 shīyòng bàolì; 殴打 ōudǎ.

roughen /'rʌfn/ v [I, T] (使)变(變)粗糙 biàn cūcāo; (使)变毛糙 biàn máocāo.

roulette /ru:'let/ n [U] 轮(輪)盘(盤)赌 lúnpándǔ.

round¹ /raund/ adj 圆的 yuánde; 球形的 qiúxíngde; 环(環)形的 huánxíngde. 2 用整的(數)表示的(用整十、整五等)yòng zhěngshù biǎoshì de. **roundly** adv 严(嚴)厉(厲)地 yánlìde. **roundness** n [U]. **round-'shouldered** adj 驼背曲肩的 gǒngbèi qūjiān de.

round² /raund/ adv 朝反方向 cháo fǎn fāngxiàng; 转(轉)动(動) zhuǎn dòng: Turn your chair ~. 把你的椅子转过来. 2 循环(環)地 xúnhuánde: The hands of a clock go ~. 钟的指针周而复始地走动. 3 成圆圈地 chéng yuánquān de: A crowd gathered ~. 一群人围了下来. spin ~ 旋转 xuánzhuǎn. 4 周围地(圍) zhōuwéide: Please pass these papers ~. 请把这些文件分给大家. 5 迂回地 yūhuíde; 绕(繞)道地 ràodàode; 绕远路 rào yuǎn lù. 6 到某人家 dào mǒurén jiā: Come ~ and see me. 请到我家来看看我.

round³ /raund/ n [C] 1 一连串的事件 yīliánchuàn shìjiàn: the next ~ of talks 下一轮会谈. 2 有规律的连续(續)的事情 yǒu guīlǜde liánxùde shìqíng: a postman's ~ 邮递员的投递路线. 3 (a)(比赛的)一轮(輪)yīlún, 一局 yījú, 一场(場)yīchǎng, 一回合 yīhuíhé. (b)(高尔夫)一场 yīchǎng. (c)(拳击)一回合 yīhuíhé. 4 一份 yīfèn. 5 面(麵)包片 miànbāopiàn. 6 (子弹的)一发(發)yīfā.

round⁴ /raund/ prep 1 环(環)绕(繞)huánrào; 围(圍)绕 wéirào: The earth moves ~ the sun. 地球绕着太阳转. 2 ...周围 ...zhōuwéi: a wall ~ the house 房子周围的墙. 3 绕过(過)ràoguò: walk

~ the corner 步行绕过拐角. 4 在...各处(處)zài ...gèchù; 向...各处 xiàng ...gèchù: look ~ the shop 朝商店四下看看. 5 在...附近 zài ...fùjìn: I've never seen him ~ here. 我在这附近从未见过他.

round⁵ /raund/ v [T] 1 绕(繞)过(過)ràoguò; 环(環)绕绕而行 huánrào ér xíng: ~ a corner 绕过拐角. 2 使成圆形 shǐ chéng yuánxíng. 3 [短语动词] **round sth off** 圆满完成 yuánmǎn wánchéng; 结束 jiéshù. **round sth up (a)** 集拢(攏)jílóng: ~ up cattle 把牛赶到一起. **(b)** 把(数字)调高为(爲)整数(數)bǎ ...tiáogāo wéi zhěngshù.

roundabout /'raundəbaut/ n [C] 1 环(環)状(狀)交叉路(多条道路的交叉口, 车辆须绕其而行)huánzhuàng jiāochālù. 2 旋转(轉)木马 xuánzhuǎn mùmǎ. **roundabout** adj 绕道的 ràodàode; 间接的 jiànjiēde: a ~ route 绕远的路.

rounders /'raundəz/ n [用 sing v] (立柱代台的)跑柱式棒球 pǎozhùshì bàngqiú.

rouse /rauz/ v 1 [I, T] [正式用语]唤醒 huànxǐng; 弄醒 nòngxǐng. 2 [T] 使活跃(躍)shǐ huóyuè; 使产(產)生兴(興)趣 shǐ chǎnshēng xìngqù: a rousing speech 振奋人心的讲话.

rout /raut/ v 1 [ʃ 徹]彻底打败 chèdǐ dǎbài; 击(擊)溃 jīkuì, rout n [C] 大败 dàbài; 溃败 kuìbài.

route /ru:t; US raut/ n [C] 路(路)线 lù(路)xiàn; 航线 hángxiàn. **route** v [T] 按路线发(發)送 àn mǒu lùxiàn fāsòng.

routine /ru:'ti:n/ n [C, U] 例行公事 lìxíng gōngshì; 惯例 guànlì; 常规 chángguī. **routine** adj 1 例行的 lìxíngde; 惯例的 guànlìde. 2 平淡的 píngdànde.

row¹ /rəu/ n [C] 1 一排 yīpái; 一行 yīháng; 一列 yīliè. 2 [习语]**in a row** 一个(個)接一个 yīgè jiē yīgè de; 连续(續)地 liánxùde: She's been to the cinema two evenings in a ~. 她连续两个晚上去看电影了.

row² /rəu/ v [I, T] 划(船)huá. **row** n [C] 划船 huáchuán; 划船旅行 huáchuán lǚxíng. **'rowing-boat** n [C] 划艇 huátǐng.

row³ /rau/ n 1 [C] 吵架 chǎojià; 争吵 zhēngchǎo. 2 [U, sing] 喧闹(鬧)声(聲)xuānnàoshēng. **row** v [I] 大声争吵 dàshēng zhēngchǎo.

rowdy /'raʊdɪ/ adj [-ier, -iest] 吵闹[闹]的 chǎonàode. **rowdy** n [C] [pl -ies] [旧,贬]大吵大闹的人 dàchǎo dànào de rén.

royal /'rɔɪəl/ adj 国[國]王的 guówángde; 女王的 nǚwángde; 王室的 wángshìde. **royal** n [C, 常作 pl] [非正式用语]王室成员 wángshì chéngyuán. **royal 'blue** adj 宝[寶]蓝[藍]色的 bǎolán sède; 藏蓝 zàng lán. **royalist** n [C] 保皇党[黨]员 bǎohuángdǎngyuán; 保皇主义[義]者 bǎohuángzhǔyìzhě. **royally** adv 盛大地 shèngdàde.

royalty /'rɔɪəltɪ/ n [pl -ies] 1 [U] 王族 wángzú; 王室成员 wángshì chéngyuán. 2 版税 bǎnshuì.

RSI /ɑːr es 'aɪ/ abbr repetitive strain injury 重复[複]性肌肉劳[勞]损症 chóngfùxìng jīròu láosǔn zhèng; 办[辦]公室疼痛症 bàngōngshì téngtòng zhèng.

RSVP /ɑːr es viː piː/ abbr (on an invitation) please reply 请敬复[復](请来用语)qǐng cìfù.

rub /rʌb/ v [-bb-] 1 [I,T] 擦 cā; 磨 mó; 摩擦 mócā. 2 [T] (净,干等)cā; ~ the surface dry 把表面擦干. 3 [习语] **rub it in** [非正式用语]再三提及令人不快的事 xiàng mǒurén tíjí lìng rén bùkuài de shì. **rub sb up the wrong way** [非正式用语]惹恼[惱]某人 rěnǎo mǒurén. 4 [短语动词] **rub sb/sth down** (用毛巾)将[將]…擦干[乾]净 jìng…cā gānjìng. **rub sth down** 磨光 móguāng; 磨平 mópíng. **rub sth in** 把(搽剂等)擦进[進]表层[層]bǎ…cā jìn biǎocéng. **rub sth off** 擦掉 cādiào; R~ the dirt off your trousers. 把你裤子上的脏擦掉. **rub sth out** 用橡皮擦掉(铅笔痕迹) yòng xiàngpí cādiào, **rub** n [C] 擦;磨擦 cā; mócā.

rubber¹ /'rʌbə(r)/ n 1 [U] 橡胶[膠] xiàngjiāo. 2 [C] 橡皮(擦子) xiàngpí. **rubber 'band** n [C] 橡皮筋 xiàngpíjīn.

rubber² /'rʌbə(r)/ n [C] (桥牌的)三局两胜的三比赛 bǐsài.

rubbish /'rʌbɪʃ/ n [U] 1 垃圾 lājī; 废[廢]物 fèiwù. 2 胡说 húshuō. **rubbishy** adj [非正式用语]无[無]价[價]值的 wú jiàzhí de.

rubble /'rʌbl/ n [U] 碎石 suìshí; 碎砖[磚]suìzhuān; 瓦砾[礫] wǎlì.

ruby /'ruːbɪ/ n [C] [pl -ies] 红宝[寶]石 hóngbǎoshí.

rucksack /'rʌksæk/ n [C] (登山、旅行用的)背包 bēibāo.

rudder /'rʌdə(r)/ n [C] (船的)舵duò; (飞机的)方向舵 fāngxiàng duò.

ruddy¹ /'rʌdɪ/ adj [-ier, -iest] 1 (脸色)红润的 hóngrùnde; 气[氣]色好的 qìsè hǎo de. 2 红的 hóngde.

ruddy² /'rʌdɪ/ adj, adv [英俚](用以加强语气); You're a ~ fool! 你是个大傻瓜!

rude /ruːd/ adj [-r, ~st] 1 粗鲁的 cūlǔde; 无[無]礼[禮]的 wúlǐde. 2 不得体[體]的 bù détǐ de; 粗俗的 cūsúde. 3 令人不知所措的 lìng rén bù zhī suǒ cuò de; 狂暴的 kuángbàode; a ~ reminder 使产生突然警觉之事. 4 [旧]粗制[製]的 cūzhìde. **rudely** adv. **rudeness** n [U].

rudiments /'ruːdɪmənts/ n [pl] 初阶[階]chūjiē; 入门 rùmén; 基础[礎] jīchǔ. **rudimentary** /ˌruːdɪ'mentrɪ/ adj 1 初步的 chūbùde; 基本的 jīběnde. 2 未发[發]展完全的 wèi fāzhǎn wánquán de.

ruffian /'rʌfɪən/ n [C] [旧]暴徒 bàotú; 恶[惡]棍 ègùn.

ruffle /'rʌfl/ v [T] 1 擦乱…弄皱[皺]bǎ…nòng zhòu; 弄乱[亂]nòng luàn. 2 [喻]扰[擾]乱 rǎoluàn; 打扰 dǎrǎo.

rug /rʌg/ n [C] 1 (铺于室内部分地面上的)小地毯 xiǎo dìtǎn. 2 毛毯 máotǎn.

rugby /'rʌgbɪ/ n [U] 橄榄[欖]球(运动) gǎnlǎnqiú.

rugged /'rʌgɪd/ adj 1 不平的 bùpíngde; 多岩[巖]石的 duō yánshí de. 2 粗犷[獷]的 cūguǎngde; 结实[實]的 jiēshide; a ~ face 结实的脸.

rugger /'rʌgə(r)/ n [U] [非正式用语,尤用于英国英语]橄榄[欖]球(运动) gǎnlǎnqiú.

ruin /'ruːɪn/ v /n [T] 1 毁灭[滅]huǐmiè; 毁坏[壞]huǐhuài. 2 使破产[產]shǐ pòchǎn. **ruin** n 1 [U] 毁灭 huǐmiè, 2 [C] 毁坏(建筑物等)huǐhuài; The house is in ~s. 那房子已成断壁残垣. 3 [U] 破产的原因 pòchǎnde yuányīn; 败坏(或毁灭等)的原因 bàihuàide yuányīn; Drink was his ~. 他嗜酒是毁灭于饮酒. **ruined** adj 毁坏了的 huǐhuàile de; 破败的 pòbàide. **ruinous** /'ruːɪnəs/ adj 毁灭性的 huǐmièxìngde; 破坏性的 pòhuàixìngde.

rule /ruːl/ n [C] 1 规则 guīzé; 规章 guīzhāng; 条[條]例 tiáolì. 2 [C] 规律 guīlǜ; 常规 chángguī. 3 [U] 管辖

guǎnlǐ; 统治者 tǒngzhìzhě; *under for-eign* ~ 在外国的统治下。4 [习语] **as a 'rule** 通常 tōngcháng. **rule of thumb** 粗略而定(实)的估计方法 cūlüè ér shíyìng de gūjì fāngfǎ;根据(据)实际(际)经(经)验(验)的作法 gēnjù shíjì jīngyàn de zuòfǎ. **rule** *v* 1 [I, T] 管理 guǎnlǐ;统治 tǒngzhì. 2 [I, T] 裁决 cáijué; *She ~d that the evidence could not be ac-cepted*. 她裁定不能接受这个证据. *The judge ~d in his favour*. 法官的判决对他有利. 3 [T] 用尺画(画)(线)yòng chǐ huà. 4 [习语] **rule the 'roost** 当家(当)家 dāngjiā;作主 zuòzhǔ;主宰 zhǔzǎi. 5 [短语动词] **rule sth out** 把…排除在外 bǎ…páichú zài wài;排除…的可能性 páichú … de kěnéngxìng.
ruler *n* [C] 1 统治者 tǒngzhìzhě;管理者 guǎnlǐzhě. 2 尺 chǐ;直尺 zhí-chǐ. **ruling** *n* [C] 裁决 cáijué;裁定 cáidìng.

rum /rʌm/ *n* [U] (甘蔗汁制的)朗姆酒 lángmǔjiǔ.

rumble /'rʌmbl/ *v* [T], *n* [C] 发(发)出持续(续)的低沉声(声) fāchū chíxùde dīchénshēng;隆隆声 lóng-lóngshēng;辘辘声 lùlùshēng.

rummage /'rʌmɪdʒ/ *v* [I] 翻找 fānzhǎo;搜寻(寻)sōuxún.

rumour (美语 -or) /'ruːmə(r)/ *n* [C, U] 传(传)闻 chuánwén;谣言 yáoyán. **ru-moured** (美语 -ored) *adj* 传说的 chuánshuōde;谣传的 yáochuánde.

rump /rʌmp/ *n* 1 [C] (鸟的)尾部 wěibù;(兽的)臀部 túnbù. 2 ,**rump 'steak** [C, U] 后(后)腿部牛排 hòutuǐbù niúpái;臀部牛排 túnbù niúpái.

rumple /'rʌmpl/ *v* [T] 弄皱(皱)nòngzhòu;弄乱(乱)nòngluàn.

rumpus /'rʌmpəs/ *n* [sing] 喧闹(闹)xuānnào;骚乱(乱)sāoluàn;吵闹 chǎonào.

run[1] /rʌn/ *v* [**-nn-**; *pt* ran /ræn/, *pp* run] 1 [I] 跑 pǎo;奔 bēn. 2 [T] 跑(一段距离)pǎo;3 (a) [I] 跑步锻炼(炼)(或运动)pǎobù duànliàn. (b) [I, T] 快速行进(进)(或 kuàisù xíngjìn;*The car ran down the hill*. 汽车驶下了山坡. 5 [I] 行驶 xíngshǐ; *The train ran past the signal*. 火车从信号旁驶过. 6 [I] (公共汽车)(沿规定路线)往来行驶 wǎnglái xíngshǐ. 7 [I] (道路)伸展 shēnzhǎn;延展 yánzhǎn; *The road ~s east*.

这条路向东伸展. 8 [T] 经(经)营(营)jīngyíng;管理 guǎnlǐ; *a hotel* 经营旅馆. 9 [T] 持续(续)chí-xù; *The play ran for six months*. 这个剧连续演出了半年. 10 [I, T] (使某物)运(运)转(转)yùnzhuǎn; *The heater ~s on elec-tricity*. 加热器用电驱动. 11 [T] 通过(过)tōngguò; ~ *a comb through one's hair* 用手把头发. 12 [T] 运载 yùnzǎi; *I'll ~ you home*. 我用车送你回家. 13 [I] **for** (尤用于美语)竞选(选)jìngxuǎn; ~ *for president* 竞选总统. 14 [I] (使液体、油等)流动(动)liúdòng; *a river that ~s into the sea* 一条入海的河流. 15 [I] (颜色)扩(扩)散 kuòsàn. 16 [常 与形容词连用]变(变)成 biànchéng; *Sup-plies are ~ning low*. 供应品渐渐短缺. 17 [T] (报纸等)(发)发表 fābiǎo. 18 [T] 非法秘密地运(或携带)入某国(国)fēifǎ mìmì de yùn rù mǒuguó;走私 zǒusī; ~ *drugs* 走私毒品. 19 [I] 有共同特征(征)yǒu gòngtóng tèzhēng; *Red hair ~s in the family*. 这一家人都是红头发. 20 [习语]**run amok** 横冲(冲)直撞héng chōng zhí zhuàng. **run its course** ⇨COURSE¹. **'run for it** 快跑躲避 kuàipǎo duǒbì. **run 'high** (情绪)激昂 jī'áng. **run riot/'wild** 滋长 zīshǎng;闹(闹)事 nàoshì. **run the risk of** ⇨ RISK. **run to seed** ⇨SEED. **run short (of sth)** 使用完缺 yòngwán;缺少 quēshǎo. **run to waste** ⇨WASTE². 21 [短语动词] **run across sb** 偶然碰见 ǒurán pèngjiàn;碰上某人 (a) 追求 (b) 追求(异性)zhuīqiú; *She's always ~ning after men*. 她总是在追求男人. **run a'long** 离(离)开(开)líkāi;走开 zǒukāi. **run a'way (from sb/sth)** 跑开 pǎokāi;逃走 táozǒu. **run a'way with one** (感情)完全控制自己 wánquán kòngzhì zìjǐ. **run away/off with sb** 私奔 sībēn;离家出走 líjiā chūzǒu. **run (sth) down** (a) 耗尽(尽)能源 hàojìn néngyuán;失去作用 shīqù zuòyòng. (b) 衰退 shuāituì;逐渐失去作用 zhújiàn shīqù zuòyòng; *The com-pany is being ~ down*. 这家公司越来越不景气. **run sb/sth down** (a) (车)把…撞倒(或撞伤等)bǎ…zhuàngdǎo. (b) 说…的坏

〔婉〕话 shuō…de huàhuà. **run into sb/sth (a)** 偶然碰见 ǒurán pèngjiàn. **(b)** 遭遇(困难) zāoyù; (使)陷入(困境等) xiànrù. **run out (协议等)失效** shīxiào; 过期 guòqī. **run out (of sth (a))** 耗尽 hàojìn. **(b)** (供应品用完) yòngwán. **run sb over** (车辆)(撞倒某人并)辗过 niǎngguò; 在…上驶过 zài…shang shǐguò. **run through sth (a)** 排练(练) páiliàn. **(b)** 匆匆阅读 cōngcōng yuèdú; 匆匆检(检)查 cōngcōng jiǎnchá. **run to sth (a)** 达(逢)到(数量、数字等) dádào. **(b)** (钱)足够供…之用 zúgòu gōng…zhī yòng. **run sth up (a)** (升)旗 shēng. **(b)** 积(积)欠(账款、债务等) jīqiàn; ～ **up big debts** 积欠一大笔债. **run up against sth** 遇到(困难等) yùdào. **'runaway adj 1** 逃跑的 táopǎode; 逃遁的 táodùnde; 私奔的 sībēnde. **2** 失去控制的 shīqù kòngzhì de. **runaway n [C]** 逃跑者 táopǎozhě; 出逃者 chūtáozhě. **,run-'down adj 1** 疲惫(惫)的 píbèide; 筋疲力尽的 jīn pí lì jìn de. **2** 破损的 pòsǔnde; 失修的 shīxiūde. **'run-up n [sing]** (事件的)准(准)备(阶段)时期 zhǔnbèi shíqī.

run² /rʌn/ **n 1 [C]** 跑 pǎo; 跑步 pǎobù; 奔跑 bēnpǎo. **2 [C]** (乘汽车、火车等旅行) lǚxíng. **3 [C]** 持续(续)的演出 chíxùde yǎnchū. **4 [C]** (时)(期)时间; 一段时间 yíduàn shíjiān; a ～ **of bad luck** 一连串的不幸. **5 [sing]** 一时对(对)某物的大量需求 yíshí duì mǒuwù de dàliàng xūqiú. **6 [C]** (家畜的)饲养(养)场(场) sìyǎngchǎng. **7 [C]** (板球、棒球所得的)分 fēn. **8 [习语] on the 'run** 逃跑 táopǎo. **,run-of-the-'mill adj** 一般的 yìbānde; 普通的 pǔtōngde.

rung¹ *pp* of RING[1].

rung² /rʌŋ/ **n [C]** 梯级 tījí; 梯子横档(档) tīzi héngdàng.

runner /'rʌnə(r)/ **n [C] 1** 奔跑的人(或动物) bēnpǎo de rén. **2** 走私者 zǒusīzhě; 偷运(运)者 tōuyùnzhě; a ～ **gun** 非私私枪支之人 . **3** (条状)滑行装(装)置 huáxíng zhuāngzhì; the ～**s of a sledge** 雪橇的滑行板. **runner 'bean n [C]** 红花菜豆 hónghuā càidòu. **,runner-'up n [pl runners-'up]** (竞赛中)第二名 dì'èrmíng, 亚(亚)军 yàjūn.

running /'rʌnɪŋ/ **n [U] 1** 跑 pǎo; 跑步 pǎobù; 赛跑 sàipǎo. **2** 管理 guǎnlǐ; 操作 cāozuò. **3 [习语] make the 'running** 定步调 dìng bùdiào; 做榜样(样)做 bǎngyàng. **running adj 1** 连续(续)的 liánxùde; 连着 liánzhe 持续的战斗. a ～ **battle** 持续的战斗. **2** 接连 jiēlián; **win three times** ～ 连胜三次. **3** (水)流动(动)的 liúdòngde.

runny /'rʌnɪ/ **adj [-ier, -iest]** [非正式用语] **1** 水分过(过)多的 shuǐfèn guòduō de. **2** 流泪(泪)的 liúlèide; 流鼻的 liúbíde.

runway /'rʌnweɪ/ **n [C]** (飞机的)跑道 pǎodào.

rupture /'rʌptʃə(r)/ **n [C] 1** [正式用语](友好关系的)决裂 juéliè; 绝交 juéjiāo. **2** 疝裂 pòliè; 疝膜 shàn. **rupture v [I, T]** [正式用语]破裂 pòliè; 断(断)绝 duànjué. **2** (使)发(发)疝气(气) fā shànqì.

rural /'ruərəl/ **adj** 乡(乡)村的 xiāngcūnde; 在乡村的 zài xiāngcūn de.

ruse /ruːz/ **n [C]** 诡计 guǐjì; 计谋 jìmóu.

rush¹ /rʌʃ/ **v 1 [I, T]** 急速去(或来) jísù qù; 急速做 jísù zuò. **2 [T]** (使某人) 仓(仓)促行事 cāngcù xíngshì. **3 [T]** 突然袭(袭)击(击) tūrán xíjī. **be rushed off one's feet** 使…疲于奔命 shǐ…píyú bēn mìng, 忙不过来. **rush n 1 [C, U]** 冲(冲)冲 chōng; 奔跑 bēnpǎo; 急促的动(动)作 jícùde dòngzuò. **2 [sing]** 急需 jíxū. **3 [sing, U]** 繁忙的活动(时刻) fánmángde huódòng; the Christmas ～ 圣诞节前的购物潮. **'rush-hour n [C]** (上下班时的)交通拥(拥)挤(挤)时(时)间 jiāotōng yōngjǐ shíjiān; (车辆)高峰时间 gāofēng shíjiān.

rush² /rʌʃ/ **n [C]** 灯(灯)心草 dēngxīncǎo.

rusk /rʌsk/ **n [C]** 面(面)包干(干) miànbāogān; 脆饼干 cuì bǐnggān.

Russia /'rʌʃə/ **n [U]** 俄国(国) Éguó.

Russian /'rʌʃən/ **adj** 俄国(国)的 Éguóde, Russia的. **Russian n 1 [C]** 俄国人 Éguórén. **2 [U]** 俄语 Éyǔ.

rust /rʌst/ **n [U]** 锈 xiù; 铁(铁)锈 tiěxiù. **rust v [I, T]** (使)生锈 shēngxiù. **rusty adj [-ier, -iest] 1** 生锈的 shēngxiùde. **2** 荒疏的 huāngshūde; 荒废(废)的 huāngfèide; His piano-playing is a bit ～ y. 他久未弹钢琴，有点儿生疏

了.

rustle /'rʌsl/ v [I, T] (如风吹枯叶)沙沙作响(響) shāshā zuò xiǎng. 2 [T] [美语] 偷盗(牛、马)tōudào. 3 [短语动词] **rustle sth up** 急速提供 jísù tígōng; ~ up a meal 急急忙忙弄出一顿饭. **rustle** n [C, U] 沙沙声(聲) shāshā-shēng.

rut /rʌt/ n [C] 1 车辙 chēzhé. 2 陷入固定(而又乏味)的生活方式 xiànrù gùdìng de shēnghuó fāngshì: be in a ~ 墨守成规. **rutted** adj 有车辙的 yǒu chēzhé de.

ruthless /'ruːθlɪs/ adj 残(殘)忍的 cánrěnde; 无(無)同情心的 wú tóngqíngxīn de. **ruthlessly** adv.

rye /raɪ/ n [U] 黑麦(麥) hēimài; 黑麦粒 hēimàilì; 黑麦威士忌酒 hēi-mài wēishìjìjiǔ.

S s

S, s /es/ n [C] [pl **S's, s's** /'esɪz/] 英语的第十九个(個)字母 Yīngyǔ de dìshíjiǔgè zìmǔ.

S abbr south(ern); S Yorkshire 约克郡南部

Sabbath /'sæbəθ/ n the Sabbath [sing] 安息日(犹太教为星期六,基督教为星期日) ānxīrì.

sabotage /'sæbətɑːʒ/ n [U] 蓄意破坏(壞) xùyì pòhuài; 阴(陰)谋破坏 yīnmóu pòhuài. **sabotage** v [T] 阴谋破坏(机器、计划等) yīnmóu pòhuài. **saboteur** /ˌsæbə'tɜː(r)/ n [C] 阴谋(或蓄意)破坏者 yīnmóu pòhuàizhě.

sabre (英语 saber) /'seɪbə(r)/ n [C] 军刀 jūndāo; 马刀 mǎdāo.

saccharin /'sækərɪn/ n [U] 糖精 tángjīng.

sachet /'sæʃeɪ; US sæ'ʃeɪ/ n [C] (塑料或纸的)小袋 xiǎodài.

sack[1] /sæk/ n [C] 1 粗布袋 cūbù-dài; 麻袋 mádài; 大口袋 dàdài. '**sackcloth** (亦作 **sacking**) n [U] 麻袋布 mádàibù; 粗麻布 cūmábù; 口袋布 kǒudàibù. '**sackful** n [C] 一袋的量 yídài de liàng.

sack[2] /sæk/ n [T] [非正式用语, 尤用于英国英语]解雇(僱)jiěgù. **the sack** n [sing] 解雇 jiěgù:

give sb/get the ~ 解雇某人; 被解雇.

sack[3] /sæk/ v [T] (对占领的城市)洗劫 xǐjié; 劫掠 jiélüè.

sacrament /'sækrəmənt/ n [C] (宗教)圣(聖)礼(禮) shènglǐ; 圣事(如洗礼等) shèngshì. **sacramental** /ˌsækrə'mentl/ adj.

sacred /'seɪkrɪd/ adj 1 神圣(聖)的 shénshèngde; 宗教的 zōngjiàode: a ~ shrine 圣地. 2 (to) 受崇敬的 shòu chóngjìng de: In India the cow is a ~ animal. 在印度牛是神圣的动物. 3 重大的 zhòngdàde; 庄(莊)严(嚴)的 zhuāngyánde: a ~ promise / duty 郑重的诺言 / 庄严的责任.

sacrifice /'sækrɪfaɪs/ n 1 [U, C] (to) 献(獻)祭 xiànjì; 祭祀 jìsì; 供奉 gòngfèng. 2 (a) [U] 牺(犧)牲 xīshēng. (b) [C] 供品 gòngpǐn; 祭品 jìpǐn: make ~s 作牺牲. **sacrifice** (to) 1 [I, T] 献祭 xiànjì; 供奉 gòngfèng. 2 [T] 牺牲 xīshēng: ~ a career to have a family 为家庭牺牲事业. **sacrificial** /ˌsækrɪ'fɪʃl/ adj.

sacrilege /'sækrɪlɪdʒ/ n [C, 常用 sing, U] 亵(褻)渎(瀆)(圣物)xiè-dú; 渎圣(聖)行为(爲)dúshèng. **sacrilegious** /ˌsækrɪ'lɪdʒəs/ adj.

sad /sæd/ adj [~der, ~dest] 悲哀的 bēi'āide; 难(難)过(過)的 nánguòde; 伤(傷)心的 shāngxīnde: a ~ person/song 伤心的人 / 令人悲伤的歌曲. **sadden** v [I, T] (使)悲哀 bēi'āi; (使)难过 nánguò: ~dened by his death 因他的去世而悲伤. **sadly** adv 1 悲哀地 bēi'āide. 2 伤心地 shāngxīnde; 悲伤地 bēishāngde: smile ~ly 苦笑. 2 不幸地 búxìngde: S~ly, we have no more money. 我们可惜没有钱了. **sadness** n [U, C].

saddle /'sædl/ n [C] 1 马鞍 mǎ'ān; 鞍座 ānzuò; (自行车)车座 chēzuò. 2 鞍状(狀)山脊 ānzhuàng shānjǐ. 3 [习语] **in the 'saddle** (a) 骑着马 qízhe mǎ. (b) [喻]处[處]于控制地位 chǔyú kòngzhì dìwèi. **saddle** v [T] 1 给(马)装(裝)鞍 gěi zhuāng'ān. 2 [短语动词] **saddle sb with sth** 使(某人)承担[擔]不愉快的任务[務] shǐ mǒu-rén chéngdān bù yúkuài de rènwù: ~d with cleaning the car 被迫担负清洗汽车任务. '**saddle-bag** n [C] 马褡裢 mǎdāliàn; 鞍囊 ānnǎng.

sadism /'seɪdɪzəm/ n [U] 施虐狂 shīnüèkuáng; 性施虐主义 xìngshīnüèkuáng. **'sadist** n [C] 施虐狂者 shīnüèkuángzhě; 性施虐狂者 xìngshīnüèkuángzhě. **sadistic** /sə-'dɪstɪk/ adj.

sae /,es eɪ 'iː/ abbr stamped addressed envelope 贴足邮(郵)票和(寫)明地名地址的信封(供收信人回信时使用用) tiēzú yóupiào xiěmíng xìngmíng dìzhǐ de xìnfēng.

safari /sə'fɑːrɪ/ n [C, U] (非洲的) 游猎(獵) yóuliè; on ~ in Kenya 在肯尼亚游猎.

safe[1] /seɪf/ adj [~r, ~st] 1 (from) 安全的 ānquánde; 无(無) 危险[險]的 wú wēixiǎn de; ~ from attack 免受攻击. 2 不会引起损害(或损失)的 búhuì yǐnqǐ sǔnhài de; a ~ speed 安全的速度. 3 平安的 píng'ānde; The plane crashed but the pilot is ~. 那架飞机失事了, 但驾驶员安然无恙. 4 受保护[護]的 shòu bǎohù de. 5 小心的 xiǎoxīnde; 谨慎的 jǐnshènde; a ~ driver 谨慎的司机. 6 [习语] (as) safe as 'houses 非常安全 fēicháng ānquán. safe 'keeping 妥善保管(或保护) tuǒshàn bǎoguǎn. safe and 'sound 平安无事 píng'ān wúshì. safe 'haven 7 安全区[區]域 ānquán qūyù;避难[難]所 bìnànsuǒ. **safely** adv. **safeness** n [U].

safe[2] /seɪf/ n [C] 保险[險]箱 bǎoxiǎnxiāng.

safeguard /'seɪfɡɑːd/ n [C] (against) 安全设施 ānquán shèshī; 保护[護]措施 bǎohù cuòshī. **safeguard** v [T] (against) 保护 bǎohù; 保卫[衛] bǎowèi.

safety /'seɪftɪ/ n [U] 安全 ānquán; 平安 píng'ān. **'safety-belt** [C] = SEAT-BELT (SEAT). **'safety helmet** n [C] 安全帽 ānquánmào. **'safety-pin** n [C] (安全)别针 biézhēn. **'safety-valve** n [C] 1 安全阀 ānquánfá. 2 [喻]发(發)泄怒气(氣)的方式 fāxiè nùqì de fāngshì.

sag /sæɡ/ v [-gg-] [I] 1 (中间部分)下垂 xiàchuí; 下弯[彎] xiàwān; 下陷 xiàxiàn. 2 松[鬆]垂 sōngchuí.

saga /'sɑːɡə/ n [C] 1 长[長]篇英雄故事 chángpiān yīngxióng gùshì; 冒险[險]故事 màoxiǎn gùshì. 2 家世小说 jiāshì xiǎoshuō.

sage[1] /seɪdʒ/ n [C] [正式用语] [喻]哲 xiánzhé; 智者 zhìzhě. **sage** adj 贤明的 xiánmíngde; 智慧的 zhìhuìde.

sage[2] /seɪdʒ/ n [C] 鼠尾草(用作调味品) shǔwěicǎo.

said pt, pp of SAY.

sail[1] /seɪl/ n 1 [C, U] 帆 fān. 2 [sing] (乘船) 航行 hángxíng; go for a ~ 乘船出游. 3 [C] (风车的)翼板 yìbǎn. 4 [习语] set sail (from/to/for) 启[啟]航 qǐháng.

sail[2] /seɪl/ v 1 [I] (乘船、机帆船等)航行 hángxíng. 2 [I] 启[啟]航 qǐháng. 3 [T] 航行于 hángxíng yú. 4 [I, T] 驾驶(船) jiàshǐ; Can you ~ (a yacht)? 你会驾驶(游艇)吗? 5 [短语动词] sail through (sth) 顺利地通过(考试等) shùnlì de tōngguò. **sailing** n [U] 帆船运[運]动(動) fānchuán yùndòng; go ~ing 坐帆船去. **'sailing-boat** (亦作 'sailing-ship) n [C] 帆船 fānchuán. **sailor** n [C] 水手 shuǐshǒu; 海员 hǎiyuán.

saint /seɪnt, sənt/ n [C] 1 (基督教追封的)圣[聖]徒 shèngtú. **saintly** adj [-ier, -iest] 圣徒似的 shèngtúsìde; 圣人似的 shèngrénsìde; 神圣的 shénshèngde.

sake /seɪk/ n [习语] for good-ness', Heavens, etc sake (用在命令、要求的词语之前或之后,表示恼怒等) For goodness' ~ hurry up! 天哪,赶快! for the sake of 1 为了…的利益 wèile…de lìyì; for the ~ of her children 为了她孩子的利益. 2 为获[獲]得(或保持) wèi huòdé; for the ~ of peace 为了和平.

salad /'sæləd/ n [C, U] 1 色拉 sèlā; 凉拌菜(如生菜、黄瓜、西红柿) liángbàncài. 2 有色拉的凉拌食品 yǒu sèlā de liángbànshípǐn; a cheese ~ 干酪色拉. **'salad dressing** n [U] 色拉调味汁 sèlā tiáowèizhī.

salami /sə'lɑːmɪ/ n [U] 萨[薩]拉米香肠[腸] sāilāmǐ xiāngcháng.

salary /'sælərɪ/ n [C] [pl -ies] (按周或按月计的)薪金 xīnjīn; 薪水 xīnshuǐ. **salaried** adj 拿薪金的 ná xīnjīn de; 领薪水的 lǐng xīnshuǐ de.

sale /seɪl/ n 1 [U, C] 卖[賣]出售 chūshòu. 2 [C] 廉售 liánshòu; 贱[賤]卖 jiànmài; buy a dress in

the ~s 减价期间买了一件连衣裙。
3 [习语] **for sale** 待售 dàishòu。
on sale 出售 chūshòu; 上市
shàngshì。 **salesman** *n* [C]
[*pl* -men], **'salesperson** [*pl*
-people], **'saleswoman** [*pl*
-women] (女)售货员 shòuhuò-
yuán。 **'salesmanship** *n* [U] 推销
术[術] tuīxiāoshù。

saline /'seɪlaɪn; US -li:n/ *adj* 咸
[鹹]的 xiánde; 含盐[鹽]的 hán-
yánde。

saliva /sə'laɪvə/ *n* [U] 口水 kǒu-
shuǐ; 唾液 tuòyè。

sallow /'sæləʊ/ *adj* (面色、气色)
灰黄色的 huīhuángsède。

salmon /'sæmən/ *n* [*pl* **salmon**]
1 (a)[C] 鲑 guī; 大马哈鱼 dàmǎ-
hāyú。 (b) [U] 鲑鱼肉 guīyúròu。 2
鲑肉色 guīròusè; 橙红色 chéng-
hóngsè。

salmonella /ˌsælmə'nelə/ *n* [U]
沙门氏菌 shāménshìjūn。

salon /'sælɒn; US sə'lɒn/ *n* [C]
(美发、美容等营业性的)店 diàn, 厅
[廳] tīng, 院 yuàn。

saloon /sə'lu:n/ *n* [C] 1 (轮船、旅
馆等) 交谊室 jiāoyìshì; 大厅[廳]
dàtīng。 2 [美语]酒吧间 jiǔbājiān。 3
(亦作 **saloon-car**)(供四、五人坐
的)轿[轎]车 jiàochē。 **sa'loon bar**
= LOUNGE BAR (LOUNGE)。

salt /sɔːlt/ *n* 1[U] 盐[鹽] yán; 食盐
shíyán。 2 [化学]盐 yán。 3 [习
语] **the salt of the earth** 诚实
[實]正派的人 chéngshí zhèngpài de
rén。 **take sth with a grain/pinch
of salt** 对[對]…半信半疑 duì …
bànxìn bànyí。 **salt** *v* [T]加盐于(食
物) jiā yán yú。 **salt-cellar** *n* [C]
小盐瓶 xiǎo yánpíng。 **salty** *adj*
[-ier, -iest]。

salute /sə'luːt/ *n* [C] 致敬 zhìjìng;
敬礼[禮] jìnglǐ; 行礼 xínglǐ。 **salute**
v [I, T] 1 向…致敬 xiàng… zhìjìng;
致敬 zhìjìng; 敬礼 jìnglǐ。 2 赞[讚]扬[揚] zàn-
yáng; 颂扬 sòngyáng。

salvage /'sælvɪdʒ/ *n* [U] 1 (火灾、
洪水等的)财产[產]抢[搶]救 cái-
chǎn qiǎngjiù。 2 海上抢救[的]船只
shàng yíngjiù。 3 可利用的废[廢]物
kě lìyòngde fèiwù; 废物抢救 fèiwù
huíshōu。 **salvage** *v* [T](从火灾、海
难中)抢救 qiǎngjiù。

salvation /sæl'veɪʃn/ *n* [U] 1[宗
教]拯救 zhěngjiù; 超度 chāodù。 2
救助者 jiùzhùzhě; 解救方法(或途
径) jiějiù tāngtú。

same /seɪm/ *adj* **1 the same** 同一

的 tóngyīde; He's the ~ age as
his wife. 他同妻子同年。 2 同样
[樣]的 tóngyàngde; My car is the
~ as yours. 我的汽车和你的一
样。 **the same** *pron* 1 同样的事物
tóngyàngde shìwù; I bought a red
dress and then she bought the
~. 我买了一件红色连衣裙，之后
她买了同样的。 2 [习语] **all/just
the same** 仍然 réngrán; 尽[儘]管
如此 jǐnguǎn rúcǐ; She's quite old,
but very lively all the ~. 她相
当老了，但依然精力充沛。 **be all
the same to** ⇨ ALL³。 **same here**
我也一样 wǒ yě yíyàng; 我同意 wǒ
tóngyì; ' I feel hot.' 'S~
here.' "我觉得热。" "我也一样。"
the same *adv* 同样地 tóngyàngde;
The two words are pro-
nounced the ~. 这两个字发音相
同。 **sameness** *n* [U] 同一(性)
tóngyī; 相同(性) xiāngtóng; 无[無]变
变[變]化 wú biànhuà。

sample /'sɑːmpl; US 'sæmpl/ *n*
[C] 样品 yàngpǐn; 货样 huòyàng;
样本 yàngběn; 样本 yàngběn; wallpaper
~s 壁纸样品。 **sample** *v* [T]抽样
检[檢]验[驗] chōuyàng jiǎnyàn; ~
our new wine 对我们的新酒抽样
品尝。

sanatorium /ˌsænə'tɔːrɪəm/ *n*
[*pl* ~s 或 **-ria** /-rɪə/] 疗[療]养
[養]院 liáoyǎngyuàn。

sanctimonious /ˌsæŋktɪ'məʊnɪəs/
adj [贬]假装[裝]高尚(或正经)的
jiǎzhuāng gāoshàng de。 **sanctimo-
niously** *adv*。

sanction /'sæŋkʃn/ *n* 1[U] 认[認]
可 rènkě; 批准 pīzhǔn。 2[C] 制裁
zhìcái; 处[處]罚 chúfá; economic
~s 经济制裁。 **sanction** *v* [T] 认
可 rènkě; 批准 pīzhǔn; 准许 zhǔnxǔ。

sanctity /'sæŋktətɪ/ *n* [U] 神圣
[聖] shénshèng。

sanctuary /'sæŋktʃʊərɪ; US -ʊerɪ/
n [*pl* **-ies**] 1[C,U] 圣[聖]堂 shèng-
táng, 寺院等) 圣地 shèngdì。 2 [C, U]庇护
[護]所 bìhùsuǒ; be offered ~ 受
到庇护。 3 [C] 禁猎[獵]区[區] jìn-
lièqū; 鸟兽[獸]保护区 niǎo shòu
bǎohùqū。

sand /sænd/ *n* 1[U] 沙 shā。 2 [C,
常作 pl] 沙滩[灘] shātān; 沙地
shādì, sand 之 [习语] **a** 沙的; 沙纸磨光 b
yòng shāzhǐ móguāng; ~ (down)
the wood 用砂纸磨光这块木料。 2
用沙覆盖[蓋] yòng shā fùgài。
'sandbag *n* [C] 沙袋 shādài,

'sand-castle n [C] (儿童在海滨堆成的)沙堆模型城堡 shāduì móxíng chéngbǎo. 'sand-dune = DUNE. 'sandpaper n [C] 砂纸 shāzhǐ. 'sandstone n [U] 砂岩 shāyán. sandy adj [-ier, -iest] 1 含沙的 hánshāde;覆盖着沙的 fùgàizhe shā de. 2 (头发)浅[淺]棕色的 qiǎn zōngsè de.

sandal /'sændl/ n [C] 凉鞋 liángxié.

sandwich /'sænwɪdʒ; US -wɪtʃ/ n [C] 三明治 sānmíngzhì; 夹心面[麵]包片 jiāxīn miànbāopiàn; a cheese ~ 乳酪三明治. sandwich v [T] 把…插入 bǎ…chārù;把…夹入 bǎ…jiārù;把…挤[擠]入 bǎ…jǐrù.

sane /seɪn/ adj [~r, ~st] 1 神志正常的 shénzhì zhèngchángde;心智健全的 xīnzhì jiànquán de. 2 明智的 míngzhìde;理智的 lǐzhìde; a ~ policy 明智的政策. sanely adv.

sang pt of SING.

sanitary /'sænɪtrɪ; US -terɪ/ adj 1 清洁[潔]的 qīngjiéde;卫[衛]生的 wèishēngde; ~ conditions 卫生条件. 2 保健的 bǎojiànde; ~ measures 保健措施. 'sanitary towel n [C] 卫生巾 wèishēngjīn.

sanitation /ˌsænɪ'teɪʃn/ n [U] 卫[衛]生系统 wèishēng xìtǒng;卫生设备[備] wèishēng shèbèi.

sanity /'sænətɪ/ n [U] 心智健康 xīnzhì jiànkāng;神志正常 shénzhì zhèngcháng.

sank pt of SINK².

sap¹ /sæp/ v [-pp-] [T] 使伤[傷]元气[氣] shǐ shāng yuánqì;消耗(精力等) xiāohào.

sap² /sæp/ n [U] 树[樹]液 shùyè.

'sapling n [C] 幼树 yòushù.

sapphire /'sæfaɪə(r)/ n [C] 蓝[藍]宝[寶]石 lánbǎoshí, sapphire adj 蔚蓝色的 wèilánsède;宝石蓝色的 bǎoshílánsède.

sarcasm /'sɑːkæzəm/ n [U] 讽[諷]刺 fěngcì;挖苦 wākǔ;嘲笑 cháoxiào. sar'castic /sɑː'kæstɪk/ adj. sarcastically /-klɪ/ adv.

sardine /sɑː'diːn/ n [C] 1 沙丁鱼 shādīngyú, 2 [习语] like sardines (像沙丁鱼般)拥[擁]挤[擠]ing yōngjǐ.

sari /'sɑːrɪ/ n [C] 莎丽[麗](印度妇女用以裹身包头或裹身披肩的棉布或绸)shālì.

sarong /sə'rɒŋ; US -'rɔːŋ/ n [C] 莎龙[龍](印尼人用以裹身的布,似裙)shālóng.

SARS /sɑːz/ abbr severe acute respiratory syndrome 严[嚴]重急性呼吸综合征[徵] yánzhòng jíxìng hūxī zōnghézhēng;非典 fēidiǎn.

sash /sæʃ/ n [C] 腰带[帶] yāodài;饰带 shìdài;肩带 jiāndài.

sash-window /ˌsæʃ 'wɪndəu/ n [C](上下)推拉窗 tuīlāchuāng.

sat pt, pp of SIT.

Satan /'seɪtn/ n 撒旦 Sādàn;魔鬼 móguǐ. Satanic /sə'tænɪk/ adj.

satchel /'sætʃəl/ n [C] 书[書]包 shūbāo;小背包 xiǎo bēibāo.

satellite /'sætəlaɪt/ n [C] 1 (a)卫[衛]星 wèixīng. (b)人造卫星 rénzào wèixīng. 2 [喻]卫星国[國]wèixīngguó. 'satellite channel n [C] 卫星电[電]视频道 wèixīng diànshì píndào. satellite television n [U]卫星电[電]视 wèixīng diànshì.

satin /'sætɪn; US 'sætn/ n [U] 缎子 duànzi.

satire /'sætaɪə(r)/ n 1 [U]讽[諷]刺 fěngcì. 2 [C] 讽刺作品 fěngcì zuòpǐn;a ~ on snobbery 描述势利小人的讽刺作品. satirical /sə'tɪrɪkl/ adj. satirize /'sætəraɪz/ v [T]讽刺 fěngcì.

satisfaction /ˌsætɪs'fækʃn/ n 1 [U]满意 mǎnyì;满足 mǎnzú; get ~ from one's work 从自己的工作中得到满足. 2 [C] 使人满足的事 shǐ rén mǎnzú de shì;乐[樂]事 lèshì;快事 kuàishì. 3 [U]补[補]偿[償]bǔchángí;道歉 dàoqiàn.

satisfactory /ˌsætɪs'fæktərɪ/ adj 令人满意的 lìng rén mǎnyì de;如意的 rúyìde;可喜的 kěxǐde; ~ progress 可喜的进步. satisfactorily /-tərəlɪ/ adv.

satisfy /'sætɪsfaɪ/ v [pt, pp -ied] [T] 1(使)满足 mǎnzú;(使)满意 mǎnyì; enough food to ~ us 有足够的食品满足我们的需要. 2 满足(愿望、需要等)mǎnzú. 3 向…提供证据[據]xiàng …tígōng zhèngjù;使…信服 shǐ…xìnfú;~ the police of my innocence 向警方证实我的无辜. satisfied adj 满意的 mǎnyìde;满足的 mǎnzúde.

saturate /'sætʃəreɪt/ v [T] 1 浸透 jìntòu;浸湿[濕]jìnshī. 2 [常用被动语态]使充满 shǐ chōngmǎn. saturated adj 1 浸[極]湿的 jìshīde. 2 饱和的 bǎohéde. saturation /ˌsætʃə'reɪʃn/ n [U].

Saturday /'sætədɪ/ n [U, C] 星期六 xīngqīliù.

sauce /sɔːs/ n 1 [C, U] 调味汁 tiáowèizhī; 酱(醬) jiàng. 2 [U] 非正式用语 无(無)礼(禮)的话 wúlǐde huà. **saucy** adj **-ier, -iest** 无礼的; 莽撞的 mǎngzhuàngde. **saucily** adv.

saucepan /'sɔːspən; US -pæn/ n [C] (有盖和长柄的)平底锅(鍋) píngdǐguō.

saucer /'sɔːsə(r)/ n [C] 茶托 chátuō; 茶碟 chádié.

sauna /'sɔːnə, 亦读 'saunə/ n [C] 蒸气(氣)浴 zhēngqìyù; 桑拿浴 sāngnáyù.

saunter /'sɔːntə(r)/ v [I] 漫步 mànbù; 闲逛 xiánguàng. **saunter** n [sing] 漫步 mànbù; 闲逛 xiánguàng.

sausage /'sɒsɪdʒ; US 'sɔːs-/ n [C] 香肠(腸) xiāngcháng; 腊(臘)肠 làcháng.

savage /'sævɪdʒ/ adj 1 野蛮(蠻)的 yěmánde; 凶(兇)猛的 xiōngměngde: ~ animal 凶猛的动物. 2 残(殘)酷的 cánkùde; 恶(惡)毒的 èdúde: ~ criticism 粗暴的批评. 3 [魔]未开(開)化的 wèi kāihuà de; 原始的 yuánshǐde. **savage** n [C] [旧]野蛮人 yěmánrén. **savage** v [T] 凶猛地攻击(擊) xiōngměngde gōngjī: ~d by a dog 被狗咬. **savagely** adv. **savagery** n [U] 野蛮(或残暴)的行为(爲) yěmánde xíngwéi.

save /seɪv/ v 1 [T] (from) 拯救 zhěngjiù; 挽救 wǎnjiù; 保全 bǎoquán: ~ sb's life 救某人的命. 2 [I, U](up, for) 储存(钱) chǔcún; 积(積)攒 jīzǎn: ~ (up) for a new car 攒钱买新汽车. S~ some cake for me! 给我留些蛋糕! 3 (计算机)保存(数据)百存(儲); 将(將)…存盘(盤) jiàng…cúnpán 4 [T] 省去 shěngqù: That will ~ you a lot of trouble. 那将省去你许多麻烦. 5 [T](足球中)防止 fángzhǐ 6 [习语] save (one's) face 保全面子 bǎoquán miànzi. save one's neck ⇔ NECK. save n [C] (足球中的)救球 jiùqiú. saving n 1 [C]节(節)省(或储存)的量 jiéshěngde liàng; a saving of £5 节省 5 英镑. 2 savings [pl] 储蓄金 chǔxùjīn; 存款 cúnkuǎn. 'savings account n [U] 储蓄账户 chǔxù zhànghù.

saviour (美语 -or) /'seɪvɪə(r)/ n [C] 1 救助者 jiùzhùzhě; 挽救者 wǎnjiùzhě. 2 the Saviour 救世主(耶稣基督) Jiùshìzhǔ.

savour (美语 -or) /'seɪvə(r)/ n [C, U] 滋味 zīwèi; 味道 wèidào; 风(風)味 fēngwèi. **savour** v [T] 品尝(嘗) pǐncháng; 玩味 pǐnwèi: ~ the wine 品酒. [喻] ~ one's freedom 享受自由.

savoury (美语 -ory) /'seɪvərɪ/ adj 咸(鹹)的 xiánde. **savoury** n [C] [pl -ies] 咸味菜肴 xiánwèi càiyáo.

saw[1] pt of SEE.

saw[2] /sɔː/ n [C] 锯 jù. **saw** v [pt ~ed, pp ~n /sɔːn/; 美语 ~ed] 1 [I, T] 锯 jù; 锯成 jùchéng. 2 [I]可被锯开(開)锯割 kěbèi jùgē: Wood ~s easily. 木材容易锯开. 3 [短语动词] saw sth up 将(將)…锯成块块(塊) jùchéng kuài. **sawdust** n [U] 锯末 jùmò. **sawmill** n [C] 锯木厂(廠) jùmùchǎng.

saxophone /'sæksəfəʊn/ n [C] [音乐]萨(薩)克斯管 sàkèsīguǎn.

say /seɪ/ v [pt, pp said /sed/] [T] 1 说 shuō; 讲(講) jiǎng. 2 表示(用语言)bǐoshì; 开…宣布 She said that she was killed. 这里宣称, 她被杀害. 3 (用言语、手势等)表达(達)(思想、情感等) bǐodá: What does this poem ~ to you? 你以为这首诗意味着什么? 4 表明(意见) bǐomíng. 5 假定 jiǎdìng; 认为(爲) rènwéi: I'd ~ this can't be done. 6 [习语]go without saying 不用说 bú yòng shuō. you can say that again [非正式用语]我同意 我完全同意 wǒ tóngyì. that is to say ⇔ THAT[1]. **say** n 1 [U, sing]决定权(權) juédìngquán: ~ in what happens 有权决定做什么. 2 [习语] have one's say 表达意见 bǐodá yìjiàn. **saying** n [C] 格言 géyán; 谚语 yànyǔ.

scab /skæb/ n [C] 1 痂 jiā. 2[非正式用语, 贬]拒不参加罢(罷)工者 jùbù cānjiā bàgōng zhě.

scaffold /'skæfəʊld/ n [C] 1 脚手架 jiǎoshǒujià; 建筑(築)架 jiànzhùjià. 2 断(斷)头(頭)台 duàntóutái; 绞刑架 jiǎoxíngjià. **scaffolding** /'skæfəʊldɪŋ/ n [U] (建筑)脚手架 jiǎoshǒujià.

scald /skɔːld/ v [T](被沸水、蒸汽)烫(燙)伤(傷) tàngshāng. **scald** n [C] 烫伤 tàngshāng. **scalding** adj

滚[滚]烫的 gǔntàngde; 灼热[热]的 zhuórède.

scale¹ /skeɪl/ n [C] 鳞[鳞]片 línpiàn. 2 [U][英国英语](水壶、水管等的)水锈 shuǐxiù; 水垢 shuǐgòu. scale v [T]刮去…的鳞 guāqù…de lín, scaly adj [-ier, -iest].

scale² /skeɪl/ n 1 [C] 刻度 kèdù; 标[标]度 biāodù. 2 [C]等级 děngjí; 级别 jíbié: a salary ~ 薪金级别. 3 [C]比例 bǐlì. 4 [C] 大小 dàxiǎo; 规模 guīmó; 范[范]围[围] fànwéi; riots on a large ~ 大规模骚乱. 5 [C][音乐]音阶[阶] yīnjiē. scale v [短语动词] scale sth up/down 增加 zēngjiā; 缩减 suōjiǎn.

scale³ /skeɪl/ v [T]攀登 (悬崖等) pāndēng.

scales /skeɪlz/ n [pl] 天平 tiānpíng; 磅秤 bàngchèng; weigh oneself on the bathroom ~ 在浴室的磅秤上称体重.

scallop /ˈskɒləp/ n [C] 扇贝 shànbèi.

scalp /skælp/ n [C] (人的)头[头]皮 tóupí. scalp v [T] 剥去…的头皮 bōqù…de tóupí.

scalpel /ˈskælpəl/ n [C] 解剖刀 jiěpōudāo; 手术[术]刀 shǒushùdāo.

scamper /ˈskæmpə(r)/ v [I] 跳跳蹦蹦 tiàotiàobèngbèng; 奔跑 bēnpǎo.

scampi /ˈskæmpɪ/ n [pl] 大虾 [虾]dàxiā.

scan /skæn/ v [-nn-] 1[T]细看 xìkàn; 细察 xìchá; 细细地平视 ~ the horizon 细看着地平线. 2 [T]浏[浏]览[览]liúlǎn: ~ the newspapers 浏览报纸. 3 [T] 区[医][用扫描器] (对)扫描检[检]查 sǎomiáo jiǎnchá. 4 [I](诗)符合的[韵]律 fúhé yùnlǜ. 5 [T][计算机]扫描 sǎomiáo. scan n [C] 扫描 sǎomiáo. scanner n [C] 扫描器 sǎomiáoqì.

scandal /ˈskændl/ n [C,U] 公愤 gōngfèn; 引起公愤的丑[丑]闻(或)行为 yǐnqǐ gōngfèn de jǐ(wén); [U]流言 liúyán; 诽谤 fěibàng. scandalize /-dəlaɪz/ v [T] 使震惊[惊]从 zhènjīng shǐ shǐ fènkǎi. scandalous adj.

scant /skænt/ adj [正式用语]不足的 bùzúde; 缺乏的 quēfáde. scantily adv. scanty adj [-ier, -iest].

scapegoat /ˈskeɪpgəʊt/ n [C] 替罪羊 tìzuìyáng.

scar /skɑː(r)/ n [C] 1 伤[伤]疤 shāngbā; 伤痕 shānghén. 2 [喻] (精神上的)创[创]伤 chuāngshāng. scar v [-rr-][T]给…留下伤痕 gěi…liúxià shānghén.

scarce /skeəs/ adj [~r, ~st] 缺乏的 quēfáde; 不足的 bùzúde; 供不应[应]求的 gōng bù yìng qiú de. scarcely adv 几[几]乎不 jīhūbù; 仅[仅]仅 jǐnjǐn; ~ly enough food 勉强够吃的食物. scarcity n [C, U] [pl -ies] 不足 bùzú; 缺乏 quēfá.

scare /skeə(r)/ v 1 [T] 使惊惧 [惧] 吓[吓]唬 shǐ hàipà. 2 [I] 受惊[惊]吓[吓] shòu jīngxià: He ~s easily. 他容易受惊. scare n [C] 惊吓[吓] jīngxià; 惊恐 jīngkǒng. 'scarecrow n [C]稻草人 dàocǎorén. scary /ˈskeərɪ/ adj [-ier, -iest][非正式用语]惊恐的 jīngkǒngde; 易受惊的 yì shòujīng de.

scarf /skɑːf/ n [C pl scarves /skɑːvz/ 或 ~s] 围[围]巾 wéijīn; 头[头]巾 tóujīn.

scarlet /ˈskɑːlət/ n [U], adj 鲜红色 xiānhóngsè; 鲜红的 xiānhóngde, ˌscarlet 'fever n [U] 猩红热[热]xīnghóngrè.

scathing /ˈskeɪðɪŋ/ adj 严[严]厉[厉]的 yánlìde; 刻薄的 kèbóde. scathingly adv.

scatter /ˈskætə(r)/ v 1 [I,U] (使)散开[开]sànkāi. 2 [T] 撒 sǎ; 撒播 sǎbō; ~ seed 撒种子 sǎzhǒngzi. 'scatterbrain n [C]精神不集中的人 jīngshén bù jízhōng de rén; 健忘的人 jiànwàngde rén. 'scatter-brained adj. scattered adj 分散的 fēnsànde; 稀疏的 xīshūde.

scavenge /ˈskævɪndʒ/ v [I, U] 1 (动物)以腐肉为[为]食 yǐ…wéi shí, 2 (在垃圾中)搜寻[寻]有用物 sōuxún yǒuyòng wù. scavenger n [C] 食腐动[动]物的动[动]物; [喻]拣[拣]破烂[烂]的人 jiǎn pòlàn de rén.

scenario /sɪˈnɑːrɪəʊ/ US -ˈnær-/ n [C] [pl ~s] 摘 摘…剧[剧]提纲[纲] jù(diàn) tígāng; 电[电]影(或戏剧等)脚本 diànyǐng jiǎoběn. 2 想像中的未来(一系列)事情 xiǎngxiàng zhōng de wèilái shìqíng.

scene /siːn/ n [C] 1(事件)发[发]生地点[点] fāshēng dìdiǎn; the ~ of the crime 犯罪的现场. 2(现实生活中的)事件 shìjiàn; 情景 qíngjǐng; ~s of horror during the fire 火灾过程中可怕的情景。3 吵闹[闹]场面 chǎonào... a ~ 大吵大闹。4 景色 jǐngsè; 景象 jǐngxiàng, 5(戏剧等的)一场[场]yīchǎng; 一个[个]情节 qíngjié; 一幕[幕]yīgè qíngjié。6(舞台)布景 bùjǐng。7 [习语] behind the scenes (a) 在幕后[后] zài mùhòu。(b) 秘密的 mìmìde。on the scene 在场 zàichǎng; 到场 dàochǎng。**scenery** n [U] 1 风[风]景 fēngjǐng; 景色 jǐngsè。2 布景 bùjǐng。**scenic** /'si:nɪk/ adj 风景优[美]的 fēngjǐng yōuměi de。

scent /sent/ n 1 [C, U] 气[气]味 qìwèi; 香味 xiāngwèi。2[U] (尤用于英国英语)香水 xiāngshuǐ。3 (动物的)遗臭 yíxiù,臭迹[迹] xiùjì。4[U](犬的)嗅觉[觉] xiùjué。5 [习语] on the scent of sb/sth 获得[得]线索 huòdé xiànsuǒ; 循臭迹追猎[猎] xún xiùjì zhuī liè。**scent** v [T] 1 嗅出 xiùchū; 闻到 wéndào。2 [喻]察觉 chájué; 怀[怀]疑有 huáiyí yǒu; ~ danger 发觉危险。2 使…有香味 shǐ…yǒu xiāngwèi; ~ed paper 有香味的纸。

sceptic (美语 sk-) /'skeptɪk/ n [C] 怀[怀]疑(论)者 huáiyízhě。**sceptical** adj 怀[怀]疑的 huáiyíde。**scepticism** /'skeptɪsɪzəm/ n [U] 怀疑主义[义] huáiyí zhǔyì; 怀疑态[态]度 huáiyí tàidù。

sceptre (美语 -er) /'septə(r)/ n [C] (象征君主权仗的)节[节]杖 jiézhàng, 王节 wángjié, 权[权]杖 quánzhàng。

schedule /'ʃedjuːl; US 'skedʒul/ n 1 时[时]间[间]表 shíjiānbiǎo; 计划[划]表 jìhuàbiǎo; production ~s 生产进度表。on/behind ~ 按时间表;落后于计划或预定时间。2 [美语] = TIMETABLE (TIME1)。**schedule** v [T] 将[将]...列入计划表或(进度表,时间表)jiāng…lièrù jìhuàbiǎo。

scheme /skiːm/ n [C] 1 组合 zǔhé; 配合 pèihé; a ~ colour — 色彩的调配。2 计划[划]jìhuà; a ~ for raising money 筹款方案。3 阴[阴]谋 yīnmóu; 诡计[计] guǐjì。**scheme** v [T] 搞阴谋 gǎo yīnmóu。**schemer** n[C]搞阴谋者 gǎo yīnmóu zhě。

schizophrenia /ˌskɪtsəʊ'friːnɪə/ n [U] 精神分裂症[症] jīngshénfēnlièzhèng。**schizophrenic** /-'frenɪk/ adj, n 精神分裂症的 jīngshénfēnlièzhèng de; 精神分裂症患者 jīngshénfēnlièzhèng huànzhě。

scholar /'skɒlə(r)/ n [C] 1 学者 xuézhě。2 获[获]奖[奖]学金(或津贴)的学生 huò jiǎngxuéjīn de xuéshēng。**scholarly** adj; 学问[问]的 xuéwèn de。**scholarship** n 1 [U]学问 xuéwèn; 学识[识] xuéshí。2 [U] 奖学金 jiǎngxuéjīn。

school¹ /skuːl/ n [C] 1 学[学]校 xuéxiào: All children should go to ~. 所有儿童都应当上学。primary/secondary ~ 小学/中学。a driving ~ 驾驶学校。2[C] [美语]学院 xuéyuàn; 大学 dàxué。3 [U] (a) 上学 shàngxué: Is she old enough for ~? 她到了上学年龄吗? (b) 上课时[间][间] shàngkè shíjiān; S~ starts at 9 am. 上午9点上课。4 the school [sing] 全校学生 quánxiào xuéshēng。5 (大学的)院系[系]xì; (大学的)系[系]yuàn; xì; medical ~ 医学院。6[C] 学派 xuépài; 派[派]别 liúpài; the Dutch ~ of painting 荷兰画派。**school** v 1 训练[练]xùnliàn; 控制 kòngzhì。**schooling** n [U] 教育 jiàoyù。**school-leaver** n 中学毕[毕]业[业]生 zhōngxué bìyèshēng; 离[离]校生 líxiàoshēng。**schoolmaster**, **schoolmistress** n [C] (中小学)(女)教师[师] jiàoshī。

school² /skuːl/ n [C] 鱼群 yúqún。

schooner /'skuːnə(r)/ n [C] 1 (两桅以上的)纵[纵]帆船 zònggān chuán。2 大玻璃杯 dà bōlíbēi。

science /'saɪəns/ n 1 [U]科学[学]kēxué; 科学研究 kēxué yánjiū。2 [C, U]学科 xuékē; 某一[门]科学 mǒuyīmén kēxué。**science fiction** n [U] 科学幻想小说 kēxué huànxiǎng xiǎoshuō。**scientific** /ˌsaɪən'tɪfɪk/ adj。**scientifically** /-klɪ/ adv。**scientist** /'saɪəntɪst/ n [C] 科学家 kēxuéjiā。

scintillating /'sɪntɪleɪtɪŋ; US -təl-/ adj 焕发[发]才智的 huànfā cáizhì de。

scissors /'sɪzəz/ n [pl] 剪刀 jiǎndāo; 剪子 jiǎnzi; a pair of ~ 一把剪刀。

scoff /skɒf/ v [I] (at) 嘲笑 cháoxiào; 嘲弄 cháonòng。

scold /skəʊld/ v [I, T] 叱责 chìzé; 责骂 zémà; ~ a child for being naughty 责备孩子淘气。

scone /skɒn; US skəʊn/ n [C] 烤饼 kǎobǐng。

scoop /skuːp/ n [C] 1 勺[杓]sháo; 铲[钁]子 chǎnzi。2 抢[抢]先报

[报]道的新闻 qiǎngxiān bàodào de xīnwén. **scoop** v [T] 1 用勺子盛 yòng sháo yào; 用铲子铲 yòng chǎnzi chǎn. 2 [短语动词] scoop sth out/up 铲起 chǎnqǐ; 舀出 yǎochū.

scooter /'sku:tə(r)/ n [C] 1 (亦作 'motor-scooter) 小型摩托车 xiǎoxíng mótuōchē. 2 (儿童游戏用的) 踏板车 tàbǎnchē.

scope /skəup/ n 1 [U] 机[機]会 (會) jīhuì; ~ for improvement 改进的机会之 2 [sing] 处理、研究 的范[範]围[圍] fànwéi.

scorch /skɔːtʃ/ v 1 (a) [T] 把…烧 (燒)焦 bǎ…shāojiāo; 把…烤焦 bǎ…kǎojiāo. (b) [T] 表面)使烧 shāojiāo; 烤焦 kǎojiāo. 2 [T] 使枯 萎 shǐ kūwěi. **scorch** [C] (布上 的)焦痕 jiāohén. **scorching** adj.

score¹ /skɔː(r)/ n [C] 1 (比赛中 的得分 défēn; 比分 bǐfēn. 2 刻痕 kèhén; 抓痕 zhuāhén; 划[劃]痕 huáhén. 3 乐[樂]谱 yuèpǔ. 4 [旧]二十 èrshí. 5 [习语] on that score 在 那一点[點]上 zài nà yìdiǎn shàng. pay/settle an old score 算旧[舊] 账 suàn jiùzhàng; 报[報]宿怨 bào sùyuàn.

score² /skɔː(r)/ v 1 [I, T] (a) (在 比赛中)记分 jìfēn. (b)(比赛中)得 分 défēn. 2 [T] 在…上刻痕 zài… shàng kèhén; 在…上划[劃]痕 zài …shàng huáhén. 3 [I, T] 获[獲]得 (成功)huòdé. 4 [T] 为[爲]编写 (曲)biānxiě; ~d for the piano 为 钢琴演奏编写的 **scorer** n 1 (比 赛中的)记分员 jìfēnyuán. 2 得分的 运[運]动[動]员 défēn de yùndòngyuán.

scorn /skɔːn/ n [U] 轻[輕]蔑 qīngmiè; 鄙视 bǐshì. **scorn** v [T] 1 鄙 视 bǐshì; 轻蔑 qīngmiè. 2 傲慢地拒 绝 àomàn de jùjué; ~ sb's advice 傲慢地回绝某人的劝告 **scornful** adj. **scornfully** adv.

scorpion /'skɔːpiən/ n [C] 蝎子 xiēzi.

Scot /skɒt/ n [C] 苏[蘇]格兰[蘭] 人 Sūgélánrén.

Scotch /skɒtʃ/ n [C, U] 苏[蘇]格 兰[蘭]威士忌 Sūgélán wēishìjì.

scot-free /ˌskɒt 'friː/ adj 免受惩 [懲]罚的 miǎnshòu chéngfá de; escape ～ 安然逃脱.

Scots /skɒts/ adj 苏[蘇]格兰[蘭]的 Sūgélánde; 苏格兰人的 Sūgélánrén de; 苏格兰英语的 Sūgélán Yīngyǔ de.

Scottish /'skɒtɪʃ/ adj 苏[蘇]格兰 [蘭]的 Sūgélánde; 苏格兰人的 Sūgélánrénde.

scoundrel /'skaundrəl/ n [C] 恶 [惡]棍 ègùn; 无[無]赖 wúlài.

scour¹ /'skauə(r)/ v [T] 擦亮 cā liàng; 擦净 cājìng. **scour** n [sing] 擦洗 cāxǐ; 冲刷 chōngshuā. **scourer** n [C] (刷锅等用的)尼龙[龍]团(團](或金 属)[屬]垫[墊] nílóng wǎngtuán.

scour² /'skauə(r)/ v [T] 四处 [處]搜索 sìchù sōusuǒ; 细查 xìchá; ～ the area for the thief 在该地 区搜捕那个窃贼

scourge /skɜːdʒ/ n [C] 苦难[難]的 原因 kǔnàn de yuányīn; the ～ of war 战争造成的苦难.

scout /skaut/ n [C] 1 侦察员 zhēncháyuán; 侦察机[機] zhēnchájī; 侦 察舰[艦] zhēnchájiàn. 2 Scout 童子 军 tóngzǐjūn. 3 [短语动词] scout about/around 四处[處]寻[尋]找 sìchù xúnzhǎo.

scowl /skaul/ n [C] 怒视 nùshì. **scowl** v [I] (at) 怒视 nùshì.

scrabble /'skræbl/ v [短语动词] **scrabble about (for sth)** 摸索着 寻[尋]找 mōsuǒzhe xúnzhǎo.

scraggy /'skrægɪ/ adj [-ier, -iest] [贬]瘦的 shòude; 皮包骨的 pí bāo gǔ de.

scram /skræm/ v [-mm-] [I] [俚] 快走开[開] kuài zǒu kāi.

scramble /'skræmbl/ v 1 [I] 爬 pá; 攀登 pāndēng. 2 [T] 炒(蛋) chǎo. 3 [T] 对[對]讯(电话通话)扰 [擾]频 rǎopín. 4 [短语动词] **scramble for sth** 争夺[奪]争 zhēngduó; 竞[競]争 jìngzhēng; ～ for the best seats 抢最好的座位. **scramble** n 1 [sing] 攀登 pāndēng; 爬行 páxíng. 2 [sing]争夺 zhēngduó; 抢[搶]夺 qiǎngduó. a ～ for seats 抢坐位. 3 [C]摩托车 越野赛 mótuōchē yuèyěsài.

scrap¹ /skræp/ n [C] 1 碎片 suìpiàn; 碎屑 suìxiè; 小块[塊]xiǎokuài; a ～ of paper 一小片纸. [喻]～s of information 零星的 信息. 2 [U]废[廢]料 fèiliào; 废物 fèiwù; ～ metal 废金属. **scrap** v [-pp-] 1 T]撤弃[棄] pàoqì;废弃 fèiqì. **scrap-book** n [C] 剪贴簿 jiǎntiēbù; 剪报[報]资料簿 jiǎnbào zīliàobù. **scrap-heap** n [C] 1 废料 堆 fèiliàoduī; 废物堆 fèiwùduī. 2 [习语] on the scrap-heap 不再需 要的 búzài xūyào de. **scrappy** adj

[-ier, -iest] 组织(织)不周密的 zǔzhī bù zhōumì de.

scrap² /skræp/ n [C] [非正式用语] 打架 dǎjià; 吵架 chǎojià. **scrap** v [-pp-] [I] 打架 dǎjià; 吵架 chǎojià.

scrape /skreip/ v [T] (**a**) 擦净 cā jìng; 磨光 mó guāng; 刮削 guāxiāo. (**b**) (*from/off/away*) 擦掉(泥、油漆等) chúdiào. 2 [T] 擦伤(伤) cā shāng; 刮破 guā pò; ~ one's arm on the wall 在墙上擦破了自己的手臂. 3 [I,T] 擦着某物 cā zhe mǒuwù: The branch ~d against the side of the car. 树枝擦着了汽车的一边. 4 [T] 刮成 guāchéng; 挖成 wāchéng: ~ (out) a hole 挖了一个洞. 5 [习语] **scrape (the bottom of) the 'barrel** 退而求其次 tuì ér qiú qí cì; 勉强使用现有的资源(人或人才) miǎnqiáng shǐyòng xiànyǒu de wùlì. 6 [短语动词] **scrape sth together/up** (艰难地)积(积)攒(钱) jīzǎn; 凑集 còují: ~ up enough to pay the gas bill 凑够付煤气(气)费的钱. **scrape** n [C] 刮擦声[声] guācāshēng. 2 擦伤 cāshāng; 擦痕 cāhén. 3 [非正式用语] 窘境 jiǒngjìng; 困境 kùnjìng.

scratch¹ /skrætʃ/ v [I,T] 划[划]破 huá; 抓(划 zhuā. (**b**) [T] 抓(或划)成(某状态) zhuāchéng. 2 [I,T] (为止痒而)搔(皮肤)抓; 挠[挠]náo. 3 [习语] **scratch the surface** 触[触]及表面 chùjí biǎomiàn; 处[处]理问题不彻(彻)底 chǔlǐ wèntí bù chèdǐ. 4 [短语动词] **scratch sth away, off, etc** 刮去某物 guāqù mǒuwù. **'scratch card** n [C] 刮奖[奖]卡 guājiǎngkǎ.

scratch² /skrætʃ/ n [C](抓[抓]、划、刮)痕 zhuāhén; 抓(或划、刮)伤[伤] zhuāshāng. 2 [sing] 挠[挠]náo; 搔 sāo. 3 [习语] (**start sth**) **from 'scratch** 从[从]头[头]做起 cóng tóu zuòqǐ; 从零开[开]始 cóng líng kāishǐ. **up to scratch** 合格 hégé; 情况良好 qíngkuàng liánghǎo. **scratchy** adj 使皮肤[肤]发[发]痒[痒]的 shǐ pífū fāyǎng de. 2 (唱片)发沙沙声的 fā shāshāshēng de.

scrawl /skrɔːl/ v [I,T] 潦草地写 liáocǎo de xiě. 2 乱[乱]涂[涂]乱[乱]写 luàntú luànxiě; 乱画 luànhuà. **scrawl** n [C, sing] 潦草的笔[笔]迹 liáocǎo de bǐjì.

scream /skriːm/ v [I] (**a**) [I] (因恐惧、痛苦、愤怒等)尖声[声]喊叫 jiānshēng hǎnjiào; 惊[惊]呼 jīnghū. (**b**) [T] 喊出 hǎnchū. 2 [I] (风、机器等)发[发]出大而尖的声音 fāchū dà ér jiān de shēngyīn. 3 [习语] **scream one's head off** ⇒HEAD¹. **scream** n [C] 尖叫声 jiānjiàoshēng; 尖锐刺耳的声音 jiānruì cìěr de shēngyīn.

screech /skriːtʃ/ v [I] (I)发[发]出尖锐刺耳的(声)音 jiānruì cìěr de shēngyīn. 2 [T] 尖叫 jiānjiào. 3 [T] 尖声(或愤怒)地尖叫 tóngkǔ de jiānjiào. **screech** n [sing] 尖锐刺耳的声音 jiānruì cìěr de shēngyīn: a ~ of brakes 刹车的嘎吱声.

screen /skriːn/ n [C] 屏[屏]风 píngfēng; 帘[帘]lián; 帐[帐]幔 zhàngmàn; 隔板 gébǎn. 2 [C]掩蔽物 yǎnbìwù; a ~ of trees around the house 一道围绕着房子的树墙. 3 [C]银幕 yínmù. 4 [C]屏幕 píngmù; 屏[屏]幕[幕][电](电)影业[业] diànyǐngyè. 5 [C]纱门 shāmén; 纱窗 shāchuāng. **screen** v [T] 1 遮蔽 zhēbì; 掩护[护]yǎnhù. 2 检[检]查 jiǎnchá; 测试 cèshì; 审[审]查 shěnchá. 3 放映 fàngyìng. **'screenplay** n [C]电影剧[剧]本 diànyǐng jùběn. **'screensaver** n [C]屏幕保护程序 píngmù bǎohù chéngxù. **'screenwash** n [C] (汽车)挡[挡]风[风]玻璃清洗液 dǎngfēng bōlí qīngxǐyè.

screw /skruː/ n [C] 1 螺丝[丝]钉 luósīdīng; 螺丝 luósī; 螺钉 luódīng. 2 拧[拧]转[转]; 转[转]动 zhuǎndòng. 3 (船)的螺旋桨[桨]luóxuánjiǎng. 4 [英国△俚语]性交 xìngjiāo. 5 [习语] **have a screw loose** [英俚]神经[经]不太正常 shénjīng bútài zhèngcháng; 古怪 gǔguài. **screw** v [T] (用螺钉)拧紧[紧]nǐngjǐn. 2 [T] 拧紧 nǐngjǐn: ~ the lid on 拧上盖. 3 [△俚语]与...性交 yǔ...xìngjiāo. 4 [短语动词] **screw sth up** (**a**) 扭曲(面孔)niǔqū; ~ed up her eyes in the bright sunshine 在灿烂的阳光下眯起她的双眼. (**b**) 把(纸)揉成团[团]bǎ...róuchéng tuán. (**c**) [俚]搞坏 gǎohuài; 损坏[坏]sǔnhuài. **'screwdriver** n [C]改锥 gǎizhuī; 螺丝刀 luósīdāo; 螺丝起子 luósī qǐzi. **,screwed-'up** adj [俚]弄糟的 nòngzāode; 搞乱[乱]的 gǎoluànde.

scribble /'skrɪbl/ v [I, T] **1** 潦草书
[写]写[寫] liáocǎo shūxiě; ~ (*a
note*) *on an envelope* 在信封上草
草写上(附言). **2** 乱[亂]写 luàn xiě; 涂
[塗]鸦 túyā, **scribble** n **1**
[U, sing] 潦草的笔[筆]迹 liáocǎo-
de bǐjì. **2** [C] 草草写成的东西 cǎo-
cǎo xiěchéng de dōngxi.

scribe /skraɪb/ n [C] (印刷术发明
前的)抄写[寫]员 chāoxiěyuán.

script /skrɪpt/ n **1** [C]剧[劇]本 jù-
běn; 脚本 jiǎoběn; 讲[講]稿 jiǎng-
gǎo. **2** [U] 笔[筆]迹 bǐjì; 手迹
shǒujì. **3** [U] 文字体[體] wénzì
tǐxì. **script** v [为[為](电影等)
写[寫] 脚本 wèi…xiě jiǎoběn.
'**script-writer** n [C] (电影、广播
等的)撰稿人 zhuàngǎorén.

scripture /'skrɪptʃə(r)/ n **1**
Scripture [U] (亦作 the Scrip-
tures) [pl] 圣[聖]经[經] shèng-
jīng. **2 scriptures** [pl] 经典 jīng-
diǎn; 经文 jīngwén. **scriptural**
adj.

scroll /skrəʊl/ n [C] **1 (a)** (书写用
的) 卷轴 juànzhóu, 纸卷 zhǐjuǎn.
(b) 在卷轴上写[寫]的古书[書]
zài juànzhóu shàng xiě de gǔshū. **2** 卷
形物 juànxíngwù; 卷形石雕饰物
juànxíng shídiāo shìwù. **scroll** v [I,
T] (计算机荧屏上的资料)缓慢上
下移动 huǎnmàn shàngxià yí-
dòng; (计算机)显[顯]示(上下移
动) huǎnmàn shǐ… zìliào. '**scroll
bar** n [C] 滚[滾]动条[條]
gǔndòngtiáo.

scrounge /skraʊndʒ/ v [I, T] (正式
用语, 常作贬)乞得 qǐdé;攫[攫]取 shàn-
qǔ;~ (*£10*) *off a friend* 从朋
友里[裡]弄来 10 英镑. **scrounger** n
[C].

scrub¹ /skrʌb/ v [-bb-] [I, T]刷
洗 shuāxǐ; 擦洗 cāxǐ. **2** [T](非正式
用语)取消 qǔxiāo. **scrub** n [sing]
刷洗 shuāxǐ; 擦洗 cāxǐ. '**scrub-
bing-brush** n [C] 硬刷子 yìng-
shuāzi.

scrub² /skrʌb/ n **1** 矮树[樹]丛
[叢] ǎishùcóng; 灌木丛 guànmù-
cóng,

scruff /skrʌf/ n [习语] **the scruff
of the neck** 颈[頸]背[背] jǐngbèi.

scruffy /'skrʌfɪ/ adj [-ier, -iest]
[非正式用语]脏[髒]脏[髒]的 āng-
zāngde; 不整洁[潔]的 bù zhěngjié
de; 邋遢的 lātāde. **scruff** n [C]
[非正式用语]邋遢的人 lātāde rén.

scruple /'skruːpl/ n [C, U] 顾[顧]
忌 gùjì; 顾虑[慮] gùlǜ: *have no*

~*s about doing sth* 做…无所顾
忌.

scrupulous /'skruːpjʊləs/ adj 一
丝[絲]不苟的 yī sī bù gǒu de; 细致
的 xìzhìde. **2** 诚实(實)的 chéngshí-
de. **scrupulously** adv.

scrutinize /'skruːtɪnaɪz/ v [T] 仔
细检[檢]查 zǐxì jiǎnchá; 彻(徹)底
检查 chèdǐ jiǎnchá.

scrutiny /'skruːtɪnɪ/ n [pl -ies]
[C, U] 细查 xìchá; 详查 xiángchá.

scuff /skʌf/ v [I, T] 拖着(脚)走
tuōzhe zǒu. **2** [T]磨损 mósǔn.

scuffle /'skʌfl/ n [C] 扭打 niǔdǎ;
混战(戰) hùnzhàn, **scuffle** n [C].

sculpt = SCULPTURE.

sculptor /'skʌlptə(r)/ (fem
sculptress) n [C] 雕刻家 diāokè-
jiā; 雕塑家 diāosùjiā.

sculpture /'skʌlptʃə(r)/ n **1**[U]
雕刻术 diāokèshù; 雕塑术 diāosùshù. **2**[C,
U] 雕刻品 diāokèpǐn; 雕塑品 diāosù-
pǐn. **sculpture** (亦作 **sculpt**
/skʌlpt/) v [I, T]雕刻(塑或雕像,雕像)
zuò;雕刻 diāokè;雕塑 diāosù.

scum /skʌm/ n **1** [U]泡沫 pàomò;
浮垢 fúgòu;浮渣 fúzhā. **2** [pl]无赖,
贬]渣滓 zhāzǐ;糟粕 zāopò.

scurry /'skʌrɪ/ v [pt, pp -ied]
[I] (小步)快跑 kuàipǎo; 疾走 jí-
zǒu.

scythe /saɪð/ n [U] 长[長]柄大镰
刀 chángbǐng dàliándāo. **scythe** v
[I, T] 用长柄大镰刀割(草等)用
chángbǐng dàliándāo gē.

sea /siː/ n **1 the sea** n 海 hǎi;海
洋 hǎiyáng. **2** (用于专有名词) 海
hǎi; 内海 nèihǎi. **3**[sing] 海浪 hǎi-
làng; *a heavy/calm* ~ 波涛汹涌
的海面;风平浪静的海面. **4**[sing]
大量 dàliàng; 茫茫一片 mángmáng
yīpiàn; *a* ~ *of corn* 一大片庄稼. **5**[习语] **at sea (a)** 在海上 zài
hǎishàng; 在海上航行 zài hǎishàng
hángxíng. **(b)** 茫然 mángrán; 不知
所措 bùzhī suǒ cuò. **by sea** 由海路
yóu hǎilù; 乘海船 chéng hǎichuán.
go to sea 去当[當]水手 qù dāng
shuǐshǒu. **put to sea** (离港)出航
chūháng; 启[啟]航 qǐháng.
'**seaboard** n [C] 海滨[濱] hǎibīn;
沿海地区[區] yánhǎi dìqū; 海岸
hǎi'àn. '**seafaring** /-feərɪŋ/ adj,
n [U] 航海(的) hánghǎi; 航海业
[業] hánghǎiyè; 以[以]航海为[為]业的
yǐ hánghǎi wéi yè de. '**seafood** n
[U] 海产[產]食品 hǎichǎn shípǐn;
海味 hǎiwèi. '**sea front** n [C, U]
(城、镇的)滨海区 bīnhǎiqū.

'**seagoing** adj 适[適]于航海的 shì yú hánghǎi de; 远[遠]洋航行的 yuǎnyáng hángxíng de. '**seagull** n [C] = GULL. '**sea-horse** n [C] 海马 hǎimǎ. **sea-legs** n [pl] (航行时)在海船甲板上行走自如(或不晕)的能力 zài hǎichuán jiǎbǎn shàng xíngzǒu zìrú de nénglì. '**sea-level** n [sing]海平面 hǎipíngmiàn. '**sea-lion** n [C] 海狮[獅] hǎishī. '**seaman** n [C] 水手 shuǐshǒu; 海员 hǎiyuán; 水 兵 shuǐbīng. '**seamanship** n [U] 航海技能 hánghǎi jìnéng; 船舶驾驶术[術] chuánbó jiàshǐshù. '**sea-shore** n [U]海岸 hǎi'àn; 海滨 hǎibīn; 海滩 hǎitān. '**seasick** adj 晕船的 yùnchuán de. '**seaside** n 海边[邊]海滨(尤指度假胜地) hǎibīn. '**seaward** adj, adv 朝海(的) cháo hǎi(de); 向海的(的) xiàng hǎi. '**seaweed** n [U]海草 hǎicǎo; 海藻 hǎizǎo. '**seaworthy** adj (船)适于航海的 shì yú hánghǎi de.

seal¹ / siːl/ n [C] 海豹 hǎibào. '**sealskin** n [U]海豹皮 hǎibàopí.

seal² / siːl/ n [C] 1 (a) 封蜡[蠟] fēnglà; 封信 fēngqiān; 火漆 huǒqī. (b) 印章 yìnzhāng; 图[圖]章 túzhāng. 2 密封物 mìfēngwù; 密封装 [裝]置 mìfēng zhuāngzhì. 3 [习语] **seal of approval** 正式认[認]可 rènkě. seal v [T] 1 在...上加封(或盖印) zài ...shàng jiāfēng. 2 封住 fēngzhù. 3 [正式用语]解决 jiějué; 决定 juédìng: ~ a bargain 成交. ~ sb's fate 决定某人的命运. 4 [短语动词] **seal sth off** 防止任何人进[進]入或离[離]开(某地) fángzhǐ rènhérén jìnrù huò líkāi;封锁 fēngsuǒ: Police ~ed off the building. 警察把这座建筑物封锁起来.

seam / siːm/ n [C] 1 线[綫]缝 xiànfèng; 接缝 jiēfèng. 2 层[層] céng; 矿[礦]层 kuàngcéng.

seance /ˈseiɑ:ns/ n [C] 降神会 jiàngshénhuì.

search / sɜːtʃ/ v [I, T] 搜寻[尋]sōuxún;搜索 sōusuǒ;搜查 sōuchá: ~ (her pockets) for money 搜寻(她的口袋是否有钱). **search** n [C] 1 搜寻 sōuxún;搜查 sōuchá. 2 [习语] **in search of** 寻找 xúnzhǎo. '**search engine** n [C] (计算机网络)搜索引擎 sōusuǒ yǐnqíng. **searching** adj 1 (目光)锐利的 ruìlì de. 2 (检查等)彻[徹]底的 chèdǐ de.

'**searchlight** n [C]探照灯[燈] tànzhàodēng. **search party** n [C]搜索队[隊]sōusuǒduì. '**search-warrant** n [C]搜查令 sōucháling; 搜查证[證] sōucházhèng.

season /ˈsiːzn/ n [C] 1 季 jì; 季节[節] jìjié. 2 时[時]节 shíjié; the rainy ~ 雨季. 3 [习语] **in/out of season** (水果等)当[當]令的 dānglìngde; 不当令的 bù dānglìng de. **season** v [T] 1 使(食[適]用 shíyòng); ~ed wood 干燥木材. 2 [喻] ~ed politician 有经验的 tiáowèipǐn. 2 给(食物)调味 gěi ... tiáowèi. **seasonable** /-əbl/ adj 1 (天气)合时的 héshíde. 2 (帮助等)及时的 jíshíde. **seasonal** adj 季节性的 jìjiéxìngde; 季节性的 jìjiéxìngde; ~al trade 季节性生意. **seasonally** adv. **seasoning** n [U]调味品 tiáowèipǐn; 作料 zuòliào. '**season-ticket** n [C] 季票 jìpiào; 月票 yuèpiào; 长[長]期票 chángqī piào.

seat / siːt/ n [C] 1 座 zuò; 坐位 zuòwèi. 2(椅子的)座部 zuòbù. 3 (车辆、音乐厅等的)坐位 zuòwèi: There are no ~s left for the concert. 音乐会没有剩余的坐位了. 4 臀部 túnbù; the ~ of his trousers 他的裤子臀部. 5 (活动物的)中心 zhōngxīn; 所在地 suǒzàidì: the ~ of government 政府所在地. 6 (议会、委员会等的)席位 xíwèi. 7 [习语] **have/take a seat** 坐下 zuò xià. **seat** v [T]1 [正式用语]使坐下 shǐ zuò xià; 使就坐 shǐ jiùzuò: please be ~ed 请就坐. 2 有...的坐位 yǒu ... de zuòwèi: The cinema ~s 200. 这个电影院设有200个坐位. '**seat-belt** n [C](汽车、飞机的)安全带[帶]ānquándài. **seating** n [U]坐位 zuòwèi.

secateurs /ˈsekətɜːz/ n [pl]修枝剪(刀)xiūzhījiǎn.

secede /sɪˈsiːd/ v [I] from (团体)脱离[離] tuōlí; 退出 tuìchū. **secession** /sɪˈseʃn/ n [C, U] 脱离 tuōlí; 退出 tuìchū.

secluded /sɪˈkluːdɪd/ adj 与[與]世隔绝(的)的 yǔ shì géjué de; 孤独[獨]的 gūdúde. **seclusion** /sɪˈkluːʒn/ n [U] 隔绝 géjué; 隐[隱]居 yǐnjū.

second¹ /ˈsekənd/ adj 1 第二的 dì'èrde. ~ the ~ person to come 要来的第二个人. 2 附加的 fùjiāde; 另一的 lìngyīde: a ~ pair of *shoes* 另一双鞋. **3** [习语] **second to none** 不亚[亚]于任何人(或事物) bú yà yú rènhérén; *As a writer, she's ~ to none.* 作为一位作家,她不亚于任何人l. **second** *adv* 以第二位 yǐ dì'èrwèi; *come (in) ~* in a race 赛跑获第二名. **second-best** *n, adj* 居第二位(的)或次好(的) jū dì'èr wèi(de) huò cì hǎo(de). ,**second-'class** *adj, adv* 二级(的)或次等(的) èrjí(de); 乙等(的) yǐděng. ,**second-'hand** *n* 二手的钟表针 2 (新闻)得自他人的 dé zì tārén de. **secondly** *adv* 第二 dì'èr; 其次 qícì. ,**second 'nature** *n* [U]第二天性 dì'èr tiānxìng; 习[习]性 xíxìng. ,**second-'rate** *adj* 二流的 èrliú de; 次等的 cìděng de. ,**second 'thoughts** *n* [pl] 重新考虑[虑] chóngxīn kǎolǜ.

second² /'sekənd/ *n* **1 the second** [sing]第二名 dì'èrmíng; 第二位 dì'èrwèi; *the ~ to leave* 第二位离开的. **2** [C, 常作 *pl*]次货 cìhuò; 等外品 děngwàipǐn. **3** [C]二等 èrděng; 第二流 dì'èrliú; 第二类 dì'èrlèi. **4** (英国大学考试成绩的)第二等 dì'èrděng.

second³ /'sekənd/ *n* [C] **1** 秒 miǎo. **2** [非正式用语]片刻 piànkè; 瞬间 shùnjiān; *Wait a ~!* 稍等一会儿! **'second hand** *n* [C]秒针 miǎozhēn.

second⁴ /'sekənd/ *v* [T] (在辩论中)支持 zhīchí; 赞同(提案等) zàntóng; 附议[议] fùyì. **seconder** *n* 附议者 fùyìzhě.

second⁵ /sɪ'kɒnd/ *v* [T] 调任 diàorèn; 调派 diàopài. **secondment** *n* [U].

secondary /'sekəndrɪ/ *adj* **1** (学校、教育)中等的 zhōngděng de. **2** 次要的 cìyào de; *of ~ interest* 没多少兴趣. **3** 继(继)发性的 jìfāxìng de; *a ~ infection* 继发性感染.

secrecy /'si:krəsɪ/ *n* [U] 保守秘密 bǎoshǒu mìmì; 秘密 mìmì.

secret /'si:krɪt/ *adj* **1** 秘密的 mìmì de; 保密的 bǎomì de; *information* 机密资料. **2** 未公开[开]承认[认]的 wèi gōngkāi chéngrèn de; 暗中的 ànzhōng de; *a ~ admirer* 私下崇拜者. **3** 幽静的 yōujìng de; 人迹[迹]罕至的 rénjì hǎn zhì de. **secret** *n* [C] 秘密 mìmì; 秘诀 mìjué; *the ~ of her success* 她成功的秘诀.

3 神秘 shénmì; 奥秘 àomì; *the ~s of nature* 自然界的奥秘. **4** [习语] **in secret** 秘密地 mìmìde. ,**secret 'agent** *n* [C] 特工人员 tègōng rényuán; 特务[务] tèwù. **secretly** *adv* 秘密地 mìmìde. ,**secret 'service** *n* [C] 特务[务]机[机]构[构] tèwù jīgòu.

secretariat /,sekrə'teərɪət/ *n* [C] 秘书[书]处[处] mìshūchù;书记处 shūjìchù.

secretary /'sekrətrɪ; US -rəterɪ/ *n* [C] **1** 秘书[书] mìshū. **2** 干[干]事 gànshì; 文书 wénshū. **secretarial** /,sekrə'teərɪəl/ *adj*. **Secretary of State** *n* (a)[C](英国)大臣 dàchén. (b) [sing] (美国)国[国]务[务]卿 guówùqīng.

secrete /sɪ'kri:t/ *v* [T] **1** 分泌 fēnmì. **2** 隐[隐]藏 yǐncáng; *~ money in a drawer* 把钱藏在抽屉里. **secretion** /sɪ'kri:ʃn/ *n* **1** [U]隐藏 yǐncáng. **2**[C]分泌 fēnmì.

secretive /'si:krətɪv/ *adj* 遮遮掩掩的 zhēzhē yǎnyǎn de; 守口如瓶的 shǒu kǒu rú píng de. **secretively** *adv*.

sect /sekt/ *n* [C] 派别 pàibié; 宗派 zōngpài. **sectarian** /sek'teərɪən/ *adj* 派别的 pàibié de; 宗派的 zōngpài de.

section /'sekʃn/ *n* [C] **1** 部分 bùfen. **2** 部门 bùmén; 处[处]chù; 科[科]kē; 组 zǔ. **3** 断[断]面 duànmiàn; 剖面 pōumiàn; 截面 jiémiàn. **sectional** *adj* **1** 组合的 zǔhé de; 组装[装]的 zǔzhuāng de. **2** 地区[区]的 dìqū de; 地方性的 dìfāngxìng de.

sector /'sektə(r)/ *n* [C] **1**(工业等的)部门 bùmén; *the private / public* ~ 私有部门;公有部门. **2** 战[战]区[区]zhànqū; 防区 fángqū.

secular /'sekjulə(r)/ *adj* 现世的 xiànshì de; 世俗的 shìsú de; *~ education* 世俗教育.

secure /sɪ'kjuə(r)/ *adj* **1** 无[无]忧[忧]虑[虑]的 wú yōulǜ de; 无疑虑的 wú yílǜ de. **2** 确定的 quèdìng de; 有把握的 yǒu bǎwò de; *a ~ job* 稳定的工作. **3** (*from/against*)安全的 ānquán de. **4** 牢固的 láogù de; 稳[稳]固的 wěngù de; *a ~ grip* 牢固的把手. **secure** *v* [T] **1** 系[系]紧[紧]jǐjǐn; 关[关]紧紧 guānjǐn;固定住 gùdìngzhù; *~ all the doors* 关闭门户. **2** (*from/against*) 使安全 shǐ ānquán. **3** [正式用语]获[获]得 huòdé; *~ a* job 找到工作. **securely** adv.

security /sɪ'kjʊərəti/ n [pl **-ies**] 1 [U] 安全 ānquán; 平安 píng'ān. 2 [U] (防攻击、刺探等的) 安全措施 ānquán cuòshī: *tight ~ at the airport* 机场的严密保安措施. 3 [C] 抵押品 dǐyāpǐn. 4 [C, 常作 pl] 证(證)券 zhèngquàn.

sedan /sɪ'dæn/ n [美语] = SALOON 3.

sedate /sɪ'deɪt/ adj 安静的 ānjìngde; 严(嚴)肃(肅)的 yánsùde; 庄(莊)重的 zhuāngzhòngde. **sedately** adv.

sedation /sɪ'deɪʃn/ n [U] 镇静作用 zhènjìng zuòyòng.

sedative /'sedətɪv/ n [C], adj 镇静药〔藥〕zhènjìng yào; 镇静的 zhènjìngde.

sedentary /'sedntrɪ; US -terɪ/ adj 1 (工作) 坐着做的 zuòzhe zuò de. 2 (人) 久坐的 jiǔzuòde.

sediment /'sedɪmənt/ n [U] 沉积〔積〕物 chénjīwù. **sedimentary** /-'mentrɪ/ adj.

seduce /sɪ'djuːs/ v [T] 1 引诱 yǐnyòu; 勾引 gōuyǐn. 2 唆使 suōshǐ. **seduction** /sɪ'dʌkʃn/ n [C, U.].

seductive /sɪ'dʌktɪv/ adj 吸引人的 xīyǐn rén de; 诱人的 yòurénde.

see¹ /siː/ v [pt saw /sɔː/, pp ~ n /siːn/] 1 [I, T] (常与 can, could 连用) 看 kàn; 看见 kànjiàn: *If you shut your eyes you can't ~.* 如果你闭上眼睛, 你就什么也看不见了. 2 [T] (常与 can, could 连用) 察觉〔覺〕chájué; 看出 kànchū: *He couldn't ~ her in the crowd.* 他在人群中看不出她. 3 [T] 观(觀)看 (电影、电视节目等) guānkàn: *What did you ~ at the theatre last night?* 你昨天晚上在剧院看了什么了? 4 [T] 阅〔閱〕于祈使句以引〔参〕参 cānkàn; 参见 cānjiàn: *S— page 4.* 参阅第 4 页. 5 [T] 明白 míngbái; 理解 lǐjiě: *He didn't ~ the joke.* 他没听懂这个笑话. 6 [T] 弄清楚 nòng qīngchǔ; 查明 chámíng: *I'll go and ~ if she's there.* 我要去弄清楚她是否在那儿. 7 [T] 求诊 qiúzhěn; 就医〔醫〕jiùyī: *~ a doctor* 去看医生. 8 [T] 遇见 yùjiàn: *I don't ~ her often now.* 目前我不常遇见她. 9 [T] 保证〔證〕bǎozhèng; 检〔檢〕查 jiǎnchá: *~ that the windows are shut* 要把窗关好. 10 [T] 护〔護〕送 hùsòng: *Will you ~ him home?*

你送他回家吧! 11 [习语] **let me see** 让[讓]我想想看 ràng wǒ xiǎng xiǎng kàn. **(you) see** (你) 明白 míngbái; (你) 知道 zhīdào: *She couldn't come, (you) see, because she was ill.* 要知道, 她不能来, 因为她病了. **(not) see eye to 'eye with sb** (不) 完全一致 wánquán yízhì. **see for one'self** 亲〔親〕自去看 qīnzì qù kàn. **see how the 'land lies** 了解情况 liǎojiě qíngkuàng. **,seeing is be'lieving** 眼见为〔爲〕实〔實〕yǎn jiàn wéi shí. **see the 'light** (a) 领悟 lǐngwù. **(b)** 皈依某宗教 guīyī mǒu zōngjiào. **see 'red** 大怒 dà nù. **see 'sense** 明事理 míngbái shìlǐ. **be 'seeing things** 产〔產〕生幻觉 chǎnshēng huànjué. 12 [短语动词] **see about sth** 处[處]理 chǔlǐ. **see sb about sth** 接受劝〔勸〕告 jiēshòu quàngào. **see sb in/sb/sth** 觉得…有吸引力 (或有意思) juéde…yǒu xīyǐnlì. **see sb off** 为…送行 wèi…sòngxíng. **see sth through (sb)/sth** 识〔識〕破 shípò. **see sth through** 把…进[進]行到底 bǎ…jìnxíng dàodǐ. **see to sth** 照看 zhàokàn; 关〔關〕照 guānzhào.

see² /siː/ n [C] [正式用语] 主教的辖区[區] (或职位) zhǔjiào de xiáqū.

seed /siːd/ n 1 [C] 种〔種〕子 zhǒngzi. 2 [U] (种植、喂鸟等的) 种子 zhǒngzi. 3 [C, 常作 pl] 根源 gēnyuán: *the ~s of doubt* 怀疑的根源. 4 [C] (尤指网球) 种子选[選]手 zhǒngzi xuǎnshǒu. 5 [习语] **go/run to seed (a)** (植物) 花谢结籽 huāxiè jiézǐ. **(b)** 衰老 shuāilǎo; 不修边〔邊〕幅 bù xiū biānfú. **seed** v 1 [T] (植物) 结子 jiézǐ. 2 [T] 播种 bōzhǒng. 3 [T] (尤指网球, 按得胜机会分) 安排 (种子选手) 的出场〔場〕次序 ānpái…de chūchǎng cìxù. **seedless** adj 无〔無〕子的 wúzǐde. **seedling** n [C] 幼苗 yòumiáo.

seedy /'siːdɪ/ adj [-ier, -iest] 1 褴[襤]褛[褸]的 lánlǚde; 破旧[舊]的 pòjiùde. 2 [非正式用语] 不舒服的 bù shūfu de; *feel ~* 觉得不舒服. **seediness** n [U].

seek /siːk/ v [pt, pp **sought** /sɔːt/] [正式用语] 1 [I, T] 寻〔尋〕找 xúnzhǎo. 2 [T] 请求 qǐngqiú: *~ advice* 请教 qǐngjiào. 3 [T] [正式用语] 试图 shìtú: *~ to end the conflict* 试图结束冲突.

seem /si:m/ v [I] 好像 hǎoxiàng; 似乎 shìhū: *This book ~s interesting.* 这本书似乎有趣. **seeming** adj 表面上的 biǎomiànshàng de; 貌似的 màosìde: *her ~ing friendliness* 她表面上友好. **seemingly** adv.

seemly /'si:mlɪ/ adj [-ier, -iest] (行为)恰当的 qiàdàngde;适(遇)宜的 shìyíde; 得体(體)的 détǐde.

seen /si:n/ pp of SEE¹.

seep /si:p/ v [I] (液体)渗(滲)出 shènchū; 渗漏 shènlòu: *water ~ing through the cracks* 从裂缝渗出的水. **seepage** /-ɪdʒ/ n [U] 渗出 shènchū; 渗漏 shènlòu.

seesaw /'si:sɔ:/ n 1 [C] 跷(蹺)跷板 qiāoqiāobǎn, 2 [sing] 上下(或往复)的移动(動) shàngxià de yídòng.

seesaw v [I] 上下(或来回)移动 shàngxià yídòng.

seethe /si:ð/ v [I] 1 发(發)怒 fānù; 激动(動)狂怒 jīdòng kuángnù: *seething (with rage) at his behaviour* 被他的行为(氣)得火冒三丈. 2 (液体)起泡 qǐpào; 冒泡 màopào.

segment /'seɡmənt/ n [C] 1 段 duàn; 节(節)jié; 弓形 ɡōnɡxíng; 部分 bùfen. 2 (橙子、柠檬等的)瓣 bàn.

segregate /'seɡrɪɡeɪt/ v [T] 使隔离(離)shǐ ɡélí; 对(對)…实(實)行种(種)族隔离 duì…shíxíng zhǒnɡzú ɡélí. **segregation** /ˌseɡrɪ'ɡeɪʃn/ n [U].

seismic /'saɪzmɪk/ adj 地震的 dìzhènde.

seize /si:z/ v 1 [T] 抓住 zhuāzhù;捉住 zhuōzhù. 2 [I, T] 把握(时机等)bǎwò: ~d *(on)* a chance to get revenge 抓住机会为报仇.3 [短语动词] seize up (机器)卡住 qiǎzhù.

seizure /'si:ʒə(r)/ n 1 [C, U] 没收 mòshōu;扣押 kòuyā. 2 (疾病的)发(發)作 fāzuò.

seldom /'seldəm/ adv 不常 bùcháng; 难(難)得的 nándéde.

select /sɪ'lekt/ v 1 选(選)选(選)(擇)xuǎnzé;挑选 tiāoxuǎn. **select** adj 1 精选的 jīnɡxuǎnde. 2 选择成员严(嚴)格的 xuǎnzé chénɡyuán yánɡé de: *a ~ audience* 经过挑选的观众. **selection** /-kʃn/ n 1 [U] 选择 xuǎnzé;挑选 tiāoxuǎn. 2 [C] 选中之物 xuǎnzhònɡ zhī wù;供选择之物 ɡōnɡ xuǎnzé zhī wù. **selective** adj 1 选择的 xuǎnzéde;选择性的 xuǎnzéxìnɡde. 2 挑拣(揀)

的 tiāojiǎnde.

self /self/ n [pl selves /selvz/] n [C, U]本性 běnxìnɡ; 本质(質)běnzhì; 自己 zìjǐ; 自我 zìwǒ.

self- /self/ prefix 表示"自身的","由自身的","对(對)自身的"biǎoshì "zìshēnde","由zìshēn de","对 zìshēn de". **self-as'sured** adj 自信的 zìxìnde. **self-'catering** adj (假日、住宿等)自供伙食的 zì ɡōnɡ huǒshí de, **self-'centred** adj 自我中心的 zìwǒ zhōnɡxīn de. **self-'confident** adj 自信的 zìxìnde, **self-'confidence** n [U]. **self-'conscious** adj (在他人面前)不自然的(不)自然(經)过(過)敏的 shénjīnɡ ɡuòmǐn de. **self-'consciousness** n [U]. **self-con'tained** adj 1 不流露情感的 bù liúlù qínɡɡǎn de;(人)不依赖他人的 bù yīlài tārén de. 2 (住所)有独(獨)立设施的 yǒu dúlì shèshī de; (门户独立的 ménhù dúlì de. **self-con'trol** n [U] 自我控制自 wǒ kònɡzhì; 自制 zìzhì, **self-de'fence** n [U] 自卫(衛)zìwèi, **self-em'ployed** adj 自己经营(營)的 zìjǐ jīnɡyínɡ de;非受雇(僱)于人的 fēi shòuɡù yú rén de. **self-es'teem** n [U] 自尊 zìzūn;自负 zìfù, **self-'evident** adj 不证(證)自明的 bù zhènɡ zì mínɡ de. **self-'help** n [U] 自助 zìzhù;自立 zìlì. **self-im'portant** adj [贬]自视过高的 zì shì ɡuò ɡāo de, **self-im'portance** n [U] [贬]. **self-in'dulgent** adj[贬]放纵(縱)自我的 fànɡzònɡ zìjǐ de. **self-in'dulgence** n[U]. **self-'interest** n [U] 私利 sīlì. **self-'pity** n [U] [常作贬]自怜(憐)zìlián, **self-re'liant** adj 依赖自己的 yīkào zìjǐ de. **self-re'liance** n [U]. **self-re'spect** n [U] 自尊 zìzūn, **self-'righteous** adj [贬]自以为(爲)是的 zì yǐwéi shì de, **self-'sacrifice** n [U] 自我牺(犧)牲 zìwǒ xīshēnɡ. **self'same** adj 完全相同的 wánquán xiānɡtónɡ de, **self-'satisfied** adj [贬]沾沾自喜的 zhānzhān zìxǐ de;自鸣得意的 zì mínɡ déyì de. **self-'service** n [U] 自我服务(務)zìwǒ fúwù; 自助 zìzhù, **self-suf'ficient** adj 自给自足的 zìjǐ zìzú de. **self-'willed** adj 任性的 rènxìnɡde; 固执(執)的 ɡùzhíde.

selfish /'selfɪʃ/ adj 自私的 zìsīde; 利己的 lìjǐde. **selfishly**

adv, **selfishness** *n* [U].

sell /sel/ *v* [*pt*, *pp* **sold** /səuld/]
1 [I, T] 卖〔賣〕mài; 售 shòu; 销
xiāo. **2** [T] 经〔經〕售 jīngshòu; 经销
jīngxiāo: Do you ~ needles? 你
卖针吗? **3** [I] 被售出 bèi shòuchū;
有销路 yǒu xiāolù; 有人买〔買〕 yǒu
rén mǎi: Does this book ~ well?
这种书销路好吗? **4** [T] 将〔將〕(某
物)卖出 jiāng—màichū; Scandals
~ newspapers. 丑闻报纸有了
销路. **5** [T] 说服 shuōfú; 使接受 shǐ
jiēshòu: ~ *sb* an idea 说服某人接
受某个主张. **6** [T] ~ **oneself** (a)
自我宣传〔傳〕zìwǒ xuānchuán; 推销
自己 tuīxiāo zìjǐ. (b) (接受金钱
等)出卖 chūmài. **sell sb/sth short**
认〔認〕识〔識〕不足 rènshí bù
zú—的真实〔實〕价〔價〕值 rènshí bú
dào—de zhēnshí jiàzhí. **sell one's
soul (to the devil)** (为名利)出卖
灵〔靈〕魂 chūmài línghún. **8** [短语
动词] **sell sth off** 甩卖 shuǎimài.
sell out (a) 售完 shòuwán. (b)
背叛 bèipàn; 出卖 chūmài. **sell up** 出售(所有财
物)chūshòu.

Sellotape /'seləuteɪp/ *n* [U] [英国
专利名] (透明的)胶〔膠〕带〔帶〕(商
标)jiāodài: mend a torn map with
~ 用胶带修补破损的地图.

selves *pl* of SELF.

semantics /sɪ'mæntɪks/ *n* [U] 语
义〔義〕学〔學〕yǔyìxué.

semaphore /'seməfɔː(r)/ *n* [U]
旗语信号 qíyǔ xìnhào. **semaphore** *v* [I, T] 打
旗语信号 dǎ qíyǔ xìnhào; 打旗语发〔發〕出(信
息)dǎ qíyǔ fāchū.

semblance /'sembləns/ *n* [sing,
U] 外观〔觀〕wàiguān; 外表 wài-
biǎo; 外貌 wàimào: create
a /some ~ of order 造成表面上
有秩序的样子.

semen /'siːmən/ *n* [U] 精液 jīng-
yè.

semi- /semɪ-/ *prefix* 表示"半",
"部分地" biǎoshì "bàn", "bùfen-
de": —literate 半文盲了.
'**semicircle** *n* [C] 半圆 bànyuán; 半
圆形 bànyuánxíng. '**semicolon** *n*
[C] 分号〔號〕fēnhào (即";")fēnhào.
'**semiconductor** *n* [C] 半导〔導〕
体〔體〕bàndǎotǐ. semi-**detached** *adj*
(住宅)半独〔獨〕立式的 bàn dú-
lìshìde (房子)与〔與〕另一房子共
用一墙〔牆〕的 yǔ lìngyī fángzǐ gòng-
yòng yīqiáng de. **semi'final** *n* [C]
半决赛 bànjuésài.

seminar /'semɪnɑː(r)/ *n* [C] (专
题)研讨会〔會〕yántǎohuì.

senate /'senɪt/ *n* [C, 亦作 sing 用
pl v] **1** 参〔參〕议〔議〕院 cānyìyuàn.
2 (某些大学的)理事会〔會〕lǐshìhuì,
评议会 píngyìhuì. **senator** (亦作
Senator)*n*[C]参议员 cānyìyuán.

send /send/ *v* [*pt*, *pp* **sent**] [T] **1**
寄 jì; 发〔發〕送 fāsòng: A letter
寄信. **2** 使迅速移动〔動〕shǐ xùnsù
yídòng: The explosion sent them
running. 那次爆炸使他们四散奔
逃. **3** 使进〔進〕入(特定状态)shǐ
jìnrù: ~ *sb* to sleep 使某人入睡.
4 [习语] **send sb one's love** ⇨
LOVE. **5** [短语动词] **send away
for sth** 函购〔購〕(货物)hángòu; 邮索
hánsuǒ. **send sb away** 解雇〔僱〕
jiěgù. **send for sb/sth** 派人去叫
pài rén qù jiào; 派人去拿 pài rén qù
ná. **send off for sth** = SEND
AWAY FOR STH. **send sth off** (a)
发出 fāchū; 放出 fàngchū; 射出去 shè-
chūqù: The sun ~ s out light. 太阳
发出光. (b) 生出 shēngchū; 长〔長〕出 zhǎngchū: plants that ~
out shoots 长出芽的植物. **send
sb/sth up** [非正式用语](用模仿
的方式)取笑 qǔxiào. '**send-off** *n*
[C]送行 sòngxíng; 送别 sòngbié.

senile /'siːnaɪl/ *adj* 衰老的 shuāi-
lǎode; 老年的 lǎoniánde. **senility**
/sɪ'nɪlətɪ/ *n* [U].

senior /'siːnɪə(r)/ *adj* **1** (*to*)年长
〔長〕的 niánzhǎngde; 前辈的 qiánbèi-
de jiàogāode. **2 Senior** (父或母与
子女同名时)较长者 jiàozhǎngzhě. **senior** *n* **1** [sing] 较年长者
jiào niánzhǎng zhě: He is three
years her ~. 他比她大三岁. **2**
[C, 常作 pl]高年级学〔學〕生 gāo-
niánjí xuéshēng. ,**senior 'citizen** *n*
[C] 老年人(指退休者) lǎoniánrén.
seniority /,siːnɪ'ɒrətɪ/ *n* [U] 年长
niánzhǎng; 资深 zīshēn; 职〔職〕位高
zhíwèi gāo.

sensation /sen'seɪʃn/ *n* **1** [C, U] 感
觉〔覺〕gǎnjué; 感受能力 gǎnshòu
néngli. **2** [C, U]轰〔轟〕动〔動〕hōng-
dòng; 激动 jīdòng. **sensational** *adj*
1 轰动的 hōngdòngde; 令人兴〔興〕
奋〔奮〕的 lìng rén xīngfèn de. **2** [非
正式用语] 绝妙的 juémiàode; 极
〔極〕好的 jíhǎode.

sense /sens/ *n* **1** [C, U] 官能 guān-
néng;感官 gǎnguān. **2** [pl]心智健
全 xīnzhì jiànquán: take leave of
one's ~ s 发疯. **3** [sing]领悟 lǐng-
wù: a ~ of humour 幽默感. **4**
[C] 感觉〔覺〕gǎnjué: a ~ of

dread 恐惧感. **5** [U] 识(識)别(或判断)力 shíbié(huò pànduàn)lì; *There's no ~ in doing that.* 做那件事没有道理. **6** [C](词等的)意义(義)yìyì. **7** [习语] **make sense (a)** 有意义 yǒu yìyì; 讲(講)得通 jiǎng dé tōng. **(b)** 是合情合理的 shì héqíng hélǐ de; 是明智的 shì míngzhì de. **make sense of sth** 理解 lǐjiě; 弄懂 nòngdǒng. **sense** *v* [T] 感觉到 gǎnjué dào; 意识到 yìshí dào: ~ *danger* 意识到有危险.

senseless /'senslɪs/ *adj* **1** 愚蠢的 yúchǔnde. **2** 失去知觉(覺)的 shīqù zhījué de. **senselessly** *adv*. **senselessness** *n*[U].

sensibility /ˌsensə'bɪlətɪ/ *n* [C, 常作 pl]识(識)别力 shíbiélì; 敏感性 mǐngǎnxìng.

sensible /'sensəbl/ *adj* **1** 识(識)别力强的 shíbiélì qiáng de; 合情理的 hé qínglǐ de: 切合实(實)际(際)的 qièhé shíjì de: *a ~ person / idea* 通情达理的人; 明智的主意. **2** ~ *of sth* 觉(覺)察到 juéchá dào. **sensibly** *adv*.

sensitive /'sensətɪv/ *adj* **1** (*to*) 易受伤(傷)害的 yì shòu shānghài de; 易损坏(壞)的 yì sǔnhuài de; 敏感的 mǐngǎnde: ~ *skin* 娇嫩的皮肤. ~ *to light* 对光敏感的. **2** 易生气(氣)的 yì shēngqì de; 神经(經)质(質)的 shénjīngzhì de: *about his baldness* 对他自己秃头神经过敏. **3** [褒] 有细腻感情的 yǒu xìnì gǎnqíng de; 理解的 lǐjiěde: *a ~ friend* 感情细腻的朋友. **4** (仪器)灵(靈)敏的 língmǐnde. **5** 需小心对待的 xū xiǎoxīn duìdài de: *a ~ issue* 需慎重对待的问题. **sensitivity** *n* [U]敏感性 mǐngǎnxìng.

sensitize /'sensɪtaɪz/ *v* [T] (*to*) 使敏感 shǐ mǐngǎn.

sensual /'sensjʊəl/ *adj* **1** 感官享乐(樂)的 gǎnguān xiǎnglè de. **2** 享受肉体(體)上快乐的(尤指性的)xiǎngshòu ròutǐ shàng kuàilè de. **sensuality** /ˌsensjʊ'ælətɪ/ *n*[U]纵(縱)欲(慾)zòngyù.

sensuous /'sensjʊəs/ *adj* 刺激感官的 cìjī gǎnguān de; 给感官以快感的 gěi gǎnguān yǐ kuàigǎn de. **sensuously** *adv*. **sensuousness** *n*[U].

sent *pt*, *pp* of SEND.

sentence /'sentəns/ *n* **1** [C][语法]句子 jùzi. **2** [C, U]判决 pànjué; 宣判 xuānpàn. **sentence** *v* [T] 判决 pànjué; 宣判 xuānpàn: ~ *sb to death* 判某人死刑.

sentiment /'sentɪmənt/ *n* **1** [U, C, 常作 pl]态(態)度 tàidù;意见 yìjiàn. **2** [U, 常作贬]脆弱的感情 cuìruòde gǎnqíng; 易激动[動]的感情 yì jīdòng de gǎnqíng. **3** **sentiments** [pl] 观(觀)点(點)guāndiǎn;意见 yìjiàn.

sentimental /ˌsentɪ'mentl/ *adj* **1** 情感的 qínggǎnde; 情绪的 qíngxùde. **2** [常作贬]感情脆弱的 gǎnqíng cuìruò de. **sentimentality** /ˌ'tælətɪ/ *n*[U]情感过(過)于脆弱的特性 qínggǎn guòyú cuìruò de tèxìng. **sentimentally** *adv*.

sentry /'sentrɪ/ *n* [C][*pl -ies*]哨兵 shàobīng.

separate[1] /'seprət/ *adj* **1** 不相连的 bù xiānglián de; 分开[開]的 fēnkāide: ~ *rooms* 独用房间. **2** 不同的 bùtóngde: *on three ~ occasions* 在三个不同场合. **separately** *adv*.

separate[2] /'sepəreɪt/ *v* **1** [I, T] (使)分离 fēnlí; (使)分开 fēnkāi. **2** [I] (夫妻)分居 fēnjū. **separation** /ˌ'reɪʃn/ *n* [U] 分离 fēnlí; 分开 fēnkāi. **2** [C] 分开的期间 fēnkāi de qījiān. **3** [U, sing]法律[律](夫妇)分居 fēnjū.

September /sep'tembə(r)/ *n* [U, C] 九月 jiǔyuè.

septic /'septɪk/ *adj* 脓[膿]毒性的 nóngdúxìngde; 由病菌感染的 yóu bìngjūn gǎnrǎn de: *a ~ wound* 感染的伤口.

sepulchre /'seplkə(r)/ *n* [C][古](尤指在岩石中凿出的)坟墓 fénmù; 冢[塚] zhǒng.

sequel /'si:kwəl/ *n* [C] **1** 后[後]续[續]épisode; 随[隨]之而来 suí zhī ér lái de shì. **2** 续集 xùjí; 续篇 xùpiān.

sequence /'si:kwəns/ *n* [C, U] **1** 一连串 yìliánchuàn; 次序 cìxù; 顺序 shùnxù.

sequin /'si:kwɪn/ *n* [C] (衣服上作饰物用的)闪光装(裝)饰片 shǎnguāng zhuāngshìpiàn.

serene /sɪ'ri:n/ *adj* 平静的 píngjìngde; 宁(寧)静的 níngjìngde. **serenely** *adv*. **serenity** /sɪ'renətɪ/ *n* [U].

sergeant /'sɑ:dʒənt/ *n* [C] **1** 中士 zhōngshì; 军士 jūnshì. **2** 巡佐 xúnzuǒ.

serial /'sɪərɪəl/ *n* [C]连载小说 liánzài xiǎoshuō;连本广[廣]播节[節]

目 liánběn guǎngbō jiémù. **serial**
adj 连续(续)的 liánxù de; 连载的
liánzǎi de; 分次广播的 fēncì guǎngbō
de. **serialize** /-aɪz/ *v* [T] 连载
liánzǎi; 连播. '**serial num-
ber** *n* [C] (纸币、支票等的)编号
[号] biānhào.

series /'sɪəriːz/ *n* [C] [*pl* series]
连续(续) liánxù; 接连 jiēlián; 一系
列 yíxìliè.

serious /'sɪəriəs/ *adj* 1 严[严]肃
[肃] 的 yánsù de; 庄[庄]重的
zhuāngzhòng de; a ~ face 严肃的
面孔. 2 (书、音乐等)启[启]发[发]
思考的 qǐfā sīkǎo de. 3 严重的
yánzhòng de; 危急的 wēijí de; a ~
illness 重病. 4 (about) 真诚的
zhēnchéng de; 认[认]真的 rènzhēn
de; Are you ~ about this
plan? 这个计划你是认真对待吗?
seriously *adv*. **seriousness** *n*
[U].

sermon /'sɜːmən/ *n* [C] 讲[讲]道
jiǎngdào; 布道 bùdào.

serpent /'sɜːpənt/ *n* [C] [旧或诗]
蛇 shé.

serrated /se'reɪtɪd/ *adj* 有锯齿
[齿]的 yǒu jùchǐ de.

serum /'sɪərəm/ *n* [*pl* ~s 或 sera
/'sɪərə/] [C, U] 血清 xuèqīng.

servant /'sɜːvənt/ *n* [C] 仆[仆]人
púrén; 佣[佣]人 yōngrén.

serve /sɜːv/ *v* 1 [I, T] 为(为)…工作
wèi…gōngzuò; 当[当]仆[仆]人 dāng
púrén; 服役 fúyì; ~ on a committee
担任委员. 3 [I, T] (a)端上(饭菜)
duān shàng. (b) (商店)接待(顾
客)jiēdài. 4 [T] 供应(服务) tígōng;
This bus ~s our area. 这辆公共
汽车为我们地区提供服务. 5 [I]
(for/as sth)适[适]合 shìhé; This
room ~s as a study. 这房间可以
作书房用. 6 [T] 在狱中服刑 zài yù-
zhōng fúxíng; ~ a life sentence
服无期徒刑. 7 [T] [法律]送达(逮
捕状等) sòngdá. 8 [I, T] (网球等)发[发]
(球) fā. 9 [习语] serve sb right
给某人应[应]得的惩[惩]罚 gěi
mǒurén yīngdé de chéngfá. **serve** *n*
[C] (网球等的)发球 fāqiú. **serv-
er** *n* [C] (网球等)发球人 fāqiúrén. 2
(计算机)服务(务)器 fúwùqì, **serv-
ing** *n* [C] (食物的)一份(或一客)
yífèn.

service /'sɜːvɪs/ *n* 1 [U]任职[职]
rènzhí; 服务 fúwù; *ten years'
~ in the army* 在军队服役十年.

2 [U] (车辆的)用处[处] yòngchù;
This car has given good ~. 这
辆汽车很好用. 3 [U] (旅馆、餐馆
等)接待顾[顾]客 jiēdài gùkè. 4 [C]
公用事业[业]的或工作
gōngyòng shìyè de yèwù; *a 'bus
~* 公共汽车营运. 5 [C] 帮[帮]助
[帮]助 bāngzhù. 6 [C] (政府)的部
门[门] bùmén. 7 [C] 军种[种] jūnzhǒng.
8 [C]礼[礼]拜仪[仪]式 lǐbài yíshì;
宗教仪式 zōngjiào yíshì. 9 [C] 整套
餐具 zhěngtào cānjù. 10 [C, U] (车
辆、机器等的)维修 wéixiū. 11 [C]
(网球)发[发]球 fāqiú. 12 [习语] at
your service 随时准备为[为]你效
劳[劳] suíshí wèi nǐ xiàoláo de. of
service 有用 yǒuyòng; 有帮助 yǒu
bāngzhù. service *v* [T] 维修(售出
后的车辆等) wéixiū. **serviceable**
adj 耐用的 nàiyòng de; 有用的
yǒuyòng de. '**service industry** *n*
[C] 服务业 fúwùyè. '**service charge**
n [C] 服务费 fúwùfèi; 小费 xiǎofèi. '**service-
man** /-mən/ *n* [C] [*pl*
-men /-mən/, *fem* '**service-
woman** /-wʊmən/, *pl* -women
/-wɪmɪn/] 军人 jūnrén. '**service
station** *n* [C] = PETROL STA-
TION (PETROL).

serviette /ˌsɜːvi'et/ *n* = NAPKIN.

session /'seʃn/ *n* [C] 1 (议会的)
会[会]议[议] huìyì; (法庭)的开
[开]庭 kāitíng. 2 学[学]期 Fm
xuéqīm; 学期 xuéqī. 3 (从事某项
活动的)一段时[时]间 yíduàn shí-
jiān; a re'cording ~ 录音.

set[1] /set/ *n* 1 [C] 一套 yítào; 一副
yífù; 一组 yìzǔ. 2 [C] 收音机[机]
shōuyīnjī; 电视机[机], diànshìjī. 3
[C, 亦作 sing, 用 pl v] (因志趣等相
同而相互交往的)一群人 yìqúnrén.
4 [C] 布景 bùjǐng; 场[场]景 chǎng-
jǐng. 5 [C] (网球赛的)(一)盘[盘]
pán. 6 [C] 做(或卷)头[头]发[发]
zuò tóufa.

set[2] /set/ *v* [-tt-; *pt, pp* set] 1
[T] 放 fàng; 置 zhì; 摆 bǎi;摆 bǎi-
fàng; ~ a tray down on the
table 把托盘放在桌上. 2 [T] 使处
[处]于某种[种]状[状]态[态] shǐ
chǔyú mǒuzhǒng zhuàngtài; ~ a
prisoner free 释放一犯人. 3 [T] 使
开[开]始做 shǐ kāishǐ zuò; ~ sb
thinking 激发某人的思考. 4 [T] 指
定 zhǐdìng; 提出 tíchū; ~ an
examination 布置考试. 5 [T] 调
整(使之可用) tiáozhěng shǐ zhī kě-
yòng; ~ the controls 调整好控制装置. 6

[T]在…上摆设餐具(准备用餐)zài…shang bǎi cānjù. **7** [T]安排 ānpái;确(確)定 quèdìng: ~ *a date for the wedding* 确定结婚的日期. **8** [T]镶嵌 xiāngqiàn. **9** [I, T](使)变(變)硬 biànyìng;(使)凝固 nínggù: *The cement has* ~. 水泥已经固. **10**[T](将)…接好(或复位)jiāng…jiēhǎo; ~ *a broken bone* 使折骨复位. **11**[T](*to*)为(爲)(诗、歌)谱曲 wèi pǔqǔ;配乐(樂)pèiyuè. **12**[T](日、月)落 luò. **13** [习语]**set an 'example** 树(樹)立榜样(樣)shùlì bǎngyàng. **set 'eyes** on 看见 kànjiàn. **set 'foot in** 进(進)入 jìnrù. **set 'light/'fire to** sth, set sth on 'fire 引火焚(燒)某物 yǐn huǒ shāo mǒuwù;使某物开始燃烧 shǐ mǒuwù kāishǐ ránshāo. **set one's 'heart on sth** 渴望 kěwàng. **set one's mind to sth** ➪ MIND[1]. **set sth right** ➪ RIGHT[1]. **set sb/ sth to rights** ➪ RIGHT[1]. **set 'sail** 启(啟)航 qǐháng;航行启锚 qǐng. **set the 'scene** 描述实(實)况 miáoshù shíkuàng;叙述背景 xùshù bèijǐng. **set sb's 'teeth on edge** 使人难(難)受的 shǐ rén nánshòu de;惹(惹)人恼怒的 rě rén nǎonù de. **14** [短语动词]**set about sb** 攻击(擊)(或抨击)gōngjī. **set about sth** 开始 kāishǐ;着手 zhuóshǒu. **set sb back** [非正式用语]使花费 shǐ huāfèi. **set sb/sth back** 推迟(遲)tuīchí;阻碍 zǔ'ài;阻碍(凝)阻止 shǐ. **set sth back (from)** 置于远(遠)处 zhì yú yuǎnchù. **set in** 开始(并可能持续)kāishǐ;启程 qǐchéng. **set off** 出发(發)chūfā;启程 qǐchéng. **set sth off (a)** 使爆炸 shǐ bàozhà. **(b)** 使开始 shǐ kāishǐ. **(c)**使有吸引力 shǐ yǒu xīyǐnlì; *This colour* ~s *off her eyes*. 这颜色把她的眼睛衬托得更漂亮了. **set sb on** sb 命令攻击 gōngjī. **set out** 出发 chūfā;启程 qǐchéng. **set out to do sth** 开始做某事 kāishǐ zuò. **set sth out (a)** 安排 ānpái. **(b)** 陈述 chénshù;阐明 chǎnmíng; ~ *out one's ideas in an essay* 在短文中阐明自己的主张. **set 'to** 开始做 kāishǐ zuò. **set sth up** 摆(擺)放 bǎifàng;竖(豎)起 shùqǐ. **(b)** 创(創)立 chuànglì;开办(辦)kāibàn. **set (oneself) up as** sb 从(從)事(或经营)某种行业(業)cóngshì mǒuzhǒng hángyè. **(b)** 声称 shēngchēng;自称 zìchēng. **'set-**

back *n* [C]妨碍发展的事物 fáng'ài fāzhǎn de shìwù. **'set-up** *n* [C][非正式用语]组织(織)的结构(構)zǔzhī de jiégòu.

set³ /set/ *adj* **1** [非正式用语]作好准(準)备(備)的 zuò hǎo zhǔnbèi de; ~ *to go* 准备好走. **2** (*on*)坚(堅)决的 jiānjué de: *She's* ~ *on winning* 她决心获胜. **3** 固定不变(變)的 gùdìng bùbiàn de; *a* ~ *grin* 老是咧嘴笑. ~ *ideas about sth* 对某事的固定看法. **4** [习语] **set in one's ways** 积(積)习(習)难(難)改的 jīxí nángǎi de. **set book** *n* [C]必读课本 bìxiū kèběn.

set-square /'set skweə(r)/ *n* [C] 三角板 sānjiǎobǎn.

settee /se'tiː/ *n* [C] = SOFA.

setter /'setə(r)/ *n* [C] 塞特种(種)猎(獵)犬 sàitèzhǒng lièquǎn.

setting /'setɪŋ/ *n* **1** [C]镶嵌 xiāngqiàn. **2** [C]环(環)境 huánjìng: *a rural* ~ 乡村环境. **3** [C]控制装置的调节(節)tiáojié;位置的调节 wèizhì de tiáojié. **4** [sing] (日、月等的)沉落 chénluò.

settle /'setl/ *v* **1** [I, T] 移民于(某地) yímín yú. **2** [I, T] 停歇 tíngxiē: *The bird* ~*d on a branch.* 那只鸟落在树枝上了. **3**[I, T](使)舒适(適)地坐(或 ~ *back*) 舒适地坐在椅子上. **4** [I, T] 支付 zhīfù;结算 jiésuàn. **5** [I, T](使)平静(或安静)píngjìng; ~ *sb's nerves* 使某人镇静下来. **6** [T]通过达(達)…达(達)成协(協)议(議)dui…dáchéng xiéyì;结束(争端)jiéshù;结束(争端)结束(争端)duō. **7**[I, T](使)下沉 xiàchén;下降 xiàjiàng; *dust settling on the floor* 落在地上的灰尘. *The rain* ~*d the dust.* 雨水打落了灰尘. **8**[短语动词]**settle down** 舒适地坐(或躺)shūshì de zuò. **settle (down) to sth** 全神贯注 quán shén guàn zhù;定下心来 dìng xià xīn lái. **settle for sth** 勉强认(認)可 miǎnqiáng rènkě. **settle (sb) in** 帮助某人(人)在新居安顿下来 zài xīnjū āndùn xiàlái. **settle on sb/sth** 选(選)定 xuǎndìng;决定 juédìng. **settled** *adj* 不变(變)的 bùbiàn de; ~*d weather* 稳定的天气. **settler** *n* [C]移居者 yíjūzhě;移民 yímín.

settlement /'setlmənt/ *n* **1** [C, U](纠纷、问题等)解决 jiějué;议(議)定 xiédìng;和解 héjiě. **2** [C]财产

[產](或金钱)的赠与[與](或)(或转让)cáichǎn de zèngyǔ. **3** [U,C]移民 yímín; 殖民 zhímín.

seven /'sevn/ pron, adj, n [C] 七(的)qī. **seventh** /'sevnθ/ pron, adj, 第 七 (的)dìqī. **seventh** pron, n [C] 七分之一 qīfēn zhī yī.

seventeen /ˌsevn'tiːn/ pron, adj, n [C] 十七(的)shíqī. **seventeenth** /ˌsevn'tiːnθ/ pron, adj, 第十七(的)dìshíqī. **seventeenth** pron, n [C]十七分之一 shíqīfēn zhī yī.

seventy /'sevntɪ/ pron, adj, n [C] 七十(的)qīshí. **seventieth** /'sevntɪəθ/ pron, adj 第七十(的)dìqīshí. **seventieth** pron, n [C] 七十分之一 qīshífēn zhī yī.

sever /'sevə(r)/ v **1** [T]切断[斷]qiēduàn; 割断 gēduàn: ~ a limb from the body 割断一肢. **2** [T][喻]结束 jiéshù; ~ relations with sb 与某人断绝关系.

several /'sevrəl/ adj, pron 几[幾]个(個)(的)jǐge; 数[數]个个(的)shùge.

severe /sɪ'vɪə(r)/ adj **1** 严[嚴]格的 yángéde; 严厉[厲]的 yánlìde: ~ discipline 严格的纪律. **2** 恶[惡]劣的 èliède; 猛烈的 měngliède; 艰[艱]难[難]的 jiānnánde: a ~ storm 猛烈的风暴. **severely** adv. **severity** /sɪ'verətɪ/ n **1** [U] 严厉 yánlì: 严厉 yánlì. **2** severities[pl] 严厉的对[對]待 yánlì de duìdài; 艰苦的经[經]历[歷]jiānkǔ de jīnglì.

sew /səʊ/ v [pt ~ed, pp ~n /səʊn/][I,T](用针线)缝 féng. **2** [短语动词]sew sth up (a)缝合 fénghé; 缝补[補]féngbǔ. (b)[非正式用语]解决 jiějué.

sewage /'suːɪdʒ/ n [U] (下水道里的)污物 wūwù.

sewer /'suːə(r)/ n [C] 下水道 xiàshuǐdào; 阴[陰]沟[溝]yīngōu; 污水管 wūshuǐguǎn.

sewn pp of SEW.

sex /seks/ n **1**[U] 性 xìng; 性别 xìngbié. **2**[C]男人 nánrén; 女人 nǚrén. **3**[U] 性交 xìngjiāo. **sexy** adj [-ier, -iest] 性感的 xìnggǎnde. **sexily** adv. **sexiness** n [U].

sexism /'seksɪzəm/ n [U]性别偏见(尤指对女性)xìngbié piānjiàn. **sexist** adj, n [C].

sextant /'sekstənt/ n [C] 六分仪[儀]liùfēnyí.

sexton /'sekstən/ n [C] 教堂司事(管理教堂、敲钟、墓地等)jiàotáng sīshì.

sexual /'sekʃʊəl/ adj 性的 xìngde; 两性的 liǎngxìngde. **sexual intercourse** n [U] 性交 xìngjiāo. **sexuality** /ˌsekʃʊ'ælətɪ/ n [U]性别的特征[徵](或特性)xìngbiéde tèzhēng; 性吸引 xìngxīyǐn; 性能力 xìngnénglì. **sexually** adv.

shabby /'ʃæbɪ/ adj [-ier, -iest] **1** 破旧[舊]的 pòjiùde; 衣衫褴[襤]褛[褸]的 yīshān lánlǚ de. **2** (行为)卑鄙的 bēibǐde; 不正当[當]的 bú zhèngdàng de. **shabbily** adv.

shack /ʃæk/ n [C] 简陋的木屋 jiǎnlòude mùwū; 棚屋 péngwū.

shackle /'ʃækl/ n [C, 常作 pl] **1** 镣铐 liàokào; 手铐 shǒukào; 脚镣 jiǎoliào. **2**[喻]束缚 shùfù; 枷锁 jiāsuǒ. **shackle** v [T] **1** 给…戴上镣铐 gěi…dàishàng liàokào. **2**[喻]束缚 shùfù.

shade /ʃeɪd/ n **1** [U] 荫[陰]yīn; 阴[陰]凉处[處]yīnliángchù: sit in the ~ 坐在阴凉处. **2**[C]遮光物 zhēguāngwù; a ~ lamp 一盏灯. **3**[C](颜色的)浓[濃]淡 nóngdàn; 深浅[淺]shēnqiǎn: four ~s of blue 四种深浅不同的蓝色. **5**[C]细微差别 xìwēi chābié; ~s of meaning 含义上的细微差别. **6** a shade [sing] 少量 shǎoliàng; 少许 shǎoxǔ; a ~ warmer 有点暖和. **shade** v **1** [T] 为[爲]…遮光 zhēguāng; 为…挡[擋]光 dǎngguāng: ~ one's eyes 遮目. **2** [T] 遮(光、灯等)zhē; 挡(光)dǎng. **3**[T]给…(图)画的部分画上阴影 huàshàng yīnyǐng. **4**[I](颜色等)渐变 jiànbiàn; green shading into blue 由绿渐变为蓝.

shadow /'ʃædəʊ/ n [C, U] 影子 yǐngzi; 阴[陰]影 yīnyǐng: the ~ of the tree on the grass 草地上的树影. **2**[C]深色部分 shēnsè bùfen; ~s under the eyes 眼睛下面有黑圈. **3**[U](绘画的)暗部 ànbù. **4** shadows [pl] 不完全的黑暗部分 wánquán de hēi'àn. **5**[sing](某物)的痕迹 hénjì; not a ~ of doubt 毫无疑义. **shadow** v [T] 跟踪 gēnzōng; 盯…的梢 dīng…de shāo. **shadowy** adj **1** 有影子的 yǒu yǐngzi de; 多阴凉的 duō yīnliáng de. **2** 模糊的 móhúde; 难[難]以捉摸的 nányǐ zhuōmō de.

shady /'ʃeɪdɪ/ adj [-ier, -iest] **1** 背阴[陰]的 bèiyīnde; 遮阳[陽]的

zhěyàngde. **2** 〔非正式用语〕名声〔聲〕不好的; míngshēng bùhǎode; 靠不住的 kàobùzhùde: a ~ character 靠不住的人.

shaft /ʃɑːft; US ʃæft/ n [C] **1** 箭杆〔桿〕jiànggān; 矛柄 máobǐng. **2** (工具、斧子等的) 柄 bǐng. **3** 辕 yuán. **4** (矿〔礦〕井的) 通道 tōngdào. **5** (机器的) 轴 zhóu. **6** (光线等的) 束 shù.

shaggy /'ʃægɪ/ adj **-ier, -iest** **1** (毛发) 蓬乱〔亂〕的 péngluànde. **2** 有粗浓〔濃〕毛发〔髮〕的 yǒu cūnóng máofà de.

shake[1] /ʃeɪk/ v [pt shook /ʃʊk/, pp ~n /ʃeɪkn/] **1** [I, T] (使) 摇动〔動〕yáodòng; 摆〔擺〕动 bǎidòng. **2** [I] 发〔發〕抖 fādǒu; 颤抖 chàndǒu. **3** [T] 扰〔擾〕乱〔亂〕rǎoluàn; 惊〔驚〕吓〔嚇〕jīngxià: We were ~n by his death. 他的逝世使我们震惊. **4** 〔习语〕**shake hands (with sb), shake sb's hand** 握手(表示问候等) wòshǒu. **shake one's head** 摇头〔頭〕(表示否定、怀疑等) yáotóu. **5** 〔短语动词〕**shake sb/sth off** 摆脱(某人或某事物)bǎituō. **shake sth up** 摇匀 yáoyún. 'shake-up n [C] 大改组或改〔變〕革大变〔變〕革 dà biàngé. **shakily** /-əlɪ/ adv. **shaky** adj **-ier, -iest** **1** (人) 颤抖的; 摇晃的 yáohuàngde. **2** 不坚〔堅〕定的 bù jiāndìng de; 不稳〔穩〕定的 bù wěndìng de.

shake[2] /ʃeɪk/ n [C, 常作 sing] 摇动(即) yáodòng; 震动 zhèndòng.

shale /ʃeɪl/ n [U] 页岩〔頁〕yèyán.

shall /ʃəl; 强式 ʃæl/ modal v [否定式 shall not, 缩略式 shan't /ʃɑːnt/, pt should /ʃʊd/, 否定式 should not, 缩略式 shouldn't /'ʃʊdnt/] **1** (表示将来时) We ~. We'll arrive tomorrow. 我们明天到达. **2** 〔正式用语〕(表示义务或决心) You ~ have a new bike for your birthday, I promise. 我许诺, 你过生日会有一辆新的自行车. You shan't beat me so easily next time. 下次不会那样容易地赢我了. **3** (表示提供意见或建议) S ~ I open the window? 我可以开窗户吗? **4** (表示命令) You ~ go with her. 你应当和她一起去.

shallot /ʃə'lɒt/ n [C] 青葱 qīngcōng.

shallow /'ʃæləʊ/ adj **1** 浅〔淺〕的

浅河. **2** 〔贬〕浅薄的 qiǎnbóde; 肤〔膚〕浅的 fūqiǎnde: a ~ thinker 肤浅的思想家. **shallowness** n [U]. **shallows** n [pl] (河等的) 浅水处〔處〕qiǎnshuǐchù; 浅滩〔灘〕qiāntān.

sham /ʃæm/ v [**-mm-**] [I, T] 假装〔裝〕jiǎzhuāng: ~ illness 装病. **sham** n **1** [C] 假冒者 jiǎmàozhě; 赝品 yànpǐn. **2** [U] 假装 jiǎzhuāng. **sham** adj 假的 jiǎde; 假装的 jiǎzhuāngde: a ~ fight 模拟战.

shamble /'ʃæmbl/ v [I] 蹒跚 pánshān; 拖着脚走 tuō zhe jiǎo zǒu. **shamble** n [sing] 蹒跚 pánshān; 拖着脚的步态〔態〕tuō zhe jiǎo zǒu de bùtài.

shambles /'ʃæmblz/ n [sing] 混乱〔亂〕状〔狀〕态〔態〕zhuàngtài; 混乱 hùnluàn; 杂〔雜〕乱 záluàn.

shame /ʃeɪm/ n **1** [U] 羞耻 xiūchǐ; 羞愧 xiūkuì: feel ~ at having told a lie 说谎后感到羞愧. **2** [U] 羞耻感 xiūkuìgǎn: He has no ~. 他不知羞耻. **3** [U] 耻辱 chǐrǔ: bring ~ on one's family 给家人的家庭带来耻辱. **4** [sing] 遗憾的事 yíhàn de shì: It's/What a you can't come. 不能来真是遗憾. **5** 〔习语〕**put sb/sth to shame** 胜〔勝〕过〔過〕shèngguò; 使相形见绌 shǐ xiāng xíng jiàn chù. **shame** v [T] **1** 使羞愧 shǐ gàndào xiūchǐ. **2** 使蒙受羞辱 shǐ méngshòu xiūrǔ; 使丢脸〔臉〕shǐ diūliǎn. **3** [短语动词] **shame sb into/out of doing sth** 使某人) 感到羞愧而做(不做)某事 shǐ gàndào xiūkuì ér zuò móushì. **shamefaced** /ʃeɪm'feɪst/ adj 脸带〔帶〕愧色的 liǎn dài kuìsè de; 惭愧的 kuìchǐde. **shameful** adj 可耻的 kěchǐde; 丢脸的 diūliǎnde. **shamefully** /-əlɪ/ adv. **shameless** adj 无〔無〕耻的 wúchǐde; 不知羞耻的 bùzhī xiūchǐ de.

shampoo /ʃæm'puː/ n [U, C] 洗发〔髮〕剂〔劑〕xǐfàjì; 洗发液 xǐfàyè. **2** [C]洗发 xǐfà. **shampoo** v [T] 用洗发液洗(头发)yòng xǐfàyè xǐ.

shamrock /'ʃæmrɒk/ n [C, U] 三叶草〔葉〕(一种白花酢浆草, 爱尔兰的国花) sānyècǎo.

shandy /'ʃændɪ/ n [C, U] 啤酒和柠〔檸〕檬汁混合的饮料 píjiǔ hé níngméngzhī hùnhé de yǐnliào.

shan't shall not. ⇨SHALL.

shanty town /'ʃæntɪ taʊn/ n [C] 棚户区〔區〕pénghùqū; 贫民窟 pínmínkū.

shape /ʃeɪp/ n **1** [C, U] 形状〔狀〕

xíngzhuàng: 样[樣]子 yàngzi; 外形 wàixíng: a round ~ 圆形. 2[U] [非正式用语]情况 qíngkuàng; 状态[態] zhuàngtài: [喻] She's in good ~. 她的健康情况良好. 3[习语] get/ put sth into shape 使有条[條]理 shǐ yǒu tiáolǐ. take shape 成形 chéngxíng. shape v 1[T] 使成形状[狀] shǐ chéng xíngzhuàng. 2[I] ~ sb's character 塑造某人的性格. 2[I] (up) 进[進]展 jìnzhǎn: Our plans are shaping up well . 我们的计划进展顺利. shapeless adj 不定形的 bú dìngxíng de; 无[無]形状的 wú xíngzhuàng de. shapely adj [-ier, -iest](尤指人的身材)匀称[稱]的 yúnchèng de; 形状美观[觀]的 xíngzhuàng měiguān de.

share /ʃeə(r)/ n 1[C] 一份 yífèn; 份儿[兒] fènr. 2[U, sing] (分担、得到等的)部分 bùfen: your ~ of the blame 你应承担的责备. 分担份 gūfen. share v 1[T](out) 均分 jūnfēn; 分摊[攤] fēntān. 2[I, T] (with) 共有 gòngyǒu; 合用 héyòng: ~ a house with sb 与某人合用一所房子. 3[I, T] 分摊 fēntān; 分享 fēnxiǎng: ~ sb's joy 分享某人的快乐. 'shareholder n[C] 股东 gǔdōng. 'share-out n[sing] 分摊 fēntān; 分配 fēnpèi.

shark /ʃɑːk/ n [C] 鲨鱼 shāyú. 2[非正式用语]骗子 piànzi.

sharp /ʃɑːp/ adj 锋利的 fēnglì de; 锐利的 ruìlì de: a ~ knife 锋利的刀. 2 轮廓鲜[鮮]明的 lúnkuò qīngxī de; 明显[顯]的 míngxiǎn de: a ~ outline 清晰的轮廓. 3(弯、斜坡等)急转[轉]的 jízhuǎn de; 陡峭的 dǒuqiào de. 4 突然的 tūrán de: a ~ rise/fall 骤升/骤降. 5(声音)刺耳的 cì'ěr de. 6(味道)剧[劇]烈的 jùliè de; 强烈的 qiángliè de. 7 剧[劇]烈的 jùliè de; 剧[劇]烈的 jùliè de: a wind/pain 剌骨寒风/剧痛. 8 灵[靈]敏的 língmǐn de; 机[機]警的 jǐngjǐng de: ~ eyes 灵敏的眼睛. 9 尖刻的 jiānkè de; 尖锐的 jiānruì de: ~ words 刻薄言词. 10[音乐]升半音的 shēng bànyīn de. (b)偏高的 piāngāo de. 11[非正式用语]时[時]髦的 shímáo de; 漂亮的 piàoliàng de: a ~ dresser 穿着漂亮的人. sharp adv 1准[準]时[時]地 zhǔnshí de: at seven (o'clock) ~ 7点正. 2 急转地 jízhuǎn de: turn ~ left 向左急转. 3[音乐]偏高

piāngāo. sharpen v[I, T](使)锋利 fēnglì; 强烈 qiángliè; 使略微[微]变[變]锐利 biàn ruìlì. sharpener n 磨具 móyì; 削具 xiāoyì. sharply adv. sharpness n [U].

shatter /'ʃætə(r)/ v 1[I, T]粉碎 fěnsuì; 粉碎 zásuì. 2[T] 使震惊[驚] shǐ zhènjīng: ~ed by the bad news 因坏消息感到震惊. 3[T][非正式用语]使精疲力尽[盡] shǐ jīn pí lì jìn.

shave /ʃeɪv/ v 1[I, T](用剃刀)刮(胡须)guā. 2[T][非正式用语]掠过(過) lüèguò; 擦过 cāguò. 3[短语动词]shave sth off (sth) 削去 xiāoqù; 刮掉 guādiào. shave n [C] 剃毛; 刮脸. shaven /'ʃeɪvn/ adj 刮过的 guāguò de; 刮过的 guāguò de. shaver n[C] 电[電]动[動]剃刀 diàndòng tìdāo. shavings n[pl]刨屑 bàochù; 薄木屑 bómùxiè.

shawl /ʃɔːl/ n [C] 披肩 pījiān; 围[圍]巾 wéijīn.

she /ʃiː/ pron [作动词的主语]她 tā; 它 tā: My sister says ~ is going . 我的姐姐说她要去.

sheaf /ʃiːf/ n [C] [pl sheaves /ʃiːvz/] 1(谷物收割后的)捆 kǔn, 束 shù. 2(文件等的)束捆; 扎 zā.

shear /ʃɪə(r)/ v [pt ~ed, pp shorn /ʃɔːn/ 或 ~ed] 剪(羊)毛 jiǎn máo. shears n [pl] 大剪刀 dà jiǎndāo: a pair of ~ 一把大剪刀.

sheath /ʃiːθ/ n [C] [pl ~s /ʃiːðz/] 1 鞘 qiào; 套 tào. 2 = CONDOM.

sheathe /ʃiːð/ v [T]把…插入鞘 bǎ …chārù qiào.

sheaves pl of SHEAF.

shed[1] /ʃed/ n [C] 棚 péng; 货棚(或车棚等)huòpéng.

shed[2] /ʃed/ v [-dd-; pt, pp shed] 1 使脱落 shǐ tuōluò; Flowers ~ their petals. 花掉瓣. 2[正式用语]使流出 shǐ liúchū: ~ tears 流泪. 3 去掉 qùdiào; 除掉 chúdiào: ~ one's clothes 脱掉衣服. 4 散发[發] sànfā; 发[發] ~ light 发出光.

she'd /ʃiːd/ 1 she had. ⇨HAVE. 2 she would. ⇨ WILL[1], WOULD[1].

sheep /ʃiːp/ n [C] [pl sheep] 羊 yáng; 绵羊 miányáng. 'sheepdog n [C] 牧羊犬 mùyángquǎn. 'sheepskin n[C] 羊皮革 yángpí-gé; 羊皮袄[襖] yángpí'ǎo. sheep-ish adj 羞怯的 xiūqiè de; 局促不安

的 jùcuì bù'ān de.

sheer /ʃɪə(r)/ adj 1 完全的 wánquán de; 十足的 shízúde; ~ *nonsense* 一派胡言. 2 (织物)极(極)薄的 jíbáo de; 透明的 tòumíng de. 3 陡峭的 dǒuqiàode; 垂直的 chuízhíde; *a ~ drop* 垂直降落. **sheer** adv 陡峭地 dǒuqiàode; 垂直地 chuízhíde.

sheet /ʃiːt/ n [C] 1 被单[單]被单 bèidān; 褥单 rùdān; 床单 chuángdān. 2 薄板 bóbǎn; 薄片 bópiàn: *a ~ of glass/paper* 一块玻璃；一张纸. 3 (水、雪等)一片 yīpiàn. 'sheet music [U] (活页)乐[樂]谱 yuèpǔ.

sheikh (亦作 **sheik**) /ʃeɪk/ n [C] (阿拉伯)酋长[長] qiúzhǎng; 首领 shǒulǐng.

shelf /ʃelf/ n [C] 1 架子 jiàzi; 搁板 gēbǎn. 2 (悬崖上)突出的岩石 tūchūde yánshí.

shell /ʃel/ n [C] 1 壳[殻](如蛋壳、果壳、贝壳等)qiào. 2 (尚未完工的房屋、船等的)框架 kuàngjià; 骨架 gǔjià. 3 炮弹[彈]pàodàn. 4 [习语] (come out of one's shell) 不再羞怯(或缄默)bùzài xiūqiè. **shell** v [T] 1 剥去…的壳 bōqù…de qiào. 2 炮击[擊]pàojī. 3 [短语动词] **shell out** [非正式用语]付(款)fù. 'shellfish n [C, U] [pl **shellfish**] 有壳的水生动[動]物(如蟹、龙虾等)yǒu kéde shuǐshēng dòngwù.

she'll /ʃiːl/ she will. ⇨WILL[^1].

shelter /'ʃeltə(r)/ n [U] 掩蔽 yǎnbì; 遮蔽 zhēbì; 庇护[護]bìhù. 2 [C] 躲避处[處]duǒbìchù; 庇护所 bìhùsuǒ; 避难[難]所 bìnànsuǒ. **shelter** v 1 [T]庇护 bìhù; 为[爲]…提供避难所 wèi…tígōng bìnànsuǒ. 2 [I]躲避 duǒbì: ~ *from the rain under the tree* 在树下避雨.

shelve[^1] /ʃelv/ v[T] 1 把…放在架子(或搁板)上 bǎ…fàng zài jiàzi shàng. 2 [喻]搁置(计划、问题等) gēzhì; 缓议[議]huǎnyì.

shelve[^2] /ʃelv/ v[I] (土地)逐渐倾斜 zhújiàn qīngxié.

shelves pl of SHELF.

shepherd /'ʃepəd/ (*fem* **shepherdess** /ʃepə'des/; US /ʃepərdɪs/) n [C] 牧羊人 mùyángrén; 羊倌 yángguān. **shepherd** v [T]带[帶]领(群众等)引导 yǐndǎo dàilǐng.

shepherd's pie n [C, U] 肉馅土豆泥饼 ròuxiàn tǔdòuní bǐng.

sheriff /'ʃerɪf/ n[C] (美国)县[縣]治安官 xiàn zhì'ānguān.

sherry /'ʃerɪ/ n [U] 雪利酒(西班牙、塞浦路斯等地所产黄色或褐色的葡萄酒) xuělìjiǔ.

shied *pt, pp* of SHY[^2].

shield /ʃiːld/ n 1 盾 dùn. 2 盾形象章 dùnxíng huīzhāng. 3 (机器等的)防护[護]罩[罩]装[裝]置 fánghù zhuāngzhì; 护板 hùbǎn. **shield** v 保护[護]bǎohù; 遮挡 zhēdǎng.

shift[^1] /ʃɪft/ n [C] 1(位置等的改变[變])改变 gǎibiàn; 转移 zhuǎnbiàn. 2 轮[輪]班组[組]工 lúnbān zhígōng; 班次工作时[時]间 bāncì gōngzuò shíjiān.

shift[^2] /ʃɪft/ v 1 [I, T](使)改变[變]位置 gǎibiàn wèizhì; 移动 yídòng. 2 [T][非正式用语]移开[開]yíkāi: ~ *a stain* 去掉污迹.

shifty /'ʃɪftɪ/ adj [*-ier, -iest*] 不可靠的 bù kěkào de; 诡诈的 guǐzhà de.

shilling /'ʃɪlɪŋ/ n [C] 先令(1971年以前英国货币单位, 20 先令为 1 镑, 12 便士为 1 先令) xiānlìng.

shimmer /'ʃɪmə(r)/ v [I] 发[發]微光 fā wēiguāng; 闪光 shǎnguāng; 闪烁[爍]shǎnshuò.

shin /ʃɪn/ n [C] 胫[脛]骨 jìnggǔ; 胫 jìng. **shin** v [-nn-] [短语动词] **shin up (sth)** 爬(迅)攀爬 pān.

shine /ʃaɪn/ v [*pt, pp* **shone** /ʃɒn/, 或用于下列第 3 义项时作 ~d] 1 [I]照耀 zhàoyào; 发[發]光 fāguāng; 发亮 fāliàng. 2 [I] (*in/at*) 出类[類]拔萃 chū lèi bá cuì: *She ~s in English.* 她的英语很出色. 3 ~ *shoes* 把鞋擦亮. **shine** n [sing, U] 光亮 guāngliàng; 光泽[澤]guāngzé: *Give your shoes a ~.* 把你的鞋擦一擦. **shiny** adj [*-ier, -iest*] 发亮的 fāliàng de.

shingle /'ʃɪŋgl/ n [U] (海滨)卵石 luǎnshí.

ship[^1] /ʃɪp/ n [C] 1 海船 hǎichuán; (大)船 chuán; 舰[艦]jiàn. 2 [非正式用语]飞[飛]机[機]fēijī; 飞艇 fēitǐng; 宇宙飞船 yǔzhòu fēichuán. 'shipmate n [C] 同船船员或旅客 tóngchuán chuányuán. 'shipshape adj 整齐[齊]的 zhěngqíde; 井井有条[條]的 jǐngjǐng yǒutiáo de. 'shipwreck n [C, U] 海滩[灘]hǎinàn; 船舶失事 chuánbó shīshì; 海难[難]hǎinàn. 'shipwreck v [T]常用被动语态使遭受海难 shǐ zāoshòu hǎinàn. 'shipyard n [C] 造船厂[廠]zàochuánchǎng.

ship² /ʃɪp/ v [-pp-] [T](用船)运
(运)yùn; 运送 yùnsòng. shipment
n [C] 装[装]载的货物 zhuāng-
zàide huòwù. 2[U]装运 zhuāngyùn.
shipper n [C]托运人 tuōyùnrén; 发
[发]货人 fāhuòrén. shipping n
[U](一国、一港口的)船舶 chuán-
bó; 船舶啊[吨]数[数] chuánbó dūnshù.

shirk /ʃɜːk/ v [I, T] 逃避(工作、责
任等) táobì. shirker n [C].

shirt /ʃɜːt/ n [C](男式)衬[衬]衫
chènshān.

shirty /'ʃɜːtɪ/ adj [-ier, -iest] [英
正式用语]发[发]怒的 fānùde; 生气
(气)的 shēngqìde.

shit /ʃɪt/ n [△俚] 1[U] 粪[粪]便
fènbiàn; 屎 shǐ; 大便[便] dàbiàn.
2[C, sing] 拉屎 lā shǐ. 3[C][贬]讨厌[厌]的家伙 tǎo-
yàn de jiāhuo. 4[习语] not give a
shit (about sb/sth)对 … 毫不关心
háo bù guānxīn. shit v [-tt-; pt,
pp shitted 或 shat/ʃæt/][△俚]
拉(屎)lā shǐ. shit interj [△俚]
以表示愤怒]. shitty adj [-ier,
-iest][△俚]令人厌恶(恶)的 lìng
rén yànwù de; 令人作呕的 lìng
rén zuò'ǒu de.

shiver /'ʃɪvə(r)/ v [I] 颤抖 chàn-
dǒu; 哆嗦 duōsuo. shiver n [C] 颤
抖 chàndǒu; 哆嗦 duōsuo. shivery
adj.

shoal¹ /ʃəʊl/ n [C] 鱼群 yúqún.

shoal² /ʃəʊl/ n [C] (海的)浅[浅]
水处[处]qiǎnshuǐchù; 浅滩[滩]
qiǎntān; 沙洲 shāzhōu.

shock /ʃɒk/ n [C] 1 冲[冲]击(击)
chōngjī; 震动[动]zhèndòng. 2[C]
电[电]震 diànzhèn; 电击 diànjī. 3
[U, C]震惊[惊]zhènjīng; 惊愕
jīng'è. shock v [T] 使震惊(或惊
愕)、愤怒 shǐ zhènjīng. shock v
[T] 使震惊(或惊愕)shǐ zhènjīng.
shocking adj 1 令人震惊的 lìng
rén zhènjīng de; ~ing behaviour
恶劣的行为 èliède xíngwéi. 2[非正式用语]极
[极]坏[坏]的 jíhuàide; 糟糕的 zāo-
gāode.

shod pt, pp of SHOE.

shoddy /'ʃɒdɪ/ adj [-ier, -iest]劣
质[质]的 lièzhìde; ~ work 粗制
滥造 cūzhì lànzào.

shoe /ʃuː/ n [C] 1 鞋 xié. 2[习语]
in sb's shoes 处[处]于某人的地位
(或处境)chǔyú mǒurén de dìwèi.
shoe v [pt, pp shod /ʃɒd/] 给
(马)钉蹄铁[铁] gěi mǎ dìng tiětiě.
'shoe-lace n [C] 鞋带[带] xiédài.
'shoe-string n [C] [习语] on a
shoestring 以极[极]少的钱 yǐ
jíshǎode qián.

shone pt, pp of SHINE.

shoo /ʃuː/ interj 嘘! (驱赶鸟、猫、
儿童时发出的声音)xū! shoo v [T]
用"嘘"声赶[赶]走 yòng "xū"shēng
gǎnzǒu.

shook pt of SHAKE¹.

shoot¹ /ʃuːt/ v [pt, pp shot
/ʃɒt/] 1 (a)[I, T] 开[开](枪)kāi;
发[发]射(箭、子弹)fāshè. (b)[T]
射中(箭、子弹)shèzhòng. 2
[I, T]突然(或迅速)移动[动] tūrán
yídòng; Pain shot up his arm.
他的手臂一阵剧痛. 3 [I, T](为)拍
照 pāizhào; 拍摄[摄]pāishè. 4 [I]
(足球)射门 shèmén. 5 [I](幼芽、
枝、叶等)长[长]出 zhǎngchū; 发芽
fāyá. 6 [习语] shoot one's mouth
off [非正式用语]轻[轻]率地谈话
qīngshuài de tánhuà. 'shooting-
star n [C]流星 liúxīng.

shoot² /ʃuːt/ n [C] 1 芽 yá; 苗
miáo; 嫩枝嫩叶 nènzhīnènyè. 2 狩猎[猎]
liè; 狩猎队[队]shòulièduì.

shop /ʃɒp/ n [C] 1[尤用于英国英
语]商店 shāngdiàn; 店铺 diànpù. 2
车间 chējiān; 工场[场]gōngchǎng;
作坊 zuōfang. 3 [习语] talk shop
谈论[论]自己的工作 tánlùn zìjǐ de
gōngzuò. shop v [-pp-] 1 [I] 去
(商店)买[买]东西 qù mǎi dōngxi;
购[购]物 gòuwù; ~ for presents
买礼物 mǎi lǐwù. 2[T][英国](向
警方)告发[发]gàofā. shop
around 逐店选[选]购 zhú diàn
xuǎngòu; 仔细寻[寻]找(物美价廉
的商品)zǐxì xúnzhǎo. 'shop assist-
ant n [C] 店员 diànyuán. 'shop
'floor n [sing][工厂(的)工人地
区[区]shēngchǎnqū; 工作场所
gōngzuò chǎngsuǒ. 'shopkeeper n
[C] 店主 diànzhǔ; 零售商 língshòu-
shāng. 'shoplifter n[C]商店货物
扒手 shāngdiàn huòwù páshǒu.
'shoplifting n [U]. 'shop-
'steward n[C] (同厂工人选出的)
工会[会]管事 gōnghuì guǎnshì.
shopper n [C]. shopping n[U] 1
买东西 mǎi dōngxi; 购物 gòuwù; go
~ping (去)买东西. 2 买到的东西
mǎidàode dōngxi.

shore¹ /ʃɔː(r)/ n [C] (海、湖等
的)岸 àn; 滨[滨]bīn.

shore² /ʃɔː(r)/ v [短语动词]
shore sth up (用支柱等)支撑 zhī-
chēng.

shorn pp of SHEAR.

short¹ /ʃɔːt/ adj 1 短的 duǎnde; 短
暂[暂]的 duǎnzànde; a ~ jour-

ney 短途旅行。2 矮的 ǎide。3 短缺的 duǎnquēde；不足的 bùzúde: get ~ change 被别人占了小便宜。4 (of) (a) 不够的 búgòude: ~ of money 缺钱。(b) 有一段距离[离]的 yǒu yíduàn jùlí de: five miles ~ of our destination 离我们的目的地有 5 英里远。5 on [非正式用语] 缺少(某种特质)的 quēshǎode: ~ on tact 不圆滑。6 (with) 说话尖刻的 shuōhuà jiānkè de: I was a little ~ with her. 我对她有点 无礼。7 [习语] for short 简称[稱] jiǎnchēng；缩写[寫] suōxiě. in short 总[總]之 zǒngzhī；简言之 jiǎn yán zhī, in the short term ⇨ TERM. little/nothing short of n 几[幾]乎 jīhū；接近[接] jiējìn. (b) 更快(或更有效)的 gèngkuài de fāng fǎ. 'shortbread n [U] 酥脆饼干 sūcuì bǐnggān, 'short-'change v [T]（故意）少找给钱[錢] shǎo zhǎogěi qián. short 'circuit n [C]电[電]短路 diǎnlù, short-'circuit v [I, T]（使）短路 duǎnlù, 'shortcoming n [C] (常用 pl) 缺点[點] quēdiǎn；短处[處] duǎnchù, 'shortfall n [C] 赤字 chìzì；亏[虧]空 kuīkōng；差额[額] chā'é；速配缺量 sùpèiquē, short-'handed adj 人手不足的 rénshǒu bùzú de, 'short-list n [C] (供最后选出的)候选(選)人名单[單] hòuxuǎnrén míngdān. short-list v [T]. short-lived adj 短命的 duǎnmìngde；短暂的 duǎnzànde. shortness n [U]. short 'sighted adj (a) 近视[視]的 jìnshìde, short-'tempered adj 易怒的 yìnùde；脾气[氣]暴躁的 píqi bàozào de, short-'term adj 短期的 duǎnqīde, short 'wave n [U] 短波 duǎnbō.

short² /ʃɔːt/ adv 1 突然 tūrán: stop ~ 突然停止。2 [习语] go short (of) 缺少 quēshǎo；欠缺 qiànquē. short of 除…外 chú … wài: do anything ~ of murder 除杀人外什么事都做。

short³ /ʃɔːt/ n [C] 1 少量烈性酒 精饮料 shǎoliàng lièxìng jiǔjīng yǐnliào. 2 (电影)短片 duǎnpiàn.

shortage /'ʃɔːtɪdʒ/ n [C, U] 不足 bùzú；缺少 quēshǎo；缺额 quē'é.

shorten /'ʃɔːtn/ v [I, T] 弄短 nòngduǎn；缩短 suōduǎn: ~ a dress 改短衣服.

shortly /'ʃɔːtlɪ/ adv 1 立刻 lìkè；不久 bùjiǔ: We leave ~ 我们马上离开。2 唐突地 tángtūde；[无]礼地 wúlǐde: speak ~ to sb 不客气地和某人说话。

shot¹ /ʃɒt/ n [C] 1 射击(擊) shèjī；开[開]枪[槍] kāiqiāng；射击声[聲] shèjīshēng. 2 击球 jīqiú；踢球 tīqiú: a ~ at goal 射门。3 试图[圖] shìtú；设法 shèfǎ: a ~ at solving the problem 设法解决这个问题。4 射手 shèshǒu；枪手 qiāngshǒu；炮手 pàoshǒu: a poor ~ 差劲的射手。5 照相 zhàoxiàng；镜头 jìngtóu；镜头[鏡头] jìngtóu。6 [非正式用语] (皮下)注射 zhùshè. 7 [习语] like a shot 飞[飛]快地 fēikuàide, a shot in the 'arm 起鼓舞(或振奋)作用的事 qǐ gǔwǔ zuòyòng de shì, a shot in the 'dark 无[無]根据[據]的臆测 wú gēnjù de yìcè, not by a long shot ⇨ LONG¹. 'shotgun n [C] 猎[獵]枪 lièqiāng, 'shot-put n [sing] 推铅球 tuī qiānqiú.

should¹ /ʃəd; 强式 ʃʊd/ modal v [否定式 should not, 缩略式 shouldn't] 1 (用以表示义务): You ~ leave now. 你现在应该离开了。2 (用以表示推断): We ~ arrive before dark. 我们该在天黑前到达。3 (用在某些形容词后接的 that 从句中): We're sorry that you ~ have been given so much trouble. 我们很抱歉给你添这么多麻烦。4 (表示不太可能发生): If she ~ come back, please tell me. 要是她(竟然)回来，请告诉我。5 [正式用语](表示目的): He put flowers in the room so that it ~ look nice. 他把花放在屋里，这样房间就好看了。6 (用以表示意见或劝告): You ~ stop smoking. 你应该戒烟。7 (用作有礼貌的请求): I ~ like to make a phone call, please. 劳驾，我想打个电话。8 (与疑问词连用，表示不感兴趣、不相信等): How ~ I know? 我怎么知道呢？

should² pt of SHALL.

shoulder /'ʃəʊldə(r)/ n 1 [C] (a) 肩 jiān；肩膀 jiānbǎng. (b) (衣服的)肩部 jiānbù. 2 shoulders [pl] 背的上部 bèi de shàngbù; 肩胛 jiānjiǎ. 3 [C] 肩状(状)物 jiānzhuàngwù. 4 [习语] ,shoulder to 'shoulder (a) 肩并(并)肩 bìng jiān. (b) 齐(齐)心协(协)力 qíxīn xiélì de. shoulder v [T] 1 肩 起 jiānqǐ; 挑起 tiāoqǐ; 担(担) 扛 káng; ~ the responsibility 承担责任. 2 用肩膀 yòng jiān dǐng; ~d sb aside 用肩膀把某人顶到 一边. 'shoulder-blade n [C] 肩胛 骨 jiānjiǎgǔ.

shouldn't /'ʃudnt/ should not. ⇨ SHOULD¹.

shout /ʃaut/ n [C] 呼喊 hūhǎn; 喊叫(声) hǎnjiàoshēng. shout v 1 [I, T] 呼喊 hūhǎn; 喊叫 hǎnjiào; 大 声说 dàshēng shuō; Don't ~ at me! 别对我喊! ~ (out) orders 高声发出命令. 2 [短语动词] shout sb down 在(以别人大声)说话 gāoshēng hèzhǐ shuōhuà. shouting n [U] 喊叫.

shove /ʃʌv/ v 1 [I, T] 猛推 měngtuī; 挤(挤) jǐ; 撞 zhuàng. 2 [短语动 词] shove over/up 挪(挪)到某处 yídòng; S~ over so I can sit down. 挤 一挤让我能坐下. shove n [C] 猛 推 měngtuī; 挤 jǐ.

shovel /ʃʌvl/ n [C] 铲(铲) chǎn; 铁(铁)锹 tiěxiān. shovel v [-ll-; 美语 -l-] [T] (用铲子或铁锹) 铲 chǎn.

show¹ /ʃəu/ n [C] 演出 yǎnchū; 表演 biǎoyǎn; 节(节)目 jiémù. 2 [C] 展览(览) zhǎnlǎn; 展览会(会) zhǎnlǎnhuì. 3 [C, U] 外观(观) wàiguān; Her grief is all ~. 她的悲 痛全是做样子. 4 [U] 绚妙的(或给 人以深刻印象的)展示 juénmiǎode zhǎnshì; all the ~ of the circus 马戏团的全部精彩表演. 5 [C, 常作 sing] [非正式用语]表演 biǎoyǎn; put up a good ~ 表现良好状态. 6 [习语] for 'show 为(伪)装(装)门 面 wèi zhuāng ménmiàn; 为炫耀 wèi xuànyào; She does it for ~. 她为 了炫耀而做. on 'show 在公开(开) 展出 zài gōngkāi zhǎnchū. a show of 'hands 举(举)手表决 jǔ shǒu biǎojué. show business n [U] 演 艺(艺)行业(业) yǎnyì hángyè. 'show-down n [C] 最后(后)的较 量 zuìhòu de jiàoliàng. 'show-jumping n [U] (赛马运动中的) 超越障碍(碍)赛 chāoyuè zhàng'ài bǐsài. showroom n [C] (商品)陈列室 chénlièshì; 展览室

zhǎnlǎnshì. showy adj [-ier, -iest] 引人注目的 yǐn rén zhùmù de; 夸 [夸]示的 kuāshìde.

show² /ʃəu/ v [pt ~ed, pp ~n /ʃəun/] 1 [T] 使被看见 shǐ bèi kànjiàn; 出示 chūshì; ~ your ticket at the gate 在门口出示你的门 票. 2 [I, T] 看得见 kàn de jiàn; 使显 [显]露 xiǎnlù; Black doesn't ~ the dirt. 黑色不显脏. 3 [T] 给 … 指出 gěi…zhǐchū; 指示 zhǐshì; S~ me which one you want. 告诉我你要哪一个. 4 [T] 指引 zhǐyǐn; 引导(导) yǐndǎo; S~ her in. 领她进来. 5 [T] 表示 biǎoshì; He ~ed me great kindness. 他对我 极为亲切. 6 [T] 证(证)明 zhèngmíng; 表明 biǎomíng; She ~ed great courage. 她表现得很有勇气. 7 [T] 说明 shuōmíng; 解释(释) jiěshì; She ~ed me how to draw it. 她告 诉我如何做. 8 [习语] go to 'show 用以证明 yòng yǐ zhèngmíng. show one's 'face 露面 lòumiàn. show one's 'hand 表明意图(图) biǎomíng yìtú. 9 [短语动词] show off 炫耀(自己的财富或能力等) xuànyào. show up (a) 显而易见 xiǎn ér yì jiàn; The lines ~ed up in the light. 轮廓在亮光下相显目. (b) 来到 láidào; 出席 chūxí; All the guests ~ed up. 所有的客人 都到了. showing n [C] 陈列 chénliè; 展览(览) zhǎnlǎn. 2 [sing] 表现 biǎoxiàn; the company's poor ~ing 公司经营状况不好. 'show-off n [C] 喜[爱]炫耀的人 ài xuànyào de rén.

shower /'ʃauə(r)/ n [C] 1 阵雨 zhènyǔ. 2 (a) 淋浴器 línyùqì. (b) 淋浴 línyù; have a ~ 洗淋浴. 3 大 量降到的事物 dàliàng yǒngdào de shìwù; a ~ of stones 一阵乱石. shower v 1 [I] 阵雨般降落 zhènyǔ bān jiàngluò. 2 [T] (with, on, upon) 使 … 落在(某人身上) shǐ…luòzài; (使) 大量给出 i dàliàngde fēiyǔ; ~ sb with praise 对 某人大加赞扬. showery adj (天 气)多阵雨的 duō zhènyǔ de.

shown pt, pp of SHOW².

shrank pt of SHRINK.

shrapnel /'ʃræpnəl/ n [C] 榴霰弹 (弹) liúxiàndàn.

shred /ʃred/ n [C] 1 [尤作 pl] 碎 片 suìpiàn; 细条(条) xìtiáo. 2 [喻] 少量 zuì shǎoliàng; not one ~ of proof 没有一点证据. shred v

[-dd-] [T] 撕碎 sī suì;切碎 qiē suì.

shrewd /ʃruːd/ *adj* 有准[準]确[確]判断[斷]力(或常识)的 yǒu zhǔnquè pànduànlì de; 敏锐的 mǐnruìde; 精明的 jīngmíngde: *a ~ guess* 准确的猜测. **shrewdly** *adv*.

shriek /ʃriːk/ *v* 1 [I] 尖声(聲)叫喊 jiānshēng jiàohǎn. 2 [T] 尖声说出 jiānshēng shuōchū. **shriek** *n* [C] 尖叫声 jiānjiàoshēng.

shrill /ʃrɪl/ *adj* (声音)尖声(聲)的 jiānshēngde; 刺耳的 cì'ěrde. **shrill-ness** *n* [U].

shrimp /ʃrɪmp/ *n* [C] 小虾[蝦] xiǎoxiā.

shrine /ʃraɪn/ *n* [C] 1 圣[聖]腔龛 shèngkānlíng; 圣骨匣 shènggǔxiá. 2 圣地 shèngdì; 神圣场[場]所 shénshèng chǎngsuǒ.

shrink /ʃrɪŋk/ *v* [*pt* **shrank** /ʃræŋk/, 或 **shrunk** /ʃrʌŋk/, *pp* **shrunk**] 1 [I,T] (使)收缩 shōusuō; 变[變]小 biàn xiǎo: *My shorts shrank in the wash*. 我的短裤洗后缩水了. 2 [短语动词] **shrink (back/away) from sth/sb** 退缩 tuìsuō; 畏缩 wèisuō. **shrink from sth** 不愿[願]做某事 búyuàn zuò mǒushì. **shrinkage** /-ɪdʒ/ *n* [U] 收缩过[過]程 shōusuō guòchéng; 收缩量 shōusuōliàng. **shrunken** /ʃrʌŋkən/ *adj* 收缩的 shōusuōde.

shrivel /ʃrɪvl/ *v* [-ll-; 美语 -l-] [I,T] (*up*) (使)枯萎 kūwěi; (使)萎缩 wěisuō; (使)皱[皺]缩 zhòusuō.

shroud /ʃraʊd/ *n* [C] 1 裹尸[屍]布 guǒshībù; 寿[壽]衣 shòuyī. 2 [喻]遮盖物 zhēbìwù; 覆盖[蓋]物 fùgàiwù: *a ~ of mist* 一层薄雾. **shroud** *v* [T] 常用被动语态[態]遮盖 fùgài; 遮蔽 zhēbì: ~*ed in mystery* 笼罩在神秘中.

shrub /ʃrʌb/ *n* [C] 灌木 guànmù. **shrubbery** [C,U] [*pl* -**ies**] 灌木丛[叢] guànmùcóng.

shrug /ʃrʌg/ *v* [-gg-] 1 [I,T] (表示怀疑等)耸[聳]肩 sǒng. 2 [短语动词] **shrug sth off** 对[對]...不予理会 dùi bù yǔ lǐhuì; 不予理会一顾[顧] bùyǔ yí gù. **shrug** *n* [C] 耸肩 sǒngjiān.

shrunk *pt, pp* of SHRINK.

shrunken ⇒SHRINK.

shudder /ʃʌdə(r)/ *v* [I] (人)发[發]抖 fādǒu; 战(戰)栗[慄] zhànlì.

shudder *n* [C] 发抖 fādǒu; 战栗 zhànlì.

shuffle /ʃʌfl/ *v* 1 拖着脚走 tuōzhe jiǎo zǒu. 2 [I,T] 不断[斷]改变[變]位置 búduàn gǎibiàn wèizhi; 坐立不安 zuò lì bù'ān. 3 [T] 洗(牌) xǐ. **shuffle** *n* 1 [sing] 拖着脚走 tuōzhe jiǎo zǒu. 2 [C] 改组 gǎizǔ.

shun /ʃʌn/ *v* [-nn-] 避免 bìmiǎn.

shunt /ʃʌnt/ *v* 1 [I,T] 使(火车)转[轉]轨 shǐ zhuǎnguǐ. 2 [T] 把...转至另一地方 bǎ...zhuǎn zhì lìngyí dìfang.

shush /ʃʊʃ/ *interj* 安静 ānjìng.

shut /ʃʌt/ *v* [-tt-; *pt, pp*] 1 (a) [T] 关[關]闭 guānbì; 关闭 guānbì. (b) [I] (门等)关上 guānshàng: *The window won't* ~. 这窗户关不上. 2 [I,T] (使商店等)停止营[營]业[業] tíngzhǐ yíngyè: *When does the baker's* ~? 面包房什么时候停止营业? 3 [T] 合拢[攏] hélǒng;折[摺]拢 zhélǒng: ~ *a book* 合上书. 4 [习语] **shut one's eyes to** 视而不见 shì ér bú jiàn. **shut up** '**shop** 停业 tíngyè; 关张[張] guānzhāng. 5 [短语动词] **shut (sth) down** 停工 tínggōng; 歇工 xiēgōng. **shut sth off** 停止供应[應](煤气、水等) tíngzhǐ gōngyìng. **shut sb/sth off** 使隔离[離] shǐ gélí. **shut** (sth) **up** (a) 关闭(房子的) 全部门窗 guānbì ménchuāng. (b) 妥藏 安全处[處] tuǒcáng. **shut (sb) up** [非正式用语] (使)住口 zhùkǒu. '**shut-down** *n* [C] 停工 tínggōng; 停业 tíngyè; 关闭 guānbì.

shutter /ʃʌtə(r)/ *n* [C] 1 百叶[葉]窗 bǎiyèchuāng; 活动[動]窗板 huódòng de chuāngbǎn. 2 (照相机的)快门 kuàimén. **shuttered** *adj* 百叶窗关闭的 bǎiyèchuāng guānbì de.

shuttle /ʃʌtl/ *n* [C] 1 (定时往返两地的)班机[機]或公共汽车 bānjī huò gōnggòng qìchē. 2 (缝纫机的)摆[擺]梭 bǎisuō. **shuttle** *v* [I,T] (使)穿梭般来[來]回移动[動] chuānsuō bān láihuí yídòng. '**shuttlecock** *n* [C] 羽毛球 yǔmáoqiú.

shy¹ /ʃaɪ/ *adj* (人)害羞的 hàixiūde; 腼腆的 miǎntiǎnde. 2 (动物)受惊[驚]的 yì shòujīng de; 胆[膽]怯的 dǎnqiède. **shyly** *adv*. **shy-ness** *n* [U].

shy² /ʃaɪ/ *v* [*pt, pp* shied

/ʃaɪd/] **1** [I] (马)受惊〔驚〕shòujīng;惊退 jīngtuì. **2** [短语动词] **shy away from sth** 避开〔開〕bìkāi;回避 huíbì;躲开 duǒkāi.

Siamese twins /ˌsaɪəmiːz ˈtwɪnz/ *n* [pl] 连体〔體〕双〔雙〕胞胎 liántǐ shuāngbāotāi.

sibilant /ˈsɪbɪlənt/ *adj*, *n* 发〔發〕咝〔噝〕咝声〔聲〕的 fā sīsīshēng de;咝咝声 sīsīshēng.

sibling /ˈsɪblɪŋ/ *n* [C] [正式用语] 兄弟 xiōngdì;姐妹 jiěmèi.

sick /sɪk/ *adj* **1** 有病的 yǒubìngde;患病的 huànbìngde: *care for ~ people in hospital* 照看住院的病人. **2** 要呕〔嘔〕吐的 yào ǒutù de;恶〔惡〕心的 ěxīnde: *feel ~* 觉得恶心. **3** *of* [非正式用语]厌〔厭〕倦的 yànjuànde;腻烦的 nìfánde: *I'm ~ of his lies.* 我听够了他的谎言. **4** (*at/about*) [非正式用语]极〔極〕不愉快的 jí bù yúkuài de;心烦意乱〔亂〕的 xīnfán yìluàn de: *We're ~ about losing.* 我们输了感到很懊丧. **5** [非正式用语]残〔殘〕酷的 cánkùde;冒犯的 màofànde;讨厌的 tǎoyànde: *~ jokes* 冒犯人的笑话. **6** [习语] **worried sick** 非常担〔擔〕心的 fēicháng dānxīn de. **the sick** *n* [pl] 病人 bìngrén;患者 huànzhě. **ˈsick-leave** *n* [U] 病假 bìngjià.

sicken /ˈsɪkən/ *v* **1** [T] 使厌〔厭〕恶〔惡〕shǐ yànwù;使恶心 shǐ ěxin: *Violence ~s him.* 暴力使他反感. **2** [I] (*for*) 生病 shēngbìng. **sickening** *adj* 令人厌恶的 lìng rén yànwù de.

sickle /ˈsɪkl/ *n* [C] 镰刀 liándāo.

sickly /ˈsɪklɪ/ *adj* [**-ier, -iest**] **1** 多病的 duōbìngde. **2** 不健康的 bú jiànkāng de;病态〔態〕的 bìngtàide: *a ~ complexion* 病容. **3** 令人作呕〔嘔〕的 lìng rén zuò'ǒu de;令人厌〔厭〕恶〔惡〕的 lìng rén yànwù de: *a ~ atmosphere* 令人厌恶的气氛.

sickness /ˈsɪknɪs/ *n* **1** [C, U] 病 bìng;疾病 jíbìng. **2** [U] 呕〔嘔〕吐 ǒutù;作呕 zuò'ǒu.

side[1] /saɪd/ *n* [C] **1** 面 miàn. **2** 侧面 cèmiàn. **3** (纸等的)一面 yímiàn. **4** 边〔邊〕缘 biānyuán;边界 biānjiè: *the ~ of the bed* 床边. **5** (人体的)侧边 cèbiān;胁〔脇〕xié: *a pain in one's ~* 胁痛. **6** 面 miàn;半边 bànbiān: *the sunny ~ of the street* 街道的向阳面. **7** (**a**) (竞赛等双方的)一方 yìfāng. (**b**) 一派(或一方)的观〔觀〕点〔點〕yípài de guāndiǎn. **8** 方面 fāngmiàn: *study all ~s of a question* 研究一问题的各个方面. **9** [习语] **get on the right/wrong side of sb** 使某人愉快 shǐ mǒurén yúkuài;使某人不愉快 shǐ mǒurén bù yúkuài. **on/from all ˈsides** 在各方面 zài gè fāngmiàn;从〔從〕各方面 cóng gè fāngmiàn. **on the ˈbig, ˈsmall, etc side** 偏大 piāndà;偏小 piānxiǎo. **put sth on/to one ˈside** 暂缓处〔處〕理 zànhuǎn chǔlǐ;搁置 gēzhì. **ˌside by ˈside** 肩并〔並〕肩地 jiān bìng jiān de. **take ˈsides (with sb)** (在辩论中)支持某人 zhīchí mǒurén. **ˈsideboard** *n* [C] 餐具柜〔櫃〕cānjùguì. **ˈsideburns, ˈsideboards** *n* [pl] 络腮胡〔鬍〕子 luòsāi húzi. **ˈside-effect** *n* [C] (药物等的)副作用 fùzuòyòng. **ˈsidelight** *n* [C] (机动车的)侧灯〔燈〕cèdēng;边灯 biāndēng. **ˈsideline** *n* [C] (**a**) (足球等的)边线〔綫〕biānxiàn. (**b**) 副业〔業〕fùyè;兼职〔職〕jiānzhí. **ˈsidelong** *adj* 横向的 héngxiàngde;侧面的 cèmiànde: *a ~ glance* 斜视. **ˈside-road** *n* [C] 支线〔綫〕zhīxiàn;叉路 chàlù;小路 xiǎolù. **ˈside-step** *v* [**-pp-**] [I, T] (**a**) 横跨一步避开〔開〕héngkuà yíbù bìkāi. (**b**) [喻]回避(问题) huíbì. **ˈside-track** *v* [T] 转〔轉〕变〔變〕话题 zhuǎnbiàn huàtí. **ˈsidewalk** *n* [美语] ⇨ PAVEMENT. **ˈsideways** *adv* 斜向一边 xié xiàng yìbiān;斜着 xiézhe.

side[2] /saɪd/ *v* [短语动词] **side with** (在争论等中)支持(某人) zhīchí.

siding /ˈsaɪdɪŋ/ *n* [C] (铁路的)侧线〔綫〕cèxiàn;旁轨 pángguǐ;岔线 chàxiàn.

siege /siːdʒ/ *n* [C, U] **1** 围〔圍〕困 wéikùn;围城 wéichéng;围攻 wéigōng. **2** [习语] **lay siege to** 包围 bāowéi;围攻 wéigōng.

sieve /sɪv/ *n* [C] 筛〔篩〕(子) shāi;滤〔濾〕器 lǜqì;漏勺〔杓〕lòusháo. **sieve** *v* [T] 筛 shāi;滤 lǜ.

sift /sɪft/ *v* **1** [T] 筛〔篩〕shāi;筛分 shāifēn;过〔過〕滤〔濾〕guòlǜ. **2** [I, T] [喻]详审〔審〕xiángshěn;细察 xìchá: *~ (through) the evidence* 细查证据.

sigh /saɪ/ *v* **1** [I] 叹〔嘆〕气〔氣〕tànqì;叹息 tànxī. **2** [T] 叹息地表示 tànxī de biǎoshì. **sigh** *n* [C] 叹息 tànxī;叹息声〔聲〕tànxīshēng.

sight /saɪt/ *n* **1** [U] 视力 shìlì;视觉

[覺] shìjué. 2 [U] 看 kàn; 看见 kànjiàn; our first ~ of land 我们首次看到了陆地. 3 [U] 视野 shìyě; 视域 shìyù: out of ~ 看不见. 4 (a) [C] 情景 qíngjǐng; 景象 jǐngxiàng. (b) 风[風]景 fēngjǐng: the ~s of London 伦敦的名胜. 5 [C] (枪等的)瞄准[準]器 miáozhǔnqì. 6 a sight [sing] [非正式用语]滑稽可笑(或杂乱无章)的人(或物) huájī kěxiào de rén. 7 [习语] at/on sight 一见到某人(或某物)立即 yī jiàndào mǒurén lìjí. in 'sight (a) 看得见 kàndéjiàn. (b) 在望 zàiwàng; 在即 zàijí: The end of the war is in ~. 战争结束有望. sight for sore 'eyes 乐[樂]于见到的物 lèyú jiàndào de wù. sight v [T] (尤指因接近)看见或看出…(有视力的) yǒu shìlì de; 看得见的 kàndéjiàn de. sighted adj 有视力的 yǒu shìlì de; 看得见的 kàndéjiàn de. sighting n [C] 被看见的人(或事物) bèi kànjiàn de rén; 看见 kànjiàn. 'sightseeing n [U] 观[觀]光 guānguāng; 游览 yóulǎn.

sign /saɪn/ n [C] 1 记号[號] jìhào; 符号 fúhào. 2 牌子 páizi; 招牌 zhāopái; 指示牌 zhǐshìpái; 标志牌 biāozhìpái. 3 迹象 jìxiàng; 痕迹 hénjì; 征[徵]兆 zhēngzhào: the ~s of suffering on her face 她面部的痛苦表情. 4 (用手、头等的)示意动[動]作 shìyì dòngzuò; 手势 shǒushì. 5 a 'sign of the 'times 某时[時]期的标记 mǒu shíqī de biāojì. sign v [I, T] 签[簽]名 qiānmíng; 签字 qiānzì. 2 [短语动词] sign sth away 签字放弃[棄]权[權]益 qiānzì fàngqì quányì. sign off (a) (以签名)结束写[寫]信 jiéshù xiěxìn. (b) 宣布广[廣]播结束 xuānbù guǎngbō jiéshù. sign on 登记为[為]失业[業]的(人) dēngjì wéi shīyè de (rén). sign (sb) on/up 签约(催) qiānyuē (cuī) shǒuyuē. 'signpost n [C] 路标 lùbiāo.

signal /'sɪɡnəl/ n [C] 1 信号[號] xìnhào; 暗号 ànhào; 手势[勢] shǒushì: A red light is a danger ~. 红灯是危险的信号. 2 导[導]因 dǎoyīn; 导火线[線] dǎohuǒxiàn: His speech was the ~ for applause. 他的演讲赢得了掌声. 3 (铁路)信号机[機] xìnhàojī. 4 (无线电波等)信号 xìnhào. signal v [-ll-; 美语 -l-] [I, T] (向…)发[發]信号 fā xìnhào; 用信号联[聯]系[繫] yòng xìnhào liánxì. 'signal-

box n [C] (铁路上的)信号所 xìnhàosuǒ; 信号房 xìnhàofáng.

signatory /'sɪɡnətrɪ; US -tɔːrɪ/ n [C] [pl -ies] (协议、条约等)签[簽]约者 qiānyuēzhě; 签约国[國] qiānyuēguó.

signature /'sɪɡnətʃə(r)/ n [C] 签[簽]名 qiānmíng; 签字 qiānzì; 署名 shǔmíng. 'signature tune n [C] 信号[號]曲 xìnhàoqǔ.

significance /sɪɡ'nɪfɪkəns/ n [U] 意义[義] yìyì; 重要性 zhòngyàoxìng. **significant** adj 1 有意义的 yǒu yìyì de; 重要的 zhòngyàode. 2 意义深长(長)的 yìyì shēncháng de: a ~ look 意味深长的一瞥. significantly adv.

signify /'sɪɡnɪfaɪ/ v [pt, pp -ied] 1 [T] (a) 表示…的意思 biǎoshì … de yìsi. (b) 意味 yìwèi. (c) 表示 biǎoshì; 表明 biǎomíng. 2 [I] [正式用语]有重要性(关[關]系[係]) yǒu zhòngyàoxìng (guānxi).

silence /'saɪləns/ n [C, U] 1 寂静 jìjìng; 无[無]声[聲] wúshēng. 2 沉默 chénmò. 3 [习语] in silence 安静地 ānjìng de; 沉默地 chénmò de. silence v [T] 使沉默 shǐ chénmò; 使安静 shǐ ānjìng. silencer n [C] 消音器 xiāoyīnqì; 消声器 xiāoshēngqì.

silent /'saɪlənt/ adj 1 寂静的 jìjìng de; 无[無]声[聲]的 wúshēng de. 2 沉默寡言的 chénmò guǎyán de; 不作声的 bú zuòshēng de. 3 (字母)不发[發]音的 bù fāyīn de. silently adv.

silhouette /ˌsɪlu:'et/ n [C] 黑色轮[輪]廓(像) hēisè lúnkuò; 侧影 cèyǐng; 剪影 jiǎnyǐng. silhouette v [T] [常用被动语态]使现出轮廓(或影像) shǐ xiànchū lúnkuò: ~d against the sky 天空衬托出树的轮廓.

silicon /'sɪlɪkən/ n [U] 硅 guī. silicon chip n [C] 硅片 guīpiàn.

silk /sɪlk/ n [U] 丝[絲]织[織]品 sīzhīpǐn; 丝线[線] sīxiàn. silken adj 柔软光泽[澤]的 róuruǎn guāngzé de; 像丝一样[樣]光泽的 xiàng sī yíyàng guāngzé de. 'silkworm n [C] 蚕[蠶] cán. silky adj [-ier, -iest] 柔软光滑的 róuruǎn guānghuá de; 绸似[似]一样的 sīchóu yíyàng de.

sill /sɪl/ n [C] 窗台[臺] chuāngtái.

silly /'sɪlɪ/ adj [-ier, -iest] 傻[傻]的 shǎde; 愚蠢的 yúchǔnde; 愚昧的 yúmèide. silliness n [U].

silt /sɪlt/ n [U] 淤泥 yūní; 淤沙 yūshā

shā. **silt** v [短语动词] **silt** (sth)
up 使淤塞 shǐ yūsè.

silver /ˈsɪlvə(r)/ n [U] **1** 银 yín；
白银 báiyín. **2** 银器 yínqì；银币 [币]
yínbì；银白色 yínbáisè. **silver** adj
银的 yínde；像银的 xiàng yín de.
ˌsilver ˈjubilee n [C] 重大事件
(如)的 25 周年纪念 èrshíwǔ zhōunián
jìniàn. ˌsilver ˈmedal n [C] 银质
(买)奖[奖]章 yínzhì jiǎngzhāng；银
牌 yínpái. ˌsilver-ˈplated adj 镀银
的 dùyínde. **silversmith** n [C] 银
匠 yínjiàng；银器商 yínqìshāng.
ˌsilver ˈwedding n [C] 银婚(结婚
25 周年纪念) yínhūn. **silvery** adj
似银的 sìyínde.

SIM card /ˈsɪm kɑːd/ n [C] SIM
卡 SIM kǎ；手机[机]卡 shǒujīkǎ；智
能卡 zhìnéngkǎ.

similar /ˈsɪmɪlə(r)/ adj 类[类]似
的 lèisìde；相像的 xiāngxiàngde.
similarly adv.

similarity /ˌsɪmɪˈlærətɪ/ n [pl
-ies] **1** [U] 类似 lèisì；相似 xiāngsì. **2** [C] 类似点[点] lèisìdiǎn；
相似处[处] xiāngsìchù.

simile /ˈsɪmɪlɪ/ n [U,C] 明喻 míng-
yù (如 as brave as a lion 勇猛如
狮).

simmer /ˈsɪmə(r)/ v **1** [I,T] 慢
wèi；炖 dùn. **2** [I] with 内心充满
(难以控制的情感等) nèixīn chōng-
mǎn；~ing with anger 按捺着怒
气. **3** [短语动词] **simmer down**
平静下来 píngjìng xiàlái；冷静下来
lěngjìng xiàlái.

simple /ˈsɪmpl/ adj **1** 简单[单]的
jiǎndānde；简易的 jiǎnyìde；~
problem 简单的问题. **2** 朴(模)素
的 pǔsùde；简朴的 jiǎnpǔde；~
food 简单的食物. **3** 未充分发[发]
展的 wèi chōngfèn fāzhǎn de；~
forms of life 生物的初级形态. **4**
单一的 dānyīde. **5** 天真的 tiānzhēn-
de；率直的 shuàizhíde；as a
child 像孩子一样天真. **6** 易受骗的
yì shòupiàn de. **7** [非正式用语]头
[头]脑[脑]简单的 tóunǎo jiǎndān
de；简单的 jiǎndānde. **simply** adv **1** 简单地 jiǎndān
de；简易地 jiǎnyìde. **2** 朴[朴]素地
pǔsùde. **3** 只 zhǐ；仅(仅) jǐn；She's
~ here to help. 她只是这
里来帮忙.

simplicity /sɪmˈplɪsətɪ/ n [U] **1**
简单[单] jiǎndān. **2** 朴[朴]素 pǔsù. **be simplicity itˈself** 极简单
[为] róngyì. simplicity itself 极简单

simplify /ˈsɪmplɪfaɪ/ v [pt, pp
-ied] [T] 简化 jiǎnhuà；使简易 shǐ

jiǎnyì；使简明 shǐ jiǎnmíng. **simpli-
fication** /-fɪˈkeɪʃn/ n [C,U].

simulate /ˈsɪmjuleɪt/ v [T] 假装
[装] jiǎzhuāng；~ interest 假装有
兴趣. **simuˈlation** n [C,U].

simultaneous /ˌsɪmlˈteɪnɪəs；US
ˌsaɪm-/ adj 同时[时]的 tóngshíde；
同时发生的；同时进[进]行的
tóngshí jìnxíng de；同步的 tóng-
bùde. **simultaneously** adv.

sin /sɪn/ n **1** (违犯宗教戒律
的)罪恶[恶] zuìè. **2** (宗教、道
德上的)罪 zuì；罪恶 zuì'è. 做[做]
坏 [-nn-] **1** (犯)罪 fànzuì；犯过[过]错
fàn guòcuò. **sinful** /-fl/ adj **1** 有
罪的 yǒu guòcuò de；邪恶的 xié'è-
de. **sinner** /ˈsɪnə(r)/ n [C].

since /sɪns/ prep [与完成时连用]
从[从]…以后[后] cóng …yǐhòu；自
…以来 zì …yǐlái. I haven't seen
him ~ Tuesday. 自星期二以来我
没有见到他. **since** conj **1** 自…
以来 zì …yǐlái；从…以后 cóng …yǐ-
hòu；How long is it ~ you were
here? 从…到现在有多久了？**2**
因为[为] yīnwèi；S~ I have no
money, I can't buy it. 因为我没
钱,所以买不起它. **since** adv [与完成时
用法]从那以后 cóng nà yǐhòu；此后
cǐhòu；后来 hòulái；I met her last
summer and haven't seen her
~. 我去年夏天遇见她,此后再没
有见到她.

sincere /sɪnˈsɪə(r)/ adj **1** (感情)
真挚[挚] zhēnzhìde；真诚的
zhēnchéngde. **2** (人)诚实[实]的 chéng-
shíde；忠实的 zhōngshíde. **sincerely**
adv. **sincerity** /sɪnˈserətɪ/ n
[U].

sinew /ˈsɪnjuː/ n [C,U] 腱 jiàn；肌
腱 jījiàn. **sinewy** adj 肌肉发[发]
达[达]的 jīròu fādá de；坚[坚]韧
(韧)的 jiānrènde.

sing /sɪŋ/ v [pt sang /sæŋ/, pp
sung /sʌŋ/] **1** [I,T] 唱 chàng；歌
唱 gēchàng. **2** [I] 发[发]嗡嗡声
[声] fā wēngwēngshēng；发鸣叫声
fā míngjiàoshēng. **singer** n [C].
singing n [U].

singe /sɪndʒ/ v [I,T] 烧[烧]焦
shāojiāo. **singe** n [C] (布等)轻
[轻]微的烧焦 qīngwēide shāojiāo.

single /ˈsɪŋgl/ adj **1** 单[单]一的
dānyīde；单个个[个]的 dāngède；a
~ apple 一个苹果. **2** 未婚的
wèihūnde；独[独]身的 dúshēnde. **3**
单人的 dānrénde；一人用的 yīrén

yòng de: a ~ bed 单人床. 4 [英国英语] 单程的 dānchéngde. single n 1 singles [U] 单打比赛 dāndǎ bǐsài. 2 [C] 单程票 dānchéngpiào. 3 [C] (一面儿录一支乐曲的) 单面唱片 dānmiàn chàngpiàn. single v [短语动词] single sb/sth out 挑出 tiāochū; 使奥出 shǐ tūchū, single 'file n [C] 单行 dānháng; 一路纵[纵]队[队] yílù zòngduì. single-'handed adj, adv 独自(头) dúzì; 独立无[无]援的 dúlì wúyuán, single-'minded adj 一心一意的 yìxīn yíyì de; 专[专]一的 zhuānyīde. single 'parent n [C] 单亲(亲) dānqīn. singly adv 1 个别地 gèbiéde; 一个一个地 yígè yígè de.

singsong /'sɪŋsɔŋ/ n 1 [C] 自娱歌唱会[会] zìyú gēchànghuì. 2 [sing] 有起伏节[节]奏的说话方式 yǒu qǐfú jiézòu de shuōhuà fāngshì.

singular /'sɪŋgjʊlə(r)/ adj 1 [语法] 单[单]数[数]的 dānshùde; a ~ verb 单数动词. 2 [正式用语](a) 突出的 túchūde. (b) 异[异]常的 yìchángde; 奇怪的 qíguàide, singular n [常作 sing] [语]词的单数形式 dānshù xíngshì.

sinister /'sɪnɪstə(r)/ adj 不祥的 bùxiángde; 凶[凶]兆[兆]的 xiōngzhàode; 邪恶[恶]的 xié'ède; a ~ place 不祥之地.

sink[1] /sɪŋk/ n [C] (厨房内) 洗涤[涤]槽 xǐdícáo.

sink[2] /sɪŋk/ v [pt sank /sæŋk/, pp sunk /sʌŋk/] 1 [I, T] 下沉 xiàchén; 沉没 chénmò. 2 [I] (太阳等) 下落 xiàluò; 沉 chén. 3 [I, T] (使变慢) 低 biàn dī: She sank to the ground. 她倒在地上. 4 [I] 贬值 biǎnzhí; 变弱 biàn ruò. 5 [T] 掘 jué; 挖 wā: ~ a well 掘井. 6 [短语动词] sink in/into sth (a) 被埋入 shènrù; 渗[渗]入 shènrù. (b) 被理解 bèi lǐjiě, sink sth into sth 投入(资金) tóurù.

sinuous /'sɪnjʊəs/ adj 弯[弯]曲的 wānqūde; 蜿蜒的 wānyánde.

sinus /'saɪnəs/ n [C] 窦[窦](颅骨中的孔穴) dòu.

sip /sɪp/ v [-pp-] [I, T] 小口地喝 xiǎokǒude hē; 抿 mǐn. sip n [C] 小口喝 xiǎokǒu hē; 抿 mǐn.

siphon /'saɪfən/ n [C] 1 虹吸管 hóngxīguǎn. 2 虹吸瓶 hóngxīpíng. siphon v [短语动词] siphon sth off/out 用虹吸管抽出(液体) yòng

hóngxīguǎn chōuchū. siphon sth off [习语] 从...抽取 chōuqǔ.

sir /sɜː(r)/ n (亦作 Sir) [sing] 1 [正式用语] 先生 (对男子的礼貌称呼) xiānsheng. 2 爵士(用于爵士或准男爵的名字之前或姓名之前) juéshì.

sire /'saɪə(r)/ n [C] 雄性种(种)兽[兽] xióngxìng zhǒngshòu. sire v [T] (尤指种马) 繁殖 fánzhí.

siren /'saɪərən/ n [C] 警报[报]器 jǐngbàoqì; 汽笛 qìdí.

sirloin /'sɜːlɔɪn/ n [C, U] 牛的上腰部肉 niúde shàngyāobù ròu; 牛里脊肉 niúlǐjǐròu.

sister /'sɪstə(r)/ n [C] 1 姊妹 zǐmèi; 姐妹 jiěmèi. 2 [英国英语] 护[护]士长[长] hùshìzhǎng. 3 修女 xiūnǚ; 女教友 nǚ jiàoyǒu. 4 姐妹(为女权运动者所用) jiěmèi, sisterly adj 姊妹的 zǐmèide; 姐妹般的 jiěmèibānde.

sit /sɪt/ v [-tt-; pt, pp sat /sæt/] 1 (a) [I] 坐 zuò; 就坐 jiùzuò. (b) [I, T] (使) 坐 zuò; (使) 就坐 zuò; ~ (down) on the chair 坐在椅子上. 2 [I] (国会、法庭等) 开[开]会[会] kāihuì; 开庭 kāitíng. 3 [I, T] (for) 参加(考试) cānjiā. 4 [I] (for) 摆[摆]好姿势(势)(以便拍照、画像) bǎihǎo zīshì. 5 [习语] sit on the 'fence 骑墙[墙]观[观]望[望] qíqiáng guānwàng. sit 'tight (a) 留在原处[处] liú zài yuánchù; 不采[采]取行动[动] bù cǎiqǔ xíngdòng. 6 [短语动词] sit around 闲坐着 xián zuò zhe; 什么[么]都不做 shénme dōu bù zuò; ~ back and watch television 轻松地看电视. sit in 静坐示威 jìngzuò shìwēi. sit in on sth 列席(讨论会等) lièxí. sit on (a) 成为[为]...的成员 chéngwéi ... de chéngyuán. (b) 搁置 gēzhì. sit up 晚睡 wǎnshuì; 熬[熬]夜 áoyè; 坐起来 zuò qǐ lai; 坐直 zuò zhí, 'sit-in n [C] 静坐示威 jìngzuò shìwēi.

site /saɪt/ n [C] 地点[点] dìdiǎn; 现场[场] xiànchǎng; 位置 wèizhì. site v [T] 设置 shèzhì.

sitting /'sɪtɪŋ/ n [C] 1 开[开]会[会](或开庭) 的期间 kāihuìde qījiān. 2 坐着被画[画]像(或照相) zuòzhe bèi huàxiàng. 3 一批人就餐的时[时]间 yìpīrén jiùcān de shíjiān. 4 [习语] 'sitting 'duck 易受击(击)的目标[标] róngyì jīzhòng de mùbiāo. 'sitting-room n [C] 起居室 qǐjūshì; 会客室 huìkèshì.

situate /'sɪtjʊeɪt; US 'sɪtʃʊeɪt/ n

situation /ˌsɪtʃʊˈeɪʃn/ *n* [C] **1** 形势(勢) xíngshì; 情况 qíngkuàng; 处[處]境 chǔjìng. **2** (城镇、建筑物等的)位置 wèizhi. **3** [正式用语]职业 [業]报告 gōngzuò; 职(職)业 zhíyè.

six /sɪks/ *pron, adj, n* [C] **1** 六 liù. **2** [习语] **at sixes and sevens** [非正式用语]乱(亂)七八糟 luànqībāzāo. **sixth** /sɪksθ/ *pron, adj* 第六(的) dìliù. **sixth** *pron, n* [C] 六分之一 liùfēn zhī yī.

sixteen /ˌsɪkˈstiːn/ *pron, adj, n* [C] 十六(的) shíliù. **sixteenth** /ˌsɪkˈstiːnθ/ *pron, adj* 第十六(的) dìshíliù. **sixteenth** *pron, n* [C] 十六分之一 shíliùfēn zhī yī.

sixty /ˈsɪkstɪ/ *pron, adj, n* [C] (*pl* -**ies**) 六十(的) liùshí. **sixtieth** /ˈsɪkstɪəθ/ *pron, adj* 第六十(的) dìliùshí. **sixtieth** *pron, n* [C] 六十分之一 liùshífēn zhī yī.

size /saɪz/ *n* **1** [U, C] 大小 dàxiǎo; 多少 duōshǎo. **2** [C] (服装等的)号[號]码 hàomǎ; 尺码 chǐmǎ: ~ *five shoes* 五号鞋. **size** *v* **1** [T] 按大小(或多少)排列(或分类、编号) àn dàxiǎo páiliè. **2** [短语动词] **size sb/sth up** [非正式用语]估计 gūjì; 判断[斷] pànduàn. **sizeable** /-əbl/ *adj* 相当[當]大的 xiāngdāng dà de.

sizzle /ˈsɪzl/ *v* [I], *n* [C] [非正式用语]发[發]咝[噝]咝[噝]声[聲] fā sī-sīshēng; 咝咝声 sīsīshēng.

skate /skeɪt/ *n* **1** 冰鞋 bīngxié. **2** 旱冰鞋 hànbīngxié. **3** [习语] **get/put one's 'skates on** [非正式用语]快行动 gǎnkuài. **skate** *v* **1** [I] 溜冰 huábīng; 滑冰 liūbīng. **2** [习语] **be skating on thin 'ice 履薄冰(或冒风险)** lǚ bóbīng. **3** [短语动词] **skate over/round sth** 回避 huíbì [處]理 jiànjié chùlǐ. **'skateboard** *n* [C] 滑板 huábǎn. **skater** *n* [C].

skeleton /ˈskelɪtn/ *n* **1** 骨骼 gǔgé; 骨架 gǔjià. **2** (建筑物的)骨架 gǔjià; 框架 kuàngjià. **3** 纲[綱]要 gāngyào; 提要 tíyào. **4** 最起码数[數]量的人员(或车辆等)zuìqǐmǎ

shùliàng de rényuán: *a ~ staff* 一个人数最少的工作班子. **5** [习语] **skeleton in the 'cupboard** 不可外扬(揚)的家丑(醜)bùkě wàiyáng de jiāchǒu; **skeleton key** *n* [C] 万[萬]能钥(鑰)匙 wànnéng yàoshi.

sketch /sketʃ/ *n* [C] **1** 素描 sùmiáo; 速写(寫) sùxiě. **2** 简述 jiǎnshù; 概述 gàishù. **3** (喜剧性)短剧[劇] duǎnjù. **sketch** *v* **1** [I, T] 画[畫]速写 huà sùxiě; 作素描 zuò sùmiáo. **2** [短语动词] **sketch sth out** 概述 gàishù; 草拟(擬) cǎonǐ. **sketchy** *adj* [-**ier**, -**iest**] 粗略的 cūlüède; 概要的 gàiyàode.

skewer /ˈskjuːə(r)/ *n* [C] 串肉扦 chuànròuqiān; 烤肉扦 kǎoròuqiān. **skewer** *v* [T] (用串肉扦)串起 chuānqǐ.

ski /skiː/ *n* [C] 滑雪板 huáxuěbǎn. **ski** *v* [*pt, pp* **skied**, *pres part* -**ing**] [I] 滑雪 huáxuě: *go* ~*ing* 去滑雪. **skier** *n* [C].

skid /skɪd/ *n* [C] (车)打滑 dǎhuá; 侧滑 cèhuá. **skid** *v* [-**dd**-] [I] (车等)滑向一侧 huá xiàng yícè; 打滑 dǎhuá.

skies *pl of* SKY.

skilful (*美语* **skillful**) /ˈskɪlfl/ *adj* 有技术(術)的 yǒu jìshù de; 熟练[練]的 shúliànde: *a ~ player* 熟练的演奏者 **skilfully** *adv*.

skill /skɪl/ *n* [C, U] 技术(術)jìshù; 技能 jìnéng; 技艺[藝]jìyì. **skilled** *adj* **1** 有技能的 yǒu jìnéng de; 需要技术的 xūyào jìshù de; 熟练(練)的 shúliànde: *a ~ job* 技术性的工作. **2** 有经(經)验(驗)的 yǒu jīngyàn de; 训练过[過]的 xùnliànguòde: ~*ed workers* 有经验的工人.

skim /skɪm/ *v* [-**mm**-] **1** [T] (从液体表面)撇去(浮物)piēqù. **2** [I, T] (*through*) 浏[瀏]览(覽)阅读[讀]liúlǎn; 略读(讀)lüèdú.

skin /skɪn/ *n* **1** [U] 皮肤; 皮肤(膚)pífū. **2** [C, U] (兽)皮 pí; 毛皮 máopí; 皮张(張)pízhāng. **3** [C, U] 果皮 guǒpí. **4** [C, U] (液体表面结成的)薄层[層](如奶皮)bócéng. **5** [习语] **by the skin of one's 'teeth** 刚[剛]刚好 gānghǎo; 勉强 miǎnqiǎng. **get under sb's skin** (**a**) 使某人恼(惱)火 shǐ mǒurén nǎohuǒ. (**b**) 引起某人的关[關]注 yǐnqǐ mǒurén de guānzhù; 吸引(某人)xīyǐn. **be no skin off sb's nose**

[非正式用语]与(與)某人无(無)关(關)系的: be skin and **bone(s)** [非正式用语]极(極)瘦 jíshòu. **skin** v [T] [-nn-] 剥去…的皮肤layer的. **'skin·deep** adj 肤浅(淺)的fūqiǎnde; 不持久的 bù chíjiǔ de. **'skinflint** n [C] 吝啬(嗇)鬼 lìnsèguǐ. **'skinhead** n [C] 留平头(頭)的青少年(尤指暴徒) liú píngtóude qīngshàonián. **skin·tight** adj (衣服)紧(緊)身的 jǐnshēnde, **skinny** adj [-ier, -iest] 极瘦的 jíshòude.

skint /skɪnt/ adj [英国非正式用语]无(無)钱(錢)的 wúqiánde; 一文不名的 bù míng yī wén de.

skip /skɪp/ v [-pp-] 1 轻(輕)快地跳,蹦蹦蹦跳(繩)tiàoshéng. 2 [I] 跳绳(繩)tiàoshéng. 3 [I, T] 匆匆离(離)开kī匆匆离开. cōngcōng líkāi: ~ the country 匆匆离开这个国家. 4 [I] 匆匆(或随便)地由一地到另一地 cōngcōngde yóu yīdì dào lìngyīdì. 5 [T] 略过(過) lüèguò; 漏过 lòuguò: ~ part of the book 略过书中的一部分未看. 6 [T] 不参(參)加(会议等) bù cānjiā. **skip** n [C] 蹦跳tiàoshéng; 跳绳 tiàoshéng; 省略 shěnglüè.

skip /skɪp/ n [C] 旧(舊)料桶 jiù liàotǒng.

skipper /'skɪpə(r)/ n [C] 船长(長) chuánzhǎng; 队(隊)长 duìzhǎng. **skipper** v [I, T] 担(擔)任船长(或队长) dānrèn chuánzhǎng.

skirt /skɜːt/ n [C] 裙子qúnzi. **skirt** v 1 [T] 在…的边(邊)缘 zài…de biānyuán; 沿着…边缘走 biānyuán zǒu: a wood ~ing the field 环绕田野边上的树林. 2 [T] 避开[開] (话题等) bìkāi. **'skirting-board** n [U] 壁脚板 bìjiǎobǎn; 踢脚板 tījiǎobǎn.

skittles /'skɪtlz/ n [U] 撞柱戏(戲) (沿球道以球击倒瓶状木柱的游戏) zhuàngzhùxì.

skulk /skʌlk/ v [I] 躲躲闪闪闪躲躲 shǎnshǎn; 鬼鬼祟祟 guǐguǐ suìsuì.

skull /skʌl/ n [C] 头(頭)骨 tóugǔ; 颅(顱)骨 lúgǔ.

skunk /skʌŋk/ n [C] 臭鼬(北美产) chòuyòu.

sky /skaɪ/ n [U, C, 常作 sing] [pl **skies** /skaɪz/] 天,天空 tiān, tiānkōng. **sky·'high** adj [非正式用语]极(極)高的 jígāode. **skylark** n [C] 云(雲)雀 yúnquè. **skylight** n [C] 天窗 tiānchuāng. **skyline** n

[C, 常作 sing] (建筑物、山等在天空映衬下的)空中轮(輪)廓线(綫) kōngzhōng lúnkuòxiàn. **skyscraper** n [C] 摩天楼(樓) mótiānlóu.

slab /slæb/ n [C] (石、木等的)厚板 hòubǎn.

slack [1] /slæk/ adj 1 不紧(緊)的 bùjǐnde; 松(鬆)的 sōngde; a ~ rope 松弛的绳子. 2 懈怠的 xièdài-de; 疏忽的 shūhūde. 3 不景气(氣) 的 bù jǐngqì de: 萧条(條)的 xiāo-tiáode: Trade is ~. 贸易不景气. **slack** v [I] 1 怠惰 dàiduò; 偷懒 tōulǎn. 2 [短语动词] **slack off/up** 放松 fàngsōng; 放慢 fàngmàn; 减速 jiǎnsù. **slackness** n [U].

slack [2] /slæk/ **the slack** n [U] 1 (绳等的)松弛部分 sōngchí bùfen. 2 [习语] **take up the slack** 拉紧(緊)部分 lā jǐn shēngzi.

slacken /'slækən/ v [I, T] 1 (使)松(鬆)弛 sōngchí. 2 (off/up) (使)放慢 fàngmàn; (使)迟(遲)缓 chíhuǎn.

slag /slæg/ n [U] 矿(礦)渣 kuàngzhā; 熔渣 róngzhā. 2 [英贬,俚]荡(蕩)妇(婦) dàngfù. **slag** v [-gg-] [短语动词] **slag sb off** [英俚]诋毁 dǐhuǐ;辱骂 rǔmà. **'slag-heap** n [C] 矿渣堆 kuàngzhāduī.

slam /slæm/ v [-mm-] 1 [I, T] 使劲(劲)关(關)上bì jǐn guān; 砰地关上 pēngde guānshàng. 2 [T] 猛击(擊) měngjī; 使劲扔 shǐ jìn rēng: ~ a book against the wall 使劲把书朝墙扔过去. 3 [T] [非正式用语]严厉批评 pīpíng. **slam** n [C] 砰的一声(聲) pēng de yīshēng.

slander /'slɑːndə(r)/ n [U,C] 诽谤 fěibàng; 诋毁 dǐhuǐ. **slander** v [T] 诽谤 fěibàng; 中伤(傷) zhòng-shāng. **slanderous** adj.

slang /slæŋ/ n [U] 俚语 lǐyǔ. **slang** v [T] 谩骂 mànmà.

slant /slɑːnt/ v 1 [I, T] (使)倾斜 qīngxié. 2 [T] 有倾向地报(報)道 yǒu qīngxiàng de bàodào. **slant** n [C] 1 倾斜 qīngxié; 斜面 xiémiàn; 斜坡 xiépō. 2 [非正式用语]观(觀)点(點) guāndiǎn; 看法 kànfǎ.

slap /slæp/ v [-pp-] 1 掌击(擊) zhǎngjī; 掴(摑)掴 guāi; 拍 pāi. 2 啪的一声(聲) 放下pāi de yīshēng fàngxià: ~ paint onto the wall 劈里啪啦把颜料涂在墙上. **slap** n [C] 1 掌击 zhǎngjī; 掴 guāi; 拍 pāi. 2 [习语] **a slap in the 'face** 侮辱

wŭrŭ. **slap**（亦作 **slap-'bang**）
adv［非正式用语］直——直 yìzhí；直接
zhíjiē: *The car ran ~ into the
wall.* 汽车一直向前撞到墙上了.
slapdash /'slæpdæʃ/ *adj*, *adv* 草
率的（地）cǎoshuàide；马虎的（地）
mǎhude.
slapstick /'slæpstɪk/ *n* [U] 打闹
［闹］剧［剧的闹剧］.
slap-up /'slæp ʌp/ *adj*［英国非正
式用语］(饭菜)第一流的 dìyīliúde.
slash /slæʃ/ *v* [I] 1 乱砍；砍击
［击］kǎnjī. 2［非正式用语］大幅度
削减 dàfúdù xuējiǎn: ~ *prices* 大
减价. **slash** *n* [C] 1 砍及点击. 2（长
的）砍口 kǎnkǒu, 砍痕 kǎnhén.
slat /slæt/ *n* [C] 板条 bǎntiáo；
百叶［葉］板 bǎiyèbǎn.
slate /sleɪt/ *n* [C] 1 板岩 bǎnyán；
页岩 yèyán. 2 [C] 石板瓦 shíbǎn-
wǎ. **slate** *v* [T]［非正式用语］严
［嚴］厉批评 yánlì pīpíng.
slaughter /'slɔːtə(r)/ *n* [U] 1 屠
宰 túzǎi；宰杀 zǎishā. 2 屠杀 túshā；
杀戮 shālù. **slaughter** *v* [T]
1 大量屠宰 dàliáng túzǎi. 2［非正
式用语］惨败［敗］击溃 cǎnbài kuì-
kuì. **'slaughterhouse** *n* [C] 屠宰场
（場） túzǎichǎng.
slave /sleɪv/ *n* [C] 1 奴隶［隸］núlì.
2 摆［擺］脱不了某种［種］习［習］惯的
人 bǎituō bùliǎo mǒuzhǒng xíguàn
de rén: *a ~ to drink* 酒鬼. **slave**
v [I] 苦干（幹）kǔgàn；刻苦工作
kèkǔ gōngzuò: ~ *away in the
kitchen* 在厨房苦干. **slavery** *n*
[U] 1 奴役 núyì；奴隶身份 núlì
shēnfen. 2 奴隶制制 núlìzhì.
slaver /'slævə(r)/ *v* [I]（*over*）1
流口水 liú kǒushuǐ；垂涎 chuíxián. 2
［常作喻］渴望 kěwàng.
slavish /'sleɪvɪʃ/ *adj* [U]（贬）无［無］
独［獨］创［創］性的 wú dúchuàngxìng
de: *a ~ copy* 毫无创意的摹写.
slavishly *adv*.
slay /sleɪ/ *v* [T]（*pt* **slew** /sluː/,
slain /sleɪn/）[T]（旧式用语和美
语）残［殘］杀［殺］cánshā；杀害
shāhài.
sledge /sledʒ/ *n*（亦作 **sled** /sled/）
[C] 雪橇 xuěqiāo.
sledgehammer /'sledʒhæmə(r)/
n [C] 大锤 dàchuí.
sleek /sliːk/ *adj* 1 光滑而又［發］亮
（亮）的 guānghuá ér yòu ~: *hair* 油
亮的头发.2［常作贬］脑［腦］满［滿］
肠［腸］肥的 nǎo mǎn cháng féi de.
sleep¹ /sliːp/ *n* 1 [U] 睡眠 shuì-
mián；睡觉［覺］shuìjiào. 2［*sing*］

睡眠时［時］间［間］shuìmián shíjiān. 3
［习惯用语］**go to 'sleep** 入睡 rùshuì.
put to 'sleep (a) 使（某人）入睡
（尤指用麻醉剂）shǐ rùshuì. **(b)** 杀
（殺）死（有病的动物）shāsǐ. **sleepless**
adj 失眠的 shīmiánde；不眠的 bù-
miánde.
sleep² /sliːp/ *v*（*pp*, *pt* **slept**
/slept/）1 [I] 睡 shuì；睡眠 shuì-
mián；睡着 shuìzháo. 2 [T] 为（爲）
…提供床位 wèi ⋯tígōng chuáng-
wèi: *a flat that ~s six* 可睡六个
人的一套房间. 3［习惯用语］**sleep like
a 'log/'top**［非正式用语］睡得很
沉 shuì de hěn chén. **sleep 'tight**
［非正式用语］甜于祈使句］睡个个
［個］好觉（覺）shuì gè hǎo jiào. 4
［短语动词］**sleep around** 与（与）（奥）
多人发（發）生性关系［關］系（係）yǔ
duō rén fāshēng xìngguānxì. **sleep in**
睡懒觉 shuì lǎnjiào；迟（遲）起 chí
qǐ. **sleep sth off** 用睡眠消除（酒醉
等）yòng shuìmián xiāochú. **sleep on
sth** 把问题等留到第二天再解决 bǎ
wèntí děng liúdào dì-èrtiān zài jiě-
jué. **sleep through sth** 未被（某事）吵
醒 wèi bèi chǎoxǐng. **sleep with sb**
与某人发生性关系 yǔ mǒurén fā-
shēng xìngguānxì. **sleeper** *n* [C] 1
睡眠者 shuìmiánzhě. 2［铁路］枕木
zhěnmù. 3 卧铺 wòpù. **'sleeping-
bag** *n* 睡袋 shuìdài. **'sleeping-
car** *n* 卧铺车厢 wòpù chēxiāng. **'sleeping-
pill** *n* 安眠药（藥）丸 ānmián
yàowán. **sleepy** *adj*（*-ier*, *-iest*）1
想睡的 xiǎng shuì de；瞌睡的 kē-
shuìde；困乏的 kùnfáde. 2（地方等）
冷清的 lěngqīngde，不热［熱］闹
［鬧］的 bú rènào de: *a little
town* 宁静的小镇. **sleepily** *adv*.
sleet /sliːt/ *n* [U] 雨夹（夹）雪 yǔ
jiāxuě, **sleet** *v*［与 it 连用］下雨夹
雪 xià yǔjiāxuě: *It's ~ing out-
side.* 外面下着雨夹雪.
sleeve /sliːv/ *n* 1 袖子 xiùzi. 2
唱片套 chàngpiàntào. 3［习语］
have sth up one's sleeve 暗中已
有打算, 办（辦）法等 àn zhōng yǐ yǒu
dǎsuàn,bànfǎ děng.
sleigh /sleɪ/ *n* [C]（尤指用马拉的）
雪橇 xuěqiāo.
sleight /slaɪt/ *n*［习语］**sleight of
'hand**（变戏法等）手法熟练（練）
shǒufǎ shúliàn.
slender /'slendə(r)/ *adj* 1 细长
［長］的 xìchángde. 2（人）苗条（條）
的 miáotiáode, 纤（纖）弱的 xiānruò-
de. 3 微小的 wēixiǎode；微薄的

wēibóde; *have a ~ chance* 机会极微小. **slenderness** *n* [U].

slept *pt, pp* of SLEEP[2].

slice /slaɪs/ *n* [C] 1 片 piàn; (尤指面包、肉)薄片 bópiàn. 2 [非正式用语]部分 bùfen: *take a ~ of the credit* 获得一份荣誉. 3 餐刀 cāndāo; 菜刀 càidāo. 4 [习语] **a slice of 'life** (小说中描述的)生活片段 shēnghuó piànduàn. **slice** *v* 1 [T] (*up*) 切片 qiēpiàn. 2 [I] *into/ through* 切 qiē; 割 gē: *a knife slicing through butter* 切开黄油的刀.

slick /slɪk/ *adj* 1 光滑的 guānghuáde; 平滑的 pínghuáde. 2 圆滑而有效地完成的 yuánhuá ér yǒuxiào de wánchéng de, 3 (常贬)(人)狡猾的 jiǎohuáde; 圆滑的 yuánhuáde.

slide[1] /slaɪd/ *n* 1 [sing] 滑动(动)huádòng. 2 [C] 滑道 huádào. 3 [C] 幻灯(灯)片 huàndēngpiàn. 4 [C] (显微镜的)承物玻璃片 chéng wù bōlipiàn.

slide[2] /slaɪd/ *v* [*pt, pp* slid /slɪd/] [I, T] 1 (使)滑动(动)huádòng, 2 (使)偷偷地行动 tōutōu de xíngdòng, 3 [习语] **let sth 'slide** 放任某事 fàngrèn qí shì. **'slide-rule** [C] 计算尺 jìsuànchǐ.

slight[1] /slaɪt/ *adj* 1 轻(轻)微的 qīngwēide; 不重要的 bú zhòngyào de,a ~ *headache* 轻微的头痛.2 细长(长)的 xìchángde; 苗条(条)的 miáotiáode; 纤(纤)弱的 xiānruòde; 瘦小的 shòuxiǎode. 3 [习语] **not in the 'slightest** 毫不 háo bù; 一点(点)也不 yìdiǎn yě bù. **slightly** *adv* 1 稍微 shāowēi; 略 lüè; *feel ~ly better* 觉得略为好些.2 细长地 xìchángde; *a ~ly built boy* 身材瘦长的男孩. **slightness** *n* [U].

slight[2] /slaɪt/ *v* [T] 轻(轻)视 qīngshì; 忽慢 dàimàn. **slight** *n* [C] 轻蔑 qīngmiè; 怠慢 dàimàn. **slightingly** *adv*.

slim /slɪm/ *adj* [~ mer, ~ mest] 1 (襄)细长(长)的 xìchángde; 苗条(条)的 miáotiáode. 2 微小的 wēixiǎode; 稀少的 xīshǎode: *a ~ chance of success* 成功希望不大的机会. **slim** *v* [-mm-] [I] (用减食等办法)减轻(体重)(重)jiǎnqīng tǐzhòng, **slimmer** *n* [C] 减肥者 jiǎnféizhě. **slimness** *n* [U].

slime /slaɪm/ *n* [U] 1 软泥 ruǎnní;

黏土 niántǔ. 2 (蜗牛等的)黏液 niányè. **slimy** *adj* [-ier, -iest] 1 黏性的 niánxìngde; 泥泞(泞)的 nínìngde. 2 [非正式用语]令人讨厌(厌)的 lìng rén tǎoyàn de; 谄媚的 chǎnmèide: *a slimy young man* 令人讨厌的年轻人.

sling /slɪŋ/ *n* [C] 1 吊索 diàosuǒ; 吊带(带) diàodài. **sling** *v* [*pt, pp* slung /slʌŋ/] [T] 1 [非正式用语](用力)掷 zhì; 抛 pāo: *We slung him out of the bar.* 我们把他扔出酒吧间.

slink /slɪŋk/ *v* [*pt, pp* slunk /slʌŋk/] [I] 溜走 liūzǒu; 悄悄地走 qiāoqiāo de zǒu.

slip[1] /slɪp/ *n* 1 [C] 滑倒; 溜走; 失足 shīzú. 2 [C] 失误 shīwù; 疏忽 shūhu; 小错误 xiǎo cuòwu. 3 [C] 衬(襯)衣 chènyī; 内衣 nèiyī. 4 = PILLOW-CASE (PILLOW). 5 [C] 纸条(條) zhǐtiáo. 6 [习语] **give sb the 'slip** [非正式用语]摆(擺)脱(尾随者) bǎituō; **a 'slip of a boy, girl, etc** 瘦削的男孩、女孩等 shòuxuēde nánhái、nǚhái děng.

slip[2] /slɪp/ *v* [-pp-] 1 [I] 滑倒 huádǎo; 失足 shīzú: *He ~ped (over) in the mud.* 他在泥地里滑倒了. 2 [I, T] (使)溜走 liūzǒu; (使)悄悄地过(過)去 qiāoqiāode guòqù. 3 [I] 悄悄地将(秘密等)塞入 qiāoqiāode… : *He ~ped the coin into his pocket.* 他把钱悄悄地塞入口袋. 3 [I] 滑落 huáluò; 松(鬆)脱 sōngtuō: *The plate ~ped from my hand.* 盘子从我手中滑落. 4 [I, T] 匆忙地穿上 cōngmáng de chuānshǎng: *~ on a coat* 匆匆穿上大衣. 5 [习语] **let sth slip (a)** 放走或错过(机会等) fàngzǒu huò cuòguò, **(b)** 无(無)意中泄露(秘密等) wúyì zhōng xièlòu, **slip one's 'memory/'mind** (姓名、消息等)被遗忘 bèi yíwàng. 6 [短语动词] **slip up** [非正式用语]出错 chūcuò; 失误 shīwù. **'slip-road** [C] (连接高速公路的)岔道 chàdào, **'slip-stream** [C] (飞机发动机的)尾流 wěiliú, **'slip-up** [C] [非正式用语]出错 chūcuò; 失误 shīwù.

slipper /'slɪpə(r)/ *n* [C] 拖鞋 tuōxié; 便鞋 biànxié.

slippery /'slɪpərɪ/ *adj* [-ier, -iest] 1 (表面)光滑的 guānghuáde; 易滑脱的 yì huátuō de. 2 [非正式用语](人)不老实(實)的 bù lǎoshi de, 不可靠的 bù kěkào de. 3 (问题)难(難)处(處)理的 nán chǔlǐ de, 棘手的 jíshǒude. 4 [习语]

the slippery 'slope [非正式用语] 易乎滑坡 yìchū huápō; 逐渐导致失败 zhújiàn dǎozhì shībài.

slipshod /'slɪpʃɒd/ adj 不认(認) 真的 bù rènzhēnde; 粗心的 cūxīnde.

slit /slɪt/ n [C] 狭长[長]的切口 xiácháng de qièkǒu; 裂缝 lièfèng.
slit v [-tt-; pt, pp ~] [T] 切开 [開] qièkāi; 撕裂 sīliè.

slither /'slɪðə(r)/ v [I] 不稳(穩)地滑动(動) bùwěn de huádòng.

sliver /'slɪvə(r)/ n [C] 薄片 bópiàn; 碎片 suìpiàn; a ~ of glass 一片碎玻璃.

slob /slɒb/ n [C] [非正式用语] [贬]懒散(散)(肮(骯)脏(髒)、懒惰的人 āngzāng, lǎnduò de rén.

slog /slɒg/ v [-gg-] [I] [非正式用语] 1 辛苦工作 xīnkǔ gōngzuò; ~ (away) at 辛勤地工作. 2 艰(艱)难(難)地行进 jiānnánde xíngzǒu; ~ up the hill 艰难地爬山.
slog n [sing, U][非正式用语]苦活 kǔhuó; 艰难的工作 jiānnánde gōngzuò.

slogan /'sləʊgən/ n [C] 标(標)语 biāoyǔ; 口号(號) kǒuhào.

slop /slɒp/ v [-pp-] 1 [I] 溢出 yìchū; 溅(濺)出 jiànchū. 2 [T] 使溢出 shǐ yìchū; Don't ~ the water all over the floor! 不要把水溅得满地都是! 3 [短语动词] slop about/around (指液体)晃荡[蕩] (尤指在容器里)晃动(動) huàngdòng. slop n slops 脏(髒)水 zāngshuǐ; 污水 wūshuǐ.

slope /sləʊp/ n [C, U] 斜坡[坡] xiépō. 2 [C] 倾斜度 qīngxiédù; 斜坡 xiépō. slope v 1 [I] 有斜度 yǒu xiédù. 2 [短语动词] slope off [英国]走开[開] zǒukāi; 逃避工作 táobì gōngzuò.

sloppy /'slɒpɪ/ adj [-ier, -iest] 1 草率的 cǎoshuàide; 粗心的 cūxīnde. ~ work 粗心的工作. 2 [非正式用语] 愚蠢无[無]的 gǎnqíng yòngshì de; 伤(傷)感的 shānggǎnde; a ~ love story 伤心的爱情故事. 3 (衣服)肥大的 féidàde, 不合身的 bù héshēn de. 4 湿(濕)的 shīde; 不干(乾)净(凈)的 bù gānjìng de. sloppily adv 草率地 cǎoshuàide; 粗心地 cūxīnde; 伤感地 shānggǎnde. sloppiness n [U].

slosh /slɒʃ/ v 1 [I, U] (使)溅(濺)泼(潑)溅, 泼(潑) pō; water all over the floor 把水溅了一地. 2 [I]打 dǎ. sloshed adj [俚]喝醉的 hēzuìde.

slot /slɒt/ n [C] 1 狭(狹)缝 xiá-

fèng; put a coin in the ~ 把一枚硬币投入孔中. 2 [用以安装某物的)沟(溝)槽 gōucáo. 3 [非正式用语](在计划、程序单中的)适(適)当(當)位置 shìdàng wèizhì; ~s for advertisements on television 电视节目中插入广告的适当位置. slot v [-tt-] [T] 开[開]槽于 kāi cáo yú; 把…放入缝中 bǎ…fàngrù fèng zhōng.

sloth /sləʊθ/ n 1 [U] 懒惰 lǎnduò; 懒散 lǎnsǎn. 2 [C] (南美洲)树(樹)獭 shùtǎ. slothful adj.

slouch /slaʊtʃ/ v [I] 懒散地站、坐或行动(動) lǎnsǎn de zhàn, zuò huò xíngdòng. slouch n 1 [sing] 没精打采的姿态(態) méijīngdǎcǎi de zītài; 懒洋洋地走动 lǎnyángyáng de zǒudòng. 2 [习语] be no slouch at sth 善于做某事 shànyú zuò mǒushì.

slovenly /'slʌvnlɪ/ adj 不整洁 (潔)的 bù zhěngjié de; 邋遢的 lātāde. slovenliness n [U].

slow¹ /sləʊ/ adj 的 mànde; 缓慢的 huǎnmànde; a ~ vehicle 行驶缓慢的车. 2 迟(遲)钝的 chídùnde; 笨的 bènde; a ~ child 迟钝的孩子. 3 不立即发(發)旅行的 bù lìjí fāzuò de, 不精彩的 bù jīngcǎi de; a ~ film 极乏味的电影. 5 (钟表)走得慢的 zǒu de màn de. 6 [习语] be slow off the mark ⇒ MARK¹. slow on the uptake ⇒ UPTAKE. 'slowcoach n [C][非正式用语]慢性子的人 mànxìngzi de rén. slowly adv. slowness n [U].

slow² /sləʊ/ adv 缓慢地 huǎnmànde; 慢慢地 mànmànde; ~-moving 缓慢移动(動)的. 2 [习语] go slow (工人)怠工 dàigōng.

slow³ /sləʊ/ v [I, T] (down/up) (使)慢下来 mànxiàlái; 减慢 jiǎnmàn. ,slow-'down n [C] (生产活动等)放慢 fàng màn.

sludge /slʌdʒ/ n [U] 烂[爛]泥 lànní; 淤泥 yūní.

slug¹ /slʌg/ n [C] 蛞蝓 kuòyú.

slug² /slʌg/ v [-gg-] [T] [美语] [非正式用语]用力打击(擊) yònglì dǎjī; 重击 zhòngjī.

slug³ /slʌg/ n [C] [尤用于美语]枪(槍)弹(彈) qiāngdàn.

sluggish /'slʌgɪʃ/ adj 不活泼(潑)的 bù huópo de; 呆滞(滯)的 dāizhìde. sluggishly adv.

sluice /sluːs/ n [C] (亦作 'sluice-gate) 水闸 shuǐzhá. **sluice** v [T] (用水) 冲洗 chōngxǐ, 冲刷 chōngshuā.

slum /slʌm/ n [C] 陋巷 lòuxiàng; 贫民窟 pínmínkū. **slum** v [-mm-] [I] (亦作 slum it) 简朴地生活着 jiǎnlòu de shēnghuózhe. **slummy** adj.

slumber /ˈslʌmbə(r)/ v [I] [正式用语]安眠 ānmián. **slumber** n [U]. **slumbers** [pl] 睡眠 shuìmián.

slump /slʌmp/ v [I] **1** 猛然落下 měngrán luòxià; 颓然倒下 tuírán dǎoxià. **2** (物价、贸易等)暴跌 bàodiē. **slump** n [C] (市面)不景气 (氣) bù jǐngqì.

slung pt, pp of SLING.

slur /slɜː(r)/ v [-rr-] [T] **1** 含糊不清地发 (發) 音 hánhú bùqīng de fāyīn; 模糊地写 (寫) 模糊 de xiě. **2** 诋毁 (英美的) 名声 dǐhuǐ, 破坏 (壞) 名声的诽谤. **slur** n [C] 污辱 wūrǔ; 毁谤 huǐbàng; a ~ on her name 对她名声的污蔑.

slush /slʌʃ/ n [U] **1** 半融雪 bàn róng xuě; 雪泥 xuění. **2** [非正式用语]常耍 (臭) 悬爱的伤 (傷) 感 shānggǎn. **slush fund** [C] 行贿钱 (錢) xínghuìqián. **slushy** adj [-ier, -iest].

slut /slʌt/ n [C] [贬]不正经 (經) 的女人 bù zhèngjīng de nǚrén; 荡 (蕩) 妇 (婦) dàngfù. **sluttish** adj.

sly /slaɪ/ adj 狡猾的 jiǎohuáde; 奸诈的 jiānzhàde; 偷偷摸摸的 tōutōumōmōde. **sly** n [习语] **on the 'sly** 秘密地 mìmìde. **slyly** adv. **slyness** n [U].

smack¹ /smæk/ n [C] 拍击 (擊) 声 pāijīshēng; 拍击声 pāijīshēng. **2** [非正式用语]出声的响 (響) 吻 xiǎngwěn. **smack** v [T] (用掌)拍击 pāijī. **2** [习语] **smack one's lips** ⇒ LIP. **smack** adv 猛烈地 měngliède; 突然 tūrán; run ~ into a wall 猛然撞在墙上.

smack² /smæk/ v [短语动词] **smack of sth** 略带 (帶) 某种 (種) 气味道 luè dài mǒuzhǒng wèidào.

small /smɔːl/ adj **1** 小的 xiǎode; 少的 shǎode; a ~ house 小屋. **2** 幼小的 yòuxiǎode; ~ children 小孩子们. **3** 小规模 (经营) 的 xiǎo guīmó de; ~ businesses 小本经营. **4** 不重要的 bù zhòngyào de; 微不足道的 wēi bù zú dào de; a ~ problem 小问题. **5** [习语] **feel 'small** 感到羞愧 (或 惭愧) gǎndào xiūkuì. **a small 'fortune** 许多钱 (錢) xǔduō qián, **the 'small hours** 半夜后三、

四点 (點) 钟 (鐘) bànyè hòu sān, sì diǎnzhōng. **small wonder** ⇒ WONDER. **small** n [sing] (某物)的狭 (狹) 小部分 xiáxiǎo bùfen; the ~ of the back 腰背部. **small 'arms** n [pl] 轻 (輕) 武器 qīng wǔqì. **'smallholding** n [C] [英国英语]五十英亩 (畝) 以下的小片地 wǔshí yīngmǔ yǐxià de xiǎopiàndì. **small-minded** adj 吝啬 (自私的) lìnsè zìsī de; 气 (氣) 量小的 qìliàng xiǎo de. **smallness** n [U]. **'smallpox** n [U] 天花 tiānhuā. **small talk** n [U] 闲聊 xiánliáo.

smart¹ /smɑːt/ adj **1** 漂亮的 piàoliàngde; (衣着)整洁 (潔) 的 zhěngjiéde; a ~ appearance/person 漂亮的仪表或(人). **2** 时 (時) 髦的 shímáode; a ~ restaurant 一家格调高雅的餐馆. **3** [用于下面习语]聪 (聰) 明的 cōngmíngde; 伶俐的 línglìde; a ~ answer 一个巧妙的回答. **4** 轻 (輕) 快的 qīngkuàide; 敏捷的 mǐnjiéde; 剧 (劇) 烈的 jùliède; 严 (嚴) 厉 (厲) 的 yánlìde; a ~ pace 轻快的脚步. a ~ slap 一记猛烈的耳光. **smarten** v [短语动词] **smarten** (oneself/sb/ sth) **up** 使(自己或某人、某物)更整洁 shǐ gèng zhěngjié. **smartly** adv. **smartness** n [U].

smart² /smɑːt/ v [I], n [U] (感觉) 刺 (刺) 痛 cìtòng, 刺痛 cìtòng: The smoke made my eyes ~. 烟雾使我的眼睛刺痛.

smash /smæʃ/ v [I, T] 打碎 dǎsuì; 打破 dǎpò: ~ a cup on the floor 在地上摔碎一只杯子. **2** [I] into, through, etc 猛冲 (衝) měngchōng; 撞入 zhuàngrù: They ~ed into the wall. 他们撞在墙上. **3** [T] 猛击 (擊) měngjī. **4** [T] [非正式用语]打败 dǎbài; 击溃 jīkuì. **smash** n [sing] 粉碎声 fěnsuì; 破碎声 (聲) pòsuìshēng. **2** [网球]扣球 kòuqiú; 杀 (殺) 球 shāqiú. **3** [C] (亦作 smash 'hit) [非正式用语]极 (極) 轰 (轟) 动 (動) 的戏 (戲) 剧 (劇)、歌曲等引起 wéi hōngdòng de xìjù,gēqǔ děng. **4** = SMASH-UP. **smash** adv 碰撞地 pèngzhuàngde; 破碎地 pòsuìde: drive ~ into a wall 驾车撞墙. **smashing** adj [英国非正式用语]极好的 jíhǎode. **'smash-up** n [C] 撞车 zhuàngchē.

smattering /ˈsmætərɪŋ/ n [sing] of 肤 (膚) 浅 (淺) 的知识 (識) fūqiǎn de zhīshì；一知半解 yì zhī bàn jiě：a ~ of French 一知半解的法语.

smear /smɪə(r)/ v [T] **1** 涂{塗}抹(油膩) túmǒ：~ *mud on the wall* 在墙上涂泥浆. **2** [喻]诽谤 fěibàng；毁坏{壞}(名誉) huǐhuài. **smear** n [C] **1** 污点{點} wūdiǎn；污迹{跡} wūjì. **2** [喻]诽谤的话 fěibàng de huà. **3** (供显微镜检查疾病的)标{標}本 biāoběn.

smell[1] /smel/ v [I] **1** [U] 嗅觉{覺} xiùjué. **2** [C, U] 气{氣}味 qìwèi. **3** [C] 臭 味；难{難}闻{聞} nánwén：*What a* ~！多么臭呀！**4** [常作 sing] 嗅味；闻{聞} wén：*Have a* ~ *of this.* 闻一下这些东西. **smell** *adj* [-ier, -iest] [非正式用语]有臭味的 yǒu chòuwèi de.

smell[2] /smel/ v [*pt, pp* smelt /smelt/ 或 smelled] **1** [T] (常与 can, could 连用)闻到 wéndào；嗅到 xiùdào [可]知 到 wéndào：*Can you* ~ *gas?* 你闻到煤气味了吗？**2** [I, U] 嗅味 xiùwèi；闻{聞} wén：~ *the flowers* 闻一闻这些花. **3** [I] 有嗅觉{覺} yǒu xiùjué；*Can birds* ~？鸟有嗅觉吗？**4** [I] ~ (*of*) 发{發}出…气{氣}味 fāchū…qìwèi：~ *good*/*of soap* 闻起来很香/有肥皂味. (b) 发出臭味 fāchū chòuwèi：*your feet* ~ 你的脚发臭. **5** [习语] smell a 'rat [非正式用语]注意某事有不对{對}头{頭} zhùyì mǒushì bùdùtóu.

smile /smaɪl/ n [C] 微笑 wēixiào；笑容 xiàoróng. **smile** v [I] 微笑 wēixiào. **smilingly** *adv*.

smirk /smɜːk/ v [I] 傻{傻}笑 shǎxiào；得意的笑 déyì de xiào.

smithereens /ˌsmɪðəˈriːnz/ n [pl] [习语] smash, break, etc sth (in)to smithereens 将{將}某物捣、毁…成碎片 jiāng mǒuwù dǎo, qiāo…chéng suìpiàn.

smitten /ˈsmɪtn/ *adj* (*with*) **1** 深受(某种感情)影响{響}的 shēnshòu yǐngxiǎng de，**2** 突然喜爱{爱}的 (常指情爱) túrán xǐ'ài (cháng zhǐ qíng'ài)：*I am rather* ~ *with her.* 我一下子爱上了她.

smock /smɒk/ n [C] 罩衫 zhàoshān；工作服 gōngzuòfú.

smog /smɒg/ n [U] 烟雾{霧} yānwù.

smoke[1] /sməʊk/ n **1** [U] 烟 yān；烟尘{塵} yānchén. **2** [C] 吸烟 xī yān. **3** [习语] go up in 'smoke

(a) 被烧{燒}光 bèi shāo guāng. (b) 以失败告终{終} yǐ shībài gàozhōng. 'smoke alarm n [C] 烟火报{報}警器 yānhuǒ bàojǐngqì；火灾{災}警报器 huǒzāi jǐngbàoqì；烟雾报警器 yānwù bàojǐngqì. 'smoke-screen n [C] (a) 烟幕 yānmù. (b) [喻]障眼法 zhàngyǎnfǎ；蒙骗人的话 mēngpiàn rén de huà. smoky *adj* [-ier, -iest].

smoke[2] /sməʊk/ v **1** [I] 冒烟 mào yān；起烟雾{霧} qǐ yānwù. **2** [I] 抽烟 chōu yān；吸烟 xīyān. **3** [I, T] 熏制{製}(鱼、肉) xūnzhì. **4** [T] [短语动词] smoke sb/sth out 熏走某人(或某物) xūnzǒu mǒurén. **smoker** n [C] 吸烟者 xīyānzhě. **smoking** n [C] 吸烟 xīyān；抽烟 chōuyān.

smooth /smuːð/ *adj* **1** 光滑的 guānghuáde；平滑的 pínghuáde：~ *skin* 光滑的皮肤. **2** 平稳{穩}的 pínghuěnde；不颠簸的 bù diānbǒ de：*a* ~ *ride* 平稳的行驶. **3** (液体调匀的 tiáoyúnde，不结块{塊}的) bù jié kuài de. **4** 无{無}困难{難}的 wú kùnnan de；没问题的 méi wèntí de. **5** 柔和的 róuhéde；温和的 wēnhéde. **6** [常贬]奉承的 fèngchéngde；有礼{禮}貌的 yǒu lǐmào de. **smooth** v **1** [T] 使光滑 shǐ guānghuá；把…弄平 bǎ…nòng píng；使平稳 shǐ píngwěn；使平静 shǐ píngjìng. (b) [短语动词] smooth sth over 使(问题)缓解 shǐ huǎnjiě. **smoothly** *adv*. **smoothness** n [U].

smother /ˈsmʌðə(r)/ v **1** [I, T] (b)窒息 zhìxī；把…闷死 bǎ…mēnsǐ. **2** [T] (*in*/*with*) 覆盖{蓋} fùgài；*a cake in ice cream* 涂有乳酪的饼. **3** [T] 抑住(火) mēnzhù；阻熄 mēnxī；[喻] ~ *a yawn* 忍住…

smoulder (美语 smol-) /ˈsməʊldə(r)/ v [I] **1** 文火闷{悶}烧 wénhuǒ mēnshāo；~*ing ashes* 冒着烟的灰烬. [喻] *Hate* ~*ed within her.* 她心中燃烧着…

SMS /es em 'es/ *abbr* short message(or messaging) serivece (手机)短信服务{務} duǎnxìn fúwù.

smudge /smʌdʒ/ n [C] 污点{點} wūdiǎn；污斑 wūbān. **smudge** v **1** [I] 弄脏{髒} nòng zāng；*a*~ [喻] 污 tú wū. **2** [I] (墨水等)形成污渍 xíngchéng wūjì.

smug /smʌg/ *adj* [~ger, ~gest] 自满的 zìmǎnde；沾沾自喜的 zhānzhān zìxǐ de. **smugly** adv. **smug-ness** n [U].

smuggle /'smʌgl/ v [T] 私运[運]siyùn; 走私 zǒusī; 偷带[帶](人或物) tōudài; ~ **drugs into the country** 私运毒品入境。 ~ **a letter into prison** 把一封信偷偷地带进监狱。 **smuggler** /'smʌglə(r)/ n [C]. **smuggling** n [U].

smut /smʌt/ n [U] **1** 煤尘[塵] méichén; 一片黑污 yīpiàn hēiwū. **2** [U] 淫词 yíncí; 秽[穢]语 huìyǔ. **smutty** adj.

snack /snæk/ n [C] 小吃 xiǎochī; 快餐 kuàicān.

snag /snæg/ n [C] **1** 意外的困难[難] yìwài de kùnnan, 急待解决的突出物 jiándài huò cūcāo de tūchūwù. **snag** v [-gg-] **1** (在尖利物上)钩住(或撕破) gōuzhù.

snail /sneɪl/ n [C] 蜗牛 wōniú.

snake /sneɪk/ n [C] **1** 蛇 shé. **2** [喻]阴[陰]险[險]狡[险]的人 yīnxiǎn de rén. **3** [习语] **a** **snake in the** **grass** 伪[偽]装[裝]成朋友的敌[敵]人 wèizhuāng chéng péngyǒu de dírén, **snake** v [I] 蜿蜒前进[進] wānyán qiánjìn; 扭行 shéxíng.

snap /snæp/ v [-pp-] **1** [I,T] (使)发出断[斷]裂声[聲]或尖利声 fáchū duànlièshēng huò jiānlì shēng. **2** [I,T] 啪地一声关[關]上或打开[開] pāde yìshēng guānshàng huò kāidài; ~ **shut** 啪地一声关上. **3** [I,T] 厉[厲]声说(话) lìshēng shuō; ~ **orders** 厉声地发布命令. **4** [I] (狗等)猛咬 měng yǎo; The dog ~ed at her ankles. 狗咬她的脚踝. **5** [I] 拍照 pāizhào. **6** [习语] **snap one's 'fingers** 打榧子(用食指指中指捻碰相摩以声)dǎ fēizi, **snap 'out of it** [非正式用语](改变[變]情绪、习[習]惯等)gǎibiàn qíngxù, xíguàn děng. [短语动词] **snap at sb** 厉声对[對]某人说话 lìshēng duì mǒurén shuōhuà. **snap at sth** 一下子咬住(某物) yíxiàzi yǎo zhù; [喻] ~ **at** **the chance to go on holiday** 抓住机会去度假. **snap sth up** 抢[搶]购[購](某物) qiǎnggòu. **snap** n [C] **1** 断裂声、开关、厉声说话 duànliè shēng、dǎpāi、厉声说话或突然咬住等(的声音)lìshēng shuōhuà、pāizhào、tūrán yǎo zhù děng. **2** 一阵天气[氣](常指寒冷的) yízhèn tiānqì. **3** (亦作'snapshot') 快照 kuàizhào. **snap** adj 匆忙的 cōngmáng de; 仓[倉]促

的 cāngcùde; a ~ **decision** 仓促的决定. **snappy** adj [-ier, -iest] (a) 易怒的 yìnù de; 过[過]敏的 guòmǐnde. (b) 时[時]髦的 shímáode; 漂亮的 piàoliàngde. (c) 活泼[潑]的 huópode; 灵[靈]活的 línghuóde.

snare /sneə(r)/ n [C] **1** 罗[羅]网[網] luówǎng; 陷阱 xiànjǐng. **2** (used to sth.) **snare** [T] 诱捕 yòubǔ; 陷害 xiànhài.

snarl¹ /snɑːl/ v [I] (狗等)露[露]齿叫 hàojiào. **2** [I,T] (人)咆哮 páoxiào. **snarl** n [C] 嗥叫 háojiào; 咆哮 páoxiào.

snarl² /snɑːl/ v [非正式用语][短语动词] **snarl (sth) up** (使)缠[纏]结 chánjié; (使)混乱[亂] hùnluàn; The traffic was ~ed up. 交通混乱. **'snarl-up** n [非正式用语]缠结 chánjié; (尤指交通)混乱 hùnluàn.

snatch /snætʃ/ v [I,T] 抢[搶]夺qiǎng; 夺[奪]取 duóqǔ; ~ **the** **child from her father** 从她的父亲手中抢走女孩子. **2** [T] 迅速获[獲]得 xùnsù huòdé; 趁机[機]取得 chèn jī qǔdé; ~ **a kiss** 趁机一吻. **snatch** n **1** [sing] 抢夺 qiǎngduó; **2** [C, 常作中] 片段 piànduàn; 短时 duǎnshí; ~**es of conversation** 谈话的片段.

sneak /sniːk/ v [I] 偷偷地走 tōutōude zǒu; 偷偷摸摸地行动[動] tōutōumōmō de xíngdòng; ~ **past** **sb** 偷偷地从某人身边走过. **2** [I] 偷取 tōu qǔ; 偷偷做 tōuzuò; ~ **money from the box** 从箱子中偷钱. **3** [I] 告状[狀] gàozhuàng; 告密 gàomì. **sneak** n [C] 告密者 gàomìzhě. **sneakers** n [pl] [美]胶[膠]底布鞋 jiāodǐ bùxié. **sneaking** adj (a) 偷偷摸摸的 tōutōumōmō de; 诡秘的 guǐmìde; have a ~**ing** **respect for sb** 私下里尊敬某人. (b) 隐[隱]约的 yǐnyuē de; 不明确[確]的 bù míngquè de; a ~**ing suspicion** 隐藏在心中的猜疑 yǐncáng zài xīnzhōng de cāiyí. **sneaky** adj [非正式用语][贬]鬼鬼祟祟的 guǐguǐsuìsuìde; 偷偷摸摸的 tōutōumōmō de.

sneer /snɪə(r)/ v [I] (at) 嘲笑 cháoxiào; 讥[譏]笑 jīxiào; 说轻[輕]蔑话 shuō qīngmiè huà. **sneer** n [C] 嘲笑 cháoxiào; 讥笑 jīxiào.

sneeze /sniːz/ n [C] **1** 打喷嚏 dǎ pēntì. **sneeze** v [I] **1** 打喷嚏 dǎ pēntì. **2** [习语] **not to be 'sneezed at** [非

正式用语]值得有的 zhíde yǒu de; 不可轻[轻]视的 bùkě qīngshì de.

sniff /snɪf/ v **1 (a)** [I] (有声音地)吸气[气] (yǒu shēngyīn de) yī bǐ xīqì. **(b)** [I, T] (at) 闻 wén; 嗅 xiù; 嗅出 xiù chū: ~ (at) the roses 闻玫瑰花的香味. **2** [短语动词] sniff at sth [常用被动语态]嗤之以鼻 chī zhī yǐ bí: Her offer is not to be ~ed at. 她的好意不可嗤之以鼻. sniff sb out 发[发]现某人 fāxiàn mǒurén. sniff n [C] 吸气声[声] xīqìshēng; 嗅 xiù.

snigger /'snɪgə(r)/ v 窃[窃]笑 qièxiào; 暗笑 ànxiào. snigger [I] (at) 窃笑 qièxiào; 暗笑 ànxiào.

snip /snɪp/ v [-pp-] [I, T] 剪掉 jiǎndiào; 剪去 jiǎnqù. snip n [C] **1** 剪 jiǎn. **2** [英国非正式用语]便宜货 piányihuò: It's a ~ at only £10. 只有十英镑,真便宜.

snipe /snaɪp/ n **1** 伏击[击]fújī; 狙击 jūjī. **2** [喻]抨击 pēngjī. **sniper** n [C].

snippet /'snɪpɪt/ n [C] (新闻、消息等)片段 piànduàn; ~ of gossip 闲谈的片断.

snivel /'snɪvl/ v [-ll-; 美语 -l-] (伤心地)啜泣 tlkū;抽泣 chōuqì.

snob /snɒb/ n [C] 势[势]利的人 shìlì de rén. snobbery n [U] 势利 shìlì. snobbish adj.

snog /snɒg/ v [-gg-] [I] [英国非正式用语]亲[亲]吻搂[搂]抱 qīnwěn yōngbào.

snooker /'snuːkə(r)/ n [U] 落袋台[台]球[台]球 luòdài táiqiú. snooker v [T] 使(某人)处[处]于困境 shǐ chǔyú kùnjìng.

snoop /snuːp/ v [I] (about/around) 窥探 kuītàn;打听[听]dǎting.

snooze /snuːz/ v [I] [非正式用语]小睡 xiǎoshuì;午睡 wǔshuì. snore n [C].

snore /snɔː(r)/ v [I] 打鼾 dǎhān. snore n [C] 鼾声[声]hānshēng.

snorkel /'snɔːkl/ n [C] (潜水用) 通气[气]管 tōngqìguǎn. snorkel v [-ll-; 美语 -l-] [I] 戴通气管[潜]泳 dài tōngqìguǎn qiányǒng.

snort /snɔːt/ v [I] (马等)喷鼻息[息]pēn bíxī. **2** [I] (at) 发[发]哼声[声]fā hēngshēng. snort n [C] 喷鼻息 pēn bíxī;鼻息声 bíxīshēng.

snout /snaʊt/ n [C] (动物的)口鼻部 kǒubíbù;(尤指)猪鼻 zhūbí.

snow¹ /snəʊ/ n [U] 雪 xuě;积[积]雪 jīxuě. **'snowball** n [C] 雪

球 xuěqiú. **'snowball** v [I] (像滚雪球般)迅速增大(或增加) xùnsù zēngdà. **'snowboard** n [C] 单[单]板滑雪板 dānbǎn huáxuěbǎn. **'snowboard** v [I] 做单板滑雪 zuò dānbǎn huáxuě. **snowboarder** n [C] 单板滑雪者 dānbǎn huáxuězhě. **snowboarding** n [U] 单板滑雪 dānbǎn huáxuě. **'snow-drift** n [C] (被风吹成的)雪堆 xuěduī. **'snowdrop** n [C] [植物]雪莲 xuělián. **'snowman** n [C] 雪人 xuěrén. **'snow-plough** (美语 **-plow**) n [C] 扫[扫]雪机(机) sǎoxuějī. **'snowstorm** n [C] 暴风[风]雪 bàofēngxuě.

snow² /snəʊ/ v **1** [I] [与 it 连用]下雪 xiàxuě: It was ~ing all day. 下了一整天雪. **2** [短语动词] snow sb in/up [常用被动语态]被大雪围困(不能外出) bèi dàxuě kùnzhù. snow sb under [常用被动语态][喻][压]指被压垮 bèi yādǎo;被淹没 bèi yānmò. snowy adj [-ier, -iest].

snub /snʌb/ v [-bb-] [T] 冷落 lěngluò;怠慢 dàimàn. snub n [C] 冷落的言词或态[态]度 lěngluò de yáncí huò tàidù.

snub nose /'snʌb nəʊz/ n [C] 狮[狮]子鼻 shīzibí. **'snub-nosed** adj.

snuff¹ /snʌf/ n [U] 鼻烟 bíyān.

snuff² /snʌf/ v [T] (out) 掐灭[灭](蜡烛) qiāmiè. **2** [习语] snuff it [英国非正式用语]吹灯[灯]灭(喻)死亡 sǐwáng. **3** [短语动词] snuff sth out 了结某事 liǎojié mǒushì.

snug /snʌg/ adj [-gg-] **1** 温暖的 wēnnuǎnde;舒适(适)的 shūshìde. **2** 紧[紧]贴的 jǐntiēde;紧身的 jǐnshēnde: a ~ jacket 紧身短上衣. snugly adv.

snuggle /'snʌgl/ v [I] (up/down) 舒服地蜷伏 shūfúde quánfú;挨紧[紧] āijǐn;偎依 wēiyī.

so¹ /səʊ/ adv **1** 这[这]么[么]zhème;那么 nàme;到这[这]种[种]程度 dào zhèzhǒng chéngdù: not so big as I thought 不像我想像的那么大. **2** 很 hěn;极[极]:I'm so glad to see you. 见到你我很高兴. **3** [习语] so much for 'sb/'sth 关[关]于某人(或某事)要说的(或要做的)只有这些 guānyú mǒurén yào shuō de zhǐyǒu zhèxiē. so much 'so that 到这种程度,以致… dào zhèzhǒng chéngdù, yǐzhì…

so² /səʊ/ *adv* **1** 这〔这〕样〔样〕zhè-yàng; 那样 nàyàng: *Kick the ball so.* 这样踢球. **2** (用以避免重复): '*Is he coming?*' '*I think so.*' "他来吗？""我想能来." **3** (用以表示同意): '*It's Friday today, not Thursday.*' '*So it is.*' "今天是星期五, 不是星期四.""对的." **4** 也 yě: *You are young and so am I.* 你年轻, 而我也是. **5** [习语] *so as to* 以 ⋯ 为; 使得 shǐdé: *He drove fast so as not to be late.* 他为了不迟到, 把车开得很快. *so that* (a) 为 wèi de shì; 以便 yǐbiàn; 使得 shǐdé: *Hurry up and finish so that we can go home early.* 赶快结束, 我们可以早点回家. (b) 以致 yǐzhì; 结果是 jiéguǒ shì: *Nothing was heard from her, so that people thought she was dead.* 没有听到她的任何消息, 以致人们以为她死了. *so-and-so* /'səʊ ən səʊ/ *n* [C] [非正式用语] **1** 某某人 mǒumǒurén, **2** 讨厌的人 tǎoyànde rén: *That so-and-so lied to me.* 那个讨厌的人骗了我. *so-called adj* 所谓的 suǒwèide; *so-called friends refused to help her.* 她的那些所谓的朋友拒绝帮助她.

so³ /səʊ/ *conj* **1** 所以 suǒyǐ; 因而 yīn'ér: *He was hurt so I helped him.* 他受伤了, 所以我帮助他. **2** [非正式用语](表示目的): *I gave you a map so you wouldn't get lost.* 我给你一张地图, 这样你就不会迷路了. **3** (用以引出下文): So she went and told the police. 就这样, 她去报告了警察. **4** [习语] *so what?* [非正式用语](有什么了〔瞭〕不起? yǒu shénme liǎobuqǐ? 那又怎么样〔样〕nà yòu zhěnmeyàng: '*She's lying about it.*' '*So what?*' "她对此事在说谎." "那又怎么样？"

soak /səʊk/ *v* **1** (a) [I] 浸泡 jìnpào. (b) 使浸透 shǐ jìntòu; 使吸收 shǐ xīshōu: — *the bread in milk* 把面包泡在牛奶里. **2** (用水等) 淋湿〔湿〕shǐ shī; 浇〔浇〕透 jiāotòu: *The rain —ed (through) his coat.* 雨把他的大衣淋透了. **3** [短语动词] *soak sth up* 吸入(液体) xīrù: *Paper ~s up water.* 纸把水吸干〔乾〕了. *soak* n [C] 浸

jìn; 泡 pào, *soaked, soaking adj* 湿透的 shītòude.

soap /səʊp/ *n* [U] 肥皂 féizào. [C] [非正式用语] = SOAP OPERA. *soap v* [T] 用肥皂(擦洗) yòng féizào, '*soap opera n* [C, U] (电台或电视以某角色的日常生活为题材的连续〔续〕剧〔剧〕liánxùjù. *soapy adj* [-ier, -iest].

soar /sɔː(r)/ *v* [I] **1** (鸟)高飞〔飞〕gāofēi; 翱〔翱〕翔 áoxiáng. **2** [喻]高涨(涨) gāozhǎng; 猛增 měngzēng: ~*ing prices* 飞涨的物价.

sob /sɒb/ *v* [-bb-] **1** [I] 呜〔呜〕咽 wūyè; 啜泣 chuòqì, **2** [短语动词] *sob sth out* 哭诉 kūsù. *sob n* [C] 哭泣 kūqì; 哭泣声〔声〕kūqìshēng, '*sob-story n* [C] 常惹〔惹〕人伤〔伤〕感的故事 shānggǎn de gùshì.

sober /'səʊbə(r)/ *adj* **1** 未醉的 wèizuìde. **2** 严〔严〕肃〔肃〕的 yánsùde; 认〔认〕真的 rènzhēnde: *a ~ person* 严肃认真的人. *sober v* **1** [I, T] (使)变〔变〕严肃 biàn yánsù. **2** [短语动词] *sober sb up* 使清醒 shǐ qīngxǐng, *soberly adv*.

soccer /'sɒkə(r)/ *n* [U] 英式足球 yīngshì zúqiú.

sociable /'səʊʃəbl/ *adj* 友好的 yǒuhǎode; 好交际〔际〕的 hǎo jiāojì de.

social /'səʊʃl/ *adj* **1** 社会〔会〕的 shèhuìde; — *customs* 社会习俗. **2** 社会上的 shèhuì shàng de; 社会地位的 shèhuì dìwèi de: *one's ~ equals* 与自己社会地位相同者. **3** 社交的 shèjiāode; 交际〔际〕的 jiāojìde: *a ~ club* 联谊会. **4** (动物)群居的 qúnjūde. **5** [非正式用语]好交际的 hǎo jiāojì de; 合群的 héqúnde, ,*Social and Liberal* '*Democrats n* [pl] (英国)社会自由民主党〔党〕Shèhuìzìyóumínzhǔdǎng, ,*social* '*science n* [C, U] 社会科学〔学〕shèhuì kēxué, ,*social* se'*curity n* [U] 社会福利 shèhuì fúlì, '*social worker n* [C] 社会福利工作者 shèhuì fúlì gōngzuòzhě, *socially adv*.

socialism /'səʊʃəlɪzəm/ *n* [U] 社会〔会〕主义〔义〕shèhuì zhǔyì, so-*cialist adj, n* [C].

socialize /'səʊʃəlaɪz/ *v* [I] (与他人)往来 wǎnglái; 交际〔际〕jiāojì.

society /sə'saɪətɪ/ *n* [pl -ies] **1** [U] 社会〔会〕(制度 shèhuì zhìdù, **2** [C, U] 社会 shèhuì, **3** [正式用语]交往 jiāowǎng; 陪同 péitóng; *in* *the ～ of her friends* 在她的朋友们的陪同下. **4** 上流社会 shàngliú shèhuì; 社交界 shèjiāojiè. **5** [C] (为某种共同兴趣组成的) 团 [團] 体 [體] tuántǐ, 协 [協] 会 xiéhuì: *a drama ～* 戏剧社.

sociology /ˌsəʊsɪˈɒlədʒɪ/ *n* [U] 社会 [會] 学 [學] shèhuìxué. **sociologist** *n* [C] 社会学家 shèhuìxuéjiā. **sociological** /ˌsɪəˈlɒdʒɪkl/ *adj*.

sock[1] /sɒk/ *n* [C] 短袜 [襪] duǎnwà.

sock[2] /sɒk/ *n* [C] [非正式用语] 拳打 quándǎ; 殴 [毆] 打 ōudǎ. **sock** *v* [T] 拳打 quándǎ; 殴打 ōudǎ.

socket /ˈsɒkɪt/ *n* [C] 孔 kǒng; 插口 chākǒu; 插座 chāzuò.

sod /sɒd/ *n* [C] [英国△俚语] (用于骂人) 人 rén: *You rotten ～!* 你这个坏蛋! **2** 困难 [難] 的事人 kùnnande shì; 麻烦的事 máfande shì.

soda /ˈsəʊdə/ *n* [U] 苏 [蘇] 打 sūdǎ; 碳酸钠 tànsuānnà. **ˈsoda-water** *n* [U] 汽水 qìshuǐ.

sodden /ˈsɒdn/ *adj* 浸透了的 jìntòulede.

sodium /ˈsəʊdɪəm/ *n* [U] [化学] 钠 [鈉] nà.

sofa /ˈsəʊfə/ *n* [C] 沙发 [發] shāfā.

soft /sɒft/ *adj* 软的 ruǎnde; 柔软的 róuruǎnde: *a ～ pillow* 柔软的枕头. **2** (表面) 柔软的 róuruǎnde, 光滑的 guānghuáde: *～ skin* 光滑的皮肤. **3** (光线、色彩) 柔和的 róuhéde. **4** (声调) 轻 [輕] 柔的 qīngróude. **5** (轮廓、线条) 不明显 [顯] 的 bù míngxiǎn de, 模糊的 móhúde. **6** (回答、语言) 温和的 wēnhéde, 文雅的 wényǎde. **7** 轻松 [鬆] 的 qīngsōngde; 容易的 róngyìde: *a ～ job* 轻松的工作. **8** (*on*) (过分) 同情的 tóngqíngde; (心肠) 软的 ruǎnde: *Don't be too ～ on the class.* 在课堂上不要太软了. **9** [非正式用语] [贬] 软弱的 ruǎnruòde; 缺乏勇气 [氣] 的 quēfá yǒngqì de; 不果断 [斷] 的 bù guǒduàn de. **10** [非正式用语] 愚蠢 [蠢] 的 yúchǔnde. **11** [习语] **have a soft ˈspot for** 偏爱 [愛] piān'ài. **ˌsoft-ˈboiled** *adj* (蛋) 煮得半熟的 zhǔ de bàn shú de. **ˈsoft drink** *n* [C] 无 [無] 酒精饮料 wú jiǔjīng yǐnliào. **ˈsoft drug** *n* [C] 软性毒品 ruǎnxìng dúpǐn. **ˌsoft-ˈhearted** *adj* 心肠 [腸] 软的 xīncháng ruǎn de. **softly** *adv*. **softness** *n* [U]. **ˌsoft-**

ˈpedal *v* [-ll-; 美语 -l-] [I, T] [非正式用语] 使 (问题等) 不严 [嚴] 重 shǐ bù yánzhòng. **ˌsoft-ˈsoap** *v* [T] [非正式用语] (向某人) 灌米汤 [湯] guàn mǐtāng. **ˈsoftware** *n* [U] [计算机] 软件 ruǎnjiàn.

soften /ˈsɒfn/ *v* **1** [I, T] (使) 软化 ruǎnhuà; 变 [變] 软 [軟] ruǎn biàn ruǎnruò; 使柔和 shǐ róuhé; 使温和 shǐ wēnhé. **2** [T] 使容易 shǐ róngyì; 使轻 [輕] 松 [鬆] shǐ qīngsōng: *try to ～ the shock* 设法减弱冲击. **3** [短语动词] **soften (sb) up** [非正式用语] 削弱 (某人的) 抗拒力 xuēruò kàngjùlì.

soggy /ˈsɒgɪ/ *adj* [-ier, -iest] 浸水的 jìnshuǐde; 湿 [濕] 透的 shītòude.

soil[1] /sɔɪl/ *n* [C, U] 泥土 nítǔ; 土壤 tǔrǎng. **soil** *v* [I, T] 弄脏 [臟] nòng zāng; 弄污 nòng wū.

sojourn /ˈsɒdʒɜːn/ *US* səʊˈdʒɜːrn/ *n* [正式用语] (在某处) 暂留 zàn liú; 逗留 zàn zhù.

solace /ˈsɒlɪs/ *n* [U] [正式用语] (给予) 安慰 (的事物) ānwèi.

solar /ˈsəʊlə(r)/ *adj* 太阳 [陽] 的 tàiyángde; 日光的 rìguāngde; *～ power* 太阳能. **the ˈsolar system** *n* [常作 sing] 太阳系 tàiyángxì.

sold *pt, pp* of SELL.

solder /ˈsəʊldə(r)/ *n* [U] 焊料 hànliào. **solder** *v* [T] 焊接 hànjiē. **ˈsoldering-iron** *n* [C] 烙铁 [鐵] làotiě.

soldier /ˈsəʊldʒə(r)/ *n* [C] 士兵 shìbīng; 军人 jūnrén. **soldier** *v* [短语动词] **soldier ˈon** 坚 [堅] 持干下去 jiānchí gàn xiàqù.

sole[1] /səʊl/ *n* [C, U] [*pl* sole, ～s] 鳎 (鱼) 碟 dié; 鳎 (鱼) 鱼 yú.

sole[2] /səʊl/ *n* [C] 脚底 jiǎodǐ; 鞋底 xiédǐ; 袜 [襪] 底 wàdǐ. **sole** *v* [T] (给鞋等) 配底 pèi dǐ.

sole[3] /səʊl/ *adj* **1** 单 [單] 独 [獨] 的 dāndúde; 唯一的 wéiyīde: *the ～ owner* 唯一的所有者. **2** 专 [專] 有的 zhuānyǒude; 独用的 dúyòngde: *have ～ responsibility* 单独负责. **solely** /ˈsəʊlɪ/ *adv* 单独地 dāndúde; 唯一地 wéiyīde; 孤独地 gūdúde.

solemn /ˈsɒləm/ *adj* **1** 庄 [莊] 严 [嚴] 的 zhuāngyánde; 严肃 [肅] 的 yánsùde; 隆重的 lóngzhòngde: *a ～ promise* 郑重的许诺. **2** 表情严肃的 biǎoqíng yánsù de; 一本正经 [經] 的 yì běn zhèngjīng de: *a ～ face* 严肃的面孔. **solemnly** *adv*.

solemnness *n* [U].

solemnity /sə'lemnəti/ *n* [*pl -ies*] [正式用语] [U] 庄[莊]严[嚴] zhuāngyán; 严肃[肅] yánsù; 隆重 lóngzhòng.

solicit /sə'lɪsɪt/ *v* 1 [I, T] (*for*) [正式用语] 请求 qǐngqiú; 恳求(懇) kěnqiú; 乞求 qǐqiú. 2 [I, T] (妓女) 拉客 lākè.

solicitor /sə'lɪsɪtə(r)/ *n* [C] [英国英语] (初级或事务) 律师[師] lǜshī.

solid /'sɒlɪd/ *adj* 1 固体[體]的 gùtǐde; *Water becomes ~ when it freezes.* 水结成水为固体. 2 实[實]心的 shíxīnde. 3 坚[堅]固的 jiāngùde; 牢固的 láogùde; 结[結]实的 jiēshíde; 可靠的 kěkàode; *~ arguments* 有根据的论点. 5 纯质的 chúnzhìde; 单[單]一的 dānyīde; *~ gold* 赤金 chìjīn. 6 一致的 yízhìde; *The workers were ~ on this issue.* 工人们在这件事上是一条心的. 7 连续[續]的 liánxùde; *sleep ten hours ~* 连续睡十个小时. 8 立体的 lìtǐde. **solid** *n* [C] 1 固体 gùtǐ. 2 立体 lìtǐ. **solidly** *adv.* **solidity** /sə'lɪdətɪ/ *n* [U].

solidarity /ˌsɒlɪ'dærətɪ/ *n* [U] 团[團]结一致 tuánjié yízhì.

solidify /sə'lɪdɪfaɪ/ *v* [*pt, pp -ied*] [I, T] (使) 固[團]结 tuánjié; (使) 坚[堅]固 jiāngù.

solitary /'sɒlɪtrɪ; US -terɪ/ *adj* 1 独[獨]居的 dújūde; 孤独的 gūdúde. 2 唯一的 wéiyīde; *a ~ visitor* 唯一的客人. 3 荒凉的 huāngliángde; 冷落的 lěngluòde.

solitude /'sɒlɪtjuːd; US -tuːd/ *n* [U] 孤独[獨] gūdú; 隐[隱]居 yǐnjū.

solo /'səʊləʊ/ *n* [C] [*pl ~s*] 独奏曲 dúzòuqǔ; 独唱曲 dúchàngqǔ; *a clarinet ~* 单簧管独奏曲. **solo** *adj, adv* 独自地(的) dúzìde; *a ~ flight* 单独飞行. 2 单[單]独表演的 dāndú biǎoyǎn de; *music for ~ flute* 横笛独奏音乐. **soloist** *n* 独唱者 dúchàngzhě; 独奏者 dúzòuzhě.

solstice /'sɒlstɪs/ *n* [C] [天文] 至点[點] zhìdiǎn.

soluble /'sɒljʊbl/ *adj* 1 可溶解的 kě róngjiě de. 2 可解决的 kě jiějué de; 可解答的 kě jiědá de. **solubility** *n* [U].

solution /sə'luːʃn/ *n* 1 (a) [C] 解答 (问题) jiědá; 解决 (难题) jiějué. (b) [U] 解决的过[過]程或方法 jiějué de guòchéng huò fāngfǎ. 2

(a) [U] 溶解 róngjiě. (b) [C, U] 溶液 róngyè.

solve /sɒlv/ *v* [T] 解答 (问题等) jiědá; 解释[釋] jiěshì. **solvable** *adj*.

solvent /'sɒlvənt/ *adj* 能偿[償]还[還]的 néng chánghuán de. **solvent** *n* [C, U] 溶剂[劑] róngjì. **solvency** *n* [U] 偿付能力 chángfù nénglì.

sombre (美语 **somber**) /'sɒmbə(r)/ *adj* 1 暗色的 ànsède; 昏暗的 hūn'àn de; 阴[陰]沉的 yīnchénde; *~ colours* 暗色. 2 忧[憂]郁[鬱]的 yōuyùde; 严[嚴]峻的 yánjùnde; *a ~ mood* 忧郁的心境. **sombrely** *adv*.

some¹ /sʌm/, 弱式 səm/ *adj* 1 一些 yìxiē; 若干 ruògān; 几[幾]个[個] jǐ ge; *Have ~ milk.* 喝一点牛奶. *~ children* 几个孩子. **S~** *people have very bad manners.* 有些人的态度很不好. 2 某一 mǒuyī; *She's living at ~ place in Surrey.* 她现在住在萨里郡的某地. 3 大约 dàyuē; 大概 dàgài; *~ twenty years ago* 大约在二十年以前. 4 大量的 dàliàng de; 很大的 hěndàde; *for ~ time* 很久.

some² /sʌm/ *pron* 1 一些 yìxiē; 若干 ruògān; 几[幾]个[個] jǐ ge; *S~ of these books are quite useful.* 这些书中有几本是很有用的. 2 部分 bùfen; *S~ of the guests didn't stay for long, but most did.* 一部分客人逗留时间不长,但大多数逗留了较长时间.

somebody /'sʌmbədɪ/ (亦 作 **someone** /'sʌmwʌn/) *pron* 1 某人 mǒurén; 有人 yǒurén; *There's ~ at the door.* 有人敲门. 2 要人 yàorén; 大人物 dàrénwù; *She really thinks she's ~.* 她真以为自己是大人物.

somehow /'sʌmhaʊ/ *adv* 1 以某种[種]方式 yǐ mǒuzhǒng fāngshì; *We'll get there ~.* 我们会设法到达那里的. 2 由于某种(未知的)原因 yóuyú mǒuzhǒng yuányīn; *S~ I just don't think she'll come back.* 不知为什么,我确实不认为她会回来.

someone = SOMEBODY.

somersault /'sʌməsɔːlt/ *n* [C] 翻斗 fāndǒu. **somersault** *v* [I] 翻斗 fāndǒu.

something /'sʌmθɪŋ/ *pron* 1 某物 mǒuwù; 某事 mǒushì; *I want ~ to eat.* 我要吃点东西. 2 有意义[義]

的事物 yǒu yìyì de shìwù: *I'm sure
she knows ~ about this.* 我确
信, 她懂得这之中的门道. 3 [习语]
or something [非正式用语]诸或
如此类[类]的事物 huò zhū rú cǐ lèi
de shìwù: *She caught flu or ~.*
她患了流感或别的什么病.
something like a 'sb/sth (a) 类
似某人(或某事物) lèisì mǒurén.
(b) 近似于某人(或某事物)jìnsì yú
mǒurén.

sometime /ˈsʌmtaɪm/ *adv* 在某一
时[时]候 zài mǒuyī shíhòu: *~ in
May* 在 5 月份某个时候.

sometimes /ˈsʌmtaɪmz/ *adv* 有时
[时] yǒushí: *I ~ receive letters
from him.* 我有时收到他的来信.

somewhat /ˈsʌmwɒt; US -hwɒt/
adv 有点[点]儿[儿] yǒu diǎnr: *I
was ~ surprised.* 我有点吃惊.

somewhere /ˈsʌmweə(r); US
-hweər/ *adv* 1 在某处[处]; 到某处
某处 zài mǒuchù; dào mǒuchù: *It must be ~ near
here.* 它一定在附近某处. 2 [习
语]**get somewhere ⇨ GET.**

son /sʌn/ *n* [C] 1 儿[儿]子 érzi. 2
(用作长者对年幼男子的称呼),
What's your name, ~? 小伙
子, 你叫什么名字？**son-in-law**
n [pl **sons-in-law**] 女婿 nǚxù.

sonata /səˈnɑːtə/ *n* [C] (音乐)奏
鸣曲 zòumíngqū.

song /sɒŋ/ *n* 1 [C] 歌曲 gēqǔ;歌词
gēcí. 2 [U] 歌唱 gēchàng. 3 [习
语]**for a 'song** [非正式用语]便宜
地 piányide. **a song and 'dance** 小
题大作 xiǎo tí dà zuò.

sonic /ˈsɒnɪk/ *adj* 声[声]音的
shēngyīnde; 音速的 yīnsùde.

sonnet /ˈsɒnɪt/ *n* [C] 十四行诗
shísìhángshī.

soon /suːn/ *adv* 1 不久 bùjiǔ; 即刻
jíkè: *We shall ~ be home.* 我们
很快就要到家了. 2 早 zǎo: 快
kuài; *How ~ can you be ready?*
你什么时候能准备好？3 [习语]**as
'soon as** 一就 yī jiù; 一旦 yídàn:
*He left as ~ as he heard the
news.* 他听到消息后立即离开. **no
sooner . . . than** 刚一就 gāng yī jiù
~: *No ~ had she arrived
than she had to leave again.* 她
刚到就必须离开了. **the sooner the
'better** 愈快愈好 yù kuài yù hǎo.
sooner . . . than ('宁可(而不)
ningkě; 宁愿[愿] ~ (而不) ning-
yuàn ~: *I would ~er die than
marry you.* 我宁死不愿同你结
婚.

soot /sʊt/ *n* [U] 烟灰 yānhuī; 煤灰
méihuī. **sooty** *adj* [-ier, -iest] 被
煤灰弄脏[脏]的 bèi méihuī nòng
zāng de.

soothe /suːð/ *v* [T] 1 使平静 shǐ
píngjìng; 使镇定 shǐ zhèndìng. 2 减
轻[轻](痛苦) jiǎnqīng. **soothing**
adj.

sop /sɒp/ *n* [C] 安慰 ānwèi; 讨好
guòyú shǎngqián de.

sophisticated /səˈfɪstɪkeɪtɪd/ *adj*
1 老练[练]的;世故的 shì-
gùde; 有经[经]验[验]的 yǒu jīngyàn de. 2 复[复]杂[杂]的 fùzáde;
精细的 jiānruàndè. ~ *weapons* 尖
端武器 jiānduān wǔqì. **sophistication** /səˌfɪstɪ-
ˈkeɪʃn/ *n* [U].

soppy /ˈsɒpɪ/ *adj* [-ier, -iest]
[非正式用语]过[过]于伤[伤]感的
guòyú shǎnggǎn de.

soprano /səˈprɑːnəʊ/ *n* [C] [*pl
~s*] 女高音 nǚgāoyīn.

sorcerer /ˈsɔːsərə(r)/ (*fem* sor-
ceress /-ɪs/) *n* [C] 男巫 nán wū;
男魔术[术]师 móshùshī. **sorcery** *n* [U] 巫术 wūshù.

sordid /ˈsɔːdɪd/ *adj* 1 (地等)肮脏
[脏] 脏[脏]的 āngzāngde, 破烂
[烂]的 pòlànde, 邋遢的 lātāde, 2
(人)卑鄙的 bēibǐde, 下贱[贱]的
xiàjiànde. **sordidly** *adv*. **sordid-
ness** *n* [U].

sore /sɔː(r)/ *adj* 1 疼痛的 téng-
tòngde; 一碰就痛的 yīpèng jiù tòng
de. 2 [正式用语]严[严]重的 yán-
zhòngde: *in ~ need* 在极度缺乏
中. 3 [尤作美国非正式用语]气
[气]恼[恼]的 qìnǎode; 激怒的 jīnù-
de: *feel ~* 感觉恼火. 4 [习语]
a sore 'point 使人恼火(或惭愧)的
话题 shǐ rén nǎohuǒ de huàtí.
**stand/stick out like a sore
'thumb** 十分显[显]眼 shífēn xiǎn-
yǎn. **sore** *n* [C] (肌肤的)痛处
[处] tòngchù(疮 chuāng)处 shāngchù.
sorely *adv* 极[极]度;非常 fēi-
cháng; *~ly needed* 急需. **soreness**
n [U].

sorrow /ˈsɒrəʊ/ *n* [C, U] 悲哀(的
原因) bēi'āi; 伤[伤]心事 shāngxīn
shì.

sorry /ˈsɒrɪ/ *adj* 1 后[后]悔的
hòuhuǐde; 难[难]过[过]的 nánguò-
de: *She was ~ for her past
crimes.* 她为过去的罪行感到后
悔. 2 同情的 tóngqíngde; 怜[怜]悯的
liánmǐnde; *I do feel ~ for*

him. 我的确同情他。3 [对]不起 duìbuqǐ; 抱歉 bàoqiàn: *I'm ~, but I don't agree.* 我很抱歉,但我不能同意。4 [-ier, -iest] 贫困的 pínkùnde; 可怜的 kěliánde; *in a ~ state* 在贫困的状况之中。 **sorry** *interj* 1 (用于表示歉意): *Sorry! Did I hurt you?* 对不起! 我伤害你了吗? 2 (用于请求对方再说一遍)。

sort¹ /sɔːt/ *n* 1 [C] 种[种]类[类]种[种] zhǒnglèi; 类别 lèibié. 2 [习语] **out of 'sorts** 身体[體]不适[適]shēntǐ búshì; 脾气[氣]不好 píqi bùhǎo. **sort of** 有几[幾]分 [分]jǐ fēn; 有点[點]儿[兒] yǒu diǎnr. ~ *of pleased that it happened* 对所作事的发生多少有点欣喜。

sort² /sɔːt/ *v* 1 [T] (*out*) 分类[類]fēnlèi; 拣[揀]选[選]jiǎnxuǎn: ~ (*out*) *the good and bad apples* 把好的和坏苹果分开。 2 [短语动词] **sort sth out (a)** 整理 zhěnglǐ. (b) 解决 jiějué: ~ *out a problem* 解决一个问题。

SOS /ˌes əʊ 'es/ *n* [*sing*] (无线电)呼救信号[號]hūjiù xìnhào.

so-so /ˈsəʊsəʊ/ *adj*, *adv* [非正式用语]平平 píngpíng; 还[還]好 háihǎo; 不好也不坏[壞]bùhǎo yěbúhuài: '*How are you feeling?* ' ' *So-so.*' "你觉得怎么样?""还行。"

soufflé /ˈsuːfleɪ; *US* suːˈfleɪ/ *n* [C, U] 蛋奶酥 dànnǎisū.

soul /səʊl/ *n* 1 [C] 灵[靈]魂 línghún. 2 [C, U] 精神 jīngshén; 精力 jīnglì; 热[熱]情 rèqíng: *put ~ into one's work* 全神贯注地工作. 3 [*sing*] 化身 huàshēn; 典型 diǎnxíng: *the ~ of discretion* 谨慎的典型. 4 [C] 人 rén: *not a ~ to be seen* 一个人影也看不到. 5 = SOUL MUSIC (SOUL). **soul-destroying** *adj* (工作)单[單]调无[無]味的 dāndiào wúwèi de, 无聊的 wúliáode; 累赘的 léizhuìde. **soulful** *adj* 热情的 rèqíngde; 深情的 shēnqíngde. **soulfully** *adv*. **soulless** *adj* 无情的 wúqíngde. '**soul music** [U] 灵乐[樂](美国现代黑人通俗音乐)língyuè. **soul-searching** *n* [U] 反省 fǎnxǐng; 反躬自问 fǎn gōng zì wèn.

sound¹ /saʊnd/ *adj* 1 健康的 jiànkāngde; 健全的 jiànquánde: *a ~ body* 健康的身体. 2 健全的 jiànquánde; 正常的 zhèngchángde: *a ~ worker* 一个细心的工人. 3 合理

的 hélǐde; 明智的 míngzhìde: *a ~ policy* 明智的政策。4 彻[徹]底的 chèdǐde; 充分的 chōngfènde: *be a ~ sleeper* 充分入睡的人。**sound** *adv* 彻底地 chèdǐde; 充分地 chōngfènde: ~ *asleep* 熟睡的. **soundly** *adv* 彻底地 chèdǐde; 充分地 chōngfènde; 健全地 jiànquánde.

sound² /saʊnd/ *n* 1 [C, U] 声[聲]音 shēngyīn; 声[聲]响 shēngxiǎng: *the ~ of drums* 鼓声。2 [C] 印象 yìnxiàng; 感觉[覺]gǎnjué; 语气[氣]yǔqì; 笔[筆]调 bǐdiào: *I don't like the ~ of him.* 我不喜欢他的语气。'**sound barrier** *n* [C] 声障 shēngzhàng; 音障 yīnzhàng. '**sound effects** *n* [*pl*] 音响[響]效果 yīnxiǎng xiàoguǒ. '**sound-proof** *adj* 隔音的 géyīnde. '**sound-proof** *v* [T] 使(某物)隔音 shǐ géyīn. '**sound-track** *n* [C] (影片上的)声带[帶]shēngdài.

sound³ /saʊnd/ *v* 1 [I] 听[聽]起来(似乎) tīng qǐlái: *His story ~s genuine.* 他的事听起来好像是真的。2 [I, T] (使)发[發]声[聲](叫)fā shēng. 3 [T] 用声音发出(信号) ~ *the alarm* 发出警报。4 [T] 发……音 fā yīn: *Don't sound the 'b' in 'dumb'.* "dumb" 中的"b"不发音。5 [短语动词] **sound off** [非正式用语]大声吹嘘 dà shēng chuīxū.

sound⁴ /saʊnd/ *v* [I, T] 测(海等)深度 cè shēndù. 2 [短语动词] **sound sb out (about/on sth)** 试探某人(对某事物)的意见 shìtàn mǒurén de yìjiàn.

soup /suːp/ *n* [U] 1 汤[湯]tāng; 羹 gēng. 2 [习语] **in the 'soup** [非正式用语]处[處]在困难[難]中 chǔyú kùnnan zhōng; 陷入困境 xiànrù kùnjìng.

sour /ˈsaʊə(r)/ *adj* 1 酸的 suānde; 酸味的 suānwèide. 2 酸臭的 suānchòude; 馊[餿]的 sōude: ~ *milk* 发酸了的牛奶. 3 脾气[氣]坏[壞]的 píqi huài de. 4 [习语] **go/turn 'sour** 变[變]得不愉快 biàn de bù yúkuài; 变糟糕 biàn zāo. **sour** *v* [I, T] (使)变酸 biàn suān. **sourly** *adv*. **sourness** *n* [U].

source /sɔːs/ *n* [C] 1 源头[頭]yuántóu; 来源 láiyuán; 出处[處]chūchù: *the ~ of a river* 河流的源头。*the ~ of belief* 信念的来源。

south /saʊθ/ *n* [*sing*] 1 **the south** 南 nán; 南方 nánfāng. 2 **the South**

(一国的)南部 nánbù, 南部地区 [区] nánbù dìqū. **south** *adj* 1 南方的 nánfāngde; 向南的 xiàng nán de. 2 (风)来自南方的 lái zì nánfāng de. **south** *adv* 向南 xiàng nán. ,south-'east *n* [sing], *adj*, *adv* (位于、面向)东南 dōngnán. ,south-'eastern *adj*. **southerly** /'sʌðəlɪ/ *adj*, *adv* 1 向南的 xiàng nán, 在南方 zài nánfāng. 2 (风)来自南方的 lái zì nánfāng de. **southern** /'sʌðən/ *adj* (世界、国家等)南方的 nánfāngde, 南部的 nánbùde. **southerner** *n* [C] 南方人 nánfāngrén. **southward** /'saʊðwəd/ *adj* 向南的 xiàng nánfāng de. **southward(s)** /'saʊðwəd(z)/ *adj*, *adv* 向南 xiàng nánfāng de. ,south-'west *n* [sing], *adj*, *adv* (位于、面向)西南 xīnán. ,south-'western *adj*.

souvenir /ˌsuːvə'nɪə(r)/ *n* [C] 纪念品 jìniànpǐn.

sovereign /'sɒvrɪn/ *n* [C] 国王 guówáng; 女王 nǚwáng. **sovereign** *adj* 1 (权力)最高的 zuìgāode, 无(無)上的 wúshàngde. 2 (国家、统治者)独立自主的 dúlì zìzhǔ de. **sovereignty** /'sɒvrəntɪ/ *n* [U] 君权[權] jūnquán; 统治权 tǒngzhìquán; 主权 zhǔquán.

Soviet /'səʊvɪət/ *adj* (前)苏[蘇]联[聯]的 Sūliánde; 苏联人的 Sūliánrénde.

sow[1] /saʊ/ *n* [C] 大母猪 dà mǔzhū.

sow[2] /səʊ/ *v* [*pt* ~ed, *pp* ~n /səʊn/ 或 ~ed] [T] 1 播种[種] bōzhòng. 2 (传[傳])播 chuánbò; 使[產]生(感情等) shǐchǎnshēng; ~ discontent 产生不满情绪.

soya bean /'səʊə biːn/ *n* [C] 大豆 dàdòu; 黄豆 huángdòu.

spa /spɑː/ *n* [C] 矿[礦]泉(疗养地) kuàngquán.

space /speɪs/ *n* 1 [C, U] 空隙 kòngxì; 间隔 jiàngé; *a narrow ~ between the chairs* 椅子间很小的空隙. 2 [C, U] 地方 dìfang; 地位 dìwèi; *the wide open ~* 开阔地. 3 [U] 空间 kòngjiān; 余[餘]地 yúdì; 未被占[佔]用之处[處] wèi bèi zhànyòng zhī chù; *There's not enough ~ here.* 这儿没有足够的余地了. 4 [U] (存在的)空间 kòngjiān; *stare into ~* 极目远眺. 5 [U] (亦作 **outer 'space**) 外层[層]空间 wàicéng kòngjiān; 太空 tàikōng. 6 [C] 持续[續]时[時]间 chíxù shíjiān; 期间 qījiān; *within the ~ of a day* 一天之内. **space** *v* [T] (*out*) (均匀地)分隔开[開] fēngékāi. **'space-age** *adj* 太空时代的 tàikōng shídài de. **'space-craft**, **'spaceship** *n* [C] 宇宙飞[飛]船 yǔzhòu fēichuán; 航天器 hángtiānqì. **'space exploration** *n* [U] 宇宙探索 yǔzhòu tànsuǒ. **'space flight** *n* 1 [C] 航天飞行 hángtiān fēixíng. 2 [U] 宇宙旅行 yǔzhòu lǚxíng. **'space programme** *n* 航天计划[劃] hángtiān jìhuà. **'space station** *n* [C] 航天站 hángtiānzhàn; 太空站 tàikōngzhàn. **'spacesuit** *n* [C] 宇航服 yǔhángfú. **'space travel** *n* [U] 宇宙旅行 yǔzhòu lǚxíng.

spacious /'speɪʃəs/ *adj* 广[廣]阔的 guǎngkuòde; 宽敞的 kuānchǎngde. **spaciousness** *n* [U].

spade /speɪd/ *n* [C] 1 铲[鏟] chǎn; 铁[鐵]锹 tiěqiāo. 2 (纸牌)黑桃 hēitáo. **'spadework** *n* [U] 艰[艱]苦的基础[礎]工作 jiānkǔ de jīchǔ gōngzuò.

spaghetti /spə'ɡetɪ/ *n* [U] 细圆面[麵]条(條) xì yuán miàntiáo.

Spain /speɪn/ *n* [U] 西班牙 Xībānyá.

span /spæn/ *n* [C] 1 跨度 kuàdù. 2 (时间的)自始至终 zì shǐ zhì zhōng; *the ~ of a person's life* 人的寿命. **span** *v* [-nn-] [T] 1 跨过[過] kuàguò; 跨越 kuàyuè. 2 (时间)持续[續] chíxù; 经[經]历[歷] jīnglì; *a life ~ning fifty years* 一生经历了五十个年头.

Spaniard /'spænjəd/ *n* [C] 西班牙人 Xībānyárén.

spaniel /'spænɪəl/ *n* [C] 一种[種]长[長]毛垂耳狗 yìzhǒng cháng máo chuí ěr gǒu.

Spanish /'spænɪʃ/ *adj* 西班牙的 Xībānyáde. **Spanish** *n* 1 [pl] the Spanish 西班牙人 Xībānyárén. 2 [U] 西班牙语 Xībānyáyǔ.

spank /spæŋk/ *v* [T] 打(小孩)屁股 dǎ pìgu. **spank** *n* [C].

spanner /'spænə(r)/ *n* [C] (美语 **wrench**) *n* [C] 扳头[頭] bāntóu; 扳手 bānshǒu.

spar[1] /spɑː(r)/ *v* [-rr-] [I] 1 (*with*) 用拳轻[輕]击[擊](练习拳击) qīngjī dòuzuài; 争吵 zhēngchǎo.

spare[1] /speə(r)/ *adj* 1 (a)剩余[餘]的 shèngyúde; 多余的 duōyúde; *two ~ chairs* 两把多余的椅子. (b) (时间)空闲的 kòngxiánde.

2(人)瘦的 shòude. spare (亦作 ˌspare 'part) n [C] 备(備)用部件 bèiyòng bùjiàn. spare tyre n [C] 备用轮(輪) bèiyòng lúntāi.

spare² /speə(r)/ v [T] 1 抽出(时间) chōuchū;让(讓)给(給)金钱) gěi: Can you ~ me a few minutes? 你能给我几分钟时间吗? 2 节(節)约 jiéyuē;吝惜 lìnxī: No expense was ~d. 不惜花费大量金钱. 3 不伤(傷)害 bù shānghài;饶(饒)恕 ráoshù;赦免 shèmiǎn: ~ a prisoner's life 饶恕人一命. 4[习语] spare a 'thought for 考虑(慮)下决心) kǎolù. sparing adj 节省的 jiéshěngde;不浪费的 bù làngfèi de. sparingly adv.

spark /spɑːk/ n [C] 1 火星 huǒxīng;火花 huǒhuā. 2 [常作 sing][喻]事物的迹(跡)象 jìxiàng: not a ~ of decency in him 他一点也不正重. sparks n [pl] 火花 huǒhuā. 5[飞]火星 fēi huǒxīng. 2[短语动词] spark sth off 为(爲)...的直接原因 wéi...de zhíjiē yuányīn; 导(導)致 dǎozhì. 'spark-plug (亦作 'sparking-plug) n [C](内燃机的)火花塞 huǒhuāsāi.

sparkle /'spɑːkl/ n [I] 闪光 shǎnguāng;闪耀 shǎnyào;[喻] Her conversation ~d. 她的谈话闪耀着才智. sparkle n [C, U] 闪光 shǎnguāng;闪耀 shǎnyào;[喻] a performance lacking in ~ 缺乏生气的表演. sparkling /'spɑːklɪŋ/ adj.

sparrow /'spærəu/ n [C] 麻雀 máquè.

sparse /spɑːs/ adj 稀少的 xīshǎode: population 人口稀少. sparsely adv. sparseness n [U].

spasm /'spæzəm/ n 1 [C, U]抽筋 chōujīn;痉(痙)挛(攣)(攣) jìngluán. 2 突然发(發)作(擊)jìngluán. 2 突然发(發)作 jìngluán.

spasmodic /spæz'mɒdɪk/ adj 间歇的 jiànxiēde;阵发性的 zhènfāxìngde. 2 痉挛引起的 jìngluán yǐnqǐ de. spasmodically adv.

spastic /'spæstɪk/ n [C], adj 痉(痙)挛(攣)(的人) jìngluán(de);患大脑(腦)麻痹的(人) huàn dànǎo mábì de.

spat pt, pp of SPIT².

spate /speɪt/ n [sing] 突然增多 tūrán zēngduō: a ~ of robberies 盗窃的突然增多.

spatial /'speɪʃl/ adj 空间的 kōngjiānde;关(關)于空间的 guānyú kōngjiān de. spatially adv.

spatter /'spætə(r)/ v [I, T] 溅(濺)jiàn;洒(灑)sǎ;泼(潑)pō. spatter n [sing] 一阵洒落 yízhèn sǎluò;阵雨 zhènyǔ.

spatula /'spætjulə/ n [C](涂敷用的)抹刀 mǒdāo;刮铲(鏟)guāchǎn.

spawn /spɔːn/ n [U](鱼、蛙等的)卵 luǎn,子 zǐ. spawn v [I, T] 1使(鱼等)产(產)卵 chǎn luǎn. 2[喻]大量生产 dàliàng shēngchǎn.

speak /spiːk/ v [pt spoke /spəuk/, pp spoken /'spəukən/] 1 [I] 讲话 shuō;说话 shuōhuà: I was ~ing to her about my plans. 我正在和她讲我的打算. 2 [T] 能说(某种语言)néng shuō: ~ French 能讲法语. 3 [I] 演说 yǎnshuō;发(發)言 fāyán. 4 [T] 说明 shuōmíng;说出 shuōchū: ~ the truth 说真话. 5 [I](不用宾语)表示意见 biǎoshì yìjiàn: Actions ~ louder than words. 行动胜于言辞. 6[习语] on 'speaking terms (与某人)熟识(識)到可以交谈的程度 shúshí dào kěyǐ jiāotán de chéngdù. speak one's 'mind 公开(開)表达(達)观(觀)点(點) gōngkāi biǎodá guāndiǎn. 7[短语动词] speak for sb (a) 陈述某人的意见 chénshù mǒurén de yìjiàn. (b) 为(爲)某人作证(證) wèi mǒurén zuòzhèng. speak out 大胆(膽)明确(確)地说出意见 dàdǎn míngquè de shuōchū yìjiàn. speak up (a) 大点声(聲)说 dà diǎn shēng shuō. (b) 大声说出 dàshēng shuōchū. speaker n [C] 1 发言者 fāyánzhě. 2 某种(種)语言的人 shuō mǒuzhǒng yǔyán de rén: a French ~ 说法语的人. 3 short for LOUD-SPEAKER.

spear /spɪə(r)/ n [C] 矛 máo;枪(槍)qiāng. spear v [T](用矛)刺 cì. spearhead n [C] 先头(頭)突击(擊)部队 xiāntóu tūjī bùduì. spearhead v [T]当(當)...的先锋 dāng...de xiānfēng. spearhead v [T]当(當)...的先锋 dāng...de xiānfēng.

spearmint /'spɪəmɪnt/ n [U] 植物]留兰(蘭)香 liúlánxiāng.

special /'speʃl/ adj 1 特别的 tèbiéde;特殊的 tèshūde. 2 专(專)门的 zhuānménde;特设的 tèshède. 3 格外的 géwàide;额外的 éwàide: ~ treatment 额外的待遇. special n [C] 1 专列(车)zhuānliè;特

刊 tèkān; 号 [號] 外 hàowài: *a television ~ about the elections* 电视上关于选举的专题报道. 2 [美国非正式用语] 大减价 [價] dà jiǎn jià; 特价 tèjià. **specialist** *n* [C] 专家 zhuānjiā. **specially** *adv* 特别地 tèbiéde; 专门地 zhuānménde.

speciality /ˌspeʃɪˈælətɪ/ (美语尤作 **specialty** /ˈspeʃəltɪ/) *n* [C] 1 专 [專] 业 [業] zhuānyè; 特长 tè-cháng. 2 优 [優] 质 [質] 品 yōuzhì-pǐn; 特产 [產] tèchǎn.

specialize /ˈspeʃəlaɪz/ *v* [I] (*in*) 成为专 [專] 家 chéngwéi zhuānjiā; 专门研究 zhuānmén yánjiū: *~ in modern history* 专攻近代史. **specialization** /-ˈzeɪʃn; US -lɪˈz-/ *n* [U].

species /ˈspiːʃiːz/ *n* [C] [*pl* **species**] (生物的)种 [種] zhǒng, 种类 [類] zhǒnglèi.

specific /spəˈsɪfɪk/ *adj* 1 具体 [體] 的 jùtǐde; 明确 [確] 的 míngquè-de; *~ instructions* 明确的指示. 2 特有的 tèyǒude; 特定的 tèdìngde; 特定的 tèdìngde: *for a ~ purpose* 为一个特定的目的. **specifically** /-klɪ/ *adv*.

specification /ˌspesɪfɪˈkeɪʃn/ *n* [C, 常作 *pl*] 规格 guīgé; 清单 [單] qīngdān; 说明书 [書] shuōmíngshū.

specify /ˈspesɪfaɪ/ *v* [*pt*, *pp* -**ied**] [T] 规定 guīdìng; 载明 zǎi-míng; 详述 xiáng shù.

specimen /ˈspesɪmɪn/ *n* [C] 1 标 [標] 本 biāoběn; 样 [樣] 品 yàngpǐn; 样张 [張] yàngzhāng: *a ~ of her work* 她的工作的一个样品. 2 试样 shìyàng.

speck /spek/ *n* [C] 斑点 [點] bān-diǎn; 微粒 wēilì; 污点 wūdiǎn.

speckle /ˈspekl/ *n* [C](尤指皮毛上的)小斑点 [點] xiǎo bāndiǎn. **speckled** *adj*.

spectacle /ˈspektəkl/ *n* 1 [C]公开 [開] 展示 gōngkāi zhǎnshì; 场 [場] 面 chǎngmiàn. 2 [C] 景象 jǐngxiàng; 奇观 [觀] qíguān; 壮 [壯] 观 zhuàng-guān. 3 [*pl*] [正式用语] 眼镜 yǎn-jìng.

spectacular /spekˈtækjulə(r)/ *adj* 壮 [壯] 观 [觀] 的 zhuàngguānde; 洋洋大观的 yángyáng dà guān de. **spectacularly** *adv*.

spectator /spekˈteɪtə(r)/ *n* [C]观 [觀] 众 [眾] guānzhòng; 观看者 guānkànzhě.

spectrum /ˈspektrəm/ *n* [常作 sing] [*pl* **-tra** /-trə/] 1 光谱

guāngpǔ. 2 [喻]系列 xìliè: *a ~ of opinions* 一系列的不同意见.

speculate /ˈspekjuleɪt/ *v* [I, T]思考 sīkǎo; 推测 tuīcè. 2 [I]投机 [機] tóujī. **speculation** /-ˈleɪʃn/ *n* [C, U]. **speculative** *adj*.

sped /sped/ *pt*, *pp* of SPEED.

speech /spiːtʃ/ *n* 1 [U] 说话 shuō-huà;说话方式或能力 shuōhuà fāng-shì huò nénglì. 2 [C] 演说 yǎnshuō;发 [發] 言 fāyán: *make a ~* 发表演说. **speechless** *adj* 说不出话的 shuō bù chū huà de.

speed /spiːd/ *n* 1 [U]快 kuài;迅速 xùnsù: *move with great ~* 行动很迅速. 2 [C, U]速度 sùdù: *a ~ of 10 kilometres an hour* 每小时10公里的速度. [习语] (*at*) **full speed** ⇨FULL. **speed** *v* [*pt*, *pp* **sped**/sped/, 第 2 义作 ~**ed**] 1 迅速前进 [進] xùnsù qiánjìn;快行 kuàixíng. 2 超速行驶 chāo sù xíng-shǐ. 3[短语动词] **speed** (**sth**) **up** 加速 jiā sù;加快 jiā kuài: *~ up production* 加快生产. '**speed camera** *n* [C]车[車]速监[監]控摄[攝]像机[機] chēsù jiānkòng shèxiàngjī. '**speed hump** *n* [C] 缓冲[衝]路脊 huǎnchōng lùgǒng;减速路脊 jiǎnsù lùjǐ. **speedometer** /spiːˈdɒmɪtə(r)/ *n* [C]速度计[計]sùdùjì. '**speedway** *n* [C, U] (摩托车)赛车跑道 sàichē pǎodào. **speedy** *adj* [-**ier**, -**iest**] 快的 kuàide;迅速的 xùnsùde.

spell[1] /spel/ *n* [C] 咒语 zhòuyǔ;符咒 fúzhòu; [喻] *under the ~ of a fascinating man* 被充满魅力的人迷住. '**spell-bound** *adj* 被迷惑的 bèi míhuò de;入迷的 rùmíde.

spell[2] /spel/ *n* [C] 1 一段时[時]间 yíduàn shíjiān: *a ~ in prison* 在狱中服刑期间. 2 (活动或工作的)一段时间 yíduàn shíjiān: *a ~ at the wheel* 开一段时间的车.

spell[3] /spel/ *v* [*pt*, *pp* **spelt** /spelt/ 或 **spelled** /speld/] 1 [I, T]用字母拼写 yòng zìmǔ pīnxiě;拼写 [寫] pīnxiě. 2[I](字母)拼成(词) [詞] pīnchéng: *C-A-T ~s cat*. C-A-T 拼成 cat. 3 [T] 招致 zhāozhì; [喻] 带[帶] 来 dàilái: *Does laziness always ~ failure?* 懒惰总是招致失败吗? 4[短语动词] **spell sth out** 讲清楚某事 jiǎng qīngchu mǒu shì;说明 shuōmíng. '**spellchecker** *n* [C] 拼写检 [檢] 查器 pīnxiě jiàncháqí. **spelling** n [U] (**a**) 拼写能力 pīnxiě nénglì. (**b**) 拼写 pīnxiě. 2 [C]拼法 pīnfǎ.

spend /spend/ v [pt, pp **spent** /spent/] 1 [I, T] (on) 用(钱) yòng;花费 huāfèi. 2 [T] 消磨(时间) xiāomó; ~ a week in hospital 在医院中住了一星期. 3 [T] 花(时间等) huā; ~ one's energy cleaning the house 花力气把房屋打扫干净. 4 [习语] spend a **penny** [非正式用语][婉]去厕所 qù cèsuǒ. '**spendthrift** n [C] 挥(揮)金如土者 huī jīn rú tǔ zhě.

spent adj 衰竭的 shuāijiéde;耗尽(盡)的 hàojìnde;用过(過)的 yòngguòde.

sperm /spɜːm/ n [U] 精液 jīngyè; 精子 jīngzǐ.

spew /spjuː/ v [I, T] (使)喷出 pēnchū;(使)射出 shèchū.

sphere /sfɪə(r)/ n [C] 1 球 qiú;球体(體) qiútǐ. 2(兴趣、活动、势力等的)范(範)围[圍] fànwéi,领域 lǐngyù. **spherical** /ˈsferɪkl/ adj 球形的 qiúxíngde.

spice /spaɪs/ n 1 [C,U] 香料 xiāngliào;调味品 tiáowèipǐn. 2 [U] [喻]趣味 qùwèi;风(風)味 fēngwèi: add ~ to a story 增添故事的兴味. **spice** v [T] 加香料于 jiā xiāngliào yú. **spicy** adj [-ier, -iest] 1 加香料的 jiā xiāngliào de;香的 xiāngde. 2[喻]有刺激性的 yǒu cìjīxìng de.

spick /spɪk/ adj [习语] ,spick and 'span [乾]净的 gānjìngde;整洁(潔)的 zhěngjiéde.

spider /ˈspaɪdə(r)/ n [C] 蜘蛛 zhīzhū. **spidery** adj [书法)(笔[筆]划(劃]细长[長]的 bǐhuà xìchángde.

spied /spaɪd/ pt, pp of SPY.

spike /spaɪk/ n [C] 1 尖端 jiānduān. 2(鞋底的)防滑钉 fánghuádìng. 3 穗 suì. **spike** v [T] 用尖物刺 yòng jiānwù cì. **spiky** adj [-ier, -iest] 长满尖钉的 chángmǎn jiāndìng de.

spill /spɪl/ v [pt, pp **spilt** /spɪlt/ 或~ed] [I, T] 1 (使)溢出 yìchū;(使)溅出 jiànchū. 2 [习语] spill the 'beans [非正式用语]泄露秘密 xièlòu mìmì.

spin /spɪn/ v [**-nn-**;pt 或 pp **spun** /spʌn/ 或 **span** /spæn/, pp **spun**] [I,T] 1 (使)旋转(轉) xuánzhuǎn. 2 纺(紗、线)fǎng;纺绩 fǎngjì. 3 [T] 编结 biānjié;

Spiders ~ webs. 蜘蛛结网. 4 [T] [非正式用语][喻]编造(故事) biānzào. 5 [短语动词] spin sth out 尽(盡)量使叙述持续(續)jìnliàng shǐ mòuwù chíxù;延长[長] yáncháng. **spin** n 1 [C,U] 旋转(轉)xuánzhuǎn. 2 乘汽车兜一圈 chéng qìchē dōu yìquān. 3 [习语] in a (flat) 'spin 惊[驚]慌失措 jīnghuāng shīcuò;紊乱[頭]转向 yūn tóu zhuǎn xiàng. '**spin-drier** n [C] 旋转式脱水机(機) xuánzhuǎnshì tuōshuǐjī;甩干(乾)机 shuǎigānjī. '**spin-off** n [C] 副产(產)品 fùchǎnpǐn.

spinach /ˈspɪnɪdʒ/ n [U] 菠菜 bōcài.

spinal /ˈspaɪnl/ adj [解剖]脊椎骨的 jǐchuīgǔde.

spindle /ˈspɪndl/ n [C] 1 纺锤 fǎngchuí;锭子 dìngzi. 2 轴 zhóu,轴杆 zhóugǎn. **spindly** adj [-ier, -iest]细长(長)的 xìchángde.

spine /spaɪn/ n [C] 1 = BACK-BONE (BACK[1]. 2 (动植物的)针茎 zhēnjīng. 3 书[書]脊 shūjí. '**spine-chilling** adj 令人毛骨悚然的 lìng rén máo gǔ sǒngrán de. **spineless** adj [贬]胆(膽)小的 dǎnxiǎode;无[無]骨气(氣)的 wú gǔqì de. **spiny** adj [-ier, -iest] 多刺的 duōcìde.

spinster /ˈspɪnstə(r)/ n [C] [有时贬]未婚女子 wèi hūn nǚzǐ;老处[處]女 lǎo chǔnǚ.

spiral /ˈspaɪərəl/ n [C] 螺旋形 luóxuánxíng: A snail's shell is a ~. 蜗牛的壳是一个螺旋形. 2 [常作 sing] 交替上升或下降 jiāotì shàngshēng huò xiàjiàng. **spiral** adj 螺旋形的 luóxuánxíngde. **spiral** v [**-ll-**;美语 **-l-**] [I] 1 盘(盤)旋 pánxuán;螺旋式移动(動) luóxuánxíng yídòng. 2 增长[長]或减少 zēngzhǎng huò jiǎnshǎo.

spire /ˈspaɪə(r)/ n [C] (尤指教堂的)塔尖 tǎjiān,尖顶 jiāndǐng.

spirit /ˈspɪrɪt/ n 1 [C,U] 精神 jīngshén;心灵[靈] xīnlíng. 2[C] 灵魂 línghún;鬼怪 guǐguài. 3[C] 人:person 人物 rénwù: What a generous ~! 多么慷慨的人哪! 4 [U] 勇气(氣) yǒngqì;生气 shēngqì: act with ~ 有勇敢的行为. 5 [sing] 态[態]度 tàidù: It depends on the ~ in which it was done. 那要看是抱什么态度行事的. 6 [U] 精神实(實)质(質] jīngshén shízhì: obey the ~, not the letter, of the *law*. 服从法律的精神, 而不是它的字句. **7 spirits** [pl] 情绪 qíngxù; 心情 xīnqíng; 兴(興)致 xīngzhì: *in high* ~*s* 兴高采烈. **8** [C, 常作 pl] 烈酒 lièjiǔ. **9** [习语] **in spirit** 在内心里(裏) zài nèixīn lǐ. **spirit** *v* [短语动词] **spirit sth/sb away/off** 迅速而神秘地带(帶)走 xùnsù ér shénmì de dàizǒu; 拐走 guǎizǒu. **spirited** *adj* 有勇气的 yǒu yǒngqì de; 有生气的 yǒu shēngqì de. **2** 有…情绪的 yǒu…qíngxù de; 心情…的 xīnqíng…de: *high-/low-spirited* 高兴的 zhìqì de.

spiritual /'spɪrɪtʃʊəl/ *adj* **1** 精神的 de jīngshén de; 心灵(靈)的 xīnlíng de. **2** 宗教的 zōngjiào de. **spiritual** *n* [C] 美国(國)黑人的圣(聖)歌 Měiguó hēirén de shènggē. **spiritually** *adv*.

spit¹ /spɪt/ *n* [C] 烤肉叉 kǎoròuchā; 叉子 chāzi. **2** (伸入海中的狭(狭)长(長)陆(陸)地 shēnrù hǎizhōng de xiácháng lùdì; 岬角 jiǎjiǎo.

spit² /spɪt/ *v* **-tt-**; *pt, pp* **spat** /spæt/ **1** [I] 吐(唾沫) tù. **2** [T] (*out*) 吐出(某物) tǔchū. **3** [I] (愤怒地) 大声(聲)叫喊 dàshēng jiàohǎn: ~ (*out*) *a command* 厉声发布命令 lì shēng. **3** [I] [与 *it* 连用] (雨、雪) 零零下降 fēifēi xiàjiàng. **4** [习语] **be the spitting image of sb** ⇒ **IMAGE**. **spit** *n* [U] 唾液 tuòyè.

spite /spaɪt/ *n* [U] 怨恨(惡) yuànhèn; 恶(惡)意 èyì; 意欲造成痛苦 yìyù zàochéng tòngkǔ: *do sth out of* ~ 做某事是出于怨恨. **2** [习语] **in spite of** 不管 bùguǎn; 不顾(顧) bùgù: *They went out in* ~ *of the rain*. 尽管下雨, 他们还是出去了. **spite** *v* [T] 恶意对(對)待 èyì duìdài; 刁难(難) diāonàn. **spiteful** *adj*.

splash /splæʃ/ *v* **1** (**a**) [I] (水) 溅(濺) jiàn; (水) 滴 dī. (**b**) [T] 泼(潑)(水) pō: ~ *water on the floor* 在地板上泼水. **2** [T] 显(顯)示 xiǎnshì; 鼓吹 gǔchuī: ~ *his name all over the newspapers* 在报纸上为他大力宣传. **3** [短语动词] **splash out (on sth)** [非正式用语](在某事物上)大量花钱(錢) dàliàng huāqián. **splash** *n* [C] 溅泼(潑)声 fēijiàn pōsǎng; 溅泼的斑点(點) jiànwǔ de bāndiǎn.

spleen /spliːn/ *n* [C] [解剖]脾 pí; 脾脏(臟) pízàng.

splendid /'splendɪd/ *adj* **1** 壮(壯)丽(麗)的 zhuànglìde; 辉煌的 huīhuángde: *a* ~ *view* 壮丽的景色. **2** [非正式用语]极(極)好的 jíhǎode; 令人满意的 lìng rén mǎnyì de: *a* ~ *performance* 极好的演出. **splendidly** *adv*.

splendour (美语 **-dor**) /'splendə(r)/ *n* [U] 壮(壯)丽(麗)[麗] zhuànglì; 光辉 guānghuī.

splice /splaɪs/ *v* [T] 绞接(绳头) jiǎojiē; 拼接(木柜等) pīnjiē.

splint /splɪnt/ *n* [C] [医用]夹(夾)板 jiābǎn.

splinter /'splɪntə(r)/ *n* [C](木、玻璃等)碎片 suìpiàn. **splinter** *v* [I, T] (使)裂成碎片 (使)chéng suìpiàn.

splinter group *n* [C] (自原政党)分裂出来的派别 fēnliè chūláì de pàibié.

split /splɪt/ *v* **-tt-**; *pt, pp* **split** **1** [I, T] (使)裂开 lièkāi. **2** [T] (使)分裂成派别 shǐ fēnliè chéng pàibié: *Arguments* ~ *the group*. 争吵使团体分裂. **3** [I, T] (*open*) (使)打开(開) dākāi: *The box* ~ (*open*). 箱子突然打开. **4** [T] 分配 fēnpéi: ~ *the profits* 分配利润. **5** [I] [尤作美语] 离(離)开 líkāi: *Let's* ~! 我们走吧! **6** [习语] **split 'hairs** 作细致的计较 zuò xìzhì de pǒuxī. **split one's 'sides** 捧腹大笑 pěngfù dà xiào. **7** [短语动词] **split up** 绝交 juéjiāo; 断绝关系 duànjué guānxì. **split** *n* **1** [C] 裂开 lièkāi; 裂缝 lièfèng. **2** [C] 分开 fēnkāi; 分化 fēnhuà. **3** [C] 分裂 fēnliè; 分离 fēnlí. **4 the splits** [pl] 劈叉 pīchà. **split perso'nality** *n* [C] 人格分裂症 réngé fēnliè zhèng. **split 'second** *n* [C] 一刹那 yīchànà.

splutter /'splʌtə(r)/ *v* **1** [I, T] (因激动等)急促地乱(亂)说 jíchù de luànshuō. **2** [I] 发(發)爆裂声 fā pīpāshēng; 作爆裂声 lièshēng: *The fire* ~*ed*. 这火劈劈啪啪地燃烧着. **splutter** *n* [C] 劈啪声 pīpāshēng; 爆裂声 bàolièshēng.

spoil /spɔɪl/ *v* *pt, pp* ~**t** 或 ~**ed** **1** [T] 破坏(壞) pòhuài; 损害 sǔnhài: *Rain* ~*ed our holiday*. 下雨破坏了我们的假日. **2** [T] 宠(寵)坏 chǒng huài; 溺爱(愛) nì'ài. **3** [食物]变(變)坏 biàn huài; 腐败 fǔbài. **spoils** *n* [pl] [正式用语]赃(臟)物 zāngwù; (分得的)利益 lìyì,

'spoil-sport n [C] 扫[掃]兴[興]的人 sǎoxìng de rén.

spoke[1] /spəuk/ n [C] 轮[輪]辐 lúnfú;辐条[條] fútiáo.

spoke[2] pt of SPEAK.

spoken pp of SPEAK.

spokesman /'spəuksmən/ [pl -men /-mən/] **spokesperson** [pl -people] **spokeswoman** [pl -women] n [C] 发[發]言人 fāyánrén.

sponge, 2 /spʌndʒ/ n 1 [C]海绵 hǎimián, 2 [U]海绵状[狀]物 hǎimiánzhuàng wù. 3 ⇒ SPONGE-CAKE. **sponge** v 1 [T]用海绵措拭 yòng hǎimián kāishì. 2 [I]~(*money off/from one's friends* 从朋友处讨钱. **'sponge-cake** n [C,U] 松[鬆]糕 sōnggāo. **spongy** adj [-ier,-iest].

sponsor /'spɒnsə(r)/ n [C] 1 发[發]起人 fāqǐrén;主办[辦]人 zhǔbànrén. 2 负责人 fùzérén;担[擔]保人 dānbǎorén. **sponsor** v [T] 1 担保 dānbǎo;倡[倡]议 chàngyì. 2 资助 zīzhù;捐助 juānzhù. **sponsorship** n [U].

spontaneous /spɒn'teɪnɪəs/ adj 自发[發]的 zìfāde;自然产[産]生的 zìrán chǎnshēng de;主动[動]的 zhǔdòngde; a ~ offer of help 主动提供帮助. **spontaneity** /ˌspɒntə'neɪətɪ/ n [U]. **spontaneously** adv.

spoof /spu:f/ n [C] [非正式用语] 滑稽的模仿 huájī de mófǎng.

spooky /'spu:kɪ/ adj [-ier,-iest] [非正式用语] 吓[嚇]人的 xiàrénde.

spool /spu:l/ n [C] 线[線]轴 xiànzhóu;卷轴 juànzhóu.

spoon /spu:n/ n [C] 匙 chí;调羹 tiáogēng, **spoon** v [T] 用匙舀取 yòng chí yǎoqǔ. **'spoon-feed** v (对某人)作填鸭式灌输 zuò tiányāshì guànshū.

sporadic /spə'rædɪk/ adj 偶尔[爾]发[發]生的 ǒu'ěr fāshēng de. **sporadically** /-klɪ/ adv.

spore /spɔ:(r)/ n [C] [植物]孢子 bāozǐ.

sport /spɔ:t/ n 1 [C,U]娱乐[樂]游戏[戲] yúlè yóuxì. 2 **sports** [pl] 运[運]动[動]会[會] yùndònghuì; school ~s 学校运动会. 3 [C] [非正式用语]讲义气的人 jiǎngyìqi de rén;和善的人 héshàn de rén. **sport** v [T] 炫耀 xuànyào;夸[誇]示

kuāshì; ~ a new beard 炫耀新蓄的胡子. **sporting** adj 1 运动的 yùndòngde;喜爱[愛]运动的 xǐ'ài yùndòng de. 2 公正的 gōngzhèngde. 3 [习语] a **sporting** 'chance 公平的机[機]会 gōngpíng de jīhuì. **'sports car** n [C] 跑车 pǎochē. **'sportsman, 'sportswoman** n [C] 运动员 yùndòngyuán. **'sportsmanship** n [U] 运动道德 yùndòng dàodé;体[體]育道德 tǐyù dàodé. **sporty** adj [-ier,-iest] 爱好或擅长[長]运动的 àihào huò shàncháng yùndòng de.

spot /spɒt/ n [C] 1 点[點] diǎn. 2 斑点 bāndiǎn. 2 污点 wūdiǎn;污迹[跡] wūjì. 3 (皮肤上的)红斑 hóngbān. 4 地点 dìdiǎn;场[場]所 chǎngsuǒ;the ~ where she died 她死去的地方. 5 [非正式用语]一点点 yìdiǎndiǎn;少量 shǎoliàng;a ~ of tea 一小杯茶. 6 [习语] in a (tight) 'spot [非正式用语]在困难[難]的处[處]境中 zài kùnnan de chǔjìng zhōng. on the 'spot (a) 在场 zàichǎng. 2 立即 lìjí;当[當]场 dāngchǎng;killed on the ~ 被当场杀死. **spot** v [-tt-] 1 [常用被动语态]搀有斑点 shǐ yǒu bāndiǎn;沾上污点 zhān shàng wūdiǎn. 2 认[認]出 rènchū;发[發]现发[發]现 fāxiàn. **spotted** adj 有斑点的 yǒu bāndiǎn de;有污点的 yǒu wūdiǎn de. **spotless** adj 无[無]斑点的 wú bāndiǎn de;纯洁[潔]的 chúnjiéde. **spotty** adj [-ier,-iest] (皮肤)有斑点的 yǒu bāndiǎn de.

spotlight /'spɒtlaɪt/ n [C] 聚光灯[燈] jùguāngdēng. **spotlight** v [T] 1 聚光照明 jùguāng zhàomíng. 2 喻[使显[顯]著或引人注目 shǐ xiānzhù;使注意 shǐ zhùyì; ~ a problem 注意一个问题.

spouse /spaus/ n [C] [法律]配偶 pèi'ǒu.

spout /spaut/ n [C] 1 喷管 pēnguǎn;(水壶的)嘴 zuǐ; a ~ on a teapot 茶壶嘴. 2 [习语] up the 'spout [非正式用语]毁坏[壞] huǐhuài;毁灭[滅] huǐmiè. **spout** v 1 [I,T] (使)喷出 pēnchū,喷射时 pēnshè. 2 [T] [非正式用语]滔滔不绝地讲 tāotāo bùjué de jiǎng.

sprain /spreɪn/ v 扭伤[傷] niǔshāng; ~ an ankle 扭伤了脚踝. **sprain** n 扭伤 niǔshāng.

sprang pt of SPRING[2].

sprawl /sprɔ:l/ v [I] 1 伸开[開]手

足躺或坐 shēn kāi shǒu zú tǎng huò zuò. **2** (植物) 蔓生 mànshēng; (城市) 无(無)计划(劃)地延伸 wú jìhuà de yánshēn. sprawl *n* [C,U] 伸开四肢的躺卧姿势(勢) shēn kāi sìzhī de tǎngwò zīshì; 蔓生 mànshēng; 无计划扩(擴)展 wú jìhuà kuòzhǎn: *urban* ~ 城市无计划扩建.

spray[1] /sprei/ *n* 小花枝 xiǎo huāzhī; 枝状(狀)饰物 zhīzhuàng shìwù.

spray[2] /sprei/ *n* **1** [U] 水花 shuǐhuā; 飞(飛)沫 fēimò; 浪花 lànghuā. **2** [C,U] 用作喷洒(灑)的液体(體) yòngzuò pènsǎ de yètǐ. **3** [C] 喷雾器 pènwùqì. spray *v* **1** [T] 向某物喷洒 xiàng mǒuwù pènsǎ. **2** [I] (液体)喷出 pēnchū.

spread /spred/ *v* [*pt*, *pp* spread] **1** [T] 展开(開) zhǎnkāi; 铺开 pūkāi: *The bird* ~ *its wings.* 鸟儿张开了翅膀. **2** [T] 涂(塗)抹 túmǒ; 敷 fū: ~ *butter on bread* 在面包上抹黄油. **3** [I,T] (使) 传(傳) 播 chuánbō; (使) 散布 sànbù: ~ *disease* 传染疾病. **4** [I] 延长(長) yáncháng; 展开 zhǎnkāi. spread *n* **1** [常作 sing] 范(範)围(圍) fànwéi; 广(廣)度 guǎngdù. **2** [sing] 传(傳)播 chuánbō; 散布 sànbù: *the rapid* ~ *of the disease* 疾病的快速蔓延. **3** [C] 非正式用语] 丰(豐)盛的餐食 fēngshèng de jiǔxí; 宴会(會) yànhuì. **4** [U,C] 涂抹用的食物 túmǒ yòng de shíwù. '**spread-eagle** *v* [T] 使手脚伸展着躺卧 shǐ shǒujiǎo shēnzhǎn zhe tǎng wò. '**spreadsheet** *n* [C] 空白表格 kòngbái biǎogé.

sprightly /ˈspraɪtlɪ/ *adj* [-ier, -iest] 活泼(潑)的 huópode; 轻(輕)快的 qīngkuàide. sprightliness *n* [U].

spring[1] /sprɪŋ/ *n* **1** [C,U] 泉 quán; 源泉 yuánquán. **2** [C] 弹(彈)簧 tánhuáng; 发(發)条 fātiáo. **3** [C] 跳跃 tiàoyuè. **4** [U] 弹性 tánxìng; 弹力 tánlì. springy *adj* [-ier, -iest].

spring[2] /sprɪŋ/ *n* [*pt* sprang /spræŋ/, *pp* sprung /sprʌŋ/] **1** [I] 跳跃(躍) tiàoyuè; 突然移动 tūrán yídòng: ~ *from one's chair* 从椅子上一跃而起. *The door sprang open.* 那门突然开了. **2** [I] 突然发(發)生 tūrán fāshēng: ~ *a leak* (船等) 破裂漏水 pòliè lòu shuǐ. [短语动词] **spring from sth** 来自

某事物 láizì mǒu shìwù; 出身于 chūshēn yú. **spring sth on sb** (向某人) 突然提出 tūrán tíchū: *She sprang the news on me.* 她突然告诉我那消息. **spring up** 迅速生长(長)出 xùnsù shēngzhǎng chū; 突然出现 tūrán chūxiàn.

spring[3] /sprɪŋ/ *n* [C,U] 春天 chūntiān; 春季 chūnjì. **spring-ˈclean** *v* [T] 彻(徹)底打扫(掃) chèdǐ dǎsǎo. **spring-ˈcleaning** *n* [U].

sprinkle /ˈsprɪŋkl/ *v* [T] 洒(灑) sǎ; 散布 sànbù. **sprinkler** /-klə(r)/ *n* [C] 洒水器 sǎshuǐqì; 喷水设备(備) pēn shuǐ shèbèi.

sprint /sprɪnt/ *v* [I] 全速奔跑 quánsù bēnpǎo; 冲(衝)刺 chōngcì. sprint *n* [C] 快跑 kuàipǎo. sprinter *n* [C].

sprout /spraʊt/ *v* [I,T] 发(發)芽 fāyá; 开(開)始生长(長) kāishǐ shēngzhǎng; [喻] *houses* ~*ing* (*up*) *on the edge of town* 在市区边缘出现的房屋群 fángwū qún. sprout *n* [C] 新芽 xīn yá; 嫩枝 nèn zhī. = BRUSSELS SPROUT.

sprung *pp* of SPRING[2].

spun *pp* of SPIN.

spur /spɜː(r)/ *n* [C] **1** 踢马(馬)刺 tīmǎcì. **2** [喻] 刺激物 cìjīwù; 鼓励(勵) gǔlì. **on the spur of the moment** 一时(時)冲(衝)动(動) yìshí chōngdòng. spur *v* (-rr-) [T] (*on*) 鞭策 biāncè; 激励 jīlì.

spurn /spɜːn/ *v* [T] 轻(輕)蔑地拒绝 qīngmiè de jùjué; 唾弃(棄) tuòqì.

spurt /spɜːt/ *v* **1** [I,T] (使液体等)喷射 pēnshè; 喷出 pēnchū. **2** [I] 突然把命努力 tūrán pīnmìng nǔlì; 冲(衝)刺 chōngcì. spurt *n* **1** [I] 突然努力或加速 tūrán nǔlì huò jiāsù. **2** 突然喷射 tūrán pēnshè; 爆发 bàofā.

sputter /ˈspʌtə(r)/ *v* [I] 连续(續)发(發)出喷溅(濺)唾沫声(聲) liánxù fāchū pēnjiàn tuòmò shēng.

spy /spaɪ/ *n* [*pl* -ies] 间谍 jiàndié; 特务(務) tèwù. **2** 侦察者 zhēncházhě; 密探 mìtàn. spy *v* [*pt*, *pp* -ied] **1** [I,T] (*on*) 侦查 zhēnchá; 暗中监(監)视 ànzhōng jiānshì. **2** [T] [正式用语] 诺察看 chákàn; 发(發)现 fāxiàn.

squabble /ˈskwɒbl/ *v* [I] 为(為)琐事争吵 wèi suǒshì zhēngchǎo; 口角 kǒujiǎo.

squad /skwɒd/ *n* [C, 亦作 sing 用

pl v] 小组 xiǎozǔ; 班 bān; a football ~ 足球队.

squadron /ˈskwɒdrən/ n [C, 亦作 sing 用 pl v] 骑兵中队[隊] qíbīng zhōngduì; (工兵、装甲兵等)连 lián; (海军)中队 zhōngduì; (空军)中队 zhōngduì.

squalid /ˈskwɒlɪd/ adj 1 肮[骯]脏[髒]的 āngzāngde; 邋遢的 lātade. 2 道德败坏[壞]的 dàodé bàihuài de; 卑鄙的 bēibǐde. **squalidly** adv.

squall /skwɔːl/ n [C] 1 大风[風] dàfēng; 狂风 kuángfēng. 2 高声[聲]叫喊 gāoshēng jiàohǎn; 啼哭 tíkū. **squall** v [I] 高声叫喊 gāoshēng jiàohǎn; 啼哭 tíkū.

squalor /ˈskwɒlə(r)/ n [U] 肮[骯]脏[髒]的 āngzāng.

squander /ˈskwɒndə(r)/ v [T] (on) 浪费(費)(时间、金钱) làngfèi.

square[1] /skweə(r)/ adj 1 正方形的 zhèngfāngxíngde. 2 成直角的 chéng zhíjiǎo de; ~ corners 方的角. 3 平方的 píngfāngde; six metres ~ 六平方米. 4 诚实[實]的 chéngshíde; 公正的 gōngzhèngde; ~ dealings 公平交易. 5 已付清的 yǐ fùqīng de; 已结账[賬]的 yǐ jiézhàng de; 6 [习语] a square meal 一顿丰[豐]盛的饭菜 yídùn fēngshèng de fàncài. be (all) square (with sb) (a) (与对方)打成平局 dǎchéng píngjú. (b) 不欠账 bú qiànzhàng. square adv 成直角地 chéng zhíjiǎo de. square **squarely** adv 1 成直角地 chéng zhíjiǎo de. 2 面对[對]面地 miàn duì miàn de; 直接地 zhíjiēde; I looked her ~ly in the eye. 我直瞪瞪地逼视她的眼睛. 3 公正地 gōngzhèngde; 诚实地 chéngshíde. **squareness** n [U]. **square root** n [C] 平方根 píngfānggēn; The ~ root of 4 is 2. 4 的平方根是 2.

square[2] /skweə(r)/ n [C] 1 正方形 zhèngfāngxíng. 2 正方形物 zhèngfāngxíng wù. 3 [常构成复合词](城镇中的)广[廣]场[場]地 guǎngchǎng. 4 平方 píngfāng. 5 [习语] back to square one 退回到起点[點] tuíhuí dào qǐdiǎn.

square[3] /skweə(r)/ v [T] 使成直角 shǐ chéng zhíjiǎo. 2 [T]使成直角 shǐ chéng zhíjiǎo; 使直 shǐ chuízhí. 3 [T]自乘 zìchéng. 4 [I,T] with (使成)相符 xiàngfú; (使)相符 xiàngfú; ~ the theory with the facts 使理论与实际

相符. 5 [T] [非正式用语]贿赂 huìlù; 收买[買] shōumǎi. 6 [短语动词] square sth off 使成方形 shǐ chéng fāngxíng. square up (with sb) (向某人)付账 fùzhàng, 结算 jiésuàn.

squash[1] /skwɒʃ/ v 1 [T]压[壓]扁 yā biǎn; 压平 yā píng. 2 [I,T] 挤进[進] jǐjìn; ~ ten people into a car 十个人挤进一辆汽车. 3 [T] 镇压(叛乱) zhènyā. 4 [T] 拒绝接受(建议) jùjué jiēshòu. **squash** n 1 [sing] 拥[擁]挤的人群 yōngjǐ de rénqún. 2 [U,C]果子汁 guǒzizhī.

squash[2] /skwɒʃ/ n [U] (在围墙内用小网拍玩的)墙[牆]网[網]球戏(戲) qiángwǎngqiú xì.

squat /skwɒt/ v [-tt-] 1 蹲坐 dūnzuò. 2 非法占[佔]用(空屋、空地) fēifǎ zhànyòng. **squat** n [C] 非法占用的空屋、土地 fēifǎ zhànyòng de kōngwū, tǔdì. **squatter** n [C] 非法占用者 fēifǎ zhànyòngzhě.

squaw /skwɔː/ n [C] 北美印地安妇[婦]女 běiměi yìndì'ān fùnǚ.

squawk /skwɔːk/ v [I] 1 (尤指鸟类)发[發]出粗厉[厲]的叫声 fāchū cūlì de jiàoshēng. 2 [非正式用语]大声诉苦或抗议[議] dà shēng sùkǔ huò kàngyì. **squawk** n [C].

squeak /skwiːk/ n [I,T] 1 (作)短促刺耳的尖叫声[聲] duǎncù cì'ěr de jiānjiàoshēng. **squeaky** adj -ier, -iest.

squeal /skwiːl/ n [C] 长[長]声[聲]尖叫 chángshēng jiānjiào. **squeal** v [I] 1 发[發]长而尖的叫声 fā cháng ér jiān de jiàoshēng. 2 [俚]告密 (尤指告发同谋者) gàomì.

squeamish /ˈskwiːmɪʃ/ adj 1 易恶[惡]心的 yì ěxīn de; 易呕[嘔]吐的 yì ǒutù de. 2 易受惊[驚]的 yì shòujīng de; 易生气[氣] yì shēngqì de. **squeamishly** adv. **squeamishness** n [U].

squeeze /skwiːz/ v 1 [T] 挤[擠](榨) zhà; a sponge 挤海绵. 2 [T] (from/out of)(从…中)榨取 zhàqǔ. 3 [I,T](指人)挤进[進] jǐjìn; ~ into the back seat 挤进后座. 4 [短语动词] squeeze sth out of sb 向某人榨取(情报等) zhàqǔ. **squeeze** n 1 [C] 压[壓]榨 yāzhà; 挤压 jǐyā. 2 [sing] 拥[擁]挤 yōngjǐ. 3 [C] [非正式用语]财政困难[難]时[時]期 cáizhèng kùnnán shíqī.

squelch /skweltʃ/ v [I] 咯吱咯吱作响[響] gēzhī gēzhī zuòxiǎng. **squelch** n [C] 咯吱声[聲] gēzhī-shēng.

squid /skwɪd/ n [C, U] 鱿鱼 yóuyú.

squint /skwɪnt/ v [I] 1斜着眼看 xiézhe yǎn kàn. 2眯着眼看 mīzhe yǎn kàn. **squint** n [sing] 斜视[視] xiéshì. **squint** adj 斜视的 xiéshìde.

squirm /skwɜːm/ v [I] 1(身子)扭动[動] niǔdòng. 2羞愧 xiūkuì; 局[侷]促不安 júcù bù'ān. **squirm** n [C] 扭曲 niǔqū; 扭动 niǔdòng.

squirrel /ˈskwɪrəl/ n [C] 松鼠 sōngshǔ.

squirt /skwɜːt/ v 1[I] 使(液体、粉末)喷出 shǐ pēnchū. (b) [I] (液体、粉末)喷出 pēnchū. **squirt** n [C] 射出的喷流,以 pēnliú.

St abbr 1 saint. 2 street.

stab /stæb/ v [-bb-] 1[I, T] (用刀、匕首等)刺 cì; 刺伤[傷] cìshāng. 2 [习语] **stab sb in the 'back** 背叛(或中伤)某人 bèipàn mǒurén. **stab** n [C] 1刺 cì; 戳 chuō. 2刺痛 cìtòng. 3企图[圖] qìtú; 尝[嘗]试 chángshì; have a ~ at sth 试做某事. **stabbing** adj 突然刺痛的 tūrán cìtòng de.

stable¹ /ˈsteɪbl/ adj [~r, ~st] 稳[穩]定的 wěndìngde; 坚[堅]固的 jiāngùde. **stability** /stəˈbɪlətɪ/ n [I, T] 稳定 wěndìng. **stabilize** /ˈsteɪbəlaɪz/ v [I, T] (使)稳定 wěndìng. **stabilizer** n [C] 使稳定者 shǐ wěndìngzhě; 稳定器 wěndìngqì.

stable² /ˈsteɪbl/ n [C] 马[馬]棚 mǎpéng. **stable** v [T] 把(马)拴进[進]马厩 bǎ shuān jìn mǎjiù.

stack /stæk/ n [C] 1(整齐的)一堆 yīduī; 一叠 a ~ of books 一堆书. 2(稻草等)一大堆 yīdàduī. 3高烟囱[囪] gāo yāncōng; 烟囱群 yāncōng qún. 4 **stacks of sth** [pl] [非正式用语] 大量 dàliàng, 一大堆 yī dà duī. **stack** v [T] 堆起 duīqǐ; 堆放 duīfàng.

stadium /ˈsteɪdɪəm/ n [pl ~s 或 -dia /-dɪə/] n [C] (四周有露天运[運]动[動])体育场[場] lùtiān yùndòngchǎng.

staff /stɑːf/ n 1 [C] 拐杖 guǎizhàng. 2 [C] (全体)工作人员 gōngzuò rényuán, 全体[體]人员 quántǐ rényuán. 3 [C] (担任某组织(或机[機])管理人员)行政人员 xíngzhèng rényuán. 4 [C]参[參]

谋人员 cānmóu rényuán. **staff** v [T] (为…)配备[備]工作人员 pèibèi gōngzuò rényuán.

stag /stæg/ n [C] 牡鹿 mǔlù.

stage /steɪdʒ/ n 1 [C] 舞台 wǔtái. 2 **the stage** [sing] 演员的职[職]业[業] yǎnyuán de zhíyè; 舞台生涯 wǔtái shēngyá. 3 [常作 sing] [喻] 出事地点[點] chūshì dìdiǎn. 4(进展的)时[時]期 shíqī, 阶[階]段 jiēduàn; at an early ~ in her life 在她一生的早期. 5(行程中)两站之间[間]距离[離] liǎng zhàn de jùlí. 6 [习语] **be/go on the 'stage** 当[當](或成为)演员 dāng yǎnyuán. **stage** v [T] 上演 shàngyǎn. **'stage-coach** n [C] 公共马车 gōnggòng mǎchē. **'stage-manager** n [C] 舞台监[監]督 wǔtái jiāndū.

stagger /ˈstægə(r)/ v 1 [I] (行走)摇晃 yáohuàng; 蹒跚 pánshān. 2 [T] (新闻等)使震惊[驚] shǐ zhènjīng. 3 [T] 使(某事)错开[開] shǐ cuòkāi. **stagger** n [sing] 摇晃 yáohuàng; 蹒跚 pánshān.

stagnant /ˈstægnənt/ adj 1(水)不流动[動]的 bù liúdòng de, 污浊[濁]的 wūzhuóde. 2[喻]不发[發]展的 bù fāzhǎn de; 不景气[氣]的 bù jǐngqì de.

stagnate /stægˈneɪt/ v 1 迟[遲]钝 chídùn; 不活泼[潑] bù huópo. 2不流动[動] bù liúdòng; 成为死水 chéngwéi sǐshuǐ. **stagnation** /-ʃn/ n [U].

staid /steɪd/ adj 沉着的 chénzhuóde; 严[嚴]肃[肅]的 yánsùde. **staidly** adv. **staidness** n [U].

stain /steɪn/ v 1 (a) [T] 沾污 zhānwū; 污染 wūrǎn. (b) [I] 被沾污 bèi zhānwū; 被污染 bèi wūrǎn. 2 [T] 给(木材、织物等)着色 gěi zhuósè; 染色 rǎnsè. **stain** n 1 [C] 染料 rǎnliào; 着色剂[劑] zhuósèjì. 2污点[點] wūdiǎn; 沾污处[處] zhānwūchù. 3 [C] 玷污(某人)名声[聲] zhānwū de shìwù. **stained 'glass** n [U] 彩色玻璃 cǎisè bōli. **stainless** adj (尤指钢)不锈的 bùxiùde.

stair /steə(r)/ n 1 **stairs** [pl] 楼[樓]梯 lóutī; a flight of ~s 一段楼梯. 2 [C] 梯级 tījí; sitting on the bottom ~ 坐在楼梯的最下面一级上. **'staircase, 'stairway** n [C] (建筑物内的)楼梯 lóutī.

stake /steɪk/ n 1 [C] 木桩[椿] mùzhuāng. 2 [C, 常作 pl] 赌注 dǔzhù; 赌金 dǔjīn. 3 [C] 投资 tóuzī; I *have a* ~ *in the company's success.* 我在这家公司有投资以期获利. **4** [习语] **at stake** 冒风险[险] mào fēngxiǎn, **stake** v [T] **1** 用桩撑拄 yòng zhuāng chēngzhù. **2** (金钱等)打赌 dǎ dǔ. **3** [习语] **stake a claim** 声明[明]称(稱)(对某物)有所有权(權) shēngchēng yǒu suǒyǒuquán. **4** [短语动词] **stake sth out** [尤用于美语]非正式用语](尤指警方)持续[續]监[監]视(某处) chíxù jiānshì.

stale /steɪl/ *adj* **1** (食品)不新鲜的 bù xīnxiān de. **2** 陈旧[舊]的 chénjiù de; 乏味的 fáwèi de. **3** (运动员等)因过[過]劳[勞]而丧[喪]失其佳劲 yīn guò láo ér bìǎoxiàn bù jiā de. **staleness** n [U].

stalemate /ˈsteɪlmeɪt/ *n* [C, U] **1** (国际象棋)王棋受困 wángqí shòu kùn. **2** 僵局 jiāngjú; 对[對]峙 duì zhì.

stalk¹ /stɔːk/ *n* [C] 茎[莖] jīng; 花梗 huāgěng; 叶[葉]柄 yèbǐng.

stalk² /stɔːk/ *v* **1** 高视阔步 gāo shì kuò bù; 大踏步走 dà tàbù zǒu. **2** [T] 偷偷走近(野兽等) tōutōu zǒu jìn; ~ *deer* 潜近鹿群. **stalker** n [C] 潜[潛]随[隨]偷猎[獵]猎[獵]物者 qiánsuí lièwù zhě.

stall /stɔːl/ *n* [C] **1** (畜舍内的)分隔栏[欄] fēngé lán. **2** 售货摊[攤] shòuhuòtān. **3** **stalls** [pl] (戏院正厅)前排坐位 qiánpái zuòwèi. **stall** v [I, T] (使汽车等发[發]生故障 fāshēng gùzhàng. **2** [I, T] (使飞机)失速而无[無]法控制 shīsù ér wúfǎ kòngzhì. **3** 拖延(时间) tuōyán.

stallion /ˈstælɪən/ *n* [C] 雄马[馬](尤指种马) xióngmǎ.

stamina /ˈstæmɪnə/ *n* [U] 持久力 chíjiǔlì; 耐力 nàilì.

stammer /ˈstæmə(r)/ *v* **1** [I] 口吃 kǒuchī; 结结巴巴地说 jiéjiēbābā de shuō. **2** [T] (*out*) 结结巴巴地说出(某事) jiéjiēbābā de shuōchū; ~ (*out*) *an apology* 结结巴巴地声道歉. **stammer** n [sing] 口吃 kǒuchī; 结巴 jiēbā.

stamp¹ /stæmp/ *n* [C] **1** 邮[郵]票 yóupiào; 印花 yìnhuā. **2** 图[圖]章 túzhāng; 印 yìn. **3** 印记 yìnjì; 图记 túji; 标[標]记 biāojì. **4** 顿足 dùn zú; 跺脚 duò jiǎo; ˈstamp album n [C] 集邮簿 jíyóu bù.

stamp² /stæmp/ *v* [I, T] **1** (用脚)踩踏 cǎità. **2** [T] *A on B*; *B*

with A 印(图案、日期等)于 yìn yú. **3** [T] 贴邮[郵]票于 tiē yóupiào yú. **4** (*on*) [T] 给予印象 jǐyǔ yìnxiàng; ~ *one's personality on sth* 在某事中留下个[個]人性格的痕迹. **5** [短语动词] **stamp sth out** 消灭[滅] xiāomiè; 镇压[壓] zhènyā.

stampede /stæmˈpiːd/ *n* [C] 惊[驚]跑 jīngpǎo; 奔窜[竄] bēncuàn. **stampede** v [I, T] (使)惊跑 jīngpǎo; (使)溃散 kuìsàn.

stance /stæns/ *n* [C] **1** (高尔夫球等)击[擊]球时的姿势[勢] jǐqiú de zīshì. **2** 态[態]度 tàidù; 观[觀]点[點] guāndiǎn; *her* ~ *on nuclear arms* 对核武器的立场.

stand¹ /stænd/ *n* **1** [sing] 停止 tíngzhǐ; 停顿 tíngdùn; *come to a* ~ 停下来 **2** [C] 架 jià; 台[臺] tái; *a music* ~ 乐谱架. **3** [C] 售货摊[攤] shòuhuòtān; 陈列架 chénliè jià. **4** [C] 看台 kàntái. **5** 抵抗(时期) dǐkàng; *make a* ~ 准备抵抗. **6** [美语] = WITNESS-BOX (WITNESS) (法庭中的)证[證]人席 zhèngrénxí. **standpoint** n [C] 立场[場] lìchǎng; 观[觀]点[點] guāndiǎn.

stand² /stænd/ *v* [*pt, pp* **stood** /stud/] **1** [I] 站 zhàn; 立 lì. **2** [I] 高为[為]高 *She's five foot six.* 她身高五英尺六英寸. **3** [T] 使直立 shǐ zhílì; 竖[豎]起 shùqǐ; *The ladder against the wall* 把梯子靠墙[牆]竖立. **4** [I] 位于 wèiyú; 在某处[處] zài mǒuchù; *the house* ~ *s on the corner* 房子在拐角处. **5** [I] 坚[堅]持 jiānchí; 维持原状[狀] wéichí yuánzhuàng; *My decision* ~ *s*. 我的决心不变 **6** [T] 为⋯付款[額] wèi⋯ fùkuǎn; 请某人吃一顿饭 qǐng mǒu rén chī yī dùn fàn. **7** [I] (*for*) 作⋯的候选[選]人 zuò⋯de hòuxuǎnrén; ~ *for parliament* 参加议会议员候选人. **8** [习语] **stand a chance** 有机[機]会[會](成功等) yǒu jīhuì. **stand firm/fast** 坚[堅]定不移 jiāndìng bù yí. **stand one's ground** ⇨ GROUND[¹]. **stand on one's own (two) feet** 独[獨]立自主 dúlì zìzhǔ. **stand out like a sore thumb** ⇨ SORE. **stand to reason** 明显[顯]合理 míngxiǎn hélǐ; 按照常情 ànzhào chángqíng. **9** [短语动词] **stand by** (a) 袖手旁观[觀] xiùshǒu páng guān. (b) 准[準]备[備]行动[動] zhǔnbèi xíngdòng. **stand**

by sb 支持某人 zhīchí mǒurén. **stand by sth** 信守(诺言等)xìn shǒu. **stand down** 退职(职)tuìzhí:退出 tuìchū. **stand for sth (a)** 代表 dàibiǎo: *PO ~s for Post Office.* PO 代表 Post Office. **(b)** [非正式用语]容忍 róngrěn; 允许 yǔnxǔ: *She doesn't ~ for disobedience.* 她不容许对她不服 从. **stand in (for sb)** 代替(某人) dàitì. **stand out (a)** 明显 míngxiǎn; 突出 tūchū. **(b)** 继(繼) 续(續)抵抗 jìxù dǐkàng: ~ *out against the enemy* 坚持抵抗敌人. **stand sb up** [非正式用语]不遵守(与某人的)约定 bù zūnshǒu yuēdìng. **stand up for sb/sth** 支持某 人(或某事)zhīchí mǒurén. **stand up to sb** 对(對)抗某人 duìkàng mǒurén. **stand up to sth**(物料)经 (經)用 jīng yòng; 耐久 nàijiǔ. **stand-by** n **(a)** [U] 待命 dāimìng. **(b)** 准(準)备(状态)zhǔnbèi. **(b)** 后[後]备人员 hòubèi rényuán. 备用 物 bèiyòngwù. **stand-in** n [C] 替 身 tìshēn. **stand-offish** adj 冷淡的 lěngdànde, 不友 好的 bù yǒuhǎo de.

standard /ˈstændəd/ n [C] **1** 标(標)准(準)biāozhǔn; 规格 guīgé. **2** 水平 shuǐpíng; 水准 shuǐzhǔn: *the ~ of her school work* 她的学业 水平. **3** 旗(幟)zhì; 旗帜(幟)qízhì. **standard** adj 正常的 zhèngcháng-de; 普通的 pǔtōngde: ~ *sizes of paper* 纸的普通尺寸. **standardize** /-daɪz/ v [T] 使标(標)准(準)化 shǐ biāozhǔnhuà; 使合规格 shǐ hé guīgé. **'standard lamp** n [C] 落地灯 luòdìdēng. **stand- ard of 'living** n [C] 生活水平 shēnghuó shuǐpíng.

standing /ˈstændɪŋ/ n [U] **1** 身份 shēnfèn; 地位 dìwèi. **2** 持续(續)时[時]间[間] chíxù shíjiān: *debts of long* ~ 长期欠 债. **standing** adj 永存的 yǒngcúnde; 常备(備)的 chángbèide: *a* ~ *army* 常备军.

stank *pt* of STINK.

stanza /ˈstænzə/ n [C](诗)的一节[節] jié.

staple¹ /ˈsteɪpl/ n [C] 骑马钉 qí-mǎdīng; 订书钉 dìngshūdīng. **staple** v [T] 用骑马钉钉住 yòng qímǎdīng dìngzhù. **stapler** n [C] 钉书机(機)dìngshūjī.

staple² /ˈsteɪpl/ n [C] 主要产(產)

品 zhǔyào chǎnpǐn; 名产 míngchǎn. **staple** adj 主要的 zhǔyàode: *Their ~ diet is rice.* 他们的主 食是米饭.

star /stɑː(r)/ n [C] **1** 星 xīng. **2** 星状[狀]物 xīngzhuàngwù; 星号[號] xīnghào. **3**(演员等)明星 míngxīng. **4** [星相]命星 mìngxīng: *born under a lucky* ~ 生来福星高照. **star** v [-rr-] **(a)** [I] 当[當](电影等)的主角 dāng zhǔjué. **(b)** [T] (电影等)使(某人)担任主角 shǐ dānrèn zhǔjué. **'stardom** /ˈstɑː-dəm/ n [U] 明星的身份、地位 míngxīngde shēnfèn; 明星界 míngxīngjiè. **'star- fish** n [C] [动物]海星 hǎixīng. **starry** adj.

starboard /ˈstɑːbəd/ n [U](船、飞机的)右舷 yòuxián.

starch /stɑːtʃ/ n [U] **1** 淀[澱]粉 diànfěn. **2**(浆糊布用的)浆(漿)粉 jiāngfěn. **starch** v [T] 给(衣服)上浆 gěi shàng jiāng; 浆硬 jiāngyìng. **starchy** adj [-ier, -iest].

stare /steə(r)/ v [I](*at*) 凝视 níngshì; 盯着看 dīngzhe kàn. **stare** n [C] 凝视 níngshì; 盯 dīng.

stark /stɑːk/ adj **1** 荒凉的 huāng-liángde: *a ~ landscape* 一片荒凉的景色. **2** 显[顯]而易见的 xiǎn ér yì jiàn de; 鲜明的 xiānmíngde: *in ~ contrast* 成鲜明的对比. **stark** adv 完全地 wánquánde: ~ *naked* 赤裸.

starling /ˈstɑːlɪŋ/ n [C] 欧[歐]椋鸟 ōuliángniǎo; 燕八哥 yànbāgē.

starry ⇨ STAR.

start¹ /stɑːt/ n **1**[C, 常作 sing] 出发(發)chūfā; 起点[點] qǐdiǎn; 开 [開]端 kāiduān. **2 the start** [sing] 起跑线[線] qǐpǎoxiàn. **3** [U, C] 优[優]先起跑的时[時]间或距离[離] yōuxiān qǐpǎo de shíjiān huò jùlí.

start² /stɑːt/ v [I] (*out*) 出发(發)chūfā; 动[動]身 dòngshēn. **2**[I, T] 开[開]始 kāishǐ; 着手 zháo-shǒu. **3**[I, T] (*up*) 开动[動](机器等)kāidòng; 发动 fādòng: *The car won't* ~. 这辆汽车发动不起来. **4**[C] 创[創]办 chuàng-bàn; 发起 fāqǐ: ~ *a business* 创办一项企业. **5** [习语]*start the ball rolling* ⇨ BALL¹. [短语动词] **start off** 开始 kāishǐ. **start (sb) off (on sth)**(使某人)开始(进行某事)kāishǐ. **start out (to do sth)** [非正式用语]着手(进行某事)zhuóshǒu. **starter** n [C] **1**

起动装(裝)置 qǐdòng zhuāngzhì; 启(啟)动器 qǐdòngqì. 2 第一道菜 dìyī dào cài. 3 起跑发令台 qǐpǎo fālìng-yuán. 4 [习语] for 'starters 首先 shǒuxiān.

startle /'stɑːtl/ v [T] 使大吃一惊(驚) shǐ dà chī yī jīng.

starve /stɑːv/ v [I, T] (使)挨饿 āi'è; (使)饿死 è sǐ. 2 [I 非正式用语]觉(覺)得饥(飢)饿 juéde jī'è: I'm starving. 我饿了. 3 [T] (常作被动语态为) (使某人)缺乏 quēfá; 渴望 kěwàng: children ~d of love 渴望被人疼爱的孩子们. **starvation** / -'veɪʃn/ n [U].

state¹ /steɪt/ n [C]状(狀)态(態) zhuàngtài; 状况 zhuàngkuàng; 情形 qíngxíng: a poor ~ of health 健康不佳. 2 (亦作 State) [C]国(國)家 guójiā; 领土 lǐngtǔ. 3 (亦作 State)州 zhōu; 邦 bāng: Ohio is a ~ in America. 俄亥俄是美国的一个州. 4 (尤作 the State) [U] 政府 zhèngfǔ. 5 [U] (仪)仪(儀)式 yíshì; 礼(禮)仪 lǐyí: buried in ~ 以隆重的礼仪安葬. **state** adj 1 政府的 zhèngfǔde; 国家的 guójiāde. 2 礼仪的 lǐyíde; 礼节[節]性的 lǐjié-xìngde. **state 'line** n [C] (美国)州界线(綫) zhōujièxiàn. **stately** adj [-ier, -iest] (庄[莊]严[嚴]的 zhuāngyánde; 威严的 wēiyánde; 高贵的 gāoguìde.

state² /steɪt/ v [T] 陈述 chénshù; 说明 shuōmíng. **statement** n [C] 1 陈述 chénshù; 声(聲)明 shēngmíng; 声明书[書] shēngmíngshū. 2 财务[務]报[報]表 cáiwù bàobiǎo: a bank ~ 银行结单.

statesman /'steɪtsmən/ n [C] [pl -men] 政治家 zhèngzhìjiā. **statesmanship** n [U] 政治家的才能(和智慧) zhèngzhìjiāde cáinéng.

static /'stætɪk/ adj 静止的 jìngzhǐde; 固定的 gùdìngde. **static** n [U] 1 天电[電]干扰[擾] tiāndiàn gānrǎo. 2 (亦作 static elec'tricity) 静电 jìngdiàn.

station /'steɪʃn/ n [C] 1 所[所]; 台(臺)站 tái, zhàn; a ' bus ~ 公共汽车站. 2 火车站 huǒchēzhàn. 3 广(廣)播公司 guǎngbō gōngsī. **station** v [T] 驻扎(紮)(部队)于某处 zhùzhá yú; 置(某人)于(某地) zhì yú. **'station-wagon** n [美语]=ESTATE CAR (ESTATE).

stationary /'steɪʃnərɪ/ adj 不移动(動)的 bù yídòng de; 固定的 gù-

dìngde; ~ traffic 交通堵塞.

stationer /'steɪʃnə(r)/ n [C] 文具商 wénjùshāng. **stationery** /'steɪʃənrɪ; US -nerɪ/ n [U] 文具 wénjù.

statistics /stə'tɪstɪks/ n [pl] 统计 tǒngjì; 统计数[數]字 tǒngjì shùzì. 2 [U] 统计学 tǒngjìxué. **statistical** /-kl/ adj. **statistically** /-klɪ/ adv. **statistician** /ˌstætɪ-'stɪʃn/ n [C] 统计学家 tǒngjìxué-jiā; 统计员 tǒngjìyuán.

statue /'stætʃuː/ n [C] 雕像 diāoxiàng; 塑像 sùxiàng; 铸[鑄]像 zhùxiàng. **statuette** /ˌstætʃu'et/ n [C] 小雕像 xiǎo diāoxiàng; 小塑像 xiǎo sùxiàng.

stature /'stætʃə(r)/ n [U] 1 身材 shēncái; 身高 shēngāo. 2 [喻] (凭才能、成就而获得的)名望 míngwàng.

status /'steɪtəs/ n [U] 身份 shēnfen; 地位 dìwèi. **'status symbol** n [C] 表示地位高的东西 biǎoshì dìwèi gāo de dōngxi. **status quo** /'steɪtəs kwəʊ/ n [C] 现状[狀] xiànzhuàng.

statute /'stætʃuːt/ n [C] 法令 fǎlìng; 法规 fǎguī. **statutory** /-trɪ; US -tɔːrɪ/ adj 法定的 fǎdìngde; 依法的 yīfǎde.

staunch /stɔːntʃ/ adj 忠诚的 zhōngchéngde; 坚(堅)定的 jiāndìngde. **staunchly** adv.

stave /steɪv/ v [pt, pp ~d 或 stove /stəʊv/] [短语动词] **stave sth in** 击[擊]穿 jīchuān; 凿[鑿]孔于 záo kǒng yú. **stave sth off** [pt, pp ~d] 避开[開](某事物)bìkāi; 延缓 yánhuǎn.

stay /steɪ/ v 1 停留 tíngliú; 保持 bǎochí; ~ at home 呆在家里. ~ sober 保持清醒. 2 [I] 暂住 zàn zhù; 逗留 dòuliú; ~ at a hotel 住旅馆. 3 [I] 抑制 tǐngzhì; 推迟[遲] tuīchí; ~ the progress of the disease 防止疾病恶化. 4 [习语] **stay clear of sb/sth** ⇒ CLEAR². **stay put** 留在原处[處] liú zài yuánchù; 固定不动(動) gùdìng búdòng. 5 [短语动词] **stay up** 不睡觉[覺] bù shuìjiào. **stay on** 1 停留时[時]间 tíngliú shíjiān较久 jiào jiǔ; ~ a long ~ in hospital 长期住医院. 2 [法律] 延期 yánqī; 缓期 huǎnqī; a ~ of execution 暂时执行. **'staying-power** n [U] = STAMINA.

steadfast /'stedfɑːst; US -fæst/

adj 固定的 gùdìngde; 不变〔变〕的 búbiànde; 不动〔动〕摇的 bú dòngyáo de. **steadfastly** *adv*.

steady /'stedi/ *adj* [**-ier, -iest**] **1** 坚〔坚〕固的 jiāngùde; 牢靠的 láokàode: *hold the ladder* ~ 把梯子扶好. **2** 稳〔稳〕定的 wěndìngde; 平稳的 píngwěnde: *a* ~ *speed* 平稳的速度. **3** 可靠的 kěkàode; 扎〔扎〕实〔实〕的 zhāshíde: *a* ~ *worker* 可靠的工作者. **4** 不变〔变〕的 búbiànde: *a* ~ *purpose* 不变的目标. **steady** *v* [**-ied**] [I, T] (使) 稳〔稳〕定 wěndìng; (使) 坚固 jiāngù. **steadily** *adv* 稳定地 wěndìngde.

steak /steik/ *n* [C, U] 肉片 ròupiàn; 鱼片 yúpiàn; 牛 (猪) 排 niúpái.

steal /sti:l/ *v* [*pt* **stole** /stəul/, *pp* **stolen** /'stəulən/] **1** [I, T] (*from*) 偷 tōu; 窃〔窃〕取 qièqǔ. **2** [T] 偷袭〔袭〕qiètōu; 巧取 qiǎoqǔ: ~ *a kiss* 偷吻. **3** [I] 偷偷地行动〔动〕tōutōu de xíngdòng. **4** [习语] **steal the show** 抢〔抢〕出风〔风〕头 qiǎng chū fēngtou.

stealth /stelθ/ *n* [U] 秘密行动〔动〕mìmì xíngdòng. **stealthy** *adj* [**-ier, -iest**].

steam /sti:m/ *n* [U] **1** 蒸汽 zhēngqì. **2** 蒸汽压〔压〕力 zhēngqì yālì. **3** [习语] **run out of steam** 筋疲力尽〔尽〕[喻] jīn pí lì jìn. **steam** *v* **1** [I] 放出蒸汽 fàng chū zhēngqì. **2** [I] 用蒸汽开〔开〕动〔动〕yòng zhēngqì kāidòng. **3** [T] 蒸煮 zhēngzhǔ. **4** [短语动词] **steam (sth) up** (使) 蒙上水汽 méng shàng shuǐqì; (使) 有蒸汽 yǒu zhēngqì. **'steam-engine** *n* [C] 蒸汽机〔机〕zhēngqìjī. **steamer** *n* [C] **1** 汽船 qìchuán; 轮〔轮〕船 lúnchuán. **2** 蒸锅〔锅〕zhēngguō. **'steamroller** *n* [C] 蒸汽压〔压〕路机 zhēngqì yālùjī. **steamy** *adj*.

steel /sti:l/ *n* [U] 钢〔钢〕gāng. **steel** *v* 使 (自己) 硬着心肠 (肠) shǐ yìngzhe xīncháng: ~ *oneself* (*against a cry for help*) 硬着心肠 (不去救人).

steep¹ /sti:p/ *adj* **1** 陡峭的 dǒuqiàode. **2** [非正式用语] 过〔过〕高的 guògāode; 过分的 guòfènde: ~ *prices* 过分高的价格. **steeply** *adv*. **steepness** [U].

steep² /sti:p/ *v* **1** [I, T] 浸泡 jìnpào; 泡 pào. **2** [短语动词] **steep (sb/oneself) in sth** (使) 精通某事物

jīngtōng mǒu shìwù.

steeple /'sti:pl/ *n* [C] (教堂的) 尖顶 jiāndǐng. **steeplechase** *n* [C] 障碍 (碍) 赛跑或赛马 zhàng'ài sàipǎo huò sàimǎ. **steeplejack** *n* [C] 烟囱或尖塔等的修理工人 yāncōng huò jiāntǎ děng de xiūlǐ gōngrén.

steer /stɪə(r)/ *v* [I, T] **1** 驾驶 (车、船等) jiàshǐ. **2** [习语] **steer clear of sb/sth** ⇨ CLEAR¹. **'steering-wheel** *n* [C] 方向盘 (盘) fāngxiàngpán.

stem¹ /stem/ *n* [C] (**a**) 茎〔茎〕jīng. (**b**) (高脚杯等的) 脚 jiǎo. **stem** *v* [**-mm-**] [短语动词] **stem from sth** 起源于 qǐyuán yú. **'stem cell** *n* [C] 干〔干〕细胞 gànxìbāo.

stem² /stem/ *v* [**-mm-**] 堵塞 dǔsè; 挡 (挡) 住 dǎngzhù.

stench /stentʃ/ *n* [C] 恶〔恶〕臭 èchòu.

stencil /'stensl/ *n* [C] **1** 模版 móbǎn; 型版 xíngbǎn. **2** 用模版印的图〔图〕文 yòng móbǎn yìn de tú wén. **stencil** *v* [**-ll-**; 美语 **-l-**] [I, T] (用) 模版印刷 móbǎn yìnshuā.

step¹ /step/ *n* **1** (**a**) (脚) 步 bù. (**b**) 步幅 bùfú. (**c**) 脚〔脚〕步声 (声) jiǎobùshēng: *heard her* ~ *on the stair* 听见她在楼梯上的脚〔脚〕步声. **2** (某过程中的) 一步 yí bù; 步骤 bùzhòu: *take* ~*s to help her* 采取步骤帮助她. **3** (梯级的) 梯级 tījí; 台阶 tái jiē. **4** (pl 一套) 折〔折〕梯 zhétī. **5** steps [pl] 折〔折〕梯 zhétī. **6** [习语] **in/out of step (with)** (**a**) (步态) 合拍 (或不合拍) jiǎobù qǔ qí. (**b**) (与他人) 步调一致 (或不一致) bùdiào yízhì. **mind/watch one's 'step** 谨慎 jǐnshèn; 小心 xiǎoxīn. **,step by 'step** 逐步地 zhúbùde. **'step-ladder** *n* [C] 折梯 zhétī.

step² /step/ *v* [**-pp-**] [I] **1** 走 zǒu;步行 bùxíng. **2** (*in, up, etc*) (向某方向) 走动〔动〕zǒudòng. **3** [习语] **'step on it** [非正式用语]快走 kuài zǒu;赶〔赶〕快 gǎnkuài. **,step out of 'line** 出格 chūgé;越轨 yuèguǐ. **4** [短语动词] **step aside, step down** 让〔让〕位 ràngwèi;辞〔辞〕职〔职〕cízhí. **step in** 插手 chāshǒu. **step up** 增加 zēngjiā;促进〔进〕cùjìn. **'stepping-stone** *n* [C] **1** (过河的) 垫〔垫〕脚石 diànjiǎoshí. **2** [喻] (通向成功的) 阶〔阶〕段 jiēduàn;进身之阶 jìn shēn zhī jiē.

step- /step/ *prefix* [表示"继"

"后]': `~daughter` 前妻或前夫所生女儿.

stereo /'steriəʊ/ *adj* 立体[體]声[聲]的 lìtǐshēngde. **stereo** *n* **1** [U] 立体声 lìtǐshēng. **2** [C] 立体声音响[響]器材 lìtǐshēng yīnxiǎng qìcái.

stereotype /'steriətaip/ *n* [C] 固定的形式 gùdìng de xíngshì; 老一套 lǎoyítào.

sterile /'sterail; US 'sterəl/ *adj* **1** 不结果实[實]的 bù jiē guǒshí de; 不育的 búyùde. **2** (土地)贫瘠的 pínjíde; 不毛的 bùmáode. **3** [喻]无[無]结果的 wú jiéguǒ de; a ~ argument 无结果的辩论. **4** 无菌的 wújūnde. **sterility** /stə'rɪlətɪ/ *n* [U] 不结果实 bù jiē guǒshí. **sterilize** /'sterəlaɪz/ *v* [T] 使不结果实 shǐ bù jiē guǒshí; 使绝育 shǐ juéyù; 杀[殺]菌于 shā jūn.

sterling /'stɜːlɪŋ/ *n* [U] 英国[國]货币 Yīngguó huòbì. **sterling** *adj* [正式用语](优[優])秀的 yōuxiùde; 纯正的 chúnzhèngde.

stern[1] /stɜːn/ *adj* 严[嚴]厉[厲]的 yánlìde; 严格的 yángéde. **sternly** *adv*.

stern[2] /stɜːn/ *n* [C] 船尾 chuánwěi.

steroid /'sterɔɪd, 'stɪərɔɪd/ *n* [C] [生化]类[類]固醇 lèigùchún.

stethoscope /'steθəskəʊp/ *n* [C] 听[聽]诊器 tīngzhěnqì.

stew /stjuː/ *v* 炖[燉] dùn; 煨 wēi;焖[燜] mèn. **stew** *n* [U] 炖肉 dùn ròu. **in a stew** [习语][非正式用语]着急 zháojí; 烦恼[惱] fánnǎo.

steward /'stjuəd; US 'stuːəd/ *n* [C] **1** (fem **stewardess** /ˌstjuə'des; US ˌstuːə'des/) (船、飞[飛]机[機]的)乘务[務]员 chéngwùyuán; 服务员 fúwùyuán. **2** (赛马、舞会等的)干[幹]事 gànshi, 组织[織]者 zǔzhīzhě.

stick[1] /stɪk/ *n* [C] **1** 枝条[條] zhītiáo; 枯枝 kūzhī. **2** 木棍 mùgùn; a `walking`~ 手杖. **3** 条状[狀]物(如糖果等) tiáozhuàngwù. **4** [习语] **give sb `stick`** [非正式用语]严[嚴]斥某人 yán chì mǒurén.

stick[2] /stɪk/ *v* [*pt, pp* stuck /stʌk/] **1** [I, T] *in, into, through, etc* 刺穿 cì chuān; 插入 chā rù; ~ *the knife into the cheese* 把刀插入干酪. **2** [I, T] 粘住 zhānzhù; 粘贴 zhāntiē. **3** [T] [非正式用语]放置 fàngzhì; 插在

chā zài; S~ *it in the bag*. 把它放进口袋里. **4** [T] 卡住 qiǎzhù;陷住 xiànzhù: *The key stuck in the lock*. 钥匙在锁中卡住了. **5** [T] [非正式用语]忍受 rěnshòu; 容忍 róngrěn; *I can't ~ it*. 我不能容忍. **6** [习语] **stick one's neck out** 冒险[險] màoxiǎn. **stick one's nose into sth** ⇨ NOSE. **stick one's oar in** ⇨ OAR. **stick out like a sore thumb** ⇨ SORE. **stick to one's guns** [非正式用语]坚[堅]持立场[場] jiānchí lìchǎng. **stuck in a groove** ⇨ GROOVE. **7** [短语动词] **stick around** [非正式用语]在附近(逗留或等候)zài fùjìn. **stick at sth** 坚持做某事 jiānchí zuò mǒushì. **stick by sb** 忠于[於](朋友)zhōngyú; 支持某人 zhīchí mǒurén. **stick sth out** (使)伸出 shēnchū; (使)突出 tūchū; ~ *one's tongue out* 伸出舌头. **stick it/sth out** [非正式用语]坚持到底 jiānchí dàodǐ. **stick to sb/sth** 忠于[於](朋友、理想等)zhōngyú. **stick up** 竖[竪]起 shùqǐ; 向上突出 xiàngshàng tūchū. **stick up for sb/sth** 维护[護]某人 wéihù; 支持 zhīchí. **sticker** *n* [C] (背面有粘胶[膠]的)标[標]签 biāoqiān; 有黏性的小贴[貼]纸 yǒu niánjiào de biāoqiān. **'sticking-plaster** *n* [C, U] = PLASTER 3. **'stick-in-the-mud** *n* [C] [非正式用语]反对[對]变[變]革的人 fǎnduì biàngé de rén. **sticky** *adj* [-ier, -iest] **1** 粘性的 niánxìngde. **2** [非正式用语]困难[難]的 kùnnande; a ~ *situation* 艰难的处境.

stiff /stɪf/ *adj* **1** 硬[鞕]的 yìngde; 不易弯[彎]曲的 bú yì wānqū de; ~ *cardboard* 坚硬的纸板. **2** 难[難]扭[捫]的 nán yǐ yídòng de; 难搅[攪]拌的 nán jiǎobàn de; a ~ *paste* 黏稠的浆糊. **3** 难的 nánde; 费劲[勁]的 fèijìnde; a ~ *climb* 艰难的攀登. **4** 冷淡的 lěngdànde; 生硬的 shēngyìngde. **5** 强烈的 qiángliède; 猛烈的 měngliède; a ~ *breeze* 强劲的风. **6** [习语] **a stiff upper lip** 沉着的 chénzhuóde; 坚强的 jiānqiángde. **stiff** *adv* [非正式用语]极[極]度地 jídùde; 非常 fēicháng; *bored* ~ 厌烦极了. **stiffly** *adv*. **stiffness** *n* [U].

stiffen /'stɪfn/ *v* [I, T] (使)变[變]硬 biàn yìng; (使)变僵硬 biàn jiāngyìng.

stifle /'staɪfl/ v **1** [I, T] (使)窒息 zhìxī; 闷死 mènsǐ. **2** [T] 抑制 yìzhì; 镇压[壓] zhènyā: ~ a yawn 忍住呵欠.

stigma /'stɪɡmə/ n [C, U] 耻辱 chǐrǔ; 污点[點] wūdiǎn.

stile /staɪl/ n [C] (供人越过篱或墙的)踏级 tàijí; 台阶[階] táijiē.

still[1] /stɪl/ adj **1** 不动(動)的 bù dòng de; 静止的 jìngzhǐde; 无[無]声[聲]的 wúshēngde. **2** (饮料)不起泡的 bù qǐpào de. **still** v [T] 使平静 shǐ píngjìng; 止住 zhǐzhù. '**stillborn** adj **1** (婴儿)死产[產]的 sǐchǎnde. **2** [喻](思想,计划等)不成功的 bù chénggōng de, 流产的 liúchǎnde.

still[2] /stɪl/ adv 还[還] hái; 仍旧[舊] réngjiù: He is ~ busy. 他还很忙. **2** 还要 háiyào; 更甚 gèngshèn: Tom is tall, but Mary is taller ~. 汤姆很高,而玛丽更高. **3** (虽然…)还 hái; 尽[儘]管如此 jǐnguǎn rúcǐ: It's raining. Still, we must go shopping. 外面正下着雨,然而我们必须出去买东西.

still[3] /stɪl/ n [C] 蒸馏器 zhēngliúqì.

stilt /stɪlt/ n [C] 高跷[蹺] gāoqiāo.

stilted /'stɪltɪd/ adj (言谈,举止等)生硬的 shēngyìngde, 不自然的 bù zìrán de.

stimulant /'stɪmjʊlənt/ n [C] 兴[興]奋[奮]剂[劑] xīngfènjì.

stimulate /'stɪmjʊleɪt/ v [T] **1** 刺激 cìjī; 促进[進] cùjìn: ~ interest 激发兴趣. **2** 激励[勵] jīlì; 激发 jīfā. **stimulating** adj. **stimulation** /ˌstɪmjʊ'leɪʃn/ n [U].

stimulus /'stɪmjʊləs/ n [C] [pl -li /-laɪ/] 刺激物 cìjīwù; 鼓励[勵]物 gǔlì; ~ a to hard work 对勤奋工作的鼓励.

sting[1] /stɪŋ/ n [C] **1** (昆虫的)刺 cì; 螫针 shìzhēn. **2** 螫伤[傷]处 shìshāng chù; 刺痛 cìtòng; 刺伤[傷] cìshāng.

sting[2] /stɪŋ/ v [pt, pp **stung** /stʌŋ/] [I, T] **1** 刺 cì; 螫 shì. **2** (突然)感到剌痛 gǎndào cìtòng: [喻] a ~ing attack 尖锐的抨击.

stingy /'stɪndʒɪ/ adj [-ier, -iest] [非正式用语]吝啬[嗇]的 lìnsède; 小气[氣]的 xiǎoqìde. **stingily** /-dʒɪlɪ/ adv. **stinginess** n [U].

stink /stɪŋk/ v [pt **stank** /stæŋk/ 或 **stunk** /stʌŋk/ pp **stunk**] [I]

1 发[發]恶[惡]臭 fā èchòu. **2** [非正式用语]很糟糕 hěn zāogāo; 很不正当[當] hěn bù zhèngdàng. **3** [短语动词] **stink sth out** 充满臭气[氣] chōngmǎn chòuqì. **stink** n [C] 臭气 chòuqì; 臭味 chòuwèi. **2** [sing] [俚]麻烦 máfan; 忙乱[亂] mángluàn.

stint v **stint on sth;** **stint sb (of sth)** 限制 xiànzhì; 节[節]制 jiézhì. **stint** n [C] (工作)定额 dìng'é.

stipulate /'stɪpjʊleɪt/ v [T] 规定 guīdìng; 约定 yuēdìng. **stipulation** n [C, U].

stir /stɜː(r)/ v [-rr-] **1** [T] 搅[攪]拌 jiǎobàn. **2** [I, T] 移动[動] yídòng. **3** [T] (up) 激起 jīqǐ; 鼓动 gǔdòng: speakers ~ring up the crowd 鼓动群众的演说者. **4** [I] [俚]搬弄是非 bānnòng shìfēi. **stir** n [sing] 骚动 sāodòng; 激动 jīdòng. **stirring** adj 激动的 jīdòngde; 鼓舞人心的 gǔwǔ rénxīn de.

stirrup /'stɪrəp/ n [C] 马镫 mǎdèng.

stitch /stɪtʃ/ n [C] (a) (缝纫或缝合的)一针 yì zhēn. (b) (编织的)一针 yì zhēn, 一钩 yì gōu. **2** [C] 缝线[綫] fèngxiàn; 针脚 zhēnjiǎo. **3** [sing] (胁部)突然刺[劇]痛 tūrán jùtòng. **4** [习语] **not have a 'stitch on/not be wearing a 'stitch** 赤身裸体[體] chìshēn luǒtǐ. **in 'stitches** [非正式用语]大笑不止 dà xiào bùzhǐ. **stitch** v [I, T] 缝 féng; 缝合 fénghé.

stoat /stəʊt/ n [C] 貂 yòu.

stock[1] /stɒk/ n **1** [C, U] 存货 cúnhuò; 现货 xiànhuò. **2** [C, U] 供给 gōngjǐ; 储备[備] chǔbèi. **3** [U] = LIVESTOCK. **4** [C, 常用 pl v] 股本 gǔběn; 公债 gōngzhài. **5** [U] 汤[湯]料 tāngliào; 高汤 gāotāng. **6** [习语] **in/out of stock** 有(或无)存货 yǒu cúnhuò. **take stock of sth** 估量 gūliáng, 检[檢]查 jiǎnchá. **stock** adj 陈腐的 chénfǔde; 老一套的 lǎoyītàode: a ~ phrase 老一套的话语. '**stockbroker** n [C] 证[證]券经[經]纪人 zhèngquàn jīngjìrén. '**stock exchange** n [C] 证券交易所 zhèngquàn jiāoyìsuǒ. '**stock-market** n [C] 证券市场[場] zhèngquàn shìchǎng. '**stock-pile** n [C] 存有物资[資] cúnyǒu wùzī; 囤积[積] túnjī. '**stockpile** v [C]. ˌstock-'**still** adv 静止地

jìngzhǐde; 不动 [动] 地 bùdòngde.
'stock-taking n [U] 盘 (盤) 点
[點] 存货 pándiǎn cúnhuò.

stock² /stɒk/ v [T] 1 供应 [應]
gōngyìng; 备 (備) 货 bèihuò. 2 [短
语动词] stock up (on sth) 储备
(某物) chǔbèi.

stockade /stɒˈkeɪd/ n [C] 栅栏
[欄] zhàlan.

stockings /ˈstɒkɪŋz/ n [pl] (长
统)袜[襪]袜 wà.

stocky /ˈstɒki/ adj [-ier, -iest] 矮
胖的 ǎipàngde; 粗壮 (壯) 的 cū-
zhuàngde. stockily adv.

stodge /stɒdʒ/ n [U] [俚] 不 (乾) 硬
而难 [難] 消化的食物 gǎn yìng ér
nán xiāohuà de shíwù. stodgy adj
[-ier, -iest] 干硬的 gānyìngde;
不好消化的 bùhǎo xiāohuà de. 乏
(運) 钝的 chídùnde.

stoic /ˈstəʊɪk/ n 禁欲 [慾] 主义
[義] 者 jìnyù zhǔyì zhě. stoical
adj. stoically /-klɪ/ adv. sto-
icism /ˈstəʊɪsɪzəm/ n [U] 禁欲
主义zhǔyì.

stoke /stəʊk/ v [短语动词] stoke
(sth) up 给 (锅炉等) 添燃料 gěi
tiān ránliào. stoker n.

stole¹ /stəʊl/ n [C] 披肩 pījiān; 圣
[聖] 带 (帶) shèngdài.

stole² pt of STEAL.

stolen pp of STEAL.

stomach /ˈstʌmək/ n 1 [C] 胃
wèi. 2 [C] 腹部 fùbù; 肚子 dǔzi. 3
[U] 希望 xīwàng; 欲望 kěqiú; have
no ～ for an argument 不想争
论. stomach v [T] 容忍 róngrěn;
忍受 rěnshòu.

stone /stəʊn/ n 1 [U] 石头 [頭]
shítou. 2 [C] 石块 [塊] shíkuài. 3
[C] 宝 [寶] 石 bǎoshí. 4 [C] (果)核
hé. 5 [C] [pl stone] (英国重量
单位, 等于 14 磅或 6.35 公斤)
石 shí. 6 [C] (身体中的) 结石 jiéshí. 7 [习
语] a stone's throw 短距离 [離]
duǎn jùlí. stone v 1 [~] 扔石
头 xiàng…rēng shítou. 2 去…的核
qù…de hé. the 'Stone Age n
[sing] 石器时 [時] 代 shíqì shídài.
stoned adj [非正式用语] 1 烂
[爛]醉的 lànzuìde. 2 在毒品影响
下的 zài dúpǐn cǐ xià de. stone-
'deaf adj 完全聋 [聾] 的 wánquán
lóng de.

stony /ˈstəʊni/ adj [-ier, -iest] 1
多石的 duōshíde; a ～ path 碎石
小径 - 冷酷无 [無] 情的 lěngkù
wúqíng de. stonily /-əlɪ/ adv.

stood pt, pp of STAND².

stool /stuːl/ n [C] (小) 凳子 dèng-
zi.

stoop /stuːp/ v 1 [I] 弯 [彎]腰 wān
yāo; 俯身 fǔ shēn. 2 [短语动词]
stoop to sth 屈从 [從] qūcóng; 堕
落 duòluò. stoop [sing] 弯
腰 wān yāo; 曲身 qū shēn.

stop¹ /stɒp/ n [C] 1 停止 tíngzhǐ;
come to a ～ 停 下 来. 2 车站 chēzhàn. 3 = FULL
STOP. 4 [习语] put a stop to sth
使停止 shǐ tíngzhǐ; 制止 zhìzhǐ.

stop² /stɒp/ v [-pp-] 1 [T] 使停
止 shǐ tíngzhǐ. 2 [T] 阻碍 (礙) zǔ'ài; 防止 fángzhǐ; ～
her (from) leaving 不让她离
开. 3 [I] 终止 (活动, 工作) zhōng-
zhǐ: The engine ～ped. 引擎停
了. 4 [I] 中止 zhōngzhǐ; 暂停 zàn-
tíng; Where does the bus ～? 公
共汽车停在哪儿? 5 [T] 拒绝给予
(应给之物) jùjué jǐyǔ; 扣付 kòufù; ～
a cheque 止付支票. 6 [I] [非正式
用语] 停留 tíngliú; 逗留 dòuliú. 7
[短语动词] stop off 中途稍作停
留 zhōngtú shāo zuò tíngliú. stop
over 中途停留 zhōngtú tíngliú.
'stopcock n [C] 阀门 [門] 龙头
[頭] fámén; 水龙 [龍] 头 [頭] shuǐlóngtóu.
'stopgap n [C] 临[臨]时[時]替代
者 línshí tìdàizhě. 'stopover n [C]
中途停留 zhōngtú tíngliú. stoppage
/-pɪdʒ/ n [C] 停工 tínggōng.
stopper n [C] 堵塞物 dǔsèwù; 栓
shuān. 'stop-press n [C] (报纸开
印后临时加插的) 最后消息 zuìhòu
xiāoxi.

storage /ˈstɔːrɪdʒ/ n [U] 仓[倉]库
cāngkù; 货栈 [棧] huòzhàn.

store /stɔː(r)/ n 1 [C] 1 贮 [貯] 藏 zhù-
cáng; 库存量 kùcúnliàng. 2 仓 (倉)
库 cāngkù; 栈 (棧) 房 zhànfáng. 3 百
货商店 bǎihuò shāngdiàn. 4 [习语]
in store (a) 准 (準) 备 [備] 着
zhǔnbèizhe. (b) 必将 [將] 发生 bì-
jiāng fāshēng; What's in ～
for us today? 今天会发生什么
事? set great/not much store by
非常重视 (或不太重视) fēicháng
zhòngshì. store v [T] 1 (up) 贮
备 chǔbèi; 贮藏 zhùcáng. 2 存(家具
等)入仓库 cúnrù cāngkù.

storey /ˈstɔːri/ n [C] (房屋的)一
层 [層] yìcéng.

stork /stɔːk/ n [C] 鹳 guàn.

storm /stɔːm/ n 1 风 [風] 暴
fēngbào; 暴风雨 bàofēngyǔ. 2 (感

情上的)激动 [动] jīdòng, 暴发(發)bàofā: a ~ of anger 一阵暴怒. 3 [习语] take by storm 攻占(佔)gōngzhàn, 强 夺(奪) qiǎngduó.
storm v 1 [T] 攻占 gōngzhàn; 袭(襲)取 xíqǔ. 2 [I]暴怒 bàonù; 咆哮 páoxiào. **stormy** adj [-ier, -iest].

story¹ /'stɔːrɪ/ n [C] [pl -ies] 1 历[歷]史 lìshǐ; 故事 gùshi; 传(傳)奇 chuánqí. 2 新闻报[報]道 xīnwén bàodào. 3 [非正式用语]谎言 huǎngyán; 假话 jiǎhuà.

story² [美语] = STOREY.

stout /staʊt/ adj 1 粗壮(壯)的 cūzhuàngde; 结实(實)的 jiēshíde. 2 (人)微胖的 wēipàngde. 3 [正式用语]坚[堅]定的 jiāndìngde; 勇敢的 yǒnggǎnde. **stout** n [U] 烈性黑啤酒 lièxìng hēi píjiǔ. **stoutly** adv.

stove /stəʊv/ n [C] 火炉(爐) huǒlú.

stow /stəʊ/ v [T] (~ away) (细心)收藏 shōucáng. '**stowaway** n [C] (无票)偷乘者 tōuchéngzhě.

straddle /'strædl/ v [T] 叉开(開)腿坐或站立于 chākāi tuǐ zuò huò zhànlì yú.

straight¹ /streɪt/ adj 1 直的 zhíde; 笔[筆]直的 bǐzhíde: a ~ line 直线. 2 水平的 shuǐpíngde, 整齐(齊)的 zhěngqíde; 有条(條)理的 yǒu tiáolǐ de. 3 正直的 zhèngzhíde; 坦率的 tǎnshuàide. 4 (酒等)不掺[摻]水的 bù chān shuǐ de. 5 [俚]异[異]性恋(戀)的 yìxìngliànde. 6 [习语] keep a straight face 板起面孔 bǎnqǐ miànkǒng. **straightness** n [U].

straight² /streɪt/ adv 1 直 zhí; 成直线(綫)地 chéng zhíxiàn de: walk ~ 一直走去. 2 一直地 yìzhíde; 直接地 zhíjiēde: Come ~ home. 立刻回家. 3 一直地 yìzhíde; 直截了当(當)地 zhíjié liǎodàng de: Tell her ~ what you think. 把你的想法直截了当地告诉她. 4 [习语] go 'straight 改邪归[歸]正 gǎi xié guī zhèng. **straight a'way** adv 立刻 lìkè; 马上 mǎshàng.

straight³ /streɪt/ n [C] (尤指跑道的)直线(綫)部分 zhíxiàn bùfen.

straighten /'streɪtn/ v [I, T] (使)变(變)直 biàn zhí, (使)变平整 biàn píngzhěng.

straightforward /ˌstreɪt'fɔːwəd/ adj 1 正直的 zhèngzhíde; 坦率的

tǎnshuàide; 老实(實)的 lǎoshíde. 2 易懂的 yìdǒngde; 易做的 yìzuòde. **straightforwardly** adv.

strain¹ /streɪn/ n 1 [C, U] (拉)紧(緊); 紧张(張) jǐnzhāng; 拉力 lālì: put ~ on a rope 把绳子拉紧. 2 (a) [C, U] 对[對]耐力、忍受力的考验(驗) kǎoyàn: a ~ on our relations 对我们关系的一个考验. (b) [C] (因有压力而产生的)痛苦 tòngkǔ; 烦恼(惱) fánnǎo. 3 [C, U] 劳(勞)损 láosǔn; 过(過)分劳累 guòfèn láolèi.

strain² /streɪn/ v 1 [I, T] 竭力 jiélì; 全力以 赴 quánlì yǐ fù: ~ (every muscle) to move it 用足力气去搬动它. 2 [T] 扭伤(傷) niǔshāng. 3 [I, T] 过(過)滤(濾) guòlǜ. 4 [T] 竭力使(某物)超过极[極]限 jiélì shǐ chāoguò jíxiàn: ~ one's authority 滥用权力. **strained** adj 勉强的 miǎnqiǎngde; 不自然的 bù zìrán de. **strainer** n [C] 过滤器 guòlǜqì.

strain³ /streɪn/ n [C] (昆虫、病毒等的)系 xì; 品种(種) pǐnzhǒng.

strait /streɪt/ n [C] 1 海峡(峽) hǎixiá. 2 **straits** [pl] 困难(難) kùnnan; 窘 迫 jiǒngpò: in terrible ~s 在极度困难中.

strait-jacket /'streɪtˌdʒækɪt/ n [C] (给精神病患者等用的)约束衣 yuēshùyī.

strait-laced /ˌstreɪt'leɪst/ adj 拘谨的 jūjǐnde; 严(嚴)谨的 yánjǐnde.

strand /strænd/ n [C] 1 (线、绳等的)(一)股 gǔ. 2 [喻](故事等的)发[發]展线(綫)索 fāzhǎn xiànsuǒ.

stranded /'strændɪd/ adj 陷于困境的 xiànyú kùnjìng de.

strange /streɪndʒ/ adj 1 陌生的 mòshēngde. 2 不寻[尋]常的 bù xúnchángde; 奇异[異]的 qíyìde: What ~ ideas you have! 你的想法真特别! **strangely** adv. **strangeness** n [U]. **stranger** n [C] 1 陌生人 mòshēngrén. 2 外地人 wàidìrén; 异[異]乡(鄉)人 yìxiāngrén.

strangle /'stræŋgl/ v [T] 勒死 lēisǐ; 绞死 jiǎosǐ. '**stranglehold** n [C, 常作 sing] 紧(緊)扼片息 jǐn'è shūxī: They have a ~hold on the economy. 他们有力地控制着经济. **strangler** n [C].

strap /stræp/ n [C] 带[帶]dài; 皮带 pídài. **strap** v [-pp-] [T] 用带束住 yòng dài shùzhù; 捆(綑)扎

[条] kǔnzā. **strapping** adj (人) 高大的 gāodàde, 强壮 (壮) 的 qiángzhuàngde.

strata pl of STRATUM.

strategic /strə'tiːʤɪk/ adj 1 战(戰) 略的 zhànlüède; 策略的 cèlüède. 2 有战略意义 (義) 的 yǒu zhànlüè yìyì de. **strategically** /-klɪ/ adv.

strategy /'strætəʤɪ/ n [C] 对(對) 策 duìcè; 措施 cuòshī. 2 [U] 策略 cèlüè; 战(戰) 略 zhànlüè; 计谋 jìmóu. **strategist** /-ʤɪst/ n [C] 战略家 zhànlüèjiā.

stratosphere /'strætəsfɪə(r)/ n [sing] 平流层 (層) píngliúcéng; 同温层 tóngwēncéng.

stratum /'strɑːtəm/ n [C] [pl -ta /-tə/] 1 地层 (層) dìcéng; 岩层 yáncéng. 2 (社会) 阶 (階) 层 jiēcéng.

straw /strɔː/ n [U] 稻草 dàocǎo; 麦 (麥) 秆 (稈) màigǎn. 2 [C] (一根) 稻草 dàocǎo. 3 [C] (喝汽水等用的) 吸管 xīguǎn. 4 [习语] **the last/final straw** (使人终于不胜负荷的) 最后 (後) 一点 zuìhòu de liàng.

strawberry /'strɔːbrɪ; US -berɪ/ n [C] [pl -ies] 草莓 cǎoméi.

stray /streɪ/ v [I] 走离 (離) zǒulí; 迷路 mílù. **stray** n 迷失的动 (動) 物 (或人) míshī de dòngwù. **stray** adj 走失的 zǒushīde: a ~ dog 一只走失的狗. 2 孤立的 gūlìde; 孤零 (單) 的 gūdānde.

streak /striːk/ n [C] 1 条 (條) 纹 tiáowén; 线 (綫) 条 xiàntiáo. 2 (性格上不好的) 特征 (徵) tèzhēng: a ~ of cruelty 残忍的性格. 3 短时 (時) 间 duǎn shíjiān; 一阵子 yízhènzi: a ~ of good luck 一阵好运气. **streak** v [I] 在⋯上加条纹 zài ⋯shàng jiā tiáowén, 1 条 (飛) 跑 fēipǎo. **streaky** adj [-ier, -iest] 有条纹的 yǒu tiáowén de.

stream /striːm/ n [C] 1 小河 xiǎohé; 溪流 xīliú. 2 人流 rénliú; 水流 shuǐliú: a ~ of abuse 不断的辱骂. 3 学 (學) 生智力水平的分组 xuéshēng zhìlì shuǐpíng de fēnzǔ. 4 [习语] **with/against the stream** 顺应 (應) (或反对) 潮流 shùnyìng cháoliú. **stream** v [I] 流 liú; 流出 liúchū. 2 (在风中) 飘 (飄) 扬 (揚) piāoyáng: with her long hair ~ing 飘动着她的长发. **streamer** n [C] 狭 (狹) 长 (長) 的纸条 (條) xiácháng

de zhǐtiáo. **streamline** v [T] 1 使成流线 (綫) 型 shǐ chéng liúxiàn xíng; 使外表光滑 shǐ wàibiǎo guānghuá. 2 使效率更高 shǐ xiàolǜ gènggāo. **streamlined** adj.

street /striːt/ n [C] 1 街道 jiēdào. 2 [习语] **'streets ahead of** [非正式用语] 前面很远 (遠) qiánmiàn hěnyuǎn; **up one's street** [非正式用语] 在自己的兴 (興) 趣等范 (範) 围 (圍) 内 zài zìjǐ de xìngqù děng fànwéi nèi. **'streetcar** n [C] [美语] = TRAM.

strength /streŋθ/ n 1 [U] 力 lì; 力量 lìliàng. 2 [C] 长 (長) 处 (處) chángchù; 强点 (點) qiángdiǎn: Her intelligence is one of her ~s. 她的才智是她的一个长处. 3 [U] 人力 rénlì; 实 (實) 力 shílì: The army is below ~. 这支军队不足额定兵员. 4 [习语] **on the strength of** 根据 (據) (某事物) gēnjù; 由于 yóuyú: buy it on the ~ of his advice 由于他的劝告而买它. **strengthen** v [I, T] (使) 强化 qiánghuà; 加强 jiāqiáng.

strenuous /'strenjʊəs/ adj 费劲 (勁) 的 fèijìnde; 用力的 yònglìde. **strenuously** adv. **strenuousness** n [U].

stress /stres/ n 1 (a) [U] (精神上的) 紧 (緊) 张 jǐnzhāng, 压 (壓) 力 yālì. (b) [C] 造成压力的事物 zàochéng yālì de shìwù. 2 [U] 强调 qiángdiào; 重视 zhòngshì: put ~ on the need to improve 强调改进的需要. 3 [C, U] 重读 (讀) zhòngdú; 重音 zhòngyīn. **stress** v [T] 着重 zhuózhòng; 强调 qiángdiào.

stretch /streʧ/ v 1 [I] 伸展 shēnzhǎn; 扩 (擴) 大 kuòdà; 拉长 (長) lāchàng. 2 [I] (能) 延伸 yánshēn; (能) 拉长 lāchàng. 3 [I, T] 伸长 (或伸出) 四肢等 shēncháng sìzhī děng, 4 [I] 延伸 yánshēn; 连绵 liánmián: fields ~ing for miles 连绵数英里的田野. 5 [T] 滥 (濫) 用 (权力) lànyòng. 6 [习语] **stretch one's legs** 去散步 qù sànbù. 7 [短语动词] **stretch (oneself) out** 躺着舒展身体 tǎng zhe shūzhǎn shēntǐ. **stretch** n 1 [C] 拉长 lāchàng; 伸展 shēnzhǎn. 2 [U] 伸展的能力 shēnzhǎn de nénglì; 弹 (彈) 性 tánxìng. 3 [C] 一片连续 (土地) 或水) 一段持续 (續) (时间) yíduàn chíxù: ten hours at a ~ 持续十个小时. **stretchy** adj [-ier, -iest].

stretcher /'stretʃə(r)/ n [C] 担〔擔〕架 dānjià.

stricken /'strɪkən/ adj (by/ with) 受害的 shòuhàide; 受灾〔災〕的 shòuzāide: ~ with terror 受恐怖折磨的.

strict /strɪkt/ adj 1 严〔嚴〕格的 yángéde; 严厉〔厲〕的 yánlìde. 2 (a) 明确〔確〕的 míngquède; 确切的 quèqiède: the ~ sense of a word 词的确切含义. (b) 完全的 wánquánde; 绝对〔對〕的 juéduìde: in ~ secrecy 绝对保密. **strictly** adv. **strictness** n [U].

stride /straɪd/ v [pt strode /strəʊd/, pp 过 pp stridden /'strɪdn/] 1 [I] 大踏步走去 dàtàbù zǒu. 2 [短语动词] **stride over/ across sth** 一步跨过〔過〕 yíbù kuàguò mǒuwù. **stride** n [C] 1 大步走去 dàbù zǒuqù. 2 阔〔闊〕步 kuòbù; 阔步行走时〔時〕的步幅 kuòbù xíngzǒu shí de bùfú. **take sth in one's stride** 轻〔輕〕易地做某事 qīngyì de zuò mǒushì.

strident /'straɪdnt/ adj (声音)粗厉〔厲〕的 cūlìde, 刺耳的 cì'ěrde: ~ protests 尖厉的抗议声.

strife /straɪf/ n [U] 争吵 zhēngchǎo; 冲〔衝〕突 chōngtū.

strike[1] /straɪk/ v [pt, pp struck /strʌk/] 1 [T] 打击〔擊〕 dǎjī, 击 jī [T] 攻击 gōngjī. 3 [T] 擦出(火)cāchū; 打出 dǎchū; ~ a match 擦火柴. 4 [I] 发〔發〕现〔現〕 fāxiàn, 找到 zhǎodào. 5 [I, T] (钟等)鸣 míng (響)报〔報〕时〔時〕 bàoshí: The clock struck (four). 钟敲了(四下). 6 [I] 划〔劃〕算 huásuàn; 给……以印象 gěi……yǐ yìnxiàng; She ~s me as a clever girl. 她给我的印象是一个聪明的女孩子. 8 [T] 完成 wánchéng; 达〔達〕成 dáchéng; ~ a bargain 成交. 9 [T] (用冲压法)铸造 zhùzào; ~ a medal 铸制纪念章. 10 [T] 使(某人)突然成为〔為〕 shǐ tūrán chéng wéi; struck dumb 突然说不出话来. 11 [习语] **strike camp** 拔营〔營〕 báyíng. **strike a 'chord with sb** 打动〔動〕某人(的心)dǎdòng mǒurén. **strike it rich** 突然致富 tūrán zhìfù. 12 [短语动词] **strike sth off (sth)** 将〔將〕某物除去(或勾去)jiāng mǒuwù chúqù. **strike out (a)** (用力)打去 dǎqù. **(b)** 创〔創〕新(道路)chuàngxīn. **strike up** 开〔開〕始 kāishǐ.

strike[2] /straɪk/ n [C] 1 罢〔罷〕工 bàgōng. 2 (油田等的)发〔發〕现〔現〕 fāxiàn. 3 [习语] **be (out) on strike** 进〔進〕行罢工 jìnxíng bàgōng.

striking /'straɪkɪŋ/ adj 显著的 xiǎnzhùde; 引人注目的 yǐn rén zhùmù de.

string[1] /strɪŋ/ n 1 [C, U] 细绳〔繩〕xìshéng; 带〔帶〕子 dàizi. 2 [C] (乐器的)弦 xián. **the strings** [pl] 弦乐器演奏者 xiányuèqì yǎnzòuzhě. 4 [C] (串在线上的)一串 yíchuàn; a ~ of beads 一串珠子. 5 [C] 一连串(事物)yìliánchuàn; a ~ of accidents 一连串的事故. 6 [习语] **with no 'strings (attached)** [非正式用语](帮助等)无〔無〕附加条〔條〕件 wú fùjiā tiáojiàn. **stringy** [-ier, -iest] 像线〔綫〕的 xiàngxiànde.

string[2] /strɪŋ/ v [pt, pp strung /strʌŋ/] 1 装〔裝〕弦于(提琴、球拍等)zhuāng xián yú. 2 (用线)穿(珠、串起chuànqǐ. 3 (up) (用线、绳)缚、扎(条)xià, 吊huò chuànqǐ. 4 [短语动词] **string along (with sb)** (暂与某人)作伴 zuòbàn; 跟随〔隨〕(某人)gēnsuí. **string sb along** 误导〔導〕某人,愚弄某人yúnòng mǒurén. **string (sb/sth) out** (使某人、某物有间隔地成行)展开〔開〕yǒu jiàngé de chéngháng zhǎnkāi. **strung up** adj 神经〔經〕紧〔緊〕张〔張〕的 shénjīng jǐnzhāng de.

stringent /'strɪndʒənt/ adj (指规则等)严〔嚴〕格的 yángéde. **stringently** adv.

strip /strɪp/ v [-pp-] 1 [I, T] 剥去 bōqù; 脱去 tuōqù; 除去 chúqù. 2 [T] of 剥夺(某人的财产等)bōduó; ~ sb of his liberty 剥夺某人的自由. 3 [T] (拆卸)拆卸(机器等)chāixiè. **strip n** 狭〔狹〕长〔長〕的一片(材料、土地等)xiácháng de yípiàn. **'strip cartoon** = COMIC STRIP (COMIC). **stripper** n [C] 脱衣舞表演者 tuōyīwǔ biǎoyǎnzhě. **'strip-tease** n [C, U] 脱衣舞 tuōyīwǔ.

stripe /straɪp/ n [C] 1 条〔條〕纹 tiáowén. 2(军队的)阶〔階〕级臂章 (通常为 V 字形) jiējí bìzhāng. **striped** adj 有条纹的 yǒu tiáowénde. **stripy** adj.

strive /straɪv/ v [pt strove /strəʊv/, pp striven /'strɪvn/] [I] [正式用语] 1 努力 nǔlì; 奋〔奮〕斗〔鬥〕fèndòu: ~ to succeed 力争

获得成功. 2 争斗 zhēngdòu.

strode pt of STRIDE.

stroke[1] /strəʊk/ n [C] **1**(一)击
[擊]; 打击 dǎjī. **2**(划船, 游泳等
的)一划 yīhuá. **3**(网球, 板球等的)
击球动作; 动作 jíqiú dòngzuò. **4**(写
字的)一笔[筆] yībǐ, 一画[畫] yīhuà. **5**(钟的)鸣(鳴)声[聲] míng-
shēng. **6** 中风[風] zhòngfēng. **7** of
一件(幸事或不幸等)yījiàn. **8**[习
语] **at a** **'stroke** 一下子 yīxiàzi.

stroke[2] /strəʊk/ v [T] (用手)抚
[撫] 摸 fǔmō. **stroke** n [常作
sing] 抚摸 fǔmō.

stroll /strəʊl/ n [C] 散步 sànbù; 溜
达[達] liūda. **stroll** v [I] 散步
sànbù; 溜达 liūda. **stroller** /-ə(r)/ n **1**
散步者 sànbùzhě; 闲逛者
xiánguàngzhě. **2**[美语]婴儿[兒]车
yīng'érchē.

strong /strɒŋ; US strɔ:ŋ/ adj
[~er/-ŋgə(r)/, ~est /-ŋgɪst/]
1 (a) 强壮[壯] 的 qiángzhuàng de;
强有力的 qiángyǒulì de. **(b)** 坚
[堅]固的 jiāngù de; 强大的 qiángdà
de. **2** 坚定的 jiāndìng de; 有力量[量]
握的 bù dòngyáo de; a ~ will 坚
强的意志. **3** (a) (感官效果)强烈
的 qiángliè de; a ~ smell 一股强
烈的气味. **(b)** [口语]浓[濃]厚的
nónghòu de; ~ coffee 浓咖啡. **4**
(酒)酒精含量高的 jiǔjīng hánliàng
gāo de, 烈性的 lièxìng de. **5**(人数
等)达[達]到…的 dádào…de. an
army 2000 ~ 两千大军. **6**[习
语] **going** '**strong** 仍然精力充沛
réngrán jīnglì chōngpèi; 有劲继[繼]
续[續](运动等)yǒu lì jìxù. **strong
on sth** 擅长[長] 做某事 shàncháng
zuò mǒushì. **stronghold** n [C] **1**
堡垒[壘] bǎolěi; 要塞 yàosài. **2**
[喻]据[據] 点[點] jùdiǎn; 根据地
gēnjùdì. **strongly** adv.

strove pt of STRIVE.

struck pt, pp of STRIKE[1].

structural /'strʌktʃərəl/ adj 结构
[構]的 jiégòu de; 构造的 gòuzào de.
structurally adv.

structure /'strʌktʃə(r)/ n **1**(C,
U] 构[構]造 gòuzào; 结构 jiégòu,
组织[織] zǔzhī. **2**[C] 构造物 gòu-
zàowù; 建筑[築]物 jiànzhùwù.
structure v [T] 计划[劃] jìhuà; 组
织 zǔzhī.

struggle /'strʌgl/ v [I] **1** (a) 争斗
[鬥] zhēngdòu; 搏斗 bódòu. **(b)** 挣
扎 zhēngzhá; ~ to get free 挣扎
着要逃脱. **2** 努力 nǔlì; 奋[奮]斗

fèndòu. ~ to earn a living 努力
谋生. **struggle** n [C] 争斗
zhēngdòu; 搏斗 bódòu. **2**[常作
sing] 努力 nǔlì; 奋斗 fèndòu.

strum /strʌm/ v [I, T] (乱
[亂]弹[彈](琴等) luàntán.

strung pt, pp of STRING[2].

strut[1] /strʌt/ n [C] (构架的)支柱
zhīzhù; 撑杆 chēnggān.

strut[2] /strʌt/ v [-tt-] [I] 大摇大
摆[擺] 地走 dàyáo dàbǎi de zǒu; 高
视阔步 gāoshì kuòbù.

stub /stʌb/ n [C] **1**(铅笔)头[頭]
tóu; (烟)蒂 yān dì. **2**(支票)存根 cún-
gēn. **stub** v [-bb-] [T] **1** 绊(脚)
bàn; 碰 pèng. **2**[短语动词] **stub
out** 捻熄(尤指摁灭烟) niǎnxī.

stubble /'stʌbl/ n **1** 茬 chá; 茬
[殘]株 cán zhū. **2** 短髭 duǎn zī.
stubbly /'stʌblɪ/ adj.

stubborn /'stʌbən/ adj **1** 顽固的
wángùde; 坚[堅]定的 jiāndìng de. **2**
难驾驭[馭]的 nán yìdòng de; 难
治理的 nánzhìlǐ de; a ~ cough 难
治好的咳嗽. **stubbornly** adv.
stubbornness n [U].

stubby /'stʌbɪ/ adj [-ier, -iest]
短粗的 duǎncū de; 矮胖的 ǎipàng de.

stuck[1] pt, pp of STICK[2].

stuck[2] /stʌk/ adj **1** 不能动[動]的
bùnéng dòng de; 不能继[繼]续
[續](做某事的)bùnéng jìxù de. **2**
with 被迫和(某物或某人, 某人, 某
物)在一起 bèipò zài yīqǐ; ~ with
sb all day 不要和某人整天在一
起. **3**[习语] **get stuck in(to sth)**
[非正式用语][俚]积[積]极[極]地干
[幹] jī;积极地开始 jíjí de kāishǐ.

stud[1] /stʌd/ n [C] **1**(衬衫)领扣
lǐngkòu. **2** 鞋钉 xiédīng. **stud** v
[-dd-] [T] 常用被动语态点缀[綴]装
饰 zhuāngshì; 点[點]缀 diǎnzhuì.

stud[2] /stʌd/ n [C] **1** 养[養]马[馬]
场 yǎng mǎ chǎng; 种[種]马场
zhòng mǎ chǎng. **2**[非正式用语⚠]
(尤指性欲旺盛的)小伙子 xiǎohuǒ-
zi.

student /'stju:dnt/ n [C] **1**[英国英语]大学[學]生 dà-
xuéshēng. **2** 中、小学生 zhōng、xiǎo
xuéshēng; 学者 xuézhě; 研究者 yán-
jiūzhě. **student** '**loan** [C] 学生贷
款 xuéshēng dàikuǎn; 助学贷款
zhùxué dàikuǎn.

studio /'stju:dɪəʊ; US 'stu:-/ n [C]
[pl ~s] **1**(画家、摄影者的)工作
室 gōngzuòshì. **2**(电影)摄影棚

shèyīngpéng; 播音室 bōyīnshì;（电视）播送室 bōsòngshì.

studious /'stjuːdɪəs; US 'stuː-/ adj 1 好学〔學〕的 hàoxuéde; 用功的 yònggōngde. 2 仔细的 zǐxìde; 用心的 yòngxīnde. **studiously** adv.

study¹ /'stʌdɪ/ n [pl -ies] 1 [U]（亦作 **studies** [pl]）学〔學〕习〔習〕 xuéxí; 研究 yánjiū. 2 [C] 研究项目 yánjiū xiàngmù; a ~ of the country's problems 国家问题的研究. 3 研究成果（如著作等）yánjiū chéngguǒ. 4 [C] 书（書）房 shūfáng. 5 [C]（a）习作 xízuò; 试作 shìzuò.（b）练〔練〕习曲 liànxíqū.

study² /'stʌdɪ/ v [pt, pp -ied] 1 [I, T] 学〔學〕 xué; 学习〔習〕 xuéxí. 2 [T] 细看 xìkàn; 细想 xìxiǎng.

stuff¹ /stʌf/ n [U] 1 原料 yuánliào; 材料 cáiliào; 资料 zīliào. 2 东西 dōngxi; 物品 wùpǐn: Put your ~ in your room. 把你的东西放在你的房间里. 3 [习语] do one's **stuff** 一显〔顯〕身手 yī xiǎn shēnshǒu.

stuff² /stʌf/ v 1 [T] 把…装〔裝〕满 bǎ…zhuāngmǎn; 塞进〔進〕sāijìn. 2 把馅塞进（待烹煮的鸡、鸭等肚中）bǎ xiàn sāijìn. 3 制〔製〕成（标本）bōzhì. 4 [I, T] [非正式用语]吃饱 chībǎo. 5 [习语] get **'stuffed** [英国非正式用语]（表示愤怒、鄙视等）. **stuffing** n [U] 1（垫子等的）填料 tiánliào; 填充料〔劑〕tiánchōngliào. 2（待烹煮的鸡、鸭肚中的）填料 tiánliào.

stuffy /'stʌfɪ/ adj [-ier, -iest] 1 通风〔風〕不良的 tōngfēng bù liáng de; 闷热〔熱〕的 mēnrède. 2 [非正式用语]（人）古板的 gǔbǎnde; 拘谨的 jūjǐnde. **stuffiness** n [U].

stumble /'stʌmbl/ v 1 [I] 绊跌 bàndiē;（儿乎）绊倒 bàndǎo. 2（说话）出错 chū cuò, 结〔結〕巴 jiēba: ~ over a name 说错名字. **stumble across/on/upon sth** 意外地〔發〕现〔現〕（某事物）yìwài de fāxiàn. **stumble** n [sing] 绊跌 bàndiē; 出错 chūcuò. **'stumbling-block** n [C] 障碍〔礙〕物 zhàng'àiwù; 绊脚石 bànjiǎoshí.

stump /stʌmp/ n [C] 1 树〔樹〕桩〔椿〕（残余的部分 cányú bùfen. 2 [板球]三柱门的柱 sānzhùménde zhù. **stump** v 1 [I] 笨重地行走 bènzhòng de xíngzǒu. 2 [T] [非正式用语]难〔難〕住 nánzhù; 使为〔為〕难 shǐ wéinán. **stumpy** adj [-ier, -iest] 短粗的

duāncūde.

stun /stʌn/ v [-nn-] [T] 1 把…打晕 bǎ…dǎyūn. 2 (a) 使震惊〔驚〕 shǐ zhènjīng; 使不知所措 shǐ bù zhī suǒ cuò. (b) 给(某人)以好印象 gěi yī hǎo yìnxiàng. **stunning** adj [非正式用语]漂亮的 piàoliangde; 极〔極〕好的 jíhǎode.

stung pt, pp of STING².

stunk pp of STINK.

stunt¹ /stʌnt/ n [C] 1 惊〔驚〕人之举〔舉〕 jīng rén zhī jǔ. 2 特技表演 tèjì biǎoyǎn, **'stunt man, 'stunt woman** n [C] (拍危险镜头时担〔當〕演员替身的特技演员 dāng yǎnyuán tìshēn de tèjì yǎnyuán.

stunt² /stʌnt/ v [T] 阻碍〔礙〕…的发〔發〕育〔長〕 zǔ'ài…de fāyù chéngzhǎng.

stupendous /stjuː'pendəs; US stuː-/ adj 巨大的 jùdàde; 惊〔驚〕人的 jīngrénde; 极〔極〕好的 jíhǎode. **stupendously** adv.

stupid /'stjuːpɪd; US 'stuː-/ adj 笨的 bènde; 愚蠢的 yúchǔnde. **stupidity** /·'pɪdətɪ/ n [C, U]. **stupidly** adv.

stupor /'stjuːpə(r); US 'stuː-/ n [C, U] 昏迷 hūnmí; 不省人事 bù xǐng rénshì.

sturdy /'stɜːdɪ/ adj [-ier, -iest] 强健的 qiángjiànde; 坚〔堅〕实〔實〕的 jiānshíde. **sturdily** /-əlɪ/ adv.

stutter /'stʌtə(r)/ v [I, T] n = STAMMER.

sty¹ /staɪ/ n [C] [pl -ies] = PIGSTY (PIG).

sty² (亦作 **stye**) /staɪ/ n [C] [pl **sties** 或 **styes**] 睑〔瞼〕腺炎 jiǎnxiànyán; 麦〔麥〕粒肿〔腫〕 màilìzhǒng.

style /staɪl/ n 1 [C, U] 风〔風〕格 fēnggé; 作风 zuòfēng; 风度 fēngdù; 文体〔體〕 wéntǐ. 2 [U] 优〔優〕越性 yōuyuèxìng; 气〔氣〕派 qìpài. 3 [U]（衣服等的）最新式样〔樣〕 zuì xīn shìyàng; 时〔時〕式 shìshì. 4 [C] 型式 xíngshì; 设计样式 shèjì yàngshì. 5 [习语] (not/more) sb's style [非正式用语] 所喜爱〔愛〕的 suǒ mǒurén suǒ hào: Big cars are not my ~. 我不喜爱大汽车. **style** v [T] 设计（成某种式样）shèjì. **stylish** adj 时髦的 shímáode; 漂亮的 piàoliangde. **stylist** n [C] 设计师〔師〕shèjìshī; （服装等）设计师〔師〕shèjìshī. **stylistic** /-'lɪstɪk/ adj 文体（上）的 wéntǐde. **stylize** v [T] 按千篇一律的风格处〔處〕理 àn qiānpiānyīlǜ de fēnggé chǔlǐ.

stylus /'staɪləs/ n [C] (唱机的)唱针 chàngzhēn.

suave /swɑːv/ adj [有时贬]温和的 wēnhéde; 文雅的 wényǎde.

sub /sʌb/ n [C] [非正式用语] 1 short for SUBMARINE. 2 代替者(尤指替补球员) dàitìzhě.

subconscious /ˌsʌb'kɒnʃəs/ adj 潜(潜)意识(识)的 qiányìshíde. **the subconscious** n [sing] 潜意识 qiányìshí. **subconsciously** adv.

subcontinent /ˌsʌb'kɒntɪnənt/ n [C] 次大陆(陆) cìdàlù.

subdirectory /ˈsʌbdaɪrektərɪ/ n [C] [计算机中的]子目录(录) zǐmùlù.

subdivide /ˌsʌbdɪ'vaɪd/ v [I, T] (把…)再分 zài fēn; 细分 xì fēn. **subdivision** /-dɪ'vɪʒn/ n [C, U].

subdue /səb'djuː; US -'duː/ v [T] 1 使屈服 shǐ qūfú; 征服 zhēngfú. 2 使柔和 shǐ róuhé;使安静 shǐ ānjìng; ~d lighting 柔和的灯光.

subject[1] /'sʌbdʒɪkt/ n [C] 1 题目 tímù; 主题 zhǔtí; the ~ of the book 那本书的主题. 2 学(学)科 xuékē; 科目 kēmù. 3 [语法]主语 zhǔyǔ. 4 国(国)民 guómín; 臣民 chénmín.

subject[2] /səb'dʒekt/ v [T] 1 征服 zhēngfú;使服从(从)shǐ fúcóng. 2 to 使经(经)历(历) shǐ jīnglì;使遭受 shǐ zāoshòu: ~ sb to criticism 使某人受批评. **subjection** /-ʃn/ n [U].

subject[3] /'sʌbdʒɪkt/ adj (to) 1 隶(隶)属(属)的 lìshǔde;受支配的 shòu zhīpèi de: ~ to the law 受法律约束. 2 在…条件(件)下 zài…tiáojiàn xià; 依靠 yīkào; 依照 yīzhào: ~ to confirmation 须经过批准. 3 常有的 chángyǒude; 常遭受的 cháng zāoshòu de: ~ to frequent colds 经常患感冒.

subjective /səb'dʒektɪv/ adj 1 主观(观)的 zhǔguānde;受个(个)人感情影响(响)的 shòu gèrén gǎnqíng yǐngxiǎng de. 2 [哲学]内心的 nèixīnde; 想像的 xiǎngxiàngde. **subjectively** adv. **subjectivity** /ˌsʌbdʒek'tɪvətɪ/ n [U].

sublet /ˌsʌb'let/ v [-tt-; pt, pp **sublet**] [I, T] (将房屋)转(转)租(给他人) zhuǎn zū.

sublime /sə'blaɪm/ adj 最大的 zuìdàde;伟(伟)大的 wěidàde;至高无(无)上的 zhì gāo wú shàng de. **sublimely** adv.

submarine /ˌsʌbmə'riːn; US 'sʌbməriːn/ n [C] 潜(潜)水艇 qiánshuǐtǐng.

submerge /səb'mɜːdʒ/ v [I, T]放于水下 fàng yú shuǐxià;进(进)入水中 jìnrù shuǐzhōng. 2 [T]使淹没 shǐ yānmò;使沉没 shǐ chénmò. **submersion** /səb'mɜːʃn/ n [U] 浸没 jìnmò;淹没 yānmò;潜(潜)入水中 qiánrù shuǐzhōng.

submission /səb'mɪʃən/ n 1 [U]投降 tóuxiáng;归(归)顺 guīshùn. 2 [U]建议(议) jiànyì;意见 yìjiàn.

submissive /səb'mɪsɪv/ adj 服从(从)的 fúcóngde;顺从的 shùncóngde. **submissively** adv. **submissiveness** n [U].

submit /səb'mɪt/ v [-tt-] 1 (to) 服从(从) fúcóng;屈服 qūfú. 2 [T]提议(议) tíyì;提出声(声)明 tíchū shēngmíng.

subordinate /sə'bɔːdɪnət/ adj 1 下级的 xiàjíde;从(从)属(属)的 cóngshǔde. 2 次要的 cìyàode. **subordinate** n [C]部下 bùxià;下级职(职)员 xiàjí zhíyuán. **subordinate** /sə'bɔːdɪneɪt/ v [T] (to) 把…列为(为)下级 bǎ…lièwéi xiàjí;使在次要地位 shǐ zài cìyào dìwèi.

subscribe /səb'skraɪb/ v 1 [I, T]认(认)捐(款项)rènjuān;捐助 juānzhù. 2 [I] (to) 订阅(杂志、报纸等)dìngyuè. 3 [短语动词] **subscribe to sth** 同意 tóngyì;赞成 zànchéng. **subscriber** n [C]. **subscription** /səb'skrɪpʃn/ n 1 [U]捐助 juānzhù;订阅 dìngyuè;签(签)署 qiānshǔ. 2 [C]捐款 juānkuǎn;预订费 yùdìngfèi;会(会)费 huìfèi.

subsequent /'sʌbsɪkwənt/ adj (to) 后于[后]来的 hòuláide;随(随)后的 suíhòude. **subsequently** adv 接着 jiēzhe; 然后 ránhòu.

subservient /səb'sɜːvɪənt/ adj 奉承的 fèngchéngde;谄媚的 chǎnmèide. **subservience** /-əns/ n [U].

subside /səb'saɪd/ v [I] 1 (洪水)退落 tuìluò. 2 (土地、建筑物)下沉 xiàchén. 3 平息 píngxí;平静 píngjìng. **subsidence** /səb'saɪdns, 'sʌbsɪdns/ n [C, U] 降落 jiàngluò;下沉 xiàchén;平息 píngxí.

subsidiary /səb'sɪdɪərɪ; US -dɪerɪ/ adj 辅(辅)助的 fǔzhùde;补(补)充的 bǔchōngde;次要的 cìyàode;附属(属)的 fùshǔde: a ~ role 配角. **subsidiary** n [C] [pl -ies]子公司 zǐgōngsī.

zǐgōngsī; 附属机〔機〕构〔構〕 fùshǔ jīgòu.

subsidy /'sʌbsədɪ/ n [C] (pl -ies) 补[補]助金 bǔzhùjīn; 津贴费 jīntiēfèi. **subsidize** /'sʌbsɪdaɪz/ v [T] 给予补助金(或津贴)jǐyǔ bǔzhùjīn.

subsist /səb'sɪst/ v [I] 维持生活 wéichí shēnghuó; 活下去 huó xià qù. **subsistence** n [U] 生活 shēnghuó; 生计 shēngjì.

substance /'sʌbstəns/ n 1 [C] 物质[質] wùzhì. 2 [U] 实[實]质 shízhì; 本质 běnzhì; 要义[義] yàoyì. 3 [U]重要性 zhòngyàoxìng; 重大意义 zhòngdà yìyì: a speech with little ~ 无大意义的演讲.

substantial /səb'stænʃl/ adj 1 巨大的 jùdàde: a ~ amount 一笔大数目. 2 坚[堅]固的 jiāngùde; 结实[實]的 jiēshíde. **substantially** adv 1 大量地 dàliàngde. 2 基本上 jīběnshàng; 大体[體]上 dàtǐshàng. **substantiate** /səb'stænʃieɪt/ v [T] 证[證]实[實] zhèngshí; 证明 zhèngmíng.

substitute /'sʌbstɪtjuːt/ n [C] 代替人 dàitìrén; 代用品 dàiyòngpǐn. **substitute** v [I, T] (for) 代替 dàitì; 代用 dàiyòng. **substitution** /ˌsʌbstɪ'tjuːʃn/ n [C, U].

subsume /səb'sjuːm/ US -suːm/ v [T] [正式用语]包括 bāokuò; 纳入 nàrù.

subterfuge /'sʌbtəfjuːdʒ/ n [C, U] 诡计 guǐjì; 花招 huāzhāo.

subterranean /ˌsʌbtə'reɪnɪən/ adj = UNDERGROUND 1.

subtitle /'sʌbtaɪtl/ n [C] 1 (书籍的)副标[標]题 fù biāotí. 2 [常作 sing]文字幕 wénzì zìmù.

subtle /'sʌtl/ adj 1 微妙的 wēimiàode; 难[難]以捉摸的 nán yǐ zhuōmō de: a ~ difference 细微的不同. 2 精明的 jīngmíngde; 巧妙的 qiǎomiàode: a ~ plan 一个巧妙的方法. 3 敏锐的 mǐnruìde; 灵[靈]敏的 língmǐnde. **subtlety** n [U, C] (pl -ies). **subtly** /'sʌtlɪ/ adv.

subtract /səb'trækt/ v [T] (from) 减去 jiǎnqù; 扣除 kòuchú. **subtraction** /-ʃn/ n [C, U].

suburb /'sʌbɜːb/ n [C] 市郊 shìjiāo; 郊区[區] jiāoqū. **suburban** /sə'bɜːbən/ adj. **suburbia** /sə-'bɜːbɪə/ n [U] 郊区(居民的生活)jiāoqū.

subvert /səb'vɜːt/ v [T] 颠覆(政府)diānfù. **subversion** /-ʃn/ n [U]. **subversive** adj 颠覆性的 diānfùxìngde.

subway /'sʌbweɪ/ n 1 地道 dìdào. 2 [美语]地铁[鐵] dìtiě.

succeed /sək'siːd/ v 1 [I] 成功 chénggōng; 完成 wánchéng: ~ in winning the race 成功地获得胜利. 2 [T] 继续[續](职[職]务)jìxù; 继任 jìrèn: ~ sb as president 继某人之后担任总统. 3 [I] (to) 继承 jìchéng.

success /sək'ses/ n 1 [U] 成功 chénggōng; 成就 chéngjiù; 发[發]迹[跡] fājì. 2 [C] 取得成功的人或事 qǔdé chénggōng de rén huò shì. **successful** adj. **successfully** adv.

succession /sək'seʃn/ n 1 [U] 连续[續] liánxù; 继[繼]续 jìxù. 2 [C] 一连串 yīliánchuàn. 3 [习语] in suc'cession 一个[個]接一个 yīgè jiē yīgè; 连续地 liánxùde. **successive** adj 连续的 liánxùde. **successor** n [C] 继承人 jìchéngrén; 接班人 jiēbānrén; 后[後]继者 hòujìzhě.

succinct /sək'sɪŋkt/ adj 简明的 jiǎnmíngde. **succinctly** adv. **succinctness** n [U].

succulent /'sʌkjulənt/ adj 1 多汁的 duōzhīde; 美味的 měiwèide. 2 (植物)肉质[質]的 ròuzhìde.

succumb /sə'kʌm/ v [I] (to) [正式用语]屈服 qūfú; 屈从[從] qūcóng; 不再抵抗(诱惑、疾病等)bú zài dǐkàng.

such /sʌtʃ/ adj 1 那种[種]的 nàzhǒngde; 这[這]种的 zhèzhǒngde: ~ countries as France 像法国那样的国家. 2 (a) 这样大的 zhèyàng dà de: Don't be in a hurry. 不要这样匆忙. (b) 达[達]到这种[種]程度的 dádào zhèzhǒng chéngdù de: ~ a boring speech 如此枯燥无味的演讲. **such** pron 1 某一类[類] mǒu yī lèi; 这(个)种的 zhè ... de: so zhèxiě: 那些 nàxiē; S~ were her words. 那些正是她的话. His behaviour was ~ that everyone disliked him. 他的行为是这样的, 因而每个人都不喜欢他. 2[习语] as such 按照通常意义 ànzhào tōngcháng yìyì; 照此 zhàocǐ: as 例如 lìrú. 'such-and-such pron (事物)某种 mǒu zhǒng. suchlike

/'sʌtʃlaɪk/ *pron*, *adj* 同类的(事物) tónglèide.

suck /sʌk/ *v* 1 [I,T] 吸 xī; 吸 吮 xī chuǎn. 2 [T] 含(在嘴里) hán; 舔 tiǎn. 3 [T] 卷(捲) rù juǎnrù; 吸入 xīrù; The *current* ~*ed her under the water*. 洪流把她卷入水中. 4 [T] (泵等)抽出 chōu chū. **suck in** [C] 吸 吮 xī chuǎn; 舔 tiǎn. **sucker** /'sʌkə(r)/ *n* 1 (动物的)吸盘(盤) xīpán. 2 凹面(橡胶)吸盘 āomiàn xīpán, 3[非正式用语]易受骗者 yì shòupiàn zhě. 4 *for* 喜爱(愛)(某人,某事物)的 人 xǐ'àide rén: *a* ~*er for old films* 喜爱旧影片的人.

suckle /'sʌkl/ *v* [T] 哺乳 bǔrǔ; 喂 奶 wèi nǎi.

suction /'sʌkʃn/ *n* [U] 吸 吸 xī; 吸 力 xīzhǐ.

sudden /'sʌdn/ *adj* 突然的 tūránde; 急速的 jísùde. **suddenly** *adv*. **suddenness** *n*.

suds /sʌdz/ *n* [pl] 肥皂泡沫 féizào pàomò.

sue /sju:/ *US* su/ *v* [I,T] 控诉 kòngsù 控告 kònggào.

suede /sweɪd/ *n* [U] 绒面革 róngmiàngé.

suet /'su:ɪt/ *Brit* 亦读 /'sju:ɪt/ *n* [U] 板油 bǎnyóu.

suffer /'sʌfə(r)/ *v* 1 [I] (*from/with*) 受苦 shòu kǔ; 受害 shòu hài; 吃苦头(頭) chīkǔtóu, 受害 shòuhài. 2 [T] 遭受 zāoshòu; 蒙受 méngshòu; 经(經)历(歷) jīnglì, 3 [T] 忍受 rěnshòu; 忍耐 rěnnài; ~ *fools* 容忍傻瓜. 4 变(變)坏(壞) biàn huài; 变差 biàn chà; *Her work* ~*ed when she was ill*. 她患病时,工作受到影响. **suffering** *n* [U] (作作 sufferings) [pl] 痛苦 tòngkǔ; 不幸 búxìng.

suffice /sə'faɪs/ *v* [I] [正式用语] 能满足 néng mǎnzú.

sufficient /sə'fɪʃnt/ *adj* 足够的 zúgòude; 充分的 chōngfènde. **sufficiency** /-nsɪ/ *n* [sing] 充足 chōngzú;足量 zú liàng, **sufficiently** *adv*.

suffix /'sʌfɪks/ *n* [C] 后(後)缀 hòuzhuì;词尾 cíwěi.

suffocate /'sʌfəkeɪt/ *v* [I,T] 1 (使)窒息 zhìxī;(使)呼吸困难(難) hūxī kùnnan, 2 (把…)闷死 mēn sǐ. **suffocation** /ˌsʌfə'keɪʃn/ *n* [U].

sugar /'ʃʊgə(r)/ *n* [U] 糖 táng.
sugar *v* [T] 加糖于 jiā táng·yú;使

甜 shǐ tián. **'sugar-cane** *n* [U] 甘 蔗 gānzhe. **sugary** *adj* 1 甜的 tiánde, 2 甜情蜜意的 tiánqíng mìyì de.

suggest /sə'dʒest/ *US* səg'dʒ-/ *v* [T] 1 提议(議) tíyì;建议 jiànyì. 2 启(啟)发(發) qǐfā; 提醒 tíxǐng; 暗 示 ànshì. **suggestion** /-tʃn/ *n* 1 [C] 建议 jiànyì;提议 tíyì;启发 qǐfā; 暗示 ànshì. 2 [C] (所提)意见,计划 [劃] huà yǐjiàn,jìhuà piàn. **suggestive** *adj* 提醒的 tíxǐngde; 暗示的 ànshì·de. **suggestively** *adv*.

suicide /'su:ɪsaɪd, *Brit* 亦读 'sju:-/ *n* 1 [C,U] 自杀(殺) zìshā; *commit* ~ 自杀. 2 [C] 自杀者 zì- shāzhě. 3 [U] 自取灭(滅)亡(亡) zì- zǐ qǔ mièwáng. **suicidal** *adj* 1(可能导致)自杀的 zìshāde, 2(想要)自杀的 zìshāde.

suit[1] /su:t, *Brit* 亦读 sju:t/ *n* [C] 1 一套衣服 yítào yīfú. 2 (为某项活动穿的)套装(装) tàozhuāng. 3 一组 同花纸牌 yìzǔ tónghuā zhǐpái. **'suitcase** *n* [C] (旅行用)衣箱 yī- xiāng.

suit[2] /su:t, *Brit* 亦读 sju:t/ *v* 1 [I] (使)合适(適) héshì;(对某人)方便 fāngbiàn, 2 [T] (尤指衣服等)合适 héshì;配(合)pèi; *That hat* ~*s you*. 那顶帽子对你正合适. 3 [非正式用语] ~ *oneself* 自便 zìbiàn; 自主 zìzhǔ. **suitable** /-əbl/ *adj* 适当(當)的 shìdāngde; 适宜的 shìyíde, **suitably** *adv*. **suited** *adj* 适合的 shìhéde;适当的 shìdāngde.

suite /swi:t/ *n* [C] 1 一套家具 yí- tào jiàjù. 2 一套房间 yítào fáng- jiàn. 3 [音乐]组曲 zǔqǔ.

sulk /sʌlk/ *v* [I] 生闷气(氣) shēng mènqì. **sulky** *adj* [-ier, -iest].

sullen /'sʌlən/ *adj* 生 气(氣)的 shēngqìde; 闷闷不乐(樂)的 mèn- mèn bú lè de. **sullenly** *adv*. **sullenness** *n* [U].

sulphur (美语 sulfur) /'sʌlfə(r)/ *n* [U] [化学]硫(S) liú. **sulphuric** /sʌl'fjuərɪk/ *adj*.

sultan /'sʌltən/ *n* [C] 苏(蘇)丹 (某些伊斯兰国家统治者) sūdān.

sultana /sʌl'tɑ:nə/ *n* [C] 无(無)核小葡萄 wú hé xiǎo pútáo.

sultry /'sʌltrɪ/ *adj* [-ier, -iest] 1 (天气)闷热(熱)的 mēnrède, 2(女人)性感的 xìnggǎnde;迷人的 mí- rénde.

sum /sʌm/ *n* [C] 1 算术(術)题 suànshù. **2** 金额 jīn'é; 款项 kuǎnxiàng. **3** 总(總)数(數)zǒngshù; [数学]和 hé, **sum** v [-mm-] [短语动词] **sum** (**sth**) **up** 合计 héjì; 总结 zǒngjié. **sum sb/sth up** 形成对[對]…的意见, xíngchéng duì…de yìjiàn.

summary /'sʌməri/ n [C] [pl -ies] 总(總)结 zǒngjié; 概括 gài-kuò; 摘要 zhāiyào. **summary** adj **1** 即时(時)的 jíshíde; 速决的 sùjué-de: a ~ execution 立即处决. **2** 概括的 gàikuòde; 扼要的 èyàode.
summarize /-raiz/ v [T] 总结 zǒngjié; 摘要 zhāiyào.

summer /'sʌmə(r)/ n [C, U]夏季 xiàjì. **summery** adj 如夏季的, 似夏时(時)的; 适(適)合夏季的 shìhé xiàjì de.

summit /'sʌmit/ n [C] **1**顶点(點) dǐngdiǎn. **2** 最高级会(會)谈 zuì-gāojí huìtán.

summon /'sʌmən/ v [T] **1** 召唤 zhàohuàn; 传(傳)唤 chuánhuàn, **2** (*up*) 鼓起 gǔqǐ; 发(發)挥 fāhuī: ~ (*up*) all one's courage 鼓足勇气.
summons /'sʌmənz/ n [C] (法庭) 传(傳)票 chuánpiào, **summons** v [T]把传票送达(達)(某人) bǎ chuánpiào sòngdá.

sun /sʌn/ n **1** the sun [sing] 太阳(陽) tàiyáng. **2** (亦作 the sun) [sing, U] 阳光 yángguāng; 日光 rìguāng. **3** [C] (尤指有卫星的)恒星 héngxīng. **4** [习语] under the 'sun 在世界上(任何地方) zài shìjiè shàng, **sun** v [-nn-] ~ oneself 晒(曬)太阳 shài tàiyáng. **'sunbathe** v [I] 沐日光浴 mù rì-guāngyù. **'sunbeam** n [C] (一道) 日光 rìguāng. **'sunburn** n [U] 日炙 rìzhì; 晒黑 shàihēi; 晒伤(傷) shàishāng. **sunburnt** adj 晒伤(傷)的 shàishāngde; 晒黑的 shàihēide. **'sun-glasses** n [pl] 太阳眼镜 tàiyáng yǎnjìng. **'sunlight** n [U] 日光 rìguāng. **sunny** adj [-ier, -iest] 阳光充足的 yángguāng chōngzú de. **2** 愉快的 yúkuàide; 高兴(興)的 gāoxìng-de, **'sunrise** n [U] 日出 rìchū; 黎明 límíng. **'sunshade** n [C] 遮阳伞(傘) zhēyángsǎn. **'sunshine** n [U]阳光 yángguāng; 日光 rìguāng. **'sunstroke** n [U] 中暑 zhòngshǔ; 日射病 rìshèbìng. **'suntan** n (皮肤的)晒黑 shàihēi.

Sunday /'sʌndi/ n [U, C] 星期日 xīngqīrì.

sundry /'sʌndri/ adj 各种(種)的 gèzhǒngde; 不同的 bùtóngde. **sundries** n [pl] 杂(雜)物 záwù.

sung pp of SING.

sunk pt, pp of SINK².

sunken /'sʌŋkən/ adj **1** 沉没海底的 chénmò hǎidǐ de, **2**凹陷的 āoxiànde. **3** 低于周围(圍)平面的 dī yú zhōuwéi píngmiàn de.

super /'su:pə(r), 'sju:-/ adj [非正式用语]特级的 tèjíde; 极(極)好的 jíhǎode.

superb /su:'pɜ:b, 'sju:-/ adj 杰(傑)出的 jiéchūde; 头(頭)等的 tóu-děngde, **superbly** adv.

superconductor /'su:pəkən,dʌktə (r)/ n [C] 超导(導)体(體) chāodǎotǐ.

superficial /,su:pə'fɪʃl, ,sju:-/ adj **1** 表面的 biǎomiànde; 表皮的 biǎo-píde. **2** 肤(膚)浅(淺)的 fūqiǎnde; 浅薄的 qiǎnbóde: a ~ know-ledge 一知半解. **superficiality** /,su:pə,fɪʃɪ'æləti/ n [U]. **superficially** adv.

superfluous /su:'pɜ:fluəs, sju:-/ adj 过(過)剩的 guòshèngde; 多余(餘)的 duōyúde; 不必要的 bú bìyào de. **superfluously** adv.

superhuman /,su:pə'hju:mən, ,sju:-/ adj (力气、能力等)超过(過)常人的 chāoguò chángrén de; 超人的 chāorénde.

superimpose /,su:pərɪm'pəʊz, ,sju:-/ v [T] (*on*) 把…放在另一物之上 bǎ…fàngzài lìng yī wù zhī shàng.

superintend /,su:pərɪn'tend/ v [I, T] 监(監)督 jiāndū; 指挥(工作等) zhǐhuī. **superintendent** n [C] **1** 监督人 jiāndūrén; 指挥者 zhǐ-huīzhě. **2** 警察长(長) jǐngcházhǎng.

superior /su:'pɪəriə(r), sju:-/ adj **1** 优(優)越的 yōuyuède; 优良的 yōuliángde; 较高的 jiàogāode. **2** [贬]有优越感的 yǒu yōuyuègǎn de; 傲慢的 àomànde. **superior** n [C] 上级 shàngjí; 长(長)官 zhǎngguān. **superiority** /su:ˌpɪəri'ɒrəti; US -'ɔ:r-/ n [U].

superlative /su:'pɜ:lətɪv, sju:-/ adj **1** 最高的 zuìgāode; 无(無)上的 wúshàngde. **2** [语法]最高级的 zuìgāojíde. **superlative** n [C] 最高级 zuìgāojí.

supermarket /'su:pəmɑ:kɪt, 'sju:-/ n [C] 超级市场(場) chāojí shì-chǎng; 自选(選)商场 zìxuǎn shāng-chǎng.

supernatural /ˌsuːpəˈnætʃrəl, ˌsjuː-/ *adj* 超自然的 chāo zìrán de; 神奇的 shénqíde; 不可思议(議)的 bùkě sīyì de.

superpower /ˈsuːpəpaʊə(r), ˈsjuː-/ *n* [C] 超级大国(國) chāojí dàguó.

supersede /ˌsuːpəˈsiːd/ *v* [T] 代替 dàitì; 接替 jiētì.

supersonic /ˌsuːpəˈsɒnɪk, ˌsjuː-/ *adj* 超声(聲)的 chāoshēngde; 超音速的 chāoyīnsùde.

superstar /ˈsuːpəstɑː(r)/ *n* [C] (娱乐界的) 超级明星 chāojí míngxīng.

superstition /ˌsuːpəˈstɪʃn, ˌsjuː-/ *n* [C, U] 迷信 míxìn; 迷信行为(為) míxìn xíngwéi. **superstitious** *adj*.

supervise /ˈsuːpəvaɪz, ˈsjuː-/ *v* [I, T] 监(監)督 jiāndū; 管理 guǎnlǐ; 指导(導) zhǐdǎo. **supervision** /ˌsuːpəˈvɪʒn/ *n* [U] 监督 jiāndū; 管理 guǎnlǐ; 指导 zhǐdǎo. **supervisor** /-zə(r)/ *n* [C] 监督人 jiāndūrén; 管理员 guǎnlǐyuán; 指导者 zhǐdǎozhě.

supper /ˈsʌpə(r)/ *n* [C, U] 晚餐 wǎncān.

supple /ˈsʌpl/ *adj* 易弯曲的 yì wānqū de; 柔软的 róuruǎnde. **suppleness** *n* [U].

supplement /ˈsʌplɪmənt/ *n* [C] 1 增补(補) zēngbǔ; 补遗 bǔyí. 2 (报刊的)增刊 zēngkān. **supplement** *v* [T] (*with*) 补充 bǔchōng; 增补 zēngbǔ. **supplementary** /-ˈmentrɪ; US -terɪ/ *adj* 补充的 bǔchōngde; 附加的 fùjiāde.

supply /səˈplaɪ/ *v* [pt, pp -ied] [T] 1 供给(給) gōngjǐ; 供应(應) gōngyìng: ~ gas to a house 供住宅供应煤气. ~ sb with food 供给某人食物. 2 满足(需要) mǎnzú. **supply** *n* [pl -ies] 1 供给 gōngjǐ; 供应 gōngyìng. 2 [C, 尤用 pl] 供应品 gōngyìngpǐn; 贮(貯)备(備)物 zhùbèiwù: food supplies 食物贮备. **supplier** *n* [C] 供应者 gōngyìngzhě; 供应厂(廠)商 gōngyìng chǎngshāng.

support /səˈpɔːt/ *v* [T] 1 支撑 zhīchēng; 支持 zhīchí. 2 供养(養) gōngyǎng; 维持 wéichí: ~ a family 养家. 3 拥(擁)护(護) yōnghù; 赞助 zànzhù; 鼓励(勵)的 gǔlì: ~ a political party 拥护某一政党. 4 (为某队等)捧场(場) pěngchǎng. 5 支持(或肯定)(某一理论或事) zhīchí. **support** *n* 1 [U] 支持 zhīchí; 支撑

zhīchēng; 供养 gōngyǎng; 拥护 yōnghù; 赞助 zànzhù. 2 [C] 支撑物 zhīchēngwù; 支持者 zhīchízhě; 供养者 gōngyǎngzhě; 赞助人 zànzhùrén. 3 [U] (政党、球队等的)支持者 zhīchízhě; 拥护者 yōnghùzhě. **supporter** *n* [C]. **supportive** *adj* 支持的 zhīchíde; 赞助的 zànzhùde; 鼓励(勵)的 gǔlìde.

suppose /səˈpəʊz/ *v* [T] 1 假定 jiǎdìng; 认(認)定 rèndìng: Let us ~ (that) the news is true. 让我们假定这消息是正确的. 2 猜测 cāicè; 想象 xiǎngxiàng: Do you ~ he's gone? 你猜他已经走了吗? [习语] **be supposed to** (a) 被期望 bèi qīwàng; 应(應)该 yīnggāi. (b) [非正式用语]用于否定]被允许无 bèi yǔnxǔ; 获(獲)准 huòzhǔn: You're not ~d to leave early. 你不许早走. **supposedly** /-ɪdlɪ/ *adv* (根据)推测 tuīcè; 猜想 cāixiǎng; 大概 dàgài; 恐怕 kǒngpà. **supposing** *conj* 假使 jiǎshǐ; 倘若 tǎngruò.

supposition /ˌsʌpəˈzɪʃn/ *n* 1 [U] 假定 jiǎdìng; 想象 xiǎngxiǎng. 2 [C] 猜测 cāicè; 假定(的事物) jiǎdìng.

suppress /səˈpres/ *v* [T] 1 制止 zhìzhǐ; 镇压(壓) zhènyā; 平定 píngdìng: ~ a revolt 镇压叛乱. 2 抑制 yìzhì; 隐(隱)瞒 yǐnmán; 防止 fángzhǐ: ~ the truth 隐瞒真相. **suppression** /-ʃn/ *n* [U].

supreme /suːˈpriːm, sjuː-/ *adj* 1 最高的 zuìgāode; 至上的 zhìshàngde. 2 最大的 zuìdàde; 最重要的 zuì zhòngyào de. **supremacy** /suːˈpreməsɪ/ *n* [U]. **supremely** *adv*.

surcharge /ˈsɜːtʃɑːdʒ/ *n* [C] 额外费 éwàifèi.

sure /ʃɔː(r); US ʃʊər/ *adj* 1 无(無)疑的 wúyíde; 一定的 yídìngde; 确(確)信的 quèxìnde: I think he's coming but I'm not quite ~. 我想他会来的, 但我还不十分肯定. 可靠的 kěkàode; 稳(穩)妥的 wěntuǒde: a ~ cure for colds 治感冒的良药. 3 to 肯定的 kěndìngde; 一定会(會)(做某事)的 yídìng huì de: He's ~ to be late. 他肯定要迟到. 4 [习语] **be sure to** 务(務)必 wùbì. **make sure** (**of** *sth*/**that...**) (a) 查明 chámíng; 核实(實)héshí. (b) 保证(證)出现 bǎozhèng chūxiàn. **sure** *adv* 1 [非正式用语][尤用于美语]当(當)然

dāngrán; 的确 díquè: *It ~ is cold*! 天气的确冷! **2** [习语] ,sure e'nough 果然 guǒrán; *I said he would be late and ~ enough*, *he was*. 我说过他要迟到, 果然不错, 他迟到了. **surely** *adv* **1** 当然 dāngrán, **2** (表示希望, 确信无疑等): *Surely not*! 决不!

surety /'ʃʊərəti/ *n* [*pl* -ies] [C, U] **1** 担(擔)保品 dānbǎopǐn. **2** 保证(證)人 bǎozhèngrén.

surf /sɜːf/ *n* [U] 拍岸浪 pāi àn làng. **surf** *vt* 作网(網)上冲浪 zuò wǎngshàng chōnglàng. **surfboard** *n* [C] 冲(衝)浪板 chōnglàngbǎn.

surfing /'sɜːfɪŋ/ *n* [U] 冲浪(运动) chōnglàng.

surface /'sɜːfɪs/ *n* [C] 面 miàn; 表面 biǎomiàn: 液面 yèmiàn. **2** [sing] [喻]外表 wàibiǎo; 外观(觀) wàiguān: *She was angry*, *in spite of her calm ~*. 尽管她外表平静怒了. **surface** *adj*. **surface** *v* **1** [T] 进(進)行表面处(處)理 jìnxíng biǎomiàn chǔlǐ; 使成平面 shǐ chéng píngmiàn: *the roads were ~d*. 修路. 铺路. **2** [I] 浮出水面 fúchū shuǐmiàn. [喻] *not ~ until noon* 一直睡到中午才起床. **'surface mail** *n* [U] 普通邮(郵)件(非航空邮件) pǔtōng yóujiàn.

surfeit /'sɜːfɪt/ *n* [sing] 过(過)量 guòliàng; 过度 guòdù; (尤指)饮食过量 yǐnshí guòliàng.

surge /sɜːdʒ/ *v* [I] **1** 波动(動)翻腾(騰) bōdòng, fānténg; 汹(洶)涌 xiōngyǒng. **2** (心潮)起伏 qǐfú; (一阵)激动 jīdòng. **surge** *n* [sing] **1** 波浪起伏 bōlàng qǐfú; 汹涌 xiōngyǒng; 澎湃 péngpài. **2** 急剧(劇)上升 jíjù shàngshēng.

surgeon /'sɜːdʒən/ *n* [C] 外科医(醫)生 wàikē yīshēng.

surgery /'sɜːdʒərɪ/ *n* [*pl* -ies] **1** [U] 外科医疗; 外科手术(術) wàikē shǒushù. **2** [C] 手术室 shǒushùshì.

surgical /'sɜːdʒɪkl/ *adj* 外科的 wàikēde; 外科手术(術)的 wàikē shǒushù de. **surgically** /-klɪ/ *adv*.

surly /'sɜːlɪ/ *adj* [-ier, -iest] 粗暴的 cūbàode, 不友好的 bù yǒuhǎo de. **surliness** *n* [U].

surmount /sə'maʊnt/ *v* [T] 克服(困难) kèfú; 战(戰)胜(勝) zhànshèng. **2** [习语] **be surmounted**

by [正式用语]在⋯顶上有 zài⋯ dǐngshang yǒu; 装(裝)在⋯上zhuāngzài⋯dǐngshang: *a church ~ed by a tower* 有尖塔的教堂.

surname /'sɜːneɪm/ *n* [C] 姓 xìng.

surpass /sə'pɑːs/ *v* [T] [正式用语]超越 chāoyuè; 胜(勝)过(過) shèngguò.

surplus /'sɜːpləs/ *n* [C] 余(餘)款 yúkuǎn; 盈余 yíngyú; 剩余(物资) shèngyú; 过(過)剩 guòshèng.

surprise /sə'praɪz/ *n* [C] **1** 惊(驚)奇 jīngqí; 使人惊奇的事物 shǐ rén jīngqí de shìwù. **2** [习语] **take sb by surprise** 出其不意地使某人⋯ chū qí bú yì de shǐ mǒurén⋯. **surprise** *v* **1** 使(某人)吃惊 shǐ chījīng. **2** 意料外地发(發)现 yìwàide fāxiàn; 撞见 zhuàngjiàn: *a burglar ~d* 撞见一个窃贼. **surprised** *adj* 惊奇的 jīngqíde; 吃惊的 chījīngde. **surprising** *adj*. **surprisingly** *adv*.

surrender /sə'rendə(r)/ *v* **1** [I, T] (*oneself*) (向⋯)停止抵抗 tíngzhǐ dǐkàng; 投降 tóuxiáng; 自首 zìshǒu. **2** [T] 放弃(棄) fàngqì; 交出 jiāochū. **3** [短语动词] **surrender** (**oneself**) **to** 听(聽)任⋯摆(擺)布(佈) tīngrèn⋯bǎibù; 陷于⋯ xiànyú⋯. **surrender** *n* [U, C] 屈服 qūfú; 投降 tóuxiáng; 放弃 fàngqì.

surround /sə'raʊnd/ *v* [T] 包围(圍) bāowéi; 围绕(繞) wéirào. **surround** *n* [C] 围绕物 wéiràowù; 花边(邊) huābiān. **surrounding** *adj*. **surroundings** *n* [pl] 周围的事物 zhōuwéi de shìwù; 环(環)境 huánjìng.

surveillance /sɜː'veɪləns/ *n* [U] 监(監)视 jiānshì; 监督 jiāndū: *under ~* 置于监视之下.

survey /sə'veɪ/ *v* [T] **1** 环(環)视 huánshì; 眺望 tiàowàng; 全面观(觀)察 quánmiàn guānchá. **2** 测量(土地) cèliáng; 勘定 kāndìng. **3** 检(檢)查 jiǎnchá; 调查 diàochá. **survey** /'sɜːveɪ/ *n* [C] **1** 概观(觀) gàiguān; (全面)考察 kǎochá. **2** 测量 (测量或记录) cèliáng. **3** (房屋等的)检(檢)查 jiǎnchá, 查勘 chákàn.

surveyor /sə'veɪə(r)/ *n* [C] 测量员 cèliángyuán; 勘测员 kāncèyuán.

survival /sə'vaɪvl/ *n* **1** [U] 生存 shēngcún; 幸存 xìngcún; 残(殘)存 cáncún. **2** [C] 幸存者 xìngcúnzhě; 残存物 cáncúnwù.

survive /sə'vaɪv/ *v* [I, T] 活下来

huóxiàlái: 残 [殘] 存 cáncún; 比…活
得长 [長] bǐ …huóde cháng: *She
~d her husband.* 她比她的丈夫
活得长. **survivor** /n [C] 幸存者
xìngcúnzhě; 逃生者 táoshēngzhě.

susceptible /sə'septəbl/ *adj* **1** to
易受感动 [動] 的 yì shòu gǎndòng
de; 易被感染的 yì bèi gǎnrǎn de:
~ *to cold* 容易伤 [傷] 风 [風] 感冒
[冒] 的 yì shòu yīngxiǎng de; 敏
感的 mǐngǎnde. **susceptibility**
/sə,septə'bɪlətɪ/ n [U].

suspect /sə'spekt/ v [T] **1** 疑有以
为 [為]; 觉 [覺] 得 juéde; 猜想 cāixiǎng:
We ~ that he's dead. 我们猜想
他死了. **2** 觉得可疑 juéde kěyí; 怀
[懷] 疑 huáiyí: ~ *the truth of her
statement* 怀疑她的说明的真实
性. **3** 疑 有某某人 (有罪) huáiyí
mǒu rén: ~ *sb of lying* 怀疑某人
在说谎. **suspect** /'sʌspekt/ n [C]
嫌疑犯 xiányífàn; 可疑分子 kěyí
fènzǐ. **suspect** /'sʌspekt/ *adj* 可
疑的 kěyíde; 靠不住的 kàobuzhùde.

suspend /sə'spend/ v [T] **1** (*from*)
吊 diào; 悬 [懸] 挂 [掛]
xuánguà: ~ *a lamp from the
ceiling* 天花板上吊着一盏灯. 2 推
迟 [遲] tuīchí; 中止 zhòngzhǐ; 暂停
zàntíng: ~ *judgement* 缓期宣判.
3 (*from*) 暂令停职 [職] zànlìng
tíngzhí děng: *They ~ed two
boys from school.* 他们暂令两个
孩子停学.

suspender /sə'spendə(r)/ n [pl] **1**
[英国英语]吊袜 [襪] 带 [帶] diàowà
dài. **2** [美语] → BRACE 3.

suspense /sə'spens/ n [U] (对可
能发生的事的)担心 dānxīn, 紧
[緊]张 [張] 感 jǐnzhānggǎn.

suspension /sə'spenʃn/ n **1** 吊着 1
悬 [懸] 挂 [掛] xuánguà; 悬浮 xuán
fú. 2 (车辆的)减震装 [裝] 置 jiǎn
zhènzhuàng. **su'spension bridge**
n [C] 吊桥 [橋] diàoqiáo.

suspicion /sə'spɪʃn/ n **1 (a)** [U]
怀 [懷] 疑 huáiyí; 疑心 yíxīn; 嫌疑
xiányí; *arrested on ~ of murder*
因杀人嫌疑而被捕. **(b)** 疑心
yíxīn; 猜疑 cāiyí. 2 [sing] 一点
[點] 儿 [兒] yìdiǎnr; ~ *of sad-
ness* 一丝愁伤. **suspicious** *adj* 可
疑的 kěyíde; 疑心的 yíxīnde. **suspi-
ciously** *adv*.

sustain /sə'steɪn/ v [T] **1** [正式用
语]支撑 zhīchēng; 支持 zhīchí; 承
受 chéngshòu zhù. 2 维持(生命或存在) wéi-
chí. 3 蒙受 méngshòu; 遭受 zāo-

shòu: ~ *an injury* 受伤. **sustain-
able de'velopment** n [U] 可持续
[續]发 [發]展 kě chíxù fāzhǎn.

sustenance /'sʌstɪnəns/ n [U]
[正式用语]食物 shíwù; 营 [營]养
[養] yíngyǎng.

swab /swɒb/ n [C] (医用)棉花球
miánhuāqiú; 药[藥]签[籤] yàoqiān.
swab v [-bb-] [T] (用棉花球)擦
洗(伤口等) cǎxǐ.

swagger /'swægə(r)/ v [I] 昂首
阔步 ángshǒu kuòbù; 摆 [擺] 架子
bǎijiàzi. **swagger** n [sing] 昂首阔
步 ángshǒu kuòbù; 摆架子 bǎijiàzi.

swallow[1] /'swɒləʊ/ n [C] 燕子
yànzi.

swallow[2] /'swɒləʊ/ v **1** [I, T] 吞
下 tūnxià; 咽 [嚥] 下 yànxià. 2 [T]
(*up*) 吞灭 tūnmiè; 用尽 [盡] yòng
jìn; *earnings ~ed up by bills* 被
欠账耗尽的收入. 3 [非正式用
语]忍受(侮辱) rěnshòu. 4 [非
正式用语]轻 [輕] 信 qīngxìn; *I'm
not ~ing that story!* 我不相信
那件事! 5 [T] 不流露(感情) bù liú-
lù. **swallow** n [C] 咽 jàn; 吞 tūn;
吞咽的量 tūn yàn de liàng.

swam *pt* of SWIM.

swamp /swɒmp/ n [C, U] 沼泽
[澤] 地 zhǎozédì. swamp v [T]
使淹没 shǐ yānmò. 2 [喻]使应 [應]
接不暇 shǐ yìngjiē bù xiá; 使不知所
措 shǐ bù zhī suǒ cuò: ~ed *with
requests* 请求多得应接不暇.
swampy *adj* [-ier, -iest] (多)沼
泽的 zhǎozéde.

swan /swɒn/ n [C] 天鹅 tiān'é.
swan v [-nn-] [I] *around/off*
闲荡[蕩] xiándàng; 游逛 yóuguàng.
'swan-song n [C] 诗人、音乐[樂]
家的最后[後]作品 shīrén, yīnyuèjiā
de zuìhòu zuòpǐn.

swap (亦作 swop) /swɒp/ v
[-pp-] [I, T] (*with*) [非正式用
语]交换 jiāohuàn; 代替 dàitì: ~
seats with sb 与别人交换座位.
swap n [C] 交换 jiāohuàn; 交换物
jiāohuànwù.

swarm /swɔːm/ n [C] (昆虫等)一
大群 yí dà qún. **swarm** v [I] **1** 大
群地移动[動] dà qún de yídòng; *a
crowd ~ing through the gate* 拥
进大门的人群. **2** [短语动词]
swarm with sb/sth 到处[處]都有
[擠]满人(或物) dàochù jǐ mǎn rén;
beaches ~ing with people 到处
挤满人的海滩.

swat /swɒt/ v [-tt-] [T] 重拍
zhòngpāi; 拍死 pāi sǐ.

sway /sweɪ/ v **1** [I, T] (使)摇摆 [摆] yáobǎi; (使)摆动[动] bǎidòng. **2** [T] 支配 zhīpèi; 影响[響] yǐngxiǎng. **sway** n [U] **1** 摇摆 yáobǎi; 摆动 bǎidòng. **2** [正式用语]统治 tǒngzhì; 支配 zhīpèi; 影响 yǐngxiǎng.

swear /sweə(r)/ v [pt **swore** /swɔː(r)/, pp **sworn** /swɔːn/] **1** [I] (at) 发[發]誓 fāshì; 诅咒 zǔzhòu. **2** [T] 强调 qiángdiào; 郑[鄭]重地说 zhèngzhòng de shuō; 认[認]真地说 rènzhēn de shuō: ~ to tell the truth 保证说真话. **3** [I] (使)宣誓 xuānshì. **4** [短语动词] **swear by sth** 使用并[並]深信 shǐyòng bìng shēnxìn. **swear sb in** 使某人宣誓就职[職] shǐ mǒurén xuānshì jiùzhí. '**swear-word** n [C] 骂人的话 màrén de huà.

sweat /swet/ n **1** [U] 汗 hàn. **a sweat** [sing] 出汗 chūhàn; 汗 hàn; 一身汗 yìshēn hàn. **3** [非正式用语]艰[艱]苦的工作 jiānkǔ de gōngzuò. **sweat** v [I] **1** 出汗 chūhàn. **2** 焦虑[慮] jiāolǜ; 焦急 jiāojí. **3** [习语] **sweat 'blood** [非正式用语] (a) 拼命工作 pīnmìng gōngzuò. (b) 着急 zháojí; 担[擔]心 dānxīn. '**sweat-shirt** n [C] (长袖)棉毛衫 mián-máoshān. **sweaty** adj (-ier, -iest) 汗湿[濕]透的 hàn shītòu de.

sweater /'swetə(r)/ n [C] 毛线[綫]衫 máoxiànshān; 紧[緊]身套衫 jǐn shēn tàoshān.

swede /swiːd/ n [C,U] [植物]瑞典芜[蕪]菁 ruìdiǎn wújīng.

sweep /swiːp/ v [pt, pp **swept** /swept/] **1** [I,T] 扫[掃]除 sǎo-chú; 扫除 sǎochú: ~ the floor 扫地板. **2** [T] 带[帶]走 dàizǒu; 席卷[捲] xíjuǎn: The sea swept him along. 海浪把他卷走了. **3** [I] 掠过[過] lüèguò; 扫过 sǎoguò: A huge wave swept (over) the deck. 大浪扫过甲板. **4** [I] 威仪[儀]地走动[動] wēiyí de zǒudòng. **5** [I] 连绵 [綿]伸展 liánmián shēnzhǎn: The coast ~s northwards. 海岸向北方延伸. **6** [习语] **sweep sb off his/her feet** 使某人倾心 shǐ mǒurén qīngxīn. **sweep sth under the carpet** 掩盖[蓋]某事 yǎngài mǒushì. **sweeper** n [C] 清扫[掃]工 qīngsǎogōng; 扫除者 sǎochúzhě. **sweeping** adj **1** 广[廣]泛的 guǎngfàn de; 深远[遠]的 shēnyuǎn de: ~ changes 彻底的改革. **2** (过于)笼

[籠]统的 lǒngtǒng de; 概括的 gàikuò de: a ~ statement 概括的陈述.

sweep² /swiːp/ n **1** [C] 扫[掃] sǎo; 扫除 sǎochú. **2** [C] 扫动[動] sǎodòng; 挥动 huīdòng. **3** [sing, U] [喻]范[範]围[圍] fànwéi; 空间 kōngjiān: the broad ~ of a novel 一部小说的丰富的内容. **4** [C] (道路、河流的)弯[彎]曲处[處]曲处[處] wānqūchù. **5** = CHIMNEY-SWEEP (CHIMNEY).

sweet /swiːt/ adj **1** 甜的 tiánde; 甜味的 tiánwèi de. **2** 讨人喜欢[歡]的 tǎo rén xǐhuan de; 漂亮的 piàoliang de: a ~ face 讨人喜欢的脸庞. **3** 可爱[愛]的 kě'ài de; 可亲的 kěqīn de: a ~ little boy 可爱的小男孩. **4** 新鲜的 xīnxiān de; 纯净的 chúnjìng de: the ~ smell of the countryside 乡村的清新空气. **5** 香的 xiāng de; 芳香的 fāngxiāng de: Don't the roses smell ~! 多么香的玫瑰花! **6** [习语] **a sweet 'tooth** 爱吃甜食 ài chī tiánshí. **sweet** n [C] **1** 糖果 tángguǒ. **2** 甜食 tiánshí. **sweet 'corn** n [U] 玉米 yùmǐ. **sweeten** v [I, T] (使)变[變]甜 biàn tián; (使)变得可爱 biàn de kě'ài. **sweetener** n [C] 调味用)甜料 tiánliào. '**sweetheart** n [C] [旧]情人 qíngrén. **sweetly** adv. **sweetness** n [U]. '**sweet-talk** v [T] (into) 用好话劝[勸]说… yòng hǎohuà quànshuō….

swell /swel/ v [pt, pp **swelled** /sweld/, pp **swollen** /'swəʊlən/ 或 **swelled**] [I, T] (使)膨胀[脹]péngzhàng; (使)增大 zēngdà: a swollen ankle 肿大的脚踝. **2** (使)隆起 lóngqǐ; 鼓起 gǔqǐ. **swell** n [U, sing] (海上的)浪涛[濤] làngtāo. **swelling** n [C] 身上的肿[腫]处[處] shēnshàng de zhǒngchù.

swelter /'sweltə(r)/ v [I] 酷热[熱] kùrè.

swept pt, pp of SWEEP¹.

swerve /swɜːv/ v [I] (使)突然转[轉]向 tūrán zhuǎnxiàng: The car ~d to avoid her. 汽车突然转向以躲开她. **swerve** n [C] 转向 zhuǎnxiàng.

swift¹ /swɪft/ adj 快的 kuàide; 迅速的 xùnsùde: a ~ reply 敏捷的回答 mǐnjié de huídá. **swiftly** adv. **swiftness** n [U].

swift² /swɪft/ n [C] 雨燕 yǔyàn.

swig /swɪg/ v [-gg-] [T] 〔非正式用语〕大口地喝 tòngyǐn: 痛饮 tòngyǐn.

swill /swɪl/ v 1 冲洗 chōngxǐ; 冲刷 chōngshuā. 2 〔非正式用语〕大口地喝 dà kǒu de hē; 痛饮 tòngyǐn: ~ tea 大口地喝茶. **swill** n [U] 潲脚 gānjiǎo; 猪饲料残渣 zhū sìliào cánzhā.

swim /swɪm/ v [pt **swam** /swæm/, pp **swum** /swʌm/, -mm-] 1 [I] 游泳 yóuyǒng; 游水 yóushuǐ. 2 [I] 游过(過) yóuguò: ~ the English Channel 游过英吉利海峡. 3 [I] (in/with) 浸 jìn; 泡 pào; (用水)覆盖〔蓋〕fùgài. 4 [I] 摇晃 yáohuàng; 眼花 yǎnhuā; 眩晕 xuànyūn: His head swam. 他头晕. **swim** n [C] 游泳 yóuyǒng; 游水 yóushuǐ: go for a ~ 去游泳. 2 〔习语〕**in/out of the swim** 〔瞭〕解(或不了解)当前正在的事情 liǎojiě dāngqián de shìqíng. **swimmer** n [C] 游泳者 yóuyǒngzhě. '**swimming-bath**, '**swimming-pool** n [C] 游泳池 yóuyǒngchí. '**swimming-costume**, '**swim-suit** n [C] (女)游泳衣 yóuyǒngyī. '**swimming-trunks** n [pl] (男)游泳裤 yóuyǒngkù.

swindle /'swɪndl/ v [T] 诈取 zhàqǔ; 骗取 piànqǔ. **swindle** n [C] 诈骗 zhàpiàn; 骗局 piànjú. **swindler** n [C] 诈骗犯 zhàpiànfàn; 骗子 piànzi.

swing /swɪŋ/ v [pt, pp **swung** /swʌŋ/] [I, T] 1 (使)摆〔擺〕动〔動〕bǎidòng; (使)摇摆 yáobǎi; ~ one's arms 摆动双臂. 2 (使)旋转〔轉〕xuánzhuǎn; (使)转向 zhuǎnxiàng: ~ round the corner 在街角处拐弯. 3 (使)改变〔變〕观〔觀〕点〔點〕gǎibiàn guāndiǎn: a speech that ~s the voters 改变选民观点的一篇演说. 4 〔习语〕**swing into 'action** 迅速采〔採〕取行动 xùnsù cǎiqǔ xíngdòng. **swing** n 1 [C] 摆动 bǎidòng; 摇摆 yáobǎi; 秋千 qiūqiān. 2 [I, sing] (强烈)节〔節〕奏感 jiézòugǎn. 3 [C] 改变观点 gǎibiàn guāndiǎn. 4 [C] 秋〔鞦〕千〔韆〕qiūqiān. 5 〔习语〕**go with a 'swing** 活跃〔躍〕而精彩 huóyuè ér jīngcǎi. '**swings and 'roundabouts** 〔非正式用语〕〔尤用于英国英语〕有得有失(的事物) yǒu dé yǒu shī.

swingeing /'swɪndʒɪŋ/ adj 〔尤用于英国英语〕大量的 dàliàngde; 沉重的 chénzhòngde.

swipe /swaɪp/ v [T] 〔俚〕1 猛击

〔擊〕měngjī. 2 偷 tōu, **swipe** n [C] 猛击 měngjī. '**swipe card** n [C] 通行卡 tōngxíngkǎ; 磁卡 cíkǎ.

swirl /swɜːl/ v [I, T] (使)打旋 dǎxuàn; (使)旋动〔動〕xuándòng; dust ~ing about the room 在房间里打着旋的尘土. **swirl** n [C] 旋动 xuándòng; 涡〔渦〕旋 wōxuán.

swish /swɪʃ/ v [I, T] 嗖地挥动〔動〕sōu de huīdòng; (使)作嗖声 zuò xīsūshēng. **swish** n [sing] 嗖嗖声 sōusōushēng; 飕飕声 xiūxiūshēng; 沙沙声 shāshāshēng. **swish** adj 〔非正式用语〕时〔時〕髦的 shímáode; 昂贵的 ángguìde.

switch /swɪtʃ/ n [C] 1 (电路)开〔開〕关〔關〕kāiguān; 电门〔門〕diànmén; a 'light~ 电灯开关. 2 转〔轉〕变〔變〕zhuǎnbiàn; 转换 zhuǎnhuàn; a ~ from gas to electricity 从使用煤气改为使用电. **switch** v [I, T] 1 (使)转变 zhuǎnbiàn; (使)改变 gǎibiàn: ~ to using gas 改为使用煤气. 2 [I, T] (使)交换位置 jiāohuàn wèizhì: ~ the two batteries (round) 对换两组电池. 3 [短语动词] **switch sth on/off** 〔用开关〕接通(或切断)〔电路等〕jiē tōng. '**switchboard** n [C] 电话总机 diànhuà zǒngjī; 交换机总机 jiāohuàntái; 配电盘〔盤〕pèidiànpán.

swivel /'swɪvl/ v [C] 旋转〔轉〕xuánzhuǎn; -l- [I, T] (使) (round) in one's chair 在转椅中转过来来.

swollen pp of SWELL.

swoop /swuːp/ v [I] (飞下)猛扑〔撲〕měngpū; 猝然攻击〔擊〕cùrán gōngjī; 〔喻〕Police ~ed (on the house) at dawn. 警察于拂晓时对(那所房子)进行了突然搜查. **swoop** n [C] 1 猛扑 měngpū. 2 突然袭击 tūrán xíjī.

swop = SWAP.

sword /sɔːd/ n [C] 剑〔劍〕jiàn; 刀 dāo. '**swordfish** n [C] 剑鱼 jiànyú; 旗鱼 qíyú.

swore pt of SWEAR.

sworn pp of SWEAR.

sworn[2] /swɔːn/ adj 极〔極〕度的 jídùde; 极 深 的 jíshēnde: ~ friends/enemies 知己的朋友; 不共戴天的敌人.

swum pp of SWIM.

swung pt, pp of SWING.

syllable /'sɪləbl/ n [C] 音节〔節〕yīnjié: 'Table' has two ~s. "table"一词有两个音节. **syllabic**

/sɪˈlæbɪk/ adj.

syllabus /ˈsɪləbəs/ n [C] 教学(学)大纲(纲) jiàoxué dàgāng;(学习)提纲 tígāng.

symbol /ˈsɪmbl/ n [C] 符号(号) fúhào;记号 jìhào;象征(徵) xiàngzhēng: *The dove is a ~ of peace.* 鸽子是和平的象征. **symbolic** /sɪmˈbɒlɪk/ adj (使用)符号的 fúhàode;象征(性)的 xiàngzhēngde. **symbolically** adv.

symbolism /ˈsɪmbəlɪzəm/ n [U] 符号(的使用) fúhào;象征(手法) xiàngzhēng. **symbolize** /ˈsɪmbəlaɪz/ v [T] 是(某事物)的符号 shì…de fúhào;象征(某事物) xiàngzhēng.

symmetry /ˈsɪmətrɪ/ n [U] 对(對)称(稱) duìchèn. 2 匀称 yúnchèn. **symmetric** /sɪˈmetrɪk/ (亦作 **symmetrical** /-ɪkl/) adj.

sympathetic /ˌsɪmpəˈθetɪk/ adj 1 同情的 tóngqíngde;有同情心的 yǒu tóngqíngxīn de. 2 (人)可爱(愛)的 kě'àide,讨人喜欢(歡)的 tǎo rén xǐhuan de. **sympathetically** /-klɪ/ adv.

sympathize /ˈsɪmpəθaɪz/ v [I] (*with*) 同情 tóngqíng;表示同情 biǎoshì tóngqíng. **sympathizer** n [C] 支持者 zhīchízhě;同情者 tóngqíngzhě.

sympathy /ˈsɪmpəθɪ/ n [pl -ies] 1 [U] 同情 tóngqíng;怜悯 liánmǐn;慰问 wèiwèn. 2 **sympathies** [pl] 同感 tónggǎn;赞同 zàntóng;同意 tóngyì.

symphony /ˈsɪmfənɪ/ n [C] [pl -ies] 交响(響)乐(樂)曲 jiāoxiǎngyuèqǔ.

symptom /ˈsɪmptəm/ n [C] 1 症状(狀) zhèngzhuàng;症候 zhènghòu. 2 (常指坏事的)征(徵)兆 zhēngzhào: ~*s of discontent* 不满的征兆. **symptomatic** /ˌsɪmptəˈmætɪk/ adj 症状的 zhèngzhuàngde;征兆的 zhēngzhàode.

synagogue /ˈsɪnəgɒg/ n [C] 犹(猶)太教堂 Yóutài jiàotáng.

synchronize /ˈsɪŋkrənaɪz/ v [I,T] (使)同时(時)发(發)生 tóngshí fāshēng;(使)同步 tóngbù: ~ *watches* 把表校准一下.

syndicate /ˈsɪndɪkət/ n [C] 辛迪加(经济)辛迪加 xīndíjiā;企业(業)联(聯)合组织 qǐyè liánhé zǔzhī. **syndicate** /ˈsɪndɪkeɪt/ v [T] 通过(過)报(報)业辛迪加(在多家报纸上)发(發)表(文章等) tōngguò bàoyè xīndíjiā fābiǎo.

syndrome /ˈsɪndrəum/ n [C] 医(醫)药(藥)综合征(徵) zōnghézhēng.

synonym /ˈsɪnənɪm/ n 同义(義)词 tóngyìcí. **synonymous** /sɪˈnɒnɪməs/ adj.

synopsis /sɪˈnɒpsɪs/ n [C] [pl -opses /-siːz/] (书,剧本的)提要 tíyào.

syntax /ˈsɪntæks/ n [U] 造句(法) zàojù. **syntactic** /sɪnˈtæktɪk/ adj 句法的 jùfǎde.

synthesis /ˈsɪnθəsɪs/ n [U,C] [pl -theses /-siːz/] 综合 zōnghé;合成(法) héchéng;合成物 héchéngwù.

synthetic /sɪnˈθetɪk/ adj 合成的 héchéngde: ~ *fabric* 人造织物. **synthesize** /ˈsɪnθəsaɪz/ v [T] 用合成法制(製)造 yòng héchéngfǎ zhìzào. **synthetically** /-klɪ/ adv.

syphilis /ˈsɪfɪlɪs/ n [U] 梅毒 méidú.

syphon = SIPHON.

syringe /sɪˈrɪndʒ/ n [C] 注射器 zhùshèqì. **syringe** v [T] (用注射器等)注射 zhùshè,冲洗 chōngxǐ.

syrup /ˈsɪrəp/ n [U] 糖浆(漿) tángjiāng.

system /ˈsɪstəm/ n 1 [C] 系统(統) xìtǒng. 2 [C] 体(體)制 tǐzhì;体系 tǐxì: *a ~ of government* 政体. 3 [U] 制度 zhìdù;秩序 zhìxù;规律 guīlǜ. **systematic** /ˌsɪstəˈmætɪk/ adj 有系统的 yǒu xìtǒng de;有秩序的 yǒu zhìxù de;有规律的 yǒu guīlǜ de. **systematically** /-klɪ/ adv.

T t

T, t /tiː/ n [C] [pl **T's, t's** /tiːz/] 英语的第二十个(個)字母 Yīngyǔ de dì'èrshíge zìmǔ. **'T-shirt** n [C] T恤衫 Tì xùshān.

ta /tɑː/ interj [英国非正式用语]谢谢 xièxie.

tab /tæb/ n [C] 垂片 chuípiàn;小条(條) xiǎo tiáo.

tabby /ˈtæbɪ/ n [C] [pl -ies] (亦作 **'tabby-cat**) 花猫 huāmāo.

table /ˈteɪbl/ n 1 桌子 zhuōzi,台桌 zhuōzi. 2 目录(錄) mùlù;一览(覽)表 yīlǎnbiǎo;项目表 xiàngmùbiǎo. **table** v [T] 把(…)列入议(議)程 bǎ bìlièrù yīchéng;提出(讨论)tíchū. **'table-cloth** n [C] 桌布 zhuōbù. **'table dancer** n [C] 桌上艳[艷]舞女郎 zhuōshàng yànwǔ nǚláng. **'table dancing** n [U] 桌上艳舞 zhuōshàng yànwǔ. **'table-spoon** n [C] 大汤[湯]匙 dà tāngchí. **'tablespoonful** n [C] 一大汤匙的量 yì dà tāngchí de liàng. **table tennis** n [U] 乒乓球 pīngpāngqiú.

tablet /'tæblɪt/ n [C] 1 药[藥]片 yàopiàn. 2 (肥皂)块[塊]kuài. 3 碑 bēi;牌匾 páibiǎn.

tabloid /'tæblɔɪd/ n [C] 小报[報] xiǎobào.

taboo /tə'buː; US tæ'buː/ n [C, U] [pl ~s] 禁忌 jìnjì. **taboo** adj 禁忌的 jìnjì de;忌讳的 jìnhuì de.

tabulate /'tæbjʊleɪt/ v [T] 把…列成表 bǎ…liè chéng biǎo.

tacit /'tæsɪt/ adj 心照不宣的 xīnzhào bùxuān de: ~ agreement 默契. **tacitly** adv.

tack /tæk/ n 1 [C] 平头[頭]钉 píngtóudīng. 2 [U, sing] [喻]方针 fāngzhēn;政策 zhèngcè: change ~ 改变方针. 3 [C] 粗缝 cū féng. **tack** v [T] (用船钉)缝 féng.

tackle /'tækl/ v 1 [T] 处[處]理 chǔlǐ;解决 jiějué;对[對]付 duìfu. 2 [T] (about) 扭白地(向某人)讲(某事) tǎnbáide tán. 3 [I, T] (橄榄球)擒抱(对方带球球员) qínbào. 4 [T] 抓住 zhuāzhù. **tackle** n 1 [C] (橄榄球)擒抱 qínbào. 2 [U] 用具 yòngjù;[装]备[備]装备 zhuāngbèi. 3 [U] 滑车 huáchē;复[複]滑车 fùhuáchē.

tacky /'tækɪ/ adj [非正式用语]俗气[氣]的 súqì de;邋遢的 lātà de: ~ jewellery 俗气的首饰.

tact /tækt/ n [U] 机智 jīzhì;老练[練]lǎoliàn;机[機]智 jīzhì;得体[體]détǐ. **tactful** adj 老练的 lǎoliàn de;机智的 jīzhì de;得体的 détǐ de. **tactfully** adv. **tactless** adj. **tactlessly** adv.

tactic /'tæktɪk/ n 1 [C, 常作 pl] 手段 shǒuduàn;策略 cèlüè. 2 **tactics** [亦作 sing,用 sg 动] 战[戰]术[術]zhànshù;策略 cèlüè. **tactical** adj 战术上的 zhànshùshangde;讲究策略的 jiǎngjiū cèlüèshangde: a ~al move 有谋略的一招. **tactician** tæk'tɪʃn/ n 战术家 zhànshùjiā.

tadpole /'tædpəʊl/ n [C] 蝌蚪 kēdǒu.

tag /tæg/ n 1 [C] 标[標]签[籤]biāoqiān. 2 [U] (儿童)捉人游戏[戲] zhuō rén yóuxì. **tag** v [-gg-] 1 [T] 贴标签 tiē biāoqiān. 2 [短语动词] **tag along/after/behind** (紧)跟 jǐngēn;尾随[隨]wěisuí.

tail /teɪl/ n 1 [C] 尾巴 wěiba. 2 尾状[狀]物 wěizhuàngwù;尾部 wěibù: the ~ of an aircraft 飞机的尾部. 3 [非正式用语](盯梢的)特务[務]tèwù;暗探 àntàn. 4 **tails** [pl] 钱[錢]币[幣]的背面 qiánbì de bèimiàn. **tail** v [T] 跟踪(某人)gēnzōng. 2 [短语动词] **tail off/away** 变[變]少 biàn shǎo;缩小 suōxiǎo;变弱 biàn ruò. **tailback** n [C] (车辆因受阻而排成的)长[長]队[隊]cháng duì. **tailless** adj. **'tail-light** n [C] (车辆的)尾灯[燈]wěidēng. **'tail wind** n [C] 顺[順]风 shùnfēng.

tailor /'teɪlə(r)/ n [C] 裁缝 cáiféng;成衣匠 chéngyījiàng. **tailor** v [T] 1 裁制[製](衣服)cáizhì: a well-~ed suit 裁制得好的一套衣服. 2 适[適]应(需)(特定目的)shì-yìng. **tailor-'made** adj 1 定制的 dìngzhìde;特制的 tèzhìde. 2 [喻]合适的 héshì de: She is ~-made for the job. 她干这个工作完全合适.

taint /teɪnt/ v [T] 使感染 shǐ gǎnrǎn;使腐败 shǐ fǔbài. **taint** n [sing] 感染(迹象)gǎnrǎn de jìxiàng;腐败的痕迹 fǔbài de hénjì.

take¹ /teɪk/ v [pt **took** /tʊk/, pp ~n /teɪkn/] 1 [T] 拿 ná;拿取 náqǔ;提 tí;握 wò;抱 bào: ~ her hand 握住她的手. She took him in her arms. 她搂抱他. 2 [T] 携[攜]带[帶] xiédài;带领 dàilǐng;陪伴 péibàn: T~ an umbrella with you. 带着你的伞. She took a friend home. 她把一位朋友带回家. 3 [T] 擅自取走 shànzì qǔzǒu;错拿 cuòná;偷走 tōuqǔ: Who has ~n my bicycle? 谁骑走了我的自行车? 4 [T] 录去 nàqù;得到 dé-dào: This line is ~n from a poem by Keats. 这行诗选自济慈的一篇诗作. 5 [T] 占[佔]有 zhànyǒu: ~ a town (in war) (战争中)占领 zhànlǐng. He took first prize. 他夺得头奖. 6 [T] 接受 jiēshòu;收到 shōudào: ~ advice 接受劝告. ~ the blame 受到责备. Will you ~ £450 for the car?

你这辆车卖 450 英镑行吗? **7** [T] 按时〔时〕收到(尤指所订报刊) ànshí shōudào: He ~s *The Times*. 他订阅《泰晤士报》. **8** [T] 吃,喝 chī, hē: Do you ~ *sugar in your tea*? 你在茶里放糖吗? **9** [T] 容纳 róngnà 含 xià: *The car* ~*s five people*. 这辆车容得下五个人. **10** [T] 能忍受 néng rěnshòu: *He can't* ~ *being criticized*. 他受不了批评. **11** [T] 对〔对〕待 duìdài; 应〔应〕付 yìngfù: *She took her mother's death very badly*. 她对她母亲之死万分悲痛. **12** [T] 感觉〔觉〕gǎnjué; 感受 gǎnshòu: ~ *pleasure in being cruel* 在残酷无情中取乐. **13** [T] 以为〔为〕yǐwéi; 认〔认〕为 rènwéi: *What do you* ~ *this to be*? 你以为这是什么? *The work took four hours*. 这工作需要 4 个小时. **15** [T] 穿用 chuānyòng: *What size shoes do you* ~? 你穿几号鞋? **16** [T] 参加(考试) cānjiā: ~ *a driving test* 参加驾驶执照考试. **17** [T] 记录〔录〕jìlù; 写〔写〕下 xiěxià; ~ *notes* 做笔记. ~ *the 'names of the volunteers* 记下志愿人员的姓名. **18** [T] 拍摄〔摄〕(照片) pāishè. 拍〔拍〕照 pāizhào: *The doctor took my temperature*. 医生测量我的体温. **20** [T] 负责 fùzé; 指导〔导〕zhǐdǎo: ~ *a class, course, etc* 主持一个班级、讲座等. **21** [T] 产〔产〕生预期效果 chǎnshēng yùqī xiàoguǒ: *The smallpox injection did not* ~. 那种天花预防注射没有效果. **22** [T] 使用;乘〔乘〕用 shǐyòng; 采〔采〕用 cǎiyòng: 搭乘 dāchéng: ~ *a bus into town* 搭乘公共汽车进城. ~ *the first road on the left* 在第一个路口向左转. **23** [T] (与名词连用表示进行某动作) ~ *a bath/walk/holiday* 洗澡(或散步、度假). **24** [习语] **take its course** COURSE¹. **take heart** ⇨ HEART. **25** [短语动词] **take sb aback** 使某人震惊〔惊〕shǐ mǒurén zhènjīng. **take after sb** (长相、性格等)像(某父辈) xiàng. **take sth apart** (将机器等)拆开〔开〕chāikāi, 拆去 jiǎnqù: T~ *5 from 10, and that leaves 5*. 10 减去 5, 余 5. (b) (饭菜外卖交) wàimài, 带走 dàizǒu. (c) 使消失 shǐ xiāoshī; a

pill to ~ *the pain away* 使疼痛消失的一粒药丸. **take sb/sth away** 移开 yíkāi; 除掉 chúdiào. **take sb/sth back** (a) 承认说错了话 chéngrèn shuōcuò le huà. (b) 同意退货(或接回某人) tóngyì tuìhuò: *This shop only* ~*s goods back if you have your receipt*. 如果你有发票, 这家商店才同意退货. **take sb back (to sth)** 使回想起(某事) shǐ huíxiǎng qǐ. **take sth down** (a) 记下某事 jìxià mǒushì. (b) 拆除 chāichú. **take sb in** 欺骗 qīpiàn: *Don't be* ~*n in by him*. 不要被他欺骗了. **take sth in** (a) (为赚钱)在家做工作 zài jiā zuò gōngzuò: ~ *in washing* 在家替人洗衣服. (b) 缩(衣服) suō. (c) 包括 bāokuò: *The trip took in several cities*. 这趟旅行包括几个城市. (d) 理解 lǐjiě; 注意 zhùyì: *I couldn't* ~ *in everything he said*. 我不能理解他所说的每一件事. **take 'off** (a) (飞机)起飞 qǐfēi. (b) (计划等)很快成功 hěn kuài chénggōng. **take sb off** [非正式用语] 模仿 mófǎng: *She's good at taking off her teachers*. 她善于模仿她的老师们. **take sth off (sth)** (a) 脱下 tuōxià; 除去 chúqù: ~ *one's hat* 脱帽. (b) 取消(火车班次等) qǔxiāo. (c) 扣除 kòuchú;减去 jiǎnqù: ~ *50p off (the price)* 减价 50 便士. (d) 休假 xiūjià;休息 xiūxī: ~ *a week off to go on holiday* 休息一星期去度假. **take on sth** 呈现(某种性质、样子) chéngxiàn. **take sth on** 决定做(某事) juédìng zuò. **take sb on** (a) 接受(某人)作为比赛〔赛〕对手 jiēshòu zuòwéi bǐsài duìshǒu. (b) 雇(佣)用(某人) gùyòng. **take sb/sth on** (车辆、飞机等)许可搭乘(或装载) xǔkě dāchéng. **take sb out** 陪伴某人出门 péibàn mǒurén chūmén: ~ *her out to dinner* 陪伴她去参加宴会. **take sth out** (a) 切除(身体的一部分) qiēchú; ~ *out a tooth* 拔去一颗牙. (b) 获〔获〕得(官方文件) huòdé: ~ *out a licence* 领到许可证. **take sth out on sb** [非正式用语]使某人受了 shǐ mǒurén pítǎo: *That run really took it out of me*. 那次跑得我筋疲力尽. **take it/sth out on sb** [非正式用语]向某人出气〔气〕xiàng mǒurén chūqì. **take over (from sb)** 接手 jiēshǒu

收；接任 jiērèn. **take** sth '**over** 控制 kòngzhì；管理 guǎnlǐ：~ *over another business* 再管理一个企业. **take to** sth 开[开]始做某种活动（或工作）kāishǐ zuò mǒuzhǒng huódòng；*took to cycling ten miles a day* 开始每天骑十英里的自行车. (b) 躲藏 duǒcáng：~ *to the woods to avoid capture* 进退森林以免被捕. **take to** sb/sth 开始喜欢（数）kāishǐ xǐhuan. **take** sth **up** (a) 拿起 ná qǐ；举[举]起 jǔqǐ：*took up a knife* 拿起一把刀. (b) 改短（衣服等）gǎi duǎn. (c) 开始（某活动）kāishǐ zuò：*took up cycling, chess* 开始骑车、下棋. (d) 继[继]续（做）(未完成的事）jìxù zuò. (e) 占[占]用（时间或空间）zhànyòng：*This table ~s up half the room.* 这张桌子占了半间屋子. (f) 接受（一个建议）jiēshòu. **take up with** sb 开始与（与某人交往（或友好）kāishǐ yǔ mǒurén jiāowǎng. **take** sth **up with** sb（口头或书面）向某人谈及某事 xiàng mǒurén tánjí mǒushì. **take** sth **upon oneself** 承担[担] chéngdān；负责 fùzé. **be taken with** sb/sth 对某人（或某事）有兴[兴]趣（或吸引力）duì mǒurén yǒu xìngqù. **take-away** *n* [C] (a)（食品外卖的）餐馆 wàimài de cānguǎn. (b) 在外卖餐馆买[买]的饭菜 zài wàimài cānguǎn mǎi de fàncài：*go for a ~away* 去外卖餐馆买饭. **take-off** *n* [C] (飞机) 起飞 qǐfēi. **take-over** *n* [C] (对某企业的）接收 jiēshōu.

take² /teɪk/ *n* [C] (一次拍摄的连续）镜头[头] jìngtóu.

taker /'teɪkə(r)/ *n* [C] 收取者 shōuqǔzhě；接受者 jiēshòuzhě.

takings /'teɪkɪŋz/ *n* [pl] 收入 shōurù；款 jìnkuǎn.

talcum powder /'tælkəm/ *n* [U] 爽身粉 shuǎngshēnfěn.

tale /teɪl/ *n* [C] 1 故事 gùshi：~*s of adventure* 冒险故事. 2 报[报]告 bàogào；流言蜚语 liúyán-fēiyǔ.

talent /'tælənt/ *n* 1 [U] 天才 tiāncái；才能 cáinéng：*have a ~ for music* 有音乐天才. **talented** *adj* 有才能的 yǒu cáinéng de；有才[才]干的 yǒu cáigàn de.

talk¹ /tɔːk/ *v* 1 [I] 说话 shuōhuà；谈话 tánhuà：*He was ~ing to a friend.* 他正在和一个朋友谈话.

2 [I] 有讲话能力 yǒu jiǎnghuà nénglì：*Can the baby ~ yet?* 这婴孩会讲话了吗？ 3 [T] 讨论[论] tǎolùn；谈论 tánlùn：*We ~ed politics all evening.* 我们整个晚上在谈论政治. 4 [I] 闲聊 xiánliáo；漫谈 màntán. 5 [I] 招供 zhāogōng：*Has the prisoner ~ed yet?* 犯人已招供了吗？ 6 [短语动词] **talk down to** sb 高人一等对（对]某人讲话 gāo rén yìděng de duì mǒurén jiǎnghuà. **talk** sb **into/out of doing** sth 说服某人做（或不做）某事 shuōfú mǒurén zuò mǒushì. **talk** sth **over** 商量 shāngliáng；计议 jìyì. **talkative** /'tɔːkətɪv/ *adj* 健谈的 jiàntánde；多嘴的 duōzuǐde.

talker *n* [C] 讨论的题目 tǎolùnde tímù. **'talking-point** *n* [C] 讨论的题目 tǎolùnde tímù. **'talking-to** *n* [sing] 责备[备] zébèi；斥责 chìzé.

talk² /tɔːk/ *n* 1 [C, U] 交谈 jiāotán；谈话 tánhuà. 2 [U] 闲话 xiánhuà；谣言 yáoyán. 3 [C] (非正式的）发言 fāyán. 4 **talks** [pl] (正式）讨论[论] tǎolùn. **talk show** *n* [C] 脱口秀 tuōkǒuxiù；(电视）访谈节目 tántán jiémù.

tall /tɔːl/ *adj* 1（身材）高的 gāode. 2 有某种[种]高度的 yǒu mǒuzhǒng gāodù de：*Tom is six feet ~.* 汤姆身高六英尺. 3 [习语] **a tall 'order** 难[难]完成的任务[务] nán wánchéng de rènwù；苛求 kēqiú. **a tall 'story** 难以相信的故事 nán yǐ xiāngxìn de gùshi.

tally /'tælɪ/ *n* [C] [pl **-ies**] 计算 jìsuàn；计分 jìfēn. **tally** *v* [pt, pp **-ied**] [I] 符合 fúhé；吻合 wěnhé.

talon /'tælən/ *n* [C] (猛禽的）爪子 zhuǎzi.

tambourine /ˌtæmbə'riːn/ *n* [C] 铃鼓 línggǔ.

tame /teɪm/ *adj* [~r, ~st] 1 驯服了的 xùnfúledе：*a ~ monkey* 驯服的猴子. 2 (人）顺从[从]的 shùncóngde, 听凭的 tīngpíngde：*Her husband is a ~ little man.* 她的丈夫是一个温顺的小个子. 3 沉闷的 chénmènde；平淡的 píngdànde；乏味的 fáwèide：*The film has a rather ~ ending.* 那电影的结局相当平淡无味. **tame** *v* [T] 驯服 xùnfú；使顺从 shǐ shùncóng：~ *a lion* 驯狮. **tamely** *adv*. **tameness** *n* [U]. **tamer** *n* [C] 驯兽[兽]者 xùnshòuzhě：*a lion~r* 驯狮者.

tamper /'tæmpə(r)/ v [I] with 干预 gānyù; 乱[亂]弄 luàn nòng.

tampon /'tæmpɒn/ n 1 [C] 月经[經]棉栓 yuèjīng miánshuān.

tan /tæn/ n 1 [C] 晒[曬]黑的肤[膚]色 shàihēi de fūsè. 2 [U] 黄褐色 huánghèsè. 3 [C] 棕褐色 zōnghèsè. tan v [-nn-] [I, T] (使皮肤)晒成棕褐色 shài chéng zōnghèsè. 3 [习语] tan sb's hide [非正式用语]痛打某人 tòngdǎ mǒurén.

tandem /'tændəm/ n 1 [C] 前后[後]座双[雙]座自行车[車] qián hòu shuāngzuò zìxíngchē. 2 [习语] in 'tandem 并[並]肩(工作) bìngjiān; 共同(经营) gòngtóng.

tandoori /tæn'dʊərɪ/ n [C, U] 唐杜里(在泥炉中烹制的印度食品) tángdùlǐ.

tang /tæŋ/ n [C, 常作 sing] 强烈的气[氣]味 qiángliè de qìwèi.

tangent /'tændʒənt/ n 1 [C] 切线[綫] qiēxiàn;[數]正切 zhèngqiè. 2 [习语] go off at a 'tangent 思想行动[動]等突然改变[變] sīxiǎng xíngdòng děng tūrán gǎibiàn.

tangerine /ˌtændʒə'riːn; US 'tændʒəriːn/ n 1 [C] 红橘 hóngjú; 小蜜橘 xiǎo mìjú.

tangible /'tændʒəbl/ adj 1 [正式用语]可触[觸]摸到的 kě chùmō de. 2 明确(確)的 míngquè de; 确实(實)的 quèshí de: ~ proof 明确的证据. **tangibly** adv.

tangle /'tæŋgl/ n 1 [C] (线、头发等的)缠[纏]结 chánjié. 2 [sing] 混乱[亂] hùnluàn: in a ~ 在混乱状态中. tangle v 1 [I, T] (使)缠结 chánjié; (使)混乱 hùnluàn: ~d hair 乱蓬蓬的头发. 2 [I] with (与人)争吵 zhēngchǎo.

tango /'tæŋgəʊ/ n [C] [pl ~s] 探戈舞(曲) tàngēwǔ.

tank /tæŋk/ n [C] 1 (盛液体或气体的)大容器 dà róngqì. 2 坦克 tǎnkè.

tankard /'tæŋkəd/ n [C] 大酒杯 dà jiǔbēi.

tanker /'tæŋkə(r)/ n [C] 油轮[輪] yóulún; 罐车 guànchē.

tantalize /'tæntəlaɪz/ v [T] (引起兴趣而不给予满足的)逗弄 dòunòng; 使(乾)着急 shǐ gānzháojí.

tantamount /'tæntəmaʊnt/ adj to (与某事物)效果相同 xiàoguǒ xiāngtóng.

tantrum /'tæntrəm/ n [C] (尤指小孩)发[發]脾气[氣] fā píqì.

---

tap¹ /tæp/ n 1 [C] (液体或气体管道的)龙[龍]头[頭] lóngtóu. 2 [习语] on tap 现成的 xiànchéng de; 就在手头的 jiù zài shǒutóu de. tap v [-pp-] [T] 1 使(从龙头中)流出 shǐ liúchū; 汲取(树液) jíqǔ. 2 开发[發]开拓; 获[獲]取 huòqǔ: ~ a country's resources 开发某国家资源. 3 窃[竊]听(電)话) qiètīng.

tap² /tæp/ n [I, T] n [C] 轻[輕]打 qīng dǎ; 轻拍 qīngpāi: a ~ on the shoulder 轻拍某人的肩膀. **'tap-dancing** n [U] 踢踏舞 tītàwǔ.

tape /teɪp/ n 1 (a) [C, U] [狭][帶]带(子) xiǎo dàichǐ. (b) [C] (赛跑)终点[點]线[綫] zhōngdiǎnxiàn. 2 [U, C] = MAGNETIC TAPE (MAGNET). tape v [T] 1 用带子捆扎[紮] yòng dàizi kǔnzā. 2 用磁带录[錄]音 yòng cídài lùyīn. 3 [习语] have sb/sth taped [非正式用语][尤用于英国英语](彻底)了解某事物 liǎojiě mǒu shìwù. 'tape-measure n [C] 卷[捲]尺 juǎnchǐ. 'tape-recorder n [C] 磁带录音机 cídài lùyīnjī.

taper /'teɪpə(r)/ v 1 [I, T] (使)逐渐变[變]细 zhújiàn biàn xì; (使)变尖 biàn jiān. 2 [I] off 变少 biàn shǎo; 逐渐终止 zhújiàn zhōngzhǐ.

taper² /'teɪpə(r)/ n [C] 细蜡[蠟]烛[燭] xì làzhú.

tapestry /'tæpəstrɪ/ n [C, U] [pl -ies] 花毯 huā tǎn; 挂[掛]毯 guàtǎn.

tar /tɑː(r)/ n [U] 焦油 jiāoyóu; 沥[瀝]青 lìqīng. tar v [-rr-] [T] 涂[塗]焦油(或沥青) túbì; 铺沥青 pù lìqīng. 2 [习语] tarred with the same 'brush 一路货色 shì yílù huòsè; 是一丘之貉 shì yì qiū zhī hé.

tarantula /tə'ræntjʊlə/ US -tʃələ/ n 一种毒蜘蛛 yīzhǒng dú zhīzhū.

target /'tɑːgɪt/ n 1 [C] 靶 bǎ; 目标[標] mùbiāo. 2 [C] (被批评的)对[對]象 duìxiàng. 3 [C, U] (生产等的)指标 zhǐbiāo; 目标 mùbiāo: achieve a sales ~ 完成销售指标. target v [T] 瞄准[準] miáozhǔn.

tariff /'tærɪf/ n [C] 1 关[關]税率 guānshuìlù. 2 (旅馆等的)价[價]目表 jiàmùbiǎo.

Tarmac /'tɑːmæk/ n [U] 1 (P) (铺路面的碎石和沥[瀝]青的混合材料) suìshí hé lìqīng de hùnhé cáiliào. **2 tarmac** 沥青碎石路面 II. qīng suìshí lùmiàn.

tarnish /ˈtɑːnɪʃ/ *v* **1** [I, T] (尤指金属表面)(使)失去光泽(澤) shīqù guāngzé; *Brass ~es easily.* 铜器容易失去光泽. **2** [T] 玷污(名誉) diànwū.

tarpaulin /tɑːˈpɔːlɪn/ *n* [C, U] 防水帆布 fángshuǐ fānbù; 油布 yóubù.

tart¹ /tɑːt/ *n* [C] 果馅饼 guǒ xiàn bǐng.

tart² /tɑːt/ *adj* **1** 酸的 suānde; 辛辣的 xīnlàde. **2** [喻]刻薄的 kèbóde; 尖刻的 jiānkède: *a ~ reply* 尖刻的回答. **tartly** *adv*. **tartness** *n* [U].

tart³ /tɑːt/ *n* [C] [俚, 贬](举止)轻佻的女子 qīngtiāo de nǚzǐ. **tart** *v* [短语动词] **tart sb/sth up** [非正式用语]把…打扮得俗气(氣) bǎ…dǎbàn de súqì.

tartan /ˈtɑːtn/ *n* [U, C] 花格图(圖)案 huāgé tú'àn; (尤指)苏(蘇)格兰(蘭)[格子呢 Sūgélán gézìní.

tartar /ˈtɑːtə(r)/ *n* [U] 牙垢 yágòu.

task /tɑːsk; *US* tæsk/ *n* [C] (尤指困难的)任务(務) rènwù. 工作 gōngzuò. **1** [习语] **take sb to task** 指责(批评)某人 zhǐzé (pīpíng) mǒurén. **'task force** *n* [C] 特遣部队(隊) tèqiǎn bùduì. **'taskmaster** (*fem* **'taskmistress**) *n* [C] 监(監)工 jiāngōng.

tassel /ˈtæsl/ *n* [C] (旗、帽等上的)缨 yīng; 流苏(蘇) liúsū.

taste¹ /teɪst/ *n* **1** [U] 味觉(覺) wèijué. **2** [sing] 味道 wèidào; 滋味 zīwèi: *Sugar has a sweet ~.* 糖有甜味. **3** [sing] 一口 yìkǒu; 一点(點)儿(兒) yìdiǎnr. **4** [U] 鉴(鑒)赏力 jiànshǎnglì; 审(審)美力 shěnměilì; *Your choice of colours shows good ~.* 你对颜色的选择很有眼光. **5** [C, U] 爱(愛)好 àihào; 嗜好 shìhào. **6** [习语] **in good/bad taste** (举止)适(適)当(當)(或失当) shìdàng. **a taste of one's own medicine** ⇨ MEDICINE. **tasteful** *adj* 有鉴赏力的 yǒu jiànshǎnglì de; 有教养(養)的 yǒu jiàoyǎng de. **tastefully** *adv*. **tasteless** *adj* **1** (食物)无(無)味的 wúwèide. **2** 无鉴赏力的 wú jiànshǎnglì de; 无判断力的 wú pànduànlì de. **tastelessly** *adv*. **tasty** *adj* [**-ier, -iest**] 美味的 měiwèide; 可口的 kěkǒude.

taste² /teɪst/ *v* **1** [T] 品尝(嘗)(出) pǐncháng; 辨(嘗)味 biàn. **2** [I] (*of*) 有…味道 yǒu…wèidào; *~ bitter/sweet* 有苦(或甜)味. **3** [T] 试…的味道 shì…de wèidào: *She ~d the soup.* 她尝尝汤的味道. **4** [T] [喻]体(體)验(驗)(尝)[T]; 感受 gǎnshòu: *~ freedom/success* 尝到自由(或成功)的甜头.

tatters /ˈtætəz/ *n* [pl] [习语] **in tatters** **(a)** (衣物)破损(舊)的 pòjiǔde. **(b)** (希望[毁坏(壞)]的 huǐhuàide. **tattered** *adj* 破烂(爛)的 pòlànde; 褴褛(襤褸)的 lánlǚde.

tattoo¹ /təˈtuː; *US* tæˈtuː/ *v* [T] (在皮肤上)刺(花纹) cì. **tattoo** *n* [C].

tattoo² /təˈtuː; *US* tæˈtuː/ *n* [pl ~s] 文身 wénshēn.

tattoo³ /təˈtuː; *US* tæˈtuː/ *n* [pl ~s] (配有军乐的)归(歸)营(營)号 guī yíng xìnhào.

taught *pt, pp* of TEACH.

taunt /tɔːnt/ *v* [T] 辱骂 rǔmà; 侮辱 wǔrǔ. **taunt** *n* [C] 辱骂 rǔmà; 侮辱 wǔrǔ.

taut /tɔːt/ *adj* **1** (绳索等)拉紧(緊)的 lājǐnde; (神经)紧张(張)的 jǐnzhāngde. **tautly** *adv*. **tautness** *n* [U].

tautology /tɔːˈtɒlədʒɪ/ *n* [C, U] [pl -ies] 同义(義)反复(復) tóngyì fǎnfù; 赘述 zhuìshù. **tautological** /ˌtɔːtəˈlɒdʒɪkl/ *adj*.

tavern /ˈtævən/ *n* [C] [旧]酒店 jiǔdiàn; 小旅馆 xiǎo lǚguǎn.

tawny /ˈtɔːnɪ/ *adj* 黄褐色的 huánghèsède; 茶色的 chásède.

tax /tæks/ *n* [U] 税 shuì; 税收 shuìshōu. 税金 shuìjīn *v* [对] [对(對)…征税 zhēng shuì. **2** 要求(某人)纳税 yāoqiú nàshuì. **3** 使负重担 shǐ fù zhòngdàn; 使人受累 shǐ shòu yālì: *~ sb's patience* 考验某人的耐心. **taxable** *adj* 可征(徵)税的 kě zhēngshuì de: *~able income* 应课税的收入. **taxation** /tækˈseɪʃn/ *n* [U] 征税 zhēngshuì; 税制 shuìzhì; 税额 shuìxiàng; **'tax avoidance** *n* [U] 避税 bìshuì. **'tax evasion** *n* [U] 逃税 táoshuì. **'tax-free** *adj* 免税的 miǎnshuìde. **'taxpayer** *n* [C] 纳税人 nàshuìrén. **'tax return** *n* [C] 个人所得税申报(報)表 gèrén suǒdéshuì shēnbàobiǎo.

taxi /ˈtæksɪ/ *n* [C] (亦作 **'taxi-cab**) 出租汽车 chūzū qìchē;计程车 jìchéngchē. **taxi** *v* (飞机)滑行 huáxíng. **'taxi rank** *n* [C] 出租汽

车停车处〔處〕chūzū qìchē tíngchēchù.

tea /tiː/ n 1 (a) [U] 茶叶〔葉〕cháyè. (b) [C,U] 茶 chá. 2 [C,U] 've 茶(用其他植物泡成的饮料) dài chá; mint ~ 薄荷茶. 3 [C,U] (a) (午后)茶点〔點〕chádiǎn. (b) (傍晚)简便小吃 jiǎnbiàn xiǎochī. 'tea-bag n [C] 小包茶叶 xiǎo bāo cháyè; 袋茶 dàichá. 'tea-caddy /-kædi/ (pl -dies) 茶叶罐 cháyèguàn. 'tea-chest n [C] 茶叶箱 cháyèxiāng. 'teacup n [C] 茶杯 chábēi. 'teapot n [C] 茶壶〔壺〕cháhú. 'tea-service (亦作 'tea-set) n [C] 一套茶具 yítào chájù. 'teaspoon n [C] 茶匙 cháchí. 'teaspoonful n [C] 一茶匙的量 yì cháchí de liàng. 'tea-strainer n [C] 滤〔濾〕茶器 lǜcháqì. 'tea-time n [U] (下午)吃茶点时〔時〕间 chádiǎn shíjiān. 'tea-towel (亦作 'tea-cloth) n [C] 擦茶具的抹布 cā cháju de mābù.

teach /tiːtʃ/ v (pt, pp taught /tɔːt/) [I, T] 教(某人);讲〔講〕授 jiǎngshòu; He taught them art. 他教他们美术. ~ a child (how) to swim 教一个孩子游泳. **teacher** n (尤指中小学)教师〔師〕jiàoshī. **teaching** n 1 [U] 教学〔學〕jiàoxué; 教学工作 jiàoxué gōngzuò; earn a living by ~ing 以教书为生. 2 (常作 pl 数) [义〔義〕] jiàoyì; the ~ings of Jesus 耶稣的教导.

teak /tiːk/ n [U] 柚木 yòumù.

team /tiːm/ n [C, 亦作 sing, 与 pl v 连用] 1 (一)队〔隊〕duì; 组〔組〕zǔ; a football ~ 足球队. 2 工作小组 gōngzuò xiǎozǔ; a ~ of surgeons 外科医师小组. **team** v 1 ~ up (with) (与某人)合作 hézuò. 'team 'spirit n [U] 集体(或协作)精神 jítǐ jīngshén. 'team-work n [U] 团〔團〕队合作 tuánduì hézuò; 有组织〔織〕的合作 yǒu zǔzhī de hézuò.

tear[1] /teə(r)/ n [C, 常作 pl] 泪〔淚〕yǎnlèi. 2 [习语] in 'tears 哭泣 kūqì. 'tear-drop n [C] 泪珠 lèizhū. **tearful** adj 含泪的;要哭的 yào kū de; 含泪的 hánlèide. **tearfully** adv. 'tear-gas n [U] 催泪毒气〔氣〕cuīlèi dúqì. 'tear-jerker n [C] [非正式用语]催人泪下的故事 cuī rén lèi xià de gùshi.

tear[2] /teə(r)/ v (pt tore /tɔː(r)/,

pp torn /tɔːn/) 1 [T] 撕开〔開〕sīkāi; 撕裂 sīliè; 戳破 chuōpò; ~ a sheet of paper 撕破一张纸. 2 [T] 拉掉 lādiào; 撕去 sīqù; ~ a page out of a book 撕掉一页书. 3 [I] (被)撕破 sīpò; (易)撕碎的 sīsuì de; This cloth ~s easily. 这种布料容易被撕破. 4 [I] 飞〔飛〕奔 fēibēn; 狂奔 kuángbēn; 冲〔衝〕chōng; We tore home. 我们飞奔回家. 5 [T] 破坏〔壞〕…的安宁〔寧〕pòhuài …de ānníng; 扰〔擾〕乱〔亂〕 rǎoluàn; a country torn by civil war 内战不宁的国家. 6 [习语] **be torn between A and B** (两者之间)作痛苦的抉择〔擇〕zuò tòngkǔ de juézé. 7 [短语动词] **tear sth down** 拆毁(某物) chāihuǐ. **tear sth up** 撕毁(一张纸) sīhuǐ. **tear** n [C] 撕破处〔處〕sīpò; 裂口 lièkǒu. 'tearaway n [C] 鲁莽的青年 lǔmǎng de qīngnián.

tease /tiːz/ v [T] 取笑 qǔxiào;嘲笑 cháoxiào; 戏〔戲〕弄 xìnòng. **tease** n [C] (爱)嘲弄别人的人 cháonòng biérén de rén. **teaser** n [C] [非正式用语]难〔難〕题 nántí.

teat /tiːt/ n [C] 1 乳头〔頭〕rǔtóu; 奶头 nǎitóu. 2 橡胶〔膠〕奶嘴 xiàngjiāo nǎizuǐ.

tech /tek/ n [C] [非正式用语] short for TECHNICAL COLLEGE (TECHNICAL).

technical /'teknɪkl/ adj 1 技术〔術〕的 jìshùde; 应〔應〕用科学〔學〕的 yìngyòng kēxué de. 2 专〔專〕科的 zhuānkēde; the ~ terms of physics 物理专业术语. 3 工艺〔藝〕的 gōngyìde;技巧的 jìqiǎode. 4 按严〔嚴〕格法律意义〔義〕的 àn yángé fǎlǜ yìyì de. 'technical college (英国)技术学院〔院〕jìshù xuéyuàn. **technicality** /,teknɪ'kælətɪ/ n [C] (pl -ies) 不重要的(专业)细节〔節〕bú zhòngyào de xìjié. **technically** /-klɪ/ adv.

technician /tek'nɪʃn/ n [C] 技术〔術〕人员 jìshù rényuán; 技师〔師〕jìshī.

technique /tek'niːk/ n 1 [C] 技术〔術〕jìshù; 技巧 jìqiǎo; 方法 fāngfǎ. 2 [U] 技能 jìnéng.

technocrat /'teknəkræt/ n [C] [常贬]专〔專〕家治国〔國〕(或管理企业)者 zhuānjiā zhìguó zhě; 技术〔術〕专〔專〕家官员(或经理)jìshù zhuānjiā guānyuán.

technology /tek'nɒlədʒɪ/ n [U] 工艺〔藝〕学〔學〕gōngyìxué. **techno-**

logical /ˌteknəˈlɒdʒɪkl/ adj.

technologist n [C] 技术〔術〕(或工艺〔藝〕)专〔專〕家 jìshù zhuānjiā.

teddy bear /ˈtedɪ beə(r)/ n [C] 玩具熊 wánjùxióng.

tedious /ˈtiːdɪəs/ adj 沉闷的 chénmènde; 乏味的 fáwèide; 厌〔厭〕烦的 yànfánde: a ~ lecture 冗长乏味的演讲. **~ work** 令人厌烦的工作. **tediously** adv.

tee /tiː/ n [C] **1** [高尔夫球〔賽〕]发〔發〕球处〔處〕 fāqiúchù. **2** 球座(高尔夫球发球小台) qiúzuò. **tee** v [短语动词] **tee off** (自球座)发球 fāqiú. **tee (sth) up** (将球)放在球座上(准备发球) fàng zài qiúzuò shàng.

teem¹ /tiːm/ v [I] ~ **with** 大量出现 dàliàng chūxiàn; 充满〔滿〕 yǒngxiàn: The river was ~ing with fish. 河中出现了很多鱼.

teem² /tiːm/ v [I] [与 it 连用] (大雨)倾盆而下 qīngpén ér xià.

teenage /ˈtiːneɪdʒ/ adj (十几岁)青少年的 qīngshàoniánde: ~ fashions 青少年流行款式.

teenager /ˈtiːneɪdʒə(r)/ n [C] (十几岁的)男女青少年 nán nǚ qīngshàonián.

teens /tiːnz/ n [pl] 十三至十九岁之间 shísān zhì shíjiǔ suì zhī jiān; girls in their ~ 少女们.

teeter /ˈtiːtə(r)/ v [I] 摇摆〔擺〕欲坠〔墜〕yáobǎi yù zhuì; 步履不稳〔穩〕地行走 bùlǚ bùwěn de xíngzǒu.

teeth /tiːθ/ pl of TOOTH.

teethe /tiːð/ v [I] 长〔長〕牙齿〔齒〕 zhǎng yáchǐ. **'teething troubles** n [pl] 事情开〔開〕始时〔時〕遇到的麻烦 shìqíng kāishǐ shí yùdào de máfán; 开头〔頭〕难〔難〕 kāitóunán.

teetotal /ˌtiːˈtəʊtl; US ˈtiːtəʊtl/ adj 戒酒的 jièjiǔde; 反对〔對〕饮酒的 fǎnduì yǐn jiǔ de. **teetotaller** n [C].

telecommunications /ˌtelɪkəˌmjuːnɪˈkeɪʃnz/ n [pl] 电信 diànxìn.

telecommute /ˌtelɪkəˈmjuːt/ v [I] 电〔電〕子通勤 diànzǐ tōngqín; 远〔遠〕程办〔辦〕公 yuǎnchéng bàngōng. **'telecommuter** n [C] 电子通勤者 diànzǐ tōngqínzhě; 远程办公者 yuǎnchéng bàngōngzhě. **'telecommuting** n [U] 电子通勤 diànzǐ tōngqín; 远程办公 yuǎnchéng bàngōng.

telecottage /ˈtelɪkɒtɪdʒ/ n [C] (尤指农村地区供大家使用的)计算机〔機〕房 jìsuànjīfáng.

telegram /ˈtelɪɡræm/ n [C] 电〔電〕报〔報〕 diànbào; 电信 diànxìn.

telegraph /ˈtelɪɡrɑːf; US -ɡræf/ n [U] (打)电报〔報〕 diànbào; (通)电信 diànxìn. **telegraph** v [I, T] 打电报 dǎ diànbào. **telegraphic** /ˌtelɪˈɡræfɪk/ adj.

telepathy /tɪˈlepəθɪ/ n [U] 心灵〔靈〕感应〔應〕 xīnlíng gǎnyìng. **telepathic** /ˌtelɪˈpæθɪk/ adj.

telephone /ˈtelɪfəʊn/ n [C, U] 电〔電〕话 diànhuà; 电话机〔機〕 diànhuàjī. **telephone** v [I, T] 打电话 dǎ diànhuà; 通电话 tōng diànhuà. **'telephone-box** n [C] (公用)电话间 diànhuàjiān 〔亦作 **'telephone booth**〕. **'telephone directory** n [C] 电话簿 diànhuàbù. **'telephone exchange** n [C] 电话交换机 diànhuà jiāohuànjī. **'telephone number** n [C] 电话号〔號〕码 diànhuà hàomǎ.

telephonist /tɪˈlefənɪst/ n [C] 电〔電〕话接线〔綫〕员 diànhuà jiēxiànyuán.

telephoto lens /ˌtelɪˈfəʊtəʊ lenz/ n [C] 摄〔攝〕远〔遠〕镜头〔頭〕 shèyuǎn jìngtóu.

telescope /ˈtelɪskəʊp/ n [C] 望远〔遠〕镜 wàngyuǎnjìng. **telescope** v [I, T] (使)嵌进〔進〕 qiàn jìn; (使)套入 tào rù: When the trains collided, the first two carriages (were) ~d. 火车相撞时,前面二节车厢撞挤在一起了. **telescopic** /ˌtelɪˈskɒpɪk/ adj.

teleshopping /ˈtelɪʃɒpɪŋ/ n [U] 远〔遠〕程购〔購〕物 yuǎnchéng gòuwù; 电〔電〕视商店 diànshì shāngdiàn.

teletext /ˈtelɪtekst/ n [U] 电〔電〕视图〔圖〕文信息 diànshì túwén xìnxī; 电视文字广〔廣〕播 diànshì wénzì guǎngbō.

television /ˈtelɪvɪʒn/ n **1** 电〔電〕视 diànshì. **2** [C] 〔亦作 **'television set**〕电视机〔機〕 diànshìjī. **televise** /ˈtelɪvaɪz/ v [T] 电视播送 diànshì bōsòng. **'television screen** n [C] 电视屏 diànshì píngshìpíng.

telework /ˈtelɪwɜːk/ v [I] 电〔電〕子通勤 diànzǐ tōngqín; 远〔遠〕程办〔辦〕公 yuǎnchéng bàngōng. **teleworker** n [C] 电子通勤者 diànzǐ tōngqínzhě; 远程办公者 yuǎnchéng bàngōngzhě. **'teleworking** n [U] 电子通勤 diànzǐ tōngqín; 远程办公 yuǎnchéng bàngōng.

telex /ˈteleks/ n **1** [U] 用户电〔電〕

报[報]yònghù diànbào；电传[傳]系统diànchuán xìtǒng. **2** [C] 用户电报收发发[發]的消息 diànbào shōu fā de xiāoxi；电传[傳]diànchuán. **telex** v [I,T] 以电传发出(信息)yǐ diànchuán fāchū.

tell /tel/ v [pt, pp told /təʊld/] **1** [T] 告诉 gàosù；告知 gàozhī；I told her my name. 我把我的名字告诉她。**2** [T] 吩咐 fēnfù；劝[勸]告 quàngào；I told them to go. 我叫他们走开。**3** [I,T] 肯定 kěndìng；断[斷]定 duàndìng；How can you ~ which key to use? 你怎么能断定用哪一个钥匙？**4** [T] (向某人)提供情况 tígōng qíngkuàng. **5** [I] (on)(对某人)产[產]生(不愉快)效果 chǎnshēng xiàoguǒ；All this hard work is ~ing on him. 这些繁重的工作他吃不消了。**6** [I] [非正式用语]泄露(秘密)xièlòu；You promised not to ~. 你保证过不泄露了。**7** [习语] all told 总[總]共 zǒnggòng. I 'told you so [非正式用语]我早就(叫你)这么 rú wǒ suǒ yán, tell 'tales (about sb) 揭人之短 jiē rén zhī duǎn. tell the 'time (口语用法)说出时[時]刻 shuōchū shíkè. [短语动词] tell A and B apart 辨别(两者之差别)biànbié, tell sb apart 认出某人 chízé mǒurén, tell on sb [非正式用语]揭发[發]某人 jiēfā mǒurén；John told on his sister. 约翰告他姐姐的状。**teller** n [C] **1** (银行)出纳员 chūnàyuán. **2** (选票)点(票)员 diǎnpiàoyuán. **telling** adj 有效的 yǒuxiàode；有力的 yǒulìde；a ~ing argument 有力的论据。

tell-tale /'telteɪl/ n [C] 搬弄是非者 bānnòng shìfēi zhě；谈论[論]别人私事者 tánlùn biérén sīshì zhě. **tell-tale** adj 暴露内情的 bàolù nèiqíng de；a ~ blush 暴露隐情的脸红。

telly /'teli/ n [C,U] [pl -ies] [非正式用语] short for TELEVISION.

temerity /tɪ'merətɪ/ n [U] [正式用语] 鲁莽 lǔmǎng；冒失 màoshi.

temp /temp/ n [C] [非正式用语]临[臨]时[時]雇[僱]员 línshí gùyuán.

temper /'tempə(r)/ n **1** [C] 心情 xīnqíng；脾性 qíngxù；in a good/bad ~ 心情好/心情不佳。**2** [sing, U] 怒气[氣] nùqì；脾气 píqì；in a ~ 在发气。**3** [习语] keep/lose one's temper 忍住(或

发)脾气 rěnzhù píqì, **temper** v [T] 使缓和 shǐ huǎnhé；减轻[輕]jiǎnqīng；调和 tiáohé；justice ~ed with mercy 恩威兼施。**-tempered** /-tempəd/ (用以构成复合形容词)有某种[種]性情脾气的 yǒu mǒuzhǒng xìngqíng píqì de；a bad-tempered man 脾气不好的人。

temperament /'temprəmənt/ n [U,C] 性情 xìngqíng；气[氣]质[質]qìzhì. **temperamental** /temprə'mentl/ adj 1 神经[經]质的 shénjīngzhì de；情绪波动[動]的 qíngxù bōdòng de；Children are often ~al. 孩子们往往是情绪不稳定的。**2** 气质的 qìzhìde；性格的 xìnggéde. **temperamentally** /-təlɪ/ adv.

temperate /'tempərət/ adj **1** 有节[節]制的(尤指行为)yǒu jiézhì de；不过[過]分的 bú guòfèn de. **2** (气候)温和的 wēnhéde.

temperature /'temprətʃə(r)；US 'temprətʃʊər/ n **1** [C, U] 温度 wēndù. **2** [习语] have a 'temperature 发[發]烧[燒]fā shāo.

tempest /'tempist/ n [C] [正式用语]暴风[風]雨 bàofēngyǔ. **tempestuous** /tem'pestʃʊəs/ adj 有暴风雨的 yǒu bàofēngyǔ de；剧[劇]烈的 jùlièede；[喻] a tempestuous love-affair 一场引起轩然大波的风流韵事。

temple¹ /'templ/ n [C] 神殿 shéndiàn；庙[廟]宇 miàoyǔ；寺院 sìyuàn.

temple² /'templ/ n [C] [解剖]太阳[陽]穴 tàiyángxué.

tempo /'tempəʊ/ n [C] [pl ~s；于第2义作 tempi /'tempiː/] **1** (行动、活动的)速度 sùdù；the ~ of city life 城市生活的节拍。**2** [音乐]速度 sùdù；拍子 pāizi.

temporal /'tempərəl/ adj [正式用语] **1** 暂[暫]时[時]的(时间的)shíjiān de；时间上的 shíjiānshàngde. **2** 世俗的 shìsúde；现世的 xiànshìde.

temporary /'temprərɪ；US -pərərɪ/ adj 暂[暫]时[時]的 zànshíde；临[臨]时的 línshíde. **temporarily** /'temprərəlɪ；US ,tempə'rerəlɪ/ adv.

tempt /tempt/ v [T] **1** 引诱(某人干坏事)yǐnyòu；勾引 gōuyǐn；Nothing could ~ her to tell lies. 没有什么东西能诱使她说谎话。**2** 吸引 xīyǐn；诱导[導]yòudǎo；

temptation /temp'teɪʃn/ n 1 [U] 引诱 yǐnyòu; 勾引 gōuyǐn. 2 [C] 有迷惑力(或吸引力)之物 yǒu míhuòlì zhī wù. **tempting** adj 吸引人的 xīyǐnrénde; a ~ing offer 吸引人的提议.

ten /ten/ pron, adj, n 十(的) shí. **tenth** pron, adj 第十(的) dìshí; 第十个(个)的shíge. **tenth** pron, n 十分之一 shí-fēn zhī yī.

tenable /'tenəbl/ adj 1 可防守的 kě fángshǒude; 守得住的 shǒudé-zhùde. 2 (职位)可保持的 kě bǎochí de, 可维持的 kě wéichí de.

tenacious /tɪ'neɪʃəs/ adj 抓紧(紧)的 zhuājǐnde; 顽强的 wánqiángde. **tenacity** /tɪ'næsətɪ/ n [U].

tenant /'tenənt/ n [C] 房客 fángkè; 佃户 diànhù. **tenancy** /-ənsɪ/ n [pl -ies] 1 [U] 租赁 zūlìn; 租借 zūdiàn. 2 [C] 租期 zūqī.

tend[1] /tend/ v [I] 1 倾向 qīngxiàng; 趋(趋)向于 qūxiàng yú; He ~s to make too many mistakes. 他常常错误百出.

tend[2] /tend/ v [T] [正式用语] 照管 zhàoguǎn; 照料 zhàoliào; shepherds ~ing their flocks 照管羊群的牧羊人.

tendency /'tendənsɪ/ n [C] [pl -ies] 1 趋(趋)向 qūxiàng; 趋势(势) qūshì; a ~ to get fat 发胖的趋势. 2 (事物运动或变化的)趋向 qūxiàng, 倾向性 qīngxiàngxìng; an increasing ~ for parents to help at school. 越来越多的父母去学校帮助小孩儿念书.

tender[1] /'tendə(r)/ adj 1 温和的 wēnhéde; 亲(亲)切的 qīnqiède. 2 触(触)痛的 chùtòngde; 敏感的 mǐngǎnde. 3 脆弱的 cuìruòde; 易损坏(坏)的 yì sǔnhuài de. 4 (肉)嫩的 nènde. **tenderly** adv. **tenderness** n [U].

tender[2] /'tendə(r)/ n 1 [T] [正式用语]提供 tígōng; 提出 tíchū; He ~ed his resignation. 他提出辞呈. 2 [I] (for) 投标(标) tóubiāo; ~ for the construction of a new motorway 投标承建一条新的高速公路. **tender** n [C] 投标 tóu-biāo.

tendon /'tendən/ n [C] 筋 jīn; 腱 jiàn.

tenement /'tenəmənt/ n [C] (几家合住的)经(经)济(济)公寓 jīngjì gōngyù.

tenet /'tenɪt/ n [C] [正式用语]原则 yuánzé; 教义(义) jiàoyì; 信条(条) xìntiáo.

tenner /'tenə(r)/ n [C] [英国非正式用语]十英镑(纸)币 shí yīng-bàng.

tennis /'tenɪs/ n [U] 网(网)球 wǎngqiú. **'tennis court** n [C] 网球场(场) wǎngqiúchǎng.

tenor /'tenə(r)/ n [C] 1 (a) (音乐)男高音 nángāoyīn; 男高音歌手 nángāoyīn gēshǒu; 男高音音乐(乐)曲 nángāoyīn yuèqǔ. (b) 次中音乐器 cì zhōngyīn yuèqì; a ~ saxophone 次中音萨克斯管. 2 [正式用语]大意 dàyì; 要旨 yàozhǐ.

tenpin bowling /,tenpɪn 'bəʊlɪŋ/ n [U] (十柱)保龄(龄)球 bǎolíngqiú.

tense[1] /tens/ adj [~r, ~st] 1 拉紧(紧)的 lājǐnde. 2 (神经)紧张(张)的 jǐnzhāngde. **tense** v [I,T] (使)拉紧 lā jǐn; (使)紧张 jǐnzhāng; He ~d his muscles. 他紧绷着肌肉. **tensely** adv.

tense[2] /tens/ n [C] [语法]时(时)态(态) shítài; the present/past/future ~ 现在(或过去、将来)时.

tension /'tenʃn/ n 1 [U] 拉紧(紧)jǐnzhāng; 张(张)力 zhānglì; 拉力 lālì; the ~ of the rope 这条绳索的拉力. 2 [U] (情绪、神经等的)紧张 jǐnzhāng; 激动(动) jīdòng. 3 [U, C, 常作 pl] 紧张(局势) jǐnzhāng; 不安(状态) bù'ān; political ~(s) 政治紧张的局势. 4 [U] 电(电)压(压) diànyā; high~ cables 高压电缆.

tent /tent/ n [C] 帐(帐)篷 zhàng-peng.

tentacle /'tentəkl/ n [C] (动物的)触(触)角 chùjiǎo; 触须(须) chùxū; 触手 chùshǒu.

tentative /'tentətɪv/ adj 试验(验)性的 shìyànxìngde; 暂时的 zànshíde; make a ~ offer 提出试探性报价. **tentatively** adv.

tenterhooks /'tentəhʊks/ n [习语] (be) on tenterhooks 忧(忧)虑(虑)不安 yōulǜ bù'ān.

tenth ⇨ TEN.

tenuous /'tenjʊəs/ adj 单薄(薄)的 dānbóde; 纤(纤)细的 xiānxìde; 细微的 xìwēide; a ~ relationship 微不足道的关系.

tepid /'tepɪd/ adj 温热(热)的 wēnrède.

term /tɜːm/ n 1 [C] 期 qī; 期间 qījiān; 限期 xiànqī; the president's

~ *of office* 总统的任期. **2** [C] 学(學)期 xuéqī; *end-of-* ~ *exams* 期终考试. **3** [C] (有专门意义的)词; 术[術]语 shùyǔ: *technical* ~ 专业术语. **4 terms** [pl] **(a)** (协议的)条[條]件 tiáojiàn. **(b)** (买卖双方协定的)价[價]钱[錢] jiàqián. **5 terms** [pl] 说法 shuōfǎ; 措辞[辭] cuòcí: *I'll explain this in general* ~ *first*. 我将首先对此作总的说明. **6** [习语] **be on good, bad, friendly, bad 'terms with** (与某人)关[關]系[係]良好(或友善、恶劣) guānxi liánghǎo. **come to terms with sth** 不得不接受痛苦的 jiēshòu. **in the 'long/'short term** 长(長)(或短)期 chángqī. **in terms of sth** 关于 guānyú; ……以 ……观[觀]点[點] ……guāndiǎn; *in* ~ *of economics* 从经济原则来看.

term *n* [T] 将某人(某物)称[稱]为[爲]…… jiāng chēngwéi…….

terminal /ˈtɜːmɪnl/ *adj* 致死疾病(晚期的 wǎnqīde, 末期的 mòqīde. **terminal** *n* [C] **1** (民用)航空集散站 hángkōng jísànzhàn. **2** (计算机的)终端 zhōngduān. **terminally** /-nəli/ *adv*

terminate /ˈtɜːmɪneɪt/ *v* [I, T] 终止 zhōngzhǐ; 结束 jiéshù. **termination** /ˌtɜːmɪˈneɪʃn/ *n* [U, C] 终止 zhōngzhǐ; 终点[點] zhōngdiǎn; 结束 jiéshù; 结局 jiéjú: *the termination of a contract* 合约的终止.

terminology /ˌtɜːmɪˈnɒlədʒɪ/ *n* [U, C] [亦作 sing 用] 术语 shùyǔ; 专[專]业[業]名词 zhuānyè míngcí.

terminus /ˈtɜːmɪnəs/ *n* [C] [*pl* **-ni** /-naɪ/ *或* **-es**] (铁路、公路、公共汽车的)终点站 zhōngdiǎn站.

termite /ˈtɜːmaɪt/ *n* [C] 白蚁[蟻] báiyǐ.

terrace /ˈterəs/ *n* [C] **1** 一排房屋 yīpái fángwū. **2** (房间的铺砌地面 pūqì dìmiàn. **3** (梯级宽的露天)台阶[階] táijiē. **terrace** *v* [T] 使成阶梯 shǐ chéng jiētī; 开[開]成梯田 kāi chéng tiántián: ~*d houses* 梯级式的成排房屋.

terrain /teˈreɪn, ˈterein/ *n* [U, C] 地面 dìmiàn; 地形 dìxíng; 地带[帶] dìdài; *hilly* ~ 丘陵地带.

terrestrial /təˈrestrɪəl/ *adj* **1** 陆(陸)地(上)的 lùdìde; 陆生的 lùshēngde. **2** 地球(上)的 dìqiúde.

terrible /ˈterəbl/ *adj* **1** 可怕的 kěpàde; 骇人的 hàirénde; 令人极[極]

不舒服的 líng rén jí bù shūfu de; *a* ~ *war/accident* 可怕的战争;意外事件. **2** 难(難)以忍受的 nán yǐ rěnshòu de; 极[極]端的 jíduānde: ~ *toothache* 难以忍受的牙痛. **3** 非正式用语)极坏(壞)的 jíhuàide; 很糟的 hěnzāode. *What* ~ *food!* 伙食多么糟糕啊! **terribly** *adv* [非正式用语]很 hěn; 非常 fēicháng.

terrier /ˈterɪə(r)/ *n* [C] 㹴(一种小狗) gěng.

terrific /təˈrɪfɪk/ *adj* [非正式用语] **1** 极大的 hěndàde; 极[極]端的 jíduānde: *a* ~ *storm* 狂风暴雨 **2** 极好的 jíhǎode; 了不起的 liǎobuqǐde. **terrifically** /-klɪ/ *adv* 极度地 jídùde;非常 fēicháng.

terrify /ˈterɪfaɪ/ *v* [*pt*, *pp* **-ied**] [T] 使恐怖 shǐ kǒngbù; 恐吓[嚇] kǒnghè: *I'm terrified of dogs.* 我怕狗.

territorial /ˌterəˈtɔːrɪəl/ *adj* 领土的 lǐngtǔde;领地的 lǐngdìde.

territory /ˈterətrɪ; US -tɔːrɪ/ *n* [C, U] [*pl* **-ies**] **1** 领土 lǐngtǔ;版图[圖]bǎntú: *Spanish* ~ 西班牙的领土. **2** (人、动物占领的)领地 lǐngdì. **3** (某人负责的)地区[區](或范[範]围) fànwéi.

terror /ˈterə(r)/ *n* **(a)** [U] 恐怖 kǒngbù; 惊[驚]骇 jīnghài. **(b)** 引起恐怖的事物 yǐnqǐ kǒngbù de shìwù. **terrorism** /-rɪzəm/ *n* [U] 恐怖主义[義] kǒngbù zhǔyì. **terrorist** *adj*, *n* [C]. **terrorize** /-raɪz/ *v* [T] 充满恐怖 chōngmǎn kǒngbù; 恐吓[嚇] kǒnghè.

terse /tɜːs/ *adj* (说话、文笔等)精练[練]的 jīngliànde; 简明的 jiǎnmíngde. **tersely** *adv*. **terseness** *n* [U].

test /test/ *n* [C] **1** (对人、事物的)试验[驗] shìyàn; 检[檢]验 jiǎnyàn; *a 'driving* ~ 驾驶考试. *a 'blood* ~ 验血. **2** (对知识或能力的)测验[驗] cèyàn; 测试 cèshì. **test** *v* [T] 测验 cèyàn; 试验 shìyàn; 检[檢]验 jiǎnyàn. **'test match** *n* [C] (板球、橄榄球等的)国际[際]比赛[賽] guójì bǐsài. **'test-tube** *n* [C] 试管 shìguǎn.

testament /ˈtestəmənt/ *n* [C] [正式用语] **1** (a) 确(確)实(實)的证[證] 明 quèshí de zhèngmíng. **2 Testament** [基督教](两部)圣[聖]经[經](之一) shèngjīng: *the New T* ~ 《新约全书》.

testicle /'testɪkl/ n [C] 睾丸 gāo-wán.

testify /'testɪfaɪ/ v [pt, pp -ied] [I, T] 1 证〔證〕明, 证实〔實〕zhèngshí; 声〔聲〕明 shēng-míng. 2 (to) [正式用语] 成为〔爲〕…的证据〔據〕chéngwéi …de zhèngjù.

testimonial /ˌtestɪ'məʊnɪəl/ n [C] 1 (能力、资格、品德等的) 证〔證〕明书〔書〕zhèngmíngshū. 2 奖〔奖〕品 jiǎngpǐn; 奖状〔狀〕jiǎng-zhuàng.

testimony /'testɪmənɪ; US -məʊnɪ/ n [U,C] [pl -ies] 证〔證〕据〔據〕zhèngjù; 证言 zhèngyán.

tetanus /'tetənəs/ n [U] 破伤〔傷〕风〔風〕pòshāngfēng.

tether /'teðə(r)/ n [C] (拴牲口的) 系〔繫〕绳 〔繩〕xìshéng; 系链 xiliàn. **tether** v [T] (用绳、链) 拴 shuān.

text /tekst/ n 1 [U] 正文 zhèng-wén, 本文 běnwén. 2 原文 yuánwén. 3 [C] (指定要学的) 书〔書〕shū; 必读〔讀〕书 bìdú shū. 4 [C] (《圣经》中的) 经〔經〕文 jīngwén, 经句 jīngjù. **text** v [T] 发〔發〕送文字信息给 fāsòng wénzì xìnxī gěi. 发送文字信息 fāsòng wénzì xìnxī. **textbook** n [C] 教科书 jiàokēshū. **text message** n [C] 手机短信息 wénzì xìnxī. **text messaging** n [U] 文字信息发送 wénzì xìnxī fāsòng. **textual** /'tekstʃʊəl/ adj [正式用语] 正文的 zhèngwénde; 原文的 yuánwénde; 在正文中的 zài zhèngwén zhōng de; 在教科书内的 zài jiàokēshū nèi de.

textile /'tekstaɪl/ n [C, 常作 pl] 纺织〔織〕品 fǎngzhīpǐn.

texture /'tekstʃə(r)/ n [C, U] (织物的) 质〔質〕地 zhìdì, 外观〔觀〕wàiguān.

than /ðən, 强式 ðæn/ conj, prep 1 比 bǐ: Sylvia is taller ~ me. 西尔维亚比我高. 2 (用于 more 或 less 后表示时间、距离等的比较关系时): It cost more ~ £100. 这个东西值 100 多英镑. It's less ~ a mile to the station. 离车站不到一英里.

thank /θæŋk/ v 1 [T] 道谢 dào-xiè; 感谢 gǎnxiè. 2 [习语] ˌno, 'thank you 不了, 谢谢你 bùle, xiè-xie nǐ. 'thank you 谢谢 xièxie nǐ. **thankful** adj 感谢的 gǎnxiè-de. **thankfully** adv. **thankless** adj 不感谢的 bù gǎnxiè

de; a ~less task 吃力不讨好的工作. **thanks** n [pl] 谢意 xièyì; 谢忱 xièchén. 2 [习语] **thanks to sb/sth** 由于 yóuyú; 因为〔爲〕yīn-wèi; 幸亏〔虧〕xìngkuī. **thanks** interj [非正式用语] 谢谢你 xièxie nǐ. 'thanksgiving n [C, U] 1 感恩 gǎn'ēn; 感恩祈祷〔禱〕gǎn'ēn dǎo. 2 **Thanksgiving (Day)** (美国、加拿大的) 感恩节〔節〕Gǎn'ēnjié.

that¹ /ðæt/ adj, pron [pl those /ðəʊz/] 1 那 nà; 那个〔個〕nàge: Look at ~ man standing there. 瞧站在那儿的那个男人. Those are nice hats. 那些是精美的帽子. 2 [习语] **that is (to say)** 就是说 jiùshì shuō; 即 jí, **that** adv 如此 rúcǐ; 那样〔樣〕nàyàng: The film wasn't ~ bad. 这电影并不那么差劲.

that² /ðət, 罕强式 ðæt/ conj [引导各种从属句]: She said ~ she would come. 她说她要来.

that³ /ðət, 罕强式 ðæt/ relative pron 1 [在从句中作动词的主语): You're the only person ~ can help me. 你是唯一能帮助我的人. 2 [在从句中作动词的宾语, 但常被省略): The pen ~ you gave me is a nice one. 你给我的那支笔是一支好笔.

thatch /θætʃ/ n [C, U] 茅屋顶 máowūdǐng. **thatch** v [T] 用茅草盖〔蓋〕(屋顶) yòng máocǎo gài.

thaw /θɔː/ v 1 [I, T] (冰、雪等) (使)融化 rónghuà. 2 [T] 使化成水 shǐ huàchéng shuǐ; 使软化 shǐ ruǎnhuà: ~ frozen food 化冻冰冻的食物. 3 [I] [喻] (人、行为等) 变〔變〕得友善 biàndé yǒushàn, 缓和 huǎnhé. **thaw** n [C, 常作 sing] (天气) 解冻 jiědòng.

the /ðə, 在 强式 ðiː/ definite article 1 (指特定的事物): T~ sky was blue. 天空是蓝色的. Please close ~ window. 请关窗. 2 (指一类中的所有人或物): T~ dog is a popular pet. 狗是一种流行的宠物. 3 (表示某集团或国籍): ~ rich 富有的人. ~ French 法国人. 4 (用于地理名称前): ~ Mediterranean 地中海. ~ Atlantic (Ocean) 大西洋. 5 (用于乐器前): play ~ piano 弹钢琴. 6 (用于计量单位前): each ~ 每一…; 每… měi yī …; paid by ~ hour 按小时计酬. 7 (用于形容词、副词最高级

前；～ *best day of your life* 你一生中最美好的一天。the *adv* (用于比较关系的)愈，越 yuè：*I ～ more I read, ～ less I understand*. 我越看越不懂。

theatre (美语 **theater**) /ˈθɪətə(r)/ *n* 1 [C] 戏(戲)院 xìyuàn；剧(劇)场[場] [sing] 剧本的写[寫]作和演出 jùběn de xiězuò hé yǎnchū. 3 [C] 讲[講]堂 jiǎngtáng；会[會]场 huìchǎng. 4 [C] = OPERATING-THEATRE (OPERATE). **'theatre-goer** *n* [C] 戏迷 xìmí. **theatrical** /θɪˈætrɪkl/ *adj* 1 戏院的 xìyuàn de；剧场的 jùchǎng de. 2 做作的 zuòzuò de；不自然的 bú zìrán de.

theft /θeft/ *n* [C, U] 偷盗 tōudào.

their /ðeə(r)/ *adj* 他们的 tāmende；她们的 tāmende；它们的 tāmende：*They have lost ～ dog*. 他们的狗丢失了. **theirs** /ðeəz/ *pron* 他们的(东西) tāmende；她们的(东西) tāmende：*That dog is ～, not ours*. 那只狗是他们的，不是我们的.

them /ðəm；强式 ðem/ *pron* 1 (用作动词或介词的宾语) 给…; 把它们给…：*Did you eat all of ～?* 你是否吃光了? 2[非正式用法](用以代替 *him* 或 *her*)：*If someone comes in, ask ～ to wait*. 如果有人来，请他等一会儿.

theme /θiːm/ *n* [C] 题目 tímù；主题 zhǔtí. 2 [音乐]主题 zhǔtí；主旋律 zhǔ xuánlǜ. **'theme park** [C] [乐][園][園] (有专题娱乐活动的)专[專]题乐[樂]园 zhuāntí lèyuán. **'theme song** *n* [C] 主题歌 zhǔtígē.

themselves /ðəmˈselvz/ *pron* 1 [反身]他们自己 tāmen zìjǐ；她们自己 tāmen zìjǐ；它们本身 tāmen běnshēn；他们自己 tāmen zìjǐ. 2 [用于加强语气]：*They ～ have often made that mistake*. 他们自己常常犯那个错误. 3 [习语] (**all**) **by them'selves** (**a**) 独[獨]自地 dúzì de；单[單]独地 dāndú de. (**b**) 独力地 dúlì de；无[無]助地 wúzhùde.

then /ðen/ *adv* 1 当[當]时[時] dāngshí；届时 jièshí：*I was still unmarried ～*. 那时我还未结婚. 2 然后[後] ránhòu；接着 jiēzhe；于是 yúshì：*We stayed in Rome and ～ in Naples*. 我们先住在罗马，后来住在那不勒斯. 3 那么

[麼] nàme；因此 yīncǐ：*'It isn't here.' 'T～ it must be in the car'.* "它不在这儿。""那么，它一定在汽车里。" 4 而且 érqiě；还[還] hái yòu：*There's the soup to heat, ～ there's the bread to butter*. 汤要加热，还有面包要涂黄油.

thence /ðens/ *adv* [古][正式用语]从[從]那里[裏] cóng nàli.

theology /θɪˈɒlədʒɪ/ *n* [U] 神学[學] shénxué. **theologian** /θɪəˈləʊdʒən/ *n* [C]. **theological** /θɪəˈlɒdʒɪkl/ *adj*.

theorem /ˈθɪərəm/ *n* [C] [数学]命题 mìngtí；定理 dìnglǐ.

theory /ˈθɪərɪ/ *n* [*pl* **-ies**] 1 [C] 学[學]说 xuéshuō；论[論] lùn：*Darwin's ～ of evolution* 达尔文的进化论. 2 [U] (与实践相对的)理论 lǐlùn，道理 dàolǐ. **theoretical** /θɪəˈretɪkl/ *adj*.

therapeutic /ˌθerəˈpjuːtɪk/ *adj* 治疗[療]的 zhìliáode；疗法的 liáofǎ de.

therapy /ˈθerəpɪ/ *n* [U] 治疗[療] zhìliáo；疗法 liáofǎ. **therapist** *n* [C].

there¹ /ðeə(r)/ *adv* 1 在那里[裏] zài nàli；往那里 wǎng nàli：*We'll soon be ～*. 不久我们就去那里. 2 在那点[點]上 zài nàdiǎn shang；在那个[個]方面 zài nàge fāngmiàn：*Don't stop ～*! 别在那儿停! 3 (用以引起注意)：*T～'s the bell for lunch*. 午饭铃响了. 4 [习语] **,there and 'then** [美语]当[當]场[場] dāngchǎng；当时[時] dāngshí. **there** *interj* 1(用以表示胜利、沮丧、激励等)：*T～!* You've woken the baby! 看! 你把孩子吵醒了. 2 (用以安慰幼儿)：*T～, ～!* You'll soon feel better. 好啦，好啦! 你不一会儿就好了.

there² /ðeə(r)/ *adv* (用作动词，尤其是 *be* 的主语)：*T～'s a man at the door*. 门口有人.

thereabouts /ˌðeərəˈbaʊts/ *adv* 在那时左右 zài nà tújìn；左右 zuǒyòu；前后[後] qiánhòu；大约 dàyuē.

thereafter /ˌðeərˈɑːftə(r)；US -ˈæf-/ *adv* [正式用语]此后[後] cǐhòu；其后 qí hòu.

thereby /ˌðeəˈbaɪ/ *adv* [正式用语]借[藉]以 jièyǐ；从[從]而 cóng'ér；由此 yóucǐ.

therefore /ˈðeəfɔː(r)/ *adv* 所以

suǒyǐ; 因此 yīncǐ.

thereupon /ˌðeərə'pɒn/ *adv* [正式用语] 于是 yúshì; 因而 yīn'ér.

thermal /'θɜːml/ *adj* 1 热〔熱〕的 rède; 热量的 rèliàngde. 2 (衣物) 保暖的 bǎonuǎnde; 防寒的 fánghánde.

thermometer /θə'mɒmɪtə(r)/ *n* [C] 温度计 wēndùjì; 寒暑表 hánshǔbiǎo.

Thermos (亦作 **Thermos flask**) /'θɜːmɒs/ *n* [C] (P) 保温瓶 bǎowēnpíng; 热〔熱〕水瓶 rèshuǐpíng.

thermostat /'θɜːməstæt/ *n* [C] 恒温器 héngwēnqì.

thesaurus /θɪ'sɔːrəs/ *n* [C] [*pl* ~es 或 -ri /-raɪ/] 类〔類〕属〔屬〕词典 lèishǔ cídiǎn.

these ⇨ THIS.

thesis /'θiːsɪs/ *n* [C] [*pl* theses /'θiːsiːz/] 1 论〔論〕文 lùnwén. 2 学〔學〕位论文 xuéwèi lùnwén.

they /ðeɪ/ *pron* [主格] 1 他们 tāmen; 她们 tāmen; 它们 tāmen. 2 人们 rénmen. T~ say we're going to have a hot summer. 人家说今年夏天将很热. 3 [非正式用语] (用以代替 he 或 she): If anyone comes late, ~'ll have to wait. 谁要是迟到, 他就得等着.

they'd /ðeɪd/ 1 they had ⇨HAVE. 2 they would ⇨WILL[1], WOULD[1].

they'll /ðeɪl/ they will ⇨WILL[1].

they're /ðeə(r)/ they are ⇨BE.

they've /ðeɪv/ they have ⇨HAVE.

thick /θɪk/ *adj* 1 厚的 hòude; 粗的 cūde; a ~ slice of bread 厚厚的一片面包. a wall 2 feet ~ 两英尺厚的墙. 2 密的 mide; 密集的 mìjíde; 茂密的 màomìde; ~ hair 浓密的头发. a ~ forest 茂密的森林. 3 (液体) 浓〔濃〕的 nóngde; 稠的 chóude; 半固体〔體〕的 bàngùtǐde. 4 阴〔陰〕暗的 yīn'ànde; 看不清明的 kàn bù qīngmíng de; a ~ fog 浓雾. 5 [非正式用语] 愚笨的 yúbènde; 迟〔遲〕钝的 chídùnde.
thick *adv* 厚厚地 hòuhòude; 浓〔濃〕浓地 nóngnóngde; spread the butter too ~ 黄油涂得太厚了. 2 [习语] **thick and 'fast** 又快又多 yòu kuài yòu duō. **in the thick of sth** 某事物最活跃〔躍〕的部分 mǒu shìwù zuìhuóyuè de bùfen. **through ,thick and 'thin** 在艰〔艱〕险〔險〕的情况下 zài jiānxiǎn de qíngkuàng xià. **thicken** *v* [I, T] (使)变〔變〕厚 biàn hòu;

(使)变浓 biàn nóng. ~*en in the soup* 使肉汁变浓. **thickly** *adv*. **thickness** *n* 1 [U] 厚 hòu; 厚度 hòudù; 浓 nóng; 浓度 nóngdù; 4 centimetres in ~ 四厘米厚. 2 [C] (一)层〔層〕 céng. **thick,set** *adj* (身体)矮胖的 ǎipàngde, 结实〔實〕的 jiēshíde. **thick-'skinned** *adj* 脸〔臉〕皮厚的 liǎnpí hòu de; 感觉〔覺〕迟钝的 gǎnjué chídùn de.

thicket /'θɪkɪt/ *n* [C] 灌木丛〔叢〕 guànmùcóng.

thief /θiːf/ *n* [C] [*pl* thieves /θiːvz/] 贼 zéi. **thieve** /θiːv/ *v* [I, T] 偷窃〔竊〕 tōuqiè; 做贼 zuò zéi.

thigh /θaɪ/ *n* [C] 大腿 dàtuǐ; 股 gǔ.

thimble /'θɪmbl/ *n* [C] 顶针箍 dǐngzhēngū.

thin /θɪn/ *adj* [~ner, ~nest] 1 薄的 bóde; 细的 xìde. 2 瘦的 shòude. 3 (液体)稀薄的 xībóde, 淡的 dànde; ~ soup 淡汤. 4 稀疏的 xīshūde; ~ hair 稀疏的头发. The audience is rather ~ tonight. 今晚听众很少. 5 显〔顯〕而易见的 xiǎn ér yì jiàn de; 透明的 tòumíngde; a ~ mist 薄雾. 6 弱的 ruòde; 无〔無〕力的 wúlìde; a ~ excuse 勉强的借口. 7 [习语] **the thin end of the 'wedge** 可引起严〔嚴〕重后〔後〕果〔果〕的事情 kě yǐnqǐ yánzhòng hòuguǒ de shìqíng. **thin** *adv* 薄 bó; 稀 xī; 细 xì; 疏 shū; cut the bread too ~ 面包切得太薄了. **thin** *v* [-nn-] [I, T] (使)变〔變〕薄 biàn bó; (使)变稀 biàn xī; (使)变淡 biàn dàn; (使)变细 biàn xì; (使)变瘦 biàn shòu. **thinly** *adv*. **thinness** *n* [U].

thing /θɪŋ/ *n* 1 [C] 物 wù; 事物 shìwù; 东西 dōngxi. What is that ~ on the table? 桌子上的东西是什么? 2 things [*pl*] (a) (个人的)用品 yòngpǐn, 用具 yòngjù, 所有物 suǒyǒuwù; Bring your swimming ~s. 带上你的游泳用品. (b) 情况 qíngkuàng; 景况 jǐngkuàng; 形势〔勢〕 xíngshì; How are ~s? 景况如何? 3 [C] 任务〔務〕 rènwu; 工作 gōngzuò; 做法 zuòfǎ. 4 [C] 题目 tímù; 主题 zhǔtí; There's another ~ I want to ask you about. 我还〔還〕有一件事要问你. 5 [C] (用以指人或动物)东西 dōngxi; 家伙 jiāhuo; She's a sweet little ~. 她是个可爱的小家伙.

6 the thing [sing] (**a**) 最适(适)合的东西 zuì shìhé de dōngxi: *A holiday will be just the ~ for you*. 休假将对你正合适. (**b**) 时(时)髦的式样[样] shímáode shìyàng; 风(风)行的型式 fēngxíngde xíngshì. **7** [习语用] **for 'one thing** 首先 shǒuxiān; 一则 yīzé. **have a thing about sb/sth** 对…[对]…感到厌(厌)恶(恶)感 gǎndào yànwù. **the thing 'is** 要考虑[虑]的问题 shì yào kǎolǜ de wèntí shì.

think /θɪŋk/ v [*pt, pp* **thought** /θɔːt/] **1** [I] 想 xiǎng; 想象 xiǎngxiàng; 思索 sīsuǒ; 考虑 kǎolǜ. **2** [T] 认(认)为 [为] rènwéi; 以为 yǐwéi: *Do you ~ it's going to rain?* 你以为天会下雨吗? **3** [T] 想象 xiǎngxiàng; *I can't ~ why he came.* 我想像不出他来干什么. **4** [T] 打算 dǎsuàn; 想要 xiǎng yào: *I ~ I'll go for a swim.* 我打算去游泳. **5** [短语动词] **think a'loud** 自言自语 zìyán zìyǔ; 说出(自己的)想法 shuōchū xiǎngfǎ. **think better of (doing) sth** 经(经)考虑后决定不做某事 jīng kǎolǜ hòu juédìng bùzuò mǒushì. **think highly, a lot, a little, etc of sb/sth** 评价[价]高(或不高)评价 píngjià gāo: *I ~ much of our new teacher.* 我认为我们的新老师不怎么样. **think nothing of (doing sth)** 很平常(或轻松)认为很平常的 rènwéi hěn píngcháng. **think about sth** 考虑 kǎolǜ; 盘[盘]算 pánsuàn. **think of sth** (**a**) 考虑 kǎolǜ; 思考 sīkǎo. (**b**) 想出(可能的方案) kǎolǜ: *We're ~ing of going to Venice.* 我们正考虑去威尼斯. **think of sth** 想象 xiǎngxiàng; 想一想 xiǎng yì xiǎng: *Just ~ of the cost!* 想一想那费用吧! (**d**) 想起 xiǎngqǐ: *I can't ~ of her name.* 我记不起她的名字了. **think sth out/through** 仔细思考 zǐxì sīkǎo; 全面考虑 quánmiàn kǎolǜ. **think sth over** 慎重考虑 shènzhòng kǎolǜ. **think sth up** 想出 xiǎngchū; 设计出 shèjìchū. **think** *n* [sing] [非正式用语]想 xiǎng; 想法 xiǎngfǎ.

thinker /'θɪŋkə(r)/ *n* [C] 思想家 sīxiǎngjiā: *a great ~* 一位伟大的思想家.

thinking /'θɪŋkɪŋ/ *n* [U] 思想 sīxiǎng; 想法 xiǎngfǎ. **thinking** *adj* 思想的 sīxiǎngde; 有思想的 yǒu sī-

xiǎng de.

third /θɜːd/ *pron, adj* 第三(的) dìsān. **third** *pron, n* [C] 三分之一 sānfēn zhī yī. **the ,third de'gree** *n* [sing] 疲劳[劳]讯问 píláo xùnwèn; 逼供 bīgòng. **thirdly** *adv*. **,third 'party** *n* [C] 第三者 dìsānzhě. **~party in'surance** 第三者责任保险. **the ,third 'person** *n* [sing] [语法]第三人称(称)第三人称 dìsān rénchēng. **,third-'rate** *adj* 三等的 sāndēngde; 下等的 xiàdēngde. **the ,Third 'World** *n* [sing] 第三世界 dìsān shìjiè.

thirst /θɜːst/ *n* **1** [U, sing] 渴 kě; 口渴 kǒukě. **2** [sing] [喻]渴望 kěwàng; 热望 rèwàng: *~ for knowledge* 求知欲. **thirst** *v* [短语动词] **thirst for sth** 渴望 kěwàng; 热望 rèwàng: *~ for revenge* 渴望复仇. **thirsty** *adj* [-**ier**, -**iest**] **1** 口渴的 kě de; 使人口渴的 shǐ rén kǒukě de; 渴望的 kěwàng de.

thirteen /ˌθɜː'tiːn/ *pron, adj, n* [C] 十三(的) shísān. **thirteenth** /ˌθɜː'tiːnθ/ *pron, adj* 第十三(的) shísān. **thirteenth** *pron, n* [C] 十三分之一 shísānfēn zhī yī. **thirty** /'θɜːtɪ/ *pron, adj, n* [C] [*pl* -**ies**] 三十(的) sānshí. **thirtieth** /'θɜːtɪəθ/ *pron, adj* 第三十(的) dìsānshí. **thirtieth** *pron, n* [C] 三十分之一 sānshífēn zhī yī.

this /ðɪs/ *adj, pron* [*pl* **these** /ðiːz/] **1** 这[这]zhè; 这个(指某个人或事物) zhège: *Look at ~ box.* 看这个盒子. **2** [非正式用语]某人;某一天 mǒu gè; 某个 mǒu gè: *Then ~ man came in.* 接着, 有人进来了. **this** *adv* 如此 rúcǐ; 这样 zhèyàng; 这样地 zhèyàng de: *It was about ~ high.* 它大约有这么高.

thistle /'θɪsl/ *n* [C] [植物]蓟 jì.

thong /θɒŋ; US θɔːŋ/ *n* [C] 皮条[条]pítiáo; 皮鞭 píbiān.

thorn /θɔːn/ *n* **1** (**a**) [C] 刺 cì; 棘刺 jícì. (**b**) [U] 荆刺 jīngcì. **2** [习语] **a thorn in one's flesh/side** 经(经)常使人烦恼[恼]的人(或事物)jīngcháng shǐ rén fánnǎo de rén. **thorny** *adj* [-**ier**, -**iest**] **1** 多刺的 yǒucìde; 多刺的 duōcìde. **2** [喻]棘手的 jíshǒude; 多困难[难]的 duō kùnnan de: *a ~y problem* 棘手的问题.

thorough /'θʌrə; US 'θɜːrəu/ *adj* **1** 彻[彻]底的 chèdǐde; 完善的

wánshànde; 详尽(尽)的 xiángjìnde. 2 (办事)周到的 zhōudàode, 全面的 quánmiànde, 仔细的 zǐxìde. **'thoroughgoing** adj 彻底的 chèdǐde; 十足的 shízúde: a ~going re'vision 彻底修订. **thoroughly** adv. **thoroughness** n [U].

thoroughbred /'θʌrəbred/ n [C], adj (大,马等)良种(种)的 liángzhǒngde; 纯种的 chúnzhǒngde.

thoroughfare /'θʌrəfeə(r)/ n [C] [正式用语]大街 dàjiē; 通道 tōngdào.

those pl of THAT.

though /ðəʊ/ conj 虽(难)然 suīrán; 尽(尽)管 jǐnguǎn: *They bought the car, even* ∼ *they couldn't really afford it.* 他们买汽车,尽管他们不可能真正买得起它. 2 可是 kěshì; 然而 rán'ér; 不过(过) búguò: *It's possible,* ∼ *unlikely.* 这是可能的,然而是靠不住的. though adv 可是 kěshì; 然而 rán'ér: *I expect you're right*—*I'll ask him,* ∼. 我希望你是对的——然而我还要问问他.

thought¹ pt, pp of THINK.

thought² /θɔːt/ n 1 [C] 想法 xiǎngfǎ; 意见 yìjiàn. 2 [U] 思想 sīxiǎng; 思维能力 sīwéi nénglì. 3 [U] 思潮 sīcháo; 思想 sīxiǎng: *modern scientific* ∼ 现代科学思想. 4 [U] 关(关)心 guānxīn; 顾(顾)虑(虑)gùlǜ; 挂(挂)念 guàniàn. 5 [习语] **second 'thoughts** 改变(变)想法 gǎibiàn xiǎngfǎ. **thoughtful** adj 深思的 shēnsīde; 思考的 sīkǎode. 2 关心的 guānxīnde; 体(体)贴的 tǐtiēde. **thoughtfully** adv. **thoughtless** adj 不关心别人的 bù guānxīn biérénde; 自私的 zìsīde. **thoughtlessly** adv.

thousand /'θaʊznd/ pron, adj, n [C] 1 千 qiān. 2 (亦作 **thousands** [pl]) [非正式用语]许许多多 xǔxǔ duōduō; 无(无)数(数)wúshù: *A* ∼ *thanks.* 多谢. **thousandth** /'θaʊznθ/ pron, adj 第一千(的) dìyīqiān(de). **thousandth** pron, n [C] 千分之一 qiānfēn zhī yī.

thrash /θræʃ/ v 1 [T] 鞭(鞭)等)痛打 tòngdǎ. 2 [T] 打败 dǎbài; 胜(胜)过(过)shèngguò. 3 [I] 猛烈地摆(摆)动(动)měngliè de yáodòng; 颠簸 diānbǒ: *He* ∼ *ed about in the water.* 他用力打着水游泳. 4

[短语动词] **thrash sth out** 研讨并(并)解决(问题) yántǎo bìng jiějué. **thrashing** n [C] 1 一段(段)打 yī duàn dǎ; 痛打 tòngdǎ. 2 失败 shībài; 大败 dàbài.

thread /θred/ n 1 (一段)线(线)xiàn. 2 [C] [喻]思路 sīlù; 线索 xiànsuǒ. 3 [C] 螺纹 luówén. **thread** v 1 穿上 chuān shàng; 将(将)线穿过(过)jiāng xiàn chuān guò. 2 把(珍珠等)穿成一串 bǎ chuān chéng yíchuàn. 3 把(影片、磁带等)装(装)进(进)(机器)bǎ zhuāng jìn. 4 [习语] **thread one's way through** (sth) (小心地)穿(挤)过 jǐ guò. **'threadbare** /-beə(r)/ adj (衣服等)穿旧(旧)的 chuānjiùde.

threat /θret/ n 1 [C, U] 恐吓(吓)kǒnghè; 威胁(胁)wēixié. 2 [C] 造成威胁的人或事物 zàochéng wēixié de rén huò shìwù: *He is a* ∼ *to society.* 他是一个有害社会的危险分子. 3 [C, 常作 sing] 坏(坏)兆头(头)huài zhàotou; 不祥之兆 bùxiáng zhī zhào.

threaten /'θretn/ v 1 [T] 恐吓(吓)kǒnghè; 威胁(胁)wēixié; 要挟(挟)yāoxié: *They* ∼ *ed to kill all the passengers.* 他们要挟要杀掉全部乘客. 2 [I, T] 预示 yùshì: *Black clouds* ∼ *rain.* 乌云预示要下雨. 3 [I] (坏事)似将(将)发(发)生 sì jiāng fāshēng, 可能来临 kěnéng láilín: *Danger* ∼ *ed.* 随时有危险发生. 4 [T] 对(对)...造成威胁 duì...zàochéng wēixié. **threatening** adj. **threateningly** adv.

three /θriː/ pron, adj, n [C] 三(的)sān. **three-di'mensional** adj 三维的 sānwéide; 三度的 sāndùde.

thresh /θreʃ/ v [T] 打(麦、谷等)dǎ.

threshold /'θreʃhəʊld/ n [C] [正式用语] 1 门槛(槛)ménkǎn. 2 [喻]开(开)始 kāishǐ; 开端 kāiduān; 入口 rùmén: *on the* ∼ *of a new career* 在新事业的开端.

threw pt of THROW.

thrift /θrɪft/ n [U] (金钱的)节(节)约 jiéyuē. **thrifty** adj [-ier, -iest].

thrill /θrɪl/ n [C] (a) (一阵)激动(动)jīdòng. (b) 刺激性 cìjīxìng; 震颤感 zhènchàngǎn. **thrill** v [T] 使激动 shǐ jīdòng; 使兴(兴)奋(奋)

shǐ xīngfèn. **thriller** n [C] 富于刺激性的小说、戏[戲]剧[劇]或电[電]影 fù yú cìjīxìng de xiǎoshuō, xìjù huò diànyǐng.

thrive /θraɪv/ v [pt **thrived** 或 **throve** /θrəuv/, pp **thrived** 或 **thriven** /'θrɪvn/] 1 繁荣[榮]fánróng; 兴[興]旺 xīngwàng; 茁壮[壯]成长[長]zhuózhuàng chéngzhǎng: a thriving business 生意兴隆的买卖.

throat /θrəut/ n [C] 1 咽喉 yānhóu. 2 颈[頸]前部 jǐng qiánbù.

throb /θrɒb/ v [-bb-] [I] (心脏、脉搏等)跳动[動] tiàodòng, 悸动 jìdòng. **throb** n [C].

throes /θrəuz/ n [习语] **in the throes of sth** 为[爲]某事而忙碌 wèi mǒushì ér mánglù.

thrombosis /θrɒm'bəusɪs/ [pl **-ses** /-siːz/] n [C, U] 血栓(形成) xuèshuānn.

throne /θrəun/ n 1 [C] (国王、女王的)宝[寶]座 bǎozuò, 御座 yùzuò. 2 **the throne** [sing] 王位 wángwèi; 王权[權]wángquán.

throng /θrɒŋ; US θrɔːŋ/ n [C] 正式用语]人群 rénqún; 群众[衆]qúnzhòng. **throng** v [I, T] 群集 qúnjí; 拥[擁]挤[擠]yōngjǐ.

throttle /'θrɒtl/ v [T] 扼死 èsǐ, 勒死 lēisǐ. **throttle** n [C] (发动机的)节流阀 jiéliúfá.

through /θruː/ prep 1 穿过[過]chuānguò, 通过 tōngguò: The train went ~ the tunnel. 火车通过隧道. The River Thames flows ~ London. 泰晤士河流经伦敦. 2 从[從]以…[間] cóngtóu dàowěi: 自始至终 zì shǐ zhì zhōng: She won't live ~ the night. 她活不过今天夜里了. 3 [美语]一直到(并包括) yìzhí dào: Monday ~ Thursday 从星期一到星期四. 4 由于 yóuyú; 因为[爲]yīnwèi; 经[經]由 jīngyóu: arrange insurance ~ a bank 经银行安排保险. The accident happened ~ lack of care. 这次事件的发生是由于不小心. 5 越过[過]yuèguò: smuggle drugs ~ customs 偷运毒品过海关.

through adv 1 穿过 chuānguò; 通过 tōngguò: It's very crowded in here—can you get ~? 这里很挤—你能过得去吗? 2 自始至终 zì shǐ zhì zhōng: I'll sit ~ zhōng. 3 通过障碍[礙] tōngguò zhàng'ài: The ambulance drove

straight ~. 救护车直闯过去. 4 [英国英语]接通电[電]话 jiētōng diànhuà: I tried to ring you but I couldn't get ~. 我给你打过电话,但没有打通. 5 [习语] ,through and 'through 彻[徹]头彻尾地 chètóu chèwěi de. 6 [短语动词] be through (with sb/sth) 已结束(友谊等) yǐ jiéshù; Keith and I are ~. 基思和我已不来往了. through adj 直通的 zhítōngde; 直达[達]的 zhídáde: a ~ train 直达列车.

throughout /θruː'aut/ prep, adv 1 各方面 gè fāngmiàn; 到处[處]dàochù: They're sold ~ the world. 它们在全世界到处有售. 2 始终 shǐzhōng: I watched the film and cried ~. 我看那部电影时从头到尾哭个不停.

throw /θrəu/ v [pt **threw** /θruː/, pp ~n /θrəun/] 1 [I, T] 抛 pāo; 掷[擲]zhì; 投 tóu; 扔 rēng. 2 [T] 用力移动(身体的某部分) yònglì yídòng: ~ up one's hands in horror 惊吓得举起双手. 3 [T] on/off 匆匆穿上(或脱下) cōngcōng chuānshang. 4 [T] 摔倒 shuāidǎo; 摔下 shuāixià; The horse threw him. 马将他摔下来. 5 [T] 投向 tóuxiàng: She threw me an angry look. 她对我怒目而视. The trees threw long shadows on the grass. 树木在草地上投下长长的影子. 6 [T] (在陶韵上)制[製]作(陶坯) zhìzuò. 7 [T] [非正式用语]惊[驚]扰[擾]jīngrǎo; 使不安 shǐ bù'ān: The interruptions threw him. 诸多干扰使他心烦意乱. 8 [T] 使处[處]于某种[種]状[狀]态[態] shǐ chǔyú mǒuzhǒng zhuàngtài: Hundreds were ~n out of work. 数以百计的人失去工了作. 9 [T] 接动(开关) àndòng. 10 [T] 举[舉]行(聚会) jǔxíng. 11 [习语] throw cold water on sth ⇔ COLD[1]. throw a fit ⇔ FIT[3]. throw sb in at the deep end [非正式用语]强人所难[難] qiáng rén suǒ nán. throw in the sponge/towel 认[認]输 rènshū. throw light on sth ⇔ LIGHT[1]. throw one's weight about 专横[横]zhuānquán; 仗势[勢]欺人 zhàngshì qīrén. [短语动词] throw sth away (a) 丢弃[棄](某物) diūqì; 处理掉 chǔlǐdiào. (b) 浪费掉(机会) làngfèidiào. **throw sth in** 额外加赠 éwài jiāzèng. **throw oneself into sth** 积(积)极地做(某事)门走地去做. **throw sth/sb off** 摆[摆]脱 bǎituō; 甩掉 shuǎidiào. **throw oneself on sth/sb** [正式用语]依赖 yīlài; 听[听]从[从] tīngcóng: ~ oneself on the mercy of others 恳求别人的宽恕. **throw sb out** 赶[赶]走(某人) gǎnzǒu. **throw sth out** 拒绝 jùjué; 否决 fǒujué. **throw sth together** 匆匆拼凑成 cōngcōng pīncòu chéng. **throw up** 呕[呕]吐 ǒutù; 吐出 tùchū. **throw sth up** (a) 辞[辞]去(职业) cíqù. (b) 引起注意 yǐnqǐ zhùyì. **throw** [C] 1 投 tóu; 掷 zhì; 抛 pāo; 扔 rēng. 2 投掷的距离[离] tóuzhì de jùlí. **thrower** n [C].

thru [美语]=THROUGH.

thrush /θrʌʃ/ n [C] 画[画]眉鸟 huàméiniǎo.

thrust /θrʌst/ v [pt, pp thrust] [I, T] 猛推 měng tuī; 冲[冲] chōng; 刺 cì; 戳 chuō. **thrust** n [C] 猛推 měng tuī; 冲[冲]; 刺 cì; 戳 chuō. 2 [C] (机器的)推力 tuīlì. 3 [U] [喻]要旨 yàozhǐ; 要点 yàodiǎn.

thud /θʌd/ n [C] 重击[击]声[声] zhòngjīshēng. **thud** v [-dd-] [I] 砰地落下(或打击) pēng de luòxià.

thug /θʌg/ n [C] 暴徒 bàotú; 恶[恶]棍 ègùn.

thumb /θʌm/ n [C] 大拇指 dàmǔzhǐ. 2 [习语] **thumbs 'up/ 'down** 肯定(或否定) kěndìng. **under sb's 'thumb** 在某人的控制下 zài mǒurén de kòngzhì xià. **thumb** v [I, T] (through) 以拇指翻动(书页) yǐ mǔzhǐ fāndòng. [习语] **thumb a 'lift** (向过路车辆竖起拇指表示)要求免费搭车 yāoqiú miǎnfèi dāchē. **'thumb-nail** n [C] 拇指甲 mǔzhǐjiǎ. **'thumb-nail** adj 文字简洁的 wénzì jiǎnjié de: a ~-nail sketch 简略的描述. **'thumbtack** n [C] [美语]图[图]钉 túdīng.

thump /θʌmp/ v 1 [I, T] 重击[击] chóngjī; 拳击 quánjī. 2 [I] 剧[剧]烈跳动[动] jùliè tiàodòng: His heart ~ed with excitement. 他兴奋得心头怦怦直跳. **thump** n [C] 重击声[声] zhòngjīshēng; 砰然声 pēngránshēng.

thunder /'θʌndə(r)/ n [U] (a) 雷 léi; 雷声[声] léishēng. (b) (似雷的)轰[轰]隆声 hōnglóngshēng: the ~ of guns 大炮的隆隆声. **thunder** v 1 [I] [与it连用]打雷 dǎléi: It's been ~ing all night. 夜间一直在打雷. 2 [I] 发[发]出如雷鸣般的隆隆声 fāchū léimíngbān de lónglóngshēng. 3 [T] 大声说出 dàshēng shuō. **'thunder-bolt** n [C] 1 雷电[电](交加 léidiàn jiāojiā. 2 [喻]意外的可怕事件 yìwàide kěpà shìjiàn; 晴天霹雳[雳] qíngtiān pīlì. **'thunderclap** n [C] 雷响[响] léixiǎng; 霹雳声 pīlì. **thunderous** adj 雷声似的 léishēng shì de; ~ous applause 雷鸣般的掌声. **'thunderstorm** n [C] 雷暴 léibào.

Thursday /'θɜ:zdɪ/ n [U, C] 星期四 xīngqīsì.

thus /ðʌs/ adv [正式用语] 1 如此 rúcǐ. 2 因而 yīnér; 因此 yīncǐ; 所以 suǒyǐ.

thwart /θwɔːt/ v [T] [正式用语] 阻挠[挠] zǔnáo; 阻止 zǔzhǐ.

thyme /taɪm/ n [U] [植物]百里香 bǎilǐxiāng.

thyroid /'θaɪrɔɪd/ **thyroid 'gland** n [C] 甲状[状]腺 jiǎzhuàngxiàn.

tiara /tɪ'ɑːrə/ n [C] 妇[妇]女的冠状[状]头饰 fùnǚ de guānzhuàng tóushì.

tic /tɪk/ n [C] (尤指面肌)抽搐 chōuchù.

tick¹ /tɪk/ n [C] 1 (钟表等的)滴答声[声] dīdāshēng. 2 [非正式用语]一刹那 yíchànà; 片刻 piànkè: I'll be with you in a ~. 我一会儿就来陪你. 3 (核对账目等用的)记号[号](或对号,常用√)jìhào. **tick** v 1 (钟表等)滴答作响[响] dīdā zuòxiǎng. 2 [T] (off)标[标]以(√)记号 biāo yǐ jìhào. 2 [习语] **what makes sb 'tick** [非正式用语]某人行为[为]的动机 mǒurén xíngwéi de dòngjī (是什么) (shì shénme). **tick sb off** [非正式用语]责备[备] zébèi; 斥责 chìzé. **tick over** 照常进[进]行 zhàocháng jìnxíng.

tick² /tɪk/ n [C] [动物]扁虱 biǎnshī.

ticket /'tɪkɪt/ n [C] 1 票 piào; 车票 chēpiào; 入场[场]券 rùchǎngquàn. 2 (货物上的)标[标]签[签] biāoqiān. 3 (给违反交通规则者的)传[传]票 chuánpiào.

tickle /'tɪkl/ v 1 [T] 搔痒[痒] sāoyǎng. 2 [I, T] (使)觉[觉]得痒

juédé yǎng. 3 [T] 逗乐〔樂〕dòulè 使高兴〔興〕[興] shǐ gāoxìng.

tickle n [C] 痒 yǎng; 搔痒 sāoyǎng. **ticklish** adj 1 怕痒的 pàyǎng de. 2 [非正式用语]需小心处〔處〕理的 xū xiǎoxīn chǔlǐ de; 棘手的 jíshǒude.

tidal /'taɪdl/ adj 潮汐的 cháoxìde; 有潮的 yǒucháode. **tidal 'wave** n [C] 海浪 hǎilàng; 海啸〔嘯〕 hǎixiào.

tide /taɪd/ n 1 (a) [C, U] 潮汐 cháoxī. (b) [C] 潮水 cháoshuǐ. Beware of strong ~s. 提防汹涌的潮水。2 [C, 常 sing] 潮流 cháoliú; 趋〔趨〕势〔勢〕qūshì. **tide** v [短语动词] **tide sb over (sth)** 帮〔幫〕助某人渡过〔過〕(难关) bāngzhù mǒurén dùguò. **tide-mark** n [C] (沙滩上的)高潮痕 gāocháohén.

tidings /'taɪdɪŋz/ n [pl] [古或谑]消息 xiāoxi; 音信 yīnxìn. glad ~好消息。

tidy /'taɪdɪ/ adj (-ier, -iest) 1 整洁〔潔〕的 zhěngjiéde. a ~ room / girl 整洁的房间(或女孩)。2 [非正式用语][常]大的 dàde; 相当大的 xiāngdāng dà de: a ~ sum of money 相当大的一笔钱 qián. **tidily** adv. **tidiness** n [U]. **tidy** v [pt, pp -ied], [I, T] (使)整洁 zhěngjié: ~ (up) the room 收拾房间。

tie[1] /taɪ/ v [pres part tying /'taɪɪŋ/] 1 [T] (用带、绳等)捆扎〔紮〕kǔnzhā; 系〔繫〕 jì. A label was ~d to the handle. 把手上系着一个标签。~ (up) a parcel 捆扎一个包裹。2 [T] 把(带子等)打结 bǎ dàijié: ~ one's shoe-laces 系鞋带。3 [I] 打结 dǎ jié; 结扎 jiézā: Does this dress ~ in front? 这衣服是在前面打结吗? 4 [I, T] 打成平局 dǎchéng píngjú: The two teams ~d. 两队打成平局。5 [短语动词] **tie sb down** 约束某人 yuēshù mǒurén. **tie in (with sth)** 一致 yīzhì; 有联〔聯〕系 yǒu liánxì. **tie sb up** (a) 捆绑某人 kǔnbǎng mǒurén. (b) [非正式用语][常用被动语态]使某人很忙 shǐ mǒurén hěn máng: I'm ~d up now; can you come back later? 我现在正忙, 你能不能晚一点儿回来? **tie sth up** 占用资金(以致不能移作他用) zhànyòng zījīn děng.

tie[2] /taɪ/ n [C] 1 领带〔帶〕 lǐngdài;

2 (结扎用的)带子 dàizi; 绳〔繩〕子 shéngzi. 3 [喻]联〔聯〕系〔繫〕guānxi; 联〔聯〕系 liánxì: family ~s 家庭关系。4 束缚 shùfù; 牵〔牽〕累 qiānlèi. 5 (比赛中)不分胜〔勝〕负 bùfēn shèngfù; 平局 píngjú. **'tie-breaker** n [C] 平局决胜制 píngjú juéshèngzhì.

tier /tɪə(r)/ n [C] 一排(坐位) yìpái.

tiff /tɪf/ n 口角 kǒujiǎo.

tiger /'taɪgə(r)/ n [C] 1 虎 hǔ. 2 (also tiger n 'economy') 小龙〔龍〕经〔經〕济〔濟〕 xiǎolóng jīngjì. **tigress** /-grɪs/ n [C] 母虎 mǔhǔ.

tight /taɪt/ adj 1 紧〔緊〕的 jǐnde; 牢固的 láogùde: a ~ knot 死结。2 (a) 紧密的 jǐnmìde: These shoes are too ~. 这双鞋太紧了。(b) 密封的 mìfēngde: 'air~ 不透气〔氣〕的 bútòuqì de; 'water~ 不漏水的。3 拉紧的 lājǐnde; 绷紧的 bēngjǐnde: a ~ belt 绷紧的腰带。4 忙碌的 mánglùde: a ~ schedule 紧凑的日程安排。5 [喻]~ 难〔難〕得到的 nán dédào de. 6 [非正式用语]小气〔氣〕的 xiǎoqì de; 吝啬〔嗇〕的 lìnsè de. 7 [非正式用语]小气〔氣〕的 xiǎoqìde; 吝啬〔嗇〕的 lìnsède. 8 [习语]in a tight corner/spot 处〔處〕于困境 chǔyú kùnjìng. **tight** adv 紧紧地 jǐnjǐnde; 牢牢地 láoláode: The bags are packed ~. 这包扎得很紧。**tighten** v [I, T] (使)变〔變〕紧 biàn jǐn: ~ (up) the screws 拧紧螺钉。**tight-'fisted** adj [非正式用语]吝啬的 lìnsè de; 小气的 xiǎoqìde. **tightly** adv. **tightness** n [U]. **'tightrope** n [C] 绷紧的钢〔鋼〕索(杂技表演用) bēngjǐn de gāngsuǒ. **tights** n [pl] 裤袜〔襪〕kùwà.

tile /taɪl/ n 1 [C] 瓦 wǎ; 瓦片 wǎpiàn. 2 [习语]on the 'tiles [非正式用语](在外)寻〔尋〕欢〔歡〕作乐〔樂〕xúnhuān zuòlè; 花天酒地 huā tiān jiǔ dì. **tiled** adj.

till[1] = UNTIL.

till[2] /tɪl/ n [C] (账台中)放钱〔錢〕的抽屉〔屜〕fàng qián de chōutì.

till[3] /tɪl/ v [T] 耕种〔種〕gēngzhòng.

tiller /'tɪlə(r)/ n [C] 舵柄 duòbǐng.

tilt /tɪlt/ v [I, T] (使)倾斜 qīngxié. **tilt** n [C] 1 倾斜 qīngxié; 斜坡 xiépō. 2 [习语](at) full tilt ⇨FULL.

timber /'tɪmbə(r)/ n 1 [U] (a) 木材 mùcái; 木料 mùliào. (b) 用材林 yòng cái lín. 2 [C] 栋木 dòngmù; 大梁 dàliáng. **timbered** adj.

time[1] /taɪm/ n 1 [U] 时 [時] 间 [間] shíjiān; The world exists in space and ~. 世界存在于空间和时间中. 2 [U] 一段时间 yíduàn shíjiān; Is there ~ for another cup of tea? 还有没有再喝一杯茶的时间? 3 [C] 钟 [鐘] 点 [點] zhōngdiǎn; The ~ is 2 o'clock. 时间是两点钟. 4 [U] (作某事所用的) 时间 shíjiān; The winner's ~ was 11 seconds. 获胜者所用时间是 11 秒. 5 [U] (做某事的) 时候 shíhou, 时刻 shíkè; It's 'lunch-~. 是午餐的时候. It's ~ for us to go now. 现在是我们该走的时候了. 6 [C] 次数 [數] cìshù; 回 huí; He failed the exam three ~s. 他三次考试不及格. 7 [C, 常作 sing] 时代 shídài; 时期 shíqī; in prehistoric ~ 在史前时期. 8 [U] (音乐) 拍子 pāizi; 节 [節] 拍 jiépāi; beat ~ 打拍子. 9 [习语] ahead of one's 'time 思想超越时代 (的人) sīxiǎng chāoyuè shídài, all the 'time 始终 shǐzhōng; at 'all times 经 [經] 常 jīngcháng; 随 (随) 时 suíshí. at 'one time 从 (從) 前 cóngqián, 一度 yídù. at a 'time 每次 měicì; 依次 yīcì. at 'times 有时 yǒushí. behind the 'times 旧 [舊] 式的 jiùshìde; 过 (過) 时的 guòshíde; 落伍的 luòwǔde. do 'time [俚] 服徒刑 fú tǔxíng. for the 'time being 暂时 zànshí. from time to 'time 有时 yǒushí; 不时 bùshí; 偶尔 [爾] ǒu'ěr. have no 'time for sb/sth 不喜欢 [歡] 某人 (或某事物) bù xǐhuan mǒurén. have the ,time of one's 'life [非正式用语] 异 [異] 常高兴 [興] (或兴奋) yìcháng gāoxìng. in 'time (总) 有一天 zǒng yǒu yìtiān; 最后 (後) zuìhòu, on 'time 准 (準) 时 zhǔnshí; 按时 ànshí. take one's 'time 不着急 bù zháojí. ,time after 'time, ,time and (time) a'gain 反复 [復] 地 fǎnfùde; 多次 duōcì. 'time bomb n [C] 定时炸弹 [彈] dìngshí zhàdàn. 'time-limit n [C] 期限 qīxiàn. times prep 乘以 chéng yǐ; 5 ~s 2 is 10. 5 乘以 2 等于 10. times n [pl] (用以表示倍数): This book is three ~s as long as that one. 这本书的篇幅是那本书的三倍. 'time-scale n [C] (事件发生的) 一段时间 yíduàn shíjiān. 'time-share 1 [U] 分时享用度假住房方式 fēnshí xiǎngyòng dùjià zhùfáng fāngshì. 2 [C] 分时享用的度假住房 fēnshí xiǎngyòng de dùjià zhùfáng. 'time-sharing n [U] 1 [计算机] (两个以上) 用户同时操作 (的方法) yònghù tóngshí cāozuò. 2 轮 [輪] 流使用度假住房 lúnliú shǐyòng dùjià zhùfáng. 'time-signal n [C] 报 [報] 时信号 [號] bàoshí xìnhào. 'time-switch n [C] 定时开 [開] 关 [關] dìngshí kāiguān. 'timetable n [C] 1 时刻表 shíkèbiǎo. 2 课程表 kèchéngbiǎo.

time[2] /taɪm/ v [T] 1 安排…的时间 ānpái … de shíjiān; 为 [爲] …选 [選] 择 [擇] 时机 [機] wèi … xuǎnzé shíjī; She ~d her journey so that she arrived early. 她适当安排旅程的时间, 因而及早到了. 2 计算…的时间 jìsuàn … de shíjiān. **timer** n [C] 记时员 jìshíyuán; 记时器 jìshíqì. **timing** n [U] 时机 [機] 的选 [選] 择 [擇] shíjī de xuǎnzé.

timely /'taɪmlɪ/ adj [-ier, -iest] 及时 [時] 的 jíshíde; 适 (適) 时的 shìshíde.

timid /'tɪmɪd/ adj 胆 [膽] 怯的 dǎnqiède. **timidity** /tɪ'mɪdətɪ/ n [U]. **timidly** adv.

tin /tɪn/ n 1 [U] 锡 xī. 2 [C] [英国英语] (罐头 [頭] 的) 罐 guàntou; 听 [聽] tīng; a ~ of beans 一听蚕豆. **tin** v [-nn-] [T] 装 [裝] 罐头 zhuāng ~ guàntou; ~ned peaches 罐头桃子. **tin 'foil** n [U] (包装用) 锡纸 xīzhǐ, **tinny** adj [-ier, -iest] 1 锡的 xīde. 2 (声音) 细弱无 [無] 力的 xìruò wúlì de. **'tin-opener** n [C] [英国英语] 开 [開] 罐头刀 kāi guàntou dāo.

tinge /tɪndʒ/ v [T] (with) 1 (较淡地) 着色于 zhuó sè yú, 染 rǎn. 2 [喻] 使略受影响 [響] shǐ lüè shòu yǐngxiǎng; admiration ~d with envy 略含妒意的赞美. **tinge** n [C, 常作 sing] (较淡的) 色彩 sècǎi; (些微的) 痕迹 [跡] hénjì; a ~ of sadness in her voice 她的声音中略带悲凉.

tingle /'tɪŋgl/ v [I] 感到刺痛 gǎndào cìtòng; [喻] ~ with excitement 感到兴奋. **tingle** n [C, 常作 sing] 刺痛感 cìtònggǎn.

tinker /'tɪŋkə(r)/ v [I] (with) 随(隨)便地做 suíbiàn de zuò; (以外行方式)瞎忙 xiāmáng.

tinkle /'tɪŋkl/ v [I] 发(發)丁当(當)声(聲) fā dīngdāngshēng. **tinkle** n 1 丁当声 dīngdāngshēng; 丁丁声 dīngdīngshēng. 2 [英国非正式用语]电(電)话通话 diànhuà tōnghuà.

tinsel /'tɪnsl/ n [C] (装饰用的)闪光金属[屬]片(或丝) shǎngguāng jīnshǔpiàn.

tint /tɪnt/ n [C] 颜色色泽(澤)(濃)淡 yánsè de nóng dàn; 色度 sèdù;(浅)淡色 qiǎnsè, **tint** v [T] 着色于 zhuóshè yú; 给…染色 gěi…rǎnsè.

tiny /'taɪnɪ/ adj [-ier, -iest] 极[極]小的 jíxiǎode.

tip[1] /tɪp/ n [C] 1 尖端 jiānduān; 末端 mòduān; the ~s of one's fingers 手指尖. 2 附加在顶端的小物件 fùjiā zài dǐngduān de xiǎo wùjiàn: a stick with a rubber ~ 带橡皮头的手杖. 3 [习语] on the tip of one's tongue 即将(將)想起(某事) jíjiāng xiǎngqǐ;(某事)就在嘴边(邊)以显(顯)出蓝端,类现象大问题的小连(跡)象 dà wèntí de xiǎo jīxiàng. **tip** v [-pp-] [T] 给…装(裝)上尖头(頭)(或顶端) zhuāngshang jiāntóu: ~ped cigarettes 过滤嘴香烟(煙). **tiptoe** n [习语] on tiptoe 踮着脚尖 diǎnzhe jiǎojiān: stand on ~toe to see over sb's head 踮着脚隔着别人的头观看. walk on ~toe so as not to be heard 踮着脚走以免被人听见. **tiptoe** v [I] 踮着脚尖(踮着脚)悄悄地走 qiāoqiāo de zǒu: She ~toed out. 她悄悄地走出去. **'tip'top** adj [非正式用语]第一流的 dìyīliúde.

tip[2] /tɪp/ v [-pp-] 1 [I, T] (使)倾斜 qīngxié. (b) (over) (使)翻倒 fāndǎo; (使)倾覆 qīngfù. 2 [T] [尤用于英国英语]倾倒(圖)qīngxiè;倒 dǎo. [T] 1 倒垃圾处(處)dào lājī chǔ. 2 [非正式用语]脏(髒)地方 zāng dìfāng.

tip[3] /tɪp/ n [C] (给服务员等的)小费 xiǎofèi, 小账[賬] xiǎozhàng;提示 tíshì. **tip** v [-pp-] 1 [I, T] 给…小费 gěi…xiǎofèi; ~ the waiter 给小费. **tip sb off** [非正式用语]告诫某人 gàojiè mǒurén;提示某人 tíshì mǒurén. **'tip-off** n [C] 提示 tíshì;告诫 gàojiè.

tipple /'tɪpl/ n [C] [非正式用语]

烈酒 lièjiǔ.

tipsy /'tɪpsɪ/ adj [-ier, -iest] [非正式用语]微醉的 wēizuìde.

tire[1] /'taɪə(r)/ v [I, T] (使)疲劳[勞] píláo;(使)疲倦 píjuàn: The long walk ~d them (out). 走这遥远路把他们累坏了. **tired** adj 1 疲劳的 píláode;累的 lèide. 2 of watching television. 我对看电视感到厌烦了. **tiredness** n [U]. **tireless** adj 不易疲倦的 búyìpíjuàn的;不累的 búlèide. **tiresome** adj 令人厌倦的 lìng rén yànjuàn的;讨厌的 tǎoyànde.

tire[2] [美语] = TYRE.

tissue /'tɪʃuː/ n 1 [U, C] [生理]组织(織)zǔzhī; nerve ~ 神经组织. 2 [U] (亦作 'tissue-paper') 薄纸 bóozhǐ;绵纸 miánzhǐ. 3 [C] (用作手帕的)纸巾 zhǐjīn. 4 [C] [喻]一连串 yīliáncuàn: a ~ of lies 一连串的谎话.

tit[1] /tɪt/ n [C] 山雀 shānquè.

tit[2] /tɪt/ n [习语] **tit for 'tat** /tæt/ 针锋相对(對)zhēn fēng xiàng duì;以牙还(還)牙 yǐ yá huán yá.

tit[3] /tɪt/ n [C] [△俚](女子的)乳房 rǔfáng,奶头(頭)nǎitóu.

titbit /'tɪtbɪt/ n [C] 1 (少量而美味的)食品 shípǐn. 2 珍闻 zhēnwén;趣闻 qùwén.

titillate /'tɪtɪleɪt/ v [T] 刺激(某人)(尤指性感)。

title /'taɪtl/ n 1 [C] 标[標]题 biāotí;题目 tímù. 2 [C] 称[稱]号[號]chēnghào;头[頭]衔 tóuxián. 3 [C] [运动]冠军 guànjūn. 4 [U, C] [法律]权[權]利 quánlì;所有权 suǒyǒuquán. **titled** adj 有贵族头衔的 yǒu guìzú tóuxián de: a ~d lady 命妇[婦](如女公爵). **'title-deed** n [C] (财产)所有权契据(據) suǒyǒuquán qìjù. **'title-role** n [C] 剧[劇]名角色 jùmíng juésè.

titter /'tɪtə(r)/ v [I] 窃[竊]笑 qièxiào;傻[傻]笑 shǎxiào. **titter** n [C].

TNT /ˌtiː en 'tiː/ n [U] 褐色炸药(藥) hèsè zhàyào.

to[1] /tə, tu 或 tuː/ prep 1 向 xiàng;对(對)duì;往 wǎng: walk to the shops 走着去商店. 2 至…状[狀]态[態]zhì …zhuàngtài;接通…zhì rise to power 上台掌权. 3 达[達]到 dá;到 dào: The dress reaches to her *ankles*. 她的连衣裙垂到脚踝. **4** 直到(并包括) zhídào: *from Monday to Friday* 从星期一到星期五. **5** (时间)在…之前 zài …zhī qián: *It's ten to three.* 两点五十(分钟). **6** (引导间接宾语) I *gave it to Peter.* 我把它交给彼得了. **7** 属[属于] shǔyú: *the key to the door* 开门的钥匙. **8** (表示比较) I *prefer walking to climbing.* 我喜欢步行,不愿爬山. We *won by 6 goals to 3.* 我们以 6 比 3 获胜.

to² /tə, tu 或 tu:; 强式 tu:/ (构成动词不定式] **1** (用作动词的不定式): *He wants to go.* 他要去. **2** (表示目的, 意愿, 结局): *They came (in order) to help me.* 他们来(为了要)帮助我. **3** (用来代替动词不定式以避免重复): *'Will you come?' 'I hope to.'* "你来不来?""我希望来."

to³ /tu:/ *adv* [门)关[關]上 guānshàng: *Push the door to.* 把门关上. **2** [习语]**,to and 'fro** 来回地 láihuíde; 往复地 wǎngfùde.

toad /təud/ *n* [C] [动物]蟾蜍 chánchú.

toadstool /'təudstu:l/ *n* [C] 真菌 zhēnjùn; 蕈 xùn; (尤指)毒蕈 dúxùn.

toast¹ /təust/ *n* [U] 烤面[麵]包 kǎo miànbāo. **toast** *v* **1** [T] 烤(面包等) kǎo. **2** [T] 烤火 kǎohuǒ. **toaster** *n* [C] (电)烤面包器 kǎo miànbāo qì.

toast² /təust/ *v* [T] 为[爲]…祝酒 wèi … zhùjiǔ: *the bride and bridegroom* 举杯祝贺新郎新娘. **toast** *n* [C] 祝酒 zhùjiǔ; 受敬酒的人 shòu jìngjiǔ de rén; *propose/drink a ~* 祝酒(或干杯).

tobacco /tə'bækəu/ *n* [U] 烟草 yāncǎo; 烟叶[葉]yānyè. **tobacconist** /tə'bækənɪst/ *n* [C] 烟草商 yāncǎoshāng; 香烟店 xiāngyāndiàn.

toboggan /tə'bɒgən/ *n* [C] 平底雪橇 píngdǐ xuěqiāo. **toboggan** *v* [I] 坐雪橇滑行 zuò xuěqiāo huáxíng.

today /tə'deɪ/ *adv*, *n* [U] **1** (在) 今天 jīntiān. **2** 现在 xiànzài; 当[當]代 dāngdài: *the young people of ~* 现在的年轻人.

toddle /'tɒdl/ *v* [I] (尤指小孩)蹒跚行走 pánshān xíngzǒu. **toddler** *n* [C] 学[學]走的小孩 xué zǒu de

xiǎohái.

to-do /tə'du:/ *n* [C, 常作 sing] [*pl* ~s] [非正式用语]纷扰[擾]fēnrǎo; 喧闹 xuānnào.

toe /təu/ *n* [C] **1** (**a**) 脚趾 jiǎozhǐ. (**b**) (鞋、袜的)足尖部 zújiānbù. **2** [习语]**on one's ~s** 准[準]备[備]行动的 zhǔnbèi xíngdòng de, **toe the 'line** 听[聽]从(或)命令 tīngcóng mìnglìng. **'toe-nail** *n* [C] 趾甲 zhǐjiǎ.

toffee /'tɒfɪ; US 'tɔ:fɪ/ *n* [C, U] 乳脂糖 rǔzhītáng; 太妃糖 tàifēitáng.

together /tə'geðə(r)/ *adv* **1** 共同 gòngtóng; 一起 yìqǐ: *They went for a walk ~.* 他们一起出去散步. **2** (结合在一起 zài yìqǐ; 集结[攏]地 jílǒngde: *Tie the ends ~.* 把末端捆在一起. **3** 同时(時] tóngshí: *All his troubles happened ~.* 他所有的麻烦事同时来了. **4** 一致 yízhì; 协[協]调 xiétiáo. **5** [习语]**get it to'gether** [俚](使某事物)有组织[織]功 yǒu zǔzhī, 受控制 shòu kòngzhì, **together with** 和 hé; 加之 jiāzhī; 连同 liántóng. **togetherness** *n* [U] 友爱[愛]yǒu'ài.

toil /tɔɪl/ *v* [I] (*away*) [正式用语]辛劳[勞]地工作 xīnláo de gōngzuò; 艰[艱]难[難]地行动[動] jiānnán de xíngdòng. **toil** *n* [正式用语] *n* 苦工 kǔgōng; 难事 nánshì.

toilet /'tɔɪlɪt/ *n* 1 盥洗室 guànxǐshì. **'toilet-paper** *n* [U] 卫[衛]生纸 wèishēng zhǐ. **toiletries** *n* [*pl*] 卫生用品 wèishēng yòngpǐn; 化妆(妝]品 huàzhuāngpǐn. **'toilet-roll** *n* [C] 卫生卷纸 wèishēng juǎn zhǐ.

token /'təukən/ *n* [C] **1** 标(標]志 biāozhì; 记号[號] jìhào; 象征[徵] xiàngzhēng: *a ~ of my affection* 我的深情的象征. **2** (金属的)代币[幣]dàibì; 专[專]用币 zhuānyòngbì. **3** 礼[禮]券 lǐquàn; 礼品券 lǐpǐnquàn: *a book ~* 一书券. **token** *adj* 象征性的 xiàngzhēngxìngde; 装[裝]样[樣]子的 zhuāngyàngzi de: *~ one-day strikes* 象征性的一天罢工.

told *pt*, *pp* of TELL.

tolerate /'tɒləreɪt/ *v* [T] **1** 容忍 róngrěn; 宽恕 kuānshù: *I won't ~ such behaviour.* 我不能容忍这种行为. **2** 忍受 rěnshòu; *~ heat/noise* 忍受炎热(或吵闹).

tolerable /-rəbl/ *adj* 可忍受的 kě rěnshòu de; 可容许的 kě róngxǔ de; 尚好的 shànghǎode. **tolerably** *adv* 尚好 shànghǎo; 相当[當]地 xiāngdāngde. **tolerance** /-rəns/ *n* [U] 容忍 róngrěn; 忍受 rěnshòu; 宽恕 kuānshù; *religious/racial tolerance* 宗教(或种族)上的宽恕. **tolerant** /-rənt/ *adj* 容忍的 róngrěnde; 忍受的 rěnshòude; 宽恕的 kuānshùde. **toleration** /ˌtɒlə'reɪʃn/ *n* [U] 容忍 róngrěn; 忍受 rěnshòu; 宽恕 kuānshù.

toll¹ /təʊl/ *n* [C] 1 (道路、桥梁等的)通行费 tōngxíngfèi. 2 损失 sǔnshī; 代价[價] dàijià: *the death-~ in the earthquake* 地震的死亡人数.

toll² /təʊl/ *v* [I, T] (缓慢而有规律地)敲钟 qiāo zhōng. **toll** *n* [sing] 钟声[聲] zhōngshēng.

tomato /tə'mɑːtəʊ; US -meɪt-/ *n* [C] [*pl* **-es**] 西红柿 xīhóngshì.

tomb /tuːm/ *n* [C] 坟墓 fénmù. **tombstone** *n* [C] 墓碑 mùbēi.

tomboy /'tɒmbɔɪ/ *n* [C] 男孩似的顽皮姑娘 wánpí gūniang.

tom-cat /'tɒm kæt/ *n* [C] 雄猫 xióngmāo.

tomorrow /tə'mɒrəʊ/ *adv, n* [U] 1 (在)明天 míngtiān. 2 不久的将[將]来 bùjiǔde jiānglái.

ton /tʌn/ *n* [C] 1 (重量单位)吨(英吨 =2240 磅, 美吨 =2000 磅) dūn. **2 tons** [pl] [非正式用语]大量的东西 dàliàng; 沉重 chénzhòng: *~s of money* 许多钱.

tone¹ /təʊn/ *n* 1 [C] 声[聲]音 shēngyīn; (尤指)音质[質] yīnzhì; 音调 yīndiào: *the sweet ~(s) of a piano* 钢琴的悦耳的声音. 2 [C] (打电话时听到的)信号 [號]信号 xìnhào: *the engaged ~* (电话)占线信号. 3 [sing] 特性 tèxìng; 格调 gédiào: *the serious ~ of the article* 这篇文章的严肃格调. 4 [C] 色调 sèdiào; 色度 sèdù. 5 [C] [音乐]全音程 quán yīnchéng. **ˌtone-'deaf** *adj* 不能分辨音调的 bùnéng fēnbiàn yīndiàode.

tone² /təʊn/ *v* 1 [T] (给…)定调子 dìng diàozi. 2 [短语动词] **tone (sth) down** (使)减轻[輕] jiǎnqīng; (使)变柔和 biàn róuhé. **tone in (with sth)** (颜色)调和 tiáohé. **tone (sth) up** (使)提高 tígāo; (使)加强 jiāqiáng: *Exercise ~s up the body.* 运动使身体结实.

tongs /tɒŋz/ *n* [pl] 钳 qián; 夹[夾]子 jiāzi.

tongue /tʌŋ/ *n* 1 [C] (**a**) 舌头[頭] shétou. (**b**) [喻]讲[講]话的方式(或态度) jiǎnghuàde fāngshì: *He has a sharp ~.* 他讲话尖刻. 2 [C] [正式用语]语言 yǔyán. 3 [C, U] (牛等的)口条[條] kǒutiáo. 4 [C] 舌状[狀]物(如鞋舌) shézhuàngwù. 5 [习语] **with one's tongue in one's 'cheek** 毫无[無]诚意地说话 háo wú chéngyì de shuōhuà. **'tongue-tied** *adj* 张[張]口结舌的 zhāngkǒu jiéshé de. **'tongue-twister** *n* [C] 拗口令 ào-kǒulìng.

tonic /'tɒnɪk/ *n* 1 [C, U] 滋补[補]品 zībǔpǐn; 补药[藥] bǔyào. 2 [C] 使人感到健康快乐[樂]的事物 shǐ rén gǎndào jiànkāng kuàilè de shìwù. 3 [C, U] = tonic water. **'tonic water** *n* [U] 奎宁[寧]水(一种以奎宁调味的饮料) kuíníngshuǐ.

tonight /tə'naɪt/ *adv, n* [U] (在)今晚 jīnwǎn.

tonnage /'tʌnɪdʒ/ *n* [U, C] (船的)吨位 dūnwèi.

tonne /tʌn/ *n* [C] (公制)吨(= 1 000公斤) dūn.

tonsil /'tɒnsl/ *n* [C] 扁桃体[體] biǎntáotǐ; 扁桃腺 biǎntáoxiàn. **tonsillitis** /ˌtɒnsɪ'laɪtɪs/ *n* [U] 扁桃体炎 biǎntáotǐyán.

too /tuː/ *adv* 1 也 yě; 又 yòu; 还[還]有 háiyǒu: *She plays the guitar and sings.* 她会弹吉他, 也会唱歌. 2 太 tài; 过[過]分 guòfèn: *You're driving ~ fast!* 你(开车)开得太快了! 3 [习语] **all/only too** 很 hěn; 非常 fēicháng: *only ~ pleased to help* 非常愿意帮助.

took *pt of* TAKE.

tool /tuːl/ *n* [C] 工具 gōngjù; 用具 yòngjù. **'toolbar** *n* [C] (计算机)工具条[條] gōngjùtiáo.

toot /tuːt/ *n* [C] (号角发出的)短鸣声 duǎnmíngshēng. **toot** *v* [I, T] (使)发[發]嘟嘟声 fā dūdūshēng.

tooth /tuːθ/ *n* [*pl* **teeth** /tiːθ/] 1 [C] 牙齿[齒] yáchǐ. 2 齿; 耙的齿 chǐ. 3 **teeth** [pl] [非正式用语]有效力 yǒuxiào de lìliàng: *The present law must be given more teeth.* 必须使现行法律发挥更大的威力. 4 [习语] **get one's teeth into sth** [非正式用语]专[專]心处[處]理某事 zhuānxīn chūll mǒushì, **in the teeth of** sth 不顾〔顧〕某事 búgù mǒushì. **'toothache** n [U] 牙痛 yátòng. **'tooth-brush** n [C] 牙刷 yáshuā. **toothed** /tu:θt/ adj 有齿的 yǒuchǐde. **toothless** adj 无齿〔齒〕的 wúchǐde. **'toothpaste** n [U] 牙膏 yágāo. **'toothpick** n [C] 牙签〔籤〕yáqiān.

top¹ /tɒp/ n 1 [C] 顶部 dǐngbù; 顶端 dǐngduān: at the ~ of the hill 在山顶. 2 [C] (物的)上面 shàngmiàn; 上边〔邊〕shàngbiān: the ~ of the table 桌面. 3 [sing] 最高地位 zuìgāo dìwèi; 首位 shǒuwèi. 4 [C] 罩子 zhàozi; 套子 tàozi: a pen ~ 笔帽 bǐmào. 5 [C] (尤指衣用)上衣 shàngyī. 6 [习语] **at the top of one's 'voice** 以最大嗓音 yǐ zuìdà sǎngyīn. **from top to 'bottom** 从〔從〕头〔頭〕到底 cóngtóu dàodǐ; 全部地 quánbùde. **get on top of** sb [非正式用语]〔工作〕使人忍不消 shǐ rén…; 控制 kòngzhì; 掌握 zhǎngwò. **on top of** sth (a) 熟练〔練〕掌握 shúliàn zhǎngwò; 等于控制 děngyú kòngzhì. (b) 加在…上面 jiā zài…shàngmiàn, **on 'top of the 'world** 非常高兴〔興〕fēicháng gāoxìng: He feels on ~ of the world today. 他今天觉得非常高兴. **over the 'top** [尤用于英国非正式用语] 过〔過〕火 guòhuǒ; 过头 guòtóu. **top 'brass** [俚]高级官员 gāojí guānyuán. **top 'dog** [俚]主要人物(或团体) zhǔyào rénwù, **top** adj (地位、级别或程度)最高的 zuìgāode: a room on the ~ floor 位于顶层的房间. **at ~ speed** 以最快速度 yǐ zuìkuài sùdù. **,top 'hat** n [C] 大礼〔禮〕帽 dà lǐmào. **top-'heavy** adj 头重脚轻〔輕〕的 tóuzhòng jiǎo qīng de. **topless** adj (妇女)裸着上身的 tǎnxiōngde. **top-most** adj 最高的 zuìgāode. **,top 'secret** adj 绝密 的 juémì de. **topsoil** n [U] 表土层〔層〕biǎotǔ céng.

top² /tɒp/ v [-pp-] [T] 1 给…加顶 gěi…jiā dǐng; 盖〔蓋〕gài: a cake ~ped with icing 敷糖霜的饼. 2 超过〔過〕chāoguò; 胜〔勝〕过 shèngguò: 高于 gāo yú: Exports have ~ped £ 100 million. 出口额已经超过一亿镑. 3 获〔獲〕得〔得〕~名 huò dìyīmíng. 4 [短语动词]**top (sth) up** 装〔裝〕满〔滿〕(未满的容器)

zhuāng mǎn; ~ up with petrol 加满汽油. ~ up a drink 斟满酒. **'top-up card** n [C] (即付即打式手机的)电〔電〕话卡 diànhuàkǎ; 充值卡 chōngzhíkǎ.

top³ /tɒp/ n [C] 陀螺 tuóluó.

topic /'tɒpɪk/ n [C] 论〔論〕题 lùntí; 话题 huàtí. **topical** adj (与)当〔當〕前有关〔關〕的 dāngqián yǒuguān de: ~al issues 时事.

topple /'tɒpl/ v [I, T] (使)倒塌 dǎotā; 推翻 tuīfān: [喻]The crisis ~d the government. 危机使政府垮台.

torch /tɔːtʃ/ n [C] 1 [英国英语]手电〔電〕筒 shǒudiàntǒng. 2 火把 huǒbǎ; 火炬 huǒjù. **'torchlight** n [U] 手电筒的(或火炬的)光 shǒudiàntǒng de guāng: a ~light procession 火炬游行.

tore pt of TEAR².

torment /'tɔːment/ n (a) [U] 剧〔劇〕烈痛苦 jùliè tòngkǔ; 折磨 zhémó. (b) 折磨的原因 zhémó de yuányīn. **torment** /tɔː-'ment/ v [T] 1 使受剧烈痛苦 shǐ shòu jùliè tòngkǔ; 折磨 zhémó. 2 烦扰〔擾〕fánrǎo; 使苦恼〔惱〕shǐ kǔnǎo. **tormentor** /tɔː'mentə(r)/ n [C].

torn pp of TEAR².

tornado /tɔː'neɪdəʊ/ n [C] (pl ~es) 飓风 jùfēng; 龙〔龍〕卷〔捲〕风 lóngjuǎnfēng.

torpedo /tɔː'piːdəʊ/ n [C] (pl ~es) 鱼雷 yúléi, **torpedo** v [T] 用鱼雷袭〔襲〕击〔擊〕yòng yúléi xíjī.

torrent /'tɒrənt; US 'tɔːr-/ n [C] 1 激流 jīliú; 洪流 hóngliú. 2 [喻]爆发〔發〕bàofā;迸发 bèngfā: a ~ of abuse 连续不断的谩骂. **torrential** /tə'renʃl/ adj 激流的 jīliúde; 激流似的 jīliú shìde: ~ial rain 暴雨.

torso /'tɔːsəʊ/ n [C] (pl ~s) (人体的)躯〔軀〕干〔幹〕qūgàn.

tortoise /'tɔːtəs/ n [C] 乌〔烏〕龟〔龜〕wūguī. **tortoiseshell** n [U] 玳瑁壳〔殼〕dàimàoké.

tortuous /'tɔːtʃuəs/ adj 1 弯〔彎〕曲曲的 wānqūqūde; 曲折的 qūzhéde. 2 含混不清的 hánhùn bùqīng de; 拐弯抹角的 guǎiwān mòjiǎo de.

torture /'tɔːtʃə(r)/ v 1 拷打 kǎodǎ;折磨 zhémó; 使受剧〔劇〕痛苦 shǐ shòu jùliè tòngkǔ. **torture** n 1 [U] 拷打 kǎodǎ; 折磨 zhémó;

严[嚴]刑 yánxíng. 2 [C, U] 剧烈痛苦 jùliè tòngkǔ. **torturer** n [C].

Tory /'tɔːrɪ/ n [C] (*pl* **-ies**) *adj* (英国)保守党(黨)员 Bǎoshǒudǎngyuán.

toss /tɒs; US tɔːs/ v 1 [T] 扔 rēng; 抛 pāo; 掷[擲] zhì. 2 [T] 猛然扭(头) měngrán niǔ. 3 [I, T] (使)摇摆[擺] (使)动(動)荡(蕩) dòngdàng: I kept ~ing and turning all night. 我整夜在床上翻来覆去. 4 [T] 轻[輕] 拌 qīng bàn; 轻[攪] 青 jiǎo: ~ a salad 搅拌色拉. 5 [I, T] 掷 (硬币)作决定 zhì zuò juédìng: Let's ~ to see who goes first. 让我们掷硬币决定谁该先走. toss n [C] 扔 rēng; 抛 pāo; 掷[擲]; 摇摆 yáobǎi: with a ~ of her head 把她的头一扬. '**toss-up** n [sing] 机[機]会[會]相等 jīhuì xiāngděng.

tot[1] /tɒt/ n [C] 小孩 xiǎohái; 小孩儿 xiǎoháir.

tot[2] /tɒt/ v **-tt-** [短语动词] **tot sth up** [非正式用语]合计 héjì; 总[總]计 zǒngjì.

total /'təʊtl/ n [C] 总[總]数[數] zǒngshù; 全体[體] quántǐ; 合计 héjì. 2 [习语] **in 'total** 总共 zǒnggòng. **total** adj 全部的 quánbùde; 完全的 wánquánde. **total** v **-ll-**; 美语作 **-l-** [T] 1 计算…的总和 jìsuàn…de zǒnghé. 2 总数达[達] zǒngshù dá: The number of visitors ~led 15 000. 参观者达一万五千人. **totality** /təʊ'tæləti/ n [U] [正式用语]全体 quántǐ; 总数 zǒngshù. **totally** adv 完全地 wánquánde; 全部地 quánbùde: ~ly blind 全盲的.

totalitarian /ˌtəʊtælɪ'teərɪən/ adj 极[極]权[權]主义[義]的 jíquán zhǔyì de.

totter /'tɒtə(r)/ v [I] 1 蹒跚前行 pánshān; 摇摆 yáobǎi. 2 摇摇欲坠 yáoyáo yù zhuì.

touch[1] /tʌtʃ/ v 1 [I, T] (用手)轻[輕]摸 qīngmō; 轻触 qīngchù: The dish is hot—don't ~ (it)! 这盘子烫极了——别摸! 2 [I, T] 接触[觸] jiēchù; 碰撞 pèngzhuàng: The two wires ~ed. 那两条电线接在一起了. 3 [T] [与否定词连用] 动[動] dòng: He hasn't ~ed any food for two days. 他两天没有吃东西了. 4 [T] [常用被动语态] 使感动(動) shǐ gǎndòng; 使悲哀 shǐ bēi'āi: We were greatly ~ed by your thoughtfulness. 对你的关心我们深受感动. 5 [T] 比得上 bǐdeshàng; 及得上 jídeshàng: No one can ~ him as an actor. 作为一个演员,没有人能比得上他. 6 [习语] **touch wood** 摸摸木头[頭](以避免灾祸) mōmō mùtou, 7 [短语动词] **touch down** (飞机)着陆[陸] zhuólù, **touch sth off** 触[觸]发[發](发)(或引起)某事 mōushì. **touch on/upon sth** (简要地)论及[論] 及(或谈到) lùnjí. **touch sth up** 稍作修改(以改进) shāo zuò xiūgǎi. '**touch-down** n [C] (飞[飛]机)降落 jiàngluò. **touched** adj 1 感谢的 gǎnxiède. 2 轻微疯[瘋]癫的 qīngwēi fēngdiān de. **touching** adj 引起同情的 yǐn qǐ tóngqíng de; 使人伤[傷]感的 shǐ rén shānggǎn de.

touch[2] /tʌtʃ/ n (常作 sing) 1 触[觸] chù; 接触 jiēchù. 2 [U] (官能)触觉[覺] chùjué. 3 [sing] 触摸时(时)的感觉 chùmō shí de gǎnjué: The material has a velvety ~. 这料子摸上去有天鹅绒的感觉. 4 [C] 细节 xìjié; 细微之处(處) xìwēi zhī chù: put the finishing ~es to the project 给这个计划作最后加工. 5 [sing] 少许 shǎoxǔ; 微量 wēiliàng: a ~ of frost in the air 空气中略有寒意. 6 [sing] 作风[風]作法 zuòfǎ; 手法 shǒufǎ: Her work shows that professional ~. 她的作品显露出专业技巧. 7 [U] [足球](边[邊]线[綫]以外区[區]域 biānxiàn yǐwài qūyù: The ball is in ~. 球出了边线. 8 [习语] **in/out of 'touch (with sb)** 有(或无)联[聯]系[繫](you liánxì). ,**touch-and-'go** adj 无[無]把握的 wú bǎwò de; 冒风险(險)的 mào fēngxiǎn de. '**touch screen** n [C] 触模[屏] chùmō píng.

touchy /'tʌtʃɪ/ adj **-ier, -iest** 易怒的 yìnùde; 暴躁的 bàozàode.

tough /tʌf/ adj 1 坚[堅]韧[韌]的 jiānrènde; 不易切开[開]或打碎的 búyì qiēkāi huò dǎsuì de. 2 (肉)坚韧不动[動]的 yǎo bú dòng de. 3 能耐苦[勞]的 néng nàiláo de; 坚强的 jiānqiángde. 4 困难[難]的 kùnnánde: a ~ problem 棘手的问题. 5 强硬的 qiángyìngde; 严[嚴]厉[厲]的 yánlìde: ~ laws to deal with terrorism 对待恐怖主义的严厉的法律. 6 不幸的 búxìngde; ~ luck 恶运.

toughen /'tʌfn/ v [I, T] (使)变[變]坚强 biàn jiānqiáng; (使)变强

toupee /ˈtuːpeɪ; US tuːˈpeɪ/ n [C] 假发[髮]jiǎfǎ.

tour /tʊə(r)/ n [C] 1 旅游 lǚyóu; a round-the-world ~ 环球旅行. 2 参观[觀]cānguān; a ~ of the palace 参观宫殿. tour v [I, T] 参观 cānguān; 旅游[游]lǚyóu. **tourism** /ˈtʊərɪzəm/ n [U] 旅游业[業]lǚyóuyè. **tourist** 旅游者 lǚyóuzhě; 观光客 guānguāngkè.

tournament /ˈtɔːnəmənt; US ˈtɜːrn-/ n [C] 比赛 bǐsài; 联[聯]赛 liánsài; a 'chess ~ 象棋比赛.

tourniquet /ˈtʊənɪkeɪ; US ˈtɜːrnɪkət/ n [C] 止血带[帶]zhǐxuèdài; 压[壓]脉器 yāmàiqì.

tout /taʊt/ v 1 [I, T] 招徕(生意) zhāolái; 兜售 dōushòu. 2 [I] 卖[賣]黑市票 mài hēishìpiào. **tout** n [C] 推销员 tuīxiāoyuán; 兜售者 dōushòuzhě.

tow /təʊ/ v [T] (用缆索)拖拉,拉 lā. **tow** n 1 [C] 拖 tuō; 拉 lā. 2 [习语]in tow [非正式用语]在一起 zài yīqǐ; 跟随[隨]gēnsuí. **on tow** 被拖(或拉)bèi tuō. **'tow-path** n [C] 纤[縴]路 qiànlù.

towards /təˈwɔːdz/ (亦作 **toward** /təˈwɔːd; US tɔːrd/) prep 1 向 xiàng; 对[對]duì; 朝 cháo; walk ~ the door 向门口走去. 2 从[從]于[於]是(达)成 qū yú dáchéng; 关[關]于 guānyú; 对于 duìyú; steps ~ unity 走向统一的步骤. 3 关[關]于 guānyú; 对于 duìyú; friendly ~ tourists 对游客热情. 4 (时间)接近 jiējìn, 快到 kuài dào; 将[將]近 jiāngjìn; ~ the end of the 19th century 将近 19 世纪末. 5 为[為](筹)jièwèi; The money will go ~ a new car. 这款项将用于购买新汽车.

towel /ˈtaʊəl/ n [C] 毛巾 máojīn; 手巾 shǒujīn. **towelling** (美语 l-) n [U] 毛巾布 máojīnbù.

tower /ˈtaʊə(r)/ n [C] 1 塔 tǎ; 塔状[狀]建筑[築]tǎzhuàng jiànzhù. 2 [习语]a **tower of 'strength** 人人可依[靠]的人 kěyǐkào de rén; 靠山 kàoshān. **tower** v [I] 高于 gāoyú; **above/over** 远[遠]高于 yuǎn gāoyú. **'tower block** n [C] [英国英语](高层)公寓(或办公大楼)gōngyù dàlóu. **towering** adj 极[極]高的 jígāode.

town /taʊn/ n 1 (a) [C] 市镇 shìzhèn; 城镇 chéngzhèn. (b) [C, 亦作 sing, 用 pl v]城镇居民 chéngzhèn jūmín. 2 [C] 市区[區]shìqū; 商业[業]中心区 shāngyè zhōngxīnqū. 3 [U] (一地区的)主要城镇 zhǔyào chéngzhèn. 4 [U] 城市 chéngshì; 都市 dūshì; ~ life 城市生活. 5 [习语] **go to 'town** [非正式用语]以极[極]大的精力(或热情)去做 yǐ jídà de jīnglì qù zuò. **(out) on the 'town** (夜间)去城里寻[尋]欢[歡]作乐[樂]qù chénglǐ xúnhuān zuòlè. **'town clerk** n [C] [旧词]镇书记(掌管案卷)zhèn shūjì. **'town council** n [C] 镇政会[會]zhèn zhènghuì. **'town hall** n [C] 镇公所 zhèngōngsuǒ. **'town planning** n [U] 城市规[規]划[劃]chéngshì guīhuà. **'township** /ˈtaʊnʃɪp/ n [C] (南非)黑人居住的镇(或郊区)hēirén jūzhù de zhèn.

toxic /ˈtɒksɪk/ adj [正式用语]有毒的 yǒudúde.

toy /tɔɪ/ n [C] 玩具 wánjù. **toy** v [短语动词]**toy with sth** (a)不很认[認]真地考虑[慮]bù hěn rènzhēn de kǎolǜ. (b) 心不在焉地摆[擺]弄 xīn bù zài yān de bǎinòng; ~ with a pencil 摆弄一支铅笔.

trace /treɪs/ n [T] 1 追踪 zhuīzōng; 跟踪 gēnzōng; 查找 cházhǎo; I cannot ~ the letter. 我查不到那封信. 2 描述 miáoshù; 找出(某事的)根源 gēnyuán. 3 (用透明纸)复[複]制[製]fùzhì. **trace** n 1 [C,U] 痕迹 hénjì; 足迹 zújì; ~s of an ancient civilization 古代文明的遗迹. disappear without ~ 消失得无影无踪. 2 [C] 微量 wēiliàng; 少量 shǎoliàng; ~s of poison in his blood 他血液中的少量毒素. **tracing** n [C] (图画等的)复制品 fùzhìpǐn; 摹绘[繪]图[圖]mólmótú. **'tracing-paper** n [U] 透明描图纸 tòumíng miáotúzhǐ.

track /træk/ n [C] 1 路 lù; 小径[徑]xiǎojìng. 2 车辙 chēzhé; 行踪 xíngzōng; 踪迹 zōngjì; 足迹 zújì. 3 (火车)轨道 guǐdào. 4 跑道 pǎodào. 5 一段录[錄]音 yíduàn lùyīn. 6 [习语] **hot on sb's tracks** ➪ HOT. **in one's 'tracks** [非正式用语]当[當]场[場]dāngchǎng; 立刻 lìkè; tūrán; stop him in his ~s 让他当场不不知 ràng tā dāngchǎng. **keep/lose track of sb/sth** 保持(或失去)对[對]…的联[聯]系[繫]bǎochí duì… de liánxì. **make 'tracks** [非正式用语]离[離]此 líqù; 走 zǒu. **on the right/wrong 'track** 想法对(或错)xiǎngfǎ duì. **track** v 1 [T]

追踪 zhuīzōng. 2 [短语动词] **track sb/sth down** 追踪而发现 [發] zhuīzōng ér fāxiàn. **tracker** n [C]. 'track record n [C] 过[過]去的成就 guòqù de chéngjiù. 'track suit n [C] (训练时穿的) 运[運]动[動]外套 yùndòng wàitào.

tract¹ /trækt/ n [C] 1 一片土地 yīpiàn tǔdì; 地带[帶] dìdài. 2 [解剖] 道; 束 dào; shù; 系统[統] xìtǒng: the respiratory ~ 呼吸系统.

tract² /trækt/ n [C] (宗教或政治内容的) 小册子 xiǎocèzi.

traction-engine /'trækʃn ˌendʒɪn/ n [C] 牵[牽]引车 qiānyǐnchē.

tractor /'træktə(r)/ n [C] 拖拉机[機] tuōlājī.

trade¹ /treɪd/ n 1 (a) [U] 贸[貿]易; 商业[業] shāngyè. (b) [C] 行业 hángyè: She's in the book ~. 她做书籍生意 zuò shūjí shēngyì. (c) [U,C] 职[職]业 zhíyè; 手工[藝] shǒuyì: He's a carpenter by ~. 他做木工. 'trade mark n [C] 商标[標] shāngbiāo. 'trade name n [C] 商品名称[稱] shāngpǐn míngchēng. 'tradesman n [C] 店主 diànzhǔ; 商人 shāngrén. 'trade union n [C] 工会[會] gōnghuì. 'trade-unionist n [C] 工会会员 gōnghuì huìyuán.

trade² /treɪd/ v 1 [I] 从[從]事贸易 cóngshì màoyì; 做买[買]卖 zuò mǎimài. 2 [I,T] (for) 交换 jiāohuàn; 交易 jiāoyì. 3 [短语动词] **trade sth in** (用旧物折价) 贴换新物 tiēhuàn xīn wù. **trade on sth** (利用某事) 谋取私利 móuqǔ sīlì. **trader** n [C].

tradition /trə'dɪʃn/ n (a) [C] 传[傳]统的信仰 (或习惯等) chuántǒngde xìnyǎng. (b) [U] 传统 chuántǒng. **traditional** /-ʃənl/ adj. **traditionally** adv.

traffic /'træfɪk/ n [U] 交通 jiāotōng; 往来[來]通行 tōngxíng; 往来 wǎnglái. 2 (船只、飞机的) 航行 hángxíng. 3 运[運]输业[業]务[務] yùnshū yèwù. 4 [非法] 交易 jiāoyì. traffic v [-ck-] [I] (in) 做生意 zuò shēngyì; 贸易 (尤指非法的) 买[買]卖 mǎimài. **trafficker** n [C]. 'traffic island n [C] (交通) 安全岛 ānquándǎo. 'traffic jam n [C] 交通阻塞 jiāotōng zǔsè. 'traffic-light n [C] (常作 pl 常用复数) 交通指挥灯 (燈) jiāotōng zhǐhuī dēng; 红绿灯 hónglüdēng. 'traffic warden n [C]

停车场管理员 tíngchēchǎng guǎnlǐyuán.

tragedy /'trædʒədɪ/ n [pl -ies] 1 [C, U] 悲惨事件 bēicǎn shìjiàn; 惨案 cǎn'àn. 2 (a) [C] (一出) 悲剧[劇] bēijù. (b) [C] 悲剧(戏剧的一种类型) bēijù.

tragic /'trædʒɪk/ adj 悲惨的 bēicǎnde; 悲痛的 bēitòngde: a ~ accident 悲惨的事故. 2 悲剧[劇] 的 bēijùde. **tragically** /-klɪ/ adv.

trail /treɪl/ n 1 痕迹[跡] hénjī. 足迹 zújī. 2 (荒野中的) 小径[徑] xiǎojìng. **trail** v 1 [I, T] (使) 拖在后[後]面 tuō zài hòumian. 2 [I] 缓慢地走 (尤指跟在后面) huǎnmàn de zǒu. 3 [I] (在比赛中) 失利 shīlì. 4 [I] (植物) 蔓延 mànyán. 5 [T] 追踪 zhuīzōng; 尾随[隨] wěisuí. 6 [习语] **hot on sb's trail** ⇨ HOT. **trailer** n [C] 1 拖车 tuōchē; 挂[掛]车 guàchē. 2 (电影的) 预告片 yùgàopiàn.

train¹ /treɪn/ n [C] 1 列车 lièchē; 火车 huǒchē. 2 一系列 yīxìliè; 一连串 yīliánchuàn: a ~ of thought 一系列的想法. 3 拖地的长[長]衣 tuō dì de cháng yīqún. 4 (人、动物等的)队[隊]列 duìliè.

train² /treɪn/ v 1 [I, T] 训练[練] xùnliàn; 培养[養] péiyǎng: ~ a football team 训练一足球队. 2 [T] 瞄准[準] miáozhǔn: ~ a gun on the enemy 把枪口瞄准敌人. 3 [T] 使(植物)沿着一定方向生长[長] shǐ yánzhe yīdìng fāngxiàng shēngzhǎng: ~ roses up a wall 使蔷薇攀上墙生长. **trainee** /treɪ'niː/ n [C] 受训者 shòuxùnzhě. **trainer** n 1 教练员 jiàoliànyuán; 驯兽[獸]人 xùnshòurén. 2 (常作 pl 常用复数)运[運]动[動]鞋 yùndòngxié. **training** n [U] 训练 xùnliàn; 锻炼[煉]的状态[態] duànliàn de zhuàngtài.

traipse /treɪps/ v 1 [非正式用语]漫无目的地走 pízbèi de zǒu.

trait /treɪt, treɪ/ n 特性 tèxìng; 品质 pǐnzhì.

traitor /'treɪtə(r)/ n [C] 叛徒 pàntú; 卖[賣]国[國]贼 màiguózéi.

tram /træm/ n [C] 有轨电[電]车 yǒuguǐ diànchē.

tramp /træmp/ v 1 [I] 用沉重的脚步走 yòng chénzhòng de jiǎobù zǒu. 2 [I, T] 徒步远[遠]行 túbù yuǎnxíng: ~ over the hills 徒步翻越山岗[岡]. **tramp** n 1 流浪者 liúlàngzhě. 2 长[長]途步行

chángtú bùxíng.

trample /'træmpl/ v 1 [I, T] (*on*) 踩坏[壞] cǎi huài; 践[踐]踏 jiàntà. 2 [I] *on* 蔑视 mièshì; 粗暴地对[對]待 cūbào de duìdài.

trampoline /'træmpəliːn/ n [C] (杂技表演用的)蹦床[牀] bèngchuáng.

trance /trɑːns; US træns/ n [C] 恍惚 huǎnghū; 失神 shīshén.

tranquil /'træŋkwɪl/ adj [正式用语]平静的 píngjìng de; 安宁[寧]的 ānníng de. **tranquillity** (美语亦作 -l-) /-kwɪlətɪ/ n [U] 平静 píngjìng; 安宁 ānníng. **tranquillize** (美语亦作 -l-) v [T] 使平静(尤指用药物) shǐ ānjìng. **tranquillizer** n [C] (美语亦作 -l-) 镇静剂[劑] zhènjìngjì. **tranquilly** adv.

transact /træn'zækt/ v [T] [正式用语]办理 bànlǐ; 处[處]理 chǔlǐ; 执[執]行 zhíxíng. **transaction** /-'zækʃn/ n 1 [U] 办理 bànlǐ; 处理 chǔlǐ. 2 [C] 事务[務] shìwù; 事项 shìxiàng; 交易 jiāoyì. 3 **transactions** [pl] (学术团体的)会[會]议[議]记录[錄] huìyì jìlù, 会议报[報]告bàogào.

transatlantic /ˌtrænzæt'læntɪk/ adj 大西洋彼岸的 Dàxīyáng bǐ'àn de; 横越大西洋的 héngdù Dàxīyáng de.

transcend /træn'send/ v [T] [正式用语]超出 chāochū; 超过[過] chāoguò; ~ *human knowledge* 超出人类的知识.

transcontinental /ˌtrænzˌkɒntɪ-'nentl/ adj 横贯大陆[陸]的 héngguàn dàlù de.

transcribe /træn'skraɪb/ v [T] 1 抄写[寫] chāoxiě; 照抄 zhàochāo. 2 改写成(特定形式) gǎixiě chéng: ~*d in phonetic symbols* 用音标出. 3 改编(乐曲) gǎibiān. **transcript** /'trænskrɪpt/ n [C] 抄本 chāoběn; 副本 fùběn. **transcription** /-'skrɪpʃn/ n [U, C].

transfer¹ /træns'fɜː(r)/ v [-rr-] 1 [I, T] 转[轉]移 zhuǎnyí; 调动[動] diàodòng: *He was ~red to the sales department.* 他调到销售部去了. 2 [T] 让[讓]渡(财产等) ràngdù; 转让 zhuǎnràng. **transferable** adj 可转让的 kě zhuǎnràng de; 可让渡的 kě ràngdù de: *This ticket is not ~able.* 此票不得转让.

transfer² /'trænsfɜː(r)/ n 1 [C, U] 转[轉]移 zhuǎnyí; 传[傳]递[遞]

chuándì; 调动[動] diàodòng; 过[過]户 guòhù. 2 [C] 可移动的图[圖]案 kě yídòng de tú'àn, **'transfer lounge** n [C] 转机[機]室 zhuǎnjīshì.

transfix /træns'fɪks/ v [T] [正式用语][常用被动语态](使受惊吓而)不能动弹(弹)chàndàn(或思想、说话)bùnéng dòngtàn.

transform /træns'fɔːm/ v [T] 改变[變](形状、性质等) gǎibiàn. **transformation** /ˌtrænsfə'meɪʃn/ n [C, U]. **transformer** n [C] 变[變]压[壓]器 biànyāqì.

transfusion /træns'fjuːʒn/ n [C, U] 输血 shūxuè.

transgress /trænz'gres/ v [I, T] [正式用语]超越(限度) chāoyuè; 违[違]反(法律、规则等) wéifǎn. **transgression** /-'greʃn/ n [C, U].

transient /'trænziənt; US 'trænʃnt/ adj 短暂的 duǎnzàn de; 片刻的 piànkè de.

transistor /træn'zɪstə(r), -'sɪst-/ n [C] 1 晶体[體]管 jīngtǐguǎn. 2 晶体管收音机[機] jīngtǐguǎn shōuyīnjī. **transistorized** /-təraɪzd/ adj 装[裝]有晶体管的 zhuāng yǒu jīngtǐguǎn de.

transit /'trænzɪt, -sɪt-/ n [U] 运[運]输 yùnshū; 搬运 bānyùn; *goods damaged in* ~ 运输中损坏的货物.

transition /træn'zɪʃn/ n [C, U] 转[轉]变[變] zhuǎnbiàn; 过[過]渡 guòdù. **transitional** /-ʃənl/ adj.

transitive /'trænsətɪv/ adj [语法]及物的 jíwùde.

transitory /'trænsɪtrɪ; US -tɔːrɪ/ adj 短暂的 duǎnzàn de; 片刻的 piànkè de.

translate /trænz'leɪt/ v 1 [I, T] 翻译[譯] fānyì; ~ (*the book*) *from French into Russian* (将此书)从法文翻译成俄文. 2 [T] (*into*) 解释[釋](意义) jiěshì; 说明 shuōmíng: ~ *ideas into practice* 把那种设想表现在实际行动中. **translation** /-'leɪʃn/ n [C, U]. **translator** n [C].

translucent /trænz'luːsnt/ adj 半透明的 bàn tòumíng de.

transmission /trænz'mɪʃn/ n 1 [U] 传[傳]送 chuánsòng. 2 [C] (电视、无线电的)播送 bōsòng. 3 [C] (汽车的)传动[動]系统 chuándòng xìtǒng.

transmit /trænz'mɪt/ v [-tt-] 1(用无线电)传[傳]播 chuánbō, 传

送 chuánsòng. **2** 传递〔遞〕chuándì; 传达〔達〕chuándá. **transmitter** *n* [C] (无线电)发〔發〕射机〔機〕fāshèjī, 发报〔報〕机 fābàojī.

transparent /træns'pærənt/ *adj* **1** 透明的 tòumíngde: *Glass is* ~. 玻璃是透明的. **2** 易懂的 yìdǒngde; 显〔顯〕而易见的 xiǎn ér yì jiàn de. **transparency** /-rənsɪ/ *n* [pl **-ies**] **1** [U] 透明 tòumíng; 透明性 tòumíngxìng. **2** [C] 幻灯〔燈〕片 huàndēngpiàn; 透明正片 tòumíng zhèngpiàn. **transparently** *adv*.

transplant /træns'plɑːnt; *US* -'plænt/ *v* **1** [T] 移植 yízhí. **2** [T] 人工移植(器官、皮肤等) réngōng yízhí. **3** [喻]迁〔遷〕移 qiānyí. **transplant** /'trænsplɑːnt; *US* -plænt/ *n* (器官、皮肤等的)人工移植 réngōng yízhí: *a heart* ~ 心脏移植.

transport /træn'spɔːt/ *v* [T] 运〔運〕输 yùnshū; 搬运 bānyùn. **transport** /'trænspɔːt/ *n* [U] **1** (美语亦作 **transportation** /ˌtrænspɔː'teɪʃn/) 运输(系统) yùnshū. **2** 运输工具 yùnshū gōngjù. **transporter** *n* [C] (大型)运输车 yùnshūchē.

transpose /træn'spəʊz/ *v* [T] **1** 使互换位置 shǐ hùhuàn wèizhì. **2** [音乐]变调〔變〕调 biàndiào, 移调. **transposition** /ˌtrænspə'zɪʃn/ *n* [C, U].

transvestite /trænz'vestaɪt/ *n* [C] 有异〔異〕性扮扮癖的人 yǒu yìxìng dǎbànpǐ de rén.

trap /træp/ *n* [C] **1** (捕兽的)陷阱 xiànjǐng, 捕捉机〔機〕bǔzhuōjī. **2** [喻](陷人的)圈套 quāntào, 诡计 guǐjì. **3** 轻〔輕〕便双〔雙〕轮〔輪〕马车 qīngbiàn shuānglún mǎchē. **4** [俚]嘴 zuǐ, **trap** *v* [**-pp-**] [T] **1** 使陷入困境 shǐ xiànrù kùnjìng. **2** 诱捕 yòubǔ; 使圈套 [T] 入圈套 shǐ rù quāntào. **3** 施巧计于 shī qiǎojì yú; 欺骗 qīpiàn. **trapdoor** *n* [C] 地板活门〔門〕dìbǎn huómén; 天窗 tiānchuāng. **trapper** *n* [C] (设陷阱)捕兽〔獸〕者 bǔshòuzhě.

trapeze /trə'piːz; *US* træ-/ *n* [C] (杂技表演用)吊架 diàojià.

trash /træʃ/ *n* [U] **1** [非正式用语](材料、作品等)废〔廢〕物 fèiwù, 精粕 zāopò. **2** [美语]垃圾 lājī. **'trashcan** *n* [美语]垃圾桶 lājītǒng. **trashy** *adj* [**-ier, -iest**] [非正式用语]毫无〔無〕价〔價〕值的 háowú jiàzhí de.

trauma /'trɔːmə; *US* 'traʊmə/ *n* **1** [U] 精神创〔創〕伤〔傷〕jīngshén chuāngshāng. **2** [C] [非正式用语]痛苦 tòngkǔ; 不幸 búxìng. **traumatic** /trɔː'mætɪk; *US* traʊ-/ *adj*.

travel /'trævl/ *v* [**-ll-**; 美语 **-l-**] **1** [I, T] 旅游 lǚyóu, 旅行(或走过)一段距离〔離〕lǚxíng. **3** [I] 移动〔動〕yídòng; 走 zǒu: *Light* ~*s faster than sound*. 光传得比声音快. **travel** *n* **1** [U] 旅行 lǚxíng; 旅游 lǚyóu: *space* ~ 太空旅行. **2** **travels** [pl] (尤指)出国〔國〕旅游 chū guó lǚyóu. **'travel agent** *n* [C] 旅行代理人 lǚxíng dàilǐrén. **travelled** [美语 **-l-**] *adj* 富于旅行经〔經〕验〔驗〕的 fù yú lǚxíng jīngyàn de: *a well-* ~ *writer* 见多识广的作家. **traveller** [美语 **-l-**] *n* [C] **1** 旅行者 lǚxíngzhě; 旅客 lǚkè. **2** 旅游推销员 lǚyóu tuīxiāoyuán. **'traveller's cheque** *n* [C] 旅行支票 lǚxíng zhīpiào.

traverse /trə'vɜːs/ *v* [T] [正式用语] 横越 héngyuè; 穿过〔過〕chuānguò.

travesty /'trævəstɪ/ *n* [C] [pl **-ies**] 歪曲的模仿 wāiqū de mófǎng: *a* ~ *of justice* 对正义的歪曲.

trawl /trɔːl/ *v* [I, T] 拖网〔網〕捕鱼 tuōwǎng bǔ yú. **trawler** *n* [C] 拖网渔船 tuōwǎng yúchuán.

tray /treɪ/ *n* [C] 碟 dié; 盘〔盤〕pán; 托盘 tuōpán.

treacherous /'tretʃərəs/ *adj* **1** 背信弃〔棄〕义〔義〕的 bèi xìn qì yì de; 不忠实〔實〕的 bù zhōngshí de. **2** 危险〔險〕的 wēixiǎnde: ~ *tides* 危险的潮头. **treacherously** *adv*. **treachery** /-tʃərɪ/ *n* [U, C] [pl **-ies**].

treacle /'triːkl/ *n* [C] 糖浆〔漿〕tángjiāng. **treacly** *adj*.

tread /tred/ *v* [pt **trod** /trɒd/, pp **trodden** /'trɒdn/] **1** [I] 走 zǒu; 踏 tà; 踩 cǎi. **2** [T] 践〔踐〕踏 jiàntà; 踩碎 cǎisuì. **3** [T] 踏成 tàchéng; 踩出 cǎichū. **4** [习语] **tread on sb's 'toes** [非正式用语]冒犯(或得罪)某人 màofàn; **tread 'water** 踩水 cǎishuǐ. **tread** *n* **1** [sing] 步法 bùfǎ; 脚步声〔聲〕jiǎobùshēng. **2** [C, U] (轮胎的)胎面 tāimiàn. **3** [C] (台阶的)踏面 tàmiàn.

treason /'triːzn/ *n* [U] 叛逆 pànnì; 谋反 móufǎn. **treasonable** /-zənəbl/ adj 叛逆的 pànnìde; 叛国 [国]的 pànguóde.

treasure /'treʒə(r)/ n **1** [U] 金银 财宝[寶] jīn yín cáibǎo; 财富 cáifù. **2** [C] 被珍爱[愛]的人或物 bèi zhēn'ài de rén huò wù. **treasure** v [T] 珍惜 zhēnxī; 重视 zhòngshì. **treasurer** n [C] 会[會]计 kuàijì; 出纳 chūnà; 掌管财务[務]的 人 zhǎngguǎn cáiwù de rén. '**treasure trove** /trəʊv/ n [U] (发现的)无[無]主财宝[寶] wú zhǔ cáibǎo.

treasury /'treʒərɪ/ n **the Treasury** [sing] [用 sing 或 pl v] (英国)财政部 cáizhèngbù.

treat /triːt/ v [T] **1** 对[對]待 duìdài; They ~ their children badly. 他们对待子女很不好. **2** (当)作 dàngzuò; 看作 kànzuò; ~ it as a joke 把它当作笑话. **3** 治疗[療] zhìliáo; ~ a patient 给病人治病. **4** 处[處]理 chǔlǐ; ~ crops with insecticide 用杀虫剂处理庄稼作物. **5** 宴请 yànqǐng; 款待 kuǎndài. **treat** n [C] **1** 乐[樂]事 lèshì. **2** 请客 qǐngkè; 款待 kuǎndài.

treatise /'triːtɪz, -tɪs/ n [C] (专题)论[論]文 lùnwén.

treatment /'triːtmənt/ n [C,U] 对[對]待 duìdài; 待遇 dàiyù; 处[處]理 chǔlǐ; 治疗[療] zhìliáo; medical ~ 治疗.

treaty /'triːtɪ/ n [C] (pl -ies) 条[條]约 tiáoyuē; 协[協]定 xiédìng; a ~ peace ~ 和平条约.

treble[1] /'trebl/ adj, n [C] 三倍(的) sān bèi(de); 三重(的) sān chóng(de); He earns ~ my salary. 他挣的薪水是我的三倍. **treble** v [I,T] (使)成三倍 chéng sān bèi; (使)增加三倍 zēngjiā sān bèi.

treble[2] /'trebl/ n [C] [音乐]最高音部 zuìgāo yīnbù. **treble** adj 高音的 gāoyīnde; 声[聲]调高亢的 shēngdiào gāo de; a ~ recorder 高音竖笛.

tree /triː/ n [C] 树[樹]shù; 乔[喬]木 qiáomù. **treeless** adj 无[無]树木的 wú shùmù de.

trek /trek/ v [-kk-] [I] n [C] 长[長]途跋涉 chángtú báshè.

trellis /'trelɪs/ n [C] (葡萄等的)棚架 jià, 棚 péng.

tremble /'trembl/ v [I] **1** 发[發]抖 fādǒu; 哆嗦 duōsuo. **2** 轻[輕]轻摇晃(或摆动) qīngqīng yáohuàng; The leaves ~d in the breeze. 树叶在微风中摇晃. **3** 焦虑[慮]jiāo-

lǜ; 担[擔]忧[憂] dānyōu; She ~d at having to make a decision. 她为必须作出决定而不安. **tremble** n [C] 发抖 fādǒu; 震颤 zhènchàn; a ~ in her voice 她的声音有点发抖.

tremendous /trɪ'mendəs/ adj **1** 极[極]大的 jídàde; 巨大的 jùdàde; a ~ explosion 巨大的爆炸. **2** [非正式用语]非常的 fēichángde; 极好的 jíhǎode, **tremendously** adv.

tremor /'tremə(r)/ n [C] 发[發]抖 fādǒu; 颤动 chàndòng; 震动[動] zhèndòng; 'earth ~s 地面的震动.

trench /trentʃ/ n [C] 地沟[溝]dìgōu; 战[戰]壕 zhànháo.

trend /trend/ n [C] 倾向 qīngxiàng; 趋[趨]势[勢] qūshì; the ~ towards smaller families 家庭小型化的趋势. '**trend-setter** n [C] 时['時]髦款式或(带)导[導]者者 de shímáo kuǎnshì dàotóuzhě, **trendy** adj [-ier, -iest] [非正式用语]时髦的 shímáode.

trespass /'trespəs/ v [I] (on) 非法侵入(私地)fēifǎ qīnrù, **trespass** n [U,C] 非法入侵 fēifǎ rùqīn, **trespasser** n [C].

trestle /'tresl/ n [C] 支架 zhījià; 搁凳 gēdèng, '**trestle-table** n [C] 用支架支撑的桌子 yòng zhījià zhīchēng de zhuōzi.

trial /'traɪəl/ n **1** [C,U] 审[審]判 shěnpàn; 审讯 shěnxùn. **2** [C,U] 试验[驗] shìyàn; 测试 cèshì; 试用 shìyòng. **3** [C] 讨厌[厭]的人(或物)tǎoyàn de rén. **4** [习语] **on** '**trial** (a) 受审 shòushěn; (b) 在测试中 zài cèshì zhōng. ,trial and 'error 反复[复]试验(以找出错误)fǎnfù shìyàn, '**trial 'run** [C] 初步测试 chūbù cèshì.

triangle /'traɪæŋgl/ n [C] 三角形 sānjiǎoxíng. **triangular** /traɪ'æŋgjʊlə(r)/ adj.

tribe /traɪb/ n [C] 部落 bùluò; 宗族 zōngzú. **tribal** adj. '**tribesman** n [C] 部落中的(男性)成员 bùluò zhōng de chéngyuán.

tribunal /traɪ'bjuːnl/ n [C] 审[審]判员 shěnpànyuán; 法官 fǎguān; 法庭 fǎtíng.

tributary /'trɪbjətrɪ; US -terɪ/ n [C] (pl -ies) 支流 zhīliú.

tribute /'trɪbjuːt/ n [C] **1** 贡献[獻] gòngxiàn; 贡品 gòngpǐn; 颂[頌]扬[揚] sòngyáng; pay ~ to her courage 赞扬她的勇气.

trick /trɪk/ n [C] 1 戏(戲)法 xìfǎ;
把戏 bǎxì; conjuring ～s 变戏法.
2 诡计 guǐjì; 骗术(術) piànshù:
play a ～ on sb 对某人施诡计. 3
窍(竅) qiàomén; 技巧 jiqiǎo. 4 一
圈(圈) yìquān. 5 [习语] **do the
'trick** [非正式用语]达到目的 qí zuò-
yòng; 奏效 zòuxiào. **trick** v [T] 欺
骗 qīpiàn; 哄骗 hǒngpiàn: He was
～ed into giving away all his
money. 他被骗去他所有的钱.

trickery n [U] 欺骗 qīpiàn; 诡计
guǐjì. **tricky** adj [-ier, -iest] 困
难(難)的 kùnnande; 复(復)杂(雜)的
fùzáde; a ～y position 需慎重
对待的处境. 2 (指人)狡猾的 jiǎo-
huáde; 好诈的 jiānzhàde.

trickle /'trɪkl/ v [I] 滴流 dīliú;细
流 xìliú: Tears ～d down her
cheek. 眼泪从她的脸上流下来.
trickle n 滴流 dīliú;细流 xì-
liú: ～ of blood 血滴.

tricycle /'traɪsɪkl/ n [C] 三轮(輪)
车 sānlúnchē.

tried pt, pp of TRY[1].

trifle /'traɪfl/ n [C] 1 小事 xiǎo-
shì;无(無)价(價)值的东西 wú jià-
zhí de dōngxī. 2 [C,U] 甜食(饰品)
糕点(點) gāodiǎn. 3 [习语] **a
trifle** [正式用语]稍微 shāowēi;有
一点儿(兒) yǒu yìdiǎnr: They felt
a ～ sad. 他们觉得有点伤心.
trifle v [I] 轻(輕)视 qīngshì;随(隨)便(对待) suíbiàn.
trifling adj 不重要的 bú zhòngyào
de;微不足道的 wēi bù zú dào de.

trigger /'trɪgə(r)/ n [C] (尤指枪
的)扳机(機) bānjī. **trigger** v [T]
(～ off) 引起 yǐnqǐ;激发(發) jīfā.

trill /trɪl/ n [C] 1 颤抖声(聲)
chàndǒushēng;(鸟的)啭(囀)鸣 mìng
zhuànmíng. 2 [语]颤音 chànyīn.
trill v [I,T] 用颤音唱或奏 yòng
chànyīn chàng huò zòu.

trilogy /'trɪlədʒɪ/ n [C] [pl -ies]
(戏剧、小说等的)三部曲 sānbùqǔ.

trim /trɪm/ adj [～mer, ～mest]
[褒] 1 整洁(潔)的 zhěngjiéde;整
齐(齊)的 zhěngqíde. 2 修长(長)的
xiūchángde;苗条(條)的 miáotiáo-
de. **trim** v [-mm-] [T] 1 使整洁
shǐ zhěngjié;修剪 xiūjiǎn. 2 装(裝)
饰 zhuāngshì. **trim** n [C,常作
sing] 修剪 xiūjiǎn. 2 [习语] **in
(good) trim** 在最佳状(狀)态(態)
zuì jiā zhuàngtài. **trim-
ming** n [C,常作 pl] (a) 装饰物
zhuāngshìwù. (b) 通常伴随(隨)(或

附加)物 tōngcháng bànsuí wù:
roast beef with all the ～mings
烤牛肉及各种配料.

Trinity /'trɪnətɪ/ n **the Trinity**
[基督教](圣父、圣子、圣灵)三位一
体(體) sānwèi yìtǐ.

trinket /'trɪŋkɪt/ n [C] 小件饰物
xiǎo jiàn shìwù.

trio /'triːəʊ/ n [C] [pl ～s] 1 三
个(個)一组 sāngè yìzǔ;三位一体
(體) sānwèi yìtǐ. 2 [乐]三重奏
sānchóngzòu;三人合唱 sānrén hé-
chàng.

trip /trɪp/ v [-pp-] 1 [I] (over/
up) (被～)绊倒 bàndǎo. 2 [T]
(a) (up) 使失足 shǐ shīzú;使绊
倒 shǐ shuàidǎo. (b) 使犯错误 shǐ
fàn cuòwù. 3 [I] 轻(輕)快地走动
(動) qīngkuài de zǒudòng. **trip** n
[C] 1 (短途)旅行 lǚxíng;远(遠)足
yuǎnzú. 2 [俚](吸毒者的)幻觉(覺)
体(體)验(驗) huànjué tǐyàn;失足
bàndǎo;失足 shīzú. **tripper** n [C]
短途旅游者 duǎntú lǚyóuzhě.

tripe /traɪp/ n [U] 1 (食用)牛肚
niúdǔ. 2 [俚]废(廢)话 fèihuà.

triple /'trɪpl/ adj 三部分合成的
sānbùfēn héchéng de;三方的 sān-
fāngde. **triple** v [I,T] (使)增至三
倍 zēng zhì sānbèi.

triplet /'trɪplɪt/ n [C] 三胞胎(中
的一个) sānbāotāi.

triplicate /'trɪplɪkət/ n [习语] **in
'triplicate** 一式三份(其中一份为
正本) yìshì sānfèn.

tripod /'traɪpɒd/ n [C] 三脚架
sānjiǎojià.

trite /traɪt/ adj (言论等)平凡的
píngfánde;陈腐的 chénfǔde.

triumph /'traɪʌmf/ n (a) [C] 巨
大的成就 jùdàde chéngjiù. (b) [U]
成功(或胜利)的喜悦 chénggōng de
xǐyuè. **triumph** v [I] (over) 获
(獲)得胜(勝)利(或成功) huódé
shènglì;击(擊)败(对方) jībài. **tri-
umphal** /traɪ'ʌmfl/ adj 胜利的
shènglìde;成功的 chénggōngde. **tri-
umphant** /traɪ'ʌmfnt/ adj 庆祝
胜利的 qìngzhù shènglì de. **tri-
umphantly** adv.

trivia /'trɪvɪə/ n [pl] 琐碎的事物
suǒsuì de shìwù.

trivial /'trɪvɪəl/ adj 不重要的 bú
zhòngyào de;琐碎的 suǒsuìde.
triviality /ˌtrɪvɪ'ælətɪ/ n [U] [pl
-ies]. **trivialize** v [T] 使显(顯)得
不重要 shǐ xiǎnde bú zhòngyào.

trod pt of TREAD.

trodden pp of TREAD.

trolley /'trɒlɪ/ n [C] **1** 手推车 shǒutuīchē. **2** (用以送食物的)小台(檯)车 xiǎo táichē.

trombone /trɒm'bəʊn/ n [C] 长(長)号(號) chánghào, **trombonist** n [C].

troop /truːp/ n **1 troops** [pl] 军队(隊) jūnduì; 部队 bùduì. **2** [C] 一群(人或动物) yìqún. **troop** v [I] 成群结队而行 chéngqún jiéduì ér xíng.

trooper n [C] 装(裝)甲兵 zhuāngjiǎbīng; 骑兵 qíbīng.

trophy /'trəʊfɪ/ n [C] [pl **-ies**] **1** 奖(獎)品 jiǎngpǐn. **2** (胜利)纪念品 jìniànpǐn.

tropic /'trɒpɪk/ n **1** (a) [C, 常作 sing] [天文]回归(歸)线(線) huíguīxiàn. (b) **the tropics** [pl] 热(熱)带(帶)地区 rèdài. **2** [习语] **tropic of Cancer** /'kænsə(r)/ 北回归(歸)线(線)(北纬23°27') běi huíguīxiàn. **tropic of Capricorn** /'kæprɪkɔːn/ 南回归线(南纬23°27') nán huíguīxiàn. **tropical** adj 热带(帶)(地区)的 rèdài de.

trot /trɒt/ v [-tt-] [I] **1** (马)小跑 xiǎopǎo. **2** (人)快步走 kuàibù zǒu. **3** [短语动词] **trot sth out** [非正式用语][贬] 重复而乏味地说出(陈词)~ *out the same old excuses* 重复提那老一套借口. **trot** n **1** [sing] 小跑 xiǎopǎo; 快步走 kuàibù zǒu. **2** [习语] **on the 'trot** [非正式用语]一个(個)接一个地 yígè jiē yígè de; 不断(斷)地 búduàn de.

trouble /'trʌbl/ n **1** [恼] [U] 烦恼 (惱) fánnǎo; 忧(憂)虑(慮) yōulǜ; 困难(難) kùnnán: *You shouldn't have any ~ finding the route.* 你不必为找房子而伤脑筋. **2** [U] 不便 búbiàn; 麻烦 máfán: *I don't want to be any ~ to you.* 我不想打扰你. **3** [C, U] 纠纷 jiūfēn; 动(動)乱(亂) dòngluàn: *the ~s in Northern Ireland* 北爱尔兰的动乱. **4** [U] 疾病 jíbìng: *have back ~* 有背脊骨病. **5** [U] (机器的)故障 gùzhàng: *engine ~* 发动机出毛病. **6** [习语] **get into 'trouble** (a) 陷入困境 xiànrù kùnjìng. (b) 招致责罚 zhāozhì zéfá. **get sb into 'trouble** [非正式用语]使(未婚女子)怀(懷)孕 shǐ huáiyùn. **take the 'trouble to do sth** 不怕麻烦尽(盡)力做(某事) shǐ. **trouble** v [I] [T] 使烦恼 shǐ fánnǎo; 使忧虑 shǐ yōulǜ; 使苦恼 shǐ

kǔnǎo. **2** [T] [正式用语](用于请求)打扰(擾) dǎrǎo; 烦劳(勞) fánláo: *I'm sorry to ~ you, but could you tell me the way to the station?* 对不起烦劳你了,你能告诉我去车站的路吗? **3** [I] [正式用语] 费心 fèixīn; 费劲(勁) fèijìn; 麻烦(自己) máfán. **troubled** adj 为(爲)难的 wéinán de; 担(擔)心的 dānxīn de. **'troublemaker** n 造成麻烦的人 chǎng rě máfán de rén. **troublesome** adj 造成烦恼的; 讨厌(厭)的 tǎoyàn de.

trough /trɒf; US trɔːf/ n [C] **1** 饲料槽 sìliàocáo; 水槽 shuǐcáo. **2** [物理]波谷 bōgǔ. **3** [气象]低压(壓)槽 dīyàcáo.

troupe /truːp/ n [C, 亦作 sing, 用pl v] 剧(劇)团(團) jùtuán; 戏(戲)班 xìbān.

trousers /'traʊzəz/ n [pl] 裤子 kùzi; 长(長)裤 chángkù: *a pair of ~* 一条裤子.

trout /traʊt/ n [C] [pl **trout**] 鳟鱼 zūnyú.

trowel /'traʊəl/ n [C] **1** 抹泥刀 mǒnídāo. **2** 泥铲(鏟)子 níchǎnzi.

truant /'truːənt/ n [C] 逃学(學)者 táoxuézhě; 旷(曠)课者 kuàngkèzhě: *play ~* 逃学. **truancy** /-ənsɪ/ n [U].

truce /truːs/ n [C] 休战(戰) xiūzhàn.

truck[1] /trʌk/ n [C] **1** [英国英语][铁路]敞篷货车 chǎngpéng huòchē. **2** [尤用于美语]货车 huòchē; 卡车 kǎchē.

truck[2] /trʌk/ n [习语] **have no truck with sb** [正式用语]不与(與)打交道 bù yǔ dǎ jiāodào.

trudge /trʌdʒ/ v [I] 步履艰(艱)难(難)地走 bùlǚ jiānnán de zǒu. **trudge** n [C, 常作 sing] 长(長)途跋涉 chángtú báshè.

true /truː/ adj [~r, ~st] **1** 符合事实(實)的 fúhé shìshí de; 真实(實)的 zhēnshíde. **2** 真的 zhēnde; 确(確)实的 quèshíde: *my ~ feelings for you* 我对你的真实感情. **3** 忠实的 zhōngshíde; 忠诚的 zhōngchéngde; *a ~ friend* 忠实的朋友. **4** 准确(確)的; 准确(確)的 zhǔnquède; 确切的 quèqiède: *a ~ copy* 准确的副本. **5** [习语] **come 'true** (指希望、梦)成为(爲)现实 chéng wéi shìshí. **true to sth** 符合事实 fúhé shìshí: *~ to life* 符合现

实. **true** n [习语] **out of 'true** 位置不正 wèizhì bùzhèng: *The door is out of ~*. 1. 扇门门位置不正.

truly /'truːlɪ/ adv 1 真正地 zhēnzhèngde; 确(確)实(實)地 quèshíde: *a ~ brave action* 真正勇敢的行为. 2 忠诚地 zhōngchéngde; 忠实地 zhōngshíde; 诚恳(懇)地 chéngkěnde: *feel ~ grateful* 诚挚地感谢. 3 真实地 zhēnshíde; 如实地 rúshíde.

trump /trʌmp/ n 1 [C] 王牌 wángpái. 2 [习语] **turn/come up 'trumps** [非正式用语]意外的帮(幫)助/成功 yìwài de bāngzhù/chénggōng.

trump v [T] 1 打王牌吃掉(一牌)chū wángpái chídiào. 2 [短语动词] **trump sth up** [常用被动语态]捏造(罪名)biēzào: *~ed-up charges* 捏造的罪名. '**trump-card** n [C] [喻]最有效的手段 zuì yǒuxiào de shǒuduàn.

trumpet /'trʌmpɪt/ n [C] 喇叭 lǎba. **trumpet** v 1 [I, T] 大声(聲)宣告 dàshēng xuāngào. 2 [I] (象)吼叫 hǒujiào. **trumpeter** n [C] 吹喇叭的人 chuī lǎba de rén; 号(號)兵 hàobīng.

truncate /trʌŋ'keɪt; US 'trʌŋkeɪt/ v [T] 截短 jié duǎn.

truncheon /'trʌntʃən/ n [C] 短粗的棍棒 duǎncū de gùnbàng; 警棍 jǐnggùn.

trundle /'trʌndl/ v [I, T] (使)沉重地滚(滾)动(動)(或移动)chénzhòngde gǔndòng.

trunk /trʌŋk/ n 1 [C] 树(樹)干(幹)shùgàn. 2 [C] 大衣箱 dà yīxiāng. 3 [C] 象鼻 xiàngbí. 4 [C, 常作 sing] 躯(軀)干 qūgàn. 5 **trunks** [pl] 男游泳裤 nán yóuyǒngkù. 6 [C] [美语](汽车后部的)行李箱 xínglǐxiāng. '**trunkcall** n [C] [英国英语][旧]长(長)途电(電)话 chángtú diànhuà. '**trunk-road** n C 公路干线(綫)gōnglù gànxiàn.

truss /trʌs/ v [T] 捆牢 kǔn láo; 扎(紮)紧(緊)zhā jǐn. 2 绑(綁)前(前)腿(鷄等)扎起 bǎ zhābǎo. **truss** n [C] 1(疝气)托带(帶)tuōdài. 2 (屋顶、桥梁等的)桁架 héngjià.

trust[1] /trʌst/ n 1 [U] 信任 xìnrèn; 信赖 xìnlài. 2 [U] 责任 zérèn; 职(職)责 zhízé. 3 [C] 托管(管)托管财产 tuōguǎn cáichǎn: *money kept in a ~* 受托管的钱. 4 [习语] **take sth on trust** 不经(經)证(證)明(而相信)bù jīng zhèngmíng ér xìn. **trusting** adj

信任的 xìnrènde; 不疑的 bùyíde.

trustingly adv. **trustworthy** adj 可信赖的 kě xìnlài de; 可靠的 kěkàode. **trusty** adj [-ier, -iest] [古或谑]可靠的 kěkàode; 可信任的 kě xìnrèn de.

trust[2] v [T] 1 信任 xìnrèn; 相信 xiāngxìn: *You can ~ me.* 你可以相信我. 2 依靠 yīkào; 信得过(過)xìn dé guò: *You can't ~ young children with matches*. 你允许火柴交给小孩子的. 3 [正式用语]希望 xīwàng: *I ~ you are well*. 我希望你身体好.

trustee /trʌ'stiː/ n [C] 受托管者 shòu tuōguǎn zhě.

truth /truːθ/ n [pl ~s /truːðz/] 1 [U] 真实(實)zhēnshíxìng; 真实性 zhēnshíxìng: *There's no ~ in what he says*. 他所说的毫无真实. 2 [U] 事实 shìshí; 真相 zhēnshíxiàng: *tell the ~* 说真话. 3 [C] 真理 zhēnlǐ; 真义(義)zhēnyì; scientific ~s 科学的真理. **truthful** adj 1 (人)诚实的 chéngshíde, 说真话的 shuō zhēnhuà de. 2 (叙述)真实的 zhēnshíde, 如实的 rúshíde. **truthfully** adv. **truthfulness** n [U].

try[1] /traɪ/ v [pt, pp tried] 1 试做 shì zuò; 尝(嘗)试 chángshì: *He tried to escape*. 他试图逃跑. 2 [T] 试验(驗)shìyàn; 试用 shìyòng: *Have you tried this new soap?* 你试用过这种新型肥皂吗? 3 [T] 审(審)问 shěnwèn; 审判 shěnpàn: *He was tried for murder*. 他因杀人受审. 4 [T] 使忍受 极(極)度疲劳(勞)累(或艰难困苦)shǐ rénshòu jíláo láolèi; 考验(驗)kǎoyàn: *You're ~ing my patience!* 你在考验我的耐心! 5 [习语] **try one's hand at sth** 试行 shìxíng; 做起来看 zuòqǐlái kàn. 6 [短语动词] **try sth on** (a) 试穿(衣服等)shì chuān. (b) [非正式用语]试探(可否被容忍)shìtàn: *Stop ~ing it on!* 别耍花招! **try sth out** 试用(某物)shìyòng. **tried** adj 经(經)证(證)明有效的 jīng zhèngmíng yǒuxiào de, **trying** adj 难(難)对(對)付的 nán duìfù de; 令人厌(厭)烦的 shǐ rén yànfán de.

try[2] /traɪ/ n [C] [pl -ies] 1 尝(嘗)试 chángshì; 试图(圖)shìtú. 2 (橄榄球赛中)持球触(觸)地 chíqiú chùdì (在对(對)方球门线(綫)后[後]端而触[觸]球落地 zài duìfāng qiúménxiàn hòumiàn dài qiú chù dì).

tsar /zɑ:(r)/ n [C] (1917 年前俄国)沙皇 shāhuáng. **tsarina** /zɑ:ˈri:na/ n [C] (旧俄)女皇(或皇后)nǚhuáng.

T-shirt ⇨ t, t.

tub /tʌb/ n [C] 1 桶 tǒng; 盆 pén. 2 浴缸 yùgāng; 洗操 xǐzǎo.

tuba /ˈtjuːbə; US ˈtuːbə/ n [C] [音乐]大号 dàhào.

tubby /ˈtʌbi/ adj **-ier, -iest** [非正式用语]矮胖的 ǎipàngde; 肥圆的 féiyuánde.

tube /tjuːb; US tuːb/ n 1 [C] 管 guǎn; 管道 guǎndào. 2 [C] (金属或塑料)软管 ruǎnguǎn. **3 the tube** [U, sing] (伦敦)地下铁(鐵)道 dìxià tiědào. 4 [C] [解剖]管 guǎn. **tubing** n [U] 管形材料 guǎnxíng cáiliào. **tubular** /ˈtjuːbjələ(r); US ˈtuː-/ adj 管状(狀)的 guǎnzhuàngde.

tuber /ˈtjuːbə(r); US ˈtuː-/ n [C] [植物]块(塊)茎(莖)kuàijīng.

tuberculosis /tjuːˌbɜːkjuˈləʊsɪs; US tuː-/ n [U] (尤指肺)结核(病)jiéhé.

TUC /ˌtiː juː ˈsiː/ n the TUC [sing] (= Trades Union Congress) 英国(國)职(職)工大会(會)Yīngguó zhígōng dàhuì.

tuck /tʌk/ v 1 [T] 打褶裥 dǎ zhějiǎn; 缩拢 suōlǒng; 塞置于 sāizhì yú. He ~ed his shirt into his trousers. 他把衬衣下摆塞进裤子里. 2 [T] (舒适地)裹住(某人, 某物)guǒzhù. 3 [短语动词] **tuck in** [非正式用语]大吃 dàchī; 尽(盡)情地吃 jìnqíngde chī; 大吃 dà chī. **tuck sb up** 盖(蓋)好被子 gài hǎo bèizi. **tuck** n [C] (衣服的)褶裥 zhějiǎn. 2 [U] [英国非正式用语](尤指小孩爱吃的)食品 shípǐn; a school ~-shop 校内食品小卖部.

Tuesday /ˈtjuːzdɪ; US ˈtuː-/ n [U, C]星期二 xīngqī'èr.

tuft /tʌft/ n [C] (羽毛,草等)一束 yíshù, 一撮 yìcuō.

tug /tʌg/ v **-gg-** [I, T] (at) 用力拉 yònglì lā. **tug** n [C] 1 猛拉 měng lā; 拖 tuō; 拉拉 lālā. 2 (亦作 **tugboat**)拖船 tuōchuán.

tuition /tjuːˈɪʃn; US tuː-/ n [U] [正式用语]教学(學)jiàoxué; 学费 xuéfèi; have private ~ 请私人教学.

tulip /ˈtjuːlɪp; US ˈtuː-/ n [C] [植物]郁金香 yùjīnxiāng.

tumble /ˈtʌmbl/ v 1 [I, T] (使)倒 dǎo; (使)跌落 diēluò. 2 [I] 打

滚 dǎ gǔn; 乱(亂)动(動)luàn dòng. 3 [短语动词] **tumble down** 倒塌 dǎotā; 坍塌 kuàitā. **tumble to sth** [非正式用语]看穿 kànchuān; 看出 kànchū. **tumble** n [C, 常作 sing] 坠(墜)落 zhuìluò; 倒塌 dǎotā. **'tumbledown** adj 将(將)要坍塌de; 残(殘)破的 cánpòde. **'tumble-drier** n [C] 滚筒式干(乾)衣机(機)gǔntǒngshì gānyījī.

tumbler /ˈtʌmblə(r)/ n [C] 平底(无柄)酒杯 píngdǐ wú bǐng jiǔbēi.

tummy /ˈtʌmɪ/ n [pl -ies] [非正式用语]胃 wèi; 肚子 dùzi.

tumour (美语 -or-) /ˈtjuːmə(r); US ˈtuː-/ n [C] 肿(腫)瘤 zhǒngliú.

tumult /ˈtjuːmʌlt; US ˈtuː-/ n [U, sing] [正式用语] 1 吵闹(鬧)chǎonào; 喧哗(嘩)xuānhuá. 2 混乱(亂)hùnluàn; 骚乱 sāoluàn. **tumultuous** /tjuːˈmʌltʃuəs; US ˈtuː-/ adj [正式用语]吵闹的 chǎonàode; 喧哗的 xuānhuáde.

tuna /ˈtjuːnə; US ˈtuː-/ n [C, U] [pl tuna 或 ~s] 金枪(槍)鱼 jīnqiāngyú.

tune /tjuːn; US tuːn/ n 1 [C] 曲调 qūdiào; 明显(顯)的旋律 míngxiǎnde xuánlǜ. 2 [习语] **in/out of tune** (a) 调子正确(確)(或不正确)diàozi zhèngquè. (b) [喻]协(協)调(或不协调)xiétiáo; 和谐(或不和谐)héxié. ~ to the **'tune of sth** [非正式用语]达(達)到…数(數)额(數)量 dádào…shùliàng; fined to the ~ of £1,000. 罚款达1000镑. **tune** v 1 [T] 1 (为乐器)调音 tiáo yīn. 2 调整(机器)tiáozhěng. 3 [短语动词] **tune in (to sth)** (收音机)调谐 tiáoxié; 收听(聽)shōutīng. **tuneful** adj (曲调)悦耳的 yuè'ěrde. **tunefully** adv. **tuner** n [C] 调音器 tiáoyīnqì; 校音器 xiàoyīnshì. **'tuning-fork** n [C] 音叉 yīnchā.

tunic /ˈtjuːnɪk; US ˈtuː-/ n 1 (警察、士兵的)紧(緊)身上衣 jǐnshēn shàngyī. 2 (系带的)宽大外衣 kuāndà wàiyī.

tunnel /ˈtʌnl/ n [C] 隧道 suìdào; 地道 dìdào. **tunnel** v [-ll-; 美语 -l-] [I, T] 掘地道 jué dìdào.

turban /ˈtɜːbən/ n [C] (某些亚洲国家)男用头(頭)巾 nányòng tóujīn.

turbine /ˈtɜːbaɪn/ n [C] 涡(渦)轮(輪)机(機)wōlúnjī; 透平 tòupíng.

turbulent /ˈtɜːbjʊlənt/ adj 混乱(亂)的 hùnluànde; 狂暴的 kuángbàode; 骚(騷)乱的 sāoluànde: ~ passions 狂热的情感. ~ waves

汹涌的波涛. **turbulence** /-ləns/ *n* [U].

tureen /təˈriːn, tjuˈriːn/ *n* [C] (盛汤的)大盖[盖]碗 dà gàiwǎn.

turf /tɜːf/ *n* [*pl* ~s 或 **turves**] **1** (a) [U] 草地 cǎodì; 草皮 cǎopí. (b) [C] 草皮块[塊] cǎopíkuài. **2 the turf** [sing] 赛马场[場] sàimǎ chǎng. **turf** *v* [T] **1** 铺草皮于 pū cǎopí yú. **2** [短语动词] **turf sb/sth out** [英国非正式用语][趕] jūn (某人)赶走; 扔掉(某物) rēngdiào.

turkey /ˈtɜːki/ *n* (a) [C] 火鸡[鷄] huǒjī, (b) [U] 火鸡肉 huǒjī-ròu.

turmoil /ˈtɜːmɔɪl/ *n* [C, 常作 sing, U] 骚动[動] sāodòng; 混乱[亂] hùnluàn.

turn[1] /tɜːn/ *v* **1** [I, T] (使)旋转[轉] xuánzhuǎn; (使)转动 zhuǎndòng: *The earth ~s round the sun.* 地球绕着太阳转. ~ a *key in a lock* 转动钥匙开锁. **2** [I, T] (使)翻转 fānzhuǎn; (使)转过[過]来 zhuǎnguòlái: *She ~ed to look at me.* 她转过身来看我. **3** [I, T] (使)转向 zhuǎnxiàng; (使)拐弯[彎] zhuǎnwān: *T~ left by the church.* 在教堂旁边左转弯. **4** [I, T] (使)绕过 ràoguò: *The car ~ed the corner.* 那辆汽车在街角处拐弯了. **5** [与 *adj* 连用] (使)变[變]成; (使)变化 biànchéng; (使)变为[爲] biànwéi: *The milk has ~ed sour.* 牛奶变酸了. *She's just ~ed 50.* 她正好五十岁[歲]. **6** [I, T] (*from* 从) (使)转化 zhuǎnhuà: *Caterpillars ~ into butterflies.* 毛虫蜕化为蝴蝶. **7** [T] 指向 zhǐxiàng; 瞄准[準] miáozhǔn: ~ *one's attention to the question of money* 考虑钱的问题. **8** [习语] **not turn a 'hair** 不畏惧[懼] bú wèijù; 不惊[驚]慌 bù jīnghuāng; **turn one's back on sb/sth** 拒绝(帮助) jùjué; 不顾[顧]bùgù. **turn a blind 'eye to sth** 故意忽视[視] gùyì hūshì. **turn the clock back** ⇨ CLOCK. **turn a deaf 'ear to sth** 不听[聽] bù tīng; 对[對]…充耳不闻 duì…chōng ěr bù wén. **turned 'out** 打扮 dǎbàn; *be elegantly ~ed out* 打扮得很讲究. **turn one's hand to sth** 着手 zhuóshǒu; 开[開]始学[學]习[習] kāishǐ xuéxí. **turn over a new 'leaf** 改进[進]过[過]自新 gǎijìnguò

turn the 'tables on sb 扭转形势[勢] niǔzhuǎn xíngshì. **turn 'tail** 逃跑 táopǎo. **turn up one's 'nose at sb/sth** 看不起鼻鼻 qǐ; 嗤之以鼻 chī zhī yǐ bí. **turn up trumps** ⇨ TRUMP. **9** [短语动词] **turn (sb) against sb** (使)不友好 bù yǒuhǎo; (使)(探)取敌[敵]对态[態]度 cǎiqǔ díduì tàidù. **turn sb away** 不准进[進]入 bùzhǔn jìnrù; 拒不帮助 jù bù bāngzhù. **turn (sb) back** (使)往回走 wǎng huí zǒu. **turn sth down** 拒绝 jùjué. **turn sth down** (调节炉具、收音机等)使热[熱]度(或音量)降低 shǐ rèdù jiàngdī. **turn 'in** [非正式用语]去睡觉[覺] qù shuìjiào. **turn sb in** [非正式用语]告发[發] gàofā. **turn sb 'off** [非正式用语]使厌[厭]烦(或厌恶[惡]) shǐ yànfán. **turn sth 'off** 关[關]掉(水流等) guāndiào; ~ *off the tap* 关上水龙头. **turn on sb** 袭[襲]击[擊] xíjí. **turn sb 'on** [非正式用语]使生快感 shǐ shēng kuàigǎn. **turn sth 'on** 打开(水流等) dǎkāi; ~ *on the radio* 打开收音机. **turn 'out** (a) (以某方式)发生 fāshēng; (证[證])明为 zhèngmíng wéi; *Everything ~ed out well.* (结果)一切顺利. (b) 在场[場]zàichǎng; 到场 dàochǎng. **turn sth 'out** (a) 关掉 guāndiào; 熄灭[滅] xīmiè. (b) 抽空 chōu kōng: ~ *out the cupboards* 把柜橱[櫥]倒空. (c) 生产[產] shēngchǎn; 培养[養] péiyǎng. **turn sb 'out** 赶[趕]走 gǎn zǒu. **turn sth over** (a) 仔细考虑[慮] zǐxì kǎolǜ. (b) 营[營]业[業]额达[達]到 yíngyè'é dá…. **turn sth/sb over to sb** 移交 yíjiāo; 交给 jiāogěi: *The thief was ~ed over to the police.* 那贼已被送交警察. **turn to sb** 寻[尋]求帮助 xúnqiú bāngzhù. **turn up** 到达 dàodá. **turn (sth) up** 发掘出 fājuéchū; (使)暴露出 bàolù: *The book you've lost will probably ~ up somewhere.* 你丢失的那本书大概会在什么地方找到. **turn sth up** (调节炉具、收音机等)使热度(或音量)升高 shǐ rèdù shēnggāo. **'turn-off** *n* [C] 支路 zhīlù; 岔道 chàdào. **'turn-out** *n* [C, 常作 sing] 出席(或参与[與])的人数[數] chūxíde rénshù. **'turnover** n [sing] 营业额 yíngyè'é: *Their annual ~ over is £10 million.* 他们一年的营业额为一千万镑. **'turn-up** n [C] 1 [常作 pl] (裤脚的)卷(捲)边(邊)边 juǎnbiān. 2 [非正式用语]意外的事 yìwàide shì. a ~ *up for the book* (意想不到的)突发事件.

turn² /tɜːn/ n [C] 1 转(轉)动(動) zhuǎndòng; 旋转 xuánzhuǎn. 2 转弯(彎)zhuǎnwān; 转向 zhuǎnxiàng. 3 变(變)化 biànhuà; 转折 zhuǎnzhé: *Business has taken a ~ for the worse.* 生意越来越不好做了. 4 机(機)会(會)jīhuì; 轮(輪)值 lúnzhí: *It's your ~ to choose.* 轮到你挑选了. 5 (新年或世纪的)开(開)始 kāishǐ. 6 (戏院的)短节(節)目 duǎn jiémù. 7 生病 shēngbìng. 8 惊(驚)吓(嚇)jīngxià: *You gave me a ~ coming in so suddenly!* 你这样突然闯进来吓了我一跳! 9 [习语] **at every 'turn** 处(處)处 chùchù; 每次 měi cì, **done to a 'turn** (食物)火候适当[當] huǒhòu shìdàng. **in 'turn** 依次 yīcì; 轮(輪)流 lúnliú, **out of 'turn** 不合时(時)宜 bù hé shíyí. **take (it) in 'turns to do sth** 轮流去做 lúnliú qù zuò: *The children took it in ~s to play on the swing.* 孩子们轮流打秋千.

turning /'tɜːnɪŋ/ n [C] (路的)转弯(彎)处(處)zhuǎnwānchù, **'turning-point** n [C] 转折点[點]zhuǎnzhédiǎn; 转机(機)zhuǎnjī.

turnip /'tɜːnɪp/ n [C] 萝(蘿)卜(蔔)luóbo.

turnpike /'tɜːnpaɪk/ n [C] [美语](收费)高速公路 gāosù gōnglù.

turnstile /'tɜːnstaɪl/ n [C] (十字形)转(轉)门[門]zhuǎnmén.

turntable /'tɜːnteɪbl/ n [C] (唱机的)转盘(盤)zhuànpán.

turpentine /'tɜːpəntaɪn/ n [U] 松节(節)[油]油 sōngjié yóu.

turquoise /'tɜːkwɔɪz/ adj 绿蓝(藍)色的 lǜlánsède. **turquoise** n [C,U] 绿松石 lǜsōngshí.

turret /'tʌrɪt/ n [C] 1 角楼(樓)jiǎolóu; 小塔 xiǎotǎ. 2 [C] 炮塔 pàotǎ.

turtle /'tɜːtl/ n [C] 海龟(龜)hǎiguī.

tusk /tʌsk/ n [C] (象、野猪等的)獠牙 liáoyá.

tussle /'tʌsl/ v [I] n [C] 扭打 niǔdǎ; 争斗(鬥)[門]zhēngdòu.

tut /tʌt/ (亦作 **tut-'tut**) interj (表示不耐烦嫌恶)啧 zé!

tutor /'tjuːtə(r)/; US 'tuː-/ n [C] 1 私人教师(師)sīrén jiàoshī; 家庭教师 jiātíng jiàoshī. 2 [英国英语](大学)导(導)师 dǎoshī. **tutor** v [I, T] (个别地)教学(學)jiàoxué; 当(當)…的导师…de dǎoshī.

tutorial /tjuː'tɔːrɪəl/; US tuː-/ n [C] (教师的)指导期 zhǐdǎo qī. **tutorial** adj 家庭教师的 jiātíng jiàoshī de; (大学)导师的 dǎoshīde.

tuxedo /tʌk'siːdəʊ/ n [C] [pl ~s] [美语](男用)晚礼(禮)服 wǎn lǐfú.

TV /tiː 'viː/ n [C, U] 电(電)视 diànshì.

twaddle /'twɒdl/ n [U] [非正式用语]无(無)聊的话 wúliáo de huà; 废(廢)话 fèihuà.

twang /twæŋ/ n [C] 1 拨(撥)弦声(聲)bōxiánshēng. 2 鼻声 bíshēng; 鼻音 bíyīn. **twang** v [I, T] (使)发(發)拨弦声 fā bōxiánshēng.

tweak /twiːk/ v [T] 拧(擰)níng; 扭 niǔ; 捏 niē: ~ *a child's nose* 捏小孩儿的鼻子. **tweak** n [sing].

tweed /twiːd/ n [U] 花呢 huāní. **tweeds** [pl] (一套)花呢衣服 huāní yīfu.

tweet /twiːt/ v [I] n [C] [非正式用语](小鸟的)啁啾声(聲)zhōujiūshēng.

tweezers /'twiːzəz/ n [pl] 镊(鑷)子 nièzi.

twelve /twelv/ pron, adj, n [C] 十二(的)shí'èr. **twelfth** /twelfθ/ pron, adj 第十二(的)dìshí'èr. **twelfth** pron, n [C] 十二分之一 shí'èrfēn zhī yī.

twenty /'twentɪ/ pron, adj, n [C] [pl -ies] 二十(的)èrshí. **twentieth** /'twentɪəθ/ pron, adj 第二十(的)dì'èrshí. **twentieth** pron, n [C] 二十分之一 èrshífēn zhī yī.

twice /twaɪs/ adv 两次 liǎngcì; 两倍 liǎngbèi. *I've read this book ~.* 这本书我已看过两遍了. *Your room is ~ as big as mine.* 你的房间比我的大一倍.

twiddle /'twɪdl/ v [I, T] 抚(撫)弄 fǔnòng; 把玩 bǎwán.

twig[1] /twɪg/ n [C] 细枝 xìzhī; 嫩枝 nènzhī.

twig[2] /twɪg/ v (-gg-) [I, T] [英国非正式用语] 懂得 dǒngde; 了解 liǎojiě.

twilight /'twaɪlaɪt/ n [U] 黄昏 huánghūn.

twill /twɪl/ n [U] 斜纹布 xiéwénbù.

twin /twɪn/ n [C] 孪[孿]生儿[兒]之一 luánshēng'ér zhī yī. **twin** adj 完全相像的 wánquán xiāngxiàng de; ~ beds 两张相同的单人床.

twine /twaɪn/ n [U] 多股绳[繩]索 duō gǔ xiàn; 细绳[繩] xì shéng. **twine** v [I, T] 卷[捲]绕[繞] juǎnrào.

twinge /twɪndʒ/ n [C] (一阵)剧[劇]痛 jùtòng; 刺痛 cìtòng; [喻]一~ of guilt 一阵内疚.

twinkle /'twɪŋkl/ v 1 [I] 闪烁[爍] shǎnshuò; 闪耀 shǎnyào; stars twinkling in the sky 天上闪烁着的星星. 2 (眼睛)闪闪发[發]光 shǎnshǎn fā guāng. **twinkle** n [sing]: a ~ in her eyes 她眼中的闪光.

twirl /twɜ:l/ v 1 [I, T] (使)快速旋转[轉] kuàisù xuánzhuǎn. 2 [T] 扭转 niǔzhuǎn; 卷[捲]曲 juǎnqū; 捻弄 niǎnnòng. **twirl** n [C] 旋转 xuánzhuǎn.

twist /twɪst/ v 1 [I, T] 缠[纏]绕[繞] chánrào; 盘[盤]绕[繞] pánrào; ~ string round one's fingers 把绳子缠绕在手指上. 2 [I, T] 转[轉]动[動] zhuǎndòng; 旋转[轉] xuánzhuǎn; She ~ed (her head) round. 她扭过头去. 3 [I, T] (使)扭曲 niǔqū; 拧[擰]压[壓]扭[扭]yā: The car was a pile of ~ed metal. 那辆汽车已经成了一堆压缩的废铁了. 4 [T] 扭伤 niǔshāng: ~ one's ankle 扭伤脚踝. 5 [T] 转动 zhuǎndòng; 拧[擰]开[開]拧[擰]: ~ the lid off the jar 拧开瓶盖. 6 [I] (道路、河流)曲折 qūzhé, 盘旋 pánxuán. 7 [T] 曲解 qūjiě: ~ sb's words 曲解某人的话. 8 [习语] ,twist sb's 'arm [非正式用语]说服 shuōfú; 强迫 qiǎngpò. ,twist sb round one's little 'finger [非正式用语]任意摆[擺]布(某人) rènyì bǎibù. **twist** n 1 搓 cuō; 转[轉]动 zhuǎndòng; 扭 niǔ; 拧 nǐng. 2 扭曲状[狀] niǔqūzhuàng. 3 转变[變] zhuǎnbiàn; 发[發]展 fā-

zhǎn; by a strange ~ of fate 命运的奇异转变.

twit /twɪt/ n [C] [英国非正式用语]傻[傻]瓜 shǎguā.

twitch /twɪtʃ/ n [C] (肌肉的)抽搐 chōuchù. **twitch** v 1 [I] 抽搐 chōuchù. 2 [I, T] (突然的)扯动 lādòng; 急扯 jíchě.

twitter /'twɪtə(r)/ v [I] 1 (鸟)啁啾叫 zhōujiū de jiào. 2 (人)因兴[興]奋[奮]而快速地说 yīn xīngfèn ér kuàisùde shuō. **twitter** n [sing].

two /tu:/ pron, adj, n [C] [pl ~s] 二 èr; 两 liǎng. 1 [习语] put two and two to'gether 推测(真相) tuīcè. ,two-'faced adj 两面派的 liǎngmiànpàide. **twofold** adj, adv (a) 两部分的 liǎngbùfènde. (b) 两倍(的) liǎngbèi de. ,two-'way adj (道路)双[雙]向的 shuāngxiàngde.

tycoon /taɪ'ku:n/ n [C] [非正式用语]实[實]业[業]界巨头[頭] shíyèjiè jùtóu.

tying ⇨ TIE[1].

type /taɪp/ n [C] 类[類]型 lèixíng; 种[種]类 zhǒnglèi; many different ~s of computers 各式各样的计算机. 2 [U] [印刷]活字 huózì; 铅字 qiānzì; italic ~ 斜体字. **type** v [I, T] (用打字机或文字处理机)打印 dǎyìn. **type-cast** /'taɪpkɑ:st/ v [pt, pp type-cast] [T] 尤用被动语态]让[讓](演员)扮[扮]演特长[長]的角色 ràng dānrén shàncháng de juésè. **'typescript** n [C] (打印的)文稿 wéngǎo. **'typewriter** n [C] 打字机[機] dǎzìjī. **typing** n [U] 打字(技术)dǎzì. **typist** n [C] 打字员 dǎzìyuán.

typhoid /'taɪfɔɪd/ n [U] 伤[傷]寒 shānghán.

typhoon /taɪ'fu:n/ n [C] 台风[風] táifēng.

typhus /'taɪfəs/ n [U] 斑疹伤[傷]寒 bānzhěn shānghán.

typical /'tɪpɪkl/ adj 典型的 diǎnxíngde; 代表性的 dàibiǎoxìngde; a ~ British home 典型的英国式住房. **typically** /-klɪ/ adv.

typify /'tɪpɪfaɪ/ v [pt, pp -ied] [T] 作…的模范[範] zuò…de mófàn.

typist ⇨ TYPE.

tyrannical /tɪ'rænɪkl/ adj 暴君的 bàojūnde; 专[專]制的 zhuānzhìde.

tyrannize /ˈtɪrənaɪz/ v [I, T] (over) (对…) 施暴政 shī bàozhèng; 暴虐统治 bàonüè tǒngzhì.

tyranny /ˈtɪrənɪ/ n [U] 暴虐 bàonüè; 暴行 bàoxíng; 残[殘]暴 cánbào.

tyrant /ˈtaɪərənt/ n [C] 暴君 bàojūn.

tyre /taɪə(r)/ n [C] 轮[輪]胎 lúntāi.

U u

U, u /juː/ n [C] [pl U's, u's /juːz/] 英语的第二十一个[個]字母 Yīngyǔ de dì'èrshíyīgè zìmǔ.

U-turn n [C] 1 (车辆)掉头[頭] diàotóu; 向后[後]转[轉]弯 xiànghòuzhuǎn. 2 [非正式用语](彻底)改变看法 gǎibiàn kànfǎ.

ubiquitous /juːˈbɪkwɪtəs/ adj [正式用语](似乎)普遍存在的 pǔbiàn cúnzài de.

udder /ˈʌdə(r)/ n [C] (牛、羊的)乳房 rǔfáng.

UFO /ˌjuː ef ˈəʊ ɑː juːˈfəʊ/ n [C] [pl ~s] (= unidentified flying object) 不明飞[飛]行物 bùmíng fēixíngwù; 飞碟 fēidié.

ugh /发类似ʌ的音/ interj (用以表示厌恶或恐惧)啊呀 a; 哎哟 wōyō; Ugh! What a horrible smell! 哎唷! 多么难闻的气味!

ugly /ˈʌɡlɪ/ adj [-ier, -iest] 1 丑[醜]陋的 chǒulòude; 难[難]看的 nánkànde. 2 险[險]恶[惡]的 xiǎn'ède; an ~ situation 险恶的局势. **ugliness** n [U].

UK /ˌjuːˈkeɪ/ abbr the UK (= the United Kingdom) 联[聯]合王国[國] Liánhé Wángguó.

ulcer /ˈʌlsə(r)/ n [C] 溃疡[瘍] kuìyáng. **ulcerate** v [I, T] (使)生溃疡 kuìyáng. **ulcerous** adj.

ulterior /ʌlˈtɪərɪə(r)/ adj 隐秘的 yǐnmìde; 别有用心的 biéyǒuyòngxīn de; an ~ motive 不可告人的目的.

ultimate /ˈʌltɪmət/ adj 最后[後]的 zuìhòude; 最远[遠]的 zuìyuǎnde. **ultimately** adv 最后 zuìhòu.

ultimatum /ˌʌltɪˈmeɪtəm/ n [C]

[pl ~s 或 -ta /-tə/] 最后[後]通牒 zuìhòu tōngdié; 哀的美敦书[書] āidìměidūnshū.

ultraviolet /ˌʌltrəˈvaɪələt/ adj 紫外线[綫]的 zǐwàixiànde.

umbilical cord /ʌmˈbɪlɪkl/ n [C] 脐[臍]带[帶] qídài.

umbrella /ʌmˈbrelə/ n [C] 1 雨伞[傘] yǔsǎn. 2 [喻]保护[護]伞 bǎohùsǎn.

umpire /ˈʌmpaɪə(r)/ n [C] 仲裁人 zhòngcáirén; 裁判员 cáipànyuán, **umpire** v [I, T] 裁判 cáipàn.

umpteen /ˈʌmptiːn/ pron [非正式用语]许多 xǔduō; 无[無]数[數] wúshù; read ~ books on the subject 看过无数本关于这个学科的书. **umpteenth** /ˈʌmptiːnθ/ pron: for the ~th time 无数次.

UN /juː ˈen/ abbr the UN (= The United Nations) 联[聯]合国[國] Liánhéguó.

unable /ʌnˈeɪbl/ adj 不能的 bùnéngde; 不会[會]的 bùhuìde.

unaccountable /ˌʌnəˈkaʊntəbl/ adj [正式用语]无[無]法解释[釋]的 wúfǎ jiěshì de. **unaccountably** adv.

unaccustomed /ˌʌnəˈkʌstəmd/ adj 1 to 不习[習]惯的 bù xíguàn de; ~ to speaking in public 不习惯于在大庭广众中说话. 2 不平常的 bù píngcháng de; 奇怪的 qíguàide.

unanimous /juːˈnænɪməs/ adj 一致同意的 yízhì tóngyì de; a ~ decision 全体一致同意的决定. **unanimity** /ˌjuːnəˈnɪmətɪ/ n [U].

unanswerable /ʌnˈɑːnsərəbl; US ʌnˈæn-/ adj 无[無]可辩驳的 wú kě biànbó de.

unarmed /ˌʌnˈɑːmd/ adj 非武装[裝]的 fēi wǔzhuāng de.

unassuming /ˌʌnəˈsjuːmɪŋ; US -ˈsuː-/ adj 不摆[擺]架子的 bù bǎi jiàzi de; 谦逊[遜]的 qiānxùnde.

unattached /ˌʌnəˈtætʃt/ adj 1 无[無]关[關]系[係]的 wú guānxi de; 独[獨]立的 dúlìde. 2 未婚的 wèihūnde; 无固定伴侣的 wú gùdìng bànlǚ de.

unattended /ˌʌnəˈtendɪd/ adj 没人照顾[顧]的 méirén zhàogù de; 无[無]人看管的 wúrén kānguǎn de; Never leave a baby ~. 不要把要孩留下无人照顾.

unavoidable /ˌʌnəˈvɔɪdəbl/ *adj* 不可避免的 bùkě bìmiǎn de.

unaware /ˌʌnəˈweə(r)/ *adj* (*of*) 不知道的 bù zhīdào de; 没察觉[觉]到的 méi chájuédào de. **unawares** /-ˈweəz/ *adv* 意外地 yìwàide; 突然 túrán: *catch/take sb ~s* 把某人吓一跳.

unbalanced /ˌʌnˈbælənst/ *adj* (神经) 不正常的 bù zhèngcháng de; (精神) 错乱[乱]的 cuòluànde.

unbearable /ˌʌnˈbeərəbl/ *adj* 忍受不了的 rěnshòu bù liǎo de. **unbearably** *adv*.

unbeatable /ˌʌnˈbiːtəbl/ *adj* 不可战[战]胜[胜]的 bùkě zhànshèng de: ~ *value for money* 金钱万能.

unbelievable /ˌʌnbɪˈliːvəbl/ *adj* 不可信的 bù kě xìn de; 惊[惊]人的 jīngrénde. **unbelievably** *adv*.

unborn /ˌʌnˈbɔːn/ *adj* 未诞生的 wèi dànshēng de.

unbroken /ˌʌnˈbrəʊkən/ *adj* 不中断[断]的 bù zhōngduàn de; (纪录等) 未被打破的 wèi bèi dǎpò de: *ten hours of ~ sleep* 连续十小时的睡眠.

unbutton /ˌʌnˈbʌtn/ *v* [T] 解开[开]⋯的钮扣 jiěkāi⋯de niǔkòu.

uncalled-for /ˌʌnˈkɔːld fɔː(r)/ *adj* 没有理由的 méiyǒu lǐyóu de; 不必要的 bù bìyào de; 不应[应]当[当]的 bù yìngdāng de.

uncanny /ʌnˈkænɪ/ *adj* [-ier, -iest] 不自然的 bú zìrán de; 神秘的 shénmìde.

unceremonious /ˌʌnˌserɪˈməʊnɪəs/ *adj* 1 非正式的 fēi zhèngshì de; 随[随]便的 suíbiànde. 2 粗鲁的 cūlǔde; 无[无]礼[礼]的 wúlǐ de. **unceremoniously** *adv*.

uncertain /ʌnˈsɜːtn/ *adj* 1 不明确[确]的 bù míngquè de; 无[无]把握的 wú bǎwò de: *be ~ about what to do* 对要做什么事拿不定主意. 2 幕不住的 kàobúzhùde; 易变[变]的 yìbiànde: ~ *weather* 变化莫测的天气. **uncertainly** *adv*. **uncertainty** *n* [C, U] [*pl* -ies].

uncharitable /ʌnˈtʃærɪtəbl/ *adj* 严[严]厉[厉]的 yánlìde; 无[无]情的 wúqíngde.

unchecked /ʌnˈtʃekt/ *adj* 未被制止的 wèi bèi zhìzhǐ de.

uncivilized /ʌnˈsɪvəlaɪzd/ *adj* 野蛮[蛮]的 yěmánde; 未开[开]化的 wèi kāihuà de; 不文明的 bù wén-

míng de.

uncle /ˈʌŋkl/ *n* [C] 伯父 bófù; 叔父 shūfù; 舅父 jiùfù; 姑丈 gūzhàng; 姨夫 yífu.

uncomfortable /ʌnˈkʌmftəbl; *US* -fərt-/ *adj* 1 不舒服的 bù shūfu de. 2 不自然的 bú zìrán de; 不安的 bù'ānde. **uncomfortably** *adv*.

uncommon /ʌnˈkɒmən/ *adj* 不普通的 bù pǔtōng de; 不平常的 bù píngcháng de. **uncommonly** *adv* [正式用语] 显[显]著地 xiǎnzhùde; 极[极]端地 jíduānde.

uncompromising /ʌnˈkɒmprəmaɪzɪŋ/ *adj* 不妥协[协]的 bù tuǒxié de; 坚[坚]定的 jiāndìngde.

unconcerned /ˌʌnkənˈsɜːnd/ *adj* 不感兴[兴]趣的 bù gǎn xìngqù de; 漠不关[关]心的 mò bù guānxīn de.

unconditional /ˌʌnkənˈdɪʃənl/ *adj* 绝对[对]的 juéduìde; 无[无]条[条]件的 wútiáojiàn de: ~ *surrender* 无条件投降.

unconscious /ʌnˈkɒnʃəs/ *adj* 无[无]意识[识]的 wú yìshí de; 不知道的 bù zhīdào de; 失去知觉[觉]的 shīqù zhījué de: *knocked ~* 被打昏过去. ~ *of danger* 未知道有危险. **unconsciously** *adv*.

uncountable /ʌnˈkaʊntəbl/ *adj* 不可数[数]的 bù kě shǔ de: '*But-ter*' *is an ~ noun*. "*butter*" 一词是不可数名词.

uncouth /ʌnˈkuːθ/ *adj* (人、动作等) 粗野的 cūyěde; 笨拙的 bènzhuōde.

uncover /ʌnˈkʌvə(r)/ *v* [T] 1 移去⋯的覆盖[盖]物 yíqù⋯de fùgàiwù. 2 揭露 jiēlù; 宣布 xuānbù.

undaunted /ʌnˈdɔːntɪd/ *adj* [正式用语] 无[无]畏的 wúwèide; 大胆[胆]的 dàdǎnde.

undecided /ˌʌndɪˈsaɪdɪd/ *adj* 未定的 wèidìngde; 未决的 wèijuéde.

undeniable /ˌʌndɪˈnaɪəbl/ *adj* 确[确]实[实]的 quèshíde; 不能否认[认]的 bùnéng fǒurèn de. **undeniably** *adv*.

under /ˈʌndə(r)/ *prep* 1 在⋯之下 zài⋯zhī xià; (位置) 低于⋯的 dīyú⋯de: *Have you looked ~ the bed?* 你看过床底下了吗? 2 被⋯遮被盖[盖] zhēbèi zhě. *Most of the ice-berg is ~ the water.* 冰山的大部分在水面以下. 3 少于 shǎo yú: ~ *£50* 少于五十英镑. 4 在⋯情况下 zài⋯qíngkuàng xià. 5 在⋯影响[响]下 zài⋯yǐngxiǎng xià: ~

construction 在建造中。~ *these circumstances* 在这些情况下。**5** 在…统治(或管理)下 zài…tǒngzhì xià; *Britain* ~ *Thatcher* 在撒切尔当治下的英国。**6** 根据[据] gēnjù; ~ *the terms of the contract* 根据合同规定。**7** 使用(某名称) shǐyòng; *She wrote* ~ *the name of George Eliot.* 她用乔治·埃利奥特的名字写作。**under** *adv* 在下面 zài xiàmiàn; (尤指)在水下 zài shuǐ xià.

under- *prefix* **1** 在…下面 zài…xiàmiàn; ~*current* 潜流。**2** 不足 bùzú; ~*ripe* 欠熟。

underarm /'ʌndərɑːm/ *adj, adv* (运动)手臂低手式的(地)(投球时手低于肩) dī shǒushì de.

undercarriage /'ʌndəkærɪdʒ/ *n* [C] (飞机的)起落架 qǐluòjià.

undercharge /ˌʌndə'tʃɑːdʒ/ *v* [I, T] 少讨…的价[价]钱[钱] shǎo tǎo…de jiàqián.

underclothes /'ʌndəkləʊðz/ *n* [pl] = UNDERWEAR.

undercover /ˌʌndə'kʌvə(r)/ *adj* 秘密的 mìmìde; 暗中进[进]行的 ànzhōng jìnxíng de.

undercurrent /'ʌndəkʌrənt/ *n* [U] **1** 潜流 qiánliú。**2** [喻](思想、情绪的)暗流 ànliú; *an* ~ *of bitterness* 一股憋闷的暗流。

undercut /ˌʌndə'kʌt/ *v* [-tt-; *pt, pp* **undercut**] [T] 削低(商品)价[价]格 xuēdī jiàgé.

underdeveloped /ˌʌndədɪ'veləpt/ *adj* (国家)不发达[达]的; 发展不足的 bùfā fādá de; 未充分开[开]发的 wèi chōngfēn kāifā de.

underdog /'ʌndədɒg; *US* -dɔːg/ *n* [C] 竞[竞]争中处[处]于劣势[势]者 jìngzhēngzhōng chǔyú lièshì zhě.

underdone /ˌʌndə'dʌn/ *adj* (尤指肉)不太熟的 bú tài shú de.

underestimate /ˌʌndər'estɪmeɪt/ *v* [T] 低估 dīgū; 看轻[轻] kànqīng; ~ *the enemy's strength* 低估敌人的力量。

underfed /ˌʌndə'fed/ *adj* 吃得太少的 chī de tàishǎo de.

underfoot /ˌʌndə'fʊt/ *adv* 在脚下 zài jiǎoxià; *The grass was wet* ~. 脚下的草地是湿的。

undergo /ˌʌndə'gəʊ/ *v* [*pt* -**went** /-'went/, *pp* -**gone** /-'gɒn; *US* -'gɔːn/] [T] 经[经]历[历] jīnglì; 遭受 zāoshòu.

undergraduate /ˌʌndə'grædʒuət/

n [C] 大学[学]肄业[业]生 dàxué yìyèshēng.

underground /'ʌndəgraʊnd/ *adj* **1** 地下的 dìxiàde; 在地下的 zài dìxià de。**2** [喻]秘密的 mìmìde; 隐[隐]蔽的 yǐnbìde。**the underground** *n* [sing] 下地铁[铁]道 dìxià tiědào。**2** 秘密政治活动(团) mìmì zhèngzhì huódòng。**underground** /ˌʌndə'graʊnd/ *adv* 在地下 zài dìxià.

undergrowth /'ʌndəgrəʊθ/ *n* [U] (生在大树下的)下层[层]林丛[丛] xiàcéng líncóng.

underhand /ˌʌndə'hænd/ *adj* 暗中(或秘密)进[进]行的 ànzhōng jìnxíng de; 诡诈的 guǐzhàde.

underlie /ˌʌndə'laɪ/ *v* [*pt* -**lay** /-'leɪ/, *pp* -**lain** /-'leɪn/, *pres p* **lying**] [T] 位于…之下 wèiyú…zhī xià; 作为(基础[础]) zuòwéi…de jīchǔ.

underline /ˌʌndə'laɪn/ *v* [T] **1** 划[划]线(线)于…之下 huà xiàn yú…zhī xià。**2** [喻]强调 qiángdiào; 使突出 shǐ tūchū.

undermanned /ˌʌndə'mænd/ *adj* 人员不足的 rényuán bùzú de.

undermine /ˌʌndə'maɪn/ *v* [T] **1** (逐渐)削弱 xuēruò; (暗中)破坏[坏]pòhuài; *Repeated failure* ~*d his confidence.* 屡遭失败削弱了他的信心。**2** 在…下挖坑道 zài…xià wā kēngdào.

underneath /ˌʌndə'niːθ/ *prep, adv* 在(…)下面 zài xiàmiàn; 在(…)底下 zài dǐxià.

underpants /'ʌndəpænts/ *n* [pl] (男用)衬裤 chènkù.

underpass /'ʌndəpɑːs; *US* -pæs/ *n* [C] 地下通道 dìxià tōngdào.

underprivileged /ˌʌndə'prɪvɪlɪdʒd/ *adj* 被剥夺[夺]基本社会[会]权[权]利的 bèi bōduó jīběn shèhuì quánlì de.

underrate /ˌʌndə'reɪt/ *v* [T] 低估 dīgū; 过[过]低评价[价] guò dī píngjià.

underside /'ʌndəsaɪd/ *n* [C] 下侧 xiàcè; 下部表面 xiàbù biǎomiàn.

undersigned /ˌʌndə'saɪnd/ *n* **the undersigned** [C] [*pl* **the undersigned**] [正式用语](在文件末尾的)签[签]名人 qiānmíng rén; *We, the* ~ … 我们, 本文件之签名人声明…。

understand /ˌʌndə'stænd/ *v* [*pt, pp* -**stood** /-'stʊd/] **1** [I, T] 懂得 dǒngdé; 了解 liǎojiè; *She* *can* ~ *French perfectly.* 法语她完全懂得. *I don't* ~ *what the problem is.* 我不了解这个问题是什么. **2** [I, T] 谅解; 谅解 liàngjiě: *No one* ~*s me.* 没有人理解我. **3** [T] [正式用语] 获得 [晓] 悉 huòxī; 听 [聽] 说 tīngshuō: *I* ~ *that you wish to leave.* 我听说你要离去. **4** [习语] (make oneself understood) 把(自己的) 意思表达 [達] 清楚 bǎ yìsī biǎodá qīngchǔ. **understandable** *adj* 可理解的 kě lǐjiě de. **understandably** *adv.* **understanding** *n* **1** [U] 智力 zhìlì; 理解力 lǐjiělì. **2** [U] [体] 谅解 tǐliàng; 谅解 liàngjiě. **3** [C] 协 [協] 议 [議] xiéyì. **understanding** *adj* 体谅的 tǐliàng de; 理解的 lǐjiě de.

understate /ˌʌndəˈsteɪt/ *v* [T] 没有充分地陈述 méiyǒu chōngfèn de chénshù: ~ *the extent of the problem* 没有充分表达问题的范围. **understatement** /ˈʌndəsteɪtmənt/ *n* [C, U].

understudy /ˈʌndəstʌdɪ/ *n* [C] (*pl* -ies) 候补[補]人员 hòubǔ rényuán; (尤指)预备[備]演员 yùbèi yǎnyuán.

undertake /ˌʌndəˈteɪk/ *v* [*pt* **-took** /-ˈtʊk/, *pp* ~**n**, /-ˈteɪkən/] [T] [正式用语] **1** 承担[擔] chéngdān; 负起责任 fùqǐ zérèn. **2** *to* 同意 tóngyì; 答应[應] dāyìng. **undertaking** *n* [C] **1** 任务[務] rènwù; 事业[業] shìyè. **2** [正式用语] 许诺 xǔnuò; 诺言 nuòyán.

undertaker /ˈʌndəteɪkə(r)/ *n* [C] 承办[辦]殡[殯]殓[殮]葬者 chéngbàn bìnzàng zhě.

undertone /ˈʌndətəʊn/ *n* [C] **1** 低声[聲] dī shēng; 低语 dī yǔ: *speak in* ~*s* 低声说话. **2** 潜[潛]在的意义[義](或感情) qiánzài de yìyì.

undervalue /ˌʌndəˈvæljuː/ *v* [T] 低估…的价[價]值 dī gū …de jiàzhí.

underwater /ˌʌndəˈwɔːtə(r)/ *adj, adv* 在水面下(的) zài shuǐmiàn xià.

underwear /ˈʌndəweə(r)/ *n* [U] 内衣 nèiyī.

underworld /ˈʌndəwɜːld/ *n* **the underworld** [sing] **1** 下流社会[會] xiàliú shèhuì; 黑社会 hēi shèhuì. **2** [神话语]阴[陰]间 yīnjiān; 冥府 dìfǔ.

underwrite /ˌʌndəˈraɪt/ *v* [*pt* **-wrote** /-ˈrəʊt/, *pp* **-written** /-ˈrɪtn/] [T] 给…保险[險] gěi…bǎoxiǎn; 同意赔款(尤指海上保险) tóngyì péikuǎn.

undesirable /ˌʌndɪˈzaɪərəbl/ *adj* 可能招致损害的 kěnéng zhāozhì sǔnhài de; 不合需要的 bù hé xūyào de. **undesirable** *n* [C] 不受欢[歡]迎的人 bú shòu huānyíng de rén.

undeveloped /ˌʌndɪˈveləpt/ *adj* 不发[發]达[達]的 bù fādá de; 未开[開]发的 wèi kāifā de.

undies /ˈʌndɪz/ *n* [pl] [非正式用语](女用)内衣 nèiyī.

undo /ʌnˈduː/ *v* [*pt* **-did** /-ˈdɪd/, *pp* **-done** /-ˈdʌn/] [T] **1** 解开[開] (捆扎) jiěkāi; 松开 sōngkāi. **2** 使无[無]效 shǐ wúxiào; 废[廢]弃[棄]掉 fèiqì: *He undid all my good work.* 他毁掉了我所有的成绩. **undoing** *n* [sing] [正式用语]使(某人)失败的原因 zàochéng shībài de yuányīn.

undoubted /ʌnˈdaʊtɪd/ *adj* 无[無]疑的 wúyí de; 肯定的 kěndìng de; 真正的 zhēnzhèng de. **undoubtedly** *adv.*

undress /ʌnˈdres/ *v* **1** [I] 脱衣服 tuō yīfu; 宽衣 kuānyī. **2** [T] 脱去…的衣服 tuōqù …de yīfu. **undressed** *adj* 不穿衣服的 bù chuān yīfu de.

undue /ˌʌnˈdjuː; US -ˈduː/ *adj* [正式用语]过[過]分的 guòfèn de; 过度的 guòdù de; 不适当的 bù shìdàng de: *with* ~ *'haste* 过分匆忙地. **unduly** *adv.*

undulate /ˈʌndjuleɪt/ *v* [I] 波动[動] bōdòng; 起伏 qǐfú: *The road* ~*s through the hills.* 这条路从山间蜿蜒而过.

undying /ʌnˈdaɪɪŋ/ *adj* [正式用语]不朽的 bùxiǔde; 永恒的 yǒnghéng de: ~ *love* 永垂的爱情.

unearth /ʌnˈɜːθ/ *v* [T] **1** 发[發]掘 fājué. **2** 发现 fāxiàn: ~ *the truth* 发现真相.

unearthly /ʌnˈɜːθlɪ/ *adj* **1** 神秘的 shénmì de; 鬼怪的 guǐguài de. **2** [非正式用语]不合理的 bù héli de; 荒谬的 huāngmiùde: *at this* ~ *hour* 在这不方便的时刻.

uneasy /ʌnˈiːzɪ/ *adj* [**-ier**, **-iest**] (身、心)不舒服的 bù shūfúde; 不自在的 bú zìzài de; 不安的 bù'ān de. **uneasily** *adv.* **uneasiness** *n* [U].

uneconomic /ˌʌnˌiːkəˈnɒmɪk,

/ˌʌnɪek-/ adj 不经[經]济[濟]的 bù jīngjì de.

unemployed /ˌʌnɪm'plɔɪd/ adj 失业[業]的 shīyède. **the unemployed** n [pl] 失业者 shīyèzhě. **unemployment** /-'plɔɪmənt/ n [U].

unequal /ˌʌnˈiːkwəl/ adj 1 不同的 bùtóngde. 2 不相等的 bù xiāngděng de. 2 不平等的 bù píngděng de. 3 to [正式用语]不胜[勝]任的 bú shèngrèn de; 不够坚[堅]强的 búgòu jiānqiáng de. **unequally** adv.

unequivocal /ˌʌnɪˈkwɪvəkl/ adj 含义[義]清楚的(或明确的) hányì qīngchu de. **unequivocally** adv.

uneven /ˌʌnˈiːvn/ adj 1 不平坦的 bù píngtǎn de; 不均匀的 bù jūnyún de. 2 (质量)有差异[異]的 yǒu chāyì de; 不一致的 bú yízhì de.

unexpected /ˌʌnɪkˈspektɪd/ adj 未料到的 wèi liàodào de; 意外的 yìwàide. **unexpectedly** adv.

unfailing /ˌʌnˈfeɪlɪŋ/ adj [褒]永恒的 yǒnghéngde; 不断[斷]的 búduànde.

unfair /ˌʌnˈfeə(r)/ adj 不公正的 bù gōngzhèng de; 不公平的 bù gōngpíng de; ~ remarks/competition 不公平的评论(或竞赛). **unfairly** adv.

unfaithful /ˌʌnˈfeɪθfl/ adj 不忠实[實]的 bù zhōngshí de; (尤指对丈夫或妻子)不贞洁[潔]的 bù zhēnjié de.

unfamiliar /ˌʌnfəˈmɪlɪə(r)/ adj 1 陌生的 mòshēngde; 生疏的 shēngshūde. 2 with 不熟悉的 bù shúxī de; 外行的 wàihángde; I'm ~ with this type of computer. 我对这种计算机不熟悉.

unfasten /ˌʌnˈfɑːsn; US ʌnˈfæsn/ v [T] 解开[開]jiěkāi; 打开 dǎkāi.

unfinished /ˌʌnˈfɪnɪʃt/ adj 未完成的 wèi wánchéng de; ~ business 未完成的日常工作.

unfit /ˌʌnˈfɪt/ adj 不合适[適]的 bù héshì de; 不适当(當)的 bú shìdàng de.

unfold /ˌʌnˈfəʊld/ v 1 [T] 展开[開]zhǎnkāi; 打开 dǎkāi. 2 [I, T] (喻)(使)显[顯]露 xiǎnlù; 使明白 biāomíng; as the story ~ed 正如事件经过所表明的.

unforeseen /ˌʌnfɔːˈsiːn/ adj 意料之外的 yìliào zhī wài de.

unforgettable /ˌʌnfəˈɡetəbl/ adj 难[難]忘的 nánwàngde.

unfortunate /ˌʌnˈfɔːtʃənət/ adj 1 不幸的 búxìngde. 2 令人遗憾的 lìng rén yíhàn de; an ~ remark 令人遗憾的话. **unfortunately** adv.

unfounded /ˌʌnˈfaʊndɪd/ adj 无[無]根据[據]的 wú gēnjù de.

unfriendly /ˌʌnˈfrendli/ adj [-ier, -iest] 不友好的 bù yǒuhǎo de.

unfurl /ˌʌnˈfɜːl/ v [I, T] 展开[開]zhǎnkāi; 打开 dǎkāi.

unfurnished /ˌʌnˈfɜːnɪʃt/ adj 无[無]家具设备[備]的 wú jiājù shèbèi de.

ungainly /ʌnˈɡeɪnli/ adj 笨拙的 bènzhuōde; 难[難]看的 nánkànde.

ungodly /ʌnˈɡɒdli/ adj 1 不敬神的 bú jìng shén de. 2 [非正式用语]不合理的 bù hélǐ de; 不[讲]道理的 bù jiǎng dàolǐ de; at this ~ hour 在这个不合适的时刻.

ungrateful /ʌnˈɡreɪtfl/ adj 不领情的 bù lǐngqíng de.

unguarded /ʌnˈɡɑːdɪd/ adj (尤指说话)不留神的 bù liúshén de; 粗心的 cūxīnde.

unhappy /ʌnˈhæpi/ adj [-ier, -iest] 不快乐[樂]的 bú kuàilè de. **unhappily** adv. **unhappiness** n [U].

unhealthy /ʌnˈhelθi/ adj [-ier, -iest] 1 不健康的 bú jiànkāng de. 2 有损健康的 yǒu sǔn jiànkāng de.

unheard-of /ʌnˈhɜːd ɒv/ adj 前所未闻的 qián suǒ wèi wén de; 空前的 kōngqiánde.

unicorn /ˈjuːnɪkɔːn/ n [C] [神话]似马的独[獨]角兽[獸]sì mǎ de dújiǎoshòu.

unidentified /ˌʌnaɪˈdentɪfaɪd/ adj 不能识[識]别的 bùnéng shíbié de; 未查明的 wèi chámíng de.

uniform /ˈjuːnɪfɔːm/ n [C, U] 制服 zhìfú. **uniform** adj 不变[變]的 búbiànde; 一律的 yílǜde. **uniformed** adj; ~ed police officers 穿制服的警官. **uniformity** /ˌjuːnɪˈfɔːmətɪ/ n [U].

unify /ˈjuːnɪfaɪ/ v [pt, pp -ied] [T] 统一 tǒngyī; 使一致 shǐ yízhì. **unification** /ˌjuːnɪfɪˈkeɪʃn/ n [U].

unilateral /ˌjuːnɪˈlætrəl/ adj 单[單]方面的 dānfāngmiànde; 片面的 piànmiànde; ~ disarmament 单方面裁军.

union /ˈjuːnɪən/ n [C] (a) = TRADE UNION (TRADE¹). (b) 协[协]会[會] xiéhuì; 联[联]合会 liánhéhuì. 2 [C] 联邦 liánbāng; 联盟 liánméng. 3 [U] [正式用语]联合 liánhé; 合并[併] hébìng. **the Union Jack** n [sing] [英]国旗 Liánhé Wángguó guóqí.

unique /juːˈniːk/ adj 1 唯一的 wéiyīde; 独[獨]一无[無]二的 dú yī wú èr de. 2 to 仅[僅]与[與]…有关[關]的 jǐn yǔ…yǒuguān de; problems ~ to blind people 盲人遇到的特殊问题. 3 [非正式用语]不寻[尋]常的 bù xúncháng de; 独特的 dútède: a ~ singing voice 难得的好歌喉. **uniquely** adv.

unisex /ˈjuːnɪseks/ adj 男女皆宜的 nán nǚ jiē yí de.

unison /ˈjuːnɪsn, -zn/ n [习语] **in unison** (a) 齐[齊]唱 qíchàng; 齐奏 qízòu. (b) [喻]一致 yīzhì; 调和 tiáohé.

unit /ˈjuːnɪt/ n [C] 1 单[單]位(指构成整体的人、物、团体等) dānwèi. 2 (组织的)单位 dānwèi: the university research ~ 大学研究小组. 3 (机器的)部件 bùjiàn: the central processing ~ of a computer 计算机的中央处理部件. 4 (计量)单位 dānwèi: The metre is a ~ of length. 米是长度单位.

unite /juːˈnaɪt/ v [I, T] (使)联[联]合 liánhé; (使)合并[併] hébìng; (使)团[團]结 tuánjié. **the United Kingdom** n [sing] (大不列颠及北爱尔兰)联合王国[國] Liánhé Wángguó. **the United Nations** n [sing] 联合国[國] Liánhéguó. **United States** n [sing] (亦作 **United States of America**)美国 Měiguó.

unity /ˈjuːnəti/ n [U] 1 联[联]合 liánhé; 统[統]一 tǒngyī; 协[協]调 xiétiáo; 一致 yīzhì.

universal /ˌjuːnɪˈvɜːsl/ adj 普遍的 pǔbiànde; 全体[體]的 quántǐde. **universally** adv.

universe /ˈjuːnɪvɜːs/ n the universe [sing] 宇宙 yǔzhòu.

university /ˌjuːnɪˈvɜːsəti/ n [C] [pl -ies] (a) 大学[學] dàxué. (b) 大学人员(师生员工等) dàxué rényuán.

unkempt /ˌʌnˈkempt/ adj 不整洁[潔]的 bù zhěngjié de: ~ hair 蓬乱的头发.

unkind /ˌʌnˈkaɪnd/ adj 不和善的

不[不]和善[氣]的 bù héshàn de; 不客气[氣]的 bú kèqi de; 刻薄的 kèbóde.

unknown /ˌʌnˈnəʊn/ adj 不知道的 bù zhīdào de; 未知的 wèizhīde.

unleaded /ˌʌnˈledɪd/ adj 无[無]铅的 wúqiānde.

unleash /ʌnˈliːʃ/ v [T] [正式用语]解开[開]…的束缚 jiěkāi…de shùfù; 释[釋]放(能量) shìfàng.

unless /ənˈles/ conj 除非 chúfēi; 如果不 rúguǒ bù: You will fail ~ you work harder. 你如果不更加努力工作,你将失败.

unlike /ˌʌnˈlaɪk/ adj, prep 不相同的 bù xiāngtóng de; 和…不同 hé…bùtóng.

unlikely /ʌnˈlaɪklɪ/ adj (a) 未必(是真)的 wèibìde; 不大可能(发生)的 bú dà kěnéng de: He's ~ to get better. 他不大可能好起来了. (b) 不一定有希望的 bù yīdìng yǒu xīwàng de: an ~ candidate for the job 希望不大的求职申请人.

unload /ˌʌnˈləʊd/ v 1 [I, T] (从…)卸下货物 xièxià huòwù. 2 [T] (on/on to) 把不想要的…交给(他人) bǎ bù xiǎng yào de…jiāo gěi: ~ the goods 摆[擺]脱货物.

unlock /ˌʌnˈlɒk/ v [T] 开[開]…的锁 kāi…de suǒ.

unlucky /ˌʌnˈlʌkɪ/ adj 不幸的 búxìngde; 倒霉的 dǎoméide.

unmanned /ˌʌnˈmænd/ adj (尤指宇宙飞船等)无[無]人驾驶的 wú rén jiàshǐ de.

unmask /ˌʌnˈmɑːsk; US -ˈmæsk/ v [T] 撕下…的假面具 sīxià…de jiǎmiànjù; 揭露 jiēlù.

unmentionable /ˌʌnˈmenʃənəbl/ adj 说不出口的 shuō bù chū kǒu de.

unmistakable /ˌʌnmɪˈsteɪkəbl/ adj 不会[會]错的 búhuì cuò de; 不会被怀[懷]疑的 búhuì bèi huáiyí de. **unmistakably** adv.

unmitigated /ˌʌnˈmɪtɪgeɪtɪd/ adj [正式用语](坏人、坏事)一无[無]是处[處]的;十足的 shízú de: an ~ disaster 十足的灾难.

unmoved /ˌʌnˈmuːvd/ adj 无[無]动[動]于衷的 wú dòng yú zhōng de; 冷漠的 lěngmòde: ~ by her tears 没有被她的眼泪打动.

unnatural /ˌʌnˈnætʃrəl/ adj 1 不自然的 bú zìrán de; 不正常的 bù zhèngcháng de: ~ silence 不正常的寂静. 2 不合情理的 bùhé qínglǐ de; 反常的 fǎnchángde: ~ be-

havior 反常的行为.

unnecessary /ʌnˈnesəsrɪ; US -seri/ *adj* 不必要的 bú bìyào de; 不需要的 bù xūyào de. **unnecessarily** *adv*.

unnerve /ʌnˈnɜːv/ *v* [T] 使丧 (喪)失勇气(氣) shǐ sàngshī yǒngqì; 使失去信心 shǐ shīqù xìnxīn.

unnoticed /ʌnˈnəʊtɪst/ *adj* 未被注意的 wèi bèi zhùyì de; 被忽视的 bèi hūshì de.

unobtrusive /ˌʌnəbˈtruːsɪv/ *adj* [正式用语] 不引人注意的 bù yǐn rén zhùyì de.

unofficial /ˌʌnəˈfɪʃl/ *adj* 非官方的 fēi guānfāng de.

unpalatable /ʌnˈpælətəbl/ *adj* [正式用语] 1 不好吃的 bù hǎochī de; 味道不好的 wèidào bùhǎo de. 2 [喻]难(難)于接受的 nán yú jiēshòu de; 无(無)法认(認)同的 wú fǎ rèntóng de; *his ~ views* 他的使人不以为然的见解.

unpleasant /ʌnˈpleznt/ *adj* 1 (使人)不愉快的 bù yúkuài de; 讨厌(厭)的 tǎoyàn de; *an ~ smell* 讨厌的气味. 2 很不友好的 hěn bù yǒuhǎo de. **unpleasantness** *n* [U].

unprecedented /ʌnˈpresɪdentɪd/ *adj* 前所未有的 qián suǒ wèi yǒu de; 空前的 kōngqián de.

unpredictable /ˌʌnprɪˈdɪktəbl/ *adj* (人、行为)难(難)以预(預)料的 nán yǐ yù zhī de; *I never know how she will react, she's so ~.* 我不知道她会如何反应,她这个人反复无常.

unprintable /ʌnˈprɪntəbl/ *adj* (文章等)不宜印出的 bù yí yìnchū de.

unqualified /ʌnˈkwɒlɪfaɪd/ *adj* 1 不合格的 bù hégé de; 无(無)资格的 wú zīgé de; *~ to teach* 不能胜任教学工作. 2 无限制的 wú xiànzhì de; 无条(條)件的 wú tiáojiàn de; *an ~ disaster* 彻底的失败.

unquestionable /ʌnˈkwestʃənəbl/ *adj* 毫无(無)疑问的 háowú yíwèn de; 确(確)实(實)的 quèshí de. **unquestionably** *adv*.

unravel /ʌnˈrævl/ *v* [-ll-; 美语 -l-] 1 [I, T] 拆散(線)团(團)chāisàn. 2 [T] [喻]解决 jiějué; 阐明 chǎnmíng; *~ a mystery* 阐明一件神秘的事.

unreal /ˌʌnˈrɪəl/ *adj* 虚构(構)的 xūgòude de; 不真实(實)的 bù zhēnshí de. **unreality** /ˌʌnrɪˈælətɪ/ *n*

[U].

unreasonable /ʌnˈriːznəbl/ *adj* 不合理的 bù hélǐ de; 不讲(講)道理的 bù jiǎng dàolǐ de.

unremitting /ˌʌnrɪˈmɪtɪŋ/ *adj* 不放松(鬆)的 bú fàngsōng de; 不停止的 bù tíngzhǐ de.

unrest /ʌnˈrest/ *n* [U] 不安 bù'ān; (社会)动(動)乱(亂)dòngluàn; *political* ~ 政治动乱.

unrivalled (美语 -l-) /ʌnˈraɪvld/ *adj* 无(無)对(對)手的 wú duìshǒu de; 无双(雙)的 wúshuāngde.

unroll /ˌʌnˈrəʊl/ *v* [I, T] (由卷曲状态)展开(開)zhǎnkāi.

unruffled /ʌnˈrʌfld/ *adj* 平静的 píngjìngde; 不混乱(亂)的 bú hùnluàn de.

unruly /ʌnˈruːlɪ/ *adj* 难(難)控制的 nán kòngzhì de; 不守规矩的 bù shǒu guījǔ de.

unsavoury (美语 **-vory**) /ʌnˈseɪvərɪ/ *adj* 不好的 bùhǎode; 令人厌(厭)恶(惡)的 lìng rén yànwù de.

unscathed /ʌnˈskeɪðd/ *adj* 未受伤(傷)害的 wèi shòu shānghài de.

unscrupulous /ʌnˈskruːpjʊləs/ *adj* 无(無)耻的 wúchǐde; 不讲(講)道德的 bù jiǎng dàodé de.

unseat /ʌnˈsiːt/ *v* [T] 1 使落马 shǐ luòmǎ. 2 使退位 shǐ tuìwèi; 罢(罷)免 bàmiǎn.

unseemly /ʌnˈsiːmlɪ/ *adj* [正式用语]不适(適)当(當)的 bù shìdàng de; 不适宜的 bù shìyí de; *~ behaviour* 不适当的行为.

unsettle /ʌnˈsetl/ *v* [T] 使不安定 shǐ bù āndìng; 扰(擾)乱(亂)rǎoluàn; *~d weather* 不稳定的天气. **~d** *weather* 不稳定的天气.

unsightly /ʌnˈsaɪtlɪ/ *adj* 难(難)看的 nánkànde.

unsound /ˌʌnˈsaʊnd/ *adj* 1 不健全的 bù jiànquán de; 不健康的 bù jiànkāng de. 2 虚弱的 xūruòde. 2 [习语] *of unsound mind* [法律]神经(經)错乱(亂)的 jīngshén cuòluàn de.

unspeakable /ʌnˈspiːkəbl/ *adj* 说不出的 shuō bùchū de; 无(無)法形容的(坏事)wúfǎ xíngróng de— *~ sadness* 无法形容的悲哀.

unstuck /ˌʌnˈstʌk/ *adj* 1 未粘住的 wèi zhānzhù de; 松(鬆)开(開)的 sōngkāide. 2 [习语] *come un'stuck* [非正式用语]失败 shībài.

unswerving /ʌnˈswɜːvɪŋ/ *adj* 不改变(變)的 bù gǎibiàn de; 坚(堅)定的 jiāndìngde; *~ loyalty* 始终不渝的忠诚.

unthinkable /ʌnˈθɪŋkəbl/ *adj* 不

必考虑[慮]的 búbì kǎolǜ de; 不能想像(或接受)的 bùnéng xiāngxiàng de.

untidy /ʌnˈtaɪdɪ/ adj [-ier, -iest] 不整洁[潔]的 bù zhěngjié de.

untie /ʌnˈtaɪ/ v [pt, pp ~d, pres p **untying**] [T] 解开[開](绳结等) jiěkāi.

until /ənˈtɪl/ (亦作 **till** /tɪl/) prep, conj 直到…时[時](为止) zhídào…shí; Wait ~ the rain stops. 等到雨停了再说吧.

untold /ʌnˈtəʊld/ adj [正式用语] 无[無]数[數]的 wúshù de; 数不清的 shǔ bù qīng de.

untoward /ʌntəˈwɔːd; US ʌnˈtɔːrd/ adj [正式用语] 不幸的 búxìng de; (造成)困难[難]的 kùnnande.

unused[1] /ʌnˈjuːzd/ adj 未用过[過]的 wèi yòngguò de; 新的 xīn de.

unused[2] /ʌnˈjuːst/ adj to 不习[習]惯的 bù xíguàn de; 不熟悉的 bù shúxī de.

unusual /ʌnˈjuːʒl/ adj 不平常的 bù píngcháng de; 奇特的 qítè de. **unusually** adv.

unveil /ʌnˈveɪl/ v [T] 1 除去(…的)面纱或幕布等 chúqù miànshā huò mùbù děng. 2 揭露[露]的 jiēlù.

unwarranted /ʌnˈwɒrəntɪd/ adj [正式用语] 未经[經]证[證]实[實]的 wèi jīng zhèngshí de; 不正当[當]的 bú zhèngdàng de.

unwieldy /ʌnˈwiːldɪ/ adj 难[難]操纵[縱]的 nán cāozòng de; 笨重的 bènzhòngde.

unwind /ʌnˈwaɪnd/ v [pt, pp -wound /-ˈwaʊnd/] 1 [I, T] 解开[開](毛线圈等) jiěkāi. 2 [I] [非正式用语]放松[鬆]下来 fàngsōng.

unwitting /ʌnˈwɪtɪŋ/ adj [正式用语]无[無]意的 wúyìde; 不知道的 bù zhīdào de. **unwittingly** adv.

unwrap /ʌnˈræp/ v [-pp-] [T] 打开[開]dǎkāi; 解开 jiěkāi.

up /ʌp/ adv 1 趋[趨]于较高处[處] qū yú jiàogāochù; Lift your head up. 把头抬起来. 2 处于直立姿势[勢] chǔyú zhílì zīshì; stand up 站起来. 3 起床 qǐchuáng; Is Anne up yet? 安妮起床了吗? 4 往重要的地方或[或]较大的地方去 (to) 靠近 kàojìn; He came up (to me) and asked the time. 他走到我跟前问什么时间. 6 (表示增加): Profits are up again. 利

润又增加了. 7 完全地 wánquánde; 彻[徹]底地 chèdǐde; The stream has dried up. 溪水已干[乾]涸了. 8 成碎片 chéng suìpiàn; tear the paper up 把纸撕碎. 9 [非正式用语]发[發]生 fāshēng; What's up? 出什么事了? 10 [习语] up against sth 面对[對](困难、问题) miànduì. up and 'down 前后[後]地 qiánhòu de; 往返地 wǎngfǎnde; walk up and down 走来走去. (b) 起伏 qǐfú; The boat bobbed up and down in the water. 那小船在水中上下颠簸. up for sth (a) (因某项过失)受审[審] shòushěn. (b) 正被考虑[慮] zhèng bèi kǎolǜ; 提供 tígōng. up to sb 某人的职[職]责 mǒurén de zhízé. up to sth (a) 作为[爲]最大数(值)量 zuòwéi zuìdà shùliàng; (多达)多 duō dá; My car takes up to four people. 我的汽车最多能坐四个人. (b) 直到 zhídào; up to now 直到现在. (c) 能胜[勝]任 néng shèngrèn; I don't feel up to going to work. 我不舒服,不能上班. up prep 向上(或)高处向上 xiàng gāochù; go up the stairs 上楼梯. 2 沿着 yánzhe; There's another telephone-box up the road. 沿路还有一个电话亭. up 1 向上的 xiàngshàng de; 上行的 shàngxíngde; the up escalator 上行的自动扶梯. 2 在整修的 zài zhěngxiū de; The road is up. 路面在整修中. up v [-pp-] [T] [非正式用语]增加 zēngjiā. ,up-and-'coming adj (人)可能成功的 kěnéng chénggōng de. ,ups and 'downs n [pl] 盛衰 shèngshuāi; 沉浮 chénfú.

upbringing /ˈʌpbrɪŋɪŋ/ n [U] 抚[撫]育 fǔyù; 教养[養] jiàoyǎng.

update /ʌpˈdeɪt/ v [T] 使现代化 shǐ xiàndàihuà; 更新 gēngxīn.

upheaval /ʌpˈhiːvl/ n [C, U] 急剧[劇]变[變]动[動] jíjù biàndòng.

uphill /ʌpˈhɪl/ adv 往上坡 wǎng shàngpō. **uphill** adj 艰[艱]难[難]的 jiānnánde; an ~ task 艰难的任务.

uphold /ʌpˈhəʊld/ v [pt, pp -held /-ˈheld/] [T] 1 支持 zhīchí; 赞成 zànchéng; ~ the law 维护法律. 2 确[確]认[認](决议等) quèrèn.

upholster /ʌpˈhəʊlstə(r)/ v [T] 为[爲](沙发、椅子等)装[裝]上垫

〔垫〕子、弹〔弹〕簧、套子等 wéi zhuāngshàng diànzi, tánhuáng, tàozi děng. **upholsterer** n [C]. **upholstery** n [U] 家具装饰材料 jiājù zhuāngshì cáiliào.

upkeep /'ʌpki:p/ n [U] 保养〔养〕(费) bǎoyǎng; 维修(费) wéixiū: *the ~ of a house* 房屋的维修费.

upland /'ʌplənd/ n [C, 尤作 pl] 高地 gāodì.

up-market /ˌʌp 'mɑ:kɪt/ adj [非正式用语]高级的 gāojíde; 高档〔档〕的 gāodàngde: *an ~ restaurant* 高级饭店.

upon /ə'pɒn/ prep [正式用语] = ON[1] 2, 6, 11, 12, 14.

upper /'ʌpə(r)/ adj 1 在上面的 zài shàngmiàn de: *the ~ lip* 上唇. 2 [习语] **the upper 'hand** 有利地位 yǒulì dìwèi; 控制 kòngzhì: *gain the ~ hand* 占上风. **upper** n [C] 鞋帮〔帮〕 xiébāng. **the ˌupper 'class** n [C] 上流社会 [会] shàngliú shèhuì. **ˌupper-'class** adj. **uppermost** adj, adv (位置、地位)最高的 zuìgāode; 最重〔重〕要的 zuì zhòngyào de: *thoughts ~most in his mind* 他心中最主要的想法.

upright /'ʌpraɪt/ adj 1 垂直的 chuízhíde; 直立的 zhílìde. 2 正直的 zhèngzhíde; 诚实的 chéngshíde. **upright** n [C] 立柱 lìzhù.

uprising /'ʌpraɪzɪŋ/ n [C] 起义〔义〕 qǐyì; 暴动 bàodòng.

uproar /'ʌprɔ:(r)/ n [U, 常作 sing] 吵闹〔闹〕 chǎonào; 骚动〔动〕sāodòng. **uproarious** /ʌp'rɔ:rɪəs/ adj 吵闹的 chǎonàode; 骚动的 sāodòngde.

uproot /ʌp'ru:t/ v [T] 1 连根拔起 lián gēn bá qǐ. 2 [喻]迫使(自己等)离开〔开〕家乡〔乡〕pòshǐ líkāi jiāxiāng.

upset /ʌp'set/ v [-tt-; *pt, pp* **upset**] [T] 1 使不安 shǐ bù'ān; 使烦恼〔恼〕 shǐ fánnǎo: *be ~ by the bad news* 被坏消息弄得心神不宁. 2 使搅翻〔翻〕 shǐ jiǎofān; 打乱 dǎluàn: *Milk ~s her.* 她喝牛奶感到不舒服. 3 打乱(计划) dǎluàn; 扰〔扰〕乱 rǎoluàn: *~ one's plans* 打乱计划. 4 打翻 dǎfān; 弄翻 nòngfān: *~ a glass of water* 打翻一杯水. **upset** /'ʌpset/ n 1 [U, C] 翻倒 fāndǎo; 扰乱 rǎoluàn; 不安 bù'ān. 2 不舒服 bù shūfu: *a stomach ~* 肠胃不适.

upshot /'ʌpʃɒt/ n **the upshot** 〔sing〕(*of*) 结果 jiéguǒ; 结局 jiéjú.

upside-down /ˌʌpsaɪd 'daʊn/ adj, adv 1 颠倒(的) diāndǎo de. 2 [喻]混乱〔乱〕(的) hùnluàn de: *Burglars had turned the room ~.* 窃贼把屋子翻得乱七八糟.

upstage /ʌp'steɪdʒ/ v [T] 将〔将〕(对某人的注意力)引向自己 jiāng yǐn xiàng zìjǐ.

upstairs /ˌʌp'steəz/ adv, adv 往楼〔楼〕上(的) wǎng lóushàng; 在楼上(的) zài lóushàng.

upstanding /ˌʌp'stændɪŋ/ adj [正式用语] 1 强健的 qiángjiànde. 2 诚实〔实〕的 chéngshíde; 正派的 zhèngpàide.

upstart /'ʌpstɑ:t/ n [C] [贬]新贵 xīnguì; 暴发〔发〕户 bàofāhù.

upstream /ˌʌp'stri:m/ adv 在上游 zài shàngyóu; 向上游 xiàng shàngyóu.

uptake /'ʌpteɪk/ n [习语] **ˌquick/ˌslow on the 'uptake** 理解力强(或弱)的 lǐjiělì qiáng de.

uptight /ˌʌp'taɪt/ adj [非正式用语]神经〔经〕紧〔紧〕张(张)的 shénjīng jǐnzhāng de.

up-to-date /ˌʌp tə 'deɪt/ adj 1 现代的 xiàndàide; 时〔时〕新的 shíxīnde; ~ *equipment* 新式装备. 2 (包含)最新信息的 zuìxīn xìnxī de: *an ~ report* 最新报告.

upward /'ʌpwəd/ adj 向上的 xiàngshàngde; 上升的 shàngshēngde. **upwards** (亦作 **upward**) adv 向上地 xiàngshàngde; 上升地 shàngshēngde.

uranium /ju'reɪnɪəm/ n [U] [化学]铀 yóu.

urban /'ɜ:bən/ adj 城市的 chéngshìde; 都市的 dūshìde.

urchin /'ɜ:tʃɪn/ n [C] 街头〔头〕流浪儿〔儿〕jiētóu liúlàng'ér.

urge /ɜ:dʒ/ v [T] 1 催促 cuīcù; 力劝〔劝〕 lìquàn: *They ~d her to come back soon.* 他们催促她立刻回来. 2 [竭力]推荐〔荐〕tuījiàn; 力陈 lìchén: *~ caution* 特别提出要小心谨慎. 3 驱〔驱〕赶〔赶〕qūgǎn; 驱策 qūcè. **urge** n [C] 强烈的欲〔欲〕望 qiángliède yùwàng: *a sudden ~ to run away* 突然想逃跑.

urgent /'ɜ:dʒənt/ adj 紧〔紧〕急的 jǐnjíde; 急迫的 jípòde. **urgency** /'ɜ:dʒənsɪ/ n [U]. **urgently** adv.

urine /'jʊərɪn/ n [U] 尿 niào.

urinate v [I] 排尿 páiniào; 小便 xiǎobiàn.

urn /ɜːn/ n [C] 1 骨灰瓮 gǔhuī- wèng. 2 (金属)大茶壶(壺) dà chá-hú.

US /ˌjuː 'es/ abbr the = the United States (of America): a US citizen 美国公民.

us /əs, 强式 ʌs/ pron [we 的宾格]我们. wǒmen.

USA /ˌjuː es 'eɪ/ abbr the USA = the United States of America 美 利坚(堅)合众(衆)[衆]国[國] Měilìjiān Hézhòngguó; visit the USA 访问美国.

usage /'juːsɪdʒ; US 'juːzɪdʒ/ n 1 [U, C][语言]用法 yòngfǎ: a guide to modern English ~ 现代英语惯用法手册. 2 [U]用法 yòngfǎ.

use[1] /juːz/ v [pt, pp ~d /juːzd/][T] 1 用 yòng; 使用 shǐ- yòng; 应(應)用 yìngyòng: ~ a pen to write 用钢笔写字. 2 消耗 xiāohào; 用尽(盡) yòngjìn: The car ~d 20 litres of petrol for the journey. 汽车在路上消耗了二 十公升汽油. 3 利用(某人) lìyòng. 4 [短语动词] use sth up 尽 yòngjìn. **usable** adj. **used** adj 用 旧(舊)了的 yòng jiù le de: ~d cars 旧汽车. **user** n [C] 使用者 shǐyòngzhě; 用户 yònghù. **user-name** n [C] 用户名 yònghùmíng.

use[2] /juːs/ n 1 [U, sing]用 yòng; 使用 shǐyòng; 运(運)用 yùnyòng. 2 [C, U] 用途 yòngtú; 用处(處) yòngchù: a tool with many ~s 有多种用途的工具. 3 (U) (a) 使 用的能力 shǐyòng de nénglì: lose the ~ of one's legs 失去双腿的 功能. (b) 使用权(權) shǐyòng- quán: You can have the ~ of my car. 你可以用我的汽车. 4 [U] 价(價)值 jiàzhí; 效用 xiào- yòng: It's no ~ worrying about it. 为它着急是没有用的. 5 [习 语] come into/go out of 'use 开 [開]始(或停止)被使用 kāishǐ bèi shǐyòng. make use of sth 利用 lìyòng. of use 有用 yǒuyòngde. **useful** adj 实(實)用的 shíyòngde; 适(適)用的 shìyòngde; 有帮(幫)助的 yǒu bāngzhù de. **usefully** adv. **useless** adj 1 无 (無)用的 wúyòngde; 无益的 wúyì-

de. 2 [非正式用语]做不好的 zuò bù hǎo de; 差劲(勁)的 chàjìnde. **uselessly** adv.

usher /'ʌʃə(r)/ n [C] (戏院、公共 场所等的)引座员 yǐnzuòyuán. usher v 1 引导(導)yǐndǎo; 带(帶)领 dàilǐng. 2[短语动词] usher sth in [正式用语]开(開)创 [創]标(標)志(誌)...的开始 kāishǐ. **usherette** /ˌʌʃə'ret/ n [C] 女 引座员 nǚ yǐnzuòyuán.

USSR /ˌjuː es es 'ɑː(r)/ abbr the USSR = the Union of Soviet Socialist Republics /'sɪn/ 苏(蘇)维埃 社会(會)主义(義)共和国[國]联 (聯)盟 Sūwéi'āi Shèhuìzhǔyì Gòng- héguó Liánméng.

usual /'juːʒl/ adj 通常的 tōng- chángde; 平常的 píngchángde; 惯 常的 guànchángde: We'll meet at the ~ place. 我们将在老地方碰 头. usually adv 通常地 tōng- chángde; 惯常地 guànchángde.

usurp /juː'zɜːp/ v [T] [正式用语] 篡夺(奪)cuànduó; 侵占(佔)qīn- zhàn. **usurper** n [C].

utensil /juː'tensl/ n [C] [正式用 语]器皿 qìmǐn(尤指家庭用具) qìmǐn.

uterus /'juːtərəs/ n [C] [解剖] = WOMB.

utility /juː'tɪlətɪ/ n [pl -ies] 1 [U] 有用 yǒuyòng; 实(實)用 shí- yòng. 2 [C] 公用事业(業) gōng- yòng shìyè.

utilize /'juːtəlaɪz/ v [T] [正式用 语] 利用 lìyòng. **utilization** /ˌjuːtəlaɪ'zeɪʃn/ n [U].

utmost /'ʌtməʊst/ adj 最远(遠) 的 zuìyuǎnde; 最大的 zuìdàde; 极 (極)度的 jídùde: of the ~ im- portance 极重要的. **utmost** n [sing] 极端 jíduān; 最大限度 zuìdà xiàndù: I shall do my ~. 我将 尽最大努力.

utter[1] /'ʌtə(r)/ adj 完全的 wán- quánde; 十足的 shízúde: ~ darkness 漆黑. **utterly** adv.

utter[2] /'ʌtə(r)/ v [T] 用口说(說)

出(声音) yòng kǒu fāchū; 说(话)
shuō. **utterance** /'ʌtərəns/ n [C]
[正式用语] 话语; 言词 yáncí.

U-turn ⇨ U, u.

V v

V, v /vi:/ n [C] (pl **V's, v's**
/vi:z/) **1** 英语的第二十二个(個)
字母 Yīngyǔde dì'èrshí'èrgè zìmǔ. **2**
罗(羅)马数(數)字五(V) Luómǎ
shùzì wǔ.

v abbr **1** versus. **2** volt(s). **3**
very.

vacancy /'veikənsi/ n [C] (pl
-ies) **1** 空职(職) kōngzhí; 空缺
kōngquē. **2** 空房 kōngfáng; 空余
(餘)住处(處) kōngyú zhùchù.

vacant /'veikənt/ adj **1** 空的
kōngde; 未被占(佔)用的 wèi bèi
zhànyòng de. **2** (头脑)空虚的
kōngxūde; 无思想的 wú sīxiǎng de;
a ~ expression 茫然的表情.

vacate /və'keit, vei'keit/ v [T]
[正式用语]使空出 shǐ kòngchū; 搬
出 bānchū.

vacation /və'keiʃn/ n US ver-
/ n [C] **1** (大学)假期 jiàqī. **2** [尤用于
美语]休假 xiūjià.

vaccinate /'væksineit/ v [T] 给
(某人)接种(種)疫苗 gěi jiēzhǒng
yīmiáo. **vaccination** /ˌvæksi-
'neiʃn/ n [C, U].

vaccine /'væksi:n/ US væk'si:n/
n [C, U] 疫苗 yìmiáo.

vacuum /'vækjuəm/ n [C] (pl
~s 或科技用语作 vacna /-jʊə/)
真空空间(間) zhēnkōng kōngjiān.
[喻] a ~ in his
life since his wife died 自从他妻
子去世后, 他的生活很空虚. **vac-
uum** v [I, T] 用真空吸尘(塵)器
清扫(掃) yòng zhēnkōng xīchénqì
qīngsǎo. **'vacuum cleaner** n [C]
真空吸尘器 zhēnkōng xīchénqì.
'vacuum flask n [C] 保温瓶 bǎo-
wēnpíng.

vagabond /'vægəbɒnd/ n [C]
[旧]流浪者 liúlàngzhě.

vagina /və'dʒaɪnə/ n [C] [解剖]
阴(陰)道 yīndào.

vagrant /'veigrənt/ n [C] [正式用
语][法律]流浪者 liúlàngzhě; 无
[無]业(業)游民 wú yè yóumín. va-

grancy /-rənsi/ n [U].

vague /veig/ adj [~r, ~st] **1** 模
糊的 móhude; 不清楚的 bù qīngchu
de. **2** 暧(曖)昧的 àimèide; 不确
[確]的 bù míngquè de. **vaguely**
adv. **vagueness** n [U].

vain /vein/ adj **1** 自负的 zìfùde; 自
视过(過)高的 zì shì guògāo de. **2**
徒劳(勞)的 túláode; 无(無)效果的
wú xiàoguǒ de; a ~ attempt 徒
劳的尝试. **3** [习语] **in vain** 徒劳
túláo; 徒然 túrán. **vainly** adv.

vale /veil/ n [C] [诗或地名]山谷
shāngǔ.

valentine /'væləntain/ n [C] (在
2月14日圣瓦伦汀节所祝贺的)情
人 qíngrén.

valet /'vælei, 'vælit/ n [C] 男仆
(僕) nánpú.

valiant /'væliənt/ adj 勇敢的
yǒnggǎnde. 英勇的 yīngyǒngde.
valiantly adv.

valid /'vælid/ adj **1** (法律上)有效
的 yǒuxiàode; The ticket is ~
until 1st May. 乘车券可用到 5
月1日为止. **2** 有根据(據)的; 正当
(當)的 zhèngdàngde; 正当[當]的
de. **validate** v [T] [正式用语]使
有效 shǐ yǒuxiào; 证(證)实(實)
zhèngshí. **validity** /və'lidəti/ n
[U].

valley /'væli/ n [C] 溪谷 xīgǔ; 山
谷 shāngǔ.

valour (美语 -or) /'vælə(r)/ n
[U] [修辞]英勇 yīngyǒng; 勇敢
yǒnggǎn.

valuable /'væljuəbl/ adj **1** 贵重的
guìzhòngde; 值钱(錢)的 zhíqiánde.
2 有用的 yǒuyòngde; 很有价(價)
值的 hěn yǒu jiàzhí de; ~ advice
宝贵的劝告. **valuables** n [pl] 贵
重物品 guìzhòng wùpǐn.

valuation /ˌvælju'eiʃn/ n [U] 估
价(價) gūjià. **2** [C] 评定的价值
píngdìngde jiàzhí.

value /'vælju:/ n **1** [C, U] (价
(價)值 jiàzhí. (b) [U] 值(与价格
相比而言)zhí; This large packet
is good ~ at 99p. 这一大包只卖
九十九便士, 很合算. **2** [U] 实(實)
用性 shíyòngxìng; 重要性 zhòng-
yàoxìng; the ~ of regular exer-
cise 经常练习的好处. **3** values
[pl] 标(標)准(準); 标(標)准
biāozhǔn; high moral ~ 崇高的
道德准则. **value** v [T] **1** (给某
物)估价 gūjià; 定价 dìngjià. **2** 重视
zhòngshì; 尊重 zūnzhòng; I ~
my secretary. 我看重我的秘书.

,value 'added tax n [U] 增值税 zēngzhíshuì. valueless adj 无[無]价值的 wú jiàzhí de. valuer n [C] 估价者 gūjiàzhě.

valve /vælv/ n [C] (a) 阀 fá; 活门 huómén. (b) (心、血管的)瓣膜 bànmó.

vampire /'væmpaɪə(r)/ n [C] 吸血鬼 xīxuèguǐ.

van /væn/ n [C] 大篷货车 dàpéng huòchē.

vandal /'vændl/ n [C] 故意破坏[壞](他人)财物者 gùyì pòhuài cáiwù zhě. vandalism /-dəlɪzəm/ n [U] 故意破坏财物的行为[爲] gùyì pòhuài cáiwù de xíngwéi. vandalize /-daɪz/ v [T] 恣意破坏(财物等) zìyì pòhuài.

vanguard /'vænɡɑːd/ n the vanguard [sing] 1 先头[頭]部队[隊] xiāntóu bùduì. 2 [喻](运动或学术研究的)先驱[軀] xiānqū xiānqūzhě.

vanilla /və'nɪlə/ n [U] 香草香精 xiāngcǎo xiāngjīng.

vanish /'vænɪʃ/ v [I] 1 突然消失 tūrán xiāoshī. 2 不复[復]存在 bú fù cúnzài. Her hopes of finding a new job have ~ed. 她找新工作的希望已经落空了.

vanity /'vænəti/ n 1 自大 zìdà; 虚荣[榮]心 xūróngxīn. 2 [正式用语]无[無]价值(价值值 wú jiàzhí); the ~ of pleasure 寻欢作乐的空虚性.

vanquish /'væŋkwɪʃ/ v [T] [正式用语]征服 zhēngfú; 击[擊]败 jībài.

vaporize /'veɪpəraɪz/ v [I, T] (使)汽化 qìhuà.

vapour (美语 -or) /'veɪpə(r)/ n [U] 蒸气[氣] zhēngqì; 'water ~ 水蒸气.

variable /'veəriəbl/ adj 易变[變]化的 yì biànhuà de; 可变的 kěbiànde. variable n [C] 可变物 kěbiànwù; 变量 biànliàng. variably adv.

variant /'veəriənt/ adj, n [C] 不同的 bùtóngde; 变[變]异[異](的) biànyì; ~ spellings of a word 一个词的不同拼法.

variation /,veəri'eɪʃn/ n 1 [C, U] 变[變]化 biànhuà; 改变 gǎibiàn; ~(s) in temperature 温度的变化. 2 [音乐]变奏 biànzòu; 变奏曲 biànzòuqǔ.

varicose vein /'værɪkəʊs veɪn/ n 常作 pl]] 静脉[脈]曲张[張] jìngmài qūzhāng.

varied /'veərɪd/ adj 1 各种[種]各

样[樣]的 gèzhǒng gèyàng de. 2 多变[變]化的 duō biànhuà de; 多样的 duōyàngde; a ~ life 丰富多彩的生活.

variety /və'raɪətɪ/ n [pl -ies] 1 [U] 多样[樣]化 duōyànghuà; a life full of ~ 多样化的生活. 2 [sing] 若干不同的事物 ruògān bùtóng de shìwù; 种[種]种 zhǒngzhǒng; a wide ~ of interests 兴趣的广泛性. 3 [C] 变[變]种 biànzhǒng; 变体[體] biàntǐ; rare varieties of birds 鸟类的稀有品种. 4 [U] (音乐、舞蹈、杂耍等的)联[聯]合演出 liánhé yǎnchū; a ~ act 一幕杂耍表演.

various /'veəriəs/ adj 1 不同的 bùtóngde; 各式各样[樣]的 gèshì gèyàng de; This dress comes in ~ colours. 这种衣服有各式各样的颜色. 2 不止一个[個]的 bùzhǐ yìgè de; at ~ times 多次. variously adv.

varnish /'vɑːnɪʃ/ n [C, U] 清漆 qīngqī. varnish v [T] 给…涂[塗]清漆 gěi…tú qīngqī.

vary /'veəri/ v [pt, pp -ied] 1 [I] (大小、数量等)呈现不同 chéngxiàn bùtóng; Car prices ~ greatly. 汽车的售价差异很大. 2 [I, T] (使)变[變]化 biànhuà; (使)改变 gǎibiàn; ~ one's route 改变路线.

vase /vɑːz; US veɪs, veɪz/ n [C] 花瓶 huāpíng.

vast /vɑːst; US væst/ adj 巨大的 jùdàde; 广[廣]大的 guǎngdàde; a ~ desert 大沙漠. vastly adv. ~ly improved 很大改进的. vastness n [U].

VAT /,vi: eɪ 'ti:, 亦读作 væt/ abbr value added tax 增值税 zēngzhíshuì.

vat /væt/ n [C] 大桶 dàtǒng; 大缸 dàgāng.

vault[1] /vɔːlt/ n [C] 1 保险[險]库 bǎoxiǎnkù. 2 地下室 dìxiàshì; (尤指)地下墓室 dìxià mùshì. 3 拱顶 gǒngdǐng.

vault[2] /vɔːlt/ n [C] (over) (以手撑物)跳跃[躍] tiàoyuè; ~ (over) a wall 跳过围墙. vault n [C] (撑物)跳跃 tiàoyuè. vaulter n [C] (撑物)跳跃者 tiàoyuèzhě; a 'pole-~er 撑竿跳运动员.

VDU /,vi: di: 'ju:/ abbr visual display unit [计算机]视频显[顯]示

器 shìpǐn xiǎnshìqì.

veal /vi:l/ n [U] (食用)小牛肉 xiǎo niúròu.

veer /vɪə(r)/ v [I] 改变[變]方向 gǎibiàn fāngxiàng.

vegetable /'vedʒtəbl/ n [C] 植物 zhíwù. 2 (尤指)蔬菜 shūcài. **vegetable** adj 植物的 zhíwùde; 蔬菜的 shūcàide: ~ oils 植物油.

vegetarian /ˌvedʒɪ'teərɪən/ n [C] 吃素的人 chī sù de rén.

vegetate /'vedʒɪteɪt/ v [I] [喻]过 [過]枯燥单[單]调的生活 guò kūzào dāndiào de shēnghuó.

vegetation /ˌvedʒɪ'teɪʃn/ n [U] 植被 zhíbèi.

vehement /'vi:əmənt/ adj (感情)强烈的 qiángliède; 热[熱]情的 rèqíngde. **vehemence** /-məns/ n [U]. **vehemently** adv.

vehicle /'vi:ɪkl; US 'vi:hɪkl/ n [C] 1 车辆[輛] chēliàng. 2 [正式用语] (传道思想等的)工具 gōngjù: Art may be a ~ for propaganda. 艺术可能是一种宣传工具.

veil /veɪl/ n [C] 面纱 miànshā; (尤指)面纱巾 miànshājīn. **veil** v [T] 1 给…带[帶]面纱 gěi...dài miànshā, 2 [喻]掩饰 yǎnshì; 遮盖 zhēgài: a ~ of mist 一层雾. **veil** v [T] 1 给…带[帶]面纱 gěi...dài miànshā, 2 [喻]掩饰 yǎnshì; 遮盖 zhēgài; 隐[隱]蔽 yǐnbì.

vein /veɪn/ n 1 [C] 静脉[脈] jìngmài. 2 [C] 叶[葉]脉 yèmài; 翅脉 chìmài. 3 [C] 矿[礦]脉 kuàngmài: a ~ of gold 黄金矿脉. 4 [sing] 方式 fāngshì; 风[風]格 fēnggé: in a comic ~ 喜剧的风格.

velocity /vɪ'lɒsətɪ/ n [U, C] [pl -ies] [正式用语][物理]速度 sùdù.

velvet /'velvɪt/ n [U] 丝绒 sīróng; 天鹅绒 tiān'éróng. **velvety** adj (天鹅绒般)柔软光滑的 róuruǎn guānghuá de.

vendetta /ven'detə/ n [C] 家族仇杀[殺] jiāzú chóushā.

vending-machine /'vendɪŋ məˌʃi:n/ n [C] (投币式)自动[動]售货机[機] zìdòng shòuhuòjī.

vendor /'vendə(r)/ n [C] 1 摊[攤]贩 tānfàn. 2 [法律](房地产的)卖[賣]方 màifāng.

veneer /və'nɪə(r)/ n 1 [C, U] 镶饰表面用的)贴面板 tiēmiànbǎn, 2 [sing] [喻](掩盖真情的)外表 wàibiǎo, 虚饰 xūshì: a ~ of kindness 和善的外表. **veneer** v [T] 给…贴面板 gěi...tiē miànbǎn.

venerable /'venərəbl/ adj [正式

用语](因年老等而)值得尊敬的 zhídé zūnjìng de.

venerate /'venəreɪt/ v [T] [正式用语]崇敬 chóngjìng; 崇拜 chóngbài. **veneration** /ˌvenə'reɪʃn/ n [U].

venereal disease /vəˌnɪərɪəl dɪ'zi:z/ n [C, U] 性病 xìngbìng.

vengeance /'vendʒəns/ n 1 [U] 报[報]仇 bàochóu. 2 [习语] with a 'vengeance [非正式用语]极 jíde jíduānde; 过[過]分地 guòfènde; 彻[徹]底地 chèdìde.

vengeful /'vendʒfl/ adj [正式用语]有复[復]仇心的 yǒu fùchóuxīn de; [圖]谋报[報]复的 túmóu bàofù de.

venison /'venɪzn, -ɪsn/ n [U] 鹿肉 lùròu.

venom /'venəm/ n [U] 1 (毒蛇的)毒液 dúyè. 2 [喻]恶[惡]意 èyì; 怨恨 yuànhèn. **venomous** adj: a ~ous snake 毒蛇. a ~ous glance 恶狠狠的一瞥.

vent /vent/ n [C] (气、水等的)出口 chūkǒu. 2 [习语] give vent to sth (任意地)表达[達] biǎodá; 发[發]泄 fāxiè; 吐露 tǔlù; give ~ to one's feelings 吐露自己的感情. **vent** v [T] (on) 发泄(感情) fāxiè. He ~ed his anger on his brother. 他拿他的弟弟出气.

ventilate /'ventɪleɪt; US -təleɪt/ v [T] 使空气流通 shǐ kōngqì liútōng.

ventilation /ˌventɪ'leɪʃn; US -tə'l-/ n [U]. **ventilator** n [C] 通风[風]设备[備] tōngfēng shèbèi.

ventriloquist /ven'trɪləkwɪst/ n [C] 口技 kǒujì.

venture /'ventʃə(r)/ n [C] 冒险[險]màoxiǎn; 冒险事业[業] màoxiǎn shìyè: a 'business ~ 商业投机. **venture** v [正式用语] 1 [I] 冒险 màoxiǎn; (敢于)冒…的危险或损失 zāoshòu wēixiǎn huò sǔnshī, 2 [T] 敢于(说话) gǎnyú.

venue /'venju:/ n [C] 会[會]场[場] huìchǎng; 聚集地 jùjídì: a ~ for the football match 足球场.

veranda (亦作 **verandah**) /və'rændə/ n [C] 走廊 zǒuláng; 阳[陽]台[臺] yángtái.

verb /vɜ:b/ n [C] [语法]动[動]词 dòngcí.

verbal /'vɜ:bl/ adj 1 言语的 yányǔde; 字句的 zìjùde. 2 口头[頭]的 kǒutóude. 3 [语法]动[動]词的

dōngcíde. **verbally** /'vɜ:bəlɪ/ adv 口头上 kǒutóushang. **verbal 'noun** n [C] [语法]动名词(如在 Swimming is a good form of exercise. 这个句子中，swimming 一词是动名词). dòngmíngcí.

verbose /vɜ:'bəʊs/ adj [正式用语] 嗦苏(苏)的 lǚsūde; 冗长[长]的 rǒngchángde. **verbosity** /vɜ:'bɒsətɪ/ n [U].

verdict /'vɜ:dɪkt/ n [C] 1 (陪审团的)裁决 cáijué; ~ of guilty/ not guilty 判决有罪(或无罪). 2 定论[论] dìnglùn; 意见 yìjiàn.

verge /vɜ:dʒ/ n 1 边[边]缘 biānyuán; 边界 biānjiè. 2 [习语] **on the 'verge of sth** 接近于 jiējìn yú; 濒于 bīnyú; on the ~ of war 处于战争的边缘. **verge** v [短语动词] **verge on sth** 极[极]接近于 jí jiējìn yú.

verify /'verɪfaɪ/ v [pt, pp -ied] [T] 证[证]实[实] zhèngshí; 查对[对] cháduì; 核实 héshí. **verifiable** adj 可证实的 kě zhèngshí de. **verification** /ˌverɪfɪ'keɪʃn/ n [U].

veritable /'verɪtəbl/ adj [正式用语][谑]名副其实[实]的 míng fù qí shí de; 确[确]实的 quèshíde; a ~ liar 十足的说谎者.

vermin /'vɜ:mɪn/ n [U][常用 v]1 害兽[兽]hàishòu; 害虫 hàichóng. 2 [喻]害人虫 hàirénchóng; 歹徒 dǎitú.

vernacular /və'nækjʊlə(r)/ adj, n [C] (用)本国[国]语的[的] běnguóyǔ; (用)方言的 fāngyán.

versatile /'vɜ:sətaɪl; US -tl/ adj 多才多艺[艺]的 duō cái duō yì de. **versatility** /ˌvɜ:sə'tɪlətɪ/ n [U].

verse /vɜ:s/ n 1 诗 shī; 诗体[体] shītǐ; 韵[韵]文 yùnwén. 2 诗节[节]shìjié. 3 [C] (《圣经》的)(一)节 jié.

versed /vɜ:st/ adj in [正式用语]精通的 jīngtōngde; 熟练[练]的 shúliànde.

version /'vɜ:ʃn; US -ʒn/ n [C] 1 类[类]型 lèixíng; 形式 xíngshì; the film ~ of the play 由那个活剧改拍的电影. 2 译法 miáoshù; 说法 shuōfǎ: There were three ~s of what happened. 关于所发生的事有三种说法.

versus /'vɜ:səs/ prep (诉讼、比赛等中)对[对]duì; 对抗 duìkàng: England ~ Brazil 英国对巴西.

vertebra /'vɜ:tɪbrə/ n [C][pl -brae /-briː/] [解剖]脊椎骨[骨]zhuīgǔ. **vertebrate** /'vɜ:tɪbrət/ n [C], adj 脊椎动[动]物 jǐzhuī dòngwù; 有脊椎的 yǒu jǐzhuī de.

vertical /'vɜ:tɪkl/ adj 垂直的 chuízhíde. **vertical** n [sing] 垂直线[线](或位置)chuízhíxiàn. **vertically** /-klɪ/ adv.

vertigo /'vɜ:tɪgəʊ/ n [U] 眩晕[晕](尤指从高处俯视产生)头[头]晕 tóuyūn.

very /'verɪ/ adv 1 很 hěn; 甚 shèn; 颇 pō: ~ little/quickly 很小(或快). 2 最 zuì; 极[极]其 jíqí: the ~ best quality 最好的质量. 3 [习语] **very likely** ⇨ LIKELY.

very² /'verɪ/ adj 1 实[实]在的 shízàide; 正是的 zhèngshìde: This is the ~ book I want! 这正是我想要的书! 2 [极]端的 jíduānde: at the ~ end 最终. 3 (用以加强语气): The ~ thought of it upsets me. 正是想到此事使我心中不安.

vessel /'vesl/ n [C][正式用语]1 船 chuán; 舰艇[艇]jiàn. 2 容器 róngqì; 器皿 qìmǐn.

vest¹ /vest/ n [C]1 [英国英语]汗衫 hànshān. 2 [美语](西服的)背心 bèixīn.

vest² /vest/ v 1 [T] in, with [正式用语][常用被动语态动]授予 shòuyǔ; 给予 jǐyǔ: the authority ~ed in her 赋予她的权力. ~ sb with authority 授权给某人. 2 [习语] **have a vested interest in sth** (对某事物)保有既得利益 bǎoyǒu jìdé lìyì.

vestige /'vestɪdʒ/ n [C][正式用语]痕迹[迹]hénjì; 遗迹 yíjì: not a ~ of truth in the report 这个报告一点也不真实.

vet¹ /vet/ n [C] [非正式用语] short for VETERINARY SURGEON (VETERINARY).

vet² /vet/ v [-tt-] [T] 检[检]查 jiǎnchá; 审[审]查 shěnchá.

veteran /'vetərən/ n [C] 老练[练]者 lǎoliànzhě; 老手 lǎoshǒu; 老兵 lǎobīng. **,veteran 'car** n [C] (1916 年前尤指 1905 年以前制造的)老式汽车 lǎoshì qìchē.

veterinary /'vetərɪnərɪ/ adj 兽[兽]医[医]的 shòuyī-de. **,veterinary 'surgeon** n [C][正式用语]兽医 shòuyī.

veto /'viːtəʊ/ n [pl ~es] (a) [C, U] 否决权[权]fǒujuéquán. (b)

[C] 否决(或禁止)的声(声)明 fǒujué shēngmíng. **veto** v [T] 否决 fǒujué; 禁止 jìnzhǐ: ~ *a proposal* 否决一项提案.

vex /veks/ v [T] [正式用语]使烦恼(恼) shǐ fánnǎo; 使苦恼 shǐ kǔnǎo. **vexation** /vek'seɪʃn/ n [C, U]. **vexed** adj [问题]引起争论[论]的 yǐnqǐ zhēnglùn de.

via /'vaɪə/ prep [经(经)过[过]jīngguò; 经由 jīngyóu.

viable /'vaɪəbl/ adj [尤指计划、事业]可行的 kěxíngde; 能成功的 néng chénggōng de. **viability** /ˌvaɪə'bɪlətɪ/ n [U].

viaduct /'vaɪədʌkt/ n [C] 高架桥(桥)gāojiàqiáo.

vibrate /vaɪ'breɪt; US 'vaɪbreɪt/ v [I, T] (使)振(振)动[动]bǎidòng; (使)摆动 yáodòng: *The house ~s whenever a heavy lorry passes.* 每当重型卡车经过时, 那房屋就会晃. **vibration** /-'breɪʃn/ n [C, U].

vicar /'vɪkə(r)/ n [C] 教区(区)牧师(师)jiàoqū mùshī. **vicarage** /'vɪkərɪdʒ/ n [C] 教区牧师的住宅 jiàoqū mùshī de zhùzhái.

vice[1] /vaɪs/ n 1 [C, U] 罪恶(恶)zuì'è; 邪恶 xié'è. 2 [C] [非正式用语] [谑]缺点[点]quēdiǎn; 环[习]惯坏习惯 huài xíguàn: *Chocolate is one of his ~s.* 他有个小毛病, 就是爱吃巧克力.

vice[2] /vaɪs/ n [C] 老虎钳 lǎohǔqián.

vice- /vaɪs/ prefix 副的 fùde; 次的 cìde: ~*president* 副总统.

vice versa /ˌvaɪsə 'vɜːsə/ adv 反过[过]来 (来)fǎnguòlái; 反之亦然 fǎnzhī yìrán: *We gossip about them and ~.* 我们议论他们, 反过来, 他们也同样议论我们.

vicinity /vɪ'sɪnətɪ/ n [习语] **in the 'vicinity (of sth)** (在)邻[邻]近 línjìn; (在)附近 fùjìn.

vicious /'vɪʃəs/ adj 1 有恶[恶]意的 yǒu èyì de; 邪恶的 xié'ède; 堕落的 duòluòde. 2 [习语] **a vicious 'circle** 恶性循环(环)èxìng xúnhuán. **viciously** adv.

victim /'vɪktɪm/ n [C] 受害者 shòuhàizhě; 牺牲者 xīshēngzhě: ~*s of the flood* 水灾的受害者. **victimize** v [T] 使…受到[到]不当[当]的处置 shǐ...shòudào bùdàng de chǔzhì; 欺侮 qīwǔ. **victimization** /ˌvɪktɪmaɪ'zeɪʃn; US

-mɪ'z-/ n [U].

victor /'vɪktə(r)/ n [C] [正式用语]胜(胜)利者 shènglìzhě; 战(战)胜者 zhànshèngzhě.

victory /'vɪktərɪ/ n [C, U] [pl -ies] 胜(胜)利 shènglì; 战(战)胜 zhànshèng. **victorious** /vɪk'tɔːrɪəs/ adj 胜利的 shènglìde; 战胜的 zhànshèngde.

video /'vɪdɪəʊ/ n [pl ~s] 1 [U, C] 电(电)视录(录)像 diànshì lùxiàng. 2 [C] 录像机(机)lùxiàngjī. **video** v [T] 录制(制)(电视节目). ,**video con'ference** n [C] 视频会(会)议(议)shìpín huìyì; 电视会议 diànshì huìyì. ,**video-on-de'mand** n [U] 视频点[点]播 shìpín diǎnbō. '**video player** n [C] 放像机 fàngxiàngjī. '**video recorder** (亦作 ,**video ca'ssette recorder**) n [C] 录像机 lùxiàngjī. '**videotape** n [U, C] 录像带(带)lùxiàngdài.

vie /vaɪ/ v [*pres part* vying /'vaɪɪŋ/] [~ **with** (与某人)争夺(夺)zhēngduó.

view[1] /vjuː/ n 1 [U] 看 kàn; 观(观)察 guānchá; 视力 shìlì; 视野 shìyě: *The lake came into* ~. 看见那个湖了. *in full* ~ *of the crowd* 在大家都能看得见的地方. 2 [C] 看见的东西 kànjiàn de dōngxi; *a magnificent* ~ *from the top of the mountain* 从山顶上看到的壮丽景(景)色. 3 [C] (个人的)意见 yìjiàn, 观(观)点(点)guāndiǎn: *In my* ~, *nurses deserve better pay.* 我的看法是护士应得更高的工资. 4 [习语] **in view of sth** 考虑(虑)到 kǎolǜ dào; 鉴(鉴)于 jiànyú: *In* ~ *of the weather, we will cancel the outing.* 因天气关系, 我们要取消这次郊游. **on 'view** 展览(览)着 zhǎnlǎnzhe; 陈列着 chénlièzhe. **with a view to doing sth** 打算做某事 dǎsuàn zuò mǒushì. '**viewfinder** n [C] (照相机的)取景器 qǔjǐngqì. '**viewpoint** n [C] 观点 guāndiǎn ⇨ POINT[1].

view[2] /vjuː/ v [正式用语] 1 [T] 考虑(虑)考虑 kǎolǜ: *the problem with some concern* 以焦急的心情考虑这个问题. 2 [I] 察看 chákàn; 注视 zhùshì; 检(检)查 jiǎnchá. 3 [I, T] 看(电视)kàn. **viewer** n [C] 电(电)视观众(众)diànshì guānzhòng.

vigil /'vɪdʒɪl/ n [C] 值夜 zhíyè; 守

夜 shǒuyè.

vigilant /'vɪdʒɪlənt/ adj [正式用语]警戒的 jǐngjiède; 警惕的 jǐngtìde. **vigilance** /-lən s/ n [U]. **vigilantly** adv.

vigour (美语 -or) /'vɪgə(r)/ n [U] 力量 lìliàng; 体(體)力 tǐlì; 活力 huólì; 精力 jīnglì; 活力 huólì; 精力 jīnglì. **vigorous** adj 强有力的 qiáng yǒulì de; 精力充沛 的 jīnglì chōngpèi de. **vigorously** adv.

vile /vaɪl/ adj [~r, ~st] 1 卑鄙的 bēibǐde; 讨厌(厭)的 tǎoyànde. 2 [非正式用语]极(極)坏(壞)的 jí huàide; 恶(惡)劣的 èliède: ~ weather 恶劣的天气. **vilely** /vaɪllɪ/ adv.

villa /'vɪlə/ n [C] 别墅 biéshù: rent a ~ in Spain 在西班牙租一幢别墅.

village /'vɪlɪdʒ/ n [C] 乡(鄉)村 xiāngcūn; 村庄(莊) cūnzhuāng, **villager** n [C] 村民 cūnmín.

villain /'vɪlən/ n [C] 1 [英僵]罪犯 zuìfàn. 2 坏(壞)人 huàirén; 恶(惡)棍 ègùn; 歹徒 dǎitú. 3 [习语] **the 'villain of the piece** [尤指戏谑]惹祸(禍)的人 rě huò de rén; 为(爲)害之物 wéihài zhī wù.

vindicate /'vɪndɪkeɪt/ v [T][正式用语] 1 澄清⋯的责难(難)(或嫌疑) chéngqīng ⋯de zénàn; 为(爲)⋯辩白 wèi⋯biànbái. 2 证(證)明⋯属(屬)实(實)(或正当、有效) shǐshí, **vindication** /ˌvɪndɪ'keɪʃn/ n [C, U].

vindictive /vɪn'dɪktɪv/ adj 有报(報)复(復)心的 yǒu bàofùxīn de. **vindictively** adv. **vindictiveness** n [U].

vine /vaɪn/ n [C] 藤本植物 téngběn zhíwù; 葡萄(藤) pútáo. **vineyard** /'vɪnjəd/ n [C] 葡萄园(園) pútáoyuán.

vinegar /'vɪnɪgə(r)/ n [U] 醋 cù. **vinegary** adj.

vintage /'vɪntɪdʒ/ n [C] 某一年所产(產)的葡萄 mǒuyìnián suǒchǎn de pútáo;(该年葡萄所酿的)葡萄酒 pútáojiǔ. **vintage** adj 1 古老而品质(質)优(優)良的 gǔlǎo ér pǐnzhì yōuliáng de. 2 (汽车)(1917 年到1930 年制造的)老牌的 lǎopáide.

vinyl /'vaɪnl/ n [U] [化学]乙烯基 (塑料) yǐxījī.

viola /vi'əʊlə/ n [C] 中提琴 zhōng tíqín.

violate /'vaɪəleɪt/ v [T] 1 违(違)犯(誓言、条约等) wéifàn. 2 亵(褻)

渎(瀆)(圣地) xièdú. 3 [喻]侵犯 qīnfàn; 冒犯 màofàn. **violation** /ˌvaɪə'leɪʃn/ n [C, U].

violent /'vaɪələnt/ adj 1 猛烈的 měngliède; 凶(兇)暴的 xiōngbàode: a ~ attack 猛攻. 2 (感情)强烈的 qiángliède; 由强烈感情引起的 yóu qiángliè gǎnqíng yǐnqǐ de: a ~ argument 激烈的争吵. 3 厉(厲)[屬]害的 lìhàide; 极(極)度的 jídùde: a ~ thunder 迅雷. **violence** /-ləns/ n [U] 1 猛烈 měngliè; 暴力 bàolì. 2 猛烈 měngliè; 暴力 bàolì. **violently** adv.

violet /'vaɪələt/ n 1 [C] 紫罗(羅)兰(蘭)花 zǐluólánhuā. 2 [U] 紫罗兰色 zǐluólánsè; 紫色 zǐsè.

violin /ˌvaɪə'lɪn/ n [C] 小提琴 xiǎo tíqín. **violinist** n [C] 小提琴手 xiǎo tíqínshǒu.

VIP /ˌviː aɪ 'piː/ abbr, n [C] very important person 要人 yàorén.

viper /'vaɪpə(r)/ n [C] 蝰蛇 kuíshé; 毒蛇 dúshé.

viral ⇨ VIRUS.

virgin /'vɜːdʒɪn/ n [C] 处(處)女 chǔnǚ. **virgin** adj 1 处(處)女的 chǔnǚde; 童贞的 tóngzhēnde; 纯洁(潔)的 chúnjiéde; ~ snow 洁白的雪. 2 未开(開)发(發)的 wèikāifāde; 原始的 yuánshǐde: ~ soil 处女地. **virginity** /və'dʒɪnəti/ n [U] 处女身份 chǔnǚ shēnfèn; 童贞 tóngzhēn; 纯洁 chúnjié.

virile /'vɪraɪl; US 'vɪrəl/ adj 强有力的 qiáng yǒulì de; 有男子气概的 yǒu nánzǐ qìgài de; 有生殖力的 yǒu shēngzhílì de; 有男性生殖力的 yǒu nánxìng shēngzhílì de. **virility** /və'rɪləti/ n [U].

virtual /'vɜːtʃʊəl/ adj 实(實)际(際)上的 shíjìshàngde; 事实上的 shìshíshàngde: The deputy manager is the ~ head of the business. 副经理是企业的实际负责人. **virtually** /'vɜːtʃʊəlɪ/ adv 在各重要方面 zài gè zhòngyào fāngmiàn; 几(幾)乎 jīhū. **virtual re'ality** n [U] 虚拟(擬)现实(實) xūnǐ xiànshí.

virtue /'vɜːtʃuː/ n 1 [U] 美德 měidé; 善良 shànliáng. 2 [C] 良好的性格 liánghǎo de xìnggé: Patience is a ~. 耐心是一种良好的性格. 3 [C, U] 长(長)处(處) chángchù; 优(優)点(點) yōudiǎn: The great ~ of the plan is its cheapness. 这个方案的一大优点是省钱. 4 [习语] **by virtue of sth** [正式用语]由于 yóuyú; 因为(爲) yīnwéi; vir-

tuous adj 有道德的 yǒu dàodé de; 善良的 shànliáng de.

virus /'vaɪrəs/ n [C] **(a)** 病毒 bìng dú. **(b)** [非正式用语] 病毒性疾病 bìngdúxìng jíbìng. **(c)** (计算机)病 毒 bìngdú. **viral** /'vaɪrl/ adj (似) 病毒的 bìngdú de; 病毒性的 bìng dú yìngxìng de: a viral infection 病 毒性感染. **virus protection** n [U] (计算机)病毒防护[護] bìngdú fánghù.

visa /'vizə/ n [C] 签[簽]证[證] qiānzhèng.

viscount /'vaɪkaʊnt/ n [C] 子爵 zǐjué. **viscountess** /[C] 1 子爵夫 人 zǐjué fūrén. 2 女子爵 nǚ zǐjué.

vise [美语] n = VISE².

visible /'vɪzəbl/ adj 看得见的 kàn dejiàn de; 可见的 kějiàn de. **visibil-ity** /ˌvɪzə'bɪlətɪ/ n [U] 能见度 néngjiàndù. **visibly** adv 明显[顯] de míngxiǎn de.

vision /'vɪʒn/ n 1 [U] 视力 shìlì; 视觉[覺] shìjué. 2 [U] 洞察力 dòngchálì; 想像力 xiǎngxiànglì; problems caused by lack of ~ 由于缺乏想像力而造成的问题. 3 [C] 幻想 huànxiǎng; 想像 xiǎngxiàng; 想像的东西 xiǎngxiàng de dōngxi; ~s of great wealth 发财的梦想. **visionary** /'vɪʒnrɪ; US -ʒənerɪ/ adj 1 有远[遠]见的 yǒu yuǎnjiàn de; 有洞察力的 yǒu dòngchálì de. 2 空想的 kōngxiǎng de; 不切实[實] 际[際]的 bú qiè shíjì de. visionary n [C] [pl -ies] 有远见(或智慧) 的人 yǒu yuǎnjiàn de rén.

visit /'vɪzɪt/ v 1 [I, T] 访问 fǎng-wèn; 参观[觀] cānguān; 游览[覽] yóulǎn: ~ a friend / Rome 访问 朋友(或罗马). 2 [T] 视察 shìchá; 巡视 xúnshì. 3 [I] with [美语]访问 某人处[處](尤指聊天) fǎngwèn mǒurén-chù. **visit** n [C] 访问 fǎngwèn; 参 观 cānguān; 游览 yóulǎn; 视察 shì-chá: pay a ~ to a friend 访问 朋友. **visitor** n [C] 访问者 fǎng-wènzhě; 宾[賓]客 bīnkè; 观光客 guāngguāngkè; 视察者 shìcházhě.

visor /'vaɪzə(r)/ n [C] 1 (头盔的) 面甲 miànjiǎ. 2 面罩 miànzhào.

vista /'vɪstə/ n [C] [正式用语] 1 远[遠]景 yuǎnjǐng; 对[對]往事 的[C][喻]一连串的追忆[憶] yìliánchuàn de zhuīyì; 一系列的展望 yíxìliè de zhǎnwàng: scientific dis-coveries that open up a new ~ of the future 开创新的远景的科 学发现.

visual /'vɪʒʊəl/ adj 看的 kàn de; 看得见的 kàndejiàn de; 用于看的 yòng yú kàn de. **visual 'aid** n [C] 直观[觀]教具 zhíguān jiàojù. **ˌvisual dis'play unit** n [C] 荧(熒) 光数[數]字显[顯]示器 yíngguāng shùzì xiǎnshìqì. **visualize** v [T] 使 形象化 shǐ xíngxiànghuà. **visually** adv.

vital /'vaɪtl/ adj 1 极[極]端重要 的 jíduān zhòngyào de; 必不可少的 bì bù shǎo de: a ~ part of the machine 这机器的极其重要的部 件. 2 精力充沛的 jīnglì chōngpèi de; 有活力的 yǒu huólì de. 3 生命的 shēngmìng de; 与(與)生命有关 [關]的 yǔ shēngmìng yǒuguān de. **vitality** /vaɪ'tælətɪ/ n [U] 生命 力 shēngmìnglì; 活力 huólì; 生气 [氣] shēngqì. **vitally** /-təlɪ/ adv. **ˌvital sta'tistics** n [pl] [非 正式用语] (妇[婦]女三围[圍]即 (胸围、腰围、臀围) fùnǚ sān wéi chǐ-cùn.

vitamin /'vɪtəmɪn; US 'vaɪt-/ n [C] 维生素 wéishēngsù.

vitriolic /ˌvɪtrɪ'ɒlɪk/ adj [正式用 语]尖刻(敲)意的 de jiǎde; 恶[惡]意的 èyì de.

vivacious /vɪ'veɪʃəs/ adj 活泼 (潑)的 huópo de; 有生气[氣]的 yǒu shēngqì de. **vivaciously** adv. **vivacity** /vɪ'væsətɪ/ n [U].

vivid /'vɪvɪd/ adj 1 (色彩、光线等) 鲜艳[艷]的 xiānyàn de; 强烈的 qiángliè de. 2 清晰的 qīngxī de; 生 动(動)的 shēngdòng de: a ~ de-scription 生动的描述. **vividly** adv.

vivisection /ˌvɪvɪ'sekʃn/ n [U] 活 体[體]解剖 huótǐ jiěpōu.

vixen /'vɪksn/ n [C] 雌狐 cí hú.

vocabulary /və'kæbjʊlərɪ; US -lerɪ/ n [pl -ies] n 1 [C] 词汇[彙] cíhuì; 总[總] 词汇量 zǒng cíhuì-liàng. 2 (某人、某行业所用 的)词汇 cíhuì; 语汇 yǔhuì: the ~ of a three-year-old 三岁孩子的词 汇. 3 [C] 词汇表 cíhuìbiǎo.

vocal /'vəʊkl/ adj 1 声(聲)音的 shēngyīn de; 有声的 yǒushēng de; 发[發]音的 fāyīn de. 2 直言不讳 (諱)的 zhíyán bùhuì de. **vocal** n [C, 常作 pl] (流行歌曲等)歌唱 gēchàng. **ˌvocal 'cords** n [pl] 声 带 shēngdài. **vocalist** /-kəlɪst/ n [C] 歌手 gēshǒu; 歌唱家 gē-chàngjiā. **vocally** /-kəlɪ/ adv.

vocation /vəʊ'keɪʃn/ n [C, U] 1

天职(職) tiānzhí; 使命 shǐmìng: She thinks nursing is her ~. 她认为护理工作是她的天职。2 [正式用语] 行业[業] hángyè: 职业的 zhíyè. **vocational** /-ʃənl/ adj 职业的 zhíyè de; 业务(務)的 yèwù de: ~al training 专业训练.

vociferous /vəˈsɪfərəs/ adj 呼喊的 hūhǎn de; 大叫的 dàjiào de: a ~ group of demonstrators 一批喧闹的示威者. **vociferously** adv.

vodka /ˈvɒdkə/ n [U] 伏特加(酒) fútèjiā.

vogue /vəʊg/ n [C, U] 流行式 liúxíngshì; 时[時]髦 shímáo: a new ~ for low-heeled shoes 新近流行低后跟鞋.

voice /vɔɪs/ n 1 (a) [C] 说话声(聲) shuōhuàshēng; 嗓音 sǎngyīn: recognize sb's ~ 认出某人的声音. (b) [U] 发[發]音能力 fāyīn nénglì: He's lost his ~. 他嗓子哑了. 2 [U, sing] 发言权(權) fāyánquán: They should be allowed a ~ in deciding their future. 他们应被允许在决定他们的未来的发言权. **voice** v [T] 用言语表达(達)yòng yányǔ biǎodá. **'voicemail** n 1 [U] 语音邮(郵)件 yǔyīn yóujiàn. 2 [C] 语音信息 yǔyīn xìnxī.

void /vɔɪd/ n [C, 常作 sing] 空间 kōngjiān; 空位 kòngwèi. **void** adj 1 [正式用语] 空的 kòng de; 空旷的 kòngkuàng de. 2 没有的 méiyǒu de; 缺乏的 quēfá de. 3 [法律] 无效的 wúxiào de. **void** v [T] [法律] 使无效 shǐ wúxiào.

volatile /ˈvɒlətaɪl; US -tl/ adj (情绪、行为) 反复(復)无[無]常的 fǎnfù wúcháng de.

vol-au-vent /ˈvɒləʊvɒŋ/ n [C] (用鱼、肉等作馅的)酥皮盒子 sūpí hézi.

volcano /vɒlˈkeɪnəʊ/ n [pl ~es] 火山 huǒshān. **volcanic** /-ˈkænɪk/ adj.

volition /vəˈlɪʃn; US vəʊ-/ n [习语] of one's own volition [正式用语] 自愿地 zìyuàn de.

volley /ˈvɒlɪ/ n [C] 1 (箭、子弹等)齐(齊)射 qíshè. 2 [网球、足球等](球落地前的)截击(擊) jiéjī. **volley** v [I, T] (在球落地前)截击 jiéjī. **'volleyball** n [U] 排球(賽) páiqiú.

volt /vəʊlt/ n [C] 伏特(电压单位) fútè. **voltage** n [U, C] 电[電]压

[壓] diànyā; 伏特数(數) fútèshù.

voluble /ˈvɒljʊbl/ adj [正式用语] 爱[愛]说话的 ài shuōhuà de; 喋喋不休的 diédié bùxiū de. **volubly** adv.

volume /ˈvɒljuːm/ n 1 [C] (一)册 cè; (一)卷 juàn. 2 [U, C] 容积(積) róngjī; 体[體]积 tǐjī. 3 [U] 总[總]数 zǒngshù: The ~ of exports fell last month. 上月的出口数量大减. 4 [U] 音量(控制) yīnliàng; 响[響]度 xiǎngdù.

voluminous /vəˈluːmɪnəs/ adj [正式用语] 1 (衣服)用料多的 yòngliào duō de; 肥大的 féidà de; 宽松(鬆)的 kuānsōng de: the ~ folds of a blanket 毯子的宽阔摺层 (文字)大量的 dàiliàng de; 长[長]篇 chángpiānde.

voluntary /ˈvɒləntrɪ; US -terɪ/ adj 1 自[自願]的 zìyuàn de; 主动[動]的 zhǔdòng de: Attendance is ~. 出席是自愿的. 2 义[義]务(務)的 yìwù de; 无[無]偿(償)的 wúchángde: a ~ organization 义务性的组织. **voluntarily** /-trəlɪ; US ˌvɒlənˈterəlɪ/ adv.

volunteer /ˌvɒlənˈtɪə(r)/ n [C] 1 自愿(願)参加者 zìyuàn cānjiāzhě. 2 志愿军 zhìyuànjūn. **volunteer** v 1 [I, T] 自愿做(某事) zìyuàn zuò. 2 [I] 参加志愿军 cānjiā zhìyuànjūn.

voluptuous /vəˈlʌptʃʊəs/ adj 1 [正式用语](妇女)体[體]态(態)丰[豐]满的 tǐtài fēngmǎn de. 2 (给人以)感官享受的 gǎnguān xiǎngshòu de. **voluptuously** adv.

vomit /ˈvɒmɪt/ v [I, T] 呕[嘔]吐 ǒutù. **vomit** n [U] 呕吐物 ǒutùwù.

vote /vəʊt/ n 1 [C] 表决 biǎojué. 2 **the vote** [sing] 选[選]票数(數) xuǎnpiàoshù; 得票数 dépiàoshù: the Labour ~ 工党的得票数. 3 **the vote** [sing] 选举[舉]权(權) xuǎnjǔquán. **vote** v 1 [I, T] 表明观(觀)点(點) biǎomíng guāndiǎn: ~ for/against sb 投票赞成(或反对)某人. ~ on the suggestion 对建议进行的表决. 2 [T] 表决通过(過)(某项拨款) biǎojué tōngguò. **voter** n [C].

vouch /vaʊtʃ/ v [I] (for) 担保(为某人及其行为)担(擔)保 dānbǎo; 保证(證) bǎozhèng.

voucher /ˈvaʊtʃə(r)/ n [C] 凭[憑]单[單] píngdān; 代金券 dàijīnquàn.

vow /vaʊ/ n [C] 誓约 shìyuē; 许愿(願) xǔyuàn. **vow** v [T] 起誓要…

qǐshí yào…; 许愿要 xǔyuàn yào.

vowel /'vaʊəl/ *n* [C] (**a**) 元音 yuányīn. (**b**) 元音字母 yuányīn zìmǔ.

voyage /'vɔɪɪdʒ/ *n* [C] 航海 hánghǎi; 航行 hángxíng. **voyage** *v* [I] [正式用语]航海 hánghǎi; 航行 hángxíng. **voyager** *n* [C].

vs *abbr* versus.

vulgar /'vʌlɡə(r)/ *adj* 1 粗俗的 cūsúde; 粗鄙的 cūbǐde; 鄙陋的 cǔbǐde. 2 趣味不高的 qùwèi bùgāo de; 通俗的 tōngsúde; 庸俗的 yōngsúde. **vulgarity** /vʌl'ɡærətɪ/ *n* [U].

vulnerable /'vʌlnərəbl/ *adj* 1 易受攻击(擊)的 yì shòu gōngjī de. 2 脆弱的 cuìruòde; 敏感的 mǐngǎnde. **vulnerability** /ˌvʌlnərə-'bɪlətɪ/ *n* [U].

vulture /'vʌltʃə(r)/ *n* [C] 1 秃鹫 tūjiù. 2 [喻]贪婪而残(殘)酷的人 tānlán ér cánkù de rén.

vying ⇨ VIE.

W w

W, w /'dʌblju:/ *n* [C] [*pl* W's, w's /'dʌblju:z/] 英语的第二十三个(個)字母 Yīngyǔde dì'èrshísān gè zìmǔ.

W *abbr* 1 west(ern); W Yorkshire 西约克郡 2 watt(s).

wad /wɒd/ *n* [C] 1 (纸、钞票等)一卷(捲) yìjuǎn; 一沓 yídá. 2 (填塞用的)软物 ruǎnwù; (软质)填料 tiánliào; *a ~ of cotton wool* 一团棉花.

waddle /'wɒdl/ *v* [I] (如鸭子般)蹒跚而行 pánshān ér xíng. **waddle** *n* [sing].

wade /weɪd/ *v* 1 [I] 跋涉 báshè; 蹚(水)tāng. 2 [短语动词] **wade into sth** 抨击(擊)pēngjī; 猛烈攻击(某事物)měngliè gōngjī. **wade through sth** 费力地阅读(讀)fèilìde yuèdú. **wading-bird** (亦作 **wader**) *n* [C] 涉禽 shèqín.

wafer /'weɪfə(r)/ *n* [C] 薄脆饼 bócuìbǐng.

waffle[1] /'wɒfl/ *v* [I] [英国非正式用语]唠(嘮)叨 láodao; 胡扯 húchě. **waffle** *n* [U].

waffle[2] /'wɒfl/ *n* [C] 蛋奶小脆饼 dàn nǎi xiǎo cuìbǐng; 威化饼干(乾) wēihuà bǐnggān.

waft /wɒft; US wæft/ *v* [I, T] (使)飘(飄)荡(蕩) piāodàng; *The scent ~ed into the room.* 香气飘进屋子里来了. **waft** *n* [C].

wag /wæɡ/ *v* (-**gg**-) [I, T] (使)摇摆(擺)yáobǎi; (使)摇动(動)yáodòng; *The dog ~ged its tail.* 狗摇动尾巴. **wag** *n* [C].

wage[1] /weɪdʒ/ *n* [C] [常作 pl]按周或月计算的工资 gōngzī; *fight for higher ~s* 为更高的工资而斗争. *a ~ increase* 增加工资.

wage[2] /weɪdʒ/ *v* [T] (*against / on*) 从(從)事(战争等)cóngshì; *a war on poverty* 对贫穷宣战.

wager /'weɪdʒə(r)/ *n*, *v* [I, T] [旧][正式用语]= BET.

waggle /'wæɡl/ *v* [I, T] (来回或上下)小幅度摆(擺)动(動)xiǎo fúdù bǎidòng.

wagon (英语亦作 **waggon**) /'wæɡən/ *n* [C] 1 (四轮)运(運)货车 yùnhuòchē. 2 (铁路)货车 huòchē.

wail /weɪl/ *v* (**a**) [I, T] (大声)哀号(號)āiháo; 恸(慟)哭 tòngkū; *a ~ing child* 哭叫的孩子. (**b**) [I] 尖啸(嘯)jiānxiào; 呼啸 hūxiào. **wail** *n* [C] 恸哭 tòngkū; 呼啸 hūxiào.

waist /weɪst/ *n* [C] 1 腰 yāo. 2 中间细的部分 zhōngjiān xìde bùfen. **waistcoat** /'weɪskəut; US 'weskət/ *n* [C] 背心 bèixīn; 马甲 mǎjiǎ. **waistline** *n* [C] 腰围(圍) yāowéi.

wait[1] /weɪt/ *v* 1 [I] 等 děng; 期待 qīdài; *We had to ~ an hour for the train.* 我们得等一个小时的火车. *I'm ~ing to see the manager.* 我正等着见经理. *I can't ~ to tell her!* 我等不及了,急于要告诉她! 2 [T] 准(準)备(備)好 zhǔnbèi hǎo; *He is ~ing his opportunity.* 他正在等待着机会. 3 [I] 暂缓处(處)理 zànhuǎn chǔlǐ; 推迟(遲)tuīchí; *The matter isn't urgent; it can ~.* 这件事不急,可以暂缓处理. 5 [短语动词] **wait and 'see** 等着瞧 děngzhe qiáo. **wait on sb hand and 'foot** 无(無)微不至地照顾(顧)某人 wú bù zhì de zhàogù. 5 [短语动词] **wait on sb** (进餐时)伺候某人…

hòu mǒurén. **wait up (for sb)** (为等候某人儿)不睡觉[觉] bú shuìjiào.

waiter /'weɪtə(r)/ n [C] [fem **waitress** /'weɪtrɪs/] (饭店[馆])服务[务]员 fúwùyuán. **'waiting-list** n [C] 等候者名单 děnghòuzhě míngdān. **'waiting-room** n [C] 候车室 hòuchēshì; 候诊室 hòuzhěnshì.

wait /weɪt/ v [I, 常作 sing] 等候 děnghòu; 等待 děngdài; 等候的时[时]间 děnghòu de shíjiān: *We had a long ~ for the bus.* 我们等公共汽车等了很久.

waive /weɪv/ v [T] [正式用语]1 不坚[坚]持 bù jiānchí; 放弃[弃] fàngqì: ~ *a fee* 放弃服务费.

wake[1] /weɪk/ v [pt **woke** /wəʊk/, pp **woken** /'wəʊkən/] **1** [I, I] (*up*) (使)醒来 xǐnglái: *What time did you ~ up?* 你是什么时候醒的? **2** [习语] **one's 'waking hours** 醒着的时[时]候 xǐnzhe de shíhou. **3** [短语动词] **wake up to sth** 认[认]识[识]到 rènshí dào.

wake[2] /weɪk/ n [C] **1** (船的)尾波 wěibō; 航迹[迹] hángjì. **2** [习语] **in the wake of sth** 随[随]着…之后[后] suízhe…zhī hòu.

waken /'weɪkən/ v [I, I] [正式用语] = **WAKE**[1]

walk[1] /wɔːk/ v [I] **1** 走 zǒu; 步行 bùxíng. **2** 与(某人)同行(至某处)yǔ tóngxíng: *I'll ~ you home.* 我送你走回家去. **3** (牵着狗)散步 sànbù. **4** [短语动词] **walk away/off with sth** [非正式用语](a) 轻[轻]易取胜[胜] qīngyì qǔshèng. (b) 偷走某物 tōu zǒu mǒuwù. **walk into sth** [非正式用语](因不慎)落入圈套 luòrù quāntào: ~ *into a trap* 落入陷阱. **walk into sth** [非正式用语]轻易获得(一份工作)qīngyì huòdé. **walk out** [非正式用语]罢[罢]工 bàgōng. **walk out (of sth)** 愤而退出某地 fèn ér tuìchī. **walk out on sb** [非正式用语]遗弃[弃]某人 yíqì mǒurén. **walk (all) over sb** [非正式用语]虐待某人 nüèdài mǒurén. **'walk-about** n [C] (要人)在群众[众]中漫步(以亲[亲]近群众)zài qúnzhòng zhōng sànbù. **walker** n [C]. **'walking-stick** n [C] 手杖 shǒuzhàng. **'Walkman** n [pl ~s] [专利](随身)小型放音机[机] xiǎoxíng fàngyīnjī. **walk-'on** adj 扮演无[无]台词的角色的 wǔ táicí de juésè de. **'walk-out** n [C] 突然的

罢工 bàgōng. **'walk-over** n [C] 轻易取得的胜利 qīngyì qǔdé de shènglì.

walk[2] /wɔːk/ n [C] **1** 走 zǒu; 步行 bùxíng: *My house is a five-minute ~ from the shops.* 从商店到我家要走五分钟. **2** [sing] 走步的姿态[态] zǒubù de zītài; 步法 bùfǎ. ~ *slow* 慢步走. **3** [C] 行走的道路 xíngzǒu de dàolù; 人行道 rénxíngdào; 散步场[场]所 sànbù chǎngsuǒ. **4** [习语] **a walk of 'life** 职[职]业[业] zhíyè; 行业 hángyè.

walkie-talkie /ˌwɔːkɪ 'tɔːkɪ/ n [C] [非正式用语]话话机[机]不 huàjī.

wall /wɔːl/ n [C] **1** 围[围]墙[墙] wéiqiáng. **2** 墙壁 qiángbì. **3** [喻]似墙之物 sì qiáng zhī wù: *a ~ of fire* 一道火墙. *the abdominal ~* 腹壁. **4** [习语] **go to the 'wall** [非正式用语]大笔[笔]亏损 dà bǐ kuīsǔn; 破产 pòchǎn. **up the 'wall** [非正式用语]大怒 dà nù; 发[发]狂 fā kuáng: *That noise is driving me up the ~!* 那种噪声快把我逼疯了! **wall** v [T] 用墙围住 yòng qiáng wéizhù: *a ~ed garden* 围墙的花园. **2** [短语动词] **wall sth in/off** 用墙围住(或隔开)yòng qiáng wéizhù. **wall sth up** 用墙(或者)填住 yòng qiáng dǔzhù. **'wallflower** n [C] 墙头[头]花 qiángtóuhuā. **'wallpaper** n [U] 糊壁纸 húbìzhǐ. **'wallpaper** v [T] (用糊壁纸)糊(墙)hú. **wall-to-'wall** adj 铺满地面覆盖物[物]覆盖[盖]全部地面的 fùgài quánbù dìmiàn de.

wallet /'wɒlɪt/ n [C] 皮夹[夹]子 píjiāzi; 钱[钱]包 qiánbāo.

wallop /'wɒləp/ v [T] [非正式用语]猛击[击] měngjī; 痛打 tòngdǎ.

wallow /'wɒləʊ/ v [I] (在泥水中)打滚 dǎ gǔn. **2** [喻]沉迷于 chénmí yú: ~ *in luxury* 沉迷于享乐之中. ~ *in self-pity* 溺于自怜.

Wall Street /'wɔːl striːt/ n (纽约)华[华]尔[尔]街 Huá'ěrjiē.

wally /'wɒlɪ/ n [C] [pl **-ies**] [英国非正式用语]傻瓜 shǎguā.

walnut /'wɔːlnʌt/ n (a) 胡桃 hútáo; 胡桃树[树] hútáoshù. (b) [U] 胡桃木 hútáomù.

walrus /'wɔːlrəs/ n [C] 海象 hǎixiàng.

waltz /wɔːls; US wɔːlts/ n [C] 华[华]尔[尔]兹舞 huá'ěrzī wǔ; 圆舞

曲 yuánwǔqǔ. **waltz** v [I] 跳华尔兹舞 tiào huá'ěrzī wǔ.

wand /wɒnd/ n [C] 魔杖 mózhàng.

wander /'wɒndə(r)/ v 1 [I, T] 漫游 mànyóu; 徘徊 páihuái: ~ round the town 在小镇上闲逛. ~ the streets 在街上溜达. 2 [I] (思想)离[離]开[開]正题 líkāi zhèngtí. **wanderer** n [C]. **wanderings** n [pl] 漫游(旅行)màn-yóu.

wane /weɪn/ v [I] 1 (月亮)变[變]小 biàn xiǎo, 亏[虧]缺 kuī. 2 衰退 shuāituì; 减弱 jiǎnruò. **wane** n [习语] **on the wane** 减弱 jiǎnruò; 衰退 shuāituì.

wangle /'wæŋgl/ v [T] [非正式用语]使用诡计获[獲]得 shǐyòng guǐjì huòdé: ~ an extra week's holiday 不正当地取得一星期的额外假期.

want[1] /wɒnt; US wɔːnt/ v [T] 1 要 yào; 想要 xiǎng yào: They ~ a new car. 他们想要一辆新汽车. I ~ to go home. 我想回家. 2 需要 xūyào; 要求 yāoqiú: The grass ~ cutting. 这草地需要修剪了. 3 to [应[應]该]应该 yīnggāi: You ~ to be more careful. 你应该更小心些. 4 [正式用语]缺乏 quēfá. 5 搜查 sōuchá; 寻[尋]找 xúnzhǎo: He is ~ed by the police. 警方在通辑[緝]他. 6 [习语] **be found wanting** 不可靠 bù kěkào; 能力不够 nénglì búgòu. 7 [短语动词] **want for** 因缺乏而受苦 yīn quēfá ér shòukǔ: They ~ for nothing. 他们什么也不缺.

want[2] /wɒnt; US wɔːnt/ n 1 [C, 常作 pl] 需要的东西 xūyàode dōngxi. 2 [sing] [U] [正式用语]缺乏 quēfá; 缺少 quēshǎo: die from/for ~ of water 因缺水而死.

WAP /wæp/ abbr wireless application protocol 无[無]线[線]应[應]用协[協]议[議]议 wúxiàn yīngyòng xiéyì. '**WAP phone** n WAP 手机[機] WAP shǒujī; 上网[網]手机 shàngwǎng shǒujī; 网络行动[動]电[電]话 wǎngluò xíngdòng diànhuà.

war /wɔː(r)/ n [C, U] 1 战[戰]争 zhànzhēng; 战争时[時]期 zhànzhēng shíqī: the First World W~ 第一次世界大战. at ~ 处[處]于战争状态. 2 [喻]冲[衝]突 chōng-

tū, 斗[鬥]争 dòuzhēng; 竞[競]争 jìngzhēng: a trade ~ 贸易战. the ~ on drugs 打击贩毒的斗争. 3 [习语] **have been in the** '**wars** [非正式用语]受过[過]创[創]伤[傷](伤) shòuguò chuāngshāng. **warfare** /'wɔːfeə(r)/ n [U] 战争 zhànzhēng; 交战 jiāozhàn. '**war game** n [C] 作战演习[習] zuòzhàn yǎnxí. '**warhead** n [C] 导[導]弹[彈]弹[彈]头[頭]的弹头 dǎndàn dàntóu. '**warring** adj 交战[戰]对[對]的 duìde; 相互斗争的 xiānghù dòuzhēng de: ~ring tribes 交战的部落. '**warlike** adj 1 准[準]备[備]作战[戰]的 zhǔnbèi zuòzhàn de, 好战的 hàozhànde; 侵略的 qīnlüède. '**warpath** n [习语] **on the** '**warpath** [非正式用语]准备作战(或 争吵) zhǔnbèi zuòzhàn. '**warship** n [C] 军舰[艦] jūnjiàn. '**wartime** n [U] 战时[時] zhànshí.

warble /'wɔːbl/ v [I, T] (尤指鸟)叫出柔和的颤音 jiào chū róuhé de chànyīn. **warbler** n [C] 鸣禽 míngqín.

ward /wɔːd/ n [C] 1 病房 bìngfáng. 2 行政区[區]划[劃] xíngzhèng qūhuà. 3 受监[監]护[護]者 shòu jiānhùzhě. **ward** v [短语动词] **ward sth off** 避开[開]bìkāi; 防止 fángzhǐ.

warden /'wɔːdn/ n [C] 管理员 guǎnlǐyuán; 监[監]护[護]人 jiānhùrén: the ~ of a youth hostel 青年招待所的管理人.

warder /'wɔːdə(r)/ n [C] (fem **wardress** /'wɔːdrəs/ n) [英国英语]狱吏 yùlì; 看守 kānshǒu.

wardrobe /'wɔːdrəub/ n [C] 1 衣柜[櫃]yīguì; 衣橱 yīchú. 2 [常作 sing] (个人的)全部衣服 quánbù yīfu. 3 (剧场的)戏[戲]装[裝]衣[衣]zhuāng; 行头[頭] xíngtou.

ware /weə(r)/ n [U] 1 器皿 qìmǐn; 制[製]品 zhìpǐn; 造品 zhìzàopǐn: silver ~ 银器. 2 **wares** [pl] [旧]商品 shāngpǐn; 货物 huòwù. '**warehouse** n [C] 仓[倉]库[庫]cāngkù; 货栈[棧] huòzhàn.

warm /wɔːm/ adj 1 温和的 wēnhéde; 温暖的 wēnnuǎnde: ~ water 温水. 2 保暖的 bǎonuǎnde: a ~ jumper 保暖的紧身套衫. 3 热[熱]心的 rèxīnde; 同情的 tóng-qíngde: a ~ welcome 热烈的欢迎. 4 暖色的 nuǎnsède. **warm** v [I, T] (使)变[變]暖 biàn nuǎn, 温

[短语动词] **warm to sb/sth** (a) 喜欢 gǎoxǐhuān; (欢)上某人 xǐhuan shàng mǒurén. (b) (对某事物)更有兴[兴]趣 gèng yǒu xìngqù. **warm up** (比赛前的)热身练[练]习[习] rèshēn liànxí. **warm (sth) up** (使某事物)更活[活][跃][跃] gèng huóyuè, **warm-blooded** adj (动物)温血的 wēnxuède. **warm-hearted** adj 热情的 rèqíngde; 富于同情心的 fùyú tóngqíngxīn de. **warmly** adv. **warmth** n [U] 温暖 wēnnuǎn; 温和 wēnhé.

warn /wɔːn/ v [T] 警告 jǐnggào; 告诫 gàojiè: ~ sb that it would cost a lot. 我提醒过他,那东西很贵. They were ~ed not to climb the mountain in bad weather. 他们被警告过,天气不好时不要去爬那座山. **warning** n [C, U] 警告 jǐnggào; 提醒 tíxǐng: He didn't listen to my ~ing. 他不听我的告诫. **warning** adj 警告的 jǐnggàode; 告诫的 gàojiède: ~ing signals 示警的信号.

warp /wɔːp/ v [I, T] (使)翘[翘]起 qiàoqǐ; (使)变[变]弯[弯]弯 biànwān; Some wood ~s in hot weather. 有些木材在炎热的天气中变得弯翘的. 2 [T] [喻]使有偏见 shǐ yǒu piānjiàn; 使作不公正的判[断] shǐ zuò bù gōngzhèng de pànduàn; 歪曲(事实等) wāiqū: a ~ed mind 反常的心理. **warp** n [C, 常作 sing] 弯曲 wānqū; 偏见 piānjiàn; 反常 fǎncháng.

warrant /'wɒrənt; US 'wɔːr-/ n [C] 授权[权]证[证] shòuquánzhèng; 委任状[状] wěirènzhuàng: a ~ for his arrest 可逮捕他的逮捕证. **warrant** v [T] [正式用语]证明为[为]正当[当] zhèngmíng wéi zhèngdàng; 辩明为有理 biànmíng wéi yǒulǐ. **warranty** n [U, C] [pl -ies] (书面)担[担]保(据) dānbǎo; 保证书 bǎozhèngshū.

warren /'wɒrən; US 'wɔːrən/ n [C] 1 养[养]兔场[场] yǎngtùchǎng, 2 [喻]拥挤[挤]的(场所,或易迷路的)地区[区]或房屋 yōngjǐ de dìqū huò fángwū.

warrior /'wɒrɪə(r)/ n [C] [正式用语](尤指旧时的)战[战]士 zhànshì.

wart /wɔːt/ n [C] 疣 yóu; 瘊子 hóuzi.

wary /'weərɪ/ adj [-ier, -iest] 谨慎的 jǐnshènde; 小心的 xiǎoxīnde.

warily adv.

was ⇨ BE.

wash¹ /wɒʃ/ v 1 [T] 洗 xǐ; 洗涤[涤] xǐdí: ~ one's hands/clothes 洗手(或衣服). 2 [I] 洗澡 xǐzǎo; 洗(衣服) xǐ: I had to ~ and dress in a hurry. 我得匆匆洗个澡,穿好衣服. 3 [I] (指布料)经洗(后)不褪色(或不缩水) xǐ hòu bù tuìshǎi: Does this sweater ~ well? 这件套头毛衣耐洗吗? 4 [I, T] (水)冲走 chōngzǒu; 卷[卷]走 juǎnzǒu: Pieces of the wrecked boat were ~ed to the shore. 遇难船只的残骸碎片被冲到了岸上. 5 [I] [非正式用语]被接受(或相信) jiēshòu: That argument/excuse just won't ~. 这种论点(或借口)使人无法接受 6 [习语] **wash one's hands of sth** 洗手不干[干](幹) bùgàn; 不再负责 bú zài fùzé. 7 [短语动词] **wash sth away** (水)将[将]某物冲掉(或冲至别处) chōngdiào, chōngzhìchù. **wash sth down** (a) 冲洗(某物)túnxiǔ. (b) 用水将食物[物]吞下 tūnxià. **wash sth out** (a) 将某物(及其内部)洗净 jiāng mǒuwù xǐ jìng. (b) (比赛因雨而)被取消 bèi qǔxiāo. **wash (sth) up** 刷洗餐具 shuāxǐ cānjù. **washable** adj 耐洗的 nàixǐde. **washbasin** n [C] 脸[脸]盆 liǎnpén. **washed-out** adj 1 洗后[后]褪色 xǐ hòu tuìshǎi de. 2 (人的面色)苍[苍]白息倦的 cāngbái dàijuàn de. **washing-up** n [U] (餐后)刷洗餐具 shuāxǐ cānjù. **washing-up liquid** n [U] (洗餐具的)洗涤液 xǐdíyè. **wash-out** n [C] [非正式用语]完全失败 wánquán shībài. **washroom** n [C] [美语]洗涤室 guànxǐshì.

wash² /wɒʃ/ n 1 [C, 常作 sing] 洗 xǐ; 洗涤[涤] xǐdí: give the car a good ~ 把汽车好好冲洗一下. 2 **the wash** [sing] (即将)洗涤的衣服 xǐdí de yīfu. 3 [sing] (因行船)搅[搅]动[动]的水 jiǎodòng de shuǐ.

washer /'wɒʃə(r); US 'wɔː-/ n [C] 1 垫[垫]圈 diànquān. 2 [非正式用语]洗衣机(機) xǐyījī; 洗涤[涤]机 xǐdíjī.

washing /'wɒʃɪŋ; US 'wɔː-/ n [U] 1 (要)洗的衣服 xǐde yīfu. 2 洗 xǐ; 洗涤[涤] xǐdí. **washing-machine** n [C] 洗衣机(機) xǐyījī. **washing-powder** n [U] 洗衣粉

xíyīfèn.

wasn't /'wɒznt; US 'wʌznt/ (=
was not) ⇨ BE.

wasp /wɒsp/ n [C] 〔动物〕黄蜂
huángfēng.

wastage /'weɪstɪdʒ/ n [U] **1** 消耗
量 xiāohàoliàng; 损耗量 sǔnhào-
liàng. **2** 损耗 sǔnhào; 缩减 suōjiǎn;
natural ~ 自然缩减.

waste¹ /weɪst/ v [T] **1** 浪费 làng-
fèi; 滥〔濫〕用 lànyòng. **2** 未充分利
用 wèi chōngfèn lìyòng: ~ an op-
portunity 错过机会. **3** 〔正式用
语〕使消瘦 shǐ xiāoshòu.

waste² /weɪst/ n [U, sing] 浪费
làngfèi; 消耗 xiāohào: a ~ of
time 浪费时间. **2** [U] 废〔廢〕物
fèiwù; 废料 fèiliào: industrial ~
工业废料. **3** [U, C, 常作 pl] 荒地
huāngdì; 荒野 huāngyě: the ~s of
the Sahara 撒哈拉大沙漠. **4** 〔习
语〕**go/run to waste** 被浪费 bèi
làngfèi. **waste** adj **1** (土地)荒芜
〔無〕无法利用的 wúfǎ lìyòng de; 荒芜
〔蕪〕的 huāngwú de: ~ ground 荒废
地. **2** 无用的 wúyòng de; 废弃〔棄〕
的 fèiqì de: ~ paper 废纸. **waste-
ful** adj 造成浪费的 zào-
chéng làngfèi de: ~ful processes
造成浪费的程序. **wastefully**
adv. **waste-'paper basket** n
[C] 废纸篓〔簍〕fèizhǐlǒu.

watch¹ /wɒtʃ/ v [I, T] **1** 看 kàn;
注视 zhùshì. **2** [T] 〔非正式用语〕小
心 xiǎoxīn; 当〔當〕心 dāngxīn: ~
one's language/ manners 注意自
己的语言(或态度). **3** 〔习语〕
watch one's step ⇨ STEP¹. **4**
〔短语动词〕**watch 'out** 留神 liú-
jié; 提防 dīfang. **watch over sb/
sth** 保护〔護〕bǎohù; 守卫〔衛〕
shǒuwèi; 看守 liúxīn. **watcher** n
[C].

watch² /wɒtʃ/ n [C] **1** 手表〔錶〕
shǒubiǎo. **2** [sing, U] 看 kàn; 注
意 zhùyì; 监〔監〕视 jiānshì: keep
(a) close ~ on her 密切监视
她. **3** [sing] 看守人 kānshǒurén.
[C] (船上)值班时〔間〕zhíbān
shíjiān. 'watch-dog n [C] **1** 看门
〔門〕狗 kānméngǒu. **2** 〔喻〕监察人
jiāncháRén. **watchful** adj 注意
的 zhùyì de; 警戒的 miqiè zhùyì de.
'watchman /-mən/ n [C] pl -men /-mən/
警卫〔衛〕rén. **watchword** n [C] 标
〔標〕语 biāoyǔ; 口号〔號〕kǒuhào.

water¹ /'wɔːtə(r)/ n **1** (a) [U]
水 shuǐ. (b) [U] 自来水 zìláishuǐ.
(c) [sing] 大片的水(江、湖等)
dàpiàn de shuǐ: He fell in the ~
and drowned. 他落水淹死了.
(d) [sing] 水面 shuǐmiàn; swim
under ~ 潜水. **2 waters** [pl]
(a) (江、湖等)的水域 shuǐyù. (b)
领海 lǐnghǎi; in British ~s 在英
国领海内. **3** 〔习语〕**under water**
被水淹没 bèi shuǐ yānmò. 'water-
cannon n [C] 水炮 shuǐpào.
'water-closet n [C] 〔旧〕厕所 cè-
suǒ. 'water-colour (美语 -color)
n (a) water-colours [pl] 水彩颜
料 shuǐcǎi yánliào. (b) 水彩画
〔畫〕shuǐcǎihuà. 'watercress n
[U] 水田芥 shuǐtiánjiè. 'waterfall
n [C] 瀑布 pùbù. 'waterfront n
[C, 常作 sing] 滨〔濱〕水区〔區〕
bīnshuǐqū. 'water-hole n [C] 水坑
shuǐkēng. waterlogged /-lɒgd;
US -lɔːgd/ adj (土地)水浸的 shuǐjìn
de; 浸满水的 jìnmǎn shuǐ de. 'water-
mark n [C] 水印 shuǐyìn. 'water-
melon n [C] 西瓜 xī-
guā. 'water-mill n [C] 水力磨坊
shuǐlì mòfáng. 'waterproof n [C],
adj 防水的 fángshuǐde; 不透水的.
waterproof v [T] 使防水 shǐ
fángshuǐ. 'watershed n [C] **1** 分
水岭〔嶺〕fēnshuǐlǐng. **2** 〔喻〕(事情
发展的)转〔轉〕折点〔點〕zhuǎnzhé-
diǎn. 'waterside n [sing] 河边
〔邊〕(或湖畔、海滨) hébiān.
'water-ski v [I] (由艇拖曳)滑水
huáshuǐ. 'water-skiing n [U].
'water-table n 地下水位 dìxià
shuǐwèi. 'watertight adj **1** 不漏水
的 bú lòu shuǐ de. **2** 〔喻〕无〔無〕懈
可击〔擊〕的 wú xiè kě jī de.
'waterway n [C] 水路 shuǐlù; 航
道 hángdào. 'waterworks n 〔亦
作 sing, 用 pl v〕**1** 自来水厂〔廠〕
zìláishuǐ chǎng. **2** 〔习语〕**turn on
the 'waterworks** 〔非正式用语〕
哭 kū.

water² /'wɔːtə(r)/ v [T] 给…
浇〔澆〕水 gěi…jiāoshuǐ; 灌溉
guàngài: ~ the lawn 在草地上洒
水. **2** [T] 给(动物)水喝 gěi shuǐ
hē. **3** [I] 流泪〔淚〕liúlèi; 淌口水
tǎng kǒushuǐ. **4** 〔短语动词〕**water
sth down** (a) 搀〔攙〕水 chānshuǐ;
冲淡 chōngdàn. (b) 〔喻〕削弱 xiāo-
ruò; 打折扣 dǎ zhékòu: ~ down
a speech 把讲话改得缓和些.

'watering-can n [C] 酒(灑)水壶
[壶] sǎshuǐhú.

watery /'wɔːtəri/ adj 1 含水过
(過)多的 hán shuǐ guò duō de. 2
(颜色)浅的 dàn de.

watt /wɒt/ n [C] 瓦特(电功率单
位) wǎtè.

wave /weɪv/ v 1 [I, T] 挥手
shǒu; 招手 zhāo shǒu. 2 [T] 向…
挥手示意(向某方向移动) xiàng…
huī shǒu shìyì: The guard ~d us
on. 警卫员挥手让我们继续前进.
3 [T] 摇动(動) yáodòng; 摆(擺)动
bǎidòng: ~ a flag 摇动一面旗.
4 [I] (往复或左) 摆动 bǎidòng:
branches waving in the wind 随
风摆动的树枝. 5 [短语动词]
wave sth aside 对(對)…置之不理
duì…zhì zhī bùlǐ; 对…不屑一顾
[顧] duì…bùxiè yígù. wave n [C]
1 大浪头[頭](尤指海浪) dàlàng-
tou; 波涛(濤) bōtāo. 2 波动 bō-
dòng; 挥动 huīdòng: with a ~
of his hand 挥动他的手. 3 波纹
bōwén; 鬈曲 quánqū; the ~s in
her hair 她头发上的波纹. 4 (突
然)高涨(漲) gāozhǎng; 高潮 gāo-
cháo: a ~ of panic 惊恐的高
潮. 5 (热、光等的)波 bō: radio
~s 无线电波. 'wavelength n [C]
1 波长(長) bōcháng. 2 波段 bō-
duàn. wavy adj -ier, -iest (指
波浪形的) chéng bōlàng xíng de; 有
波纹的 yǒu bōwén de: a wavy
line 波状线. wavy hair 鬈发.

waver /'weɪvə(r)/ v [I] 1 减弱
jiǎnruò; 动[動]摇 dòngyáo. 2 犹
[猶]豫不决 yóuyù bùjué. 3 摇曳
yáoyè; 摇晃 yáohuàng.

wax¹ /wæks/ n [U] 蜡(蠟) là; 蜂
蜡 fēnglà. wax v [T] 给…上蜡
gěi…shànglà: ~ the floor 给地
板上蜡.

wax² /wæks/ v [I] 1 (月亮)渐圆
liàn yuán. 2 [修辞](逐渐)变[變]成
biànchéng: ~ eloquent (逐渐)变得
能说善辩.

way¹ /weɪ/ n 1 方法 fāngfǎ; 方
式 fāngshì: the best ~ to help
people 助人的最佳方法. 2 [sing]
作风[風] zuòfēng; 态(態)度 tàidù:
the rude ~ in which he spoke
to us 他对我们说话的粗野态度. 3
[C] 方面 fāngmiàn; (某)点[點]
diǎn: In some ~s, I agree with
you. 在某些方面,我同意你的看
法. 4 ways [pl] 习[習]惯 xíguàn: She
is not going to change her ~s.

她不想改变她的习惯. 5 [C] 路 lù;
道路 dàolù. 6 [C] 路线(綫) lùxiàn;
路途 lùtú: ask sb the ~ to the
airport 向人家去飞机场怎样走哪条
路. 7 [sing] 方向 fāngxiàng: He
went the other ~. 他向另一方向
走去. 8 [sing] 距离[離] jùlí: It's
a long ~ to London. 离伦敦很
远. 9 [sing] [用于动词之后] 进
[闡]入(闡) jìnrù; 进[進]行 jìn-
xíng: He made his ~ home. 他
回家了. 10 [习惯] by the 'way
便说(一句) shùnbiàn shuō. by way
[带]说 fùbài shuōshuō. by way of
sth [正式用语]作为[當]作…[當]代
zuò; 作为[爲] zuòwéi: say some-
thing by ~ of introduction 说
几句作为开场白. get/have one's
(own) 'way 为所欲为 wéi suǒ yù
wéi. give way (斷)断(斷) 裂 duànliè;
倒塌 dǎotā. give way to sb/sth
(a) 让[讓] 在先 ràng…; 让 先. xiān.
(b) 被…代替 bèi…dàitì: Sorrow
gave ~ to smiles. 悲伤过后出现
了微笑. (c) 让步 ràngbù; give ~
to their demands 对他们的要求
让步. go out of one's way (to do
sth) 特地(去做某事) tèdì; 不怕麻
烦(去做某事) búpà máfan. go
one's own 'way 独[獨]断[斷]独[斷]
行 dú duàn dú xíng. make 'way
(for sb/sth) (为…) 让路 rànglù.
no 'way [非正式用语]决不 juébù.
on one's 'way 在路上 zài lùshang.
out of one's 'way (a) 完成的 wán-
chéngde. (b) 偏远[遠] piān-
yuǎnde. (c) 不普通的 bù pǔtōng
de. out of the 'way 不妨碍
[礙](或妨碍) bù fáng'ài; 不阻拦
[攔](或阻拦) bù zǔlán. under
'way 在进行中 zài jìnxíng zhōng.
way of 'life 生活方式 shēnghuó
fāngshì.

way² /weɪ/ adv [非正式用语]很
远[遠] hěn yuǎn: She finished
the race ~ ahead of the others.
她第一个跑到终点,远远领先于其
他选手. ,way-'out adj [非正式用
语]不寻[尋]常的 bù xúncháng de;
奇怪的 qíguàide.

waylay /weɪ'leɪ/ v [T, pp ~laid
/-'leɪd/] [T] 伏击[擊] fújī; 拦
[攔]路抢[搶]劫 lánlù qiǎngjié; 拦
住(别人)问讯 lánzhù wènxùn.

wayward /'weɪwəd/ adj 任性的
rènxìngde; 任意的 rènyìde: a
~ child 任性的孩子.

WC /ˌdʌbljuː 'siː/ abbr (= water-closet) 厕所 cèsuǒ.

we /wi/ *pron* [主格]我们 wǒmen: *We are all going to visit him*. 我们都去看望他.

weak /wiːk/ *adj* 1 虚弱的 xūruòde; 脆弱的 cuìruòde; 无(无)力的 wúlìde; *still ~ after his illness* 他病后仍很虚弱. 2 不牢的 bùláode; 软弱的 ruǎnruòde: a ~ *joint* 不牢固的接合. a ~ *team* 弱队. 3 懦弱的 nuòruòde; 易受影响[響]的 yì shòu yǐngxiǎng de: a ~ *leader* 缺乏权威的领袖. 4 无说服力的 wú shuōfúlì de: a ~ *argument* 无力的论据. 5 不易察觉[覺]的 bùyì cháiuée de; 微弱的 wēiruòde: ~ *sound*/*light* 微弱的声音(或光线). 6 差的 chàde; 不行的 bùxíngde: ~ *at mathematics* 数学成绩差. 7 稀薄的 xībóde: ~ *tea* 淡茶. **weaken** *v* [I, T] (使)变[變]弱 biàn ruò; (使)变脆弱 biàn cuìruò. **weak-'kneed** *adj* [喻]易屈服的 yì qūfú de; 不坚[堅]定的 bù jiāndìng de. **weakling** /ˈwiːklɪŋ/ *n* [C] [贬]软弱的人 ruǎnruòde rén. **weakly** *adv*. **weakness** *n* 1 [U] 虚弱 xūruò; 脆弱 cuìruò. 2 [C] 弱点[點] ruòdiǎn; 缺点 quēdiǎn: *We all have our little ~es*. 我们都有一些小缺点. 3 [C] 嗜好 shìhào: a ~ness *for cream cakes* 特别喜欢吃奶油蛋糕.

wealth /welθ/ *n* 1 [U] 财富 cáifù; 财产[產] cáichǎn. 2 [sing] [正式用语]丰[豐]富 fēngfù; 大量 dàliàng: a *book with a ~ of illustrations* 有大量插图的书. **wealthy** *adj* -ier, -iest 富的 fùde; 富裕的 fùyùde.

wean /wiːn/ *v* 1 [T] 使断[斷]奶 shǐ duànnǎi. 2 [短语动词] **wean sb from sth** 使戒掉 shǐ jièdiào.

weapon /ˈwepən/ *n* 1 [C] 武器 wǔqì. 2 [习语] **weapon of mass destruction** 大规模杀[殺]伤[傷]性武器 dàguīmó shāshāngxìng wǔqì. **weaponry** *n* [U] 武器(总称) wǔqì.

wear¹ /wea(r)/ *v* [*pt* wore /wɔː(r)/, *pp* worn /wɔːn/] 1 [T] 穿 chuān; 戴 dài: ~ *a dress* 穿一身连衣裙. 2 [T] (脸上)带[帶]着 dàizhe; 显[顯]出 xiǎnchū: ~ *a smile* 带着微笑. 3 [I, T] (使)磨损 mósǔn; (使)用旧 yòngjiù: *The carpets are starting to ~*. 地毯渐渐磨坏了. 4 [I] 耐用

nàiyòng; 耐久 nàijiǔ: *These shoes have worn well*. 这些鞋耐穿. 5 [T] [非正式用语]同意 tóngyì; 容忍 róngrěn. 6 [短语动词] **wear (sth) away** 用磨 yòng bó; 用坏[壞] yòng huài. **wear (sth) down** 逐渐变[變]小(或变薄等)zhújiàn biàn xiǎo. **wear off** 逐渐消失 zhújiàn xiāoshī. **wear on** (时间)过[過]去 guòqù; 消磨 [時间] xiāomó. **wear (sth) out** (使)不能用 bùnéng zài yòng; (把…)用坏 yòng huài. **wear sb out** 使某人筋疲力尽[盡] shǐ mǒurén jīn pí lì jìn.

wear² /wea(r)/ *n* [U] 1 穿 chuān; 戴 dài: *a dress for evening ~*. 晚礼服. 2 (穿戴的)衣物 yīwù; 服装[裝] fúzhuāng: *'mens ~* 男装. 3 用坏[壞] yòng huài; 损耗 sǔnhào: *The carpet is showing signs of ~*. 这条地毯看来已经磨损了. 4 耐用性 nàiyòngxìng: *There's a lot of ~ in these shoes yet*. 这些鞋还可以穿一阵. 5 [习语] ,**wear and 'tear** 用坏 yòng huài; 磨损 mósǔn.

weary /ˈwɪərɪ/ *adj* -ier, -iest 疲倦的 píjuànde; 困[睏]乏的 kùnfáde. **wearily** *adv*. **weariness** *n*. **weary** *v* [*pt*, *pp* -ied] [I, T] (*of*) (使)疲乏 pífá; (使)厌[厭]烦 yànfán.

weasel /ˈwiːzl/ *n* [C] [动物]黄鼬 huángyòu.

weather¹ /ˈweðə(r)/ *n* 1 天气[氣] tiānqì; 气象 qìxiàng. 2 [习语] **under the 'weather** [非正式用语]不舒服 bù shūfú. **'weather-beaten** *adj* 饱经[經]风[風]霜的 bǎojīng fēngshuāng de. **'weather forecast** *n* [C] 天气预报[報] tiānqì yùbào. **'weatherman** *n* [C] [*pl* -men /-men/] [非正式用语]天气预报员 tiānqì yùbàoyuán. **'weatherproof** *adj* 不受天气候影响[響]的 bú shòu qìhòu yǐngxiǎng de. **'weather-vane** *n* [C] 风向标[標] fēngxiàngbiāo.

weather² /ˈweðə(r)/ *v* 1 [I, T] (因风吹雨打而)变[變]形 biànxíng, 变色 biànsè. 2 [T] (平安)渡过[過] dùguò; 经[經]受住 jīngshòuzhù; ~ *a storm*/*crisis* 经受住暴风[風]雨(或危机).

weave /wiːv/ *v* [*pt* wove /wəʊv/ 或于第 4 义作 ~d, *pp* woven /ˈwəʊvn/ 或于第 4 义作 ~d]

[I, T] 编 biān; 织（織）zhī. 2 [T] 把…编成（花环、花圈等）及~ *flowers into a wreath* 把花编制成一个花圈. 3 [T] 编造（故事）biānzào. 4 [I, T]（使）迂回（迴）行进（進）yūhuí xíngjìn; ~ *through the traffic* 在车辆间迂回穿行. weave v [T] 织（織）编织法 biānzhī; 编织的式样（樣）biānzhī de shìyàng. weaver n [C].

web /web/ n [C] 1 （蜘蛛等的）网[網] wǎng. 2 [喻] 一套 yítào; 一堆 yìduī. 3 蹼 pǔ. 4 the Web 万[萬]维网 Wànwéiwǎng. webcam n [C] 网络摄[攝]像机（機）wǎngluò shèxiàngjī. webbed adj 有蹼的 yǒupǔde. webmaster n [C] 网站管理（理）者 wǎngzhàn guǎnlǐzhě; 网站维护[護]者 wǎngzhàn wéihùzhě. 'web page n [C] 网页 wǎngyè. 'web site n [C] 网站 wǎngzhàn.

wed /wed/ v [*pt, pp* ~ded 或 wed] [I, T] [旧]（使）结婚 jiéhūn.

we'd /wi:d/ 1 (= we had) ⇨ HAVE. 2 (= we would) ⇨ WILL¹, WOULD¹.

wedding /'wedɪŋ/ n [C] 婚礼[禮] hūnlǐ. 'wedding-ring 结婚戒指 jiéhūn jièzhǐ.

wedge /wedʒ/ n [C] 1 楔子 xiēzi. 2 楔形物 xiēxíngwù: *a ~ of cake* 一角蛋糕. wedge v [T] 把…楔住 bǔ…xiēzhù; ~ *the door open* 把门楔开 bǎ mén xiēkāi.

wedlock /'wedlɒk/ n [U] [旧] 婚姻 hūnyīn.

Wednesday /'wenzdeɪ/ n [U, C] 星期三 xīngqīsān.

wee /wi:/ adj [苏格兰语]小的 xiǎode.

weed /wi:d/ n 1 [C] 杂[雜]草 zácǎo. 2 [非正式用语]瘦弱的人 shòuruòde rén. weed v 1 [I, T] 除草 chú cǎo. 2 [短语动词] weed sth/sb out 除去 chúqù; 淘汰 táotài: ~ *out the lazy students* 清除懒惰的学生. weedy adj [-ier, -iest] 1 杂草丛[叢]生的 zácǎo cóngshēng de. 2 [非正式用语]瘦弱的 shòuruòde.

week /wi:k/ n [C] 1 星期 xīngqī; 周 zhōu. 2 一星期的工作日 yīxīngqī de gōngzuòrì: *a 35-hour ~* 35 小时的工作周. 3 [习语] *week after* 'week; *week in, week* 'out 每个（星期）měi gè (xīngqī). 'weekday n [C] 周日（一周中除星期六和星期日以外的任何一天）

zhōurì. ,week'end n [C] 周末（星期六和星期日）zhōumò. weekly adj, adv 每周一次（的）měizhōu yícì. weekly n [C] [*pl* -ies] 周报[報] zhōubào; 周刊 zhōukān.

weep /wi:p/ v [*pt, pp* wept /wept/] [I, T] [正式用语]哭泣 kūqì. weeping adj（树）有垂枝的 yǒu chuízhī de.

weigh /weɪ/ v [T] 1 称（稱）…的重量 chēng…de zhòngliàng: *She ~ed herself on the scales* 她在体重计上称体重. 2 重（若干）zhòng: ~ *10 kilograms* 重十公斤. 3 (*up*) 权[權]衡 quánhéng; 斟酌 zhēnzhuó. 4 (仔细)对[對]比 duìbǐ: ~ *one plan against another* 对比一个计划与另一个计划的优劣. 5 [习语] weigh 'anchor 起锚 qǐmáo. 6 [短语动词] weigh sb down (a) 使负重 shǐ fùzhòng. (b) 使沮丧[喪] shǐ jùsàng. weigh in (with sth) [非正式用语]（在讨论中）提出（看法）tíchū (kànfǎ). weigh on sb 使担[擔]心 shǐ dānxīn; 使忧 shǐ dōngyōu. weigh sth out 称出 chēngchū; 量出 liángchū.

weight /weɪt/ n 1 [U]重 zhòng; 重量 zhòngliàng: *My ~ is 70 kilograms.* 我的体重是 70 公斤. 2 [C] 砝码 fǎmǎ; 秤砣 chèngtuó: *a 100-gram ~* 100 克的砝码. 3 [C] 重物 zhòngwù. 4 [U]重量[單]位 zhòngliàng dānwèi. 5 [U]重要性 zhòngyàoxìng; 影响[響] yīngxiǎng: *opinions that carry ~* 有分量的意见. 6 [sing] 思想负担[擔] sīxiǎng fùdān; 难[難]题 nántí: *feel a great ~ of responsibility* 觉得责任很重. 7 [习语] be/take a weight off one's mind ⇨ MIND¹. ,over/,under'weight 过[過]重（或份量不足）guòzhòng. ,put on/lose 'weight体[體]重增加（或减轻）tǐzhòng zēngjiā. weight v [T] 1 (down) 使负重 shǐ fùzhòng. 2[常用被动语态]使偏向…shǐ piānxiàng…; 偏袒 piāntǎn: *The law is ~ed towards rich people.* 这法律是偏袒有钱人的. weightless adj 失重的 shīzhòngde. 'weight-lifting n [U] 举[舉]重 jǔzhòng. 'weight-lifter n [C]. weighty adj [-ier, -iest] 1 重的 zhòngde. 2 [喻]重要的 zhòngyàode; 重大的 zhòngdàde.

weir /wɪə(r)/ n [C] 堰 yàn; 鱼梁 [梁] yúliáng.

weird /wɪəd/ adj 1 超自然的 chāo zìrán de; 怪诞的 guàidàn de: ~ shrieks 怪诞的尖叫. 2[非正式用语]离[離]奇的 líqí de; 古怪的 gǔguàide; 不可[可]解 [尋]常的 bù xúncháng de. **weirdly** adv. **weirdness** n [U].

welcome /'welkəm/ v [T] 1 欢[歡]迎 huānyíng; 迎接 yíngjiē. 2 (对接受某事物)感到高兴[興] gǎndào gāoxìng: The decision has been ~d by everyone. 这个决定使大家很高兴. **welcome** interj (对客人说)"欢迎!" "huānyíng!": W~ home! 欢迎你回家! **welcome** n [C] 欢迎 huānyíng; 接待 jiēdài. **welcome** adj 1 受欢迎的 shòu huānyíng de; 令人愉快的 lìng rén yúkuài de: a ~ change 可喜的变化. 2 允许允许的 xǔnrán yǔnxǔ de: You're ~ to use my car. 欢迎你借用我的汽车. 3 [习语] You're 'welcome (用作回答对方谢意的话)不用谢 bùyòng xiè; 别客气[氣]bié kèqi.

weld /weld/ v [T] 1 焊接 hànjiē, **weld** n [C].焊接 hànjiē, **welder** n [C].焊工 hàngōng.

welfare /'welfeə(r)/ n [U] 健康 jiànkāng; 幸福 xìngfú; 福利 fúlì. the ,Welfare 'State n [sing] 福利国[國]家 fúlì guójiā.

well[1] /wel/ interj (表示惊讶、犹豫,同意等): W~, ...I don't know about that. 啊,我不知道这事. W~, ~, so you've come at last! 好了,好了,你终于来了!

well[2] /wel/ adj (better /'betə(r)/, best /best/) 1 健康的 jiànkāng de; feel/get ~ 感到(或恢复)健康. 2 满意的 mǎnyì de; 良好的 liánghǎo de: All is not ~ at home. 家里不是样样都好. 3 恰当[當]的 qiàdàng de; 适[適]宜的 shìyí de; 可取的 kěqǔ de: It would be ~ to start early. 早一点动身为好.

well[3] /wel/ adv (better /'betə(r)/, best /best/) 1 好好地 hǎohǎo de; 对[對]地,令人满意地 lìng rén mǎnyì de: The children behaved ~. 孩子们很乖. 2 完全地 wánquánde; 彻[徹]底地 chèdǐde: Shake the mixture ~. 把这个混合物充分摇匀. 3 有理由地 yǒu lǐyóu de; 合理地 hélǐde: You may ~ be right. 你当然是对的. 4 到相当

[當]的程度 dào xiāngdāng de chéngdù: drive at ~ over the speed limit 开车的速度大大超过了速度限制. 5[习语] as well (as sb/sth) (除…外)还[還]还 hái, 也 yě; 此外 cǐwài. do ~'well 成功 chénggōng; 进[進]展 jìnzhǎn. do ~ to do sth 做得好(或做明智) zuò de hǎo. leave/let ~ a'lone 维持原状[狀]不加干预 wéichí yuánzhuàng, may/might (just) as well do sth 还[還]是做…为[爲]好 háishì zuò … wéi hǎo. very 'well (常在不愿意的情况下表示同意或服从).

well and 'truly 完全地 wánquánde. **well** done (表示赞扬或祝贺)做得好的 zuò de hǎo de; (受到)祝贺的 zhùhè de. **well** in (with sth) (与某人)友好 yǒuhǎo. **well** 'off 富裕的 fùyù de; 富裕的 fùyù de. **well** out of sth 幸好未受到损失等[等]xìnghǎo wèi. **well**-ad'vised adj 审[審]慎的 shěnshèn de; 明智的 míngzhì de; 审[審]慎的 shěnshèn de. **well**-being n [U] 幸福 xìngfú; 健康 jiànkāng. **well**-'bred adj 有礼[禮]貌的 yǒu lǐmào de; 有教养[養]的 yǒu jiàoyǎng de. **well**-con'nected adj (与有钱、有势的人)有亲[親]友关[關]系[係]的 qīnyǒu guānxì de. **well**-'done adj (食物、肉)熟透的 shútòude. **well**-'earned adj 值得的 zhídéde; 应[應]得的 yīngdéde. **well**-'heeled adj [非正式用语]有钱[錢]的 yǒu qiánde. **well**-in'formed adj 有见识的 yǒu jiànshí de. **well**-in'tentioned adj 善意的 shànyì de. **well**-'known adj 著名的 zhùmíngde. **well**-'meaning adj = WELL-INTENTIONED. **well**-'nigh /'welnaɪ/ adv [正式用语]几[幾]乎 jīhū. **well**-'read adj 读[讀]书[書]多的 dúshū duō de; 博学[學]的 bóxuéde. **well**-'spoken adj 善于讲[講]话的 shànyú jiǎnghuà de; 善于言令的 shànyú cílìng de. **well**-'timed adj 正合时[時]宜的 zhènghé shíyí de; 准[準]时的 zhǔnshíde. **well**-'to-do adj 富有的 fùyǒude; 富裕的 fùyùde. **well**-wisher n [C] 希望(别人成功、快乐)的人 xīwàng de rén; 表示良好祝愿[願]的人 biǎoshì liánghǎo zhùyuàn de rén.

well[4] /wel/ n [C] 1 井 jǐng. 2 楼[樓]梯井 lóutījǐng. **well** v [I] (up) 涌出 yǒngchū; 流出 liúchū: Tears ~ed up in his eyes. 眼泪从他的眼眶中涌出.

we'll /wiːl/ 1 (= we shall) ⇨ SHALL. 2 (= we will) ⇨ WILL.

wellington （亦作 **wellington 'boot**) /'welɪŋtən/ n [C] 惠灵〔灵〕靴〔长〕筒靴 Huìlíngdā chángtǒngxuē.

welter /'weltə(r)/ n [sing] 混杂〔雜〕hùnzá; 混乱〔亂〕hùnluàn; a ~ of details 许多细节混在一起.

wend /wend/ v [习语] wend one's way [古或谑] (慢) 走 zǒu.

went pt of GO1.

wept pt, pp of WEEP.

were ⇨ BE.

we're /wɪə(r)/ (= we are) ⇨ BE.

weren't /wɜːnt/ (= were not) ⇨ BE.

werewolf /'wɪəwʊlf/ n [C] [pl -wolves /-wʊlvz/] [神话] 狼人 lángrén.

west /west/ n [sing] 1 the west 西 xī; 西部 xībù; the West (a) 西方国〔國〕家(西欧和美国) xīfāng guójiā. (b) (国家的) 西部地区 zài xī fāng de. west adj 1 在西方的 zài xī fāng de; 向西的 xiàng xī de. 2 (风) 来自西方的 lái zì xī fāng de. west adv 在西方 zài xī fāng; 向西 xiàng xī. 'westbound adj 向西行的 xī xíng de. westerly adj, adv 1 在西方(的) zài xī fāng; 向西的 xiàng xī. 2 (风) 来自西方(的) lái zì xī fāng de. westward /'westwəd/ adj 向西方的 xiàng xī fāng de. westward(s) adv.

western /'westən/ adj 西的 xīde, 西部的 xībùde. western n [C] (美国的) 西部电〔電〕影或小说 xībù diànyǐng huò xiǎoshuō. westerner n [C] 西方人 xīfāngrén; 西方人 (尤指美国西部人) Měiguó xībùrén. westernize v [T] 使西洋化 shǐ xīyánghuà; 使欧〔歐〕化 shǐ ōuhuà.

wet /wet/ adj [~ter, ~test] 1 湿〔濕〕的 shīde; 潮的 cháode; ~ clothes/roads 湿的衣服 (或马路). 2 下雨的 xiàyǔ de; 多雨的 duōyǔ de; ~ weather 雨天. 3 尚未干〔乾〕的 (或凝固的) shàng wèi gān de, 尚未干的 wú mùdì de; 弱的 ruòde. 5 [习语] a 'wet blanket [非正式用语] 扫〔掃〕兴〔興〕的人 sǎoxìng de rén, wet 'through 湿透 shītòu. wet n 1 the wet [sing] 雨天 yǔtiān. 2 [C] [英国非正式用语] 稳〔穩〕健的政治家 wěnjiàn de zhèngzhìjiā. wet

v [-tt-; pt, pp wet 或 ~ted] [T] 弄湿 nòng shī. 'wet suit n [C] (保暖的) 潜〔潛〕水服 qiánshuǐfú.

we've /wiːv/ (= we have) ⇨ HAVE.

whack /wæk/; US hwæk/ v [T] 重击〔擊〕zhòngjī; 用力打 yòng lì dǎ. whack n [C] 1 重击 zhòngjī. 2 [非正式用语] 一份 yīfèn. whacked adj [非正式用语] 筋疲力尽〔盡〕的 jīnpílìjìn de. whacking n [C] [旧] [非正式用语] 殴〔毆〕打 ōudǎ. whacking adj [非正式用语] 特大的 tèdàde; 极〔極〕大的 jídàde.

whale /weɪl/ n 1 [动物] 鲸 jīng. 2 [习语] have a 'whale of a time [非正式用语] 玩得极〔極〕愉快 wánde jí yúkuài. whaler n 1 捕鲸船 bǔjīngchuán. 2 捕鲸者 bǔjīngzhě. whaling n [U] 捕鲸 bǔjīng.

wharf /wɔːf/; US hwɔːrf/ n [C] [pl ~s 或 wharves /wɔːvz; US hwɔːrvz/] 码头 mǎtóu.

what /wɒt/; US hwʌt/ adj, pron 1(表示疑问)什〔麼〕 shénme; 哪些 nǎxiē; W~ time is it? 现在是什么时候? W~ are you reading? 你在看什么书? 2 什么东西 shénme dōngxi; Tell me ~ happened. 告诉我发生了什么事. 3 (表示惊讶,感叹) 多么 duōme; 何等 héděng; W~ a good idea! 多么好的主意! 4 [习语] what about ...? ⇨ ABOUT1. what for 为〔爲〕什么(目的) wèi shénme; W~ is this tool used for? 这工具是作什么用的? W~ did you do that for? 你做那事是为了什么? what if 如果…将(將)会〔會〕怎样〔樣〕rúguǒ…jiāng huì zěnyàng. what's more 更重要的 gèng zhòngyào de. what's 'what 什么东西有用的 (或重要) shénme dōngxi yǒuyòng de, what with sth (用以列举各种原因)由于…yóuyú….

whatever /wɒt'evə(r); US hwʌt-/ adj, pron 1无〔無〕任何(事物)的 rènhé; 每样〔樣〕(事物)的 měiyàng; You can eat ~ (you like). 你愿意吃什么,就吃什么. 2 [用以加强语气]无(無)论(論)什〔麼〕shénme; 不管什么 bùguǎn shénme; Keep calm, ~ happens. 不论出什么事都要保持镇静. 3 (表示惊讶)什么 shénme; W~ do you mean? 你究竟是什

么意思? **whatever, whatsoever**
adv (用于加强语气)(究竟是)什
么 shénme: *no doubt* — 毫无[無]
疑问.

wheat /wiːt; US hwiːt/ n [U] 小
麦[麥] xiǎomài.

wheedle /ˈwiːdl; US ˈhwiːdl/ v
[I, T] [贬] (用奉承手法等)获[獲]
得 huòdé: *She* ~*d the money out
of her brother.* 她用花言巧语从
她哥哥那里弄到这笔钱.

wheel /wiːl; US hwiːl/ n [C] 1 轮
[輪] lún; 车轮 chēlún. 2 = STEER-
ING-WHEEL (STEER). 3 [习语]
at/behind the 'wheel (a) 驾驶
jiàshǐ. **(b)** [喻] 控制 kòngzhì.
wheel v 1 [T] 推(或拉)轮(车)的
(车) tuīdòng. 2 [I] 旋转[轉] 运
[運] 动 xuánzhuǎn yùndòng. 3 [习
语] **wheel and 'deal** [非正式用语]
[尤用于美语] (用精明的、常指欺骗
的方法)讨[討] 还[還] 价 tǎohái
huánjià. **'wheelbarrow** n [C] 手推
车 shǒutuīchē. **'wheelchair** n [C]
轮椅 lúnyǐ. **-wheeled** (合成形
容词) : *a three-wheeled vehicle*
三轮车.

wheeze /wiːz; US hwiːz/ v [I] 喘
气[氣] chuǎnqì; 喘息 chuǎnxī.
wheeze n [C] 喘气声[聲] chuǎn-
xīshēng. **wheezy** adj **-ier,
-iest**).

whelk /welk; US hwelk/ n [C]
[动物] 蛾螺 éluó.

when /wen; US hwen/ adv 1 在
什么[麼]时[時]候(或场合) zài
shénme shíhòu: *W~ did you
come?* 你是什么时候来的? 2 在那
时 zài nàshí; 其时 qíshí: *Sunday
is the day* ~ *few people work.*
星期日是很少有人工作的日子.
*Her last visit to the town was
in May,* ~ *she saw the new
hospital.* 她上次访问这个城镇是
在5月份,那时她参观了那所新医
院. **when** conj 当[當] ⋯ 时 dāng
⋯shí; 在 ⋯ 时候 zài ⋯ shíhòu: *It
was raining* ~ *we left.* 我
们到了时下起了着雨. 2 考虑[慮]到
kǎolùdào; 既然 jìrán: *Why buy a
new car* ~ *your present one
runs well?* 既然你现有的汽车还
好使,为什么要买新车?

whence /wens; US hwens/ adv
[古] [正式用语] 从[從]那里[裏]
cóng nàlǐ.

whenever /wenˈevə(r); US
hwen-/ conj 1 在任何时[時]候

zài rènhé shíhòu; 无[無] 论[論] 何
时 wúlùn héshí: *I'll discuss it* ~
you like. 我要同你商量那件事,随
便你什么时候都行. 2 每当[當]
měi shíhòu; 每逢 měiféng: *I go* ~
I can. 我有空就去. **whenever**
adv (用于疑问中表示惊讶)(究竟
在)什么时候(或场合) shénme shí-
hòu.

where /weə(r); US hweə(r)/
adv 1 在哪里 zài nàlǐ; 在何方 zài
héfāng; 往哪里 wǎng nàlǐ: *W~
does he live?* 他住在哪儿? 2 (用
于表示地点的词语之后) 在那(地
方) zài nà; 到那(地方) dào nà:
the place ~ *you last saw it* 你
上次看到它的地方. *one of the
few countries* ~ *people drive
on the left* 少数靠左行驶的国家之
一. *He then went to London,*
~ *he stayed for three days.* 他
后来去伦敦,在那里停留了三天.
where conj 在⋯的地方 zài ⋯ de
dìfang: *Put it* ~ *we can all see
it.* 把它放在我们都看得见的地
方. **'whereabouts** adv 在什么地
方(或什么地方) shénme dìfang; 靠近哪里
kàojìn nàlǐ: *W~abouts did you
find it?* 你在哪儿找到它的?
whereabouts n [亦作 sing 或 pl
v] 所在 suǒzài; 下落 xiàluò: *Her
~abouts is/are unknown.* 她的
下落不明. **where'as** conj 然而
rán'ér; 反之 fǎnzhī: *He gets to
work later every day* ~*as she is
always early.* 他每天很晚才工作,
然而她经常很早. **where'by** adv
[正式用语] 凭什么[個] 靠哪个[個]
借以 jièyǐ: *He thought of a plan*
~*by he might escape.* 他考虑一
个可以逃脱的办法. **where'upon**
conj [正式用语] 于是以后[後] zài
zhè zhīhòu; 此后 cǐhòu.

wherever /weərˈevə(r); US
hweər-/ conj 无[無] 论[論] 何处
[處] wúlùn hé chù; 在任何地方 zài
rènhé dìfang: *I'll find him,* ~
he is. 不管他在哪儿我都要把他
找到,他到处是[處] dàochù; 各处 gè-
chù: *Crowds of people queue to
see her* ~ *she goes.* 她所到之处
都有人排队等着看她. **wherever**
adv (表示惊讶)(究竟)在哪儿[兒]
zài nàr.

wherewithal /ˈweəwiðɔːl; US
ˈhweər-/ n **the wherewithal**
[sing] [正式用语] 必要的钱[錢]
财 bìyào de qiáncái: *Does he have*

the ~ to buy a car? 他有必要的钱去买汽车吗?

whet /wet; US hwet/ v [-tt-] [习语] **whet sb's appetite for sth** 促进(进)某人的胃口(或欲望) cùjìn mǒurén de wèikǒu.

whether /'weðə(r); US 'hweðər/ conj 是否 shìfóu: *I don't know* ~ *to accept or refuse*. 我不知道接受好呢,还是拒绝好.

which /wɪtʃ; US hwɪtʃ/ **1** adj, pron 哪一个(個) nǎyīgè; 哪一些 nǎyīxiē: W~ *way shall we go* —*up the hill or along the road?* 我们走哪一条路—上山还是沿这条路走? **2** pron (指前面提到的事物): *This is the car* — *she drove.* 这就是她驾驶的那辆汽车. *His best film,* ~ *won many awards, was about Gandhi.* 他的最佳影片,就是荣获许多奖的关于甘地的那一部. **3** pron [正式用语](指前文的内容): *He said he had lost the key,* — *was untrue.* 他说他遗失了钥匙,那是谎话.

whichever /wɪtʃ'evə(r); US hwɪtʃ'evər/ adj, pron **1** [随(隨)便哪一个 suíbiàn nǎyīgè; …中的一个一种(種)zhǒng de yīgè: *Take* ~ *hat you like best.* 你最喜欢哪一顶帽子—随便挑吧. **2** 不论[論]哪一个(或一些) búlùn nǎyīgè: W~ *way you travel, it is expensive.* 你不论采取哪方式去旅行,都是费钱的. **whichever** adj, pron (表示惊讶)(究竟)哪个[個](或哪些) nǎge.

whiff /wɪf; US hwɪf/ n [C](轻微的)气[氣]味 qìwèi,一阵[陣]气(氣)味 yīzhèn qìwèi; 一点(點)儿(兒)yīdiǎnr.

while /waɪl; US hwaɪl/ conj **1** 当[當]…的时[時]候 dāng…de shíhòu: *She fell asleep* ~ *watching television.* 她在看电视的时候睡着了. **2**(表示对比或相反): *I prefer coffee.* 我爱喝茶,而我喜欢喝咖啡. **3**[正式用语]虽[雖]然 suīrán: W~ *I want to help, I do not think I can.* 虽然我要去帮助,但我觉得我难以帮忙. **1** while n [sing](一段)时间 shíjiān: *for a long* ~ 很长一段时间. **while** v [短语动词] **while away**(悠闲地)消磨(时间)xiāomó.

whilst /waɪlst; US hwaɪlst/ conj

= WHILE.

whim /wɪm; US hwɪm/ n [C, U] 一时(時)的兴[興]致(或兴致) yīshí de xīngzhì; 突然的念头[頭] tūrán de niàntou.

whimper /'wɪmpə(r); US 'hwɪ-/ v [I] 呜(嗚)咽 wūyè; 呜泣 chuóqì. **whimper** n [C].

whimsical /'wɪmzɪkl; US 'hwɪ-/ adj 异[異]想天开[開]的 yìxiǎng tiānkāi de; 闹着玩儿[兒]的 nàozhe wánr de.

whine /waɪn; US hwaɪn/ n [C] 哀鸣声(聲) āimíngshēng; 呜(嗚)呜声 wūwūshēng. **whine** v [I] **1** 发[發]哀鸣声 fā āimíngshēng; 作呜声 zuò wūwūshēng: *The dog was whining to come in*. 那条狗呜鸣地叫着要进来. **2** 抱怨 bàoyuàn; 哀诉 āisù: *a child that never stops whining* 不断抱怨的孩子

whinny /'wɪnɪ; US 'hwɪ-/ n [C] [pl -ies] 马嘶 mǎsī. **whinny** v [pt, pp -ied] [I]马嘶声(聲) mǎsīshēng.

whip[1] /wɪp; US hwɪp/ n **1** [C]鞭子 biānzi. **2** [C](政党的组织秘书长)发(發)给本党议[議]员[員]要求参加辩论或选择[擇]的命令 fāgěi běndǎng de mìnglìng. **3** [C, U](用蛋奶搅打成的)甜食 tiánshí.

whip[2] /wɪp; US hwɪp/ v [-pp-] **1** [T] 鞭笞 biānchī; 抽打 chōudǎ. **2** [I, T] 快速(或突然)移动[動] kuàisù yídòng: *He ~ped out a knife.* 他突然抽出一把刀来. **3** [T] 搅(攪)打(蛋、奶油等) jiǎodǎ. **4** [短语动词] **whip sth up** 激发[發](民众的强烈感情) jīfā; 唤起 huànqǐ. **whipping** [C, U] 鞭打 biāndǎ. **'whip-round** n [C]英国非正式用语筹集 móujuān.

whirl /wɜːl; US hwɜːr-/ v [I, A] (使)旋转(轉) xuánzhuǎn; 头晕 xuányūn; (头脑)混乱[亂]不清 hùnluàn bùqīng: *Her mind was* ~*ing*. 她的头脑混乱不清. **whirl** n [sing] **1** 旋转 xuánzhuǎn. **2**(一系列)快速运动[動] kuàisù huódòng. **3** 混乱 hùnluàn. **4** [习语] **give sth a 'whirl** [非正式用语]试试某事物 shìshì. **'whirlpool** n [C] 旋涡[渦] xuánwō. **'whirlwind** n [C] 旋风[風] xuánfēng: [喻] *a* ~*wind romance* 仓间间的风流韵事

whirr (美国尤作 whir) /wɜː(r); US hwɜːr-/ n [C, 常作 sing] n 呼

呼声(聲) hūhūshēng; 飕(颼)飕声 sōusōushēng. **whirr** (美语尤作 **whir**) v [I] 发(發)呼呼声与hūhūshēng; 作飕飕声 zuò sōusōushēng.

whisk /wɪsk; US hw-/ v [T] 1 (很快地)掸(撣)扫(掃) dǎnsǎo, 挥动(動)huīdòng, 带(帶)走 dàizǒu: They ~ed him off to prison. 他们突然把他带进监牢. 2 搅(攪)打(鸡蛋等) jiǎodǎ. **whisk** n [C] 打蛋器 dǎdànqì.

whisker /'wɪskə(r); US hw-/ n 1 [C] (猫等的)须(鬚) xū. 2 **whiskers** [pl] 连鬓(鬢)胡(鬍)子 liánbìn húzi.

whisky (美语或爱尔兰语作 **whiskey**) /'wɪski; US hw-/ n [U,C] [pl -ies] 威士忌酒 wēishìjì jiǔ.

whisper /'wɪspə(r); US hw-/ v 1 [I, T] (a) 耳语ěryǔ; 低声(聲)说话 dīshēng shuōhuà. (b) 私下说话 sīxià shuōhuà; 秘密传(傳)闻 mìmì chuánwén. 2 [I] (树叶)沙沙地响(響) shāshā de xiǎng; (风)发(發)飕飕声 fā sàsàshēng. **whisper** n [C] 低声 dīshēng; (树叶、风等的)沙沙声 shāshā shēng; 耳语 ěryǔ.

whist /wɪst; US hwɪst/ n [U]惠斯特(一种纸牌游戏)Huìsītè.

whistle /'wɪsl; US hw-/ n [C] 1口哨声(聲) kǒushàoshēng; 汽笛声 qìdíshēng; 哨子 shàozi; 鸣声 míngshēng; (鸟的)啭(囀)鸣声 zhuànmíngshēng; [喻] the ~ of the wind through the trees 穿过树林的呼啸声 2 哨子 shàozi; 汽笛 qìdí. **whistle** v 1 (a) [I, T] 吹口哨 chuī kǒushào; 吹哨子 chuī shàozi; 发(發)汽笛声 fā qìdíshēng. (b) [T] 用口哨吹出(曲调) yòng kǒushào chuīchū. 2 发啸(嘯)声行进(進) fā xiàoshēng xíngjìn; 呼啸 hūxiào: The bullets ~d past us. 子弹飕飕地从我们身边飞过.

white /waɪt; US hwaɪt/ adj [~r, ~st] 1 白的 báide; 白色的 báisède; 雪白的 xuěbáide. 2 白种(種)人的 báizhǒngrénde. 3 (脸色)苍(蒼)白的 cāngbáide. 4(咖啡)加牛奶(或奶油)的 jiā niúnǎi de; 加牛(或奶油)的财物 wúyánɡ de cáiwù. **a white elephant** 无[無]用(而昂贵)的财物 wúyóng de cáiwù. **a white lie** (无恶意的)小谎言 xiǎo huǎngyán. **white** n 1 [U] 白色 báisè. 2 [C]白种人 báizhǒngrén. 3 [C,U] 蛋白 dànbái; 蛋清

dànqīng. 4 [C]眼白 yǎnbái, **white-'collar** adj (工作者)白领的(不使用体力的) báilǐngde. the 'White House n [sing] 白宫(美国总统府) Báigōng. **whiten** v [I, T] (使)变(變)白 biàn bái; (使)更白 gèng bái. **whiteness** n [U]. **White Paper** n [C]白皮书(书) báipíshū. **whitewash** n 1 [U] 石灰水(刷白用) shíhuīshuǐ. 2 [喻]掩饰 yǎnshì, 掩盖 yǎngài. **whitewash** v [T] 1 粉刷(墙等)fěnshuā 2 [喻]掩盖(蓋)(错误) yǎngài.

Whitsun /'wɪtsn; US hw-/ n [U,C] 圣(聖)灵(靈)降临(臨)节(節)(复活节后第七个星期日及其前后几天) Shènglíng Jiànglínjié.

whittle /'wɪtl; US hw-/ v [T] 切 qiē; 削 xuē. 2[短语动词] **whittle sth down/away** (将)某物削薄(或削减) jiāng mǒuwù xuē bó: The value of our savings is being slowly ~d down by inflation. 我们的积蓄被通货膨胀蚕食了.

whiz /wɪz; US hwɪz/ v [-zz-] 1 [非正式用语]1 高速移动(動) gāo sù yídòng. 2 作飕(颼)飕声(聲) zuò sōusōushēng.

whizz-kid /'wɪzkɪd; US hw-/ n [C] [非正式用语]迅速获(獲)得成功的人 xùnsù huòdé chénggōng de rén.

who /huː/ pron 1 (用作主语)谁 shéi: W~ is the woman in the black hat? 那个戴黑帽子的女人是谁? 2[非正式用语]用作宾语, 可用 whom 代替) 谁 shéi: W~ are you phoning? 你给谁打电话? W~ do you want to speak to? 你要跟谁说话? 3 那个(個)人de nàge rén; 其人 qírén: The people ~ called yesterday want to buy the house. 昨天打电话来的人想买这所房子. My husband ~ has been ill, hopes to see you soon. 我的丈夫病了, 他希望很快见到你.

whoever /huː'evə(r)/ pron 1…的那个(個)人 …de nàge rén: W~ says that is a liar. 说那个话的人是在撒谎. You must speak to ~ is the head of the department. 你必须与部门的负责去说. 2 无[無]论(論)谁 wúlùn shéi; 任何人 rènhérén; W~ rings, I don't want to speak to them. 无论谁来

电话, 我都不愿意接. **whoever** *pron* [表示惊讶] (究竟是) 谁 shéi.

whole /həʊl/ *adj* **1** 完全的 wánquánde; 全部的 quánbùde; 整个 [个] 的 zhěnggède: He told us the ~ story. 他给我们讲全部的经历. **2** 未受伤 (傷) 的 wèi shòushāng de; 未损坏 (壞) 的 wèi sǔnhuài de: She swallowed the sweet ~. 她把糖圆圈吞下去了. **3** [习语] **go the whole hog** [非正式用语] 全力以赴地 (或彻底地) 做 wánquán de zuò. **whole** *n* **1** **the whole** [sing] 某事物的全部 mǒu shìwù de quánbù. **2** [C] 整体 [體] zhěngtǐ; 全体 quántǐ. **3** [习语] **on the whole** 总 [總] 的来看 zǒng de lái kàn. **,whole-'hearted** *adj* 全心全意的 quánxīn quányì de. **,whole-'heartedly** *adv*. **'wholemeal** *n* [U] 全麦 [麥] 面 [麵] 粉 quán miàn miànfěn. **,whole 'number** [C] 整数 [數] zhěngshù. **wholly** /'həʊlɪ/ *adv* 完全地 wánquánde; 全部地 quánbùde: I'm not wholly convinced. 我不全相信.

wholesale /'həʊlseɪl/ *n* [U] 批发 [發] pīfā. **wholesale** *adj*, *adv* **1** 批发的 pīfāde. **2** 大批地 (或量) 的 dàpīde; 大规模地 (或) 的 guīmó de: the ~ slaughter of animals 大规模结 杀动物. **wholesaler** *n* [C] 批发商 pīfāshāng.

wholesome /'həʊlsəm/ *adj* **1** (食物) 有益于健康的 yǒuyì yú jiànkāng de. **2** [褒] (道德上) 有益的 yǒuyìde.

whom /huːm/ *pron* [正式用语] **1** (用作宾语时) shéi: W~ did she invite? 她邀请谁了? **2** (用作宾语, 以引出修饰人的从句): The person to ~ this letter is addressed died two years ago. 这封信的收信人两年前就去世了.

whoop /huːp, wuːp; US hwuːp/ *n* [C] **1** 大叫 dà jiào; 高呼 gāo hū. **2** 咳嗽和哮喘音 [聲] késòu hé xiào-chuǎnshēng. **whoop** /hu/ *v* [I] 发 [發] 叫喊声 [聲] fā jiàohǎnshēng; 高呼 gāo hū; ~*ing with joy* 欢呼. **'whooping cough** *n* [U] 百日咳 bǎirìké.

whore /hɔː(r)/ *n* [C] [旧或贬] 妓女 jìnǚ.

whose /huːz/ **1** *pron, adj* 谁的 shéide: W~ (house) is that? 那是谁的 (房子)? **2** *pron* (指面)

提到的人) 那个 [個] 的 nàgède: the children ~ mother is a doctor 母亲是医生的那些孩子.

why /waɪ/ *adv* **1** 为 [爲] 什么 [麼] wèishénme: W~ are you late? 你为什么迟到了? **2** 为了哪个 [個] (原因) wèile nǎge: Nobody understands ~ she left him. 没有人知道她离开他的原因. **3** [习语] **why not** (用以提出建议或表示同意): W~ not go now? 现在就去好不好?

wick /wɪk/ *n* **1** [C] 烛 [燭] 芯 zhúxīn; 灯 [燈] 芯 dēngxīn. **2** [习语] **get on sb's wick** [英国非正式用语] 招惹某人 zhāorě mǒurén.

wicked /'wɪkɪd/ *adj* **1** 不道德的 bú dàodé de; 邪恶 [惡] 的 xié'ède. **2** 恶意坏的 yǐ yú shāngrén de. **3** 恶作剧 [劇] 的 èzuòjùde; 淘气 [氣] 的 táoqìde: *a ~ grin* 顽皮的笑. **wickedly** *adv*. **wickedness** *n* [U].

wicker /'wɪkə(r)/ *n* [U] 编制 [製] 的柳条 (條) (或藤条) biānzhì de liǔtiáo. **'wickerwork** *n* [U] 用枝条编制的编制品 biānzhìpǐn.

wicket /'wɪkɪt/ *n* [C] **(a)** [板球] 三柱门 sānzhùmén. **(b)** 三柱门之间的场地 sānzhùmén zhī jiān de chǎngdì.

wide /waɪd/ *adj* [~r, ~st] **1** 宽广 [廣] 的 kuānguǎngde; 宽阔的 kuānkuòde: *a ~ river* 宽阔的河流. **2** 有...宽度的 yǒu...kuāndùde: *12 metres ~* 12 米宽. **3** 广泛的 guǎngfànde; 广大的 guǎngdàde: *a ~ range of interests* 广泛的兴趣. **4** 远 (遠) 离 (離) 目标 (標) 的 yuǎnlí mùbiāo de: *His shot was ~.* 他的射击远未打中目标. **5** [习语] **give sb a wide berth** 避开 [開] 某人 bìkāi mǒurén. **wide of the mark** 离目的很远的 lí mùdì hěn yuǎn de. **wide** *adv* 充分地 chōngfènde; 完全地 wánquánde: *He was ~ awake.* 他根本睡不着 [著]. ~ *open* 完全打开. **,wide-'eyed** *adj* 目瞪口呆的 mùdèng kǒu dāi de. **widely** *adv* **1** 达 [達] 到大的程度 dádào dàde chéngdù: *Prices vary ~ from shop to shop.* 商店和商店之间的价格有很大不同. **2** 遍布 bùnbù; 广泛地 guǎngfànde: *travel ~ly* 到处游历. **3** 被大家 ~ 认识 [識] 的: *It is ~ly known that...* 大家都知道... **widen** *v* [I, T] (使)

变〔變〕宽 biàn kuān; 加宽 jiā kuān; 扩〔擴〕大 kuòdà. **'widescreen television** *n* 1 [C] 宽荧〔熒〕屏电〔電〕视机〔機〕kuānyíngpíng diànshìjī. **2** [U] 宽荧屏电视 kuānyíngpíng diànshì. **'widespread** *adj* 扩〔擴〕的 kuòzhǎnde; 普及的 pǔjíde.

widow /'wɪdəʊ/ *n* [C] 寡妇〔婦〕 guǎfù. **widow** *v* [T] (常用被动语态)使丧〔喪〕偶 shǐ sàng'ǒu. **widower** *n* [C] 鳏夫 guānfū.

width /wɪdθ, wɪtθ/ *n* [U, C] 宽度 kuāndù.

wield /wiːld/ *v* [T] 使用 shǐyòng; ~ *an axe* 挥动斧头 ~ *power* 行使权力.

wife /waɪf/ *n* [C] (*pl* **wives** /waɪvz/) 妻 qī.

wig /wɪg/ *n* [C] 假发〔髮〕jiǎfà.

wiggle /'wɪɡl/ *v* [I, T] (使)摆〔擺〕动〔動〕bǎidòng; 扭动 niǔdòng: *The baby was wiggling its toes.* 那婴儿正在扭动脚趾头. **wiggle** *n* [C].

wigwam /'wɪgwæm; US -wɑːm/ *n* [C] (旧时北美印地安人使用的)棚屋 péngwū.

wild /waɪld/ *adj* **1(a)**(动物)未驯服的 wèi xúnfú de; 野的 yěde. **(b)** (植物)野生的 yěshēngde; 非栽培的 fēi zāipéi de. **2**(人)未开〔開〕化的 wèi kāihuà de; 野蛮〔蠻〕的 yěmánde. **3**(土地)荒芜〔蕪〕的 huāngwúde; 无〔無〕人居住的 wú rén jūzhù de. **4** 暴风〔風〕雨的 bàofēngyǔde: ~ *weather* 暴风雨天气. **5**激动〔動〕的 jīdòngde; 狂热〔熱〕的 kuángrède. **6** 轻〔輕〕率的 qīngshuàide; 鲁莽的 lǔmǎngde: *a ~ guess* 乱猜. **7** *about* [非正式用语]极〔極〕喜爱〔愛〕的(或热心的)jí rè'ài de. **8**[习语] **run 'wild**⇒ RUN¹. **wild** *n* **1** the **wild** [sing] 自然状〔狀〕态〔態〕(或环境) zìrán zhuàngtài. **2** the **wilds** [pl] 荒地 huāngdì; 人烟稀少地区〔區〕rényān xīshǎo dìqū. **wildcat 'strike** *n* [C] (未经工会允许的)罢〔罷〕工 túrán bàgōng. **wild-'goose chase** *n* [非正式用语]毫无希望的追寻〔尋〕háowú xīwàng de zhuīxún. **wildlife** *n* [U] 野生动物 yěshēng dòngwù. **wildly** *adv* 1 野蛮地 yěmánde. 2[非正式用语]极〔極〕非常 fēicháng. **wildness** *n* [U].

wilderness /'wɪldənɪs/ *n* [C, 常作 sing] 荒地 huāngdì. 2[习语] **in the 'wilderness** 不再处〔處〕于重

要的(或有影响的)地位 bú zài chǔyào zhòngyào de dìwèi.

wiles /waɪlz/ *n* [pl] 诡计 guǐjì.

wilful (美语亦作 **willful**) /'wɪlfl/ *adj* **1** (坏事)故意做的 gùyì zuò de. **2** (人)任性的 rènxìngde, 固执〔執〕的 gùzhíde. **wilfully** *adv*.

will /wɪl/ *modal v* (缩略式 **'ll** /l/; 否定式 **will not**, 缩略式 **won't** /wəʊnt/; *pt* **would** /wəd/ 强读 /wʊd/, 缩略式 **'d** /d/, 否定式 **would not**, 缩略式 **wouldn't** /'wʊdnt/) **1** (表示将来)将(will)要 jiāng: *He ~/ He'll be here tomorrow.* 他明天将在这儿. **2** (表示可能性)可能 kěnéng: *That ~ be the postman at the door.* 这准是邮递员来了. **3** (表示愿意或意图)愿〔願〕yuàn: *They ~ not obey you.* 我们不愿意听从你. **4** (表示请求或邀请): *W~ you come this way please?* 请请这边来好吗? **5** (用于发出命令或指示): *You ~ carry out my instructions!* 你要执行我的指示! **6** (用于叙述真理): *Oil ~ float on water.* 油浮在水面上. **7** (用于描述习惯): *She would sit there, hour after hour, doing nothing.* 她连连坐在那里老半天,什么事也不干. **8** (表示执意要做的事): *He ~ smoke between courses at dinner.* 他偏偏要在吃饭的时候抽烟.

will² /wɪl/ *v* [T] **1** 用意志力使 yòng yìzhì shǐ. **2** [正式用语](在遗嘱中规定)遗赠(财产)与〔與〕(某人) yízèng yǔ.

will³ /wɪl/ *n* **1** [U, sing] 意志 yìzhì. **2** [U, sing] (亦作 **'will-power** [U]) 自我控制 zìwǒ kòngzhì; 自制力 zìzhìlì: *He had a strong/weak ~.* 他的意志坚强(或薄弱). **3** [U, C] 决心 juéxīn: *the ~ to live* 求生的决心. **4**[U] 愿〔願〕望 yuànwàng; 旨意 zhǐyì: *the ~ of God* 上帝的旨意. **5** [C] 遗〔遺〕嘱〔囑〕yízhǔ. **6**[习语] **at will** 随〔隨〕意 suíyì; 任意 rènyì.

willing /'wɪlɪŋ/ *adj* **1** (*to*) 愿〔願〕意的 yuànyìde; 乐〔樂〕意的 lèyìde: ~ *to learn* 愿意学习. **2** 心甘情愿的 xīngānqíngyuàn de: *a helper* 自愿的帮助者. **willingly** *adv*. **willingness** *n* [U].

willow (亦作 **willow-tree**) /'wɪləu/ *n* [C] 柳树;柳树(树)liǔshù.

wilt /wɪlt/ *v* [I] **1** (植物)枯萎 kū-wěi; 蔫 niān. **2** [喻](人)人累又乏 yòu lèi yòu fá.

wily /'waɪlɪ/ *adj* [-ier, -iest] 狡猾的 jiǎohuáde.

wimp /wɪmp/ *n* [C][非正式用语] [贬]懦弱的人(尤指男人) nuòruòde rén.

win /wɪn/ [-nn-; *pt, pp* **won** /wʌn/] *v* [I, T] **1** (获)获(胜)(胜) huòshèng; 取得成功 chéng-gōng. **2** [T] 赢得 yíngdé; 获得 huòdé. **3** 取得 qǔdé: *try to ~ support for one's ideas* 争取自己意见的支持. **4**[习语] **win (sth) hands 'down** 轻(轻)而易举(举)地取得 qīng ér jǔ de qǔdé. **5**[短语动词] **win sb over/round** 获得支持(尤指通过劝说) huódé zhīchí. **win** *n* [C] 成功 chéng-gōng; 胜利 shènglì. **win** *n* [C] winning *adj* **1** 胜利的 shènglìde. **2** 吸引人的 xīyǐn rén de; 动(动)人的 dòngrénde: *a ~ning smile* 动人的微笑. **winnings** *n* [pl] 赢得的钱(钱) yíng dé de qián.

wince /wɪns/ *v* [I] (因疼痛、悲伤等而)皱眉 zhòuméi;龇牙(齿)咧嘴 lièzuǐ. **wince** *n* [C] 皱眉龇嘴(的表情) zhòuméi cùnn.

winch /wɪntʃ/ *n* [C] 绞车 jiǎochē. **winch** *v* [T] 用绞车拉动(动) yòng jiǎochē lādòng.

wind[1] /wɪnd/ *n* **1** [C, U] 风(风) fēng. **2** [U] (胃肠中的)气(气) qì. **3** [习语] **get wind of sth** [非正式用语][听]听到(某事的)风声(声)(或秘密) tīngdào fēngshēng. **put the wind up sb** [非正式用语]使某人害怕 shǐ mǒurén hàipà. **wind** *v* [T] 使气急喘气 shǐ qì chuǎnxī. **windfall** /'wɪndfɔ:l/ *n* **1** 风吹落的果实(实) fēng chuīluò de guǒshí. **2**[喻]意外的收获(获)yìwài de shōuhuò;横财 héngcái. **wind farm** *n* [C] 风力发(发)电(电)场(场) fēngdiànchǎng. **wind instrument** *n* [C] 吹奏乐(乐)器 chuīzòu yuèqì. **windmill** *n* [C] 风车 fēngchē. **windpipe** *n* [C] 气管 qìguǎn. **'windscreen** *n* (美语 **'windshield**) *n* [C] 挡风玻璃 dǎng fēng bōli. **windscreen wiper** *n* [C] (挡风玻璃上的)刮水器 guāshuǐqì. **'windsurfing** *n* [U] 帆板

运(运)动(动) fānbǎn yùndòng. **'windsurfer** *n* [C]. **wind-swept** *adj* (a) 受强风吹的 shòu qiángfēng chuī de. (b) (人的头发等)被风刮得不整齐(齐)的 bèi fēng guā de bù zhěngqí de. **windy** *adj* [-ier, -iest] 多风的 duōfēngde: *a ~y day* 刮风的一天.

wind[2] /waɪnd/ *v* [*pt, pp* **wound** /waʊnd/] **1** [I, T] (使)迂回(回)前进(进) yūhuí qiánjìn: *The river ~s (its way) through the countryside* 这条河蜿蜒地流过乡村地区. **2** [T] [将] …缠绕(绕) (在轴上) jiāng …chánrào. **3** [T] (*up*) 上(钟、表的)发(发)条(条) shàng fātiáo. **4** [短语动词] **wind sth back, down, forward, etc** (摇动把手)使物体移动(动) shǐ mǒuwù yídòng: *~ a window down* 将玻璃窗摇下. **wind down** (a) (钟表等)慢下来放慢 mànxiàlái fàng tíngzhǐ. (b) [非正式用语](紧张后)放松(松) fàngsōng. **wind (sth) down** (停职前)减少工作 jiǎnshǎo gōngzuò. **wind up** [非正式用语]安顿(宁)下来 āndùn; *We eventually wound up in a little cottage by the sea*. 我们终于在海滨的一所小屋子里住下来. **wind (sth) up** 结束 jiéshù. **wind sb up** [非正式用语]使某人激动 shǐ mǒurén jīdòng.

window /'wɪndəu/ *n* [C] 窗 chuāng; 窗口 chuāngkǒu. **'window-box** *n* [C] 窗槽(槽)花箱 chuāngkǎn huāxiāng. **'window-dressing** *n* [U] 橱窗布置 chúchuāng bùzhì. **'window-pane** *n* [C] 窗玻璃 chuāngbōli. **'window-shopping** *n* [U] 浏(浏)览(览)橱窗购物 liúlǎn chúchuāng. **'window-sill** *n* [C] 窗台 chuāngtái.

wine /waɪn/ *n* [C, U] 葡萄酒 pútaojiǔ;果子酒 guǒzijiǔ. **wine** *v* [习语] **,wine and 'dine** (用)酒宴招待(或被招待) jiǔyàn zhāo-dài.

wing /wɪŋ/ *n* **1** [C] 翅膀 chìbǎng. **2** [C] (飞行器的)机(机)翼 jīyì. **3** [C] 侧厅 cètīng; 耳房 ěrfáng: *add a new ~ to a hospital* 给一家医院加盖一座新的侧楼. **4** [C] (汽车的)翼子板 yìzibǎn. **5** [C, 常作 *sing*] (政党中的)翼 yì;派别 pàibié: *the left/right ~* (某政党的)左(或右)翼 **6** [C] (足球等场地的)边(边)侧 biān cè. **7 the**

wings [pl] (舞台上观众看不到的)两侧 liǎng cè. **8** [习语] **take sb under one's 'wing** 置某人于自己的保护[護]下 zhì mǒurén yú zìjǐde bǎohù xià. **wing** v [I, T] 飞[飛]行 fēixíng. 2 打伤[傷](鸟、翼)dǎ shāng. 'winged *adj* 有翅膀的 yǒu chìbǎng de. **winger** n [C] (足球等的)边锋队[隊]员 biānfēng duìyuán. 'wing-span n [C] 翼展 yìzhǎn.

wink /wɪŋk/ v [I] **1** (*at*) 眨一下[隻]眼 zhǎ yíxià yǎn; 使眼色 shǐ yǎnsè. **2** (星光等)闪烁 shǎnshuò; 闪烁[爍] shǎnshuò. **wink** n [C] **1** 眨眼 zhǎyǎn; 眨眼示意 zhǎyǎn shìyì. **2** [sing] 打盹 dǎdǔn; *I didn't sleep a ~.* 我没有打过盹. **3** [习语] **have forty 'winks** [非正式用语] 小睡 xiǎo shuì; 打盹 dǎdǔn.

winkle /'wɪŋkl/ n [C] (食用)海螺 hǎiluó.

winner, winning ⇨ WIN.

winter /'wɪntə(r)/ n [C, U] 冬季 dōngjì. **winter** v [I] [正式用语] 过[過]冬 guò dōng; 越冬 yuè dōng. 'winter 'sports n [pl] 冬季运[運]动[動] dōngjì yùndòng. 'wintry /'wɪntrɪ/ *adj*.

wipe /waɪp/ v [T] **1** 擦 cā; 揩拭; 抹 mǒ: *~ the dishes with a cloth* 用抹布把碟子擦干. *~ the writing off the blackboard* 把黑板上的字擦掉. **2** [短语动词] **wipe sth out** (**a**) 彻[徹]底摧毁 chèdǐ cuīhuǐ: *War ~d out whole villages.* 战争摧毁了整座座整座的村庄. (**b**) 取消(欠款) qǔxiāo; 还[還]清(债务) huánqīng. **wipe sth up** 擦净 cājìng: *~ up the milk you spilt* 把你洒的牛奶擦干净. *~ up the cups* 把杯子擦干. **wipe** n [C] 擦 cā; 揩拭; 抹 mǒ.

wire /'waɪə(r)/ n **1** [C, U] 金属[屬]线(線) jīnshǔxiàn. **2** [C] [非正式用语] [尤用于美语] 电[電]报[報] diànbào. **wire** v [T] **1** 用金属线捆绑 yòng jīnshǔxiàn kǔnbǎng. **2** 给…安装[裝]电线 gěi…ānzhuāng diànxiàn. **3** [美语]发[發]电报给 fā diànbào gěi. **wiring** n [U] 供电系统 gōngdiàn xìtǒng. **wiry** *adj* [I] (硬而细)似金属线的 sì jīnshǔ de. **2** (人)瘦而结实[實]的 shòu ér jiēshí de rén.

wireless /'waɪəlɪs/ n [C] [旧][用][無]线[線]电[電] wúxiàndiàn.

wisdom /'wɪzdəm/ n [U] 智慧

zhìhuì; 才智 cáizhì. **2** [正式用语]明智的思想、言论[論]等 míngzhìde sīxiǎng, yánlùn děng. 'wisdom-tooth n [C] 智牙 zhì yá.

wise /waɪz/ *adj* [~r, ~st] **1** 有知识[識]的 yǒu zhīshi de; 聪[聰]明的 cōngmíng de; 明智的 míngzhì de. **2** [习语] **none the 'wiser** (和以前一样) 不明白 bù míngbai. **wisely** *adv*.

wish /wɪʃ/ v [T] [正式用语] 想要 xiǎng yào: *He ~es to be alone.* 他要一人独处. **2** [T] 要(不大可能的事)要[實]现 yào shíxiàn: *I ~ (that) I could be an astronaut.* 我能成为一名宇航员. **3** [T] 祝愿[願] zhùyuàn; *~ sb good luck/happy birthday* 祝某人走运[運]/生日快乐. **4** [I] (*for*) 默默盼祷[禱] mòmò pàndǎo: *Blow out the candles and ~.* 吹灭[滅](生日蛋糕上的)蜡烛, 默默盼祷! **wish** n [C] **1** [C] 愿望 yuànwàng; 希望 xīwàng: *I have no ~ to interfere, but . . .* 我本不愿意打扰,但…. **2** [C] 希望(得到)的事物 xīwàng de shìwù. **3 wishes** [pl] 祝福 zhùfú: *My father sends his best ~es.* 我的父亲表示他的祝福. 'wishful 'thinking n [U] 仅[僅]基于愿望的想法 jǐn jīyú yuànwàng de xiǎngfǎ.

wishy-washy /'wɪʃɪwɒʃɪ; US -wɑːʃɪ/ *adj* [非正式用语]弱的 ruòde; 浅[淺]的 qiǎnde; 淡的 dànde.

wisp /wɪsp/ n [C] 小捆 xiǎokǔn; 小把 xiǎobǎ; 小束 xiǎoshù; *a ~ of hair* 一绺头发 yì. *a ~ of smoke* 一缕青烟 yì. **wispy** *adj*.

wistful /'wɪstfl/ *adj* 发[發]愁的 fāchóude; 渴望的(尤指过去的或不可能的事物) kěwàngde. **wistfully** /-fəlɪ/ *adv*.

wit /wɪt/ n **1** (**a**) [U] 机[機]智而幽默的能力 jīzhì ér yōumò de néngli. (**b**) [C] 机智而幽默的人 jīzhì ér yōumò de rén; (亦作 **wits**) [U, pl] 智慧 zhìhuì; 智力 zhìlì. **3** [习语] **at one's wits' end** 不知所措 bù zhī suǒ cuò. **have/keep one's 'wits about one** (时)刻警惕 shíkè jǐngtì; 随[隨]机应[應]变[變] suí jī yìng biàn. **scare, frighten, etc sb out of his/her 'wits** 惊[驚]吓[嚇]某人 jīngxià mǒurén. **witticism** /'wɪtɪsɪzəm/ n [C] 妙语 miàoyǔ; 打趣话 dǎqùhuà. **witty**

adj [-ier, -iest] 幽默的 yōumòde; 诙谐的 huīxiéde. **wittily** adv.

witch /wɪtʃ/ n [C] 女巫 nǚwū; 巫婆 wūpó. **'witchcraft** n [U] 巫术(術) wūshù; 魔法 mófǎ. **'witch-doctor** n [C] 巫医(醫) wūyī. **'witch-hunt** n [C] 政治迫害 zhèngzhì pòhài.

with /wɪð, wɪθ/ prep 1 (a) 和…(在一起) hé … ; live ~ one's parents 和父母在一起生活. discuss it ~ an expert 和专家一起研究. (b) 由…照看 yóu … zhàokàn; leave a child ~ a baby-sitter 把孩子交给一位临时保姆照看. 2 具有 jùyǒu; 带(帶)着 dàizhe; a coat ~ two pockets 有两个口袋的大衣. a girl ~ blue eyes 蓝眼睛的女孩子. 3 (a) (表示使用的工具或方法)用 yòng; 以 yǐ; cut it ~ a knife 用刀把它切开. (b) (表示使用的材料) Fill the bottle ~ water. 把这个瓶子灌满水. 4 支持 zhīchí; 拥(擁)护(護)yōnghù; The managers are ~ us. 经理们都支持我们. 5 (表示反对, 对立)对(對)… dui … ; 与(與)…argue ~ Rosie 与罗西争辩. 6 因为 yīnwei; 由于 yóuyú; tremble ~ fear 怕得发抖. 7 (表示方式, 情况)look at one's daughter ~ pride 自豪地看着女儿. 8 (表示同一方向)sail ~ the wind 顺风航船. 9 对于 duìyú; 关(關)于 guānyú; be patient ~ them 对他们有耐心. 10 随(隨)着 suízhe; Skill comes ~ experience. 熟能生巧. 11 尽(盡)管 jǐnguǎn; 虽(雖)然 suīrán; W~ all her faults, we still like her. 尽管她有许多缺点, 我们仍然喜欢她. 12 [习语] be **'with** sb [非正式用语]自某人说的话明白某人说的话 I'm not really ~ you, I'm afraid, so could you explain it again? 我真的不懂你的话, 很抱歉, 你能再解释一下吗? [习语] with it [旧][非正式用语](a) 时(時)髦的 shímáode. (b) 消息灵(靈)通的 xiāoxi língtōng de; 敏感的 mǐngǎnde.

withdraw /wɪð'drɔː, 亦读 wɪθ'd-/ v [pt -drew /-'druː/, pp -n /-'drɔːn/] 1 [T] 取去 qǔzǒu; 拿开[開] ná kāi; ~ money from one's bank account 从银行提取存款. 2 [I,T] [正式用语](使)撤走 chèzǒu; (使)撤走 chèzǒu;

troops from the battle 从战斗中撤退部队. 3 [I, T] (使)不参加 bù cānjiā; ~ from an argument 不参加争辩. 4 [T] 撤销(诺言, 言论等)chèxiāo; If I don't have a reply by tonight I shall ~ my offer. 如果今晚以前不给我一个答复, 我将撤回我提出的条件. **withdrawal** /-'drɔːl/ n [C, U] 收回 shōuhuí; 取回 qǔhuí; 撤走 chèzǒu; 撤销 chèxiāo. **withdrawal symptoms** n [pl] (断绝毒品供应所引的)脱瘾(癮)症状(狀) tuō yǐn zhèngzhuàng. **withdrawn** /-'drɔːn/ adj (人)内向的 nèixiàngde; 孤独[獨]的 gūdúde.

wither /'wɪðə(r)/ v [I, T] (使)枯萎 kūwěi; (使)凋[彫]谢 diàoxiè; The hot summer had ~ed the grass. 炎热的盛夏已使草枯萎了. [喻] Their hopes ~ed. 他们的希望破灭了. **withering** adj (使人)羞愧的 xiūkuìde; a ~ing look 令人难堪的一瞥.

withhold /wɪð'həʊld, 亦读 wɪθ'h-/ v [pt, pp -held /-'held/] [T] [正式用语]拒绝给予 jùjué jǐyǔ; ~ permission 拒不准许.

within /wɪ'ðɪn/ prep 在…里面 zài …lǐmiàn; 不超出 bù chāochū; ~ the city walls 在城墙以内. ~ seven days 不超过七天. **within** adv [正式用语]在内部 zài nèibù; I could feel the anger rising ~. 我感到怒火在心中燃烧.

without /wɪ'ðaʊt/ prep 1 没有 méiyǒu; You can't buy things ~ money. 你没有钱就买不了东西. 2 [与 -ing 形式连用]不 bù; He can't speak German ~ making mistakes. 他每说德语必有错误.

withstand /wɪð'stænd, 亦读 wɪθ's-/ v [pt, pp -stood /-'stʊd/] [T] [正式用语]抵抗 dǐzhì; 承受住 chéngshòuzhù; 反抗 fǎnkàng; ~ an attack 禁得住攻击. ~ hard weather 承受住恶劣天气.

witness /'wɪtnɪs/ n [C] 1 目击(擊)者 mùjīzhě; 见证(證)人 jiànzhèngrén. 2 [法律]证人 zhèngrén. 3 证据人 liánshǔrén. 4 [正式用语]证明 zhèngmíng; 证据(據)zhèngjù; 见证 jiànzhèng. **witness** v [T] 1 亲(親)见 qīnjiàn; 目击 mùjī; an accident 亲眼看见一次意外事件. 2 作…的证人 zuò…de zhèngrén；作…的连署人 zuò…de liánshǔrén. 'witness-box *n* [C] 证人席 zhèngrénxí.

witticism, witty ⇨ WIT.

wives *pl* of WIFE.

wizard /'wizəd/ *n* [C] 1 男巫 nánwū；术(術)士 shùshì. 2 奇才 qícái：*a financial ~* 理财能手.

wizened /'wizənd/ *adj* (皮肤)干[乾]瘪(癟)的 gānbiěde.

wobble /'wɒbl/ *v* [I, T] (使)摇摆 yáobǎi；(使)晃动[動] huàngdòng. **wobbly** *adj* [非正式用语]摇摆[擺]的 yáobǎide；不稳[穩]的 bùwěnde：*a wobbly chair* 摇晃不稳的椅子.

woe /wəʊ/ *n* [旧][正式用语] 1 [U] 悲哀 bēi'āi；悲痛 bēitòng. 2 **woes** [pl] 麻烦事 máfánshì，不幸的事 búxìng de shì. **woeful** *adj* [正式用语] 1 悲哀的 bēi'āide，伤[傷]心的 shāngxīnde. 2 糟糕的 zāogāode.

wok /wɒk/ *n* [C] (中国式)锅[鍋]guō.

woke *pt* of WAKE¹.

woken *pp* of WAKE¹.

wolf /wʊlf/ *n* [C] [*pl* **wolves** /wʊlvz/] 狼 láng. **wolf** *v* [T] (*down*) [非正式用语]狼吞虎咽[嚥] láng tūn hǔ yàn.

woman /'wʊmən/ *n* [C] [*pl* **women** /'wɪmɪn/] 1 [C] 成年女子 chéngnián nǚzǐ；女(婦)女 fùnǚ. 2 [U] 女性 nǚxìng；女人 nǚrén. 3 **the woman** [sing] 女性的特点[點] nǚxìng de tèdiǎn；女人气[氣]质[質] nǚrén qìzhì. **womanhood** *n* [U] 女子的状[狀]态[態]和特性 nǚzǐ de zhuàngtài hé tèxìng. **womanizer** *n* [与[與]许多女子交往的男子(不指有性关系) yǔ xǔduō nǚzǐ jiāowǎng de nánzǐ. **'womankind** *n* [U] [正式用语]女子(总称) nǚzǐ. **womanly** *adj* 像女子的 xiàng nǚzǐ de；女性的 nǚxìngde. **Women's Libe'ration** *n* 妇女解放 fùnǚ jiěfàng. **women's rights** *n* [pl] 妇女权[權]益 fùnǚ quányì；女权 nǚquán.

womb /wuːm/ *n* [C] 子宫 zǐgōng.

won *pt, pp* of WIN.

wonder /'wʌndə(r)/ *v* 1 [I, T] 好奇 hàoqí，自问 zìwèn：*I ~ who she is.* 我纳闷她究竟是谁. 2 [I] 请问 qǐngwèn：*I ~ if you could come earlier.* 请问您是否能早一点来？ 3 [I] (*at*) [正式用语]惊

[驚]奇 jīngqí；惊讶[訝] jīngyà；*I ~ that you weren't killed.* 你竟未遇难，令人称奇. **wonder** *n* 1 (**a**) [U] 惊奇 jīngqí；惊叹 jīngtàn. (**b**) [C] 令人惊奇的事物 lìng rén jīngqí de shìwù；*the ~s of modern medicine* 现代医学的奇迹. *a ~ drug* 特效药. 2 [习语] **do/work wonders** 有(意想不到)的效果 yǒu xiǎoguǒ. **it's a wonder that...** 令人惊奇的是… lìng rén jīngqí de shì. **it's a ~ that they weren't all killed.** 令人惊奇的是他们竟然没有全部遇难. **no/little/small wonder** 这并不(或是不太)出奇 zhè bìngbù chūqí. **wonderful** *adj* 极(極)好的 jíhǎode；惊人的 jīngrénde；奇妙的 qímiàode. **wonderfully** *adv*.

wonky /'wɒŋkɪ/ *adj* [英国非正式用语]不稳[穩]的 bùwěnde；弱的 ruòde.

won't /wəʊnt/ (= will not) ⇨ WILL¹.

woo /wuː/ *v* [T] 1 寻[尋]求…的支持 xúnqiú…de zhīchí；*~ voters* 拉选票. 2 [旧]向(女子)求婚 xiàng qiúhūn.

wood /wʊd/ *n* 1 [U] 木头[頭] mùtou；木材 mùcái. 2 (亦, 尤作 *pl*) 树[樹]林 shùlín. 3 [习语] **out of the 'wood(s)** [非正式用语]脱离[離]困境 tuōlí kùnjìng. **wooded** *adj* 长[長]树木的 duō shùmù de. **wooden** *adj* 1 木制[製]的 mùzhìde. 2 (举止)僵硬的 jiāngyìngde，笨拙的 bènzhuōde. **'woodland /-lənd/** *n* [U] 森林地区[區] sēnlín dìqū. **woodpecker** *n* [C] 啄木鸟 zhuómùniǎo. **'woodwind /-wɪnd/** *n* [sing] [用 sing 或 pl v] 木管乐[樂]器 mùguǎn yuèqì. **'woodwork** *n* [U] 1 (建筑物的)木结构[構]部分 mùjiégòu bùfen. 2 木工活 mùgōnghuó. **'woodworm** *n* [U, C] 蛀木虫 (钻的孔洞) zhùmùchóng. **woody** *adj* [*-ier, -iest*] 1 长[長]满树木的 zhǎngmǎn shùmù de；*a ~y hillside* 树木茂盛的山坡. 2 (似)木头的 mùtoude.

woof /wʊf/ *interj, n* [C] [非正式用语]狗的低吼声[聲] gǒude dī fǒu shēng；模仿狗叫的声音 mófǎng gǒujiào de shēngyīn.

wool /wʊl/ *n* [U] (**a**) 羊毛 yángmáo；(其他动[動]物的毛 dòngwù de máo. (**b**) 毛线[綫] máoxiàn；毛织[織]品 máozhīpǐn. **woollen**

(美语-l-) *adj* 毛纺的 máofǎngde;羊毛制(製)的 yángmáo zhì de.

wollens (美语-l-) *n* [pl]毛织品装[裝]máozhī fúzhuāng. **woolly** (美语-l-) *adj* **-ier, -iest 1** 羊毛制(製)的 yángmáo zhì de; 羊毛状的 yángmáozhuàngde. **2** (人、思想)糊涂(塗)的 hútude;混乱[亂]的 hùnluànde. woolly *n* [C] (*pl* -ies) [非正式用语]毛线衣 máoxiànyī.

word /wɜːd/ *n* **1** [C] 词 cí;字[辭]词 cídiǎn. **2** [C] 话 huà;言词 yáncí: *Don't say a ~ about it.* 对那事什么也别说. **3** [C] 谈话 tánhuà; have a ~/a few ~s with sb 与某人谈话. **4** [U] 消息 xiāoxi;音讯 yīnxùn: *Please send me ~ of your arrival.* 请你把到达的消息告诉我. **5** [sing] 诺言 nuòyán;保证[證] bǎozhèng: *I give you my ~ that I will come back.* 我向你保证,我是要回来的. **6** (常作 **the word**) [sing] 命令 mìnglìng;口令 kǒulìng: *The officer gave the ~ to fire.* 军官下令开火. **7** [习语] **by word of mouth** 口头[頭]地 kǒutóude. **have words with sb** 和人争吵与人争吵 rén zhēngchǎo. **in other words** 换句话说 huàn jù huà shuō. **in a word** 简言之 jiǎn yán zhī. **not in so many words** 没有说明白 bìng méiyǒu shuō míngbai. **take sb's word for it** 相信某人的话 xiāngxìn mǒurén de huà. **too funny, stupid, etc for words** [非正式用语]极[極]为[爲]可笑、愚蠢等 jíwéi kěxiào, yúchǔn děng. **,word for 'word** 逐字地(翻译)zhúzìde. **word** *v* [T] 以言词表达 yǐ yáncí biǎodá. **wording** *n* [sing] 措辞[辭] cuòcí;用语 yòngyǔ. **,word-'perfect** *adj* 能背诵的 néng bèisòng de. **'word processor** *n* [C] 文字处[處]理机[機] wénzì chǔlǐjī. **wordy** *adj* **-ier, -iest** 多言的 duōyánde;啰[囉]嗦的 luōsuode.

wore *pt* of WEAR.

work[1] /wɜːk/ *n* **1** [U] 职[職]业[業]zhíyè;业务[務] yèwù: *He's been looking for ~ for a year.* 他找工作已找了一年了. **2** [U] 劳[勞]动[動]láodòng;工作 gōngzuò: *Do you like hard ~?* 你喜欢繁重的劳动吗? **3** [U] 待做的事 dài zuò de shì;作业 zuòyè: *I've plenty of ~ to do.* 我有许多事要做. **4** [U]制[製]作 zhìzuò;工

艺[藝]品 gōngyìpǐn;成品 chéngpǐn: *the ~ of young sculptors* 年轻雕刻家的作品. **5** [C] 著作 zhùzuò;作品 zuòpǐn: *the ~s of Shakespeare* 莎士比亚的著作. **6 works** [用 sing 或 pl v] 工厂[廠]gōngchǎng: *a 'gas~* 煤气厂. **7 works** [pl] 建筑[築](或维修)工程 jiànzhù gōngchéng: *'road-~s* 道路施工. **8 the works** [pl](机器)活动部件 huódòng bùjiàn. **9** [习语] **at work** (a) 在工作的地方 zài gōngzuò de dìfang. (b) 在运[運]转[轉]或 yùnzhuǎn;在起作用 zài qǐ zuòyòng: *new technology at ~* 在起作用的新技术. **set to 'work** 着手工作 zhuóshǒu gōngzuò. **have one's 'work cut out** 有困难[難]的事要做 yǒu kùnnan de shì yào zuò. **in 'work/out of work** 有(或没有)工作 yǒu gōngzuò. **'workbench** *n* [C] 工作台 gōngzuòtái. **'workbook** *n* [C] 作业本 zuòyèběn. **'workforce** *n* [C,亦作 sing, 用 pl v] (全厂)劳动力 láodònglì. **'workload** *n* [C] 工作量 gōngzuòliàng. **'workman** *n* (男)劳工 láogōng. **'workmanlike** *adj* 工作熟练[練]的 gōngzuò shúliàn de. **'workmanship** *n* [U] 手艺 shǒuyì;技艺 jìyì,*a fine ~ of 'art n* [C] 精致[緻]的工艺品 jīngzhì de gōngyìpǐn. **'workshop** *n* [C] **1** 车间 chējiān;工场[場] gōngchǎng. **2** 研讨会(会)yántǎohuì;讲[講]习[習]班 jiǎngxíbān. **work-shy** *adj* 不愿[願]工作的 bù yuàn gōngzuò de;懒惰的 lǎnduòde. **'worktop** *n* [C] (厨房的)工作台面 gōngzuòtáimiàn.

work[2] /wɜːk/ *v* **1** [I] 工作 gōngzuò;劳[勞]动[動] láodòng;做工 zuògōng: *I've been ~ing hard all day.* 我辛苦地工作了一整天. **2** [I] 运[運]转[轉] yùnzhuǎn;活动 huódòng;起作用 qǐ zuòyòng: *The lift is not ~ing.* 电梯失灵了. **3** [I] 有预期的效果(或作用) yǒu yùqī de xiàoguǒ: *Will your plan ~?* 你的想法会有效吗? **4** [T] 使工作 shǐ gōngzuò;开[開]动 kāidòng. **5** [T] 管理 guǎnlǐ;经[經]营[營]jīngyíng: *~ a mine* 经营一个矿山. **6** [T] 耕[耕]地 gēngdì. **7** [I] (*against/for*)努力反对[對](或促成)(某事物)nǔlì fǎnduì: *a politician who ~s for peace* 为争取和平而努力的政治家. **8** [T] (用压

锤打等方法)制〖塑〗作(或定形)
zhìzuò: ~ clay/dough 搓揉黏土
(或面团). 9 [I,T] (使)移动到(新
的位置)yídòng dào: ~ one's way
through a boring book 从头到尾
阅读一本枯燥无味的书. 10 [习语]
work loose ⇨ LOOSE. **work to
'rule** 怠工(故意刻板地按规章办事
以降低效率) dàigōng. **work
wonders** ⇨ WONDER. 11 [短语动词]
work sth off (通过努力)除去(毫
情); (做工)偿(债)清(债务) chánɡ-
qíng: He ~ed off his anger by
digging the garden. 他用在园中
掘土的办法来发泄愤怒. **work out
(a)** (按某种方式)发〖展〗展 fā-
zhǎn, 结果 jiéguǒ: The situation
~ed out well. 形势发展结果良
好. **(b)** (体育)锻炼〖练〗 duànliàn,
健身 jiànshēn. **work at sth** 等于
等于 děngyú: The total ~s out at £180. 总数
为 180 英镑. **work sth out** [非正式
用语] **(a)** [喻]了解某人 liǎojiě mǒurén,
琢磨透 zhuómótòu: ~ out the new price 算出新
的价格. **(b)** 解决 jiějué; 解答 jiě-
dá: ~ out a problem 解决一个
问题. **(c)** 设计出 shèjìchū; ~
out a new scheme 设计出新的方
法. **work sb/oneself up** 使某人
(或自己)激动起来 shǐ mǒurén jī-
dòng qǐlai: He gets very ~ed up
about criticism. 他对批评意见非
常激动. **work sth up** 逐步发展
(或增加) zhúbù fāzhǎn: ~ up a
business 逐步发展生意. I can't
~ up much energy to go out.
我不可能有更多的精力去参加社交
活动了. **work up to sth** 逐步进
〖进〗展到 … zhúbù jìnzhǎn dào:
The music ~ed up to a lively
finish. 乐曲在结束时达到了高
潮. **worker** n [C] 工作者 gōng-
zuòzhě. **'work-out** n [C] (体〖体〗
育锻炼〖练〗(期间)力练 duànliàn.
'work-to-'rule n [C] (故意刻板
地按规章办事以降低效率)的怠工
dàigōng.

workable /'wɜːkəbl/ adj 可操作的
的 kě cāozuò de; 可运〖运〗转〖转〗的
kě yùnzhuǎn de; 可使用的 kě
shǐyòng de; a ~ plan 行得通的
计划.

workaholic /ˌwɜːkə'hɒlɪk/ n [C]
[非正式用语] 工作迷 gōngzuòmí.

working /'wɜːkɪŋ/ adj 1 做工的
的 zuò gōngzuò de: the ~ popula-
tion 劳动力. 2 工作上的 gōngzuò-

shàng de; 为[為]工作的 wèi gōng-
zuò de: ~ hours/clothes 工作时
间(或工作服). 3 有基础〖礎〗的
yǒu jīchǔ de: a ~ knowledge of
Russian 可以对付工作的俄语水
平. 4 [习语] **in 'working order** 能
正常操作的 néng zhèngcháng cāo-
zuò de. **working** n 1 **workings**
[pl] (机器、组织等的)工作过〖過〗
程(或方式) gōngzuò guòchéng. 2
[C] 矿〖礦〗坑 kuàngkēng; 采〖採〗石
场 cǎishíchǎng. **the ˌworking
'class** n [C] 工人阶〖階〗级 gōng-
rén jiējí. **ˌworking-class** adj.
'working-party n [C] 工作组(受
委任调查并作出报告的小组)
gōngzuòzǔ.

world /wɜːld/ n 1 **the world**
[sing] **(a)** 地球 dìqiú; 世界 shìjiè.
(b) 地球上的某部分 dìqiúshàngde
mǒu bùfen; …世界… shìjiè: the
French-speaking ~ 说法语的地
区. 2 [C] 行星 xíngxíng; 天体〖體〗
tiāntǐ: life on other ~s 其他星球
上的生命. 3 [C] 生存的时〖時〗间
(或状况) shēngcún de shíjiān: this
~ and the next 今世和来世. 4
the world [sing] **(a)** 世事 shìshì;
世情 shìqíng: a man/woman of
the ~ 懂世故深的男人(或女人).
(b) 每个〖個〗(个)人 měigèrén: I don't
want the whole ~ to know
about it. 我不要每个人都知道这
件事. 5 [C] …界…jiè; 范围〖圍〗
tànwéi: the insect ~ 昆虫世界.
the ~ of sport 体育界. 6 [习语]
**how, why, where, etc in the
world** (用以加强语气)到底 dàodǐ:
How in the ~ did you manage
to do it? 你到底是怎样办理这件
事的? **out of this 'world** [非正式
用语] 好得不得了 hǎode bùdéliǎo.
**a/the 'world of difference/
good, etc** [非正式用语] 极[極]大
的差别(或好处) jídàde chābié děng:
My holiday did me a ~
of good. 我的度假对我大有好处.
ˌworld-'class adj 世界上一流的
shìjièshàng yìliúde. **ˌworld-
'famous** adj 世界闻名的 shìjiè
wénmíng de. **worldly** adj 1 物质
〖質〗的(非精神的) wùzhìde. 2 生
活经〖經〗验〖驗〗丰〖豐〗富的 shēng-
huó jīngyàn fēngfù de. **worldliness**
n [U]. **'world 'power** n [C] 世
界强国〖國〗 shìjiè qiángguó. **World
Trade Organisation** n 世界贸易
组织〖織〗 Shìjiè Màoyì Zǔzhī; 世贸组

织 Shǐmáo Zǔzhī, **world 'war** n [C] 世界 大战〔戰〕shìjiè dàzhàn.

world-'wide adj, adv 遍及全世界的（地）biànjí quánshìjiè de.

World Wide 'Web n [U] [万]维网〔網〕wànwéiwǎng.

worm n [C] **1 (a)** 蠕虫 rúchóng. **(b)** 昆虫的幼虫 kūnchóng de yòuchóng; 蛆 qū; 蛀木虫 zhùmùchóng. **2** [非正式用语]〔贬〕懦弱的人 nuòruò de rén; 可怜〔憐〕虫 kěliánchóng. **worm** v [I,T] (使)蠕动〔動〕niúdòng; (使)缓慢地移动 huǎnmàn de yídòng: He ~ed his way through the narrow tunnel. 他缓慢地钻过狭窄的隧道.

worn[1] pp of WEAR.

worn[2] / wɔːn/ adj 损耗〔壞〕的 sǔnhuàide; 破烂〔爛〕的 pòlànde. **worn-'out** adj **1** (破旧得)不能再用的 bùnéng zài yòng de. **2** 筋疲力尽〔盡〕的 jīn pí lì jìn de.

worry /'wʌrɪ/ v [pt, pp -ied] **1** [I] (about) 担〔擔〕心 dānxīn; 发〔發〕愁 fāchóu: I'm worried about my son. 我担心我的儿子. **2** 使担心 shǐ dānxīn; 使发愁 shǐ fāchóu. **3** (用口)咬住 yǎozhù; 撕咬 sīyǎo: The dog was ~ing a rat. 那条狗撕咬着一只老鼠. **worried** adj 担心的 dānxīnde; 烦恼〔惱〕的 fánnǎode. **worry** n [pl -ies] **1** [U] 担心 dānxīn; 烦恼 fánnǎo. **2** [C] 令人担忧〔憂〕的事物 lìng rén dānyōu de shìwù. **worrying** adj 令人忧愁的 lìng rén yōuchóu de; 令人担忧的 lìng rén dānyōu de.

worse /wɜːs/ adj [BAD 的比较级] **1** 更坏〔壞〕的 gènghuàide; 更差的 gèngchàde; 更差〔惡〕劣的 gèng è liè de: Her work is bad, but his is ~. 她的工作不好, 但他更差. 健康恶化 jiànkāng èhuà; She got ~ in the night. 晚上她的病情恶化了. **3** [习语] **be none the 'worse** (for) 未受伤〔傷〕害 wèi shòu shānghài. **the ,worse for 'wear** 破旧〔舊〕的 pòjiùde; 损坏的 sǔnhuàide; 疲倦的 píjuànde. **worse** adv 更坏 gènghuài; 更糟 gèngzāo: She cooks badly, but I cook ~. 她做菜做得不好, 而我更差. **2** (比以前)更严〔嚴〕重 gèng yánzhòng: It's raining ~ than ever. 雨下得更大了. **3** [习语] **,worse 'off** 更穷〔窮〕gèng qióng; 更不愉快 gèng bù yúkuài; 更不健康 gèng bù jiànkāng. **worse** n [U] 更

坏的东西 gèng huài de dōngxi. **worsen** v [I,T] (使)更坏 gèng huài; (使)恶化 èhuà.

worship /'wɜːʃɪp/ n [U] **1** 对上帝或神的）崇拜 chóngbài. **2** (对某人或某事物的)敬仰 jìngyǎng, 热〔熱〕爱〔愛〕rè'ài. **worship** v [-pp-] [I,T] 崇拜 chóngbài; 尊敬 zūnjìng, **worshipper** (美语 -p-) n [C].

worst /wɜːst/ adj [BAD 的最高级] 最坏〔壞〕的 zuìhuàide; 最差的 zuìchàde; 最恶〔惡〕劣的 zuì èliè de: the ~ storm for years 几年来最厉害的暴风雨. **worst** adv 最坏地 zuìhuàide. **worst** n **1** the worst [sing] 最坏者 zuìhuàizhě; 最坏者 zuìhuàizhě. **2** [习语] **at (the) 'worst** 最坏的情况 zuìhuàide qíngkuàng. **if the worst comes to the 'worst** 若最坏的事发〔發〕生 ruò zuìhuàide shì fāshēng.

worth /wɜːθ/ adj **1** 值…的 zhí…de; 相当〔當〕于…价〔價〕值的 xiāngdāng yú…jiàzhí de: a car ~ £5000 一辆值五千英镑的汽车. **2** 值得…的 zhíde…de: The book is ~ reading. 这本书值得一读. **3** [习语] **for all one is 'worth** [非正式用语]竭尽〔盡〕全力 jié jìn quánlì; 拼命 pīnmìng. **worth it** 很值得 hěn zhíde. **worth sb's 'while** 对(某)人有好处〔處〕duì mǒurén yǒu hǎochù. **worth** n [U] **1** 值…的金额的量 zhí…jìn'é de liàng: a pound's ~ of apples 值一英镑的苹果. **2** 价值 jiàzhí. **worthless** adj 无价值的 wú jiàzhí de; 无〔無〕(人)品质〔質〕坏〔壞〕的 de; (人)品质坏的 pǐnzhì huài de. **worth'while** adj 值得(花时间,金钱,精力)的 zhíde de; 合算的 hésuànde.

worthy /'wɜːðɪ/ adj [-ier, -iest] **1** (of) 值得的 zhíde de: ~ of blame 应受责备. **2** 值得尊敬的 zhíde zūnjìng de.

would[1] /wʌd/ 强式 wʊd/ modal v [缩略式 'd 或 d, 否定式 **would not**, 缩略式 **wouldn't** /'wʊdnt/] **1 (a)** (表示一件设想事情的结果)了 le: If he shaved his beard off, he ~ look much younger. 他如果把胡子刮去, 就显得年轻多了. **(b)** (用以提出客气的请求): W~ you open a window, please? 请您开一扇窗, 好吗? **2** (用以提出一个意见): I ~ think the film will last about 90 minutes. 我

想这电影大约需要 90 分钟左右. **3** (用以提出建议或邀请): W~ *you like a sandwich?* 您想吃三明治吗? **4**(用以表达合意的做法): *I'd love a cup of coffee.* 我倒想喝一杯咖啡. 'would-be *adj* 希望成为…的 xīwàng chéngwéi…de; *a ~ be artist* 即将成为艺术家的人.

would² *pt* of WILL¹.

wouldn't 1 would not ⇨WILL¹. **2** would not⇨WOULD¹.

wound¹ /wu:nd/ *n* [C] 伤(傷) shāng; 伤口 shāngkǒu; *a bullet ~* 枪伤. **wound** *v* [T] **1** 使受伤 shǐ shòushāng; 伤害 shānghài, **2** 伤害(某人的感情等) shānghài.

wound² *pt, pp* of WIND².

wove *pt* of WEAVE.

woven *pp* of WEAVE.

wow /wau/ *interj* [非正式用语] (用以表示惊奇或钦佩)哇 huā!

wrangle /'ræŋgl/ *v* [I] *n* [C] 争吵 zhēngchǎo; 口角 kǒujiǎo.

wrap /ræp/ *v* [-pp-] [T] **1** 缠(纏)绕(繞) chánráo; 包 bāo; 裹 guǒ; *~ (up) a parcel* 捆好一个包裹. *W~ a cloth round your leg.* 把你的腿用布缠起来. **2** [习语] **be wrapped up in sb/sth** [非正式用语]被卷(隱)藏于…之中 bèi yǐncáng yú…zhī zhōng; 热爱(愛)… rèài…; **wrap (sb/oneself) up** 给…穿上暖和的衣服 gěi…chuānshàng nuǎnhuo de yīfu. **wrap sth up** [非正式用语]完成(任务) wánchéng; 签(簽)订(协议) qiāndìng. **wrap** *n* [C]外套 wàitào; 罩衫(如围巾、披风等) zhàoshān. **wrapper** *n* [C] 包装(裝)纸 bāozhuāngzhǐ. **wrapping** *n* [C,U] 包装材料 bāozhuāng cáiliào.

wrath /rɒθ; *US* ræθ/ *n* [U] [正式用语][旧]愤怒 fènnù; 暴怒 bàonù.

wreak /ri:k/ *v* [T] [正式用语]使遭受打击(擊) shǐ zāoshòu dǎjí.

wreath /ri:θ/ *n* [C] [pl ~s /ri:ðz/] 花圈 huāquān; 花环(環) huāhuán.

wreathe /ri:ð/ *v* [T] (*in/with*) [正式用语][常用被动语态]覆盖(蓋) fùgài; 包围(圍) bāowéi; *hills ~d in mist* 隐藏在雾中的群山.

wreck /rek/ *n* [C] **1** 破坏(壞)pòhuài; (尤指船只等)失事 shīshì, **2** 失事的船只(隻)等 shīshì de chuánzhī děng. **3** [非正式用语]健康极(極)度受损的人 jiànkāng jídù shòusǔn de

rén. **wreck** *v* [T] 破坏 pòhuài; 使失事 shǐ shīshì; *The train had been ~ed by vandals.* 那列火车已被坏人破坏了. **2** [喻] *The weather ~ed all our plans.* 天气恶劣,我们的计划全毁了. **wreckage** *n* [U] (被毁物的)残(殘)骸 cánhái.

wren /ren/ *n* [C] [动物]鹪鹩 jiāoliáo.

wrench /rentʃ/ *v* [T] **1** 猛扭 měng niǔ; 猛拉 měng lā; *~ a door open* 用力把门拉开. **2** 扭伤(傷)(足跟等) niǔshāng. **wrench** *n* **1** [C] 猛扭 měng niǔ; 猛拉 měng lā. **2** [美语]扳手 bānshǒu. **3** [*sing*] (离别时的)苦痛 yízhèn bēitòng.

wrestle /'resl/ *v* [I] **1** (*with*) 摔跤 shuāijiāo; 角力 jiǎolì, **2** *with* (为对付某事物而)斗(鬥)争 dòuzhēng; 努力 nǔlì, **wrestler** *n* [C]摔跤运(運)动(動)员 shuāijiāo yùndòngyuán.

wretch /retʃ/ *n* [C] 不幸的人 búxìng de rén; 可怜(憐)的人 kělián de rén.

wretched /'retʃɪd/ *adj* **1** 极(極)不愉快的 jí bù yúkuài de; *His stomach-ache made him feel ~.* 他胃痛得十分难受. **2** 使人苦恼(惱)的 shǐ rén kǔnǎo de; 令人难(難)受的 lìng rén nánshòu de. **3** [非正式用语]恶(惡)劣的 èliède; 该死的 gāisǐde; *That ~ dog!* 那只该死的狗! **wretchedly** *adv*. **wretchedness** *n* [U].

wriggle /'rɪgl/ *v* [I,T] 蠕动(動) rúdòng; 扭动 niǔdòng; 蜿蜒而行 wānyán ér xíng; *Stop wriggling and sit still!* 不要扭来扭去,坐着别动! **2** [短语动词] **wriggle out of doing sth** [非正式用语]避免做(讨厌的工作) bìmiǎn zuò. **wriggle** *n* [C].

wring /rɪŋ/ *v* [*pt, pp* **wrung** /rʌŋ/] [T] **1** (*out*) 拧(擰)níng; 绞出(液体) jiǎochū, **2**[喻]费力(从某人处)榨出(金钱等) fèilì zhàchū. **3** 拧(鸟的脖子) níng. **4** [习语] '**wring one's hands** 扭(或搓)手(表示悲痛等) niǔ shǒu. **wringing** '**wet** 湿(濕)透(得可拧出水来的) shī de kě níng chū shuǐ lái de. **wringer** *n* [C] 甩干(乾)机(機) shuǎigānjī.

wrinkle /'rɪŋkl/ *n* [C, 常作 *pl*] (皮肤 的)皱(皺)纹 zhòuwén. **wrinkle** *v* [I,T] (使)起皱纹 zhòuwén. **wrinkly** *adj*.

wrist /rɪst/ n [C] 腕 wàn; 腕关[關]节[節] wànguānjié. '**wristwatch** n [C] 手表[錶] shǒubiǎo.

writ /rɪt/ n [C] (法院的)令状[狀] lìngzhuàng.

write /raɪt/ v [pt wrote /rəʊt/, pp written /'rɪtn/] 1 [I, T] [书[書]写[寫] shūxiě; 写字 xiě zì. 2 [T] 写出 xiěchū; 编写 biānxiě: ~ a report/book 写出一份报告(或一本书). 3 [I, T] 写信并寄出 xiě xìn bìng jìchū: She promised to ~ to me every week. 她答应每星期给我写信. 4 [T] 填写(文件、表格) tiánxiě: ~ a cheque 开立支票. 5 [习语] **be written all over sb's face** 形之于色 xíng zhī yú sè; 脸上显露出 liǎnshàng xiǎnlù chū. 6 [短语动词] **write sth down** 写下 xiěxià; 记下 jìxià. **write off/away (to sb/sth)** 给…写信订购[購](或讯息等) gěi…xiě xìn dìnggòu. **write sth off** (a) 认[認]为[為]…无[無]用(或失败)rènwéi…wúyòng. (b) 严[嚴]重损毁[燬]严[損]报[報]废[廢] bàofèi. (c) 勾销(债务) gōuxiāo; 注销 zhùxiāo. **write sth out** 全部写出 quánbù xiěchū. **write sth up** 详细写出 xiángxì xiěchū. '**write-off** n [C] 严重损毁(不值得修理)的车辆 yánzhòng sǔnhuǐ de chēliàng; (事件的)记述[錄]记录 jìlù; 报道 bàodào. '**write-up** n [C] 记述[錄]记录 jìlù; 报道 bàodào.

writer /'raɪtə(r)/ n [C] 写[寫]人 shūxiěrén. 2 作家 zuòjiā; 作者 zuòzhě.

writhe /raɪð/ v [I] (因痛苦而)翻滚 fāngǔn; 折腾 zhēteng.

writing /'raɪtɪŋ/ n 1 [U] 书[書]写[寫] shūxiě; 文件 wénjiàn. 2 [U] 字迹[跡] zìjì; 笔[筆]迹 bǐjì. 3 **writings** [pl] (某作家的)作品 zuòpǐn; 著作 zhùzuò. '**writing-paper** n [U] 信纸 xìnzhǐ.

written pp of WRITE.

wrong /rɒŋ; US rɔːŋ/ adj 1 不道德的 bú dàodé de; 不正当[當]的 bú zhèngdàng de; 非法的 fēifǎde: It is ~ to steal. 偷窃是不道德的 bú zhèngdàng de. 2 错误的 cuòwùde; 不正确[確]的 bú zhèngquè de: a ~ answer 错误的答案. prove that sth is ~ 证实某人是错误的. 3 不适[適]合的 bú shìhé de; 非最合意的 bìng-fēi 最合意的: catch the ~ train 搭错了火车. 4 有故障的 yǒu gù-zhàng de; 有毛病的 yǒu máobìng

de: What's ~ with the engine? 发动机出什么故障了? wrong adv 1 错误地 cuòwùde: You've spelt my name ~. 你把我的名字拼错了. 2 [习语] **go wrong (a)** 犯错误 fàn cuòwù. **(b)** (机器)出故障 chū gùzhàng. **(c)** 结果不好 jiéguǒ bùhǎo; 失败 shībài. wrong n 1 [U] 罪恶[惡]罪[罪]过[過] zuì'è; 坏[壞]事 huàishì; know the difference between right and ~ 懂得是与非. 2 [C][正式用语] 非正义[義]的行为[為] fēi zhèngyì de xíngwéi; 不公正的事 bù gōngzhèng de shì. 3 [习语] **be in the wrong** 对[對]错误负责 duì cuòwù fùzé; 有罪 yǒu zuì. **on the wrong 'track** ⇒ TRACK. **wrong** v [T] 对…不公正 duì…bù gōngzhèng; 冤屈 yuānqū. '**wrongdoer** n [C] 做坏事的人 zuò huàishì de rén. '**wrongdoing** n [U]. **wrongful** adj 不公正的 bù gōngzhèng de; 不公平的 bù gōng-píng de; 不正当[當]的 bù zhèng-dàng de; 非法的 fēifǎde: ~ful dismissal (from a job) 非法解雇. **wrongfully** adv. **wrongly** adv.

wrote pt of WRITE.

wrought iron /,rɔːt 'aɪən/ n [U] 熟(或锻)铁[鐵] shútiě.

wrung pt, pp of WRING.

wry /raɪ/ adj 嘲笑的 cháoxiàode; 揶揄的 yéyúde: a ~ smile 嘲笑的微笑. 2 扭歪的 niǔwāide; 歪斜的 wāixiéde: a ~ face 鬼脸. **wryly** adv.

WTO /,dʌbljuː tiː 'əʊ/ abbr World Trade Organisation 世界贸易组织[織] Shìjiè Màoyì Zǔzhī.

WWW /,dʌbljuː dʌbljuː 'dʌbljuː/ abbr World Wide Web 万[萬]维网[網] wànwéiwǎng.

X x

X, x /eks/ n [C] [pl X's, x's /'eksɪz/] 1 英语的第二十四个[個]字母 Yīngyǔ de dì'èrshísìge zìmǔ. 2 罗[羅]马[馬]数[數]字十 (X) Luómǎ shùzì shí. 3[数学]第一个未

知数 dìyīgè wèizhīshù.

xenophobia /ˌzenəˈfəubiə/ n [U] 对〔對〕外国人(或事物)的憎恨和提惧〔懼〕dui wàiguórén de zēnghèn huò wèijù.

Xerox /ˈzɪərɒks/ n [C] 〔专利〕(a) 复〔複〕印机〔機〕fùyìnjī. (b) 影印件 yǐngyìnjiàn. **xerox** v [T] 影印 yǐngyìn; 复印 fùyìn.

Xmas /ˈkrɪsməs, ˈeksməs/ n [U, C] 〔非正式用语〕圣〔聖〕诞节〔節〕Shèngdànjié.

X-ray /ˈeks reɪ/ n [C] (a) X 射线〔綫〕X shèxiàn; X 光 X guāng. (b) X 光照片 X guāng zhàopiàn; a chest ~ 胸部 X 光照片. **X-ray** v [T] 用 X 光检〔檢〕查(或治疗) yòng X guāng jiǎnchá.

xylophone /ˈzaɪləfəun/ n [C] 〔音乐〕木琴 mùqín.

Y y

Y, y /waɪ/ n [C] 〔pl Y's, y's /waɪz/〕英语的第二十五个〔個〕字母 Yīngyǔ de dì'èrshíwǔgè zìmǔ. **Y-fronts** /pl 〔英国专利〕男用内裤 nán yòng nèikù.

yacht /jɒt/ n [C] 1 (竞赛用)小帆船 xiǎo fānchuán; 快艇 kuàitǐng. 2 游艇 yóutǐng. **yachting** n [U] 驾驶快艇的技术〔術〕jiàshǐ kuàitǐng de jìshù.

yam /jæm/ n [C] 山药〔藥〕shānyào; 薯蓣属〔屬〕植物 shǔyùshǔ zhíwù.

Yank /jæŋk/ n [C] 〔英国非正式用语〕〔贬〕美国〔國〕佬 Měiguólǎo.

yank /jæŋk/ v [I, T] 突然猛拉 tūrán měnglā.

yap /jæp/ v [-pp-] [I] 1 (狗)狂吠 kuángfèi. 2 [非正式用语]吵嚷 chǎorǎng; 瞎扯 xiāchě.

yard[1] /jɑːd/ n [C] 码(= 3 英尺, 0.914米) mǎ. **'yardstick** n [C] 〔喻〕衡量的标〔標〕准〔準〕héngliáng de biāozhǔn.

yard[2] /jɑːd/ n [C] 1 院子 yuànzi. 2 场〔場〕地 chǎngdì: a 'ship~ 船坞.

yarn /jɑːn/ n 1 [U] 纱线〔綫〕shāxiàn. 2 [C] 〔非正式用语〕故事 gùshì; 奇谈 qítán.

yawn /jɔːn/ v [I] 1 打哈欠 dǎ hāqian. 2 张〔張〕开〔開〕口 zhāngkāi; 裂开 lièkāi: a ~ing gap 敞开的裂口. **yawn** n [C] 打哈欠 dǎ hāqian.

yd abbr [pl ~s] = yard[1] mǎ shǐ.

yeah /jeə/ interj 〔非正式用语〕是! shì!

year /jɪə(r)/, 亦读 jɜː(r)/ n [C] 1 (太阳)年 nián. 2 (历)年 nián. 3 一年 yìnián: the financial school ~ 财政(或学习)年度. 4 [口语] ˌall (the) year 'round 一年到头〔頭〕yìnián dàotóu; year 'in, year ˌout; year after 'year 年复〔復〕一年地 nián fù yì nián de yī nián nián. **yearly** adj, adv 每年 měinián; 一年一次的(地) yìnián yícì de.

yearn /jɜːn/ v [I] for; to 想念 xiǎngniàn; 渴望 kěwàng: He ~ed for his home. 他想家了. **yearning** n [C, U] 怀〔懷〕念 huáiniàn; 渴望 kěwàng.

yeast /jiːst/ n [C, U] 酵母 jiàomǔ.

yell /jel/ v [I, T] 叫喊 jiàohǎn; 叫嚷 jiàorǎng. **yell** n [C] 大喊 dàhǎn; 大叫 dàjiào.

yellow /ˈjeləu/ adj 1 (颜色)黄的 huáng de. 2 [非正式用语]〔贬〕胆〔膽〕怯的 dǎnqiède; 卑鄙的 bēibǐde. **yellow** n [I, T] (使)变〔變〕黄色 biàn huángsè: The papers had ~ed with age. 纸张因年久而发黄. **yellowish** adj 淡黄色的 dàn huángsè de. ˌyellow 'pages n [sing 或 pl v] (电话簿中的)黄页〔頁〕huángyè.

yelp /jelp/ n [C] (因痛苦、愤怒等)叫喊 jiàohǎn.

yen[1] /jen/ n [C] 〔pl yen〕圆(日本货币单位) yuán.

yen[2] /jen/ n [常作 sing] 〔非正式用语〕渴望 kěwàng; 热〔熱〕望 rèwàng: a ~ to visit India 想去印度观光.

yes /jes/ interj 是 shì; 是的 shìde: Y~, I'll come with you. 是的, 我愿意跟你在一起. **yes** n [C] (表示同意、肯定、接受等的答复)是 shì; 赞成 zànchéng.

yesterday /ˈjestədɪ, -deɪ/ adv, n [U] 1 (在)昨天 zuótiān. 2 不久以前 bùjiǔ yǐqián.

yet /jet/ adv 1 到此时〔時〕dào cǐ shí; 到那时 dào nàshí: They haven't come ~. 他们还〔還〕没有来. 2 不久的将〔將〕来 bùjiǔde jiānglái; 早晚 zǎowǎn: She may *surprise us all* ～. 她总有一天会使我们吃惊的. **3** 更 gèng; 更加 gèngjiā: ～ *another government report* 另一个政府工作报告. **4** 还〔還〕hái; 尚 shàng; 仍然 réngrán: *I have* ～ *to meet him*. 我还没有见到他. **5**[习语] **as 'yet** 到目前为〔爲〕止 dào mùqián wéizhǐ; 到当〔當〕时为止 dào dāngshí wéizhǐ. **yet** *conj* 然而 rán'ér; 可是 kěshì: *a clever* ～ *simple idea* 一个聪明的然而是简单的主意.

yew (亦作 **'yew-tree**) /juː/ *n* [C] [植物]紫杉 zǐshān.

Y-fronts ⇨Y, y.

yield /jiːld/ *v* **1** [T] 产〔產〕生 chǎnshēng; 生长〔長〕出 shēngzhǎngchū: *The tax increase would* ～ *£10 million a year*. 增税将每年提供一千万英镑. **2** [I] (*to*) [正式用语]屈服 qūfú; 让〔讓〕步 ràngbù: ～ *to temptation* 禁不住诱惑. **3** [T] [正式用语]放弃〔棄〕对〔對〕…的控制 fàngqì duì…de kòngzhì. **yield** *n* [C] 产量 chǎnliàng; 收获〔獲〕量 shōuhuòliàng: *a* ～ *of three tonnes of wheat per hectare* 每公顷小麦产量三吨. **yielding** *adj* **1** 易弯〔彎〕曲的 yì wānqū de. **2**[喻]顺从〔從〕的 shùncóngde; 不固执〔執〕的 bú gùzhí de.

yippee /ˈjɪpiː/ *interj* [非正式用语] (用以表示愉快或兴奋) 好啊! hǎo'a!

yodel /ˈjəʊdl/ *v* [**-ll-**; 美语 **-l-**] [I, T] 用真假嗓音交替而唱 yòng zhēn jiǎ sǎngyīn jiāotì ér chàng.

yoga /ˈjəʊgə/ *n* [U] 瑜伽(古代印度哲学的一派) yújiā.

yoghurt /ˈjɒgət; *US* ˈjəʊgərt/ *n* [U, C] 酸乳酪 suān rǔlào.

yoke /jəʊk/ *n* **1** [C] 牛轭 niú'è. **2** [sing] [正式用语][喻]束缚 shùfù; 羁绊 jībàn; 奴役 núyì: *free from the* ～ *of slavery* 从奴隶制的枷锁下解放出来.

yokel /ˈjəʊkl/ *n* [C] [谑或贬] 乡〔鄉〕下佬 xiāngxiàlǎo.

yolk /jəʊk/ *n* [C, U] 蛋黄 dànhuáng.

yonder /ˈjɒndə(r)/ *adj*, *adv* [古]那边〔邊〕的 nàbiānde; 远〔遠〕处〔處〕的 yuǎnchùde; 在那边 zài nàbiān; 在远处 zài yuǎnchù.

you /juː/ *pron* **1** 你 nǐ; 你们〔們〕nǐmen. **2** [非正式用语]任何人 rènhé rén: *It's easier to cycle with the wind behind* ～. 顺着风骑车省力.

you'd /juːd/ **1** you had ⇨HAVE. **2** you would ⇨ WILL¹, WOULD¹.

you'll /juːl/ you will ⇨ WILL¹.

young /jʌŋ/ *adj* [～**er** /-ŋgə(r)/, ～**est** /-ŋgɪst/] 年轻〔輕〕的 niánqīngde; 幼小的 yòuxiǎode; 初期的 chūqīde: *a* ～ *woman*/*nation* 年轻的妇女(或国家). **young** *n* [pl] **1**(鸟兽的)仔 zǎi; 雏〔雛〕chú. **2** **the young** 年轻人 niánqīngrén; 青年们 qīngniánmen. **youngish** *adj* 相当〔當〕年轻的 xiāngdāng niánqīng de. **youngster** /-stə(r)/ *n* [C]年轻人 niánqīngrén; 孩子 háizi.

your /jɔː(r); *US* jʊər/ *adj* 你的 nǐde; 你们〔們〕的 nǐmende: *How old are* ～ *children?* 你的孩子们多大了? **yours** /jɔːz; *US* jʊərz/ *pron* **1** 你的 nǐde; 你们的 nǐmende: *Is that book* ～*s?* 那本书是你的吗? **2** (常作 **yours**) (用于书信的结尾): *Y*～*s faithfully*/*sincerely*/*truly* (相当于中文书信结尾的"谨上")你的忠实的….

you're /jʊə(r), 亦读 jɔː(r)/ you are ⇨ BE.

yourself /jɔːˈself; *US* jʊərˈself/ *pron* [*pl* **-selves** /-ˈselvz/] **1**(反身)你自己 nǐ zìjǐ: *Have you hurt* ～? 你弄伤(自己)了吗? **2**(用以加强语气)你亲〔親〕自 nǐ qīnzì; 你本人 nǐ běnrén: *You told me so* ～. 你亲自对我说的. **3**[习语] (**all**) **by your'self/your'selves** (**a**) 单〔單〕独〔獨〕dāndú; 独自 dúzì. (**b**) 全靠自己 quán kào zìjǐ; 独力 dúlì.

youth /juːθ/ *n* [*pl* ～**s** /juːðz/] **1** [U]青春 qīngchūn; 青年时〔時〕期 qīngnián shíqī: *in my* ～ 我年轻的时候. **2** [C] 青年 qīngnián; 少年 shàonián. **3** (亦作 **the youth**)[亦作 sing, 用 pl v] 青年人(总称) qīngniánrén. **youthful** *adj* 年轻〔輕〕的 niánqīngde; 似年轻的 sì niánqīng de: *a* ～*ful appearance* 少相. **'youth hostel** *n* [C] 青年招待所 qīngnián zhāodàisuǒ.

you've /juːv/ you have ⇨HAVE.

yuck /jʌk/ *interj* [非正式用语](用以表示厌恶、反感等)啐! cuì!

yule /juːl/ *n* [U] [古]圣〔聖〕诞节〔節〕Shèngdànjié.

yuppie /ˈjʌpɪ/ *n* [C] [非正式用语] 雅皮士(年轻有为的专业人士) yǎpíshì.

Z z

Z, z /zed; US ziː/ n [C] [pl **Z's**, **z's** /zedz; US ziːz/] 英语的第二十六个(个)字母 Yīngyǔde dì'èrshíliùgè zìmǔ.

zany /'zeɪnɪ/ adj [**-ier, -iest**] 非正式用语]滑稽的 huájīde; 傻(傻)的 shǎde.

zap /zæp/ v [T] 消灭(灭) xiāomiè; 消除 xiāochú;擦除 cāchú. '**zapper** n [C] [非正式用语] **1** (电视等的)遥控器 yáokòngqì. **2** [美语]灭(灭)虫器 mièchóngqì.

zeal /ziːl/ n [U] [正式用语]热(热)心 rèxīn; 热情 rèqíng. **zealous** /'zeləs/ adj 热心的 rèxīnde;热情的 rèqíngde.

zealot /'zelət/ n [C] [有时贬](尤指宗教、政治上的)狂热(热)者 kuángrèzhě.

zebra /'zebrə, 'ziːbrə/ n [C] 动物]斑马 bānmǎ. ,**zebra 'crossing** n [C] 人行横道线(线) rén xíng héngdàoxiàn.

zenith /'zenɪθ/ n [C] (名誉、幸运等的)顶峰 dǐngfēng.

zero /'zɪərəʊ/ pron, adj, n [pl ~s] **1** 零 líng. **2** 最低点(点) zuìdīdiǎn;无(无) wú. **3** (量度上的)零位 língwèi: *The temperature was ten degrees below* ~. 温度为零下10度. **zero** v [短语动词] **zero on sth** 瞄准(准) miáozhǔn. ,**zero-hour** n [U] (尤指军事行动)开(开) 始时(时)刻 kāishǐ shíkè.

zest /zest/ n **1** (U, sing] (a) (极大的)兴趣(兴)趣 xīngqù; 乐(乐)趣 lèqù; 热(热)情 rèqíng. (b) 所增加

的兴趣(或魅力)(的性质) suǒ zēngjiā de xìngqù. **2** [U] 橙子(或柠檬)的外皮 chéngzi de wàipí.

zigzag /'zɪgzæg/ n [C] 之字形(线条,道路等) zhīzìxíng; 锯齿(齿)形物 jùchǐxíng wù. **zigzag** v [**-gg-**] [I] 曲折地前进(进) qūzhéde qiánjìn: *The path* ~*s up the cliff.* 这条小径曲曲折折地向峭壁延伸.

zinc /zɪŋk/ n [U] [化学]锌(Zn) xīn.

zip (亦作 **zip-fastener**) /zɪp/ n [C] 拉链 lāliàn; 拉锁 lāsuǒ. **zip** v [**-pp-**] [T] 用拉链拉开(开)或扣上 yòng lāliàn lākāi huò kòushàng. **Zip code** n [C] [美语]邮(邮)政编码 yóuzhèng biānmǎ. **zipper** n [C] [尤用于美语] = zip.

zither /'zɪðə(r)/ n [C] 齐(齐)特儿(儿)琴 qítèr qín.

zodiac /'zəʊdɪæk/ n **the zodiac** [sing] [天文]黄道带(带) huángdàodài.

zombie /'zɒmbɪ/ n [C] [非正式用语]麻木不仁(或不动脑筋)的人 mámù bùrén de rén.

zone /zəʊn/ n [C] (有某特点或用途的)区(区)域(或范围) qūyù: *a* ~ *time* – 时区. *a nuclear-free* ~ 无核区.

zoo /zuː/ n [C] [pl ~**s**] 动(动)物园(园) dòngwùyuán.

zoology /zəʊ'ɒlədʒɪ/ n [U] 动(动)物学(学) dòngwùxué. **zoological** /zəʊə'lɒdʒɪkl/ adj. **zoologist** n [C] 动物学家 dòngwùxuéjiā.

zoom /zuːm/ v [I] **1** (嗡嗡或隆隆地)疾行 jíxíng. **2** [喻][非正式用语]猛涨(涨) měngzhǎng; 急升 jíshēng. **3** [短语动词] **zoom in/out** (镜头)移近(或拉远)目标(标) yílín mùbiāo. ,**zoom lens** n [C] 可变(变)焦距镜头(头) kěbiàn jiāojù jìngtóu.

zucchini /zu'kiːnɪ/ n [C] [pl **zucchini** 或 ~**s**] [尤用于美语]小胡瓜 xiǎo húguā.

图书在版编目(CIP)数据

精选英汉词典/(英)曼瑟(Manser, M. H.)主
编;朱原,王良碧等编译. —3 版. —北京:商务
印书馆,2005
ISBN 7-100-04534-7

I. 精... II. ①曼... ②朱... ③王... ④
任... III. ①英语-词典 ②词典-英、汉
IV. H316

中国版本图书馆 CIP 数据核字(2005)第
058215 号

JĪNGXUĂN YĪNG-HÀN CÍDIĂN
精选英汉词典(第3版)

英语文本主编 Martin H. Manser

朱原 王良碧 任永长 编译

商 务 印 书 馆 出 版
(北京王府井大街36号 邮政编码100710)
商 务 印 书 馆 发 行
河北三河市艺苑印刷厂印刷
ISBN 7-100-04534-7/H·1126

1995 年 10 月第 1 版	开本 787×960 1/60
2001 年 1 月第 2 版	印张 10 7/10
2005 年 11 月第 3 版	印数 12 000 册
2007 年 1 月第 13 次印刷	

定价:20.00 元